KV-262-128

collection Apollo

Dictionnaire

FRANÇAIS - ALLEMAND

par

A. Pinloche

Docteur ès lettres, Agrégé de l'Université.

revu par

A. Jolivet

Docteur ès lettres, Professeur à la Sorbonne.

LIBRAIRIE LAROUSSE

17, rue du Montparnasse, et boul. Raspail, 114, Paris-6e

ABRÉVIATIONS — ABKÜRZUNGEN

a.	adjectif; Adjektiv.
Abk.	Abkürzung; abréviation.
abr.	abréviation; Abkürzung.
acc.	accusatif; Akkusativ.
adv.	adverbe; Adverb, adverbial.
Arch.	architecture; Baukunst.
art.	article; Artikel.
a. s.	adjectif pris substantivement; substantiviertes Adjektiv.
Bot.	botanique; Botanik.
Chem.	Chemie; chimie.
Chim.	chimie; Chemie.
Chir.	chirurgie; Chirurgie.
Comm.	commerce; Kaufmännisch.
comp.	comparatif; Komparativ.
conj.	conjonction; Bindewort.
dat.	datif; Dativ.
dem.	demonstrativ; démonstratif.
dém.	démonstratif; demonstrativ.
dim.	diminutif; Diminutiv.
etc.	usw. [und so weiter].
f.	nom fém.; weibl. Hauptwort.
Fam.	familier; vertraut.
Fig.	figuré; bildlich.
gén.	génitif; Genitiv.
Gramm.	grammaire; Grammatik.
Hist.	histoire; Geschichte.
ind.	indéfini; unbestimmt.
ind. pr.	indicatif présent; Indikativ Präsens.
inf.	infinitif; Infinitiv.
ins.	inséparable; untrennbar.
intr.	intransitif; Intransitiv.
inv.	invariable; unveränderlich.
jm	jemand[em, en]; quelqu'un.
jmds	jemands; de quelqu'un.
Jur.	juridique; gerichtlich.
kaufm.	Kaufmännisch; commerce.
LOC.	location[s]; Redensart [en]
m.	nom masc.; männl. Hauptwort.
Mar.	marine; Seewesen.
Méc.	mécanique; Mechanik.
Med.	Medizin; médecine.
Méd.	médecine; Medizin.
Mil.	militaire; militärisch.
Mus.	musique; Musik.
n.	nom neutre; sächl. Hauptwort.
npr.	nom propre; Eigenname.
num.	adj. numéral; Numerale.
ord.	adj. ordinal; Ordinale.
p. a.	participe adj.; adj. Partizip.
Path.	pathologie; Pathologie.
Phys.	physique; Physik.
pl.	pluriel; Plural.
Pop.	populaire; trivial; argot; volksmäßig; gemein; rotwelsch.
pp.	partic. passé; 2tes Partiz.
ppr.	partic. présent; 1stes Partizip.
préf.	préfixe; Vorsilbe.
prép.	préposition; Präposition.
pron.	pronom; Fürwort.
pron. fr.	prononciation française.
p. s.	partic. subst.; subst. Partizip.
qc.	quelque chose.
qn	quelqu'un.
refl.	Reflexiv; verbe réfléchi.
réfl.	verbe réfléchi; Reflexiv.
S. s.	siehe; voyez.
sép.	séparable; trennbar.
spl.	sans pluriel; ohne Plural.
tr.	transitif; transitiv.
unv.	unveränderlich; invariable.
usw.	und so weiter; etc.
V.	voir; siehe.

ISBN 2-03-020603-2

PRÉFACE

Voici un dictionnaire conçu et réalisé sur un plan nouveau. Que le lecteur consulte l'une ou l'autre partie de l'ouvrage, il y trouvera toutes indications pour traduire, prononcer et écrire d'une manière exacte et correcte.

Pour le lecteur français qui veut parler ou écrire en allemand, nous donnons, dans la partie *français-allemand*, les traductions allemandes de chaque mot, avec les explications nécessaires en français, pour lui permettre de choisir avec sûreté entre les différentes acceptions; nous y ajoutons pour chaque mot allemand, la place de l'*accent tonique* et, en outre, pour les noms, l'indication du *genre* (répétée seulement en allemand lorsqu'il diffère dans les deux langues), et de la *déclinaison*, pour les prépositions, celle du cas régi, et, pour les verbes à régimes différents dans les deux langues, celle du *régime*. S'il s'agit d'un verbe fort ou irrégulier, nous renvoyons par un astérisque (*) au tableau alphabétique de ces verbes contenu dans le *Résumé de Grammaire allemande*. Dans la partie *allemand-français* le même lecteur trouvera non seulement la traduction des mots allemands en français, avec l'explication de leurs différentes acceptions (donnée en allemand, puisqu'elles intéressent surtout le lecteur allemand), mais aussi, quand il y a lieu, des exemples de l'emploi idiomatique de ces mots dans l'usage courant, ainsi que les équivalents des *locutions* et *proverbes* usuels.

Nous avons créé, pour la prononciation figurée, un système à la fois clair et scientifiquement exact. Bien que nous ayons réussi à nous passer de signes spéciaux, qui déroutent ceux qui n'ont pas étudié la phonétique, un peu d'attention permettra rapidement au lecteur de prononcer d'après nos notations

VORWORT

Dieses Wörterbuch ist nach einem neuen Plan entworfen und verfaßt worden. Welchen der beiden Teile der Benutzer immer nachschlägt, wird er immer die nötigen Angaben finden, um genau und richtig übersetzen, aussprechen und schreiben zu können.

Dem Deutschen, der französisch sprechen oder schreiben will, wird im deutsch-französischen Teile die französische übersetzung jedes einzelnen Wortes angegeben mit den nötigen Erklärungen in deutscher Sprache, damit er unter den verschiedenen Bedeutungen eines einzelnen Wortes mit Sicherheit die richtige wählen kann. Bei jedem französischen Worte sind Betonung und Aussprache angegeben, das Geschlecht der Hauptwörter aber nur, wofern es sich von dem des deutschen unterscheidet, ebenso die Fügung der Haupt-, Eigenschafts- und Zeitwörter nur, wenn sie in beiden Sprachen verschieden ist. Die unregelmäßigen Zeitwörter werden mit einem Sternchen (*) bezeichnet, das auf das alphabetische Verzeichnis dieser Zeitwörter im *Abriß der französischen Grammatik* verweist, z. B. : **va.** S. ALLER*; **sois.** S. ÊTRE* usw.

In dem französisch - deutschen Teile wird der Benutzer nicht bloß die deutsche übersetzung der französischen Wörter mit den Erklärungen finden, hier natürlich in französischer Sprache, da dieser Teil zuerst ja für den Franzosen bestimmt ist, sondern gegebenenfalls auch Beispiele besonderen idiomatischen Gebrauches der Wörter in der Umgangssprache sowie möglichst genaue übertragungen der gebräuchlichsten Redensarten und Sprichwörter in die Muttersprache.

Um beiden Sprachen die richtige Aussprache zu sichern, haben wir ein zugleich klares und wissenschaftlich begründetes Verfahren angenommen. Obgleich wir jede de manière à se faire parfaitement comprendre.

Notre vocabulaire, choisi et contrôlé avec le plus grand soin, est, en fait, plus riche que celui de maint dictionnaire bilingue plus volumineux. En adoptant une disposition typographique spéciale, facilitant même la recherche rapide des mots par leur groupement sous une partie initiale commune, nous avons pu faire entrer dans un dictionnaire de poche toute une mine de renseignements sur la vie moderne : néologismes, expressions familières ou populaires, ainsi que les termes techniques les plus récents employés dans la langue courante.

L'*orthographe* allemande, et les équivalents germaniques des innombrables mots étrangers qui encombrent le vocabulaire allemand ont été donnés d'après les plus récents travaux lexicographiques et notamment la dernière édition publiée par le professeur Th. Matthias du lexique intitulé *Der große Duden*.

La grammaire, dont la connaissance exacte n'est pas moins indispensable en allemand qu'en français pour pouvoir parler ou écrire correctement, a été l'objet d'une attention toute particulière pour chaque langue, ainsi qu'on le verra dans le résumé grammatical placé à la fin de chaque partie.

Les règles de la construction ont été exposées dans ce résumé le plus succinctement possible.

Enfin, notre petit guide de *Conversation* placé à la fin du volume, pourra rendre les plus grands services au lecteur français ou allemand pendant les premiers temps de son séjour éventuel dans le pays étranger.

Art Sonderzeichen vermeiden, da diese den, der die Phonetik nicht studiert hat, nur irreführen können, so wird es dem aufmerksamen Benutzer doch in kurzer Zeit möglich werden, unsere Bezeichnungen zu verstehen und die Wörter danach richtig genug auszusprechen, um sich vollkommen verständlich zu machen.

Der Wortschatz in diesem Werke ist mit der genauesten Sorgfalt gewählt und geprüft, und tatsächlich reicher als der manches umfangreicheren zweisprachigen Wörterbuches. Dank einer besonderen typographischen Einrichtung, die das Finden der Wörter durch ihre Zusammenstellung unter einer gemeinsamen Stamm- oder Anfangssilbe, nötigenfalls auch einem ganzen gemeinsamen Wortteile bedeutend erleichtert, ist es möglich gewesen, in einem einfachen Taschenwörterbuch ein besonders reiches Material von Vokabeln und Redensarten des heutigen Lebens unterzubringen, wie z. B. Neubildungen, Ausdrücke aus der vertrauten oder gar gemeinen Rede, sowie auch die jüngsten technischen Ausdrücke des täglichen Verkehrs.

Daß auch die Grammatik, deren genaue Kenntnis im Französischen wie im Deutschen für jeden, der die Sprache richtig sprechen oder schreiben will, gleich unentbehrlich bleibt, in beiden Teilen sorgfältigst im Auge gehalten worden ist, beweist die grammatische übersicht am Schlusse jedes Teiles.

Endlich werden die « Unterhaltungssätze » in beiden Sprachen am Schlusse des Bandes dem Besucher des fremden Landes von größtem Nutzen sein.

Août 1931.

A. PINLOCHE.

INDICATIONS POUR L'USAGE DU DICTIONNAIRE

Genre des noms. — N'est donné en traduction que s'il diffère dans les deux langues.

Indication du féminin. — **in,** après un nom allemand, indique le féminin. Ex. : *Lehrer, in.*

Traduction des mots composés allemands. — N'est donnée que dans les cas où il existe un équivalent français spécial. Ex. : *Handschuh,* gant; *Schlafwagen,* wagon-lit.

Dans le cas contraire, ils se traduisent littéralement :

1o Soit comme en allemand, sans aucun terme de liaison (mots composés d'un adjectif et d'un nom). Ex. : *Rotwein,* vin rouge.

2o Soit à l'aide d'une préposition ou d'une conjonction, suivant l'idée exprimée. Ex. : *Goldstück,* pièce d'or; *Zahnbürste,* brosse à dents; *turmhoch,* haut comme une tour.

Traduction des diminutifs en -chen et -lein. — N'est donnée que lorsqu'il existe un équivalent spécial en français. Autrement, traduire par le mot simple précédé de l'adjectif **petit[e].** Ex. : *Röschen,* petite rose.

Traduction des adjectifs employés adverbialement. — La plupart des adjectifs allemands s'emploient comme adverbes, sauf indication contraire. Si l'équivalent français n'existe pas en un seul mot, traduire par la locution : *d'une manière...,* ou *d'une façon...*

Traduction des infinitifs pris substantivement et des noms verbaux en -ung. — N'est donnée que s'il y a un équivalent en français. Sinon, traduire par : *l'action [le fait] de...*

ORTHOGRAPHE. — ACCENT TONIQUE

Orthographe des noms. — Tous les substantifs allemands et autres mots pris substantivement s'écrivent avec une majuscule.

Inflexion. — Seules les voyelles **a, o, u** prennent l'inflexion (*ä, ö, ü*). — **aa** s'infléchit en *ä : der Saal, die Säle.* — La diphtongue **au** s'infléchit en *äu : der Baum, die Bäume.*

Redoublement de l's final. — Les noms en **-nis** et en **-us** redoublent l's devant la désinence **e :** *das Hemmnis, die Hemmnisse, der Omnibus, die Omnibusse.*

Changement de ss en ß. — A lieu devant un **t** ou à la fin d'un mot, quelle que soit la voyelle qui précède. Ex. : *fressen, frißt, friß.*

Changement de ß en ss. — N'a lieu que devant un **e,** et seulement si la voyelle qui précède est brève. Ex. : *der Fluß, des Flusses, die Flüsse; ich schoß, wir schossen,* etc. Après une voyelle longue on écrira : *der Fuß, des Fußes, die Füße; bloß, bloße,* etc.

Triples consonnes. — Ne sont admises qu'en cas de coupure. Ex. : *Schiffahrt* (*Schiff + Fahrt*). A la fin d'une ligne on écrit : *Schiff-fahrt.*

Accent tonique. — De deux ou plusieurs syllabes accentuées dans un mot, la première l'est plus fortement. Il y a exception pour la terminaison **-ei,** qui porte toujours l'accent principal.

Les préfixes séparables *ab, an, auf, aus, bei, ein, fort* et ses composés (*herab, -an, -auf, -aus,* etc.), *hin* et ses composés (*hinab,* etc.), *mit, nach, nieder, vor, weg, zu, zurück zusammen,* et les mots-préfixes séparables (*fehl, los*), sont toujours accentués. Ils sont indiqués dans la prononciation figurée par la voyelle ou la diphtongue en italique et, au besoin, par une apostrophe qui les sépare du verbe.

Accent des verbes en **-ieren :** (-îr[e]n).

ERLAUTERUNG DER EINRICHTUNG

DES WÖRTERBUCHES

Geschlecht der Hauptwörter. — Wird in der übersetzung nur dann gegeben, wenn es in beiden Sprachen verschieden ist.

Angabe der weiblichen Form. — **e, euse, trice** nach einem frz. Hauptwort od. Adjektiv, bezeichnen dessen weibliche Form. z. B. : *parent, e; chaud, e; heureux, euse; acteur, trice.*

Unregelmäßige französische Pluralbildungen. — **x,** Zeichen des Plurals für gewisse Hauptwörter auf **au, eu, ou,** z. B. : *beau, x; jeu, x; chou, x* **aux,** Zeichen des Plurals für gewisse Hauptwörter oder Adjektive auf **al** od. **ail,** z. B. : *cheval, aux; travail, aux.*

Übersetzung der deutschen zusammengesetzten Wörter ins Französische. — Wird nur dann angegeben, wenn es eine entsprechende besondere Form im Frz. gibt, z. B. : *Handschuh,* gant.

Sonst sind sie wörtlich zu übersetzen, und zwar :

1° Entweder, wie im Deutschen, ohne jedes Verbindungsglied (Zusammensetzungen aus einem Adjektiv und einem Hauptwort. z. B. : *Rotwein,* vin rouge).

2° Oder mit Hilfe einer Präposition oder eines Bindewortes, je nach dem auszudrückenden Begriff. z. B. :

a) *Stoff, Beschaffenheit, Herkunft, Besitz, Abhängigkeit;* Präposition **de,** z. B. : *Goldstück,* pièce d'or; *Sonnenstrahl,* rayon de soleil; *Knabenschule,* école de garçons; *Reichskanzler,* chancelier de l'empire.

b) *Bestimmung, Ziel;* Präp. **à,** z. B. : Zusammensetzung aus zwei Hauptwörtern; *Zahnbürste,* brosse à dents; *Briefkasten,* boîte aux lettres.

Zusammensetzungen aus einem Verb und einem Zeitwort : *Schreibfeder,* plume à écrire; *Speisesaal,* salle à manger.

c) Vergleichung (Adjektive) : *schneeweiß,* blanc comme neige.

Übersetzung der Verkleinerungsformen ins Französische. — Wird nur dann angegeben wenn es ein entsprechendes besonderes Wort gibt, z. B. : *Häuschen,* maisonnette. Sonst sind sie durch das einfache Hauptwort mit dem vorangehenden Adjektiv **petit**[e] zu übersetzen, z. B. : *Röschen,* petite rose.

Übersetzung der adverbialisch gebrauchten Adjektive ins Französische. — Geschieht in folgender Weise durch Formen auf **-ment,** z. B. : *warm,* chaudement; *geduldig,* patiemment. S. *Grammatik,* S. 820.

Fehlt das entsprechende Wort im Französischen, so wird das deutsche Adverb mit Hilfe der dem Adj. vorangehenden Formel : *d'une façon...* od. *d'une manière...* übersetzt, z. B. : *verführerisch,* d'une manière [façon] séduisante.

Substantivierte Infinitive u. Hauptwörter auf -ung. — Werden nur dann übersetzt, wenn es ein entsprechendes besonderes Wort im Frz gibt. Sonst geschieht die Übersetzung durch folgende Umschreibung : *das Rauchen,* l'action [oder : le fait] de fumer.

Aussprachebezeichnung im Anfang eines Absatzes. — Gilt für den ganzen Absatz, wo keine abweichende Angabe vorkommt.

DICTIONNAIRE
FRANÇAIS-ALLEMAND

A

A, a m. A, a, n.
a. V. *avoir**.
à prép. an, auf, bei, in, mit, nach, zu, *ou mot composé.* ‖1° ESPACE. [lieu géographique, localité]. Sans direction : in, *dat.*, zu : *au nord,* im Norden; *à Paris,* in *ou* zu Paris. Avec direction : nach : *aller à Paris,* nach Paris gehen*. ‖[lieu délimité ou enclos] in [*dat.* sans direction, *acc.* avec direction] : *à la ville,* in der Stadt; *aller* à la ville,* in die Stadt gehen*. ‖[lieu découvert, en surface] auf [*dat.* sans direction, *acc.* avec direction] : *à la campagne,* auf dem Lande; *aller* à la campagne,* auf das Land gehen*. ‖[distance] in : *à une distance,* in einer Entfernung. ‖[contact, juxtaposition] an [*dat.* sans direction, *acc.* avec direction] : *au bord, au bord du fleuve,* am Rande, am Flusse; *aller* au bord,* an den Rand gehen*. ‖[Destination, adresse] an, *acc.* : *à Monsieur N.,* an Herrn N. ‖2° TEMPS. [époque, date] zu, an, *dat.* : *à l'époque, à l'heure* [*où*], zu der Zeit, zur Stunde [wo]; *à toute heure,* zu jeder Stunde; *à Pâques,* zu Ostern; *au jour, au soir, etc.,* am Tage, am Abend. usw. ‖[futur] auf, *acc.* : *à lundi prochain,* auf nächsten Montag. ‖[heure précise] um : *à trois heures,* um drei Uhr. ‖[simultanéité, coïncidence] bei : *à l'aube,* bei Tagesanbruch ; *à ces mots,* bei diesen Worten. ‖[mesure] : *une lieue à l'heure,* eine Meile in der Stunde. ‖3° RAPPORTS DIVERS. [quantité, prix] zu, *ou mot mot composé* : *à un prix,* zu einem Preis; *à deux,* zu zwei, zu zweit; *à la livre,* pfundweise. ‖[limite numérique, approximation] bis : *de cinq à six heures,* von fünf bis sechs Uhr; *sept à huit mètres,* sieben bis acht Meter. ‖[accompagnement, moyen, but] mit, *ou mot composé* : *panier à anses.* Korb mit Henkeln; *café au lait,* Kaffee mit Milch; *bateau à vapeur,* Dampfschiff; *tabac à fumer,* Rauchtabak. ‖[conformité, manière] nach : *à mon avis,* nach meiner Meinung; *à la mode,* nach der Mode. ‖[résultat] zu; *à mon détriment,* zu meinem Nachteil. ‖[enseignes] zu : *au Lion d'Or,* zum goldenen Löwen. ‖[propriété] génitif ou pronom possessif : *à qui est ce chapeau? il est à moi,* wessen Hut ist das?, er ist mein. ‖[devant un infinitif ne dépendant pas de *lassen, sehen, helfen, lehren, lernen*] zu : *maison à vendre,* Haus zu verkaufen; *j'apprends à lire,* ich lerne lesen. ‖a. [gérondif] *la maison à vendre,* das zu verkaufende Haus.
abais‖sement m. (abäßm**a**ⁿ). [V. *abaisser.*] Herabsetzung, f. ‖Senken, n. ‖Senkung, f. ‖Schmälern, n. ‖Erniedrigung, f. ‖**-ser** (sé). niedriger machen. ‖[faire tomber] herablassen* sép. ‖[amoindrir, critiquer] schmälern. ‖*Fig.* erniedrigen. ‖[humilier] demütigen.
abandon‖ m. (ab**a**ⁿd**o**ⁿ). [V. *abandonner*]. [état] Verlassenheit, f. ‖Aufgeben, n., Abtretung, f. ‖[tenue] ungezwungenes Benehmen. ‖[manque de soin] Verwahrlosung, f. ‖**-ner** (né). [quitter] verlassen*. ‖[renoncer à] aufgeben*. ‖[céder] abtreten*. ‖[livrer] preisgeben*. ‖[s'en remettre à... de...] überlassen. ‖[**s'-**] réfl. sich gehen* lassen*.

abasourdir (zurd*i*r). betäuben. ‖[étonner] verblüffen, verdutzen (surtout p.p. verdutzt [abasourdi]).

abat‖ m. (ab*a*). Abfall. ‖**-jour** m. (jur). Lichtschirm, Lampenschirm. ‖**-tage** m. (t*a*j) [bois]. Holzfällen, n. ‖[pl. animaux] Abschlachten, n. — *clandestin,* Schwarzschlachten. ‖**-tis** m. (tì), [d'animaux] V. *abat.* ‖ — *d'oie,* Gänseklein, n. ‖[d'arbres] Verhau.

abatt‖... V. *abat.* ‖**-ement** m. (bàtm*a*^{n}). Entkräftung, f. ‖[moral] Niedergeschlagenheit, f. [impôts] Steuerermäßigung, f. ‖**-oir** m. (^{o}*a*r). Schlachthaus, n. ②.

abattre tr. (bàtr). ab-, herunter- *ou* niederschlagen*. ‖[arbre] fällen. ‖ [tuer] erlegen. ‖ [démolir] abreißen*. ‖[besogne] schnell machen. ‖[moralement] niederschlagen*. ‖[s'-] réfl. einstürzen, intr. [*sein*]. ‖ [sur...] herabschießen*, intr. [*sein*].

abb‖**atial, e,** a. (siàl). äbtlich. **-aye** f. (abä*i*). Abtei. ‖**-é** m. [supérieur] Abt. ‖[prêtre] Abbé, -s, -s. ‖**-esse** f. Äbtissin.

abcès m. (sè). Abszeß, Geschwür, n.

abdi‖**cation** f. (si*o*^{n}). Abdankung. ‖**-quer** tr. (k*é*). die Krone nieder legen. ‖intr. abdanken.

abdom‖**en** m. (mèn). Unterleib. ‖**-inal, e,** a. (nàl). Unterleibs...

abécédaire m. (sedär). Abcbuch, n. Fibel, f.

abeille f. (bäj). Biene.

aberration f. (si*o*^{n}). Abirrung.

abêtir. verdummen. ‖[s'-] **réfl.** verdummen, intr. [*sein*].

abhorrer (r*é*). verabscheuen.

abîm‖**e** m. (abîm). Abgrund. ‖**-er.** verderben*. ‖ [endommager] beschädigen. ‖[s'-] réfl. [dans] versinken*, intr. [*sein*] sich vertiefen. ‖[se détériorer] Schaden leiden*.

abject‖**, e,** a. (jäkt). niederträchtig. ‖**-ion** f. (si*o*^{n}). Niederträchtigkeit.

abjur‖**ation** f. (jü-si*o*^{n}). Abschwörung. ‖**-er.** abschwören*.

abl‖**atif** m. Ablativ, m. ①. ‖**-ation** f. (si*o*^{n}). Abnahme.

ablette f. (èt). Weißfisch, m.

ablution f. (üsi*o*^{n}). Abwaschen, n. spl. ‖pl. *Relig.* Reinigung, f.

abnégation f. (si*o*^{n}). Selbstverleugnung.

aboi‖ m. (ab^o*a*) : *Être* aux abois,* [cerf, etc.] in der Hetze sein*; *fig.* in verzweifelter Lage sein*; ‖**-ement** m. (ab^{o}am*a*^{n}). Bellen, n. n. spl., Gebell, n. spl.

abol‖**ir** (*i*r). abschaffen. ‖**-ition** f. (si*o*^{n}). Abschaffung.

abomin‖**able** a. (*a*bl). abscheulich. ‖**-ation** f. (si*o*^{n}). Abscheu, m. ‖[horreur] Greuel, m.

abond‖**amment** adv. (ab^o^{n}dam*a*^{n}). im Überflusse, reichlich. ‖**-ance** f. (*a*^{n}s). Überfluß, m. ‖[plénitude] Fülle. ‖[richesse] Reichtum, m. ‖*Fam.* [boisson] getaufter Wein. *En abondance,* in Fülle, reichlich; [parler] *d'abondance,* unvorbereitet; *corne d'—,* f., Füllhorn, n. ‖**-ant, e,** a. (d*a*^{n}, t). reichlich. ‖**-er** intr. reichlich vorhanden sein*. ‖[en], Überfluß haben* [an. *dat.*]. ‖*Fig. Abonder dans le sens de qn,* jmds Ansicht teilen, beipflichten.

abonn‖**é, e,** a. (n*é*). [à] abonniert [auf, *acc.*]. ‖a. s. Abonnent, -en, -en, m., in, f. ‖**-ement** m. (bònm*a*^{n}). Abonnement. Vorausbestellung, f. ‖**-er** (n*é*). et **s'-,** [à] abonnieren [auf, *acc.*].

abord‖ m. (bòr). Zugang. *Loc. D'abord,* zuerst, anfangs. *Tout d'abord, au premier abord, de prime abord,* von vorn herein, gleich im Anfang. ‖**-able** a. (dàbl). [accessible] zugänglich. ‖**-age** m. (d*a*j). Anlegen, n. Entern, n. spl. V. *aborder.* ‖**-er** intr. (d*é*). landen, anlegen [an, *dat.*]. ‖tr. [un navire] entern. ‖[qn] anreden [*acc.*], herantreten*, intr. [*sein,* an, *acc.*]. ‖ [question] behandeln. ‖ [discuter] erörtern. ‖ [s'-] réfl. [Schiffe] zusammenstoßen*. intr. [*sein*]. ‖[Feinde] handgemein werden*.

aborigène a. (jän). einheimisch. ‖s. m. Ureinwohner, m. ④.

abortif a. abtreibend.

aboucher tr. (abusch*é*). zusammenbringen*. ‖ [tuyaux] ineinanderfügen. ‖[s'-] réfl. [avec qn] zusammenkommen*.

abouli‖**e** f. (bul*î*). Willenlosigkeit. ‖**-que** a. willenlos.

about‖**ir** [*avoir*] (àbut*i*r). [à] auslaufen* [*sein*] [in, *acc.*]. ‖*Fig.*

hinauslaufen* [*sein*] [auf, *acc.*]. [rue] münden [in, *acc.*]. ||*Fig.* [réussir] zum Ziele kommen*. ||**-issant.** V. *tenant.* ||**-issement** m. (tism*a*ⁿ). Ausgang.
aboyer (abᵒaj*é*). bellen.
abracadabrant, e, a. schnurrig.
abrasif a. schleifend. ||m. Schleifmittel, n.
abr||égé m. (*jé*). Abriß. ||[extrait] Auszug. *En abrégé,* im Auszug, abgekürzt. ||**-éger** (*jé*). abkürzen. ||[résumer] kurz fassen.
abr||euver (œwé). tränken. ||*Fig.* überhäufen. ||**-euvoir** m. (wᵒ*a*r). Tränke, f., Schwemme, f.
abréviation f. (*sio*ⁿ). Abkürzung.
abri m. (*i*). Obdach n. 2. ||[protection] Schutz. ||*Mil.* Deckung, f. ||[c. avions] Luftschutzraum. ||LOC. *A l'abri,* in Sicherheit : *mettre* à l'abri,* sicher stellen. *A l'abri de,* sicher *ou* geschützt [vor, *dat.*].
abricot|| m. (k*ô*). Aprikose, f. ||**-ier** m. (*tié*). Aprikosenbaum.
abriter. schützen [vor, *dat.*].
abrog||ation f. Aufhebung. ||**-er.** aufheben*, außer Kraft setzen.
abrupt, e, a. (abr*ü*pt). schroff, jäh.
abru||ti, e, a. (abrüt*i*). verdummt. ||[brute] vertiert. ||s. m. Dummkopf. ||**-tir.** verdummen. ||[s'] vertieren. ||**-tissement** m. Verdummung, f. Vertierung, f.
abs||ence f. (*sa*ⁿs). Abwesenheit. ||[manque] Mangel, m. [an, *dat.*]. ||*Fig.* [distraction] Zerstreutheit. ||**-ent, e** a. (*sa*ⁿ, t). abwesend. ||**-enter** [s']. sich entfernen. ||[voyage] verreisen, intr. [*sein*].
abside f. (*s*id). Apsis.
absinthe f. (*i*ⁿt). Absinth, m.
abs||olu, e m. Unbedingte, n. Absolute, n. a. (l*ü*), ||**-olument** adv. (lüm*a*ⁿ). absolut. ||[illimité] unumschränkt. ||[sans conditions] unbedingt. ||[caractère] gebieterisch. ||**-olution** f. (üs*io*ⁿ). Sündenerlaß, m. ||**-olv...** V. *absoudre**.
abs||orbé, e p. a. [dans] versunken [in, *acc.*]. ||**-orber** (b*é*). [liquide] auf- *ou* einsaugen*. [personne] völlig in Anspruch nehmen*. ||[s']. *Fig.* [dans] sich vertiefen [in, *acc.*]. ||**-orption** f. (*sio*ⁿ). Einsaugung.
abs||oudre (s*u*dr). für unschuldig erklären. ||*Relig.* Ablaß erteilen [einem]. ||**-ous, oute,** pp. von *absoudre**. ||**-oute** (*ù*t). Totengebet, n.
abs||tenir* [s'] (tœn*i*r). [de...] sich enthalten*, *gén.* ||**-tention** f. (taⁿ*sio*ⁿ). Enthaltung. ||**-tin...** V. *abstenir**. ||**-tinence** f. (n*a*ⁿs). Enthaltung. [jeûne] Fasten, n. ||**-tinent, e** a. (n*a*ⁿ, t). enthaltsam.
abs||traction f. (*sio*ⁿ). Abstraktion. *Abstraction faite de...* abgesehen von... ||**-traire*** [s'] (tr*ä*r). sich absondern [in Gedanken]. ||**-trait, e** a. (tr*è*, t). abstrakt, abgesondert. ||**-trus, e,** a. (tr*ü*, z). schwerverständlich.
absurd||e a. (s*ü*rd). abgeschmackt, widersinnig, ungereimt. ||**-ité** f. (t*é*). Abgeschmacktheit, Sinnlosigkeit, Ungereimtheit.
abu||s m. (b*ü*). Mißbrauch. || [public] Mißstand. ||**-ser** (z*é*) [de] intr. mißbrauchen, tr. ||tr. täuschen. ||[s']. sich täuschen. ||**-sif, ive** a. (z*i*f, *i*w). mißbräuchlich.
acabit m. (b*i*), *fam. Du même acabit,* desselben Schlages.
acacia m. (*sia*). Akazie, f.
academ||icien m. (*si*iⁿ). Akademiker ④. ||**-ie** f. (m*i*). Akademie. ||*Admin.* Schulbezirk, m. ||**-ique** a. (*ì*k). akademisch.
acajou m. (*jù*). Mahagoni, n.
acariâtre a. (*â*tr). zänkisch.
acc||ablant, e, p. a. (akabl*a*ⁿ, t). [chaleur] drückend, schwül. ||**-ablement** m. (blᵉm*a*ⁿ). Niedergeschlagenheit, f. || **-abler.** erdrücken. ||[surcharger] überlasten [mit]. ||[abattre] niederschlagen*.
accalmie f. (m*i*) Windstille. ||*Mil.* Kampfpause.
acc||aparement m. (àrm*a*ⁿ). wucherischer Aufkauf. ||**-aparer.** *Comm.* wucherisch aufkaufen. ||*Fig.* völlig in Anspruch nehmen*. ||**-apareur** m. Aufkäufer.
accéder (aksé*dé*). herantreten* [*sein*]. [parvenir] gelangen [*sein*] [zu]. ||[à une demande] gewähren, tr.
ac||célérateur m. Beschleuniger. ||**-célération** f. (sé-*sio*ⁿ). Beschleunigung. ||**-célérer.** beschleunigen. *Pas accéléré.* Eilschritt.

ac‖cent m. (s*a*ⁿ). Tonzeichen, n. ④. Akzent ①. ‖ [accentuation] Ton. ‖ [tonique] Betonung, f. ‖ [prononc.]. Aussprache. f. ‖ pl. *Fig.* Klänge. ‖ **-centuation** f. (saⁿtüa-si*o*ⁿ). Akzentuierung, Betonung. ‖ **-centuer** (saⁿt*üé*). akzentuieren. betonen. ‖ [faire ressortir] hervorheben*. ‖ [renforcer] verstärken.

ac‖ceptable a. (*à*bl). annehmbar. ‖ **-ceptation** f. (si*o*ⁿ). Annahme. ‖ **-cepter** tr. (sept*é*). annehmen*. ‖ **-ception** f. (sepsi*o*ⁿ). Sinn, n., Bedeutung.

ac‖cès m. [lieu] Zugang. ‖ [auprès de qn] Zutritt. ‖ [maladie] Anfall. ‖ [de colère] Ausbruch. ‖ **-cessible** a. (*i*bl). zugänglich. ‖ **-cession** f. (sesi*o*ⁿ). Beitritt, m. ‖ **-cessit** m. (sit). Nebenpreis. ‖ **-cessoire** a. (s°*a*r), nebensächlich. Neben... ‖ s. m. Nebensache, f. ‖ pl. [objets] Zubehör, n. spl.

acciden‖t m. (aksid*a*ⁿ). Unfall. ‖ [malheur] Unglücksfall. ‖ [hasard] Zufall. ‖ [de terrain] Unebenheit, f. ‖ **-té, e,** a. uneben. ‖ [vallonné] hügelig. ‖ [agité] bewegt. ‖ **-tel, le,** a. zufällig.

accl‖amation f. (si*o*ⁿ). Beifallsruf, m. ①, Zujauchzen, n. spl. : *par acclamation,* durch Zuruf. ‖ **-amer** (m*é*). zujauchzen, intr.

accl‖imatation f., **-imatement** m. (si*o*ⁿ, màtm*a*ⁿ). Akklimatisierung. ‖ **-imater.** akklimatisieren.

accointance f. (koiⁿt*a*ⁿs) [avec] Verhältnis [zu].

accol‖ade f. (*à*d). Umarmung. ‖ [signe] Klammer. ‖ **-er** umarmen, zusammenklammern.

accom‖modant, e a. (d*a*ⁿ, t). willfährig. ‖ **-modation** f. (si*o*ⁿ). Anpassung. ‖ **-modement** m. (mòdm*a*ⁿ). Vergleich. ‖ [accord] abkommen, n. ‖ **-moder** tr. [qn] passen, intr. [*dat.*]. ‖ [qc.] herrichten. ‖ [préparer] zubereiten. ‖ [salade] anmachen. ‖ [s'] : [avec qn] sich verständigen. ‖ [de qc.] sich zu schicken wissen* [in, *acc.*] ; [admettre] sich [etwas] gefallen* lassen*.

accom‖pagnateur, trice m., f. (koⁿpanjat*œ*r, tr*ì*s). Begleiter, in, ④, f. ‖ **-pagnement** m. (koⁿpànjm*a*ⁿ). Begleitung, f. ‖ **-pagner** (koⁿpanj*é*). [de] begleiten [mit].

accom‖pli, e, a. (koⁿpl*i*). volkommen. *Dix ans accomplis,* volle zehn Jahre. ‖ p. a. [fait] vollzogen. ‖ **-plir** (koⁿpl*i*r). vollenden. ‖ [exécuter] vollziehen. ‖ [devoir] erfüllen. [s'] in Erfüllung gehen*. ‖ **-plissement** m. (koⁿplism*a*ⁿ). Erfüllung. f. ‖ [cours] Ablauf.

accord‖ m. (ak*ò*r). Übereinstimmung, f. ‖ LOC. *D'accord!,* zugegeben! meinetwegen! *D'accord avec ...,* in Einverständnis mit... ; *D'un commun accord,* einstimmig ; *En parfait accord,* im besten Einvernehmen ; *Etre* d'accord,* einig sein* ; *Tomber* [*se mettre**] *d'accord* [sur], sich einigen über, [*acc.*]. ‖ [entente] Eintracht, f. ‖ [convention] Vereinbarung, f. ‖ [politique] Abkommen n. ④. ‖ *Mus.* Akkord ①, Zusammenklang. ‖ pl. *Fig.* Klänge. ‖ **-ailles** f. pl. (d*a*j). Verlöbnis, n. ‖ **-éon** m. (é*o*ⁿ). Ziehharmonika, f. ‖ **-er** [concilier] versöhnen. ‖ [consentir] gewähren, bewilligen. ‖ [instrument] stimmen. ‖ [s'-] sich vertragen*. ‖ **-eur** m. Stimmer ④.

accort, e a. (*ò*r, t) artig, nett.

accoster tr. anlanden, intr. [*sein*]. ‖ [qn] anreden tr.

accotement m. (kòtm*a*ⁿ). Fußsteig.

accou‖chée f. (sch*é*). Wöchnerin. ‖ **-chement** m. (kuschm*a*ⁿ). Entbindung, f. ‖ **-cher** intr. [de] niederkommen* [mit]. ‖ tr. entbinden* [von]. ‖ **-cheur, euse,** m., f. (sch*œ*r, *ö*z). Geburtshelfer, in ; Hebamme, f.

accou‖der [s'] sich aufstützen. ‖ **-doir** m. (d°*a*r). Armlehne, f. ‖ [de fenêtre] Fensterkissen, n. ④.

accou‖plement m. (pl°m*a*ⁿ). Paarung. f. ‖ *Physiol.* Begattung, f. ‖ **-pler** paaren. ‖ [s'] sich paaren. ‖ sich begatten.

accourir* intr. herbeilaufen*.

accou‖trement m. (trœm*a*ⁿ). seltsamer Anzug. ‖ **-trer** [s'] (tr*é*). sich seltsam kleiden.

accou‖tumance f. (tüm*a*ⁿs). Gewöhnung. ‖ **-tumé, e,** a. (tüm*é*). gewohnt. ‖ **-tumer** tr. (tüm*é*). [à] gewöhnen [anc. *acc.*].

accréditer tr. (ak') beglaubigen.

accr‖oc m. (akr*o*). Riß. ‖ *Fig.* Hindernis, n. ‖ *Fam.* Haken ④. ‖ **-oche-**

cœur m. (òschk*œ*r). Schmachtlocke, f. ‖**-ocher** tr. (sch*é*). anhaken. ‖[suspendre] anhängen ‖[voiture] anfahren* : *s'* —, aneinanderfahren*. ‖[bateau] entern.

accroire (kr°*a*r). *Faire** — *à*, [einen] glauben machen. *En faire** — *à qn*, einem etwas weismachen *ou* [*fam.*] aufbinden*.

accroiss... V. *accroître**.

accr‖oissement m. (kr°asm*a*ⁿ). Vermehrung, f. ‖ **-oître*** (°*a*tr). vermehren. ‖[s'] wachsen*, intr. [*sein*]. ‖[augmenter] zunehmen*.

accr‖oupi, e p. a. (p*ì*). kauernd. ‖**-oupir** [s'] (p*i*r) niederhocken, intr. [*sein*].

accru pp. von *accroître**.

accueil‖ m. (k*œ*j). Aufnahme, f. ‖**-lant, e,** a. (akœj*a*ⁿ, t). freundlich. ‖**-lir*** (akœj*i*r). aufnehmen.

acculer tr. (akül*é*). in die Enge treiben*.

acc‖umulateur m. (ümü-t*œ*r). Elektrizitätssammler ④. ‖**-umulation** f. (ümü-s*io*ⁿ). Anhäufung. ‖**-umuler** (ümül*é*). anhäufen, aufspeichern.

acc‖usateur, trice m., f. (üzat*œ*r, tr*i*s). Ankläger ④, in. ‖**-usatif** m. (üzat*i*f). Akkusativ. ‖**-usation** f. (üzas*io*ⁿ) Anklage. ‖**-usé, e,** p. a. s. (üz*é*). Angeklagte[r], a. s. ‖*Accusé de réception,* Empfang[s]schein. ‖**-user** (üz*é*). anklagen, beschuldigen. ‖*Fig.* [indiquer] anzeigen.

acerbe a. (as*e*rb). herb.

acéré, e a. (sér*é*). scharf. ‖*Fig.* beißend.

acé‖tate m. (*à*t). Azetat, n. : — *de...,* essigsaure [s]... ‖**-tique** a. : *acide* —, Essigsäure f.

acétylène m. (asétil*e*n). Azetylen, n.

achalandé, e a. (schala°d*é*). stark besucht.

ach‖arné, e, a. leidenschaftlich. ‖[travail] ausdauernd. ‖[combat] erbittert. ‖**-arnement** m. (àrneм*a*ⁿ). Leidenschaftlichkeit. f., ‖Erbitterung, f. ‖**-arner** [s'] [contre] leidenschaftlich verfolgen, tr.; — *à faire**, etc., eifrig [machen usw.].

achat m. (asch*à*). Kauf. ‖[emplette] Einkauf.

ache‖minement m. (aschemìnm*a*ⁿ). Weg. ‖[marche] Schritt [zu]. ‖[lettres, etc.] Beförderung, f. ‖**-miner.** befördern. ‖[s'] zugehen* intr. [*sein*].

ache‖ter (ascht*é*). kaufen. ‖[emplette] einkaufen. ‖**-teur, euse** m., f. (t*œ*r, *ö*z). Käufer ④, in.

ach‖evé, e a. (aschw*é*). [parfait] vollkommen. ‖**-èvement** m. (schäwm*a*ⁿ). Vollendung, f. ‖**-ever** (aschw*é*). beendigen, vollenden.

achoppement m. (aschòpm*a*ⁿ) : *pierre d'*—, f., Stein des Anstoßes, m.

achromatique a. achromatisch.

acid‖e a. (as*i*d). sauer. ‖s. m. *et* **-ité** f. (t*é*). Säure, ‖**-ulé, e,** (ül*é*). säuerlich.

aci‖er m. (as*ié*). Stahl. ‖**-érie** f. (r*i*). Stahlfabrik.

acolyte m. (l*ì*t). Helfershelfer ④.

acompte m. (ak*o*ⁿt). Anzahlung f.

aconit m. (n*ì*t). Eisenhut.

acoquiner [s']. sich in ein zweifelhaftes Verhältnis einlassen*.

à-coup m. (ak*ù*). plötzlicher Stoß.

acoustique a. (akust*i*k). akustisch : m. *cornet* —, Hörrohr, n. ‖s. f. Akustik, Schallehre.

acqu‖éreur m. (akér*œ*r). Erwerber ④. ‖Käufer ④. ‖**-érir***. erwerben*. ‖[par achat] ankaufen. ‖**-êt.** m. (ak*ä*). erworbenes Gut, n. ②. ‖**-ier...** V. *acquérir**.

acqu‖iescement m. (akiäsm*a*n). Zustimmung, f. ‖**-iescer** intr. [à] (ess*é*). zustimmen [*dat.*].

acqu‖is, e, (ak*i*, *z*), pp. de *acquérir**. ‖s. m. Erfahrung, f.. [notions]. Kenntnisse, pl. ‖**-isition** f (*zisio*ⁿ). Erwerbung. ‖[achat] Einkauf, m. ‖**-it** m. (k*i*). Quittung, f *Pour* —, Betrag erhalten. *Acquit-à-caution,* Durchlaßschein. ‖**-ittement** m. (itm*a*ⁿ). Freisprechung, f ‖**-itter** (t*é*). [compte] begleichen* ‖[accusé] freisprechen*. ‖[s'] [de] [payer] bezahlen, tr. ‖[d'un devoir] erfüllen, tr.

acre f. (akr). a. Morgen, m. ④.

âcre‖ a. (akr). herb, scharf. ‖**-té** f Herbe, Scharfe.

acr‖imonie f. (n*i*). Bitterkeit ‖**-imonieux, euse** a. (n*iö*, *z*). bitter.

acr‖obate m. (b*à*t). Seiltänzer ‖**-obatie** f. (s*î*). Seiltänzerkunst. ‖[aviation] Kunstflug, m.

acrostiche m. (*i*sch). Akrostichon, n., ...chen.

act||**e** m. (akt). Handlung, **f.** || [fait] Tat. f. || [document] Urkunde, f. || [état civil] : — *de...*, ...schein, — *d'accusation,* Anklageschrift, f.; *prendre** — *de,* zu Protokoll nehmen*. ||**-eur, trice,** m., f. (*tœr*, *trìs*). Schauspieler, in. ||**-if, ive,** a. (*if*, *iw*). tätig. || [agissant] handelnd. || [efficace] wirksam. || s. m. Aktivvermögen, n. ||**-ion** f. (ak*sio*ⁿ). Handlung. || [fait] Tat. || [effet] Wirkung. || [titre] Aktie. ||**-ionnaire** m. (siònär). Aktionär. ||**-ionner** (sioné). *Jur.* verklagen. ||*Mécan.* in Bewegung setzen. ||**-iver** (*wé*). beschleunigen ||**-ivité** f. (*wité*]. Tätigkeit. ||**-ualité** f. (üa-*té*). Aktualität. Wochenschau [ciné]. ||**-uel, le,** a. (*üèl*). jetzig.

acuité f. (aküïté). Schärfe. || [douleur] Heftigkeit.

adage m. (*aj*). Sprichwort, n. ②.

adapt||**ation** f. (*sio*ⁿ). Anpassung. ||**-er.** anpassen.

addition|| f. (adi*sio*ⁿ). Zusatz, m. ||*Arithm.* Addition. ||Rechnung [restaurant]. ||**-nel, le,** a. (*èl*). hinzugefügt. ||**-ner.** addieren. || [d'eau, etc.] mischen [mit].

adepte m. (*ept*). Eingeweihte[r].

adéquat, e, (ku*à*, t). angemessen.

adhé||**rence** f. (*ra*ⁿs). Anhaften, n. spl. ||*Anat.* Verwachsung. ||**-rent, e,** a. (*ra*ⁿ, t). anhaftend. || s. m. Anhänger. ||**-rer** intr. anhaften. || [doctrine] beitreten*. ||**-sif, ive,** a. (*zif*, *iw*). anklebend. ||**-sion** f. (*zio*ⁿ). Beitritt, m.

adieu ! interj. (*adiö*). lebewohl ! || m., **x.** Lebewohl, n. spl.

adipeux, euse, a. (*pö*, *z*). fetthaltig.

adj||**acent, e,** a. (jas*a*ⁿ, t). anliegend. angrenzend. ||**-ectif, ive,** a. (*if*, *îw*), adjektivisch. ||s. m. Eigenschaftswort, n. Adjectiv, n.

adj||**oindre*** (*joi*ⁿdr). zugesellen. ||**oint, e,** a. (*joi*ⁿ, t). beigeordnet. *Professeur* —, Hilfslehrer. ||s. m. Amtsgehilfe, -n, -n, Adjunkt, en, -en. || [au maire] Beigeordnete[r], a. s. ||**-onction** f. (joⁿks*io*ⁿ). Hinzufügung. || [fonctionnaire] Beiordnung.

adjudant m. (jüd*a*ⁿ). Feldwebel ④.

adj||**udicataire** (jüdikatär). Übernehmer ④. || [soumissionnaire]. Submittent, -en, -en. ||**-udication** f. (jü-*sio*ⁿ). Zuerkennung. ||**-uger** (jü-*jé*) zuerkennen*.

adj||**uration** f. (jü-*sio*ⁿ). Beschwörung*. ||**-urer** (jür*é*), beschwören*.

adjuvant m. mitwirkendes Mittel ④.

adm||**ettre*** (mètr). zulassen*. || [accepter] annehmen*. || [accueillir] aufnehmen*. ||**-i...** V. *admettre**.

adm||**inistrateur** m. (*tœr*), Verwalter ④. ||**-inistratif, ive,** a. (*if*, *iw*). Verwaltungs... ||**-inistration** f. (*sio*ⁿ). Verwaltung. ||**-inistrer** (*tré*). verwalten. || [correction] erteilen. || [remède] verabreichen. || [sacrements] spenden.

adm||**irable** a. (*àbl*). bewundernswürdig. ||**-irateur, trice,** m., f. (*œr*, *trìs*) Bewunderer ④, derin. ||**-iratif, ive,** a. (*tif*, *iw*). bewundernd. ||**-irer.** bewundern.

adm||**is** V. *admettre**. ||**-issible** a. (*ibl*). zulässig. ||**-ission** f. (*sio*ⁿ). Zulassung.

adm||**onestation** f. (*sio*ⁿ). Verweis, n. ||**-onester.** [jemandem] einen Verweis erteilen.

adoles||**cence** f. (lès*a*ⁿs). Jünglingsalter, n. ||**-cent, e,** a. s. (*sa*ⁿ, t). Jüngling, m., Jungfrau, f.

adonner [s']. sich hingeben*.

adopt||**er.** annehmen*. || [enfant] an Kindes Statt annehmen*. ||**-if, ive,** a. (*if*, *iw*). Adoptiv... ||**-ion** f. (*sio*ⁿ). Annahme. || [d'enfants] Adoption.

ador||**able** a. (*abl*). anbetungswürdig. ||*Fig.* allerliebst. ||**-ateur, trice,** m, f. (*tœr*, *trìs*), Anbeter ④, in. ||*Fig.* Verehrer ④, in. ||**-ation** f. Anbetung. ||**-er.** anbeten; leidenschaftlich lieben.

adosser. anlehnen

adouc||**ir** (adus*ir*). versüßen. || [peine] mildern. || [mal] lindern. ||**-issement** m. (ism*a*ⁿ). Versüßung, f. Milderung, f.

adr||**esse** f. (*ès*). Gewandtheit || [habileté] Geschicklichkeit. [domicile] Anschrift, Adresse. || [lettres, etc.] Aufschrift. || [pétition] Bittschrift. ||**-esser.** adressieren. || [diriger] richten. || [s']. sich wenden* [an, *acc.*]. ||**-oit, e,** a. (drᵒ*a*, r). geschickt, gewandt.

adul||**ateur** m. (dü-*tœr*), Schmeichler ④. ||**-ation** f. (*sio*ⁿ). Lobhudelei. ||**-er.** lobhudeln.

adulte a. (*ü*lt). erwachsen.

adul||tère a. (t*ä*r). ehebrecherisch. ||s. m. [acte] Ehebruch. ||m. et f. Ehebrecher ④, in. ||**-térer.** verfälschen.

advenir* (wœn*i*r). geschehen*. *Advienne que pourra,* es geschehe, was da wolle.

adverbe m. (w*ä*rb). Umstandswort, n. n. ②, Adverb, -ien, n.

adv||ersaire m. et f. (s*ä*r). Gegner ④, in. ||**-erse** a. (*e*rs). gegnerisch : *partie* —, Gegenpartei. ||**-ersité** f. Mißgeschick.

aér||age m., **-ation** f. (*à*j, -si*o*^{n}). Lüftung, f. ||**-er.** lüften. ||**-ien, ne,** a. (ri*i*^{n}, *iè*n). luftig. ||**-odrome** m. (om) Flugplatz, -feld, n. ||**-odynamique** a. aerodynamisch. ||**-olithe** m. (l*ì*t). Meteorstein. ||**-onaute** m. (n*ô*t). Luftschiffer ④. ||**-onautique** f. (ôt*ì*k). Luftschiffahrt. ||**-ophagie** f. Luftschlucken, n. ||**-oplane** m. (pl*à*n). Flugmaschine, f., -schiff, n. ||**-oport** m. (*ò*r). Flughafen ③. ||**-ostat** m. (st*a*). Luftballon, -e et -s. ||**-ostation** f. (si*o*^{n}). Luftschiffahrt.

aff||abilité f. (af'-t*é*). Leutseligkeit. ||**-able** a. (*à*bl). leutselig.

aff||aiblir (äbl*i*r). schwächen. ||[débiliter] entkräften. ||[s'] schwächer werden*. ||**-aiblissement** m. (fäblism*a*^{n}). Schwächung, f.

affair||e f. (af*ä*r). [occupation, commerce] Geschäft, n. ||[cause] Sache. ||[procès] Prozeß, m. ||[d'amour, d'honneur] : ...handel, m. ③. ||*Diplom.* Angelegenheit. ||*Mil.* Treffen, n. ④, Gefecht, n. ||*loc. Avoir* affaire à qn,* [es] mit jm. zu tun* haben*. *Cela fait mon affaire,* das ist mir gerade recht; *j'en fais mon affaire,* das laß meine Sorge sein*. *Tirer qn d'affaire,* einem aus der Not helfen*; *se tirer d'affaire,* sich heraushelfen*. ||**-é, e,** a. geschäftig.

aff||aissement m. (afäsm*a*^{n}). Sinken, n. ||*Fig.* Erschlaffung, f. ||**-aisser** (äs*é*). niederdrücken. ||[s']. hinsinken*, intr. [*sein*]. ||*Fig.* erschlaffen, intr. [*sein*].

affaler [**s'**], *pop.* herabgleiten*, intr. [*sein*].

aff||amé, e, a. hungrig. ||**-amer.** aushungern.

aff||ectation f. (àfèktasi*o*^{n}). Ziererei, Bestimmung, ||**-ecté, e,** a. geziert. ||**-ecter,** [feindre] erkünsteln. ||[destiner] bestimmen. ||[émouvoir] ergreifen*. ||[attrister] betrüben. ||**-ection** f. (si*o*^{n}). Liebe. ||*Méd.* Beschwerde. ||**-ectionné, e,** a. (sion*é*). zugetan. ||**-ectionner,** (sion*é*). lieb haben*. ||**-ectueux, euse,** a. (*üö*, **z**). **-ectueusement** adv. liebevoll.

afférent, e, a. (r*a*^{n}, t). zukommend. ||[correspondant] entsprechend.

affermer. verpachten.

aff||ermir. befestigen. ||*Fig.* bestärken. ||**-ermissement** m. (mism*a*^{n}). Befestigung, f. ||Bestärkung, f.

afféterie f. (fétr*i*). Ziererei.

aff||ichage m. (sch*a*j). Ankleben, n. ||**-iche** f. (*i*sch). Maueranschlag, m. ||[de théâtre] Zettel, m. ④. ||**-icher** (sch*é*) anschlagen. ||*Fig.* zur Schau tragen. ||**-icheur** m. (sch*œ*r). Zettelankleber, ④.

aff||iler (afil*é*). wetzen, schleifen*. ||**-ilée [d']** adv. (l*ée*). hintereinander. ||**-iliation** f. (si*o*^{n}). Verbrüderung. ||**-ilier.** aufnehmen*.

aff||inage m. (*à*j). Läuterung, f. ||**-iner.** läutern.

affinité f. Verwandtschaft.

aff||irmatif, ive, a. (t*i*f, *i*w). bejahend. ||**-irmation** f. (si*o*^{n}). Bejahung. ||**-irmer.** bejahen.

affleurer (afl*œ*r*é*). zu Tage streichen, *fig.* erscheinen.

affl||iction f. (iksi*o*^{n}). Betrübnis. ||Herzeleid. ||**-igé, e,** a. (j*é*). betrübt. ||atteint de] krank [an, *dat.*]. ||**-igeant, e** (j*a*^{n}, t). betrübend. ||**-iger** (j*é*) betrüben.

affl||uence f. (*üa*^{n}ß). Zufluß m. ||*Fig.* Zudrang, m. ||**-uent** m. (*üa*^{n}). Nebenfluß. ||**-uer** (*üé*). zuströmen. ||**-ux** m. (fl*ü*). Zufluß.

aff||olement m. (olm*a*^{n}). Verwirrung, f. ||**-oler** (l*é*). verwirren*.

aff||ouillement m. (ùjm*a*^{n}). Unterwaschen, n. spl. ||**-ouiller** (ùj*é*). unterwaschen*.

affourager (furaj*é*) füttern.

affr||anchi, e, a. s. (a^{n}sch*i*). Freigelassene[r]. ||**-anchir** (a^{n}sch*i*r). befreien. ||[Leibeigenen] freilassen*. ||[lettre] frankieren. ||**-anchissement** m. (a^{n}schism*a*^{n}). Befreiung, f. ||Frankierung, f.

affres f. pl. (afr). Todesangst, f. sing.
affr‖ètement m. (etma^n). Befrachtung, f. ‖**-éter.** befrachten.
affreux, euse, a. (frö, z). schrecklich, abscheulich.
affr‖iander (fria^{n}dé). lecker machen. ‖*Fig.* anlocken. ‖**-iolant, e** (la^n, t). anlockend.
affr‖ont m. (o^n). Schimpf, spl. ‖[offense] Beleidigung, f. ‖**-onter** tr. (o^{n}té). die Stirn bieten* [*dat.*]. ‖[braver] trotzen, intr. [*dat.*].
aff‖ublement m. (übl^{e}ma^n). lächerlicher Anzug. ‖**-ubler** (üblé). lächerlich herausputzen.
affusion f. (afüzio^n). Übergießung.
aff‖ût m. (fü). Lafette, f. ‖[chasse] *Être à l'affût,* auf dem Anstand sein*. ‖*Fig. : être* à l'affût de,* erspähen, tr., lauern [auf, *acc.*]. ‖**-ûter** tr. (üté). wetzen schleifen.
afin (afi^n) : *afin de,* um... zu; *afin que...,* damit, conj.
africain, e, a. (ki^n, än). afrikanisch. ‖a. s. Afrikaner, in. **Afrique** npr. f. (ìk). Afrika, n.
aga‖çant, e, a. (sa^n, t). reizend ‖[qui pique] stichelnd. ‖[taquin] neckisch. ‖[ennuyeux] lästig. ‖**-cement** m. (gasma^n). [nerfs] Nervenreiz. ‖**-cer** (sé). aufreizen. ‖sticheln. ‖belästigen. V. *agaçant.* ‖**-cerie** f. (asri). Stichelei. ‖Neckerei.
agape f. (àp). Liebesmahl, n. ①.
agate f. (àt). Achat, m.
âg‖e m. (aj). Alter, n. ④. *Âge avancé,* hohes Alter; *Âge ingrat.* Flegeljahre, npl. *à l'âge de,* im Alter von; *d'un certain âge,* bejahrt. ‖Loc. *Être d'âge à...,* alt genug sein*, um... *Quel âge a-t-il?* wie alt ist er?. ‖[degré] Alterstufe, f. ‖[époque] Zeitalter, n. ‖[d'or, de pierre, etc.] Zeit, f. ‖**-é, e,** a. (âgé). alt : *âgé de...,* ...alt. ‖[assez vieux] bejahrt.
agen‖ce f. (aja^{n}s). Agentur. ‖**-cement** m. (ja^{n}sma^n). Einrichtung, f. ‖**-cer** (sé). einrichten.
agenda m. (aji^{n}da). Tage-, Merkbuch, n. ②.
agenouiller [s'] (saj^{e}nujé). niederknien, intr. [*sein*].
agent m. (aja^n). Agent, -en, -en Vertreter ④. ‖[force] wirkende Kraft.
aggl‖omération f. (ag-sio^n). Zusammenballung. ‖[population] Siedlung. ‖**-oméré** m. [charbon] Preßkohle, f. ‖**-omérer** [en tas] anhäufen. ‖[en pelote] zusammenballen.
agglutiner (ütiné). anleimen.
aggrav‖ation f. (sio^n). Erschwerung, ‖Verschlimmerung, f. ‖**-er** (wé). [faute] erschweren. ‖[peine] verschärfen. ‖[mal] verschlimmern.
ag‖ile a. (àjil). flink. ‖**-ilité** f. Flinkheit.
ag‖io m. (ajiô). Aufgeld, n. ‖**-iotage** m. (taj). Börsenwucher. ‖**-ioteur** m. (tœr). Jobber ④. ‖**-ir** (jir). handeln : *agir en ami,* etc., als Freund usw. handeln. ‖[sur] wirken [auf, *acc.*]. ‖[s']. impers. *Il s'agit de...,* es handelt sich um... ‖*cesser d'—,* auswirken. ‖**-issant, e,** a. (jisa^n, t). tätig. ‖**-issements** m. pl. (jisma^n). Gebaren, n. spl. ‖[intrigues] Umtriebe, pl.
ag‖itateur m. (tœr). Aufwiegler ④, Unruhestifter ④. ‖**-itation** f. (sio^n). Aufregung. ‖**-iter** (té). hin und herbewegen. ‖[question] anregen. ‖[exciter]. aufregen.
agneau, x, m. (anjo). Lamm, n. ②.
agon‖ie f. (î). Todeskampf, m. ‖**-ir.** [de] überhäufen [mit]. ‖**-isant, e,** p. a. (za^n, t). sterbend. ‖**-iser** (zé). in den letzten Zügen liegen*.
agoraphobie f. Platzangst.
agr‖afe f. (àf). Häkchen, n. ④. Spange. ‖**-afer.** anhaken.
agraire a. (är). Acker...
agr‖andir (a^{n}dir). vergrößern. ‖[étendre] erweitern. ‖**-andissement** m. (a^{n}disma^n). Vergrößerung, f. ‖[extension] Erweiterung, f.
agr‖éable a. (abl). angenehm. ‖**-ée,** m. (éé). *Jur.* Verteidiger. ‖**-éer** (éé). genehmigen. ‖[approuver] gutheißen*. ‖intr. gefallen*.
agr‖égation f. (sio^n). Professur [an franz. Gymnasien]. ‖**-égé, e,** m. f. (jé). [ordentlicher] Gymnasiallehrer ④, in. ‖**-éger** [s'] (jé). sich anfügen.
agr‖ément m. (ma^n). Genehmigung, f. ‖[chose agréable] Annehmlichkeit, f. ‖[charme] Lieblichkeit, f.

sans pl. ‖*Arts d'agrément,* gesellige Künste. ‖**-émenter** (mante). [de] verzieren [mit].

agrès m. (agrè). Takelwerk, n. spl. ‖[gymnastique] Turngerät, n.

agr‖esseur m. (sœr). Angreifer ④. ‖**-essif, ive,** a. (sif, iw). angreifend. ‖**-ession** f. (sion). Angriff, m.

agreste a. (est). ländlich.

agr‖icole a. (kòl). landwirtschaftlich. ‖**-iculteur** m. (kültœr). Ackersmann, pl. -leute. ‖[Gutsbesitzer] Landwirt. ‖**-iculture** f. (kültür) Ackerbau, m., Landwirtschaft.

agripper, *fam.* gierig ergreifen*.

agr‖onome m. (òm). Agronom, -en, -en. ‖**-onomie** f. (ònòmî). Agronomie.

agrumes m. pl. (grüm') säuernde Südfrüchte, f. pl.

aguerr‖i, e, p. a. (agäri). kriegsgewohnt. ‖**-ir.** kriegstüchtig machen.

aguets m. pl. (agè). *Être* aux aguets,* auf der Lauer sein*.

aguich‖ant, e, a. verführerisch. ‖**-er** (agisché), *pop.* anlocken.

ah! int. ach! ah!

ahaner intr. (a'hané). keuchen.

ahur‖i, e p. a. (a'üri). verdutzt. ‖**-ir.** verdutzen. ‖**-issement** m. (isman). Verdutzung, f.

ai. V. *avoir*.*

aid‖e f. (äd). Hilfe. ‖Loc. *A l'aide de,* mit Hilfe [gén.], vermittelst [*gén.*]. ‖[assistance] Beistand, m. ‖m. et f. [Personne] Gehilfe, -n, -n, ...fin. ‖*Aide de camp* [Flügel-] Adjutant; *aide-major,* m., Hilfsarzt. ‖**-er** tr. (ädé). helfen*, intr. [*dat.*].

aie, aies. V. *avoir*.*

aïe ! interj. (a'j). au!, o weh!

aïeul, e, m., f., **aïeux** m. pl. (ajœl, jö). Ahn, -en -en, Ahnherr, -n, -en, m., Ahnfrau, f.

aigl‖e m. (ägl). Adler ④. ‖**-on** m. (äglon). junger Adler.

aigr‖e a. (ägr). sauer. ‖[voix] kreischend. ‖[ton] bitter. ‖[caractère] störrisch. ‖**-e-doux, ouce,** a. (du, dus). sauersüß. ‖**-efin** m. (œfin). Schwindler ④. ‖**-elet, te,** a. (œlè, t). säuerlich.

aigrette f. (èt). Reiherbusch, m. ‖[bijou] Zitternadel. ‖[lumineuse] Strahlenbüschel, m. ‖*Zool.* Silberreiher, m. ④.

aigr‖eur f. (œr). Säure. ‖[d'estomac] Magensäure. ‖*Fig.* Bitterkeit. ‖**-ir** tr. sauer machen. ‖*Fig.* erbittern. ‖intr. sauer werden*.

aigu, ë, a. (ägü). spitzig. ‖[acéré] scharf. ‖[son] gellend. ‖[douleur] heftig. ‖[angle] spitz. ‖*Gramm. Accent aigu,* m. Akut, ①.

aig‖ue-marine f. (èg-in). Aquamarin, m. ①. ‖**-uière** f. (giär). Wasserkanne.

aig‖uillage m. (güijaj). Weichenstellen, n. spl. ‖**-uille** f. (üij). Nadel : — *à coudre,* Nähnadel. ‖[pendule, etc.] Zeiger, m. ④. ‖[chemin de fer] Weiche. ‖**-uillée** f. (üijée). Einfädelfaden, m. ②. ‖**-uiller** intr. (güijé). die Weiche stellen, lenken. ‖**-uillette** f. (güijèt). Senkel m. Achselschnur f. ④. ‖**-uilleur** m. (güijœr). Weichensteller ④. ‖**-uillon** m. (güijon). Stachel, -n. ‖**-uillonner,** anstacheln.

aiguiser (güizé). schärfen. ‖[couteaux] wetzen, schleifen*. ‖[appétit] reizen.

ail m. (aj). Knoblauch.

ail‖e f. (äl). Flügel, m. ‖*Fig. Battre de l'aile,* übel dran sein*. ‖**-é, e,** a. (älé). geflügelt. ‖**-eron** m. (älron). Flügelspitze, f.

aille, -e... V. *aller*.*

ailleurs adv. (ajœr). anderswo ‖[direction] anderswohin. ‖*Nulle part ailleurs,* sonst nirgends. ‖*D'ailleurs* [provenance] anderswoher; [du reste] übrigens.

aim‖able a. (ämàbl), **-ablement** adv. (blèman). liebenswürdig.

aim‖ant m. (äman). Magnet. ‖**-ant, e,** a. (an, t). liebevoll, liebreich. ‖**-anter** (anté). magnetisch machen. *Aiguille aimantée,* Magnetnadel. ‖**-er** (mé). leiben, lieb *ou* gern haben*. ‖[mets, etc.] gern essen*, trinken*, etc.

aine f. (än). Schamleiste.

aîn‖é, e, a. (äné). älter. ‖[de plusieurs] ältest. ‖**-esse** f. (ès). Erstgeburt.

ainsi adv. (insi). also : — *que,* sowie; *pour* — *dire,* sozusagen; — *soit-il!,* so sei es! Amen!

air m. (är). Luft, f. : *le grand* —, die freie Luft; *en plein* —, unter freiem Himmel. ‖ [aspect] Miene, f. ‖ [apparence] Aussehen, n. ‖ *Mus.* Melodie f., Weise, f. ‖ LOC. *Avoir* l'air,* aussehen, den Anschein haben*; *paroles en l'air*, leere Worte.

airain m. (ärin). Erz, n. : *d'airain*, ehern, a.

aire f. (är). Tenne. ‖ [surface] Fläche. ‖ Inhalt. ‖ [nid] Horst, m. ①.

airelle f. (èl). Heidelbeere.

ais m. (ä). Brett, n. ②.

ai‖sance f. (äzans). Leichtigkeit, Ungezwungenheit. ‖ [fortune] Wohlhabenheit. ‖ *Cabinet d'aisances.* Abtritt. ‖**-se** f. (äz). Wohlbehagen, n. spl. *A l'aise, à son aise,* bequem : *se mettre* à l'aise,* sich's bequem machen; *à votre aise,* nach Ihrem Belieben; *mal à son aise,* unwohl. ‖**-sé, e,** a. (äzé). leicht. ‖ [situation] wohlhabend. ‖**-sément** adv. (äzéman). leicht.

aisselle f. (äsel). Achselhöhle.

ait. V. *avoir**.

aîtres. V. *Être**, s. m.

Aix-la-Chapelle, m. (äx-schapèl). Aachen, n.

ajonc m. (ajon). Stechginster.

ajour‖é, e, a. (ajuré). durchbrochen.

ajour‖nement m. (neman). Vertagung, f., Aufschub. ‖**-ner** [à]. vertagen, aufscheiben* [auf, *acc.*].

ajouter (ajuté). hinzusetzen [-tun*, -fügen].

ajust‖age m. (ajüstàj). Anpassung, f. ‖**-ement** m. (tœman). Kleidung, f. ‖**-er.** anpassen. ‖**-eur** m. (œr) ④. Maschinenschlosser ④.

alaise f. (äz). Untertuch, n. ②.

alamb‖ic m. (alanbìk). Brennkolben ④. ‖**-iqué, e,** a. (ké). weit hergeholt.

alang‖uir (langir). entkräften. ‖**-uissement** m. (gisman). Entkräftung, f.

alarm‖ant, e, a. (an, t). beunruhigend. ‖**-e** f. (àrm). Unruhe. *Donner l'alarme,* Lärm schlagen*. ‖**-er.** beunruhigen. ‖**-iste** a. beunruhigend; m. Panikverbreiter.

albâtre m. (atr). Alabaster.

albinos m. (os). Albino, -s.

album m. (bom). Stammbuch, n.②. ‖ [dessins] Album, -s, n.

albumine f. (bümin). Eiweißstoff, m.

alcal‖i m. (li). Laugensalz, n. : — *volatil,* Salmiak. ‖**-in, e,** a. (in, ìn). alkalinisch.

alchim‖ie f. (schimi) Alchimie. ‖**-iste** m. (ist). Alchimist. -en, -en.

alcool‖ m. (kòl). Alkohol ①. ‖**-ique** a. (òòlìk). alkoholisch. ‖s. m. Alkoholiker ④. ‖**-isme** m. (ism). Alkoholismus.

alcôve f. (kôw). Verschlag, m.

aléa‖ m. (léa). Glückszufall. ‖**-toire** a. (toar). unsicher.

alène f. (än). Ahle.

alentour adv. (alantur). ringsherum. ‖m. pl. Umgebung, f. s.

alert‖e a (èrt). munter. ‖ [prompt] rasch. ‖s. f. Waffenruf, m. ①; Alarm, m. *fausse alerte,* blinder Lärm. ‖**-er** alarmieren.

alésage m. (zaj). Ausbohren, n. ‖ [cylindre] Bohrung, f.

alèse. V. *alaise.*

alevin m. (alwin). Fischbrut, f.

alexandrin m. Alexandriner ④.

alezan, e, a. (alzan, àn). fuchsrot. ‖s. m. Fuchs.

algarade f. barscher Verweis, m.

al‖gèbre f. (jèbr). Algebra. ‖**-gébrique** a. (ìk). algebraisch.

Alg‖er m. (jé). Algier. ‖**-érie** f. (ri). Algerien, n. ‖**-érien, ne,** m., f. (riin, ièn). Algerier, in. ‖a. algerisch.

algue f. (alg). Alge.

alibi m. (bi). Alibi, -s.

ali‖énable a. (abl). veräußerlich. ‖**-énation** f. (sion). Veräußerung. ‖ [mentale] Geisteszerrüttung. ‖**-éné, e,** a. (né). Geisteskranke[r], a. s. ‖**-éner** [s']. sich entfremden. ‖**-éniste** m. (ist). Irrenarzt.

ali‖gnement m. (ìnjman). Baulinie, f., Bauflucht, f. ‖ *Mil.* Richtung, f. ‖**-gner** (njé). nach der Schnur richten. ‖ *Mil.* richten, in Linie stellen.

ali‖ment m. (man). Nahrungsmittel, n. ④, Speise, f. ‖**-mentaire** a. (mantär). Nahrungs... ‖**-mentation** f. Ernährung. ‖**-menter (manté).** ernähren. ‖ [machines] speisen.

alinéa m. (à). Absatz.

ali‖té, e, a. bettlägerig. ‖**-ter [s'].** bettlägerig werden*.

alizé a. (zé). *Vents alizés* m. pl., Passatwinde.

all‖aitement m. (alèteman). Säugung, f. Stillen, n. ‖**-aiter.** säugen, stillen.

allant, e, p. a. (al*a*ⁿ). gehlustig. ‖*Les allants et venants,* die Kommenden und Gehenden. ‖m. Munterkeit, f.

all‖échant, e, a. (al'lesch*a*ⁿ, *a*ⁿt). lockend. ‖[séduisant] verführerisch. ‖**-écher** tr. (*sché*). locken.

allée f. (*ée*). Gang, m. ‖[jardin] Baumgang, m. ‖[rue] Allee. ‖*allées et venues,* f. pl. Kommen und Gehen, n.

allégation f. (àl'lé-*sio*ⁿ). Behauptung.

all‖ège f. (*läj*). Lichterschiff, n. ‖**-égement** m. (lejm*a*ⁿ). Erleichterung, f. ‖**-éger** (*jé*). erleichtern.

all‖égorie f. (*ri*). Sinnbild, n. ②. ‖**-égorique** a. (*ìk*). sinnbildlich.

all‖ègre a. (*ägr*). munter. ‖**-égresse** f. (*ès*). Frohlocken, n., Jubel, m.

alléguer (*gé*). behaupten.

alléluia m. (*üjà*). Halleluja, [-s], n.

Allem‖agne f. (àlm*à*nj). Deutschland, n. ‖**-and, e,** a. (*a*ⁿ, d). s. Deutsche (r), deutsch. a.

aller* (àl*é*). [à] gehen* [nach] : *s'en aller,* weggehen*. ‖[à cheval] reiten*. ‖[voyager] reisen. ‖[véhicule *ou* en véhicule] fahren*. ‖[santé] gehen*, impers., sich befinden* : *il va bien,* es geht ihm gut; *comment allez-vous?* wie geht es Ihnen? wie befinden Sie sich? ‖[plaire] gefallen* : *cela me va,* das gefällt mir. ‖[vêtement, instrument] stehen*, passen : *cet habit lui va bien,* dieses Kleid steht ihm gut; *cette clef va à la serrure,* dieser Schlüssel paßt zum Schloß. ‖[suivi d'un infinitif] wollen* : *je vais lui écrire*,* ich will ihm schreiben*. ‖gehen* und... : *allez dire* à...,* gehen Sie und sagen Sie zu... ‖LOC. *Aller** [*en*] *grandissant,* etc., allmählich wachsen* usw; *Y aller* doucement,* vorsichtig sein*. *Allons!* wohlan! vorwärts! *Allons donc!,* ich dächte gar! *Allez!* vorwärts! *Se laisser aller,* sich gehen lassen*. ‖impers. *Il y va de notre vie,* es geht uns ans Leben. ‖s. m. Gehen, n. *A l'aller,* auf der Hinfahrt ou Hinreise. *L'aller et* [*le*] *retour,* die Hin- und Rückreise : *billet d'— et retour,* m., Hin- und Rückfahrkarte, f.; *Berlin aller et retour,* Berlin hin und zurück. ‖LOC. *Au pis-aller,* im schlimmsten Fall.

alli‖age m. (aliaj). Legierung, f. ‖**-ance** f. (*ia*ⁿs). Verbindung. ‖[politique] Bund, m. Bündnis, -isse, n. : *Triple Alliance,* Dreibund. ‖[bague] Trauring, m. ‖**-é, e,** a. (*ié*). verbündet. ‖[par le mariage] verschwägert. ‖s. m. Verbündete[r]. ‖**-er** (*ié*). verbinden*. ‖[métaux] legieren.

alligator m. (*tòr*). Alligator, oren.

allitération f. (*sio*ⁿ). Alliteration. Stabreim, m.

allô! Hallo!

allocation f. (al'lo-*sio*ⁿ). Geldbewilligung. ‖[supplément] Zulage : — *familiale,* Kinderzulage.

allocution f. (al'lokü*sio*ⁿ). Ansprache.

all‖onge f. (*o*ⁿj). Verlängerungsstück, n. ‖**-ongé, e,** a. (*jé*). länglich. ‖**-ongement** m. (*o*ⁿjm*a*ⁿ). Verlängerung, f. ‖**-onger** (*o*ⁿ*jé*). verlängern. ‖[sauce, etc.] verdünnen.

allouer (àl'*lué*). bewilligen.

all‖umage m. (alüm*à*j). Anzündung, f. ‖**-umer** (*ümé*). anzünden, anstecken. ‖**-umette** f. (üm*è*t). Zünd- *ou* Streichhölzchen, n. ④. ‖**-umeur** m., ‖**-umoir** m. (ümó*a*r), Anzünder ④.

allure f. (al*ür*). Gang, m. ‖[chevaux] Gangart. ‖pl. *fig.* Benehmen, n. spl.

allusion f. (al'lü*zio*ⁿ). Anspielung. *Faire** — *à,* anspielen [auf, *acc.*].

alluvion f. (al'lüw*io*ⁿ). Anschwemmung. *Terrain d'alluvion,* angeschwemmtes Land.

almanach m. (*na*). Kalender ④.

aloès m. (*ès*). Aloe, f.

aloi m. (ᵒ*a*) : *de bon aloi,* von gutem Schrot und Korn.

alors adv. (*òr*). damals. ‖[ensuite] dann, alsdann : *jusqu'alors,* bis dahin; *alors que,* als; *d'alors,* damalig, a.

alose f. (*ôz*). Alse.

alouette f. (al*uè*t). Lerche.

alourdir (lurd*ir*). schwerfällig machen. ‖[température] schwül machen. ‖[s'] schwerfällig werden*. ‖schwül werden*.

aloyau m. (alᵒaj*o*). Rückenstück, n. ‖[rôti] Lendenbraten ④.

alpaga m. (*ga*). Kamelziege, f. ‖[étoffe] Alpaka, m. et n.
Alp‖es f. pl. (alp). Alpen, pl. ‖**-estre** a. (*e*str). Alpen...
alpha‖bet m. (bè). Alphabet, n. ①. ‖**-bétique** a. (tìk). alphabetisch.
alpin‖, **e**, a. (p*i*n, ìn). Alpen..., alpinisch. ‖**-isme** m. Alpinismus. ‖**-iste** m. (*i*st). Alpinist, -en, -en.
Alsa‖ce, f. (*zà*s). Elsaß, et, et n. ‖**-cien, ne**, a. (s*iin*, *iè*n), s. Elsässer ④, in, elsässich. a.
altération f. (*sio*n). Beschädigung.
altercation f. (*sio*n). Wortwechsel, m.
alt‖éré, e, p. a. ‖[soif] durstig. ‖**-érer.** verändern. ‖[gâter] beschädigen. ‖[traits] entstellen. ‖[donner soif] durstig machen.
alt‖ernatif, ive, a. (*if, i*w). abwechselnd. *Courant* -, Wechselstrom. ‖f. Wahl. ‖**-erner.** abwechseln.
altesse f. Hoheit.
alt‖ier, ère a. (*tié, iär*). hochmütig. ‖**-itude** f. (*tüd*). Höhe.
alto m. (*to*). Bratsche, f. ‖[voix] Altstimme.
altruisme m. (tr*üi*sm). Nächstenliebe, f.
al‖umine f. (alümìn). Alaunerde. ‖**-uminium** m. (*io*m). Aluminium, n. ‖**-un** m. (al*u*n). Alaun.
alvéole m. (wéòl). ‖[ruche] Wachszelle, f. ‖[dent] Zahnhöhle, f.
amabilité f. (*té*). Liebenswürdigkeit.
amadou m. (d*u*). Zunder.
amadouer (d*ué*). kirre machen.
am‖aigrir (ägr*i*r). mager machen. ‖[consomption] abzehren. ‖**-aigrissement** m. (*i*sm*a*n). Abmagerung, f., Abzehrung, f.
am‖algame m. (*à*m). Verquickung, f. ‖*Fig.* Gemisch. ‖**-algamer** (m*é*). verquicken, vermengen.
am‖ande f. (*a*nd). Mandel. ‖[noyau] Kern, m. ‖**-andier** m. (d*ié*). Mandelbaum.
amant, e, m., f. (am*a*n, t). Liebhaber, in, Geliebte[r], a. s.
amarante f. (r*a*nt). Amarant, m. ①, Tausendschön, n.
am‖arrage m. (*aj*). Sorren, n. spl. ‖**-arre** f. (ar). Ankertau n. ①. ‖**-arrer.** sorren.
am‖as m. (àm*a*). Haufen ④. ‖**-asser** (s*é*). anhäufen. ‖[Geld] zusammenscharren.
amateur m. (t*œ*r). Liebhaber ④.
amazone f. (*zô*n). Amazone. ‖*Fig.* Reiterin.
ambages pl. (a^n^b*aj*). *Sans* —, ohne Umschweife.
am‖bassade f. (a^n^-s*à*d). Gesandtschaft, Botschaft. ‖**-bassadeur** m. (d*œ*r). Gesandte[r], a. s. Botschafter ④.
am‖biance f. (b*ia*^n^s). Umgebung. ‖**-biant, e,** a. (b*ia*^n^, t). umgebend.
am‖bigu, ë, a. (g*ü*). zweideutig, doppelsinnig. ‖**-biguïté** f. Zweideutigkeit, Doppelsinn, m.
am‖bitieux, euse, a. (a^n^-s*iö*, z). ehrgeizig, ehrsüchtig. ‖**-bition** f. (s*io*^n^). Ehrgeiz, m. spl. Ehrsucht, spl. ‖**-bitionner** tr. (siòn*é*). eifrig streben, intr. [nach.].
amble m. (a^n^bl). Paßgang.
am‖bre m. (a^n^br). Amber : — *jaune,* Bernstein. ‖**-bré, e,** a. [aspect] bernsteinartig. ‖[parfum] amberduftend.
ambroisie f. (br^o^az*i*). Götterspeise, Ambrosia.
am‖bulance f. (büla^n^s). Feldlazarett, n. ① . ‖**-bulancier, ère,** m. f. (büla^n^s*ié*, *iè*r). Krankenwärter, in.
ambulant, e, a. (bül*a*^n^, t). umherziehend. *Marchand* —, Hausierer ④.
âme f. (âm). Seele. ‖[l'être moral] Gemüt, n. ②. ‖LOC. *De toute son âme,* von ganzer Seele. *Il n'y avait âme qui vive,* es war keine Menschenseele da. *Rendre l'âme,* den Geist aufgeben.
am‖élioration f. (ras*io*^n^). Verbesserung. ‖**-éliorer** (r*é*). verbessern. ‖[espèce] veredeln. ‖**[s']** sich bessern, besser werden*.
amen! interj. (*è*n). Amen!
am‖énagement m. (ajm*a*^n^). Einrichtung, f. ‖**-énager** (j*é*). einrichten.
am‖endable a. (a^n^d*à*bl). besserungsfähig. ‖**-ende** f. (am*a*^n^d). Geldstrafe. *Mettre à l'amende,* mit einer Geldstrafe belegen. ‖LOC. *Faire* amende honorable,* Abbuße tun*. ‖**-endement** m. (ma^n^dm*a*^n^). Abänderungsvorschlag. ‖**-ender** (ama^n^d*é*), verbessern. ‖**[s']** sich bessern.
amener (am^e^n*é*). mitbringen*. ‖[produire] herbeiführen. ‖[voiles] einziehen*. *Amener qn à...,*

einen dahin bringen*, daß... *Amener qn à faire*..., einen zu ... bewegen*.
aménité f. Annehmlichkeit.
amer, ère, a. (amèr). bitter. ||m. Bitter.
am||éricain, e, a. (k*in*, *än*). ||m. f. Amerikaner ④, amerikanisch, m. ||**-érique** f. (*ìk*). Amerika, n.
am||errir (*ir*). niedergehen* [*sein*] [auf der See], wassern. ||**-errissage** m. (*aj*). Niedergehen, n. spl. Wasserung, f.
amertume f. (*üm*). Bitterkeit.
améthyste f. (*ist*). Amethyst, m. ①.
ameublement m. (œbl^em*an*). Möblierung, f. Zimmerausstattung, f.
ameublir (mœbl*ir*). auflockern.
ameuter (öt*é*). aufwiegeln, aufhetzen. ||[s'] sich zusammenrotten.
am||i, e, m., f. (am*i*). Freund, in. ||a. befreundet. ||**-iable** a. (*iàbl*). gütlich. *A l'*—, gütlich, in Güte.
amiante m. (*ian*t). Asbest.
am||ical, e (*kàl*), **-icalement** adv. (kalm*an*). freundschaftlich.
am||idon m. (d*on*). Kraftmehl, n., Stärke, f. ||**-idonner.** stärken.
am||incir (m*in*s*ir*). dünner machen. ||[s'] dünner werden*. ||**-incissement** m. (sìsm*an*). Verdünnung, f.
am||iral m. (*àl*). Admiral. ||**-irauté** f. (ôt*é*). Admiralschaft, Admiralität.
amitié f. (*tié*). Freundschaft. *Faites-moi l'amitié de...*, tun Sie mir den Gefallen, zu... ||pl. Freundschaftsbezeigungen. *Faites-lui mes amitiés.* richten Sie ihm meine Empfehlung [*ou* Grüße] aus.
ammonia||c m. (*iàk*). *Gaz ammoniac,* Ammoniak, n. *Sel ammoniac,* Salmiak. ||**-cal, e,** a. (*kàl*). ammoniakhaltig. ||**-que** f. (*iàk*). Salmiakgeist, m.
am||nésie f. (amnez*î*). Gedächtnisschwäche. ||**-nistie** f. (*ti*). Amnestie. ||**-nistier** (*tié*). amnestieren.
amoindrir (oi*n*dr*ir*). vermindern.
am||ollir (*ir*). erweichen. ||*Fig.* verweichlichen. ||[s'] weichlich werden*. ||**-ollissement** m. (ism*an*). Verweichlichung, f.
am||onceler (*on*slé). anhäufen, aufhäufen. ||**-oncellement** m. (sèlm*an*). Anhäufung, f., Aufhäufung, f.
amont m. (*on*). *En amont,* stromaufwärts; adv., oberhalb, prép. [*gén.* ou *von*].
amor||çage m. (s*aj*). Ködern, n. ||**-ce** f. (*ors*). Lockspeise, f. Köder, m. ||[armes] Zündhütchen, n. ④. ||**-cer** (s*é*). locken, ködern. ||[armes] das Zündhütchen aufsetzen. ||*Fig.* [affaire] anheben*.
amorphe a. (orf). gestaltlos.
amor||tir (*ir*). schwächen. ||[son] dämpfen. ||[coup] mildern. ||[dette] tilgen. ||**-tissable** *a.* (*àbl*). tilgbar. ||**-tissement** m. (tism*an*). Tilgung, f. *Comm.* Abschreibung, f. ||**-tisseur** m. Stoßfänger ④. ||*Autom.* Dämpfer ④.
amour|| m. (am*ur*) [f. im Plural]. [de, pour] Liebe, f. (zu]. ||[passager] Liebschaft, f. : *pour l'amour de,* um [*gén.*] willen. ||**-acher** [s'] (sch*é*) [de]. sich verlieben *ou* vernarren [in, *acc.*]. ||**-ette** f. (*èt*). Liebschaft, Liebelei, m. ③. ||**-eux, euse,** [in, *acc.*]. ||a. s. Verliebte[r], a. s. Liebhaber ④, in. ||**- -propre** m. (pròpr). Ehrgefühl, n.
amovible a. (w*i*bl). absetzbar.
ampère m. (a*n*pär). Ampere, n. ④.
amphi||bie m. (b*i*). Amphibie, f. ||a. doppellebig. ||**-bologie** a. (*jì*). Zweideutigkeit. ||**-bologique** a. zweideutig. ||**-gourique** a. unverständlich, verworren. ||**-théâtre** m. Amphitheater. n. ④ [de Faculté] Hörsaal.
amphitryon m. ||[hôte] Wirt, Gastgeber ④.
amphore f. (a*n*f*or*). Amphora.
ampl||e a. (a*n*pl). weit. ||*Fig.* umfassend. ||[abondant] reichlich ||[détaillé] ausführlich. ||**-eur** f. (*œr*). Weite. ||**-iation** f. Duplikat, n. ||**-ificateur** m. (t*œr*) Verstärker. ||**-ification** f. (s*ion*). Erweiterung. ||**-ifier** (*fié*) erweitern. ||[exagérer] übertreiben*. ||**-itude** f. (*tüd*). Weite.
am||poule f. (a*n*p*ul*). Fläschchen, n. ④. ||*Chim.* Glasballon, m. ||*Electr.* Birne. ||*Méd.* Bläschen, n. ④. ||**-poulé, e,** a. (*lé*). [style] schwülstig.
am||putation f. (pü-s*ion*). Abnahme, Amputation. ||**-puter** (püt*é*). abnehmen*.
amulette f. (ül*è*t). Amulett, n.

amu||**sant, e,** a. (üzan, t). unterhaltend. ||[plaisant] belustigend. ||[réjouissant] ergötzlich. ||**-sement** m. (üzman). Unterhaltung, f. ||Belustigung, f. ||**-ser** tr. (zé). unterhalten*. ||belustigen. ||ergötzen. ||**-sette** f. (zèt). Tändelei. ||**-seur** m. Spaßmacher.
amygdale f. (àl). Mandel.
an *m.* (an). Jahr. n. ①. *Avoir* dix ans,* zehn Jahre alt sein*; *deux fois l'an,* ou *par an,* zweimal jährlich. ||LOC. *Bon an mal an,* jahraus, jahrein; *Nouvel An,* Neujahr; *bout de l'an,* jährliche Seelenmesse. *Jour de l'an,* Neujahrstag.
ana||**chorète** m. (korèt). Einsiedler ④. ||**-chronisme** m. (kronism). Zeitrechnungsfehler ④. ||**-gramme** m. (gràm). Anagramm, n. ①. ||**-logie** f. (ji). Ähnlichkeit. ||**-logue** a. (òg). ähnlich. ||**-lyse** f. (iz). Analyse, Zergliederung. ||**-lyser** (zé). analysieren. ||[décomposer] zergliedern. ||**-lytique** a. (ik). analytisch.
ananas m. (nà od. nâs). Ananas, - *ou* ...asse, f.
anarch||**ie** f. (schi). Anarchie. ||**-ique** a. (ik). anarchisch. ||**-iste** m. (ist). Anarchist, -en, -en.
anathème m. (täm). Bannfluch. ||mit Kirchenbann Belegte[r].
ana||**tomie** f. (mi). Anatomie. ||**-tomique** a. (ìk). anatomisch. ||**-tomiste** m. (ist). Anatomiker ④.
anc||**estral, e, aux,** a. (ansestràl). vorelterlich. ||**-être** m. (sätr). Vorfahr, -en, -en. ||pl. [aïeux] Voreltern, Ahnen.
anche f. (ansch). Mundstück, n.
anchois m. (schoa). Anschove, f.
ancien||**, ne,** a. (ansiin, sièn). alt. *Les anciens,* die Alten. ||[d'autrefois] ehemalig. ||[antérieur] früher. ||**-ement** adv. (siènman). ehemals. ||**-neté** f. (sièntè). Alter, n. ||[de service] Dienstalter, n.
ancr||**age** m. Verankerung, f. ||**-e** f. Anker, m. ④. *Être* à l'ancre,* vor Anker liegen*. *Lever l'ancre,* den Anker lichten. ||**-er.** verankern. ||**-é, e,** a. *Fig.* festsitzend.
andante m. (andant). Andante, -s, n.
and||**ouille** f. (andùj). Weißwurst, -e [v. Kaldaunen]. ||**-ouillette** f. (jèt). Kalbswürstchen, n. ④.
âne m. (n). Esel, ④.
anéant||**ir** (antir). vernichten. ||**-issement** m. (isman). Vernichtung, f. ||[moral] Zerknirschung, f.
anecdote f. (ôt). Anekdote, Geschichtchen, n. ④.
ané||**mie** f. (mî). Blutarmut. ||**-mique** a. (ik). blutarm.
anémone f. (òn). Windblume.
ân||**erie** f. (ânri). Eselei. ||**-esse** f. (ès). Eselin.
anesthé||**siant** m. betäubendes Mittel, n. ||**-sie** f. (zi). Anästhesie, Betäubung. ||**-sique** a. (ìk). anästhetisch.
anévrisme m. (ism). Pulsader geschwulst, f.
anfractuosité f. (an-tüozité). Vertiefung, Krümmung.
an||**ge** m. (anj). Engel ④. ||**-gélique** a. (jélik). engelhaft. *Salutation angélique* et **-gélus** m. (jélüs). Engelgruß, m.
angine f. (jìn). Bräune. ||[simple] Halsentzündung.
Anglais, e, s. m. f. Engländer ④, in. (anglä, z). a. englisch (èn-).
angle m. (angl). Winkel. ||[coin] Ecke, f.
Angl||**eterre** f. (angletär). England, n. ||**-ican, e,** a. (kan. àn). anglikanisch : *Eglise anglicane.* f. die englische Hochkirche. ||**-icisme** m. (sism). Anglizismus. ...men. ||**-o...,** a. englisch-... ||**-o-saxon, ne,** a. (on, one). anglsächsich.
angoiss||**e** f. (angoas). Angst, e. ||[inquiétude] Bangigkeit; *poire d'* —, Knebel m. ||**-er** (sé). ängstigen.
anguille f. (angij). Aal, m. ①.
ang||**ulaire** a. (gülär). *Pierre*—, f. Eckstein, m. ||**-uleux, euse,** a. (lö, z). eckig, winklig.
anhydre a. (anidr). wasserlos.
anicroche f. (òsch). Haken, m. ④.
ânier m. (anié). Eseltreiber ④.
aniline f. (ìn). Anilin, n.
animadversion f. (wersion). Abneigung.
ani||**mal, aux,** m. (àl, o). Tier, n. ||a. tierisch : *règne animal,* Tierreich. ||**-mateur, trice,** m., f. (tœr, trìs). Anreger, in. ||**-mation** f. (sion). Belebung. ||**-mé, e,** a. belebt. ||**-mer.** beleben. ||**-mosité** f. (zité). Feindseligkeit.

ani||**s** m. (an*i*). Anis. ||**-sette** f. (zèt). Anisett, m.
ankylose f. (a^n-ôz). Ankylose, Gelenkversteifung.
annales f. pl. (an'n*a*l). Jahrbücher, n. pl.
anneau, x, m. (an*o*). Ring.
année f. (n*ée*). Jahr, n. ①. *Souhaiter la bonne année,* zu Neujahr gratulieren.
annelé, e, a. (ànl*é*). geringelt. ||m. pl. Ringelwürmer.
ann||**exe** a. (àn'neks). angebaut. ||s. f. Anhang, m. ||[bâtiment] Anbau, m. ①. ||[dépendance] Nebengebäude, n. ④. ||**-exer** (ks*é*). einverleiben, annektieren. ||**-exion** f. (i**o**^n). Einverleibung, Annexion.
annihiler (àn'ni'il*é*). vernichten.
anniversaire a. (wers*ä*r). alljährlich. *Fête* —, f., Jahresfest, n. ||s. m. Jahrestag ① : — *de naissance,* Geburtstag.
ann||**once** f. (àn**o**^ns). Anzeige, Ankündigung. ||**-oncer** (o^ns*é*). anzeigen, ankündigen ||[nouvelle] melden. ||[personne] anmelden. ||**-onciation** f. (o^nsi*á*s*i***o**^n). Mariä Verkündigung. ||**-oncier** Ausrufer.
ann||**otation** f. (s*i***o**^n). Anmerkung. ||**-noter.** mit Anmerkungen versehen*, anzeichnen.
annu||**aire** m. (an'n*ü*är). Jahrbuch, n. ② : — *du téléphone,* Telefonbuch. ||**-el, le,** a. (èl). jährlich. ||**-ité** f. (t*é*). Annuität.
annulaire a. (l*ä*r). ringförmig. ||[doigt]. Ringfinger.
annu||**lation** f. Nichtigkeitserklärung. ||**-ler.** für nichtig erklären. ||[commande] widerrufen*.
ano||**blir** (*i*r). adeln. ||**-blissement** m. (ism**a**^n). Adelung, f.
anodin, e, a. (d**i**^n, ìn). unschädlich.
anomalie a. (*i*). Regelwidrigkeit.
ânon|| m. (**o**^n). Eselchen, n. ④. ||**-ner** herstottern.
anonyme a. (n*i*m). namenlos. ||[lettre] unterschriftslos.
an||**ormal, e, aux,** a. (*à*l, *o*). abnorm.
anse f. (a^ns). Henkel, m. ④. ||[baie] Bucht.
ant||**agonisme** m. (a^n-*i*sm). Gegnerschaft, f. ||**-agoniste** m. (*i*st). Gegner ④, Widersacher ④.
antarctique a. (*i*k). Süd...
anté||**cédent** m. (a^ntesed**a**^n). *Gramm.* Berufungsfall. ||pl. [vie] Vorleben, n. spl. ||**-diluvien, ne,** *a.* (lüw*i***i**^n, *iè*n). vorsintflutlich.
antenne f. (a^ntèn). *Mar.* Segelstange. ||*Zool.* Fühlhorn, n. ②. ||[T. S. F.] Luftleiter, m.
antér||**ieur, e,** a. (a^n-r*iœ*r) [temps] vorhergehend. ||[espace] vornliegend, Vorder... ||**-ieurement** adv. (m**a**^n). [à]. früher [als]. ||**-iorité** f. (t*é*). Frühersein, n.
anthologie f. (a^n-j*i*). Blumenlese.
anthr||**acite** f. (a^n-s*i*t). Anthrazit, m. ①. ||**-ax** m. (*a*ks). Karbunkel ④.
anthropo||**logie** f. (a^n-j*i*). Anthropologie. ||**-logiste** m. (j*i*st). Anthropolog, -en, -en. ||**-métrie** f. Körpermessung. ||**-phage** m. (f*a*j). Menschenfresser ④.
anti||**...** (a^nt*i*). gegen... wider... ||**-aérien, enne** a. ...abwehr; Flak... ||**-alcoolique** a. alkoholfeindlich. ||**-chambre** f. (sch**a**^nbr). Vorzimmer, n. ④. ||**-cipation** f. (sì-s*i***o**^n). Vorausnahme. ||**-cipé, e,** a. (sip*é*). voreilig, im voraus. ||**-ciper** (sip*é*) [sur]. vorgreifen* [*dat.*]. ||**-dater** (t*é*). zurückdatieren. ||**-dérapant, e,** a. (**a**^n, t). nicht gleitend. ||m. [pneu] Gleitschutzreifen. ||**-dote** m. (*ò*t). Gegengift, n.
anti||**enne** f. (a^nt*iè*n). Vorgesang, m. ||*Fig.* alte Leier. ||**-gel** m. Frostschutzmittel, n.
antilope f. (a^ntil*ò*p). Antilope.
antimilitariste m. (*i*st). Militärfeind. ||a. militärfeindlich.
antimoine (m^o*a*n). Antimon. n.
anti||**nomie** f. (m*i*). Widerspruch, m. ||**-pathie** f. (t*î*). Abneigung. ||**-pathique** a. (ìk). widerwärtig. ||**-patriotique** a. (t*i*k). unpatriotisch. ||**-pode** m. (*ó*d). Antipode, -n, -n. ||**-pyrine** f. (ìn). Antipyrin, n.
anti||**quaire** m. (a^n-k*ä*r). [savant] Altertumsforscher ④. ||[marchand] Altertumskrämer. ||**-que** a. (*i*k). altertümlich. ||**-quité** f. (kit*é*). Altertum, n. ②.
anti||**religieux, euse,** a. (a^n-j*iö*, **z**). religionsfeindlich. ||**-sepsie** f. (s*î*). Antiseptik. ||**-septique** a. (ìk). fäulniswidrig. ||**-thèse** f. (t*ä*z). Gegensatz, m.
Antoine m. (a^nt^o*a*n). Anton.
antre m. (a^ntr). Höhle, f.

anus m. (anüs). After.
Anvers m. (a^nwär). Antwerpen, n.
anxi‖**été** f. (a^n-té). Angst. ‖[inquiétude] Bangigkeit. ‖**-eux, euse,** a. (*iö, z*). ängstlich.
août m. (u). August.
ap‖**aisement** m. (äzma^n). Beruhigung, f. ‖**-aiser** (*zé*). beruhigen. ‖[adoucir]. besänftigen. ‖[conflit] beschwichtigen.
apanage m. (*àj*). Leibgedinge, n. ‖*Fig.* Vorteil.
aparté adv. beiseite, für sich. ‖m. Selbstgespräch, n.
ap‖**athie** f. (*tî*). Apathie. ‖**-athique** a. (*ik*). apathisch.
ap‖**ercevoir** (sœw°*ar*). bemerken, erblicken. ‖[distinguer] gewahr werden*. ‖[s']. [de] merken, tr., gewahr werden*, tr. ‖**-erçu** m. (*sü*). Überblick. ‖[résumé] Übersicht, f.
apéritif, ive, a. (*if, iw*). Appetit erregend. ‖s. m. Magenbitter ④.
apeuré, e, a. (pœré). erschrocken.
aph‖**one** a. (afôn). stimmlos. ‖**-onie** f. (*nî*). Stimmlosigkeit.
aphorisme m. (*ism*). Aphorismus, men.
aph‖**te** m. (aft). Mundschwamm. ‖**-teux, euse,** a. (*tö, z*). aphtös : *fièvre aphteuse,* Maul- und Klauenseuche.
api m. (*i*). *Pomme d'—,* Franzapfel, ③.
api‖**culteur** m. Bienenzüchter ④. ‖**-culture** f. Bienenzucht.
apitoyer (t°ajé). zum Mitleid bewegen. ‖[s']. sich erbarmen.
apla‖**nir** (*ir*). ebnen. ‖[difficulté] heben*, beseitigen. ‖**-nissement** m. (isma^n). Ebnen, n. ‖Hebung, f. ‖Beseitigung, f.
apla‖**tir** (*ir*). platt machen. ‖[s']. platt werden*. ‖*Fig. fam.* sich erniedrigen. ‖**-tissement** m. (isma^n). Plattmachen, n. ‖*Fig.* Erniedrigung, f.
aplomb m. (o^n). senkrechte Stellung, f. *D'—,* lotrecht, a. ‖*fig.* Sicherheit, f. ‖[hardiesse] Dreistigkeit, f.
apo‖**calypse** f. (ìps). Offenbarung Sankt Johannis, ‖**-calyptique** a. (*tik*), *fig.* rätselhaft. ‖**-cryphe** a. (*if*). unecht.
apode a. (apòd). fußlos.
apogée m. (apojé). *Astr.* Erdferne, f. ‖*Fig.* Höhepunkt.
apo‖**logie** f. (*jî*). Verteidigung. ‖**-logiste** m. (*jist*). Verteidiger ④.
apologue m. (*òg*). Lehrfabel, f.
apo‖**plectique** a. (*ìk*). schlagflüssig. ‖**-plexie** f. (*î*). Schlagfluß.
apo‖**stasie** f. (*zî*). Abtrünnigkeit. ‖**-stat** a. (*ta*). abtrünnig. ‖a. s. Abtrünnige[r].
aposter. ausstellen.
a posteriori adv. *a posteriori.* ‖a. aposteriorisch.
apo‖**stille** f. (*tij*). Randbemerkung. ‖[recommandation] Empfehlung [e. Bittschrift]. ‖**-stiller** (*tijé*), empfehlen* [durch Zusatz].
apo‖**stolat** m. (*là*). Apostelamt. ‖**-stolique** a. (*ik*). apostolisch.
apo‖**strophe** f. (*òf*). direkte Anrede. ‖[sortie contre] Anfall, m. [auf, *acc.*]. ‖*Gramm.* Auslassungszeichen. n. ④. ‖**-stropher** (*fé*). direkt anreden. ‖[durement] hart anfahren.
apothéose f. (*ôz*). Vergötterung.
apothicaire m. (kär). Apotheker ④.
apôtre m. (*ôtr*). Apostel ④.
apparaître* (àparätr). erscheinen*.
appar‖**at** m. (*à*). Pomp. ‖[luxe] Prunk. ‖[somptueux] Gepränge, n. ‖**-eil** m. (*äj*). Apparat ①. ‖[préparatifs] Zurüstung, f. ‖[toilette] Staat. ‖**-eillage** m. (*äjaj*). Untersegelgehen, n. ‖**-eiller** (*äjé*). zusammenbringen*. ‖[assortir] sortieren. [navire] segelfertig machen.
appar‖**emment** adv. (ama^n). wahrscheinlich. ‖**-ence** f. (a^ns). Schein, m. spl. ‖[air] Anschein, m. spl. ‖[aspect] Aussehen, n. spl. ‖**-ent, e,** a. (a^n, t). scheinbar. ‖[manifeste] offenbar.
appar‖**enté, e,** a. (a^nté). [à]. verwandt [mit]. ‖**-ier** (*ié*). paaren.
appariteur m. (tœr). Pedell.
apparition f. (sio^n). Erscheinung. ‖[spectre] Gespenst, n. ②.
apparte‖**ment** m. (tœma^n). Wohnung, f. [größere]. ‖**-nant** p. a. (na^n). V. *appartenir**. ‖gehörig [zu]. ‖**-nir*** gehören. ‖[faire partie de] angehören. ‖[incomber] zukommen*, gebühren. ‖[s'] sein eigener Herr sein*.
app‖**as** m. pl. (apâ). Reize, pl. ‖**-ât** m. (*pa*). Lockspeise, f. Köder, spl.

‖[attrait] Lockung, f. ‖[charme] pl. V. *appas*. ‖**-âter** (*té*). ködern.
appauvr‖ir (pôwr*ir*). arm machen. ‖[s']. verarmen, intr. [*sein*]. ‖**-issement** m. (ism*a*ⁿ). Verarmung, f.
appeau, x, m. (apô). Lockvogel. m. ③.
app‖el m. (*è*l). Ruf ①. ‖[proclamation] Aufruf ①. ‖[nominal] Namenverlesung, f. : *faire* l'appel,* die Namen vorlesen*. ‖[de fonds] Aufforderung, f. ‖*Mil.* Appell ①. ‖[convocation] Aufgebot, n. ①. ‖*Jur.* Berufung, f., Appellation, f. : *cour d'* —, f., Berufungsgericht, n. ‖**-eler** (apl*é*). rufen*. ‖[à soi] herbeirufen*. ‖[soldats] einberufen*. ‖[nommer] nennen*. heißen*. ‖Loc. *En appeler à...,* sich berufen* [auf, *acc.*]. ‖[s'] heißen*. ‖**-ellation** f. (*sio*ⁿ). Benennung.
appendice m. (piⁿd*i*s). Anhang, Nachtrag.
appendicite f. (*sit*). Appendizitis.
appentis m. (aⁿt*i*). Schirmdach, n. ②.
appert ind. pr. von *apparoir** (ungebr.) : *il appert* (p*è*r), es ist offenbar.
appesantir (apœzaⁿt*ir*). schwer machen. ‖[s']. schwerer werden. ‖*Fig.* : [sur]..., sich lange aufhalten* [bei].
app‖étissant, e, a. (*a*ⁿ, t). appetitlich. ‖**-étit** m. (*ti*). Appetit, spl. ‖[désir] Begierde, f. ‖*Bon appétit!* Mahlzeit!
applaud‖ir intr. (aplod*ir*), in die Hände klatschen. ‖*Fig.* [à]. Beifall zollen. ‖tr. beklatschen. Beifall klatschen, [*dat.*]. ‖[s']. [de] sich rühmen [*gén.*]. ‖[se féliciter de] sich beglückwünschen [zu]. ‖**-issement** m. (ism*a*ⁿ). Händeklatschen, n. spl., Applaus, spl. ‖*Fig.* Beifall, spl.
appli‖cable a. (k*a*bl) [à]. anwendbar [auf. *acc.*]. ‖**-cation** f. (*sio*ⁿ). Anwendung. ‖[travail] Fleiß, m. ‖**-que** f. (*ik*). Einlegestück, n. ‖[candélabre] Wandleuchter, m. ④. ‖**-qué, e,** a. fleißig. ‖**-quer** (ik*é*). [poser] auflegen. ‖[adapter] anbringen*. ‖[couleur] auftragen*. ‖[loi, moyen] anwenden*. ‖[employer] verwenden*. ‖[esprit] richten [auf, *acc.*]. ‖[s']. [à]. sich befleißigen [*gén.*]. ‖[se rapporter] sich beziehen* [auf. *acc.*].
app‖oint m. (apo*i*ⁿ). Zuschuß. *Faire* l'*—, die Summe ergänzen; [à une caisse] das Geld abgezählt bereit halten*. ‖**-ointements** m. pl. (tm*a*ⁿ). Besoldung, f. [traitement] Gehalt, m. ②. ‖**-ointer** (oiⁿt*é*) besolden.
app‖ort m. (*ò*r). Einlage, f. ‖[dotal] Heiratsgut, n. ②. ‖**-orter.** mitbringen*. ‖[soin, etc. à] verwenden* [auf, *acc.*].
app‖oser (*à*poz*é*). aufdrücken. ‖[affiche] ankleben. ‖[scellés] anlegen : — *sa signature,* unterschreiben*. ‖**-osition** f. (zisi*o*ⁿ). Aufdrückung, Anlegung, Ankleben, n. ‖Gramm. Apposition.
appré‖ciable a. (si*à*bl). schätzbar. ‖**-ciation** f. (siasi*o*ⁿ). Schätzung. ‖[estimation] Abschätzung. ‖**-cier** (*sié*) schätzen, würdigen.
appré‖hender (aⁿd*é*). ergreifen*. ‖[craindre] fürchten, [daß], befürchten, tr. ‖**-hension** f. (*sio*ⁿ). Furcht, spl.
appr‖endre* (*a*ⁿdr). lernen. ‖[enseigner] lehren. ‖[entendre dire] hören, erfahren*. ‖**-enti, e,** m., f. (aⁿt*i*). Lehrling, Lehrmädchen, n. ④. ‖**-entissage** m. (aⁿ-*aj*). Lehre, f. *Entrer, mettre* en* —, in die Lehre gehen*, tun*.
appr‖êt m. (*à*pr*è*). Vorbereitung, f. ‖*Industr.* Zurichtung, f. ‖[étoffes] Glanz. ‖[affectation] Künstelei, f. ‖**-êté, e,** a. gekünstelt. ‖**-êter** zurechtmachen. ‖[préparer] zubereiten. ‖[arranger] zurichten. ‖[drap] walken. ‖**-êteur** m. (t*œ*r). Zurichter ④.
appr‖is pp. von *apprendre**. ‖**-ivoisement** (wᵒ*à*zm*a*ⁿ). Zähmung, f., Bändigung, f. ‖**-ivoiser** (z*é*). zähmen. ‖[dompter] bändigen.
appro‖bateur, trice, m., f. (t*œ*r, tr*i*s). Beifallspender, ④, in. ‖a. et **-batif, ive,** a. (*if*, *iw*). beifällig, billigend. ‖**-bation** f. (*sio*ⁿ). Beifall, m., Billigung.
appro‖chable a. (sch*à*bl). nahbar, zugänglich. ‖**-chant, e,** a. et adv. (sch*a*ⁿ, t). annähernd, ungefähr. ‖**-che** f. (*o*sch). Herannahen, n. ‖[accès] Zugang, m. ‖pl. *Fortif.*

Außenwerke, pl. ||**-cher** tr. (*sché*) [de]. näher bringen* [*dat.*]. ||intr. et [s'] [de], nahen [*sein*] [*dat.*], näher kommen* [*sein*] [*dat.*]. sich nähern [*haben*], [*dat.*].

appro||fondir (fo^n^*dir*). vertiefen. ||*Fig.* ergründen. ||**-fondissement** m. (dism*a*^n^). Vertiefung, f. ||Ergründung, f.

approprier (*ié*). anpassen. ||[s']. sich aneignen.

approuver (pruw*é*). billigen. ||gutheißen.

appro||visionnement m. (ziòn^e^m*a*^n^). [vivres] Proviant, spl. ||**-visionner** (*né*). [de, en] versehen* [mit]. ||[de vivres] verproviantieren.

appro||ximatif, ive, a. (t*if*, *iw*). ||**-ximativement** adv. (tiwm*a*^n^). annähernd. ||**-ximation** f. (s*io*^n^). Annäherung.

app||ui m. (*üi*). Stütze, f. ||[aide] Unterstützung, f. ||[dossier] Lehne, f. ||[rampe] Geländer, n. ④. ||**-uyer** (üij*é*). stützen. ||[contre] anlehnen [an, *acc.*]. ||[soutenir] unterstützen. ||[demande] befürworten.

âpre a. (âpr). rauh. ||[goût] herb. ||[avide] gierig : —*au gain,* gewinnsüchtig.

après|| prép. (-*è*). nach [*dat.*]. ||[derrière] hinter [*dat.* ou *acc.*], hinter [*dat.*] her. ||adv. hinterher [*dat.*]. ||*D'après...,* nach... *ou* ...nach, ...gemäß. ||adv. nachher, hernach, darauf. ||*Après que* conj. (kœ), nachdem. ||**- -demain** adv. übermorgen. ||**- -dîner** m. (*né*). Nachmittag, ①. ||**- -guerre** m. (*gär*). Nachkrieg. ...*d'après-guerre,* Nachkriegs... ||**--midi** m. (d*i*). Nachmittag, m. ①.

âpreté f. (prœt*é*). Schärfe. Herbe, Herbheit, spl. V. *âpre.*

a priori adv. *a priori* [von vorn herein]. ||a. apriorisch.

à-propos m. (p*o*). rechter Augenblick : *esprit d'*—, m., Schlagfertigkeit, f.

apt||e a. (apt) [à]. fähig [zu]. ||**-itude** f. (*üd*). Fähigkeit.

apur||ement m. (pürm*a*^n^) Prüfung f. ||**-er.** recht befinden* [nach Prüfung].

aqua||fortiste m. (akuà-*ist*). Radierer, ④. ||**-relle** f. (*èl*). Aquarell, n. ①. ||**-relliste** m. (*ist*). Aquarellmaler ④. ||**-tique** a. (t*ì*k). Wasser...

a||queduc m. (ak^e^d*ük*). Wasserleitung, f. ||**-queux, euse,** a. (ak*ö*, **z**). wasserhaltig.

aquilin a. (kil*i*^n^). *Nez* —, m., Adlernase, f.

aquilon m. (l*o*^n^). Nordwind.

ar||abe a. (*àb*). arabisch. ||s. m., f. Araber ④ in. ||**-abesque** f. (*esk*). Arabeske. ||**-abie** f. (b*î*). Arabien, n. ||**-abique** a. (*ik*). arabisch. *Gomme* —, f., Gummiarabikum, n.

arable a. (*à*bl). pflügbar.

arachide f. (sch*id*). Erdnuß.

araignée f. (änj*ée*). Spinne.

aratoire a. (t^o^*ar*). Acker...

arb||alète f. (l*è*t). Armbrust, ¨e. ||**-alétrier.** m. (tr*ié*). Armbrustschütze, -n, -n.

arbitr||age m. (*àj*). Schiedsspruch. ||**aire** a. (*ä*). willkürlich. ||m. Willkür, f. ||**-al, e,** a. (*àl*). schiedsrichterlich. ||**-e** m. (*ìtr*). Schiedsrichter. ||*Libre* —, freier Wille.

arb||orer. aufpflanzen. ||[drapeau] hissen. ||**-orescent, e,** a. baumartig. ||**-oriculture** f. Baumzucht.

ar||bre m. (arbr). Baum. ||**-brisseau, x,** m. (s*o*). Bäumchen, n. ④. ||**-buste** m. (*üst*). Strauch ②, Staude, f.

arc|| m. (ark). Bogen, ③ et ④ : — *de triomphe,* Triumphbogen. ||**-ade** f. (*àd*). Bogengang, m. ||**- -boutant** m. (bùt*a*^n^). Strebepfeiler ④. ||**- -bouter.** stützen [mit Strebepfeilern]. ||**-eau, x,** m. (ars*ô*). Gewölbebogen. ||**- -en-ciel** m. (a^n^-s*ièl*). Regenbogen ④.

arch||aïque a. (arkaïk). veraltet. ||**-aïsme** m. Archaismus, ...men.

archange m. (k*a*^n^j). Erzengel ④.

arche (arsch). Brückenbogen, m. ④. ||— *de Noé,* Arche Noahs.

arch||éologie f. (kéo-j*i*). Altertumskunde. ||**-éologue** m. (l*ò*g). Altertumsforscher ④.

arch||er m. (sch*é*). Bogenschütze, -n, -n. ||**-et** m. (sch*è*). Fiedelbogen ④.

arch||evêché m. (schœ-). Erzbistum, n. ②. ||**-evêque** m. (w*äk*). Erzbischof.

archi||diacre m. (schid*ia*kr). Erzdiakon, -en, -en. ||**-duc** m. (d*ük*). Erzherzog. ||**-épiscopal, e, aux** a. (*àl*). erzbischöflich. ||**-faux, ausse,** a. (f*o*, f*ôß*). grundfalsch. ||**-pel** m. (*èl*).

Inselmeer, n. ‖**-prêtre** m. Erzpriester ④. ‖**-tecte** m. Baumeister ④, Baukünstler ④. ‖**-tecture** f. (*tür*). Baukunst. ‖[style] Bauart. ‖**-trave** f. (*aw*). Architrav, m. ①.
archi‖ves f. pl. (sch*iw*). Archiv, n. ①. ‖**-viste** m. (*wist*). Archivar ①.
arçon m. (s*o*ⁿ). Sattelbogen ④.
arctique a. (t*i*k) Nord...
ard‖emment adv. (dam*a*ⁿ), **-ent, e,** a. (d*a*ⁿ, t). feurig, glühend. ‖[désir] sehnsüchtig. ‖[passionné] leidenschaftlich. ‖**-eur** f. (*œr*). Glut. ‖[feu] Feuer, n. ‖[zèle] Eifer, m.
ardillon m. (ij*o*ⁿ). Schnallendorn.
ard‖oise f. (d°*az*). Schiefer, m. ④. ‖[à écrire] Schiefertafel. ‖**-oisière** f. (*ièr*). Schieferbruch, m.
ardu, e, a. (d*ü*). steil. ‖*Fig.* schwer.
are m. Ar, -s, -e : 3 ares, 3 Ar.
arène f. (*än*). Kampfplatz, m.
aéromètre m. (*ètr*). Wasserwaage, f.
aréopage m. (*a*j). Areopag ①.
arête f. (*ä*). Gräte. ‖[bord] Kante. ‖[montagne] Kamm, m.
argen‖t m. (j*a*ⁿ). Silber, n. ‖[monnaie] Geld, n. ‖**-ter** versilbern. ‖**-terie** f. (tr*i*). Silbergeschirr, n., Silberzeug, n. ‖**-tifère** a. (f*är*). silberhaltig. ‖**-tin, e,** a. (t*i*ⁿ, *ìn*). [couleur] silberfarbig. ‖[son] silberhell. ‖**-ture** f. (*ür*). Versilberung.
argil‖e f. (j*ìl*). Ton, m. spl. ‖[glaise] Lehm, m. spl. ‖**-eux, euse,** (l*ö*, z). Lehmig, Lehm...
argot m. (g*o*).[voleurs] Gaunersprache, f. ‖[étudiants, etc.]. Studenten-, Soldatensprache, f.
argousin m. (guz*i*ⁿ). Stockmeister ④. ‖*Fam.* Polizist, -en, -n.
argu‖er (g*üé*). beweisend schließen*. ‖**-ment** m. (m*a*ⁿ). Beweisgrund, m. ‖**-mentation** f. (maⁿ-s*io*ⁿ). Beweisführung. ‖ **-menter** (maⁿ*té*). argumentieren. ‖**-tie** f. (s*i*). Spitzfindigkeit.
aria m. (*ia*), *pop.* : *Que d'arias!* was das für Umstände sind!
ari‖de f. (*id*). trocken, dürr. ‖**-dité** f. Trockenheit, Dürre.
ari‖stocrate m. (*àt*). Aristokrat, -en, -en. ‖a. aristokratisch. ‖**-stocratie** f. (s*i*). Aristokratie. Adelsherrschaft.
arithmétique f. (*ìk*). Arithmetik, Rechenkunst.
arlequin m. (lᵉk*i*ⁿ). Harlekin. ‖*Pop.* Allerlei, n. inv. [aus Speiseresten].
arm‖ateur m. (t*œr*). Reeder ④. ‖**-ature** f. (t*ür*). Eisenbeschlag, m. ‖*Fig.* Gerüst, n. ‖[aimant] Armatur. ‖**-e** f. (*àrm*). Waffe : — *blanche,* blanke Waffe; — *à feu,* Schußwaffe. ‖pl. *Mil.* *Aux* —*!* zu den Waffen! ; *Portez* —*!* Gewehr auf! *Posez* —*!* Gewehr ab! ‖**-ée** f. (m*ée*). Herr, n., Armee. ‖*Armée de l'air,* Luftwaffe. ‖**-ement** m. (mœm*a*ⁿ). Rüstung, f. ‖[navire] Ausrüstung, f. ‖**-er.** bewaffnen. ‖[navire] ausrüsten. ‖**-istice** m. (t*is*). Waffenstillstand.
armoire f. (°*ar*). Schrank, m.
arm‖oiries f. pl. (r*ì*). Wappen, n. ④. ‖**-orié, e,** a. (r*ié*). mit einem Wappen [versehen]. ‖**-ure** f. (*ür*). Rüstung. ‖**-urier** m. (ür*ié*). Waffenschmied. ‖[marchand] Waffenhändler.
arnica m. (k*a*). Arnika f.
ar‖omate m. (*àt*). Würze, f. ‖**-omatique** a. (*ik*). aromatisch. ‖**-omatiser** (z*é*). würzen. ‖**-ôme** m. (*ôm*). Duft. Arom, n. ①.
arpège m. (p*äj*). Arpeggio, -s, n.
arp‖ent m. (p*a*ⁿ). Morgen ④. ‖**-entage** m. (paⁿt*aj*). Feldmessung, f. ‖**-enter.** ausmessen*. ‖*Fig.* auf und ab gehen* [in, *dat.*]. ‖**-enteur** m. (t*œr*). Feldmesser ④.
arpète m. et f. (*èt*). *pop.* Lehrling, Lehrmädchen, n.
ar‖qué, e, a. (k*é*). gebogen, gekrümmt. ‖**-quebuse** f. (kœb*ûz*). Hakenbüchse. ‖**-quebusier** m. Büchsenschütze, -n, -n.
arrach‖age m. (sch*àj*). Ausreißen, n. ‖**-e-pied** [d'] (*à*schp*ié*). ununterbrochen. ‖**-er** (sch*é*). ausreißen*. ‖[à] entreißen*. ‖**-eur** m. (*œr*). Ausreißer ④.
arrang‖eant, e, a. (araⁿj*a*ⁿ, t). verträglich. ‖**-ement** m. (jm*a*ⁿ). Ordnen, n. spl. Einrichtung, f. ‖[accord] Abkommen, n. ‖**-er** (j*é*). ordnen. ‖ [disposer] einrichten. ‖[différend] beilegen, schlichten. ‖[convenir] passen, intr. ‖[s']. sich vergleichen*. ‖[s'entendre] sich verständigen. ‖[pour] sich einrichten.
arrérages m. pl. (*aj*). Rückstand.

arr||estation f. (*sio*ⁿ). Verhaftung. ||**-êt** m. (*rä*). Stillstand, spl. ||[halte] Halt, spl. ||[interruption] Pause, f. ||[ch. de fer] Aufenthalt, ①. ||[sentence] Urteilspruch, ||LOC. *Maison d'—*, f., Zuchthaus, n. ||pl. *Mil. Être* aux arrêts*, Stubenarrest haben*; — *forcés*, strenger Arrest; *mettre* aux* —, in Arrest schicken. ||**-été** m. Beschluß. ||**-êter** tr. anhalten*. ||[retenir] aufhalten*. ||[empêcher] hindern. ||[interrompre] unterbrechen*. ||[décider] beschließen*. ||intr. et [s']. stehen bleiben*, stillstehen*, *sép.* ||[longuement] anhalten*. ||[faire halte] Halt machen. *Arrêtez!*, halt! *fig.* laß das sein!

arrhes f. pl. (âr). Aufgeld, n. spl.

arri||ère adv. (ariär), *en arrière* adv. (aⁿna-). zurück. rückwärts. ||*Mar. Vent arrière*, vor dem Winde. ||*En arrière*, dahinter. ||m. Hinterteil. ||[navire] Heck, n. ||Arrière-..., [postérieur] Hinter... Ex. : *arrière-boutique* f.. Hinterladen m. ③. — *-pensée.* f., — *-plan* m., — *-train* mi., Hinterladen, m. ③, -gedanke, -ns, -n, m., -grund, -gestell, n. [d'animal : hälfte, f.]; [parenté] Ur- Ex. : *arrière-grand-mère*, — *-grand-père*, — *-petits-fils*, etc., Urgroßmutter, -großvater, -enkel, etc. ||**-éré, e,** a. rückständig. ||[enfant] zurück geblieben. ||m. Rückstand.

arrière||-ban m. (baⁿ). Landsturm. ||**- -bouche** f. (busch). Schlund, m. ||**- -garde** f. (gard). Nachhut, Nachtrab, m. ||**- -goût** m. (gù). Nachgeschmack. ||**- -saison** f. (säzoⁿ). Spätsommer, m. ④.

arri||mage m. (*àj*). Stauen, n. ||**-mer** (*mé*). stauen, festschnüren.

arri||vage m. (*wàj*). Ankunft, f. spl. ||[convoi] Zufuhr, f. spl. ||**-vée** f. (*wée*). Ankunft, spl., Eintreffen, n. ||**-ver** (*wé*). ankommen*, eintreffen*. ||[parvenir] anlangen. ||*Fig.* [parvenir à] gelangen [zu]. ||[réussir] vorwärts kommen*. ||[se passer] geschehen*, [sich] begeben*. ||[événement] sich ereignen. ||[incident] vorkommen*.

arr||ogance f. (àr'rogaⁿs). Anmaßung. ||**-ogant, e,** a. (gaⁿ, t). anmaßend. ||**-oger** [s'] (*jé*). sich anmaßen.

arr||ondir (oⁿd*ir*). abrunden. ||**-ondissement** m. (oⁿdismaⁿ). Abrundung, f. ||[district] Bezirk. Kreis.

arr||osage m. **-osement** m. (*zàj*, ozmaⁿ). Begießung, f. ||**-oser** (*zé*). begießen*. || [rue] besprengen. ||**-osoir** m. (zᵒ*ar*). Gießkanne, f.

arsenal, aux, m. (sœn*àl*, *o*). Zeughaus, n. ②.

arsenic m. (sœn*ik*). [métal] Arsen, n. ||[poison] Arsenik, n.

art m. (ar). Kunst, ¨e. f.

art||ère f. (*tär*). Pulsader. ||**-ériel, le,** a. (r*ièl*). arteriell. ||**-érioscléros**e f. (*ôz*). Arterienverkalkung.

artésien, ne, a. (artéz*ii*ⁿ). artesisch.

arthrit||e f. (*it*). Arthritis. m. ||**-ique** a. (*ik*). arthritisch.

artichaut m. (scho). Artischocke, f.

arti||cle m. (*ikl*). Artikel ④. ||[paragraphe] Abschnitt. ||[journal] Aufsatz. ||*Gramm.* Geschlechtswort, n. ②. ||LOC. *Faire* l'article* [*pour*], [seine Ware] anpreisen*. ||**-culaire** a. (k*ülär*). Gelenk... ||**-culation** f. (kü-*sio*ⁿ). ||**-culer** (kül*é*). gliedern. ||[prononcer] deutlich aussprechen*. ||[fait] behaupten.

arti||fice m. (f*ìs*). Kunst, ¨e, f. ||[procédé] Kunstgriff, m. ||[ruse] List, f. ||*feu d'—*, m., Feuerwerk, n. ||**-ficiel, le,** a. (*sièl*). künstlich. ||**-ficier** m. (*sié*). Feuerwerker ④. ||**-ficieux, euse,** a. (*siö*, z). listig. ||**-llerie** f. (tij*ri*). Geschütz, n., Artillerie : — *à cheval*, Reitartillerie. ||**-lleur** m. (tij*œr*). Artillerist, -en, -en.

artimon m. (moⁿ). Besanmast, -en.

arti||san m. (zaⁿ). Handwerker. ||*Fig.* Urheber, ④. ||**-ste** m. et f. Künstler ④, in. ||**-stique** a. (*ìk*). künstlerisch.

as (a). V. *avoir**. ||m. (âß). As, n. ①, Daus, n. ① et ②.

asc||endance f. (àsaⁿdaⁿs). Verwandtschaft. ||**-endant** a. s. (daⁿ). Verwandter [in aufsteigender Linie]. ||m. Ansehen, n. ||[influence] Einfluß, m. ||**-enseur** m. (s*œr*). Fahrstuhl. ||**-ension** f. (*sio*ⁿ). Aufsteigen, n. spl., Aufstieg, m. ||[de J.-C.]. Himmelfahrt, f.

asc‖ète m. (*sèt*). Aszet, -en, -en. ‖**-étique** a. (*sétik*). aszetisch.
Asep‖sie f. (*si*). Asepsis. ‖**-tique** a. (*tik*). aseptisch.
As‖iatique m. Asiat, -en, -en ‖a. (*ziatik*). asiatisch. ‖**-ie** f. (*azî*). Asien, n.
asile m. (*azil*). Freistätte, f. ‖[refuge] Zufluchtsort m. ‖[hospice] Siechenhaus, n. ②.
aspect m. (*pè*). Anblick. ‖[côté] Seite, f.
asperge f. (*erj*). Spargel, m.
asperger (*jé*). besprengen.
aspérité f. Unebenheit.
aspersion f. (*sion*). Besprengung.
asphalte m. (*asfàlt*). Asphalt.
asph‖yxiant, e, a. (*asfìksìan, t*). erstickend. ‖**-yxie** f. (*i*). Erstickung. ‖**-yxier** (*ksié*) ersticken.
aspic m. (*ik*). Natter, f.
asp‖irant, e, p. a. *Pompe aspirante,* Saugpumpe, f. ‖m., f. Bewerber ④, in. ‖*Mil.* Fähnrich, m. ‖*Mar.* Seekadett, m. ‖**-irateur** m. Staubsauger ④. ‖**-iration** f. Einatmung. Einsaugung. ‖[son] Hauchlaut, m. ‖*Fig.* Streben, n. ‖**-irer** tr. [air] einatmen. ‖[liquide] einsaugen. ‖[son] aspirieren. ‖ intr. *Fig.* streben [nach].
assagir (*asajir*). weise machen. ‖[s'], weise werden*.
ass‖aillant m. (*ajan*). Angreifer ④. ‖**-aillir*** (*ajir*). angreifen*, anfallen*. anstürmen.
ass‖ainir (*sänir*). gesund machen. ‖**ainissement** m. (*sänisman*). Gesundmachen, n.
ass‖aisonnement m. (*säzonman*). [acte] Würzen, n. ‖[épices, etc.] Gewürz, n. Zutat, f. ‖**-aisonner** (*säzoné*). würzen.
ass‖assin, e, a. (*sin, ìn*). meuchelmörderisch. ‖m. Meuchelmörder ④. *A l'assassin!* Mord! ‖**-assinat** m. (*na*). Meuchelmord. ‖**-assiner.** ermorden.
assaut m. (*so*). Angriff, Sturm, spl., *Donner l'—,* Sturm laufen*. *Fig. Faire** — [*de*], wetteifern [in, *dat.*].
assécher (*aséché*). trockenlegen. *sép.*
ass‖emblage m. (*anblàj*). Zusammenfügung, f., -stellung, f. V. *assembler.* ‖**-emblée** f. (*anblee*). Versammlung. ‖**-embler** (*anblé*). zusammenfügen. -legen, -stellen.
assener. versetzen.
assentiment m. (*san-man*). Einwilligung, f.
asseoir* (*soar*). [nieder-]setzen. ‖[fonder] gründen.
assermenté, e, p. a. vereidigt.
assertion f. (*sion*). Behauptung.
ass‖ervir (*wir*). unterjochen. ‖**-ervissement** m. (*wisman*). Unterjochung, f.
assesseur m. (*sœr*). Beisitzer ④.
assez adv. (*asé*). genug.
assi... V. *asseoir**.
ass‖idu, e, a. (*asidü*). ‖**-idûment** adv. (*man*). fleißig. [exact] pünktlich. ‖**-iduité** f. (*üité*). Fleiß, m. Pünktlichkeit.
ass‖iégeant, e, p. a. (*jan, t*). V. *assiéger.* ‖a. s. Belagerer, m. ④. ‖**-iéger** (*jé*). belagern.
ass‖iette f. Teller, m. ④ ‖[base] Lage. ‖ [impôts]. Veranlagung. ‖[équilibre] Gleichgewicht, n. Fassung. ‖**-iettée** f. (*tee*). Tellervoll, m. inv.
ass‖ignation f. (*njasion*) Anweisung, Vorladung. ‖**-igner** (*njé*). anweisen*. ‖**-imilable** a. (*abl*). assimilierbar. ‖**-imilation** f. (*sion*). Gleichstellung. ‖**-imiler.** gleichstellen, *sép.*
ass‖is, e, p. a. (*asi, z*). sitzend : *être** —, sitzen*. ‖**-ise** f. (*iz*). [Stein-] Lage. ‖[couche] Steinschicht. ‖pl. *Jur.* Hauptgerichtstage, m. : *Cour d'—s,* f., Schwurgericht, n.
ass‖istance f. (*tans*). Anwesenheit. ‖[auditoire] Zuhörerschaft. ‖[aide] Beistand, m. : — *publique,* öffentliche Armenpflege. ‖**-istant, e,** p. a. s. (*tan, t*). Anwesende[r]. ‖m., f. Gehilfe, in. ‖**-ister,** intr. beiwohnen. ‖tr. beistehen*, intr.
ass‖ociation f. (*asosiasion*). Vereinigung. ‖[professionnelle, etc.] Verein, m. ‖**-ocié, e,** m., f. (*sié*). Teilhaber ④, in. ‖**-ocier** (*sié*). vereinigen.
assoiffé, e, a. (*soa-fé*). durstig.
assolement m. (*sòleman*). Fruchtfolge f.
assombrir (*sonbrir*), verdüstern.
ass‖ommant, e, p. a. (*man, t*). langweilig. ‖**-ommer.** totschlagen*,

sép. ||*Fig.* [importuner] belästigen. ||[ennuyer] langweilen. ||**-ommoir** m. (m°*a*r). Schnapsbude, f.

assomption f. (so^n^ps*io*^n^) : *l'A—*, Mariä Himmelfahrt.

assonance f. (n*a*^n^s). Assonanz, Gleichklang, m.

ass||orti, e, a. (t*i*). zusammenpassend, sortiert. ||[magasin] gut versehen*. || **-ortiment** m. (m*a*^n^). [acte] Sortierung, f. ||[choix] Sortiment, n. ||**-ortir.** [pourvoir] versehen* [mit]. ||*Comm.* sortieren.

ass||oupir (asùp*i*r). einschläfern. ||[s'] einschlummern, intr. [*sein*]. ||**-oupissement** m. (ùpism*a*^n^). Schlummer.

ass||oupli, e, p. a. (upl*i*). geschmeidig. ||**-ouplir** (upl*i*r) geschmeidig machen. ||**-ouplissement** m. (ism*a*^n^). Geschmeidigmachen, n.

ass||ourdir (ùrd*i*r). betäuben. ||**-ourdissant, e,** p. a. (s*a*^n^, t). betäubend.

ass||ouvir (ùw*i*r). sättigen. ||[Faim, etc.] stillen. ||*Fig.* befriedigen. ||**-ouvissement** m. (ism*a*^n^). Sättigung, f. ||Befriedigung, f.

ass||ujettir (asüjèt*i*r). unterwerfen*. ||[forcer] nötigen. ||[lier] binden*. || [fixer] befestigen. || **-ujettissement** m. (ism*a*^n^). Gebundenheit, f.

assumer (süm*é*). übernehmen*.

ass||urance f. (sür*a*^n^s). [sûreté] Sicherheit ||[confiance] Zuversicht. ||[affirmation, garantie] Versicherung : — *sur la vie, contre l'incendie, les accidents,* etc., Lebens-, Feuer-, Unfallversicherung. ||**-uré, e,** a. (sür*é*). sicher. ||[certain] gewiß. ||**-urer** (sür*é*). versichern. ||**-ureur** m. (rœr). Versicherer ④.

astérisque m. (*i*sk). Sternchen, n.

asth||matique a. (*i*k). engbrüstig. ||**-me** m. (asm). Engbrüstigkeit f.

asti||cot m. (k*o*). Made, f. ||**-coter** (kòté). sticheln.

astiquer (k*é*). blank putzen.

astrakan m. (k*a*^n^). Astrachan.

astre m. (astr). Stern. Gestirn, n.

astr||eindre* (tr*i*^n^dr) [à]. nötigen, zwingen* [zu]. ||**-einte** f. (tr*i*^n^t') Zwangsmaßnahme. ||**-ingent, e,** a. (tri^n^j*a*^n^, t). zusammenziehend.

astr||ologie f. (olòj*i*). Astrologie. ||**-ologue** m. (l*ò*g). Astrolog, -en, -en. ||**-onome** m. (n*ò*m). Astronom, -en, -en. ||**-onomie** f. (m*î*). Sternkunde.

astu||ce f. (t*ü*s). Arglist. ||**-cieux, euse** a. listig, schlau.

atavisme m. (w*i*sm). Atavismus.

atelier m. (tœl*ié*). Werkstatt *ou* -stätte, f.

aterm||oiement m. (m°am*a*^n^). Aufschub. ||**-oyer** aufschieben*.

ath||ée m. (*è*). Atheist, -en, -en atheistisch. ||**-éisme** m. (*i*sm). mus.

Athènes f. (tèn). Athen.

ath||lète m. (lèt). Athlet, -en, -en. ||**-létique** a. (*ì*k). athletisch.

Atl||antique m. Atlantik, Atlantischer Ozean. (a^n^t*i*k). ||a. atlantisch. ||**-as** m. (*a*s). Atlas ①.

atmosph||ère f. (fèr). Luftkreis, m. ||**-érique** a. (*i*k). atmosphärisch.

at||ome m. (*o*m). Atom. ||**-omique** a. (*ì*k). atomisch.

at||one a. (*o*n). tonlos. ||*Physiol.* erschlafft. ||[Auge] matt. ||**-onie** f. (n*i*). Erschlaffung.

atours m. pl. (t*u*r). Putz, pl.

atout m. (t*ù*). Trumpf.

atrabilaire a. (l*ä*r). schwarzgallig.

âtre m. (atr). Herd.

atro||ce a. (tr*ò*s). grausam. ||[affreux] gräßlich. ||**-cité** f. (sit*é*). Grausamkeit. ||[acte] Greueltat.

atro||phie f. (f*i*). Abzehrung. ||**-phier,** abzehren.

attabler[s'] (at). sich zu Tische setzen : *attablé, e,* a. am Tische sitzend.

att||achant, e, p. a. (sch*a*^n^, t). fesselnd. ||**-ache** f. (*a*sch). Band, n. ①. ||[entrave] Fessel. ||[des muscles] Gelenkfügung. ||**-aché, e,** p. a. (sch*é*). V. *attacher (s')*. ||[à qn] angehängt. ||**-achement** m. (àschm*a*^n^). Anhänglichkeit, f. ||**-acher** (sch*é*). aufschnüren. ||[fixer] befestigen. ||[lier] an-, festbinden*. ||*Fig.* [captiver] fesseln. ||[attribuer] beilegen. ||[s'] [à qn] sich anhängen [an, *acc.*]. ||[se consacrer] sich widmen.

att||aque f. (*à*k). Angriff, m. ||[maladie] Anfall, m. ||[brusque] Überfall, m. ||**-aquer** (k*é*). angreifen*. ||überfallen*.

attarder. verspäten.

att||eindre* (ati^n^dr). treffen* ||[but] erreichen. ||[maladie] befallen*.

‖**-eint, e,** p. a. (t*i*n, t). V. *atteindre**. ‖ [de maladie] behaftet. ‖**-einte** f. (*i*nt). [coup] Schlag, m. ‖[maladie] Anfall, m.

att‖elage m. (àtl*a*j). Gespann, n. ①. ‖**-eler** (àtl*é*). anspannen. ‖**-elle** f. (tèl). Kumthorn, n. ② ‖*Chir.* [Bein-]Schiene.

attenant, e, a. (àt^e^n*a*n, t). angrenzend. ‖[chambre] anstoßend.

attendre (t*a*ndr). erwarten. ‖intr. [après] warten [auf, *acc.*] : — *que...,* warten, bis... ‖[jusqu'à...] abwarten. tr. ‖[s'] [à]. gewärtig sein* [*gén.*]. ‖[être préparé à] gefaßt sein* [auf, *acc.*]. ‖*En attendant que,* bis.

att‖endrir (tandr*i*r). erweichen. ‖*Fig.* [émouvoir] rühren. ‖**-endrissement** m. (ism*a*n). Rührung, f.

attendu p. a. (and*ü*). V. attendre. ‖prép. in Rücksicht auf [*acc.*] : — *que,* loc. conj., in Erwägung, daß. ‖m. pl. Gründe eines Urteils.

attentat m. (tant*à*). Anschlag.

attente f. (t*a*nt). Warten, n. ‖Erwartung. ‖V. *attendre.*

attenter (t*é*) [à]. einen Anschlag verüben [auf, *acc.*].

att‖entif, ive, a. (t*i*f, *i*w). aufmerksam [auf, *acc.*]. ‖**-ention** f. (ans*io*n). Aufmerksamkeit. *Faire* attention* [*à*], achtgeben, *sép.* [auf, *acc.*] ; *à l'— de,* zuhanden [*dat.*]. ‖interj. Achtung!, Vorsicht! ‖**-entionné, e,** a. zuvorkommend.

att‖énuation f. Schwächung. ‖*Jur.* Milderung. ‖**-énuer** (n*üé*). schwächen. ‖[peine etc.] mildern.,

att‖erré, e, p. a. bestürzt. ‖**-errer.** bestürzt machen.

att‖errir (*i*r). [an]landen [*sein*]. ‖**-errissage** m. (teris*à*j). Landung, f. : — *forcé,* Notlandung, f.

att‖estation f. (s*io*n). Bescheinigung. ‖**-ester.** bezeugen. ‖[par écrit] bescheinigen.

attique a. (atik). attisch.

attirail m. (r*a*j). Zubehör, n. ‖[de pêche, etc.] Gerät, n.

att‖irance f. Anziehungskraft. ‖**-irer.** anziehen*. ‖[s'] [qc.] sich zuziehen*.

attiser (z*é*). schüren. ‖*Fig.* anfachen.

attitré, ée, a. gewöhnlich.

attitude f. (t*ü*d). Haltung. ‖[conduite] Benehmen, n.

attouchement m. (àtuschm*a*n). Anfühlen, n. spl.

attr‖action f. (atraks*io*n). Anziehung. ‖*Phys.* Anziehungskraft. ‖**-ait** m. (trè). Reiz.

attr‖ape f. (*à*p). [piège] Falle. ‖[jeu] Vexierspiel, n. ‖**-aper.** fangen*, ertappen. ‖[au passage] erwischen. ‖[rhume, etc.] bekommen*. ‖[tromper] anführen. ‖[pour jouer] vexieren. ‖*Fam.* [gronder] einen Verweis geben*. ‖[s'], *fam.* sich zanken.

attrayant, e, a. (äj*a*n, t). anziehend.

attr‖ibuer (atrib*üé*). zuteilen. ‖[imputer] zuschreiben*. ‖**-ibut** m. (b*ü*). Eigenschaft, f. ‖[signe] Kennzeichen, n. ④. *Gramm.* Prädikat, n. ①. ‖**-ibution** f. (s*io*n). Erteilung. ‖pl. [ressort] Fach, n.

attrister. betrüben.

attrou‖pement m. (atr*ù*pm*a*n) Auflauf. ‖**-per.** zusammenrotten.

au, x, art contr. (ô). V. GRAMM.

aubade f. (ôb*a*d). Morgenständchen, n. ④.

aubaine f. (b*ä*n). glücklicher Fund, m. ①.

aube f. (ôb). Tagesanbruch, m., Morgendämmerung. ‖[de moulin, etc.] Schaufel. ‖[de prêtre] Meßhemd, -en, n.

aubépine f. (p*i*n). Weißdorn, m. Hagedorn, m.

auberge f. (b*e*rj). Gasthaus, n., Herberge. ‖[hôtel] Gasthof m.

aubergine f. (j*i*n). Eierapfel, m.

aubergiste m. et f. (j*i*st). Gastwirt, in.

aubier m. Splint.

aucun‖, une, a. et pron. ind. (ok*u*n, *ü*n). [pas de] kein, er, e, es. Voir GRAMM. ‖[quelque]. V. *quelque : d'aucuns,* einige. ‖**-ement** adv. keineswegs.

auda‖ce f. (od*a*s). Kühnheit. ‖[effronterie] Frechheit. ‖**-cieux, euse,** a. (s*iö*, z). kühn, frech. V. *audace.*

au‖-deçà adv. (ods*à*). diesseits [de, *gén.*]. ‖**- -delà** adv. (odl*à*), jenseits [de *gén.*]. ‖**- -dessous** adv. (dœs*ù*). unten : *au-dessous de,* prép., unter [*dat,* et *acc.*], unterhalb [*gén.*].

avènement m. (awänm*a*ⁿ). Regierungsantritt. ‖ [au trône] Thronbesteigung, f.
avenir m. (awn*ir*). Zukunft, f. *A l'*—, in Zukunft, künftig.
avent m. (aw*a*ⁿ). Advent.
avent‖ure f. (waⁿtür). Abenteuer, n. ④. *A l'aventure*, aufs Geratewohl, auf gut Glück; *dire* la bonne* —, wahrsagen. ‖**-urer** (türé). wagen. ‖**-ureux, euse,** a. (türö, z). abenteuerlich. *Esprit* —, Waghals, m. ‖**-urier, ière,** m., f. (*ié, iär*). Abenteurer, in.
avenu, e, a. (awnü) : *Non avenu*, nichtig.
avenue f. Allee.
avérer (wéré). als wahr erkennen*.
averse f. (wers). Platzregen, m., Regenguß, m.
aversion f. (si*o*ⁿ). Abneigung.
aver‖tir (wert*ir*) [de]. warnen [vor]. ‖ [informer] benachrichtigen. ‖**-tissement** m. (tism*a*ⁿ). Warnung, f. ‖ [au lecteur] Vorwort, n. ‖**-tisseur** m. (sœr). [d'incendie] Feuermelder ④.
aveu, x, m. (awö). Geständnis n. ‖ [confession] Bekenntnis, n. ‖ [consentement] Bewilligung, f. ‖*Sans aveu*, ehrlos.
aveu‖gle a. (œgl). blind : — *-né*, blindgeboren. ‖**-glement** m. (gleman). Verblendung, f. ‖**-glément** adv. blindlings. ‖**-gler** (glé). blind machen. ‖ [éblouir] blenden. ‖*Fig.* verblenden. ‖ [fuite] stopfen. ‖**-glette** [**à l'**] (èt). blindlings.
aveulir [**s'**] (vœl*ir*). schlaff werden.
avi‖ateur, trice, m., f. (awiatœr, tr*i*s). Flieger ④, in. ‖**-ation** f. (si*o*ⁿ). Flugschiffahrt, -wesen. *D'*—, Flug... ‖**-culture** f. (kültür). Vogelzucht.
avi‖de a. (wid). gierig, begierig [nach]. ‖**-dité** f. Gier. Begierde.
avi‖lir. herabwürdigen. ‖ [prix] herabdrücken. ‖**-lissement** m. (lism*a*ⁿ). Herabwürdigung, f.
aviné, e, a. (winé). versoffen.
avion m. (awi*o*ⁿ). Flugmaschine, f. Flugzeug, n., Flieger.
aviron m. (r*o*ⁿ). Ruder n. ④.
av‖is m. (aw*i*). Meinung, f. Ansicht, f. *Être* d'avis*, der Ansicht sein*. ‖ [avertissement] Warnung, f. ‖ [annonce] Bekanntmachung, f. ‖**-isé, e,** a. (zé). klug. *Mal avisé*, übel beraten. ‖**-iser** (zé). benachrichtigen. ‖ [apercevoir] gewahr werden. ‖intr. [à]. sinnen* [auf. *acc.*]. ‖ [s'] : — *de...* auf den Gedanken kommen*, zu...; *il s'avisa de...*, es fiel ihm ein, zu...
aviver (wé). [neu] beleben. ‖ [rafraîchir] auffrischen.
avocat m. (wòkà). Advokat -en, -en. Anwalt. ‖ [conseil] Sachwalter ④. ‖ [défenseur] Verteidiger ④.
avoine f. (wᵒ*a*n). Hafer, m.
avoir* (awᵒ*a*r). haben*. ‖ [vêtement sur soi] anhaben*. *N'avoir* qu'à*, nur brauchen zu... *Qu'avez-vous?* [à un malade], was fehlt Ihnen? ‖impers. *Y a-t-il encore des pommes?* sind noch Äpfel da?; *il y a des gens qui...*, es gibt Leute [*acc.*]. die...; *il y aura du tapage*, es wird Lärm geben*; *il y a un an qu'il est malade*, seit einem Jahre ist er krank. ‖m. Hab und Gut, n. ‖ [fortune] Vermögen, n. ‖*Comm.* Guthaben, n.
av‖oisinant, e, a. (awᵒazin*a*ⁿ, t). benachbart. ‖ [limitrophe] angrenzend. ‖**-oisiner** tr. (ziné). naheliegen*, intr. ‖ [confiner] grenzen intr. [an. *acc.*].
av‖ortement m. (wòrtœm*a*ⁿ). Fehlgeburt, f. ‖*Fig.* Scheitern, n. ‖**-orter** früh gebären*; *faire* avorter*, abtreiben. ‖*Fig.* fehlschlagen*, *sép.* ‖**-orton,** m. (t*o*ⁿ). Mißgeburt f.
av‖oué m. (wué). Rechtsanwalt. ‖**-ouer** (wué). [ein] gestehen*. ‖ [confesser] bekennen*.
avril m. (awr*i*l). April : *poisson d'avril*, Aprilscherz.
axe m. (aks). Achse, f.
axiome m. (*i*om). Axiom, n. ①.
ay‖ant ppr. von *avoir**. ‖**-ant droit** m. (äjaⁿdrᵒ*a*). Berechtigte[r], a. s. ‖**-ez, -ons.** V. *avoir**.
azalée f. (azalee). Azalie.
az‖otate m. (tàt). salpetersaure Verbindung, f. ‖**-ote** m. (òt). Stickstoff. ‖**-oté, e,** a. stickstoffhaltig. ‖**-otique** a. *Acide* —, m., Salpetersäure, f.
az‖ur m. Azurblau, n. *La Côte d'*—, die französische Riviera. ‖**-uré, e,** a. azurblau.
azyme a. ungesäuert.

B

B, b, m. B, b, n.
baba m. (bab*a*). Rosinenkuchen ④. ||*Pop. En être* —, verdutzt sein.
bab||il m. (b*i*l), **-illage** m. (bij*a*j). Geschwätz, n. ||**-illard, e,** a. (bij*a*r, d) geschwätzig. ||**-iller** (bij*é*). schwatzen.
babine f. (b*i*n). Lefze. Hängelippe.
babiole f. (bi*ò*l). Kleinigkeit.
babord m. (*ò*r). Backbord, n.
babouche f. (b*u*sch). Schlappschuh, m. ①.
babouin m. (*uin*). Pavian ①.
bac m. (b*à*k). Fähre f.
baccalauréat m. (lor*éà*). Bakkalaureat, n. ①. ||[en Allemagne] Abiturientenexamen, n.
baccara m. (r*à*). Bakkarat, n.
bacch||anal m. (n*à*l). Höllenlärm, Spektakel, m. et n. ||**-anale** f. (*à*l). Bacchusfest, n. ||**-ante** f. (*a*nt). Bacchantin.
bâche f. (bâsch). Wagendecke, Plane.
bachelier m. (basch^e^l*ié*). Bakkalaureus, ... rei.
bachique a. (sch*ì*k). bacchisch.
bachot m. (sch*ô*). Nachen ④. ||*Pop.* Bakkalaureat, n.
bacille m. (s*i*l). Bazillus, ...len.
bâcler (kl*é*). [barrer] versperren. ||[affaire] eilig abmachen. ||[travail] pfuschen.
bactérie f. (r*î*). Bakterie.
badaud||, e, a. (d*ô*, d). gaffend. ||m. Maulaffe, -n, -n, Gaffer ④. ||**-er.** gaffen, Maulaffen feilhalten*, *sép.* ||**-erie** f. (odr*î*). Gafferei.
Bade npr. (b*a*d). [État] Baden, n. ||[ville] Baden-Baden.
baderne f. (dern), *pop.* verdummter Mensch, m. *Vieille* —, alter Trottel.
bad||igeon m. (j*o*n). Tünche, f., Anstrich. ||**-igeonnage** m. (j*ò*n*à*j). Anstreichen, n. ||**-igeonner** (j*ò*n*é*). tünchen, anstreichen*. ||**-igeonneur** m. (j*ò*nœr). Anstreicher ④.
bad||in, e, a. (d*in*, *ì*n) scherzhaft. ||[taquin] schäkernd. ||**-inage** m. (n*a*j). Scherz. ||[jeu] Tändelei, f. ||[taquinerie] Schäkerei, f. ||**-ine** f. (*in*). Gerte. ||**-iner** (n*é*). scherzen, tändeln, schäkern.
Badois, e, npr. m., f. (d^o^*a*, z). Badener ④, in. Badenser, in. ||a. badisch.
baf||ouer (f*ué*). verhöhnen. ||**-ouillage** m. (fuj*a*j). Gefasel, n. ||**-ouiller** (fuj*é*). faseln.
bagage m. (g*a*j). Gepäck, n. spl. *Avec armes et bagages,* mit Sack und Pack; *plier bagage,* Bündel schnüren.
bagarre f. (g*a*r). Getümmel, n. spl. ||Schlägerei.
bagatelle f. (t*è*l). Kleinigkeit.
bagne m. (banj). Bagno, -s, n. ||Zuchthaus, n.
bagnole f. (nj*o*l') altes Auto, n.
bagout m. (g*ù*), *fam.* gemeine Redseligkeit f.
bague f. (b*a*g). Fingerring, m. Ring, m.
baguenauder (g^e^nod*é*). Kindereien treiben*.
baguette f. (g*è*t). Rute : — *magique,* Zauberstab, m.; — *de fusil,* Ladestock, m. *Mus.* Taktstock m. LOC. *mener à la baguette,* mit dem Stock regieren. ||[de tambour] Schlägel, m. ④, n.
bah ! ach was !
bahut m. (ba'*ü*). Truhe, f. *Fam.* [collège] Pennal, n. ①.
bai, e, rotbraun.
baie f. [fruit] Beere. ||*Géogr.* Bucht. ||*Arch.* Tür *ou* Fensteröffnung.
baign||ade f. (bänj*à*d). Baden, n. spl. ||**-er** tr. (bänj*é*). baden. ||[tremper] benetzen. ||[arroser] bespülen. *Baigné* [de larmes, etc.] schwimmend [in]. ||intr. et **[se].** baden, sich baden. ||**-eur, euse,** m., f. (njœr, *ö*z). Badender, de, a. s. ||[de station balnéaire] Badegast, m. ||**-oire** f. (^o^*a*r). Badewanne. ||[Théâtre] Parterreloge.
bail m. (b*a*j). Pacht, f. ||[contrat] Pachtvertrag. ||*à bail,* mietweise.
bâill||ement m. (bâjm*an*). Gähnen, n. spl. ||**-er** (j*é*). gähnen.

Schrägschrift : Betonung. **Fettschrift** : besond.Ausspr. *unreg. Zeitwort.

baill||er (bâjé). geben* (vieilli). || [donner à bail] verpachten. ||**-eur** m. (jœr). Vermieter : — *de fonds*, stiller Teilhaber. ||**-i** m. (ji). Amtmann. pl. -leute. ||**-iage** m. (iaj). Amtsgericht. n.

bâill||on m. (bâjon). Knebel ④. ||**-onner** (òné). knebeln.

bain m. (bin). Bad, n. ② : — *de siège*, Sitzbad; — *de pieds*, Fußbad; — *-marie*, Marienbad.

baïonnette f. (èt). Bajonett, n. ①. Seitengewehr n.

bai||semain m. (bäzmin). Handkuß *ou* Kußhand. ||**-er** (zé). küssen. m. Kuß. *Gros baiser*, Schmatz.

bai||sse f. (bäß). [prix, etc.] Sinken n. || [Bourse] Fallen, n. ||**-sser** tr. senken. || [rideau] herunterlassen*. || [yeux] niederschlagen. || [oreilles] hängen lassen* ||*se* —, sich bücken. || intr. sinken*, fallen* [*sein*]. ||**-ssier** m. (sié). Flaumacher.

bajoue f. (ju). Kinnbacken, m. ④.

bakélite f. (lìt), Bakelit, n.

bal m. (bàl). Ball.

bal||ade f. (àd), *fam.* Bummelei, f. ||**-ader** [se], *fam.* bummeln *fam.* ||**-adeuse** f. (döz). Anhängewagen, m. Handlampe. ||**-adin, e,** m. f. (din, in). Theatertänzer ④ in.

bal||afre f. (àfr). Schmarre. ||**-afrer** (fré). schmarren

balai m. (lè). Besen ④.

bal||ance f. (lans). Waage. ||*Comm.* Bilanz ||**-ancement** m. (man). Schaukeln, n. spl. Wiegen, n. spl. ||**-ancer** (sé). schaukeln. || [bercer] wiegen. || [compte] ausgleichen. ||*se* —, sich schaukeln; [beim Gehen] sich hin und her neigen. || intr. [osciller] schwanken. || [hésiter] unschlüssig sein*. ||**-ancier** m. (sié). Pendel, n. ④. ||**-ançoire** f. (soar). Schaukel.

bal||ayage m. (läjàj). Kehren, n. ||**-ayer** (läjé). auskehren. ||*Fig.* säubern. ||*Artill.* bestreichen*. ||**-ayeur, euse,** m., f. Straßenkehrer, ④, in. ||*Méc.* Kehrmaschine. ||**-ayures** f. pl. Kehricht, m. spl.

balbu||tiement m. (büsîman). Stammeln, n. ||**-tier** stammeln.

balcon m. (kon). Altan ①. Söller ④. ||*Théâtr.* Gallerie.

baldaquin m. (kin). Betthimmel ④. || [trône] Thronhimmel.

Bâle m. (bâl). Basel, n.

balei||ne f. (län). Walfisch, m. || [fanon] Fischbein, n. ||**-nier** m. (nié). Walfischfänger ④. ||**-nière** f. (niär). Walfischboot, n. ①.

bal||ise f. (iz). Bake. ||**-iser** (zé). mit Baken bezeichnen.

bal||iste f. (ist). Wurfmaschine. ||**-istique** f. (ik). Ballistik.

baliveau, x, m. (wo). Laßholz, n.

baliverne f. (wern). Albernheit.

ball||ade f. (àd). Ballade. ||**-ant, e, a.** (an, t). schlenkernd. ||**-ast** m. (ast). Ballast.

balle f. (bàl). [jeu] Ball, m. *Fig. Saisir la balle au bond,* die Gelegenheit ergreifen*. || [de fusil] Kugel. *Charger à balle,* scharf laden*. || [ballot] Ballen, m. ④. || [des grains] Spreu, f.

ball||erine f. (bàlrin). Tänzerin [im Ballett]. ||**-et** m. (lè). Ballett, n. ①.

ball||on m. (on). Ballon ①. || [de verre] Glaskolben. ||**-onnement** m. (ònman). Aufblähung, f. ||**-onner.** aufblähen. ||**-onnet** m. Ballönchen, n. ④.

ball||ot m. (o). Ballen ④, Pack. ||**-ottage** m. (aj). Stichwahl, f. ||**-ottement** m. (tman). Hin- und Herschütteln, n. ||**-otter** tr. hin und her schütteln [schaukeln]. || intr. hin und her schwanken. ||**-uchon** m. (lüschon). *pop.* Pack ①, Bündel, n. ④.

balnéaire a. (néär). *Station* —, f. Badeort, m. ①.

bal||ourd, e, a. (lur). tölpelhaft. || m. Tölpel ④. ||**-ourdise** f. (ùrdiz). Tölpelei.

balsam||ine f. (zamìn). Balsamine. ||**-ique** a. balsamisch.

balte, tique a. (ìk). baltisch : *Mer Baltique,* Ostsee.

balu||strade f. (tràd). Geländer n. ④. ||**-stre** m. (lüstr). Docke.

bamb||in m. (banbin). Bübelchen, n. ④. ||**-oche** f. (bosch). Prassen, n. ||**-ocher** (sché). prassen. ||**-ocheur** m. (schœr). Prasser ④.

bambou m. (bu), Bambus, inv.

ban|| m. (ban). Aufgebot, n. ||LOC. *Publier les bans,* Verlobte aufbieten*. || [roulement de tambour] Wirbel. || [applaudissement] dreifacher Applaus ①. || [interdiction] Bann. || [proscription] Acht, f. *Mettre**

au ban, **in die** Acht erklären; *en rupture de ban,* bannbrüchig. ||**-al, e,** a. (*nàl*). [four, pré] gemeinnützig. || [ordinaire] alltäglich, Alltags... || [rebattu] abgedroschen. ||**-alité** f. abgedroschene Redensart.

ban||ane f. (*àn*). Banane. ||**-anier** m. (*nié*). Bananenbaum.

ban||c m. (baⁿ). Bank, ¨e, f. — *de sable,* Sandbank, f; — *de harengs,* Heringszug, m. ||**-caire** a. Banken..., Bank... ||**-cal, e,** a. (*kàl*). krummbeinig.

ban||dage m. (baⁿdaj). Verband, n. || [**herniaire**] Bruchband, n. ②. || [de roue] Reifen ④. ||**-dagiste** m. (*jist*). Bruchbandmacher. ||**-de** f. (baⁿd). [lien] Binde. || [bandage] Band, n. ②. || [de journal] Kreuzband, n. || [surface étroite et longue] Streifen, m. ④. || [de billard] Bande. || [troupe] Schar. || [de brigands, etc.] Bande. LOC. *Faire* bande à part,* sich absondern. || [oiseaux] Zug, m. ||**-deau, x,** m. (*dô*). [Augen-, Stirn-] Binde, f. ||**-delette** f. (dᵉlèt). Bändchen, n. ④, Streifen, m. ||**-der.** [panser] verbinden*. || [yeux] zubinden*. || [arc] spannen. ||**-derille** f. (*rìj*). Banderilla. ||**-derole** f. (*dròl*). Wimpel, m.

bandit m. (*dì*). Straßenräuber ④.

bandoulière f. (*duliär*). Bandelier, n. ①. *En bandoulière,* quer über Schulter.

banlieu||e f. (baⁿliö). Bannmeile, Weichbild, n. ||**-sard** m. (*zar*). Vorstädter.

bann||e f. (*bàn*). [bâche] Plane. || [panier] Tragkorb, nm. ||**-ette** f. (*èt*). Tragkörbchen, n. ④.

bannière f. (*iär*). Banner, n. ④. || [d'église] Kirchenfahne.

bann||ir. verbannen. ||**-issement** m. (*ismaⁿ*). Verbannung, f.

ban||que f. (baⁿk). Bank. ||**-queroute** f. (*krùt*). Bankbruch. m., Bankrott, m. ①. *Faire** —, bankrottieren. ||**-queroutier** m. (*krutié*). Bankrottierer ④.

ban||quet m. (*kè*). Festmahl, n. ①. ||**-queter** (kᵉ*té*). schmausen, bankettieren. ||**-quette** f. (*kèt*). Polsterbank, ¨e. ||**-quier** m. (*kié*). Bankier, -s. ||**-quise** f. (*kiz*). Eisbank, ¨e.

bap||tême m. (*batäm*). Taufe, f. ||**-tiser** (*zé*). taufen. ||**-tismal, e, aux,** a. (*àl, o*). *Fonts baptismaux,* Taufbecken, n. sing. ④. ||**-tiste** npr. (*ist*) : *saint Jean* —, Johann der Täufer. ||**-tistère** m. (*tär*). Taufkapelle, f.

baquet m. (*kè*). Kübel ④, Zuber ④.

bar m. (*bàr*). Wolfbarsch. || [débit] Stehbierhalle, f.

bar||agouin m. (*guiⁿ*). Kauderwelsch, n. ||**-agouiner** (*gùiné*). radebrechen.

bar||aque f. (*àk*). *Mil.* Lagerhütte, Baracke. || [de foire] Marktbude. ||*Fig.* elendes Haus, n. ||**-aquement** m. (rakmaⁿ). Barackenlager, n. ||**-aquer** (*raké*). in Baracken leben.

bar||atte f. (*àt*). Butterfaß, n. ②. ||**-atter** (*té*). buttern.

barbacane f. (*kàn*). *Mil.* Schießscharte. ||*Arch.* Abzugsloch, n. ②.

barb||are a. (*ar*). barbarisch. || [cruel] grausam. ||m. Barbar, -en, -en. ||**-arie** f. (*rî*). Grausamkeit. ||**-arisme** m. (*ism*). Sprachwidrigkeit, f.

barb||e f. (barb). Bart, m. : *Faire* la* — *à,* rasieren. ||LOC. *Rire* dans sa* —, ins Fäustchen lachen; *rire à la* —, *de qn,* in jemands Gesicht lachen. ||*Barbe-de-capucin,* Gartenzichorie. || [d'épi] Granne. ||npr. Barbara. ||**-eau, x** m. (*bo*). Barbe, f. ||**-elé, e,** a. (*bolé*). [*Fil de fer*] —, Stacheldraht, m. ||**-er** *Pop.* langweilen, lästig sein ||**-erousse** npr. m. (*rùs*). Rotbart. ||**-et** m. (*bè*). Pudel ④. ||**-iche** f. (*isch*). Zwickelbart, m. ||**-ier** m. (*bié*). Bartscherer, Barbier ①. ||**-illon** m. (bijoⁿ). junge Barbe, f. ||**-on** m. (boⁿ). Graubart.

barb||otage m. (*taj*). Geplätscher, n. spl. ||**-oter** (*té*). plätschern. || [oiseaux] schnattern.

barb||ouillage m. (bu*jaj*). Sudelei, f., Geschmier, n. ||**-ouiller** (bu*jé*). beschmieren, besudeln. ||**-ouilleur** m. (bu*jœr*). Sudler. ||*Fam.* Gurkenmaler ④.

barb||u, e, a. (*bü*). bärtig. ||**-ue** f. (*bü*). Steinbutte.

bar||carolle f. (*ròl*). Gondellied, n. ②. ||**-celonnette** f. (sᵉlonèt). Hängewiege.

barda m. *Pop.* Gepäck, n.
bar‖de m. (bard). Barde, -n, -n. ‖f. [de lard] Speckschnitte. ‖**-dé, e,** p. a. (de) : — *de fer,* in Eisen gehüllt; — *de lard,* mit Speck umwickelt. ‖**-der.** [cheval] beharnischen, bepanzern; *pop. ça barde,* es geht scharf her.
barège m. (*äj*). *Bain de* —, Schwefelbad, n. ②.
barème m. (*äm*). Rechenknecht.
barguigner m. (ginjé). zaudern.
bar‖il m. (*ri*). Fäßchen, n. ④. ‖**-illet** m. (rijè). Fäßchen, n. ④. ‖[boîte] Büchse, f. ‖*Méc.* Trommel, f.
bar‖ioler. bunt bemalen. ‖**-iolage** m. (*làj*). Farbengemisch n.
baromètre m. (mètr). Barometer, n. ④. Wetterglas, n. ②.
bar‖on, ne, m., f. (roⁿ, òn). Baron, in, Freiherr, -n, -en, -frau. ‖**-onnet** m. (nè). Baronett.
baroque a. (òk). *Arch.* barock. ‖[bizarre] seltsam. lächerlich. ‖*style* — m., Barokstil.
barque f. (bark). Barke, Nachen, m. ④.
barr‖age m. (*aj*). Sperrung, f., Schlagbaum. ‖[digue] Wehr, n. ‖[de rivière] Talsperre, f. ‖**-e** f. (bar). Stange, Stab, m. ‖[métal] Barren, m. ④, Stange. ‖*Gymn.* : *barre fixe,* Reck, n.; *barres parallèles,* pl., Barren. ‖[jeu] Barren, Krieg, m. ‖[tribunal] Schranken, pl. *A la* —, vor Gericht. ‖[gouvernail] Steuer, n. ④. ‖[mascaret] Springflut. ‖[trait] Strich, m. ‖**-eau, x,** m. (*rô*). Stange, f. Stab. V. *barre.* ‖[de prison] Gitterstange, f. ‖[des avocats] Advokatenstand. ‖**-er.** [chemin] [ver-]sperren. *Rue barrée* [avis], gesperrt! ‖[fleuve] abdammen. ‖[biffer] ausstreichen*.
barrette f. (èt). Barett, n. ①. ‖[de cardinal] Kardinalshut, m. ‖[coiffure] Haarnadel [für loses Haar].
barr‖icade f. (kàd). Verrammlung. ‖[rues] Barrikade. ‖**-icader** (dé). verrammeln. ‖**-ière** f. (rièr). Schlagbaum, m. ‖[limite] Schranke. ‖[d'octroi] Stadttor, n. ①.
barrique f. (*ik*) Stückfaß, n. ②.
baryte f. (*rit*). Baryt, m.
baryton m. (toⁿ). Bariton ①. ‖[artiste] Baritonist, -en, en.
bas‖, se, a. (bâ, as). niedrig. ‖[Ort] tiefgelegen. ‖[étiage] seicht. ‖[minime] gering. ‖[voix, et adv.] leise. ‖[vulgaire] gemein. ‖[vil] niederträchtig. ‖*Géogr.* Nieder... ‖adv. V. l'adjectif. ‖LOC. : *chapeau bas!* Hut ab! *A bas...!* nieder mit...! *En bas,* unten; *plus bas,* weiter unten; *mettre* bas,* Junge werfen*; *mettre* bas les armes,* die Waffen strecken. ‖m. [partie inférieure] Unterteil. ‖[vêtement] Strumpf.
basalte m. (*zalt*). Basalt.
basané, e, a. (*né*). schwarzbraun.
bas-bleu m. (bablö). Blaustrumpf.
bas-côté m. (*té*). Seitenschiff, n.
bas‖cule f. (skül). Schaukelbrett, n. ②. *à...* —, Schaukel... ‖[engin] Wippe. ‖**-culer**. Schaukeln. ‖wippen.
bas‖e f. (baz). Grundlage -linie, -fläche. ‖[pied] Fuß, m. ‖*Chim.* Base. ‖**-er** gründen. ‖**- -fond** m. Niederung, f.
basket-ball Korbballspiel.
basilic m. (*zilik*). Königseidechse, f.
basilique f. (*ik*). Basilika, ken.
basoche f. (*zosch*). Basoche.
basque f. (bask). Rockschoß, m. ‖m. Baske, -n, -n. *Tambour de basque,* Schellentrommel, f. ‖a. baskisch.
bas‖-relief m. halberhabene Arbeit, f. ‖**- -Rhin** m. (*riⁿ*). Niederrhein. ‖**-se** f. (bàs). *Mus.* Baß., m. ‖[artiste] Bassist, -en, -en, m. ‖**-secour** f. (bàskùr). Hühnerhof m. ‖**-se-fosse** f. (foß). Verlies n. ‖**-sesse** f. (ès) Niedrigkeit. ‖**-set** m. (sè). Dachshund ①. ‖**-se-taille** f. (bastâj). erster Baß, m.
bas‖sin m. (*siⁿ*). Becken, n. ④. ‖[de fleuve] Stromgebiet, n. ‖[de port] Binnenhafen ③. ‖[pour malades] Leibschüssel, f. ‖**-sine** f. (*sin*). Wasserbecken, n. ④. ‖**-sinet** m. (nè). Zündpfanne, f. ‖**-sinoire** f. Bettwärmer, m.
basson m. (soⁿ). Fagott, n. ①. [artiste] Fagottist, -en, -en.
bastille f. (*tij*). Burg. ‖[prison] Zwinger, m. ‖[à Paris] Bastille.
bastingage m. (tiⁿgaj). Schanzverkleidung, f.
bastion m. (*tioⁿ*). Bollwerk, n., ①, Bastei, f.
bastonnade f. (nàd). Prügelstrafe.

bastringue m. (*tr*ⁿg). Tanzkneipe, f.
bas-ventre m. (baw*a*ⁿtr). Unterleib.
bât m. (bâ). Saumsattel ③.
bataclan m. (kl*a*ⁿ), *pop.* Trödel.
bat‖aille f. (*tâj*). Schlacht. *En* —, in Schlachtordnung. ‖**-ailler** (aj*é*). sich zanken. ‖**-ailleur, euse,** m. et f. (j*œr*, *öz*). Zänker ④, in. ‖a. zänkisch. ‖**-aillon** m. (j*o*ⁿ). Bataillon, n. ①.
bâtard‖, **e**, a (*tar*, d). unehelich. *Ecriture bâtarde*, Mittelschrift, f. ‖m. Bastard ①. ‖**-ise** f. uneheliche Geburt.
ba‖teau, x, m. (*to*). Boot, n. ①, Schiff, n. ①; — *omnibus*, Flußpersonendampfer ④. ‖**-teleur, euse,** m., f. (bàtl*œr*, öz). Taschenspieler ④, in, Gaukler, in. ‖**-telier, ière,** m., f. (tœl*ié*, *iär*). Schiffer ④, in. ‖**-tellerie** f. (tèlr*i*). Flußschifffahrt.
bat-flanc m. (ba-fl*a*ⁿ) Trennwand, f. [im Stall].
bâti m. (*ti*). Rahmwerk, n. ‖[couture]. Heftfaden ③.
batifoler (l*é*). schäkern.
bâ‖timent m. (m*a*ⁿ). Gebäude, n. ④. ‖[industriel] Bauwesen, n. ‖[navire] Schiff, n. ①, ‖**-tir**. bauen. ‖[coudre] heften. ‖**-tisse** f. (*tîs*). Mauerarbeit.
batiste f. (*tist*). Batist m. ①.
bât‖on m. (*to*ⁿ). Stock. ‖[ovale] Stab. ‖[gourdin] Prügel, [gros] Knüttel. ‖[de vieillesse] Stütze, f. ‖LOC. *A bâtons rompus*, stückweise, planlos; *mettre* des bâtons dans les roues*, Hindernisse in den Weg legen. ‖**-onner**. prügeln. ‖**-onnet** m. (n*è*). Stäbchen, n. ④. ‖**-onnier** m. Vorsteher der Advokatenschaft.
batracien m. (s*ii*ⁿ). Lurch ①.
batt‖age m. (bat*a*j). Schlagen, n. ‖[blé] Dreschen, n. ‖*Fam.* Schwindelei, f. ‖**-ant, e,** p. a. (t*a*ⁿ, t). LOC. *Mener tambour battant*, jm. hart zusetzen; *pluie battante*, Platzregen, m.; *tout battant neuf*, funkelnagelneu. ‖m. [de porte] Türflügel ④. ‖m. [de cloche] Schwengel ③. ‖**-e** f. (bàt). Schlägel, m. ④. ‖**-ement** m. (tm*a*ⁿ). Schlagen, n. spl. ‖Klopfen, n. spl. ‖[cœur, ailes] Schlag : — *de mains*, Händeklatschen, n. spl. ‖**-erie** f. (tr*î*). [rixe] Schlägerei. ‖[canons, tambour, électrique] Batterie. ‖ — *de cuisine*, Küchengeschirr, n. ‖**-eur** m. (t*œr*). [de métaux] Schläger ④. ‖[de blé] Drescher ④. ‖**-euse** f. (*öz*). Dreschmaschine. ‖**-oir** m. (tᵒ*ar*). Waschbleuel ④.
batt‖re (bàtr). schlagen*. ‖[rouer de coups] prügeln. ‖[blé] dreschen*. ‖[tapis, etc.] klopfen. ‖[terre] rammen. ‖[œufs, tambour] rühren. ‖[des mains] klatschen. ‖LOC. *Battre* froid à*, kalt aufnehmen*. ‖[se] sich schlagen*. [*à l'épée*, etc., auf Degen usw.]. ‖intr. schlagen*. ‖[cœur] klopfen. ‖**-u, e,** pp. a. [chemin] gebahnt. ‖*Fer battu*, Eisenblech, n. ‖**-ue** f. (*tü*). Treibjagd [*faire**, halten*].
baudet m. (bôd*è*). Esel ④.
baudrier m. (dr*ié*). Degengehenk, n. ‖[de sabre] Säbelkoppel, f.
baudruche f. (dr*ü*sch). Goldschlägerhaut, ¨e.
bauge f. (b*ô*j). Saulache.
baume m. Balsam ①.
bauxite f. (boks*it*'). Bauxit, m.
bav‖ard, e a. (w*àr*, d). geschwätzig. ‖m., f. Schwätzer ④, in. ‖**-ardage** m. (*aj*). Geschwätz, n. spl. ‖**-arder**. schwatzen.
Bavarois, e npr. m. f. (warᵒ*a*, z). Bayer, -n, -n, in. ‖a. bayerisch.
bav‖e f. (baw). Geifer, m. ‖**-er** (w*é*). geifern. ‖**-ette** f. (w*è*t). Speichellatz, m. ①, Pichel, m. ④. ‖[de tablier] Vortuch, n. ②, *tailler une bavette*, gemütlich plaudern. ‖**-eux, euse,** a. (w*ö*, z). geifernd.
Bavière f. (w*iär*). Bayern, n.
bavure f. (w*ür*). Geiferausfluß, m. ‖*Métall.* Gußnaht.
bayadère f. (jad*är*). Bajadere.
bayer (j*é*). gaffen : — *aux corneilles*, Maulaffen feilbieten*.
ba‖zar m. (z*ar*). Basar ①. ‖**-zarder** *fam.* zu Gelde machen.
béant, e, a. (bé*a*ⁿ, t). offen. ‖[gouffre] klaffend.
bé‖at, e, a. (bé*à*, t). **-atement** adv. (àtm*a*ⁿ). andächtig. ‖**-atifier**. selig sprechen*. ‖ **-atitude** f. (t*ü*d). Glückseligkeit.
beau, x [**bel** devant une voyelle ou un *h* non aspiré : *bel enfant, bel homme*], f. **belle**, a. (bo, b*è*l). I.

schön. ‖LOC. *Un beau jour [matin]*, eines schönen Tages [Morgens]; *voir* tout en beau,* alles in günstigem Lichte sehen*; *en faire* de belles,* schöne Streiche machen; *vous en avez fait de belles!* Sie haben Schönes angerichtet! ‖adv. *Bel et bien,* schön und gut. *Tout beau!* sachte! *Vous avez beau dire,* Sie mögen sangen was Sie wollen; *vous avez beau faire**, Sie mögen tun, was Sie wollen; *de plus belle,* immer wieder, noch stärker. ‖a. s. der, die das Schöne. ‖LOC. *Faire* le beau,* schön tun*. ‖[jeu] *La belle,* die Hauptpartie : *jouer la belle,* um die Partie spielen. ‖II. *beau-..., belle-...*, 1. [indiquant la parenté par alliance] Schwieger... Ex. : *beau-père, belle-mère, beaux-parents,* etc., Schwiegervater, -mutter, Schwiegereltern, usw. 2. [indiquant la parenté du second lit] Stief... Ex. : *beau-père [parâtre], -fils, belle-mère [marâtre],* etc., Stiefvater, -sohn, -mutter usw.

beaucoup adv. (bôku). [quantité matérielle] viel, a. et adv. : *manger beaucoup,* viel essen*; *beaucoup de gens,* viele Leute. ‖[degré, intensité] sehr : *je me réjouis beaucoup,* ich freue mich sehr; *de beaucoup, à beaucoup près,* bei weitem. um vieles. ‖[devant un comparatif] viel, weit : *beaucoup mieux,* viel [weit] besser.

beau‖-fils m. (bôfis). V. *beau,* 2. ‖**--frère** m. (frär). Schwager ③. ‖**--père** m. (pär). V. *beau,* 2.

beaupré m. (bôpré). Bugspriet, n.

beauté f. (té). Schönheit.

bébé m. (bébé). Püppchen, n. ④.

bec m. (bèk). Schnabel ③. ‖LOC. *Se prendre* de bec, fam.* zanken; *clouer le bec, pop.,* den Mund stopfen; *avoir bec et ongles,* sich gut zu verteidigen wissen. ‖[de gaz] ...brenner ④.

bécane f. (kàn), *pop.* Fahrrad n. ②.

bécarre m. (kàr). Auflösungszeichen, n. ④.

bé‖casse f. (kàs). Schnepfe. ‖*Fam.* dumme Frau. ‖**-cassine** f. (sin). Sumpfschnepfe.

bec-de‖-cane m. (bèkdœkàn). Türdrücker ④. ‖**-corbeau** m. (bô). Drahtzange, f. ‖**-lièvre** m. (liäwr). Hasenscharte.

bê‖che f. (bäsch). Spaten, m. ④. ‖**-cher** (sché). umgraben*. ‖*Fam.* bekritteln.

bécot m. (ko), *pop.* Küßchen, n. ④.

becqueter (bekté). bepicken.

bedaine f. (bœdän), *pop.* Wanst, m. ‖**-deau, x,** m. (do). Kirchendiener ④.

be‖don m. (doⁿ). Dickwanst. ‖**-donner.** dickbäuchig werden*.

bée a. *Bouche* —, mit offenem Munde.

beffroi m. (frºa). Wart- *ou* Glockenturm.

bég‖aiement m. (gämaⁿ). Stammeln n., Stottern, n. ‖**-ayer** (gäjé). Stammeln, stottern.

bégonia m. (nia). Begonie, f.

bègue m. (bèg). Stammler ④, Stotterer ④.

bégueule a. (gœ). spröde. ‖[maniéré] geziert. ‖f. Spröde, Zierpuppe.

bé‖guin m. (giⁿ). Nonnenhaube, f. ‖[pour enfant] Häubchen, n. ④. ‖*Fig. pop* Neigung, f. *Avoir* un* — [pour] verschossen sein* [in, *acc.*]. ‖**-guinage** m. (beginaj). Beguinenkloster, n. ③. ‖**-guine** f. (begin). Beguine.

beige a. (bäj). gelbgrau, beige.

beignet m. (njè). Krapfen ④ : — *aux pommes,* gebackene Apfelschnitte, f.

béjaune m. (jon). Gelbschnabel.

bel, le, V. *beau.*

bêl‖ement m. (bälmaⁿ). Blöken, n. spl. ‖**-er.** blöken.

belette f. (bœlèt). Wiesel, n. ④.

Bel‖ge m. et f. (belj). Belgier ④, in. ‖a. belgisch. ‖**-gique** f. (jìk). Belgien, n.

bél‖ier m. (lié). Widder ④, Schafbock. ‖[engin] Sturmbock. ‖**-ière** f. (liär). Ringelchen, n. ④.

bélinogramme m. (nogram) Funkbild, n.

bélître m. (litr). Dummkopf.

belladone f. (bèl'ladòn). Tollkirsche.

bellâtre m. (atr). Schöntuer ④.

belle‖ V. beau. ‖**- -de-jour** f. (bèldœjur). dreifarbige Winde. ‖**- -de nuit** f. (nüi). Wunderblume. ‖**- -fille** f. (fij). **- -mère** f. (mär). V. *beau,* 2. ‖**- -sœur** f. (sœr). Schwägerin.

bel‖ligérant, e, a. (bel'lijéran, t). kriegführend. ‖**-liqueux, euse,** a. (kö, z). kriegs-, kampflustig.
belvédère m. (wédär). Aussichtsturm, Luginsland, n.
bémol m. (*mò*l). *Mus.* b. n.
béné‖dicité m. (sit*é*). Tischgebet, n. ‖**-dictin, e,** m., f. (t*in*, *ì*n). Benediktiner ④, in. ‖**-diction** f. (diksi*o*n). Segen, m. : — *nuptiale.* Trauung.
béné‖fice m. (f*i*s). Gewinn, spl. *Sous bénéfice d'inventaire,* unter dem Vorbehalt der späteren Prüfung. ‖**-ficiaire** m. (siär). Benefiziant, -en, -en. ‖*Comm.* Remittent, -en. ‖**-ficier.** [de]. gewinnen* [bei]. ‖**-fique** a. (f*i*k) wohltuend.
benêt m. (bœnä). Einfaltspinsel ④.
bé‖névole a. (w*ò*l). wohlwollend. ‖[volontaire] freiwillig. ‖**-nignité** f. (ninjit*é*). Gutherzigkeit. ‖[d'une maladie] Gutartigkeit. ‖**-nin, nigne,** a. (n*in*, *i*nj). gutherzig. ‖gutartig. ‖**-nir** (*i*r). segnen. ‖[mariage] einsegnen. ‖[consacrer] weihen. ‖**-nit, e,** a. (n*i*, t). *Pain bénit,* m. geweihtes Brot, n. *Eau bénite,* f. Weihwasser n. ‖**-nitier** m. (ti*é*). Weihwasserkessel ④.
benjamin m. (binjam*in*). Muttersöhnchen, n. ④.
benne f. (b*è*n). Wagenkorb, m.
benzine f. (binz*ì*n). Benzin, n.
béquille f. (k*i*j). Krücke.
ber‖cail m. (k*âj*). Schafstall. ‖**-ceau, x,** m. (so). Wiege, f. ‖*Fig.* Heimat. f. ‖[de verdure] Laube. f. ‖**-cer** (s*é*). wiegen*. ‖*Fig.* [d'illusions, etc.] vertrösten [mit]. ‖**-ceuse** f. (s*ö*z). Wiegenlied, n. ②.
béret m. (r*è*). [Basken]mütze.
berge f. (berj). steiles Ufer, n. ④, Böschung f.
ber‖ger, ère, m., f. (j*é*, är). Schäfer, ④, in, Hirt, -en, -en, in. ‖**-gère** f. [meuble] Lehnsessel. m. ‖**-gerie** f. (jœr*î*). Schafstall, m. ‖[chant] Hirtenlied, n. ②. ‖**-geronnette** f. (jœron*è*t). Bachstelze.
Ber‖lin m. (l*in*). Berlin, n. ‖**-line** f. (l*i*n). Berline. ‖**-linois, e,** m. f. (no*a*, z). Berliner ④, in. ‖a. berlinisch.
berlue f. *avoir* la* —, falsch sehen*.
berne f. (bern). *Mettre* en berne,* auf Halbmast hissen.
ber‖ner, foppen. ‖**-nique!** (n*i*k). ja, prosit!
besace f. (bœz*à*s). Bettelsack, m.
besicles f. pl. (bœz*i*kl). Brille, sing.
be‖sogne f. (z*ò*nj). Arbeit. ‖**-sogneux, euse,** a. (z*ò*njö, z). bedürftig. ‖**-soin** m. (zo*in*). Bedürfnis, n. Bedarf. ‖[manque] Mangel. ‖[détresse] Not, f. ‖[indigence] Bedürftigkeit, f. ‖Loc. *Au besoin,* im Notfall; *avoir* besoin de,* bedürfen* [*gén.*] brauchen [*acc.*].
besti‖al, e, a. (ti*à*l). tierisch, viehisch. ‖**-alité** f. Bestialität. ‖**-aux** m. pl. (t*i*o). Vieh, n. spl. ‖**-ole** f. (ti*ò*l). Tierchen, n. ④.
bêta, asse, *fam.* m.. f. (ta, *a*s). Dummkopf, m.
bétail m. (t*à*j). Vieh, n. spl.
bê‖tasse. V. *bêta.* ‖**-te** f. (bät). Tier, n. ‖*Bête à bon Dieu,* Sonnenkäferchen, n. ④. ‖[bétail, brute] Vieh n. spl. ‖[sot] Dummkopf, m. ‖Loc. *Faire* la bête,* sich dumm stellen. *Fam. Bonne bête,* gute Haut, f.; *c'est ma bête noire,* er ist mir in den Tod zuwider; *chercher la petite bête,* pedantisch sein*. ‖a. dumm. ‖**-tement** adv. (bätm*a*n). dummerweise. ‖**-tise** f. (t*i*z). Dummheit. ‖pl. dummes Zeug, n. spl. ‖[naïveté] Einfalt.
bé‖ton m. (t*o*n). Beton, spl. ‖**-tonner** (*ò*n*é*). betonieren.
betterave f. (tr*a*w). Runkelrübe; — *à sucre,* Zuckerrübe.
beu‖glant m. (bögl*a*n). *Pop.* Tingeltangel ④. ‖**-glement** m. (gleman). Brüllen, n. spl. ‖**-gler.** brüllen.
beurr‖e m. (bœr). Butter, f. spl. : *battre* le beurre,* buttern; *beurre noir,* braune Butter. ‖*Fig. Faire* son beurre,* großen Verdienst machen. ‖**-é** m. (*é*). Butterbirne, f. ‖**-ée** f. Butterbrot, n. ①. ‖**-er.** mit Butter bestreichen*. ‖**-ier** m. Butterdose, f.
bévue f. (w*ü*). Schnitzer, m. ④.
bi‖ais m. (bi*é*). schräge Linie, f. *De biais,* schräg, schief. ‖*Fig.* [détour] Winkelzüge, pl. ‖[expédient] Ausfluch, f. ‖**-aiser** (äz*é*). schief ou schräge laufen*. ‖*Fig.* Winkelzüge machen.

bibelot m. (biblo). Nippsache f.
biberon m. (ron). Saugfläschchen, n. ④.
bibl‖e f. (bibl). Bibel. ‖**-iographie** f. (fi). Bücherkunde. ‖[liste] Literatur. ‖**-iophile** m. (fil). Bücherliebhaber ④. ‖**-iothécaire** m. (kär). Bibliothekar ①. ‖**-iothèque** f. (tèk). Bibliothek. Bücherei. ‖**-ique** a. (ik). biblisch.
bi‖camérisme m. Zweikammersystem n. ‖**-céphale** a. (fal). doppelköpfig.
biceps m. (seps). Hauptarmmuskel.
bi‖che f. (bisch). Hirschkuh, ¨e. Hindin. ‖**-chette** f. (schèt), *fig.* Liebchen, n. ④. ‖**-chon** m. (schon). Schoßhund ①. ‖**-chonner** (schoné). schniegeln.
bicoque f. (kok). elendes Häuschen, n. ④.
bicyclette f. (siklèt). Fahrrad, n. ②. *Aller à bicyclette*, radfahren*, *sép.*
bidet m. (dè). Klepper ④. ‖[meuble]. Badeschemel ④.
bidon m. Feldflasche, f. : *à huile, à pétrole*, Ölkanne, f., *à essence*, Kanister.
bief m. (bièf). Wassergang.
bielle f. (bièl). Kurbelstange.
bien‖ m. (biin). Gutes, a. s. n. *Faire* le bien, du bien*, das Gute, Gutes tun*; *homme de bien*, guter Mensch. ‖[bien-être, prospérité] Wohl, n. *Vouloir* du bien à qn*, einem wohlwollen; *cela fait du bien*, es tut einem wohl; *grand bien vous fasse!* wohl bekomm's!; *bien public*, Wohlfahrt, f. ‖[avoir] Habe, f., Gut, n. ②. ‖adv. gut, wohl. ‖[très, à un haut degré] sehr. ‖[beaucoup] viel. ‖[devant un compar.] weit. ‖[sans doute] wohl. ‖[à l'aise, commodément] bequem. ‖[en bons termes] in gutem Einverständnis [leben]. ‖conj. *Bien que*, obgleich; *si bien que*, so daß. ‖**- -aimé, e,** a. (biinnämé). vielgeliebt. ‖-a. s. Geliebte[r], m. ‖**- -être** m. (nätr). Wohlsein, n. ‖[aisance] Wohlstand. ‖**-faisance** f. (fäzans). Wohltätigkeit. ‖**-faisant, e,** a. (zan, t). wohltätig. ‖**-fait** m. (fè). Wohltat f. ‖**-faiteur, trice,** m., f. (tœr, tris). Wohltäter ④, in. ‖**- -fonds** m. (fon). Grundstück, n. ①. ‖**-heureux, euse,** a. (nœrö, z). glückselig. ‖*Relig.* selig. ‖**-séance** f. (ans). Schicklichkeit, Anstand, m. ‖**-séant, e,** a. (an, t). schicklich, anständig.
bientôt adv. (to). bald. *A bientôt!* auf baldiges Wiedersehen!
bien‖veillance, f. (wäjans). Wohlwollen, n. ‖**-veillant, e,** a. (jan, t). wohlwollend. ‖**-venu, e,** a. (wœnü). willkommen. ‖**-venue** f. (nü). Willkommen n. *Souhaiter la bienvenue à*, willkommen heißen*.
bière f. (biär). Bier, n. ‖[cercueil] Sarg, m.
biffer (fé). ausstreichen*.
bifteck m. (tèk). Beefsteak, -s, n.
bif‖urcation f. (ürkasion). Abzweigung. ‖**-urquer** (ké). sich abzweigen.
bi‖game a. (gàm). bigamisch. ‖m. Bigamist, -en, -en. ‖**-gamie** f. (mi). Doppelehe.
bi‖garré, e, a. (ré). bunt, buntscheckig. ‖**-garreau, x,** m. (rô). Herzkirsche, f. ‖**-garrure** f. (rür). Buntscheckigkeit.
bi‖got, e, a. (gô, òt). frömmelnd. m., f. Frömmler ④, in. ‖**-goterie** f. (gòtri). Frömmelei.
bigoudi m. (gùdi). Lockenwickel, ④.
bigre! inter. *fam.* (bigr). alle Wetter!
bijou‖, x, m. (jù). Juwel, -en. ‖[joyau] Kleinod, n. ① *et* -ien. ‖**-terie** f. Juwelenhandel, m. ‖**-tier** m. Juwelier ①.
bilan m. (lan). Bilanz, f.
bilatéral, e, a. (àl). zweiseitig.
bilboquet m. (kè). Fangbecher ④.
bil‖e f. (bil). Galle. ‖[mauvaise humeur] Ärger, m. *Se faire* de la bile*, sich quälen. ‖**-laire** a. (liär). Gallen... ‖**-ieux, euse,** a. (liö, z). gallig. ‖[caractère] gallsüchtig.
bilingue a. (ling). zweisprachig.
bill‖ard m. (bijàr). Billard, n. ①. ‖**-e** f. (bij). Kugel. ‖[de billard] Ball, m. ‖[d'enfants] Murmel, m. ④, Klicker, m. ④. ‖[de bois] Klotz, m.
billet m. (bijè). Briefchen, n. ④. : — *doux*, Liebesbrief. ‖[note] Zettel ④ : — *de confession*, — *de logement*, Beicht-, Quartierzettel; — *de faire part*, Anzeige, f.; —

de banque, Banknote, f.; — *d'entrée, de faveur,* — *de chemin de fer,* etc., Eintritts-, Frei, Fahrkarte f. usw.; *billet à ordre,* eigener Wechsel.
billevesée f. (bilwœ*zee*). albernes Geschwätz, n.
bill‖ion m. (*lio*ⁿ). Milliarde, f. ‖**-on** m. (bij*o*ⁿ). *Monnaie de billon,* Kupfermünze, f.
billot m. (*jo*). Klotz, Block.
bi‖mane. a. (*màn*). zweihändig. ‖**-mensuel, le,** a. (maⁿs*üèl*). halbmonatlich.
bi‖ner (*né*). hacken, zweibrachen. ‖**-nette** f. (*nèt*). Gartenhaue. ‖*Pop.* lächerliches Gesicht, n.
biniou m. (*niù*). Dudelsack.
binocle m. (*òkl*). Kneifer ④.
bio‖graphe m. (*àf*). Biograph, -en, -en. ‖**-graphie** f. (*fi*). Lebensbeschreibung. ‖**-logie** f. (*ji*). Biologie.
bi‖pède a. (*pèd*). zweifüßig. ‖m. Zweifüßler ④. ‖**-plan** m. (*pla*ⁿ). Zweidecker ④.
bi‖que f. (*bik*). Ziege. ‖**-quet, te,** m., f. Zicklein, n. ④.
bis, e, a. (*bì,* **z**). *Pain bis,* Schwarzbrot, n. ‖[toile] ungebleicht. ‖m. et interj. (*bis*). noch einmal! ‖adv. *3 bis,* 3 b. ‖*Mus.* dakapo.
bisaïeul, e, m. f. (**zaj***œl*),. Urgroßvater ③, -mutter ̈-.
bisbille f. (*bij*), *fam.* Zänkerei.
biscaïen, m. (*kaji*ⁿ). Kartätschkugel. f.
biscornu, e, a. (*nü*). wunderlich. ‖[idée] verschroben.
bis‖cotte f. (*kòt*). geröstete Brotschnitte. ‖**-cuit** m. (*küie*). Zwieback ① : — *de mer,* Schiffszwieback. ‖[sucré] Zuckerbrot, n. ①. ‖[porcelaine] unglasiertes Porzellan, n. ①.
bise f. (*biz*). Nordwind, m.
bi‖seau, x, m. (*zô*). Schrägfläche, f. ‖**-seauter** (**z***oté*). am Rande schleifen*. ‖[cartes] beschneiden*.
bismuth m. (*üt*). Bismut, n.
bison m. (**zo**ⁿ). Bison ① *ou* -s.
bisque f. (*bisk*). Krebssuppe.
bisquer (*ké*), *fam.* sich ärgern.
bissac m. (*sàk*). Quersack.
bis‖ser (*sé*). zweimal *ou* dakapo verlangen. ‖[répéter] wiederholen.
‖**-sextile** a. f. (*il*). *Année bissextile,* Schaltjahr, n.
bistouri m. (*tùri*). Operationsmesser, n. ④.
bis‖tre m. (*bistr*). Rußbraun, n., Bister. ‖**-tré, e,** a. (*é*). rußbraun. ‖**-trer** bräunen.
bistrot m., *pop.* Kneipwirt.
bit‖ume m. (*tüm*). Erdpech, n. ‖**-tumer.** mit Erdpech bestreichen*. ‖**-tumineux, euse,** a. (*ö,* **z**). erdpechhaltig.
bivou‖ac m. (*wuak*). Biwak, -s *et* -e, n. ‖**-aquer** (*ké*). biwakieren.
bizarre‖ a. (*zar*). wunderlich. ‖[étrange] seltsam. ‖**-rie** f. (*rî*). Seltsamkeit.
blackbouler (*bulé*). durchfallen* lassen [durch Abstimmung, f.].
blafard, e, a. (*far,* d). bleifarben. ‖[pâle] bleich, blaß.
bla‖gue f. (*blag*). Tabaksbeutel, m. ‖[hâblerie] Aufschneiderei. ‖[plaisanterie] Scherz, m. ‖**-guer** intr. (*gé*). aufschneiden*. ‖tr. aufziehen*. ‖**-gueur, euse,** m., f. (**gœr**, *öz*). Aufschneider, in.
blaireau, x, m. (*äro*). Dachs ①. ‖[à barbe] Rasierpinsel ④.
blâ‖mable a. (*àbl*). tadelnswert. ‖**-me** m. (*blam*). Tadel, spl. ‖**-mer** (*mé*). tadeln.
blan‖c, anche, a. (aⁿ, sch). weiß. ‖[linge] rein. ‖[feuille de papier] unbeschrieben. ‖*Fig.* [innocent] unschuldig. ‖ m. [couleur] das Weiße, n. ‖[homme] der Weiße. ‖[craie] Kreide, f. : — *d'Espagne,* Kreideweiß, n. ‖*Typ.* Spatium, ...tien, n. ‖ [interligne] Durchschuß, m. ‖[lingerie] Weißware f. ‖*Blanc de baleine,* Walrat; — *des yeux,* Hornhaut, f. ‖Loc. *Chauffé à blanc,* weißglühend; *Signature en blanc,* Blankett, n. ①. ‖**-c-bec** m. (*èk*). Weißschnabel. ‖**-châtre** a. (*chatr*). weißlich. ‖**-che** f. (aⁿsch). *Mus.* halbe Note. ‖**-cheur** f. (*schœr*). Weiße. ‖**-chir** (*schir*). weißen. ‖[toile] bleichen. ‖[linge] waschen, n. ‖**-chissage** f. (*schisaj*). Waschen, n. ‖**-chisserie** f. (*isrî*). Bleiche. ‖[de linge] Waschanstalt. ‖**-chisseur, euse,** m., f. (*schisœr, öz*). Wäscher ④, in.
blanc-seing m. (blaⁿs*i*ⁿ). Blankett, n.

blanquette f. (kèt). « Blanquette » [1. Südweißwein; 2. Kalbsragout mit weißer Sauce].
blas‖é e, a. (zé). blasiert. ‖**-er** (zé). übersättigen.
blason m. (zon). Wappen, n. spl.
blas‖phémateur, trice, m., f. Gottesläster[er] ④, in. ‖**-phème** m. (fäm). Gotteslästerung, f. ‖**-phémer.** Gott lästern.
blatte f. (blàt). Schwabe.
blé m. Korn, n. spl., ② Getreide, n. spl. ‖[récolte] Saat, f. ‖[froment] Weizen, spl. — *noir.* Buchweizen.
blê‖me a. (bläm). leichenblaß. ‖**-mir** blaß werden*.
bless‖er (sé). verwunden. ‖[légèrement] et *fig.* [offenser] verletzen. ‖**-ure** f. (ür). Wunde. Verletzung.
blet, te, a. (blè, t). überreif.
bleu‖, e, a. (blö). blau. ‖*Fam. En rester bleu,* verblüfft sein*. ‖m. Blau, n. : — *d'outremer,* Ultramarin, n.; — *de Prusse,* Berlinerblau, n. ‖*Fig. n'y voir que du bleu,* sein blaues Wunder sehen*. ‖LOC. *Passer au bleu,* tr., bläuen; intr. *fam.,* verschwinden*. ‖*Petit bleu,* Telegramm, n. Rohrpostkarte, f. ‖[ecchymose] blauer Fleck. ‖*Fam.* [recrue] Rekrut, -en, -en. ‖**-âtre** a. (blôâtr). bläulich. ‖**-et** m. (blöè). Kornblume, f. ‖**-ir** tr. blau machen, intr. blau werden*.
blin‖dage m. (blindaj). Panzerung, f. ‖**-dé, e,** a. Panzer... ‖**-der.** panzern.
blo‖c m. Block, Klotz : *en bloc,* in Bausch und Bogen; *bloc-notes,* Merkblock. ‖**-ckhaus** m. Blockhaus, n. ②. ‖**-cus** m. Blokade, f.
blon‖d, e, a. (blon, d). blond. ‖[bière] hell. ‖**-de** f. (ond). Blondine. ‖[dentelle] Blonde. ‖**-din** m. (din). Blond- *ou* Flachskopf. ‖**-dir.** blond werden*.
bloquer (ké). blockieren. ‖[cerner] umzingeln.
blottir [se]. sich ducken, sich kauern, sich schmiegen.
blou‖se f. (bluz). Kittel, m. ④. ‖**-ser** [se] (zé). [pop.] sich verrechnen.
blu‖et m. (blüè). Kornblume, f. ‖**-ette** f. (èt). Witzfunke, m. ④.
bluff‖ m. (blœf). Täuschung f. ‖**-er** (fé). täuschen.
blu‖tage m. (ütaj). Beuteln, n. spl. ‖**-ter.** beuteln. ‖**-toir** m. (toar). Beutelmühle, f.
boa m. (boa). Boa, -s, f.
bobèche f. (bèsch). Leuchtereinsatz. m.
bo‖bine f. Spule. ‖[de fil] Rolle. ‖**-biner.** spulen. ‖**-binette** f. (nèt). Spülchen, n. ④. ‖Röllchen, n. ④.
bobo m. (bo). Übelchen, n. ④. ‖[enfant] Wehweh, n.
bo‖cage m. (kaj). Gehölz, n. Hain. ‖**-cager** a. (jé). in Gebüschen wohnend. ‖**-cal** m. (kàl). Einmachglas, n. ②.
bock m. Glas Bier, n. inv.
bœuf m. (bœf) Ochs, -en, -en, Rind, n. ②. ‖[viande] Rindfleisch, n. : — *à la mode,* geschmortes Rindfleisch.
Bohême npr. f. (boäm). Böhmen, n. ‖**-ème** f. (äm) Künstlerwelt *et* liederliche Welt. ‖m. liederlicher Kerl. ‖**-émien, ne,** m., f. (miin, ièn). Böhme, min. ‖[tsigane] Zigeuner ④, in. ‖a. böhmisch.
boire* (boar) [dans]. trinken* [aus]. ‖[animaux] saufen*. ‖[absorber] einsaugen*. ‖m. Trinken, n.
boi‖s m. (boa). Holz, n. ② : — *à brûler,* ou *de chauffage,* Brennholz; — *de construction,* Bauholz; — *de lit,* Bettgestell, n. ‖[forêt] Wald ②. ‖[petit] Gehölz, n. ‖[de cerf] Geweih, n. ‖**-sé, e,** a. (zé). Wald..., waldig, bewaldet. ‖**-ser** (zé). beholzen. ‖**-serie** f. (zri). Getäfel, n. ④.
boisseau, x, m. (boaso). Scheffel ④.
boisson f. (on). Getränk, n. ①. ‖[breuvage] Trank, m.
boîte f. (boat). Schachtel. ‖[de métal] Büchse. ‖[à bonbons, etc.] Dose. ‖[aux lettres] Kasten, m. ④. Lade, f. ‖ — *de vitesses,* Getriebe, n.
boi‖ter (boaté). hinken. ‖**-terie** f. (tri). Hinken, n. ‖**-teux, euse,** a. (tö, z). hinkend.
boîtier m. (boatié). [de montre] [Uhr-] Gehäuse, n. ④.
boiv... V. *boire**.
bol‖ m. (bòl). Napf, Schale, f. [ohne Henkel]. ‖**-ée** f. (lée). Napfvoll, m. inv.
bolide m. (ìd). Feuerkugel, f.

bombance f. (boⁿbaⁿs). Schmauserei. *Faire* bombance,* flott leben, *fam.*

bom‖barde f. (bard). Bombarde. ‖**-bardement** m. Beschießung, f. ‖**-barder.** beschießen*. ‖**-bardier** m. Bomber. — *en piqué,* Stuka. ‖**-be** f. Bombe. *Faire* la bombe, pop.* flott leben, *fam.*

bom‖bé, e, p. a. V. bomber. ‖**-ber.** wölben. ausbauchen.

bon‖, ne, a. (boⁿ, òn). gut. ‖[de cœur] gutmütig. ‖[bienveillant] gütig. ‖[capable] tüchtig. ‖[qui convient] recht. ‖[propre, approprié], geeignet, tauglich [zu] : *à quoi bon?...* wozu soll...? ‖adv. *Il fait bon [vivre,* etc.] *ici,* hier ist es gut sein* [leben usw.]; *Pour tout de bon,* in allem Ernste. ‖m. das Gute. ‖[d'une chose] Vorteil; *La chose a du bon,* die Sache hat etwas für sich. ‖[mandat] Gutschein. ‖**-asse** a. (nàs). zu gutmütig. ‖**-bon** m. (boⁿ). Bonbon, -s. ‖pl. Zuckerwerk, n. spl. ‖**-bonne** f. (bon). große Flasche [für Säuren usw.]. ‖**-bonnière** f. (iär). Naschwerkdose. ‖ *Fig.* niedliches Zimmerchen, n. ④.

bond m. (boⁿ). Sprung, Satz. ‖*Fig. Faire* faux bond,* sein Wort nicht halten.

bon‖de f. (boⁿd). Spund, m., Zapfen, m. ④. ‖[d'étang] Abflußöffnung. ‖**-der.** voll laden*. ‖*Fig. bondé, e,* pp. a., vollgepfropft.

bondir. aufspringen* [*sein*].

bon‖heur m. (bonœr). Glück, n. spl. ‖[félicité] Glückseligkeit, f. *Au petit bonheur,* auf gut Glück; *Par bonheur,* zum Glück, glücklicherweise; *porter bonheur,* Glück bringen. ‖**-homie** f. (nomi). Gutmütigkeit. ‖**-homme** m. (nòm). gutmütiger Mensch, -en, -en. ‖[dessin] Männchen, n. ④. ‖**-i** m. (ni). Überschuß. ‖**-ification** f. (sioⁿ). Verbesserung. ‖[compensation] Vergütung. ‖**-ifier** (fié). verbessern. ‖**-iment** m. (maⁿ). Marktschreierei, f. ‖**-jour** m. (boⁿjur). guten Tag! ‖[le matin] guten Morgen!

bonn‖e f. (bon). [Dienst-] Mädchen, n. ④ : — *à tout faire,* Mädchen für alles; — *d'enfants,* Kinderwärterin. ‖**-ement** adv. (bònmaⁿ). *Tout bonnement,* ganz einfach.

bonn‖et m. (nè). [d'homme] Mütze, f. — *de nuit,* Nachtmütze, f.; — *à poil,* Bärenmütze, f.; — *de police,* Dienstmütze, f. ‖[de femme] Haube f. ‖[d'avocat, etc.] Barett, n. ①. ‖LOC. *Avoir* la tête près du bonnet,* ein Hitzkopf sein*; *c'est bonnet blanc et blanc bonnet,* das ist hin wie her; *gros bonnet,* wichtige Person; *prendre* qc. sous son bonnet,* sich etwas aushecken. ‖**-eterie** f. (boneᵉtrî). Strumpfwaren, pl. ‖**-etier** m. (bontié). Strumpfwarenmacher ④.

bon‖soir m. (boⁿsᵒar). guten Abend! ‖**-té** f. (té). Güte.

bonze m. (boⁿz). Bonze, n-, -n.

boqueteau, x, m. (bòkto). Gehölz, n.

bor‖d m. (bòr). Rand ②. ‖[d'habit] Saum. ‖[de chapeau] Krempe, f. ‖[galon] Tresse, f. ‖[rivage] Ufer, n. ④. ‖[côte] Küste, f. ‖*Mar.* Bord. *A bord,* an Bord. ‖**-dée** f. (dée). Salve. ‖[d'injures] Flut. ‖**-der.** einfassen. ‖[vêtement] säumen. ‖LOC. *Border un lit,* das Bettuch einstopfen, *sép.* ‖**-dereau, x,** m. (dœro). Verzeichnis, n. ‖**-dure** f. (dür). Einfassung. ‖[bord] Rand ②. m. ‖[couture] Besatz, m.

boréal, e, a. (réal). nördlich. *Aurore boréale,* f. Nordlicht, n. ②.

borgne a. (bornj). einäugig. *Cabaret borgne,* Winkelschenke, f.

borique a. (ik). *Acide* —, Borsäure, f.

bor‖ne f. (bòrn). Grenzstein, m. ‖[frontière, et *fig.*] Grenze. *Passer les bornes,* keine Grenzen mehr kennen*. ‖**-né, e,** p. a. ‖*Fig.* [esprit] dumm, borniert. ‖**-ner.** begrenzen. ‖*Fig.* [à]. beschränken [auf., *acc.*]. ‖[modérer] mäßigen.

bosquet m. (boskè). Hain ①.

boss‖e f. (bòs). Buckel, m. ④. ‖[animaux, terrain] Höcker, m. ④. ‖[tuméfaction, bosselure] Beule. ‖[arts] *Ronde bosse,* hoch erhabene Arbeit. ‖LOC. *Avoir* la bosse de...,* Anlage zu... haben*; *ne rêver que plaies et bosses,* nur Zank und Streit suchen. ‖**-eler** (boslé). bossieren : *se bosseler,* Beulen bekommen. ‖p. a. *bosselé,* beulig. ‖**-elure** f. (ür). Beule. ‖**-er** *Pop.* arbeiten. ‖**-oir** m. (osᵒar).

Ankerbalken. ||**-u, -e,** a. (*sü*). bukelig, hockerig. ||**-ué, e,** a. (*süé*). beulig.

boston m. (t*o*^{n}). Boston, n.

bot a. (bo) : *pied* —, m. Klumpfuß.

bot||anique f. (tànìk). Pflanzenkunde, Botanik. ||a. botanisch. ||**-aniste** m. (*ist*). Botaniker ④.

bott||e f. (bòt). Stiefel, m. ④ et -n : — *à l'écuyère,* Reitstiefel; — *à revers,* Stulpenstiefel; — *de sept lieues,* Siebenmeilenstiefel; — *vernie,* Lackstiefel. ||LOC. *A propos de bottes,* um nichts und wieder nichts. ||[coup] Stoß, m. ||[foin, paille] Bund, n. ①. ||[paquet, fagot] Bündel, n. ④. ||**-é, e,** a. gestiefelt. ||**-er.** Stiefel anziehen* [einem]. ||*Fam. Cela me botte,* das paßt mir. ||**-ier.** m. (*tié*). Stiefelmacher ④.

bottin m. (t*i*^{n}). Adreßbuch, n. ②.

bottine f. (tìn). Stiefelchen, n. ④, Stiefelette.

bouc m. (bùk). Bock, Ziegenbock.

boucan m. (buk*a*^{n}). *pop.* Höllenlärm.

boucanier m. (àn*ié*). Büffeljäger ④. ||[pirate] Freibeuter ④.

bouch||age m. (busch*aj*). Verkorkung, f. ||**-e** f. (busch). Mund, m. ① [pl. rare]. ||[animaux] Maul, n. ②. ||[ouverture] Öffnung : — *à feu,* Geschütz, n. ||LOC. *Faire* la bouche en cœur,* das Mäulchen spitzen; *faire* la petite bouche,* den Mund spitzen; *faire* venir l'eau à la bouche,* den Mund wässerig machen; *fine bouche,* Feinschmekker, m. ||adv. *A bouche-que-veux-tu,* nach Herzenslust. ||**-ée** f. (*ee*) Mundvoll, m. inv. ||**-er** (*sché*). verstopfen. ||[bouteille] verkorken.

bouch||er, ère, m., f. (*sché, är*). Fleischer ④, in. Metzger ④, in ||[qui abat] Schlächter. ||**-erie** f. (*schri*). Fleischladen, m. ||*Fig.* [massacre] Gemetzel, n.

bouch||on m. (*o*^{n}). Pfropfen ④. ||[de bouteille] Stöpsel ④. ||[de liège] Kork ①. ||*Pop.* Dorfschenke, f. ||**-onner.** abreiben* [mit e. Strohwisch].

bou||cle f. (bùkl). Schnalle. ||— *d'oreille,* Ohrring, m. ||[circuit] Ring, m. ||[de cheveux] Locke. ||[de nœud] Schleife. ||**-clé, e,** a. (klé). lockig. ||**-cler** (klé). [zu] schnallen, ringeln.

bouclier m. (klié). Schild.

bou||der (budé), tr. grollen, intr. [einem], schmollen, intr. [mit einem]. ||**-derie** f. (dr*i*). Grollen, n. spl., Schmollen, n. spl. ||**-deur, euse,** a. (d*œr, öz*). grollend, schmollend. ||m., f. Maulhänger ④, in.

boudin m. (d*i*^{n}). Blutwurst, f., ¨e. ||*S'en aller* en eau de boudin, fam.,* zu Wasser werden*. ||*Méc. Ressort à boudin,* Spiralfeder, f.

boudoir m. (d^{o}*ar*). Boudoir.

boue f. (bu). Kot, m. spl. ||[vase] Schlamm, m. spl.

bouée f. (*ee*). Boje, Bake.

boueur m. V. *boueux.*

boueux, euse, a. (buö, *z*). kotig. ||schlammig. ||m. Straßenkotfuhrmann, pl. -leute.

bouff||ant, e, a. (buf*a*^{n}, t). bauschig. ||**-ée** f. (*ee*). [vapeur] Dunst, m. ||[odeur] Geruch, m. ||[de tabac, etc.] Qualm, m. ①. ||*Fig.* [de colère] Anfall, m. ||**-er** intr. [étoffe] bauschen, puffen. ||tr. *Pop.* gierig essen*. ||**-ette** f. (èt). Bäuschchen, n. ④. ||[ruban] Bandschleife. ||**-i, e,** a. (*fi*). aufgeblasen, aufgedunsen. ||[style] schwülstig. ||**-issure** f. (*ür*). Aufgeblasenheit. ||Schwülstigkeit.

bouff||on, ne, a. (*o*^{n}, *ò*n). possierlich. ||m. Possenreißer ④. ||**-onnerie** f. Possenreißerei.

bouge m. (buj). elende Wohnung, f., Loch, n. ②.

bougeoir m. (j^{o}*ar*). Handleuchter ④.

bouger (*jé*). intr. sich bewegen. ||tr. bewegen, rühren.

bougie f. (*ji*). Wachskerze.

bou||gon, ne, (g*o*^{n}, *ò*n). bärbeißig. ||m. Brummbär, -en, -en. ||**-gonner** (gòné). brummen.

bou||gre m. (bùgr). Schuft ①. ||*Pop.* Kerl. ||interj., *pop.* zum Henker! ||**-grement** adv. *pop.* verdammt.

bouill||abaisse f. (bujabäß). « Bouillabaisse » [Suppe aus Fischen und Seetierchen]. ||**-ant, e,** p. a. (buj*a*^{n}, t). ||*Fig.* hitzig. ||**-eur** m. (j*œr*). [appareil] Siedekessel ④. ||— *de cru,* Branntweinbrenner. ||**-i** m. (buj*i*). gekochtes Rindfleisch.

‖**-ie** f. (*ji*). Brei, m. ‖[pour enfants] Pappe. ‖**-ir*** intr. et *faire** — (*jîr*). sieden*, kochen, intr. et tr. ‖**-oire** f. (j°*ar*). Kochkessel, m. ④. ‖**-on** m. (j*o*ⁿ). [bulle] Blase, f. ‖[bouillonnement] Sprudel, ④. ‖[de viande, etc.] [Fleisch-] Brühe, f. ‖*Fam. Boire* un bouillon,* einen großen Verlust erleiden*. ‖— *-blanc,* Wollkraut, n. ‖**-onnement** m. (jònm*a*ⁿ). Aufwallen, n. spl., Sprudeln, n. spl. ‖**-onner** (on*é*). aufwallen, sprudeln. ‖**-otte** f. (*ò*t). Kochkessel, m.

boulan‖ger, ère, m., f. (bulaⁿj*é*, j*ä*r). Bäcker, Bäckersfrau. ‖**-gerie** f. (laⁿjr*i*). Bäckerei.

boule f. (b*ù*l). Kugel : — *de neige,* Schneeball, m.; — *de son, pop.,* Kommißbrot, n. ‖*Pop.* [tête] Kopf, m.

bouleau, x, m. (l*o*). Birke, f.

bou‖ledogue m. (buld*o*g). Bulldogg, -s *et* -dogge, f. ‖**-let** m. (l*è*). [Kanonen-] Kugel, f. ‖**-lette** f. (l*è*t). Kügelchen, n. ④. ‖[de viande, etc.] Klößchen, n. ‖*Fig. fam.* [bêtise] Dummheit.

bou‖levard m. (bulw*a*r). Bollwerk, n. ①. ‖[Straße] Boulevard, -s. ‖**-levardier** m. (d*ié*). Liebhaber ④ der Boulevards. ‖**-leversement** m. (wersᵉm*a*ⁿ). Umwälzung, f. ‖**-leverser** [désordre] durcheinander werfen*. ‖[renverser] umwälzen. ‖[au moral] zerrütten. ‖[démonter] außer Fassung bringen*.

bou‖lon m. (b*ù*l*o*ⁿ). Bolzen ④. ‖**-lonner** (on*é*). verbolzen. ‖**-lot, te,** a. (bul*o*, *ò*t). dick und fett ‖m. *Pop.* Arbeit. ‖**-lotter.** *pop.* essen*.

bou‖quet m. (b*ù*k*è*). [Blumen-] Strauß, m. ‖ [d'arbres] Busch. ‖[d'artifice] Büschelfeuerwerk, n. ‖LOC. *fam. Voilà le bouquet!* das Beste kommt noch! ‖[arôme] Blume, f. ‖**-quetière** f. (b*ù*kt*iä*r). Blumenhändlerin.

bou‖quin m. (k*i*ⁿ). alter Bock. ‖*Fig. fam.* altes Buch, n., Schmöker ④, *fam.* ‖**-quiner** (kin*é*). alte Bücher kaufen ou durchstöbern. ‖**-quiniste** m. (kin*i*st). Büchertrödler ④, Antiquar ①.

bour‖be f. (burb). Schlamm, m. ‖[boue] Kot, m. ‖**-beux, euse,** a. (b*ö*, z). schlammig. ‖**-bier** m. (b*ié*). Pfütze, f.

bourde f. (b*ù*rd). *Fam.* Flause. ‖[bêtise] Dummheit.

bour‖don m. (d*o*ⁿ). Drohne, f. ‖[cloche] Brummglocke, f. ‖*Mus.* Brummbaß. ‖**-donnement** m. (d*ò*nm*a*ⁿ). Summen, n. spl. ‖[d'oreilles] Ohrensausen, n. spl. ‖**-donner.** summen. ‖[cloches] brummen.

bour‖g m. (bur). Marktflecken ④. ‖**-gade** f. (g*à*d). kleiner Marktflekken, m. ④. ‖**-geois, e,** m., f. (j°*a*, z). Bürger ④, in. *En bourgeois,* in Zivilkleidung. ‖a. bürgerlich. *Maison bourgeoise.* Privathaus, n.; *cuisine bourgeoise,* Hausmannskost. ‖**-geoisie** f. (j°az*i*). Bürgerstand, m.

bour‖geon m. (j*o*ⁿ). Schößling. ‖[bouton] Knospe, f. ‖**-geonner** (j*ò*n*é*). Knospen treiben*. ‖*Fig.* [visage] Finnen bekommen*.

bourgeron m. (jœr*o*ⁿ). Arbeitskittel ④.

bourgmestre m. (burgm*e*str). Bürgermeister ④.

bourg‖ogne m. (g*ò*nj). Burgunder [Wein]. ‖**-uignon, ne,** m., f. a. (ginj*o*ⁿ, *ò*n). Burgunder ④, in ‖a. burgundisch.

bourrache f. (bur*à*sch). Bo[r]retsch, m.

bourrade f. (*à*d). Rippenstoß, m., Puff, m.

bourrasque f. (*à*sk). Windstoß m.

bourre f. (b*ù*r). Füllhaar, n. — *de laine, de soie,* Flockwolle, -seide. ‖[de fusil] Vorladung.

bourreau, x, m. (r*o*). Henker ④, Scharfrichter ④. ‖*Fig.* Peiniger ④.

bourrée f. (*ee*). Reis[ig]-bündel, n. ④. ‖[danse] «Bourrée» [Volkstanz in d. Auvergne].

bourreler (burl*é*). [de remords] foltern.

bourr‖elet m. (burl*è*). Wulst. ‖**-elier** m. (l*ié*). Sattler ④. ‖**-ellerie** f. (*è*lr*i*). Sattlerei. ‖**-er** (r*é*). stopfen. ‖[bonder, gaver] vollpfropfen, *sép.* ‖[fusil] einstoßen*. ‖[de coups] tüchtig prügeln. ‖**-iche** f. (*i*sch). Korb, m. [ohne Henkel]. ‖**-ichon** m. (sch*o*ⁿ). *pop.,* Kopf. *Se monter le* —, Grillen fangen*.

bourr‖ique f. (*ì*k). [abgetriebene] Eselin. ‖*Fig. Faire* tourner en* —,

toll machen. ||*Fam.* Dummkopf, m. ||**-u, e,** a. (rü). barsch, brummig.
bour||se f. (burs). Beutel, m. ④, Börse. ||*Comm.* Börse. ||[scolaire] Freistelle. ||[subside] Stipendium, -dien, n. ||**-sicot** m. (ko), *fam.* Beutelchen, n ④. ||**-sicoter** (té), *fam.* kleine Börsengeschäfte machen. ||**-sier, ière,** m., f. (sié, iär). Freischüler ④, in. ||Stipendiat, -en, -en, in.
bour||soufler (sùflé). aufblasen*, aufblähen. ||**-souflure** f. (sùflür). Aufblähung.
bouscu||lade f. (buskülàd). Hin- und Herstoßen, n. spl. ||**-ler** (lé). durcheinanderwerfen*. ||[pousser] hin- und herstoßen*. ||[se], *fam.* [se dépêcher] sich sputen.
bou||se f. (buz). Kuhmist, m. ||**-sillage** m. (zijaj). Lehmwerk, n. ||*Fig.* Pfuscherei, f. ||**-siller** (zijé). mit Lehm und Stroh mauern. ||*Fig.* pfuschen.
boussole f. (sòl). Kompaß, m. ①. ||*Fig. Perdre la —, fam.,* den Verstand verlieren*.
bout|| m. (bù). Ende, -n, n. ||[pointe] Spitze, f. ||[morceau] Stückchen, n. ④. ||[oreille] Läppchen, n. ④ ||[embouchure] Mundstück, n. ||LOC. *Au bout du compte,* alles wohl erwogen; *sur le bout du doigt,* an den Fingern [hersagen]; *à bout portant,* aus nächster Nähe; *être* à bout,* nicht mehr aus noch ein wissen*; [patience] zu Ende sein*; *pousser à bout* [personne] aufs äußerste reizen; [chose] auf die Spitze treiben*. *Fig. Joindre* les deux bouts,* notdürftig auskommen*. ||**-ade** f. (tàd). plötzlicher Einfall, m. ||[caprice] Laune. ||**- -rimé** m. (mé). Endreim. ||**-e-en-train** m. (butan-trin). Spaßangeber ④. ||**-e-feu** m. (butfö). Zündlunte, f.
bouteille f. (bùtèj). Flasche. *Mettre* en bouteilles,* in Flaschen füllen.
bou||ter setzen. ||**-te-selle** m. (butsèl). Zeichen zum Aufsitzen, n.
bou||tique f. (tìk). Laden, m. ③. ||**-tiquier** m. (kié). Kleinhändler ④.
boutoir m. (toar). Rüssel ④.
bou||ton m. (ton). Knopf : — *de porte,* Türknopf.|| [de fleur] Knospe, f. ||[pustule] Blatter, f. ||[au visage] Finne, f. ||**-ton-d'or** m. (dòr). [fleur] Butterblume, f. ||**-tonner** intr. (òné). knospen. ||tr. zuknöpfen. ||**-tonnière** f. Knopfloch, n. ||**-ture** f. (tür). Steckreis, n.
bouvier m. (buwié). Ochsenhirt, -en, -en.
bouvreuil m. (wrœj). Dompfaffe, -n, -n.
bovin, e, a. (win, ìn). Rind...
box||e f. (bòks). Boxen, n. ||**-er.** boxen. ||**-eur** m. (œr). Boxer ④.
boyard m. (bojàr). Bojar, -en, -en.
boyau, x, m. (boajô). Darm. [pl. aussi Gedärme]. ||*Mil.* [de tranchée] Laufgraben.
boy||cottage m. (boè-taj). Boykottieren, n. ||**-cotter.** boykottieren.
boy-scout m. (boèskaut). Pfadfinder ④.
bracelet m. (braslè). Armband, n. ②.
bra||connage m. (aj). Wilddieberei, f. ||**-conner,** wilddieben. ||**-connier** m. Wilddieb.
braguette f. (gèt). Hosenschlitz, m.
brahmane m. (àn). Brahmane, -n, -n.
braill||ard m. (brajàr). Schreihals. ||**-ement** m. (ajman). Geschrei, n. spl. ||Gekreisch, n. spl. ||**-er** (brajé). schreien*. ||[criailler] kreischen.
brai||ment m. (bräman) Eselsgeschrei, n., Iahen, n. spl. ||**-re*** (brär). iahen.
brai||se f. (bräz). Glutkohlen, pl. ||[de boulanger] Löschkohlen, pl. ||**-ser** (zé). schmoren.
bramer (mé). röhren.
bran||card m. (brankàr). Tragbahre, f. ||**-cardier** m. (dié). Krankenträger ④.
bran||chage m. (schaj). Astwerk, n. ④. ||[petit] Gezweige, n. spl. ||**-che** f. (ansch). Ast, m. ||[rameau, et *fig.*] Zweig, m. ||[d'instrument] Arm, m. ①. ||[de compas, etc.] Schenkel, m. ④. ||**-chement** m. (anschman). Verzweigung, f. ||**-cher** abzweigen; (sur) anschließen* an (acc.).
branchies f. pl. Kiemen, pl.
brandade f. (brandàd). « Brandade » [Fischgericht].
brandebourg npr. m. (ebur). Brandenburg, n. ||[cordon] Fangschnur, f.

brand||**ir** (bra^n dir) schwingen*. ||**-on** m. (do^n). Strohfackel, f. ||[tison] Feuerbrand.

branl||**ant, e,** a. (bra^n la^n, t). wackelig. ||**-e** m. (a^n l). Schwingung, f. *Donner le branle à,* in Gang bringen*; *être* en branle, mettre* en branle,* in Bewegung sein*, setzen*. ||**-e-bas** m. (lebà). *Mar.* Klarmachen zum Kampf, n. ||*Fig.* vollständige Umwälzung f. ||**-er** intr. (lé). wackeln. ||tr. schütteln.

braque m. (bràk). [chien] Bracke, f. ||m. *fam.* Rappelkopf. ||a. rappelköpfig.

braquer (ké). richten.

bras m. (brà) Arm ①. ||...à bras, Hand... ||LOC. *A bras-le-corps,* mitten um den Leib; *à bras raccourcis,* tüchtig [durchprügeln]; *à tour de bras,* aus Leibeskräften; *avoir* le bras long,* Einfluß haben*; *avoir* sur les bras,* auf dem Halse haben*; *bras dessus, bras dessous,* Arm in Arm; *en bras de chemise,* in Hemdärmeln.

bra||**ser** (zé). hart löten. ||**-sero** m. (zero). Kohlenbecken, n. ④. ||**-sier** m. (zié). Kohlenglut, f.

brass||**age** m. (saj). Brauen, n. ||**-ard** m. (ar). [armure] Armschiene, f. ||[insigne] Armbinde, f. ||**-e** f. (às). ||*Mar.* Faden, m. ④. ||[natation] Stoß, m. ||**-ée** f. (see). Armvoll, m. inv. ||**-er** (sé). brauen. ||*Fig.* [affaires] haufenweise machen. ||**-erie** f. (àsri). Brauerei. ||[débit] Bierhaus n. ||**-eur** m. (sœr). Bierbrauer. ||**-ière** f. (siär). Wämmschen, n. ④.

bra||**vache** m. (wasch). Prahlhans. ||**-vade** f. (àd). Trotzbieten, n. spl. ||**-ve** a. (braw). tapfer. ||[honnête] brav. ||**-ver** tr. (wé). trotzen, intr. ||**-vo!** (wô). bravo! ||**-voure** f. (wur). Tapferkeit.

break m. (brèk). Break, -s.

brebis f. (brœbi). Schaf, n. ①.

brèche f. (bresch). Lücke. ||*Mil.* Bresche : *battre* en brèche,* Breschen schießen* in [*acc.*]; *fig.* bekämpfen.

bréchet m. (sche). Herzgrube, f.

bredouill||**e** f. (brœduj). *Être* bredouille,* gänzlich geschlagen werden*; *revenir* bredouille,* mit leerer Tasche zurückkehren. ||**-er** (dujé). stottern.

bref, ève, a. (èf, èw). kurz. ||m. [du pape] Breve, -s, n.

brelan m. (brœla^n), Brelan, -s, n.

breloque f. (lòk). Uhrgehänge n.

brème f. (bräm). Brasse.

Bré||**sil** npr. m. (zil). Brasilien, n. ||**-silien, ne,** m., f. (ii^n, ièn). Brasilianer, in. ||a. brasilianisch.

bretelle f. (brœtèl). Tragriemen, m. ④. ||[pantalon] Hosenträger, m. ④.

Breton, ne, npr. m., f. (to^n, òn). Bretagner ④, in. ||a. bretagnisch.

bretteur m. (ètœr). Raufbold, m. ①.

breuvage m. (brœwaj). Trank.

bre||**vet** m. (brœwè). [royal] Gnadenbrief. ||*Comm.* Patent, n. ①. ||[diplôme] Diplom, n. ||[d'enseignement] Lehrbefähigung. f. ||**-veter** (brœwté). patentieren.

bréviaire m. (wiär). Brevier n.

bribe f. (ib). Brocken, m. ④.

bri||**c.** *De bric et de broc,* auf allerlei Weise. ||**-c-à-brac** m. Trödelkram.

bri||**cole** f. (kòl). Tragriemen, m. ④. ||*Fam.* unbedeutendes Geschäft, n. ||**-coler.** unbedeutende Geschäfte machen.

brid||**e** f. (id). Zaum, m. Zügel, m. ④. *A bride abattue, à toute bride,* mit verhängtem Zügel; *lâcher la bride,* die Zügel schießen lassen*; *tourner bride,* umkehren; *fig.* Reißaus nehmen*. ||**-er.** zäumen, im Zaume halten*. ||**-on** m. (do^n). Trense f.

brie m. « Brie » [Käse].

bri||**èvement** adv. (äwma^n). kurz. ||**-èveté** f. (té). Kürze.

bri||**gade** f. (gàd). Brigade. ||**-gadier** m. (dié). [cavalerie] Korporal ①. ||[artillerie] Obergefreite[r], a. s. ||[gendarmerie] Wachtmeister ④.

bri||**gand** m. (ga^n). Räuber ④. ||**-gandage** m. (daj). Räuberei, f. ||**-gue** f. (brig). Bewerbung. ||[intrigue] Kabale.

briguer (gé). sich bewerben* [um].

brill||**amment** adv. (brijama^n). glänzend. ||**-ant, e** a. (ja^n, t). glänzend. ||m. Glanz. ||[diamant] Brillant, -en, -en. ||**-er** (brijé). glänzen.

brimade f. (àd). Fuchsprellen, n. spl.

brimborion m. (brin-rion). Nippsache, f.
brimer. uzen.
brin|| m. (brin). Halm, Hälmchen, n. ④. ||*Fig.* Stückchen, n. ④. ||**-dille** f. (dij). kleines Reis, n. ②.
brio m. (brio). Feuer, n. (fig.) ①.
brioche f. (osch). Butterkuchen, m. ④.
brique f. (brik). Backstein, m.
briquet m. (ké). Feuerzeug, n. *Battre* le briquet,* Feuer schlagen*.
bri||**queterie** f. (iktri). Ziegelei. ||**-quetier** m. (iktié). Ziegelbrenner ④. ||**-quette** f. (kèt). Preßkohle.
br||**is** m. (bri). Zerbrechen, n. ||[de clôture] Aufbrechen, n. ||**-isant** m. (zan). Brandung, f.
brise f. (briz). Brise, Lüftchen, n. ④.
br||**isées** f. pl. (zee). *Aller* sur les brisées de qn,* einem ins Gehege kommen*. ||**-ise-lames** m. (làm). Wellenbrecher ④. ||**-iser** (zé). zerbrechen*. ||[en éclats] zerschlagen*. ||Loc. *Brisons là!* brechen wir davon ab!, *se* —, zerschellen*, intr. [sein].
brisque f. (isk). Dienstabzeichen, n. ④ [alter Soldaten].
brisure f. (zür). Bruch, m. ||[éclat] Sprung, m.
Britannique m. (ìk). Brite, -n, -n. ||a. britisch.
broc m. (brô). Kanne, f.
bro||**canter** intr. schachern. ||tr. verschachern. ||**-canteur, euse,** m., f. (tœr, öz). Trödler ④, in.
brocard m. (kar). Stichelwitz.
brocart m. (kar). Brokat ①.
bro||**chage** m. (schaj). Broschieren, n. ||**-che** f. (osch). [à rôtir] Bratspieß m. ||[tissage] Nadel. [bijou] Brosche. ||**-cher** (sché). [livres] broschieren, heften. ||[tisser] durchwirken. ||**-chet** m. (schè). Hecht. ||**-chette** f. (èt). Spießchen, n. ④. [décorations] Ordenschnalle. ||**-cheur** m. (œr). Bücherhefter. ||**-chure** f. (ür). Broschüre.
brodequin m. (brodkin). Schnürstiefel ④.
brod||**er** (dé). sticken. ||*Fig.* : *broder sur* [enjoliver], ausschmücken. ||**-erie** f. (brodri). Stickerei. ||**-eur, euse,** m., f. (dœr, öz). Sticker, in.
broiement m. (broaman). Zerstoßen, n., etc. V. *broyer.*
brom||**e** m. (òm). Brom, n. ||**-ure** m. (ür). Brom... : *bromure de potassium,* Bromkali, n.
broncher (sché). stolpern [sein], straucheln [sein]. ||*Fig.* sich bewegen.
bronches f. pl. (onsch). Bronchien.
bronchite f. (it). Bronchitis.
bron||**ze** m. (onz). Bronze, f. ||[airain] Erz, n. ||**-zé, e,** a. (zé). bronzenfarbig. ||[teint] sonnenverbrannt.
bross||**age** m. (aj). Bürsten, n. ||**-e** f. (bròs). Bürste. ||[à peindre] Pinsel, m. ④. ||**-ée** f. (sée), *fam.* Tracht Prügel. ||**-er** (sé). bürsten. ||**-erie** f. (òsri). Bürstenbinderei. ||**-eur** m. (sœr). Stiefelputzer ④. ||*Mil.* Offiziersbursche. -n, -n.
brou m. (bru). [de noix] Nußbranntwein. ||[teinture] Nußbeize, f.
brouet m. (è). Suppe, f. ||*Fig.* schlechtes Gericht, n.
brouette f. (èt). Schubkarren, m. ④.
brouhaha m. (ha). Getöse, n.
brouillamini m. (bruja-ni). Wirrwarr.
brouill||**ard** m. (jar). Nebel ④. ||a. *Papier brouillard,* Löschpapier, n. ||**-e** f. (bruj). Zwist, m.. ||[démêlé] Zerwürfnis, n. ||**-er** (jé). verwirren*. ||[désaccord] entzweien. ||[se] sich entzweien. ||[avec qn] sich überwerfen*. ||[ciel] sich trüben. ||**-erie** (ujri), = *brouille.* ||**-on, ne,** a. (jon, òn). Wirrkopf. ||m. [écrit] Entwurf.
brouss||**ailles** f. pl. (brùsâj). ||**-e** f. (brus), Gestrüpp, n.
brout||**er** intr. (bruté). weiden, grasen. ||tr. abweiden, abgrasen. ||**-ille** f. (tij). Kleinigkeit. ||pl. Reisholz, n.
broy||**age** m. (broajaj). [couleurs] Reiben, n. ||[chanvre] Flachsbrechen, n. ||**-ement.** V. *broiement.* ||**-er** (jé). [triturer] zerreiben*. ||[piler] zerstoßen*. ||[en bouillie] zermalmen. ||**-eur** m. (jœr). [couleurs] [Farben-]Reiber ④. ||[chanvre] [Hanf-]Brecher ④.
bru f. (brü). Schwiegertochter. ¨, Schnur.
bru||**ine** f. (in). Staubregen, m. ||**-iner** (né). fein regnen.

bru‖**ire*** (ir). rauschen. ‖**-issement** m. (isman). Rauschen, n. spl. ‖**-it** m. (brüi). Geräusch, n., spl. ‖[confus] Getöse n. spl. ‖[tapage] Lärm, spl. ‖[racontar] Gerücht, n.

brûl‖**age** m. (brülaj). Brennen, n. ‖**-ant, e,** p. a. (an, t), brennend. ‖[très chaud] heiß. ‖[ardent] glühend. ‖**-é** a. s. (lé). *Sentir* le brûlé,* brandig *ou* brenzlich schmekken [au nez : riechen*]. ‖**-e-parfums** m. (brül-fun). Räucherpfanne, f. ‖**-e-pourpoint** [à] (purpoin). [tirer] in nächster Nähe. ‖LOC. *Dire* à* —, gerade ins Gesicht sagen. ‖**-er** tr. (lé). brennen*. ‖[en cendres] verbrennen*. ‖[café] rösten. ‖*Fig.* [étape] überschlagen*. ‖intr. brennen*. ‖*Fig.* [de]. brennen* [vor, *dat.*]. ‖[rôti, etc.] anbrennen* ‖[sans flamme] glühen. ‖**-erie** f. (ûlri). Brennerei. ‖**-eur** m. (œr). Brenner ④. ‖**-oir** m. (oar) : — [à café] Kaffeetrommel, f. ‖**-ot** m. (lo). Branderschiff, n. ‖**-ure** f. (ür). Brandwunde. ‖[petite] Brandfleck, m.

brum‖**aire** m. (brümär). Nebelmonat. ‖**-e** f. (brüm). dicker Nebel, m. ‖**-eux, euse,** a. (mö, **z**). nebelig.

bru‖**n, e,** a (brun, ün). braun. ‖[bière] dunkel. ‖**-nâtre** a. (atr). bräunlich. ‖**-ne** f. (brün). Brünette. ‖[crépuscule]. *A la brune,* bei Anbruch der Nacht. ‖**-nette** f. (nèt). Brünette. ‖**-nir.** tr. et intr. bräunen. ‖[métal] brünieren. ‖**-nissage** m. (àj). Brünieren, n.

brus‖**que** a. (brüsk). plötzlich. ‖[caractère] barsch. ‖**-quer** (ké). übereilen. ‖*Mil.* überrumpeln. ‖[rudoyer] hart [barsch] anfahren. ‖**-querie** f. (kœri). barsches Wesen, n.

brut‖**, e,** a. (üt). roh. ‖adv. brutto. ‖*Poids brut,* Bruttogewicht, n. ‖**-al, e,** a. (àl). tierisch, roh. ‖**-aliser** (**zé**). roh behandeln. ‖**-alité** f. (té). Roheit. ‖**-e** f. (üt). Tier, n., Vieh, n. spl.

Bruxelles m. (üksèl). Brüssel, n.

bruy‖**amment** adv. (brüijaman), ‖**-ant, e,** a. (üijan, t). geräuschvoll, lärmend. ‖[voix] laut.

bruyère f. (yär). Heidekraut, n. ‖*Coq de bruyère,* Birkhahn.

bu, e (bü), pp. von *boire**.

buanderie f. (andri). Waschküche.

bubon m. (bon). Leistenbeule, f.

buccal, e, a. (àl). Mund...

bûch‖**e** f. (büsch). Scheit, n. ②. ‖*Fig. fam.* Dummkopf, m. ‖**-er** m. (sché). Scheiterhaufen ④. ‖[hangar] Holzschuppen ④. ‖intr. *fam.* büffeln. ‖**-eron** m. (büschron). Holzhauer ④. ‖**-eur** m. (œr). *Fam.* Büffler ④.

bucolique f. (bü-lìk). Hirtengedicht, n.

budg‖**et** m. (büdjè). Staatshaushalt, État, -s. ‖**-étaire** a. (tär). etatsmäßig, Etats...

buée f. (büee). Dampf, m.

buf‖**fet** m. (büfè). Speise- *ou* Silberschrank. ‖[de soirée] Erfrischungsraum, Büffet, -s, n., Büfett, n. ‖[ch. de fer] [Bahn-] Restauration, f. ‖[d'orgue] Gehäuse, n. ‖**-fetier** m. (büftié). Bahnwirt.

buffle m. (büfl). Büffel ④. ‖[cuir] Büffelleder, n.

buis‖ m. (büi). Buchsbaum. ‖[bois] Buchsbaumholz n. ‖**-son** m. (son). Busch. ‖**-sonneux, euse,** a. (ònö, **z**). buschig. ‖**-sonnier, ère,** a. (ié, iär). Busch... ‖*Fig. Faire* l'école buissonnière,* die Schule schwänzen, *fam.*

bulb‖**e** f. (bülb). Knolle. ‖*Bot.* Zwiebel. ‖m. *Anat.* Wurzel. ‖**-eux, euse,** a (bö, **z**). zwiebelartig.

Bulgar‖**e** m. et f. (bülgâr). Bulgare, -n, -n, ...rin. ‖a. bulgarisch. ‖**-ie** f. (i). Bulgarien, n.

bulle‖ f. (bül). [air, savon] Blase. ‖[du pape] Bulle. ‖*Papier* —, Konzeptpapier, n. ‖**-tin** m. (tin). [note] Zettel ④. ‖[certificat] Schein. ‖[rapport] Bericht. ‖[officiel] Amtsblatt, n. ②.

buraliste m., f. (bü-ist). Einnehmer ④, in ‖[postes] Postexpedient, -en -en, in.

bure f. (bür). grobes Wolltuch, n.

bur‖**eau, x,** m. (ro). Arbeits *ou* Schreibtisch. ‖[administration] Amtszimmer, n. ④. ‖*Comm.* Kontor, n. ① ‖ — *de l'état civil,* Standesamt, n.; — *de renseignements,* Auskunftsstelle, f.; — *de tabac,* Tabakladen; — *de poste,* Postamt, n. ‖**-eaucrate** m. (bürokràt). Büreaukrat, -en, -en. ‖**-eaucratie** f. (si). Beamtenherrschaft.

burette f. (rèt). Kännchen, n. ④.
bur||in m. (rin). Grabstichel, ④. ||**-iner.** stechen*.
burlesque a. (lesk). possierlich. ||m. *Le* —, das Burleske, n.
burnous m. (nùs). Burnus ①.
bus. V. *boire**.
busc m. (büsk). Blankscheit, n. ②.
buse f. (büz). Bussard, m. ①. ||*Fam.* Dummkopf, m.
busqué, e, a. (ké) [nez] krumm.
buste m. (büst). Brustbild n. ②. ||*Sculpt.* Büste, f.
bu||t m. (bü; avant une voyelle : büt). 1. Ziel, n. ||[fins, visées] Zweck, Absicht, f. ||*Aller* droit au but,* schnurstracks aufs Ziel losgehen*; *avoir* pour but,* bezwecken; *de but en blanc,* ohne Weiteres. ||2. [verbe]. V. *boire**. ||**-ter** (büté). [contre] stoßen* [an, *acc.*]. ||[se] [à] hartnäckig bestehen* [auf, *dat.*].
bu||tin m. (tin). Beute, f. ||**-tiner** (né). Beute machen. ||[abeilles] Honig sammeln.
butoir m. (toar). Puffer ④.
butor m. (tòr). (oiseau) Rohrdommel, f. ||*Fig.* Grobian.
butte f. (büt). [tertre] Erdhügel, m. ④. ||[colline] Hügel, m. ④.
buv||... V. *boire**. ||**-able** a. (büwâbl). trinkbar. ||**-ard** m. (âr). [papier] Löschpapier, n. ||[sous-main] Schreibunterlage, f. ||**-erie** f. (wri), *fam.* Kneiperei. ||**-ette** f. (èt). [comptoir] Schenktisch, m. ||[cabaret] Schenkstube. ||**-eur, euse,** m., f. (œr, öz). Trinker ④, in. ||**-oter** (té). schlürfen, nippen.

C

C, c m. (sé). C, c, n. [devant *a, o, u* et à la fin des mots = *k*; devant *e, i, y,* avec la cédille (ç), = s].
ça pron. dém. (sa), *fam.* = *cela, ce. Comme ça,* so; *pas de ça!,* so etwas verbitte ich mir!
çà adv. (sa). hier, her. *çà et là,* hie[r] und da; [aller], hin und her.
cab||ale f. (àl). [judaïque] Kabbala. ||[intrigue] Kabale, Ränke, pl. ||**-alistique** a. (tìk). kabbalistisch.
caban m. (an). Regenmantel ③.
cab||ane f. (àn). Hütte. ||**-anon** m. (non). Zelle, f. Gummizelle, f.
cab||aret m. (rè). Schenke, f. ||[borgne] Kneipe, f. ||**-aretier, ère,** m., f. (artié, iär). Schenkwirt, in.
cabas m. (ba). Binsenkorb.
cabestan m. (estan). Schiffswinde, f.
cabillaud m. (bijo). Kabeljau ①.
cab||ine f. (ìn). Kajüte, Koje. ||— *de bain,* Badezelle; — *téléphonique,* Fernsprechstelle. ||**-inet** m. (nè). Zimmerchen, n. ④. ||[ministériel] Kabinett, n. ①. ||— *de lecture, de toilette, de travail,* Lese-, Wasch-, Arbeitszimmer, n. ||*Cabinets d'aisances,* pl. Abtritt, sing.
câbl||e m. (kabl). Tau, n. ①. ||[dickes] Kabel, n. ④. ||**-er.** kabeln. ||**-ogramme** m. (àm). Kabelbericht.
cabo||chard, e, m. (schar, d). *fam.* starrköpfig. ||**-che** f. (bosch), *fam.* Kopf, m. ||**-chon** m. (schon). polierter Edelstein.
cabo||tage m. (aj). Küstenfahrt, f. ||**-teur** m. (tœr). Küstenfahrer ④.
cabotin m. (tin), *fam.* herumziehender Schauspieler ④.
cabr||er [se]. sich bäumen. ||*Fig.* sich sträuben. ||**-i** m. (bri). Zicklein, n. ④. ||**-iole** f. (iòl). Luftsprung, m. ||**-iolet** m. (lè). Kabriolett, n. ①.
caca m. (ka). *fam.* [Menschen-] Kot.
cacahuète f. Erdnuß.
caca||o m. (o). Kakao. ||**-oyer** m. (ojé), *ou* **-otier** m. (tié). Kakaobaum.
caca||toès m. (ès). Kakadu ①. ||**-tois** m. (toa). *Mar.* Oberbramstenge, f.
cachalot m. (schalò). Pottfisch.
cach||e-cache m. (kasch). *Jouer à* —, Versteck spielen ; *jeu de* —, Versteckspiel, n. ||**-e-col** m. (kòl). Kragenschoner ④. ||**-e-corset** m. (sè). Untertaille, f.

cachectique a. (schektìk). schwindsüchtig.
cachemire m. (kaschm*i*r). Kaschmirtuch, n. ‖[châle] Kaschmirschal ①.
cach‖e-nez m. (n*é*). *fam.* Nasenwärmer ④. ‖**-e-pot** m. (*o*). Blumenkrause, f., Topfstulpe, f. ‖**-er** (sch*é*). verstecken, verbergen*.
cach‖et m. (schè). Siegel, n. ④. ‖[instrument] Petschaft, n. ①. ‖[empreinte] Gepräge, n. ④. ‖*Fig.* [expression] Ausdruck. ‖[de leçon] Stundenmarke, f. ‖[pharm.] Zeltchen, n. ‖**-eter** (kascht*é*). siegeln. ‖[fermer] versiegeln.
cachette f. (èt). Versteck, n. : *en* —, verstohlenerweise.
cachexie f. (ks*i*). Schwindsucht.
cach‖ot m. (sch*o*). Kerker ④. ‖**-otterie** f. (òtr*i*). Geheimniskrämerei, spl. ‖**-ottier, ière,** a. (t*ié*, *iä*r), m., f. Geheimnistuer ④, in.
cachou m. (sch*u*). Katechu, n.
cacolet m. (lä). Krankentragkorb.
cacophonie f. (n*î*). Mißklang, m.
cadastre m. (*a*str). Grundbuch, n.
cad‖avéreux, euse, a. (wér*ö*, **z**), **-avérique** a. (*i*k). leichenartig, Leichen... ‖**-avre** m. (*a*wr). Leiche, f. Leichnam, ①.
cadeau, x, m. (d*ô*). Geschenk, n. ①.
cadenas m. (dn*a*). Hängeschloß, n. ②.
cad‖ence f. (d*a*ⁿs). Takt, m. *En cadence,* taktmäßig. ‖[poésie] Rhythmus, m. ‖**-encer** (s*é*). nach dem Takt abmessen*.
cadet, te, a. (dè, t). jünger. ‖m. *Mil.* Kadett, -en, -en.
cadr‖an m. (dr*a*ⁿ). Zifferblatt, n. ② : — *solaire,* Sonnenuhr, f. ‖**-e** m. (k*a*dr). Rahmen ④. ‖[bordure] Einfassung, f. ‖*Mil.* Stamm. *Hors cadre,* überzählig. ‖*Fig.* [plan] Anlage f., Plan. ‖**-er** (dr*é*). [avec] passen [zu]. ‖[être conforme] übereinstimmen [mit].
caduc, uque, a. (dük). baufällig. ‖*Fig.* [infirme] hinfällig. ‖[périmé] verfallen.
caducée m. (s*ee*). Schlangenstab.
caducité f. (sit*é*). Baufälligkeit. ‖Hinfälligkeit.
caf‖ard, e, a. (f*a*r, d). heuchlerisch. ‖a. s. m., f. Heuchler ④, in (*i*n). ‖[délateur] Angeber ④, in. ‖*Fam.* Petzer ④, in. ‖*Zool.* Schwabe, f. ‖*Fam.* [spleen] Milzsucht, f. ‖**-arder** (d*é*). angeben* [heimlich]. ‖*Fam.* petzen.
caf‖é m. (f*é*). Kaffee, pl. Kaffeesorten. ‖[établissement] Kaffeehaus, n. ② : — *-chantant,* — *-concert,* Tingeltangel, *fam.* ‖**-éier** m. (fé*ié*). Kaffeebaum. ‖**-etier** m. (kaft*ié*). Kaffeewirt. ‖**-etière** f. (t*iä*r). Kaffeekanne. ‖[appareil] Kaffeemaschine.
cage f. Käfig, m. [oiseaux] Bauer, n. ④. [d'escalier] Treppenhaus, n.
cagna f. (nj*á*). Unterstand, m.
cagnard, e, a. (nj*à*r, d). faul.
cagneux, euse, a. (nj*ö*, **z**). krummbeinig.
cagnotte f. (*ò*t). gemeinsamer Spieleinsatz, m.
ca‖got, e, a. (g*o*, g*ò*t). scheinheilig. ‖**-goterie** f. (òtr*i*). Scheinheiligkeit.
cagoule f. (g*ù*l). Mönchskutte.
cahier m. (*ié*). Heft, n. ① : — *des charges,* Lieferungsbedingungen, f. pl.
ca‖hin-caha (iⁿ-*a*). soso. ‖**-hot** m. (ka*o*). Stoß, Ruck ①. ‖**-hoter** (t*é*). stoßen*, rütteln.
cahute f. (*ü*t). Hütte.
caille f. (k*â*j). Wachtel.
caill‖é, e [lait] m. (kaj*é*). saure Milch, f. ‖**-ebotte** f. (kajb*ò*t). Quark, m. ‖**-er** (kaj*é*) : *faire** —, gerinnen* lassen; *se* —, gerinnen*. ‖**-ette** f. (j*è*t). Labmagen, m. ‖**-ot** m. (j*o*). [Blut] klumpen, m. ④.
caill‖ou, x, m. (j*u*). Kieselstein, m. ‖**-outeux, euse,** a. (jut*ö*, **z**). steinig. ‖**-outis** m. (t*i*). Kieselschicht, f.
caïman m. (m*a*ⁿ). Kaiman ①.
caiss‖e f. (käß). Kiste. ‖[coffre] Kasten, m. ④. ‖[à argent] Kasse : — *d'épargne,* Sparkasse. *Faire* sa caisse,* Kasse machen. ‖[tambour] Trommel. *Grosse caisse,* Pauke; *battre* la grosse caisse, fig.* mit Lärm ankündigen. ‖**-ette** f. (*è*t). Kistchen, n. ④. ‖**-ier, ère,** m., f. (s*ié*, *iä*r). Kassierer ④, in. ‖**-on** m. (*o*ⁿ). *Mil.* Wagen ④.
cajol‖er (j*ò*l*é*). liebkosen. ‖**-erie** f. (òlr*i*). Liebkosung.
cal m. (k*à*l). Schwiele, f.

cal‖amité f. (*té*). Unglück, n. spl. ‖[désastre] Unheil, n. spl. ‖**-amiteux, euse,** a. (*tö, z*). unheilvoll.
cal‖andre f. (*an*dr). Mangel, m. ‖**-andrer** (*dré*). mangeln.
cal‖caire a. (*kär*). Kalk-, kalkhaltig. ‖**-ciner** (*siné*). verkalken.
cal‖cul m. (*kül*). Rechnung, f. [supputation] Berechnung, f. ‖*Path.* Stein. ‖**-culateur, trice,** m., f. (*tœr, tris*). Rechner ④, in. ‖**-culer.** rechnen. ‖[évaluer] berechnen.
ca‖le f. (*kal*). [coin] Kiel, m. ‖[de navire] Schiffsraum, m. ‖*Fond de cale,* Kielraum, m. ‖[chantier] Stapel, m. ④. ‖**-é, e,** a. (*lé*), *fam.* gelehrt, tüchtig.
calebasse f. (*kalbàs*). Flaschenkürbis, m.
calèche f. (*àsch*). Kalesche.
caleçon m. (*kalson*). Unterhose, f.
cal‖embour m. (*lanbur*). Wortspiel, n. Kalauer ④, *péjor.* ‖**-embredaine** f. (*lanbredän*). Flause.
cal‖endes f. pl. (*land*). Kalenden, pl. : — *grecques,* Nimmermehrstag, m. ‖**-endrier** m. (*landrié*). Kalender ④.
calepin m. (*kalpin*). [Taschen-]Notizbuch, n. ②.
caler (*lé*). einkeilen. ‖[meuble] stützen. ‖[roue] bremsen. ‖*Pop.* nachgeben*.
cal‖fat m. (*fà*). Kalfaterer ④. ‖**-fater** (*té*). kalfatern.
calfeutrer (*fötré*). [boucher] verstopfen. *Se* —, sich im Zimmer verschließen*.
calibre m. (*ibr*). Kaliber, n. ④. ‖[diamètre] Durchmesser ④. Leere, f.
calice m. (*is*). Kelch.
calicot m. (*ko*). Kaliko, -s. ‖*Fam.* [employé] Ellenreiter ④.
calife m. (*if*). Kalif, -en, -en.
califourchon [à] (*furschon*). rittlings.
câli‖n, e, a. (*in, ìn*). liebkosend. ‖**-nerie** f. (*inri*). Liebkosung.
calleux, euse, a. (*lö, z*). schwielig.
calli‖igraphe m. (*kàl'-àf*). Schönschreiber ④. ‖**-igraphie** f. (*fi*). Schönschreibekunst. ‖**-igraphier** (*fié*). kalligraphieren.
callosité f. (*té*). Schwiele.
calm‖ant, e, a. (*man, t*). schmerzstillend. ‖**-e** a. (*kalm*). still. ‖ruhig. ‖[silence] m. Stille, f. ‖[repos] m. Ruhe, f. ‖*Mar.* Windstille, f. ‖**-er** (*mé*). stillen. ‖beruhigen.
cal‖omniateur, trice, m., f. (*tœr, tris*). Verleumder, ④, in. ‖**-omnie** f. (*ni*). Verleumdung. ‖**-omnier** (*nié*). verleumden.
cal‖orie f. (*ri*). Kalorie. ‖**-orifère** m. (*fär*). Heizapparat ①. ‖**-orique** m. (*ik*). Wärmestoff.
cal‖ot m. (*o*), *pop.* Dienstmütze, f. ‖**-otte** f. (*òt*). Käppchen, n. ④. ‖[de prêtre] Priestermütze. ‖*Pop.* die Pfaffen, m. pl. ‖*Fam.* [soufflet] Ohrfeige. ‖**-otter** (*té*). ohrfeigen. ‖**-ot[t]in** m. (*in*), pop. Pfaffenfreund.
cal‖que m. (*kalk*). Durchzeichnung, f. ‖**-quer** (*ké*). durchzeichnen, durchpausen. *Papier calque,* Pauspapier, n.
calvaire m. (*wär*). Kalvarienberg.
cal‖vinisme m. (*ism*). Kalvinismus. ‖**-viniste** m. (*ist*). Kalvinist, -en, -en.
calvitie f. (*wisi*). Kahlheit.
camail m. (*aj*). Priestermäntelchen, n.
cam‖arade m. et f. (*àd*). Kamerad, -en, -en, in. ‖**-araderie** f. (*àdri*). Kameradschaft. ‖**-ard, e,** a. (*àr, d*). stumpfnasig.
cambouis m. (*kanbui*). Wagenschmiere, f.
cam‖bré, e, p. a. (*bré*). gebogen. ‖**-brer** (*bré*). biegen*.
cam‖briolage m. (*laj*). Einbruchdiebstahl. ‖**-brioler.** einbrechen. ‖**-brioleur** m. (*lœr*). Einbrecher ④. ‖**-brure** f. (*brür*). Biegung.
cambuse f. (*büz*). Kambuse.
came f. Nocken, m. *Arbre à cames,* Nockenwelle, f.
camée m. (*mée*). Kamee, f.
caméléon m. (*léon*). Chamäleon, n. ①.
camélia m. (*lia*). Kamelie, f.
cam‖elot m. (*kàmlo*). *fam.* Straßenverkäufer ④. ‖**-elote** f. (*lòt*). Schundware.
caméra f. Kamera.
cam‖ériste f. (*ist*). Kammerfrau. ‖**-erlingue** m. (*ling*). Kämmerling.
cam‖ion m. (*mion*). Lastkraftwagen ④. ‖**-ionnage** m. (*àj*). Ab- ou Zufuhr, f. ‖**-ionner.** auf Rollwagen befördern. ‖**-ionneur** m. (*nœr*). Rollkutscher ④.

camisole f. (*zò*l). Unterjacke : — *de force,* Zwangsjacke.
camomille f. (m*ij*). Kamille.
camoufler (mufl*é*). vermummen. ‖*Mil.* tarnen. *Camouflage,* m. Vermummen, n. spl. ‖*Mil.* Tarnung, f.
camouflet m. (fl*è*). *Mil.* Minensprenger ④. ‖*Fig. fam.* derbe Kränkung, f.
cam‖p m. (k*a*^{n}). Lager, n. ④. Feldlager, n. ④. [prisonniers] Stalag, n. *Lit de* —, Feldbett, n., Pritsche, f. ‖— *volant,* Streiftrupp. ‖LOC. *Être* en* — *volant,* immer unterwegs sein*; *lever le* —, das Lager aufbrechen*; *fig.* [et *pop., fiche le* —] aufbrechen*; *fam.* sich drükken. ‖**-pagnard, e,** a. (nj*a*r, d). Land... ‖m., f. Landmann, -frau, pl. -leute. ‖**-pagne** f. (p*à*nj). Land, n. spl. : [être] *à la campagne,* auf dem Lande, [aller] auf das [aufs] Land; *en pleine campagne,* auf freiem Felde; *en rase campagne,* auf flachem Felde. ‖*Mil.* Feldzug, m. *Être* en campagne,* im Felde stehen*; *se mettre* en campagne,* ins Feld rücken. ‖**-pé, e,** pa. (p*é*). gelagert. ‖*Fig. Bien campé,* fest hingestellt; [bien bâti] schön gewachsen. ‖**-pement** m. (ka^{n}pm*a*^{n}). Lagerung f. Lagerplatz, m. ‖**-per** tr. et intr. lagern.
camphre m. (ka^{n}fr). Kampfer.
camping m. Zelten, n.
camus, use, a. stumpf, platt.
canadienne f. Pelzjoppe.
canaille f. (*a*j). Gesindel, n. ‖[personne] Schuft, m. ①, Lump, en, m. ‖a. lumpig. ‖[populaire] pöbelhaft.
can‖al, aux, m. (*à*l, *o*). Kanal. ‖[rigole] Rinne, f. ‖**-alisation** f. (**z**asi*o*^{n}). Kanalisation. ‖**-aliser** (**z***é*). kanalisieren.
canapé m. Kanapee, -s, n.
can‖ard m. (*à*r). Ente, f. ‖*Fig.* Zeitungsente, f. ‖**-arder,** tr. feuern, intr. [aus einem Hinterhalt] [auf, *acc.*].
canari m. (r*i*). Kanarienvogel ③.
can‖can m. (-k*a*^{n}). Klatscherei f. ‖[danse] cancan. ‖**-caner** (*à*n*é*). klatschen. ‖**-canier, ère,** a. (n*ié*, *iä*r). klatschhaft. ‖s. Klatschmaul, n. ②, *fam.*
can‖cer m. (s*ä*r). Krebs. ‖**-céreux, euse,** a. (sér*ö*, **z**). krebsartig. ‖**-cre** m. (ka^{n}kr). Krabbe, f. *Fig. fam.* fauler Schüler.
cancrelat m. (kr^{e}l*à*). Kakerlak, -en.
candélabre m. (ka^{n}-l*à*br). Armleuchter ④.
candeur f. (d*œ*r). Einfalt. ‖[naïveté] Unbefangenheit.
candi, e, a. (d*i*). kandiert. ‖*Sucre* —, Kandiszucker, m.
can‖didat, e, m., f. (d*à*, t). Kandidat, -en, -en, in. Bewerber ④, in ‖**-didature** f. (t*ü*r). Kandidatur, Bewerbung.
candide a. (*ì*d). arglos. ‖[naïf] unbefangen.
can‖e f. (k*à*n). weibliche Ente. ‖**-eton** m. (k*à*nt*o*^{n}). Entchen, n. ④. ‖**-ette** f. (*è*t). Entchen, n. ④. ‖[de bière] Kännchen, n. ④.
canevas m. (k*à*nw*a*). Kanevas ①. ‖[à broder] Stramin. ‖*Fig.* Plan.
can‖iche m. (*i*sch). Pudel ④. ‖**-iculaire** a. (kül*ä*r). Hundstags... ‖**-icule** f. (kül). Hundstage, m. pl.
canif m. (*i*f). Federmesser, n. ④.
canin, e, a. (n*i*^{n}, *i*n). hundeartig. *Faim canine,* Heißhunger, m.; *dent canine,* Eckzahn, m.
caniveau, x, m. (w*ô*). Rinnstein.
cann‖e f. (k*à*n). Rohr, n. ① : — *à sucre,* Zuckerrohr, n. ‖[de promenade] Spazierstock, m. ‖**-é, e,** a. (n*é*). *Chaise cannée,* f., Rohrstuhl, m. ‖**-eler** (k*à*nl*é*), riefen.
cannelle f. (*è*l). Zimt, m. ‖[robinet] Hahn, m.
cannelure f. (k*à*nl*ü*r). Rinne, Riefe.
canner (n*é*). mit Rohr beflechten*.
cannibale m. (b*à*l). Kannibale, -n, -n.
canon‖ m. (n*o*^{n}). Kanone, f. Geschütz, n. ‖[de fusil] Lauf. ‖[règle] Kanon, -s. *Droit canon,* Kirchenrecht, n. ‖**-ique** a. (*ì*k). kanonisch. ‖**-isation** f. (nizasi*o*^{n}). Heiligsprechung. ‖**-iser** (**z***é*). heiligsprechen*. ‖**-nade** f. (*à*d). Kanonenfeuer, n. ④. ‖**-ner.** beschießen* [mit Kanonen]. ‖**-nier** m. (n*ié*). Artillerist, -en, -en. ‖**-nière** f. (n*iä*r). Kanonenboot, n. ①.
canoë m. Kanu, -s, n.
cano‖t m. (n*o*). Kahn. ‖[chaloupe] Boot, n. ①. ‖**-tage** m. (*ò*t*à*j). Rudersport. ‖**-tier** m. (t*ié*). Ruderer ④.

can‖tate f. (kaⁿtàt). Kantate. ‖**-tatrice** f. Opernsängerin.
cantharide f. spanische Fliege.
cant‖ine f. (kaⁿtìn). Marketenderbude. ‖[de caserne] Kasernenschenke. ‖[panier] Menagekorb, m. ‖[mallette] Offizierkoffer, m. ④. ‖**-inier, ière,** m., f. (*nié, iär*). Marketender ④, in.
cantique m. (*ik*). Kirchenlied, n. ②.
canton m. (kaⁿtoⁿ). Bezirk. ‖[en Suisse] Kanton, -e *ou* -s.
cantonade f. (tonàd) : *Parler à la* —, in die Kulissen reden.
canton‖al, e, a. (*àl*). Bezirks... ‖**-nement** m. (ònmaⁿ). Einlagerung, f. ‖**-ner.** einlagern. ‖**-nier** m. (*nié*). Straßenarbeiter ④.
canule f. (nül). Röhrchen, n.
canut m. (nü). *Pop.* Seidenarbeiter ④.
caoutch‖ouc m. (ka'utschù). Kautschuk. ‖*Industr.* Gummi, -s, n. ‖**-outé, e,** a. (*té*). Gummi...
cap m. Kap, -s, Vorgebirg, n. *De pied en cap,* vom Scheitel bis zur Zehe. ‖*Mar. Mettre* le cap* [*sur*], steuern [nach].
cap‖able a. (*àbl*). [de] fähig [zu], tüchtig. ‖**-acité** f. (*sité*). Fähigkeit. ‖**-araçon** m. (soⁿ). Schabracke, f.
cape‖ f. (kàp). Kappenmantel, m. ③. ‖*Fig. Rire* sous cape,* ins Fäustchen lachen. ‖**-line** f. (plìn). Frauenkapuze.
capi‖llaire a. (pil'lär). Haar... ‖**-llarité** f. (*té*). Kapillarität.
capilotade f. (tàd). *Mettre* en capilotade,* kurz und klein schlagen*.
capi‖taine m. (tän). Hauptmann, pl. -leute. ‖[cavalerie] Rittmeister ④. ‖*Mar.* et *Aviat.* Kapitän. ‖**-tal, e, aux,** a. (tàl, tô). hauptsächlich, Haupt...; *péché capital,* m. Todsünde, f.; *peine capitale,* f. Todesstrafe; [*lettre*] *capitale,* f. großer Anfangsbuchstabe, m. ‖m. Kapital, n. ① *et* -ien. ‖**-tale** f. (tàl). Hauptstadt. ‖**-talisation** f. (zasioⁿ). Kapitalisierung. ‖**-taliser** (*zé*). kapitalisieren. ‖**-taliste** m. (*ist*). Kapitalist, -en, -en. ‖a. kapitalistisch. ‖**-teux, euse,** a. (*tö, z*). berauschend.
capitonner (*òné*). polstern.
capi‖tulation f. (tü-sioⁿ). Übergabe. ‖**-tuler.** sich übergeben*.

capon, onne, a. (poⁿ, òn). feige. ‖s. m., f. Memme, f.
caporal m. (*àl*). Obergefreite. Gefreit[e]r.
capot, e, a. (po, òt). [jeu] matsch, kaputt. ‖[auto] Motorhaube, f.
cap‖ote f. Soldatenmantel, m. ③. ‖[coiffure] Kapotthut, m. ‖[voiture] Wagenverdeck, n. ‖[jeu] Matsch, m. ①. ‖**-oter** (òtó). sich überstürzen.
câpre m. (kâpr). Kaper, f.
capri‖ce m. (prìs). Laune, f. ‖**-cieux, euse,** a. (*siö, z*). launenhaft. ‖**-corne** m. (kòrn). Steinbock.
capsule f. (*sül*). Kapsel. ‖[fulminante] Zündhütchen, n. ④.
cap‖tation f. (sioⁿ). Erschleichung. ‖**-ter** (*té*). erschleichen*. ‖[eaux] abfangen, stauen. ‖**-tieux, euse,** a. (*siö, z*). verfänglich. ‖**-tif, ive,** a. (*if, iw*). gefangen. ‖**-tivité** f. (*wité*). Gefangenschaft. ‖**-ture** f. (tür). Fang, m. ‖[butin] Beute. ‖**-turer** (*türé*). fangen*. ‖[butin] wegnehmen*. ‖[bateau] aufbringen*.
capu‖chon m. (püschoⁿ). Kapuze, f. ‖**-cin, e,** m., f. Kapuziner ④, in.
caque f. (kàk). Heringsfaß, n. ②.
ca‖quet m., **-quetage** m. (kè, kàktàj). *Fam.* Geschwätz, n. spl. ‖*Fam. Rabattre* le caquet,* das Maul stopfen. ‖**-queter.** [poule] gackern. ‖*Fig.* schwatzen. ‖[médire] klatschen.
car conj. denn.
car m. Tourenwagen ④.
carabin m. (biⁿ), *pop. fam.* Student der Medizin.
car‖abine f. (bìn). Karabiner, m. ④. ‖**-abiné, e,** a., *pop.* stark. ‖**-abinier,** m. (*nié*). Karabinier, -s, -s.
caraco m. (ko). Taille, f. [nicht angeschmiegt].
caracoler intr. (kolé). sich herumtummeln [zu Pferd].
caract‖ère m. (tär). Charakter. ①. ‖[distinctif] Kennzeichen, n. ④. ‖[lettre] Schriftzeichen n. ④, Schrift, f. ‖**-ériser** (*zé*). charakterisieren, kennzeichnen. ‖**-éristique** f. (tìk). Charakteristik. ‖a. charakteristisch, kennzeichnend.
car‖afe f. (*àf*). Wasserflasche. ‖**-afon** m. (foⁿ). Fläschchen, n. ④.
car‖ambolage m. (aⁿbòlaj). Karambolage, f. ‖**-amboler** (*lé*). karambolieren.

car‖**amel** m. (*è*l). gebräunter Zucker. ‖[bonbon] Karamelle, f. ‖**-améliser** (*zé*). bräunen.
carapace f. (rap*à*s). Rückenschild, m. m.
carat m. (r*à*). Karat, n. ①.
car‖**avane** f. (w*à*n). Karawane. ‖**-avansérail** m. (waⁿ-*à*j). Karawanserei, f.
carb‖**onate** m. (*à*t). Karbonat, n. ① : *carbonate de ...,* kohlensaures... ‖**-one** m. (b*ò*n). Kohlenstoff. ‖**-onifère** a. (f*ä*r). kohlenhaltig. ‖**-onique** a. (*i*k). *Acide* —, m., Kohlensäure, f. ‖**-onisation** f. (**zasi*o*ⁿ**). Verkohlung. ‖**-oniser** (*zé*). verkohlen. ‖**-urant** m. (ür*a*ⁿ). Betriebsstoff. ‖**-urateur** m. (ü-t*œ*r). *Autom.* Vergaser ④. ‖**-uration** f. (si*o*ⁿ). Vergasung. ‖**-ure** m. (*ü*r). Karbid, n. ①. ‖**-urer.** vergasen.
carcan m. (k*a*ⁿ). Halseisen, n. ④.
carcasse f. (k*à*s). Gerippe, n. ‖[navire] Rumpf, m.
cardage m. (*a*j). Kämmerei, f.
card‖**e** f. (k*à*rd). Krempel. ‖**-er.** krempeln. ‖**-eur, euse,** m., f. (d*œ*r, *ö*z). Wollkämmer ④, in.
cardiaque a. (*ià*k). Herz...
cardinal, aux, e, a. (n*à*l, n*o*) : *nombre cardinal,* m., Grundzahl, f.; *points cardinaux,* m., pl., Himmelsgegenden, f. pl. ‖m. Kardinal.
cardon m. (d*o*ⁿ). Kardone, f.
carême m. (r*ä*m). Fastenzeit, f.
carence f. (*a*ⁿs). Fehlen, n.
carène f. (r*ä*n). Schiffskiel, m.
car‖**essant, e,** a. (s*a*ⁿ, t). liebkosend. ‖**-esse** f. (*è*s). Liebkosung. ‖**-esser** (s*é*). liebkosen.
car‖**gaison** f. (gäz*o*ⁿ). Schiffsladung. ‖**-guer** (g*é*). aufgeien.
cariatide f. (t*i*d). Karyatide.
car‖**icature** f. (t*ü*r). Karikatur. ‖**-icaturiste** m. (*i*st). Karikaturist, -en, -en.
car‖**ie** f. (*i*). Knochenfraß, m. ‖**-ié, e,** a. (*ié*). angefressen.
car‖**illon** m. (ij*o*ⁿ). Glockenspiel, n. ‖[pendule] Spieluhr, f. ‖**-illonner** (ij*ò*n*é*). stark läuten. *Fête carillonnée,* f., hohes Fest n.
carlin m. (l*i*ⁿ). Mops.
carm‖**e** m., **-élite** f. (karm, -l*i*t). Karmeliter, in ④.
carm‖**in** m. (*i*ⁿ). Karmin. ‖a. inv., **-iné, e** (min*é*). karminrot.
carn‖**age** m. (*à*j). Blutbad, n. ‖**-assier, ière,** a. (s*ié*, *iä*r). fleischfressend. ‖s. m., f. Fleischfresser ④, in. ‖**-assière** f. (s*iä*r). Jagdtasche. ‖**-ation** f. (s*io*ⁿ). Fleischfarbe.
carnaval m. (w*à*l). Faschingszeit. f., Karneval.
car‖**ne** f. (karn). *pop.* schlechtes Fleisch, n. ‖**-né, e,** a. (n*é*). fleischfarbig. ‖[régime] Fleisch...
carnet m. (n*é*). Taschenbuch, n.
car‖**nier** m. (*ié*). Jagdtasche, f. ‖**-nivore** a. (wor). fleischfressend.
carotide f. (t*i*d). Kopfschlagader.
caro‖**tte** f. (r*ò*t). gelbe Rübe, Möhre. ‖*Pop.* Lüge. *Tirer une carotte,* eine Lüge machen. ‖**-tter,** *pop.* betrügen*. ‖**-tteur, euse,** m., f. (t*œ*r, *ö*z), **-ttier, ière,** m., f. (t*ié*, *iä*r). *pop.* Schwindler ④, in.
caroub‖**e** f. (r*ù*b). Johannisbrot, n. ‖**-ier** m. Johannisbrotbaum.
carpe f. (karp). Karpfen, m. ④.
carpette f. (*è*t). Teppich, m. [beweglich].
carquois m. (k°*a*). Köcher ④.
carr‖**é, e,** (r*é*). viereckig. ‖*Math.* Quadrat... ‖s. m. Viereck, n., Quadrat, n. ①. ‖**-eau x,** m. (r*ô*). Viereck, n. ‖[étoffe] Würfel, m. ④. *A carreaux* [étoffe], gewürfelt. ‖[dalle] Steinplatte, f., Fliese, f. ‖[vitre] Glasscheibe, f. ‖[cartes] Karo, -s, m. ‖**-efour** m. (karf*u*r). Kreuz- *ou* Scheideweg. ‖[croisement] Kreuzungspunkt. ‖**-elage** m. (karl*a*j). Fliesenpflaster, n. ④. ‖**-eler** (karl*é*). mit Fliesen belegen. ‖**-elet** m. (karl*è*). Packnadel, f. ‖[poisson] Goldbutte, f. ‖**-eleur** m. (l*œ*r). Plattenleger ④. ‖**-ément** adv. (m*a*ⁿ). entschieden. ‖[franchement] rundweg. ‖**-ier** m. (r*ié*). Steinbrecher ④. ‖**-ière** f. (*iä*r). Steinbruch, m. ‖[voie, et *fig.*]. Laufbahn. *Donner carrière à,* freien Lauf lassen* [*dat.*].
carr‖**iole** f. (*iò*l). Karriol, n. ① ‖**-ossable** a. (s*à*bl). fahrbar. ‖**-osse** m. (*ò*s). Staatswagen ④. *Rouler carrosse,* Wagen und Pferde halten*. ‖**-osserie** f. (osr*i*). Wagenbau, m. ‖[d'auto]. Sitzkasten, m. ④. ‖**-ossier** m. (s*ié*). Wagenbauer ④. ‖**-ousel** m. (uz*è*l). Karussell, -s, n.
carrure f. (*ü*r). Schulterbreite.

cartable m. Schulmappe, f.
cart||e f. Karte, *Géogr.* Landkarte; — *d'identité,* Kennkarte; — *à jouer,* Spielkarte. ||pl. *Jouer aux* —, Karten spielen; *battre* les* —, die Karten mischen; *tirer les* —, die Karten schlagen* : *tireuse de* —, Kartenschlägerin. || [menu] Speisekarte. *Dîner à la carte,* nach der Karte speisen. ||LOC. *Brouiller les cartes,* Verwirrung anstiften; *château de cartes,* Kartenhaus, n.; *donner carte blanche,* unbeschränkte Vollmacht geben*. **||-el** m. (tèl). Kartell, n. ①. ||[pendule] Wanduhr, f.
cart||ilage m. (làj). Knorpel ④. **||-ilagineux, euse,** a. (jinö, z). knorpelig.
cart||ographe m. (àf). Kartenzeichner ④. **||-omancienne** f. (ma^n^siè^n^). Kartenlegerin. **||-on** m. (to^n^). Pappe, f. ||[boîte] Pappschachtel, f. ||[à dessins] Zeichenmappe, f. ||[d'écolier] Schulmappe, f. **||-onnage** m. (aj). Papparbeit, f. ||[reliure] Pappband. **||-onner** (né). kartonieren. **||-onnier** m. (nié). Papparbeiter ④. [meuble] Schachtelschrank.
cart||ouche f. (tusch). Patrone. ||m. *Arch.* Zierrahmen, m. ④. ||*Grav.* Ziertitel, m. ④. **||-oucherie** f. (schrî). Patronenfabrik. **||-ouchière** f. (iär). Patronentasche.
cas m. (ka). Fall. *En [au] cas [de, où].* im Falle; *en tout cas,* auf alle Fälle; *le cas échéant,* vorkommenden Falls. ||LOC. *Faire* grand cas de,* Wert legen [auf, *acc.*]. ||hochschätzen. ||*Gramm.* Fall, Kasus ④.
casanier, ière, a. (zanié, iär). Stuben... ||s. m., f. Stubenhocker ④, in.
cas||aque f. (zàk). Jacke. ||*Fig. Tourner casaque,* umsatteln. **||-aquin** m. (ki^n^). kurzer Überrock.
cascade f. (kàd). Wasserfall, m.
case f. (kâz). [cabane] Hütte. ||[division] Fach, n. ②. ||[échecs] Feld, n. ②.
cas||éeux, euse, a. (zéö, z). käsig. **||-éine** f. Käsestoff, m.
cas||emate f. (kàzmàt). Kasematte. *Mil.* Bunker, m. ④. **||-er** (zé). [choses] fachweise ordnen. ||[personnes] unterbringen*. ||[établir] versorgen. ||[placer] anstellen.
cas||erne f. (zèrn). Kaserne. **||-ernement** m. (n^e^ma^n^). Kasernierung, f. **||-erner** (né). kasernieren.
casier m. (zié). Fachkasten ④ : — *à bouteilles,* Flaschenständer; — *judiciaire,* Strafregister, n.
casino m. (nô). Kurhaus, n.
casoar m. (zoar). Kasuar ①.
cas||que m. (kàsk). Helm. **||-qué, e,** a. behelmt. **||-quer** intr. (ké), *pop.* bezahlen. **||-quette** f. (kèt). [Schirm-]Mütze.
cass||ant, e, a. (sa^n^, t). zerbrechlich, ||[raide] spröde. ||[dur] hart. **||-ation** f. (sio^n^). Kassation.
cass||e f. (kas). Zerbrechen, n. ||*Fig.* [dommage] Schaden, n. ||[plante] Kassia. ||*Typ.* Setzkasten, m. ④. **||-e-cou** m. (kù). gefährliche Stelle, f. ||[personne] Wagehals. **||-ement** m. (ma^n^) : — *de tête,* Kopfzerbrechen, n. **||-e-noisette** m., **-e-noix** m. (kàsn^o^azèt, n^o^a). Nußknacker ④. **||-er** (sé). brechen*. ||[briser] zerbrechen*. ||[noix] knacken. ||[arrêt] aufheben*. ||[destituer] absetzen. ||intr. et [se]. zerbrechen* [*sein*]. ||[corde, etc.] springen [*sein*]. ||*Se* — [vieillir], gebrechlich werden*.
casserole f. Schmorpfanne. Kochtopf, m. ||*fam.* Klimperkasten.
casse-tête m. (kàstät). Kriegskeule, f. ||[bâton] Totschläger ④. ||[travail] Kopfzerbrechen n.
cassette f. (sèt), Kästchen, n. ④, Schatulle. ||[argent] Privatkasse.
casseur m. (sœr), *fig. fam.* Eisenfresser ④. ||— *de pierres.* Steinklopfer ④.
cassis m. (sis). schwarze Johannisbeere, f. ||[liqueur] Kassis.
cass||olette f. (èt). Räucherpfännchen, n. ④. **||-onade** f. (àd). Rohzucker, m. ④. **||-ure** f. (ür). Bruch, m.
castagnette f. (njèt). Daumenklapper.
caste f. (kast). Kaste.
castel m. (tèl). Kastell, n. ①, Schloß, n. ②.
castor m. (òr). Biber ④.
cas||tration f. (sio^n^). Entmannung. ||[animaux] Verschneidung. **||-trer** (tré). kastrieren.

casu||**el, le,** a. (z*ü*èl). zufällig. ||s. m. Nebeneinkünfte, pl. ||**-iste** m. (*i*st). Kasuist, -en, -en.

cataclysme m. (*i*sm). Kataklysmus, ...men.

catacombe f. (k**o**^{n}b). Katakombe.

catafalque m. (*à*lk). Leichengerüst, n.

catalepsie f. (s*i*). Starrsucht.

cata||**logue** m. (l*ò*g). Verzeichnis, n. ||**-loguer** (g*é*). katalogisieren.

cataplasme m. (*a*sm). Breiumschlag, Pflaster, n. ④.

catapulte f. (*ü*lt). Katapult, m. ① [*et* -pulte, f.]. *Mar.* Schleuder.

cataracte f. Wasserfall, m. ||*Path.* grauer Star, m.

catarrhe m. (*a*r) Schleimfluß.

catarrheux, euse, a. (r*ö*, **z**). katarrhalisch.

catastrophe f. (*ò*f). Katastrophe.

caté||**chiser** (schiz*é*). katechisieren. ||**-chisme** m. (sch*i*sm). Katechismus, ...men.

caté||**gorie** f. (r*i*). Kategorie. ||**-gorique** a. (*i*k). kategorisch.

cathédrale f. (*a*l). Domkirche. Dom, m. ①.

cathode f. (t*ò*d). Kathode.

cath||**olicisme** m. (s*i*sm). Katholizismus. ||**-olicité** f. (sit*é*). katholische Welt. ||**-olique** a. (l*i*k). katholisch. ||s. m. f. Katholik, -en, -en, ...kin.

catimini [**en**] loc. adv. (**a**^{n} -n*i*). heimlich.

cauchemar m. (kôschm*â*r). Alp, m. ①. ||[sensation] Alpdrücken, n. spl.

caus||**e** f. (k*ô*z). Ursache. *Être* — de,* Schuld sein* [an, *dat.*]. ||[motif] Grund, m.; *pour cause,* aus guten Gründen. ||*Jur.* Sache. ||LOC. *Avoir* gain de cause,* den Sieg davontragen*; *être* en cause,* mit im Spiel sein*; *hors de cause,* unbeteiligt. ||LOC. PRÉP. *A cause de,* wegen [*gén.*] halber [*gén.*]. ||**-er** tr. (**z***é*). verursachen. ||intr. plaudern. ||**-erie** f. (kôzr*î*). Plauderei. ||**-ette** f. (*è*t). Plauderstündchen, n. ④. ||**-eur, euse,** a. (**œ**r, *ö***z**). plauderhaft. ||s. m., f. Plauderer ④, derin. ||**-euse** f. (*ö***z**). [siège] Plaudersofa, -s, n.

causti||**cité** f. (kôs-sit*é*). Beizkraft. ||**-que** a. (*i*k). beizend.

cau||**tèle** f. (kôt*è*l). Verschlagenheit. ||**-teleux, euse,** a. (kotl*ö*, **z**). verschmitzt.

cau||**tère** m. (t*ä*r). Brennmittel, n. ④. ||[abcès artificiel] Fontanelle, f. ||**-térisation** f. (**z**asi**o**^{n}). Brennen, n. spl.

cau||**tion** f. (si**o**^{n}). Bürgschaft. ||[personne] Bürge, -n, -n, m. *Se porter caution* [de], bürgen [für], haften; *sujet à caution,* verdächtig. ||**-tionnement** m. (siònm**a**^{n}). Haftgeld, n. ||**-tionner** (siòn*é*). Bürgschaft leisten [für].

cav||**alcade** f. (kaw-*à*d). Reiteraufzug, m. ||**-ale** f. (*à*l). Stute. ||**-alerie** f. (*à*lr*i*). Reiterei. ||*Mil.* Kavallerie. ||**-alier** m. (l*ié*). Reiter ④. Kavallerist, -en, -en. ||[d'une dame] Herr, -n, -en. ||[danseur] Tänzer ④. ||[échecs] Springer ④. ||a. *et* **-alièrement** adv. rücksichtslos.

cav||**e** a. (k*à*w). hohl. ||[yeux] tiefliegend. ||[joues] eingefallen. ||s. f. Keller, m. ④. ||**-eau, x,** m. (w*o*). Kellerchen, n. ④. ||[tombe] Grabgewölbe, n. ④. ||**-erne** f. (*e*rn). Höhle. ||**-erneux, euse,** a. (wern*ö* **z**). höhlig. ||[voix] dumpf. ||**-ité** f. Höhle, Höhlung.

ce, cet, m., **cette** f., **ces** pl., a. et pron. dém. (s**œ**, s*è*t, s*ä*). [objet rapproché] dieser, e, es [*ou* dies], pl. diese, pl. ||[objet éloigné] jener, e, es, pl. jene, pl. Exemples : *ce livre*[*-ci*], dieses Buch; *cet arbre-là,* jener Baum; *ce matin,* loc. adv., diesen Morgen. ||pron. : es, dies, das; *c'est,* es ist, dies ist; *ce sont...,* es sind, dies sind...; *ce qui, ce que,* [das], was : *ce que je pense,* was ich denke; *ce dont,* das, wovon [womit, etc., suivant la préposition régie par le verbe]. ||LOC. *C'est que....* nämlich; *ce n'est pas que,* nicht als ob [*subj.*].

céans adv. (sé**a**^{n}). hier.

ceci pron. dém. (s**œ**s*i*). dieses [hier], dies. V. GRAMM.

cécité f. (sésit*é*). Blindheit.

céder (séd*é*). tr. abtreten*. *Le céder à qn* [en], einem nachstehen* [an. *dat.*]. ||intr. nachgeben. ||[reculer] weichen* [*sein*].

cédille f. (*i*j). Häkchen, n. ④ [unter dem **c**].

cédrat m. (dr*à*). Zedrat, n. ①.

cèdre m. (sedr). Zeder, f.

cédule f. (séd*ü*l). Schedul.

cein‖dre* (sindr). tr. [épée] umgürten. ‖[corps] umgürten, *insép.* ‖**-ture** f. (tür). Gürtel, m. ④. ‖[sangle] Gurt, m. ①. ‖[ventrière] [Leib-] Binde. ‖**-turon** m. (türon). Säbelkoppel, n., Degengehenk, n.

cela pron. dém. (sœla). das, das da. *C'est bien cela,* ganz richtig; *comment cela?* wie so?

céladon a. inv. (sé-don). hellgrün.

cé‖lébration f. (sé-sion). Abhaltung. ‖[d'une fête] Begehung. ‖**-lèbre** a. (läbr). berühmt. ‖**-lébrer** (bré). [messe, etc.] abhalten. ‖[fête] feiern, begehen*. ‖**-lébrité** f. (té). Berühmtheit. ‖[personne] Zelebrität.

celer (sœlé). verhehlen.

céleri m. (selri). Sellerie, f.

célérité f. (té). Schnelligkeit, Geschwindigkeit.

céleste a. (est). himmlisch, Himmels...

cél‖ibat m. (bà). Zölibat, n. ‖**-ibataire** a. (tär). unverheiratet. ‖s. m. Junggesell, -en, -en.

celle pron. dém. V. *celui.*

cell‖ier m. (sélié). Speisekeller. ‖**-ulaire** a. (lülär). zellenartig, Zellen... ‖**-ule** f. (ül). Zelle.

cell‖uloïd m. (oid). Zelluloïd, n. ‖**-ulose** f. (ôz). Zellulose.

Celt‖e m. (selt). Kelt, -en, -en. ‖a. *et* **-ique** a. (seltìk). keltisch.

celui, celle, ceux, pron. dém. (sœlüi, sèl, sö). der, m., die, f., das, n., die, pl., derjenige, diejenige, dasjenige, diejenigen : *celui-ci, celle-ci,* dieser, e, es; *ceux-ci, celles-ci,* diese; *celui-là, celle-là,* jener, e, es; *ceux-là, celles-là,* jene. V. GRAMM.

cément‖é p. a. (sémanté). Zement... ‖**-er** (té). zementieren.

cénacle m. (sénakl). Zönakel, n. ④. ‖[literarische] Gesellschaft, f.

cen‖dre f. (sandr), et pl. Asche, sing. ‖pl. *Réduire en cendres,* in Asche legen, einäschern. *Mercredi des Cendres,* m. Aschermittwoch. ‖**-dré, e,** a. (dré). aschfarbig. ‖**-drée** f. (dree). Vogelschrot, m. ‖**-drier** m. (ié). Aschenbecher ④. ‖**-drillon** f. (ijon) Aschenbrödel, n.

cène f. (sän). Abendmahl Christi, n.

céno‖bite m. (sénobit). Zönobit, -en, -en. ‖**-taphe** m. (tàf). Ehrengrabmal, n. ① et ②.

cen‖s m. (sans). Zensus. ‖**-sé, e,** a. (sé). gehalten *ou* angesehen für. ‖**-sément** adv. (man). angeblich. ‖**-seur** m. (sœr). Zensor, -en, Kritiker ④ : — *[des études],* Studienaufseher ④. ‖*-sure* f. (sûr). [dignité] Zensorwürde. ‖[presse] Zensur. ‖[critique] Kritik. ‖[blâme] Tadel, m. ‖**-surer.** tadeln.

cen‖t num. (san). hundert : *cinq pour cent,* fünf Prozent, fünf vom Hundert [abr. : 5 v. H.] : *rente 3 %, le 3 %,* [die] dreiprozentige Rente. ‖LOC. *Je vous le donne en cent,* ich wette hundert gegen eins. ‖m. Hundert, n. ①. ‖**-taine** f. (tän). Hundert, n. ①. ‖*Arithm.* Hunderter, m. ④. ‖[environ cent] etwa hundert.

centaure m. (tor). Zentaur, -en, -en.

cen‖tenaire m. (santenär). Hundertjahrfeier, f. ‖a. hundertjährig. ‖**-tésimal, e,** a. (zimàl). hundertteilig : *dix degrés centésimaux,* zehn Grad Celsius [abr. : 10°C]. ‖**-tiare** m. (tiar). Quadratmeter, n. spl. ‖**-tième** ord. (ièm). V. GRAMM. ‖**-tigrade** a. (àd). hundertgradig. ‖**-tigramme** m. (àm). Zentigramm, n. spl. ‖**-tilitre** m. (itr). Zentiliter, n. spl. ‖**-time** m. (im). Centime, -s. ‖**-timètre** m. (ètr). Zentimeter, m. et n. spl.

cen‖tral, e, a. (àl) zentral, Mittel... ‖**-tralisation** f. (zasion). Zentralisation. ‖**-traliser** (zé). zentralisieren. ‖**-tre** m. (santr). Mittelpunkt, ①. ‖**-trifuge** a. (füj). Zentrifugal... ‖**-tuple** a. (tüpl). hundertfach *ou* -fältig. ‖**-tupler.** verhundertfachen.

cep m. (sèp). Rebstock.

cèpe m. (sèp). Löcherpilz.

cependant adv. (sœpandan). unterdessen. ‖[néanmoins] indessen, jedoch, dennoch.

céphalalgie f., **-ée** f. (séfàl-ji, ée), Kopfweh, n.

céram‖ique a. (sé-ìk). Töpfer..., keramisch. ‖f. Töpferkunst, Keramik. ‖**-iste** m. (ist). Keramist, -en, -en.

cérat m. (sera). Wachssalbe, f.

cerbère m. (serbär). *Myth,* et *fig.* : Zerberus.

cer‖ceau, x, m. (so). Reifen ④. ‖**-cle** m. (serkl). Kreis. ‖[de ton-

neau, etc.] Reif. ‖**-cler** (*klé*). bereifen.
cercueil m. (k*œ*j). Sarg.
céréales f. pl. (sé-*à*l). Getreide, n. spl., Getreidearten, pl.
cérébral, e, a. (br*à*l). Gehirn...
céré‖monial m. (ò*nià*l). Zeremoniell, n. ‖[de cour, etc.] Hofbrauch *ou* -sitte, f. ‖**-monie** f. (ò*ni*). Feierlichkeit. *Habit de cérémonie,* Festkleid, n. ‖pl. *Faire* des cérémonies,* Umstände machen. ‖**-monieux, euse,** a. (*niö,* **z**). zeremoniös, umständlich.
cerf m. (serf). Hirsch : *cerf-volant* (sèrwol*a*n), Papierdrache.
cerfeuil m. (f*œ*j). Kerbel.
ceri‖se f. (sœ*riz*). Kirsche. ‖**-sier** m. (*zié*). Kirschbaum.
cern‖é, e, a. (ser*né*). V. *cerner.* ‖p. a. *Avoir* les yeux cernés,* blaue Ränder um die Augen haben*. ‖**-eau, x,** m. (n*ô*), halbreife Nuß, ¨sse, f. ‖**-er.** umringen. ‖*Mil.* umzingeln.
cert‖ain, e, a. (sert*i*n, än). gewiß. ‖**-es** adv. (sert). gewiß. ‖**-ificat** m. (k*à*). Zeugnis, n. ‖[acte] Schein. ‖[attestation] Bescheinigung, f. ‖**-ifier** (*fié*). bescheinigen. ‖**-itude** f. (tüd). Gewißheit.
cérumen m. (sérüm*è*n). Ohrenschmalz, n.
céruse f. (*ü*z). Bleiweiß, n.
cerv‖eau, x, m. (serw*o*). Hirn, n. Gehirn, n. ‖*Fig. Rhume de cerveau,* Schnupfen ④. ‖**-elas** m. (wœ*la*). Schlackwurst, f. ‖**-elet** m. (l*è*). kleines Gehirn, n. ‖**-elle** f. (w*è*l). Hirn, n., Gehirn n. ‖*Fig. Brûler la cervelle à qn,* jemandem eine Kugel vor den Kopf schießen*.
cervical, e, a. (k*à*l). Hals... Genick...
César‖ m. (séz*a*r). Cäsar, -en. ‖**-ien, ne,** a. cäsarisch.
cessation f. (*sio*n). Aufhören, n. ‖[travail, paiements] Einstellung. ‖[hostilités] Einstellen, n.
cess‖e f. (säß). *Sans cesse,* unaufhörlich; *n'avoir* point de cesse,* nicht aufhören. ‖**-er.** intr. aufhören. ‖tr. aufhören lassen*. ‖[suspendre] einstellen. ‖ — *d'agir,* auswirken. ‖**-ible** a. (*i*bl). abtretbar. ‖**-ion** f. (*sio*n). Abtretung. ‖**-ionnaire** m. (*ä*r). Übernehmer ④.

c'est-à-dire loc. adv. (sätad*i*r). das heißt *ou* das ist [*abr.* d. h., d. i.]. ‖[énumération] nämlich.
césure f. (z*ü*r). Zäsur.
cet, cette dém. V. *ce.*
cétacé m. (sé-*sé*). Waltier, n. ①.
ceux dém. pl. V. *celui.*
chacal m. (schak*à*l). Schakal ①.
chacun, une, pr. ind. (schak*u*n, *ü*n). jeder, -e, -es, ein jeder.
chafouin, e, a. (schaf*ui*n, *i*n). schlauköpfig.
chagr‖in, e, a. (schagr*i*n, *i*n). verdrießlich. ‖m. Kummer, spl. ‖[intense] Gram, spl. ‖[dépit] Verdruß, spl. ‖[peau] Chagrinleder, n. ‖**-iner** (*iné*). verdrießen*. ‖[attrister] betrüben. ‖[**se**] sich grämen.
chahu‖t m. (scha'*ü*). Gepolter, n. spl. Skandal ①. ‖**-ter** intr. poltern; Unfug machen. ‖tr. polternd quälen.
chai *ou* **chais** m. (sch*è*). Weinlager, n. ④.
chaîn‖e (schän). Kette. ‖pl. [fers] Fesseln. ‖[Tissu] Zettel, m. ‖**-ette** f. (*è*t). Kettchen, n. ④. ‖**-on** m. (*o*n). Kettenglied, n.
chair f. (schär). Fleisch, n. spl. ‖*Fig. Chair à canon,* Kanonenfutter, n.; *chair de poule,* Gänsehaut.
chai‖re f. (schär). Kanzel. ‖[en classe] Katheder, m. ④. ‖[d'université] Professur, Lehrstuhl, m. ‖**-se** f. (schä**z**). Stuhl, m. : — *de poste,* Chaise; — *à porteurs,* Sänfte; — *-longue,* Liege-sessel, m.
chaland, e, m., f. (schal*a*n, d). Käufer ④, in. ‖m. [bateau] Transportschiff, n.
châle m. (sch*â*l). Schal ①.
chalet m (schal*è*). Sennhütte, f. ‖[maison] Schweizerhäuschen, n.
chal‖eur f. (*œ*r). Wärme, spl. ‖[forte] Hitze, spl. : *en chaleur* [animaux] brünstig. ‖**-eureux, euse,** a. (œr*ö,* **z**). warm. ‖[ardent] heiß. ‖*Fig.* feurig.
châlit, m. Bettgestell, n.
chaloupe f. (*ù*p). Boot, n. ①, Schaluppe.
chalumeau, x, m. (üm*o*). Strohhalm ①. ‖[de berger]. Schalmei, f. ‖[métiers] Löt- *ou* Schmelzrohr.
chal‖ut m. (l*ü*). Fischnetz, n. ‖**-utier** m. (üt*ié*). Fischerboot, n.

chamade f. (schamàd). Schamade. *Fig. Battre la chamade,* sich für überwunden ergeben*.

cham‖ailler [se] (-majé). sich lebhaft zanken. ‖**-aillerie** f. (ajri) Gezänk, n. spl.

cham‖arrer (ré). verbrämen. ‖**-arrure** f. (ür). Verbrämung.

cham‖bard m. (scha^{n}bàr). *pop.* Gepolter, n. spl. ‖**-bardement** (d^{e}ma^{n}), *pop.* Umstürzen, n. spl. ‖**-barder,** *pop.* hin- und herstoßen. ‖[renverser] umstürzen.

chambellan m. (bèla^{n}). Kammerherr, -n, -en.

chambranle m. (bra^{n}l). Gesims, n.

cham‖bre f. (scha^{n}br). [pièce] Zimmer, n. ④ : — *à coucher,* Schlafzimmer, n.; — *d'amis,* Fremdenzimmer, n.; *garder la* —, das Zimmer hüten. ‖[à feu] Stube. ‖[sans feu] et *fig.* Kammer. ‖[tribunal] Gerichtskammer, f. ‖— *des Députés,* Abgeordnetenhaus, n.; [française] Deputiertenkammer; [anglaise] : — *haute,* Oberhaus, n.; — *des communes,* Unterhaus, n.; — *de commerce,* Handelskammer; — *noire,* Dunkelkammer; — *à air,* Luftschlauch, m. ‖**-brée** f. Stubevoll, pl., Stubenvoll, Mannschaftszimmer, n. ‖**-brer.** einsperren. ‖**-brette** f. (èt). Kämmerchen, n. ④. ‖**-brière** f. (briär). Stubenmädchen, n. ④.

cham‖eau, x, m. (schamô). Kamel, n. ①. ‖**-elier** m. (ôlié). Kameltreiber ④.

chamois m. (^{o}a). Gemse, f.

champ m. (scha^{n}). Feld, n. ②. ‖[cultivé] Acker ③. ‖pl. Gefilde, n. spl., Fluren, f. pl. ‖— *clos,* Kampfplatz; — *de courses,* Rennbahn, f.; — *de Mars,* Marsfeld, n.; — *de repos,* Friedhof; *aller* aux champs,* aufs Land gehen*; *à travers champs,* querfeldein, adv.; *en pleins champs,* auf freiem Felde; *à tout bout de champ,* jeden Augenblick. ‖LOC. *Avoir* le champ libre,* freien Spielraum haben*; *prendre* la clef des champs,* sich aus dem Staube machen. ‖*Mil. Battre aux champs,* Marsch schlagen*. ‖adv. *sur-le-champ,* auf der Stelle.

champagne m. (pànj). ‖[vin] Champagner. ‖f. : *fine champagne,* Kognak, m., feiner Branntwein.

champêtre m. (pätr). ländlich, Land...

champignon m. (pinjo^{n}). Pilz, Schwamm.

cham‖pion m. (pio^{n}). Kämpe, -n, -n. ‖[défenseur] Verfechter ④. ‖**-pionnat** m. (pionà). Meisterschaft, f.

chance f. (scha^{n}s). [fortune] Glück, n. *Bonne chance!* viel Glück!; *courir* la chance,* es darauf ankommen lassen*. ‖[éventualité] Möglichkeit. ‖[perspective] Aussicht. ‖Dusel, m.

chanceler (slé). wanken, taumeln.

chan‖celier m. (sœlié). Kanzler ④. ‖**-celière** f. (iär). Fußsack, m. ‖**-cellerie** f. (selri). Kanzlei.

chanceux, euse, a. (sö, z). mißlich, gewagt. ‖*Fam.* glücklich.

chancre m. (scha^{n}kr). Schanker ④.

chandail m. (scha^{n}daj). Wollweste, f., Sportwams, n.

chan‖deleur f. (dlœr). Lichtmeß. ‖**-delier** m. (dœlié). Leuchter. ④. ‖**-delle** f. (dèl). Talglicht, n. ①. ‖LOC. *En voir* trente-six chandelle,* Funken vor den Augen sehen*; *le jeu n'en vaut pas la chandelle,* es lohnt die Mühe nicht.

chanfrein m. (scha^{n}fri^{n}). [du cheval] Vorderkopf. ‖*Techn.* Schrägkante, f.

chang‖e m. (scha^{n}j) [troc] Tausch. *Perdre au change,* beim Tausche verlieren*. ‖LOC. *Donner le change* [à qn], irre machen, (*acc.*). ‖*Comm.* [Geld-] Wechsel, spl. *Agent de change,* Börsenmäkler; *lettre de change,* Wechsel- [brief]. ‖**-eant, e,** p. a. (ja^{n}, t). veränderlich. ‖[caractère] launisch. ‖[chatoyant] schillernd. ‖**-ement** m. (scha^{n}jma^{n}). Veränderung, f. ‖**-er** (jé). tr. [troquer] vertauschen. ‖[modifier] [ver]ändern. ‖[transformer] verwandeln. ‖[monnaie] wechseln. ‖intr. sich verändern : — *d'avis,* seine Meinung ändern; — *d'habits,* etc., seine Kleider usw. wechseln. ‖**-eur** m. (jœr). [Geld-] Wechsler ④.

chanoin‖e m. (schan^{o}àn). Kanonikus ④, ...ker ④. ‖**-esse** f. (ès). Kanonissin.

chan‖son f. (schanson). Lied, n. ②. ‖*Fig.* *Chansons* [*que tout cela*] *!*, Flausen! ‖**-sonner** (sòné). in Liedern verspotten. ‖**-sonnette** f. (nèt). Liedchen n. ④. ‖**-sonnier** m. (*nié*). Liederdichter ④.
chan‖t m. (schan). Gesang. ‖[coq, rossignol, alouette, cigale] Krähen usw., n. V. *chanter.* ‖**-table** a. (tàbl). singbar. ‖**-tage** m. (àj). Drohung zwecks Erpressung, f., Chantage, f. ‖**-ter.** singen*. ‖[coq] krähen. ‖[rossignol] schlagen. ‖[alouette] schmettern. ‖[cigale] zirpen. ‖[célébrer] besingen*. ‖LOC. *Chanter victoire,* ein Siegeslied anstimmen. *Fig. fam. Faire* chanter,* Schweigegeld erpressen [von]. ‖**-terelle** f. (trèl). [appeau] Lockvogel, m. ③. ‖[corde du violon]. E-saite. ‖**-teur, euse,** m., f. (tœr. töz). Sänger ④, in.
chantier m. (*tié*). Bauplatz. ‖*Mar.* Werft[e], f. ‖[échafaudage] Stapelplatz. ‖[de cave] Faßlager, n. ④.
chan‖tonner. vor sich hin singen*. ‖**-tre** m. (schantr). [Chor-] Sänger ④.
chanvre m. (schanwr). Hanf.
chao‖s m. (kaô). Chaos, n. ‖**-tique** a. (kaotik). chaotisch.
chap‖e f. (schàp). Chormantel, m. ③. ‖**-eau, x,** m. (pô). Hut : — *haut-de-forme* [ou *haute forme*], Zylinderhut; — *melon,* runder Hut; — *mou,* weicher Hut, Schlapphut. *ôter son chapeau,* seinen Hut abnehmen*. ‖LOC. *Chapeau bas!* Hut ab!; *coup de chapeau,* Gruß durch Hutabnehmen.
chapelain m. (plin). Kaplan.
chapelet m. (plè). Rosenkranz. *Dire son chapelet,* den Rosenkranz beten.
chapelier m. (pœlié). Hutmacher ④.
chapelle f. (èl). Kapelle.
chapellerie m. (ri). Hutmacherei.
chapelure f. (plür). Brotrindenschabsel, n. ④.
chap‖eron m. (pron). Käppchen, n. ④ : *Petit Chaperon Rouge,* npr., Rotkäppchen, n. ‖[de mur] Mauerkappe, f. ‖[qui accompagne] Anstandsdame, f. ‖**-eronner** (pròné). als Begleiterin dienen, intr.
chap‖iteau, x, m. (scha-tô). Kapitäl, n. ①. ‖**-itre** m. (ìtr). Kapitel, n. ④. Abschnitt. ‖[d'église] Domkapitel. ‖*Fig. Avoir* voix au chapitre,* ein Wort mitzureden haben*. ‖**-itrer.** abkanzeln.
chapon m. (schapon). Kapaun, ①.
chaque a. ind. (schàk). jeder, e, es.
char m. (schàr). Wagen ④ : *char à bancs,* Kremser ④. ‖ — *de combat,* Kampf-, Panzerkraftwagen.
charabia m. Kauderwelsch, n.
charade f. (àd). Silbenrätsel, n. ④.
charançon m. (anson). Kornwurm ②.
charb‖on m. (schàrbon). Kohle, f. : — *de terre*,* Steinkohle, f.; *être sur des charbons,* auf glühenden Kohlen sitzen. ‖*Path.* Pestbeule, f. ‖**-onnage** m. (ònaj). Kohlengrube, f. ‖**-onner** (òné). intr. verkohlen [*sein*]. ‖**-onneux, euse,** *a.* (ònö, z). pestbeulenartig. ‖**-onnier, ière,** m., f. (*ié, iär*). Köhler ④, in. ‖[marchand] Kohlenhändler ④, in. ‖[Bateau] Kohlenschiff, n.
char‖cuter (schàrküté). zerfetzen, schlecht operieren. ‖**-cuterie** f. (kütri). Schweinmetzgerei. ‖**-cutier, ière,** m., f. (*tié, iär*). Schweinmetzger ④, in.
char‖don m. (schardon). Distel, f. ‖**-donneret** m. (dònrè). Distelfink, -en, -en.
charg‖e f. (scharj). Last : *Être* à charge à qn,* einem zur Last fallen*. ‖[fardeau] Bürde. ‖[de bois, etc.] Tracht. ‖*Phys., Electr.,* [de fusil, etc.] Ladung. ‖[emploi] Amt, n. ②. ‖*Mil.* [attaque] Angriff, m. *Sonner la charge,* zum Angriff blasen*. ‖[caricature] Karikatur. ‖*Fig. Femme de charge,* Haushälterin; *témoin à charge,* Belastungszeuge, m. ‖[condition] Bedingung. *A charge de...,* unter der Bedingung, daß. ‖*Cahier* (m.) *des —s,* Pflichtenheft, n. ‖**-é, e,** p. a (*jé*). beladen. ‖[de colis] bepackt. ‖[arme] geladen. ‖[ciel] bewölkt. ‖[langue] belegt. ‖m. : *Chargé d'affaires,* Geschäftsträger; *chargé de cours,* außerordentlicher Professor. ‖**-ement** m. (eman). Ladung, f. ‖[de navire] Fracht, f. ‖**-er** (*jé*). laden*. ‖[voiture] beladen*, bepacken. ‖[attaquer] heftig angreifen. ‖[se]. [de] übernehmen*. tr. ‖[ciel] sich bewölken. ‖[langue]

sich belegen. ||**-eur** m. (jœr). Auflader ④. ||*Mar.* Befrachter ④ ||[armes] Lader ④., Patronenrahmen.
chariot m. (schar*io*). Lastwagen ④.
chari||table a. (*à*bl). mildtätig. ||**-té** f. (*té*). [christliche] Liebe, Nächstenliebe. ||[bienfaisance] Mildtätigkeit : — *publique,* Armenpflege. ||[aumône] milde Gabe.
charivari m. (r*i*). Katzenmusik, f.
charla||tan m. (schar-t*a*ⁿ). Marktschreier ④. ||**-tanerie** f., **-tanisme** m. (tànr*i*, ìsm). Marktschreierei, f.
Charlemagne npr. m. (scharlᵉmànj). Karl der Große.
char||mant, e, a. (scharm*a*ⁿ, t). reizend, allerliebst. ||**-me** m. (scharm). [enchantement]. Zauber, spl. ||[attrait] Reiz. ||[arbre] Hagebuche, f. *Se porter comme un charme,* sehr gesund sein. ||**-mer.** [enchanter] bezaubern. ||[ravir] entzücken. ||[réjouir] hoch erfreuen. ||**-meur, euse,** m., f. (mœr, *ö*z). Zauberer ④, berin. ||**-mille** f. (m*i*j). Hagebuchenlaube.
charn||el, le a. (scharn*è*l). fleischlich. ||*Fig.* sinnlich. ||**-ier** m. (n*ié*). Beinhaus, n. ②.
charnière f. (n*iä*r). Scharnier, n. ①.
charnu, e, a. (n*ü*). fleischig.
charogne f. (scharonj). Aas, n.
charpent||e f. (scharp*a*ⁿt). Zimmerwerk, n. : — *osseuse,* Knochengerüst, n. ||**-er.** zimmern. ||**-ier** m. Zimmermann, pl. -leute.
charpie f. (scharp*î*). Scharpie.
charr||etée f. (schart*ee*). Karrenvoll, m. inv., Fuhre. ||**-etier** m. (t*ié*). Fuhrmann, pl. -leute, Kärrner ④. ||**-ette** f. (*è*t). Karren, m. ④. ||**-ier** (r*ié*). tr. fahren*. ||intr. [glace] Eis treiben*. ||**-oi** m. (ᵒ*a*). Fuhre, f. ||**-on** m. (*o*ⁿ). Wagner ④, Stellmacher ④. ||**-ue** f. (*ü*). Pflug, m.
charte f. (schàrt). Urkunde. ||[lettres patentes] Freibrief, m.
char||treuse f. (tr*ö*z). Kartause. ||[liqueur] Chartreuse. ||**-treux** m. (tr*ö*). Kartäuser ④.
chas m. (sch*â*). Nadelöhr, n.
chasse f. (schàs). Jagd : — *à courre,* Hetzjagd; *chasse à...,* ...jagd; *permis de chasse,* Jagdschein, m. ||*Aller à la chasse,* auf die Jagd gehen*. *Fig. Donner la chasse à...,* verfolgen. ||[terrain] Jagdgebiet, n. ||[butin] Jagdbeute.
châsse f. (schâß). Reliquienschrein, m.
chassé-croisé m. (schas*é* krᵒaz*é*). Stellenwechsel.
chass||elas m. (àsl*a*). Gutedel. ||**-e-marée** m. (schàs-r*ée*). Schnellsegler ④. ||**-e-mouches** m. (m*u*sch). Fliegenwedel ④. ||**-e-neige** m. (n*ä*j). Schneeschippe, f. ||**-e-pierres** m. (p*iä*r). Schienenräumer ④.
chassepot m. (àsp*o*). Chassepot [Gewehr].
chass||er (s*é*). jagen. ||[cerf, etc.] hetzen. ||*Fig.* [renvoyer] fort- *ou* [hinaus-] jagen. ||[expulser] vertreiben*. ||[clou] einschlagen*. ||**-eur, eresse,** m., f. (sœr, asr*è*s). Jäger ④, in.
chass||ie f. (s*i*). Augenbutter. ||**-ieux, euse,** a. (s*iö*, **z**) triefäugig.
châssis m. (s*i*). Rahmen ④. [auto] Fahrgestell, n.
chaste|| a. (schast). keusch. ||**-té** f. (ᵉt*é*). Keuschheit.
chasuble f. (schaz*ü*bl). Meßgewand, n. ②.
chat, te, m., f. (scha, t). Katze, f. weibliche Katze : — *mâle,* Kater, m. ④. ||LOC. *Pas un chat,* keine Seele.
chât||aigne f. (t*ä*nj). Kastanie. ||**-aigneraie** f. Kastanienwald, m. ||**-aignier** m. (änj*é*). Kastanienbaum. ||**-ain** a. m. (*i*ⁿ). kastanienbraun.
château, x, m. (t*ô*). Schloß, n. ②. ||[fort] Burg, f. ||— *d'eau,* Wasserturm. ||*Fig.* — *en Espagne,* Luftschloß, n. ②.
chateaubriand m. (tobri*a*ⁿ). « Chateaubriand » [Rindsfilet mit Bratkartoffeln].
chât||elain, e, m., f. (tl*i*ⁿ, *ä*n). Burgherr, -n, -en, -frau. ||**-elet** m. (tl*è*). Schlößchen, n. ④.
chat-huant m. (scha'ü*a*ⁿ). Nachteule, f.
châtier (schat*ié*). züchtigen.
chatière f. (schat*iä*r). Katzenloch, n. ②.
châtiment m. (scha-m*a*ⁿ). Züchtigung, f.
chatoiement m. (schatᵒam*a*ⁿ). Schillern, n.

chaton m. (to^n^). [dim. de *chat*] et *Bot.* Kätzchen, n. ④. ‖[de bague] Ringkasten ④.
chat‖ouillement m. (tujma^n^). Kitzeln n. spl., Kitzel, m. ④. ‖**-ouiller** (tujé). kitzeln. ‖**-ouilleux, euse,** a. (uyö, z). kitzelig. ‖*Fig.* empfindlich.
chat‖oyant, e, p. a. (toaja^n^, t). schillernd. ‖**-oyer** (jé). schillern.
châtrer (schatré). verschneiden*, kastrieren.
chatte‖mite f. (schàtmìt). Schmeichelkatze. ‖**-rie** f. (rie). Schmeichelei. ‖[friandise] Naschwerk, n. spl.
chau‖d, e, a. (schô, d). warm. ‖[brûlant] heiß. ‖[tempérament] heißblütig. *Fièvre chaude,* f., hitziges Fieber, n. ‖m. Wärme, f. ‖Hitze, f. ‖LOC. *Cela n'y fait ni chaud ni froid,* das tut nichts zur Sache; *chaud et froid,* m. Erkältung, f. ‖**-dière** f. (diär). [Dampf-] Kessel, m. ④. ‖**-dron** m. (dro^n^). Kochkessel ④. ‖**-dronnerie** f. (ònri). Kesselschmiede. ‖**-dronnier** m. Kupferschmied.
chau‖ffage m. (schôfaj). Feuerung, f., Heizung, f. ‖**-ffe** f. (schôf). *Surface de* —, Heizfläche. ‖**-ffe-assiettes** m. (siètt). Tellerwärmer ④. ‖**-ffe-bain** m. (bi^n^). Badeofen ③. ‖**-ffer** (fé). tr. wärmen : — *à blanc,* weißglühend machen. ‖[réchauffer] erwärmen. ‖[maison] [ein-]heizen. ‖intr. heizen. *Fig. Cela chauffe,* die Sache wird ernsthaft. ‖**-fferette** f. (frèt). Fußwärmer, m. ④. ‖**-fferie** f. (frî). Feuerungsraum, m. ‖**-ffeur** m. (œr). Heizer ④. ‖*Autom.* Kraftwagen *ou* Automobilführer ④.
chauler (schôlé). einkalken.
chaum‖e m. (schôm). Stoppel, f. ‖[de toit] Dachstroh, n. inv. ‖[toit] Strohdach, n. ②. ‖**-ière** f. (iär). Strohhütte.
chausse f. (schôs). — s f. pl. Kniehosen, f. pl. ‖*Techn.* Filtrierbeutel, m. ④.
chaussée (ee). Straßendamm, m.
chauss‖e-pied m. (pié). Schuhanzieher ④. ‖**-er** (sé). beschuhen. *Bien chausser,* gut passen [*dat.*] ‖[mettre] anziehen*. ‖[se] Schuhwerk anziehen*. ‖**-e-trape** f. (tràp). *Mil.* Fußangel. ‖[piège] Fangeisen, n. ④. ‖**-ette** f. (sèt). Halbstrumpf, m., Socke. ‖**-on** m. (o^n^). Obersocke, f. [de feutre] Filzschuh ①. ‖**-ure** f. (ür). Fußbekleidung, Schuhwerk, n. spl. ①.
chauv‖e a. (schôw). kahl. ‖**-e-souris** f. (sùri). Fledermaus, ¨se.
chauv‖in, e, m., f. (wi^n^, ìn). Chauvinist, -en, -en, in. ‖**-inisme** m. (ism). Chauvinismus.
chaux f. (schô). Kalk, m. : — *vive,* — *éteinte,* ungelöschter, gelöschter Kalk, m.; *lait de chaux,* m., Kalkmilch, f.
chavir‖ement m. (schavirma^n^). Umschlagen, n. ‖**-er.** umschlagen* [*sein*].
chef‖ m. (schèf). [tête] Kopf, m., Haupt, n. ②. *Fig.* : — *de famille,* Familienhaupt, n. ‖[qui conduit] Anführer ④ : ... *en chef,* Ober... ‖[suprême] Oberhaupt, n. ‖[supérieur] Vorgesetzte[r], a. s. ‖[de gare, de bureau, etc.] ...vorsteher ④. ‖[métiers] ...meister ④. ‖*Fig.* [motif, impulsion] : *de ce chef,* aus diesem Grunde; *de son chef,* aus eigenem Antriebe. ‖[point capital] : — *d'accusation,* Anklagepunkt ①; *au premier chef,* in erster Linie. ‖**- -d'œuvre** m. (schèdœwr). Meisterstück, n. ‖**- -lieu, x,** m. (liö). Hauptort ①.
chem‖in m. (schœmi^n^). ‖[de...] Weg [nach...] : — *de croix,* Kreuzesweg; — *de fer,* Eisenbahn, f.; — *de table,* Tischläufer ④. ‖LOC. *Se mettre* en chemin,* sich auf den Weg machen. ‖*Fig. Faire* son chemin,* sein Glück machen. ‖LOC. adv. *En chemin, chemin faisant,* unterwegs; *fig.* beiläufig; *à mi-* —, auf halbem Wege. ‖**-ineau, x,** m. Landstreicher ④. ‖**-inée** f. Kamin, m. ①. ‖[conduit] Schornstein, m. ‖[usine, bateau] Schlot, n. ④. ‖**-iner.** wandern [*sein*]. ‖**-inot** m. (nô). Eisenbahner ④.
chemis‖e f. (schœmiz). Hemd, -en, n. ‖[dossier] Umschlag, m. Kuvert, n. ‖**-erie** f. (izri). Hemdenfabrik, Hemdenhandlung. ‖**-ette** f. (èt). Vorhemdchen, n. ④. ‖**-ier, ière,** m., f. (ié, iär). Hemdenmacher ④, -händler, in.

chenal, aux, m. (schœnàl, o). Fahrwasser, n. ④.
chenapan m. (schœ-p*a*n). Schnapphahn, Spitzbube.
chên‖e m. (schän). Eiche, f. ‖[bois] Eichenholz, n. *De chêne,* eichen, a. ‖**-e-liège** m. (liäj). Korkeiche, f.
chéneau, x, m. (nô). Dachrinne, f.
chenet m. (schenä). Feuerbock.
chènevis m. (schènwi). Hanfsamen ④.
chenil m. (schœni). Hundestall. ‖*Fig.* Hundeloch, n. ②.
chenille f. (nij). Raupe. ‖[Auto] Raupenantrieb, m. ‖*Passem.* Raupenschnur.
chenu, e, a. weißhaarig.
cheptel m. (èl). Viehbestand.
chèque m. (schèk). Scheck.
cher, ère, a. (schèr). [chéri] lieb. ‖[coûteux] teuer. *Coûter cher,* teuer sein*; *vie chère,* f., Teuerung.
cher‖cher (sché). suchen : *chercher à ...,* suchen zu...; *aller* chercher,* holen, abholen; *envoyer chercher,* [ab]holen lassen*, nach... schicken. ‖**-cheur, euse,** m., f. (œr, öz). Sucher ④, in ‖[investigateur] Forscher ④, in.
chère f. (schär). *Bonne chère,* gutes Essen und Trinken, n.; *faire* bonne chère,* gute Tafel führen.
chèrement adv. (m*a*n). [tendrement] liebevoll. ‖[prix] teuer.
chér‖ir (ir). zärtlich lieben. ‖**-i, e,** a. s. *Fam.* Herzchen, n. ④.
cherté f. (scherté). hoher Preis m. ‖[de la vie] Teuerung.
chérubin m. (schérüb*i*n). Cherub, -s *ou* -im, Engel.
chétif, ive, a. (tiw). schwächlich.
chev‖al, aux, m. (schœvàl, vo). Pferd, n. ‖[coursier] Roß, n. ①. ‖[de charrette] Gaul. ‖— *blanc,* Schimmel ④; — *noir,* Rappe, -n, -n; — *de renfort,* Vorspannpferd, n.; — *de selle,* Reitpferd, n.; — *vapeur,* Pferdekraft, f.; — *entier,* Hengst; *chevaux de bois,* pl. Karussell, n. ①. ‖LOC. *A cheval,* zu Pferd; *aller* à cheval,* reiten [sein]; *fig. : être à cheval sur...,* sehr auf etwas halten. ‖**-aleresque** a. (alrèsk). ritterlich. ‖**-alerie** f. (àlri). Rittertum, n. ‖**-alet** m. (lè). [supplice] Folterbank, ¨e, f. ‖[de peintre, etc.] Staffelei, f. ‖**-alier** m. (lié). Ritter ④. *Fig.* — *d'industrie,* Hochstapler ④. ‖**-alière** f. (iär). Siegelring, m. ‖**-alin, e,** a. f. (lin). Pferde... ‖**-auchée** f. (ôschee). Umritt, m. ‖**-auchement** m. (ôschm*a*n). Übereinanderliegen*, n. ‖**-aucher** (sché). reiten*. ‖*Fig.* [choses]. übereinanderliegen*. ‖**-au-léger** m. (wolójó). « Chevau-léger ».
chev‖elu e, a. (schœw^e^lü). langhaarig. ‖**-elure** f. (ür). [Haupt-] Haar, n. ①.
chevet m. (wè). Kopfende, -n, n.
cheveu, x, m. (wö). [Kopf-] Haar, n. ①. ‖*Cheveux coupés* [mode] *fam.,* Bubifrisur, f.; *en cheveux,* ohne Kopfbedeckung. ‖LOC. *Avoir* mal aux cheveux, fam.,* Katzenjammer haben*; *fam. : cela fait dresser les cheveux sur la tête,* dabei stehen einem die Haare zu Berge; *se prendre* aux cheveux,* sich in die Haare geraten*; *couper les —x en quatre,* Haare spalten, spitzfindig sein.
chev‖ille f. (schœwij). Pflock, m. : — *ouvrière, fig.,* Haupttriebfeder. ‖*Anat.* Knöchel, m. ④. ‖[de violon] Wirbel, m. ④. ‖**-iller** (ijé). anpflöcken.
cheviotte f. (iòt). Cheviot, -s, m.
ch‖èvre f. (schäwr). Ziege, Geiß. ‖[machine] Hebebock, m. ‖**-evreau, x,** (œwrô). Zicklein, n. ④, Geißlein, n. ③. ‖[cuir] Ziegenleder, n. ‖**-èvrefeuille** m. (fœj). Geißblatt, n. n.
chevr‖euil m. (schœvrœj). Reh, n. ‖**-ier, ière,** m., f. (ié, iär). Ziegenhirt, in. ‖**-on** m. (*o*n). Sparren ④. ‖*Mil.* Dienstlitze, f. [am Ärmel]. ‖**-otin** m. (òt*i*n). Ziegenkäse ④. ‖**-otant, e,** p. a. (t*a*n, t). [voix] zitternd. ‖**-otement** m. (òtm*a*n). Zittern, n. ‖**-oter.** zittern. ‖**-otine** f. (tin). Rehschrot, m.
chez prép. (sché). [sans direction] bei. ‖[avec direction] zu. ‖*Chez moi* [*toi, soi,* etc.] [avec le sujet de la même personne], zu Hause. Ex. : *j'étais chez lui,* ich war bei ihm; *il était chez lui,* er war zu Hause.
chic a. inv. (schik). pikfein, « chic ». ‖m. « Chic », Eleganz, f.

chi‖cane f. (*kà*n). Schikane. ‖**-caner.** schikanieren. ‖**-caneur, euse,** m., f. (*nœr, öz*). Schikaneur, in. ‖**-canier, ière,** a. (*ié, iär*). schikanös.
chiche a. (isch). knauserig : *pois chiche,* m., Kichererbse, f.
chichis m. pl. Umstände.
chicorée f. (r*ee*). Zichorie.
chicot m. (k*o*). [Baum-, Zahn-] Stumpf.
chicotin m. *Amer comme chicotin,* bitter wie Galle.
chien‖, ne, m., f. (schi*i*n, i*è*n). Hund, ① ''in : — *d'arrêt,* — *couchant,* Hühnerhund, m.; *fig.* Speichellecker. ‖[de fusil] Hahn, m. ‖LOC. *Entre chien et loup,* im Dämmerlicht; *garder un — de sa chienne,* sich an jm rächen wollen. ‖**-dent** m. (d*a*n). Quecke, f.
chiff‖e f. (schif). Lumpenzeug, n. spl. ‖*Fig.* Memme. ‖**-on** m. (*o*n). Lumpen, ④. ‖[à essuyer] Wischlappen, ④. ‖[papier] Wisch. ‖**-onner** (ò*né*). zerknittern. ‖*Fig. fam.* ärgern. ‖**-onnier, ière,** m., f. (*nié, iär*). Lumpensammler ④, in. ‖[meuble] Lade, f.
chiffr‖e m. (sch*ì*fr). Ziffer, f. ‖[écriture] Chiffre, f. ‖[montant] Betrag. ‖[initiales] Namenszug. ‖**-er.** beziffern, chiffrieren.
chignon m. (schinj*o*n). Nackenzopf.
Chil‖i m. (schil*i*). Chile, n. ‖**-ien** m. (*ii*n). Chilene, -n, -n.
chim‖ère f. (schimär). Schimäre Hirngespinst, n. ‖**-érique** a. (er*i*k). schimärisch.
chim‖ie f. (m*i*). Chemie. ‖**-ique** a. (*ì*k). chemisch. ‖**-iste** m. (*i*st). Chemist. -en, -en.
chimpanzé m. (schi*n*pa*n*z*é*). Schimpanse, -n, -n.
Chin‖e f. (sch*ì*n). China, n. ‖**-er** (n*é*). bunt weben*, schinieren. ‖*Pop.* bespotten. ‖**-ois, e,** m., f. (n°*a*, z). Chinese, -n, -n. ‖a. chinesisch. ‖**-oiserie** f. (n°azr*i*). chinesische Kunstsache. ‖*Fig.* ungereimte Förmlichkeit.
chiper (schip*é*). *Fam.* stibitzen, klauen, huschen, klemmen.
chipie f. (*î*). schnippische Frau.
chipolata f. (t*a*). Würstlein, n. ④.
chip‖otage m. (*à*j). Feilschen, n. spl. ‖**-oter.** feilschen.
chique f. (schik). Priemchen, n. ④. ‖[insecte] Sandfloh, m. ①.
chiquenaude f. (ikn*o*d). Nasenstüber, m. ④.
chiquer (k*é*). Tabak kauen.
chiroman‖cie f. (ki-m*a*ns*î*). Handwahrsagerei. ‖**-cien, ne,** m., f. (s*ii*n, *iä*n). Handwahrsager, in.
chirur‖gical, e, a. (schirürjik*à*l). chirurgisch. ‖**-gie** f. (j*î*). Chirurgie. ‖**-gien** m. (j*ii*n). Wundarzt.
chlor‖al m. (*à*l). Chloral, n. ‖**-ate** m. (*a*t). Chlorat, n. ①. ‖**-hydrique** a. (idr*ì*k). *Acide chlorhydrique,* Salzsäure, f. ‖**-oforme** m. (*o*rm). Chloroform, n. ‖**-ose** f. (*ô*z). Bleichsucht. ‖**-ure** m. Chlorid, n. ①.
choc m. (sch*ò*k). Stoß.
chocolat m. (l*â*). Schokolade, f.
chœur m. (kœr). [chant] Chor. *En chœur,* im Chor. ‖[lieu] Chor, n. ①.
choir* (sch°*a*r). fallen* : *se laisser choir*,* hinfallen* [*sein*]; *laisser choir,* verlassen.
choisir (z*ì*r). wählen.
choix m. (sch°a). Wahl, f. *Au choix,* durch Wahl; *faire* un choix,* eine Wahl treffen*. ‖[collection] Auswahl, f. ‖LOC. *De choix,* auserlesen; *de premier choix,* erster Klasse.
cholér‖a m. (k*ò*-r*à*). Cholera, f. ‖**-ine** f. (*ì*n). Cholerine. ‖**-ique** m. (*ì*k). Cholerakranke[r], a. s.
chôm‖age m. (schom*a*j). Arbeitslosigkeit, f. ‖**-er** (m*é*). intr. nicht arbeiten. ‖tr. feiern. ‖**-eur** (*œ*r). Arbeitslose[r], a. s.
chop‖e f. Schoppen, m. ④. ‖[bière] Seidel, n. ④. ‖**-ine** f. Halbliter, m., n. ④. ‖**-per.** stolpern [*sein*].
cho‖quant, e, a. (schok*a*n, t). anstößig. ‖**-quer** tr. (k*é*). stoßen*, intr. [*sein*]. [an, *acc.*]. ‖intr. *et* tr. Anstoß erregen [bei].
chor‖al, e, a. (kor*à*l). Chor... : *société chorale,* f. Gesangverein, m. ‖m. Chorgesang. ‖**-égraphie** f. (*î*). Tanzkunst. ‖**-iste** m. et f. (*i*st). Chorsänger ④, in. ‖**-us** (*ü*s) : *faire* chorus,* im Chor einstimmen; *fig.* beistimmen.
chose f. (sch*ô*z). [objet] Ding, n. ‖[affaire] Sache. ‖*Fam.* [nom indéterminé]. *Monsieur Chose,* Herr Dingsda; *il demeure à Chose,* er

wohnt in Dingskirchen. ||pron. ind. *Autre chose,* etwas anderes; *la même chose,* dasselbe; *peu de chose,* wenig, Weniges; *quelque chose,* etwas; *il est tout chose,* er ist ganz bestürzt.
chou, x, m. (schù). Kohl, spl. pl. Kohlköpfe : — *-fleur,* Blumenkohl; — *pommé,* Kopfkohl; — *-rave,* Kohlrabi, s; — *de Bruxelles,* Sprossenkohl, spl. ||LOC. *Bête comme chou, fam.,* erzdumm; *fam.: mon [petit] chou!,* mein Herzchen!, n.
chouan m. (*ua*ⁿ). *Hist.* « Chouan », -s [Royalist].
choucroute f. (krùt). Sauerkraut, n.
chouette f. (*u*èt). Nachteule. ||interj. *pop.* allerliebst!
choyer (schᵒajé). verhätscheln.
chrême m. (kräm). Salböl, n.
chrétien||, ne, a. (*ti*iⁿ, *i*èn). christlich. ||s. m., f. Christ, -en, -en, in. ||**-té** f. (té). Christenheit.
Christ m. Christus. ||[crucifix] Kruzifix, n. ①.
christ||ianiser (zé). christlich machen. ||**-ianisme** m. (ism). Christentum, n.
chro||matique a. (tìk). chromatisch. ||**-me** m. (om). Chrom. ||**-molithographie** f., **-mo, -s** m. (mo). Farbensteindruck, m. ①.
chro||nique a. (ònìk). chronisch. ||f. Chronik. ||**-niqueur** m. (kœr). Chronist, -en, -en. ||**-nologie** f. (ji). Zeitrechnung. ||**-nologique** a. (jìk). chronologisch. ||**-nomètre** m. (ètr). Chronometer, n. ④.
chry||salide f. (zalid). Puppe. ||**-santhème** m. (zaⁿtèm). Chrysanthem[um], ...men.
chuchot||ement m. (schüschòtmaⁿ). Geflüster, n. spl. ||**-er** (té). flüstern.
chut! interj. (schüt). st!, still!
chute f. (schüt). Fall, m. ||[feuilles] Fallen, n. ||— *d'eau,* Wasserfall, m.; *faire* une chute,* hinfallen*. ||[cheval, ministère, etc] Sturz, m. ||[écoulement] Einsturz, m. ||[fin] Ende, n.
chyle m. (schil). Speisesaft.
chyme m. Speisebrei.
ci adv. (si). hier. V. *ce, cet, celui,* etc. *Ci-après, ci-dessous,* weiter unten, hierunten; *ci-dessus,* weiter oben; *ci-devant,* ehemals : a. ehemalig, ex- ...*Ci-gît,* hier ruht; *ci-inclus, e,* a. inliegend; *ci-joint, e,* a. beifolgend, anbei, adv. ||*Comm. Ci 50 francs,* das macht 50 Franken. ||LOC. *Comme ci, comme ça, fam.* so so; *de-ci, de-là,* hin und her; *par-ci, par-là,* hin und her, hie und da.
cible f. (sibl). Zielscheibe.
ciboire m. (bᵒar). Ziborium, ...rien, n.
ci||boule f. (bul). Zipolle. ||**-boulette** f. (bulèt). Schnittlauch, m. ||**-boulot** (lo). *Pop.* Kopf, m.
cicatri||ce f. (si-trìs). Narbe. ||**-sation** f. (zasioⁿ). Vernarbung. ||**-ser [se]** (si-zé). vernarben, intr. [*sein*].
Cicéron npr. m. (sisérоⁿ). Cicero.
cicerone m. (òn). Fremdenführer ④.
cidre m. (sidr). Apfelwein.
ciel, eux, m. (siè̀l, iö). Himmel ④. *Ciel de lit,* Betthimmel.
cierge m. (sièrj). Kerze f.
cigale f. (sigàl). Zikade.
cig||are m. (àr). Zigarre, f. ||**-arette** f. (èt). Zigarette.
cigogne f. (gònj). Storch, m.
ciguë f. (gü). Schierling, m.
cil m. (sìl). Augenwimper, f.
cilice m. (ìs). Bußhemd, -en, n.
cimaise f. (simäz). Karnies, n.
cime f. (sim). Gipfel, m. ④. ||[d'arbre] Wipfel, m. ④.
cim||ent m. (maⁿ). Zement : — *armé,* armierter Zement. ||**-enter** (té). zementieren. ||*Fig.* besiegeln.
cimeterre m. (simtèr). Krummsäbel.
cimetière m. (mtiär). Kirch- *ou* Friedhof.
cimier m. (ié). Helmkamm.
cinabre m. (sinàbr). Zinnober.
ciné m. *Fam.* Kintopp.
cin||éma (ma). Lichtspieltheater, n. ④. ||*Pop.* Kino, -s, n. ||**-émascope** m. Breitwand, f. ||**-ématographe** m. Kinematograph, -en, -en.
cinéraire f. (rär). Aschenpflanze. ||*Urne cinéraire,* f. Aschenkrug, m.
cingler (siⁿglé). tr. peitschen. ||intr. segeln.
cin||q num. (siⁿk). fünf. ||**-quantaine** f. (kaⁿtän). etwa fünfzig. ||[âge] fünfzigstes Jahr, n. ||**-quante** num. (kaⁿt). fünfzig. ||**-quantenaire** m. (när). *Fünfzigjährige[r]* a. s.

|| [fête] Fünfzigjahrfeier, f. || **-quantième** (*tièm*), **-quième** (*kièm*). V. GRAMM.
cintre m. (sintr). Bogen ④. Rundung, f. *Plein cintre,* Halbkreisbogen. || *Charp.* Bogengerüst, n.
cintrer (*é*). wölben.
cirage m. (sir*a*j). [action]. Wichsen, n. || [de parquets] Bohnen, n. || [pâte] Wichse, f.
circon || cire* (sirkonsir). beschneiden*. || **-cision** f. (sizion). Beschneidung. || || **-férence** f. (rans). Kreislinie. || **-flexe** f. (èks). *Accent circonflexe,* Zirkumflex ①. || **-locution** f. (küsion). Umschreibung. || **-scription** f. (sion). Bezirk, m. || **-scrire*** (*ir*). umgrenzen. || *Géom.* umschreiben*. || **-spect, e,** a. umsichtig. || **-spection** f. (sion). Umsicht || **-stance** f. (ans). Umstand, m. *De circonstance,* Gelegenheits..., *circonstances aggravantes,* gravierende Umständen. || **-stancié, e,** a. (*sié*). umständlich. || **-venir*** (wenir). hinterlisten. || **-volution** f. Windung.
cir || cuit m. (sirküi). || [périmètre] Umfang. || [détour] Umweg. || [trajet] Rundfahrt, f. || [aviation] Rundflug. || *Court-circuit,* Kurzschluß. || **-culaire** a. (külär). kreisförmig, rund. *Voyage circulaire,* m., Rundreise, f.; [lettre] *circulaire,* f., Rundschreiben, n. ④. || **-culation** f. (kü-sion). Umlauf, m. || [rues, etc.] Verkehr, m. || **-culer** (külé). umlaufen* [*sein*], verkehren.
cire f. (sir). Wachs, n. spl. : — *à cacheter,* Siegellack, m.
ci || rer bohnen. || [chaussures] wichsen. || **-reuse** f. Bohner, m. ④.
cirque m. (sirk). Zirkus, ...kusse.
cirrus m. (*üs*). Federwolke, f.
cisailles f. pl. (siz*a*j). Blechschere. || [de jardinier] Heckenschere.
cisalpin, e, a. (pin, ìn). zisalpinisch.
cis || eau, x, m. (*zô*). Meißel ④. || pl. Schere, f. [sing.]. || **-eler** (zelé). ziselieren. || **-eleur** m. (lœr). Ziselierer ④. || **-elure** f. (*ür*). Ziselierung.
cit || adelle f. (si-dèl). Festung. || **-adin, e,** m., f. (din, ìn). Städter, ④. in.
citation f. *Jur.* Vorladung. || *Litt.* Anführung. || [passage] Zitat, n. ①.
cité f. (sité). Stadt, ¨e. *Droit de cité,* m., Bürgerrecht, n. || [ouvrière] [Arbeiter-] Viertel, n. ④.
citer (*té*). vorladen*. || [passage, etc.] anführen.
citerne f. (tern). Zisterne.
cithare f. (tàr). Zither.
citoyen, ne, m., f, (sitoajin, jän). Bürger ④, in.
citr || ique a. (*ik*). Zitronen... || **-on** m. (on). Zitrone, f. || **-onnade** f. (ònàd). Limonade. || **-onnier** m. (ò*nié*). Zitronenbaum. || **-ouille** f. (tru*j*). Kürbis, m.
civ || et m. (siwé) : — *de lièvre,* Hasenklein n. || **-ette** f. (èt). *Bot.* Schnittlauch, m. || [parfum] Zibet, m. || [animal] Zibettier, n.
civière f. (*wiär*). Tragbahre.
civ || il, e, a. (siwìl). bürgerlich, Bürger..., Zivil... *En civil,* in Zivilkleidern; *état civil,* m., Zivilstand; *bureau de l'état civil,* m., Standesamt, n.; *guerre civile,* f., Bürgerkrieg, m. || [poli] höflich. || m. Zivilist -en, -en. || **-ilisateur, trice,** a. (zatœr, tris). zivilisierend; bildend. || **-ilisation** f. (zasion). Zivilisation, Kultur. || **-iliser** (*zé*). zivilisieren, bilden. || **-ilité** f. (*té*). Höflichkeit. *Présenter ses civilités empressées,* sich bestens empfehlen. || **-ique** a. (ìk). Bürger... || **-isme** m. Bürgersinn.
clabaud || age m. (bôd*a*j). [des chiens] Kläffen, n. || *Fig.* Beklatschen, n. spl. *fam.* || **-er.** [chien] kläffen. || *Fig.* [médire] klatschen, *fam.*
clac! int. klapp!
claie f. (klä). Weidengeflecht, n. || [parc] Hürde.
clair ||, e, a. (klär). klar. || [lumière, couleur] hell. *Il fait clair,* es ist hell; *voir* clair,* hell sehen*; *fig. : y voir* clair,* klar einsehen. || a. s. *Clair de lune,* m. Mondschein; *sabre au clair,* mit gezogenem Säbel; *tirer au clair,* aufklären. || **-et** a. (*ré*). blaßrot. || **-e-voie** f. (w*o*a). *Porte à* —, Gittertür. || **-ière** f. Lichtung. || **- -obscur, e,** a. helldunkel. || **-on** m. (on). Horn, n. ②. || [joueur] Hornist, -en, -en. || **-semé, e,** a. (sœmé), dünn, spärlich. || **-voyance** f. (wo*a*jans). Scharfblick, m. || **-voyant, e,** a. scharfsichtig.

clam||er (mé). schreien*. ||**-eur** f. (œr). Geschrei, n. spl.
clan m. (klaⁿ) [tribu] Clan ①. ||*Fig.* Rotte, f.
clandestin||, e a. heimlich. *Commerce* —, Schleichhandel. ||**-ité** f. Heimlichkeit.
clapet m. (pé). Klappzapfen, m. ④.
clapier m. (pié). Kaninchenstall.
clap||otement m. (pòtmaⁿ). ||**-otis** m. (ti). Plätschern, n. spl. ||**-oter** (té). plätschern.
cla||que f. (klàk). Klatsch, m. ①. ||[soufflet] Ohrfeige. ||[théâtre] Lohnklatscher, m. pl. ||[chaussure] Überschuh, m. ①. ||[chapeau claque] Klapphut, m. ||**-quement** m. (maⁿ). Klatschen, etc., inf. subst. n. spl. V. *claquer*. ||**-quemurer** (müré). einsperren. ||**-quer** (ké). intr. [des mains] klatschen [in die Hände]. ||[des dents] klappern [mit den Zähnen]. ||[de la langue] schnalzen [mit der Zunge]. ||[fouet, etc.] knallen. ||*Pop.* [mourir] sterben*. ||tr. ohrfeigen. ||[porte] zuschlagen*.
clar||ifier (fié). abklären. ||**-inette** f. (èt). Klarinette ||[joueur] Klarinettist, -en, -en, m.
clarté f. Klarheit. ||[lumière] Helle. Licht, n.
class||e f. (klâß). Klasse. ||[salle] Klassenzimmer, n. ④. ||[heure] Lehrstunde. *Aller* en classe,* die Schule besuchen; *faire* la classe,* Schule halten*; *faire* ses classes,* seine Studien machen. || *Mil.* Jahrgang, m. ||**-ement** m. (klàsmaⁿ). Ordnen, n. ||**-er** (sé). ordnen. ||**-eur** m. (œr). Briefpapierständer ④. ||**-ification** f. (sioⁿ). Klassifikation. ||**-ifier** (fié). klassifizieren. ||**-ique** a. (ìk). klassisch.
claudication f. (klô-sioⁿ). Hinken, n.
clause f. (kloz). Klausel.
claustral, e, a. (àl). Kloster... klösterlich.
clavecin m. (klawsiⁿ). Klavier, n. ① [altmodisch].
clavelée f. (klawlee). Schafpocken, pl.
clavette f. (èt). Pflöckchen, n. ④.
clav||icule f. (kül). Schlüsselbein, n. ||**-ier** m. (wié). Tastenbrett, n.; Klaviatur, f.

clé, clef f. (klé). Schlüssel, m. ④ : — *anglaise,* Schraubenschlüssel, m.; — *de voûte,* Schlußstein, m.; *fausse* —, Nachschüssel, m.
clématite f. (ìt). Waldrebe.
clém||ence f. (aⁿs). Gnade. ||**-ent, e,** a. (maⁿ, t). gnädig.
clepsydre f. (idr). Wasseruhr.
clerc m. (klèr). Geistliche[r], a. s. [ehemals]. ||[savant] Gelehrte[r], a. s. [veraltet]. ||[de notaire, etc.] Schreiber ④. ||Loc. *Faire* un pas de clerc,* einen Bock schießen*.
clergé m. (jé). Geistlichkeit, f.
clér||ical, e, a. (kàl). geistlich. ||*Polit.* klerikal. ||**-icalisme** m. (ism). Klerikalismus.
cli||ché m. (sché). Abklatsch, Klischee, -s, n. ||**-cher** (sché). abklatschen.
cli||ent, e, m., f. (kliaⁿ, t). Kunde, -n, -n, ...din. ||**-entèle** f. (aⁿtèl). Kundschaft.
cli||gnement m. (klinjmaⁿ). Blinzeln, n. spl. ||**-gner** (klinjé). blinzeln. ||**-gnotement** m. (klinjotmaⁿ) fortwährendes Blinzeln, n. spl. ||**-gnoter** (klinjòté). fortwährend blinzeln.
clima||t m. (ma). Klima, -ta *ou* -te, n. ||**-tique** a. (tìk). klimatisch. ||**-térique** a. (ìk). Klima...
clin d'œil m. (kliⁿ dœj) Blik, Augenwink : *en un clin d'œil,* im Nu.
clinique f. (ik). Klinik. ||a. klinisch.
clinquant, e a. (kliⁿkaⁿ, t). ||m. Rauschgold, n., Flittergold, n.
clip m. Klipp.
cli||que f. (klìk). Rotte, Clique, Regimentsmusik. ||**-quet** m. (ké). Sperrhaken, m. ④. ||**-queter.** klirren. ||**-quetis** m. (ikti). Klirren, n.
clisser (sé). umflechten*.
cloaque m. (kloak). Senkgrube, f. ||*Anat.* Kloake, f.
clochard m. (schàr) Vagabund.
cloche f. (osch). Glocke.
cloch||e-pied [à] (pié). auf einem Beine. ||**-er** (sché). hinken. ||*Fig.* nicht passen, hapern. ||m. Glockenturm, m. ||**-eton** m. (oⁿ). Glockentürmchen, n. ④. ||**-ette** f. (èt). Glöcklein, n. ④.
cloison|| f. (kloazoⁿ). Scheidewand, ¨e. ||**-ner.** verschlagen*.

cloîtr‖**e** m. (kl°atr). Kreuzgang. ‖[couvent] Kloster, n. ③. ‖**-é, e,** p. a. (tré). Kloster... ‖**-er** (tré) in ein Kloster sperren.
clopin-clopant adv. (pin-pan). hinkend.
cloporte m. (port). Kellerassel, f.
cloque f. (klòk). Brandblase.
clo‖**re*** (klòr). schließen*. ‖[enclore] umschließen*. ‖*Fig.* [terminer] abschließen*, zum Abschluß bringen*. ‖**-s, e,** a. (klô, **z**). verschlossen. ‖[entouré] umschlossen.
clôtur‖**e** f. (ür). Umzäunung. ‖[fin] Schluß, m. ‖**-er.** umzäunen. ‖[séance, etc.] schließen*. ‖[compte] abschließen*.
clou‖ m. (klù). Nagel, ③. ‖*Pop.* [mont-de-piété] Leihhaus, n. ‖*Fam.* [merveille] Glanzpunkt. ‖*Méd.* Blutgeschwür, n. ‖**-er** (ué). nageln.
clown m. (kla°n). Clown, -s.
club m. (üb). Klub, -s.
clystère m. (tär). Klistier, n.
co‖**accusé, e,** m., f. (üzé). Mitangeklagte[r], a. s. ‖**-adjuteur** m. (jütœr). Weihbischof.
coaguler (gülé). gerinnen* machen. ‖[se] gerinnen* [*sein*].
co‖**alisé, e,** p. a. (zé). verbündet. ‖**-aliser** (zé). verbünden. ‖**-alition** f. (sion). Koalition.
coaltar m. (ar). Steinkohlenteer.
co‖**assement** m. (àsman). Quaken, n. spl. ‖**-asser** (sé). quaken.
coassocié m. (sié). Mitteilhaber ④.
cobalt m. (alt). Kobalt.
cobaye m. (baj). Meerschweinchen, n. ④.
coca f. (ka). Koka.
cocagne f. (kànj). *Mât de cocagne,* m., Klettermast, -en; *pays de cocagne,* m., Schlaraffenland n,.
cocaïne f. (in). Kokain, n.
co‖**carde** f. (ard). Kokarde. ‖**-cardier** m. (dié). schwärmerischer Patriot, -en.
cocasse a. (kàs). spaßhaft, drollig.
coccinelle f. (koksinèl). Marienkäfer, m. ④.
coccyx m. (sis). Steißbein, n.
coche m. (kosch). Landkutsche, f. ‖f. Kerbe.
cochenille f. (nij). Schildlaus, Koschenille.
coch‖**er** m. (é). Kutscher ④. ‖**-ère** a. (èr). *Porte cochère,* f., Torweg, m.
cochet m. (schè). Hähnchen, n. ④.
coch‖**on** m. (on). Schwein, n. : — *de lait,* Spanferkel, n. ④; — *d'Inde,* Meerschwein, n. ‖**-onnerie** f., *fam.* (ònri). Schweinerei. ‖**-onnet** m. (nè). Schweinchen, n. ④. ‖[au jeu de boules] Zielkugel, f.
coco m. (ko). *Noix de coco,* Kokos, f., Kokosnuß, ...üsse, f. ‖[boisson] Lakritzenwasser, n. ‖*Fam.* Kerl. ‖*Pop.* [bouche] Gurgel, f. ‖[in der Kindersprache] Ei, n. ②.
cocon m. (kon). Kokon, -s. [Seidengehäuse].
cocorico! interj. et s. m. (ko). Kikeriki -s, n.
cocotier m. (tié). Kokospalme, f.
cocotte f. (kòt). [in d. Kindersprache] Hühnchen, n. ④. ‖*Fam.* [femme galante] Dirne, Schnepfe.
cocu m. (kü), *fam.* Hahnrei ①.
code m. (kòd). Gesetzbuch, n. ②.
co‖**déine** f. (in). Kodein, n. ‖**-détenu, e,** m., f. (kodétnü). Mitverhaftete[r], a. s.
codex m. Arzneibuch, n. ②.
coefficient m. (sian). Koeffizient, -en, -en.
coercitif, ive, a. (sitif, iw). Zwangs... coercition.
cœur m. (kœr). Herz, -ens, -en, n. ‖*Fig. Faire* mal au cœur, soulever le cœur,* Übelkeit verursachen; *j'ai mal au cœur,* mir ist übel. ‖[d'une chose] Inneres, a. s. n., Kern. ‖[d'un lieu] Mitte, f. *Au cœur de...,* mitten in... ‖LOC. *Avoir* à cœur* [de], es sich angelegen sein lassen*, zu...; *avoir* bon cœur,* ein gutes Herz haben*; *avoir* mauvais cœur, n'avoir* point de cœur,* gefühllos sein*; *de bon cœur,* von Herzen gern. *De tout cœur,* von ganzem Herzen; *prendre* à cœur,* zu Herzen nehmen*. ‖LOC. ADV. *A cœur joie,* nach Herzenslust; *à cœur ouvert,* offenherzig; *apprendre* par cœur,* auswendig lernen.
coexister (ègzisté). zugleich bestehen*.
coffr‖**e** m. (kòfr). Koffer ④. ‖[caisse] Kasten ④. ‖[à linge, etc.] Lade, f. ‖**-e-fort** m. (fòr). Geldkasten. ‖**-er** (fré). *fam.* einsperren. ‖**-et** (frè). Kästchen, n. ④.

cognac m. (konjàk). Kognak, -s.
cognassier m. (*sié*). Quittenbaum.
cogn‖**ée** f. (*ee*). Beil, n. *Jeter le manche après la* —, die Flinte ins Korn werfen. ‖**-er** (*é*). tr. einschlagen*. ‖[heurter] stoßen*. ‖intr. [frapper] klopfen. ‖[à la porte] anklopfen. ‖[se], *pop.* sich balgen.
cohé‖**rence** f. (koérans). Zusammenhang, m. ‖**-rent, e,** (ran, t). zusammenhängend.
cohéritier, ière, m., f. (*tié, tiär*). Miterbe, -n, -n, ...bin.
cohésion f. (*zion*). Kohesion [Zusammenhalten].
cohorte f. (ko'ort). [romaine] Kohorte. ‖*Fig.* Schar.
cohue f. (ko'ü). Gewühl, n. spl.
coi, te, a. (koa, t) : *rester coi,* sich ruhig verhalten*.
coi‖**ffe** f. (koaf). Haube : — *de chapeau,* Hutfutter, n. ‖**-ffé, e,** p. a. *fig. Être* coiffé de,* eingenommen sein* [für]; *être* né coiffé,* ein Glückskind sein*. ‖**-ffer.** den Kopf bedecken [mit einem Hute usw.] ‖[cheveux] frisieren. ‖**-ffeur, euse,** m., f. (*œr, öz*). Friseur ①, in f. ‖[meuble] Frisiertisch m. ①. ‖**-ffure** f. (*ür*). [couvre-chef] Kopfbedeckung. ‖[cheveux] Kopfputz, m., Frisur.
coin‖ m. (koin). Winkel ④. ‖[extérieur] Ecke, f. ‖[place] Ecksitz. *Au coin du feu,* hinter dem Ofen, am Kamin; *tourner le coin,* um die Ecke biegen*. ‖Loc. *Jouer aux quatre coins,* Bäumchen wechseln spielen. ‖*Techn.* [à enfoncer] Keil. ‖[monnaies] Münzstempel ④. ‖*Fig. Marqué au coin* [*de*], den Stempel tragend. ‖**-cer** (*sé*). verkeilen.
coïncid‖**ence** f. (koinsidans). Zusammenfallen, n. spl. ‖**-er** (dé). zusammenfallen* [*sein*].
coing m. (koin). Quitte, f.
coke m. (kòk). Koks ①.
col m. (kòl). *Anat.* Hals. ‖[vêtement] Kragen ④ : — *droit,* Stehkragen; — *rabattu,* Umlegekragen. ‖[Géogr.] Paß.
colchique m. (schìk). Zeitlose, f.
cold-cream m. (koldkrèm). Coldcream, n.
coléoptère m. (*är*). Hartflügler ④.
col‖**ère** f. (lär). Zorn, m. *En colère,* zornig; *se mettre* en colère,* in Zorn geraten*. ‖**-éreux, euse,** a. *pop.* (rö, z). ‖**-érique** a. (ìk). jähzornig.
colibri m. (brì). Kolibri, -s.
colifichet m. (schè). Nippsache, f. ‖[toilette] Putzkram, spl. ‖[pour oiseaux] Windbeutel ④.
colimaçon m. (son). Schnecke, f.
colin m. (*in*). Kohlfisch.
col‖**in-maillard** m. (majàr). Blindekuh, f. ‖**-in-tampon** m. (tanpon). Versteckspiel, n. [mit Dingen].
colique f. (ìk). Kolik, spl. [Bauchgrimmen, n. spl.].
colis m. (lì). Frachtstück, n. : — *postal,* Postpaket, n. ①.
Colisée m. (*zee*). Kolosseum, n.
coll‖**aborateur, trice,** m., f. (kol'-la-tœr, trìs). Mitarbeiter ④, in. ‖**-aboration** f. (*sion*). Mitwirkung. ‖**-aborer** (*ré*). [à] mitarbeiten [an, *dat.*].
coll‖**age** m. (*àj*). Leimen, n. ‖[sur qn.] Ankleben, n. ‖[vin] Klären, n. ‖*Fam.* uneheliches Verhältnis, n. ‖**-ant, e,** a. (an, t). klebend. ‖[vêtement] eng anschließend. ‖*Fam.* [personnes] lästig.
collatéral, e, a. (*àl*). Seiten..., zur Seitenlinie gehörig.
coll‖**ation** f. (*sion*). [de grades] Verleihung. ‖[repas] Imbiß, m. ‖**-ationner** (siòné). vergleichen*, prüfen. ‖intr. einen Imbiß nehmen*.
colle f. (kòl). Leim, m. ‖[de farine] Kleister, m. ‖[de poisson] Hausenblase. ‖*Fam.* [retenue] Nachsitzen, n. spl. ‖*Fam.* [mensonge] Lüge. ‖*Fam.* [interrogation] Privatprüfung. *Poser une colle* [à qn], eine schwere Frage vorlegen.
col‖**lecte** f. (lekt). Geldsammlung. ‖**-lectif, ive,** a. (*tif, iw*). Gesamt... ‖*Gramm.: [nom] collectif,* Sammelname, -ns, -n, m. ‖**-lection** f. (eksion). Sammlung. ‖**-lectionner** (siòné). sammeln. ‖**-lectionneur, euse,** m., f. (siònœr, öz). Sammler ④, in. ‖**-lectivisme** m. (*ism*). Kollektivismus. ‖**-lectivité** f. (*wité*). Gesamtheit.
col‖**lège** m. (*läj*). [corps] Kollegium, -ien, n. *Sacré collège,* Kardinalskollegium, n. ‖[école] Gymnasium, -ien, n. [städtisch]. ‖**-légien,** m. *jiin*). Gymnasiast, -en, -en. ‖**-lègue**

m. (kolèg). Amtsbruder ③ *ou* -genosse, -n, -n. Kollege, -n, -n.
coller (*lé*). leimen. || [sur] ankleben. || [vin] abklären. || *Fam.* [consigner] nachsitzen* lassen*. || *Fam.* [examen] durchfallen* lassen*. || *Fam.* [faire taire] den Mund stopfen. || [intr.] kleben. || [vêtement] eng anschließen*.
col||lerette f. (kòlrèt). Halskrause. ||**-let** m. (lè). Kragen ④. *Mettre* la main au collet* [à], beim Kragen packen. *Fig. : collet monté,* steifer Kerl; a., geziert, pedantisch. || [lacet] Schlinge, f. ||**-leter [se]** (kòlté). sich balgen.
colleur m. (lœr). [papiers peints] Tapetenaufzieher ④. || [affiches] Zettelankleber ④. || *Fam.* Privatprüfer ④.
collier m. (*lié*). Halsband, n. ② : — *de perles,* Perlenschnur, f.; *fig.* — *de misère,* saure Arbeit, f. || [chevaux] Kum[me]t, n. ①. || *Fig. Donner un coup de collier,* einen kräftigen Ruck geben*.
col||line f. (*ìn*). Hügel, m. ④. ||**-lision** f. (*zio*ⁿ). Zusammenstoß, m.
collodion m. (lòd*io*ⁿ). Kollodium, n.
collusion f. (üz*io*ⁿ). heimliches Einverständnis, n.
collyre m. (*ir*). Augenmittel, n. ④.
colocataire m. (*är*). Mitmieter ④.
Cologne n. pr. m. (lònj). Köln, n. *De Cologne,* Kölner, kölnisch.
Colomb n. pr. (*lo*ⁿ). Kolumbus.
colomb||e f. (*lo*ⁿb). Taube. ||**-ier** m. (*bié*). Taubenschlag. ||**-ophile** a. (*il*). taubenzüchtend.
colon m. (kòl*o*ⁿ). Ansiedler ④.
côlon m. (kol*o*ⁿ). Grimmdarm.
colo||nel m. (kolonèl). Oberst -en, en. ||**-nelle** f. (*èl*). Frau Oberst.
colo||nial, e, a. (*niàl*). Kolonial... ||**-nie** f. Ansiedlung, Kolonie. ||**-nisateur, trice,** a. (**zatœr, trìs**). kolonisierend. || s. m. Gründer ④ einer Kolonie. ||**-nisation** f. (*sio*ⁿ). Besiedlung. ||**-niser** (*zé*). kolonisieren, besiedeln.
colo||nnade f. (*ad*). Säulengang, m. ||**-nne** f. (*òn*). Säule. ||**-nnette** f. (*èt*). Säulchen, n. ④.
colophane f. (*fàn*). Geigenharz, n.
coloquinte f. (k*i*ⁿt). Bittergurke. || *Pop.* Kopf, m.
colo||rant, e, a. (*ra*ⁿ, t). färbend. *Matière colorante,* f., Farbstoff, m. ||**-ration** f. (*sio*ⁿ). Färbung. ||**-ré, e,** a. gefärbt. || [style, etc.] farbenreich. ||**-rer** (*ré*). färben. ||**-rier** (*rié*). kolorieren. ||**-ris** m. (*rì*). Kolorit, n. ①. ||**-riste** m. (*ist*). Kolorist, -en, -en.
col||ossal, e, a. (*sàl*). riesig, kolossal. ||**-osse** m. (*òs*). Riese, -n, -n, Koloß ①.
col||portage m. (*taj*). Verbreitung, f. || *Comm.* Hausieren, n. ||**-porter** tr. verbreiten. || hausieren, intr. ||**-porteur** m. (*œr*). Verbreiter ④. || Hausierer ④.
col||tiner (*né*). ausladen*. ||**-tineur** m. (*œr*). Auslader ④.
columbarium m. (loⁿ-*riòm*). Urnenhalle, f.
colza m. (*zà*). Raps.
com||a m. (*mà*). Koma, n. ||**-ateux, euse** (*tö*, **z**). komatös.
com||bat m. (koⁿ*ba*). Kampf. *Hors de combat,* kampfunfähig, a. || [armé, taureaux] Gefecht, n. || [engagement] Treffen, n. ④. ||**-batif, ive,** a. (*tif, iw*). streitsüchtig. ||**-battant** (*a*ⁿ). Kämpfer ④. ||**-battre** (*àtr*). intr. kämpfen. || tr. bekämpfen.
combe f. (koⁿb). Schlucht.
combien adv. (koⁿb*ii*ⁿ). [multiplicité] wieviel : *combien de,* wie viel[e]. || [degré, intensité] wie sehr : *combien je me réjouis,* wie sehr ich mich freue [exclamatif : wie sehr freue ich mich!]. || [devant un adj. ou un adv.] wie : *combien je suis heureux,* wie glücklich ich bin [excl. : ...bin ich!] || *Combien de temps,* wie lange; *combien y a-t-il d'ici à...?* wie weit ist es von hier nach...?; *le combien sommes-nous?,* den wievielten haben wir?
com||binable a. (koⁿ-*nàbl*). zusammenstellbar. ||**-binaison** f. (*näzo*ⁿ). Zusammenstellung. || *Chim.* Verbindung. || [vêtement] Kombination. ||**-biner** (*né*). zusammenstellen, verbinden*.
com||ble a. (koⁿbl). übervoll *ou* -füllt. || [salle] gedrängt voll. || m. Übermaß, n. || *Fig.* Gipfel, m. höchster Grad, m. *Au comble de la joie,* überaus freudig; *de fond en comble,*

von Grund aus; *mettre* le comble à,* die Krone aufsetzen [*dat.*]; *pour comble de bonheur,* zum größten Glück. ‖*Charp.* Stuhldach, n. ②. ‖**-bler** (*blé*). ausfüllen. ‖[fossé] zuschütten. ‖*Fig.* [désir] erfüllen : — *de bienfaits,* mit Wohltaten überhäufen.

com‖burant, e, (bür*a*ⁿ, t). entzündend. ‖**-bustible** (üst*i*bl). brennbar. ‖m. Brennstoff ①. ‖**-bustion** f. (t*io*ⁿ). Verbrennung.

com‖édie f. (d*i*). Komödie. ‖[pièce] Lustspiel, n. ‖**-édien, ne,** m., f. (d*i*iⁿ, *iä*n). Schauspieler ④, in.

comestible a. (*i*bl). eßbar. ‖m. pl. Eßwaren, f. pl.

comète f. (èt). Komet, -en, -en, m.

comice m. (ìs). pl. Komitien : — *agricole,* Landwirtschaftsverein.

comique a. (*i*k). komisch. *Auteur comique, acteur comique,* Komiker ④, m.

comité m. Ausschuß.

commandant m. (maⁿd*a*ⁿ). Befehlshaber ④. — *en chef,* Oberbefehlshaber. ‖[général] Kommandierende[r], a. s. ‖[de place] Kommandant, -en, -en. ‖[de bataillon] Major ①.

comman‖de f. (m*a*ⁿd). Bestellung. ‖[commission] Auftrag m. ‖*Méc.* Getrieb, n. ‖**-dement** m. (maⁿdm*a*ⁿ). Befehl. ‖[injonction et *Relig.*] Gebot, n. ①. ‖*Mil.* Kommando, -s, n. ‖**-der** (*dé*). [de faire] befehlen*. ‖[imposer] gebieten*. ‖*Mil.* [troupes] befehligen, kommandieren. ‖[position] beherrschen. ‖[charger par ordre] beordern. ‖[commande] bestellen. ‖**-deur** m. (*œ*r). Komtur ① (vieux). ‖[en France] Commandeur ① et -s. ‖**-ditaire** m. (tär). stiller Teilhaber ④. ‖**-dite** f. (ìt). Kommandite. ‖**-diter.** kommanditieren.

comme (kòm) [comparé à] wie. ‖[en qualité de] als. ‖[parce que] weil, da. *Comme c'est beau!,* wie schön ist es!; *comme cela* [*fam.*] *ça,* so; *comme ci, comme ça,* soso; *comme il faut,* anständig, vornehm, tüchtig.

comm‖émoratif, ive, Gedenk... Gedächtnis... ‖**-émoration** f. (s*io*ⁿ). Andenken, n., Gedenken, n. ‖[solennité] Gedächtnisfeier. ‖**-émorer** (*ré*). wieder ins Gedächtnis rufen*.

comm‖ençant, e, m., f. (kòmaⁿs*a*ⁿ, t). Anfänger ④, in. ‖**-encement** m. (maⁿsm*a*ⁿ). Anfang. Beginn. ‖**-encer** (maⁿ*sé*). anfangen*, beginnen* [*par,* mit].

commensal, aux, m. (kòm'maⁿ*sà*l, *so*). Tischgenosse, -n -n.

comment adv. (kòm*a*ⁿ). wie : *comment cela?* wieso?

comm‖entaire m. (maⁿ*tär*). Auslegung, f. ‖[éclaircissement] Erläuterung, f. ‖**-entateur** m. (maⁿ-t*œ*r). Ausleger ④. ‖**-enter** (maⁿ*té*). auslegen, erläutern.

commérage m. (*a*j). Geklatsch, n. spl.

comm‖erçant, e, a. (s*a*ⁿ, t). handeltreibend. ‖m., f. Handelsmann, pl. -leute, Handelsfrau. ‖**-erce** m. (kòmèrs). Handel, spl., Geschäft, n. ‖[maison] Handlung, f. ‖[relations] Umgang. ‖**-ercer** (*sé*). Handel treiben*. ‖**-ercial, e,** a. (*sià*l). kaufmännisch. Handels...

commère f. (kòmär). Gevatterin. ‖[bavarde] Dorf- *ou* Stadtklatsche.

comm‖ettant m. (t*a*ⁿ). Auftraggeber ④. ‖**-ettre*** (ètr). begehen*. ‖[préposer] bestellen. ‖[**se**] sich bloßstellen, sép.

comminatoire a. (kom'minatᵒar). androhend.

commis m. (m*i*). Handlungsdiener ④. *Commis voyageur,* Handlungsreisende[r], a. s. ‖[aux écritures] Schreiber ④.

commisération f. (zé-s*io*ⁿ). Erbarmen, n.

comm‖issaire m. (sär). Kommissar *ou* ...är ①. ‖[de fête] Festordner ④. ‖*Commissaire-priseur,* m., Abschätzer ④., Auktionator, -oren. ‖**-issariat** m. (*ia*). Kommissariat, n. ①. ‖**-ission** f. (s*io*ⁿ). [mandat, ordre] Auftrag, m. ‖[brevet] Patent, n. ①. ‖*Admin., Parlem., Comm.* Kommission. *Maison de commission,* f., Kommissionsgeschäft., n. ‖**-issionnaire** m. (är). *Comm.* Kommissionär ①. ‖[messager] Bote, -n, -n. ‖[de rue] Dienstmann ②. ‖**-issionner.** patentieren.

comm‖ode a. (mòd), **-odément** adv. (m*a*ⁿ). bequem. ‖f. Kommode. ‖**-odité** f. (*té*). Bequemlichkeit.

commodore m. (òr). Kommodore -n.

commotion f. (s*io*ⁿ). Erschütterung.

commuer (kom'*müé*), umwandeln.
commu‖**n, e,** a. (*mu*ⁿ, *ün*). gemeinsam, gemeinschaftlich. ‖[ordinaire] gewöhnlich. ‖[vulgaire] gemein. ‖**-nal, e,** a. (ün*àl*). Kommunal..., Gemeinde... ‖**-nard** m. (*ünar*). Mitglied der Pariser Kommune [1871]. ‖**-nauté** f. (ünot*é*). Gemeinschaft. ‖[d'opinions] Übereinstimmung. ‖[religieuse] Klostergemeinde. ‖**-ne** f. (*ün*). Gemeinde. ‖[de Paris, 1871] Kommune. ‖*Chambre des communes*, f., Unterhaus, n. ‖**-nément** adv. (m*a*ⁿ). gewöhnlich, gemeiniglich. ‖**-niant, e,** m., f. (n*ia*ⁿ, t). Kommunikant -en, -en, in. ‖**-nicant, e,** p. a. (k*a*ⁿ, t). V. *communiquer*. ‖**-nicatif, ive,** a. (*tif, iw*). mitteilsam. ‖**-nication** f. (*sio*ⁿ). [entre] Verbindung. ‖[à qn] Mitteilung. ‖**-nier** (*nié*). kommunizieren. ‖**-nion** f. (*io*ⁿ). [personnes] Gemeinschaft. ‖[sacrement] Abendmahl, n. ‖**-niqué** m. (*ké*). Mitteilung, f. [amtliche] : — *de guerre*. Kriegs *ou* Heeresbericht. ‖**-niquer** (*ké*), intr. in Verbindung stehen* *ou* treten*. ‖tr. mitteilen. ‖**-nisme** m. (*ism*). Kommunismus. ‖**-iste** m. (*ist*). Kommunist, -en, -en. ‖a. kommunistisch.
commuta‖**teur** m. (mü-t*œr*). Umschalter ④. ‖**-tion** f. (sioⁿ) : — *de peine*, Strafmilderung.
compact, e a (koⁿ*pakt*). dicht.
comp‖**agne** f. (*anj*). Gefährtin. ‖[épouse] Lebensgefährtin. ‖[camarade] Genossin. ‖**-agnie** f. (n*ji*). Gesellschaft. *De bonne compagnie*, umgänglich. ‖*Mil*. Kompa[g]nie. ‖**-agnon** m. (nj*o*ⁿ). [camarade] Gesell, -en, -en, Genosse. ‖[de voyage] Gefährte, -n, -n ‖[qui accompagne] Begleiter ④. ‖[ouvrier] Gesell, -en, -en, Bursche, -n, -n.
comp‖**arable** a. (*àbl*). vergleichbar. ‖**-araison** f. (äz*o*ⁿ). Vergleich, m. *Par* —, vergleichsweise. ‖**-araître*** (*rätr*). erscheinen* [*sein*] [vor Gericht]. ‖**-aratif, ive** a. (*tif, iw*). vergleichend. ‖m. Komparativ. ‖**-arer.** vergleichen*.
comparse m. (*ars*). Statist, -en, -en.
compartiment m. (m*a*ⁿ). Abteilung, f. ‖[de wagon] Abteil, n. ‖[case] Fach, n. ②.
comparution f. (rüs*io*ⁿ). Erscheinen, n. [vor Gericht].
comp‖**as** m. (*pa*). Zirkel ④. ‖**-assé, e,** a. (*sé*). steif.
compassion f. (*sio*ⁿ) [pour]. Mitleid, n. [mit].
comp‖**atibilité** f. Verträglichkeit. ‖**-atible** a. (*ibl*). vereinbar. ‖[caractères] verträglich. ‖**-atir** [à]. Mitleid haben* [mit]. ‖**-atissant, e,** a. (s*a*ⁿ, t). mitleidig.
compatriote m. et f. (*iòt*). Landsmann, -leute; f. ...männin.
comp‖**ensation** f. (koⁿpaⁿ-*sio*ⁿ). Ausgleichung. ‖[indemnité] Entschädigung. *Office de* —, Abrechnungsstelle, f. ‖**-enser.** ausgleichen*.
compère m. (*pär*). Gevatter, -n. ‖*Fam*. [gaillard] Kerl. ‖*Path*. *Compère-loriot*, m., Gerstenkorn, n. ②.
comp‖**étence** f. (*a*ⁿs). *Jur*. Zuständigkeit. ‖[connaissance spéciale] Sachkunde, Fach, n. ‖**-étent, e,** a. (t*a*ⁿ, t). zuständig, sachkundig.
comp‖**étiteur, trice,** m., f. (t*œr*, tr*ìs*). Mitbewerber ④, in. ‖**-étition** f. (*sio*ⁿ). Mitbewerbung.
compil‖**ation** f. (*sio*ⁿ). Sammelwerk, n. ‖**-er.** zusammenstoppeln.
complainte f. (koⁿpl*i*ⁿt). Bänkelsängerlied n. ② [trauriges].
compl‖**aire*** intr. (*plär*). zu Gefallen handeln. ‖[se] [à]. Gefallen finden* [an, *dat*.]. ‖**-aisance** f. (pläz*a*ⁿs). Gefälligkeit. ‖[satisfaction] Selbstgefälligkeit. ‖**-aisant, e,** a. (pläz*a*ⁿ, t). gefällig.
compl‖**ément** m. (m*a*ⁿ). Ergänzung, f. ‖*Gramm*. Objekt, n. ①. ‖**-émentaire** a. (*tär*). ergänzend. ‖[cours] Fortbildungs... ‖**-et, ète,** a. (*plè*, t), ‖**-ètement** adv. (ètm*a*ⁿ), vollständig. völlig. ‖[œuvres] sämtlich m. Anzug ③. ‖**-éter.** ergänzen, vervollständigen.
compl‖**exe** a. zusammengesetzt. ‖[compliqué] verwickelt. ‖**-ication** f. (*sio*ⁿ). Verwicklung.
compl‖**ice** m. (*ìs*). mitschuldig [an, *dat*.]. ‖**-icité** f. (s*ìté*). Mitschuld.
compl‖**iment** m. (m*a*ⁿ). Kompliment, n. ①. ‖[politesse, salut] Gruß, Empfehlung, f. ‖[jour de l'an, félicitations] Glückwunsch, Gratulierung, f. ‖**-imenter** (*té*), beglückwünschen.

compliquer (*ké*), verwickeln.
compl‖ot m. (*plo*). Komplott, n. ①, Anschlag [geheimer]. ‖**-oter.** komplottieren, sich verschwören* [zu].
componction f. (koⁿpoⁿksioⁿ). Zerknirschung.
comporter (*té*). zulassen*. ‖[**se**] sich benehmen*.
comp‖osé, e, p. a. (*zé*). zusammengesetzt. ‖m. Zusammensetzung, f. ‖*Chim.* Verbindung, f. ‖**-oser** tr. (*zé*). zusammensetzen, bilden. ‖[écrit] verfassen. ‖*Mus.* komponieren. ‖intr. [avec] sich vergleichen*. ‖[se] [de] bestehen* [aus]. ‖**-osite** a. (*zit*). gemischt. ‖**-ositeur, trice,** m., f. (*tœr, trìs*). *Mus.* Komponist, -en, -en, in. ‖*Typ.* Schriftsetzer ④, in. ‖**-osition** f. (*sioⁿ*). Zusammensetzung. ‖*Typ.* Satz, m.
composteur m. (*tœr*). *Typ.* Winkelhaken ④.
comp‖ote f. (*òt*). Kompott, n. ①. *En compote,* zermalmt. ‖**-otier** m. (*tié*). Kompottschale, f.
compr‖éhensible a. (koⁿpreaⁿsibl). begreiflich. ‖[intelligible] verständlich. ‖**-éhension** f. Verständnis, n. ‖[faculté] Fassungskraft. ‖**-endre*** (aⁿdr). verstehen*. ‖[concevoir] begreifen.
compr‖esse f. (*äß*). Umschlag, m. ‖**-ession** f. Zusammendrückung. ‖**-imer.** zusammendrücken. *Air comprimé,* m. Druckluft, f.
compris, e, a. pp. de *comprendre**. *Y compris,* inbegriffen : *service compris,* Bedienung mitgerechnet.
compr‖omettant, e, a. (*taⁿ, t*). kompromittierend. ‖**-omettre*** (*mètr*). bloßstellen, blamieren. ‖[menacer] gefährden. ‖[femme] ins Gerede bringen*. ‖**-omis** m. (*mi*), **-omission** f. (*sioⁿ*). Kompromiß, m. *et* n. ①.
comp‖tabilité f. (koⁿ-*té*). Buchhaltung, Buchführung : *comptabilité mécanographique,* Lochkartenbuchführung. ‖**-tabiliser** (*zé*) verbuchen. ‖**-table** m. Buchhalter ④.
comptant a. inv. et adv. bar : *au comptant,* bar.
comp‖te m. (koⁿt). Rechnung, f. : — *courant,* laufende Rechnung; — *rendu,* Bericht; — *rond,* runde Summe; *de compte à demi,* auf halbe Rechnung; *le compte y est,* es [*ou* die Rechnung] stimmt; *passer en compte,* in Rechnung stellen; *tenir* les comptes,* die Rechnungsbücher führen. ‖LOC. *A bon compte,* billig; *au bout du compte,* schließlich; *mettre* en ligne de compte,* in Rechnung tragen* ; *rendre compte de,* Rechenschaft ablegen [über, *acc.*]; *se rendre compte de,* sich erklären; *tenir* compte de,* berücksichtigen. ‖**-te-gouttes** m. (koⁿt-*gùt*). Tropfenzähler ④. ‖**-ter** (*té*). [dénombrer] zählen. ‖[calculer] rechnen : *compter sur,* rechnen [auf, *acc.*]. ‖**-teur** m. (*tœr*). Zähler ④ : — *à gaz,* Gasuhr, f.; — *électrique,* Strommesser. ‖**-toir** m. (*toar*). Ladentisch. ‖[factorerie] Faktorei, f.
compulser (koⁿpülsé). nachschlagen*.
com‖tal, e, a. (koⁿ*tàl*). gräflich. ‖**-te,** m., **esse,** f. (koⁿt). Graf, -en, -en, ...äfin. ‖**-té** m. (*té*). Grafschaft, f.
concasser (koⁿ-*sé*). zerstoßen*.
con‖cave a. (*kaw*). hohl, konkav. ‖**-cavité** f. (*wité*). Höhlung.
concéder (koⁿ*sédé*). zugestehen*. ‖[reconnaître] einräumen.
con‖centration f. (saⁿ-*sioⁿ*). Konzentration. ‖**-centrer** (saⁿ*tré*). konzentrieren, zusammenziehen*. ‖**-centrique** a. (saⁿ*trìk*). konzentrisch.
con‖cept m. (*sept*). Begriff. ‖**-ception** f. (sep-*sioⁿ*). *Physiol.* Empfängnis. ‖[faculté] Fassungskraft. ‖[représentation] Vorstellung.
con‖cernant p. a. (*sernaⁿ*). betreffend. ‖**-cerner** (*serné*). betreffen*.
con‖cert m. (*sèr*). Konzert, n. ①. *De concert* [*avec*], im Einverständnis [mit]. ‖**-certer.** verabreden.
con‖cession f. (*sessioⁿ*). Zugeständnis, n. ‖[octroi] Verleihung. ‖**-cessionnaire** m. (*onär*). Konzessionär ①.
con‖cevable a. (*sœwàbl*). begreiflich. ‖**-cevoir*** (*sœwoar*). *Physiol.* empfangen*. ‖[saisir] begreifen*.
concierge m. et f. (koⁿ*sièrj*). Pförtner ④, in, Türhüter ④, in. ‖Hauswart ①, Hausmeister ④.
con‖cile m. (*sil*). Kirchenversammlung, f. ‖**-ciliabule** m. (si-*bül*). geheime Zusammenkunft, f.

con||ciliant, e, a. (sili*a*^{n}, t). versöhnlich. ||**-ciliation** f. (si-si*o*^{n}). Versöhnung. ||**-cilier** (sili*é*). versöhnen.
con||cis, e, a. (*si*, **z**). bündig. ||**-cision** f. (sizi*o*^{n}). Bündigkeit, Kürze.
concitoyen, ne, m., f. (sit^{o}aji^{n}, jèn). Mitbürger ④, in.
conclave m. (ko^{n}klâw). Konklave, -n, n.
concl||uant, e, a. (klüa^{n}, t). zutreffend. ||[décisif] entscheidend. ||**-ure*** (*ür*). schließen*. ||antragen* [auf. *acc.*]. ||**-usion** f. (üzi*o*^{n}). Schluß, m. ||[traité] Abschluß, m.
concombre m. (ko^{n}k*o*^{n}br). Gurke, f.
con||cordance f. (d*a*^{n}s). Übereinstimmung. ||**-cordat** m. (d*à*). Konkordat, n. ①. ||*Jur.* Vergleich. ||**-corde** f. (*ò*rd). Eintracht, Einigkeit. ||**-corder** (d*é*). übereinstimmen, *sép.*
con||courir* (kùr*ir*). [contribuer à] mitwirken [zu]. ||[pour qc.] sich mitbewerben [um]. ||**-cours** m. (k*ù*r). ||[de circonstances] Zusammentreffen, n. ||[collaboration] Mitwirkung, f. ||[entre candidats] Bewerbung, f.
concr||et, ète, a. (ko^{n}kr*è*, t). konkret. ||**-étion** f. (si*o*^{n}). Verhärtung.
concu||binage m. (ko^{n}kü-n*a*j). wilde Ehe. ||**-bine** f. (*ì*n). Kebsweib, n. ②.
concupiscence f. (pis's*a*^{n}s). Lüsternheit.
concu||rremment adv. (rama^{n}). zugleich. ||**-rrence** f. (r*a*^{n}s). Mitbewerbung. ||*Comm.* Wettbewerb, m., Konkurrenz. ||**-rrencer** (ra^{n}s*é*). im Wettbewerb sein* [mit]. ||**-rrent, e,** m., f. (r*a*^{n}, t). Mitbewerber ④, in.
concussion f. (si*o*^{n}). Unterschleif, m.
condamn||able a. (ko^{n}dan*à*bl). verdammenswert. ||[répréhensible] verwerflich. ||**-ation** f. (si*o*^{n}). Verurteilung. ||[peine] Strafe. ||**-er.** verurteilen. ||*Fig.* mißbilligen. ||[malade] aufgeben*.
conden||sateur m. (ko^{n}da^{n}-t*œ*r). Verdichter ④. ||[d'électricité] Sammler ④. ||**-sation** f. (si*o*^{n}). Verdichtung. ||**-ser.** verdichten. ||**-seur** m. (s*œ*r). Kühlgefäß, n.
condescen||dance f. (ko^{n}dès'sa^{n}-d*a*^{n}s). Herablassung. ||**-dant, e,** a. (d*a*^{n}, t). herablassend. ||**-dre** (*a*^{n}dr). sich herablassen* [zu].
condiment m. (kon-m*a*^{n}). Gewürz, n.
condisciple m. (*si*pl). Mitschüler ④.
con||dition f. (si*o*^{n}). Bedingung. *A condition,* bedingungsweise; *à la [une] condition,* unter der [einer] Bedingung. ||[rang social] Stand, m. ||**-ditionné, e,** (sion*é*). beschaffen. ||**-ditionnel, le,** a. (sion*è*l). bedingt. ||m. *Gramm.* Konditionalis. ||**-ditionner.** die gehörige Beschaffenheit geben*.
condoléance f. (ko^{n}-lé*a*ns). Beileid, n. spl.
condor m. (*ò*r). Kondor ①.
con||ducteur, trice, a. (ko^{n}dükt*œ*r, tr*ì*s). leitend. ||s. m., f. Führer ④, in. ||[directeur] Leiter, in. ||*Phys.* Leiter. ||**-ductibilité** f. Leitungsfähigkeit. ||**-duire*** (d*üi*r). tr. führen. ||[diriger] leiten. ||[voiture] lenken. ||**[se].** [se comporter] sich betragen*, sich benehmen*. ||intr. [cocher] fahren*. ||**-duit** m. (d*üi*). Rohr, n. Röhre, f. ||**-duite** f. (d*üi*t). Führung, Leitung. ||[d'eau, etc.] Leitung. ||[accompagnement] Geleit, n. ||*Fig.* Betragen, n., Benehmen, n.
cône m. (kôn). Kegel ④.
con||fection f. (ko^{n}-si*o*^{n}). Verfertigung. ||*Comm.* Kleider- *ou* Konfektionsgeschäft. ||**-fectionner** (siòn*é*). verfertigen. ||**-fectionneur, euse,** m., f. (siòn*œ*r, *ö*z). Schneider ④, in.
con||fédération f. (si*o*^{n}). Staatenbund, m. ||**-fédéré** m. (r*é*). Bundesgenosse, -n, -n. ||**-fédérer** (r*é*). verbünden.
con||férence f. (r*a*^{n}s). [réunion]. Zusammenkunft, ¨e, Konferenz. ||[exposé] Vortrag, m. ||**-férencier** m. (ra^{n}si*é*). Vortragende[r], a. s.
conférer. tr. verleihen*, erteilen. ||intr. sich beraten*.
con||fesse f. (fès) : *aller* à confesse,* zur Beichte gehen*. ||**-fesser** (s*é*). [péchés] beichten. || — qn, jemands Beichte hören. ||[avouer] bekennen*. ||**[se].** [de] beichten. ||**-fesseur** m. (s*œ*r). Beichtvater ③. ||**-fession** f. (si*o*^{n}). Beichte. ||**-fessionnal** m. (n*à*l). Beichtstuhl.
confetti m. (*ti*). Konfetti.
con||fiance f. (ko^{n}fi*a*^{n}s). [en, dans] Vertrauen, n. [auf, *acc.*, zu] :

avoir confiance*, trauen, [*dat.*]. ‖**-fiant, e,** a. (fi*a*n, t). vertrauensvoll. ‖**-fidence** f. (d*a*ns), vertrauliche Mitteilung. ‖**-fident, e,** m., f. (d*a*n, t). Vertraute[r] a. s. ‖**-fidentiel, le,** a. (dansiè̀l). vertraulich. -n, n.

configuration f. (gü-si*o*n). Gestaltung.

con‖finer. tr. [reléguer] verbannen. ‖[enfermer] einsperren. ‖intr. [à] grenzen [an, *acc.*] ‖**-fins** m. pl. (f*i*n). Grenze, f.

confire* (f*i*r). einmachen.

con‖firmation f. (si*o*n). Bestätigung. ‖[catholique] Firmen, n. ‖[protestante] Konfirmation. ‖**-firmer.** betätigen. ‖*Relig.* firmen. ‖konfirmieren.

confiscation f. (si*o*n). Beschlagnahme.

con‖fiserie f. (fizr*i*). Konditorei. ‖**-fiseur, euse,** m., f. (zœr, *ö*z). Konditor, -en, m.

confisquer (k*é*). in Beschlag nehmen*.

con‖fit, e, a. (f*i*, t). eingemacht. ‖*Fig.* [en dévotion, etc.] versunken [in, *acc.*]. ‖**-fiture**[s] f. [pl.] Eingemachtes, n. sp.

confl‖agration f. (kon-si*o*n). allgemeiner Brand, m. ‖**-it** m. (ì). Streit, Konflikt ①.

confl‖uent m. (flü*a*n). Zusammenfluß ‖**-uer** (flü*é*). zusammenfließen* [*sein*].

confondre (konf*o*ndr). [mélanger] vermengen. ‖[prendre l'un pour l'autre] verwechseln. ‖[déconcerter] irre machen. ‖[faire rougir] beschämen.

conf‖ormateur m. (tœr). Hutform, f. ‖**-ormation** f. (i*o*n). Gestaltung. ‖**-orme** a. (òrm). [texte] gleichlautend. ‖[d'accord] übereinstimmend. ‖[à], et **-ormément** [à], adv. (m*a*n). gemäß ...mäßig. ‖**-ormer.** [façonner] bilden, gestalten. ‖[adapter] anpassen. ‖**-ormité** f. Übereinstimmung.

conf‖ort m. (òr). Bequemlichkeit, f., Komfort. ‖**-ortable** a. (fortàbl). bequem, konfortabel.

confr‖ère m. (konfr*ä*r). Mitbruder ③. ‖[collègue] Amtsbruder ③. ‖**-érie** f. (r*î*). Bruderschaft.

confr‖ontation f. (on-si*o*n). Gegenüberstellung. ‖**-onter.** gegenüberstellen, sép.

confu‖s, e, a. (konf*ü*, z), **-sément** adv. (zém*a*n). verwirrt, verworren. ‖[indistinct] undeutlich. ‖**-sion** f. f. Verwirrung, Verworrenheit.

con‖gé m. (konj*é*). [permission] Urlaub, spl. ‖[de location] Aufkündigung, f. : *donner congé de,* aufkündigen; *prendre congé* [*de*], Abschied nehmen* [von]. ‖[scolaire] Ferien, pl. : *avoir* congé,* frei [*ou* keine Schule] haben*. ‖[contrib. indir.]. Passierschein. ‖*Mil.* [service] Dienstzeit, f. ‖**-gédier** (jéd*ié*). entlassen*, verabschieden.

con‖gélation f. (jé-si*o*n). Gefrieren, n. ‖**-geler** [**se**] (konjl*é*). gefrieren* [*sein*].

con‖génère a. (n*ä*r). gleichartig. ‖**-génital, e** (je-*à*l). angeboren.

con‖gestion f. (jesti*o*n). Blutandrang, m. ‖**-gestionné, e.** [visage] blutrot.

congr‖atulation f. (kon-tü-si*o*n). Gratulation [Glückwunsch]. ‖**-atuler.** gratulieren, intr. [*dat.*] [beglückwünschen].

congre m. Aalschlange, f.

congr‖éganiste m. (*i*st). Kongreganist, -en, -en. ‖**-égation** f. (si*o*n). Kongregation.

congr‖ès m. (gr*è*). Kongreß ①. ‖**-essiste** m. (*i*st). Kongressist, -en, -en.

congru, e, a. (gr*ü*). [terme] passend. ‖[portion] knapp, dürftig.

con‖ifère m. (f*ä*r). Konifere f., Nadelbaum. ‖**-ique** a. (ìk). kegelförmig, Kegel...

conj‖ecture f. (konjekt*ü*r). Mutmaßung, Vermutung. ‖**-ecturer** (tür*é*). mutmaßen, vermuten.

con‖joint, e, m., f. (jo*i*n, t). Gatte, -n, -n, Gattin. ‖m. pl. Gatten. ‖**-jointement** adv. (tm*a*n). in Vereinigung [mit]. ‖**-jonctif, ive,** a. (jonkt*i*f, *i*w). verbindend. ‖**-jonction** f. (jonksi*o*n). Verbindung. ‖*Gramm.* Bindewort, n. ‖**-jonctive** f. (jonkt*i*w). Bindehaut. ‖**-joncture** f. (jonkt*ü*r). Konjunktur, Geschäftsaussichten, pl. ‖**-jugaison** f. (jügäz*o*n). Konjugation. ‖**-jugal, e,** a. (jüg*a*l). ehelich. Ehe... ‖**-jugué, e,** a. (üg*é*). gepaart. ‖**-juguer** (g*é*).

konjugieren, flektieren. ||**-jungo** m. (ju^{n}go), *pop.* Ehestand.

conj||uration f. (jü-*sio*^{n}). Verschwörung. ||Beschwörung. ||**-urer** (jür*é*). [esprits] beschwören. ||[adjurer] inständig bitten*. ||[danger] vorbeugen, intr. ||[comploter] sich verschwören* [zu].

conn||aissable a. (s*à*bl). erkennbar. ||**-aissance** f. (*a*^{n}s). Kenntnis, ...isse, Kunde : *à ma connaissance,* meines Wissens; *en connaissance de cause,* mit Sachkenntnis. ||[personne] Bekanntschaft, Bekannte[r] a. m. ||[conscience] Bewußtsein, n. Besinnung : *reprendre* connaissance,* wieder zum Bewußtsein kommen*. ||**-aissement** m. (esm*a*^{n}). Konnossement, n. ① [Ladeschein]. ||**-aisseur** m. (s*œ*r). Sachkundiger, a. s. ||**-aître*** (*ä*tr). kennen* : *faire* connaître,* bekannt machen; *connaître de nom, de vue,* dem Namen nach, von Ansehen kennen*; *se connaître* en,* sich verstehen* [auf, *acc.*].

connecter (t*é*). anschließen, schalten.

connétable m. (t*à*bl). Konnetabel ④ [Kronfeldherr].

conn||exe a. (kon'n*è*ks). zusammenhängend. ||**-exion** f. (*io*^{n}). Verknüpfung. ||**-exité** f. Zusammenhang, m.

connivence f. (kon'niw*a*^{n}s). Einverständnis, n. [strafbares].

connu, e, a. (n*ü*). bekannt.

conque f. (ko^{n}k). Hohlmuschel.

con||quérant, e, a. (kér*a*^{n}, t). erobernd. ||m. Eroberer ④. ||**-quérir*** (*i*r). erobern. ||**-quête** f. (k*ä*t). Eroberung.

consacrer (ko^{n}-kr*é*). [ein]weihen. ||[forces, etc.] widmen.

con||science f. (ko^{n}s*ia*^{n}s). [morale] Gewissen, n. spl. ||[connaissance] Bewußtsein, n. ||**-sciencieux, euse,** a. (s*iö*, z). gewissenhaft. ||**-scient, e,** a. (s*ia*^{n}, t). bewußt.

con||scription (s*io*^{n}). Aushebung. ||**-scrit** m. (skr*ì*). Rekrut -en, -en. *Fig. fam.* Neuling. ||[élève] Fuchs.

consécration f. (ko^{n}-s*io*^{n}). Einweihung. ||*Fig.* Bestätigung.

consécutif, ive, a. (küt*i*f, *i*w). aufeinander folgend, hintereinander, adv.

cons||eil m. (s*e*j). Rat, pl. Ratschläge. ||[assemblée] Rat. ||[avocat] Rechtsbeistand. ||**-eiller** (sej*é*). raten*. ||m. Ratgeber ④. ||[titre] Rat, Ratsherr, -n, -en. ||**-eilleur** m. (sej*œ*r). Ratgeber ④.

cons||entant, e, a. (sa^{n}t*a*^{n}, t). einwilligend. ||**-entement** m. (sa^{n}tm*a*^{n}). Einwilligung, f. ||**-entir*** (sa^{n}t*i*r) [à]. einwilligen [in, *acc.*].

cons||équemment adv. (kam*a*^{n}). folglich. ||**-équence** f. (k*a*^{n}s). Folge. ||[déduction] Folgerung : *sans conséquence,* unbedeutend; *tirer à conséquence,* Wichtigkeit haben*; *en conséquence,* folglich. ||**-équent, e,** a. (k*a*^{n}, t). folgerecht; *par conséquent,* folglich.

cons||ervateur, trice a. et a. s. (wat*œ*r, tr*ì*s). konservativ. ||m. [de musée] Kustos, ...oden. ||**-ervation** f. (was*io*^{n}). Erhaltung. ||**-ervatoire** m. (wat^{o}*a*r). Konservatorium, ...ien, n. ||**-erve** f. (s*e*rw). Eingemachtes, a. s. n. spl., Konserve. ||**-erver** (w*é*). erhalten*. ||[garder] [bei] behalten*.

considér||able a. (ko^{n}-*à*bl). ansehnlich, beträchtlich. ||**-ant** m. (*a*^{n}). Rechtsgrund. ||**-ation** f. (s*io*^{n}). Betrachtung : *prendre* en considération,* berücksichtigen. ||[examen] Erwägung. ||*Prise en* —, Beachtung. ||[crédit] Ansehen, n. ||[estime] Achtung. ||**-er** (r*é*). betrachten. ||erwägen. ||beachten. ||achten.

cons||ignataire m. (ko^{n}sinjat*ä*r). Konsignatar ①. ||**-ignation** f. (s*io*^{n}). Konsignation. ||**-igne** f. (*i*nj). *Mil.* Wachtorder. ||[punition] Arrest, m. ||[dépôt] Aufbewahrungsstelle. ||[bagages] Gepäckraum, m. ||**-igner** (nj*é*). *Mil.* et *Comm.* konsignieren. ||[punir] Arrest geben*. ||[porte] verbieten*. ||[dépôt] hinterlegen. ||[noter] verzeichnen.

cons||istance f. (t*a*^{n}s). [liquides] Dichtigkeit. ||[solides] Festigkeit. ||**-istant, e,** a. (*a*^{n}, t). verdickt, fest. ||**-ister** [en]. bestehen* [aus, in, *dat.*]. ||**-istoire** m. (t^{o}*a*r). Konsistorium n.

cons||olable a. (ko^{n}-*à*bl). tröstbar. ||**-olant, e,** a. (*a*^{n}, t), **-olateur, trice,** a. et s. (t*œ*r, tr*ì*s). tröstend,

tröstlich. ‖**-olation** f. (*sio*ⁿ). Trost, m. spl.
console f. (*ò*l). Tragstein, m.
consoler. trösten.
cons‖olidation f. (*sio*ⁿ). Befestigung. ‖**-olider.** befestigen.
cons‖ommateur m. (t*œ*r). Konsument, -en, -en [Verbraucher]. ‖**-ommation** f. (*sio*ⁿ). V. *consommer.* Verbrauch, m. spl. ‖[dans un café, etc.] Getränk, n. usw. ‖[écot] Zeche. ‖[acte] Vollziehung. ‖**-ommé, e,** p. a. (m*é*). [parfait] vollkommen. ‖m. [bouillon] Kraftbrühe, f. ‖**-ommer** (m*é*). verbrauchen. ‖[aliments] verzehren. ‖[acte] vollziehen*.
consomption f. (soⁿps*io*ⁿ). Schwindsucht.
cons‖onance f. (n*a*ⁿs). Gleichklang, m. ‖**-onne** f. (*ò*n). Konsonant, -en, -en, m. [Mitlauter, m.].
cons‖ort a. (s*ò*r). Genosse, -n, -n : *Prince consort,* Prinzgemahl ①. ‖**-ortium** m. (s*iò*m). Konsortium, n.
cons‖pirateur, trice, m., f. (koⁿs-t*œ*r, tr*ì*s) Verschworene[r], a. s. m. ‖**-piration** f. (*sio*ⁿ). Verschwörung. ‖**-pirer** tr. sich verschwören [zu].
conspuer (p*üé*). *Fig.* verhöhnen.
constable m. (koⁿst*à*bl). Schutzmann, pl. -leute.
cons‖tamment adv. (m*a*ⁿ). beständig. ‖**-tance** f. (t*a*ⁿs). [choses] Beständigkeit. ‖[personnes] Standhaftigkeit. ‖**-tant, e,** a. (t*a*ⁿ, t). beständig, standhaft. ‖**-tat** m. (t*à*). Tatbestand. ‖**-tatation** f. (*sio*ⁿ). Feststellung. ‖**-tater.** feststellen.
cons‖tellation f. (koⁿ-*sio*ⁿ). Sternbild, n. ‖**-tellé, e,** a. (l*é*). besäet. [mit Sternen].
cons‖ternation f. (*sio*ⁿ). Bestürzung. ‖**-terner.** bestürzen.
consti‖pation f. (koⁿ-*sio*ⁿ). Hartleibigkeit. ‖**-per.** verstopfen.
consti‖tuer (t*üé*). [former] bilden. ‖[un tout] ausmachen. ‖*Polit.* konstituieren. ‖**-tution** f. (tüs*io*ⁿ). [composition] Zusammensetzung. ‖[physique] Körperbeschaffenheit. ‖[politique] Verfassung. ‖[fondation] Gründung. ‖**-tutionnel, le** a. verfassungsmäßig.
constriction f. (koⁿ-iks*io*ⁿ). Zusammenziehung.
constr‖ucteur m. (ükt*œ*r). Erbauer ④. ‖**-uction** f. (üks*io*ⁿ). Erbauung. ‖[édifice] Gebäude, n. ④. ‖**-uire*** (*üi*r). [er]bauen.
consul‖ m. (koⁿs*ü*l). Konsul, -n. ‖**-aire** a. (*ä*r). Konsular... ‖**-at** m. (*à*). Konsulat, n. ①.
consul‖tant, e, a (t*a*ⁿ, t). konsultierend : *avocat consultant,* m., Rechtsberater. ‖**-tatif, ive,** a. (t*i*f, *ì*w). beratend. ‖**-tation** f. (*sio*ⁿ). Beratung. ‖[médicale, etc.] Rat, m. spl. ‖**-ter** (t*é*), um Rat fragen, zu Rate ziehen*. ‖[livre] nachschlagen*.
consumer (koⁿsüm*é*). verzehren. ‖[maladie] abzehren.
conta‖ct m. (koⁿt*a*kt). Berührung, f. ‖*Electr.* Kontakt ①. ‖**-gieux, euse,** a. (*jiö*, **z**). ansteckend. ‖**-gion** f. (*jio*ⁿ). Ansteckung. ‖**-gionner** (ji*ò*n*é*). anstecken. ‖**-miner.** beflekken. ‖[infecter] anstecken.
conte m. (koⁿt). Märchen, n. ④.
cont‖emplateur, trice, m., f. (aⁿ-t*œ*r, tr*ì*s). Beschauer ④. in. ‖**-emplatif, ive,** a. (*i*f, *i*w). beschaulich. ‖**-emplation** f. (*sio*ⁿ). Beschauung. ‖**-empler** (aⁿpl*é*). beschauen.
contemporain, e, a. (r*i*ⁿ, *ä*n). gleichzeitig. ‖s. m. Zeitgenosse -n, -n in, f.
contempteur m. (aⁿpt*œ*r). Verächter ④.
cont‖enance f. (koⁿteⁿ*a*ⁿs). Inhalt, m. ‖[tenue] Haltung. ‖[assurance] Fassung : *faire bonne contenance,* die Fassung bewahren; *perdre contenance,* aus der Fassung kommen*. ‖**-enant** p. s. (*a*ⁿ). [das] Enthaltende a. s. ‖**-enir*** (*i*r). enthalten*. ‖[retenir] zurückhalten*.
cont‖ent, e, a. (t*a*ⁿ, t) [de]. zufrieden [mit]. ‖[joyeux] froh. ‖**-entement** m. (tem*a*ⁿ). Zufriedenheit, f. ‖**-enter.** befriedigen. ‖[se] [de]. sich begnügen [mit].
cont‖entieux, euse, a. (s*iö*, **z**). streitig : *affaire contentieuse,* Streitsache. ‖m. Streitsachendienst. ‖**-ention** f. (*sio*ⁿ). Zusammenhaltung. ‖[d'esprit] Anstrengung.
contenu m. (teⁿ*ü*). Inhalt.
conter (t*é*). erzählen : *en conter,* etwas weismachen.
cont‖estable a. (*à*bl). bestreitbar. ‖**-estation** f. (*sio*ⁿ). Streit, m.

‖**-este** (*te*st). *sans conteste,* unstreitig. ‖**-ester.** bestreiten*.
conteur m. (*tœ*r). Erzähler ④.
cont‖igu, ë, a. (koⁿ-*gü*). anstoßend [an, *acc.*] : *être* contigu,* grenzen [an, *acc.*]. ‖**-iguïté** f. Angrenzung.
continence f. (*a*ⁿs). Enthaltsamkeit.
cont‖inent, e, a. (*a*ⁿ, t). enthaltsam. ‖m. Festland, n. ‖**-inental, e,** a. (*à*l). festländisch, Kontinental...
cont‖ingence f. (iⁿ*ja*ⁿs). Zufälligkeit. ‖**-ingent, e,** a. (*ja*ⁿ, t). zufällig. ‖m. Pfichtanteil. ‖*Mil.* Kontingent, n. ①. ‖**-ingentement** m. Kontingentierung f.
cont‖inu, e, a. (*ü*). fortlaufend, ununterbrochen. ‖**-inuateur, trice,** m., f. (üat*œ*r, tr*ì*s) : Fortsetzer ④, in. ‖**-inuation** f. (*sio*ⁿ). Fortsetzung. ‖**-inuel, le,** a., **-inuellement** adv. (üèlm*a*ⁿ). fortwährend, beständig. ‖**-inuer** (*üé*). tr. fortsetzen. ‖intr. [à *ou* de]. fortfahren* [zu]. ‖**-inuité** f. (üit*é*). Stetigkeit. ‖[persistance] Anhalten, n.
contondant a. (koⁿtoⁿd*a*ⁿ). quetschend.
contorsion f. (*sio*ⁿ). Verdrehung.
cont‖our m. (*tu*r). Umriß. ‖**-ourné, e,** p. a. (*né*). verbogen. ‖**-ourner** (*né*). um... herumgehen*, -fahren* usw., intr. [*sein*].
contr‖actant m. (koⁿ-*a*ⁿ). Vertragschließende, -n. ‖**-acter** [traité] schließen*. ‖[dette] machen. ‖[emprunt] aufnehmen*. ‖[maladie] bekommen*. ‖[habitude] annehmen*. ‖[obligation] eingehen*. ‖*Méd. Gramm.* zusammenziehen*. ‖**-action** f. (*sio*ⁿ). Zusammenziehung.
contr‖adicteur m. (t*œ*r). Widersprecher ④. ‖**-adiction** f. (*sio*ⁿ). Widerspruch, m. ‖**-adictoire** a. (to*a*r) widersprechend.
contr‖aindre* (*i*ⁿdr) [à]. zwingen*, nötigen [zu]. ‖**-aint, e** (*i*ⁿ, t), pp. von *contraindre**. ‖**-ainte** f. (*i*ⁿt). Zwang, m.
contr‖aire a. (*ä*r). entgegengesetzt. ‖[défavorable] ungünstig. ‖m. Gegenteil, n. ‖**-ariant, e,** a. (*a*ⁿ, t) ärgerlich. ‖[choses] widerwärtig. ‖**-arier** (*rié*). [projet] durchkreuzen. ‖[déranger] stören. ‖[fâcher] ärgern. ‖**-ariété** f. Ärger, m. spl. Verdrießlichkeit. ‖**-aste** m. (*a*st) Gegensatz [zu].
contraster [avec]. im Gegensatz stehen* [zu].
contrat m. (*a*). Vertrag.
contravention f. (waⁿ*sio*ⁿ). [a]. Übertretung [*gén.*]. ‖[de police] Polizeivergehen, n. ④.
contre‖ prép. (koⁿtr). gegen, wider. [*acc.*] : *par contre,* dagegen. ‖[tout près] an [*dat.* et *acc.*] : *tout contre,* dicht an. ‖*contre-...,* gegen... ‖**- -amiral** m. (*à*l). Konteradmiral. ‖**- -attaque** f. (*a*k). Gegenangriff, m. ‖**-balancer** (aⁿ-*sé*). aufwiegen*. ‖**-bande** f. (b*a*ⁿd). Schmuggelei, Schleichhandel, m. ‖**-bandier** m. (baⁿd*ié*). Schmuggler ④. ‖**-bas** [en] adv. (b*a*). tiefer unten. ‖**-basse** f. (b*à*s). Kontrabaß, m. ‖**-carrer** (r*é*). entgegenarbeiten. [*dat.*], durchkreuzen. ‖**-cœur** [à] adv. (k*œ*r). ungern. ‖**-coup** m. (k*u*). Gegenstoß. ‖*Méd.* Rückschlag. ‖[réaction] Rückwirkung. ‖**-danse** f. (d*a*ⁿs). Kontertanz, m. ‖**-dire*** (*i*r). widersprechen* [*dat.*]. ‖**-dit** [sans] adv. (d*ì*). unstreitig.
contrée f. (koⁿtr*ée*). Gegend, Landschaft.
contre‖façon f. (koⁿtreˢ-*so*ⁿ). Nachmachung. ‖**-facteur** m. (t*œ*r). Nachmacher ④. ‖**-faire*** (f*ä*r). nachmachen [*dat.* de la personne]. ‖[imiter] nachahmen. ‖**-fait, e** (f*è*, t). pp. de *contrefaire**. ‖p. a. mißgestaltet. ‖**-fort** m. (f*ò*r). Strebepfeiler ④. ‖[montagne] Ausläufer ④. ‖[de chaussure] Hinterleder n. ④. ‖**- -jour** m. (*ju*r). : *à contre-jour,* gegen das Licht. ‖**-maître** m. (m*ä*tr). Werkmeister ④. ‖*Mar.* Bootsmann ②. ‖**-mander** (maⁿd*é*). abbestellen. ‖**-marche** f. (m*a*rsch). Gegenmarsch, m. ‖**-marque** f. (m*a*rk). Gegenzeichen, n. ④. ‖*Théâtre* Kontermarke. ‖**-ordre** m. (*ò*rdr). Gegenbefehl. ‖**-partie** f. (t*i*). Gegenspiel, n. ‖*Mus.* Gegenstimme. ‖**- -pied** m. (p*ié*). Gegenrichtung, f. ‖**-poids** m. (po*a*). Gegengewicht. ‖**-point** m. (po*i*ⁿ). Kontrapunkt. ‖**-poison** m. (poa-*zo*ⁿ) Gegengift, n. ‖**-projet** m. (*jè*). Gegenentwurf. ‖**-scarpe** f. (esk*a*rp). Außenböschung. ‖**-seing** m. (s*i*ⁿ). Gegenunterschrift, f.

‖**-sens** m. (s*a*ⁿs). Gegensinn. ‖[absurdité] Unsinn. ‖*A contresens,* verkehrt. ‖**-signer** (*njé*). gegenzeichnen. ‖**-temps** m. (t*a*ⁿ). [désagrément] Widerwärtigkeit, f. ‖*Mus.* Gegenakt : *à contretemps,* zur Unzeit, f. ‖**--torpilleur** m. (pij*œ*r). Torpedozerstörer ④. ‖**-venant, e,** m., f. (wœn*a*ⁿ, t). Übertreter ④, in. ‖**-venir*** intr. (wœn*i*r). [à]. übertreten*, tr. ‖**-vent** m. (w*a*ⁿ). Fensterladen ③.

contr‖ibuable m. (koⁿ-b*üà*bl). Steuerpflichtige[r], a. s. ‖**-ibuer** (*üé*). beitragen* [zu]. ‖**-ibution** f. (büs*io*ⁿ). Beitrag, m. ‖[impôt] Steuer. ‖[de guerre] Brandschatzung, f.

contr‖ister (*té*). betrüben. ‖**-it, e,** a. (*i*, t). reuig, zerknirscht. ‖**-ition** f. (s*io*ⁿ). Reue, Zerknirschung.

contr‖ôle m. (koⁿtr*o*l). Kontrolle, f. ‖[vérification] Prüfung, f. ‖[or, etc.] Stempelamt, n. ‖— *des changes,* Devisenverordnung, f. ‖**-ôler** (*lé*). kontrollieren. ‖prüfen. ‖stempeln. ‖**-ôleur** m. (l*œ*r). Kontrolleur, -s. ‖Stempler ④.

controuver (u*wé*). ersinnen*.

contr‖overse f. Wortstreit, m. ‖**-overser** (*sé*). bestreiten*.

contumace f. (koⁿtüm*à*s). Kontumaz : *par contumace,* im Abwesenheitsverfahren. ‖ m., f. Nichterscheinende[r], a. s.

cont‖us, e, a. (*ü*, z). gequetscht : *plaie contuse,* f. Quetschwunde. ‖**-usion** f. Quetschung.

conv‖aincant, e, (koⁿwiⁿk*a*ⁿ, t). ppr. de *convaincre**. [preuve] schlagend. ‖**-aincre*** (*i*ⁿkr). überzeugen. ‖[d'un crime, etc.] überführen. ‖**-aincu, e** (k*ü*). p. a. überzeugt.

conv‖alescence f. (ès's*a*ⁿs). Rekonvaleszenz. ‖**-alescent, e,** a. (s*a*ⁿ, t). genesend.

conv‖enable a. (koⁿweⁿ*à*bl). passend, angemessen. ‖[décent] anständig, schicklich. ‖**-enance** f. (n*a*ⁿs). Angemessenheit, Anstand, m. spl. : *par convenance,* anstandshalber; *à votre convenance,* nach Ihrem Belieben. ‖**-enir*** [à]. passen, sich schicken [für]. ‖[de] [concerter] verabreden, tr. ‖[de] [avouer] eingestehen*. ‖[de] [reconnaître] zugeben*. ‖**-ention** f. (aⁿs*io*ⁿ). Übereinkunft, Verabredung. ‖ [assemblée] Konvent, m. ①. ‖**-entionnel, le,** a. (aⁿsiònèl). konventionnell.

convers, e, a. (wèr, s). Laien...

conv‖ersation f. (s*io*ⁿ). Unterhaltung, Gespräch, n. ‖**-erser** (*sé*). sich unterhalten*.

conv‖ersion f. (s*io*ⁿ) [en]. Verwandlung [in, *acc.*]. ‖*Fin.* Konversion. ‖*Relig.* Bekehrung. ‖*Mil.* Schwenkung. ‖**-ertir.** verwandeln. ‖konvertieren. ‖bekehren.

conv‖exe a. (*e*ks). konvex [rund erhaben]. ‖**-exité** f. (*té*). Konvexität.

conviction f. (koⁿwiks*io*ⁿ). Überzeugung.

conv‖ier (*ié*). [à]. einladen* [zu]. ‖**-ive** m. (*iw*). Gast.

convocation f. (koⁿwo-s*io*ⁿ). Zusammenberufung, Einberufung. V. *convoquer.*

convoi m (°*a*). Geleit, n. ‖*Mil.* Bedeckung, f. ‖[train] Eisenbahnzug. ‖[funèbre] Leichenzug.

conv‖oiter (°a*té*). begehren. ‖**-oitise** f. (°at*iz*). Begehrlichkeit. ‖[concupiscence] Lüsternheit.

convoler (*lé*). wieder heiraten.

convoquer (wo*ké*). zusammenberufen*. ‖[parlement] einberufen*.

conv‖oyer (°a*jé*). geleiten. ‖**-oyeur** m. (°aj*œ*r). Geleitschiff, n.

convuls‖er (koⁿwül*sé*). krampfhaft verzerren. ‖**-if, ive,** *a.* (*if, iw*). krampfhaft. ‖**-ion** f. (vüls*io*ⁿ). Zuckung.

coolie m. (kul*i*). Kuli, -s.

coopér‖ateur, trice, m., f. (ko'o-t*œ*r, trìs). Mitarbeiter ④, in. ‖**-atif, ive,** a. (*if, iw*). mitwirkend : *société coopérative,* f., Genossenschaft; [de consommation] Konsumverein, m. ‖**-ation** f. (s*io*ⁿ). Mitwirkung. ‖ [sociétés] Genossenschaftswesen, n. ‖**-er** [à]. mitwirken, mithelfen* [zu].

coor‖dination f. (ko'or-s*io*ⁿ). Beiordnung. ‖**-donner.** beiordnen.

copain m. (p*i*ⁿ). *Fam.* Kumpan ①.

copal m. (*à*l). Kopal.

copeau, x, m. (p*ô*). Hobelspan.

copie f. (*i*). Abschrift. ‖[au net] Reinschrift. ‖[peinture, sculpture]

Nachbild, n. ②. ‖ [imprimée] Abdruck, m. ‖ [à composer] Handschrift. ‖ — *de lettres,* m., Kopierbuch, n.

cop‖ier tr. abschreiben; nachbilden. ‖**-ieur** m. (*iœr*). Abschreiber ④.

copieux, euse, a. (*piö,* **z**). reichlich.

copiste m. et f. (*ist*). Abschreiber ④, in, Kopist, -en, -en, in.

copropriétaire m. (*tär*). Mitbesitzer ④.

coq‖ m. (kòk). Hahn; — *de bruyère,* Auerhahn. ‖*Fig.* — *du village, fam.,* Haupthahn; — *en pâte,* Hahn im Korbe. ‖*Mar. Maître coq,* Schiffskoch. ‖**- -à-l'âne** m. (*lan*). albernes Zeug, spl.

co‖que f. (kòk). Schale : *œuf à la coque,* weich gesottenes Ei, n. ‖ [de navire] Schiffsrumpf, m. ‖**-quelicot** m. (*ko*). Klatschrose, f. ‖**-queluche** f. (kòkl*ü*sch). Keuchhusten, m. ‖*Fig.* Liebling, m. ‖**-querico** m. (kòkeriko). Kikeriki, n. ‖**-quet, te,** a. (*kè,* t). gefallsüchtig. ‖ [choses] schmuck, zierlich. ‖**-queter** (kòkt*é*). schön tun, kokettieren. ‖**-quetier** m. (kòkt*ié*). Eierbecher ④. ‖**-quette** f. (*kèt*). Kokette. ‖**-quettement** adv. (*man*). zierlich. ‖**-quetterie** f. (kètr*i*). Gefallsucht. ‖**-quillage** (kij*àj*) m. Muschel, f. ‖ [coquille] Schale, f. ‖**-quille** f. (*kij*). Schale. ‖*Typ.* Druckfehler, ④. ‖**-quin, e,** m., f. (*kin,* *in*). Schurke, m. -n, -n, ...in, Spitzbube, -n, -n, ...bübin. ‖ [fripon, et *fig.*] Schelm, in. ‖a. schurkisch. ‖*Fig.* schelmisch. ‖**-quinerie** f. (kinr*î*). Schurkerei. ‖ [tour] Schelmstreich, m.

cor m. (kòr). Horn, n. ②. ‖*Fig. A cor et à cri,* mit Ungestüm. ‖ [au pied] Hühnerauge, -n, n.

corail, aux, m. (*àj,* ro). Koralle, f.

Coran m. (*an*). Koran.

corbeau, x, m. (*bô*). Rabe, -n, -n.

corbeille f. (*bäj*). Korb, m., Körbchen, n. ④ : — *à papier,* Papierkorb, m.; — *de mariage,* Brautgeschenk, n. ‖ [à la Bourse] Maklerraum, m.

corbillard m. (bijar). Leichenwagen ④.

cordage m. (*aj*). Seilwerk, n. spl. ‖*Mar.* Tauwerk, n. spl.

cor‖de f. (kòrd). [à puits, etc.] Seil, n. : *sauter à la corde,* Seil springen*. ‖ [longe] Strang, m. ‖ [mince] Strick, m. ‖ [de halage] Leine. ‖ [d'arc] Sehne. ‖ [de violon] Saite. ‖ [mesure] Klafter. ‖Loc. *Homme de sac et de corde,* Galgenstrick, m.; *montrer* [*être* usé jusqu'à*] la corde,* fadenscheinig sein*; *toucher la corde sensible,* den kitzlichen Punkt berühren. ‖**-deau, x,** m. (*dô*). Schnur, ¨e, f.

cor‖dée f. (*dée*). [alpinisme] Anseilen, n. ‖**-delette** f. (delèt). Strickchen, n. ‖**-delier** m. (*lié*). Franziskaner ④. ‖**-delière** f. (*liär*). Gürtelschnur. ‖**-der** (*dé*). schnüren, binden* [mit e. Strick]. ‖**-derie** f. (der*i*). Seilerei, [lieu] Seilerbahn.

cor‖dial, pl. **aux, e,** a. (*iàl. o*). herzlich. ‖m. Herzstärkung, f. ‖**-dialité** f. Herzlichkeit.

cor‖dier m. (*dié*). Seiler ④. ‖**-don** m. (*don*). Schnur, f. ‖*Fig.* : — *sanitaire,* Sicherheitssperrlinie, f.; — *-bleu,* erfahrene Köchin, f. ‖**-donnerie** f. (donr*i*). [métier] Schuhmacherei. ‖ [magasin] Schuhwarenhandlung. ‖**-donnet** m. (*nè*). Schnürchen, n. ④. ‖ [de soie] Drehseide, f. ‖**-donnier** m. (*nié*). Schuhmacher ④, Schuster ④.

coreligionnaire m. (jion*är*). Glaubensgenosse, -n, -n.

coriace (*iàs*). zähe.

corindon m. (in*don*). Korund ①.

cormoran m. (*an*). Kormoran ①.

cornac m. (*àk*). Kornak, -s [Elefantenführer].

cornaline f. (*lìn*). Karneol, m. ①.

cor‖nard m. (*ar*). *fam.* Hahnrei ①. ‖ **-ne** f. (korn). Horn, n. ②. ‖ [chausse-pied] Schuhanzieher, m. ④. ‖ [dans un livre] Eselsohr, -en, n. ‖*Faire les cornes* [*à*], verhöhnen. ‖*Fam.* : *porter des cornes,* Hahnrei sein*. ‖**-né, e,** a. (*né*). hornartig. ‖**-née** f. (*née*). Hornhaut.

cor‖neille f. (*äj*). Krähe. ‖**-nemuse** f. (nem*üz*). Dudelsack, m.

cor‖ner (*né*). intr. ins Horn stoßen*, tuten, hupen. ‖tr. [page] ein Ohr machen. ‖**-net** m. (*nè*). Hörnchen, n. ④ : *cornet acoustique,* Hörrohr, n.; *cornet à piston,* Klapphorn, n. ‖ [en papier] Tüte,

f. ||**-nette** f. (èt). [d. Nonnen] Flügelhaube.

corniche f. (isch). Karnies, n. [Kranzleiste].

cornichon m. (sch*o*ⁿ). Essiggurke, f. ||*Fam.* Dummkopf.

cornière f. (*iär*). Eckrinne.

cornouiller m. (ujé). Kornelkirschenbaum.

corn||u, e, a. (nü). gehörnt. ||**-ue** f. (nü). Kolben m. ④, Retorte.

cor||ollaire m. (är). Zusatz. ||*Math.* Folgesatz. ||**-olle** f. (ôl). Blumenkrone.

corpor||atif, ive, a. (if, iw). körperschaftlich. ||**-ation** f. Körperschaft, Innung. ||**-el, le,** a. körperlich.

corp||s m. (kòr). Körper ④, Leib ②. ||[mort] Leichnam ①. ||*Techn.* Hauptteil. ||— *de bâtiment,* Hauptgebäude, n.; — *enseignant,* Lehrkörper; — *de métier,* Gewerk, n., Zunft, ¨e, f. ||*Mil.* — *d'armée,* Armeekorps, n. inv.; — *de troupes,* Truppenteil; — *franc,* Freischar, f.; — *de garde,* Wache, f. ||Loc. *A son corps défendant,* mit äußerstem Widerstreben; *corps à corps,* Mann gegen Mann; *combat corps à corps,* Nahkampf; *en corps,* alle insgesamt; *esprit de corps,* Gemeingeist; *faire* corps avec,* eng verbunden sein* [mit]; *à corps perdu,* mit Todesverachtung, blindlings; [périr] *corps et biens,* mit Mann und Maus; *prendre* corps,* feste Gestalt annehmen*; *prendre* du corps,* beleibt werden; *séparation de corps et de biens,* Trennung von Tisch und Bett. ||**-ulence** f. (ül*a*ⁿs). Beleibtheit. ||**-ulent, e,** a. (*a*ⁿ, t). beleibt. ||**-uscule** m. (üskül). Körperchen, n. ④.

corr||ect, e, a. (ekt). richtig, korrekt. ||[langage] fehlerfrei. ||**-ecteur** m. (tœr). *Typ.* Korrektor, -en [Druckberichtiger]. ||[examens] Korrektor. ||**-ectif** m. (if). Milderungsmittel, n. ④. ||**-ection** f. (si*o*ⁿ). Verbesserung. ||[d'épreuves] Korrekturlesen, n., Berichtigung. ||[manières] Korrektheit. ||[châtiment] Züchtigung; *maison de correction,* Zuchthaus, n. ||**-ectionnel, le,** a. (siònèl). zuchtpolizeilich.

corr||élatif, ive, a. (tif, iw). korrelativ. ||**-élation** f. (si*o*ⁿ). Korrelation [Wechselbeziehung].

corr||espondance f. (oⁿd*a*ⁿs). Briefwechsel, m. ||[chemin de fer] Verbindung, Anschluß, m. ||[billet] Umsteigekarte. ||**-espondant** m. (d*a*ⁿ). Korrespondent, -en, -en. ||*Comm.* Geschäftsfreund. ||[de journal] Berichterstatter ④. ||**-espondre** (*o*ⁿdr). entsprechen*. ||[par lettres] Briefe wechseln.

corridor m. (dòr). Gang.

corri||gé m. (jé). Reinschrift, f. ||**-ger** (jé). verbessern. ||[épreuves] berichtigen. ||[châtier] züchtigen.

corroborer (kòr'rò-ré). bekräftigen.

corroder (dé). beizen.

corrompre (*o*ⁿpr). verderben*. ||[suborner] bestechen*. ||[se]. verwesen, intr. [*sein*].

corrosif, ive, a. (zif, iw). ätzend, beizend.

corr||oyer (kor°ajé) [Leder] zurichten. ||**-oyeur** m. Lederzurichter ④.

corrup||teur, trice, a. (kor'rüptœr, trìs). verderbend. ||m. Verderber ④. ||**-tion** f. (si*o*ⁿ). Verderbtheit. ||[subornation] Bestechung.

corsage m. (saj). Leibchen, n. ④, Taille, f.

corsaire m. (sär). Seeräuber ④. ||[navire] Raub- *ou* Kaperschiff, n.

Corse f. (kòrs). Korsika, n. ||m., f. Korsikaner ④, in, Korse, -n, -n, ...sin. ||a. korsisch.

corsé, e, a. (sé). stark.

corselet m. (sœlè). Brustschild.

corser. verstärken. ||*Fam. : cela se corse,* es wird ernsthaft.

cor||set m. (sè). Mieder, n. ④, Korsett, n. ①. ||**-setier, ière,** m., f. (sœtié, iär). Korsettmacher, in.

cortège m. (täj). Gefolge, n. ④. ||[défilé] Aufzug.

corv||éable a. (wéàbl). fronpflichtig. ||**-ée** f. Frondienst, m. ||*Mil.* Handdienst, m. ||*Fig.* lästige Arbeit.

corvette f. (wèt). Korvette.

coryphée m. Chorführer ④.

coryza m. (zà). Schnupfen ④.

cosaque m. (kozàk). Kosak, -en, -en.

cosinus m. (üs). Kosinus ①.

cosmétique a. (ìk). kosmetisch. ||m. Schönheitsmittel, n.

cos||mique a. (*ì*k). kosmisch. ||**-mographie** f. Kosmographie. ||**-mopolite** a. (*ì*t). weltbürgerlich. ||m. Weltbürger ④.
cosse f. (k*ò*s). Hülse. ||[de pois] Schote.
cossu, e, a. (s*ü*). *Fig.* wohlhabend.
cos||tume m. (t*ü*m). Anzug. ||[tenue] Tracht f. ||**-tumer** (tüm*é*), verkleiden. ||**-tumier, ière,** m., f. (m*ié*, *iär*). Theaterschneider ④, in.
cotation f. (si**o**n). *Fin.* Preisstellung.
cote f. (k*ò*t). Nummer. ||[Bourse] Kurszettel, m. ④. ||[impôt] Kopfsteuer. ||— *mal taillée*, f., Durchschnittsvergleich, m.
côte f. (k*ô*t). *Anat.* Rippe. *Côte à côte,* Schulter an Schulter; *se tenir les côtes de rire,* sich vor Lachen die Seiten halten*. ||[montée] Abhang, m. ||[rivage] Küste.
côté m. (t*é*). Seite, f. ||LOC. *A côté,* daneben, adv.; *à côté de,* neben, prép.; *...d'à côté,* Neben...; *aux côtés de,* zur Seite; *bas-côté,* Nebenschiff, n.; *de côté* [vue], von der Seite, schief; *mettre de côté,* beiseite legen; *de côté et d'autre,* hin und her; *de mon* [*ton,* etc.] *côté,* meiner-, deinerseits usw.; *du côté,* auf der [die] Seite; [provenance] von der Seite; *du côté droit* [*gauche*], zur Rechten, f., zur Linken, f; *le mauvais côté,* die Rückseite, f.
coteau, x, m. (t*o*). Hügel ④.
côtelé, e, a. (kotl*é*). gerippt.
côtelette f. (l*è*t). Kotelett, n. ①.
coter (k*ò*t*é*). mit Nummern bezeichnen. ||[copie] eine Note geben*. ||[Bourse] notieren. ||*Être bien coté,* gut angeschrieben sein*.
coterie f. (tr*i*). Sippschaft.
cothurne m. (t*ü*rn). Kothurn ①.
côtier ière, a. (*tié*, *iär*). Küsten...
cot||isation f. (ko-**z**asi**o**n). Beitrag, m. ||**-iser** [**se**] (**z***é*). seinen Beitrag geben*.
cot||on m. (t**o**n). Baumwolle, f. ||**-onnade** f. (*ò*n*à*d). Kattun, m. ①. ||**-onneux, euse,** a. (n*ö*, **z**). wollicht, faserig. ||**-onnier** m. (n*ié*). Baumwollstaude, f. ||**-onnier, ière,** a. Baumwoll[en]...
côtoyer (t^o^aj*é*). entlang gehen* [fahren usw.] [an, *dat.*].
cotre m. (k*ò*tr). Kutter ④.
cotret m. (tr*è*). Reis- *ou* Holzbündel, n. ④.
cottage m. (*à*j). Landhäuschen, n. ④.
cotte f. (k*o*t). Rock, m. [ohne Taille] : — *de mailles,* Panzerhemd, -en, n. ||[d'ouvrier] Leinenhose.
cotylédon m. (**o**n). Kotyledone, f.
cou m. (k*ù*). Hals.
couac m. (ku*àk*), *fam.* falscher Ton.
cou||ard, e, a. (ku*àr*, d). feige. ||**-ardise** f. (d*iz*). Feigheit.
cou||chage m. (kusch*a*j). Übernachten, n. ||[literie] Bettzeug, n. ④. ||**-chant** a. (**a**n). [astre] untergehend. ||m. Westen, Abend. ||**-che** f. (kusch). Bett, -en, n., Lager, n. ④. ||[lange] Windel, Schicht. ||[jardin] Mistbeet n. ①. ||*Fausse couche,* Fehlgeburt. ||pl. *Couches,* Kind- *ou* Wochenbett, n. spl. : *en couches,* in den Wochen; *femme en couches,* Wöchnerin. ||**-ché, e,** p. a. (sch*é*). liegend. *Être couché,* liegen* [*haben*]. ||**-cher** (sch*é*). tr. [hin]-legen. ||[enfant] ins Bett legen. ||[héberger] beherbergen. ||[incliner] neigen. || — *par terre,* hinstrecken; — *en joue,* anlegen [auf, *acc.*]. ||m. Nachtlager n. ||[**se**]. sich [hin]legen; *aller* se coucher,* zu Bette gehen*. ||[astre] untergehen*, intr. [*sein*]. ||intr. liegen* [*haben*]. ||[dormir] schlafen*. ||[passer la nuit] übernachten. ||**-chette** f. (sch*è*t). Bettchen, n. ④. [bateau] Koje. ||**-cheur, euse,** m., f. ||*Fig.* : *mauvais* —, unverträglicher Mensch, m.
couci-couci, -couça (s*i*, -s*a*). soso.
coucou m. (kùk*ù*). Kuckuck ①. ||[pendule] Kuckucksuhr, f. Schwarzwälder ④.
cou||de m. (k*ù*d). Ellbogen ④. ||*coude à coude,* Schulter an Schulter; *jouer des coudes,* sich durchdrängen. ||*Fig.* [tournant] Biegung, f. ||[tuyau] Knieröhre, f. ||**-dé, e,** a. (kud*é*). gekrümmt, gebogen. ||**-dée** f. (dee). Vorderarm. m. ||*Fig. Avoir* ses coudées franches,* freie Hand haben*.
cou-de-pied m. (kudp*ié*). Spann ①.
cou||der. knieförmig biegen*. ||**-doyer** (d^o^aj*é*). mit den Ellbogen stoßen*.
coudraie f. (dr*ä*). Haselgebüsch, n.

coudre* (kudr). nähen.
coudrier m. Haselstrauch.
coue||nne f. (kuèn). Schwarte. ||**-nneux, euse,** a. (nö, z). [angine] häutig.
couette f. (kuèt). Federbett, -en, n.
couguar m. (kuguar). Kuguar ①.
coul||age m. (kulaj). *Métall.* Gießen, n. ||[liquides] Auslaufen, n. ||*Fig.* [gaspillage] Vergeuden, n. ||[lessive] Bäuchen, n. ||**-ant, e,** a. (an, t). fließend. ||*Fig.* willfährig. ||[en affaires] kulant. ||m. Schieber ④.
coul||e f. (kùl), *pop.* : *être* à la coule,* genau Bescheid wissen*. ||**-é** m. (lé). *Mus.* Schleifung, f. ||[danse] Schleifschritt. ||[billard] Nachläufer ④. ||**-ée** f. (lee). Guß, m. ||*Métall.* Stich, m. ||**-er.** intr. fließen* [*sein*]. ||[bateau] versinken [*sein*]. ||tr. [fonte] gießen*. ||[lessive] beuchen. ||[à fond] in den Grund bohren, versenken. ||*Fig.* [perdre, ruiner] zugrunde richten. ||[passer] verleben. ||**-eur** f. (œr). Farbe. ||*Sous couleur de,* unter dem Vorwand.
coul||euvre f. (œwr). Natter. ||*Fam.* *Avaler des couleuvres,* seinen Ärger hinunterschlucken. ||**-euvrine** f. (ìn). Feldschlange.
coul||is m. (kùli). Kraftbrühe, f. ||*Vent coulis,* Zugluft, f. ||**-isse** f. (is). Rinne. ||*Cout.* Schnürrinne. ||*A coulisse,* Schieb[e]... : *porte à coulisse,* Schieb[e]tür. ||[théâtre, Bourse] Kulisse. ||**-isser** (sé). mit einer Schnürrinne versehen*. ||**-issier** m. (sié). Pfuschmakler ④, Stockjobber ④.
couloir m. (kùloar). [Verbindungs-] Gang.
coulure f. (ür). Ausfallen, n. spl. ||[vigne] Abfallen, n., Schwinden, n.
coup m. (kù). [main, bâton] Schlag. ||[choc, poussée, vent] Stoß. ||[lame, fouet] Hieb. ||[pointe] Stich. ||[tape, tour, acte] Streich. ||[plume, pinceau, peigne, archet] Strich. ||[pied] [Fuß-] Tritt. ||[arme à feu] Schuß. ||[jeu] Zug. ||[dés] Wurf. ||[gorgée] Schluck ① : *boire* un coup,* einen Schluck tun*. ||— *d'épaule, fig.,* Beihilfe, f. || — *d'essai,* erster Versuch, Probestück, n. || — *d'État,* Staatsstreich. || — *de l'étrier,* Abschiedstrunk. || — *de filet,* Netzzug. ||— *de force,* Gewaltstreich, Putsch. ||— *de grâce,* Gnadenstoß. ||— *de Jarnac,* heimtückischer Streich. ||— *de langue* [*de patte*], Stichelrede, f. || — *de main, Mil.* Handstreich. ||[aide] *donner un — de main,* behiflich sein*. || — *de maître,* Meisterstück, n. || — *d'œil,* Blick; *avoir* du coup d'œil,* sicheren Blick haben*. || — *de poing,* Faustschlag; [*américain*] Schlagring. || — *de sang,* Blutsturz. || — *de sonde, fig.,* Stichprobe, f. ||— *de soleil,* Sonnenstich. ||— *de tête,* unbesonnener Streich. ||— *de théâtre,* unerwartete Wendung, f. ||LOC. *A coup sûr,* sicher, unfehlbar; *à coups de...,* mit...; *au coup de midi,* [mit dem] Schlag zwölf; *après coup,* hinterdrein; *être* aux cent coups,* nicht wissen*, wo einem der Kopf steht; *d'un coup,* auf einem Schlag; *encore un coup,* noch einmal; *fam., monter le coup* [*à*], einen Bären aufbinden*; *faire* d'une pierre deux coups,* zwei Fliegen mit einer Klappe schlagen*; *pour le coup,* diesmal; *sans coup férir,* ohne Schwertstreich; *tout à coup,* plötzlich, adv.; *tout d'un coup,* mit einem Male.
coupable a. (kupabl) [personne] schuldig. ||[acte] strafbar.
cou||page m. (paj). Verschneiden, n. [des Weins]. ||**-pant, e,** a. schneidend, scharf.
cou||pe f. (kùp). 1. Schneiden, n. spl. ||[façon] et *Géom.* Schnitt, m. ||[vêtements] Zuschnitt, m. ||[surface] Schnittfläche. ||[de bois] Holzschlag, m. ||[cartes] Abheben, n. ||LOC. *Être* sous la coupe de...,* in [*gén.*] Gewalt stehen. ||2. [vase] Becher, m. ④. ||[à fruits] Schale. ||**-pé** m. (pé). Coupé, Kupee, -s n. ||[compartiment] Abteil, m. et n. ||**-pe-choux** m. (schu). *Fam.* Käsemesser, n. ④ [Säbel]. ||**-pe-circuit** m. (sirküi). Sicherung, f., Sicherheitschalter. ||*-pée* f. (pée). Öffnung. ||*Mar.* Fallreep n. ||**-pe-file** m. (fil). Paßkarte, f. [der Journalisten]. ||**-pe-gorge** m. (gòrj). Räuberhöhle, f. ||**-pe-jarret** m. (jarè). Gurgelabschneider ④. ||**-pelle** f. (pèl). Probiertiegel, m. ||**-pe-papier** m. (pié).

Falzbein, n., Papiermesser, n. ||**-per.** tr. schneiden*. ||[tailler] zuschneiden*. ||[enlever] abschneiden*. ||[bois] abhauen. ||[tête] abschlagen*. ||[communication] abbrechen. ||[en travers] durchschneiden*. ||[châtrer] verschneiden* ||[cartes] abheben*. || [d'eau] verdünnen. ||[coupage] verschneiden*. ||*Couper la parole à qn.*, einem ins Wort fallen*. ||intr. quer gehen* [durch]. *Couper court,* abbrechen*; *couper dans le pont, pop.*, in die Falle geraten*; *couper les gaz, autom.*, abdrosseln. ||**-peret** m. (prè). Hackmesser, n. ④.

cou||perose f. (prôz). Vitriol, n. ①. ||*Path.* Kupferausschlag, m. ||**-perosé, e,** a. (zé). *Nez couperosé,* Kupfernase, f. ||**-peur, euse,** m., f. (pœr, öz). Zuschneider ④, in.

cou||ple f. (kùpl). [lien] Koppel. ||[paire] Paar, n. [pl. de mesure inv. : *zwei Paar*], zwei. ||m. Paar, n. ①. Z. B. : *couple d'amis,* Freundespaar, n. ||**-pler** (plé). zusammenkoppeln. ||**-plet** m. (plè). Strophe, f.

coupoir m. (kupoar). Blechschere, f.

coupole f. (òl). Kuppel.

coup||on m. (on). Stoffrest ②. ||[d'intérêts] Zinsschein, Kupon, -s. || *Coupon-réponse,* Antwortschein. ||**-ure** f. (ür). Schnitt, m. ||[entaille] Einschnitt, m. ||[blessure] Schnittwunde. ||[de journal] Ausschnitt, m. ||[billet] kleine Banknote. ||[de courant] Stromsperre.

cour f. (kùr). [de maison, de prince, de justice] Hof. ||[tribunal] Gericht, n. *Dans la cour,* auf dem Hofe; *à la cour,* bei Hofe, am Hofe; *cour d'appel, cour de cassation,* Berufungs- *ou* Appellations-, Kassationsgericht, n.; *cour des comptes,* Oberrechnungskammer; *cour d'entrée,* Vorhof, m.; *cour martiale,* Kriegsgericht, n.; *cour de Rome,* römische Kurie; *cour suprême,* Oberlandesgericht, n. ||LOC. *Être bien en cour,* bei Hofe in Gunst stehen*, *fig.* gut angeschrieben sein*; *faire* la cour [à une femme]*, den Hof machen; *faire* sa cour [à qn]*, seine Aufwartung machen.

cour||age m. (kuraj). Mut, spl. [*Re*] *prendre courage* [wieder] Mut fassen. ||*Prendre son courage à deux mains,* sich aufraffen. ||**-ageux, euse** a. (jö, z). mutig, beherzt.

cour||amment adv. (man). geläufig. ||**-ant, e,** a. (an, t). laufend. ||[ordinaire] gewöhnlich. ||[eau] fließend. ||[monnaie] gangbar. ||m. [eau électr.] Strom. ||[afflux] Strömung, f. || — *d'air,* Luftzug. ||[du mois] *Le dix courant,* am zehnten dieses Monates [d. M. *ou* ds.]; *être* [mettre*] *au courant* [*de*], bekannt sein* [machen*] [mit]; *tenir* au courant,* auf dem Laufenden erhalten*. ||**-ante** f. (ant), *fam.* Durchfall, m.

cour||batu, e, a. kreuzlahm. ||**-bature** f. (kur-tür). Steifheit. ||**-be** a. (kurb). gebogen, krumm. ||f. Krummlinie. ||**-ber** (bé). biegen*, krümmen; [faire fléchir] niederbeugen. ||**-bette** f. (bèt). Bückling, m., Verbeugung. ||**-bure** f. (ür). Biegung, Krümmung.

courette f. (kurèt) : kleiner Hof, m.

coureur, euse, m., f. (œr, öz). Läufer ④, in. ||[de courses] Wettläufer, m. ||[de filles] Mädchenjäger, m. ||[cheval] Rennpferd, n.

courge f. (kurj). Kürbis, m.

courir* (kurir). intr. laufen* [*sein*]. ||[rapidement] rennen* [*sein*]. ||[courses] wettlaufen* [um]. ||[nuages] ziehen* [*sein*]. ||*Courir après* [personnes], nachlaufen*, [*dat.*]; [choses] nachjagen, [*dat.*]. ||tr. [pays, etc.] durchlaufen*, durchstreifen : *courir* le monde,* in der Welt umherreisen [*sein*]; *courir* les bals,* etc., sich auf Bällen usw. herumtreiben*; *courir* la poste,* mit Extrapost fahren*; *fig.* sehr eilen. ||*Être* couru,* sehr gesucht sein*; [spectacle, etc.] großen Zulauf haben*. ||*Courir le danger,* Gefahr laufen. ||*Le bruit court,* das Gerücht läuft um.

courlis m. (li). Brachvogel ③.

couronn||e f. (kuròn). Krone. ||[fleurs] Kranz, m. ||**-ement** m. (ònman). Krönung, f. ||**-er** (né). krönen. ||[œuvre] die Krone aufsetzen [*dat.*]. ||[se]. [cheval] kahle Knie[e] bekommen*.

courr||e (kùr) : *chasse à courre,* f. Hetzjagd. ||**-ier** m. (ié). Eilbote,

-n, -n. ‖[lettres] Briefe. ‖[distribution] [Tages-] Post, f. : *par retour du courrier,* mit wendender Post, umgehend.

courroie f. (°a). Riemen, m. ④.

courr‖oucer (usé) erzürnen. ‖**-oux** m. (rù). Zorn, [heftiger] Grimm.

cours m. (kur). Lauf : — *d'eau,* Wasser[lauf]; — *de ventre,* Durchlauf; *donner libre cours à,* freien Lauf lassen*. ‖[temps] Verlauf : *au cours de,* im Verlauf [*gén.*]; *voyage au long cours,* m., weite Seereise, f. ‖[marché] Marktpreis. ‖[Bourse] Kurs ①. *Avoir* cours,* gangbar sein*. ‖[leçon] Vorlesung. f., Kurs : *faire* un cours,* eine Vorlesung halten*. ‖[promenade] Spazierweg, Allee, f.

cour‖se f. (kùrs). Laufen, n. spl. ‖[de chevaux] [Pferde-] Rennen, n. ④ : *champ de courses,* m., Rennbahn, f. ‖[commission] Gang, m. ‖[piraterie] Kaperei. ‖**-sier** m. (*sié*). [Streit-] Roß, n. ①.

court m. (kùr). Tennisplatz.

court‖, e, a (kùr, t). kurz ‖[vues] beschränkt : *être* à court d'argent,* nicht sehr bei Geld sein*; *rester court,* stecken bleiben*. ‖adv. : *tout court,* kurzweg. ‖**-age** m. (*taj*). Maklergebühr, f. ‖**-aud, e,** m. (*to,* d). untersetzte Person, f. ‖**- -bouillon** m. (bujo^n^). Fischbrühe, f. ‖**- -circuit** m. (sirküi). Kurzschluß. ‖**-epointe** f. (t^e^poi^n^t). Steppdecke. ‖**-ier** m. (*tié*). Makler ④ : — *marron,* Pfuschmakler.

court‖il m. (*til*). Gärtchen, n. ④. ‖**-ilière** f. (*liär*). Maulwurfsgrille.

courtine f. (*in*). Bettgardine, Mittelwall, m.

court‖isan m. (*za*^n^). Hofmann, pl. -leute, Höfling. ‖**-isane** f. (*zàn*). Buhlerin. ‖**-iser** (*zé*). tr. den Hof machen [*dat.*] ‖**-ois, e,** a. (*t°a, z*). köflich. ‖**-oisie** f. (*zî*). Höflichkeit.

cous... V. *coudre**.

cousette f. (zet). *Fam.* Schneidermamsel.

cou‖sin, e, m., f. (kùzi^n^, ìn). Vetter, -n, m., Base f., Cousine, f. ‖[Insecte] Stechmücke, f. ‖**-siner** (*ziné*). Vetter nennen*.

cou‖ssin m. (si^n^). Kissen, n. ④.
‖**-ssinet** m. (sinè). kleines Kissen, n. ④.

cousu, e (zü), pp. von *coudre**. *Fig. cousu d'or,* steinreich.

coû‖t m. (ku). Kaufpreis. ‖[frais] Kosten pl. : *coût de la vie,* Lebenshaltungskosten, pl. ‖ **-tant** p. a. : *prix coûtant,* Kaufpreis, m.

cou‖teau, x, m. (kùtô). Messer n. ④ : *couteau à cran d'arrêt,* Messer mit Zwinge; *couteau à papier,* Papiermesser, n.; *couteau de poche,* Taschen- *ou* Klappmesser, n. ‖*A couteaux tirés,* spinnefeind, a. attr. ‖**-telas** m. (kutla). Hirschfänger ④. ‖**-telier** m. (tœlié). Messerschmied. ‖[marchand] Messerhändler ④. ‖**-tellerie** f. (tèlri). Messerschmiedewaren, pl.

coû‖ter (kuté). kosten. *Coûte que coûte,* es koste, was es wolle. ‖**-teux, euse,** a. (*tö, z*). kostspielig.

coutil m. (kùti). Zwilch, Zwillich.

cou‖tume f. (tüm). Gewohnheit. ‖[générale] Sitte. ‖**-tumier, ière,** a. (*ié, iär*). gewohnt, herkömmlich.

cou‖ture f. (tür). [acte] Nähen, n. ‖[travail] Näharbeit. ‖[place cousue] Naht, ¨e. ‖[industrie] Näherei. ‖*Battre* à plate couture,* in die Pfanne hauen*. ‖**-turer** (türé). [de cicatrices] benarben. ‖**-turier, ière,** m., f. (tü*rié, iär*). Schneider ④, Näherin.

couvée f. (kuwee). Brut. ‖[nichée] Nestvoll Eier, n. ④.

couvent m. (wa^n^). Kloster, n. ③.

couver tr. (wé). brüten. ‖*Fig.* aussinnen*, aushecken. ‖*Fig. Couver des yeux,* kein Auge verwenden* [von]. ‖intr. [feu] glimmen*.

couv‖ercle m. (èrkl). Deckel ④. ‖**-ert, e,** p. a. (èr, t). V. *couvrir**. ‖[ciel] trüb. ‖[voix] heiser. ‖m. Tischzeug, n. ‖[d'une personne] Gedeck, n. ‖[cuiller et fourchette] Besteck, n. Kuvert, n. ‖*Mettre* le couvert,* den Tisch decken; *ôter le couvert,* abdecken. ‖[abri] Schutz, Deckung, f. ‖*A couvert,* unter Dach und Fach; *se mettre* à couvert,* sich sicher stellen. ‖*Fig. Sous le couvert de,* unter dem Deckmantel [*gén.*]. ‖**-erture** f. (tür). [de lit, de voyage] Decke. ‖[*Mil. et Comm.*] Deckung. ‖[de livre] Einband, m.

couv||**euse** f. (*öz*). Bruthenne. || [artificielle] Brutkäfig, m. ||**-i, e,** a. angebrütet.
couvr||**e-chef** m. (kuwr^e^schèf). Kopfbedeckung, f. ||**-e-feu** m. (fö). Abendgeläut, n. || *Milit.* Sperrstunde, f. ||**-e-lit** m. (li). Bettdecke, f. ||**-e-pieds** m. (pié). Fußdecke, f. ||**-eur** m. (œr). Dachdecker ④. ||**-ir*** (*ir*). decken. || [recouvrir] bedecken. || [**se**]. [la tête] sich bedecken. || [ciel] sich bewölken.
coxalgie f. (*ji*). Hüftweh, n.
crabe m. (kràb). Krabbe, f.
crac ! interj. krach !
crach||**at** m. (schà). Auswurf. || [décoration] Ordensstern. ||**-ement** m. (àschma^n^). Ausspeien, n. spl. ||**-er** (sché). [aus]speien*. [aus] spucken. *Fig. fam. Tout craché,* aus den Augen geschnitten. ||**-oir** m. (^o^ar). Spucknapf. ||**-oter** (òté). oft, aber nur wenig speien.
craie f. (krä). Kreide.
craign... V. *craindre**.
crain||**dre*** (kri^n^dr). fürchten. || [redouter] scheuen. || [appréhender] befürchten. ||**-te** f. (kri^n^t). [de]. Furcht, spl. [vor, *dat.*]. ||**-tif, ive,** a. (*tif, iw*). furchtsam.
cramoisi, e, a. (m^o^azi). karmesinrot.
cramp||**e** f. (kra^n^p). Krampf, m. ||**-on** m. (o^n^). Klammer f. ||*Fig. fam.* Klette, f. ||**-onner** (òné). anklammern. ||*Fig. fam.* belästigen.
cran m. (kra^n^). Kerbe, f. *Au cran d'arrêt,* in Ruhe. ||*Pop. Avoir* du cran,* Schneid haben*.
crân||**e** m. (kran). Schädel ④. ||a. dreist. ||**-er** (né), *pop.* großtun. ||**-erie** f. (anri). Dreistigkeit. ||**-eur** (œr), *pop.* Großtuer.
crap||**aud** m. (pô). Kröte, f. || [siège] niedriger Lehnstuhl. ||*Fam.* [enfant] Bengel ④. ||**-audine** f. (din). Spannbock, m.
crapouillot m. (jo). Böller.
crap||**ule** f. (ül). [débauche] Schlemmerei. ||*Pop.* [gens] Lumpenpack, n. spl. || [individu] Lump -en, -en, m. ||**-uleux, euse,** a. (ülö, z). schlemmerhaft.
cra||**que** f. (kràk). *Fam.,* Aufschneiderei. ||**-quelé, e,** a. (lé). rissig. ||**-quelin** m. (kli^n^). Brezel, f. ||**-quelure** f. (klür). Abschuppung. ||**-quement** m. (kma^n^). Krachen, n. spl. ||**-quer** krachen. ||*Fam.* aufschneiden*.
crass||**e** f. (kràs). Schmutz, m. || [métaux] Schlacke. ||*Fig. fam. : Faire* une crasse* [à], unfein handeln [gegen]. ||a. [ignorance] grob. ||**-eux, euse,** a. (sö, z). schmutzig. || [graisseux] schmierig.
cratère m. (tär). Krater ④.
crava||**che** f. (wasch). Reitpeitsche. ||**-cher.** mit der Reitpeitsche schlagen.
crava||**te** f. (wàt). Halsbinde, Krawatte. ||**-ter** (té). [einem] eine Krawatte umbinden.
cray||**eux, euse,** a. (kräjö, z). kreideartig. ||**-on** m. (o^n^). Bleistift. ||**-onner** (òné). mit dem Bleistift zeichnen.
cré||**ance** f. (kréa^n^s). [foi] Glaube, m. ||*Comm.* Schuldforderung. Gutschrift. ||**-ancier, ière,** m., f. (*sié, iär*). Gläubiger ④, in.
cré||**ateur, trice,** in. f. (tœr, trìs). Schöpfer ④, in. Gründer, in. ||a. schöpferisch. ||**-ation** f. (sio^n^). Schöpfung. ||**-ature** f. (tür). Geschöpf, n.
crécelle f. (sèl). Klapper.
crèche f. (äsch). [Weihnachts-] Krippe.
cré||**dence** f. (da^n^s). Anrichtetisch. m. ||**-dit** m. (dì). Kredit. *A crédit,* auf Kredit. || [considération] Ansehen, n. ||**-diter** (té). kreditieren : *créditer qn de qc.,* einem etwas gutschreiben*. ||**-diteur** m. (tœr). Gläubiger ④. ||a. : *compte créditeur,* Guthaben, n. ||**-do** m. (do). Glaubensbekenntnis, n. ||**-dule** a. (dül). leichtgläubig. ||**-dulité** f. Leichtgläubigkeit.
créer (kréé). [er]schaffen*.
crémaillère f. (majär). Kesselhaken m. ④. ||*Fig. Pendre la crémaillère,* einen Einweihungsschmaus geben. ||*Techn.* Zahnstange : *chemin de fer à crémaillère,* m., Zahnradbahn, f.
créma||**tion** f. (sio^n^). Leichenverbrennung. ||**-toire** a. (t^o^ar). Leichenverbrennungs...
cr||**ème** f. (kräm). Rahm, m., Sahne. || [entremets] Creme. || *Fig.* [le meilleur] [der, die, das] Beste. ||**-émerie** f. (ri). Milchladen, m.

‖**-émeux, euse,** a. (*mö*, **z**). sahnenhaltig. ‖**-émier, ière,** m., f. (*mié, iär*). Milchhändler ④, in.
crémone f. (*òn*). Fensterriegel, m. ④.
crén‖eau, x, m. (*nô*). Zinne, f. ‖[de tir] Schießscharte, f. ‖**-elé** a. (krénlé). mit Zinnen versehen, Zinnen...
créole m. et f. (kréòl). Kreole, -n, -n, m., ...lin, f.
créosote f (*zòt*). Kreosot, n.
cr‖épage m. (*aj*). Krausen, n. ‖**-êpe** m. (äp). Flor ①, Krepp. ‖[de deuil] Trauerflor. ‖f. [pâtisserie] Eierkuchen, m. ④. ‖**-êpelé** a. (krèpelé). gekräuselt. ‖**-êper,** krausen. *Se crêper le chignon, fam.,* einander in den Haaren liegen*.
crép‖i m. (*pi*). Bewurf. ‖**-ine** f. (*ìn*). Franse. ‖*Techn.* Brause. ‖**-ins** m. pl. (*pin*). Schusterhandwerkzeug, n. spl. ‖**-ir** (*ir*). bewerfen*. ‖**-issage** m. (*aj*). Bewerfen, n.
crép‖itement m. (itm*an*). Knistern, n. spl., Prasseln, n. spl. ‖**-iter** (*té*). knistern, prasseln.
crép‖on m. (*on*). Krepon, -s. ‖**-u, e,** a. (*pü*). kraus.
crép‖usculaire a. (üskül*är*). Dämmer[ungs]... ‖**-uscule** m. Dämmerung, f.
crescendo adv. et m. (schi*n*d*o*), steigend.
cresson‖ m. (s*on*). Kresse, f. ‖**-nière** f. (*iär*). Kressenbeet, n.
crétacé a. (*sé*). kreidehaltig.
crête f. (krät). Kamm, m., Gipfel, m.
créti‖n m. (*in*). Blödsinnige[r], a. s. ‖**-nisme** m. (*ism*). Kretinismus.
cretonne f. (krœtòn). Hanfleinen, n. [starkes].
creus‖age m., **-ement** m. (kröz*aj*, zm*an*). Ausgrabung, f., Aushöhlung, f. ‖**-er** (*zé*). [aus] graben, aushöhlen. ‖[question] ergründen. ‖*Se creuser la tête,* sich den Kopf zerbrechen*. ‖[se]. hohl werden*. ‖**-et** m. (*zè*). Schmelztiegel.
creux, euse, a. (krö, **z**). hohl. ‖[profond] tief. ‖[vide] leer. ‖m. Vertiefung, f. : — *de l'estomac,* Herzgrube, f.; — *de la main,* hohle Hand.
cr‖evaison f. (krœwäz*on*). Platzen, n. spl. *Pop.* Krepieren, n. spl. V. *crever.* ‖**-evasse** f. (*wàs*). Riß, m. ‖**-evasser** (*sé*). Risse machen [in, *acc.*] ‖[se]. Risse bekommen*. ‖**-evé, e,** p. a. (krœwé). ‖m. [taillade] Schlitz. ‖*Fig. : petit crevé,* m. Stutzer ④. ‖**-ève-cœur** m. (krewk*œr*). Herzleid,. n. ‖**-ève-la-faim** m. (*fin*). Hungerleider ④. ‖**-ever** (*œwé*). tr. bersten* machen. ‖[œil] ausstechen*. [animal] Kaputtgehen. ‖*Fig. : crever les yeux,* in die Augen springen*. ‖[abcès] aufstechen*. ‖[un cheval] zuschanden reiten*. ‖intr. bersten*. ‖[éclater] platzen. ‖[animaux] krepieren. *Crever de faim,* verhungern.
crevette f. Garnele. Taschenkrebs, m.
cri‖ m. Schrei : *des cris,* ein Geschrei, n.; *à grands cris,* mit lautem Geschrei; *jeter les hauts cris,* ein Zetergeschrei erheben*. ‖[appel] Ruf ①. ‖[coq] Krähen, n. ‖**-ailler** (iajé). keifen*. ‖**-aillerie** f. (ajri). Keifen, n. spl. ‖**-ailleur, euse,** m., f. (aj*œr*, jöz). Keifer ④, in. ‖**-ant, e,** pa. (*an*, t). schreiend. ‖**-ard, e,** a. (ar, ard). kreischend. ‖[ton] gellend. *Dette criarde,* f. Läpperschuld. ‖m. Schreihals.
cri‖blage m. (aj). Sieben, n. ‖**-ble** m. (ibl). Sieb, n. : *passer au crible,* durchsieben. ‖**-blé, e,** p. a. (*é*). [plein] voll[er] : — *de dettes,* bis über die Ohren in Schulden. ‖**-bler** (*blé*). sieben, sichten. ‖[de balles] durchlöchern. ‖[de coups] durchprügeln.
cric‖ m. (kri). Hebewinde, f. ‖**-crac!** (*àk*). interj. ritsch ratsch!
cricri m. (-kri) Heimchen, n. ④.
cri‖ée f. (*ée*). Versteigerung. ‖**-er** (*ié*). schreien*. ‖[appeler] rufen* : — *au secours, au feu,* etc., Hilfe, Feuer usw. rufen*. ‖[gronder] zanken. ‖[se lamenter] jammern. ‖**-eur*, euse,** m., f. (*œr*, *öz*). Schreier ④, in. ‖[public] Ausrufer ④, m.
crim‖e m. (krìm). Verbrechen, n. ④. ‖**-inel, le,** a. (*èl*). verbrecherisch. ‖m., f. Verbrecher ④, in.
crin m. (kri*n*). Pferdehaar, n. ①. ‖*A tous crins, fig.,* nervig; *fig. fam., comme un crin,* mürrisch.
crin-crin m. Fiedel, f.
crinière f. (*niär*). Mahne.
crinoline f. (lìn). Reifrock, m.
crique f. (ìk). Bucht.

criquet m. (kè). V. *cri-cri*.

crise f. (kriz). Krise, Krisis, ...sen.

cris‖pation f. (*sio*^{n}). [de nerfs] Krampf, m. ‖**-per** (*pé*). krampfhaft zusammenziehen*. [traits] verziehen*. ‖*Fig.* [nerfs] reizen.

cris‖tal, aux, m. (*àl, o*). Kristall ①. ‖**-tallerie** f. (àlr*i*). Kristallfabrik. ‖[cristaux] Kristallwaren, f. pl. ‖**-tallin, e,** a. (*i*^{n}, *ìn*). kristallartig. ‖[limpide] kristallhell. ‖m. Kristallinse, f. ‖**-tallisation** f. (za*sio*^{n}). Kristallisierung. ‖**-talliser** kristallisieren.

cri‖tère, -térium, m. (*tär, iòm*). Kriterium, ...ien, n. ‖**-tique** a. (*ìk*). kritisch. ‖m. Kritiker ④. ‖f. Kritik. ‖ **-tiquer** (*ké*). kritisieren. ‖[blâmer] tadeln.

croass‖ement m. (kroasm*a*^{n}). Krächzen, n. pl. ‖**-er.** krächzen.

cro‖c m. (krô). Haken ④. ‖[dent] Fangzahn. *Croc-en-jambe,* m. Beinstellen, n. spl. : *donner un croc-en-jambe,* ein Bein stellen [*dat.*]. ‖**-che** f. (òsch). Achtelnote : *double, triple croche,* Sechzehntel-, Zweiunddreißigstelnote. ‖**-chet** m. (schè). Haken ④. ‖[petit] Häkchen, n. ④. ‖[aiguille] Häkelnadel, f. ‖[broderie] Häkelarbeit, f. ‖[pour serrures] Dietrich. ‖[de serpent] Schlangenzahn. ‖[à porter] Tragereff, n. ‖*Typ.* eckige Klammer, f. ‖*Fig.* [détour] plötzliche Biegung, f. ‖**-cheter** (schté). mit dem Dietrich aufmachen. ‖**-cheteur** m. (schtœr). Lastträger ④. ‖**-chu, e,** a. (sch*ü*). krumm, hakenförmig.

crocodile m. (*ìl*). Krokodil, n. ①.

croire* (kr^o*a*r). glauben [qn : *dat.*; qc. : *acc.*; *à, en,* an, *acc.*]. *En croire qn,* es einem glauben.

croi‖sade f. (*zàd*). Kreuzzug, m. ‖**-sé, e,** p. a. (*zé*). gekreuzt. ‖[étoffe] geköpert. ‖[gilet, etc.] zweireihig : *feu croisé,* m., Kreuzfeuer, n.; *mots croisés,* m. pl., Kreuzworträtsel, n. ‖m. Kreuzfahrer ④. ‖f. Fensteröffnung. ‖**-sement** m. (^{o}azm*a*^{n}). Kreuzung, f. ‖[de routes] Scheideweg. ‖**-ser** (*zé*). tr. et intr. [navires] kreuzen. ‖[jambes] übereinanderschlagen* : *se croiser les bras,* die Arme kreuzen; *fig.* die Hände in den Schoß legen. ‖**-seur** m. (*zœr*). Kreuzer ④. ‖**-sière** f. (*ziär*). Kreuzfahrt. ‖**-sillon** m. (*zijo*^{n}). Querholz, n.

croi‖ssance f. (*sa*^{n}s). Wachstum, n. ‖**-ssant, e,** pp. von *croître** (*sa*^{n}, t). ‖m. [lune] Mondsichel, f. ‖ [pain] Hörnchen, n., Kipfel, n. ④.

croître* (kr^{o}atr). wachsen* [*sein*]. ‖[augmenter] zunehmen*.

croix f. (kr^{o}a). Kreuz, n. ‖*Croix gammée,* Hakenkreuz, n.

croquant, e, a. (k*a*^{n}, t). knusperig. ‖m. [cartilage] Knorpel ④. ‖m. *Fig.* [terme de mépris] Bauer. ‖m. [gueux] Lumpenkerl.

cro‖que-mitaine m. (kròk-t*än*). Knecht Ruprecht. ‖**-que-mort** m. (kròkm*òr*). Leichenträger ④. ‖**-quer** (*ké*). tr. knacken. ‖[grignoter] knabbern. ‖*Fig.* [*joli*] *A croquer,* zum Anbeißen. ‖*Fam. Croquer le marmot,* eine Ewigkeit warten müssen*.

croquet m. (kè). Krocket, n.

cro‖quette f. (kèt). Klößchen, n. ④. ‖**-quignole** f. (kinj*òl*). Pfeffernuß. ‖**-quis** m. (k*ì*). Skizze, f.

cross‖e f. (kròs). Krummstab, m. ‖[de fusil] Kolben, m. ④. ‖**-er** (*é*). [balle] mit dem Kolben schlagen*.

crotale f. (òt*àl*). Klapperschlange.

crot‖te f. (òt). Kot, m., Dreck, m. spl. ‖**-té, e,** p. a. kotig. ‖**-ter.** mit Kot bespritzen. ‖**-tin** m. Pferdemist, Roßapfel.

crouler (krul*é*). einstürzen [*sein*].

croup m. (kr*ù*p). Diphtheritis, f., Diphtherie, f., häutige Halsbräune, f.

crou‖pe f. (*ù*p). Hinterteil, m., Kruppe, f. Kreuz, n. *En* —, hinten. ‖[de montagne] Rücken, m. ④. ‖**-pier** m. (*pié*). « Croupier », -s. ‖**-pière** f. (p*iär*). Schwanzriemen m. ‖**-pion** m. (*pio*^{n}). Steiß. ‖**-pir** (*ir*). verfaulen [*sein*] [stagnierend]. ‖*Fig.* stagnieren.

crous‖tillant, e, a. (krustij*a*^{n}, t). knusperig. ‖**-tiller** (tij*é*). knusperig sein*.

croû‖te f. (krut). [pain, etc.] Kruste. — *au pot,* Fleischbrühe mit Brot. ‖*Fig. Casser la croûte,* einen kleinen Imbiß nehmen*. ‖*Fam.* schlechtes Gemälde, n. ‖[écorce] Rinde.

‖**-ton** m. (to^{n}). Brotkruste, f. ‖*Cuis.* geröstete Brotschnitte, f.
croy‖able a. (kr^{o}ajàbl). glaublich, glaubwürdig. ‖**-ance** f. (a^{n}s). Glaube, -ns, m. spl. ‖**-ant, e,** a. (a^{n}, t). gläubig.
cru, crû... V. *croire*, croître**.
cru, e, a. (krü). roh. ‖[expression] derb. ‖[couleur] grell. ‖m. [sol] Boden ④. ‖[produit] [Boden-] Erzeugnis, n. ‖[vin] Gewächs, n. ‖*Fig. De son cru,* von ihm rein gefunden.
cruauté f. (ôté). Grausamkeit.
cru‖che f. (krüsch). Krug, m. ‖*Fam.* Dummkopf, m. ‖**-chon** m. (scho^{n}). Krüglein, n.
cru‖cial. entscheidend. ‖**-cifère** f. (sifär). Kreuzblütler, m. ④. ‖**-cifiement** m. (sifima^{n}). Kreuzigung f. ‖**-cifier** (sifié). kreuzigen. ‖**-cifix** m. (sifi). Kruzifix, n. ①.
crudité f. (té). Roheit. ‖[eau] Härte. ‖[couleurs] Grellheit. ‖[aliment] rohe Speise.
crue f. (krü). Anschwellen, n. spl., Steigen, n. spl.
cruel, le, a. grausam.
crûment adv. (krüma^{n}). rücksichtslos.
crustacé m. (krü-sé). Schaltier, n., Krustentier, n.
crypt‖e f. (kript). Gruft, ¨e. ‖**-ogame** f. (àm). Kryptogame.
cu‖bage m. (kübaj). Kubierung, f. ‖**-be** m. (küb). Kubus ④. ‖[corps] Würfel ④. ‖[mètre..., etc.] Kubik... ‖**-ber.** kubieren. ‖**-bique** a. (ìk). kubisch, Kubik...
cucurbitacée f. (kü-sée). Kürbispflanze.
cueill‖ette f. (kœjèt). Obstpflücken, n. spl. ‖**-ir***. pflücken, brechen.
cuill‖er, -ère, f. (küijär). Löffel, m. ④. ‖— *à bouche,* Eßlöffel, m.; — *à café,* Teelöffel, m.; — *à pot,* Suppenlöffel, m. ‖**-erée** f. (^{e}ree). Löffelvoll, m. ④.
cui‖r m. (küir). Leder, n. ④. ‖— *à rasoir,* Streichleder, n.; — *de Russie,* Juchtenleder, n. ‖*Fig.* [langage] fehlerhafte Bindung, f. ‖**-rasse** f. (às). Küraß, m. ①, Panzer, m. ④. ‖**-rassé** m. (sé). Panzerschiff, n. ‖**-rasser.** panzern. ‖**-rassier** m. (sié). Kürassier ①.
cuire* (küir). kochen. *Faire* cuire**, kochen. ‖*Fig.* [douleur] brennen*. ‖*Il t'en cuira,* es reut dich einst.
cuis‖... V. *cuire**. ‖**-ant, e,** p. a. (küiza^{n}, t). *Fig.* brennend. ‖[regret] schmerzlich. ‖**-ine** f. (zìn). Kochen, n., Küche. ‖[art] Kochkunst. ‖[lieu] Küche. ‖**-iner.** kochen. ‖**-inier, ière** m., f. (nié, iär) Koch, Köchin.
cuisse f. (küìs). Schenkel, m. ④. ‖[gigot] Keule.
cuisson f. (so^{n}). Kochen, n. ‖[du pain] Backen, n.
cuissot m. (so). Keule, f.
cuistre m. (küistr). Pedant- -en, -en.
cui‖t, e, (küi, t). pp. von *cuire**. ‖**-te** f. (küit). *Fam.* Rausch, m.
cuivr‖e m. (küiwr). Kupfer, n. spl. ‖[jaune] Messing, spl. ‖**-é, e,** a. (é). kupferfarbig. ‖**-eux, euse,** a. (wrö, z). kupferhaltig.
cul‖ m. (kü). After, m. ④. ‖*cul-de-jatte,* Krüppel ④ [ohne Beine]. ‖*cul-de-lampe,* Schlußverzierung, f. ‖*cul-de-sac,* Sackgasse, f. ‖**-asse** f. (làs). [de canon] Stoß m. ‖[de fusil] Schwanzschraube : *fusil* ou *canon se chargeant par la culasse,* Hinterlader, m. ④. ‖**-bute** f. (külbüt). Purzelbaum, m. : *faire* la culbute,* einen Purzelbaum schießen*, purzeln. ‖**-buter** (büté). herunterwerfen*. ‖[ennemi] über den Haufen werfen*. ‖**-ée** f. (lee). Widerlager, n. ④.
culinaire a. (när). Küchen... : *art culinaire,* Kochkunst, f.
culminant, e, a. (a^{n}, t). höchst, Gipfel.
cul‖ot m. (lo). Unterteil. ‖[d'obus] Bodensatz. ‖*Pop.* Dreistigkeit, f. ‖**-otte** f. (lòt). Kniehosen, pl. ‖[pantalon] Hosen, pl. ‖**-otter** (loté). Hosen anziehen* [*dat.*]. ‖*Fig.* [pipe] anrauchen.
culpabilité f. (kül-té). Schuld.
cult‖e m. (kült). [divin] Gottesdienst. ‖[en général] Kultus, ...te. ‖*Fig.* Verehrung, f. ‖**-ivable** a. (wàbl). bestellbar. ‖**-ivateur** m. (tœr). Landbauer, -n, Ackersmann, pl. leute. ‖**-ivé, e,** p. a. (wé). *Fig.* [personne] gebildet. ‖**-iver** (wé). bebauen, bestellen. ‖[esprit] ausbilden, kultivieren. ‖**-uel, le,** a. (üèl). Kultus... ‖**-ure** f. (ür). Bebauung, spl. ‖— *de ...,* ...bau, m.

‖ [champ] bebautes Feld, n. ‖ *Fig.* Ausbildung, Kultur.
cumin m. (küm*in*). Kümmel.
cum‖**ul** m. (*ül*). Kumulation, f. ‖**-uler** (ül*é*). kumulieren. ‖**-ulus** m. (*üs*). Haufenwolke, f.
cu‖**pide** a. (küp*id*). habsüchtig. ‖**-pidité** f. Habsucht.
cuprifère a. (f*är*). kupferhaltig.
cura‖**bilité** f. (kü-t*é*). Heilbarkeit. ‖**-ble** a. (*abl*). heilbar. ‖**-ge** m. (*aj*). Reinigung, f. ‖ [de rivière] Baggern, n. spl. ‖**-telle** (t*èl*). Kuratel. ‖**-teur, trice,** m., f. (t*œr*, tr*ìs*). Kurator, -en, in. ‖**-tif, ive,** a. (*if*, *iw*). heilend.
cur‖**e** f. (kür). Kur. ‖ [fonctions] Pfarre. ‖ [presbytère] Pfarrhaus, n. ‖ *N'en avoir* cure,* sich nichts daraus machen. ‖**-é** m. (*é*). Pfarrer ④. ‖**-e-dents** m. (d*an*). Zahnstocher ④.
curée f. (*ee*). Jägerrecht, n.
cur‖**e-oreille** m. (or*äj*). Ohrlöffel. ‖**-er** (*é*). reinigen. ‖ [rivière] baggern. ‖**-ie** f. (*i*). Kurie.
cur‖**ieux, euse,** a. (*iö*, **z**). neugierig. ‖ [esprit] wißbegierig. ‖ [à voir] sehenswert. ‖ [remarquable] merkwürdig. ‖**-iosité** f. (**z**it*é*). Neugier [de]. ‖ Wißbegierde. ‖ Sehenswürdigkeit.
cur‖**seur** m. (s*œr*). Läufer ④, Schiebering. ‖**-sif, ive,** a. (*if*, *iw*). kursiv, laufend.
curule a. (*ül*). kurulisch.
cutané, e, a. (kü-n*é*). Haut...
cu‖**vage** m. (küw*aj*). Gärenlassen, n. ‖**-ve** f. (küw). Kufe. ‖**-veau, x,** m. (w*o*). Küfchen, n. ④, Bütte, f. ‖**-vée** f. (w*ee*). Kufervoll, n. inv. ‖**-velage** m. (wl*aj*). Schachtzimmerung, f. ‖**-veler** (wl*é*). verzimmern. ‖**-ver** (w*é*). gären* [in der Kufe]. ‖ *Fig.* : *cuver son vin,* seinen Rausch ausschlafen*. ‖**-vette** f. (w*èt*). Becken, n. ④. ‖ [de toilette] Waschbecken, n. ④. ‖ [de baromètre] Kapsel. ‖ [de montre] Gehäuse, n. ④. ‖**-vier** m. (w*ié*). Laugen- *ou* Waschfaß, n. ②.
cyan‖**hydrique** a. (sianidr*ik*) : *acide cyanhydrique,* Blausäure, f. ‖**-ure** m. Zyanverbindung, f.
cyclamen m. (si-m*èn*). Alpenveilchen, n. ④.
cy‖**cle** m. (sikl). Zyklus, ...klen, Kreis. ‖...*cycle,* [Fahr-]rad, n. ②. ‖**-clisme** m. (*ism*). Radsport. ‖**-cliste** m. (*ist*). Radfahrer ④, Radler ④. ‖**-clone** m. (*on*). Wirbelsturm.
cyclope m. Zyklop, -en, -en.
cyclotourisme m. (*ism*). Radfahrtouristik, f.
cygne m. (sinj). Schwan.
cy‖**lindre** m. (*in*dr). Zylinder ④. ‖ *Méc.* Walze. f. ‖**-lindrée** f. Hubraum, m. ‖**-lindrique** a. zylindrisch, walzenförmig.
cymbal‖**e** f. (s*in*b*à*l). Zimbel, Schallbecken. n. ④. ‖**-ier** m. (*ié*). Beckenschläger ④.
cy‖**négétique** a. (si-jét*ìk*). Jagd... ‖**-nique** a. (*ìk*). schamlos. ‖ *Philos.* zynisch. ‖ m. Zyniker ④. f. ‖**-nisme** m. (*ism*). Schamlosigkeit, f. ‖ *Philos.* Zynismus.
cy‖**près** m. (pr*è*). Zypresse, f. ‖**-stite** f. (*it*). Harnblasenentzündung.
cytise m. Goldregen ④.
czar (kz*àr*). V. tsar.

D

d, m. (dé). d, n.
dactyl‖**e** m. (*il*). Daktylus, ...len. ‖**-ographe** m. et f. [Abk. *dactylo*] (*àf*). Maschinenschreiber ④, in. ‖**-ographie** f. (*fi*). Maschinenschreibekunst. ‖ [écriture] Maschinenschrift.
da‖**da** m. (*da*). [Kindersprache] Pferdchen, n. ④. ‖ *Fam.* [marotte] Steckenpferd, n. ‖**-dais** m. (*dä*). Schöps, m., *fam.*
dague f. (dag). langer Dolch, m. ①.
daguerréotype m. Daguerreotyp, n. ①.
dahlia m. (*ia*). Dahlie, f.
daigner (dänj*é*). geruhen.
daim m. (d*in*). Damhirsch.

dais m. (dä). Thronhimmel ④. ‖[d'église] Traghimmel.

dal‖lage m. (*àj*). Pflastern, n. ‖[dalles] Fliesenpflaster, n. sing. ‖**-le** f. (dàl). Fliese, Steinplatte. ‖**-ler** (*lé*). mit Fliesen belegen.

dal‖tonien, ne, a. (*niin*, *ièn*). farbenblind. ‖**-tonisme** m. Farbenblindheit, f.

Damas‖ m. (*ma*). Damaskus, n. ‖...*de Damas,* Damaszener... ‖[étoffe] Damast ① : *de damas,* damasten, a. ‖**-quiner** (askiné). damaszieren. ‖**-sé, e,** (*sé*). damastartig.

dam‖e f. (dàm). Frau, Dame : — *d'honneur,* Hofdame. ‖[jeu] Dame. ‖**-e-jeanne** f. (jàn). große Korbflasche. ‖**-eret** m. (dàmrè). Stutzer ④. ‖**-ier** m. (*mié*). Damenbrett, n. ②.

dam‖nable a. (danabl). verdammenswert. ‖**-nation** f. (*sion*). Verdammung. ‖**-né, e,** a. (dâné). verdammt. ‖**-ner** (dâné). verdammen. ‖*Fig. faire* damner,* zur Verzweiflung bringen*.

dam‖oiseau, x, m. (*oazo*). Edelknappe. ‖**-oiselle** f. (Edelfräulein, n. ④.

dancing m. Tanzdiele, f.

dan‖dinement m. (dandinman). Schlottern, n. ‖**-diner** [se] (*né*). schlotterig gehen*. ‖**-dy** m. (*di*). Stutzer ④, Gigerl.

Danemark m. (dàn-). Dänemark, n.

dan‖ger m. (danjé). Gefahr, f. ‖**-gereux, euse,** a. (*jœrö, z*), gefährlich.

Danois, e, m., f. (*noa, z*). Däne, -n, -n, ...nin. ‖a. dänisch.

dans prép. (dan), in [*dat.* et *acc.*]. V. *in* [2e partie]. ‖[temps] in, binnen. ‖[extraction, provenance : *prendre, boire,* etc. *dans*] *aus* [*dat.*].

dan‖sant, e, p. a. (san, t). tanzend, Tanz... : *soirée dansante,* f., Tanzabend, m. ‖**-se** f. (dans). Tanz, m. ‖*danse de Saint-Guy,* Veitstanz, m. ‖**-ser** (*sé*). tanzen. ‖**-seur, euse,** m., f. (sœr, öz). Tänzer ④ in. ‖*danseur de corde,* m. Seiltänzer.

Danub‖e m. (nüb). Donau, f. ‖**-ien, ne,** a. (*iin*, *ièn*) : Donau...

dar‖d m. (dàr). [arme] Wurfspieß. ‖[d'abeille, etc.] Stachel ④. ‖**-der.** schießen*. ‖*Fig.* [rayons] herabsenden*.

dare-dare adv. (dàr). schleunigst.

dar‖tre f. (àrtr). Flechte. ‖**-treux, euse,** a. (*trö, z*). flechtenartig.

dat‖e f. (dàt). Datum, ...ta *ou* ...ten, n : *en date du...,* vom..., unterm... ‖**-er.** tr. datieren. intr. [de] sich herschreiben* [von].

datif m. (*if*). Dativ ①.

dat‖te f. (dàt). Dattel. ‖**-tier** m. (*tié*). Dattelbaum.

dau‖be f. (dôb). Schmoren, n. spl. *En daube,* geschmort. ‖**-ber** (*bé*). 1. schmoren. ‖2. [se moquer de] foppen. ‖intr. [sur] losziehen* [über, *acc.*].

dauphin, e, 1. m., f. (*in*, *in*). « Dauphin, e » (frz. Kronprinz). ‖2. m. [cétacé] Delphin.

dav‖antage adv. (wantaj). mehr. ‖**-ier** m. (*wié*). Zahnzange, f.

D. C. A. f. Flak (V. *Défense*).

de (dœ), **d'** [devant une voyelle ou un *h* non aspiré], préposition exprimant différents rapports :

1o *Possession.* Se rend par le génitif, ou par *von* si le nom est indéclinable : *le livre de mon frère, d'Henri,* das Buch meines Bruders, Heinrichs; *la situation de Berlin, de Paris,* die Lage Berlins, von Paris. ‖2o *Lieu.* [provenance] von : *je viens de la ville,* ich komme von der Stadt; ‖[sortie, extraction, origine] aus : *sortir de l'église,* aus der Kirche kommen; *une lettre de Cologne,* ein Brief aus Köln. ‖[direction, tendance, but] nach : *le chemin de la ville,* der Weg nach der Stadt; *le désir de paix,* der Wunsch nach Frieden. ‖[lieu de bataille] bei : *la bataille d'Iéna,* die Schlacht bei Jena. ‖3o *Temps.* zu : *de mon temps,* zu meiner Zeit. ‖4o *Moyen.* mit : *frapper du pied,* mit dem Fuße schlagen*; *d'une voix forte,* mit starker Stimme. ‖5o *Rapports divers.* [dépendance d'un nom abstrait ne régissant pas une préposition en allemand]. Génitif : *paroles de consolation,* Worte des Trostes; [régime d'un verbe passif] von : *estimé de tous,* von allen geachtet. ‖[régime spécial à certains noms, adjectifs ou verbes tels que : *amour, joie, pitié, souvenir,* — *content, dénué, plein,* — *parler, jouir, se plaindre,* etc.] Voir ces différents mots. || [devant un infinitif] zu : *je vous prie de venir,* ich bitte Sie zu kommen*. || [après les adverbes *plus, moins*] als : *plus* [*moins*] *de cent,* mehr [weniger] als hundert. || LOC. *De...en* von...zu [devant un comparatif répété] *de plus en plus,* mehr und mehr; *de plus en plus grand,* größer und größer.

Cas où la préposition *de* ne se traduit pas ; 1° *Article partitif : boire* du vin,* Wein trinken*; *de beaux livres,* schöne Bücher. ||2° *Apposition :* [de nom, dénomination] *la ville de Paris,* die Stadt Paris; [mesure, contenance, quantité] : *deux livres de beurre,* zwei Pfund Butter; *un verre de vin,* ein Glas Wein; [génitif s'il y a un adjectif] : *un verre d'eau fraîche,* ein Glas frischen Wassers; *beaucoup de bruit,* viel Lärm; *peu d'argent,* wenig Geld; [après un pronom indéfini] *quelque chose de bon,* etwas Gutes; *quoi de neuf?,* was Neues? [après un adjectif de mesure] *haut d'un pied,* einen Fuß hoch; *âgé de dix ans,* zehn Jahre alt. ||3° *Mots composés :* [par simple juxtaposition, avec ou sans la marque du génitif ou du pluriel pour les masculins et neutres, ou la désinence **-en** pour les féminins]. Ex. : *poisson de mer,* Seefisch; *chemin de fer,* Eisenbahn; *état de guerre,* Kriegszustand; *place du marché,* Marktplatz; *peau de lion,* Löwenhaut; *école de garçons,* Knabenschule; *rayon de soleil,* Sonnenstrahl.

Cas où la préposition *de* avec son régime est remplacée par un *adjectif.* Ex. : [âge, durée] *un enfant de dix ans,* ein zehnjähriges Kind; *la guerre de Trente Ans,* der dreißigjährige Krieg; [matière] *de fer,* eisern; [pays gouverné] *l'empereur d'Allemagne,* der deutsche Kaiser [*ou* der Kaiser von Deutschland].

dé m. Würfel ④. || [à coudre] Fingerhut.

déambuler (a^n^bülé). lustwandeln.

débâcle f. (*a*kl). [glaces] Eisgang, m. ||*Fig.* [effondrement] Zusammenbruch, m.

déb||allage m. (*a*j). Auspacken, n. ||**-aller** (l*é*). auspacken.

déb||andade f. (a^n^d*à*d). wildes Auseinanderlaufen, n. ||**-ander** (d*é*). [arc] losspannen. || [yeux, etc.] die Binde abnehmen* [von]. || [**se**]. auseinanderlaufen*.

débarbouiller [**se**] (buj*é*). [sich] waschen*.

débarcadère m. (d*ä*r). Ausladeplatz. || [gare] Ankunftshalle, f.

débardeur m. (d*œ*r). Schiffsauslader ④.

déb||arquement m. (k^e^m*a*^n^). Aussteigen, n. spl., Ausladen, n. spl. ||**-arquer** (k*é*). intr. aussteigen*. ||tr. ausladen*.

déb||arras m. (r*à*). Entlastung, f. ||Wegräumung, f. || [chambre] Rumpelkammer, f. ||**-arrasser** (s*é*). entlasten. || [enlever] wegräumen. || [**se**] loswerden*, tr., sich losmachen, sich entledigen.

déb||at m. (b*à*). Streit. ||*Polit.* Debatte, f. ||**-attre** (*à*tr), tr. streiten* intr. [über, *acc.*]. || [négocier] verhandeln. ||*Prix à débattre,* Preis nach Vereinbarung. || [**se**]. sich sträuben [gegen].

débau||chage m. (b*ô*sch*a*j). Abziehen von der Arbeit, n. ||**-che** f. (*ô*sch). Liederlichkeit, Schlemmerei. ||**-ché, e,** m., f. (sch*é*). Wüstling, m., Dirne, f. ||**-cher** (sch*é*). [ouvrier] von der Arbeit abziehen*. || [mœurs] verführen.

débet m. (b*è*). Debet, n.

déb||ile a. (*i*l). schwach. ||**-ilitant, e,** a. (*a*^n^, t). schwächend. ||**-ilité** f. (t*é*). Schwäche. ||**-iliter** (t*é*). schwächen, entkräften.

déb||ine f. (*i*n), *pop.* Geldnot. ||**-iner,** *pop.* herabsetzen. || [médire de] verleumden.

déb||it m. (*i*). [écoulement] Absatz. || [de boissons] Ausschank, Wirtschaft f. ||— *de tabac,* Tabaksladen ③. || [élocution] Vortrag. || [comptes] Debet, n., Soll, n. ||**-itant, e,** m., f. (t*a*^n^, t). Verkäufer ④, in. || — *de tabac,* Tabakshändler ④, in; — *de boissons,* Schenkwirt, in. ||**-iter** (t*é*). [vendre] verkaufen. || [boissons] ausschenken. || [discours] vortragen*. || [bois,

etc.] zuschneiden*. ‖[compte] belasten, debitieren. ‖[montant] ins Soll eintragen*. ‖**-iteur, trice,** m., f. (tœr, *trìs*). Schuldner ④, in.
débl‖ai m. (blè). Schutt, spl. ‖**-aiement** m. (äm*a*ⁿ). Abtragen, n. spl. ‖Abräumen, n. spl. V. *déblayer*.
débl‖atérer (*ré*) [contre]. schimpfen [auf, *acc.*], losziehen* [gegen]. ‖**-ayement.** V. *déblaiement*.
déblayer (äjé). [terres] abtragen*. ‖[lieu] abräumen.
débloquer (*ké*). entsetzen, freigeben.
déboire m. (bºar). Enttäuschung, f.
déb‖oisement m. (bºazm*a*ⁿ). Abholzung, f. ‖**-oiser** (ºazé). abholzen.
déb‖oîtement m. (ºatm*a*ⁿ). Verrenkung, f. ‖**-oîter** (ºaté). verrenken.
débonnaire a (ònär). gutmütig.
déb‖ordant, e, a. (*a*ⁿ, t). übermäßig. ‖**-ordé, e,** p. a. (dé). überhäuft. ‖**-ordement** m. (dem*a*ⁿ). Austreten, n. spl. ‖[épanchement] Ergießung, f. ‖[excès] Ausschweifung, f. ‖**-order** (*dé*). [rivière] austreten* [*sein*]. ‖[s'épancher] sich ergießen*.
débotter. die Stiefel ausziehen*. ‖*Fig. : au débotté,* gleich bei Ankunft.
déb‖ouché m. (usché). Ausgang. ‖*Comm.* Absatzgebiet, n. ‖**-oucher** (usché). tr. entkorken. ‖intr. [fleuve] münden. ‖ *Mil.* hervorbrechen* [*sein*].
déboucler (uklé), auf- *ou* losschnallen.
débouler (ulé), *fam.* herunterpurzeln.
déboulonner (ulòné). ausbolzen.
débourrer (uré). leeren. [Verstopftes].
déb‖ours m., **-oursé** m. (ursé). Auslage, f. ‖**-ourser** (*sé*). auslegen.
debout adv. (dœbù). stehend, aufrecht. *Être* debout,* auf[gestanden] sein*, stehen*, aufrecht stehen*. *Debout !,* auf[gestanden] ! ‖[vent] widrig, a.
débouter (buté) [de]. abweisen* [mit].
déboutonner (òné). aufknöpfen. ‖[se] *Fig.* sein Herz ausschütten.
débr‖aillé, e, a. (brajé). mit entblößter Brust. ‖**-ayage** m. (äjàj). Loskuppeln, n. ‖**-ayer** (äjé). loskuppeln.
débrider. abzäumen. ‖*Chir.* aufschneiden*.
débris m. (*i*). Trümmer, pl. [fragment] Bruchstück, n.
débr‖ouillard, e, a. (*j*ar, *a*rd). *fam.* schlau [durch Selbsthilfe]. ‖**-ouiller.** entwirren. ‖**se —,** sich heraushelfen*.
débusquer (büské). verdrängen [aus].
déb‖ut m. (bü). Anfang, Beginn. *Au début,* im Anfang; *dès le début,* gleich anfangs. ‖[théâtre] erstes Auftreten, n. spl. ‖[carrière] Eintritt. ‖**-utant, e,** m., f. (büt*a*ⁿ, t). Anfänger ④, in. ‖**-uter** (üté). anfangen*, beginnen*. ‖[théâtre] zum ersten Mal auftreten* [*sein*].
deçà adv. (dœsà). *En deçà,* diesseits [*gén.*] ; *deçà, delà,* hin und her.
décacheter (kàschté). entsiegeln, erbrechen*.
décade f. (àd). Dekade. ‖[dix ans] Jahrzehnt, n. ①.
déca‖dence f. (*a*ⁿs). Verfall, m. *Tomber en décadence,* verfallen*. ‖**-dent, e,** a. (*a*ⁿ, t). verfallend.
décaèdre m. (edr). Zehnflach, n. ①.
décaféiné adj. (féïné). Koffeinfrei.
décagone m. (òn). Zehneck, n.
décalage m. (àj). *Techn.* Wegnehmen der Unterlage, n. ‖*Fig.* Verschiebung, f.
décalcomanie f. (n*i*). Bilderabziehen, n. ‖[image] Abziehbild, n. ②.
décaler (lé). die Unterlage wegnehmen*. ‖*Fig.* verschieben*.
déca‖litre m. (*i*tr). Dekaliter, n. ④. ‖**-logue** m. (òg). Dekalog ①.
décal‖que m. (*a*lk). Gegenabdruck. ‖**-quer** (ké). einen Gegenabdruck machen [von].
décamètre m. (mètr). Dekameter, n. ④.
décamper (kaⁿpé). das Lager aufheben*. ‖*Fig.* aufbrechen* [*sein*].
décanter (kaⁿté), abklären.
déca‖page m. (*a*j). Abbeizen, n. ‖**-per** (pé), abbeizen.
déca‖pitation f. (s*io*ⁿ). Enthauptung. ‖**-piter** (té). enthaupten.
décatir. krimpen, dekatieren. ‖**[se]**, *pop.* verwelken.
décavé, e, a. (wé), *fam.* ruiniert.
dé‖cédé, e, a. (sédé). verstorben. ‖**-céder.** sterben*, verscheiden*.
déceler (slé). verraten*.
décembre m. (s*a*ⁿbr). Dezember.

dé‖cemment adv. (sam*a*ⁿ). V. *décent.* ‖**-cence** f. s*a*ⁿs). Anstand, m.
décennal, e, a. (sén'n*à*l). [périodicité] zehnjährlich. ‖[durée] zehnjährig.
décent, e, a. (s*a*ⁿ, t). anständig.
dé‖centralisation f. (saⁿ-si*o*ⁿ). Dezentralisation, f. ‖**-centrer** (saⁿtr*é*). dezentrieren.
déception f. (seps*io*ⁿ). Enttäuschung.
décerner (sern*é*). [conférer] erteilen. ‖[impartir] zuerkennen*.
décès m. (s*è*). Tod, spl., Ableben, n. spl. ‖[état civil] Sterbefall.
dé‖cevant, e, p. a. (sᵉw*a*ⁿ, t). [ent]täuschend, trügerisch. ‖**-cevoir** (sœwᵒ*a*r). enttäuschen.
déch‖aînement m. (schänm*a*ⁿ). Entfesselung, f. ‖**-aîner** (än*é*). entfesseln.
déchanter (aⁿt*é*). gelindere Saiten anstimmen.
déch‖arge f. (*a*rj). Entlastung. ‖*Témoin à décharge,* Entlastungszeuge. ‖*Phys.* Entladung. ‖*Artill.* Salve. ‖[quittance] Quittung. ‖[publique] Abladestelle. ‖**-argement** m. (jᵉm*a*ⁿ). Ausladung, f. ‖**-arger** (j*é*). [navire, etc] ausladen*. ‖[arme, électr.] entladen*. ‖[faire feu] abfeuern. ‖**-argeur** m. (jœr). Auslader ④.
décharné, e, a. (n*é*). fleischlos.
déch‖aussement m. (ôsm*a*ⁿ). [action] Bloßlegen, n. ‖[état] Bloßliegen, n. ‖**-ausser** (ôs*é*). die Schuhe usw. ausziehen*. ‖[dents] bloßlegen.
dèche f. (däsch), *pop.* Geldnot.
déch‖éance f. (déschéaⁿs). Erniedrigung. ‖[destitution] Absetzung. ‖**-et** m. (sch*è*). Abfall. ‖[perte] Verlust.
déch‖iffrement m. (frᵉm*a*ⁿ). Entzifferung f. ‖**-iffrer** (fr*é*). entziffern.
déchiqueter (ikt*é*). zerstückeln.
déch‖irant, e, a. (*a*ⁿ, t). herzzerreißend. ‖**-irement** m. (irm*a*ⁿ). Zerreißen, n. spl. ‖*Fig.* [d'entrailles] Leibschneiden, n. spl. ‖[de cœur] Herzeleid, n. spl. ‖**-irer** (r*é*). zerreißen*. ‖**-irure** f. (ür). Riß, m.
déch‖oir* (ᵒ*a*r). verfallen* [*sein*]. ‖[personnes] herunterkommen*. ‖**-u, e,** pp. von *déchoir**.
déci‖dé, e, p. a. (sid*é*). [choses] entschieden, abgemacht. ‖[personnes] entschlossen. ‖**-der.** entscheiden. ‖[résoudre] beschließen*. ‖[qn à] bewegen* [zu].
déci‖gramme m. (*à*m). Dezigramm, n. ‖**-litre** m. (l*i*tr). Deziliter, n. ‖**-mal, e,** a. (*à*l). Dezimal... ‖**-me** m. (s*i*m). Dezime, -s. ‖**-mer.** dezimieren. ‖**-mètre** m. (m*è*tr). Dezimeter, n. ④.
déci‖sif, ive, a. (z*i*f, *i*w). entscheidend. ‖**-sion** f. (z*io*ⁿ). Entscheidung. ‖[arrêt] Beschluß, m.
décl‖amateur m. (tœr). Deklamator, -en. ‖**-amation** f. (s*io*ⁿ). Deklamieren, n. spl. ‖**-amatoire** a. (tᵒ*a*r). deklamatorisch. ‖**-amer** (m*é*). deklamieren.
décl‖aration f. (s*io*ⁿ). Erklärung. ‖**-aré, e,** p. a. (r*é*). [ennemi] erklärt. ‖**-arer** (r*é*). erklären. ‖[douane, etc.] angeben*.
décl‖assement m. (àsm*a*ⁿ). Klassenveränderung, f. ‖*Mil.* Aufgeben, n. ‖**-asser** (s*é*). ausstreichen* [aus einer Klasse]. ‖*Mil.* [fort, etc.] aufgeben*. ‖**-assé, e,** p. a. seinem Stande entrückt.
décl‖enchement m. (aⁿschm*a*ⁿ). Aufklinken, n. spl., Ausrücken, n. spl. ‖**-encher** [porte] aufklinken. ‖[machine] ausrücken. ‖*Phot.* et *Fig.* auslösen.
déclic m. (*i*k). Sperrhaken ④.
décl‖in m. (*i*ⁿ). Abnahme f. ‖[fin] Neige, f. *Au* [*sur le*] *déclin,* an der Neige. ‖**-inable** a. (*à*bl). deklinierbar. ‖**-inaison** f. (äz*o*ⁿ). Deklination. Flexion. ‖**-iner** (n*é*). intr. abnehmen. flektieren. ‖*Fig.* auf die Neige gehen*. ‖tr. [repousser] ablehnen. ‖[nom, etc.] nennen*. ‖*Gramm.* deklinieren. *Se* —, dekliniert werden*.
décl‖ive a. (*i*w). abschüssig. ‖**-ivité** f. (t*é*). Abdachung.
déclouer (*ué*). losnageln.
décocher (sch*é*). abschießen*. ‖[lancer] schleudern.
décoction f. (kòks*io*ⁿ). Absud, m. ①, Abkochung.
décoiffer (kᵒaf*é*). die Kopfbedeckung abnehmen*, [*dat.*]. ‖[cheveux] loswickeln, [brouiller] in Unordnung bringen*.
décolérer (r*é*), *fam. Ne pas décolérer,* nicht aufhören zu zürnen.

Italique : accentuation. **Gras :** pron. spéciale. *Verbe fort. V. GRAMMAIRE.

décollage m. (*làj*). Ableimen, n. spl.
décollation f. (*sion*). Enthauptung.
décol||lement m. (kòlm*an*). *Chir.* Ablösen, n. spl. ||**-ler** (*lé*). ab- *ou* losleimen.
décol||letage m. (kòlt*àj*). **-leté,** m. Ausschnitt [am Kleide]. ||**-leter** (kòlt*é*). Hals und Brust entblößen. ||[échancrer] ausschneiden*.
décol||oration f. (*sion*). Entfärbung. ||**-orer** (*ré*). entfärben.
décombres m. pl. (k*on*br). Schutt. spl.
décommander (kom*an*dé). abbestellen.
décom||posable a. (*zabl*). zerlegbar, zersetzbar. ||**-poser** (*zé*). zerlegen, zersetzen. ||**-position** f. (zi*sion*). Zerlegung, Zersetzung.
décom||pte m. (k*on*t). Abrechnung, f. ||**-pter** (k*on*t*é*). abrechnen.
décon||certant, e, p. a. (k*on*sert*an*, t). verwirrend. ||**-certer** (sert*é*). aus der Fassung bringen*. ||[troubler] verwirren. ||[interloquer] verblüffen. ||[se]. aus der Fassung kommen*.
décon||fit, e, a. (*fi*, t). zugrunde gerichtet. ||**-fiture** f. (*ür*). [ruine] Untergang, m. ||*Comm.* Zahlungsunfähigkeit.
déconseiller (säj*é*). abraten*.
décon||sidération f. (*sion*). Verruf, m. ||**-sidéré, e,** a. (*ré*). verrufen*. ||**-sidérer** (*ré*). in Verruf bringen*. ||[se] in Verruf kommen*.
décon||tenancé, e, p. a. (t*e*n*an*s*é*). verdutzt. ||**-tenancer** (*sé*). aus der Fassung bringen*. ||[interloquer] verdutzen.
déconvenue f. (wn*ü*). Enttäuschung.
décor|| m. (kòr). Verzierung, f. ||[théâtre] Ausstattung, f., Dekoration, f. ||**-ateur** m. (t*œ*r). Dekorationsmaler ④. ||**-atif, ive,** a. (*if*, *iw*). verzierend, dekorativ. ||**-ation** f. (*sion*). Verzierung. ||[insigne] Ehrenzeichen, n. ④, Orden, m. ④. ||**-er,** verzieren. ||[d'un ordre] dekorieren.
décortiquer (*ké*). [bois], abrinden. ||[légumes] abschälen.
décorum m. (*òm*). Anstand [äußerlicher].
découcher (kusch*é*). außer dem Hause schlafen*.
découdre* (k*ù*dr). auftrennen.
découler (*lé*). herabfließen* [*sein*]. ||*Fig.* entspringen* [*sein*], erfolgen [*sein*].
décou||page m. (*aj*). Zerschneiden, n. ||Vorschneiden, n. ||Ausschneiden, n. V. *découper.* ||**-per.** [morceler] zerschneiden*. ||[à table] vorschneiden*. *Couteau à découper,* m., Vorschneidemesser, n. || [images, étoffe, etc.] ausschneiden*. ||**-peur** m. (p*œ*r). Vorschneider ④.
décou||plé, e, a. *Bien découplé**, wohlgestaltet. ||**-pler** (pl*é*). loskoppeln.
découpure f. (*ür*). Ausschnitt, m.
décou||ragé, e, a. (*jé*). mutlos. ||**-rageant, e,** a. (j*an*, t). entmutigend. ||**-ragement** m. Entmutigung. f. ||**-rager** (*jé*). entmutigen.
découronner (*òné*). entkrönen. ||[détrôner] entthronen.
décou||su, e (*zü*). pp. von *découdre**. *Fig.* unzusammenhängend. ||m. Zusammenhanglosigkeit, f. ||**-sure** f. (*zür*). aufgetrennte Naht.
décou||vert, e, (w*è*r). pp. von *découvrir**. unbedeckt, entblößt, bloß. ||*A découvert,* im Freien. ||m. ungedeckte Zahlung, f., Debet, n. ||**-verte** (w*è*rt) f. Entdeckung. ||*Aller* à la découverte,* auf Kundschaft ausgehen*. ||**-vrir*.** [toit] abdecken. ||[ouvrir] aufdecken. ||[découverte] entdecken. ||[se]. sich entblößen. ||[tête] den Hut abnehmen*. ||[ciel] sich aufklären.
décrasser (*sé*). reinigen. ||*Fig.* abschleifen*.
décr||épit, e, a. (p*i*, *it*). abgelebt, altersschwach. ||**-épitude** f. (t*ü*d). Altersschwäche.
décr||et m. (*è*). Erlaß ④, Dekret, n. *Décret-loi,* m., Notverordnung, f. ||**-éter.** verordnen, dekretieren.
décrier. verschreien*.
décr||ire*. Se conjugue comme *écrire**. beschreiben*. ||[dépeindre] schildern. ||*Géom.* beschreiben*. ||**-it, e,** pp. von *décrire**.
décrocher. loshaken. ||[dépendre] herunternehmen*. *Mil.* sich absetzen.
décr||oissance f. (dékr*o*as*an*s). Abnehmen, n., Abnahme. || **-oître*** (*oa*tr). abnehmen*.
décr||ottage m. (*aj*). Abputzen, n. ||**-otter** (*té*). abputzen. ||**-otteur** m.

(*œr*). Stiefelputzer ④. ||**-ottoir** m. Kratzeisen, n. ④.
déçu, e, (*sü*). pp. von *décevoir**.
déculotter (külòté) die Hosen ausziehen* [*dat.*].
décu||ple a. (*kü*pl). zehnfach. ||**-pler.** verzehnfachen.
déd||aigner (denj*é*). geringschätzen, sép., verschmähen. ||**-aigneux, euse,** a. (nj*ö*, *öz*). geringschätzig, verschmähend. ||**-ain** m. (*i*ⁿ). Geringschätzung, f.
dédale m. (*àl*). Labyrinth, n. ①. ||*Fig.* Gewirr, n. spl.
dedans adv. (dœd*a*ⁿ). darin, drinnen. || [avec direction] hinein. ||*Fam. Mettre* dedans,* betrügen. ||m. [das] Innere; *au-dedans,* im Innern.
déd||icace f. (k*às*). [d'église] Kirchweihfest, n. ||[de livre] Widmung, Zueignung. ||**-ier** (*ié*). [église] einweihen. ||[livre] widmen.
déd||ire* [**se**] (*ir*) [de]. widerrufen*, tr. ||**-it** m. (d*i*). Widerruf. ||[indemnité] Widerruf, m., Reugeld, n.
dédomma||gement m. (àjm*a*ⁿ). Entschädigung, f., Schadloshaltung, f. ||**-ger** (j*é*). entschädigen, schadlos halten*.
dédorer (or*é*). die Vergoldung abnehmen.
dédouaner (duan*é*). aus dem Zollamt zurückziehen*.
dédoubl||ement m. (dublœm*a*ⁿ). Halbierung, f. ||**-er** (dubl*é*). halbieren.
déd||uction f. (üks*io*ⁿ). Herleitung. ||Abrechnung. ||Abzug, m. ||V. *déduire.* ||**-uire*** (*üir*). [de]. herleiten [aus]. ||[compte] abrechnen, abziehen*.
déesse f. (dé*äs*). Göttin.
déf||aillance f. (aj*a*ⁿs). Ohnmacht. ||[faiblesse] Schwäche. ||**-aillant, e,** a. (aj*a*ⁿ, t). [force] dahinsinkend. ||[en justice] nichterscheinend. ||**-aillir*** (aj*ir*). ohnmächtig werden*.
déf||aire* (*är*). losmachen. ||[nœud] lösen. ||[ennemi] aufs Haupt schlagen*. ||[**se**] [de]. loswerden*, tr. ||**-ait, e** (f*è*, t). pp. von *défaire**. ||a. *Fig.* ordnungslos. ||[visage] verstört. ||**-aite** f. (*èt*). Niederlage. ||[prétexte] Ausflucht, ¨e. ||**-aitisme** m. (*ism*). Defätismus, n., Flaumacherei, f.
déf||alcation f. (s*io*ⁿ). Abzug, m. ||**-alquer** (k*é*). abrechnen, abziehen*.
déf||ausser [**se**] (fôs*é*) [de] [jeu] ein Fehlblatt abwerfen*. ||**-aut** m. (f*o*). Fehler ④. *Etre en défaut,* einen Fehler machen; *prendre* en défaut,* auf einem Fehler ertappen. ||[manque] Mangel ③; *faire* défaut,* fehlen, mangeln; *à défaut de,* in Ermangelung [*gén.*]. ||[lacune] *défaut de l'épaule,* Achselfuge, f. *Fig.* — *de la cuirasse,* Blöße, f. ||*Jur. faire* défaut,* nicht erscheinen; *jugement par défaut,* Versäumnisurteil, n.
déf||aveur f. Ungunst. ||[discrédit] Mißkredit, m. ||**-avorable** a. ungünstig.
défécation f. (s*io*ⁿ). Entleerung.
déf||ection f. (eks*io*ⁿ). Abfall, m. spl. ||**-ectueux, euse,** a. (t*üö*, **z**). fehlerhaft, mangelhaft. ||**-ectuosité** f. (tüozit*é*). Mangelhaftigkeit.
déf||endable a. (aⁿd*à*bl). zu verteidigen. || [excusable] verzeihlich. || [opinion] haltbar. || **-endeur, eresse,** m., f. (aⁿd*œr*, dr*ès*). Verklagte[r]. a. s. ||**-endre** (*a*ⁿdr). [contre]. verteidigen. ||[protéger] beschützen [vor, *dat.*]. ||[interdire] verbieten*, untersagen. ||[**se**]. sich verteidigen, sich wehren, sich beschützen. ||*se défendre de,* sich erwehren, [*gén.*].
défenestration f. (s*io*ⁿ). Fenstersturz, m.
déf||ense f. (*a*ⁿs). Verteidigung. ||Verbot, n. ① : *défense de fumer,* Rauchen verboten. ||[dent] Stoßzahn, m. ||*défense contre avions* (D. C. A.), Flak (Fliegerabwehrkanone); *défense passive,* Luftschutz, m. ||**-enseur** m. (aⁿs*œr*). Verteidiger. ||**-ensif, ive,** a. (aⁿs*if*, *iw*). Verteidigungs..., Schutz...
déf||érence f. (*a*ⁿs). ehrerbietige Achtung. ||**-érent, e,** a. (*a*ⁿ, t). ehrerbietig. ||**-érer** (r*é*). tr. [à la justice] überliefern. ||intr. [accéder] nachgeben*.
déferler. branden.
déferrer. die Hufeisen abreißen* [*dat.*].

déf‖i m. (*fi*). Herausforderung, f. *Mettre* au défi = défier.* ‖**-iance** f. (*ians*). Mißtrauen, n. spl. ‖**-iant, e,** a. (*ian*, t). mißtrauisch.

déficeler (*islé*). aufschnüren.

déficit m. (*sìt*). Fehlbetrag, Defizit, n.

défier (*ié*). herausfordern [zu]. *Défier qn de faire* qc.*, wetten, daß jemand etwas nicht tun kann [wird]. ‖**[se]**. [de] mißtrauen [*dat.*] ; *se défier de soi-même*, sich selbst nicht trauen.

défigurer (*güré*). entstellen. ‖[déformer] verunstalten.

déf‖ilade f. (*àd*). Vorbeiziehen, n. spl. ‖**-ilé** m. (*lé*). Engpaß. ‖*Mil.* Defilieren, n. spl. ‖**-iler** (*lé*). tr. abfädeln. ‖ intr. vorbeiziehen* [*sein*], defilieren. ‖**[se]**. *fam.*, sich drücken.

déf‖ini, e, a. (*ni*). bestimmt. ‖GRAMM. *Passé défini*, Perfekt, n. ‖**-inir** (*ir*). bestimmen, festsetzen. ‖[mot, etc.] erklären. ‖**-initif, ive,** a. (*if*, *iw*). endgültig, End... ‖**-inition** f. (*sion*). Begriffsbestimmung.

déflagration f. (*sion*). Auflodern, n.

déflorer (*ré*). [fille] der Jungfräulichkeit berauben. ‖[sujet] : der Neuheit berauben.

défoncer (*onsé*). einschlagen*. ‖[chemin] ausfahren*.

déf‖ormation f. (*sion*). Verunstaltung. ‖**-ormer**. verunstalten.

défraîchir (*äschir*). der Frische berauben. ‖**[se]**. die Frische verlieren*.

défrayer (*äjé*). freihalten*. ‖— *la conversation*, den Gegenstand der Unterhaltung liefern *ou* bilden.

défr‖ichement m. (*ischman*). Urbarmachung, f. ‖**-icher** (*sché*). urbar machen.

défriser (*zé*). entkräuseln. ‖*Fig. fam.*, enttäuschen.

défr‖oque f. (*òk*). verbrauchte Kleider, pl. ‖**-oqué, e,** a. (*ké*). [prêtre, moine] ehemalig.

défunt, e, a. (*fun*, t). verstorben.

dég‖agé, e, p. a. (*jé*). *Fig.* [air, son] ungeniert. ‖**-agement** m. (*gajman*). Einlösung, f. ‖[vapeurs] Entweichung, f. ‖[issue] Ausgang. ‖**-ager** (*jé*). [gage] einlösen. ‖[libérer, débarrasser] frei- *ou* losmachen, befreien. ‖[corps, taille] hervortreten* lassen*. ‖*Mil.* entsetzen. ‖[leçon] folgern. ‖[odeur, etc.] entwickeln. ‖*Chim., Math.* ausscheiden* [*sein*]. ‖**[se]**. [gaz] entweichen*. ‖[leçon] erfolgen.

dég‖aine f. (*än*). *Fam.* ungeschickte [lächerliche] Haltung. ‖**-ainer** (*äné*). blankziehen*, sép.

dég‖anter (*anté*). die Handschuhe ausziehen* [*dat.*]. ‖**-anté, e,** a. (*té*). ohne Handschuhe.

dégarnir (*ir*). entblößen. ‖[lieu] ausräumen. ‖**[se]**. sich entblößen, sich leeren. ‖[tête] kahl werden*.

dégât m. (*ga*). Schade[n], spl., Beschädigung, f.

dégauchir, gerade richten.

dé‖gel m. (*jèl*). Tauwetter, n. ‖**-gelée** f. (*jlée*). *Fam.* Tracht Prügel. ‖**-geler** (*jlé*). tr. et intr. auftauen [intr. *sein*].

dé‖générer (*jé-ré*). ausarten [*sein*]. ‖**-générescence** f. Ausartung.

dégingandé, e, a. schlotterig.

déglutition f. (deglütis*ion*). Verschlucken, n.

dégobiller (*bijé*), *pop.* sich erbrechen*.

dégoiser (*goazé*). *Fam.* herplappern.

dé‖gommer (*mé*). vom Gummi befreien. ‖*Fig. fam.* absetzen. ‖**-gonfler** (*gonflé*). entleeren. ‖ **[se]**. [pneu] Luft lassen*.

dé‖gorgement m. (*gorjeman*). Entleerung, f. ‖**-gorger** (*jé*). entleeren. ‖[tuyau] reinigen. ‖**[se]**. [poissons] sich abschlämmen.

dégoter (*té*). *pop.* [dénicher] entdecken, erlangen. ‖[surpasser] übertreffen*.

dégouliner (*gu-né*). *pop.* tröpfeln.

dé‖gourdi, e, a. (*gurdi*). [liquide] laulich. ‖[éveillé] munter. ‖[malin] gewitzt. ‖**-gourdir** (*gurdir*). [membres] die Erstarrung benehmen* [*dat.*]. ‖[attiédir] laulich machen.

dé‖goût m. (*gu*). [de]. Ekel [vor, *dat.*]. — *de la vie*, Lebensüberdruß. ‖**-goûtant, e,** a. (*gutan*, t). ekelhaft. ‖**-goûté, e,** a. (*té*). [las] überdrüssig. ‖**-goûter** (*té*). anekeln. ‖[de qc.] verleiden [einem etwas].

dé‖gouttant, e, a. (*gùtan*, t). triefend. ‖**-goutter** (*gùté*). triefen*, tröpfeln.

dégr||adant, e, a. (dan, t). entwürdigend, erniedrigend. ||**-adateur** m. (tœr). *Photo.* Abschattierer, f. ||**-adation** f. (sion). *Mil.* Dégradation. ||[avilissement] Erniedrigung. Abstufung. V. *dégrader.* ||**-ader** (dé). *Mil.* degradieren. ||[avilir] erniedrigen, entwürdigen. ||[détériorer] beschädigen. ||[couleurs] abstufen.

dégrafer (fé). loshaken. ||[col, etc.] abhäkeln.

dégr||aisser (ässé). entfetten. ||[vêtements] von Fettflecken befreien. ||**-aisseur** m. (œr). Fleckenreiniger ④.

degré m. (dœgré). Grad ①. *A un degré...,* in einem ... Grade. ||[gradation, marche] Stufe, f.

dégr||èvement m. (ewman). Entlastung, f. ||[impôts] Steuererlaß. ||**-ever** (œwé). entlasten.

dégr||ingolade f. (ingòlàd). Herunterpurzeln, n. spl. ||*Fig.* Sturz, m., Fall, m. ||**-ingoler** (in-lé). herunterstürzen, -purzeln [*sein*]. ||*Fig.* fallen* [*sein*].

dégriser tr. et [se] (zé). ernüchtern, tr. et intr. [*sein*].

dégrossir (ir). aus dem Groben arbeiten. ||[planche] abhobeln. ||[affiner] abschleifen*.

déguenillé, e, a. (genijé). zerlumpt.

déguerpir (gerpir). sich aus dem Staube machen.

dégueuler (gœlé), *gross.* sich erbrechen*.

dé||guisement m. (gizman). Verkleidung, f. ||**-guiser** (gizé). verkleiden.

dé||gustation f. (gü-sion), Kosten, n., Probieren, n. ||**-guster.** kosten, probieren.

dé||hanché, e, a. (déanschè). lendenlahm. ||*Fig.* [allure] watschelig. ||**-hancher** [se] (sché). *Fig.* watscheln.

déharnacher. abschirren.

dehors adv. (dœor). außen, draußen. ||[hors de la maison] außer dem Hause. ||[avec direction] hinaus, heraus. ||*En dehors,* nach außen; *en dehors de,* außer [*dat.*], außerhalb [*gén.*]; *en dehors de moi,* ohne mein Mitwissen. ||m. das Äußere, a. s., Außenseite, f.; *au-dehors,* draußen. ||[à l'étranger] im Ausland.

déjà adv. (jà). schon, bereits.

déjection f. (jeksion). Auswurf, m. spl.

dé||jeté, e, p. a. (dejté). schief; verkrümmt. ||**-jeter** [se] (jté). schief werden*.

déjeuner (jœné). frühstücken. ||[à midi] zu Mittag essen*. ||m. [petit —] Frühstück, n. ||(à midi, en France) Mittagessen, n. spl.

déjouer (jué). vereiteln.

déjuger [se] (jüjé). sein Urteil widerrufen.

delà adv. (dœ-). *Au-delà* [*de*], *par-delà,* jenseits [*gén.*], über [*acc.*]. V. *deçà.*

dél||abré, e, p. a. (bré). [maison] baufällig. ||[santé, etc.] verdorben. ||**-abrement** m. (bremman). Verfall. ||[altération] Zerrüttung, f. ||**-abrer** (bré). verderben*, zerrütten.

délacer (sé). aufschnüren.

dél||ai m. (lè). Frist, f. *A bref délai,* in kurzer Frist. ||[ajournement] Aufschub. ||**-aissement** m. (äsman). Verlassenheit, f. ||**-aisser** (ässé). verlassen*.

dél||assement m. (àsman). Erholung, f. ||**-asser** (sé). Erholung gewähren. ||[se]. sich erholen.

dél||ateur, trice, m., f. (tœr, trìs). Angeber ④, in. ||**-ation** f. Angeberei.

dél||ayage m. (äjàj). Verdünnung, f. ||*Fig.* Weitschweifigkeit, f. ||**-ayer** (äjé). verdünnen. ||*Fig.* weitschweifig ausführen.

dél||ectable a. (àbl). genußreich. ||[exquis] köstlich. ||**-ecter.** Genuß gewähren [*dat.*], vergnügen.

dél||égation f. (sion). [mission] Auftrag, m. ||Abordnung. ||Übertragung. V. *déléguer.* ||**-égué, e,** p. a. (gé). abgeordnet. ||**-éguer** (gé). abordnen. ||[pouvoirs] übertragen.

délester (té). erleichtern.

délétère a. (tär). tödlich.

déli||bération f. (sion). Beratung. ||**-béré, e,** a. (ré). reiflich erwogen. *De propos délibéré,* mit Vorbedacht. ||m. Beratung, f. ||**-bérément** adv. (man). entschlossen. ||**-bérer** (ré) [sur]. beraten* [über, *acc.*].

déli||cat, e, a. (kà, t). zart. ||[de sentiments] zartfühlend. ||[fin]

fein. ‖[santé] schwächlich, zärtlich. ‖[succulent] wohlschmeckend. ‖*Fig.* [épineux] mißlich. ‖**-catesse** f. (tès). Zartheit. ‖Zartgefühl, n. ‖Feinheit. V. *délicat*.

déli‖ce m. [f. im. Pl.] (lìs). Wonne, f. ‖pl. Genüsse. ‖[charmes] Reize. ‖**-cieux, euse,** a. (*siö*, **z**). köstlich.

délictueux, euse, a. (*tüö*, **z**). verbrecherisch.

déli‖é, e, a. (*ié*). [mince] dünn. ‖[fin] fein. ‖[esprit] schlau. ‖m. Haarstrich. ‖**-er** (*ié*). lösen, losbinden*. ‖[d'un engagement] entbinden*.

déli‖mitation f. (**sio**ⁿ). Abgrenzung. ‖**-miter.** abgrenzen.

délinquant, e, a. s. (liⁿ*ka*ⁿ, t). Delinquent; -en, -en, m., in, f.

déliquescent, e, a. (küès'*sa*ⁿ, t). zerfließbar.

dél‖irant, e, a. (*a*ⁿ, t). wahnsinnig. ‖[enthousiaste] schwärmend. ‖**-ire** m. (*ir*). Wahnsinn. ‖**-irer** (*ré*). phantasieren, irre reden. ‖**-irium tremens** m. (*iòm*-mi*ⁿ*s). Säuferwahnsinn.

délit m. (*li*). Vergehen, n. ④, Frevel ④.

dél‖ivrance f. (wr*a*ⁿs). Befreiung. ‖[remise] Ausgabe. ‖[accouchement] Entbindung. ‖**-ivrer** (wr*é*). befreien. ‖[remettre] ausgeben*.

déloger (*jé*), intr. ausziehen* [*sein*]. ‖tr. vertreiben*.

dé‖loyal, e, a. (lᵒaj*à*l). unredlich. ‖[traître] treulos. ‖**-loyauté** f. (lᵒajot*é*). Unredlicheit. ‖Treulosigkeit.

delta m. (*ta*). Delta, -s, n.

déluge m. (*lüj*). Sintflut, f. ‖*Fig.* Flut, f.

déluré, e, a. (lür*é*). munter, aufgeweckt.

délustrer (lüstr*é*). den Glanz benehmen* [*dat.*].

dém‖agogie f. (*oji*). Demagogie. ‖**-agogue** m. (*gòg*). Demagog, -en, -en.

démailloter (ajòt*é*). auswickeln.

demain adv. (dœmi*ⁿ*). morgen. *De demain*, morgend, morgig.

démancher (maⁿsch*é*). den Stiel [das Heft, etc.] losmachen. ‖[disloquer] aus den Fugen bringen*. ‖[se]. *fam.* alles mögliche aufbieten*.

demand‖e f. (dœm*a*ⁿd). [prière] Bitte [um]. ‖[écrite] Bittschrift. ‖[recherche, requête] Gesuch, n. ① [um] : — *en mariage*, Heiratsgesuch, n. ‖[désir] Verlangen, n. spl. ‖[exigence] Forderung. [en] Klage [wegen]. ‖*Comm.* Nachfrage. ‖[question] Frage. ‖**-er** (*dé*). bitten* [um], ersuchen [um]. ‖[exiger] verlangen, fordern. ‖[briguer] sich bewerben* [um]. ‖[questionner] fragen [einen um *ou* nach etwas]. ‖**-eur, eresse,** m., f. Kläger, in, Antragsteller, in.

dém‖angeaison f. (maⁿjäz**o**ⁿ). Jucken, n. spl. ‖*Fig.* Kitzel, m. ‖**-anger** (aⁿj*é*). jucken.

dém‖anteler (aⁿtl*é*). schleifen. ‖**-antibuler** (aⁿ-bül*é*). aus den Fugen bringen*.

démarcation f. (*sio*ⁿ). Abgrenzung.

dém‖arche f. (*arsch*). Gang, m. ‖*Faire* une démarche*, einen Schritt tun*. ‖**-archeur** (sch*œr*). Akquisiteur ①.

démarquer (ark*é*). das Zeichen entfernen [aus].

dém‖arrage m. (*àj*). Abfahren, n. spl. ‖**-arrer** tr. ‖[bateau] losreißen* [*sein*]. ‖[véhicule] in Bewegung setzen. ‖intr. [bateau] abstoßen* [*sein*]. ‖[voiture] abfahren* [*sein*]. [Auto] anspringen. ‖**-arreur.** Anlasser.

démasquer. entlarven. ‖[batterie] plötzlich spielen lassen, seinen Plan verraten.

dém‖êler (*lé*). entwirren. ‖[cheveux] schlichten. *Fig.* [pénétrer] durchschauen. ‖[discerner] unterscheiden*. ‖**-êloir** m. (ᵒ*ar*). Schlichtkamm. ‖**-êlures** f. pl. abgekämmtes Haar, n.

dém‖embrement m. (aⁿbreм*a*ⁿ). Zerstückelung, f. ‖**-embrer** (maⁿbr*é*). zerstückeln.

dém‖énagement m. (menajm*a*ⁿ). Abtransport. ‖Umzug. *Voiture de déménagement*, f., Möbelwagen, m. ‖**-énager** (*jé*). tr. ausräumen. ‖intr. [sortir] ausziehen* [*sein*]. ‖[changer] umziehen* [*sein*]. ‖**-énageur** m. (*jœr*). Gehülfe, -n. -n, beim Ausziehen.

démence f. (*a*ⁿs). Wahnsinn, m.

démener [**se**]. (mœné). sich heftig hin und her bewegen. ||*Fig.* sich heftig bemühen.
dément, e, a. (*a*ⁿ, t). wahnsinnig.
dém||enti m. (aⁿti). Lügenstrafen, n. spl. : *donner un démenti,* Lügen strafen; *recevoir un démenti,* Lügen gestraft werden*. ||**-entir*** (aⁿtir). [qn] Lügen strafen. ||[qc.] ableugnen.
dém||érite m. (ìt). Verschuldung, f. ||**-ériter** (té). Tadel verdienen.
démesuré, e, a. (meзüré), maßlos, übermäßig.
démettre* (ètr). verrenken. ||[**se**]. [résigner] niederlegen [ein Amt].
dem||eurant p. a. (mœr*a*ⁿ). wohnhaft. ||m. *Au demeurant,* übrigens. ||**-eure** f. (**œ**r). Wohnung. *A demeure,* bleibend; *mettre* en demeure.* auffordern; *il y a péril en la demeure,* es ist Gefahr im Verzuge. ||**-eurer** (œré). [rester] bleiben*. ||[persister] beharren. ||[habiter] wohnen.
demi, e|| a. (demi). [invariable devant un substantif]. halb : *demi-heure,* halbe Stunde; *deux, trois, quatre,* etc., *heures et demie* [à la pendule], halb drei, vier, fünf usw. [Uhr]; *une lieue et demie,* anderthalb Meilen, pl.; *à demi,* halb, zur Hälfte; *faire* à demi,* halb und halb tun*. ||**-...** Halb... ||**- -jour** m. (jùr). Halblicht, n. ||**- -mesure** m. (meзür). halbes Maß, n. ||*Fig.* halbe Maßregel. ||*Mus.* halber Takt, m. ||**- -mot** m. *A demi-mot,* in verdeckten Worten. ||**- -reliure** f. Halbfranzband, m. ||**- -soupir** m. (supir). Achtepause, f. ||**- -teinte** f. (tiⁿt). Mittelton, m. ||**- -tour** m. (tur). halbe Wendung, f. *Faire* demi-tour,* umkehren [*sein*]. Kehrt machen.
déminer. entminen.
démis||, e (mi, z). pp. von *démettre**. ||**-sion** f. Abdankung Rücktritt, m. ||**-sionnaire** a. zurücktretend [Beamter]. ||**-sionner.** seine Entlassung einreichen, zurücktreten*.
dém||obilisation f. (zasioⁿ). Demobilisierung. ||**-obiliser** (zé). demobilisieren, entlassen.
dém||ocrate m. (àt). Demokrat, -en, -en. ||**-ocratie** f. (si). Demokratie. ||**-ocratique** a. (ik). demokratisch.
dém||odé, e, a. (òdé), aus der Mode, unmodern. ||**-oder** [**se**] (òdé). aus der Mode kommen*.
demoiselle f. (dœmᵒazèl). Fräulein, n. ④. || — *de magasin,* Ladenmädchen, n.
dém||olir (ir). niederreißen*, abbrechen*. ||*Fig.* [abattre] umstürzen. ||**-olisseur** m. (sœr). Niederreißer ④, Umstürzler ④. ||**-olition** f. (sioⁿ). Niederreißen, n. spl. ||Abbrechen, n. spl. ||pl. Abbruch, m. spl.
démon m. (oⁿ). Dämon, -en, Teufel ④.
démonétiser (zé). entwerten, außer Kurs setzen.
démoniaque a. (oniàk), dämonisch.
dém||onstrateur m. (ons-tœr). Beweisführer ④. ||**-onstratif, ive,** a. (if, îw). demonstrativ. ||*Gramm.* hinweisend. ||**-onstration** f. (sioⁿ). Beweisführung*. ||[manifestation] Demonstration.
dém||ontable a. (oⁿtabl). zerlegbar. ||**-ontage** m. (oⁿtaj). Zerlegen, n. ||**-onter** (oⁿté). zerlegen. ||[cavalier] abwerfen*. ||*Fig.* [déconcerter] aus der Fassung bringen*. ||[**se**]. [objet] sich zerlegen lassen*. ||*Fig.* [personne] die Fassung verlieren*.
démontrer (oⁿtré). beweisen*.
dém||oralisant, e (zaⁿ, t). **-oralisateur, trice,** a. (zatœr, trìs). V. *démoraliser.* ||**-oralisation** f. (zasioⁿ). Entsittlichung, Entmutigung. ||**-oraliser** (zé). entsittlichen. ||[décourager] entmutigen.
démordre (òrdr). loslassen*. ||*Fig.* abstehen* [von].
démunir (ünir). entblößen.
dénatter (té). aufflechten*.
dén||aturé, e, p. a. (üré). unnatürlich. ||[fils, etc.] ausgeartet. ||*Père dénaturé,* Rabenvater. ||[alcool] ungenießbar gemacht. ||**-aturer** (üré). die Natur [*gén.*] ändern. ||*Fig.* entstellen.
dénégation f. Leugnen, n. spl.
déni m. (ni). Verweigerung, f.
dénicher (sché). aus dem Neste nehmen*. ||*Fig.* [découvrir] ausfindig machen.
denier m. (dœnié). Heller ④. ||*Fig.* Geld, n. — *à Dieu,* Mietgroschen. ||— *de Saint-Pierre,* Peterspfennig.

‖pl. *De ses propres deniers,* aus eigener Kasse. ‖*Deniers publics,* Staatsgelder, n. pl.
déni‖er (*nié*). verweigern. ‖[contester] absprechen*. ‖**-grement** m. (ᵉman). Anschwärzen, n. ‖**-grer.** anschwärzen.
dén‖ombrement m. (noⁿbrᵉmaⁿ). Aufzählung, f. ‖**-ombrer** (oⁿbré). aufzählen.
dén‖ominateur m. (tœr). Nenner ④. ‖**-omination** f. (sioⁿ). Benennung. ‖**-ommer** (mé). benennen*.
dén‖oncer (oⁿsé). [annoncer] ankündigen ‖[délation] angeben*. ‖[contrat] aufkündigen. ‖**-onciateur, trice,** m., f. (siatœr, trìs). Angeber ④, in. ‖**-onciation** f. (sioⁿ). Angabe.
dénoter (òté). andeuten. ‖[déceler] verraten*.
dén‖ouement m. (numaⁿ). Lösung, f. ‖[issue] Ausgang. ‖**-ouer** (ué). aufknüpfen, lösen.
denrée f. (daⁿrée). [alimentaire] Eßware. ‖— *coloniale,* Kolonialware.
den‖se a. (daⁿs). dicht. ‖**-sité** f. Dichtigkeit.
den‖t f. (daⁿ). Zahn, m. ‖[pointe] Zacke, Zinke. ‖LOC. *A belles dents,* tüchtig [*déchirer, fig.,* verleumden]; *être* sur les dents,* ganz abgemattet sein*; *faire* ses dents,* Zähne bekommen*; *dents de lait,* Milchzähne, m. pl.; *mal de dent,* Zahnschmerzen, m. pl. ‖**-taire** a. (tär). Zahn..., Zahnarzenei... ‖**-tal, e,** a. (tàl). Zahn... ‖f. [lettre] Zahnlaut, m. ‖**-té, e,** a. (té). Zahn... : *roue dentée,* Zahnrad, n. ‖**-telé, e,** a. (daⁿtlé). zackig, gezackt. ‖**-teler** (tlé). auszacken. ‖**-telle** f. (tèl). Spitze. ‖**-tellier, ière,** m., f. (*ié, iär*). Spitzenklöpper ④, in. ‖**-telure** f. (tlür). Auszackung. ‖**-tier** m. (*tié*). Gebiß, n. [künstliches]. ‖**-tifrice** a. (*is*). Zahn..., Mund... ‖**-tiste** m. (*ist*). Zahnarzt ‖**-tition** f. (sioⁿ). Zahnen, n. ‖**-ture** f. (ür). Gebiß, n.
dén‖udé, e, a. (nüdé). entblößt, nackt. ‖**-uder** (üdé). entblößen, bloßlegen. ‖**-ué, e,** a. (üé). beraubt [*gén.*], entblößt [von]. ‖— *de...,* ...los, a. ‖**-ûment** m. (ümaⁿ). Armut, f. ‖[détresse] Not, f.
dépannage m. (naj). Behebung, f., Reparatur, f.
dépaqueter (pakté), auspacken.
dépareillé, e, a. (räjé). nicht zusammengehörend.
déparer (ré). verunzieren.
départ m. (àr). Abgang. ‖[véhicule] Abfahrt, f. ‖[en voyage] Abreise, f. ‖[sports] Start ①.
dép‖artager (jé). [voix] den Ausschlag geben* [in]. ‖**-artement** m. (tᵉmaⁿ). Abteilung, f. ‖[circonscription] Kreis, Bezirk. ‖[en France] Departement, -s, n. ‖[ministère] Ministerium, ...rien, n. ‖**-artir** (ir). tr. [assigner] zuteilen*. ‖[se] [de]. abweichen* [*sein*].
dép‖assement m. (àsmaⁿ). Überschuß. ‖**-asser** (sé). tr. überholen. ‖[but, ligne] überschreiten*. ‖[en hauteur, etc.] übersteigen*, überragen. ‖intr. hervortreten [*sein*]. ‖[faire saillie] vorspringen* [*sein*].
dépaver (wé). das Pflaster aufreißen*.
dépayser (päjizé). entfremden [einem Standorte].
dép‖eçage m. (dépᵉsaj). Zerschneiden, n. ‖**-ecer** (depᵉsé). zerschneiden*.
dép‖êche f. (äsch). Depesche. ‖[télégraphique] Drahtnachricht. ‖**-êcher.** ausgeben*. ‖[se]. sich beeilen.
dépeindre* (iⁿdr). schildern.
dépenaillé, e, a. (pᵉnajé). zerlumpt.
dép‖endance f. (aⁿdaⁿs). Anhängigkeit. ‖[bâtiment] Nebengebäude, n. ④. ‖**-endant, e,** a. (aⁿ, t). abhängig. ‖**-endre** (aⁿdr). tr. herunternehmen*. ‖intr. abhängen. *Cela dépend,* es kommt darauf an.
dép‖ens m. pl. (aⁿ). Kosten, pl. *Aux dépens de, à mes dépens,* auf [*gén.,* meine] Kosten. ‖**-ense** f. (aⁿs). Ausgabe. ‖**-enser** (sé). ausgeben*. ‖[se]. sich eifrig verwenden*. ‖**-ensier, ière,** a. (*sié, iär*). verschwenderisch. ‖m. Speisemeister ④.
déperdition f. (sioⁿ). Verlust, m.
dép‖érir (ir). absterben* [*sein*]. ‖[malade] dahinsiechen. ‖[choses] zugrunde gehen*. ‖**-érissement** m.

(ism*a*ⁿ). Absterben, n. ||Dahinsiechen, n. ||[choses] Verfall, m.

dépêtrer (tr*é*) [de]. herauswickeln [aus].

dép||euplement m. (pœplᵉm*a*ⁿ). Entvölkerung, f. ||**-eupler** (pl*é*). entvölkern. ||[étang, etc.] ausfischen.

dép||ilation f. (s*io*ⁿ). Enthaarung. ||**-ilatoire** m. (tᵒ*a*r). Enthaarungsmittel, n. ||**-iler.** enthaaren.

dépister. [trouver la piste] aufspüren. ||[faire perdre la piste et *fig.*] ausspüren.

dép||it m. (p*i*). Ärger. ||[humeur] Verdruß. ||*En dépit de..., ...*[*dat.*] zum Trotze, trotz, prép. [*gén.*]. ||**-iter** (t*é*). ärgern, verdrießen.

dépl||acé, e, p. a. (s*é*). V. *déplacer.* ||a. unpassend. ||**-acement** m. (àsm*a*ⁿ). Versetzung, f. ||**-acer** (s*é*). versetzen.

dépl||aire* (*ä*r). mißfallen*, ins. *Ne vous en déplaise,* mit Verlaub. ||*Se* —* [quelque part], sich nicht gern aufhalten*. ||**-aisant, e,** a. (äzaⁿ, t). unangenehm. ||**-aisir** m. (äz*i*r). Mißvergnügen, n., Mißbehagen, n.

déplanter (aⁿt*é*). verpflanzen.

dépl||ier (i*é*). entfalten. ||**-isser** (s*é*). glätten. ||**-oiement** m. (ᵒam*a*ⁿ). [de forces, etc.] Entwickelung, f.

déplomber (oⁿb*é*). das Bleisiegel abnehmen* [von].

dépl||orable a. (*à*bl). bejammerns-, beklagenswert *ou* -würdig. ||[pitoyable] erbärmlich. ||**-orer** (r*é*). bejammern, beklagen.

déployer (ᵒaj*é*). entfalten. ||[étendre] ausbreiten. ||[développer] entwickeln. ||[voiles] beisetzen. ||*Mil.* aufmarschieren lassen*.

déplumé, e, a. federlos. ||*Fam.* [chauve] kahl.

dépocher (ch*é*). aus seiner Tasche bezahlen.

dépoétiser (z*é*). den Zauber benehmen.

dépolariser (z*é*). depolarlisieren.

dépolir (*i*r). matt machen. ||[verre] matt schleifen*.

dépopulation f. (ülas*io*ⁿ). Entvölkerung.

dép||ort m. (p*ò*r). [Bourse] Kursabschlag. ||**-ortation** f. Überführung. ||**-orter.** deportieren, überführen.

dép||osant, e, a. s. (*za*ⁿ, t). [de fonds, etc.] Hinterleger ④, in. ||[en justice] Zeuge, -n, -n, ...gin. ||**-ose** f. (*ô*z). Abnehmen, n. ||**-oser** (z*é*). tr. [fardeau, habits] ablegen. ||[marchandises] niederlegen. [armes] strecken. ||[fonds, etc.] hinterlegen. ||[résidu] absetzen. ||[enlever] abnehmen*. ||[projet] einbringen*. ||*Fig.* [roi] absetzen. ||intr. [liquide] einen Bodensatz bilden. ||[témoin] Zeugnis ablegen. ||[plainte] eine Klage einreichen. ||**-ositaire** m. (zit*ä*r). Verwahrer ④. ||[d'un secret] Mitwisser ④. ||**-osition** f. (zis*io*ⁿ). [témoin] Aussage.

déposséder. aus dem Besitze vertreiben*.

dépôt m. (p*ô*). anvertrautes Gut, n. ||[de fonds] Hinterlegung, f. : *Caisse de*[*s*] *dépôts,* Depositenkasse. ||[d'un projet] Einbringung, f. ||[marchandises] Niederlage, f. ||[de machines, etc.] ...schuppen ④. ||[sédiment] Bodensatz. ||*Mil.* Sammelplatz. ||[de police] Polizeigewahrsam ①.

dép||oter (*ò*t*é*). ausheben* [aus Töpfen]. ||**-otoir** m. (otᵒ*a*r). Düngergrube, f.

dép||ouille f. (p*u*j). Balg, m. ||[mortelle] Hülle [sterbliche]. ||[butin] Beute, Raub, m. ||**-ouillement** m. (pujm*a*ⁿ). Beraubung, f. ||[de scrutin] Zählung, f. ||**-ouiller** (puj*é*). [animal] abbalgen, abhäuten. ||[débarrasser] entblößen [*gén.*]. ||[priver] berauben [*gén.*]. ||[dévaliser] ausplündern. ||[courrier] öffnen. ||[scrutin] zählen [Stimmen]. ||[perdre] abstreifen. ||[se]. sich entblößen. ||[aliéner] sich entäußern [*gén.*].

dépourvu, e, a. (urw*ü*) [de]. entblößt [*gén.*], ...los. *Prendre* au dépourvu,* unvorbereitet finden*.

dépr||avation f. (was*io*ⁿ). Verderbtheit. ||**-avé, e,** a. (w*é*). verdorben. ||**-aver** (w*é*). verderben*.

dépr||éciation f. (sias*io*ⁿ). Entwertung. ||**-écier** (si*é*). entwerten.

déprédation f. (s*io*ⁿ). Verheerung.

dépr||ession f. (s*io*ⁿ). Niederdrückung. ||[morale] Herabstimmung. ||[de terrain] Bodensenkung. ||[barométrique] Depression. || **-imer** (m*é*). niederdrücken.

depuis prép. (dœpüi). seit, *dat.* ‖adv. seitdem : *depuis... jusqu'à...,* von... bis... ‖*depuis que* conj., seit, seitdem.

dépuratif, ve, a (pü-tif, iw). blutreinigend.

dépu‖tation f. (sion). Abordnung. ‖**-té** m. Abgeordnete[r], a. s. ‖**-ter.** abordnen.

dér‖aciné, e, p. a. (siné). *Fig.* verpflanzt. ‖**-aciner** (siné). entwurzeln, ausrotten.

dér‖aillement m. (ajman). Entgleisung, f. ‖**-ailler** (ajé). entgleisen [*sein*].

dér‖aison f. (äzon). Unvernunft. ‖**-aisonnable** a. unvernünftig. ‖**-aisonner** (äzòné). unvernünftig reden.

dér‖angement m. (anjman). Störung, f. ‖[de ventre] Durchfall. ‖**-anger** (anjé). stören.

dér‖apage m (paj). Lichten, n. ‖Gleiten, n. ‖**-aper.** [ancre] lichten. ‖[roue] gleiten.

dératé m. (té). *Courir comme un dératé,* rennen* wie toll.

dérati‖ser (zé). die Ratten vertilgen. ‖**-sation** (sion). Rattenvertilgung.

derechef adv. (schef). von neuem.

dér‖églé, e, a. unregelmäßig. ‖[vie] liederlich. ‖*Horl.* unrichtig gehend. ‖**-èglement** m. (räglᵉman). Unregelmäßigkeit, f., Liederlichkeit, f. ‖**-égler.** in Unordnung bringen*.

dérider. entrunzeln. ‖[égayer] aufheitern.

dér‖ision f. (zion). Spott, m. *Tourner en dérision,* zum Gespött machen. ‖**-isoire** a. (zᵒar). lächerlich. *Prix dérisoire,* Spottpreis.

dér‖ivatif, m. (watif). Ableitungsmittel, n. ‖**-ivation** f. (wasion). Ableitung. ‖**-ive** f. (iw) : *aller à la dérive,* vom Kurs abgetrieben werden*. ‖**-iver** (wé) [de]. tr. ableiten. ‖intr. [provenir] herrühren [de, von]. ‖*Gramm.* abstammen [von].

derme m. (derm). Haut, f.

der‖nier, ère, a. (ié, iär). letzt. ‖**-nièrement** adv. neulich.

dér‖obade f. (bàd). Ausweichen, n. ‖**-obé, e,** p. a. ‖a. verstohlen. *Escalier dérobé,* m., Geheimtreppe, f.; *à la dérobée,* heimlich, adv., verstohlenerweise. ‖**-ober** (bé). stehlen*. ‖[de force] rauben. ‖[détourner] entwenden*. ‖[se]. sich entwenden*. ‖[se cacher] sich verbergen*. ‖ [esquiver] ausweichen*, intr. [*sein*] [*dat.*].

dér‖ogation f. (sion). [à] Abweichung [von]. ‖**-oger** (jé). [à]. abweichen* [*sein*] [von].

dérouiller (rujé). vom Roste reinigen.

dér‖oulement m. (rùlman). Aufrollen, n. ‖**-ouler** (rùlé). aufrollen. ‖[se]. [se développer] sich entwickeln.

dér‖oute f. (rut). wilde Flucht [e. Heeres]. ‖ [défaite] Niederlage. *Mettre* en déroute,* aus dem Felde schlagen*. ‖**-outer** (ruté). vom rechten Wege abbringen*. ‖*Fig.* verwirren*.

derrière prép. (riär). hinter [*datif* ou *accusatif*]. ‖adv. hinten : *de derrière,* Hinter...; *par derrière,* von hinten; *fig.* hinterrücks. ‖m. Hinterteil. ‖[de maison] Hinterhaus, n. ‖[d'une personne] der Hintere, a. s., Gesäß, n.

derviche m. (wisch). Derwisch.

des art. contr. pl. (dè). V. GRAMM.

dès prép. (dè). von... an : *dès lors,* von da an; *dès demain,* gleich [*ou* schon] morgen; *dès que,* sobald.

désabuser (zabüzé). aus dem Irrtum bringen*. ‖[désillusionner] enttäuschen.

dés‖accord m. (zakòr). Uneinigkeit, f. *En désaccord,* uneinig. ‖**-accorder.** *Mus.* verstimmen.

désaccoutumer (kutümé). [qn de qc.] abgewöhnen [einem etwas].

désaffect‖er (zafekté). seiner früheren Bestimmung entziehen*. ‖**-ion** f. Erkaltung [der Freundschaft].

désagréable a. (za-abl). unangenehm.

désagréger (za-jé). trennen. ‖*Chim.* zersetzen.

désagrément m. (man). Unannehmlichkeit, f.

dés‖altérant, e, a. durststillend. ‖**-altérer** (ré). den Durst stillen [*ou* löschen]. ‖[se]. seinen Durst stillen.

dés‖appointement m. (zapointman). Enttäuschung, f. ‖**-appointer.** enttäuschen.

désapprendre* (zapra^{n}dr). verlernen.

dés‖approbateur, trice, a. mißbilligend. ‖**-approbation** f. (sio^{n}). Mißbilligung. ‖**-approuver** (zapruwé). mißbilligen, ins.

désarçonner (zarsoné). aus dem Sattel heben*. ‖*Fig.* aus dem Sattel bringen.

désargenter (zarja^{n}té). entsilbern.

dés‖armement m. (zarmœma^{n}). Entwaffnung, f., Abrüstung, f. ‖**-armer** (mé). tr. entwaffnen. ‖intr. abrüsten.

désarroi m. (zar^{o}a). Verwirrung, f.

dés‖astre m. (zastr). Unheil, n. spl. ‖[financier] Krach ①. ‖**-astreux, euse,** a. (trö, z). unheilvoll.

désavant‖age m. (zawa^{n}tàj). Nachteil. ‖**-ageux, euse,** a. (jö, z). unvorteilhaft, nachteilig.

dés‖aveu, x, m. (zawö). Ableugnung, f., Mißbilligung, f. ‖**-avouer** (wué). ableugnen. ‖[désapprouver] mißbilligen, ins.

desceller f. (sèl'é). ausbrechen*.

des‖cendance f. (sa^{n}da^{n}s). Abstammung. ‖[postérité] Nachkommenschaft. ‖**-cendant, e,** a. (da^{n}, t). [gamme, etc.] absteigend. ‖ m. Nachkomme, -n, -n. ‖ **-cendre** (sa^{n}dr). intr. [de cheval, chez qn, etc.] absteigen*. ‖ [éloignement] hinab-, hinuntersteigen*, -gehen*, -fahren*, etc. ‖ [rapprochement] herab-, heruntersteigen*, -gehen*, -fahren*, etc. ‖[de voiture] aussteigen*. ‖[baromètre, cours] fallen* [*sein*]. ‖tr. hinab-, hinunter-, herab-, herunterbringen*. V. ci-dessus. ‖**-cente** f. (sa^{n}t). Les infinitifs ci-dessus pris substantivement n. spl. ‖[de justice] Haussuchung. ‖*Méd.* Bruch, m. ‖ — *de croix,* Kreuzabnahme; — *de lit,* Vorleger, m. ④.

des‖criptif, ive, a. (if, iw). beschreibend. ‖**-cription** f. (sio^{n}). Beschreibung.

désemparer (za^{n}-ré). [navire] dienstunfähig machen. *Sans désemparer,* auf der Stelle, unverzüglich.

désenchant‖ement m. (ma^{n}). Ernüchterung, f. ‖**-er** (za^{n}scha^{n}té). enttäuschen.

désenfler (za^{n}flé). tr. entleeren. ‖intr. [abcès] fallen* [*sein*].

désenivrer (za^{n}niwré). nüchtern machen.

désennuyer (za^{n}nüijé). zerstreuen.

déséqui‖libre m. (kilibr). [esprit] Verwirrung, f. ‖**-libré** a. überschnappt. ‖**-librer.** verwirren, aus dem Gleichgewicht bringen.

dés‖ert, e, a. (zèr, t). öde, wüst. ‖m. Wüste, f. ‖[solitude] Einöde, f. ‖**-erter** (zerté). tr. verlassen*. ‖intr. ausreißen* [*sein*], desertieren [*sein*].

dés‖erteur m. Überläufer ④, Fahnenflüchtige[r] a. s. ‖**-ertion** f. (sio^{n}). Ausreißen, n. spl., Fahnenflucht, spl.

dés‖espérance f. (zes-ra^{n}s). Hoffnungslosigkeit. ‖**-espérant, e,** pa. (zes-ra^{n}, t). *C'est désespérant,* das ist zum Verzweifeln. ‖**-espéré, e,** a. (ré). verzweifelt. ‖[inconsolable] trostlos. ‖**-espérer** (ré) [de] intr. verzweifeln [an, *dat.*]. tr. zum Verzweifeln bringen*. ‖[**se**]. in Verzweiflung geraten* [*sein*]. ‖**-espoir** m. (p^{o}ar). Verzweiflung, f. *En désespoir de cause,* als Letztes.

dés‖habillé, e, p. a. (zabijé). entkleidet. ‖m. Haus- *ou* Nachtkleid, n. ‖**-habiller** (zabijé). entkleiden, auskleiden.

déshabituer (za-tüé). entwöhnen. ‖[qn de qc.] abgewöhnen [einem etwas].

déshériter (zé-té). enterben.

dés‖honnête a. (zònät). unanständig. ‖**-honneur** m. (zonœr). Unehre, f., Schande, f. ‖**-honorant, e,** p. a. (zò-ra^{n}, t). entehrend. ‖**-honorer** (zo-ré). entehren.

désiderata pl. (zi-ta). Wünsche, pl.

dés‖ignation f. (zinjasio^{n}). Bezeichnung. ‖**-igner** (zinjé). bezeichnen.

dés‖illusion f. (zil'lüzio^{n}). Enttäuschung. ‖**-illusionner.** enttäuschen.

désinence f. (zina^{n}s). Endung.

dés‖infectant, e, p. a. desinfizierend. ‖**-infecter** (zi^{n}-té). desinfizieren.

dés‖intéressé, e, a. (zi^{n}-sé). uneigennützig. ‖**-intéressement** m. (esma^{n}). Uneigennützigkeit, f. ‖**-intéresser** (sé). entschädigen. ‖[**se**] [de]. kein Interesse mehr haben* [an, *dat.*].

désintoxiquer (ké). entgiften.

désinvolture f. (zi^n^wòltür). ungezwungene Haltung.
dés||ir m. (*zir*) [de]. Wunsch [nach]. ||**-irable** a. (*à*bl). wünschenswert. ||**-iré, e,** a. (*ré*). erwünscht. ||**-irer** (*ré*). wünschen. ||**-ireux, euse,** a. (*rö, z*) [de]. begierig [nach], ...süchtig.
dés||istement m. (zistema^n^). Verzichtleistung, f. ||**-ister** [se] (*sisté*) [de]. Verzicht leisten [auf, *acc.*].
dés||obéir (zobé*ir*). nicht gehorchen. ||**-obéissance** f. (béisa^n^s). Ungehorsam, m. ||**-obéissant, e,** a. (sa^n^, t). ungehorsam.
dés||obligeant, e, a. (zo-ja^n^, t). ungefällig. ||**-obliger** (*jé*). unfreundlich begegnen, intr. [*sein*] [*dat.*].
désobstruer. freimachen, öffnen.
dés||œuvré, e, a. (zœwré). müßig. ||**-œuvrement** m. (wr^e^ma^n^). Müßiggang.
dés||olant, e, a. (zola^n^, t). betrübend. ||**-olation** f. (sio^n^). Betrübnis. || [désespoir] Trostlosigkeit. ||[ravage] Verwüstung. ||**-olé, e,** p. a. (*lé*). trostlos. ||**-oler** schmerzlich betrüben. ||[ravager] verwüsten.
désopilant, e, a. (zò-la^n^, t). zum Lachen bringend.
désordonné, e, a. (zòr-*né*). ordnungslos. ||[sans frein] zügellos.
désordre m. (*ò*rdr). Unordnung, f.
dés||organisation f. (zòr-zasio^n^). Störung der Ordnung. ||[état] Ordnungslosigkeit. ||**-organiser** (*zé*). in Unordnung bringen*.
désorienter (zoria^n^*té*). irre leiten. ||*Fig.* irre machen.
désormais adv. (zormä). künftighin, hinfort, nunmehr.
désosser (zo*sé*). ausbeinen.
des||pote m. (pòt). Despot, -en, -en. ||**-potique** a. (ìk). despotisch.
desquels (däkèl). V. Gramm.
dessaisir [se] (säz*ir*) [de]. sich entäußern [*gén.*].
dess||alé, e, p. a. (*lé*). a. *fig.* verschmitzt. ||**-aler.** entsalzen.
dess||èchement m. (eschma^n^). Austrocknen, n. ||**-écher** (*sché*). austrocknen. ||[se]. vertrocknen, intr. [*sein*].
dessein m. (si^n^). Vorsatz, Vorhaben, n. ④. Entwurf. ||[intention] Absicht, f. *A dessein,* vorsätzlich, absichtlich.
desseller (*lé*). absatteln.
desserrer (*ré*). los- *ou* locker machen. ||[se]. los- *ou* locker werden*.
dess||ert m. (*è*r). Nachtisch. ||**-erte** f. (*è*rt). Abtrag, m. [von d. Tafel]. ||**-ervant** m. (wa^n^). Pfarrverweser ④. ||**-ervir*** (w*ir*). [table] abdekken. || [nuire] schaden [dat.]. ||[cure] versehen*. ||[localité] halten, intr. [an, *dat.*].
dessiller (ij*é*). [yeux] öffnen.
dess||in m. (si^n^). Zeichnung, f. ||[action] Zeichnen, n. ||[art] Zeichenkunst, f. — *animé,* Trickbild n. ||**-inateur, trice,** m., f. Zeichner ④, in. ||**-iner.** zeichnen. ||*Fig.* [formes] hervortreten* lassen.
dessouder (u*dé*). loslöten.
dessous adv. (dœssu). unten, darunter : ***de dessous,* von unten her;** ...*de dessous,* Unter..., unter, a.; *en dessous,* unten; *en dessous de,* unter, prép. ||*Individu en dessous,* Duckmäuser. ||*Fig. Agir en dessous,* versteckt handeln. ||m. Unterseite, f. — *de plat.* Untersatz. — *de bras,* Schweißleder, n. *Avoir* le* —, den kürzeren ziehen*.
dessus adv. (dœsü). oben, darauf, darüber. *De dessus,* von... weg; ...*de dessus,* Ober..., ober, a; *en dessus,* auf der oberen Seite; *là-dessus,* darauf. ||m. [de table, etc.] Platte, f. ||[de lit] Überzug. *Avoir* le dessus,* die Oberhand behalten*; *le dessus du panier,* das Beste, n.
des||tin m. (ti^n^). Schicksal, n. ||**-tinataire** m., f. (t*är*). Empfänger ④, in. ||**-tination** f. (sio^n^). Bestimmung. ||[lieu] Bestimmungsort, m. ||**-tinée** f. (nee). Schicksal, n. ①, Geschick, n. spl. ||**-tiner** (*né*). [à]. bestimmen [compl^t^ de chose : zu]. ||[se]. sich widmen wollen.
des||tituer (t*ü*é). absetzen. ||**-titution** (tüsio^n^). Absetzung.
destrier m. (*ié*). Schlachtroß, n.
des||troyer m. (o^a^j^e^r). Torpedozerstörer ④. ||**-tructeur, trice,** a. (trüktœr, trìs). ||**-tructif, ive,** a. (trükt*if, iw*). zerstörend. ||m. et f. Zerstörer ④, in. ||**-truction** f. (trüksio^n^). Zerstörung.
dés||uet, ète, a. (*süè*, t). ungebräuchlich. ||**-uétude** f. (t*üd*). *Tomber en désuétude,* außer Gebrauch kommen*.

dés‖uni, e, a. (zün*i*). getrennt. [brouillé] uneinig. ‖**-union** f. (un*io*n). Uneinigkeit. ‖**-unir** (zün*i*r), trennen, entzweien. ‖[brouiller] veruneinigen.
dét‖achage m. (sch*à*j). Reinigung, f. ‖**-achement** m. (àschm**a**n) [de]. Lossagung, f. ‖*Mil.* Kommando, -s, n. *En détachement,* abkommandiert. ‖**-acher** (sch*é*). losmachen. ‖[délier] losbinden*. ‖[coupon, etc] abschneiden*. ‖[yeux] abwenden*. ‖[troupes] abkommandieren. ‖[nettoyer] reinigen. ‖[**se**]. *Fig.* [sur]. sich abheben* [von].
dét‖ail m. (*à*j). Einzelheit, f. *En détail,* ausführlich, umständlich. ‖*Comm.* Kleinhandel, Einzelverkauf. *Au détail,* stückweise, einzeln. ‖**-aillant, e,** m., f. (aj**a**n, t). Kleinhändler ④, in. ‖**-aillé, e,** a. (aj*é*). ausführlich, umständlich. ‖**-ailler** (aj*é*). [récit] umständlich erzählen. ‖*Comm.* stückweise [im Kleinen] verkaufen.
détaler (l*é*). *Fam.* sich fortpacken.
détaxer (ks*é*). den Preis, die Steuer herabsetzen.
détection f. (s*i***o**n). Auffindung.
détective m. (*î*w). Geheimpolizist, -en, -en.
déteindre* (t**i**ndr). tr. entfärben. ‖ intr. [vêtement] abschießen*. ‖*Fig.* [sur qn] beeinflussen, tr.
dételer (dètl*é*). abspannen.
détendre (**a**ndr). abspannen. ‖[**se**], *fig.* sich erholen.
dét‖enir* (t^e^n*i*r). zurückbehalten. ‖[illégalement] vorenthalten. ‖**-ente** f. (**a**nt). [arme] Abzug, m. *Lâcher la détente,* das Gewehr abdrücken. ‖*Fig.* Abspannung. ‖**-enteur, trice,** m., f. (ta**n**t**œ**r, trìs). Inhaber ④, in. ‖**-ention** f. (a**n**s*i***o**n). Haft. ‖*Maison de détention,* f. Zuchthaus, n. ‖**-enu, e,** m., f. (^e^n*ü*). Häftling.
dét‖érioration f. (s*io*n). Beschädigung. ‖**-ériorer** (r*é*). beschädigen.
dét‖ermination f. (s*i***o**n). Bestimmung. ‖[résolution] Entschluß, m. ‖**-erminé, e,** p. a. (n*é*). [résolu] entschlossen. ‖**-erminer** (n*é*). bestimmen. ‖[sens, etc.] näher bestimmen. ‖[**se**]. sich entschließen*.
déterrer (r*é*). ausgraben*.
détersif m. Waschmittel, n.
dét‖estable a. (*â*bl). abscheulich. ‖**-ester** (t*é*). verabscheuen.
dét‖onateur m. (t**œ**r). Zünder. ‖**-onation** f. (s*i***o**n). Knall, m. ‖**-oner.** knallen. ‖**-onner** (òn*é*). *Mus.* mißtönen ins.
dét‖our m. (t*u*r). [sinuosité] Windung, f. ‖[tournant] Biegung, f. ‖[circuit] Umweg. ‖*Fig.* Ausflucht, ¨e, f. *Sans détours,* ohne Umschweife. ‖**-ournement** m. (n^e^m**a**n). Entwendung, f. ‖**-ourner** (urn*é*). abwenden*, entfremden. ‖[dériver] ableiten. ‖[séduire] entführen. ‖[voler] entwenden*.
détracteur m. (t**œ**r). Verleumder ④.
détraquer (k*é*). aus dem richtigen Gang bringen*.
détremper (p*é*). einweichen. ‖[pluie] einregnen.
détresse f. (*è*s). Not, Elend, n.
détriment m. (m**a**n). *Au détriment,* zum Schaden [Nachteil].
détritus m. pl. (t*ü*). Abfälle.
détroit m. (tr^o^*a*). Meerenge, f.
détromper (**o**np*é*). eines Besseren belehren.
détrôner (n*é*). entthronen.
détr‖ousser (uss*é*). ausplündern. ‖**-ousseur** m. (s**œ**r). Straßenräuber ④.
détruire* (*üi*r). zerstören, vernichten.
dette f. (dèt). Schuld.
deuil m. (dœj). Trauer, f. ‖[vêtements] Trauerkleidung, f.
deux‖ num. (dö). zwei : [*couper*] *en deux,* entzwei [schneiden] ; *partager en deux,* halbieren; [*tous*] *les deux, tous deux,* [alle] beide, die beiden; *nous deux,* wir beide. ‖[quelques] ein paar, inv. ; *en deux mots,* mit ein paar Worten. ‖**-ième** ord. (**z***i*èm). [der, die, das] zweite. ‖**-ièmement** adv. zweitens.
dévaler. heruntersteigen* [*sein*].
dévaliser (**z***é*). ausplündern.
dévaloriser (iz*é*). entwerten.
dévaluation f. (s*io*n). Abwertung, Devalvation.
dévaluer (u*é*). abwerten.
dev‖ancer tr. (dœwa**n**s*é*). [précéder] vorangehen* [fahren*, etc.], intr. [*sein*]. ‖[dépasser] überholen. ‖[prévenir] zuvorkommen*, intr. ‖**-ancier** m. (a**n**s*ié*). Vorgänger ④. ‖**-ant** prép. (w**a**n). vor [*dat.*

et *acc.*] : ... *de devant,* Vorder..., vorder, a. ‖adv. vorn. ‖m. Vorderteil. ‖[façade] Vorderseite, f. *Sur le devant,* nach vorn heraus; *prendre* les devants,* [einem] zuvorkommen*. ‖**-anture** f. (a^n^tür). Laden- *ou* Schaufenster, n. ④.

dév‖astateur, trice, a. (was-tœr, tris). verheerend. ‖**-astation** f. (sio^n^). Verheerung. ‖**-aster.** verheeren, verwüsten.

déveine f. (wän), *fam.* Unglück, n. [im Spiel]. ‖Pech, n., *fam.*

dév‖eloppement m. (dewlòpma^n^). Entwickelung, f. ‖**-elopper.** entwickeln.

devenir* (dœwœnir). werden*. *Qu'est-il devenu?* was ist aus ihm geworden?; *que devenez-vous?,* was machen Sie?

déver‖gondage m. (wergo^n^daj). Schamlosigkeit, f. ‖*Fig.* [effréné] Zügellosigkeit, f. ‖**-gondé, e,** a. (dé). schamlos.

dévernir. den Firnis abreiben.

devers prép. (dœwär). *Par devers soi.* für sich.

dé‖verser (wersé). ausschütten. ‖**-versoir** m. (s^o^ar). Wasserablaß.

dévêtir (wätir). entkleiden.

déviation f. (wiasio^n^). Abweichung. ‖*Anat.* Verkrümmung.

dé‖vider (widé). abhaspeln. ‖**-videur, euse,** m., f. (widœr, öz). Garnwinder ④, in. ‖**-vidoir** m. (d^o^ar). Haspel, f., Garnwinde, f.

dévier (wié). intr. abweichen* [von]. ‖tr. verkrümmen.

dev‖in, ineresse, m., f. (dœwi^n^, winrès). Wahrsager ④, in. ‖**-iner** (iné). erraten*, raten*, *fam.* ‖**-inette** f. (nèt). Rätsel, n. ④ [kleines].

devis m. (wi). Kostenanschlag.

dévisager (wizajé). *Ancien.* [endommager] zerkratzen. ‖[regarder] scharf ansehen*.

devis‖e f. (dœwiz). Wahlspruch, m., Motto, -s, -n, n. *Comm.* fremde Geldsorte, Devise. ‖**-er** (zé). vertraulich plaudern.

dévisser (wisé). abschrauben*.

dévoiement m. (w^o^a). Durchfall.

dévoiler enthüllen.

devoir* (dœw^o^ar). [obligation morale] sollen. ‖[futur] *Il doit venir* demain,* er soll morgen kommen. ‖[nécessité] müssen. *Je dus partir*,* ich mußte abreisen. ‖[dette] schuldig sein*. ‖[reconnaissance] verdanken. *Il me doit la vie,* er verdankt mir das Leben. ‖*Etre* dû,* gebühren : *cet honneur vous est dû,* Ihnen gebührt diese Ehre. ‖m. [moral] Pflicht, f., Schuldigkeit, f. ‖[obligation] Obliegenheit, f. ‖[scolaire] Aufgabe, f., Schularbeit, f. [schriftliche]. ‖[à la maison] Hausarbeit, f. ‖*Rendre* ses devoirs à qn,* einem seine Aufwartung machen; *rendre les derniers devoirs à qn,* einem die letzte Ehre erweisen*.

dévolter (té). herabtransformieren.

dévolu, e, a. (wòlü). zukommend. ‖m. *Jeter son dévolu sur,* beanspruchen.

dévorer (ré). auffressen*. ‖[engloutir] verschlingen*. ‖*Fig.* [consumer] brennen*, verzehren.

dév‖ot, e, a. (wo, òt). fromm. ‖[bigot] frömmelnd. ‖**-otion** f. (sio^n^). Frömmigkeit, Frömmelei. *Faire* ses dévotions,* seine Andacht verrichten. ‖**-oué, e,** a. (wué). ergeben. ‖**-ouement** m. (wuma^n^). Aufopferung, f., Ergebenheit, f., Hingebung f., ‖**-ouer [se]** (wué). sich widmen, sich hingeben*.

dévoyer (^o^ajé). irreführen.

dex‖térité f. (deks). Gewandtheit. ‖**-tre** f. rechte Hand. ‖**-trine** f. (ìn). Stärkegummi, m.

dia‖bète m. (bèt). Zuckerkrankheit, f., Harnruhr, f. ‖**-bétique** a. (ìk). diabetisch. ‖m. Diabetiker ④.

dia‖ble m. (diabl). Teufel ④ ‖[chariot] Handblockwagen. ‖LOC. *Diable!* der Teufel!; *qui diable?* wer zum Teufel...?; *au diable!* zum Teufel [*ou* Henker]!; [*que*] *le diable t'emporte!* der Teufel [*ou* der Henker] hole dich!; *bon diable,* guter Kerl; *pauvre diable,* armer Teufel; *diable d'homme,* Teufelskerl; *avoir* le diable au corps,* den Teufel im Leibe haben*; *à la diable,* bunt durcheinander; *au diable vauvert,* sehr weit; *tirer le diable par la queue,* arme Ritter backen*. ‖**-blement** adv. (blœma^n^). verteufelt. ‖**-blerie** f. (bl^e^ri). Teufelei. ‖**-blotin** m. (ti^n^). Teufelchen, n. ④. ‖**-bolique** a. (òlìk). teuflisch.

diacre m. (diàkr). Diakon, -en.
diadème m. (däm). Diadem, n. ①.
dia‖gnostic m. (ìk). Diagnose, f. ‖**-gnostiquer** (*ké*). die Diagnose stellen.
diagonal, e. (gònàl), schräg. ‖Diagonale. Querlinie, f.
dia‖lectal, e, a. (àl). dialektisch, mundartlich. ‖**-lecte** m. (ekt). Dialekt ①, Mundart, f.
dia‖logue m. (òg). Zwiegespräch, n. ‖**-loguer** (*gé*). dialogisieren.
dia‖mant m. (*a*n). Diamant, -en, m. ‖**-mantin, e,** a. (*i*n, ìn). diamantartig.
dia‖métralement adv. (àlm*a*n). schnurstracks. ‖**-mètre** m. (mètr). Durchmesser ④.
diantre! interj. (di*a*ntr). der Teufel! V. *diable.*
diapason m. (**z***o*n). Stimmgabel, f. ‖*Fig.* Ton, m.
diaphane a. (fàn). durchscheinend.
diaphragme m. (àgm). Zwerchfell, n. ‖[optique] Blendung, f. ‖[phonographe], Scheidewand, ¨e, f., Schallaufnehmer ④.
diapré, e, p. a. buntfarbig.
diarrhée f. (ree). Durchfall, m.
diathèse f. (tä**z**). Diathesis.
diatribe f. (ìb). Schmähschrift.
dicotylédone f. (dòn). Zweisamenlapper, m. ④.
dic‖tateur m. (tœr). Diktator, -en. ‖**-tatorial, e,** a. diktatorisch. ‖**-tature** f. Diktatur. ‖**-tée** f. Diktat, n. ①. ‖**-ter** diktieren.
dic‖tion f. Vortrag, m. ‖**-tionnaire** m. (siònär). Wörterbuch, n. ②. ‖ — *de poche,* Handwörterbuch, n. ‖**-ton** m. (t*o*n). Sprichwort, n. ②.
dièdre a. (èdr). *Angle dièdre,* Flächenwinkel.
di‖èse m. (è**z**). Kreuz, n. [Erhöhungszeichen]. ‖**-éser** (**z***é*). mit einem Kreuze bezeichnen.
diète f. (èt). [régime] Diät. ‖[absolue] Hungerkur. ‖ [d'empire] Reichstag, m. ‖[d'état] Landtag, m.
dieu, x, m. (*diö*). Gott ②. *Le bon Dieu,* der liebe Gott; *Dieu vous garde!,* Gott behüte euch!; *grâce à Dieu, Dieu merci!,* Gott sei Dank!; *s'il plaît à Dieu,* so Gott will; *plût à Dieu...,* wollte Gott...; *mon Dieu!,* ach du lieber Gott!
diff‖amateur, trice, m., f. (dìf'-fà-tœr, trìs). Ehrenschänder ④, in. ‖**-amation** f. (*sio*n). Ehrenschändung. ‖**-amatoire** a. (t^o*a*r). ehrenrührig. ‖**-amer** (*mé*). lästern, verleumden.
diff‖éremment adv. (dìféram*a*n). verschieden. ‖**-érence** f. (*a*ns). Unterschied, m. ‖**-érencier.** unterscheidend trennen. ‖**-érend** m. (*a*n). Streitigkeit, f. Differenz, f. ‖**-érent, e,** a. (*a*n, t). verschieden. ‖**-érentiel, le,** a. (a*n*s*iè*l). Differential... ‖**-érer** (*ré*). intr. verschieden sein. ‖tr. [ajourner] aufschieben*. *Sans différer,* ohne Säumen.
diffi‖cile a. (s*i*l). schwer. ‖[ardu] schwierig. ‖ **-culté** f. (kült*é*). Schwierigkeit. ‖**-cultueux, euse,** a. (*tüö,* **z**). schwierig.
diff‖orme a. (òrm). mißgestaltet. ‖**-ormité** f. (*té*). Mißgestaltung.
diff‖us, e, a. (*fü,* **z**). weitschweifig. ‖[lumière] matt. ‖**-user.** ausbreiten. ‖**-usion** f. Ausbreitung. ‖*Radio.* Übertragung.
di‖gérer (jér*é*). verdauen. ‖**-gestible** a. (jest*i*bl). verdaulich. ‖**-gestif, ive,** a. (*if, i*w). die Verdauung befördernd. ‖**-gestion** f. (jest*io*n). Verdauung.
di‖gital, e, a. (jitàl). Finger... ‖f. [plante] Fingerhut. m. ‖**-gitigrade** m. (àd). Zehengänger ④.
di‖gne a. (dinj). wert, würdig [*gén.*]. ‖ **-gnitaire** a. (dinjit*ä*r). Würdenträger ④. ‖**-gnité** f. (njit*é*). Würde.
digression f. (s*io*n). Abschweifung.
digue f. (dig). Damm, m., Deich, m.
dilacérer (s*é*r*é*). zerreißen*.
dilapider. verschwenden.
di‖latation f. (s*io*n). Ausdehnung. ‖**-later** (*té*). ausdehnen. ‖**-latoire** a. (t^o*a*r). verzögernd.
dilemme m. (lèm). Dilemma, -s, n.
dilettante m. (*a*nt). [Kunst-] Liebhaber ④.
di‖ligemment adv. (jàm*a*n). in Eile. ‖**-ligence** f. (j*a*ns). Eile. ‖[célérité] Schnelligkeit. ‖[voiture] Postwagen, m. ④. ‖**-ligent, e,** a. (j*a*n, t). schnell, rasch.
di‖luer (l*üé*). verdünnen. ‖**-lution** f. Verdünnung. ‖**-luvien, ne,** a. (lüw*i*n, *iè*n). sintflutlich. *Pluie* —, f. Wolkenbruch, m.

dimanche m. (mansch). Sonntag ①. **dîme** f. (dîm). Zehnte -n, -n, m. **dimension** f. (mansion). Größe. ‖*Géom.* Dimension.
dim‖inuer (nüé). tr. vermindern. ‖[rapetisser] verkleinern. ‖intr. abnehmen* [de, an, *dat.*]. ‖**-inutif** m. (nütif). Diminutiv, n. ①. ‖**-inution** f. (nüsion). Verminderung.
dinandier m. Messingschläger.
dind‖e f. (dind). Truthenne. ‖**-on** m. (on). Truthahn. *Le dindon de la farce,* der Narr im Spiel.
dîn‖er (né). zu Mittag [en France : zu Abend] essen*. ‖m. Mittag-[Abend-] essen, n. ④. ‖**-ette** f. (èt). Kindermahlzeit.
dio‖césain, e, a. (sézin, än). Diözesan... ‖**-cèse** m. (säz). Diözese, f.
dioptrique a. (ik). dioptrisch.
diorama m. (ma). Diorama, -s, n.
diphtérie f. (ri). Diphteritis.
diphtongue f. (ong). Doppellaut, m. ①.
di‖plomate m. Diplomat, -en, -en. ‖**-plomatie** f. (sì). Diplomatie. ‖**-plomatique** a. (tìk). diplomatisch. ‖**-plôme** m. (om). Diplom, n., Zeugnis, n. ‖**-plômé, e,** a. (mé). geprüft.
diptère m. (är). Zweiflügler ①.
dire* (dir). sagen. ‖[parler] sprechen*. *A vrai dire,* offen gestanden; *c'est-à-dire,* das ist, das heißt [abr. : d. i., d. h.]; *c'est tout dire,* damit ist alles gesagt; *cela va sans dire,* es versteht sich von selbst; *comment dit-on...?,* wie heißt...?; *il n'y a pas à dire,* ohne Widerrede; *on dirait...,* man möchte sagen; *les on-dit,* die Gerüchte; *pour ainsi dire,* sozusagen; *le qu'en-dira-t-on,* das Gerede. ‖*Qu'en dites-vous?* was sagen Sie dazu?; *vouloir* dire* [signifier], bedeuten; [mot] heißen*. ‖impers. [plaire] zusagen. ‖**[se]**. [se donner pour] sich ausgeben* [für]. ‖m. [déclaration] Aussage, f. ‖[d'expert] *A dire...* nach Abschätzung...
dir‖ect, e, -ectement adv. (tœman). gerade, direkt. ‖**-ecteur, trice,** a. (tœr, trìs). leitend, ‖m., f. Leiter ④, in, Direktor, -en, in. ‖**-ection** f. (eksion). Leitung, Führung, Direktion. ‖**-ectoire** m. (toar). Direktorium, n. ‖**-igeable** a. (jabl). lenkbar. ‖m. Lenkballon, -s. ‖**-igeant** a. s. (jan). Dirigent, -en, -en. ‖**-iger** (jé). leiten. ‖**-igisme** m. (jism). Planwirtschaft, f., Verbrauchslenkung, f.
dirimant, e, a. (an, t). aufhebend.
dis... V. *dire**.
dis‖cernement m. (sernᵉman). Unterscheidung f. ‖[faculté] Unterscheidungsgabe, f. ‖**-cerner** (serné). unterscheiden*.
dis‖ciple m. (sipl). Schüler. ‖[de J-C., etc.] Jünger. ‖**-ciplinaire** a. (siplinär). Disziplinar... ‖**-cipline** f. (siplin). Manneszucht, Disziplin. ‖**-cipliner** (si-né). disziplinieren.
dis‖continu, e, a. (kon-nu). unterbrochen. ‖ **-continuer** (kon-nüé). unterbrechen*. ‖ **-continuité** f. (kon-nüité). Unterbrechung.
disconvenir* intr. [de] (konwnir). in Abrede stellen, tr.
dis‖cordance f. (dans). Mißklang m., Mißton, m. ‖**-cordant, e,** a. (dan, t-). mißtonend.
dis‖coureur m. (kurœr). Schönredner ④. ‖**-courir*** (kurir). reden. ‖**-cours** m. (kur). Rede, f. *Faire* un discours,* eine Rede halten*.
discourtois, e, a. (kurtoa, z). unhöflich.
dis‖crédit m. (di). Mißkredit, Verruf. ‖**-créditer** (té). in Verruf bringen*.
dis‖cret, ète, a. (krè, t). verschwiegen. ‖[qui a du tact] taktvoll. ‖**-crétion** f. (sion). Verschwiegenheit, Diskretion. *A* —, nach Belieben. ‖**-crétionnaire** a. (siònär). *Pouvoir discrétionnaire,* m., Machtvollkommenheit, f.
disculper (külpé). entschuldigen. ‖[justifier] rechtfertigen.
dis‖cussion f. (küsion). Erörterung. ‖[débat] Debatte. [dispute] Streit, m. ‖**-cutable** a. (kütàbl). bestreitbar. ‖**-cuter** (küté). tr. erörtern. ‖intr. streiten* [über, *acc.*]. ‖auseinandersetzen.
disert, e, a (zär, t). beredt.
disette f. (zèt). Mangel, m. [an, *dat.*]. ‖[cherté] Teuerung.
diseur, euse, m., f. (zœr, öz). Erzähler ④, in.
dis‖grâce f. (aß). Ungnade. ‖**-gracié, e,** a (sié). in Ungnade gefallen. ‖[de la nature] mißgestaltet.

‖**-gracier** (*sié*). seine Gnade entziehen* [*dat.*]. ‖**-gracieux, euse,** a. anmutlos. ‖[déplaisant] mißfällig.

dis‖joindre* (*joi*ⁿdr). trennen. ‖**-joncteur.** Abschalter. ‖**-jonction** f. (joⁿks*io*ⁿ). Trennung.

dis‖location f. (*sio*ⁿ). Verrenkung. ‖[troupes] Verlegung. ‖**-loquer** (òk*é*). verrenken. ‖[troupes] verlegen.

dis‖paraître* (rätr). verschwinden*. *Disparu, e,* p. a. et a. s., verschollen, vermißt. ‖**-parate** a. ungleichförmig. ‖f. Ungleichförmigkeit. ‖**-parité** f. (*té*). Ungleichheit. ‖**-parition** f. (*sio*ⁿ). Verschwinden, n. spl.

dis‖pendieux, euse, a. (paⁿd*iö*, **z**). kostspielig. ‖**-pensaire** m. (paⁿs*är*). Dispensatorium, ...ien, n. ‖**-pensateur, trice,** m., f. (paⁿ-t**œr**, trìs). Spender ④, in. ‖**-pense** f. (p*a*ⁿs). Erlassung. ‖[exemption] Dispens m. ①. ‖**-penser** (paⁿs*é*). spenden. ‖[de] entheben* *ou* überheben [*gén.*], erlassen [einem etwas]. ‖[**se**]. [*de*]. sich entheben* *ou* überheben*.

dis‖perser (*sé*). umherstreuen. ‖**-persion** f. (*sio*ⁿ). Umherstreuen, n. spl.

dis‖ponibilité f. (*té*). Verfügbarkeit. *En disponibilité,* zur Disposition [abr. : z D.]. ‖**-ponible** a. verfügbar. ‖*Comm.* vorrätig.

dis‖pos, e, a (pô, **z**). ‖a. [bien, mal] gelaunt. *Bien, mal disposé pour, contre,* günstig, ungünstig eingenommen für, gegen. ‖**-poser** (*zé*). tr. einrichten. ‖[qn en faveur de]. günstig stimmen [für]. ‖intr. [de]. verfügen [über, *acc.*] ‖[**se**]. [à]. sich anschicken [zu]. ‖**-position** f. (zis*io*ⁿ). Einrichtung. ‖[humeur] Stimmung. ‖[aptitude] Anlage. ‖*Etre** [*mettre**] *à la disposition de,* zur Verfügung stehen* [*dat.*].

dis‖proportion f. Mißverhältnis, n. ‖**-proportionné, e,** a. unverhältnismäßig.

dis‖pute f. (püt). Streit, m. ‖[altercation] Wortwechsel, m. ‖**-puter** (püt*é*). intr. streiten [über, *acc.*]. ‖tr. [à]. streitig machen. ‖[**se**]. sich zanken.

disqualifier (ka-f*ié*). für untauglich erklären.

disque m. (disk) Scheibe, f. Ex. : [à lancer] Wurfscheibe, f.; [ch. de fer] Signalscheibe, f. ‖[phonographe] Schallplatte, f.

dissection f. (seks*io*ⁿ). Sezieren, n. spl.

dis‖semblable a. (saⁿbl*à*bl). unähnlich. ‖**-semblance** f. (saⁿbl*a*ⁿs). Unähnlichkeit.

disséminer (*né*). aus- *ou* zerstreuen.

dis‖sension f. (saⁿs*io*ⁿ). Zwistigkeit. ‖**-sentiment** m. (saⁿ-m*a*ⁿ). Meinungsverschiedenheit, f.

disséquer (*ké*). sezieren.

dis‖sertation f. (*sio*ⁿ). Dissertation. ‖**-serter** (*té*). dissertieren, erörtern.

dissident, e, a. (d*a*ⁿ, t). abtrünnig.

dis‖simulateur, trice, m., f. (müt**œr**, trìs). Heuchler ④, in. ‖**-simulation** f. (*sio*ⁿ). Verstellung. ‖**-simuler** (*lé*). verstellen.

dis‖sipateur, trice, m., f. (t**œr**, trìs). Verschwender ④, in. ‖**-sipation** f. (*sio*ⁿ). Zerstreutheit. ‖Verschwendung. ‖**-sipé, e,** p. a. (p*é*). ‖a. [inattentif] zerstreut. ‖**-siper** (p*é*). [distraire] zerstreuen. ‖[fortune] verschwenden.

dissocier (*sié*). trennen, auflösen.

dis‖solu, e, a. (l*ü*). liederlich. ‖**-solution** f. (*sio*ⁿ). Auflösung. ‖**-solvant, e,** a. (w*a*ⁿ, t). auflösend.

dis‖sonance f. (*a*ⁿs). Mißklang, m., Mißton, m. ‖**-sonant, e,** a. (*a*ⁿ, t). mißtönend.

dis‖soudre* (*su*dr). auflösen. ‖**-sous, te,** (*su*, t). pp. von *dissoudre**.

dissuader (süad*é*) [de]. wider- *ou* abraten* [einem etwas].

dis‖tance f. (t*a*ⁿs), Abstand, m. ‖[éloignement] Entfernung. ‖**-tant, e,** a. (*a*ⁿ, t). entfernt.

distendre (*a*ⁿdr). gewaltsam ausdehnen.

dis‖tillateur m. (t**œr**). Destillierer ④. ‖**-tillation** f. (*sio*ⁿ). Destillation. ‖**-tiller** (til*é*). destillieren. ‖**-tillerie** f. (tilr*i*). Branntweinbrennerei.

dis‖tinct, e, a. (t*i*ⁿ, kt) [de]. unterschieden [von]. ‖[clair] deutlich. ‖**-tinctif, ive,** a. (*if*, *iw*). unterscheidend. ‖**-tinction** (*sio*ⁿ). Unterscheidung. ‖[récompense] Auszeichnung. ‖[air distingué] Vornehm-

heit. ||**-tingué, e,** a. (tingé). [éminent] ausgezeichnet, vornehm. || **-tinguer** (gé). unterscheiden*. || [se]. [sich] auszeichnen.
dis||traction f. (sion) [amusement]. Zerstreuung, Erholung. || [inattention] Zerstreutheit. ||**-traire*** (trär). [séparer] absondern. || [dissiper, divertir] zerstreuen. ||**-trait, e,** p. a. (trè, t). zerstreut.
dis||tribuer (büé). aus ou verteilen. ||*Typ.* ablegen. ||**-tributeur, trice,** m., f. (bütœr, tris). Austeiler ④, in, Spender ④, in. ||**-tributif, ive,** a. (bütif, iw), verteilend. ||**-tribution** (sion). Aus- ou Verteilung.
district m. (i). Bezirk, Kreis, Markung, f.
dit, e, pp. von *dire**.
dithyrambe m. (anb). Dithyrambe, f.
dito adv. (to). desgleichen [abr. dgl].
diurétique a. (diüretìk). harntreibend.
diurne a. (diürn). Tages...
div||agation f. (wa-sion). Abschweifung. ||**-aguer** (gé). *Fig.* irre reden.
divan m. Diwan ①, Liegebett, n.
dive a. f. (vieux) göttlich.
div||ergence f. (jans). Auseinanderlaufen, n. spl. ||**-ergent, e,** a. (jan, t). auseinanderlaufend, abweichend. ||**-erger** (jé). auseinanderlaufen*, abweichen*. ||**-ers, e,** a. (wèr, s). verschieden. ||**-ersion** f. (sion). Ablenkung. ||*Mil.* Ablenkungsangriff, m. ||**-ersité** f. (té). Verschiedenheit.
div||ertir (ir) belustigen, ergötzen. ||**-ertissant, e,** a. (san, t). ergötzlich. ||**-ertissement** m. (tisman). Unterhaltung f., || [théâtre] Zwischenspiel, n.
divette f. (wèt). Operettensängerin.
dividende m. (dand). *Arithm.* Dividend, -en -en. || [actions] Dividende, f.
divin, e, a. (win, ìn). göttlich.
div||ination f. (sion). Wahrsagerei. ||*Fig.* Erraten n. ||**-inatoire** a. (toar). Wahrsager...,.
div||iniser (zé). vergöttern. ||**-inité** f. (té). Gottheit.
div||iser (zé). [en]. teilen, einteilen [in. *acc.*]. || [désunir] entzweien. ||**-iseur** m. (zœr). Teiler ④. ||**-isible** a. (zibl). teilbar. ||**-ision** f. (zion). Teilung. ||*Arithm.* et *Mil.* Division. || [scission] Spaltung. ||**-isionnaire** a. (ziònär). *Mil.* Divisionär ①. ||*Monnaie divisionnaire,* Scheidemünze.
div||orce m. (òrs). Ehescheidung, f. ||**-orcer** (sé) [d'avec] sich scheiden* lassen* [von].
div||ulgation f. (ül-sion). Bekanntmachung. ||**-ulguer** (ülgé). bekanntmachen.
dix|| num. (dìs). zehn. ||**- -cors** m. (dikòr). Zehnender ④. ||**- -huit, - -huitième** (dizüit, ièm). **-ième** (diziëm), **- -neuf, - -neuvième** (diznœf, -wièm), **- -sept, - -septième** (sèt, ièm). V. GRAMM.
dizain m. (zin.) zehnzeiliges Gedicht, n.
do m. *Mus.* C, n. *Do bémol,* Ces, n.; *do dièse,* Cis, n.
doci||le a. (sil). gelehrig. || [souple] fügsam. ||**-lité** f. (té). Gelehrigkeit, Fügsamkeit.
dock m. Dock -s, n.
doc||te a. (dòkt). gelehrt. ||**-teur** m. (tœr). Doktor -en, ||**-toral, e,** a. (àl). Doktor... ||*Fig.* schulmeisterisch. ||**-torat** m. (rà). Doktorwürde, f. ||**-toresse** f. (òrès). Doktorin. ||**-trine** f. (ìn). Lehre.
documen||t m. Urkunde f. ||**-taire** a. urkundlich. *Film* —, Aufklärungsfilm. ||**-tation** f. Unterlagen, f. pl. ||**-ter.** dokumentieren.
dodeliner. mit dem Kopfe wackeln.
dodo m. [Kindersprache]. *Faire* dodo,* schlafen*.
dodu, e, a. (dü). dick und fett.
doge m. (dòj). Doge, -n, -n.
dogm||atique a. (tìk). dogmatisch. ||**-e** m. (dògm). Dogma, ...men, n.
dogue m. (dòg). Dogge, f.
doig||t m. (doa). Finger ④ : — *du milieu,* Mittelfinger. ||LOC. *Au doigt et à l'œil,* auf den Wink; *compter sur ses doigts,* an den Fingern zählen; *donner sur les doigts,* auf die Finger klopfen [*dat.*]; *mettre* le doigt dessus,* den Nagel auf den Kopf treffen*; *se mettre* le doigt dans l'œil, fam.,* sich verrechnen; *se mordre les doigts* [de], bereuen [*acc.*]. ||**-té** m. (té). Fingersatz. ||**-tier** m. Fingerling.
doit (doa). V. *devoir**. ||m. Soll n.
dol m. (dòl). Betrug.

dol‖éance f. (*a*ⁿs). Klage. ‖**-ent, e,** a. (*a*ⁿ, t). kläglich. ‖[souffrant] leidend.
dollar m. (*à*r). Dollar -s.
dolman m. (m*a*ⁿ). Dolman ①.
dolmen m. (*è*n). Dolmen ④.
dom‖aine m. (m*ä*n). [propriété] Landgut, n. ②, Besitzung, f. ‖[public] Domäne, f. ‖*Fig.* Gebiet, n. ‖**-anial, e,** a. (i*à*l). Domänen...
dôme m. (dom). Kuppel, f.
domesti‖cité f. (sit*é*). [état] Bedientenstand, m. ‖[gens] Dienerschaft. ‖**-que** a. (*ì*k). häuslich. ‖[animal] Haus... ‖m. Bediente[r] a. s. ‖f. Dienstmädchen, n. ④. ‖pl. Dienstleute. ‖**-quer** (k*é*). zähmen.
domi‖cile m. (s*i*l). Wohnort ①. ‖**-cilié, e,** a. (sili*é*). wohnhaft. ‖**-cilier** (sili*é*). [traite] den Zahlungsort [*gén.*] angeben*.
domi‖nant, e, p. a. (*a*ⁿ, t). vorherrschend. ‖**-nateur, trice,** a. (t*œ*r, tr*ì*s). herrschsüchtig. ‖**-nation** f. (si*o*ⁿ). Herrschaft. ‖**-ner** (n*é*). beherrschen.
domi‖nicain, e, m., f. (k*i*ⁿ, *ä*n). Dominikaner ④, in. ‖**-nical, e,** a. (*à*l). Sonntags... *Oraison dominicale,* Vaterunser, n. ‖**-no, -s,** m. (n*o*). Domino, n.
dommage m. (*à*j). Schade[n] ③ : *quel dommage!,* wie schade! ‖pl. *dommages et intérêts,* Schadenersatz, *sing.*
dom‖ptage m. (doⁿt*à*j). Bändigung, f. ‖**-pter** (doⁿt*é*). bändigen, bezähmen. ‖**-pteur, euse,** m., f. (t*œ*r, *ö*z). Bändiger ④, in.
don‖ m. (d*o*ⁿ). Gabe, f. ‖**-ateur, trice,** m., f. Schenker, ④, in ‖**-ation** f. (si*o*ⁿ). Schenkung.
donc adv. (doⁿk). also. ‖[interrogation] denn. ‖[exclam.] *Allons donc!,* nicht doch! ei das wäre!; *et moi donc!,* und ich erst!
dondon f. (-d*o*ⁿ). dickes Weib, n.
donjon m. (**j***o*ⁿ). Schloßturm, Warte, f.
don‖nant, e, p. a. (dòn*a*ⁿ, t). freigebig. *Donnant donnant,* Zug um Zug. ‖**-ne** f. (dòn). [Karten-] Geben, n. *A qui la donne?,* wer gibt? ‖**-née** f. (don*ee*). Angabe. ‖**-ner** (n*é*). geben*. ‖[fruits, etc.] bringen*. ‖[ordre, titre] erteilen. ‖intr. [contre] stoßen* [an, *acc.*]. ‖[sur la rue, etc.] liegen* [nach]. ‖[**se**]. sich hingeben*. ‖[pour] sich ausgeben*.
dont pron. rel. (d*o*ⁿ), mis pour *duquel.* Exprime : 1° *la possession* ou le complément d'un mot régissant le *génitif :* dessen, m., deren, f. et pl. Ex. : *l'homme* [*la femme, les gens*] *dont vous connaissez le nom,* der Mann [die Frau, die Leute], dessen [deren] Namen Sie kennen; *le bien dont il a été privé,* das Gut, dessen er beraubt wurde [N. B. *dessen* et *deren* sont toujours suivis immédiatement du nom qui les régit]. 2° le complément d'un mot qui régit une préposition : welcher, e, es *ou* der, die, das, construit ou combiné [pronom adverbial] avec cette préposition. Ex. : *les élèves dont je suis satisfait,* die Schüler, mit welchen ich zufrieden bin; *la chose dont on parle,* die Sache, von welcher [*ou* wovon] man spricht [N. B. Les pronoms adverbiaux tels que *wovon* ne s'emploient jamais pour les personnes]. V. GRAMM.
donzelle f. (doⁿz*è*l). Dirne.
dor‖ade f. (*à*d). Goldfisch, m. ‖**-é, e,** a. (r*é*). vergoldet. ‖[blond] goldgelb.
dorénavant adv. (w*a*ⁿ). künftighin, fortan.
dor‖er (r*é*). vergolden. ‖**-eur** m. (*œ*r). Vergolder ④.
dorloter (t*é*). verhätscheln.
dor‖mant, e, p. a. (m*a*ⁿ, t). ‖[eau] stehend. ‖[châssis] ruhend. ‖**-meur, euse,** m., f. (*œ*r, *ö*z). Schläfer ④, in. ‖*Fam.* Langschläfer ④, in ‖**-mir*** (*i*r). schlafen*.
dorsal, e, a. (*à*l). Rücken...
dortoir m. (to*a*r). Schlafsaal.
dorure f. (*ü*r). Vergoldung.
dos m. (do). Rücken ④. *Faire* le gros dos,* einen Katzenbuckel machen. ‖*Fig. Avoir* bon dos,* breite Schultern haben*; *mettre* sur le dos de qn,* einem aufhalsen; *se mettre* qn à dos,* einen gegen sich aufbringen*; *en avoir* plein le dos, pop.,* überdrüssig sein* [*gén.*]; *scier le dos, pop.,* fürchterlich langweilig sein*.

do‖sage m. (*zaj*). Dosierung, f. ‖**-se** f. (dôz). Dosis, ...sen. ‖**-ser** (*zé*). dosieren.

dossier m. (*sié*). Lehne, f. ‖[papiers] Aktenstoß.

do‖t f. (dòt). Mitgift. ‖**-tal, e,** a. (tàl). Dotal... ‖**-ter** (*té*). dotieren. ‖[fille] ausstatten.

dou‖aire m. (*duär*). Wittum, n. ②. ‖**-airière** f. (äriär). Wittwe.

dou‖ane f. (*àn*). Zoll, m. ‖[bureau] Zollamt, n. ②. ‖**-anier, ière** m., f. (*nié, iär*). Zollbeamte[r], a. s., ...tin. ‖a. Zoll... : *union douanière,* Zollverein, m.

dou‖ble a. (dubl). doppelt, Doppel... ‖**-blé** m. (*blé*). Plattierung, f. ‖**-blement** adv. (bl^e^m*a*^n^). doppelt. ‖**-bler** (*blé*). verdoppeln. ‖[étoffe] füttern. ‖ [cap] umsegeln. ‖**-blet** m. (*blè*). Doppelstück, n. ‖**-blon** m. (bl*o*^n^). Dublone, f. ‖**-blure** f. (*ür*). Futter, n. ④. ‖[remplaçant] Stellvertreter ④, in. ‖[bouche-trou] Lückenbüßer ④, in.

dou‖ce a. (dùs), f. von *doux. Douceamère,* Bittersüß, n. ‖**-ceâtre** a. (*satr*). süßlich. ‖**-cement** adv. (dusm*a*^n^). sanft. ‖[sans bruit] sachte. ‖[tout bas] leise. ‖[lentement] langsam. ‖*Fam.* [comme ci, comme ça] soso. ‖**-cereux, euse,** a. (dusrö, z). süßlich. ‖ **-cette** f. (*sèt*). Feldsalat, m. ‖**-cettement** adv. (sètm*a*^n^), *fam.* soso. ‖**-ceur** f. (*sœr*). [goût] Süßigkeit. ‖[toucher] Weichheit. ‖[climat] Milde. ‖[caractère] Sanftheit, Sanftmut. ‖[charme] Lieblichkeit. ‖*Fig.* [friandise] Leckerei. ②. ‖*En douceur,* langsam, sachte.

dou‖che f. (dusch). Brausebad, n. ②. ‖[en jet] Gießbad, n. ‖**-cher** (*sché*). duschen.

dou‖é, e, a. begabt. ‖**-er** (*dué*) [de]. begaben [mit].

douille f. (duj). [lampe] Büchse. ‖[cartouche] Patrone.

douillet, te, a. (*dujè*, t). weichlich. ‖[sensible] empfindlich.

dou‖leur f. (dulœr). Schmerz, -en, m. ‖**-loureux, euse,** a. (*urö*, z). schmerzhaft, schmerzlich.

dou‖te m. (dùt). Zweifel ④. *Mettre* en doute,* bezweifeln. ‖**-ter** (*té*) [de] zweifeln [an, *dat.*]. ‖[se] [de] vermuten, tr., ahnen, tr. ‖**-teux, euse,** a. (*tö*, z). zweifelhaft.

douve f. (duw). Daube. ‖[fossé] Graben, m. ③.

doux, ouce, a. (dû, us). [goût] süß. ‖[toucher] weich. ‖[climat] mild. ‖ [caractère] sanft. ‖ [charmant] lieblich. ‖ *Tout doux,* gemach, sachte.

dou‖zaine f. (duz*än*). Dutzend, n. ①. ‖**-ze** num. (duz). zwölf. ‖**-zième** (*ziè*m). V. Gramm.

doyen m. (dòaj*i*^n^). Älteste[r], a. s. ‖[dignité] Dekan ①.

drachme f. (*akm*). Drachme.

draconien, ne, a. (*òni*^n^, *ièn*). drakonisch.

dragage m. (gaj). Baggern, n. spl.

dragée f. (*jee*). Zuckermandel. ‖*Fig. Tenir* la dragée haute,* den Brotkorb höher hängen.

dra‖gon m. (g*o*^n^). Drache, -n, -n. ‖[soldat] Dragoner ④. ‖**-gonne** f. (*gòn*). Degenquaste.

dra‖gue f. (drag). Bagger, m. ④. ‖**-guer** (*gé*). ausbaggern. ‖**-gueur** m. Baggerschiff, n. ‖— *de mines,* Minensucher.

drai‖n m. (dr*i*^n^). Abzugsröhre, f. ‖*Méd.* Wundröhrchen, n. ④. ‖**-nage** m. (drèn*â*j). Drainieren, n.

dra‖matique a. (*tìk*). dramatisch. *Auteur dramatique,* Dramatiker ④. ‖**-maturge** m. (*türj*). Dramaturg, -en, -en. ‖**-me** m. (dràm). Drama, ...men n.

dra‖p m. (drà). Tuch, n. ②. — *de lit,* Bett[t]uch, n.; *être* dans de beaux draps,* in der Patsche sitzen*. ‖**-peau, x,** m. (*pô*). Fahne, f. ‖*Fig. Sous les drapeaux,* bei der Fahne; *appeler sous les drapeaux,* zu den Fahnen rufen*. ‖**-per** (*pé*). mit Tuch usw. ausschlagen* *ou* bekleiden. ‖[se]. sich hüllen [in, *acc.*]. ‖**-perie** f. (*pri*). Tuchware. ‖[fabrique, commerce] Tuchfabrik, -handel, m., -handlung. ‖ [ornement] Faltenwurf, m. ‖**-pier, ière,** m., f. (*pié, iär*). Tuchmacher ④, in, -händler ④, in.

drèche f. (dresch). Malzschrot, n.

drelin m. (drœl*i*^n^). Klingklang.

dress‖age m. (*saj*). Abrichten, n., Dressur, f. ‖**-er** (*sé*). aufrichten, aufstellen. ‖ [ériger] errichten. ‖[oreille] spitzen. ‖*Fig.* [animal]

abrichten. || [soldats] drillen. || [plan] entwerfen*. || [acte] aufsetzen. || [plat] anrichten. || [se]. sich aufrichten. || [bâtiment, etc.] erheben*. || [cheveux sur la tête] zu Berge stehen*. ||**-eur** m. (s*œ*r). Abrichter ④. ||**-oir** m. (s°*a*r). Anrichtetisch.

drogman m. (m*a*ⁿ). Dolmetscher ④.

dro||gue f. (dr*ò*g). Droge. ||**-guer** (g*é*). tr. doktern [an, *dat.*], viel Arznei geben* [*dat.*]. ||intr. *Fam.* lange warten. ||[se]. viel Arznei einnehmen*. ||**-guerie** f. (gr*i*). Drogerie. ||**-guiste** m. (g*i*st). Drogist, -en, -en.

droi||t, e, a. et adv. (dr°a, t). gerade. || [debout] aufrecht. || [côté, angle] recht. ||*Fig.* aufrichtig. || [loyal] redlich. ||m. Recht, n. ||— *coutumier,* Gewohnheitsrecht. ||— *des gens,* Völkerrecht; *faire* son droit,* die Rechte studieren; *à bon droit,* mit gutem Rechte; *à qui de droit,* an den Richtigen; *avoir* droit à,* ein Recht auf [*acc.*] haben*; *priver de ses droits,* entrechten; *faire* droit à,* willfahren. [*dat.*]. || [taxe] Steuer, f. ||f. [ligne] Gerade, a. s. ||main, côté, parti] Rechte, a. s. ||*A droite,* zur Rechten, rechts. ||*Tout droit,* geradeaus. ||**-ture** f. (t*ü*r). Redlichkeit.

dr||olatique a. (t*i*k). lustig, spaßhaft. ||**-ôle** a. (drol). drollig, schnurrig. || [curieux] komisch. *Drôle de = drôle.* ||m. Schelm. ||**-ôlerie** f. (olr*i*). drolliger Einfall, m., Schnurre. ||**-ôlesse** f. (ol*è*s). Schelmin. Dirne.

dromadaire m. (d*ä*r). Dromedar, n. ①.

dru, e, a. et adv. (dr*ü*). [serré] dicht. || [oiseau] flügge. || [vigoureux] kräftig.

druide m. (drü*i*d). Druide, -n, -n.

du art. contr. = *de le.* V. GRAMM.

dû, ue (dü). pp. von *devoir**. ||p. a. gebührend, zukommend. ||m. Gebührende[s], a. s. n. || [créance] Forderung, f.

dua||lisme m. (dü-*i*sm). Dualismus. ||**-lité** f. Dualität.

du||c, -chesse m., f. (dük, -sch*è*s). Herzog, in. || [oiseau] *Grand duc,* Uhu, -s. ||**-cal, aux, e,** a. (k*a*l, *o*). herzoglich. ||**-cat** m. (k*à*). Dukaten ④. ||**-ché** m. (sch*é*). Herzogtum, n. ②.

du||ctile a. (t*i*l). dehnbar. ||**-ctilité** f. Dehnbarkeit.

duègne f. (dü*è*nj). Duenna, -s [Anstandsdame].

du||el m. (dü*è*l). Zweikampf, Duell, n. ①. ||**-elliste** m. (*i*st). Duellant. -en, -en.

dûment adv. (düm*a*ⁿ). gebührend.

du||ne f. (dün). Sandhügel, m. ||**-nette** f. (n*è*t). Achterkastellkajüte.

duo m. (dü*o*). Duett, n. ①.

du||pe f. (düp). Betrogene[r], a. s. *Être* dupe* [*de*], betrogen werden* [von]. ||**-per** (p*é*). betrügen*. ||**-perie** f., (pr*i*). Betrügerei. ||**-peur** m. (p*œ*r). Betrüger ④.

du||plicata m. (t*à*). Duplikat, n. ①. ||**-plicateur** m. (t*œ*r). Duplikator m. ||**-plicité** f. Doppelzüngigkeit.

duquel pron. rel. V. GRAMM.

dur, e, a. (dür). hart. || [pénible] mühsam. || [difficile] schwierig.

du||rable a. (*à*bl). dauerhaft. ||**-rant** prép. (*a*ⁿ). während [*gén.*]. ||adv. lang : *six heures durant,* sechs Stunden lang.

durc||ir (s*i*r). tr. verhärten. ||intr. et [se], hart werden*. ||**-issement** m. (isem*a*ⁿ). Verhärtung, f.

du||rée f. (r*ee*). Dauer. ||**-rer** (r*é*). dauern. *Le temps me dure,* die Zeit wird mir lang.

du||reté f. (dürt*é*). Härte. ||**-rillon** m. (rij*o*ⁿ). Schwiele, f.

duv||et m. (düw*è*). Flaum, spl. ||**-eté, e,** a. (düwt*é*). flaumig.

dyn||amique a. (*i*k). dynamisch. ||f. Dynamik. ||**-amite** f. (*i*t). Dynamit, n. ||**-amo** f. (nam*o*). Kraftmaschine. ||**-amomètre** m. (m*è*tr). Kraftmesser ④.

dynastie f. (t*i*). Herrscherstamm, m.

dys||enterie f. (saⁿtr*i*). Ruhr. ||**-pepsie** f. (s*i*). Verdauungsschwäche. ||**-pnée** f. Atmungsbeschwerde.

E

E, e, m. E, e, n.

eau, x, f. (ô). Wasser, n. ④. ‖ — *vive,* Quellwasser, n.; *aller* aux eaux,* ins Bad reisen; *nager entre deux eaux,* unter dem Wasser schwimmen*; *eaux et forêts,* Forstwesen, n.; *grandes eaux,* Hochwasser, n.; *eau potable,* Trinkwasser, n.; *au pain et à l'eau,* bei Wasser und Brot; *faire* eau* [navire], leck werden*; *l'eau m'en vient à la bouche,* mir wässert der Mund; *mettre* de l'eau dans son vin,* gelindere Saiten aufziehen*; *tomber à l'eau* [échouer], zu Wasser werden*. ‖**- -de-vie** f. (odwî). Branntwein, m. ‖**- -forte** f. (fòrt). Scheidewasser, n. ‖[gravure] Radierung.

éba‖hi, e, a. (baï). verdutzt. ‖**-hir** [s']. sich wundern. ‖**-hissement** m. (ism*a*ⁿ). Verwunderung, f.

ébarber (bé). beschneiden*.

éb‖ats m. pl. (b*a*). *Prendre* ses ébats,* sich herumtummeln. ‖**-attre** [s'] (àtr). sich herumtummeln, sich belustigen.

ébaubi, e, (bôb*i*). verblüfft.

éb‖auche f. (ôsch). Entwurf, m. ‖**-aucher** (ôsch*é*). flüchtig entwerfen*. ‖[dégrossir] aus dem Groben bearbeiten.

éb‖ène m. (bèn). Ebenholz, n. ‖**-éniste** m. (*i*st). Kunsttischler ④. ‖**-énisterie** f. (tᵉr*i*). Kunsttischlerei.

éberluer (l*üé*). verdutzen.

éblou‖ir (u*i*r). verblenden; blenden. [fig.] flunkern. ‖**-issement** m. (ism*a*ⁿ). Verblendung, f. ‖[vertige] Schwindel, spl.

ébonite f. (*i*t). Ebonit, n.

éborgner (nj*é*). ein Auge ausstoßen* [*dat.*].

ébouillanter (bujaⁿt*é*). abbrühen.

éb‖oulement m. (bulm*a*ⁿ). Einsturz. ‖[mines, etc.] Erdrutsch ①. ‖**-ouler** [s'] (ul*é*). einstürzen, intr. [*sein*]. ‖**-oulis** m. (bul*i*). Geröll, n. spl.

éb‖ouriffé, e, a. (bu-f*é*). struppig. ‖**-ouriffer.** zerzausen. ‖*Fig.* verblüffen.

ébrancher (aⁿsch*é*). abästen.

ébr‖anlement m. (aⁿlm*a*ⁿ). Erschütterung, f., Zerrüttung, f. ‖**-anler** (aⁿl*é*). erschüttern. ‖[bouleverser] zerrütten. ‖[s']. sich in Bewegung setzen.

ébrasement m. (azm*a*ⁿ). Ausschrägung, f.

ébr‖éché, e, a. (sch*é*). schartig. ‖**-écher** (sch*é*). schartig machen.

ébriété f. (t*é*). Trunkenheit.

ébrouer [s']. (bru*é*). schnauben*, intr.

ébruiter (üit*é*). ruchbar machen. ‖[s']. ruchbar werden*.

ébullition f. (ül'lis*io*ⁿ). Sieden, n.

éc‖aille f. (ek*a*j). Schuppe. ‖[coquille] Schale. ‖[tortues] Schildpatt, n. ‖**-ailler** (aj*é*). abschuppen. ‖[huîtres] aufmachen. ‖[s']. sich abblättern *ou* abbröckeln. ‖**-aillère** f. (aj*ä*r). Auster[n]händlerin. ‖**-ale** f. (àl). Nußschale. ‖**-aler** (l*é*). ausschälen.

écarlate a. (àt). scharlachrot.

écarquiller (kij*é*). [yeux] aufsperren.

éc‖art m. (*a*r). [pas] Seitenschritt. ‖[saut] Seitensprung. ‖[distance] Abstand. ‖[différence] Unterschied. *Fig.* [digression] Abschweifung, f. ‖ [excès] Ausschweifung, f.; *à l'écart,* beiseite; *vivre* à l'écart,* für sich leben. ‖**-arté** m. Ekarté, n. ‖**-artèlement** m. (älm*a*ⁿ). Vierteilung, f. ‖**-arteler** (tœl*é*). vierteilen. ‖ **-artement** m. (tᵉm*a*ⁿ). [des jambes]. Ausspreizung, f. ‖[distance] Abstand, Entfernung, f. ‖**-arter** (t*é*). ausspreizen. ‖[éloigner] entfernen, beseitigen. ‖[cartes] wegwerfen*.

ecchymose f. (ekim*o*z). Blutunterlaufung.

ecc‖lésiaste m. (*zi*ast). der Prediger Salomo. ‖**-lésiastique** a. et a. s. (ziast*i*k). geistlich.
écervelé, e, (serwœl*é*). unbesonnen, n. Brausewind, m.
écha‖faud m. (schaf*ô*). Gerüst, n. ‖[justice] Blutgerüst, n., Schafott, n. ①. ‖**-faudage** m. (*â*j). Gerüst, n. ‖*Fig.* Auftürmung, f. ‖**-fauder** (fôd*é*). ein Gerüst, aufschlagen*. ‖*Fig.* auftürmen.
échalas m. (*la*). Weinpfahl.
échalote f. (lòt). Schalotte.
échan‖crer (schankré). ausschneiden*. ‖**-crure** f. (*ü*r). Ausschnitt, m.
échan‖ge m. (*a*nj). [troc] Tausch. ‖[idées, etc.] Austausch : *libre échange,* Freihandel. ‖**-ger** (j*é*). tauschen, austauschen. ‖ [prisonniers] auswechseln. ‖ **-giste** m. (j*i*st) : *libre-échangiste,* Freihändler ④.
échanson m. (son). Mundschenk, -en, -en.
échan‖tillon m. (tijon). Probe, f. ‖[modèle] Muster, n. ④. ‖**-tillonner** (tijòn*é*). sortieren. ‖ *Comm.* Muster sammeln.
éch‖appatoire f. (scha-toàr). Ausflucht, ¨e, Ausrede. ‖**-appée** f. (p*ee*). [vue] Ausblick, m. ‖**-appement** m. (àpman). Entweichung, f. ‖[vapeur, etc.] Auslaß, Auspuff. *Échappement libre,* ohne Auspuffklappe. ‖[horlogerie] Hemmung, f. ‖**-apper** (p*é*). entgehen* [*sein*], entkommen* [*sein*]. ‖[sans bruit] entweichen* [*sein*]. ‖[fuir] entfliehen* [*sein*], entschlüpfen [*sein*]. fliehen* [*sein*], entwischen [*sein*]. ‖ [erreur] unterlaufen* [*sein*]. ‖[patience] reißen*. *Il l'a échappé belle,* er kam mit knapper Not davon. ‖[s']. Les mêmes v. également intr.
écharde f. (àrd). Splitter, m. ④.
éch‖arpe f. (àrp). Schärpe. ‖[bandeau] Binde. *En écharpe* [bras], in der Binde; [coup, attaque] von der Seite. ‖**-arper** (p*é*). zerhauen*.
éch‖asse f. (*à*ß). Stelze. ‖**-assier** m. (s*ié*). Stelzenläufer ④.
éch‖audé m. (od*é*). Spritzkuchen ④, Windbeutel ④. ‖**-auder** (od*é*). abbrühen. ‖**-audoir** m. (odoàr). Brühkessel ④.
éch‖auffement m. (ofman). Erhitzung, f. ‖[constipation] Hartleibigkeit, f. ‖**-auffer.** [chauffer] erwärmen. ‖ [fortement, et *fig.*] erhitzen. ‖[constiper] verstopfen. ‖**-auffourée** f. (ur*ee*). [émeute] Auflauf, m., Krawall, m. ①. ‖[escarmouche] Scharmützel, n.
éch‖éance f. (schéans). Verfalltag, m. ‖**-éant, e,** a. (éan, t). V. *échoir**. *Le cas échéant,* vorkommendenfalls.
échec m. (*è*k). [jeu] Schach n. spl., *Jeu d'échecs,* Schachspiel, n.; *échec et mat,* Schachmatt. ‖*Fig.* [insuccès] Mißlingen, n. spl. ‖*Mil.* Niederlage, f., Schlappe, f. ‖ *Fig. Faire* échec,* Schwierigkeiten bereiten; *tenir* en échec,* die Spitze bieten* [*dat.*].
éch‖elle f. (*è*l). Leiter. — *double,* Stehleiter; *se faire la courte échelle,* sich einander auf die Schultern steigen*. ‖[mesure] Maßstab, m. ‖**-elon** m. (eschlon). Leitersprosse, f. ‖*Fig.* Stufe, f., Staffel. ‖**-elonner.** staffelförmig aufstellen*.
écheniller (enij*é*). abraupen.
éch‖eveau, x, m. (eschw*o*). Strähne, f. ‖**-évelé, e,** a. (œwl*é*). mit aufgelöstem Haar. ‖*Fig.* wild. ‖**-evin** m. (eschwin). Schöffe, -n, -n.
échi‖ne f. (sch*i*n). Rückgrat, n. ①. ‖**-ner** [s'] (n*é*). *fam.* sich abmühen.
échiquier m. (k*ié*). Schachbrett, n. ‖[en Angleterre] Schatzkammer, f.
écho m. (ek*o*). Echo, -s, n. Widerhall, spl.
échoir* (schoar). zufallen*. ‖[en partage] zuteil werden*. ‖[paiement] verfallen*, fällig sein*.
éch‖oppe f. (*ò*p). Krambude. ‖[gravure : pointe] Radiernadel. ‖[burin] Grabstichel, m. ‖**-opper** (p*é*). ausradieren.
éch‖ouage m. (*ua*j). Stranden, n. ‖**-ouer** (*ué*). stranden [*sein*], scheitern [*sein*]. ‖*Fig.* [choses] mißlingen* [*sein*]. ‖[candidat] durchfallen* [*sein*].
écl‖abousser (buss*é*). mit Kot bespritzen. ‖**-aboussure** f. (s*ü*r). Kot- *ou* Schmutzfleck, m.
écl‖air m. (*ä*r). Blitz. *Il fait des éclairs,* es blitzt. ‖[gâteau] Blitzkuchen. ‖**-airage** m. (är*â*j). Beleuchtung. f. ‖**-aircie** f. (ärs*i*). lichte Stelle. ‖[forêt] Lichtung.

‖**-aircir** (ärs*i*r). aufhellen. ‖[commenter] erläutern. ‖**-aircissement** m. (ärsism*a*ⁿ). *Fig.* Aufschluß, Erläuterung, f.
écl‖airer (är*é*). beleuchten. ‖[qn] leuchten, intr. [*dat.*]. ‖*Fig.* [esprits] aufklären. ‖[instruire] belehren. ‖**-aireur** m. (ärœr). Pfadfinder ④. ‖*Mil.* Kundschafter ④.
écl‖at m. (*a*). [fragment] Splitter ④. *Voler en éclats,* in Stücke fliegen*. ‖[brillant] Glanz. ‖*Fig.* [esclandre] Skandal. ‖*Éclat de voix,* gellende Stimme, f.; *éclat*[*s*] *de rire,* schallendes Gelächter, n. spl.; *rire* aux éclats,* laut auflachen; *action d'éclat,* glänzende Tat, f. ‖**-atant, e,** a. (t*a*ⁿ, t). glänzend. ‖[son] hell. ‖[vérité] auffallend. ‖**-atement** m. (àtm*a*ⁿ). Zerplatzen, n. spl. ‖**-ater** (t*é*). zerplatzen [*sein*]. ‖[orage, guerre] ausbrechen* [*sein*]. ‖*Fig.* [de rire] laut auflachen. ‖[vérité] hervorleuchten.
éclectique a. (*i*k). eklektisch.
écl‖ipse f. (*i*ps) Finsternis, -sse. ‖**-ipser** (s*é*). verdunkeln. ‖*Fig.* überstrahlen. ‖[**s'**]. *Fam.* sich drücken.
éclisse f. (*i*s). Schiene.
éclopé, e, a. (p*é*). krüppelhaft. ‖m. Krüppel ④.
écl‖ore* (òr). [poussin] auskriechen* [*sein*]. ‖[fleurs] aufblühen [*sein*]. *Faire* éclore,* ausbrüten. ‖*Fig.* entstehen*. ‖**-os, e,** pp. de *éclore**. ‖**-osion** f. (ôzi*o*ⁿ). Auskriechen, n. spl. ‖Aufblühen, n. spl.
éclu‖se f .(klüz). Schleuse. ‖**-sier** m. (*ié*). Schleusenmeister ④.
écœur‖ant, e, a. (kœr*a*ⁿ, *a*nt). ekelhaft. ‖**-ement** m. (kœrm*a*ⁿ). Ekel. ‖**-er** (r*é*). anekeln.
éc‖ole f. (ekòl). Schule. *École maternelle,* Kinderbewahranstalt; *école militaire,* Kriegsschule; *école normale,* Lehrerseminar, n.; *école professionnelle,* Fachschule. ‖**-olier, ère,** m., f. (l*ié*, *i*är). Schüler ④, in. ‖*Papier écolier,* Schulpapier, n.
éconduire* (koⁿdüir). abweisen*.
éc‖onomat m. (m*à*). Verwaltungsamt, n. ‖**-onome** a. (*ò*m). sparsam. ‖m. et f. Haushälter ④, in, Verwalter ④, in. ‖**-onomie** f. (*î*). Sparsamkeit. ‖[*amassée*] Ersparnis, n. ①. ‖*Économie politique,* Staatswirtschaft. ‖**-onomiser** (z*é*). sparen. ‖**-onomique** a. (*i*k). [procédé, ustensile] sparsam, Spar... Ex. : *fourneau économique,* Sparofen. ‖[science, etc.]. wirtschaftlich. ‖**-onomiste** m. Staatswirtchafter ④.
écoper. ausschöpfen. ‖*Pop.* die Zeche bezahlen.
éc‖orce f. (*ò*rs). Rinde. ‖**-orcer** (s*é*). abrinden. ‖**-orcher** (sch*é*). schinden*. ‖*Fig.* [une langue] radebrechen, ins. ‖**-orchure** f. (schür). Schramme.
écorner (korné). die Hörner abstoßen* [*dat.*]. ‖*Fig.* [diminuer] schmälern.
écossais, e, a. (sä, z). schottisch. ‖m., f. Schotte, -n, -n, in. ‖*Tissu écossais,* Schotten, pl.
Écosse npr. f. (*ò*ss). Schottland, n.
écosser (s*é*). aushülsen.
écot m. (k*o*). Zeche, f.
écou‖lement m. (ekulm*a*ⁿ). Abfluß, Ausfluß. ‖[vente] Absatz. ‖**-ler** (l*é*) : *faire écouler,* abfließen* lassen*. ‖[vendre] absetzen. ‖[**s'**]. [se vider] abfließen* [*sein*]. ‖[au dehors] ausfließen* [*sein*]. ‖*Comm.* Absatz finden*. ‖*Fig.* [temps] verfließen* [*sein*]. ‖[foule] sich verlaufen*.
écourter (t*é*). kürzer machen *ou* schneiden*. ‖[abréger] abkürzen.
éc‖oute f. (*ù*t). *Etre* aux écoutes,* auf der Lauer sein*, horchen [auf, *acc.*]. ‖**-outer** (t*é*). anhören, zuhören, intr. [*dat.*]. [au téléphone] *J'écoute!,* ja, bitte! ‖[prêter l'oreille] horchen, intr. [auf., *acc.*]. ‖[épier] lauschen, intr. ‖*Fig.* [conseil, etc.] folgen, intr. [*dat.*]. ‖[**s'**] : *s'écouter parler,* sich [selbst] gern reden hören. ‖[se dorloter] sich verhätscheln.
éc‖oute f. (kut). Schot, m. *ou* Schote, f. ‖**-outille** f. (ut*i*j). Luke.
écouvillon m. (uwij*o*ⁿ). Kanonenwischer ④.
écran m. (kr*a*ⁿ). Schirm. ‖[projections] weiße Tafel, f. ‖[cinéma] Leinwand, f., Projektionsschirm.
écr‖asant, e, a. (z*a*ⁿ, t). V. *écraser.* ‖[forces] erdrückend. ‖**-asement** m. (àzm*a*ⁿ). Zerdrücken, etc., n. spl. [inf. subst.]. V. *écraser.* ‖[forces] erdrückend. ‖**-aser** (z*é*). zerdrücken. ‖[fouler] zerquetschen.

‖[avec le pied] zertreten*. ‖[avec une voiture] überfahren*. ‖*Fig.* [accabler] erdrücken. ‖[anéantir] vernichten. ‖[ennemi] über den Haufen werfen*.
écrémer (*mé*). abrahmen.
écrevisse f. (krœw*ì*s). Krebs, m.
écrier [s'] (kr*ié*). ausrufen*.
écrin m. (*i*n). Schmuckkästchen, n. ④.
écr‖ire* (*ir*). schreiben*. ‖**-it, e** (*i*, t). pp. von *écrire**. ‖m. Schrift, f. ‖[pièce] Schriftstück, n. ‖*Par écrit,* schriftlich. ‖**-iteau, x,** m. (*tô*). Aushängetafel, f. ‖**-iture** f. (*tür*). Schrift. ‖[personnelle] Handschrift. *L'Écriture sainte,* die heilige Schrift. ‖**-ivailleur** m. (waj*œr*). Schmierer ④. ‖**-ivain** m. (w*i*n). [scribe] Schreiber ④. ‖[auteur] Schriftsteller ④, in. ‖**-ivassier** m. (wass*ié*). Schmierer ④.
écrou m. (kr*u*). Schraubenmutter, f. ‖*Jur. Lever l'écrou* [*de*], aus der Haft entlassen* [*acc.*].
écrouelles f. pl. (*uè*l). Skrofeln.
écrouer (*ué*). einschreiben* [in die Gefangenenliste].
écrouir (*uir*). kalt hämmern.
écr‖oulement m. (ulm*a*n). Einsturz. ‖**-ouler** [s'] (ul*é*). einstürzen [*sein*]
écru, e, a. (*ü*). roh. ‖[toile] ungebleicht.
écu m. (ék*ü*). Schild. ‖[monnaie] Taler ④.
écueil m. (ek*œ*j). Klippe, f.
écuelle f. (ek*üè*l). Napf, m.
éculer (*lé*). schief treten*.
écu‖mant, e, p. a. (üm*a*n, t). schäumend. ‖**-me** f. (*üm*). Schaum, m. ‖— *de mer,* Meerschaum, m. ‖**-mer** (*mé*). intr. schäumen. ‖tr. abschäumen. ‖**-meur** m. (m*œr*). *Fig. Écumeur de mer,* Seeräuber. ‖**-meux, euse,** a. (m*ö*, z). schäumend. ‖**-moire** f. (m°*ar*). Schaumlöffel, m. ④.
écureuil m. (r*œ*j). Eichhörnchen, n. ④.
écurie f. (r*î*). Stall, m.
écu‖sson m. (s*o*n). Wappenschild. ‖**-yer** m. (üije). Schildknappe, -n, -n. ‖[cavalier] Bereiter ④. ‖[cirque] Kunstreiter ④. ‖**-yère** f. (jär). Kunstreiterin. ‖*Bottes à l'écuyère,* Reitstiefel, m. pl.
eczéma m. (zém*a*). Ekzem, n.
éd‖en m. (d*è*n). Eden, n. ‖**-énique** a. (n*ic*). paradiesisch.
édenté, e, a. (d*a*n*té*). zahnlos. ‖m. *Zool.* Zahnlücker ④.
éd‖icter. verordnen. ‖**-icule** m. (k*ü*l). kleines Gebäude.
éd‖ifiant, e, a. (f*ia*n, t). erbaulich. ‖**-ification** f. (s*io*n). Erbauung. ‖**-ifice** m. (f*ì*s). Gebäude, n. ④. ‖[construction] Bauwerk, n. ①. ‖**-ifier** (f*ié*). erbauen. ‖[ériger] errichten.
édile m. (*il*). Ädil, -en, -en.
éd‖it m. (*i*). Edikt, n., Erlaß ①. ‖**-iter** (*té*). herausgeben*. ‖[libraire] verlegen. ‖**-iteur** m. (t*œr*). Herausgeber ④. ‖Verleger ④. ‖**-ition** f. (s*io*n). Ausgabe. ‖[tirage] Auflage. ‖**-itorial** m. (*à*l). Leitartikel ④.
édredon m. (dr°d*o*n). [duvet] Eiderd[a]unen, pl. ‖[coussin] Eiderdaunenkissen, n. ④. ‖[de plumes] Federbett, -en, n.
éd‖ucateur, trice, m., f. (dükat*œr*, tr*ì*s). Erzieher ④, in. ‖**-ucatif, ive,** a. (*if*, *iw*). erziehlich. ‖**-ucation** f. (s*io*n). Erziehung.
édulcorer (ül-r*é*). versüßen.
éduquer (ük*é*). erziehen*.
eff‖acé, e, a. (*sé*). *Fig.* in den Hintergrund gestellt. ‖**-acement** m. (àsm*a*n). Zurücktreten, n. ‖**-acer** (*sé*). [essuyer] abwischen. ‖[barrer] ausstreichen*. ‖[gratter] ausradieren. ‖[épaules, etc.] einziehen*. ‖[souvenir, etc.] verdrängen. ‖[s'] *Fig.* zurücktreten* [*sein*].
eff‖arement m. (arm*a*n). Bestürzung, f. ‖**-arer** (*ré*). bestürzen. ‖**-aroucher** (rusch*é*). verscheuchen. ‖[s']. scheu werden*.
eff‖ectif, ive, a. (*if*, *iw*). wirklich. ‖m. Bestand. ‖*Mil.* Präsenzstärke, f. spl. ‖**-ectuer** (t*üé*). verwirklichen. ‖[exécuter] ausführen.
eff‖éminé m. (*né*). Weichling. ‖**-éminer** (*né*). verweichlichen.
eff‖ervescence f. (èfèr-s*a*ns). Aufbrausen, n. ‖*Fig.* Gärung. ‖**-ervescent, e,** a. (wès*a*n, t). aufbrausend, gährend.
effet m. (f*ä*). Wirkung, f. ‖[impression] Eindruck. ‖[billard] Effet, -s, n. ‖pl. [habits, valeurs] Effekten. ‖*A cet effet,* zu diesem Zweck; *en effet,* in der Tat.

effeuiller (fœjé). entblättern. *Calendrier à effeuiller,* Abreißkalender ④.

effi‖cace a. (kàs). wirksam. ‖**-cacité** f. (sité). Wirksamkeit.

effigie f. (ji). Bild, n. ②, Bildnis, n.

effi‖lé, e, a. (lé). [en pointe] zugespitzt. ‖[mince] schmal. ‖[amaigri] schmächtig. ‖m. Franse, f. ‖**-ler** (lé). ausfasern. ‖**-locher** (sché). ausfasern, zupfen.

efflanqué, e, a. (*a*ⁿké). dünnleibig.

effl‖eurer (œré). streifen, leicht berühren. ‖[sujet] leichthin behandeln. ‖**-orescence** f. (ès'saⁿs). Blütezeit.

effluve m. (üw). Ausdünstung, f.

eff‖ondrement m. (ef'foⁿdreᵐaⁿ). Zusammenbruch. ‖**-ondrer** (foⁿdré). tief umbrechen*. ‖[plancher] eindrücken. ‖[s'] einstürzen [*sein*], zusammenbrechen* [*sein*].

eff‖orcer [s'] (sé). sich bemühen. ‖**-ort** m. (fòr). Anstrengung, f. ‖[peine] Bemühung, f. ‖[hernie] Bruch.

effraction f. (èfraksioⁿ). Einbruch, m. *Vol avec effraction,* Einbruchdiebstahl.

eff‖rayant, e, a. (fräjaⁿ, t). schrecklich. ‖[terrible] fürchterlich. ‖**-ayer** (äjé). erschrecken. ‖[s']. [de]. erschrecken*, intr. [über, *acc.*].

effréné, e, a. (né). zügellos.

effriter (té). tr. zerbröckeln. ‖[s']. zerbröckeln [*sein*], intr.

effroi m. (ᵒa). Schrecken.

effr‖onté, e, a. (oⁿté). frech. ‖**-onterie** f. (oⁿtri). Frechheit.

effroyable a. (ᵒajàbl). fürchterlich.

effusion f. (ef'füzioⁿ). Ausgießung : — *de sang,* Blutvergießen, n. ‖*Avec effusion,* aus vollem Herzen.

ég‖al, e, m. pl. **aux,** *a.* (àl, *o*). gleich. ‖[de proportion] gleichmäßig. ‖[d'humeur] gleichmütig. ‖*Cela m'est égal,* es ist mir einerlei [gleich, gleichgültig]. ‖m. : *mon* [*ton, etc.*] *égal,* meinesgleichen, deines etc., inv. ‖**-aler** tr. (lé). gleichen, intr. [*dat.*]. ‖[en]. gleichkommen*, intr. sép. [*sein*] [an, *dat.*]. ‖**-aliser** (zé). gleichmachen, sép., ausgleichen*. ‖**-alité** f. (té). Gleichheit.

égard m. (àr) [pour]. Rücksicht, f. spl. [auf, *acc.*]. *A l'égard de,* in Rücksicht auf, *acc.*, hinsichtlich, *gén.*; *à tous égards,* in jeder Hinsicht; *avoir* égard à,* Rücksicht nehmen* [auf, *acc.*]; *eu égard à,* in Anbetracht [*gén.*] (*à ce que,* daß); *par égard pour,* in Rücksicht auf. [*acc.*]; *sans égards,* rücksichtslos; *manque d'égards,* Rücksichtslosigkeit, f.

ég‖aré, e, p. a. (ré). V. *égarer.* ‖a. [air] verstört. ‖**-arement** m. (ârmaⁿ). Verirrung, f. ‖[d'esprit] Verstörtheit, f. ‖**-arer** (ré). [personne] irreführen, sép. ‖[chose] verlegen. ‖[s']. sich verirren. ‖[objet] verlegt werden*, abhanden kommen*.

égayer (gäjé). aufheitern. ‖[s']. sich erheitern, sich lustig machen.

égide f. (ejid). Schutz, m.

égl‖antier m. (glaⁿtié). wilder Rosenstock. ‖**-antine** f. (aⁿtìn). wilde Rose.

église f. (iz). Kirche.

églogue f. (òg). Ekloge.

ég‖oïsme m. (ism). Selbstsucht, f. ‖**-oïste** a. et a. s. (ist). selbstsüchtig.

ég‖orgement m. (gòrjeᵐaⁿ). Erwürgung, f. ‖**-orger** (jé). erwürgen.

égosiller [s'] (zijé). sich heiser schreien*.

ég‖out m. (gu). Abzugskanal, Gosse, f. ‖**-outier** m. Kloakenfeger ④. ‖**-outter** (guté). abtropfen lassen*. ‖**-outtoir** m. (gutᵒar). Tropfbrett, n. ②.

égr‖atigner (tinjé). ritzen. ‖**-atignure** f. (njür). Ritz, m.

égrener (œné). auskörnen. ‖[baies] abbeeren. ‖[chapelet] herbeten. ‖[s']. abfallen, intr. [*sein*].

égrillard, e, a. (grijàr, àrd). ausgelassen.

égruger (üjé). [grain] schroten.

Égyp‖te npr. f. (ejipt). Ägypten, n. ‖**-tien, ne,** m., f. (siiⁿ, èn). Ägypter ④, in. ‖a. ägyptisch.

eh ! interj. ei! *Eh bien!* nun! wohlan!

éhonté, e, a. (éoⁿté). schamlos.

eider m. (édèr). Eidergans, ¨e, f.

éjaculer (éjakülé). ausspritzen.

él‖aboration f. (sioⁿ). Aus-, Verarbeitung. ‖**-aborer** (ré). aus-, verarbeiten.

él||agage m. (*ga*j). Ausästen, n. spl. ||**-aguer** (*gé*). ausästen. ||*Fig.* [effacer] ausmerzen. || [supprimer] weglassen*.
élan m. (*a*n). Elentier, n.
él||an m. (*a*n). Anlauf. || [essor] Schwung, spl. ||*Fig.* [zèle] Eifer, spl. || [enthousiasme] Begeisterung, f. || [du cœur] Drang. ||**-ancé, e,** a. schlank. ||**-ancement** m. (ansm*a*n). stechender Schmerz, -en. ||**-ancer** (an*sé*). stechen*. || [s']. sich stürzen. || [à cheval] sich schwingen*.
él||argir (*jir*). breiter machen, erweitern. || [relaxer] freilassen*. ||**-argissement** m. (jism*a*n). Erweiterung, f. ||Freilassung, f.
él||asticité f. (*sité*). [force] Feder-, Schnell-, Spannkraft. || [des corps] Elastizität. ||**-astique** a. (*ì*k). elastisch. || [en caoutchouc] Gummi...
élec||teur, trice, m., f. (*tœr*, *trìs*). Wähler ④, in. ||*Prince électeur,* Kurfürst, -en, -en. ||**-tif, ive,** a. (*tif*, *iw*). Wahl... ||**-tion** f. (*sio*n). Wahl. ||**-toral, e,** a. (*ràl*). Wahl...
élec||tricien m. (*sii*n). Elektrotechniker ④. ||**-tricité** f. (*sité*). Elektrizität. || **-trification** f. (*sio*n). Elektrifizierung. || **-trifier** (*fié*). elektrifizieren. ||**-trique** a. (*ì*k). elektrisch. ||**-trisation** f. (*zasio*n). Elektrisieren, n. || **-triser** (*zé*). elektrisieren.
électro||... Elektro... Ex. : *électro-aimant, électro-chimie, -mètre, -moteur, -motrice,* etc. Elektromagnet, -chemie, -meter, -motor usw. ||**-cuter** (*küté*). elektrisch hinrichten. ||**-cution** f. (*sio*n). elektrische Hinrichtung. ||**-de** f. (*òd*). Elektrode. ||**-lyse** f. (*iz*). Elektrolyse. || **--motrice** f. (*is*). elektrische Kraftmaschine. ||**-scope** m. (*òp*). Elektroskop, n. ①.
électuaire m. (*tüär*). Latwerge f.
él||égamment adv. (*ma*n). V. *élégant.* ||**-égance** f. (*ga*ns). Zierlichkeit, Eleganz. ||**-égant, e,** a. (*ga*n, t). zierlich, fein, elegant. ||m., f. Modeherr, -n, -en, Modedame.
él||égiaque a. (*jiàk*). elegisch. ||**-égie** f. (*ji*). Elegie.
él||ément m. (*ma*n). Element, n. || [constitutif] Bestandteil. ||pl. [rudiments] Anfangsgründe. ||**-émentaire** a. (ma*ntär*). Elementar...
él||éphant m. (*fa*n). Elefant, -en, -en. ||**-éphantiasis** m. (*zis*). Elefantiasis, f.
él||evage m. (*elwàj*). Zucht, f. ||**-évateur** m. (*watœr*). Hebemaschine, f. ||**-évation** f. (*wasio*n). Erhöhung, Erhebung. || [sentiments]. Erhabenheit.
él||ève m., f. (*eläw*). Schüler ④, in. ||**-evé, e,** p. a. (*elwé*). ||a. hoch. || [sublime] erhaben. || [style] gehoben. ||**-ever** (*elwé*). erhöhen. || [âme, rang] erheben*. || [construire] aufführen, errichten. || [éducation] erziehen*. || [animaux, plantes] großziehen*. || [perpendiculaire] fällen. || [s'] sich erheben*. || [bâtiment, etc.] stehen*. || [à : somme] betragen*, tr., sich belaufen* auf, *acc.*]. || [contre] auftreten*, intr. [*sein*]. ||**-eveur** m. (*elwœr*). Viehzüchter ④.
elfe m. (*elf*). Elf, m., Elfe, f.
élider (*dé*). auslassen*.
éli||gibilité f. (*ji-té*). Wählbarkeit. ||**-gible** a. (*jibl*). wählbar.
élimer (*mé*). abschaben. ||*élimé,* fadenschneidig.
éli||mination f. (*sio*n). Ausstoßung, Wegschaffung. ||**-minatoire** a. (*toar*). Ausscheidungs... ||**-miner** (*né*). ausstoßen*, wegschaffen.
élire* (*ir*). [er]wählen [zum].
élision f. (*zio*n). Auslassung [e. Vokals].
élite f. (*ìt*). Blüte, [das] Beste.
élixir m. (*éliksir*). Heiltrank.
elle pron., **-es** pl. sie. V. Gramm.
ellébore m. (*èl'lé*). Nieswurz, f.
ell||ipse f. (*èl'lips*). Ellipse. ||*Gramm.* Auslassung. ||**-iptique** a. (*ìk*). elliptisch.
élocution f. (*küsio*n). Vortrag, m.
él||oge m. (*òj*). Lob, n., pl. Lobsprüche. || [discours] Lobrede, f. ||**-ogieux, euse,** a. (*jiö, z*). lobend, anerkennend.
él||oigné, e, p. a. (loanjé). entfernt : *éloigné de* [*croire,* etc.], weit entfernt davon, zu... ||**-oignement** m. (oanjm*a*n). Entfernung, f. || [aversion] Abneigung. f. ||**-oigner** (oan*jé*) entfernen.
él||oquence f. (*ka*ns). Beredsamkeit. ||**-oquent, e,** a. (*ka*n, t). beredt.
élu, e, a. (*élü*). auserwählt.
élucider (*üsidé*). aufklären.

élucubr‖ation f. (ükü-*sio*ⁿ). *Fig.* •Ausgeburt [des Geistes]. ‖**-er** (*bré*). aushecken.
éluder tr. (*üdé*). ausweichen*, intr. [*sein*]. ‖[loi] umgehen*, meiden.
élytre m. (*itr*). Flügeldecke, f.
émacié, e, a. (*sié*). abgemagert.
ém‖ail, aux, m. (*aj, o*). Schmelz, Émail, -s, n. ‖[porcelaine] Glasur, f. ‖**-ailler** (*ajé*). emaillieren, glasieren. ‖*Fig.* [de] *émaillé, e,* bestreut [mit.]. ‖**-ailleur** m. (*ajœr*). Schmelzarbeiter ④.
émanation f. (*sio*ⁿ). Ausdünstung. ‖*Fig.* Ausfluß, m.
ém‖ancipation f. (maⁿsi-*sio*ⁿ). Mündigsprechung. ‖Befreiung. ‖**-anciper** (aⁿsipé). *Jur.* mündig sprechen*. ‖[libérer] befreien.
émaner (*né*). ausfließen* [*sein*]. ‖*Fig.* [provenir] herrühren [von].
ém‖argement m. (jᵉmaⁿ). Randquittierung, f. ‖**-arger** (*jé*). [traitement] quittieren [am Rande].
emb‖allage m. (aⁿ-*làj*). Verpackung. f. ‖**-allement** m. (àlmaⁿ). [cheval] Durchgehen, n. spl. ‖*Fam.* Schwärmen, n. spl. V. *emballer [s']*. ‖**-aller** (*lé*). verpacken. ‖*Fam.* [police] einstecken. ‖[s']. [cheval] durchgehen [*sein*]. ‖*Fam.* [s'emporter] aufwallen, intr. [*sein*]. ‖*Fam.* [s'engouer] sich hinreißen lassen* ‖**-alleur** m. (*lœr*). Verpacker ④.
emb‖arcadère m. (*där*). Landungsplatz. ‖ch. de fer] Bahnhof. ‖**-arcation** f. (*sio*ⁿ). Fahrzeug, n. ①.
embardée f. (*dée*). Gierschlag, m.
embargo m. (*go*). Beschlagnahme, f.
emb‖arquement m. (kᵉmaⁿ). Einschiffung, f. ‖[voyageurs] Einsteigen, n. ‖**-arquer** (*ké*). einschiffen.
emb‖arras m. (*rà*). Verlegenheit, f. ‖[obstacle] Hindernis, n. ‖[situation] Klemme, f. — *gastrique,* Magenverstimmung, f. ‖*Causer de l'—* [à qn], Störung bereiten [*dat.*]; *faire* de l'* [des] —, wichtig tun*, sép.; *n'avoir que l'— du choix,* nur zu wählen brauchen. ‖**-arrassant, e,** a. (*sa*ⁿ, t). [gênant] lästig. ‖[question, cas] mißlich, schwierig. ‖**-arrassé, e,** a. (*sé*). verlegen. ‖[encombré] versperrt. ‖**-arrasser** (*sé*). in Verlegenheit setzen. ‖[gêner] lästig [hinderlich] sein*. ‖[encombrer] versperren. ‖[s']. [de] sich beschweren [mit]. ‖[se soucier] sich bekümmern [um]. ‖[dans] sich verwickeln [in, *acc.*].
emb‖auchage m. (*oschàj*). Dingen, n. ‖**-aucher** (*bôsché*). dingen*. ‖**-auchoir** m. (schᵒ*ar*). Stiefelleisten ④.
emb‖aumement m. (bômᵉmaⁿ). Einbalsamierung, f. ‖**-aumer,** einbalsamieren. ‖[parfumer] durchduften. ‖intr. duften.
emb‖ellie f. (aⁿ-*i*). Windstille. ‖**-ellir** (*ir*). verschönern. ‖**-ellissement** m. (lismaⁿ). Verschönerung f.
emb‖êtant, e, a. (*ta*ⁿ, t). *fam.* ärgerlich. ‖langweilig. ‖[importun] lästig. V. *embêter*. ‖**-êtement** m. (bätmaⁿ). Widerwärtigkeit, f. ‖**-êter** (*té*). [contrarier] ärgern. ‖[ennuyer] langweilen. ‖[importuner] belästigen.
emblaver (aⁿ-*wé*). mit Korn besäen.
emblée [d'] adv. (daⁿ*blée*). von vorn herein.
emblème m. (*äm*). Sinnbild, n. ②.
emboîter (bᵒ*até*). [en boîtes] einschachteln. ‖[assembler] einfügen.
embolie f. (*òli*). Verstopfung einer Pulsader.
embonpoint m. (oⁿ*poi*ⁿ), Beleibtheit, f.
emb‖ouché, e, a. (*busché*). weichmäulig. ‖*Fig. Mal embouché,* grob. ‖**-oucher** (*busché*). an den Mund setzen. ‖**-ouchure** f. (*ür*). Mündung. ‖*Mus.* Mundstück, n.
emb‖ourbé, e, a. (*burbé*). im Kote [Schlamm] steckend. ‖**-ourber [s']** (*bé*). in den Kot [Schlamm] geraten*.
emb‖outeillage m. (butä*jàj*). Abziehen, n. [auf Flaschen]. ‖*Fig.* Verkehrsstockung, f. ‖**-outeiller** (butä*jé*). auf Flaschen abziehen*.
emboutir (but*ir*). ausbauchen.
embr‖anchement m. (aⁿbraⁿschmaⁿ). Abzweigung, f. ‖[ch. de fer] Zweigbahn, f. ‖**-ancher** (*sché*). zusammenfügen. ‖[s']. sich anschließen*. ‖[ch. de fer] sich abzweigen.
embr‖asé, e, a. (*zé*). glühend. ‖**-asement** m. (brazmaⁿ). Feuersbrunst, f. ‖**-aser** (*zé*). in Brand stecken. ‖*Fig.* entzünden. ‖[s'] in Brand geraten.

embr‖assade f. Umarmung. ‖**-asse** f. (*às*). Vorhanghalter, m. ④. ‖**-assement** m. (àsm*a*ⁿ). Umarmung, f. ‖[baiser] Kuß. ‖**-asser** (*sé*). umarmen. ‖[baiser] küssen. ‖*Fig.* [enserrer, contenir] umfassen. ‖d'un regard] überblicken. ‖[cause, carrière] sich widmen. [*dat.*]. ‖*Relig.* sich bekehren [zu]. ‖*Qui trop embrasse, mal étreint,* wer zuviel unternimmt, führt nichts ordentlich aus.

embrasure f. (*zür*). Fensternische.

embr‖ayage m. (bräj*àj*). Einrükkung, f. ‖**-ayer** (äj*é*). einrücken.

embrocher (aⁿ-òsch*é*). aufspießen.

embr‖ouillamini m., **-ouillement** m. (ujm*a*ⁿ). Verwirrung, f., Wirrwarr. ‖**-ouiller** (uj*é*). verwirren, einschachteln.

embr‖umé, e, a. (aⁿbrüm*é*). nebelig. ‖**-umer** (üm*é*). benebeln. ‖**-un** m. (*u*ⁿ). Sprühregen.

embry‖on m. (aⁿ-*io*ⁿ). Embryo, ...onen. ‖[germe] Keim. ‖**-onnaire** a. (*är*). Keim...

embu, e, a. (aⁿb*ü*). [couleur] verblaßt.

emb‖ûche f. (*ü*sch). Falle. ‖**-uscade** f. (büsk*à*d). Hinterhalt, m. ①. ‖**-usqué,** a. s. m. (büsk*é*). Drückeberger ④. ‖**-usquer** (büsk*é*). auf die Lauer stellen. ‖[s'] *fig.,* sich verstecken.

émeraude f. (emœr*o*d). Smaragd, m. ①.

émerger (*jé*). auftauchen [*sein*]. ‖*Fig.* hervortreten* [*sein*].

émeri m. (emr*ì*). Schmirgel. *Bouchon à l'émeri,* eingeriebener Glastöpsel.

émérite a. (*ìt*). ausgedient. ‖*Fig.* ausgezeichnet.

ém‖erveillé, e, a. (wäj*é*). verwundert. ‖**-erveillement** m. (wäjm*a*ⁿ). Verwunderung, f. ‖**-erveiller** (wäj*é*). in Verwunderung setzen.

émétique m. (*ìk*). Brechmittel, n.

émettre* (*è*tr). von sich geben*. ‖[opinion] äußern. ‖[emprunt] ausgeben*.

ém‖eute f. (*öt*). Aufruhr, m. ①, Meuterei. ‖**-eutier** m. (*tié*). Meuterer ④.

ém‖iettement m. (m*a*ⁿ). Zerbröckelung, f. ‖**-ietter** (ié*té*). zerbröckeln.

ém‖igrant, e, a. m., f. (*a*ⁿ, t). Auswand[e]rer ④, in. ‖**-igration** f. (*sio*ⁿ). Auswanderung. ‖**-igré, e,** p. a. (*gré*). ausgewandert. ‖m. *Hist.* Emigrierte[r], a. s. ‖**-igrer** (*gré*). auswandern [*sein*].

émincé m. (miⁿ*sé*). Fleischschnitte, f.

ém‖inemment adv. (nam*a*ⁿ). im höchsten Grade. ‖**-inence** f. (n*a*ⁿs). Anhöhe. ‖[titre] Eminenz. ‖**-inent, e,** a. (*a*ⁿ, t). hervorragend.

émir m. (*ir*). Emir -s, *ou* -e.

ém‖issaire m. (*sär*). Geheimbote, -n, -n. *Bouc émissaire,* Sündenbock. ‖**-ission** f. (*sio*ⁿ). *Phys.* Ausströmung. ‖[son] Ausstoßen, n. spl. ‖[opinion] Äußerung. ‖[titres] Ausgabe. ‖[radiodiffusion] Sendung.

emmagasiner (aⁿma-zin*é*). aufspeichern.

emmailloter (majò*té*). einwindeln.

em‖mancher (maⁿsch*é*). bestielen. ‖**-manchure** f. (maⁿsch*ü*r). Ärmelloch, n. ②.

emmêler (*lé*). verwirren.

em‖ménagement m. (ajm*a*ⁿ). Einziehen, n. spl. ‖**-ménager** (*jé*). einziehen* [*sein*]. ‖**-mener** (mᵉn*é*). mitnehmen*, wegführen.

emmitoufler (tufl*é*). warm und weich einhüllen.

emmurer (mür*é*). einmauern.

émoi m. (emᵒ*a*). Aufregung, f.

émollient, e, a. (l*ia*ⁿ, t). erweichend.

émoluments m. pl. (üm*a*ⁿ). Gehalt ②, n.

émonder (oⁿd*é*). ausputzen.

ém‖otif, ive, a. (*if, iw*). leicht gerührt. ‖**-otion** f. (*sio*ⁿ). Gemütsbewegung. ‖[attendrissement] Rührung. ‖**-otionner** (*né*). aufregen. ‖**-otivité** f. Erregbarkeit.

émouchet m. (usch*ä*). Sperber ④.

émoulu, e, a. (ul*ü*). *Frais émoulu* [de], frischgebacken [aus].

ém‖oussé, e, a. (us*sé*). stumpf. ‖**-ousser.** abstumpfen.

émoustiller (ustij*é*). aufmuntern.

ém‖ouvant, e, ppr. von *émouvoir**. ‖**-ouvoir*** (muwᵒ*a*r). rühren, ergreifen*.

em‖pailler (aⁿpaj*é*). ausstopfen. ‖**-pailleur** m. (aj*œ*r). Ausstopfer, Strohflechter.

empaler (*lé*). aufspießen.

empanacher (ché). mit einem Federbusch zieren.
empaqueter (pakté). einpacken.
emparer [s'] [de] (san-ré). sich bemächtigen [*gén.*].
em‖pâtement m. (atman). Verschleimung, f. ‖[tumeur] Geschwulst, ¨e. f. ‖**-pâter** (té). verschleimen.
empaumer (pomé). auffangen*. ‖*Fig.* ergreifen*.
em‖pêchement m. (anpäschman). Hindernis, n. ‖**-pêcher** (sché). [de] [ver]hindern [an, *dat.*].
empeigne f. (pänj). Oberleder, n. ④.
empereur m. (prœr). Kaiser ④.
empeser (pezé). stärken, *Empesé, e,* a., *fig.* steif.
empester (té). verpesten.
empêtrer (tré). verstricken.
emph‖ase f. (anfâz). Nachdruck, m. ‖**-atique** a. (tik). nachdrucksvoll. ‖**-ysème** m. (zäm). Lungenblähung, f.
empiècement m. (anpièsman). Einsatz.
em‖pierrement m. (pièrman). Steinsatz. ‖**-pierrer** (ré). mit Steinen belegen.
em‖piètement m. (piètman). Eingriff. ‖**-piéter** (té) [sur] eingreifen* [in, *acc.*].
empiffrer [s'] (fré), *pop.* sich vollpfropfen [mit Speisen].
em‖pilement m. (pilman). Aufstapelung, f. ‖**-piler** (lé). aufstapeln. ‖*Pop.* prellen.
empire m. (pir). [domination] Herrschaft, f. [über, *acc.*]. ‖— *sur soi-même,* Selbstbeherrschung, f. ‖[État] Reich, n. ‖[impérial] Kaiserreich, n.
empirer tr. (ré). verschlimmern. ‖intr. sich verschlimmern.
em‖pirique a. (ik). empirisch. ‖m. Empiriker ④. ‖**-pirisme** m. (ism). Empirie, f., Empirik, f.
emplacement m. (anplàsman). Platz, Stelle, f.
emplâtre m. (atr). Pflaster, n. ④.
emplette f. (èt). Einkauf, m.
emplir (ir). anfüllen [mit].
empl‖oi m. (oa). Gebrauch [économ.] Einsatz. ‖*Double* —, überflüssige Wiederholung, f. ‖[occupation] Beschäftigung, f. ‖[place] Stelle, f. ‖[fonction] Amt, n. ②. ‖**-oyé, e,** m., f. (oajé). Angestellte[r], a. s. ‖[fonctionnaire] Beamte[r], a. s. ‖**-oyer** (oajé). gebrauchen, verwenden. [qn] beschäftigen. ‖[s']. [choses] gebraucht werden*. ‖[pour qn] sich verwenden*. ‖**-oyeur** m. (oajœr). Arbeitgeber ④.
emplumer (ümé). befiedern.
empocher (an-ché). einstecken.
empoigner (oanjé). packen. ‖[saisir, émouvoir] ergreifen*.
empois m. (poa). Stärke, f.
emp‖oisonnement m. (oazònman). Vergiftung, f. ‖**-oisonner** (oazòné). vergiften.
emp‖orté, e, a. (té). jähzornig. ‖**-ortement** m. (teman). Jähzorn. ‖**-orte-pièce** m. (tepiès). Locheisen, n. ④. ‖**-orter** (té). fort-, wegtragen*, -bringen* usw., mitnehmen*. ‖*Fig.* [maladie, mort] dahinraffen. ‖*L'emporter sur,* den Sieg davontragen* [über, *acc.*]; *emporter d'assaut,* erstürmen. ‖[s']. auffahren* [*sein*]. ‖[cheval] durchgehen* [*sein*].
empoter (té). in Töpfe einsetzen. ‖*Fam. Empoté, e,* a., plump.
emp‖ourpré, e, a. (purpré). purpurrot. ‖**-ourprer** (é). purpurrot färben.
empr‖eindre* (anprindr). abdrücken, einprägen. ‖**-eint, e,** pp. von *empreindre**. ‖**-einte** f. (int). Abdruck, m., Gepräge, n. ④.
empr‖essé, e, p. a. (sé). eifrig. ‖[serviable] dienstfertig. ‖[prévenant] zuvorkommend. ‖**-essement** m. (esman). Eifer, Dienstfertigkeit, f. ‖ Zuvorkommenheit, f. ‖**-esser** [s'] (sé). sich beeilen.
empr‖isonnement m. (zònman). Einsperrung, f. ‖[peine] Gefängnisstrafe, f. ‖**-isonner** (né). einsperren.
empr‖unt m. (un). Darlehen, n. ④. ‖[public] Anleihe, f. ‖[littéraire, etc.] Entlehnung, f. ‖*D'emprunt,* falsch. ‖**-unté, e,** p. a. (unté), *fig.* linkisch, unbeholfen. ‖**-unter** (unté) [à]. borgen [von]. ‖[copier, tirer de] entlehnen [von, aus.]. ‖**-unteur, euse** m., f. (untœr. öz). Borger ④, in.
empuantir (anpüantir). verpesten.
empyr‖ée m. Feuerhimmel. ‖**-eumatique** a. brenzlig.

ému, e, (*mü*). pp. v. *émouvoir**.

ém‖ulation f. (ü-*sion*). Wetteifer, m. ‖**-ule** m. et f. (*ül*). Nacheiferer ④, frerin. ‖**-ulsion** f. (ülsi*on*). Emulsion.

en (*an*). prép. Sert à exprimer : 1° le *lieu*, *a*) [question *wo?*] in. Ex. : *il vit en Allemagne*, er lebt in Deutschland; *en voiture*, etc., im Wagen usw.; *en chemise*, etc., im [bloßen] Hemd usw. *b*) [question *wohin?*] nach. Ex. : *je vais en Italie*, ich gehe nach Italien. *c*) [question *woher?*] daher, adv. Ex. : *j'en viens*, ich komme daher. ‖2° la *dimension*. in. Ex. : *en longueur*, etc., in der Länge usw. ‖3° le *temps*, in [avec l'article], binnen, über [*acc.*]. Ex. : *en été, en mars*, etc., im Sommer, im März usw.; *en semaine*, in der Woche; *en 1914*, im Jahre [abr. : i. J.] 1914; *en six mois*, binnen [in] sechs Monaten; *de demain en huit*, morgen über acht Tage. ‖4° La *simultanéité* [devant un participe présent en français]. bei, indem, conj. Ex. : *en entrant*, beim Eintreten; [*tout*] *en parlant*, indem er sprach. ‖5° La *matière*, aus : *table en bois*. Tisch aus Holz. ‖6° La *manière*, la *qualité*, auf, als. Ex. : *en allemand*, etc. auf deutsch, usw.; *en* [= comme] *ami*, als Freund.

en pron. rel. (*an*). exprime : 1° *la possession*, dessen, deren, des, derselben, sein, ihr. Ex. : *il y en avait trois*, es waren deren drei; *j'en connais la valeur*, ich kenne dessen [deren] Wert, *ou* den Wert desselben [derselben], *ou* seinen [ihren] Wert. ‖2° *un complément partitif*. welchen, -e, -es [*acc.*], davon [qui se supprime souvent devant un nombre]. Ex. : *voici des pommes, en voulez-vous?*, hier sind Äpfel, wollen Sie welche [*ou* davon]?; *j'en ai pris dix*, ich habe zehn [davon] genommen; [*avez-vous de l'argent?*] *je n'en ai plus*, ich habe keines mehr. ‖3° différents rapports traduits en allemand par des pronoms adverbiaux tels que : *davon, damit, darauf, daraus, darüber, darum*, etc., signifiant : *de cela*, et formés respectivement à l'aide de la préposition régie par le mot dont dépend le pronom. Ex. : *on en parle*, man spricht davon; *j'en suis content*, ich bin damit zufrieden; *elle en est fière*, sie ist stolz darauf; *il en résulte*, es folgt daraus; *on s'en plaint*, man klagt darüber; *il ne s'en soucie guère*, er kümmert sich wenig darum.

énamourer [s'] (*muré*) [de]. sich verlieben [in, *acc.*].

en‖cadrement m. (an-dre*man*). Einrahmung, f. ‖**-cadrer** (*dré*). einrahmen. ‖**-cadreur** m. (*drœr*). Rahmenmacher ④.

en‖caisse f. (*käß*). Kassenbestand, m. ‖**-caissement** m. (käßm*an*). Einkassierung, f. ‖**-caisser** (*sé*). einkassieren. ‖*Pop.* bekommen. ‖pp. *encaissé, e*, p. a. [fleuve] eingeengt. ‖**-caisseur** m. (*sœr*). Kassenbote, -n, -n.

encan m. (*kan*), V. *enchère*.

encanailler [s']. (*najé*). sich mit Gesindel abgeben*.

en‖cartage m. (*tàj*). Einheften, n. spl. ‖**-carter** (*té*). einheften. ‖**- -cas** m. (an*kà*). Schirm.

encastrer. einfügen.

encaustique f. (*kostìk*). Bohnwachs, n.

encaver (*wé*). einkellern.

en‖ceindre* (ans*in*dr). umgürten. ‖*Fig.* umschließen*. ‖**-ceinte** a. f. (*sint*) [de] schwanger [mit]. ‖f. [espace] Raum, m. ‖[mur] Ringmauer : — *fortifiée*, Festungswall, m. ‖[périmètre] Umfang, m.

en‖cens m. (*san*). Weihrauch. ‖**-censer** (*sé*). beräuchern. ‖**-censoir** m. (s*oar*). Rauchfaß, n. ②.

en‖céphale m. (*séfàl*). Gehirn, n. ‖**-céphalite** f. (*fàlit*). Gehirnentzündung.

encercler (*ser*). umzingeln.

ench‖aînement m. (anchänm*an*). Verkettung, f. ‖**-aîner** (*né*). anketten. ‖*Fig.* fesseln. ‖[idées] verketten.

ench‖anté, e, p. a. (sch*anté*). entzückt. ‖**-antement** m. (antm*an*). Bezauberung, f., Entzücken, n. ‖**-anter** (*anté*). bezaubern. ‖[ravir] entzücken. ‖**-anteur, eresse,** m., f. (*tœr, très*). Zauberer ④, ...berin. ‖a. bezaubernd, entzückend.

enchâsser (*schasé*). einfassen.

ench‖ère f. (*är*). höheres Gebot, n. ①. *Mettre** [*vendre*] *aux enchères*, versteigern, verauktionieren; *vente aux enchères*, Versteigerung. ||**-érir** (*ir*). intr. [sur]. überbieten*, tr. ||[denrées, etc.] teurer werden*. ||**-érissement** m. (ism*a*n). Preiserhöhung, f. ||**-érisseur** m. (sœr). Mehrbieter ④ : *dernier enchérisseur*, Meistbietende[r], a. s.

ench||evêtrement m. (ewätrem*a*n). Verwirrung, f. ||**-evêtrer** (tré). verwirren*.

ench||ifrené, e, p. a. (frené). am Stockschnupfen leidend. ||**-ifrènement** m. (frènm*a*n). Stockschnupfen ④.

encl||ave f. (anklaw). eingeschlossenes Gebiet, n. ||**-aver** (wé). einschließen*.

enclencher (ansché). einklinken.

enclin, e, a. (*in*, *in*) [à]. geneigt [zu].

encl||ore* (òr). einfriedigen. ||[renfermer] einschließen*. ||**-os, e,** pp. von *enclore* (klo, **z**). ||m. eingeschlossenes Gut, n. ②.

enclouer (*ué*). vernageln.

enclume f. (*üm*). Amboß, m. ④.

en||coche f. (ankòsch). Kerbe. ||**-cocher** (sché). auskerben.

enco[i]gnure f. (kònjür). Mauerecke.

encoller (lé). mit Leim tränken.

encolure f. (*ür*). Halsbeugung. ||[vêtement] Halsausschnitt, m.

en||combrant, e, p. a. (konbr*a*n, *a*nt). ||a. [importun] lästig. ||*Marchandises encombrantes*, Sperrgüter, n. pl. ||**-combre** m. (konbr). *Sans encombre*, unbehindert. ||**-combrement** m. (konbrem*a*n). Versperrung. f. ||[foule] Gedränge, n. spl. ||[circulation] Verkehrsstockung, f. ||**-combrer** (konbré). versperren [d. Verkehr].

encontre [à l'] de (lankontr dœ). entgegen [*dat.*], gegen [*acc.*], wider [*acc.*], zuwider [*dat.*].

encorbellement m. (bèlm*a*n). Vorkragung, f. Erker.

encorder [s'] (dé). sich anseilen.

encore adv. (òr). noch. *Pas encore*, noch nicht; *non seulement, mais encore*, nicht allein, sondern auch; *encore!*, schon wieder! ||— *que*, conj. (kœ) [*subj.*]. obgleich, obschon [*ind.*].

en||couragement m. (kuràjm*a*n). Ermutigung, f., Aufmunterung, f. ||**-courager** (ku-jé) [à]. ermutigen, aufmuntern [zu].

encourir* (kur*ir*). sich zuziehen*.

encrage m. (ankraj). Schwärzen, n.

en||crassement m. (kràs-m*a*n). Beschmutzung, f., Verschleimung, f. ||**-crasser** (sé). beschmutzen. ||[armes à feu] verschleimen. ||[automobile] verölt.

en||cre f. (ankr). Tinte. ||[d'imprimerie] Druckerschwärze. ||— *de Chine*, Tusche. ||**-crer** (kré). schwarzen. ||**-crier** m. (*ié*). Tintenfaß, n. ②.

encroûter [s'] (uté), verdummen, intr. [*sein*], verknochern, intr. [*sein*].

encycl||ique f. (ansiklìk). päpstliches Rundschreiben, n. ③. ||**-opédie** f. (d*i*). Enzyklopädie. ||**-opédique** a. (ìk). enzyklopädisch. ||**-opédiste** m. (*ist*). Enzyklopädist, -en, -en.

endémique a. (an-*ik*). endemisch.

endetter (té). verschulden. ||[s']. sich in Schulden stürzen.

endeuiller (dœjé). in Trauer versetzen.

endêver (wé). *Faire* endêver, fam.* rasend machen.

endiablé, e, a. (blé). verteufelt.

endiguer (gé). eindämmen.

endimancher (ansché). sonntäglich kleiden.

endive f. (*iw*). Endivie.

endoctriner (né). belehrend gewinnen*.

endolori, e, a. (ri). schmerzhaft.

en||dommagement m. (àjm*a*n). Beschädigung, f. ||**-dommager** (jé). beschädigen.

en||dormant, e, p. a. (m*a*n, t). höchst langweilig. ||**-dormi, e,** p. a. (m*i*). eingeschlafen. ||*Fig.* [indolent] schläfrig, träge. ||**-dormir*** (*ir*). einschläfern. ||[douleur] betäuben. || *Fig.* [duper] betören, täuschen. ||[s']. einschlafen*, intr. [*sein*].

en||dos m. (do). **-dossement** m. Indossierung, f. ||**-dosser** [vêtement] anziehen*. ||[responsabilité] übernehmen*. || [traite] indossieren. ||**-dosseur** m. (sœr). Indossant, -en, -en.

endroit m. (dr°*a*). Ort ①. ‖[localité] Ortschaft f. ‖[place] Stelle, f. ‖[côté] rechte Seite, Glanzseite, f.

en‖duire* (d*üi*r) [de]. überstreichen*, überziehen* [mit]. ‖**-duit, e,** pp. (d*üi*, t). ‖m. Anstrich. ‖ [murs] Bewurf. ‖ [de chaux] Tunke, f.

en‖durable a. (ür*à*bl). erträglich. ‖**-durance** f. (ür*a*ⁿs). Ausdauer. ‖**-durant, e,** a. (ür*a*ⁿ, t). geduldig.

en‖durci, e, p. a. (ürs*i*). *Fig.* [pécheur, etc.] verstockt. ‖**-durcir** (ürs*i*r). [ver]härten. ‖*Fig.* abhärten. ‖**-durcissement** m. (ürsism*a*ⁿ). Verhärtung, f., Abhärtung, f.

endurer (ür*é*). ertragen*, ausstehen*.

éner‖gie f. (j*i*). Tatkraft. ‖**-gique** a. (j*ì*k). kräftig, energisch. ‖**-gumène** m. (üm*è*n). Besessene[r], a. s. ‖*Fig.* Schwärmer ④.

éner‖vant, e, p. a. (w*a*ⁿ, t). *Etre énervant,* die Nerven reizen. ‖**-vement** m. (w°m*a*ⁿ). Nervosität, f., Entkräftung, f. ‖**-ver** (w*é*). nervös machen. ‖ [affaiblir] entkräften. ‖[s']. nervös werden*.

en‖fance f. (aⁿf*a*ⁿs). Kindheit. ‖*Tomber en enfance,* in Kindheit verfallen. ‖**-fant** m. et f. (f*a*ⁿ). Kind, n. ②. ‖— *de chœur,* Chorknabe, n. ‖ — *terrible,* ausplauderndes Kind, n. ‖ — *trouvé,* Findelkind, n. ‖*Être* bon enfant,* gutmütig sein*. ‖*Faire* l'enfant,* kindisch sein*. ‖ **-fantement** m. (faⁿtm*a*ⁿ). Gebären, n. spl. ‖**-fanter** (faⁿt*é*). gebären*. ‖**-fantillage** m. (faⁿtij*à*j). Kinderei, f. ‖**-fantin, e,** a. (t*i*ⁿ, *ì*n). kindisch.

enfariner (n*é*). mit Mehl bestreuen.

enfer m. (f*è*r). Hölle, f. spl. ‖[païen] Unterwelt, f. spl.

enfermer (m*é*). einschließen*. ‖[en prison] einsperren, *fam.* einstecken.

enferrer [s'] (r*é*). in den Degen [des Gegners] rennen*, intr. [*sein*]. ‖*Fig.* sich festrennen*, sép.

enfiévré, e, (wr*é*). fieberhaft.

en‖filade f. (*à*d). Reihe. ‖[de chambres] Zimmerflucht. ‖*en enfilade,* in einer Flucht. ‖*Mil. Prendre* d'enfilade,* ins Längsfeuer nehmen*. ‖**-filer** (l*é*). einfädeln. ‖[chemin] einschlagen*.

enfin adv. (f*i*ⁿ). endlich.

enflammer (m*é*). entzünden. ‖*Fig.* entflammen. ‖[enthousiasmer] begeistern.

en‖fler intr. (l*é*). anschwellen* [*sein*]. ‖tr. schwellen, aufblasen. ‖*Fig.* aufblähen. ‖**-flure** f. (fl*ü*r). Geschwulst, ¨e, f.

en‖foncé, e, p. a. (foⁿs*é*). [yeux] tiefliegend. ‖[dans méditation] vertieft. ‖**-foncement** m. (foⁿsm*a*ⁿ). Einstoßen, n. ‖[espace] Vertiefung, f. ‖**-foncer** (foⁿs*é*). einschlagen*, einstoßen. ‖[ennemi] einrennen*. ‖*Fig.* [duper] anführen. ‖*Fam.* [surpasser] überbieten*.

enfouir (f*ui*r). vergraben*.

enfourcher (fursch*é*). spießen. ‖*Fig.* [cheval, etc.] besteigen*.

enfourner (furn*é*). einschieben* [dans le poêle].

enfreindre* (fr*i*ⁿdr). übertreten*.

enfuir [s'] (f*üi*r). entfliehen, intr. [*sein*].

enfumer (füm*é*). mit Rauch erfüllen. ‖[saturer] einräuchern.

en‖gagé p. a. (aⁿ-j*é*). ‖m. *Mil.* Freiwillige[r], a. s. ‖**-gageant, e,** pa. (j*a*ⁿ, t). einladend. ‖[attrayant] anziehend. ‖**-gagement** m. (gajm*a*ⁿ). Verpfändung, f. ‖Versetzen, n. spl. ‖Verpflichtung, f. ‖*Comm. Sans engagement,* freibleibend. V. *engager.* ‖*Mil.* Anwerbung, f. ‖[combat] Gefecht, n. ‖[théâtre] Spielvertrag. ‖**-gager** (j*é*). [donner en gage] verpfänden. ‖[mont-de-piété] versetzen. ‖[moralement] verpflichten. ‖[serviteurs] dingen. ‖[qn dans une affaire] verwickeln. ‖[capital] stecken. ‖[lutte, etc.] beginnen*. ‖[troupes] ins Gefecht ziehen. ‖*Fig.* [inviter à] einladen* [zu]. ‖[déterminer à] bewegen* [zu].

engeance f. (aⁿj*a*ⁿs). Brut. ‖*Fig.* Gelichter, n. spl.

engelure f. (aⁿjl*ü*r). Frostbeule.

engendrer (jaⁿdr*é*). zeugen. ‖*Fig.* hervorbringen*. ‖[causer] verursachen.

engin m. (j*i*ⁿ). Gerät, n. ‖[machine] Maschine, f.

englober (aⁿgl*ò*b*é*). zusammenfassen. ‖[comprendre] mit einschließen*, umfassen.

Schrägschrift : Betonung. **Fettschrift** : besond. Ausspr. *unreg. Zeitwort.

en||gloutir (ut*i*r). verschlingen*. ||*Fig.* [fortune] verprassen. ||**-gloutissement** m. (m*a*ⁿ). Verschlingen, n.

engluer (gl*ü*é). mit Vogelleim fangen*.

engoncé, e, p. a. (aⁿgoⁿs*é*). kurzhalsig scheinend.

en||gorgement m. (jœm*a*ⁿ). Verstopfung, f. ||**-gorger** (j*é*). verstopfen.

en||goué, e, p. a. (gu*é*). [de]. eingenommen [für]. ||**-gouement** m. (gum*a*ⁿ). Eingenommenheit, f. ||**-gouer** [s'] (gué) [de]. sich begeistern [für].

engouffrer (gufr*é*). *Fig.* verschlingen*. ||[s']. [vent] sich verfangen* [in, *acc.*].

engoulevent m. (gulw*a*ⁿ). Nachtschwalbe, f.

engoûment, m. V. *engouement.*

en||gourdi, e, p. a. (gurd*i*-). ||a. [membre] eingeschlafen. ||**-gourdir** (gurd*i*r). erstarren. ||[étourdir] betäuben. ||[s']. erstarren, intr. [*sein*]. ||**-gourdissement** m. (gurdism*a*ⁿ). Erstarrung, f.

en||grais m. (aⁿgr*è*). [bétail] Mastfutter, n. ||*Mettre* à l'engrais,* in die Mast tun*. ||[fumier, etc.] Dünger ④, Dungmittel, n. ④. ||**-graissement** m. (gräsm*a*ⁿ). Mästen. n., Fettwerden, n. ||**-graisser** tr. (gräs*é*). [bétail] mästen. ||[personnes] fett machen. ||intr. fett werden*.

engren||age m. (grᵉn*a*j). Räderwerk, n. ||*Fig.* Ineinandergreifen, n. ||**-er** (n*é*). ineinander bringen. ||[s']. sich verzahnen.

en||gueulade f. (aⁿgœl*à*d), *pop.* Schimpferei. ||**-gueuler,** *pop.* (gœl*é*). ausschimpfen.

enhardir (aⁿhard*i*r). kühn machen. ||[s']. sich erkühnen.

énig||matique a. (*i*k). rätselhaft. ||**-me** f. (*i*gm). Rätsel, n. ④.

enivr||ant, e, p. a. (aⁿnìwr*a*ⁿ, t). berauschend. ||**-ement** m. (wrœm*a*ⁿ). Rausch. ||**-er** (wr*é*). berauschen.

en||jambée f. (aⁿjaⁿb*ee*). Sprung, m. [jambes écartées]. ||[pas] weiter Schritt, m. ||*Fam.* Katzensprung, m. ||**-jambement** m. (jaⁿbᵉm*a*ⁿ). Übergreifen, n. spl. ||**-jamber** (b*é*). über [*acc.*] hinwegschreiten*. intr. [*sein*]. ||[en sautant] überspringen*.

enjeu, x, m. (j*ö*). Einsatz.

enjoindre* (jo*i*ⁿdr). einschärfen.

en||jôler (jol*é*). beschwatzen. ||**-jôleur, euse,** m., f. (jol*œ*r, *ö*z). Beschwatzer ④ in.

en||jolivement m. (liwm*a*ⁿ). Verzierung, f. ||**-joliver** (w*é*). verzieren.

en||joué, e, a. (ju*é*). heiter, munter. ||**-jouement** m. (jum*a*ⁿ). Heiter-, Munterkeit, f.

en||lacement m. (aⁿlàsm*a*ⁿ). Verflechtung, f. ||**-lacer** (s*é*). verflechten*, verschlingen*. ||[avec ses bras] umschlingen*.

enlaidir (lèd*i*r). tr. häßlich machen. ||intr. häßlich werden*.

en||lèvement m. (läwm*a*ⁿ). Wegnahme, f. Abtragen usw., n. [infinitifs signifiant *enlever,* pris substantivement]. ||Entführung, f. ||Raub. ||Erstürmung, f. V. *enlever.* ||**-lever** (aⁿlw*é*). [en l'air] aufheben*. ||[retirer, ôter, etc.] ab- [fort-, weg-] nehmen*, -tragen*, -schaffen usw. ||*en coupant, en frottant, en grattant,* etc., les mêmes préfixes, avec le verbe exprimant la manière dont se fait l'action d'*enlever*]. Ex. : abschneiden*, -reiben, -kratzen, usw. ||[en achetant] aufkaufen. ||[tache, etc.] entfernen, entrücken. ||[ravir] rauben. ||[séduire] entführen. ||*Mil.* [position] erstürmen. V. *emporter.*

enli||ser [s'] (z*é*). versinken*, intr. [*sein*] [im Triebsande]. ||**-sement** m. (zᵉm*a*ⁿ). Einsinken, n.

en||luminer (lü-n*é*). ausmalen. ||**-lumineur** m. (nœr). Ausmaler ④. ||**-luminure** f. (*ü*r). Ausmalung.

ennemi, e, m., f. (ènm*i*, *î*). Feind, in : — *acharné,* — *mortel,* Erz-, Todfeind. ||a. feind, attr. inv. [einem], feindlich, feindselig.

en||noblir (aⁿnobl*i*r). veredeln. ||**-noblissement** m. (sᵉm*a*ⁿ). Veredlung, f.

enn||ui m. (aⁿnü*i*). Langweile, f. ||[souci] Kummer, spl., Sorge, f. ||[contrariété] Widerwärtigkeit, f. Leidwesen, n. ||**-uyer** (üij*é*). langweilen. ||[contrarier] verdrießen. ||**-uyeux, euse,** a. (j*ö*, z). langweilig, verdrießlich.

énon||cé m. (enoⁿ*sé*). Angabe, f. ||[texte] Text. ||**-cer** (*sé*). ausdrücken. ||**-ciation** f. Angabe.
enorgueillir (aⁿorgœj*ir*). stolz machen [auf, *acc.*]. ||**[s']**. stolz sein*.
énorm||e a. (*òrm*). ungeheuer. ||**-ité** f. (*té*). Ungeheuerlichkeit.
enqu||érir [s'] [de], sich erkundigen [nach]. || **-ête** f. Untersuchung, Erhebung. ||**-êter**. untersuchen, tr. ||**-êteur** m. Untersuchungsrichter ④.
enraciner (aⁿ-si*né*). einwurzeln.
en||ragé, e, a. (*jé*). toll. ||[furieux] rasend, wütend. ||m. Tollkopf. ||**-rager**. rasend werden*, wüten. *J'enrage,* das ist zum Tollwerden.
en||rayage m. Ladehemmung, f. ||**-rayer** (rä*jé*). [roue] hemmen. ||*Fig.* Einhalt tun* [*dat.*].
enrégimenter (jimaⁿ*té*). einreihen. [in ein Regiment].
en||registrement m. (rœjistrᵉm*a*ⁿ). Einschreiben, n., Eintragen, n. ||[administration] Eintrageamt, n., Registratur, f. : *employé* [*receveur*] *de l'enregistrement,* Registrator, ...oren. ||[bagages] Gepäckabfertigung, f. ||**-registrer** (rœjis*tré*). einschreiben*, eintragen. ||[ordonnance, etc.] buchen. ||[bagages] abfertigen. ||**-registreur** m. (*trœr*). Einschreiber ④. ||[appareil] Selbstzeichner ④.
en||rhumé, e, a. (rü*mé*). verschnupft. ||**-rhumer** (rü*mé*). den Schnupfen verursachen. ||**[s']**. den Schnupfen bekommen*. ||[se refroidir] sich erkälten.
en||richir (sch*ir*). bereichern. ||**-richissement** m. (ism*a*ⁿ). Bereicherung, f.
en||rôlement m. (rolm*a*ⁿ). Anwerbung, f. ||**-rôler** (*lé*). [an]werben*.
en||roué, e, (ru*é*). heiser. ||**-rouement** m. Heiserkeit, f. ||**-rouer** (ru*é*). heiser machen.
enrouler (ru*lé*). ein-, zusammenrollen.
ensabler (aⁿ-b*lé*). [port] versanden. ||[bateau] auf den Sand treiben*. ||[s'] versanden, intr. [*sein*], auf den Sand geraten*.
en||sanglanté, e, p. a. (saⁿglaⁿ*té*). ||a. bluttriefend. ||**-sanglanter** (*té*). mit Blut beflecken.
en||seignant, e, p. a. (senj*a*ⁿ, t). lehrend, Lehr... ||**-seigne** f. (*sänj*). Aushängeschild, n. ②. ||[drapeau] Fahne. || LOC. *A l'enseigne de l'Aigle,* zum Adler; *être* logé à la même enseigne,* Leidensgefährte sein*. PROV. *A bon vin pas d'enseigne,* gute Ware lobt sich selber. ||m. Fähnrich. ||**-seignement** m. (senjm*a*ⁿ). Lehre, f., Belehrung, f. ||[instruction] Unterricht, spl., Unterrichtsfächer, n. pl. ||**-seigner** (sen*jé*). [à qn]. lehren [einen] : — *à lire,* etc., lesen usw. lehren.
ensemble adv. (s*a*ⁿbl). zusammen. ||[de compagnie] miteinander. ||[réunis] beisammen. ||m. Ganze[s], a. s. n. ||[unité] Einheit, f. ||[unisson] Einklang.
en||semencement m. (sœmaⁿsm*a*ⁿ). Besäen, n. spl. ||**-semencer** (*sé*). besäen.
enserrer (*ré*). einschließen*.
ensevelir (sœwl*ir*). in ein Leichentuch einhüllen. *Fig.* beerdigen, vergraben*.
ensoleillé, e, p. a. (lä*jé*). sonnig.
ensorceler (sᵉ*lé*). behexen.
en||suite adv. (sü*it*). hernarch, darauf, [so]dann. ||**-suivre*** **[s']** (sü*iwr*). daraus folgen, intr. [*sein*].
entablement m. (aⁿ-blᵉm*a*ⁿ). Gesims, n.
entacher (*sché*). beflecken.
en||taille f. (*taj*). Einschnitt, m. ||**-tailler** (ta*jé*). einschneiden*.
en||tame f. (*tàm*). Anschnitt, m. ||**-tamer** (*mé*). an... [combiné avec le verbe simple qui exprime l'action principale]. Ex. : anbeißen* [*en mordant*], -brechen* [*en rompant, ouvrir*], -fangen* [*commencer*], -greifen* [*besogne, somme, réputation*], -knüpfen [*négociations*], -trinken* [*bouteille*], etc.
en||tassement m. (tàsm*a*ⁿ). Anhäufung, f. ||**-tasser** (*sé*). an- *ou* aufhäufen. ||[parquer] zusammenpferchen.
en||tendement m. (aⁿtaⁿdm*a*ⁿ). Begriffsvermögen, n. ||[intelligence] Verstand. ||**-tendeur** m. (taⁿ*dœr*). Hörer ④. *A bon entendeur salut,* wer Ohren hat, der höre! ||**-tendre** (t*a*ⁿdr). hören. ||[comprendre] verstehen*, begreifen* : *Se faire* entendre* [*comprendre*], sich verständlich machen. ||[*vouloir, exiger*] verlangen. ||LOC. *Entendre parler de,* hören [von]; *c'est entendu!,*

abgemacht! ; *bien entendu* [*s'entend*], selbstverständlich. ‖[s']. [être* entendu] gehört werden*. ‖[bien avec qn] sich verstehen* [mit]. ‖[se mettre d'accord] sich verständigen. ‖[à qc.]. sich verstehen [auf, *acc.*]. *Cela s'entend*, das versteht sich von selbst. ‖**-tente** f. (ta^nt). Verständnis, n. ‖[accord] Einverständnis, n. [*cordiale*, herzliches]. ‖*Polit.* « Entente ». ‖*A double entente*, doppelsinnig.

enter (*té*). pfropfen.

entérite f. (*ìt*). Darmentzündung, f.

en‖terrement m. (terma^n). Beerdigung, f., Begräbnis, n. ‖[cortège] Leichenzug. ‖**-terrer** (*ré*). begraben*.

en-tête m. (*tät*). Titelkopf. ‖[suscription] Überschrift, f.

en‖têté, e, a. (*té*). eigensinnig, starrköpfig. ‖m. Starrkopf. ‖**-têtement** m. (tätma^n). Eigensinn. ‖**-têter** (*té*). betäuben. ‖[s']. eigensinnig beharren [auf, *acc.*].

enthousias‖me m. (a^ntuz*i*asm). Begeisterung, f. spl. ‖**-mer** (*mé*). begeistern. ‖**-te** a. (*a*st). begeistert.

en‖tiché, e, a. (a^n-*sché*). [de]. vernarrt [in, *acc.*]. ‖[engoué] blind eingenommen [für]. ‖**-ticher** [s'] [de]. sich vernarren [in, *acc.*].

en‖tier, ère, a. (*tié, iär*). ganz : *tout entier*, ganz und gar. ‖[caractère] stolz und eigensinnig. ‖[animal] unverschnitten. *Cheval entier*, Hengst, m. ‖m. [nombre] ganze Zahl, f. ‖*En entier*, gänzlich. ‖**-tièrement** adv. ganz und gar, gänzlich. (gènts).

entité f. (*té*). Wesenheit.

entoiler ($a^n t^o$*alé*). auf Leinwand kleben [aufziehen*].

en‖tomologie f. (*jî*). Insektenlehre. ‖**-tomologiste** m. (*j*ist). Insektenkenner ④.

en‖tonner. eintrichtern. ‖[chant] anstimmen. ‖**-tonnoir** m. (^{o}*ar*). Trichter ④.

en‖torse f. (*ors*). Verstauchung. ‖**-tortiller** (*tijé*). einwickeln. ‖[enlacer] umschlingen*. ‖[enchevêtrer et *fig.*] verwickeln. ‖*Fig. fam.* [qn] beschwatzen. *Entortillé*, p. a. *fig.* [style] geschraubt.

en‖tour [à l'] adv. (*tur*). ringsum.

‖**-tourage** m. (tur*a*j). Einfassung, f. ‖*Fig.* [société] Umgebung, f. ‖**-tourer** (*turé*) einfassen, umgeben*. ‖**-tournure** f. (turn*ür*). Ärmelausschnitt, m.

entr...[s'], **entre-**[s']... (sa^ntr). [Verbes réfléchis exprimant une action réciproque]. [sich] einander... Ex. : *s'entraider, s'entrecroiser, s'entre-détruire**, etc. [sich] einander helfen*, intr. [*dat.*]... durchkreuzen, ... zerstören usw.

entracte m. (a^ntr*a*kt). Zwischenakt ①, Pause, f.

entraide f. (*trèd*). gegenseitige Hilfe.

entrailles f. pl. (*aj*). Eingeweide, n. pl.

entr‖ain m. (i^n). Munterkeit, f. ‖**-aînement** m. (a^n-ma^n). hinreißende Gewalt, f., Verführung, f. ‖Begeisterung, f. ‖Trainieren, n. spl. ‖V. *entraîner*. ‖**-aîner** (*né*). mit sich fortreißen*. *Fig.* hinreißen*. ‖[conséquences] nach sich ziehen*. ‖[séduire] verführen. ‖[enthousiasmer] begeistern. ‖[sports] trainieren. ‖**-aîneur** m. (*œr*). [de chevaux] Abrichter ④. [sport] Trainer ④.

entr‖ave f. Spannkette. ‖*Fig.* Hindernis, n. ‖**-aver**. *Fig.* hemmen.

entre‖ prép. (a^ntr). zwischen [*dat.* et *acc.*]. ‖[parmi] unter [*dat.* et *acc.*] : *entre nous*, unter uns. ‖*Entre-temps*, inzwischen, zwischendurch. ‖*entre...* [verbes réciproques]. V. *entr...* ‖**-bâiller** (*bajé*). halb öffnen, anlehnen. ‖**-chat** m. (*schà*). Kreuzsprung. ‖**-choquer** [s'] (*schoké*). aufeinanderstoßen*. ‖**-côte** f. (kot). Mittelrippenstück, n. ‖**-couper** (*kupé*). durchschneiden*. ‖*Fig.* [interrompre] unterbrechen*. ‖**- -deux** (*dö*). [Spitzen] Einsatz.

entrée f. (a^ntr*ee*). Eintritt, m. ‖[prix] Eintrittspreis, m. ‖[lieu] Eingang m. ‖[des voitures] Einfahrt. ‖[solennelle] Einzug, m. ‖[mets] Vorspeise. ‖[ouverture] Öffnung. ‖*Avoir* ses entrées*, freien Zutritt haben*.

entrefaites f. pl. (a^ntr^{e}fèt). *Sur ces entrefaites*, in der Zwischenzeit, unterdessen.

entrefilet m. (*lè*). Zwischenartikel.

entre‖lacement m. (làsm*a*ⁿ). Verschlingung, f. ‖**-lacer** (sé). verschlingen*, verflechten*.
entrelarder (dé). durchspicken. *Entrelardé, e,* p. a. mit Fett verwachsen, mit Speck spicken.
entremêler (lé). untermengen, untermischen.
entre‖mets m. (mè). Zwischengericht, n. ‖**-metteur, euse,** m., f. (tœr, öz). Vermittler ④, in. ‖[proxénète] Kuppler ④, in. ‖**-mettre*** **[s']** (mètr). vermittelnd einschreiten*, intr. [*sein*]. ‖**-mise** f. (miz). Vermittelung.
entrepont m. (p*o*ⁿ). Zwischendeck, n.
entre‖poser (zé). auf Lager bringen*. ‖**-poseur** m. (zœr). Aufseher ④ *ou* Inhaber ④. ‖**-positaire** m. (zitär). der Waren in ein Lager bringt. ‖**-pôt** m. Niederlage, f. Warenlager, n. [consigne] Aufbewahrungsort.
entre‖prenant, e, p. a. (prœn*a*ⁿ, t). unternehmungslustig. ‖**-prendre*** (pr*a*ⁿdr). unternehmen*. ‖*Fig. Entreprendre qn,* sich an jemanden machen. ‖**-preneur** m. (prœnœr). Unternehmer ④. ‖[de maçonnerie, etc.] Bauunternehmer usw. ‖**-prise** f. (iz). Unternehmen, n. spl., Unternehmung.
entrer intr. (aⁿtré). ein- [*acc.*] treten*. ‖[sens divers] ein..., [avec rapprochement] herein..., [avec éloignement] hinein... [préfixes séparables, suivis du verbe exprimant la nature du mouvement]. Ex. : *ein- [herein-, hinein-] ...gehen** ou *...treten*, ...fahren*, ...fliegen*, ...laufen*,* etc., entrer [en marchant, en voiture ou autre véhicule, en volant, en courant, etc.]. ‖*Entrez!* herein! ‖[troupes, cortège] einziehen*. ‖tr. einführen.
entresol m. (aⁿtrᵉsol). Zwischenstock.
entre‖tenir* (tœnir). unterhalten*. ‖[conserver, maintenir] erhalten*. ‖*Fig.* [espoir] hegen. ‖**-tien** m. (tiiⁿ). Unterhaltung, f., Erhaltung, f.
entre‖voir* (wᵒar), halb sehen*. ‖[apercevoir à peine] kaum erblicken. ‖[prévoir] voraussehen*. ‖[pressentir] ahnen. ‖**-vue** f. (wü). Zusammenkunft, e.

entrouvrir* (aⁿtruwrir). halb öffnen : *entrouvert, e,* p. a., halb offen.
énumér‖ation f. (nü-si*o*ⁿ). Aufzählung. ‖**-er** (ré). aufzählen.
en‖vahir tr. (aⁿwàir). einfallen*; intr. [*sein*] [in., *acc.*]. ‖[foule] überfluten. ‖**-vahissement** m. (ism*a*ⁿ). Einfall. ‖Überflutung, f. ‖**-vahisseur** m. (sœr). Länderräuber ④, Eindringling.
en‖veloppe f. (wlòp). Hülle. ‖[de lettre] Umschlag, m. ‖[pneu] Gummireifen, m. ‖ **-veloppement** m. (lòpm*a*ⁿ). Einwickeln, n. spl. ‖*Méd.* Umschlag. ‖**-velopper** (wlòpé). [recouvrir] ein- *ou* umhüllen. ‖[enrouler, plier] einwickeln.
envenimer (wᵉnimé). vergiften. ‖*Fig.* [attiser] schüren.
envergure f. (wergür). [voiles] Segelbreite. ‖ [ailes] Flügelweite. ‖*Fig.* weiter Blick.
enverr... V. *envoyer**.
envers prép. (wär). gegen, *acc.* : *Envers et contre tous,* gegen und wider alle. ‖m. linke Seite, f., Kehrseite, f. *A l'envers,* verkehrt.
en‖vi [à l'] adv. (wi). um die Wette. ‖**-viable** a. (wiàbl). beneidenswert. ‖**-vie** f. (wî). Neid, m. : *faire* envie,* Neid erregen; *porter envie à qn,* einen beneiden. ‖[désir] Lust [zu], Begierde : *avoir* envie de,* Lust haben*, zu...; *faire* passer l'envie* [de qc. à qn], verleiden [einem etwas]. ‖[au doigt] Neidnagel m. ③. ‖[à la peau] Muttermal, n. ①. ‖**-vier** (wié). beneiden [um]. ‖**-vieux, euse,** a. (wiö, z). neidisch.
en‖viron adv. (wir*o*ⁿ). ungefähr, etwa. ‖**-vironnant, e,** a. (wiron*a*ⁿ, t). umliegend. ‖**-vironner** (né) [de]. umgeben* [mit.]. ‖**-virons** m. pl. (wir*o*ⁿ). Umgebung, f., Umgegend, f.
envisager (wizajé). ins Auge fassen.
envoi m. (wᵒa). Sendung, f. V. *envoyer.*
en‖volée f. (wòlée). Ausflug, m. ‖*Fig.* [essor] Schwung, m. ‖**-voler [s']** (wolé). davon- *ou* wegfliegen*, intr. [*sein*].
envoûter (wuté). behexen.
en‖voyé, e, m., f. (wᵒajé). Gesandte[r], a. s. ‖**-voyer*** (wᵒajé). [à]

[zu]schicken. [zu]senden*. ‖[dépêcher] [ab]schicken, [ab]senden*. ‖[adresser] übersenden*. ‖*Envoyer chercher*, holen lassen*; *envoyer coucher* ou *promener*, *fam.* zum Henker [*ou* Teufel] schicken. ‖**-voyeur** m. (*jœr*). Absender ④.
éolien, ne, a. (*iin*, *èn*). äolisch : *harpe éolienne*, Äolsharfe.
épagneul m. (*njœl*). Wachtelhund ①.
ép‖ais, se, a. (*epä*, *s*). dick. ‖[serré] dicht. ‖[lourd] plump. ‖**-aisseur** f. (*sœr*). Dicke, Dichtigkeit. ‖**-aissir** tr. (*ir*). verdicken. ‖intr. et [s']. sich verdicken, sich verdichten.
épan‖chement m. (*panschman*). Ergießung, f. ‖*Fig.* [effusion] Erguß. ‖[de sang] Austreten, n. spl. ‖**-cher** (*ché*). [cœur] ausschütten. ‖[s']. sich ergießen.
épandage m. (*dàj*). Ausstreuen, n. : *champ d'épandage*, Rieselfeld, n.
épan‖oui, e, a. (*nui*). *Fig.* [visage] freudestrahlend. ‖**-ouir** (*uir*), aufblühen machen. ‖[s']. aufblühen, intr. [*sein*]. ‖*Fig.* [visage, etc.] sich aufheitern. ‖**-ouissement** m. (*uisman*). Aufblühen, n., Aufheiterung, f.
ép‖argnant m. (*àrnjan*). Sparer. ‖**-argne** f. (*àrnj*). Sparsamkeit. ‖[argent] Ersparnis, isse, n. ‖**-argner** (*arnjé*). [er]sparen. ‖[ménager] [ver]schonen.
ép‖arpillement m. (*pijman*). Zerstreuung, f. ‖**-arpiller** (*pijé*). zerstreuen. ‖**-ars, e,** a. (*àr*, *s*). zerstreut. ‖[cheveux] aufgelöst.
ép‖atant, e, a. (*tan*, *t*). *fam.* erstaunlich, großartig, *fam.* ‖**-até, e,** a. (*té*). stumpf : *nez épaté*, Stumpfnase, f. ‖*Fig. fam.* verblüfft. ‖**-atement** m. (*atman*). stumpfe Form, f. ‖*Fig. fam.* Verblüfftheit, f. ‖**-ater** (*té*), *fam.* verblüffen. ‖**-ateur** m. (*tœr*), *fam.* Aufschneider.
ép‖aule f. (*ol*). Schulter, Achsel. *Hausser les épaules*, die Achseln zucken. ‖*patte d'*—, Achselklappe. ‖**-aulement** m. (*olman*). Schulterwehr, f. ‖**-auler** (*olé*). [fusil] anlegen. ‖*Fam.* unterstützen, n. ‖**-aulette** f. (*olèt*). Achselstück, n. ‖[d'officier] Achselklappe, Epaulette.
épave f. (*àw*). [débris] Wrack, n. ①. ‖[maritime] Strandgut, n. ②.
épée f. (*ée*). Degen, m. ④. ‖[glaive] Schwert, n. ②.
épeler (*plé*). buchstabieren.
ép‖erdu, e, a. (*dü*). bestürzt. ‖**-erdument** adv. (*düman*). äußerst.
éperlan m. (*lan*). Stint.
ép‖eron m. (*epron*). Sporn, pl. Sporen. ‖[de navire] Schiffsschnabel ④. ‖**-eronner** (*proné*). die Sporen geben* [*dat.*].
épervier m. (*wié*). Sperber ④.
éphèbe m. (*èb*). Ephebe, -n, -n.
éph‖émère a. (*är*). eintägig, Eintags... ‖*Fig.* flüchtig, vergänglich. ‖f. Eintagsfliege. ‖**-émérides** f. pl. (*id*). Ephemeriden.
épi m. (*pi*). Ähre, f.
épi‖ce f. (*ìs*). Würze, Gewürz, n. ‖**-cé, e,** p. a. (*sé*). gewürzt. ‖**-céa** m. (*séa*). Weißtanne f. ‖**-cer** (*sé*). würzen. ‖**-cerie** f. (*sri*). Spezerei. ‖*Comm.* Kolonialware. Spezereihandel, m., spl., -handlung. ‖**-cier, ère,** m., f. (*sié*, *iär*). Spezereihändler ④, in, Krämer, in. ‖*Fig.* [bourgeois encroûté] Spießbürger ④, in.
épicurien, ne, a. (*küriin*, *ièn*). epikureisch. ‖m. Epikureer ④.
épi‖démie f. (*mî*). Seuche. ‖**-démique** a. (*ìk*). epidemisch.
épiderme m. (*erm*). Oberhaut, f.
épier (*ié*). belauern. ‖[espionner] ausspähen.
épieu, x, m. (*epiö*). Spieß.
épigastre m. (*astr*). Magengegend, f.
épiglotte f. (*glòt*). Kehldeckel, m.
épigramme f. (*àm*). Sinngedicht, n.
épilatoire a. (*toar*). enthaarend. ‖m. Enthaarungsmittel, n. ④.
épi‖lepsie f. (*si*). Fallsucht. ‖**-leptique** a. (*ìk*). fallsüchtig.
épiler (*lé*). enthaaren.
épi‖logue m. (*òg*). Nachwort, n. [zu]. ‖*Fig.* Nachspiel, n. ‖**-loguer** (*gé*). bekritteln.
épinard m. (*àr*). Spinat, m. spl. ‖*Mil. Graines d'épinards*, Raupen.
épi‖ne f. (*in*). Dorn, m. ① *ou* -en. [arbuste] Dornstrauch, m. ②. ‖— *dorsale*, Rückgrat, n. ①. ‖**ne-vinette** f. Berberitze. ‖**-nette** f. (*èt*). Spinett, n. ‖**-neux, euse,** a. (*nö*, *z*) dornig. ‖*Fig.* häk[e]lig, mißlich.
épingl‖e f. (*pingl*). Stecknadel. ‖— *à cheveux*, Haarnadel. ‖— *à linge*, Wäscheklammer. ‖*Tiré à*

quatre épingles, geschniegelt und gebügelt; *tirer son épingle du jeu,* aus dem Spiele gehen*. ||**-er** (*lé*). anstecken [mit einer Nadel].
épi||nière [moelle] f. (*nièr*). Rückenmark, n. ||**-noche** f. (*òsch*). Stichling, m.
épiphanie f. (*i*). Dreikönigsfest, n.
épique a. (*ìk*). episch.
épi||scopal, e, a. (*àl*). bischöflich. ||**-scopat** m. (*pà*). Bischofswürde, f.
épi||sode m. (*zòd*). Episode, f. ||**-sodique** a. (zod*ik*). episodisch.
épi||ssure f. (*ür*). Splissung. ||**-stolaire** a. (ol*är*). Brief...
épitaphe f. (*àf*). Grabschrift.
épithète f. (*èt*). Beiwort, n. ②.
épître f. (*itr*), Epistel.
épizootie f. (zòòt*î*). Viehseuche.
éploré, e, a. (*ré-*). in Tränen gebadet. ||*Fig.* trostlos.
épl||uchage m. (üsch*aj*). [infinitifs subst. V. *éplucher*]. ||**-ucher** (üsch*é*). ausklauben. ||[légumes] verlesen*. ||[peler] schälen. ||[volailles] rupfen. ||[poissons] abschuppen. ||*Fig.* sorgfältig untersuchen. ||[fautes] herausklauben. ||**-uchure** [s] f. pl. (*ür*). Abfälle, m. pl.
épointer (po**i**n*té*). abbrechen* [die Spitze].
ép||onge f. (**o**nj). Schwamm, m. ||[fig.] *Passons l'éponge!* Schwamm drüber!. ||**-onger** (**o**n*jé*). abwischen [mit e. Schwamm].
ép||opée f. (*òpée*). Epos, ...pen, n., Heldengedicht, n. ||**-oque** f. (*òk*). Zeit ||[période] Zeitabschnitt, m. *Faire époque,* Epoche machen.
époumoner [s'] (oumon*é*). sich die Lungen abschreien*.
ép||ousailles f. pl. (uz*aj*). Trauung, f. ||**-ouse** f. (*uz*). Gattin, Gemahlin. ||**-ouser** (uz*é*). heiraten. ||*Fig.* [parti] ergreifen*. ||**[s']**. einander heiraten. ||**-ouseur** m. (uz**œ**r), *fam.* Freier ④.
ép||oussetage m. (ust*àj*). Abstäuben, n. ||**-ousseter** (pust*é*). abstäuben.
ép||ouvantable a. (uwa**n**t*à*bl). entsetzlich. ||**-ouvantail** m. (uwa**n**t*àj*). Vogelscheuche, f., Popanz ①. ||**-ouvante** f. (uw**a**nt). Entsetzen, n. ||**-ouvanter** (uwa**n**t*é*). erschrecken.
époux, ouse, m. f. (*pu*, **z**). Gatte, -n, -n, in, Gemahl ①, in. ||pl. Eheleute. ||[couple] Ehepaar, n.
épreinte f. (**i**nt). Stuhldrang, m. spl.
éprendre* [s'] (pr**a**ndr) [de]. sich verlieben [in, *acc.*]. ||*Fig.* sich begeistern [für].
épreuve f. (**œ**w). Probe. *Mettre* à l'épreuve,* auf die Probe stellen. ||[à subir, examen] Prüfung. ||*Typ.* Aushängebogen, m. ④, Abzug, m. [Sports]. Prüfung, f., Wettbewerb, m.
épris, e, pp. (pr*i*, **z**). verliebt [in, *acc.*].
épr||ouver (uw*é*). erproben, prüfen. ||[sentir] empfinden*. ||**-ouvette** f. (pruw*è*t). Probeglas, n. ②.
épucer (üss*é*). flöhen.
épu||isant, e, (üiz**a**n, t), erschöpfend. ||**-isement** m. (üizm**a**n). Ausschöpfen, n., Erschöpfung, f., Entkräftung, f. ||**-iser** (üiz*é*). [eaux] ausschöpfen. ||*Fig.* [forces] erschöpfen, entkräften. ||**-isette** f. (üiz*è*t). Sacknetz, n.
épu||ration f. (s*i***o**n). Läuterung. ||**-re** f. (*ür*). Aufriß, m. ||**-rer** (ür*é*). läutern.
équ||arrir (ekar*ir*). viereckig behauen*. ||[animaux] abdecken. ||**-arrissage** m. (s*àj*). viereckiges Bebauen, n. ||Abdecken, n. ||**-arrisseur** m. (s**œ**r). Abdecker ④.
équ||ateur m. (ekuat**œ**r). Äquator. Gleicher. ||**-ation** f. (ekuas*i***o**n). Gleichung. ||**-atorial, e,** a. (kuar*i*àl). äquatorial...
équerre f. (*kär*). Winkelmaß, n. ①.
équestre a. (kestr *ou* küestr). Reiter...
équ||idistant, e, a. (küi- **a**n, t). gleich entfernt. ||**-ilatéral, e,** a. gleichseitig. ||**-ilibre** m. (kil*i*br). Gleichgewicht, n. ||**-ilibré, e,** a. (libr*é*). im Gleichgewicht. ||*Fig.* besonnen. ||**-ilibrer** (ki-br*é*). ins Gleichgewicht bringen*. ||**-ilibriste** m. (ki-*i*st). Schwebekünstler ④, Seiltänzer ④. ||**-inoxe** m. (kinoks). Tag- und Nachtgleiche, f.
équi||page m. (kip*àj*). Equipage, f. ||*Mil. Train des équipages,* Troß, spl., Train, spl. ||**-pe** f. Arbeiterschaft, Schicht. *Chef d'équipage,* Werkmeister ④. ||*Mil., Sports,* Mannschaft. ||**-pée** f. (kip*ee*) toller Streich, m. ||**-pement** m. (kipm**a**n). Ausrüstung, f. ||**-per** (kip*é*). ausrüsten. ||[navire] bemannen

équitable a. (kitàbl). billig.
équitation f. (ki-sion). Reitkunst.
équité f. (kité). Billigkeit. *En toute équité,* wie billig.
équ‖ivalence f. (kiwalans). Gleichwertigkeit. ‖**-ivalent, e,** a. (kiwalan, t). gleichwertig. ‖m. Gegenwert. ‖*Math.* Äquivalent, n. ①. ‖**-ivaloir*** (kiwaloar) [à]. gleich sein*. ‖[signification] ebensoviel bedeuten als.
équivoque a. (kiwòk). zweideutig. ‖*Fig.* verdächtig. ‖f. Zweideutigkeit.
érable m. (àbl). Ahorn ①.
ér‖afler (flé). aufritzen. ‖[peau] schrammen. ‖**-aflure** f. (ür). Ritz, m. ‖Schramme.
ér‖aillé, e, a. (ajé). [voix] krächzend. ‖[yeux] rotstreifig. ‖**-ailler** (ajé). [étoffe, etc.] auffasern, auflockern. ‖**-aillure** f. (ajür). aufgelockerte Stelle. ‖[écorchure] Aufreibung.
ère f. (är). Zeitrechnung. ‖[période] Zeitraum, m.
érection f. (eksion). [élévation] Errichtung. ‖[tension] Aufrichtung.
ér‖einté, e, a. (inté). kreuzlahm. ‖*Fam.* todmüde. ‖**-einter** (inté). kreuzlahm machen. ‖*Fam.* äußerst ermüden. ‖[cheval] zuschanden reiten*. ‖*Fig.* [critique] herunterreißen*.
ergot m. (go). Sporn, pl. Sporen. ‖ — *de seigle,* Mutterkorn, n.
ergo‖ter. vernünfteln. ‖**-teur, euse,** m., f. (tœr, öz). Rechthaber ④, in.
ériger (jé). errichten. ‖[s'] [en]. sich aufwerfen [zum, zur].
ermi‖tage m. (àj). Einsiedelei, f. ‖**-te** m. (ìt). Einsiedler ④.
érosion f. (zion). angefressene Stelle.
érotique a. erotisch.
err‖ant, e, p. a. (er'ran, t). umherirrend. ‖**-ata** pl. von *erratum.* ‖**-atique** a. (ìk). erratisch. ‖**-atum** m. (tòm). Druckfehlerberichtigung, f.; pl. *errata.* Druckfehlerverzeichnis, n. ‖**-ements** m. pl. (erman). *Vieux errements,* alter Schlendrian.
err‖er (èr'ré). umherirren [*sein*]. ‖**-eur** f. (œr). Irrtum, m. ②. ‖**-oné, e,** a. (né). irrtümlich.
éructation f. (ük-sion). Aufstoßen, n. spl., Rülpsen, n. spl.

ér‖udit, e, a. (üdi, t). gelehrt. ‖**-udition** f. (ü-sion). Gelehrsamkeit, Gelehrtheit.
ér‖uptif, ive, a. (üptif, iw). *Méd.* Ausschlag... ‖**-uption** f. (üpsion). Ausbruch, m. ‖*Méd.* Ausschlag, m.
érysipèle m. (zipèl). Rotlauf, spl., Rose, f.
es (è). V. *être**.
ès (äs) : *Docteur ès lettres,* Doktor der Philosophie.
esbrouf‖e f. (ùf). Großtuerei. ‖**-er.** verblüffen. ‖**-eur** m. Großtuer ④.
escabeau, x, m. (bo). Schemel ④.
es‖cadre f. (àdr). Geschwader, n. ④. ‖**-cadrille** f. (drij). kleines Geschwader, n. ④. ‖[aviation] Staffel. ‖**-cadron** m. (on). Schwadron, f.
es‖calade f. (àd). Erklettern, n. spl. [auf Leitern]. ‖**-calader** (dé). erklettern. ‖**-cale** f. (àl). Hafenstation. ‖**-calier** m. (lié). Treppe, f. (pe).
escalope f. (òp). Schnitzel, n. ④.
es‖camotage m. (aj). Taschenspielerei, f. ‖**-camoter** (té). verschwinden* lassen*. ‖*Fig.* [voler] wegstibitzen, *fam.* ‖**-camoteur** m. (œr). Taschenspieler ④.
escampette f. (kanpèt). *Prendre* la poudre d'escampette,* sich aus dem Staube machen.
escapade f. (àd). Durchgehen, n. spl. ‖*Fig.* toller Streich, m.
escarbilles f. pl. (bij). unverbrannte Kohle.
escarbot m. (bo). Stutzkäfer ④.
escarboucle f. (bukl). Karfunkel, m. ④.
escarcelle f. (sèl). Geldkatze.
escargot m. (go). Schnecke, f.
escarmouche f. (musch). Scharmützel, n. ④.
escarole f. (òl). Zaunlattich, m. ①.
es‖carpe f. (arp). Böschung. ‖m. *pop.* Dieb. ‖**-carpé, e,** a. (pé). steil. ‖**-carpement** m. (peman). steile Böschung, f.
escarpin m. (pin). Tanzschuh.
escarpolette f. (lèt). Schaukel.
escarre f. (àr). Schorf, m. ①.
Escaut npr. m. (kô). Schelde, f.
escient [à **bon**] adv. (bonèsian). wissentlich.
esclandre m. (andr). Skandal, spl.
escl‖avage m. (waj). Sklaverei, f. Knechtschaft, f. ‖**-ave** n. Sklave, m.

escogriffe m. (*i*f). *Fam. Grand escogriffe,* langer Schlingel.
es‖compte m. (k*o*ⁿt). Abzug. ‖[banque] Diskonto, spl. ‖**-compter** (k*o*ⁿt*é*). abziehen*, diskontieren.
escopette f. (p*è*t). Stutzbüchse.
es‖corte f. (*ò*rt). Geleit, n. spl. ‖[suite] Gefolge, n. ‖*Mil.* Bedekkung. ‖**-corter** (t*é*). geleiten.
escouade f. (ku*à*d). Korporalschaft. ‖[cavaliers] Beritt, m.
es‖crime f. (*ì*m). Fechtkunst. ‖**-crimer** intr. (m*é*). fechten*. ‖[s'], *fig.* sich abmühen.
es‖croc m. (kr*ô*). Gauner ④, Betrüger ④. Bauernfänger. ‖**-croquer** (k*é*). abschwindeln. ‖**-croquerie** f. (krókr*i*). Gaunerei, Geldschneiderei.
es‖pace m. (p*às*). Raum. ‖**-pacer** (s*é*). in Abständen stellen.
espadon m. (d*o*ⁿ). Schwert, n. ②. ‖[poisson] Schwertfisch.
espadrille fr. (dr*i*j). Strohpantoffel, m.
Espa‖gne npr. f. (panj). Spanien, n. ‖**-gnol, e,** m., f. (*ò*l). Spanier ④, in. ‖a. spanisch. ‖**-gnolette** f. (*è*t). Drehriegel, m. ④.
espalier m. (l*ié*). Spalier, n. ①.
espèce f. (p*è*s). Art. ‖[genre] Gattung. ‖ — *humaine,* Menschengeschlecht, n. ‖pl. Bargeld, n.
es‖pérance f. (*a*ⁿs). Hoffnung. ‖**-pérer** (r*é*). hoffen.
es‖piègle a. (*iè*gl). schelmisch. schalkhaft. ‖m. et f. Schelm, in. ‖**-pièglerie** f. (glᵉr*i*). Schelmerei.
es‖pion, ne, m., f. (p*io*ⁿ, *o*n). Späher ②, in, Spion ①, in. ‖**-pionnage** m. (*à*j). Späherei, f., Spionage, f. ‖**-pionner** (n*é*). spionieren.
esplanade f. (*à*d). Vorplatz, m.
espoir m. (pᵒar). [de] Hoffnung, f. [auf, *acc.*].
esprit m. (pr*i*). Geist ②. *Esprit fort,* Freigeist; *bel esprit,* Schöngeist; *le Saint-Esprit,* der Heilige Geist; *homme d'esprit,* geistreicher Mensch. ‖[hommes, langue, lois] Geist. ‖[intelligence] Verstand, Kopf, Sinn. *Perdre l'esprit,* den Verstand [*ou* den Kopf] verlieren*; *venir* à l'esprit,* einkommen, in den Sinn kommen*; *retrouver ses esprits,* wieder zu sich kommen*. ‖[âme, cœur, caractère] Gemüt, n. ②. ‖[ingéniosité] Witz. *Faire* de l'esprit,* nach Witz haschen. ‖[alcool] Geist, Spiritus ①. — *de vin,* Weingeist.
esquif m. (k*i*f). Nachen ④.
esquille f. (k*i*j). Knochensplitter, m.
Esquimau, x, m. (kim*o*). Eskimo, -s.
esquinter (kiⁿt*é*). *pop.* = *éreinter.*
es‖quisse f. (k*ì*s). Skizze, Entwurf, m. ‖**-quisser** (kiss*é*). skizzieren, entwerfen*.
esquiver (kiw*é*). ausweichen*. intr. [*sein*]. ‖[s']. ausreißen*, intr. [*sein*], sich drücken, *fam.*
essai m. (*è*s*è*). Versuch ①. *A l'essai,* auf Probe.
ess‖aim m. (*i*ⁿ). Schwarm. ‖**-aimer** (*è*m*é*). [aus]schwärmen [*sein*].
ess‖ayage m. (*è*s*è*j*a*j). Probieren, n. spl., Anprobieren, n. spl. ‖**-ayer** (*ä*j*é*). versuchen, probieren. ‖[vêtements] anprobieren.
esse f. (*è*s). s-Haken, m. ④.
ess‖ence f. (*a*ⁿs). Wesen, n. ‖[extrait] Essenz, öl, n. ‖[auto] Benzin, n. : *Poste d'essence,* Tankstelle, f. ‖**-entiel, le,** a. (aⁿs*iè*l). wesentlich.
esseulé, e, a. (öl*é*). vereinsamt.
essieu, x, m. (s*iö*). [Rad-]Achse, f.
ess‖or m. (*ò*r). Aufflug ‖*Fig.* Aufschwung. *Prendre* son essor,* sich emporschwingen*. ‖**-orer** (r*é*). trocknen. ‖**-oreuse** f. (*ö*z). Trocken- *ou* Wringmaschine.
ess‖oufflé, e, a. (sufl*é*). atemlos. ‖**-oufflement** m. (uflᵉm*a*ⁿ). Atemlosigkeit, f. ‖**-ouffler** [s'] (ufl*é*). außer Atem bringen* [kommen].
ess‖uie-mains m. (üim*i*ⁿ). Handtuch, n. ②. ‖**-uie-plume** m. (pl*ü*m). Federwischer ④. ‖**-uyage** m. (üij*à*j). Abtrocknen, n. ‖ Abwischen, n. ‖**-uyer** (üij*é*). [mains, larmes] abtrocknen. ‖[au chiffon, etc.] abwischen. ‖*Fig.* [subir] erleiden*.
est (*è*). V. *être**.
est m. (est). Ost, Osten; *d'est,* Ost...
estacade f. (*à*d). Staket, n. ①.
es‖tafette f. (*è*t). Stafette. ‖**-tafier** m. (f*ié*). gedungener Mörder. ‖**-tafilade** f. (*à*d). Schmarre.
estagnon m. (anj*o*ⁿ). blechernes Gefäß, n.
estaminet m. (n*è*). Kneipe, f.

es||tampe f. (t*a*ⁿp). [instrument] Stanze. ||[gravure] Kupfer- *ou* Stahlstich, m. ||**-tamper** (taⁿpé). stanzen. ||*Pop.* prellen. ||**-tampeur** m. (pœr). Stanzer ④. ||**-tampille** f. (taⁿp*i*j). Stempel m. ④. ||**-tampiller** (taⁿpijé). stempeln.

esthétique a. (*i*k). ästhetisch. ||f. Ästhetik.

es||timable a. (*à*bl). achtbar, achtungswert. || [choses] schätzbar. ||**-timation** f. (s*io*ⁿ). Abschätzung. ||**-time** f. (*ì*m). [pour]. [Hoch-] Achtung [vor, *dat.*]. ||**-timer** (mé). hochachten, *sép.* hochschätzen, *sép.* ||[valeur] abschätzen. ||intr. [être d'avis] der Ansicht sein*.

estiv||al -a. (*a*l). sommerlich. ||**-er** (vé). übersommern (ins).

estoc m. (*ò*k) : *frapper d'estoc et de taille,* auf Hieb und Stoß fechten*.

es||tomac m. (m*à*). Magen ④. ||**-tomaquer** (ké). *fam.* verdutzen.

es||tompe f. (*o*ⁿp). Wischer, m. ④. ||**-tomper** (pé). verwischen.

estrade f. (*à*d). Podium, ien, n. *Battre l'estrade,* umherstreifen.

estragon m. (g*o*ⁿ). Dragun, n.

es||tropié, e, p. a. (pié). verkrüppelt. ||m. Krüppel ④. ||**-tropier** verkrüppeln.

estuaire m. (*üä*r). [weite] Flussmündung, f.

esturgeon m. (türj*o*ⁿ). Stör.

et conj. (è). und.

ét||able f. (*à*bl). Viehstall, m. ||**-abli** m. (bl*i*). Werkbank, ¨e, f. ||[de menuisier] Hobelbank, ¨e, f. ||**-ablir** (*i*r). [fixer] festsetzen, feststellen. ||[placer] aufstellen. ||[fonder] gründen. ||[camp, etc.] aufschlagen*. ||[enfants] unterbringen*. ||[loi, usage] einführen. ||[s']. sich niederlassen*. ||*Comm.* ein Geschäft anfangen. ||**-ablissement** m. (ism*a*ⁿ). V. *établir.* Feststellung, f. || Aufstellung, f. ||Gründung, f. ||Aufschlagen, n. ||Unterbringung, f. ||Einführung, f. ||Niederlassung, f. V. *s'établir.* ||[maison] Anstalt, f.

ét||age m. (*à*j). Stockwerk, n. *Au premier étage,* im ersten Stock. ||**-ager** (jé). abstufen. ||**-agère** f. (jär). Wandbrettchen, n. ④.

étai m. Stütze, f.

étain m. (t*i*ⁿ). Zinn, n.

étais, -ait. V. *être**.

ét||al, aux, m. Fleischbank, ¨e, f. ||**-alage** m. Ausstellen, n. [marchand] Auslage, f. ||*Fig.* Auskramen, n. ||[montre] Schaufenster, n. ④. ||*Faire* étalage de,* mit ... prahlen. ||**-ale** a. (*à*l). *mer étale,* stehende See. ||**-aler** (lé). ausbreiten. || [exposer] ausstellen. ||[marchandise] auskramen. ||[se vanter] sich brüsten [mit]. ||[s'], *pop.* [par terre] der Länge nach hinfallen*, intr. [*sein*].

étalon m. (*o*ⁿ). Hengst. ||[mesures] Eichmaß, n. ①. ||[monnaies] Währung, f.

étamage m. (*à*j). Verzinnen. n. ||[glaces] Spiegelbelegung, f.

ét||amer (mé). verzinnen. ||[glaces] belegen. ||**-ameur** m. (*œ*r). Verzinner ④, Spiegelbeleger ④.

étamine f. (*i*n). Seihtuch, n. ||*Bot.* Staubfaden, m. ③.

ét||anche a. (*a*ⁿsch). wasserdicht. ||**-anchéité** f. (taⁿschéïté). Wasserdichtheit. ||**-ancher** (aⁿsché). stillen.

étang m. (*a*ⁿ). Teich.

étape f. (*à*p). *Mil.* Rastort, m., Etappe. *Brûler les étapes,* kein Quartier nehmen*.

ét||at m. (t*a*). Zustand. ||[condition, classe] Stand. ||[pays] Staat, -en. *États-Unis,* [die] Vereinigten Staaten. ||[montant, effectif] Bestand. ||*État civil,* Zivilstand; [bureau] Standesamt, n. *Être* en état,* imstande sein*; *mettre* en état,* instandsetzen; *hors d'état,* außer Stande; *état d'esprit,* Geistesverfassung, f. ||**-at-major** m. (j*ò*r). Stab.

étau, x, m. (t*o*). Schraubstock.

étayer (tèjé). stützen. ||*Fig.* unterstützen.

et cætera [&, etc.] (sétér*a*). und so weiter, usw.

été (té). pp. v. *être**. ||m. Sommer ④.

ét||eign... V. *éteindre**. ||**-eignoir** m. (ènj*o*ar). Löschhorn, n. ||**-eindre*** (*i*ⁿdr). [aus]löschen. ||[s']. erlöschen*, intr. [*sein*]. ||**-eint, e,** pp. v. *éteindre**.

étendard m. (aⁿd*à*r). Standarte, f., Fahne, f.

ét‖endre (*a*ndr). ausbreiten. ‖[bras] ausstrecken. ‖[agrandir] ausdehnen. ‖[linge] aufhängen. ‖[s']. sich erstrecken. ‖**-endu, e,** p. a. (andü). ausgedehnt. ‖ **-endue** f. (andü). Ausdehnung, Umfang, m.
ét‖ernel, le, a. (èl). ewig. ‖**-erniser** (*z*é). verewigen. ‖*Fig.* in die Länge ziehen*. ‖**-ernité** f. (té). Ewigkeit.
ét‖ernuement m. (üm*a*n). Niesen, n. spl. ‖**-ernuer** (üé). niesen.
êtes. V. *être**, GRAMM.
éth‖er m. (èr). Äther. ‖**-éré, e,** a. (ré). ätherisch.
éthique a. (*i*k). ethisch.
eth‖nique a. (ìk). ethnisch. ‖**-nographie** f. (f*i*). Völkerbeschreibung. ‖**-nologie** f. (j*i*). Völkerkunde.
étiage m. (t*i*aj). niedrigster Wasserstand. ‖[échelle] Pegel.
ét‖incelant, e, p. a. (insl*a*n, t). pp. v. *étinceler*. ‖**-inceler** (inslé). funkeln. ‖[neige, etc.] glitzern. ‖**-incelle** f. (insèl). Funken, m. ④. ‖**-incellement** m. (insèlm*a*n). Funkeln, n.
ét‖iolement m. (tiòlm*a*n). Verkümmerung, f. ‖**-ioler** (tiòlé). verkümmern lassen*. ‖[s']. verkümmern, intr. [*sein*]. ‖*Path.* dahinsiechen, intr. [*sein*].
étique a. (ìk). schwindsüchtig.
ét‖iqueter (ikté). mit einem Zettel versehen*. ‖**-iquette** f. (kèt). Zettel, m. ④.‖*Comm.* Preiszettel, m. ④. ‖[inscription] Aufschrift. ‖[cérémonie] Etikette.
étirer (ré). strecken. ‖[s']. sich strecken. ‖*Fam.* [membres] sich recken, *fam.*
ét‖offe f. (òf). Stoff, m. ①, Zeug, n. ‖*Fig.* [dispositions] Anlage. ‖**-offer** (fé). ausstaffieren.
ét‖oile f. (oal). Stern, m. ‖— *filante,* Sternschnuppe. *A la belle étoile,* unter freiem Himmel. ‖**-oilé, e,** a. (lé). gestirnt. ‖[forme] sternförmig.
étole f. (òl). Stola, ...len. ‖[de dame] Umhang, m.
ét‖onnamment adv. (m*a*n), **-onnant, e,** a. (*a*n, t). erstaunlich. ‖**-onnement.** m. (ònm*a*n). Erstaunen, n. spl. ‖**-onner** (né). in Erstaunen setzen. ‖[émerveiller] verwundern. ‖[s'] [de]. erstaunen, intr. [*sein*] [über, *acc.*]. sich verwundern.
ét‖ouffée [à l'] (tuf*ee*). geschmort. ‖**-ouffement** m. (ufm*a*n). Erstikkung, f. ‖[oppression] Beklemmung, f. ‖**-ouffer** tr. et intr. (ufé). ersticken, tr. et intr. ‖*Fig.* [son] dämpfen. ‖[affaire] unterdrücken. ‖**-ouffoir** m. (ufo*a*r). Kohlendämpfer.
ét‖oupe f. (ùp). Werg, n. ‖**-oupille** f. (up*i*j). Zündstrick, m.
ét‖ourderie f. (urder*i*). Unbesonnenheit. ‖**-ourdi, e,** a. (urd*i*). unbesonnen. ‖**-ourdir** (urd*i*r). betäuben. ‖**-ourdissant, e,** p. a. (s*a*n, t). betäubend. ‖*Fam.* [merveilleux] wunderbar. ‖**-ourdissement** m. (ism*a*n). Betäubung, f. ‖[vertige] Schwindel, spl.
étourneau, x, m. (urn*o*). Star ①. ‖*Fig.* Leichtfuß.
étran‖ge a. (*a*nj). seltsam. ‖**-ger, ère,** a. (jé, är). fremd. ‖[d'un autre pays] ausländisch. ‖[affaires] auswärtig. ‖m., f. Ausländer ④, in. ‖**-geté** f. (anjté). Seltsamkeit.
étran‖glé, e, p. a. (glé). ‖a. eingeengt. ‖[voix] erstickt. ‖**-glement** m. (glœm*a*n). Erwürgung, f. ‖[resserrement] Enge, f. ‖**-gler** (glé). erwürgen. ‖[s'], *fig.* ersticken.
étrave f. (*a*w). Vordersteven, m. ④.
être* (ätr). sein*. V. GRAMM. ‖1° EXPRIMANT LA POSITION : *être* [debout]*, stehen* [*haben*]; *être [couché, étendu, situé]*, liegen* [*haben*]; *être* [suspendu]*, hangen* [*haben*]. ‖2° AUXILIAIRE : *a*). [d'un verbe réfléchi]. haben*. Ex. : *je me suis trompé,* ich habe mich geirrt; *je me suis coupé le doigt,* ich habe mir in den Finger geschnitten; *b*) [d'un verbe passif]. werden*. Ex. : *il fut tué,* er wurde getötet. ‖3° ACCEPTIONS DIVERSES : *a*) [possession]. *Ce livre est à moi, à toi, etc.,* dieses Buch ist mein, dein usw., *ou* gehört mir, dir usw. ‖*Fig. Je suis tout à vous,* ich bin ganz der Ihre; *b*) [rang, tour]. *C'est à moi de* [*à*], an mir ist die Reihe, zu...; *c*) [impersonnel]. *Il est des hommes qui,* es gibt [sind] Menschen, die... ‖LOC. *C'est moi, c'est toi,* etc., *qui...,* ich bin es, du bist es usw.,

der...; *il n'est pas de ceux qui,* er gehört nicht zu denen, die...; *cela est bien de lui,* das sieht ihm ganz ähnlich; *ça y est, c'est cela,* so ist's recht; *où en êtes-vous de...?,* wieweit sind Sie mit...?; *où en étions-nous?,* wo sind wir stehen geblieben?; *j'y suis!,* ich habe es [getroffen]!; *je n'y suis pour rien,* ich bin nicht dabei beteiligt; *il en est de...,* es geht [*dat.*]...; *j'en suis pour mon argent,* ich bin halt um mein Geld; *si j'étais* [*que*] *de vous,* wenn ich an Ihrer Stelle wäre. ‖m. Wesen, n. ④. ‖pl. [maison] Hausteile. *N'est-ce pas?,* gelt?, nicht wahr?; *quel jour sommes-nous?,* den wievielten haben wir?

étr‖eindre* (*in*dr). umschlingen*. ‖**-einte** f. (*in*t). Zusammendrücken, n. spl. Umschlingung.

étr‖enne f. (èn). erster Gebrauch, m. ‖[recette] erste Einnahme. ‖pl. Neujahrsgechenk, n. ‖**-enner** (né). [qn] der erste sein*, der [bei einem] kauft. ‖[qc.] der erste sein*, der [von etwas] Gebrauch macht. ‖[vêtements] *Fam.,* einweihen.

étrier m. (*ié*). Steigbügel ④.

étr‖ille f. (*ij*). Striegel, m. ④. ‖**-iller** (ij*é*). striegeln. ‖*Fig.* prügeln. ‖*Fam.* prellen.

étriqué, e, a. (k*é*). zu eng, knapp.

étrivière f. (wiär). Steigbügelriemen, m. ④. ‖pl. *fig.* Peitschenhiebe, m. pl.

étr‖oit, e, a. (*oa,* t). eng, schmal. *A l'étroit,* zu eng. ‖*Fig.* [esprit] beschränkt. ‖**-oitesse** f. (óatès). Enge. ‖Beschränktheit.

étrusque a. (*ü*sk). etruskisch.

ét‖ude f. (*ü*d). Studium, ...ien, n. ‖**-udiant, e,** m., f. (üdi*an*, t). Student, -en, -en, in. *D'étudiant,* studentisch. ‖**-udier** (üdi*é*). studieren, erlernen.

étui m. (ü*i*). Futteral, n. ①.

ét‖uve f. (*ü*w). Schwitzstube. ‖**-uvée** f. Schmoren, n. ‖**-uver** (üw*é*). schmoren. ‖*Méd.* bähen.

étymologie f. (*ji*). Etymologie.

eu, e, (ü). pp. v. *avoir**.

eucalyptus m. (ö-t*üs*). Eukalyptus ①.

Eucharistie f. (karist*i*). Eucharistie.

eunuque m. (*ü*k). Eunuch, -en.

eûmes (üm). V. *avoir**.

euph‖émisme m. (ö-*i*sm) mildernder Ausdruck. ‖**-onie** f. (*ni*). Wohllaut, m. ‖**-onique** a. wohllautend.

euphorbe m. Wolfsmilch, f.

eurent (ür). V. *avoir**.

Europ‖e npr. f. (œròp). Europa, n. *Europe centrale,* Mitteleuropa, n. ‖**-éen, ne,** a. (é*in*, éèn). europäisch. ‖m., f. Europäer ④, in.

eus, euss..., eut. V. *avoir**.

eustache m. (öst*a*sch), *pop.* Taschenmesser [n.] mit Zwinge.

eux pron. pers. (ö). sie. V. GRAMM.

év‖acuation f. (ewakü*a*si*on*). Ausleerung. ‖Räumung. ‖**-acuer** (kü*é*). ausleeren. ‖*Mil.* [place] räumen. ‖[troupes] verlegen.

évader [**s'**] (wad*é*). entwischen, intr. [*sein*].

év‖aluation f. (-lüasi*on*). Abschätzung. ‖**-aluer** (lü*é*). [à] abschätzen. [auf *acc.*].

év‖angélique a. (*an*jél*i*k). evangelisch. ‖**-angéliser** (*an*jé-z*é*). das Evangelium predigen [*dat.*]. ‖**-angéliste** m. (*an*jél*i*st). Evangelist, -en, -en. ‖**-angile** m. (*an*j*i*l). Evangelium, ...ien.

év‖anoui, e, a. (*ui*). ohnmächtig. ‖**-anouir** [**s'**] (*uir*). in Ohnmacht fallen* [*sein*]. ‖*Fig.* verschwinden, intr. [*sein*]. ‖**-anouissement** m. (anuism*an*). Ohnmacht, f. ‖*Fig.* Verschwinden, n.

év‖aporation f. (si*on*). Verdunstung *et* Verdünstung. ‖**-aporé, e,** p. a. (r*é*). ‖a. *Fig.* leichtsinnig. ‖**-aporer** [**s'**] (r*é*). verdunsten, intr. [*sein*].

év‖asé, e, a. (z*é*). ausgeweitet. ‖**-asement** m. (azm*an*). Ausweitung, f. ‖**-aser** (z*é*). ausweiten.

év‖asif, ive, a. (z*i*f, *i*w). ausweichend. ‖**-asion** f. (zi*on*). Entweichung, Flucht, spl.

évêché m. (ewäsch*é*). Bistum, n. ②. ‖[palais] bischöflicher Palast.

év‖eil m. (*ä*j). Wecken, n. *En éveil,* auf der Hut, wachsam; *donner l'éveil à,* aufmerksam machen. ‖**-eillé, e,** a. (äj*é*). wach. ‖[allègre] munter. ‖[esprit] aufgeweckt. ‖**-eiller** (äj*é*). [auf]wecken. ‖[**s'**]. erwachen, intr. [*sein*].

événement m. (wènm*an*). Ereignis, n. ①.

év||ent m. (*a*n). schaler Geschmack. || [d'aération] Zugloch, n. ②. || [de baleine] Spritzloch, n. ②. ||**-entail** m. (wantàj). Fächer ④. ||**-entaire** m. (antär). flacher Obst- *ou* Gemüsekorb. ||**-enter** (anté). fächeln. || [altérer à l'air] abstehen* lassen*. ||*Fig.* [flairer] wittern. *Eventer la mèche,* die Lunte, Braten riechen*. || [s']. V. *éventer.* || [s'altérer] schal werden*.
éventrer (antré). ausweiden. ||*Fig.* gewaltsam eröffnen, aufbrechen*.
év||entualité f. (antüa-té). möglicher Fall, m. ||**-entuel, le,** a. (*a*n-tüèl). etwaig.
évêque m. (äk). Bischof.
évertuer [s'] (tüé). sich bemühen.
éviction f. (si*o*n). Verdrängung.
év||idemment adv. (ewidàm*a*n). V. *évident.* ||**-idence** f. (*a*ns). Anschaulichkeit, Augenscheinlichkeit. *Etre en évidence,* in die Augen fallen*; *mettre* en évidence,* klar an den Tag legen. ||**-ident, e,** a. (d*a*n, t), **-idemment,** adv. augenscheinlich, offenbar.
évider (dé). aushöhlen.
évier (wié). Gußstein.
évincer (insé). austreiben*. ||*Fig.* verdrängen, ausstechen*.
éviter (té). [ver]meiden*. || [danger, véhicule] ausweichen*, intr. [*sein*].
évo||cateur, trice, a. (tœr, trìs). beschwörend. ||*Fig.* wachrufend. ||**-cation** f. (si*o*n). Beschwörung. ||*Fig.* Wachrufen, n. ||V. *évoquer.*
évo||luer (lüé). *Mil.* manövrieren. ||*Fig.* sich fortentwickeln. ||**-lution** f. (lüsi*o*n). *Mil.* Manöver, n. ④. ||*Fig.* Fortentwicklung.
évoquer (ké). [esprits] beschwören. ||*Fig.* [souvenir] wachrufen*, sép.
Ex., = *Exemple.*
exacerber (egzaserbé). verschlimmern.
ex||act, e, a. (ègzàkt). genau. || [ponctuel] pünktlich. ||**-action** f. (aksi*o*n). Erpressung. ||**-actitude** f. (tüd). Genauigkeit, Pünktlichkeit.
ex||agération f. (ègzà-si*o*n). Übertreibung. ||**-agérer** (jérè). übertreiben*.
ex||altation f. (ègzàl). Überspanntheit. ||**-alter** (té). überspannen.
ex||amen m. (ègzà). Prüfung, f. Augenschein, m. ||**-aminateur, trice,** m., f. (tœr, tris). Prüfer ④, in. ||**-aminer** (né). prüfen.
ex||aspération f. Erbitterung. ||**-aspérer.** erbittern.
exaucer (ègzosé). erhören.
excavation f. (èkskà). Aushöhlung.
ex||cédent m. (èksé). Überschuß, Mehrbetrag, Plus, n. || [de frais] Mehrkosten, pl. ||**-cédentaire** a. (tèr). überschießend. || [de poids] Übergewicht, n. ||**-céder** (sédé). überschreiten*. || [fatigue] ermüden. || [accabler] überhäufen.
ex||cellemment. V. *excellent.* ||**-cellence** f. (*a*ns). Vortrefflichkeit. || [titre] Exzellenz. ||**-cellent, e,** a. (*a*n, t). vortrefflich. ||**-celler** (sèlé). [en] sich auszeichnen [in, *dat.*].
ex||centricité f. (san-sité). Exzentrizität. ||**-centrique** a. (santrìk). exzentrisch. || [caractère] ausschweifend.
ex||cepté, e..., a. et adv. (septé). [= *sauf*]... [*acc.*] ausgenommen, inv. ||**-cepter** (septé). ausnehmen*. ||**-ception** f. (sepsi*o*n) [à]. Ausnahme [von]. ||**-ceptionnel, le,** a. (èl). außerordentlich. ||**-ceptionnellement** adv. (èksèpsìonèlm*a*n). ausnahmsweise.
ex||cès m. (èksè). Übermaß, n. spl. || [conduite] Ausschweifung, f. ||**-cessif, ive,** a. (sèsif, iw). übermäßig.
exciper (èksipé) [de]. sich berufen* [auf, *acc.*].
ex||citable a. (èksitàbl). reizbar. ||**-citant, e,** p. a. (sit*a*n, t). reizend. m. Reizmittel, n. ④. ||**-citation** f. (si*o*n). Aufreizung. ||**-citer** (sité). [pousser à] anregen [zu]. || [provoquer] erregen. || [soulever] aufregen.
ex||clamation f. (si*o*n). Ausrufung. ||**-clamer** [s'] (mé). ausrufen, intr.
ex||clure* (èks). ausschließen*, ausschalten. ||**-clusif, ive,** a. (üzif). ausschließend. ||**-clusion** f. (üzi*o*n). Ausschluß, m. [*gén.*].
ex||communication f. (mü-si*o*n). Kirchenbann, m. ||**-communier** (münié). in den Kirchenbann tun*.
ex||coriation f. (si*o*n). Hautschrunde. ||**-corier** (rié). wund reiben*.

ex||créments m. pl. (m*a*ⁿ). Auswurf, Exkremente, pl. ||[matières] Kot, spl. ||**-crétion** f. (*sio*ⁿ). Aussonderung.
excroissance f. (èkskrᵒas). Auswuchs, m.
ex||cursion f. (èkskür). Ausflug, m. ||**-cursionniste** m. Ausflügler ④.
ex||cusable a. (èkskü). zu entschuldigen. ||[chose] verzeihlich. ||**-cuse** f. (*küz*). Entschuldigung. *Faire* des excuses à,* um Verzeihung bitten*. ||**-cuser** (küz*é*) [de]. entschuldigen. [wegen], verzeihen* [einem etwas].
exeat m. (egzé*à*t). Erlaubnis, f. ||[congé] Abschied.
ex||écrable a. (ègzé). abscheulich. ||**-écration** f. (*sio*ⁿ). Abscheu, m. ||**-écrer** (kr*é*). verabscheuen.
ex||écutant, e, pa. (ègzékü). Vortragende[r], a. s. ||**-écuter** (küt*é*). ausführen. ||[morceau] vortragen*. ||[jugement] vollstrecken. ||[à mort] hinrichten. ||[s']. sich fügen [in, *acc.*]. ||**-écuteur, trice,** m., f. (kü-t*œ*r, tr*ì*s). Vollzieher ④, in *ou* -strecker ④, in : — *des hautes œuvres*, Scharfrichter. ||**-écutif, ive,** a. (küt*if*, *iw*). ausführend. ||**-écution** f. (küsi*o*ⁿ). Ausführung. ||Vortrag, m. ||[capitale] Hinrichtung. V. *exécuter*. ||**-écutoire** a. (kütᵒ*a*r). vollstreckbar.
ex||emplaire a. (ègzaⁿ). musterhaft, m., Exemplar, n. ①. ||**-emple** m. (*a*ⁿpl). Beispiel, n. ||[modèle] Vorbild, n. ②.
ex||empt, e, a. (ègz). [de] befreit [von]. ||**-empter** (aⁿt*é*). befreien [von]. ||**-emption** f. (aⁿsi*o*ⁿ). Befreiung.
ex||ercer (ègz). üben. ||[éduquer] einüben. ||[commettre] verüben. ||[corps] bewegen. ||[soldats] exerzieren. ||**-ercice** m. (*ì*s). Übung, f., etc. V. *exercer*. ||*Mil.* Exerzieren, n. spl. ||*Comm.* Geschäftsjahr, n.
exergue m. (ègz). [Münzen-] Umschrift, f.
ex||halaison f. (egzaläz*o*ⁿ). Ausdünstung. ||**-haler** (l*é*). ausdünsten.
ex||haussement m. (ègzôs). Erhöhung, f. ||**-hausser** (os*é*). erhöhen.
ex||hiber (ègz). vorzeigen. ||**-hibition** f. (*sio*ⁿ). Ausstellung.
ex||hortation f. (*sio*ⁿ). Ermahnung. ||**-horter** (t*é*). ermahnen.
ex||humation f. Ausgrabung. ||**-humer** (üm*é*). ausgraben*.
ex||igeant, e, a. (egzij*a*ⁿ, *a*ⁿt). viel verlangend. ||**-igence** f. (j*a*ⁿs). Forderung. ||[objet] Erfordernis, n. ||**-iger** (j*é*). [er] fordern.
ex||igu, ë, a. (*ü*). winzig. ||**-iguïté** f. (üit*é*). Winzigkeit.
ex||il m. (*ì*l). Verbannung, f. ||**-iler** (l*é*). verbannen.
ex||istant, e, a. (ègzis). bestehend. ||[présent] vorhanden. ||**-istence** f. (*a*ⁿs). [vie] Dasein n. spl. ||[présence] Vorhandensein, n. spl. ||**-ister** (t*é*). bestehen*. ||vorhanden sein*.
exode m. (egz*ò*d). Auszug.
ex||onération f. (*sio*ⁿ). Befreiung. ||**-onérer** (r*é*). befreien [von].
exorbitant, e, a. (*a*ⁿ, t). übermäßig.
exorciser (òrsiz*é*). vom Teufel befreien.
exorde m. (*ò*rd). Eingang. Anfang.
exotique a. (*ì*k). ausländisch, exotisch.
ex||pansif, ive (èkspaⁿ). *Fig.* mitteilsam. ||**-pansion** f. (paⁿsi*o*ⁿ). Ausdehnung. ||*Fig.* Mitteilsamkeit.
expatrier (èks-). ausweisen* [aus dem Vaterlande]. ||[s']. auswandern, intr. [*sein*].
expectative f. (èks). Erwartung. ||[attitude] abwartende Haltung.
expectorer (èks). ausspeien.
ex||pédient m. (èks). Auskunftmittel, n. ④. ||**-pédier** (di*é*). absenden*. ||[marchandises] versenden*. ||*Fig.* [affaire] schnell erledigen. ||[se débarrasser de] abfertigen. ||**-péditeur, trice,** m. f. (t*œ*r, tr*ì*s). Absender ④, in. ||*Comm.* Versender ④, Spediteur. ||**-péditif, ive,** a. (t*if*, *iw*). rasch. ||**-pédition** f. (*sio*ⁿ). Absendung, Versendung. V. *expédier*. ||*Mil.* Feldzug, m. ||[copie] Abschrift. ||**-péditionnaire** a. (sionär). *Mil.* Expeditions... ||m. Kanzlist, -en, -en.
ex||périence f. (èkspé). Erfahrung. [acquise] Erfahrenheit, spl. ||[essai] Versuch, m. || [sciences] Experiment, n. ||**-périmental, e,** a.

(ma^n^*tàl*). erfahrungsmäßig. ‖[science] Experimental... ‖**-périmentateur** m. (*tœr*). Versuchsleiter ④. ‖**-périmenté, e,** a. (*té*). erfahren. ‖**-périmenter** (*té*). erproben, experimentieren. ‖**-pert, e,** a. (*pèr, t*). sachkundig. ‖**-pertise** f. (*iz*). Untersuchung [durch Sachverständige]. ‖**-pertiser** (*zé*). untersuchen.

ex‖piation f. (èks). [de] Büßung [für]. ‖**-pier** (*ié*). büßen.

ex‖piration f. (èks-). Ausatmen, n. spl. ‖[délai] Ablauf, m. ‖**-pirer** (*ré*). ausatmen. ‖[mourir] sterben* [*sein*]. ‖[délai] ablaufen* [*sein*].

expl‖icable a. (èks-). erklärbar [-lich]. ‖**-ication** f. (*sio^n^*). Erklärung. ‖**-icite** a. (*sìt*). ausdrücklich. ‖**-iquer** (*ké*). erklären.

expl‖oit m. (èks-). Heldentat, f. ‖[d'huissier] Notifikation, f. ‖**-oitation** f. (^o^*atasio^n^*). Ausbeutung. ‖[industrielle] Betrieb, m. ‖**-oiter** (^o^*té*). ausbeuten. ‖[industrie] verwerten, in Betrieb setzen. ‖**-oiteur** m. (^o^*atœr*), Ausbeuter ④. ‖*Fig.* Menschenschinder ④.

expl‖orateur m. (èks-). Forschungsreisende[r], a. s. ‖**-oration** f. (*sio^n^*). Erforschung. ‖**-orer** (*ré*). erforschen. ‖[pays] Forschungsreisen machen [in, *dat.*].

expl‖oser (èks-). explodieren, platzen. ‖**-osif, ive,** a. (*if, iw*). Spreng... ‖m. Sprengstoff ①. ‖**-osion** f. (*zio^n^*). Zerplatzen, n. spl. ‖[poudrière, etc.] Auffliegen, n. spl.

ex‖portateur m. (*tœr*). Exporteur, -s [Ausführer]. ‖**-portation** f. (*sio^n^*). Ausfuhr, Export, m. ①. ‖**-porter** (*té*). ausführen.

ex‖posant, e, m., f. (èks-). Aussteller ④, in. ‖*Math.* Exponent, -en, -en, m. ‖**-posé, e,** p. a. (*zé*). [situé] liegend [*à*, nach]. ausgesetzt. ‖m. Darstellung, f. ‖**-poser** (*zé*). ausstellen. ‖[au danger, etc.] aussetzen. ‖[idées, faits] darlegen, darstellen. ‖*Phot.* belichten. ‖**-position** f. (*zisio^n^*). Ausstellung. ‖Darlegung. ‖Darstellung. ‖Belichtung. ‖[direction] Richtung.

expr‖ès, esse, a. (èks-). ausdrücklich. ‖adv. absichtlich. ‖[spécialement] eigens. ‖m. Eilbote, -n, -n. ‖**-ess** m. [train]. Eilzug, D.-Zug. ‖**-essément** adv. ausdrücklich. ‖**-essif, ive,** a. (*if, iw*). ausdrucksvoll. ‖**-ession** f. (*sio^n^*). Ausdruck, m. ‖**-imer** (*mé*). [suc] auspressen. ‖[idées] ausdrücken.

exproprier (èks-). enteignen.

exp‖ulser (*ülsé*). austreiben*. ‖**-ulsion** f. (*sio^n^*). Austreibung.

expurger (*ürjé*). säubern [v. Anstößigkeiten].

exquis, e, a. (*ki, z*). köstlich.

exsangue a. (*a^n^g*). blutleer.

ex‖tase f. (*àz*). Verzückung. ‖**-tasier** [s'] (*zié*). in Entzückung geraten* [*sein*] [über, *acc.*]. ‖**-tatique** a. (*ik*). ekstatisch.

ex‖tensif, ive, a. (a^n^*sif, iw*). ausdehnend. ‖**-tension** f. (ta^n^*sio^n^*). Ausdehnung.

exténuer (*üé*). entkräften.

extérieur, e, a. (*iœr*). äußerlich, Außen... ‖[affaires] auswärtig.

ex‖termination f. (*sio^n^*). Vertilgung. ‖**-terminer** (*né*). vertilgen.

ex‖ternat m. (*na*). Externat, n. ‖**-terne** a. (*èrn*). äußerlich. ‖m. Stadtschüler ④, Extraneer ④.

ex‖tincteur m. (ti^n^kt*œr*). Auslöschapparat ①. ‖**-tinction** f. (*sio^n^*). Auslöschen, n. spl.

ex‖tirpation f. (*sio^n^*). Ausrottung. ‖**-tirper** (*pé*). ausrotten.

ex‖torquer (*ké*). erpressen. ‖**-torsion** f. (*sio^n^*). Erpressung.

extra a. (*a*). *Fam.* außerordentlich, extra... *Extra muros,* außerhalb der Stadt. ‖m. Außerordentliches, a. s. ‖[garçon, etc.] Hilfskellner ④ usw.

extraction f. (aks*io^n^*). Ausziehen*, n. spl. Gewinnung. ‖V. *extraire**.

ex‖trader. ausliefern. ‖**-tradition** f. (*sio^n^*). Auslieferung.

ex‖traire* (*är*). ausziehen*. ‖[minerai, etc.] fördern. ‖*Chim.* gewinnen. ‖**-trait** (*trè*), pp. v. *extraire**. ‖m. Auszug. ‖[d'un corps, parfum, etc.] Extrakt ①. ‖[acte] Schein.

extraordinaire a. (*är*). außerordentlich.

ex‖travagance f. (wag*a^n^s*). Überspanntheit. ‖**-travagant, e,** a. (g*a^n^*. t). überspannt.

extrême a. (*träm*), **-trêmement** adv. (m^e^ma^n^). äußerst, a. et adv. ‖adv. überaus.

extrême-onction f. (o^nksio^n). letzte Ölung.

Extrême-Orient m. (oria^n). Ferner Osten.

extrémiste a. (mist). extremistisch, radikal. ‖m. Radikaler.

extrémité f. (té). Endpunkt, m. ‖*Fig.* größte Not. ‖pl. [membres] äußerste Gliedmaßen.

ex‖ubérance f. (egzü-ra^ns). Überfülle, Üppigkeit. ‖[personnes] Überschwenglichkeit. ‖**-ubérant, e,** a. (a^n, t). üppig, überschwenglich.

exulter (ülté). frohlocken, jauchzen.

ex-voto m. (woto). Votivtafel, f.

F

F, f, m. (èf). F, f, n.

fa m. F., n. : *fa dièse,* Fis, n.

fa‖ble f. (fàbl). Fabel. ‖**-bliau, x,** m. (blio). Fabelgedicht, n. ①.

fa‖bricant m. (ka^n). Fabrikant, -en, -en. ‖**-brication** f. (sio^n). Verfertigung, Herstellung. ‖V. *fabriquer.* ‖**-brique** f. (ìk). Fabrik. ‖**-briquer** tr. (ké). verfertigen, herstellen.

fa‖buleux, euse, a. (bülö, z). fabelhaft. ‖**-buliste** m. (bülist). Fabeldichter ④.

fa‖çade f. (sàd). Vorderseite. ‖**-ce** f. (fàs). [visage] Gesicht, n. ‖[d'un corps] Fläche. ‖[monnaie] Bild- *ou* Kopfseite. ‖*Fig.* [aspect] Aussehen, n. spl. ‖*Face à face,* von Angesicht zu Angesicht; *à la face de,* angesichts [*gén.*]; *faire* face,* Front machen; *en face,* gegenüber [*dat.*]. f. ‖**-ce-à-main** m. (mi^n). Stielbrille, f.

fa‖cétie f. (sési). Posse. ‖**-cétieux, euse,** a. (iö, z). possenhaft. ‖**-cette** f. (sèt). Rautenfläche.

fâché, e, a. (sché). [contre qn, de qc.] böse [auf einen, über, *acc.*]. *Je suis fâché que...,* es tut mir leid, daß...

fâch‖er (é). ärgern. ‖**[se]**. [de] sich ärgern [über, *acc.*]. ‖[avec] sich überwerfen [mit]. ‖**-erie** f. (scheri). Zwistigkeit. ‖**-eux, euse,** a. (ö, z). ärgerlich. ‖[personne] lästig.

fa‖cial, e, a. (siàl). Gesichts... ‖**-ciès** m. (siäß). Gesichtsausdruck.

fa‖cile a. (sil). leicht. ‖**-cilité** f. Leichtigkeit. *Facilités de paiement,* f. pl. Zahlungserleichterung, f.; Ratenzahlungen. ‖**-ciliter.** erleichtern.

façon f. (so^n). Form, Gestalt. ‖[travail, main-d'œuvre] Arbeit, Mache. *A façon,* auf Macherlohn. ‖[manière] Art. *A sa façon,* nach seiner Art; *de cette façon,* auf diese Art *ou* Weise; *faire* des façons,* Umstände machen; *sans façon,* ohne weiteres; a. einfach.

faconde f. (ko^nd). Redseligkeit.

façonner (soné). formen, bearbeiten. ‖*Fig.* bilden.

fac-similé m. (lé). Faksimile, -s, n.

fac‖tage m. (âj). Güterbeförderung, f. [ins Haus]. ‖[coût] Rollgeld, n. ‖**-teur** m. (tœr). [instruments de musique] Instrumenten- *ou* Klaviermacher ④. ‖[d'orgues] Orgelbauer ④. ‖[porteur] Gepäckträger ④. ‖[postes] Briefträger ④, Postbote, -n, -n. ‖[télégraphe] Telegraphenbote, -n, -n. ‖*Math.* et *Fig.* Faktor, -en.

fac‖tice a. (ìs). künstlich. ‖*Fig.* n. ①. ‖**-tieux, euse,** a. (siö, z). aufrührerisch. ‖m. Aufrührer ④. ‖**-tion** f. (sio^n). Partei. ‖*Mil.* *Etre* en faction,* Schildwache stehen*. ‖**-tionnaire** m. (sionär). Schildwache, f. ‖**-torerie** f. (reri). Faktorei. ‖**-totum** m. (tòm). Allerweltsmann ②. ‖**-tum** m. (tòm). Streitschrift, f. ‖**-ture** f. (tür). [Waren-] Rechnung. ‖**-turer** (türé). in Rechnung stellen.

facul‖tatif, ive, a. (kül-tif, iw). freigestellt. ‖**-té** f. (té). *Psych.* Vermögen, n. ④, ...kraft, ¨e. ‖[capacité] Fähigkeit. ‖[permission] Erlaubnis. ‖[d'université] Fakultät.

fadaise f. (äz). Albernheit.

fa‖**dasse** a. (*à*s). unschmackhaft. ‖**-de** a. (fàd). geschmacklos, schal. *Fig.* fade. ‖**-deur** f. (*œ*r). Schalheit.
fago‖**t** m. (g*ô*). Reisig- [Holz-] bündel, n. ‖**-ter** (t*é*). *Fig.* geschmacklos anziehen*.
fai‖**ble** a. (fäbl). schwach. ‖m. [endroit] Schwäche, f. ‖**-blesse** f. (*è*s). Schwachheit. ‖[caractère] Schwäche. ‖[défaillance] Ohnmacht. ‖**-blir** (*i*r). schwach werden*.
faïen‖**ce** f. (j**aⁿ**s). Steingut, n. spl. ‖**-cerie** f. (**aⁿ**sr*i*). Steingutware. ‖[fabrique] Steingutfabrik. ‖**-cier** m. (s*ié*). Steingutmacher ④, -händler ④.
faill... (fàj). V. *falloir**.
faille f. (fàj). gerippter Taffet, m. ①.
faill‖**i** m. (j*i*). Fallit, -en, -en. ‖**-ible** a. (*i*bl). fehlbar.
faill‖**ir*** (*i*r). fehlen. ‖[se tromper] sich irren. ‖[à]. untreu werden*. [*dat.*]. ‖[être sur le point de] beinahe. [suivi du verbe] *J'ai failli tomber,* ich wäre beinahe gefallen. ‖**-ite** f. (*i*t). Falliment, n., ①. Konkurs, m. *Faire* faillite,* fallieren.
faim f. (fiⁿ). Hunger, m. *J'ai faim,* ich bin hungrig.
faine f. (fän). Buchecker.
fainéan‖**t, e,** a. (fèné**aⁿ**, t). faul. ‖m., f. Faulenzer ④, in. ‖**-ter** (t*é*). faulenzen. ‖**-tise** f. (*i*z). Faulheit.
faire‖* (fär). [agir] tun*. *Vous avez bien fait,* Sie haben gut daran getan; *faire* le bien,* Gutes tun*; *ne faire que...,* nichts tun* als... ‖[produire, fabriquer] machen. ‖[discours, etc.] halten*. ‖[commerce, métier] treiben*. ‖[sciences, musique, etc.] betreiben. ‖[études] durchmachen. ‖[cuisine, besognes diverses] besorgen. ‖[instituer, nommer] machen [zu]. ‖[jouer] spielen. *Faire* le maître,* den Herrn spielen. ‖[dire] sagen. ‖[devant un infinitif]. 1° lassen* : *il le fit venir*,* er ließ ihn kommen*; 2° machen, zum [inf. subst.] bringen* : *faire* rire*, faire* tomber,* lachen machen, fallen machen; *faire* taire*,* etc., zum Schweigen usw. bringen. ‖LOC. *Cela ne fait rien,* das tut nichts, das schadet nichts; *qu'est-ce que cela me fait?* was geht's mich an?; *cela fait bien,* das nimmt sich gut aus; *il ne fait que d'arriver,* er ist eben angekommen. ‖impers. [temps]. *Il fait froid, beau temps, jour,* etc., es ist kalt, schönes Wetter, Tag usw. ‖pp. *Etre* fait pour,* für ... wie geschaffen [geboren] sein*; *c'est bien fait pour lui,* es geschieht ihm recht; *c'en est fait,* es ist geschehen; *c'en est fait de lui,* es ist aus mit ihm; *habits tout faits,* fertige Kleider. ‖[se]. *Se faire* soldat,* Soldat werden*; *il peut se faire* que,* es kann geschehen*, daß...; *comment se fait-il?* wieso kommt es?; *se faire* à,* sich gewöhnen [an, *acc.*]; *il se fait tard,* es wird spät; *se faire* vieux,* alt werden*. ‖**- -part** m. (par). Anzeige, f. : — *de naissance, de mariage,* etc., Geburts-, Heiratsanzeige, f., usw.
fais... V. *faire**.
faisable a. (fèz*à*bl). tunlich. ‖*C'est faisable,* es läßt sich tun.
fai‖**san** m. (**zaⁿ**). Fasan ①. ‖**-sandé, e,** a. (zaⁿd*é*). *Etre* faisandé,* Wildgeruch haben. ‖**-sanderie** f. (dr*i*). Fasanerie.
faisceau, x, m. (s*o*). Bündel, n. ④. ‖[d'armes] Pyramide, f.
faiseur, euse, m., f. (**zœ**r, *ö*z). Verfertiger ④, in. ‖[dupeur] Schwindler ④. *Faiseur d'embarras,* Wichtigtuer.
fait, e, pp. u. a. (fè, t). V. *faire**. ‖[acte] Tat, f. *Faits et gestes,* pl., Tun und Treiben, n. spl. ‖[ce qui a eu lieu] Tatsache, f. ‖*Fait divers,* m., Lokalereignis. ‖LOC. *Aller* droit au fait,* direkt die Wahrheit sagen; *au fait!* zur Sache! *au fait,* im Grunde; *en fait de,* in Sachen [*gén.*]; *être* au fait de,* bekannt sein* [mit]; *mettre* au fait de,* bekannt machen [mit]; *par le fait,* im Grunde, eigentlich; *prendre* fait et cause pour,* für... Partei ergreifen*; *prendre* sur le fait,* auf frischer Tat ertappen; *si fait,* jadoch; *voies de fait,* Gewalttaten.
faîtage m. (fät*à*j). Dachstuhl.
faîte m. (fät). Giebel ④. ‖[sommet] Gipfel ④.
faix m. (fè). Last, f.
falaise f. (*ä*z). Felsenriff, m.
falbala m. (l*a*). Falbel, f.

fallacieux, euse, a. (fal'las*iö, z*). trügerisch.

falloir* impers. (fàlòar) : *il faut que je parte* [*tu partes,* etc.], od. *il me* [*te,* etc.] *faut partir,* ich muß [du mußt usw.] abreisen; *il le faut!,* es muß! ; *il me faut de l'argent,* ich muß Geld haben* [ich brauche Geld, ich habe Geld nötig]; *combien vous faut-il?* wieviel brauchen Sie? ; *il faut du temps pour...,* es braucht Zeit, um... zu [inf.] ; *il faut beaucoup de courage pour cela,* dazu gehört viel Mut. ‖LOC. *Il s'en faut de beaucoup,* es fehlt noch viel daran; *peu s'en est fallu* [*il s'en est fallu de peu*] *qu'il ne tombât,* es fehlte wenig, so wäre er gefallen; *un homme comme il faut,* ein anständiger [feiner, gebildeter] Mensch.

falot, e, a. (l*ô, ò*t). schnurrig. ‖m. Stocklaterne, f.

fal‖sificateur m. (t*œ*r). Fälscher ④. ‖**-sification** f. (s*io*ⁿ). Fälschung. ‖**-sifier** (f*ié*). verfälschen.

famé, e, a. (m*é*). *Bien, mal* —, in gutem, üblem Rufe stehend.

famélique a. (ìk). verhungernd.

fameux, euse, a. (m*ö*, **z**). berühmt. ‖[en mauv. part] berüchtigt.

fa‖milial, e, a. (*iàl*). Familien... ‖**-miliariser** (*zé*). vertraut machen [mit]. ‖**-miliarité** f. (t*é*). Vertraulichkeit. ‖**-milier, ère,** a. (l*ié, iär*). vertraut. ‖**-mille** f. (*ij*). Familie.

famine f. (*in*). Hungersnot.

fanal m. (n*al*). Leuchtfeuer, n., Laterne, f.

fanat‖ique a. (ìk). fanatisch. ‖m. Fanatiker ④. ‖**-iser** (*zé*). fanatisieren. ‖**-isme** m. (*i*sm). Fanatismus.

fanchon f. (sch*o*ⁿ). Kopftuch ②, n.

fan‖e f. (fàn). Blatt, n. ② [v. Knollengemüsen]. ‖**-er** (n*é*). Heu wenden*. ‖[flétrir] welk machen. ‖**-eur, euse,** m., f. (*œ*r, *öz*). Heumacher ④, in. ‖f. [machine] Heuwender, m. ④.

fanfare f. (faⁿf*àr*). Tusch, m. ‖[musiciens] Blechmusikbande.

fan‖faron, ne, m., f. (r*o*ⁿ, *ò*n). Prahler ④, in. ‖**-faronnade** f. (*ònàd*). Prahlerei.

fanfreluche f. (frᵉl*ü*sch). Flitterkram, m. spl.

fan‖ge f. (faⁿj). Kot, m. ‖**-geux, euse,** a. (j*ö*, **z**). kotig.

fa‖nion m. (n*io*ⁿ). Fähnchen, n. ④. ‖**-non** m. (*o*ⁿ). [bœuf] Wamme, f. ‖[baleine] Barte, f.

fan‖taisie f. (faⁿt*ä*z*i*). Phantasie. ‖[caprice] Grille. ‖*A sa fantaisie,* nach seinem Kopfe; *articles de fantaisie,* Galanteriewaren; *tissu de fantaisie,* farbiges *ou* gestreiftes Gewebe. ‖**-taisiste** a. (ta*z*ist). grillenhaft. ‖**-tasmagorie** f. (*i*). Phantasmagorie. ‖**-tasque** a. (*à*sk). phantastisch, launenhaft.

fantassin m. (s*i*ⁿ). Infanterist, -en, -en.

fantastique a. (*ik*). phantastisch.

fantoche m. (*ò*sch). Drahtpuppe, f.

fantôme m. (*om*). Gespenst, n. ②.

faon m. (faⁿ). Hirschkalb, n. ②.

faquin m. (k*i*ⁿ). Schurke, -n, -n.

farandole f. (aⁿd*ò*l). Farandole.

far‖ce f. (fars). Posse. ‖[pièce] Schwank, m. ‖*Cuis.* Füllsel, n. ④. ‖a. *fam.* komisch. ‖**-ceur, euse,** m., f. (s*œ*r, *öz*). Possenreißer ④, in. ‖**-cir** (s*ir*). [de] füllen [mit].

fard m. (f*à*r). Schminke, f. *Sans fard,* ungeschminkt. ‖*Piquer un fard, fam.,* schamrot werden*.

fardeau, x, m. (d*ô*). Last, f., Bürde, f.

farder (d*é*). schminken, färben.

farfadet m. (d*è*). Kobold ①.

farfouiller (fuj*é*), *fam.* durchstöbern.

faribole f. (*ò*l). Alfanzerei.

far‖ine f. (ìn). Mehl, n. spl. ‖**-ineux, euse,** a. (n*ö*, **z**). mehlig.

farouche a. (*u*sch). scheu. ‖[sauvage] wild.

fascicule m. (f*à*s'sik*ü*l). Heft n. ‖[livraison] Lieferung, f.

fasc‖inateur, trice, a. (t*œ*r, tr*ì*s). bezaubernd. ‖m., f. Zauberer ④, ...berin. ‖**-ination** f. (s*io*ⁿ). Bezauberung.

fascine f. (*in*). Faschine.

fasciner. bezaubern.

fasc‖isme m. (*i*sm). Faszismus. ‖**-iste** m. (*i*st). Faszist, -en, -en.

fass... V. *faire**.

fast‖e m. (fast). Prunk, Gepränge, n. ‖**-es** m. pl. (fst). Zeitbücher.

fastidieux, euse, *a.* (d*iö*, **z**). langweilig.

fastueux, euse, a. (t*üö*, **z**). prachtliebend. ‖[choses] prunkvoll.

fat m. (fàt). Geck, -en, -en. ||a. geckenhaft.
fa||tal, e, a. (*à*l). verhängnisvoll. ||**-talisme** m. (*i*sm). Fatalismus. ||**-taliste** m. (*i*st). Fatalist, -en, -en. ||**-talité** f. (*té*). Verhängnis, n., Fatalität. ||**-tidique** a. (*i*k). weissagend.
fa||tigant, e, a. (g*a*ⁿ, t). anstrengend. ||**-tigue** f. (*i*g). Müdigkeit, Ermüdung. ||**-tigué, e,** a. (g*é*). müde. ||**-tiguer** (g*é*). ermüden.
fatras m. (tr*a*). Plunder, spl., Kram, spl.
fatuité f. (tüit*é*). Geckenhaftigkeit. ||[présomption] Eigendünkel, m.
fau||bourg m. (fob*u*r). Vorstadt, ¨e, f. ||**-bourien, ne,** a. (bur*i*iⁿ, *iè*n). vorstädtisch. ||Vorstädter ④, in m. f.
fau||ché, e, a. (sch*é*). [arg.] abgebrannt. ||**-cher** (sch*é*). [ab]mähen. ||**-cheur, euse,** m., f. (sch*œ*r, *ö*z). Mäher ④, in. ||f. Mähmaschine. ||**-cille** f. (s*i*j). Sichel.
fau||con m. (k*o*ⁿ). Falke, -n, -n. ||**-connier** m. (ni*é*). Falkenier ①.
faudr... V. *falloir**.
fau||fil m. (fôf*i*l). Heftfaden ③. ||**-filer** (l*é*). anheften. ||[se]. sich einschleichen* [in, *acc.*]
faune m. (fôn). Faun. ①. ||f. Fauna.
fauss||aire m. (föß*ä*r). Fälscher ④ ||**-e.** V. *faux*. ||**-ement** adv. (foß-m*a*ⁿ). fälschlich.
fauss||er (s*é*). [lame] verbiegen* || [clef, texte] verdrehen. || *Fig. Fausser compagnie,* [s'esquiver] sich drücken; [ne pas venir] sich nicht einfinden*. ||**-et** m. (s*è*). Fistelstimme, f. || [de tonneau] [Faß-]Zäpfchen, n. ④. ||**-eté** f. (foßt*é*). Falschheit.
faut (f*ô*). V. *falloir**.
faute f. (fot). Fehle, m. ④. ||[culpabilité] Schuld, spl. *Etre* en faute,* schuldig sein*; *ce n'est pas ma faute,* ich bin nicht schuld daran. ||[manque] Mangel, m. *Faute de...,* aus Mangel an [*dat.*] ; *faire* faute,* fehlen; *sans faute,* unfehlbar; *ne pas se faire* faute de,* nicht ermangeln, zu...
fauteuil m. (*œ*j). Armstuhl, Armsessel ④.
fautif, ive, a. schuldig. ||[travail] fehlerhaft.
fauv||e a. (fôw) falb. ||[animal] wild. ||**-erie** f. Raubtierhaus n. ④. ||**-ette** f. (*è*t). Grasmücke.
faux||, ausse, a. (fôs). falsch. ||[artificiel] künstlich. ||[apparent] Schein... ||[fenêtre] blind. ||*Faux air de...,* Ähnlichkeit mit...; *faux jour,* falsches Licht, n.; *porter à faux,* schief stehen*; *s'inscrire* en faux contre,* bestreiten*. m. Fälschung, f. ||[document] Falschstück, n. ||f. Sense. ||**--bourdon** m. (burd*o*ⁿ). Drohne, f. ||**--fuyant** m. (füij*a*ⁿ). Ausflucht, ¨e, f.
fav||eur f. (w*œ*r). Gunst, spl., Gunstbezeigung : *en faveur de qn,* zu jemands Gunsten; *billet de faveur,* Freikarte. ||[ruban] Seidenbändchen, n. ④. ||**-orable** a. (*à*bl). günstig. ||**-ori, ite,** a. (*i*, t). Lieblings... ||m., f. Günstling, Favoritin ||pl. [barbe] Backenbart, m. spl. ||**-oriser** (z*é*). begünstigen. ||**-oritisme** m. (*i*sm). Favoritismus.
fayot m. (j*ô*), *pop.* Bohne, f.
fébri||fuge a. (*ü*j). fiebervertreibend. ||**-le** a. (*i*l). fieberhaft.
fécal, e, a. (k*à*l). *Matière fécale,* Menschenkot, m. spl.
fé||cond, e, f. (k*o*ⁿ, d). fruchtbar. ||**-condation** f. (si*o*ⁿ). Befruchtung. ||**-conder** befruchten. ||**-condité** f. Fruchtbarkeit.
fé||cule f. Stärkemehl n. ||**-culent, e,** a. (l*a*ⁿ, t). mehlartig.
fédér||al, e, a. (*à*l). eidgenössisch. *République fédérale allemande,* Deutsche Bundesrepublik, f. ||**-ation** f. (si*o*ⁿ). Bund, m.
fée|| f. Fee. ||**-rie** f. (r*i*). Feenstück, n. ||**-rique** a. (*i*k). feenhaft.
feign||... V. *feindre**. ||**-ant, e,** *pop.* = *fainéant.*
fein||dre* (fiⁿdr). erheucheln. *Feindre* de,* tun* *ou* sich stellen, als ob... [*subj.*]. ||**-te** f. (fiⁿt). Verstellung. ||[escrime] Finte.
feld-maréchal m. Feldmarschall.
fêl||é, e, pa. (l*é*). rissig, gesprungen. ||**-er.** *Fam.* spalten*, rissig machen.
féli||citation f. (si-si*o*ⁿ). Glückwunsch, m., Gratulierung. ||**-cité** f. (sit*é*). Glückseligkeit. ||**-citer,** tr. (sit*é*) [de]. Glück wünschen [einem zu...], gratulieren, intr. [einem

zu...], beglückwünschen, tr. ‖[**se**]. [de] sich glücklich schätzen [wegen, *gén.*].
félin, e, a. (*i*ⁿ, *ì*n). katzenartig, Katzen...
fél‖on, ne, a. (*o*ⁿ, *ò*n). treubrüchig. ‖**-onie** f. (n*i*). Treubruch, m.
felouque f. (fœl*ù*k). Feluke.
fêlure f. (*ü*r). Riß, m.
femelle a. (fœmèl). weiblich. ‖f. Weibchen, n. ④. ‖*Péjor.* Weibsbild, n.
fémin‖in, e, a. (*i*ⁿ, *ì*n). weiblich. ‖**-isme** m. (*i*sm). Frauenbewegung, f. ‖**-iste** m. et f. (*i*st). Frauenrechtler ④, in.
femme‖ f. (fàm). [être féminin] Weib, n. ②. ‖[au sens social] Frau. — *de chambre,* Kammerfrau; — *de charge,* Haushälterin; — *de ménage,* Putzfrau. ‖**-lette** f. (lèt). zärtliche Frau. ‖*Fig.* [homme] Weichling, m.
fémur m. (*ü*r). Schenkelbein, n.
fenaison f. (fœnäz*o*ⁿ). Heuernte.
fen‖diller [**se**] (-dij*é*). Ritzen bekommen*. ‖**-dre** (faⁿdr). spalten*. ‖*Fig.* [flots] zerteilen. ‖[foule]. sich drängen* [durch]. ‖[le cœur] brechen*. ‖[**se**]. sich spalten*. ‖[se fêler] Risse bekommen*. ‖[escrime] ausfallen*, intr. [*sein*]. ‖*Pop.* [d'une somme] ausgeben*. ‖**-du, e,** p. a. (d*ü*). gespalten. ‖[yeux] geschlitzt.
fenêtre f. (fœnätr). Fenster, n. ④.
fenouil m. (*u*j). Fenchel.
fente f. (faⁿt). Spalte. ‖[fêlure] Sprung, m. ‖[crevasse] Riß, m.
féoda‖l, e, a. (*à*l). Lehns..., Feudal... ‖**-lité** f. Lehnswesen, n.
fer‖ m. Eisen, n. ④. ‖*Fer à cheval,* Hufeisen, n. ④; - *à repasser,* Bügeleisen, n.; - *à friser,* Brenneisen, n. ‖*De fer,* eisern; *croiser le fer,* die Klingen kreuzen. ‖pl. [chaînes] Ketten, Fesseln; *mettre* aux fers,* in Ketten legen. ‖**- -blanc** m. (bl*a*ⁿ). Weißblech, n. ‖**-blanterie** f. (tr*i*). Klempnerwaren, pl. ‖**-blantier** m. (t*ié*). Klempner ④.
fera..., ferl... V. *faire**.
férié, e, a. (*ié*). Ferien..., Feier...
férir (*i*r). *Sans coup férir,* ohne Schwertstreich.
fer‖mage m. (*a*j). Pachtgeld, n. ‖**-me** a. (ferm). fest. ‖[constant] standhaft. ‖f. Pachthof, m. *Prendre* à ferme,* pachten; *donner à ferme,* verpachten.
fer‖ment m. (m*a*ⁿ). Gärungsstoff. ‖**-mentation** f. (s*io*ⁿ). Gärung. ‖**-menter.** gären*.
fer‖mer schließen*, zumachen : — *à clef,* verschließen ‖[gaz, eau] abstellen. ‖**-meté** f. (ᵉt*é*). Festigkeit. ‖**-meture** f. (ᵉt*ü*r). Schluß, m. ‖[appareil] Verschluß, m. ‖[clôture] Schließung. ‖ — *à glissière,* Reißverschluß, m.
fermier, ère, m., f. Pächter ④, in.
fermoir m. Verschluß. ‖[à crochet] Schließhäkchen, n. ④.
féro‖ce a. (*ò*s). wild. ‖[cruel] grausam. ‖**-cité** f. (sit*é*). Wildheit, Grausamkeit.
ferons, feront. V. *faire**.
ferr‖aille f. (*a*j). altes Eisen, n. spl. ‖**-ailler** (aj*é*). herumfechten*. ‖**-ailleur** m. (j*œ*r). [bretteur] Raufbold ①. ‖**-é, e,** p. a. (r*é*). ‖a. *Bâton ferré,* Alpenstock, m.; *voie ferrée,* Eisenbahn. ‖*Fam.* [en] bewandert [in, *dat.*].
ferr‖er (r*é*). mit Eisen beschlagen*. ‖[cheval] beschlagen* [*à glace,* scharf]. ‖**-et** m. (*è*). Nestelstift, Senkel. ‖**-ique** a. (*ì*k). Eisen... ‖**-onnerie** f. (*ò*nr*i*). Eisenwaren [-handlung]. ‖**-oviaire** a. (w*iä*r). Eisenbahn... ‖**-ugineux, euse,** a. (*ü*jin*ö*, **z**). eisenhaltig. *Eau ferrugineuse,* Stahlwasser, n. ‖**-ure** f. (*ü*r). Eisenbeschlag, m.
fertil‖e a. (*ì*l). [en] fruchtbar. [an, *dat.*]. ‖**-isation** f. (zas*io*ⁿ). Fruchtbarmachung. ‖**-iser** (z*é*). fruchtbar machen. ‖**-ité** f. (t*é*). Fruchtbarkeit.
féru, e, a. (r*ü*). [de] eingenommen [für].
férule f. (*ü*l). Zuchtrute.
fer‖vent, e, a. (w*a*ⁿ, t). inbrünstig. ‖**-veur** f (w*œ*r). Inbrunst.
fess‖e f. (fès). Hinterbacke. ‖**-ée** f. (*ée*). Tracht Prügel [auf den Hintern]. ‖**-er** (s*é*). geißeln [auf den Hintern].
fes‖tin m. (t*i*ⁿ). Festmahl, n. ①. ‖**-tival** m. (w*à*l). Musikfest, n. ‖**-ton** m. (t*o*ⁿ). Blumengewinde, n. ④. ‖[sculpture, broderie] ausgeschweifte Verzierung, f. ‖**-tonner.**

zierlich ausschweifen. ||**-toyer** (t^o^a-jé). weidlich schmausen.
fêtard m. (t*à*r). Lebemann ②.
fê||te f. (fät). Fest, n. ||[jour] Fest- *ou* Feiertag, m. ||*Faire* fête à,* festlich empfangen*; *se faire* une fête de,* sich aus... eine Freude machen. ||**-te-Dieu** f. (d*iö*). Fronleichnamsfest, n. ||**-ter** (t*é*). [célébrer] feiern. ||[qn] festlich bewirten.
fétiche m. (t*i*sch). Fetisch.
fé||tide a. (t*ì*d). stinkend. ||**-tidité** f. (t*é*). Gestank, m.
fétu m. (t*ü*). Strohhalm.
feu, x, m. (fö). Feuer, n. ④. *Feu croisé,* Kreuzfeuer, n. — *de joie,* Freudenfeuer, n. ||[foyer] Herd. ||*Fig.* [ardeur] Hitze, f. ||[zèle] Eifer. ||LOC. *A feu et à sang,* mit Feuer und Schwert; *allant au feu* [porcelaine, etc.] feuerfest; *aller* au feu* [personnes], ins Gefecht rücken; *à petit feu,* bei gelindem Feuer; *au feu!* Feuer!; *crier au feu,* Feuer rufen*; *faire* feu sur...,* feuern [auf, acc.]; *faire* long feu,* langsam losgehen*; *ne pas faire* long feu,* sich nicht lange aufhalten*; *mettre* le feu à,* in Brand stecken; *prendre* feu,* Feuer fangen*.
feu, e, a. (fö). selig, verstorben. ||invariable devant l'article ou le pronom posesssif. Ex. : *feu la reine,* ou, *la feu reine,* die verstorbene Königin; *feu mon père* ou *mon feu père,* mein seliger Vater.
feudataire m. (fö-t*ä*r). Lehensmann ②.
feuil||lage m. (fœj*à*j). Laub, n. spl. Laubwerk, n. spl. ||**-laison** f. (fœjäzo^n^). Belaubung. ||**-le** f. (fœj). Blatt, n. ② : — *volante,* Flugblatt, n. ||[journal] Blatt, n. *Fig. Feuille de chou,* unbedeutende Lokalzeitung. ||[de papier, d'impression] Bogen, m. ④. ||**-lée** f. (fœj*ée*). Laubwerk, n. spl., Laube. ||**-let** m. (j*è*). Blatt, n. ②, Blättchen, n. ④. ||[ruminants] Blättermagen. ||**-leté, e,** a. (fœjt*é*). blätterig. ||[pâte] blätter... ||**-leter** (fœjt*é*). [livre] durchblättern. ||**-leton** m. (jt*o*^n^). «Feuilleton», -s, n. ||**-letoniste** m. (jtò*nist*). Feuilletonist, -en, -en. ||**-lette** f. (j*è*t). Fäßchen, n. ④ [etwa 110 l]. ||**-lu, e,** a. (j*ü*). dicht belaubt. ||**-lure** f. (j*ür*). Falz, m. ①.
feu||trage m. (fötraj). Filzen, n. ||**-tre** m. (fötr). Filz. ||**-trer** (tr*é*). filzen.
fève f. (fäw). Bohne.
février m. (wr*ié*). Februar.
Fez npr. m. (fèz). Fez, n. ④.
fi!, fi donc! (do^n^k), interj. pfui! *Fi de...,* pfui über [*acc.*] *Faire* fi de,* verachten.
fiacre m. (fiakr). Droschke, f.
fi||ançailles f. pl. (a^n^s*a*j). Verlobung, f. sing. ||**-ancé, e,** m., f. (s*é*). Verlobte[r], a. s. ||**-ancer** (s*é*). [à] verloben [mit].
fiasco m. (k*o*). Mißerfolg. *Faire* fiasco,* durchfallen*.
fibr||e f. (fibr). Fiber, Faser. ||**-eux, euse,** a. (br*ö*, **z**). faserig. ||**-ine** f. (*ì*n). Fibrin, n. ||**-ôme** m. (*o*m). Fibrom, n. ①.
fi||celer (fisl*é*). zubinden*, schnüren. ||*Fam.* : *mal ficelé,* schlecht gekleidet. ||**-celle** f. (s*è*l). Bindfaden, m. ③. ||*Fam.* [artifice] Kniff, m. ||a. *fam.* verschmitzt.
fi||che f. (fisch). [de jeu] Spielmarke. ||[bulletin] Zettel, m. ④. ||[électrique] Stecker. m. ④. ||[se], *Pop.* [pour *se ficher*]. V. *ficher.* ||**-cher** (sch*é*). [pieu, etc.] einschlagen*. ||*Pop. fiche* [pp. *fichu*], tun*; [mettre] setzen; [donner] geben*, etc. Ex. : *ne rien fiche,* nichts tun; *fiche à la porte,* hinausjagen; *fichez-moi la paix!,* laßt mich in Ruhe!; *fiche-moi le camp!,* mach' daß du fortkommst!; *ficher dedans,* betrügen*. ||réfl. : *je m'en fiche,* es ist mir einerlei. ||**-chier** m. [personne] Personalkartei, f., Kartothek, f. || **-chtre!** interj. (fischtr), *pop.* zum Henker! ||**-chu, e,** (sch*ü*). pp. v. *ficher, pop.* : *il est fichu,* er ist verloren; *un fichu métier,* ein elendes Handwerk; *mal fichu,* schlecht gekleidet, krank. ||m. Busentuch, n. ②.
fic||tif, ive, a. (*if, ì*w). erdichtet,, Schein... ||**-tion** f. (s*io*^n^). Erdichtung.
fi||dèle a. (d*è*l). treu. ||**-délité** f. (t*é*). Treue. ||**-duciaire** a. (düs*iär*). *Monnaie fiduciaire,* Papiergeld, n.

fi||ef m. (fièf). Lehen, n.④. ||**-effé, e,** a. (fé). *Fig.* [coquin] vollendet, Erz...

fi||el m. (fièl). Galle, f. ||**-elleux, euse,** a. (*ö*, **z**). gallig.

fiente f. (fiant). Kot, m. spl.

fier [se] (fié) [à]. trauen, intr. [*dat.*]. sich verlassen* [auf, *acc.*].

fi||er, ère, a. (fiär) [de]. stolz [auf. *acc.*]. *Fier-à-bras,* Eisenfresser ④, Bramarbas. ||**-èrement** adv. (fiär-man). V. *fier* a. ||**-erté** f. (té). Stolz, m.

fi||èvre f. (fiäwr). Fieber, n. ④. ||**-évreux, se,** a. (*ö*, **z**). fieberhaft.

fifre m. (fifr). Querpfeife, f.

fi||gé, e, a. (jé). geronnen. ||**-ger** (jé). gerinnen* machen. ||[**se**]. gerinnen*, intr. [*sein*].

fignoler (finjolé), *fam.* sorgfältig ausführen.

fi||gue f. (fig). Feige. ||**-guier** m. (gié). Feigenbaum.

fi||gurant, e, m., f. (güran, t). Statist, -en, -en, in. ||**-guration** f. (sion). bildliche Darstellung. ||**-gure** f. (gür). Gestalt, Figur. ||[visage] Gesicht, n. ②. ||[style] Bild, n. ②, bildlicher Ausdruck, m. *Faire* bonne figure,* in großem Ansehen stehen*. ||**-guré, e,** a. (güré). bildlich. *Au figuré,* im bildlichen Sinne. ||**-gurer** (güré). bildlich darstellen. ||[**se**]. sich einbilden. ||**-gurine** f. (gürin). Modebild, n. ②. ||[timbre-poste] Postwertzeichen, n. ④.

fi||l m. (fìl) Faden ③. ||[retors] Zwirn. ||[à rets] Garn, n. ①. ||de métal] Draht. ||[tranchant] Schärfe, f. ||*Fil à plomb,* Bleilot, n. ||LOC. *Donner du fil à retordre,* viel zu schaffen machen; *fil de la Vierge,* Sommerfaden; *ne tenir* qu'à un fil,* nur noch an einem Faden hängen*; *passer au fil de l'épée,* über die Klinge springen* lassen*. ||**-lament** m. (man). Faser, f. ||[ampoule] Glühfaden. ||**-landreux, euse,** a. (landrö, **z**). faserig. ||*Fig.* weitschweifig. ||**-lant, e,** a. (an, t). [liquide] dickflüssig. ||**-lasse** f. (às). Flachs, m. ||[étoupe] Werg, n. ||a. Flachs... ||**-lateur** m. (tœr). Spinnmeister ④. ||**-lature** f. (tür). Spinnerei. ||*Fam.* Verfolgung [durch Geheimpolizisten].

fi||le f. (fil). Reihe. ||[soldats] Rotte. ||*A la file,* hintereinander; *à la file indienne,* im Gänsenmarsch; *chef de file,* Vordermann; *feu de file,* Rottenfeuer, n. ||**-ler** tr. spinnen*. ||*Mar.* [nœuds] laufen*. ||*Fam.* [police] ausspähen. ||intr. [véhicule] fahren* [*sein*]. ||[bateau] segeln [*sein*]. ||*Fam.* [personnes] sich drücken. ||[lampe] blaken. ||LOC. *Filer doux,* klein beigeben*.

fi||let m. (lè). [petit fil] Fädchen, n. ④. ||[de pêche, etc.] Netz, n. *Coup de filet,* Zug. ||[langue] Zungenband, n. ||[trait] Strich. ||[viande] Lendenstück, n. ||*Archit.* Leistchen, n. ④. ||[de vis] Gewinde, n. ④. ||**-letage** m. (letaj). Gewinde, n. ||**-leter** (filté). [fil de fer] Draht ziehen*. ||[vis] Schrauben schneiden*. ||**-leur, euse,** m., f. (**œr**, **z**). Spinner ④.

fi||lial, e, m. pl. **aux,** a. (iàl, *o*). kindlich, Sohnes..., Tochter... ||**-liation** f. (sion). Abstammung. ||**-lière** f. (liär). Zieheisen, n. ④. ||*Fig.* Stufenfolge. ||**-liforme** a., fadenförmig. ||**-ligrane** m. (àn). Filigran, n. ①. ||[papier] Wasserzeichen, n. ④. ||**-lin** m. (lin). Tau, n. ①.

fill||e f. (fij). 1. [fém. de *fils*] Tochter ③. ||2. [fém. de *garçon*] Mädchen, n. ④. *Vieille fille,* alte Jungfer. ||[de mauvaise vie] Dirne. ||*Fille mère,* unverheiratete Mutter. ||**-ette** f. (fìjèt). 1. Töchterlein, n. ④. ||2. kleines Mädchen, n. ||*Fam.* Mädel, n. ④, Backfisch, m. ||**-eul, e,** m., f. (jœl). Patenkind, n. ②.

film m. Film, Filmstreifen ④. *Film documentaire,* Kulturfilm. ||*Phot.* Schmalfilm.

filmer (mé). verfilmen.

filon m. (lon). Ader, f. ||*Pop.* glücklicher Fund.

filoselle f. (zèl). Florettseide.

fi||lou m. (lu). Gauner ④. ||[au jeu] Mogler ④. ||**-louter** (té). stehlen*. ||[jeu] mogeln. ||**-louterie** f. (tri). Gaunerstreich, m.

fils m. (fìs). Sohn.

fil||trage m. Filtrieren, n. ||**-tre** m. Filter ④. ||**-trer.** durchseihen, filtrieren. [lumière] Dringen*.

fîmes. V. *faire**.

fin f. (fi^{n}). Ende, -n, m. ‖ [d'ouvrage] Schluß, m. ‖ [but] Ziel, n. ‖ LOC. *A la fin,* am Ende; *aux fins de...,* zum Zweck; *en fin de compte,* schließlich; *en venir* à ses fins,* sein Ziel erreichen; *fin de non-recevoir,* Abweisung; *mener à bonne fin,* glücklich zu Ende führen; *mettre* fin à,* ein Ende machen [*dat.*]; *prendre* fin,* ein Ende nehmen*; *tirer à sa fin,* zu Ende gehen*; *à toutes fins* [*utiles*], für alle Fälle.

fin, e, a. (fi^{n}, ìn). fein. ‖ [ténu] dünn. ‖ [sens] scharf. ‖ [sagace] scharfsinnig. ‖ [rusé] schlau.

final, e, m. pl. [selten] **aux** (*à*l, *o*). End..., Schluß...

fi‖nale f. (n*a*l). *Sports.* Endkampf, m., Endlauf, m. ‖**-nalement** adv. (àlm*a*^{n}). schließlich.

fi‖nance f. (*a*^{n}s). [argent comptant] : *moyennant finance,* gegen bar. ‖ [monde financier] Finanzwelt. ‖pl. Finanzwesen, n. spl. ‖**-nancer** (a^{n}s*é*). bezahlen. ‖**-nancier** m. (s*ié*). Finanzmann, ...leute. ‖a., f. **ière** (*iä*r). Finanz...

fi‖nasser (s*é*). Kniffe gebrauchen. ‖**-nasserie** f. (asr*i*). Kniff, m. ‖**-naud, e,** a. (n*o*, d). pfiffig.

fi‖ne f., *fam.* Kognak, m. ‖**-nesse** f. (*è*s). Feinheit. ‖ [ruse] Schlauheit. ‖ [des sens] Schärfe.

fi‖ni, e, p. a. (n*i*). vollendet. ‖m. Vollkommenheit, f. ‖**-nir** (*i*r). tr. beenden, beendigen. ‖ [discours, lettre] schließen*. ‖*En finir* [avec], fertig werden* [mit]. ‖intr. enden. *Avoir* fini,* zu Ende sein*. ‖**-nissage** m. (*à*j). Vollendung, f.

Finlan‖dais, e, m., f. (finla^{n}d*ä*, **z**). Finnländer ④, in. ‖a. finnisch, finnländisch. ‖**-de** npr. f. (*a*^{n}d). Finnland, n.

fiole f. (fiòl). Fläschchen, n. ④.

fiord m. (fiòr). Fjord ①.

fioriture f. (t*ü*r). Verzierung. ‖*Mus.* Koloratur.

firent (fir). V. *faire**.

firmament m. (m*a*^{n}). Himmelsgewölbe, n.

firme f. Firma, ...men.

fis (fi). V. *faire**.

fis‖c m. (fisk). Fiskus. ‖**-cal, e,** m. pl. **aux,** a. (*à*l, *o*). fiskalisch.

fissure f. (s*ü*r). Ritze.

fistule f. (t*ü*l). Fistel.

fit (fì). V. *faire**.

fixage m. (*a*j). *Phot.* Fixieren, n. *Bain de fixage,* Fixierbad, n.

fi‖xe a. (fix). fest, unbeweglich. ‖ [regard] starr. ‖*Beau fixe,* beständig. ‖*Mil. Fixe!* stillgestanden! ‖m. festes Gehalt, n. ‖**-xer** (x*é*). befestigen. ‖ [établir] festsetzen, fixieren. ‖**-xité** f. (t*é*). Festigkeit, Beständigkeit.

flacon m. (k*o*^{n}). Fläschchen, n. ④.

fla-fla m. (fl*à*). *Fam.* Großtuerei, f.

fla‖gellation f. (jel'lasi*o*^{n}). Geißelung. ‖**-geller** (l*é*). geißeln.

fla‖geoler (jòl*é*). [jambes] schlottern. ‖**-geolet** m. (jòlè). Flötchen, n. ④. ‖ [haricot] kleine weiße Bohne, f.

fla‖gorner (n*é*). fuchsschwänzen, *fam.* [*dat.*]. ‖**-gorneur, euse,** m., f. (n**œ**r, *ö***z**). Fuchsschwänzer ④, in, Speichellecker ④, in.

flagrant, e, a. (*a*^{n}, t). offenbar. *En flagrant délit,* auf frischer Tat.

flair‖ m. (flär). feine Witterung, f. ‖*Fig.* Spürsinn. ‖**-er** (r*é*). wittern. ‖*Fig.* spüren.

fla‖mand, e, a. (*a*^{n}, d). flämisch, flandrisch. ‖m., f. Flamländer ④, in, Flame, min, Fläme, -n, -n, ...min. ‖**-mant,** m. (*a*^{n}). Flamingo, s-.

flam‖bant, e, p. a. (b*a*^{n}, t). V. *flamber. Flambant neuf,* nagelneu. ‖**-bart** m. (*a*r), *fam.* flotter Kerl. ‖**-beau, x,** m. (b*ô*). Fackel, f. *Retraite aux flambeaux,* Fackelzug, m. ‖*Fig.* Leuchte, f. ‖**-bée** f. (b*ée*). hell aufloderndes Feuer, n. ‖**-ber** (b*é*), intr. flammen, lodern. ‖tr. [volaille] absengen. ‖ [instrument] abflammen. ‖**-berge** f. (*e*rj). Flamberg ①, Hieber, m. ④. ‖**-boiement** m. (b^{o}am*a*^{n}). Flammen, n., Lodern, n. ‖**-boyant, e,** p. a. (b^{o}aj*a*^{n}, t). flammend, lodernd. ‖**-boyer** (b^{o}aj*é*). flammen, lodern.

flamingant, e, a. (mi^{n}g*a*^{n}, t). flämisch gesinnt.

flamm‖e f. (flàm). Flamme. ‖*Fig.* Liebe. ‖ [banderole] Wimpel, m. ‖**-èche** f. (*e*sch). [fliegendes] Flämmchen, n. ④.

flan m. (fla^{n}). Fladen ④.

fl‖anc m. (*a*^{n}). Weiche, f. ‖ [côté] Seite, f. ‖ [paroi] Wand, ¨e, f.

||pl. [de la mère] Schoß, spl. ||**-ancher** (sché), *pop.* zurückweichen*.

Fl||andre [s] f. [pl.] (a^n^dr). Flandern, n. ||**-andrin** m. (dri^n^). langer Schlingel ④.

flanelle f. (anèl). Flanell, m. ①.

flân||er (né). umherschlendern [*sein*], *fam.* bummeln. ||**-erie** f. (^e^ri). Umherschlendern, n. spl., Bummeln, n. spl. ||**-eur, euse,** m., f. (œr, öz). Bummler ④, in.

flanquer (a^n^ké) [de]. flankieren [mit]. ||*Pop.* [jeter, lancer] : *flanquer à la porte,* hinausschmeißen*.

flaque f. (àk). Pfütze, Lache.

flasque a. (ask). schlaff.

fl||atter (té). schmeicheln, intr. [*dat.*]. ||**-atterie** f. (tri). Schmeichelei. ||**-atteur, euse,** a. (tœr, öz). schmeichlerisch. ||m., f. Schmeichler ④, in.

fl||atulent, e, a. (tüla^n^, t). blähend. ||**-atuosité** f. (tüozité). Blähung.

fléau, x, m. (fléo). [à battre] Flegel ④. ||[de balance] Waagebalken ④. ||[calamité] Plage, f.

fl||èche f. (esch). Pfeil, m. ||[tour] Turmspitze. ||[de voiture] Lenkbaum, m. ||[de lard] Speckseite. ||**-échette** f. (schèt). Pfeilchen, n. ④.

fl||échir (schir). tr. beugen, biegen*. ||[attendrir] erweichen ||intr. [faiblir] weichen* [*sein*]. ||[céder] nachgeben*. ||[cours] fallen* [*sein*]. ||**-échissement** m. (isma^n^). Weichen, n. ||**-échisseur** a. m. (sœr) [muscle]. Beugemuskel.

fl||egmatique a. (tik). phlegmatisch. ||m. Phlegmatiker ④. ||**-egme** m. Kaltblütigkeit, f., Phlegma, n.

flem||mard a. (mar). latschig. ||**-me** f. (flèm). *Pop.* Faulenzerei.

fl||étri, e, a. (tri). welk. ||**-étrir** (ir). welken. ||[criminel] brandmarken. ||[déshonorer] schänden. ||[**se**]. verwelken, intr. [*sein*]. ||**-étrissure** f. (ür). [au fer] Brandmarkung. ||[déshonneur] Schandfleck, m.

fleur|| f. (flœr). Blume. ||[floraison et *fig.*] Blüte. ||pl. [de rhétorique] Floskeln. ||*Fig. La fine fleur,* das Beste, das Feinste [von]. ||*A fleur de...,* in [auf] gleicher Höhe mit; *à fleur de peau,* auf der Oberfläche der Haut. ||**-aison** f. V. *floraison.* ||**-delisé, e,** a. (dœlizé). Lilien... ||**-er.** V. *flairer.* ||**-et** m. (ré). Florett, n. ①. ||**-ette** f. (èt). Blümchen, n. ④. *Fam. Conter fleurette,* Süßholz raspeln.

fleur||i, e, a. (i). blühend. ||[style] blumenreich. ||**-ir.** intr. blühen. ||tr. mit Blumen schmücken. ||**-iste** m. et f. (ist). [jardinier] Blumengärtner ④, in. ||[marchand] Blumenhändler ④, in. ||f. Blumenmädchen, n. ④. ||**-on** m. (o^n^). Blumenzierat, -en.

fleuve m. (flœw). [großer] Fluß. Strom.

flex||ibilité f. (té). Biegsamkeit. ||**-ible** a. (ibl). biegsam. ||**-ion** f. (io^n^). Biegung, Beugung.

flibus||ter (büsté), *fam.* stehlen*. ||**-tier** m. (tié). Freibeuter ④. Seeräuber, ④.

flic|| m., *pop.* Polizist, -en, -en. ||**- -flac!** interj. klippklapp!

flingot m. (i^n^go), *pop.* Flinte, f.

fl||irt m. (œrt *ou* irt). Liebelei, f., Schäkern, n. ||**-irter** (té). schäkern, Liebelein treiben.

flo||che a. (òsch). weich. *Soie floche,* Flockseide, f. ||**-con** m. (ko^n^). Flocke, f. ||**-conneux, euse,** a. (ònö, z). flockenartig, flockig.

flonflon m. (o^n^). Straßenliedreim.

flo||raison f. (räzo^n^). Blühen, n. ||**-ral, e,** m. pl. **aux,** a. (àl, o). Blumen... ||**-re** f. (òr). Flora. ||**-réal** m. (réàl). Blütenmonat.

Flo||rence npr. f. (a^n^s). Florenz, n. ||**-rentin, e,** a. (a^n^ti^n^, ìn). florentinisch. ||m., f. Florentiner ④, in.

flo||rès [faire*] (rès). Erfolg haben*, florieren. ||**-rilège** m. (lèj). Blumenlese, f. ||**-rin** m. (i^n^). Gulden ④. ||**-riss...** V. *fleurir**. ||**-rissant, e,** a. blühend.

flo||t m. (flô). Flut, f. ||[vague] Woge, f. ||*Fig.* [torrent] Strom. *A flots,* stromweise. ||[foule] Menge, f. ||**-ttage** m. (taj). Flößen, n. ||**-ttaison** f. (täzo^n^). *Ligne de flottaison,* Wasserlinie. ||**-ttant, e,** p. a. (ta^n^, t). [dette, population] schwebend. ||a. [caractère] wankelmütig. ||**-tte** f. (flòt). Flotte. ||*Pop.* Wasser, n. ||**-ttement** m. (flòtma^n^). Schwanken, n. ||**-tter** (té). intr. schwimmen*. ||*Fig.* schwanken. ||tr. [bois] flößen. ||**-tteur** m. (tœr). [de bois] Flößer ④. ||[instrument]

Schwimmer ④. ‖[machines] Wasserstandmesser ④. ‖**-ttille** f. (*tij*). Flottille.

flou, e, a. (flù). flau, weich. ‖[peinture] verschwommen. ‖m. Weichheit, f. ‖Verschwommenheit, f.

fluctuation f. (üktüas*io*ⁿ). Schwankung.

fluet, te, a. (üè, t). dünn. ‖[amaigri] schmächtig.

fl‖uide a. (ü*id*). flüssig. ‖m. Flüssige[s], a. s. n. ‖[courant] Strom. ‖**-uidité** f. (*té*). Flüssigkeit. ‖**-uidifier** (*fié*). verflüssigen. ‖**-uor** m. (üor). Fluor, n.

fl‖ûte f. (flüt). Flöte. ‖[pain] längliches Brötchen, n. ④. ‖[à champagne] Schaumweinglas, n. ②. ‖interj. *fam.* zum Henker! ‖**-ûté, e,** a. (*té*). Flöten... ‖**-ûtiste** m. (*ist*). Flötenspieler ④.

fl‖uvial, e, m. pl. **aux,** a. (üw*ià*l, *io*). Fluß... ‖**-ux** m. (flü). Flut, f. ‖**-uxion** f. (flüks*io*ⁿ). Anschwellung. ‖— *de poitrine,* Lungenentzündung.

foc m. *Mar.* Klüver ④. Fock.

focal, e, a. (*à*l). *Distance focale,* Brennlinie.

fœtus m. (fét*ü*ss). Leibesfrucht, ¨e, f.

foi f. (fᵒa) [dans, en] Glaube, -ns, m. [an, *acc.*]. *Ajouter foi,* Glauben schenken [*dat.*]; *bonne foi,* Redlichkeit; *de bonne foi,* mit gutem Glauben; *faire* foi de,* bezeugen; *foi d'honnête homme!,* auf Ehrenwort!; *mauvaise foi,* Unredlichkeit; [*par*] *ma foi!,* meiner Treue!

foie m. (fᵒa). Leber, f. : *pâté de — gras,* Gänseleberpastete, f.

foin m. (foiⁿ). Heu, n. *Faire* les foins,* Heu machen. ‖LOC. *Avoir* du foin dans ses bottes,* Geld wie Heu haben*. ‖interj. *Foin de...!* pfui über [*acc.*].

foir‖e f. (fᵒar). Jahrmarkt, m. ‖[grande] Messe. ‖*Pop.* [diarrhée] Durchfall, m. ‖**-er** (*ré*), *pop.* Durchfall haben*. ‖**-eux, euse,** m., f. *pop.* Hosenscheißer ④, in.

fois f. (fᵒa). Mal, n. ①. *Une fois, deux fois,* etc., ein-, zweimal usw. ‖LOC. *A la fois,* auf einmal; *bien des fois,* sehr oft; *combien de fois?,* wie oft?; *pour la première* [etc.] *fois,* zum erstenmal usw; *toutes les fois que...,* so oft....; *une fois pour toutes,* ein für allemal; *une fois que...,* wenn...erst; *une fois sur deux* [*de deux fois l'une*], einmal um das andere.

foi‖son [**à**] (*zo*ⁿ). im Überfluß. ‖**-sonner** (zòné). im Überfluß verhanden sein*. ‖[en] Überfluß haben*. [an, *dat.*].

fo‖l, le (fòl). V. *fou.* ‖**-lâtre** a. (*a*tr). munter. ‖[badin] schäkernd. ‖**-lâtrer** (*tré*). munter umherspringen*. ‖[badiner] schäkern.

foliacé, e, a. (*sé*). blattartig.

fo‖lichon, ne, a. (sch*o*ⁿ, *ò*n). *Fam.* närrisch. ‖**-lichonner** (schòné). schäkern. ‖**-lichonnerie** f. (schònr*i*). Schäkerei. ‖**-lie** f. (*li*). [maladie] Wahnsinn, m. ‖[insanité] Narrheit, Verrücktheit. ‖[absence de jugement] Tollheit, Torheit. ‖*Aimer à la folie,* vernarrt sein* [in, *acc.*].

fo‖lio m. (*io*). Blatt, n., Seite, f. ‖**-lioter** (*té*). beziffern [Seiten].

folklore m. (folklor). Volkskunde, f.

fo‖lle. V. *fou.* ‖**-llet, te,** a. (lè, t). [cheveux] dünn, spärlich. *Feu follet,* Irrlicht, n.; *poils follets,* Flaumbart, m. ‖**-lliculaire** m. (fol'-likülär-). Zeitungsschmierer ④. ‖**-llicule** m. (k*ü*l). Balgkapsel, f.

fomenter (maⁿ*té*). bähen. ‖*Fig.* [désordre] erregen.

fon‖cé, e, a. (foⁿ*sé*). dunkel. ‖**-cer** (*sé*). intr. [sur] losstürzen [*sein*] [auf, *acc.*]. ‖[couleur] dunkler werden*. ‖ tr. dunkler machen. ‖**-cier, ère,** a. (*sié*, *iär*). [impôt, etc.] Grund... *Crédit foncier,* Bodenkredit. ‖*Fig.* [qualités] Grund... ‖**-cièrement** adv. von Grund aus.

fonc‖tion f. (foⁿks*io*ⁿ). [emploi] Amt, n. ②. *En fonctions,* im Dienste. ‖[organes et *Math.*] Funktion. ‖**-tionnaire** m. (sionär). Beamte[r], a. s. ‖**-tionnarisme** m. (r*i*sm). Bürokratentum, n. ‖**-tionnement** m. Gang. ‖**-tionner** (sion*é*). fungieren. ‖[machine] arbeiten.

fon‖d m. (foⁿ). Grund. ‖*Au fond,* im Grunde. ‖[tonneau, vase, pantalon] Boden ④. ‖[arrière-plan] Hintergrund. ‖[maison, local] Hinter... ‖*Fig.* [style] Inhalt. ‖LOC. *A fond,* gründlich; *à fond de train,* in größter Eile; *article de fond,* [journal], Leitartikel; *au fin fond,* tief nach...hinein; *de fond en* *comble,* von Grund aus. ‖**-damental, e,** m. pl. **aux,** a. (maⁿtàl, ò). wesentlich, Grund...

fondant, e, p. a. (daⁿ, t). V. *fondre.* ‖[fruits] saftig. ‖m. Schmelzungsmittel, n. ④. ‖[bonbon] gefülltes Zuckerwerk, n. spl.

fon‖dateur, trice, m., f. (tœr, trìs). Gründer ④, in, Stifter ④, in. ‖**-dation** f. (sioⁿ). Gründung. ‖[œuvre] Stiftung. ‖pl. [bâtiment] Grundgemäuer, n. spl. ‖**-dé, e,** p. a. (dé). [sur] begründet [auf. *acc.*]. ‖[à, autorisé] berechtigt [zu]. ‖*Fondé de pouvoir,* Bevollmächtigte[r], a. s. m. *Comm.* Prokurist, -en, -en. ‖**-dement** m. (foⁿdmaⁿ). Grundlage, f. ‖[motif] Begründung, f. ‖*Anat.* After. ‖**-der** (dé). gründen. ‖[œuvre] stiften. ‖*Fig.* [motiver] begründen.

fon‖derie f. (dri). Gießerei. ‖**-deur** m. (dœr). Gießer ④. ‖**-dre** (foⁿdr). intr. schmelzen* [*sein*]. ‖[en larmes] zerfließen* [*sein*]. ‖[se dissoudre] sich auflösen. ‖[disparaître] dahinschwinden* [*sein*]. ‖[maigrir] abmagern [*sein*]. ‖[se jeter sur] sich stürzen [auf, *acc.*]. ‖tr. schmelzen. ‖[métaux] gießen*. ‖[se]. [couleurs] sich verschmelzen*.

fondrière f. (driär). Höhlung.

fonds m. (foⁿ). Grund und Boden. ‖*Fonds de commerce,* Handelsgeschäft, n. ‖*Fonds de librairie,* Verlagsbuchhandlung, f. ‖[capital] Kapital, -ien, n. : *fonds de roulement,* Betriebskapital, n.; *à fonds perdu,* auf Leibrente, f. ‖pl. Barschaft, f., Gelder, n. pl. : *être* en fonds,* bei Gelde sein*.

font (foⁿ). V. *faire*.*

fon‖taine f. (tän). Brunnen, m. ④. ‖**-tainier** m. (tänié). Brunnenmacher ④. ‖**-tanelle** f. (nèl). Fontanell, n. ①. ‖**-te** f. (foⁿt). [glaces] Schmelzen, n. ‖[métaux] Gießen, n., Guß, m. ‖[de fer] Gußeisen, n. ‖[de selle] Pistolenhalfter, m. ④.

fonts baptismaux pl. (foⁿ batismo). Taufstein, m. sing.

for m. (fòr) : — *intérieur,* Gewissen, n.

forage m. (âj). Bohren, n. spl.

forain, e, a. (iⁿ, än). auswärtig. *Marchand forain,* Meßkrämer ④.

forban m. (baⁿ). Seeräuber ④.

for‖çat m. (sa). Galeerensklave, -n. -n. ‖[en Allemagne] Karrengefangene[r], a. s. ‖**-ce** f. (fòrs). [faculté, énergie] Kraft, ¨e. ‖[corporelle, intensité] Stärke. ‖[puissance] Macht, Gewalt. ‖[contrainte] Zwang, m. ‖pl. *Mil.* Streitkräfte. ‖*A force de [prier, travailler,* etc.], durch vieles Bitten, Arbeiten usw.; *à toute force,* mit aller Gewalt; *de* [ou *par*] *force,* mit Gewalt; *de toutes ses* [*mes,* etc.] *forces,* nach [aus allen] Kräften; *de vive force,* mit offener Gewalt; *force majeure,* höhere [zwingende] Gewalt ; *force*[*s*] *supérieure*[*s*], übermacht, spl.; *tour de force, fig.,* Kunststück, n. ‖adv. viel. ‖**-cé, e,** p. a. (sé). gezwungen. ‖**-cément** adv. (maⁿ). notwendig, notgedrungen. ‖**-cené, e,** a. (né). rasend, toll.

forceps m. (seps). Geburtszange, f.

forcer (sé). [à] zwingen* [zu]. ‖[contraindre] nötigen [zu]. ‖[obtenir de force] erzwingen*. ‖[serrure, etc.] sprengen. ‖*Fig.* [exagérer] übertreiben*. ‖[surmener] übermäßig anstrengen. ‖[pas] beschleunigen.

forer (ré). bohren.

forestier, ère, a. (tié, iär). Forst... *Garde forestier,* Förster ④.

foret m. (rè). Bohrer ④.

forêt f. (rä). Wald, m. ② : — *vierge,* Urwald, m.

for‖faire* (fär). pflichtwidrig handeln : *forfaire* à l'honneur,* ehrenwidrig handeln. ‖**-fait** m. (fä). Freveltat, f. ‖[contrat] Akkord ①. ‖**-faiture** f. (fòrfätür). Pflichtverletzung.

forfanterie f. (faⁿtri). Prahlerei.

for‖ge f. (forj). Schmiede. ‖[usine] Eisenhütte. ‖**-ger** (jé). schmieden. ‖**-geron** m. (jeroⁿ). Schmied.

for‖maliser [se] (zé). [de]. übelnehmen*, tr. ‖**-maliste** m. (ist). Formalist, -en, -en. ‖**-malité** f. (té). Förmlichkeit. *C'est une simple formalité,* das ist eine bloße Formsache. ‖**-mat** m. (mà). Format, n. ①, Größe, f. ‖**-mateur, trice,** a. (tœr, tris). bildend. ‖m., f.

Bildner ④, in. ||**-mation** f. (*sio*n). Bildung. ||**-me** f. (fòrm). Form, Gestalt. *Pour la forme,* der Form wegen; *sans autre forme de procès,* ohne Weiteres. ||[de cordonnier] Leisten, m. ④. ||[de chapelier, etc., moule] Form. ||pl. Manieren, Formen. ||**-mel, le,** a. (èl). förmlich. ||[exprès] ausdrücklich. ||**-mer** (*mé*). bilden. ||[façonner] gestalten.

formidable a. (*à*bl). furchtbar.

formique a. (*i*k). Ameisen...

formol m. (*ò*l). Formol, n.

for||mulaire m. (mülär). Formular, n. ①. ||**-mule** f. (*ü*l). Formel. ||**-muler** (mülé). formulieren. ||[rédiger] abfassen. || [ordonnance] verschreiben*. || [exprimer] aussprechen*.

forniquer (*ké*). Unzucht treiben*.

for||t, e, a. (fòr, t). stark. ||kräftig. ||V. *force.* ||[habile] geschickt, tüchtig [in, *dat.*]. ||[fortifié] befestigt. *Place forte,* Festung. ||*C'est trop fort!,* es ist zu arg! ; *se faire* fort de...,* sich anheischig machen, zu... ||adv. [très] sehr, recht. ||m. Fort, -s, n. ||**-te** adv. (*té*). *Mus.* forte. ||**-tement** adv. V. *fort.* ||**-teresse** f. (t^erès). Festung. ||**-tifiant, e,** a. (*fia*n, t). ||m. stärkendes Mittel, n. ||**-tification** f. (*sio*n). Befestigung. ||[ouvrage] Festungswerk, n. ||**-tifier** (*fié*). stärken. ||*Mil.* befestigen. ||**-tin** m. (t*i*n). kleines Fort, -s, n. ||**-tiori [a]** adv. (sio-). mit um so mehr Recht.

for||tuit, e, a. (t*üi*, t). zufällig. ||**-tune** f. (*ü*n). *Myth.* Fortuna. ||[bonheur] Glück, n. *Bonne fortune,* Glück, n.; *mauvaise fortune,* Unglück, n. ||[richesse] Vermögen, n. spl. *Faire* contre fortune bon cœur,* gute Miene zum bösen Spiele machen. ||**-tuné, e,** a. glücklich.

foss||e f. (fôß). Grube. ||— *nasale,* Nasengrube. ||[caveau] Gruft, ¨e. ||**-é** m. (*sé*). Graben ③. ||**-et.** V. *fausset.* ||**-ette** f. (èt). Grübchen, n. ④.

fossile a. (*i*l). fossil. ||*Fig.* veraltet. ||m. Fossil, -ien, n.

fossoyeur m. (^oaj*œ*r). Totengräber ④.

fou (*fu*) [devant une voyelle ou un *h* non aspiré] **fol, le,** a. (fù, fòl). närrisch, toll. ||[aliéné] wahnsinnig. ||[détraqué] verrückt. ||[à lier] tobsüchtig. ||*Fig.* [excessif] übermäßig. ||[amoureux de] vernarrt [in, *acc.*]. ||m., f. Narr, -en, -en, ¨in. ||[insensé], Tor, -en. -en, m. ||[bouffon] Hofnarr, m. ||[échecs] Läufer ④, m.

fouailler (fuajé). durchpeitschen.

fou||dre f. (fùdr). Blitz[strahl, -en], m. ||m. [tonneau] Fuder, n. ④. ||**-droyant, e,** p. a. (dr^oaj*a*n, t). [apoplexie] plötzlich, jäh, blitzartig. ||**-droyer** (dr^oajé). mit dem Blitze erschlagen*. ||*Fig.* niederdonnern, niederschmettern.

fou||et m. (fuè). Peitsche, f. *Donner le fouet à,* peitschen. ||**-etter** (*té*). peitschen. ||[crème] schlagen*.

fougère f. (jär). Farnkraut, n. ②.

fou||gue f. (*fu*g). Feuer, n. ||[impétuosité] Ungestüm, m. ||**-gueux, euse,** a. (gö, z). feurig, stürmisch.

fouill||e f. (fuj). Ausgrabung. ||[douane] körperliche Visitation. ||**-er** (fujé). durchwühlen. ||[terrain] ausgraben*. || [personnes, maison] durchsuchen. ||[dans qc.] ausforschen. ||**[se].** seine Taschen durchsuchen. ||*Pop.* [se passer de] entbehren. ||**-eur** m. (*œ*r). *Fig.* [chercheur] Grübler ④. ||**-is** m. (fuj*i*). Durcheinander, n. spl., Wirrwarr, spl.

fou||inard, e, m., f. (fuin*a*r, d), *fam.* Aufstöberer ④, in. ||**-ine** f. (fuìn). Hausmarder, m. ④. ||**-iner** (*né*). auf- *ou* durchstöbern.

fouir (*i*r). aufgraben*.

foulage m. (*a*j). Walken, n. ||[raisin] Keltern, n.

foulard m. (*a*r). Halstuch, n. ②. ||[étoffe] weiches Seidentuch, n.

fou||le f. (fùl). [multitude] Menge. ||[presse] Gedränge, n. spl. ||[peuple] Volksmenge. ||[public] der große Haufen, m. ||**-lé, e,** a. (*lé*), *fam.* gedrängt voll. ||**-ler** (*lé*). [aux pieds] treten* [unter die Füße, *fig.* mit Füßen]. ||[écraser] zertreten*. ||[raisin] keltern. ||*Fig.* [sol] betreten*. || [drap, etc.] welken. ||**[se].** [pied, etc.] sich [den Fuß usw.] verstauchen. ||*Pop.* sich ermüden. ||**-lon** m. (*o*n).

Walker ④. ‖[machine] Walke, f., Walkmühle, f. ‖**-lure** f. (*ür*). Verstauchung.

four m. (fur). Ofen ③. ‖[à cuire] Backofen. ‖*Fam.* Durchfallen, n. spl. [e. Stückes, usw.]. ‖*Petits fours,* kleines Gebäck, n. spl.

four‖be (furb). betrügerisch. ‖[fripon] schurkisch. ‖**-berie** f. (b^e^r*i*). Betrügerei. ‖Schurkerei.

fourbir (*ir*). putzen.

fourbu, e, a. (b*u*). [cheval] verfangen. ‖*Fig.* [homme] totmüde.

four‖che f. (fursch). [Heu-, Mist-] Gabel. ‖[bifurcation] Gabelung. ‖[carrefour] Kreuzweg, m. ‖**-chée** f. (*ee*). Gabelvoll, inv. ‖**-cher** (sché). *Fig. La langue m'a fourché,* ich habe mich versprochen. ‖**-chette** f. (*èt*). [Eß-] Gabel, ‖**-chu, e,** a. (sch*ü*). gabelförmig.

four‖gon m. (g*o*^n^). [bagages] Pack-, Gepäck-, [marchandises] Güter- [munitions] Munitionswagen ①. ‖**-gonner** (òn*é*). [feu] schüren. ‖*Fig.* [farfouiller] umherstöbern.

four‖mi f. (m*i*). Ameise. ‖**-milier** m. (l*ié*). Ameisenbär, -en, -en. ‖[oiseau] Ameisendrossel, f. ‖**-milière** f. (l*iär*). Ameisenhaufen, m. ④. ‖**-miller** (mij*é*). [de]. wimmeln [von].

four‖naise f. (n*äz*). Schmelzofen, m. ③. ‖*Fig.* Glut. ‖**-neau, x,** m. (n*o*). Kochofen ③. ‖*Haut fourneau,* Hochofen. ‖**-née** f. (n*ée*). Ofenvoll, m. inv., et *fig.* Schub, m.

fourni, e, p. a. (n*i*). ‖a. [touffu] dicht. ‖[garni] reichlich ausgestattet.

fournil m. (*i*). Backstube, f.

four‖niment m. (m*a*^n^). Montur, f., Lederzeug, n. spl. ‖**-nir** (*ir*). [de]. versehen* [mit]. ‖[livrer] liefern. ‖[procurer] verschaffen. ‖[se] [chez]. kaufen [bei]. ‖**-nisseur** m. (s*œr*). Lieferant, -en, -en. ‖**-niture** f. (*ür*). Lieferung. ‖pl. [pour vêtements] Zutat, f. ‖[objets nécessaires] Bedarf, m. spl. ‖[accessoires] Zubehör, n. inv.

four‖rage m. (r*aj*). Futter, n. spl. ‖**-rager** (j*é*). Futter holen. ‖*Fig.* [fouiller] herumwühlen. ‖**-rager, ère,** a. (j*är*). Futter... ‖**-ragère** f. (j*är*). Futterwagen, m. ④ ‖*Mil.* [cordon] Fangschnur.

four‖ré, e, p. a. (r*é*). ‖[doublé de fourrure] Pelz... ‖[langue, etc.] überzogen. ‖m. Dickicht, n. ‖**-reau, x,** m. (r*ô*). Scheide, f. ‖**-rer** (r*é*). stecken. ‖[doubler] füttern [mit]. ‖*Fam.* [ds une affaire] verwickeln [in, *acc.*]. ‖**-reur** m. (*œr*). Kürschner ④. ‖**-rier** m. (r*ié*). Quartiermacher ④. ‖**-rière** f. (*iär*). Pfand stall, m., Hundestall, m. ‖**-rure** f. (*ür*). Pelz, m. ‖[marchandise] Pelz- *ou* Kürschnerware.

fourvoyer (w^o^aj*é*). irreführen, sép. ‖**[se].** sich verirren.

foyer m. (f^o^aj*é*). Herd. ‖[de poêle, etc.] Feuerraum. ‖*Phys. Math.* Brennpunkt ①. ‖[théâtre] Wandelhalle, f. ‖[centre] Mittelpunkt ①.

frac m. (*àk*). Frack.

frac‖as m. (k*â*). großer Lärm. ‖[des flots, vacarme] Getöse, n. ‖**-asser** (s*é*). zerschmettern.

frac‖tion f. (s*io*^n^). Bruchteil, m. ‖*Math.* Bruch, m. ‖[groupe] Parteigruppe. ‖**-tionnaire** a. (siònär). Bruch... ‖**-tionner** (siòn*é*). zerteilen. ‖**-ture** f. (t*ür*). [de porte, etc.] Aufbrechen, n. ‖[d'os, de jambe, etc.] Knochen-, Beinbruch, m. usw. ‖**-turer** (tür*é*). [membre] brechen*. ‖[porte] erbrechen*.

frag‖ile a. (j*il*). zerbrechlich. ‖*Fig.* [santé] gebrechlich. ‖[faible] schwach. ‖[choses] vergänglich. ‖**-ilité** f. Zerbrechlichkeit. ‖Gebrechlichkeit. ‖Schwachheit. ‖Vergänglichkeit.

fragment m. (agm*a*^n^). Bruchstück, n.

frai m. (frè). [acte] Laich. ‖[œufs] Rogen.

fraîch‖e (fräsch), **-ement** (m*a*^n^). V. *frais.* ‖**-eur** f. (*œr*). Frische. ‖Kühle. V. *frais.* ‖**-ir** (*ir*). frischer [*ou* kühler] werden*.

fr‖ais, aîche a. (frä, äsch), **-aîchement** adv. (fräschm*a*^n^). frisch. ‖[assez froid] kühl. ‖a. s. m. Kühle, f. *Prendre* le frais,* frische Luft schöpfen.

frais m. pl. [dépenses] Kosten, pl., Unkosten, pl. *A mes frais,* auf meine Kosten; *à grands* [*à peu de*] *frais,* mit großen [wenig] Kosten; *aux frais de...,* auf die Kosten [*gén.*]; *en être* pour ses frais,* das Nachsehen haben*; *faire* les frais de,* die Kosten [*gén.*] tragen*; *faire* ses frais,* auf seine Kosten kommen*; *se mettre* en frais,* sich eifrig bemühen; *frais payés,* kostenfrei; *frais généraux,* Geschäftskosten.

frais‖e f. (fräz). Erdbeere. ‖[de veau] Gekröse, n. ④. ‖[vêtement] Halskrause. ‖[outil] Fräse, Ausräumer, m. ④. ‖**-ier** m. (zié). Erdbeerstaude, f.

fram‖boise f. (fraⁿboaz). Himbeere. ‖**-boisier** m. Himbeerstrauch.

fran‖c, anche, a. (fraⁿ, sch). [libre] frei. *Port franc,* Freihafen; *corps franc,* Freischar, f.; *franc de port,* [porto]frei. ‖[sincère] freimütig. ‖[ouvert] offenherzig. ‖[complet] voll, ganz : *trois jours francs,* volle drei Tage. ‖**-chement,** adv., offen, frei heraus. ‖m. [peuple] Franke, -n, -n. ‖[monnaie] Frank[en], -en.

fran‖çais, e, a. (sä, z). französisch. ‖m. Franzose, -n, -n, ...ösin. ‖[langue] [das] Französisch[e], a. s. n. ‖**-c-comtois, e,** a. (fraⁿkoⁿtoa, z). hochburgundisch. ‖m. Hochburgundisch. ‖m. Hochburgunder ④, in.

Fran‖ce npr. f. (fraⁿs). Frankreich, n. ‖**-che-comté** f. (koⁿté). Freigrafschaft. ‖*Géogr.* Hochburgund, n.

fran‖chir (schir). über-, *inséparable,* combiné avec un verbe exprimant le mode d'action. Ex. : *übergehen, -schreiten*, -fahren*, -springen*, -steigen*,* etc. [franchir en marchant, au pas, en véhicule, en sautant, en montant, etc.]. ‖**-chise** f. (schiz). Freiheit. ‖[de taxe] Portofreiheit. *En franchise,* portofrei; [douanes] zollfrei. ‖[sincérité] Freimütigkeit. ‖Offenherzigkeit. V. *franc.*

franciscain, e, a. et s. m., f. (siskin, än). Franziskaner ④, in.

franciser (sizé). französieren.

fran‖c-maçon m. (soⁿ). Freimaurer ④. ‖**-c-maçonnerie** f. (sònri). Freimaurerei. ‖**-co** adv. (ko). franko, frei : *franco de port,* portofrei.

François, e, npr. m., f. (soa, z). Franz, -ens, Franziska.

fran‖cophile a. (fìl). Franzosenfreund, m. [a. -freundlich]. ‖**-cophobe** a. et s. (fôb). Franzosenfeind, m. [a. -feindlich].

fran‖c-parler m. (lé). *Avoir* son franc-parler,* freimütig sprechen* dürfen*. ‖**-c-tireur** m. (œr). Freischütz, -en, -en, -schärler ④.

fran‖ge f. (aⁿj). Franse. ‖**-gé, e,** a. (jé). gefranst.

frangin m. (jiⁿ). *Pop.* Bruder ③.

frangipane f. (jipàn). Frangipan, m.

franquette f. (kèt). *Fam. A la bonne franquette,* frank und frei.

fra‖ppant, e, p. a. (paⁿ, t). ‖a. [preuve] schlagend. ‖[de ressemblance] zum Sprechen ähnlich. ‖**-ppe** f. (àp). Gepräge, n. ‖**-ppé, e,** p. a. erstaunt. ‖a. [champagne] in Eis gekühlt. ‖**-pper** (pé). schlagen*. ‖[du pied] stampfen. ‖[monnaie] prägen. ‖[atteindre] treffen*. ‖[d'un droit] belegen [mit]. ‖*Fig.* [malheur, épreuve] heimsuchen, sép. ‖[sauter aux yeux] auffallen*, intr. [*sein*] [*dat.*]. ‖[surprendre] befremden. ‖intr. schlagen*. ‖[cogner] klopfen : *frapper à la porte,* an die Türe klopfen. ‖ [des mains] klatschen [in die Hände]. ‖[se]. erschrocken sein*.

frasque f. (ask). toller Streich, m.

fra‖ternel, le, a. (èl). brüderlich. ‖**-terniser** (zé). sich verbrüdern. ‖**-ternité** f. (té). Brüderschaft. ‖**-tricide** a. (sid). brudermörderisch. ‖m. [crime] Brudermord. ‖[auteur] Brudermörder.

fraud‖e f. (frôd). Betrug, m. spl. ‖[contrebande] Schmuggelei. ‖**-er** (dé). betrügen. ‖schmuggeln. ‖**-eur, euse,** m., f. (œr, öz). Schmuggler ④, in. ‖**-uleux, euse,** a. (ülö, z). betrügerisch. ‖schmugglerisch.

frayer (fräjé). tr. bahnen. *Se frayer un chemin,* sich Bahn brechen*. ‖intr. [poissons] laichen. ‖*Fam.* [avec qn] verkehren.

frayeur f. (œr). Schrecken, m.

fredaine f. (frœdän). Jugendstreich, m.

Frédéric npr. m. (ik). Friedrich.

fredonn‖ement m. (frœdònmaⁿ). Trällern, n. ‖**-er.** trällern.

frégate f. (gàt). Fregatte.

frei‖n m. (friⁿ). [chevaux] Gebiß, n. ‖*Fig.* Zaum, Zügel : *mettre* un frein à,* im Zaume halten*. ‖[véhicule] Bremse, f. ‖**-nage** m.

(naj). *Autom.* Bremsvorrichtung, f. ‖-**ner.** bremsen.
frelater (frœ-té). verfälschen.
frêle a. (fräl). schwach. ‖[débile] schwächlich.
frelon m. (frœlo^n). Hornis ①, f.
freluquet m. (lükè). Geck, Laffe, -n, -n.
frém‖ir (*ir*). schaudern. ‖-**issement** m. (isma^n). Schauder, spl. ‖*Fig.* [bruissement] Rauschen, n. spl.
frêne m. (frän). Esche, f.
fré‖nésie f. (*zi*). Raserei. ‖-**nétique** a. (tìk). rasend.
fré‖quemment adv. (kama^n). häufig, oft. ‖-**quence** f. (ka^{n}s). Häufigkeit. ‖[pouls] Geschwindigkeit. ‖*Radio.* Frequenz. ‖-**quent, e,** a. (ka^n, t). häufig. ‖-**quentation** f. (ka^n-sio^n) [de]. Umgang, m. spl. [mit]. ‖-**quenté, e,** p. a. (ka^{n}té). stark besucht. ‖-**quenter** tr. (té). [qn] verkehren, intr. [mit]. ‖[lieu] besuchen.
fr‖ère m. (frär). Bruder ③. *Frères et sœurs,* pl. Geschwister, pl. ‖*Fig. Faux frère,* Verräter ④. ‖-**érot** m. (ro), *fam.* Brüderchen, -lein, n. ④.
fresque f. (fresk). Freskomalerei.
fressure f. (*ür*). Geschlinge, n. spl.
fr‖et m. (frè). [Schiffs-] Fracht, f. ‖-**ètement** m. (ma^n). Befrachtung, f. ‖-**éter** (*té*). befrachten. ‖-**éteur** m. (œr). Reeder ④.
fr‖étillement m. (tijma^n). Zappeln, n. spl. ‖-**étiller** (tijé). zappeln.
fretin m. (œti^n). junge, kleine Fische, pl.
friable a. (àbl). bröckelig.
fri‖and, e, a. (a^n, d). lecker. *Etre* friand de...,* gern essen*. ‖m. [gourmet] Feinschmecker ④. ‖[gourmand] Leckermaul, n. ②, *fam.* ‖-**andise** f. (a^{n}diz). Feinschmeckerei. ‖[mets] Leckerbissen, m., Lekkerei. ‖pl. Naschwerk, n. spl.
fri‖candeau, x, m. (ka^{n}do). gespickter Kalbsbraten. ‖-**cassée** f. (sée). Frikassee, -s m. ‖-**casser** (sé). frikassieren.
friche f. (frisch). *En friche,* brach.
fri‖cot m. (kô), *fam.* Fleischgericht, n. ‖-**coter** (òté), *pop.* [tripoter] jobbern, *fam.* ‖-**coteur** m. (tœr). *fam.* Sudelkoch. ‖*Fam.* [tripoteur] Jobber ④. ‖*Mil. fam.* [carottier] Drückeberger ④.

fri‖ction f. Reibung. ‖*Méd.* Einreibung. ‖-**ctionner.** einreiben*.
fri‖gidité f. Gefühl der Kälte, n. ‖[sexuelle] Unvermögen, n. ‖-**gorifique** a. (fik). Gefrier... ‖-**leux, euse,** a. (lö, z). frostig. ‖m., f. Fröstler ④, in.
frimas m. (ma). Reif, spl.
frime f. (frim), *fam.* Schein, m.
frimousse f. (mùs), *fam.* Gesicht, n. ②.
fringale f. (i^{n}gàl). Heißhunger, m.
fringant, e, a. (ga^n, t). munter. ‖[cheval] feurig.
fri‖per (pé). zerknittern. ‖-**perie** f. (pri). Trödelkram, m. spl. ‖-**pier*, ière,** m., f. (pié, iär). Trödler ④, in.
fri‖pon, ne, m., f. (po^n, òn). Schelm, in. ‖ [coquin] Spitzbube, -n, -n, m. ‖a. schelmisch. ‖spitzbübisch. ‖-**ponnerie** f. (pònri). Schelmenstreich, m. ‖Spitzbüberei.
fripouille f. (puj). Lumpenkerl, m. ‖[gens] Lumpenpack, n. spl.
frire (*ir*). backen*, braten* [in der Pfanne].
fri‖se f. (*iz*). Fries, m. ‖-**ser** (*zé*). kräuseln. ‖*Fig.* [impertinence, etc.] grenzen, intr. [an. *acc.*]. ‖-**sette** f. (zèt). Haarlöckchen, n. ④. ‖-**sotter** (zòté). fein kräuseln.
fri‖squet, te, a. (kè, t), *fam.* etwas frisch, kühl. ‖-**sson** m. (so^n). Schauer ④. ‖*Fig.* Schauder, spl. ‖-**ssonnement** m. (sònma^n). Schau[d]ern, n. spl. ‖-*ssonner* (**né**). schauern. ‖*Fig.* schaudern.
frisure f. (zür). Kräuseln, n. spl.
frit‖, e. (fri, t) pp. v. *frire*. Pommes de terre frites,* Bratkartoffeln. ‖-**te** f. (it). Fritte. ‖-**ure** f. (ür). Backen, n. spl., Braten, n. spl. [in der Pfanne]. ‖[mets] Gebackenes, a. s. n. spl. ‖[graisse] Backfett, n. spl. ‖[radio] Schnarren, n.
fri‖vole a. (wòl). leichtfertig. [sujet] nichtig, leer. ‖-**volité** f. (té). Leichtfertigkeit. ‖[broderie] Frivolität.
fro‖c m. (òk). Kutte. f. *Jeter* le froc aux orties,* das Kloster verlassen*. ‖-**card** m. (kàr), *fam.* Kuttenträger ④.
froi‖d, e, a. (fr^{o}a, d). kalt. ‖m. Kälte, f. spl. ‖ *A froid,* kalt;

battre froid à,* kühl begegnen [*dat.*] ; *être* en froid* [*avec*], auf gespanntem Fuße stehen* [mit] ; *jeter* un froid,* ernüchtern; *ne pas avoir* froid aux yeux, fam.,* mutig und entschlossen sein*. ‖**-deur** f. (d**œ**r). Kälte. ‖[caractère] Kaltsinn, m. ‖**-dure** f. (d*ü*r). Kälte.

froi‖ssement m. (fr^{o}asm**a**^{n}). Zerknittern, n. spl. ‖Quetschung, f. ‖*Fig.* Verletzung, f., Kränkung, f. ‖**-sser** (s*é*). zerknittern. ‖[membre] quetschen. ‖[moralement] verletzen, kränken. ‖[**se**]. sich verletzt fühlen.

frôl‖ement m. (olm**a**^{n}). Streifen, n. spl. ‖**-er** (l*é*). streifen.

fro‖mage m. (m*a*j). Käse ④ : — *blanc,* — *à la crème,* — *de Gruyère,* Quark-, Sahnen-, Schweizerkäse. ‖**-mager, ère,** m., f. (j*é*, *è*r). Käsemacher ④, in. ‖**-magerie** f. (màjr*i*). Käsehütte. ‖[commerce] Käsehandel, m.

froment m. (m**a**^{n}). Weizen.

fron‖ce f. (fro^{n}s). Falte. ‖**-cement** m. (o^{n}sm**a**^{n}). Runzeln, n. ‖**-cer** (s*é*). falten. ‖[rider] runzeln.

frondaison f. (däz**o**^{n}). Belaubung.

fron‖de f. (fro^{n}d). Schleuder. ‖**-der** (d*é*). scharf tadeln. ‖[déblatérer]. schimpfen [auf, *acc.*]. ‖**-deur** m. (d**œ**r). Tadler ④. ‖a. tadelsüchtig.

fron‖t m. (fro^n). Stirn, f. : *faire front à,* die Stirn bieten* [*dat.*] ‖[façade] Vorderseite, f. ‖*Mil.* Front, f. ‖*Fig.* [audace] Frechheit, f. : *avoir* le front de...,* so frech sein*, zu... ‖**-tal, e,** a., m. pl., **aux** (t*à*l, *o*). Stirn... ‖**-talier** a. (l*ié*). Grenz... *Autorités frontalières,* Grenzbehörden. ‖**-tière** f. (t*iä*r). Grenze. ‖**-tispice** m. (p*ì*s). Vorderseite, f. ‖[livre] Titelblatt, n. ②. ‖**-ton** m. (t**o**^{n}). Giebeldach, n. ②.

frott‖age m. (*a*j). Bohnen, n. ‖**-ée** f. (t*ée*). *Fam.* Tracht Prügel. ‖**-ement** m. (fròtm**a**^{n}). Reibung, f. ‖[contact] Berührung, f. ‖*Fig.* [désaccord] Reiberei, f. ‖**-er** (t*é*). reiben*. ‖[cirer] bohnen. ‖[**se**] [à]. *Fig.* es wagen [mit]. ‖**-eur** m. (**œ**r). Bohner ④. ‖**-is** m. (t*i*). leichter Anstrich.

frou-frou m. (-fr*u*). Rauschen, n.

frou‖sse f. (fr*ù*s), *pop,* Angst. ‖**-ssard** m. (s*à*r), *pop.* Angstmeier ④.

fruc‖tidor m. (frük-d*ò*r). Fruchtmonat. ‖**-tifier** (f*ié*). Früchte tragen*. ‖**-tueux, euse,** a. (t*üö*, **z**). fruchtbar.

fr‖ugal, e, a., m. pl. **aux** (früg*à*l, *ô*). frugal. ‖**-ugalité** f. (t*é*). Frugalität.

frui‖t m. (fr*üi*). Frucht, ¨e, f. ‖[de table] Obst, n. spl. : — *sec,* Backobst, n. spl. ; *fig.* mißratener Schüler ④. ‖**-terie** f. (tr*i*). Obsthandel, m. ‖**-tier, ière,** m., f. (t*ié*, *iä*r). Obsthändler ④, in [*ou* Obstfrau]. ‖a. Obst...

frus‖ques f. pl. (frü**sk**). alte Kleider. ‖**-quin.** V. *saint-frusquin.*

fruste a. (früst). [monnaie] verwischt. ‖*Fig.* [caractère] roh, ungebildet.

frustrer (tr*é*) [de]. bringen* [um]. ‖[dépouiller] berauben [*gén.*].

fu‖chsia m. (füks*ia*). Fuchsia, ...sien, f. ‖**-chsine** f. (ks*i*n). Fuchsin, n. ①.

fu‖gace a. (füg*à*s). flüchtig. ‖**-gitif, ive,** a. (jit*i*f, *i*w). flüchtig. ‖**-gue** f. (f*ü*g). [fuite] Flucht, spl. ‖*Mus.* Fuge.

fui‖r* (f*üi*r), tr. et intr. fliehen*, [intr. *sein*]. ‖intr. [liquide] laufen* [*sein*]. ‖[tonneau] **leck sein*.** ‖**-te** f. (f*üi*t). Flucht, spl. : *en fuite,* auf der Flucht; *prendre* la fuite,* die Flucht ergreifen*. ‖[gaz, etc.] Entweichung. ‖[liquide] Ausströmung. ‖*Fig. fam.* Ausplaudern, n. spl.

fulgurer (fülgür*é*). blitzen.

fuligineux, euse, a. (jin*ö*, **z**). rußig, Ruß...

ful‖micoton m. (t**o**^{n}). Schießbaumwolle, f. ‖**-minant, e,** a. (n**a**^{n}, t). [détonant] Knall... ‖*Fig.* wütend. ‖**-minate** m. (n*à*t). knallsaures Salz, n. : — *de...,* knallsaures... ‖**-miner** (n*é*). Blitze schleudern. ‖*Fam.* donnern, wüten.

fum‖age m. (füm*a*j). [viandes] Räuchern, n. ‖[terres] Düngen, n. ‖**-ant, e,** p. a. V. *fumer.*

fum‖ée f. (m*ee*). Rauch, m. spl. ‖[épaisse] Qualm, m. ①. ‖[vapeur] Dampf, m. ‖**-er** (m*é*). tr. et intr. rauchen. ‖tr. [viande] räuchern. ‖[terre] düngen. ‖**-erie** f.

(fümri). Rauchzimmer, n. ②. ‖-**eron** m. (fümron). qualmende Holzkohle, f.
fûmes. V. *être**.
fum‖et m. (mè). Duft. ‖[vins] Blume, f. ‖-**eur, euse,** m., f. (mœr, öz). Raucher ④, in. ‖-**eux, euse,** a. (mö, z). rauchig.
fumier m. (mié). Mist, spl., Dünger.
fum‖igation f. (sion). Räucherung. ‖-**iger** (jó). räuchern. ‖-**iste** m. (ist). [poêlier] Ofensetzer ④. ‖[ramoneur] Kamin- *ou* Schornsteinfeger ④. ‖*Fig. fam.* Spaßvogel ③. ‖-**isterie** f. (tri). Ofensetzerei. ‖Schornsteinfegen, n. ‖*Fam.* Schnurre. ‖-**oir** m. (moar). Rauchzimmer, n. ④.
funambule m., f. (fü-bül). Seiltänzer ④, in.
fun‖èbre a. (ebr). Leichen..., Trauer... ‖-**érailles** f. pl. (raj). Leichenbegängnis, n. *Funérailles nationales,* f. pl., Staatsbegräbnis, n. ‖-**éraire** a. (rär). Grab..., Leichen... ‖-**este** a. (est). unheilvoll.
funiculaire m. (külär). Drahtseilbahn, f.
fur (für) : *au fur et à mesure* [*que*], je nachdem; [*...de*] im Verhältnis zu.
furent (für). V. *être**.
fur‖et m. (füre). Frettchen, n. ④. ‖-**eter** (fürté). [chasse] frettieren. ‖*Fig.* umherstöbern. ‖-**eteur** m. (tœr). Frettchenjäger ④. ‖ *Fig.* Aufspürer ④.
fur‖eur f. (œr). Wut. ‖[rage] Raserei. ‖*Fig.* [flots] Toben, n. ‖-**ibond, e,** a. (bon, d). = *furieux.* ‖-**ie** f. (ie). Wut. Raserei. ‖-**ieux, euse,** a. (iö, z). wütend, rasend. ‖*Fig.* [mer] tobend.
furoncle m. (onkl). Blutgeschwür, n., Karbunkel.
furtif, ive, a. (tif, iw). verstohlen.
fus (fü). V. *être**.
fu‖sain m. (üzin). Spindelbaum. ‖[crayon] Reißkohle, f. ‖[dessin] Zeichnung mit Reißkohle, f. ‖-**seau, x,** m. (zo). Spindel, f. ‖[à dentelle] Klöppel ③. ‖-**sée** f. (zée). Rakete. ‖-**selage** m. (zlàj). Rumpf, Gerippe, n. ④. ‖-**selé, e,** a. (zlé). spindelförmig.
fu‖ser (zé). schmelzen* [*sein*]. ‖[se répandre peu à peu] sich unmerklich ausbreiten. ‖ -**sible** a. (zibl). schmelzbar. ‖m. Abschmelzdraht.
fu‖sil m. (zi). Flinte, f. ‖*Mil.* Gewehr, n. *Fusil mitrailleur,* leichtes Maschinengewehr. ‖[à aiguiser] Wetzstahl. ‖-**silier** m. (lié). Füsilier. ‖-**sillade** f. (jàd). Gewehrfeuer, n. ‖-**siller** (zijé). erschießen*.
fu‖sion f. (zion). Schmelzen, n. ‖-**sionner** (zioné). verschmelzen*. ‖*Fig.* fusionieren, sich zusammenschließen.
fuss..., fut, fût, V. *être**.
fustiger (jé). auspeitschen, geißeln, fuchteln.
fût m. (fü). [pied] Schaft. ‖[tonneau] Weinfaß, n. ②.
futaie f. (fütä). Hochwald, m. ②.
futaille f. (taj). Faß, n. ②.
futaine f. (tän). Barchent, m. ①.
futé, e, a. (té). verschmitzt.
fu‖tile a. (til). wertlos. ‖[vide] leer. ‖[personne] leichtfertig. ‖-**tilité** f. (té). Wertlosigkeit. ‖Lappalie.
futur, e, a. (tür). [zu]künftig. ‖m. [temps] Zukunft, f. ‖[fiancé, e] Verlobte[r], a. s.
fuy‖... V. *fuir**. ‖-**ant, e,** p. a. (füijan, t). ‖a. [regard] scheu. ‖-**ard** m. (ar). Flüchtling. ‖[soldat] Ausreißer ④.

G

G, g, m. (jé). G, g, n.
gabardine f. (din). Gabardine.
gabare f. (àr). Lastschiff, n.
gabarit m. (ri). Formbrett, n. ②. ‖[ch. de fer] Lademaß, n. ①.
gabegie f. (bji), *pop.* Gaunerei.
ga‖belle f. (bèl). Salzsteuer. ‖-**belou** m. (blu), *pop.* Zollbeamte[r], a. s.
gabier m. Mastwächter.

gâble m. Giebel.
gabion m. (bi*o*n). Schanzkorb.
gâche f. (gâsch). Schloßkappe.
gâcher (sché). [plâtre] einrühren. ‖*Fig.* verpfuschen. ‖[gaspiller] verschleudern.
gâchette f. (èt). Abzug, m. ‖[de serrure] Riegelhalter, m. ④.
gâch‖eur m. (*œ*r). Pfuscher ④, Sudler ④. ‖**-is** m. (*i*). [mortier] Mörtel. ‖[boue] Kot, spl., Schlamm, spl. ‖*Fig.* Wirrwarr. ‖[embarras] Patsche, f., *fam.*
gadoue f. (d*u*). Abtritts- *ou* Mülldung, m. spl.
gaff‖e f. (gàf). Bootshaken, m. ④. ‖*Fam.* Bock, m. ‖**-eur, euse,** m., f. (*œ*r, öz). der, die leicht einen Bock macht.
gaga a. (-g*a*), *pop.* = *gâteux.*
ga‖ge m. (gàj). Pfand, n. ②. *mettre* en gage,* verpfänden. ‖[pl. [salaire] Lohn, spl. ‖**-ger** (jé). [parier] wetten. ‖[emprunt] durch Pfand verbürgen. ‖**-geure** f. (jür). Wette. ‖**-giste** m. (j*i*st). Theaterdiener.
ga‖gnant, e, a. s. m., f. (nj*a*n, t). Gewinner ④, in. ‖**-gne-pain** m. (gànj-p*i*n). Broterwerb. ‖**-gner** (njé). tr. et intr. [jeu, lutte, etc.] gewinnen* [*à*, bei; *en*, an, *dat.*]. ‖[salaire] verdienen. ‖[maladie] sich... [*acc.*] ...holen. ‖[atteindre] erreichen. ‖[de vitesse] überholen [im Laufen]. ‖ intr. [s'améliorer] besser werden*. ‖[s'étendre] um sich greifen. ‖[**se**]. [maladie] ansteckend sein*.
gai, e, a. (gè), **gaiement** adv. lustig, fröhlich.
gaieté f. (té). Lustigkeit, Fröhlichkeit. *De gaieté de cœur,* mutwillig.
gaillar‖d, e a. (gajàr, d). frisch und gesund. ‖[allègre] munter. ‖m., Kerl. ‖*Mar.* : *— d'avant, — d'arrière,* Vorder-, Afterkastell, n. ①. ‖**-dise** f. (d*i*z). lockere Rede.
gaîment, gaiement. V. *gai.*
gain m. (g*i*n). Gewinn, spl. ‖[salaire] Verdienst. ‖*Avoir* gain de cause,* den Prozeß gewinnen*. ‖*Fig.* gewonnen Spiel haben*.
gai‖ne f. (gän). Scheide. ‖[vêtement fém.] Hüftgürtel, m., Hüfthalter, m. ‖**-nier** m. (n*ié*). Scheidenmacher ④.
gaîté f. V. *gaieté.*
gala m. (l*a*). Gala, f. *De gala,* [habit, voiture] Fest..., Staats...
ga‖lamment adv. (m*a*n), **-lant, e,** (*a*n, t). fein, galant. ‖*Femme —,* Buhlerin. ‖m. Buhler ④. ‖**-lanterie** f. (la*n*tr*i*). feines Wesen, n., Galanterie. ‖[compliment] Kompliment, n. ①. ‖**-lantin** m. (la*n*t*i*n). Geck, -en, -en, Süßling.
galantine f. (a*n*tìn). Galantine.
gal‖be m. (galb). Umriß. ‖*Techn.* Rundung, f. ‖**-bé** a. geschweift.
gale f. (gal). Krätze. ‖[animaux] Räude.
galène f. (lèn). Bleiglanz, m.
galère f. (lär). Galeere.
galerie f. (àlr*i*). Galerie. ‖*Fig.* [die] Zuschauer, m. pl.
galérien m. (r*ii*n). [autrefois] Galeerensklave, -n., -n. ‖[aujourd'hui] Zuchthäusler ④.
galet m. (lä). Geröll, n. spl.
galetas m. (galt*a*). [mansarde] Dachstube, f. ‖[taudis] Hundeloch, n. ②.
galette f. (lèt). Fladen, m. ④. ‖*Pop.* Kies, m. Geld, n. : *galetteux, euse, pop.,* reich.
galeux, euse, a. (lö, **z**). krätzig. ‖[animaux] räudig.
galhauban m. (lob*a*n). Pardune, f.
Galilée npr. m. (l*ée*). [savant] Galilei. ‖f. *Géogr.* Galiläa, n.
galimatias m. (t*ia*). Wischwasch.
galion m. (l*io*n). Galione, f.
galle f. (gàl). *Noix de galle,* Gallapfel, m. ③.
Galles [*pays de*] (gàl). Wales, n.
ga‖llican, e, a. (gàl'lik*a*n, *à*n). gallikanisch. ‖**-llicisme** m. (s*i*sm). Gallizismus, ...men.
gallinacé m. (s*é*). hühnerartiger Vogel ②. ‖pl. Hühner[geschlecht], n.
ga‖llophobe m. (gal'lofòb). Franzosenfeind. ‖ a. franzosenfeindlich. ‖**-llo-romain, e,** a. (gal'lo-m*i*n, än). galloromanisch.
galoche f. (*ò*sch). Überschuh, m. ①. Galosche.
ga‖lon m. (*o*n). Tresse, f., Borte, f. ‖ **-lonner** (òné). mit Tressen [Borten] besetzen.
ga‖lop m. (l*o*). Galopp. ‖*Pop.* Verweis. ‖**-lopade** f. (*à*d). Galoppieren, n. ‖**-loper** (pé). galoppieren [*sein*]. ‖**-lopin** m. (p*i*n). [gamin]

Schrägschrift : Betonung. **Fettschrift** : besond. Ausspr. *unreg. Zeitwort.

Laufbursche, -n, -n. ‖ [vaurien] Schlingel ④.
galva‖nisation f. (wa-zasi*o*n). Galvanisierung, Verzinkung. ‖**-niser** (*zé*). galvanisieren. ‖ [zinguer] verzinken. ‖**-no** m. (*no*). Galvano, -s, n. ‖**-nomètre** m. (mètr). Galvanometer, n. ④. ‖**-noplastie** f. (*ti*). Galvanoplastik.
galvaud‖er (wodé) *fam.* verpfuschen. ‖**-eux, euse,** a. s. (dö, öz). Landstreicher ④, m., Strolch ①, m.
gamb‖ade f. (ganbàd). lebhafter Sprung, m. ‖**-ader** (*dé*). herumspringen* [*sein*].
gamelle f. (èl). Soldatennapf, m.
gam‖in, e, m., f. (m*i*n, ìn). Gassenjunge, -n, -n, m., Gassenmädchen, n. ④. ‖*Fam.* Bube, -n, -n, m., kleines Mädchen ④ n. ‖**-iner** (*iné*). *Fam.* wie ein Gassenjunge herumlungern. ‖**-inerie** f. (inr*i*). Gassenjungenstreich, m.
gamme f. (gàm). Tonleiter.
gammée a. *Croix* —, Hakenkreuz, n.
ganache f. (*a*sch). untere Kinnlade [des Pferdes]. ‖*Fig.* Dummkopf, m. *Vieille* —, alter Zopf, m.
Gan‖d npr. m. (gan). Gent, n. ‖**-din** m. (d*i*n). Modenarr, -en, -en, Stutzer ④.
Gange npr. m. (ganj) [fleuve] Ganges.
ganglion m. (*io*n). Nervenknoten ④.
gan‖grène f. (èn). Brand, m. ‖**-grené, e,** a. (ené). brandig. ‖*Fig.* angesteckt. ‖**-greneux, euse,** a. (enö, z). brandig.
gangue f. (gang). Gangstein, m.
ganse f. (gans). Rundschnur.
gan‖t m. (gan). Handschuh ①. ‖ LOC. *Comme un gant,* angeschmiegt. ‖**-té, e,** p. a. (*té*). mit Handschuhen. ‖**-telet** m. (gantelé). Panzerhandschuh. ‖**-ter** tr. (*té*). Handschuhe anziehen* [*dat.*]. ‖[**se**]. sich Handschuhe anziehen*. ‖**-terie** f. (tr*i*). Handschuhfabrik, -handel, m. spl. [commerce], -laden, m. [magasin]. ‖**-tier, ière,** m., f. (*tié, iär*). Handschuhmacher ④, in [fabricant], -händler ④, in.
gar‖age m. (àj). [ch. de fer] Rangieren, n. : *voie de* —, Rangiergeleise, n. ‖ [local] Garage, f., [Automobil- usw.] Schuppen, m. ④, Autohof, m. ‖**-agiste** m. (aj*i*st). Garagenbesitzer.
garance f. (*a*ns). Krapp, m. ‖a. krapprot.
gar‖ant, e, m., f. (*a*n, t). Bürge, ...gin, -n, -n, Gewährsmann ②, m. *Se porter garant de,* sich verbürgen [für]. ‖**-antie** f. (ant*i*). Bürgschaft, Gewährleistung. ‖**-antir** (ant*i*r). bürgen, Gewähr leisten [für].
garce f. (gàrs), *pop.* Vettel.
gar‖çon m. (s*o*n). Knabe, -n, -n. ‖ [jeune homme] Junge, -n, -n, Bursche, -n, -n. ‖ [compagnon, aide] Bursche. ‖ [célibataire] Junggesell, -en, -ne. ‖ [de café, etc.] Kellner ④. ‖ [de ferme, etc.] ..knecht. ‖*Garçon d'honneur,* Brautführer ④; — *de courses,* Laufjunge, Ausläufer. ‖**-çonne** f. (sòn), *fam.* « Garçonne ». *Coiffure à la garçonne,* Bubifrisur. ‖**-çonnet** m. (sònè). kleiner Junge. ‖**-çonnière** f. (sòn*iär*). Junggesellenwohnung.
garde‖ f. (gard). Hut. ‖ [surveillance] Obhut, Bewachung. ‖*Mil.* Wache, Wacht. — *du corps,* Leibwache; — *mobile,* Mobilgarde; — *montante,* — *descendante,* aufziehende, abziehende Wache. ‖*Corps de* —, Wachstube; *monter la garde,* Schildwache stehen*; *prendre la garde,* auf Wache ziehen*. ‖ [infirmière] Krankenwärterin. ‖ [d'épée] Stichblatt, n. ②. ‖ [cartes] Beikarte. ‖LOC. *A la garde de Dieu!,* Gott befohlen; *garde à vous!,* Achtung! ; *mettre* en garde* [*contre*], warnen [vor, *dat.*] ; *n'avoir garde de,* sich wohl hüten, zu... ; *prendre* garde,* [faire* attention à] achten [auf. *acc.*] ; *se mettre* en garde,* sich in Acht nehmen* [vor, *dat.*] ; *sur ses gardes,* auf der Hut. ‖m. Wächter ④. ‖*Mil.* Gardist, -en, -en; ‖ — *champêtre,* Feldschütz, -en, -en; — *du corps,* Leibgardist; — *mobile,* Mobilgardist; — *des sceaux,* Justizminister ④. ‖**--barrière** m. et f. (r*iär*). Bahnwärter ④, in. ‖**--boue** (gardebu). Kotflügel. ‖ **--chasse** m. inv. (schàs). Jagdaufseher ④. ‖**--chiourme** m. (sch*iu*rm). Sträflingsaufseher ④. ‖**--côte** m. (kot). Küstenwachtschiff, n. ‖ **--crotte**

m. inv. (*kròt*). Kotschützer ④. ‖- -**fou** m. (*fu*). Brückengeländer, n. ④. ‖- -**malade** m. et f. (*àd*). Krankenwärter ④, in. ‖- -**manger** m. inv. (ma^n*jé*). [meuble] Speiseschrank. ‖[local] Speisekammer, f. ‖- -**meuble** m. (mœbl). Mobilienkammer, f.

gar‖der (*dé*). [retenir] behalten*. ‖[préserver] bewahren. ‖[conserver] aufbewahren. ‖[surveiller] bewachen. ‖[silence] beobachten. ‖[**se**] [de]. sich hüten [vor, *dat.*]. ‖-**derie** f. (d^e*ri*). Bewahranstalt. ‖-**de-robe** f. (*ròb*). Kleiderschrank, m., -kammer. ‖[cabinets] Abtritt, m. ‖-**dien, ne,** m., f. (d*i*^n, *ièn*). Wächter ④, in. ‖[surveillant, e] Aufseher ④, in. ‖*Ange gardien,* Schutzengel.

gardon m. (d**o**^n). Plötze, f., Rotauge, n.

gar‖e f. (*gâr*). Bahnhof, m. *En gare* [colis], bahnlagernd ; *gare aérienne,* Flughafen, m. ‖interj. Achtung! ‖[pour passer] Platz! *Gare la tête!,* Kopf weg! ; *gare aux voleurs!,* vor Dieben wird gewarnt! ; *sans crier gare,* ohne Warnung. ‖-**enne** f. (*èn*). Gehege, n. ④. ‖-**er** (*ré*). unterbringen*. ‖[train] rangieren. ‖[**se**] [de]. ausweichen*, intr. [*sein*] [*dat.*]. ‖*Fig.* sich hüten [vor, *dat.*].

gar‖gariser [**se**] (**z**é). sich gurgeln. ‖-**garisme** m. (*ism*). [action] Gurgeln, n. ‖[liquide] Gurgelwasser, n. ④.

gar‖gote f. (*gòt*). Garküche. ‖-**gotier, ère,** m., f. (*ié, iär*). koch, ...öchin. ‖*Fig.* Sudelkoch, ...öchin.

gar‖gouille f. (*guj*). Traufröhre. ‖-**gouillement** m. (gujm**a**^n). Gegurgel, n. spl., Kollern, n. spl. ‖-**gouiller** (*gujé*). gurgeln. ‖[estomac] kollern.

gargousse f. (*gùs*). Stückpatrone, Kartusche.

garnement m. (n^em**a**^n). Taugenichts ①.

gar‖ni, e, p. a. (*ni*). [chambre] möbliert. ‖[plat] mit Beilage. ‖m. möbliertes Haus, n. ②. ‖-**nir** (*ir*). ‖[recouvrir] überziehen* [mit]. ‖[meubler] ausstatten, einrichten, möblieren. ‖-**nison** f. (**zo**^n). Besatzung. ‖-**niture** f. (*ür*). Besatz, m. ‖[mets] Zutaten, pl.

garro‖t m. (*rô*). Knebel ④. ‖[cheval] Widerrist. ‖-**tter.** knebeln. ‖[lier] Hände und Füße binden*.

gars m. (*ga*). Bursche, -n, -n.

Gas‖con, ne, m., f. (k**o**^n, *on*). Gaskogner, in. ‖*Fig.* Aufschneider ④, in. ‖a. gaskognisch. ‖*Fig.* prahlerisch. ‖-**connade** f. (*ònàd*). Aufschneiderei.

gas‖pillage m. (*pijàj*). Verschwendung, f. ‖Vergeudung, f. ‖-**piller** (*pijé*). [prodiguer] verschwenden. ‖[dissiper] vergeuden, verschleudern. ‖-**pilleur, euse,** m., f. (*pijœr, öz*). Verschwender ④, in.

gas‖tralgie f. (*ji*). Magenkrampf, m. ‖-**trique** a. (*ìk*). gastrisch, Magen... ‖-**tronome** m. (*òm*). Feinschmecker ④. ‖-**tronomie** f. (*mi*). Feinschmeckerei.

gâteau, x, m. Kuchen ④ : — *de Savoie,* Sandkuchen; —*x secs,* Keks. ‖*Fam. Papa, maman gâteau,* Zuckerpapa, -mama.

gâ‖ter (*té*). verderben*. ‖*Fig.* [plaisir, etc.] verkümmern. ‖[enfants] verwöhnen. ‖-**terie** f. (*tri*). Verhätschelung. ‖-**te-sauce** m. (gats*oß*). Sudelkoch. ‖-**teux, euse,** a. (*tö,* **z**). kranke Person, die unter sich macht : *gâtisme,* m., Zustand einer solchen Person.

gau‖che a. (*gôsch*). links. ‖*Fig.* linkisch, unbeholfen. ‖a. s. f. Linke. *A gauche,* zur Linken, links, [avec] direction] nach links. ‖-**chement** adv. (gôschm**a**^n). linkisch, ungeschickt. ‖-**cher, ère,** a. (*ché, är*). link. ‖a. s. m., f. Linke[r]. ‖-**cherie** f. (*schri*). linkisches Wesen, n., Unbeholfenheit. ‖-**chir** (*schir*). [bois] sich werfen*. ‖[surface] schief werden*. ‖-**chissement** m. (schism**a**^n). Schiefwerden, n. ‖[bois] Krümmung f.

gaudriole f. (*iòl*). lockerer Spaß, m.

gau‖frage m. (*aj*). Einpressen, n. ‖-**fre** f. (*gôfr*). Waffel. ‖-**frer** (*fré*). einpressen [in]. ‖-**frette** f. (*èt*). Wäffelchen, n. ④.

gau‖le f. (*gol*). Stange. ‖-**ler** (*lé*). abschlagen* [mit e. Stange].

Gau‖le npr. f. Gallien, n. ‖-**lois, e,** m., f. (l^o*a*, **z**). Gallier ④, in. ‖a.

gallisch. ||**-loiserie** f. (lᶜazri). lockrer Spaß, m.
gausser [**se**] (*sé*) [de]. sich lustig machen [über, *acc.*].
gavage m. (*waj*). Nudeln, n., Mästen, n.
gave m. (*gaw*). Gießbach.
gaver (*wé*). nudeln.
gavotte f. (*wòt*). Gavotte.
gavroche m. (*wròsch*). Pariser Straßenjunge, -n, n.
gaz m. (*gaz*). Gas, n. ①. *Gaz d'échappement,* Abgas, n., Auspuffgas, n.; *plein gaz,* Vollgas, n.
gaze f. (*gaz*). Gaze.
gazéifier (*fié*). vergasen.
gazelle f. (*zèl*). Gazelle.
gazer (*zé*). mit Gaze überziehen. ||*Fig.* verblümen [derben Ausdruck].
ga||zetier m. (*tié*). Zeitungsschreiber ④. ||**-zette** f. (*zèt*). Zeitung.
ga||zeux, euse, a. (*zö, z*). gasartig. ||[contenant du gaz] gashaltig. ||**-zier** m. (*zié*). Gasarbeiter ④. ||**-zogène** a. (*zòjèn*). gaserzeugend. ||m. Generator. ||m. Gaserzeuger ④. ||**-zomètre** m. (*zomètr*). Gasbehälter ④.
ga||zon m. (*zoⁿ*). Rasen. ||**-zonner** (*zòné*). berasen.
ga||zouillement m. (*zùjmaⁿ*). Zwitschern, n. ||**-zouiller** (*zujé*). zwitschern. ||**-zouillis** m. (*zùji*). Gezwitscher, n.
geai m (*jè*). Häher ④.
géant, e, m., f. (*jéaⁿ, t*). Riese, -n, -n, in. ||a. riesig, Riesen...
géhenne f. (*èn*). Höllenpfuhl, m.
ge||ign... V. *geindre**. ||**-ignement** m. (*jènjmaⁿ*). Stöhnen, n. spl. ||**-indre*** (*jiⁿdr*). stöhnen. ||[se lamenter] jammern.
gel m. (*jèl*). Frost.
gélatin||e f. (*jé-tin*). Gallerte. ||**-eux, euse,** a. (*ö, z*). gallertartig.
ge||lée f. (*jœlée*). Frost, m. : — *blanche,* Reif, m. ||[de viande] Sülze. ||[de fruits] Gelée, -s, n. [pron. franç.]. ||**-ler** (*lé*), intr. frieren* : *je gèle,* mich friert; *geler blanc,* reifen. ||tr. gefrieren* machen.
gelinotte f. (*nòt*). Birkhuhn, n. ②.
Gémeaux m. pl. (*jémo*). Zwillinge [Tierkreis].
gé||mir (*ir*). ächzen. ||[de souffrance] stöhnen. ||[soupirer, se lamenter] seufzen. ||**-missement** m. (*mismaⁿ*). Ächzen, n. spl. ||Stöhnen, n. spl. ||Seufzen, n. spl.
gemme f. (*jèm*). Edelstein, m. *Sel gemme,* Steinsalz, n.
gênant, e, p. a. (*jänaⁿ, t*). lästig. ||[obstacle] hinderlich. V. *gêner.*
gencive f. (*jaⁿsiw*). Zahnfleisch, n. spl.
gen||darme m. (*àrm*). Gendarm, -en, -en (pron. fr.). ||*Fig. fam.* Dragoner ④. ||**-darmer** [**se**] (*mé*), *fam.* sich ereifern. ||**-darmerie** f. (*ᵉri*). Gendarmerie.
gendre m. (*jaⁿdr*). Schwiegersohn.
gên||e f. (*jän*). [obstacle] Hemmnis, n. ||[contrainte] Zwang, m. ||[trouble] Störung; [fonctionnel] Beschwerde. ||[pression] Drücken, n. ||[embarras] Verlegenheit. ||[situation] Bedrängnis. ||[financière] Geldnot. ||*Sans gêne,* ohne Umstände, ungeniert. ||**é, e,** p. a. (*né*). [serré] gedrängt. ||[oppressé] beengt. ||[contraint] gezwungen. ||[embarrassé] verlegen. ||[sans argent] in Geldnot.
généalo||gie f. (*jé-ji*). Stammfolge. ||**-gique** a. (*jìk*). genealogisch. *Arbre généalogique,* Stammbaum, m.
gêner (*jäné*). V. *gêne.* hemmen. ||hinderlich sein* [*dat.*]. im Wege stehen* [*dat.*]. ||stören. ||[oppresser] beengen, drücken. ||[**se**]. [se restreindre] sich einschränken. *Ne pas se gêner,* sich nicht stören lassen*; [oser] sich nicht scheuen.
géné||ral, e, aux, a. (*jé-àl, o*). allgemein. *En général,* im allgemeinen. ||[officier] Stabs... ||[fonctionnaire, administration] Haupt..., Ober..., General... ||m. Feldherr, -n, -en. ||**-raliser** (*zé*). verallgemeinern. ||**-ralissime** m. (*sim*). Oberbefehlshaber ④. ||**-ralité** f. (*té*). Allgemeinheit. ||[propos] Allgemeines, a. s. n. ||[majorité] Mehrzahl.
géné||rateur, trice, a. (*tœr, trìs*). erzeugend. ||[machines] Dampferzeuger m. ④. ||[automobiles]. [Gas-] Entwickler m. ④. ||**-ration** f. (*sioⁿ*). *Physiol.* Zeugung. ||[race] Generation, Geschlecht, n. ②. || [âge d'homme] Menschenalter, n. ④. ||**-reux, euse,** a. (*rö, z*). edelmütig. ||[libéral] freigebig. ||**-rique** a. (*ìk*).

generisch. ‖**-rosité** f. (*zité*). Edelmut, m. Freigebigkeit.
Gênes npr. f. (jän). Genua, n.
genèse f. (jœ*näz*). Genesis. ‖[d'une œuvre] Entstehungsgeschichte.
genêt m. (*nä*). Ginster ④.
gêneur m. (jän**œ**r). lästiger Mensch.
Ge‖nève npr. f. (jœ*näw*). Genf, n. *Lac de Genève,* Genfersee. ‖**-nevois, e,** m., f. (jœnw°*a*, z). Genfer ④, in. ‖a. genferisch, Genfer...
Geneviève npr. f. (jœnw*iäw*). Genoveva.
genévrier m. (wr*ié*). Wacholderbaum.
gé‖nial, e, aux, a. (jén*iàl, o*). genial. ‖**-nie** m. (*i*). Genie, -s, n. (pron. fr.). ‖[esprit] Geist ②. ‖[être surnaturel]. Genius, ...ien. ‖*Mil.* Ingenieurkorps, n. ②, Pioniere, m. pl.
genièvre m. (jœn*iè*wr). Wacholder. ‖[liqueur] Wacholderbranntwein.
génisse f. (jén*i*s). Färse.
gé‖nital, aux, e, a. (*àl, o*). Zeugungs..., Geschlechts... ‖**-nitif** m. (*if*). Genitiv.
Génois, e, a. (n°*a, a***z**). genuesisch. ‖m., f. Genueser ④, in.
ge‖nou, x, m. (jœn*ù*). Knie, n. *A genoux,* auf den Knieen; *à genoux!,* auf die Knie! ‖**-nouillère** f. (nu*jär*). [de cuir, de laine] Knieleder ④, n., -wärmer, m. ④.
genre m. (ja^n^r). Gattung, f. ‖[race, sexe] Geschlecht, n. ②. ‖[manière] Art, f., Sitte, f.
gens m. pl. (f. pl. quand il suit un adjectif), z. B. : *bonnes gens, gens heureux* (ja^n^). Leute, pl., Menschen, pl.
gent f. (ja^n^). Volk, n. ②, Geschlecht, n. ②.
gentiane f. (s*iàn*). Enzian, m. ①.
gen‖til, le, a. (*tij*). [sage] artig. ‖[joli] niedlich. ‖[aimable] allerliebst. ‖m. *Hist.* [païen] Heide, -n, -n. ‖**-tilhomme** m. (tij*òm*). Edelmann, ...leute. ‖**-tillesse** f. (*jès*). Artigkeit. ‖Niedlichkeit. ‖**-tillet, te** a. (*jè*, t). ziemlich niedlich. ‖**-timent** adv. (m**a**^n^). V. *gentil.*
génuflexion f. (jénü-ks**io**^n^). Kniebeugung.
géo‖désie f. (jéo-*zi*). Erdmeßkunst. ‖**-graphe** m. (-gr*à*f). Erdbeschreiber ④. ‖**-graphie** f. (*àfi*). Erdbeschreibung. ‖**graphique** a. (*fìk*). geographisch.
geôl‖e f. (jol). Gefängnis, n. ‖[cachot] Kerker, m. ④. ‖**-ier** m. (*ié*). Gefangenenwärter ④, Kerkermeister ④.
géo‖logie f. (jéol*ò*j*i*). Geologie. ‖**-logue** m. (*òg*). Geolog, -en, -en. ‖**-mètre** m. (m*è*tr). Geometer ④. ‖**-métrie** f. (tr*i*). Geometrie.
Georges npr. m. (**j**or**j**). Georg.
gérance f. (jér**a**^n^s). [Geschäfts-] Führung.
géranium m. (*iòm*). Geranium, ...ien, n.
gérant, e, m., f. (**a**^n^, t). [Geschäfts-] Führer ④, in. ‖[journal] Herausgeber ④, m.
gerbe f. (jerb). Garbe.
ger‖cer (*sé*). aufritzen. ‖[**se**]. rissig werden*. ‖**-çure** f. (s*ür*). [Haut-] Schrunde.
gérer (jér*é*). [affaire] führen. ‖[administrer] verwalten.
Ger‖main, e, npr. m., f. (jerm*i*^n^, *än*). [peuple, etc.] Germane, -n, -n, ...nin. ‖a. *Cousin, e, germain, e.* Geschwisterkind, n. ②. ‖**-manique** a. (*ànìk*). germanisch. ‖**-maniser** (*zé*). germanisieren. ‖**-manisme** m. (*ism*). Germanismus, ...men, deutsche Redensart, f. ‖**-mano...** a. (*no*). deutsch... *Germanophile, -phobe,* deutschfreundlich, -feindlich.
ger‖me m. (jerm). Keim. ‖**-mer** (*mé*). keimen. ‖**-mination** f. (s**io**^n^). Keimen, n. spl.
gésier m. (jéz*ié*). Fleischmagén ④.
gésir (*zir*). liegen*.
gestation f. (s**io**^n^). Schwangerschaft.
ges‖te m. (jest). Gebärde, f. *Faits et gestes,* Tun und Lassen, n. spl. ‖**-ticulation** f. (kü-s**io**^n^). Gebärdenspiel, n. ‖**-ticuler** (kül*é*). Gebärden machen.
ges‖tion f. (st**io**^n^). [Geschäfts- *ou* Amts-] Führung, Verwaltung. ‖**-tionnaire** m. (tiòn*är*). Verwalter ④.
geyser m. (gèjz*èr*). Geiser ④.
gibecière f. (jìbs*ièr*). Jagdtasche.
gibelotte f. (bl*ò*t). Kaninchenfrikassee, -s, n.
giberne f. (bern). Patronentasche.
gibet m. (b*è*). Galgen ④.

gibier m. (*bié*). Wild, n. spl., Wildbret, n. spl. *Gros gibier,* Hochwild, n.
giboulée f. (*bulee*). Regen- und Graupelschauer, m.
giboyeux, euse, a. (*b°ajö, z*). wildreich.
gibus m. (*büß*). Klapphut.
gi‖cler (*klé*). spritzen. ‖**-cleur** m. Spritzdüse., f. *Gicleur de carburateur,* Vergaserdüse, f.
gi‖fle f. (*jifl*). Ohrfeige. ‖**-fler** (*flé*). ohrfeigen.
gigantesque a. (*gantesk*). riesenhaft, riesig.
gigogne f. (*gònj*) : *mère gigogne.* Mutter mit vielen Kindern.
gi‖golette f. (*lèt*), *pop.* feile Dirne. ‖**-golo** m. (*lo*), *pop.* Zuhälter ④.
gi‖got m. (*go*). Hammelkeule, f. ‖**-goter** (*té*). zappeln [mit den Beinen]. ‖**-gue** f. (*jig*). [danse] Art englischer Tanz, m. [engl. *jig*].
gilet m. (*lè*). Weste, f. ‖[de flanelle, etc.] Unterjacke, f.
gin m. (*djin*). Kornbranntwein.
gingembre m. (*janbr*). Ingwer.
girafe f. (*jiràf*). Giraffe.
gi‖randole f. (*randòl*). Girandole. ‖**-ratoire** a. (*t°ar*). kreisend.
gi‖rofle f. (*òfl*) inus. ou *clou de girofle,* m. Gewürznelke, f. ‖**-roflée** f. (*flée*). Levkoje, Goldlack, m. ①.
giron m. (*ron*). Schoß.
girouette f. (*ruèt*). Wetterfahne. ‖*Fig.* wetterwendischer Mensch, m.
gi‖s... V. *gésir*,* GRAMM. ‖**-sant, e,** p. a. (*jizan, t*). liegend. ‖**-sement** m. (*jizman*). Lager, n. ④.
gît. V. *gésir*. Ci-gît,* hier ruht.
gitan, e, m. et f. Zigeuner ④, in.
gît‖e m. (*jit*). Nachtlager, n. ④. ‖**-er**, übernachten.
givr‖age m. Vereisung. ‖**-e** m. (*jiwr*). Rauhreif. ‖**-er** (*vré*). *Aviat.* vereisen.
glabre a. (*àbr*). unbehaart.
gla‖çage m. (*sàj*). Glasieren, n. spl. ‖**-ce** f. (*glàs*). Eis, n. ‖[sorbet] Gefrorenes, a. s. n. [Thermomètre]. Gefrierpunkt, m. ‖[verre] Spiegelglas, n. ②. ‖[miroir] Spiegel, m. ④. ‖[d'appartement] Wandspiegel, m. ④. ‖**-cé, e,** p. a. (*sé*). [gelé] gefroren. ‖[glacial] eisig, eiskalt. *Je suis glacé,* mich friert. ‖[gants] Glacé... ‖m. [du papier, etc.] ...glanz. ‖[vernis] Glasur, f. ‖**-cer** (*sé*). gefrieren, eiskalt machen. ‖*Fig.* [d'effroi, etc.] erstarren machen. ‖[peinture, etc.] glasieren. ‖[papier] satinieren. ‖[fruits, etc.] überzuckern. ‖**-ciaire** a. (*siär*). Eis... ‖**-cial, e,** a. (*siàl*). eiskalt, Eis... ‖**-cier** m. (*sié*). Gletscher ④. ‖[marchand] Eishändler ④. ‖**-cière** f. (*siär*). Eisgrube, Eisschrank. ‖[sorbetière] Eismaschine. ‖**-cis** m. (*si*). *Mil.* Außenböschung, f. ‖[vernis] Glasur, f. ‖**-çon** m. (*son*). Eisscholle, f.
gladiateur m. (*tœr*). Gladiator, -en.
glaïeul m. (*jœl*). Schwertel.
glai‖re f. (*är*). Schleim, m. spl. ‖**-reux, euse,** a. (*rö, z*). schleimig.
glai‖se f. (*gläz*). Tonerde, Lehm, m. ‖**-seux, euse,** a. (*zö, z*). tonig, lehmig.
glaive m. (*gläw*). Schwert, n. ②.
gland m. (*glan*). Eichel, f. ‖[passementerie] Quaste, f., Troddel, f.
glande f. (*and*). Drüse.
gla‖ner (*né*). Nachlese halten*. ‖**-neur, euse,** m., f. (*œr, öz*). Nachleser ④, in.
gla‖pir. kläffen. ‖**-pissement** m. (*sman*). Kläffen, n.
glas m. (*glâ*). Totenglocke, f.
glauque a. (*glôk*). meergrün.
glèbe f. (*èb*). Erdscholle.
gliss‖ade f. (*sàd*). Gleiten, n. spl. ‖[lieu] Glitschbahn. ‖**-ant, e,** a. (*san, t*). glatt, glitschig. ‖**-ement** m. (*isman*). Gleiten, n. spl. ‖**-er** (*sé*). intr. gleiten*. ‖[perdre pied] rutschen. ‖[échapper à] entgleiten* [aus]. ‖tr. schieben*. ‖[se]. sich schleichen*. ‖**-eur** m. (*œr*). Schlitterer ④. ‖**-ière** f. (*siär*). Gleitstange. ‖**-oire** f. (*s°ar*). Glitsche, Schlitterbahn.
gl‖obal, e, aux, a. (*bàl, bô*). gesamt. ‖**-obe** m. (*glòb*). Kugel, f. ‖[terrestre] Erdkugel, f., Globus ① et ...ben. ‖[de lampe] Lampenglocke, f. ‖[de l'œil] Augapfel. ‖**-obule** m. (*bül*). Kügelchen, n. ④.
gl‖oire f. (*gl°ar*). Ruhm, m. spl. ‖**-orieux, euse,** a. (*riö, z*). ruhmvoll. ‖[vantard] ruhmredig. ‖**-orification** f. (*sion*). Verherrlichung. ‖**-orifier** (*fié*). verherrlichen. ‖[se]. sich rühmen [*gén.*]. ‖**-oriole** f. (*iòl*). kleinliche Ruhmsucht.

gl‖ose f. (glôz). Glosse. ‖**-oser** (*zé*), intr. [sur]. glossieren, tr., bekritteln, tr. ‖**-ossaire** m. (sär). Wörterbuch, n. ② [erklärendes].
glotte f. (glòt). Stimmritze.
gl‖ouglou m. (-gl*u*) [dindon] Kollern, n. spl. ‖[liquide] Gluckgluck, n. spl. ‖**-ouglouter** (*té*). kollern.
gl‖oussement m. (glusm*a*n). Gluk-k[s]en, n. spl. ‖**-ousser** (*sé*). gluk-k[s]en.
glouteron m. (utr*o*n). Klette, f.
gl‖outon, ne, a. (ut*o*n, òn). gefräßig. ‖**-outonnerie** f. (tònr*i*). Gefräßigkeit.
glu‖ f. (glü). Vogelleim, m. ‖**-ant, e, a.** (*a*n, t). klebrig. ‖**-au, x,** m. (‿lü*o*). Leimrute, f.
glucose f. (kôz). Stärkezucker, m.
gluten m. (tèn). Klebestoff.
gly‖cérine f. (sér*i*n). Glyzerin, n. ‖**-cine** f. (s*i*n). Glyzine.
gneiss m. Gneis.
gniaf m. (nj*à*f), *pop.* Schuhflicker ④.
gnome m. (g'nôm). Gnome, -n, -n, Berggeist ②.
gnomon m. (m*o*n). Sonnenuhr, f.
gnon m. (nj*o*n). *pop.* Stoß.
go [tout de], loc. (tudg*o*). geradezu.
go‖belet m. (gòblè). Becher ④. ‖**-be-mouches** m. (gòbm*u*sch). [oiseau] Fliegenschnäpper ④. ‖*Fig.* [gobeur] Maulaffe, -n, -n. ‖**-ber** (*bé*). [œuf, etc.] ausschlürfen. ‖ *Fig.* leicht glauben. ‖**-berger [se]** (*jé*). sich's bequem machen, gut essen* und trinken*. ‖**-beur, euse,** m., f. Leichtgläubige[r], a. s.
go‖daille f. (daj), *fam.* Zecherei. ‖**-dailler** (daj*é*), *fam.* zechen.
godelureau, x, m. (godlür*o*). *Fam.* Süßling.
goder (*dé*). Falten werfen*.
godet m. (dè). Farbennäpfchen, n. ④.
godiche f. (*i*sch), *pop.* linkisch, tölpelhaft.
go‖dille f. (d*i*j). Wrickruder, n. ④. ‖**-diller** (dij*é*). wricken.
godillot m. (dij*ô*), *pop.* Soldatenschuh.
godron m. (dr*o*n). Eierleiste, f. ‖[vêtements] Rundfalte, f.
go‖éland m. (*a*n). Seemöwe, f. ‖**-élette** f. (èt). Zweimaster, m. ④.
goémon m. (m*o*n). Tang, spl.
gogo m. (-g*ô*), *fam.* Leichtgläubige[r], a. s. *A gogo,* nach Herzenslust.
goguenard, e, a. (gòg'n*à*r, d). spöttelnd.
goguette [en], LOC. (gèt). angerissen, *fam.*
goinfr‖e m. (goinfr). Fresser ④, Vielfraß ①. ‖**-er.** fressen*. ‖**-erie** f. (er*i*). Fresserei.
goitr‖e m. (go*a*tr). Kropf. ‖**-eux, euse,** a. (tr*ö*, z). kropfartig.
golf m. Golfspiel, n.
golfe m. (olf) Meerbusen, ④.
gomm‖e f. (gòm). Gummi, n. : *gomme élastique,* Gummielastikum, n. ‖**-e-gutte** f. (güt). Gummigutt, n. ‖**-er** (*mé*). gummieren. ‖**-eux, euse,** a. (m*ö*, z). gummiartig. ‖m. Stutzer ④.
gond m. (g*o*n). Türangel, f. *Sortir* de ses gonds,* aus der Haut fahren*, *fam.*
gon‖dole f. (dòl). Gondel. ‖**-doler** intr. (*lé*). [bois] sich werfen*. ‖[se], *pop.* sich totlachen. ‖**-dolier** m. (*lié*). Gondelier ①.
gon‖flé, e, a. (fl*é*). angeschwollen. ‖*Fig.* aufgebläht. ‖**-flement** m. (flem*a*n). Anschwellung, f., Aufblähung, f. ‖**-fler** (fl*é*). tr. schwellen. ‖[en soufflant] aufblasen*. ‖[de gaz, et *fig.*] aufblähen. ‖[pneu] aufpumpen. ‖ [se]. V. *gonfler,* intr. ‖*fig.* [d'orgueil] sich brüsten. ‖intr. et [se]. anschwellen, intr. [*sein*]. ‖[lever] aufgehen*, intr. [*sein*].
gong m. (gong). Gong, -s.
goret m. (or*è*). Spanferkel, n. ④.
gor‖ge f. (gòrj). Gurgel, Kehle. ‖[cou] Hals, m. ‖[poitrine] Brust, ¨e. ‖[sein] Busen, m. ④. ‖[montagne] Schlucht. ‖[cannelure] Hohlkehle, Rinne. ‖*A gorge déployée,* aus vollem Halse; *faire* des gorges chaudes* [de], sich lustig machen [über, *acc.*]; *rendre gorge,* gezwungen zurückgeben*. ‖**-gée** f. (*j*ée). Schluck, m. ①. ‖**-ger** (*jé*) [de]. voll füttern [mit]. ‖*Fig.* überhäufen [mit]. ‖**-gerette** f. (jer*è*t). Halskragen, m. ④.
gorgone f. (gòn). Gorgone.
gorille m. (*i*j). Gorilla.
gosier m. (*zié*). Kehle, f.
gosse m. et f. (gòs), *pop.* Kind, n.

gothique a. (gòtik). gotisch. ||f. [allemande] Fraktur.
goton f. (ton), *fam.* liederliche Dirne.
gouache f. (guasch). Guasche.
gou||ailler (ajé). intr. spotten. ||tr. verspotten. ||**-aillerie** f. (ajri). Spott, m. spl. ||**-ailleur, euse,** a. (ajœr, öz). spöttisch.
gouape f. (ap), *pop.* Strolch, m. ①.
gou||dron m. (on). Teer. ||**-dronnage** m. (ònaj). Teeren, n. ||**-dronner** (òné). teeren.
gouffre m. (gùfr). Abgrund. ||pl. Geklüft, n.
gou||jat m. (jà). Troßbube, -n, -n. ||*Fig.* Flegel ④. ||**-jaterie** f. Flegerei.
goujon m. (jon). Gründling.
gou||let m. (lè). enge Einfahrt, f. ||**-lot** m. (lô). Flaschenhals.
goulu, e, a. (lü). gefräßig.
gou||pille f. (pij). Stift, m. ||**-pillon** m. (pijon). Sprengwedel ④. ||[à nettoyer] Flaschenbürste, f.
gour||d, e, a. (gùr, d). erstarrt. ||**-de** f. (gùrd). Kürbisflasche. ||*Fam.* ungeschickter Mensch, m.
gourdin m. (din). Knüttel ④, Prügel.
gour||mand, e, a. (man, d). eßgierig. ||[vorace] gefräßig. ||[friand] naschhaft. ||**-mander** (mandé). ausschelten*. ||**-mandise** f. (mandiz). Eßgier, Gefräßigkeit, Naschhaftigkeit.
gour||me f. (gurm). [chevaux] Druse, ||[enfants] Milchschorf, m. ||*Fig. Jeter* sa gourme,* sich die Hörner ablaufen*. ||**-mé, e,** a. (mé). steif, pedantisch.
gourmet m. (mè). Feinschmecker ④.
gourmette f. (mèt). Kinnkette.
gouss||e f. (gùs). Hülse. ||[cosse] Schote. ||— *d'ail,* Knoblauchzehe. ||**-et** m. (sè). Westen- *ou* Uhrtasche, f.
goû||t m. (gu) [de]. Geschmack, spl. [an, *dat.*]. *De mauvais goût,* unpassend, kitschig. ||**-ter** (té). tr. kosten, versuchen. ||[jouir de] genießen*. || [apprécier] schätzen. ||[approuver] billigen. ||intr. [à]. kosten, tr. ||[collation] vespern. ||m. Vesperbrot, n. ①.
gou||tte f. (gùt). Tropfen, m. ④. *N'y voir goutte,* nicht das Geringste sehen*. ||*Fam.* [eau-de-vie] Schnäpschen, n. ④. ||[maladie] Gicht. ||**-ttelette** f. (lèt). Tröpfchen, n. ④. ||**-tter** (té). tröpfeln. ||**-tteux, euse,** a. (tö, z). gichtig. ||**-ttière** f. (iär). Traufe. ||[chéneau] Dachrinne.
gouver||nable a. (guwernàbl). regierbar. ||**-nail** m. (nàj). Steuer[-ruder], n. ④. ||**-nante** f. (ant). [institutrice] Erzieherin. ||[d'enfants] Kinderwärterin. ||[ménagère] Haushälterin. ||**-ne** f. (ern). *Pour votre* —, Ihnen zur Richtschnur. ||**-nement** m. (neman). Regierung, f. ||**-nemental, e, aux,** a. (tàl, to). Regierungs... ||**-ner** (né). regieren. ||[navire] steuern. ||**-neur** m. (nœr). Statthalter, ④. ||*Mil.* Gouverneur, -s. ||[précepteur] Hofmeister ④.
grabat m. (ba). schlechtes Bett, -en, n.
grabuge m. (büj). Zänkerei, f.
grâce f. (graß). [divinité] Grazie. ||[charme] Anmut. ||[pardon] Gnade. ||[faveur] Gunst, spl. : *être* dans les bonnes grâces de qn,* bei jemand in Gunst stehen*. ||LOC. *A la grâce de Dieu,* Gott gebe es! ; *de bonne grâce,* gern, bereitwillig; *de grâce,* um Himmels willen; *de mauvaise grâce,* ungern; *faire* grâce de...,* erlassen*; *grâce à...,* dank [*dat.*]; *grâce à Dieu,* Gott sei Dank!; *rendre grâces,* dank sagen; *action de grâces,* Danksagung.
gra||cier (sié). begnadigen. ||**-cieuseté** f. (siözté). Gefälligkeit. ||**-cieux, euse,** a. (siö, z). anmutig. *A titre gracieux,* freiwillig, unentgeltlich.
gra||cile a. (sil). dünn. ||**-cilité** f. (té). Dünnheit.
gra||dation f. (sion). Abstufung. ||**-de** m. (gràd). Grad ①, Rang. || [honorifique] Ehrenstufe, f. ||[universitaire] : *grade de ...,* ...würde, f. ||**-dé, e,** a. (dé). chargiert. ||[diplômé] graduiert. ||**-din** m. (din). Stufe, f. ||**-duel, le,** a., **-duellement** adv. (düèlman). stufenweise. ||**-duer** (düé). gradieren. ||[universités] graduieren.
graillon m. (grajon). brenzlicher Fettgeruch [-geschmack].
grai||n m. (grin). Korn, n. ②. ||*Fig.* Körnchen, n. ④. ||*Grain de beauté,*

Schönheitsmal, n. ①. ‖ [de raisin] Beere, f. ‖ [de café] Bohne, f. ‖ [de chapelet] Kügelchen n. ④. ‖ [poids] Gran, n. ①. ‖*Mar.* Bö, f., plötzlicher Regenguß. ‖**-ne** f. (grän). Samenkorn, n. ②. ‖*Monter en graine,* in Samen schießen*. ‖*Fig. Mauvaise graine,* böse Brut. ‖**-neterie** f. (grèntri). Samenhandlung. ‖**-netier, ère,** m., f. (èntié, iär). Samenhändler ④, in.
grais‖sage m. (gräsàj). Schmieren, n. ‖**-se** f. (gräß). Fett, n. spl. ‖ [fondue] Schmalz, n. spl. ‖pl. Fettwaren. ‖**-ser** (sé). einfetten, schmieren. ‖**-seur** m. (sœr). [machines] Öler ④. ‖**-seux, euse,** m. (sö, **z**). fettig, schmierig.
graminée f. (nee). Graspflanze.
gram‖maire f. (am'mär). Grammatik, Sprachlehre. ‖ **-mairien** m. (riin). Grammatiker ④. ‖**-matical, e, aux,** a. (kàl, o). grammatisch.
gramme m. (àm). Gramm, n.
grand‖, e, a. (gran, d). m. (ant) vor einem Vokal od. stummen **h,** z. B. : grand arbre (grantarbr). groß. ‖*Grande personne.* Erwachsene[r], a. s. ‖ [devant un nom de parenté, de titre ou de pays] Groß... Ex. : *grand-maman, — -mère, — -oncle, — -papa, — -père, grands-parents. — -tante,* Großmama [-mütterchen], -mutter, -onkel, -papa, -vater, -eltern, -tante; *Grande-Bretagne,* Großbritannien, n. ; *Grand-duc,* m. Großherzog; [en Russie] Großfürst. ‖a. s. *En grand,* in großem Maßstabe. ‖m. großer Herr -n, -en. ‖ [d'Espagne] Grande, -n, -n. ‖**-chose** pron. ind. m. (schôz). viel. ‖**- -duc** m., **-e-duchesse** f. V. *grand* et *duc.* ‖adv. *Grand ouvert, e,* weit offenstehend. ‖**-elet, te,** a. (andlè, t), *fam.* ziemlich groß. ‖**-ement** adv. (deman). V. *grand.* ‖ [largement] reichlich. ‖**-eur** f. (œr). Größe : — *naturelle,* Lebensgröße. ‖ [grandiose] Großartigkeit. ‖ [sublime] Erhabenheit. ‖ [titre] : *Votre Grandeur,* Ew. [Eure] Hochwürden, pl. ‖**-iose** a. (oz). großartig. ‖**-ir** (ir). intr. groß [größer] werden* [*sein*]. ‖ [croître] wachsen* [*sein*]. ‖ [augmenter] zunehmen* [*en,* an, *dat.*]. ‖tr. vergrößern. ‖**- -livre** m. (iwr). Hauptbuch, n. ②. ‖**- -messe** f. (mès). Hochamt, n. ②. ‖**- -peur** f. (pœr). große Angst. ‖**- -route** f. (rut). Landstraße.
grange f. (granj). Scheune.
gra‖nit m. (nit). Granit ①. ‖**-nitique** a. (tìk). Granit...
gra‖nule m. (nül). Körnchen, n. ④. ‖**-nulé, e,** a., **-nuleux, euse,** a. (lé, lö, **z**). körnig.
gra‖phie f. (fi). Schreibweise. ‖**-phique** a. (fìk). graphisch. ‖m. Linearzeichnung, f.
graphite m. (fìt). Graphit ①.
graphologie f. (olòji). Graphologie.
gra‖ppe f. (àp). Traube. ‖**-ppiller** (pijé). Nachlese halten*. ‖**-ppin** m. (pin). Enterhaken, ④. ‖ [pour grimper] Kletterhaken.
gras‖, se, a. (gra, ß). fett. ‖ [adipeux] fettig. ‖ [graisseux] schmierig. ‖ [pavé] schlüpfrig. ‖ [terre[fruchtbar. ‖ [plante] saftig. ‖*Bœuf gras,* Mastochs; *jour gras,* Fleischtag; *jours gras,* Karnevalstage; *parler gras,* mit der Zunge anstoßen*. *Fig.* zotig sprechen*. ‖m. Fett, n. ‖**- -double** m. (dùbl). Fettdarm. ‖**-sement** adv. (grasman). [largement] reichlich. ‖ **-seyer** (säjè). schnarren. ‖**-souillet, te,** a. (sujè, t). ziemlich fett.
gra‖tification f. (sion). Vergütung. ‖ **-tifier** (fié) [de]. beschenken [mit.].
gra‖tin m. (tin). Gericht [n.] mit geschabter Brotkruste. ‖**-tiner** (né). mit geschabter Brotkruste rösten.
gra‖tis adv. (tis). unentgeltlich. ‖**-titude** f. (tüd). Dankbarkeit.
gra‖ttage m. (tàj). Kratzen, n. spl. ‖**-tte** f. (àt), *fam.* Schmu, m. spl. ‖**-tte-ciel** m. (sièl). Wolkenkratzer ④. ‖**-tter** (té). kratzen. ‖**-ttoir** m. (toar). Radiermesser, n. ④.
gra‖tuit, e, a. (tüi, t). unentgeltlich, frei. ‖**-tuité** f. (té). Unentgeltlichkeit.
gravats m. pl. (wa). Schutt, spl.
grave a. (gràw). ernst[haft]. ‖ [important] wichtig. ‖ [peine, blessure] schwer. ‖ [maladie] schlimm. ‖ [son] tief.
gra‖veleux, euse, a. (wlö, **z**). griesig. ‖*Fig.* schlüpfrig. ‖**-velle** f. (wèl). Blasengries, m.

gra‖ver (wé). eingraben*, stechen. ‖[eau-forte] radieren. ‖[inculquer] einprägen. ‖**-veur** m. (wœr). Kupfer-, Stahlstecher ④.
gravier m. (wié). Kies, Grieß.
gravir (wir). ersteigen*. ‖[en grimpant] erklettern, erklimmen*.
gra‖vitation f. (wi-sio^n). Schwerkraft. ‖**-vité** f. (té). *Phys.* Schwere : *centre de gravité,* Schwerpunkt, m. ‖[sérieux] Ernst m., Ernsthaftigkeit. ‖[importance] Wichtigkeit. ‖**-viter.** gravitieren. ‖**-vois** m. pl. (w^oa). Schutt, spl.
gravure f. (wür). Stecherkunst. ‖[œuvre] Kupfer-, Stahlstich. m.
gré m. (gré). Belieben, n. ‖*A son gré,* nach seinem Belieben; *contre le gré,* gegen den Willen; *de bon [plein] gré,* gern; *de mauvais gré,* ungern; *de gré à gré,* nach freiwilliger Übereinkunft; *de gré ou de force [bon gré, mal gré],* wohl oder übel; *savoir* gré [de],* Dank wissen* [für].
Gr‖ec, que, m., f. (grèk). Grieche, -n, -n, ...chin. ‖a. griechisch. ‖m. *Fam.* [tricheur] Falschspieler ④. ‖**-èce** npr. f. (gräs). Griechenland, n.
gr‖edin, e, m., f. (grœdi^n, ìn). Spitzbube, -n, -n, ...übin. ‖**-edinerie** f. (inri). Büberei.
gr‖éement m. (ma^n). Takelwerk, n. ‖**-éer** (éé). betakeln.
gr‖effe m. (èf). Kanzlei, f. ‖f. Pfropfen, n. ‖[pousse] Pfropfreis, n. ②. ‖**-effer** (fé). pfropfen, impfen. ‖[se] [sur], *fig.* sich knüpfen [an, *acc.*]. ‖**-effier** m. (fié). Gerichtschreiber ④.
grège a. (gräj). [soie] roh.
grégeois a. (j^oa). [feu] griechisch.
grégorien, ne, a. (ii^n, ièn). gregorianisch.
gr‖êle f. (gräl). Hagel, m. ‖*Fig.* [de balles, etc.] ...regen, m. ‖a. lang und dünn. ‖[voix] grell und schwach. ‖**-êlé, e,** a. (lé). pockennarbig. ‖**-êler** (lé). hageln. ‖**-êlon** m. (lo^n). Schloße, f. ‖**-elot** m. (œlô). Schelle, f.
grelotter (òté), vor Kälte zittern.
gr‖enade f. (œnàd). Granatapfel, m. ③. ‖[projectile]. Granate. ‖**-enadier** m. (dié). Granatbaum. ‖[soldat] Grenadier ①. ‖**-enadine** f. (din). [liqueur] Granatapfelsirup, m. ‖**-enaille** f. (œnàj). Schrot, m. ‖**-enat** m. (œna). Granat ①. ‖[couleur] granatrot.
grenier m. (œnié). Speicher ④. ‖[mansarde] Dachboden ④.
grenouille f. (œnuj). Frosch, m. ‖*Manger la grenouille, fam.,* mit der Kasse durchbrennen*.
grenu, e, a. (grœnü). gekörnt.
gr‖ès m. (grè). Sandstein ‖[céramique] Steingut, n. spl. ‖**-ésil** m. (zil). Graupenhagel. ‖**-ésiller** (zijé). graupeln. ‖[crépiter] knistern.
grève f. (äw). Strand, m. ①. ‖[d'ouvriers] Streik, m. — *sur le tas,* Sitzstreik; *faire* grève,* streiken.
grever (œwé) [de]. belasten [mit].
gréviste m. (wist). Streiker ④.
gri‖bouillage m. (bujàj). Sudelei, f.; Schmiererei, f. ‖**-bouille** m. (buj). Gimpel. ‖**-bouiller** (bujé). sudeln, schmieren. ‖**-bouilleur, euse,** m., f. (bujœr, öz). Sudler ④, in, Schmierer ④, in.
gri‖ef m. (ièf). Klagegrund. ‖**-èvement** adv. (grièwma^n), schwer.
gri‖ffe f. (grif). Klaue. ‖[serre] Kralle. ‖[signature] Namensstempel, m. ④. ‖[crochet] Haken, m. ④. ‖**-ffer** (fé). kratzen. ‖[chat] ankrallen. ‖**-ffon** m. (fo^n). [fabuleux] Greife, -n, -n. ‖[chien] [Affen-] Pinscher ④. ‖**-ffonnage** m. (ònaj). Gekritzel, n. spl. ‖**-ffonner** (fòné). kritzeln.
grignoter (njòté). nagen [an, *dat.*].
grigou m. (gu). Knauser ④.
gri‖l m. (grì). Rost ①. ‖**-llade** f. (jàd). Rostbraten, m. ④. ‖**-llage** m. (jaj). Gitterwerk, n. ‖**-llager** (jàjé). vergittern. ‖**-lle** f. (grij). Gitter, n. ④. ‖[porte] Gittertor, n. ①. ‖[décrottoir] Abstreichgitter, n. ④.
gri‖lle-pain m. (grij^epi^n). Brotröster. ‖**-ller** (jé). [au feu] rösten. ‖[grillager] vergattern. ‖*Fig. Griller de,* vor Ungeduld vergehen, zu...
grillon m. (jo^n). Grille, f. ‖[cricri] Heimchen, n. ④.
gri‖maçant, e, a. (sa^n, t). fratzenhaft. ‖**-mace** f. (màs). Fratze, Grimasse. ‖*Faire* des grimaces,* Gesichter schneiden*; *faire* la grimace, fig.,* ein saures Gesicht machen. ‖**-macier, ère** a. s. m., f. Fratzenschneider ④, in.

gri||me m. (im). [théâtre] lächerlicher Greis [Rolle]. ||**-mer** [se] (*mé*). sich alt schminken. ||*Fig.* sich verkleiden.

grimoire m. (m^{o}*a*r). Zauberbuch, n. *Fig.* Geschreibsel, n. ④.

gr||impant, e, p. a. (gri^{n}p*a*^{n}, t). [plante] Schling... ||**-imper** (i^{n}p*é*). klettern. ||**-impeur** m. (œr). Kletterer ④. ||[oiseau] Klettervogel ③.

gr||incement m. (i^{n}sm*a*^{n}). Knarren, n. spl., Knirschen, n. spl. ||**-incer** (i^{n}s*é*). [porte] knarren. ||[dents] knirschen. ||**-incheux, euse,** a. (schö, z). mürrisch.

gringalet m. (i^{n}-lè). Schwächling.

griotte f. (*ò*t). Weichselkirsche.

grippage m. (p*a*j). Durchreiben, n.

gri||ppe f. (grip) [maladie] Grippe. ||[rhume] Schnupfenfieber, n. ||*Prendre* en grippe,* unhold werden* [*dat.*]. ||**-ppé, e,** a. (pé). mit der Grippe gehaftet. || *Fam.* [enrhumé] verschnupft.

gri||pper (pé). tr. V. *agripper.* ||intr. [machines] durchreiben*. ||[étoffe] sich krumpen. ||**-ppe-sou** m. (gripsu). Pfennigfuchser ④.

gri||s, e, a. (gri, z). grau. ||[temps] trübe. ||[ivre] angetrunken. ||m. Grau, n. spl. ||**-saille** f. (z*à*j). Grau in Grau, n. ||**-sâtre** a. (z*a*tr). graulich. ||**-ser** (z*é*). berauschen. ||**-serie** f. (izr*i*). Rausch, m. ||**-sette** f. (zèt). Grisette. ||**-son, ne,** a. (zo^{n}, *ò*n). grauhaarig. ||m. Graukopf, Graubart. ||**-sonner** (z*ò*n*é*). grau werden*.

grisou m. (z*ù*). Grubengas, n. ①, schlagende Wetter, n. pl.

gri||ve f. (griw). Drossel, Kramtsvogel, m. ③. ||**-vèlerie** f. (vèl^{e}r*i*). Zechprellerei. ||**-vois, e,** a. (w^{o}*a*, z). schlüpfrig. ||**-voiserie** f. (r*i*). Zote.

grog m. (òg). Grog, -s.

gr||ognard, e, a. (nj*à*r, d). brummig. ||m. Brummbär, -en, -en. ||[soldat] Knasterbart. ||**-ognement** m. (ònjm*a*^{n}). Grunzen, n. spl. ||Brummen, n. spl. ||Murren, n. spl. ||**-ogner** (onj*é*). [porc] grunzen. ||[ours, *fig.* homme] brummen. ||*Fig.* murren. ||**-ognon, ne,** a. (ònjo^{n}, *ò*n). brummig, mürrisch. ||m. Brummbär, -en, -en.

groin m. (grui^{n}). Rüssel [des Schweines].

grommeler (òml*é*). brummen, murren.

gr||ondement m. (o^{n}dm*a*^{n}). Dröhnen, n. spl. ||Brausen, n. spl. ||Rollen, n. spl. ||Brummen, n. spl. ||Knurren, n. spl. ||**-onder** (o^{n}d*é*), intr. [terre, canon] dröhnen. ||[flots] brausen. ||[tonnerre] rollen. ||[ours] brummen. ||[chien] knurren. ||tr. auszanken, schelten* [*de*, über, *acc.*, wegen, *gén.*]. ||**-onderie** f. (o^{n}dr*i*). Schelten, n. spl. ||**-ondeur, euse,** m., f. (o^{n}dœr, *ö*z). Brummbär, -en, -en, m. ||*Fig.* Zänker ④, in. ||**-ondin** m. (o^{n}d*i*^{n}). roter Seehahn.

groom m. (ûm). Reitknecht, Groom, -s.

gros, se, a. (gr*ô*, os). dick. ||[grand] groß. ||[grossier] grob. ||[tuméfié] geschwollen. ||[enceinte] schwanger. ||[lourd] schwer. ||[temps] stürmisch. ||[mangeur] stark. ||adv. viel. ||*La mer est grosse,* die See geht hoch. ||a. s. [principal] Haupt... : *gros de l'armée,* Hauptheer, n. ||m. [commerce] Großhandel. ||*En gros* [dans l'ensemble], im großen und ganzen; *vendre en gros,* im großen verkaufen.

gro||seille f. (zäj). Johannisbeere. ||— *à maquereau,* Stachelbeere. ||**-seillier** m. (zèj*é*). Johannisbeeren, Stachelbeerenstrauch ① et ②.

gro||sse f. (groß) [12 douzaines). Groß, n. ①, inv. après un nombre. ||[copie] Ausfertigung. ||**-ssesse** f. (s*è*s). Schwangerschaft. ||**-sseur** f. (sœr). Dicke, Größe. ||[tuméfaction] Geschwulst, ¨e. ||**-ssier, ère,** a. (s*ié*. *iä*r). grob. ||[matière] roh. ||**-ssièreté** f. (siert*é*). Grobheit, Roheit. ||**-ssir** (*i*r). tr. dicker [größer, stärker] machen. ||[agrandir] vergrößern. ||[rivière] anschwellen. ||[exagérer] übertreiben*. ||intr. dicker [größer, stärker] werden*, anschwellen* [*sein*]. ||**-ssissant, e,** p. a. (s*a*^{n}, t). *Verre grossissant,* Vergrößerungsglas, n. ②. ||**-ssissement** m. (sism*a*^{n}). Vergrößerung, f. ||**-sso modo** adv. (do). im großen und ganzen. ||[sommairement] obenhin, summarisch.

grotesque a. (tesk). fratzenhaft, grotesk.

grotte f. (gròt). Grotte.

grou||illement m. (grujm*a*^{n}). Gewimmel, n. spl. ||**-iller** (gruj*é*). wimmeln.

grouillot, m. [Bourse] Laufbursche, m.
grou||**pe** m. (grùp). Gruppe, f. ||**-pement** m. (grùpm*a*^{n}). Gruppierung, f. ||**-per** (pé). gruppieren.
gruau, x, m. (grüô). Grütze, f. *Pain de gruau,* Wecke, f., Weck.
grue f. (grü). Kranich, m. ①. ||[appareil] Kran m. ①. ||*Pop.* Dirne.
gruger (üjé). verzehren. ||*Fig.* ausbeuten.
gr||**umeau, x,** m. (ümô). Klümpchen, n. ④. ||**-umeleux, euse,** a. (ümlö, öz). aus Klumpen bestehend, knorrig.
Gruyère npr. f. (grüjär) [ville] Greyerz, n. ||m. (Fromage de) Gruyère (üjär). Schweizerkäse ④.
guano m. (guano). Guano, -s.
gué m. (gé) Furt, f. *Passer à gué,* durchwaten.
guelte f. (gelt). Sondervergütung [für Verkäufer].
guenille f. (gœnij). Lumpen, m. ④.
guenon f. (gœn*o*^{n}). Äffin.
gu||**êpe** f. (gäp). Wespe. ||**-êpier** m. (gäpié). Wespennest, n. ②.
guère adv. (gär). *Ne ... guère,* nicht viel, nicht sehr; [temps] nicht lange. ||[à peine] kaum.
guéridon m. (d*o*^{n}). Leuchtertisch.
guérilla f. (à). Buschkrieg, m.
gu||**érir** (ir). tr. heilen. ||intr. genesen* [sein.] ||**-érison** f. (z*o*^{n}). Heilung, Genesung. ||**-érissable** a. (àbl). heilbar. ||**-érisseur** m. (sœr). Heiler ④. ||[charlatan] Quacksalber ④.
guérite f. (ìt). Schilderhaus, n. ②.
gu||**erre** f. (gär). Krieg, m. *Grande Guerre,* Weltkrieg, m.; *de guerre lasse,* des Streites müde. ||**-errier, ère,** a. (ié, iär). kriegerisch. ||m. Krieger ④. ||**-erroyer** (r^{o}ajé). Krieg führen.
gu||**et** m. (gè). Wacht, f. *Faire* le guet,* auf der Lauer sein*. ||**-et-apens** m. (gèt-*a*^{n}). Hinterhalt ①.
guêtre f. (gätr). Gamasche.
gu||**etter** (té). tr. lauern, intr. [auf, *acc.*]. ||[épier] erspähen. ||**-etteur** m. (tœr). Wächter ④, Späher ④.
gu||**eulard, e,** m., f. (gölàr, d), *pop.* Schreihals, m. ||[goinfre] Vielfraß ①, m. ||*Métall.* Gicht, f. ||**-eule** f. (gœl). Maul, n. ②, Rachen, m. ④. ||[canon, etc.] Mündung. ||**-euler** (gölé), *pop.* viel schreien*. ||**-eules** m. (gœl). [blason] Rot, n. spl. ||**-euleton** m. (gœlt*o*^{n}), *pop.* Schmauserei, f.
gu||**euse** f. (göz) [métal] Eisenganz, n. ||**-eux, euse,** a. (gö, z), bettelarm. ||m. f. Bettler ④, in.
gui|| m. (gì). Mistel, f. ||**-bolle** f. (bòl), *fam.* Bein, n.
gui||**chet** m. (schè). [porte] Einlaßpförtchen, n. ④. ||[de bureau] Schalter ④. ||**-chetier** m. (schtié). Pförtner ④. ||[prison] Schließer ④.
gui||**de** m. (gìd). Führer, Reiseführer ④. ||[indicateur] Wegweiser ④. [livre] Anleitung, f. ||f. Zügel, m. ④. ||**-der.** führen. ||[diriger] leiten. ||[cheval, etc.] lenken. ||[se] [sur] sich richten [nach]. ||**-de-rope** m. (gidrop). Schleppseil, n. ||**-don** m. (d*o*^{n}). Fähnlein n. ④. ||[de fusil] Korn, n. ②. ||[bicyclette] Lenkstange, f.
gui||**gne** f. (ginj). Süßkirsche. ||*Fam.* Unglück, n., Pech, n. *fam.* ||**-gner** (ginjé). hinschielen [nach].
guignol m. (njòl). Hanswurst ①, Kasperle, -s. ||[théâtre] Kasperletheater, n. ④.
guignon m. (nj*o*^{n}), *fam.* Pech, n.
Guillaume npr. m. (gijom). Wilhelm. ||m. [outil] Leistenhobel ④.
guilledou m. (gijdu). *Courir* le guilledou* [homme], den Schürzen nachjagen; [fille] auf den Strich gehen*.
guillemet m. (gijmè). Gänsefüßchen, n. ④.
guilleret, te, a. (gijrè, t). lustig, munter.
guillocher (gijosché). guillochieren.
gui||**llotine** f. (gijotin). Fallbeil, n., Guillotine. ||*Fenêtre à guillotine,* Schiebfenster, n. ④. ||**-llotiner** (jotiné). guillotinieren.
guimauve f. (môw). Eibisch, m.
guimbarde f. (gi^{n}bàrd). [véhicule] Lastwagen, m. ④. ||*Fam.* Rumpelkasten, m. ④. ||*Mus.* Maultrommel.
guimpe f. (gi^{n}p). Brustschleier, m.
guin||**dé, e,** a. (gi^{n}dé). steif. ||[style] geschraubt. ||**-der** (dé). aufwinden*. ||*Fig.* in die Höhe schrauben*. ||**[se],** *fig.* sich zieren.
guinguette f. (gèt). Tanzkneipe.
guipure f. (gipür). weitmaschige Spitze.

guirlande f. (girl*a*n). Blumengewinde, n. spl.
guise f. (giz). Weise, Sitte. *En guise de,* als, [an]statt [*gén.*].
guitare f. (*à*r). Gitarre.
gutta-percha f. (gü-k*a*). Gutta-percha.
guttural, e, aux, a. (gütür*à*l, *o*). Kehl...
Guy npr. m. (gi). Veit.
gymnas||**e** m. (jimn*a*z). Turnanstalt, f., -halle, f. || [lycée allemand] Gymnasium, ...ien, n. ||**-te** m. (*a*st). Turner ④. ||**-tique** a. (t*ì*k). gymnastisch, Turn... *Pas gymnastique,* Laufschritt, m. ||f. Turnen, n., Turnkunst.
gypse m. (jips). Gips.

H

Dieser Konsonant, der als Hauchlaut nicht apostrophiert noch gebunden werden darf, ist in der figurierten Aussprache durch **h** bezeichnet, das stumme **h** dagegen, das stets apostrophiert und gebunden wird, fällt in derselben gänzlich aus, z. B. : hêtre (**h**ätr), *le hêtre* (lœ **h**ätr), *les hêtres* (lä **h**ätr) ; dagegen : *homme* (òm), *l'homme* (lòm), *les hommes* (läzòm).

H, h, m. et f. (asch). H, h, n.
hab||**ile** a. (ab*i*l). geschickt. || [adroit] gewandt. || [rusé] schlau. || [capable] tüchtig. ||**-ileté** f. Geschicklichkeit. || Gewandtheit. || Schlauheit. || Tüchtigkeit.
hab||**illé, e,** p. a. (bij*é*). a. [robe, etc.] Fest..., Gala... ||**-illement** m. (bijm*a*n). Kleidung, f. ||**-iller** (bij*é*). ankleiden, anziehen*. ||**-illeur, euse,** m., f. (bij*œ*r, *ö*z). Ankleider ④, in. ||**-it** m. (b*i*). Kleid, n. ②. || [ample] Gewand, n. ②. || [redingote] Rock. || [frac] Frack.
hab||**itable** a. (*à*bl). bewohnbar. ||**-itacle** m. (*à*kl). Kompaßhäuschen, n. ④. ||**-itant, e,** m., f. (t*a*n, t). Einwohner ④, in, Bewohner ④, in. ||**-itation** f. (s*io*n). Wohnung. ||**-iter,** intr. wohnen. || tr. bewohnen. ||**-itude** f. (*ü*d). Gewohnheit. ||**-itué, e,** m., f. [client, e] Kunde, -n, -n., ...din. || [lieu public] Stammgast, m. ||**-ituel, le,** a. (t*üè*l). gewohnt. || [ordinaire] gewöhnlich. ||**-ituer** (t*üé*) [à]. gewöhnen [an, *acc.*]. || [s'] [à qc.]. sich [etwas] angewöhnen.
hâbl||**erie** f. (**h**-ᵉr*i*). Großsprecherei. ||**-eur** m. (*œ*r). Großsprecher ④, Aufschneider ④. *Fam.* Prahlhans.
hach||**e** f. (**h**asch). Axt, ¨e. || [cognée] Beil, n. ||**é, e,** p. a. (sch*é*). *Fig.* [incohérent] unzusammenhängend. ||**-er** (sch*é*). [zer]hacken. || [dessin] schraffieren. ||**-ette** f. (*è*t). Hackbeil, n. ||**-is** m. (*i*). Hackfleisch, n.
hachisch m. (*i*sch). Haschisch.
hach||**oir** m. (ᵒ*a*r). Hackmesser, n. ④. ||**-ure** f. (*ü*r). Schraffierung.
hagard, e, a. (**h**ag*à*r). verstört.
haie f. (**h**ä). Hecke. || [soldats] Spalier, n. ①.
haillon m. (**h**aj*o*n). Lumpen ④.
haine f. (**h**än). Haß, m. spl. [*de,* gegen].
haï||**r** (**h**a*ï*r). hassen. ||**-ssable** a. (s*à*bl). hassenswert.
halage m. (**h**al*à*j). Treideln, n. : *chemin de halage,* Leinpfad ①.
hâl||**e** m. (**h**al). Sonnenbrand. ||**-é, e,** a. (l*é*). sonnenverbrannt.
haleine f. (alèn). Atem, m. *De longue haleine,* langwierig ; *hors d'haleine,* außer Atem.
haler. treideln.
hâler (**h**al*é*). verbrennen*.
hal||**etant, e,** p. a. (**h**alt*a*n, t). V. *haleter.* ||**-eter.** keuchen, schnauben*.
hall m. (**h**ôl). Halle, f.
hallali m. (*i*). Halali, n.
halle f. (**h**àl). Markthalle.
hall||**ebarde** f. (**h**àlb*à*rd). Hellebarde. ||**-ebardier** m. (d*ié*). Hellebardier ①.
hallier m. (*ié*). Dickicht, n.
hall||**ucination** f. (al'lüs*i*-s*io*n). Sinnestäuschung, Trugbild, n. ②. ||**-uciné, e,** a. halluziniert.
halo m. (**h**al*o*), [lunaire, solaire] Mond-, Sonnenhof.

halte f. (**h**alt). Halt, m. ①, Rast, Pause. ||interj. halt! still!
haltère m. (altär) Wuchtkolben ④. pl. [sport] Hanteln.
hamac m. (**h**amàk). Hängematte, f.
hameau, x, m. (**h**amô). Weiler ④, Dörfchen, n. ④.
hameçon m. (àms*o*ⁿ). Angelhaken ④.
hampe f. (**h**aⁿp). Schaft, m. ||[pinceau] Stiel, m.
hanap m. (**h**anàp). Humpen ④.
hanche f. (**h**aⁿsch). Hüfte.
han||dicap m. (àp). Handikap, n., Benachteiligung, f. ||**-dicaper** (pé). *fig.* bevorteilen.
hangar m. (g*a*r). Schuppen ④.
hanneton m. (**h**ànt*o*ⁿ). Maikäfer ④.
Hanovre npr. m. (**h**anòwr). Hannover, n.
hant||er (**h**aⁿté). oft besuchen. ||[obséder] quälen [*par,* mit]. ||**-ise** f. (*iz*). [obsession] Besessenheit.
happer tr. (**h**apé). schnappen, intr. [nach], erhaschen, tr.
haquenée f. (hàknee). Zelter, m. ④.
haquet m. (kè). Kippwagen ④.
har||angue f. (**h**ar*a*ⁿg). Ansprache. ||**-anguer** (gé). eine Ansprache halten*.
haras m. (r*a*). Gestüt, n.
harasser (sé). erschöpfen, abmatten.
har||cèlement m. (selm*a*ⁿ). Plagen, n. ||**-celer** (sœlé). plagen. ||[ennemi] beunruhigen.
harde f. (**h**ard). [fauves] Rudel, n. ④. ||[chiens] Koppel. ||pl. [vêtements] Kleidungsstücke, n. pl.
har||di, e, a. (**h**ard*i*), **-diment** adv. (m*a*ⁿ). kühn. ||*hardi!,* frischweg! drauflos! ||**-diesse** f. (diès). Kühnheit.
harem m. (èm). Harem, -s.
har||eng m. (*a*ⁿ). Hering. ||**-engère** f. Heringsweib, n.
har||gne f. Tadelsucht. || **-gneux, euse,** a. (njö, öz). mürrisch. ||[grondeur] knurrig.
haricot m. (ko). Bohne, f.
haridelle f. (dèl). Schindmähre.
har||monica m. (monikà). Harmonika, -s, f. ||**-monie** f. (armòn*i*). [son] Wohlklang, m. ||[accord] Einklang, m. ||*Fig.* Übereinstimmung. ||[science] Harmonik. ||**-monieux, euse,** a. (ar-n*iö*, **z**). wohlklingend, harmonisch. ||*Fig.* übereinstimmend. ||**-monique** a. (ar-ìk). harmonisch. ||**-moniser** (ar-**z**é). in Einklang [Übereinstimmung] bringen*. ||**-monium** m. (ar-*iò*m). Harmonium, ...ien, n.
har||nachement m. (**h**-schm*a*ⁿ). [acte] Anschirren, n. ||[harnais] [Pferde-] Geschirr, n. ||**-nacher** (sché). anschirren. ||**-nais** m. (nè). 1. [Pferde-] Geschirr, n. ||2. [armure] Harnisch, Rüstung, f. ||**-nois** m. (nᵒ*a*). V. *harnais, 2.*
haro (**h**aro). interj. Haro! *Crier haro sur,* Zeter schreien* [über, *acc.*]. ||m. [clameur] Zetergeschrei, n.
harpe f. (**h**arp). Harfe.
harpie f. (*i*) Harpyie.
harpiste m. et f. (*i*st). Harfenist. -en, -en, in.
harp||on m. (p*o*ⁿ). Harpune, f. ||**-onner** (òné). harpunieren.
hasar||d m. (**h**azàr). Zufall. *Jeu de hasard,* Glück- *ou* Hasardspiel, n.; *par hasard,* zufällig, zufälligerweise. ||LOC. *Au [à tout] hasard,* aufs Geratewohl. ||**-der.** wagen. ||**-deux, euse,** a. (dö, **z**). gewagt.
haschisch. V. *hachisch.*
hase f. (**h**az). Häsin.
hât||e f. (**h**at). Eile, Hast. *A la hâte, en hâte,* in Eile; *avoir* hâte de,* recht begierig sein*, zu...; [se hâter] sich beeilen. ||**-er** (té). beschleunigen. || [se]. sich beeilen. ||**-if, ive,** a. (*i*f, *i*w). hastig. ||[précipité] übereilt. ||[précoce] frühzeitig, frühreif.
hauban m. (**h**ôb*a*ⁿ). Want, f.
hauss||e f. (**h**ôß). [prix] Preiswelle, Preissteigerung, spl. ||[canons, etc.] Visier, n. ||**-e-col** m. (kòl). Ringkragen ④. ||**-ement** m. (**h**ôßm*a*ⁿ). Erhöhung, f. : — *d'épaules,* Achselzucken, n. spl. ||**-er** (sé). tr. erhöhen : — *les épaules,* die Achseln zucken. ||**-ier** m. (s*ié*). Preistreiber ④, Haussier, -s.
haut||, e, a. (**h**o, t). hoch. *Le Très-Haut,* Gott; *haut en couleur* [visage], blutrot. ||[classe, etc.] ober. ||*Géogr. Mil. Admin.* Ober... ||[son] laut : *à haute voix,* mit lauter Stimme. ||adv. hoch, laut. *Haut la main,* ohne Schwierigkeit; *parler haut, fig.,* frei herausreden; *plus haut* [lieu, livre], weiter oben. ||m. Höhe f. ||[partie] oberer Teil. ||LOC. *Avoir* trois pieds de haut,*

drei Fuß hoch sein*; *de haut en bas,* von oben nach unten; *d'en haut,* von oben herab; *du haut de...,* von... herab; *en haut,* oben; [avec direction] nach oben; *les hauts et les bas,* die Höhen und Tiefen; *tomber de son haut,* der Länge nach hinfallen*; *fig.* aus den Wolken fallen*. ||**-ain, e,** a. (t*i*ⁿ, än). hochmütig. ||**-bois,** m. (b°*a*). Hoboe, f. ||[artiste] Hoboist, -en, -en. ||**- -de-chausses** m. (dscho*ß*). Kniehosen, pl. ||**-eur** f. (tœr). Höhe : *à la hauteur de,* auf der Höhe [*gén.*]; *être* à la hauteur de, fig.,* gewachsen sein* [*dat.*]. ||[colline] Anhöhe. || [d'esprit] Erhabenheit. ||[fierté] Hochmut, m. ||**- -le-cœur** m. (lœkœr). Übelkeit, f. ||**- -parleur** m. (lœr). Lautsprecher ④.

Havane [**La**] npr. f. (**h**aw*à*n). Havanna, n. ||m. [cigare] Havannazigarre, f.

hâve a. (**h**aw). bleich und abgemagert.

havre m. (**h**awr). Hafen ③.

havre-sac m. Tornister ④, Ranzen ④.

Haye [**La**] npr. f. (**h**ä). der Haag : *à La Haye,* im Haag.

hé! hé! (**h**) interj. he heda!

heaume m. (**h**ôm). Helm.

hebdomadaire a. (èb-d*ä*r). wöchentlich, Wochen...

héberger m. (é-j*é*). beherbergen.

hé||bété, e, a. (ét*é*). stumpfsinnig. ||**-béter.** verdummen. ||**-bétude** f. (et*ü*d). Verdummung.

hé||braïque a. (e-a*ï*k). hebräisch. ||**-breu, x,** m. (ebr*ö*). Hebräer. ||[langue] das Hebräisch[e], a. s.

hécatombe f. (e-t*o*ⁿb). Hekatombe.

hec||tare m. (ekt*à*r). Hektar, n. ①. ||**-togramme** m. (*à*m). **-tolitre** m. (l*i*tr). **-tomètre** m. (m*è*tr), **-towatt** m. (v*à*t), Hektogramm, n., -liter, n., -meter, n., -watt, n. [Invariables après un nombre.]

hégémonie f. (éjé-n*i*). Oberherrschaft.

hégire f. (ej*i*r). Hedschra.

hein? interj. (**hi**ⁿ). nun? wie?

hélas! interj. (*à*s). ach! leider!

héler (**h**él*é*). anrufen*.

hé||lice f. Schraube. ||[avion] Propeller, m. ||[ligne] Schraubenlinie. ||**-licoptère** m. (kopt*è*r). Hubschrauber.

hé||liogravure f. (e-w*ü*r). Lichtdruck, m. ||**-liotrope** m. (*ò*p). Heliotrop, n. ①.

Hel||lène npr. m. (*é*llèn). Hellene, -n. -n. ||**-lénique** a. (*ì*k). hellenisch. ||**-lénisme** m. (*i*sm). Hellenismus, ...men.

helminthe m. (elm*i*ⁿt). Helminth.

Hel||vétie npr. f. (el-s*i*). Helvetien, n. ||**-vétique** a. (t*ì*k). helvetisch.

hémi||cycle m. (e-s*i*kl). Halbkreis. ||**-plégie** f. (j*i*). Seitenlähmung. ||**-ptère** m. (t*ä*r). Halbflügler ④. ||**-sphère** m. (f*ä*r). Halbkugel, f. ||**-stiche** m. (t*i*sch). Halbvers.

hémo||globine f. (e-*ò*b*ì*n). Hämoglobin, n. ||**-ptysie** f. (z*i*). Blutspucken, n. spl. ||**-rragie** f. (j*i*). Blutfluß, m. : — *nasale,* Nasenbluten, n. ||**-rroïdes** f. pl. (*i*d). Hämorroiden.

henné m. (**h**en*é*). Henna, f.

henn||ir (**h**en*i*r). wiehern. ||**-issement** m. (m*a*ⁿ). Wiehern, n. spl.

Henri, npr. m. (**h**aⁿr*i*). Heinrich.

hépatique a. (e-t*i*k). Leber...

heptagone m. (ep-g*ò*n). Siebeneck, n.

hé||raldique a. (e-d*ì*k). Wappen... ||**-raut** m. (**h**er*o*). Herold ①.

her||bacé, e, a. (er-s*é*). gras- *ou* krautartig. ||**-bage** m. (erb*à*j). Gras- *ou* Weideplatz. ||**-be** f. (erb). Gras, n. ②. ||[plante] Kraut, n. ②. *Fines herbes,* feingehackte Kräuter; *mauvaise*[*s*] *herbe*[*s*], Unkraut, n. spl. LOC. *Blé en herbe,* junge Saat. *Fig. En herbe,* künftig. ||**-beux, euse,** a. (b*ö*, **z**). grasreich. ||**-bier** m. (b*ié*). Herbarium, ien, n. ||**-bivore** a. (w*ò*r). kräuterfressend. ||**-borisation** f. (**z**as*io*ⁿ). Botanisieren, n. spl. ||**-boriser** (z*é*). botanisieren. ||**-boriste** m. (*i*st). Kräuterhändler ④. ||**-boristerie** f. (t°r*i*). Kräuterhandlung.

Hercule npr. m. (erk*ü*l). Herkules.

hère m. (**h**är) : *pauvre hère,* armer Schlucker ④.

hé||réditaire a. (e-t*ä*r). erblich, Erb... ||**-rédité** f. Erblichkeit.

hé||résiarque m. (**z**i*à*rk). Häresiarch, -en, -en. ||**-résie** f. (**z***i*). Ketzerei. ||**-rétique** a. ketzerisch. ||m. et f. Ketzer ④, in.

hériss||é, e, a. (s*é*). gesträubt. ||[de piquants] stachelig. ||*Fig.* [de].

starrend [von], gespickt [von]. ‖**-er** (*sé*). sträuben. ‖**-on** m. (*so*n). Igel ④.

héri‖tage m. (e-*tàj*). Erbe, n. spl., Erbschaft, f. ‖**-ter.** intr. [de qc.]. erben, tr. ‖[de qn]. beerben, tr. ‖tr. [qc. de qn]. erben [von einem]. ‖**-tier, ière,** m., f. (*tié, iär*). Erbe, -n, -n, ...bin.

hermétique a. (er-*ìk*). luftdicht, hermetisch.

hermine f. (*ìn*). Hermelin, n. ‖[fourrure] Hermelin m.

her‖niaire a. (*niär*). Bruch... ‖**-nie** f. (*nie*). Darmbruch, m.

héro‖ï-comique a. (e-*ik*). heroisch-komisch. ‖**-ïne** f. (*ìn*). Heldin. ‖**-ïque** a. (*ìk*). heldenmütig, Helden..., heroisch. ‖**-isme** m. (*ism*). Heldenmut, Heroismus.

héron m. (**hero**n). Reiher ④.

héros m. (*ro*). Held, -en, -en.

her‖pès m. (erp*äß*). [Haut-] Flechte, f. ‖**-pétique** a. (*ìk*). flechtenartig.

her‖se f. (**h**ers). Egge. ‖**-ser.** eggen.

hé‖sitant, e, p. a. (ezit*a*n, t). zögernd. ‖**-sitation** f. (*sio*n). Zögern, n. spl., Zaudern, n. spl. ‖Stocken, n. spl. ‖**-siter** (*té*). zögern, zaudern. ‖[en parlant] stocken.

Hess‖e npr. f. (**h**ès). Hessen, n. ‖**-ois, e,** m., f. (s*oa*, **z**). Hesse, -n, -n, ...in.

hétaïre f. (eta*ïr*). Hetäre.

hé‖téroclite a. (*it*). unregelmäßig. ‖*Fig.* [étrange] wunderlich. ‖**-térodoxe** a. (*òx*). irrgläubig. ‖**-térodoxie** f. (*i*). Irrglaube, m. ‖**-térogène** a. (*jän*). ungleichartig.

hêtre m. (**h**ätr). Buche, f.

heur m. (œr). Glück, n.

heur‖e f. (œr). Stunde. ‖[au cadran] Uhr : *quelle heure est-il?,* wieviel Uhr ist es?; *il est trois heures, trois heures et demie, quatre heures moins un quart,* es ist drei [Uhr], ein halb vier, ein Viertel vor vier. ‖Loc. *A la bonne heure!,* das lasse ich mir gefallen!; *de bonne heure,* früh [-zeitig]; *être* à l'heure,* pünktlich sein*; *ma montre est à l'heure,* meine Uhr geht richtig; *tout à l'heure,* sofort; [passé] soeben; *heure de l'Europe centrale,* mitteleuropäische Zeit. ‖**-eux, euse,** a. (*ö*, **z**). glücklich.

heur‖t m. (**h**œr). Stoß. ‖**-té, e,** a. (*té*) [couleurs, etc.] schroff. ‖**-ter** (*té*). stoßen*. ‖*Fig.* verletzen. ‖[se] [contre, à] stoßen*, intr. [*sein*] [an, *acc.*]. ‖[rencontre] zusammenstoßen*, intr. [*sein*]. ‖**-toir** m. (t*oa*r). Prellbock.

hexa‖gone m. (*òn*). Sechseck, n. ‖**-mètre** m. (*ètr*). Hexameter, n. ④.

hiatus m. (iat*üs*). Hiatus, inv.

hibou, x, m. (**hib***u*). Eule, f.

hic m. Hauptschwierigkeit, f. *Voilà le hic,* da hapert es.

hi‖deur f. (**h**-*œr*). Scheußlichkeit. ‖**-deux, se,** a. (*dö*, **z**). scheußlich.

hier adv. (ièr). gestern. *D'hier,* gestrig.

hiér‖archie f. (**h**-sch*i*). Hierarchie, Rangordnung. ‖**-archique** a. hierarchisch. ‖**-oglyphe** m. (ié-gl*if*). Hyeroglyphe, f.

hil‖arant, e, a. (i-*a*n, t). erheiternd. Lach... ‖**-are** a. (*àr*). heiter. ‖**-arité** f. (*té*). Heiterkeit.

Hin‖dou, e, npr. m., f. (**i**nd*u*). Hindu, -s, Hindufrau. ‖**-doustan** npr. m. (*a*n). Hindostan, n.

hipp‖ique a. (ip*ìk*). Pferde..., Reit... ‖**-odrome** m. (*òm*). Rennbahn, f., Hippodrom, n. ‖**-opotame** m. (*àm*). Nil- *ou* Flußpferd, n.

hirondelle f. (iro**n**dèl). Schwalbe.

hirsute a. (*süt*). borstig.

hispanique, hispano..., a. (is-*ìk*, -*no*). spanisch.

hisser (**h**is*é*). [auf]hissen.

his‖toire f. (ist*oa*r). Geschichte : *Histoire sainte,* biblische Geschichte. ‖[récit] Erzählung. ‖*Fig.* [mensonge] Lüge : *ce sont des histoires!,* das sind Märchen! ‖Loc. *Avoir* des histoires,* im Zanke sein*; *faire* des histoires,* Umstände machen. ‖**-torien** m. (r*iin*). Geschichtschreiber ④. ‖**-toriette** f. (*rièt*). Geschichtchen, n. ④. ‖**-torique** a. (*ìk*). geschichtlich, historisch.

histrion m. (istri*o*n). Komödiant, -en, -en.

hiver‖ m. (iw*èr*). Winter ④. ‖**-nage** m. (*àj*). Winterzeit, f. ‖**-nal, e, aux,** a. (*àl*, *o*). winterlich, Winter... ‖**-ner.** überwintern.

hobereau, x, m. (**h**obr*o*). Krautjunker ④.

ho||chement m. (**h**oschma**n**) : *hochement de tête,* Kopfschütteln, n. spl. ||**-cher** (*sché*). schütteln. ||**-chet** m. (*schè*). Kinderklapper, f. ||*Fig.* Spielzeug, n. spl.
holà! (**h**o*la*). heda! *Mettre* le holà,* dem Unfug Einhalt tun*.
Holl||andais, e, npr. m., f. (**h**ola**n**d*ä*, **z**). Holländer ④, in. ||a. holländisch. ||**-ande** npr. f. (*a*ⁿd). Holland, n.
holocauste m. (olok*ô*st). Brand- [*ou* Sühn-]opfer, n. ④.
homard m. (**h**om*àr*). Hummer ④.
homélie f. (o-l*i*). Homilie.
ho||méopathe m. (*àt*). Homöopath, -en, -en. ||**-méopathie** f. (*ti*). Homöopathie. || **-méopathique** a. (*tik*). homöopathisch.
Hom||ère npr. m. (om*är*). Homer. ||**-érique** a. (*ìk*). homerisch.
homicide a. (*sid*). mörderisch, Mörder... ||m. Mord ①.
hommage m. (m*à***j**). Huldigung, f. : *rendre hommage,* huldigen. ||*Présenter ses hommages,* seine Aufwartung machen.
hom||masse a. (*às*). männisch. ||**-me** m. (òm). [être humain] Mensch, -en, -en. ||[être masculin] Mann ②. *Jeune homme,* Jüngling. ||pl. *Mil.* Leute. ||[après un nombre] Mann, inv. ||*il n'est pas homme à cela,* er ist nicht den Mann danach.
homo||gène a. (omò*jän*). gleichartig. ||**-logue** a. (*òg*). entsprechend. ||**-loguer** (*gé*). bestätigen. ||**-nyme** a. (*im*). gleichnamig. ||m. Namensvetter, -n.
hon||gre a. (**h**o**n**gr). verschnitten. *Cheval hongre,* Wallach ① et -en, -en, m. ||**-grie** npr. f. (*i*). Ungarn, n. ||**-grois, e,** m., f. (gr°*a*, **z**). Ungar, -n, -n, in. ||a. ungarisch.
hon||nête a. (òn*ät*). ehrlich, rechtschaffen. ||[modeste, chaste] sittsam. ||[bien élevé] gesittet. ||[cultivé] gebildet. ||**-nêteté** f. (nät°*té*). Ehrlichkeit, Rechtschaffenheit. ||Sittsamkeit. ||**-neur** m. (**œ**r). Ehre, f. : *d'honneur,* Ehren... ||pl. [cartes] Trumpfkarten, f. pl. ||Loc. *Avoir* l'honneur de,* sich beehren, zu...; *dame d'honneur,* Hofdame; *en tout bien tout honneur,* in aller Ehre; *faire* honneur à,* honorieren. ||*Garçon, demoiselle d'honneur,* Brautführer, in, *ou* -jungfer, f. *mettre* en honneur,* zu Ehren bringen*.
honnir (*ir*). verhöhnen. *Honni soit qui mal y pense,* ein Schelm, der Arges dabei denkt!
hono||rabilité f. (ònò-*té*). Ehrenhaftigkeit. ||**-rable** a. (*àbl*). ehrenhaft. ||[choses] ehrenvoll, rühmlich. ||**-raire** a. (*är*). Ehren..., Honorar... ||m. pl. Gebühren, pl. ||**-rariat** m. (*ia*). Ehrenmitgliedschaft, f. ||**-rer** (*ré*). ehren, in Ehren halten*. ||[qn de] beehren [mit]. ||[faire honneur à] zur Ehre gereichen [*dat.*]. ||**-rifique** a. (*ik*). Ehre bringend, Ehren...
hon||te f. (**h**o**n**t). [pudeur] Scham. ||[confusion] Beschämung. ||[opprobre] Schande. || [ignominie] Schmach. ||*Avoir* honte de,* sich schämen [*gén.*]; *faire* honte à,* beschämen, tr. ||**-teux, euse,** a. (*tö*, **z**). [personnes] beschämt. ||[pauvre] verschämt. ||[choses] schändlich.
hôpital, aux, m. (òpit*àl*, *o*). Krankenhaus, n. ②, Hospital, n. ②, Spital, n. ②. ||[militaire] Lazarett, n. ①.
hoquet m. (**h**ok*è*). Schlucken, n.
horaire a. (or*är*). Stunden... ||m. Fahrplan.
horde f. (**h**ord). Horde.
horion m. (*io*ⁿ). Puff.
hor||izon m. (ori*zo*ⁿ). Horizont ①, Gesichtskreis. ||**-izontal, e, aux,** a. (*àl*, *o*). waagerecht.
hor||loge f. (*lò***j**). große Uhr. — *pointeuse,* Stechuhr. ||**-loger** m. (*jé*). Uhrmacher ④. ||**-logerie** f. (*ò***j**r*ie*). Uhrmacherei.
hormis prép. (**h**orm*i*). außer [*dat.*].
hormone f. (*mon*). Hormon, n.
horoscope m. (or-*ò*p). **Horoskop,** n. ①.
ho||rreur f. (or'r**œ**r). Grausen, n. spl. ||[épouvante] Entsetzen, n. spl. ||[aversion pour] Abscheu, m. [vor, *dat.*]. ||[objet, acte] Greuel, m. ④, Greueltat. ||[spectacle] Schrecken, m. ④. ||**-rrible** a. (*ibl*). schauderhaft. ||[épouvantable] entsetzlich. ||[affreux] gräßlich, schrecklich. ||[repoussant] abscheulich. ||**-rripilant, e,** a. (*a*ⁿ, t). schauderhaft. ||**-rripiler** (*lé*). Schauder erregen [bei].

hors‖, hors de, prép. (**h**òr dœ). außer [*dat.*], außerhalb [*gén.*]. *Hors d'ici!*, fort von hier! hinaus! ‖**- -d'œuvre** m. (dœwr). Nebenwerk, n.
hortensia m. (ortaⁿsia). Hortensie, f.
hor‖ticole a. Garten... ‖**-ticulteur** m. (kültœr). Kunstgärtner ④. ‖**-ticulture** f. (tür). Gartenbau, m.
hos‖pice m. (ospìs). Hospiz, n. ①, Verpflegungsanstalt, f. ‖**-pitalier, ière,** a. (*lié, iär*). gastfrei, gastfreundlich. ‖ [établissement] Verpflegungs... ‖**-pitaliser** (*zé*). im Spital usw. unterbringen*. ‖**-pitalité** f. (*té*). Gastfreundschaft.
hostie f. (*ti*). Hostie, Oblate, m.
hos‖tile a. (*il*). feindlich. ‖**-tilité** f. (*té*). Feindseligkeit.
hô‖te, tesse, m., f. (ot, ès). [celui qui reçoit] [Haus-] Wirt, in. ‖[qui est reçu] Gast, m. ‖[hôtelier] Gastwirt, in. *Table d'hôte,* Wirtstafel, f. ‖**-tel** m. (tèl). [demeure] Hotel, -s. n. ‖[hôtellerie] Gasthof, Gasthaus, n.; *hôtel garni,* möbliertes Haus, n. ‖*Hôtel des postes,* Hauptpostamt, n.; *hôtel de ville,* Stadthaus, n., Rathaus, n. ‖**-telier, ère,** m., f. (tᵉ*lié, iär*). Gastwirt, in. ‖**-tellerie** f. (tèl*ri*). kleiner Gashof, m.
hotte f. (**h**òt). Rückenkorb, m. ‖[cheminée] Rauchfang, m.
Hottentot, e, m., f. (aⁿ*to*, òt). Hottentotte, -n, -n, in.
houblon m. (**h**ublo**ⁿ**). Hopfen.
houe f. (**h**u). Haue. Hacke, Karst, m. ①.
hou‖ille f. (**h**uj). Steinkohle. ‖**-iller, ère,** a. (*jé, är*). Kohlen... ‖f. Kohlenbergwerk, n.
houle f. (**h**ul). hohle See, Dünung.
houlette f. (lèt). Hirtenstab, m.
houleux, euse, a. (*lö*, **z**). hohlgehend. ‖*Fig.* unruhig.
hou‖ppe f. (**h**ùp). Quaste, Troddel. ‖[cheveux, plumes] [Haar-, Feder-] Büschel, m. ‖**-ppelande** f. (pl*a*ⁿd). weiter Überrock, m. ‖**-ppette** f. (pèt). kleine Troddel.
hourdis m. (**h**urd*i*). Lattenwerk, n.
houri f. (r*i*). Huri, -s.
hourra! interj. (*a*). hurra! ‖m. Hurraruf ①.
houspiller (**h**uspij*é*). herumzerren. ‖[laver la tête] tüchtig ausschimpfen.
housse f. (hùs). [chevaux] Schabracke. ‖[meubles] Überzug, m.
houssine f. (*sin*). [Reit-] Gerte.
houx m. (**h**ù). Stechpalme, f.
hoyau, x, m. (**h**ᵒaj*o*). Karst ①, Haue, f.
HP (engl. *horse-power,* cheval-vapeur). PS [Pferdestärke, f.].
hublot m. (**h**üblo). Schiffsluke, f.
huche f. (**h**üsch). Trog, m.
hu‖e! interj. (**h**ü). hott! ‖**-ée** f. (*ee*). Spottgeschrei, n. spl. ‖**-er** (*é*). verhöhnen.
huguenot, e, m., f. (hüg'*nô*, òt). Hugenotte, -n, -n, ...tin. ‖a. hugenottisch.
hui‖le f. (üil). Öl, n. : *huile minérale,* Steinöl, n., Petroleum, n.; *huile solaire,* Solaröl, n.; *huile de poisson,* Tran, m.; *huile de foie de morue,* Lebertran, m. ‖*A l'huile,* in Öl; *couleurs, peinture à l'huile,* Ölfarben, -gemälde, n. ‖**-ler** (*lé*). einölen. ‖**-lerie** f. (*ri*). Ölfabrik. ‖**-leux, euse,** a. (*lö, ö***z**). ölig. ‖**-lier** m. (*lié*). Öl- und Essigständer ④, Ölmüller.
huis‖ m. (üi). Tür, f. *Huis clos,* Ausschluß der Öffentlichkeit; *à huis clos,* bei verschlossenen Türen. ‖**-sier** m. (*sié*). Türhüter ④. ‖[bureau, etc.] Amtsdiener ④. ‖[justice] Gerichtsvollzieher ④.
hui‖t num. (**h**üit). acht. ‖m. Acht, f. ‖**-taine** f. (tän). etwa acht Tage. ‖**-tième** a. V. GRAMM.
huître f. (üitr). Auster.
hululer (ülülé). kreischen.
hum! interj. (**h**œm). hem! hm!
hum‖ain, e, a. (üm*i*ⁿ, *än*). menschlich, Menschen... ‖**-aniser** (*zé*). humanisieren. ‖**-anisme** m. (*ism*). Humanismus. ‖**-aniste** m. (*ist*). Humanist, -en, -en. ‖**-anitaire** a. (tär). humanitär. ‖**-anité** f. (*té*). [race] Menschengeschlecht, n. ‖[sentiment] Menschlichkeit. ‖pl. Humaniora.
humble a. (uⁿbl). demütig. ‖[serviteur] untertänig.
humecter (ü-*té*). anfeuchten.
humer (**h**üm*é*). einschlürfen. ‖[air, etc.] einatmen.
humérus m. (ü-r*ü*s). Oberarmknochen ④.

hum‖eur f. (*œr*). Flüssigkeit. ‖pl. [du corps] Säfte. ‖[moral] Stimmung. ‖[caprice] Laune : *de bonne humeur*, bei guter Laune. ‖*mauvaise humeur*, Griesgram, m. ‖**-ide** a. (*id*). naß, feucht. ‖**-idité** f. (*ité*). Nässe, Feuchtigkeit.
humili‖ant, e, a. (*lian*, t). demütigend. ‖**-ation** f. (*sion*). Demütigung. ‖**-er** (*lié*). demütigen. ‖**-té** f. (*té*). Demut.
humoris‖te m. (*ist*). Humorist, -en, -en. ‖**-tique** a. (*ìk*). humoristisch.
humour m. (*ur*). Humor.
humus m. (*üs*). Dammerde, f.
hun‖e f. (**h**ün). Mastkorb, m., Mars, m. ①. ‖**-ier.** m. Marssegel, n.
Huns npr. m. pl. (**h**un). Hunnen.
hupp‖e f. (**h**üpp). [oiseau] Wiedehopf, m. ①. ‖[des oiseaux] Haube. ‖**-é, e,** a. gehaubt. ‖*Fig.* feingekleidet. ‖*Fig.* [notable] vornehm.
hure f. (**h**ür). Schweinskopf, m.
hur‖lement m. (lemạn). Heulen, n. spl. ‖pl. Geheul, n. spl. ‖**-ler** (*lé*). heulen. ‖*Fam.* [personnes] brüllen.
hurluberlu m. (lüberl*ü*). Faselhans.
hussard m. (**h**üsàr). Husar, -en, -en.
hussite m. (*it*). Hussit, -en, -en.
hutte f. (**h**üt). Hütte.
hybride a. (ibr*id*). Zwitter...
hydr‖ate m. (idràt). Hydrat, n. ①. ‖**-aulique** a. (ôlìk). Wasser...
hydre f. (idr). Hydra, ...dren.
hydr‖ogène m. (ojèn). Wasserstoff. ‖**-ographie** f. (*fi*). Gewässerkunde. ‖**-omel** m. (mèl). Honigwasser, n., Met. ‖**-ophile** a. (*fil*). wassersaugend. ‖**-ophobe** a. (fòb). wasserscheu. ‖**-ophobie** f. Wasserscheu. ‖**-opique** a. wassersüchtig. ‖**-opisie** f. (*zi*). Wassersucht. ‖**-othérapie** f. (*pi*). Wasserheilkunde.

hyène f. (*iän*). Hyäne.
hy‖giène f. (*ijiän*). Gesundheitslehre. ‖**-giénique** a. (jién*ik*). hygienisch.
hygromètre m. (mètr). Feuchtigkeitsmesser ④.
Hy‖men m. (mèn). [dieu] Hymen. ‖[mariage] Ehe, f. ‖**-ménée** m. (*nee*). Ehe, f.
hyménoptères m. (tär). Hautflügler ④.
hymne m. et f. (imn). Hymne, f.
hyperbo‖le f. (i-bòl). Hyperbel. ‖*Fig.* Übertreibung. ‖**-lique** a. (*lik*). hyperbolisch.
hypertrophie f. (*fi*). Übernährung.
hypno‖se f. (ipnôz). Hypnose. ‖**-tique** a. (tìk). hypnotisch. ‖**-tiser** (*zé*). hypnotisieren. ‖**-tisme** m. (*ism*). Hypnotismus.
hypocon‖dre m. (i-kondr). Hypochonder, Schwermütiger. ‖**-driaque** a. (*iàk*). hypochondrisch. ‖a. s. m. Hypochonder ④. ‖**-drie** f. (*i*). Milzsucht. ‖[mélancolie] Schwermut.
hypocras m. (*às*). Gewürzwein.
hypo‖crisie f. (*zi*). Heuchelei. ‖**-crite** a. (krìt). heuchlerisch. ‖m. et f. Heuchler ④, in.
hypodermique a. (mìk) : *injection* —, Einspritzung unter die Haut.
hyposulfite m. Hyposulfit, n. ①.
hypoténuse f. (nüz). Hypotenuse.
hypoth‖écaire a. (kär). Pfand..., Hypothekar... ‖**-èque** f. (tèk). Grundpfand, n. ②, Hypothek. ‖**-équer** (*ké*). mit Hypotheken belasten.
hypo‖thèse f. (täz). Voraussetzung, Annahme. ‖**-thétique** a. (ìk). hypothetisch.
hysté‖rie f. (is-*ri*). Hysterie. ‖**-rique** a. (ìk). hysterisch.

I

I, i, m. I, i, n.
ibidem adv. (èm). [En abrégé : *ibid.*] ebendaselbst [ebend.].
ibis m. (*is*). Ibis.
iceberg m. (isberg). Eisberg.
ici‖ adv. (is*i*). hier. ‖[avec direction] hierher. ‖**- -bas** adv. (b*a*). hienieden.

ico‖ne f. (kon). Bild, n. ②. ‖**-noclaste** m. (*ast*). Bilderstürmer ④.
ictère m. (är). Gelbsucht, f.
id. V. *idem.*
id‖éal, e, a. (*éàl*). ideal[isch]. ‖m. Ideal, n. ①. ‖**-éaliser** (*zé*). idealisieren. ‖**-éalisme** m. (*ism*). Idealismus. ‖**-éaliste** m. (*ist*). Idea-

list, -en, -en. ||a. idealistich. ||**-ée** f. (*dee*). Idee. ||[représentation] Begriff, m. ||[pensée] Gedanke, m., -ns, -n. *Idée directrice*, Richtlinie.
Id||em adv. (èm). [Abk. : *id.*] ebenso, ebendasselbe [abr. : *ebend.*]. ||**-entification** f. (da^n^-*sio*^n^). Identifizierung. ||**-entifier** (*fié*). identifizieren. ||**-entique** a. (tìk). identisch. ||**-entité** f. (*té*). Identität.
Idéolo||gique a. (jìk). ideologisch. ||**-gue** m. (lòg). Ideolog, -en, -en.
Id||iomatique a. (tìk). idiomatisch. ||**-iome** m. (*io*m). Sprache, f.
Id||iot, e, a. (*io*, òt). schwachsinnig. ||m. Idiot, -en, -en. ||**-iotie** f. (òs*i*). Schwachsinnigkeit. || **-iotisme** m. (*t*ism). Spracheigenheit, f.
Idoine a. (°*a*n). geeignet.
Idolâ||tre a. (*a*tr). abgöttisch. ||m. Götzendiener ④. ||**-trer** (tr*é*). abgöttisch lieben, vergöttern. ||**-trie** f. (tr*i*). Abgötterei.
Idole f. (òl). Götze. ||*Fig.* Abgott, m. ②.
Id||ylle f. (*i*l). Idylle, Idyll, n. ||**-yllique** a. (*i*k). idyllisch.
If m. (if). Eibe, f.
Ignare a. (injàr). völlig unwissend.
Ign||é, e, a. (nj*é*). Feuer... ||**-ifuge** a. (f*ü*j). feuersichermachend. ||**-ifuger** (füj*é*). feuersicher machen. ||**-ition** f. (*sio*^n^). Brennen, n., Glühen, n.
Ign||oble a. (òbl). unedel. ||[bas] niedrig. ||**-ominie** f. (n*i*). Schmach, Schande. ||**-ominieux, euse,** a. (n*iö*, z). schmählich, schändlich.
Ign||orance f. (*a*^n^s). Unwissenheit. ||**-orant, e,** a. (*a*^n^, t). unwissend. ||**-orantisme** m. (*i*sm). Verdummungswesen, n. ||**-oré, e,** a. (r*é*). unbekannt. ||**-orer** (r*é*). nicht wissen*.
Il pron. er, m., es, n. V. GRAMM.
Île f. (il). Insel, Eiland, n. ①.
Iliade npr. f. (*i*àd). Ilias.
Iliaque a. Hüft... : *os* — Hüftbein, n.
Illé||gal, e, aux a. (il'légàl, *o*) ungesetzlich. ||**-galité** f. (*té*). Ungesetzlichkeit. ||**-gitime** a. (il'léjit*i*m). unrechtmäßig. ||[enfant] unehelich. ||**-gitimité** f. (*té*). Unrechtmäßigkeit.
Illettré, e, a. (ìl'lè). ungebildet. ||m. [qui ne sait pas lire] Analphabet, -en, -en.
Illicite a. (il'lisìt). unerlaubt.
Illico adv. (il'-k*o*), *fam.* sogleich.
Illimité, e, a. (il'-t*é*). unbeschränkt.
Illisible a. (il'-z*i*bl). unleserlich.
Illogique a. (il'-lòj*i*k). unlogisch.
Illumi||nation f. (il'lü-*sio*^n^). [Fest-] Beleuchtung. ||**-né, e,** a. s. (n*é*). Illuminat, -en, -en. ||**-ner.** erleuchten. ||[monument, etc.] festlich beleuchten.
Illus||ion f. (lüz*io*^n^). Täuschung, Trugbild, n. ②. ||**-ionner.** täuschen. ||**-oire** a. (z°*a*r). täuschend, trügerisch.
Illus||tration f. (*sio*^n^). Berühmtheit. [image] Abbildung. ||**-tre** a. (*ü*str). berühmt. ||**-tré, e,** p. a. (tr*é*). [journal, etc.] illustriert. *Carte postale* —, Ansichtspostkarte. ||**-trer.** illustrieren. [livre] bebildern. ||berühmt machen. ||[expliquer] erklären.
Îlot m. (l*ô*). Inselchen, n. ④.
Ilote m. (òt). Helote, -n, -n.
Ima||ge f. (*a*j). Bild, n. ②. *A l'image de...*, nach dem Ebenbild [*gén.*]. ||reproduction] Abbild, n. ②. ||[illustration] Abbildung. ||**-gé, e,** a. (j*é*). bilderreich. ||**-ginable** a. (jinàbl). denkbar, erdenklich. ||**-ginaire** a. (jinèr). eingebildet. ||**-ginatif, ive,** a. (ji-t*i*f, îw). erfinderisch. || [faculté] Erfindungs... || **-gination** f. (ji-*sio*^n^). [idée] Einbildung. ||[faculté] Einbildungskraft. ||**-giner** (jin*é*). [inventer] erdenken, ersinnen*. ||[se représenter] sich denken*. ||[s']. sich denken*. ||[se figurer] sich einbilden.
Im||bécile a. (i^n^-s*i*l). schwachsinnig. ||m. Dummkopf. ||**-bécillité** f. (t*é*). Schwachsinnigkeit, Blödsinn, m.
Imberbe a. (*e*rb). unbärtig.
Imbiber (b*é*) [de]. einweichen [mit].
Imbroglio m. (ol*io*). Verwirrung, f.
Im||bu, e, a. (b*ü*) [de]. durchdrungen [von]. ||**-buvable** a. (büwàbl). untrinkbar.
Imi||table a. (àbl). nachahmlich. ||**-tateur, trice,** m., f. (t*œ*r, trìs). Nachahmer ④, in. ||a. et **-tatif, ive** (*i*f, *i*w). nachahmend. ||**-tation** f. (*sio*^n^). Nachahmung. ||[contrefaçon] Nachmacherei. ||**-ter** (t*é*). nachahmen, nachmachen, nachbilden [pers. *dat.*; chose, *acc.*].

immaculé, e, a. (im'makül*é*). unbefleckt.
immanent, e, a. (*a*n, t). immanent.
immangeable a. (im'ma^{n}j*à*bl *ou* i^n-). ungenießbar.
immanquable a. (im'ma^{n}k*à*bl *od.* i^n-). unfehlbar.
immatériel, le, a. (*ièl*). unkörperlich.
im‖matriculation f. (kü-*sio*^{n}). Immatrikulation. ‖[véhicule] amtliches Kennzeichen, n. ‖**-matriculer** (kül*é*). immatrikulieren.
im‖médiat, e, a. (d*ià*, t). unmittelbar. ‖[sans délai] sofortig. ‖**-médiatement** adv. (atm*a*^{n}). [so]gleich, sofort.
immémorial, e, aux, a. (*ià*l, *ô*). undenklich.
immen‖se a. (m*a*^{n}s), **-sément** adv. (m*a*^{n}). unermeßlich. ‖**-sité** f. (sit*é*). Unermeßlichkeit.
immerger (j*é*). eintauchen.
immérité, e, a. (t*é*). unverdient.
immersion f. (*sio*^{n}). Eintauchen, n. spl.
immeuble a. (m*œ*bl). unbeweglich. ‖m. unbewegliches Gut, n. ‖pl. Liegenschaften, f.
immigr‖ant, e, a. (*a*^{n}, t). einwandernd. ‖m., f. Einwanderer ④ in. ‖**-ation** f. (*sio*^{n}). Einwanderung. ‖**-er** (gr*é*). einwandern [*sein*].
im‖minence f. (*a*^{n}s). Bevorstehen, n. ‖**-minent, e,** a. (*a*^{n}, t). bevorstehend, drohend.
immiscer (is*é*). einmischen.
immixtion f. Einmischung.
immo‖bile a. (*i*l). unbeweglich. ‖**-bilier, ière,** a. (*lié*, *iä*r). unbeweglich, Immobiliar... ‖**-bilisation** f. (zas*io*^{n}). Immobilisierung. ‖**-biliser** (*zé*). unbeweglich machen, immobilisieren. ‖**-bilité** f. (t*é*). Unbeweglichkeit.
im‖modération f. (*sio*^{n}). Unmäßigkeit. ‖**-modéré, e,** a. (r*é*). unmäßig.
immodes‖te a. (dest). [impudique] unzüchtig. ‖**-tie** f. (t*i*). Unzüchtigkeit.
im‖molation f. (*sio*^{n}). Opferung. ‖**-moler** (l*é*). opfern. ‖Fig. hinschlachten.
immon‖de a. (*o*^{n}d). unrein. ‖*Fig.* unsauber. ‖**-dice** f. (*ì*s). Unrat, m. spl. ‖pl. [villes] Müll, m. et n. spl.
im‖moral, e, aux, a. (*à*l, *o*). unsittlich. ‖**-moralité** f. (t*é*). Unsittlichkeit.
immort‖aliser (*zé*). unsterblich machen. ‖**-alité** f. (t*é*). Unsterblichkeit. ‖**-el, le,** a. (t*è*l). unsterblich. ‖f. Strohblume.
immuable a. (mü*à*bl). unveränderlich, unwandelbar.
im‖muniser (müniz*é*). immunisieren. ‖**-munité** f. (mü-t*é*). Immunität. ‖*Méd.* Unansteckbarkeit.
immutabilité f. Unveränderlichkeit, Unwandelbarkeit.
impair, e, a. (i^{n}p*ä*r). ungerade. ‖m. *Fig.* Ungeschicklichkeit, f.
impalpable a. (*à*bl). unfühlbar.
impardonnable a. (*à*bl). unverzeihlich.
imparfait, e, a. (*è*, t). unvollkommen. ‖[temps] Imperfekt[um], ...te *ou* ...ta, n.
imparti (t*i*). bewilligt. ‖*Délai imparti,* m., gesetzte Frist, f.
im‖partial, e, aux, a. (*sià*l, *sio*). unparteiisch. ‖**-partialité** f. (si*à*t*é*). Unparteilichkeit.
impasse f. (p*a*ß). Sackgasse. ‖*Fig.* Klemme.
im‖passibilité f. (t*é*). Unempfindlichkeit. ‖**-passible** a. (*i*bl). unempfindlich.
impati‖emment adv. (siam*a*^{n}). V. *impatient.* ‖**-ence** f. (*sia*^{n}s). Ungeduld. ‖**-ent, e,** a. (*sia*^{n}, t). ungeduldig. ‖**-enter** (t*é*). ungeduldig machen. ‖[s']. die Geduld verlieren.
im‖payable a. (p*ä*j*à*bl). unbezahlbar. ‖*Fig.* köstlich. ‖**-payé, e,** a. (p*ä*j*é*). unbezahlt.
impeccable a. (i^n-k*à*bl). sündlos. ‖*Fig.* unfehlbar.
impénétrable a. (*à*bl). undurchdringlich.
impénit‖ence f. (*a*^{n}s). Unbußfertigkeit. ‖**-ent, e,** a. (t*a*^{n}, t) unbußfertig. ‖*Fig.* verstockt.
impératif, ive, a. (*i*f, *i*w). gebieterisch. ‖m. [mode] Imperativ.
impératrice f. (*ì*s). Kaiserin.
imperceptible a. (sept*i*bl). unwahrnehmbar. ‖[à l'ouïe] unhörbar. ‖*Fig.* [insensible] unmerklich.
imperfection f. Unvollkommenheit.
impéri‖al, e, aux, a. (r*ià*l, *ô*). kaiserlich, Kaiser... ‖f. Wagenverdeck

mit Sitzen, n. : *place d'impériale,* Oberdecksitz, m. ‖**-alisme** m. (*i*sm). Imperialismus. ‖**-aliste** a. (*i*st). kaiserlich gesinnt, imperialistich. ‖**-eux, euse,** a. (r*iö, z*). gebieterisch. ‖[choses] unabweislich.

impérissable a. (*à*bl). unvergänglich.

impéritie f. (s*i*). Ungeschicklichkeit.

imperméa‖biliser (*zé*). wasserdicht machen. ‖**-ble** a. (*à*bl). wasserdicht.

impersonnel, le, a. (sòn*è*l). unpersönlich.

im‖pertinence f. (*a*ⁿs). Ungezogenheit, Frechheit. ‖**-pertinent, e,** a. (*a*ⁿ, t). ungezogen, frech.

imperturbable a. (türb*à*bl). unerschütterlich.

impétu‖eux, euse, a. (*üö* z). ungestüm. ‖**-osité** f. (*té*). Ungestüm, n.

impi‖e a. (iⁿp*i*). gottlos. ‖**-été** f. (*té*). Gottlosigkeit.

impitoyable a. (tᵒaj*à*bl). unbarmherzig.

implacable a. (iⁿ-*à*bl). unversöhnlich.

implanter (plaⁿ*té*). einpflanzen.

implicite a. (s*i*t). mit darunter verstanden.

impliquer (*ké*). in sich schließen*. ‖[personnes] hineinziehen*.

implorer (*ré*) [qn]. anflehen [einen um...].

impol‖i, e, a. (iⁿ-l*i*). unhöflich. ‖**-itesse** f. (*è*s). Unhöflichkeit.

impondérable a. (poⁿ-*à*bl). unwägbar.

impopul‖aire a. (pül*ä*r). unbeliebt [beim Volke], unpopulär. ‖**-arité** f. (*té*). Unpopularität.

im‖portance f. (*a*ⁿs). Wichtigkeit. *Sans importance,* belanglos. ‖[signification] Bedeutung. ‖**-portant, e,** a. (t*a*ⁿ, t). wichtig, bedeutend. ‖[considérable] erheblich.

impor‖tateur, trice, m., f. (tœr, tr*i*s). Einfuhrhändler ④, in. ‖**-tation** f. (s*i*oⁿ). Einfuhr, Import, m. ①. ‖**-ter** (*té*). intr. wichtig sein*. *Il m'importe que...,* es kommt mir darauf an [es liegt mir daran], daß...; *qu'importe?,* was liegt daran?; *peu importe,* es liegt wenig daran; *n'importe,* das tut nichts; *n'importe qui,* etc., gleichviel wer usw. ‖tr. einführen.

import‖un, e, a. (t*u*ⁿ, *ü*n). lästig. ‖[indiscret] zudringlich. ‖**-uner** (tün*é*) [de]. belästigen [mit]. ‖**-unité** f. (tü-t*é*). Belästigung, Zudringlichkeit.

impos‖ant, e, a. (z*a*ⁿ, t), imponierend. ‖**-er** (*zé*). auferlegen. ‖[impôts] belasten. ‖*En imposer,* Achtung gebieten*, imponieren. ‖**-ition** f. (zis*i*oⁿ). Steuer.

impossi‖bilité f. Unmöglichkeit. ‖**-ble** a. (*i*bl). unmöglich.

imposte f. (*ò*st). [porte, etc.] Kämpfer, m. ④.

impost‖eur m. (tœr). Betrüger ④. ‖**-ure** f. (*ü*r). Betrügerei.

impôt m. (p*ô*). Abgabe, f., Steuer, f.

im‖potence f. (*a*ⁿs). Lahmheit. ‖**-potent, e,** a. (t*a*ⁿ, t). lahm.

impraticable a. (iⁿ-*à*bl). unausführbar. ‖[chemin] unwegsam.

imprécation f. (s*i*oⁿ). Verwünschung.

imprégner (nj*é*) [de]. durchtränken [mit]. ‖*Fig.* durchdringen* [mit].

imprenable a. (prᵉn*à*bl). uneinnehmbar.

impresario m. (r*io*). Impresario, -s.

imprescriptible a. (*i*bl). unverjährbar.

impressi‖on f. (s*i*oⁿ). Eindruck, m. ‖[livre, etc.] Druck, m. ①. ‖**-onnable** a. (n*à*bl). leicht erregbar. ‖**-onnant, e,** a. (n*a*ⁿ). eindrucksvoll. ‖**-onner.** einen Eindruck machen [auf, *acc.*]. ‖**-onnisme** m. (n*i*sm). Impressionismus.

imprévisible (z*i*bl). unvorhersehbar.

im‖prévoyance f. (wᵒaj*a*ⁿs). Unvorsichtigkeit. ‖**-prévoyant, e,** a. (*a*ⁿ, *a*ⁿt). unvorsichtig.

imprévu, e, a. (w*ü*). unvorhergesehen. ‖[inattendu] unerwartet.

im‖primé m. (m*é*). Drucksache, f. ‖**-primer** (m*é*). aufdrücken. ‖*Fig.* einprägen. ‖[livres] drucken. ‖**-primerie** f. (imr*i*). Buchdruckerkunst. ‖[établissement] Druckerei. ‖**-primeur** m. (mœr). Buchdrucker ④.

improbable a. (*à*bl). unwahrscheinlich.

improbation f. (s*i*oⁿ). Mißbilligung.

improductif, ive, a. (dükt*i*f, *i*w). unergiebig.

impromptu, e, a. (oⁿpt*ü*). unvorbereitet. ‖m. Stegreifgedicht, n.

impropre a. (*ò*pr). ungeeignet, unpassend. ‖[terme] uneigentlich.

improvi‖sateur, trice, m., f. (wizatœr, tr*i*s). Stegreifdichter ④, in. ‖**-sation** f. (s*i*oⁿ). Stegreifdichtung,

-rede usw. ||**-ser** (*zé*). aus dem Stegreif dichten usw. ||**-ste [à l']** (*wist*). unerwartet, unvermutet.
impru||demment adv. (prüdam*a*ⁿ). V. *imprudent.* ||**-dence** f. (prüd*a*ⁿs). Unvorsichtigkeit. ||**-dent, e,** a. (d*a*ⁿ, t). unvorsichtig.
impud||emment adv. (iⁿpüdam*a*ⁿ). V. *impudent.* ||**-ence** f. (d*a*ⁿs). Unverschämtheit. ||**-ent, e,** a. (d*a*ⁿ, *a*ⁿt). unverschämt. ||**-eur** f. (dœr). Schamlosigkeit. ||**-icité** f. (sit*é*). Unzucht. ||**-ique** a. (d*i*k). unzüchtig.
im||puissance f. (püis*a*ⁿs). Machtlosigkeit. ||**-puissant, e,** a. (*a*ⁿ, t). machtlos, ohnmächtig.
impul||sif, ive, a. (püls*if*, *i*w). impulsiv. ||[force] Trieb... ||**-sion** f. (s*io*ⁿ). Antrieb, m., Anstoß, m., Impuls, m. ①.
im||punément adv. (püném*a*ⁿ). ||**-puni, e,** a. (n*i*). ungestraft. ||**-punité** f. (t*é*). Straflosigkeit.
im||pur, e, a. (p*ü*r). unrein. ||**-pureté** f. (pürt*é*). Unreinheit.
imput||able a. (püt*à*bl). zuzuschreiben, inf. ||[somme] anzurechnen, inf. ||**-ation** f. (s*io*ⁿ). Anrechnung. ||Beimessung. ||[accusation] Beschuldigung. ||**-er** [mettre au compte] anrechnen. ||[attribuer] zuschreiben, beimessen.
imputrescible a. unverweslich.
inabordable a. (ina-*à*bl). unnahbar. ||[inaccessible] unzugänglich.
inacceptable a. (akseptàbl). unannehmbar.
inaccessible a. (aksess*i*bl). unzugänglich.
inaccoutumé, e, a. (akutümé). ungewohnt.
inachevé, e, a. (aschw*é*). unvollendet.
inact||if, ive, a. (t*if*, *i*w). untätig. ||**-ion** f. (aks*io*ⁿ), **-ivité** f. (wit*é*). Untätigkeit.
inadmissible a. (s*i*bl). unzulässig.
inadvertance f. (wert*a*ⁿs). Unachtsamkeit : *par inadvertance,* aus Versehen, n.
inaltérable a. (*à*bl). unveränderlich. ||[indestructible] unzerstörbar.
inamical, e, aux, a. (k*à*l, *o*). unfreundlich.
inamovible a. (w*i*bl). unabsetzbar.
inanimé, e, a. leblos.
inanition f. (s*io*ⁿ). Erschöpfung.
inaperçu, e, a. (s*ü*). unbemerkt.
inapplicable a. (*à*bl). unanwendbar.
inappliqué, e, a. (k*é*). unfleißig.
inappréciable a. (s*ià*bl). unschätzbar.
inapte a. (*a*pt) [à]. unfähig, untüchtig [zu].
inarticulé, e, a. (kül*é*). [son] undeutlich.
inassouvi, e, a. (suw*i*). ungestillt. ||[non satisfait] unbefriedigt.
inattaquable a. (k*à*bl). unangreifbar.
inattendu, e, a. (taⁿd*ü*). unerwartet.
inatten||tif, ive, a. (taⁿt*if*, *i*w). unaufmerksam, unachtsam. ||**-tion** f. (taⁿs*io*ⁿ). Unaufmerksamkeit, Unachtsamkeit.
inaugu||ral, e, aux, a. (ogür*à*l, *o*). Antritts..., Einweihungs... ||**-ration** f. (s*io*ⁿ). Einweihung, Enthüllung. ||**-rer.** einweihen. ||[monument] enthüllen. ||[ouvrir] eröffnen.
inavouable a. (awu*à*bl). unbekennbar. ||[honteux] schandhaft.
inavoué, e, a. (wu*é*). uneingestanden.
incalculable a. (iⁿ-kül*à*bl). unberechenbar.
incandes||cence f. (kaⁿdes's*a*ⁿs). Weißglühen, n. ||**-cent, e,** a. (*a*ⁿ, t). glühend.
incantation f. (kaⁿ-s*io*ⁿ). Beschwörungsformel.
incapa||ble a. (*à*bl) [de]. unfähig [zu]. ||**-cité** f. (sit*é*). Unfähigkeit.
in||carcération f. (sé-s*io*ⁿ). Einkerkerung. ||**-carcérer.** einkerkern.
incarnat a. (n*a*). hochrot.
incarn||ation f. (s*io*ⁿ). Fleisch-, Menschwerdung. ||**-é, e,** a. leibhaftig. ||[ongle] ins Fleisch gewachsen. ||**-er** (n*é*). verkörpern. ||[s'] Fleisch, Mensch werden*.
incartade f. (*à*d). mutwilliger Ausfall, m.
incassable a. (*à*bl). unzerbrechlich.
incend||iaire a. (iⁿsaⁿd*iär*). mordbrennerisch. ||[qui embrase] Brand... ||m. Mordbrenner ④, Brandstifter ④. ||**-ie** m. (saⁿd*i*). Brand, Feuersbrunst, ¨e, f. ||[criminel] Brandstiftung, f. ||**-ier** (saⁿd*ié*). in Brand stecken.

incert||**ain, e,** a. (sert*in*, *ä*n). ungewiß, unsicher. ||**-itude** f. (ser-t*ü*d). Ungewißheit, Unsicherheit.

in||**cessamment** adv. (sam*a*n). V. *incessant*. ||[sans délai] unverzüglich. ||**-cessant, e,** a. (s*a*n, t). unaufhörlich.

incessible a. (ses*i*bl). unabtretbar.

in||**ceste** m. (s*e*st). Blutschande, f. ||m. et f. Blutschänder ④, in. ||**-cestueux, euse,** a. blutschänderisch.

inchangé, e, a. (inscha*n*j*é*). unverändert.

incid||**emment** adv. (sidam*a*n). beiläufig. ||**-ence** f. (sid*a*ns). Einfall, m. ||**-ent, e,** a. (*a*n, t). [rayon] einfallend. *Proposition incidente*, Nebensatz, m. ||m. Zwischenfall.

inciné||**ration** f. (si-s*io*n). Verbrennung. ||**-rer** (r*é*). verbrennen*.

in||**ciser** (siz*é*). einschneiden*. ||**-cisif, ive,** a. (siz*i*f, *i*w). einschneidend. ||[dent] *incisive*, Schneidezahn, m. ||**-cision** f. (siz*io*n). Einschnitt, m.

in||**citation** f. (si-s*io*n). Anreizung. ||**-citer** (sit*é*) [à]. anreizen [zu].

incivil, e, a. (siw*i*l). unhöflich.

in||**clémence** f. (in-*a*ns). Rauheit. ||**-clément, e,** a. (m*a*n, t). rauh.

incli||**naison** f. (näz*o*n). Neigung. ||**-nation** f. (s*io*n) [pour] [Zu-] Neigung [zu]. ||**-ner,** tr. neigen, senken. ||intr. sich hingezogen fühlen.

in||**clure*** (*ü*r). einschließen. ||**-clus, e,** p. a. (kl*ü*, z). eingeschlossen. ||[lettre], et *ci-inclus* beiliegend, inliegend.

incoercible a. (koèrs*i*bl). unzusammenhaltbar.

incognito adv. (njit*o*). unerkannt. ||m. Inkognito n.

incohé||**rence** f. (koér*a*ns). Zusammenhanglosigkeit. || **-rent, e,** a. (koér*a*n, t). unzusammenhängend.

incolore a. (l*ò*r). farblos.

incomber (kon-). zukommen*. ||[obligation] obliegen*.

incombustible a. (konbüst*i*bl). unverbrennbar.

incommensurable a. (kom'mansür*à*bl). unermeßlich.

incommo||**de** a. (*ò*d). unbequem. ||**-der.** belästigen. ||**-dité** f. (t*é*). Unbequemlichkeit.

incomparable a. (kon-*à*bl). unvergleichlich.

incompati||**bilité** f. (kon-t*é*). Unverträglichkeit. ||**-ble** a. (kon-*i*bl). unverträglich. ||[choses] unvereinbar.

in||**compétence** f. (k*o*n-t*a*ns). Unzuständigkeit. ||[incapacité] Unfähigkeit. ||**-compétent, e,** a. (*a*n, t). unzuständig. ||unfähig.

incomplet, ète a. (konpl*è*, t) unvollständig.

incompréhensible a. (konpréans*i*bl). unverständlich.

incompressible a. (-*i*bl). unzusammendrückbar.

incompris, e, a. (*i*, z). unverstanden.

inconcevable a. (sw*a*bl). unbegreiflich.

inconciliable a. (konsili*à*bl). unvereinbar.

inconduite f. (kond*üi*t). liederliches Leben, n.

in||**congru, e,** a. (kongr*ü*), ungehörig, unschicklich. ||**-congruité** f. (it*é*). Ungehörigkeit, Unschicklichkeit.

inconnu, e, a. (kòn*ü*). unbekannt.

inconsci||**ence** f. (kons*ia*ns). Unbewußtsein, n. ||**-ent, e,** a. (s*ia*n, t). unbewußt.

inconséquen||**ce** f. (kon-k*a*ns). Folgewidrigkeit. ||**-t, e,** a. (kon-k*a*n, t). folgewidrig.

inconsidéré, e, a. (r*é*). unüberlegt.

in||**consistance** f. (kon-*a*ns). Haltlosigkeit. ||**-consistant, e,** a. (*a*n, t). haltlos.

inconsolable a. (*à*bl). untröstlich, trostlos.

in||**constance** f. (*a*ns). Unbeständigkeit. ||**-constant, e,** a. (*a*n, t). unbeständig.

incontes||**table** a. (*à*bl). unbestreitbar, unstreitig. ||**-té, e,** a. (t*é*). unbestritten.

incontinen||**ce** f. (*a*ns). Unenthaltsamkeit. ||**-t, e,** a. unenthaltsam.

incon||**venance** f. (konwn*a*ns). Unanständigkeit. ||**-venant, e,** a. (konwn*a*n, t). unanständig. ||**-vénient** m. (wén*ia*n). Übelstand. ||[désagrément] Unannehmlichkeit, f. ||[désavantage] Nachteil.

incorpo||ration f. (*sio*ⁿ). Einverleibung. ||*Mil.* Einstellung. ||V. *incorporer.* || **-rer** (*ré*). einverleiben. || [soldats] einstellen.
incorr||ect, e, a. (korèkt). unrichtig, fehlerhaft. || [manières] inkorrekt. ||**-ection** f. (*sio*ⁿ). Unrichtigkeit, Inkorrektheit. ||**-igible** a. (*ji*bl). unverbesserlich.
incorruptible a. (üpt*i*bl). unverderblich. ||*Fig.* unbestechlich.
incrédu||le a. (d*ü*l). ungläubig. ||**-lité** f. (t*é*). Ungläubigkeit.
incriminer (n*é*). beschuldigen.
in||croyable a. (krᵒajàbl). unglaublich. ||**-croyant, e,** m., f. (krᵒaj*a*ⁿ, t). Ungläubige[r], a. s.
in||crustation f. (krü-*sio*ⁿ). Überkrustung, ausgelegte Arbeit. ||**-cruster** (t*é*). überkrusten. || [d'or, etc.] auslegen.
incubation f. (kü-*sio*ⁿ). Ausbrütung.
in||culpation f. (kül-*sio*ⁿ). Beschuldigung. ||**-culper** (p*é*) [de]. beschuldigen [*gén.*].
inculquer (külk*é*). einschärfen.
inculte a. (k*ü*lt). unangebaut.
incunable m. (künàbl). Inkunabel, f.
in||curable a. (küràbl). unheilbar. ||**-curie** f. (kür*i*). Sorglosigkeit.
incursion f. (kürs*io*ⁿ). Streifzug, m.
Inde npr. f., **Indes** pl. (iⁿd). Indien, n. spl.
indécen||ce f. Unanständigkeit. ||**-t, e,** a. (s*a*ⁿ, t). unanständig.
indéchiffrable a. (schifràbl). unentzifferbar. || [illisible] unleserlich.
in||décis, e, a. (s*i*, z). [non tranché] unentschieden. || [indéterminé] unbestimmt. || [irrésolu] unentschlossen. ||**-décision** f. (siz*io*ⁿ). Unentschlossenheit.
indéclinable a. (àbl). undeklinierbar.
indécrottable (àbl). *Fig. fam.* unverbesserlich.
indésirable a. (ziràbl). unerwünscht. ||m. ungebetener Gast.
indéfi||ni, e, a. (n*i*). unbestimmt. ||**-niment** adv. (m*a*ⁿ). auf unbestimmte Zeit. ||**-nissable** a. (àbl). unbestimmbar.
indéfrisable a. (zàbl). [ondulation]. Dauerwellen f. pl.
indélébile a. (*i*l). unauslöschlich.
indélica||t, e, a. (k*à*, t). unfein. || [déshonnête] unredlich. ||**-tesse** f. (t*è*s). Unfeinheit. ||Unredlichkeit.
indémaillable a. (maj*a*bl). maschenfest.
indemn||e a. (demn). schadlos. ||**-iser** (z*é*). entschädigen. ||**-ité** f. (t*é*). Schadenersatz, m., Entschädigung, Zulage.
indéniable a. unleugbar.
indépendan||ce f. (paⁿd*a*ⁿs). Unabhängigkeit. ||**-t, e,** a. (*a*ⁿ, t). unabhängig, selbständig.
indescriptible a. (*i*bl). unbeschreiblich.
indestructible a. (trükt*i*bl). unzerstörbar.
indétermi||nation f. (*sio*ⁿ). Unbestimmtheit. ||**-né, e,** a. (n*é*). unbestimmt. || [irrésolu] unschlüssig.
index m. (deks). Register, n. ④. ||*Mettre* à l'index,* verbieten*.
in||dicateur, trice, a. (tœr, trìs). anzeigend. *Poteau indicateur,* Wegweiser ④. ||m. [livre] Anzeiger ④. || [horaire] Fahrplan. ||**-dicatif, ive,** a. (t*i*f, *i*w). anzeigend. ||m. [mode] Indikativ, n. ||**-dication** f. (*sio*ⁿ). Anzeige, Angabe.
indice m. (dìs). Anzeichen, n. ④. || [des cours] Index. || [coût de la vie] Lebenshaltungsindex.
indicible a. (s*i*bl). unsäglich.
in||dien, ne, a. (d*i*iⁿ, *i*èn). indisch. || [d'Amérique] indianisch. ||m., f. Indier ④, in. ||Indianer ④, in. ||**-dienne** f. (d*i*èn). Kattun, m. ①.
indiffé||remment adv. (am*a*ⁿ). [sans distinction] ohne Unterschied. ||**-rence** f. (*a*ⁿs). Gleichgültigkeit. ||**-rent, e** a. (*a*ⁿ, t). [à]. gleichgültig [gegen].
indigence f. (j*a*ⁿs). Dürftigkeit, Armut.
indigène a. (jèn). eingeboren, einheimisch.
indigent, e, a. (j*a*ⁿ, t). dürftig, arm.
in||digeste a. (jest). unverdaulich. ||**-digestion** f. (t*io*ⁿ.) schlechte Verdauung. || [fatigue d'estomac] verdorbener Magen, m.
indign||ation f. (dinjas*io*ⁿ). Entrüstung. Empörung. ||**-e** a. (d*i*nj). unwürdig. ||**-er** (dinj*é*). empören. ||**-ité** f. (t*é*). Unwürdigkeit.
indigo m. (go). Indigo, n.
indiquer (dik*é*). anzeigen, andeuten. || [assigner] anweisen*. || [prix, etc.] angeben*.

indirect, e, a. (rekt). indirekt.
indiscipli‖ne f. (siplin). Zuchtlosigkeit. ‖**-né, e,** a. (né). zuchtlos.
indis‖cret, ète, a. (krè, t). indiskret. ‖[importun] zudringlich. ‖[bavard] plauderhaft. ‖**-crétion** f. (sion). Indiskretion.
indiscutable a. (kütàbl). unbestreitbar.
indispensable a. (pansàbl). [obligatoire] unerläßlich. ‖[nécessaire] unentbehrlich.
indisp‖osé, e, p. a. ‖a. (zé). unpäßlich, unwohl. ‖**-oser** (zé). ärgern. ‖[monter contre] aufbringen [gegen]. ‖**-osition** f. (zision). Unpäßlichkeit.
indissoluble a. (übl). unauflöslich. ‖[inséparable] unzertrennbar.
indistinc‖t, e, a. (tin, kt). undeutlich. ‖**-tement** adv. (teman). V. *indistinct*. ‖[sans distinction] ohne Unterschied.
indivi‖du m. (widü). Individuum, ...uen, n., Einzelwesen, n. ④. ‖[personne] Person, f. ‖**-dualité** f. Individualität. ‖**-duel, le,** a. (düèl). individuell, einzeln. ‖[personnel] persönlich.
in‖divis, e, a. (wi, z). ungeteilt. ‖**-divisible** a. (wizibl). unteilbar. ‖**-division** f. (zion). Ungeteiltheit.
In‖dochine npr. f. (schin). Hinterindien, n., Indochina. ‖**-dochinois, e,** a. (noa, z). hinterindisch.
indocile a. (òsil). ungelehrig. ‖[désobéissant] unfolgsam.
indo-européen, ne, a. (œropéin, eän). indoeuropäisch.
in‖dolence f. (ans). Trägheit, Lässigkeit. ‖**-dolent, e,** a. (an, t). träge, lässig.
indolore a. (òr). schmerzlos.
indomp‖table a. (dontàbl). unbändig. ‖**-té, e,** a. (donté). ungezähmt.
Indou, e. V. *hindou*.
in-douze m. (duz). Duodez, n.
indu, e, a. (dü). ungebührlich. ‖[non convenable] ungehörig.
indubitable a. (dü-tàbl). unzweifelhaft.
in‖ductif, ive, a. (tif, iw). induktiv. ‖**-duction** f. (sion). Folgerung. ‖*Phys.* Induktion. ‖**-duire*** (düir) [de]. folgern [aus]. ‖[amener] führen [dazu, in, *acc.*] : — *en erreur*, irreführen, -leiten, sép. ‖**-duit, e,** a. (düi, t). Induktions...
in‖dulgence f. (düljans). Nachsicht. ‖*Relig.* Ablaß, m. ‖**-dulgent, e,** a. (jan, t). nachsichtig [*pour* : gegen].
indûment adv. (düman). ungebührlich.
induration f. (dü-sion). Verhärtung.
industri‖aliser (düs-zé). industrialisieren. ‖**-e** f. [activité] Betriebsamkeit, Gewerbfleiß, m. ‖[profession] Gewerbe, n. ④, Industrie. ‖**-el, le,** a. (ièl). Gewerb... ‖[pays] gewerbreich. ‖m. Industrielle[r], a. s. ‖**-eux, euse,** a. (triö, z). betriebsam.
inébranlable a. (anlàbl). unerschütterlich.
inédit, e, a. (di, t). [écrit] noch nicht veröffentlicht. ‖*Fig.* noch nicht dagewesen.
ineffable a. (àbl). unaussprechlich.
ineffaçable a. (sàbl). unauslöschlich.
in‖efficace a. (kàs). unwirksam. ‖**-efficacité** f. (sité). Unwirksamkeit.
in‖égal, e, aux, (gàl, ô). ungleich. ‖[terrain] uneben. ‖**-égalité** f. (té). Ungleichheit. ‖Unebenheit.
inélégance f. (gans). Unzierlichkeit.
inéligible a. (jibl). unwählbar.
inéluctable a. (lüktàbl). unabweislich.
inénarrable a. (àbl). unerzählbar.
in‖epte a. (ept). untüchtig. ‖[raisonnement] albern, ungereimt. ‖**-eptie** f. (si). Untüchtigkeit. ‖Albernheit. ‖Ungereimtheit.
inépuisable a. (püizàbl). unerschöpflich.
in‖erte a. untätig. ‖*Fig.* [mou] träge, schlaff. ‖**-ertie** f. (si). Untätigkeit. ‖Trägheit, Schlaffheit.
inespéré, e, a. (ré). unverhofft.
inestimable a. (àbl). unschätzbar.
inévitable a. (witàbl). unvermeidlich.
inexact‖, e, a. (egza, kt). ungenau. ‖[non ponctuel] unpünktlich. ‖[non juste] unrichtig. ‖**-itude** f. (tüd). Ungenauigkeit. ‖Unpünktlichkeit. ‖Unrichtigkeit.
inexcusable a. (eksküzàbl). unverzeihlich.

inexécu‖table a. (egzékütàbl). unausführbar. ‖**-tion** f. (sio^{n}). Nichtausführung. ‖[promesse] Nichterfüllung.
inexistant, e, a. (egz-a^{n}, t). nicht existierend.
inexorable a. (egzoràbl). unerbittlich.
inexpéri‖ence f. (ia^{n}s). Unerfahrenheit. ‖**-menté, e,** a. (ma^{n}té). unerfahren.
inexpli‖cable a. (àbl). unerklärlich. ‖**-qué, e,** a. (ké). unerklärt.
inexploré, e, a. (ré). unerforscht.
in‖expressif, ive, a. (if, iw). ausdrucklos. ‖**-exprimable** a. (àbl). unaussprechlich.
inexpugnable a. (pünjàbl). uneinnehmbar.
in‖extensible a. (ta^{n}sibl). unausdehnbar. ‖**- -extenso** adv. (i^{n}-so). ausführlich.
inextinguible a. (ti^{n}gibl). unlöschbar.
inextricable a. (kàbl). unentwirrbar.
infailli‖bilité f. (faji-té). Unfehlbarkeit. ‖**-ble** a. (jibl). unfehlbar.
infaisable a. (fäzàbl). untunlich.
in‖famant, e, a. (ma^{n}, t), entehrend. ‖**-fâme** a. (fam). ehrlos. ‖**-famie** f. (i). Ehrlosigkeit. ‖[acte] Schandtat. ‖[paroles] Schimpfrede.
infant, e, m., f. (fa^{n}, t). Infant, -en, -en, in.
infanterie f. (fa^{n}tri). [arme] Infanterie. ‖[soldats] Fußvolk, n. spl.
infan‖ticide m. (sid). Kindesmord ①. ‖m. et f. Kindesmörder ④, in. ‖**-tile** a. (til). Kinder...
infatigable a. (àbl). unermüdlich.
infatu‖ation f. (tüasio^{n}). Eigendünkel, m. ‖**-é, e,** a. (tüé). [de soi] selbstgefällig.
infécon‖d, e a. (ko^{n}, d). unfruchtbar. ‖**-dité** f. (té). Unfruchtbarkeit.
infect, e, a. (fekt). stinkend. ‖*Fig.* ekelhaft.
infec‖ter (té). verpesten. ‖[empoisonner] vergiften. ‖[contaminer] anstecken. ‖**-tieux, se,** a. (siö, z). ansteckend. ‖**-tion** f. (sio^{n}). [puanteur] Gestank, m. ‖Vergiftung. ‖Ansteckung.
inféoder (dé). belehnen. ‖[s'] sich ganz hingeben*.
inférer (ré) [de]. schließen*, folgern [aus].
in‖férieur, e, a. (iœr). unter, niedriger gelegen. ‖**-fériorité** f. (té). Unterlegenheit. ‖[qualité] geringere Güte.
infernal, e, aux, a. (àl, ô). höllisch, Höllen...
infester (té) [de]. verheeren [mit].
in‖fidèle a. (dèl). un[ge]treu, treulos. ‖**-fidélité** f. (té). Untreue, Treulosigkeit.
in‖filtration f. (sio^{n}). Einsickern, n. spl. ‖**-filtrer** [s'] (tré). einsickern, intr. [*sein*].
infime a. (ìm). niedrigst. ‖[insignifiant] unerheblich.
infi‖ni, e, a. (ni). unendlich. ‖**-nité** f. (té). Unendlichkeit. ‖**-nitésimal, e, aux,** a. (zimàl, ô). äußerst klein. ‖**-nitif** m. (if). Infinitiv, n.
in‖firme a. (irm). gebrechlich. ‖**-firmer** (mé). entkräften. ‖[jugement] aufheben*. ‖**-firmerie** f. (m^{e}ri). Krankenstube. ‖**-firmier, ère,** m., f. (mié, iär). Krankenwärter ④, in. ‖**-firmité** f. (té). Gebrechen, n. ④.
inflamma‖ble a. (àbl). entzündbar. ‖**-tion** f. (sio^{n}). Entzündung. ‖**-toire** a. (t^{o}ar). Entzündungs...
inflation f. (sio^{n}). [Geld-] Aufblähung, Inflation.
infléchir (schir). einwärts biegen*.
inflexi‖ble a. (ibl). unbeugsam. ‖**-on** f. (io^{n}). Biegung. ‖[du corps] Verbeugung. ‖[voix] Stimmfall, m. ‖*Gramm.* Umlaut, m. ①.
infliger (jé). auferlegen.
inflorescence f. (ès'sa^{n}s). Blütenstand, m.
influen‖çable a. (flüa^{n}sàbl). zu beeinflussen. ‖**-ce** f. (üa^{n}s). Einfluß, m. ‖[action] Einwirkung. ‖**-cer** (sé). beeinflussen. ‖**-t, e,** a. üa^{n}, t). einflußreich. ‖**-za** f. (a^{n}za). Influenza.
influer (üé) [sur]. Einfluß haben* [auf, *acc.*].
in-folio m. (i^{n}-io). Folio, -s, n. ‖[volume] Folioband.
in‖formation f. (sio^{n}). [droit] Untersuchung. ‖[renseignement] Erkundigung. ‖**-forme** a. (òrm). formlos. ‖**-former.** tr. [de] benachrichtigen [von]. ‖intr. [droit] eine Untersuchung einleiten.

in‖fortune f. (tün). Unglück, n. spl. ‖**-fortuné, e,** a. (tüné). unglücklich.
infraction f. (sion) [à]. Übertretung [*gén.*].
infranchissable a. (fransch-àbl). unübersteigbar.
infructueux, euse, a. (früktüö, z). unfruchtbar. ‖*Fig.* fruchtlos.
in‖fus, e, a. (fü, z). *Fig.* angeboren. ‖**-fuser** (zé). aufgießen*. ‖*Fig.* eingießen*. ‖**-fusion** f. (zion). Aufguß, m.
ingambe a. (ingan̄b). leichtfüßig, flink.
in‖génier [s'] (jénié) [à]. auf Mittel sinnen*, zu... ‖**-génieur** m. (jéniœr). Ingenieur. ‖**-génieux, euse,** a. (jéniö, z). [choses] sinnreich. ‖[personnes] erfinderisch. ‖**-géniosité** f. (zité). Erfindungsgabe.
in‖génu, e, a. (jénü). unbefangen. ‖[innocent] unschuldig. ‖f. pl. [théâtre] Mädchenrollen. ‖**-génuité** f. (té). Unbefangenheit. ‖Unschuld.
ingérence f. (jérans). Einmischung.
ingérer (ré). einführen [in den Magen]. ‖**[s']**. sich einmischen.
ingestion f. (jestion). Einführung [in den Magen].
in‖grat, e, a. (grâ, at). undankbar. ‖[sol] unfruchtbar. ‖**-gratitude** f. (tüd). Undankbarkeit.
ingrédient m. (ian). Zutat, f., Ingredienz, [i]en, f.
inguérissable a. (gé-sàbl). unheilbar.
inguinal, e, aux, a. (güinàl, o). Leisten...
ingurgiter (gürjité). hinunterschlucken.
inhabi‖le a. (inabil). ungeschickt. ‖*Jur.* unfähig. ‖**-leté** f. (té). Ungeschicklichkeit.
inhabitable a. (tàbl). unbewohnbar.
inhalation f. (sion). Einatmung.
inhérent, e, a. (inéran, t). anhaftend.
inhospitalier, ère, a. (ino-lié, iär). ungastlich.
inhumain, e, a. (inümin, än). unmenschlich. ‖[cruel] grausam.
in‖humation f. (sion). Beerdigung. ‖**-humer** (mé). beerdigen.
inimaginable a. (ini-jinàbl). undenkbar.
inimitable a. (àbl). unnachahmbar.
inimitié f. (tié). Feindschaft.
ininflammable a. (infl-àbl). unentzündbar.
inintelli‖gence f. (in-llijans). Unklugheit. ‖**-gent, e,** a. (intel'lijan, t). unverständig. ‖**-gible** a. (jibl). unverständlich.
ininterrompu, e, a. (in-ronpü). ununterbrochen.
in‖ique a. (inìk). unbillig, ungerecht. ‖**-iquité** f. (kité). Unbilligkeit, Ungerechtigkeit.
in‖itial, e, aux, a. (siàl, ô). anfänglich, Anfangs... ‖**-itiation** f. (siasion). Einweihung. ‖**-itiative** f. (siatîw). Initiative. ‖**-itier** (sié). [à]. einweihen [in, *acc.*].
in‖jecté, e, p. a. (injekté). ‖a. [yeux] blutunterlaufen. ‖**-jecter** (té). einspritzen. ‖**-jecteur** m. (tœr). Einspritzer ④. ‖**-jection** f. (sion). Einspritzung.
injonction f. (jonksion). Einschärfung.
in‖jure f. (jür). Beleidigung. ‖[mot] Schimpfwort, n. ‖**-jurier** (jürié). beschimpfen. ‖**-jurieux, euse,** a. (jüriö, z). Schimpf...
in‖juste a. (jüst). ungerecht. ‖**-justice** f. (jüstis). Ungerechtigkeit. ‖**-justifiable** a. (iàbl). nicht zu rechtfertigen. ‖**-justifié** a. (fié). unberechtigt, ungerechtfertig.
inné, e, a. (in'né). angeboren.
in‖nocence f. (sans). Unschuld. ‖**-nocent, e,** a. (san, t) unschuldig. ‖**-nocenter** (té). für unschuldig erklären. ‖**-nocuité** f. (küité). Unschädlichkeit.
innombrable a. (in'nonbràbl). unzählig, zahllos.
innommable a. (àbl). unnennbar.
in‖novateur, trice, m., f. (watœr, tris). Neuerer ④, in. ‖**-novation** f. (wasion). Neuerung. ‖**-nover** (wé). Neuerungen einführen.
inoccupé, e, a. (inoküpé). unbeschäftigt. ‖[lieu] unbesetzt.
in-octavo m. (wo). Oktav, n. ①. ‖[volume] Oktavband.
inocu‖lation f. (kü-sion). Einimpfung. ‖**-ler** (lé). einimpfen.
inodore a. (òr). geruchlos.
inoffensif, ive, a. (fansif, iw). harmlos, unschädlich.
in‖ondation f. (on-sion). Überschwemmung. ‖**-onder** (ondé). überschwemmen.

inopérant, e, a. (*a*ⁿ, t). wirkungslos.
inopiné, e, a. unvermutet.
in‖opportun, e, a. (tuⁿ, *ü*n). unzeitig, ungelegen. ‖**-opportunité** f. (tü-*té*). Unzeitigkeit, Ungelegenheit.
inoubliable a. (ubli*à*bl). unvergeßlich.
inouï, e, a. (*ui*). unerhört.
in petto adv. (in pèt'to). im stillen.
inqualifiable a. (iⁿka-f*ià*bl). nicht zu bezeichnen.
in-quarto m. (kwart*o*). Quart, n. ‖[volume] Quartband.
in‖quiet, ète, a. (k*ié*, t) [de]. unruhig [über, *acc.*], besorgt [um]. ‖**-quiétant, e,** a. (t*a*ⁿ). besorgniserregend. ‖**-quiéter.** beunruhigen. ‖[angoisser] beängstigen. ‖**-quiétude** f. (t*ü*d). Unruhe, Besorgnis.
inquisi‖teur m. (kizit*œ*r). Inquisitor, ...oren. ‖a. forschend. ‖**-tion** f. (s*io*ⁿ). Inquisition. ‖**-torial, e,** a. inquisitorisch.
in‖saisissable a. (iⁿsäzis*à*bl). unfaßbar. ‖[imprenable] unergreifbar. ‖[bien] unpfändbar. ‖[incompréhensible] unfaßlich. ‖**-salubre** a. (*ü*br). ungesund. ‖**-salubrité** f. (lü-*té*). Ungesundheit. ‖**-sanité** f. (*té*). Unsinn, m. spl. ‖**-satiable** a. (s*ià*bl). unersättlich.
in‖scription f. Inschrift. ‖[registre] Einschreibung, Eintrag, m. — *maritime,* Seeamt, n. ②. ‖**-scrire***. einschreiben*.
in‖secte m. Insekt, -en, n. Kerbtier, n. ‖**-secticide** a. *Poudre insecticide,* Insektenpulver, n. ④. ‖**-sectivore** m. (w*ò*r). Insektenfresser ④.
insécurité f. (kü-*té*). Unsicherheit.
in-seize (s*ä*z). Sedez, n.
insen‖sé, e, a. (saⁿs*é*). sinnlos, unsinnig. ‖[personne] verrückt. ‖**-sibiliser** (saⁿ-zé). betäuben. ‖**-sibilité** f. (*té*). Unempfindlichkeit. ‖**-sible** a. (saⁿs*i*bl). [à]. unempfindlich [gegen]. ‖[imperceptible] unmerklich.
inséparable a. (*à*bl). untrennbar.
in‖sérer (r*é*). einfügen. ‖[journal] einschalten. ‖**-sertion** f. (s*io*ⁿ). Einrückung. ‖ [annonce] Inserat, n. ①.
insidieux, euse, a. (d*iö*, **z**). hinterlistig.
in‖signe a. (s*i*nj). ausgezeichnet, merkwürdig. ‖m. Abzeichen, n. ④. ‖**-signifiance** f. (sinjifi*a*ⁿs). Unbedeutsamkeit. ‖**-signifiant, e,** a. (i*a*ⁿ, t). unbedeutend. ‖[paroles] nichtssagend.
insinu‖ant, e, a. (n*üa*ⁿ t). einschmeichelnd. ‖**-ation** f. (s*io*ⁿ). Andeutung, Einflüsterung. ‖**-er** (n*üé*). ‖*Fig.* andeuten. ‖[suggérer] einflüstern. ‖[s']. sich einschmeicheln.
insipide a. (*ì*d). geschmacklos. ‖[fade] schal. ‖*Fig.* abgeschmackt.
in‖sistance f. (*a*ⁿs). dringendes Bitten, n. ‖**-sister** [sur]. bestehen* [auf, *dat.*], dringen* [auf, *acc.*].
insociable a. (s*ià*bl). ungesellig.
insolation f. (s*io*ⁿ). Sonnen, n. spl. ‖[coup de soleil] Sonnenstich, m.
in‖solence f. (*a*ⁿs). Frechheit, Grobheit. ‖**-solent, e,** a. (*a*ⁿ, t). frech. ‖[grossier] grob.
insolite a. (*ì*t). ungewöhnlich.
insoluble a. (*ü*bl). unauflöslich. ‖*Fig.* unlösbar.
insolvable a. (*à*bl). zahlungsunfähig.
insomnie f. Schlaflosigkeit.
insondable a. (soⁿd*à*bl). unergründlich.
insouci‖ance f. (sus*ia*ⁿs). Sorglosigkeit. ‖**-ant, e,** a. (sus*ia*ⁿ, t). sorglos.
insoumis, e a. (sum*i*, **z**). nicht unterworfen. ‖[réfractaire] ungehorsam.
insoutenable a. (sutᵉn*à*bl). unhaltbar.
in‖specter. besichtigen. ‖[surveiller] beaufsichtigen. ‖[troupes] mustern. ‖**-specteur, trice,** m., f. (**œr**, *ì*s). Aufseher ④, in, Inspektor, -en. ‖**-spection** f. (s*io*ⁿ). Besichtigung, Inspektion, Musterung.
inspir‖ateur, trice, m., f. (t*œ*r, tr*ì*s). Eingeber ④, in. ‖**-ation** f. (s*io*ⁿ). Einatmung. ‖*Fig.* Eingebung. ‖**-er.** einatmen. ‖*Fig.* [sentiments, etc.] eingeben*.
in‖stabilité f. Unbeständigkeit. ‖**-stable** a. (*à*bl). unbeständig.
in‖stallation f. (s*io*ⁿ). Einsetzung. ‖Einrichtung. ‖**-staller** (l*é*). einsetzen. ‖[organiser] einrichten.
in‖stamment adv. (m*a*ⁿ). V. *instant.* ‖**-stance** f. (*a*ⁿs). Inständigkeit. ‖[justice] Instanz. ‖**-stant, e,** a. dringend, inständig. ‖m. Augenblick.

instantané, e, a. augenblicklich. ||m. Momentaufnahme, f. *Fam.* Schnappschuß.

in||star [à l']. nach Art. ||**-staurer** (ôré). einführen.

instigat||eur, trice, m., f. (tœr, trìs). Anstifter ④, in. ||**-ion** f. (sioⁿ). Anstiftung, Anregung.

in||stinct m. (tiⁿ). Naturtrieb, Instinkt. ||**-stinctif, ive,** a. (tif, iw). instinktmäßig.

in||stituer (tüé). einsetzen. ||[fonder] stiften. ||[introduire] einführen. ||**-stitut** m. (tü). Institut, n. ①. ||[établissement] Anstalt, f.

in||stituteur, trice, m., f. (tœr, trìs). Volkslehrer ④, in. ||**-stitution** f. (sioⁿ). V. *instituer*. Einsetzung. ||Stiftung. ||Einführung. ||[école] Erziehungsanstalt, Institut, n. ①.

instru||cteur m. (tœr). Lehrer ④. ||*Mil.* Exerziermeister ④. ||**-ctif, ive,** a. (if, iw). lehrreich. ||**-ction** f. (sioⁿ). Unterricht, m. ||[prescription] Anweisung. ||[judiciaire] Untersuchung. ||**-ire*** (üir). unterrichten, belehren. ||[informer] benachrichtigen. [*de*, von]. ||[procès] einleiten. ||**-it, e,** p. a. (trüi, t). gebildet.

instru||ment m. (trümaⁿ). Werkzeug, n., Instrument, n. ①. ||**-menter** (té). ausfertigen [e. Urkunde]. ||**-mental, e, aux,** a. (àl, ô). Instrumental... ||**-mentiste** m. (ist). Instrumentist, -en, -en.

insu m. (iⁿsü). *A l'insu de qn,* ohne jemands Wissen, n.

insubordonné, e, a. (sü-òné). unbotmäßig.

insuccès m. (süksè). Mißerfolg.

in||suffisance f. (zaⁿs). Unzulänglichkeit. ||**-suffisant, e,** a. (aⁿ, t). ungenügend.

insuffler (lé). einblasen*.

insulaire a. (sülär). Insel... ||m. et f. Inselbewohner ④, in.

in||sulte f. (sült). Beleidigung, Beschimpfung. ||**-sulter** (té). tr. beleidigen, beschimpfen. ||intr. [à]. hohnsprechen*, sép. [*dat.*]. ||**-sulteur** m. (tœr). Beleidiger ④.

insupportable a. (àbl). unerträglich. unausstehlich.

in||surgé, e, a. (jé). aufrührerisch. ||m. Aufrührer ④. ||**-surger [s']** (jé). sich auflehnen.

insurmontable (moⁿtàbl). unüberwindlich.

insurrection f. (sioⁿ). Aufstand, m.

intact, e, a. (iⁿtakt). unberührt. ||[sain et sauf] unversehrt. ||[réputation] unbescholten.

intangible a. (taⁿjibl). unantastbar.

intarissable a. (àbl). unversiegbar. ||[inépuisable] unerschöpflich.

in||tégral, e, aux, a. (àl, ô). vollständig. ||**-tégralité** f. (té). Vollständigkeit. ||**-tégrant, e,** a. (aⁿ, t). zum Ganzen gehörend. ||**-tégrité** f. (té). Ganzheit. ||[probité] Redlichkeit.

intell||ect m. (el'lekt). Begriffsvermögen, n. ||**-ectuel, le,** a. (tüèl). geistig. Geistes... ||m. Intellektuelle[r], a. s. ||**-igence** f. (jaⁿs). [entendement] Verstand, m., Einsicht. ||[compréhension] Verständnis, n. spl. ||**-igent, e,** a. (jaⁿ, t). verständig, einsichtsvoll. ||**-igible** a. (jibl). verständlich.

intempéran||ce f. (taⁿ-raⁿs). Unmäßigkeit. ||**-t, e,** a. (aⁿ, t). unmäßig.

intemp||érie f. (i). [meist im Plural] Unbilden, pl. ||**-estif, ive,** a. (taⁿ-if, iw). unzeitig.

intenable a. (tœnàbl). unhaltbar. ||*Fig.* unerträglich.

in||tendance f. (taⁿdaⁿs). Verwaltung. ||*Mil.* [Amt] Intendantur. ||[Dienst] Intendanz. ||**-tendant** m. (aⁿ). Verwalter ④. ||Intendant, -en, -en.

in||tense a. (taⁿs). stark. ||**-tensif, ive,** a. (taⁿsif, iw). intensiv. ||**-tensité** f. (té). Stärke.

in||tenter (taⁿté). anhängig machen. ||**-tention** f. (sioⁿ). Absicht. ||**-tentionné, e,** a. (sioné). gesinnt. ||**-tentionnel, le,** a. absichtlich.

intercaler (lé). einschalten.

intercéder (sédé) [auprès de] Fürbitte einlegen.

intercepter (septé). [rayon] unterbrechen*. ||[lettre] unterschlagen.

inter||cesseur m. (sesœr). Fürsprecher ④. ||**-cession** f. (sesioⁿ). Fürsprache.

interchangeable a. (schanjàbl). ersetzbar [gegenseitig].

interdépendance f. (dans). Wechselbeziehung.

inter‖diction f. (sion). Untersagung, Verbot, n. ①. ‖**-dire*** (ir). untersagen, verbieten*. ‖[prêtre] suspendieren. ‖*Jur.* für mundtot erklären. ‖[interloquer] verdutzen. ‖**-dit** m. (di). Interdikt, n.

inté‖ressant, e, a. (in-an, t). interessant. ‖**-ressé, e,** a. (sé). eigennützig. ‖**-resser** (sé). interessieren. ‖[faire participer à] beteiligen [bei, an, *dat.*]. ‖[s'] [à]. sich interessieren [für], teilnehmen* [an, *dat.*]. ‖**-rêt** m. (rä). Interesse, -n, n. [für]. Teilnahme, f. [an, *dat.*]. ‖[avantage] Vorteil. ‖*Comm.* Zins, -en. *A intérêts,* auf Zinsen.

intérieur, e, a. (riœr). inner, innerlich. ‖[port, commerce] Binnen... ‖m. Daheim, n., Häuslichkeit, f.

inté‖rim m. (im). Interim, -s. n. *Par intérim,* v. *intérimaire.* ‖**-rimaire** a. (mär), et *par intérim,* loc. adv. einstweilig, interimistich.

inter‖jection f. (interjeksion). Ausrufungswort, n. ②. ‖**-jeter** (jœté). einlegen.

inter‖ligne m. (linj). Durchschuß. ‖**-ligner** (linjé). durchschießen*.

interlocuteur, trice, m., f. (kütœr, trìs). Mitsprecher ④, in.

interlope a. (òp). Schleich..., Schmuggel... ‖*Fig.* verdächtig.

interloquer (ké). verdutzen.

inter‖mède m. (mèd). Zwischenspiel, n. ‖**-médiaire** a. (diär). dazwischen liegend, Zwischen... ‖m. et f. Vermittler ④, in, Mittelsperson, f. ‖ *Comm.* Zwischenhändler, m. ④ in, f.

interminable a. (àbl). endlos.

inter‖mittence f. (ans). periodische Unterbrechung. ‖**-mittent, e,** a. (an, t). intermittierend. *Fièvre intermittente,* Wechselfieber, n.

internat m. (nà). Internat, n. ①.

international, aux, e, a. (siònàl, o). international.

inter‖ne a. (ern). inner, innerlich. ‖m. Interner ④, in, f. ‖[hôpitaux]. Hilfsarzt, m. ‖**-nement** m. (neman). Internierung, f. ‖**-ner.** internieren.

inter‖pellation f. (pel'lasion). Interpellation. ‖**-peller** (lé). barsch anreden.

interpolation f. (sion). eingeschobene Stelle.

inter‖poser (zé). dazwischenlegen *ou* stellen. ‖**-position** f. (zision). Dazwischentreten, n.

inter‖prétation f. (sion). Auslegung. ‖**-prète** m. et f. (prèt). Dolmetscher ④, in. ‖**-préter** (té). auslegen, erklären.

interrègne m. (rènj). Zwischenregierung, f.

inter‖rogateur, trice, a. (tœr, trìs). fragend. ‖**-rogatif, ive,** a. (if, iw). fragend, Frage... ‖ **-rogation** f. (sion). Frage. ‖[examen] Prüfung. ‖**-rogatoire** m. (toar). Verhör, n. ‖**-roger** (jé). fragen. ‖[s'informer] abfragen. ‖[examiner] prüfen.

inter‖rompre (onpr). unterbrechen*. ‖[téléphone] abklingeln. ‖**-rupteur** m. (üptœr). Unterbrecher ④. ‖[électrique] Schalter, Ausschalter ④. ‖**-ruption** f. (sion). Unterbrechung.

intersection f. (sion). Durchschneidung.

interstice m. (stìs). kleiner Zwischenraum.

interurbain, e, a. (ürbin, än). zwischenstädtisch.

intervalle m. (wàl). Zwischenraum. ‖[temps] Zwischenzeit, f.

inter‖venir* (wœnir). dazwischentreten*, sép. ‖[administration] einschreiten*. ‖**-vention** f. (wansion). Dazwischenkunft, Einschreiten, n. spl.

inter‖version f. (wersion). Umkehrung. ‖**-vertir** (ir). umkehren.

inter‖view f. (wiu). Interview, -s, n. ‖**-viewer** (wé). ausfragen.

in‖testin, e, a. (intestin, in). innerlich. ‖m. Darm : — *grêle,* Dünndarm; *gros* —, Dickdarm, Mastdarm. ‖m. pl. Gedärme. ‖**-testinal, e, aux,** a. (àl, ô). Darm...

in‖time a. (im). vertraut, intim. ‖[profond] innig. ‖**-timer.** ankündigen [amtlich].

intimi‖dation f. (sion). Einschüchterung. ‖**-der** (dé). einschüchtern.

intimité f. Vertraulichkeit.

in‖titulé, e, a. betitelt. ‖m. Titel ④. ‖**-tituler** (ülé). betiteln.

in‖tolérable a. (*à*bl). unerträglich. ‖**-tolérance** f. (*a*ⁿs). Unduldsamkeit. ‖**-tolérant, e,** a. (*a*ⁿ, t). unduldsam.

intonation f. (*sio*ⁿ). Betonung.

in‖toxication f. (*sio*ⁿ). Vergiftung. ‖**-toxiquer** (ké). vergiften.

intraduisible a. (düiz*i*bl). unübersetzbar.

intraitable a. (trät*à*bl). störrisch, schroff.

intra-muros adv. (müros). innerhalb der Stadtmauern.

intransi‖geance f. (aⁿsij*a*ⁿs). Intransigenz. ‖**-geant, e,** a. (*ja*ⁿ, t). intransigent.

intransitif, ive, a. (aⁿ-*i*f, *i*w). intransitif.

intrépi‖de a. (*i*d). unerschrocken. ‖**-dité** f. (*té*). Unerschrockenheit.

intri‖gant, e, a. (*a*ⁿ, t). ränkevoll. ‖**-gue** f. (*i*g). Intrige, Ränke, pl. ‖**-guer** (*gé*). intr. Ränke schmieden. ‖tr. neugierig machen.

intrinsèque a. (triⁿs*è*k). inner.

in‖troduction f. (düks*io*ⁿ). Einführung. ‖[préface] Einleitung. ‖**-troduire*** (d*üi*r). einführen. ‖[instrument] hineinbringen*. ‖[s']. eindringen*, intr. [*sein*].

introniser (*zé*). feierlich einsetzen.

introuvable a. (truw*à*bl). unauffindbar.

in‖trus, e, m., f. (tr*ü*, z). Eindringling, m. ‖*Fam.* ungebetener Gast, m. ‖**-trusion** f. (*zio*ⁿ). Eindringen, n.

in‖tuitif, ive, a. Intuitiv, Anschauungs... ‖**-tuition** f. Anschauung.

in‖usable a. (inüz*à*bl). nicht abzunutzend. ‖**-usité, e,** a. (üz*ité*). ungebräuchlich. ‖**-utile** a. (üt*i*l). unnütz, nutzlos. ‖**-utilisable** a. (*à*bl). unbrauchbar. ‖**-utilisé, e,** a. (*zé*). unbenutzt. ‖**-utilité** f. (*té*). Nutzlosigkeit.

in‖valide a. (iⁿwal*i*d). gebrechlich. ‖*Mil.* dienstunfähig. ‖m. Invalide, -n, -n. ‖**-valider** (*dé*). für ungültig erklären. ‖**-validité** f. (*té*). Ungültigkeit. ‖[physique] Dienstunfähigkeit.

invariable a. (wari*à*bl). unveränderlich.

invasion f. (wa*zio*ⁿ). Einfall, m., Einbruch, m.

in‖vective f. (wekt*i*w). Schimpfrede. ‖**-vectiver** (*wé*). schimpfen, intr. [auf, *acc.*].

in‖vendable a. (waⁿd*à*bl). unverkäuflich. ‖**-vendu, e,** a. (d*ü*). unverkauft. ‖m. pl. Remittenden, f. pl.

inventaire m. (waⁿt*ä*r). [liste] Inventar, n. ①. ‖[acte] Inventur, f.

in‖venter (waⁿ*té*). erfinden*. ‖[imaginer] ersinnen. ‖[fable] erdichten. ‖**-venteur** m. (t*œ*r). Erfinder ④. [qui a trouvé] Finder. ‖**-ventif, ive,** a. (*i*f, *i*w). erfinderisch. ‖**-vention** f. (*sio*ⁿ). Erfindung.

inventorier (waⁿ-r*ié*). inventarisieren.

in‖verse a. (wers). umgekehrt. ‖**-version** f. (*sio*ⁿ). Inversion.

invertébré, e, a. (tébr*é*). wirbellos.

invertir (*i*r). umkehren.

investigation f. (*sio*ⁿ). Nachforschung.

in‖vestir (*i*r) [de]. bekleiden [mit]. ‖[cerner] einschließen*, berennen*. ‖[capitaux] investieren, festlegen. ‖**-vestissement** m. (tism*a*ⁿ). Einschließung, f. ‖**-vestiture** f. (t*ü*r). Einsetzung.

invétéré, e, a. (r*é*). eingewurzelt.

invincible a. (wiⁿs*i*bl). unbesiegbar. ‖*Fig.* unüberwindlich.

inviolable a. (*à*bl). unverletzlich. ‖[serment] unverbrüchlich.

invisible a. (wiz*i*bl). unsichtbar.

in‖vitation f. (wi-*sio*ⁿ). Einladung. ‖**-vite** f. (w*i*t). Aufforderung. ‖**-vité, e,** a. s. eingeladen. ‖m., f. Eingeladene[r], Gast, m. ‖**-viter** [à] einladen*, bitten* [zu]. ‖[sommer] auffordern.

invocation f. (wokas*io*ⁿ). Anrufung.

involontaire a. (woloⁿt*ä*r). unfreiwillig.

invoquer (w*ò*k*é*). anrufen*.

in‖vraisemblable a. (wräsaⁿbl*à*bl). unwahrscheinlich. ‖ **-vraisemblance** f. Unwahrscheinlichkeit.

invulnérable a. (wül-*à*bl). unverwundbar.

io‖de m. (i*ò*d). Jod, n. ‖**-dé, e,** a. (*dé*). jodhaltig. ‖**-dure** m. (d*ü*r). Jodverbindung, f. *Iodure de...*, Jod...

io‖nien, ne, a. (*ii*ⁿ, *iè*n). **-nique** a. (*i*k). ionisch.

iota m. (*tà*). Iota, n.
iouler, jodeln.
ipéca m. (*kà*). Brechwurzel, f.
irascible a. (às'*si*bl). jähzornig.
ir‖is m. (*is*). Schwertlilie, f. ‖[œil] Regenbogenhaut, f. ‖ **-iser (s')** Schillern.
Ir‖lande npr. f. (*la*nd). Irland, n. ‖**-landais, e,** m., f. (*dä, z*). Irländer ④, in. ‖a. irländisch, irisch.
ir‖onie f. (*i*). Ironie. ‖**-onique** a. (*ìk*). ironisch.
irradiation f. (ir'ra-*sio*n). Ausstrahlung.
irraisonné, e, a. (räzònê). unüberlegt.
irréalisable a. (zàbl). unausführbar.
irréconciliable a. (ko'nsil*ià*bl). unversöhnlich.
irrécusable a. (küzàbl). unwiderleglich.
irréductible a. (düktibl). *Math.* unreduzierbar. ‖[hernie] uneinrichtbar. ‖*Fig.* unantastbar.
irréel a. (reèl). unwirklich.
ir‖réfléchi, e, a. (sch*i*). unüberlegt. ‖**-réflexion** f. (*sio*n). Unüberlegtheit.
irréfutable a. (fütàbl). unwiderlegbar.
irrégu‖larité f. (gü-*té*). Unregelmäßigkeit. ‖**-lier, ère,** a. (gül*ié, iär*). unregelmäßig.
ir‖réligieux, euse, a. (li*jiö, z*). gottlos. ‖**-réligion** f. (*jio*n). Gottlosigkeit.
ir‖rémédiable a. (d*ià*bl). unheilbar. ‖[imperfectible] unverbesserlich. ‖**-rémissible** a. (*i*bl). unverzeihlich.
irréparable a. unwiederbringlich.
irrépréhensible a. untadelhaft.
irréprochable a. (schàbl). tadellos.
irrésistible a. (zist*i*bl) unwiderstehlich.
irréso‖lu, e, a. (zòl*ü*). unentschlossen. ‖[indécis], unschlüssig. ‖**-lution** f. (zòlüss*io*n). Unentschlossenheit, Unschlüssigkeit.
irrespectueux, euse, a. (t*üö, z*). unehrerbietig.
irrespirable a. (*à*bl). unatembar.
irresponsable a. (po'nsàbl) [de]. unverantwortlich [für].
irrévérence f. (wéra'ns). Unehrerbietigkeit.
irrévocable a. (wòkàbl). unwiderruflich.
irrig‖ation f. Berieselung. ‖**-uer** (*gé*). berieseln.
irrit‖able a. (*à*bl). reizbar. ‖**-ant, e,** a. (*a*n, t). erbitternd. ‖m. [remède] Reizmittel, n. ④. ‖**-ation** f. (*sio*n). Reizung. ‖[colère] Erbitterung. ‖**-er** (*té*). reizen. ‖[fâcher] erbittern. ‖[s']. erzürnen, intr. [*sein*].
irruption f. (üps*io*n). Einbruch, m. ‖[invasion] Einfall, m. : *faire* irruption,* einbrechen* [*sein*], einfallen* [*sein*].
is‖lam npr. m. (*à*m). Islam. ‖**-lamisme** m. (*i*sm). Islamismus.
Is‖lande npr. f. (*a*nd). Island, n. ‖**-landais, e,** m., f. (*dä, z*). Isländer ④, in. ‖a. isländisch.
isocèle a. (zòsèl). gleichschenkelig.
is‖olant, e, p. a. (*a*n, t). isolierend. ‖**-olateur** m. (*tœ*r). Isolator, oren. ‖**-olation** f. (*sio*n). Isolierung. ‖**-olement** m. (zòlm*a*n). Abgeschiedenheit, f. ‖**-olément** adv. (m*a*n). einzeln, vereinzelt. ‖**-oler.** absondern. ‖[un à un] vereinzeln.
isotherme a. (term). isothermisch.
Is‖raël npr. m. (*è*l). Israel, n. ‖**-raélite** m. et f. (*ì*t). Israelit, -en -en, in. ‖a. israelitisch.
is‖su, e, a. (*sü*). [descendant] abstammend [von]. ‖[sorti] [de]. entsprossen [aus]. ‖**-sue** f. (*sü*). Ausgang, m. ‖pl. [boucherie] Abfälle, m. pl. ‖[son] Kleie.
isthme m. (ism). Landenge, f., Isthmus.
Ita‖lie npr. f. (*li*). Italien, n. ‖**-lien, ne,** m., f. (*ii*n, *ièn*). Italiener ④, in. ‖a. italienisch. ‖**-lique** a. (*ìk*). altitalisch. ‖[caractère] kursiv. ‖f. Kursivschrift.
itinéraire m. (*är*). Reiseroute, f.
ivoire m. (w°*a*r). Elfenbein, n. *D'ivoire,* elfenbeinern.
ivraie f. (iwr*ä*). Lolch, m. ‖*Fig.* Unkraut, n.
ivr‖e a. (iwr). betrunken, berauscht. ‖*Fig.* [de]. trunken [vor] : *ivre de...,* ...trunken; *ivre-mort,* toll und voll besoffen, *fam.* ‖**-esse** f. (*ès*). Trunkenheit. ‖[légère] Rausch, m. ‖*Fig.* Taumel, m. ‖**-ogne, esse,** m., f. (iwr*ònj, ès*). Trunkenbold, m. ①, Säufer ④, in. *fam.*

Italique : accentuation. **Gras :** pron. spéciale. *Verbe fort. V. GRAMMAIRE.

J

J, j, m. (ji). J, j, n.

ja‖bot m. (jabô). Kropf [d. Vögel]. ‖ [de chemise] Hemdkrause, f. ‖**-boter,** *fam.* schwatzen.

ja‖casse f. (kàs). *fam.* Plaudertasche. ‖**-casser** (sé). *fam.* schwatzen [unaufhörlich].

jachère f. (schär). Brachfeld, n.

jacinthe f. (sint). Hyazinthe.

jacobin, e, m., f. (bin, ìn). Jakobiner ④, in. ‖a. jakobinisch.

jac‖querie f. (jakri). Bauernaufstand, m. ‖**-ques** npr. m. (jak). Jakob. *Jacques Bonhomme,* der Bauernstand; *Maître Jacques,* Allesmacher.

jacquet m. (kè). Tricktrack.

Jacquot npr. m. (kô). *fam.* Jaköbchen, n. ‖m. *fam.* Papagei.

jactance f. (ans). Prahlerei.

jade m. (jàd). Jade, f., Beilstein.

jadis adv. (dis). ehemals : *de jadis,* ehemalig.

jaguar m. (guàr). Jaguar ①.

jaill‖ir (jajir). hervorquellen*, hervorspritzen. ‖[feu] sprühen. ‖**-issement,** m. (jisman). ‖[rendu par inf. subst.]. V. *jaillir.*

jais m. (jè). Gagat ①. *Noir comme du jais,* rabenschwarz.

ja‖lon m. (jalon). Absteckpfahl. ‖**-lonnement** m. (lònman). Abstecken, n. ‖**-lonner** (òné). abstekken.

ja‖louser (luzé). eifersüchtig sein [auf, *acc.*]. ‖[envier] beneiden. ‖**-lousie** f. (luzi). Eifersucht. ‖[envie] Neid, m. ‖[store] Gleitladen, m. ③. ‖**-loux, ouse,** a. (lu, z). [de]. eifersüchtig [auf, *acc.*]. ‖[envieux] neidisch.

jamais adv. (jamä). [en un temps quelconque] je, jemals. ‖[pas une fois] nie, niemals : — *plus,* nie mehr, nimmermehr. ‖*A jamais,* auf immer, auf ewig; *jamais de la vie,* auf keinen Fall; *pour jamais,* für immer.

jam‖bage m. (janbàj). [porte, fenêtre] Pfosten. ‖[cheminée] Pfeiler ④. ‖[écriture] Grundstrich. ‖**-be** f. (janb). Bein, n. : — *de bois,* Stelzfuß, m. ‖*A toutes jambes,* aus allen Kräften; *cela me fait une belle jambe,* was kaufe ich mir dafür?; *jouer des jambes* [*prendre ses jambes à son cou*], über Hals und Kopf davonlaufen*; *Traiter par-dessus la jambe,* verächtlich behandeln. ‖**-bière** f. (biär). Beinleder, n. ④. ‖**-bon** m. (bon). Schinken ④. ‖**-bonneau, x,** m. (bòno). kleiner Schinken.

janissaire m. (janisär). Janitschar, -en, -en.

jante f. (jant). Felge.

janvier m. (wié). Januar.

Jap‖on npr. m. (japon). Japan, n. ‖**-onais, e,** m., f. Japaner ④, in. ‖a. japanisch.

jap‖pement m. Kläffen, n. spl. ‖**-per.** kläffen.

jaquette f. (kèt). Rockjackett, n.

jar‖din m. (jardin). Garten ③. ‖**-dinage** m. (dinàj). Gartenbau, Gärtnerei, f. ‖**-diner** (né). im Garten arbeiten. ‖**-dinier, ère,** m., f. (nié, iär). Gärtner ④, in.

jargon m. (gon). Kauderwelsch, n. spl.

Jarnac npr. m. (nàk). *Coup de Jarnac,* hinterlistiger Hieb.

jarre f. (jàr). Krug, m. [großer irdener].

jar‖ret m. (rè). Kniekehle, f. ‖**-retelle** f. (jàrtèl). Strumpfhalter, m. ④. ‖**-retière** f. (tiär). Knieband, n. ②.

jars m. (jàr). Gänserich.

jas‖ement m. (jazman). Schwatzen, n. spl. ‖**-er** (zé). leise schwatzen.

jasmin m. (jasmin). Jasmin.

jaspe m. (jasp). Jaspis.

jatte f. (jàt). Napf, m., Hafen, m.

jau‖ge f. (jôj). Eichmaß, n. ①. ‖[baguette] Maßstock, m. ‖[auto] Benzinstandmesser, m. ‖**-geage** m. (jaj) : Eichen, n. ‖[capacité] Tonnengehalt. ‖**-ger** (jé). eichen. ‖*Fig.* abschätzen. ‖[navire] Tiefgang haben*.

jau‖**nâtre** a. (*ø*tr). gelblich. ‖**-ne** a. (jôn). gelb. *Rire jaune,* widerwillig lachen. ‖ m. Gelb, n. ‖[d'œuf] Dotter ④. ‖**-net** m. (nè), *pop.* Goldstück, n. ‖**-nir** (*i*r). intr. gelb werden*. ‖tr. gelb färben. ‖**-nisse** f. (*i*s). Gelbsucht.

Javanais, e, m., f. (jawanè, *ä*z). Javaner ④, in. ‖a. javanesisch.

Javel [**eau de**] f. (ôd'jawèl). Bleichwasser, n.

ja‖**velle** f. (wèl). Schwaden, m. ④. ‖**-velot** m. (wl*o*). Wurfspieß.

je pron. pers. (jœ). ich.

Jean‖, **ne** npr. m., f. (jaⁿ, jàn). Johann, *fam.* Hans, Johanna. ‖**-neton** f. (jànt*o*ⁿ), **-nette** f. (nèt). Hannchen, n. ‖**-not** m. (jan*o*). Hänschen, n.

jérémiade f. (*i*àd). Jammern, n. spl.

Jérôme npr. m. (r*o*m). Hieronymus.

jé‖**suite** m. (*züi*t). Jesuit, -en, -en. ‖**-suitique** a. (züit*i*k). jesuitisch. ‖**-sus** npr. m. (*zü*). Jesus : *Jésus-Christ* (J.-C.) [kr*i*], Jesus Christus; *l'Enfant Jésus,* das Christkind.

je‖**t** m. (jè). Wurf. ‖[liquide] Guß : *jet d'eau,* Wasserstrahl, Springbrunnen. ‖**-tée** f. (jœt*ee*). Hafendamm, m. ‖ **-ter.** werfen*. ‖[ancre, filet, etc.] auswerfen*. ‖[cri] ausstoßen*. ‖ [rejeter] wegwerfen*. ‖[en prison] stecken. ‖[fondements] legen. ‖[pont] schlagen*. ‖[**se**]. sich stürzen. ‖**-ton** m. (*o*ⁿ). [Zahl-, Spiel-] Marke, f.

jeu, x, m. (jö). Spiel, n. : — *de mots,* Wortspiel, n.; — *d'esprit,* Wortspielerei, f. ‖[espace] Spielraum. ‖LOC. *Avoir* beau jeu avec qn,* gewonnenes Spiel bei einem haben*; *beau jeu,* gute Karten; *jouer gros jeu, petit jeu,* hoch, niedrig spielen; *vieux jeu,* alte Schule, Zopf.

jeudi m. (d*i*). Donnerstag.

jeun [à] adv. (juⁿ). nüchtern.

jeu‖**ne** a. (jœn). jung. ‖**-nesse** f. (nès). Jugend. ‖**-net, te,** a. (nè, t). sehr jung.

jeû‖**ne** m. (jön). Fasten, n. ‖**-ner** (n*é*), fasten.

jo‖**aillerie** f. (jᵒajr*i*). Juwelierhandel, m. [commerce], -waren, pl. ‖**-aillier** m. (aj*é*). Juwelier ①.

jobard m. (b*à*r). Gimpel ④.

jockey m. (kè). Jockei, -s.

jocrisse m. (*ì*s). Einfaltspinsel.

joie f. (jᵒa). Freude. ‖[plaisir] Lust, spl.

joign... V. *joindre**.

jo‖**indre*** (jᵒ*i*ⁿdr). [en liant, en posant, en collant, en cousant, en plaçant, etc.] zusammenbinden*, -legen, -leimen, -nähen, -stellen usw. ‖ [réunir à] verbinden* [mit]. ‖[mains] falten. ‖[ajouter] beilegen, beifügen. ‖[**se**] [à]. sich anschließen*. ‖**-int, e,** pp. v. *joindre** (joiⁿ, t). ‖a. *A mains jointes,* mit gefalteten Händen; *à pieds joints,* mit gleichen Füßen. ‖m. Fuge, f. *Trouver le joint,* das rechte Ende finden*; *ci-joint,* hiermit, als Anlage. ‖**-inture** f. (*ü*r). Knochengelenk, n.

jo‖**li, e,** a. (jòl*i*). hübsch. ‖**-liesse** f. (l*i*ès). [peu usité]. Hübschheit. ‖**-liment** adv. (m*a*ⁿ). hübsch. ‖*Fig. fam.* tüchtig, gehörig.

jon‖**c** m. (joⁿ). Binse, f. ‖[canne] Rohr, n. ①. ‖**-cher** (sch*é*). bestreuen. ‖**-chets** m. pl. (schè). Spielstäbchen, n. pl.

jonction f. (joⁿks*io*ⁿ). Vereinigung. ‖m. *Point de jonction* [chemins de fer], Knotenpunkt.

jon‖**gler** (gl*é*). gaukeln. ‖**-glerie** f. (ᵉr*i*). Gaukelspiel, n. ‖*Fig.* Betrügerei. ‖**-gleur, euse,** m., f. (**œr, öz**). Gaukler ④, in. ‖*Fig.* Schwindler ④, in.

jonque f. (joⁿk). Dschonke.

jonquille f. (k*i*j). Jonquille.

jouable a. (ju*à*bl). spielbar. ‖[pièce] aufführbar.

joubarbe f. (*a*rb). Hauswurz.

joue f. (ju). Backe, Wange. ‖LOC. *Mettre** [ou *coucher*] *en joue,* anlegen; *en joue!,* legt an!

jou‖**er** (ju*é*). spielen : *jouer à..., jouer de...,* ...[*acc.*],... spielen. ‖[carte] ausspielen. ‖[pièce] spielen, aufführen. ‖*Fig.* [duper] täuschen. ‖intr. [gauchir] sich werfen*. ‖LOC. *Jouer de malheur,* Unglück [*fam.* Pech] haben*. ‖[**se**] [de]. spielen [mit]. ‖[de qn] verspotten. ‖**-et** m. (juè). Spielsache, f., Spielzeug, n. ‖**-eur, euse,** m., f. (**œr, öz**). Spieler ④, in.

joufflu, e, a. (*flü*). dick- [ou paus-] backig.

joug m. (jùg *ou* jù). Joch, n. ①.

jou‖ir (juir) intr. [de]. genießen*, tr. ‖ [posséder] besitzen*, tr. ‖ [santé] sich erfreuen. ‖**-issance** f. (*a*ⁿs). Genuß, m., Besitz, m. ‖*Comm. Jouissance du 1er mai,* am 1. Mai verzinslich. ‖**-isseur** m. (s*œ*r). Genußmensch.

joujou, x, m. (*jù*), *fam.* Spielzeug. n. *Faire* joujou, fam.,* spielen.

jour‖ m. (jur). Tag ①. ‖[lumière] Licht, n. *Faux jour,* falsches Licht, n. ‖[ouverture] Öffnung, f. ‖[fente] Riß ‖[lacune] Lücke, f. ‖LOC. *A jour,* durchbrochen; *au jour,* bei Tageslicht; *au grand jour,* bei hellem Tage; *au jour le jour,* in den Tag hinein; *au petit jour,* bei Tagesanbruch; *de jour,* bei Tag; *de nos jours,* heutzutage; *donner le jour à,* das Leben schenken [*dat.*]; *du jour au lendemain,* im Handumdrehen; *en plein jour,* am hellen Tage; *être* à jour,* alles erledigt haben*; *l'autre jour,* neulich; *mettre* au jour,* ans Licht bringen*, zur Welt bringen*; *un de ces jours,* nächstens; *un jour,* eines Tages; *un jour ou l'autre,* früher oder später; *voir* le jour,* das Licht der Welt erblicken. ‖**-nal, aux,** m. (*à*l, *ô*). Tagebuch, n. ②. ‖[gazette] Zeitung, f. ‖**-nalier, ère,** a. (*ié, iär*). täglich. ‖[changeant] abwechselnd. ‖[capricieux] wetterwendisch. ‖m., f. [ouvrier, ère] Tagelöhner ④, in. ‖**-nalisme** m. (*ism*). Zeitungswesen, n. ‖**-naliste** m. (*ist*). Zeitungsschreiber ④, Journalist, -en, -en. ‖**-née** f. (*nee*). Tag, m. ①. ‖[du matin au soir] Tageszeit : *femme de journée,* Tagelöhnerin. ‖[salaire] Tagelohn, m. ‖[travail] Tagewerk, n. ‖**-nellement** adv. tagtäglich.

jou‖te f. (jut). Lanzenbrechen, n. ④. ‖[sur l'eau] Schifferstechen, n. ④. ‖**-ter** (*té*). Lanzen brechen*. ‖**-teur** m. (t*œ*r). Lanzenbrecher ④. *Fig.* Kämpfer ④. ‖**-vence** f. (w*a*ⁿs). *Fontaine de jouvence,* Jungbrunnen, m. ‖**-venceau, x, celle,** m., f. (waⁿs*o*, s*è*l). Jüngling, m., Jüngferchen, n. ④.

jo‖vial, e, a. (jow*ià*l). lustig. fröhlich. ‖**-vialité** f. Fröhlichkeit.

joy‖au, x, m. (jᵒaj*ô*). Kleinod, n. ① et ...odien. ‖**-euseté** f. (jözt*é*). Schnurre, Spaß, m. ‖**-eux, euse,** a. (*jö*, **z**). lustig, fröhlich.

jubé m. (jüb*é*). Chorbühne, f.

ju‖bilation f. (si*o*ⁿ), *fam.* Jubeln, n., Frohlocken, n. ‖**-bilé** m. (l*é*). Jubiläum, ...äen, n. ‖**-biler** *fam.* jubeln, frohlocken.

ju‖ché, e, p. a. (sch*é*). sitzend. ‖**-cher** intr. (sch*é*). sitzen. ‖tr. hinaufsetzen. ‖ [**se**]. aufsitzen* [haben].

ju‖daïque a. (*ì*k). jüdisch. ‖**-dée** npr. f. (*dee*). Judäa, n.

ju‖diciaire a. (s*iär*). gerichtlich. ‖**-dicieux, euse,** a. (s*iö*, **z**). einsichtsvoll. ‖[raisonnable] vernünftig.

ju‖ge m. (jüj). Richter ④. ‖**-gé** m. (j*é*). V. *juger.* ‖**-gement** m. (jüjm*a*ⁿ). Urteil, n. ‖[sentence] Urteilsspruch. ‖[faculté] Urteilskraft, f. ‖*Jugement dernier,* [das] jüngste Gericht, n. ‖**-geote** f. (j*ò*t). *Fam.* Verstandskasten, m. ‖**-ger** (j*é*). urteilen, intr. [über, *acc.*]. ‖[qn ou qc.] richten. ‖[apprécier] ermessen*. ‖[estimer] halten* [für]. ‖m. : *Au juger,* ou *au jugé,* mutmaßungsweise.

ju‖gulaire a. (gül*är*). Hals... ‖f. [mentonnière] Kinnriemen, m. ④. ‖**-guler** (gül*é*). erwürgen. ‖*Fig.* unterdrücken.

juif, ive, m., f. (j*üif*, iw). Jude, -n, -n., Jüdin. ‖a. jüdisch.

juillet m. (jüij*è*). Juli.

juin m. (jüiⁿ). Juni.

juiverie f. (jüiwr*i*). Judenschaft.

jujube f. (j*ü*b). Brustbeere. ‖m. Brustbeersaft.

Ju‖les npr. m. (jül). Julius. ‖**-lie** npr. f. (jül*i*). Julie. ‖**-lien, ne,** npr. m., f. (l*i*iⁿ, *iè*n). Julian, e. ‖a. julianisch. ‖**-lienne** f. (l*iè*n). Gemüsesuppe.

ju‖meau, x, elle, m., f. (jüm*o*, *è*l). Zwilling, m. ‖[couple] Zwillings... ‖**-melle** f. (m*è*l). [de théâtre] Operngucker, m. ④. ‖*Mil.* Feldstecher, m. ④.

jument f. (m*a*n). Stute.
jungle f. (**ju**ngl). Dschungel.
junte f. (**ju**nt). Junta, -s.
ju||**pe** f. (jùp). [Kleider-] Rock, m. ||**-pon** m. (p**o**n). Unterrock.
ju||**rande** f. (*a*nd). Zunft, ¨e. ||**-ré, e,** pp. (ré). ||a. m. *Ennemi juré,* Todfeind. ||m. [assises] Geschworene[r] a. s. ||**-rement** m. (jürm*a*n). Schwur. ||[juron] Fluch. ||**-rer.** schwören*. ||[jurons] fluchen. ||[choquer] *Jurer avec,* grell abstechen* [gegen]. ||*J'en jurerais,* ich möchte darauf schwören*.
ju||**ridiction** f. (si*o*n). Gerichtsbarkeit. ||**-ridique** a. (*i*k). gerichtlich. ||**-risconsulte** m. (k**o**ns*ü*lt). Rechtsgelehrte[r], a. s. ||**-risprudence** f. (prüd*a*ns). Rechtswissenschaft. ||**-riste** m. (*i*st). Jurist, -en, -en. ||**-ron** m. (*o*n). Fluch. ||**-ry** m. (r*i*). Geschworenengericht, n. ||[commission] Preisgericht, n. Jury, -s, f. ||[d'examen] Prüfungskommission, f.
jus m. (jü). Saft.
jusque [avant une voyelle : *jusqu'*] prép. (jüsk). bis. *Jusqu'à, jusqu'après, jusque dans, sous, sur,* bis an [*acc.*] ou zu [nach], bis nach, bis in [*acc.*], bis unter [*acc.*], bis auf [*acc.*] bis über [*acc.*] ||*Jusqu'à Cologne,* bis Köln *ou* bis nach Köln; *jusqu'à demain,* bis morgen; *jusqu'ici* [lieu], bis hierher; [temps] bisher; *jusque-là,* bis dahin, soweit. ||conj. *Jusqu'à ce que,* bis [*indic.*].
jusquiame f. (ki*à*m). Bilsenkraut, n.
jus||**te** a. (jüst). gerecht. ||[choses] billig. ||[exact] richtig. ||[approprié] recht. ||[topique] treffend. ||[habit] eng anliegend. ||[trop juste] knapp. ||**-tesse** f. (t*è*s). Richtigkeit. ||**-tice** f. (t*ì*s). Gerechtigkeit. ||**-ticiable** a. (si*à*bl). der Gerichtsbarkeit unterworfen. ||m. Gerichtsuntertan, -en, -en. ||**-ticier, ère,** m., f. (*sié, iär*). Gerichtspfleger ④, in. ||**-tifiable** a. (*à*bl). zu rechtfertigen[d]. ||**-tificatif, ive,** a. (t*i*f, *i*w). rechtfertigend. ||[pièce] Beweis... ||**-tification** f. (si*o*n). Rechtfertigung. ||**-tifier** (f*ié*). rechtfertigen.
jute m. (jüt). Jute, f.
juteux, euse, a. (t*ö*, **z**.) saftig.
juvénile a. (wén*i*l). jugendlich.
juxta||**linéaire** a. (jüksta-né*ä*r) [traduction] gegenüberstehend. ||**-poser.** nebeneinanderstellen. ||**-position** f. Nebeneinanderstellung.

K

Kabyle m. (b*i*l). Kabyle, -n, -n.
kakatoès. V. *cacatoès.*
kaki m. (k*i*). Khaki, n.
kaléidoscope m. (*ò*p). Kaleidoskop, n. ①.
kangourou m. (ur*u*). Känguruh, n. ①.
kaolin m. (*i*n). Kaolin.
kayak m. Paddelboot, n. ①.
képi m. (p*ì*). Käppi, -s, n.
kermès m. (*ä*ß). Kermes.
kermesse f. Kirchweihfest, n., Kirmeß.
kilo|| m. (l*o*), **-gramme** m. [*Abk.* kg.] (*à*m). Kilo, -s, n., Kilogramm, n. ① [invariable après un nombre].
kilomètre|| m. (m*è*tr) Kilometer, n. ①. ||**/heure** m. (m*è*trœr). Stundenkilometer, n.
kiosque m. (*o*sk). Kiosk ①.
kirsch m. Kirschwasser, n.
klaxon m. Hupe, f.
knock-out m. (nok*a*ut). Knockout, n., Niederschlag.
knout m. (*ù*t). Knute, f.
krach m. (kr*à*k). Krach.
kreutzer m. (*ö*tz*è*r). Kreuzer ④.
kyrielle f. (*i*èl). endlose Reihe.
kyste m. (k*i*st). Sackgeschwulst, ¨e, f.

L

L, l, m. L. l, n. ‖*L'* V. *la, le.*
la [devant une voyelle ou un **h** aspiré : *l'*], art. f. die. V. GRAMM. ‖pron. f. sie. V. GRAMM. ‖m. [note] A, n. : *la dièse,* Ais, n. inv.; *la bémol,* As, n. inv.
là adv. da. ‖[direction] dahin. ‖[après *ce..., cet..., cette...,* voir ces mots]. ‖*De là,* von daher, davon. *Là là !,* so so !. *Par là* [lieu, moyen], auf diesem Wege; [lieu] daher; [moyen] damit : *qu'entendez-vous par là?,* was meinen Sie damit? ‖*Composés : là-bas,* dort; [direction] dorthin; *là-dedans,* darin; *là-dessous,* darunter; *là-dessus,* darauf, darüber; *là-haut,* da oben, droben.
labeur m. (bœr), lange Arbeit, f.
la‖bial, e a. (b*i*àl). Lippen...‖**-biée** f. (bi*é*e). Lippenblütler, m. ④.
la‖boratoire m. (t°*a*r). Laboratorium, ...ien, n. ‖**-borieux, euse,** a. (r*iö*, z). arbeitsam. ‖**-bour** m. (b*u*r). Umackern, n. spl. *De* —, Acker... ‖**-bourable** a. (àbl). bestellbar. ‖**-bourage** m. (*a*j). Pflügen, n. ‖**-bourer** (bur*é*). pflügen, bestellen. ‖*Fig.* umwühlen. ‖**-boureur** m. (*œ*r). Ackersmann, ... leute.
labyrinthe m. (*i*ⁿt). Labyrinth, n. ①, Irrgarten ③.
lac m. (làk). See, -n.
lacer (s*é*). [zu-]schnüren.
lacérer (r*é*). zerreißen*.
lacet m. (sè). Schnürband, n. ②. ‖[de corset] Nestel, f.
lâ‖chage m. (sch*a*j). Laufenlassen, n. spl. ‖**-che** a. [mou] schlaff. ‖[détendu, défait] locker, lose. ‖[sans courage] feige. ‖m. Feigling. ‖**-cher** (sch*é*). laufen* [fahren*, fliegen*, los-] lassen*. *Lâcher pied,* zurückweichen*; *lâchez tout!,* los! ‖intr. nachlassen*. ‖**-cheté** f. (scht*é*). Feigheit. ‖**-cheur** m. (sch*œ*r). treuloser Mensch.
la‖conique a. (ònìk). lakonisch. ‖**-conisme** m. (*i*sm). Lakonismus.
lacrymal, e, a. (*à*l). Tränen...
lacs m. pl. (lâ). Fallstrick, m. sing.
lac‖tate m. (t*à*t). milchsaures Salz, n. ‖**-tation** f. (si*o*ⁿ). Milchbildung. ‖[allaitement] Säugen, n. ‖**-té, e,** a. milchartig, Milch... ‖*Voie lactée,* Milchstraße. ‖**-tique** a. (ìk). *Acide lactique,* Milchsäure, f.
lacune f. (k*ü*n). Lücke.
lacustre a. (k*ü*str.). Landsee... *Cité lacustre,* Pfahlbaute.
la‖dre, esse, m. f. (làdr, ès). Aussätzige[r], a. s. *Fig.* [avare] Knauser ④, in. Knicker ④, in. ‖a. aussätzig. ‖knauserig. ‖**-drerie** f. Aussatz, m. ‖[hôpital] V. *maladrerie.* ‖*Fig.* Knauserei, Knickerei.
lagune f. (g*ü*n). Lagune.
lai, e, a. (lè). Laien... : *Frère lai,* Laienbruder. ‖m. « Lai », kurzes Gedicht [im Mittelalter].
laïci‖sation f. (sizasi*o*ⁿ). Verstaatlichung. ‖**-ser** (z*é*). verstaatlichen. ‖**-té** f. Laientum, n.
lai‖d, e, a (lä, d). häßlich. ‖**-deron** m. et f. (dr*o*ⁿ). häßliches Frauenzimmer, n. ④. ‖**-deur** f. (d*œ*r). Häßlichkeit.
laie f. (lä). Bache. ‖[chemin] Wildbahn.
lai‖nage m. (n*a*j). Wollware, f. ‖**-ne** f. (län). Wolle. *De laine,* wollen, a., Woll... ‖**-neux, euse,** a. wollig.
laïque a. (la*i*k). weltlich, unkirchlich, Laien... ‖m. Laie, -n, -n.
laiss‖e f. (läß). Koppel. ‖[cordon] Leine. ‖**-er** (s*é*). lassen*. ‖[derrière soi] zurücklassen*. ‖[après sa mort] hinterlassen*. ‖[quitter] verlassen*. ‖[de reste] übrig lassen*. ‖[abandonner à] überlassen. ‖*Laisser monter, passer, sortir**, etc., hinauf-, durch-, hinauslassen* usw. [tous séparables]. *Laisser là,* stehen* [liegen*, sitzen*] lassen*. ‖LOC. *Cela ne laisse pas [que] d'être**..., es ist dennoch... ‖**-er-aller** m., Sichgehenlassen, n.‖**-ez-passer** m. (sé-s*é*). Passierschein, Ausweis.
lai‖t m. (lè). Milch, f. ‖— *de poule,* Hühnermilch, f. ‖ — *condensé,*

Kondensmilch, f. ‖**-tage** m. (*ta*j). Milchspeise, f. ‖**-tance** f. (*a*ns). **-te** f. (lèt). Fischmilch. ‖**-terie** f. (tr*i*). Molkerei. ‖[boutique] Milchladen, m. ③. ‖**-teux, euse,** a. (*tö*, z). milchartig, Milch... ‖**-tier, ère,** m., f. (*tié, iär*). Milchhändler ④, in. ‖[porteur] Milchmann, -frau. ‖[fonderies] Glasschaum, m.

laiton m. (t*o*ⁿ). Messing.

laitue f. (*tü*). Lattich, m. ① : — *pommée,* Kopfsalat, m.

laïus m. (*ü*s). *fam.* Rede, f.

laize f. (läz). Breite [Stoff].

lama m. (m*a*). [prêtre] Lama, -s. ‖*Zool.* Lama, -s, n.

lambeau, x, m. (laⁿb*o*). Fetzen ④. *En lambeaux,* zerfetzt; *mettre* en lambeaux,* zerfetzen.

lam‖bin, e, a. (b*i*ⁿ, *i*n). trödelnd. ‖m., f. Trödler ④, in. ‖**-biner** (*né*). trödeln.

lambourde f. (b*u*rd). Stützbalken, m. ④.

lambrequin m. (ᵉk*i*ⁿ). [Sims- *ou* Fenster-] Behang.

lam‖bris m. (br*i*). Täfelwerk, n. ‖ [mansarde] Gipsverkleidung, f. ‖**-brissé, e,** a. (*sé*). *Chambre* ou *mansarde lambrissée,* Dachstube. ‖**-brisser.** täfeln.

lam‖e f. (làm). Plättchen, n. ④. ‖ [tranchante] Klinge. ‖ [vague] Schlagwelle. ‖**-é, ée,** a. (*mé*, ée). mit Gold- od. Silberlahn bedeckt. ‖**-elle** f. (*è*l). Plättchen, n. ④.

lam‖entable a. (aⁿtàbl). jämmerlich. ‖[pitoyable] kläglich. ‖**-entation** f. (aⁿ-s*io*ⁿ). Wehklage. ‖**-enter** [se] (aⁿ*té*). jammern.

lam‖inage m. (aj). Walzen, n. ‖**-iner** (*né*). walzen. ‖**-inoir** m. (ᵒ*a*r). Walzwerk, n.

lampadaire m. (laⁿ-där). Lampenstock.

lampe f. (laⁿp). Lampe. ‖[radio] Röhre.

lamper, *fam.* hinunterschlucken.

lam‖pion m. (p*io*ⁿ). Lämpchen, n. ④. [bei Beleuchtungen]. ‖[de papier] Papierlaterne, f. ‖**-piste** m. (*i*st). Lampenmacher ④ [fabricant], -händler ④. [marchand], -wärter ④ [préposé]. ‖**-pisterie** f. (tᵉr*i*). Lampenfabrik. ‖[ch. de fer] Lampenhäuschen, n. ④.

lamproie f. (ᵒ*a*). Lamprete.

lan‖ce f. (laⁿs). Lanze. Speer, m. ‖[d'arrosage] Spritze. ‖**-ce-flammes** m. Flammenwerfer ④. ‖**-ce-grenades,** Granatenwerfer. ‖**-cement** m. (sm*a*ⁿ). [navire] Stapellauf. ‖[affaire] Inschwungbringen, n. V. *lancer.* ‖**-ce-mines** m. (m*i*n). Minenwerfer ④. ‖**-céolé, e,** a. (séol*é*). lanzenförmig. ‖**-cer** (*sé*). schleudern. ‖[moteur] Vollgas geben. ‖[navire] vom Stapel lassen*. ‖[ouvrage] veröffentlichen. ‖[affaire] in Schwung bringen*. [se]. sich stürzen. ‖*Fig.* [oser] es wagen. ‖**-cier** m. (*sié*). Lanzenreiter ④.

lan‖cinant, e, p. a. stechend. ‖**-ciner** (siné). stechen*.

land‖au m. (laⁿd*o*). Landauer ④. ‖**-aulet** m. (dolè). halbgedeckter Kraftwagen ④.

lande f. (laⁿd). Heide.

landgrave m. (*à*w). Landgraf, -en, -en.

landier m. (d*ié*). Feuerbock.

langage m. (aⁿgaj). Sprache, f. ‖— *populaire,* Volkssprache, f.

lange m. (laⁿj). Windel, f.

langoureux, euse, a. (gur*ö*, z). schmachtend.

langouste f. (gust). Languste.

lan‖gue f. (laⁿg). Zunge. ‖[langage] Sprache. ‖LOC. *Avoir* la langue bien pendue,* ein gutes Mundwerk haben*; *donner sa langue aux chiens,* darauf verzichten; *n'avoir* pas la langue dans sa poche,* nicht auf's Maul gefallen sein*; *tirer la langue, fig.,* in großer Not sein*. ‖**-guette** f. (gèt). Zünglein, n. ④.

lan‖gueur f. (gœr). Mattigkeit. ‖**-guir** (gir). [de] schmachten [vor, *dat.*]. ‖[santé] dahinsiechen. ‖**-guissant, e,** p. a. (gis*a*ⁿ, t). [fatigué] matt. ‖[affaires] flau.

lanière f. (n*iä*r). Riemen, m. ④.

lansquenet m. (laⁿskᵉnè). Landsknecht.

lantern‖e f. (tèrn). Laterne : — *magique,* Zauberlaterne; — *vénitienne,* Papierlaterne. ‖**-er.** intr. trödeln. ‖tr. zum Narren halten*.

lanturlu! interj. (türl*ü*). larifari! ‖m. [jeu] Art Kartenspiel, n.

laparotomie f. (m*i*). Bauchschnitt, m.

laper (p*é*). schlabbern.

lapereau, x, m. (prô). junges Kaninchen, n. ④.
la‖pidaire m. (där). Steinschneider, ④. ‖a. Lapidar... ‖**-pider.** steinigen.
lapin m. (p*i*ⁿ). Kaninchen, n. ④.
la‖pis, -pis-lazuli m. (p*i*s-züli). Lasurstein.
La‖pon, ne, npr. m., f. (poⁿ, òn). Lappländer ④, in. ‖a. lappländisch. ‖**-ponie** npr. f. (*i*). Lappland, n.
laps‖ m. : — *de temps,* Zeitraum. ‖a. et m. *laps et relaps,* zweimal abtrünnig. ‖**-us** m. (üs). Fehler ④.
laquais m. (kè). Lakai, -s.
la‖que f. (làk). Lack, m. ① : *gomme-* —, Gummilack, m. ‖**-quer** (ké). lackieren.
larbin m. (b*i*ⁿ). *pop.* Lakai, -s.
larcin m. (s*i*ⁿ). kleiner Diebstahl.
lar‖d m. (làr). Speck. ‖**-der** (dé). [de]. spicken [mit]. ‖[transpercer] durchbohren. ‖ **-doire** f. (d°ar). Spicknadel. ‖**-don** m. (doⁿ). Speckschnitte, f.
lares m. pl. (làr). Laren.
lar‖ge a. (làrj). breit ‖[abondant] reichlich. ‖[vie] üppig. [libéral] freigebig. ‖m. *Mar.* hohe See, f. *Gagner le large,* in See stechen*, *fig.* das Weite suchen; *au large!,* Platz da!. ‖**-gesse** f. (jès). Freigebigkeit. ‖[don] Geschenk, n. ‖**-geur** f. (jœr). Breite. ‖**-go** m. (go). *Mus.* sehr langsam. ‖**-guer** (gé). *Mar.* schießen* lassen*.
larigot [à tire-] (gô). wie ein Loch [saufen].
larm‖e f. (larm). Träne : *fondre en larmes,* in Tränen schwimmen* [*ou* zerfließen*] ; *pleurer à chaudes larmes,* heiße Tränen vergießen; *rire aux larmes,* bis zu Tränen lachen. ‖**-ier** m. (mié). *Archit.* Traufdach, n. ②. ‖**-oiement** m. (m°amaⁿ). Tränen, n. ‖**-oyant, e,** p. a. (jaⁿ, t). tränenvoll. ‖[ton] weinerlich. ‖**-oyer** (m°ajé). immer weinen.
larron m. (oⁿ). Dieb. ‖[Evangile] Schächer ④.
larve f. (làrw). Larve, Made.
lar‖yngite f. (iⁿj*i*t). Kehlkopfentzündung. ‖**-ynx** m. (*i*ⁿks). Kehlkopf.
las, se a. (lâ, ß). müde. ‖*De guerre lasse,* des Streites müde.
lascar m. (kàr). Laskar, -s. ‖*Pop.* Fußsoldat, -en, -en. ‖[gaillard] strammer Kerl.
las‖cif, ive, a. (làs's*i*f, *i*w). geil. ‖**-civeté** f. (té). Geilheit.
las‖ser (sé). ermüden. ‖**-situde** f. (tüd). Müdigkeit. ‖[dégoût] Überdruß, m.
lasso m. (so). Lasso, -s, n.
latent, e, a. (taⁿ, t). verborgen, ‖*Phys.* latent. ‖[chaleur] gebunden.
latéral, e, aux, a. (àl, ô). Seiten...
la‖tin, e, a. (t*i*ⁿ, ìn). lateinisch. *Quartier latin,* Studentenviertel, n. [in Paris]. ‖m. [peuple] Latiner. ‖[langue] Latein, n., [das] Lateinische, a. s. ‖**-tiniser** (tinizé). latinisieren. ‖**-tinisme** m. (*i*sm). Latinismus, ...men. ‖**-tiniste** m. (*i*st). Latinist, -en, -en. ‖**-tinité** f. (té). Latinität.
latitude f. (tüd). *Géogr.* Breite. ‖[liberté] Spielraum, m.
latrines f. pl. (tr*i*n). Abtritt, m.
la‖tte (làt). Latte. ‖**-tter.** belatten. ‖**-ttis** m. (t*i*). Lattenwerk, n.
laudanum m. (lô-nòm). Laudanum, n.
lau‖datif, ive, a. (t*i*f, *i*w). Lob... ‖**-des** f. pl. (lod). Lobgesang, m.
lau‖réat, e, a. (reà, t). preisgekrönt. ‖m. f. Preisträger ④, in. ‖**-rier** m. (r*i*é). Lorbeer, -en. ‖[arbre] Lorbeerbaum. — *-cerise,* Kirschlorbeer; — *-rose,* Oleander ④.
la‖vable a. (wàbl). waschecht. ‖**-vabo** m. (wabo). Waschtisch. ‖**-vage** m. (waj). Waschen, n. spl. ‖[détersion] Abwaschen, n. spl.
lavallière f. (wal*i*är). Schlips, m.
lavande f. (waⁿd). Lavendel, m.
la‖vandière f. (aⁿd*i*är). Waschfrau. ‖[oiseau] Bachstelze. ‖**-vasse** f. (wàs), *fam.* Geschlapper, n.
lave f. (làw). Lava, ...ven.
la‖vement m. (maⁿ). [ablution] Waschung, f. ‖[clystère] Klistier, n., Ausspülung, f. ‖**-ver** (wé). waschen*. ‖[tache, etc.] abwaschen*. ‖[vaisselle] spülen. ‖**-vette** f. (wèt). Waschlappen, m. ‖**-veur, euse,** m., f. (-wœr, öz). Wascher ④, in. ‖**-vis** m. (w*i*). Tuschen, n. spl. ‖[dessin] Tuschzeichnung, f. ‖**-voir** m. (w°ar). Waschplatz. ‖[maison] Waschhaus, n. ‖**-vure** f. (wür). Spülwasser, n. ④.
laxatif, ive a. (*i*f, *i*w). abführend. ‖m. Abführmittel, n. ④.

layet||**ier** m. (läjt*ié*). Kistenmacher ④. ||**-te** f. (läjèt). Wickelzeug, n. spl.

la||**zaret** m. (zar*è*). Lazarett, n. ①. ||**-zariste** m. (zar*ist*). Lazarist, -en, -en.

lazzi m. (dz*i*). Witzelei, f.

le, la [devant voy. ou **h** aspir. : **l'**], **les** art. (lœ, lä, devant une voyelle ou un **h** aspiré : *lèz*). V. GRAMM. der, die, das. ||pron. V. GRAMM. ihn, sie, sie.

lé m. Breite, f.

leader m. (lîd^e^r). Führer ④.

lebel m. (lœbèl). Lebelgewehr, n.

lèchefrite f. (leschfr*it*). Bratpfanne.

lé||**cher** (sch*é*). lecken. ||**-cheur** m. (sch*œ*r), *fam.* [flatteur] Speichellecker ④.

leçon f. (lœss*o*^n^). Lehre. ||[heure] [Lehr-]stunde. ||[cours] Vorlesung. ||[à apprendre] Lektion. ||[avertissement] Warnung.

lec||**teur, trice,** m., f. (t*œ*r, tr*i*s). Leser ④, in. ||[qui donne lecture] Vorleser ④, in. ||[université] Lektor, ... oren, m. ||**-ture** f. (t*ü*r). Lesen, n. spl. ||[matière] Lektüre. ||[morceau] Lesestück, n.

lé||**gal, e, aux,** a. (g*à*l, *ô*). gesetzlich. ||[médecine] gerichtlich. ||**-galisation** f. (zas*io*^n^). Beglaubigung. ||**-galiser** (z*é*). beglaubigen. ||**-galité** f. (t*é*). Gesetzmäßigkeit.

lé||**gat** m. (g*à*) Legat, -en, -en. ||**-gataire** m. (t*ä*r). Legatar ①. ||**-gation** f. (s*io*^n^). Legation.

lé||**gendaire** a. (ja^n^d*ä*r). sagenhaft. ||**-gende** f. (j*a*^n^d). Sage. ||[explicative] Erklärung. || [monnaies] Umschrift.

lé||**ger, ère,** a. (j*é*, *ä*r). leicht. ||[caractère] leichtsinnig. ||[aliments] leicht verdaulich. || [vin] dünn. ||[sommeil, son] leise. ||**-gèreté** f. (jert*é*). Leichtigkeit. ||Leichtsinn, m.

légiférer (ji-r*é*). Gesetze geben*.

lé||**gion** f. (j*io*^n^). Legion. ||*Fig.* große Menge, Unzahl. ||**-gionnaire** m. (jiònär). Legionär.

légis||**lateur** m. (jislat*œ*r). Gesetzgeber ④. ||**-latif, ive,** a. (*if*, *i*w). gesetzgebend. ||**-lation** f. (jis-s*io*^n^). Gesetzgebung. ||**-lature** f. (t*ü*r). Legislaturperiode. || **-te** m. (j*ist*). Rechtsgelehrte[r], a. s. ||a. gerichtlich.

légiti||**me** a. (jit*i*m). rechtmäßig. ||[enfant] ehelich. ||**-mer** (ji-m*é*). legitimieren. ||**-miste** m. (*ist*). Legitimist, -en, -en. ||**-mité** f. (t*é*). Gesetzmäßigkeit.

legs m. (l*è*). Vermächtnis, n.

léguer (g*é*). vermachen.

lé||**gume** m. (*ü*m). Gemüse, n. ④. *Légumes secs,* Hülsenfrüchte, f. pl. ||**-gumier** m. (*ié*). Gemüseschüssel, f. ||**-gumineux, euse,** a. (*ö*, **z**). Gemüse...

lendemain m. (la^n^d^e^m*i*^n^). *Le lendemain,* der folgende Tag ; loc. adv. : am folgenden Tage; Tags darauf; *le lendemain matin,* am folgenden [nächsten] Morgen.

léni||**fier** (f*ié*). mildern. ||**-tif, ive,** a. (*if*, *i*w). mildernd.

lent, e, a. (l*a*^n^, t). langsam.

lente f. Niß, ...isse, Lausei, n. ②.

lenteur f. (*œ*r). Langsamkeit.

lentille f. (*ij*). Linse.

lentisque m. (*i*sk). Mastixbaum.

Léon npr. m. (*o*^n^). Leo.

léonin, e, a. (*i*^n^, *i*n). Löwen... ||[contrat] leoninisch.

léopard m. (*à*r). Leopard, -en.

lèpr||**e** f. (lepr). Aussatz, m. ||**-eux, euse,** a. (*ö*, **z**). aussätzig. ||**-oserie** f. (ozr*i*). Aussätzigenhaus, n. ②.

lequel, laquelle, lesquels, lesquelles, pron. rel. et interr. (lœk*è*l, -k*è*l, lèk*è*l). welcher, e, es; der, die, das. V. GRAMM.

les art. et pron. V. GRAMM.

les prép. (lè). V. *lez.*

lèse a. f. (äz). verletzend. *Crime de lèse-...,* Verstoß gegen...; *crime de lèse-majesté,* Majestätsverbrechen, n.

léser (z*é*). verletzen.

lé||**siner** (n*é*). knausern, knickern. ||**-sinerie** f. (*i*nr*i*). Knauserei.

lésion f. (z*io*^n^). Verletzung.

less||**ivage** m. (w*a*j). Auslaugen, n. spl. ||**-ive** f. (*i*w). Lauge. ||[action] Laugen, n. spl. ||**-iver** (w*é*). laugen. ||[boiseries, etc.] auslaugen. ||**-iveuse** f. (*ö*z). Waschfrau. ||[appareil] Waschmaschine.

lest m. Ballast ①.

leste a. (est). flink. ||*Fig.* [propos] schlüpfrig.

lester. mit Ballast beladen*.

léthar||**gie** f. (j*i*). Schlafsucht. ||**-gique** a. (*i*k). lethargisch.

let‖tre f. (lètr). Buchstabe, -ns, -n, m. *A la lettre,* buchstäblich. ‖[missive] Brief, m., Schreiben, n. ④; — *de cachet,* Verhaftbefehl, m.; — *de change,* Wechsel, m.; — *de créance,* Beglaubigungsschreiben, n.; — *de faire part* [de mariage, etc.], [Heirats- usw.] Anzeige; — *par avion,* Luftpostbrief, m.; — *de voiture,* Frachtbrief, m. ‖pl. *Lettres patentes,* Patent, n. ①. ‖pl. Literatur, Dichtkunst, f. ‖*Belles-lettres,* schöne Wissenschaften, pl. ‖*Homme de lettres, gens de lettres,* Schriftsteller, m. ④, Literat, -en, -en m. ‖**-tré, e,** a. (*é*). gebildet, gelehrt.

leur (lœr). pron. pers. ihnen. V. Gramm. ‖a. et pron. poss. ihr, der [die, das], ihre *ou* ihrige. V. Gramm.

leurr‖e m. (lœr). *Fig.* Täuschung, f. ‖**-er** (ré). *Fig.* täuschen.

le‖vage m. (lœwaj). Heben, n. Aufrichten, n. : ... de levage, Hebe... ‖**-vain** m. (wiⁿ). Sauerteig. ‖**-vant** a. (waⁿ). [astre] aufgehend. ‖m. Morgen, Osten. ‖[pays] Levante, f. ‖**-vantin, e,** m., f. (tiⁿ, ìn). Levantiner ④, in. ‖a. levantinisch. ‖**-vé, e,** p. a. (wé). ‖*Etre* levé,* auf sein*; *déjà levé!,* schon auf! ‖m. [de plan] Aufnahme, f. ‖**-vée** f. (wée). V. pour les différentes acceptions : *lever.* Aufheben, n. spl. Aufhebung, Erhebung. ‖*Mil.* Aushebung. ‖[cartes] Stich, m.

lève-glace, m. (lèwglàs). [auto] Fensterheber.

le‖ver (wé). tr. [en l'air] [in die Höhe] heben*. ‖*Fig.* [doute, obstacle] heben*. ‖[tête, yeux, main, boucliers, impôts] erheben*. ‖[corps, punition, interdiction, séance, siège] aufheben*. ‖[rideau]. aufziehen*. ‖[voile, masque] lüften. ‖[camp] abbrechen*. ‖[ancre] lichten. ‖[opposition] zurückziehen* (Einspruch). ‖[plan] aufnehmen*. ‖[gibier] aufjagen. ‖[boîte aux lettres] leeren. ‖[se]. aufstehen* [*sein*], sich erheben*. ‖[en sursaut] aufspringen* [*sein*]. ‖[astre] aufgehen* [*sein*]. ‖m. [personnes] Aufstehen, n. ‖[astre] Aufgang. ‖[de plan] Aufnahme, f. ‖[du jour] Anbruch. ‖— *de rideau,* Vorspiel, n. ‖**-vier** m. (*wié*). Hebel ④. *Levier de commande,* Antriebshebel.

lévite m. (wit). Levit, -en, -en. ‖f. Levite, -n.

levraut m. (lœwro). Häschen, n. ④.

lèvre f. (läwr). Lippe.

levrette f. (lœwrèt). Windhündin.

lévrier m. (wri*é*). Windhund ①.

levure f. (lœwür). Hefe.

lexi‖cographie f. (fi). Lexikographie. ‖**-cologie** f. (lòji). Wörterkunde. ‖**-que** m. (ik). Lexikon, n.

lez prép. (lé, -z-). [nur in alten Städtenamen]. bei.

lézar‖d m. (zàr). Eidechse, f. ‖**-de** f. (ard). Mauerspalte. ‖*Passem.* gezackte Tresse. ‖**-dé, e,** a. (dé). rissig.

liaison f. (liäzoⁿ). Verbindung. *Être en liaison avec,* in Verbindung stehen [mit]. ‖[de lettres] Bindung. ‖[relation] Verhältnis, n. ‖[amourette] Liebschaft. ‖[sauce] Bindestoff, m. ‖*Mus.* Bindenote.

liane f. (àn). Liane.

liant, e, a. (aⁿ, t). umgänglich, entgegenkommend.

li‖ard m. (àr). Heller ④. ‖**-arder** (dé). knausern, knickern.

liasse f. (às). Pack, m. ①. ‖[papiers] Stoß, m.

libation f. (sioⁿ). Trankopfer, n. ④.

li‖belle m. (bèl). Schmähschrift, f. ‖**-bellé** m. (bel'lé). Abfassung, f. ‖**-beller** (lé). abfassen.

libellule f. (èl'lül). Libelle.

li‖béral, e, aux, a. (àl, o). freigebig. ‖[opinion] freisinnig. ‖[politique] liberal. ‖*Arts libéraux,* freie Künste, f. pl. ‖**-béralité** f. (té). Freigebigkeit. ‖[don] Spende.

li‖bérateur, trice, m., f. (tœr, trìs). Befreier ④, in. ‖a. befreiend. ‖**-bération** f. (sioⁿ). Befreiung. ‖**-bérer** (ré). befreien. ‖[soldats] entlassen*. ‖**-bertaire** m. (tär). Anhänger der unbedingten Freiheit. ‖**-berté** f. (té). Freiheit. ‖**-bertin, e,** a. (tiⁿ, ìn). liederlich. ‖m. Wüstling. ‖**-bertinage** m. (aj). Ungebundenheit, f. ‖[dérèglement] Liederlichkeit, f.

libidineux, euse, a. (nö, z). wollüstig.

li‖braire m. (brär). Buchhändler ④ ‖**-brairie** f. (i). Buchhandel, m. ‖[maison] Buchhandlung.

li||**bre** a. (libr). [de]. frei [von]. *Libre à vous de...,* es steht Ihnen frei, zu...; *libre de droits,* zollfrei. ||**-bre-échange** m. (es*cha*ⁿ**j**). Freihandel. || **-bre-échangiste** m. (**j***i*st). Freihändler ④. ||a. freihändlerisch.

lice f. (lis). Schranken, pl., Kampfplatz, m. ||[tapisserie] : *de haute, de basse lice,* hoch-, tiefkettig.

li||**cence** f. (s*a*ⁿs). Erlaubnis. ||*Comm. Univ.* Lizenz. ||[excès] Ausgelassenheit. ||**-cencié, e,** m., f. (s*ié*). Lizentiat, -en, -en, in. ||**-cenciement** m. (sim*a*ⁿ). Entlassung, f. ||**-cencier** (s*ié*). entlassen. ||**-cencieux, euse,** a. (s*iö,* **z**). ausgelassen. ||[libertin] liederlich.

lichen m. (kèn). Flechte, f.

li||**citation** f. (si-s*io*ⁿ). Versteigerung. ||**-cite** a. (s*i*t). erlaubt.

licol ou **cou** m. (k*ò*l, k*u*). Halfter.

licorne f. (korn). Einhorn, n. ②.

licou m. V. *licol.*

licteur m. (t*œ*r). Liktor, ...oren.

lie f. (li). Hefe. *fig.* Abschaum, m.

liège m. (liä**j**). Kork ④.

Li||**ège** npr. f. Lüttich, n. ||**-égeois, e,** m., f. (**j**o*a*, **z**). Lütticher ④ et a. inv., in.

li||**en** m. (li*i*ⁿ). Band, n. ①. ||**-er** (l*ié*). [à]. binden* [mit]. ||[ensemble]. zusammenbinden*. ||[réunir] verbinden*. ||[amitié] schließen*. || [conversation] anknüpfen. ||[sauce] verdicken.

lierre m. (liär). Efeu.

liesse f. (liès). *En liesse,* vergnügt, in Freuden.

lieu, x, m. (l*i*ö). Ort, Stätte, f. ||[local] Raum. ||*Au lieu de,* statt *ou* anstatt [*gén.*]; *au lieu que,* statt; *avoir* lieu,* stattfinden*; *donner lieu à*,* Anlaß geben* [zu]; *en premier, en dernier lieu,* zuerst, zuletzt; *en haut lieu,* höheren Ortes; *il y a lieu de,* es ist Grund vorhanden, zu...; *lieu commun,* Gemeinplatz; *tenir* lieu de,* die Stelle [*gén.*] vertreten*. ||pl. *lieux d'aisances,* Abort, m.; *sur les lieux,* an Ort und Stelle.

lieue f. (liö). [française] [Weg-] Stunde; [allemande] Meile. ||*Mar.* Seemeile.

lieutenant m. (liötn*a*ⁿ). Stellvertreter ④. ||*Mil.* Oberleutnant, Leutnant, -s.

lièvre m. (lièwr). Hase, -n, -n.

li||**gament** m. (m*a*ⁿ). Sehnenband, n. ②. ||**-gature** f. (t*ü*r). Unterbindung.

li||**gnard** m. (nj*à*r). Liniensoldat, -en, -en. ||**-gne** f. (linj). Linie. ||[d'écriture] Zeile. ||[pêche] Angelleine *ou* -schnur, ¨e. ||*A la ligne!* [dictée], von vorn; *en ligne de compte,* in Rechnung; *hors ligne,* unvergleichlich; *ligne de conduite,* Richtschnur; [morale] Lebenswandel, m. ||**-gnée** f. (nj*ee*). Nachkommenschaft.

li||**gneux, euse,** a. (nj*ö*, **z**). holzig. ||**-gnite** m. (nj*ì*t). Braunkohle, f.

ligoter. binden*.

li||**gue** f. (lig). Bund, m. ①, Liga, ...gen. ||**-guer** (g*é*). verbünden.

lilas m. (lâ). Flieder ④. ||a. inv. lila, inv., lilafarbig, Lila...

lilliputien, ne, a. (püs*i*iⁿ, *iè*n). liliputisch.

li||**mace** f. (m*à*s). Erdschnecke. ||**-maçon** m. (s*o*ⁿ). Schnecke, f.

li||**mage** m. (m*a***j**). Feilen, n. ||**-maille** f. (m*â*j). Feilicht, n.

limande f. (*a*ⁿd). Kliesche.

limbes m. pl. (**li**ⁿb). Vorhimmel, m. sing.

li||**me** f. (l*ì*m). Feile. ||**-mer.** feilen.

limier m. (m*ié*). Spürhund. ||*Fig.* [policier] Polizeispitzel.

li||**mitation** f. (s*io*ⁿ). Begrenzung. ||**-mite** f. (*ì*t). Grenze. *Limite d'âge,* Altersgrenze. ||**-miter** (t*é*). begrenzen. ||[restreindre] einschränken. ||**-mitrophe** a. (tr*ò*f). angrenzend.

li||**mon** m. (m*o*ⁿ). Schlamm. ||[voiture] Gabelbaum. ||[fruit] Limone, f. ||**-monade** f. (*à*d). Limonade. ||**-monadier, ère,** m., f. (d*ié*, *iä*r). Kaffeewirt, in. ||**-moneux, euse,** a. (n*ö*, **z**). schlammig. ||**-monier** m. (n*ié*). [cheval] Gabelpferd, n.

limousin, e, m., f. (muz*i*ⁿ, *i*n). Limousiner ④, in. ||f. [manteau] dicker Fuhrmanns- od. Bauernmantel, m. ③. ||f. [auto] « Limousine ». [geschlossener Wagen, m.].

limpid||**e** a. (**li**ⁿp*i*d). klar, durchsichtig. ||**-ité** f. Klarheit, Durchsichtigkeit.

lin|| m. (**li**ⁿ). Lein, Flachs : *de lin,* leinen, a. ||**-ceul** m. (s*œ*l). Leichentuch, n. ②.

lin‖**éament** m. (li-m*a*ⁿ). Zug, Umriß. ‖**-éaire** a. (neär). linear, Linear...

lin‖**ge** m. (li**ⁿ**j). Leinenzeug, n. spl. ‖[de corps, de toilette, de lit] Unterwäsche, f. ‖[blanc] Weißzeug, n. spl. — *de table,* Tischzeug, n. ‖[chiffon] Lappen ④, Tuch, n. ‖**-ger, ère,** m., f. (*jé, är*). Wäschehändler ④, in., f. [ouvrière] Wäschenäherin. ‖ **-gerie** f. (*jri*). Wäschegeschäft, n. ‖[local] Waschkammer.

lingot m. (*gô*). Stange, f.

lin‖**gual, e,** a. (*guàl*). Zungen... ‖**-guiste** m. (*güist*). Sprachforscher ④. ‖**-guistique** f. Sprachforschung.

linier, ère, a. (lin*ié, iär*). Flachs...

liniment m. (m*a*ⁿ). Linderungssalbe, f.

lin‖**oléum** m. (*éòm*). Linoleum, n. ‖**-on** m. (n*o*ⁿ). Linon, -s.

linot, otte, m., f. (*nô, òt*). Hänfling, m. ‖*Fig. Tête de linotte,* Strohkopf, m.

linotype f. (*tip*). Linotype, Setzmaschine.

linteau, x, m. (li**ⁿ**tô). Türsturz.

lion‖**, ne,** m., f. (li*o*ⁿ, òn). Löwe, -n, -n, win. ‖**-ceau, x,** m. (*so*). junger Löwe.

lipp‖**e** f. (lip). Wurstlippe, *fam. Faire* la lippe,* maulen. ‖**-ée** f. (*pée*). Schmaus, m. ‖**-u, e,** a. (*pü*). dicklippig.

li‖**quéfaction** f. (ké-*sio*ⁿ). Schmelzen, n. ‖**-quéfier** (*fié*). schmelzen. ‖[se]. flüssig werden*. ‖**-queur** f. (*kœr*). Likör, m.

li‖**quidateur** m. (ki-t*œ*r). Abrechner ④. ‖**-quidation** f. (*sio*ⁿ). Abrechnung. ‖ [vente] Ausverkauf, m. ‖**-quide** a. (k*i*d). flüssig. ‖[biens] rein. ‖**-quider** (*kidé*). abrechnen. ‖[vendre] ausverkaufen. ‖*Fig.* beseitigen. ‖**-quoreux, euse,** a. (*korö, z*). likörartig. ‖**-quoriste** m. (kor*i*st). Likör-fabrikant, -en, -en.

lire* (lir). lesen*. ‖[à haute voix] vorlesen*. ‖f. Lira, ...re.

lis m. Lilie, f. ‖[blason] *Fleurs de lis,* Lilienwappen, n. spl.

Lisbonne npr. f. (*bòn*). Lissabon, n.

liséré m. (*zéré*). Litze, f.

liseron m. (*zro*ⁿ). Winde, f.

Lisette npr. f. (*zèt*). Lieschen, n.

li‖**seur, euse,** m., f. (*zœr, öz*). Vielleser ④, in. ‖f. Gerät zum Lesen, n., namentlich : Lesezeichen, n. ④ [zugleich Papiermesser, n.], Lesestuhl, m., Leselampe, f. usw. ‖**-sible** a. (*zi*bl). [net] leserlich. ‖[quant au contenu] lesbar.

lisière f. (*ziär.*) [bord] Saum, m., Rand, m. ②. ‖[d'enfant] Gängelband, n.

li‖**ssage** m. (*saj*). Glätten, n. ‖**-sse** a. (liss). glatt. ‖**-sser** (*sé*). glätten.

liste f. (list). Verzeichnis, n., Liste : — *électorale,* Wählerliste.

lit m. (li). Bett, -en, n. : *bois de* —, Bettgestell, n.; — *-canapé,* Schlafsofa, n. ; — *de camp,* Feldbett, n., Pritsche, f.; — *de mort,* Sterbebett, n.; — *de sangle,* Gurtbett, n.; *lits jumeaux,* zusammengehörige Betten, n. pl.; *lit-cage,* zusammenklappbares Bett, n. ‖[monture] Bettstelle, f. ‖LOC. : *Aller* au lit,* zu Bette gehen*; *se mettre au lit,* sich zu Bette legen; *être* au lit,* im Bette liegen*; *garder le lit,* das Bett hüten. ‖[mariage] Ehe, f. : [enfant] *du premier lit,* erster Ehe. ‖[de fleuve] Flußbett, n. ‖[stratum] Schicht, f.

litanie f. (nî). Litanei.

literie f. (litr*i*). Bettzeug, n. spl.

li‖**tharge** f. (*arj*). Bleiglätte. ‖**-thine** f. (*tin*). Lithin, n. ‖**-thographe** m. (*gràf*). Steindrucker ④. ‖**-thographie** f. (*fi*). Steindruck, m. ‖**-thographier** (*fié*). lithographieren.

litière f. (*tiär*). [véhicule] Sänfte. ‖[animaux] Streu.

li‖**tige** m. (*tij*). Rechtsstreit. ‖**-tigieux, euse,** a. (*jiö, z*). streitig.

litre m. (litr). Liter, n. ④.

litté‖**raire** a. (litérär). literarisch. ‖**-ral, e, aux,** a. (*àl, o*). buchstäblich. ‖[mot à mot] wörtlich. ‖**-rateur** m. (*tœr*). Literat, -en, -en. Belletrist, -en, -en. ‖**-rature** f. (*tür*). Literatur, Dichtkunst.

littoral m. (*àl*). Küstenland, n.

Lituanie npr. f. (tüan*i*). Litauen, n.

li‖**turgie** f. (türj*i*). Liturgie. ‖**-turgique** a. (*jìk*). liturgisch.

li||vide a. (w*i*d). bleifarbig. ||[pâle] fahl. ||**-vidité** f. (t*é*). Bleifarbe, Fahlheit.

Livonie npr. f. (won*i*). Livland, n.

li||vrable a. (wr*à*bl). lieferbar. ||**-vraison** f. (wräz*o*ⁿ). Lieferung : *prendre** — *de,* in Empfang nehmen*.

livre m. (liwr). Buch n. ②. *A livre ouvert,* vom Blatte weg; *grand-livre,* Hauptbuch, n.; *tenir* les livres,* die Bücher führen. ||f. [poids, monnaie] Pfund, n. spl. ||[française] « Livre », f.

li||vrée f. (*ee*). Livree. ||**-vrer** (wr*é*). liefern. ||[prisonniers] ausliefern. ||[forteresse] übergeben. || *Livrer passage,* Platz machen.

livret m. (wr*è*). Büchelchen, n. ④.

livreur m. (*œ*r). Auslieferer ④.

lobe m. (lòb). Lappen ④. ||[oreille] Läppchen, n. ④. ||[poumon] Flügel. ④.

lo||cal, e, aux, a. (k*à*l, *o*). örtlich, lokal. ||m. Lokal, n. ①, Raum. ||**-caliser** (**z***é*). lokalisieren, orten. ||**-calité** f. (t*é*). Ortschaft. ||**-cataire** m. et f. (*ä*r). Mieter ④, in. ||**-catif, ive,** a. (*i*r, *i*w). Miet... ||[impôt, etc.] Wohnungs... ||**-cation** f. (s*io*ⁿ). [par le locataire] Mietung. ||[par le bailleur] Vermietung. ||[prix] Miete : *en location,* auf Miete. ||[théâtre, etc.] Vorverkauf, m.

loch m. (lòk). Log[g], n. ①.

loche f. (lòsch). [poisson] Schmerle.

lock-out m. (*a*ᵘt). Aussperrung, f.

loco||moteur, trice, a. (t*œ*r, tr*ì*s). ortsverändernd. ||**-motive** f. (t*i*w). Lokomotive.

locution f. (küs*io*ⁿ). Redensart.

loden m. (lod*è*n). Lodenstoff, Loden.

lof m. (l*ò*f). Luv[seite], f.

logarithme m. (*i*tm). Logarithmus, ...men.

lo||ge f. (l*ò*j). [concierge, etc.] Wohnung. ||[chambrette] Kämmerchen, n. ④. ||[théâtre, maçonnique] Loge. || **-geable** a. (j*à*bl). bewohnbar, wohnlich. ||**-gement** m. (l*ò*jm*a*ⁿ). Wohnung, f. ||*Mil.* Quartier, n. ① : *billet de logement,* Quartieranweisung, f. ||**-ger** (j*é*). intr. wohnen. ||tr. beherbergen. ||[caser] unterbringen*. || *Mil.* einquartieren. ||[mettre] stecken. ||*Logé et nourri,* bei freier Station. ||**-geur, euse,** m., f. (j*œ*r, *ö*z). Zimmervermieter ④, in, Wirt, in.

lo||gicien, ne, m., f. (jis*i*ìⁿ, *i*èn). Logiker ④, in. ||**-gique** f. (j*i*k). Logik. ||a. logisch.

logis m. (j*i*). Wohnung, f.

logogriphe m. Logogriph, -en, -en.

loi f. (lᵒa). Gesetz, n. ||*Faire* loi,* als Gesetz gelten*; *faire* la loi,* gebieten*.

loin|| adv. (loiⁿ). weit, fern. *Au loin,* in der [*direction :* die] Ferne; *de loin,* von weitem, aus der Ferne; *de loin en loin :* [lieu] hier und dort; [temps] dann und wann, ab und zu. ||*Fig. aller* loin,* [faire son chemin], es weit bringen*; *loin de...* [infinitif], weit entfernt davon, zu... ||**-tain, e,** a. (t*i*ⁿ, *è*n) fern, entfernt.

loir m. (lᵒar). Siebenschläfer ④.

loi||sible a. (**z***i*bl). erlaubt. ||**-sir** m. (lᵒaz*i*r). Muße, f. spl., Freizeit, f., Arbeitsruhe, f. *A* —, mit [in aller] Muße.

lom||baire a. (loⁿbär). Lenden... ||**-be** m. (loⁿb). Lende, f.

lombric m. (br*ì*k). Regenwurm ②. ||[intestinal] Eingeweidewurm.

Lon||donien, ne, m., f. (loⁿdòn*i*iⁿ, *i*èn). Londoner ④, in. ||a. londonisch, Londoner, inv. ||**-dres** npr. m. (loⁿdr). London, n. ||**-drès** m. (dräß). Londres, f. inv.

lon||g, ue, a. (loⁿ, g). lang. *A la longue,* auf die Dauer; *de long en large,* hin und her, auf und ab; *être* long à...,* langsam... (inf.); *le* [*tout le*] *long de,* längs [*gén.*], ... [*acc.*]. entlang; *tout au long,* ausführlich; *tout de son long,* der Länge nach. ||f. [syllabe] Länge. ||**-ganimité** f. (t*é*). Langmut.

longe f. (loⁿj). [bride] Halfterriemen, m. ④. ||[de veau] Lendenstück, n.

lon||ger (j*é*). an [*dat.*] entlang gehen* [fahren*, reiten*, etc.]. ||**-gévité** f. (jéw*i*té). lange Lebensdauer. ||**-gitude** f. (*ü*d). Länge.

lon||gtemps adv. (loⁿt*a*ⁿ). lange : *il y a longtemps,* es ist lange her. *aussi longtemps que,* so lange als.

‖**-gue.** V. *long.* ‖**-gueur** f. (gœr). Länge. ‖[style] Weitschweifigkeit. ‖*longueur d'onde,* Wellenlänge. ‖*En longueur,* in der Länge, der Länge nach. ‖**-gue-vue** f. (lᵒⁿgwü). Fernglas, n. ②, Fernrohr, n. ①, Feldstecher, m. ④.
looping m. (lup*ing*). Schleife, f.
lopin m. (p*i*ⁿ). : — *de terre,* Stückchen Landes, n. ④.
lo‖**quace** a. (k*uà*s). geschwätzig. ‖**-quacité** f. (sit*é*). Geschwätzigkeit.
loque f. (lòk). Lumpen, m. ④, Fetzen, m. ④.
lo‖**quet** m. (kè). Klinke, f. ‖**-queteau, x,** m. (lòkt*ô*). Schnapper ④.
loqueteux, euse, a. (kt*ö*, **z**). zerlumpt.
lor‖**gner** (nj*é*). beäugeln. ‖[au théâtre] mit dem Gucker betrachten. ‖**-gnette** f. (njèt). Operngucker, m. ④. ‖**-gnon** m. (nj*o*ⁿ). Augenglas, n. ②. ‖[pince-nez] Kneifer ④, Zwicker ④.
loriot m. (*iô*). Goldamsel, f.
Lor‖**rain, e,** npr. m., f. (r*i*ⁿ, *ä*n). Lothringer ④, in. ‖a. lothringisch. ‖**-raine** npr. f. (*ä*n). Lothringen, n.
lors‖ adv. (lòr). damals. ‖*Dès lors,* nunmehr; *lors de,* zur Zeit [*gén.*]. ‖**-que** conj. (lorskᵉ). als. ‖[toutes les fois que] wenn.
losange m. (**z*a*ⁿj**). Raute, f.
lot‖ m. Los, n. ①. *Gros* —, Haupttreffer. ‖[part] Anteil. ‖**-erie** f. (lòtr*i*). Lotterie.
lotion f. (s*io*ⁿ). Abwaschung. ‖[liquide] Haarwasser, n.
lo‖**tir.** verlosen. ‖**-tissement** m. (tism*a*ⁿ). Verlosung, f. ‖[division] Einteilung, f.
loto m. (to). Lotto [spiel], n.
lotte f. (lòt). Aalquappe.
lotus, m. Lotos, inv.
lou‖**able** a. (lu*à*bl). lobenswert. ‖**-age** m. (*a*j). Mieten, n., Vermieten, n. V. *louer.* ‖**-ange** f. (*a*ⁿj). Lob, n. spl., Lobspruch, m. ‖**-anger** (anj*é*), *fam.* lobhudeln. ‖**-angeur, euse,** m., f. (aⁿjœr, *ö*z). Lobhudler ④, in.
lou‖**che** a. (lusch). scheel, schielend. ‖*Fig.* [suspect] verdächtig. ‖f. [cuiller] Suppenlöffel, m. ④.
‖**-cher** (sch*é*). schielen. ‖**-cherie** f. (luschr*i*), *fam.* Schielen, n.
lou‖**er** (lu*é*). [donner à loyer] vermieten. ‖[prendre à loyer] mieten. ‖[vanter] loben, preisen [*de,* wegen]. ‖[se] [de]. sich glücklich schätzen [wegen]. ‖**-eur, euse,** m., f. (œr, *ö*z), Vermieter ④, in.
loufoque a., *fam.* (fòk). verrückt.
lougre m. (lùgr). Lugger ④.
Loui‖**s** npr. m. (lu*i*). Ludwig. ‖m. [d'or] Louisdor. ‖**-se** npr. f. (lu*î*z). Luise, -ns. ‖**-sette, -son,** npr. f. (zèt, z*o*ⁿ). Luischen, n.
Loulou m. (l*u*). Wolfshund ①. ‖*Fam.* Schätzchen, n. ④.
loup m. (lù). Wolf. ‖[masque] Halbmaske, f. ‖*Fam.* Versehen, n. ④, Fehler ④. ‖*A pas de loup,* leise; *entre chien et loup,* in der Dämmerung; *loup de mer, fig.,* alter Seebär; *loup-cervier,* Luchs ①; *loup-garou,* Werwolf.
loupe f. (lùp). Fleischgeschwulst. ‖[du bois] Auswuchs, m. ‖[verre] Lupe.
louper, *pop.* faulenzen. ‖[gâcher] schlecht arbeiten.
lour‖**d, e,** a. (lur, d). schwer. ‖[mouvement, style] schwerfällig. ‖ [gauche] plump. ‖ [accablant] drückend. ‖[temps] schwül. ‖[Bourse] flau. ‖*Industrie lourde,* Schwerindustrie. ‖**-daud** m. (do). Tölpel ④. ‖**-deur** f. (dœr.) Schwere. ‖Schwerfälligkeit. ‖Plumpheit.
loustic m. (lust*ik*). Spaßmacher ④.
loutre f. (lùtr). Fischotter.
lou‖**ve** f. (luw). Wölfin. ‖**-veteau, x,** m. (luwto). Wölflein, n. ④.
louvoyer (wóaj*é*). lavieren. [auch *fig.*].
lo‖**yal, e, aux,** a. lᵒaj*à*l, yo). treu, ehrlich. ‖**-yauté** f. (jot*é*). Treue, Ehrlichkeit.
loyer m. (j*é*). Mietzins, -en, Miete f.
lu, e, (lü), pp. v. *lire*.*
lubie f. (b*i*). Grille.
lubricité f. (sit*é*). Geilheit.
lu‖**brifiant** m. (fi*a*ⁿ). Schmiermittel, n. ‖**-brifier** (fi*é*). einschmieren, einölen.
lubrique a. geil, schlüpfrig.
lucarne f. (lük*a*rn). Dachluke.
Lucerne npr. f. (sern). Luzern, n.

lu‖cide a. (s*i*d). hell, licht. ‖**-cidité** f. (si-t*é*). Helle, Lichtheit. ‖**-ciole** f. (s*iò*l). Johanniswürmchen, n. ④.

lu‖cratif, ive, a. (*i*f, *î*w). einträglich. ‖**-cre** m. (lükr). Gewinn.

luette f. (*è*t). Zäpfchen, n. ④.

lueur f. (*œ*r). Schein, m. spl. ‖[faible] Schimmer, m. spl.

luge f. (lüj). Rodel, m. n. f., Rodeln, n. : *faire* de la* —, rodeln.

lugubre a. Trauer..., grausig.

lui pron. pers. (lüi). V. GRAMM. ‖m. er, ihm, ihn. ‖[se rapportant à la même personne que le sujet] sich : *l'égoïste ne pense qu'à lui,* der Selbstling denkt bloß an sich. ‖f. ihr.

lui‖re* (lüir). scheinen*, blicken. ‖[éclairer] leuchten. ‖[faiblement] schimmern. ‖**-sant, e,** p. a. (z*a*n, t). leuchtend, schimmernd. ‖[brillant] glänzend. *Ver luisant,* Glühwurm, m. ②. ‖m. Glanz.

lumbago m. (lon-go). Hexenschuß.

lûmes (lüm). V. *lire**.

lu‖mière f. (m*iä*r). Licht, n. ②. ‖*Fig.* [de l'Eglise, etc.] Leuchte. ‖pl. *Fig.* Kenntnisse. ‖*A la lumière,* bei Licht. ‖**-mignon** m. (inj*o*n). Lichtschnuppe, f. ‖**-minaire** m. (n*ä*r). Beleuchtung, f. ‖**-mineux, euse,** a. (n*ö*, z). leuchtend. ‖*Fig.* lichtvoll.

lu‖naire a. (n*ä*r). Mond... ‖**-naison** (näz*o*n). Mondumlaufzeit. ‖**-natique** a. mondsüchtig.

lunch m. (lunsch). Lunch, -e[s].

lundi m. (d*i*). Montag.

lu‖ne f. (lün). Mond, m. ①. *Nouvelle lune,* Neumond, m.; *pleine lune,* Vollmond, m.; — *rousse,* Aprilmond, m. ‖*Lune de miel,* Flitterwochen, pl. ‖*Fig.* [caprice] Grille. ‖**-né, e,** a. (né). gelaunt.

lu‖netier m. (lünt*ié*). Brillenmacher ④. ‖[marchand] Brillenhändler ④. ‖**-nette** f. (n*ê*t). Augenglas, n. ② : — *d'approche,* Fernglas, n. ‖pl. [*paire de*] *lunettes,* Brille, f. ‖*Techn.* [cabinets] Abtrittsbrille, f. ‖**-netterie** f. (nètr*i*). Brillenhandlung.

lupanar m. (*à*r). Hurenhaus, n.

lu‖pin m. (p*i*n). *Bot.* Lupine, f. ‖**-pus** m. (püs). Lupus, inv.

lurette (rèt), *fam.* : *il y a belle lurette,* es ist schon lange.

luron, ne m., f. (r*o*n, *ò*n). munterer Kerl, m., munteres Mädchen, n. ④.

lus‖trage m. (lüstr*a*j). Glänzen, n. ‖**-tral, e, aux,** a. (*à*l, *o*). Reinigungs... ‖**-tre** m. (lüstr). *Poét.* [cinq ans] Lustrum, ...tra *ou* ...tren. ‖[éclat] Glanz. ‖[éclairage] Kronleuchter ④. ‖**-trer.** lustrieren. ‖**-trine** f. (*ì*n). Lustrin, m.

lut, lût. V. *lire**.

luth m. (lüt). Laute, f.

luthéranisme m. (ism). Luthertum, n.

lutherie f. (lütr*i*). Lautenmacherei.

luthérien, ne, m., f. (*ii*n, *iè*n). Lutheraner ④, in. ‖a. lutherisch.

luthier m. (t*ié*). Lautenmacher ④.

lu‖tin m. (lüt*i*n). Poltergeist ②. ‖*Fam.* Wildfang. ‖ **-tiner** (né). necken.

lutrin m. (*i*n). Chorpult, n. ①.

lu‖tte f. (lüt). Ringen, n. spl., Ringkampf, m. ‖[combat] Streit, m., Kampf, m. ‖**-tter,** ringen* kämpfen. ‖**-tteur** m. (*œ*r). Ringer ④.

luxation f. (lüksas*io*n). Verrenkung.

luxe m. (lüks). Luxus, Prunk. ‖[magnificence] Pracht, f. ‖[abondance] Überfluß.

luxer (ksé). verrenken.

lu‖xueux, euse, a. (lüks*üö*, z). prunkhaft, luxuriös. ‖**-xure** f. (*ü*r). Unkeuschheit. ‖**-xuriant, e,** a. (*ia*n, t). üppig. ‖**-xurieux, euse,** a. (*iö*, z). unkeusch.

luzerne f. (zern). Luzerne.

ly‖cée m. (sé). Gymnasium, ...ien, n. ‖**-céen, ne,** m., f. (s*éi*n, *è*n). Gymnasiast. -en, -en, in.

lym‖phatique a. (lin-t*ì*k). lymphatisch. ‖**-phe** f. (linf). Lymphe.

lyncher (linsch*é*). lynchen.

lynx m. links). Luchs ①.

ly‖re f. (lir). Leier. ‖**-rique** a. (*ì*k). lyrisch : *poésie lyrique,* Lyrik, f. ‖**-risme** m. (*i*sm). Lyrismus.

M

M, m, m. M, m, n. ‖ [Abk.] M. [= Monsieur] Herr.
ma a. poss. f. meine.
maboul, e a., *pop.* (bul). verrückt.
macabre a. (àbr). Toten...
ma‖cadam m. (àm). Makadam, Schotterung, f. ‖**-cadamiser** (zé). makadamisieren.
macaque m. (àk). Makako, -s.
ma‖caron m. (on). Makrone, f. ‖**-caroni** m. (ni). Makkaroni, pl. ‖**-caronique** a. (ìk). makkaronisch.
macchabée m. (kabé). Makkabäer ④. ‖*Pop.* Leiche, f.
Macédoine npr. f. (sédoan). Mazedonien, n. ‖*Cuis.* buntes Gemüsegericht, n. ‖*Fig.* buntes Allerlei, n. spl.
ma‖cération f. (sé-sion). Einweichung. ‖ [du corps] Kasteiung. ‖**-cérer** (séré). einweichen. ‖kasteien.
macfarlane m. weiter Mantel ③.
mâche f. (mâsch). Rapunzel.
mâchefer m. (mâschfèr). Schlacke, f.
mâcher (sché). kauen.
machiavél‖ique a. (kiawelik). macchiavelistisch. ‖**-isme** m. (ism). Macchiavelismus.
mâchicoulis m. (schikuli). Pechnase, f.
machi‖n, e, m., f. (schin, ìn). *Fam.* [personne ou chose] Dingsda, n. ‖*Monsieur* —, Herr Soundso. ‖ [localité] Dingskirchen, n. ‖**-nal, aux, e,** a. (nàl, o). maschinenmäßig. ‖**-nation** f. (sion). Anstiftung. ‖pl. Ränke. ‖**-ne** f. (ìne). Maschine. *Machine à ...,* ...maschine. Ex. : — *à coudre, à écrire*,* Näh-, Schreibmaschine. ‖*Faire machine arrière,* Gegendampf geben*, rückwärts fahren*. ‖**-ner** (iné). [théâtre, etc.] ausstatten, einrichten. ‖*Fig.* [ourdir] anstiften, anzetteln. ‖ **-nerie** f. (inri). Maschinerie. ‖**-nisme** m. (ism). Maschinismus. ‖**-niste** m. (ist). Maschinenmeister ④.
mâch‖oire f. (schoar). Kinnbacke[n], f. [m. ④], Kiefer, m. ④. ‖**-onner** (òné). muffeln. ‖*Fig.* undeutlich sprechen*. ‖**-urer** (üré). [fouler] zerquetschen.
ma‖çon m. (son). Maurer ④. ‖**-çonner** (sòné). mauern. ‖ [ouverture] zumauern. ‖**-çonnerie** f. (sònri). Mauerarbeit, Mauerwerk, n. ‖**-çonnique** a. (sònik). freimaurerisch.
macreuse f. Trauerente. ‖ [boucherie] Rindschulterstück, n.
maculer. beflecken.
madame f. (àm), pl. *mesdames,* abgekürzt : Mme, mmes. ‖ [2e pers.] gnädige Frau. [3e pers.] ; [devant un nom] Frau... ; [sans nom] die [gnädige] Frau. ‖*Madame votre mère,* Ihre Frau Mutter ; *madame la comtesse,* die Frau Gräfin.
madapolam m. (àm). Madapolam.
Madeleine npr. f. (dlän). Magdalene. ‖ [gâteau] « Madeleine ».
mademoiselle f. (madmoazèl), pl. *mesdemoiselles,* abgekürzt : Mlle, Mlles. Fräulein, n. ④. [Pour l'emploi et les locutions. V. *Frau*].
madère m. (där). Madera [wein].
madone f. (dòn). Madonna, ...nen, Marienbild, n. ②.
madras m. (dràs). buntes Kopftuch, n. ②.
madré, e, a. (dré). verschmitzt.
madrier m. (ié). Bohle, f.
madrigal, aux, m. (gàl, o). Madrigal, n. ①.
madrilène m., f. (lèn). Madrider m. ④. ‖a. madrider, inv.
maës‖tria f. (ia). Meisterschaft. ‖**-tro** m. (tro). *Mus.* Meister ④.
magas‖in m. (zin). [Waren] Lager, n. ④. ‖ [de vente] [Kauf] Laden ③ : *grand* —, Warenhaus, n. ‖ [de fusil] Magazin, n. ①. ‖**-inage** m. (zinàj). Lagerzeit, f. ‖ [droits] Lagergeld, n. ‖**-inier** m. (zinié). Lagerverwalter ④.
magazine m. (zin). Wochenschrift, f.
ma‖ge m. (maj). *Les trois mages,* die drei Weisen. ‖**-gicien, ne,** m., f. (jisiin, ièn). Zauberer ④, ...berin. ‖**-gie** f. (ji). Zauberkunst.

‖[enchantement] Zauberei. ‖**-gique** a. (*ji*k). zauberisch, Zauber..., magisch.

magist‖er m. (jist*è*r). Dorfschulmeister ④. ‖**-ral, e, aux,** a. (jistr*à*l, *ô*). meisterhaft. ‖**-rat** m. (jistr*à*). obrigkeitliche Person, f. ‖[juge] Richter ④. ‖**-rature** f. (t*ü*r), obrigkeitliche Würde. ‖[juges] Richterstand, m. : — *assise,* Richter und Räte; — *debout,* Anwälte.

magnanerie f. (njànr*i*). Seidenraupenkammer.

magn‖anime a. (*i*m). großmütig. ‖**-animité** f. (t*é*). Großmut. ‖**-at** m. (nj*à*). Magnat, -en, -en.

magn‖ésie f. (*zi*). Magnesia, Bittererde. ‖**-ésium** m. (*iò*m). Magnesium, n. ‖**-étique** a. (*i*k). magnetisch. ‖**-étiser** (*zé*). magnetisieren. ‖**-étiseur** m. (**zœ**r). Magnetisierer ④. ‖**-étisme** m. (*i*sm). Magnetismus. ‖**-éto** f. (t*o*). magnetelektrische Maschine.

magn‖ificence f. (s**a**ⁿs). Herrlichkeit. ‖[splendeur] Pracht. ‖**-ifier** (f*ié*). verherrlichen. ‖**-ifique** a. (*ì*k). herrlich. ‖[ami du luxe] prachtliebend.

magnolia, -olier, m. (l*i*a, *ié*). Magnolie, f.

magot m. (gô). türkischer Affe. ‖[figurine] kleine chinesische Porzellanfigur, f. ‖aufgespartes Geld, n.

Mahomet npr. m. (m*è*). Mohammed.

mahométan, e, m., f. (**a**ⁿ, *à*n). Mohammedaner ④, in. ‖a. mohammedanisch.

mai m. (mä). Mai.

mai‖gre a. (mägr). mager, hager. ‖[insuffisant] dürftig. ‖[pitance] schmal. ‖[repas] fleischlos. ‖*Faire* maigre,* ohne Fleisch essen*; *jour maigre,* Fasttag, m. ‖m. das Magere, n., a. s. ‖[aliment] Fastenspeise, f. ‖**-grelet, te,** a. (grᵉl*è*, t). etwas zu mager. ‖**-greur** f. (gr**œ**r). Magerkeit. ‖**-grichon, ne,** a. (sch**o**ⁿ, *ò*n), *fam.* etwas zu mager. ‖**-grir** (*i*r). mager werden*.

mail m. (m*à*j). Mailspiel, n. ‖[emplacement] Mailspielplatz. ‖[promenade] Spazierplatz.

maille f. (maj). Masche. ‖*Avoir* maille à partir,* ein Hühnchen zu rupfen haben*.

maillechort m. (majsch*ò*r). Neusilber, n.

mai‖llet m. (maj*è*). Klöpfel ④. ‖**-lloche** f. (j*ò*sch). großer Holzschlegel, m. ④.

mai‖llon m. (j**o**ⁿ) Kettenringelchen, n. ④. ‖**-llot** m. (j*o*). Wickelzeug, n. spl. : *enfant au maillot,* Wickelkind, n. ‖[de danseuse] Trikot, -s.

main f. (miⁿ). Hand, ¨e. ‖[écriture] Hand[schrift]. ‖[papier] Buch, n. ②. ‖*Main chaude,* Heißhandspiel. ‖*main courante* [livre], Kladde; [rampe] Geländerstange. ‖LOC. *A la main* [être], bequem; *à la main* [*fait*], handgemacht; *à main armée,* mit bewaffneter Hand; *à main droite, gauche,* zur rechten, linken Hand; *à quatre mains* [morceau], vierhändig; *avoir* la main* [jeu], die Vorhand haben*; *battre des mains,* in die Hände klatschen; *coup de main,* Handstreich, m., [aide] Hilfe; *de la main à la main;* ohne Förmlichkeit; *de longue main,* seit langer Zeit; *demander la main* [en mariage], um die Hand anhalten*; *en main* [*avoir*], in seiner Gewalt; *en main propre,* eigenhändig; *en un tour de main,* im Handumdrehen; *en venir* aux mains,* handgemein werden*; *faire* main basse sur,* sich bemächtigen [*gén.*]; *forcer la main à,* Gewalt antun* [*dat*]; *haute main* [*avoir* la*], obere Leitung; *haut la main,* sehr leicht; *prendre* en main,* sich annehmen* [*gén.*]; *prêter la main* [à qn], die Hand bieten*; [à qc.] teilnehmen* [*an,* dat.]; *sous la main* [*avoir*], bei der Hand, zur Hand; *sous main* [agir], heimlich; *tendre* la main* [mendier], betteln; *tenir la main à,* sorgen [für].

main‖-d'œuvre f. (d**œ**wr). Arbeit. ‖[salaire] Arbeitslohn, m. ‖**- -forte** f. (f*ò*rt). Beistand [durch Waffen usw.], m. ‖**-levée** f. (lw*ée*). Aufhebung des Beschlags. ‖**-mise** f. (m*î***z**). Beschlagnahme. ‖**-morte** f. tote Hand.

maint, e, a. (miⁿ, t). mancher, e, s. V. GRAMM. *Maintes fois,* manchmal.

maintenant adv. (tᵉn**a**ⁿt). jetzt, nun : — *que,* jetzt wo, da jetzt.

main‖tenir* (*i*r). aufrecht erhalten*. ‖[affirmer] behaupten. ‖**-tien** m.

(tiin). Aufrechterhaltung, f. ‖[tenue] Haltung, f.

mai‖re m. (mär). Bürgermeister ④. ‖**-rie** f. (*i*). Bürgermeisteramt, n. ②. ‖[maison] Stadthaus, n. ②.

mais conj. (mè). aber. ‖[seulement] allein. ‖[après une négation = mais au contraire] sondern. ‖*Il n'en peut mais,* er kann nichts dafür.

maïs m. (*is*). Mais, inv.

mai‖son f. (mäzon). Haus, n. ② : — *commune,* Gemeindehaus, n. ‖[ménage] Haushalt, m. ‖*pâté de maisons,* Komplex. ‖[organisation, train] Hausstand, m., Hauswesen, n. — *de santé,* Heilanstalt; — *de commerce,* Firma, pl. -en. ‖[du roi, etc.] Hofstaat, m. ‖[famille] Familie, Haus, n. ② : *de bonne maison,* aus guter Familie. ‖[de commerce] Geschäft, n. ‖LOC. *A la maison,* zu Hause; [avec direction] nach Hause; *gens de maison,* Bediente, a. s. ‖**-sonnée** f. (zònée), *fam.* Hausbewohner, m. pl. ‖**-sonnette** f. (zònèt). Häuslein, n. ④.

maî‖tre, esse, m., f. (mätr, ès). Herr, -n, -en, in. ‖[souverain] Gebieter ④, in. ‖[art, profession] Meister ④, in. ‖[professeur] Lehrer ④, in : — *d'école,* Schulmeister, m.; — *d'escrime,* Fechtmeister, m. ‖*Maître d'hôtel,* Haushofmeister, m. ‖LOC. *Être* maître de,* Herr sein* [über, *acc.*]; *être* son maître,* sein eigener Herr sein*; *se rendre maître de,* Herr werden* [über, *acc.*]; [s'emparer] sich bemächtigen [*gén.*]. ‖**-tresse** f. (ès). V. *maître.* ‖[amante] Mätresse. ‖**-trise** f. (iz). Meisterschaft : — *de soi-même,* Selbstbeherrschung. ‖— *de l'air,* Luftherrschaft. ‖**-triser** (zé). beherrschen. ‖[dompter] bezwingen*.

ma‖jesté f. (jesté). Majestät. ‖**-jestueux, euse,** a. (jestüö, z). majestätisch.

ma‖jeur, e, a. (jœr). größer. ‖[plus élevé] höher. ‖[par l'âge] großjährig, mündig. ‖[carte, tierce, etc.] groß. ‖*Cas de force majeure,* zwingende Umstände, m. pl. ‖**-jor** m. (jòr). Major ①. ‖**-jorat** m. (jorà). Majorat, n. ①. ‖**-joration** f. (sion). höhere Einschätzung. ‖[de prix, etc.] Erhöhung. V. *majorer.* ‖**-jordome** m. (om). [Haus]hofmeister ④. ‖**-jorer** (jòré). höher einschätzen. ‖[prix, etc.] erhöhen. ‖**-jorité** f. (té). [âge] Großjährigkeit, Mündigkeit. ‖[pluralité] Mehrheit, Mehrzahl. ‖**-juscule** a. (jüskül). groß : *lettre majuscule,* großer Anfangsbuchstabe, m.

mal, aux, m. (màl, mô). [contraire de *bien*] Böses, a. s. n. : *faire* le mal,* Böses tun*. ‖[moral, physique, social] Übel, n. ④. ‖[douleur] Weh, n. spl. *Avoir* mal à...,* weh ou ...schmerzen haben*; *faire* mal,* weh tun*. ‖*Mal aux cheveux; fam.,* Katzenjammer. ‖[maladie] Übel, n. ④, Krankheit, f.; *mal de mer,* Seekrankheit, f. : *avoir* le mal de mer,* seekrank sein*. ‖[travail, peine] Mühe, f. : *donner du mal,* Mühe machen. ‖*Mettre* à mal,* verführen; *penser à mal,* Arges denken*. ‖adv. übel, schlecht, schlimm. ‖*de mal en pis,* immer schlechter; *pas mal,* nicht übel; *pas mal de,* ziemlich viel; *se sentir mal,* sich unwohl befinden*; *se trouver mal,* ohnmächtig werden*.

malachite f. (kìt). Malachit, m. ①.

mal‖ade a. (àd). [de]. krank [an, *dat.*] : — *de la poitrine,* brustkrank; *tomber malade,* krank werden*. ‖**-adie** f. (*i*). Krankheit : *faire* une maladie,* in eine Krankheit verfallen*. ‖**-adif, ive,** a. (*if, iw*). kränklich. ‖[état] krankhaft.

mal‖adresse f. (ès). Ungeschicklichkeit. ‖**-adroit, e,** a. (drºa, *at*). ungeschickt.

Malais, e, m., f. (*ä, z*). Malaie, -n, -n, in. ‖a. malaiisch.

mal‖aise m. (äz). Mißbehagen, n. spl. ‖[indisposition] Unwohlsein, n. spl. ‖**-aisé, e,** a. (zé) schwer, schwierig. ‖**-andrin** m. (andrin). Straßenräuber ④. ‖**-appris, e,** a. (pri, z). ungezogen. ‖**-aria** f. (*ia*). Sumpffieber, n. ‖**-avisé, e,** a. (wizé). unbedachtsam. ‖**-axer** (ksé). weich kneten.

mal‖chance f. (malschans). Unglück, n. spl. ‖**-chanceux, euse,** a. (sö, z). unglücklich. ‖m. Pechvogel ③. ‖**-content, e,** a. (kontan, t). V. *mécontent.* ‖**-donne** f. (dòn).

Vergeben, n. : *il y a maldonne,* die Karten sind vergeben.
mâle m. (mâl). Männchen, n., ④. Bock, m. ||a. männlich.
mal||édiction f. (diks*io*ⁿ). Fluch, m. ||[exécration] Verwünschung. ||**-éfice** m. (f*is*). Behexung, f. ||**-encontreux, euse,** a. (aⁿkoⁿtrö, **z**). unzeitig, ungelegen. ||**-entendu** m. (aⁿtaⁿdü). Mißverständnis, n.
mal||façon f. (s*o*ⁿ). fehlerhafte Arbeit. ||**-faisant, e,** a. (èz*a*ⁿ, t). bösartig. ||[nuisible] schädlich. ||**-faiteur** m. (fèt*œ*r). Missetäter ④. ||**-formation** f. (s*io*ⁿ). Mißbildung.
Malgache m., f. (*a*sch). Madegasse, -n, -n, in. ||a. madegassisch.
malgré prép. (gré). ungeachtet [*gén.*]. ||[en dépit de] trotz [*gén.*]. ||*Malgré moi,* wider meinen Willen; *malgré que,* conj., trotzdem [ind.].
malhabile a. (ab*i*l). ungeschickt.
malheu||r m. (*œ*r). Unglück, n. spl. *Jouer de malheur,* Pech haben*; *malheur à...,* wehe... [*dat.*]; *par malheur,* zum Unglück, unglücklicherweise; *porter malheur,* Unglück bringen*. ||**-reux, euse,** a. (œrö, **z**). unglücklich. ||**-reusement** adv. unglücklicherweise, leider.
mal||honnête a. (n*ä*t). unehrlich. ||[impoli] unhöflich. ||**-honnêteté** f. (tᵉt*é*). Unehrlichkeit. ||Unhöflichkeit.
mal||ice f. (*i*s). Bosheit. ||[perfidie] Arglist, Tücke. ||[espièglerie] Schalkheit. ||**-icieux, euse,** a. (s*iö*, **z**). boshaft. ||arglistig. ||tückisch. ||schalkhaft. ||**-ignité** f. (njit*é*).. Boshaftigkeit. ||[choses] Gefährlichkeit. ||**-in, igne,** a. (l*i*ⁿ, *i*nj). boshaft. ||[espiègle] schalkhaft, schelmisch. ||[rusé, fin] schlau : *faire* le malin,* den Schlauen spielen; *ce n'est pas plus malin que ça,* das ist keine Kunst. ||[fièvre, tumeur] gefährlich. ||m. [démon] Teufel ④. ||[rusé] Schlaukopf.
malingre a. (*i*ⁿgr). schwächlich.
malintentionné, e, a. (iⁿtaⁿsiòn*é*). übelgesinnt.
malle f. (màl). [Reise-] Koffer, m. ④. ||[postale] Post.
malléable a. (*à*bl). dehnbar, hämmerbar. ||*Fig.* geschmeidig.
mall||e-poste f. Briefpostwagen, m. ④. ||**-ette** f. (*è*t). kleiner Koffer, m.
mal||mener (mœn*é*). hart behandeln. ||[secouer] übel zurichten. ||**-otru, e,** a. (tr*ü*). tölpelhaft. ||m. Tölpel ④. ||**-propre** a. (*ò*pr). unreinlich, schmutzig. ||**-propreté** f. (*é*). Unreinlichkeit. ||**-sain, e,** a. (s*i*ⁿ, s*ä*n). ungesund. ||**-séant, e,** a. (sé*a*ⁿ, t). unschicklich. ||**-sonnant, e,** a. (*a*ⁿ, t). anstößig.
mal||t m. Malz, n. ①. ||**-tage** m. (*a*j). Malzen, n.
Malte npr. f. (malt). Malta, n.
malthusianisme m. (tüzian*i*sm). Malthusianismus.
maltraiter (trät*é*). mißhandeln.
mal||veillance f. (wäj*a*ⁿs). Übelwollen, n., Böswilligkeit. ||**-veillant, e,** a. (wäj*a*ⁿ, t). übelwollend, böswillig.
malversation f. (w-s*io*ⁿ). Veruntreuung.
malvoisie f. (wᵒaz*i*). Malvasierwein, m.
ma||man f. (m*a*ⁿ). Mama, -s ||**-melle** f. (mèl). Brust, ¨e. *Enfant à la mamelle,* Säugling, m. ||**-melon** m. (màml*o*ⁿ). Brustwarze, f. ||[éminence] rundlicher Hügel ④. ||**-melonné, e** a. (lòn*é*). warzenförmig. ||[terrain] hügelig.
mamel[o]uk m. (*ù*k). Mamluck, -en, -en.
mammifère m. (f*ä*r). Säugetier.
mammouth m. (m*ù*t). Mammut ①.
mamour [od. **m'amour**] m. (m*u*r). mein Liebchen, n. ||pl. *fam.* : *faire* des mamours à,* liebkosen.
manant m. (n*a*ⁿ). Insasse, -n, -n. ||[ehemals] Bauer, -n. ||*Fig.* Flegel ④.
man||che m. (maⁿsch). Stiel : — *à balai,* Besenstiel. ||[de couteau] Heft, n. ||[de violon] Hals. ||[de charrue] Sterz. ||f. Ärmel, m. ④. *En manches de chemise,* in Hemdärmeln. ||LOC. *Avoir* dans sa manche,* in seiner Hand haben*. ||[jeu] *Première manche,* erste Partie; *être* manche à manche,* gleich stehen*. ||npr. f. [mer] Ärmelmeer, n., Kanal, m. ||**-chette** f. (*è*t). Handstulpe, Manschette. ||[journal] Kopftitel, m. ④. ||**-chon** m. (sch*o*ⁿ). Muff ①. ||[à gaz] Glühstrumpf. ||**-chot, te** f. (sch*ô*, *ò*t). einarmig. ||*Fig.* ungeschickt.

mandant, e, m., f. (maⁿdaⁿ, t). Auftraggeber ④, in.
man‖darin m. (iⁿ). Mandarin, -en. ‖**-darine** f. (in). Mandarine.
man‖dat m. (da). Auftrag. ‖[ordre] Befehl : — *d'amener,* Vorführungsbefehl; — *d'arrêt,* Haftbefehl; — *-poste,* Postanweisung, f. ‖**-dataire** m. et f. (tär). Bevollmächtigte[r], a. s. ‖[agent] Sachführer, m. ④. ‖**-dater** (té). beauftragen. ‖**-dement** m. (maⁿdmaⁿ). Hirtenbrief. ‖**-der** (dé). melden. ‖[faire savoir] zu wissen* tun*. ‖[appeler] berufen*, zu sich bestellen.
mandibule f. (bül). Kiefer, m. ④.
mandoline f. (in), Mandoline.
mandragore f. (òr). Alraun, m.
mandrin m. (iⁿ). Formeisen, n. ④, Formklotz.
manège m. (nèj). Reitschule, f., Reitbahn, f. ‖[machine] Göpelwerk, n. ‖[chevaux de bois] Karussel, -s, n. ‖*Fig.* [manière artificieuse] listiges Verfahren, n.
mânes m. pl. (man). Manen.
manette f. (nèt). Eisengriff, m.
manganèse m. (maⁿ-èz). Mangan, n.
man‖geable a. (jàbl). eßbar, genießbar. ‖**-geaille** f. (jàj). Futter, n. spl. [der Tiere]. ‖*fam.* Fraß, m. ‖**-geoire** f. (joar). Krippe. ‖[auge] Futtertrog, m. ‖**-ger** (jé). essen*. ‖[repas] speisen : *salle à manger,* Speisesaal, m., *ou* -zimmer, n. ‖[animaux] fressen*. ‖*Fig.* [dissiper] vergeuden. ‖m. Essen, n. ‖**-ge-tout** m. (maⁿjtu). Verschwender ④. ‖[pois] Zuckererbse, f. ‖**-geur, euse,** m., f. (jœr, öz). Esser ④, in. *Gros* —, Vielfraß, m. ①.
maniable a. (iàbl). handlich. ‖*Fig.* fügsam.
maniaque a. (iàk). verrückt. ‖[bizarre] wunderlich.
manicure. V. *manucure.*
manie f. (ie). Manie. ‖[dada] Steckenpferd, n.
ma‖niement m. (maⁿ). Handhabung, f. ‖**-nier** (ié). [tâter] befühlen. ‖[manœuvrer] handhaben, ins. ‖[instrument, cheval] umgehen*, intr. [*sein*] [mit].
ma‖nière f. (iär). Art, Weise, Art und Weise. ‖*A la manière de,* nach Art. [*gén.*] ; *d'une manière,* auf eine Weise, in einer Weise; *en aucune manière,* in keiner Weise; *en quelque manière,* einigermaßen; *manière de...* : — *d'agir,* Handlungsweise; — *de parler,* Redeweise; — *de voir,* Einstellung; *par manière de...,* ...weise. ‖pl. *Belles manières,* feine Manieren; *faire* des manières,* Umstände machen. ‖**-niéré, e,** a. (é). manieriert, gekünstelt.
manifes‖tant a. s. m. (aⁿ). Manifestierend[er], a. s. ‖**-tation** f. (sioⁿ). Kundgebung. ‖[témoignage] Bezeugung. ‖**-te** a. augenscheinlich. ‖m. Manifest, n. ①. ‖**-ter.** kundgeben*. ‖[révéler] offenbaren.
manigan‖ce f. (gaⁿs). Kniff, m. ‖**-cer** (sé), *fam.* anzetteln [durch Kniffe].
ma‖nille f. (nij). Manille. ‖**-nillon** m. (nijoⁿ). As, n. [im Manillenspiel].
manioc m. (iòk). Maniok.
manipul‖ation f. (pü-sioⁿ). Handhabung. ‖[chimique] Manipulation. ‖**-er** (pülé). handhaben, ins., manipulieren*.
manitou m. (tu). *Fam. Grand manitou,* hohe Persönlichkeit, f.
manivelle f. (wèl). Kurbel. ‖[bicyclette] Tretkurbel.
ma‖nne f. (màn). Manna. ‖[panier] hoher, länglicher Tragkorb, m. ‖**-nnequin** m. (mànkiⁿ). Gliederpuppe, f. ‖*Cout.* Kleiderpuppe, f. ‖[employée] Anpaßfräulein, n. ④. ‖**-nnette** f. (nèt). Tragkörbchen, n. ④.
manœu‖vre f. (œwr). [d'appareils] Handhabung. ‖*Mil.* Truppenübung, Manöver, n. ④. ‖[action combinée] Kunstgriff, m. : *fausse manœuvre,* Fehlschritt, m. ‖pl. [intrigues] Ränke, Umtriebe. ‖m. Handarbeiter ④. ‖**-vrer** (œwré). intr. manövrieren. ‖tr. handhaben. ‖**-vrier** m. (ié). Manövermeister ④.
manoir m. (oar). Burg, f.
manomètre m. (ètr). Druckmesser ④.
man‖quant, e, p. a. (maⁿkaⁿ, t). fehlend. ‖**-que** m. (maⁿk). [de]. Mangel [an, *dat.*] : *par manque de,* aus Mangel an. ‖**-qué, e,** p. a. (ké). verfehlt, mißlungen : *coup manqué,* Fehlschlag, -stoß usw. ‖**-quement** m. (kmaⁿ). [à]. Verstoß [gegen]. ‖**-quer** (ké). intr.

[faire défaut] fehlen. ‖ [à l'appel] nicht erscheinen*. ‖ [ne pas avoir] *il manque de tout,* es fehlt ihm an allem. ‖ LOC. *J'ai manqué de tomber,* ich wäre beinahe gefallen; *je ne manquerai pas de...,* ich werde nicht ermangeln [unterlassen*], zu...; *manquer de* [*à sa*] *parole,* sein Wort nicht halten*. ‖ tr. [but] verfehlen. ‖ [train, occasion] versäumen. ‖ réfl. *Il s'en manque de beaucoup, de peu,* es fehlt viel, wenig daran.

man‖sarde f. (*ard*). Dachstube. ‖ **-sardé, e,** a. (*dé*). mit gebrochenem Dach.

mansuétude f. (süét*üd*). Sanftmut.

man‖te f. (m*a*ⁿt). Damenmantel, m. [ohne Ärmel]. ‖ **-teau, x,** m. (tô). Mantel ③. ‖ [cheminée] Gesims, n. *Fig.* [prétexte] Deckmantel. ‖ **-telet** m. (tᵉlè). Mäntelchen, n. ④. ‖ **-tille** f. (t*ij*). Mantille.

manu‖cure m., f. (nük*ür*). Handpfleger ④, in. ‖ **-el, le,** a. (*üèl*). Hand... ‖ m. Handbuch, n. ②. ‖ **-facture** f. (t*ür*). Fabrik. ‖ **-facturer** (tür*é*). verfertigen, herstellen. ‖ **-facturier, ière,** a. (*ié, iär*). Fabrik... m. Fabrikherr, -n, -en, -besitzer ④. ‖ **-scrit, e,** a. (skr*i*, t). handschriftlich. ‖ [écrit] geschrieben. ‖ m. Handschrift, f. ‖ **-tention** f. (taⁿs*io*ⁿ). Handhabung. ‖ *Comm.* Magazinverwaltung. ‖ *Mil.* Militärbäckerei. ‖ **-tentionnaire** m., f. (sion*är*). Magazinverwalter ④, in.

mappemonde f. (*o*ⁿd). Weltkarte.

maquereau, x, m. (makrô). Makrele, f. ‖ *Pop.* [souteneur] Zuhälter ④, Louis, *pop.*

maquette f. (kèt). kleines Modell, n. ①.

ma‖quignon m. (kinj*o*ⁿ). Roßtäuscher ④. ‖ **-quignonnage** m. (kinjòn*aj*). Betrügerei, f.

ma‖quillage m. (kij*aj*). Schminken, n. spl. ‖ **-quiller** (kij*é*). schminken. ‖ *Fig.* fälschen.

maquis m. (k*i*). Gebüsch, n. ‖ *Fig.* Gewirr, n.

marabout m. (b*u*). [prêtre] Marabut, -s. ‖ [oiseau] Marabu, -s.

mar‖aîcher, ère, a. (räsché, *är*). Gemüse... ‖ m., f. Gemüsegärtner ④, in. ‖ **-ais** m. (r*ä*). Sumpf. ‖ [marécage] Morast. *Marais salant,* Salzteich.

marasme m. (*asm*). Abzehrung, f. ‖ *Fig.* [affaires] Flauheit, f. *Être* dans le* —, flau sein*.

marasquin m. (k*i*ⁿ). Maraschino.

marâtre f. (*atr*). Stiefmutter. ‖ [mère dénaturée] Rabenmutter.

mar‖aud m. (r*ô*). Schurke, -n, -n. ‖ **-audage** m. (ôd*aj*). Plündern, n., Marodieren, n. ‖ **-aude** f. (*ôd*). Marodieren, n. ‖ **-auder** (ôd*é*). marodieren. ‖ **-audeur** m. (d*œr*). Marodeur, -s, Nachzügler ④.

mar‖bre m. (marbr). Marmor ①. *De marbre,* Marmor..., marmorn, a. ‖ **-brer** (br*é*). marmorieren. ‖ **-brerie** f. (brᵉr*ie*). Marmorarbeit. ‖ **-brier** m. (*ié*). Marmorarbeiter ④. ‖ [marchand] Marmorhändler ④.

marc m. (màr). [poids] Mark, f. ‖ [de raisin, etc.] Treber, f. pl. ‖ [de café] Kaffeesatz.

marcassin m. (s*i*ⁿ). Frischling.

marchan‖d, e, m., f. (sch*a*ⁿ, d). Kaufmann, m., pl. -leute, Händler ④, in : — *de...,* ...händler. ‖ a. [ville, bateau] Handels... : *prix marchand,* Fabrikpreis, m. ‖ *Marchand, e, d'habits,* m., f. Kleidertrödler, in; — *de soupe, fig.* gewinnsüchtige[r] Kostgeber, in; — *des quatre saisons,* Obst- und Gemüsehändler, in; *marchande à la toilette,* Kleidertrödlerin. ‖ **-dage** m. (*aj*). Feilschen, n. spl. ‖ **-der** tr. (*dé*). feilschen, intr. [um]. ‖ **-dise** f. (*iz*). Ware; *-de rebut,* Ramschware.

marche f. (marsch). [allure, fonctionnement] Gang, m. ‖ [troupe, cortège] Marsch, m. : *en marche,* auf dem Marsch; — *forcée,* Eilmarsch, m.; [auto], — *arrière,* Rückwärtsgang, m.; *se mettre en marche,* abmarschieren. ‖ [d'un véhicule] Fahrt. ‖ [temps] Verlauf, m. ‖ [degré] Stufe, Staffel. ‖ [frontière] Mark.

marché m. (sch*é*). Markt. *Marché à..., aux...,* ...markt : — *aux chevaux, au poisson,* Pferde-, Fischmarkt; — *couvert,* Markthalle, f. ‖ [achat] Einkauf : *faire* son marché,* Einkäufe machen. ‖ [affaires, transaction] Geschäft, n., Handel. ‖ [A] *bon marché,* adv. wohlfeil, a.

et adv. billig, a. et adv.; compar. [*A*] *meilleur marché,* billiger; *bon marché,* Wohlfeilheit, f. || LOC. *Faire* bon marché de,* geringachten; *par-dessus le marché,* noch obendrein, mit in den Kauf. || [contrat] [Kauf-] Vertrag. *Marché à terme,* Zeitkauf.
marchepied m. (œpié). Trittbrett, n. ②. || [escabeau] Stufenleiter, f.
marcher (oché). [aller] gehen* [*sein*] : — *sur qn,* losgehen* [Kauf-] Vertrag. *Marché à terme,*
march||er (ché). [aller] gehen* treten* [*sein*] [auf, *acc.*]. || [faire des pas] schreiten* [*sein*]. || *Mil.* marschieren [*sein*]. || [en colonne] ziehen* [*sein*]. *Marchons!,* vorwärts! || [véhicule] fahren* [*sein*]. || [fonctionner] arbeiten. || **-eur, euse,** m., f. (*œr, öz*). Fußgänger ④, in.
mar||cottage m. (*taj*). Absenken, n. spl. || **-cotte** f. (kòt). Absenker, m. ④. || **-cotter.** absenken.
mardi m. (*di*). Dienstag ①. *Mardi-gras,* Fastnacht, f.
mar||e f. (màr). Pfütze, Lache. || **-écage** m. (*àj*). Morast. || [vaste] Moor, n. ①. || **-écageux, euse,** a. (*jö, z*). Moor..., sumpfig, morastig.
mar||échal, aux, m. (schàl, *ò*). [ferrant] Hufschmied, Grobschmied. || *Mil.* Marschall. || [en Allemagne] Feldmarschall. || *Maréchal des logis,* Kavallerieunteroffizier. || **-échaussée** f. (schoßee). [ehemals] Landreiterei.
marée f. (*rée*). Gezeiten, pl. : — *haute* ou *montante.* Flut; — *basse* ou *descendante,* Ebbe; *grande* —, Springflut. || [poisson] frische Seefische, m. pl.
marelle f. (èl). Hinkespiel, n.
mareyeur m. Seefischhändler ④.
margarine f. (ìn). Margarin, n. ①.
mar||ge f. (marj). freigelassener Rand, m. ② : *en marge,* am Rande; — *bénéficiaire* Verdienstspanne. || **-gelle** f. (jèl). Randstein, m.
Margot npr. f. (gô). Gretchen, n.
margotin m. (t*in*). Reisigbündelchen, n. ④.
margoulette f. (gulèt). *Pop.* Maul, n. ②.
margrave m., f. (gràw). Markgraf, -en, -en, äfin.
marguerite f. (gœrìt). Tausendschön, n. || n. pr. Margarete.
marguillier m. (gijé). Kirchenvorsteher ④.
mar||i m. (*i*). Mann ②, Ehemann. || **-iable** a. (*iàbl*). heiratsfähig. || **-iage** m. (*iàj*). [acte] Heirat, f., Vermählung, f. : *demande en mariage,* Heiratsantrag, m. || [état] Ehe, f., Ehestand. || [cérémonie] Trauung, f.
Marie npr. f. (*ie*). Maria, ...iens, Marie, ...iens.
mar||ié, e, a. s. (*ié*). [au jour de la cérémonie] Bräutigam, m. ①, Braut, ¨e, f. || pl. Brautpaar, n. ①. || *Jeunes mariés,* a. s. Neuvermählte. || **-ier** (*ié*). verheiraten, vermählen. || [cérémonie] trauen. || **-ieur, euse,** m., f. (*œr, öz*). Heiratsstifter ④, in.
mar||in, e, a. (*in, ìn*). seeisch, See..., Meer... || m. Seemann, pl. -leute. || m. [matelot] Matrose, -n, -n. || **-inade** f. (*àd*). Salzlake. || **-ine** f. (ìn). Seewesen, n. spl., Marine. || **-iner.** einmachen. || **-inier** m. (*ié*). Seemann, pl. -leute. || [de rivière] [Fluß-] Schiffer ④.
marionnette f. (nèt). Drahtpuppe.
mariste m. (*ist*). Marist, -en, -en.
mar||ital, e, aux, a. (*àl, ô*). ehemännisch. || **-italement** adv. (àlm*an*). in ehelicher Gemeinschaft.
maritime a. (*im*). See...
maritorne f. (*orn*). häßliches, schmutziges Weib, n. ②.
marivaudage m. (wodàj). [style] geschraubte Schreibart, f. || [afféterie] Ziererei, f.
marjolaine f. (jòlän). Majoran, m.
mark m. Mark, f. [inv. après un nombre]. || — *bloqué,* Sperrmark, f.
marmaille f. Kinderschwarm, m.
marmelade f. Mus, n. ①.
mar||mite f. (*it*). Fleisch- *ou* Kochtopf, m. || **-miteux, euse,** a. (*tö, z*). armselig. || **-miton** m. (t*on*). Küchenjunge, -n, -n.
marmoréen, ne, a. (ré*in*, än). marmorartig.
marmot m. (mô). Knirps. || *Fam. Croquer le marmot,* lange warten.
mar||motte f. (*òt*). Murmeltier, n. || [coiffure] Kopftuch, n. ②. || **-motter** (*té*). murmeln.
marmouset m. (muzè] kleine groteske Figur, f. || *Fig.* Knirps.

mar‖ne f. (marn). Mergel, m. ‖**-nière** f. (*niär*). Mergelgrube.
Mar‖oc npr. m. (*òk*). Marokko, n. ‖**-ocain, e,** m., f. (*kin, än*). Marokkaner ④, in. ‖a. marokkanisch.
maronner (*òné*). *fam.* murren.
mar‖oquin m. (*kin*). Saffian. ‖**-oquinerie** f. (kinr*i*). Saffian- *ou* Lederware. ‖**-oquinier** m. (kin*ié*). Saffiangerber ④.
marotte f. (*òt*). Schellenkappe. ‖[dada] Steckenpferd, n.
maroufle m. (*ùfl*). Schlingel ④.
mar‖que f. (mark). Zeichen, n. ④. ‖[distinctive] Kennzeichen, n., Merkmal, n. ①. ‖[cicatrice] Narbe. ‖[brûlure] Brandmal, n. ‖[de naissance] Muttermal, n. ①. ‖[à jouer, etc.] [Spiel-]Marke. ‖**-quer** (*ké*). [tracer] zeichnen. ‖[indiquer] bezeichnen. ‖[mesure] angeben. ‖[passage d'un livre] anzeichnen. ‖[estampiller] stempeln. ‖[témoigner] bezeugen. ‖*intr.* [ressortir] hervortreten*, hervorragen. ‖**-queter** (kœ*té*). [moucheter] sprenkeln. ‖[bois, etc.] einlegen. ‖**-queterie** f. (tr*i*). eingelegte Arbeit. ‖**-queteur** m. (tör) Furnierer ④.
marquis, e, m. f. (k*i*, **z**). Marquis, inv., Marquise.
marraine f. (*rän*). Patin.
marrant, e, a. (*an, ant*). *Fam.* putzig, drollig.
marri, e, a. (*i*). betrübt.
mar‖ron m. (*on*). Marone, f. ‖[châtaigne] Kastanie, f. ‖ — *d'Inde,* Roßkastanie, f. ‖ — *glacé,* überzuckerte Kastanie, f. ‖a. inv. kastanienbraun. ‖**-ron, ne,** a. (*on, òn*). [clandestin, non autorisé] Winkel... : *courtier marron,* Winkelmäkler. ‖**-ronnier** m. Kastanienbaum.
Mars npr. m. Mars : *champ de Mars,* Marsfeld. n. ‖[mois] März.
marsouin m. (*suin*). Meerschwein, n. ‖*Fam.* Kolonialsoldat, -en, -en.
marsupial, aux, m. (sü) Beuteltier, n.
mar‖teau, x, m. (*tô*). Hammer ③ : — *-pilon,* Eisenhammer : — *de porte,* Türklopfer. ‖**-tel** m. (*èl*). *Se mettre* martel en tête,* sich mit Sorgen herumtragen*. ‖**-teler** (t^e^lé). hämmern.
martial, aux, e, a. (*siàl*, ô). kriegerisch.
martingale f. (*tingàl*). Sprungriemen, m. ④.
martre f. (martr). Marder, m. ④.
mar‖tyr, e, m., f. (*tir*). Märtyrer ④, in. ‖**-tyre** m. (*ir*). Marter, f., Martyrium, n. ‖**-tyriser** (*zé*). martern. ‖**-tyrologe** m. (*òj*). Martyrologium, n.
mas m. (ma). Landhaus, n. ② [in Südfrankreich].
mascarade f. (*àd*). Maskenzug, b.
mascaret m. (*rè*). Springflut, f.
mascotte f. (*kôt*). Glückbringer, m. ④.
masculin, e a. (k*ülin*, *in*), männlich.
masque m. (mask). Larve, f. Maske, f.
masquer (*ké*), maskieren. *Bal masqué,* Maskenball. ‖*Fig.* [cacher] verhüllen. ‖[batterie] verdecken. ‖[vue] verbauen.
mas‖sacre m. (*sàkr*). Gemetzel, n. spl. Blutbad, n. ‖*Fig. fam.* [mauvais travail]. Pfuscherei, f. ‖**-sacrer** (*kré*), niedermetzeln. ‖*Fam.* verpfuschen.
massage m. (*sàj*). Kneten, n., Massage, f. (*àj^e^*).
mas‖se f. (*màs*). Masse : *en masse,* massenweise. ‖[arme] Keule. ‖**-sé** m. (*sé*) [billard] Kopfstoß.
mas‖sepain m. (masp*in*). Marzipan ①. ‖**-ser** (*sé*), massenweise ordnen, gruppieren. ‖[billard] einen Kopfstoß geben*.
masseur, euse m. f. (s*œr*, *öz*). Massierer ④, in.
mas‖sicot m. (*kô*). Bleigelb, n. ‖[machine]. Papierschneidemesser, n. ④. ‖**-sif, ive** a. (*sif, iw*). massiv. ‖*Fig.* [lourd] plump. ‖m. [maçonnerie] Grundgemäuer, n. ④. ‖[arbres] Gebüsch, n. ‖[montagnes] Gebirgsstock. ‖**-sue** f. (*sü*). Keule.
mastic m. [résine] Mastix. ‖[de vitrier] [Glaser-] Kitt.
mas‖ticateur m. (*tœr*). Kaumuskel. ‖[appareil] Kaumaschine, f. ‖**-tication** f. (*sion*). Kauen, n.
mastoc m. (*tòk*), *fam.* plumper Mensch. ‖a. plump.
mastodonte m. (*ont*). Mastodon, -s.
mastroquet m. (*kè*), *pop.* Kneipwirt.
masure f. (*zür*). altes Gemauer, n. ④. ‖*Fig.* elende Hütte.
mat, e a. (*màt*), matt, glanzlos. ‖[non poli] ungeschliffen. ‖[son]

dumpf. || [jeu] *Echec et mat,* Schach und Matt.
mât m. (mâ). Mast, -en. || [de gymnase] Kletterstange, f.
ma||tador m. (òr). Stiertöter ④. ||**-tamore** m. (mòr). Bramarbas ①, Eisenfresser ④.
match m. Matsch ①, Wettstreit. || — *nul,* unentschiedener Wettstreit.
ma||telas m. (màtl*a*). Matratze, f. ||**-telasser** (*sé*), auspolstern. ||**-telassier, ère,** m., f. (*ié, iär*). Matratzenmacher ④, in.
ma||telot m. (tlô). Matrose, -n, -n. ||**-telote** f. (òt). « Matelote » [Fischgericht, n.].
mater [échecs] schachmatt machen. [dompter] mürbe machen.
mâter (*té*). bemasten.
matéri||aliser (*zé*). verkörpern. ||**-alisme** m. (*i*sm). Materialismus. ||**-aliste** m. (ist). Materialist, -en, -en. ||a. materialistisch. ||**-alité** f. (*té*). Stofflichkeit. ||**-aux** m. pl. (*io*). Material, -ien, n. || [matière] Stoff. ||**-el, le,** a (*ièl*). stofflich, materiell. || [physique] körperlich, sinnlich. ||m. Material, n. || [ustensiles] Gerätschaften, pl.
ma||ternel, le, a. (nèl), mütterlich, Mutter... ||**-ternité** f. (*té*). Mutterschaft. || [hôpital] Entbindungsanstalt.
mathémati||cien, ne, m., f. (*siin*, *ièn*). Mathematiker ④, in. ||**-que** a. (*ik*), mathematisch. || f. pl. Mathematik, spl.
matière f. (*tiär*). Stoff, m. ① : — *première,* Rohstoff, m. ||*Fig.* [motif] Anlaß, m.
matin m. (*tin*). Morgen ④. *Ce matin,* diesen Morgen, heute morgen; *de bon matin, de grand matin, dès le matin,* in aller Frühe, am frühen Morgen. *Demain matin,* morgen früh. *Le matin,* adv., morgens, in der Frühe; *un de ces [quatre] matins,* nächster Tage. ||adv. früh.
mâtin m. (*in*). Hofhund ①. ||*Fam.* Kerl.
matinal, e, aux, a. Morgen... || [personne] früh aufstehend.
mâtiné, e, a. (*né*). Bastard...
ma||tinée f. (*ée*). Morgenzeit. Vormittag, m. ①. *Faire* la grasse matinée,* in den Tag hineinschlafen*. || [vêtement] Morgenkleid, n. ②. || [théâtre] Nachmittagsvorstellung. ||**-tines** f. pl. (*ìn*). Frühmette, sing. ||**-tineux, euse,** a. (*nö, z*), gern früh aufstehend.
matité f. Dumpfheit.
matois, e, a. (t*oa*, *z*). verschmitzt.
matou m. (*tu*). Kater ④.
matraque f. (*àk*). Gummiknüppel, m. ④.
matras m. (*tra*). Glaskolben ④.
ma||trice f. (*is*). Gebärmutter ③. || [moule] Matrize. || [rôle] Stammrolle. ||**-tricule** f. (*kül*). Matrikel. ||m. Matrikelnummer, f.
matrimonial, e, aux, a. Ehe..., Heirats...
matrone f. (*òn*). Matrone.
maturation f. (tü-*sion*). Reifen, n.
mâture f. (*tür*). Mastwerk, n.
maturité f. (tü-*té*). Reife.
maudire* (môd*ir*) [qn] [ver]fluchen.
maugréer (*gréé*). fluchen, murren.
Mau||re npr. m. (môr). Maure, -n. ||a. maurisch. ||**-resque** f. (*esk*). Maurin. ||a. maurisch.
mausolée m. (*zòlee*). Mausoleum, ...een, n.
mau||ssade a. (*sàd*). mürrisch. || [fâché] verdrießlich. ||**-ssaderie** f. (sàdr*i*), mürrisches Wesen, n.
mauvais, e, a. (môw*è*, *z*). schlecht. || [fâcheux] schlimm. || [méchant] boshaft. *Il fait mauvais,* es ist schlechtes Wetter. ||adv. [sentir] übel.
mauve f. (môw). Malve. ||a. malvenfarbig.
mauviette f. (*wiè*t). fette Lerche. ||*Fig.* schwächliche Person.
maux (mô). Pl. de *mal.*
maxillaire a. (maksil'*lär*). Kinnbacken...
max||ime f. (*ìm*). Maxime. || [de conduite] Lebensregel. ||**-imum, ...ma,** m. (*òm*). Maximum, ...ma, n. ||a., f. et pl. ...ma, Maximal..., Höchst...
Mayence npr. f. (maj*ans*). Mainz, n.
mayonnaise f. (*yònäz*). « Mayonnaise » [Tunke].
mazagran m. (zagr*an*). Glas [kalter] Kaffee, n.
mazette f. (*zèt*). Schindmähre. ||*Fig.* unfähige Person. ||interj. potztausend!

mazout m. (*zu*). Mazut, n. ①.
mazurka f. (zürk*a*). Mazurka, -s.
Me, abr. de *Maître* [Advokatentitel].
me pron. pers. (mœ). mich, mir. V. GRAMM.
mea-culpa m. (külp*a*). Schuldbekenntnis, n.
mé‖**andre** m. (mé*a*ndr). Meander ④, Krümmung, f. ‖**-at** m. (mé*a*). Gang.
mécani‖**cien, ne,** m., f. (s*i*in, *i*èn). Mechaniker, m. ④. ‖m. [conducteur] Maschinenführer ④, Maschinist, -en, en. ‖f. Nähmaschinenarbeiterin. ‖**-que** a. (*ì*k). mechanisch. ‖f. Mechanik. ‖**-sme** m. (*i*sm). Triebwerk, n. ‖[en général] Mechanismus.
mécène npr. m. (sän). ‖*Fig.* Mäzen.
mé‖**chamment** adv. (schàm*a*n). bösartig. ‖**-chanceté** f. (scha**n**st*é*). Bösartigkeit. ‖**-chant, e,** a. (sch*a*n, t). böse, bösartig, boshaft. ‖[mauvais] schlecht. ‖*Fig.* [piteux] armselig. ‖[misérable] elend. ‖[pitoyable] erbärmlich.
mèche f. (mesch). Docht, m. ①. ‖[de canon] Lunte. ‖[cheveux] Löckchen, n. ④. ‖[à percer] Bohrspitze. ‖*Vendre la mèche,* ausplaudern. ‖*Éventer la* —, Braten riechen.
mécompte m. (k*o*nt). Rechenfehler ④. *Fig.* Enttäuschung, f.
méconn‖**aissable** a. (kònäs*à*bl). unkenntlich. ‖**-aissance** f. (*a*ns). Verkennen, n. ‖**-aître*** (kòn*ä*tr). verkennen*.
mécon‖**tent, e** a. (ko*n*t*a*n, t) [de]. unzufrieden [mit]. ‖**-tentement** m. (a**n**tm*a*n). Unzufriedenheit, f. ‖**-tenter** (t*é*). unzufrieden machen. ‖[contrarier] ärgern.
Mecque [La] npr. (mek). Mekka, n.
mécréant, e a. (kré*a*n, t). ungläubig.
mé‖**daille** f. (d*a*j). Denkmünze. Médaille. ‖**-dailler** (daj*é*). mit einer Medaille auszeichnen. ‖**-daillier** m. (daj*é*). Münzschrank. ‖**-daillon** m. (dàj*o*n). Medaillon, n. ①, -s. ‖*Archit.* rundes Flachbild, n. ②.
mé‖**decin** m. (meds*i*n). Arzt. ‖**-decine** f. (meds*i*n). Heilkunde, Medizin. ‖[remède] Heilmittel, n. ④.
mé‖**dial, e, aux,** a. (di*à*l, *o*). ‖**-diane** a. (*à*n). Mittel...
médiat, e, a. (d*ià*, t). mittelbar.
mé‖**diateur, trice,** m., f. (tœr, tr*ì*s). Vermittler ④, in. ‖**-diation** f. (s*io*n). Vermittlung.
médi‖**cal, e, aux,** a. (k*à*l, *ô*). ärztlich, medizinisch. ‖**-cament** m. (m*a*n). Arznei, Heilmittel, n. ④. ‖**-camenteux, euse,** a. (m*a*nt*ö*, **z**). heilkräftig. ‖**-castre** m. (k*a*str). Quacksalber ④. ‖**-cation** f. (s*io*n). Heilverfahren, n. ④. ‖**-cinal, e, aux,** a. (sin*à*l, ô). medizinisch, heil...
médiéval, e, aux, a. (w*à*l, ô). mittelalterlich.
mé‖**diocre** a. (*iò*kr). mittelmäßig. ‖[importance] gering. ‖**-diocrité** f. (t*é*). Mittelmäßigkeit.
mé‖**dire*** (d*i*r) [de]. Böses *ou* Übles nachreden [*dat.*]. ‖**-disance** f. (**za**ns). üble Nachrede. ‖[habitude] Schmähsucht. ‖**-disant, e,** a. (**z***a*n, t). schmähsüchtig.
médit‖**atif, ive,** a. (*i*f, *i*w). nachdenkend, nachsinnned. ‖**-ation** f. (s*io*n). Nachdenken, n. spl., Nachsinnen, n. spl., Betrachtung. ‖**-er** (t*é*), tr. et intr. nachdenken* *ou* -sinnen*, intr. [über, *acc.*]. ‖tr. im Schilde führen. ‖[projeter] vorhaben*.
Méditerranée npr. f. (n*ée*). Mittelmeer, n.
méditerranéen, ne, a. (*i*n, *ä*n). Mittelmeer...
mé‖**dium** m. (*iò*m). Medium, ..dien, n. ‖**-dius** m. (*i*üs). Mittelfinger ④.
médullaire a. (ül'l). Rückenmark...
Mé‖**duse** npr. f. (d*ü***z**). Medusa, ...sen. ‖[animal] Meduse. ‖**-duser** (üz*é*). versteinern [vor Schrecken].
meeting m. (m*î*ting). Volksversammlung, f.
méfait m. (f*è*). Misse- *ou* Übeltat, f.
mé‖**fiance** f. (f*i*a**n**s). Mißtrauen, n. ‖**-fiant, e,** a. (f*ia*n, t). mißtrauisch. ‖**-fier [se]** [de]. mißtrauen.
mégalithique a. (t*ì*k). megalitisch.
mégalomanie f. (n*i*). Größenwahn, m.
mégarde f. (*à*rd). Par mégarde, aus Versehen.
mégère f. (*jä*r). Megäre, Furie.
mé‖**gisser** (jis*é*). weiß gerben. ‖**-gisserie** f. (jisr*i*). Weißgerberei.

mégot m. (gô), *pop.* Zigarettenstummel ④.
meilleur, e, a. (mäjœr). compar. besser. ‖superl, best.
mé‖lancolie f. (laⁿ-*i*). Schwermut. ‖**-lancolique** a. (*ì*k). schwermütig.
mé‖lange m. (*a*ⁿj). Mischung, f. ‖[objet mélangé] Gemisch, n. ‖**-langer** (*jé*). [ver]mischen.
mélasse f. (*à*s). Melasse.
mê‖lée f. (l*ée*). Handgemenge, n. spl. ‖**-ler.** mischen : *se mêler de,* sich mischen [in, *acc.*]. ‖[s'occuper] sich abgeben* [mit].
mélèze m. (l*ä*z). Lärche, f.
méli-mélo m. (l*o*), *fam.* Mischmasch.
mélinite f. (*it*). Melinit, n.
mélisse f. (*is*). Melisse.
mélo‖die f. (d*i*). Wohlklang, m., Melodie. ‖**-dieux, euse,** a. (d*iö*, z). wohlklingend. ‖**-dique** a. (*ì*k). melodisch. ‖**-drame** m., *fam.* **mélo** (*à*m). Melodrama, ...men, n. ‖**-mane** m. (*à*n). Musiknarr.
melon m. (mœl*o*ⁿ). Melone, f. [chapeau] steifer Hut, m.
mélopée f. (p*ee*). Melopöe.
mem‖brane f. (maⁿbr*à*n). Häutchen, n. ④. ‖**-braneux, euse,** a. (n*ö*, z). häutig.
mem‖bre m. (maⁿbr). [corps] Glied, n. ‖[parti] Mitglied, n. ‖[congrès] Teilnehmer, m. ‖**-brure** f. (*ür*). Gliederbau, m.
même a. (mäm). selb, nämlich. V. GRAMM. ‖*La même chose,* dasselbe. ‖pron. selbst, selber, inv. : *moi-même,* ich selbst; *Dieu lui-même,* Gott selbst. ‖adv. sogar, selbst; *aujourd'hui même,* heute noch; *de même,* ebenso : *il en est de même,* damit verhält es sich ebenso; *être* à même de,* imstande sein, zu...; *mettre* à même de,* in den Stand setzen, zu...; *pas même,* nicht einmal; *tout de même,* trotz alledem. ‖conj. *De même que..., de même,* [ebenso] wie..., so...; *quand même,* wenn [*sujet*] auch.
mé‖mento m. (iⁿt*o*). Erinnerungszeichen, n. ④. ‖[note] Denkzettel ④. ‖**-moire** f. (mᵒ*a*r). Gedächtnis, n spl. ‖[souvenir] Erinnerung, Gedenken, n. ④ [*de,* an, *acc.*]. ‖m. Denkschrift, f. ‖[requête] Eingabe, f. ‖[compte] Rechnung, f. ‖pl. Selbsterlebnisse, n. ‖**-morable** a. (*à*bl). denkwürdig. ‖**-morandum** m. (aⁿd*ò*m). Merkzettel ④. ‖**-morial, aux,** m. (*ià*l, *o*). Memorial, n. ①.
mena‖çant, e, p. a. (mœ-s*a*ⁿ, t). drohend. ‖**-ce** f. (*à*s). Drohung. ‖**-cer** tr. (*sé*) [de]. drohen, intr. [*dat.,* mit], bedrohen, tr. [mit].
mé‖nage m. (*a*j). Haushalt ①, -haltung, f., -wesen, n. *De ménage,* Haus...; *pain de ménage,* hausbackenes Brot, n. ‖*Femme de ménage,* Aushilfefrau; *faire* le ménage,* aufräumen; *se mettre* en ménage,* eigenen Haushalt gründen; *tenir* le ménage,* die Haushaltung besorgen; *tenir* ménage,* haushalten*, sép. ‖[couple] Ehepaar, n. ④; *faire* bon ménage,* in friedfertiger Ehe leben; *fig* [avec qn] einträchtig leben [mit]. ‖[famille] Familie, f. ‖**-nagement** m. (nàjm*a*ⁿ). Schonung, f. ‖[égard] Rücksicht, f. *User de ménagements,* mit Schonung verfahren. ‖**-nager** (*jé*). schonen. ‖[être économe de] haushälterisch *ou* sparsam umgehen*, intr. [*sein*] [mit]. ‖[réserver] übrig lassen*. ‖[préparer] vorbereiten. ‖**-nager, ère,** a. (*jé*, *ä*r). haushälterisch. ‖[économe de] sparsam [mit]. ‖f. Haushälterin. ‖f. [ustensile] Öl- und Essigständer, m. ④. ‖**-nagerie** f. Tierbude, Menagerie.
men‖diant, e, m., f. (maⁿd*ia*ⁿ, t). Bettler ④, in : [*les*] *quatre mendiants,* [fruits secs] Studentenfutter, n. spl. ‖**-dicité** f. (sit*é*). Bettelei. ‖**-dier** (d*ié*). intr. betteln. ‖tr. erbetteln.
me‖née f. (*ee*). pl. Umtriebe, Ränke. ‖**-ner** (n*é*). führen. *Ne pas en mener large,* klein beigeben*; *mener à la baguette,* streng behandeln; *mener à bien,* glücklich ausführen.
mén‖estrel m. (*è*l). Minnesänger ④. ‖**-étrier** m. (*ié*). Fiedler ④.
meneur, euse, m., f. (mœn*œ*r, *ö*z). Anführer ④, in. ‖ [instigateur] Stifter ④, in.
menhir m. (mèn*i*r). Menhir, -s.
mé‖ninge f. (*i*ⁿj). Hirnhaut, ¨e. ‖**-ningite** f. Hirnhautentzündung.
mé‖nisque m. (*i*sk). Mondglas, n. ②. ‖**-nopause** f. (pôz). Wechseljahre, pl.

DÉCLINAISONS SPÉCIALES : ① **-e,** ② **¨er,** ③ **¨,** ④ **—.** V. pages vertes.

menotte f. (mœnòt). *fam.* Händchen, n. ④. ‖pl. [liens] Handschellen.
men‖s, -t (maⁿ). V. *mentir.* ‖**-songe** m. (maⁿsoⁿj). Lüge, f. ‖**-songer, ère,** a. (*je, är*). lügenhaft.
men‖sualité f. (süa-*té*). Monatszahlung. ‖**-suel, le,** a. (*süèl*). monatlich.
mensuration f. Messung.
men‖tal, e, aux, a. (maⁿ*tal*, ô). geistig. ‖[restriction] geheim. ‖**-talité** f. (*té*). Seelenzustand, m.
men‖terie f. (*tri*), *fam.* Lüge. ‖**-teur, euse,** a. (*tœr, öz*). lügenhaft. ‖[choses] lügnerisch. ‖m., f. Lügner ④, in.
menthe f. (maⁿt). Minze.
men‖tion f. (*sio*ⁿ). Erwähnung. ‖**-tionner** (siòné). erwähnen.
mentir* (*tir*). lügen*. *Sans mentir**, offen gestanden.
men‖ton m. (*to*ⁿ). Kinn, n. ‖**-tonnière** f. (tòn*iär*). Kinnbinde. ‖*Mil.* Sturmriemen, m. ④.
mentor m. (miⁿtòr). Mentor. ‖*Fig.* Ratgeber ④.
menu, e, a. (mœn*ü*). klein, gering. ‖a. s. : *raconter par le menu,* ausführlich erzählen. ‖ m. [repas] Speisenfolge, f. ‖[carte] Speisekarte, f.
menuet m. (n*üè*). Menuett, n. ①.
me‖nuiserie f. (iz*ri*). Tischlerei, Schreinerei. ‖**-nuisier** m. (*zié*). Tischler, Schreiner ④.
méphitique a. (*ik*). mephitisch.
méplat, e, a. (*pla*, t). halbflach.
mé‖prendre* [se] (praⁿdr). sich irren. *A s'y méprendre**, zum Verwechseln. ‖**-pris** m. (*pri*). Verachtung, f. *Au mépris de,* ohne Rücksicht auf [*acc.*]. ‖**-prisable** a. (*zà*bl). verächtlich. ‖**-prisant, e,** p. a. (*za*ⁿ, t). verachtend. ‖**-prise** f. (*iz*). Irrtum, m. ②. ‖[inadvertance] Versehen, n. ‖**-priser** (-*zé*). verachten.
mer f. Meer, n., See : *haute mer,* offene See. ‖*Coup de mer,* Windstoß; *prendre* la mer,* in die See stechen* ; *tenir* la mer,* auf offener See fahren*. ‖*Fig.* : *la mer à boire**, große Schwierigkeit.
mer‖canti m. (kaⁿ*ti*). *Fam.* Schieber ④. ‖**-cantile** a. (*il*). merkantilisch.
mercenaire a. (sœn*är*). gedungen, Lohn..., Miets... ‖m. Mietling. ‖[soldat] Söldner ④.
mercerie f. (sœ*ri*). Krämerei. ‖[marchandise] Schnittwaren, pl. Kurzwaren, f. pl.
mercier m., Kurzhändler.
merci m. (*si*). Dank, spl. : *grand merci, merci bien,* danke schön!, danke bestens! *Dieu merci!,* Gott sei dank! ‖ f. Barmherzigkeit, Gnade; *être* à la merci de,* preisgegeben sein* [*dat.*] ; *sans merci,* erbarmungslos; *se rendre à merci,* sich auf Gnade und Ungnade ergeben*.
mercier, ère m., f. (*sié, iär*). Krämer ④, in, Schnittwarenhändler ④, in.
mer‖credi m. (œ*di*). Mittwoch ①. — *des Cendres,* Aschermittwoch. ‖**-cure** npr. m. (*kür*). Merkur. ‖[métal] Quecksilber, n. ‖**-curiale** f. (*iàl*). ‖[semonce] Strafpredigt, Verweis, m. ‖*Comm.* Marktbericht, m. ‖**-curiel, le,** a. quecksilberhaltig.
mère f. (mär). Mutter, ⁕. ‖*Fam. Petite mère,* Mütterchen, n. ‖*Mère patrie,* Mutterland, n.
méri‖dien, ne, a. (*di*iⁿ, *ièn*). Mittags... ‖m. Mittagskreis. ‖f. Mittagslinie. ‖**-dional, e, aux,** a. (dionàl, *o*). südlich. Süd..., mittäglich. ‖m., f. Südländer ④, in.
meringue f. (mœr*i*ⁿg). Meringel.
mérinos m. (*nòs*). Merinoschaf, n., ①. ‖[étoffe] Merinozeug, n.
meri‖se f. (mœr*iz*). Vogelkirsche. ‖**-sier** m. (*zié*). Vogelkirschbaum.
méri‖tant, e, a. (*ta*ⁿ, t). verdienstvoll. ‖**-te** m. (*it*). Verdienst, n. ‖**-ter.** verdienen. ‖**-toire** a. (tᵒ*ar*). verdienstlich.
merlan m. (*la*ⁿ). Weißling.
merle m. (merl). Amsel, f.
merlin m. (*li*ⁿ). Schlachtbeil, n.
mérovingien, ne, a. (w*i*ⁿ*ji*iⁿ, *ièn*). merowingisch. ‖m. Merowinger ④.
mervei‖lle f. (*wäj*). Wunder, n. ④. ‖**-lleux, euse,** a. (*jö*, z). wunderbar, wunderschön.
mes a. poss. (mè). meine.
més‖alliance f. (zal'*lia*ⁿs). Mißheirat. ‖**-allier** [se] (lié). eine Mißheirat schließen*.
mésange f. (aⁿj). Meise.

mésaventure f. (wa^n^tür). Mißgeschick, n.
mes||dames, -demoiselles. V. *madame, mademoiselle.*
més||estime f. (**z**estim). Mißachtung. ||**-estimer.** mißachten.
mésintelligence f. (i^n^tèl'lija^n^s). Mißhelligkeit.
mes||quin, e a. (ki^n^, ìn), kleinlich. ||**-quinerie** f. (kìnri). Kleinlichkeit.
mess m. Offizierstafel, f.
mes||sage m. (sàj). Botschaft, f. : — *téléphoné,* Fernsprechnachricht, f. ||**-sager, ère,** m., f. (jé, är). Bote, -n, -n, ...tin. ||**-sagerie** f. (sàjri). Postwagenanstalt. ||[postale] Paketpost. ||[ch. de fer] Güterbeförderung.
messe f. (mès). Messe : — *basse,* stille Messe. ||*Aller* à la messe,* in die Messe gehen*.
messeoir* (s^o^ar), employé seulement dans l'expression : *il messied de...,* es geziemt sich nicht, zu...
messidor m. (dòr). Erntemonat.
messie npr. m. (si), Messias.
messieurs (siö). V. *monsieur.*
Messin, e, m., f. (si^n^, in). Metzer ④, in. ||a. metzisch.
messire m. (ir). [ancienn.] gnädiger Herr, -n, -en.
mesu||rable a. (mœzüràbl). meßbar. ||**-rage** m. (àj). Messen, n. ||**-re** f. (zür). Maß, n. ①. *A mesure que,* je nachdem, in dem Maße wie; *avec mesure,* maßvoll; *être* en mesure, de,* imstande sein*; *outre mesure,* übermäßig; *prendre* la mesure de,* anmessen*; *sans mesure,* maßlos; *sur mesure,* nach Maß, ||[proportions] Maßstab, m. ||[disposition] Maßregel, f. : *prendre* des mesures,* Maßregeln treffen*. ||*Mus.* Takt, m. ① : *mesure à deux, à trois temps,* Zwei-, Dreivierteltakt, m. ||**-ré, e,** p. a. (ré). gemessen. ||[modéré] mäßig. ||**-rer** (ré). messen*. ||[en entier] ausmessen*. ||[métrer] abmessen. ||[modérer] mäßigen. ||**-reur** m. (œr). Messer ④.
mésuser (züzé), intr. [de]. mißbrauchen, tr. insép.
métairie f. (täri). Meierhof, m.
méta||l, aux, m. (àl, ô). Metall, n. ①. ||**-llique** a. (l'lìk). metallisch. ||**-lloïde** m. (id). Metalloid, n. ①. ||**-llurgie** f. (lürji). Metallurgie, Hüttenkunde. ||**-llurgique** a. (jìk). metallurgisch. ||**-llurgiste** m. (jist). Metallurg, -en, -en.
méta||morphose f. (fôz). Verwandlung. ||[complète] Umwandlung. ||**-morphoser** (zé). verwandeln, umwandeln.
métaphysique f. (zik). Metaphysik. ||a. metaphysisch.
métayer, ère m., f. (täjé, jär). Meier, in.
méteil m. (tèj). Mengkorn, n.
métempsycose f. (ta^n^psikôz). Seelenwanderung.
météo||re m. (òr). Meteor, n. ①. ||**-rologie** f. (ji). Wetterkunde. ||**-rologique** a. (jìk). Wetter... ||**-rologiste** m. (jist). Meteorologist, -en, -en.
métèque m. (tèk). Metek, -en, -en.
mé||thode f. (tòd). Methode. ||**-thodique** a. (ìk). methodisch.
méticuleux, euse a. (külö, z). ängstlich, peinlich genau.
métier m. (tié). [manuel] Handwerk, n. ||[profession] Beruf ①. ||[spécialité] Fach, **n.** ② [[à tisser] Webstuhl. ||[à broder] Stickrahmen ④.
métis, se, m., f. (tis). Mestize, -n, -n, zin (in).
métrage m. (àj). Vermessung, f. [nach Metern]. ||[longueur] Meterzahl, **f.**
mètre m. (mètr). Meter ④, n. ||[poésie] Versmaß, n. ①.
mé||tré m. (tré). Vermessung, f. ||**-trer** (tré). vermessen* [nach Metern]. ||**-treur** m. (œr). Messer. ||**-trique** a. (ìk). metrisch.
métrite f. (ìt). Gebärmutterentzündung.
mé||tro m. (tro), *fam.* Untergrundbahn, f. ||**-tronome** m. (onòm). Taktmesser. ||**-tropole** f. (òl). Mutterland, n. ||[capitale] Hauptstadt, ¨e. ||**-tropolitain, e,** a. (ti^n^, än). mutterstaatlich. ||[église] erzbischöflich. ||m. [*Chemin de fer*] —, Stadtbahn, f., [souterrain] Untergrundbahn, f.
mets (mè). V. *mettre**. ||m. Speise, f.
met||table a. (àbl). tragbar. ||**-teur** m. (tœr) : — *en pages,* Seitenordner ④. ||**-tre*** (mètr). [debout] stellen. ||[asseoir] setzen. ||[coucher, étendre] legen. ||[ficher,

fourrer] stecken. [‖coiffure, lunettes] aufsetzen. ‖[vêtement] anziehen*. ‖[ajouter] tun*. ‖[à l'école, etc.] schicken [in, *acc.*]. ‖*Mettre* au lait*, etc., Milch usw. verordnen, *dat.* ‖*Y mettre* du sien*, Zugeständnisse machen. ‖*Mettre en demeure*, auffordern. ‖[**se**]. sich stellen, etc.; *se mettre* à faire qc.*, etwas zu tun* anfangen*; *se mettre* à qc.*, sich machen *ou* setzen [an, *acc.*].

meu‖ble, a. (mœbl). beweglich. ‖[terre] locker. ‖m. Möbel, n. ④. ‖*Biens meubles*, bewegliche Güter, n. pl. ‖**-bler** (bl*é*). möblieren, ausstatten.

meu‖le f. (möl). Mühlstein, m. ‖[à aiguiser] Schleifstein, m. ‖[foin] Schober, m. ④. ‖[charbon] Meiler, m. ④. ‖**-lière [pierre]** f. (piär möl*iä*r). Mühlenkalkstein, m.

meu‖nerie f. (mönr*i*). Müllerei. ‖**-nier, ère,** m., f. (*ié*, *iä*r). Müller ④, in.

meur... V. *mourir** ‖**-t-de-faim** m. inv. (mœrdœf**in**). Hungerleider ④.

meur‖tre m. (mœrtr). Mord ①. ‖**-tri, e,** a. (tr*i*). [fruit] fleckig. ‖**-trier, ère,** a. (*ié*, *iä*r). mörderisch. ‖[mortel] tödlich. ‖[combat] blutig. ‖m., f. Mörder ④, in. ‖**-trière** f. (*iä*r). Schießscharte. ‖**-trir** (*i*r). [zer]quetschen. ‖**trissure** f. (s*ü*r). Quetschung. ‖[ecchymose] blaues Mal, n. ①. ‖[tache] Fleck, m.

meu‖... V. *mouvoir**.

Meuse npr. f. (möz). Maas.

meute f. (möt). Koppel, Meute.

mévente f. (w**an**t). ungenügender Verkauf, m.

Mexi‖cain, e, m., f. (k**in**, *ä*n). Mexikaner ④, in. ‖a. mexikanisch. ‖**-que** npr. m. (*i*k). Mexiko, n.

mezzo-soprano m. (medzo-*a*no). tiefer Diskant.

Mgr. Abkürzung = *Monseigneur*.

mi inv. [= *demi*]. halb. *A la mi-janvier*, Mitte Januar; *à mi-chemin*, halbwegs; *à mi-côte*, auf halber Höhe; *mi-carême*, Mittfasten, pl. *Mi-partie*, adv., halb; *mi-soie*, inv., halbseiden, a. ‖*Mus.* E, n. — *bémol*, Es, n. inv.

miasme m. (*a*sm). Miasma, ...men, n.

mi‖aulement m. (miolm**an**). Miauen, n. spl. ‖**-auler.** miauen.

mica m. (k*a*). Glimmer, spl.

miche f. (misch). Laib, m.

Michel npr. m. (sch*è*l). Michael.

Michel-Ange npr. m. (kèl**an**j). Michelangelo.

micmac m. (*a*k). *Fam.* Mischmasch.

microbe m. Mikrobe, f.

micro‖phone m. (f*ò*n). Mikrophon, n. ①. ‖**-scope** m. (*ò*p). Mikroskop, n. ①. ‖**-scopique** a. (*i*k). mikroskopisch. ‖**-sillon** m. (sii**on**). Mikrorille, f.

midi m. (d*i*). Mittag ① : *en plein midi*, am hellen Tage. ‖*Chercher midi à quatorze heures*, Schwierigkeiten machen. ‖[région] Süden : *...du Midi*, Süd...

midinette f. (n*è*t). « Midinette », Laden[usw.]mamsell.

mie f. (mi). Krume. ‖[amie] Liebchen, n. ④.

mi‖el m. (mi*è*l). Honig. ‖**-ellé, e,** a. (l*é*). honighaltig. ‖**-elleux, euse,** a. (*ö*, **z**). honigsüß.

mien, ne a. et pron. poss. (mi**in**, mien). mein : *le mien*, etc. V. Gramm.

miette f. (mièt). Krümchen, n. ④.

mieux adv. compar. (miö). besser : *bien mieux*, viel [*ou* weit] besser; *de mieux en mieux*, besser und besser; *valoir* mieux*, besser [*ou* mehr wert] sein*. ‖Loc. *Aimer mieux*, lieber wollen* [essen*, etc.]; *A qui mieux mieux*, um die Wette. *Faute de mieux*, aus Mangel an Besserem; *le mieux*, das Beste; *au mieux*, aufs [aller-]beste; *faire* de son, pour le mieux*, das Möglichste tun*; *le mieux du monde*, aufs allerbeste; *le mieux possible*, so gut als möglich, bestmöglich. ‖m. Besserung, f.

mi‖èvre a. (mièwr). niedlich und geziert. ‖[chétif] schwächlich. ‖**-èvrerie** f. (ᵉr*i*). gezierte Niedlichkeit.

mign‖ard, e, a. (nj*à*r, d). niedlich. ‖[gentil] zierlich. ‖[affecté] geziert. ‖**-ardise** f. (*i***z**). zierliche Anmut. ‖Geziertheit. ‖**-on, ne,** a. (**on**, *ò*n). niedlich. ‖[charmant] allerliebst. ‖m., f. Liebling, m. ‖[enfant] Schoßkind, n. ②, Herzchen, n. ④. ‖**-onnette** f. (èt). feine Spitze.

migraine f. (grän). Migräne.

migrateur, trice, a. (tœr, trìs). wandernd.

mi‖jaurée f. (jôree). Zierpuppe. ‖**-joter** tr. et intr. (jòté). schmoren. ‖*Fig.* [complot, etc.] anzetteln.

mil[1] num. (mil). [nur in Jahreszahlen] tausend.

mil[2] m. [millet] Hirse, f.

milan m. (an). Weihe, f.

Milan npr. m. Mailand, n.

miliaire a. (iär). Hirsen... : *fièvre miliaire,* Frieselfieber, n.

mi‖lice f. (is). Miliz. ‖**-licien** m. (siin). Milizsoldat, -en, -en.

milieu, x, m. (liö). Mitte, f. : *au milieu de,* in der Mitte, *gén.*, mitten in [auf, unter], *dat.* et *acc.* ‖*Au beau milieu, en plein milieu,* gerade in der Mitte; *le juste milieu,* die Mittelstraße, f. ‖[entourage] Umgebung, f. ‖[social] Kreis.

mi‖litaire a. (tär). militärisch, Militär..., Kriegs... ‖m. Soldat, -en, -en. ‖pl. Militär, n. spl. ‖**-litant, e,** a. (an, t). streitend. ‖**-litariser** (zé). militarisieren. ‖**-litarisme** m. (ism). Militarismus. ‖**-liter** (té). streiten*. ‖[en faveur de] sprechen* [für].

mill‖e num. (mìl). tausend. *Mille et mille,* tausend und abertausend. *Mille-pattes,* m., Tausendfuß. ‖m. Tausend, n. ①. ‖[mesure] Meile, f. ‖**-énaire** a. (är). tausendjährig. ‖m. Jahrtausend, n. ①. ‖**-ésime** m. (zìm). Jahreszahl, f.

millet m. (jè). Hirse, f.

mill‖iard m. (liar). Milliarde, f. ‖**-iardaire** m. (där). Milliardär ①. ‖**-ième** num. (ièm). V. Gramm. ‖**-ier** m. (ié). Tausend, n. ①. ‖**-igramme** m., **-imètre** m. (mil'ligràm, -mètr). Milligramm, n. [inv. après un nombre], Millimeter, n. ④. ‖**-ion** m. (ion). Million, f. (iône). ‖**-ionième** num. (ionièm). V. Gramm. ‖**-ionnaire** m. (ònär). Millionär ①.

milord m. (òr). Mylord, -s.

mi‖me m. (mim). Mime, -n, -n. ‖**-mer.** durch Gebärden darstellen.

Mimi npr. f. (-m). *fam.* Miezchen, n.

mimique f. (ìk). Mimik. ‖a. mimisch.

mimosa m. (za). Mimose, -n, f.

minable a. (àbl). lumpig.

minaret m. (rè). Minarett, n. ①.

mi‖nauder (ôdé). zimpern. ‖**-nauderie** f. (ôdri). Zimperlichkeit. ‖**-naudier, ère,** a. zimperlich.

min‖ce a. (mins). dünn. ‖*Fig.* knapp. ‖**-ceur** f. (sœr). Dünne.

mi‖ne f. (min). 1. [visage] Miene. ‖[aspect] Aussehen, n. spl. : *avoir* bonne* —, gut aussehen*. Loc. *Faire* bonne mine à,* freundich empfangen*; *faire* grise mine,* ein schiefes Gesicht machen; *faire* mine de,* sich stellen, als ob [subj.] : *payer de mine,* etwas vorstellen. ‖2. [de charbon, etc.] Mine. Bergwerk, n. ‖[fosse] Grube. ‖pl. Bergwesen, n. spl. ‖[de plomb] Reißblei, n. ‖[explosive] Mine ‖**-ner.** minieren. ‖[creuser] unterwühlen. ‖*Fig.* [consumer] aufzehren*. ‖**-nerai** m. (minrè). Erz, n. ‖**-néral, e, aux,** a. (àl, o). mineralisch, Mineral... *Eau minérale,* Mineralwasser, n. ③. ‖m. Mineral, ...lien, n. ‖**-néralogie** f. (ji). Mineralogie.

minet, te, m., f. (è, t). *Fam.* Kätzchen, n. ④, Miezchen, n. ④.

mineur m. (œr). Bergmann, pl. -leute. ‖a. kleiner. ‖*Ordre mineur,* niederer Orden; *ton mineur,* weiche Tonart, f., Moll, n. ‖[sous tutelle] minderjährig, unmündig.

mi‖niature f. (ür). Miniatur. ‖[portrait] Miniaturbild, n. ②. ‖**-niaturiste** m. et f. (ist). Miniaturmaler ④, in.

minier, ère, a. (ié, iär). Berg..., Minen..., Montan...

minime a. (im). gering, winzig.

mi‖nimiser (mizé). bagatellisieren. ‖**-nimum, ...ma,** m. (mòm, ma). Minimum, ...ma, n. ‖a., f. et pl. ...ma, Minimal... (âl-), Mindest...

mi‖nistère m. (tär). Amt, n. ②. Dienst. — *public,* Staatsanwalt. ‖ *Polit.* Ministerium, ...ien, n. ‖[entremise] Vermittlung, f. ‖**-nistériel, le,** a. Ministerial..., Minister... ‖**-nistre** m. (istr). Minister ④. [Diplom.] Gesandte(r).

minium m. (iòm). Mennig.

minois m. (n°*a*). [frais, etc.] Gesichtchen, n. ④.
minorité f. (t*é*). [âge] Minderjährigkeit, Unmündigkeit. ‖ [nombre] Minderzahl.
mi‖noterie f. (òtr*i*). Mehlfabrik. ‖**-notier** m. (*ié*). Mehlfabrikant, -en, -en.
minuit m. (n*üi*). Mitternacht, f.
minuscule a. (üsk*ül*). ganz klein, winzig. ‖ [lettre] klein. ‖f. kleiner Buchstabe, -n, m.
mi‖nute f. (*üt*). Minute. *A la minute,* auf der Stelle; *minute!* ou : *une minute!,* [im] Augenblick! ‖ [original] Urschrift. ‖**-nuterie** f. (nütr*i*). Minutenwerk, n. ‖**-nutie** f. (üs*i*). [caractère] Kleinlichkeit, Ängstlichkeit. ‖**-nutieux, euse,** a. (nüs*iö*, **z**). peinlich genau.
mioche m. (miòsch). *Fam.* Knirps.
mirabelle f. (bèl). Mirabelle.
mi‖racle m. (*a*kl). Wunder, n. ④. ‖**-raculeux, euse,** a. (kül*ö*), **z**. wunderbar.
mi‖rage m. (*a*j). Luftspiegelung, f. ‖**-re** f. (mir). Korn, n. ②. *Point de mire,* Zielpunkt. ‖**-rer** (r*é*), aufs Korn nehmen*. ‖ [œufs] prüfen. ‖ [se] sich spiegeln.
mirent. V. *mettre**.
mirifique a. (ìk). *fam.* bewundernswert.
mirliton m. (o^n^). Zwiebelflöte, f. ‖ *Vers de mirliton,* Gereime, n.
mirobolant, e, a. (**a**^n^, t), *fam.* bewundernswert.
mir‖oir m. (°*a*r). Spiegel ④. ‖**-oitement** m. (°atm**a**^n^). Spiegelung, f. spl. Schillern, n. spl. ‖**-oiter** (°at*é*), spiegeln, schillern. ‖**-oiterie** f. (°*a*tr*ie*). Spiegelfabrik. ‖**-oitier** m. (*ié*). Spiegelfabrikant, -en, -en.
mis. V. *mettre**. Bien mis, gut gekleidet.
misaine f. (z*ä*n). *Mât de misaine,* Fockmast.
misanthro‖pe a. (**za**^n^tròp). menschenscheu. ‖ m. Menschenfeind, Misanthrop, -en, -en. ‖**-pie** f. (p*i*). Menschenscheu, f., -haß, m. ‖**-pique** a. menschenfeindlich.
mi‖se f. (miz). Stellen, n. spl., Setzen, n. spl., Legen, n. spl. V. *mettre**. ‖ [jeu] Einsatz, m. ‖ [affaires] Einlage. ‖ [enchères] Gebot, n. ①. ‖ [vêtement] Tracht. — *en plis,* Wasserwellen, pl. ‖ *Fig. Être* de mise,* zulässig [*ou* statthaft] sein*. ‖**-ser** (**z***é*). [jeu] einsetzen. ‖ [enchères] bieten*.
mi‖sérable a. (zér*à*bl). elend. ‖ [précaire] kümmerlich. ‖**-sère** f. (z*ä*r). Elend, n. spl. ‖ [détresse] Not, spl. ‖pl. Beschwerden. ‖ [souffrances] Leiden, n. pl. ‖**-serere** m. (-r*é*). Miserere, n. inv.
mi‖séricorde f. (òrd). Barmherzigkeit. ‖**-séricordieux, euse,** a. (d*iö*, **z**). barmherzig.
missel m. (*è*l). Meßbuch, n. ②.
mi‖ssion f. (*io*^n^). [charge] Auftrag, m. ‖ [tâche] Aufgabe, ‖ [divine] Sendung. ‖ [religieuse] Mission. ‖**-ssionnaire** m. (siòn*ä*r). Missionar ①. ‖**-ssive** f. (s*i*w). Sendschreiben, n. ④. ‖**-stral** m. (*à*l). « Mistral » [Wind].
mit. V. *mettre**.
mitaine f. Pulswärmer, m.
mitan m. Mitte, f.
mite f. Milbe.
mi-temps f. (mit**a**^n^). Halbzeit.
mitiger. mildern.
mitonner (òn*é*). langsam kochen.
mi‖toyen, ne, a. (t°aj**i**^n^, *è*n). Mittel... : *mur mitoyen,* Mittelmauer, f. ‖**-toyenneté** f. (t°ajènt*é*). Grenzgemeinschaft.
mi‖traille f. (tr*a*j). Kartätsche. ‖**-trailler** (traj*é*). niederschießen*. ‖**-trailleuse** f. (traj*ö***z**). Maschinengewehr, n.
mitre f. (mìtr). Bischofsmütze.
mitron m. (**o**^n^). Bäckerbursche, -n, -n.
mix‖te a. (mikst). gemischt. ‖**-ture** f. (*ü*r). Mischtrank, m.
Mlle, Mlles, MM., Mme, Mmes. Abkürzungen für : *Mademoiselle, Mesdemoiselles, Messieurs, Madame, Mesdames.*
mnémo‖nique, -technique a. (tèk-n*i*k). mnemonisch.
mo‖bile a. (b*ì*l). beweglich. ‖m. Beweggrund. ‖**-bilier, ière,** a. (*ié*, *iä*r). beweglich, Mobiliar... ‖m. Hausrat, spl. ‖**-bilisation** f. (zasi**o**^n^). Mobilmachung. ‖**-biliser** (**z***é*). mobil machen, mobilisieren. ‖**-bilité** f. (t*é*). Beweglickeit.
moche a. (mòsch), *pop.* häßlich.
mo‖dalité f. (mo-t*é*). Modalität. ‖**-de** m. (mòd). Art, f., Weise, f.

Art und Weise. ‖[procédé] Vorgang. ‖*Gramm.* Modus, ...di. ‖*Mus.* Tonart, f. ‖f. [toilette, usage] Mode : *à la mode,* nach der Mode, modisch, modern; *être à la* —, [choses] Mode sein*; *passer de mode,* aus der Mode kommen*. ‖*Bœuf à la mode,* geschmortes Rindfleisch, n. ‖pl. Modewaren, *Magasin de modes,* Putzwarengeschäft, n.
mo‖delage m. (modl*a*j). Modellieren, n. spl. ‖**-dèle** m. (dèl). Muster, n. ④. ‖ **-deler** (dl*é*). modellieren. ‖[**se**] zum Muster nehmen*. ‖**-deleur** m. (**œ**r). Modellierer ④.
mo‖dération f. (*sio*ⁿ). Mäßigung. ‖**-déré, e,** a. (r*é*). mäßig. ‖m. Gemäßigte[r], a. s. ‖ **-dérer** (r*é*). mäßigen.
mo‖derne a. (dern). modern, neuer ‖**-derniser** (z*é*). modernisieren.
mo‖deste a. bescheiden. ‖[pudique] sittsam. ‖**-destie** f. (-t*i*). Bescheidenheit, Sittsamkeit. ‖**-dicité** f. (sit*é*). Mäßigkeit.
mo‖dificatif, ive, a., abändernd. ‖**-dification** f. Abänderung. ‖**-difier.** abändern.
modique a. (*i*k). mäßig.
modiste f. (*i*st). Putzmacherin, Modistin.
modulation f. (dü-*sio*ⁿ). Modulation.
module m. (d*ü*l). Model ④. ‖[monnaies] Durchmesser ④.
moduler (l*é*). modulieren.
moell‖e f. (mᵒ*a*l). Mark, n. spl. *Fig. Jusqu'à la moelle des os,* bis auf die Haut, durch und durch. ‖*Fig.* Kern, m., das Beste, a. s. ‖**-eux, euse,** a. (*ö*, **z**). markig. ‖*Fig.* [doux] weich. ‖[velouté] samtartig. ‖**-on** m. (*o*ⁿ). Bruchstein.
mœurs f. pl. (mœrs). Sitten, pl.
moi pron. pers. (mᵒa). ich, mir, mich. V. GRAMM. ‖*A moi!* Hilfe!
moignon m. (nj*o*ⁿ). Stumpf.
moindre a. (mo*i*ⁿdr). minder, geringer : *le, la moindre,* das mindeste.
moine m. (mᵒ*à*n). Mönch.
moineau, x, m. (n*ô*). Sperling, Spatz, -en, -en.
moins‖ adv. (moiⁿ). weniger, minder : *moins d'eau,* weniger Wasser; *moins de cent,* weniger als hundert, unter hundert. ‖superl. : *le moins,* am wenigsten; *au moins, du moins,* wenigstens; *pas le moins du monde,* nicht im geringsten. ‖LOC. *A moins de cent francs,* unter hundert Franken; *à moins d'être* fou,* wenn man nicht verrückt ist; *à moins que...,* es sei denn, daß...; *de moins : dix francs de moins,* zehn Franken zu wenig; *en moins de rien,* in einem Nu; *pas moins* [néanmoins], nichtsdestoweniger. ‖*Arithm.* minus. ‖m. Minuszeichen, n. ④. ‖**--value** f. (wal*ü*). Minderwert, m. ‖[recette] Mindereinnahme.
moi‖re f. (mᵒ*a*r). Mohr, m. ①. ‖**-rer** (r*é*). mohren.
mois m. (mᵒ*a*). Monat ① : par mois, monatlich.
Moïse npr. m. (moï**z**). Moses.
moi‖si, e, a. (mᵒa**z***i*). schimmelig. ‖m. Schimmel. ‖**-sir** (**z***i*r), tr. schimmelig machen. ‖ intr. verschimmeln [*sein*]. ‖**-sissure** f. (s*ü*r). Schimmel, m. spl.
moi‖sson f. (s*o*ⁿ). Ernte. ‖**-ssonner** (sòn*é*). ernten, mähen. ‖*Fig.* [faucher] dahinraffen. ‖**-ssonneur, euse,** m., f. (**œ**r, **öz**). Mäher ④, in, Schnitter ④, in. ‖f. [machine] Mähmaschine.
moi‖te a. (mᵒ*à*t). etwas feucht. ‖**-teur** f. (**œ**r). gelinder Schweiß, m.
moitié f. (t*ié*). Hälfte. *A moitié,* zur Hälfte, halb; *à moitié chemin,* auf halbem Wege, halbwegs; *de moitié* [trop cher, etc.], um die Hälfte; *être* de moitié* [avec qn], auf die Hälfte beteiligt sein*. ‖*Fig. fam.* [épouse] bessere Hälfte.
moka m. (k*à*). [Mokka-] kaffee.
mol, le, a. (mòl). V. *mou.*
molaire f. (l*ä*r). Backenzahn, m.
Mol‖dave m. et f. Moldauer ④, in. ‖a. moldauisch. ‖**-davie** npr. f. Moldau.
môle m. (môl). Hafendamm, Mole, f.
mol‖éculaire a. (kül*ä*r). Molekular... ‖**-écule** f. (*ü*l). Teilchen, n. ④.
moleskine f. (*i*n). Moleskin, n.
molester (t*é*). placken.
molette f. (*è*t). Spornrädchen, n. ④.
mol‖lasse a. (*à*s). weichlich. ‖*Fig.* schlaff. ‖**-le** a., **-lement** adv. (mòlm*a*ⁿ). V. *mou.* ‖**-lesse** f. (*è*s). Weichheit. ‖ *Fig.* Weichlichkeit

‖ [laxité] Schlaffheit. ‖ [indolence] Lässigkeit.
mol‖let, te, a. (*lè*, t). [œuf] weichgesotten. ‖ m. Wade, f. ‖ **-letière** f. (mòl*tiär*). Wadengamasche. ‖ **-leton** m. (molt*o*ⁿ). Molton ①. ‖ **-lir** (*ir*). weich werden*. ‖ *Fig.* erschlaffen [*sein*]. ‖ [céder] zu leicht nachgeben*.
mollusque m. (*lüsk*). Weichtier, n.
molosse m. Hofhund ①.
môme m. (*môm*). *Pop.* Knirps.
momen‖t m. (mòm*a*ⁿ). Augenblick. *Au moment,* im Augenblick; *du moment que,* sobald als. ‖ **-tané, e**, a. augenblicklich.
momerie f. (momr*i*). Gleisnerei.
momie f. (*ie*). Mumie.
mon, ma, mes, a. poss. (*mo*ⁿ, mè). mein, e. V. GRAMM.
monacal, e, aux, a. (*kàl*, *o*). Mönchs..., Kloster...
monar‖chie f. (sch*i*). Monarchie. ‖ **-chique** a. (*ìk*). monarchisch. ‖ **-chiste** m. (*ist*). Monarchist, -en, -en. ‖ a. monarchistisch. ‖ **-que** m. (*ark*). Monarch, -en, -en.
mo‖nastère m. (*tär*). Kloster, n. ③. ‖ **-nastique** a. (*ìk*). klösterlich, Kloster...
monceau, x, m. (*mo*ⁿ*sô*). Haufen ④.
mon‖dain, e, a. (*di*ⁿ, *än*). weltlich. ‖ **-de** m. (*mo*ⁿd). Welt, f. : *le beau monde,* die feine Welt; *le grand monde,* die vornehme Welt. ‖ LOC. *L'autre monde,* das Jenseits, n.; *mettre* au monde,* gebären*. ‖ [univers] Weltall, n. ‖ [gens] Menschen, pl. Leute, pl.; *tout le monde,* jedermann. ‖ [foule] Menschenmenge, f. ‖ **-dial, e, aux**, a. Welt...
monégasque a. (*ask*). aus Monako.
monétaire a. (*tär*). Münz...
Mongol, e, npr. m., f. (*mo*ⁿgol). Mongole, -n, -n, in. ‖ a. mongolisch.
moniteur m. (*tœr*). [gymnastique] Vorturner ④. ‖ [journal] Anzeiger ④.
mon‖naie f. (*nä*). Münze. ‖ [argent] Geld, n. : *fausse* —, falsches Geld, n.; *menue, petite monnaie,* Kleingeld, n.; *monnaie divisionnaire* ou *d'appoint,* Scheidemünze; *donner* ou *rendre la monnaie de,* wechseln. ‖ LOC. *Battre monnaie,* Geld prägen; *fig.* [avec qc.] zu Gelde machen. ‖ **-nayer** (*näjé*). münzen, prägen. ‖ **-nayeur** m. (*jœr*). Münzer ④ : *faux monnayeur,* Falschmünzer.
mono‖chrome a. (*krom*). einfarbig. ‖ **-cle** m. (*òkl*). Augenglas, n. ②, Monokel, n. ④. ‖ **-gramme** m. (*àm*). Monogramm, n. ①. ‖ **-graphie** f. (*fi*). Monographie. ‖ **-lithe** m. (*ìt*). Monolith ①. ‖ **-logue** m. (*òg*). Selbstgespräch, n. ‖ **-mane** m. Monomane. ‖ **-manie** f. Monomanie.
monôme m. (*ôm*). Monom, n. ①.
monoplace m. Einsitzer.
mono‖pole m. (*pòl*). Monopol, n. ①. ‖ **-poliser** (*zé*). monopolisieren. ‖ **-syllabe** m. (*àb*). einsilbiges Wort, n. ②. ‖ a. et **-syllabique.** einsilbig. ‖ **-tone** a. (*tòn*). eintönig. ‖ **-tonie** f. (*i*). Eintönigkeit. ‖ *Fig.* Einförmigkeit.
monseigneur m. [abgek. : **Mgr**] (*mo*ⁿ*sänjœr*), pl. *messeigneurs.* gnädiger Herr. ‖ [évêque] Seine *ou* Ew. [Eure] Hochwürden. ‖ **-sieur** m. [abgek. : M.] (*mœsiö*), pl. *messieurs.* [abgek. : MM.] [3e pers.] Herr, -n, -en. ‖ [2e pers.] mein Herr, pl. meine Herren. ‖ *Monsieur le comte,* der Herr Graf, [2e pers.] Herr Graf; *Monsieur votre père,* etc., Ihr Herr Vater usw. ‖ LOC. *Faire* le monsieur,* den großen Herrn spielen.
mon‖stre m. (*mo*ⁿ*str*). [être difforme] Mißgeburt, f. ‖ [être énorme] Ungeheuer, n. ④. ‖ [être inhumain] Unmensch, -en, -en. ‖ a. et **-strueux, euse** (*trüö*, **z**). [difforme] mißgestaltet. ‖ ungeheuer. ‖ [abominable] scheußlich. ‖ **-struosité** f. (*zité*). Ungeheuerlichkeit. ‖ Scheußlichkeit. ‖ [acte] Untat.
mon‖t m. (*mo*ⁿ). Berg. *Par monts et par vaux,* über Berg und Tal. ‖ *Fig. Monts et merveilles,* goldene Berge. ‖ **-tage** m. (*tàj*). Hinaufschaffen, n. ‖ [machines] Zusammenstellen, n. ‖ **-tagnard, e**, m., f. (*njàr*, d). Bergbewohner ④, in. ‖ **-tagne** f. (*tànj*). Berg, m. ‖ [monts] Gebirge, n. ④. ‖ **-tagneux, euse**, a. (*tànjö*, **z**). bergig, gebirgig. ‖ **-tant, e**, p. a. (*a*ⁿ, t). V. *monter.* ‖ [robe] hochgeschlossen. ‖ [garde] aufziehend. ‖ m. [somme] Betrag. [goût] Prickeln, n. ‖ [poteau] Pfosten ④.

Italique : accentuation. **Gras :** pron. spéciale. *Verbe fort. V. GRAMMAIRE.

‖[pilier] Pfeiler ④. ‖[d'échelle] Leiterbaum. ‖[de meuble] Seitenstück, n.

mont-de-piété m. (mo^n^ d^e^ -té). Leihhaus, n. ②.

mon‖te-charge m. (mo^n^tscharj). Aufzug. ‖**-tée** f. (tee). Steigen, n. spl. ‖[rampe) Aufstieg, m. ‖[escalier] Stiege. ‖**-te-plats** m. (mo^n^t-plà). [Küchen-]Aufzug.

mon‖ter (té) intr. steigen* [*sein*]. *Monter et descendre,* auf- und niedergehen*. ‖[en s'éloignant] hinaufsteigen*, -gehen*, -fahren* usw. [*sein*]. ‖[en se rapprochant] heraufsteigen*, -gehen*, fahren*, usw. [*sein*]. ‖[en voiture] einsteigen*, intr., besteigen*, tr. ‖[en grade] aufrücken [*sein*]. ‖[somme] : *monter à,* betragen*, tr. ‖tr. [gravir] ersteigen*. ‖[en s'éloignant] hinauf-, [en se rapprochant] heraufsteigen*. -gehen*, -fahren* usw. [*sein*]. ‖[un cheval] bereiten*. ‖[un objet] hinauf [*ou* herauf-, v. ci-dessus] -bringen*, -schaffen*, -tragen*. ‖[machine] zusammenstellen. ‖[dresser] aufstellen. ‖[lit, tente, etc.] aufschlagen*. ‖[horloge] aufziehen*. ‖[diamant, etc.] einfassen. ‖*Fig.* [munir] ausstatten [mit]. ‖[complot] anzetteln. ‖intr. [prix] anziehen*. ‖**[se]**. *Se monter à* [somme], betragen, tr., sich belaufen* [auf, *acc.*]. ‖**-teur** m. (tœr). Aufsteller ④, Monteur ① (pron. fr.). ‖[bijoux] Einfasser ④.

mon‖ticule m. (mo^n^-kül). Hügelchen, n. ④. ‖**-toir** m. Auftritt.

mon‖tre f. (mo^n^tr). Taschenuhr. ‖*montre-bracelet,* Armbanduhr. ‖[vitrine] Schaufenster, n. ④. ‖[ostentation] Schau. *Faire* montre de,* prahlen [mit]. ‖**-trer**. zeigen. ‖ [prouver] beweisen*. ‖ [enseigner] lehren [à qn, einen]. ‖[se]. sich erweisen*. ‖**-treur** m. (œr) : *montreur d'ours,* Bärenführer.

monture f. (tür). [animal] Reittier, n. ‖[appareil] Gestell, n. ‖[bijoux] Einfassung.

monumen‖t m. (üma^n^). Denkmal, n. ②. ‖[édifice] Gebäude, n. ④. ‖**-tal, e, aux,** a. monumental. ‖[grandiose] großartig.

mo‖quer [se] (ké) [de]. spotten, intr. [über, *acc.*], zum besten haben*. ‖**-querie** f. (kri). Spott, m. spl.

moquette f. (kèt). Mokade.

moqueur, euse, a. (kœr, öz). spöttisch. ‖m., f. Spötter ④, in.

mor‖al, e, aux, a. (àl, o). sittlich, moralisch, Sitten... ‖m. das Sittliche, n., das Moralische, n. ‖[état d'âme] Stimmung, f. ‖[courage] Mut. ‖**-ale** f. (àl). [doctrine] Sittenlehre, Moral. ‖[fables] Moral. ‖[semonce] Strafpredigt. ‖**-aliser** (zé). moralisieren. ‖**-aliste** m. (ist). Sittenlehrer ④, Moralist, -en, -en. ‖**-alité** f. (té). Sittlichkeit. ‖[fables] Moral.

mor‖atoire a. (t^o^ar). Aufschubs... ‖m. et **-atorium** m. (iòm). Zahlungsstundung, f.

Morave npr. m. et f. (àw). Mähre, -n, -n, ...rin. ‖a. mährisch.

mor‖bide a. (id). Krankheits... ‖**-bidité** f. (té). krankhaftes Wesen, n.

morbleu! (blö). potztausend!

mor‖ceau, x, m. (so). Stück, n. : — *de pain,* etc., Stück Brot, n. usw.; — *de musique,* Musikstück, n. ‖*Pop. : manger le morceau,* seine Mitschuldigen angeben*. ‖[bouchée] Bissen ④. ‖**-celer** (s^e^lé). zerstückeln. ‖**-cellement** m. (sèlma^n^). Zerstückelung, f.

mor‖dant, e, a. (a^n^, t). beißend. ‖m. Beize, f. ‖**-dicus** adv. (küs). steif und fest.

mordieu! interj. (diö). potztausend!

mordiller (dijé). knabbern [an, *dat.*].

mor‖doré, e, a. (ré). goldkäferfarbig. ‖**-dre** (mòrdr). beißen*. ‖[corroder] ätzen, beizen. ‖*Fig. Mordre à,* leicht lernen.

morfil m. (fil). Faden, Grat [e. Messers].

morfondre (fo^n^dr). durchkälten. ‖**[se]**. wartend, sich langweilen.

morganatique a. (ik). morganatisch.

morgue f. (morg). hochmütiges Wesen, n. ‖[pour cadavres] Leichenhalle.

moribond, e, a. (bo^n^, d). todkrank, sterbend.

moricaud, e, a. (kô, d). schwarzbraun.

morigéner (*jéné*). die Leviten lesen* [einem].
morille f. (*ij*). Morchel.
morion m. (*ion*). Pickelhaube, f. [ehemals].
mormon, ne, m., f. (*mon*, *òn*). Mormone, -n, -n, ...nin. ‖a. mormonisch.
morne a. (mòrn), grämlich. ‖[sombre] düster.
mornifle f. (*ifl*), *fam.* Ohrfeige.
morose a. (ôz). grämlich. ‖[chagrin] verdrießlich.
morphine f. (*fin*). Morphium, n.
mors m. (mòr). Gebiß, n. *Prendre* le mors aux dents,* durchgehen* [*sein*].
morse m. Walroß, n. ①.
morsure f. (*sür*). Biß, m.
mor‖t f. (mòr). Tod, m. spl. ‖*A mort...!,* nieder mit...! *Lit de mort,* Sterbebett, n.; *mettre* à mort,* umbringen*; *Mort-aux-rats,* Rattengift, n.; *se donner la mort,* sich das Leben nehmen*. ‖**-t, e,** a. (mòr, t). tot, a. ‖[défunt] gestorben, pp. ‖[bois, feuilles] dürr. ‖[eau] stehend. ‖[chair] wild, dürr. ‖[dépeuplé] ausgestorben. ‖ *Mort-né, e,* a., totgeboren. *Morte-saison,* stille Zeit [im Geschäft].
mortadelle f. (dèl), Mortadella [Rohfleischwurst].
mortaise f. (*täz*). Zapfenloch, n. ①.
mor‖talité f. (*té*). Sterblichkeit. ‖**-tel, le,** a. (*tèl*). sterblich. ‖[qui cause la mort] tödlich.
mortier m. (*tié*). Mörser ④. ‖[ciment] Mörtel ④ ‖[toque] Barett, n. ①.
mor‖tifère a. (*fär*). todbringend. ‖**-tification** f. (*sion*). Abtötung. ‖Brandigwerden, n. ‖Mürbemachen, n. ‖*Fig.* Kränkung. ‖**-tifier** (*fié*). abtöten. ‖[gangrène] brandig machen. ‖[viande] mürbe machen. ‖[offenser] kränken. ‖**-tuaire** a. (*tüär*). [maison, etc.] Sterbe... ‖[drap, etc.] Leichen... ‖[registre, etc.] Toten...
morue f. (*ü*). [fraîche] Kabeljau, m. ① *ou* -s. ‖[petite] Dorsch, m. ①. ‖[sèche] Stockfisch, m.
mor‖ve f. (mòrw). Rotz, m. ‖**-veux, euse,** a. (*wö*, **z**). rotzig. ‖m. *Fam.* Rotznase, f. ‖*Fig. fam.* Grünschnabel ③.
mosaïque f. (**za***ik*). Mosaik, Musivarbeit. ‖a. [de Moïse] mosaisch.
Moscou npr. m. (*kù*). Moskau, **n.**
Moscovite m., f. (*wìt*). Moskowiter ④, in. ‖a. moskowitisch.
Moselle npr. f. (**z***èl*). Mosel.
mosquée f. (*kée*). Moschee.
mo‖t m. (mô). Wort, n. ②. ‖[parole] Wort, n. ①. ‖LOC. *A mots couverts,* mit versteckten Anspielungen; *bon mot,* Witz; *en un mot,* mit einem Worte; *en deux mots,* kurzum; *à demi-mot,* bei versteckten Anspielungen; *grands mots,* hochtrabende Redensarten, f. pl.; *gros mot,* grobes *ou* derbes Wort; *mot à mot,* Wort für Wort, wörtlich; *Prendre* au mot,* beim Worte nehmen*; *se donner le mot,* sich verabreden. ‖**-tet** m. (*tè*). Motette, f.
mo‖teur, trice, a. (tœr, trìs). bewegend, treibend. ‖*Force motrice,* Triebkraft, f. *Voiture motrice,* Motorwagen, m. ‖m. Motor, en. *Moteur auxiliaire,* Hilfsmotor. ‖**-tif** m. (*if*). [Beweg-] Grund. ‖[arts] Motiv, n. ①. ‖**-tion** f. Antrag, m. ‖**-tiver.** begründen.
mo‖tocyclette f. Motorrad ②, n., Kraftrad, n. ‖**-tocycliste.** Kräder ④. ‖**-trice.** V. *moteur.*
motte f. (mot). Klumpen, m. ④. — *de terre,* Erdscholle.
motus! interj. (*tüs*). still!
mou, molle, a. (mù, mòl) [devant une voyelle : **mol**]. weich. ‖*Fig.* schlaff, träge. ‖m. *Mou de veau,* Kalbslunge, f.
mou‖chard m. (*schàr*). Spitzel ④. ‖**-charder** (*dé*). auskundschaften.
mouche f. (musch). Fliege. ‖ — *à miel,* Biene. ‖LOC. *Bateau-mouche,* m., Seinedampfer; *Fine mouche,* Schlauberger, m., Schlaukopf, m., pl.; *pattes de mouche,* Krähenfüße, m. pl.; *prendre* la mouche,* gleich in Hitze geraten*. ‖*Fig.* [ornement] Schönheitspflästerchen, n. ④. ‖[cible] das Schwarze, n. : *faire* mouche,* das Schwarze treffen*. ‖[fleuret] Lederknopf, m. ‖[mouchard] Spitzel, m.
moucher (*ché*). die Nase putzen [*dat.*]. ‖*Pop.* zurechtweisen*, prügeln. ‖[chandelle] putzen. ‖[**se**]. sich schnäuzen.

mou||**cheron** m. (muschr**o**ⁿ). Mücke, f. ||**-cheter** (muschté). sprenkeln. ||[pointillé] tüpfeln. ||**-chettes** f. pl. (schèt). Lichtschere, sing. ||**-cheture** f. (muschtür). Fleck, m. [natürlicher]. ||[pointillé] Tüpfel, m. ④.
mouchoir m. (schᵒar). Schnupf- *ou* Taschentuch, n. ②.
moudre* (mudr). mahlen*. ||*Fam. Être* moulu,* todmüde *ou* kreuzlahm sein*.
moue f. (mu). Mäulchen, n. ④. *Faire* la moue,* maulen.
mouette f. (muèt). Möwe.
moufle f. (mùfl). Fausthandschuh, m. ①. ||[poulie] Flaschenzug, m. ||[four] Muffel.
mouflon m. (**o**ⁿ). Muffeltier, n.
mou||**illage** m. (mujaj). Anfeuchten, n. spl. ||[vins] Wässern, n. spl. ||[navires] Vorankerliegen, n. : *être* au mouillage,* vor Anker liegen*. ||[lieu] Ankerplatz. ||**-illé, e,** a. (mujé). naß. ||[L] mouilliert. ||[navire]. *Être* —, vor Anker liegen*. ||**-iller** (mujé). anfeuchten, benetzen. ||[vin] wässern. ||**-illette** f. (jèt). Brotschnitte [zum Tunken].
moujik (jik) m. Muschik.
mou||**l...** V. *moudre**. ||**-lage** m. (làj). [plâtre, etc.] Abguß. ||**-le** m. mùl). Form, f. ||f. Miesmuschel. ||**-ler** (lé). gießen*, formen.
mou||**lin** m. (l**i**ⁿ). Mühle, f. ||**-liner** (né). zwirnen. ||**-linet** m. *Faire* le moulinet,* ein Rad schlagen* [mit e. Stock, usw.].
moulu, e, S. *moudre**.
moulure f. (lür). Leiste.
mou||**rant, e,** a. (**a**ⁿ, t). sterbend (-d-). ||**-rir*** (ir) [de]. sterben* [vor, *dat., d'une maladie,* an, *dat.*].
mouron m. Gauchheil, n.
mous||**quet** m. (muskè). Muskete, f. || **-quetaire** m. (kᵉtär). Musketier ①. ||**-queterie** f. (kᵉtri). Musketenfeuer, n. ||**-queton** m. (kᵉtoⁿ). Stutzbüchse, f.
mousse m. (mùs). Schiffsjunge, -n, -n. ||f. Moos, n. ①. ||[écume] Schaum, m. ||a. stumpf.
mousseline f. (muslìn). Nesseltuch, n. ②, Musselin, m. ①.
mous||**ser** (sé). schäumen. ||**-seux, euse,** a. (sö, **z**). moosartig. ||[liquide] schäumend. *Vin mousseux,* Schaumwein.
mousson f. (**o**ⁿ). Monsun, m. ①.
moussu, e a. (sü). bemoost.
mous||**tache** f. (asch). Schnurrbart, m. ||[chat, etc.] Bart, m. ||**-tachu, e,** a. schnurrbärtig.
mous||**tiquaire** f. Moskitonetz, n. ||**-tique** m. Moskito, s.
moût m. (mu). Most ①.
moutard m. (mutàr), *fam.* Bengel ④.
mou||**tarde** f. (ard). Senf, m. spl. ||[condiment] Mostrich ①. ||**-tardier** m. (dié). Senfnapf.
mou||**ton** m. (t**o**ⁿ). Hammel ③, Schaf, n. ①. ||[machine] Ramme, f. ||*Fig.* [nuage, vague] Schäfchen, n. ④. ||**-tonner** (tòné). [mer] Schäfchen haben*. ||**-tonneux, euse,** a. (tònö, **z**). [*ciel*] voller Schäfchen. ||[mer] schäumend. ||**-tonnier, ère,** a. (ié, iär). schafmäßig.
mouture f. (tür). Mehlen, n. spl.
mou||**vant, e** a. (w**a**ⁿ, t). beweglich. *Sable mouvant,* Flug- *ou* Triebsand, m. ||**-vement** m. (muwm**a**ⁿ). Bewegung, f. || [machines] Räderwerk, n. ||[horlogerie] Uhrwerk, n. ||**-vementé, e,** a. (té). bewegt, unruhig. ||**-voir*** (wᵒar). bewegen.
moy||**en, ne,** a. (mᵒaj**i**ⁿ, èn). mittler [seulement épithète], Mittel... : *Moyen Age,* Mittelalter, n. ||[grandeur] mittelgroß. ||[médiocre] mittelmäßig. ||[en moyenne] durchschnittlich. ||m. Mittel, n. ④. || f. Durchschnitt, m. *Moyenne horaire,* Stundendurchschnitt, m. ||**-enageux, euse,** a (jö, **z**), *fam.* mittelalterlich.
moyennant prép. (**a**ⁿ). mittels, vermittelst [*gén.*].
moyennement (ènm**a**ⁿ) adv. mittelmäßig, mäßig, ziemlich.
mû, ue, (mü), pp. v. *mouvoir**.
mu||**cilage** m. (müsilaj). Pflanzenschleim. ||**-cilagineux, euse,** a. (nö, **z**). schleimig. ||**-cosité** f. (zité), **-cus** m. (küs). Schleim, m.
mu||**e** f. (mü). Mause[zeit]. ||[cage] Maststall, m. ||**-er** (müé). mausern, sich balgen.
mu||**et, te,** a. (müè, t). stumm. ||[lettre] Stummlaut, m. ①, Muta, ...ten. ||**-ezzin** m. (müèz**i**ⁿ). Muezzin ①.

mu‖fle m. (müfl). Muffel ④. ‖*Pop.* Flegel ④. ‖**-flerie** f. (*eri*), *pop.* Flegelei.

mu‖gir (*jir*). brüllen. ‖[mer] brausen, brüllen, tosen. ‖**-gissement** m. (jisman). Brüllen, n. spl. ‖Brausen, n. spl. Tosen, n. spl.

muguet m. (gè). Maiglöckchen, n. ④. ‖[maladie] Schwämmchen, n.

muid m. (müi). Mud, n. ①.

mulâtre, esse, m., f. (*a*tr). Mulatte, -n, -n, ...ttin.

mu‖le f. (mül). Mauleselin. ‖[du pape] Pantoffel, m. ‖**-let** m. (lè). Maultier, n., -esel ④. ‖**-letier** m. (tié). Maultiertreiber ④.

mulot m. (lô). Feldmaus, ¨e, f.

multi‖colore a. (mül-òr). vielfarbig. ‖**-ple** a. (*i*pl). vielfach. ‖m. das Vielfache, a. s. ‖**-plicande** m. (*a*nd). Multiplikand, -en, -en. ‖**-plicateur** m. (t*œ*r). Multiplikator, -en. ‖**-plication** f. (si*o*n). Vervielfachung. ‖*Arithm.* Multiplikation. ‖**-plicité** f. (sit*é*). Vielfältigkeit. ‖**-plier.** vervielfachen. ‖*Arithm.* multiplizieren. ‖**-tude** f. große Menge. ‖[peuple] der große Haufen, m.

Mu‖nich npr. m. (mün*i*k). München, n. ‖**-nichois, e,** m., f. et a. inv. (k*o*a, *o*az). Münchener ④, in.

mu‖nicipal, e, aux, a. (sipàl, ô). städtisch, Stadt... ‖**-nicipalité** f. (si-t*é*). städtische Behörde.

munificence f. (s*a*ns). große Freigebigkeit.

mu‖nir [de]. versehen* [mit]. ‖[doter] ausstatten. ‖**-nition** f. (si*o*n). [provision] Kriegsvorrat, m. *Pain de munition,* Kommißbrot, n. ‖pl. [de bouche] Mundvorrat, m. ‖[poudre, etc.] Schießbedarf, m. spl. Munition, sing.

muqueux, euse, a. (k*ö*, z). schleimig. ‖f. Schleimhaut, ¨e.

mur m. (mür). Mauer, f. ‖[paroi] Wand, ¨e, f. ‖— *de refend,* Brandmauer.

mûr, e a. (ür). reif.

mur‖aille f. (mür*à*j). Mauer. ‖**-al, e, aux,** a. (*à*l, *o*). Mauer..., [intérieur] Wand...

mûre f. (mür). Maulbeere. ‖[de ronces] Brombeere.

murer (mür*é*). zumauern.

mûrier m. (mür*ié*). Maulbeerbaum.

mûrir (*i*r). reifen.

murmu‖re m. (mürm*ü*r). Murmeln, n. spl. ‖Murren, n. spl. ‖Rieseln, n. spl. ‖**-rer.** [chuchoter] murmeln. ‖[grogner] murren. ‖[eau] rieseln.

musaraigne f. (müzar*ä*nj). Spitzmaus, ¨e.

mu‖sard, e, a. (z*à*r, d). trödelnd. ‖**-sarder.** trödeln.

mus‖c m. (müsk). Bisam. ‖**-cade** f. Muskatnuß, üsse. ‖**-cadin** m. (*i*n). Stutzer ④. ‖**-cat** m. (k*à*). [vin, raisin] Muskatellerwein, -traube, f.

mus‖cle m. (müskl). Muskel -n. ‖**-clé, e,** a. muskulös. ‖**-culaire** a. (ül*ä*r). Muskel... ‖**-culeux, euse,** a. (kül*ö*, z). muskelig.

muse f. (müz). Muse.

museau, x, m. (z*ô*). Schnauze, f.

musée m. (*ée*). Museum, ...en, n.

mus‖eler (müzl*é*). den Maulkorb anlegen [*dat.*]. ‖ *Fig.* knebeln. ‖**-elière** f. (*iä*r). Maulkorb, m.

muser (z*é*). trödeln.

musette f. (zèt). Sackpfeife. ‖[à pain] Brotbeutel, m., ④.

muséum m. (éòm). Naturaliensammlung, f.

mus‖ical, e, aux, a., musikalisch, Musik... ‖**-ic-hall** m. Variététheater, n. ‖**-icien, ne,** m., f. (s*i*in, *i*èn). Musiker ④, in. ‖[ambulant] Musikant, -en, -en, m. ‖a. musikalisch. ‖**-ique** f. (ìk). Musik. Tonkunst. *Faire* de la musique,* musizieren. ‖[orchestre] Kapelle.

musulman, e, m., f. (ülm*a*n, *à*n). Muselmann ②, ...ännin. ‖a. muselmännisch.

mutation f. (mü-si*o*n). Wechsel, m. ④.

mutil‖ation f. (si*o*n). Verstümmelung. ‖**-er** (l*é*). verstümmeln.

mu‖tin, e, a. (*i*n, ìn). störrisch. ‖m. Trotzkopf. ‖**-tiner** [se]. sich empören. ‖**-tinerie** f. (tìnr*i*). Aufruhr, m.

mutisme f. (*i*sm). Stummheit, f.

mu‖tualiste m. (tüal*i*st). Mutualist, -en, -en. ‖**-tualité** f. (t*é*). Mutualität. ‖**-tuel, le,** a. (t*ü*èl). gegenseitig.

my‖ope a. (*ò*p). kurzsichtig. ‖**-opie** f. (p*i*). Kurzsichtigkeit, Blödsinnigkeit.

myosotis m. (zot*i*s). Vergißmeinnicht n.

myr||**iade** f. (*iàd*). Myriade. ||**-iamètre** m. (mètr). Myriameter. n. ④. ||**-iapode** m. (pòd). Myriapode.
myrrhe f. (mir). Myrrhe.
myrte m. (mirt). Myrte, f.
myst||**ère** m. (tär). Geheimnis, n. ||[religion, spectacle] Mysterium, ...ien, n. ||**-érieux, euse,** a. (r*iö*, **z**). geheimnisvoll. ||**-icisme** m. (s*i*sm). Mystizismus. ||**-ificateur** m. Fopper ④. ||**-ification** f. (s*io*ⁿ). Fopperei. ||**-ifier.** foppen. ||**-ique** a. (*i*k). mystisch.
myth||**e** m. (mit). Mythe, f. ||**-ique** a. (ìk). mythisch. ||**-ologie** f. (òlòjî). Mythologie.

N

N, n, m. N, n, n.
nabab m. (bàb). Nabob, -s.
nabot m. (b*o*). Zwerg.
nacelle f. (sèl). Nachen, m. ④. ||[ballon] Gondel.
na||**cre** f. (nàkr). Perlmutter. ||**-cré, e,** a. (kr*é*). perlmutterartig.
na||**ge** f. (naj). Schwimmen, n. *Traverser à la nage,* durchschwimmen. ||*Fig. : [tout] en nage,* in Schweiß gebadet. ||**-geoire** f. (j°*a*r). Flosse. ||**-ger** (j*é*). schwimmen*. ||**-geur, euse,** m., f. (**jœr, öz**). Schwimmer ④, in.
naguère adv. (g*ä*r). neulich.
naïade f. (jàd). Najade.
naïf, ïve, a. (*i*f, *i*w). unbefangen, naiv.
nain, e, m., f. (niⁿ, nän). Zwerg, in.
nais||... V. *naître**. ||*-sance* f. (näß*a*ⁿs). Geburt; [origine] Herkunft.
naître* (nätr). geboren werden*. ||*Fig.* entstehen*. Faire* naître*, erwecken. ||[jour] anbrechen*.
naïveté f. (iwt*é*). Unbefangenheit; Naivität.
nanan m. (*a*ⁿ), *fam.* Leckerei, f.
nantir (*i*r). decken, sichern [durch e. Pfand]. ||*Fig.* [de]. versehen* [mit].
nantissement m.[(tism*a*ⁿ). Faustpfand, n. ②.
na||**phtaline** f. (ìn). Naphtalin, n. ||**-phte** m. (naft). Naphta, -s, n.
Naples npr. f. (nàpl). Neapel, n.
Napol||**éon** npr. m. (é*o*ⁿ). Napoleon. ||**-éonien, ne,** a. napoleonisch.
Napolitain, e, m., f. (t*i*ⁿ, *ä*n). Neapolitaner ④, in. ||a. neapolitanisch.
na||**ppe** f. (nàp). Tischtuch, n. ②. || — *d'eau,* Wasserspiegel, m.; [souterraine] Grundwasser, n. ||**-pperon** m. Übertischtuch, n. ②.
naq... V. *naître**.
narcisse m. (s*i*s). Narzisse, f.
narcissisme m. (sism). Selbstbewunderung, f.
narcotique a. (tìk). narkotisch. ||m. Schlaftrunk ①.
narguer (g*é*). höhnen.
narguilé m. (gil*é*). Nargileh, -s, n.
narine f. (*i*n). Nasenloch, n. ②.
narquois, e, a. (k°*a*, **z**). schalkhaft.
nar||**rateur, trice,** m., f. (nàr'ratœr, trìs). Erzähler ④, in. ||**-ration** f. (s*io*ⁿ). Erzählung. ||**-rer.** erzählen.
na||**sal, e, aux,** a. (**z**àl, *o*). Nasen... ||f. Nasenlaut, m. ①. ||**-seau, x,** m. (z*ô*). Nüster, f. ||**-sillard, e,** a. (zijàr,d). näselnd, ||**-sillement** m. (zijm*a*ⁿ). Näseln, n. ||**-siller** (zij*é*). näseln.
nasse f. (nàs). Reuse.
na||**tal,** e, a. (*à*l). heimatlich geburts... ||**-talité** f. (t*é*). Geburtenzahl.
na||**tation** f. (s*io*ⁿ). Schwimmen, n. ||**-tatoire** a. (t°*a*r). Schwimm...
natif, ive, a. (*i*f, *i*w). [de] gebürtig [aus].
na||**tion** f. (s*io*ⁿ). Volk, n. ②, Nation. *Société des Nations,* Völkerbund, m. ||**-tional, e, aux,** (siònàl, *o*). Landes..., national. ||**-tionalisation** f. (-zas*io*ⁿ). Verstaatlichung, Nationalisierung. ||**-tionaliser** (z*é*). verstaatlichen, nationalisieren. ||**-tionalisme** m. (l*i*sm). Nationalismus. ||**-tionaliste** m. (*i*st). Nationalist, -en, -en. ||**-tionalité** f. Staatsangehörigkeit.
nativité f. (wit*é*). Nativität.
na||**tte** f. (nàt). Matte. ||[cheveux] Zopf, m. ||**-tter** (t*é*). flechten*.

natur||**alisation** f. (zasi*o*ⁿ). Naturalisierung. ||**-aliser** (*zé*). naturalisieren. ||**-alisme** m. (*ism*). Naturalismus. ||**-aliste** m. (*ist*). Naturforscher ④. ||[philosophe] Naturalist, -en, -en. ||**-e** f. (tür). Natur. ||[constitution] Beschaffenheit. ||*En nature,* in Wirklichkeit; *contre nature,* naturwidrig. ||*Fig.* [peinture] *nature morte,* Stilleben, n. ①. ||**-el, le,** a. (türèl). natürlich. ||m. Naturell, n. ||[indigène] Eingeborene[r], a. s. ||**-isme** m. (r*i*sm). Nacktkultur, f.

nau||**frage** m. (nofr*a*j). Schiffbruch. *Faire* naufrage,* Schiffbruch leiden*. ||**-fragé, e,** a. (*jé*). schiffbrüchig. ||**-frager** (*jé*). Schiffbruch leiden*.

nau||**séabond, e,** a. (zeab*o*ⁿ, d). Übelkeit erregend. ||**-sée** f. Übelkeit, Ekel, m. ||**-séeux, euse,** a. (ze*ö*, **z**). ekelhaft.

nau||**tique** a. (t*ì*k). Schiffahrts..., nautisch. ||**-tonier** m. (*ò*nié). Schiffer ④.

naval, e, a. (w*à*l). Schiffs..., See... *École navale,* seemännische Schule, f.

navarin m. (war*i*ⁿ). Hammelragout, n.

navet m. (w*è*). weiße Rübe, f.

navette f. (w*è*t). Rübsen, m. ||[de tissage, etc.] Schiffchen, n. ④. *Fig. Faire* la navette,* hin und her laufen*.

na||**vigable** a. (g*à*bl). schiffbar. ||**-vigateur** m. (t*œ*r). Seefahrer ④. ||**-vigation** f. (si*o*ⁿ). Schiffahrt. ||**-viguer** (g*é*). schiffen, segeln. ||**-vire** m. (w*i*r). Seeschiff, n.

na||**vrant, e,** a. herzzerreißend. ||**-vrer** (wr*é*). tief betrüben.

N. B. = *nota bene.*

N.-D. = Notre-Dame.

ne adv. (nœ)[**n'** devant une voyelle ou un **h** aspiré]. nicht. *Ne ... pas, ne ... point,* nicht; *ne ... que,* [quantité] nur; [point de la durée] erst; *ne ... rien,* nichts. ||[après *craindre* et après un comparatif, *ne* ne se traduit pas] : *je crains qu'il ne ...,* ich fürchte, daß er...

né, e, p. a. geboren. V. *naître**.

néanmoins adv. (*a*ⁿmo*i*ⁿ). nichtsdestoweniger.

néant m. (*a*ⁿ). Nichts, n., Nichtigkeit, f.

né||**buleux, euse,** a. (bül*ö*, **z**). nebelig. ||f. Nebelfleck, m. ||**-bulosité** f. (bü-zit*é*). Nebelhaftigkeit.

nécess||**aire** a. (ses*ä*r). nötig, notwendig. ||m. [de toilette, etc.] ...kästchen, n. ④, ...zubehör, n. ||**-ité** f. (sit*é*). Notwendigkeit. ||**-iter** (t*é*). notwendig machen. ||[exiger] erfordern. ||**-iteux, euse,** a. (t*ö*, **z**). bedürftig, notleidend.

nécro||**logie** f. (j*i*). Nekrolog, m. ①. ||**-logique** a. (j*i*k). nekrologisch. ||**-mancie** f. (m*a*ⁿs*i*). Schwarzkunst. ||**-mancien, ne,** m., f. (maⁿsi*i*ⁿ, i*è*n). Schwarzkünstler ④, in. ||**-pole** f. (p*ò*l). Totenstätte.

nectar m. (*à*r). Göttertrank.

Néerlandais, e, m., f. (laⁿd*ä*, **z**). Niederländer ④, in. ||a. niederländisch.

nef f. Schiff, n.

néfaste a. (f*a*st). unheilvoll.

nèfle f. Mispel.

néflier m. (*ié*). Mispelbaum.

négat||**eur, trice,** m., f. (t*œ*r, tr*i*s). Leugner ④, in. ||**-if, ive,** a. (*i*f, *i*w). verneinend, negativ. ||m. *Phot.* Negativ, n. ①. ||**-ion** f. (si*o*ⁿ). Verneinung. ||[mot] Verneinungswort, n. ②.

néglig||**é** m. (j*é*). Hauskleid, n. ②. ||**-eable** a. (j*à*bl). nicht der Mühe wert. ||**-ence** f. (j*a*ⁿs). Nachlässigkeit. ||**-ent, e,** a. (j*a*ⁿ, t). nachlässig. ||**-er** (j*é*). vernachlässigen.

négoc||**e** m. (g*ò*s). Handel, spl. ||**-iable** a. (si*à*bl). umsetzbar. ||**-iant** m. (si*a*ⁿ). Handelsmann, pl. -leute. ||**-iateur, trice,** m., f. (siat*œ*r, tr*ì*s). Unterhändler ④, in. ||**-iation** f. Unterhandlung. ||**-ier** (si*é*). unterhandeln. ||*Comm.* tr. [effet] begeben*.

nègre, négresse, m., f. Neger ④, in.

négrier m. (*ié*). Negerhändler ④. ||[vaisseau] Negerschiff, n.

négrillon, ne m., f. (ij*o*ⁿ, *ò*n). kleiner Neger, kleine Negerin.

nei||**ge** f. (n*ä*j). Schnee, m. spl. ||**-ger** (j*é*). schneien. ||**-geux, euse,** a. (j*ö*, **z**). schneeig. || [montagne] schneebedeckt.

nenni adv. (nan*i*). nicht doch!

nénuphar m. (nüf*à*r). Seerose, f.

né||**o...** neu... ||**-ologisme** m. (j*i*sm). Neologismus, ...men. ||**-ophyte** m. (f*ì*t). Neubekehrte [r], a. s.

néphrite f. (*ì*t). Nierenentzündung.

népotisme m. (*i*sm). Nepotismus.

ner‖f *m.* (nèr). Nerv, -es *ou* -en, en. ‖-- *de bœuf,* Ochsenziemer. ‖*Porter sur les nerfs,* auf die Nerven gehen. ‖*Avoir* ses nerfs,* nervös sein*. ‖*Fig. : avoir* du nerf* (er), energisch sein*. ‖**-veux, euse,** a. (wö, **z**). Nerven... ‖[irritable] nervös ‖[vigoureux, énergique] nervig. ‖**-vosisme** m. (woz*i*sm). Nervenschwachheit, f. ‖**-vosité** f. (**z**i*té*). Nervosität, Reizbarkeit. ‖**-vure** f. Rippe.

ne‖t, te, a. (nät). [pur] rein : *mettre* au net,* ins Reine bringen*; *copie* ou *mise au net,* Reinschrift. ‖[produit, bénéfice] Rein... ‖[propre] reinlich, sauber. ‖[clair] klar, deutlich. ‖[poids, prix] netto, adv., Netto...; *refuser net,* rund abschlagen. ‖**-tteté** f. (t^e*té*). Reinheit. ‖ Reinlichkeit, Sauberkeit. ‖Klarheit, Deutlichkeit. ‖**-ttoiement** m. (t^oam*a*^n), **-ttoyage** m. (toaj*à*j). Reinigen, n. spl., Putzen, n. spl. ‖**-ttoyer** (toaj*é*). reinigen*, putzen. ‖**-ttoyeur, euse,** m., f. (jœr, ö**z**). Reiniger ④, in, Putzer ④, in.

neu‖f, ve, a. (nœf, œw). neu. *A neuf,* neu; *remettre* à neuf,* neu umarbeiten, umbauen usw; *quoi de neuf?* was Neues? ‖num. neun. ‖m. [num.] Neun, f.

neu‖rasthénie f. (*i*). Nervenschwäche. ‖**-rasthénique** a. (*i*k). nervenschwach.

neurologue m. (l*o*g). Nervenarzt.

neu‖traliser (nö-**z***é*). neutralisieren. ‖**-tralité** f. (t*é*). Neutralität. ‖**-tre** a. (nötr). neutral, Neutral... ‖[nom] sächlich. ‖[verbe] intransitiv. ‖m. [nom] Neutrum, ...tra, n.

neu‖vaine f. (wän). neuntägige Andacht. ‖**-vième** a. (wi*è*m). V. GRAMM.

neveu, x, m. (œwö). Neffe, -n, -n.

névr‖algie f. (j*i*). Neuralgie. ‖**-ite** f. (*ì*t). Nervenentzündung. ‖**-ose** f. (*o***z**). Neurose.

nez m. (n*é*). Nase, f. ‖LOC. *Avoir* bon nez,* eine feine Spürnase haben*; *faire* un nez,* ein saures Gesicht machen; *faire* un pied de nez,* eine Nase drehen; *Nez à nez,* einander gegenüber; *parler du nez,* durch die Nase sprechen*; *rire* au nez de qn,* einem ins Gesicht lachen.

ni conj. *Ni..., ni...,* weder..., noch. *Ni moi non plus,* ich auch nicht.

niable a. (*à*bl). leugbar.

ni‖ais, e, a. (ni*ä*, **z**). einfältig. ‖**-aiserie** f. (ä**z**r*i*). Einfältigkeit.

Nice npr. f. (n*ì*s). Nizza, n.

ni‖che f. (nisch), Nische. ‖[à chien] Hundehütte. ‖[tour] Schabernack ①, m. [*faire** : spielen]. ‖**-chée** f. (sch*ée*). Nestvoll, n. inv. ‖[couvée] Brut. ‖**-cher** (sch*é*). intr. nisten. ‖tr. *fig.* [fourrer] hinstekken. ‖[**se**]. sich einnisten.

ni‖ckel m. (*è*l). Nickel. ‖**-ckeler** (kl*é*). vernickeln.

nicotine f. Nikotin, n.

nid m. (ni). Nest, n. ②.

nièce f. (niès). Nichte.

nier (ni*é*). leugnen, verneinen.

nigaud, e, m. f. (g*ô*, d). Einfaltspinsel ④, m.

ni‖hilisme m. Nihilismus. ‖**-hiliste** m. Nihilist, -en, -en.

nim‖be m. (ni^nb). Heiligenschein. ‖**-bus** m. (b*ü*s). Nimbus, ...usse.

ni‖ppes f. pl. (nip). Putzsachen. ‖**-pper** (p*é*). herausputzen.

Nippon m. (p*o*^n). Nippon, n. ‖a. japanisch.

nique f. (n*ì*k). *Faire* la nique à qn,* einem eine Nase drehen.

nitouche f. [**sainte**] (si^nt-t*u*sch). Scheinheilige, a f.

ni‖trate m. (*à*t). Nitrat, n. ①. ‖**-tre** m. (itr). Salpeter ④. ‖**-trique** a. (*i*k). *Acide nitrique,* Salpetersäure, f.

ni‖veau, x, m. (w*ô*). Höhe, f. *Au niveau de,* auf gleicher Höhe mit; *de niveau,* waagerecht. ‖*Fig. Se mettre* au niveau* [de], sich anpassen, *dat.* ‖[degré] Stufe, f. ‖[rang] Rang. ‖[instrument] Grundwaage, f. *Niveau d'eau,* Wasserwaage, f. ‖**-veler** (wl*é*). nivellieren. ‖[aplanir] waagerecht machen, einebnen. ‖**-vellement** m. (wèlm*a*^n). Nivellierung, f.Einebnung, f.

no‖biliaire a. (li*ä*r). Adels... ‖**-ble** a. (n*ò*bl). adelig. ‖*Fig.* edel. ‖**-blesse** f. (bl*è*s). Adel, m. ‖[condition] Adelstand, m. ‖[caractère]. Edelsinn, m.

no‖ce f. (n*ò*s), et pl. Hochzeit. ‖*Fig. fam.* [festin] Gelage, n. ④. ‖*Faire**

la noce, liederlich leben. ||**-cer** (s*é*). liederlich leben. ||**-ceur, euse,** m., f. (s*œ*r, *ö*z). Schlemmer ④, in.

no||cif, ive, a. (s*i*f, *i*w). schädlich. ||**-civité** f. (wit*é*). Schädlichkeit.

noct||ambule m. et f. (a^n b*ü*l). Nachtwandler ④, in. ||**-urne** a. (*ü*rn). nächtlich.

Noël m. (no*ä*l). Weihnachten, pl., Christfest, n. *Arbre, nuit de Noël,* Christbaum, Christnacht, f. ||*...de Noël,* Weihnachts... ||*noël.* [chant] Weihnachtslied, n.

nœud m. (nö). Knoten ④. *Fig.* [ch. de fer] Knotenpunkt. ||[de ruban] Schleife, f. ||[lien] Band, n. ①. ||[du bois] Knorren ④.

noir||, e, a. (n°*a*r). schwarz. *Point noir,* dunkler Punkt. ||m. Neger ④, Mohr, -en, -en. ||*Techn. Noir animal,* Knochenkohle, f.; — *de fumée,* Kienruß. ||LOC. *Broyer du noir,* finsteren Gedanken nachhängen ; *être* en noir,* in Trauer sein*; *voir* tout en noir,* alles schwarz sehen*. ||**-âtre** a. (*a*tr). schwärzlich. ||**-aud, e,** a. (r*ô*, d). schwarzbraun. ||**-ceur** f. (s*œ*r). Schwärze. ||*Fig.* Bosheit. ||**-cir** (s*i*r). schwärzen. ||*Fig.* [calomnier] anschwärzen.

noise f. (n°*a*z). *Chercher noise à qn,* mit jemand Händel suchen.

noi||setier m. (**z**ti*é*). Haselnußstrauch. ||**-sette** f. (**z***è*t). Haselnuß, ...üsse.

noix f. (n°a). Nuß, ...üsse.

nom m. (no^n). Name, -ns, -n : — *de baptême,* Taufname; — *de guerre,* angenommener Name; *petit* —, Vorname. ||LOC. *Au* — *de,* im Namen, *gén.*; *connaître de* —, dem Namen nach kennen*. ||*Fig.* [réputation] Ruf. ||*Gramm.* Haupt- *ou* Nennwort, n. ②.

nomade a. (*à*d). umherziehend. *Peuple, vie nomade,* Wandervolk, -leben, n.

nombre m. (no^n br). Zahl, f. ||[quantité] Anzahl, f. ||*Au nombre de,* unter der [*direction :* die] Zahl.

nombreux, euse, a. (brö, **z**). zahlreich.

nombril m. (br*i*). Nabel ③.

nom||enclature m. (ma^n-t*ü*r). Namenverzeichnis, n. ||**-inal, e, aux,** a. (*à*l.*ô*). nominell, Nenn... ||**-inatif, ive,** a. (*i*f, *i*w). namentlich. ||m. Nominativ, n., Nenn- *ou* Werfall.

||**-ination** f. (s*io*^n). Ernennung. ||**-mé, e,** p. a. (m*é*). genannt, benannt. *L'objet nommé...,* der sogenannte...; *un nommé X.,* ein gewisser X. ||LOC. *A point nommé,* wie gerufen. ||**-mément** adv. (m*a*^n). namentlich. ||**-mer** (m*é*). nennen*. ||[dénommer] benennen*. ||[à une fonction] ernennen* [zu].

non adv. (no^n) nein. || [ne pas] nicht. ||*Dire* que non,* nein sagen; *non pas!* nicht doch!; *non plus,* auch nicht; *ô que non!* o nein! ||*Non-...,* Nicht..., Un... z. B. : *non-activité,* f. Untätigkeit [vorübergehende] : *en non-activité* [fonctionnaire], zur Disposition [z. D.]; *non-fumeur,* m. Nichtraucher; *non-paiement,* m. Nichtbezahlung, f.; *non-sens,* m., Unsinn.

non||agénaire a. (nonajén*ä*r). neunzigjährig. ||**-ante** num. (*a*^n t) [dialecte] neunzig.

nonce m. (no^n s). Nunzius, ...ien.

non||chalance f. (schal*a*^n s). Nachlässigkeit. ||**-chalant, e,** a. (*a*^n, t). nachlässig. ||[mou] lässig.

non-conformiste m. (*i*st). Dissident, dissentierend.

non-lieu m. (l*iö*). Niederschlagung, f.

non||ne f. (n*ò*n). Nonne. ||**-nette** f. (n*è*t). junge Nonne. ||*Fig.* [gâteau] Nonnenbrötchen, n. ④.

non||obstant prép. (*a*^n). ungeachtet, *gén.*, trotz, *gén.* ||**-valeur** f. Unwert, m. spl. Wertlosigkeit. ||[personne] Nichtzählende[r], a. s.

nord m. (n*ò*r). Norden. *Pôle nord,* Nordpol; *au nord,* im Norden; *au nord de,* nördlich von. ||*... du nord,* nördlich, Nord...

Nord-Africain m. (k*i*^n). Nordafrikaner.

nor||d-est m. (dest). Nordosten. ||a. et adv. nordöstlich. ||**-d-ouest** m. (du*è*st). Nordwesten. ||a. et adv. nordwestlich.

normal, e, aux, a. (m*à*l, *ô*). regelrecht, normal. *École normale,* Lehrer-, Lehrerinnenseminar, n. ①; [supérieure] Normalschule, f.

normalisation f. (s*io*^n). Normung, f.

Normand, e m., f. (m*a*^n, d). Normanne, -n, -n, ...ännin. ||a. normannisch.

norme f. (n*ò*rm). Norm.

Nor||**vège** npr. f. (wäj). Norwegen, n. ||**-végien, ne,** m., f. (jiin, ièn). Norweger ④, in. ||a. norwegisch.
nos a. poss. (no). unsere. V. GRAMM.
nostalgie f. (ji). Heimweh, n.
no||**ta bene** loc. lat. (ta-né). [en abrégé : N. B.]. merke wohl! ; zur Beachtung! ||m. Notabene, -s, n. ||**-tabilité** f. (té). Notabilität. ||**-table** a. (àbl). ansehnlich. ||[personnage] vornehm.
no||**taire** m. (tär). Notar ①. ||**-tamment** adv. (taman). namentlich. ||**-tariat** m. (ria). Notariat, n. ||**-tarié, e,** a. (ié). notariell. ||**-tation** f. (sion). Notierung. ||[désignation] Bezeichnung. ||**-te** f. (nòt). Notiz. ||[livre] Anmerkung. ||*Mus., Diplom.* Note. ||[d'élève] Zeugnis, n., Note. ||[compte] Rechnung. ||**-té, e,** p. a. (té). *Bien, mal noté,* gut, übel angeschrieben. ||**-ter** (té). sich merken, notieren. ||[annoter] anmerken. ||**-tice** f. (tis). Notiz. ||[relation] kurzer Bericht, m. ||**-tification** f. (sion). Anzeige. ||**-tifier** (ié). anzeigen. ||**-tion** f. (sion). Kenntnis. ||[idée] Begriff, m. ||**-toire** a. (toar). offenkundig. ||**-toriété** f. (té). Offenkundigkeit.
notre a. poss. (nòtr). unser. *Notre-Dame,* unsere liebe Frau. [*Église*] *Notre-Dame,* Liebfrauenkirche. ||pron. *nôtre* [*le, la*], der, die, das unsere *ou* unserige. V. GRAMM.
nou||**é, e,** p. a. (nué). ||[rachitique] rachitisch, gekrümmt. ||**-er** (é). knüpfen. ||[cravate] umbinden*. ||*Fig.* [relations, conversation] anknüpfen. ||[amitié] schließen*. ||[intrigue] anzetteln. ||**-eux, euse,** a. (ö, z). knotig. ||[bois] knorrig.
nougat m. (ga). Nußkuchen ④.
nouilles f. pl. (nuj). Nudeln.
nounou f. (-nù), *fam.* Amme.
nou||**rri, e,** p. a. (ri). *Fig.* [tir, feu] anhaltend. ||[style, etc.] kräftig, reich. ||**-rrice** f. (ìs). Amme. ||**-rricier, ère,** a. (sié, iär). ernährend. ||*Père, mère nourricier, ère,* m., f. Pflegevater, -mutter. ||**-rrir** (ir). ernähren. ||[allaiter] säugen. ||[animaux] füttern. ||*Fig.* [sentiments] hegen. ||**-rrissant, e,** a. nahrhaft. ||**-rrisson** m. (son). Säugling. ||[en nourrice] Pflegekind, n. ②. ||**-rriture** f. (tür). Nahrung, Kost. ||[animaux] Futter, n. spl. ④. ||[alimentation] Ernährung.
nous pron. pers. (nù). wir. V. GRAMM. ||[complément] uns.
nou||**veau, x** [devant une voyelle ou un **h** aspiré, au singulier seulement : **-vel, elle** (wèl, wèle)]. neu. *Nouveau marié,* Neuvermählte[r], a. et s.; *nouveau venu,* Neuangekommene[r], a. s.; *nouveau-né,* a. et s. neugeboren. ||a. s. *Du nouveau,* Neues, a. s. ||adv. *A nouveau,* aufs neue, wiederum; *de nouveau,* wieder, von neuem. ||**-veauté** f. (wôté). Neuheit. ||[chose] Neuigkeit. ||pl. *Comm.* Modewaren* : *magasin de nouveautés,* Modewarengeschäft, n. ||**-vel.** V. *nouveau.* ||**-velle** f. (wèl). [nouveauté] Neuigkeit. ||[information] Nachricht : *avoir* des nouvelles de,* hören [von]; *donner de ses nouvelles,* von sich hören lassen. ||[littérature] Novelle. ||**-velliste** m. (ist)). Neuigkeitskrämer ④. ||m. et f. [littér.] Novellendichter ④, in.
novateur, trice, m., f. (watœr, trìs). Neuerer ③, in.
novembre m. (anbr). November.
no||**vice** a. (wìs). unerfahren. ||m. Novize, -n, -n. ||f. Novize. ||**-viciat** m. (sià). Noviziat, n.
noyade f. (noajàd). Ertränkung.
noyau, x, m. (noajo). [d'un fruit] Stein. ||*Fig.* Kern.
noyé, e, na (noajé). Ertrunkene[r], a. s.
noyer m. (jé). Nußbaum.
noyer (jé). ertränken. ||[animaux] ersäufen. ||[se]. ertrinken* [*sein*]. ||[animaux] ersaufen* [*sein*]. ||[volontairement] sich ertränken.
nu, e, a. (nü). nackt. *A nu,* nackt. ||[à découvert, unique] bloß : *à l'œil nu,* mit bloßem Auge; *nue-propriété,* bloßes Eigentum, n. ||[dénudé, découvert] entblößt, bar : *tête nue* ou *nu-tête,* mit entblößtem Haupt; *pieds nus* ou *nu-pieds,* barfuß, adv. ||*Fig.* [montagne] kahl. ||[épée] blank.
nu||**age** m. (nüaj). Wolke, f. ||**-ageux, euse,** a. (jö, z). wolkig, bewölkt.
nu||**ance** f. (nüans). Schattierung. ||[gradation] Abstufung. ||[teinte] Färbung. ||**-ancer** (sé). abstufen, abtönen.

nu||bile a. (*bi*l). mannbar. ||**-bilité** f. (*té*). Mannbarkeit.
nucléaire a. (*éè*r). den Atomkern betreffend. *Physique nucléaire*, Kernspaltung, f.
nudité f. (*té*). Nacktheit, Blöße.
nu||e f. (nü). Wolke. ||**-ée** f. (*ee*). Regenwolke. ||[amas] Gewölk, n. spl.
nu||ire* (*ir*). schaden. ||**-isible** a. (z*i*bl). schädlich.
nu||it f. (n*üi*). Nacht, ¨e : *de* —, bei Nacht, nachts. ||*Nuit blanche*, schlaflose Nacht. ||**-itamment** adv. bei Nacht, nachts.
nu||l, le, a. (nül). null, nichtig. *Un homme nul*, eine wahre Null. ||[non valable] ungültig. ||[sans valeur] wertlos. ||[incapable] unfähig. ||a. et pron. ind. kein, e, V. GRAMM. ||**-llement** adv. (nülm*a*ⁿ). keineswegs. ||**-llité** f. (*té*). Nullität, Null. ||Ungültigkeit. ||V. *nul*.
nu||méraire a. (*är*). Zahl... ||m. bares Geld, n., Barschaft, f. ||**-méral, e, aux,** a. (*àl*, *o*). Zahl... *Adjectif numéral*, Zahlwort, n. ||**-mériquement** adv. der Zahl nach. ||**-méro** m. (r*o*). Nummer, f. ||**-mérotage** m. Numerieren, n. ||**-méroter.** numerieren.
nu||mismate m. Münzkenner ④. ||**-mismatique** f. Münzkunde.
nuptial, e, aux, a. (s*ià*l, *ô*). hochzeitlich. || [marche, chant, lit] Braut... [anneau, bénédiction] Trau... *Bénédiction nuptiale*, kirchliche Trauung.
nuque f. (nük). Nacken, m. ④.
nu||tritif, ive, a. nährend. Nähr... ||**-trition** f. (s*io*ⁿ). Ernährung.
nymphe f. (niⁿf). Nymphe.

O

O, o, m. O, o, n.
ô! interj. o!
oasis f. (z*i*s). Oase.
ob||édience f. (obéd*ia*ⁿs). Obedienz. ||**-éir** (*ir*). gehorchen. ||[suivre] folgen [*dat.*]. ||**-éissance** f. (*a*ⁿs). Gehorsam, m. ||**-éissant, e,** a. (*a*ⁿ, t). gehorsam, folgsam.
obélisque m. (*i*sk). Obelisk, -en, -en.
obérer (*ré*). verschulden.
ob||èse a. (*äz*). fettleibig. ||**-ésité** f. (*té*). Fettleibigkeit.
ob||jecter (jekt*é*). einwenden*. ||**-jectif, ive,** a. (*if*, *iw*). objektivsachlich. ||m. [but] Ziel, n. ||[verre] Objektivglas, n. ②.
ob||jection f. (s*io*ⁿ). Einwendung. ||**-jectivité** f. (wit*é*). Sachlichkeit, Sachgemäßheit.
objet m. (j*è*). Gegenstand, Ding, n. ||*Philos.*, Objekt, n. ①.
objurgation f. (jür-). Verweis, m. Beschwörung, f.
oblat m. (bl*a*). Laienbruder.
obl||igataire m. (t*är*). Obligationsinhaber ④. ||**-igation** f. (s*io*ⁿ). Verpflichtung. ||[dette] Schuldverschreibung, Obligation. ||**-igatoire** a. (tᵒ*ar*). obligatorisch. *Instruction obligatoire*, Schulzwang, m.; *service* [*militaire*] *obligatoire*, allgemeine Wehrpflicht, f. ||**-igé, e,** p. a. (j*é*). ||a. verbunden. ||a. s. *Être l'obligé de qn*, einem zu Dank verpflichtet sein*. ||**-igeance** f. (j*a*ⁿs). Gefälligkeit. ||**-igeant, e,** a. (j*a*ⁿ, t). gefällig. ||**-iger** (j*é*). verbinden*. || [moralement] verpflichten [zu]. ||[contraindre] nötigen [zu].
obli||que a. (*ìk*). schief. ||[de travers] schräg. ||**-quer** (k*é*). schwenken, einbiegen*. ||**-quité** f. Schiefe, Schrägheit.
obl||itération f. (s*io*ⁿ). Abstempelung. ||Verstopfung. ||**-itérer** (r*é*). [timbre] abstempeln. ||[obstruer] verstopfen.
oblong, ue, a. (l*o*ⁿ, g). länglich.
obnubiler (bil*é*). verfinstern, benebeln.
obole f. (ob*ò*l). Scherflein, n. ④.
ob||scène a. (s*än*). unflätig. ||**-scénité** f. (*té*). Zote.
ob||scur, e, a. (sk*ür*). dunkel. ||[sombre] finster. ||**-scurcir** (skürs*ir*). verdunkeln. ||verfinstern. || [s']. dunkel werden*. ||**-scurcissement** m. (sism*a*ⁿ). Verdunkelung, f. ||**-scurité** f. (*té*). Dunkelheit.

obséder (*dé*). umlagern. ‖ [tourmenter] plagen. ‖ [importuner] belästigen.

ob‖sèques f. pl. (*sèk*). Leichenbegängnis, n. ‖**-séquieux, euse,** a. (*kiö, z*). übertrieben höflich. ‖**-séquiosité** f. (*kiozité*). übertriebene Höflichkeit.

ob‖servance f. (*wans*). Beobachtung [einer Regel]. ‖**-servateur, trice,** m., f. (*watœr, tris*). Beobachter ④, in. ‖**-servation** f. (*sion*). Beobachtung. ‖ [remarque] Bemerkung. ‖**-servatoire** m. (*toar*). Sternwarte, f. ‖**-server.** beobachten. ‖ [remarquer] bemerken.

obsession f. Bestürmung. ‖ [importunité]. Belästigung.

obstacle m. (*àkl*). Hindernis, n.

obstétrique f. Geburtshilfe.

ob‖stination f. (*sion*). Halsstarrigkeit, Starrsinn, m. ‖**-stiné, e,** a. (*né*). halsstarrig. ‖m. Starrkopf. ‖**-stiner** [s'] [à, dans]. hartnäckig bestehen [auf, *dat.*].

ob‖structif, ive, a. (*üktif, iw*). hemmend. ‖**-struction** f. (*üksion*). Verstopfung. ‖ Versperrung. ‖ Hemmung. ‖**-struer** (*üé*). verstopfen. ‖ [barrer] versperren. ‖ [empêcher] hemmen.

obtempérer (*tan-ré*). gehorchen.

ob‖tenir* (*tœnir*). erlangen. ‖**-tention** f. (*tansion*). Erlangung.

ob‖turateur m. (*tü-tœr*). Verschluß. ‖**-turation** f. (*tü-sion*). Verschließung. ‖**-turer** (*türé*). verschließen*.

obtus, e, a. (*tü, z*). stumpf. ‖ [esprit] stumpfsinnig.

ob‖us m. (*üs*). Granate, f. ‖**-usier** m. (*üzié*). Haubitze, f.

obvier. vorbeugen.

oc (*òk*) [altsüdfranz. = *oui*, ja]. *Langue d'oc,* altsüdfranzösische Sprache.

oc‖casion f. (*zion*). Gelegenheit. ‖ [sujet] Anlaß, m. [zu], Veranlassung [zu]. ‖*A l'occasion,* bei Gelegenheit; *d'occasion,* aus zweiter Hand; [livres] antiquarisch. ‖**-casionnel, le,** a. gelegentlich. ‖**-casionner.** veranlassen.

oc‖cident m. (*oksidan*). Abend, Westen. ‖ [pays] Abendland, n. ‖**-cidental, e, aux,** a. westlich, West..., abendländisch. ‖ m., f. Abendländer ④, in.

oc‖cipital, e, aux, a. (*oksi- âl, ô*). Hinterkopf... ‖**-ciput** m. (*püt*). Hinterkopf.

occlusion f. (*üzion*). Verschließung.

occulte a. (*kült*). [caché] verborgen. ‖ [clandestin] geheim : *science* —, Geheimlehre.

oc‖cupant, e, m., f. (*küpan, t*). Besitznehmer ④, in. ‖**-cupation** f. (*kü-sion*). [acte] Besitznahme. ‖ [état] Besetzung, Bewohnen, n., Beschäftigung. ‖**-cuper** (*küpé*). in Besitz nehmen*. ‖ [place, lieu] besetzen. ‖ [habiter] bewohnen. ‖ [affaire, travail] beschäftigen : *s'occuper de,* sich beschäftigen [mit].

occurrence f. (*kürans*). Fall, m. ‖ [occasion] Gelegenheit.

océ‖an m. (*oséan*). Ozean ①. ‖**-anique** a. ozeanisch.

oc‖re f. (*okr*). Ocker, m. ④. ‖**-reux, euse,** a. ockerartig.

octave f. (*aw*). Oktave. ‖npr. m. Oktavian.

octobre m. Oktober.

oc‖togénaire a. s. (*jénär*). achtzigjährig. ‖**-togone** m. Achteck, n.

oc‖troi m. (*troa*). Bewilligung, f. ‖ [collation] Verleihung, f. ‖ [taxe] Stadtzoll. ‖ [administr.] Stadzollamt, n. ‖**-troyer** (*oajé*). bewilligen, gewähren. ‖ [conférer] verleihen.

oc‖ulaire a. (*ülär*). Augen... ‖**-uliste** m. Augenarzt.

odalisque f. (*isk*). Odaliske.

ode f. (*òd*). Ode.

odeur f. (*odœr*). Geruch, m.

odieux, euse, a. (*iö, z*). gehässig.

od‖orant, e, a. (*an, t*). riechend, duftend. ‖**-orat** m. (*rà*). Geruch, Geruchsinn. ‖**-oriférant, e,** a. (*an, t*). duftend, wohlriechend.

odyssée f. (*sée*). Odyssee. ‖*Fig.* Irrfahrt.

œdème m. (*edèm*). Wassergeschwulst, ¨e, f.

œil‖ m. (*œj*), pl. yeux (*yö*). Auge, n. n. ‖*Fig.* [sur la soupe] Fettauge, n. ‖Loc. *A l'œil, pop..,* umsonst; *à mes yeux,* in meinen Augen; *avoir* l'œil à,* achtgeben* [auf. acc.]; *avoir* à l'œil, avoir* l'œil sur,* ein wachsames Auge haben* [auf, *acc.*]; *cela crève les yeux,* das liegt Ihnen vor der Nase;

coûter les yeux de la tête, übermäßig teuer sein*; *d'un bon œil, d'un mauvais œil,* gern, ungern; *faire* de l'œil, faire* les yeux doux à,* liebäugeln [mit]; *jeter* les yeux sur,* einen Blick werfen* [auf, acc.]; *ne pouvoir* fermer l'œil,* nicht schlafen* können*; *fermer les yeux sur,* durch die Finger sehen*; *n'avoir* pas froid aux yeux, pop.,* unerschrocken sein*; *œil pour œil, dent pour dent,* Auge um Auge, Zahn um Zahn; *pour les beaux yeux de qn,* einem zuliebe; *sauter aux yeux,* in die Augen springen* *ou* fallen*; *sous les yeux,* vor den [*direction :* die] Augen; *taper dans l'œil, pop.,* gefallen*; *tourner de l'œil, pop.,* in Ohnmacht fallen, sterben*; *tout yeux, tout oreilles,* ganz Auge und Ohr. ‖**- -de-bœuf,** pl. **œils** (bœf). *Archit.* Ochsenauge, n. ‖[pendule] Wanduhr, f. ‖**- -de-perdrix** m., pl. **œils** (dri). Hühnerauge n. ‖**-lade** f. (œjàd). Liebesblick, m. ‖**-lière** f. (œjär). [cheval] Scheuleder, n. ④. ‖[vase] Augennäpfchen, n. ④. ‖**-let** m. (œjé). [trou] Schnürloch, n. ②, Öse, f. ‖[fleur] Nelke, f.

œillette f. (èt). Gartenmohn, m.

œnologie f. (öno-jie). Weinbereitungslehre.

œsophage m. (özofaj). Speiseröhre, f.

œuf m. (œf, pl. ö). Ei, n. ②. *Œufs brouillés,* Rühreier; — *sur le plat,* Spiegeleier.

œuvre f. (œwr). Werk, n. ‖[établissement] Anstalt. ‖m. gesamtes Werk, n. ‖m. [arch.] *gros œuvre,* Baukörper. ‖LOC. *A pied d'œuvre,* unmittelbar am Bauplatze; *œuvres vives,* Unterwerk, n.

off‖ense f. (ans). Beleidigung. ‖**-enser** (ansé). beleidigen. ‖**-enseur** m. (œr). Beleidiger ④. ‖**-ensif, ive,** a. (if, iw). angreifend, Angriffs... ‖f. Angriff, m. Offensive.

offertoire m. (toar). Offertorium, n.

off‖ice m. (is). Amt, n. ② : *d'office,* amtlich. ‖[service] Dienst : — *divin,* Gottesdienst; *faire* l'office de,* als... dienen. ‖f. Anrichtezimmer, n. ④. ‖**-iciant** m. (sian). Offiziant, -en, -en. ‖**-iciel, le,** a. (sièl). amtlich, Amts... ‖**-icier** m. (sié). Offizier, ①. ‖**-icieux, euse,** a. (siö, z). dienstfertig. ‖*Polit.* offiziös. ‖**-icinal, e, aux,** a. (sinàl, o). arzneilich, Arznei... ‖**-icine** f. (sin). Arzneikammer.

off‖rande f. (and). Opfergabe. ‖**-rant, e,** m., f. (an, t). Bieter ④, in. ‖**-re** f. (òfr). Angebot, n. ①. ‖**-rir*** [présenter] darbieten*. ‖[sacrifice] darbringen*. ‖[avantage] gewähren. ‖[s'] [à]. sich erbieten*.

offusquer (üské). verdunkeln. ‖*Fig.* ärgern.

ogi‖val, e, aux, a. (ojiwàl). spitzbogenförmig. ‖**-ve** f. (jiw). Spitzbogen, m. ④.

ogre, esse, m., f. (ògr. ès). Menschenfresser ④, in.

oh‖! interj. oh!, o! ‖**-é!** interj. heda!

oïdium m. (òm). Oïdium, n.

oie f. (oa). Gans, ¨e. *Fam., ir. Oie blanche,* Backfisch, m.

oi‖gn... V. *oindre**.

oignon od. **ognon** m. (ònjon). Zwiebel, f. ‖[au pied] Schwiele, f.

oïl [altnordfrz. = *oui,* ja]. *Langue d'oïl,* altnordfranzösische Sprache, f.

oindre* (oindr). salben.

oi‖seau, x, m. (oazo). Vogel ③ : — *de passage,* Zugvogel. ‖*Oiseau-mouche,* Kolibri. ‖**-seleur** m. (oazlœr). Vogelfänger ④.

oi‖seux, euse, a. (zö, z). unnütz. ‖**-sif, ive,** a. (zif, iw). müßig.

oisillon m. (zijon). Vögelchen, n. ④.

oisiveté f. (ziwté). Müßiggang, m.

oison m. (zon). Gänschen, n. ④.

ol‖éagineux, euse, a. (jinö, z). ölig, Öl... ‖**-éine** f. (éin). Ölstoff, m.

olfactif, ive, a. (if, iw). Geruchs...

ol‖ivâtre a. (watr). olivenfarbig. ‖**-ive** f. (îw). Olive. ‖**-ivier** m. (wié). Olivenbaum. *Mont des Oliviers,* Ölberg.

olographe a. (àf). holografisch.

ol‖ympe m. (inp). Olymp. ‖**-ympiade** f. (iâd). Olympiade. ‖**-ympien, ne,** a. (piin, ièn), **-ympique** a. (ik). olympisch.

om‖belle f. (onbèl). Dolde. ‖**-bellifère** Doldenpflanze.

om‖bilic m. (ik). Nabel ③. ‖**bilical, e, aux,** a. (àl, o). Nabel...

om‖brage m. (âj). Schatten, spl. ‖[feuillage] schattiges Laub, n. spl. ‖*Fig. Porter ombrage,* Eifersucht erregen; *prendre* ombrage,*

Argwohn schöpfen. ||**-brager** (*jé*). beschatten. ||**-brageux, euse,** a. (*jö, z*). [cheval] scheu. ||[personne] argwöhnisch. || **-bre** f. (oⁿbr). Schatten, m. ④ : *ombres chinoises,* Schattenspiel, n. ||**-brelle** f. (*èl*). Sonnenschirm, m. ||**-brer.** schattieren. ||**-breux, euse,** a. schattig, beschattet.

omelette f. (òmlèt). Eierkuchen, m. ④ : — *soufflée,* Eierauflauf, m.

om||ettre* (*ètr*). unterlassen*. ||**-ission** f. (*sioⁿ*). Unterlassung.

om||nibus m. (*büs*). Omnibus ①. ||**-nipotence** f. (*taⁿs*). Allmacht. ||**-nipotent, e,** a. (*taⁿ, t*). allmächtig. ||**-niscience** f. Allwissenschaft.

omoplate f. Schulterblatt, n.

on pron. (oⁿ). [pour éviter un hiatus et si *on* n'est pas suivi d'un *l,* on emploiera *l'on.* Ex. : *si l'on veut,* wenn man will, mais on dira : *si on lit.*]

once f. (oⁿs). Unze. ||[animal] Irbis.

oncle m. (oⁿkl). Onkel ④.

on||ction f. (oⁿk*sioⁿ*). Salbung. ||**-ctueux, euse,** a. (*üö, z*). ölig. ||*Fig.* salbungsvoll.

on||de f. (oⁿd). Woge. ||[vibration] Schwingung. ||**-dée** f. (*dee*). Regenguß, m. ||**-dine** f. (*dìn*). Undine.

on-dit m. inv. (*di*). Gerücht, n., Gerede, n. spl.

on||doiement m. (dᵒam*aⁿ*). Wogen, n. ||[baptême] Nottaufe, f. ||**-doyant, e,** a. (dᵒajaⁿ, t). wallend. ||[aspect] wellenförmig. ||*Fig.* unbeständig. ||**-doyer** (dᵒa*jé*). wallen. ||tr. [baptiser] die Nottaufe geben*, *dat.*

on||dulation f. (dü-*sioⁿ*). Wogen, n. spl. ||[ligne] Wellenlinie. ||[sol] wellenförmige Erhebung. ||[coiffure] Welle, Ondulation. ||[acte] Wellung. ||— *indéfrisable,* Dauerwelle, -wellung. ||**dulé, e,** p. a., **-duleux, euse,** a. (dülö, z). wellenförmig : *tôle* —, Wellblech, n. **-duler** (*lé*). wellen, ondulieren.

onéreux, euse, a. (onérö, z). kostspielig.

on||gle m. (oⁿgl). Nagel ③. ||**-glée** f. (*glee*). *Avoir* l'onglée,* erstarrte Finger haben*. ||**-glet** m. (*glè*). Winkelklammer, f. ||[reliure] eingefügter Falz.

onguent m. (*gaⁿ*). Salbe, f.

onomatopée f. (*pee*). schallnachahmendes Wort, n.

onyx m. (ò*nix*). Onyx ①.

on||ze num., m. (oⁿz). Elf, f. ||**-zième** a. (*ziäm*). V. GRAMM.

opacité f. (*sité*). Undurchsichtigkeit.

opale f. (*àl*). Opal, m. ①.

opaque a. (*àk*). undurchsichtig.

op||éra m. (*a*). Oper, f. ||[local] Opernhaus, n. ||**-érateur** m. (*tœr*). Operateur ①. ||**-ération** f. (*sioⁿ*). Operation. ||[affaire] Geschäft, n. ||[entreprise] Unternehmung. ||[procédé] Verfahren, n. ④. ||**-ératoire** a. (tᵒ*ar*). Operations... ||**-érer** (*ré*). [effectuer] bewirken. ||*Mil., Chir.* operieren. ||[procéder] verfahren*. ||**-érette** f. (*èt*). Operette.

oph||icléide m. (éid.) Schlangenhorn, n. ②. ||**-idien** a. (*diiⁿ*). schlangenartig. ||m. pl. Schlangen, f. pl.

ophtalmie f. (*i*). Augenentzündung.

op||iacé, e, a. (*sé*). opiumhaltig. ||**-iat** m. (*ià*). Opiat, n. ①.

opimes a. pl. (*im*) : *dépouilles opimes,* Haupttrophäen.

op||iner. seine Meinung äußern. ||**-iniâtre** a. (*atr*), ||**-iniâtrement** adv. (*maⁿ*). hartnäckig. ||**-iniâtreté** f. (*té*). Hartnäckigkeit.

opinion f. (*ioⁿ*). Meinung.

opium m. (*iòm*). Opium, n.

op||portun, e, a. (tuⁿ, *ün*), **-portunément** adv. gelegen. ||[approprié] zweckmäßig. ||**-portunisme** m. Opportunismus. ||**-portuniste** m. Opportunist, -en, -en. ||**-portunité** f. (*tünité*). Zweckmäßigkeit.

op||posable a. (*zàbl*). entgegenstellbar. ||**-posant, e,** m., f. (*zaⁿ, t*). Gegner ④, in. ||**-poser** (*zé*). entgegensetzen *ou* -stellen. ||[vis-à-vis] gegenübersetzen *ou* -stellen. ||**-position** f. (*zisioⁿ*). Widerspruch, m. ||[parti] Gegenpartei. ||[contraste] Gegensatz, m.

op||presser (*sé*). beklemmen*. ||**-presseur** m. (*œr*). Unterdrücker. ||**-pressif, ive,** a. (*if, îw*). bedrückend. ||**-pression** f. (*sioⁿ*). Bedrückung. ||[étouffement] Beklemmung. ||**-primer** (*mé*). unterdrücken.

opprobre m. (*òbr*). Schmach, f. [honte] Schande, f.

opter. wählen.

opticien m. (*siiⁿ*). Optiker ④.

op||timisme m. (*i*sm). Optimismus. ||**-timiste** m. (*i*st). Optimist, -en, -en. ||a. optimistisch.
option f. Wahl.
optique f. (*i*k). Optik. ||a. optisch.
op||ulence f. großer Reichtum, m. ||**-ulent, e,** a. (*a*n, t). überreich.
opuscule m. Werkchen, n. ④.
or m. (*o*r). Gold, n. : *d'or,* golden. a; *rouler sur l'or,* Gold wie Heu haben*; *valoir* son pesant d'or,* nicht mit Gold zu bezahlen sein*. ||conj. nun, nun aber.
oracle m. (*a*kl). Orakel, n. ④.
or||age m. (*à*j). Gewitter, n. ④. ||*Fig.* Sturm. ||**-ageux, euse,** a, (j*ö*, *ö*z). gewitterhaft. ||*Fig.* stürmisch.
oraison f. (äz*o*n). Gebet, n. : — *dominicale,* Vaterunser, n.; — *funèbre,* Leichenrede.
oral, e, aux, a. (*à*l, *ô*). mündlich.
or||ange f. (*à*nj). Pomeranze, Apfelsine, Orange. ||[couleur] Orangefarbe. ||a. unv. orangefarbig, rotgelb. ||npr. [principauté] Oranien, n. ||**-angé, e,** a. (j*é*). orangefarbig, rotgelb. ||**-angeade** f. (anj*à*d). Orangenwasser, n. ||**-anger** m. (j*é*). Orangenbaum. *Fleur d'oranger,* Orangenblüte. || **-angerie** f. (jr*i*). Orangenpflanzung, Orangerie.
orang-outan m. (*a*n-ut*a*n). Orang-Utan, -s.
or||ateur, trice, m., f. (t*œ*r, tr*ì*s). Redner ④, in. ||**-atoire** a. (to*a*r). rednerisch. ||m. [salle] Betzimmer, n. ④. ||[ordre] Oratorium, ...ien, n. ④. ||**-atorio** m. (r*i*o). Oratorium, ...ien, n.
or||be m. (*ò*rb). Kreislauf. ||**-bite** f. Kreisbahn. ||[yeux] Augenhöhle.
orch||estre m. (kestr). [lieu et musiciens] Orchester, n. ④. ||[musiciens] Kapelle, f. : *chef d'orchestre,* Kapellmeister. ||**-estrer** (tr*é*). orchestrieren.
orchidée f. (kid*ee*). Orchidee.
or||dinaire a. (*ä*r). gewöhnlich. *A l'ordinaire, pour l'ordinaire,* gewöhnlich; *contre l'ordinaire,* gegen die Sitte. ||**-dinal, e, aux,** a. (*à*l, *o*). *Nombre ordinal,* Ordnungszahl, f. ||**-dination** f. (si*o*n). Ordination.
ordonn||ance f. (*a*ns). [agencement] Anordnung. ||[prescription] Verordnung, Vorschrift : *d'ordonnance,* vorschriftsmäßig. ||[médicale] Rezept, n. ||*Officier d'ordonnance,* Ordonnanzoffizier, m. ||m. et f. [*Mil.* : brosseur] Offiziersbursche, -n, -n, m. ||**-ancement** m. (m*a*n). Zahlungsanweisung, f. ||**-ancer** (s*é*). zur Bezahlung anweisen*. ||**-ateur, trice,** m., f. (t*œ*r, tr*ì*s). Anordner ④, in. ||**-er** (n*é*). ordnen. ||[agencer] anordnen. ||[commander] befehlen*. [décréter] verordnen. ||[remèdes] verschreiben*.
ordre m. (dr.). Ordnung, f. ||[religieux, civil] Orden ④. ||[commandement] Befehl, Order, f. ||*Mot d'ordre,* Losung, f., Parole, f. ||pl. Weihen : *entrer dans les ordres,* die Weihen erhalten*.
or||dure f. (*ü*r). pl. Unrat, m. spl. ||[balayures] Kehricht, m. spl., Müll, m. et n. spl. ||*Fig.* Unflat, m. spl. ||[obscénité] Zote. ||**-durier, ère,** a. unflätig, zotig.
or||ée f. (*ee*). Rand, m. ||**-eille** f. (*ä*j). Ohr, -en, n. ||*Avoir* de l'oreille,* Sinn für Musik haben*; *avoir* l'oreille basse,* die Ohren hängen lassen*; *avoir* l'oreille dure,* schwer hören; *dormir* sur ses deux oreilles,* tief schlafen*; *fig.* vollkommen ruhig sein*; *dresser l'oreille* ou *les oreilles,* die Ohren spitzen; horchen; *faire* la sourde oreille,* sich taub stellen; *fendre l'oreille* [à un fonctionnaire], *fam.* in den Ruhestand versetzen; *prêter l'oreille,* aufmerksam zuhören; *se faire* tirer l'oreille,* sich lange nötigen lassen*. ||**-eiller** m. (äj*é*). Kopfkissen, n. ④. ||**-eillette** f. (äj*è*t). Herzohr, -en, n. ||**-eillons** m. pl. (äj*o*n). Ohrenfluß, m., Mumps, m.
ores : *d'ores et déjà,* adv. von jetzt an.
or||fèvre m. (f*è*wr). Goldschmied. ||**-fèvrerie** f. (wr*e*r*i*). Gold- und Silberarbeit. ||[marchandise] Gold- und Silberware.
organdi m. (g*a*nd*i*). Organdi, -s, m.
or||gane m. (g*à*n). Werkzeug, n. Organ, n. ①. ||[voix] Stimme, f. ||**-ganique** a. (*ì*k). organisch. ||**-ganisateur, trice,** a. (zat*œ*r, tr*ì*s). organisierend. ||m. et f. Ordner ④, in. ||**-ganisation** f. Einrichtung. ||**-ganiser** (z*é*). einrichten.

‖[fêtes, etc.] veranstalten. ‖**-ganisme** m. Organismus, ...men. ‖**-ganiste** m. Orgelspieler ④.
or‖ge f. (orj). Gerste. ‖**-geat** m. (jà). Mandelmilch, f. ‖**-gelet** m. (jœlè). Gerstenkorn, n. ②.
orgie f. (ji). Trinkgelage, n. ④. ‖[acte] Schwelgerei.
orgue m. [f. im Pl] (org). Orgel, f. : — *de Barbarie,* Drehorgel, f., Leierkasten. ‖*Point d'orgue,* Orgelpunkt.
or‖gueil m. (gœj). Stolz [de, auf, *acc.*]. ‖[arrogance] Hochmut. ‖**-gueilleux, euse,** a. (jö, z). stolz, hochmütig.
or‖ient npr. m. (ian). [est] Osten. ‖[pays] Morgenland, n., Orient. ‖**-iental, e, aux,** a. (àl, ô). östlich, morgenländisch, orientalisch. ‖**-ientation** f. (sion). Orientierung. ‖**-ienter** (té). orientieren.
orifice m. (ìs). Öffnung, f. ‖[embouchure] Mündung, f.
oriflamme f. (àm). Oriflamme.
or‖iginaire a. (jinär) [de]. [natif] gebürtig [aus]. ‖[descendant] stammend [aus]. ‖**-iginal, e, aux,** a. (jinàl, o) [primitif] ursprünglich, Original..., originell. ‖[particulier] eigentümlich. ‖m. [objet] Original, n. ①. ‖[écrit, texte] Urschrift, f., Urtext. ‖[tableau] Urbild, n. ②. ‖[personne] Sonderling ①. ‖**-iginalité** f. (ji-té). Ursprünglichkeit. ‖Eigentümlichkeit. ‖Sonderbarkeit. ‖**-igine** f. (jìn). Ursprung, m. ‖**-iginel, le,** a. (jinèl). ursprünglich. [inné] angeboren.
oripeau, x, m. (pô). Flittergold, n. spl.
orm‖e m. (òrm). Ulme, f. ‖**-eau, x,** m. (mo). junge Ulme, f.
or‖nement m. (man). Schmuck, spl., Zierde, f. ‖[décoration] Verzierung, f. ‖[enjolivure] Zierat. ‖**-nemental, e, aux,** a. (àl, o). dekorativ, Verzierungs... ‖**-nementation** f. (sion). Verzieren, n. ‖**-ner** (né). schmücken.
ornière f. (iär). Geleise n. ④, Gleis, n. ‖*Fig.* [routine] Schlendrian, m. spl.
ornithologie f. (ji). Vogelkunde.
orographie f. (fi). Bergkunde.
oronge f. (onj). Eierpilz, m.
or‖phelin, e, m., f. (felin, ìn). [garçon] Waisenknabe, -n, -n, m. ‖[fille] Waisenmädchen, n. ④. ‖[garçon ou fille] Waise, f. ‖a. verwaist. ‖**-phelinat** m. (linà). Waisenhaus, n. ②.
orphéon m. (on). Gesangverein.
orseille f. (säj). Färberflechte.
orteil m. (täj). Zehe, f.
or‖thodoxe a. (òx). [recht]gläubig. ‖**-thodoxie** f. (i). Rechtgläubigkeit. ‖**-thographe** f. (àf). Rechtschreibung. ‖**-thographier** (fié). richtig schreiben*. ‖**-thographique** a. (ìk). orthographisch. ‖**-thopédie** f. (i). Orthopädie. ‖**-thopédique** a. (ik). orthopädisch. ‖**-thopédiste** m. (ist). Orthopäde, -n, -n.
ortie f. (ti). [Brenn-] Nessel.
ortolan m. (an). Ortolan ①.
orvet m. (wä). Blindschleiche, f.
orviétan m. (wiétan.) Wundermittel, n.
os m. (òs, pl. : o). Knochen ④.
os‖cillation f. (os'sil'lasion). Schwingung. ‖**-ciller** (sil'lé). schwingen*. ‖*Fig.* schwanken.
osé, e, a. (ozé). verwegen.
oseille f. (ozäj). Sauerampfer, m.
oser (ozé). wagen.
osier m. (zié). Korbweide, f.
os‖sature f. (tür). Knochengerüst, n. ‖*Fig.* Gerüst, n. ‖**-selet** m. (òslè). Knöchelchen, n. ④. ‖pl. [jeu] Knöchelspiel, n. ‖**-sements** m. pl. (òsman). Gebeine, n. pl. ‖**-seux, euse,** a. (sö, z). knochig. ‖**-sifier** (fié). verknöchern. ‖**-suaire** m. (süär). Beinhaus, n. ②.
os‖tensible a. (tansibl). zur Schau gestellt. ‖[visible] sichtbar. ‖**-tensoir** m. (tansoar). Monstranz, f. ‖**-tentation** f. (tan-sion). Prunken, n.
ostracisme m. (sism). Scherbengericht, n. ‖*Fig.* Ausschluß.
ostrogoth m. (go). Ostgote, -n, -n.
otage m. (otaj). Geisel, f.
otarie f. (ie). Ohrenrobbe.
ôter (ôté). weg..., sép. [suivi d'un des infinitifs signifiant *mettre*]. V. *mettre**. ‖[enlever] wegnehmen*. ‖[vue, appétit, etc.] benehmen*. ‖ [chapeau] abnehmen*. ‖[vêtement] ausziehen*.
otite f. (òtìt). Ohrenentzündung.
ottomane f. (àn). Ottomane.

ou conj. (ù). oder. *Ou bien,* oder aber. *Ou ..., ou ...,* entweder..., oder...
où adv. (ù). wo. ‖ [direction] wohin. ‖*D'où,* woher, von wo; *par où,* wodurch; *où que,* wo *ou* wohin... auch.
ouaille f. (*ua*j). Pfarrkind, n. ②.
ouais! interj. (uä). ach was!
ou‖ate f. (u*à*t). Watte. ‖**-ater** (*té*). wattieren.
oubli m. (*i*). Vergessenheit, f.
oublie f. (*i*). Oblate.
ou‖blier (bl*ié*). vergessen*. ‖ [livre, gants, etc.] liegen* *ou* stehen* lassen. ‖ [Ce qu'on a appris] verlernen. ‖**-bliettes** f. pl. (*iè*t). Verlies, n. ‖**-blieux, se,** a. (*iö,* **z**). vergeßlich.
ouest m. (uest). West[en].
ouf! (ùf). uff!
oui adv. (*ui*). ja : *oui-da,* jawohl. ‖*Dire que oui,* ja sagen. ‖m. Ja[wort], n.
ou‖ï-dire m. inv. (uid*i*r). Gerede, n. spl., Gerücht, n. *Par ouï-dire,* vom Hörensagen. ‖**-ïe** f. (u*i*). Gehör, n. ‖ [sens] Gehörsinn, m. ‖pl. [poissons] Kiemen. ‖**-ïr** m. (u*i*r). hören.
ouistiti m. (*ti*). Uistiti, s.
ouragan m. (**a**ⁿ). Orkan ①.
ourdir (urd*i*r). anzetteln.
our‖ler (*lé*). säumen. ‖**-let** m. (*lè*). Saum.
our‖s, e, m., f. (urs). Bär, -en, -en, in. ‖*La grande Ourse,* der große Bär, m. ‖*Fig.* [bourru] Brummbär, m. ‖**-sin** m. (**i**ⁿ). Seeigel ④. ‖**-son** m. (s**o**ⁿ). junger Bär.
outarde f. (ùt*a*rd). Trappe.
ou‖til m. (*ti*). Handwerkzeug, n. ‖**-tillage** m. (tij*à*j). Werkzeuge, n. pl. ‖**-tiller** (tij*é*). mit Werkzeugen ausrüsten.
ou‖trage m. (*a*j). Beschimpfung, f. ‖**-trageant, e,** p. a. (**ja**ⁿ, t). beschimpfend, Schimpf... ‖**-trager** (*jé*). beschimpfen. ‖**-trageux, euse,** a. (*jö,* **z**). beschimpfend.
outrance f. (**a**ⁿs). Übermaß, n. ‖*A outrance,* aufs äußerste; [guerre] auf Leben und Tod.
ou‖tre f. (ùtr). Schlauch, m. ‖prép. außer. *Outre cela, en outre,* außerdem, überdies; *outre que,* conj., außerdem daß. ‖ [au-delà] jenseits : *d'outre-mer,* überseeisch; *d'outre-Rhin,* überrheinisch; *d'outre-tombe,* von jenseits des Grabes. ‖*Outre mesure,* über die Maßen; *passer outre,* weiter gehen*. ‖**-tré, e,** a. (*tré*). übertrieben. ‖ [irrité de] empört [über, *acc.*]. ‖**-trecuidance** f. (trᵉküid**a**ⁿs). Eigendünkel, m. ‖**-trecuidant, e,** a. (**a**ⁿ, t). dünkelhaft. ‖**-tremer** m. (trᵉmèr). Ultramarin, n. ‖**-trepasser** (trᵉ-sé). überschreiten*. ‖**-trer** (*tré*). übertreiben*. ‖*Fig.* aufs äußerste bringen*.
ou‖vert, e, p. a. (*è*r, t). offen, geöffnet. ‖*Être* —, aufstehen. ‖**-verture** f. (*ür*). [orifice] Öffnung. ‖ [acte] Eröffnung. ‖ [proposition] Vorschlag, m. ‖ [opéra] Ouvertüre.
ou‖vrable a. (wr*à*bl). *Jour ouvrable,* Werktag. ‖**-vrage** m. (*à*j). Werk, n. ‖ [travail] Arbeit, f. ‖**-vragé, e,** a. (*jé*). ausgearbeitet. ‖ [décoré] verziert. ‖**-vré, e,** a. (wr*é*). ausgearbeitet.
ouvreuse, f. (*ö***z**). [théâtre] Platzanweiserin.
ouvrier, ère, m., f. (*ié, iär*). Arbeiter ④, in. ‖a. Arbeiter...
ou‖vrir* (*i*r). öffnen. ‖ [porte, coffre, etc.]. ‖ [livre, yeux] aufschlagen*. ‖ [sens divers] auf... [suivi du verbe exprimant le moyen]. z. B. : aufbrechen*, -schneiden* usw., *ouvrir* en brisant, en coupant,* etc. ‖ [inaugurer] eröffnen. ‖intr. *Ouvrir* sur la cour,* nach dem Hofe hinausführen. ‖ [**s'**] [à qn] sich eröffnen. ‖**-vroir** m. (ᵒ*a*r). Arbeitssaal. ‖ [établissement] Arbeitsanstalt, f.
ov‖aire m. (ow*ä*r). Eierstock. ‖**-ale** a. (w*à*l). eirund.
ovation f. (s*i***o**ⁿ). Ovation.
ove m. (ow). eiförmige Verzierung, f.
ovin, e, a. Schaf...
ov‖ipare a. eierlegend. ‖**-ule** m. Eichen, n. ④.
oxy‖dation f. (s*i***o**ⁿ). Oxydierung. ‖**-de** m. (*i*d). Oxyd, n. ①. ‖**-der** (*dé*). oxydieren. ‖**-gène** m. (**j**èn). Sauerstoff. ‖**-géner.** mit Sauerstoff verbinden* : *eau oxygénée,* Wasserstoffhyperoxyd, n.
ozone m. (**z**ôn). Ozon, n.

P

P, p, m. P. p., n.
pacage m. (*kaj*). Weideplatz, Trift, f.
pacha m. (*schà*). Pascha, -s.
pachyderme m. (*schiderm*). Dickhäuter ④.
pacifi‖cateur, trice, m., f. (*si-tœr, trìs*). Friedensstifter ④, in. ‖**-cation** f. (*sio*n). Friedensstiftung [in]. ‖**-er** (*fié*). den Frieden wiederherstellen [in]. ‖**-que** a. (*sifìk*). friedlich. ‖[Océan] still. ‖**-sme** m. (*sifism*). Friedensbewegung, f. ‖**-ste** m. (*ist*). Friedensfreund. ‖a. friedensfreundlich.
pacotille f. (*tij*). Ausschußwaren, pl.
pac‖te m. (pakt). Vertrag. ‖**-tiser** (*zé*). sich einverstehen*.
paf! interj. baff! ‖a. *Pop.* betrunken.
pagaie f. (*gä*). Ruder, n. ④.
pagaïe f. (*gaj*), *pop.* Wirrwarr, m.
paganisme m. (*ism*). Heidentum, n.
pa‖ge m. (pàj). Edelknabe, -n, -n. ‖f. Seite. ‖**-gination** f. [Seiten-] Bezifferung. ‖**-giner.** [die Seiten] beziffern.
pagne m. (panj). Negerschürze, f.
pagode f. (*òd*). Pagode.
pa‖ie, -iement. V. *paye, payement.*
païen, ne, m., f. (*iin, ièn*). Heide, -n, -n. in. ‖a. heidnisch.
pa‖illard, e, m., f. (*jàr, d*). unzüchtige Person, f. ‖**-illardise** f. (*jàrdiz*). Unzucht.
pa‖illasse f. (*jàs*). Strohsack, m. ‖m. Hanswurst. ‖**-illasson** m. (*son*). Strohmatte, f. ‖**-ille** f. (pàj). Stroh, n. spl. ‖[métaux, diamant] Fleck, m. ‖[*Couleur*] *paille,* strohgelb; *homme de paille,* Strohmann; *mettre* sur la paille,* an den Bettelstab bringen*; *paille de fer,* Eisenspäne, m. pl.; *tirer à la courte paille,* Hälmchen ziehen*. ‖**-iller** (*jé*). mit Stroh beziehen*. ‖**-illeté, e,** a. (pajté). mit Flitter besetzt. ‖**-illette** f. (ajèt). Flitter, m. ④. ‖[d'or] Körnchen, n. ④. ‖**-illon** m. (*jon*). Strohhülle, f. ‖[de métal] Zinnblättchen, n. ④, Folie, f. ‖**-illote** f. (jòt). Strohhütte.
pain m. (*pin*). Brot, n. ①. *Pain à cacheter,* Oblate, f.; — *blanc,* Weißbrot, n.; — *d'épice,* Lebkuchen, ④; — *de savon,* Riegel Seife; — *de sucre,* Zuckerhut. ‖[miche] Laib.
pai‖r, e, a. (pär). [nombre] gerade. ‖[égal] gleich. *De pair,* auf gleichem Fuß; *hors de pair,* unvergleichlich. ‖m. der Gleiche, a. s.; *avec ses pairs,* mit seinesgleichen. ‖[de France] Pair, -s. ‖[d'Angleterre] Peer, -s (pîr); *Chambre des pairs,* Oberhaus, n., Herrenhaus, n. ‖[Bourse] Pari, n. inv., Nennwert, m.; *être* au pair,* al Pari stehen*. ‖[emploi] *Être* au pair,* freie Kost und Wohnung haben*. ‖**-re** f. (pär). Paar n. ①. ‖**-rie** f. (*i*) Pairschaft. ‖Peerschaft. V. *pair.*
pais... V. *paître.*
paisible a. (*zibl*). friedlich. [calme] still.
paître* (pätr). weiden. ‖[manger] fressen*.
paix f. (pè). Friede, -ns, m. *Faire* la paix,* Frieden schließen*; *laissez-moi* [pop. : *fichez-moi*] *la paix!,* lassen Sie mich in Ruhe!; *paix!,* ruhig!
pal m. (pàl). Pfahl. ‖[supplice] Pfählen, n.
palabre m. (*àbr*). nutzloses Reden, n. spl.
paladin m. (*in*). Paladin ①.
palais m. (*lè*). Palast. ‖[de justice] Gerichtsgebäude, n. ‖[bouche] Gaumen ④.
palan m. (*an*). Zugwinde, f.
palanquin m. (*kin*). Palankin ①.
palatal, e, aux, a. (*àl, o*). Gaumen...
palatin, e, a. (*tin, ìn*). pfalzgräfisch : *comte palatin,* Pfalzgraf.
Palatinat npr. m. (*nà*). Pfalz, f.
pâle a. (pâl). blaß, bleich.
pal‖efrenier m. (pàlfrœnié). Stallknecht. ‖**-efroi** m. (*froa*). Zelter ④.
paléontologie f. Urweltkunde.
paleron m. Schulterblatt, n. ②.
Palestine npr. f. (*in*). Palästina, n.
paletot m. (*palto*). Überrock.

palette f. (*è*t). [jeu] Ballschlegel, m. ④. ‖[moulin, bateau] Schaufel. ‖[peintre] Farbenbrett, n. ②.

palier m. (*ié*). Treppenabsatz. ‖*Fig.* Stufe, f. ‖ [voie] waagerechte Strecke, f.

pal‖impseste m. (iⁿ). Palimpsest. m., n. ①. ‖**-inodie** f. (*i*). Palinodie.

pâlir (*ir*). intr. erblassen [*sein*]. ‖tr. bleich machen. ‖[décolorer] entfärben.

palissade f. (*à*d). Pfahlwerk, n.

palissandre m. (s*a*ⁿdr). Palisander.

pal‖liatif, ive, a. (liat*if*, *i*w). lindernd. ‖m., Halbheit, f. ‖**-lier** (*ié*). lindern.

pal‖marès m. (*è*s). Verzeichnis der mit Preisen belohnten Schüler, n. ‖**-me** f. Palme. ‖**-mé, e,** a. mit Schwimmhäuten versehen. ‖**-mier** m. Palmbaum, Palme, f. ‖**-mipède** m. Schwimmvogel ③.

palombe f. (*o*ⁿb). Ringeltaube.

pâlot, te, a. (ô, *ò*t), bläßlich.

pal‖pable a. (*à*bl). fühlbar. ‖*Fig.* handgreiflich. ‖**-per.** befühlen, betasten. ‖*Pop.* einstreichen* [Geld]. ‖**-pitant, e,** p. a. (*a*ⁿ, t). [d'intérêt] Spannung erregend. ‖**-pitation** f. (si*o*ⁿ). Zuckung. ‖pl. [du cœur] Herzklopfen, n. spl. ‖**-piter.** zucken. ‖[cœur] klopfen, pochen.

palsambleu! interj. (saⁿblö). potztausend!

paltoquet m. (k*è*). Lümmel ④.

pal‖udéen, ne, a. (üdé*i*ⁿ, èn). Sumpf... ‖**-udisme** m. (üd*i*sm). Sumpffieber, n.

pâmer intr. et [**se**] (m*é*). in Ohnmacht fallen*.

pam‖phlet m. (paⁿfl*è*). Flug- *ou* Schmähschrift, f. ‖**-phlétaire** m. (t*ä*r). Schmähschriftler ④.

pampre m. (paⁿpr). Weinranke, f.

pan m. (paⁿ). [d'habit] Rockschoß. *Pan coupé,* abgestumpfte Ecke, f.; — *de mur,* Mauerfläche, f.

panacée f. (s*ee*). Allheilmittel, n. ④.

pa‖nache m. (*à*sch). Federbusch. ‖[fumée] Wolke, f. ‖*Faire* panache* [automobile]. überstürzen [*sein*]. ‖**-naché, e,** a. (sch*é*). buntgestreift. ‖**-nacher** (sch*é*). bunt machen. ‖[mélanger] vermischen.

panade f. (*à*d). Brotsuppe. ‖*Fam.* Not.

panais m. (n*è*). Pastinake, f.

panama m. (m*a*). Panamahut.

panaris m. (r*i*). Fingerwurm.

pancarte f. (paⁿk*a*rt). Anschlagzettel, m.

pancréas m. (e*à*s). Bauchspeicheldrüse, f.

Pandore npr. m. (d*ò*r), *fam.* Spitzname des Gendarmen.

pané, e, a. (n*é*). paniert.

pa‖négyrique m. (jir*ì*k). Lobrede, f. ‖**-négyriste** m. (*ì*st). Lobredner ④.

panetière f. (ti*ä*r). Brotsack, m.

pangerma‖nique a. (jer-*ì*k), **-niste** a. et a. s. (jer-*i*st). alldeutsch, a. et a. s. ‖**-nisme** m. (*i*sm). Alldeutschtum, n.

panier m. (*ié*). Korb : — *à ouvrage,* Nähkorb; — *à salade,* Salatschwenke, f.; *pop.* Zellenwagen. ‖*Jeter* au panier,* in den Papierkorb werfen*. ‖*Fam. Panier percé,* Verschwender.

panique f. (*ì*k). Schrecken, m.

pa‖nne f. (p*à*n). [étoffe] Pelzsamt, m. ‖[graisse] Schweinefett, n. ‖[arrêt] Panne. ‖LOC. *Mettre* en* —, aufbrassen; *être*, rester en panne,* [bateau] liegen bleiben*; [voiture] stecken bleiben*; *fig.* in der Patsche sitzen*. ‖**-nné,** a., *fam.* geldlos. ‖**-nneau, x,** m. (nô). *Archit.* Füllung, f.; Feld, n. ②. ‖[surface] Fläche, f. ‖[piège] Falle, f. ‖*Fig. Tomber dans le panneau,* ins Garn gehen*.

panonceau, x, m. (oⁿsô). Schild, n. ②.

pa‖noplie f. (pl*i*). Panoplie. ‖**-norama** m. (m*à*). Rundsicht, f.

pan‖sage m. (paⁿs*à*j). Wartung, f. ‖**-se** f. (paⁿs). Wanst, m. ‖**-sement** m. (paⁿsm*a*ⁿ). Verband, m. ‖**-ser.** [chevaux] warten. ‖[blessure, blessé] verbinden*. ‖**-su, e,** a. (s*ü*), *fam.* dickbäuchig.

pantagruélique a. (üél*ì*k). *Repas pantagruélique,* Geschmause, n.

pan‖talon m. (l*o*ⁿ). Beinkleid, n. ②. ‖[culotte] Hosen, f. pl. ‖**-talonnade** f. (lòn*à*d). Hanswurststreich, m.

pantelant, e, a. (paⁿtl*a*ⁿ, t). zukkend.

pan‖théiste m. (*i*st). Pantheist, -en, -en. ‖**-théon** m. (é*o*ⁿ). Pantheon, n.

panthère f. (tär). Panther, m. ④.
pantin m. (tin). Hampelmann ②.
pantomime f. (im). Gebärdenspiel, n.
pantoufle f. (üfl). Pantoffel, m.
paon m. (pan). Pfau, -en.
pa‖pa m. (pà). Papa, -s. ‖*A la papa, fam.* ganz ruhig. ‖**-pal, e, aux** (pàl, o). päpstlich. ‖**-pauté** f. (poté). Papsttum, n. ‖[dignité] päpstliche Würde.
papavéracée f. (see). Mohnpflanze.
pape m. (pàp). Papst.
pa‖pelard, e, a. (plàr, d). scheinheilig. ‖**-pelardise** f. Scheinheiligkeit.
pa‖perasse f. (pràs). altes Papier, n. ①. ‖**-perasserie** f. (àsri). Papierkram, m. spl. ‖[bureaucratique] unnütze Schreiberei. ‖**-perassier** m. (sié). Papierverschmierer ④.
papesse f. (pès). Päpstin.
pa‖peterie f. (paptri). Papierhandlung. ‖**-petier, ière,** m., f. (ptié, iär). Papiermacher, ④ in. ‖[marchand] Papierhändler ④, in. ‖**-pier** m. (pié). Papier, n. ① : — *à calquer,* Pauspapier; — *à cigarettes,* Rauchpapier; — *à lettres,* Briefpapier; — *écolier,* Schulpapier; — *libre,* ungestempeltes Papier; — *mâché,* « Papier mâché »; — *-monnaie,* Papiergeld; — *peint,* Tapete, f. ‖ [écrit] Schrift, f. ‖[acte] Urkunde, f. ‖pl. [d'identité] Ausweisepapiere.
pa‖pillon m. (pijon). Schmetterling. ‖**-pillonner.** umher- *ou* herumflattern. ‖**-pillote** f. (òt). Haarwickel, m. ‖**-pilloter.** intr. blinzeln.
pa‖pisme m. (ism). Papismus. ‖**-piste** m. (ist). Papist, -en, -en. ‖a. papistisch.
pa‖potage m. (taj). Geschwätz, n. ‖**-poter,** *fam.* (té). schwatzen.
papyrus m. (üs). Papyrus.
pâ‖que f. (pâk). [juive] Osterfest, n. ‖**-ques** f. pl. et m. (pâk). [christliches] Osterfest, n. Ostern, pl. : *à Pâques prochain,* nächste Ostern; *de Pâques,* Oster...; *Pâques fleuries,* Palmsonntag, m. ‖LOC. *Faire* ses Pâques,* Ostern halten*.
paquebot m. (pàkbo). Paketboot, n. ①. Schnelldampfer, m.
pâquerette f. (pakrèt). Gänseblümchen, n. ④.
paque‖t m. (kè). Paket, n. ①. ‖**-tage** m. Packen, n. spl.
par prép. (pàr). *espace, lieu* [passage à travers] durch; [entrée ou sortie] zu : *par la fenêtre,* zum Fenster herein *ou* hinaus; [voie] *par terre, par eau,* zu Lande, zu Wasser. ‖auf : *par la route,* auf der Straße. ‖[itinéraire = via] über, *acc. : par la Suisse, par Calais,* über die Schweiz, über *Calais.* ‖*Temps.* an, *dat.* (àn) : *par un jour d'été,* an einem Sommertage. ‖*Durée.* [adverbes] : *par an, par semaine,* jährlich, wöchentlich. ‖*Contact, coïncidence.* bei : *par la main,* bei der Hand; *par la pluie,* beim Regen. ‖*Action subie.* [directe, régime d'un verbe passif] von : *puni par son père,* von seinem Vater gestraft ; [intermédiaire, moyen] durch : *par la poste,* durch die Post. ‖*Cause morale.* [sentiment, etc.] aus : *par amour,* aus Liebe. ‖*Moyen.* mit : *par chemin de fer,* mit der Eisenbahn. ‖*Quantité.* [devant un nombre] zu : *par trois,* zu drei [en]; *par milliers,* zu Tausenden ; [devant un nom] ...weise : *par masses,* massenweise. ‖*Serment.* bei : *par Dieu!* bei Gott! ‖LOC. *de par,* von ... [*gén.*] wegen; *par ici,* hierher; *par là,* daher; *par trop,* allzu.
parabole f. (òl). Parabel.
parachever (aschwé). vollenden.
par‖achute m. (schütt). Fallschirm. ‖**-achutiste** m. Fallschirmspringer.
par‖ade f. (àd). Schau, Parade. ‖[étalage] Prunk, m. ‖[escrime] Auslage, Parieren, n. ‖**-ader.** paradieren, prunken.
par‖adis m. (dì). Paradies, n. ‖[théâtre] Olymp, m. ‖**-adisiaque** a. (ziàk). paradiesisch.
par‖adoxal, e, aux, a. (àl, ô). paradox. ‖**-adoxe** m. (òx). Paradoxon, ...xa, n.
par‖afe m. (àf). Namenszug. ‖[signature abrégée] abgekürzte Unterschrift, f. ‖**-afer.** mit seinem Namenszug versehen.
paraffine f. (fìn) Paraffin, n.
parage m. (àj). Küstenstrecke, f. pl. *fam.* Gegend, f.
paragraphe m. (àf). Paragraph, -en, -en, Absatz.

paraître* (*ä*tr). scheinen*, aufstehen. ‖[apparaître, livre], erscheinen* [*sein*].
par‖allèle a. (al*è*l). gleichlaufend, parallel [*à*, mit]. ‖m. Parallelkreis. ‖ [comparaison] Vergleichung, f. Parallele, f. ‖**-allélépipède** m. (p*è*d). Parallelepipedon, ...da, n. ‖**-allélisme** m. (*i*sm). Parallelismus. ‖**-allélogramme** m. (*à*m). Parallelogramm, n. ①.
par‖alyser (*zé*). lähmen. ‖**-alysie** f. (*zi*). Lähmung. ‖**-alytique** a. (*ì*k). gelähmt.
parangon m. (angon). Muster, n. ④, Vorbild, n. ②.
parapet m. (p*è*). Brustwehr, f.
paraphe. V. *parafe.*
par‖aphrase f. (*a*z). Umschreibung. ‖**-aphraser** (*zé*). umschreiben*.
parapluie m. (*üi*). Regenschirm.
parasite m. (z*ì*t). Schmarotzer ④. ‖a. Schmarotzer...
par‖asol m. (*ò*l). Sonnenschirm. ‖**-atonnerre** m. (n*ä*r). Blitzableiter ④. ‖**-avent** m. (wan). Windschirm, spanische Wand, f.
parbleu! interj. (bl*ö*). meiner Treu!
parc m. Park ①. ‖[à moutons] Hürde, f.
parcelle f. (s*è*l). Teilchen, n. ④ : — *de terrain,* Grundstück, n.
parce que conj. (sœkœ). weil.
par‖chemin m. (schœmin). Pergament, n. ①. ‖pl. [noblesse] Adelsbriefe. ‖**-cheminé, e,** a. (*né*). pergamentartig.
par‖cimonie f. (si-*ni*). Spärlichkeit. ‖**-cimonieux, euse,** a. (*iö*, z). [personne] karg. ‖[acte] spärlich.
par‖courir* (kùr*i*r). durchlaufen*. ‖[en véhicule] durchfahren*. ‖[à cheval] durchreiten*. ‖[regard] übersehen*. ‖[livre] durchlesen*. ‖**-cours** m. (k*u*r). Strecke, f. ‖[en véhicule] Fahrt, f.
par‖-dessous prép. (dœs*u*). unter. ‖adv. darunter. ‖**--dessus** prép. (s*ü*). über. ‖adv. darüber [passer] darüber weg. ‖**-dessus** m. Überzieher ④. ‖**--devant** prép. (dœwan). vor. ‖adv. vorn.
pardieu! interj. (di*ö*). wahrhaftig!
par‖don m. (don). Verzeihung, f. *Pardon!,* verzeihen Sie! *fam.* bitte! ‖[pèlerinage] Wallfahrt, f. ‖**-donnable** a. (*à*bl). [personnes] zu entschuldigen. ‖[choses] verzeihlich. ‖**-donner.** vergeben*, verzeihen*.
pare‖-brise m. Windscheibe, f. ‖**--chocs** m. Stoßstange, f. ‖**--soleil** m. (l*ei*). Sonnenblendscheibe, f.
pareil, le, a. ähnlich. ‖[égal] gleich. ‖[tel] solcher. ‖*Sans pareil,* unvergleichlich; *mes pareils,* meinesgleichen, inv.; *rendre la pareille,* Gleiches mit Gleichem vergelten*.
parement m. [mur] Außenseite, f. ‖[manche] Aufschlag.
par‖ent, e, m., f. (an, t). Verwandte[r]. a. s. Anverwandt. ‖pl. [père et mère] Eltern. ‖**-enté** f. (*té*). Verwandtschaft.
parenthèse f. (ant*ä*z). Zwischensatz, m. ‖pl. [signes] Klammern : *entre parenthèses,* in Klammern.
parer. schmücken. ‖[viande, etc.] zurichten. ‖[coup] abwehren. ‖[escrime] parieren.
par‖esse f. Faulheit. ‖**-esser.** faulenzen. ‖**-esseux, euse,** a. (*ö*, z). faul. ‖[nonchalant] träge. ‖m., f. Faulenzer ④, in.
par‖faire* (f*ä*r). vollenden. ‖[différence] ausgleichen*. ‖**-fait, e,** a. (f*è*, t). vollkommen.
parfois adv. (f°*a*). bisweilen.
par‖fum m. (fun). Wohlgeruch, Duft. [matière] Riechmittel, n. ‖**-fumer** (füm*é*). durchduften. ‖**-fumerie** f. (fümr*i*). Parfümerie. ‖ **-fumeur, euse,** m., f. Parfümeriehändler ④, in.
pari m. (*i*). Wette, f.
paria m. (*ia*). Paria, -s.
parier (*ié*). wetten. ‖*je parie que,* es gilt die Wette.
pariétal, e, aux, a. (t*à*l, *o*). Scheitel...
parieur, euse, m., f. (*iœr*, *ö*z). Wetter ④, in.
Par‖is npr. m. (*i*). Paris, n. ‖**-isien, ne,** m., f. (z*iin*, *iè*n). Pariser ④, in. ‖a. Pariser, inv., parisisch.
paritaire a. paritätisch.
parité f. (*té*). Gleichheit, Parität.
par‖jure m. (j*ü*r). [acte] Eidbruch. ‖[personne] Eidbrüchige[r], a. s. ‖a. eidbrüchig. ‖**-jurer [se]** (jür*é*). eidbrüchig werden*.
par‖lant, e, pa. (lan, t). [portrait] sprechend ähnlich. ‖**-lement** m. (man). Parlament, n. ①. ‖**-lementaire** a. (t*ä*r). parlamentarisch. ‖m.

[négociateur] Parlamentär ① (ĕr). ‖[député, etc.] Parlamentarier ④. ‖ **-lementer** (té). parlamentieren. ‖**-ler** (lé). sprechen* [à, zu, mit]. ‖[discourir] reden. ‖ *Parler affaires*, etc., von Geschäften usw. sprechen*; *parler d'or*, goldene Worte reden; *sans parler de*, abgesehen von; *trouver à qui parler*, seinen Mann finden*. ‖m. Sprechen, n., Reden, n.; *avoir* son franc-parler*, alles frei heraussagen dürfen*. ‖[dialecte] Mundart, f. ‖**-leur, euse**, m., f. (œr, öz). *Beau parleur*, Schönredner. ‖ *Techn. Haut-parleur*, Lautsprecher ④. ‖**-loir** m. (°ar). Sprechsaal, m. ④. ‖**-lote** f. (òt). Klatschgesellschaft.

parmi prép. unter, *dat.* et *acc.*, mittenunter *dat*, et *acc.*

Parnasse npr. m. (aß). Parnaß.

par‖odie f. (î). Parodie. ‖**-odier** (ié). parodieren.

paroi f. (°a). Wand, ¨e.

par‖oisse f. (°as). Kirchspiel, n. Pfarre, f. [fidèles] Pfarrgemeinde. ‖**-oissial, e, aux**, a. (iàl, o). Pfarr... ‖**-oissien, ne**, m., f. (iin, ièn). Pfarrkind, n. ‖m. [livre] Gebet- *ou* Meßbuch, n. ②.

parole f. (òl). Wort, n. ① : [*parole d'honneur*], [Ehren-]Wort, n.; *Parole d'honneur! ma parole!* auf mein Ehrenwort! *sur parole*, auf Ehrenwort; *tenir* parole*, Wort halten*. ‖[langage] Sprache. ‖pl. [d'un chant] Text, m. ‖*Adresser la parole à*, anreden, tr.

parotide f. (ìd). Ohrspeicheldrüse.

paroxysme m. (ism). höchster Grad.

parpaillot m. (pajo). Ketzer ④.

parpaing m. (pin). Streckstein.

Parque npr. f. (pàrk). Parze.

par‖quer. einpferchen. ‖[voitures] parken. ‖**-quet** m. (kè). Fußboden ③. ‖[théâtre, Bourse] Parkett, n. ①. ‖[justice] Staatsanwaltschaft, f. ‖**-queter** (kœté). täfeln.

parr‖ain m. (in). Pate, ìn, -n. ‖**-ainage** m. (änâj). Patenschaft, f. ‖**-icide** m. (sìd). Vater-, Muttermord ①. ‖m. et f. [auteur] Vater-, Muttermörder ④, in. ‖a. vater-, muttermörderisch.

pars. V. *partir**.

parsemer (sœmé) [de]. bestreuen, besäen [mit].

par‖t f. (pàr). Teil, m. ‖[participation] Anteil, m. ‖LOC. *A part*, beiseit[e]; *à part soi*, für sich; *autre part*, anderswo; [avec direction] anderswohin; *d'autre part*, andererseits; [provenance] anderswoher; *de la part de*, seitens, *gén.*, im Auftrag, *gén.*; *de ma part*, von mir, meinerseits; *de part en part*, durch und durch; *de part et d'autre*, beiderseits; *d'une part*, einerseits; *faire* part de*, mitteilen : [*billet de*] *faire part de*, ...anzeige, f.; *nulle part*, nirgends; *pour ma part*, für mein Teil; *prendre* en bonne* [*mauvaise*] *part*, in gutem [üblem] Sinne deuten; *prendre* part à*, teilnehmen* [an, *dat.*]. *Quelque part*, irgendwo; [direction] irgendwohin. ‖**-tage** m. (aj). Teilung, f. ‖*Avoir* en partage*, zuteil haben*; *ligne de partage des eaux*, Wasserscheide; *sans partage*, ungeteilt. ‖**-tagé, e**, p. a. (jé); *être* bien, mal partagé*, gut, übel bedacht sein*. ‖[réciproque] gegenseitig. ‖**-tager** (jé). teilen [*en*, in, *acc.*]. ‖[distribuer] verteilen. ‖[sentiment] teilnehmen* [an, *dat.*].

par‖tance f. (ans). Abfahrt. *En partance*, zur Abfahrt bereit. ‖[bateau] segelfertig. ‖**-tant** adv. (tan). folglich.

partenaire m. et f. (tœnär). Partner ④, in.

parterre m. (tär). Blumenbeet, n. ‖[théâtre] Parterre, n., Sperrsitz.

par‖ti m. (ti). [politique] Anhang, spl., Partei, f. : *prendre* parti pour*, Partei ergreifen* [für]. ‖*Mil.* Streifkorps, n. ④. ‖[mariage] Partie, f. ‖[avantage] Vorteil : *tirer parti de*, Vorteil ziehen* [aus]. ‖[résolution] Entschluß; *parti pris*, vorgefaßte Meinung, f.; *prendre* son parti de*, sich in [*acc.*] finden*. ‖*Faire* un mauvais parti à*, übel mitspielen, *dat.* ‖**-tial, e, aux**, a. (siàl, ô). parteiisch. ‖**-tialité** f. (sia-té.) Parteilichkeit. ‖**-ticipation** f. (si-sion). Teilnehmung [an, *dat.*]. Beteiligung [an, *dat.*]. ‖**-ticipe** m. (sip). Partizip, ...pien, n. ‖**-ticiper** (sipé). teilhaben* [an, *dat.*], sich beteiligen [an, *dat.*]. ‖**-ticularité** f. (kü-*té*). Eigentümlichkeit, Eigenheit. ‖**-ticule** f. (*kül*). Teilchen, n. ④. ‖[mot] Partikel. ‖**-ticulier, ère,** a. (kül*ié*, *iär*). eigen, eigentümlich. ‖[privé] Privat... ‖m. Privatmann, pl. ...leute.

par‖tie f. (*ti*). Teil, m. *En partie*, zum Teile, teilweise; *faire* partie de*, gehören [zu]. ‖[chant] Stimme. [jeu, plaisir] Partie : — *carrée*, Partie zu vier. ‖LOC. *Forte partie*, mächtiger Gegner, m.; *prendre* à partie*, angreifen*; *se porter partie civile*, auf Entschädigung antragen*. ‖**-tiel, le,** a. (*sièl*). teilweise. ‖[éclipse, paiement] Teil...

partir* (*ir*). abreisen [pour, nach]. ‖[aller en voyage] verreisen. ‖[véhicule, en véhicule] abfahren. ‖[navire] absegeln. ‖[troupes] abmarschieren, aufbrechen*. ‖[coup de feu] fallen*. ‖[projectile] herausfahren*. ‖[ballon, avion] aufsteigen*. ‖[sports] starten. ‖*A partir de*, von....an *ou* ab.

par‖tisan m. (**za**ⁿ). Anhänger ④, Parteigänger ④. *J'en suis partisan*, ich bin dafür. ‖[franc-tireur] Freischärler ④. ‖**-titif, ive,** a. partitiv. ‖**-tition** f. (*sio*ⁿ). Partitur.

partout adv. (*tù*). überall.

paru (*ü*). V. *paraître**.

parure f. (*ür*). Putz, m. spl. ‖[ornement, bijoux] Schmuck, m. ①.

parution f. (*sio*ⁿ). Erscheinung.

par‖venir* (w*œnir*) [à]. gelangen [zu]. ‖[arriver] angelangen [*à*, in, *dat.*]. ‖**-venu** m. (*ü*). Emporkömmling.

parvis m. (w*i*). Vorplatz.

pas m. (pâ). Schritt : *pas accéléré*, Eilschritt; *pas de course, pas gymnastique*, Laufschritt. ‖LOC. *A pas comptés*, gemessenen Schrittes; *A pas de loup*, mit leisen Schritten; *au pas*, im Schritte; *pas à pas*, Schritt für Schritt, schrittweise. ‖[pose du pied, trace] Tritt; *faux pas*, Fehlschritt; *au pas!*, Tritt gefaßt! ‖[préséance] Vortritt [*sur*, vor, *dat.*]; *céder le pas*, weichen*. ‖[seuil] Schwelle, f. ‖[passage] Engpaß : *mauvais pas*, schlimmer Paß, Klemme, f. ‖LOC. *Aller* bon pas*, gut marschieren; *de ce pas*, stehenden Fußes; *faire* les cent pas*, auf und ab gehen*; *marquer le pas*, auf der Stelle treten*; *mettre* au pas*, zur Ordnung bringen*; *retourner sur ses pas*, umkehren; *salle des pas perdus*, Vorhalle. ‖*Techn. Pas de vis*, Schraubengang. ‖adv. nicht. ‖[avec un verbe] *ne... pas : il ne vient pas*, er kommt nicht. ‖[devant un nom] *pas de, pas un, e*, etc., kein, e. Ex. : *pas d'argent*, kein Geld; *pas une âme*, keine Seele. ‖LOC. *Pas du tout*, gar nicht; *pas mal de*, ziemlich viel; *pas non plus*, auch nicht.

pascal, e, pl. **s** od. **aux,** a. (*àl*, *ô*). Oster...

pass‖able a. (*àbl*). ziemlich. ‖[supportable] leidlich. ‖**-ade** f. (*àd*). kurzer Durchflug, m. ‖*Fig.* [amourette] Eintagsliebe.

pass‖age m. (*a***j**). Durchgang. ‖[en véhicule] Durchfahrt, f. *Passage à niveau*, Bahnkreuzung, f. Überfahrt, f. ‖[en voyage] Durchreise, f.; *de passage à...*, auf der Durchreise durch... ‖[en marche] Durchmarsch. ‖[en troupe] Durchzug. ‖[traversée] Überfahrt, f. ‖[galerie vitrée] Galerie, f. Passage, f. ‖[écoles] Versetzung, f. ‖[péage] Brückengeld, n. ‖[transport] Fahrgeld, n. ‖**-ager, ère,** a. (*jé*, *är*). vorübergehend, flüchtig. ‖m. Passagier ① (*jîr*), Fahrgast. ‖**-ant, e,** a. (**a**ⁿ, t). [rue] stark besucht. ‖m. Vorübergehende[r], a. s. ‖**-avant** m. (w**a**ⁿ). Zollschein.

pass‖e f. (*pâs*). schmales Fahrwasser, n. ④. ‖*Fig.* Klemme. ‖[escrime] Ausfall, m. ‖LOC. *En passe de...*, auf dem besten Wege, zu... *mot de passe*, Losungswort, n. ‖**-é, e,** p. a. (*sé*). [temps] vergangen : *l'an passé*, voriges Jahr; *passé dix heures*, nach zehn Uhr. ‖[temps et lieu] vorbei, vorüber. ‖[couleur] verblichen. ‖m. Vergangenheit, f. ‖**-e-debout** m (dœb*u*). Durchgangsschein. ‖**-e-droit** m. (drᵒ*a*). ungerechte Begünstigung, f. ‖**-e-lacet** m. (*sè*). Schnürnadel, f. ‖**-ementerie** f. (pasm**a**ⁿtr*i*). Posamentierarbeit. ‖**-ementier, ère,** m., f. (*ié*, *iär*). Posamentierer ④, in. ‖**-e-montagne** m. (moⁿ*tà*nj). Bergmütze, f. ‖**-e-partout** m. (*tù*). Hauptschlüssel ④.

‖[cadre] Rahmenplatte, f. ‖**-epasse** m. *Tour de* —, Taschenspielerei, f. ‖**-epoil** m. (p°al). Litze, f. ‖**-eport** m. (pòr). [Reise-]Paß.

passer (*sé*). intr. [par un lieu, en marchant, en colonne, en véhicule, à cheval, en voyageant, en volant, en coulant, etc.] durch [*acc.*] gehen*, ziehen*, fahren, reiten*, reisen, fliegen*, fließen*, etc. [tous avec *sein*]. ‖durch..., préfixe *séparable*, combiné avec l'un des verbes ci-dessus. Ex. : durchgehen* usw. [*sein*]. [à côté, devant] vorbei..., vorüber, préfixes séparables combinés avec l'un des verbes ci-dessus : *passer à côté de qn*, an einem vorbeigehen*. ‖ [temps] vergehen* [*sein*], verfließen* [*sein*]. ‖[en un autre lieu ou état] übergehen*, -ziehen*, etc. [*sein*], *séparables* [zu]. ‖[chez] vorsprechen. ‖[couleurs] verschießen* [*sein*]. ‖[monnaie] Kurs haben*. ‖LOC. *Passer pour*, gelten* für; *passer sur* [pardonner], übersehen*; *faire* passer*, durchbringen*; [loi] durchsetzen; *faire* passer pour*, für... ausgeben*; *laisser passer*, durchlassen*; *en passant*, beiläufig. ‖tr. [franchir] überschreiten. ‖[dépasser] hinausgehen, intr. [*sein*] [über, *acc.*]; *cela me passe*, das ist mir zu hoch. ‖[tamiser] durchsieben. ‖[filtrer] durchseihen. ‖[rivière] übersetzen. ‖[remettre] reichen. ‖[temps] zubringen* [à, mit]. ‖[examen] bestehen*. ‖ [omettre] übergehen*. ‖[envie, etc.] befriedigen. ‖[**se**]. [avoir lieu] geschehen* [*sein*], sich ereignen, sich begeben. ‖ *Se passer de*, entbehren, tr., missen, tr.

passereau, x, m. (pasrô). Sperling.

passerelle f. (pasrèl). Laufbrücke.

pass‖e-temps m (pastaⁿ). Zeitvertreib. ‖**-e-thé** m. (*té*). Teesieb, n. ‖**-eur** m. (œr). Fährmann, ...leute.

pass‖ible a. (*i*bl). [de] ausgesetzt [*dat.*] : — *d'une peine*, straffällig. ‖**-if, ive,** a. (*if, iw*). passiv.

pass‖ion f. (*io*ⁿ). Leidenschaft. ‖[du Christ] Leidensgeschichte [Christi]. ‖**-ionné, e,** a. (*né*). leidenschaftlich. ‖**-ionnel, le,** a. (*è*l). Leidenschafts... ‖**-ionner** (ioné). begeistern. ‖[se]. in Leidenschaft geraten* [*sein*]. ‖[pour] schwärmen. ‖**-ivité** f. (*té*). Passivität.

passoire f. (°*a*r). Durchschlag, m., Seiher, m.

pastel m. (*è*l). Farbstift. ‖[œuvre] Pastellgemälde, n. ④.

pastèque f. (tèk). Wassermelone.

pasteur m. (œr). Hirte, -n, -n. ‖[protestant] Pastor, -en, Pfarrer ④.

pasteuriser (tœ-zé). keimfrei machen.

pastiche m. (t*i*sch). Nachahmung, f.

pastille f. (t*i*j). Plätzchen, n. ④.

pastoral, e, aux, a. (*à*l, *o*). Hirten... ‖f. Hirtengedicht, n.

patache f. (*a*sch). Zollschiff, n. ‖*Fam.* Landkutsche.

pataquès m. (kès). grober Schnitzer ④.

patate f. (*à*t). Batate.

patati-patata ! (t*i*-t*a*). *Fam.* papperlapapp!

patatras ! interj. (tr*a*). krach!, plumps!

pataud, e, a. (tô, d). plump.

patauger. herumpatschen. ‖*Fam.* sich verwirren.

patchouli m. Patschuli.

pâ‖te f. (pât). Teig, m. : *Pâtes d'Italie*, italienische Nudeln. — *dentifrice*, Zahnpaste. ‖LOC. *Une bonne pâte, fig.*, eine gute Haut; *mettre* la main à la pâte*, an der Arbeit teilnehmen*. ‖**-té** m. (*té*). Pastete, f. ‖[de maisons] Häuserquadrat, n., Komplex, m. ①. ‖[d'encre] Tintenklecks. ‖**-tée** f. (tee). [pour chiens, etc.] Futter, n. spl.

patelin, e, a. (pàtl*i*ⁿ, *ì*n). einschmeichelnd. ‖ m. *Pop.* Ortschaft, f.

patène f. (tän). Patene.

patenôtre f. (patnotr). Vaterunser, n. ④. ‖*Fam.* Gebet, n.

pa‖tent, e, a. (taⁿ, t). offenbar. *Lettres patentes*, offene Urkunde, f. sing. ‖f. Patent, n. ①. ‖f. [impôt] Gewerbesteuer. ‖**-tenté, e,** a. (*té*). patentiert.

pater m. (tèr). Vaterunser, n. ④.

patère f. (tär). Opferschale. ‖[portemanteau] Kleiderhaken, m. ④.

pa‖terne a. (tèrn). süßlich wohlwollend. ‖**-ternel, le,** a. (*è*l). väterlich, Vater... ‖**-ternité** f. Vaterschaft.

pâteux, euse, a. (*tö*, **z**). teigig. ||*Fig.* [style] verschwommen.

pa||thétique a. (*tik*). pathetisch. ||**-thologie** f. (*ji*). Krankheitslehre. ||**-thologique** a. (*jik*). pathologisch. ||**-thos** m. (*toß*). Pathos, n., Schwulst, f.

patibulaire a. (bü*lär*). Galgen...

pa||tience f. (si**a**ns). Geduld. *Prendre en* —, geduldig ertragen*. ||[jeu] « Patience ». ||**-tient, e,** a. si**a**n, t). geduldig. ||**-tienter** (*té*). sich gedulden.

pa||tin m. (t**i**n). dicksohliger Schuh. ||[à roulettes] Rollschuh, m. ||[à glace] Schlittschuh ①. ||[de rail] Schienenschuh. ||**-tinage** m. (*aj*). Schlittschuhlaufen, n. ||**-tine** f. (*in*). Patina. ||**-tiner** (*né*). intr. Schlittschuh laufen* [*sein*]. ||[roue] leer laufen*. ||tr. patinieren. ||**-tineur, euse,** m., f. Schlittschuhläufer ④, in. ||**-tinoire** f. (n*uar*). Eisbahn.

pât||ir (*ir*). leiden* [*de*, unter, *dat.*]. ||**-isserie** f. (isr*i*). Kuchenbäckerei. ||**-issier, ère,** m., f. (*ié*, *iär*). Kuchenbäcker ④, in.

patois|| m. Mundart, f. Platt, n. spl., ||**e,** a. (t°*a*, **z**). mundartlich, platt.

patraque f. (*àk*), *fam.* schlechte Maschine. ||a. *Fam.* kränklich.

pâtre m. (*âtr*). Hirt, -en, -en.

patr||iarcal, e, aux, a. (*ál*, *ô*). altväterlich. ||**-iarcat** m. (k*a*). Patriarchat, n. ||**-iarche** m. (*a*rsch). Altvater ③. ||**-iciat** m. (s*ia*), Patriziat, n.

patricien, ne, m., f. (*si***i**n, *ièn*). Patrizier ④, in.

patr||ie f. (*i*). Vaterland, n. ||[lieu natal] Heimat. *Mère patrie,* Mutterland, n. ||**-imoine** m. (m°*àn*). Stammgut, n. ②. ||**-imonial, e, aux,** a. (*iàl*, *o*). Stamm...

patr||iote m. et f. (*òt*). Patriot, -en, -en, ... in. ||**-iotique** a. (*ìk*). patriotisch. ||**-iotisme** m. (*ism*). Vaterlandsliebe, f.

patr||on, ne, m., f. (**o**n, *òn*). [à Rome] Schutzherr, -n, -en, in. ||[saint, e] Schutzheilige[r], a. s. ||*Comm.* Prinzipal ①, in, ||[employeur] Arbeitgeber ④, in. ||[industrie] Meister ④, in. ||[de barque] Schiffsherr, -n, -en, m. ||[modèle] Schablone, f. ||**-onage** m. (on*a***j**). Schutz, spl. ||[société] Erholungsverein. ||**-onal, e, aux,** a. (*àl*, *o*). Schutzheiligen..., Arbeitgeber... ||**-onat** m. (*à*). Patronat, n., Arbeitgeberstand. ||**-onner** (*né*). beschützen. ||**-onnesse** f. (*nès*). Vorstandsdame. ||**-onymique** a. (*ik*). Familien...

patr||ouille f. (*uj*). Streifwache, Patrouille. ||**-ouiller** (u*jé*). patrouillieren.

patte f. (pàt). Fuß, m., Bein, n. ||[chat, chien] Pfote. ||[ours] Tatze. ||[lièvre, etc.] Lauf, m. ||[écrevisse] Schere. ||[oiseau, insecte] Fuß, m. ||[fiche] Bankeisen, n. ④. ||[vêtement] Klappe. ||[Mil.] — *d'épaule,* Achselstück, n. ||LOC. *A quatre pattes,* auf allen vieren; *coup de patte, fig.* Stichelei, f.; *faire* patte de velours,* Samtpfötchen machen; *graisser la patte à, fig.* schmieren, bestechen*; *montrer patte blanche, fam.,* sich ausweisen*; *patte d'oie.* Runzel [in den Augenwinkeln]; *pattes de mouche* [*écriture*], Gekritzel, n. spl.

pâtu||rage m. (tür*a***j**). Weide, f. Weideplatz. ||**-re** f. (*ür*). Futter, n. spl., Nahrung.

paturon m. (tür**o**n). [de cheval]. Fessel, f.

pau||me f. (pôm). flache Hand. *Jeu de paume,* Schlagballspiel, n. ||**-melle** f. (*mèl*). Hakenband, n. ②.

paupérisme m. (*ism*). Massenarmut.

paupière f. (p*iär*). Augenlid, n. ②.

pause f. (pô**z**). Pause.

pau||vre a. (powr). arm. ||[misérable] armselig. ||[choses] ärmlich, dürftig. ||**-vresse** f. (*ès*). arme Frau. ||**-vret, te,** a. (wr*è*, t). ärmlich. ||**-vreté** f. (°*té*). Armut.

pavage m. (w*a***j**). Pflastern, n. ||[pavés] Pflaster, n. ④.

pa||vane f. (w*àn*). Pavane. ||**-vaner** [**se**] (wan*é*). umherstolzieren [*sein*].

pa||vé m. (wé). Pflaster. n. ④, Pflasterstein. ||LOC. *Battre le pavé,* herumschlendern [*sein*]; *être* sur le pavé,* ohne Arbeit *oder* Obdach sein*. ||**-ver** (*wé*), pflastern. ||pp. *Fig. pavé de,* erfüllt mit. || **-veur** m. (w**œ**r). Pflasterer ④.

pavillon m. (wij**o**n). [tente] Zelt, n.. Zeltdach, n. ②. ||[bâtiment]

Flügel ④. ‖ [de jardin] Gartenhäuschen, n. ④. ‖ [oreille] Ohrmuschel, f. ‖ [navire] Flagge, f. *Amener le pavillon,* die Flagge streichen*. ‖*Fig. Baisser pavillon,* sich für besiegt erklären.

pa‖vois m. (w°a). Schild. ‖**-voiser** (w°azé). beflaggen.

pavot m. (wô). Mohn.

pay‖able a. (pèjàbl). zahlbar. ‖**-ant, e,** a. (an, t). nicht unentgeltlich.

pay‖e f. (pèj). [soldats] Löhnung, Sold, m. ‖ [ouvriers] Lohn, m. *Jour de paye,* Zahlungstag. ‖**-ement** m. (man). Bezahlung, f. *Facilités de payement,* Ratenzahlungen, f. pl. ‖**-er** (jé). bezahlen. ‖LOC. *Il me le paiera,* ich werde es ihm vergelten*; *payer d'audace,* sich kühn behaupten; *payer d'ingratitude,* mit Undank lohnen; *payer qn de retour,* es einem vergelten*. ‖**-eur, euse,** m., f. Zahler ④, in.

pay‖s m. (pèi). Land, n. ②. *Pays-Bas,* pl., Niederlande. ‖ [natal] Heimat, f. *Mal du pays,* Heimweh, n. ‖**-sage** m. (zaj). Landschaft, f. ‖**-sagiste** m. (jist). Landschaftsmaler ④. ‖**-san, ne,** m., f. (zan, àn). Bauer, -n, -n, Bäuerin. ‖a. bäurisch. ‖**-se** f., *fam.* Landsmännin.

péa‖ge m. (péàj). Brückengeld, n. ‖**-ger** m. (jé). Zöllner ④.

peau‖, x f. (pô). Haut, ¨e. ‖*Fig. Défendre sa peau,* sich seiner Haut wehren; *risquer sa peau,* seine Haut zu Markte tragen*. ‖ [épaisse] Fell, n. ‖ [fourrure] Pelz, m. ‖LOC. *Faire* peau neuve,* sich häuten; *fig.* ein anderer Mensch werden*. ‖**-ssier** m. Lederbereiter ④.

peccadille f. (ij). kleine Sünde.

pêche f. (päsch). [poissons] Fischen, n., Fischfang, m. ‖ [fruit] Pfirsich, m. et f.

péch‖é m. (sché). Sünde, f. : — *mignon,* Lieblingssünde, f.; — *mortel,* Todsünde, f. ‖**-er** (é). sündigen.

pêch‖er (sché). fischen. ‖m. [arbre] Pfirsichbaum. ‖**-erie** f. (päschri). Fischerei. ‖**-eur, euse,** m., f. (œr, öz). Fischer ④, in.

pécheur, cheresse, m., f. (schœr, schrès). Sünder ④, in.

pécore f. [vieilli] Tier, n. ‖*Fig.* dumme Gans.

pectoral, e, aux, a. (àl, o). Brust...

pé‖cule m. (kül), Ersparnisse, f. pl. ‖**-cuniaire** a. (küniär). Geld...

pé‖dagogie f. (ji). Pädagogik. ‖**-dagogue** m. (gòg). Pädagog, -en, -en, Schulmann ②.

pé‖dale f. (dàl). Pedal, n. ①, Tretkurbel. ‖**-daler** (lé), *fam.* radeln. ‖**-dalier** m. (lié). Tretwerk.

pé‖dant, e, m., f. (dan, t). Pedant, -en, -en, in. ‖a. pedantisch, schulmeisterisch. ‖**-danterie** f. (dantri). Pedanterei. ‖**-dantesque** a. pedantisch. ‖**-dantisme** m. (ism). Pedantismus.

pé‖destre a. (estr). zu Fuß, Fuß...

‖**-dicule** m. (kül). Stengel ④. ‖**-dicure** m. (kür). Fußarzt. ‖**-doncule** m. (ül). Blumenstiel.

pègre f. (pègr), *pop.* Gaunerwelt.

pei‖gn... (pänj). V. *peindre*.* ‖**-gnage** m. (aj). [laine] Krempeln, n. ‖ [chanvre] Hecheln, n. ‖**-gne** m. (pänj). Kamm. *Se donner un coup de peigne,* sich mit dem Kamm durch die Haare fahren*. ‖**-gnée** f. (njee), *fam.* Prügelei. ‖**-gner** (njé). kämmen. ‖ [laine] krempeln. ‖ [chanvre] hecheln. ‖**-gnoir** m. (nj°ar). Pudermantel ③. ‖ [de bain] Bademantel ③. ‖ [du matin] Morgenanzug.

peindre* (pindr). malen : *peindre en bleu,* etc., blau usw. malen.

pei‖ne f. (pän). ‖ [fatigue] Mühe, spl. ‖LOC. *A grand-peine,* mit großer Mühe; *donner de la peine,* Mühe machen; *se donner [prendre] la peine de,* sich die Mühe geben, sich bemühen; *valoir* la peine,* der Mühe wert sein*, der Mühe lohnen. ‖*A peine,* kaum; *j'ai peine à croire*,* ich kann kaum glauben; *croire* sans peine,* gern glauben. ‖*Homme de peine,* Arbeiter, m. ‖ [souffrance] Leiden, n. ④. ‖ [douleur] Pein. ‖ [chagrin] Gram, m. *Faire* de la peine,* leid tun*. ‖ [souci] Sorge; *en peine de,* besorgt [um]. ‖ [punition] Strafe; *sous peine d'amende,* bei Geldstrafe. ‖**-né, e,** a. (né). betrübt [de, über, *acc.*]. *Je suis peiné de,* es tut mir leid, zu... ‖**-ner** (né). intr. mühsam arbeiten. ‖tr. betrüben.

pein‖s, -t. V. *peindre*.* ‖**-tre** m. (pintr). Maler ④. *Femme peintre,*

Malerin, f. (*ìn*). ‖**-ture** f. (*tür*). Malerei. ‖[tableau] Gemälde, n. ④.
péjoratif, ive, a. (*jò-if, iw*). verschlimmernd.
Pékin npr. m. (*kin*). Peking, n. ‖*Fam.* Zivilist, -en, -en.
pe‖lade f. (pœlàd). Haarschwund, m. ‖**-lage** m. (*aj*). Haarfarbe, f. ‖[fourrure] Pelz. ‖**-lé, e,** a. kahl.
pêle-mêle adv. (pälmäl). durcheinander. ‖m. buntes Gemisch, n.
peler (pœlé). schälen. ‖intr. et **[se].** sich häuten.
pèle‖rin, e, m., f. (pelr**in**, ìn). Pilger ④, in. ‖**-rinage** m. (*aj*). Pilgerschaft, f., Wallfahrt, f. ‖**-rine** f. (*in*). Regenmantel, m. ③.
pélican m. (k**an**). Pelikan ①.
pelisse f. (pœlìs). Pelzmantel, m. ③.
pell‖e f. Schaufel, Schippe. *Ramasser une —, fam.,* vom Fahrrad hinstürzen. ‖**-etée** f. (peltee). Schaufelvoll, inv. ‖**-eterie** f. (*tri*). Rauchwerk, n. spl. ‖*Comm.* Pelzhandel, m. ‖**-etier** m. (*tié*). Pelzhändler ④, Kürschner ④. ‖**-icule** f. (*kül*). Häutchen, n. ④. ‖*Phot.* Film, m. *Pellicule vierge,* Rohfilm, m.
pe‖lote f. (pœlòt). Knäuel, m. ④. ‖[balle] Ball, m. ‖[pour épingles] Nadelkissen, n. ④. ‖*Faire* sa pelote, fam,* ein Vermögen sammeln. ‖**-loter** (plòté). in Knäuel wickeln. ‖*Fam.* betasten. ‖[flatter] schmeicheln. ‖**-loton** m. (plòt**on**). Knäuel. ‖[soldats] Rotte, f. ‖**-lotonner** (tòné). aufwickeln. ‖**[se].** sich zusammenkauern.
pelouse f. (luz). Rasenplatz, m.
pe‖luche f. (plüsch). Plüsch, m. ‖**-lucheux, euse,** a. (*schö*, z). plüschartig.
pelure f. (plür). Schale, Haut.
pé‖nal, e, aux, a. (nàl, *ô*). Straf... ‖**-naliser** (*zé*). strafen. ‖**-nalité** f. Strafe.
pénates m. pl. Penaten. ‖*Fig.* Herd, m.
penaud, e, a. (pœno, d). beschämt.
pen‖chant m. (pa**n**sch**an**). Abhang. ‖*Fig.* Hang, spl., Neigung, f. [*pour,* zu]. ‖**-ché, e,** p. a. (*sché*). schief. ‖**-cher** (*sché*). tr. neigen. ‖**[se].** sich neigen. ‖[sur] sich beugen [über, *acc.*]. ‖intr. neigen [*vers,* zu]. ‖*Fig.* geneigt sein*.
pen‖dable a. (*àbl*). henkenswert. ‖[tour] schändlich. ‖**-daison** f. (däz**on**). Aufhängen, n. spl. ‖**-dant, e,** p. a. (d**an**, t). ‖*Fig.* [procès] unentschieden. ‖m. [d'oreille] Gehänge, n. ④. ‖[équivalent] Gegenstück, n. ‖*Faire* pendant,* als Gegenstück dienen. ‖prép. während, *gén.* ‖*Pendant que,* conj., während.
‖**-dard** m. (*dàr*). Galgenstrick. ‖**-deloque** f. (dlòk). Glasgehänge, n. ④. ‖**-dentif** m. (*tif*). Hängebogen ④. ‖**-derie** f. (*dri*). Kleiderkammer. ‖**-diller** (*dijé*). baumeln. ‖**-dre** (pa**n**dr). tr. hängen. ‖[en l'air] aufhängen. ‖[supplice] henken. intr. hangen*. ‖**-du** m. (*dü*). Gehenkte[r], a. s. ‖**-dule** m. (*ül*). Pendel, n. ④. ‖f. Pendeluhr, Standuhr.
pène m. (pèn). Schloßriegel ④.
péné‖trant, e, a. (**an**, t). durchdringend. ‖[œil] scharf. ‖**-tration** f. (*si***on**). Durchdringen. ‖n. ‖*Fig.* Scharfblick, m. ‖**-trer** (*tré*). intr. dringen*, eindringen* [*sein*] [dans, in *acc.*]. ‖tr. durchdringen*.
pénible a. (*ibl*). mühsam. ‖[douloureux] peinlich.
péniche f. (*isch*). Flußschiff, n.
pénicilline f. (sil*in*). Penizillin, n.
péninsule f. (**in***sül*). Halbinsel.
pé‖nitence f. (**an**s). Buße. ‖[punition] Strafe. ‖**-nitencier** m. (a**n***sié*). Besserungsanstalt, f. ‖**-nitent, e,** a. s. (**an**, t). Büßende[r], a. s. ‖**-nitentiaire** a. (*siär*). Straf..., Besserungs...
penne f. (pèn). Feder.
pénombre f. (**on**br). Halbschatten, m. ④.
pen‖sée f. (pa**n***see*). Gedanke, -ns, -n, m. ‖[faculté] Denkkraft. ‖[opinion] Ansicht. ‖[fleur] Stiefmütterchen, n. ④. ‖**-ser** (*sé*). denken* [*à,* an, *acc.*]. ‖[opinion] meinen. ‖LOC. *Bien pensant, fig.,* fromm; *façon de penser,* Denkweise, f.; *Pensez donc!* denken Sie einmal!; *y pensez-vous?,* ist es Ihr Ernst? ‖m. Gedanke. ‖**-seur** m. (s**œ**r). Denker ④; *libre penseur,* Freidenker, Freigeist. ‖**-sif, ive,** a. (*if, iw*). nachdenkend. ‖[absorbé] in Gedanken versunken.
pen‖sion f. (*si***on**). Gnadengehalt, n. ②. ‖[de retraite] Ruhegehalt, n. ②, Pension. ‖[école] Pensionat, n.

①. ‖ [de famille, hôtel] Pension. ‖ [prix] Kostgeld, n. ‖**-sionnaire** m. et f. (när). [élève] Kostschüler ④, in. ‖ [client] Kostgänger ④, in, Pensionär, in. ‖**-sionnat** m. (*na*). Pensionat, n. ①. ‖**-sionner** (*né*). pensionieren.

pensum m. (pinsòm). Strafarbeit, f.

pentagone m. (pin-gòn). Fünfeck, n.

pente f. (pant). Abhang, m. *En pente,* abschüssig.

Pentecôte f. (kôt). Pfingsten, n. : *de [la] Pentecôte,* Pfingst...

pénultième a. (nült*ièm*). vorletzt.

pénurie f. (ür*i*). Mangel, m. [*de,* an, *dat.*]. ‖— *d'argent, de devises,* Geldknappheit, Devisenknappheit.

pépère m. (per), fam. Papachen n. ④.

pépie f. (pî). Pips, m. ‖*Fig. Avoir* la pépie,* durstig sein*.

pé‖piement m. (m*a*n). Piepen, n. spl. ‖**-pier** (*pié*). piepen.

pé‖pin m. (p*i*n). Kern. ‖*Pop.* Regenschirm. ‖**-pinière** f. (pin*iär*). Baumschule. ‖ *Fig.* Pflanzstätte. ‖**-piniériste** m. (*ist*). Baumschulgärtner ④.

pépite f. Goldklumpen, m. ④.

péplum m. (òm). Peplum, ...plen, n.

perçage m. (sàj). Bohren, n.

per‖cale f. (kàl). Perkal, m. ①. ‖**-caline** f. (ìn). Perkalin, n.

per‖çant, e, a. (s*a*n, t). durchdringend. [voix] gellend. ‖ [regard] scharf, durchbohrend. ‖ [froid] schneidend. ‖**-ce** f. (pers). *Mettre* en perce,* anstechen*. ‖**-cée** f. (see). Durchbruch, m. ‖ [forêt]. Durchhau, m. ①. ‖**-cement** m. (semɑn). Durchbohren, n. spl. ‖**-ce-neige** f. (s^e^näj). Schneeglöckchen, n. ④. ‖**-ce-oreille** m. (soräj). Ohrwurm ②.

per‖cepteur m. (sept*œr*). Steuereinnehmer ④. ‖**-ceptible** a. (t*i*bl). wahrnehmbar. ‖**-ception** f. (s*io*n). Wahrnehmung. ‖ [de droits] Erhebung. ‖ [bureau] Steueramt, n. ②.

percer (*sé*). tr. [durch]bohren. ‖ [voie, passage] durchbrechen*. ‖ [à jour] durchlöchern. ‖ [tonneau] anstechen*. ‖ [abcès] aufschneiden*. ‖ [mystère] durchschauen. ‖ intr. durchbrechen* [*sein*]. ‖ [soleil] durchblicken. ‖ [abcès] aufgehen*. ‖*Fig.* [apparaître] zum Vorschein kommen*. ‖ [prospérer] sich Bahn brechen*.

percevoir* (sœw^o^*ar*). wahrnehmen*. ‖ [taxe] erheben*.

per‖che f. (persch). Stange. ‖ [poisson] Barsch, m. ①. ‖**-cher.** sitzen*. ‖*Fam.* wohnen. ‖ [**se**]. sich setzen. ‖*Fam.* sich niederlassen*.

percheron m. (sch^e^r*o*n). Percheronpferd, n.

perchoir m. (sch^o^*ar*). Vogelstange, f.

perclus, e, a. (kl*ü*, **z**). lahm.

perçoir m. (s^o^*ar*). Bohrer ④.

percolateur m. (t*œr*). Kaffeemaschine, f.

per‖cussion f. (küs*io*n). Schlag, m. ‖**-cuter** (küt*é*). schlagen*. ‖ [poitrine] beklopfen.

per‖dition f. (s*io*n). [mœurs] Verderbnis. ‖ [navire] Untergang, m. ‖**-dre** (perdr). tr. verlieren*. ‖ [vie, fortune] um... kommen*. ‖intr. [du terrain] zurückbleiben* [sein] ‖ [**se**]. [s'égarer] sich verirren. ‖ [navire] untergehen*. ‖ [se ruiner] zugrunde gehen*.

per‖dreau, x, m. (dr*ô*). junges Rebhuhn, n. ②. ‖**-drix** f. (dr*i*). Rebhuhn, n. ②.

perdu, e, p. a. (d*ü*). *Fille perdue,* gefallenes Mädchen, n.

père m. (pär). Vater ③ : *le père N.,* Vater N., der alte N. ‖ [*Le*] *Saint-Père,* der Heilige Vater; *Saints Pères,* pl., Kirchenväter.

pérégrination f. (s*io*n). Wanderung.

péremptoire a. (ranpt^o^*ar*). unumstößlich.

perfec‖tible a. (*i*bl). vervollkommnungsfähig. ‖**-tion** f. (s*io*n). Vollkommenheit. ‖**-tionnement** m. (siòn-m*a*n). Vervollkommnung, f. ‖**-tionner** (siòn*é*). vervollkommnen.

per‖fide a. (fìd). heimtückisch; hinterlistig. ‖**-fidie** f. (d*i*). Heimtücke, Hinterlist.

per‖forateur m. (t*œr*). Durchlocher ④. ‖ **-foration** f. Durchbohrung. ‖**-forer.** durchbohren, -lochen.

performance f. (m*a*ns). Leistung.

péricarde m. (*ard*). Herzbeutel.

pé‖ril m. (r*i*l). Gefahr, f. ‖**-rilleux, euse,** a. (rij*ö*, **z**). gefährlich, gefahrvoll.

périmé, e, p. a. (m*é*). [billet, etc.], abgelaufen, verjährt.

périmètre m. (mètr). Umfang.

périnée m. (*nee*) *Anat.* Damm.
pé||**riode** f. (*riòd*). Periode. Zeitabschnitt, m. ||**-riodicité** f. (*sité*). Periodizität. ||**-riodique** a. (*ìk*). periodisch. ||m. Zeitschrift, f.
pé||**rioste** m. (*iost*). Knochenhaut, f. ||**-riostite** f. (*ìt*). Knochenhautentzündung.
péripétie f. (*sî*). plötzliche Wendung.
périphérie f. (*rî*). Umkreis, m.
périphrase f. (*frâz*). Umschreibung.
périr (*ir*). umkommen* [*sein*].
périscope m. (*òp*). Periskop, n. ①.
pé||**rissable** a. (*àbl*). vergänglich. ||**-rissoire** f. (*soar*). schmales, leicht umschlagendes Boot, n.
péristyle m. (*il*). Peristyl, n.
pér||**itoine** m. (*toan*). Bauchfell, n. ||**-itonite** f. (*ònìt*). Bauchfellentzündung.
per||**le** f. (perl). Perle. ||**-lé, e,** a. (*lé*). perlartig. ||*Fig.* [Arbeit] sorgfältig ausgeführt. ||**-ler** (*lé*). intr. perlen. ||**-lier, ère,** a. (*lié, iär*). Perlen...
perlimpinpin m. (linpinpin). *Poudre de perlimpinpin,* Zauberpulver, n. ④.
per||**manence** f. (*ans*). Beständigkeit. ||**-manent, e,** a. (*an, t*). beständig. *Cinéma permanent,* Dauerkino, n. ||**-manente** f. (*nant*). Dauerwelle. ||[armée] stehend.
perméable a. (*àbl*). durchdringbar.
per||**mettre*** (*mètr*). erlauben. ||[accorder] gestatten. ||**-mis, e,** p. a. (*mì, z*), pp. de *permettre**. ||m. Erlaubnisschein : — *de chasse,* Jagdschein; — *de circulation,* Freikarte, f.; — *de conduire,* [Autom.] Führerschein. ||**-mission** f. (*sion*). Erlaubnis. ||[congé] Urlaub, m. ①, ||**-missionnaire** m. (*när*) Urlauber ④.
permutation f. (mü-*sion*). Vertauschung, Ämtertausch, m.
permuter (*müté*). vertauschen, [Ämter] austauschen.
pernicieux, euse, a. (*siö, z*). schädlich.
péroné m. (*né*). Wadenbein, n.
péronnelle f. (*onèl*). junge Plaudertasche.
pé||**roraison** f. (*räzon*). Redeschluß, m. ||**-rorer** (*òré*). hochtrabend reden.
Pérou npr. m. Peru, n. ||*Fig.* Goldgrube, f.
perpendiculaire a. (pan-*külär*). senkrecht. ||f. Senkrechte.
perpétrer (*tré*). begehen*.
per||**pétuel, le,** a. (*tüèl*). immerwährend. ||**-pétuer** (*tüé*). verewigen. ||**-pétuité** f. (*tüité*). Unvergänglichkeit, lebenslänglich.
per||**plexe** a. (*eks*). ratlos. ||**-plexité** f. Ratlosigkeit.
perquisi||**tion** f. (*kizision*). Haussuchung. ||**-tionner** (*sioné*). durchsuchen.
perron m. (*on*). Freitreppe, f.
perr||**oquet** m. (*okè*). Papagei, -en. ||**-uche** f. (*üsch*). Sittich, m.
perr||**uque** f. (*ük*). Perüke. ||**-uquier, ère,** m., f. Perükenmacher ④, in.
Per||**san, e,** m., f. (*san, àn*), **-se,** m., f. Perser ④, in. ||a. persisch. ||**-se** npr. f. (pers). Persien, n. ||f. [étoffe] Zitz, m.
persécu||**ter** (*küté*). verfolgen. ||**-teur, trice,** m., f. (*kütœr, trìs*). Verfolger ④, in. ||**-tion** f. (*sion*). Verfolgung.
persévé||**rance** f. (*wérans*). Ausdauer. ||[persistance] Beharrlichkeit. ||**-rant, e,** a. (*ran, t*). ausdauernd, beharrlich. ||**-rer** (*ré*). beharren.
persienne f. (*sièn*). Sommerladen, m. ③.
per||**siflage** m. (*aj*). Spöttelei, f. ||**-sifler** (*flé*). bespötteln. ||**-sifleur** m. (*flœr*). Spötter.
persil m. (*si*). Petersilie, f.
persis||**tance** f. (*ans*). Beharrlichkeit. ||**-tant, e,** a. (*an, t*). beharrlich. ||[continu] anhaltend. ||**-ter** (*té*). beharren. ||[dans] bestehen* [auf, *dat.*].
per||**sonnage** m. (*naj*). Person, f. ||[important] Persönlichkeit, f. ||**-sonnalité** f. (*té*). Persönlichkeit. ||[allusion] Anzüglichkeit. ||**-sonne** f. (*sòn*). Person. *En personne,* persönlich; *par personne,* die [*ou* pro] Person; *payer de sa personne,* persönlichen Mut zeigen. ||pron. [sans négation] irgend jemand. ||[négatif] niemand : *il n'est venu personne,* es ist niemand gekommen. ||**-sonnel, le,** a. (*nèl*). persönlich. ||m. Personal, n. ||**-sonnification** f. (*kasion*). Personifizierung. ||**-sonnifier** (*fié*). personifizieren. ||[incarner] verkörpern.

perspective f. (*îw*). Aussicht ||*Géom.* Perspektive.
per||spicace a. (*às*). scharfsichtig, scharfsinnig. ||**-spicacité** f. (sité). Scharfsinn, m.
per||suader (süadé). überreden. ||[convaincre] überzeugen [*de*, von]. ||**-suasif, ive,** a. (*zif, iw*). überredend. ||**-suasion** f. (*zioⁿ*). Überredung.
perte f. (pert). Verlust, m. ① : — *sèche*, reiner Verlust. ||[ruine, destruction] Verderben, n. spl., Untergang, m. spl. ||*A perte*, mit Verlust; *à perte de vue*, unabsehbar; *en perte*, im Verlust; *en pure perte*, ganz umsonst.
per||tinemment adv. (nàmaⁿ), **-tinent, e,** a. (naⁿ, t). treffend, passend.
pertuis m. (*tüi*). Durchfahrt, f. ||[passe] Meerenge, f.
perturba||teur, trice, a. störend. m., f. Ruhestörer ④, in. ||**-tion** f. Störung.
Péruvien, ne, m., f. (rüwiiⁿ, *ièn*). Peruaner ④, in. ||a. peruanisch.
pervenche f. (waⁿsch). Wintergrün, n.
per||vers, e, a. (wèr, s). verderbt, verkommen. ||**-version** f. (*sioⁿ*). Verderbung. ||**-versité** f. (*té*). Verderbtheit.
pe||sage m. (pœz*aj*). Wiegen, n. ||[emplacement] Wiegeplatz. ||**-samment** adv. (zàmaⁿ). **-sant, e,** a. (zaⁿ, t). schwer. ||*Fig.* schwerfällig. ||m. [poids] Gewicht, n. ||**-santeur** f. Schwere. ||[poids] Gewicht, n. ||[force] Schwerkraft.
pèse... (päz-). ...waage : *pèse-lettres*, m., Briefwaage, f.
pe||ser (pœzé). tr. et intr. wiegen*. ||[considérer] bedenken*. ||[réfléchir] überlegen. ||**-son** m. (zoⁿ). Schnellwaage, f.
pessi||misme m. (*ism*). Pessimismus. ||**-miste** m. (*ist*). Pessimist, -en, -en. ||a. pessimistisch.
pes||te f. (pest). Pest. ||interj. alle Wetter! *Peste soit du menteur!*, der Teufel hole den Lügner! ||**-ter** (*té*). fluchen [*contre*, auf, *acc.*]. ||**-tiféré, e,** a. (*ré*). pestkrank. ||**-tilence** f. (aⁿs). Pestilenz. ||**-tilentiel, le,** a. pestartig. ||[qui empeste] verpestend.
pet m. (pè). Furz, Wind. ||*Pâtiss.* *Pet-de-nonne*, Nonnenfürzchen, n., *ou* -krapfen.
pétale m. (*àl*). Blumenblatt, n. ②.
pé||tarade f. (*àd*). Furzen, n. spl. ||*Fig.* [moteur] Geknalle, n. spl. ||**-tard** m. (*àr*). Petarde, f. ||[ch. de fer] Knallsignal, n. ①.
pétaudière f. (tôd*iär*). polnische Wirtschaft.
péter (*té*). furzen. ||[arme à feu] knallen.
Pétersbourg npr. m. (ᵉrsbur). Petersburg, n.
pé||tillement m. (tijmaⁿ). Knistern usw., n. spl. V. *pétiller*. ||**-tiller** (tijé). [feu] knistern, prasseln. ||[vin] schäumen. ||[yeux] funkeln, blitzen. ||[esprit] sprühen. ||[d'impatience] brennen* [vor, *dat.*].
peti||t, e, a. (pœti, t). klein. ||*En petit*, im Kleinen; *petit à petit*, allmählich, nach und nach. ||*Fig.* [chéri] lieb. ||[mesquin] kleinlich. ||m. [enfant] Kleine[r], a. s. ||[animal] Junge, a. s. m. : *faire* des petits*, Junge werfen*. ||**-tefille** f. (titf*ij*). Enkelin. ||**-tement** adv. (titmaⁿ). knapp, kümmerlich. ||[loger] eng. ||**-te-nièce** f. (titn*iès*). Großnichte. ||**-tesse** f. (*tès*). Kleinheit. ||[mesquinerie] Kleinlichkeit.
petit-||fils m. (pœtifìs). Enkel ④. ||**- -gris** m. (grì). graues Eichhörnchen, n. ②.
péti||tion f. (*sioⁿ*). Bittschrift. ||**-tionnaire** m. et f. (siòn*är*). Bittsteller ④, in. ||**-tionner** (*sìoné*). petitionieren.
petit||-lait m. (pœtilè). Molke, f. ||**- -maître** m. (mätr). Stutzer ④. ||**- -neveu, x,** m. (nœwö). Großneffe, -n, -n.
peton m. (pœtoⁿ), *fam.* Füßchen, n. ④.
pé||trification f. (*sioⁿ*). Versteinerung. ||**-trifier** (*fié*). versteinern.
pé||trin m. (iⁿ). Backtrog. ||*Fig.* Patsche, f. ||**-trir** (*ir*). kneten. ||*Fig.* *Pétri de...*, voll von... ||**-trissage** m. (*aj*). Kneten, n.
pé||trole m. (*òl*). Erdöl, n. Petroleum, n. ||**-trolier** m. (*ié*). Petroleumschiff, n.
pé||tulance f. (tülaⁿs). Ungestüm, n. ||**-tulant, e,** a. ungestüm.

peu adv. (pö). wenig. *Depuis peu,* seit kurzem; *peu à peu,* nach und nach, allmählich; *peu après,* bald nachher, kurz darauf; *peu de,* wenig, a. et adv.; *peu de chose,* weniges; *à peu de chose près, à peu près,* beinahe; *sous peu,* binnen kurzem, nächstens. ‖LOC. *Pour peu que,* wenn auch noch so wenig; *quelque peu,* einigermaßen. ‖m. Weniges, a. s. n.; *le peu* [*de*]..., der [die, das] wenige...; *un peu* [*de*], ein wenig; *un tant soit peu,* auch noch so wenig.

peu‖plade f. (*à*d). Völkerschaft. ‖**-ple** m. (pœpl). Volk, n. ②. ‖**-pler** (pl*é*). bevölkern.

peuplier m. (pli*é*). Pappel, f.

peu‖r f. (pœr). Furcht [*de,* vor, *dat.*]. ‖[angoisse] Angst. ‖LOC. *A faire* peur,* erschrecklich; *de peur que,* aus Furcht, daß; *faire* peur,* Furcht einjagen; *peur bleue,* schreckliche Angst. ‖**-reux, euse,** a. (r*ö*, **z**). furchtsam.

peut‖ V. *pouvoir**. ‖**- -être** adv. (pöt*ä*tr). vielleicht.

peuv..., peux. V. *pouvoir**.

phaéton m. (*o*n). Phaeton, s. [offener Viersitzer].

phagocyte m. (s*i*t). Phagozyte, f.

phalange f. (*a*nj). Phalanx. ‖[doigt] Fingerglied, n. ②.

phalanstère m. (anst*ä*r). Phalansterium, ...ien, n.

phalène f. (*ä*n). Nachtfalter, f. ④.

pharaon npr. m. (a*o*n). Pharao, ...onen.

phare m. (f*à*r). Leuchtturm. ‖[Autom]. Scheinwerfer. ‖ — *chercheur,* Sucher ④.

pharisien m. (zi*i*n). Pharisäer ④.

pharma‖ceutique a. (söt*i*k). Apotheker... ‖**-cie** f. (s*i*). ‖[officine] Apotheke. ‖[art] Apothekerkunst. ‖**-cien, ne,** m., f. (si*i*n, i*è*n). Apotheker ④, in. ‖**-copée** f. Arzneibuch, n. ②.

phar‖yngite f. (injìt). Schlundkopfentzündung. ‖**-ynx** m. (*i*nx). Schlundkopf.

phase f. (f*â*z). Phase. ‖[lune] Mondwechsel, m. spl., Mondphase.

Phé‖nicie npr. f. (s*î*). Phönizien, n. ‖**-nicien, ne,** a. (si*i*n, i*è*n). Phönizier ④, in. ‖a. phönizisch.

phénique a. (*i*k). *Acide phénique,* Karbolsäure, f.

phénix m. (*i*x). Phönix ①.

phénol m. (*ò*l). Phenol, n.

phéno‖ménal, e, aux, a. (*à*l, *o*). ungewöhnlich. ‖**-mène** m. (m*è*n). Phänomen, n., Erscheinung, f. ‖[prodige] Wunder, n. ④.

philanthro‖pe m. (antr*ò*p). Menschenfreund. ‖**-pie** f. (p*i*). Menschenliebe. ‖**-pique** a. (*ì*k). philanthropisch.

phil‖atélie f. (*ie*). Briefmarkenkunde. ‖**-atéliste** m. et f. (*i*st). Briefmarkensammler ④, in.

philippine f. (*ì*n), *fam.* Vielliebchen, n. ④.

philippique f. (*ì*k). Philippika, ...ken, geißelnde Rede.

philolo‖gie f. (òlòj*i*). Philologie, Sprachkunde. ‖**-gique** a. (j*ì*k). philologisch. ‖**-gue** m. (*ò*g). Philolog, -en, -en, Sprachforscher ④.

philosoph‖al, e, a. (f*à*l) : *pierre philosophale,* Stein [m.] der Weisen. ‖**-e** m. (z*ò*f). Philosoph, -en, -en. ‖**-er** (f*é*). philosophieren. ‖**-ie** f. (f*i*). Philosophie. ‖**-ique** a. philosophisch.

philtre m. Liebestrank.

phlébite f. Venenentzündung.

phlegmon m. Phlegmone, f.

phobie f. (b*i*). Schrecken, m. spl. [*de,* vor, *dat.*].

phocéen, ne, a. (sé*i*n, *è*n). Phokäer ④, in. ‖a. phokäisch.

pho‖nétique a. (*i*k). phonetisch, Laut... ‖f. Lautlehre. ‖**-nographe** m. (*à*f). Sprechmaschine, f.

phoque m. (f*ò*k). Robbe, f., Seehund.

phos‖phate m. (f*à*t). Phosphat, n. ①. ‖**-phore** m. (f*ò*r). Phosphor, n. ‖**-phoré, e,** a. (r*é*). phosphorhaltig. ‖**-phorescence** f. (es's*a*ns). Phosphoreszenz. ‖**-phorescent, e,** a. (*a*n, t). phosphorleuchtend. ‖**-phoreux, euse,** a. (*ö*, **z**). phosphorig. ‖**-phorique** a. (*ì*k) : *acide* —, Phosphorsäure, f.

photogra‖phe m. (*à*f). Photograph, -en, -en, ‖**-phie** f. (f*i*). Photographie. ‖[image] Lichtbild, n. ②, Aufnahme, f. ‖**-phier** (f*ié*). photographieren. ‖**-phique** a. (*ì*k). photographisch.

phra‖**se** f (frâz). Satz, m. ‖[vide] Phrase. ‖**-séologie** f. (òlòji). Phraseologie. ‖**-ser** (zé). Phrasen drechseln. ‖**-seur** m. (zœr). Phrasendrechsler ④.

phrénologie f. (òlòji). Phrenologie.

phrygien, ne, a. (jiin, ièn). phrygisch.

phylloxéra m. (a). Reblaus, f.

phy‖**sicien** m. (zisiin). Physiker ④. ‖**-siologie** f. (ziòlòji). Physiologie. ‖**-siologique** a. physiologisch. ‖**-siologiste** m. (jist). Physiolog, -en, -en. ‖**-sionomie** f. (zionomi). Gesichtsausdruck, m. ‖**-sionomiste** m. (ist). Gesichtskenner ④. ‖**-sique** a. (zìk). physisch. ‖[corporel] körperlich. ‖f. Physik. *De [la] physique,* physikalisch.

pia‖**ffement** m. (piafman). Stampfen, n. spl. ‖**-ffer** (fé). stampfen.

pia‖**iller** (piajé). [oiseaux] piepen. ‖[criailler] kreischen. ‖**-illerie** f. (piajri). Piepen, n. spl., Kreischen, n. spl.

pia‖**ne-piane** adv. (piàn), **-nissimo** adv. sehr langsam.

pi‖**aniste** m. et f. (ist). Klavierspieler ④, in, Pianist, -en, -en, in. ‖**-ano** m. (o). Klavier, n. ① : — *à queue,* Flügel ④.

piastre f. (astr). Piaster, m. ④.

pi‖**aulement** m. Piepen, n. spl. ‖**-auler.** piepen.

pic m. (pìk). Pike, f., Hacke, f. ‖[de montagne] Bergspitze, f., Horn, n. ②. Pik. ‖[oiseau] Specht ‖LOC. *A pic,* senkrecht, jähabfallend; *arriver à pic,* zu rechter Zeit ankommen*.

pi‖**caillons** m. pl. (kajon), *fam.* Geld, n. ‖**-chenette** f. (schnèt). Nasenstüber, m. ④, Fips, m.

pichet m. (schè). Krüglein, n. ④.

picolo m. (lo). geringer Wein.

pick-pocket m. (kèt). Taschendieb.

picorer (ré). picken. ‖*Fig.* aufpicken.

pi‖**cotement** m. (kòtman). Prickeln, n. spl. ‖**-coter** (té), prickeln.

picotin m. (tin). Metze Hafer m. ‖*Fig.* Futter, n.

pi‖**crate** m. (kràt). Pikrat, n. ①. ‖**-crique** a. (ìk). *Acide picrique,* Pikrinsäure, f.

pictural, e, aux, a. (türàl, o). Malerei...

pie f. (pî). Elster. *Cheval pie,* Schecke, f. ‖a. [œuvre] fromm.

pièce f. (piès). Stück, n. *Pièce d'eau,* Teich, m. *Pièces détachées,* Einzelteile, pl. ‖LOC. *A cinq francs pièce,* zu fünf Franken das Stück; *mettre* en pièces,* in Stücke zerreißen*; *tailler en pièces,* in die Pfanne hauen*; *travailler aux pièces,* auf Stück arbeiten; *tout d'une pièce,* aus einem Stück; [raide] steif. ‖[chambre] Zimmer, n. ④, Raum, m. ‖[tonneau] Stückfaß, n. ①. ‖[document] Urkunde, Aktenstück, n.

pied‖ m. (pié). Fuß. ‖[de plante] Stock. ‖[d'arbre] Stamm. ‖[de lit] Fußende, n. ‖[mesure] Fuß, *invar.* ‖LOC. *A pied,* zu Fuß; *à pied sec,* trockenen Fußes; *avoir* bon pied, bon œil,* rüstig sein*; *au pied de la lettre,* buchstäblich; *au pied levé,* stehenden Fußes; *de pied ferme,* festen Fußes; *en pied* [portrait], stehend; *fig.* fest angestellt; *lâcher pied,* fliehen*; [céder] nachgeben*; *mettre* à pied,* entlassen*; *mettre* les pieds dans le plat, fam.,* rücksichtslos heraussagen; *mettre* pied à terre,* absteigen* [*sein*]; *mettre* sur pied,* auf die Beine bringen*; *pied à pied,* Schritt für Schritt; *pied plat,* Plattfuß; *fig.* Lump; *sur pied,* auf, wach; [blé] auf dem Halm; [bétail] lebend. ‖**- -à-terre** m. (piétatèr). Absteigequartier, n. ①.

piédestal, aux, m. (àl, o). Säulenfuß. ‖[de statue] Fußgestell, n.

piège m. (piäj). Falle, f.

pie-grièche f. (èsch). Würger, m. ④.

pierr‖**e** f. (piär). Stein, m. *Pierre à bâtir,* Baustein; — *à feu, pierre à fusil,* Feuerstein; — *à rasoir,* Abziehstein; — *de touche,* Probier- *ou* Prüfstein; — *précieuse,* Edelstein; — *de taille,* Quaderstein. ‖[calcul] Blasenstein. ‖LOC. *Faire* d'une — deux coups,* zwei Fliegen mit einer Klappe töten; *il gèle à — fendre,* es friert, daß die Steine bersten. ‖**-eries** f. pl. (erî). Edelsteine, m. pl.

pierrette f. (èt). Sperlingsweibchen, n. ④.

pierreux, euse, a. (ö, z). steinig.

pierrot m. (o). Sperling. ‖npr. [théâtre] « Pierrot ».

piété f. (*té*). Frömmigkeit.
pi||étinement m. (tìnm*a*ⁿ). Stampfen, n. spl. ||**-étiner.** stampfen. ||**-éton** m. (t*o*ⁿ). Fußgänger ④.
piètre a. (ètr). armselig.
pieu, x, m. (piö). Pfahl.
pieuvre f. (piœwr). Kraken, m. ④.
pieux, euse, a. (piö, z). fromm, gottesfürchtig.
pi||geon m. (j*o*ⁿ). Taube, f. *Pigeon voyageur,* Brieftaube, f. ||**-geonneau, x,** m. (jòn*o*). Täubchen, n. ④.
piger (*jé*), *pop.* anschauen. ||[attraper] erhaschen. ||[comprendre] kapieren.
pigeonnier m. (jòn*ié*). Taubenschlag.
pigment m. (pig'm*a*ⁿ). Farbstoff.
pignocher (njòsch*é*). lässig essen*. ||*Fam.* peinlich genau malen.
pignon m. (nj*o*ⁿ). Giebel ④. *Avoir* pignon sur rue,* ein eigenes Haus haben. ||[roue dentée] Treibrad, n. ②.
pignouf m. (nj*ù*f), *pop.* Lump, -en, -en.
pi||lastre m. (*a*str). Wandpfeiler ④. ||**-le** f. (pìl). [tas] Haufen, m. ④. ||[papiers, etc.] Stoß, m. ||[de pont] Pfeiler, m. ④. ||[galvanique] Säule. ||[électrique] Batterie. ||[monnaies] Rückseite : *jouer à pile ou face,* Kopf oder Schrift spielen. ||*Fam. Donner [flanquer] une pile à qn,* tüchtig durchhauen*, acc. ||**-ler** (*lé*). zerstoßen. ||*Fam.* prügeln.
pileux, euse, a. (*lö*, z). haarig, Haar...
pilier m. (*lié*). Pfeiler ④.
pi||llage m. (*a*j). Plünderung, f. ||**-llard** m. (j*à*r). Plünderer ④. ||**-ller** (*jé*). plündern. ||[saccager] ausplündern.
pi||lon m. (l*o*ⁿ). Stampfe, f. *Mettre* au pilon,* einstampfen. ||**-lonner** (òn*é*). stampfen, stoßen.
pilori m. (r*i*). Pranger ④.
pi||lotage m. (*a*j). Pfahlwerk, n. ||[bateaux] Lotsendienst. ||**-lote** m. (*ò*t). Steuermann, ...leute. ||[côtier] Lotse, -n, -n. ||**-loter** (òt*é*). verpfählen. ||[bateaux] lotsen. ||*Fig.* führen. ||**-lotin** m. (*i*ⁿ). angehender Lotse. ||**-lotis** m. (t*i*). Pfahlwerk, n.
pilou m. (*lu*). plüschartiger Baumwollenstoff.
pilule f. (*ül*). Pille.
pimbêche f. (piⁿbesch), *fam.* schnippische Frau.
pim||ent m. (pimaⁿ). spanischer Pfeffer. ||**-enté, e,** a. stark gewürzt.
pimpant, e, a. (piⁿp*a*ⁿ, t). herausgeputzt.
pimprenelle f. Pimpernell, m.
pin m. (p*i*ⁿ). Fichte, f., Kiefer, f.
pinacle m. (pin*à*kl). Zinne, f. ||*Fig.* Gipfel.
pinard m. (pin*à*r), *pop.* Wein.
pin||ce f. (piⁿs). Zange. ||[de crustacé] Schere. ||**-cé, e,** a. (s*é*), *fig.* geziert.
pinceau, x, m. (s*o*). Pinsel ④.
pin||cée f. (s*ee*). Fingerspitzevoll, pl. ...spitzenvoll. ||**-ce-maille** m. (piⁿsm*a*j). Knauser ④, Knicker ④. ||**-cement** m. (sm*a*ⁿ). Kneifen, n. spl. Zwicken, n. spl. ||**-ce-monseigneur** f. (piⁿsm*o*ⁿsänj*œ*r). Brecheisen, n. ④. ||**-ce-nez** m. (piⁿsn*é*). Nasenklemmer ④, Zwicker ④. ||**-cer.** kneifen*, zwicken. ||*Fig. fam.* [attraper] erwischen. ||*En pincer pour,* eingenommen sein* [für]. ||**-ce-sans-rire** m. (piⁿs-saⁿ-r*i*r). stiller Spaßmacher ④. ||**-cettes** f. pl. (s*è*t). Feuerzange, sing. ||**-çon** m. (s*o*ⁿ). Kneifmal, n. ②.
pingouin m. (*gu*iⁿ). Fettgans, ¨e, f., Alk ①.
pin||gre a. (piⁿgr). knauserig, knikkerig. ||m. Knauser ④, Knicker ④. ||**-grerie** f. (ᵉr*ie*). Knauserei.
pinson m. (*o*n). Fink, -en, -en.
pintade f. (*à*d). Perlhuhn, n. ②.
pinte f. (piⁿt). Pinte.
pi||ochage m. (piòsch*à*j). Hacken, n. ||*Fam.* Büffeln, n., Ochsen, n. ||**-oche** f. Hacke. ||**-ocher** hacken. ||tr. umhacken. ||*Fam.* [travailler] büffeln, ochsen. ||**-ocheur, euse,** m., f. (sch*œ*r, *ö*z). Hacker, in ④. ||*Fam.* Büffler, in ④. ||**-olet** m. (l*è*). Eispickel ④.
pion m. (pi*o*ⁿ). Stein. ||[échecs] Bauer, -n. ||Loc. *Damer le pion,* den Rang ablaufen*. ||*Fam.* [écoles] Aufseher ④.
pioncer, *fam.* (*o*ⁿs*é*). schlafen*.
pionnier m. (òn*ié*). Pionier ①. ||*Fig.* Bahnbrecher ④.
pioupiou m. (-pi*u*), *fam.* Fußsoldat, -en, -en.

Italique : accentuation. **Gras :** pron. spéciale. *Verbe fort. V. GRAMMAIRE.

pi‖pe f. (pìp). [Tabaks-]Pfeife. ‖LOC. *Casser sa pipe, fam.,* sterben*. ‖[tonneau] Pipe. ‖**-peau, x,** m. (pô). Schalmei, f. ‖[de glu] Leimrute, f. ‖**-pée** f. (pee). Vogelfang, m. [mit Leimruten].

pipelet, te, m., f. (plè, t), *pop.* Pförtner ④, in.

pi‖per. intr. piepen. ‖tr. fangen* [mit der Lockspeise]. ‖*Fig.* lockend betrügen. ‖ **-perie** f. (pri). Betrug, m.

pipette f. (pèt). Heber, m. ④.

pipi m. (-pi), *fam.* Harn. *Faire* pipi,* pipien, pissen.

pi‖quage m. (kàj). Stechen, n. spl. ‖**-quant, e,** p. a. (kaⁿ, t). ‖[épineux] stachelig. ‖[boisson, mets] scharf, gewürzt. ‖[sauce] Essig... ‖[attrayant] reizend. ‖[spirituel] witzig. ‖[original] pikant. ‖m. Stachel ④. ‖[attrait] Reiz. ‖*Fig. Le piquant,* das Pikante. ‖**-que** f. (pik). Pike. ‖[brouille] Zwist, m., Pike. ‖m. [cartes] Pik, -s, n. ‖**-qué, e,** p. a. [des vers] wurmstichig. ‖m. Steppstich. ‖[étoffe] Pikee, -s. ‖[avion] *Descente en —,* Sturzflug, m. ‖**-que-assiette** m. (pikassièt). Schmarotzer ④. ‖**-que-nique** m. (piknik). Picknick.

pi‖quer (ké). stechen*. ‖[orties] brennen*. ‖ [boisson] beißen*. ‖[démanger] prickeln. ‖[exciter] reizen. ‖[fâcher] ärgern, erbittern. ‖[larder] spicken. ‖[pierres] behauen*. ‖[étoffe] steppen. ‖[à la machine] nähen [mit der Maschine]. ‖LOC. *Piquer des deux,* die Sporen geben*. ‖[se] [des vers] wurmstichig werden*. ‖[d'humidité] wasserfleckig werden*. ‖[vin] einen Stich bekommen*. ‖LOC. *Se piquer,* sich schmeicheln, zu...; [de qc.] stolz sein* [auf, *acc.*]; *se piquer au jeu,* hitzig werden*. ‖**-quet** m. (kè). Pfahl. ‖[petit] Pflock. ‖[soldats] Feldwache, f. ‖[punition] Strafwache, f. ‖[jeu] Pikett, n. ‖**-queter.** punktieren. ‖**-quette** f. Tresterwein, m. ‖**-queur** m. (kœr). [haras] Bereiter ④. ‖[chasse] Vorreiter ④. ‖[ponts et chaussées] Werkführer ④. ‖**-queuse** f. (köz). Stepperin. ‖**-qûre** f. (kür). Stich, m. ‖[blessure] Stichwunde. ‖[couture] Steppen, n. spl. : *— à la machine,* Maschinennähen, n. inv.

pi‖rate m. (àt). Seeräuber ④. ‖**-raterie** f. (tri). Seeräuberei.

pire a. (pir). schlimmer. ‖m. [der, das] Schlimmste, a. s.

pirogue f. (òg). Baumkahn, m.

pi‖rouette f. (ruèt). Drehsprung, m. ‖*Fig.* Ausflucht, ¨e. ‖**-rouetter.** sich im Kreise herumdrehen.

pis m. (pì). Euter, n. Zitze, f.

pis adv. schlimmer : *qui pis est,* was noch schlimmer ist. ‖LOC. *Au pis aller,* im schlimmsten Falle.

pis-aller m. (pizalé). Notbehelf.

pis‖ciculture f. (pis'sikültür). Fischzucht. ‖**-cine** f. (sìn). Schwimmbecken, n. ④.

pisé m. (zé). Stampferde, f.

pis‖sat m. (sa). Harn. [von Tieren]. ‖**-se** f. (pìs), *pop.* Harn, m. ‖**-senlit** m. (saⁿli). [enfant] Bettnässer ④. ‖[plante] Löwenzahn. ‖**-ser** (sé). harnen, pissen. ‖**-seux, euse,** a. (sö, z). harnfarbig.

pistache f. Pistazie.

pis‖te f. [trace] Spur, Fährte. ‖*— cyclable,* Radfahrweg, m. ‖[courses] Rennbahn. ‖*— d'envol,* Startbahn. ‖**-til** m. (til). Blumengriffel.

pis‖tole f. (tòl). Pistole. ‖**-tolet** m. (lè). Pistole, f. ‖[à dessin] Kurvenlineal, n.

pis‖ton m. Kolben ④. ‖*Fam.* Gönnerschaft, f. ‖**-tonner,** *fam.* beschützen.

pitance f. (aⁿs). Portion.

pitchpin m. (iⁿ). Pechkiefer, f.

pi‖teux, euse, a. (tö, z). erbärmlich. ‖**-tié** f. (tié). Mitleid, n. [*de,* mit]. *Faire* pitié,* Mitleid erregen. ‖**-toyable** a. (toajàbl). erbärmlich. ‖[compatissant] mitleidig.

piton m. (toⁿ). Ringnagel. ‖[pic] Bergspitze, f.

pi‖tre m. (pitr). Possenreißer ④. ‖[paillasse] Hanswurst ①. ‖**-trerie** f. (ᵉri). Posse, Hanswurstiade.

pittoresque a. (resk). malerisch.

pituite f. (tüit). Schleim, m.

pivert m. (wèr). Grünspecht.

pivoine f. (woan). Pfingstrose.

pi‖vot m. (wô). Angel, f. Kloben. ‖[tourillon] Zapfen ④. ‖**-voter** (té). sich [um-] drehen.

pla||cage m. (*kaj*). Furnierung, f. ||[feuille] Belegholz, n. ||**-card** m. (*kàr*). [affiche] Plakat, n. ①, Anschlagzettel ④. ||[épreuve] Fahnenabzug. ||[armoire] Wandschrank. ||**-carder** (*dé*). anschlagen.

pla||ce f. (plàs). Platz, m. ||[voiture] *Place assise,* Sitzplatz, m.; — *debout,* Stehplatz, m.; ... *à deux* [*quatre,* etc.] *places,* zwei-, viersitzig usw., ||*Mil. Place d'armes,* Paradeplatz, m.; Waffenplatz, m.; — *forte,* Festung; *place!,* Platz!. ||[endroit, lieu, emploi] Stelle. ||LOC. *Par places,* stellenweise; *sur place,* an Ort und Stelle; *mettre* en place,* in Ordnung bringen*; *remettre* qn à sa place,* einen zurechtweisen*; *à la place de,* an Stelle von; *voiture de place,* Droschke. ||**-cement** m. (plàsm*a*ⁿ). [objet] Aufstellen, n. ||[personnes] Unterbringen, n. ||[emploi] Anstellung, f. *Bureau de placement,* Stellenvermittlungsanstalt, f. ||[argent] Anlegen, n. spl.

placenta m. (siⁿ*tà*). Mutterkuchen ④.

pla||cer (*sé*). [debout] [auf]stellen. [assis] setzen. ||[couché] legen. ||[loger] unterbringen*. ||[caser] anstellen. ||[apposer] anbringen*. ||[argent] anlegen. ||**-ceur, euse,** m., f. (**sœr, öz**). [pour emplois] Stellenvermittler ④, in. ||[théâtre] Platzanweiser ④, in.

pla||cide a. (s*ì*d). still. ||[paisible] friedlich. ||**-cidité** f. (*té*). Stille. ||Friedlichkeit.

placier, ère, m., f. (*sié, iär*). Stadtreisende[r], a. s.

plafond m. (**f*o*ⁿ**). Decke, f.

plage f. (pl*a*j). Strand, m.

pla||giaire m. (**j*iär***). Plagiar ①. ||**-giat** m. (**j*ia***). Plagiat, n. ①.

plaid m. (plè). Plaid, -s, m. et n.

plai||der (*dé*), intr. einen Prozeß führen. ||[avocat] vor Gericht reden. ||tr. [cause] verteidigen. ||[invoquer] vorschützen. ||**-deur, euse,** m., f. (**œr, öz**). Prozeßführer ④, in. ||**-doirie** f. (dᵒar*î*), **-doyer** m. (dᵒa*jé*). Verteidigungsrede, f.

plaie f. (plä). Wunde. ||[calamité] Plage.

plai||gn... V. *plaindre**. ||**-gnant, e,** m., f. (nj*a*ⁿ, t). Kläger ④, in.

plain, e, a. (pliⁿ, än). eben, flach. *De plain-pied,* auf gleichem Boden; *plain-chant,* einstimmiger Kirchengesang.

plaindre* (iⁿdr). beklagen, bedauern [*de* wegen, *gén.*]. ||[**se**]. klagen, sich beklagen [de qc. à qn, bei einem über, *acc.*].

plaine f. (plän). Ebene.

plain||t, e, pp. v. *plaindre**. ||**-te** f. (pliⁿt). Klage. ||**-tif, ive,** a. (*if, iw*). klagend, kläglich.

plai||re* (plär). gefallen*. ||LOC. *A Dieu ne plaise!* Gott behüte *ou* bewahre!; *plaît-il?* wie beliebt?; *plût à Dieu,* wollte Gott!; *s'il vous plaît,* gefälligst *ou* bitte. ||**-samment** adv. (zàm*a*ⁿ). V. *plaisant.* ||**-sance** f. (**z*a*ⁿs**). Lust... ||**-sant, e,** a. (**z*a*ⁿ**, t). [agréable] angenehm. ||[badin] scherzhaft. ||[amusant] lustig, drollig. ||[ridicule] lächerlich. ||m. Spaßmacher ④, Spaßvogel ③. *Mauvais plaisant,* Witzbold. ||**-santer** (*té*). intr. scherzen, spaßen. ||tr. zum Besten haben*. ||**-santerie** f. (*tri*). Scherz, m., Spaß, m. ||**-santin** m. (**iⁿ**). Witzbold ①.

plaisir m. (**z*ir***). Vergnügen, n. spl. ||[joie] Freude, f. ||[amusement] Lust [pl. rare ¨e], f. Lustbarkeit, f. ||LOC. *A plaisir,* ohne Grund; *bon plaisir,* Willkür, f.; *faire* plaisir,* Vergnügen machen; *faire* un plaisir à qn,* einem einen Gefallen tun*; *se faire* un plaisir de...,* sich ein Vergnügen machen [aus..., daraus, zu...].

plan, e, a. (plaⁿ, àn). eben, flach. ||m. Ebene, f. ||[surface] Fläche, f. ||*Au premier plan,* im Vordergrund, m. ||[tracé, projet] Plan, Entwurf. ||*Laisser en plan,* im Stiche lassen*. || [cinéma] *Gros* —, Großaufnahme, f.

plan||che f. (aⁿsch). Brett, n. ②. ||[gravure] Platte. ||[illustration] Tafel, Abbildung. ||*Faire* la planche,* auf dem Rücken schwimmen*. ||pl. *Fig.* [théâtre] Bretter, n. pl., Bühne, sing. ||**-cher** m. (*sché*). Fußboden ③. ||**-chette** f. Brettchen, n. ④.

pla||ne f. (àn). Pl*à*niermesser, n. ④. ||**-ner** (*né*). tr. planieren. ||intr. schweben.

planète f. (nèt). Planet, -en, -en, m., Wandelstern, m.
planeur m. (œr). Planierer ④. ‖[aviateur] Schweber ④.
planification f. (kasi*o*ⁿ). Planwirtschaft, f.
planisphère m. (fär). Weltkarte, f.
plan‖t m. (plaⁿ). Pflanzreis, n. ②, Setzling. ‖**-tage** m. (àj). Pflanzen, n. ‖**-tain** m. (t*i*ⁿ). Wegerich. ‖**-tation** f. (si*o*ⁿ). Pflanzung. ‖**-te** f. Pflanze, Gewächs, n. *Jardin des plantes,* botanischer Garten. ‖**-ter.** pflanzen. ‖[terrain] bepflanzen. ‖[parc] anlegen. ‖[enfoncer] stekken. ‖[drapeau, etc.] aufpflanzen. ‖LOC. *Planter là* [qn], stehen* *ou* sitzen* lassen*, im Stiche lassen*; [qc.] stehen* *ou* liegen* lassen*, aufgeben*. ‖**-teur** m. (tœr). Pflanzer ④. ‖**-tigrade** m. (àd). Sohlengänger ④. ‖**-ton** m. (t*o*ⁿ). Ordonnanz, f.
plantureux, euse, a. (türö, z) üppig.
pla‖que f. (plàk). Platte. ‖[d'un ordre] Ordensstern, [d'une auto] Nummernschild, n. m. ‖**-quer** (ké). [métal] belegen. ‖[bois] furnieren. ‖*Pop.* im Stiche lassen*. ‖**-quette** f. (kèt). Plättchen, n. ④. ‖[commémorative] Denktäfelchen, n. ④. ‖[livre] Plattbändchen, n. ④.
plastique a. (ìk). plastich. ‖[substance] bildsam. ‖f. Plastik.
plas‖tron m. (*o*ⁿ). Bruststück, n. ‖[escrime] Brustleder, n. ④. ‖[chemise] Vorhemd, -en, n. ‖**-tronner** (òné). tr. mit einem Brustleder versehen*. ‖intr. *Fam.* sich brüsten.
plat, e, a. (plà, t). platt, flach. *Tomber à plat,* der Länge nach hinfallen*. ‖[au goût] schal. ‖*Fig.* [vil] niedrig. ‖[superficiel] seicht. ‖[sans esprit] geistlos, -s. ‖*Vaisselle plate,* Silbergeschirr, n. ‖m. [partie plate] flacher Teil : — *de la main,* — *de l'épée,* flache Hand, f., flache Klinge, f. ‖[mets] Gericht, n. ‖[ustensile] Schüssel, f.
platane m. (tàn). Platane, f.
pla‖teau, x m. (tô). Servierbrett, n. ①. *Plateau à café,* — *à thé,* Kaffeebrett, Tee-, n.; — *de balance,* Waagschale, f. ‖*Géogr.* Hochebene, f. ‖**-te-bande** f. (plàtb*a*ⁿd). Schmalbeet, n.
platée f. (tee). Schüsselvoll, inv.
plate-forme f. (plàtfòrm). Plattform.
platine m. (ìn). Platin, n. ‖f. Schloßblech, n. ‖*Pop.* Mundwerk, n.
platitude f. (tüd). Plattheit. ‖Seichtheit. V. *plat.*
Platon npr. m. (t*o*ⁿ). Plato.
platonique a. platonisch. *Amour platonique,* geistige Liebe.
plâ‖trage m. (*a*j). Gipsarbeit, f. ‖[vins] Gipsen, n. ‖**-tre** m. (âtr). Gips. ‖**-trer** (tré). gipsen. ‖**-treux, euse,** a. (trö, z). gipsartig. ‖**-trier** m. (ié). Gipsbrenner ④. ‖[maçon] Gipser ④.
plausible a. (plôz*i*bl). annehmbar.
pl‖èbe f. (pläb). Plebs, m. ‖**-ébéien, ne,** m., f. (i*i*ⁿ, ièn). Plebejer ④, in. ‖a. plebejisch. ‖**-ébiscite** m. (bis'sit). Volksabstimmung, f.
plei‖n, e, a. (pliⁿ, än). voll [*de,* von] : *plein de...,* ... voll; — *de joie,* etc., voller Freude usw.; *tout plein de,* ..., sehr viel[e], vollauf. ‖LOC. *En plein,* mitten [in, *dat.* ou *acc.*] *en plein air,* im Freien; *en plein champ,* auf freiem Felde; *en pleine campagne,* mitten auf dem Lande; *en pleine mer,* auf offener See; *en plein jour,* am hellen Tage. ‖[femelle] trächtig. ‖[bois, etc.] fest. ‖[trait, jambage] fett. ‖m. LOC. *Battre son plein,* im vollen Gang sein*; *faire* le plein,* ausfüllen. ‖**-nement** adv. (änm*a*ⁿ). völlig.
plé‖nière a. (iär). vollzählig. ‖[indulgence] vollkommen. ‖**-nipotentiaire** a. (taⁿsiär). bevollmächtigt. ‖**-nitude** f. (üd). Fülle. ‖[état parfait] Vollkommenheit.
plé‖onasme m. (*a*sm). Pleonasmus, ...men. ‖**-thore** f. (òr). Vollblütigkeit. Überfluß, m. ‖**-thorique** a. (ìk). vollblütig.
pleur‖ m. (plœr). Träne, f. ‖**-ard, e,** a. (àr, d). weinerlich. ‖m., f. Heuler ④, in. ‖**-er** (ré). intr. weinen. ‖tr. beweinen.
pleur‖ésie f. (zi). Brustfellentzündung. ‖**-étique** a. pleuretisch.
pleur‖eur, euse, m., f. Weiner ④, in. ‖f. Klageweib, n. ②. ‖**-nicher** (sché). flennen. ‖**-nicherie** f.(schri). Geweine, n. spl. Flennen, n. spl. ‖**-nicheur, euse,** m., f. (œr, öz). Flenner ④, in, weinerliche Person, f.

pleut. V. *pleuvoir.*

pleutre m. (plötr). verächtlicher Kerl, Feigling.

pleuvoir* (w°*a*r). regnen.

plèvre f. (ewr). Brustfell, n.

pli‖ m. Falte, f. : *faux* ou *mauvais pli,* falsche Falte, f. ‖*Faire* des plis* [vêtement], Falten werfen*. *Ne pas faire* un pli,* wie angegossen sitzen*; *fig.* nicht die geringste Schwierigkeit bieten*. ‖*Fig.* [habitude] Gewohnheit, f. ‖[direction] Richtung, f. ‖[lettre] Brief. ‖**-age** m. (*à***j**). Falten, n. spl., Falzen, n. spl. ‖**-ant, e,** a. (**a**ⁿ, t). biegsam. ‖[ustensile] zusammenlegbar. [table, siège] Klapp... ‖m. Feldstuhl.

plie f. (pl*î*). Plattfisch, m.

pli‖**er** (*é*). intr. falten. ‖[papier, linge, etc.] falzen, zusammenlegen. ‖[courber] biegen*. ‖[genou, etc., et *fig.* soumettre] beugen. ‖*Plier bagage,* sein Bündel schnüren. ‖intr. biegen*. ‖[céder] nachgeben*. ‖**-eur, euse,** m., f. Falzer ④, in.

plinthe f. Plinthe, Fußleiste.

pliss‖**age** m. (*â***j**), **-ement** m. (plism**a**ⁿ). Fälteln, n. spl. ‖**-é** m. (s*é*). Faltenbesatz. ‖**-er** (s*é*). fälteln. ‖**-ure** f. (s*ü*r). Falten, n. spl.

plom‖**b** m. (pl**o**ⁿ). Blei, n. spl. : *de plomb,* bleiern. ‖[de chasse] Schrot, n. spl. ‖[coupe-circuit] Bleisicherung, f. ‖[douanes] Plombe, f. ‖Loc. *A plomb,* lot- ou senkrecht; *avoir* du plomb dans l'aile,* übel dran sein*. ‖**-bage** m. (b*à***j**). Plombieren, n. spl. ‖Verbleiern, n. spl. ‖Füllen, n. spl. ‖V. *plomber.* ‖**-bagine** f. (j*i*n). Reißblei, n. ‖**-ber** (b*é*). plombieren. ‖[marchandises] verbleiern. ‖[dents] füllen. ‖**-berie** f. (br*i*). Bleiarbeit. ‖[usine] Bleigießerei. ‖**-bier** m. (b*ié*). Bleiarbeiter ④.

plon‖**gé, e,** p. a. (j*é*). ‖[dans ses pensées, etc.] versunken. ‖**-geant, e,** p. a. (**j**aⁿ, t). Senk..., Tief... ‖**-gée** f. (j*ée*). plötzlicher Abfall, m. ‖[submersion] Untertauchen, n. spl. *En plongée* [sous-marin], unter dem Wasser. ‖**-geon** m. (**j**oⁿ). Untertauchen, n. spl. ‖[oiseau] Taucher ④. ‖**-ger** (**j***é*). tr. [ein-] tauchen. ‖[enfoncer] versenken. ‖[précipiter] stürzen. ‖intr. [unter]-tauchen. ‖[du regard] hinabsehen*. ‖[**se**]. sich stürzen. ‖[s'enfoncer] sich vertiefen. ‖[dans les délices] schwelgen. ‖**-geur, euse,** m., f. (**j**œr, ö**z**). Taucher ④, in. ‖[laveur de vaisselle] Geschirrwascher ④, in.

ploutocratie f. Geldherrschaft.

ployer (pl°aj*é*). beugen.

plu. V. *plaire** et *pleuvoir**.

pluie f. (plüi). Regen, m. ④.

plu‖**mage** m. (m*a***j**). Gefieder, n. spl. ‖**-massier, ère,** m., f. (s*ié*, i*ä*r). Schmuckfederarbeiter ④, in, od. -händler ④, in. ‖**-me** f. (plüm). Feder : — *à écrire,* Schreibfeder; — *d'oie,* Gänsefeder; — *métallique,* Stahlfeder; — *à réservoir* [fam. *stylo*], Füllfeder. ‖**-meau, x,** m (m*ô*). Federbesen ④. ‖**-mer.** rupfen. ‖**-met** m. (m*è*). Federbusch. ‖*Pop.* Räuschchen, n. ④. ‖**-mier** m. (m*ié*). Federkasten ④. ‖**-mitif** m. (*i*f), *fam.* Schreiber ④.

plupart f. (p*à*r). Mehrzahl : *la plupart de,* die meisten; *la plupart du temps,* meistens; *pour la plupart,* größten-, meistenteils.

plu‖**ralité** f. (t*é*). Vielheit, Mehrheit. ‖**-riel** m. (*iè*l). Mehrzahl, f., Plural, n. ①.

plus. V. *plaire**.

plus‖ adv. (plü), mehr; *plus de; plus que,* mehr als; *de plus,* mehr : *dix de plus,* zehn mehr; *ne ... plus* [*de*], nicht mehr [devant un nom] kein, e, es... mehr; *ne ... plus que,* nur noch; *ne ... plus rien,* nichts mehr; *non plus, pas plus,* nicht mehr; *moi non plus,* ich auch nicht. ‖Loc. *Au plus,* höchstens; *de plus* [en outre], außerdem; *de plus en plus,* immer mehr; *en plus,* darüber hinaus; *en plus de,* über [*acc.*] hinaus; *tout au plus,* höchstens. ‖devant un adj. ou un adv., *plus* se rend par le comparatif, et *le plus* par un superlatif. Ex. : *plus fort,* stärker; *le plus fort,* der stärkste; *le plus vite possible,* am schnellsten. ‖*Math.* plus. ‖**-ieurs** a. ind. pl. (**z***i*œr). mehrere : *plusieurs fois,* mehrmals, öfters. ‖**- -que-parfait** m. (plüsk*œ*-fè). Plusquamperfektum, n. ‖**- -value** f. (wal*ü*). Mehrwert, m.

plut, plût. V. *plaire** et *pleuvoir**.

plutôt adv. (plüto). eher. ‖[de préférence] lieber. ‖[bien plus] vielmehr.

plu‖vial, e, a. (wiàl-, iô). Regen... ‖**-vieux, euse,** a. (wiö, z). regnerisch, Regen... ‖**-viomètre** m. (mètr). Regenmesser ④. ‖**-viôse** m. Regenmonat.

pluvier m. (wié). Regenpfeifer ④.

pneu‖, s, m. (pnö). V. *pneumatique.* ‖**-matique** a. (ik). pneumatisch. *Machine pneumatique,* Luftpumpe; *carte pneumatique,* Rohrpostkarte. ‖m. und [Abkürz] **pneu** [de roue] Gummireifen ④. ‖[lettre]. Rohrpostbrief, m. ‖**-monie** f. (òni). Lungenentzündung.

po‖chade f. (pòschàd). flüchtige Skizze. ‖**-chard, e,** m., f. (schàr, d). Betrunkene[r], a. s. ‖m. [habituel] Trunkenbold ①. ‖**-che** f. (pòsch). Tasche. ‖**-cher** (sché). [œil] braun und blau schlagen*. ‖*Œufs pochés,* verlorene Eier. ‖**-chette** f. (schèt). Täschchen, n. ④.

podagre a. (àgr). fußgichtig.

po‖êle m. (poal). Ofen ③. ‖[drap mortuaire] Leichentuch, n. ②. ‖f. Pfanne. ‖*Fig. Tenir* la queue de la poêle,* das Heft in Händen haben*. ‖**-êlon** m. (on). Schmortiegel ④.

po‖ème m. (poäm). Dichtung, f. ‖**-ésie** f. Dichtkunst, Poesie. ‖[morceau] Gedicht, n. ‖**-ète** m. (ät). Dichter ④. ‖**-étesse** f. (ès). Dichterin. ‖**-étique** a. (ìk). dichterisch, poetisch. ‖**-étiser** (zé). poetisieren.

poids m. (pоa). Gewicht, n. ‖ — *maximum,* Höchstgewicht, n.

poi‖gn... V. *poindre*.* ‖**-gnant, e,** a. (poanjan, t). ergreifend. ‖**-gnard** m. (njàr). Dolch ①. ‖**-gnarder** (dé). erdolchen. ‖**-gne** f. (poanj). Faust, ¨e. *A poigne,* faustkräftig; *avoir* de la poigne,* kräftige Fäuste haben*; *fig.* energisch sein*. ‖**-gnée** f. (njée). Handvoll, inv.; *poignée de main,* Händedruck, m. : *donner une poignée de main à qn,* einem die Hand drücken. ‖[d'épée, etc.] Griff, m. ‖[de malle, etc.] Handhabe. ‖**-gnet** m. (njè). Handgelenk, n. ‖[de manche] Vorärmel ④.

poi‖l m. (poal). Haar, n. ①. ‖LOC. *A poil* [monter un cheval], ohne Sattel; *pop.* [nu] nackt. *Pop. Avoir* un poil dans la main,* faul sein*. ‖**-lu, e,** a. (lü). haarig. ‖m. *Fam.* Frontsoldat, -en, -en. ‖[allemand] Feldgraue[r] a. s.

poin‖çon m. (poinson). Pfriem. ‖**-çonner** (sòné). durchlochen.

poindre* (poindr). tr. stechen*. ‖intr. [jour] anbrechen*. ‖*Fig.* zum Vorschein kommen*.

poing m. (poin). Faust, ¨e, f.

poin‖t m. (poin). Punkt ①. ‖*Point de vue,* Gesichtspunkt. ‖*Point de repère,* Richtpunkt. ‖*Point d'exclamation, d'interrogation,* Ausrufungs-, Fragezeichen, n. ‖*Point d'honneur,* Ehrenpunkt. ‖*Point du jour,* Tagesanbruch. ‖*Point et virgule,* Semikolon, n. ‖*Deux points,* Doppelpunkt, Kolon, n. ‖[degré] Grad; *à [un] tel point,* so sehr; *à quel point,* inwiefern. ‖[couture, douleur] Stich; *point de côté,* Seitenstich. ‖[note] Zensur, f., Note, f. ‖LOC. *A point* [cuit], gar; *à point nommé,* zur gelegenen Zeit; *de point en point,* Punkt für Punkt; *de [en] tout point,* in allen Stücken; *être* mal en point,* übel dran sein*; *mettre* au point,* einstellen, richtig stellen; *mettre* les points sur les i,* die I-Punkte setzen. ‖adv. = *pas, ne... pas.* ‖**-tage** m. (taj). Punktieren, n. spl. ‖Richten, n. spl. ‖V. *pointer.*

poin‖te f. (point). Spitze. *Pointe des pieds,* Fußspitze; *en pointe,* spitz. ‖LOC. *Pousser une pointe,* einen Abstecher machen. ‖[clou] Stift, m. ‖[d'esprit] Witz, m. ‖**-ter.** punktieren. ‖[canon] richten. ‖[note] ankreuzen. ‖**-teur** m. (tœr). Geschützrichter ④. ‖**-tillé** m. (tijé). punktierte Linie, f. ‖**-tiller** (tijé). punktieren. ‖[dessin] tüpfeln. ‖**-tilleux, euse,** a. (tijö, z). empfindlich. ‖**-tu, e,** a. (tü). spitz, spitzig. ‖[voix] schrill. ‖**-ture** f. (ür). Maß, n. ①, Nummer.

poi‖re f. (poar). Birne. ‖*Poire tapée,* Hutzel. ‖*Fig. pop.* [visage] Gesicht, n. ‖[naïf] Gimpel, m. ④. ‖LOC. *Poire pour la soif,* Notpfennig, m.; *entre la poire et le fromage,* beim Weinglase. ‖**-ré** m. (ré). Birnmost.

poi‖reau, x, m. (*rô*). Lauch ①. ‖ [décoration], *pop.* Orden des « Mérite agricole ». ‖LOC. *Faire* le poireau, pop.*, lange warten. ‖**-reauter** (rôté), *pop.*, lange warten. ‖**-rée** f. (ree). Mangold, m.
poirier m. (*ié*). Birnbaum.
pois m. (p°*a*). Erbse, f. : *petits pois, pois verts*, grüne Erbsen, Schoten.
poison m. (**zo**n). Gift, n.
poi‖sse f. (p°*a*s), *pop.* Pech, n. ‖**-sser** (*sé*). tr. auspichen. ‖intr. klebrig sein*. ‖**-sseux, euse,** a. (*sö*, **z**). pechig, klebrig.
poiss‖on m. (**so**n). Fisch : — *d'avril*, Aprilscherz. ‖**-onnerie** f. (sònr*ie*). Fischmarkt, m. ‖**-onneux, euse,** a. (on*ö*, **z**). fischreich. ‖**-onnier, ère,** m., f. (*ié*, *iär*). Fischhändler ④, in. ‖f. Fischkessel, m.
Poitevin, e, m., f. et a. (p°atw**i**n, *in*). aus Poitou.
poi‖trail m. (*a*j). Brust, ¨e, f. [der Pferde]. ‖**-trinaire** a. (*när*). brustkrank. ‖[phtisique] schwindsüchtig. ‖**-trine** f. (tr*in*). Brust, ¨e.
poi‖vre m. (p°*a*wr). Pfeffer. ‖[couleur] *Poivre et sel*, grau gesprenkelt. ‖**-vrer** (wr*é*). pfeffern. ‖**-vrier** m. (*ié*). Pfefferstrauch. ‖**-vrière** f. (wr*iär*). Pfefferbüchse. ‖[tourelle]. Spitzturm, m. ‖**-vrot** m. (wr*ô*), *pop.* Säufer ④.
poix f. (p°*a*). Pech, n.
poker m. (k*è*r). Poker.
pol‖aire a. (l*är*). Pol... Polar... ‖**-ariser** (**z***é*). polarisieren.
pôle m. (p*ô*l). Pol ①.
pol‖émique a. (*ì*k). polemisch, Streit... ‖f. Federkrieg, m. ‖**-émiste** m. (*ist*). Polemiker ④.
poli, e, a. (*i*). glatt. ‖[courtois] höflich. ‖m. Glätte, f., Glanz.
pol‖ice f. (*ì*s). Polizei. *Faire* la police*, für Sicherheit und Ordnung sorgen; *salle de police*, Arrestzimmer, n. ‖*Police-secours*, Überfallkommando, n. ‖LOC. *Bonnet de police*, Feldmütze, f. ‖[assurances] Versicherungsvertrag, m. ‖**-icer** (*sé*). zivilisieren.
polichinelle m. (schin*è*l). Pulcinella, ①. ‖[allemand] Hanswurst ①. ‖*Secret de polichinelle*, öffentliches Geheimnis, n.
policier, ère, a. (*sié*, *iär*). polizeilich. Polizei... ‖m. Polizist -en -en.
pol‖ir (*ir*). glätten, polieren. ‖[verre] schleifen*. ‖*Fig.* [affiner] verfeinern. ‖[limer] ausfeilen. ‖**-issage** m. (*à*j). Glätten, n., Polieren, n., Schleifen, n. usw. V. *polir*. ‖**-issoir** m. (s°*ar*). Glättbein, n., Glätteisen, n.
pol‖isson, ne (**so**n, *ò*n). ungezogen. ‖ [espiègle] schelmisch. ‖ [indécent] zotenhaft. ‖m., f. Schelm, in. ‖m. Zotenreißer ④. ‖[gamin] Gassenbube, -n, -n, m. Gassenmädchen, n. ④. ‖**-issonnerie** f. (sònr*i*). Ungezogenheit. ‖ [indécence] Zote. ‖[gaminerie] Bubenstreich, m.
politesse f. (*è*s). Höflichkeit. ‖LOC. *Brûler la politesse à*, plötzlich verlassen*.
pol‖iticien, ne, m., f. (s**i**in, *iè*n). Politiker ④, in. ‖**-itiquailleur** m. (kaj**œ**r), *fam.* Kannengießer ④. ‖**-itique** a. (*ì*k). politisch. ‖f. Politik. ‖— *intérieure, extérieure*, Innen-, Außenpolitik.
polka f. (k*à*). Polka.
pollen m. (pòl*è*n). Blütenstaub.
pol‖luer (pol'l*üé*). beflecken. ‖**-lution** f. (üs**io**n). Befleckung.
Pol‖ogne npr. f. (pòlònj). Polen, n. ‖**-onais, e,** m., f. (on*è*, **z**). Pole, -n, in. ‖a. polnisch.
pol‖tron, ne, a. (**o**n, *ò*n). feig. ‖m. Feigling, Hasenfuß. ‖m., f. Memme, f. ‖**-tronnerie** f. (ònr*i*). Feigheit.
poly‖chrome a. (*o*m). vielfarbig. ‖ **-copier** (p*ié*). vervielfältigen. ‖**-èdre** m. (*è*dr). Vielflach, n. ①. ‖**-game** a. (*à*m). polygamisch. ‖**-gamie** m. (gam*i*). Vielweiberei. ‖**-glotte** a. (*ò*t). vielsprachig. ‖m. et f. Polyglotte[r], a. s. ‖**-gonal, e, aux,** a. (*à*l, *o*). vieleckig. ‖**-gone** m. (*ò*n). Vieleck n. ‖**-nome** m. (*o*m). Polynom, n. ①.
polype m. (*ip*). Polyp, -en, -en.
poly‖technicien m. (èk-s**i**in). Polytechniker ④. ‖**-technique** a. (*ì*k). polytechnisch. ‖**-théisme** m. (é*i*sm). Vielgötterei, f., ‖**-théiste** m. (*ist*). Polytheist, -en, -en.
pom‖made f. (*à*d). Pomade. ‖**-mader** (d*é*). pomadieren.
pom‖me f. (pòm). Apfel, m. ③. ‖*Pomme tapée*, Hutzel. ‖*Pomme d'Adam*, Adamsapfel, m.; — *de pin*, Tannenzapfen, m.; — *de terre*,

Kartoffel. ||**-mé, e,** a. (mé). rund. ||[chou, salade] Kopf... ||*Pop.* ausgezeichnet. ||**-meau, x,** m. (mo). Knauf. ||**-melé, e,** a. (pòmlé). scheckig : *gris pommelé,* inv., grauscheckig; *ciel pommelé,* Schäfchenhimmel. ||**-mette** f. (èt). [os] Backenknochen, m. ④. ||**-mier** m. (ié). Apfelbaum.

pomp||e f. (poⁿp). [apparat] Pomp, m. spl. *Pompes funèbres,* pl., Beerdigungsdienst, m. ||[faste] Prunk, m. spl. ||[machine] Pumpe : — *à incendie,* Feuerspritze; — *aspirante,* Saugpumpe; — *foulante,* Druckpumpe. ||**-per** (pé). pumpen. ||*Fam.* tüchtig zechen. ||**-pette** a. (pèt), *pop.* berauscht. ||**-peux, euse,** a. (pö, z). pomphaft. ||[fastueux]. prunkvoll. || [style] hochtrabend. ||**-pier** m. (ié). [sapeur-] Feuerwehrmann, ...leute.

pom||pon m. (oⁿ). Quaste, f. ||**-pònner** (òné), *fam.* herausputzen.

pon||çage m. (poⁿsaj). Bimsen, n. ||Durchpausen, n. V. *poncer.* ||**-ce** f. (poⁿs). Bimsstein, m.

ponceau, x, m. (so). Brückchen, n. ④. ||[couleur] Hochrot, n.

pon||cer (sé). bimsen. ||[calquer] durchpausen. ||**-cif** m. (sif). durchgepauste Zeichnung, f. ||*Fig.* Schablone, f.

ponc||tion f. (poⁿksioⁿ). Abzapfung. ||**-tionner** (sioné). abzapfen.

ponc||tualité f. (tüa-té). Pünktlichkeit. ||**-tuation** f. (tüasioⁿ). Interpunktion. ||**-tuel, le,** a. (tüèl). pünktlich. ||**-tuer** (tüé). interpungieren [-punktieren].

pon||dérable a. (poⁿ-àbl). wägbar. ||**-dération** f. (sioⁿ). Gleichgewicht. n.

pon||deuse f. (döz). Legehenne. ||**-doir** m. Brutanstalt, f. ||**-dre.** intr. Eier legen. ||tr. legen.

poney m. (nè). Pony, -s.

pont m. (poⁿ). Brücke, f. : — *de bateaux,* — *-levis,* — *suspendu,* — *tournant* : Schiff-, Zug-, Hän-ge-, Drehbrücke, f.; *Ponts et chaussées* [administration], Wegebauamt, n. ||LOC. *Couper dans le pont, pop.,* sich übertölpeln lassen*; *faire* le pont, fam.,* den zwischen zwei Feiertagen liegenden Tag feiern. ||[de navire] Deck, n., Verdeck, n. : *vaisseau à trois ponts,* Dreidecker.

ponte f. (poⁿt). Eierlegen, n. spl. ||m. Gegenspieler ④.

ponter (té). [bateau] mit e. Verdeck versehen*. ||[jeu] gegen den Bankhalter spielen.

pon||tife m. (if). Priester ④. *Souverain Pontife,* Papst. ||**-tifical, e, aux,** a. (kàl, o). priesterlich. ||[du pape] päpstlich. ||**-tificat** m. (kà). Pontifikat, n. ①. ||[dignité] päpstliche Würde, f. ||**-tifier** (fié). das Priesteramt halten*. || [ironisch] feierlich sein Amt verrichten.

pon||ton m. (oⁿ). Brückenschiff, n. : — *d'embarquement,* Landungsbrücke, f. ||[vieux bateau] altes abgetakeltes Schiff, n. ||**-tonnier** m. (tònié) : Pontonier ①. Schiffbrückenbauer ④.

pop||e m. (pòp). Pope, -n, -n. ||**-eline** f. (pòplin). Popelin, -s, m.

popote f. (òt), *fam.* gemeinsame Küche.

pop||ulace f. (ülàs). Pöbel, m. ④. ||**-ulacier, ère,** a. (sié, iär). pöbelhaft. ||**-ulaire** a. (är). volkstümlich, Volks... ||[aimé] allgemein beliebt. ||**-ulariser** (zé). popularisieren. ||**-ularité** f. (té). Volksgunst, Popularität. || **-ulation** f. (sioⁿ). Bevölkerung. ||**-uleux, euse,** a. (ö, z). volkreich.

porc m. (pòr). Schwein, n. ||[viande] Schweinefleisch, n.

porcelaine ᵉf. (sœlän). Porzellan, n. ①.

por||celet m. (sœlè). Schweinchen, n. ④. ||**-c-épic** m. (képik). Stachelschwein, n.

porche m. (pòrsch). Vorhof. ||[d'église] Vorhalle, f.

por||cher m. (sché). Schweinehirt, -en, -en. ||**-cherie** f. (ᵉri). Schweinestall, m. ||**-cin, e,** a. Schweine... ||mpl. Schweinearten, f. pl.

por||e m. (pòr). Pore, f. ||**-eux, euse,** a. (ö, z). porös.

porion m. (ioⁿ). Aufseher ④. [im Bergwerk].

por||nographie f. (fi). Unflatschreiberei. ||**-nographique** a. (ìk). unflätig.

porosité f. (zité). Porosität.

porphyre m. (fir). Porphyr.

por||t m. (pòr). Hafen ③. ||— *aérien,* Flughafen, n. ||*A bon port,* glücklich. ||[action de porter] Tragen, n. : — *d'armes,* Waffentragen, n. : *au port d'armes,* mit angefaßtem Gewehr. ||[transport] Fracht, f. ||[prix] Fracht, f., Porto, n. ||*Port dû,* unfrankiert; — *payé,* portofrei. ||[maintien] Haltung, f. ||**-table** a. (*à*bl). tragbar.

portail m. (*à*j). Portal, n. ①.

por||tant, e, p. a. (*a*ⁿ, t). *Bien portant,* gesund; *mal portant,* unwohl. ||m. [théâtre] Stütze, f. ||**-tatif, ive,** a. (*if, iw*). tragbar, Hand...

porte f. (pòrt). Tür[e]. ||[d'entrée] Tor, n. ①, Pforte : — *cochère,* Torweg. ||LOC. *Mettre* à la porte,* hinauswerfen*. ||[d'agrafe] Öse.

porte-... m. [qui porte] ...träger, m. ④. Ex. : *porte-avions,* Flugzeugträger ④, — *-bagages,* — *-bannière,* — *-drapeau,* Gepäck-, Banner- Fahnenträger. ||[qui sert à tenir] ...halter ④. Ex. : *porte-crayon,* — *-plume,* Bleistift-, Federhalter. ||[objet debout qui sert à contenir] ...ständer ④. Ex. : *porte-allumettes,* — *-chapeaux,* — *-parapluies,* Streichholz-, Hut-, Schirmständer. || [poche] ...tasche, f., ...täschchen, n. ④. Ex. : *cigarettes,* Zigaretten, Zigarrettentasche, f.; *porte-cartes,* — *-monnaie,* Karten-, Geldtäschchen, n.

porte||-bonheur m. (portᵉbòn*œ*r). Glückbringer ④. ||[bracelet] Glücksreifen ④. ||**--bouteilles** m. (butä*j*). Flaschengestell, n. ||**--carafe** m. (*à*f). Flaschenuntersatz. ||**--cigare** m. (sig*à*r). Zigarrenspitze, f. ||**--clefs** m. (kl*é*). Schlüsselring. || **-faix** m. (*è*). Lastträger ④. ||**-feuille** m. (f*œ*j). Brieftasche, f. ||**--malheur** m. (l*œ*r). Unglückbringer. ④. ||**-manteau, x,** m. (m*a*ⁿto). Kleiderhaken ④, Kleiderrechen ④. ||[d'antichambre] Wandkleiderstock. ||[de voyage] Mantelsack. ||**--mine** m. (m*i*n). Schraubenbleistift. ||**--parole** m. Wortführer ④. ||**--savon** m. Seifenbehälter ④. || **--veine** m. (wèn), *fam.,* = *porte-bonheur.* || **--voix** m. (wᵒ*a*). Sprachrohr, n. ①.

por||té, e, a. (t*é*). [enclin] geneigt [zu]. ||**-tée** f. (t*ée*). Bereich, m. ||[tir] Schußweite. ||[voix] Hörweite. ||[arc] Spannweite. ||[action] Tragweite. ||LOC. *A portée de la main,* zur Hand; *à la portée de qn., de tous,* einem, allgemein verständlich; *mettre* à la portée de,* faßlich machen, *dat.* ||[animaux] Wurf, m. ||*Mus.* Notenplan, m.

por||ter (t*é*). tragen*. ||[habits] anhaben*. ||[apporter] bringen*. *Porter bonheur,* — *malheur,* Glück, Unglück bringen*. ||[nom, titre, parole] führen. ||[fruits] hervorbringen*. ||[attention] lenken. ||[regards] richten*. ||[inscrire] eintragen*, einschreiben*. ||*Fig.* [amener à] veranlassen [zu]. ||[pousser à] antreiben* [zu]. ||intr. [être posé] liegen*, stehen*, ruhen. ||[arme] tragen*. || [vue, bras] reichen. ||[coup] treffen*, sitzen*. ||[se] [à, vers] sich begeben* [nach] : — *en avant,* vorgehen*. ||[rapidement] eilen. ||[à des excès, etc.] sich hinreißen* lassen* [zu]. ||[santé] sich befinden*. *Comment vous portez-vous?* wie geht es Ihnen? ||**-teur, euse,** m., f. (*œ*r, *ö*z). Träger ④, in. ||[colis] Gepäckträger ④, m. ||[d'une lettre, etc.] Überbringer ④, in. ||[actions, etc.] Inhaber ④, m.

por||tier, ère, m., f. (*ié, iä*r). Türsteher ④, in. Pförtner ④, in. ||f. [de voiture] Kutschenschlag, m. Wagentür, f. ||**-tillon** m. (tij*o*ⁿ). Türchen, n. ④.

portion f. (s*io*ⁿ). Teil, m. ||[en partage] Anteil, m. ||[mets] Portion.

portique m. (*i*k). Säulengang. ||[de gymnase] Klettergerüst, n.

por||trait m. (tr*è*). Bild, n. ②, Bildnis, n. ||**-traitiste** m. et f. (t*i*st). Bildnismaler ④, in.

Por||tugais, e, m., f. (tüg*è, ä*z). Portugiese, -n, -n, ...sin. ||a. portugiesisch. ||**-tugal** npr. m. (*à*l). Portugal, n.

pos||e f. (pôz). Legen, n., Legung, ||Setzen, n. ||Anbringen, n., Ankleben, n. ||V. *poser.* ||[position] Stellung. ||[attitude] Haltung. ||[pour portraits] Sitzen, n. ||*Phot.* Aufnahme. ||*Fig.* [affectation] Ziererei. ||**-é, e,** p. a. (z*é*). gesetzt.

‖ [calme] ruhig. ‖ [réfléchi] bedächtig. ‖**-ément** adv. (m*a*ⁿ). bedächtig. ‖**-er** (*zé*). [coucher] legen. ‖ [asseoir] setzen. ‖ [dresser, installer] stellen, aufstellen. ‖ [appliquer, appareil] anbringen. ‖ [serrure, pion] ansetzen. ‖ [affiche] ankleben. ‖ [question] stellen. ‖ [supposer] voraussetzen. ‖ [faire considérer] zu Ansehen bringen*. ‖intr. [étendu] liegen*. ‖ [debout] stehen*. ‖ [immobile] ruhen. ‖ [modèle, portrait] sitzen*. ‖*Fig.* [attendre] warten. *Faire* poser,* lange warten lassen*. ‖*Fig.* [affectation] sich zieren. ‖ [faire des manières] zimperlich tun*. ‖*Poser pour le savant,* den Gelehrten spielen. ‖**-eur** m. (*zœr*). Setzer ④. ‖*Fig.* Zieraffe, -n, -n. ‖**-euse** f. (*zöz*), *fig.* Zierpuppe.

pos‖itif, ive, a. (*if, iw*). [sûr] sicher. ‖ [formel] ausdrücklich. ‖ [réel] wirklich. ‖*Théol. Philos. Math. Gramm.* positiv. ‖m. *Phot.* Positiv, n. ①. ‖**-ition** f. (*si*o*ⁿ*). [lieu, état] Lage. ‖ [place, situation] Stellung. ‖**-itivisme** m. (*ism*). Positivismus.

pos‖sédé, e, p. a. (*sédé*). Besessene[r], a. s. ‖**-séder** (*dé*). besitzen*. ‖ [langue] mächtig sein*, *gén.*, beherrschen. ‖**-sesseur** m. (*œr*). Besitzer ④. ‖**-sessif, ive,** a. (*if, iw*). besitzanzeigend. ‖**-session** f. (*si*o*ⁿ*). [fait] Besitz, m. ‖ [objet] Besitztum, n. ②, Besitzung.

pos‖sibilité f. (*té*). Möglichkeit. ‖**-sible** a. (*ibl*). möglich. *Faire* son possible,* sein möglichstes tun*; *le mieux* —, bestmöglich.

post-... nach... *Post-dater,* nachdatieren; *--scolaire,* a., Fortbildungs-; *-scriptum,* m. [abgek. : *.P. S.*]. Nachschrift, f. [abr.. : NS.].

pos‖tal, e, aux, a. (*àl, o*). Post... ‖**-te** m. (post). Posten ④ : — *avancé,* Vorposten. ‖ [garde] Wache, f. ‖ [local] Wachtstube, f. ‖*Poste de dépannage,* Hilfsdienst. ‖*Poste d'essence,* Tankstelle, f. ‖ [article de compte] Posten ④. ‖f. Post. ‖pl. [et l'ensemble] Postwesen, n. spl. ‖*Poste militaire,* Feldpost, f.; *poste restante,* postlagernd; *bureau de poste,* Postamt, n. ‖LOC. *A la poste,* auf der *ou* [avec direction] auf die Post; *mettre* à la poste,* auf die Post bringen* [geben*]; *par la poste,* mit der Post. ‖**-ter** (*té*). aufstellen.

pos‖térieur, e, a. (*riœr*). hinter. ‖ [temps] später, nachherig. ‖m. [der] Hintere, a. s. ‖**teriori** [a] adv. (*ri*). a posteriori. ‖**-tériorité** f. (*té*). spätere Zeit. ‖**-térité** f. (*té*). Nachkommenschaft. ‖**-thume** a. (*tüm*). [enfant] nachgeboren. *Œuvres posthumes,* literarischer Nachlaß, m. spl.

postiche a. (*tisch*). falsch.

postillon m. (*tij*o*ⁿ*). Postillon ①.

pos‖tulant, e, m., f. (*ül*a*ⁿ, t*). Bewerber ④, in. ‖**-tulat** m. (*tülà*). Forderung, f., Postulat, n. ①. ‖**-tuler** (*tülé*). sich bewerben* [um, *acc.*].

posture f. (*tür*). [attitude] Stellung. ‖ [situation] Lage.

pot m. (po). Topf : — *à lait,* Milchtopf; — *de chambre,* Nachttopf. ‖ [à bière] Krug, Maß, n. ‖LOC. *Découvrir* le pot aux roses,* ein Geheimnis ausstöbern; *payer les pots cassés,* den Schaden bezahlen müssen*; *pot-de-vin,* Schmiergeld, n. ②.

potable a. (*àbl*). trinkbar. *Eau potable,* Trinkwasser, n.

potache m. (*tasch*), *fam.* Gymnasiast. -en, -en.

po‖tage m. (*àj*). Potage, f. ‖LOC. *Pour tout potage,* im ganzen. ‖**-tager, ère,** a. (*jé, är*). Küchen... ‖m. Küchen- *ou* Gemüsegarten ③. ‖**-tard** m. (*àr*), *fam.* Apothekerlehrling.

po‖tasse f. (*às*). Pottasche, Kali, n. spl. ‖**-tasser** (*sé*), *fam.* ochsen, büffeln. ‖**-tassium** m. (*siòm*). Kalium, n. ‖**-t-au-feu** m. inv. (potofö). Rindfleischsuppe, f.

poteau, x, m. (*tô*). Pfosten : — *frontière,* Grenzpfahl; — *indicateur,* Wegweiser ④; — *télégraphique,* Telegraphenstange, f.

potée f. (*tee*). Topfvoll, m. inv. : — *aux choux,* Kohlsuppe mit Fleisch.

potelé, e, a. (*pòtlé*), fett und rund.

potence f. (*aⁿs*). Galgen, m. ④.

po‖tentat m. (*taⁿtà*). Machthaber ④. ‖**-tentiel, le,** a. (*sièl*). potentiell. ‖m. *Mécan.* Leistungsfähigkeit, f.

poterie f. (potrî). Töpferware. ‖[fabrique] Töpferei.
poterne f. (tern). Ausfalltor, n. ①.
po‖tiche f. (isch). Potiche. ‖**-tier** m. (tié). Töpfer ④, Hafner, ④.
potin m. (tin), *fam.* Klatschgeschichte, f. ‖[bruit] Lärm.
potion f. (sion). Arzneitrank. m.
potiron m. (on). Pfebe, f.
pot-pourri m. (popuri). Allerlei, n. spl. ‖*Mus.* Potpourri, -s, n.
pou‖, x, m. (pù). Laus, ¨e, f. ‖LOC. *Chercher à qn des poux dans la tête,* Streit mit einem suchen. ‖**-ah!** interj. pfui!
poubelle f. (bèl) Mülleimer, m. ④.
pou‖ce m. (pùs). Daumen ④. ‖LOC. *Manger sur le pouce,* in aller Eile essen*; *mettre* les pouces,* nachgeben*; *s'en mordre les pouces,* es bitter bereuen; *se tourner les pouces,* die Hände in den Schoß legen. ‖[mesure] Zoll, inv. ‖**-cet** npr. m. (sè). *Le Petit Poucet,* Däumling. ‖**-cettes** f. pl. (sèt). Daumschrauben.
pouding m. (dìng). Pudding ①.
pou‖dre f. (pùdr). Pulver, n. ④ : — *à canon,* Schießpulver, n.; — *de mine,* Sprengpulver, n.; — *sans fumée,* rauchloses Pulver, n. ‖[poussière] Staub, m. spl. ‖[farine]. *Poudre de riz,* Reispuder, m. ‖[à poudrer] Puder, m. spl. ‖[à sécher] Streusand, m. ‖LOC. *Jeter de la poudre aux yeux,* Sand in die Augen streuen; *mettre** ou *réduire en poudre,* zerreiben*. ‖**-drer** (dré). pudern. ‖**-dreux, euse,** a. (drö, z). staubig. ‖**-drière** f. (driär). Pulvermagazin, n. ①.
pou‖f! interj. (pùf). ‖m. [siège] Puff ①. ‖LOC. *Faire* un pouf,* durchbrennen* ohne zu bezahlen. ‖**-ffer** (fé). platzen : — *de rire,* vor Lachen bersten*.
pou‖illerie f. (pujri). lausige Armut. ‖*Fam.* [gens] Lumpenvolk, n. ‖**-illeux, euse,** a. (pujö, z). lausig. ‖m. Lausejunge, -n, -n. ‖*Fam.* Lump, -en, -en.
poulailler m. Hühnerstall. [théâtre] Olymp.
poulain m. (lin). Füllen, n. ④.
pou‖larde f. (ard). Masthühnchen, n. ④. ‖**-le** f. (pul). Henne, Huhn, n. : — *d'eau,* Wasserhuhn, n.; — *mouillée, fam.,* Memme. ‖*Fig. fam.* Liebchen, n. ④. ‖*Pop.* [femme] Frauenzimmer, n. ④. ‖[jeu] Einsatz, m. ‖**-let, te,** m., f. (lè, t). Hühnchen, n. ④. ‖m. [billet] Liebesbriefchen, n. ④; *fam.* Polizist, m.
pouliche f. (isch). Stutenfüllen, n. ④.
poulie f. (i). Rolle, Rollkloben, m. ④.
poulpe m. Krake, f.
pouls m. (pù). Puls.
poumon m. (on). Lunge, f.
poupard m. (pàr). Wickelkind, n. ②.
poupe f. (pùp). Hinterteil, m. [e. Schiffes].
pou‖pée f. (pee). Puppe. ‖[support] Haubenstock, m. ‖**-pin, ne,** a. (pin, ìn), puppenartig. ‖**-pon, onne,** m., f. (on, òn). Säugling, m., Püppchen, n. ④. ‖**-ponnière** f. (pòniär). Anstalt für Säuglinge.
pour prép. (pur). [dans l'intérêt de, en faveur de, comme, moyennant] für, *acc.* : *pour soi,* für sich; *pour deux francs,* für zwei Franken; *passer pour, tenir* pour,* für ... gelten*, halten*. ‖[direction] nach, *dat.* : *partir* pour...,* nach... reisen. ‖[but, destination] zu, *dat.* : *pour le bien de...,* zum Besten...; *prendre* pour femme,* zur Frau nehmen*. ‖[intention, devant un infinitif] zu, um... zu : *je viens pour travailler,* ich komme, zu arbeiten; *pour être* heureux,* um glücklich zu sein*. ‖[à cause de] wegen, *gén.*, ... halber, *gén.* : *pour désobéissance,* wegen Ungehorsams; *pour dettes,* Schulden halber; aus, *dat.* : *pour de bonnes raisons,* aus guten Gründen. ‖[parce que] weil : *pour avoir menti,* weil er gelogen hat. ‖[pour l'amour de] um ... willen, *gén.* : *pour Dieu!,* um Gottes willen!; zuliebe, *dat.* : *faites-le pour moi,* tun Sie es mir zuliebe. ‖[temps futur] auf, *acc.* : *pour huit jours,* auf acht Tage. ‖m. Für, n. inv. : *le pour et le contre,* das Für und Wider. ‖*Pour que* conj. damit [ind. *ou* subj.].
pourboire m. (b°ar). Trinkgeld, n. ②.

pourceau, x, m. (*sô*). Schwein, n., Ferkel, n. ④.
pourcentage m. Prozentsatz.
pourchasser (*schassé*). hitzig verfolgen.
pourfendre (*fandr*). durchhauen*.
pourlécher [se] (*sché*). sich den Mund ablecken.
pourparlers m. pl. (*lé*). Unterhandlung, f.
pourpoint m. (*poin*). Wams, n. ②.
pour||pre f. (*purpr*). Purpur, m. ||m. Purpurfarbe, f. ||a. et **-pré, e,** a. purpurrot.
pourquoi adv. (*koa*). warum, weshalb. ||[dans quel but] wozu : *c'est* [ou *voilà*] *pourquoi,* darum, deshalb, dazu, adv.
pou||r... V. *pouvoir**.
pour||ri, e, a. (*puri*). faul, verfault. ||m. Moder. ||**-rir** (*rir*). tr. verderben*. ||intr. verfaulen [*sein*]. ||**-riture** f. (*ür*). Fäulnis.
pour||suite f. (*süit*). Verfolgung. ||[judiciaire] Verklagung. ||**-suivant, e,** m., f. (*süiwan, t*). Verfolger ④, in, Kläger ④, in. ||**-suivre*** (*süiwr*). verfolgen. ||[courir après] nachsetzen [*sein*], *dat.* ||[continuer] fortsetzen. ||intr. fortfahren*.
pourtant adv. (*tan*), doch, dennoch.
pourtour m. (*tur*). Umfang. ||[contour] Umkreis.
pour||voi m. (*woa*). Berufung, f. : — *en cassation,* Gesuch [n.] um Nichtigkeitserklärung. ||— *en grâce,* Gnadengesuch, n. ||**-voir*** (*woar*), tr. [de] versehen*, versorgen [mit]. ||intr. [à] sorgen [für]. ||[se] [en justice] Berufung einlegen. ||**-voyeur, euse,** m., f. (*woajœr, öz*). Versorger ④, in. ||**-vu** (*wü*), pp. v. *pourvoir**. || *Pourvu que,* conj., wenn nur; vorausgesetzt, daß.
poussah m. (*pussa*). chinesisches Schaukelmännchen, n. ④. || *Fig.* Dickwanst.
pou||sse f. (*pùs*). Keimen, n. spl. ||[rejeton] Schößling, m. ||**-sse-café** m. (*fé*), *fam.* Gläschen Schnaps, n. ④. ||**-ssée** f. (*see*). Stoß, m., Drängen, n. spl. ||[pression] Druck, m. spl. ||**-sse-pousse** m. (*-pùs*). annamitischer Handwagen ④. ||**-sser** (*sé*). treiben*. ||tr. [à] treiben* [zu]. ||[heurter] stoßen*. ||[en glissant, véhicule] schieben*. ||[cri, soupir] ausstoßen*. ||[dents] bekommen*. [faire avancer] vorwärts bringen*. ||[aider, favoriser] fördern. ||[hâter] beschleunigen. ||intr. [croître] wachsen*. ||[germer] keimen. ||[se]. sich forthelfen*.
pou||ssier m. (*sié*). Kohlenstaub. ||**-ssière** f. (*siär*). Staub, m. spl. ||LOC. *Mordre la poussière,* ins Gras beißen*. ||**-ssiéreux, euse,** a. (*ö, z*), staubig.
poussif, ive, a. (*if, iw*). engbrüstig.
poussin m. (*in*). Küchlein, n., Hühnchen, n., ④.
pou||tre f. (*pùtr*). Balken, m. ④. ||**-trelle** f. (*èl*). kleiner Balken, m.
pouvoir* (*woar*). [avoir le *pouvoir*] können, vermögen* [zu] : *je peux le faire**, ich kann es tun*; *je n'en peux plus,* ich kann nicht mehr. ||[possibilité, probabilité, désir] mögen*; *cela peut être**, das mag sein*; *il pouvait être* deux heures,* es mochte wohl zwei Uhr sein*; *puisse le Ciel...!* möge der Himmel...! ||avoir la [permission] dürfen* : *puis-je vous demander?* darf ich Sie bitten? ||LOC. *On ne peut plus* [*aimable,* etc.], äußerst [liebenswürdig usw.]. || [se]. möglich sein*. ||m. Können, n. spl. ||[faculté] Vermögen, n. spl. ||[puissance] Macht, f. ||*Pleins pouvoirs,* Vollmacht, f. pl. ||[politique] Gewalt, f. : *être* au pouvoir,* am Ruder [n.] stehen*.
prairie f. (*i*). Wiese.
praline f. (*in*). gebrannte Mandel.
pra||ticable a. (*àbl*). ausführbar. ||[chemin] fahrbar. ||**-ticien** m. (*siin*). Fachmann ②. ||[médecin] praktischer Arzt. ||[sculpteur] Gehilfe, -n, -n [e. Bildhauers]. ||**-tiquant, e,** a. (*kan, t*). streng kirchlich. ||**-tique** a. (*ik*). praktisch. ||f. Übung, Praxis, spl. ||*Fam.* [client], Kunde, -n, -n, m. ||[rusé compère] verschmitzter Kerl, m. ||**-tiquer** (*ké*). üben. ||[exercer] ausüben.
pré m. (*pré*). Wiese, f.
préalable a. (*àbl*). vorläufig : *au préalable,* vorerst : *condition préalable,* Vorbedingung.
préambule m. (*anbül*). Einleitung, f.
préau, x, m. (*préô*). Spielhof.
préavis m. Ankündigung, f.
prébende f. (*band*). Pfründe.

précaire a. (*kär*). unsicher.

pré‖caution f. (*kossion*). Vorsicht, spl. *Prendre* des précautions.* Vorsichtsmaßregeln treffen*. ‖ **-cautionneux, euse,** a. (*sionö, z*). vorsorglich.

pré‖cédemment adv. (*sédàman*). vorher. ‖**-cédent, e,** a. (*sédan, t*) vorig, vorhergehend. ‖m. Präzedenzfall. *Sans précédent,* noch nie da gewesen. ‖**-céder** tr. (*sédé*). vorangehen*, intr. [*sein*]. ‖[temps] vorhergehen*.

pré‖cepte m. (*sept*). Lehre, f. ‖**-cepteur** m. (*septœr*). Hauslehrer ④.

prêch‖e m. (*präsch*). Predigt, f. ‖**-er** (*sché*). predigen. ‖**-eur** m. (*œr*). Prediger ④.

pré‖cieux, euse, a. (*siö, z*). kostbar. ‖[maniéré] geziert. ‖**-ciosité** f. (*siozité*). Geziertheit, Ziererei.

pré‖cipice m. (*sipìs*). Abgrund. ‖**-cipitamment** adv. (*man*). V. *précipité.* ‖**-cipitation** f. (*sion*). Übereilung. ‖**-cipité, e,** a. (*si-té*). übereilt, voreilig. ‖m. Niederschlag. ‖**-cipiter** (*té*). [hinab-, hinunter-, herab-, herunter-] stürzen. ‖*Fig.* [hâter] übereilen. ‖[**se**]. sich stürzen, stürzen, intr. [*sein*].

pré‖cis, e, a. (*si, z*). genau. ‖[déterminé] bestimmt. *A dix heures précises,* Punkt zehn Uhr. ‖**-cisément** adv. (*sizéman*). V. *précis.* ‖[justement] gerade. ‖**-ciser** (*sizé*). genau angeben* [bestimmen]. ‖**-cision** f. (*sizion*). Genauigkeit. ‖Bestimmtheit. ‖[indication] Präzisierung [pl. -en].

précité, e, a. (*sité*). vorerwähnt.

pré‖coce a. (*kòs*). frühreif, frühzeitig. ‖**-cocité** f. (*sité*). Frühreife.

préconçu, e, a. (*konsü*). vorgefaßt.

préconiser (*kònizé*). anpreisen*. ‖[évêque] bestätigen.

précurseur m. (*kürsœr*). Vorläufer ④. ‖a. *Signe précurseur,* Vorzeichen, n. ④.

prédécesseur m. (*sesœr*). Vorgänger.

prédestiner (*né*). vorherbestimmen.

pré‖dicateur m. (*tœr*). Prediger ④. ‖**-dication** f. (*sion*). Predigen, n. spl. ‖[sermon] Predigt.

prédiction f. (*diksion*). Vorhersagung. ‖Weissagung. V. *prédire*.*

prédilection f. (*leksion*). Vorliebe : ... *de prédilection,* Lieblings...

prédire* (*ir*). vorhersagen, sép. ‖[prophétiser] weissagen, insép.

pré‖disposer (*zé*). [à] empfänglich machen [für]. ‖**-disposition** f. (*zision*). Empfänglichkeit. ‖[inclination] Geneigtheit [zu].

pré‖dominance f. (*ans*). Vorherrschen, n. ‖**-dominer** (*né*). vorherrschen.

pré‖éminence f. (*ans*). Vorrang, m. ‖**-éminent, e,** a. (*an, t*). hervorragend.

préexistant, e, a. (*an, t*). vorherbestehend.

préface f. (*às*). Vorrede.

pré‖fectoral, e, aux, a. (*àl, ô*). Präfektur... ‖**-fecture** f. (*ür*). Präfektur.

pré‖férable a. (*àbl*). [attribut] vorzuziehen. ‖[épithète] vorzuziehend. ‖[meilleur] besser [*à,* als]. ‖**-féré, e,** pa. Lieblings... ‖**-férence** f. (*ans*). Vorzug, m. : *de préférence,* vorzugsweise. ‖**-férer.** vorziehen*

préfet m. (*fè*). Präfekt, -en, -en.

préfixe m. Vorsilbe, f.

pré‖histoire f. (*istoar*). Vorgeschichte. ‖**-historique** a. (*ìk*). vorgeschichtlich.

préju‖dice m. (*jüdis*). Nachteil. ‖**-diciable** a. (*siàbl*). nachteilig.

préjudiciel, le, a. (*sièl*) : *question préjudicielle,* Vorfrage.

préju‖gé m. (*jé*). Vorurteil, n. ‖**-ger** (*jé*). vorschnell entscheiden*.

prélasser (*sé*) [**se**]. sich spreizen.

prélat m. (*là*). Prälat, -en, -en.

pré‖lèvement m. (*läwman*). Vorwegnahme, f. ‖**-lever** (*lwé*). vorwegnehmen*.

préliminaire a. (*är*). vorgängig, Vor... ‖m. pl. Einleitung, f.

pré‖lude m. (*lüd*). Vorspiel, n. ‖[introduction] Einleitung, f. ‖**-luder.** vorspielen. ‖*Mus.* präludieren.

prématuré, e, a. (*türé*). frühreif. ‖[événement] frühzeitig.

prémédi‖tation f. (*sion*). Vorbedacht, m. ‖**-té, e,** p. a. (*té*). vorsätzlich. ‖**-ter** (*té*). vorher bedenken*.

prémices f. pl. (*mìs*). Erstlinge, m. pl. ‖[débuts] Anfänge, m. pl.

premier||, **ère**, a. (prœmié, iär). erst. *Arriver le premier,* zuerst ankommen*; *matière première,* Rohstoff, m.; *nombre premier,* Primzahl, f.; ... *tout le premier,* ... vor allen. || [de deux] der [die, das] erstere. ||m. [étage] erster Stock. || [théâtre] *Jeune premier,* erster Liebhaber. ||- **-né** m. (né). Erstgeborene[r], a. s.

prémisse f. (mis). Vordersatz, m.

prémunir (münir). sichern [*contre,* vor, *dat.*].

pre||**nable** a. (œnàbl). einnehmbar. ||**-nant, e,** p. a. (an, t). empfangend. || [séduisant] einnehmend.

pren||**dre*** (prandr). nehmen*. || [avec soi] mitnehmen*. || [enlever] ab-, wegnehmen*. || [dérober] rauben. || [saisir] fassen, ergreifen*. || [attraper] fangen*. || [capturer] gefangen nehmen*. || [sur le fait] ertappen. || [ville] einnehmen*. || [chez soi, et *Phot.*] aufnehmen*. || [aliments] einnehmen*, genießen*. || [boissons] trinken*. || [chemin] einschlagen. || [ch. de fer, etc.] fahren* [mit]. || [partir par] abfahren* [mit]. || [aller chercher] abholen. || [venir chercher] einholen. || [forme, ton] annehmen*. || [du temps] erfordern. ||*Fig.* [bien, mal] aufnehmen*. ||LOC. *A tout prendre,* alles wohl überlegt; *bien lui en prit,* es war sein Glück; *c'est à prendre ou à laisser,* entweder oder; *je vous y prends!* jetzt habe ich Sie!; *la fièvre l'a pris,* er bekam das Fieber; *prendre* le galop, le trot,* sich in Galopp, in Trab setzen; *prendre pour...,* für ... halten* *ou* ansehen : *pour qui me prenez-vous?* wofür sehen Sie mich an?; *prendre qc. sur soi,* etwas auf sich [*acc.*] nehmen*; *prendre* sur soi de...;* sich Gewalt antun*, zu... || intr. [feu] sich entzünden. || [poudre, allumette] Feuer fangen*. || [se coaguler] gerinnen* [sein]. ||*Fig.* [réussir] gelingen* [sein]. [usage, mode] Mode werden*. || [**se**]. LOC. *S'en prendre à,* angreifen*, verantwortlich machen; *s'y prendre**, es anfangen*. ||**-eur, euse,** m., f. (prœnœr, öz). Empfänger ④, in. || [acheteur] Abnehmer ④, in.

pré||**nom** m. (non). Vorname, -ns, -n. ||**-nommé, e,** a. (nòmé). vorerwähnt.

pré||**occupation** f. (kü-sion). Sorge, Besorgnis. ||**-occuper** (pé). Sorgen machen [*dat.*].

pré||**parateur, trice,** m., f. (tœr, tris). Vorbereiter ④, in. ||**-paratif** m. (if). Vorbereitung, f. *Faire* des —s,* Anstalten treffen*. || [de guerre] Rüstung, f. ||**-paration** f. Vorbereitung. *Méd.* Präparat, n. ①. ||**-paratoire** a. vorbereitend. ||**-parer** (ré). vorbereiten. || [apprêter] zubereiten.

pré||**pondérance** f. (pon-ans). Übergewicht, n. ||**-pondérant, e,** a. (an, t). überwiegend.

pré||**posé, e,** m., f. (zé). Aufseher ④, in. ||**-poser** (zé). [à], zum Aufseher bestellen [über, *acc.*].

préposition f. (zision). Verhältniswort, n. ②.

prérogative f. (îw). Vorrecht, n.

près adv. (prè). nahe, in der Nähe. ||LOC. *A peu près,* beinahe; *à dix francs près,* bis auf zehn Franken; *à beaucoup près,* bei weitem nicht; *à cela près,* dies ausgenommen; *de près,* in der Nähe, aus der Nähe; *suivre* de près,* auf dem Fuße folgen. ||**près de** prép. (dœ). bei, in der Nähe von. || [presque] beinahe. ||LOC. *Près de* [inf.], im Begriff, zu; *Près d'ici,* hier in der Nähe; *tout près,* nahebei.

pré||**sage** m. (zaj). Vorbedeutung, f. ||**-sager** (jé). vorbedeuten.

pré-salé m. (lé). Wiese [f.] am Meeresufer; *mouton de* —, Hammel, der da geweidet hat.

pres||**byte** a. (bit). fern- *ou* weitsichtig. ||**-bytère** m. (tär). Pfarrhaus, n. ②. ||**-bytie** f (sie). Weitsichtigkeit.

prescience f. (sians). Vorherwissen, n.

pres||**cription** f. (sion). Vorschrift : — *médicale,* Rezept, n. || [déchéance] Verjährung. ||**-crire*** (ir). vorschreiben*. || [ordonnance] verschreiben*. || [**se**]. verjähren*.

préséance f. (séans). Vorrang, m. [*sur,* vor, *dat.*].

pré||**sence** f. (zans). Gegenwart. Anwesenheit. ||**-sent, e,** a. (zan, t). [temps et lieu] gegenwärtig. || [lieu]

anwesend. ||m. Gegenwart, f. *A présent*, gegenwärtig, jetzt. Geschenk, n. : *faire* présent de*, schenken. ||**-sentable** a. (*à*bl). vorsetzbar. ||[recommandable] empfehlenswert. ||**-sentation** f. (*sio*n). Darreichung. ||Einreichung. ||Vorstellung. ||Vorzeigung. ||V. *présenter*.

présenter (*té*). darreichen ||[pétition, projet] einreichen. ||[personne] vorstellen. ||[billet, etc.] vorzeigen.

préserva||teur, trice, a. (wat*œ*r, trìs). schützend, Schutz... ||**-tif** m. (wat*if*). Schutzmittel, n. ||**-tion** f. (*sio*n). Bewahrung, Schutz, m.

préserver (*wé*). [de]. bewahren, schützen [vor, *dat.*].

pré||sidence f. (**zid*a*ns**). Vorsitz, m. ||**-sident, e,** m., f. (**zid*a*n**, t). Vorsitzende[r], a. s. ||m. *Polit.* Präsident, -en, -en. ||**-sidentiel, le,** a. (*siè*l). Präsidenten... ||**-sider** (*dé*). tr. et intr. leiten. ||intr. den Vorsitz führen.

pré||somptif, ive, a. (**zo**npt*if*, *î*w). mutmaßlich. ||**-somption** f. (**zo**np-*sio*n). Vermutung. ||[vanité] Eigendünkel, m. ||**-somptueux, euse,** a. dünkelhaft.

pres||que adv. (presk). beinahe, fast. ||**-qu'île** f. (k*i*l). Halbinsel.

pres||sant, e, a. (s*a*n, t). [personnes] drängend. ||[choses] dringend. ||**-se** f. (près). *Typ.*, etc. Presse. ||[foule] Gedräng, n. ||[urgence] Eile. ||**-sé, e,** a. (*sé*). gedrängt, dringend. *Aller* au plus pressé*, das Dringendste vornehmen*. ||eilig; *être* pressé*, Eile haben*.

pres||sentiment m. (san-m*a*n). Ahnung, f. ||**-sentir*** (*i*r). ahnen. ||[qn] ausforschen.

pres||se-papiers m. (p*ié*). Briefbeschwerer ④. ||**-se-purée** m. (pür*ee*). Kartoffelquetsche, f. || **-ser.** tr. drücken, pressen. ||[raisins] keltern. ||[pousser] drängen. ||[tourmenter] bedrängen, plagen. ||[de questions] bestürmen [mit]. ||[insister auprès de] dringen* [in, *acc.*]. ||intr. dringend sein*, Eile haben*. ||[**se**]. sich drängen. ||[se hâter] sich beeilen. ||**-sion** f. (*sio*n). Druck, m. ||[contrainte] Zwang, m. ||**-soir** m. (s°*a*r). Kelter, f. ||**-surer** (sür*é*). auspressen. ||[raisins] keltern.

prestance f. (*a*ns). stattliches Aussehen*, n.

prestation f. (*sio*n). Leistung. ||[de serment] Vereidung. ||[fourniture] Lieferung.

pres||te a. (prest). behende, flink. ||**-tesse** f. (*tè*s). Behendigkeit. ||**-tidigitateur** m. (ji-t*œ*r). Taschenspieler. ||**-tidigitation** f. (*sio*n). Taschenspielerkunst.

pres||tige m. (t*i*j). Zauber. ||*Fig.* Ansehen, n. ||**-tigieux, euse,** a. (*jiö*, z). zauberhaft.

presto adv. (t*o*). geschwind.

pré||sumable a. (züm*à*bl). vermutlich. ||**-sumer** (*mé*). vermuten.

présure f. (*zü*r). Lab, n. spl.

prêt, e, a. (prè, èt). bereit [à, zu], fertig : — *à partir*, reisefertig; — *à fonctionner*, betriebsfertig. ||m. Darlehen, n. ④. ||[de livres] Ausleihen, n. spl.

pretantaine. V. *pretentaine*.

préten||dant, e, m., f. (tan*d*an, t). Bewerber ④, in. ||[au trône] Thronbewerber ④, in. ||**-dre** (*a*ndr). intr. [à]. beanspruchen, tr. ||tr. [affirmer] behaupten. ||**-du, e,** a. (d*ü*). angeblich. || m., f. Verlobte[r]. a. s.

prête-nom m. Strohmann ②.

pretentaine f. (tantän), *fam. Courir* la pretentaine*, auf Liebesabenteuer ausgehen*.

préten||tieux, euse, a. (tan*siö*, z). anspruchsvoll. ||[arrogant] anmaßend. ||**-tion** f. [exigence] Anspruch, m., Forderung. ||Anmaßung.

prêter (*té*). tr. leihen*. ||[conférer] verleihen*. ||[fournir] leisten. ||[attention] schenken. ||intr. [à]. Anlaß geben* [zu]. ||[**se**] [à]. sich eignen [zu]. ||[consentir] einwilligen [in, *acc.*] ||*Prêté*, pp. s. *C'est un prêté pour un rendu*, es ist mit gleicher Münze bezahlt.

prétérit m. (*ì*t). Präteritum, ...ta, n.

prêteur m. Prätor, -en.

prêteur, euse, m., f. (*œ*r, *ö*z). Verleiher ④, in. Darlehngeber ④, in. — *sur gages*, Pfandleiher, m.

pré||texte m. (text). Vorwand. ||**-texter.** vorschützen. ||**-toire** m. (°*a*r). Gerichtssaal. ||[à Rome] Prätorium, ...ien, n. ||**-torien, ne,** a. (or*iì*n, *iè*n). prätorianisch.

prêtr‖**e, esse,** m., f. (prätr, ès). Priester ④, in. ‖**-ise** f. (*iz*). Priesterstand, m. ‖[consécration] Priesterweihe.

preuve f. (prœw). Beweis, m. *Faire* preuve de,* beweisen*, bewähren.

preux a. (prö). tapfer. ‖m. tapferer Ritter ④.

prévaloir* (wal°*ar*). vorwiegen*. ‖[se] [de]. sich zunutze machen. [se vanter] pochen [auf, *acc.*].

prévarica‖**teur** a. (tœr). pflichtvergessen. ‖**-tion** f. (*sio*ⁿ). Pflichtvergessenheit.

pré‖**venance** f. (wn*a*ⁿs). Zuvorkommenheit, spl., Gefälligkeit.. ‖**-venant, e** a (*a*ⁿ, t). zuvorkommend. ‖**-venir***, tr. (wn*ir*). zuvorkommen*, intr. [*sein*]. ‖[empêcher] verhüten. ‖[parer] vorbeugen, intr. ‖[avertir] warnen. ‖[en faveur de] einnehmen* [für]. ‖**-ventif, ive,** a. (waⁿ*tif*, *iw*). Verhütungs... *Détention préventive,* Untersuchungshaft. ‖**-vention** f. (waⁿ*sio*ⁿ). Vorurteil, n. ‖[contre] vorgefaßte Meinung. ‖**-venu, e,** p. a. (wn*ü*). eingenommen [für, gegen]. ‖[esprit] voreingenommen. ‖m., f. Angeklagte [r], a. s.

pré‖**vision** f. (wiz*io*ⁿ). Voraussehen, n. spl. ‖[attente] Erwartung. ‖**-voir*** (w°*ar*). voraus-, vorhersehen*.

pré‖**vôt** m. (wo). Profos, -en, Vogt : — *des marchands,* Stadtvogt. ‖**-vôté** f. Vogtei.

pré‖**voyance** f. Voraussicht. ‖**-voyant, e,** a. (w°aj*a*ⁿ, t). voraussehend, vorsichtig.

pri‖**e-Dieu** m. inv. (prid*iö*). Betstuhl. ‖**-er** tr. (pri*é*). beten, intr. : — *Dieu,* zu Gott beten. ‖[qn] bitten* [um] : *je vous en prie,* ich bitte Sie darum. ‖**-ère** f. (*är*). [oraison] Gebet, n. ‖[demande] Bitte.

pri‖**eur, e,** m., f. (œr). Prior, -en, in, Propst., m. ‖**-euré** m. (ré). Priorei, f., Propstei, f.

pri‖**maire** a. (mär). Elementar..., Volks... ‖[terrain] primär. ‖**-mat** m. (ma). Primas, ...aten. ‖**-mauté** f. (oté). Vorrang, m. ‖**-me** f. (prim). Prämie. ‖*Faire* prime,* über das Pari steigen*. ‖a. erst; *De prime abord,* von vorn herein. ‖**-mer** intr. der erste *sein**. ‖tr. übertreffen*, [einem] den Rang ablaufen, *dat. La force prime le droit,* Gewalt geht vor Recht. ‖[récompenser] prämieren ‖**-mesautier, ère,** a. (sôt*ié*, *iär*). der ersten Eingebung folgend. ‖**-meur** f. (œr). Erstgenuß, m. spl. ‖pl. [fruits] Frühobst, n. Frühgemüse, n. ‖**-mevère** f. (primw*är*). Schlüsselblume, Primel. ‖**-mitif, ive,** a. ursprünglich, Ur... ‖[langue] Stamm... ‖**-mo** adv. (mo). erstens. ‖**-mordial, e, aux,** a. ursprünglich.

prin‖**ce** m. (pr*i*ⁿs). Prinz, -en, -en. ‖[régnant] Fürst, -en, -en. ‖*Être* bon prince,* gutmütig sein*. ‖**-ceps** a. inv. (seps). *Édition princeps,* erste Ausgabe. ‖**-cesse** f. (sès). Prinzessin. ‖Fürstin. ‖**-cier, ère,** a. (s*ié*, *iär*). fürstlich.

prin‖**cipal, e, aux,** a. (sip*à*l, *o*). hauptsächlich, Haupt... ‖m. Hauptsache, f. ‖[de collège] Direktor, -en. ‖**-cipauté** f. (pôt*é*). Fürstentum, n. ③. ‖**-cipe** m. (s*ip*). [début] Anfang. ‖[base] Grundsatz. *En principe,* grundsätzlich, prinzipiell.

prin‖**tanier, ère,** a. Frühlings... ‖**-temps** m. (t*a*ⁿ). Frühling. ‖[poét.] Lenz,

prio‖**ri** [a] adv. von vorn herein. ‖**-rité** f. Priorität.

pri‖**s, e,** pp. v. *prendre**. ‖a. LOC. *Bien pris* [taille], schön gewachsen; *pris de peur,* von Furcht ergriffen; *pris de sommeil,* schläfrig; *pris de vin,* berauscht. ‖**-se** f. (priz). Nehmen, n. spl., Ergreifen, n. spl. ‖[d'animaux] Fang, m. ‖[butin] Beute. ‖[conquête] Eroberung. ‖[ville] Einnahme. ‖[capture] Gefangennehmung. ‖ [tabac] Prise. ‖[pour saisir] Griff, m. ‖— *de contact,* [elektr.] Steckkontakt, m.; — *d'air,* Luftloch, n., Luftzufuhr, f. : — *d'eau,* Hydrant, m. ⑤, Wasserableitung, f. ‖— *de bec,* heftiger Wortwechsel, m. ‖LOC. *Avoir* prise* [sur qc.], fassen können*; [sur qn] einem etwas anhaben* können*; *donner prise sur soi,* sich eine Blöße geben*; *être* aux prises* [*avec*], kämpfen [mit]; *lâcher prise,* los lassen*.

priser (zé). schätzen. ‖[vanter] preisen*. ‖[tabac] schnupfen.

pri‖**smatique** a. (*i*k). prismatisch. ‖**-sme** m. (prism). Prisma, ...men, n.
pri‖**son** f. (**zo**n). Gefängnis, n. ‖**-sonnier, ère,** m., f. (zoni*é*, i*ä*r). Gefangene[r], a. s. : *faire** —, gefangen nehmen*.
pri‖**vatif, ive,** a. (wat*i*f, *i*w). privativ. ‖**-vation** f. (s*io*n). Entbehrung. ‖[perte] Verlust, m.
pri‖**vauté** f. (w*ô*t*é*). allzugroße Vertraulichkeit. ‖**-vé, e,** p. a. [particulier] Privat... ‖[personnel] eigen, persönlich. ‖[secret] geheim. ‖**-ver** (w*é*). berauben, *gén.* ‖[**se**]. entbehren, tr.
pri‖**vilège** m. (l*ä*j). Vorrecht, n. ‖**-vilégier** (j*ié*). bevorzugen*.
prix m. (pri). Preis. *Grand prix,* Hauptpreis. ‖*Comm. Prix courant,* Preisliste, f.; — *fort,* Ladenpreis; — *de revient,* Selbstkostenpreis; [de fabrication] Herstellungspreis; — *forfaitaire,* Pauschalpreis. ‖Loc. *A prix d'argent,* für Geld; *à vil prix,* um einen Spottpreis; *à tout prix,* um jeden Preis; *à aucun prix,* um keinen Preis; *hors de prix,* außerordentlich teuer; *mettre* à prix,* einen Preis setzen [auf, *acc.*]; *n'avoir* point de prix,* mit Geld nicht zu bezahlen sein*; *pour prix de, ...,* zur Belohnung für... ‖[valeur] Wert.
pro‖**babilité** f. (t*é*). Wahrscheinlichkeit. ‖**-bable** a. (b*à*bl). wahrscheinlich. ‖**-bant, e,** a. (b**a**n, t). beweisend.
pro‖**be** a. (pr*ò*b). rechtschaffen. ‖**-bité** f. (t*é*). Rechtschaffenheit.
pro‖**blématique** a. (t*i*k). problematisch, fraglich. ‖**-blème** m. (bl*ä*m). Problem, n. ①, Aufgabe, f.
proboscidien m. (*ii*n). Rüsseltier, n.
pro‖**cédé** m. (s*é*). Verfahren, n. ④. ‖[conduite] Benehmen, n. spl. ‖[billard] Lederstückchen, n. ④. ‖**-céder** (s*é*d*é*). verfahren*. ‖[à] schreiten* [*sein*] [zu]. ‖[de] herrühren [von]. ‖**-cédure** f. (s*é*d*ü*r). Prozeßverfahren, n. ‖**-cédurier, ère,** a. (d*ü*ri*é*, i*ä*r). prozeßsüchtig. ‖**-cès** m. (s*è*). Prozeß ①. ‖*Procès-verbal,* Protokoll, n. ①.
procession f. (s*io*n). Bittgang, m., Kreuzgang, m. *En procession,* in feierlichen Aufzuge.
pro‖**chain, e,** a. (sch*i*n, än). nahe, nächste. ‖m. [der] Nächste. ‖**-chainement** adv. (schänm**a**n). nachstens. ‖**-che** a. (sch). nahe [liegend], *dat.* ‖m. nächster Verwandter, a. s. ‖adv. *Proche de,* nahe an, nahe bei; *de proche en proche,* immer weiter.
pro‖**clamation** f. (s*io*n). Aufruf, m. ①. ‖**-clamer** (m*é*). verkündigen, proklamieren. ‖[**se**]. sich aufwerfen* [als].
proconsul m. (ko**n**sül). Prokonsul, -n.
pro‖**création** f. (s*io*n). Erzeugung. ‖**-créer** (kr*éé*). erzeugen.
pro‖**curateur** m. (kü-t*œ*r). Prokurator, -en. ‖**-curation** f. (kü-s*io*n). Vollmacht, spl. Prokura, -s. ‖**-curer** (kür*é*). verschaffen. ‖**-cureur** m. (*œ*r). Staatsanwalt. ‖**-cureuse** f. (*ö*z), *fam.* Kupplerin.
prodigalité f. (t*é*). Verschwendung.
pro‖**dige** m. (d*i*j). Wunder, n. ④. ‖a. Wunder... ‖**-digieux, euse,** a. (j*iö*, **z**). wunderbar. ‖[énorme] gewaltig.
pro‖**digue** a. (d*i*g). verschwenderisch. *L'enfant prodigue,* der verlorene Sohn. ‖**-diguer** (g*é*). verschwenden. ‖*Fig.* nicht schonen.
prodrome m. (om). Vorbote, -n, -n.
pro‖**ducteur, trice,** a. (dükt*œ*r, tr*i*s). hervorbringend. ‖m., f. Erzeuger ④, in, Hersteller ④, in. ‖**-ductif, ive,** a. ergiebig. ‖[de rapport] einträglich. ‖**-duction** f. (düks*io*n). Hervorbringung, Erzeugung. ‖[Herstellung. ‖V. *produire**. ‖**-duire*** (d*üi*r). hervorbringen*, erzeugen. ‖[fabriquer] herstellen. ‖[rapporter] eintragen*. ‖[occasionner] verursachen. ‖[preuve, acte] beibringen*. ‖[montrer] zeigen. ‖[présenter] einführen. ‖[**se**]. [naître] entstehen* [*sein*]. ‖[arriver] sich ereignen, eintreten* [*sein*]. ‖[personnes] sich zeigen. ‖**-duit** m. (d*üi*). Erzeugnis, n. ‖[rendement] Ertrag. ‖*Arithm.* Ergebnis, n. ‖[chimique] Produkt, n. ①. ‖pl. Chemikalien, f. pl.
proéminence f. Hervorragen, n. spl. ‖[saillie] Vorsprung, m.
pro‖**fanateur, trice,** m., f. Schänder ④, in. ‖**-fanation** f. Entweihung, Schändung. ‖**-fane** a. (f*à*n). weltlich. ‖m. [non initié] Laie, -n, -n. ‖**-faner** (n*é*). entweihen, schänden.

proférer (ré). aussprechen*. ‖ [cri] ausstoßen*.

pro‖fesser (sé). öffentlich bekennen*. ‖ [religion] sich bekennen* [zu]. ‖ [enseigner] lehren. ‖**-fesseur** m. [sans f.] (sœr). Lehrer ④, in. ‖ [d'université] Professor, -en. ‖**-fession** f. (*sio*n) : — *de foi*, Glaubensbekenntnis, n.; [politique] Wahlprogramm, n. ‖ [métier] Beruf, m., pl. Berufsarten, f. pl. ‖... *de profession*, von Beruf. ‖**-fessionnel, le,** a. berufsmäßig, Fach... ‖ [secret] Amts... ‖*Ecole* —, Berufsschule. ‖**-fessoral, e, aux,** a. Lehrer..., Lehr... ‖**-fessorat** m. (rà). [corps] Lehrerstand. ‖ [fonction] Lehramt, n.

pro‖fil m. (fil). Seitenbild, n. *De profil*, von der Seite. ‖**-filer** [se]. seine Umrisse zeigen.

pro‖fit m. (fì). Gewinn, spl. *Profits et pertes*, pl., Gewinn und Verlust. ‖ [utilité] Nutzen, spl. *Mettre* à profit*, sich zunutze machen. ‖**-fitable** a. (àbl). nutzbringend. ‖**-fiter** (té), intr. [de] benutzen, tr. ‖ [à qn] Nutzen bringen. ‖ [aliments] gut bekommen*. ‖**-fiteur** m. (tœr), *fam.* Schieber ④.

pro‖fond, e, a. (f*o*n, d). tief. ‖ [savoir] gründlich. ‖**-fondeur** f. (dœr). Tiefe. ‖ Gründlichkeit.

profusion f. (füz*io*n). Überfluß, m. *A profusion*, im Überfluß.

progéniture f. (jé-tür). Nachkommenschaft. ‖*Fam.* Kinder, pl.

programme m. (àm). Programm, n. ①. ‖ [études] Lehrplan. ‖ [de fête] Festordnung, f.

pro‖grès m. (grè). Fortschritt. ‖**-gresser** (sé). Fortschritte machen. ‖**-gressif, ive,** a. (*if*, îw). fortschreitend, progressiv. ‖**-gression** f. (*sio*n). Fortschreiten, n., Zunehmen, n. ‖ *Arithm.* Progression. ‖**-gressiste** a. (*ist*). Fortschritts... ‖ m. Fortschrittler.

prohi‖ber (bé). verbieten*. ‖**-bition** f. (*sio*n). Verbot, n. ①.

proie f. (pr°*a*). Raub, m. spl. : ... *de proie*, Raub...; *en proie à*, preisgegeben, *dat.*

projecteur m. Scheinwerfer.

pro‖jectile m. (jekt*il*). Geschoß, n. ①. ‖**-jection** f. (jeks*io*n). Werfen, n. spl. *Lanterne à projection*, Bildwerfer, m. ‖ [dessin] Projektion. ‖**-jet** m. (jè). Entwurf, Plan. ‖**-jeter** (projté). werfen*. ‖ [se proposer] vorhaben*, beabsichtigen.

pro‖létaire m. (tär). Proletarier ④. ‖**-létariat** m. (*ià*). Proletariat, n. ‖**-lifique** a. (fìk). zeugungsfähig.

pro‖lixe a. (ìx). weitschweifig. ‖**-lixité** f. (té). Weitschweifigkeit.

prologue m. (òg). Prolog ①.

pro‖longation f. (lo^n^gas*io*n). Verlängerung. ‖**-longe** f. (*o*nj). Schleppseil, n. ‖ [fourgon] Protzwagen, m. ④. ‖**-longement** m. (lo^n^jm*a*n). Verlängerung, f. [räumlich]. ‖**-longer** (jé). verlängern.

pro‖menade f. (pròmnàd). Spaziergang, m. ‖ [en véhicule] Spazierfahrt. ‖**-mener** (mné). umherspazieren, -führen. *Envoyer promener, fam.*, zum Henker schicken. ‖ [se]. spazieren gehen*, — fahren* usw. ‖**-meneur, euse,** m., (mnœr, öz). Spaziergänger ④, in. ‖**-menoir** m. (mn°*a*r). Wandelbahn, f.

pro‖messe f. (mès). Versprechen, n. spl., Versprechung. ‖— *formelle*, bindendes Versprechen, n. ‖**-metteur, euse,** m., f. (tœr, öz). Versprecher ④, in. ‖**-mettre*** (mètr). versprechen*. ‖ [solennellement] geloben. ‖**-mis, e** (mì, z). pp. v. *promettre**. ‖ a. s. [fiancé, e] verlobt.

promiscuité f. Gemischtheit.

promontoire m. Vorgebirge, n.

pro‖moteur, trice, m., f. Anstifter ④, in. ‖**-motion** f. (s*io*n). Beförderung, Promotion. ‖**-mouvoir*.** befördern. ‖ [nommer] ernennen* [zum].

promp‖t, e, a. (pro^n^, t). schnell. ‖**-titude** f. (tüd). Schnelligkeit.

promu pp. v. *promouvoir**.

pro‖mulgation f. (mü-s*io*n). amtliche Bekanntmachung. ‖**-mulguer** (gé). amtlich bekanntmachen.

prô‖ne m. (prôn). geistliche Erbauungsrede, f. ‖**-ner.** anpreisen*.

pro‖nom m. (n*o*n). Fürwort, n. ②. ‖**-nominal, e, aux,** a. (àl, *o*). Pronominal...

pro‖noncé, e, p. a. (no^n^sé). [traits] stark ausgeprägt. ‖ m. [d'un jugement] Urteilspruch. ‖**-noncer** (sé). aussprechen*. ‖ [discours] halten*. ‖ [sentence] verlesen*. ‖ [vœux] ablegen. ‖ [se], *fig.* sich äußern. ‖ **-nonciation** f. (siasi*o*ⁿ). Aussprache.

pro‖nostic m. (tik). Prognose, f. ‖ [signe] Vorzeichen, n. ④. ‖ [prévision] Vorhersagung, f. ‖ **-nostiquer** (ké). vorhersagen.

pro‖pagande f. (gaⁿd). Propaganda, ... den. ‖ [commerce] Werbung. *Faire* de la propagande,* Anhänger werben*. ‖ **-pagateur, trice,** m., f. (tœr, tris). Verbreiter ④, in. ‖ **-pagation** f. (siоⁿ). Fortpflanzung. ‖ Verbreitung. ‖ **-pager** (jé). fortpflanzen. ‖ [répandre] verbreiten.

propension f. (paⁿsioⁿ). Neigung, Hang, m. [*à, zu*].

pro‖phète, étesse, m., f. (fät, ès). Prophet, en, -en, in. ‖ **-phétie** f. (si). Prophezeiung, Weissagung. ‖ **-phétique** a. (tik). prophetisch. ‖ **-phétiser** [zé). prophezeien, weissagen.

pro‖phylactique a. vorbeugend. ‖ **-phylaxie** f. Vorbeugung.

pro‖pice a. günstig. ‖ **-pitiatoire** a. (siatoar). Sühn...

propor‖tion f. Verhältnis, n., Proportion, Maßgabe. ‖ pl. Dimensionen. ‖ **-tionné, e,** a. angemessen. *Bien proportionné,* wohlgestaltet. ‖ **-tionnel, le,** a. (siònèl). verhältnismäßig. ‖ *Proportionnellement à,* im Verhältnis zu. ‖ **-tionner** (sioné). [à] in ein richtiges Verhältnis setzen [zu]. ‖ [adapter] anpassen.

propos m. (pô). Rede, f. ‖ [assertion] Äußerung, f. ‖ [bavardage] Gerede, n. : — *en l'air,* leeres Geschwätz, n. spl. ‖ LOC. *A propos,* gelegen, zur rechten Zeit : *juger à propos,* für ratsam halten*; *à propos!,* was ich sagen wollte!, noch eins! ; *à propos de,* bei Gelegenheit, *gén.; à propos de rien,* ohne alle Veranlassung, um nichts und wieder nichts; *à tout propos,* bei jeder Gelegenheit; *de propos délibéré,* mit Vorsatz; *hors de* [*mal à*] *propos,* zur Unzeit, ungelegen.

pro‖poser (zé). vorschlagen*. ‖ [loi] beantragen. ‖ [se]. sich vornehmen*. ‖ **-position** f. (zisioⁿ). Vorschlag, m. Antrag, m. ‖ *Phil. Math.* Lehrsatz, m. ‖ *Gramm.* Satz, m.

propre a. (pròpr). [propreté] rein, reinlich, sauber. ‖ [propriété] eigen. *Nom propre,* Eigenname, m. ‖ [approprié] geeignet. ‖ [bon à] tauglich [zu]. *Propre à rien,* m., Taugenichts. ‖ [juste, exact] richtig, passend. ‖ [sens] eigentlich. *A proprement parler,* eigentlich.

pro‖pret, te, a. (prè, t). sauber, schmuck. ‖ **-preté** f. (prеté). Reinlichkeit, Sauberkeit.

pro‖priétaire m. et f. (tär). Eigentümer ④, in. Besitzer ④, in. ‖ **-priété** f. (té). Eigentum, n. ②. ‖ [foncière] Grundbesitz, m. ‖ [qualité] Eigenschaft. ‖ [justesse] Richtigkeit.

pro‖pulser (sé). antreiben. ‖ **-pulseur** m. (pülsœr). Propeller ④. ‖ **-pulsion** f. (sioⁿ). Antrieb, m.

prorata m. (ta). Prorata, n. inv. : *au prorata,* nach Verhältnis.

pro‖rogation f. Verschiebung. ‖ **-roger** (jé). verschieben*.

pro‖saïque a. (zaïk). prosaisch. ‖ **-sateur** m. (tœr). Prosaiker ④.

pro‖scription f. (sioⁿ). Verbannung. ‖ **-scrire*** (ir). verbannen. ‖ **-scrit, e,** p. a. (i, t). verbannt.

prose f. (proz) Prosa.

pro‖sélyte m. (zélit). Neubekehrte[r], a. s. ‖ **-sélytisme** m. (ism). Bekehrungseifer.

pro‖sodie f. (zòdi). Prosodie. ‖ **-sodique** a. (ik). prosodisch.

pro‖specteur m. (tœr). Nachforscher ④. ‖ **-spection** f. (sioⁿ). Nachforschung. ‖ **-spectus** m. (tüs). Prospekt ①.

pro‖spère a. (spär). blühend, gedeihend. ‖ **-spérer** (ré). blühen, gedeihen* [*sein*]. ‖ **-spérité** f. (té). Glück, n., Gedeihen, n.

prostate f. (àt). Vorsteherdrüse.

pro‖sternation f. (sioⁿ). Fußfall, m. ‖ **-sterner** [se] (né). niederwerfen*.

pro‖stituée f. (tüee). [feile, öffentliche] Dirne. ‖ **-stituer** (tüé). zur Unzucht verführen. ‖ *Fig.* schändlich preisgeben*. ‖ **-stitution** f. (tüsioⁿ). Hurerei.

protagoniste m. (ist). Hauptperson, f.

prote m. (pròt). Faktor, -en, Setzer.

protec‖teur, trice, a. (tœr, tris), beschützend. *Droit* —, Schutzzoll. ‖ m. Gönner ④. ‖ **-tion** f. (sioⁿ). Schutz, m. spl. ‖ pl. [protecteurs]

Gönner, m. ‖**-tionnisme** m. Schutzzollsystem, n. ‖**-tionniste** m. Schutzzöllner ④. ‖**-torat** m. (*rà*). Schutzherrschaft, f. ‖[pays] Schutzgebiet, n.

protée m. (*tée*), *fig.* wetterwendischer Mensch.

pro‖tégé, e, a. s. (*jé*). Schützling, m. ‖**-téger** (*jé*). [be]schützen.

pro‖testant, e, m., f. (*an*, t). Protestant, -en, -en, in. ‖a. protestantisch. ‖**-testantisme** m. (*ism*). Protestantismus. ‖**-testataire** m. (*tär*). Protestler ④. ‖**-testation** f. (*sion*). Beteuerung. ‖Einspruch, m., Protest, m. ①. ‖**-tester** intr. [de] beteuern, tr. ‖[contre] Einspruch *ou* Protest erheben*. ‖tr. [traite] protestieren. ‖**-têt** m. (*tè*). Protest ①.

prothèse f. (*täz*). Prothese.

pro‖tocolaire a. (*lär*). Protokoll... ‖**-tocole** m. (*òl*). Formelbuch, n. ②. ‖[usages] Hofsitte, f.

prototype m. (*tip*). Urbild, n. ②, Vorbild, n. ②.

protozoaire m. (*zoär*). Urtier, n.

pro‖tubérance f. Auswuchs, m. ‖**-tubérant, e,** hervorragend.

prou adv. (pru). *Peu ou prou,* viel oder wenig.

prouesse f. (*ès*). Heldentat.

prouver (*we*). beweisen*.

provenance f. (prown*ans*). Herkunft.

provençal, e, aux, a. (wa*n*sàl, *o*). provenzalisch.

provende f. (w*an*d). Futterkorn, n. Proviant, m.

provenir* (wn*ir*). herkommen* [*sein*], herrühren [*haben*].

pro‖verbe m. (werb). Sprichwort, n. ②. ‖**-verbial, e, aux,** a. (werb*ial*, *o*). sprichwörtlich.

pro‖vidence f. (*ans*). Vorsehung. ‖*Fig.* Schutzengel, m. ‖**-videntiel, le,** a. (*sièl*). von der Vorsehung geschickt.

pro‖vince f. (w*ins*). Provinz. ‖**-vincial, e, aux,** a. (*iàl*, *o*). Provinz... ‖m., f. Provinzler ④, in. ‖*Fam.* Kleinstädter ④, in. ‖**-vincialisme** m. (*ism*). mundartlicher Ausdruck.

proviseur m. (*zœr*). Direktor, -en.

pro‖vision f. (*zion*). Vorrat, m. ‖[versement] Provision. ‖[couverture] Deckung. ‖**-visionnel, le,** a. (ziònèl). vorläufig. ‖ **-visoire** a. (z*oar*). einstweilig, vorläufig.

pro‖vocant, e, a. (k*an*, *ant*). herausfordernd. ‖[attrayant] anlokkend. ‖**-vocateur, trice,** a. (*tœr*, *trìs*). herausfordernd. ‖m. Aufwiegler ④. ‖**-vocation** f. (*sion*). Herausforderung. ‖**-voquer** (*ké*). herausfordern. ‖amener] herbeiführen. ‖[produire] bewirken.

proxénète m. et f. (*nèt*). Kuppler ④, in.

proximité f. (*té*). Nähe. *A proximité de,* in der Nähe, *gén.*, nahe bei.

prude a. (prüd). spröde. ‖ [maniéré] geziert, zimperlich.

pru‖demment adv. (dàm*an*). V. *prudent.* ‖**-dence** f. (d*ans*). Klugheit. ‖[précaution] Vorsicht. ‖**-dent, e,** a. (d*an*, t). [avisé] klug, vorsichtig.

pruderie f. (dr*i*). Sprödigkeit, Ziererei.

prud'homme m. (*òm*). Werkrichter ④. *Conseil des prud'hommes,* gewerbliches Schiedsgericht, n.

prudhommesque a. (*esk*). philisterhaft.

pru‖ne f. (prün). Pflaume. ‖ **-neau, x,** m. (*nô*). gedörrte Pflaume, f. ‖**-nelle** f. (*nèl*). Schlehe. ‖[de l'œil] Augapfel, m. ③. ‖**-nier** m. (*nié*). Pflaumenbaum.

prurit m. (*rìt*). Jucken, n. spl.

Prusse npr. f. (prüs). Preußen, n.

pruss‖iate m. (*iàt*). blausaures Salz. n. ‖**-ien, ne,** m., f. (*iin*, *ièn*). Preuße, -n, -n, ...ßin. ‖a. preußisch. ‖**-ique** a. *Acide prussique,* Blausäure, f.

P.-S. = *post-scriptum.*

psalm‖iste m. (*ist*). Psalmendichter ④. ‖**-odier** (odi*é*). Psalmen singen*. ‖*Fig.* herleiern.

psau‖me m. (psom). Psalm, -en. ‖**-tier** m. Psalmbuch, n., Psalter ④.

pseudo‖... (psöd*o*). falsch, Schein... ‖**-nyme** m. Deckname, -ns, -n.

psychanalyse f. (kanal*iz*). Psychoanalyse.

psyché f. [meuble] Frisierspiegel, m.

psy‖chique a. psychisch, Seelen... ‖**-chologie** f. Psychologie. ‖**-chologique** a. psychologisch. ‖**-chologue** m. Psycholog. ‖**-chose** f. Psychose.

pu‖ant, e, p. a. (pü*an*, t). stinkend. ‖*Fig.* unverschämt. ‖**-anteur** f. (*tœr*). Gestank, m.

pu||**bère** a. (pübär). mannbar. ||**-berté** f. (*té*). Mannbarkeit. ||**-bis** m. (b*is*). Schambein, n.
pu||**blic, ique** a. (ìk). öffentlich. *Chose publique,* Gemeinwesen, n. ||m. Öffentlichkeit, f. ||[gens] Publikum, n. ||**-blicain** m. (k*in*). Abgabenpächter ④. ||**-blication** f. (s*ion*). Veröffentlichung. ||[de bans] Aufgebot, n. spl. ||**-bliciste** m. et f. (s*ist*). Publizist, -en, -en, m. ||**-blicitaire** a. (siter). Werbe... ||m. Werbefachmann. ||**-blicité** f. (sit*é*). Öffentlichkeit. ||[réclame] Publizität. ||**-blier** (bl*ié*). veröffentlichen. ||[annoncer] verkündigen.
puce f. (püs). Floh, m. *Mettre* la puce à l'oreille* [*à*], in Unruhe setzen.
pucelle f. (sèl). Jungfrau.
puceron m. (sr*on*). Blattlaus, ¨e, f.
pu||**ddlage** m. (püdl*aj*). Puddeln, n. ||**-ddler** (*lé*). puddeln.
pu||**deur** f. (d*œ*r). Scham. ||**-dibond, e,** a. (b*on*, d). schamhaft. ||**-dibonderie** f. (dr*î*). Schamhaftigkeit [übertriebene]. ||**-dicité** f. (sit*é*). Züchtigkeit. ||**-dique** a. (*ik*). keusch, züchtig.
puer (pü*é*). stinken*.
pu||**ériculture** f. (kült*ür*). Kindespflege. ||**-éril, e,** a. (*il*). kindisch. ||**-érilité** f. (*té*). Kinderei. ||**-erpéral, e, aux,** a. (*àl*, *o*). Kindbett...
pugilat m. (püjil*à*). Faustkampf.
puîné, e, a. (püin*é*). jünger.
puis adv. (p*üi*). dann, darauf. *Et puis?* und was dann? und weiter?
pui||**sard** m. (z*àr*). Senkgrube, f. ||**-satier** m. (t*ié*). Brunnengräber ④. ||**-ser** (z*é*). schöpfen (*à, dans,* aus). ||*Fig.* [emprunter] entlehnen. ||**-sque** conj. (püisk*œ*). da, da ... ja, weil ... ja.
pui||**ssamment** adv. (sam*an*). V. *puissant.* ||**-ssance** f. (a*n*s). Macht, ¨e. *Grande* —, [Etat], Großmacht, Weltmacht. ||[autorité]. Gewalt. ||**-ssant, e,** a. (a*n*, t). mächtig, gewaltig. ||[influent] einflußreich.
puisse (p*üi*s). V. *pouvoir**.
puits m. (püi). Brunnen ④. ||[à poulie] Ziehbrunnen.
pulluler (pül'lül*é*). wuchern. ||[fourmiller] wimmeln.
pulmonaire a. (ònär). Lungen...
pulpe f. (pülp). Obstfleisch, n.
pulpeux, euse a. fleischig, breig.
pulsation f. (s*ion*). Pulsschlag, m.
pul||**vérisateur** m. (wé-zat*œ*r). Zerstaüber ④. ||**-vérisation** f. (s*ion*). Zerstäuben, n., Zerpulverung. ||**-vériser** (z*é*). zerstauben, zerpulvern. ||**-vérulent, e,** a. staubartig, pulverig.
pûmes (püm). V. *pouvoir**.
pu||**nais, e,** a. (pün*ä*, z). Stink... (schtìnk-). ||**-naise** f. (*äz*). Wanze. ||[pointe] Reißnagel, m. ③.
punch m. (po*n*sch). Punsch ①.
punique a. (pünìk). punisch.
punir (*ir*). [de, pour], strafen, bestrafen [für]. *Punir de mort,* etc., mit dem Tode usw. bestrafen.
punition f. (s*ion*). [peine] Strafe. ||[acte], Bestrafung.
pupille f. (püp). Augenstern, m. ||m. et f. Mündel, m. *ou* n. ④, f.
pupitre m. (*i*tr). Pult, n. ①.
pur, e a. (p*ü*r). rein. ||[sans mélange] unvermischt, lauter. ||[or] gediegen. ||[simple, pur et simple] bloß, einzig und allein.
purée f. (*ée*). Brei, m.
pureté f. (pürt*é*). Reinheit.
pur||**gatif, ive,** a. (*if*, *iw*). abführend. ||m. Abführmittel, n. ④. ||**-gation** f. (s*ion*). Reinigung. ||*Méd.* Purganz. ||**-gatoire** m. (t*o*ar). Fegefeuer, n. ||**-ge** f. (pürj). = *purgation.* ||[hypothèque] Löschung. ||**-ger** (j*é*), reinigen. ||*Méd.* purgieren. ||*Fig.* [peine] verbüßen. ||[hypothèque] löschen.
pur||**ification** f. (s*ion*). Reinigung. Läuterung. ||**-ifier** (f*ié*). reinigen, läutern.
purin m. (*in*). Jauche, f.
pur||**isme** m. (*i*sm). Purismus. ||**-iste** m. (*i*st). Sprachreiniger ④. ||**-itain, e,** a. (t*in*, *ä*n). puritanisch. ||m. f. Puritaner ④, in. ||**-itanisme** m. (*i*sm). Puritanismus. ||*Fig.* Sittenstrenge, f.
purpurin, e, a. (pür*in*, *in*). purpurfarben.
pur-sang m. (s*an*). Vollblutpferd, n.
pur||**ulence** f. (ül*an*s). Eiterung. ||**-ulent, e,** a. eiterig.
pus m. (pü). Eiter. ||Prät. v. *pouvoir**.
pu||**sillanime** a. (z*i*l'lanìm). kleinmütig, verzagt. ||**-sillanimité** f.

(*té*). Kleinmut, m., Verzagtheit. ||**-ss...** V. *pouvoir**.
pu||stule f. (*stül*). Eiterblatter, Pustel. ||**-stuleux, euse,** a. (*ö, z*). blatterig.
put (pü). V. *pouvoir**.
putatif, ive, a. (pü-*if*, *iw*). vermeintlich.
putois m. (t^o^*a*). Iltis.
pu||tréfaction f. (*sio*^n^). Verwesung. ||**-tréfier** (*fié*). zum Faulen bringen*. ||[**se**]. verwesen [*sein*]. || **-trescible** a. (*ibl*). verweslich. ||**-tride** a. verfault.
puy m. (püi). Bergkuppe, f.
pygmée m. (m*ee*). Knirps.
pyjama m. (jam*a*). Schlafanzug, m.
pylône m. (*lôn*). Turmpfeiler. || — *de T.S.F.*, Funkturm, f., Antennenmast.
pylore m. (*òr*). Pförtner ④, untere Magenöffnung, f.
py||ramidal, e, aux, a. (*àl*, *ô*). Pyramiden... ||**-ramide** f. (*id*). Pyramide.
pyrénéen, ne, a. (*éi*^n^, *éän*). pyrenäisch.
Pyrénées npr. f. pl. (n*ee*), Pyrenäen.
py||rite f. (*ìt*). Schwefelkies, m. ||**-rogravure** f. (*wür*). Brandmalerei. ||**-rotechnie** f. (tekn*i*). Feuerwerkkunst.
Pythagore npr. m. (*gòr*). Pythagoras.
pythie f. (t*i*). Pythia.
py||thon m. (t*o*^n^). Riesenschlange, f. ||**-thonisse** f. (*nìs*). Wahrsagerin.

Q

Q, q, m. (kü). **Q,** q, n.
quadr||agénaire a. (kua-jén*är*). vierzigjährig. ||m. et f. Vierzige[r], a. s. ||**-angulaire** a. (a^n^gül*är*), viereckig. ||**-ilatère** m. (*tär*). Viereck, n. ||**-ilatéral, e,** a. (*àl*, *o*), viereckig.
quadr||ille m. (kadr*ij*). Quadrille, f. ||**-illé, e,** a. (kadri*jé*). kariert.
quadr||umane m. (kua-üm*àn*). Vierhänder ④. ||**-upède** a. (üp*èd*). vierfüßig. ||m. Vierfüßler ④.
quadr|| uple a. (*üpl*). vierfach. ||**-upler** (üpl*é*). vervierfachen.
quai m. (kè). Kai, -s, Staden ④. ||[d'abordage] Landungsplatz. ||[ch. de fer] Bahnsteig.
quaker m. (ku*a*kèr). Quäker ④.
quali||ficatif, ive, a. (ka-*if*, *iw*). bezeichnend. *Adjectif qualificatif*, m., Eigenschaftswort, n. ||**-fication** f. (*sio*^n^). Bezeichnung. ||[titre] Betitelung. ||**-fier.** bezeichnen. ||[traiter de] heißen*.
quali||tatif, ive, a. qualitativ. ||**-té** f. Eigenschaft. *En qualité de*, als, in der Eigenschaft, *gén.* ||*Avoir* qualité pour*, berechtigt sein*, zu... ||[constitution, valeur, sorte] Beschaffenheit, Qualität. ||[titre] Titel. m. ||[condition] Stand, m.
quand conj. (ka^n^, -t-). wann. ||[toutes les fois que] wenn : *quand il venait*, wenn er kam. ||[la fois que] als : *quand il vint*, als er kam. ||Loc. *Quand même*, conj., wenn... [sujet]... auch; adv. trotz alledem. adv. interr. wann?.
quan||t à prép. (ka^n^t*a*). was... [*acc.*] ... betrifft. *Quant à présent*, für jetzt. ||**-t-à-soi** m. (s^o^*a*). Selbständigkeit, f.
quan||tième m. (t*iä*m). Monatstag, Datum, ...ta, n. [der] wievielste *ou* wievielte. *Quel quantième sommes-nous?*, den wieviel[s]ten haben wir?. ||**-titatif, ive,** a. (*if*, *iw*). quantitativ. ||**-tité** f. (*té*). Quantität, Menge. ||**-tum** m. (kua^n^t*ò*m). Quantum, n.
qua||rantaine f. (kar*a*^n^tän). [nombre] etwa vierzig. ||[âge] Alter von vierzig Jahren, n. ||[d'un navire] Quarantäne, Beobachtungssperre. *Mettre* en quarantaine*, unter Quarantäne legen; *fig.* [qn] in Verruf erklären. ||**-rante** a. (*a*^n^t). vierzig. ||**-rantième.** V. Gramm.
quar||t m. (k*à*r). Viertel, n. ④ : *quart de*, Viertel...; *quart d'heure*, Viertelstunde, f. ||Loc. *Deux heures un* [ou *et*] *quart*, ein Viertel

auf drei [*ou* nach zwei] ; *les trois quarts du temps, fam.*, die meiste Zeit; *quart de soupir,* Sechzehntelpause, f.; *quart d'heure de Rabelais,* Augenblick, wo man die Zeche bezahlen muß. ‖[garde] Wacht, f. ‖**-teron** m. (t^e^ro^n^). Viertelhundert, n. ‖**-tier** m. (*tié*). Viertel, n. ④ : — *de la lune,* Mondviertel, n. ‖[de ville] Stadtviertel, n. ‖[demeure] Wohnung, f. ‖*Mil.* Quartier, n. ① : — *général,* Hauptquartier, n. ‖[tranche] Schnitte, f. ‖[pardon] Gnade, f. ‖**-tier-maître** m. (mätr). Quartiermeister ④. *Mar.* Unterbootsmann ②. ‖**-to** adv. (t*o*). viertens.

quartz‖ m. (ku*a*rtz). **Quarz** ①. ‖**-eux, euse,** a. (*ö*, **z**). quarzig.

quasi‖, **-ment,** adv. (**kaz*i*, m*a*^n^**). beinahe, fast.

Quasimodo f. (d*o*). Quasimodo, n. [sans article].

quassia m. (kuas*ia*). Quassia, f. Bitterholz, n.

quaternaire a. (kua-n*ä*r). Quaternär...

qua‖**torze** a. (katorz). vierzehn. ‖LOC. *Chercher midi à quatorze heures,* unnötige Schwierigkeiten machen. ‖**-torzième** V. GRAMM.

qua‖**train** m. (tr*i*^n^). vierzeilige Strophe, f. ‖**-tre** a. (katr). vier. *A quatre mains,* vierhändig; *se mettre* en quatre,* sich fast die Beine ablaufen*; *se tenir* à quatre,* kaum an sich halten*. ‖**-tre-temps** m. pl. (t*a*^n^). Quatember. ‖**-tre-vingts** a. [**vingt** vor einer anderen Zahl, v. GRAMM.] (v*i*^n^). achtzig. ‖**-trième[ment].** V. GRAMM. ‖**-tuor** m. (kuat*ü*or). Quartett, n. ①.

que pron. rel. (**kœ**). welchen, e, s, den, die, das. ‖*Ce que,* [das], was. ‖pron. interr. was?. ‖conj. daß. ‖[ne se traduit pas lorsqu'il remplace une autre conjonction] Ex. : *s'il vient et que je ne le voie pas,* wenn er kommt und ich ihn nicht sehe. ‖[nach einem Komparativ] als : *plus grand que,* größer als. ‖adv. [comme...!, combien...!] wie...!, wie sehr...!, wieviel...!; *que c'est beau!* wie schön ist es! ; *que de fleurs!* wieviel Blumen!

quel‖, **le,** a. (kèl). [lequel] welcher, e, es. ‖[quelle sorte de] was für [*für* ici ne régit pas le nom qui suit] : *quel style est-ce?* was für ein Stil ist das?; *avec quel crayon écris-tu?,* mit was für einem Bleistift schreibst du? ‖[exclamatif] *quel malheur!* welch ein Unglück! ‖**...que,** loc. conj. (k**œ**). welcher, e, es [wer, was] ... auch [immer] : *quelles que soient vos intentions,* welches Ihre Absichten auch immer sein mögen; *quel qu'il soit,* wer es auch sein* mag. ‖**-conque** a. (k**o**^n^k). irgend ein, e, es, jeder, e, es beliebige.

quel‖**que** a. ind. (kœ). einiger, e, es, irgend ein, e, einiger, e, es. ‖[n'importe quel] irgend welcher, e, es. ‖a. wenig : *les quelques pages que j'ai lues,* die wenigen Seiten, die ich gelesen. ‖adv. etwa : *quelque trente ans,* etwa dreißig Jahre. ‖conj. : *quelque... que,* so... auch : *quelque riche qu'il soit,* so reich er auch sein mag. ‖**-quefois** adv. (f^o^*a*). manchmal, bisweilen. ‖**-qu'un, e,** pron. ind. (**ku**^n^, *ü*n). einer, e, jemand. V. GRAMM. ‖[une personne quelconque] irgend einer, e. ‖pl. : *quelques-uns, quelques-unes,* einige. ‖LOC. *Être quelqu'un*,* etwas zu bedeuten haben*.

quéman‖**der** (kéma^n^dé). betteln. ‖*Fig.* zudringlich bitten* [um]. ‖**-deur, euse,** m., f. (d**œ**r, *ö*z). Bittsteller ④, in.

qu'en-dira-t-on m. (ka^n^-t**o**^n^). Gerede, n. [der Leute].

quenelle f. (kœnèl). Fleischknödel, m. ④

quenotte f. (nòt), *fam.* Zähnchen, n. ④.

quenouille f. (n*u*j). Spinnrocken, m. ④.

que‖**relle** f. (rèl). Zank, m. spl., Zänkerei, Streit, m. *Chercher querelle à,* Händel suchen [mit]. ‖**-reller** (lé). tr. zanken, intr. [mit]. ‖[se]. sich zanken. ‖**-relleur, euse,** m., f. Zänker ④, in. ‖a. zänkisch.

quérir (kér*i*r) [nur im Infinitiv]. *Aller* quérir,* holen.

questeur m. (küest**œ**r). Quästor, -en.

ques‖**tion** f. (kesti**o**^n^). Frage. ‖LOC. *Chose en question,* betreffende Sache; *question à l'ordre du jour,*

Zeitfrage; *il est question de...*, es ist von ... die Rede. ‖[supplice] Folter. ‖**-tionnaire** m. (tiònär). Fragebogen ④ ‖**-tionner** (né). ausfragen, befragen. ‖**-ture** f. (küestür). Quästur.

quê‖te f. (kät). Suchen, n. spl., Suche. *Être*, se mettre* en quête,* auf der Suche sein*, auf die Suche gehen*. ‖[collecte] Kollekte; *faire* la quête,* Geld einsammeln. ‖**-ter** (té). suchen. ‖[argent] einsammeln [Beiträge]. ‖**-teur, euse,** m., f. (tœr, öz). Geldsammler, in, Kollektant, -en, -en, in.

quetsche f. (kouetsch). Zwetschke.

queue f. (kö). Schwanz, m., Schweif, m. ‖[traîne] Schleppe. ‖[de fruit] Stiel, m. ‖[de poêle] Griff, m. ‖*Fig. Tenir* la queue de la poêle,* am Ruder stehen*. ‖[de billard] Billardstock, m. ‖*Fig.* [fin] Ende, n.; *à la queue,* hinten; *en queue,* im Rücken. ‖Loc. *A la queue leu leu,* im Gänsemarsch; *faire** [la] *queue,* in einer Reihe warten, Schlange stehen; *finir en queue de poisson,* schlecht ausfallen*; *n'avoir* ni queue ni tête,* weder Hand noch Fuß haben*. — *de morue,* Frack, m. — *de rat,* Wachsstock, m.

queux m. (kö). *Maître* —, Koch.

qui pron. rel. (ki). welcher, e, es, der, die, das. V. Gramm. ‖[celui qui] wer : *qui que ce soit,* wer es auch sei. ‖[ce qui] was : *rien qui,* nichts was. ‖pron. inter. wer?; *qui est-ce qui?* wer? V. Gramm.

quia [à] loc. adv. '(küijà). *Être* réduit à quia,* zum Schweigen gebracht werden.

quibus m. (küibüs), *fam.* Geld, n.

quiconque pron. ind. (kônk). jedweder, jeder, der, wer.

quidam m. (dâm). gewisser Jemand.

quiétude f. (tüd). Gemütsruhe.

quignon m. (njôn). Runken ④.

quille f. (kij). Kegel, m. ④. *Jouer aux quilles,* Kegel schieben*. ‖[bateau] Kiel, m.

quin‖caillerie f. (kinkajri). Eisen- und Kurzware. ‖**-caillier** m. (-kajé). Kurzwarenhändler ④.

quinconce m. (kôns). [arbres] Kreuzpflanzung, f.

quinine f. (kinìn). Chinin, n.

quin‖quagénaire a. (küinkajénär). fünfzigjährig. ‖**-quennal, e, aux,** a. (kuènàl, o). [durée] fünfjährig. ‖[périodicité] fünfjährlich.

quinquet m. (kinkè). Argandlampe, f.

quinquina m. (kina). Chinarinde, f.

quintal, aux, m. (tàl, o). Zentner ④.

quin‖te f. (kint). Quinte. ‖[de toux] Hustenanfall, m. ‖**-tessence** f. Quintessenz. ‖**-tette** m. (küintèt). Quintett, n. ①.

quinteux, euse, a. (kintö, z). mürrisch, launisch.

quin‖to adv. (küinto). fünftens. ‖**-tuple** a. (küintüpl). fünffach. ‖**-tupler** (tüplé). verfünffachen.

quin‖zaine f. (kinzän). etwa fünfzehn. ‖[quinze jours] vierzehn Tage, pl. ‖**-ze** a. (kinz). fünfzehn. ‖**-zième.** V. Gramm.

quiproquo m. (ki-ko). Wortverwechselung, f.

qui‖ttance f. (âns). Quittung. ‖**-tte** a. (kit). wett, quitt. ‖[de] frei [von]. ‖Loc. *En être* quitte pour,* davonkommen* [mit]; *quitte à...,* auf die Gefahr hin, unter dem Vorbehalte, zu... *Tenir* quitte de,* erlassen* [einem etwas]. ‖**-tter** (té). verlassen*. ‖[vêtement] ausziehen*. ‖[charge] ablegen. ‖**-tus** m. (tüs). Quittung, f.

qui-va-là?, -vive?. wer da?. *Être* sur le qui-vive,* auf der Hut sein*.

quoi pron. rel. et interr. (koa). was : *quoi de neuf?* was neues?; *quoi de plus beau?,* was gibt es Schöneres? ‖Loc. *Avoir* de quoi vivre,* zu leben haben*; *il n'y a pas de quoi rire,* es ist kein Grund zu lachen; *il n'y a pas de quoi!* [es ist] keine Ursache!; *un je ne sais quoi,* ein gewisses Etwas. ‖Après une préposition, *quoi* se traduit par le pronom adverbial correspondant : *woran, worauf, woraus, wovon,* etc. Ex. : *à quoi penses-tu?* woran denkst du? *à quoi bon?* wozu? ‖*quoi...que,* was... auch : *quoi qu'il dise,* was

er auch sagen mag; *quoi qu'il en soit,* wie dem auch sei. V. GRAMM.
quoique conj. (k°*a*kœ). obgleich, obwohl, obschon.
quolibet m. (ko-bè). Stichelei, f. fauler Witz, m.
quorum m. (ròm). Quorum, n.
quote-part f. (kòtpàr). Anteil, m. ‖ [cotisation] Beisteuer.
quotidien, ne, a. (d*i*iⁿ, *iè*n). täglich.
quotient m. (s*ia*ⁿ). Quotient, -en, -en.
quotité f. (*té*). Anteil, m.

R

R, r, m. R, r, n.
ra‖bâchage m. (sch*a*j). Wiederkauen, n. ‖**-bâcher** (sch*é*). wiederkauen. ‖**-bâcheur, euse,** m., f. (sch**œ**r, *ö*z). Wiederkäuer ④, in.
ra‖bais m. (bè). Abzug, Rabatt, spl. *Au rabais,* zu herabgesetzten Preisen. ‖**-baisser** (s*é*). herabsetzen.
ra‖bat m. (b*à*). Beffchen, n. ④. ‖**-bat-joie** m. (j°*a*). Störenfried. ‖**-batteur** m. (**œ**r). Treiber ④. ‖**-battre*** (bàtr), tr. niederschlagen*. ‖ [pli] glätten. ‖[gibier] zusammentreiben*. ‖*Fig.* [orgueil] demütigen. ‖ [sur un prix] abziehen* [von]. ‖intr. *En rabattre** [*de*], nachlassen [von]. ‖[**se**] [sur] sich schadlos halten* [an, *dat.*].
ra‖bbin m. (b*i*ⁿ). Rabbiner ④. ‖**-belaisien, ne,** a. (bläzi*i*ⁿ, *iè*n). zotenhaft, überschwenglich [nach Art des Rabelais].
rabibocher (sch*é*), *pop.* aussöhnen.
rabiot m. (bi*o*), *fam.* Überschuß [an Dienstzeit usw.]. (vin, etc.) Neige f.
rabique a. (bìk). Hundswut...
râ‖ble m. (rabl). Rückenstück, n. ‖**-blé, e,** a. (bl*é*), *fig.* vierschrötig.
ra‖bot m. (b*o*). Hobel ④. ‖**-botage** m. (*a*j). Hobeln, n. ‖**-boter** (ò*té*). hobeln, abhobeln. ‖**-boteux, euse,** a. (ò*tö*, **z**). holperig.
rabougri, e, a. (bùgr*i*). verkrüppelt.
rabrouer (bru*é*). barsch abweisen*.
racahout m. (ka'*u*). Kraftmehl, n.
racaille f. (k*a*j). Lumpengesindel, n.
raccommod‖age m. (*a*j). Ausbesserung, f. ‖**-ement** m. (m*a*ⁿ). Aussöhnung, f. ‖**-er** (d*é*). ausbessern, flicken.. ‖[bas] stopfen. ‖*Fig.* [réconcilier] wieder aussöhnen.
rac‖cord m. (*ò*r). Zusammenknüpfung, f. Verbindung, f. ‖[pièce] Verbindungsstück, n., -ring. ‖**-cordement** m. (d°m*a*ⁿ). Verbindung, f., Anschluß. ‖**-corder** (d*é*). [rattacher] zusammenknüpfen. ‖ [relier] verbinden*.
rac‖courci m. (kurs*i*). kurzer Abriß. *En raccourci,* in kurzen Worten; [dessin] in verkürztem Maßstabe. ‖a. : *à bras raccourcis,* aus Leibeskräften. ‖**-courcir** (kurs*i*r). verkürzen. ‖[abréger] abkürzen. ‖**-courcissement** m. (kursism*a*ⁿ). Verkürzung, f.
rac‖croc m. (kr*ô*). [jeu] Glückswurf, -stoß, Fuchs, *fam.* ‖**-crocher** (sch*é*) wieder aufhängen. ‖*Fig.* [passants] ankobern, *fam.* ‖[**se**]. sich klammern [an, *acc.*].
race f. (ràs). Geschlecht, n. ②. ‖[souche] Stamm, m. ‖[chevaux, etc.] Rasse.
ra‖chat m. (sch*a*). Rückkauf. ‖Verstaatlichung, f. ‖Loskauf. ‖Ablösung, f. V. *racheter.* ‖**-cheter.** zurückkaufen. ‖[en plus] neu kaufen. ‖[par l'Etat] verstaatlichen. ‖[prisonniers] loskaufen. ‖[dette] ablösen. ‖[genre humain] erlösen. ‖[expier] büßen [für].
ra‖chitique a. (schitìk). rachitisch. ‖**-chitisme** m. Rachitis, f.
rac‖ial, e, a. (si*a*l). rassisch. ‖**-isme** m. (s*i*sm). Rassenhaß.
racine f. (s*i*n). Wurzel.
ra‖clée f. (kl*ee*), *fam.* Tracht Prügel. ‖**-cler** (kl*é*). schaben. ‖*Fig.* [violon] kratzen, prügeln. ‖**-clette** f. (klèt). Kratzeisen, n. ④. ‖**-cloir** m. (kl°*a*r). Schabeisen, n. ④. ‖**-clure** f. (*ü*r). Abschabsel, n. spl.
ra‖colage m. (*à*j). Ankobern, n. Kundenfang. ‖**-coler** (l*é*). [soldats] werben*. ‖[passants] ankobern.

‖**-coleur** m. (œr). Werber ④. ‖**-coleuse** f. (öz). Gassendirne.
ra‖contar m. (ko^n^tàr). Gerede, n. spl. ‖**-conter** (ko^n^té). erzählen. ‖**-conteur, euse,** m., f. (œr, öz). Erzähler ④, in.
racornir. verhärten [wie Horn].
rade f. (râd). Reede.
radeau, x, m. Floß, ¨e, n.
ra‖diateur m. Heizkörper ④. [auto] Kühler. ‖ — *parabolique,* Heizsonne, f. ‖**-diation** f. Ausstrahlung. ‖[suppression] Ausstreichen, n. spl.
ra‖dical, e, aux, a. (àl, ô). radikal. ‖m. *Math.* Wurzel, f. ‖[mot] Stammwort, n. ②. ‖*Polit.* Radikale[r], a. s. ‖**-dicelle** f. (sèl), **-dicule** f. (kül). Würzelchen, n. ④.
ra‖dieux, euse, a. strahlend. ‖**-dio...,** Radio... *Radio-activité,* f., *-graphie,* f., *-scopie,* f., *-thérapie,* f., etc., Radioaktivität, -graphie, -skopie, -therapie usw; *-graphier,* röntgen, *-télégraphier,* funken. ‖f. Rundfunk, m.; *Radiodiffusion,* Rundfunkübertragung. ‖m. Funker.
radis m. (dì). Radieschen, n. ④.
ra‖dium m. (diòm). Radium, n. ‖**-dius** m. (iüs). Armspindel, f.
ra‖dotage m. (aj). Faselei, f. ‖**-doter** (té). faseln. ‖**-doteur, euse,** m., f. (tœr, öz). Faselhans, m., Faselliese, f.
ra‖doub m. (du). *Bassin de radoub,* Trockendock, n. ‖**-douber.** ausbessern. [Schiff].
radoucir (dusir). besänftigen. ‖[tempér.] mildern.
rafale f. (àl). Windstoß m.
raf‖fermir (ir). wieder befestigen. ‖*Fig.* bestärken. ‖**-fermissement** m. Bestärkung, f. Kräftigung, f.
raf‖finage m. (aj). Läuterung, f. ‖**-finé, e,** a. (né). raffiniert. ‖**-finement** m. (fìnma^n^). Verfeinerung, f.; — *de cruauté,* etc., ausgesuchte Grausamkeit, f., usw. ‖**-finer** (né). läutern. ‖*Fig.* verfeinern. ‖**-finerie** f. (fìnri). Zuckersiederei. ‖**-fineur** m. (œr). Zuckersieder ④.
raffoler [de]. schwärmen [für].
raffut m. (fü), *fam.* Lärm. Krawall, m.
rafistoler (lé), *fam.* flicken.
ra‖fle f. (rafl). Wegraffen, n. spl. ‖**-fler** (flé). wegraffen.
rafraî‖chir (fräschir). erfrischen. ‖[air, etc.] abkühlen. ‖[objet, mémoire, etc.] auffrischen. ‖[cheveux] stutzen. ‖**-chissant, e,** p. a. erfrischend, kühlend. ‖**-chissement** m. (ma^n^). Erfrischung, f. [boisson]. ‖Abkühlung, f. ‖*Poét.* Labe, f.
ragaillardir (gaj). wieder aufmuntern.
ra‖ge f. (ràj). Wut. ‖[des chiens] Hundswut. ‖Loc. *Avoir* la rage de,* erpicht sein* [auf, *acc.*]; leidenschaftlich ... ‖*Faire* rage,* wüten, rasen. *Rage de dents,* rasende Zahnschmerzen, m. pl. ‖**-ger** (jé). wüten, rasen. ‖**-geur, euse,** a. (jœr, öz). wütend.
raglan m. (a^n^). Raglan, -s.
ragot m. (gô). Geklatsch, n. spl.
ra‖goût m. (gu). Ragout, -s. ‖**-goûtant, e,** a. appetitlich.
raid m. (räd). Streifzug. ‖[d'avion] Fernflug.
rai‖de a. (räd). steif. ‖[tendu] straff. ‖[tenue] stramm. ‖[escarpé] steil. ‖*Fig.* [excessif] arg. ‖Loc. *Tomber raide mort,* tot hinfallen*, ‖**-deur** f. (dœr). Steifheit. ‖Straffheit. ‖ Strammheit. ‖ **-dillon** m. (dijo^n^). steiler Weg. ‖**-dir** (ir). steifen. ‖ [se]. steif werden*. ‖[s'arc-bouter] sich stemmen. ‖*Fig.* [résister] sich sträuben.
raie f. (rä). Strich, m. ‖[cheveux] Scheitel, m. ④.
raie f. [poisson] Rochen, m. ④.
raifort m. (fòr). Meerrettich. [Autriche] Kren.
rail m. (râj). Schiene, f. ‖*Poser des rails,* beschienen.
rai‖ller (rajé). intr. spotten [über, *acc.*]. ‖tr. verspotten. ‖**-llerie** f. (rajri). Spott, m. spl. ‖[trait] Spötterei. ‖**-lleur, euse,** a. (jœr, öz). spöttisch. ‖m., f. Spötter ④, in.
rainette f. (ränèt). Laubfrosch, m. ‖[pomme] V. *reinette.*
rainure f. (ür). Falz, m. ①. ‖[joint] Fuge.
rais m. (rè). Radspeiche, f.
rai‖sin m. (zi^n^). Weintraube, f. ‖[sec] Rosine, f. ‖**-siné** m. (ziné). Traubenmus, n. ①.
rai‖son f. (zo^n^). Vernunft. ‖[intelligence] Verstand, m. ‖[cause] Ursache. ‖[motif] Grund, m. ‖[rapport] Verhältnis, n. ‖Loc. *A plus*

forte raison, mit um so besserem Grund; *à raison de dix francs pièce,* zu zehn Franken das Stück; *à tort ou à raison,* mit Recht oder Unrecht; *avoir* raison,* Recht haben*; *comme de raison,* wie billig; *demander raison à qn [de],* von einem Genugtuung erfordern [wegen]; *en raison de,* mit Rücksicht auf, *acc.; entendre raison,* Vernunft annehmen*; *mettre* à la raison,* zur Vernunft bringen*. ‖**-sonnable** a. (**zò**n*à*bl). vernünftig. ‖**-sonnement** m. (z*ò*nm**a**ⁿ). Vernunftschluß. ‖**-sonner** (z*ò*n*é*). Vernunftschlüsse ziehen*, durchdenken. ‖[épiloguer] vernünfteln, räsonieren. ‖**-sonneur, euse,** m., f. (**œ**r, *ö***z**). Rechthaber ④, in.

rajah m. (j*a*). Rajah, -s.

ra‖jeunir (j**œ**n*i*r), tr. verjüngen. ‖intr. wieder jung werden*. ‖**-jeunissement** m. (ism**a**ⁿ). Verjüngung, f.

rajouter (jut*é*). wieder hinzufügen.

rajuster. wieder in Ordnung bringen.

râle m. Röcheln, n. spl.

ralen‖tir (laⁿt*i*r). verlangsamen. ‖**-tissement** m. Verlangsamung, f.

râler (l*é*). röcheln. *Pop.* stöhnen.

ral‖liement m. (ralim**a**ⁿ). Sammeln, n. : *...de ralliement,* Sammel... ‖**lier** (l*ié*). wieder versammeln. ‖[rejoindre] wieder einholen. ‖[se] [à] beitreten* [*sein*].

ral‖longe f. (**o**ⁿj). Ansatz, m. *Table à rallonges,* Ausziehtisch, m. ‖**-longer** (oⁿj*é*). verlängern.

rallumer. wieder anzünden.

ramage m. (m*à*j). [dessin] Laubwerk, n. ‖[chant] Gezwitscher, n. ‖*à ramages,* geblümt.

ra‖massé, e, a. (s*é*). untersetzt. ‖**-masser** (s*é*). zusammenlegen. ‖[par terre] aufheben*. ‖**-massis** m. (s*ì*). Wust. ‖[canaille] Gesindel, n. ‖[bande] Bande, f.

ra‖me f. (r*à*m). [de bateau] Ruder, n. ④. ‖[tuteur] Stecken, m. ④. ‖[papier] Ries, n. ‖[wagons] Reihe. ‖**-meau, x,** m. (m*ô*). Zweig. *Dimanche des Rameaux,* Palmsonntag.

ramener (ᵉn*é*). zurückführen *ou* -bringen*. ‖[se] [à]. sich zurückführen lassen* [auf, *acc.*].

ramer (m*é*). intr. rudern. ‖tr. [pois] stützen.

ramette f. (m*è*t). Ries, n.

rameur m. Ruderer ④.

ramier m. Holztaube, f.

ra‖mification f. Verzweigung. *Bot.* Auslaüfer, m. ④. ‖**-mifier** [**se**]. sich verzweigen. ‖**-milles,** f. pl. (m*i*j). Reisig, n.

ra‖molli, e, a. (*ì*), *fam.* blöde, schwachsinnig. ‖**-mollir** (*i*r). erweichen. ‖**-mollissement** m. (lism**a**ⁿ). Erweichung, f.

ra‖monage m. (*a*j). Schornsteinfegen, n. spl. ‖**-moner** (n*é*). fegen. ‖**-moneur** m. (**œ**r). Schornsteinfeger ④.

ram‖pant, e, p. a. (raⁿp**a**ⁿ, t). kriechend. ‖[vil] niedrig. ‖**-pe** f. (r**a**ⁿp). [pente] Abhang, m. ‖[ch. de fer] Steigung. ‖[d'escalier] Treppengeländer, n. ④. ‖[théâtre] Rampe, Lampenreihe. ‖**-per.** kriechen* [*sein*].

ramure f. (*ü*r). Astwerk, n. ‖[cerf] Hirschgeweih, n.

rancart m. (raⁿk*à*r). *Mettre* au rancart, fam.,* beiseite legen.

ran‖ce a. (raⁿs). ranzig. ‖**-cir** (s*i*r). ranzig werden*.

rancœur f. (k**œ**r). Groll, m.

ran‖çon f. (s**o**ⁿ). Lösegeld, n. ‖**-çonnement** m. (s*ò*nm**a**ⁿ). Brandschatzung, f. ‖**-çonner** (s*ò*n*é*). brandschatzen.

ran‖cune f. (k*ü*n). Groll, m. ‖**-cunier, ière,** a (kün*ié*, *iä*r). grollend, nachtragend.

randonnée f. (d*ò*n*ée*). Kreisen, n. spl. [des Wildes]. ‖*Fig.* schneller Rundlauf, m.

ran‖g m. (r**a**ⁿ). Reihe, f. ‖[de soldats] Glied, n. ②. ‖LOC. *Au rang de,* unter. ‖[classe] Rang. ‖**-gé, e,** a. (j*é*). ordentlich. ‖[bataille] offen. ‖**-gée** f. (j*ée*). Reihe. ‖**-ger** (j*é*). ordnen. ‖[mettre en place] in Ordnung bringen*. ‖[chambre] aufräumen. ‖[**se**]. sich in eine Reihe stellen. ‖[se garer] ausweichen* [*sein*]. ‖[à un avis] beitreten* [*sein*]. ‖*Fig.* [conduite] ordentlich werden*.

ranimer (m*é*). wieder ins Leben rufen*. ‖*Fig.* neu beleben.

ra||pace a. (pàs). raubgierig. ||[oiseaux, etc.] Raub... ||**-pacité** f. (sité). Raubgier.
ra||patriement m. (imaⁿ). Repatriieren, n., Zurückrufung ins Vaterland, f. ||**-patrier** (ié). repatriieren, ins Vaterland zurückbringen.
râ||pe f. (râp). [outil] Raspel. ||[de cuisine, etc.] Reibeisen, n. ④. ||**-pé, e,** a. (pé). [vêtement] abgetragen, schäbig. ||**-per** (pé). raspeln, reiben*.
rapetisser (pᵉ-sé), tr. verkleinern. ||intr. kleiner *ou* kürzer werden*.
ra||pide a. (pid). schnell, rasch, geschwind. ||[fleuve) reißend. ||m. Stromschnelle, f. ||[train] Eilzug. ||**-pidité** f. (té). Schnelligkeit, Geschwindigkeit.
ra||piéçage m. (saj). Flicken, n. spl. ||**-piécer** (sé). flicken.
rapière f. (piär). Hau- *ou* Raufdegen, m.
rapin m. (pin), *fam.* Malerlehrling. ||[mauvais peintre] Sudelmaler ④.
rapine f. (pìn). Raub, m. spl.
rap||pel m. (pèl). Zurückrufung, f. ||Abberufung, f. ||Herausrufen, n. ||V. *rappeler.* ||*Mil.* Rappell. ||*Rappel à l'ordre.* Ordnungsruf. ||**-peler** (pᵉlé). zurückrufen*. ||*Rappeler à qn,* einen erinnern [an, *acc.*]. ||[ambassadeur] abberufen*. ||[théâtre] herausrufen*. ||[se]. sich erinnern [*gén.*].
rap||port m. (pòr). 1. [relation] Verhältnis, n. [à, zu]. ||[connexion] Beziehung, f. : *par rapport à,* in Beziehung auf [*acc.*]. ||LOC. *Sous le rapport de,* in Hinsicht, auf [*acc.*], hinsichtlich, *gén.* ||[commerce] Verkehr. ||2. [exposé] Bericht. ||[information] Meldung, f. ||3. [produit] Ertrag. *Maison de rapport,* Miethaus, n. ||[productivité] Ergiebigkeit, f. ||**-porter** (té). wieder- *ou* zurückbringen*. ||[terres] aufschütten. ||*Fig.* [décret, etc.] widerrufen*. ||[établir une relation avec] beziehen* [auf, *acc.*]. ||[ramener à] zurückführen [auf, *acc.*]. ||[relater] erzählen, berichten. ||[profit] eintragen*. ||intr. [v. Hunden] apportieren. ||[se] [à]. sich beziehen* *ou* Bezug haben* [auf, *acc.*]. ||*S'en rapporter à,* sich berufen* [auf, *acc.*]. *S'en rapporter à qn,* sich auf einen verlassen*. ||**-porteur** m. (tœr). Berichterstatter ④. ||[mouchard] Angeber ④. ||*Géom.* Winkelmesser ④.
rapprendre* (aⁿdr). von neuem lernen.
rap||prochement m. (proschmaⁿ). Näherbringen, n. spl. ||[comparaison] Vergleichung, f., Zusammenstellung, f. ||[réconciliation] Versöhnung, f. ||**-procher** (sché). näher bringen*. ||[confronter] zusammenstellen. ||[réconcilier] versöhnen.
rapsode m. V. *rhapsode.*
rapsodie f. V. *rhapsodie.*
rapt m. Raub, spl., Entführung, f.
raquette f. (kèt). Ballnetz, n., Schläger, m. ||Schneeschuh.
ra||re a., **-rement** adv. (ràrmaⁿ). selten. ||[clairsemé] spärlich. ||**-réfaction** f. (sioⁿ). Verdünnung. ||**-réfier.** verdünnen. ||**-reté** f. (rarté). Seltenheit.
ra||s, e, (ra, z). kurz geschoren, kurzhaarig. ||LOC. *Au ras de,* auf gleicher Höhe mit; *en rase campagne,* auf flachem Felde; *faire* table rase de,* gänzlich aufräumen [mit]. ||**-sade** f. (zàd). volles Glas, n. ||**-ser** (zé). scheren*, rasieren. ||*Fam.* [ennuyer] langweilen. ||[frôler] streifen. ||[démolir] niederreißen*. ||[forteresse] schleifen; *en rase-mottes,* im Tiefflug. ||**-seur, euse,** m., f., *fam.* langweilige[r]. Schwätzer ④, in. ||**-soir** m. Rasiermesser ④, n.
rassasier (zié). sättigen. ||*Fig.* [repaître de] weiden [an, *dat.*].
rass||emblement m. (aⁿbleᵉmaⁿ). Versammlung, f. ||[foule] Auflauf. ||**-embler** (aⁿblé). versammeln.
rasseoir* (ºar). wieder hinsetzen. ||[se]. sich wieder setzen.
rasséréner (né). wieder aufheitern.
rassis, e, a. (si, z). [pain] altbakken. ||*Fig.* [posé] gesetzt. ||[réfléchi] besonnen.
rassortir (ir). V. *réassortir.*
rass||urant, e, p.a. (üraⁿ, t). beruhigend. ||**-urer** (üré). beruhigen.
rastaquouère m. (kuär), *fam.* **rasta** (ta). Hochstapler ④.
rat m. (rà). Ratte, f. ||*Fig.* et a. Geizhals, geizig. ||*Rat de cave,* Wachsstock. ||*Fig.* Steuerbeamte[r], a. s. [für Getränke].

rata m. *fam.* (t*a*). Menagefutter, n. spl.
ratafia m. (f*ia*). Ratafia.
ratatiner (n*é*). zusammendrücken. ‖[se]. zusammenschrumpfen, intr.
ratatouille f. (t*u*j). Menagefutter, n. spl.
rate f. (ràt). 1. Milz. ‖LOC. *Se désopiler la rate, fam.,* sich erheitern. ‖2. weibliche Ratte.
râ‖teau, x, m. (t*o*). Rechen, ④, Harke, f. ‖**-telier** m. (t^e^l*ié*). Raufe, f., Recke, f. ‖[d'armes] Gewehrstütze, f. ‖[dents] Gebiß, n.
rater (t*é*), intr. [fusil, etc.] versagen. ‖*Fig.* [échouer] mißlingen*. ‖tr. [but] nicht treffen*. ‖[manquer] verfehlen. ‖[train, etc.] verpassen.
ra‖tier m. (t*ié*). Rattenfänger ④. ‖**-tière** f. (t*iär*). Rattenfalle.
ra‖tification f. Bestätigung. ‖**-tifier** (f*ié*). bestätigen.
ratine f. (*i*n). Ratin, n.
ra‖tion f. (**s*io*ⁿ**). Ration, Portion. ‖**-tionalisation** f. (siò-**zas*io*ⁿ**). Rationalisation. ‖**-tionalisme** m. (*i*sm). Rationalismus. ‖**-tionné, e,** p. a. (sion*é*). bewirtschaftet. ‖**-tionnel, le,** a. (siòn*è*l). vernunftmäßig. ‖*Phil.* rational, rationell. ‖**-tionnement** m. (siònm*a*ⁿ). Rationierung, Zwangsbewirtschaftung, f. ‖**-tionner** (n*é*). rationieren.
ratisser (s*é*). harken, abschaben.
raton m. (**t*o*ⁿ**). kleine Ratte, f.
rat‖tachement m. (taschm*a*ⁿ). Verbindung, f. ‖**-tacher** (sch*é*). wieder festbinden*. ‖[relier à] verbinden* [mit]. ‖[se] [à]. zusammenhangen*, intr. [mit].
rattraper (p*é*). wieder erwischen [ertappen, fangen*]. ‖[atteindre] einholen. ‖[distance, retard] nachholen. ‖[regagner] wieder gewinnen* [einbringen*]. ‖[se] [sur]. sich entschädigen [durch].
ratu‖re f. (t*ü*r). durchgestrichene Stelle. ‖**-rer** (r*é*). aus- *ou* durchstreichen*.
rauque a. (r*ô*k). heiser.
ra‖vage m. (w*a*j). Verheerung, f., Verwüstung, f. ‖**-vager** (j*é*). verheeren, verwüsten. ‖**-vageur** m. (j*œ*r). Verwüster ④.
ra‖valement m. (wàlm*a*ⁿ). Abputzung, f. ‖**-valer** (l*é*). wieder verschlucken. ‖[rabaisser] herabwürdigen. ‖[maison] abputzen. ‖[mur] bewerfen*. ‖[se]. sich erniedrigen.
ra‖vaudage m. (wôd*a*j). Flicken, n. spl. ‖Stopfen, n. spl. ‖**-vauder** (d*é*). flicken. ‖[bas] stopfen.
ra‖ve f. (ràw). Rübe. ‖**-vier** m. (w*ié*). Radieschenschüssel, f. ‖**-vigote** f. (wigòt). Würzbrühe.
ravigoter (t*é*). neu beleben.
ra‖vin m. (**w*i*ⁿ**). Hohlweg. ‖[gorge] Schlucht, f. ‖**-vine** f. (wiⁿ). Gießbach, m. ‖**-viner** (n*é*). aushöhlen.
ravir (w*i*r). rauben. ‖[charmer] entzücken. *A ravir,* entzückend.
raviser [se] (w**i**z*é*). sich anders besinnen.
ra‖vissant, e, a. (wis*a*ⁿ, t). entzükkend. ‖**-vissement** m. (wism*a*ⁿ). Entzückung, f. ‖**-visseur** m. (s*œ*r). Entführer ④.
ra‖vitaillement m. (witajm*a*ⁿ). Versorgung. ‖— *en essence,* Tanken, n. ‖**-vitailler** (taj*é*). verproviantieren. ‖**-viver** (wiw*é*). lebhafter machen. ‖[feu] anfachen. ‖[couleur] auffrischen. ‖*Fig.* neu beleben.
ravoir* (w^o^*a*r). wieder bekommen*.
ra‖yé, e, p. a. (räj*é*). gestreift. ‖**-yer** (j*é*). [en creux] ritzen. ‖[tracer des bandes] streifen. ‖[papier] linieren. ‖[biffer] ausstreichen*. ‖**-yon** m. (**j*o*ⁿ**). Strahl, -en. ‖[de cercle]. Halbmesser. ‖[d'armoire, etc.] Brett, n. ②, Fach, n. ②. ‖*Fig.* Fach, n. ②. ‖— *d'action,* Wirkungskreis. ‖[section] Abteilung, f. ‖[de miel] Wabe, f. ‖*Rayons X,* Röntgenstrahlen. ‖**-yonnant, e,** p. a. (jòn*a*ⁿ, t). strahlend.
rayonne f. (räj*o*n). Kunstseide.
ra‖yonnement m. Ausstrahlen, n. ‖**-yonner.** ausstrahlen. ‖**-yure** f. Ritz, m. ‖[d'étoffe] Streifen, m.
raz m. (ra). *Raz de marée,* Springflut, f.; Sturmflut.
razzia f. (dz*ia*). Raubzug, m.
ré m. *Mus.* D, n. *Ré dièse,* Dis, n. *Ré bémol,* Des, n.
ré‖actif, ive, a. (*i*f, *i*w). rückwirkend. ‖m. Reagens, ...enzien, n. ‖**-action** f. (aks*io*ⁿ). Gegen-, Rückwirkung. ‖*Polit.* Reaktion. ‖**-actionnaire** a. (siòn*ä*r). reaktionär. ‖m. Rückschrittler ④. ‖**-agir** (aj*i*r). zurückwirken.

ré‖alisable a. (*zà*bl). ausführbar, tunlich. ‖ **-alisateur** m. (*tœ*r). Filmregisseur. ‖**-alisation** f. (za-*sio*n). Verwirklichung. ‖ **-aliser** (*zé*). verwirklichen. ‖**-alisme** m. (*is*m). Realismus. ‖**-aliste** m. (*is*t). Realist, -en, -en. ‖a. realistich. ‖**-alité** f. (*té*). Wirklichkeit.

ré‖apparaître* (*ä*tr). wieder erscheinen*. ‖**-apparition** f. (-*sio*n). Wiedererscheinen, n.

rébarbatif, ive, a. abstoßend.

rebâtir (*i*r). wieder aufbauen.

rebattre (rœb*à*tr). nochmals schlagen* [klopfen, etc.]. ‖*Fig. Rebattre les oreilles de,* zum Überdruß hören lassen*.

re‖belle a. (b*è*l). aufrührerisch, [à] widerspenstig [gegen]. ‖m. Aufrührer ④. ‖**-beller [se]** (*lé*). sich empören, sich auflehnen.

rébellion f. (*io*n). Empörung, Aufruhr, m. ①.

rebiffer [se] (*fé*). sich sträuben.

reboiser (boazé). wieder beholzen.

re‖bondi, e, a. (bondi). dick, voll. *Joues rebondies,* f. pl., Pausbacken. ‖**-bondir** (*i*r). zurückprallen.

rebord m. (b*ò*r). Rand ②. ‖[chapeau] Krempe, f.

reboucher (busch*é*). wieder verstopfen.

rebours m. (bur). Gegenstrich. *A rebours,* gegen den Strich; *fig.* verkehrt. *Au rebours de,* gegen.

re‖bouteur [-bouteux], euse, m., f. (but*œ*r, *ö, öz*). Gliedereinrenker, in.

rebrousser (brus*é*). gegen den Strich kämmen [bürsten]. *Rebrousser chemin,* umkehren [*sein*]. *A rebrousse-poil,* gegen den Strich.

rebuffade f. (büf*à*d). barsche Abweisung.

rébus m. (b*ü*s). Bilderrätsel, n. ④.

re‖but m. (rœb*ü*). Ausschuß, Schund, spl. ‖**-butant, e,** p. a. (büt*a*n, *a*nt). abschreckend, abstoßend. ‖[répugnant] widerwärtig. ‖**-buter** (*té*). [repousser] barsch abweisen*. ‖*Fig.* [effrayer] abschrecken. ‖[décourager] entmutigen.

récalcitrant, e, a. (sitr*a*n, t). widerspenstig, störrig.

recaler (rœ-l*é*), *fam.* abweisen* [bei der Prüfung]. *Se faire* recaler,* durchfallen*.

ré‖capitulation f. (tü-*sio*n). kurze Zusammenfassung. ‖**-capituler** (*lé*). kurz zusammenfassen.

re‖cel m. (rœs*è*l). Hehlen, n., Hehlerei, f. ‖**-céler** (*lé*). hehlen. ‖*Fig.* verbergen* [bei sich]. ‖[contenir] enthalten*. ‖**-céleur, euse,** m., f. (*œ*r, *öz*). Hehler ④, in.

récemment adv. (sam*a*n). neulich.

recen‖sement m. (rœsansm*a*n). Zählung, f. ‖[population] Volkszählung, f. ‖**-ser** (*sé*). zählen.

récent, e, a. (s*a*n, t). neu, jüngst.

ré‖cépissé m. (*sé-sé*). Empfangsschein. ‖**-ceptacle** m. (sept*a*kl). Sammelplatz. ‖[réservoir] Behälter ④. ‖**-cepteur** m. (sept*œ*r). Empfänger ④. ‖[téléphone] Hörmuschel, f. ‖**-ception** f. (*sio*n). Empfang, m. spl. *Accusé de* —, Empfangsanzeige. ‖**-ceptivité** f. (*wité*). Empfänglichkeit.

re‖cette f. (rœs*è*t). Einnahme. *Garçon de recettes,* Kassenbote, m. ‖[bureau] Steuerkasse, -amt, n. ②. ‖[procédé] Rezept, n. ‖**-cevable** a. (sœw*à*bl). annehmbar. ‖ [admissible] zulässig. ‖**-ceveur, euse,** m., f. (*œ*r, *öz*). Einnehmer ④, in. ‖[tramways, etc.] Schaffner ④, in. ‖**-cevoir** (sœwo*a*r). empfangen. ‖[lettre, titre, etc.] erhalten*. ‖[obtenir, attraper] bekommen*.

rechange m. (sch*a*nj). : *de rechange,* zum Wechseln; *pièce de rechange,* Ersatzstück, n.

réchapper (schap*é*). davonkommen* [*sein*]; *en réchapper,* mit heiler Haut davonkommen*.

rechar‖gement m. (rœscharjem*a*n). Wiederaufladen, n. ‖**-ger** (*jé*). wiederaufladen.

ré‖chaud m. (sch*ô*). Kohlenbecken, n. ‖[pour aliments] Kocher ④. ‖**-chauffer** (sch*ô*f*é*). wieder erwärmen. ‖[aliments] aufwärmen. ‖*réchauffé, e,* p. a., *fig.* nicht mehr frisch; m. *fam.* aufgewärmter Kohl.

rêche a. (räsch). herb, rauh.

re‖cherche f. (rœschersch). Suchen, n. spl. *A la recherche de,* auf der Suche nach. ‖ [étude] Nachforschung. ‖[enquête] Untersuchung. ‖*Fig.* [afféterie] Geziertheit. ‖**-chercher** (*sché*). nochmals suchen. ‖[personne] aufsuchen. ‖[étudier] nachforschen, intr. ‖ [enquête] untersuchen. ‖ [solliciter] sich bewerben*. ‖**-cherché, e,** p. a. [choisi] ausgesucht; [en faveur] beliebt; [affecté] gesucht, geziert.

rechigné, e, a. (schinj*é*). mürrisch.

rechute f. (sch*ü*t). Rückfall, m.

ré‖cidive f. (sid*i*w). Rückfall, m. ‖**-cidiver** (w*é*). rückfällig werden*. ‖**-cidiviste** m. (w*i*st). Rückfällige[r], a. s.

récif m. (s*i*f). Riff, Klippe, f.

ré‖cipiendaire m. (sipiandär). Aufzunehmende[r], a. s. ‖**-cipient** m. (p*ia*n). Behälter ④.

ré‖ciprocité f. (sit*é*). Gegenseitigkeit. ‖**-ciproque** a. (sipr*ò*k). gegen- *ou* wechselseitig.

ré‖cit m. (s*i*). Erzählung, f. ‖**-citatif** m. Rezitativ, n. ①, Redegesang. ‖**-citation** f. Hersagen, n. spl. ‖**-citer.** auf- *ou* hersagen.

récla‖mation f. (s*io*n). Anforderung. ‖ [plainte] Beschwerde. ‖ **-me** f. (*à*m). Reklame, Anpreisung. ‖**-mer** (m*é*). [demander] inständig bitten*, [er]fordern. ‖ [droit] beanspruchen. ‖ [somme] mahnen. ‖ intr. [se plaindre] sich beschweren. ‖ [se] [de]. sich berufen [auf, *acc.*].

reclus, e, a. (rœkl*ü*, z). eingesperrt.

réclusion f. (üz*io*n). Absperrung. ‖ [peine] Zuchthausstrafe.

recoiffer (rœkoaf*é*). wieder frisieren.

recoin m. (k*oi*n). verborgener Winkel.

recoller (rœ-l*é*). wieder ankleben.

récol‖te f. Ernte. ‖**-ter.** ernten.

recomm‖andable a. (and*à*bl). empfehlenswert. ‖**-andation** f. (s*io*n). Empfehlung. ‖**-ander** (d*é*). empfehlen*. ‖ [appuyer] befürworten. ‖ [lettre] einschreiben, lassen*. ‖ [se] [de qn] sich berufen* [auf, *acc.*].

recomm‖encement m. (ansm*a*n). Wiederbeginn. ‖**-encer** (ans*é*). wiederanfangen* *ou* -beginnen*.

récompen‖se f. (konp*a*ns). Belohnung. ‖**-ser** (s*é*). belohnen.

re‖composer (rœko n-z*é*). ‖ [imprim.] auf's neue setzen. ‖**-composition** f. (zis*io*n). neuer Satz, m.

recompter. nochmals zählen.

réconci‖liation f. (konsi-s*io*n). Versöhnung. ‖**-lier** (l*ié*). versöhnen.

recon‖duction f. (rœkondüks*io*n). Verlängerung [eines Vertrags]. ‖**-duire*** (d*üi*r). wieder zurückführen. ‖ [accompagner] begleiten.

réconfor‖t m. (konf*ò*r). Stärkung, f. ‖**-ter** (t*é*). stärken. ‖ *Fig.* wieder Mut einflößen [*dat.*].

recon‖naissable a. (rœk*ò*näs*à*bl). erkenntlich. ‖**-naissance** f. (näs*a*ns). Wiedererkennung : *signe de reconnaissance,* Erkennungszeichen, n. ‖ [aveu] Anerkennung. ‖ [reçu] Empfangschein, m. ‖ [mont-de-piété] Pfandschein, m. ‖ *Mil.* Erkundung, Rekognoszierung. ‖ [gratitude] Dankbarkeit, Erkenntlichkeit. ‖**-naissant, e,** a. (*a*n, t) [de]. dankbar [für]. ‖**-naître*** (n*ä*tr) [à]. erkennen* [an, *dat.*]. ‖ [qn] wieder erkennen*. ‖ [avouer] anerkennen*. ‖ [attester] bescheinigen. ‖ *Mil.* erkunden, rekognoszieren. ‖ [**se, s'y**] sich [in...] zurechtfinden*.

reconquérir* (kér*i*r). wiedererobern.

recon‖stituer (t*üé*). wiederherstellen. ‖**-stitution** f. (tüs*io*n). Wiederherstellung.

recon‖struction f. (üks*io*n). Wiederaufbau, m., Neubau, m. ‖**-struire*** (*üi*r). wiederaufbauen.

recopier wiederabschreiben*.

record m. Rekord, m., Höchstleistung, f.

recors m. Büttel ④.

recoudre* (k*u*dr). wiedernähen.

recouper (k*ù*p*é*). wiederbe-, wiederzuschneiden*.

recourber (kurb*é*). umbiegen, krümmen.

re‖courir* (kur*i*r) [à]. seine Zuflucht nehmen* [zu]. ‖**-cours** m. (k*ù*r). Zuflucht, f. *Avoir* recours à,* = *recourir**. ‖ *Comm. Avoir* recours contre.* Rückgriff haben auf (acc.). ‖ *Recours en cassation,* Nichtigkeitsbeschwerde, f.; *recours en grâce,* Gnadengesuch, n.

re‖couvrable a. (kuwr*à*bl). [somme] eintreibbar. ‖**-couvrement** m. (kuwrem*a*n). Überdeckung, f. ‖ [recette] Eintreibung, f. ‖**-couvrer** (kuwr*é*). wiederbekommen* : — *la santé,* genesen*. ‖ [impôts, etc.] eintreiben*.

recouvrir* (kùwrir). wiederbedecken. ‖[d'étoffe, etc.] überziehen*.

récré‖atif, ive, a. (*if, iw*). erholend, erheiternd. ‖**-ation** f. (*sio*ⁿ). Erholung. ‖[écoles] Pause. ‖**-er** (*kréé*). erholen. ‖[amuser] belustigen.

ré‖crier [se] (sœ-*ié*). laut aufschreien*, intr. ‖[protester] sich laut beklagen. ‖ **-crimination** f. (*sio*ⁿ). Gegenbeschuldigung. ‖**-criminer.** Gegenvorwürfe machen.

récrire* (*ir*). nochmals schreiben*.

recroqueviller [se] (rœkròkvijé). zusammenschrumpfen, intr. [*sein*].

recrudescence f. (krüdes'saⁿs). Zunahme. ‖[aggravation] Verschlimmerung.

re‖crue f. (krü). Rekrut, -en, -en, m. ‖ **-crutement** m. (krütmaⁿ). Rekrutierung, f., Aushebung, f. ‖**-cruter** (*té*). rekrutieren, ausheben*.

rec‖tangle a. (aⁿgl). rechtwinkelig. ‖m. Rechteck, n. ‖**-tangulaire** a. (aⁿgülär). rechteckig.

recteur m. (tœr). Rektor, -en.

rec‖tificatif, ive, a. (*if, iw*). berichtigend. ‖**-tification** f. (*sio*ⁿ). Berichtigung. ‖**-tifier** (*fié*). berichtigen.

rec‖tiligne a. (*linj*). geradlinig. ‖**-titude** f. (*tüd*). Geradheit. ‖*Fig.* Redlichkeit. ‖**-to** m. (*to*). Vorderseite, f.

rectoral, e, aux, a. (*àl, ô*). Rektor...

rectum m. (tòm). Mastdarm.

reçu, e, a. (rœsü), pp. v. *recevoir.* m. Empfangschein. *Au reçu de,* beim Empfange [*gén.*].

re‖cueil m. (kœj). Sammlung, f. ‖**-cueillement** m. (maⁿ). Sammlung, f. ‖**-cueillir*** (kœj*ir*). [récolter] ernten. ‖[rassembler] einsammeln. ‖[par écrit] aufzeichnen. ‖[chez soi] aufnehmen* [bei sich]. ‖[se]. gesammelt werden*. ‖**-cueilli, e,** p. a. andächtig.

recuire* (*küir*). nochmals kochen [backen*].

re‖cul m. (kül). Rückgang. ‖[canon] Rücklauf. ‖[ennemi] Zurückweichen*, n. ‖[perspective] Entfernung, f. ‖**-culade** f. (külàd). Rückschritt, m. ‖**-culé, e,** a. (*lé*). fern, entlegen. ‖**-culement** m. (külmaⁿ). V. *recul.* ‖**-culer** (*lé*). intr. zurückweichen*, -fahren*, -laufen* usw. [*sein*]. ‖tr. zurückschieben*, -setzen, -stellen usw. ‖[ajourner] aufschichen*. ‖**-culons** [**à**] adv. (kül*o*ⁿ). rückwärts.

récu‖pération f. (kü-*sio*ⁿ). Wiedererlangung, Verwertung. ‖**-pérer** (*ré*). wiedererlangen. ‖**-rage** m. Scheuern, n. spl. ‖**-rer** (*ré*). scheuern.

récuser (üz). ablehnen.

rédac‖teur m. (tœr). [auteur] Verfasser ④. ‖[journal] : — *en chef,* Schriftleiter ④. ‖**-tion** f. (*sio*ⁿ). Abfassung. ‖Redaktion.

reddition f. (*sio*ⁿ). Übergabe : — *de comptes,* Rechnungslegung.

redemander. wieder- *ou* zurückverlangen. ‖[question] nochmals fragen.

rédemp‖teur m. (daⁿptœr). Erlöser ④. ‖**-tion** f. (*sio*ⁿ). Erlösung.

redescendre (rœ-saⁿdr). wieder hinab- [herab-]steigen*.

re‖devable a. [de] schuldig [*acc.*]. ‖**-devance** f. Zins, -en, m., Abgabe.

redevenir* wieder werden*.

redevoir*. noch schuldig bleiben* [*sein*].

rédhibitoire a. (tᵒ*ar*). redhibitorisch.

rédiger (*jé*). abfassen. ‖[journal] redigieren.

redingote f. (rœdiⁿgòt). Gehrock, m.

re‖dire* (*dir*). wiederholen. *Trouver qc. à redire,* etwas auszusetzen finden*, etwas dagegen haben*. ‖**-dite** f. (dìt). Wiederholung.

re‖dondance f. (doⁿdaⁿs). Schwulst, m., Wortschwall, m. ‖**-dondant, e,** a. (aⁿ, t,). schwülstig.

redonner (dòné). nochmals geben*.

redorer (*ré*). wieder vergolden.

re‖doublement m. (dublᵉmaⁿ). Verdoppelung, f. ‖**-doubler** (dùblé). tr. verdoppeln. ‖[fortifier] verstärken. ‖intr. sich verdoppeln : — *de zèle,* etc., seinen Eifer, usw. verdoppeln.

re‖doutable a. (dùtàbl). furchtbar. ‖**-doute** f. (dùt). Feldschanze. ‖[bal] Redoute. ‖**-douter** (*té*). sehr fürchten.

re‖dressement m. (drèsmaⁿ). Wiederaufrichten, n., Wiedergutmachen, n. ‖**-dresser** (*sé*). wiederaufrichten.

‖[tort] wieder gutmachen. ‖[admonester] zurechtweisen*. ‖**-dresseur** m. : — *de torts,* Weltverbesserer ④.

ré‖ductible a. (dükt*i*bl). [fraction] auflösbar. ‖[corps] reduzierbar. ‖**-duction** f. (s*io*ⁿ). Verminderung, Verkleinerung. ‖[prix] Senkung, Ermäßigung. ‖V. *réduire**. ‖**-duire*** (dü*i*r). [diminuer] vermindern. ‖[rapetisser] verkleinern. ‖[échelle] verjüngen. ‖[prix] senken, ermäßigen. ‖*Chir.* einrenken, einrichten. ‖*Fig.* [astreindre à] nötigen [zu]. ‖**-duit, e** (dü*i*, t), pp. v. *réduire**. ‖m. Loch, n. ②, Nest, n.②.

réédifier (f*ié*). wiederaufbauen.

réédition f. (s*io*ⁿ). neue Ausgabe.

rééducation f. (s*io*ⁿ). *Méd.* Wiederbelebung.

rééduquer (k*é*). wieder erziehen*.

réel, le, a., **-ellement** adv. (elm*a*ⁿ). wirklich.

ré‖élection f. (eks*io*ⁿ). Wiederwahl. ‖**-élire***. wiederwählen.

ré‖expédier. wiederabsenden*. ‖[retourner] zurücksenden*. ‖**-expédition** f. (s*io*ⁿ). Wiederabsendung. ‖Rücksendung.

refaire* (rœf*ä*r). noch einmal machen : — *à neuf,* neu machen. ‖[remanier] umarbeiten. ‖*Fam.* [duper] betrügen. ‖**[se].** sich wieder erholen.

réfection f. (feks*io*ⁿ). Wiederherstellung. ‖[constr.] Umbau, m.

réfectoire m. (tᵒ*a*r). Speisesaal.

re‖fend m. (rœf*a*ⁿ). *Mur de refend,* Scheidewand, f. ‖**-fendre** (f*a*ⁿdr). durchsägen.

réfé‖ré m. (r*é*). vorläufige Entscheidung, f. ‖**-rence** f. (aⁿs). Hinweisung. ‖[pour renseignements] Referenz. ‖**-rendum** m. (iⁿd*ò*m). Volksabstimmung, f. ‖**-rer** (r*é*), intr. *En* —, Bericht erstatten [über, *acc.*]. ‖**[se].** [à qn] sich berufen* [auf, *acc.*]. ‖[à qc.] sich beziehen [auf, *acc.*].

refermer (rœ-). wiederzumachen.

réfl‖échi, e, a. (sch*i*), überlegt. ‖[verbe] reflexiv. ‖**-échir** (sch*i*r). *Phys.* zurückstrahlen. ‖[penser à] nachdenken* [über, *acc.*]. ‖[méditer] überlegen, tr. ‖**[se].** sich abspiegeln.

réflecteur m. (t*œ*r). Lichtspiegel.

refl‖et m. (rœfl*è*). Widerschein, spl., Abglanz, spl. ‖**-éter** (t*é*). zurückstrahlen.

réfl‖exe a. (*e*ks). reflex. ‖m. Reflex. ‖**-exion** f. (*io*ⁿ). *Phys.* Reflexion. ‖[pensée] Nachdenken, n. spl., Überlegung. V. *réfléchir.* ‖[considération] Betrachtung. ‖[remarque] Bemerkung.

re‖fluer (rœfl*üé*). zurückfließen* [*sein*]. ‖**-flux** m. (fl*ü*). Ebbe, f.

re‖fondre (foⁿdr). umschmelzen*. ‖[métal] umgießen. ‖*Fig.* [ouvrage] umarbeiten. ‖**-fonte** f. (foⁿt). Umschmelzung. ‖Umguß, m. ‖Umarbeitung.

réfor‖mateur, trice, a. (t*œ*r, tr*ì*s). verbessernd. ‖m. Verbesserer ④, in, ...innen. ‖[novateur] Neuerer ④. ‖*Relig.* Reformator, -en. ‖**-mation** f. (s*io*ⁿ) ; **-me** f. (*ò*rm). Verbesserung, Reform. ‖*Relig.* Reformation. ‖**-mé, e,** p. a. (m*é*). [Église] reformiert. ‖**-mer** tr. (m*é*). verbessern. ‖*Mil.* entlassen*. ‖[chevaux, matériel] ausmustern.

re‖foulement m. (fulm*a*ⁿ). *Psychol.* Verdrängung, f. ‖**-fouler** (rœf*ù*l*é*). zurückdrängen, -werfen*. ‖[eau] zurückstauen. ‖*Psychol.* verdrängen.

réfrac‖taire a. (t*ä*r). feuerfest. ‖*Fig.* widerspenstig. ‖**-ter.** brechen*. ‖**-tion** f. Brechung.

refrain m. (rœfr*i*ⁿ). Kehrreim.

refréner (n*é*). zügeln. ‖[passions] zurückdrängen.

réfr‖igérant, e, a. (jér*a*ⁿ, t). abkühlend. ‖**-igérateur** m. (t*œ*r). Kühlschrank.

réfringent, e, a. (iⁿj*a*ⁿ, t). strahlenbrechend.

refrogné (r*œ*). V. *renfrogné.*

re‖froidir (frᵒad*i*r), tr. abkühlen. ‖*Fig.* schwächen. ‖intr. kalt werden*. ‖**[se].** kalt werden*, erkalten [*sein*]. ‖[prendre froid] sich erkälten. ‖**-froidissement** m. (dism*a*ⁿ). Abkühlung, f. ‖Erkältung, f.

refuge m. (f*ü*j). Zufluchtsort. ‖[alpinisme] Hütte, f. ‖[rues] Rettungsinsel, f.

ré‖fugié, e, m., f. (füj*ié*). Flüchtling, m. ‖**-fugier [se]** (j*ié*). sich flüchten.

refu‖s m. (rœf*ü*). Weigerung, f. ‖[réponse] abschlägige Antwort, f.

Italique : accentuation. **Gras** : pron. spéciale. *Verbe fort. V. GRAMMAIRE.

‖**-ser** (*zé*). verweigern, abschlagen* : *se refuser qc.,* sich etwas versagen. ‖[**se**] [à]. sich weigern [zu].
réfu‖tation f. ((fü-*sio*ⁿ). Widerlegung. ‖**-ter** (*té*). widerlegen.
re‖gagner (rœ-nj*é*). wiedergewinnen*. ‖[lieu] wieder erreichen. ‖**-gain** m. (g*i*ⁿ). Grum[me]t, n. ‖*Fig.* Wiederaufblühen, n.
réga‖l, e, a. (gàl). *Eau régale,* Königswasser, n. ‖m. Schmaus. ‖[mets] Lieblingsgericht, n. ‖*Fig.* Genuß. ‖**-lade** f. (*à*d). Schmaus, m. ‖*Boire* à la régalade,* aus der Flasche trinken*. ‖**-ler** [de]. zum besten geben* [einem etwas]. ‖[**se**] : *de qc.,* sich etwas gütlich tun*.
regar‖d m. (rœgàr). Blick. ‖[ouverture] Licht- *ou* Einsteigeloch, n. ②. ‖**-der** (*dé*), tr. ansehen*. ‖[considérer] betrachten. ‖[concerner] angehen*, betreffen*. ‖intr. blicken. ‖LOC. *Regarder à la dépense,* zu sparsam sein*. *Regardant, e,* p. a. zu sparsam.
regarnir (*i*r). wieder besetzen.
régate f. (*à*t). Regatta, ...ten.
régence f. (jaⁿs). Regentschaft.
régénérer (jé-r*é*). wiederherstellen.
ré‖gent, e, m., f. (*ja*ⁿ, t). Regent, -en, -en, in. ‖**-genter** (jaⁿt*é*). hofmeistern, beherrschen.
régicide m. (jis*i*d). Königsmörder ④. ‖[crime] Königsmord ①.
régie f. (j*i*). Regie.
regimber (rœjiⁿb*é*). [cheval] ausschlagen*. ‖*Fig.* sich sträuben.
ré‖gime m. (j*i*m). Regierungsform, f., Regiment, n. ①. ‖[alimentaire] Diät, f. *Être* au régime,* Diät halten*; *mettre* au régime,* Diät verordnen. ‖**-giment** m. (jim*a*ⁿ). Regiment, n. ②.
ré‖gion f. (*jio*ⁿ). Gegend. ‖**-gional, e, aux,** a. (jiònàl, *o*). Bezirks...
ré‖gir (j*i*r). regieren. ‖[administrer] verwalten. ‖**-gisseur** m. (jis*œ*r). Verwalter ④.
registre m. (rœj*i*str). Eintragebuch, n. ②. ‖[voix] Stimmlage, f. ‖ — *du commerce,* Handelsregister.
réglable a. (*a*bl). verstellbar.
réglage m. (*a*j). Lin[i]ieren, n. ‖[de montre, etc.] Regulierung, f. ‖[radio] Abstimmung.
règl‖e f. (règl). Regel. ‖[à tracer les lignes] Lineal, n. ①. ‖*Arithm.* Spezies, inv. ‖**-ement** m. (ᵉm*a*ⁿ). Regelung, f. ‖[fixation] Festsetzung, f. ‖[ordonnance] Verordnung, f. ‖[statut] Bestimmung, f. [comptes] Abschluß. ‖V. *régler*.
régl‖ementation f. Regelung. ‖**-ementer.** regeln. ‖**-er** (gl*é*). regeln. ‖[fixer] festsetzen, bestimmen. ‖[affaires] in Ordnung bringen*. ‖[montre, etc.] regulieren, richtig stellen. ‖[différend] schlichten. ‖[comptes] abschleißen*. ‖[facture] bezahlen. ‖[papier] lin[i]ieren. ‖**-ette** f. (*è*t). Kantel, n. ④.
réglisse f. Süßholz, n., Lakritze.
réglure f. Linienziehen, n.
règne m. (rènj). Regierung, f. ‖[domination] Herrschaft, f.
régner. herrschen [über, *acc.*].
regorger (rœ-j*é*). [liquide] über fließen* [*sein*]. ‖*Fig.* [de] über fluß haben* [an, *dat.*]. ‖[choses] reichlich vorhanden sein*. ‖tr. wieder ausspeien.
régress‖if, ive, a. (re-*i*f, *i*w). rückgängig. ‖**-ion** f. Rückgang, m.
regret‖ m. (rœgr*è*). Bedauern, n. spl. *A regret,* ungern. ‖**-table** a. bedauernswert. ‖**-ter.** bedauern.
régu‖lariser (gü-*zé*). regulieren, in Ordnung bringen*. ‖[rectifier] berichtigen. ‖**-larité** f. (*té*). Regelmäßigkeit. ‖**-lateur, trice,** a. (t*œ*r, tr*i*s). regulierend, ordnend. ‖m. Regulator, -en. ‖**-lier, ière,** a. (l*ié*, *iä*r). regelmäßig.
réhabili‖tation f. Ehrenrettung. ‖**-ter** (*té*). wieder zu Ehren bringen*. ‖*Jur.* rehabilitieren.
rehauss‖ement m. (rœhoßm*a*ⁿ). Erhöhung, f. ‖**-er** (*sé*). erhöhen.
réimpr‖ession f. (réiⁿ-*sio*ⁿ). Neudruck, m. ‖**-imer.** neu drucken.
rein m. (r*i*ⁿ). Niere, f. ‖pl. [région lombaire] Lenden, pl. ‖*Mal aux reins,* Kreuzschmerzen, m. pl.
rei‖ne f. (rän). Königin. ‖*Reine-claude,* Edelpflaume; — *-marguerite,* Gartenaster. ‖**-nette** f. (rènèt). Laubfrosch, m. ‖[pomme] Renette.
réincorporer (réiⁿ-r*é*). wieder einverleiben.
réinstaller (iⁿ-l*é*). wiedereinsetzen.
réintégrer (gr*é*). wiedereinsetzen.
réitérer. wiederholen.
reître m. (rätr). Reitersknecht.

DÉCLINAISONS SPÉCIALES : ① **-e,** ② **¨er,** ③ **¨,** ④ **—.** V. pages vertes.

rejaillir (rœja*j*ir). zurückspritzen [*sein*]. ‖*Fig.* zurückfallen* [*sein*].
re‖jet m. (*jè*). Verwerfung, f. ‖*Fig.* Zurückweisung, f. ‖**-jeter** (jœ*té*). zurückwerfen*. ‖[répudier] verwerfen*. ‖[appel, loi, etc.] zurückweisen*, ablehnen. ‖[faute] wälzen. ‖**-jeton** m. (jœt**o**ⁿ). Sprößling.
rejoindre* (j**o**iⁿdr). wieder zusammenfügen. ‖[qn] wieder einholen.
rejouer (ju*é*). nochmals spielen.
ré‖joui, e, a. (*jui*). munter, lustig. ‖**-jouir** (*juir*). erfreuen. *Se — de*, sich freuen [über, *acc.*]. ‖**-jouissance** f. (s**a**ⁿs). Belustigung. ‖**-jouissant, e**, a. erfreulich.
re‖lâche m. (rœl*â*sch). Nachlassen, n. ‖[cessation, arrêt] Aufhören, n. *Sans relâche*, unaufhörlich, ohne Unterlaß. ‖[repos] Ruhe. ‖[théâtre] Ruhetag, m. ①. ‖f. *Mar.* Aufenthalt, m. ① [in einem Nothafen]. ‖**-lâché, e**, p. a. locker, schlaff. ‖**-lâchement** m. (âschm**a**ⁿ). Erschlaffung, f., Milderung, f. ‖[ventre] offener Leib. ‖**-lâcher**. erschlaffen, lockern. ‖[adoucir] mildern. ‖[prisonnier] freilassen*. ‖[ventre] offenen Leib machen. ‖intr. *Mar.* einlaufen*. ‖[**se**]. schlaff werden*, intr. [*sein*]. ‖[mœurs] locker werden*. ‖[surveillance] nachlassen*. ‖**-lais** m. (lè). Pferdewechsel ④. ‖[radio] Übertragung, f.
relancer (laⁿ*sé*). wieder fortschleudern. ‖[gibier] wieder auftreiben*. ‖*Fig.* verfolgen.
re‖later. erzählen. ‖**-latif, ive**, a. bezüglich [*gén.*]. ‖[non absolu] bedingt, verhältnismäßig. ‖*Gramm.* rückbezüglich, relativ. ‖**-lation** f. (*si***o**ⁿ). Beziehung. ‖[liaison] Verbindung. ‖[communication] Verkehr, m. spl. ‖[récit] Erzählung, Bericht, m. ‖**-lativement** adv. V. *relatif*. ‖**-lativité** f. (wi*té*). Relativität.
relaxer (x*é*). freilassen*.
relayer (läj*é*). intr. die Pfe[illegible] wechseln. ‖tr. ablösen.
re‖légation f. (*si***o**ⁿ). Verbannung. ‖**-léguer** (g*é*). [mettre de côté] beseitigen. ‖[bannir] verbannen.
relent m. (l**a**ⁿ), muffiger Geruch.
relevailles pl. (lœw*à*j). erster Kirchgang, m. [e. Wöchnerin].
re‖lève f. (l*ä*w). Ablösung. ‖**-levé** m. (lœv*é*). Verzeichnis, n. ‖[de compte] Auszug. ‖[plat] Zwischengericht, n. ‖**-lèvement** m. (lèwm**a**ⁿ). Wiederaufrichtung, f. -herstellung, f. ‖Erhöhung, f. V. *relever*. ‖**-lever** (lœw*é*). tr. wieder aufheben* aufstecken. [aufrichten, herstellen]. ‖[hausser] erhöhen. ‖[condition, etc.] verbessern. ‖[courage] neu beleben. ‖ [assaisonner] würzen. ‖[plan, inventaire] aufnehmen*. ‖[faute] rügen. ‖[exempter] entheben* [*gén.*]. ‖intr. [de maladie] wieder genesen*. ‖[dépendre] abhängen*. ‖[**se**]. wiederaufstehen* [*sein*]*. V. en outre *relever*, tr.
relief m. (*i*èf). erhabene Arbeit, f., Relief, -s, n. *En relief*, erhaben; *mettre* en relief*, hervortreten* lassen*, hervorheben*. ‖m. pl. [d'un repas] Überreste.
re‖lier (l*ié*). [à] verbinden* [mit]. ‖[livres] einbinden*. ‖**-lieur** m. (l*iœ*r). Buchbinder ④.
re‖ligieux, euse, a. (*jiö*, **z**). religiös. ‖[pieux] fromm. ‖[d'église] kirchlich. ‖*Fig.* [scrupuleux] gewissenhaft. ‖m. Ordensgeistliche[r], a. s., Mönch. ‖f. Nonne. ‖**-ligion** f. (*ji***o**ⁿ). Religion.
re‖liquaire m. (k*ä*r). Reliquienkästchen, n. ④. ‖**-liquat** m. (k*à*). Rückstand, Rest. ‖**-lique** f. (l*ì*k). Reliquie.
relire* (l*i*r). wieder lesen*.
reliure f. (*iü*r). Einband, m. ‖[acte] Einbinden, n.
re‖luire* (l*üi*r). glänzen. ‖[métal] blinken. ‖**-luisant, e**, p. a. (lüiz**a**ⁿ, t). glänzend.
re‖maniement m. (rœ-im**a**ⁿ). Umänderung, f., Umarbeitung, f. ‖**-manier** (n*ié*). umändern. ‖[ouvrage] umarbeiten.
re‖mariage m. (*iâ*j). Wiederverheiratung, f. ‖**-marier** (r*ié*). wiederverheiraten.
re‖marquable a. (k*à*bl). bemerkenswert. ‖[curieux] merkwürdig. ‖**-marque** f. (*a*rk). Bemerkung. ‖**-marquer** (k*é*). bemerken.
rembarquer (raⁿ-k*é*). wieder einschiffen.
rembarrer (r*é*). derb abweisen*.
rem‖blai m. (bl*è*), aufgeschüttete Erde, f. ‖**-blayer** (bläj*é*). mit Erde ausfüllen.

rembourrer (buré). polstern.
rem||boursement m. (bursᵉmaⁿ). Zurückzahlung, f. *Contre remboursement,* unter Nachnahme. ||**-bourser** (bursé). zurückzahlen *ou* -erstatten.
rembrunir (brünir). verdunkeln, verfinstern.
re||mède m. (rœmèd). Heilmittel, n. ④. ||**-médier** (dié). abhelfen*. ||*Fig.* steuern.
remémorer (ré). [qc. à qn] erinnern [einen an, *acc.*]. ||[**se**]. sich erinnern, *gén.*
re||merciement m. (simaⁿ). Dank. spl. ||**-mercier** (sié). tr. [de] danken, intr. [*dat.*] [für]. ||*Fig.* [congédier] entlassen*.
remettre* (mètr). wieder[hin]legen [-setzen, -stellen, -bringen*]. ||[rétablir] wiederherstellen. ||[vêtement] wieder anziehen*. ||[membre] wieder einrenken. ||[qc. à qn] übergeben*, überreichen. ||[en mains propres] zustellen, einhändigen. ||[livrer] ausliefern. ||[confier] anvertrauen. ||[ajourner] auf- *ou* verschieben*. ||[peine] erlassen*. ||[**se**]. sich... V. ci-dessus. ||[santé] wieder gesund werden*. ||[d'une émotion, etc.] sich erholen. ||Loc. *S'en remettre à qn,* sich auf einen verlassen*; [du soin de] es einem überlassen*, zu...
réminiscence f. (is'saⁿs). Rückerinnerung, Reminiszenz.
remi||se f. (rœmiz). [à qn] Übergabe. ||Überreichung. ||Zustellung. ||Einhändigung. ||[livraison] Auslieferung. ||[ajournement] Aufschub, m. ||V. *remettre**. ||[paiement] Deckung, Rimesse. ||[rabais] Rabatt, m. spl., Abzug, m. ||[hangar] Schuppen, m. ④. *Voiture de remise,* Stellwagen, m. ④. ||**-ser** (zé). unterbringen* [in den Schuppen]. ||*Fam.* [qn] zurechtweisen*.
rémission f. (sioⁿ). Vergebung.
re||monter (té). intr. wieder hinaufgehen* [-steigen, -fahren usw.]. ||*Fig.* [se rattacher] zurückgehen* [auf, *acc.*]. ||[dater de] sich herschreiben* [von]. ||tr. [wieder hinauftragen*, -bringen*]. ||[regarnir, rééquiper] wieder ausstatten, -rüsten. ||[machine] wieder zusammensetzen, -legen. ||[pendule, etc.] wieder aufziehen*. ||*Fig.* [ranimer] neu beleben. ||[courage] ermuntern. ||**-montoir** m. (tᵒar). Stellrad, n. ②.
re||montrance f. (traⁿs). Vorstellung. ||[réprimande] Verweis, m. ||**-montrer** (tré). nochmals zeigen. ||[représenter] vorstellen. ||[reprocher] vorhalten*.
remords m. (mòr). Gewissensbiß.
re||morquage m. (kaj), **-morque** f. (òrk). Schleppen, n., Bugsieren, n. ||[voiture] Anhänger, m. ||**-morquer** (ké). ins Schlepptau nehmen*. ||**-morqueur** m. Schleppdampfer ④.
rémoulade f. (mulàd). Remolade.
rémouleur m. Scherenschleifer ④.
remous m. (rœmù). Neer, f., Strudel ④.
rem||pailler (raⁿpajé). wieder beflechten* [mit Stroh]. ||**-pailleur, euse,** m., f. (jœr, öz). Stuhlflechter ④, in.
rempart m. (par). Wall, Bollwerk, n.
rem||plaçant, e, m., f. (saⁿ, t). Stellvertreter ④, in. ||*Mil.* Einsteher, m. ④. ||**-placement** m. (asmaⁿ). Ersetzung, f. *En remplacement,* zum Ersatz; ... *de remplacement,* Ersatz... ||**-placer** (sé) ersetzen. ||[suppléer] vertreten*.
rem||plir (ir). voll machen, füllen. ||[jusqu'au bord] anfüllen. ||[combler] ausfüllen. ||[garnir de, et *fig.*] erfüllen [mit]. ||*Fig.* [devoir, etc.] erfüllen. ||[fonction] bekleiden. ||**-plissage** m. (sàj). Füllen, n. ||Ausfüllen, n. ||[style] Flickwort, n. ②.
rem||ploi m. (plᵒa). [fonds] Wiederanlegung, f. ||**-ployer** (ᵒajé). wieder anlegen.
remplumer (ümé). wieder bekielen *ou* befiedern. ||*Fig. se remplumer,* wieder emporkommen* [*sein*].
remporter (té). wieder wegtragen* *ou* mitnehmen*. ||[prix, victoire] davontragen*.
re||muant, e, p. a. (rœmüaⁿ, t). unruhig. ||**-mue-ménage** m. (mü-àj). Hin- und Herschieben, n. ||*Fig.* Wirrwarr. ||**-muer** (üé). bewegen. ||[terre] umwühlen. ||[émouvoir] rühren. ||intr. sich bewegen.
rémuné||rateur, trice, a. (mü-tœr, trìs). lohnend. ||**-ration** f. (sioⁿ). Vergeltung, Belohnung. ||**-rer.** vergelten*, belohnen.

renâcler (rœ-klé). [chevaux] schnauben* [vor Zorn]. ||*Fig.* sich sträuben*, schnauben.

re||naissance f. (näsa^n^s). Wiedergeburt, -aufleben, n., -aufblühen, n. ||**-naître*** (nätr). wieder geboren werden*. ||*Fig.* wiederaufleben *ou* -aufblühen.

rénal, e, aux, a. (àl, *o*). Nieren...

renard, e, m., f. (rœnàr, d). Fuchs, Füchsin.

ren||chérir (ra^n^schér*ir*), tr. verteuern. ||intr. teu[e]rer werden*. ||*Fig.* [sur] überbieten*, tr. ||**-chérissement** m. (isma^n^). Verteu[e]rung, f.

ren||contre f. (ko^n^tr). Begegnung. *Aller* à la rencontre de,* entgegengehen*, *dat.* ||[réunion] Zusammentreffen, n. spl. Zusammenkunft, ¨e. ||[collision] Zusammenstoß, m. ||[hasard] Zufall, m. ||**-contrer** (tré), tr. begegnen, intr. [*dat.*]. ||[à point nommé] antreffen*. ||[**se**]. zusammentreffen* [*sein*].

ren||dement m. (ra^n^dma^n^). Leistung, f., Leistungsfähigkeit, f. ||**-dez-vous** m. (déw*u*). Stelldichein, n. ④. ||[lieu de rassemblement] Sammelplatz.

rendormir* (*ir*). [**se**] wieder einschlafen* [*sein*].

ren||dre (ra^n^dr). wiedergeben*. ||[restituer] zurückgeben*. ||[vomir] wieder von sich geben*. ||[exhaler, âme] aushauchen. ||[forteresse] übergeben*. ||[exprimer] wiedergeben*. ||[arrêt] fällen. ||[revaloir] vergelten*. ||[points] vorgeben*. ||LOC. *Rendre réponse, visite.* V. *réponse, visite.* ||[devant un adj. = *faire*] machen. Ex. : *rendre malade,* krank machen; *se rendre utile,* sich nützlich machen; *se rendre maître,* sich zum Herrn machen. ||intr. [vomir] sich erbrechen*. ||[être productif] einträglich sein*. ||[**se**]. [à l'ennemi] sich ergeben*. ||[céder] nachgeben*. ||[aller] sich begeben*. ||**-du, e,** p. a. (dü). [arrivé] angekommen. ||[fatigué] abgemattet. ||m. *Un prêté pour un rendu,* Wurst wider Wurst.

rêne f. (rän). Zügel, m. ④.

renégat m. (gà). Renegat, -en, -en.

renfermer (ra^n^-mé). wieder einschließen*. ||[**se**], *fig.* sich in tiefes Schweigen hüllen. ||p. a. [en soi-même] in sich geschlossen. ||m. *Sentir le renfermé,* dumpfig riechen*.

ren||flement m. (^e^ma^n^). Anschwellung, f. ||**-fler** (flé), tr. anschwellen. ||intr. wieder anschwellen* [*sein*].

renflouer (flué). wieder flott machen.

ren||foncement m. (fo^n^sma^n^). Vertiefung, f. ||[coup] Rippenstoß. ||**-foncer** (o^n^sé). wieder hineinschlagen*. ||[chapeau] ins Gesicht drücken.

ren||forcement m. (s^e^ma^n^). Verstärkung, f. ||**-forcer** (sé). verstärken. ||**-fort** m. (fòr). Verstärkung, f.

ren||frogné, e, p. a. (fronjé). mürrisch. ||**-frogner** [**se**] (onjé). ein saures Gesicht machen.

ren||gagement m. (gajma^n^). [mont-de-piété] Wiederverpfändung, f. ||*Mil.* Wiederdienen, n. spl., Kapitulation, f. ||**-gager** (jé). wieder verpfänden, kapitulieren. ||*Mil.* weiter dienen. *Un rengagé,* ein Weiterdienender, m.

ren||gaine f. (gän). alte Leier. ||**-gainer** (gäné). wieder in die Scheide stecken. ||*Fig.* unterdrücken, bei sich behalten*.

rengorger [**se**] (jé). sich brüsten.

rengraisser (gräsé), intr. wieder fett werden*.

re||niement m. (rœnima^n^). Verleugnung, f. ||**-nier** (*ié*). verleugnen.

re||niflement m. (fl^e^ma^n^). Schnauben, n. spl., Schnüffeln, n. spl. ||**-nifler** intr. schnauben*, schnüffeln. ||tr. einschnüffeln.

renne m. (rèn). Renntier, n.

re||nom m. (rœno^n^). Ruf. ||**-nommé, e,** a. (mé). berühmt. ||**-nommée** f. (mee). Ruf, m. Berühmtheit.

re||noncement m. Entsagung, f. ||**-noncer** [à]. entsagen [*dat.*], verzichten [auf, *acc.*]. ||[abandonner] aufgeben*. ||**-nonciation** f. Verzichtleistung.

renoncule f. (kül). Ranunkel, Hahnenfuß, m.

renouer (*nué*). wieder festbinden* *ou* anknüpfen.

renou||veau m. (nuw*o*). Frühling, *poét.,* Lenz. ||**-veler** (nuwlé). erneuern. ||[remplacer] durch Neues ersetzen. ||**-vellement** m. (wèlma^n^).

Erneuerung, f. ‖ [changement] Wechsel.

rénov‖ateur, trice, a. (watœr, trìs). erneuernd. ‖m. Erneuerer ④. ‖**-ation** f. (*sion*). Erneuerung. ‖**-er** (*wé*). erneuern.

ren‖seignement m. (ransènjman). Auskunft, ¨e, f., Erkundigung, f. *Prendre des renseignements,* Erkundigungen einziehen*; *bureau de renseignements,* Auskunftei, f. ‖**-seigner** (sènjé). unterrichten. ‖[se]. sich erkundigen [über, *acc.*].

rent‖able a. (*abl*). einträglich, rentabel. ‖**-e** f. (rant). Rente. ‖**-er** (*té*). mit einer Rente versehen*. ‖**-ier, ière,** m., f. (*tié, iär*). Rentner ④, in.

ren‖trant, e, p. a. (*an*, t). einspringend. ‖**-trée** f. (*ee*). Wiedereintritt, m. ‖[retour] Rückkehr. ‖[classes, etc.] Wiederbeginn, m. [des Unterrichts usw.]. ‖[recette] Einkassierung. ‖**-trer** tr. [wieder] einbringen*. ‖intr. (tré). wieder eintreten*. ‖[retour] zurückkehren. ‖[argent] eingehen*. ‖[écoles, etc.] wieder anfangen*. ‖[navires] einlaufen*. ‖[dans l'ordre, etc.] zurücktreten*. ‖[appartenir] gehören [zu]. ‖[s'adapter] sich fügen. ‖[dans le sujet, dans son argent] zurückkommen* [auf den Gegenstand, zu seinem Gelde]. ‖[en soi-même] kehren [in sich].

ren‖versant, e, a. (wersan, t). *fam.* höchst befremdend. ‖**-verse [à la]** f. (wers). rückwärts. ‖**-versement** m. (seman). Umkehren, n. ‖Umwerfen, n. ‖Umstürzen, n. ‖[politique, etc.]. Umsturz. ‖Vertauschung, f. ‖V. *renverser.* ‖**-verser** (*wersé*). [retourner] umkehren. ‖[jeter bas] umwerfen*, umstoßen*. ‖[intervertir] vertauschen. ‖[vapeur] umstellen : — *la vapeur,* Gegendampf geben*. ‖[répandre] verschütten.

ren‖voi m. (w°*a*). Zurücksendung, f. ‖Hinweisung, f. ‖Entlassung, f. ‖Verschiebung, f. ‖V. *renvoyer.* ‖[de l'estomac] Aufstoßen, n. spl. Rülps. ‖**-voyer** (w°*ajé*). zurücksenden*. ‖[lumière, son]. zurückwerfen*. ‖[balle] zurückschlagen*. ‖[à un texte] hinweisen* [auf, *acc.*]. ‖[congédier] entlassen*. ‖[ajourner à] verschieben*, vertagen [auf, *acc.*].

réoccuper (*küpé*). wiederbesetzen.

réorganiser (*zé*). wiedergestalten.

réouverture f. (uwertür). Wiedereröffnung.

repaire m. (rœpär). Höhle, f. ‖*Fig.* Schlupfwinkel.

repaître* (pätr). [de] füttern [mit]. ‖[rassasier] sättigen. ‖[se] [de] sich satt essen* [animaux : fressen*] [an, *dat.*]. ‖*Fig.* [de]. sich weiden [an, *dat.*].

ré‖pandre (pandr). [liquide] vergießen*, verschütten. ‖[fleurs] streuen. ‖[lumière, nouvelle, etc.] verbreiten. ‖[se]. *Fig.* sich verbreiten. ‖[en injures, etc.] sich ergehen* [in]. ‖**-pandu, e,** p. a. (dü). [opinion] verbreitet.

réparable (*àbl*), a. attr. wieder auszubessern; a. épith. ...ernd. ‖[faute, tort], a. attr. wieder gutzumachen; a. épith. ...end.

ré‖parateur, trice, a. (tœr, trìs). wiederherstellend. ‖m. Wiederhersteller ④, Ausbesserer ④. ‖**-paration** f. (*sion*). Wiederherstellung. ‖Ausbesserung, Wiedergutmachung, Satisfaktion. ‖**-parer** (*ré*). wiederherstellen. ‖[objet] ausbessern. ‖[faute, etc.] wieder gutmachen, sép.

reparler (rœ-*lé*). wieder sprechen*.

re‖partie f. (*ti*). Gegenantwort. ‖**-partir*** (*ir*). wieder abreisen. ‖[répliquer] entgegnen.

répar‖tir (*ir*). verteilen. ‖**-titeur** m. (tœr). Verteiler ④. ‖**-tition** f. (*sion*). Verteilung.

repas m. (rœpâ). Mahl, n. ①, Mahlzeit, f.

re‖passage m. (*aj*). Plätten, n. spl., Bügeln, n. spl., Schleifen, n. spl. V. *repasser,* tr. ‖**-passer** (*sé*). intr. wieder vorbeigehen* [-fahren* usw.] [*sein*]. ‖[chez qn] wieder vorsprechen*. ‖tr. [franchir] wieder überschreiten*. ‖[linge] plätten, bügeln. ‖[aiguiser] schleifen*. ‖**-passeur** m. (sœr). Scherenschleifer. ‖**-passeuse** f. (öz). Plätterin, Büglerin.

re‖pêchage m. (èsch*aj*). Ergänzungsprüfung, f. ‖**-pêcher** (*sché*). durch ein Examen helfen.

repeindre* (pindr). [neu] übermalen.

repen‖tant, e, a. (pa^n^t*a*^n^, t). reuig, bußfertig. ‖ **-tir** [se] (pa^n^t*i*r) [de]. bereuen, tr. ‖**-tir** m. Reue, f.
réper‖cussion f. (küs*io*^n^). Zurückprallen, n. spl. ‖*Fig.* Rückwirkung. ‖**-cuter.** zurückwerfen*. ‖[**se**]. zurückprallen, intr. [*sein*].
reperdre (rœperdr). wieder verlieren*.
re‖père m. (pär). Merkzeichen. n. ④. ‖**-pérer** (r*é*). mit Merkzeichen versehen*, sichten.
ré‖pertoire m. (t^o^*a*r). Register, n. ④, Inhaltsverzeichnis, n. ‖**-pertorier** (*ié*). in ein Verzeichnis aufnehmen*.
ré‖péter (t*é*). wiederholen. ‖[rôle, etc.] einüben. ‖**-pétiteur, trice,** m., f. (tœr, tr*ì*s). Einpauker ④, in. ‖[maître d'études] Aufseher ④, in. ‖**-pétition** f. (s*io*^n^). Wiederholung. *Arme à répétition,* Repetierwaffe. ‖[théâtre] Einübung, Probe. ‖[leçon] Privatstunde.
repeupler (rœpœpl*é*). wieder bevölkern.
repiquer (pik*é*), tr. wieder stechen*. ‖ [chaussée] aufhacken. ‖[plant] umsetzen. ‖intr. *fam.* wieder zugreifen*.
répit m. (p*i*). Frist, f. *Sans répit,* unaufhörlich.
replacer (rœ-s*é*). wieder hinlegen, — hinstellen, — hinsetzen.
replanter (pla^n^t*é*). wieder [be]pflanzen.
replâtrer (tr*é*). übergipsen. ‖*Fig.* bemänteln.
re‖pli m. (pl*i*). Umschlag. ‖*Fig.* verborgene Falte, f. ‖[sinuosité] Windung, f. ‖*Mil.* Zurückweichen, n. spl., Rückzug, f. *Lieu de repli,* Ausweichort. ‖**-plier.** wieder zusammenfalten. ‖[**se**]. zurückziehen* [*sein*]. ‖[sur soi] sich sammeln.
répli‖que f. (*ik*). [Gegen]antwort. ‖**-quer** (k*é*) [à]. erwidern, tr., entgegnen, intr.
répon‖dant m. (pond*a*^n^). Bürge, -n, -n. ‖**-dre** (*o*^n^dr) [à]. antworten [auf, *acc.*], beantworten, tr. ‖[répliquer] erwidern, tr. ‖[repartir] entgegnen. ‖**-s** m. (p*o*^n^). Antwortgesang. ‖**-se** f. (*o*^n^s). Antwort, Erwiderung.
repopulation f. (rœ-pü-s*io*^n^). Wiederbevölkerung.
re‖port m. (p*ò*r). Übertrag. ‖[Bourse] Report, n. ①. ‖**-portage** m. (*àj*). Berichterstattung, f. ‖**-porter** (t*é*). wieder hinbringen*. ‖[compte, etc.] übertragen*. ‖ [**se**] [sur]. sich wenden* [auf, *acc.*]. ‖[à, par la pensée] sich zurückdenken* [in, *acc.*]. ‖**-porter** m. (port*è*r) Berichterstatter ④.
re‖pos m. (p*o*). Ruhe, f., Rast, f. ‖[délassement] Erholung, f. ‖[arrêt] Pause, f. ‖*Mil. Repos!* rührt euch! ‖**-poser** (z*é*), tr. wieder hinlegen. ‖[délasser] erholen, erfrischen. ‖intr. ruhen. ‖*Fig.* [choses] beruhen [auf, *dat.*]. ‖[**se**]. ruhen, sich ausruhen, sich erholen. ‖*Fig.* et *s'en reposer* [sur qn]. sich verlassen [auf, *acc.*]. ‖[vin] abgelagert. ‖**-posoir** m. (z^o^*a*r). Ruheplatz. ‖[procession] Ruhealtar.
re‖poussant, e, a. (pus*a*^n^, t). abstoßend, widerlich. ‖**-pousser** (s*é*), tr. zurückstoßen*. ‖*Fig.* zurückweisen*, abschlagen*. ‖ [ennemi] zurückdrängen. ‖[attaque] abweisen*. ‖intr. wieder wachsen* [*sein*]. ‖[bourgeons] wieder ausschlagen*. ‖**-poussoir** m. Gegensatz.
répréhensible a. (préa^n^s*i*bl). tadelnswert.
reprendre* (rœpr*a*^n^dr), tr. wieder an [zu] sich nehmen*, wieder nehmen. ‖ [retirer] zurücknehmen*. ‖[revenir chercher] wieder abholen. ‖[ville, etc.] zurückerobern. ‖[travail, etc.] wiederanfangen* [-beginnen, -aufnehmen*]. ‖ [maladie] wieder befallen* [einen]. ‖[corriger] verbessern. ‖[blâmer] tadeln. ‖intr. [plante] wieder anwachsen*. ‖[recommencer] wiederanfangen*. ‖ [affaires] wieder zunehmen*. ‖[**se**]. das Gesagte zurücknehmen*.
représailles f. pl. (z*à*j). Repressalien, pl. *User de représailles,* Vergeltungsmaßregeln anwenden*.
représen‖tant m. (za^n^t*a*^n^). Stellvertreter ④. ‖[du peuple] Volksvertreter ④. ‖**-tatif, ive,** a. (*if*, *i*w). darstellend. ‖*Polit.* volksvertretend. ‖[prestance] stattlich aussehend. ‖**-tation** f. (s*io*^n^). Darstellung, Darlegung. ‖Vorstellung. ‖[théâtre] Aufführung, Vorstellung. ‖**-ter** (t*é*), tr. [exposer] darstellen, darlegen. ‖[faire observer] vorstel-

len. ‖ [au théâtre] aufführen, vorstellen. ‖intr. standesgemäß auftreten*.
ré‖pressif, ive, a. (*if, iw*). Straf... ‖**-pression** f. (*sioⁿ*). Unterdrükkung. ‖Strafe. ‖V. *réprimer*. ‖**-primande** f. (*aⁿd*). Verweis, m. ‖**-primander** (*aⁿdé*). einen Verweis erteilen. ‖ [blâmer] tadeln. ‖**-primer** (*imé*). [dominer] unterdrücken. ‖ [punir] strafen.
re‖pris, e (*rœpri, z*). pp. v. *reprendre**. ‖m. *Repris de justice,* Sträfling. ‖**-prise** f. (*iz*). [d'une ville, etc.] Wiedereinnahme, Wiedereroberung. ‖ [recommencement] Wiederanfangen, n. spl., -aufnahme. ‖ [des cours] Wiederbeginn, m. ‖ [répétition] Wiederholung. ‖ [théâtre] Wiederaufführung. ‖ [économique] Wirtschaftsbelebung. ‖ [affaires] neuer Schwung, m. ‖ [comptes] Rückforderung. ‖ [réparation] Stopfung. ‖ [boxe] Runde.
repriser (*zé*). stopfen.
réproba‖teur, trice, a. (*tœr, trìs*). mißbilligend. ‖**-tion** f. (*sioⁿ*). Mißbilligung.
repro‖che m. (*rœprosch*). Vorwurf. ‖**-cher** (*sché*). vorwerfen*, vorhalten*.
repro‖ducteur, trice, a. (*düktœr, trìs*). fortpflanzend. ‖ [animal] Zuchttier, n. ‖**-duction** f. (*sioⁿ*). Fortpflanzung. ‖ [imprimée] Nachdruck, m. ①. ‖**-duire** (*üir*). wieder hervorbringen; wiedergeben.
réprou‖vé, e, p. a. (*pruwé*). verstoßen. ‖**-ver** (*wé*). mißbilligen. ‖*Relig.* verstoßen*. ‖ [damner] verdammen.
reps m. Rips.
reptile m. (*ìl*). Kriechtier, n.
repu, e (*rœpü*). pp. v. *repaître**.
répu‖blicain, e, a. (*pü-kiⁿ, än*). republikanisch. ‖m., f. Republikaner ④, in. ‖**-blicanisme** m. (*ism*). Republikanismus. ‖**-blique** f. (*ik*). Republik.
répu‖diation f. (*sioⁿ*). Verstoßung. ‖**-dier** (*ié*). verstoßen*. ‖*Fig.* verleugnen.
répu‖gnance f. (*njaⁿs*). Widerwille, ns, m. spl. ‖ [aversion pour] Abneigung [gegen]. ‖**-gnant, e,** a. (*aⁿ, t*). widerlich. ‖**-gner** (*njé*), intr. anwidern, tr. ‖ [avoir de la répulsion] Widerwillen haben* [gegen].
répul‖sif, ive, a. (*pülsif, iw*). abou zurückstoßend. ‖**-sion** f. (*sioⁿ*). Zurückstoßen, n. spl. ‖*Fig.* [pour] Abneigung.
répu‖tation f. (*pü-sioⁿ*). Ruf, m. spl. *Connaître* de réputation,* vom Hörensagen kennen*. ‖**-té, e,** p. a. (*té*). berühmt. ‖**-ter** (*té*). ansehen* [für].
re‖quérant, e, p. a. (*rœkéraⁿ, t*). Ansuchende[r], a. s. ‖**-quérir***. [qn] auffordern. ‖ [qc.] erfordern. ‖*Jur.* [peine] beantragen. ‖**-quête** f. (*kät*). Ansuchen, n. spl., Gesuch, n. ①.
requin m. (*kiⁿ*). Haifisch.
requinquer [se]. (*ké*). *fam.* sich herausputzen.
requis, e, p. a. (*ki, iz*). pp. v. *requérir**. ‖ [exigible] erforderlich.
réquisi‖tion f. (*kizisioⁿ*). Ersuchen, n. spl. ‖ [mise en demeure] Forderung. ‖ [de guerre] Requisition, Dienstverpflichtung. ‖**-tionner.** requirieren. ‖**-toire** m. (*toar*). Anklagerede, f.
rescinder (*rœs'siⁿdé*). aufheben*.
rescousse f. (*rèskùs*). *A la rescousse,* zu Hilfe.
rescrit m. (*krì*). Reskript, n.
réseau, x, m. (*zô*). Netz, n.
réséda m. (*zéda*). Reseda, -s, f.
réservation f. (*sioⁿ*). Vorverkauf, m.
ré‖serve f. (*zerw*). Vorbehalt, m. ①. ‖ [retenue] Rückhalt, m. ‖ [provision] Vorrat, m. *En réserve,* vorrätig. ‖*Mil.* Reserve, Ersatztruppen, pl. ‖**-servé, e,** p. a. [prudent] zurückhaltend. ‖**-server** (*wé*). vorbehalten*. ‖ [garder] aufbewahren. ‖**-serviste** m. (*wist*). Reservist, -en, -en. ‖ **-servoir** m. (*woar*). Behälter ④. ‖ [essence] Benzintank.
rési‖dant ppr. (*zidaⁿ*). wohnhaft. ‖**-dence** f. (*aⁿs*). Wohnsitz, m. ‖ [princière] Residenz. ‖**-dent** m. (*aⁿ*). Resident, -en, -en. ‖**-der** (*dé*). wohnen.
résidu m. (*dü*). Bodensatz.
rési‖gnation f. (*zinjasioⁿ*). Ergebung. ‖**-gné, e,** pp. (*njé*). ergeben. ‖**-gner** (*njé*). [fonctions] niederlegen. ‖ [se] [à]. sich ergeben* [in. *acc.*].

rési‖liation f. (*sio*ⁿ). Aufhebung. ‖**-lier** (*lié*). aufheben*.
résille f. (**z***ij*). Haarnetz, n.
rési‖ne f. (**z***in*). Harz, n. ①. ‖**-neux, euse,** a. (*nö*, **z**). harzig.
rési‖stance f. (**z**ist*a*ⁿs). Widerstand, m. ‖**-stant, e,** p. a. (*a*ⁿ, t). widerstandsfähig, fest. ‖m. Widerstandskämpfer, m. ‖**-ster** (*té*). widerstehen*.
ré‖solu, e (**z**ò*lü*). pp. v. *résoudre**. ‖a. entschlossen. ‖**-solution** f. (**z**olüs*io*ⁿ). *Math.* Lösung. ‖[tumeur] Zerteilung. ‖[détermination] Entschluß, m. ‖[caractère] Entschlossenheit. ‖[décision] Beschluß, m.
ré‖sonance f. (**z**òn*a*ⁿs). Nachklang, m., Resonanz. ‖**-sonner** (**z**ò*né*). widerhallen. ‖[sonner] klingen*, tönen.
ré‖sorber (**z**òr*bé*). aufsaugen. ‖**-sorption** f. (*sio*ⁿ). Aufsaugen, n.
résoudre* (**z***ü*dr). auflösen. ‖[problème, etc.] lösen. ‖[question] entscheiden*. ‖[décider] beschließen*. ‖[**se**] [à]. sich entschließen* [zu].
respect‖ m. (*pè*) [de, pour]. Ehrfurcht, f. [vor, *dat.*]. *Respect humain,* Menschenfurcht, f. ‖[considération] Achtung, f. [vor]. ‖*Présenter ses respects,* seine Aufwartung machen, sich empfehlen*. ‖**-able** a. ehrenwert. ‖**-er.** achten. ‖**-if, ive,** a. gegenseitig. ‖**-ivement** adv. beiderseits, beziehungsweise. ‖**-ueux, se,** a. (*tüö*, **z**), ehrfurchtsvoll.
respir‖able a. (*à*bl). atembar. ‖**-ation** f. (*sio*ⁿ). Atem, m. ‖**-atoire** a. Atmungs... ‖**-er.** atmen.
resplend‖ir (aⁿ). glänzen. ‖**-issant, e,** p. a. (*a*ⁿ, t). glänzend.
res‖ponsabilité f. Verantwortlichkeit. ‖**-ponsable** a. verantwortlich.
resquiller (ki*jé*). nassauern.
ressac m. (rœs*a*k). Brandung, f.
ressaisir (säz*ir*). wieder ergreifen*. ‖[**se**]. wieder zur Besinnung kommen*.
ressasser (*sé*). schütteln. ‖*Fig.* wiederkäuen.
res‖saut m. (*so*). Vorsprung. ‖*Fig.* plötzlicher Ausbruch. ‖**-sauter** (so*té*). intr. wiederspringen*. ‖tr. wieder überspringen.
ressembl‖ance f. (saⁿbl*a*ⁿs). Ähnlichkeit. ‖**-ant, e,** a. (saⁿbl*a*ⁿ, t). ähnlich. ‖**-er** (bl*é*). ähnlich sein*, gleichen*.
res‖semelage m. (sœml*à*j). Wiederbesohlen, n. spl. ‖**-semeler** (sœml*é*). wieder besohlen.
res‖sentiment m. (saⁿ-m*a*ⁿ). [rancune] Groll, spl. ‖[vindicatif] Rachgefühl, n. ‖**-sentir*** (*ir*). empfinden [lebhaft]. ‖[**se**] [de]. Nachwirkungen [Nachschmerzen] verspüren [von].
res‖serre f. (*sär*). Aufbewahrungskammer. ‖**-serrer** (*ré*). [renfermer] wieder einschließen*. ‖[liens, etc.] enger knüpfen [verbinden*]. ‖[rétrécir] einengen.
resservir* (*wîr*). intr. wieder dienen. ‖tr. [à table] wieder auftragen*.
res‖sort m. (*sòr*). Feder- *ou* Schnellkraft, f. ‖[d'acier] Springfeder, f. ‖*Fig.* [mobile] Triebfeder, f. ‖[domaine] Gebiet, n., Fach, n. ②. *Être* du ressort de,* in das Fach schlagen*. ‖[judiciaire] Gerichtsbezirk. ‖**-sortir*** (*ir*). wieder [hin] ausgehen*. ‖[se détacher] hervortreten* [*sein*]. ‖*Fig. Faire* ressortir,* hervorheben*. ‖[résulter de]. hervorgehen*, erhellen [aus]. [à un tribunal] gehören [vor, *acc.*]. ‖**-sortissant, e,** p. a. (*a*ⁿ, t). gehörend [vor]. ‖[d'un Etat] Staatsangehörige[r], a. s.
ressource f. (*surs*). Hilfsmittel, n. ④.
ressouvenir* [**se**] (suwn*ir*). sich wieder erinnern [*gén.*, an. *acc.*].
ressusciter (süssi*té*), tr. vom Tode erwecken. ‖intr. auferstehen* [*sein*].
restant, e, p. a. (*a*ⁿ, t). übrig. ‖[en retard] rückständig. ‖m. Rest.
restau‖rant m. (or*a*ⁿ). Restauration, f. Gaststätte, f. ‖**-rateur** m. (ra*tör*). Wiederhersteller. ‖[restaurant] Speisewirt. ‖**-ration** f. (tos*io*ⁿ). Wiederherstellung. ‖**-rer** (*ré*). wiederherstellen.
res‖te m. (*rest*). Rest, Überrest. *Le reste de...,* der [die, das] übrige..., die übrigen... *Restes mortels,* sterbliche Hülle, f. ‖[relief] Überbleibsel, n. ④. ‖[arriéré] Rückstand. ‖pl. [débris] Trümmer, pl. ‖LOC. *Au* [*du*] *reste,* übrigens; *de reste,* übergenug, nur zu sehr

[zu viel] ; *être* en reste,* im Rückstande sein*, schuldig sein*, *dat.* ‖**-ter** (*té*). bleiben*; *en rester là,* es dabei bewenden lassen*; *où en sommes-nous restés?* wo sind wir stehen geblieben? ‖[derrière] zurückbleiben*. ‖[absent] ausbleiben*. ‖[être de reste] übrig bleiben*. ‖[séjourner] sich aufhalten*.

res‖tituer (*tüé*). wiederherstellen. ‖[rendre] zurückerstatten. ‖**-titution** f. Wiederherstellung*, Zurückerstattung.

res‖treindre* (*indr*). einschränken. ‖**-trictif, ive,** a. einschränkend. ‖**-triction** f. Einschränkung.

ré‖sultante f. (zült*ant*). Resultante. ‖**-sultat** m. (*tà*). Ergebnis, n. ‖**-sulter** (*té*). [de] sich ergeben* [aus.]. ‖[s'ensuivre] folgen, erfolgen [aus].

ré‖sumé m. (*zümé*). kurze Zusammenfassung, f. ‖[tableau] summarische Übersicht, f. ‖**-sumer** (*mé*). kurz zusammenfassen. ‖**[se].** sich kurz fassen.

résurrection f. Auferstehung.

retable m. (tàbl). Altarwand, ¨e, f.

réta‖blir (*ir*). wiederherstellen. ‖**-blissement** m. (ism*an*). Wiederherstellung, f. ‖[économie] Sanierung, Gesundung.

réta‖mer (*mé*). wieder verzinnen. ‖**-meur** m. (*œr*). Kesselflicker ④.

retaper (rœ-*pé*), *fam.* in Ordnung bringen*.

re‖tard m. (*àr*). Verspätung, f. *Être* en retard,* zu spät kommen*; *sans retard,* unverzüglich. ‖ — *à l'allumage,* Spätzündung, f. ‖**-tardataire** a. (*tär*). rückständig. ‖n. Nachzügler ④. ‖**-tarder** (*dé*). tr. verspäten. ‖[différer] verschieben*. ‖[horloge] zurückstellen. ‖intr. zurückbleiben* [*sein*]. ‖[horloge] nachgehen* [*sein*].

reteindre* (*tin*dr). neu färben.

retenir* (tœn*ir*). zurückhalten*. ‖[retarder] aufhalten*. ‖[mémoire, *Arithm.*] im Sinne behalten*. ‖[somme] in Abzug bringen*. ‖[cri, larmes] unterdrücken. ‖[haleine] an sich halten*. ‖[place] [im] voraus bestellen. ‖[marquer] belegen [Platz]. ‖**[se].** sich enthalten*, zu...

rétention f. (t*an*si*on*) : — *d'urine,* Harnverhaltung.

re‖tentir (rœt*an*t*ir*). ertönen [*sein*], erschallen [*sein*]. ‖**-tentissement** m. (tism*an*). Widerhall. ‖*Fig.* großes Aufsehen, n.

re‖tenu, e (tœn*ü*). pp. v. *retenir**. ‖**-tenue** f. (*nü*). Zurückhaltung. ‖[réserve] Rückhalt, m. ‖[somme] Abzug, m. ‖[punition] Nachsitzen, n. spl.

ré‖ticence f. (s*an*s). Verschweigung. ‖**-ticent, e,** a. (s*an*). zurückhaltend.

réticule m. (*kül*). Handtasche, f.

rétif, ive, a. (*if, iw*). stätisch. ‖*Fig.* störrisch.

rétine f. (*in*). Netzhaut.

re‖tiré, e, p. a. (rœ-*ré*). zurückgezogen. ‖[lieu] abgelegen. ‖**-tirer.** nochmals ziehen* [arme : schießen*]. ‖[en arrière] zurückziehen*. ‖[d'un lieu] heraus-, hervorziehen*. ‖[argent] abheben*. ‖[vêtement] ausziehen*. ‖[reprendre] zurücknehmen*. ‖[avantage] gewinnen*. ‖**[se].** sich zurückziehen*, zurücktreten* [*sein*].

retomber (*on*bé). wieder herabfallen*. ‖[dans, en arrière] zurückfallen*. ‖*Fig.* [dans un état] wieder geraten* [in, *acc.*].

retordre (tòrdr). nochmals drehen. ‖LOC. *Donner du fil à retordre,* viel zu schaffen machen.

rétorquer (*ké*). widerlegen.

retors, e, a. (rœt*òr, òrs*). gezwirnt. ‖*Fig.* schlau, verschmitzt.

re‖touche f. (tusch). Nachbesserung. ‖Nachtuschen, n. spl. ‖Retuschieren, n. spl. ‖**-toucher** (tusch*é*). nachbessern. ‖[peinture] nachtuschen. ‖*Phot.* retuschieren.

re‖tour m. (*tur*). Wieder- *ou* Rückkehr, f. spl. ‖[en voiture, etc.] Rückfahrt, f. ‖[de voyage] Rückreise, f. ‖[au pays] Heimkehr, f. ‖[à la maison] Nachhausegehen, n. ‖[renvoi] Rücksendung, f. ‖[changement] Umschwung : — *d'âge,* Wechseljahre, pl.; — *de fortune,* Glückswechsel. ‖— *offensif,* Gegenstoß. ‖LOC. *Aller et retour,* Hin- und Rückfahrt, f. : *billet d'aller et retour,* Rückfahrkarte, f.; *être* de retour,* zurück sein*; *faire* un retour sur soi-même,* in sich gehen*; *par retour du courrier,* mit umgehender Post, umgehend;

payer de retour, einen Gegendienst leisten, *dat.* ‖**-tourne** f. (*turn*). umgeschlagene Trumpfkarte. ‖**-tourner** (*né*), intr. zurückgehen*, -kehren [en voiture, etc.], -fahren* usw. ‖[au pays] heimkehren. ‖[faire demi-tour] umkehren. ‖[carte] umschlagen*. ‖tr. umdrehen, -kehren, -wenden*. ‖[terre] umackern. ‖[salade] umrühren. ‖[renvoyer] zurückschicken, -senden*. ‖*Fig.* [émouvoir] gewaltig aufregen. ‖[**se**]. V. *retourner*, tr. *S'en retourner*, zurückgehen*.

retracer (*sé*). wieder zeichnen. ‖[décrire] beschreiben*.

rétrac‖tation f. (*sio*ⁿ). Widerruf, m. ①. ‖**-ter** (*té*). widerrufen. ‖**-tion** f. Zusammenziehung.

re‖trait m. (rœtrè). Zurücknahme, f. : — *d'emploi*, Absetzung, f.; — *des eaux*, Ablaufen des Wassers. ‖*Archit.* Rücksprung. *En retrait*, eingerückt. ‖**-traite** f. (èt). Zurückziehen, n. spl.. ‖*Mil.* Rückzug, m. *Battre* en retraite*, den Rückzug antreten*; *retraite aux flambeaux*, Fackelzug, m., Zapfenstreich, m. [couvre-feu]. ‖*Fig.* Zurückgezogenheit. ‖[lieu] Ruhesitz, m. ‖[fonctionn.] Ruhestand, m. spl. *En retraite*, außer Dienst; *pension de retraite*, Gnadengehalt, n. ‖[pension] Pensionierung. ‖**-traité, e**, p. a. (*té*). pensioniert.

re‖tranchement m. (aⁿschmaⁿ). Beseitigung, f., Abschaffung, f. ‖*Mil.* Verschanzung, f. ‖**-trancher** (aⁿ-*ché*). ‖*Arithm.* abziehen*. ‖[écarter] beseitigen. ‖[supprimer] abschaffen. ‖[**se**]. sich verschanzen. ‖*Fig.* [derrière] vorschützen, tr.

retransmettre (ètr). [radio] übertragen.

rétré‖ci, e, p. a. (sì). pp. v. *rétrécir*. ‖*Fig.* [esprit] beschränkt. ‖**-cir**. verengen. ‖ [resserrer] einengen. ‖[**se**]. einlaufen* [*sein*], einschrumpfen [*sein*]. ‖**-cissement** m. Verengung, f. ‖[étoffes] Einlaufen, n.

ré‖tribuer (*büé*). [be]lohnen [für]. ‖**-tribution** f. (*sio*ⁿ). Lohn, m.

rétro‖ m. (*tro*). [billard] Rückstoß. ‖**-actif, ive**, a. (*if*, *iw*). [zu-] rückwirkend. ‖ **-activité** f. (*té*). rückwirkende Kraft. ‖**-céder** (*sédé*). wieder abtreten*. ‖**-cession** f. (se-*sio*ⁿ). Wiederabtretung. ‖**-grade** a. (*àd*). rückgängig, -laufend. ‖[parti] Rückschritts... ‖**-grader** (*dé*). zurückschreiten* [*sein*]. ‖*Fig.* Rückschritte machen. ‖**-spectif, ive**, a. (*ir*, *iw*). zurückblickend.

re‖troussé, e, p. a. (rœtru*sé*). [lèvre] aufgeworfen. *Nez* —, Stülpnase. f. ‖**-trousser** (*sé*). [jupe] aufschürzen, aufstecken. ‖[manches] aufstreifen. ‖[cheveux, moustache] aufstreichen*. ‖[chapeau] aufkrempen.

retrouver (tru*wé*). wiederfinden*. *Aller* retrouver*, zurückgehen* [zu]. ‖[**se**]. sich wiederfinden*. ‖[se rencontrer] wieder zusammentreffen*, intr. [*sein*]. ‖ [s'orienter] sich zurechtfinden*.

rétroviseur m. (*zœr*). Rückblickspiegel.

rets m. (rè). Netz, n., Garn, n. ①.

ré‖union f. (réün*io*ⁿ). Vereinigung, Wiedervereinigung. ‖Versammlung. ‖Einverleibung. ‖[société] Gesellschaft. ‖**-unir** (*ir*). vereinigen. ‖[à nouveau] wieder vereinigen. ‖[assembler] versammeln. ‖[annexer] einverleiben. ‖[**se**]. sich... V. *réunir*. ‖[se rencontrer] zusammenkommen*, -treffen*, intr. [*sein*].

ré‖ussir (üs*ir*), intr. [personnes] Glück haben*. ‖[prospérer] fortkommen* [*sein*]. ‖[choses] gelingen*, glücken [*sein*] : *j'ai réussi* [*à*], es ist mir gelungen [zu...]. ‖[prospérer : plantes, enfants] gut geraten* [*sein*], gedeihen* [*sein*]. ‖[être salutaire] gut bekommen, impers. [einem]. ‖tr. mit Glück ausführen. zustande bringen*. ‖**-ussite** f. (*it*). Gelingen, n. ‖[cartes] Patience.

re‖valoir*. vergelten*. ‖**-valoriser.** aufwerten.

revanche f. Wiedervergeltung, Revanche. ‖*En revanche*, dafür, dagegen. ‖ *Prendre sa revanche*, Revanche nehmen*. ‖[au jeu] Gegenpartie.

rê‖vasser (wa*sé*). allerlei träumen, grübeln. ‖**-vasserie** f. (wasr*i*). Träumerei. ‖**-ve** m. (räw). Traum.

revêche a. (rœwäsch). barsch.

ré||veil m. (wèj). 1. Erwachen, n. spl. ||*Mil.* [sonnerie] Reveille, f. ||2. [Abrév. de] *réveille-matin* Wecker. ||**-veiller** (wèjé). [auf] wecken. ||[se]. er- *ou* aufwachen, intr. [*sein*]. ||**-veillon** m. (wèjon). Weihnachtsessen, n. ||**-veillonner** (wèjòné). an dem Weihnachtsessen teilnehmen*.

ré||vélateur, trice, a. (wé-tœr, trìs). enthüllend, verratend. ||m. Angeber ④. ||*Phot.* Entwickler ④. ||**-vélation** f. (sion). Enthüllung. ||[*Relig.*] Offenbarung. ||**-véler** (lé). enthüllen. ||[trahir] verraten. ||[manifester] an den Tag legen. ||*Relig.* offenbaren. ||[se]. sich... V. *révéler.* ||[se manifester] zum Vorschein kommen*.

re||venant m. (rœwœnan). Gespenst, n. ②. ||**-venant-bon** m. Nebengewinn.

revendeur, euse, m., f. (œr, öz). Wiederverkäufer ④, in. ||[fripier] Trödler ④, in.

revendi||cation f. (wan-sion). Forderung, f. ||**-quer** (iké). [zurück] fordern.

revendre (wandr). wieder verkaufen.

revenez-y m. (wœnézi). neue Lust zu etwas, f.

revenir* (wœnir). wiederkommen*, -kehren : — *à soi,* wieder zu sich kommen*. ||[en arrière] zurückkommen*, -kehren. ||[sur sa parole] zurücknehmen*, tr. ||[décision] widerrufen*, tr. [à qn, être dévolu] anheimfallen*. ||[incomber, appartenir] zukommen*, gebühren. ||[à l'esprit] wieder einfallen*. ||[de l'estomac] aufstoßen*. ||[viande] *Faire* revenir,* in Butter aufschmoren. ||[à, coûter] kosten [*acc.*], zu stehen kommen*, [auf, *acc.*], ||Loc. *Revenir au même,* auf dasselbe hinauslaufen*; *je n'en reviens pas,* ich kann mich nicht genug darüber wundern.

revente f. (want). Wiederverkauf, m.

revenu, e (wnü). pp. v. *revenir**. ||m. Einkommen, n. spl.

rêver (räwé). träumen.

réver||bération f. (wer-sion). Widerschein, m. ||**-bère** m. (bär). Straßenlaterne, f.

reverdir (rœw). wieder grünen.

révé||rence f. (werans). Ehrerbietung. ||[salut] Verbeugung. ||[du genou] Knix, m. ||**-rencieux, euse,** a. ehrerbietig. ||**-rend, e,** a. hochwürdig. ||**-rer.** verehren.

rêverie f. (räwri). Träumerei.

re||vers m. (rœwär). Kehr- *ou* Rückseite, f. : *à revers,* im Rücken, von hinten. ||[d'habit] Aufschlag, Umschlag. ||[tennis] Rückhandschlag, m. ||[de fortune] Unglücksfall. ||**-verser** (sé). wieder eingießen*. ||*Fig.* [transférer] übertragen* : *réversible,* übertragbar.

re||vêtement m. (wätman). Bekleidung, f. || [maçonnerie] Mauermantel ③. ||**-vêtir*** (ir). [un habit] anziehen*. ||[habiller de] bekleiden [mit]. ||[couvrir de] bedecken [mit]. ||[forme] annehmen. ||*Fig.* [fonction] bekleiden.

rêveur, euse, a. (räwœr, öz). träumerisch. ||m., f. Träumer ④, in.

revient m. (rœwiin). V. *prix.*

revirement m. (wirman). Umschwung.

re||viser ou **réviser** (wizé). nochmals durchsehen*, revidieren. ||**-vision** f. (zion). Durchsicht. ||*Mil. Conseil de révision,* Musterungskommission.

re||vivifier (wiwifié). wieder beleben. ||**-vivre*** (wiwr). wiederaufleben.

révo||cable a. [choses] widerruflich. ||[fonctionn.] absetzbar. ||**-cation** f. Absetzung, Abberufung. || [édit] Aufhebung.

re||voici adv. (woasi), **-voilà** adv. (woala). *Me revoici* [*revoilà*], hier [da] bin ich wieder.

revoir* (woar). wiedersehen*. ||[reviser] durchsehen*. ||m. Wiedersehen, n. *Au revoir!,* auf Wiedersehen!

ré||voltant, e, p. a. (wòltan, t). empörend. ||**-volte** f. (wòlt). Empörung, Aufruhr, m. spl., Aufstand, m. ||**-volté** a. s. m. (té). Empörer ④, Aufrührer ④. ||**-volter** (té). empören.

révolu||e, a. (wolü). vollendet : *dix ans révolus,* volle zehn Jahre. ||**-tion** f. (sion). [astres] Umlauf, m. *ou* Kreislauf, m. ||[transformation] Umwälzung. ||[politique] Revolution. ||**-tionnaire** a. et a. s. (siònär). revolutionär. ||**-tionner.** umwälzen. ||*Fig.* bestürzen.

revolver m. (wèr). Revolver ④.

révoquer (*wòké*). [ordre] widerrufen*. ‖[fonctionnaire] absetzen.

revu‖, e (rœwü). pp. v. *revoir**. ‖**-vue** f. (*wü*). Durchsicht, Prüfung. ‖*Mil.* Heerschau, Musterung.

révul‖sif, ive, a. (wüls*if*, *iw*). ableitend. ‖m. Ableitungsmittel, n. ④. ‖**-sion** f. (*sion*). Ableitung.

rez-de-chaussée m. (rédschoß*é*). Erdgeschoß, n. ①, Parterre, -s, n.

rha‖billage m. (bijaj). Ausbesserung, f. ‖**-biller** (bij*é*). wieder ankleiden. ‖[réparer] ausbessern.

rha‖psode m. (*òd*). Rhapsode, -n, -n. ‖**-psodie** f. (*i*). Rhapsodie.

Rhénan, e, a. (n*an*, *àn*). Rhein... rheinisch.

Rhénanie f. (n*i*). Rheinland, n.

rhéostat m. (st*a*). Heizwiderstand.

rhé‖teur m. (t*œr*). Rhetor, -en. ‖**-torique** f. (*ìk*). Redekunst, Rhetorik.

Rhin npr. m. (*in*). Rhein.

rhinocéros m. (*òs*). Nashorn, n. ②.

rhododendron m. Alpenrose, f.

Rhône npr. m. (rôn). Rhone, f.

rhubarbe f. (*a*rb). Rhabarber, m.

rhum m. (ròm). Rum.

rhu‖matisant, e, a. (rü-z*an*, t). an Rheumatismus leidend. ‖**-matismal, e, aux,** a. (*àl*, *o*). rheumatisch. ‖**-matisme** m. (*ism*). Rheumatismus, ...men. ‖**-me** m. (rüm). Erkältung, f., Katarrh ① : — *de cerveau,* Schnupfen ④.

riant, e, p. a. (*an*, *ant*). lachend. ‖[aspect] lieblich.

ribambelle f. (banbèl). lange Reihe.

ribaud, e, m., f. (bo, *od*). Hurer, m. ④, Hure, f.

ribote f. (b*òt*). Zechen, n. *En ribote,* betrunken.

ri‖canement m. (kànm*an*). Grinsen, n. spl. ‖**-caner** (n*é*). hohnlächeln, grinsen.

ri‖chard m. (sch*àr*). *Fam.* reicher Kauz. ‖**-che** a. (risch). [en] gehaltreich [an, *dat.*], ...reich. ‖**-chesse** f. (sch*ès*). Reichtum, m. ②. ‖**-chissime** a. (*ìm*). steinreich.

ricin m. (s*in*). Rizinus.

ri‖cocher (kòsch*é*). abprallen [*sein*]. ‖**-cochet** m. (sch*è*). Abprall, spl. *Par ricochet,* indirekt. ‖[tir] Prallschuß.

rictus m. (*üs*). Mundverzerrung, f.

ri‖de f. (r*id*). Runzel, Falte. ‖**-dé, e,** p. a. (d*é*). runzelig.

rideau, x, m. (dô). Vorhang. ‖ — *de fer,* eiserner Vorhang. ‖*Théâtre. Lever de rideau,* einaktiges Stück, n.

rider (d*é*). runzeln, falzen.

ridicule a. (k*ü*l). lächerlich. *Tourner en ridicule, ridiculiser,* lächerlich machen.

rien pron. ind. (r*iin*) [ne... rien, rien ne...] nichts : — *d'autre,* nichts anderes; — *de bon,* nichts gutes; — *de plus,* weiter nichts; — *du tout,* gar nichts. ‖LOC. *En rien,* keineswegs; *il n'en est rien,* es ist nichts dran; *pour rien,* um nichts; [en vain] umsonst; [gratuitement] unentgeltlich, umsonst. ‖[qque chose, quoi que ce soit] etwas : *sans rien dire,* ohne etwas zu sagen. ‖m. Nichts, n. inv. ‖[vétille] Kleinigkeit, f.

rieur, euse, a. (r*iœr*, *öz*). lachlustig. ‖m., f. Lacher ④, in.

riflard m. (*àr*). Schrothobel ④. ‖*Fam.* alter Regenschirm.

ri‖gide a. (j*id*). starr, steif. ‖*Fig.* streng. ‖**-gidité** f. (ji-t*é*). Starrheit, Steifheit. ‖Strenge.

rigodon m. (*on*). « Rigodon », -s.

ri‖golade f. (*àd*). *fam.* Scherz, m. ‖[farce] Ulk, m. ①, *fam.* ‖**-gole** f. (*òl*). Rinne. ‖**-goler** (l*é*). *fam.* sich belustigen. ‖**-golo** a. *fam.* lustig.

ri‖goriste m. (*ist*). Rigorist, -en, -en. ‖**-goureux, euse,** a. (gur*ö*, z). streng. ‖[froid] scharf. ‖[exact] genau. ‖**-gueur** f. (g*œr*). Strenge. *A la rigueur,* streng genommen; [tout au plus] höchstens.

rillettes f. pl. (rij*èt*). « Rillettes » [gehacktes Schweinefleisch].

ri‖mailler (maj*é*). schlechte Verse machen. ‖**-mailleur** m. (j*œr*). Reimschmied. ‖**-me** f. (rim). Reim, m. *Sans rime ni raison,* ungereimt. ‖**-mer** (m*é*). reimen. ‖**-meur** m. (*œr*). Reimschmied.

rinçage m. (r*in*s*a*j). Spülen, n. spl.

rinceau, x, m. (s*o*). Laubwerk, n.

rin‖cer (s*é*). [aus]spülen. ‖**-çure** f. (s*ü*r). Spülicht, n. spl.

ripaille f. (p*a*j). Schmauserei.

ri‖poste f. (*òst*). schlagende Gegenrede. ‖[duel] Gegenstoß, m. ‖**-poster** (t*é*). rasch und treffend

antworten. ‖ [duel] einen Hieb zurückgeben*.
rire* (rir). [de] lachen [über, *acc.*] : — *au nez de qn,* einem in's Gesicht lachen; — *jaune,* gezwungen lachen. ‖ LOC. *C'est à mourir* de rire,* es ist zum Totlachen; *c'est pour rire,* es ist nur Scherz; *crever [étouffer] de rire, rire aux larmes,* sich halbtot lachen; *prêter à rire,* Stoff zum Lachen geben. ‖ [se] [de], spotten [über, *acc.*]. ‖ m. Lachen, n. spl.
ri‖s m. (ri), *poét.* Lachen, n. spl. ‖ *Mar.* Reff, n. ‖ **-sée** f. (*zée*). Gespött, n. ‖ [objet] Gegenstand des Spottes, m. ‖ **-sible** a. (*zibl*). lächerlich.
ris m. [de veau] Kalbsmilch, f.
ris‖que m. (risk). Gefahr, f. *Au risque de,* auf die Gefahr hin, zu...; *à ses risques et périls,* auf eigene Gefahr. ‖ *Comm.* Risiko, -s, n. ‖ **-quer** (*ké*). wagen : *risquer de,* Gefahr laufen*, zu... ‖ **-que-tout** m. (risk^e^tù). Wagehals.
rissoler. braun braten*.
ristourne f. (turn). Ristorno, ...ni, n.
rite m. (rìt). Ritus, ...ten.
ritournelle f. (turnèl). Ritornell, n. ①.
rituel, le, a. (tüèl). rituell.
rivage m. (waj). Ufer, n. ④.
ri‖val, e, aux, m., f. (wàl, *ô*). Nebenbuhler ④, in. ‖ a. nebenbuhlerisch. ‖ **-valiser** (*zé*). wetteifern, *ins.* ‖ **-valité** f. Nebenbuhlerschaft.
rive f. (riw). Ufer, n.
river (*wé*). nieten.
riverain, e, a. (wr*in*, *än*). Ufer..., Grenz... ‖ m., f. Anwohner ④, in.
rivet m. (*wè*). Niete, f.
rivière f. (*wiär*). Fluß, m. ‖ [de diamants] Schnur.
rixe f. (rix). Rauferei.
ri‖z m. (ri). Reis. ‖ **-zière** f. (*ziär*). Reisfeld, n. ②.
rob m. (ròb). Fruchtsaft.
robe f. (ròb). Kleid, n. ② : — *de chambre,* Schlafrock, m. ‖ [de magistrat, de professeur] Talar, m. ①. ‖ [magistrature] Richterstand, m. *Gens de robe,* Richter, m. pl.
robinet m. (*nè*). Hahn.
ro‖buste a. (*üst*). kräftig. ‖ **-bustesse** f. (*ès*). Körperkraft.
ro‖c m. (ròk). Fels[en], -en. ‖ **-caille** f. (*àj*). Muschelwerk, n. ‖ **-cailleux, euse,** a. (kajö, **z**). steinig. ‖ *Fig.* holperig. ‖ **-che** f. (ròsch), **-cher** m. (*sché*). Felsen, m. ④. ‖ *Fig. De vieille roche,* vom alten Schlage.
rochet m. Chorhemd, -en, n.
rocheux, euse, a. (*ö*, **z**). felsig.
rococo m. (-ko). Rokokostil. ‖ *Fig.* altmodisch.
roder (ròdé). schleifen*.
rô‖der (*é*). umherstreichen* [*sein*]. ‖ **-deur, euse,** m., f. (*œr*, *öz*). Herum- *ou* Landstreicher ④, in.
rodomontade f. (ròdòmo^n^tàd). Aufschneiderei.
ro‖gation f. (*sio^n^*). öffentliches Gebet, n. [um Feldsegen]. *Semaine des Rogations,* Bittwoche. ‖ **-gatoire** a. (t^o^*ar*). *Commission rogatoire,* Requisition, f.
rogaton m. (*to^n^*). Überrest ③.
rogne f. (nj). Krätze, Räude. ‖ *Fam. Être* en rogne,* übler Laune sein*.
rogner (rònjé), beschneiden*. ‖ *Fig.* [diminuer] schmälern. ‖ intr. *pop.* übler Laune sein*.
rognon m. (*njo^n^*). Niere, f.
rognure f. (njür). Abschnitzel, n. ④.
rogomme m. (*òm*). *Voix de rogomme,* Säuferstimme, f.
rogue a. (ròg). hochmütig. ‖ f. Rogen, m. ④.
roi m. (r^o^*a*). König.
roide. V. *raide.*
roitelet m. (tlé). Zaunkönig. ‖ *Fig.* Schattenkönig, Duodezfürst, -en, -en.
rôle m. (rôl). Rolle, f. ‖ [liste] Liste, f. *A tour de rôle,* der Reihe nach.
ro‖main, e, a. (m*i^n^*, *än*). römisch. *Typ.* Antiqua, f. ‖ m., f. Römer ④, in. ‖ **-man, e,** a. (a^n^, *àn*). romanisch. ‖ m. Roman ①. ‖ — *policier,* Kriminalroman. ‖ **-mance** f. (*a^n^s*). Romanze. ‖ [chanson] klagendes Lied, n. ②. ‖ **-mancier, ière,** m., f. (*sié*, *iär*). Romanschreiber ④, in, -dichter ④, in. ‖ **-mand, e,** a. (*a^n^*, d). romanisch. *Suisse romande,* französische Schweiz, f. ‖ **-manesque** a. (*esk*). romanhaft. ‖ [imagination] schwärmerisch. ‖ m. Romantiker ④. ‖ **-mantisme** m. (*ism*). Romantismus.
romarin m. (*i^n^*). Rosmarin.
Rome npr. f. Rom, n.

rom‖**pre** (ro^n^pr). brechen*, tr. et intr. ‖[en pièces] zerbrechen* : *rompre la tête, fig.,* den Kopf zerbrechen*. ‖[digue, ligne] durchbrechen*. ‖[interrompre, couper court] abbrechen*, tr. et intr. *Rompre les rangs,* wegtreten*, intr. [*sein*] : *rompez!,* wegtreten! ‖**-pu, e,** p. a. [à]. gewöhnt [an, *acc.*], vertraut [mit]. ‖[de fatigue] wie zerschlagen [gerädert].

ronce f. (ro^n^s). Brombeere.

ron‖**d, e,** a. (ro^n^, d). rund. ‖*Fig.* [franc] offen. ‖[sans façons] ohne Umstände. ‖[en affaires] kulant. ‖[chiffre] rund. *En chiffres ronds,* rund. ‖ [ivre], *pop.* betrunken. ‖*Rond-point,* Rundplatz, Stern. ‖m. Kreis. ‖[anneau] Ring : — *de serviette,* Serviettenring. ‖*Rond-de-cuir,* rundes Lederkissen, n.; *fig. fam.* Schreiberseele, f. ‖*Pop.* [sou] Groschen ④. ‖**-de** f. (ro^n^d). Runde, Rundgang, m. : *à la ronde,* in der Runde. ‖[écriture] Rundschrift. ‖ *Mus.* [chant] Rundgesang, m. ‖[danse] Rundtanz, m. ‖[note] ganze Note. ‖**-delet, te,** a. (dlè, èt). rundlich. *Somme rondelette,* nettes Sümmchen, n. ④. ‖**-delle** f. (dèl). Scheibchen, n. ④. ‖[tonneau] Bierfäßchen, n. ④. ‖**-dement** adv. (ro^n^dma^n^). [vivement] schnell. ‖[aisément] glatt. ‖**-deur** f. (œr). Rundung. ‖[manières] Offenheit. ‖**-din** m. (i^n^). Knüttel ④.

ron‖**flant, e,** p. a. (ro^n^fla^n^, t), *fig.* [emphatique] hochtrabend. ‖ **-flement** m. (^e^ma^n^). Schnarchen, n. spl. ④. ‖Brummen, n. spl. ‖**-fler** (flé). schnarchen. ‖[bourdonner] brummen.

ron‖**ger** (jé), tr. nagen, intr. [an, *dat.*], benagen, tr. ‖[liquide] ätzen. ‖**-geur** m. Nagetier, n.

ron‖**ron** m. (ro^n^). Schnurren, n. spl. ‖**-ronner.** schnurren.

roquet m. (kè). Köter ④.

ro‖**sace** f. (zàs). Einsatzrose, Rosette. ‖**-sacée** f. (see). rosenartige Pflanze. ‖**-saire** m. (zär). Rosenkranz.

rosbif m. (bif). Roastbeef, -s.

ro‖**se** f. (roz). Rose. ‖m. Rosafarbe, f. ‖a. rosa *ou* rosenfarbig, rosenrot. ‖**-sé, e,** a. (zé). rosig.

roseau, x, m. (zo). Schilf, [Schilf-] Rohr, n. ①.

ro‖**sée** f. (zée). Tau, m. spl. ‖**-séole** f. (zéol). Röteln, pl. ‖**-seraie** f. (z^e^rä). Rosengarten, m. ③. ‖**-sette** f. (zèt). Bandschleife. ‖[décoration] Rosette. ‖**-sier** m. (zié). Rosenstock. ‖**-sière** f. Rosenmädchen, n. ④ [preisgekröntes].

ros‖**sard** m. (àr), *fam.* schlechter Kamerad, schlechter Schüler. ‖**-se** f. (ròs). [Schind-]Mähre. ‖*Fig. fam.* Rindvieh, n. spl. ‖a. bösartig. ‖**-sée** f. Tracht Prügel. ‖**-ser.** durchprügeln. ‖**-serie** f. (ròsri), *fam.* Bösartigkeit.

rossignol m. (sinjòl). Nachtigall, f.

rot m. (ro), *pop.* Rülps.

rôt m. (rô). Braten ④.

ro‖**tatif, ive,** a. (if, iw). Rotations... ‖**-tation** f. (sio^n^). Umdrehung.

roter (té). aufstoßen*, rülpsen.

rô‖**ti** m. (ti). Braten ④. ‖**-tie** f. (ti). geröstete Brotschnitte.

rotin m. (i^n^). spanisches Rohr ①, n.

rôti‖**r** (tir). braten*. ‖[au gril] rösten. ‖**-sserie** f. (tißri). Garküche. ‖**-sseur, euse,** m., f. (œr, öz). Garkoch, -köchin. ‖**-ssoire** f. (s^o^ar). Bratpfanne.

ro‖**tonde** f. (o^n^d). Rotunde. ‖**-tondité** f. (té). Rundheit.

rotule f. (tül). Kniescheibe.

ro‖**ture** f. (ür). Bürgerstand, m. ‖**-turier, ère,** a. (ié, iär). bürgerlich.

rouage m. (ruàj). Räderwerk, n.

rou‖**blard, e,** a. (àr, d), *fam.* durchtrieben, verschmitzt. ‖m. Schlaukopf. ‖**-blardise** f. (iz). Schlauheit.

rouble m. (rùbl). Rubel ④.

rou‖**coulement** m. (kùlma^n^). Girren, n. spl. ‖**-couler** (lé). girren.

rou‖**e** f. (ru). Rad, n. ②. ‖ — *libre,* Freilauf, m; — *de secours,* Ersatzrad, n. ‖**-é, e,** p. a. (rué). a. verschmitzt. ‖ **-elle** f. (èl). Scheibe.

rouennerie f. (anri). Baumwollware.

rou‖**er** (rué). [vif] rädern : — *de coups,* krumm und lahm schlagen*. ‖**-erie** f. (ruri). Verschmitztheit. ‖**-et** m. (ruè). Spinnrad, n. ②.

rou‖**ge** a. (ruj). rot. ‖[fer] glühend. ‖[fard] rote Schminke, f. ‖LOC. *Se fâcher tout rouge,* wütend werden*. ‖**-geâtre** a. (jâtr). rötlich. ‖**-geaud, e,** a. (jô, d). rotbäckig. ‖**-ge-gorge**

m. Rotkehlchen, n. ④. ‖**-geole** f. (jòl). Masern, pl., Röteln, pl. ‖**-get** m. (jè). Rötling. ‖**-geur** f. (jœr). Röte. ‖[de peau] Hitzblatter. ‖**-gir** (*ir*). intr. rot werden* [*sein*]. ‖[de] erröten [*sein*] [über, *acc.*]. ‖[avoir honte] sich schämen, *gén.* ‖*Faire* rougir,* röten. ‖[fer] glühen. ‖tr. röten, färben; *eau rougie,* verdünnter Wein, m.

rou‖ille f. (ruj). Rost, m. ‖[céréales] Brand, m. ‖**-illé, e,** p. a. (rujé). rostig, verrostet. ‖*Fig.* eingerostet. ‖**-iller** (rujé). rostig machen. ‖[**se**]. verrosten, intr. [*sein*]. ‖*Fig.* einrosten, intr. [*sein*].

rouir (*ir*). rösten.

rou‖lade f. (rulàd). ‖*Mus.* Lauf, m., Triller, m. ④. ‖**-lage** m. (rul*a*j). Fahren, n. ‖[en général] Fuhrwesen, n. ‖[prix] Fuhrlohn. ‖**-lant, e,** p. a. (*a*ⁿ, *a*ⁿt). Roll... ‖[matériel] beweglich. *Feu roulant,* Lauffeuer, n. ‖**-leau, x,** m. (l*o*). Rolle, f. ‖[cylindre] Walze, f. ‖LOC. *Être* au bout de son rouleau,* nicht mehr weiter können*. ‖**-lement** m. (rulm*a*ⁿ). Rollen, n. spl.; — *à billes,* Kugellager, n. ‖[tambour] Wirbel. ‖[de fonds] Umsatz. *Fonds de roulement,* Betriebskapital, n. ‖[service] Personenwechsel.

rou‖ler (*lé*), tr. rollen, wälzen et leurs composés [hinab-, herabrollen, -wälzen, etc.]. ‖[enrouler] zusammenrollen. ‖[yeux] verdrehen. ‖*Fig. fam.* [qn] anführen, überlisten. ‖intr. rollen [*sein*], fortrollen [*sein*]. ‖[en voiture] fahren* [*sein*]. ‖[du haut en bas] hinab-, herabpurzeln [*sein*]. ‖[bateau] schlingern. ‖*Fig.* [sur un sujet] sich drehen [um]. ‖[**se**]. sich zusammenrollen, sich herumwälzen. ‖**-lette** f. (lèt). Röllchen, n. ④ : ... *à roulettes,* Roll... ‖[jeu] Roulett. n. ‖**-lier** m. (*lié*). Rollkutscher ④. ‖**-lis** m. (*li*). Schlingern, n. ‖**-lotte** f. (*ò*t). Wohnwagen, m. ④.

Rou‖main, e, m., f. (m*i*ⁿ, *ä*n). Rumäne, -n, -n, in. ‖a. rumänisch. ‖**-manie** npr. f. (*i*). Rumänien, n.

roupie f. (p*i*). Nasentropfen, m. ④. ‖[monnaie] Rupie.

roupiller (pijé), *pop.* druseln.

rou‖quin, e, m., f. (k*i*ⁿ, *ì*n), *pop.* Rotkopf, m. ‖**-sseur** f. (*œ*r). Fuchsröte. *Tache de rousseur,* Sommersprosse.

rou‖ssi m. (*si*). Brandgeruch. *Sentir* le roussi,* brandig riechen*. ‖**-ssir** (*ir*). tr. rotgelb machen. ‖intr. rotgelb werden*.

rou‖te f. (rùt). [Fahr-, Land-] Straße. *Se mettre* en route,* sich auf den Weg machen, aufbrechen* [*sein*]. ‖LOC. *En route!* fort!; *faire* fausse route,* vom rechten Wege abkommen*; *faire* route avec,* mitreisen [*sein*]. ‖**-tier, ère,** a. (*tié, iä*r). Straßen... ‖m. Straßenkundige[r], a. s. *Vieux routier,* alter Erfahrungsmensch. ‖**-tine** f. (t*i*n). große Fertigkeit. ‖[usage suranné] Schlendrian, m., Routine. ‖**-tinier, ère,** a. (*ié, iä*r). am alten Schlendrian hängend. ‖m. Gewohnheitsmensch, -en, -en.

rouvrir* (*ir*). wieder öffnen.

roux, ousse, a. (rù, s). rotgelb, fuchsrot, ‖m. Fuchs, Fuchsrot, n. ‖[sauce] braune Butter, f.

roy‖al, e, aux, a. (rᵒaj*à*l, *ô*). königlich. ‖**-aume** m. (*ô*m). Königreich, n. ‖*Fig.* Reich, n. ‖**-alisme** m. (*i*sm). Royalismus, Königspartei, f. ‖**-aliste** a. (*i*st). königlich gesinnt. ‖m. Royalist, -en, -en. ‖**-auté** f. (ôté). Königtum, n. ‖[dignité] Königswürde.

ruade f. (r*üà*d). Ausschlagen, n. spl.

ru‖ban m. (*a*ⁿ). Band, n. ②. ‖[décoration] Ordensband, n. ②. ‖**-banerie** f. (ànr*i*). Bandweberei. ‖**-banier** m. (*ié*). Bandweber ④.

ru‖béfaction f. (s*io*ⁿ). Rötung. ‖**-béfier** (f*ié*). röten. ‖**-bicond, e,** a. (k*o*ⁿ, d). kupferrot. ‖**-bis** m. (b*i*). Rubin ①. ‖LOC. *Rubis sur l'ongle,* genau.

rubrique f. (*i*k). Rubrik.

ru‖che f. (rüsch). Bienenkorb, -stock, m. ‖**-cher** m. Bienenhaus, n. ②, -stand.

ru‖de a. (rüd). rauh. ‖[mœurs] roh. ‖*Fig.* schwer, hart. ‖[brusque] barsch. ‖**-dement** adv. (rüdm*a*ⁿ). V. *rude.* ‖*Fam.* tüchtig. ‖**-desse** f. (*è*s). Rauheit. ‖Rohheit. ‖Härte. ‖Barschheit. ‖**-diment** m. (m*a*ⁿ). [d'organe] Ansatz. ‖pl. Anfangsgründe, pl., Grundzüge, pl. ‖**-dimentaire** a. (t*ä*r). Elementar...,

Grund... ||*Fig.* unausgebildet. ||**-doyer** (d°a*jé*). hart behandeln.
rue f. (rü). Straße. ||[petite] Gasse. ||*En pleine rue,* auf offener Straße.
ruée f. (rü*ee*). Stürzen, n. spl. ||— *vers l'or,* Goldrausch, m.
ruelle f. (*èl*). Gäßchen, n. ④. ||[lit]. Bettgang, m. ||*Fig.* Damenempfangszimmer, n. ④.
ruer (r*üé*). hinten ausschlagen*. ||[se]. sich stürzen.
rugby m. (rügb*i*). Rugby, n.
ru||gir (*jir*). brüllen. ||**-gissement** m. (jism*a*ⁿ). Brüllen, n. spl. ||pl. Gebrüll, n. spl.
ru||gosité f. (**z**i*té*). rauhe Unebenheit. ||**-gueux, euse,** a. (*gö,* **z**). uneben und hart.
Ruhr f. (rür); *bassin de la —,* Ruhrgebiet, n.
rui||ne f. (r*ü*in). [décadence] Verfall, m. spl. *En ruine,* verfallen; *tomber en ruine,* verfallen*. ||[perte] Untergang, m. spl., Ruin, m. spl. ||[écroulement] Einsturz, m. ||[perte] Verderben, n. spl. ||pl. Trümmer, pl. ||[château] Ruine. ||**-ner** (*né*). zugrunde richten. ||[qn] ruinieren. ||**-neux, euse,** a. (*ö,* **z**). äußerst kostspielig.
rui||sseau, x, m. (s*o*). Bach. ||[rigole] Rinne, f. ||**-sseler** (rüisl*é*). rieseln. ||[eau, sueur] triefen*. ||**-ssellement** m. Rieseln, n., Triefen, n.
rumeur f. (rüm**œ**r). Gemurmel, n. spl., Rumor, m. spl. ||[bruit public] Gerücht, n.
ru||minant m. (**a**ⁿ). Wiederkäuer. ||**-miner** (*né*). wiederkäuen. ||*Fig.* hin und her überlegen.
rupture f. (rüpt*ür*). Bruch, m. ||[violente] Aufbrechen, n. spl.
rural, e, aux, a. (*àl, ô*). ländlich, bäuerlich, Land...
ru||se f. (r*ü***z**). List. ||**-sé, e,** a. (**z***é*). listig. ||[malin] schlau. ||[madré] verschmitzt. ||**-ser** (**z***é*). List gebrauchen.
Russe m. et f. (rüs). Russe, -n, -n, ...sin. ||a. russisch.
Russie npr. f. (rüs*i*). Rußland, n.; *la — soviétique,* Sowjetrußland, n.
ru||staud, e, a. (*tô,* d). bäuerisch. ||**-sticité** f. (si*té*). bäuerisches Wesen, n. ||**-stique** a. (*ik*). ländlich, Land..., Dorf... ||**-stre** m. (rüstr). Grobian, ①.
rut m. (rüt). Brunst, f. *En rut,* brünstig.
ru||tilant, e (**a**ⁿ, t). ppr. v. *rutiler.* ||**-tiler** (*lé*). glänzend schimmern.
ryth||me m. (ritm). Rhythmus, ...men. ||**-mique** f. (*ik*). Rhythmik. ||a. rhythmisch.

S

S, s, m. S, s, n.
S. A., *abr.* = Son Altesse, Seine Hoheit, S. H.
sa a. poss. seine, ihre. V. GRAMM.
sabbat m. (b*a*). [juif] Sabbat. ||[des sorcières] Hexensabbat, ||*Fig.* Teufelslärm.
sa||ble m. (sabl). Sand, spl. ||**-bler.** mit Sand bestreuen. ||**-bleux, euse,** a. (bl*ö,* **z**). sandig. ||**-blier** m. (*ié*). Sanduhr, f. ||**-blière** f. (*iär*). Sandgrube. ||**-blonneux, euse,** a. (bl*ònö,* **z**). sandig.
sa||bord m. (b*òr*). Stückpforte, f. ||**-border** (*dé*) [Mar.] anbohren.
sa||bot m. (b*ô*). Holzschuh ①. ||[cheval] Huf ①. ||[enrayage] Hemmschuh ①. ||[toupie] Peitschkreisel ④. ||**-botage** m. (*aj*). Schleuderarbeit, f., Sabotage, f. ||**-boter** (*té*). ||[volontairement] sabotieren. ||**-botier** m. (*tié*). Holzschuhmacher ④.
sabouler (bul*é*). herumzausen. ||*Fig.* ausschimpfen.
sa||bre m. (s*à*br). Säbel ④. *Sabre au clair,* mit gezogenem Säbel. ||**-brer** (br*é*). niedersäbeln. ||*Fig. fam.* geschwind abtun*. ||**-bretache** f. Säbeltasche.
sa||c m. (s*à*k). Sack : — *à main,* Handtäschchen, n. ④; — *à ouvrage,* Arbeitsbeutel. ||[de voyageur] Ranzen ④. ||[havresac] Tornister ④. ||[de montagne, de camping] Rucksack. ||[pillage] Plünderung, f. ||**-ccade** f. (*àd*). Ruck, m. ①. ||**-ccadé, e,** a. abgerissen. ||**-ccager** (*jé*). ausplündern.

saccharine f. (kàrin). Sacharin, n.
sa‖cerdoce m. (serdòs). Priesteramt, n. ‖**-cerdotal, e, aux,** a. priesterlich, Priester...
sa‖chet m. (schè). Säckchen, n. ④ : *sachet parfumé,* Riechkissen, n. ‖**-coche** f. (kòsch). [vélo, moto] Fahr =, Motorradtasche. ‖[à argent] Geldtasche.
sacramentel, le, a. sakramental. ‖[solennel] feierlich.
sa‖cre m. (sàkr). Salbung, f. ‖**-cré, e,** a. (kré). geheiligt. ‖[saint] heilig. **Sacré-Cœur,** Herz Jesu, n. ‖ *Pop.* [maudit] verdammt, verflucht. ‖**-crement** m. (krœm*a*n). Sakrament, n. ① : *saint sacrement,* Monstranz, f. ‖pl. *Derniers sacrements,* Sterbesakramente. ‖ **-crer** (kré). [roi] salben. ‖[évêque] weihen. ‖intr. fluchen. ‖**-crificateur** m. (*œ*r). Oberpriester ④. ‖[juif] Schlächter. ‖**-crifice** m. (ìs). Opfer, n. ④ : *saint* —, Meßopfer, n. ‖[de qc.] Aufopferung, f. ‖**-crifier.** opfern. ‖[qc.] aufopfern. ‖**-crilège** a. (äj). gotteslästerlich. ‖m. Gotteslästerer ④. ‖[acte] Gotteslästerung, f. ‖[profanation] Entweihung, f.
sacripant m. (p*a*n). Eisenfresser ④. ‖[coquin] Schuft ①.
sa‖cristain m. (*i*n). Küster ④, Mesner ④. ‖**-cristi!** (*ti*). potztausend! ‖**-cristie** f. (*ti*). Sakristei. ‖**-crosaint, e,** a. hochheilig. ‖**-crum** m. Kreuzbein, n.
sadi‖que m. (sad*ic*). sadistisch. ‖**-sme** m. (d*i*sm). Sadismus.
safran m. (*a*n). Safran.
sa‖gace a. (*à*s). scharfsinnig. ‖**-gacité** f. (sité). Scharfsinn, m.
sagaie f. (gä). Wurfspieß, m. [der Neger].
sa‖ge a. (sàj). weise. ‖[raisonnable] vernünftig. ‖[prudent, avisé] klug. ‖[chaste] sittsam. ‖[enfant] artig. ‖**-ge-femme** f. (fàm). Hebamme. ‖**-gement** adv. (jœm*a*n). V. *sage.* ‖**-gesse** f. (jès). Weisheit, Klugheit.
Sagittaire m. (jit'tär). *Astron.* Schütze, -n, -n.
sagouin m. (gu*i*n). Wedelaffe. ‖*Fam.* Schmutzfink, -en, -en.
sai‖gnant, e, p. a. (sènj*a*n, t). blutend. ‖[viande] nicht durchgebraten. ‖*Fam.* englisch gebraten. ‖**-gnée** f. (nj*ee*). Aderlaß, m. ‖**-gnement** m. (sènjm*a*n). Bluten, n. spl. : — *de nez,* Nasenbluten, n. ‖**-gner** (njé). intr. bluten : — *du nez,* aus der Nase bluten. ‖tr. zur Ader lassen*. ‖[porc] schlachten. ‖[se], *fig.* große Opfer bringen*.
sa‖illant, e, p. a. (sàj*a*n, t). vorspringend. ‖ *Fig.* hervorragend. ‖[remarquable] bemerkenswert. ‖**-illie** f. (sàj*i*). Vorsprung, m. ‖[proéminence] Erhöhung. ‖*Fig.* [d'esprit] witziger Einfall, m. ‖**-illir** (sàj*i*r), intr. = *faire saillie.* ‖tr. [jument] bespringen*.
sain, e, a. (s*i*n, sän). gesund : — *et sauf,* gesund und munter.
saindoux m. (dù). Schmalz, n.
sainfoin m. (fo*i*n). Süßklee.
sain‖t, e, a. (s*i*n, t) [Abkürzung vor einem Eigennamen : St, Ste]. heilig. ‖Abr. : St. [sankt] *Saint Bernard,* der heilige Bernhard, der St. Bernhard; *l'église Saint-Pierre,* die Peterskirche. ‖*Semaine sainte, vendredi saint,* Karwoche, f., -freitag, m. ‖*Saint-office,* Inquisitionsgericht, n. ‖*Saint-Siège,* der Päpstliche Stuhl, m. ‖*les saintes Écritures,* die heilige Schrift. ‖*Ne savoir à quel saint se vouer,* nicht wissen wo ein noch aus. ‖**-teté** f. (teté). Heiligkeit.
sais (sè). V. *savoir*.*
sai‖si, e, p. a. (*zi*). [frappé] betroffen. ‖**-sie** f. Beschlagnahme. ‖ **-sir** (*zi*r). ergreifen*, fassen. ‖[empoigner, et *fig.*] packen : — *au collet,* beim Kragen packen. ‖*Fig.* [surprendre] überraschen. ‖[confisquer] in Beschlag nehmen*. ‖[comprendre] verstehen*; *ne pas bien saisir,* nicht richtig auffassen. ‖LOC. *Saisir ... d'une affaire,* eine Sache vor [*acc.*] bringen*. ‖[se] [de]. ergreifen*, tr., sich bemächtigen [*gén.*]. ‖**-sissant, e,** p. a. (*a*n, t). ergreifend, packend. ‖**-sissement** m. (zism*a*n). Ergriffenheit, f. ‖[surprise] Überraschung, f.
sai‖son f. (säz*o*n). Jahreszeit. *Saison d'eaux,* Badekur. ‖[modes] « Saison ». ‖LOC. *De saison,* zeitgemäß, passend, gelegen; *hors de saison,* unzeitgemäß; *marchand, e des quatre-saisons,* umherziehender

Obst- und Gemüsehändler, in. ||**-sonnier, ère,** a. (*nié, ier*), in die Jahreszeit passend.

sait. V. *savoir**.

sa||lade f. (*àd*). Salat, m. ①. || [casque] Pickel- *ou* Sturmhaube. ||**-ladier** m. (*dié*). Salatschüssel, f.

salaire m. (*lär*). Lohn, Besoldung, f.

salaison f. (ä**zo**n). Einsalzen, n. spl. || [viande] Pökelfleisch, n.

salamalec m. (*èk*). Selam, -s. ||*Fig.* übertriebene Höflichkeit, f.

salamandre f. Salamander, m. ④, Molch, m. ①.

salant p. a. (**a**n). *Marais salant,* Salzteich, m.

salarié, e, p. a. (*ié*). besoldet. m. Arbeitnehmer ④.

salaud m. (*lo*). Schmutzfink, Saukerl.

sale a. (*sàl*). schmutzig, schmutzige Wäsche, f. : *linge.* — ||*Fig.* unsauber. ||*Fig. Sale affaire,* böse Geschichte, f.

sa||lé, e, p. a. (*lé*). salzig, gesalzen. || [source, bains] Salz... || [viande] Pökel... ||*Fig. fam.* [prix] übermäßig teuer. ||**-ler** (*lé*). [ein-] salzen, einpökeln.

saleté f. (*sàlté*). Schmutz, m. spl. || [malpropreté] Unsauberkeit. ||*Fig.* Zote.

salière f. (*iär*). Salzfäßchen, n. ④.

saligaud, e, a. (*gô,* d). schmutzig. ||m. Schmutzfink, -en, -en.

sa||lin, e, a. (**i**n, *in*). salzig, Salz... ||**-line** f. (*ìn*). Salzwerk, n., Saline.

sa||lir (*ir*). beschmutzen. ||**-lissant, e,** p. a. (**a**n, t). leicht schmutzend. ||**-lissure** f. (*ür*). Schmutz, m. spl. ||**-live** f. (*iw*). Speichel, m. ||*Perdre sa salive,* umsonst reden. ||**-liver** (*wé*). speicheln.

salle f. (*sal*). Saal, m., pl. Säle : — *à manger,* Eßzimmer, n., Speisesaal, m. ; — *d'attente,* Wartesaal, m. ; — *de bain,* Badezimmer, n. ; — *d'armes,* Rüstkammer ; — *de police,* Haftraum, m., Arreststube ; — *des pas perdus,* Vorhalle ; — *de spectacle,* Schauspielhaus, n. ; [intérieur] Zuschauerraum, m.

salmigondis m. (go**n**d*i*). n. ||*Fig.* Mischmasch, spl.

salon m. (**o**n). Empfangszimmer, n. ④. || [modeste] gute Stube, f. || [luxueux] « Salon », -s. || [exposition] Ausstellung, f., « Salon », -s.

salopette f. (*pèt*). Schmutzanzug, m. [d. Arbeiter].

salpêtre m. (*ätr*). Salpeter.

salsifis m. (*fi*). Schwarzwurzel, f.

saltimbanque m. et f. (ti**n**b**a**nk). Seiltanzer ④, in.

sal||ubre a. (*übr*). gesund. ||**-ubrité** f. (*té*). Gesundheit. || [publique] Gesundheitspflege.

saluer (*üé*). grüßen, tr. et intr., begrüßen, tr.

salure f. (*ür*). Salzigkeit.

sal||ut m. (*ü*). Gruß, Begrüßung, f. || [profond] Verbeugung, f. || [ce qui sauve] Rettung, f. || [public] Wohlfahrt, f. ||*Relig.* Heil, n. || [éternel] Seligkeit, f. [office] Abendandacht, f. ||*Armée du* —, Heilsarmee. ||**-utaire** a. (*ütär*). heilsam. ||**-utation** f. (*sio*n). Begrüßung : —*s empressées,* beste Empfehlung. || [profonde] Verbeugung. ||**-utiste** m. Mitglied [n. ②] der Heilsarmee.

sal||ve f. Salve : — *d'applaudissements,* Beifallssturm, m. ||**-vation** f. (*sio*n). Seligmachung.

Samaritain, e, m., f. (*ti*n, *än*). Samariter ④, in.

samedi m. (*sàmdi*). Samstag ①, Sonnabend ①.

samovar m. (*wàr*). Samowar ①.

sanatorium m. (*iòm*). Sanatorium, ...ien, n.

sanc||tification f. (sa**n**k-*sio*n). Heiligung. || Heilighaltung. ||**-tifier** (*fié*). heiligen. || [un jour] heilig halten*.

sanc||tion f. (*sio*n). [d'une loi] Bestätigung. || [pénale] Strafe. || [titre] Sanktion. ||**-tionner** (*sìoné*). bestätigen.

sanctuaire m. (*tüär*). Heiligtum, n. ②.

sandale f. (sa**n**dàl). Sandale.

sandwich m. (*duitsch*). Butterbrot [n. ①] mit Schinken, Sandwich, n.

san||g m. (sa**n**). Blut, n. ||LOC. *Coup de sang,* Blutsturz ; *sang-froid,* m. Kaltblütigkeit, f. ; *se faire* du bon sang,* recht vergnügt sein* ; *se faire* du mauvais sang,* sich böses Blut machen ; *tout en sang,* ganz blutig. ||**-glant, e,** a. (a**n**, t). blutig. || [taché] blutbefleckt. || [injurieux] schmählich.

san||gle f. (saⁿgl). Gurt, m. ①. ||**-gler.** gürten. ||[serrer] festschnüren.
sanglier m. (*glié*). Wildschwein, n.
san||glot m. (*glô*). Schluchzen, n. spl. ||**-gloter** (*òté*). schluchzen.
san||gsue f. (aⁿ*sü*). Blutegel, m. ④. ||*Fig.* Blutsauger, m. ④. ||**-guin, e,** a. (*g*iⁿ, *ìn*). vollblütig, sanguinisch. ||**-guinaire** a. (*ginär*). blutgierig, -dürstig. ||**-guinolent, e,** a. (gi-*a*ⁿ, t). mit Blut vermischt.
sanitaire a. (*tär*). Gesundheits..., Sanitäts..., sanitär.
sans prép. (saⁿ). ohne, *acc.* ||...los : *sans pain,* brotlos; *sans plus,* und weiter nichts; *sans-cœur,* m., herzloser Mensch; *sans-culotte,* m., « Sans-culotte », -n, -n.; *sans-gêne,* m., Ungeniertheit, f.; *sans-souci,* m., Hans ohne Sorgen; *sans-travail,* m., Arbeitslose[r], a. s. ||LOC. *Sans façon,* ohne Umstände; *sans cesse,* unaufhörlich; *sans faute,* unfehlbar.
sanscrit m. (*i*). Sanskrit, n.
santal m. (*àl*). Sandelholz, n.
santé f. (*té*). Gesundheit. *En bonne santé,* gesund, bei Gesundheit; *maison de santé,* Heilanstalt; *service de santé,* Sanitätsdienst, m. ||LOC. *A votre santé!* auf Ihre Gesundheit! auf Ihr Wohl! prosit!; *boire* à la santé de qn,* jemands Gesundheit ausbringen*.
saoul, e, a. (su, sul). V. *soûl.*
sapajou m. (*jù*). Wickelschwanzaffe, -n. -n.
sa||pe f. (sàp). Sappe. ||**-per** (*pé*). sappieren. || *Fig.* untergraben*. ||**-peur** m. (*œr*). Pionier ①. *Sapeur-pompier,* Feuerwehrmann, pl. -leute; pl. die Feuerwehr, sing.
saphir m. (*ir*). Saphir ①.
sa||pin m. (*i*ⁿ). Tanne, f. ||**-pinière** f. Tannengehölz, n. ②.
sarabande f. (*a*ⁿd). Sarabande.
sarbacane f. (*àn*). Blasrohr, n. ①.
sar||casme m. (*asm*). bitterer Hohn, spl. ||**-castique** a. (*ik*). höhnisch, sarkastisch.
sarcelle f. (*sèl*). Knäkente.
sar||clage m. (*àj*). Jäten, n. ||**-cler** (*klé*). jäten. ||**-cleur, euse,** m., f. (*œr, öz*). Jäter ④, in. ||**-cloir** m. (°*ar*). Jäthacke, f.
sarcophage m. (*àj*). Sarkophag ①.
Sar||daigne npr. f. (*dänj*). Sardinien, n. ||**-de** npr. m., f. (sard). Sardinier ④, in. ||a. sardinisch.
sardine f. (*ìn*). Sardelle.
sardonique a. (*dònik*). sardonisch.
sarigue f. (ig). Beuteltier, n.
sarment m. (*ma*ⁿ). Rebholz, n. ②.
Sarrasin, e, npr. m., f. (*zi*ⁿ, *ìn*). Sarazene, -n, -n. ...nin. ||a. sarazenisch. ||m. [blé noir] Buchweizen.
Sarre npr. f. (*sàr*). Saar. ||[pays] Saargebiet, n.
sarrau, x, m. (*ro*). Kittel ④.
sas m. (sa). Sieb, n.
Sa||tan npr. m. (*a*ⁿ). Satan. ||**-tané, e,** a. (*tàné*). verteufelt. ||**-tanique** a. (*ìk*). satanisch.
satellite m. (*èl'lìt*). Trabant, -en, -en.
satiété f. (*siété*). Sattheit. *A satiété,* vollauf; *fig.* bis zum Überdruß.
sa||tin m. (*i*ⁿ). Atlas ①. ||**-tiner** (*né*). glätten. ||[papier] satinieren. ||**-tinette** f. (*èt*). Satinett, m.
sa||tire f. (*ir*). Satire. Spottgedicht, n. ||**-tirique** a. (*ìk*). satirisch.
satisf||action f. (*faksio*ⁿ). Befriedigung. ||[contentement] Zufriedenheit. ||**-aire*** (*fär*). befriedigen, zufriedenstellen, sép. ||**-aisant, e,** p. a. (*fèza*ⁿ, t). befriedigend. ||**-ait, e,** p. a. (*fè*, t). befriedigt, zufrieden. ||**-ecit** m. (*sìt*). gutes Zeugnis, n.
satrape m. (*àp*). Satrap, -en, -en.
sa||turation f. (*tü-sio*ⁿ). Sättigung. ||**-turer** (*türé*). sättigen. ||*Fig.* übersättigen.
sa||turnales f. pl. (*türnàl*). Saturnalien, pl. ||**-turne** npr. m. (*ürn*). Saturn. ||**-turnin, e,** a. (*i*ⁿ, *ìn*). Blei...
satyre m. (*ir*). Satyr, -en.
sau||ce f. (soß). Brühe, Tunke, Sauce. ||**-cer** (*sé*). in Brühe [Sauce] eintunken. ||**-cière** f. (*siär*). Saucenschüssel, -napf, m.
sau||cisse f. (*sìs*). Bratwurst, ¨e. ||**-cisson** m. (*o*ⁿ). Wurst, ¨e, f.
sauf, ve, a. (*sôf*, ow). unversehrt. V. *sain.* ||[sauvé] gerettet. ||prép. [excepté] ausgenommen [après le régime], bis auf, *acc.* ||[outre] außer. ||[sous réserve de] unbeschadet [*gén.*]. ||*Sauf-conduit,* m. Geleitsbrief.

sauge f. (sôj). Salbei.
saugrenu, e, a. (grenü). ungereimt.
saule m. (sôl). Weide, f.
saumâtre a. (âtr). *Eau saumâtre,* Brackwasser, n. ④.
saumon m. (on). Salm ①, Lachs ①. *Truite saumonée,* Lachsforelle, f. ‖[métal] Massel, f.
sau‖mure f. (ür). Lake. ‖**-nier** m. (ié). Salzsieder ④.
saupoudrer (pùdré) [de]. bestreuen [mit].
saur a. (sor). *Hareng saur,* geräucherter Hering, m.
saurien m. (iin). Saurier ④.
saussaie f. (sä). Weidengebüsch, n.
sau‖t m. (sô). Sprung : — *périlleux,* Saltomortale, -s, m. ‖LOC. *Au saut du lit,* beim Aufstehen; *par sauts,* sprungweise, adv. ‖**-te** f. (sôt). [de vent] Umspringen, n. spl. [des Windes]. ‖**-té, e,** p. a. (té). *Cuis.* gebraten, in Butter geschmort. ‖**-te-mouton** m. (sôtmuton). Bocksprung. ‖**-ter.** intr. springen* [*sein*]. ‖[explosion] in die Luft fliegen*. *Faire* —,* sprengen. ‖*Fig.* [faillite] fallieren. ‖[plomb] schmelzen*. ‖tr. springen*, intr. [über, *acc.*], überspringen, tr. ‖[omettre] auslassen*, überschlagen*. ‖*Cuis.*, et *faire* sauter,* braten*, in Butter schmoren. ‖**-terelle** f. (trèl). Heuschrecke. ‖**-terie** f. (sôtrie). Tänzchen, n. ④. ‖**-te-ruisseau** m. inv. (sôtrüißo). Laufbursche, -n, -n. ‖**-teur, euse,** m., f. (œr, öz). Springer ④, in. ‖m., f. *fam.* Schwindler ④, in. ‖f. [danse] Hopfer, m. ④. ‖f. *Cuis.* Bratpfanne. ‖**-tillement** m. Hüpfen, n. pl. ‖**-tiller** (tijé). hüpfen. ‖**-toir** m. geschobenes Kreuz, n. *En sautoir,* am Halse.
sau‖vage a. (sôwaj). wild. ‖*Fig.* [timide] menschenscheu. ‖**-vageon** m. (wajon). Wildling. ‖**-vagerie** f. (wajri). Wildheit. ‖[timidité] Menschenscheu. ‖**-vegarde** f. (sowgard). Schutz, m. ‖**-vegarder** (dé). schützen. ‖**-ve-qui-peut** m. (sowkipö). Ausreißen, n. V. *sauver.* ‖**-ver** (wé). [de] retten, erretten [aus]. *Sauve qui peut!* rette sich, wer kann! ‖[épave] bergen*. ‖*Relig.* erlösen. ‖[se]. sich retten. ‖[s'enfuir] sich flüchten, entschlüpfen, intr. [*sein*]. ‖[soldats]. ausreißen*, intr. [*sein*]. ‖**-vetage** m. (sôwtàj). Rettung, f. ‖**-veteur** m. (sôwtœr). Retter ④. ‖**-veur** m. (wœr). Retter ④. ‖[Christ] Erlöser, Heiland.
savamment adv. (wàman). mit gründlicher Sachkenntnis.
savane f. Savanne.
savant, e, a. (wan, t). gelehrt. ‖m. Gelehrte[r].
sa‖vate f. (wàt). Schlappschuh, m. ①. ‖**-vetier** m. (sawtié). Schuhflicker ④. ‖*Fig. fam.* Pfuscher ④, Stümper ④.
saveur f. (wœr). Geschmack, m.
Savoie npr. f. (woa). Savoyen, n.
sa‖voir* (woar). wissen*. ‖[une langue] kennen*, verstehen*. ‖[pouvoir : lire, compter, etc., parler une langue] können : *il sait nager,* er kann schwimmen*; *je sais l'allemand,* ich kann deutsch. ‖LOC. *A savoir,* nämlich; *faire* savoir,* zu wissen* tun*, bekannt machen; *un je-ne-sais-quoi,* ein gewisses etwas. ‖m. Wissen, n. ‖**-voir-faire** m. (fär). Geschicklichkeit, f. ‖**-voir-vivre** m. Lebensart, f.
sa‖von m. (won). Seife, f. ‖ — *en paillettes,* Seifenflocken, pl. ‖*Fam.* [réprimande] Rüffel ④. ‖**-vonnage** m. (wònàj). Seifenwäsche, f. ‖**-vonner.** mit Seife waschen. ‖[barbe] einseifen. ‖**-vonnette** f. (èt). Seifenkugel. ‖[de montre] Kapsel. ‖**-vonneux, euse,** a. (wònö, z). seifenartig.
sa‖vourer (wùré). auskosten. ‖*Fig.* langsam genießen*. ‖**-voureux, euse,** a. (ö, z). schmackhaft.
Savoyard, e, m., f. (woajar, àrd). Savoyarde, -n, -n, ...din. ‖a. savoyardisch.
Saxe npr. f. (sax). Sachsen, n.
Saxon, ne, m., f. (on, òn). Sachse, -n, -n, ...sin. ‖a. sächsisch.
saxophone m. (òn). Sachshorn, n. ②.
saynète f. (sènèt). •Sainete [Salonstück].
sbire m. (ir). Häscher ④.
scabieuse f. (biöz). Grindkraut, n. ②.
scabreux, euse, a. (ö, z). heikelig, heikel.
scaferlati m. (ti). geschnittener Tabak.

scalène a. (lèn). ungleichseitig.
scalp‖el m. (èl). Seziermesser, n. ④. ‖**-er** (pé). skalpieren.
scand‖ale m. (skandàl). Ärgernis, n., Skandal ①. ‖**-aleux, euse,** a. (ö, z). skandalös. ‖**-aliser** (zé). ärgern. ‖[se] [de] Anstoß nehmen* [an, *dat.*].
scander. skandieren.
Scand‖inave npr. m. et f. (àw). Skandinavier ④, in. ‖a. skandinavisch. ‖**-inavie** npr. f. (wi). Skandinavien, n.
sca‖phandre m. (skafandr). Taucherapparat ①. ‖**-phandrier** m. (ié). Taucher ④.
scapulaire m. (pülär). Skapulier, n. ①.
scarabée m. (bee). Käfer ④.
scarifier (ié). schröpfen.
scarlatine f. (in). Scharlachfieber, n.
scarole f. V. *escarole.*
sceau, x, m. (sô). Siegel, n. ④. *Garde des sceaux,* Justizminister.
sc‖élérat, e, a. (sé-rà, t). ruchlos. ‖m. Bösewicht. ‖**-élératesse** f. (ès). Ruchlosigkeit.
sc‖ellé m. (sèlé). Siegel, n. ④. ‖**-ellement** m. (sèlman). Verkittung, f. ‖**-eller** (lé). [acte] siegeln. ‖[cacheter] versiegeln. ‖[fer, pierre] verkitten. ‖*Fig.* bekräftigen.
sc‖énario m. (io). Drehbuch, n. ‖**-ène** f. (sän). Bühne. *Mettre* en scène,* auf die Bühne bringen*; *mise en scène,* Bühneneinrichtung, Inszenierung, Regie; *paraître* en scène,* auftreten*. ‖[partie d'un acte] Auftritt, m., Szene. ‖[vif incident] Auftritt, m.; *faire* une scène à qn,* einen hart anfahren*. ‖[tableau] Bild, n. ②, Anblick, m. ‖**-énique** a. (ik). Bühnen...
scep‖ticisme m. (sep-sism). Skeptizismus. ‖**-tique** a. (ìk). skeptisch. ‖m. Skeptiker ④.
sceptre m. (septr). Zepter, n. ④ ‖*Fig.* Herrschaft, f.
schah m. Schah, -s.
schelling m. (schlin). Schilling.
schéma‖ m. (ma). Schema, -s, n. ‖**-tique** a. (ik). schematisch.
schis‖matique a. schismatisch. ‖m. Schismatiker ④. ‖**-me** m. Schisma, ...men, n., Kirchenspaltung, f.
schis‖te m. Schiefer. ‖**-teux, euse,** a. schieferig.
schlague f. Stockschläge, pl.
schooner m. (scho-). Schoner, ④.
sciage m. (siaj). Sägen, n.
sciatique a. Hüft... ‖f. Ischias.
scie f. (si). Säge : — *à ruban,* Bandsäge; — *circulaire,* Kreissäge. ‖*Fam.* [taquinerie] wiederholte Neckerei. ‖[chose ennuyeuse] langweilige Sache.
sci‖emment adv. (siaman). wissentlich. ‖**-ence** f. (sians). Wissenschaft. ‖[savoir] Wissen, n. spl. ‖[connaissance] Kenntnis. ‖[doctrine, discipline] ...kunde, ...lehre. ‖[art] Kunst. ‖**-entifique** a. wissenschaftlich.
sci‖er (sié). [ab-] sägen. ‖**-erie** f. (siri). Sägemühle. ‖**-eur** m. (œr). Säger ④; — *de long,* Brettschneider.
scinder (sindé). zerteilen.
scin‖tillement m. (tijman). Funkeln, n. spl., Glitzern, n. spl. ‖**-tiller** (tijé). funkeln, glitzern.
scion m. (sion). Schößling, Reis, n. ②.
scission f. (sion). Spaltung, Entzweiung.
sciure f. (ür). Sägespäne, pl.
scléro‖se f. (ôz). Verhärtung. ‖**-tique** f. (tìk). weiße Hornhaut.
sco‖laire a. (är). Schul... ‖**-larité** f. (té). Schulzeit. ‖**-lastique** a. (ìk). scholastich. ‖f. Scholastik. ‖**-lie** f. (i). Scholie.
scoliose f. (iôz). Rückgratverkrümmung.
scolopendre f. (andr). *Zool.* Tausendfuß, m. ‖*Bot.* Hirschzunge.
scorbut m. (büt). Scharbock.
scorie f. (i). Schlacke.
scorpion m. (ion). Skorpion ①.
scout m. (skaut). *Boy-scout.* Pfadfinder.
scribe m. (ib). Schreiber ④. [Bible] Schriftgelehrte[r].
scro‖fule f. (ül). Skrofeln, pl. ‖**-fuleux, euse,** a. (ö, z). skrofulös.
scrotum m. Hodensack.
scru‖pule m. (skrüpül). Skrupel ④, Bedenken, n. ④. ‖**-puleux, euse,** a. (ö, z). skrupulös, ängstlich. ‖[soin] peinlich genau.
scru‖tateur, trice, a. (tœr, trìs). forschend. ‖m. Stimmenzähler ④.

‖**-ter** (*té*). erforschen. ‖**-tin** m. (*in*). Abstimmung, f. [durch Zettel].

sculp‖ter (skülté). schnitzen. ‖[pierre] hauen* [in Stein]. ‖**-teur** m. (*tœr*). Bildhauer ④. ‖[s. bois] Holzschnitzer ④. ‖**-ture** f. (*tür*). Bildhauerei. ‖[sur bois] Schnitzwerk, n. ‖[art] Bildhauerkunst. ‖Holzschnitzerei.

se pron. réfl. (sœ). sich. ‖pron. récipr. [sich] einander.

sé‖ance f. (se*a*ns). Sitzung. *Séance tenante*, während der Sitzung; *fig.* unverzüglich. ‖**-ant, e,** p. a. sitzend. ‖*Fig.* [décent] anständig, schicklich. ‖m. Gesäß, n. *Sur son séant*, aufrecht sitzend.

seau, x, m. (so). Eimer ④. *Fig. A seaux* [pluie], in Strömen.

sébacé, e, a. (*sé*). talgartig, Talg...

sébile f. (*il*). Holzschale.

sec, èche, a. (sek, èsch). trocken. ‖[desséché] dürr. ‖[fruits] gedörrt. ‖*Fig.* [maigre] hager. ‖[coup] rasch. ‖LOC. *A pied sec*, trockenen Fußes; *à sec*, vertrocknet; *fig. fam.* [sans argent] ausgebeutelt; *boire* sec*, ohne Wasser trinken*.

sé‖cante f. (*a*nt). Sekante. ‖**-cateur** m. (*œr*). Baumschere, f. ‖**-cession** f. (sessi*o*n). Sezession.

sé‖chage m. (sch*a*j). Trocknen, n. ‖**-cher** tr. et intr. trocknen. ‖tr. [dessécher] austrocknen. ‖tr. [fruits] dörren. ‖**-cheresse** f. Trockenheit. ‖[saison] Dürre. ‖**-choir** m. (sch°*a*r). Trockenplatz, -kammer, f.

se‖cond, e, a. (sœg*o*n, d). [der, die, das] zweite. *De seconde main*, aus zweiter Hand. ‖a. s. *En second*, an zweiter Stelle. ‖[suppléant] *Lieutenant en second*, Secondeleutnant. ‖m. [duel] Sekundant, -en, -en. ‖**-condaire** a. (*är*). nebensächlich, Neben... ‖[enseignement] höher, Gymnasial... *Ecole secondaire*, höhere Schule, f. ‖*Géol.* sekundär. ‖**-conde** f. (g*o*nd). Sekunde. ‖[classe] Sekunda. ‖**-condement** adv. (m*a*n). zweitens. ‖**-conder** (*dé*). unterstützen.

secouer (*kué*). schütteln. ‖*Fig.* [réprimander] ausschelten*.

se‖courable a. (kur*à*bl). hilfreich. ‖**-courir*** tr. (*ir*). helfen*, intr., beistehen*, intr. ‖**-cours** m. (k*ù*r). Hilfe, f. *Appeler au secours*, Hilfe rufen*; *au secours!* Hilfe! ‖[appui] Beistand.

secousse f. (k*ù*s). Erschütterung. ‖[saccade] Ruck ①, m.

se‖cret, ète, a. (kr*è*, t). geheim. ‖[dérobé] heimlich. ‖[caché] verborgen. ‖m. Geheimnis, n. ‖LOC. *Au secret*, im engen Gewahrsam; *en secret*, im geheimen. ‖**-crétaire** m. (*tär*). Sekretär. ‖[de société] Schriftführer ④. ‖[scribe] Schreiber ④. ‖[meuble] Schreibschrank. ‖**-crétariat** m. (*ia*). Sekretariat, n. ①. ‖[bureau] Kanzlei, f.

sécré‖ter (*té*). absondern. ‖**-tion** f. (*sio*n). Absonderung.

sec‖taire m. (*tär*). Sektierer ④. ‖a. sektarisch, Sekten. ‖**-te** f. Sekte.

sec‖teur m. (*œr*). [Kreis-]Ausschnitt. ‖[division] Sektor, -en. ‖**-tion** f. (*sio*n). Durchschnitt, m. ‖[division] Abschnitt, m. ‖*Mil.* Zug, m. Sektion. ‖**-tionner** (si*o*né). teilen [in Abschnitte].

sécu‖laire a. (*külär*). hundertjährig. ‖**-lariser** (*zé*). *Relig.* verweltlichen.

secundo adv. (eko*n*d*o*). zweitens.

sécurité f. (kü-*té*). Sicherheit.

sédatif, ive, a. (*if*, *iw*). schmerzstillend.

sé‖dentaire a. (*antär*). sitzend. ‖[population, etc.] ständig. ‖**-diment** m. (m*a*n). Niederschlag.

sé‖ditieux, euse, a. (dis*iö*, z). aufrührerisch. ‖m. Aufrührer ④. ‖**-dition** f. (*sio*n). Aufruhr, m., Aufstand, m.

sé‖ducteur, trice, a. (düktœr, tr*ì*s). verführerisch. ‖m., f. Verführer ④, in. ‖**-duction** f. (düks*io*n). Verführung. ‖**-duire*** (d*üir*). verführen. ‖*Fig.* bezaubern, einnehmen*. ‖**-duisant, e,** p. a. (z*a*n, t). verführerisch.

segment m. (sègm*a*n) [Kreis-]Abschnitt.

seiche f. (sesch). Tintenfisch, m.

seigle m. (sègl). Roggen.

sei‖gneur m. (sènjœr). Herr, -n, -en. ‖**-gneurial, e, aux,** a. (*ial*, *o*). herrschaftlich. ‖**-gneurie** f. (*ri*). herrschaftliches Gut, n. ‖[titre] *Votre Seigneurie*, Eure [Ew.] Herrlichkeit [*ou* Gnaden].

sein m. (s*i*n). Busen ④. ‖[poitrine, mamelle] Brust, ¨e, f. ‖*Fig.*

[giron] Schoß. *Fig. Au sein de,* im Schoße [*gén.*]. ‖[milieu] Mitte, f.
seing m. (siⁿ). Unterschrift, f. : — *privé,* Privatunterschrift, f.
séisme m. (ism). Seismus, ...men.
sei‖ze a. num. (säz). sechzehn. ‖**-zième**. V. GRAMM.
sé‖jour m. (jur). Aufenthalt ①. ‖[lieu] Aufenthaltsort ①. ‖**-journer** (né). sich aufhalten*, verweilen.
sel m. Salz, n. ①. ‖*Fig.* Witz.
sélec‖tif a. (selèktif) [radio] trennscharf. ‖**-tion** f. Auswahl. ‖**-tionner** (sìoné). aussuchen [durch Zucht].
sell‖e f. (sèl). Sattel, m. ③. ‖[garde-robe] Stuhlgang, m. *Aller* à la selle,* zu Stuhle gehen*. ‖**-er** (sèlé). satteln. ‖**-erie** f. (selri). Sattlerarbeit, -ware. ‖**-ette** f. (èt). [siège] Schemelchen, n. ④. ‖*Fig.* Sünderstühlchen, n. ④. ‖*Fig. Tenir* qn sur la sellette,* einem hart zusetzen. ‖[de sculpteur] Gestell, n. ‖**-ier** m. Sattler ④.
selon prép. (sœloⁿ). ... gemäß, *dat.*, nach, *dat.* : *selon moi,* meiner Ansicht nach; *c'est selon,* je nachdem, es kommt darauf an.
semailles f. pl. (sœmâj). Saat, sing.
semaine f. (än). Woche.
sémaphore m. (òr). Semaphor ①.
sem‖blable a. (saⁿblàbl). ähnlich. ‖[égal] gleich. ‖m. Mitmensch, -en -en. ‖**-blant** m. (aⁿ). Schein, Anschein. ‖LOC. *Faire* semblant de...,* tun* [sich stellen], als ob...; *ne faire* semblant de rien,* sich nichts merken lassen*. ‖**-bler** (blé). scheinen*. ‖[avoir l'air] den Anschein haben*, vorkommen*; *il me semble,* mich dünkt; *que vous en semble?,* was halten Sie davon?; *si bon vous semble,* wenn es Ihnen beliebt.
semelle f. (sœmèl). Sohle. *Fig. Battre* la semelle,* mit den Füßen stampfen.
se‖mence f. (aⁿs). Samen, m. ④. ‖**-mer** (mé). säen. ‖[champ] besäen.
se‖mestre m. (estr). Halbjahr, n. ‖**-mestriel, le,** a. (ièl). halbjährig.
se‖meur m. (œr). Säemann, ...leute. ‖*Fig.* Verbreiter ④. ‖**-mi-...** halb...
sémillant, e, a. (mijaⁿ, t). munter, quecksilbern.
séminaire m. (är). Seminar, n. ①
séminal, e, aux, a. (àl). Samen...
séminariste m. (ist). Seminarist, -en, -en.
semis m. (sœmi). Samenbeet, n.
sé‖mite m. (ìt). Semit, -en, -en, ‖**-mitique** a. (ìk). semitisch.
se‖monce f. (oⁿs). Strafpredigt. ‖**-moncer** (sé). einen Verweis erteilen, *dat.*
semoule f. (mùl). Grieß, m.
sempiternel, le, a. (saⁿ-nèl). immerwährend.
sé‖nat m. (à). Senat ①. ‖**-nateur** m. (œr). Senator, -en. ‖**-natorial, e, aux,** a. (iàl, ô). Senats... ‖**-natus-consulte** m. (tüskoⁿsült). Senatsbeschluß.
séné m. (né). Sennesstrauch; [feuilles] Sennesblätter, pl.
sénéchal, aux, m. (schàl, ô). Seneschall ①.
séneçon m. Kreuzkraut, n.
Sénèque npr. m. (èk). Seneka.
sé‖nile a. (il). greisenhaft, Alters... ‖**-nilité** f. (té). Altersschwäche.
sen‖s m. (saⁿs). Sinn. ‖LOC. *A double sens,* doppelsinnig; *à mon sens,* meiner Meinung nach. *Bon sens* (saⁿ), *sens* (saⁿ) *commun,* gesunder Menschenverstand : *cela n'a pas le sens commun,* das ist Unsinn; *reprendre* ses sens,* wieder zu sich kommen*. ‖[direction] Richtung, f.; *en tout* [*tous*] *sens,* nach allen Richtungen; *sens* (saⁿ) *dessus dessous,* das oberste zu unterst gekehrt; *fig.* [ému] tief erschüttert; *sens* (saⁿ) *devant derrière,* verkehrt. ‖[côté] Seite, f.; *sens interdit,* verbotene Richtung, f.; *sens unique,* Einbahnstraße, f. ‖[Verbe] (saⁿ). V. *sentir**. ‖**-sation** f. (sioⁿ). Empfindung. ‖[impression] Eindruck, m. *Faire* sensation,* Aufsehen erregen. ‖**-sationnel, le,** a (siònèl). sensationell. ‖**-sé, e,** a. (sé). verständig.
sen‖sibiliser (zé). *Phot.* lichtempfindlich machen. ‖**-sibilité** f. (té). [faculté] Empfindungsvermögen, n. ‖[qualité de sentir] Empfindlichkeit. ‖**-sible** a. (ibl). [chose] fühlbar, merklich. ‖[personne] empfindlich. ‖**-siblerie** f. (œrie). Empfindelei. ‖**-sitif, ive,** a. (if, iw). Empfindungs... ‖f. Sinnpflanze. ‖**-sualité**

f. (süa-*té*). Sinnlichkeit. ‖ [plaisir des sens] Wollust. ‖**-suel, le,** a. (sü*è*l). sinnlich. ‖ [voluptueux] wollüstig.
sente f. (saⁿt). Fußsteig, m.
sen‖tence f. (t*a*ⁿs). Lehrspruch, m. ‖ [jugement] Richterspruch, m. ‖**-tencieux, euse,** a. (*siö*, **z**). schulmeisterisch.
senteur f. (*œ*r). Geruch, m., Duft, m.
sentier m. (*tié*). Pfad ①.
sentim‖ent m. (m*a*ⁿ), Gefühl, n., Empfindung, f. ‖ [pensée] Gesinnung, f. ‖ [opinion] Meinung, f. ‖**-ental, e, aux,** a. (*tà*l, *o*). empfindsam. ‖**-entalité** f. (*té*). Empfindsamkeit.
sentinelle f. (*è*l). Schildwache, Posten, m. ④.
sentir* (*ir*). tr. [toucher] fühlen. *Faire* sentir,* fühlbar machen. ‖ [éprouver] empfinden*. ‖ [comprendre] begreifen*. ‖tr. [personnes] et intr. [odorat] riechen*. ‖ [choses] — *bon**, — *mauvais,* gut, übel riechen*; — *le tabac,* etc., nach Tabak usw. riechen*.
seoir* (sᵒ*a*r) [Inf. ungebr.] *Cette robe vous sied bien,* dieses Kleid steht Ihnen gut. ‖*Fig.* : *il vous sied mal de...,* es schickt sich nicht für Sie, zu...
sépale m. (sep*a*l). Kelchblatt, n. ②.
sé‖parable a. (par*à*bl). trennbar. ‖**-paration** f. Trennung. ‖**-paratiste** m. Separatist, -en, -en. ‖**-parément** adv. (m*a*ⁿ). getrennt, einzeln. ‖**-parer.** trennen. ‖ [scission] scheiden*. ‖ [isoler] absondern.
sépia f. (*ia*). Sepia.
sept a. num. (s*è*t). sieben.
sept‖ante num. (sept*a*ⁿt). siebzig. ‖**-embre** m. (*a*ⁿbr). September. ‖**-entrion** m. (aⁿtri*o*ⁿ). Norden. ‖**-entrional, e, aux,** a. (*ò*n*a*l, *o*). nördlich. ‖**-ième** (sè*tiè*m). V. GRAMM.
septique a. (sept*i*k). septisch.
sept‖uagénaire a. et a. s. (üagén*ä*r). siebzigjährig. ‖**-uor** m. (*üò*r). Septett, n.
sépul‖cral, e, aux, a. (*à*l, *ô*). Grab... ‖**-cre** m. (p*ü*lkr). Grab, n. ②. ‖**-ture** f. (pült*ü*r). Grabstätte.
sé‖quelle f. (k*è*l). Anhang, m. ‖**-quence** f. (k*a*ⁿs). Sequenz, Reihenfolge.
séques‖tration f. (kes-si*o*ⁿ), Sequestrierung, f. ‖**-tre** m. (k*e*str). [biens] Beschlagnahme, f. ‖ [personnes] Einsperrung, f. ‖**-trer** (*tré*). mit Beschlag belegen. ‖ [personnes] einsperren.
sequin m. (sœk*i*ⁿ). Zechine, f.
sera... V. *être**.
sérail m. (*a*j). Serail, -s.
séra‖phin m. (f*i*ⁿ). Seraph ①. ‖**-phique** a. (f*ì*k). seraphisch.
Serb‖e npr. m., f. (serb). Serbe, -n, -n, ...bin. ‖a. serbisch. ‖**-ie** npr. f. (b*i*). Serbien, n.
serein, e, a. (sœr*i*ⁿ, *ä*n). heiter. ‖m. Abendtau.
sérénade f. (*à*d). Ständchen, n. ④.
sérénité f. (*té*). Heiterkeit. ‖ [d'esprit] Ungetrübtheit.
séreux, euse, a. (*ö*, **z**). serös.
serf, erve, adj. et a. s. (serw). leibeigen.
serge f. (serj). Serge.
sergent m. (j*a*ⁿ). Sergeant, -en, -en : — *de ville,* Schutzmann, pl. -leute.
sériciculture f. (sikült*ü*r). Seidenzucht.
sé‖rie f. (*i*). Reihe. ‖ [succession] Reihenfolge. ‖*Techn.* Serie. ‖*En série,* serienmäßig. ‖**-rier** (*ié*). nach der Reihenfolge ordnen.
sérieux, euse, a. (*iö*, **z**). ernsthaft, ernst. ‖m. Ernst. *Prendre* au sérieux,* ernstlich [für Ernst] nehmen*.
serin‖, e, m., f. (sœr*i*ⁿ, *ì*n). Zeisig, m. ‖ [canari) Kanarienvogel, m. ③. ‖*Fig.* Gimpel, m. ‖**-er** (*iné*). vororgeln, *dat.* ‖*Fig.* eintrichtern. ‖**-ette** f. (in*è*t). Vogelorgel.
seringa m. (*i*ⁿ*ga*). Syringe, f.
seringue f. (*i*ⁿg). Spritze.
serment m. (m*a*ⁿ). Eid, Schwur. *Prêter serment,* einen Eid leisten.
ser‖mon m. (*o*ⁿ). Predigt, f. ‖**-monner** (*òné*). abkanzeln.
séro‖sité f. (**z***ité*). Blutwässerigkeit. ‖**-thérapie** f. (*ie*). Serumheilkunde.
serpe f. (serp). Gartenmesser, n. ④.
ser‖pent m. (p*a*ⁿ). Schlange, f. : — *à sonnettes,* Klapperschlange, f. ‖*Mus.* Schlangenhorn, n. ②. ‖**-penter** intr. (aⁿ*té*). sich schlängeln. ‖**-pentin** m. (t*i*ⁿ). [tube] Schlangenrohr, n. ‖ [papier] Papierschlange, f.
serpette f. (p*è*t). Gartenhippe.

serpillière f. (*liär*). Packtuch, n. ②.
serpolet m. (*lè*). Quendel.
serr‖e f. (*sèr*). Gewächshaus, n. ② : — *chaude*, Treibhaus, n. ②. ‖**-é, e,** p. a. gedrängt. ‖[oppressé] beklommen. ‖[rangs] geschlossen. ‖[avare] knauserig. ‖[jeu] vorsichtig. ‖[style] bündig. ‖**-e-file** m. (*serfil*). schließender [Unter-] Offizier ①. ‖**-e-frein** m. (*serfrin*). Bremser ④. ‖**-ement** m. (*sermān*). Drücken, n. spl. ‖[de cœur] Beklemmung, f. ‖**-er** (*ré*). drücken, pressen. ‖[attacher] festbinden, -schnüren, sép. ‖[de près] hart zusetzen, *dat.* ‖[rangs] schließen*. ‖[les dents] zusammenbeißen*. ‖[ranger] einschließen*. ‖**-e-tête** m. (*sertèt*). Kopfband, n. ②. ‖**-ure** f. (*ür*). Schloß, n. ②. ‖**-urerie** f. (*ri*). Schlosserei. ‖**-urier** m. (*ié*). Schlosser ④.
sers, sert (*sèr*). V. *servir**.
ser‖tir (*ir*). einfassen. ‖**-tisseur** m. (*œr*). Einfasser ④.
sérum m. (*ròm*). Serum, ...ren, n.
ser‖vage m. Leibeigenschaft, f. ‖*Fig.* Knechtschaft, f. ‖**-vant** p. a. *Chevalier servant*, Waffenknecht, m. ‖[église] Meßdiener ④. ‖**-vante** f. Magd, ¨e, Dienstmädchen, n. ④. ‖*Fig.* [formule de politesse] Dienerin. ‖**-viable** a. (*iàbl*). dienstfertig. ‖**-vice** m. (*wìs*). Dienst : — *militaire obligatoire*, allgemeine Wehrpflicht, f. ‖LOC. *Être* au service de qn*, in jemandes Diensten stehen*; *faire* son service*, seinen Dienst versehen*; *rendre un service*, einen Dienst leisten. ‖[domestique] Bedienung, f., Aufwartung, f. ‖[ustensiles] Geschirr, n. : — *à thé*, — *de table*, Tee-, Tischgeschirr, n. ‖[couvert] Besteck, n. : — *à découper*, Zuschneidebesteck, n.
serviette f. (*wièt*). Mundtuch, n. ②, Serviette. ‖[de toilette] Handtuch, n. : — *hygiénique*, Monatsbinde. ‖[portefeuille] Mappe.
ser‖vile a. (*wìl*). knechtisch. ‖**-vilité** f. (*té*). Knechtssinn, m. ‖**-vir*** (*wir*). tr. et intr. dienen, intr. [*dat.*], bedienen, tr. : *servir à...* [inf.], dienen [zu]; *servir de...*, dienen [als]; — *la messe*, zur Messe dienen. ‖[à table] auftragen*, vorlegen : — *à table*, bei Tische aufwarten. ‖[à boire] einschenken. ‖[rente] auszahlen, [repas] abgeben*. ‖LOC. *Cela ne sert à* [*de*] *rien*, das nützt nichts; *le dîner est servi, madame est servie*, der Tisch ist gedeckt. ‖[se] [de] sich bedienen, *gén.* ‖**-viteur** m. (*tœr*). Diener ④. ‖**-vitude** f. (*üd*). Knechtschaft.
ses a. poss. (*sè*). seine, ihre. V. GRAMM.
sésame m. (*zàm*). Sesamkraut, n. : —, *ouvre-toi!* Sesam, tu' dich auf!
session f. (*siōn*). Session.
setier m. (*s^etié*). Sester ④.
seuil m. (*sœj*). Schwelle, f.
seu‖l, e, a. (*sœl*). allein [attr. inv.]. ‖[isolé] alleinig, einzeln. ‖[unique] einzig. ‖**-lement** adv. (*sœlmān*). nur, bloß, allein. ‖[pas avant] erst : — *hier*, erst gestern. ‖**-let, te,** a. (*lè, t*), *fam.* ganz allein.
sève f. (*säw*). Saft, m.
sé‖vère a. (*wär*). streng. ‖[sérieux] ernst. ‖**-vérité** f. (*té*). Strenge.
sé‖vices m. pl. (*wìs*). Mißhandlungen, f. pl. ‖**-vir** (*wir*). streng verfahren. ‖[fléau] wüten. ‖[épidémie] herrschen. ‖[ravager] verheeren, tr.
se‖vrage m. (*sœvràj*). Entwöhnen, n. ‖**-vrer** (*wré*). entwöhnen [Kind]. ‖*Fig.* [priver de] berauben [*gén.*].
sexagénaire a. et a. s. (*segzajénär*). sechzigjährig.
sexe m. (*seks*). Geschlecht, n. ②.
sex‖tant m. (*ān*). Sextant, -en, -en. ‖**-tuple** a. (*üpl*). sechsfach.
sexuel, le, a. (*üèl*). geschlechtlich, Geschlechts...
sey‖... V. *seoir**. ‖**-ant, e,** p. a. (*säjān, t*). [gut] sitzend *ou* stehend.
shako m. (*schako*). Tschako, -s.
schilling m. Schilling.
shrapnell m. (*èl*). Schrapnell, -s.
si conj. [condition] wenn : *s'il venait*, wenn er käme. ‖LOC. *Les si et les mais*, das Wenn und das Aber. ‖[doute] ob : *savez-vous s'il vient?* wissen Sie ob er kommt? ‖adv. so : *si grand*, so groß. ‖LOC. conj. : *si bien que*, so daß; *si riche qu'il soit*, so reich er auch sein mag. ‖adv. affirm., = *oui*, ja.

doch; *Si fait!* ja doch!; *oh! que si!,* o ja! ‖m. *Mus.* H, n. : *si bémol,* B. n.

Siamois, e, npr. m., f. (m*o*a, **z**). Siamese -n, -n, -sin. ‖a. siamesisch.

Si‖bérie npr. f. (*i*). Sibirien, n. ‖**-bérien, ne,** m., f. (*i*^{n}, *ièn*). Sibirier ④, in. [a. sibirisch].

sibilant, e, a. (*a*^{n}, t). pfeifend.

si‖bylle f. (b*i*l). Sibylle. ‖**-byllin, e,** a. (*i*^{n}, *ì*n). sibyllinisch.

sicaire m. (kär). gedungener Mörder ④.

siccatif, ive, a. (sikat*i*f, *i*w). trocknend. ‖m. Trockenmittel, n. ④.

Si‖cile npr. f. (s*i*l). Sizilien, n. ‖**-cilien, ne,** m., f. (*i*^{n}, *ièn*). Sizilianer ④, in. ‖a. sizilianisch.

side-car m. (saidk*a*r). Beiwagen.

sidér‖al, e, a. (*à*l). Stern[en]... ‖**-é, e,** a. (r*é*). bestürzt.

sidérurgie f. (ürj*i*). Eisenindustrie.

siècle m. (s*iè*kl). Jahrhundert, n. ①. ‖[période, âge] Zeitalter, n. ④.

sied. V. *seoir**.

si‖ège m. (s*iä*j). Sitz. ‖*Mil.* Belagerung, f. ‖**-éger** (j*é*). sitzen*. ‖[en un lieu] seinen Sitz haben*. ‖[parlement, etc.] Sitzung halten*.

sien, ne, a. poss. (s*i*^{n}, *ièn*). sein : *le sien, la sienne,* [der, die, das] seinige. V. GRAMM. ‖*Faire* des siennes,* tolle Streiche machen.

siér... V. *seoir.*

sieste f. (*e*st). Mittagsschläfchen, n. ④ [*faire**, halten*].

sieur m. Herr, -n, -en.

sif‖flant, e, p. a. (*a*^{n}, t). [*Lettre*] *sifflante,* Zischlaut, m. ‖**-flement** m. (œm*a*^{n}). Pfeifen, n. spl. ‖Zischen, n. spl. ‖Sausen, n. spl. ‖**-fler** (fl*é*). pfeifen*. ‖[serpents] zischen. ‖[vent] sausen. ‖[un verre], *pop.* mit einem Zuge austrinken*. ‖**-flet** m. (fl*è*). Pfeife, f. *Coup de sifflet,* Pfiff. ‖**-floter** (òt*é*). ins Blaue pfeifen*.

si‖gnal, aux, m. (sinj*à*l, *ô*). Zeichen, n. ④, Signal, n. ①. ‖**-gnalement** m. (alm*a*^{n}). genaue Beschreibung. f. Signalement, n., -s. ‖**-gnaler** (l*é*). [indiquer] anzeigen. ‖[annoncer] melden. ‖[faire ressortir] hervorheben*. ‖ *Techn.* signalisieren. ‖[se]. sich auszeichnen. ‖**signalé, e,** p. a. ausgezeichnet. ‖**-gnalisation** f. (**z**as*io*^{n}). Signalisierung, Verkehrsregelung.

si‖gnataire m. et f. (njat*ä*r). Unterzeichner ④, in. ‖**-gnature** f. (*ü*r) Unterschrift.

si‖gne m. (sinj). Zeichen, n. ④ : — *de croix,* Kreuzzeichen, n.; *faire* le signe de la croix,* ein Kreuz schlagen*. ‖[distinctif] Merkmal, n. ①. ‖[peau] Mal, n. ①. ‖LOC. *Faire* signe,* winken; *faire* signe que oui,* zustimmend nicken. ‖**-gner** (sinj*é*). unterzeichnen, unterschreiben*. ‖[se]. sich bekreuzen. ‖**-gnet** m. (nj*è*). Lesezeichen, n. ④. ‖**-gnificatif, ive,** a. (*i*f, *i*w). bedeutsam. ‖**-gnification** f. (s*io*^{n}). Bedeutung, Anzeige. ‖**-gnifier** (f*ié*). bedeuten. ‖[notifier] anzeigen.

si‖lence m. (*a*^{n}s). Stillschweigen, n. *Passer sous silence,* mit Stillschweigen übergehen*. ‖[calme] Stille, f. ‖**-lencieux, euse,** a. (*a*^{n}s*iö*, **z**). stillschweigend, still.

Si‖lésie npr. f. (**z***i*). Schlesien, n. ‖**-lésien, ne,** m., f. (*i*^{n}, *ièn*). Schlesier ④, in. ‖a. schlesisch.

silex m. (l*e*ks). Feuerstein.

silhouette f. (*uè*t). Schattenriß, m. ①. ‖*Fig.* [forme] Gestalt.

si‖licate m. (*à*t). kieselsaures Salz, n. ‖**-lice** f. (*i*s). Kieselerde. ‖**-licium** m. (s*iò*m). Kieselstoff.

si‖llage m. (sij*à*j). Kielwasser, n. ④. ‖**-llon** m. (sij*o*^{n}). Furche, f. ‖**-llonner.** durchfurchen. ‖*Fig.* [parcourir] durchziehen*.

silo m. (l*o*). Korngrube, f.

simagrée f. (*ee*). Ziererei. *Faire* des simagrées,* sich zieren; Umstände machen.

simarre f. (*à*r). Schleppkleid, n. ② [d. Richter u. Kardinäle].

simiesque a. (*iè*sk). affenartig, Affen...

si‖milaire a. (*ä*r). gleichartig. ‖**-mili...** (l*i*). -Schein... ‖**-militude** f. (*ü*d). Gleichartigkeit.

simonie f. (*i*). Simonie.

simoun m. (m*ù*n). Samum.

simpl‖e a. (si^{n}pl). einfach. ‖[unique] bloß. ‖ [sans prétention] schlicht. ‖[d'esprit] einfältig. ‖*Pur et simple,* unbedingt. ‖**-et, te,** a. (pl*è*, t). ein wenig einfältig.

‖-icité f. (sité). Einfachheit. Einfältigkeit. ‖-ification f. (sion). Vereinfachung. ‖-ifier. vereinfachen. ‖-iste a. einseitig.
simul‖acre m. (mülàkr). Schein. ‖**-ateur, trice,** m., f. Simulant, -en, -en, in. ‖**-ation** f. (sion). Simulation. ‖**-er** (é). simulieren.
simul‖tané, e, a. (né). gleichzeitig. ‖**-tanéité** f. (ité). Gleichzeitigkeit.
sinapisme m. Senfpflaster, n. ④.
sin‖cère a. (sinsär). aufrichtig. ‖**-cérité** f. (té). Aufrichtigkeit.
sinécure f. (kür). Sinekure.
sine qua non loc. (non). unerläßlich.
sin‖ge m. (sinj). Affe, -n, -n; *fam.*, der Herr. ‖**-ger** (jé). nachäffen. ‖**-gerie** f. (ri). Affengebärde. ‖*Fig.* Affenkomödie.
sin‖gulariser [se] (sœ-gü-zé). sich durch Sonderbarkeiten auszeichnen. ‖**-gularité** f. (té). Sonderbarkeit. ‖**-gulier, ière** a. (ié, iär), **ièrement** adv. eigenartig. ‖[étrange] sonderbar, seltsam.
si‖nistre a. (istr.). unheilvoll. ‖[peu rassurant] unheimlich. ‖m. Unglücksfall. ‖**-nistré, e,** a. verunglückt. ‖[bombardement] ausgebombt.
sino... chinesisch-...
sinon adv. wo nicht, sonst, andernfalls.
si‖nueux, euse, a. (üö, z). krumm, gewunden. ‖**-nuosité** f. Krümmung.
sinus m. (üs). Sinus ④. ‖*Anat.* Höhle, f.
siphon m. (fon). Heber ④. ‖[bouteille] Siphon, -s.
sire m. (sir). [seigneur] Herr, -n, -en. ‖*Fig.* Kerl : *pauvre sire,* armer Schlucker; *triste sire,* garstiger Kerl. ‖[titre royal] allergnädigster Herr, Majestät, f.
sirène f. Sirene.
si‖rop m. (rô). Sirup ①. ‖**-roter** (té). nippen. ‖**-rupeux, euse,** a. (üpö, z). sirupartig.
sis, e, p. a. (si, z). liegend, gelegen.
si‖smique a. (ik). seismisch. ‖**-smographe** m. (àf). Seismograph, -en, -en.
Sisyphe npr. m. (zif). Sisyphus.
site m. (sit). Lage, f. ‖[paysage] Landschaft, f.
sitôt adv. (tô). sobald. *Pas de sitôt,* nicht sobald. ‖LOC. *Sitôt dit, sitôt fait,* gesagt, getan.
si‖tuation f. (tüasion). Lage. ‖[position] Stellung. ‖[état] Zustand, m., Verhältnisse, n. pl. ‖**-tué, e,** a. (tüé). liegend, gelegen. *Être* situé,* liegen*. ‖**-tuer** (tüé). hinstellen, situieren.
six‖ num. (sìs). sechs. ‖**-ième** a. s. (siziäm). V. GRAMM. ‖**- -quatre-deux,** *à la* —, nachlässig. ‖**-te** f. (sixt). *Mus.* Sechste. ‖[classe] Sexta. ‖**-tine** a. (ìn). sixtinisch.
ski‖ m. Ski, Schi, -s. : *faire du ski,* Schi laufen. ‖**-eur** m. (œr). Skiläufer ④.
Sla‖ve npr. m. et f. Slawe, -n, -n, ...win. ‖a. slawisch. ‖**-von, ne,** m., f. Slawonier ④, in. ‖a. slawonisch.
slogan m. (an). Schlagwort, n. ②.
Slovaque m. et f. (wàk). Slowak, -en, -en, ìn. ‖a. slowakisch.
S. M., = *Sa Majesté.* Seine Majestät.
smala f. (la), *fam.* Sippschaft.
smoking m. (ing). Smoking, -.
sno‖b m. (òb). Snob, -s, Stutzer ④. ‖**-bisme** m. Stutzertum, n.
snow-boot m. (snôbut). Schneeschuh ①.
sobr‖e a. (sòbr). mäßig. ‖**-iété** f. Mäßigkeit.
sobriquet m. (kè). Spitzname, -ns, -n.
soc m. (sòk). Pflugschar, f.
so‖ciable a. (siàbl). gesellig. ‖**-cial, e, aux,** a. (siàl, o). gesellschaftlich. ‖*Siège social,* Sitz. ‖**-cialisme** m. (ism). Sozialismus. ‖**-cialiste** m. (ist). Sozialist, -en, -en. ‖a. sozialistisch.
so‖ciétaire m. (siétär). Mitglied [n. ②] einer Gesellschaft. ‖**-ciété** f. (té). Gesellschaft. ‖**-ciologie** f. (lòji). Soziologie. ‖**-ciologue** m. (òg). Soziolog-, -en, -en.
socle m. (sòkl). Untersatz, Sockel ④.
socque m. (sòk). Überschuh ①.
Socrate npr. m. (àt). Sokrates.
so‖da m. (dà). Sodawasser, n. ‖**-dium** m. (iòm). Natrium, n.
sœur f. (sœr). Schwester. ‖[religieuse] Klosterfrau [-schwester], Nonne : — *de charité,* barmherzige Schwester.
sofa m. (fa). Sofa, n.
soi‖ pron. (soa). sich. LOC. *A part soi,* für sich; *chez soi,* zu Hause;

[avec direction] nach Hause. ||m. eigenes Heim, n. ||*En soi,* an und für sich; *hors de soi,* außer sich; *sur soi* [avoir*], bei sich. ||m. *Un autre soi-même,* ein anderes Selbst, n. ||- **-disant** a. inv. (**zan**). angeblich, sogenannt.

soie|| f. (s^o^a). Seide. ||[de porc] Borste. ||*—artificielle,* Kunstseide. ||**-rie** f. (*i*). Seidenware.

soient. V. *être**.

soif f. (s^o^af) [de]. Durst, m. [nach]. *Avoir* soif,* durstig sein*.

soign||er (s^o^anjé). pflegen. ||[travail, etc.] sorgfältig behandeln [bearbeiten]. ||**-eux, euse,** a. (njö, **z**). sorgfältig.

soin m. (soi^n^). [malades] Pflege, f. pl. ||[attention] Sorgfalt, f. spl. ||Loc. *Aux bons soins de...,* zur gefälligen Besorgung durch...; *avoir* [prendre*] soin de,* Sorge tragen* [für]; *donner ses soins à,* pflegen; [médicalement] ärztlich behandeln; *être aux petits soins,* sehr aufmerksam sein*; *laisser à qn le soin de,* es einem überlassen, zu...

soi||r m. (s^o^ar). Abend ①. *Ce soir,* heute abend. ||**-rée** f. (*ée*). Abendzeit. ||[réunion] Abendgesellschaft: *— dansante,* Tanzabend, m.

sois. V. *être.*

soit (s^o^a), V. *être. Soit!* es sei! meinetwegen! ||conj. *soit* [répété]. es sei...; entweder... oder : *soit lui, soit moi,* entweder er oder ich. ||[c'est-à-dire] nämlich.

soixan||taine f. (s^o^asa^n^tän) : *une soixantaine,* etwa sechzig; *avoir* la soixantaine,* um sechzig Jahre alt sein*. ||**-te** a. num (**san**t). sechzig. ||**-tième** (*iäm*). V. Gramm.

sol m. (sòl). Erdboden, Boden. ||*Géol.* Erdreich, n. ||*Mus.* G : *— dièse,* Gis, n.; *— bémol,* Ges, n. ||[anciennement = *sou*].

solaire a. (*är*). Sonnen...

solanée f. (*ée*). Nachtschattengewächs, n.

sol||dat m. (d*a*). Soldat, -en, -en. ||**-datesque** f. (*e*sk). Soldateska. ||**-de** f. (sòld). Sold, m. spl., Löhnung. ||m. Saldo, n. ||[vente] Ausverkauf. ||**-der** (*dé*). saldieren. ||[régler] bezahlen, begleichen*. ||[vendre] ausverkaufen.

sole f., (sòl). [base] Sohle. ||[machine] Herd, m. ||[poisson] Scholle, Seezunge.

solécisme m. (*s*ism). Sprachschnitzer ④.

soleil m. (*ä*j). Sonne, f. *Au soleil,* in der Sonne; *coup de soleil,* Sonnenstich. ||Loc. *Il fait du soleil,* die Sonne scheint.

sol||ennel, le a. (lànèl). feierlich. ||**-ennité** f. (*té*). Feierlichkeit. ||[fête] Festlichkeit, Feier.

solfatare f. (*àr*). Solfatara, ...ren.

sol||fège m. (f*è*j). Solfeggio, ...ien, n. ||**-fier** (*jé*). solfeggieren.

sol||idaire a. (*där*). solidarisch. ||**-idariser** [**se**] (**zé**). sich solidarisch verpflichten. ||**-idarité** f. (*té*). Solidarität.

sol||ide a. (*i*d). [corps] fest. ||[durable] haltbar. ||*Fig.* [santé] gesund. ||[robuste] kräftig. ||[sûr] sicher. ||[solvable] kreditfähig. ||[notions] gründlich. ||**-idifier** (*fié*). fest machen. ||**-idité** f. (*té*). Festigkeit. ||Haltbarkeit. ||Kreditfähigkeit. ||Gründlichkeit.

soliloque m. (*ò*k). Selbstgespräch, n.

solipède m. (ped). Einhufer ④.

soliste m. (*i*st). Solist, -en, -en.

sol||itaire a. (*tär*). einsam. ||[lieu] abgelegen. ||**-itude** f. (*ü*d). Einsamkeit.

sol||ive f. (*i*w). Balken, m. ④. ||**-iveau, x,** m. (w*ô*). schmaler Balken. ||*Fig.* wahre Null, f.

sollici||tation f. (sol'lisi-**sion**). dringende Bitte. ||[d'emploi, etc.] Ansuchen, n. spl., Bewerbung [um eine Stelle. ||**-ter** (*té*) [qn]. bitten*, ersuchen [um]. ||[qc., briguer] sich bewerben* [um]. ||[attirer] anziehen*. ||**-teur, euse,** m., f. (**œr, öz**). Bittsteller, in. ||**-tude** f. Fürsorge.

solo m. (l*ô*). Solo, -s, n.

solstice m. (*ì*s). Sonnenwende, f.

sol||ubilité f. (lü-*té*). Auflösbarkeit. ||**-uble** a. (*ü*bl). auflösbar. ||[question] lösbar. ||**-ution** f. (**sion**). Auflösung, Lösung.

sol||vabilité f. (wa-*té*). Zahlungsfähigkeit. ||**-vable** a. (w*à*bl). zahlungsfähig.

sombre a. (**son**br). dunkel, finster. ||[morne] düster. ||[temps, visage] trübe.

sombrer. untergehen* [*sein*].

sommaire a. (som'mär). kurz, summarisch. ‖m. Hauptinhalt.
sommation f. (sio^n^). Aufforderung.
somme f. (sòm). Summe. *En somme, somme toute,* im ganzen genommen. ‖[ensemble] Inbegriff, m. ‖*Bête de somme,* Saumtier, n. ‖m. Schläfchen, n. ④. Schlummer, m. spl.; *faire* un somme,* schlummern.
som‖meil m. (mäj). Schlaf. *Avoir* sommeil,* schläfrig sein*. ‖**-meiller** (mäjé). schlummern.
sommelier m. (^e^lié). Kellermeister ④.
sommer (mé). auffordern.
sommes. V. *être**.
sommet m. (mè). Gipfel ④. ‖[pointe, tête] Spitze, f.
sommier m. (ié). Hauptbuch, n. ②. ‖[élastique] Springfedermatratze, f. ‖*Archit.* Tragbalken ④.
sommité f. (té). Spitze. ‖[personne] hervorragende Persönlichkeit.
som‖nambule m. et f. (a^n^bül). Nachtwandler ④, in. ‖**-nifère** a. schlafbringend, n. Schlafmittel, n. ‖**-nolence** f. Schläfrigkeit. ‖**-nolent, e,** a. schläfrig. ‖**-noler** (lé). schlummern.
somptu‖aire a. (so^n^ptüär). Luxus... sumptuarisch. ‖**-eux, euse,** a. (ö, z). prächtig, prunkend. ‖[personnes] prachtliebend. ‖**-osité** f. (zité). Prachtaufwand, m.
son, sa, ses, a. poss. (so^n^, sè). sein, e, e, ihr, e, e. V. GRAMM.
so‖n m. (so^n^). [bruit] Laut ①, Schall. ‖[harmonieux] Klang. ‖[de grains] Kleie, f. ‖**-nate** f. (sonàt). Sonate. ‖**-natine** f. (ìn). Sonatine.
son‖dage m. (so^n^daj). Sondieren, n. spl. ‖*Fig.* Stichprobe. ‖[puits] Erdbohrung, f. ‖**-de** f. (so^n^d). Senkblei, n. ‖*Méd.* Sonde. ‖**-der** (dé). loten, peilen. ‖*Méd.* sondieren. ‖*Fig.* prüfen. ‖[intentions] ausforschen.
son‖ge m. (so^n^j). Traum. ‖**-ge-creux** m. (so^n^jkrö). Grillenfänger ④. ‖**-ger** (jé). träumen. ‖[penser] denken* [an, *acc.*]. ‖[méditer] bedenken*, tr. *Songer à mal,* auf Böses sinnen*. ‖**-gerie** f. (so^n^jri). Träumerei. ‖**-geur, euse,** a. (jœr, öz). träumerisch, ‖m., f. Träumer ④, in.
son‖naille f. (sònaj). Viehglöckchen, n. ④. ‖**-ner** (sòné), intr. klingen*. ‖[cloche] läuten. ‖[sonnette] klingeln. ‖[trompe, etc.] blasen* : — *du cor,* etc., das Horn usw. blasen*. ‖[heure] schlagen*. ‖tr. *Sonner la messe,* etc., zur Messe usw. läuten; — *un domestique,* einem Bedienten klingeln. ‖*sonnant, e,* p. a.; *à dix heures sonnantes,* Schlag zehn Uhr; *espèces sonnantes,* klingende Münze, f. ‖**-net** m. (sònè). Sonett, n. ①. ‖**-nette** f. (èt). Klingel, Schelle. ‖**-neur** m. (œr). Glockenläuter ④. ‖**-ore** a. (òr). schallend. ‖**-orité** f. (té). heller Klang, m.
sont. V. *être**.
so‖phisme m. (ism). Sophismus, ...men. ‖**-phiste** m. (ist). Sophist, -en, -en. ‖**-phistiquer** (iké). verfälschen.
soporifique a. (ik). einschläfernd. ‖m. Schlaftrank.
soprano m. (ô). Sopran. ‖[artiste] Sopranist, -en, -en.
sorbe f. (sòrb). Vogelbeere.
sor‖bet m. (bè). Scherbett, n. ‖**-betière** f. (iär). Gefrierbüchse.
sorbier m. (bié). Eberesche, f.
sor‖cellerie f. (sèlri). Hexerei. ‖**cier, ière,** m., f. (sié, iär). Hexenmeister ④, Hexe.
sordide a. (id). schmutzig. ‖[avare] filzig.
sorgho m. (gô). Sorgho.
sornette f. (èt). Albernheit.
sors, sort. V. *sortir**.
sort m. (sòr). Schicksal, n. ①. ‖[lot] Los, n. ① : *tirer au sort,* losen. ‖LOC. *Assurer le sort de qn,* einem sein Auskommen sichern; *jeter un sort à qn,* behexen, tr.; *le sort en est jeté,* der Würfel ist gefallen.
sortable a. (àbl). angemessen.
sorte f. (sòrt). Art. *De toute sorte,* aller Art. ‖[espèce] Gattung. ‖*Comm.* Sorte. ‖conj. *De* [*en*] *sorte que,* so daß, adv.; *de telle sorte,* derart, derartig, à.; *en quelque sorte,* gewissermaßen.
sortie f. (i). Herausgehen, n. spl. ‖[à pied, en voiture, à cheval] Ausgang, m., Ausfahrt, Ausritt, m. ‖[porte] Ausgang, m. ‖*Mil.* Ausfall, m. ‖LOC. *fam., faire* une sortie à qn,* einen hart anfahren*.
sortilège m. (èj). Zauberei, f., Hexerei, f.

sortir* intr. [de] [hin-, her-] ausgehen*, herauskommen* [aus]. ||tr. hinausbringen*, -führen.
sosie m. (*zi*). Doppelgänger ④.
sot||, te, a. (*so, òt*). **-tement** adv. (sòtm*a*n). dumm, albern, m. Geck. ||**--l'y-laisse** m. (läs). Pfaffenschnittchen, n. ④. ||**-tement** adv. V. *sot**. ||**-tise** f. (*iz*). Dummheit, Albernheit. [folie] Torheit.
sou m. (su). « Sou », -s : *petit* —, *gros* —, Ein —, Zweisoustück, n. ||*N'avoir pas le sou*, keinen roten Heller haben*; *sans le sou*, bettelarm; *sou du franc*, Schwenzelpfennig [von den Lieferanten gegeben].
Souabe npr. f. (suàb). Schwaben, n. ||m. et f. Schwabe, -n, -n, ...äbin. ||a. schwäbisch.
soubassement m. (bàsm*a*n). Grundmauer, f.
soubresaut m. (œso). plötzlicher Sprung [cheval], Ruck ① [voiture, etc.].
soubrette f. (èt). Zofe.
souche f. (susch). Baumstumpf, m. ||*Fig.* [origine] Stamm, m. ||[ancêtre] Stammvater, m. ③ : *faire* souche*, ein Geschlecht [n.] begründen. ||[de livret] Stamm, m. *Carnet à souche*, Abreißblock, m. ||[de cheminée] Mündung.
sou||ci m. (*si*). Sorge, f. *Donner du souci*, Sorgen machen. ||[inquiétude] Besorgnis, -se, f. ||[fleur] Ringelblume, f. ||**-cier [se]** (*sié*) [de]. sich bekümmern [um]. ||**-cieux, euse,** a. (*siö*, **z**). sorgenvoll. ||[préoccupé de] besorgt [um].
soucoupe f. (kùp). Untertasse.
sou||dain adv. (d*i*n). plötzlich. ||**-daineté** f. (dänt*é*). Plötzlichkeit.
Soudanais, e, m., f. (nä, **z**). Sudaner ④, in. ||a. sudanisch.
soudard m. (àr). alter Kriegsknecht.
soude f. (sùd). Soda.
souder (*dé*). löten, schweißen.
soudoyer (doaj*é*). besolden.
soudure f. (*ùr*). Lötung. ||[place] Lötstelle.
souf||flage m. Glasblasen, n. ||[bombardement] Druckwelle, f. ||**-fle** m. Hauch. ||**-flé** m. Eierauflauf. ||**-fler** (*é*). intr. blasen*. ||[haleine] hauchen. ||[haleter] keuchen. ||[chevaux] schnauben*. ||tr. blasen*. ||[feu] anblasen*. ||[lumière] ausblasen*. ||[aux oreilles] zuflüstern. ||*Fig. fam.* [enlever] wegschnappen. ||**-flerie** f. (erì). Blasewerk, n. ||**-flet** m. (flè). Blasebalg. ||[voitures] Klapperdeck, n. ||[train] Faltenbalg. ||[gifle] Ohrfeige, f. ||*Fig.* [affront] Kränkung, f. ||**-fle-ter** (et*é*). ohrfeigen. ||**-fleur** m. (œr). Glasbläser ④. ||[théâtre], f. **-fleuse** (ö**z**). Einbläser ④, in. ||**-flure** f. (*ür*). Luftblase.
souf||france f. (sùfr*a*ns). Leiden, n. ④. ||LOC. *En souffrance*, [affaire] unerledigt; [lettre, etc.] unbestellbar. ||**-frant, e,** p. a. (*a*n, t). leidend. ||**-fre-douleur** m. (dul*œ*r). Dulder ④, Sündenbüßer ④. ||**-freteux, euse,** (et*ö*, **z**). kränklich. ||**-frir*** (*ir*). [de] leiden* [an, *dat.*]. ||[subir] erleiden*. ||[supporter] erdulden, aushalten*.
sou||frage m. (sufr*a*j). Schwefeln, n. ||**-fre** m. (sùfr). Schwefel. ||**-frer** (*é*). schwefeln.
souhai||t m. (su*è*). Wunsch. LOC. *A souhait*, nach Wunsch. *A vos souhaits!* zum Wohlsein! wohl bekomm's!. ||**-table** a. (*à*bl). wünschenswert. ||**-ter** (t*é*). wünschen : — *la bonne année*, zum neuen Jahre Glück wünschen; — *le bonjour*, guten Tag sagen.
souill||er (suj*é*). besudeln. ||*Fig.* [honneur] beflecken. ||**-on** m. et f. (sujo n). Schmutzfink, -en, -en, m., Sudelmagd, ¨e, f. ||**-ure** f. (j*ür*). Verunreinigung. ||*Fig.* Befleckung.
soûl, e, a. (su, l). betrunken, besoffen, *fam.* ||m. LOC. *Manger tout son soûl*, sich satt essen*.
soula||gement m. (sulàjm*a*n). Erleichterung, f., Linderung, f. ||**-ger** (*jé*). erleichtern. ||[souffrance] lindern.
soû||lard, e, m., f. (sul*à*r, d). Säufer ④, in. Trunkenbold, m ①. ||**-ler** (l*é*). betrunken machen. ||**[se]**. sich besaufen*.
sou||lèvement m. (sulewm*a*n). Aufstand. ||**-lever** (sulw*é*). [in die Höhe] heben*, aufheben*. ||[terre] aufwühlen. ||[poussière] aufwirbeln. ||[voile] lüften. ||*Fig.* [révolter] empören. ||[exciter] erregen. ||[le cœur] anekeln. ||[question] aufwerfen*.
soulier m. (l*ié*). Schuh ①.

souligner (linjé). unterstreichen*. ||*Fig.* betonen.

soulte f. (sult). Ausgleichsumme.

sou||mettre* (mètr). unterwerfen*. ||[présenter] vorlegen. ||**-mis, e,** pp. v. *soumettre** (mi, **z**). ||a. unterwürfig. ||**-mission** f. (sio^n). Unterwürfigkeit. ||*Comm.* Submission. ||**-missionnaire** m. (siònär). Submittent, -en, -en. ||**-missionner.** submittieren.

soupape f. (supàp). Ventil, n.

soup||çon m. (so^n). Argwohn, spl., Verdacht, spl. ||*Fam.* : *un soupçon,* ein Bißchen, inv. ||**-çonner** (sòné). verdächtigen. ||[présumer] vermuten. ||**-çonneux, euse,** a. (ö, **z**). argwöhnisch. ||[défiant] mißtrauisch.

soupe f. (sùp). Suppe : *soupe grasse,* Fleischsuppe; — *maigre,* Wassersuppe; — *au lait,* etc., Milchsuppe usw.

soupente f. (pa^nt). Hängeboden, m. ④.

souper (pé). zu Abend essen*. ||m. Abendessen, n. ④, Nachtmahl, n. ①.

soupeser (pœzé). mit der Hand abwägen.

sou||peur, euse, m., f. (œr, öz). Abendesser ④, in. ||**-pière** f. (iär). Suppenschüssel.

sou||pir m. (ir). Seufzer ④ : *rendre le dernier soupir,* den Geist aufgeben*. ||*Mus.* Viertelpause, f. : *demi-soupir,* Achtelpause, f. ||**-pirail, aux,** m. (aj, o). Luft- [Keller-] loch, n. ②. ||**-pirant** m. (a^n). Liebhaber ④. ||**-pirer** (ré). seufzen. ||[après] sich sehnen [nach].

sou||ple a. (sùpl). biegsam, geschmeidig. ||[étoffe] weich. ||**-plesse** f. (ès). Biegsamkeit.

souquenille f. (suknij). Kittel, m. ④.

sour||ce f. (sùrs). Quelle : *prendre** [*avoir**] *sa source dans,* entspringen* [aus]. || *Fig. De bonne source,* aus guter Quelle [sicherer Hand]. ||*Fig.* Ursprung, m. ||**-cier** m. (sié). Quellensucher ④.

sour||cil m. (si). Augenbraue, f. *Froncer les sourcils,* die Stirne runzeln. ||**-cilier, ère,** a. (lié, iär). Augenbrauen... ||**-ciller** (sijé). die Augenbrauen bewegen. ||*Fig. Ne pas sourciller,* keine Miene verziehen*.

sourd, e, a. (sur, d). taub : — *comme un pot,* stocktaub; *faire** *la sourde oreille,* sich taub stellen. ||[bruit] dumpf; *sourd*[*e*]*-muet*[*te*], a. et subst., taubstumm.

sourdine f. (ìn). Dämpfer, m. ④, Sordine.

sourdre (surdr). hervorquellen* [*sein*].

sour||iceau, x, m. (sô). Mäuschen, n. ④. ||**-icière** f. (siär). Mäusefalle.

sourire* (ir). lächeln. ||m. Lächeln, n. spl.

souris f. (i). Maus, ¨e. ||m., = *sourire.*

sour||nois, e, a. (n^oa, **z**). duckmäuserig. ||m., f. Duckmäuser ④, in. ||**-noiserie.** Duckmäuserei.

sous prép. (sù). unter, *dat.* et *acc.* V. GRAMM.

sous||-alimenté, e, a. (té). unterernährt. ||**- -bibliothécaire** m. Unterbibliothekar. ||**- -bois** m. Unterholz, n. ||**- -cutané, e,** a. subkutan. ||**- -directeur, trice,** m., f. Unterdirektor, in.

sous||cripteur m. (sus-tœr). Subskribent, -en, -en. ||**-cription** f. (ipsio^n). Subskription. ||**-crire*** (ir). tr. [signer] unterschreiben*. ||intr. [à] subskribieren [auf, *acc.*]. ||*Fig.* [adhérer à] beipflichten, *dat.* ||**- -entendre** (suza^nta^ndr). mit darunter verstehen*. ||**- -estimer** (mé). unterschätzen. ||**- -exposer** (zé). unterbelichten. ||**- -locataire** m., f. Aftermieter, in. ||**- -location** f. Aftermiete. ||**- -louer** tr. Aftermiete geben* [bailleur] *ou* nehmen* [preneur]. ||**- -main** m. (mi^n). Unterlage, f. ||**- -maître, esse,** m., f. Unterlehrer, in. ||**- -marin, e,** a. (i^n, ìn). unterseeisch, Untersee... ||m. Unterseeboot, n. ①, *abr.* U-Boot, n. ①. ||**- -œuvre** m. (suzœwr). Grundbau : *reprendre** *en sous-œuvre,* umarbeiten. ||**- -officier** m. [abr. pop. *sous-off*] Unteroffizier. ||**- -ordre** m. (suzòrdr). Untergebene[r], a. s. : *en sous-ordre,* untergeordnet. ||**- -pied** m. (pié). Sprungriemen ④. ||[guêtres, etc.] Strippe, f. ||**- -préfecture** f. Unterpräfektur. ||**- -préfet** m. Unterpräfekt. ||**- -secrétaire** m. [d'État]. Unter[staats]-sekretär. ||**- -seing** m. (si^n) : [*acte*] — *privé,* Privatvertrag. ||**-signé, e,**

(njé). untergezeichnet. *Je soussigné,* ich Unterzeichneter. ‖**--sol** m. (sòl). Untergrund. ‖ [couche] Unterschicht, f.
sous‖traction f. (sustraks*io*ⁿ). Entwendung. ‖ *Arithm.* Subtraktion. ‖**-traire*** (*är*). [enlever] entziehen*. ‖[détourner] entwenden*. ‖*Arithm.* abziehen*, subtrahieren.
sous-ventrière f. Bauchgurt, m.
sou‖tache f. (sutàsch). Litze. ‖**-tacher** (sché). mit Litzen besetzen.
soutane f. (àn). Priesterrock, m.
soute f. (sùt). Vorratskammer [in Schiffen] : *soute au charbon,* Kohlenraum, m.
sou‖tenable a. (tᵉnàbl). [position] haltbar. ‖ [opinion] stichhaltig. ‖**-tenance** f. (tᵉn*a*ⁿs). Verteidigung. ‖**-tènement** m. (tènm*a*ⁿ) : *mur de soutènement,* Stützmauer, f. ‖**-teneur** m. (tᵉn*œ*r). Zuhälter ④, Louis ④. ‖**-tenir*** (*i*r). [étayer] stützen. ‖ [aider] unterstützen. ‖[assaut, etc.] aushalten*. ‖[affirmer] behaupten. ‖[aliments] kräftigen. ‖**-tenu, e,** p. a. (*ü*). [effort, etc.] anhaltend.
souterrain, e, a. (*i*ⁿ, än). unterirdisch. ‖m. unterirdisches Gewölbe, n. ④.
soutien m. (t*ii*ⁿ). Stütze, f. ‖*Soutien-gorge,* Büstenhalter.
sou‖tirage m. (*à*j). Abziehen, n. spl. ‖**-tirer.** abziehen*. ‖*Fig.* abschwindeln.
sou‖venance f. [veraltet]. V. *souvenir.* ‖**-venir [se]** (suwn*i*r) [de]. sich erinnern [*gén.* ou an, *acc.*] gedenken*, *gén.* ‖m. Erinnerung, f., Andenken, n. ④ [an, *acc.*].
souvent adv. (w*a*ⁿ). oft, oftmals.
sou‖verain, e, m., f. (wᵉr*i*ⁿ, än). Herrscher, in. ‖a. höchst, oberst. ‖[remède] unfehlbar. ‖[mépris] tiefst. ‖**-veraineté** f. (änté). [Ober-]herrschaft.
soviétique a. (wiét*i*k). sowjet... *Union* —, Sowjetunion.
soyeux, euse, a. (sᵒaj*ö*, **z**). seidenartig.
spacieux, euse, a. (s*iö*, **z**). geräumig.
spadassin m. (s*i*ⁿ). Raufbold ①.
spahi m. (*i*). Spahi, -s.
sparadrap m. (dr*a*). Heftpflaster, n. ④.
Spar‖te npr. f. (spart). Sparta, n. ‖m. [plante] Sparto. ‖**-terie** f. (ᵉr*i*). Spartoware. ‖**-tiate** m. et f. (s*ià*t). Spartaner ④, in. ‖a. spartanisch.
spas‖me m. (asm). Krampf. ‖**-modique** a. (òd*i*k). krampfhaft.
spatial, e, aux, a. (s*i*al, *o*). räumlich.
spatule f. (*ü*l). Spatel.
speaker m. (spik*œ*r). Ansager.
spé‖cial, e, aux, a. (s*i*al, *o*). besonder, speziell, Spezial... ‖**-cialiser** (*zé*). spezialisieren. ‖**-cialiste** m. (*i*st). Fachmann ②, -gelehrte[r], a. s., -arzt usw. ‖**-cialité** f. Sonderfach, n. ②, Spezialität.
spécieux, euse, a. (s*iö*, **z**). Schein...
spé‖cifier. spezifizieren. ‖**-cifique** a. spezifisch. ‖**-cimen** m. (*è*n). Probestück, n.
spec‖tacle m. (*a*kl). Schauspiel, n. ‖[aspect] Anblick. ‖**-tateur, trice,** m., f. (t*œ*r, tr*ì*s). Zuschauer ④, in.
spectre m. (spektr). Gespenst, n. ②. ‖*Phys.* Spektrum, n.
spécul‖ateur, trice, m., f. (külat*œ*r, tr*ì*s). Spekulant, -en, -en, in. ‖**-atif, ive,** a. (*i*f, *i*w). spekulativ. ‖**-ation** f. (s*io*ⁿ). Spekulation. ‖**-er** (l*é*). spekulieren.
spéculum m. (*ò*m). Mutterspiegel ④.
sph‖ère f. (sf*ä*r). Kugel. ‖*Fig.* Sphäre. ‖**-érique** a. (*i*k). kugelrund, sphärisch.
sphincter m. (sf*i*ⁿkt*è*r). Schließmuskel, -n.
sphinx m. (*i*ⁿks). Sphinx, f.
spinal, e, aux, a. (n*à*l, *o*). Rückgrats...
spiral, e, aux, a. (*à*l, *o*). Spiral. ‖f. Schneckenlinie.
spi‖rite m (*ì*t). Spiritist, -en, -en. ‖a. spiritistisch. ‖**-ritisme** m. (*i*sm). Spiritismus. ‖**-rituel, le,** a. (t*üè*l). geistig. ‖[religieux] geistlich. ‖[ingénieux] geistreich. ‖[bel esprit] witzig. ‖**-ritueux, euse,** a. (t*üö*, **z**). geistig. ‖ m. geistiges Getränk, n.
spleen m. (în) Milzsucht, f.
splen‖deur f. (spla**ⁿ**d*œ*r). Glanz, m. spl. ‖[magnificence] Herrlichkeit. ‖**-dide** a. (*i*d). herrlich.
spo‖liation f. (s*io*ⁿ). Beraubung. ‖**-lier** (*ié*). berauben.

Italique : accentuation. **Gras :** pron. spéciale. *Verbe fort. V. GRAMMAIRE.

spongieux, euse, a. (*jiö, z*). schwammig.
spon‖tané, e, a. (*né*), **-ment** adv. von selbst [complt inv.]. ‖**-tanéité** f. eigener Antrieb, m.
spo‖radique a. (spo-*ik*). sporadisch. ‖**-re** f. (spòr). Spore.
spor‖t m. (ßpòr). Sport ①. ‖*Sports d'hiver*, Wintersport. ‖**-tif, ive,** a. (*if, iw*). sportliebend, Sport...
squale m. (sk*uà*l). Haifisch.
squameux, se, a. (*ö, z*). schuppig.
square m. (sk*uà*r). Parkanlage, f.
squelett‖e m. (skœlèt). Gerippe, n. ②. ‖**-ique** a. spindeldünn.
stabili‖sation f. (*zasio*n). Stabilisation. ‖**-ser** (*zé*). stabilisieren. ‖**-té** f. (*té*). Beständigkeit, Stabilität.
stable a. (ßtàbl). beständig, stabil.
stade m. (ßtàd). Rennbahn, f., Stadium, ...ien, n.
sta‖ge m. (st*a*j). Probezeit, f. ‖**-giaire** m. (*jiä*r). Probekandidat, -en, -en.
sta‖gnant, e, a. (ßta'gn*a*nt). [still] stehend. ‖[affaires] flau. ‖**-gnation** f. (*sio*n). Stillstehen, n. ‖*Fig.* Stockung. ‖[affaires] Flauheit.
sta‖lactite f. (*it*). Tropfsteinzapfen, m. ‖**-lagmite** f. (*it*). Tropfsteinkegel, m.
stalle f. (stàl). [églises] Chorstuhl, m. ‖[théâtre] Sperrsitz, m. ‖[écurie] Verschlag, m.
stance f. (ßta^n^s). Stanze.
stand‖ m. (a^n^d). Stand. ‖[expositions] Zelt, n. ‖**-ard** m. (*à*r). Standard, -s. Muster, n. ‖**-ardiser** (*izé*). standardisieren, vereinheitlichen.
sta‖tion f. (*sio*n). [debout] [Aufrecht-] Stehen, n. ‖[arrêt] Aufenthalt, m. ①. [point] Haltestelle. ‖[ch. de fer] Station. ‖[radio] Sender, m. ‖**-tionnaire** a. (siònär). stillstehend. ‖**-tionnement** m. (siòn-m*a*n). Stehenbleiben, n. spl. ‖[lieu] Standort ①. ‖ — *interdit*, Parken verboten. ‖**-tionner** (siòné). stehen bleiben*. sép. [*sein*]. ‖[dans un parc à autos] parken. ‖**-tique** a. (*ìk*). statisch. ‖f. Statik.
sta‖tisticien m. (*siì*n). Statistiker ④. ‖**-tistique** f. (*ìk*). Statistik. ‖a. statistich.
sta‖tuaire m. (*tüä*r). Bildhauer ④. ‖f. Bildhauerkunst. ‖**-tue** f. (*tü*). Bildsäule, Standbild, n. ②, Statue.
statuer (*tüé*). statuieren.
sta‖tuette f. (*tüè*t). Statuette. ‖**-ture** f. (*ür*). Wuchs, m. spl., Statur.
statut m. (*tü*). Satzung, f., Statut, -en, n.
stéarine f. (*ìn*). Stearin, n. ①.
steeple-chase m. (ßtîpl^e^tschäz). Hindernisrennen, n. ④.
stèle f. (ßtèl). Stele.
stellaire a. (ßtèl'lär). Stern[en]...
sténodactylo f. Tippfräulein.
sténograph‖e m. et f. (ßté-*à*f). Stenograph, -en, -en, in. ‖**-ie** f. (*i*). Kurzschrift. ‖**-ier** (*ié*). stenographieren.
sténo‖type m. (*tip*). Kurzschriftmaschine, f. ‖**-typie** f. (tip*i*). Stenotypie.
Stentor npr. m. (ßta^n^t*o*r). *Voix de stentor*, donnernde Stimme, f.
steppe f. (ßtèp). Steppe.
stère m. (ßtär). Ster.
sté‖réoscope m. (k*ò*p). Stereoskop, n. ①. ‖**-réotomie** f. (*i*). Stereotomie. ‖**-réotype** m. (*ip*). Druckplatte, f.
sté‖rile a. (*il*). unfruchtbar. ‖[effort] fruchtlos. ‖**-rilisé, e,** p. a. (*zé*). [eau, etc.] keimfrei. ‖**-riliser** (*zé*). unfruchtbar machen. ‖[eau, etc.] sterilisieren. ‖**-rilité** f. (té). Unfruchtbarkeit. ‖[inanité] Fruchtlosigkeit.
sterling m. (ßterl*i*n). Sterling.
sternum m. (nòm). Brustbein, n.
sternutatoire a. (nü-t^o^*a*r). Niese...
stéthoscope m. Horchrohr, n. ①.
sti‖gmate m. (*à*t). Brandmal, n. ①. ‖**-gmatiser** (*zé*). brandmarken.
sti‖mulant m. (ül*a*n). Reizmittel, n. ④. ‖*Fig.* Anregung, f., Sporn. ‖**-muler** (ül*é*). reizen. ‖*Fig.* anregen, anspornen.
stipendier (pa^n^d*ié*). besolden.
sti‖pulation f. (pü-s*io*n). Klausel. ‖**-puler** (ül*é*). verabreden. ‖[conditions] ausbedingen*.
sto‖ck m. (ßtok). Warenvorrat. ‖**-ckage** m. (k*a*j). Lagerhaltung, f. ‖**-cker** (k*é*). einlagern.
sto‖ïcien, ne, a. (*siì*n, *iè*n). stoisch. ‖m. Stoiker ④. ‖**-ïcisme** m. (*sism*). Stoizismus. ‖**-ïque** a. (*ik*). stoisch.
stomacal, e, aux, a. (*à*l, *o*). Magen...

sto‖**ppage** m. (*a*j). Kunststopferei, f. ‖**-pper** intr. haltmachen, sép. ‖tr. kunstmäßig [unsichtbar] stopfen. ‖**-ppeur, euse** m., f. (**œr, öz**). Kunststopfer ④, in.
store m. (stòr). Rollvorhang.
strabisme m. (ßtrab*i*sm). Schielen, n.
strangulation f. (a^n^gü-s*io*^n^). Erdrosselung.
strapontin m. (po^n^t*i*^n^). Klappsitz.
Strasbourg npr. m. (ßtrasb*ù*r). Straßburg, n.
strass m. (ßtràs). Straß.
stra‖**tagème** m. (j*ä*m). Kriegslist, f. ‖**-tège** m. (tèj). Stratege, -n, -n. ‖**-tégie** f. (j*i*). Kriegskunst. ‖**-tégique** a. (j*i*k). strategisch. ‖**-tégiste** m. (j*i*st). Strategiker ④.
stra‖**tification** f. (s*io*^n^). Schichtung. ‖**-tosphère** f. (sf*è*r). Stratosphäre. ‖**-tus** m. (*ü*s). Schichtwolke, f.
strict, e, a. (ßtrikt). streng. ‖[exact] genau.
strident, e, a. (*a*^n^, t). gellend.
strie f. (strî). Streifen, m. ④.
strophe f. (of). Strophe.
structure f. (ükt*ü*r). Bauart.
strychnine f. (ik). Strychnin, n.
stuc m. (ßtük). Stuck.
stu‖**dieux, euse,** a. (d*iö*, **z**). fleißig. ‖**-dio** m. (d*iô*). [cinéma] Filmatelier, n. ‖[radio] Senderaum.
stu‖**péfaction** f. (aks*io*^n^). höchstes Erstaunen, n. ‖**-péfait, e,** a. (fè, t). höchst erstaunt. ‖**-péfiant, e,** p. a. (*ia*^n^, t). *Méd.* betäubend. ‖[étonnant] höchst erstaunlich. m. betäubendes Mittel, n. ④. ‖**-péfier** (f*ié*). betäuben. ‖[étonner] in Erstaunen setzen. ‖**-peur** f. (**œ**r). Betäubung. ‖[consternation] Bestürzung. ‖**-pide** a. (*i*d). bestürzt. ‖*Fig.* dumm. ‖[hébété] stumpfsinnig. ‖**-pidité** f. Dummheit, Stumpfsinn, m.
sty‖**le** m. (ßtil). Griffel ④. ‖*Littér.* Schreibart, f., Stil. ‖**-ler** (lé). abrichten. ‖**-let** m. (lè). Dolch [kleiner]. ‖**-liser** (zé). stilisieren. ‖**-lo**[**graphe**] m. (*à*f). Füllfeder, f., *fam.* Füller.
su (su). pp. v. *savoir**. ‖m. *Au vu et au su de,* mit Wissen [n.], *gén.*
suaire m. (sü*ä*r). Leichentuch, n. ②.
su‖**ave** a. (*à*w). süß. ‖**-avité** f. (té). Lieblichkeit.
subalterne a. (sü-tern). untergeordnet. ‖m. Unterbeamte[r], a. s.
subconscien‖**ce** f. (s*ia*^n^s). Unterbewußtsein, n. spl. ‖**-t** (s*ia*^n^). unterbewußt.
sub‖**diviser** (wiz*é*). wieder einteilen. ‖**-division** f. (z*io*^n^). Unterabteilung.
sub‖**ir** (*i*r). erleiden*. ‖[épreuve] bestehen*. ‖**-it, e,** a. (b*i*, t). plötzlich. ‖**-itement** adv. (bitm*a*^n^). [*fam. subito*] plötzlich.
subjectif, ive, a. (jekt*i*f, *i*w). subjektiv, unsachlich.
subjonctif m. (jo^n^kt*i*f). Konjunktiv, m.
subjuguer (jüg*é*). unterjochen.
sub‖**lime** a. (*l*im). erhaben. ‖**-limé** m. [corrosif] Quecksilbersublimat, n. ‖**-limité** f. (t*é*). Erhabenheit.
sub‖**merger** (j*é*). unter Wasser setzen. ‖[inonder] überschwemmen. ‖**-mersible** m. (ibl). U-Boot, n. ‖a. überschwemmbar. ‖**-mersion** f. (s*io*^n^). Überschwemmung.
sub‖**ordination** f. (s*io*^n^). Unterordnung. ‖**-ordonner** (dòn*é*). unterordnen.
sub‖**ornation** f. (s*io*^n^). Bestechung. ‖**-orner** (n*é*). verführen. ‖[corrompre] bestechen*. ‖**-orneur, euse,** m., f. (**œr, öz**). Verführer ④, in.
subreptice a. (t*i*s). erschlichen.
subrogé n. a. *Subrogé tuteur,* Gegenvormund, m.
subséquent, e, a. (k*a*^n^, t). folgend.
sub‖**side** m. (id). Beisteuer, f. ‖[secours] Unterstützung, f. ‖**-sidiaire** a. (d*iä*r). Neben..., Hilfs...
sub‖**sistance** f. (*a*^n^s). Lebensunterhalt, m. spl. ‖pl. Verproviantierung, spl. ‖**-sister** (t*é*). bestehen*. ‖[continuer à exister] fortbestehen*.
sub‖**stance** f. (*a*^n^s). Substanz, Stoff, m. ①. ‖**-stantiel, le,** a. (s*iè*l). substantiell. ‖[aliment] nahrhaft. ‖**-stantif** m. (a^n^t*i*f). Hauptwort, n. ②.
sub‖**stituer** (t*üé*). unterschieben*. ‖**-stitut** m. (t*ü*). Substitut, -en, -en. ‖**-stitution** f. (üs*io*^n^). Unterschiebung.
structure f. (ükt*ü*r). Unterbau, m. ①.
subterfuge f. (f*ü*j). Ausflucht, ¨e, f.
sub‖**til, e,** a. (*i*l). dünn, fein. ‖*Fig.* spitzfindig. ‖**-tiliser** (z*é*), *fig. pop.*

[dérober] wegstibitzen. ||**-tilité** f. (té). Spitzfindigkeit.
suburbain, e, a. (ürbin, än), vorstädtisch, Vorort...
sub||venir* (wœnir). sorgen [für]. ||[aux frais, etc.] bestreiten*, tr. ||**-vention** f. (wansion). Beihilfe, Unterstützung. ||**-ventionner** (wansiòné). unterstützen [mit Geld].
subversif, ive, a. zerrüttend.
suc m. (sük). Saft.
suc||cédané m. (sédané). Ersatzmittel, n. ④, ...ersatz, spl., Surrogat, n. ①. ||**-céder** (dé). folgen [auf, *acc.*], nachfolgen, *dat.* ||**[se]**. aufeinander folgen.
succès m. (sè). Erfolg ①. *Avoir* du succès,* Beifall finden*.
suc||cesseur m. (sesœr). Nachfolger ④. ||**-cessif, ive,** a. (if, iw). aufeinander folgend. ||**-cession** f. (sion). Reihenfolge. ||[à la suite] Nachfolge. ||[d'héritier] Erbfolge. ||[héritage] Erbschaft... ||**-cessoral, e, aux,** a. (àl, o). Erbschafts...
succin m. (sin). Bernstein.
succinct, e, a. (sin, inkt). kurz [gefaßt].
succion f. (sion). Saugen, n.
succomber (konbé). unterliegen* [*sein*]. ||[à] erliegen* [*sein*]. ||[tomber] fallen* [*sein*]. ||[périr] umkommen* [*sein*].
succulent, e, a. (külan, t). saftig, schmackhaft.
succursale f. (kürsàl). Filiale, Tochter- *ou* Zweiganstalt.
su||cer (süsé). saugen*. ||**-çoter** (sòté). lutschen [an, *dat.*].
sucr||age m. (sükraj). Zuckern, n. ||**-e** m. (sükr). Zucker, pl. Zuckersorten, f. pl. : — *d'orge,* Gerstenzucker; — *en morceaux,* Stückenzucker; — *en poudre,* Streuzucker. ||**-é, e,** p. a. gezuckert, süß. ||*Fig.* süßlich. ||**-er** (é). zuckern. ||**-erie** f. (eri). Zuckersiederei. ||pl. Zuckerwerk, n. spl. ||[douceurs] Süßigkeiten, pl. ||**-ier, ère,** a. (ié, iär). Zucker... ||m. Zuckerbüchse [-dose], f.
sud m. (süd). Süden. [*du*] *sud,* Süd...; *au* [*du*] *sud,* südlich, a. et adv. [von]. ||*Sud-est, sud-ouest,* Süd-Osten, Süd-Westen.
Sud-Américain m. (kin). Südamerikaner.
sud||ation f. (sion). Schwitzen, n. ||**-orifique** a. schweißtreibend. ||m. Schweißmittel, n. ④.
Su||ède npr. f. (süäd). Schweden, n. ||**-édois, e,** m., f. (doa, z). Schwede, -n, -n, in. ||a. schwedisch.
su||ée f. (suee). Schwitze. ||*Fam.* große Angst. ||**-er** (é). schwitzen. ||**-ette** f. (èt). Schweißfieber, n. ||**-eur** f. (œr). Schweiß, m. spl.
suf||fire* (süfir). genügen, hinreichen. ||[à une tâche] gewachsen sein*. ||**-fisamment** adv. (zàman). genug, zur Genüge [f.]. ||**-fisance** f. (zans). Genüge. ||*Fig.* [présomption] Eigendünkel, m. ||**-fisant, e,** p. a. (an, t). genügend, hinreichend, hinlänglich. ||*Fig.* dünkelhaft.
suffixe m. (iks). Nachsilbe, f.
suf||focant, e, a. (an, t). erstickend, Stick... ||**-focation** f. (sion). Erstickung. ||**-foquer** (fòké). ersticken.
suf||fragant a. (an). *Évêque suffragant,* Suffraganbischof, m. ||**-frage** m. (aj). [Wahl-] Stimme, f. ||*Fig.* Beifall, spl. ||**-fragette** f. (jèt). Stimmrechtlerin.
sug||gérer (sügjéré). eingeben*. ||**-gestif, ive,** a. (jestif, iw). anregend, beeinflussend. ||**-gestion** f. (jestion). Eingebung. Veranlassung. ||**-gestionner** (jestiòné). suggerieren.
suici||de m. (süisid). Selbstmord ①. ||**-dé, e,** m., f. (dé). Selbstmörder ④, in. ||**-der [se]** (dé). sich entleiben.
suie f. (süi). Ruß, m.
suif m. (if). Talg.
sui generis, loc. eigenartig, adv.
su||int m. (süin). Wollfett, n. ||**-intement** m. (intman). Ausschwitzen, n. ||**-inter** (té), ausschwitzen. ||[pierre] [durch-] sickern.
suis (süi). V. *être** et *suivre**.
Suiss||e npr. f. (süis). Schweiz. ||m., ||**-esse,** f. Schweizer ④, in. ||*Petit suisse* [fromage] Rahmkäse, m. ||a. schweizerisch.
sui||te f. (süit). [succession] Folge. ||[ce qui suit] das Folgende *ou* Weitere. ||[série] Reihenfolge. ||[continuation] Fortsetzung. ||[lien] Zusammenhang, m. ||[cortège] Gefolge, n. ||LOC. *A la suite de,* infolge, *gén.*; *esprit de suite,*

folgerichtiges Denken, n.; *dans* [*par*] *la suite,* in der Folgezeit; *de suite,* nacheinander; *donner suite à,* Folge leisten, *dat.; et ainsi de suite,* und so fort; *par suite de,* infolge, *gén.; tout de suite,* sofort. ‖**-vant, e,** ppr. v. *suivre**. ‖m. pl. Gefolge, n. ‖f. Kammerjungfer. ‖prép. nach, ... gemäß, ... zufolge, avec le *dat.* ‖**-veur** m. Mitläufer, Weiberjäger. ‖**-vi, e,** p. a. (*wi*). V. *suivre**. ‖[assidu] fleißig. ‖[cohérent] zusammenhängend. ‖[régulier] regelmäßig. ‖**-vre*** tr. (süiwr). folgen, intr. *A suivre,* Fortsetzung [f.] folgt; *faire* suivre,* weitersenden*, sép. ‖[accompagner] begleiten. ‖[chemin de fer, etc.] verfolgen. ‖[fréquenter] besuchen.

su‖jet m. (süjè). [d'un prince] Untertan, -en. ‖[personne] Mensch, -en, -en : *bon sujet,* ordentlicher Kerl; *mauvais sujet,* Taugenichts. ‖[chose] Gegenstand. ‖[matière] Stoff ①. ‖[motif de] Anlaß [zu]. ‖[cause] Ursache, f. ‖**-jet, te,** a. (jè, t). [soumis] unterworfen. ‖[enclin à] geneigt [zu]. ‖[exposé] ausgesetzt. ‖**-jétion** f. (jes*io*^{n}). Unterwürfigkeit. ‖ [assujettissement] Gebundenheit.

sul‖fate m. (fàt). schwefelsaures Salz, n. ‖**-fater** (*té*). schwefeln. ‖**-fureux, euse,** a. (fürö, z). [acide] schwefelig. ‖[eau, etc.] schwefelhaltig. ‖**-furique** a. (ìk). *Acide sulfurique,* Schwefelsäure, f.

sultan, e, m., f. (a^n, àn). Sultan ①, in.

sûmes. V. *savoir**.

superbe f. Hochmut, m. ‖a. stolz, hochmütig. ‖[magnifique] herrlich.

supercherie f. (sch^e*ri*). Hinterlist.

super‖ficie f. (*si*). Flächeninhalt, m. ①. ‖**-ficiel, le,** a. (*siè*l). oberflächlich.

superfin, e, a. (*fi*^{n}). überfein.

super‖flu, e, a. (*ü*). überflüssig. ‖m. et **-fluité** f. (té). Überfluß, m. Überflüssiges, a. s. n.

supér‖ieur, e, a. (sü-*iœr*). höher liegend [stehend], ober, Ober... ‖*Fig.* überlegen. ‖**-ieurement** adv. (ma^n). vortrefflich, meisterhaft. ‖**-iorité** f. (*té*). Überlegenheit.

superlatif, ive, a. (sü-*if*, *iw*). superlativ.

super‖poser (*zé*). übereinanderlegen, sép. ‖**-position** f. (*zisio*^{n}). Übereinanderliegen, n.

super‖stitieux, euse, a. (*siö*, *z*). abergläubisch. ‖**-stition** f. (*sio*^{n}). Aberglaube, -ns, m. spl.

superstructure f. Oberbau, m.

supplanter (süpla^{n}*té*). verdrängen. ‖[rival] ausstechen*.

sup‖pléance f. (a^ns). Stellvertretung. ‖**-pléant, e,** a. (a^n, t). stellvertretend. ‖m., f. Stellvertreter ④, in. ‖**-pléer** (pl*éé*), tr. et intr. [à]. [remplacer] ersetzen, tr. ‖tr. [représenter] vertreten*. ‖[compléter] ergänzen. ‖**-plément** m. (ma^n). Zulage, f. ‖[billet] Zuschlagskarte, f. ‖[texte] Nachtrag. ‖[volume] Ergänzungsband. ‖**-plémentaire** a. (tär). ergänzend, Ergänzungs...

supplication f. (*sio*^{n}). Flehen, n. spl.

sup‖plice m. (ìs). Leibesstrafe, f. ‖[torture] Folter, f. ‖[tourment] Qual, f. ‖**-plicier** (*sié*). hinrichten, foltern.

supplier (*ié*). flehen.

sup‖port m. (pòr). Stütze, f. ‖[pied] Gestell, n. ‖*Support-chaussettes,* Sockenhalter. ‖**-portable** a. (àbl). erträglich. ‖**-porter** (*té*). tragen*. ‖*Fig.* ertragen*. ‖[endurer] aushalten*, ausstehen*. ‖[aliment, personne] vertragen*.

sup‖poser (*zé*). voraussetzen. ‖[admettre] annehmen*. ‖**-position** f. (*zisio*^{n}). Voraussetzung, Annahme. ‖**-positoire** m. (t^o*ar*). Stuhlzäpfchen, n. ④. ‖**-pôt** m. (pô). Helfershelfer ④. ‖*Fig.* Anhänger.

sup‖pression f. (*sio*^{n}). Aufhebung, Abschaffung. ‖[texte] ausgestrichene Stelle. ‖**-primer** (*mé*). aufheben*, abschaffen. ‖[biffer] ausstreichen*.

sup‖puration f. Eiterung. ‖**-purer.** eitern.

supputer. berechnen.

supr‖‖ématie f. (sü-*si*). Obergewalt. ‖ — *aérienne,* Luftherrschaft. ‖**-ême** a. (äm). höchst, Ober... ‖[dernier] letzt.

sur prép. (sür). [avec contact] auf, *dat.* et *acc.* V. GRAMM. ‖[sans contact] über, *dat.* et *acc.* V. GRAMM. ‖[au bord de, sur la limite, le front] an, *dat.* et *acc.* : *Francfort-sur-le-Main,* Frankfurt am

Main ‖ [sur soi] bei. ‖ [vers] nach : *sur la droite,* nach rechts. ‖ [dans] in, *dat.* et *acc.* V. GRAMM. [*clef*] *sur la porte,* in der Türe; [*écrire**] *sur le cahier,* ins Heft. ‖ *Sur-le-champ,* auf der Stelle. ‖ [vers] gegen : *sur le soir,* gegen Abend. ‖ *Fig.* [succession] auf, *acc.* : *sur votre prière,* auf Ihre Bitte; *sur cela,* hierauf. ‖ [régner, parler, etc.] über, *acc.* ‖ [quantité] von : *sur dix,* von zehn; *déduire sur,* von... abziehen*. ‖ [d'après] nach.

sur, e, a. (sür). sauer.

sûr, e, a. (sür). sicher. ‖ [de confiance] zuverlässig. *A coup sûr,* mit Sicherheit [f.]; *pour sûr,* sicherlich.

surabon‖dance f. (sür-o^n-da^{n}s). Überfülle. ‖**-dant, e,** a. (a^n, t). überreichlich. ‖**-der** (dé) [en]. überfüllt sein* [mit].

suraigu, e, a. (egü). [voix] zu hoch [gestimmt].

surajouter (juté). noch obendrein hinzufügen.

suralimen‖tation f. (a^n-sio^n). Überernährung. ‖**-ter** (té). übernähren.

suranné, e, a. (ané). veraltet. ‖ [mode] altfränkisch.

surbaisser (bäsé). drücken.

sur‖charge f. (scharj). Überlast. ‖ Überschreibung. ‖**-charger** (jé). überladen*. ‖ [écriture] überschreiben*.

surchauffer (schofé). überheizen.

surclasser (sé). übertreffen.

surcouper (kùpé). überstechen*.

surcroît m. Vermehrung, f. : *par surcroît,* obendrein.

surdi‖-mutité f. (mü-té). Taubstummheit. ‖**-té** f. (té). Taubheit.

sureau, x, m. (o). Holunder ④.

surélever (elwé), überbauen.

sur‖enchère f. (a^{n}schär). Übergebot, n. ①. ‖**-enchérir** (a^{n}schérir). überbieten*.

surent (sür). V. *savoir**.

surestimer (mé). überbewerten.

sûreté f. (sürté). Sicherheit.

surévaluer (lüé). überschätzen.

sur‖excitation f. (sitasio^n). Überreizung. ‖**-exciter** (té), überreizen.

surexposer (zé). überbelichten.

surface f. (fàs). Oberfläche. ‖ [figure] Fläche. ‖ [mesure] Flächeninhalt, m.

surfaire* (fär). überteuern. ‖ [surestimer] überschätzen.

surgir (jir). entstehen* [*sein*]. ‖ *Fig.* auftauchen [*sein*], hervortreten* [*sein*].

surhausser (ôßé). erhöhen.

surhumain, e, a. (ümi^n, än). übermenschlich.

surintendant, e, m., f. (i^{n}ta^{n}da^n, t). Oberaufseher ④, in. ‖ [clergé protestant] Superintendent, -en, -en, m.

surir (ir). sauer werden*.

sur‖jet m. (jé). überwendliche Naht, f. ‖**-jeter** (jœté). überwendlich nähen.

surlendemain m. (la^{n}dmi^n). zweitnächster Tag.

sur‖menage m. (nàj). Überbürdung, f. ‖**-mener** (mœné). überbürden.

surmonter (mo^{n}té). übersteigen* ‖ [dépasser] überragen. ‖ *Fig.* [résistance] überwinden*.

surnager (jé). oben schwimmen*.

surnaturel, le, a. (türèl). übernatürlich.

sur‖nom m. (no^n). Beiname, -ns, -n. ‖**-nommer** (mé). einen Beinamen geben*.

surnuméraire a. (nü-rär). überzählig. ‖ m. Diätar ①.

suroît m. (^{o}a). Südwester. ‖ [chapeau] Seefischerhut.

surpasser (sé). überragen. ‖ [l'emporter sur] übertreffen* [*en,* an, *dat*]. ‖ [forces] übersteigen*. ‖ [savoir] hinausgehen*, intr. [*sein*] [über, *acc.*].

surplis m. (pli). Chorhemd, -en, n.

surplomber (o^{n}bé), intr. überhangen*. ‖ tr. überhängen.

surplus m. (plü). Überschuß, Rest. *Au surplus,* übrigens.

sur‖prenant, e, p. a. (prœna^n, t). überraschend. ‖**-prendre*** (a^{n}dr). überraschen, entfremden. ‖ [ennemi] überfallen*. ‖ [duper] überlisten, täuschen. ‖**-prise** f. (iz). Überraschung.

surproduction f. (dükstio^n). Überproduktion.

sursalaire m. (lèr). Zulage, f.

sursaturer (türé). übersättigen.

sur‖saut m. (sô). plötzliches Auffahren, n. spl. ‖**-sauter** (sôté). auffahren* [*sein*].

sur‖seoir* (s°*ar*), intr. [à]. aufschieben*, tr. ‖**-sis** m. (*si*). Aufschub, spl. ‖[délai] Frist, f.
surtaxe f. (*taks*). [impôt] Nachsteuer. ‖[port] Strafporto, -s, n.
surtout adv. (*tù*). besonders. ‖[avant tout] vor allen Dingen. ‖ conj. *surtout que,* zumal [da]. ‖m. [manteau] Überwurf. ‖[de table] Tafelaufsatz.
sur‖veillance f. (*wèja*ⁿ*s*). Aufsicht. ‖[garde] Überwachung, f. ‖**-veillant, e,** m., f. (*wèja*ⁿ, *t*). Aufseher ④, in. ‖**-veiller** (*wèjé*). beaufsichtigen. ‖[garder] überwachen.
survenir* (*wœnir*). unvermutet kommen*. ‖[choses], geschehen*. ‖[maladie] eintreten*.
sur‖vie f. (*wi*). Überleben, n. ‖**-vivance** f. (*wa*ⁿ*s*). Überleben, n. ‖**-vivant, e,** p. a. überlebend. ‖**-vivre*** intr. [à]. überleben, tr.
survol m. (*ol*). Überfliegen, n.
sus (sü). V. *savoir**.
sus prép. (süs). auf : *courir* sus à qn.* auf einen losstürzen. ‖interj. *Sus!* los! faßt ihn! ‖adv. außer. *En sus [de],* außerdem, noch dazu. ‖[préf. = *ci-dessus*] oben. Ex. : *susdit, e, susnommé, e,* obenerwähnt, -genannt.
sus‖ceptibilité f. (süs'sep-*té*). Empfindlichkeit. ‖**-ceptible** a. (*tibl*) [de]. [accessible à] empfänglich [für]. ‖[capable de] fähig [zu]. ‖[irritable] empfindlich.
susciter (*sité*). erregen. ‖[provoquer] herbeiführen. ‖[attirer à qn] zuziehen*.
suscription f. (*sio*ⁿ). Aufschrift.
sus‖dit, e, a. (*di, t*), ‖**-nommé, e** a. V. *sus.*
sus‖pect, e, verdächtig. ‖**-pecter.** verdächtigen.
sus‖pendre. hängen, aufhängen. ‖[cesser] einstellen. ‖[interrompre] unterbrechen*. ‖[peine] aussetzen. ‖[de ses fonctions] absetzen [zeitweilig]. ‖**-pens.** *En* —, loc. adv. (aⁿ-*pa*ⁿ). unentschieden, a. ‖**-pensif, ive,** a. (paⁿ*sif, iw*). aufschiebend. ‖**-pension** f. (aⁿ*sio*ⁿ). Aufhängen, n., Einstellung, Unterbrechung. V. *suspendre.* ‖[lampe] Hängelampe. ‖**-pensoir** m. (s°*ar*). Tragbinde, f.
suspicion f. Verdacht, m. spl.
suss... (süs). V. *savoir**.
sus‖tentation f. (süstaⁿtas*io*ⁿ). Ernährung. ‖[soutien] Stützen, n. : *de* —, Stütz... ‖**-tenter** (*té*). ernähren.
sus‖urrement m. (ürm*a*ⁿ). Rascheln, n. spl. ‖**-urrer** (*ré*). rascheln.
sut (sü). V. *savoir**.
suture f. (*tür*). Naht [einer Wunde].
suze‖rain m. (süzr*i*ⁿ). Lehnsherr, -n, -en. ‖**-raineté** f. (rèn*té*). Lehnsherrlichkeit.
svelt‖e a. (swelt). schlank. ‖**-esse** f. (*ès*). Schlankheit.
sweater m. (swuit*èr*). Sportjacke, f., Sweater, m.
sybarite m. (*it*). Sybarit, -en, -en.
sycomore m. (*òr*). Sykomore, f.
sycophante m. (*fa*ⁿ*t*). Sykophant, -en, -en [Angeber].
syl‖labaire m. (sil'lab*är*). Abc-Buch ②, n., Fibel, f. ‖**-labe** f. (*àb*). Silbe : *de deux syllabes,* zweisilbig. ‖**-labique** a. Silben...
syllogisme m. (*jism*). Syllogismus, ...men.
syl‖phe m. (silf). Sylphe, -n, -n [Luftgeist]. ‖**-phide** f. (*fid*). Sylphide.
syl‖vain m. (*wi*ⁿ). Waldgott ②. ‖**-vestre** a. (westr). Wald... ‖*Saint-Sylvestre,* Silvesterabend, m. ‖**-viculture** f. (kült*ür*). Waldbau, m.
symbol‖e m. (siⁿb*òl*). Sinnbild, n. ②. ‖**-ique** a. (*ik*). sinnbildlich, symbolisch. ‖**-iser** (*zé*). symbolisieren. ‖**-isme** m. Symbolismus.
symétr‖ie f. (*i*). Symmetrie, Ebenmaß, n. ‖**-ique** a. symmetrisch.
sym‖pathie f. (siⁿ-*tie*). Sympathie. ‖**-pathique** a. (*ik*). sympathisch. ‖**-pathiser** (*zé*). sympathisieren, mitempfinden*, tr.
sym‖phonie f. (*ni*). Sinfonie. ‖**-phonique** a. (*ik*). sinfonisch.
sym‖ptomatique a. (*ik*). symptomatisch. ‖**-ptôme** m. (*om*). Symptom, n. ①, Anzeichen, n. ④.
synagogue f. (*gòg*). Synagoge.
synchro‖ne a. (siⁿkr*òn*). [mouvements] gleichzeitig. ‖**-nique** a. (*ik*). [tableau] synchronistisch. ‖**-niser** (*zé*). gleichschalten. ‖**-nisme** m. (*ism*). Gleichzeitigkeit, f.
syn‖cope f. (*òp*). Ohnmacht. ‖*Gramm. Mus.* Synkope. ‖**-coper** (*pé*). synkopieren.

syn||**dic** m. (dìk). Syndikus, ...ken. ||**-dical, e, aux,** a. (kàl, ô). syndikalisch. ||*Chambre syndicale,* Syndikatskammer, f. || **-dicalisme** m. (ìsm). Syndikalismus. ||**-dicaliste** m. Gewerkschaftler. ||**-dicat** m. (kà). Syndikat, n. ①. ||*Les syndicats,* Genossenschaftswesen, n. || [professionnel] Gewerkschaft, f. ||**-diqué** m. Gewerkschaftler ④.

syno||**nyme** a. (nìm). sinnverwandt. ||**-nymie** f. (mi). Sinnverwandtschaft.

synoptique a. (ìk). übersichtlich, Übersichts...

syno||**vial, e, aux,** a. Gelenk... ||**-vie** f. (wi). Gelenkschleim, m.

syntaxe f. (siⁿtaks). Syntax.

syn||**thèse** f. (täz). Synthese. ||**-thétique** a. (ìk). synthetisch. ||**-thétiser** (zé). synthetisieren.

sy||**philis** f. (is). Syphilis. ||**-philitique** a. (ìk). syphilitisch.

syriaque a. syrisch.

Sy||**rie** npr. f. Syrien, n. ||**-rien, ne,** npr. m., f. Syrier ④, in. ||a. syrisch.

sys||**tématique** a. (ìk). systematisch. ||**-tématiser** (zé). systematisieren. ||**-tème** m. (tèm). System, n. ||*Philos.* Lehrgebäude, n.

T

T, t, m. T, t, n.

ta, a. poss. (tà). *deine.* V. GRAMM.

ta||**bac** m. (ba). Tabak ① : — *à fumer, à priser,* Rauch-, Schnupftabak; *débit de tabac,* Tabakladen. ||LOC. *Passer à tabac, pop.,* durchprügeln. ||**-bagie** f. (ji). Tabakstube. ||**-batière** f. (tiär). Tabakdose. ||[fenêtre] Dachluke.

tabellion m. (ioⁿ). Landnotar ① [ehemals].

tabernacle m. Tabernakel, n. ④.

ta||**blature** f. Mühe. ||**-ble** f. Tisch, m. . *sainte Table,* Tisch des Herrn. ||*Table roulante,* Teewagen, n. ||LOC. *Être à table,* bei Tische sitzen*; *se mettre* à table,* sich zu Tische setzen. ||[grande, tableau] Tafel; *tenir* table ouverte,* offene Tafel halten*; *table d'hôte,* Wirtstafel. ||[tableau] Verzeichnis, n. : — *des matières,* Inhaltsverzeichnis, n. ||**-bleau, x,** m. (blô). Tafel, f. : — *noir,* Wandtafel, f. ||[pour afficher] schwarzes Brett, n. ②. ||[liste] Verzeichnis, n. ||[peinture] Gemälde, n. ④, Bild, n. ④. ||[spectacle] Anblick. ||[description] Schilderung, f. ||**-blée** f. (ee). Tischgesellschaft. ||**-bler** (blé). rechnen [auf, *acc.*]. ||**-blette** f. (èt). Brett, n. ②. ||[rayon] Fach, n. ②. ||[pour écrire] Schreibtäfelchen, n. ④.

tablier m. (ié). Schürze, f. ||[de cuir] Schurzfell, n. ||[de cheminée] Schutzgitter, n. ④. ||[de pont] Brückenbelag.

tabou, e, a. (bù). heilig [in Polynesien].

tabouret m. Schemel ④. Hocker ④. || [de pied] Fußbank, ¨e, f.

tac m. (tàk). *Du tac au tac,* schlagfertig.

tache f. (tasch). Fleck, m., Flecken, m. ④.||*Fig.* Schandfleck, m.

tâche f. (tâsch). Aufgabe : *à la tâche,* im Stücklohn; *prendre* à tâche,* sich zur Aufgabe machen.

tacher (sché). beflecken. ||*Fig.* [d'infamie] schänden.

tâcher (âsché) [de]. sich bemühen, trachten [zu]. ||[chercher à] suchen [zu]. ||**-eron** m. Stückarbeiter ④.

tacheter (taschté). sprenkeln.

ta||**cite** a. (sìt). stillschweigend. ||**-citurne** a. (sitürn). schweigsam.

tac||**t** m. Takt : [*homme*] *de tact,* taktvoll. ||**-tique** f. Taktik. ||a. taktisch.

taffetas m. (taftà). Taffet, Taft ①. — *gommé,* englisches Pflaster, n.

tafia m. (ià). Zuckerbranntwein.

taïaut ! (tajô). hallo! ho!

taie f. (tä). Überzug, m. — *d'oreiller,* Kissenüberzug, m. || [œil] weißer Hornhautfleck, m.

taill||**able** a. (tajàbl). steuerpflichtig. ||**-ade** f. (àd). [balafre] Schmarre.

‖**-ader** (dé). einschneiden*. ‖[étoffe] aufschlitzen. ‖**-andier** m. (a^n^dié). Kleinschmied.

taill‖e f. (tâj). Schneiden, n., Beschneiden, n. ‖[habits] Zuschneiden, n., Zuschnitt, m. ‖Behauen, n. ‖Schleifen, n. ‖V. *tailler*. ‖*Chir.* Steinschnitt, m. ‖[stature] Wuchs, m. pl. ‖[grandeur] Größe : *par rang de taille,* nach der Größe. ‖[tour du corps] Taille. ‖**-é, e,** p. a. (tajé). [corps] : *bien taillé,* schön gewachsen. ‖**-e-crayon** m. (kräjon). Bleistiftspitzer ④. ‖**-er** (tajé). schneiden*. ‖[arbres, etc.] beschneiden*. ‖[habits] zuschneiden*. ‖[pierres] behauen*. ‖[diamant, verre] schleifen*. ‖**-eur, euse,** m., f. (tajœr, öz). Schneider ④, in. ‖[de pierre] Steinmetz, -en, -en, m. ‖[de diamants] Diamantschleifer ④, m. ‖[costume] Jackenkleid, n. ‖**-is** m. (*i*). Unterholz, n. ②.

tain m. (tin). Spiegelbelag.

taire* (tär). verschweigen*. ‖**[se]**. schweigen* [*haben*].

talc m. Talk.

talent m. (*an*). [monnaie, don] Talent, n. ①. *De talent,* talentvoll. ‖[capacité] Fähigkeit, f.

talion m. (*ion*). Wiedervergeltung, f.

talisman m. (*an*). Talisman ①.

taloche f. (òsch). Ohrfeige.

tal‖on m. (*on*). Ferse, f., Hacke, f. ‖ [chaussure] Absatz. ‖ [cartes, souche] Stamm. ‖**-onner** (òné). auf den Fersen* sein*, *dat.* ‖[poursuivre] hart verfolgen. ‖**-onnette** f. (ònèt). Absatzstück, n.

talus m. (*ü*). Böschung, f.

tambour‖ m. (tanbur). Trommel, f. : — *de basque,* Schellentrommel, f.; *battre* du tambour,* trommeln; *battre* le tambour,* die Trommel rühren. ‖LOC. *Tambour battant,* mit klingendem Spiel; *mener tambour battant,* tüchtig abführen; *sans tambour ni trompette,* ohne Sang und Klang. ‖[joueur] Trommler ④. ‖**-in** m. (*in*). Tamburin, -s, n. ①. ‖**-iner** (*né*). trommeln. ‖*Fig.* herausposaunen. ‖**- -major** m. (jòr). Tambourmajor ①.

tamis m. (*i*). Sieb, n.

Tamise npr. f. (*iz*). Themse.

tamiser (*zé*). [durch-] sieben.

tam‖pon m. (tanpon). Pfropfen ④. ‖[de ouate, etc.] Bausch. ‖[ch. de fer] Puffer ④. ‖**-ponnement** m. (pònman). Verstopfen, n. ‖[choc] Zusammenstoß. ‖ **-ponner** (pòné). verstopfen. ‖ [train] einstoßen*. ‖**[se]**. zusammenstoßen* [*sein*].

tam-tam m. (tàm). Tamtam, n. ‖*Fam.* lärmende Reklame, f.

tancer (*sé*). ausschelten.

tanche f. (tansch). Schleie.

tandem m. (èm). Tandem, -s, n.

tandis que conj. (di[s] kœ). während.

tangage m. (*gaj*). Stampfen, n.

tan‖gent, e, a. (jan, t). berührend. ‖f. Tangente. ‖**-gible** a. (*jibl*). greifbar.

tanguer. stampfen.

tanière f. (*niär*). Höhle.

tank m. (*tan*k). Tank, Panzerwagen. ‖ — *amphibie,* Schwimmkampfwagen.

tan‖nage m. (*àj*). Gerben, n. ‖**-nant, e,** p. a. (*an*, t). gerbend. ‖*Fig. fam.* lästig. ‖**-ner** (*né*). lohen, gerben. ‖*Fam.* belästigen. ‖**-nerie** f. (tànri). [Loh-] Gerberei. ‖**-neur** m. [Loh-] Gerber ④. ‖**-nique** a. (*ìk*). *Acide tannique,* Gerbesäure, f.

tant adv. (tan). [degré] sosehr. ‖[quantité] soviel, adv. et a. : *tant de livres,* soviel *ou* soviele Bücher. ‖*Tant que,* conj. so lange. ‖LOC. *En tant que médecin,* als Arzt; *si tant est qu'il soit riche,* wenn er wirklich reich ist; *tant bien que mal,* soso, wie es eben geht; *tant riches que pauvres,* sowohl Reiche als Arme; *tant de fois,* so oft; *tant et plus,* noch mehr als nötig; *tant mieux,* desto besser; *tant pis,* desto schlimmer; *tant s'en faut,* solange [bei weitem] nicht.

Tantale npr. m. (*àl*). Tantalus.

tante f. (tant). Tante. ‖*Fig. pop. Chez ma tante,* im Leihhaus.

tan‖tième m. (*ièm*). Gewinnanteil. ‖**-tinet** m. (*nè*), *fam. Un tantinet,* ein klein wenig.

tantôt adv. (*tô*). [bientôt] bald. *A tantôt!* auf baldiges Wiedersehen!; *tantôt ..., tantôt ...,* bald ..., bald ... ‖[il n'y a pas longtemps] vor kurzem, vorhin.

taon m. (*tan*). Bremse, f.

ta||page m. (*aj*). Lärm, spl. Skandal, spl. ||**-pageur, euse,** a. (**jœr, öz**). lärmend. ||*Fig.* auffallend. ||m. Ruhestörer ④.
ta||pe f. Klaps, m. ①. ||**-pé, e,** p. a., *fig. fam.* wohlgetroffen, gelungen. ||**-pe-cul** m. (tapkü). zweirädriger Wagen ④. ||*Fig.* Rumpelkasten ④. ||**-pée** f. (pee), *fam.* Masse. ||**-per** (pé). schlagen*. || [légèrement] klappen. || [du pied] stampfen. ||*Pop.* [emprunter] anpumpen. ||**-pette** f. (èt). Klopfholz, n. ②. ||*Fam.* [langue] Zunge.
ta||pin m. (p*i*n), *fam.* Trommler ④. ||**-pinois [en]** (pin°*a*). verstohlen.
tapioca m. (kà). Sago.
tapir m. (*ir*). Tapir ①.
tapir [se] (*ir*). sich verkriechen*.
ta||pis m. (p*i*). Teppich. || [de table] [Tisch-]Decke, f. || [de billard] Tuch, n. ②. ||**-pisser** (*sé*). tapezieren. ||**-pisserie** f. (pisr*i*). [sur canevas] Stickerei. || [tenture] Wandbehang, m., Tapete. ||LOC. *Faire* tapisserie [au bal]*. sitzenbleiben*, Mauerblümchen spielen. ||**-pissier** m. (*sié*). Tapezierer ④.
tapoter (pòté). klapsen. || [piano] klimpern.
taquet m. (kè). Pflock.
ta||quin, e, a. (*i*n, *ì*n). neckisch. ||m., f. Necker ④, in. ||**-quiner.** necken. ||**-quinerie** f. (kinr*i*). Neckerei.
tarabuster (büsté). belästigen. || [tracasser] placken.
tarare m. (*à*r). Staubmühle, f.
tar||aud m. (r*o*). Schraubenbohrer ④. ||**-auder.** ausbohren.
tar||d adv. (tàr). spät. *Au plus tard,* spätestens; *il se fait tard,* es wird spät; *sur le tard,* spät [abends]. ||**-der** (dé). sich verspäten. || [à rentrer] lange ausbleiben* [*sein*]. || [différer, hésiter] zögern. ||impers. *Il me tarde de ...,* ich sehne mich danach, zu... ||**-dif, ive,** a. (*if, ìw*). spät. || [retardé] verspätet.
tar||e f. (tàr). Tara, spl., Taragewicht, n. || [défaut] Fehler, m. ④. || [souillure] Makel, m. ||**-é, e,** a. (ré). verrufen.
tar||entelle f. (antèl). Tarantella, -s. ||**-entule** f. (antül). Tarantel.
tarer (ré). die Tara abziehen*.
tar||ge f. (t*a*rj). Tartsche. ||**-gette** f. (jèt). kleiner Riegel, m. ④.
targuer [se] (sœ-gé) [de]. sich brüsten [mit].
tarière f. (*iä*). Hohlbohrer ④, m.
tar||if m. (*if*). Preisverzeichnis, n., Tarif. Satz ①. ||**-ifer** (fé). den Preis festsetzen, sép.
tar||ir. austrocknen. ||intr. et **se** —, versiegen. ||*Fig.* [cesser] aufhören. ||**-issable** a. (àbl). versiegbar. ||**-issement** m. (ism*a*n). Versiegen, n.
tarlatane f. (àn). Tarlatane.
tarot m. (ô). Tarockkarte, f. || [jeu] Tarockspiel, n.
tarse m. (tars). Fußwurzel, f.
tartan m. (*a*n). Tartan.
tartane f. (àn). Tartane.
Tartare npr. m. (-t*a*r). Tartarus, Unterwelt, f. ||*Géogr.* m. et f. Tatar, -en, -en, in. ||a. tatarisch.
tar||te f. (tart). Torte. ||**-telette** f. (œlèt). Törtchen, n. ④. ||**-tine** f. (ìn). Stulle, Bemme : — *de beurre,* Butterbrot, n. ||*Fam.* langweiliger Artikel, m. ④.
tar||trate m. (àt). weinsteinsaures Salz, n. ||**-tre** m. (tartr). Weinstein. || [chaudières] Kesselstein. ||**-trique** a. (ìk). Weinstein...
tar||tufe m. (*üf*). Heuchler ④. Scheinheiliger, a. s. ||**-tuferie** f. (fr*i*). Heuchelei.
tas m. (tâ). Haufen ④. ||*Fam.* Menge, f.
tasse f. (tâs). Tasse.
tasseau, x, m. (sô). Bret[t]träger ④.
tas||sement m. (tàsm*a*n). Senkung, f. ||**-ser** (*sé*). aufschichten. || [serrer] zusammendrängen. || **[se].** sich sacken.
tâter (*té*). tr. befühlen, betasten. || [pouls] fühlen. ||*Fig.* [terrain, etc.] prüfen. || [qn] auf den Zahn fühlen, *dat.* || [pressentir] ausforschen. ||intr. tasten. ||*Fig.* [de qc.] versuchen, tr., probieren, tr.
tatillon||, ne, a. (tij*o*n, òn). schnüffelnd. ||m., f. Schnüffler ④, in. ||**-ner** (òné). schnüffeln.
tâ||tonnement m. (tònm*a*n). Herumtappen, n. spl. ||**-tonner** (*né*). herumtappen. ||*Fig.* unsicher zu Werke gehen*. ||**-tons [à]** adv. (t*o*n). tappend. ||*Fig.* blindlings.
ta||touage m. (t*u*àj). Tätowieren, n. spl. || [dessin] Tätowierung, f. ||**-touer** (t*u*é). tätowieren.

taudis m. (tôd*i*). elende Wohnung, f.
tau‖**pe** f. (tôp). Maulwurf, m. ‖**-pin** m. (p*i*ⁿ). Schanzgräber ④. ‖**pinière** f. (n*iä*r). Maulwurfshaufen, m. ④.
tau‖**reau, x,** m. (rô). Stier. ‖**-romachie** f. (sch*î*). Stiergefecht, n.
taux m. (tô). Taxe, f. ‖[cours] Kurs ①. ‖*Taux de change,* Umrechnungsverhältnis, n. ‖[intérêt] Zinsfuß. Prozent, n.
taveler (*lé*). sprenkeln, flecken. ‖[**se**]. fleckigwerden.
taverne f. (wern). Schenke, Kneipe.
ta‖**xation** f. (*sio*ⁿ). Taxierung. ‖**-xe** f. (taks). Taxe. ‖**-xer** (*é*). taxieren. ‖[accuser de] beschuldigen [*gén.*]. ‖**-xi** m. (ks*i*). ④, Taxi, m. et n. inv., Autotaxi, n. ④. ‖**-xi**[**mètre**] m. Fahrpreisanzeiger.
taxiphone m. (f*o*n). Fernsprechautomat.
taylorisme m. (tèlor*i*sm). Taylorsystem, n.
Tch‖**écoslovaque** m. et f. (w*a*k). Tschechoslowak[e], -en, -en, in. ‖a. tschechoslowakisch. ‖**-écoslovaquie** npr. f. (k*i*). Tschechoslowakei. ‖**-èque** m., f. (èk). Tscheche, -n, -n, in. ‖a. tschechisch.
te pron. pers. V. GRAMM. dich, dir.
té m. Reißschiene, f.
tech‖**nicien** m. (tek-s*i*ⁱⁿ). Techniker, Fachmann ④. ‖**-nique** f. (*ì*k). Technik. ‖**-nologie** f. (*ji*). Technologie (*gi*).
teck od. **tek** m. Tiekholz, n.
tégument m. (güm*a*ⁿ). Hülle, f. [tierische].
teign... V. *teindre**.
tei‖**gne** f. (tenj). Grind, m. ‖[insecte] Motte. ‖**-gneux, euse,** a. (nj*ö*, **z**). grindig.
teindre* (t*i*ⁿdr). färben.
tein‖**t, e,** pp. v. *teindre** (t*i*ⁿ). ‖m. Gesichtsfarbe, f. ‖**-te** f. (t*i*ⁿt). Färbung. ‖[nuance] Farbenton, m. ‖*Fig.* Anflug, m. ‖**-ter** (*té*). eintönig färben. ‖**-ture** f. (*ü*r). Färbung. ‖ — *d'iode,* Jodtinktur. ‖**-turerie** f. (r*i*). Färberei. ‖**-turier, ière,** m., f. Färber ④, in.
tek. V. *teck.*
tel, le, a. (tèl). solcher, e, es. *Un tel homme,* solch *ou* so ein Mensch. ‖LOC. *De telles gens,* dergleichen [inv.] Leute; *il n'y a rien de tel,* nichts geht drüber; *tel..., tel...,* wie..., so...; *tel est...,* so ist...; *tel quel,* wie [es] gerade ist.
télé‖**commande** f. (m*a*ⁿd). Fernsteuerung. ‖**-gramme** m. (gr*à*m). Telegramm, n. ①. ‖**-graphe** m. (gr*à*f) Telegraph, -en, -en. ‖**-graphie** f. Telegraphie : — *sans fil* [Abr. T. S. F.], drahtlose [Funken-] Telegraphie. ‖**-graphier** (*ié*). telegraphieren. ‖**-graphique** a. (*ì*k). telegraphisch, Draht... ‖**-graphiste** m., f. (*i*st). Telegraphist, -en, -en, in. ‖**-mètre** m. (ètr). Fernmesser ④. ‖**-pathie** f. (t*i*). Telepathie. ‖**-phérique** m. Seilschwebebahn, f. ‖**-phone** m. (f*ò*n). Telephon, n. ①, Fernsprecher ④. ‖**-phoner** (ò*né*). telephonieren. ‖**-phonie** f. (ò*ni*). Telephonie. ‖**-phonique** a. (*ì*k). telephonisch. ‖**-phoniste** m. et f. Telephonist, -en, -en, in.
téles‖**cope** m. (k*ò*p). Teleskop, n. ①. ‖**-coper** (p*é*). ineinanderschieben*, zusammenstoßen.
télé‖**viseur** m. (z*œ*r). Fernsehapparat, n. ‖**-vision** f. (*zio*ⁿ). Fernsehen, n.
tellement adv. (telm*a*ⁿ). [devant un adj. ou un adv.] so. ‖[degré] sosehr. ‖[quantité] soviel.
tém‖**éraire** a. (*ä*r). tollkühn, verwegen. ‖**-érité** f. (t*é*). Tollkühnheit, Verwegenheit.
tém‖**oignage** m. (ᵒanj*à*j). Zeugnis, n. *Rendre* —, Zeugnis ablegen. ‖**-oigner** (ᵒanj*é*). zeugen [von]. ‖**-oin** m. (*oi*ⁿ). Zeuge, -n, n : — *à charge, à décharge, oculaire,* Belastungs-, Entlastungs-, Augenzeuge. ‖[femme] Zeugin, f.
tempe f. (t*a*ⁿp). Schläfe.
tem‖**pérament** m. (*a*ⁿ). Temperament, n. ①. ‖[caractère] Gemütsart, f. ‖[modération] Mäßigung, f. ‖*A tempérament,* auf Abzahlung, ‖**-pérance** f. (*a*ⁿs). Mäßigkeit. ‖**-pérant, e,** a. (*a*ⁿ, t). mäßig. ‖**-pérature** f. (*ü*r). Temperatur, Wärmegrad, m. ‖**-péré, e,** a. (*é*). mäßig. ‖[climat] gelind. ‖**-pérer** (r*é*). mäßigen. ‖[adoucir] mildern.
tem‖**pête** f. (*ä*t). Sturm, m. ‖**-pêter** (t*é*). toben. ‖*Fig.* rasen. ‖**-pétueux, euse,** a. (t*üö*, **z**). stürmisch.
tem‖**ple** m. (t*a*ⁿpl). Tempel ④. ‖**-plier** m. (*ié*). Tempelherr, -n, -en.

temporaire a. (*är*). zeitweilig. ‖ [passager] vorübergehend.

temporal, e, aux, a. (*àl, ô*). Schläfen...

tem‖porel, le, a. (*èl*). zeitlich. ‖ [terrestre] irdisch. ‖ [séculier] weltlich. ‖**-poriser** (*zé*). zögern.

temps m. (taⁿ). Zeit, f. ‖LOC. *A temps,* zur rechten Zeit; *avoir** [*ne pas avoir*] *le temps,* [keine] Zeit haben*; *do mon temps,* zu meiner Zeit; *de temps en temps,* von Zeit zu Zeit; *de tout temps,* von jeher; *en même temps,* zugleich; *en temps de guerre* [*de paix*], in Kriegs- [Friedens] zeiten; *entre temps,* zwischendurch; *il est grand* [*il n'est que*] *temps,* es ist hohe [höchste] Zeit. ‖ [mesure] Zeitmaß, n. ①, Tempo, -s, n. ‖*Mus. Mesure à trois temps,* Dreivierteltakt, m. ‖ [température] Wetter, n. spl., Witterung, f.

te‖nable a. (tœnàbl). haltbar. ‖ [supportable] erträglich. ‖**-nace** a. (*às*). zähe. ‖*Fig.* hartnäckig.

ténacité f. (*sité*). Hartnäckigkeit.

te‖naille[s] f. [pl.] (tœnaj). Zange. ‖**-nailler** (*ajé*). foltern.

te‖nancier, ière, m., f. (aⁿ*sié, iär*). Pächter ④, in. ‖ [gérant] Verwalter ④, in. ‖**-nant** m. (aⁿ). Ausforderer ④ [auf einem Turnier]. ‖*Fig.* Verteidiger ④. ‖*Techn. D'un seul tenant,* in einem Stück. ‖*Fig. Tenants et aboutissants,* Wege und Stege.

ten‖dance f. (taⁿdaⁿs). Streben, n. spl. ‖ [direction] Richtung. ‖ [penchant] Hang, m. ‖*Polit.* Tendenz. ‖ [Bourse] Stimmung. ‖**-dancieux, euse,** a. (*siö, z*). tendenziös.

tender m. (dèr). Tender ④.

ten‖deur m. (œr). [habits, chaussures] Strecker ④. ‖**-don** m. (oⁿ). Sehne, f. ‖**-dre** (aⁿdr). tr. spannen. ‖ [filets] stellen. ‖ [allonger] strekken. ‖ [offrir] reichen. ‖ [diriger] richten. ‖ [tapisserie] aufhängen. ‖ [tapisser de] behängen [mit]. ‖intr. [aspirer à] streben [nach].

ten‖dre a. (taⁿdr). zart. ‖ [pain] frisch gebacken. ‖ [viande] mürbe. ‖**-dresse** f. (*ès*). Zärtlichkeit. ‖**-dron** m. (oⁿ). Sprosse, f. ‖*Fig.* junges Mädchen, n. ④. ‖ [de veau] Brustknorpel ④.

tendu, e, p. a. (*dü*). [corde, etc.] straff.

té‖nèbres f. pl. (*äbr*). Finsternis, sing. ‖**-nébreux, euse,** a. (*ö, z*). finster.

teneur f. (tœnœr). Wortlaut, m. ‖ [aloi] Gehalt, m.

teneur, euse, m., f. (*œr, öz*). — *de livres,* Buchhalter ④, in.

ténia m. (*ia*). Bandwurm ②.

tenir* (tœnir). tr. halten*. *Tenir la* [*sa*] *droite,* sich rechts halten*, rechts gehen*; — *les livres,* Buch führen; — *un langage,* eine Sprache führen. ‖PROV. *Il vaut mieux tenir que courir,* besser hab' ich als hätt' ich. ‖intr. [résister] aushalten* : *je n'y tiens plus,* das kann ich nicht mehr aushalten. ‖*Tenir** *à* [personnes] : — *à la vie,* am Leben hängen; — *à une chose,* auf eine Sache halten*; *j'y tiens,* es kommt mir darauf an; [choses] *tenir à* [être contigu], grenzen [an, *acc.*]; [à une cause] abhängen [von], kommen* [von] : *il ne tient qu'à vous,* es hängt nur von Ihnen ab; *tenir au cœur,* am Herzen liegen*. ‖*Tenir** *de* : *tenir qc. de qn,* etwas von einem haben* : *il a de qui tenir,* das hat er von seinem Vater [seinen Eltern usw.] : *tenir de qn,* jemandem ähnlich sein*; *tenir du prodige,* einem Wunder gleichen*; *tenir compte,* anrechnen. ‖LOC. *En tenir pour,* eingenommen [sein]. [für], verliebt sein* [in, *acc.*]; *cela ne tient pas debout,* das ist lauter Unsinn; *faire** *tenir qc. à qn,* einem etwas zustellen [zukommen lassen*]; *qu'à cela ne tienne,* es soll nicht darauf ankommen*. ‖ [se]. sich halten*. ‖LOC. *Se tenir à quatre,* sich gewaltsam zusammenhalten*; *ne pouvoir** *se tenir de rire,* nicht umhin können* zu lachen; *se le tenir pour dit,* es sich gesagt sein* lassen*; *s'en tenir à qc.,* bei einer Sache bleiben* : *savoir** *à quoi s'en tenir,* wissen*, woran man ist; *s'en tenir là,* dabei bleiben*, es dabei bewenden lassen*. ‖interj. *Tenez! tiens!* [voici] hier! [prenez, prends] nehmen Sie! nimm! [voyez, vois] sieh da! ‖*Tiens!* [surprise] ei!

tennis m. (*tènis*). Tennis.

tenon m. (*o*n). Zapfen ④.
ténor m. (*ò*r). Tenor ①.
tension f. (tansi*o*n). Spannung.
ten‖taculaire a. (kül*ä*r). Fühlfaden... ‖**-tacule** m. (*ül*). Fangarm, m. ①.
ten‖tant, e, a. (*a*n, t). verführerisch. ‖**-tateur, trice,** m., f. (t*œ*r, tr*ì*s). Verführer ④, in. ‖[démon] Versucher ④, m. ‖**-tation** f. (si*o*n). Versuchung. ‖**-tative** f. (*i*w). Versuch, m. ①.
tente f. (tant). Zelt, n.
tenter (t*é*). versuchen.
tenture f. (t*ü*r). Behang, m. ‖[tapisserie] Tapete.
tenu, e, pp. v. *tenir** (tœn*ü*). ‖[obligé à, de] verpflichtet [zu]. ‖[astreint à] angehalten [zu]. ‖f. (*ü*). Haltung. ‖[des assises, etc.] Abhaltung. ‖[gestion] Führung : — *des livres,* Buchführung. ‖[toilette] Anzug, m. ‖[automobile] — *de route,* Straßenlage. ‖*Mil.* Uniform : *grande, petite tenue,* Parade-, Dienstuniform.
ténu, e, a. (*ü*). dünn, fein.
ter‖ adv. zum dritten Mal. ‖[numéro] ter. ‖**-cet** m. Terzine, f.
térébenthine f. (bant*ì*n). Terpentin, m.
ter‖giversation f. (jiwer-si*o*n). [détour] Winkelzug, m. ‖**-giverser** (s*é*). Winkelzüge machen. ‖[hésiter] zaudern.
terme m. (term). [borne] Grenzstein. ‖[fin] Ende, n. *Mettre* un terme à,* ein Ende machen, *dat.* ‖[délai] Frist, f., Termin : *à terme,* auf Zeit, auf Kredit. ‖[échéance] Mietzeit, f. ‖[mot, expression] Wort, n. ②, Ausdruck. ‖*Phil. Math.* Glied, n. ②.
ter‖minaison f. (näz*o*n). Ende, n. Beendigung. ‖[d'un mot] Endung, Endsilbe. ‖**-minal, e, aux,** a. (*à*l, *ô*). End[e]... ‖**-miner** (n*é*). beendigen. ‖[conclure] [ab]schließen*. ‖[se]. zu Ende gehen*. ‖[mot] endigen (auf, *acc.*). ‖[en pointe, etc.] auslaufen* [*sein*] [in, *acc.*].
termite m. (*ì*t). Termite, f.
ternaire a. (*ä*r). ternär.
ter‖ne a. glanzlos, matt. ‖[trouble] trübe. ‖**-nir** (*i*r). matt machen, trüben. ‖**-nissure** f. (*ü*r). Mattheit, Trübheit.
terrain m. (tèr*i*n). [Erd-]Boden, spl. ‖*Géol.* Erdreich, n. ‖[étendue] Gelände, n. ④. ‖[duel] *Aller* sur le terrain,* auf die Mensur gehen*.
ter‖rasse f. (*à*s). Erdwall, m., Erdstufe, Terrasse. ‖**-rassement** m. (asm*a*n). Erdarbeit, f. ‖**-rasser** (s*é*). mit Erde beschütten. ‖[renverser] niederwerfen*. ‖**-rassier** m. (si*é*). Erdarbeiter ④.
ter‖re f. (tär). Erde, spl. *A terre,* auf der [die] Erde; *sur* —, auf Erden; *par terre,* zu Boden. ‖LOC. *Mettre* pied à terre,* absteigen*; *en terre,* [matière] irden, a.; [enterré] begraben; *porter en terre,* zu Grabe tragen*; *terre à terre, fig.* alltäglich; *terre cuite,* Terrakotta; *tomber par terre,* hinfallen*. ‖[terre ferme, pays] Land, n. ②; — *sainte,* [das] heilige Land. ‖LOC. *Mettre* [descendre] à terre,* landen. ‖pl. [biens] Güter, n. pl. Ländereien, pl. ‖**-reau, x,** m. Düngererde, f.
Terre-Neuve npr. f. (tèrnœw). Neufundland, n. ‖m. [chien] Neufundländer ④.
ter‖re-plein m. (pl*i*n). Dammhöhe, f. ‖**-rer** (r*é*). mit Erde beschütten. ‖[se]. sich eingraben*. ‖**-restre** a. (estr). irdisch.
terreur (*œ*r). Schrecken, m. spl. ‖[gouvernement] Schreckensherrschaft.
terreux, euse, a. (*ö*, z). erdig. ‖[couleur] erdfarbig, erdfahl.
terrible a. (*i*bl). schrecklich, fürchterlich. ‖[redoutable] furchtbar.
ter‖rien, ne, a. (*i*in, *i*èn). gutsherrlich, Land... ‖**-rier** m. (i*é*). Bau ①. ‖[chien] Dachshund ①.
terrifier (fi*é*). erschrecken.
ter‖rine f. (*ì*n). Napf, m. ‖**-ritoire** m. (to*a*r). Gebiet, n. ‖**-ritorial, e, aux,** a. (i*à*l, *o*). Grund... *Armée territoriale,* Landsturm, m. ‖**-roir** m. (o*a*r). Erdreich, n. *Goût de terroir,* Bodengeschmack.
terroriser (z*é*). durch Schrecken beherrschen.
ter‖rorisme m. (*i*sm). Schreckensherrschaft, f. ‖**-roriste** m. (*i*st). Terrorist, -en, -en.
ter‖tiaire a. (si*ä*r). tertiär. ‖**-tio** adv. (si*o*). drittens.

tertre m. (tertr). Hügelchen, n. ④. ‖[tumulus] Grabhügel.
tes a. poss. (tè). deine. V. GRAMM.
test m. Test, Tentamen, n; — mina pl.
tes‖t m. Schale, f. ‖**-tacé** m. (sé). Schaltier, n.
tes‖tament m. (an). Testament, n. ①, Vermächtnis, n. ‖**-tamentaire** a. (är). testamentarisch. ‖**-tateur, trice,** m., f. (tœr, trìs). Erblasser ④, in. ‖**-ter.** testieren.
testicule m. Hode, f.
tétanos m. (os). Starrkrampf.
têtard m. (àr). Kaulquappe, f.
tête‖ f. (tät). Kopf, m. ‖[chef] Haupt, n. ② : — *baissée, fig.* blindlings; — *carrée, fig.*, Starrkopf, m.; — *de ligne*, Kopfstation; *la tête la première*, kopfüber. ‖LOC. *En tête à tête*, unter vier Augen; *monter* [*porter*] *à la tête* [vin], zu Kopfe steigen*; *par tête*, pro Kopf; *se payer la tête de qn, fam.*, einem etwas aufbinden*; *tenir* tête à qn*, einem die Spitze bieten*. ‖[esprit, intelligence] Kopf, m., Verstand, m. spl.; *avoir* la tête près du bonnet*, ein Hitzhopf sein*; *coup de tête*, m., leichtsinniger Streich, m.; *faire* la tête, fam.*, ein schiefes Gesicht machen; *homme de tête*, entschlossener Mensch; *mauvaise tête*, Trotzkopf, m.; *monter la tête à qn*, einen aufhetzen; *ne savoir* où donner de la tête*, nicht wissen*, wo man bleiben* soll; *par tête*, pro [*ou* die] Person; *perdre la tête*, die Fassung verlieren*; *tourner la tête à qn*, einem den Kopf verdrehen. ‖[sommet] Spitze; *à la tête, en tête*, an der [die] Spitze. ‖**--à-tête** m. Gespräch unter vier Augen, n. ‖siège] Plauderstühlchen, n. ④. ‖**--bêche** adv. (bäsch). verkehrt gegeneinander. ‖**--de-loup** f. Staubbesen, m.
té‖tée f. (-tee). einmaliges Saugen, n. spl. ‖**-ter** (té). saugen*.
té‖tine f. (ìn). Zitze. ‖[de biberon] Sauger, m. ④. ‖**-ton** m. (on). Brust, ¨, f., Zitze, f.
têtu, e, a. (tü). starrköpfig.
Teut‖on, ne, m., f. (töton, òn). Teutone, -n, -n, ...nin. ‖**-onique** a. (ònik). teutonisch, deutsch.
tex‖te m. (tekst). Text. ‖**-tile** a. (il). spinnbar. Textil... ‖m. pl. Gewebe, n. Webwaren, f. pl. ‖**-tuel, le,** (üèl). wörtlich. ‖**-ture** f. (ür). Gewebe, n. ④.
thaler m. (èr). Taler ④.
thalweg m. (vèg). Talweg.
thaumaturge m. (to-türj). Wundertäter ④.
thé m. Tee, spl. ‖[réunion] Teegesellschaft, f.
thé‖âtral, e, aux, a. (àl, o). theatralisch, Theater... ‖**-âtre** m. (atr). Theater, n. ④, Schauspielhaus, n. ②. ‖[d'un événement] Schauplatz.
thébaïde f. (id), *fig.* Einöde.
théière f. (iär). Teekanne.
thème m. (täm). Thema *ou* ...mata, ...men, n., Stoff. ‖[proposition] Satz. ‖[traduction] Übersetzung, f. [ins ...].
théo‖logal, e, aux, a. (logàl, o). *Vertus théologales*, christliche Kardinaltugenden, f. pl. ‖**-logie** f. (òji). Theologie. ‖**-logien** m. (jiin). Theolog, -en, -en. ‖**-logique** a. (jìk). theologisch.
théo‖rème m. (äm). Lehrsatz. ‖**-ricien** m. (siin). Theoretiker ④. ‖**-rique** a. (ìk). theoretisch.
thérapeutique f. (pötik). Heilkunde. ‖a. therapeutisch.
ther‖mal, e, aux, a. (àl, o). *Eaux thermales*, warme Heilquellen, f. pl.; *station thermale*, Warmbadeort, m. ‖**-mes** m. pl. (term). Warmquellen, f. pl. ‖[romains] Badehäuser, n. pl.
thermidor m. (òr). Hitzmonat.
ther‖mique a. (mik). thermisch. ‖**-mo-cautère** m. (kotär). Brennstift. ‖**-mogène** a. (jän). Wärme... ‖**-momètre** m. (mètr). Thermometer, n. ④. ‖**-mostat** m. (sta). Hitzregulator, Thermostat.
thésauriser. Schätze sammeln.
thèse f. (täz). These.
thon m. (ton). Thunfisch.
tho‖racique a. (sìk). Brust... ‖**-rax** m. (ax). Brustkorb.
thuriféraire m. (är). Weihrauchstreuer ④.
thuya m. Lebensbaum.
thym m. (tin). Thymian.
thyrse m. (tirs). Thyrsus.
tiare f. (tiar). Tiara, ...ren.
tibia m. (ia). Schienbein, n.
Tibre npr. m. (tibr). Tiber, f.

tic m. (*tìk*). Zucken, n. spl. ||*Fig.* üble Gewohnheit, f.
ticket m. Fahrkarte, f. ||[d'entrée] Einlaßschein. ||[de quai] Bahnsteigkarte, f. ||[à détacher] Marke, f.
tic-tac m. Ticktack.
ti||ède a. (*tièd*). lauwarm. ||*Fig.* lau. ||**-édeur** f. (*œr*). Lauigkeit. ||*Fig.* Lauheit. ||**-édir** (*ir*), intr. lauwarm werden*. ||*Fig.* erkalten [*sein*]. ||[faiblir] nachlassen*.
tien, ne, a. poss. (tii^n^, tièn). dein. attr. inv. : *le tien, la tienne,* etc., der [die, das] deinige *ou* deine. V. GRAMM.
ti||endr... (tiindr), **-enn...** (*ièn*). V. *tenir**. ||**-ens** (tii^n^). V. *tenir**. ||interj. V. *tenir**.
ti||erce f. (tièrs). Terz. ||**-ers, -erce,** a. (tièr, s). dritt. ||*Tiers état* (ze-*ta*). [der] dritte Stand. ||m. dritte Person, f
tige f. (tij). Stiel, m. ||[fleur] Stengel, m. ④.
tignasse f. (njàs). Grindhaube. ||*Fig.* wilder Haarwuchs, m.
ti||gre, esse, m., f. (tigr. *ès*). Tiger ④, in. ||**-gré, e,** a. getigert.
tilbury m. (büri). Tilbury, -s.
tillac m. (tijak). Oberverdeck, n.
tilleul m. (jœl). Linde, f. ||[infusion] Lindenblütentee.
timbale f. (tinbàl). Becher, m. ||*Fig. Décrocher la timbale,* den Vogel abschießen*. ||*Mus.* Pauke.
tim||brage m. (*aj*). Stempeln, n. ||**-bre** m. (tinbr). Hammer- *ou* Schlagglocke, f. ||[de pendule] Uhrglocke, f. ||[sonnette] Klingel, f. ||[voix] Klangfarbe, f. ||[estampille] Stempel ④. ||[vignette] Marke, f. *Timbre-poste,* Brief- *ou* Freimarke, f. ||**-bré, e,** p. a. (*bré*). *Papier timbré,* Stempelpapier, n. ||*Fig. fam.* [détraqué] verrückt. ||**-brer** (*bré*). stempeln.
ti||mide a. (*id*). schüchtern. ||[craintif] furchtsam. ||**-midité** f. (*té*). Schüchternheit, Furchtsamkeit.
ti||mon m. (o^n^). Deichsel, f. ||[barre] Steuerruder, n. ④. ||**-monier** m. (ò*nié*). Deichselpferd, n. ||**-moré, e,** a. (*ré*). furchtsam.
tinette f. Abtrittfäßchen, n. ④.
tins, tint (ti^n^). V. *tenir**.
tintamarre m. (tin-*àr*). Gepolter, n. spl.
tin||tement m. (tman). Geläute, n. spl. Ohrenklingen, n. spl. ||**-ter** (*té*). läuten. ||**-touin** m. (tuin). Ohrenbrausen, n. spl. ||*Fig.* Kopfzerbrechen, n.
tique f. (tik). Zecke.
tiquer (*ké*). ein Zucken haben*. ||*Fig.* eine Miene verziehen*.
ti||r m. Schießen, n. spl. ||*Tir de barrage,* Sperrfeuer, n. ||**-rade** f. (*àd*). Tirade. ||**-rage** m. (*àj*). Ziehen, n. : ... *de tirage,* Zieh... ||*Fam.* [difficulté] Schwierigkeit, f. ||[cheminée] Zug. ||[journal] Auflagziffer, f. ||[loterie] Ziehung, f. : — *au sort,* Verlosung, f. ||**-raillement** m. (rajman). Hin- und Herziehen, n. spl. ||pl. [douleur] Schmerzen. ||[complications] Reibungen, f. pl. ||**-railler** (*ajé*). zerren. ||[çà et là] hin- und herziehen*. ||*Mil.* plänkeln. ||**-railleur** m. (ajœr). Plänkler ④, Schütze, -n, -n. ||**-rant** m. (an). Zugschnur, f. ||[de botte] Strippe, f. ||[d'eau] Tiefgang.
ti||re f. (tir). *Vol à la tire,* Taschendiebstahl, m. ||**-ré, e,** p. a. [traits, etc.] ermüdet. ||LOC. *Tiré à quatre épingles,* geschniegelt und gebügelt; *tiré par les cheveux, fig.* ungeschickt dargestellt. || m. Schießjagd, f. ||*Comm.* Trassat, -en, -en.
tire||-botte m. (tirbòt). Stiefelknecht. ||**--bouchon** m. (bùschon). Korkzieher ④. ||**--bouton** m. (bùton). Knopfzieher ④. ||**--d'aile [à]** adv. (däl). pfeilschnell. ||**--fond** m. (fon). Zugbohrer ④. ||**--laine** m. (län). Manteldieb. ||**--larigot [à]** adv. (gô) : *boire* à tire-larigot,* wie ein Loch saufen*. ||**--ligne** m. (linj). Reißfeder, f.
tirelire f. (l*ir*). Sparbüchse.
tire||-pied m. (*pié*). Knieriemen ④. ||**--point** m. (poin). Pfriem.
ti||rer (*ré*) tr. [de]. ziehen* [aus]. ||[extraire] ausziehen*. ||[retirer] herausziehen*. ||[puiser] schöpfen [aus]. ||[chapeau] abnehmen*. ||[épreuve] abziehen*. *Bon à tirer,* a., druckfertig; m. Druckerlaubnis, f. ||[langue] herausstrecken. ||[marchandise] beziehen*. ||[plan] entwerfen*. ||[rideaux] aufziehen* [ouvrir]; zuziehen* [fermer]. ||[traite sur] ziehen* [auf, *acc.*].

‖[verrou] vorschieben*. ‖[vin] abzapfen. ‖[arme à feu] schießen* : — *à balle, à blanc, à la cible,* scharf, blind, nach der Scheibe schießen*. ‖[décharger] abfeuern. ‖ intr. [vers]. ziehen* [*sein*] [nach] : — *à sa fin,* zu Ende gehen*. ‖[couleur] spielen : — *sur le rouge,* ins Rote spielen. ‖**-ret** m. (rè). Strich. ‖**-rette** f. (rèt). Aufschürzer ④, m. ‖**-reur** m. (œr). Scharfschütze, -n, -n. ‖ *Comm.* Wechselansteller, Trassant, -en. ‖m. f. *Tireur, euse de cartes,* Kartenleger, in ④. ‖**-roir** m. (ᵒar). Schublade, f. ‖*Méc.* Schieber ④.

tisane f. (zàn). Tisane. *Tisane de* ..., ...tee, m.

ti‖son m. (zoⁿ). Feuerbrand. ‖**-sonner** (zòné). das Feuer schüren. ‖**-sonnier** m. (zònié). Schüreisen, n. ④.

tis‖sage m. (àj). Weben, n. ‖[usine] Weberei, f. ‖**-ser** (sé). weben*. ‖**-serand** m. (tisraⁿ). Weber ④. ‖**-su** m. (sü). Gewebe, n. ②.

ti‖tan m. Titan, -en, -en. ‖**-tanique** a. titanisch.

ti‖trage m. Titrieren, n. ‖**-tre** m. Titel ④. ‖[chapitre] Überschrift, f. ‖[droit à] Anrecht, n. [auf, *acc.*], Berechtigung, f. [zu]. ‖[acte, document] Urkunde, f. ‖[valeur] Wertpapier, n. ① : — *de rente,* Rententitel. ‖[aloi] Feingehalt. ‖LOC. *A juste titre,* mit [vollem] Recht; *à divers titres,* aus mehreren Gründen; *à titre d'ami,* als Freund; *à titre gracieux,* unentgeltlich; *en titre,* ordentlich. ‖**-tré, e,** p. a. betitelt : *personne titrée,* Standesperson, f. ‖**-trer.** betiteln. ‖*Chim.* titrieren.

tituber (tübé). taumeln.

ti‖tulaire a. (ülär). Titular... ‖[professeur] ordentlich. ‖m. [d'un compte]. Kontoinhaber. ‖**-tulariser** (zé). titularisieren.

toast m. (toßt). Toast ①. Trinkspruch. *Porter un toast,* einen Toast ausbringen*.

toboggan m. Rutschbahn, f.

toc m. (oc). *Fam.* Kitsch.

tocsin m. (toksiⁿ). Lärm- *ou* Sturmglocke, f. *Sonner le tocsin,* Sturm läuten.

toge f. (tòj). Toga, ...gen.

tohu-bohu m. Wirrwarr.

toi‖ pron. pers. (tᵒa). du, dich. V. GRAMM.

toi‖le f. (tᵒal). [de lin] Leinwand, spl. ‖[tissu] Tuch, n. ②, Gewebe, n. : — *à voiles,* — *cirée,* Segel-, Wachstuch, n.; — *d'araignée,* — *métallique,* Spinn-, Drahtgewebe, n.; — *de coton,* Kattun, m. ‖[peinture] Gemälde, n. ④. ‖**-lette** f. (èt). Einschlagetuch, n. ②. ‖[habillement] Kleidung, Putz, m. spl. : — *de bal,* Ballanzug, m.; *faire* sa toilette,* sich anziehen*, sich putzen; *marchande à la toilette,* Putzhändlerin. ‖[meuble] Putz- *ou* Waschtisch, m. ‖[cabinet] Putzzimmer, n. ④.

toi‖se f. (tᵒaz). Klafter. ‖**-sé, e,** p. a. (zé), *fig.* beurteilt. ‖m. Ausmessung, f. ‖**-ser** (zé). ausmessen*. ‖*Fig.* von oben bis unten ansehen*.

toison f. (zoⁿ). [laine] Wolle. ‖[avec la peau] Vlies, n.

toi‖t m. (tᵒa). Dach, n. ②. ‖[à porcs] Koben ④. ‖**-ture** f. (tür). Dachwerk, n.

tô‖le f. (tol). Eisenblech, n. : — *ondulée,* Wellblech, n. ‖**-lier** m. Eisenblecharbeiter ④.

to‖lérable a. (àbl). erträglich. ‖**-lérance** f. (aⁿs). Duldsamkeit. ‖[acte] Duldung. ‖**-lérant, e,** a. (aⁿ, t). duldsam. ‖**-lérer** (ré). dulden.

tomate f. Paradiesapfel, m. ②, Tomate.

tombal, e, aux, a. (toⁿbal, o). Grab...

tombant, e, p. a. (aⁿ, t). *A la nuit tombante,* bei einbrechender Nacht.

tom‖be f. (toⁿb). Grab, n. ②. ‖[pierre] Grabstein, m. ‖**-beau, x,** m. (bo). Grab, n. ②, Grabmal, n. ②.

tom‖bée f. (bee). *A la tombée de la nuit,* bei einbrechender Nacht. ‖**-ber** (bé). intr. fallen*. ‖— *par terre* [*tout de son long*] hinfallen*. ‖[sur] hinfallen* [über, *acc.*]. ‖[feuilles, etc.] abfallen*. ‖[cheveux] ausfallen*. ‖[vent] sich legen. ‖[jour] zu Ende gehen*. ‖[fondre] einschlagen*. ‖*Fig.* [conversation] ins Stocken geraten*. ‖[usage, mode] abkommen*. ‖[à une date] fallen* [auf, *acc.*]. ‖ [échouer] durchfallen*. ‖ [dans un état] geraten [in, *acc.*]. ‖ [sur, rencontrer] stoßen* [auf, *acc.*]. ‖ LOC. *Cela tombe bien,* es trifft sich gut; *tomber juste,* den Nagel auf den Kopf treffen*. ‖ tr. *Pop.* niederwerfen*. ‖ **-bereau, x,** m. Kippkarren ④. ‖ **-bola** f. (*là*). Tombola, -s.

tome m. (tòm). Band.

ton, ta, tes, a. poss. (t*o*ⁿ, tè), dein, e. V. GRAMM.

ton m. Ton : *d'un ton...,* in einem... Tone. ‖ *Mus. Etre* dans le ton d'ut,* etc., aus C usw. gehen*. ‖ [couleur] Farbenton. ‖ *Fig.* [force] Spannkraft, f.

tonalité f. (tònà-*é*). Tonart.

ton‖deur, euse, m., f. (*œr, öz*). Scherer ④, in. ‖ f. [pour cheveux, pour gazon] Haar-, Grasschneidemaschine. ‖ **-dre** (toⁿdr) scheren*. ‖ [faucher] abmähen.

ton‖icité f. (tònisit*é*). Spannkraft. ‖ **-ifier** (*fié*). stärken. ‖ **-ique** a. (*ìk*). tonisch. *Accent tonique,* Betonung, f. ‖ f. Tonika. ‖ **-itruant, e,** a. (ü*a*ⁿ, t). donnernd.

tonnage m. (*àj*). Tonnengehalt. ‖ [ch. de fer] Tragfähigkeit, f.

tonnant, e, p. a. (*a*ⁿ, t). donnernd.

ton‖ne f. (tòn). Tonne. ‖ **-neau, x,** m. (n*o*). Faß, n. ②. *Tonneau percé, fig.,* Verschwender ④. ‖ **-nelet** m. (tònl*è*). Fäßchen, n. ④. ‖ **-nelier** m. (ᵉl*ié*). Faßbinder ④, Böttcher ④. ‖ **-nelle** f. (*èl*). Gartenlaube.

ton‖ner (n*é*). donnern. ‖ **-nerre** m. (*èr*). Donner ④.

ton‖sure f. (toⁿs*ür*). Tonsur. ‖ **-surer** (*é*). die Tonsur geben*, *dat.* ‖ **-te** f. (toⁿt). Schafschur.

tonton m. (-t*o*ⁿ), *fam.* Onkel ④.

topaze f. (*àz*). Topas, m. ①.

toper (p*é*). einschlagen*. ‖ *Tope*[*z*] *là!,* schlagen Sie ein! topp!, es gilt!

topinambour m. (aⁿb*ur*). Topinambur, -s.

topique a. (*ìk*). topisch. ‖ [remède] örtlich. ‖ *Fig.* treffend.

to‖po m. (p*o*), *fam.* Plan, Rede, f. ‖ **-pographie** f. (*fi*). Ortsbeschreibung.

toquade f. (k*àd*), *fam.* Schrulle.

toquante f. (k*a*ⁿt), *pop.* Taschenuhr.

to‖que f. (tòk). Barett, n. ①. ‖ **-qué, e,** a. (k*é*). verrückt. ‖ **-quer** (k*é*). pochen.

tor‖che f. (torsch). [Pech-] Fackel. ‖ **-cher** (sch*é*). [ab]wischen. ‖ *Pop.* pfuschen. ‖ **-chère** f. (schär). Leuchtpfanne. ‖ **-chis** m. (sch*i*). Strohlehm. ‖ **-chon,** m. (sch*o*ⁿ). Wischlappen ④, Abwischtuch, n. ②.

tordre (tordr). drehen. ‖ [enrouler] winden*, ringen* : *se tordre les mains* [*de désespoir*], die Hände ringen*. ‖ [linge] ausringen*, wringen*. ‖ [le cou] umdrehen. ‖ [se]. *Se tordre de rire,* sich halbtot lachen.

toréador m. (*òr*). Stierkämpfer ④.

torgnole f. (nj*òl*), *pop.* derber Schlag, m.

tornade f. (*àd*). Tornado, -s, m.

torpeur f. (*œr*). Erstarrung.

tor‖pille f. (p*ij*). Torpedo, -s, m. ‖ **-piller** (pij*é*). torpedieren. ‖ **-pilleur** m. (*œr*). Torpedoboot, n. ①.

tor‖réfaction f. (faksi*o*ⁿ). Dörren, n. : *torréfaction du café,* Kaffeebrennen, n. ‖ **-réfier** (tor'-*ié*). dörren. ‖ [café] brennen*.

tor‖rent m. (*a*ⁿ). Bergstrom. ‖ [en chute] Gießbach. ‖ *Fig.* Flut, f. ‖ **-rentiel, le,** a. (*a*ⁿsi*èl*). strömend. ‖ **-rentueux, euse,** a. (t*üö,* **z**). reißend, wild strömend.

torride a. (*ìd*). brennend. ‖ [zone] heiß.

tor‖s, e, a. (tòr, s). gedreht. ‖ [fil] gezwirnt. ‖ [colonne] gewunden. ‖ [jambe] krumm. ‖ **-sade** f. (s*àd*). Raupe. ‖ **-se** m. (tòrs). Torso, -s. ‖ *Fig.* Rumpf. ‖ **-sion** f. (s*üo*ⁿ). Drehen, n. spl. Winden, n. spl.

tor‖t m. (tòr). Harm, m. Unrecht, n. spl. : *A tort,* mit Unrecht; *à tort ou à raison,* mit Recht oder Unrecht; *avoir* tort,* Unrecht haben*. ‖ [dommage] Schaden, spl. : *faire** [*du*] *tort,* Schaden zufügen, schaden. ‖ LOC. *A tort et à travers,* blindlings, ins Blaue hinein. ‖ **-ticolis** m. (*li*). steifer Hals. ‖ **-tillard, e,** a. (tij*àr*, d), *fam.* krumm gewachsen. ‖ m. *Fam.* Bummelzug, m., -eisenbahn, f. ‖ **-tillement** m. (tijm*a*ⁿ). Drehen, n. spl. ‖ Winden, n. spl. ‖ **-tiller** (tij*é*). herumdrehen, winden*. ‖ **-tionnaire** m. (siònär). Folterknecht. ‖ **-tu, e, a,** (t*ü*).

krumm. ||**-tue** f. (*tü*). Schildkröte. ||**-tueux, euse,** a. (*tüö*, **z**). krumm, gewunden. ||*Fig.* schleichend. ||**-ture** f. (*ür*). Folter. ||*Fig.* Folterqual. ||**-turer** (*é*). foltern, martern.

Tos||can, ne, m., f. (k**a**n, *à*n). Toskaner ④, in. ||a. toskanisch. ||**-cane** npr. f. (*à*n). Toskana, n.

tôt adv. (to). früh, bald. *Au plus tôt,* so bald als möglich; *tôt ou tard,* früher oder später.

tot||al, e, aux, a. (*à*l, *o*). ganz, gänzlich. ||[éclipse] gänzlich. ||[en bloc] sämtlich, gesamt... ||m. Gesamtsumme, f. ||[montant] Gesamtbetrag. ||**-aliser** (**z***é*). zusammenzählen. ||**-alitaire** a. (ter). *Etat* —, totaler Staat, Totalstaat. ||**-alité** f. (*té*). Gesamtheit.

toton m. (t**o**n). Drehwürfel.

touage m. (t*ua*j). Bugsieren, n.

toubib m. *Fam.* Arzt.

tou||chant, e, p. a. (sch**a**n, t), *fig.* rührend. ||prép. betreffend [après le nom], betreffs, *gén.* ||**-che** f. (tusch). Berührung. ||[piano] Taste. ||*Fam.* [aspect] Aussehen, n. spl. ||**-che-à-tout** m. (schat*u*). Tolpatsch. ||**-cher** (sch*é*). berühren. ||[escrime, but] treffen*. ||[d'un instrument] spielen. ||[argent] einnehmen*. ||*Fig.* [émouvoir] rühren. ||[concerner] betreffen*, angehen*. ||LOC. *Touche là!* schlag' ein!; *toucher à sa fin,* zu Ende gehen*; *toucher au but,* dem Ziele nahe sein*. ||m. Anfühlen, n. : *au toucher,* beim Anfühlen. ||[sens] Gefühlssinn.

tou||ffe f. (tùf). Büschel, m. ④. ||**-ffu, e,** a. (*fü*). buschig, dichtbelaubt.

toujours adv. (j*u*r). immer. *Pour toujours,* auf immer. ||[constamment] stets. ||[encore] noch immer. ||[toutefois] immerhin. ||LOC. *Allez toujours!* nur weiter! *Toujours est-il que j'ai...,* jedenfalls habe ich...

toupet m. (p*è*). Haarbüschel ④. ||[sur le front] Stirnhaar, n. ||*Fig. pop.* Dreistigkeit, f. Frechheit, f.

toupie f. (p*i*). Kreisel, m. ④.

tour f. (tùr). Turm, m. ||m. [mouvement] Umdrehung, f. ||[circulaire] Umlauf, Kreislauf. ||[tournée] Rundgang, -fahrt, f. ||*Faire* le tour de,* herumgehen* [*sein*] [um]. ||[promenade] Spaziergang. ||[voyage] [Rund-] Reise, f., Tour, f. *Faire* le tour du monde,* um die Welt reisen; [en naviguant] die Welt umsegeln. ||[périmètre] Umfang, Umkreis. ||[mouvement vers, tournure] Wendung, f. : — *de phrase,* Redewendung, f. ||[ordre, rang] Reihe, f. *A tour de rôle,* der Reihe nach; *c'est mon tour,* die Reihe ist an mir; *à mon tour!* an mir! [de mon côté] meinerseits; *chacun son tour,* jeder der Reihe nach. ||[acte de ruse, farce, etc.] Streich. ||[d'adresse, de force] Kunst-, Kraftstück, n. : — *de cartes,* Kartenstück, n. ||LOC. — *de faveur,* Vorzug; *en un tour de main,* im Handumdrehen, im Nu; *fermer à double tour,* doppelt verschließen*. ||[machine] Drechselbank, f.

tour||be f. (turb). Torf, m. ||**-bière** f. (*iä*r). Torfmoor, n. ①.

tour||billon m. (bij**o**n). [vent] Wirbel ④. ||[eau] Strudel ④. ||*Fig.* Taumel, spl. ||**-billonner** (bijòn*é*). wirbeln.

tour||elle f. (*è*l). Türmchen, n. ④. ||**-ier, ière,** m., f. (*ié*, *iä*r). Pförtner ④, in.

tourillon m. (ij**o**n). Zapfen ④.

tour||isme m. (*i*sm). Touristik, f. ||**-iste** m. et f. (*i*st). Tourist, -en, -en, in. ||**-istique** a. (ist*i*k). touristisch.

tourlourou m. (lur*ù*), *fam.* junger Infanterist, -en, -en.

tour||ment m. (m**a**n). Qual, f. ||[supplice] Pein, f. ||[souci] Sorge, f. ||**-mente** f. (**a**nt). Seesturm, m. ||**-menter** (*té*). quälen. ||[angoisser] ängstigen. ||[importuner] plagen, belästigen.

tour||nant, e, p. a. *Pont* —, Drehbrücke, f. ||m. Biegung, f. ||[de route] Wendeplatz. ||*Fig.* Wendepunkt. ①. ||**-ne-broche** m. (n^e^bròsch). Bratenwender ④. ||**-nedos** m. (n^e^d*o*). Lendenbraten [in Schnitten]. ||**-née** f. (*ee*). Dienst-, Geschäftsreise. ||[à boire] Gang, m. [Wein-, Bier usw.]. ||**-nemain** m. (œm**i**n). *En un tournemain,* im Handumdrehen, im Nu.

tourner (*né*). tr. drehen. ||[complètement] umdrehen. ||[vers] wenden*. ||[page, etc.] umwenden*.

Tournez, s'il vous plaît (abr. *T. S. V. P.*], wenden Sie gefälligst um [abr. W. S. g. u.]. ||[à l'envers, demi-tour] umkehren. ||[sens dessus dessous, carte] umschlagen*. ||[diriger] richten. ||[autour, *fig.* éluder] umgehen*. ||[cap] umschiffen. ||*Fig.* [interpréter] auslegen. ||[traduire] übersetzen. ||[transformer en] verwandeln [in, *acc.*]. ||[au tour] drechseln. ||intr. sich drehen. ||[vers] sich wenden* [nach]. ||[route] biegen* [um] : — *court,* plötzlich umbiegen*; *fig.* kurz abbrechen*. ||— *à vide,* leerlaufen. ||[voiture] umlenken. ||[changer] sich ändern. ||[bien, mal, prendre une tournure] ausfallen* [*sein*], eine ... Wendung [einen ... Ausgang] nehmen*. ||[vent, au nord, etc.] umschlagen* [*sein*] [nach Norden usw.]. ||[temps] *Le temps tourne au beau, au froid,* etc., das Wetter wird schön, kalt usw. ||[tête] *La tête me tourne,* es schwindelt mir. ||[lait] gerinnen* [*sein*]. ||[vin, etc.] sauer werden* [*sein*]. ||*Fig. Tourner à l'honneur de qn.,* einem zur Ehre gereichen.

tournesol m. (esòl). Sonnenblume, f. ||[matière colorante] Lackmus, n.

tour||neur m. (*œ*r). Drechsler ④. ||**-nevis** m. (n^e^wìs). Schraubenzieher ④. ||**-niquet** m. (kè). Drehkreuz, n.

tour||noi m. (n^o^*a*). Turnier, n. ①. ||**-noiement** m. (n^o^am*a*^n^). Wirbeln, n. ||[vertige] Schwindel. ||**-noyer** (nòaj*é*). wirbeln. ||*Fig.* sich drehen und winden*. ||**-nure** f. (*ür*). [direction, allure] Wendung : — *de phrase,* Redewendung. ||[aspect] Aussehen, n. spl.

tour||te f. (tùrt). Torte. ||**-teau, x,** m. (t*o*). Ölkuchen.

tour||tereau, x, m. (t^e^r*ô*). Turteltäubchen, n. ④. ||**-terelle** f. (t^e^r*è*l). Turteltaube.

tourtière f. (*iär*). Tortenform.

tous (tus). V. *tout.*

Toussaint npr. f. (s*i*^n^). Allerheiligen, n. sans art., Allerheiligenfest, n.

tousser (s*é*). husten. ||Dim. *toussailler, toussoter, fam.,* hüsteln.

tout||, e, pl. **tous, toutes,** a. et pron. ind. (tù, tùt, tùs, tùt). aller, e, es : *tout ceci* [*cela*], dies [das] alles; *tous les gens,* alle Leute; *tous ces gens,* all die Leute. ||[chaque, chacun] jeder, e, es : *tout homme qui,* jeder [Mensch], der; *tout autre,* jeder andere. ||a. et adv. [entier] ganz, a : *toute la ville,* die ganze Stadt; *tout Paris,* ganz Paris; *tout blanc,* ganz weiß; *tout à fait,* ganz, gänzlich, völlig. ||m. Ganze[s], a. s. n. : *le tout,* das Ganze : *jouer le tout pour le tout,* alles aufs Spiel setzen. ||a. [totalité, ensemble] sämtlich, a : *toutes les œuvres,* sämtliche Werke. ||conj. *Tout ... que,* so ... auch. ||LOC. *Après tout,* im Grunde, schließlich; *à tout prendre,* alles wohl erwogen; *c'est tout* [c'est fini], es ist fertig; *est-ce tout?* weiter nichts? *c'est tout un,* es ist ganz einerlei; *en tout,* im ganzen; *en tout et pour tout, somme toute,* alles in allem; *tous les deux jours,* einen Tag um den andern; *tout à l'heure* [passé], soeben; [futur] sofort; *tout de même,* trotzdem, dennoch; *tout en..,* indem [obwohl]..., zugleich, während : *tout en riant,* indem [obwohl] er zugleich [während er] lachte; *voilà tout,* weiter nichts. ||**- -à-l'égout** m. (tutalegu). Kanalanlage, f. ||**-efois** adv. (t^e^f^o^*a*). dennoch, gleichwohl. ||**-e-puissance** f. (tùtpüis*a*^n^s). Allmacht.

toutou m. (tùt*ù*), *fam.* Wauwauhund, ①.

tout||-puissant, toute-puissante, a. allmächtig. ||**- -venant** m. Förderkohle, f. ||a. gewöhnlich, nicht verlesen.

toux f. (tù). Husten, m.

tox||ine f. (ksin). Toxin, n. ①. ||**-ique** a. (ìk). giftig.

trac m. (tràk), *fam.* Furcht, f. ||[théâtre] Lampenfieber, n.

tra||cas m. (k*â*). belästigende Verwirrung, f. ||[désagrément] Verdrießlichkeit, f. ||**-casser** (s*é*). plagen, quälen. ||[chicane] placken. ||**-casserie** f. (kàsr*i*). Schererei, Plackerei. ||**-cassier, ière,** a. (*ié, iär*). quälerisch.

tra||ce f. (tràs). Spur. ||[piste] Fährte. ||[vestige] Fußstapfe. ||**-cé** m. (s*é*). Vorzeichnung, f. ||**-cer**

(sé). zeichnen. ‖ [dessin] vorzeichnen. ‖ [ligne] ziehen*. ‖ [figure] beschreiben*.

trachée [-artère] f. (schee-tär). Luftröhre.

tract‖ m. Flugblatt, n. ②. ‖**-ation** f. Verhandlung.

tract‖eur m. Motorpflug, Trecker ④; — *à chenilles*, Raupenschlepper. ‖**-ion** f. Ziehen, n. spl.

tra‖dition f. (*sio*n) Überlieferung, Tradition. ‖**-ditionalisme** m. (*ism*). Traditionsbewußtsein, n. ‖**-ditionnel, le,** a. (siònèl). traditionell.

tra‖ducteur, trice, m., f. (üktœr, (trìs). Übersetzer ④, in. ‖**-duction** f. (*sio*n). Übersetzung. ‖**-duire*** (düir). übersetzen*, übertragen*. ‖*Fig.* ausdrücken.

tra‖fic m. (fìk). Handel. ‖ [relations] Verkehr. m. spl. ‖**-fiquant** m. (k*a*n). Handelsmann, ...leute. ‖**-fiquer** (ké) [de]. Handel treiben* [mit].

tra‖gédie f. (jédi). Trauerspiel, n., Tragödie. ‖**-gédien, ne,** m., f. (jédi*i*n, ièn). Tragödienspieler ④, in. ‖**-gi-comique** a. (ji-ìk). tragikomisch. ‖**-gique** a. (jìk). tragisch. *Poète tragique,* Tragiker, m.

tra‖hir (ir). verraten. ‖**-hison** f. (iz*o*n). Verrat, m. spl., Verräterei.

train m. (tri*n*). [allure] Gang. *Être* en train, aller* son train,* im Gange sein*; *mettre* en train,* in Gang bringen*. ‖ [chevaux] Gangart, f.; *à fond de train,* in schärfster Gangart. ‖ [chemin de fer] Zug : — *omnibus,* — *navette,* — *rapide,* — *spécial,* Personen- [*fam.* Bummel-], Pendel-, Eil- Sonderzug; *chef de train,* Zugführer. ‖*Mil.* Troß, Train (pron. fr.). ‖ [partie] Teil; [voitures] Gestell, n. : — *de devant, de derrière,* [animaux] Vorder-, Hinterteil; [voitures] Vorder-, Hintergestell, n. ‖LOC. *Aller* bon train,* gut im Zuge sein*; *être* en train de,* im Begriff sein*, zu...; *mener grand train,* großen Aufwand machen; *mettre* en train* [animer], aufheitern; *train de maison,* Hausstand; *train de vie,* Lebensweise, f. ‖ [tapage] Lärm. ‖ [vacarme] Gepolter, n.

traî‖nant, e, p. a. (trên*a*n, t). schleppend. ‖ [voix] gedehnt. ‖**-nard** m. (àr). Nachzügler ④. ‖*Fam.* Trendler ④. ‖**-nasser** (sé). *fam.* tr. in die Länge ziehen*. ‖intr. hin und her trendeln. ‖**-ne** f. (trän). [robe] Schleppe : *robe à traîne,* Schleppkleid, n. ②. ‖**-neau, x,** m. (no). Schlitten ④. ‖**-née** f. (ee). Streifen, m. ④ : — *de poudre,* Lauffeuer, n. ‖*Fam.* Gassendirne. ‖**-ner** (né). tr. schleppen. ‖ [ailes, patte] hängen lassen*. ‖ intr. [nach-] schleppen. ‖ [rôder] sich herumtreiben*, trendeln. ‖ [objets en désordre] umherliegen*. ‖*Fig.* [affaire] sich in die Länge ziehen*. ‖ [malade] hinsiechen*. ‖ [conversation] stocken. ‖ [se]. sich hinschleppen. ‖ [se glisser] herumkriechen [*sein*]. ‖**-neur** m. (œr) : — *de sabre,* Säbelraßler ④.

traintrain m., *fam.* Schlendrian.

traire* (trär). melken*.

trait m. (trè). Zug. *Cheval de trait,* Zugpferd, n. ‖ [visage] Gesichtszug. ‖ [de lumière] [Licht-] Strahl : — *de lumière, fig.,* plötzlicher Aufschluß. ‖ [ligne] Strich : — *de plume,* — *d'union,* Feder-, Bindestrich. ‖ [gravure] Riß. ‖ [description] Umriß. *A grands traits,* in großen, kräftigen Umrissen. ‖ [de scie] Schnitt. ‖ [projectile] Geschoß, n. ①. ‖ [flèche, et *fig.* satirique] Pfeil. ‖ [acte hostile] Streich. ‖*Fig.* [saillie] witziger Einfall. ‖LOC. *Avoir* trait à,* sich beziehen [auf, *acc.*]; *boire* à longs traits, d'un seul trait,* in langen Zügen, in einem Zuge trinken*.

trai‖table a. (àbl). geschmeidig, fügsam. ‖ [personnes] verträglich. ‖**-tant** m. (*a*n). Steuerpächter ④. ‖**-te** f. (trèt). Strecke : *tout d'une traite,* in einem fort. ‖ [lait] Melken, n. spl. ‖*Comm.* Wechsel, m. ④, Tratte. *Faire* traite sur,* einen Wechsel ziehen* [auf, *acc.*]. ‖ [trafic] Handel, m. : — *des noirs,* Sklavenhandel, m. ‖**-té** m. (té). Abhandlung, f. ‖ [convention] Vertrag. ‖ [imposé] Diktat. ‖**-tement** m. (m*a*n). Behandlung, f. *Mauvais traitement,* Mißhandlung; — *de faveur,* Vorzugsbehandlung, f. ‖ [appointements] Gehalt, n. ②. ‖**-ter** (té). behandeln. ‖ [de, nommer]. nennen*, schelten* [*acc.*].

‖[recevoir] bewirten, traktieren. ‖**-teur** m. (**œ**r). Speisewirt.

traîtr‖e, esse, m., f. (trätr, *ès*). Verräter ④, in. *En traître,* verräterischerweise. ‖a, et **-eusement** adv. verräterisch; *pas un traître mot,* kein Sterbenswörtchen, n. ④. ‖[animal] tückisch. ‖**-ise** f. Verräterei.

tra‖jectoire f. (jekt^o*a*r). Flugbahn. ‖**-jet** m. (j*è*). Strecke, f. ‖[voyage] Fahrt, f.

tralala m., *fam.* Prachtaufwand.

tra‖me f. (tr*à*m). Einschlag, m. ‖*Fig.* Verschwörung. ‖**-mer** (m*é*). einschlagen*. ‖*Fig.* [complot] anzetteln.

tramontane f. (t*à*n). Nordwind, m.

tramway m. (*uè*). Straßen- *ou* Trambahn, f., abr. Tram, f., -s.

tran‖chant, e, p. a. (tra^{n}sch**a**^{n}, t). schneidend, scharf. ‖[ton] absprechend. ‖m. Schneide, f. ‖**-che** f. (tra^{n}sch). Schnitt, m. *Doré sur tranche,* mit Goldschnitt. ‖[pain, etc.] Schnitte. ‖**-chée** f. (sch*ee*). Graben, m. ③. ‖*Mil.* Lauf-, Schützengraben, m. ③. ‖pl. [coliques] Bauchgrimmen, n. spl. ‖**-cher** (sch*é*). tr. schneiden*. ‖[enlever] abschneiden*. ‖[découper] vorschneiden*. ‖*Fig.* [question] entscheiden*. ‖[difficulté] beseitigen. ‖intr. [péremptoirement] absprechen*, aburteilen [über, *acc.*] : — *net,* kurzen Prozeß machen. ‖[contraster sur] abstechen* [von, gegen]. ‖[couleur] grell abstechen*. ‖Loc. *Trancher dans le vif,* durchgreifend verfahren*. ‖**-chet** m. (sch*è*). Kneif. ‖**-choir** m. (sch^o*a*r). Hackbrett, n. ②.

tran‖quille a. (k*i*l). ruhig. *Laissez-moi tranquille!,* lassen Sie mich in Ruhe! ‖**-quilliser** (z*é*). beruhigen. ‖**-quillité** f. (t*é*). Ruhe.

transaction f. (tra^{n}zaks*i*o^n). Vergleich, m. ‖pl. [commerciales] [Handels-] Verkehr, m.

transalpin, e, a. (p*i*^{n}, *i*n). transalpinisch.

transatlantique a. (a^{n}t*i*k). überseeisch.

trans‖bordement m. (tra^{n}s-^{e}m**a**^{n}). Umladung, f. ‖**-border** (d*é*). umladen*. ‖**-bordeur** m. (**œ**r). Umlader ④. ‖a. *Pont transbordeur,* Umladebrücke, f.

transcendant, e, a. (tra^{n}s'sa^{n}d**a**^{n}, t). überlegen.

transcontinental, e, aux, a. (k**o**^{n}-na^{n}t*à*l, *o*). Überland...

trans‖cription f. (s*i***o**^{n}). Abschreiben, n. spl. ‖[copie] Abschrift. Eintragen, n. spl. ‖**-crire*** (*i*r). [copier] abschreiben*. ‖[sur un registre] eintragen*.

transe f. (tr**a**^{n}s). Angst, spl.

transept m. (*e*pt). Querschiff, n.

trans‖férer (r*é*). verlegen. ‖[fonctionnaire] versetzen. ‖[titre] übertragen. ‖**-fert** m. (f*è*r). Verlegung, f., Versetzung, f. ‖Übertragung, f.

trans‖figuration f. (gü-s*i***o**^{n}). Verklärung. ‖ **-figurer.** umgestalten. ‖*Relig.* verklären.

transformable a. (*a*bl). umwandelbar.

trans‖formation f. Umgestaltung. ‖Verwandlung. ‖**-former.** umgestalten. ‖[en]. verwandeln [in, *acc.*].

transfuge m. Überläufer ④.

trans‖fuser (füz*é*). überleiten. ‖**-fusion** f. Überleitung.

trans‖gresser (s*é*). übertreten*. ‖**-gression** f. (s*i***o**^{n}). Übertretung.

transi, e, p. a. (s*i*) [de]. erstarrt [vor, *dat.*].

transiger (zij*é*). sich vergleichen. ‖[avec sa conscience] sich abfinden*.

transir (s*i*r). erstarren machen.

trans‖it m. (z*i*t). Durchgang [v. Waren]. ‖**-itif, ive,** a. (zit*i*f, *i*w). transitiv. ‖**-ition** f. (zis*i***o**^{n}). Übergang, m. ‖**-itoire** a. (zit^o*a*r). vorübergehend. ‖[provisoire] einstweilig.

translation f. (s*i***o**^{n}). Fortschaffung. ‖[déplacement] Verlegen, n.

translucide a. (lüs*i*d). durchscheinend.

transmettre*. übertragen*. ‖[délivrer] zustellen.

transmigration f. (s*i***o**^{n}). Übersiedelung : — *des âmes,* Seelenwanderung.

transmission f. (s*i***o**^{n}). Übertragung.

trans‖muer (mü*é*). verwandeln. ‖**-mutation** f. (s*i***o**^{n}). Verwandlung.

trans‖parence f. (**a**^{n}s). Durchsichtigkeit. ‖**-parent, e,** a. (**a**^{n}, t). durchsichtig.

Italique : accentuation. **Gras :** pron. spéciale. *Verbe fort. V. Grammaire.

transpercer (sé). durchbohren.
trans‖piration f. (sio^n). Schwitzen, n. spl. ‖**-pirer** (ré). schwitzen. ‖*Fig.* ruchbar werden*.
transplanter (a^nté). verpflanzen.
trans‖port m. (pòr). Beförderung, f. ‖[voiture, prix] Fracht, f. ‖ — *aérien,* Luftverkehr, n. ‖*Fig.* [accès] Anfall, Ausbruch. ‖[enthousiasme] Begeisterung, f. ‖**-portable** a. transportfähig. ‖**-porter.** fortschaffen, befördern.
trans‖poser (zé). umstellen. ‖*Mus.* umsetzen. ‖**-position** f. (zisio^n). Umstellung. ‖Umsetzung.
transrhénan, e, a. (a^n, àn). überrheinisch.
transvaser (wazé). umgießen.
transversal, e, aux, a. (wersàl, ô). Quer...
trapèze m. (päz). Trapez, n. ①. ‖[agrès] Schwebereck, n.
tra‖ppe f. (tràp). Falltür. ‖[ordre] Trappistenorden, m. ‖**-ppiste** m. Trappist, -en, -en.
trapu, e, a. (pü). untersetzt.
tra‖quenard *m.* (traknàr). Falle, f. ‖**-quer** (ké). hetzen. ‖[cerner] umzingeln.
trau‖matique a. (tro-tìk). wund... ‖**-matisme** m. (tism). Verletzung, f.
tra‖vail, aux, m. (waj, o). Arbeit, f. *Etre* en travail [d'enfant],* in Geburtswehen liegen*; *travail à la chaîne,* Serienarbeit, f.; *travaux forcés,* Zwangsarbeit, f. ‖[appareil vétérinaire], pl. **-s.** Notstall. ‖**-vailler,** intr. [à] (wajé). arbeiten [an, *dat.*]. ‖[vin] gären*. ‖[bois] sich werfen*. ‖tr. [traiter] bearbeiten. ‖[façonner] verarbeiten. ‖**-vailleur, euse,** a. (jœr, öz). arbeitsam. ‖m., f. Arbeiter ④, in. ‖**-vailliste** m. (wayist). Arbeiterparteiler.
travée f. (wee). Fach, n. ‖[pont] Jochweite, f.
tra‖vers m. (wèr). Quere, f. ‖[section] Querdurchschnitt. ‖*Fig.* [défaut] Verkehrtheit, f. ‖LOC. *A travers, au travers [de],* durch; *à travers champs,* querfeldein; *de travers,* schief, schräg; *fig.* verkehrt. *Comprendre* de travers,* falsch verstehen*; *regarder de travers,* scheel ansehen*. ‖**-verse** f. (wèrs). Querstraße, -weg, m. ‖*Fig.* Querstrich, m. ‖[poutre] Querbalken, m. ④. ‖[ch. de fer] Schwelle. ‖**-versée** f. (sée). Überfahrt. ‖**-verser** (sé). durch [nom à l'*acc.*] gehen* [ziehen*, fahren*, reiten*, reisen, fliegen* usw.] [V. ces verbes]. ‖[un fleuve] fahren*, setzen [über, *acc.*]. ‖[pluie] durchnässen. ‖[transpercer] durchstechen*. ‖**-versin** m. (si^n). Querkissen, n. ④.
tra‖vesti, e, p. a. verkleidet. *Bal* —, Maskenball, m. ‖m. Verkleidung, f. ‖**-vestir** (ir). verkleiden. ‖*Fig.* entstellen. ‖**-vestissement** m. Verkleidung, f.
tré‖buchant, e, p. a. (büscha^n, t). [monnaie] vollwichtig. ‖**-bucher** (sché). stolpern, straucheln. ‖**-buchet** m. (büschè). Vogelstelle, f. ‖[balance] Goldwaage, f.
trèfle m. (èfl). Klee, spl. ‖[cartes] Treff, n.
tréfonds m. (fo^n). Urgrund. ‖*Fig. Savoir* le fonds et le tréfonds de,* gründlich kennen*.
trei‖llage m. (träjàj). Gitterwerk, n. ‖**-llager** (jé). vergittern. ‖**-lle** f. (träj). Weingeländer, n. ④. ‖**-llis** m. (träji). Gitterwerk, n. ‖[étoffe] Drillich.
trei‖ze num. (träz). dreizehn. ‖**-zième** (ziäm). V. GRAMM.
tréma m. (a). Trema, -s, pl.
trem‖blant, e, p. a. (tra^nbla^n, t). zitternd. ‖*Fig.* furchtsam. ‖**-ble** m. (tra^nbl). Espe, f. ‖**-blement** m. (^ema^n). Zittern, n. spl., Beben, n. spl. : — *de terre,* Erdbeben, n. ④. ‖**-bler** (blé) [de]. zittern, beben [vor, *dat.*]. ‖**-bleur** m. (œr). Zitterer ④. ‖[poltron] Hasenfuß, Memme, f. ‖**-bloter.** ein wenig zittern. ‖**-blote** f. (blòt). Dattrich, m.
trémie f. (mî). Mühltrichter, m. ④.
trémière f. (iär). *Rose trémière,* Rosenmalve.
trémolo m. (lo). Tremolo, -s, n.
trémousser [se]. sich herumtummeln.
trem‖pe f. (a^np). Härtung, Stählung. ‖*Fig.* [qualité] Gediegenheit. ‖[acabit] Schlag, m. ‖**-pé, e,** p. a. (pé). durchnäßt. ‖[de sueur] triefend. ‖*Fig. Bien trempé,* gediegen. ‖**-pée** f. (pee). Tunke. ‖**-per** (pé). tr. eintauchen. ‖[pain] eintunken. ‖[humecter] anfeuchten. ‖[scupe] anrichten. ‖[acier] härten, stählen. ‖intr. [dans]. sich beteiligen [an,

dat.]. ||**-pette** f. (*è*t). Brotschnittchen, n. ④ [in Wein getunktes]. ||*Faire* —, ein kurzes Bad nehmen.
tremplin m. (*in*). Sprungbrett, n. ②.
tren||taine f. (tra^n^*tän*). etwa dreißig. ||[âge] etwa dreißig Jahre. ||**-te** num. (tra^n^t). dreißig. ||LOC. *Se mettre* sur son trente et un,* sich herausputzen. ||**-tenaire** a. (tra^n^te-nèr. dreißigjährig. ||**-tième** (*iäm*). V. GRAMM.
tré||pan m. (pa^n^). Schädelbohrer ④. ||**-panation** f. (pànàsio^n^). Schädelbohrung. ||**-paner** (àné). durchbohren [den Schädel].
tré||pas m. (pâ). Hinscheiden, n. ||**-passer** (*sé*). hinscheiden* [*sein*].
trépidation f. (sio^n^). Zittern, n. spl., Beben, n. spl.
trépied m. (pi*é*). Dreifuß.
tré||pignement m. (pinjma^n^). Trampeln, n. spl. ||**-pigner.** trampeln.
très adv. (trä). sehr.
trésor|| m. (*zòr*). Schatz : — *public* = *trésorerie.* ||**-erie** f. (^e^ri). Schatzamt, n., -kammer. ||**-ier, ière,** m., f. Schatzmeister ④, m. ||[de société] Kassenführer ④, in.
tressage m. (saj). Flechten, n.
tres||saillement m. (sajma^n^). Zucken, n. spl. ||**-saillir*** (sajir), zucken.
tressauter (soté). zucken, zusammenfahren* [*sein*].
tres||se f. (très). Flechte. ||[galon] Tresse. ||**-ser** (*sé*). flechten*.
tréteau, x, m. (*tô*). Bock, Gestell, n. ||pl. *Fig.* Jahrmarktbühne, f.
treuil m. (trœj). Wellbaum.
trêve f. (träw). Waffenstillstand, m. ||*Fig.* Unterbrechung. ||*Trêve de plaisanteries!* Spaß beiseite!
Trèves npr. f. (äw). Trier, n.
tri... Drei..., m.
triage m. (*à*j). Sondern, n. ||Auslesen, n. V. *trier.* ||*Gare de* —, Rangierbahnhof, m.
tri||angle (a^n^gl). Dreieck, n. ||**-angulaire** a. (*gülär*). dreieckig.
tribord m. (*bòr*). Steuerbord, n.
tribu f. (*bü*). Stamm, m. ||[romaine] Tribus.
tribulation f. (sio^n^). Drangsal, -e, *ou* n. ①.
tribun m. (bu^n^). Tribun, -en, -en. ||*Fig.* Volksredner ④.
tri||bunal, aux, m. (*bünàl, ô*). Richterstuhl. ||[cour] Gericht, n. ||**-bune** f. (*bün*). Rednerbühne.
tri||but m. (*bü*). Tribut ①. ||[impôt] et *fig.* Zoll. *Payer un tribut de,* zollen. ||**-butaire** a. (*tär*). zinspflichtig. ||*Fig.* [de]. unterworfen *dat.*
tri||cher (*sché*), tr. betrügen*. ||intr. mogeln, *fam.* ||tr. bemogeln. ||**-cherie** f. (schri). Betrügerei. ||**-cheur, euse** f. (schœr, *öz*). Betrüger ④, in, *fam.* Mogler ④, in.
trichine f. (schin). Trichine.
tricolore a. (*òr*). dreifarbig. *Drapeau* — [*français*]. Trikolore, f.
tri||cot m. (ko). [travail] Strickarbeit, f. ||[tissu] Trikot, -s (ko). ||**-cotage** m. (*àj*). Stricken, n. ||**-coter** (*té*). stricken. ||**-coteur, euse,** m. f. (œr, *öz*). Stricker ④, in. ||f. Strickmaschine.
trictrac m. (*à*k). Tricktrack.
tricycle m. (*si*kl). Dreirad, n. ②.
trident m. (da^n^). Dreizack ①.
trièdre m. (èdr). Dreiflach, n. ①.
triennal, e, aux, a. (èn'*nàl*, o). dreijährig.
tri||er (*ié*). auslesen*. ||**-eur, euse,** m., f. (œr, *öz*). Ausleser ④, in.
trigonométrie f. (*i*). Trigonometrie.
trille m. (trij). Triller.
trillion m. (lio^n^). Billion, f.
trilogie f. (ji). Trilogie.
trimbaler. mitschleppen.
trimer (*mé*), *pop.* sich abschinden*, *fam.*
tri||mestre m. (mestr). Vierteljahr, n. ①. ||**-mestriel, le,** a. vierteljährlich.
tringle f. (i^n^gl). Gardinenstange.
tringlot m., *pop.* Trainsoldat, -en, -en.
tri||nité f. (*té*). Dreiheit. ||*Relig.* Dreieinigkeit. ||**-nôme** m. (om). Trinom, n.
trinquer (i^n^*ké*). anstoßen*.
tri||o m. (io). Terzett, n. ①. ||*Fig. fam.* Kleeblatt, n. ②. ||**-olet** m. (*lè*). Triolett, n. ①.
triom||phal, e, aux, a. (o^n^*fàl, ô*). Triumph... ||**-phalement** adv. (ma^n^). im Triumph. ||**-phant, e,** p. a. (a^n^, t). triumphierend, siegesstolz. ||**-phateur** m. (œr). Sieger ④. ||**-phe** m. (o^n^f). Triumph ①. ||**-pher** (*fé*). triumphieren.
tripaille f. (*aj*), *fam.* Gedärm, n.

tripatouiller (tujé), *fam.* fälschen.
tri||**pe** f. (trip). [meist pl.] Eingeweide, n. ④. ||pl. [mets] Kaldaunen, pl. ||**-perie** f. (pri). Kaldaunengeschäft, n.
triphasé, e, a. dreiphasig.
tripier, ière, m., f. (*ié, iär*). Kaldaunenhändler ④, in.
tri||**ple** a. (tripl). dreifach. ||**-pler** (*plé*). verdreifachen. ||**-plice** f. (*is*). Dreibund, m.
tripoli m. (*li*). Tripel.
triporteur m. (*œr*). Dreiradwägelchen, n. ④.
tri||**pot** m. (*pô*). Spielhaus, n. ②. ||*Fig.* verrufenes Haus, n. ②. ||**-potage** m. (*òtàj*). Mischmasch, spl. ||pl. [menées] Getriebe, n. spl. ||[d'argent] Jobberei, f. ||**-potée** f. (*tee*), *fam.* Tracht Prügel. ||**-poter** (*òté*). wirren und kramen. ||[Bourse] jobbern. ||**-poteur** m. ④ (*œr*). Jobber ④.
triptyque m. (*ik*). Triptychon, ...chen, n. || [voyages] Triptyk, n.
trique f. (trìk), *fam.* Knüttel, m. ④.
trirème f. (*èm*). Trireme.
trisaïeul, e, m., f. (*zayœl*). Urgroßvater ③, -mutter ③.
tri||**ste** a. traurig. ||**-stesse** f. (*ès*). Traurigkeit.
triton m. (*o*ⁿ). Triton, -en.
tri||**turation** f. (ü-*sio*ⁿ). Zerreibung. ||**-turer** (*üré*). zerreiben*.
tri||**umvir** m. (omw*ir*). Triumvir, -n. ||**-umvirat** m. (*rà*). Triumvirat, n. ①.
tri||**vial, e, aux,** a. (*wiàl, ô*). gemein. ||**-vialité** f. Gemeinheit.
troc m. (tròk). Tausch.
trocart m. (*kàr*). Bauchstecher ④.
trochée m. (sch*ee*). Trochäus, ...äen.
troglodyte m. (*it*). Höhlenbewohner ④.
trogne f. (trònj), *fam.* Weingesicht, n. ②.
trognon m. (nj*o*ⁿ). Kerngehäuse, n. ④, Griebs. ||[de chou] Strunk.
Troie npr. (trᵒa). Troja, n.
trois|| num. (trᵒa). drei. ||**-ième** a. (*ziäm*). V. GRAMM. ||[*Classe de*] *troisième,* Tertia, f. ||**- -mâts** m. (*ma*). Dreimaster. ||**- -six** m. (*sìs*). Branntwein.
trolley|| m. (*lè*). Kontaktstange, f. ||**-bus** m. (*büs*). Fahrdrahtbus.
trom||**be** f. (troⁿb). Wasserhose. ||**-blon** m. (*o*ⁿ). Blunderbüchse, f. ||*Pop.* oben breiter Hut. ||**-one** m. (*òn*). Posaune, f.
trompe f. (*o*ⁿp). Jagdtrompete ||[éléphant] Rüssel, m. *Publier à son de trompe,* ausposaunen.
trom||**pe-l'œil** m. (*lœj*). Scheinbild, n. ②. ||**-per** (*pé*). betrügen*. ||[abuser] täuschen. ||*Fig.* [ennui, faim] vertreiben*. ||[se]. sich irren. ||*Se tromper de chemin,* sich verlaufen. ||[s'abuser] sich täuschen. ||**-perie** f. (*pri*). Betrug, m. spl.
trom||**peter** (*té*), *fig.* ausposaunen. ||**-pette** f. (*pèt*). Trompete. ||m. Trompeter ④.
trompeur, euse, a. (*œr, öz*). betrügerisch.
tron||**c** m. (tr*o*ⁿ). Stamm. ||[boîte] Kasten ④. ||*Géom. Tronc de cône,* etc., abgestumpfter Kegel usw. ||**-çon** m. (s*o*ⁿ). Stumpf. ||[de ligne] Zweigbahn, f.
trôn||**e** m. (trôn). Thron ①. ||**-er** (*é*). thronen.
tronquer (oⁿ*ké*). abstumpfen.
trop adv. (*trô*). [quantité] : *trop de,* zuviel, a. et adv.; — *d'argent,* zu viel Geld; — *de livres,* zu viel[e] Bücher; — *boire**, zuviel trinken*. ||[intensité] zu sehr : *aimer trop,* zu sehr lieben. ||LOC. *De* [*en*] *trop,* überflüssig, zuviel; [en surnombre] überzählig; *par trop,* allzu.
trope m. Trope, f.
trophée m. (*ee*). Trophäe, f.
tro||**pical, e, aux,** a. tropisch, Tropen... ||**-pique** m. Wendekreis.
trop-plein m. (trôpl*i*ⁿ). Überfülle, f. ||[d'un récipient] Überfluß.
troquer (*ké*). umtauschen.
trot||*m.* (trô). Trab, spl. ||**-te** f. (tròt). Strecke. ||**-ter.** traben [*sein*]. ||*Fam.* [personnes] umherlaufen* [*sein*]. ||**-teur** m. Traber ④. ||**-teuse** f. Sekundenzeiger, m. ④. ||**-tiner.** trippeln. ||**-tinette** f. Roller, m. ④. ||**-toir** m. Bürgersteig.
trou m. (trù). Loch, n. ② : *trou du souffleur,* Souffleurkasten. ||[logis] Nest, n. ②, Loch, n.
troubadour m. (*dur*). Troubadour, -s.
trou||**blant, e,** p. a. (*a*ⁿ, t). verwirrend. ||**-ble** m. (trubl). Unruhe, f. ||[confusion] Verwirrung, f. ||a. trübe, unklar. *Pêcher en eau*

trouble, fig., im Trüben fischen. ‖**-ble-fête** m. (*fät*). Störenfried. ‖**-bler** (*é*). [clarté, liquide] trüben. ‖[inquiéter] beunruhigen. ‖[déranger] stören. ‖[embrouiller] verwirren*. ‖[**se**]. sich trüben. ‖[se déconcerter] verwirrt werden*, die Fassung verlieren*.
trouée f. (*ee*). Durchbruch, m.
trouille f. (truj), *pop.* Furcht.
trou‖pe f. (trùp). [masse, groupe] Trupp, m. ①, Haufen ④, m. ‖[soldats, acteurs] Truppe. ‖**-peau, x,** m. (*po*). Herde, f. ‖**-pier** m. Soldat, -en, -en.
trous‖se f. (trùs). [de voyage] Bündel, n., Pack, n. ④. ‖[de chirurgien] Besteck, n. ‖[nécessaire] : — *de pansement,* Verbandzeug, n. ‖pl. [chausses] Pagenhosen. ‖*Fig. Être* aux trousses de qn,* einem auf den Fersen sein*. ‖**-sé, e,** p. a. (*sé*), *fam. Bien troussé,* hübsch, schmuck, artig. ‖**-seau, x,** m. (*sô*). ‖[de clefs] Schlüsselbund, n. ①. ‖[habits] Aussteuer, f. ‖**-se-queue** m. (*kö*). Schwanzriemen ④. ‖**-ser** (*sé*). schürzen. ‖[volaille] zurichten; aufstecken.
trou‖vaille f. (truwâj). Fundsache, f. ‖**-ver** (*wé*). finden*. *Aller* trouver qn,* einen besuchen [aufsuchen]. ‖[sous la main] vorfinden*. ‖[rencontrer] [an]treffen*. ‖[inventer] erfinden*. ‖[imaginer] erdenken*. ‖[penser, estimer] erachten. *Trouver bon [bien], mal [mauvais],* für gut, schlecht halten*. ‖[opinion] : *comment trouvez-vous cette robe?,* wie gefällt Ihnen dieses Kleid?; *comment trouvez-vous cet élève?,* was halten Sie von diesem Schüler? ‖[goût] : *comment trouvez-vous ce vin?,* wie schmeckt Ihnen dieser Wein? ‖[procurer] verschaffen. ‖[**se**]. sich finden*. ‖[être trouvable] zu finden* sein*, sich finden* lassen*. ‖[état, lieu] sich befinden* : *bien, mal,* sich wohl, unwohl befinden*; — *mal* [s'évanouir], in Ohnmacht fallen*. ‖[avoir lieu] sich treffen*. ‖[se révéler] sich erweisen*. ‖p. a. *Enfant trouvé,* Findelkind, n. ‖**-vère** m. (*wär*). Minnesänger ④.
truand m. (*üa*ⁿ). Lump.
truc‖ m. (*trük*), *fam.* Kunstgriff, Kniff. ‖[théâtre] Bühnenmaschine, f. ‖**-age** m. (*kàj*). Fälschung, f.
truc *ou* **truck** m. [ch. de fer] Blockwagen ④.
tru‖chement m. (üschma*ⁿ*). Dolmetscher ④. ‖**-culent, e,** a. (küla*ⁿ*, t). wild, zornglühend.
truelle f. (*èl*). Maurerkelle.
truffe f. (trüf). Trüffel.
truie f. (tr*üi*). Sau.
truisme m. (*ism*). Binsenwahrheit, f.
truite f. (tr*üit*). Forelle.
trumeau, x, m. (*mô*). Fensterpfeiler ④. ‖[glace] Pfeilerspiegel ④.
tru‖quer (*ké*). intr. schwindeln. ‖tr. *Fam.* fälschen. ‖**-queur, euse,** m., f. (k*œr*, *öz*). Schwindler ④, in. Fälscher ④, in.
trust‖ m. (trœst). Trust ①. ‖**-er** (*té*). vertrusten.
tsar‖, ine, m., f. (*àr*, *ìn*). Zar, -en, -en, in. ‖**-iste** a. (*ist*). zaristisch.
T. S. F. = *téléphonie sans fil,* f. Rundfunk, m.
T. S. V. P. = *Tournez, s'il vous plaît,* wenden Sie gefälligst um [W. S. g. u.].
tu pron. pers. (tü). du. V. GRAMM. ‖ pp. v. *taire**.
tuant, e, p. a. (*a*ⁿ, t). erschöpfend.
tub m. (tœb). Badekübel ④.
tube m. (tüb). Rohr, n. ①, Röhre, f.
tu‖bercule m. (*ül*). Knolle, f., Tuberkel, f. ‖**-berculeux, euse,** a. (*lö*, z). tuberkulös. ‖**-berculose** f. (*oz*). Tuberkulose.
tubéreuse f. (*öz*). Tuberose.
tu‖bulaire a. (bülär). röhrenförmig. ‖**-bulure** f. (*ür*). Röhrenmündung.
tudesque a. (*esk*). altdeutsch.
tu‖er (*tüé*). töten, totschlagen*. ‖[**se**]. [de travail] sich totarbeiten, sép. ‖**-erie** f. (tür*i*). Gemetzel, n. ④. ‖**-e-tête [à]** (a tüt*ät*). aus vollem Halse. ‖**-eur** m. (*œr*). Töter ④. ‖[boucher] Schlächter ④.
tuf m. (tüf). Tuff, spl.
tuile f. (t*üil*). [Dach-]Ziegel, m. ④. ‖*Fig. fam.* Unglück, n. spl.
tulipe f. (*ip*). Tulpe.
tulle m. (tül). Tüll.
tu‖méfaction f. (*sio*ⁿ). Geschwulst, ¨e. ‖**-méfier** [**se**] anschwellen* [*sein*].
tûmes. V. *taire**.
tumeur f. (tüm*œr*). Geschwulst, ¨e, Anschwellung, Auswuchs.

tu||multe m. (ült). Getümmel, n. spl. Tumult, spl. ||**-multueux, euse,** a. (*üö, z*), stürmisch, tumultuarisch. ||**-mulus** m. (*lüs*). Grabhügel ④.
tunique f. (tünik). [romaine] Tunika, ...ken. ||*Mil.* Leib-, Waffenrock, m.
Tu||nis npr. m. (*is*). Tunis, n. ||**-nisie** npr. f. (*zi*). Tunesien, n. ||**-nisien, ne,** m., f. (*ziin, iėn*). Tunesier ④, in. ||a. tunesisch.
tunnel m. (*èl*). Tunnel, -s.
turban m. (türban). Turban ①.
tur||bine f. (*ìn*). Turbine. ||**-biner** (*né*), *pop.* arbeiten.
turbot m. (*bô*). Steinbutte, f.
tur||bulence f. (ülans). Ungestüm, n. ||**-bulent, e,** a. ungestüm, wild.
Turc, Turque, m., f. (türk). Türke, -n, -n, ...kin. ||a. türkisch.
turco m. (*ko*). Turko, -s
turf m. (türf). Rennplatz.
tur||gescence f. (jes'sans). Anschwellung. ||**-gescent, e,** a. (*an, t*). schwellend.
tur||lupinade f. (*àd*). alberner Spaß, m. ||**-lupiner** (*né*). aufziehen*, foppen. ||*Fig.* quälen.
turpitude f. (*üd*). Schandtat.
Tur||que. V. *Turc.* ||**-quie** npr. f. (*ki*). Türkei.
turquoise f. (k°*az*). Türkis, m.
tus, tut. V. *taire**.
tu||télaire a. (tü-*lär*). schützend, Schutz... ||**-telle** f. (*tèl*). Vormundschaft. *Tenir* en tutelle,* bevormunden. ||**-teur, trice,** m., f. (*tœr, trìs*). Vormund ②, ...mündin.
tu||toiement m. (t°aman). Duzen, n. ||**-toyer** (t°*ajé*). duzen.
tutu m. (*tü*). Gazeröckchen, n.
tu||yau, x m. (*tüio*, od. *tüijo*). Rohr, n. ①, Röhre, f. ||[d'aspiration] Sauger ④. ||[d'arrosage] Schlauch. ||*Fam.* [information] Nachrichtenquelle, f., Auskunft, ¨e, f. ||**-yauter** (*joté*). in Röhren falten. ||*Fam.* Auskunft geben*. ||**-yauterie** f. (*jôtri*). Röhrenwerk, n. ||**-yère** f. (*jär*). Blasebalgröhre.
tympan m. (tinpan). Trommelfell, n.
type m. (tip). Urbild, n. ②, Typus, ...pen. ||*Fig. fam.* [individu] Kerl : *bon type,* guter Kerl. ||[original] Sonderling, Kauz. ||*Typ.* Type, f.
ty||phique a. (*fik*). typhisch. ||**-phoïde** a. typhusartig, typhös : *fièvre typhoïde,* [Abdominal-] Typhus, m.
typhon m. (*fon*). Taifun.
typhus m. (*füs*). Typhus.
typique a. (*pìk*). typisch.
ty||pographe m. (*àf*). Typograph, -en, -en. ||**-pographie** f. (*fi*). Buchdrukkerkunst, f. ||**-pographique** a. (*ik*). typographisch.
ty||ran m. (*an*). Tyrann, -en, -en. ||**-rannie** f. (*ani*). Tyrannei. ||**-rannique** a. (*ik*). tyrannisch. ||**-ranniser** (*izé*). tyrannisieren.
Ty||rol npr. m. (*òl*). Tiròl, n. ||**-rolien, ne,** m., f. (*iin, ièn*). Tiroler ④, in. ||f. [chant] Tirolerlied, n. ②. ||[danse] Tirolertanz, m.
Tzigane m. et f. Zigeuner ④, in.

U

U, u, m. (ü). U, u, n.
ubiquité f. (ü-*küité*). Allgegenwart.
uhlan m. (ülan). Ulan, -en, -en.
ukase m. (ük*âz*). Ukas ①.
Ukraine npr. f. Ukräne.
ul||cération f. (ülsé-*sion*). Geschwürbildung. ||**-cère** m. (*sär*). Geschwür, n. ||**-céré, e,** p. a. (*séré*). eiterig. gekränkt. ||**-cérer** (*ré*). schwären* machen. ||*Fig.* tief kränken, erbittern ||[s']. schwären*
ul||térieur, e, a. (*iœr*). später, weiter. ||**-timatum** m. (*tòm*). Ultimatum, -s, n. ||**-time** a. (*tim*). letzt.
ultra m. (ültra). *Un —,* ein Ultra, m.
ultramontain, e, a. (montin, *än*). ultramontan. ||m. Ultramontaner ④, Römling.
ultraviolet, te, a. (wiòlè, *èt*). ultraviolett.
Ulysse npr. m. (*is*) Odysseus, Ulysses.
un, e, (un, ün). a. ind. ein, e. V. GRAMM. *Pas un, e,* kein, e. ||pron. ind. einer, e, es; *un à un,* einer

nach dem andern, einzeln; *un de mes amis,* einer von meinen Freunden, ein Freund von mir; *pas un, e,* keiner, e. ||LOC. *C'est tout un, fam.,* das ist einerlei; *ne faire ni une, ni deux,* sich nicht lange besinnen*; *ne faire* qu'un avec...,* ein Herz und eine Seele sein* [mit]. ||pron. ind. : *l'un[e], les un[e]s,* der [die, das] eine, die einen; *l'un[e] l'autre, les un[e]s les autres,* einander, inv.; *l'un [l'une], les uns [les unes] avec [dans, pour, sur] l'autre [les autres],* mit [in-, für-, auf-, über-] einander. ||LOC. *De deux choses l'une,* eines von beiden; *de deux jours l'un,* einen Tag um den andern; *l'un[e] et l'autre,* beide; *ni l'un[e] ni l'autre,* keiner [e, es] von beiden. ||num. eins. ||m. [chiffre] Eins, f.

un||anime a. (ünan*i*m). einmütig, einstimmig. || **-animité** f. (t*é*). Einstimmigkeit. ||**-i, e,** a. (*ï*). vereint. ||[associé] vereinigt. ||[d'accord] einig. ||[lisse] glatt. ||[étoffe] einfarbig. ||**-ification** f. (s*io*n). Einigung. ||**-ifier** (*ié*). einigen. ||**-iforme** a. (*ò*rm). ||**-iformément** adv. (m*a*n). gleichmäßig. ||m. Uniform, f. (ou-). ||**-iformité** f. (t*é*). Einförmigkeit. ||**-latéral, e, aux,** a. (*à*l, *ô*). einseitig. ||**-iment** adv. (m*a*n). *Tout uniment,* [ganz] einfach.

un||ion f. (üni*o*n). Vereinigung, Verbindung. ||[accord] Einigkeit. ||[concorde] Eintracht. ||[société] Verband, m. ||*Union douanière,* Zollverein, m. ||**-ique** a. (ün*i*k), ||**-iquement** adv. (m*a*n). einzig : *seul et unique,* einzig und allein. ||**-ir** (*i*r) [à]. vereinigen, verbinden* [mit]. ||**-isson** m. (so*n*). Einklang. *A l'unisson,* im Einklang; *fig.* in Übereinstimmung, f. ||**-itaire** a. (*ä*r). unitarisch. ||**-ité** f. (t*é*). Einheit.

un||ivers m. (w*ä*r). Weltall, n. ||**-iversalité** f. (t*é*). Allgemeinheit. ||**-iversel, le,** a. (s*è*l). allgemein. ||[esprit] allseitig. ||**-iversitaire** a. (t*ä*r). Universitäts... *Les universitaires,* die Akademiker. ||**-iversité** f. (t*é*). Universität. || [corps enseignant] Lehrstand, m. [in Frankreich].

uppercut m. (üperc*ü*t). Kinnhaken.

uranium m. (ü-n*iò*m). Uran, n.

ur||bain, e, a. (b*i*n, *ä*n). städtisch. ||**-banisme** m. (*i*sm). Städtebaukunst, f. ||**-banité** f. (t*é*). Höflichkeit.

ur||ée f. (*ee*). Harnstoff, m. ||**-émie** f. (m*i*). Urämie.

ur||gence f. (*ja*ns). Dringlichkeit. ||**-gent, e,** a. (*ja*n, t). dringlich.

urinaire a. (*ä*r). Harn...

ur||ine f. (*i*n). Harn, m. spl., Urin, m. spl. ||**-iner** (n*é*). harnen. ||**-inoir** m. (o*a*r). Bedürfnisanstalt, f., Pissoir, n. ||**-ique** a. (*i*k). *Acide urique,* Harnsäure, f.

urne f. (ürn). Urne.

urticaire f. (k*ä*r). Nesselfieber, n.

us|| m. pl. (üß). *Us et coutumes,* Sitten und Gebräuche. ||**-age** m. (üz*à*j). Gebrauch : *c'est l'usage,* es ist Sitte; *hors d'usage,* nicht mehr üblich; [objet] verbraucht. ||**-agé, e,** a. (j*é*). gebraucht. ||**-ager** m. Benutzer ④. ||**-é, e,** p. a. (z*é*). V. *user.* ||[fatigué] abgelebt.

user (üz*é*). tr. abnutzen. ||[vêtements] abtragen*. ||[affaiblir] entkräften. || [épuiser] erschöpfen. ||intr. [de]. gebrauchen. ||[aliments] genießen*. ||LOC. *En user avec qn,* mit einem verfahren*.

usine f. (z*ì*n). Fabrik : *usine à gaz,* Gasanstalt. ||[métallurgique] Hüttenwerk, n.

usité, e, a. (t*é*). gebräuchlich, üblich.

us||tensile m. (ta*n*s*i*l). Gerät, n. ||**-uel, le,** a. (züè*l*). üblich. ||*Langue usuelle,* Umgangssprache, f. ||**-ufruit** m. (züfrü*i*). Nießbrauch. ||**-ufruitier, ière,** m., f. (*ié*, *iä*r). Nutznießer ④, in. ||**-uraire** a. (zürär). wucherisch. ||**-ure** f. (*ü*r). Abnutzung. ||[intérêt] Wucher, m. ||*Fig. Rendre avec usure,* reichlich vergelten. ||**-urier, ière,** m., f. (*ié, iä*r). Wucher[er] ④, in.

us||urpateur, trice, a. (t*œ*r, tr*ì*s). räuberisch. || m. Thronräuber ④ Usurpator, -en. ||**-urpation** f. (s*io*n). Usurpation. ||**-urper** (p*é*). usurpieren.

ut m. (üt). C, n. : *ut dièse,* Cis, n.; *ut bémol,* Ces, n.

ut||érin, e, a. (*i*n, *ì*n). Gebärmutter... *Frère utérin, sœur utérine,*

Halbbruder, -schwester. ‖**-érus** m. (üs). Gebärmutter, f.
ut‖ile a. (*ìl*). nützlich. ‖**-ilisable** a. (*zabl*). verwendbar, nützbar. ‖**-ilisation** f. (*zasion*). Benutzung. ‖**-iliser** (*zé*). benutzen. ‖**-ilitaire** a. (*är*). utilitarisch. ‖**-ilitarisme** m. (*ism*). Nützlichkeitsprinzip, n. ‖**-ilité** f. (*té*). Nützlichkeit.
ut‖opie f. (*òpi*). Utopie. ‖**-opique** a. (*ìk*). utopisch. ‖**-opiste** m. Utopist, -en, -en.

V

V, v, m. (*wé*). V, v, n.
va (*wà*). V. *aller**. ‖*Va!* mag sein!, es geht! *Va-t'en!*, geh weg!
va‖cance f. (*kans*). Vakanz. ‖pl. Ferien. ‖**-cant, e,** a. (*kan, t*). [local] leerstehend. ‖[emploi] frei.
vacarme m. (*arm*). Spektakel, spl.
vacation f. (*sion*). pl. Sporteln. ‖[vacances] Ferien.
va‖ccin m. (*ksin*). Impfstoff. ‖**-ccination** f. (*ksinasion*). [Pocken-] Impfung. ‖**-ccine** f. (*ksìn*). Kuhpocke[n], [pl.] ‖**-cciner** (*né*). impfen.
va‖che f. (*wasch*). Kuh, ¨e. ‖Loc. *Manger de la vache enragée,* viele Entbehrungen auszustehen* haben*. ‖**-cher, ère,** m., f. (*sché, är*). Kuhhirt, -en, -en, in. ‖**-cherie** f. (*ri*). Kuhstall, m. ‖[laiterie] Molkerei.
va‖cillant, e, p. a. (*sijan, t*). [caractère] wankelmütig. ‖**-cillation** f. (*sijasion*). Schwanken, n. spl. ‖Wanken, n. spl. ‖**-ciller** (*sijé*). schwanken. ‖[chanceler] wanken. ‖[lumière] flackern.
vacuité f. (*küité*). Leere, Leerheit.
vade-mecum m. (*wadé-kòm*). Vademekum, -s-, n.
va‖drouille f. (*drùj*). Schiffsbesen, m. ④. ‖*Pop.* Nachtbummelei, f. ‖**drouiller** (*drujé*), *pop.* bummeln.
va-et-vient m. (*èwiin*). Kommen und Gehen, n. ‖[machines] Hin- und Herbewegung, f.
va‖gabond, e, m., f. (*bon, d*). Landstreicher ④, in. ‖**-gabondage** m. (*àj*). Landstreicherei, f. ‖**-gabonder** (*dé*). umherstreichen* [*sein*].
va‖gir (*jir*). wimmern. ‖**-gissement** m. (*jisman*). Wimmern, n. spl.
vague a. (*wàg*). unbestimmt. ‖[terrain] unbebaut. ‖f. Welle, Woge.
vaguemestre m. (*wagmèstr*). Wagenmeister ④. Feldbriefträger ④.
vaguer (*gé*). umherirren.
va‖illamment adv. (*wajaman*). tapfer. ‖**-illance** f. (*jans*). Tapferkeit. ‖**-illant, e,** a. (*an, t*). tapfer.
vaille. V. *valoir**.
vain‖, e, a. (*win, wän*). ‖**-ement** adv. (*man*). vergeblich. ‖*En vain,* vergebens, umsonst. ‖*Fig.* eitel.
vain‖cre* (*winkr*). intr. siegen [über, *acc.*]. tr. besiegen. ‖**-cu, e, vainq...** V. *vaincre**. ‖**-queur** m. Sieger ④.
vair‖ m. (*wär*). graues Pelzwerk, n. ‖**-on** a. (*on*). glasäugig.
vais. V. *aller**.
vais‖seau, x, m. (*sô*). Schiff, n. ‖[vase, canal] Gefäß, n. : — *sanguin,* Blutgefäß, n. ‖**-selle** f. (*sèl*). Tafelgeschirr, n. : — *plate,* Silbergeschirr, n.
val, vaux, m. (*vàl, ô*). Tal, n. ②.
valable a. (*àbl*). gültig.
Valachie pr. f. (*schi*). Walachei.
val‖et m. (*è*). Knecht : — *de chambre,* Kammerdiener; — *de pied,* Lakai, -en, -en. ‖[cartes] Bube, -n, -n. ‖[d'établi] Klemmhaken ④. ‖**-etaille** f. (*wàltâj*). Gesinde, n.
valétudinaire a. (*tü-när*). kränklich.
val‖eur f. (*œr*). Wert, m. *Attacher de la valeur à,* Wert legen [auf, *acc.*] ; *valeur or,* Goldwert; *mise en valeur,* Verwertung. ‖pl. Wertpapiere, pl. ‖[de Bourse] Börsenpapiere, pl. ‖[bravoure] Tapferkeit. ‖**-eureux, euse,** a. (*ö, z*). tapfer. ‖**-idation** f. (*sion*). Gültigkeitserklärung. ‖**-ide** a. (*id*). gültig. ‖[sain] gesund. ‖**-ider** (*dé*). für gültig erklären. ‖**-idité** f. (*té*). Gültigkeit.
valise f. (*iz*). Felleisen, n. ④, Reisetasche.
Valkyrie f. (*ri*). Walküre.

val||lée f. (*ee*). Tal, n. ②. ||**-lon** m. (*o*ⁿ). Tälchen, n. ④, Mulde, f. ||**-lonné, e,** a. (*né*). hügelig.
valoir* (*oar*), intr. gelten*, wert sein*, *acc. : — cher,* viel wert sein*. ||[être bon à] taugen. ||tr. [rapporter] einbrigen*. ||LOC. *A valoir* sur,* als Abschlag auf, *acc.; faire* valoir,* geltend machen. [exploiter] bewirtschaften; *rien qui vaille,* nichts ordentliches; *vaille que vaille,* auf gut Glück; *valoir* mieux,* besser sein*.
val||se f. (wals). Walzer, m. ④. ||**-ser** (*sé*). walzen. ||**-seur, euse,** m., f. (*œr, öz*). Walzertänzer ④, in.
val||ve f. (walw). Ventil, n. ||**-vule** f. (*wül*). Klappe.
vampire m. (waⁿp*ir*). Vampir ①. ||*Fig.* Blutsauger ④.
van m. (waⁿ). [Korn-] Schwinge, f.
van||dale m. (*àl*). Vandale, -n, -n ||**-dalisme** m. (*ism*). Vandalismus.
vanille f. (n*ij*). Vanille.
van||ité f. (*té*). Eitelkeit. ||**-iteux, euse,** a. (*ö, öz*). eitel. ||**-ne** f. (wàn). Schleusenschütze.
vanneau, x, m. (*nô*). Kiebitz.
vanner (*né*). schwingen. ||*Pop.* erschöpfen.
van||nerie f. (vànr*i*). Korbmacherei. ||**-nier** m. (*ié*). Korbflechter ④.
vantail, aux, m. (taj, *ô*). Türflügel.
van||tard, e, a. (*àr,* d). prahlerisch. ||m. Prahlhans. ||**-tardise** f. (*iz*). Prahlerei. ||**-ter.** rühmen.
va-nu-pieds m. (wànüp*ié*). Barfußläufer ④. ||*Fig.* Habenichts, inv.
va||peur f. (*œr*). Dampf, m. : ... *à vapeur,* Dampf... || [exhalaison] Dunst, m. ||pl. [malaise] Blutwallungen. ||m. Dampfer ④. ||**-poreux, euse,** a. (*ö,* z). dunstig. ||**-porisateur** m. (zat*œr*). [à parfums] Zerstäuber ④.
vaquer (*ké*) [à ses occupations]. nachgehen* [*sein*].
varech m. (rèk). Seegras, n. spl., Tang, spl.
vareuse f. (*öz*). Matrosenjacke.
va||riabilité f. (*té*). Veränderlichkeit. ||**-riable** a. (*àbl*). veränderlich. ||**-riante** f. (*ia*ⁿt). Variante. ||**-riation** f. (s*io*ⁿ). Veränderung. ||*Mus.* Variation.
va||rice f. (*ìs*). Krampfader. ||**-ricelle** f. (s*èl*). Windpocken, pl.
va||rié, e, a. (*ié*). mannigfaltig. ||[divers] verschieden. ||**-rier** (*ié*), tr. vermannigfachen. || [alterner] abwechseln. ||intr. sich ändern. ||**-riété** f. (*té*). Mannigfaltigkeit, Abart.
va||riole f. (*iòl*). Pocken, pl. ||**-rioleux, euse,** a. (*ö,* z). pockenkrank. ||**-riolique** a. (*ìk*). pockenartig. ||**-riqueux, euse** a. (k*ö,* z). krampfaderig.
varlope f. (*òp*). Schlichthobel, m. ④.
Varsovie npr. f. (w*i*). Warschau, n.
vas (wa). V. *aller**.
vasculaire a. (kül*är*). Gefäß...
vase m. (waz). Gefäß, n. ||[d'art] Vase, f. ||f. Schlamm, m. spl.
vaseline f. (wazl*ìn*). Vaselin, n.
vaseux, euse, a. (z*ö,* z). schlammig. ||*Fig. Être vaseux,* schlapp sein.
vasistas m. (*às*). Guckfenster, n. ④.
vasque f. (wask). Brunnenbecken, n. ④.
vassal, e, aux, a. (*àl, o*). Lehens... ||m., f. Lehnsmann, ...leute, -frau, Vasall, -en, -en, in.
vaste a. (wast). weit. ||[spacieux] geräumig. ||*Fig.* umfassend.
vaticiner (wa-si*né*). wahrsagen.
va-tout m. (t*ù*). ganzer Einsatz. ||*Fig. Jouer son va-tout,* alles aufs Spiel setzen.
vaudeville m. (wodw*il*). « Vaudeville », -s, n.
vau-l'eau [à] (awol*o*). stromabwärts. ||*Fig. Aller* à vau-l'eau,* zu Wasser werden*.
vaurien m. (*iì*ⁿ). Taugenichts, inv.
vautour m. (t*ur*). Geier ④.
vautrer [se]. sich wälzen.
vaux (vo). V. *valoir**. ||pl. de *val.*
veau, x, m. (wo). Kalb, n. ② : — *marin,* Seekalb, n. ||[viande] Kalbfleisch, n. ||[cuir] Kalbsleder, n.
vécu (wek*ü*), pp. v. *vivre**.
vedette f. (w*œ*d*è*t). Kavallerieposten, m. ④. ||*Être* en vedette,* auf Posten stehen*. ||*Typ. En vedette,* [titre, etc.] in besonderer Zeile. ||*Mar.* Beobachtungschiff, n. ||*Théâtre,* Hauptschauspieler ④, m., in, f.
vé||gétal, e, aux, a. (jét*àl, o*). vegetabilisch, Pflanzen... *Règne végétal,* Pflanzenreich, n. ||m. Gewächs, n. ||**-gétarien, ne,** m., f. (*iì*ⁿ, *iè*n). Vegetarianer ④, in. ||a. vegetarianisch. ||**-gétarisme** m. (*ism*). Vegetarianismus. ||**-gétatif, ive,** a. (*if,*

iw). vegetativ, Pflanzen... ‖**-gétation** f. (*sio*ⁿ). Pflanzenwuchs, m. Vegetation. ‖**-géter** (*té*). vegetieren, kümmerlich leben.
vé‖hémence f. (we'ém*a*ⁿs). Heftigkeit. ‖[impétuosité] Ungestüm, n. ‖**-hément, e,** a. (*a*ⁿ, t). heftig, ungestüm.
vé‖hicule m. (*kül*). Fuhrwerk, n. ‖**-hiculer** (*lé*). fahren*, befördern.
vei‖lle f. (wäj). Wachen, n. spl., Wache. ‖pl. [nuits] durchwachte Nächte. ‖[jour d'avant] vorhergehender Tag, Tag zuvor. ‖[de]. Tag vor, *dat.* ‖LOC. *La veille,* Tags zuvor. ‖[de fête, et *fig.*] Vorabend, m. ‖*Fig. Être* à la veille de,* im Begriff sein*, zu... ‖**-llée** f. (wäjee). Nachtwache. ‖[entretiens] Abendunterhaltung. ‖**-ller** (*jé*). intr. wachen. ‖[ne pas se coucher] aufbleiben* [*sein*]. ‖[sur]. wachen [über, *acc.*]. ‖[à]. sorgen [für] : — [*à ce*] *que ...,* dafür sorgen, daß... ‖tr. *Veiller un malade,* bei einem Kranken wachen. ‖**-lleur, euse,** m., f. (*jœr, öz*). [Nacht-] Wächter ④, in. ‖f. [lampe] Nachtlampe.
vei‖nard, e, m., f. (*àr*, d). Glückskind, n. ②. ‖**-ne** f. (wän). Blutader, Vene. ‖[marbre, etc.] Ader. ‖*Fam.* [chance] Glück, n. spl. ‖**-né, e,** p. a. (*né*). geädert, aderig. ‖**-neux, euse,** a. (*ö*, **z**). aderreich, Venen...
vêler (wälé). kalben.
vélin m. (*i*ⁿ). Velin, n.
velléité f. (wèl'léité). Anwandlung.
vélo‖cipède m., *fam.* **vélo,** (wé-sipèd). [Fahr-]Rad, n. ②. ‖**-cité** f. (sité). Schnelligkeit. ‖**-drome** m. (*om*). Radfahrbahn, f.
ve‖lours m. (wœl*ur*). Samt ①. *De velours,* samten, Samt... ‖**-louté, e,** a. (luté). samtartig.
velu, e, a. (*lü*). haarig. ‖[à longs poils] zottig.
vélum m. (*òm*). Zeltdach, n. ②.
venaison f. (äzoⁿ). Wildbret, n.
vénal‖, e, a. (wén*àl*). käuflich. ‖[personnes] feil. ‖**-ité** f. (*ité*). Feilheit.
venant, ppr. v. *venir** (wœn*a*ⁿ). *A tout venant,* dem ersten besten.
vendable a. (waⁿdàbl). verkäuflich.
ven‖dange f. (d*a*ⁿj). Weinlese. ‖**-danger** (*jé*). Weinlese halten*.
‖**-dangeur, euse** m., f. (*jœr, öz*). Weinleser ④, in, Winzer ④, in.
vendetta f. (wiⁿdèt'*ta*). Vendetta, -s.
ven‖deur, euse, m., f. (*œr, öz*). Verkäufer ④, in. ‖**-dre** (waⁿdr). verkaufen : *se vendre,* verkauft werden*. ‖[trahir] verraten*.
vendredi m. Freitag ①.
venelle f. (wœnèl). Gäßchen, n. ④.
vé‖néneux, euse, a. (wé-nö, **z**). giftig. ‖**-nérable** a. (*àbl*). ehrwürdig. ‖**-nération** f. (*sio*ⁿ). Verehrung. ‖**-nérer** (*ré*). verehren.
vénerie f. (wénr*i*). Weidwerk, n. ‖[local] Jägerhof, m.
vénérien, ne, a. (*i*iⁿ, *ièn*). venerisch. ‖*Maladie vénérienne,* Geschlechtskrankheit.
veneur m. (wœn*œr*). Jägermeister ④. *Grand* —, Oberjägermeister.
ven‖geance f. (waⁿj*a*ⁿs). Rache ‖**-ger (se)**. rächen (*sich*) [an, *dat.*]. ‖**-geur, eresse,** m., f. (*jœr, œrès*). Rächer ④, in. ‖a. rächend.
véniel, le, a. (wén*ièl*). läßlich.
ve‖nimeux, euse, a. (wœ-*ö*, **z**). giftig. ‖**-nin** m. (n*i*ⁿ). Gift, n.
venir* (*ir*). kommen* : — *en courant,* etc., gelaufen usw. kommen*. ‖LOC. *A venir,* [zu]künftig, a.; *en venir à* [*là*], soweit kommen*, es soweit bringen* : *où voulez-vous en venir?* worauf wollen Sie hinaus?; *se faire* bien venir de qn,* sich bei einem beliebt machen; *s'en venir*,* kommen*; *venir de...,* [devant un infinitif] [so]eben... : *il vient de sortir*,* er ist [so]eben ausgegangen; *venir à l'esprit,* einkommen. ‖[atteindre] reichen [bis an, *acc.*]. ‖[croître] wachsen*. ‖[prospérer] gedeihen*.
Venise npr. f. (n*iz*). Venedig, n.
Vénitien, ne m., f. (*siin, ièn*). Venetianer ④, in. ‖a. venetianisch.
vent m. (waⁿ). Wind : — *arrière* [*avoir*], vor dem Winde segeln; — *debout,* Wind im Gesicht; *en plein vent,* in freier Luft. ‖LOC. *Avoir* vent de...,* Wind bekommen* [von].
vente f. (waⁿt). Verkauf, m. *Mettre* en vente,* zum Verkauf ausstellen.
ven‖ter (*té*). windig sein*. ‖**-teux, euse,** a. (*ö*, **z**). windig. ‖**-tilateur** m. (*tœr*). Ventilator, -en. ‖**-tilation** f. (*sio*ⁿ). Lüftung. ‖**-tiler** (*lé*). lüften.

ventouse f. (*tuz*). Schröpfglas, n. ②. ‖*Zool.* Saugenapf, m.

ven‖tre m. (wa^ntr). Bauch. ‖LOC. *A plat ventre,* auf dem [den] Bauch; *ventre à terre,* in gestrecktem Galopp. ‖**-tricule** m. (*kül*). [Herz-]Kammer, f. ‖**-triloque** m. (*òk*). Bauchredner ④. ‖**-tru, e,** a. (*trü*). dickbäuchig.

ve‖nu, e, pp. v. *venir** (wœnü). ‖LOC. *Bien venu,* [réussi] gelungen; *mal venu* [*manqué*] mißraten; [inopportun] ungelegen : *être* mal venu à,* schlecht ankommen*, *wenn...; le premier* [...] *venu,* der erste beste [...] ; *le dernier venu,* der zuletzt Gekommene; *nouveau venu,* Ankömmling, n. ‖**-nue** f. (*nü*). Ankunft. ‖LOC. *D'une belle venue,* schön gewachsen.

vêpres f. pl. (wäpr). Vesper.

ver m. (wär). Wurm ②.

véracité f. (wé-*sité*). Wahrhaftigkeit.

véranda f. (a^nd*a*). Veranda.

ver‖bal, e, aux, a. (werb*àl*). mündlich. ‖*Gramm.* Verbal... ‖**-baliser** (*zé*). protokollieren. ‖**-be** m. (werb). Wort, n. ‖*Fig. Avoir* le verbe haut,* das große Wort führen. ‖[voix] Stimme, f. ‖*Gramm.* Zeitwort, n. ②, Verb[um], ...ben, n. ‖**-beux, euse,** a. (*bö, z*). wortreich. ‖**-biage** m. (*iàj*). Wortschwall. ‖**-bosité** f. (*zité*). Weitschweifigkeit.

ver‖dâtre a. (*âtr*). grünlich. ‖**-deur** f. (*œr*). [fruits] Unreife. ‖*Fig.* Jugendfrische.

verdict m. (*ikt*). Verdikt, n.

ver‖dier m. (*ié*). Grünfink, -en, -en. ‖**-dir** (*ir*), intr. grünen. ‖tr. grün färben. ‖**-doyant, e,** p. a. (d^oaj*a*^n, t) grünend. ‖**-doyer** (d^oaj*é*). zu grünen anfangen. ‖**-dure** f. (*ür*). Grün, n.

véreux, euse, a. (wér*ö, z*). wurmstichig. ‖*Fig.* verdächtig.

ver‖ge f. (werj). Rute. ‖**-gé, e,** a. (*jé*). streifig.

verger m. (*jé*). Obstgarten ③.

verglas m. (gl*a*). Glatteis, n.

vergogne f. (g*ònj*). *Sans vergogne,* schamlos.

vergue f. (werg). Raa.

véridique a. (wé-*ik*). wahrhaft.

vér‖ificateur m. Prüfer ④, Revisor, en. ‖**-ification** f. (*sio*^n). Prüfung, Revision. ‖**-ifier** (*fié*). prüfen, revidieren.

vér‖itable a. (*àbl*). echt, wirklich. ‖[vrai] wahr, wahrhaft. ‖**-ité** f. (*té*). Wahrheit. ‖[sincérité] Wahrhaftigkeit.

verjus m. (werj*ü*). saurer Traubensaft.

vermeil, le, a. (mäj). hochrot. ‖m. vergoldetes Silber, n.

ver‖micelle m. (*sèl*). Fadennudeln, f. pl. ‖**-miculaire** a. (kül*är*). wurmförmig. ‖**-mifuge** m. (*füj*). Wurmmittel, n. ④.

vermillon m. (mij*o*^n). Zinnober.

ver‖mine f. (*ìn*). Ungeziefer, n. ‖**-misseau, x,** m. (*so*). Würmchen, n. ④. ‖**-moulu, e,** a. (mul*ü*). wurmstichig.

vermout m. (m*ùt*). Wermutwein.

ver‖nir (*ir*). firnissen. ‖[laquer] lackieren. ‖**-nis** m. (*i*). Firnis. ‖[laque] Lack. ‖[à ongles]. Nagelpolitur, f. ‖**-nissage** m. (*àj*). Firnissen, n., Lackieren, n. ‖**-nisser** (*sé*). glasieren.

vérole f. (wér*òl*). Lustseuche, Syphilis. ‖*Petite vérole,* Blattern, pl., Pocken, pl.; *petite vérole volante,* Windpocken, pl.

véronal m. (n*al*). Veronal, n.

véronique f. (*ònìk*). [plante] Ehrenpreis, m.

verrat m. (wèr*a*). Eber ④.

ver‖re m. (wär). Glas, n. ② : — *à pied,* Weinglas, n.; — *à vitres,* Fensterglas, n.; — *de lampe,* Zylinder ④; *petit verre,* Schnäpschen, n. ④. ‖**-rerie** f. (^e*ri*). [usine] Glashütte. ‖[marchandise] Glaswaren, pl. ‖**-rier** m. (*ié*). Glasmacher ④. ‖**-rière** f. (*iär*). Kirchenfenster, n. ④. ‖**-roterie** f. (*òtri*). kleine Glaswaren, pl.

ver‖rou m. (r*u*). Riegel ④. *Pousser, tirer le verrou,* den Riegel vor-, zurückschieben*. ‖*Fig. Sous les verrous,* hinter Schloß und Riegel. ‖**-rouiller** (uj*é*). verriegeln.

verrue f. (r*ü*). Warze.

vers m. (wèr). Vers. ‖— *de mirliton,* Gereime, n. ‖*prép.* gegen *acc.* nach, *dat.* ‖ [temps] um, *acc.; vers l'époque,* um die Zeit.

versant m. Abhang.

versatile a. (*til*). wankelmütig.

verse [à] adv. (wers). in Strömen.

versé, e, p. a. (sé). *Fig.* [dans] bewandert [in, *dat.*].
Verseau m. (sô). Wassermann.
ver‖sement m. (s^e^man). Einzahlung. f. ‖**-ser** tr. (sé). [répandre] gießen*, schütten. ‖[à boire] einschenken. ‖[larmes, sang] vergießen*. ‖[véhicule] umwerfen*. ‖[argent] einzahlen. ‖intr. umfallen [*sein*].
ver‖set m. (sè). Vers. ‖**-sification** f. (sion). Verskunst. ‖[facture] Versbau, m. ‖**-sifier** (fié), tr. in Verse bringen*. ‖intr. Verse machen.
verso m. (so). Rückseite, f.
versoir m. (s^o^ar). Streichbrett, n. ②.
verste f. Werst.
vert, e, a. (wèr, t). grün. ‖m. Grün, n. ‖*Vert-de-gris,* Grünspan.
ver‖tébral, e, aux, a. (àl, o). Wirbel... ‖*Colonne vertébrale,* Wirbelsäule, f., Rückgrat, n. ‖**-tèbre** f. (tebr). Wirbel, m. ‖**-tébré** m. (bré). Wirbeltier, n.
vertement adv. (t^e^man). derb.
vertical, e, aux, a. (àl, ô). senkrecht.
ver‖tige m. (ij). Schwindel, spl. : *j'ai le vertige,* mir schwindelt. ‖[enivrement]. Taumel, spl. ‖**-tigineux, euse,** a. (jinö, z). schwindelig. ‖**-tigo** m. (go). [chevaux] Koller. ‖*Fig.* Rappel.
ver‖tu f. (tü). Tugend. ‖**-tueux, euse,** a. (üö, z). tugendhaft.
vertugadin m. (din). Wulst.
verve f. (werw). Feuer, n. ‖[d'esprit] Sprühen, n.
verveine f. (wän). Verbene, Eisenkraut, n.
vési‖cal e, aux, a. (wézikàl, o). Blasen... ‖**-cant, e,** a. (kan, t). blasenziehend. ‖**-catoire** m. (t^o^ar). Zugpflaster, n. ④. ‖**-cule** f. (kül). Bläschen, n. ④.
vespasienne f. (wespaziènn). Bedürfnisanstalt.
vespéral, e, aux, a. (àl, o), abendlich, Abend...
vesse f. (wès). Furz, m. [unhörbarer]. ‖*Vesse-de-loup,* Staubpilz, m.
vessie f. (si). Harnblase.
vestale f. (àl). Vestalin.
ves‖te f. (west). Jacke. ‖*Fig. fam.* [échec] Schlappe. *Remporter une veste,* durchfallen* [*sein*]. ‖**-tiaire** m. (iär). Kleiderraum, Garderobe.
vestibule m. (bül). Hausflur, f.
vestige m. (ij). Fußstapfe, f. ‖[trace] Spur, f.
veston m. (on). Joppe, f.
Vésuve npr. m. (wezüw). Vesuv.
vêtement m. (wätman). Kleidung, f.
vétéran m. (wé-ran). Veteran, -en, -en.
vétérinaire m. (är). Tierarzt. ‖a. Tierarznei...
vé‖tille f. (ij). Kleinigkeit. ‖**-tilleux, euse,** a. (tijö, z). kleinlich genau.
vêtir* (wätir). kleiden.
veto m. (to). Veto, -s, n. ‖*Opposer son veto à,* Einspruch einlegen [gegen].
vétus‖te a. (tüst). veraltet, abgenutzt. ‖**-té** f. (té). Verfallenheit.
veuf, euve, m., f. (wœf, œw). Wittwer ④, Wittwe.
veuil... (wœj), **veul...** (wœl). V. *vouloir**.
veu‖le a. (wöl), *fam.* schlaff. ‖**-lerie** f. (ri). Schlaffheit.
veuvage m. (wœwaj). Wittwer-, Wittwenstand.
veux (wö). V. *vouloir**.
vex‖ant, e, p. a. (weksan, t). ärgerlich. ‖**-ation** f. (sion). Plackerei, Schererei. ‖**-atoire** a. (^o^ar). lästig, quälerisch. ‖[oppressif] drückend. ‖**er** (é). belästigen. ‖*Fig.* [fâcher] ärgern.
vi‖a loc. lat. (wia). über, *acc.* ‖**-abilité** f. (té). Lebensfähigkeit. ‖[routes] Fahrbarkeit. ‖**-able** a. (àbl). lebensfähig. ‖[route] fahrbar. ‖**-aduc** m. (dük). Talbrücke, f., Viadukt ①.
viager, ère, a. (jé, är). lebenslänglich. ‖*Rente viagère,* Leibrente.
viande f. (and). Fleisch, n. ‖*Viande congelée,* Gefrierfleisch, n.; *viande hachée,* Gehacktes, n.
viatique m. (ìk). *Saint viatique,* heilige Wegzehrung, f.
vi‖brant, e, p. a. (wibran, t), *fig.* schwungvoll. ‖**-bration** f. (sion). Vibration. ‖**-bratoire** a. vibrierend. ‖**-brer.** vibrieren. ‖**-brion** m. (brion). Zittertierchen, n.
vicaire m. (wikär). Vikar ①.
vice m. (wis). Laster, n. ④. ‖[défaut] Fehler ④. ‖préf. lat. Vize... : *vice-amiral,* — *-roi,* etc., Vizeadmiral, Vizekönig usw.

vice versa loc. lat. (sé-*sa*). umgekehrt.
vi‖cier (*sié*). verderben*. *Air vicié,* unreine Luft, f. ‖*Jur.* ungültig machen. ‖**-cieux, euse,** a. (*siö, z*). lasterhaft. ‖[cheval] tückisch.
vicinal, e, aux, a. (sin*àl, ô*). *Chemin vicinal,* Landweg, m.
vicissitude f. (sis'sit*üd*). Wechselfall, m., Schicksalsschläge, mpl.
vicomte, esse, m., f. (k**o**nt, *ès*). Vizegraf, -en, -en, -gräfin.
victime f. (wikt*ìm*). Opfer, n. ④.
vic‖toire f. (°*ar*). Sieg, m. ‖**-torieux, euse,** a. (*iö, z*). siegreich.
victuailles f. pl. (tü*aj*). Lebensmittel ④, Viktualien.
vi‖dange f. (da**n**j). Ausleerung. *En vidange,* nicht mehr voll. ‖**-danger** (*jé*). fegen [Abtritt]. ④. ‖**-de** a. (wid). leer. *A vide,* leer; *vide de sens,* sinnlos. ‖m. Leere, f.; *faire* le vide,* die Luft auspumpen; *faire* un vide,* eine Lücke reißen*. ‖**-der** (*dé*). leeren. ‖[lieux] räumen. ‖[bouteille, etc.] austrinken*. ‖[querelle] beilegen.
vie f. (wi). Leben, n. spl. *Avoir* la vie dure,* ein zähes Leben haben*; *avoir* la vie sauve,* mit dem Leben davonkommen*; *donner la vie à,* zur Welt bringen*, *acc.; en vie,* am Leben; *sans vie,* leblos. ‖LOC. *A vie,* lebenslänglich; *de ma vie,* [jamais], mein Leben lang; *faire* la vie,* liederlich leben; *gagner sa vie,* sein Brot verdienen; *mener une vie...,* ein ...Leben führen; *rendre la vie dure à qn,* einem das Leben sauer machen; *vie de Polichinelle* ou *de bâton de chaise, fam.* unordentliches Leben.
vi‖eil, le. V. *vieux.* ‖**-eillard** m. (ej*àr*). Greis. ‖**-eillerie** f. (ejr*i*). alter Kram, m. spl. ‖**-eillesse** f. (ej*ès*). [hohes] Alter, n., Greisenalter, n. ‖**-eillir** (ej*ir*), intr. altern, alt werden*. ‖[mot] veralten [*sein*]. ‖tr. alt machen. ‖**-eillot, te,** a. (ej*o*, *òt*). ältlich.
vielle f. (i*èl*). Drehleier.
vien... (wi**i**n). V. *venir**.
Vi‖enne npr. f. (wi*èn*). Wien, n. ‖**-ennois, e,** m., f. (n°*a, z*). Wiener ④, in. ‖a. wienerisch.
vierge f. (wi*èrj*). Jungfrau. ‖a. jungfräulich. *Cire, huile vierge.* Jungfernwachs, n., -öl, n. *Pellicule vierge,* Rohfilm, m. ‖*Fig.* [immaculé] unbefleckt. ‖[intact] unberührt.
vi‖eux [**vieil** devant une voyelle ou un **h** aspiré], **-eille,** a. (wi*ö*, wi*èj*). alt.
vif‖, ive, a. (w*ìf*, *ìw*). [vivant] lebend. ‖[animé] lebendig, lebhaft. ‖[prompt] rasch. ‖[air, arête] scharf. ‖[couleur] grell. ‖[haie] grün. ‖*piquer au —,* schwer beleidigen. ‖**- -argent** m. Quecksilber, n.
vi‖gie f. (wij*i*). Mastwache. ‖**-gilance** f. (**a**ns). Wachsamkeit. ‖**-gilant, e,** a. (**a**n, t). wachsam.
vigile f. (j*il*). Vigilie.
vigne‖ f. (winj). Rebe : — *vierge,* wilder Wein, m. ‖[plant] Rebstock, m. ‖[vignoble] Weinberg, m. ‖LOC. *Dans les vignes du Seigneur,* betrunken. ‖**-ron** m. (winjr**o**n). Weinbauer ④, Winzer ④.
vignette f. (nj*èt*). « Vignette ». Verzierungsbildchen, n. ‖*Typ.* Stock.
vignoble m. (nj*òbl*). Weinberg. ‖a. Wein...
vigogne f. (g*ònj*), peruanisches Schaf, n. ①.
vi‖goureux, euse, a. (gur*ö*, **z**). kräftig. ‖**-gueur** f. (g*œr*). Kraft.
vil‖, e, a. (w*ìl*). niedrig. *A vil prix,* spottbillig. ‖[méprisable] niederträchtig. ‖[âme] gemein. ‖**-ain, e,** m., f. (**i**n, *än*). [roturier] Unadelige[r]. ‖a. [laid] häßlich, garstig. ‖[temps, etc.] schlecht, abscheulich. ‖[action] unedel, schändlich.
vilebrequin m. (wilbrœk**i**n). Brustbohrer ④.
vil‖enie f. (wiln*i*). Niederträchtigkeit. ‖**-ipender** (pa**n**d*é*). niederträchtig behandeln.
vil‖la f. (wil'l*à*). Villa, ...en. ‖**-lage** m. (*àj*). Dorf, n. ②. ‖**-lageois, e,** m., f. (j°*a*, **z**). Dorfbewohner ④, in. ‖**-le** f. (w*ìl*). Stadt, ¨e. *En ville,* in der [die] Stadt; [suscription] allhier; *dîner en ville,* auswärts speisen. ‖**-légiature** f. (jiat*ür*). [d'été] Sommeraufenthalt, m. ①, -frische. *Aller* en villégiature, villégiaturer,* in die Sommerfrische gehen*. ‖[d'hiver] Winteraufenthalt, m. ①. ‖**-légiaturiste** m. (*ist*). Sommerfrischler.

vîmes (wîm). V. *voir**.
vin m. (w*i*n). Wein : — *blanc,* — *rouge,* Weiß-, Rotwein; *gros* —, *petit* —, schwerer, leichter Wein. ||Loc. *Être entre deux vins,* ein Spitzchen haben*; *il a le vin gai* [*triste,* etc.], der Wein macht ihn lustig, traurig usw.; *mettre* de l'eau dans son vin, fig.,* klein beigeben*; *pris de vin,* betrunken; *tache de vin* [peau], Muttermal, n.
vin||aigre m. (winägr). Essig. ||**-aigrer** (*é*). mit Essig würzen. ||**-aigrette** f. (èt). Essigsoße [kalte]. ||**-asse** f. (nàs). Schlempe. ||*Fam.* schlechter Wein, m.
vin||dicatif, ive, a. (*if, iw*). rachsüchtig. ||**-dicte** f. (*i*kt) : — *publique,* gesetzliche Bestrafung.
vineux, euse, a. (win*ö*, **z**). weinartig.
vingt|| num. (w*i*n). zwanzig. ||**-aine** f. (tän). etwa zwanzig. ||**-ième** (*iä*m). V. Gramm.
vinicole a. (wi-kòl). Wein...
vînmes, vins, vint. V. *venir**.
vio||l m. (wiòl). Notzucht, f., -züchtigungen, pl. ||**-lateur, trice,** m., f. (tœr, trìs). Übertreter ④, in. ||Schänder ④, in. ||V. *violer.* ||**-lation** f. (*sio*n). Übertretung. ||Schändung. ||V. *violer.*
viole f. (wiòl). Viola.
vio||lemment adv. (lam*a*n). V. *violent.* ||**-lence** f. (*a*ns). Gewalt. spl., Gewaltsamkeit. *Faire* violence à,* Gewalt antun*, *dat.* ||Heftigkeit. ||[acte] Gewalttätigkeit. ||**-lent, e,** a. (*a*n, t). gewaltsam. ||[vif] heftig. ||**-lenter,** tr. (antē). Gewalt antun*, *dat.* ||**-ler** (l*é*). [enfreindre] übertreten*. ||[profaner] schänden. ||[femme] notzüchtigen, ins.
vio||let, te, a. (è, t). violett. ||**-lette** f. (èt). Veilchen, n. ④.
vio||lon m. (*o*n). Violine, f., Geige, f. ||*Pop.* Arrestlokal, n. ①. ||**-loncelle** m. (onsèl). Cello, -s, n. ||**-loncelliste** m. et f. (*i*st). Cellospieler ④, in. ||**-loniste** m. et f. (*i*st). Violonist, -en, -en, in.
vipère f. (wipär). Otter.
virage m. (àj). Wendung, f. — *en épingle à cheveux,* Haarnadelkurve, f. ||*Phot.* Tönung, f.
virago f. (go). Mannweib, n. ②.
vi||rement m. (wirm*a*n). *Comm.* Überweisung. ||— *postal,* Postüberweisung, f.; *banque, compte* [m.] *de virements,* Girobank, f., -rechnung, f. ||**-rer** (r*é*), tr. wenden*. || *Comm.* [somme] überweisen*. ||*Phot.* tonen *et* tönen. ||intr. sich wenden : — *de bord,* abdrehen. ||**-revolte** f. plötzliche Rückschwenkung.
Virgile npr. m. (wirj*i*l). Virgil.
vir||ginal, e, aux, a. (jinàl, *o*). jungfräulich. ||**-ginité** f. (ji-t*é*). Jungfräulichkeit.
virgule f. (g*ü*l). Komma, -s, n.
vir||il, e, a. (*i*l). männlich, Mannes... ||*Fig.* mannhaft. ||**-ilité** f. (t*é*). Männlichkeit.
virole f. (òl). Zwinge [an Griffen].
virtuel, le, a. (t*ü*èl). virtuell.
vir||tuose m. et f. (t*ü*oz). Virtuose, -n, -n, ...sin. ||**-tuosité** f. (t*é*). Virtuosität. Kunstfertigkeit, f.
vir||ulence f. (ül*a*ns). Giftigkeit. ||**-ulent, e,** a. (*a*n, t). giftig. ||[contagieux] ansteckend. ||*Fig.* heftig. ||**-us** m. Ansteckungsstoff.
vis f. (wìs). Schraube. ||— *sans fin,* Schneckengewinde, n.
vis (wi). V. *voir** et *vivre**.
visa m. (zà). Reisevermerk, m. ||— *de sortie, d'entrée,* Ausreise-, Einreisevisum, n.
visage m. (**z**aj). Gesicht, n. ②. [poét.] Antlitz.
vis-à-vis prép. (wizaw*i*). [de]. gegenüber, *dat.* ||m. Gegenüberstehende[r] *ou* -sitzende[r], a. s.
viscère m. (wis'sär). Eingeweide, n. ④.
viscosité f. (kôzit*é*). Klebrigkeit.
vi||sée f. (wiz*ee*). Ziel, n. ||[vue] Absicht. ||**-ser** intr. (**z***é*). zielen. [auf, *acc.,* nach]. ||*Fig.* [à] trachten [nach]. ||tr. aufs Korn nehmen*. ||*Fig.* [acte] beglaubigen. ||**-seur** m. (**z**œr). *Phot.* Sucher ④. ||**-sibilité** f. (zi-t*é*). Sichtbarkeit. ||**-sible** a. (z*i*bl). sichtbar. ||**-sière** f. (z*iä*r). Visier, n. ||[de casquette] Schirm, m. ||Loc. *Rompre en visière à,* schonungslos angreifen*.
vi||sion f. (**z***io*n). Sehen, n. spl. ||[apparition] Erscheinung. ||[rêve] Traumbild, n. ②. ||**-sionnaire** m. et f. (ziònär). Geisterseher ④, in.
vi||sitation f. (zi-s*io*n). Heimsuchung. ||**-site** f. (z*ì*t). Besuch, m.

① : — *domiciliaire*, Haussuchung; *carte de visite*, Visitenkarte; *en visite*, auf Besuch; *faire* [*rendre*] *visite à qn*, einen besuchen, jemandem einen Besuch machen [abstatten]; *rendre à qn sa visite*, jemandem einen Gegenbesuch machen. ||**-siter** (*té*). besuchen. || [ville, etc.] besichtigen. || [fouiller] durchsuchen. ||**-siteur, euse**, m., f. (*œr*, *öz*). Besucher ④, in. || [douane] Grenzaufseher, in.

vison m. (**zo**n). Nerz. [fourrure] Nerz[fell], n.

visqueux, euse, a. (wis*kö*, **z**). klebrig.

viss... (wìs). V. *voir**.

visser (*sé*). [an-, fest-]schrauben*.

Vistule npr. f. (*ül*). Weichsel.

visuel, le, a. (**zü**èl). Seh..., Gesichts...

vit (wì). V. *voir** et *vivre**.

vi||tal, e, aux, a. (*tàl*, *ô*). Lebens... ||*Espace* —, Lebensraum. ||**-talité** f. (*té*). Lebenskraft. ||**-tamine** f. (*ìn*). Vitamin, n. ①. ||**-te** adv. (w*it*). schnell, rasch, geschwind. ||**-tesse** f. (*ès*). Schnelligkeit, Geschwindigkeit. *Gagner de vitesse*, zuvoreilen, *dat.* ||LOC. *Grande, petite vitesse*, Eil-, Frachtgut, n.; *passer en troisième vitesse*, den dritten Gang einschalten. ||*boîte de vitesses*, Getriebe, n.

vi||ticole a. (*òl*). Wein... ||**-ticulteur** m. (kült**œr**). Weinbauer ④. ||**-ticulture** f. (*ür*). Weinbau, m.

vi||trage m. (*aj*). Fensterwerk, n. ||[cloison] Glaswand, ¨e, f. ||**-trail, aux**, m. (*aj*, *o*). Kirchenfenster, n. ④. ||**-tre** f. (witr). Fensterscheibe. ||**-tré, e**, a. (tr*é*). glasartig. || [avec vitres] Glas... : *porte vitrée*, Glastür, f. ||**-trerie** f. (ᵉ*ri*). Glaserhandwerk, n., -arbeit. ||**-treux, euse**, a. (*ö*, **z**). glasartig. ||**-trier** m. (*ié*). Glaser ④. ||**-trifier** (*fié*). verglasen. *Se vitrifier*, zu Glas werden*. ||**-trine** f. (*ìn*). Glaskasten, m. ④. || [montre] Schaufenster, n. ④.

vi||triol m. (*òl*). Vitriol, m. et n. ||**-trioler** (*lé*). mit Vitriol bespritzen. ||**-trioleur, euse**, m., f. (*œr*, *öz*). Vitriolheld, -en, -en, in.

vi||vace a. (wiw*às*). lebenskräftig. ||[plante] vieljährig. ||**-vacité** f. (*sité*). Lebhaftigkeit. ||**-vandier, ière**, m., f. (waⁿ*dié*, *iär*). Marketender ④, in. ||**-vant, e**, p. a. (**wa**ⁿ, t). lebend, lebendig. ||**-vat** m. (w*àt*). Lebehoch, n. inv., Vivat, -s, n.

vi||ve f. (wìw). Meerdrache, -n, -n, ||m. a. et **-vement** adv. (m**a**ⁿ). V. *vif*. ||**-veur** m. (w**œr**). Lebemann ②. ||**-vier** m. (w*ié*). Fischbehälter ④. ||**-vifiant, e**, p. a. (*fi***a**ⁿ, t). belebend. ||**-vifier** (*fié*). beleben. ||**-vipare** a. (*àr*). lebendiggebärend. ||**-visection** f. (seks*i***o**ⁿ). Vivisektion. ||**-voter** (wò*té*). kümmerlich leben. ||**-vre*** (wiwr). intr. leben. ||LOC. *Qui vive?* werda?; *savoir* vivre*, Lebensart haben*; *vive ...!*, es lebe ... [hoch]; *vivre sa vie*, sich ausleben. ||m. Nahrung, f. spl. ||pl. Lebensmittel, n.

vizir m. (**z***ir*). Vezier.

vlan! interj. (wl**a**ⁿ). klaps! wupps!

vo||cable m. (wò*kàbl*). Wort, n. Vokabel, f. || [d'un saint] Schutz. ||**-cabulaire** m. (bü*lär*). Wörterbuch n. ②. || [les mots] Wortschatz, spl. ||**-cal, e, aux**, a. (*kàl*, *ô*). Stimm..., Vokal... : *musique vocale*, Vokalmusik, f. || [organes] Sprach... ||**-calise** f. (*iz*). Vokalisation. ||**-caliser** (**z***é*). vokalisieren. ||**-catif** m. (*if*). Vokativ. ||**-cation** f. (s*i***o**ⁿ). Beruf, m. ①. ||**-cifération** f. (si-s*i***o**ⁿ). Geschrei, n. spl. ||**-ciférer.** schreien, brüllen.

vœu, x, m. (wö). Gelübde, **n.** ④. *Faire* un vœu*, ein Gelübde ablegen. || [souhait] Wunsch.

vo||gue f. (wòg). Beliebtheit. *En vogue*, sehr beliebt, besucht, modisch. ||**-guer** (*gé*). segeln.

voici loc. (wᵒa*si*). hier ist [sind]. *En voici*, hier ist [sind] welcher [welche]; *le livre que voici*, dieses Buch hier; *nous voici*, hier sind wir. ||LOC. *Voici comment*, so...; *voici quelques années*, es sind schon etliche Jahre her.

voie f. (wᵒa). Bahn : — *ferrée*, [Bahn-] G[e]leis, n.; *à voie étroite*, schmalspurig, a. || [chemin] Weg, m. *Bonne voie*, richtiger Weg. *Fig. Voies et moyens*, Mittel und Wege. || [route, rue] Straße. || [d'eau] Tracht Wasser. || [navires] Leck, n. || [de bois, etc.] Fuhre. ||LOC. *Être* sur la voie*, auf der Spur sein*; *voies de fait,* Tätlichkeiten, pl.

voilà loc. (wᵒalà). da [dort] ist [sind]. *En voilà,* da [dort] ist [sind] welche; *l'homme que voilà,* der Mann da; *me voilà,* da bin ich. ‖LOC. *En veux-tu, en voilà,* nach Herzenslust; *le voilà qui vient,* da kommt er gerade; *nous voilà bien!* da haben wir die Bescherung!; *voilà ce que c'est que de ...,* so geht es, wenn ...; *voilà ce qu'on dit,* das sagt man; *voilà pourquoi ...,* darum ...; *voilà qu'on sonne,* da läutet es; *voilà tout,* das ist alles.

voi‖le m. (wᵒal). Schleier ④. ‖*Fig. Prendre* le voile,* Nonne werden*; *prise de voile,* Einkleidung, f. ‖f. Segel, n. ④ : ... *à voiles,* Segel... ‖LOC. *Faire* voile pour,* segeln [*sein*] [nach]; *mettre* à la voile,* unter Segel gehen*. ‖**-ler** (lé). verschleiern. ‖*Fig.* verhüllen. ‖[voix] dämpfen. ‖[se]. [gauchir] sich werfen. ‖**-lette** f. (lèt). [Gesichts-] Schleier, m. ④. ‖**-lier** m. (*ié*). Segler ④. ‖[fabricant] Segelmacher ④. ‖**-lure** f. (*ür*). Segelwerk, n. [gauchissement] Sichwerfen, n. spl.

voir* (wᵒar). sehen*. *Voir à* [se renseigner], nachsehen*; *voir par ...,* ersehen* [aus] : *je vois par votre lettre,* ich ersehe aus Ihrem Briefe. ‖LOC. *A le voir, on croirait ...,* wenn man ihn sieht, sollte man glauben; *aller* [venir*] voir qn,* einen besuchen; *c'est à voir,* das will überlegt sein*; *faire* voir,* sehen lassen*, zeigen; *il ferait beau voir que ...,* es wäre doch drollig, wenn...; *voir clairement,* deutlich einsehen*; *voyons!* laß sehen! [pour encourager] nun! wohlan! [pour apaiser] still doch! nun!; *voyez [p.]...,* etc., siehe [S.] usw., vgl. [vergleiche]. ‖[**se**]. *Cela se voit,* das sieht man.

voire adv. (wᵒar). sogar, ja.

voirie f. (ri). Wegeamt, n. ‖[rues] Straßenwesen, n. ‖[terrain] Schindanger, n.

voi‖sin, e m., f. (*zin*, ìn). Nachbar, -n, in. ‖a. benachbart, Nachbar ... ‖**-sinage** m. (zinàj). Nachbarschaft, f. ‖**-siner** (ziné). nachbarlich verkehren.

voi‖ture f. (*tür*). Wagen, m. ④ : — *de place,* Droschke; — *de remise,* Mietwagen, m.; — *de livraison,* Lieferwagen, m.; — *de course,* Rennwagen; — *de tourisme,* Tourenwagen; — *de série,* Serienwagen; — *de luxe,* Luxuswagen. ‖LOC. *En voiture!* einsteigen! ‖**-turée** f. (*ée*). Wagenvoll, m. inv. ‖**-turer** (*ré*). fahren*. ‖**-turette** f. (èt). Wägelchen, n. ④.

voix f. (wᵒa). Stimme. *A voix basse,* mit leiser Stimme; *à haute voix,* mit lauter Stimme, laut; *de vive voix,* mündlich. ‖LOC. *Aller* [mettre*] aux voix,* zur Abstimmung schreiten*.

vol‖ m. (wòl). 1. [de l'oiseau, etc.] Flug. *A vol d'oiseau,* aus der Vogelperspektive [-schau] : *distance à vol d'oiseau,* Luftstrecke, f.; *au vol,* im Fluge; *prendre* son vol,* auffliegen* [*sein*]; *vol plané,* Gleitflug; *vol d'essai, de nuit, de reconnaissance,* Probe-, Nacht-, Erkundungsflug. ‖2. [rapine] Raub [pl. : Raubtaten, f.] : — *à main armée,* gewaltsamer Raub. ‖[larcin] Diebstahl : — *avec effraction,* Einbruchsdiebstahl. ‖**-age** a. (*àj*). leichtsinnig. ‖[amour] flatterhaft. ‖**-aille** f. (*aj*). Geflügel, n. spl.

vol‖ant, e, p. a. (*an*, t). [détaché] lose. *Feuille volante* [écrit]. Flugschrift, f. ‖m. Federball. ‖*Mécan.* Schwungrad, n. ②, Steuer. ‖[de direction] Lenkrad, n. ②. ‖[de gouvernail] Steuerrad, n. ②. ‖**-atil, e,** a. (ìl). flüchtig. ‖**-atile** m. [selten, f.] (*il*). Vogel ③. ‖**-atiliser** (*zé*). verflüchtigen. ‖**--au-vent** m. (wòlow*an*). Blätterteigpastete, f.

volcan m. (*kan*). Vulkan ①.

vol‖e f. (wòl). *Faire* la vole,* schlemm machen. ‖**-ée** f. (*ee*). Flug, m. *A la volée,* im Fluge. ‖LOC. *A toute volée,* aus allen Kräften. ‖*Fig. Volée de coups,* Tracht Prügel, f. ‖[condition sociale]. *De haute volée,* vornehm.

vol‖er (*é*). 1. intr. [oiseau, etc.] fliegen* [*sein*]. ‖2. tr. [dérober] stehlen*. ‖[rapine] rauben. ‖**-et** m. (*è*). Fensterladen ③. ‖**-eter** (wòlté). flattern. ‖**-eur, euse,** m., f. (*œr, öz*). Dieb, in. *Au voleur!* Dieb! ‖**-ière** f. (*iär*). Vogelhaus, n. ②.

volige f. (*ij*). Schindel.
vol||ontaire a. (o^n*tär*). freiwillig. ||[intentionnel] absichtlich. ||[capricieux] eigensinnig. ||m. Freiwillige[r], a. s. ||**-ontariat** m. (o^n-*iâ*). Freiwilligendienst. ||**-onté** f. (o^n*té*). Wille, -ns, spl. *A volonté,* nach Belieben. ||**-ontiers** adv. (o^n-*tié*). gern.
vol||t m. Volt, n. ④. ||**-tage** m. (*àj*). Voltzahl, f. ||**-taïque** a. (*ìk*). voltaisch.
Vol||taire npr. m. (*tär*). *Fauteuil Voltaire,* Sorgenstuhl. ||**-tairien, ne,** m., f. (*äri*i^n, *ièn*). Voltairianer ④, in. ||a. voltairianisch.
vol||te f. (*wòlt*). Kreiswendung. ||**-teface** f. (t^e*fàs*). Kehrtwendung. *Faire* volte-face,* kehrtmachen, *sép.* ||**-ter** (*té*). eine Wendung machen.
vol||tige f. (*ij*). Kunstreiten, n. ||[sur la corde] Seiltanzen, n. ||**-tiger** (*jé*). umherflattern [*sein*]. ||[manège] voltigieren. ||**-tigeur** m. (*jœr*). « Voltigeur », -s.
voltmètre m. (*mètr*). Spannungsmesser, Voltmesser.
vol||ubilis m. (*is*). Winde, f. ||**-ubilité** f. (*té*). Volubilität.
vol||ume m. (*üm*). Rauminhalt. ||[étendue] Umfang. ||[tome] Band. ||**-umineux, euse,** a. (*ö, z*). dick, voluminös, umfangreich.
vol||upté f. (*üpté*). Wollust, ¨e. ||**-uptueux, euse,** a. (*tüö, z*). wollüstig.
volute f. (*üt*). Volute.
vom||ique a. (*wòmìk*). *Noix vomique,* Brechnuß, f. ||**-ir** (*ir*). tr. ausbrechen*. ||[injures] ausstoßen*. ||intr. sich erbrechen*. ||**-issement** m. (*isma*^{n}). Erbrechen, n. spl. ||**-itif** m. (*if*). Brechmittel, n. ④.
vont (wo^n). V. *aller*.*
vora||ce a. (*wòràs*). gefräßig. ||**-cité** f. (*sité*). Gefräßigkeit.
vos a. poss. eure, Ihre. V. GRAMM.
Vosges npr. f. pl. (*wôj*). Vogesen.
vo||te m. (*wòt*). Abstimmung, f. ||[suffrage] Stimme, f. ||**-ter** intr. (*té*). abstimmen. ||tr. bewilligen, votieren. ||**-tif, ive,** a. (*ìf, iw*). Votiv...
votre a. poss. (*wòtr*). euer, Ihr. V. GRAMM.
vôtre [le, la] pron. poss. (*wôtr*). der, die, das Eurige [Ihrige]. V. GRAMM.
voudr... (*wudr*). V. *vouloir*.*
vouer (*wué*). widmen. ||[à un saint] weihen.
vou||loir* (^{o}*ar*). wollen*. *Je veux bien,* ich bin es zufrieden; *je le veux bien,* recht gern, meinetwegen; *je voudrais bien,* ich möchte gern; *veuillez me dire ...,* haben Sie die Güte, mir zu sagen ...; ich bitte, sagen Sie mir ...; *veuillez m'expédier ...,* belieben Sie, mir ..., zu senden; *Dieu le veuille!* Gott gebe es!; *en vouloir à qn [de],* einem etwas verdenken* *ou* verargen; einem [auf einen] böse sein*; *que voulez-vous!* Du lieber Gott!; *que voulez-vous que je ...?* was soll ich...? *s'en vouloir* [à soi], sich Vorwürfe machen; *vouloir dire** [penser], meinen; [signifier] heißen*, bedeuten : *que veut dire cela?* was soll das heißen?; *vouloir du bien, du mal à,* wohl-, übelwollen, *sép.,* dat. ||**-lu, e,** p. a. (*ü*). beabsichtigt.
vous pron. pers. (*wù*). ihr, Sie. V. GRAMM.
vouss||oir m. (*wus*^{o}*ar*). Gewölbstein. ||**-ure** f. (*ür*). Wölbung.
voû||te f. (*wut*). Gewölbe, n. ④. ||**-té, e,** p. a. (*té*). gewölbt. ||[par l'âge] gebeugt. ||**-ter.** wölben.
voy||... V. *voir*.*
voy||age m. (v^o*aj*a*j*). Reise, f. *En voyage,* auf Reisen; *être* en voyage,* verreist sein*. ||**-ager** (*jé*). reisen [*sein*]. ||[à pied] wandern [*sein*]. ||[à pied] wandern [*sein*]. ||**-ageur, euse,** m., f. (*jœr, öz*). Reisende[r], a. s. : — *de commerce,* Handlungsreisende[r], a. s.
voyant, e, p. a. (*a*^{n}, *t*). [couleur] grell. ||[toilette] auffallend. ||m., f. Seher ④, in.
voyelle f. (*èl*). Selbstlaut, m. ①, -lauter, m. ④, Vokal, m. ①.
voyer m. (*é*). *Agent voyer,* Wege-, Straßenaufseher ④.
voyou m. (*ù*). Gassenbube, -n, -n. ||[vaurien] Lumpenkerl.
vrac [en] loc. unverpackt.
vrai||, e, a. (*wrè*). wahr. ||[authentique] echt. ||LOC. *Il est vrai,* freilich. ||m. *Le vrai,* das Wahre, n.;

Être dans le vrai,* das Richtige getroffen haben*. ||adv. wahrlich. *Vrai!,* wahrlich! ; *à vrai dire*,* offen gestanden. ||**-ment** adv. (m*a*ⁿ). wahrlich, wahrhaftig. ||**-semblable** a. (saⁿblàbl). wahrscheinlich. ||**-semblance** f. (*a*ⁿs). Wahrscheinlichkeit.

vrille f. (wrij). Drillbohrer, m. ④. *En vrille* [plante], rankig.

vrombir (*ir*). Surren.

vu||, e pp. v. *voir** (wü). ||*Fig. Être* bien vu,* geachtet sein*. ||m. *Au vu et au su de tous,* vor aller Augen, ganz offen; *sur le vu de,* nach Einsicht [in, *acc.*] ||prép. in Anbetracht [von, ou *gén.*]. ||conj. *Vu que,* da, in Anbetracht daß. ||**-e,** f. (wü). Gesicht, n. *Bonne vue,* gute Augen. ||[aspect] Anblick, m. ||[image] Ansicht. ||[perspective] Aussicht; *avoir* en vue,* in Aussicht haben*; [projeter] im Auge haben*. ||[projet, plan] Absicht [auf, *acc.*]. Plan, m. ||LOC. *A perte de vue,* unabsehbar; *à première vue,* auf den ersten Blick. ||*Comm. A vue,* Sicht... : *à trois jours de vue,* drei Tage nach Sicht; *à vue d'œil,* zusehends, adv.; *en vue* [terre] ; in Sicht; *fig.* hervorragend, a. *En vue de,* in Hinsicht auf. *acc.; garder à vue,* im Auge behalten*; *perdre de vue,* aus den Augen verlieren*; *perdre la vue,* das Augenlicht verlieren*; *point de vue,* m., Aussichtspunkt; *fig.* Standpunkt; *à ce point de vue,* von diesem Standpunkt aus.

Vul||cain npr. m. (wülk*i*ⁿ). Vulkan. ||**-caniser** (kànizé). vulkanisieren.

vul||gaire a. (gär). gemein. ||[populaire] Volks... ||m. *Le vulgaire,* das Gemeine, a. s.; [la foule] der große Haufe. ||**-garisateur** m. (zatœr). Verbreiter ④. ||**-garisation** f. (zasi*o*ⁿ). allgemeine Verbreitung. ||**-gariser** (zé). allgemein verbreiten. ||**-garité** f. (té). Gemeinheit.

vul||nérable a. (àbl). verwundbar. ||**-néraire** a. (rär). Wund... ||m. Wundmittel, n. ④. ||[plante] Wundkraut, n.

W

W, w, m. (dubl w). W, w, n.

wagnérien, ne m., f. (vag'néri*i*ⁿ, ièn). Wagnerianer ④, in. ||a. wagnerisch.

wa||gon m. (*o*ⁿ). Eisenbahnwagen ④ : — *à couloir,* Durchgangswagen; — *-lit* od. *voiture-lit,* Schlafwagen; — *-restaurant* od. *voiture-restaurant,* Speisewagen. ||**-gonnet** m. (né). kleiner Blockwagen ④.

Walkyrie f. (ì). Walküre.

Wallace npr. m. (às). *Fontaine Wallace,* Wallacebrunnen, m. ④ [v. Trinkwasser in Paris].

Wallon, ne, m., f. (*o*ⁿ, òn). Wallone, -n, -n, ...nin. ||a. wallonisch.

warrant m. (uarànt). Warrant, -s.

water||proof m. (ouaterpruf). Regenmantel ③. ||**- -closet** m. (zèt). Klosett, n. ①.

watt m. (uàt). Watt, n. ④.

wattman m. (àn). Wagenführer ④ [d. Straßenbahnen].

Westpha||lie npr. f. (li). Westfalen, n. ||**-lien, ne,** m., f. (*i*ⁿ, ièn). Westfale, -n, -n, in. ||a. westfälisch.

whist m. (uist). Whist.

X

X, x, m. X, x, n.

xénophob||e m. Fremdenhasser ④. ||**-ie** f. Fremdenhaß, m.

xylograph||e m. (àf). Holzschneider ④. ||**-ie** (fi). Holzschneiderkunst.

Y

Y, y, m. (igrèk). Y, y, n., Ypsilon, n., -s. ||adv. 1° *Sans direction :* [là] da, daselbst, [présent] dabei. Ex. : *j'y étais,* da war ich, ich war dabei; *il y demeura plusieurs années,* er wohnte einige Jahre daselbst; [là-bas] dort : *il alla en Amérique et y resta longtemps,* er reiste nach Amerika und blieb lange dort. ||2° *Avec direction :* hin, dahin, dorthin. Ex. : *vas-y,* geh hin [dahin]; *il s'y rendit,* er ging dorthin. ||pron. adv. da..., dar..., hin... [combiné avec la préposition ou l'adverbe exigé par le verbe] : daran, darauf, darein, darin, darnach, darunter, dazu, hinein. Ex. : *j'y pense,* ich denke daran; *j'y compte,* ich rechne darauf; *il y entra,* er ging hinein. V. le verbe employé.
yacht m. Jacht, f.
Yankee m. (jankɪ). Yankee, -s.
yaourt m. (ya*u*rt). Joghurt, n.
yatagan m. (*a*n). Jatagan ①.
yeuse f. (yöz). Steineiche.
yeux (yö). pl. von *œil.* Augen, n. pl.
yoghourt m. (yog*u*rt). Joghurt, n.
yole f. (jòl). Jolle.
yucca m. (juk*à*). Yukka, s. f.

Z

Z, z, m. (zed). Z, z, n.
zagaie f. (zagä). V. *sagaie.*
z||èbre m. (zebr). Zebra, -s, n. ||**-ébré, e,** a. (br*é*). zebraartig. ||[rayé] gestreift. ||**-ébrure** f. (*ü*r). zebraartiger Streifen, m. ④.
Zélande npr. f. (zél*a*nd). Seeland, n.
z||èle m. (zäl). Eifer. ||**-élé, e,** a. eifrig.
zénith m. (zen*ì*t). Zenit, m. et n. Höhepunkt.
zéphir m. (f*i*r). Zephir ①.
zéro m. (r*ô*). Null, f.
zes||t m. (zest). *Entre le zist et le zest,* unentschlossen. ||**-te** m. (zest), Schale, f. [d. Zitrone]. ||[de noix] Scheidewand, f.
zé||zaiement m. (zézèm*a*n). Lispeln, n. ||**-zayer** (zäj*é*). lispeln.
zibeline f. (zibl*ì*n). Zobel, m. ④.
zig|| m. (zig), *pop.* Kamerad, -en, -en. ||**-zag** m. (zag). Zickzack ①. *En zigzag,* im Zickzack. ||**-zaguer** (g*é*). zickzacken.
zin||c m. (zing). Zink, n. ||**-gueur** m. (g*œ*r). Zinkarbeiter ④.
zizanie f. (zizàn*i*). Zwietracht.
zo||diacal, e, aux, a. (zo-k*à*l, *o*). Tierkreis... ||**-diaque** m., Tierkreis.
zona m. (n*à*). Gürtelrose, f.
zone f. (zon). Zone. || — *d'influence,* Wirkungsbereich, m.
zo||ologie f. (òlòj*i*). Tierkunde. ||**-ologique** a. (j*ì*k). zoologisch. ||**-ologiste** m. (j*i*st). Zoologe, -n, -n.
zouave m. (zu*à*w). Zuave, -n, -n. *pop. faire le —,* keck auftreten.
Zoulou m. (l*u*). Zulu, -s.
zut! interj. (züt), *pop.* potztausend!

ABRISS DER FRANZÖSISCHEN GRAMMATIK

SATZBAU

Regelmäßige Folge der Satzglieder : *Subjekt, Verb, Objekt.*

Abweichungen. — 1. In Sätzen der direkten Frage, wenn das Subjekt ein persönliches Fürwort ist : *Écrit-il?* schreibt er? — Ist das Subjekt ein Hauptwort, so steht es voran und wird das Fürwort trotzdem wiederholt : *Mon frère écrit-il?* schreibt mein Bruder? — Endet das Verb auf einen Vokal, so wird ein **t** eingeschoben : *A-t-il? Parle-t-il?* — Bei Verwendung der Frageformel *est-ce que ...?* bleibt das Hauptsubjekt vor dem Verbe stehen : *Est-ce que Paul viendra?* wird Paul kommen? — 2. Ist das Akkusativ- od. Dativobjekt ein persönliches Fürwort, so steht es vor dem Verb, wenn es nicht von einem Imperativ abhängt : *Je le vois* (dagegen aber : *Dis-le, assieds-toi*).

Das Verb kann von seinem Hilfszeitwort nur durch ein Adverb getrennt werden : *Tu as bien fait; je l'ai déjà dit.*

DAS GESCHLECHTSWORT ODER DER ARTIKEL

Der bestimmte Artikel. — SING. m. *le*, w. *la*, vor Vokal od. stummem **h** : *l'*, z. B. : *l'homme, l'âme* (aber : *le héros, la hache*) ; PL. m. w. *les*.

Der unbestimmte Artikel. — SING. m. *un*, w. *une;* PL. m. u. w. *des* (ins Deutsche nicht übersetzt : *des livres*, Bücher).

DAS HAUPTWORT ODER SUBSTANTIV

Geschlechter. — Nur zwei, d. i. das **männliche** : *le père*, der Vater, u. das **weibliche:** *la mère*, die Mutter. — Weiblich sind die Hauptwörter auf *ance, anse, ence, sion* und *tion*, z. B. *la balance*, die Waage, *la danse*, der Tanz, *la prudence*, die Klugheit, *la tension*, die Spannung, *l'action*, die Tat. (Ausnahme : *le bastion*, die Bastei).

Bildung weiblicher Formen : *laitier, laitière; danseur, danseuse; acteur, actrice; maître, maîtresse.* — S. die betreffenden Wörter im Wörterbuch.

Pluralbildung. — Geschieht meist durch Zusatz der Endung **s** bei den Hauptwörtern, die nicht schon auf **s, x, z** enden. — S. die Abweichungen, namentlich für Hauptwörter auf **au, eu, ou, al, ail,** und die besonderen Fälle bei den einzelnen Wörtern im Wörterbuch.

DAS BEIWORT ODER ADJEKTIV

Flexion. — Das Adjektiv, es sei attributiv oder prädikativ, richtet sich in Geschlecht und Zahl nach dem Hauptwort od. Fürwort, zu dem es gehört, z. B. : *un homme content, des gens contents; il est content, elle* (*ma mère*) *est contente, nous sommes contents.*

Pluralbildung. — Die Adjektive bilden im allgemeinen ihren Plural wie die Hauptwörter, und ihre weibliche Form ebenso durch Zusatz der Endung **e**, z. B : *prudent*, m., *prudente*, w., *prudents*, Pl. m., *prudentes*, Pl. w. S. die Abweichungen unter den einzelnen Beiwörtern im Wörterbuch.

Stellung von Substantiv und Adjektiv zueinander. — Das attributive Adjektiv steht entweder vor oder nach dem Substantiv : *une muraille épaisse* od. *une épaisse muraille*, eine dicke Mauer. Jedoch steht das kürzere Wort besser vorn : *un mur épais*, eine dicke Mauer. — Unterscheide ferner : *un grand homme,* ein großer Mensch, von : *un homme grand,* ein großer Mann (von hoher Gestalt).

Steigerung. — Der Komparativ wird durch *plus ...* (*que*) ausgedrückt, z. B. : *plus fort que,* stärker als. Der Superlativ wird durch Hinzufügung von **le** vor dem Komparativ gebildet, z. B. : *le plus fort,* der stärkste.

Unregelmäßige Steigerung kommt bei wenigen Adjektiven vor, z. B. : *bon,* Komp. *meilleur,* besser; *mauvais,* Komp. *pire* (neben *plus mauvais*), schlechter, schlimmer; *petit,* Komp. *moindre* (neben *plus petit*), kleiner, minder.

Der Grad der Gleichheit wird durch *aussi ...* (*que*) ebenso od. so ... (wie), und der geringere Grad durch *moins ...* (*que*), weniger ... (als) ausgedrückt.

DAS FÜRWORT ODER PRONOMEN

Persönliche Fürwörter. — (Subjekt). SING. m. u. w. : *je,* ich, *tu,* du (ohne Verb : *moi, toi*) ; m. *il* (ohne Verb : *lui*), er; w. *elle,* sie. PLUR. m. u. w. *nous,* wir, *vous,* ihr, Sie; m. *ils* (ohne Verb : *eux*), w. *elles,* sie. — (Objekt im Akk. od. Dativ). Akk. sing. m. u. w. : *me, te;* m. *le;* w. *la;* Pl. m. u. w. : *nous, vous, les;* Dat. Sing. m. u. w. : *me, à moi, te, à toi, lui* (*à lui, à elle*) ; Pl. m. u. w. : *nous* (*à nous*), *vous* (*à vous*), *leur* (*à eux, à elles*). — (Indirektes Objekt im Genitiv u. Adverbialpronomina) : *en, y* (beide unveränd.), dessen, derer, deren, ihrer, daran, darüber, davon, usw., z. B. : *J'en ai trois,* ich habe [ihrer] drei; *on en parle,* man spricht davon; *j'y pense,* ich denke daran; *je m'en réjouis,* ich freue mich darüber.

Rückbezügliche Fürwörter. — SING. *me, te, se,* mich, dich, sich; PL. *nous, vous, se,* uns, euch, sich; z. B. : *Je me réjouis,* etc., ich freue mich usw. Oft mit dem wechselbezüglichen Fürwort *l'un*[*e*] *l'autre, les un*[*e*]*s les autres* verbunden, z. B. : *Aimez-vous les uns les autres,* liebt euch einander. Auch wird *einander* oft nicht übersetzt : *Ils s'aiment,* sie lieben [sich] einander.

Besitzanzeigende Fürwörter. — *a*) Mit dem Hauptwort verbunden. SING. m. *mon, ton, son* (sein od. ihr) ; w. *ma, ta, sa* (seine od. ihre) ; w. vor Vokal od. stummem **h** : *mon, ton, son,* z. B. : *mon âme, son habitude;* m. u. w. *notre, votre, leur.* PL. m. u. w. *mes, tes, ses* (seine od. ihre), *nos, vos, leurs.* — *b*) Ohne Hauptwort stehend. SING. m. [*le*] *mien,* [*le*] *tien,* [*le*] *sien;* w. [*la*] *mienne* usw.; m. u. w. [*le, la*] *nôtre,* [*le, la*] *vôtre,* [*le, la*] *leur.* PL. m. [*les*] *miens,* usw.; w. [*les*] *miennes* usw.; m. u. w. [*les*] *nôtres* usw.

Das prädikative *mein,* mien, *dein,* tien usw. wird öfter durch *à moi, à toi* usw. übersetzt : *dieses Buch ist mein,* ce livre est à moi.

Hinweisende u. bestimmende Fürwörter. — *a*) Mit dem Hauptwort verbunden. SING. m. *ce,* vor Vokal od. stummem **h** : *cet;* w. *cette;* PL. m. u. w. *ces.* — Der Gegensatz zwischen *dieser* u. *jener* wird durch Zusatz der Wörtchen **-ci** u. **-là** ausgedrückt : *ce livre-ci,* dieses Buch, *cette maison-là,* jenes Haus. — *b*) Ohne Hauptwort stehend. SING. m. *celui-ci,* dieser, *celui-là,* jener; w. *celle-ci, celle-là;* PL. m. *ceux-ci, ceux-là;* w. *celles-ci, celles-là.*

Bezügliche Fürwörter. — *a*) Eigentiche Fürwörter (ohne Hauptwort) : *qui* (Subjekt od. Objekt mit Präposition, unveränd.), welcher, e, es, der, die, das; *que* (Objekt im Akk., unveränd.) ; *lequel* welcher, es, w. *laquelle,* welche; Pl. *lesquel*[*le*]*s;* *duquel* (Objekt im Genitiv), w. *de laquelle,* Pl. *desquel*[*le*]*s;* *auquel* (Objekt im Dativ od. einem Adverbialpronomen wie z. B. *woran, wozu* usw. entsprechend). w. *à laquelle,* Pl. *auxquel*[*le*]*s;* *dont* (Objekt im Genitiv od. einem Adverbialpronomen entsprechend, unveränd.), z. B. : *l'homme dont le fils est mon ami,* der Mann, dessen Sohn mein Freund ist (*N. B.* : Hier soll dem auf *dont* folgenden Hauptwort immer der Artikel vorangehen) ; *l'événement dont on parle*, das Ereignis, wovon (von welchem) man spricht; *celui* (*celle, ceux, celles*) *qui* (*que*), derjenige, der (den) usw.; *ce qui* (Subj.), *ce que* (Obj.), [das], was; *quiconque*, wer, wer...auch. — *b*) Mit einem Hauptwort verbunden : *quel*, m., *quelle*, w., Pl. *quels, quelles*, welcher usw.

Fragende u. ausrufende Fürwörter. — *a*) Ohne Hauptwort stehend. Subjekt : *Qui? qui est-ce qui?*, wer? *Quoi? qu'est-ce qui?*, was? Objekt : *que? qu'est-ce que?* was? *lequel?* usw. (S. oben), was? — *b*) Mit einem Hauptwort verbunden : *quel...?* usw., welcher? usw. (s. oben). Ausrufende Formen : *quoi!*, was! *quel...!* usw., welcher...! usw.

Unbestimmte Fürwörter. — *a*) Mit dem Hauptwort verbunden : *quelque*, m. u. w., Pl. *quelques*, einiger usw.; *tout*, w. *toute*, Pl. *tous, toutes*, aller usw.; *tout le..., toute la...*, der, die, das ganze...; *aucun*, w. *aucune*, kein usw.; *chaque*, m. u. w., jeder usw. — *b*) Ohne Hauptwort stehend : *quelqu'un* (unveränd.), jemand, Pl. *quelques-uns*, m., *quelques-unes*, w., einige; *tout, toute, tous, toutes* (wie oben) ; *personne* (= *quelqu'un*), jemand, *rien* (= *quelque chose*), etwas, z. B. : *jamais personne, jamais rien*, nie jemand (einer), nie etwas; negative Form : *personne ne..., ne... personne*, niemand; *rien ne, ne... rien*, nichts.

ZAHLWÖRTER ODER NUMERALIEN

Grundzahlen. — Siehe S. 784.

Quatre-vingts u. *cent* sind unveränderlich vor einer anderen Zahl : *quatre-vingt-deux, trois cents, trois cent un. Mille* ist unveränderlich und wird in Daten *mil* geschrieben : *mil sept cent un.*

Mit Ausnahme der ersten Zahl (1er) werden bei Daten u. Vornamen der Fürsten die Grundzahlen gebraucht : *le 2* (*deux*) *mai, Louis XV* (*quinze*) ; dagegen aber : *le 1er* (*premier*) *mai, Charles Ier*.

Ordnungszahlen. — Werden mit Ausnahme der ersten Zahl (*premier*) durch Zusatz der Endung **-ième** zu der Stammsilbe der entsprechenden Grundzahl gebildet : *deuxième, troisième* usw. Siehe S. 784.

DAS VERB ODER ZEITWORT

Die französischen Verben werden nach vier Mustern konjugiert : 1. *aimer* (Endung **-er**) ; 2. *finir* (Endung **-ir**) ; 3. *recevoir* (Endung **-oir**) ; 4. *rendre* (Endung **-re**).

Nur die einfachen Zeitformen werden im folgenden Verzeichnis angegeben. Die zusammengesetzten Zeitformen sind außer dem 1. Futur u. dem 1. Konditionalis dieselben wie im Deutschen. Solche Zeitformen werden bei den transitiven Verben mit *avoir*, bei den reflexiven u. einigen intransitiven Verben (s. die Angabe des Hilfszeitworts bei den einzelnen Zeitwörtern im Wörterbuch) mit *être* konjugiert, z. B. : *j'ai aimé, je me suis trompé, je suis parti* usw. (dagegen aber : *j'ai couru*).

ERSTE KONJUGATION. — **Aimer**, lieben.

Indikativ.

Präsens.	Imperfekt.	Präterit.	1. Futur.
J'aime	J'aimais	J'aimai	J'aimerai
Tu aimes	Tu aimais	Tu aimas	Tu aimeras
Il aime	Il aimait	Il aima	Il aimera
N. aimons	N. aimions	N. aimâmes	N. aimerons
V. aimez	V. aimiez	V. aimâtes	V. aimerez
Ils aiment	Ils aimaient	Ils aimèrent	Ils aimeront

1. *Konditionalis.*

J'aimerais	N. aimerions
Tu aimerais	V. aimeriez
Il aimerait	Ils aimeraient

Imperativ.

Aime — Aimons — Aimez

Konjunktiv.

Präsens.	Präterit.
Que j'aime	Quo j'aimasse
Que tu aimes	Que tu aimasses
Qu'il aime	Qu'il aimât
Que n. aimions	Que n. aimassions
Que v. aimiez	Que v. aimassiez
Qu'ils aiment	Qu'ils aimassent

Partizip.

Präsens (1. *Partizip*) Aimant
Perfekt (2. *Partizip*) Aimé

ZWEITE KONJUGATION

Finir, beenden.

Indikativ.

Präsens.	Imperfekt.
Je finis	Je finissais
Tu finis	Tu finissais
Il finit	Il finissait
N. finissons	N. finissions
V. finissez	V. finissiez
Ils finissent	Ils finissaient

Präterit.	1. Futur.
Je finis	Je finirai
Tu finis	Tu finiras
Il finit	Il finira
N. finîmes	N. finirons
V. finîtes	V. finirez
Ils finirent	Ils finiront

1. *Konditionalis.*

Je finirais	N. finirions
Tu finirais	V. finiriez
Il finirait	Ils finiraient

Imperativ.

Finis — Finissons — Finissez

Konjunktiv

Präsens.	Präterit.
Que je finisse	Que je finisse
Que tu finisses	Que tu finisses
Qu'il finisse	Qu'il finît
Que n. finissions	Que n. finissions
Que v. finissiez	Que v. finissiez
Qu'il finissent	Qu'ils finissent

Partizip.

Präsens (*1. Partizip*) Finissant
Perfekt (*2. Partizip*) Fini

DRITTE KONJUGATION

Recevoir, empfangen.

Indikativ.

Präsens.	Imperfekt.
Je reçois	Je recevais
Tu reçois	Tu recevais
Il reçoit	Il recevait
N. recevons	N. recevions
V. recevez	V. receviez
Ils reçoivent	Ils recevaient

Präterit.	1. Futur.
Je reçus	Je recevrai
Tu reçus	Tu recevras
Il reçut	Il recevra
N. reçûmes	N. recevrons
V. reçûtes	V. recevrez
Ils reçurent	Ils recevront

1. *Konditionalis.*

Je recevrais	N. recevrions
Tu recevrais	V. recevriez
Il recevrait	Ils recevraient

Imperativ.

Reçois — Recevons — Recevez

Konjunktiv.

Präsens.	Präterit.
Que je reçoive	Que je reçusse
Que tu reçoives	Que tu reçusses
Qu'il reçoive	Qu'il reçût
Que n. recevions	Que n. reçussions
Que v. receviez	Que v. reçussiez
Qu'ils reçoivent	Qu'ils reçussent

Partizip.

Präsens (*1. Partizip*) Recevant
Perfekt (*2. Partizip*) Reçu

VIERTE KONJUGATION

Rendre, zurückgeben.

Indikativ.

Präsens.	Imperfekt.
Je rends	Je rendais
Tu rends	Tu rendais
Il rend	Il rendait
N. rendons	N. rendions
V. rendez	V. rendiez
Ils rendent	Ils rendaient

Präterit.	1. Futur.
Je rendis	Je rendrai
Tu rendis	Tu rendras
Il rendit	Il rendra
N. rendîmes	N. rendrons
V. rendîtes	V. rendrez
Ils rendirent	Ils rendront

1. *Konditionalis.*

Je rendrais	N. rendrions
Tu rendrais	V. rendriez
Il rendrait	Ils rendraient

Imperativ.

Rends	Rendons	Rendez

Konjunktiv.

Präsens.		Präterit.	
Que je rende	Que n. rendions	Que je rendisse	Que n. rendissions
Que tu rendes	Que v. rendiez	Que tu rendisses	Que v. rendissiez
Qu'il rende	Qu'ils rendent	Qu'il rendît	Qu'ils rendissent

Partizip.

Präsens (*1. Partizip*) Rendant; Perfekt (*2. Partizip*) Rendu.

Partizip Präsens (1. Partizip). — Unveränderlich, wenn es nicht adjektivisch gebraucht wird : *les lettres venant de l'étranger* (adjektivisch aber : *marée montante*).

Partizip Perfekt (2. Partizip). — Flexion wie beim Adjektiv. Richtet sich in Geschlecht und Zahl : 1) nach dem Subjekt der mit *être* konjugierten (intransitiven, passiven u. reflexiven) Formen : *les feuilles sont tombées; les bons élèves sont récompensés; elle s'est trompée;* 2) nach dem vorangehenden Hauptwort od. Fürwort im Akkusativ : *quels livres avez-vous lus? les lettres que vous m'avez écrites, je les ai brûlées.*

Orthographische Eigentümlichkeiten bei einigen Zeitwörtern. — *a*) Das stumme **e** und das **é** der Stammsilbe in einigen Zeitwörtern der ersten Konjugation wird zum offenen **e** vor einer stummen Endsilbe und zwar : 1) durch Veränderung dieses **e** od. **é** in **è**, z. B. : *lever, je lève* usw., *céder, je cède* usw.; 2) durch Verdoppelung des nachfolgenden **l** od. **t**, z. B. : *appeler, j'appelle* usw., *jeter, je jette* usw. (Abweichungen : *geler, il gèle,* usw., *acheter, j'achète* usw.) — *b*) Dem vor einem **e** vorkommenden weichen **c** wird seine weiche Aussprache vor **a, o, u** durch Anfügung der Cedille gesichert : *forcer, forças, forçons; recevoir, reçu.* Ebenso dem weichen **g** durch Einschiebung eines **e** : *manger, mangeons, mangeais.* — *c*) Die Verben auf **-yer** verändern das **y** in **i** vor einem stummen **e** : *noyer, je noie.* Bei *payer* sind jedoch beide Formen gebräuchlich ; *payerai* od. *paierai.* — *d*) In der auf **e** od. **a** endenden 1. Person des Imperativs wird vor einem Vokale der Aussprache wegen ein **s** angefügt : *parles-en, vas-y.* Ebenso wird zwischen zwei in Frageformen aufeinander folgende Vokale ein **-t-** eingeschoben : *va-t-il? parle-t-elle?*

UNREGELMÄßIGE ZEITWÖRTER

Allgemeine Bemerkungen. — Nach dem 1. Partizip werden gewöhnlich folgende Formen gebildet : *a*) die drei Personen des Plurals des Indikativs Präsens; *b*) das ganze Imperfekt; *c*) der ganze Konjunktiv Präsens, z. B. : *peindre, peignant; nous peignons, vous peignez, ils peignent; je peignais* usw.; *que je peigne* usw. Solche Formen werden hier nur dann angegeben, wenn sie davon abweichen, z. B. : *mouvoir, mouvant :* Ind. Pr. 3. Pers. Pl. *meuvent,* Konj. Pr. *meuve* usw.

Der Imperativ wird gewöhnlich wie der Ind. Pr. konjugiert : *courir,* Ind. Pr. *je cours* usw., Imper. *cours* usw.

Der Konditionalis Präsens u. der Konjunktiv Prät. werden wie bei den regelmäßigen Zeitwörtern nach dem Futur u. dem Ind. Prät. gebildet : *devoir,* Fut. *je devrai,* Kond. Pr. *Je devrais;* Ind. Prät. *je dus,* Konj. Prät. *je dusse.*

Verzeichnis der unregelmäßigen u. defektiven Zeitwörter

N. B. : Die Zeitformen werden in folgender Ordnung angegeben : 1) Hauptzeitformen (ohne nähere Bezeichnung) : Infinitiv, 1. Partizip, 2. Partizip, Indikativ Präsens, Präteritum; 2) sonstige Zeitformen (mit näherer Bezeichnung), insofern sie unregelmäßig sind. Das gewöhnlich dem Konjunktiv Präs. u. Prät. vorangehende Bindewort *que* wird hier ausgelassen.

Die Nummern ①, ②, ③ verweisen auf die 1ste, 2te od. 3te Konjugation, nach welcher die damit bezeichnete Zeitform ausnahmsweise konjugiert wird.

Für die mit einer der Vorsilben **abs, ac, ad, ap, com, con, d[é], des, dis, é, en, mé, per, pour, pro, re** (Abk. **r...** vor **a, e, o**), **re, se, sou, sub, sur** anfangenden abgeleiteten Zeitwörter, s. das einfache Verb, z. B : **apparaître, rabattre, secourir** usw., s. *paraître, abattre, courir* usw.

Absoudre. *Absolvant.* Absous, oute. J'absous usw. (Sing.). Prät. fehlt.
Accroître. S. *Croître.* 2. Part. accru.
Acquérir. *Acquérant.* Acquis. J'acquiers usw. (Sing.) ; Pl. 3. Pers. acquièrent. J'acquis usw. Fut. : j'acquerrai usw. ; Konj. Pr. : j'acquière usw. (Sing.). 3. Pers. : acquièrent.
Aller. Ind. Pr. : je vais, tu vas, il va ; Pl. 3. Pers. : ils vont. Fut. : j'irai usw. Imper. : va. Konj. Pr. : j'aille usw. (Sing.) ; Pl. 3. Pers. : aillent.
Assaillir. *Assaillant.* J'assaille usw. ①.
Asseoir. *Asseyant.* Assis. J'assieds od. j'assois usw. (Sing.). J'assis usw. ②. Fut. : j'assiérai od. assoirai usw.
Astreindre, atteindre. S. *Peindre.*
Battre. Ind. Pr. : je bats usw. (Sing.).
Boire. *Buvant.* Bu. Je bois usw. (Sing.) ; Pl. 3 Pers. : boivent. Je bus usw. ③. Konj. Pr. : je boive (Sing.). Pl. 3. Pers. : boivent.
Bouillir. *Bouillant.* Bouilli. Je bous usw. (Sing.).
Braire. Imperf. 3. Pers. Sing. brayait. 2. Part. u. Prät. fehlen.
Ceindre. S. *Peindre.*
Circoncire. S. *Dire.*
Clore. 1. Part. fehlt. Clos, Je clos, usw. (Sing.) ; Pl. fehlt. Imperfekt, Prät. u. Konj. fehlen.
Conclure. *Concluant.* Conclu. Prät. Je conclus usw. ③.
Conduire. S. *Cuire.*
Confire. S. *Interdire.*
Connaître. *Connaissant.* Connu. Je connais usw. (Sing.). Je connus usw.
Conquérir. S. *Acquérir.*
Construire. S. *Cuire.*
Contraindre. S. *Craindre.*
Contredire. S. *Interdire.*
Coudre. *Cousant.* Cousu. Prät. Je cousis usw.
Courir. *Courant.* Couru. Je cours usw. (Sing.). Je courus usw. ③. Fut. : je courrai usw.
Couvrir. S. *Ouvrir.*
Craindre. *Craignant.* Craint. Je crains usw. (Sing.). Je craignis.
Croire. *Croyant.* Cru. Je crois usw. (Sing.). Pl. 3. Pers. : croient. Je crus usw.
Croître. *Croissant.* Crû. Je croîs usw. (Sing.). Je crûs usw. ③.
Cueillir. *Cueillant.* Ind. Pr. Je cueille usw. ①. Fut. : Je cueillerai usw. ①.
Cuire. *Cuisant.* Cuit. Prät. : je cuisis usw.
Déchoir. 1. Part. fehlt. Déchu. Je déchois usw. (Sing.) ; Pl. déchoyons, déchoyez, déchoient. Je déchus usw. Andere Formen fehlen.
Décroître. S. *Accroître.*
Dédire. S. *Dire.* Ind. Pr. 2. Pers. Pl. : dédisez.
Déduire. S. *Cuire.*
Défaillir. *Défaillant.* Je défaille ①.
Détruire. S. *Cuire.*
Devoir. *Devant.* Dû. Je dois usw. (Sing.). Je dus usw. Fut. : je devrai. Konj. Pr. : je doive usw. (Sing.) ; Pl. 3. Pers. : doivent.
Dire. *Disant.* Dit. Ind. Pr. 2. Pers. Pl. : dites.
Dissoudre. S. *Absoudre.*
Dormir. *Dormant.* Dormi. Je dors usw. (Sing.).
Échoir. *Échéant.* Échu. Il échoit. Il échut. Fut. : il écherra. Imperf. u. Konj. Pr. fehlen.
Éclore. S. *Clore.* Konj. Pr. : j'éclos usw.
Écrire. *Écrivant.* Écrit. J'écris. J'écrivis usw.
Élire. S. *Lire.*
Émouvoir. S. *Mouvoir.* 2. Part. : ému.
Empreindre. S. *Peindre.*
Enduire. S. *Cuire.*
Enfreindre. S. *Peindre.*
Enquérir. S. *Acquérir.*
Envoyer. *Envoyant.* Ind. u. Konj Pr. : j'envoie usw. (Sing.) ; Pl. 3. Pers. : envoient. Fut. : j'enverrai usw.

Équivaloir. S. *Valoir.*
Éteindre. S. *Peindre.*
Être. *Étant.* Été. Je suis, tu es, il est, n. sommes, v, êtes, ils sont. Je fus usw. ③. Fut.: je serai. Impér.: sois, soyons, soyez. Konj. Pr.: je sois usw. (Sing.) ; Pl. soyons, soyez, soient.
Étreindre. S. *Peindre.*
Exclure. S. *Conclure.*
Faillir. Nur im 2. Part., Prät. u. Fut. (alle regelmäßig) gebraucht.
Faire. *Faisant.* Fait. Ind. Pr. u. Imper. 2. Pers. Pl.: faites. Prät.: je fis usw. Fut.: je ferai usw. Konj. Pr.: je fasse usw.
Falloir (unpersönlich). 1. Part. fehlt. 2. Part. fallu. Ind. Pr. : il faut. Imperf.: il fallait. Prät.: il fallut. Fut.: il faudra. Konj. Pr.: il faille.
Feindre. S. *Peindre.*
Fleurir. Im eigentl. Sinne regelmäßig. Nur im bildl. Sinne heißt das 1. Part.: *florissant* u. daher das Imperfekt: florissais usw.
Forfaire. S. *Faire.* Nur im 2. Part. gebraucht.
Frire. 2. Part.: frit. Ind. Pr.: je fris usw. (nur Sing.). Fut.: je frirai usw. Übrige Zeitformen fehlen.
Fuir. *Fuyant.* Ind. Pr. 3. Pers. Pl.: fuient. Konj. Pr.: je fuie usw. (Sing.) ; Pl. 3. Pers.: fuient.
Geindre. S. *Peindre.*
Gésir. (Inf. nicht gebraucht). *Gisant.* Ind. Pr. 3. Pers. Sing.: gît. Prät., Fut. u. Imper. fehlen.
Haïr. Ind. Pr.: je hais usw. (Sing.).
Induire, instruire. S. *Cuire.*
Interdire. S. *Dire.* Ind. Pr. 2. Pers. Pl. interdisez.
Joindre. S. *Craindre.*
Lire. *Lisant.* Lu. Je lis usw. Je lus usw. ③.
Luire. S. *Cuire.*
Maudire. *Maudissant.* Sonst [außer dem Ind. Pr. Plur.] wie *Dire.*
Médire. S. *Interdire.*
Mentir. S. *Sortir.*
Mettre. 2. Part. mis. Ind. pr.: je mets usw. (Sing.). Je mis usw.
Moudre. *Moulant.* Moulu. Je moulus usw.
Mourir. *Mourant.* Mort. Je meurs usw. (Sing.) ; Pl. 3. Pers.: meurent. Je mourus usw. ③. Konj. Pr.: je meure usw. (Sing.) ; Pl. 3. Pers. meurent.
Mouvoir. 2. Part.: mû. Ind. Pr.: je meus usw. (Sing.). Prät.: je mus usw. Fut.: je mouvrai usw. Konj. Pr.: meuve usw. (Sing.) ; Pl. 3. Pers. meuvent.
Naître. *Naissant.* Né. Je nais, tu nais, il naît (Sing.). Je naquis.
Nuire. S. *Cuire.* 2. Part.: nui.
Offrir. S. *Ouvrir.*
Oindre. S. *Craindre.*
Ouvrir. *Ouvrant.* Ouvert. J'ouvre usw. ①.
Paître. S. *Paraître.* 2. Part. u. Prät. fehlen.
Paraître. *Paraissant.* Paru. Je parais, tu parais, il paraît. Je parus usw. ③.
Partir. *Partant.* Je pars usw. (Sing.).
Peindre. *Peignant.* Peint. Je peins usw. (Sing.). Je peignis usw.
Plaindre. S. *Craindre.*
Plaire. *Plaisant.* Plu. Je plais usw. Je plus usw. ③.
Pleuvoir. 2. Part.: Plu. Il pleut, il plut.
Poindre. S. *Peindre.* Nur im Ind. Pr. 3. Pers. sing. gebraucht.
Pourvoir. S. *Voir.* Prät.: je pourvus usw. Fut.: je pourvoirai usw.
Pouvoir. *Pouvant.* Pu. Je peux od. puis, tu peux, il peut; Pl. 3. Pers.: peuvent. Je pus usw. Fut.: je pourrai usw. Konj. Pr.: je puisse usw.
Prédire. S. *Interdire.*
Prendre. *Prenant.* Pris. Ind. Pr. 3. Pers. Pl.: prennent. Je pris. Konj. Pr.: je prenne usw. (Sing.) ; Pl. 3. Pers. prennent.
Prescrire. S. *Écrire.*
Prévaloir. S. *Valoir.* Konj. Pr. je prévale usw.
Prévoir. S. *Voir.* Fut.: je prévoirai usw.
Produire. S. *Cuire.*
Promouvoir. Nur im 2. Part. gebraucht: promu.
Réduire. S. *Cuire.*
Repaître. S. *Paraître.*
Repentir (se). S. *Sortir.*
Requérir. S. *Acquérir.*
Résoudre. S. *Absoudre.* 2. Part.: résolu (ausgenommen in der Formel: *brouillards résous en pluie*). Prät.: je résolus usw.
Ressortir. 1) = *wieder ausgehen.* S. *Sortir.* 2) = *hervortreten,* regelmäßig.
Restreindre. S. *Peindre.*
Rire. 2. Part.: ri. Prät. Je ris usw.
Satisfaire. S. *Faire.*
Savoir. *Sachant.* Su. Je sais usw. (Sing.) ; Pl. n. savons usw. Je sus

usw. Fut.: je saurai usw. Imper.: sache usw.
Séduire. S. *Cuire.*
Sentir. S. *Partir.*
Seoir. (Inf. ungebräuchlich, sonst nur in der 3. Person gebraucht). *Seyant* u. séant. Sis. Ind. Pr. (nur 3. Pers. Sing.): sied. Imperf. : seyait. Prät. fehlt. Fut. : siéra. Konj. fehlt.
Servir. S. *Partir.*
Sortir. S. *Partir.*
Souffrir. S. *Ouvrir.*
Souscrire. S. *Écrire.*
Suffire. *Suffisant.* Suffi. Prät. : je suffis usw.
Suivre. 2. Part.: suivi, Ind. Pr.: je suis usw. (Sing.).
Taire. S. *Plaire.*
Teindre. S. *Peindre.*
Tenir. *Tenant. Tenu.* Je tiens usw. (Sing.); Fut. : je tiendrai. Konj. Pr. : je tienne usw. (Sing.); Pl. 3. Pers. : tiennent.
Traire. *Trayant.* Trait. Ind. Pr. 3. Pers. : il trait, ils traient. Prät. fehlt. Konj. Pr. : je traie usw. (Sing.); Pl. 3. Pers. : traient.
Tressaillir. S. *Assaillir.*
Vaincre. *Vainquant.* Vaincu. Je vainquis usw.
Valoir. *Valant.* Valu. Je vaux, tu vaux, il vaut (Sing.). Je valus usw. Fut. : je vaudrai usw. Imper. fehlt. Konj. Pr. : je vaille usw. (Sing.); Pl. 3. Pers. : vaillent.
Venir. S. *Tenir.*
Vêtir. *Vêtant.* Vêtu. Je vêts ④.
Vivre. 2. Part. : vécu. Je vis usw. (Sing.). Je vécus usw. ③.
Voir. *Voyant.* Vu. Je vois usw. (Sing.); Pl. 3. Pers. : voient. Je vis usw. ②. Fut. je verrai usw. Konj. Pr. : je voie usw. (Sing.); Pl. 3. Pers. : voient.
Vouloir. 2. Part. : *voulu.* Je veux usw. (Sing.): Pl. 3. Pers. veulent. Je voulus usw. Fut. : je voudrai usw. Imper. : veuille usw. Konj. Pr. : je veuille usw. (Sing.); Pl. 3. Pers. veuillent.

DAS ADVERB ODER UMSTANDSWORT

Die meisten französischen Adverbien werden durch Hinzufügung der Endsilbe **-ment** zu der weiblichen Form des entsprechenden Adjektivs gebildet, z. B. : *fort, fortement.* — Die Adjektive auf **-ant** u. **-ent** bilden entsprechende Adverbien auf **-amment** u. **-emment,** z. B. : *plaisant; plaisamment; patient, patiemment.*

Steigerung. — Wie bei den Adjektiven.

Unregelmäßige Steigerungen. — *Bien : mieux; mal : pis* (od. *plus mal*); *peu : moins; beaucoup : plus* (*davantage*).

Adverbialformen der Verneinung. — *Ne ... pas* (*point*), nicht, *ne ... jamais,* nie[mals], *ne ... plus,* nicht mehr; (vor einem Infinitiv : *ne pas ..., ne jamais ..., ne plus ...*).

Numeraladverbien. — Werden nach den Ordnungszahlen gebildet (s. d.) durch Anhängung von **-ment** an deren weibliche Form : *premièrement* (1°), *deuxièmement* (2°) usw., erstens (1), zweitens (2) usw.

DAS BINDEWORT

Nach den Bindewörtern *quoique, bien que, obgleich, afin que, pour que,* damit, *avant que,* ehe, bevor, *sans que,* ohne daß, dem für *si* (wenn) eintretenden *que* und den als Bindewörter gebrauchten Formeln *quel ... que, qui que, quoi que, quelque* (od. *si*) ... *que* steht des Konjunktiv : *quoiqu'il soit riche; s'il vient et que je ne sois pas là, quelque* (od. *si*) *riche qu'il soit.*

PRONONCIATION DES SONS SPÉCIAUX A L'ALLEMAND

FIGURATION	MOT TYPE ALLEMAND	SON FRANÇAIS APPROXIMATIF	EXPLICATION
-^{e}, -^{e}m, -^{e}n, -^{e}r, -^{e}s	Base, Atem, loben, Maler, dieses	b*â*zé, *â*t^{e}m. l*ô*b^{e}n, m*â*l^{e}r, d*î*z^{e}s	*e* demi-muet.
a^{o} a^{è} **œü**	auf bei treu	*â*ôf b*â*è tre*û*il (très ouvert)	Diphtongues fortement accentuées sur la première voyelle.
eu	böse		beuzé (*eu* fermé de jeûne)
î	die	dî	
àn, èn, ìn, òn, às, ès, ìs	Rang, Patent, Flint, von, das, des, bis	ranng, pa*tennt*, flinnt, fonne, dass, dess, biss	Les consonnes muettes et les sons français *an, en, in, on, un,* n'existent pas en allemand.
...p, -b- ...t, -d- ...ss, -z-	Trab Bild los	trâp, tr*a*b^{e}ss bilt, b*i*ld^{e}ss lôss, l*ô*z^{e}ss	Toujours prononcés comme *p, t, ss* à la fin des mots, **b, d, s** reprennent leur son doux (*d, b, z*) devant un *e* de terminaison.
ch	ach, doch, Buch	**ach***, **doch***, bo*û***ch***	Son guttural rauque et très dur après *a, o, u.*
	Pech, ich, Fläche, Köcher, Bücher	**Pèch***, **ich***, fl*ê***che**, *keu*-**ch**^{e}r*, b*û***ch**^{e}r	Même son, plus doux et légèrement sifflant après *e, i, ä, ö, ü* (*).
g (initial)	**g**eben, **G**ift	**gh**éb^{e}nn, **gh**ift	Toujours dur, comme dans *gué, gui.*
g (final), premier cas	arti**g** (et mots en *ig*)	*a*rti**ch**. (parfois prononcé : ik)	Comme **ch**.
g (final), second cas	Ta**g** (es), We**g** (es) et tous les mots terminés par *g*	tâke, tâgh^{e}ss. véek, *vée*gh^{e}ss	
g (médial)	Tage, artige, Degen	tâghé, artighé, dégh^{e}nn	Devant un *e* de terminaison, comme le précédent, plus gras (*).
h	**h**ast	**h**ast	Fortement aspiré, comme dans *ha! ho! hem!*
ng[e]	si**ng**en	z*i***ngh**^{e}nn*	Devant un *e* de terminaison, son intermédiaire entre *ng* de *ding!* et *gn* de *digne.*
z	**s**ein, **s**aufen	**z**aînn, **z***âô*f^{e}nn	

Sauf indication contraire, la figuration donnée entre parenthèses au début d'un alinéa est valable pour tout l'alinéa.

* Son qu'il faut avoir entendu de la bouche d'un Allemand pour bien le prononcer. Voir les cas particuliers et les exceptions dans le Dictionnaire.

AUSSPRACHE DER SPEZIFISCH FRANZÖSISCHEN LAUTE

BEZEICHNUNG	FRANZÖSISCHES BEISPIEL	ANNÄHERNDE AUSSPRACHE	ERKLÄRUNG
œ	redire, fleur	rœdir, flœr	wie offenes ö.
é	ramer, nez	ramé, né	geschlossenes **e**.
ä *oder* è	frais, peine	frè, pèn	offenes **e**, kurz.
^{o}a	roi	r^{o}*a*	kurz.
Die so : *à, ì, ò, ù* gekennzeichneten Laute sind kurz und offen auszusprechen, z. B. : *rat* (rà), *hàbit* (abì), *poteau* (pòtô).			
a^{n}	lampe, ban, empire, en	la^{n}p, ba^{n}, a^{n}pir, a^{n}	Nasenlaute, mit stummem n (müssen womöglich erst aus dem Munde eines richtig Aussprechenden gehört werden).
i^{n}	limbe, pin, pain	li^{n}b, pi^{n}, pi^{n}	
o^{n}	pompe, bon	po^{n}p, bo^{n}	
u^{n}	un, Verdun	u^{n}, werdu^{n}	
j	gerbe, gilet, joli	jèrb, jilè, joli	frz. **g** wie frz. **j** vor **e, i, y.** frz. **j** = sehr weiches **sch.**
nj	agneau, bagne	anjô, bànj	
z	rose, usé, zéro	rôz, üzé, zéro	frz. **z** und **s** zwischen Vokalen : wie weiches s.

Die als Nachbildungen der frz. **...b, ...d, ...g** angegebenen deutschen **b, d, g,** haben immer den alphabetischen Wert, z. B. : *bague* (bàg), *crabe* (kràb), *rade* (ràd), nicht etwa wie *Tag, Trab, Rad* auszusprechen, sondern = *bagg, krabb, radd.*

Bindung der Endkonsonanten mit dem folgenden Vokalanlaut. — Fälle, wo die Bindung stattfinden muß :

1° Persönliche Fürwörter u. die Wörter *en, on,* mit Verben, z. B. : *nous allons* (nùzàlo^{n}), *elle en a* (èla^{n}nà), *on a* (o^{n}nà).

2° Zeitwörter mit persönlichen Fürwörtern, den Wörtern *on, en, y* u. Präpositionen *à, avec,* z. B. : *vient-il* (wii^{n}til), *parlons-en* (parlo^{n}za^{n}), *vas-y* (wàzì) ; *il vend à boire* (wa^{n}tà), *dit-on* (dito^{n}) ; *aimer à parler* (ämérà), *viens avec nous* (wii^{n}zàwèknù).

3° Adjektive mit Hauptwörtern, z. B. : *bon ami* (bònàmì), *grand homme* (gra^{n}tòm), *long avenir* (lo^{n}kàwnir) ; *malin esprit* (màli^{n}nèsprì), *chaud accueil* (schôtàkœj).

4° Artikel u. sonstige bestimmende Wörter, Numeralien usw., mit folgenden Hauptwörtern od. diesen vorangehenden Adjektiven, z. B. : *les hommes* (lézòm), *un enfant* (u^{n}na^{n}fa^{n}), *mes enfants* (méza^{n}fa^{n}) ; *cet autre ami* (sètotramì) ; *deux heures* (dözœr).

5° Zeitwörter mit Adjektiven od. Adverbien, z. B. : *il est aimable* (ilètemàbl), *soyez heureux* (s^{o}ajézœrö), *c'est assez* (sètàsé).

6° Adverbien, Präpositionen u. das Fürwort *dont,* mit den folgenden Wörtern, z. B. : *chez eux* (schézö), *quand est-ce* (ka^{n}tès), *bien assis* (bii^{n}nàsi), *avec art* (àwèkàr), *par ici* (pàrìsì).

7° In einigen festen Formeln, wie : *pas à pas, vis-à-vis, pied-à-terre, pot à eau, de fond en comble* (pazàpa, etc.).

In der Bindung sind auslautende **c** u. **g** = **k,** — **d** = **t,** — **s, x, z** = **z.** Die Nasallaute bleiben unverändert, nur findet die Bindung des **n** nicht statt. S. oben Abweichung : *bon ami* (bònàmì).

MODÈLES DES DÉCLINAISONS LES PLUS FRÉQUENTES

Masculins et féminins figurant dans le dictionnaire sans numéros de renvoi ou autre indication d'une déclinaison spéciale.

MASCULINS :

	SINGULIER		PLURIEL	
	Gén. : -[e]s.		*Nom., Gén., Acc.* : ¨e.	
	Dat. : -[e].		*Dat.* : ¨en.	
der Hof, la cour	*Nom.*	der Hof	*Nom.*	die Höfe
	Gén.	des Hof[e]s	*Gén.*	der Höfe
	Dat.	dem Hof[e]	*Dat.*	den Höfen
	Acc.	den Hof	*Acc.*	die Höfe

FÉMININS : invar. à tous les cas : **-[e]n.** (Noms en **...in** : **...innen**).

die Tat, l'action **die Nadel,** l'aiguille	*Nom.*	die Tat, Nadel.	*Nom.*	die Taten, Nadeln.
	Gén.	der Tat, Nadel.	*Gén.*	der Taten, Nadeln.
	Dat.	der Tat, Nadel.	*Dat.*	den Taten, Nadeln.
	Acc.	die Tat, Nadel.	*Acc.*	die Taten, Nadeln.

Féminins en **-el, -er,** plur. : **-eln, -ern,** — sauf *Mutter, Tochter* ③.

Masculins et neutres figurant dans le dictionnaire avec un des chiffres de renvoi ①, ②, ③, ④ correspondant aux déclin. suivantes.

①

	SINGULIER			PLURIEL		
MASCULINS et NEUTRES	*Gén.* -[e]s.			*Nom., Gén., Acc.* : -e.		
	Dat. -[e].			*Dat.* : -en.		
der Arm, le bras **das Schaf,** la brebis	*Nom.*	der Arm,	das Schaf	*Nom.*	die Arme,	Schafe
	Gén.	des Arm[e]s,	des Schaf[e]s	*Gén.*	der Arme,	Schafe
	Dat.	dem Arm[e],	dem Schaf[e]	*Dat.*	den Armen,	Schafen
	Acc.	den Arm,	das Schaf	*Acc.*	die Arme,	Schafe

(Analogue au modèle précédent, mais sans inflexion de voyelle.)

②

	SINGULIER		PLURIEL	
MASCULINS et NEUTRES	*Gén.* -[e]s.		*Nom., Gén., Acc.* : ¨er.	
	Dat. -[e].		*Dat.* : ¨ern.	
das Dorf, le village	*Nom.*	das Dorf	*Nom.*	die Dörfer
	Gén.	des Dorf[e]s	*Gén.*	der Dörfer
	Dat.	dem Dorf[e]	*Dat.*	den Dörfern
	Acc.	das Dorf	*Acc.*	die Dörfer

Se déclinent ainsi également quelques masculins. Ex. : *der Mann, die Männer.*

③

	SINGULIER		PLURIEL	
MASCULINS en **el, en, er**	*Gén.* : -s.		*Nom., Gén., Acc.* : ¨	
			Dat. : ¨n.	
der Vater, le père	*Nom.*	der Vater	*Nom.*	die Väter
	Gén.	des Vaters	*Gén.*	der Väter
	Dat.	dem Vater	*Dat.*	den Vätern
	Acc.	den Vater	*Acc.*	die Väter

Les deux féminins *die Mutter, die Tochter,* suivent cette déclinaison.

ABKÜRZUNGEN — ABRÉVIATIONS

a.	adjectif; Adjektiv.
Abk.	Abkürzung; abréviation.
abr.	abréviation; Abkürzung.
acc.	accusatif; Akkusativ.
adv.	adverbe; Adverb, adverbial.
Arch.	architecture; Baukunst.
art.	article; Artikel.
a. s.	adjectif pris substantivement; substantiviertes Adjektiv.
Bot.	botanique; Botanik.
Chem.	Chemie; chimie.
Chim.	chimie; Chemie.
Chir.	chirurgie; Chirurgie.
Comm.	commerce; Kaufmännisch.
comp.	comparatif; Komparativ.
conj.	conjonction; Bindewort.
dat.	datif; Dativ.
dem.	demonstrativ; démonstratif.
dém.	démonstratif; demonstrativ.
dim.	diminutif; Diminutiv.
etc.	usw. [und so weiter].
f.	nom fém.; weibl. Hauptwort.
Fam.	familier; vertraut.
Fig.	figuré; bildlich.
gén.	génitif; Genitiv.
Gramm.	grammaire; Grammatik.
Hist.	histoire; Geschichte.
ind.	indéfini; unbestimmt.
ind. pr.	indicatif présent; Indikativ Präsens.
inf.	infinitif; Infinitiv.
ins.	inséparable; untrennbar.
intr.	intransitif; Intransitiv.
inv.	invariable; unveränderlich.
jm	jemand[em, en]; quelqu'un.
jmds	jemands; de quelqu'un.
Jur.	juridique; gerichtlich.

kaufm.	Kaufmännisch; commerce.
LOC.	locution[s]; Redensart[en]
m.	nom masc.; männl. Hauptwort.
Mar.	marine; Seewesen.
Méc.	mécanique; Mechanik.
Med.	Medizin; médecine.
Méd.	médecine; Medizin.
Mil.	militaire; militärisch.
Mus.	musique; Musik.
n.	nom neutre; sächl. Hauptwort.
npr.	nom propre; Eigenname.
num.	adj. numéral; Numerale.
ord.	adj. ordinal; Ordinale.
p. a.	participe adj.; adj. Partizip.
Path.	pathologie; Pathologie.
Phys.	physique; Physik.
pl.	pluriel; Plural.
Pop.	populaire; trivial; argot; volksmäßig; gemein; rotwelsch.
pp.	partic. passé; 2tes Partiz.
ppr.	partic. présent; 1stes Partizip.
préf.	préfixe; Vorsilbe.
prép.	préposition; Präposition.
pron.	pronom; Fürwort.
pron. fr.	prononciation française.
p. s.	partic. subst.; subst. Partizip.
qc.	quelque chose.
qn	quelqu'un.
refl.	Reflexiv; verbe réfléchi.
réfl.	verbe réfléchi; Reflexiv.
S. s.	siehe; voyez.
sép.	séparable; trennbar.
spl.	sans pluriel; ohne Plural.
tr.	transitif; transitiv.
unv.	unveränderlich; invariable.
usw.	und so weiter; etc.
V.	voir; siehe.

DEUTSCH-FRANZÖSISCHES WÖRTERBUCH

A

A, a, n. A, a, m. ‖*Mus.* La, m.
Aachen n. (âch^e^n). Aix-la-Chapelle.
Aal m. ① (âl). Anguille, f.
aalen [**sich**] (ââl^e^n). *Fam.* S'étirer, paresser.
Aar m. ① (âr). Aigle.
Aas n. ② (âs). Charogne, f.
ab (*a*p). Adv. Exprime l'idée d'éloignement, de séparation, de direction vers le bas. Ex. : *auf und ab,* de long en large, de-ci de-là; *von ... ab,* à partir de ... dès; *Hut ab!* chapeau bas!
Prép. A partir de : *ab heute,* à partir d'aujourd'hui; ‖*ab Berlin,* livrable Berlin.
ab‖... Préfixe *séparable accentué,* forme des verbes :

a) *Transitifs* ou *réfléchis,* dans lesquels il ajoute á l'idée exprimée par le verbe celle de :

1° Éloigner, faire partir, repousser. Exemples : *ab‖führen,* détourner; *-geben,* remettre; *-liefern,* délivrer; *-senden,* expédier; *-treiben,* éloigner; *-wenden,* détourner.

2° Séparer, enlever, ôter. Exemples : *ab‖beißen,* arracher en mordant; *-brechen,* cueillir; *-nehmen,* ôter; *-putzen,* nettoyer.

3° Séparer, détacher. Exemples : *ab‖balgen,* écorcher; *-binden,* détacher; *-decken,* découvrir; *-hängen,* décrocher.

4° Reproduire en copiant. Exemples: *ab‖bilden, -drucken, -malen, -schreiben, -zeichnen,* reproduire [une image, un texte imprimé, une peinture, un écrit, un dessin].

5° Achever de ..., épuiser, user. Exemples : *ab‖arbeiten* [*sich*], s'épuiser à force de travail; *-bezahlen,* payer jusqu'au bout; *-nutzen,* user; *-schwächen,* affaiblir.

6° Obtenir. Exemples : *ab-nötigen,* imposer; *-pressen,* extorquer; *-schwindeln,* escroquer.

b) *Intransitifs* [auxil. *sein,* sauf indication contraire], dans lesquels il ajoute à l'idée exprimée par le verbe simple l'idée de : *s'éloigner, se séparer, partir, aller en bas,* et au figuré : *diminuer, disparaître.* Exemples : *ab‖fallen,* tomber [de]; *-fliegen,* s'envoler; *-fließen,* s'écouler; *-irren,* s'égarer; *-kommen,* s'écarter; *-laufen,* s'écouler; *-springen,* sauter à bas; *-steigen,* descendre; *-sterben,* dépérir, s'éteindre.

abändern (*a*p'end^e^rn). Modifier; *abänderlich* a. (**ich**). Modifiable; *Abänderung,* f. (oung). Modification : *Abänderungsvorschlag,* m., amendement.
abarbeiten [**sich**] (*a*rba^è^t^e^n). S'épuiser [à force de travail].
abärgern [**sich**] (*è*rg^e^rn). Se consumer de dépit.
Abart f. Variété [espèce] bâtarde.
abartig a. (artig). Anormal, e.
abbalgen (*a*p'balg^e^n). Dépouiller, écorcher.
Abbau m. ① (ba^o^). Exploitation, f. [de mine].
abbauen (b*a*o^e^n). Exploiter. ‖[Preis] Diminuer.
abbeißen* (b*a*^è^s^e^n). Arracher [avec les dents].
abberufen* (r*oû*-). [Gesandten] Rappeler. ‖[Beamten] Révoquer : *Abberufung,* f., rappel, m.; révocation.

Schrägschrift : Betonung. **Fettschrift** : besond. Ausspr. *unreg. Zeitwort.

abbestellen (schtè-). Contremander : *Abbestellung*, f., contrordre, m.
abbeten (*bée*). Réciter [prières].
abbetteln. Quémander.
abbezahlen (tsâ-). Amortir : *Abbezahlung*, f., amortissement, m.
abbiegen* (bîg-). Ecarter [en courbant]. ||intr. [*sein*]. S'écarter [en tournant].
Abbild n. (bilt, -d-). Image, f., copie, f.
abbilden (en). Copier, reproduire*.
Abbildung f. (oung), Image, gravure.
abbinden* (bìnden). Détacher.
Abbitte f. (bite) : *Abbitte tun**, demander pardon.
abblasen* (blâzen). Enlever [en soufflant].
abblättern (blè-). Effeuiller.
abblenden. [Scheinwerfer]. Abaisser.
abblitzen intr. [*sein*]. [Flinte] Faire* long feu, rater. ||*Fig.* Echouer.
abblühen intr. [*sein*] (blûen). Se faner.
abbrechen* tr. (èchen). Détacher [en brisant]. ||[Blume] Cueillir*. ||[Spitze] Epointer. ||[Bau] Démolir. ||intr. Cesser. ||[Rede] S'interrompre. ||n. spl. Rupture, f. ||Démolition, f. ||Interruption, f.
abbrennen* tr. Brûler. ||[Gewehr] Décharger, tirer. ||*abgebrannt*, p. a., ruiné, e; *fam.* à sec.
ab||bringen* (ìngen). Détourner. ||**-bröckeln** (œkeln). Emietter.
Abbruch m., = *Abbrechen* : *Abbruch tun**, porter préjudice.
ab||brühen (brûen). Echauder. ||**-büßen** (bûss-). Expier : *Abbüßung* f., expiation.
abdachen (dachen). Edifier en talus.
Abdachung (oung). Pente, talus, m.
abdämmen tr. (dèm-). Endiguer.
ab||dampfen intr. (dàmpf-) [*sein*]. S'évaporer. ||*Fig.* [Zug] Partir*. ||**-dämpfen** (dèm-). Faire* évaporer. ||*Fig.* [Schall] Assourdir, atténuer.
abdanken tr. (dànken). Congédier. ||[Truppen] Licencier. ||intr. Se démettre*. ||[Kaiser usw.] Abdiquer.
Abdankung f. Licenciement, m.; démission; abdication.
abdecken. Découvrir* : *das Bett abdecken*, faire* la couverture. ||[Tisch] Desservir*. ||[Tier] Écorcher.
Abdecker m. ④. Equarrisseur.
abdienen (dînen). Accomplir [service].
abdrehen (dréeen). Défaire* [en tournant]. ||[Gas usw.] Fermer.
abdreschen*. Achever de battre.
abdrosseln. [Auto] Couper les gaz.
ab||drucken (*drou*-). Imprimer. ||Tirer. ||Reproduire*. ||**-drücken** (en). [Gewehr] Lâcher la détente [de], tirer. ||[Pfeil] Décocher.
Abend|| m. ① (âbent, -d-). Soir. ||[-zeit] Soirée, f. ||LOC. *heute* [ou *diesen*] *Abend*, ce soir; *am* [*den*] *Abend*, au soir, le soir; *des Abends*, *abends*, le soir; *am* [ou *den*] *Abend vor*, la veille de; *am* [ou *den*] *Abend vorher*, la veille; *zu Abend essen**, souper; *es wird Abend*, le jour baisse. ||**-anzug** m. (àntsoug). Vêtement de soirée. ||**-essen** n. Souper, m. ||**-land** n. (lànt, -d-). Occident, m. ||**-länder** m. ④ (lènder), **-ländisch** a. Occidental, e.
abendlich a., du soir.
Abend||mahl n. ①. Cène, f. ||**-tau** m. Serein. ||**-unterhaltung**, f., **-zeit**, f. Soirée.
Aben||teuer n. ④ (âbentœüer). Aventure, f. ||**-teurer** m. ④. Aventurier.
abenteuerlich a. Aventureux, euse.
aber conj. (âber). Mais. ||adv. Encore.
Aberglaube, -ns, m. spl. (glaobe). Superstition, f.
abergläubig a. (glœü). Superstitieux, euse.
aberkennen* (kènnen). Refuser [de reconnaître].
abermal||ig a. (mâlig). Réitéré, e, ||**-s** adv. De nouveau.
abfahren*, intr. Partir* [véhicule, en véhicule]. ||tr. Enlever [par véhicule], charrier.
Abfahrt f. Départ, m.
Abfall m. Chute, f. ||[Abhang] Pente, f. ||[Partei] Défection, f.; déchets, pl.
Abfalleimer m. Poubelle, f.
ab||fallen*. Tomber. ||[Boden] Aller* en pente. ||*Fig.* [Partei] Faire* défection. ||**-fällig** a. (fèlig). En pente. ||*Fig.* Défavorable.
abfangen* tr. (fàngen). Prendre*, saisir. ||[Briefe] Intercepter.

abfärben intr. (*fêr-*) [*sein*]. Déteindre*.
abfassen. Rédiger, composer : *Abfassung*, f., rédaction.
abfertigen (fèrtig^en). Expédier : *Abfertigung*, f., expédition.
abfeuern intr. (fœü-). Faire* feu. ‖tr. [Gewehr] Décharger, tirer.
abfinden* (*find*^en) [**sich**] [mit]. S'arranger, s'accommoder [de] : *Abfindung*, f., arrangement, m., accommodement, m.
abflachen (*ach*^en). Aplatir.
abflauen intr. (apfl*ao*^en). Faiblir, mollir.
abfliegen* [*sein*] (*îg*^en). S'envoler.
abfließen* (*îss*^en) [*sein*]. S'écouler.
Abflug m. (*oûg*). Envolée, f.
Abfluß m. Ecoulement : *Abflußkanal*, égout.
abfragen (*âg*^en). Questionner.
abfressen* (frèss^en). Ronger. ‖[Gras] Brouter.
Abfuhr f. (*foûr*). Enlèvement, m.
abführen (*fûr*^en). Enlever. [avec une voiture]. ‖[vom Weg] Détourner. ‖*Méd.* [aus. d. Leibe] Evacuer : *Abführmittel*, n., purgatif, m.; [leichtes] laxatif, m.
Abführung f. Enlèvement, m. ‖Purgation. ‖Évacuation.
Abgabe f. (*ap'gâb*^e). Remise. ‖[Lieferung] Livraison. ‖[Steuer] Impôt, m.
Abgang m. (gànk). Départ. ‖[Schule] Sortie, f. ‖[Waren] Débit, écoulement; *in Abgang kommen**, tomber en désuétude, passer de mode. ‖*Abgangszeugnis* n. Diplôme de fin d'études.
abge... V. pour les part. p. l'infinitif des verbes.
abgeben* (*gé*). Remettre*. ‖[liefern] Délivrer. ‖[Mahlzeit] servir. ‖[**sich**] [mit]. S'occuper [de].
abgebrannt a. (*gé*). Ruiné, e.
abgedroschen a. Rebattu, e; banal, e.
abgefeimt (géf*a*^èmt). *Fig.* Rusé, e.
abgehen* intr. (*gée*^en). S'en aller*, partir* : *abgehen lassen**, expédier. ‖[fehlen] manquer. ‖Loc. *alles ist gut abgegangen*, tout s'est bien passé.
abgelegen a. Eloigné, ée; isolé, ée.
abgemacht. C'est entendu.
Abgeordnete[r] p. a. s. Député.
Abgesandte[r] p. a. s. Envoyé.
abgeschmackt a. Insipide. ‖*Fig.* Absurde.
abgespannt a. Fatigué, ée.
abgestanden a. (chtànd^en). Qui n'est pas frais.
abgestumpft a. (cht*ou*mpft). Emoussé, e, abruti, e.
abgewinnen* (gé*vi*-). Gagner [sur], tirer [de].
abgewöhnen (gév*eû*-). Déshabituer.
abgießen* (*gîss*^en). Décanter ‖[Metall] Couler.
Abglanz m. (ànts). Reflet.
abgleichen* (*a*^è**ch**^en). Égaliser. ‖[Boden] Niveler. ‖[Konto] Balancer.
Ab‖gott m. ②. Idole, f. ‖**-götterei** f. (gœt^er*a*^è). Idolâtrie.
abgöttisch a. Idolâtre : *abgöttisch lieben*, idolâtrer.
abgrenzen (ènts^en). Délimiter.
Abgrenzung f. Démarcation. ‖[v. Äckern] Bornage, m.
Abgrund m. (grount, -d). Abîme.
Abguß m. Moulage. ‖Cliché.
abhaken (**h***â*k-). Décrocher.
abhalten* (**h***a*lt-). Tenir* éloigné. *Fig.* Empêcher. ‖[Sitzung] Tenir*. ‖[Gottesdienst] Célébrer. ‖[Truppenschau] Passer [en revue].
Abhaltung f. (**h***a*ltoung). Tenue. ‖Célébration, f.
abhandeln (**h***a*nd^eln). [Stoff] Traiter.
abhanden adv. (**h**ànd-). *abhanden kommen**, s'égarer, se perdre.
Abhandlung f. (**h**ànd-). Traité, m. ‖[kurze] Dissertation.
Abhang m. (**h***a*ng). Pente, f. ‖[am Hügel] Penchant. ‖[am Berge] Versant. ‖[Straße] Côte, f. ‖[Eisenbahn] Rampe, f.
ab‖hangen* (**h**àng-), **-hängen** (**h**èng-), intr. [von] Pendre [à]. *Fig.* Dépendre [de]. ‖tr. Dépendre, décrocher. ‖**-hängig** (ig). Incliné, e. ‖*Fig.* Dépendant, e.
Abhängigkeit f. (k*a*^èt). Pente. ‖Dépendance, *fig.*
abhärten (**h**êr-). Endurcir.
Abhärtung f. (toung). Endurcissement.
abhaspeln (**h***a*sp-). Dévider.
abhauen* tr. (**h***ao*^en). [Baum] Abattre. ‖*Pop.* Filer.

abheben* (*hé*). Enlever, ôter. ‖[Karten] Couper. ‖[Geld] Retirer. ‖*sich abheben* [*von*]. Se détacher [de, sur], ressortir*.
abhelfen* intr. (*hèlf*-). Aider. tr. [à], remédier [à].
Abhilfe f. (*hilfe*). Secours, m. ‖[Verbesserung] Remède, m.
abhold a. (*hôlt*). [*dat.*] Hostile.
abholen (*hôl*-). Aller* [ou venir*] chercher [*ou* prendre]. ‖[Briefe] Lever.
Abholung f. (oung). Enlèvement, m. ‖[v. Briefen] Levée.
abholzen (*holts*-). Déboiser : *Abholzung* f. (oung). Déboisement, m.
abhören (*heûr*-). [Zeugen]. Interroger. ‖[Lektion] Faire* réciter [à].
abirren [*sein*]. S'égarer : *Abirrung*, f. Aberration.
Abiturient, -en, -en, m. (ouri*è*nt). Candidat au baccalauréat.
abjagen (*yâg*-). [Revier] Battre. ‖[Pferd] Harasser.
abkanzeln tr. (*kant*). Sermonner.
abkarten tr. Concerter.
Abkauf m. (*kaof*). Achat, rachat.
abkaufen. Acheter [à]. ‖[Strafe] Racheter.
abkehren (*kéeren*). Détourner. ‖[Kehricht] Balayer.
abklären (*êren*). Clarifier.
abklingeln* intr. (*ing*). Cesser de sonner. ‖tr. [Telephon] Couper.
abklopfen. Faire* tomber [en frappant]. ‖[Staub, Möbel] Battre, épousseter.
abknöpfen (œpf-). Déboutonner.
abknüpfen. Dénouer.
abkommandieren (àndîr-). *Milit.* Détacher.
abkommen* [*sein*]. S'éloigner. ‖[Mode] Passer [de mode]. ‖[Gebrauch] Tomber en désuétude. ‖n. ④. Convention, f., accord, m.
Abkömmling m. ① (*kœmlìng*). Rejeton.
abkühlen. [Faire*] refroidir, rafraîchir. ‖*Fig.* Tempérer. ‖[stillen] Calmer.
Abkühlung f. Rafraîchissement, m., refroidissement, m.
Abkunft f. (*kounft*). Origine.
abkürzen (*kurts*). Raccourcir. ‖[Wort, Text] Abréger.
Abkürzung f. Abrégé, m. ‖Abréviation.
abladen* (*lâd*-). Décharger.
Ab‖lader m. ④. Déchargeur. ‖[v. Schiffen] Débardeur. ‖**-ladung** f. Déchargement, m.
Ablage, -n, f. (*lâge*). Dépôt, m.
ablagern intr. Déposer. ‖tr. [Wein usw.] Laisser reposer [ou vieillir].
Ablaß m. Ecoulement. ‖[kirchlich] Indulgence, f. ‖[v. Sünden] Absolution, f. ‖Loc. *ohne Ablaß*, sans cesse.
ablassen* tr. Lâcher. ‖[käuflich] Céder. ‖[abfließen lassen] Faire* écouler. ‖[Blut] Saigner. ‖intr. Cesser. ‖[von] Renoncer [à].
ablauern (*laoern*). Epier.
Ablauf m. (*laof*). [Ende] Fin, f., expiration, f., terme, achèvement.
ablaufen*, intr. [*sein*], [verfließen]. S'écouler. ‖[ausfallen] Se terminer, se passer. ‖[verfallen] Echoir*.
Ablaut m. ① (*laot*). Flexion, f., apophonie, f.
ableben [**sich**] (*éeben*) ③. Dépérir, s'user : *abgelebt*, p. a., usé, e; *Abgelebtheit*, f., décrépitude. ‖n. spl. Mort, f.
ablegen (*léegen*). Déposer. ‖[Kleider] Quitter. ‖[Karten] Ecarter. n. et **Ablegung** f. Dépôt, m. ‖[Eid] Prestation, f.
ablehnen (*léenen*). Refuser. ‖[Einladung] Décliner. ‖[Zeugen] Récuser.
Ablehnung f. Refus, m.
ableiten (*laèten*). Détourner. ‖[Fluß] et *Gramm.* Dériver.
Ableitung f. (toung). Dérivation.
ablenken (*lènken*) tr. Détourner. ‖intr. [*haben*] Dévier.
abliefern (*lîfern*). Délivrer, remettre*.
Ablieferung* f. Livraison.
abliegen* (*lîgen*). [örtlich]. Etre éloigné, e. ‖[Wein] Reposer.
ablocken (*oken*). [von etwas]. Eloigner. ‖[einem etwas] *Fig.* Soutirer*. ‖[Tränen] Arracher.
ablösen (*leûzen*). Détacher, séparer. ‖[Kapitalien] Retirer. ‖*Milit.* Relever.
Ablösung f. Séparation. ‖Relève.
abmachen (*machen*). Défaire*. ‖[schließen] Régler, terminer. ‖[ordnen] Arranger. ‖[vereinbaren] Convenir*.

Abmachung f. (**ch**oung). Convention.
abmagern [*sein*] (m*â*g^e^rn). Maigrir.
abmähen (m*ê*e^e^n). Faucher.
abmalen (*â*l^e^n). Copier, peindre.
Abmarsch m. *Milit.* Départ.
abmarschieren. Se mettre en marche.
abmelden [einen]. Annoncer le départ de. ‖ [etwas] Contremander.
abmessen*. Mesurer. ‖ [Acker] Arpenter. ‖ *abgemessen* p. a. Compassé, e.
abmieten. Prendre en location.
abmontieren. Démonter.
abmühen [*sich*]. Se fatiguer.
Abnahme f. (n*â*m^e^). Enlèvement, m. ‖ [v. Waren] Débit, m. ‖ [Kleinerwerden] Diminution. ‖ [d. Mondes] Décroissance.
abnehmen* tr. (n*é*em^e^n). Enlever ‖ [Hut] Oter. ‖ [herunternehmen] Décrocher. ‖ intr. [*haben*]. Diminuer. ‖ [schwächer werden] S'affaiblir*.
Abnehmer m. ④. Preneur. ‖ [Käufer] Acheteur.
abneigen (n*a*^è^g^e^n). Détourner : *abgeneigt,* p. a., mal disposé, e [pour], défavorable [à] ; *Abgeneigtheit,* f., aversion, antipathie.
Abneigung f. [gegen]. Répugnance [pour]. ‖ [gegen eine Person] Antipathie.
abnorm a. (n*o*rm). Anormal, e.
Abnormität f. Anomalie.
abnötigen (ne*û*tig^e^n). Arracher. ‖ [Bewunderung] Imposer.
Abnötigung f. Contrainte.
ab‖nutzen, -nützen tr. (n*o*utz-, n*u*tz). User.
Abnutzung f. Usure.
Abonn‖ement, -s, -s, n. (pron. fr.). Abonnement, m. ‖**-ent, en, -en, in,** m. f. ① (n*è*nt, *ì*n). Abonné, e.
abonnieren (n*î*r^e^n). [auf, *acc.*]. S'abonner [à].
abordnen. Déléguer. ‖ [als Vertreter] Députer.
Abordnung f. Délégation, députation.
Abort m. ①. Cabinets, pl., lieux (pl.) d'aisances.
abpacken (p*a*k^e^n). Décharger.
abpassen. Epier, guetter.
ab‖platten. Aplatir. ‖**-prägen** (pr*ê*g^e^n). Empreindre*, frapper [monnaie].
Abprall m. Rebondissement. ‖ [Geschoß] Ricochet.
abprallen [*sein*]. Rebondir. ‖ [Geschoß] Ricocher.
abpressen. Extorquer.
abputzen. Nettoyer.
abrahmen. Ecrémer.
abraten* (r*â*t^e^n). Déconseiller. ‖ [ausreden] Dissuader [de].
abrechnen (r*è***chn**^e^n). Décompter. ‖ [abziehen] Déduire*.
Abrechnung f. (r*è***ch**noung). Décompte, m., règlement, m. ‖ [Abzug] Déduction.
Abrede f. (r*é*ed^e^). Convention. ‖ [Bestreitung] Contestation : *in Abrede stellen,* contester.
abreiben* (r*a*^è^b^e^n). Enlever [en frottant]. ‖ [putzen] Nettoyer. ‖ [abnutzen] User.
Abreise f. (r*a*^è^**z**^e^). Départ, m.
abreisen [*sein*] (**z**^e^n). Partir*.
abreißen* (r*a*^è^ss^e^n). **Arracher.** ‖ [Kleider] Déchirer. ‖ [Gebäude] démolir, abattre.
Abreißkalender m. (l*è*nd^e^r). Ephéméride, f.
abreiten* [*sein*] (r*a*^è^t^e^n). Partir* [à cheval].
abrichten (r*i***ch**t^e^n). [Tier] Dresser.
Abrichtung f. Dressage, m.
abriegeln (r*î*g^e^ln). Verrouiller.
abrinden (r*i*nd^e^n). Ecorcer.
Abriß m. **...isses, ...isse.** Plan. ‖ [Skizze] Esquisse, f., tracé. ‖ [kurze Übersicht] Abrégé, précis.
abrollen. Dérouler.
abrücken tr. Eloigner. ‖ intr. [*sein*] S'éloigner.
abrufen* (r*oû*f^e^n). Rappeler. ‖ [Stunden usw.] Crier, annoncer.
abrunden. Arrondir.
abrüsten [Bau]. Démonter. ‖ [Truppen] Désarmer.
Abrüstung f. Désarmement, m.
Absage f. (**z***â***g**^e^). Contrordre, m. ‖ [Ablehnung] Refus, m.
absagen (**z***a*g^e^n). Contremander. ‖ [Versprechen] Retirer. ‖ [Einladung] Décliner, refuser.
absatteln. Desseller.
Absatz m. [Niederschlag] Dépôt. ‖ [Unterbrechung] Interruption, f. ‖ [Treppe] Palier. ‖ [Gelände] Terrasse, f. ‖ [Schuh] Talon. ‖ [Schrift] Alinéa, paragraphe. ‖ [d. Ware] Vente, f., débit. ‖ *Absatz finden*,*

se vendre, s'écouler; *Absatzgebiet,* n. Débouché, m.
absäugen (*zœüg*ᵉn). Sevrer.
abschaffen. Se défaire* de. ‖[beseitigen] Supprimer, abolir. ‖[Gesetz] Abroger.
Abschaffung f. Suppression. Abolition. ‖Abrogation.
abschalten. Couper le courant.
abschatten. Ombrer, nuancer; *Abschattung,* f. Nuance.
abschätzen (*êts*ᵉn). Estimer, évaluer.
Ab‖schätzer m. ④. Commissaire-priseur. ‖**-schätzung** f. Estimation.
abschäumen (*schœüm*ᵉn). Ecumer.
abscheiden* tr. (aᵉdᵉn). Séparer. ‖intr. [*sein*] Partir* au loin. ‖*Fig.* [sterben] Décéder. ‖n. Séparation, f. ‖*Fig.* Décès, m.
abscheren* (*schéer*ᵉn). Raser. ‖[Schafe] Tondre.
Abscheu m. (*œü*). Aversion, f., horreur, f.
abscheulich a. (*œülich*). Horrible, exécrable.
abschicken. Envoyer.
Abschied m. ① (*schît*, -d-). Séparation, f. ‖[Entlassung] Congé.
abschießen* (*schîss*ᵉn). [Gewehr] Décharger. ‖[Schuß] Tirer. ‖[Pfeil] Décocher. ‖intr. [Kleid] déteindre.
abschirren. Déharnacher.
Abschlag m. (*âg*). [im Walde] Abatis. ‖[Versagung] Refus. ‖[Abzug] Rabais, déduction, f. : *auf Abschlag von,* à valoir sur, déduction faite de; *Abschlagszahlung,* f., acompte, m.
ab‖schlagen* (gᵉn) tr. [Baum] Abattre. ‖[Körperteil] Couper. ‖[verweigern] Refuser. ‖[Bitte] Repousser. ‖**-schlägig** a. (*êgig*). Négatif, ive.
abschleifen* tr. (*a*ᵉfᵉn). Aiguiser. ‖[Glas usw]. Tailler. ‖[am Rand] Biseauter.
Abschleppdienst m. Service de dépannage.
abschleppen. Dépanner, remorquer.
abschließen* tr. (*îs*ᵉn). [Raum] Clore*. ‖[etwas] Isoler. ‖[Tür] Fermer à clé. ‖*Fig.* [Handel] Conclure. ‖[Rechnung] Arrêter, régler.
Ab‖schließung f., **-schluß** m. Clôture, f., conclusion, f. : *zum Abschluß bringen** [*kommen**], terminer [se terminer].
abschminken. Démaquiller.
abschnallen. Déboucler.
abschnappen intr. [*sein*]. [Feder] Se détendre.
abschneiden* (*a*ᵉdᵉn). Couper. ‖[Glied] Amputer.
abschnellen. [Feder] Détendre. ‖[Pfeil] Décocher. ‖[Hahn] Lâcher la détente.
Abschnitt m. ①. Tranche, f. ‖[Stoff] Coupon. ‖*Math.* Section, f. ‖[e. Kreises] Segment. ‖[e. Buches] Chapitre. ‖[e. Gesetzes] Paragraphe. ‖[Zeit] Période, f.
abschnüren. Délacer.
abschöpfen (*œ*pfᵉn). Enlever. ‖[Milch] Ecrémer. ‖[Schaum] Ecumer.
abschrauben* tr. (*o*bᵉn). Dévisser.
abschrecken. Rebuter.
abschreiben* (aᵉbᵉn). Copier. ‖[v. e. Rechnung] Déduire*. ‖n. et **Abschreibung** f. Copie, f. [Handel] amortissement.
Abschreiber m. ④. Copiste.
abschreiten*. Arpenter, passer en revue.
Abschrift f. Copie.
abschroten. Rogner.
abschuppen (*oup*ᵉn). Écailler.
Abschuß m. (*ouss*). Pente, f. : *abschüssig,* a., en pente, incliné.
abschütteln tr. Secouer, faire tomber en secouant.
abschwächen. Affaiblir.
abschweifen intr. [*sein*]. S'écarter [de].
Abschweifung f. *Fig.* Digression.
abschwindeln (*ìnd*ᵉln). Escroquer.
abschwören* (*veûren*). Abjurer.
Abschwörung f. Abjuration.
absegeln (*zèeg*ᵉln) [*sein*]. Mettre* à la voile.
ab‖sehbar a. Visible. ‖ **-sehen*** (*zèe*ᵉn) tr. Atteindre* du regard, voir* jusqu'à. ‖*Fig.* Avoir* en vue. *Fig.* Prévoir*. ‖LOC. *es auf* [acc.] *absehen**, viser à. ‖intr. Détourner les yeux. ‖*Fig.* Faire abstraction de : *abgesehen von,* abstraction faite de, sans parler de.
Abseite f. (*za*ᵉtᵉ). Bas-côté, m.
abseits adv. De côté; à l'écart.
absenden* (*zènd*ᵉn). Envoyer, expédier. ‖[Eilboten] Dépêcher.

Ab‖**sender** ④ m. Expéditeur. ‖[Post] Envoyeur. ‖**-sendung** f. Expédition, envoi, m.
absenken. Marcotter, provigner.
Absenker m. Marcotte, f. ‖[Wein] Provin.
ab‖**setzbar** a. Amovible. ‖**-setzen** tr. (tz^e^n). Écarter. ‖[Gewehr] Déposer. ‖[Reiter] Démonter. ‖[v. Amte] Destituer. ‖[König] Détrôner. ‖[Waren] Vendre, débiter, placer. ‖[Buchdruck] Composer. ‖intr. S'arrêter.
Absetzung f. (tsoung). Destitution, suspension, détrônement, m.
Absicht f. (**icht**). Intention, dessein, m. : *mit Absicht*, à dessein. ‖[Ziel] But, m.
absichtlich a. (**ich**). Intentionnel, le. ‖[Böses] Prémédité, e. ‖adv. Intentionnellement, à dessein. ‖[mit Fleiß] Exprès.
Absichtlichkeit f. (*a*^è^t). Préméditation.
Absinth -es m. (*i*nt). Absinthe, f.
absitzen* intr. [*sein*] [v. Pferde]. Descendre [de cheval]. ‖tr. ‖Zeit, Strafe] Faire* [temps, peine].
absolut a. (lo*û*te). Absolu, e. ‖adv. Absolument.
Absolution f. (tsi*ô*ne). Absolution.
absolvieren tr. (*î*r^e^n). Absoudre*. ‖[Studien] Achever.
absonderlich a. Etrange.
Absonderlichkeit f. Etrangeté.
absondern (**z**ond^e^rn). Séparer. ‖[vereinzeln] Isoler. ‖[Saft] Sécréter.
Absonderung f. Séparation; isolement, m.; abstraction; sécrétion.
abspannen (schp*à*n^e^n). [Feder] Détendre. ‖[Seil] Relâcher. ‖[Pferd] Dételer. ‖*abgespannt*, p. a. très fatigué; épuisé.
Abspannung f. Détente, relâchement, m. ‖[v. Kräften] Affaiblissement, m.
abspeisen (schpa^è^**z**^e^n). Alimenter, payer [de mots, promesses].
abspenstig a. (schp*è*nstig). Hostile : *abspenstig machen*, détourner.
absperren (schp*è*r^e^n). [Straße]. Barrer. ‖[abschließen] Fermer. ‖[absondern] Isoler.
Absperrung f. Barrage, m. Fermeture.
abspiegeln (schp*î*g^e^ln). Refléter. *Phys.* Réfléchir.
Abspiegelung f. Reflet, m.; réflexion.
abspielen. Jouer [de la musique] ‖[**sich**]. Avoir lieu.
ab‖**sprechen*** (schprè**ch**^e^n). Contester, dénier. ‖[ablehnen] Refuser. ‖**-sprechend** a. (**ch**^e^nt, -d-). [Ton] Tranchant, e
abspringen*. Sauter à bas.
abspulen. Dévider.
abstammen (schtàm^e^n). Descendre [de]. ‖[Wort] Dériver.
Abstammung f. Origine, descendance. ‖Dérivation, étymologie.
Abstand m. (scht*à*nt, -d-). Distance, f. ‖LOC. *Abstand nehmen* [*von*], renoncer [à].
abstatten (scht*a*t^e^n). Acquitter, payer. ‖[Gruß usw.] Présenter.
abstäuben. Épousseter.
abstechen* (schtè**ch**-) tr. Enlever [en piquant]. ‖[v. Pferde] Désarçonner. ‖[Wein] Soutirer. ‖[Karten] [Sur-] couper. ‖intr. [von, gegen] Contraster [avec], se détacher [sur].
Abstecher m. ④. (**ch**^e^r). Excursion, f.
abstecken. Jalonner.
abstehen* intr. (scht*é*e^e^n). Être éloigné, e, distant, e; *von etwas abstehen*, renoncer à.
absteigen* (schta^è^**g**^e^n). Descendre : *Absteigequartier*, n. Pied-à-terre, m. inv.
abstellen* (scht*è*l^e^n). Éloigner, écarter. ‖[Maschine] Arrêter.
abstempeln (scht*è*m-). Estampiller. ‖[Briefmarke] Oblitérer.
Absterben n. (scht*è*r-). Décès, m.
abstimmen intr. (scht*i*-). [über, *acc.*] Voter.
Abstimmung f. Vote, m.
Abstinenz f. (n*è*nts). Abstinence.
ab‖**stoßen*** tr. (scht*ô*-). Repousser ‖*Fig.* Dégoûter. ‖[entmutigen] Rebuter. ‖intr. [*sein*] Démarrer. ‖**-stoßend** a. (^e^nt, -d-). Repoussant, e; rebutant, e.
abstrahieren. Abstraire.
abstreichen* (schtr*a*^è^**ch**^e^n). Enlever. ‖[reinigen] Nettoyer. ‖[Fell usw.] Gratter, racler.
abstreifen (schtr*a*^è^f^e^n) [Haut usw.] Enlever. ‖[Tier] Dépouiller. ‖[Füße] Essuyer.
abstreiten* (schtr*a*^è^t^e^n). Disputer, contester.
abstufen (scht*oû*f^e^n). Graduer. ‖[Farben] Nuancer.

Abstufung, -en, f. Gradation, nuance.
abstumpfen (schtoumpfen). Émousser. ‖ [Kegel usw.] Tronquer. ‖ *Fig.* [erschlaffen] Engourdir : *abgestumpft,* p. a. Obtus, e. ‖ [Geist] Rendre obtus.
Absturz m. (schtourtz). Chute brusque, f.
abstürzen tr. (schturtsen). Précipiter. ‖ intr. [*sein*]. Tomber à pic.
abstutzen (schtoutsen). Tronquer. ‖ [Baum] Etêter.
absuchen (zoûchen). ‖ [Ungeziefer] Chercher [puces, etc.]. ‖ [Gegend] Fouiller, battre.
Absud m. Décoction, f.
Abszeß m. Abcès.
Abt ‖ m. Abbé. ‖ **-ei** f. (*a*è). Abbaye.
Abteil m. et n. ① (ta*è*l) [Wagen-]. Compartiment, m.
abteilen. Diviser, partager, séparer.
Abteilung f. Division. ‖ *Mil.* Section. ‖ [in Kaufläden] Comptoir, m.; rayon.
Äbtissin f. (èp-). Abbesse.
Abtrag m. (âg) [v. Erde]. Déblai. ‖ [v. Tisch] Desserte, f. ‖ [Abzahlung] Acompte.
ab‖tragen*. Enlever. ‖ [Tisch] Desservir*. ‖ [Erde] Déblayer. ‖ [Schuld] Acquitter. ‖ [Kleider] User. ‖ **-träglich** a. Défavorable.
Abtransport. Déménagement.
abtreiben*. Eloigner. ‖ [Schiff] Pousser. ‖ [Leibesfrucht] Faire* avorter : *abtreibend,* a., abortif, ive.
Abtreibung f. Avortement, m.
abtreten*. intr. [*sein*] Se retirer. ‖ [v. Amte]. Démissionner. ‖ tr. [Absätze] User. ‖ [Schuhe] Éculer. ‖ [Füße] Essuyer. ‖ [überlassen] Céder : *abtretbar,* a., cessible. ‖ n. spl. ③. Retraite, f. Démission, f.
Ab‖treter m. ④. Paillasson. ‖ **-tretung** f. Cession. ‖ **-tritt** m. ①. Lieux [cabinets] d'aisances, pl.
abtrocknen. Sécher. ‖ [abwischen] Essuyer.
abtropfen. Dégoutter.
abtrotzen. Extorquer [par menace].
abtrumpfen (troum-). Couper [avec un atout].
abtrünnig a. (unig). Dissident, e. ‖ [kirchl.] Apostat, schismatique.
abtun* (toûn). [Kleid] Ôter, quitter. ‖ [Sache] Terminer, arranger. ‖ [Streit] Vider.
aburteilen. Juger [définitivement].
abwägen* (vêgen). Peser. ‖ [mit der Hand] Soupeser. ‖ *Fig.* Examiner.
abwälzen. Rejeter, se décharger de.
abwandeln (vandeln). *Gram.* Décliner. ‖ [Verben] Conjuguer.
Abwandlung f. Déclinaison; conjugaison.
abwarten (varten). [Ende usw.] Attendre [jusqu'à] : *abwarten bis,* attendre que.
abwärts adv. (vêrts). En descendant, en aval. ‖ De côté.
abwaschen* (vaschen). Laver. ‖ [Gesicht] Débarbouiller.
Abwaschung f. Ablution, f.
Abwässer pl. Eaux [f. pl.] d'égouts.
ab‖wechseln tr. (vèkseln). Changer, varier. ‖ intr. [in *ou* mit] : *miteinander abwechseln,* alterner. ‖ Se relayer. ‖ **-wechselnd** p. a. et adv. Varié, e; alternatif, ive.
Abwechs[e]lung f. Variation, variété : *zur Abwechslung,* pour changer. ‖ Alternance : *abwechslungsweise,* adv., alternativement. ‖ [d. Glücks] Vicissitude.
Abweg m. Fausse route, f. ‖ [Umweg] Détour.
Abwehr f. Défense.
ab‖wehren. Écarter. ‖ [Feind] Repousser. ‖ [Stoß] Parer. ‖ **-wehrend** a. (rent, -d-). Défensif, ive.
ab‖weichen (va*è*chen). 1. tr. Détacher en amollissant. ‖ 2. intr*. [*sein*] S'écarter, s'éloigner [de]. ‖ [v. d. Weg] Dévier. ‖ *Fig.* [Betragen] Se départir [de]. ‖ **-weichend** p. a. Différent, e. [v. d. Regel] Anormal, e.
Abweichung f. (choung). Écart, m., déviation. ‖ [Regel] Exception. ‖ [adm.] Dérogation.
abweisen* (va*è*zen). Renvoyer : *kurz abweisen,* éconduire*; *fam.* envoyer promener. ‖ [abstoßen] Repousser, rejeter. ‖ [ablehnen] Refuser.
Abweisung f. Renvoi, m. ‖ Refus, m.
abwenden* (vè-). Détourner. ‖ [entfernen] Écarter. ‖ [Unglück] Empêcher. ‖ [vorbeugen] Prévenir*. ‖ [Hieb] Parer : *abwendig machen,* détourner; *fig.* aliéner.
abwerfen*. Jeter bas. ‖ [Joch] Secouer.
abwerten. Dévaluer.
abwesend a. Absent, e.

Abwesenheit f. Absence.
abwickeln (k^e^ln). Dévider. ‖[Rolle] Dérouler. ‖*Fig.* [Geschäft] Mener à bonne fin. ‖[Verwickeltes] Dénouer.
abwinden* (vìn-) tr. Dévider. ‖[Gerolltes] Dérouler.
abwischen. Essuyer.
Ab‖wischer m. ④. Essuyeur. ‖**-wischlappen** m. ④ (*la*p^e^n). Torchon.
abzahlen (tsàl^e^n). Payer un acompte : *Abzahlung,* f., acompte, m.
abzählen (tsêl^e^n). Compter. ‖[Menge] Dénombrer : *Geld abgezählt bereit halten,* faire* l'appoint. ‖*Abzählung,* f. Recensement, m.
abzapfen (tsapf-). [Wein usw.] Tirer, soutirer. ‖[Teich] Débonder. ‖[Kranken] Faire* une ponction à.
Abzapfung f. Ponction.
abzäumen (tsœüm^e^n). Débrider.
abzäunen (tsœün^e^n). Séparer par une clôture.
abzehren (tséer^e^n). Amaigrir. ‖[Glied] Atrophier. ‖[Kräfte] Consumer.
Abzehrung f. Amaigrissement, m., dépérissement, m. ‖Atrophie. ‖Consomption.
Abzeichen n. ④ (tsa^è^**ch**^e^n). Insigne, m.
abzeichnen (tsa^è^**ch**n^e^n). Copier, calquer.
abziehen* tr. (tsî^e^n). Retirer. ‖[v. einem Ganzen] Retrancher. ‖[Rechnen] Soustraire*. ‖[Summe] Déduire*. ‖[v. Preise] Rabattre. ‖[Druck] Tirer. ‖[Wein] Tirer, soutirer. ‖[Messer] Repasser. ‖intr. Copier, calquer.
Ab‖ziehen n. spl., **-ziehung** f. Soustraction. ‖Tirage, m., soutirage, m. ‖**-zug** m. (tsoûg). [v. Preise] Déduction, f., remise, f. ‖[Druck] Epreuve, f. ‖[am Gewehr] Détente, f. ‖*Mil.* Départ, retraite, f. ‖[aus e. Wohnung] Déménagement. ‖[d. Wassers] Décharge, f., écoulement : *Abzugskanal,* m., égout.
abzweigen (tsva^è^g^e^n). Embrancher.
Abzweigung f. Embranchement, m., branche.
abzwingen*. Extorquer.
ac[c]..., v. **Ak[k]...**
ach! (â**ch**). Ah! hélas! *ach und weh schreien**, jeter les hauts cris.

Achat m. ① (a**ch**âte). Agate, f.
Achel, -n f. (a**ch**^e^l). Barbe [d'épi].
Achse, -n f. (aks^e^). Axe, m. ‖[Wagen] Essieu, x, m.
Achsel, -n f. (s^e^l). Aisselle. ‖[Schulter] Epaule : *die Achseln zucken,* hausser les épaules; *Achselband. Achselstück,* n., épaulette, f., patte [f.] d'épaule. ‖*Achselzucken,* n. spl., haussement [m.] d'épaules.
Acht[1] f. (a**ch**t). Ban, m., bannissement, m.; *in die Acht erklären,* proscrire*.
Acht[2] f. (a**ch**t). Attention. Soin, m. : *außer Acht lassen**, négliger; *sich in Acht nehmen** [vor], prendre* garde à.
acht[3] (a**ch**t). Huit : *der, die, das achte,* le [la] huitième.
achtbar a. Estimable.
Achte f. (a**ch**t^e^). Huit, m.
Acht‖eck n. Octogone, m. ‖**-el, -s,** n. ④. Huitième, m. [1/8] : *Achtelnote,* f., croche; *Achtelpause,* f., demi-soupir, m.
achten (^e^n). intr. [auf, *acc.*] Faire* attention [à]. ‖tr. Estimer, honorer.
ächten. Bannir, proscrire.
achtens adv. huitièmement.
acht‖geben* (géeb^e^n) et **-haben*** (**h**â-), sép. [auf, *acc.*]. Faire* attention [à]. ‖**-los** a. (lôss). Inattentif, ive. ‖**-sam** (zâm) [auf, *acc.*]. Attentif, ive [à], soigneux, euse.
Achtung f. (oung) [vor]. Attention [à], estime [pour] : *Achtung gebieten**, en imposer [à]; *achtungsvoll,* a., respectueux, euse; *-wert,* a., digne d'attention.
acht‖zehn (tséen). Dix-huit; *der [die, das] achtzehnte,* le [la] dix-huitième. ‖ **-zig** (tsig). Quatre-vingt[s]. ‖*achtzigjährig* a., *Achtziger, in,* m., f., octogénaire, m. et f.
ächzen (ê**ch**ts^e^n). Gémir. ‖n. spl. Gémissement, m.
Acker‖ m. ③ (ak^e^r). Champ [cultivé]. ‖**-bau** m. (ba^o^). Agriculture, f. ‖**-gerät** n. (gérète). Instrument [m.] aratoire. ‖**-[s]mann** m. Agriculteur.
a. D., = außer Dienst.
addieren. Additionner.
Addition f. (tsiône). Addition.
Adel m. (âd^e^l). Noblesse, f.

adel‖ig a. (ig). Noble. ‖**-igen** (igen). Anoblir.
Adelsstand m. (schtànt, -d-). Noblesse, f.
Ader f. (âder). Artère. ‖[Blutader] Veine : *zur Ader lassen,* saigner. ‖**-laß, ...sses, ...lässe,** m., **-lassen,** n. spl. Saignée, f.
Ad‖junkt, -en, -en m. (adyounkt). Adjoint. ‖**-jutant, -en, -en** m. (youtànt). Aide de camp.
Adler m. ④ (âdler). Aigle.
Admiral‖, ¨e ou **-e,** m. Amiral. ‖**-ität** f. (tête). Amirauté.
adoptieren (îren). Adopter.
Adoption f. (tsiône). Adoption.
adoptiv (tîf). Adoptif, ive.
Adresse, -n f. (èsse). Adresse : *unter der Adresse,* à l'adresse.
adressieren (îren). Adresser.
Adria m. Mer Adriatique.
Advent m. (vènt). Avent.
Adverb [ium], n.; p.l **...bia** ou **...bien** (èrbioum). Adverbe, m.
Advokat, -en, -en m. (âte). Avocat.
Aero‖bus m. ① (aérôbouss). Aérobus. ‖**-drom** m. ① (ôm). Aérodrome. ‖**-dynamik** f. Aérodynamique. ‖**-plan** m. ① (âne). Aéroplane.
Affe, -n, -n m. (affe). Singe.
affektieren (îren). Affecter : *affektiert,* p. a. affecté, e.
Äff‖erei f. (èferaè). Singerie. ‖**-in** f. (èfìn). Guenon.
äffisch a. (èfisch). De singe, simiesque.
Afrika‖ n. (â-). [L'] Afrique, f. ‖**-ner** m. ④, **-in** f. (kâner, erìn). Africain, e.
afrikanisch a. Africain, e.
After‖ m. ④ (after). Derrière, anus. ‖**-miete** f. (mîte). Sous-location. ‖**-mieter** m. ④ (mîter). Sous-locataire.
Agent‖, -en, -en m. (agènt). Agent. ‖**-schaft, -ur** f. (toûr). Agence.
agrar... (âr). Agraire.
Agrarier m. ④ (ier). Agrarien.
agrarisch a. Agraire.
Agronom, -en, -en m. (ôme). Agronome.
agronomisch a. Agronomique.
Ägypt‖en n. (ègipten). Égypte, f. ‖**-er, in** ④ m., f. (er, ìn). Égyptien, ne. ‖*ägyptisch,* a., égyptien, ne.

ah! ah! Tiens!
Ahle f. (âle). Alène.
Ahn‖, -en, -en, m. (ân) ; **-herr, -n, -en** (hèr). Aïeul, eux, aïeule.
ahnden (ânden). Punir, châtier.
Ahndung f. (oung). Punition, châtiment, m.
ähn‖eln (êneln). Ressembler. ‖**-lich** a. (ênlich). Pareil, le, semblable. ‖[v. Dingen] Analogue. ‖*ähnlich sein** ou *sehen*,* ressembler; *Ähnlichkeit,* f., ressemblance.
ahnen (ânen). Pressentir*.
ähnlich, V. *ähneln.*
Ahnung f. (oung). Pressentiment, m. ‖*Fam.* : Idée : *keine Ahnung haben*,* ne pas soupçonner, n'avoir* pas la moindre idée de.
Ahorn m. ① (âhorn). Érable.
Ähr‖e f. (èere). Épi, m. ‖**-enleser** m. Glaneur.
Ais n. (âis). La dièse, m.
Ak‖ademie, -n f. (mî). Académie. ‖**-ademiker** m. ④ (éemiker). Académicien.
akademisch a. (déemisch). Académique.
Akazie f. (âtsie). Acacia, m.
akklimatisieren (îren). Acclimater.
Akklimatisierung f. (roung). Acclimatation, acclimatement, m.
Akkord m. ① (korte). Accord. ‖[Vereinbarung] Arrangement : *im* [*auf*] *Akkord,* à forfait.
akkordieren (îren), tr. Accorder. ‖intr. S'accorder.
akkreditieren (îren). Accréditer.
Akkreditiv n. ① (îf). Lettre de crédit, f. ‖[eines Gesandten] Lettres de créance, f. pl.
Akkumulator, -en m. (lâtor, ...ôren). Accumulateur.
Akkusativ m. ① (akou-tîf). Accusatif.
Akt m. ① Acte. ‖[Malerei] Nu.
Akte f. (akte). Acte, m. [document] : *Aktenstoß,* m., pièce, f., document.
Ak‖tie f. (aktsie). Action. *Aktiengesellschaft,* f., société par actions. ‖**-tionär** m. ① (sionèr). Actionnaire.
aktiv a. (îf, -v-). Actif, ive : *Aktiva,* pl., *Aktivbestand,* m., *Aktivvermögen,* n. Actif, m.
Aktualität f. (toua-tête). Actualité.

Aktuar m. ① (ouâr). Actuaire, greffier.
Akustik f. (ak*ou*stik). Acoustique.
akustisch a. Acoustique.
akut a. (ak*oû*te). Aigu, uë.
Akzent m. ① (aktsènt). Accent.
Akzept m. ① (aktsèpt). Acceptation, f.
Alabaster m. ④ (*as*). Albâtre.
Alarm m. ①. Alarme, f.
alarmieren (îren). Alarmer, donner l'alarme. ‖*Mil.* Alerter.
Alaun m. ① (al*a*on). Alun.
Alba‖nien n. (bâ). Albanie, f. ‖**-nese** m. Albanais.
Albe f. (*a*lbe). Aube [de prêtre]. ‖[Fisch] Ablette.
albern a. (*a*lbern). Sot, te, niais, e.
Albernheit f. (h*a*èt). Sottise, niaiserie.
Album, -s, -s n. (*a*lboum). Album, m.
Albumin n. Albumine, f.
Alchimie f. Alchimie.
Alexan‖der npr. m. (ànder). Alexandre. ‖**-driner** m. ④ (îner). Alexandrin.
Alge f. (*a*lge). Algue.
Algebra f. (g*é*ebra). Algèbre.
algebrisch a. Algébrique.
Alg‖erien npr. n. (g*é*erien). Algérie, f. ‖**-erier** m. Algérien.
algerisch a. Algérien, ne.
Alg‖ier npr. n. (*a*lgîr). Alger, m. ‖**-ierer** m. ④, **-in** f. Algérois, se.
Al‖kali n. (kâli). Alcali, m. : *alkalisch, alkalinisch,* alcalin, e. ‖**-kaloid** n. ①. Alcaloïde, m.
Alkohol m. ① (*a*lko**h**ôl). Alcool : *alkoholhaltig,* a., alcoolique; alcoolisé, e; *Alkoholiker,* m. ④, alcoolique; *Alkoholismus,* m., alcoolisme.
Alkoran m. (*a*l-âne). Coran.
Alkoven m. (kôven). Alcôve, f.
all‖, er, e, es, a. et pron. ind. (àl). Tout, e; pl. : tous, toutes : *alle Menschen,* tous les hommes; *alles Gute,* tout ce qui est [ce qu'il y a de] bon; *alle drei Tage,* tous les trois jours; *das alles,* tout cela. ‖LOC. *Mädchen für alles,* bonne à tout faire.
all... Tout-..., de tout, universel, omni... etc. Ex. : *alldeutsch,* a., pangermaniste ; *-deutschtum,* n., pangermanisme, m.; *-gemach,* adv., tout doux; *-jährig, -jährlich,* a., annuel, le; *-seitig,* a., universel, le; *-täglich, -tags...,* a., quotidien, ne, journalier, ère; *-vater,* m., père universel.
alle a. attr. (*a*le). Fini, e, épuisé, e,
Allee f. (*ée*). Allée, avenue.
Allegorie f. (*î*). Allégorie.
allegorisch a. (g*ô*-). Allégorique.
all‖ein a. attr. (*a*èn). Seul, e, ‖adv. Seulement. ‖*Allein...,* exclusif, ive : *Alleinbetrieb, -handel, -verkauf,* m., monopole; *alleinstehend,* isolé, e. ‖conj. Mais, cependant, toutefois. ‖**-einig** a. (ig). Seul, e.
allemal adv. (àl). Toujours : *ein für allemal,* une fois pour toutes.
allen... (àlen) : *allenfalls,* adv. en tout cas; *allenthalben,* adv., partout.
aller‖... (àler) : de tout, de toute, de tous, de toutes : *der allerbeste,* le meilleur de tous; *-erst,* le premier de tous; adv. avant tout; *-höchst,* très haut; *-nächst,* le plus proche; adv. tout près. ‖**-dings** adv. Assurément. ‖**-hand** adv. (hànt). Toute[s] sorte[s] de...
Allerheiligenfest n. (**h***a*èligen). Toussaint, f.
allerlei adv. (l*a*è). Toutes sortes de... ‖n. Mélanges, faits divers, pl. [journal]. ‖*Mus.* Pot-pourri, m.
allerliebst a. Très cher, adorable, charmant.
Allerseelen n. Jour [m.] des Morts.
allerseits adv. (**z***a*èts). De tous côtés.
alle‖samt adv. Tous ensemble. ‖**-zeit** adv. (ts*a*èt). Toujours.
allgemein a. Général, ale.
Allgemeinheit f. Généralité.
allhier adv. (**h**îr). Ici.
Allianz f. (*i*àntss). Alliance.
alliiert a. (**h***i*rt). Allié, e.
allmächtig a. Tout-puissant.
allmählich a. (i**ch**). Successif, ve. graduel, elle. ‖adv. Peu à peu, graduellement.
alltäglich a. Commun, e, de tous les jours.
allzu adv. (tso*û*). Par trop : *allzusehr, allzuviel,* par trop.
Almosen‖ n. ④ (*a*lmôzen). Aumône, f. ‖**-ier** m. ① (îr). Aumônier.
Aloe f. (âloè). Aloès, m.
Alp‖ m. ①, **-drücken** (ken) n. spl. Cauchemar, m.
Alpaka m. et n. (p*a*ka). Alpaga, m.
Alpe f. (alpe). Alpe.

alpen... Alpestre, alpin, e : *Alpenrose,* f., rhododendron, m.; *Alpenveilchen,* n., cyclamen, m.
Alphabet n. ① (b*é*ete). Alphabet, m.
alphabetisch a. Alphabétique.
alpin a. (pîne). Alpin, e; alpestre.
Alpin||ismus m. (*i*smouss). Alpinisme. ||**-ist, -en, -en** m. (*i*st). Alpiniste.
Älpler, in m. ④, f. (*ê*lpl^e^r, *ì*n). Habitant, e des Alpes.
Alraune f. Mandragore.
als|| : 1. Comme, en [qualité de], tel que, comme si. ||2. Que [après un comparatif ou un négatif] : *nichts als,* rien que. 3. Quand, lorsque : *als er kam,* quand *ou* lorsqu'il vint. ||4. *als daß,* si ce n'est que, pour que. ||**-bald.** Aussitôt. ||**-dann.** Alors, ensuite.
also (*a*lzo). Ainsi, donc, par conséquent.
Alt m. ①. Alto.
alt||, ¨er, ¨est a. (alt, èlt^e^r, -^e^st). Vieux, vieille, âgé, e : *wie alt ist er?,* quel âge a-t-il? *er ist zehn Jahre alt,* il a dix ans; *alter Mann,* vieillard. ||*der, die Alte,* a. s., le vieux, le vieillard, la vieille. ||*das Alte,* le vieux, les choses anciennes; *fig.,* le passé : *beim Alten bleiben*,* s'en tenir* à ce qui est; *die Alten,* les anciens. ||Compar. *der, die, das ältere,* l'aîné, e [de deux]. ||Superl. *der, die, das älteste,* l'aîné, e [de plusieurs] ; *der Älteste,* le doyen.
Altan m. ① (*â*ne). Balcon.
Altar m. (t*â*r). Autel.
altbacken a. (*a*ltbak^e^n). Rassis, e, suranné, e.
Alter n. ④ (*a*lt^e^r). Âge, m., vieillesse, f. : *hohes Alter,* âge avancé, vieillesse; *im Alter* [*von*], à l'âge [de] ; *vor Alters her,* autrefois; *von Alters her,* de tout temps.
altern intr. Vieillir.
Alt||ers...: *Altersgenoß,* m., contemporain; *altersschwach,* a., décrépit, e; caduc, uque; *Alterschwäche,* f. schvè**ch**^e^), décrépitude, caducité. ||**-ertum** n. (to*û*m). Antiquité, f. *Altertumsforscher, Altertumskenner,* m., archéologue; *Altertumskunde* [*wissenschaft*], f., archéologie. ||**-ertümier** m. ④. Antiquaire.
altertümlich a. (li**ch**). Antique.
ältlich a. (*è*ltli**ch**). Vieillot, otte.

altmodisch a. Passé de mode.
Aluminium n. (oumînioum). Aluminium, m.
am, contract. de *an dem.* Au.
Amarant m. ① (*à*nt). Amarante, f. : *amaranten,* a., amarante.
Amarelle f. (*è*lle). Griotte.
Amber m. *ou* n. (*à*mb^e^r), **Ambra, -s,** m. Ambre.
Amboß m. ① (boss). Enclume, f.
Ameise f. (*a*ma^è^z^e^). Fourmi : *Ameisenhaufen,* m., fourmilière, f.
Amen (*â*m^e^n). Amen, ainsi soit-il. ||n. ④. Amen, m.
Amerika|| n. (*é*erika). [L'] Amérique, f. ||**-ner** m., **in** ④, f. (k*â*n^e^r, in). Américain, e.
amerikanisch a. Américain, e.
Amethyst m. (*i*st). Améthyste, f.
Amme f. (*a*m^e^). Nourrice.
Ammer, -n f. (*a*mm^e^r). Bruant, m.
Ammoniak n. (n*i*ak). Ammoniaque, f.
Amnestie f. (t*î*). Amnistie.
Amor m. ① (*a*môr). Amour.
Ampel f. (*à*mp^e^l). Lampe.
Ampere n. ④ (pron. fr.). Ampère, m.
Ampfer m. (*à*m). Oseille, f.
Amphibie f. (*à*mf*i*bi^e^). Amphibie, m.
Amphitheater n. ④ (té*â*t^e^r). Amphithéâtre, m.
Amsel f. (*à*m). Merle, m.
Amt|| n. ② (*à*mt). 1. Charge, f., fonction[s], f. [pl.] ||[Stelle] Emploi, m., poste, m. : *ein Amt antreten*,* entrer en fonctions : *Amtsbruder, -genosse,* confrère, collègue. ||2. [Behörde] Bailliage, m., office, m., bureau, m. ||[Téléph.] *hier Amt!,* j'écoute! ||3. Messe, f. ||**-mann** m. Bailli.
amt||ieren (*î*r^e^n). Être en fonctions. ||**-lich** a. (li**ch**). Officiel, le.
Amulett n. ① (oul*è*t). Amulette, f.
amüsieren (*î*r^e^n). Amuser.
an prép. (*à*n). — I. Exprime le *contact* : 1° *Sens concret* : *a*) en réponse à la question **wo?,** avec le *datif* : *an der Stelle,* à la place; *an der Wand,* au [contre le] mur; *am Flusse,* au bord du fleuve; *b*) en réponse à la question **wohin?** (*direction, but*), avec l'*accusatif* : *an den Fluß gehen,* aller à la rivière. ||2° *Sens abstrait* : *a*) avec le *datif* : *an einem Werke arbeiten* travailler à un ouvrage; *reich an Kohle,* riche

en charbon; *es liegt an dir,* il [ne] tient [qu'] à toi; *b*) avec l'*accusatif* (devant un nombre) : presque, près de, environ : *an* [*die*] *hundert,* près de cent. — II. Avec le *datif,* exprime le jour ou une partie du jour, la date : *am Tage wo,* le jour où; *am Sonntag,* le dimanche. ||adv. : *er hatte die Uniform an,* il portait l'uniforme.

an... (àn-). Préfixe *séparable accentué,* forme des verbes dans lesquels il ajoute à l'idée du verbe simple l'idée de *contact* dans ses diverses acceptions :

1° Toucher [au propre et au figuré], ajouter, réunir, attacher, adapter, attirer [transitifs]. Exemples : *an*||*drücken,* presser contre; *-fügen,* joindre; *-knöpfen,* boutonner; *-nageln,* clouer à; *-ritzen,* érafler; *-schrauben,* visser à.

2° Être contigu, toucher [intransitifs]. Exemples : *an*||*haften,* adhérer; *-liegen,* être contigu.

3° Approcher, arriver [intransitifs]. Exemples : *an*||*fahren,* arriver en véhicule; *-gelangen,* parvenir; *-kommen,* arriver.

4° Diriger vers, aborder, adresser à, transmettre à. Exemples : *an*||*bellen,* aboyer contre [après]; *-fragen,* questionner; *-hören,* écouter.

5° Regarder. Exemples : *an*||*blicken,* regarder d'un coup d'œil; *-gucken,* lorgner.

6° Commencer, entreprendre, entamer. Exemples : *an*||*brennen, -klingen, -schwellen,* etc., commencer à brûler, à résonner, à enfler, etc.

Anachronismus, ...men m. (*i*smous). Anachronisme.

Anagramm n. ① (gràm). Anagramme, m.

Analphabet, -en, -en m. Illettré.

Analyse f. (lîze). Analyse.

Ananas f. Ananas, m.

Anarchie f. (**ch**î). Anarchie.

anarchisch (an*a*r-). Anarchique.

Anarchist, -en, -en m. (*i*st). Anarchiste.

Anästhesie f. (**z**î). Anesthésie.

An||**atom, -en, -en** m. (tôme). **-atomiker** m. ④ (*ô*miker). Anatomiste. ||**-atomie** f. (mî). Anatomie.

anatomisch a. Anatomique.

anbahnen. Frayer la voie, préparer.

Anbau m. ① (b*a*o). 1. Culture, f. ||[v. Brachfeldern] Défrichement. ||2. [Angebautes] Construction annexe, f.

anbauen (b*a*oen). 1. Cultiver, défricher. ||2. Bâtir contre, adosser.

anbei adv. (b*a*è). Ci-joint, ci-contre.

anbeißen* (b*a*èsen). Mordre dans [à], entamer.

anbequemen (kv*é*emen). Accommoder, adapter.

anberaumen (r*a*omen). Fixer [date].

anbeten (b*é*eten). Adorer.

Anbeter m. ④. Adorateur.

Anbetracht m. (tr*a***ch**t) : *in Anbetracht,* gén., en considération [de], vu.

Anbetung f. (*é*e). Adoration.

anbiedern [sich] s'insinuer.

anbieten* (b*î*ten). Offrir*.

anbinden* (b*ì*nden). Attacher, lier, fixer [à]. ||[Boot] Amarrer.

Anblick m. ①. Coup d'œil, aspect, spectacle.

anblicken tr. Regarder.

anbrechen* tr. (brè**ch**en). Entamer. ||intr. [Tag] Poindre*.

anbrennen* tr. Allumer. ||intr. Commencer à brûler.

anbringen* (br*ì***ng**-). Appliquer, poser, installer. ||*Fig. angebracht,* p. a., *gut* —, bien placé, à propos.

Anbruch m. (br*ou***ch**). Commencement, pointe, f. [du jour], tombée, f. [de la nuit].

anbrüchig a. Légèrement pourri.

An||**dacht** f. (d*a***ch**t). Recueillement, m., ferveur. ||[Gebet] Prière. ||**-dächtelei** f. (dê**ch**tel*a*è). Bigoterie.

andächtig a. (tig). Recueilli, e, pieux, euse.

andauern (d*a*o-). Durer, persister : *andauernd,* p. a., continuel, le, persistant, ante.

andenken* (dènk-) : *denk' mal an!* imagine-toi! ||n. ④. Souvenir, m., mémoire, f.

ander a. (ànder). Autre; *etwas* [ou *ein*] *anderes,* autre chose; *unter ander*[*e*]*m, unter ander*[*e*]*n* [en abr. *u. a.*], entre autres; *eins ins andere gerechnet,* l'un dans l'autre; *einer um den andern,* l'un après l'autre; *am andern Tage,* le lendemain.

andermal adv. Une autre fois [avenir].

ändern tr. (èndᵉrn). Changer, modifier. ||[**sich**] Changer, intr.
andern||falls adv. Autrement. ||**-orts** adv. Ailleurs. ||**-teils** adv. D'autre part.
and||ers adv. Autrement; *jemand* [*niemand*] *anders*, quelqu'un [personne] d'autre; *anders werden**, changer; *ich kann nicht anders*, je ne peux [pas] faire autrement; *anderswo*, *-wohin*, adv., ailleurs; *anderswoher*, adv., d'ailleurs, d'autre part. ||**-erseits** adv. D'autre part. ||**-erthalb** a. num. Un[e] et demi[e].
Änderung f. Changement, m.
and||erwärts adv. (vèrtss). Ailleurs. ||**-erwärtig, -erweitig** a. Autre, ultérieur.
andeuten tr. (dœütᵉn). Indiquer : *Andeutung*, f., indication, allusion.
Andrang m. Poussée, f. : *Blut*- congestion. ||[v. Menschen] Affluence, f.
andrehen (drée̍ⁿ). Mettre* en marche.
andr||er, -e, -es = *anderer, -e, -es*.
andringen* intr. [*sein*] (drìng). S'avancer impétueusement.
aneifern (aᵉfᵉrn). Stimuler.
aneignen [**sich**] (aᵉg-). S'approprier.
aneinander adv. pronom. (ànaᵉnàndᵉr). L'un[e] contre l'autre, les un[e]s contre les autres.
Anekdote f. (dô) Anecdote.
anekeln. Dégoûter.
anerbieten* n. spl. Offre, f.
anerkennen* (kènᵉn). Reconnaître*, approuver : *Anerkennung*, f., reconnaissance, approbation.
anfachen (fachᵉn). Attiser.
anfahren* intr. [*sein*]. Approcher, arriver. ||tr. Amener [en voiture, etc.]. ||*Fig.* Rudoyer [en paroles].
Anfall m. Attaque, f., assaut. ||[e. Krankheit] Accès. ||[Husten-] Quinte, f.
anfallen* (lᵉn). Attaquer, assaillir*.
Anfang m. (fang). Commencement, début : *im Anfang*, au début.
anfangen* tr. Commencer. ||intr. Commencer [*mit*, par].
Anfänger m. ④, **-in** f. (fèngᵉr, ìn). Commençant, e, débutant, e.
an||fänglich a. (lich). Initial, e. ||**-fangs** adv. Au commencement, au début. ||*Anfangs...*, initial : *Anfangsbuchstabe*, m. [lettre] initiale, f.; *großer Anfangsbuchstabe*, m., majuscule, f., capitale, f.; *Anfangsgründe*, m. pl., éléments.
anfassen (sᵉn). Saisir, empoigner.
anfechten* (fècht-). Attaquer.
Anfechtung f. Contestation, tentation.
anfeinden (faᵉndᵉn). Persécuter; *Anfeindung*, f., persécution.
anfertigen (fèrtig-) Confectionner. ||[Schrift] Rédiger.
Anfertigung f. Confection, fabrication. ||Rédaction.
anfesseln (fèsseln). Enchaîner. ||*Fig.* River [à].
anfeuchten (fœüchtᵉn). Humecter, mouiller.
anfeuern (fœüᵉrn). Allumer. ||*Fig.* Enflammer.
anflehen (flée-). Supplier. ||n. spl. et *Anflehung*, f., supplication.
anfliegen* intr. [*sein*] (flîg-). Voler. vers [contre].
Anflug m. (floûg). *Fig.* Couche, f., teinte légère, f. ||*Fig.* Idée, f., soupçon.
anfordern. Exiger de, réclamer à.
An||forderung f. Exigence, réclamation. ||**-frage** f. (âgᵉ). Question. demande.
anfragen (frâg-). Questionner.
anfressen*. Ronger. ||[v. Vögeln usw.] Piquer, picoter. ||[Knochen] Carier. ||[v. Säuren] Attaquer.
anfrischen. Rafraîchir, raviver.
anfühlen. Tâter, palper.
anführen. Conduire*, commander. ||[Worte] Citer. ||[Gründe] Alléguer. ||*Fig.* [hintergehen] attraper, duper.
An||führer m. ④ (fûrᵉr). Chef. ||**-führung** f. Conduite, direction. ||Commandement, m. ||Citation. ||Allégation. || *Anführungszeichen*, n., guillemet, m.
anfüllen (fül-). Remplir. ||[mit Speisen] Gorger [de].
Anfüllung f. Remplissage, m.
Angabe f. (gâbᵉ). Donnée, indication. ||[Aussage] Déclaration.
angaffen (gafᵉn). Regarder bouche bée.
angängig a. (gèngig). Passable, possible.
angeben* (géebᵉn). Indiquer, déclarer. ||[anzeigen] Dénoncer.

An||geber m. ④. Dénonciateur, délateur; *fam.* cafard. ||**-geberei** f. (*ra*è). Dénonciation, délation.
angeblich a. (**lich**). Prétendu, e, soi-disant, inv.
angeboren a. (bôr^{e}n). Inné, e; naturel, le.
Angebot n. (gébôte). Offre, f.
angebracht. V. *anbringen**.
angedeihen* lassen* (géd*a*è-). Accorder [à].
an||geerbt p. a. (*gé*). Héréditaire. ||**-gehen*** intr. (*gée*-). Commencer. ||[hinreichen] Aller*, se pouvoir*. ||tr. Aborder : *einen um etw.*, solliciter qc. de qn. ||[betreffen]. Concerner.
an||gehören (gé'h*eû*r^{e}n). Appartenir [à]. ||**-gehörig** a. (ig). Appartenant : *die Angehörigen,* les proches.
Angeklagte[r]. p. a. s. V. *anklagen.*
Angel|| f. (*ang*^{e}l) [Fisch-]. Hameçon, m. : *Angelhaken,* m. ④, hameçon; *-leine,* ligne de pêche; *-rute,* ligne. ||[Tür-] Gond, m. ||*Zwischen Tür und Angel,* entre l'enclume et le marteau. ||*Angelpunkt,* m., pivot. ||**-er** m. ④. Pêcheur à la ligne. ||**-n.** Pêcher à la ligne.
angelangen (gél*à*ng-). Arriver, parvenir*.
Angeld (g*è*lt, -d-), n. spl. Arrhes, f. pl.
angelegen (gél*ée*g-). LOC. *sich etwas angelegen sein lassen**, prendre* [avoir*] à cœur; *angelegentlich,* a., instant, e.
Angelegenheit f. (**ha**è**t**). Affaire.
Angeln m. pl. (*ang*^{e}ln). Angles : *Angelsachse, -n, -n,* m. Anglo-Saxon; *angelsächsisch,* a., anglo-saxon. ||[verbe] V. *Angel.*
angemessen. V. *anmessen**.
angenehm a. (gén*ée*hm). Agréable.
Anger m. ④ (*à*ng^{e}r). Prairie, f.
angesehen. V. *ansehen.*
Angesicht n. (**gézicht**). Visage, m.
angesichts prép. En présence de.
angestammt (géscht*a*mt). Héréditaire.
Angestellte[r] p. a. s. V. *anstellen.*
angetrunken a. Légèrement ivre, gris, e.
angewöhnen tr. Habituer, accoutumer.
Angewöhnung f. Accoutumance.
an||gießen* (g*î*s). Commencer à verser. ||[Metall] Souder [à]. ||**-gleichen***. Assimiler, ajuster.
Angler m. ④. V. *Angel.*
Anglikaner m. ④, f. (àn-k*â*-). Anglican, ane.
anglikanisch a. Anglican, ane.
an||greifen* (gr*a*è**f**^{e}n). Attaquer, assaillir*. ||[anfangen] Entreprendre*. ||[ermüden] Fatiguer. ||**-greifend** p. a. Agressif, ive; offensif, ive; fatigant, e.
Angreifer m. ④. Agresseur, assaillant.
angrenzend p. a. Contigu, ë.
Angriff m. Attaque, f.; agression, f. : *in Angriff nehmen**, entreprendre*; *Angriffs...*, offensif, ive.
Angst||, ¨e f. (*à*ngst). Anxiété, angoisse, peur : *große Angst haben**, avoir* grand-peur. ||**-hase** m. Froussard.
ängst||igen (*è*ngstig^{e}n). Inquiéter [*um,* au sujet de]. ||**-lich** a. (**lich**). Anxieux, euse, craintif, ive. ||[unruhig] Inquiet, ète, tourmenté, ée. ||[kleinlich] Méticuleux, euse.
Ängstlichkeit f. (k*a*è**t**). Anxiété.
Angstschweiß m. Sueur froide, f.
angucken. Regarder.
anhaben* (**h***â*b^{e}n). Avoir* sur soi, porter. ||LOC. *einem etwas anhaben wollen**, chercher noise à qn.; *es ist ihm nichts anzuhaben,* il n'y a rien à faire avec lui.
an||haften intr. (**haft**^{e}n). Adhérer. ||**-haftend** p. a. Adhérent, e. ||[innen] Inhérent, e.
anhäkeln (**h***ê*k^{e}ln). Agrafer.
Anhalt m. ① (**h**-). Appui, soutien.
an||halten* tr. (**h***a***lt**^{e}n). Tenir* contre. ||[Dieb] Arrêter. ||[antreiben] Pousser [à]. ||intr. Durer. ||[Wagen] S'arrêter. ||[um etwas] Solliciter. ||**-haltend** p. a. Continuel, le.
Anhang m. (**h***a***ng**). 1. [zu e. Werke] Appendice, supplément. ||2. [Partei] Parti, partisans, pl.
anhängen tr. (**h***è***ng**). Suspendre, accrocher. ||[hinzufügen] Ajouter, attacher.
Anhänger m. ④. Partisan. ||[Wagen] Remorque, f.
anhängig a. (ig). Attaché, annexé, e; [bei Gericht] Pendant, e; *eine*

Italique : accentuation. **Gras** : pron. spéciale. *Verbe fort. V. GRAMMAIRE.

Sache anhängig machen, intenter un procès.
anhänglich a. (ich). Attaché, e, dévoué, ée.
An‖hänglichkeit f. Attachement, m. ‖**-hängsel** n. ④, = *Anhang,* 1.
anhäufen (hœüfen). Entasser, accumuler.
Anhäufung f. (foung). Entassement, m., accumulation.
anheben* (héeben). Commencer.
anheften (hèften). Attacher. fixer. ‖[Buch] Brocher.
anheimfallen* intr. [*sein*] (ànhaèm-). Echoir*.
anheimstellen (schtèlen). S'en remettre* **à.**
anheischig a. (haè-ig) : *sich anheischig machen,* se faire fort [de].
anherrschen. Parler à quelqu'un d'un ton impérieux.
Anhöhe f. (heûe). Hauteur. ‖[Hügel] Colline.
anhören (heûr-). Écouter.
Anilin n. (îne). Aniline, f.
Anis‖ m. (nîss). Anis. ‖**-geist** m. (gaèst). Anisette, f.
Ankauf m. (kaof). Achat.
ankaufen tr. Acheter.
Anker m. ④ (ànker). Ancre, f. : *vor Anker liegen*,* être à l'ancre; *vor Anker gehen*,* jeter l'ancre, mouiller; *den Anker lichten,* lever l'ancre; *Ankergrund,* m., mouillage.
ankern. Mouiller.
anketten. Enchaîner.
An‖klage f. (klâge). Accusation. ‖**-klagebank** f. Banc des accusés, m.
anklagen. Accuser. ‖*Angeklagte*[*r*], p. a. s., accusé, e, prévenu, e.
Ankläger m. ④ (klêger). Accusateur.
anklammern. Cramponner.
Anklang m. (klànk). Accord. ‖*Fig.* Écho : *Anklang finden*,* avoir* du succès.
ankleben (kléeben). Coller [contre]. ‖intr. Coller.
ankleiden (klaèd-). Habiller, vêtir* : *Ankleidezimmer,* n., cabinet [m.] de toilette; [im Theater] Loge, f.
anklingen* (ìng-). Retentir. ‖[mit Gläsern] Choquer les verres.
anklopfen. Frapper [à la porte].
anknüpfen. Nouer, attacher [à] ‖[Verbindung usw.] Nouer, entamer. ‖[an etwas] Rattacher [à].
ankommen* intr. Arriver. ‖impers. [auf, *acc.*] Dépendre [de] : importer : *es kommt mir viel darauf an,* cela [il] m'importe beaucoup. ‖tr. et intr. LOC. *es kommt mir* [*mich*] *die Lust an,* il me prend envie [de] ; *was kommt dir* [ou *dich*] *an?,* qu'est-ce qui te prend?; *es kommt mir schwer an,* j'ai de la peine à.
Ankömmling m. (kœmlìng). Nouveau venu.
ankreuzen. Marquer d'une croix [nom].
ankündigen (kùndig-). Annoncer. ‖[feierlich] Proclamer.
Ankündigung f. Annonce, proclamation.
Ankunft f. Arrivée, venue.
anlächeln (lècheln). Regarder en souriant, sourire* à.
Anlage f. (lâge). Disposition, aptitude. ‖[Entwurf] Plan, m. ‖[Angelegtes] Installation, établissement, m. ‖[Garten-, Park-] Promenade. ‖[Beilage] Pièce annexée. ‖[Geld] Placement, m.
anlanden [*sein*] (lànden). Aborder, atterrir.
anlangen (làngen). Arriver, parvenir*.
Anlaß m. Occasion, f., motif.
anlassen. Mettre en marche.
Anlasser n. Démarreur.
anläßlich adv. prép. [*gén.*]. A l'occasion de...
Anlauf m. Elan. ‖[Wasser usw.] Afflux.
anlaufen* intr. [*sein*] (laofen). Commencer à courir*. ‖[Wasser] S'enfler. ‖[Spiegel usw.] Se ternir. ‖tr. [Hafen] Toucher, tr. relâcher [à] intr.
Anlaut m. (laot). Son initial : *im Anlaut,* au commencement d'un mot.
anläuten tr. (lœüten). Sonner.
anlegen tr. (léeg-). Mettre*, placer contre : *Anlegeschloß,* n., cadenas, m. ‖[Kleid] Mettre*. ‖[Plan, Winkel, Weg] Tracer. ‖[Fabrik, Park usw.]. Etablir. ‖[Geld] Placer. ‖[Gewehr] Epauler : *auf...* [acc.] *anlegen,* coucher en joue. ‖LOC. *Hand anlegen,* mettre* la main [à l'œuvre]. ‖ intr. Aborder, atterrir. ‖*Anlegestelle,* f., embarcadère, m., débarcadère, m.
Anlehen n., = *Anleihe.*

anlehnen. Adosser [à]. ‖[Tür] Entrebâiller.
Anleihe f. (*la*è^e). Emprunt, m.
anleiten (la^èt^en). Diriger, guider. ‖[belehren] Instruire*.
Anleitung f. Direction, guide, m. ‖[Buch] Guide, m., manuel, m.
an‖liegen* intr. (îg^en). Être* contigu, ë. ‖[Kleider] Être juste, coller. ‖n. Contiguïté, f. ‖*Fig.* Intérêt, m. ‖[Wunsch] Désir, m., demande, f. ‖**-liegend** a. (lîg^ent, -d-). Contigu, e. ‖[Kleider] Collant, e. ‖[Brief] Ci-contre.
anlocken. Attirer, séduire : *anlockend,* p. a., attrayant, e, séduisant, e.
Anlockung f. Séduction.
anlügen Mentir [à quelqu'un].
anmachen (*m*a**ch**-). [Feuer] Allumer. ‖[Salat] Assaisonner. ‖[Mörtel] Gâcher.
Anmarsch m. Approche, f.
an‖maßen [*sich etwas*] tr. S'arroger [qc.]. ‖**-maßend** a. Arrogant, e.
anmelden. Annoncer, faire inscrire [à l'école, à la police].
anmerken. Remarquer.
Anmerkung f. Remarque. ‖[Buch] Note.
anmessen*. Conformer [à], proportionner. ‖*angemessen,* p. a., conforme, convenable, proportionné, e; *Angemessenheit,* f., conformité, convenance, proportion.
Anmut f. (*m*o*û*t). Grâce.
an‖muten. Plaire* [à]. ‖**-mutig** a. (tig). Gracieux, euse. ‖**-mut[s]los** a. Disgracieux, euse.
annähen (nè^en). Coudre à.
an‖nähern Approcher, rapprocher. ‖**-nähernd** a. Approchant, approximatif, ive. ‖adv. Approximativement.
Annäherung f. Approche, rapprochement, m. ‖Approximation.
Annahme f. (n*â*m^e). Acceptation. ‖[e. Gesetzes usw.] Adoption. ‖[e. Schülers usw.] Admission. ‖[Voraussetzung] Supposition.
an‖nehmbar a. Acceptable. ‖**-nehmen*.** Accepter. ‖[zulassen] Admettre*. ‖[Form, Gewohnheit, Miene usw.] Prendre*. ‖[Gesetz usw.] Adopter.
Annehmlichkeit f. Agrément, m.
annektieren (*î*r^en). Annexer.
Ann‖ektierung f., **-exion** f. (*siô*ne). Annexion.
annullieren (oul*î*r^en). Annuler.
Annullierung f. Annulation.
anonym a. (n*î*me). Anonyme.
Anonymität f. (têt). Anonymat, m.
anordnen. Ordonner. ‖[einrichten]. Arranger.
Anordnung f. (noung). Ordonnance. ‖Disposition.
anpacken. Saisir.
anpassen. Adapter.
Anpassung f. Adaptation.
Anprall m. Choc.
anprallen. Heurter, donner contre.
anpreisen* (pr*a*^èz^en). Vanter.
Anpreisung f. (zoung). Éloge, m. ‖[kaufm.] Réclame.
an‖proben, -probieren (prô-, b*î*r-). Essayer [vêtement] : *Anprobefräulein,* essayeuse n., f.
anpumpen. *Fam.* Taper qn [lui emprunter de l'argent].
anraten* (r*â*t^en). Conseiller.
anrauchen (r*a*^o**ch**-). Enfumer. ‖[Zigarre] Allumer. ‖[Pfeife] Culotter.
anrechnen (**rèch**). Imputer, attribuer.
Anrecht n. (**rècht**). Droit, m., titre, m.
Anrede f. (r*é*éd^e). Allocution, harangue. ‖[Titel] Titre, m.
anreden (r*é*e-). Adresser la parole [à].
anregen (r*é*eg^en). Animer, exciter. ‖[Frage] Agiter.
An‖reger m. ④ (r*é*eg^er). Animateur. ‖**-regung** f. Impulsion.
anreihen (r*a*^èn). [Perlen] Enfiler.
anreizen (r*a*^ètz^en). Exciter, inciter.
anrennen* intr. [*sein*]. Courir* contre.
Anrichte f. (*i***ch**t^e). Buffet, m. : *Anrichtetisch,* m., dressoir; *-zimmer,* n., office, f.
anrichten (r*ì***ch**t^en). Dresser, parer. ‖[Schaden] Faire* [du mal].
anrüchig a. (r*û***chig**). Mal famé, e.
anrücken tr. Approcher. ‖intr. [*sein*] [s'] approcher.
Anruf m. (r*oû*f). Appel.
anrufen*. Appeler
anrühren. Toucher. ‖[Speisen, Farben] Délayer.
ansäen (*z*é*e*n). Ensemencer.
Ansage f. (z*â*g^e). Annonce.

ansagen. Annoncer.
Ansager [Radio] Speaker.
ansammeln. Amasser. ||*Mil.* Rassembler.
Ansammlung f. Accumulation. ||Rassemblement, m.
ansässig a. (zêssig). Domicilié, e.
Ansatz m. Commencement, m., pièce ajoutée, f. : *Ansatzstück*, n., rallonge, f.
anschaffen. Acquérir : *Anschaffung*, f., achat, m., acquisition.
anschalten. [Elektr.] Brancher.
an||schauen (*a*ôen). Regarder. ||[aufmerksam] Contempler. ||**-schaulich** a. (lich). Clair; [Unterricht] Intuitif, ive : *Anschaulichkeit*, f., clarté, évidence.
Anschauung f. Contemplation. Intuition : *Anschauungs...*, intuitif, ive; *Anschauungsweise*, f., manière de voir, opinion.
Anschein m. (*a*èn). Apparence, f., semblant : *anscheinend* adv. En apparence.
anschicken [**sich**] refl. [zu]. Se disposer [à].
anschielen (*î*len). Regarder de travers. || [verstohlen] Regarder du coin de l'œil.
anschirren. Harnacher.
Anschlag m. (*â*k). Choc. ||[Plakat] Affiche, f. ||[Verschwörung] Complot.
anschlagen*. Fixer, clouer. ||[Plakat] Poser, afficher. ||[abschätzen]. Estimer. ||[Gewehr] Mettre* en joue. ||[Saite. Taste usw.] Toucher, faire* résonner.
anschließen* tr. (*î*s-). Fixer, joindre [à] : [**sich**], se joindre* [à]. intr. [Kleid] Etre* juste. ||[Eisenbahn usw.] Correspondre.
Anschluß m. (ouss). Jonction, f. ||Rattachement. ||[der Züge] Correspondance, f. ||[Telephon]. Communication, f.
anschneiden* (*a*èden). Entamer.
Anschovis f. inv. (*ô*vìs). Anchois, m.
anschreiben*. Inscrire*, marquer.
Anschrift f. Adresse.
anschuldigen (*ou*ldigen). Accuser [de].
Anschuldigung f. Accusation.
anschüren. Attiser.
Anschutt m. ① (schoutt). Remblai.
anschwärzen (vèrtsen). Noircir. ||*Fig.* Dénigrer.
anschwellen intr.* [s'] enfler, [se] gonfler. ||tr. Enfler, gonfler. ||n. spl. Gonflement, m. || [Wasser] Crue, f.
Anschwellung f. Enflure. ||Tumeur.
anschwemmen. [Sand]. Charrier.
Anschwemmung f. Alluvion.
an||sehen* (*s*ée-). Regarder, considérer, être témoin de. ||LOC. *sehen Sie mal an!* Voyez un peu [tenez]. ||n. spl. Aspect, m. ||[Hochachtung] Considération, f. : *angesehen*, p. a., considéré, e. ||[Geltung] Autorité, f., prestige, m. ||[Einfluß] Crédit, m. ||**-sehnlich** a. Considérable.
ansetzen. Appliquer. ||[Blasinstrument] Emboucher. ||[Zeit, Preis] Fixer. ||LOC. *Fleisch ansetzen*, prendre de l'embonpoint.
Ansicht f. (zicht). Vue, aspect, m. ||[Meinung] Opinion : *nach meiner Ansicht* ou *meiner Ansicht nach*, à mon avis. ||*Phot.* Vue : *Ansichtspostkarte*, f., carte postale illustrée.
ansiedeln* [**sich**] réfl. (*zî*deln). S'établir.
An||siedler m. ④. Colon. ||**-siedlung** f. Colonie.
anspannen (schp*a*nen). Atteler.
anspeien. Cracher [sur].
anspielen (schp*î*len) [auf, *acc.*]. Faire* allusion [à]. ||[Kartenspiel] Avoir* la main.
Anspielung f. Allusion.
anspinnen* (schp*i*nen). Lier [conversation].
anspornen (schpornen). Eperonner. ||*Fig.* Stimuler.
Ansprache f. (schpr*â*che). Harangue, allocution.
ansprechen* (schpr*è*chen). Aborder [qn]. ||[*einen um etwas*], demander [qc. à qn].
Anspruch m. (schprouch). Prétention, f. : *Anspruch haben* [*auf*, acc.]. avoir* droit à; *Anspruch machen* [*auf*, acc.], prétendre [à qc.]; *in Anspruch nehmen**, prendre*, occuper; [Zeit, usw.] exiger; *anspruchslos*, a. sans prétentions, modeste : *anspruchsvoll*, a., prétentieux.
anstacheln (scht*a*cheln). Piquer, stimuler.

Anstalt f. (schtalt). Disposition, préparatif, m. ‖ [Schule, Fabrik usw.] Etablissement, m.
Anstand m. spl. (schtant, -d-). Décence, f., bienséance, f., convenances, f. pl. : *anstandshalber,* par convenance. ‖LOC. *auf dem Anstand,* à l'affût.
anständig a. (èndig). Décent, e, bienséant, ante, convenable. ‖adv. Décemment.
anstarren (schtaren). Regarder fixement.
anstatt prép. [*gén.*] Au lieu [à la place] de.
anstaunen (schtaonen). Regarder avec étonnement.
anstechen* (schtèchen). [Faß] Mettre* en perce.
anstecken (schtèken). Attacher, fixer. ‖ [Ring] Mettre* [au doigt]. ‖ [Licht, Feuer] Allumer. ‖ [Haus] Incendier. ‖ [Krankheit] Contaminer : *ansteckend,* a., contagieux, euse; *Ansteckung,* f., contagion.
anstehen* intr. (schtée-). Convenir*
ansteigen* (schtaègen). Monter.
anstellen (schtèl-). Placer : *Angestellte[r],* p. a. s., employé, e. ‖*sich anstellen als ob...,* faire semblant de.
anstellig a. Adroit, e.
Anstellung f. Placement, m. ‖ [Ernennung] Nomination. ‖ [Amt] Emploi, m.
anstemmen [sich] réfl. (schtèm-). S'arc-bouter [contre].
anstiften* (schtift-). Causer.
Anstifter m. ④. Auteur, provocateur.
anstimmen (schtim-). [Lied] Entonner.
Anstoß m. (schtôs). Choc, coup. ‖*Fig.* Impulsion f. ‖LOC. *bei jm. Anstoß erregen,* choquer qn.; [an, *dat.*] *Anstoß nehmen*,* être* choqué [de].
an‖stoßen*. Pousser, heurter : *die Gläser anstoßen,* trinquer; *anstoßend,* p. a., voisin, e, contigu, ë. ‖**-stößig** a. (schteûssig). Choquant.
anstreben (schtréeben). Aspirer [à].
anstreichen* (schtraèch-). Peindre. ‖ [tünchen] Badigeonner. ‖ [mit e. Strich] Marquer [d'un trait].
Anstreicher m. ④. Peintre en bâtiment.
anstrengen. *Fig.* Tondre ‖ [sich] s'appliquer ‖ [Klage] déposer.
Anstrengung f. Effort, m., fatigue.
Anstrich m. ① (schtrich). Peinture, f. ‖ [Masse] Couche, f. ‖*Fig.* [Anschein] Semblant. ‖*Fig.* Teinte, f.
Ansturm m. (schtourm). Assaut.
anstürmen intr. Assaillir.
antarktisch a. (tar-). Antarctique.
antasten. Toucher, tâter. ‖ [öfter] Palper.
Anteil m. (taèl). Part, f.
Antenne f. Antenne.
Anthrazit m. ① Anthracite.
antik a. (àntîk). Antique.
Antilope f. (lôpe). Antilope.
Antimon n. (ône). Antimoine, m.
Antiquar m. ① (kvâr). *Fam.* Bouquiniste.
antiquarisch a. (kvâ-). D'occasion.
Antisepsie f. (sî). Antisepsie.
antiseptisch a. (sèp-). Antiseptique.
Antlitz n. ① (àntlits). [dichterisch] Visage, m., face, f.
Anton npr. m. (àntôn). Antoine.
Antrag m. (âg). Proposition, f., demande, f. [en mariage].
antragen* (âgen). Proposer.
Antragsteller m. Demandeur, requérant.
antreffen*. Rencontrer, trouver.
antreiben* (traèben). Pousser [vers], propulser.
antreten* intr. [*sein*] (tréet). Avancer. ‖Entreprendre* : *ein Amt antreten,* entrer en fonctions; *die Regierung antreten,* prendre le pouvoir.
Antrieb m. (îp, -b-). Impulsion, f.
Antritt m. Entrée [f.] en fonctions. ‖ [Reise usw.] Commencement, début. ‖ [Regierung] Avènement.
Antwerpen npr. n. (àn). Anvers, m.
Antwort f. (ànt-). Réponse : *in Antwort auf,* en réponse à. ‖LOC. : *um Antwort wird gebeten* (*u. A. w. g.*), Réponse, s'il vous plaît (R. S. V. P.).
antworten tr. et intr. [auf, *acc.*] Répondre à.
Antwortschein m. Coupon-réponse.
anvertrauen (fertraoèn). Confier.
anverwandt a. Apparenté, e. ‖Parent, e.
anwachsen* [*sein*] (vaksen). Croître*, se développer.

Anwalt m. ①. [Verteidiger] Avocat. ‖[Vertreter] Avoué.
anwandeln intr. [*sein*] (v*a*nd^e^ln). S'approcher [doucement]. ‖tr. *Fig.* : *es wandelt ihn die Lust an...,* l'envie lui prend...
Anwandlung f. Velléité.
Anwärter ④. *Mil.* Aspirant.
anweisen* tr. (v*a*^è^z^e^n). Indiquer. ‖[Platz usw.] Assigner. ‖[belehrend] Instruire*.
Anweisung f. Indication. ‖[Vorschrift] Instruction. ‖ [auf die Bank, Post usw.] Mandat, m.
an‖wendbar a. (vènd). Applicable. ‖**-wenden*** (vèn-). Employer, appliquer.
Anwendung f. Emploi, m., application.
anwerben. Enrôler.
Anwesen n. ④ (véez^e^n). Propriété, f.
anwesend a. Présent, e.
Anwesenheit f. (h*a*^è^t). Présence.
anwidern tr. (vî-). Répugner [à], dégoûter.
Anwohner m. ④ Voisin, [immédiat] riverain, e.
Anwuchs m. (ouks). Accroissement.
Anwurf m. Crépi.
Anzahl f. (tsâl). Nombre, m., quantité.
anzahlen tr. (tsâl-). Donner un acompte.
Anzahlung f. Acompte, m.
anzapfen (ts*a*pf-). Mettre* en perce.
Anzeichen n. (ts*a*^è^ch^e^n). Indice, m. ‖*Méd.* Symptôme, m.
anzeichnen. Annoter.
Anzeige f. Indication, avis, m., annonce. ‖[Geburts- usw.] Lettre [*ou* billet m.] de faire part. ‖[bei der Behörde] Dénonciation.
anzeigen (tsa^è^g^e^n). Indiquer. ‖Annoncer. ‖Déclarer. ‖Dénoncer.
Anzeiger m. ④. Dénonciateur, délateur. ‖[Schüler] Rapporteur. ‖[Zeitung] Moniteur.
anzetteln (tsèt^e^ln). Machiner, ourdir.
an‖ziehen* (tsî^e^n). Attirer. ‖[Kleider] Mettre*, passer [einen, sich] *anziehen** [s']habiller. ‖intr. [Preise] monter. ‖**-ziehend** a. Attrayant, ante.
An‖ziehung f. Attraction. ‖**-zug** m. (tsoûg). Costume [complet]. ‖[v. Truppen, Gewitter usw.] Approche, f. : *im Anzug sein*,* [s'] approcher.
anzünden (tsünd^e^n). Allumer.
An‖zünder m. ④. Allumeur. ‖**-zündung** f. Allumage, m.
anzweifeln. Mettre en doute.
Apfel‖ m. ③. Pomme, f. ‖**-baum** m. (b*a*^o^m). Pommier. ‖**-sine** f. (n^e^). Orange. ‖**-wein** m. (v*a*^è^n). Cidre.
Apollo m. (ôlo). Apollon.
Apostel m. ④ (post^e^l). Apôtre.
Apostroph m. ④ (ôf). Apostrophe, f.
Apotheke f. (téek^e^). Pharmacie : *Apotheker,* m. ④, pharmacien.
Apparat m. ① (rât). Appareil.
Appell m. ① (èl). Appel : *Appellation,* f. (tsiône), appel, m. [en justice].
Appendizitis f. (èndîtsîtis). Appendicite.
Appetit m. (étîte). Appétit : *appetitlich,* a., appétissant, e; *Appetitlosigkeit,* f., manque [m.] d'appétit.
Applaus m. spl. (l*a*^o^s). Applaudissement[s].
apportieren (tîr^e^n). [Hund] Rapporter.
Aprikose f. (ôz^e^). Abricot, m. : *Aprikosenbaum,* m., abricotier.
April‖ m. (aprîl). Avril. ‖**-scherz** m. Poisson d'avril. ‖**-wetter** n. Giboulées f. pl.
Aqua‖rell n. ① (kvarèl). Aquarelle, f. ‖**-rium, ...rien** n. (akv*a*rioum). Aquarium, m.
Äquator m. (êqvâ-). Équateur.
Ar n. ①. Are, m. : *3 Ar,* 3 ares.
Ära, ...ren f. (êra). Ère.
Arab‖er m. ④ (ârab^e^r). Arabe. ‖**-ien** n. (âbi^e^n). [L'] Arabie, f.
arabisch a. Arabe : *arabisches Gummi,* gomme arabique, f.
Arbeit f. (*a*rba^è^t). Travail, m. ‖[mühsame] Labeur, m. ‖[zu schaffende] Besogne : *erhabene* —, relief, m.; *halb erhabene* —, bas-relief, m.; *gestochene* —, ciselure; *getriebene* —, travail repoussé, m.; *saure* —, [dure] corvée; *schriftliche* —, devoir m.; *auf Arbeit gehen,* aller* [se rendre] à son travail; *an die Arbeit gehen*, sich an die Arbeit machen,* se mettre* à l'ouvrage.
arbeiten tr. Travailler. ‖[Maschine] Fonctionner, marcher.

Arbeiter m. ④, **in** f. (*a*rbaèter, ìn). Travailleur, euse, ouvrier, ère : *Arbeiterschaft*, f., classe ouvrière.

Arbeiterviertel n. Cité ouvrière, f.

Arbeitgeber m. ④. Employeur, patron.

Arbeitnehmer m. ④. Employé, salarié, ouvrier.

arbeitsam a. (**z**âm). Travailleur, euse, laborieux, euse : *Arbeitsamkeit*, f., activité laborieuse.

Arbeits... de travail, du travail : *Arbeitsamt*, n., office [m.] du travail; *Arbeitsanstalt* f., ouvroir, m.; *-einstellung*, f., cessation de travail. grève; *-haus*, n., maison [f.] de correction; *-kräfte*, f. pl., main-d'œuvre; *-leistung*, f., rendement, m.; *arbeitslos* a., sans travail. ‖a. s. chômeur, euse : *Arbeitslosigkeit*, f., chômage, m.; *-nachweis*, m., bureau de placement; *-stube*, f., cabinet de travail, m., bureau, m.; *arbeitsunfähig*, a., invalide.

Arche f. (*a*rch**e**). Arche.

Arch‖iv n. ① (*î*f). Archive f. ‖**-ivar** m. ① (v*â*r). Archiviste.

arg a. (arg). Mauvais, e. ‖[Fehler] Grave. ‖[Schmerz] Violent, e.

Argentinien n. (gènt*î*nien). Argentine, f.

Ärger m. (*ê*rger). Dépit, contrariété, f.

ärgerlich a. (li**ch**). Contrarié, e, fâché, e.

ärgern. Fâcher, contrarier.

Ärgernis n. Contrariété, f. ‖Scandale, m.

Arglist f. (*a*rg-). Malice, perfidie.

arg‖listig a. (tig). Perfide. ‖**-los** a. (lôss). Sans malice, candide : *Arglosigkeit*, f., candeur.

Argwohn m. Soupçon.

arg‖wöhnen (ve*û*-). Soupçonner. ‖**-wöhnisch** a. Soupçonneux, euse.

Arie f. (*â*rie). Air, m., mélodie.

Arithm‖etik f. (t*î*k), **-etisch** a. (*ée*tisch). Arithmétique.

arm‖ ¨er, ¨st a. (arm, èrmer, èrmst). [an, *dat.*] Pauvre [en] : *arm machen*, appauvrir; *arm werden**, s'appauvrir. ‖a. s. *der* [*die*] *Arme*, le pauvre, la pauvresse.

Arm m. ①. Bras : *Arm in Arm*, bras dessus, bras dessous; *Arm an Arm*, coude à coude.

Arm‖band n. ②. Bracelet, m. ‖**-binde** f. Écharpe, brassard, m.

Armbrust, -e et **¨e** f. Arbalète.

Armee f. (m*ée*). Armée.

Ärmel‖ m. ④ (*è*rmel). Manche, f. ‖**-kanal** m. Manche, f.

Armen..., (*a*rmen)... des [pour les] pauvres; *Armenanstalt*, f., *-haus*, n., asile d'indigents, m.; *-kasse* f., bureau de bienfaisance, m.; *-kasten*, m., tronc des pauvres; *-pflege*, f., *-versorgung*, f., *-wesen*, n., assistance publique, f.

...armig a. (ig), à [au] bras... : *langarmig*, au[x] bras long[s]; *drei* [*vier-* usw.] *armig*, à trois [quatre, etc.] branches.

Arm‖lehne f. Accoudoir, m. ‖**-leuchter** m. ④. Candélabre.

ärmlich a. (êrmli**ch**). Misérable, mesquin, e.

Armloch n. Emmanchure, f.

armselig a. (*a*rmz*ée*lig). Misérable.

Arm‖sessel m. ④, **-stuhl** m. Fauteuil.

Arm‖ut f. (*oû*t). Pauvreté. ‖**-utszeugnis** n. Certificat [m.] d'indigence.

Armvoll m. inv. Brassée, f.

Arom n. ① (*ô*m). Arôme, m.

aromatisch a. (m*â*-) Aromatique.

Arrest‖ m. ① (*è*st). Arrêts, pl. ‖[Schul-] Consigne, f. ‖**-ant, -en, -en** m. (t*à*nt). Détenu.

Arsch m. Derrière. *Pop.* Cul.

Arsen[ik] n. (èn,èn*i*k). Arsenic, m.

Art f. (*â*). Manière, façon. ‖[Sorte] Espèce, sorte. ‖LOC. *auf eine Art* [*und Weise*], d'une manière.

Arterie f. (*ée*rie). Artère.

artig a. (*â*rtig). Gentil,le. ‖[Kind] Sage : *Artigkeit*, f., gentillesse, sagesse. ‖*...artig*, a., de la nature de... : *glasartig*, vitreux euse,

Artikel m. ④ (t*î*kel). Article.

Art‖illerie f. (ilerî). Artillerie. ‖**-illerist, -en, -en** m. (*i*st). Artilleur.

Artischocke f. (*o*ke). Artichaut, m.

Arznei f. (artsn*a*è). Médecine, drogue. ‖*Arzneimittel*, n., médicament, m.; *-trank*, m. potion, f.

Arzt‖ m. (artst). Médecin. ‖ **¨in** f. (èrtstîn). Femme médecin, doctoresse.

ärztlich a. (i**ch**). Médical, e.

As -ses, -se n. As, m. ‖n. inv. La bémol, m.

Asbest m. (*è*st). Amiante, f.

Asche f. (*asch*ᵉ). Cendre[s] : *in Asche legen,* mettre* en cendres. ||*Asch...*, *Aschen...*, à cendre[s], de cendre[s] etc. : *Aschbecher,* m., *-behälter,* m., *-kasten,* m., cendrier. ||*Aschenbrödel,* npr. n., Cendrillon, f.; *-farbig,* a., cendré, e; *-grau,* a., gris cendré, inv.; *-puttel,* n., Cendrillon, f.; *Aschermittwoch,* m., mercredi des Cendres.

Asiat, -en, -en npr. m. (*ziâte*). Asiatique.

asiatisch a. Asiatique.

Asien n. (*âzi*ᵉn). Asie, f.

Asphalt m. Asphalte.

aß, imp. de **essen***.

Assekuranz f. (assékour*à*ntss). Assurance.

assekurieren (*î*rᵉn). Assurer.

Assel f. (*a*-). Cloporte, m.

assentieren (èntîrᵉn). Recruter.

Assentierung f. Recrutement, m.

Ass||essor, -s, -en m. (*è*ssor, ...*ô*ren). Assesseur. ||**-istent -en, -en** m. (tènt). Assistant, adjoint.

Ast m. Grosse branche, f. ||[im Holz] Nœud.

ästhetisch a. Esthétique.

Asthma n. (*a*st-). Asthme, m.

asthmatisch a. (m*â*-). Asthmatique.

ästig a. (*è*stig). Noueux, euse.

astigmatisch a. Astigmate.

Astro||log, -en, -en m. (l*ô*g). Astrologue. ||**-logie** f. (g*î*). Astrologie. ||**-nom, -en, -en** m. (*ô*m). Astronome. ||**-nomie** m. (m*î*) Astronomie.

Asyl n. ① (*î*l). Asile, m.

Atem m. (*â*tᵉm). Haleine, f., respiration, f. ||[Hauch] Souffle. ||LOC. *Atem schöpfen,* respirer; *außer Atem,* essoufflé.

atemlos a. (l*ô*s). Essoufflé, e.

Atemzug m. (tso*û*g). Souffle.

Atheist m. Athée.

Athen n. (t*é*ene). Athènes, f.

Äther n. (*é*tᵉr). Éther.

Äthiopien. n. Éthiopie, f.

Athlet m. (l*è*t'). Athlète.

atlantisch a. (*à*n-) : *atlantisches Meer,* Océan Atlantique.

Atlas, ses, -se m. (*a*t). Atlas. ||[Stoff] Satin : *atlasartig,* satiné, e.

atmen tr. (*â*tmᵉn). Respirer. ||n. et

Atmung f. Respiration, f.

Atmosphäre f. Atmosphère.

Atom|| n. ① (*ô*m). Atome, m. ||**-gewicht** n. Poids [m.] atomique. ||**-zerfall** m. Désintégration [f.] de l'atome.

Attentat n. ① (ènt*â*te). Attentat, m.

Attest n. Certificat, m.

ätz||en (*è*tsᵉn). Graver [à l'eau forte]. ||*Méd.* Cautériser. ||**-end** p. a. (tsᵉnt, -d-). Corrosif, ive, caustique.

Ätz||mittel n. Caustique, m. ||**-ung** f. Gravure. Cautérisation.

au! au weh! (aº, aº vé) interj. Ah! aïe!

auch adv. (*a*º**ch**). Aussi : *auch nicht,* non plus. ||Même. V. *so, wenn, wie... auch.*

Auerbrenner m. ④ (*a*ôᵉr-ᵉr). Bec Auer.

Auerhahn m. (h*â*ne). Coq de bruyère.

auf prép. (*a*ºf). Sur. — 1. *Avec le datif,* en réponse à la question **wo?:** *das Buch liegt auf dem Tische,* le livre est sur la table. — 2. *Avec l'accusatif,* en réponse à la question **wohin? :** *ich lege das Buch auf den Tisch,* je mets le livre sur la table. ||LOC. *auf dem Heimgehen,* en allant [rentrant] à la maison; *auf kurze Zeit* [*ein Jahr* usw.], pour peu de temps [un an, etc.]; *auf morgen* [*auf Sonntag* usw.], à demain [à dimanche, etc.]; *auf Ihre Gesundheit,* à votre santé. ||*auf französisch* usw., en français, etc.||adv. En haut. ||[aufrecht] Debout : *schon auf!,* déjà levé! LOC. *auf und ab,* du haut en bas, de long en large; *auf und davon gehen**, se sauver, décamper. ||[Tür, Auge] Ouvert, e, a.

auf... (*a*ºf-). Préfixe *séparable accentué,* forme des verbes dans lesquels il ajoute à l'idée exprimée par le verbe simple ou le radical l'idée de :

1º Sur, dessus. Exemples : *auf-||bahren,* mettre sur un brancard; *-drücken,* appuyer sur, apposer; *-gießen,* verser sur.

2º En haut, en hauteur, debout. Exemples : *auf||bleiben,* rester debout; *-heben,* soulever; *-richten,* dresser.

3º Monter, s'élever [intransitifs].

Exemples : *auf||fahren,* monter, se lever, s'ouvrir brusquement; *-fliegen,* prendre son vol; *-kommen,* s'élever; *-springen,* bondir.

4° Faire* monter, faire* lever, élever, enlever [transitifs]. Exemples: *auf||bauen, -führen,* édifier; *-füllen,* remplir jusqu'aux bords; *-hetzen,* faire lever [gibier]; *-lesen,* ramasser, glaner; *-schichten,* empiler.

5° Ouvrir, découvrir [transitifs], s'ouvrir [intransitifs]. Exemples : *auf||binden,* délier, dénouer; *-decken,* découvrir; *-drücken,* ouvrir en pressant; *-knüpfen, -lösen,* dénouer; *-machen, -schließen,* ouvrir*.

6° Améliorer, rafraîchir, refaire. Exemples : *auf||arbeiten,* remettre* à neuf; *-bürsten,* donner un coup de brosse à; *-färben,* reteindre.

7° Faire complètement, achever [transitifs]. Exemples : *auf||brauchen,* épuiser; *-fressen,* dévorer; *-kaufen,* accaparer.

aufatmen intr. (*a*ᵒf'âtmᵉn). Reprendre haleine.

aufbahren. Mettre* sur un brancard. ||[Sarg] Exposer.

Aufbau m. ① (b*a*ᵒ). Construction, f., édifice.

aufbauen. Édifier.

aufbehalten* (**h***a*ltᵉn) [Hut]. Garder [sur la tête].

aufbessern. [Gehalt] Augmenter.

Aufbesserung f. Augmentation.

aufbewahren (*â*r-). Garder, conserver.

Aufbewahrung f. Garde, conservation : *Aufbewahrungsstelle,* f. consigne [des bagages].

aufbieten* (b*î*tᵉn). Publier [les bans]. ||*Mil.* Convoquer. ||[Kräfte usw.] Employer, déployer.

aufbinden* (b*i*nd-). Délier, dénouer. ||LOC. *einem etwas aufbinden,* en faire* accroire à qn.

aufblähen (bl*ê*-). Gonfler. ||[**sich**] Faire l'important : *Aufblähung,* f., gonflement, m.

aufblasen* tr. (bl*â*zᵉn). Gonfler. ||intr. [*sein*] S'enfler : *aufgeblasen,* p. a., enflé, e, boursouflé, e; *Aufgeblasenheit,* f., enflure, boursouflure.

aufbleiben* [*sein*] (bl*a*ᵉbᵉn). Rester ouvert, rester debout. ||[la nuit] Veiller.

aufblicken. Lever les yeux.

aufblitzen. Flamboyer.

aufblühen. Éclore*, s'épanouir. ||n. Épanouissement, m., floraison, f.

aufbrauchen (br*a*ᵒ**ch**ᵉn). Consommer, épuiser.

auf||brausen [*sein*] (br*a*ᵒ**z**ᵉn). Entrer en effervescence. ||[Wogen] Mugir. ||*Fig.* S'emporter. ||**-brausend** a. Effervescent, te; *Fig.* Emporté, e.

aufbrechen* (*è***ch**ᵉn). Ouvrir*. ||[Tür] Enfoncer. ||[Brief] Décacheter. ||intr. [*sein*] S'ouvrir*. ||[Geschwür] Crever. ||[Haut] Se gercer. ||*Mil.* Partir*.

aufbringen* (*i***ng**-). Mettre* debout. ||[Kranken] Mettre* sur pied. ||[Mode usw.] Lancer. ||[Kosten] Faire* face à. ||[Schiff] capturer. ||*Fig.* Impatienter, irriter.

Aufbruch m. (brou**ch**). *Mil.* Départ.

aufbügeln (b*û***g**ᵉln). Donner un coup de fer à.

aufbürden (b*u*rdᵉn). Charger. ||[Last] Imposer. ||*Fig.* Imputer [à].

aufbürsten. Donner un coup de brosse à.

aufdecken tr. Recouvrir*. ||[Tischtuch] Mettre* [la nappe]. ||[enthüllen] Découvrir*, divulguer.

aufdrängen (dr*è***ng**ᵉn). Ouvrir*. ||[aufzwingen] Imposer.

aufdrehen (dr*ée*-). [Strick] Détordre. ||[Hahn] Ouvrir.

aufdringen* = *aufdrängen.*

aufdrücken tr. Appuyer sur. ||[Siegel] Apposer. ||[öffnen] Ouvrir* [en pressant].

aufeinander (*a*ᵒfaᵉn*à*ndᵉr). L'un[e] sur [après] l'autre, les un[e]s sur [après] les autres : *aufeinander folgen,* se succéder.

Aufenthalt m. ① (*è*nt**h***a*lt). Arrêt. ||[Verweilen] Séjour.

auferlegen (l*ée***g**ᵉn). Imposer.

auferstehen* (scht*ée*). Ressusciter.

Auferstehung f. Résurrection.

auferwecken (v*è*-). Faire* lever. ||[Tote] Ressusciter.

aufessen* (sᵉn). Manger entièrement.

auffahren* intr. (*a*ᵒf'f*â*rᵉn). Monter. ||[Tür usw.] S'ouvrir* brusquement. ||[v. Personen] Se lever brusquement. ||[im Zorn] S'emporter.

Auffahrt f. Montée, ascension.

auf||fallen* [*sein*]. Surprendre*, tr., frapper, tr. ||**-fallend, -fällig** a. (falent, -d-, -fèlig). Surprenant, e, frappant, e.
auffangen* (fàng-). Saisir [au vol]. || [Briefe] Intercepter. || [Hieb] Parer.
auffärben (fèrb-). Reteindre*.
auffassen. Comprendre*, concevoir.
Auffassung f. Conception. || [Deutung] Interprétation.
auffinden*. Trouver, découvrir*.
auffischen. Repêcher.
auf||flackern, -flammen intr. [*sein*]. Flamber.
auffliegen* intr. [*sein*] (flîg-). Prendre* son vol. ||*Fig.* [Tür] S'ouvrir* brusquement. || [Mine] Sauter, faire* explosion.
auffordern. Inviter. || [zum Kampfe] Provoquer. || [gerichtlich u. milit.] Sommer. Mettre en demeure.
Aufforderung f. Invitation. ||Sommation, défi, m.
aufforsten. Reboiser.
Aufforstung f. Reboisement, m.
auffressen*. Dévorer. ||*Fig.* Ronger.
auffrischen (frichen). Rafraîchir.
aufführen tr. Édifier. || [Stück] Jouer, représenter. || [**sich**] Se conduire*.
Aufführung f. Construction. || [Theater] Représentation. ||Conduite.
auffüllen. [Auto] Faire le plein.
Aufgabe f. (gâbe). Tâche, mission : *sich zur Aufgabe machen,* prendre* à tâche. || [Schule] Devoir, m. ||*Math.* Problème, m. || [e. Briefes usw.] Remise. || [e. Amtes usw.] Abandon, m.
Aufgang m. (gàng). Montée, f. || [Sonne usw.] Lever. || [d. Eises] Dégel.
aufgeben* tr. (géeben). [Brief usw.] Remettre* [pour expédier] : *einem etwas aufgeben,* charger qn. de qc. ||[Rätsel] Proposer. || [fahren lassen] Renoncer à, abandonner : *den Geist aufgeben,* rendre l'âme. || [Kranken] Abandonner.
aufgeblasen, V. *aufblasen**.
Aufgebot n. ① (gébôte). Publication, f. [de bans]. ||*Mil.* Levée, f.
aufgedunsen p. a. (gédoun-). Bouffi, e.
aufgehen* [*sein*] (géeen). Monter. || [Sonne usw.] Se lever. || [Licht] Apparaître*. || [Saat] Pousser. || [Tür, Augen] S'ouvrir*. || [Haar, Knoten] Se défaire*, se dénouer. || [Naht] Se découdre*. || [verdunsten] S'évaporer.
aufgehoben, V. *aufheben**.
aufgeklärt, V. *aufklären.*
Aufgeld n. (gèlt, -d-). Arrhes, f. pl.
aufgelegt, V. *auflegen.*
aufgeräumt, V. *aufräumen.*
aufgeregt, V. *aufregen.*
aufgießen* (gîssen). Verser sur. || [Tee] Infuser.
aufgreifen* (graèf-). Saisir [en passant].
Aufguß m. (gous). Infusion, f.
aufhalten* (hal-). Tenir* ouvert. || [im Gehen] Arrêter, retenir*, retarder. || [**sich**] S'arrêter. || [länger] Séjourner.
aufhängen (hèngen). Suspendre, accrocher. || [einen] Pendre. || [Wäsche] Etendre.
aufhäufen (hœüfen). Entasser, accumuler. || [Holz] Empiler.
aufheben* (héeben). || [v. der Erde] Ramasser. || [Last] Soulever. || [Hand, Lager, Sitzung] Lever. || [Kleid] Relever. || [ungültig machen] Annuler, supprimer. || [Kammer usw.] Dissoudre. || [Gesetz] Abroger. ||*aufgehoben,* p. a. : *gut aufgehoben,* bien soigné [nourri, etc.].
Aufhebung f. Levée, dissolution, abrogation, suppression. ||LOC. *viel Aufhebens machen,* faire* grand bruit.
aufheitern tr. (haètern). Égayer. || [**sich**] [Himmel, Wetter] S'éclaircir.
aufhelfen* Aider à se relever.
aufhellen (hèll-). Éclaircir.
aufhetzen*. Faire* lever [gibier]. ||*Fig.* Ameuter.
aufhören intr. (heûren). Cesser, tr. et intr. ||n. Cessation, f. : *ohne Aufhören,* sans cesse.
Aufkauf m. (kaof). Achat en masse, accaparement.
aufkaufen. Accaparer.
aufklären (klêr-). Éclaircir, éclairer.
Aufklärung f. Éclaircissement, m. ||*Fig.* Action civilisatrice, lumières, pl. : *Aufklärungsfilm,* documentaire. ||*Aufklärungsflugzeug,* avion de reconnaissance.

aufklinken. Déclencher.
aufknöpfen. Déboutonner.
aufknüpfen tr. Retrousser. ‖[auflösen] Dénouer.
aufkommen* [*sein*]. Se lever, s'élever. ‖[Kranker] Se rétablir.
aufkündigen (kùndig-). Dénoncer. ‖[Miete] Donner congé.
Aufkündigung f. Congé, m.
auflachen intr. (l**ach**-). Éclater de rire*.
Auflage f. (lâg^e). [Steuer] Impôt, m. ‖[v. Büchern] Tirage, m., édition.
auflauern. Faire* le guet.
Auflauf m. (lä^of). Attroupement. ‖[Mehlspeise] Soufflé.
auflaufen* intr. (l*a*^of^en). S'enfler, s'accumuler.
aufleben (l*é*eb^en). Revivre*.
auflegen (l*é*eg^en). Poser [sur], appuyer. ‖[Pflaster usw.] Appliquer. ‖[Strafe] Infliger. ‖[Buch] Éditer. ‖*aufgelegt*, p. a. [zu], disposé, e [à].
auflehnen (l*é*en^en). Appuyer : *sich auflehnen, fig.* se révolter.
Auflehnung f. Soulèvement, m., révolte.
auflesen*. Ramasser, glaner.
aufliegen* intr. (lîg^en). Être* couché, e [sur]. ‖[Waren, Bücher] Être étalé, e, exposé, e.
auflockern. Secouer, remuer, ameublir [la terre].
auflösen (le*û*z^en). Délier. ‖[Knoten] Dénouer, défaire. ‖[Zucker usw., *fig.* Versammlung usw.] Dissoudre*. ‖[Aufgabe usw.] Résoudre*. ‖*auflösbar*, a., soluble; *Auflösung*, f., dénouement, m., solution, dissolution; *Auflösungszeichen*, n., bécarre, m.
aufmachen tr. (m*a***ch**^en). Mettre* [sur]. ‖[Vorhänge] Poser ‖[Türe] Ouvrir*. ‖[Flasche] Déboucher.
Aufmarsch m. Marche, f.
aufmarschieren intr. [*sein*] (schîr-). Marcher en rangs.
auf‖merken intr. (mèrk^en). Faire* attention. ‖tr. Marquer, noter. ‖**-merksam** a. (z*â*m). Attentif, ive : *einen auf* [*acc.*] *aufmerksam machen*, appeler l'attention de qn. sur...
Aufmerksamkeit f. (k*a*^èt). Attention.
aufmuntern tr. Ranimer, encourager.
Aufmunterung f. Encouragement, m.
Aufnahme f. Admission. ‖[Empfang] Accueil, m. ‖[v. Dingen] Succès, m. ‖[e. Gegend] Levé, m., croquis m. ‖[Ansicht, Bild] Vue, photographie.
aufnehmen* tr. Relever, ramasser. ‖[Plan] Lever. ‖[Photographie] Prendre*. ‖[Protokoll usw.] Dresser. ‖[empfangen] Admettre*, accueillir. ‖LOC. *es mit einem aufnehmen,* se mesurer avec qn.
aufnötigen. Imposer, forcer [qn.] à prendre.
aufopfern tr. Faire* le sacrifice de; immoler.
Aufopferung f. Sacrifice, m., dévouement, m.
aufpacken. Charger [sur].
aufpassen intr. Faire* attention : *aufgepaßt!* attention! ‖ [lauern] Guetter.
aufpflanzen (ànts^en). Planter. ‖[Fahne] Arborer. ‖[Batterie usw.] Dresser.
aufpumpen tr. (p*ou*mp^en). Gonfler. [pneu, etc.].
aufputzen tr. (p*ou*-). Parer. ‖[kleiden] Attifer : *Aufputz*, m., parure, f., toilette, f.
aufquellen* intr. [*sein*] (qvèl-). Sourdre*, jaillir. ‖[Gemüse] Se gonfler.
aufraffen tr. Ramasser précipitamment, rafler. ‖[**sich**]. Se relever brusquement.
aufragen. Se dresser; *fig.*, rassembler toutes ses forces.
aufräumen (r*œ*üm^en). Enlever, débarrasser. ‖[ordnend] Ranger. ‖*aufgeräumt.* p. a., bien disposé, e, de bonne humeur.
aufrecht a. (rè**ch**t). Droit, e, vertical, e. ‖adv. Debout.
aufregen (r*é*eg^en). Agiter, exciter : *Aufgeregtheit*, f., *Aufregung*, f., agitation, excitation.
aufreiben* tr. (ra^èb^en). [Wund] Écorcher. ‖[verzehren, erschöpfen] User, épuiser.
Aufreibung f. Écorchure, usure.
aufreißen* tr. (ra^ès^en). Ouvrir* [brusquement]. ‖Arracher. ‖intr.

[*sein*]. Se fendre. ‖[Haut] Se gercer.
auf‖richten tr. (richtᵉn). [Re]dresser, ériger. ‖**-richtig** a. (tig). Sincère, franc, anche : *Aufrichtigkeit*, f., sincérité.
Aufrichtung f. Érection.
aufritzen. Érafler.
aufrollen tr. [wickeln] Enrouler. ‖[entfalten] Dérouler.
aufrücken intr. [*sein*]. Avancer [en grade]. ‖tr. Faire* monter. ‖n. Avancement, m.
Aufruf m. ④. (roûf). Appel, proclamation, f.
aufrufen*. Appeler.
Aufruhr m. ① (roûr). Tumulte, soulèvement.
aufrühren tr. Remuer, agiter.
Aufrührer m. ④, **aufrührerisch** a. Séditieux, euse, rebelle.
aufrütteln tr. Secouer.
aufsagen tr. (zâg). Réciter, donner congé. ‖n. Récitation, f., congé, m.
Aufsatz m. Dessus. ‖[Möbel] Chapiteau, x, fronton. ‖[Tafel] Surtout. ‖[Kopfputz] Coiffure, f. ‖[Schrift] Composition, f., rédaction, f. ‖[Zeitung] Article.
aufsaugen tr. (zaógᵉn). Aspirer, absorber.
aufscheuchen tr. (schœüchᵉn). [Wild] Lancer, lever.
aufschichten tr. (ich-). Empiler.
aufschieben* (îbᵉn). [öffnen] Ouvrir. ‖[zeitlich] Ajourner, remettre*; atermoyer. ‖n. et **Aufschiebung** f. Ajournement, m., atermoiement, m.
aufschießen* (îs). Grandir rapidement. ‖[Pflanze] Monter en graine.
Aufschlag m. (âk). Chute, f., Bond. ‖[am Rock] Revers. ‖[an Ärmeln] Parement.
aufschlagen* tr. [Buch, Faß] Ouvrir. ‖[Lager, Zelt] Dresser, établir. ‖[Augen] Lever. ‖[Ärmel] Retrousser. ‖intr. [*sein*] [Preis] Monter.
aufschließen* tr. (îs). Ouvrir*. ‖[Sinn] Éclaircir.
Aufschluß m. Éclaircissement, renseignement.
aufschneiden* tr. (aᵉd). Ouvrir* [en coupant]. ‖intr. [prahlen] Hâbler, blaguer : *Aufschneider*, m. ④, hâbleur, blagueur, fanfaron; *Aufschneiderei*, f., hâblerie, blague, fanfaronnade.
aufschnellen tr. Lancer en haut. ‖intr. [*sein*]. [Feder] Se détendre.
Aufschnitt m. ① Incision, f., entamure, f. charcuterie, f.
aufschnüren. Délacer. ‖Attacher.
aufschrecken tr. Effaroucher. ‖intr. [*sein*] Sursauter [de frayeur].
aufschreiben* (aᵉb). Inscrire*, noter.
aufschreien*. Pousser des cris.
Aufschrift f. Suscription, adresse. ‖[auf Münzen] Inscription. ‖[auf Flaschen usw.] Étiquette. ‖[auf Büchern usw.] Titre, m., en-tête, m., rubrique.
Aufschub m. spl. (schoûp, -b-). Délai, remise, f., ajournement, sursis.
aufschürzen (urts-). Retrousser.
Aufschutt m. spl. (outt). Remblai.
aufschütten. Verser [sur]. ‖[Damm] Remblayer.
aufschwingen* [**sich**] (ing-). Prendre son élan [son essor].
Aufschwung m. Élan, essor.
aufsehen* intr. (zéeᵉn). Lever les yeux, regarder en l'air. ‖[achthaben] Veiller [à]. ‖n. LOC. *Aufsehen machen* [ou *erregen*], faire* sensation.
Aufseher, in m. ④, f. (zéeᵉr, in). Surveillant, e; inspecteur, trice.
aufsetzen tr. (tsᵉn). Mettre* [poser] sur. ‖[**sich**] Se mettre* sur son séant, monter à cheval. ‖[Hut] Mettre*. ‖[Brief] Rédiger. ‖[Kontrakt, Rechnung] Dresser.
Aufsicht f. (zicht). Surveillance. inspection.
aufsitzen* intr. Être* assis, e, posé, e, perché, e [sur].
aufspannen tr. (schpa-). Étendre [sur]. ‖[Schirm] Ouvrir*.
aufsparen tr. (schpâr). Épargner.
aufspeichern (schpaᵉchᵉrn). Emmagasiner, réserver, entasser.
aufsperren tr. (schpèrᵉn). Ouvrir* [tout grand].
aufspießen tr. (schpîsᵉn). Embrocher.
aufsprengen (schprèng-). Faire* sauter.
aufspringen* intr. [*sein*] (schprìngᵉn). Bondir. ‖[Tür] S'ouvrir [brusquement].
aufspüren tr. (schpûrᵉn). Dépister.

aufstacheln tr. (schtach-). Aiguillonner.
Aufstand m. (schtant, -d-). Soulèvement, insurrection, f.
aufständisch a. (schtèn-). Révolté, e, rebelle, insurgé, e.
aufstapeln tr. (schtâ-). Empiler, entasser.
aufstechen* tr. (schtèch-). Percer.
aufstecken tr. (schtè-). Fixer, épingler. ||Relever, [re]trousser.
aufstehen* intr. [*sein*] (schtée^{e}n). Se lever. ||Être ouvert. ||Paraître.
aufsteigen* intr. (schta^{è}g^{e}n). Monter. ||n. Montée, f., ascension, f.
aufstellen tr. (schtèl-). Mettre* debout, dresser, poser. ||*Fig.* [Satz] Établir.
Aufstellung f. Pose, établissement, m.
Aufstieg m. (schtîg). Montée, f.
aufstoßen* tr. (schtôs-). Ouvrir* [violemment]. ||[Tür] Enfoncer. ||intr. [*sein*]. [Speisen] Revenir*.
aufstreifen. Retrousser [manches].
aufstülpen (schtu-). Retrousser.
aufstützen (schtu-). Appuyer [sur]. ||[**sich**]*. S'accouder.
aufsuchen tr. (**zouch**^{e}n). [Re]chercher. ||n. Recherche, f.
auftafeln tr. (tâ). Servir*.
auftakeln tr. Gréer : *Auftakelung*, f., gréement, m.
auftauchen intr. [*sein*] (ta^{o}**ch**^{e}n). Émerger, surgir.
auftauen intr. [*sein*] (ta^{o}). Dégeler. ||n. Dégel, m.
auftischen. Servir*.
Auftrag m. (âk). Commission, f., mission, f. : *im Auftrag*, sur l'ordre, de la part [de]. ||[Bestellung] Ordre, commande, f. ||*Auftraggeber*, m. ④, commettant; *-nehmer*, m. ④, mandataire.
auftragen* (trag^{e}n). Mettre* sur. ||[Speisen] Servir*. ||[Farbe] Appliquer.
auftreiben* tr. (tra^{è}-). Faire* lever. ||[Staub] Soulever. ||[Geld usw.] Se procurer.
auftrennen tr. Découdre*.
auftreten* (trée-) [*sein*]. Marcher [sur]. ||[erscheinen] Apparaître* ||[Theater] Entrer en scène. ||n. Apparition, f., attitude, f. ||Entrée en scène, f.
Auftritt m. 1 = *Auftreten*, n. ||2. Marchepied. ||[Theater usw., Zank] Scène, f.
auftun* (toûn). Ouvrir*.
auftürmen tr. Amonceler.
aufwachen intr. [*sein*] (va**ch**^{e}n). Se réveiller. ||n. Réveil, m.
aufwachsen*. Croître* [en hauteur].
aufwallen. Bouillonner : *Aufwallung*, f., bouillonnement, m.
Aufwand m. spl. (ànt, -d-). Dépense, f., luxe.
aufwärmen (vèr-). Réchauffer.
aufwarten. Servir* [à table]. ||[ehrerbietig] Présenter ses hommages.
Auf||wärter, in m. ④, f. (vèrt^{e}r, ìn). Serviteur, servante. ||**-wartung** f. Service, m., visite, f., hommage, m.
aufwärts adv. (vêrts). En haut.
aufwaschen*. Laver.
aufwecken. Réveiller : *aufgeweckt*, p. a., éveillé, e; dégourdi, e.
aufweisen* (va^{è}**z**^{e}n). Montrer, produire*.
aufwenden* (vèn-). Employer. ||[Geld] Dépenser.
aufwerfen* Jeter en l'air. ||[Tür] Ouvrir* brusquement. ||[Würfel] Jeter. ||[Karten] Étaler. ||*Fig. sich aufwerfen* [*als*], se poser, s'ériger [en].
aufwerten. Revaloriser.
aufwickeln tr. (vîk^{e}ln). Enrouler, dévider, démailloter.
aufwiegeln (vîg^{e}ln). Soulever. ||[**sich**] Se révolter.
aufwiegen* tr. (vîg^{e}n). Compenser.
Aufwiegler m. ④. Agitateur.
aufwühlen (vû-). Fouiller, retourner.
aufzählen (tsêl^{e}n). Énumérer. ||[Geld] Compter. ||[Zeit] Supputer.
Aufzählung f. Énumération.
aufzäumen. Brider.
aufzehren (tsée-). Consumer. ||[essend] consommer.
aufzeichnen tr. (tsa^{è}**chn**^{e}n). Dessiner [sur], marquer. ||[aufschreiben] Noter.
aufziehen* (tsî-) tr. Lever, monter. ||[Flagge] Hisser. ||[Uhr] Remonter. ||[Kind] Élever. ||intr. [*sein*]. Défiler. ||*Mil.* Prendre la garde.
Auf||zucht f. Elevage, m. ||**-zug** m. (tsoûk). Montage. ||[f. Gewichte] Monte-charge. ||[f. Speisen] Monte-plats. ||[Personen] Ascenseur. ||[Uhr] Remontoir. ||[Theater] Acte.

‖[Vorbeimarsch] Cortège. ‖[kirchlich] Procession, f. ‖[zu Pferde] Cavalcade, f.

aufzwängen (tsvèngen), **-zwingen***. Imposer.

Augapfel m. ③ (*ao*g-). Prunelle, f.

Auge, -n n. Dim. *Äuglein*, n. ④. Œil, m. pl. yeux. ‖LOC. *aus den Augen lassen* [*verlieren*], perdre de vue; *blaues Auge*, œil poché; *in die Augen fallen**, sauter aux yeux; *ins Auge fassen*, fixer les yeux sur; *fig.* envisager; *mit bloßem Auge*, à l'œil nu; *unter vier Augen*, seul à seul, entre quatre yeux. ‖*Fig.* [Würfel] Point, m.

äugeln (*œüg*eln). intr. Lancer des œillades, lorgner, tr.

Augen‖**...** (*ao*gen), ... de l'œil, des yeux, de la vue, oculaire, etc.

Augen‖**arzt** m. Oculiste. ‖**-blick** m. Clin d'œil; *fig.* instant, moment.

augenblicklich a. Instantané, e, momentané, e. ‖adv. Instantanément, momentanément.

Augen‖**braue** f. (br*aô*e). Sourcil, m. ‖**-butter** f. (*out*er). Chassie. ‖**-glas** n. ② Monocle m. ‖[doppeltes] Lorgnon, m. ‖**-höhle** f. Orbite. ‖**-lid** n. ② (lît, -d-). Paupière, f. ‖**-merk** n. Visée, f., but, m. ‖**-schein** m. (sch*a*èn). Aspect, examen.

augenscheinlich a. (lich). Apparent, e, évident, e.

Augen‖**scheinlichkeit** f. (k*a*èt). Évidence. ‖**-stern** m. (schtèrn). Pupille, f., prunelle, f. ‖**-zeuge, -n, -n** m. (ts*œü*ge). Témoin oculaire.

...äugig a. (ig). Aux yeux... : *blauäugig*, aux yeux bleus.

August m. 1. npr. (*ao*goust). Auguste. ‖2. (*ou*st) [der]. Août.

Auktion‖ f. (*ao*ktsiône). Vente aux enchères : *Auktionshaus*, n. ②, salle des ventes, f. ‖**-ator, -en** m. (*â*tor, *ô*ren). Commissaire-priseur.

Aula, ...len f. (*ao*). Salle des fêtes.

aus (*ao*s). I. Préposition avec le *datif*, exprime : 1o La *sortie*. Ex. : *aus der Stadt kommen*, sortir de la ville; *aus einem Glas trinken**, boire* dans un verre. 2o L'*origine*, l'*extraction*, la *cause* : *Brief aus Rom*, lettre de Rome; *aus... gebürtig*, originaire de...; *aus guter Familie*, de bonne famille; *aus einem Buche lernen*, apprendre* dans un livre; *aus einer Zeit*, d'une époque; *aus Güte* usw., par bonté, etc.; *aus einem Grunde, einer Ursache*, pour une raison, une cause. 3o La *matière* : *aus Stein*, de pierre; *aus ... bestehen*, consister en ...

II. Adverbe, exprime la *sortie*, l'*éloignement*, la *séparation*, la *fin* : *es ist mit ihm aus*, c'en est fait de lui; *das Schauspiel ist aus*, le spectacle est fini; *vom Fenster aus*, de la fenêtre; *daraus*, [hors] de là.

aus‖**...** (*ao*s-). Préfixe *séparable accentué*, ayant les mêmes sens que l'adverbe [voir ci-dessus, II], ajoute au verbe l'idée de :

1o Être ou aller dehors, sortir [intransitifs]. Ex. : *aus*‖*gehen, -kommen, -treten*, sortir*; *-fahren*, sortir en voiture.

2o Faire sortir, extraire, choisir, enlever, faire disparaître, exclure [transitifs]. Ex. : *aus*‖*drücken*, exprimer; *-geben*, distribuer; *-gießen*, répandre, épancher; *-heben**, enlever; *-liefern*, délivrer; *-zahlen*, verser [argent].

3o Creuser, évider. Ex. : *aus*‖*bohren*, forer.

4o Obtenir, découvrir, inventer. Ex. : *aus*‖*denken*, imaginer; *-forschen*, découvrir.

5o *a*) Faire complètement ou jusqu'au bout, achever. Ex. : *aus*‖*arbeiten*, achever de travailler; *-bauen*, achever de bâtir. *b*) Cesser, finir [de]. Ex. : *aus*‖*leben, -schlafen*, cesser de vivre, de dormir.

6o Publier, annoncer. Ex. : *aus*‖-*plaudern*, divulguer en bavardant; *-schreien*, s'écrier.

7o Munir, garnir. Ex. : *aus*‖*kleiden*, tapisser; *-schlagen*, garnir.

ausarbeiten (*ao*sarb*a*èten). Élaborer. ‖[vollenden] Achever. ‖[schriftlich] Composer.

Ausarbeitung f. Élaboration. ‖Achèvement, m. ‖Rédaction.

ausarten. Dégénérer.

ausästen (èsten). Ébrancher, élaguer.

ausatmen (*â*tmen). Exhaler.

ausbaden (*ao*sbaden). Rincer.

Ausbau m. ① (b*ao*). Achèvement [d'une construction]. ‖[Bergwerk] Exploitation, f. ‖[vorspringend] Saillie, f.

ausbauen (b*a*o-). Achever [de bâtir].
ausbedingen* (d*ing*en). Stipuler.
ausbessern. Raccommoder, réparer : *Ausbesserung,* f., raccommodage, m., réparation.
Ausbeute f. (bœüte). Produit, m., profit, m.
ausbeuten. Exploiter : *Ausbeuter,* m. ④, exploitant, exploiteur; *Ausbeutung,* f., exploitation.
ausbieten* (bî-). Mettre* en vente, offrir*.
ausbilden. Former, développer. ‖[Geist] Cultiver.
Ausbildung f. Formation, développement, m. ‖Culture : *Ausbildungsleiter* ④, moniteur.
ausbitten*. Demander.
ausblasen*. Souffler, éteindre*.‖ *Fig.* [verkünden] Publier à son de trompe.
ausbleiben* (bl*a*èben). Rester dehors. ‖[Dinge] Faire* défaut. ‖n. spl. Absence, f., défaut, m.
Ausblick m. Perspective, f., échappée, f.
ausbohren. Creuser. ‖[schraubenförmig] Tarauder.
ausbrauchen (br*a*o**ch**en). Employer [jusqu'au bout]. ‖[verbrauchen] Consommer, épuiser. ‖[nicht mehr brauchen] Ne plus avoir* besoin de.
ausbrechen* tr. (è**ch**en). Extraire* [en brisant]. ‖intr. [*sein*] Sortir* avec violence. ‖[Zahn] Percer. ‖[Krieg, Gewitter, usw.] Éclater : *in lautes Gelächter ausbrechen,* éclater de rire*; *in Tränen ausbrechen,* fondre en larmes.
ausbreiten (br*a*èten). Étendre, déployer. ‖[entwickeln] Développer; *Ausbreitung,* f., extension, développement, m.
ausbrennen* intr. [*sein*]. S'éteindre*. ‖tr. Cautériser.
ausbringen* (*i*ng). Porter [toast, etc.].
Ausbruch m. (brou**ch**). Éclat. ‖[e. Krieges usw.] Début. ‖[e. Vulkans] Éruption, f. ‖V. *ausbrechen*,* intr.
ausbrüten (br*û*ten). Couver, faire* éclore*.
ausbügeln. Repasser [au fer].
Ausbund m. ① (bount, -d-). Type, spécimen. ‖*Fig.* Merveille, f.; *fam.* Crème, f., fine fleur, f.
Ausdauer f. (d*a*oer). Persévérance.
aus‖dauern. Persévérer. ‖**-dauernd** a. Persévérant, e.
ausdehnen. Étendre, étirer. ‖*Phys.* Dilater. ‖*ausgedehnt,* p. a., étendu, e.
Ausdehnung f. Étendue, extension, dilatation.
ausdenken* (dèn-). Imaginer, inventer.
ausdeuten (dœüten). Interpréter : *Ausdeutung,* f., interprétation.
ausdienen (dî). Achever [son service].
ausdrehen. [Gas usw.] Éteindre* [en tournant].
Ausdruck m. (*ou*k). Expression, f. : *neuer* —, néologisme : *zum Ausdruck bringen*,* exprimer; *ausdrucksvoll,* expressif, ive : *Ausdrucksweise,* f., manière de s'exprimer, diction.
aus‖drücken. Exprimer. ‖[Schwamm] Presser. ‖**-drücklich** a. (**lich**). Exprès, esse, formel, elle. ‖adv. Expressément, formellement.
ausduften (d*ou*ften). Exhaler.
aus‖dunsten (d*ou*nsten), ‖**-dünsten.** S'évaporer : *Ausdünstung,* f., évaporation.
auseinander adv. pron. (*a*ènànder). Séparés, ées l'un[e] de l'autre, les un[e]s des autres, dispersés, ées. ‖Préf. sép. : *auseinander‖bringen*,* *-halten*,* *-machen,* séparer; *-fallen*,* tomber en morceaux; *-gehen*,* se séparer; *-legen,* disloquer, démonter; *-setzen,* expliquer, discuter; *-setzung,* f., explication.
auserkoren p. a. (kô-) [poetisch] Élu, e.
auserlesen p. a. Choisi, e, d'élite.
auserwählen (vêlen). Choisir, élire*.
ausessen*. Manger tout, finir de manger.
ausfahren* intr. Sortir* [en voiture, etc.]. ‖tr. [Gleise] Creuser. ‖[Straße] Défoncer.
Ausfahrt f. Sortie [en voiture, etc.]. ‖[Tor] Porte cochère.
Ausfall m. *Mil.* Sortie, f. ‖[bei Rechnungen] Manque, déficit. ‖[der Haare] Chute, f. ‖[Ergebnis] Résultat, issue, f.
ausfallen*. Tomber [au dehors]. ‖[Krieg] Faire* une sortie. ‖[Ergebnis h.] Avoir* un résultat. ‖[Unterricht] Ne pas avoir* lieu.

ausfechten* (fèch-). Décider [par les armes]. ‖[Streit] Vider.
ausfegen (féeg-). Balayer.
ausfeilen (faè-). Limer. ‖*Fig.* Polir.
ausfertigen. [Verträge] Expédier. ‖[Urkunde] Dresser. ‖*Ausfertigung,* f., expédition.
ausfindig (in-) : *ausfindig machen,* découvrir*.
ausfliegen* (îg-). S'envoler.
ausfließen* (îssen). S'écouler.
Ausflucht, ¨e f. (oucht). Fauxfuyant, m., échappatoire.
Aus‖flug m. Envolée, f. ‖[kl. Reise] Excursion, f. ‖**-flügler** m. ④ (ûgler). Excursionniste.
Ausfluß m. (ous). Écoulement.
ausforschen. Scruter. ‖*Fig.* [einen] Pressentir.
ausfragen (âg). Questionner.
Ausfuhr (foûr). Sortie, exportation.
aus‖führbar a. Exécutable. ‖**-führen.** Exporter. ‖[Arbeit usw.] Exécuter. ‖**-führlich** a. (lich). Détaillé, e : *Ausführlichkeit,* f., développement, m.
Ausführung f. Exécution. ‖*Littér.* Développement, m.
ausfüllen. Remplir, combler [un vide]. ‖[mit Erde] Remblayer. ‖*Ausfüllung,* f., remplissage, m.
ausfüttern. Doubler, fourrer.
Ausgabe f. (gâbe). Dépense. ‖[v. Briefen] Distribution. ‖[Buch] Édition.
Ausgang m. (gàng). Sortie, f., issue, f. ‖*Fig.* Résultat : *Ausgangspunkt,* m., point de départ.
ausgeben*. Délivrer, distribuer. ‖[Geld] Dépenser. ‖[*sich*] *für...* -. [se] faire* passer pour...
ausgebombt. Sinistré [bombardement].
Ausgeburt f. (gé). Produit, m. ‖[geistig] Élucubration, chimère.
aus‖gehen* (géen). Sortir*. ‖[enden] Se terminer. ‖[Licht] S'éteindre*. ‖[Geld] Manquer. ‖**-gelassen, -genommen, -gezeichnet.** V. *auslassen*, -nehmen*, -zeichnen.*
ausgießen* (gîsen). Répandre, épancher.
Aus‖gelich m. ① (glaèch). Arrangement, compromis. ‖**-gleichgetriebe** n. Différentiel, m.
ausgleichen*. Égaliser, aplanir. ‖*Fig.* [Streit] Arranger, régler. ‖[Rechnung] Balancer : *Ausgleichsfonds,* m., fonds de péréquation; *Ausgleichung,* f., égalisation, aplanissement, m. ‖[e. Rechnung] Solde, m.
ausgleiten* (glaè-). Glisser, faire* un faux pas.
ausgraben* (grâben). Déterrer.
Ausgrabung f. Fouille. ‖[e. Leiche] Exhumation.
Ausguß m. (gous). Évier.
aushacken. Arracher.
aushalten* (halten). Soutenir*. ‖[ertragen] Supporter. ‖[beharren] Tenir*.
aushändigen. Remettre* : *Aushändigung,* f., remise.
Aushang m. Affiche, étalage.
aushängen (hèng). Suspendre dehors, afficher.
ausharren (ha). Persévérer. ‖n. Persévérance, f.
aushauchen (haᵒchen). Exhaler.
aushauen* (haoen). Creuser. ‖[in Stein] Sculpter. ‖[volkst.] Rosser.
ausheben* (héeben). Enlever, démonter. ‖[Vögel] Dénicher. ‖[Truppen] Lever, recruter.
Aushebung f. Enlèvement, m., démontage, m. ‖Recrutement, m.
aushecken (hèken). Couver. ‖*Fig.* Imaginer.
aushelfen* intr. Aider [à sortir]. ‖*Fig.* Tirer d'embarras.
Aushilfe f. (hilfe). Aide, secours, m.
aushöhlen (heûlen). Creuser.
ausholen (hôlen). Lever le bras [pour lancer]. ‖[zum Sprunge] Prendre* son élan.
aushülsen. Écosser.
aushungern. Affamer.
auskehren. Balayer.
ausklatschen. Divulguer.
auskleiden (klaèden). Déshabiller. ‖[Raum] Revêtir*, tapisser, garnir [de].
ausklopfen. [Kleider usw.] Battre, épousseter. ‖[Pfeife] Débourrer.
auskochen (koch-). [Fleisch usw.] Faire* cuire, bouillir.
auskommen*. Sortir*. ‖[aus dem Ei] Éclore*. ‖[mit etwas] Se tirer d'affaire. ‖[mit Geld] Joindre* les deux bouts. ‖[mit jm.] S'accorder. ‖n. [Le] nécessaire, m.
auskramen (âmen). Étaler.
auskratzen. Gratter, effacer. ‖[Augen] Arracher.

auskriechen* (*ich*ᵉn). Éclore.
auskundschaften (kount-ᵉn). Épier, espionner.
Auskundschafter m. ④. Espion.
Auskunft, ¨e f. (kounft). Renseignement, m. : *Auskunftsstelle,* f., *-kunftei,* f., bureau [m.], agence de renseignements.
auslachen (*lach*ᵉn). Rire* de. ‖[sich] Rire* tout son soûl.
ausladen* (*lâ*-). Décharger : *Auslader,* m. ④ (dᵉr), déchargeur, débardeur; *Ausladung,* f., déchargement, m.
Auslage f. Déboursé, m., avance. ‖[Waren] Étalage.
Aus‖land n. spl. [L']étranger, m. : *im, ins Ausland,* à l'étranger. ‖**-länder, in** m. ④, f. Étranger, ère.
ausländisch a. (lèndisch). Étranger, ère. ‖[Pflanze usw.] Exotique.
auslangen (*làng*ᵉn). Suffire*. ‖[nach...] Étendre la main.
auslassen*. Laisser échapper. ‖[Raum] Laisser en blanc. ‖[Buchstaben] Omettre* : *Auslassungszeichen,* n. ④, apostrophe, f. ‖[Zorn] Épancher, exhaler. ‖*ausgelassen,* p. a., relâché, e, licencieux, euse; [ungebunden] effréné, e; [ungestüm] turbulent, e; *Ausgelassenheit,* f., licence, turbulence.
auslaufen* (*la*ᵒfᵉn). Sortir*. ‖[rinnen] S'écouler, fuir*. ‖[enden] Se terminer.
Ausläufer m. ④ (*lœü*fᵉr). Garçon de courses.
auslaugen (*la*ᵒgᵉn). Lessiver.
ausläuten. Publier à son de cloche.
ausleben (*lée*bᵉn). Cesser de vivre*.
ausleeren (*lée*rᵉn). Vider : *Ausleerung,* f., vidage, m.; [Abtritt usw.] vidange, f.; *Med.* évacuation, f.
auslegen (*lée*gᵉn). Étaler. ‖*Fig.* [deuten] Expliquer, interpréter, commenter. ‖[Geld] Débourser, avancer. ‖[künstlich] Incruster, marqueter.
Aus‖leger m. ④. Commentateur. ‖**-legung** f. Interprétation, commentaire, m.
ausleihen. Prêter au dehors.
Auslese f. (*lée*zᵉ). Choix, m.
auslesen* (*lée*zᵉn). 1. Choisir*. ‖2. [Buch] Achever [de lire].
ausliefern (*lî*fᵉrn). [Dé]livrer. ‖[Verbrecher] Extrader : *Auslieferung,* f., livraison, remise; extradition.
auslöschen (*lœsch*ᵉn). Éteindre*. ‖[Geschriebenes] Effacer. n. Extinction, f.
auslosen (*lôz*ᵉn). Tirer au sort ‖Mettre* en loterie.
auslösen (*leû*-). Détacher. ‖[Gefangene] Racheter. ‖[Pfand] Dégager. ‖n. Rachat, m. ‖Dégagement, m.
ausmachen (*mach*ᵉn). [Flecken usw.] Faire* disparaître. ‖[Licht] Éteindre*. ‖[Streit] Vider. ‖[festsetzen] Arrêter, décider. ‖[bilden] Former, constituer. ‖LOC. *das macht nichts aus,* cela ne fait rien.
ausmalen. Enluminer.
Ausmarsch m. *Mil.* Sortie, f.
ausmerzen (mèrtsᵉn). Éliminer.
ausmessen*. Mesurer. ‖[Feld] Arpenter.
ausmustern (*mou*-). Rejeter. ‖*Mil.* Réformer.
Ausmusterung f. Réforme.
Ausnahme f. (*nâ*mᵉ). Exception [à] : *ausnahmslos,* sans exception; *-weise,* exceptionnellement.
ausnehmen*. Ôter, enlever. ‖[Nester] Dénicher. ‖*sich gut ausnehmen**, faire* bon effet. ‖*ausgenommen,* p. a., excepté, e.
ausnutzen (*nou*tsᵉn). Utiliser, exploiter.
auspacken. Déballer. ‖[Koffer] Défaire*. ‖n. et *Auspackung,* f., déballage, m.
auspfeifen* (pf*a*ᵉ-). Siffler, huer.
auspflanzen (*a*nts). Déplanter.
ausplaudern (pl*a*ᵒdᵉrn). Divulguer.
ausplündern. Piller.
ausprägen. Empreindre*.
auspressen. Pressurer, extorquer.
Auspuff m. [Méc.] Échappement.
auspumpen. Pomper.
ausputzen. Nettoyer. ‖[Baum] Ébrancher, élaguer, émonder. ‖[schmücken] Parer. ‖n. Nettoyage, élagage, m.
aus‖rauchen (*ra*ᵒ*ch*ᵉn). Achever de fumer. ‖**-räuchern** (*rœüch*). Fumer. ‖[Raum] Enfumer. ‖*Ausräucherung,* f., fumigation.
ausräumen (*rœü*mᵉn). Déménager. ‖*Mil.* Évacuer.
ausrecken. Étendre, étirer.
Ausrede f. (*ée*dᵉ). Faux-fuyant, m., échappatoire.

ausreden intr. Achever [de parler]. ‖tr. [*einem etwas*]. Dissuader [qn. de qc.].
ausreiben* (*ra*ᵉbᵉn). Enlever : *sich die Augen ausreiben**, se frotter les yeux.
ausreichen (*ra*ᵉchᵉn). Suffire*.
ausreißen* (*ra*ᵉsᵉn). Arracher. ‖intr. [*sein*] Se déchirer. ‖[fliehen] S'enfuir*. ‖*Mil.* Déserter. ‖[Geduld] Être à bout. ‖n. Fuite, f., évasion, f. ‖*Mil.* Désertion, f.
Ausreißer m. ④ (sᵉr). Déserteur.
ausreiten* (*ra*ᵉtᵉn). Sortir* [à cheval].
ausrenken (rèn-) Démettre [membre, articulation].
ausrichten (**rich**tᵉn). Arranger, aligner. ‖[Auftrag] Faire* [une commission], obtenir*, réussir.
ausringen* (rì**ng**). Tordre. ‖[Streit] Finir.
ausrinnen* intr. S'écouler.
ausrollen. Dérouler.
ausrotten. Déraciner, extirper.
ausrücken intr. [*sein*] (*u*kᵉn). Sortir*. ‖tr. Débrayer, déclencher.
Ausruf m. ① (*roû*f). Exclamation, f.
ausrufen*. S'écrier. ‖[öffentlich] Crier.
Ausrufer m. ④. Crieur. ‖*Ausrufungswort*, n., interjection, f.; *Ausrufungszeichen*, n., point [m.] d'exclamation.
ausruhen (*oû*ᵉn). Se reposer.
ausrüsten. Équiper, armer.
Ausrüstung f. Équipement, m., armement, m.
Aussaat f. Ensemencement, m. ‖[Gesäetes] Semailles, f. pl.
aussäen (**z**ê-). Ensemencer.
Aussage f. (**z**âgᵉ). Dire*, m. ‖[gerichtlich] Déposition.
aussagen. Énoncer. ‖Déposer.
Aussatz m. [Spiel]. Enjeu, mise, f. ‖*Path.* Lèpre, f.
aussätzig a. (**z**ètsig). Lépreux, euse.
aussaugen* (**z**a°gᵉn). Sucer.
ausschalten. Séparer, exclure. ‖[elektr. Strom] Interrompre, déclencher.
Ausschalter m. ④. Interrupteur.
Ausschank m. Débit [de boissons].
ausscharren. Déterrer.
ausscheiden*. (*a*ᵉd-). Séparer, éliminer. ‖*Physiol.* Sécréter.
Ausscheidung f. Séparation, élimination, sécrétion.
ausschenken (ènk-). Verser [à boire].
ausschicken. Envoyer [au dehors]. ‖*nach einem ausschicken*, envoyer chercher qn.
ausschiffen. Débarquer.
ausschimpfen (ìmpfᵉn). Invectiver.
ausschlafen*. Dormir* assez. ‖[Ärger usw.] Faire* passer [en dormant] : *seinen Rausch ausschlafen*, cuver son vin.
Ausschlag m. (âk). [Ballspiel] Premier coup. ‖[v. Pflanzen] Pousses, f. pl. ‖*Path.* Éruption, f. ‖LOC. *den Ausschlag geben**, décider : ***ausschlaggebend***, a., décisif, ive.
ausschlagen* tr. Faire* sortir* [en frappant]. ‖[Auge] Crever. ‖[Ei] Casser. ‖intr. [Pferd] Ruer. ‖[Waage] Pencher. ‖[Zimmer] Tapisser, garnir.
ausschließen. Exclure* : ***ausgeschlossen***, p. a. *fig.* impossible.
Ausschließung f. Exclusion.
ausschließlich a. (**ich**). Exclusif, ive. ‖adv. Exclusivement.
Ausschluß m. (ous). Exclusion, f.
ausschmücken. Orner.
Ausschmückung f. Ornement, m.
ausschnauben* (*a*°bᵉn). Souffler, reprendre* haleine. ‖[Pferde] S'ébrouer.
ausschneiden*. Enlever [en coupant], découper. ‖[Baum] Élaguer. ‖[Kleid] Échancrer, décolleter. ‖[Stoffe] Vendre au détail.
Ausschnitt m. Élagage. Coupure, f. Échancrure, f. ‖*Geom.* Secteur. ‖*Ausschnitthandel*, m., commerce de détail; *-händler, in*, m. ④, f., détaillant, e.
ausschöpfen (*œ*pf). Épuiser.
ausschoten (*ô*tᵉn). Écosser.
ausschreiben* (*a*ᵉb). Extraire* [par écrit]. ‖[Rechnung] Dresser. ‖[öffentlich] Publier. ‖***Ausschreibung***, f., extrait, m.
ausschreien* (*a*ᵉ-). Proférer. ‖[überall] Crier partout [*Fig.* sur les toits].
ausschreiten* intr. [*sein*] (*a*ᵉt-). S'écarter [du chemin]. ‖tr. Arpenter. ‖*Ausschreitung*, f., écart, m. ‖*Fig.* Excès, m.
Ausschuß m. (ous). Déchet, rebut. ‖*Fam.* Camelote, f. ‖[beratender] Commission, f., comité.

ausschütten. Répandre. ‖ [sein Herz] Épancher.
ausschwärmen intr. [*sein*] (vèr-). Essaimer. ‖*Fig.* Excursionner. ‖*Mil.* Se déployer [en tirailleurs].
ausschweifen intr. [*sein*] (va^è^f^e^n). S'écarter [du chemin]. ‖*Fig.* Faire* des écarts, des excès.
Ausschweifung f. Écart, m., excès, m.
ausschwenken. Rincer.
aussehen* (*zée*^e^n). 1. Regarder au dehors; *nach einem aussehen**, chercher qn. des yeux. ‖2. Paraître*, avoir* l'air. ‖n. spl. Apparence, f., aspect, m. ‖ [Gesicht] Air, m., mine, f.
aussenden* (*zèn*d^e^n). Envoyer [au dehors]. ‖ [Wellen] Émettre*. ‖*Aussendung,* f., envoi, m.; émission.
außen adv. (*a*^o^s^e^n). Dehors : *nach außen,* en [au] dehors; *von außen,* du dehors. ‖**außen...** Extérieur, e, a. : *-hafen,* m., avant-port; *-handel,* m., commerce extérieur; *-politik,* f., politique étrangère; *-seiter,* m., outsider.
außer‖ prép. [*datif*] (*a*^o^s^e^r). Hors de, hormis, outre, excepté, sauf; — *sich,* hors de soi; — *daß,* outre que, si ce n'est que; — *wenn,* excepté si, à moins que ... ne. ‖**-dem** adv. En outre, de plus.
äuß‖**er** a. (*œüss*^e^r). Extérieur, e; *das Äußere* [*ein Äußeres*], l'[un] extérieur : *Minister des Äußeren,* ministre des affaires étrangères. ‖**-erlich** a. et adv. (*œüs*ser**lich**). Extérieur, e [ment]. ‖**-ern.** Manifester, exprimer : *Äußerung,* f., manifestation, déclaration. ‖**-erst** a. et adv. Extrême [ment] ; *im äußersten Falle,* à la rigueur; *aufs äußerste gebracht sein**, être à bout.
außerehelich a. (*ée*^e^**lich**). Illégitime.
außergewöhnlich a. (*gévéû*n**lich**). Extraordinaire.
außerhalb prép. [*gén.*] (**h***a*lp). Hors de. ‖adv. Au dehors.
außerordentlich a. (^e^ntlich). Extraordinaire.
außerstande. Hors d'état.
aussetzen (*zèts*-). Exposer. ‖ [Schildwache] Poster. ‖ [Summe] Allouer. ‖ [Preis] Instituer. ‖ [Unterricht, Strafe] Suspendre.
Aussicht f. (**zicht**). Vue, perspective. ‖*Fig.* Chance. ‖Espérance : *in — stellen,* faire* espérer; *aussichtslos,* a., sans espoir. ‖*Aussichtspunkt,* m., point de vue.
aussinnen*. Imaginer.
aussöhnen (*zeûn*^e^n). Réconcilier; *Aussöhnung,* f., réconciliation.
ausspähen (schp*ê*-). Épier, espionner : *Ausspäher,* m. ④ (^e^r), espion.
aus‖**spannen** (schp*a*n^e^n). Dételer. ‖ [Arme usw.] Étendre. ‖ [Segel] Déployer. ‖**-speien*** (schp*a*^è^-). Expectorer.
aussperren (schp*è*r). Écarter. Mettre* dehors.
Aussperrung f. lock-out, m.
ausspinnen* (schp*ì*-). Imaginer. ‖ [Böses] Tramer.
ausspotten (schp*ò*). Se moquer de.
Aussprache f. (schpr*â***ch**^e^). Prononciation.
aussprechen* (schpr*è***ch**^e^n). Prononcer. ‖ [Gedanken] Exprimer.
Ausspruch m. (schprou**ch**). Parole, f., sentence, f. ‖ [Entscheidung] Jugement, arrêt. Verdict.
aussprühen (schpr*û*^e^n). [Flammen] Faire* jaillir.
ausspülen (schp*û*l^e^n). [Geschirr] Laver. ‖ [Mund usw.] Rincer.
ausspüren (schp*û*-). Dépister.
ausstaffieren (schtaf*î*-). Garnir, équiper.
Ausstand m. (schtànt, -d-). Créance, f. ‖ [d. Arbeiter] Grève, f.
ausständig a. (scht*è*ndig). Arriéré, e, dû, ue. ‖ [Arbeiter] En grève.
ausstatten (scht*a*t^e^n). Équiper, munir. ‖ [schmücken] Orner, décorer. ‖ [Tochter] Pourvoir* d'un trousseau, doter.
Ausstattung f. Équipement, m. ‖Décoration. ‖Trousseau, x, m., dot.
ausstechen* (scht*è***ch**^e^n). Enlever. ‖ [Augen] Crever. ‖ [Graben] Creuser. ‖ [Gegner] Désarçonner. ‖ [Nebenbuhler] Évincer.
ausstecken (scht*è*k^e^n). Mettre*. ‖ [Fahne] Arborer, hisser.
ausstehen* intr. (scht*ée*-). [Geld]. Rester dû. ‖tr. [ertragen] Endurer, supporter.
aussteigen* (scht*a*^è^g^e^n). Descendre [de voiture]. ‖n. Descente, f.
ausstellen (scht*è*l-). Exposer. ‖ [zum Verkauf] Étaler. ‖ [Posten]

Poser. ||[Urkunde] Dresser. ||[Wechsel] Tirer. ||[Aktenstück] Délivrer.
Aus||steller m. ④. Exposant. ||**-stellung** f. Exposition, étalage, m. ||Délivrance, expédition.
aussterben* [*sein*] (schtèr-). S'éteindre*. ||[Land] Se dépeupler.
Aussteuer f. (œü^{e}r). Trousseau, x, m. ||[Mitgift] Dot.
ausstopfen (schto-). Rembourrer. ||[Tiere] Empailler, naturaliser.
ausstoßen* (schtô-). Pousser dehors, expulser. || [Buchstaben] Élider. || [Schrei] Pousser. || [Drohung] Proférer. ||[Faß] Défoncer.
ausstrahlen. Rayonner.
ausstrecken (schtrè-). Étendre.
ausstreichen*. Effacer. ||[Schrift] Rayer, biffer. ||[Falten] Déplisser.
ausstreuen (schtrœu^{e}n). Répandre, disperser : *Ausstreuung*, f., dispersion.
ausströmen [*sein*]. S'écouler. ||[Dampf, Gas] S'échapper, fuir*.
Ausströmung f. Écoulement, m., fuite.
ausstudieren (schtoudîr-). Étudier à fond : *ausstudiert haben**, avoir* terminé ses études.
aussuchen (**zouch**). Choisir. ||*ausgesucht*, p. a., recherché, e; choisi, e.
austäfeln (têf^{e}ln). Lambrisser. ||[Boden] Parqueter.
Austausch m. (ta^o). Échange.
austauchen. Échanger. ||Permuter.
austeilen (ta^{e}l^{e}n). Distribuer : *Austeilung*, f., distribution.
Auster f. (a^ost^{e}r). Huître.
austilgen. Effacer, détruire.
austoben (tô-). S'apaiser. ||*Fig. Jeter sa gourme.*
austragen* (trâg-). Distribuer.
Austräger m. ④ (trêg^{e}r). Distributeur.
Austral||ien n. (a^ostrâli^{e}n). [l'] Australie, f. ||**-ier** m. ④. Australien. ||*australisch*, a., australien, ienne.
austräumen (trœu-). Rêver, imaginer.
austreiben* (tra^e-). Chasser. ||[Schweiß] Faire* sortir*.
austreten intr. [*sein*] (trée-). Sortir*. ||[aus e. Amt usw.] Se retirer. ||[Wasser] Déborder. ||tr. Défoncer. ||[Treppen usw.] User. ||[Schuhe] Éculer. ||n., = *Austritt.*
austrinken* (trìn-). Boire* tout, vider.
Austritt m. Sortie, f. ||Retraite, f. ||Débordement.
austrocknen tr. Dessécher. ||[Geschirr] Essuyer. ||intr. [Bach] Se tarir.
austrommeln. Publier au son du tambour.
ausüben (ûb^{e}n). Exercer. ||[Künste usw.] Pratiquer.
Ausübung f. Exercice, m., pratique.
Ausverkauf m. (ferka^{o}f). Vente totale, f., liquidation, f.
ausverkaufen. Vendre tout, liquider.
auswachsen*. Achever de croître.
Auswahl f. Choix, m. ||[Waren, usw.] Assortiment, m.
auswählen (vêl^{e}n). Choisir [parmi].
Auswanderer m. ④ (ànd^{e}r^{e}r). Émigrant.
auswandern [*sein*]. Émigrer.
Auswanderung f. Émigration.
auswärtig a. (vèrtig). Extérieur, e, étranger, ère : *Auswärtiges Amt*, ministère des affaires étrangères.
auswärts adv. Au-dehors.
auswechseln. Échanger.
Ausweg m. (véeg). Sortie, f., issue, f. ||*Fig.* Expédient, subterfuge, biais.
ausweichen* intr. [*sein*]. Se ranger, se garer [de]. ||Éviter, tr. ||[Frage usw.] Éluder.
Ausweis m. ①. Renseignement. ||*Ausweis[e]papiere*, pl., papiers, m. pl. [pièces, f. pl.] d'identité.
ausweisen* (va^{è}z^{e}n). Expulser : *Ausweisung*, f., expulsion. ||[**sich**] Justifier de son identité.
ausweiten. Élargir.
auswendig a. Extérieur, e : *auswendig lernen*, apprendre par cœur.
auswerfen*. Jeter [dehors].
auswickeln. Développer. ||[Kind] Démailloter.
auswinden* (vind^{e}n). Arracher [en tordant]. ||[Wäsche] Tordre.
auswirken (k^{e}n). Obtenir*, procurer. ||Cesser d'agir.
auswischen. Essuyer, effacer.
auswittern. Éventer.
Auswuchs m. (vouks). Excroissance, tumeur. f. ||[Buckel] Bosse, f.
auswühlen. Creuser, déterrer.
Auswurf m. (vourf). Déjection, f., crachat. ||*Fig.* Rebut.

auszacken (ts*a*k^e^n). Denteler.
auszahlen (ts*â*-). Payer : *Auszahlung*, f. (loung), paiement, m.
auszanken (ts*a*n-). Gronder.
auszehren (ts*ée*-). Consumer : *Auszehrung*, f., consomption.
auszeichnen (ts*a*è**ch**-). Marquer. ‖*Fig.* Distinguer : *ausgezeichnet*, p. a., distingué, e, excellent, e, parfait, e; *Auszeichnung*, f., marque; distinction.
ausziehen* tr. (ts*î*-). Ôter, retirer, déshabiller. ‖[Zahn] Arracher. ‖intr. [*sein*] Sortir*. ‖[aus der Wohnung] Déménager.
Aus‖ziehtisch m. Table à rallonges, f. ‖**-zug** m. (ts*oûg*). Extrait : *auszugsweise*, en abrégé. ‖Sortie, f., départ. ‖Déménagement.
auszupfen (ts*ou*-). Arracher. ‖[Zeug] Effiler*.
Au‖t n. ① (*a*ot) [vertraut] Auto, f. ‖**-tler** m. ④. Automobiliste.
Auto‖, -s, -s n. (aoto). Automobile. ‖**-bahn** f. Autoroute. ‖**-boot** n. ① Canot automobile, m. ‖**-bus,** m. ① (bous). Autobus. ‖**-hupe** f. Klaxon, m. ‖**-mobil** n. ① (*î*l). Automobile, f. ‖**-tankstelle,** f. Poste [m.] d'essence.
Auto‖graph, -en, -en m. (*â*f). Autographe. ‖**-krat, -en, -en,** m. (kr*â*t). Autocrate. ‖**-kratie** f. (t*î*). Autocratie. ‖**-mat, -en, -en** m. (m*â*t). Automate.
Autor‖, -s, -en m. (*a*otor, -*ô*ren). Auteur. ‖**-ität** f. Autorité.
Aviatik. Aviation.
Axt, ¨e f. Hache, cognée.
Azalie f. (ts*â*li^e^). Azalée.
Azetylen n. (tsé-lèn). Acétylène, m.
Azur m. (ts*ou*r). Azur.

B

B, b, n. (b*ée*). B, b, m. ‖*Mus.* Bémol, m. ‖Si bémol, m.
Baba f. (b*â*-). *Fam.* Dodo, m.
Bacchanal n. (n*â*l) ① Bacchanale, f.
Bach m. (b*a***ch**). Ruisseau, x.
Bache f. (b*a*-). Laie.
Backbord n. ①. Bâbord, m.
Backe f. Joue : *rotbäckig*, aux joues vermeilles. ‖*Backenbart*, m. Favoris, pl.; *Backerknochen*, m. Pommette, f.; *Backenstreich*, m. Soufflet; *Backenzahn*, m. Molaire, f.
backen*. Cuire* [au four], frire*. ‖n. Cuisson, f.
Bäcker‖, -in m. ④. f. (*è*k^e^r, *ì*n). Boulanger, ère. ‖**-ei** f. (*a*è). Boulangerie.
Backfisch m. Poisson frit; friture, f. ‖*Fam.* Fillette, f. [ironisch] Oie blanche.
Backofen m. ③ (*ô*f^e^n). Four.
Backstein m. (scht*a*èn). Brique, f.
Backtrog m. (*ô*k, -g-). Pétrin.
Backware f. (v*â*r^e^), **-werk** n. ①. Pâtisserie, f.
Bad n. ② (b*â*t, -d-). Bain, m. ‖[Ort] Ville d'eaux, f., eaux, f. pl. : *ins Bad reisen*, aller* aux eaux.
Bade‖gast m. Baigneur. ‖**-kur** f. (*oû*r). Cure thermale : *eine Badekur gebrauchen*, prendre* les eaux. ‖**-mantel** m. ③. Peignoir [de bain].
baden tr. (b*â*d^e^n). Baigner. ‖intr. et [**sich**]. Se baigner.
Ba‖den n. Bade, f. ‖**-dener, denser** m. ④, **-in** f. Badois, e.
badisch a. Badois, e.
Bade‖ofen m. (b*â*d^e^ôf^e^n). Chauffe-bain. ‖**-ort** m. ①. Station balnéaire, f. ‖**-schemel** m. ④. Bidet. ‖**-wanne** f. Baignoire. ‖**-zelle** f. Cabine.
Bagger m. ④. Drague, f.
baggern. Draguer, curer.
bähen (b*ée*n). Chauffer.
Bahn‖ f. Voie. ‖[e. Gestirnes] Orbite. ‖[Eisen-] Chemin de fer, m. ‖[v. Stoffen] Lé, m. ‖**-brecher** m. ④. Pionnier. ‖**-brücke** f. Viaduc, m.
bahnen. Frayer [chemin].
Bahn‖g[e]leis[e] n. Voie [ferrée], f. ‖**-hof** m. (h*ô*f). Gare, f., station, f.; *Bahnhofsvorstand*, *-vorsteher*, m., chef de gare; *Bahnhofswirtschaft*, f., buffet, m.
bahnlagernd a. et adv. En gare.
Bahn‖steig m. (scht*a*èk). Quai : *Bahnsteigkarte*, f., ticket [m.] de quai. ‖**-wärter, in** m. ④, f. Garde-barrière, m. et f.

Bahre f. (bâr^{e}). Civière.
Bajadere f. (yadéer^{e}). Bayadère.
Bajonett n. ①. Baïonnette, f.
Bake f. Balise, bouée.
Bakterie f. (téri^{e}). Bactérie.
bald|| adv. (balt). Bientôt. ||[beinahe] Presque : *so bald als möglich; baldmöglichst,* le plus tôt possible; *ich wäre bald gefallen,* j'ai failli tomber; *bald..., bald...,* tantôt..., tantôt...
Bälde f. (bèld^{e}) : *in Bälde,* sous peu, bientôt.
baldig a. (dig). Prochain, e, prompt, e; *baldigst,* a., le plus prompt; adv. au plus tôt, très prochainement.
Baldrian m. (ân). Valériane, f.
Balg m. (balk). Peau, f. ||[Blase-] Soufflet.
balgen [**sich**]. Se battre. ||Muer.
Balgerei f. (ra^{è}). Rixe.
Balken m. ④. Poutre, f.
Balkon m. ① (ôn). Balcon.
Ball m. 1. Balle, f. ||[Billard] Bille, f. ||[Fußball] Ballon. ||2. [Tanz] Bal.
Ballast m. ① (ba). Ballast, lest.
ballen. Former en balle : *die Faust ballen,* serrer le poing. ||m. ④. Ballot.
Ballett n. ①. Ballet, m.
Ballon, -s, -e et **-s** m. (pron. fr. et ône). Ballon.
Balsam m. ① (bal). Baume.
balsam||ieren (îr^{e}n). Embaumer. ||**-isch** a. (zâ-). Embaumé, e, balsamique.
baltisch a. (bal-). Baltique, balte.
Bambus m. (bambouss). Bambou.
Banane f. (âne^{e}). Banane : *Bananenbaum,* m., bananier.
band imp. de *binden**.
Band n. ② (bànt, -d-). Ruban, m., dim. *Bändchen,* n. ④. ||*Anat.* Ligament, m. ||[e. Fasses] Cercle, m. ||n. ①. Lien, m. ||*Fig.* Nœud, m. : *in Bande schlagen**, mettre* aux fers. || m. Volume, tome.
Bande f. (ànd^{e}). Bande.
Bandelier n. ① (îr). Bandoulière, f.
Band||maß n. ①. Mètre [m.] à ruban. ||**-wurm** m. ②. Ver solitaire, ténia.
bänd... (bènd) : *dreibändig,* a., en trois volumes.
bändigen. Dompter.
Bändiger m. ④. Dompteur.

bang||[e] a. (bàng^{e}). Qui a peur : *mir ist bange [um],* j'ai peur [pour]. ||**-en.** Faire* peur : *mir bangt,* je tremble.
Bangigkeit f. (a^{è}t). Inquiétude, anxiété.
Bank (bank), f. Dim. *Bänkchen,* n. ④ (ènkch^{e}n). 1. pl. ¨**e.** Banc. m. ||[gepolstert] Banquette. ||2. Banque : *Banknote,* f., *-schein,* m., billet de banque, m.
bank[e]rott a. (rott). En faillite. ||m. ①. Faillite, f., banqueroute, f. : *bankerottieren,* faire* faillite; *Bankerottierer,* m. ④, failli, banqueroutier.
Bankier, -s m. (pron. fr.) Banquier.
bankmäßig a. Bancable, bancaire.
Bann|| m. 1. Ban, bannissement. ||[kirchlich] Interdit, excommunication, f. ||2. Charme. ||**-fluch** m. Anathème. ||**-meile** f. (ma^{è}l^{e}). Banlieue.
bannen. Mettre* au ban, bannir. ||Excommunier. ||Captiver, fasciner. ||[Geister] Conjurer.
Banner. n. Bannière, f.
bar a. Nu. e : *barfuß,* nu-pieds, pieds nus; *barhaupt, barhäuptig,* nu-tête, tête nue. ||[entblößt] Dépourvu, e, dénué, e. ||[Geld] Comptant : *gegen bar,* au comptant; *Bargeld,* n., *Barschaft,* f. espèces, f. pl.; *Barzahlung,* f., paiement [m.] comptant, ou en espèces.
Bar f. Bar, m.
...bar. Suffixe d'adjectifs. 1. [après un nom] = qui porte... Ex. : *fruchtbar,* fertile, fécond; *dankbar,* reconnaissant. ||2. [après un radical verbal] équivaut aux suffixes français *...able, ...ible.* Ex. : *annehmbar,* acceptable; *trinkbar,* buvable; *schmelzbar,* fusible.
Bär|| -en, -en m., **in** f. (bêr, in). Ours, e. ||*Bärbeißer,* m. ①, bouledogue.
Baracke f. (ak^{e}). Baraque. *Mil.* baraquement, m.
Barbar||, -en, -en m. (-bâr). Barbare.
Barbarei f. (ra^{è}). Barbarie.
barbarisch a. (bâ). Barbare.
Barbe f. (barb^{e}). Barbeau, x, m.
bärbeißig a. Hargneux, euse.
Barbier m. ① (bîr). Barbier.
barbieren. (îr^{e}n). Raser.
Barchent m. ① (bar-). Futaine, f.

Bären||**häuter**, m. Fainéant. ||**-mütze** f. Bonnet [m.] à poil. ||**-zwinger** m. Fosse [f.] aux ours.

Barett n. ①. Barrette, f. (èt), toque, f., béret, m.

Bariton m. ① (ône). Baryton.

barmherzig a. (barm**hè**rtsig). Miséricordieux, euse : *Barmherzigkeit*, f., miséricorde.

barock a. (rok). Baroque : *Barockstil*, m. [Style] baroque.

Barometer n. ④. Baromètre, m.

barometrisch a. Barométrique.

Baron m. ①, **-in** f. (rône, *in*). Baron, ne.

Barr||**e** f. Barre, lingot, m. ||**-en** m. ④. Barre, f.

Barsch m. ①. Perche, f. ||a. Brusque, bourru, e : *Barschheit*, f., brusquerie.

Barschaft f. V. *bar*.

barst imp. de *bersten**.

Bart m. Barbe, f.

Barte f. Fanon, m.

bärtig a. (bèrtig). Barbu, e : *rotbärtig*, à barbe rousse.

bartlos a. Imberbe.

Basar m. ① (*âr*). Bazar.

Base f. (bâ**z**e). Cousine. ||[Tante] Tante. ||*Chem.* Base.

Basel npr. n. (bâ**z**el). Bâle, f. : *Basler*, m. ④, *-in*, f. Bâlois, e.

Basis, ...sen f. (bâzis). Base : *basisch*, a., basique.

Baß m. Basse, f. **Bassist, -en, -en** m. (*s*ist). Basse, f.

Bast m. ①. Écorce, f.

Bastard m. ① (bastarde). Bâtard.

Bastei f. (ta**è**). Bastion, m.

bat (bâte), imp. de *bitten**.

Bataillon n. ① (*liôn*). Bataillon, m.

Batist m. ① (*ist*). Batiste, f.

Batterie f. (teri). Batterie.

Bau m. ①. (bao). 1. Construction, f., bâtiment, édifice. ||[v. Tieren] Terrier. ||2. [Bebauung] Culture, f. ||*Bau...*, ...concernant la construction, le bâtiment, l'architecture. Ex. : *Bau*||*akademie*, f., école d'architecture; *-anschlag*, m., devis; *-fach*, n., architecture, f.; *-fällig*, a., en ruine, délabré, e; *-flucht*, f., alignement, m.; *-gerüst*, n., échafaudage, m.; *-grund*, m., terrain à bâtir; *-kunst*, f., architecture; *-künstler*, *-meister*, m. ④, architecte; *-wesen*, n. spl., la construction, f.

Bauch|| m. (ba**o**ch). Ventre, abdomen. ||**-bruch** m. Hernie [f.] abdominale. ||**-fell** n. Péritoine, m. ||**-grimmen** n. spl., **-schmerz, -en** m. Coliques, f. pl., tranchées, f. pl. ||**-redner** m. Ventriloque. ||**-ung** f. Renflement, m.

bauen (baôen). Bâtir, construire*, édifier. ||*Fig.* [rechnen] [auf, *acc.*] Compter [sur]. ||[Erde] Cultiver.

Bauer. 1. **-s** et **-n, -n** m. Paysan : *Bauernhof*, m. ferme, f.; *-mädchen*, n. ④, paysanne, f. ||Schach] Pion. ||[Karten] Valet. ||2. m. et n. ④. Cage, f. || **¨erin** f. (bœüerin). Paysanne.

bäuerisch a. (bœüerisch). Rustique. ||*Fig.* Rustaud, e, rustre.

Bauernfänger m. Joueur de bonneteau, escroc.

Bau||**fach; -fällig; -kunst; -künstler.** V. *Bau*.

Baum m. (baom). Arbre : *Baumschere*, f., sécateur, m.; *-schule*, f., pépinière; *-zucht*, f., arboriculture. ||[am Pflug] Flèche, f. ||Dim. *Bäumchen*, *-lein*, n. ④, arbrisseau, x, m.

Baumeister m. V. *Bau*.

baumeln (baomeln). Pendiller.

bäumen [**sich**]. Se cabrer.

Baum||**garten** m. Verger. ||**-wolle** f. Coton, m. : *baumwollen*, a., de coton; *Baumwollenstaude*, f., cotonnier, m.; *-wollenstoff*, m. cotonnade, f.

Bauplatz m. Chantier.

Bausch m. (baosch). Bourrelet. ||*Fig.* *in Bausch und Bogen*, en bloc, à forfait.

bausch||**en.** Bouffer. ||**-ig** a. Bouffant, e.

Bayer|| **-n, -n** npr. m., **-in** f. (bayer, in). Bavarois, e. ||**-n** n. [la] Bavière, f.; *bay[e]risch*, a., bavarois, e.

Bazillus, -, ...llen m. (tsilous) Bacille.

be||**...** (bé). Préfixe *inséparable, non accentué*. ||**-absichtigen** (ap**z**ichtigen). Avoir* l'intention [de].

beachten (**ach**ten). Faire* attention à, tenir* compte de. ||*beachtenswert*, *-würdig*, a., digne d'attention; *Beachtung*, f., attention.

Beamte [r] m. (àmt^e^r). a. s. Fonctionnaire, employé.
beängstigen (èng-g^e^n). Alarmer, inquiéter.
beanspruchen (**ch**^e^n). [etwas] Prétendre, réclamer.
beanstanden. Contester la qualité de.
beantworten (ànt-). Répondre [à] : *Beantwortung,* f., réponse, f.
bearbeiten (arba^è^t^e^n). Travailler, tr. façonner : *neu* — refondre. ‖[Stoff] Traiter; *Bearbeitung,* f., travail, m., façon; [Theater] adaptation.
beaufsichtigen. Surveiller.
beauftragen [mit]. Charger [de].
bebauen (bao^e^n). 1. Couvrir* de constructions. ‖2. [Erde] Cultiver; *Bebauung,* f., culture.
beben (béeb^e^n). Trembler. ‖ n. Tremblement, frémissement, m.
bebildert a. Illustré.
Becher m. ④ (bée**ch**^e^r). Gobelet. ‖[Kelch] Coupe, f. ‖[zum Würfeln] Cornet.
Becken n. ④. Bassin, m., cuvette, f. ‖*Geogr., Anat.,* Bassin, m. ‖*Mus.* Cymbales, f. pl.
bedachen (da**ch**^e^n). Couvrir* [d'un toit].
Bedacht m. (a**cht**). Réflexion, f., considération, f. ‖a. Attentif, ive, réfléchi, e.
bedächtig (dè**chtich**), **bedachtsam** (zâm), a. Circonspect, e, réfléchi, e : *Bedachtsamkeit,* f., circonspection.
Bedachung f. (da**ch**-). Toiture.
bedanken [**sich**] [für]. Remercier [de].
Bedarf m. spl. Besoin, ce qui est nécessaire, besoins, pl. : *nach Bedarf,* suivant le[s] besoin[s]. ‖ind. pr. de *bedürfen**.
be‖dauerlich a. (**lich**). Regrettable. ‖**-dauern** (daô^e^rn). Regretter. ‖[Personen] Plaindre*. ‖n. spl. Regret, m. : *-dauerns‖wert, -würdig,* a., regrettable; à plaindre*.
bedecken [mit]. Couvrir* [de] : *bedeckt,* p. a., couvert, e; [geschützt] à couvert, adv.
Bedeckung f. Couverture. ‖[Geleit] Escorte.
bedenken* (dènk^e^n). Penser à, songer, considérer : *einen mit etwas bedenken,* pourvoir qn. de qc. ‖[**sich**]. Réfléchir. ‖[zögern] Hésiter. ‖n. ④. Considération, f., réflexion, f. ‖[Zweifel] Doute, m., hésitation, f., scrupule, m.; *Bedenken tragen*,* hésiter.
bedenklich a. (**ich**). Qui donne à réfléchir; [mißlich] délicat, e, épineux, euse; [ernst] grave, sérieux, euse.
Bedenkzeit f. Répit, m.
bedeuten (dœüt^e^n). Signifier, ‖[ankündigen] Annoncer, présager.
bedeutend a. (^e^nt, -d-). Considérable, important, e.
bedeutsam a. (zâm). Significatif, ive : *Bedeutsamkeit,* f., importance, gravité.
Bedeutung f. Signification. ‖[e. Wortes] Acception. ‖[Wichtigkeit] Importance : *bedeutungslos,* a., insignifiant, e; *bedeutungsvoll,* a., très important, e.
bedienen (dî-). Servir*.
Be‖diente[r] a. s. m. (dînt^e^r). Domestique, m. et f. ‖**-dienung** f. Service, m. ‖[Leute] Gens de service, m. pl.
be‖dingen* (**ding**^e^n). Convenir* de. ‖**-dingt** a. Conditionnel, le.
Bedingung f. Condition : *unter jeder* —, à tout prix : *bedingungsweise,* adv., sous condition.
bedrängen (è**ng**^e^n). Presser. ‖[quälen] Tourmenter. ‖[bedrücken] Gêner.
Bedrängnis f. Gêne, détresse, embarras, m.
bedrohen (drô-). [mit]. Menacer [de].
Bedrohung f. Menace.
be‖drucken (drouk^e^n). Imprimer [sur]. ‖**-drücken** (uken). Opprimer.
Bedrückung f. Oppression.
bedürfen* (durf^e^n) [*gén.*]. Avoir* besoin [de].
Bedürfnis n. Besoin, m.
bedürftig a. Nécessiteux, euse, indigent, e : *bedürftig sein** [*gén.*], avoir besoin [de]; *Bedürftigkeit,* f., besoin, m.
beehren [mit]. Honorer [de] : ***sich*** —, avoir l'honneur [de].
beeid[ig]en (a^è^dig^e^n). Affirmer par serment. ‖[Beamten] Assermenter. *Beeidigung,* f., prestation de serment.

beeifern [sich] (*a*èfern). S'empresser [de].
beeilen [sich] (*a*èlen). Se hâter, se dépêcher. ‖ [höflich] S'empresser.
beeinflussen (*a*ènflou-). Influencer.
beeinträchtigen (*a*èntrê**ch**tig-). Nuire [à]. ‖*Beeinträchtigung*, f., tort, m., préjudice, m.
beend[ig]en (èndig-). Terminer. ‖*Beendigung*, f., achèvement, m.
beengen (èngen). Rétrécir. ‖ Restreindre*, gêner : *beengt*, à l'étroit, gêné, e.
beerben tr. Hériter [de qn.].
beerdigen. Enterrer : *Beerdigung*, f., enterrement, m.
Beere f. (béere). Baie.
Beet n. (beet). Parterre, m. ‖ [Gemüse] Planche, f.
befähigen (fêigen) [zu]. Rendre capable [de], apte [à] : *Befähigung*, f. capacité, aptitude.
befahl, imp. de *befehlen**.
befahren*. Passer [en voiture, etc.] sur. ‖ [Wasser] Naviguer [sur].
be‖fallen*. Tomber sur, attaquer. ‖ [v. Krankheiten] Atteindre*, frapper. ‖**-fangen*** (fàngen). Entourer, enserrer. ‖p. a. *Fig.* Embarrassé, e, gêné. ‖ [voreingenommen] Prévenu, e.
Befangenheit f. Embarras, m., gêne. ‖Prévention.
befassen [sich] [mit]. S'occuper [de].
Befehl m. Ordre, commandement.
be‖fehlen*. Ordonner, commander. ‖LOC. *Gott befohlen!* Dieu vous garde! Adieu! ‖**fehligen** (lig-). [Heer] Commander.
befestigen (èstigen). Fortifier, consolider, fixer.
Befestigung f. Fixation. ‖*Mil.* Fortification.
befeuchten (fœü**ch**ten). Mouiller, humecter.
Beffchen n. ④ (**ch**en). Rabat, m.
befiedern (fîdern). Emplumer.
befiehl. V. *befehlen**.
be‖finden* [sich] (fìnd-). Se trouver. ‖ [Gesundheit] Se porter. ‖n. État, m. [de santé]. ‖**-findlich** a. (li**ch**). Qui se trouve, existant, e.
be‖flechten* (è**ch**t-). [Stuhl] Empailler. ‖**-flecken.** Tacher, souiller : *-fleckung*, f., tache, souillure.
be‖fleißen* (*a*ès-). **-fleißigen [sich].** [*gén.*] S'appliquer à, s'adonner à. ‖**-fliß**, imp. de *befleißen**. ‖**-flissen**, pp. de *befleißen**. ‖a. Appliqué, e [à] ; *Beflissenheit*, f., application.
beflügelt a. (flûg). Ailé, e.
befohlen pp. de *befehlen**.
befolgen (folgen). Suivre*. ‖ [Gebot] Observer.
befördern (fœrdern). Faire* avancer. ‖ [beschleunigen] Hâter, accélérer. ‖ [Güter, Reisende] Transporter. ‖ [Post] Acheminer. ‖ [im Rang] Promouvoir*.
Beförderung f. Accélération. ‖Transport, m. ‖ [im Rang] Promotion, f., avancement, m.
befrachten (fra**ch**-). Affréter : *Befrachter* m. ④, affréteur.
befragen (âgen). Interroger, questionner.
befreien (fr*a*è-). Libérer, délivrer. ‖ [Sklaven] Affranchir. ‖ [entbinden] Exempter, dispenser.
Be‖freier m. ④ Libérateur. ‖ **-freiung** f. Libération. Délivrance. ‖Affranchissement, m.
befremden (frèm-). Surprendre*, étonner. ‖n. spl. et **Befremdung** f. Surprise, étonnement, m.
befreunden [sich] (frœü̈n-). Se lier d'amitié : *befreundet*, a., lié, e d'amitié.
befriedigen (frîdig-). Satisfaire*, contenter.
Befriedigung f. Satisfaction, contentement.
befristen. Fixer un délai.
befruchten (frou**ch**-). Féconder : *Befruchtung*, f., fécondation.
Befugnis, -isse f. (foûgnis). Autorisation, droit, m.
befugt a. Autorisé, e.
befühlen. Tâter, palper; *Befühlung*, f., attouchement, m.
Befund m. (fount). Constatation, f.
befürchten (fur**ch**-). Craindre*, redouter : *Befürchtung*, f., crainte, appréhension.
befürworten (fur-). Recommander. ‖ [Bitte] Appuyer.
begaben (gâ-) [mit]. Douer, pourvoir*, doter [de].
Begabung f. Dotation. ‖*Fig.* Don, m., talent, m.
begangen, -gann, V. *begehen**, *beginnen**.

begatten [**sich**] (gat^e^n). S'accoupler : *Begattung*, f., accouplement, m.

begeben* (gée-). [Wechsel] Émettre. ‖[**sich**]. Se rendre. ‖Arriver, se passer. ‖[e. Gutes] Se dessaisir. ‖[e. Amtes] Se démettre*.

Begebenheit f. (haèt). Evénement, m.

begegnen intr. [*sein*] (géeg-). Rencontrer. ‖[behandeln] Traiter, accueillir*. ‖[sich betragen] Se comporter. ‖[v. Dingen] Arriver.

Begegnung f. Rencontre.

begehen* (géeen). Parcourir*. ‖[Fehler, usw.] Commettre. ‖[Fest] Célébrer. ‖ [Straße] *begangen*, a., fréquenté, e. à forte circulation. ‖n. et *Begehung*, f., perpétration; [e. Festes] Célébration.

begehren (géeren). Désirer, convoiter. ‖n. spl. Désir, m.

begeistern (gaè-). Inspirer, enthousiasmer : *begeistert*, p. a. [für], enthousiaste [de]; *Begeisterung*, f. enthousiasme, m.

Begier[de] f. (gîrde), Vif désir, m., envie. ‖[sinnlich] Convoitise.

begierig a. (rig). Avide.

begießen* (gîsen). Arroser : *Begießung*, f., arrosage, m.

Beginn m. (gin). Commencement.

beginnen*. Commencer. ‖[unternehmen] Entreprendre*. ‖n. spl. Entreprise, f.

beglaubigen (glaobigen). Attester, certifier. ‖[Unterschrift] Légaliser. ‖[Gesandten] Accréditer.

Beglaubigung f. Attestation, certificat, m., légalisation.

begleichen* (aèch-). Régler, solder.

begleiten (glaè-). Accompagner. ‖*Mil.* Escorter.

Be‖gleiter m. ④, **in** f. Compagnon, compagne. ‖*Mus.* Accompagnateur, trice. ‖**-gleitung** f. Accompagnement, m. ‖[Gefolge] Suite. ‖[Bedeckung] Escorte.

beglücken. Rendre heureux; *beglückwünschen* [zu], féliciter [de]; *Beglückwünschung*, f., félicitation.

begnadigen (g'nâdigen). Gracier. ‖[politisch] Amnistier : *Begnadigung*, f., grâce, pardon, m.; amnistie.

begnügen [**sich**] [**mit**]. Se contenter [de].

Begonie f. (gônie). Bégonia, m.

begonnen pp. de *beginnen**.

begraben*. Enterrer.

Begräbnis n. (grêpnis). Enterrement, m.

be‖greifen* (graèfen). Comprendre*, concevoir. ‖[fassen] Saisir. ‖**-greiflich** a. Compréhensible.

begrenzen (grèntz-). Borner, limiter : *Begrenzung*, f., limitation.

Begriff m. [Inhalt] Contenu. ‖[Verständnis] Compréhension, f. ‖[Fassen] Conception, f. ‖[Vorstellung] Idée, f., notion, f. : *Begriffsbestimmung*, f., définition. ‖LOC. *im Begriffe sein, zu* ..., être* sur le point [de].

begriffen a. [in, *dat.*] Occupé [à], engagé [dans].

begründen (gründen). Fonder, établir. ‖[mit Gründen stützen] Motiver.

Begründung f. Fondement, m. Justification.

begrüßen (grû-). Saluer; *Begrüßung*, f. salutation, salut, m.; *begrüßenswert*, a., réjouissant, e, satisfaisant, e.

begünstigen (gunstigen). Favoriser : *Begünstigung*, f., faveur; [Förderung] protection.

begütert a. (gûtert). Riche.

behaart a. (hârt). Poilu, e. ‖[v. Kopfe] Chevelu, e.

behäbig a. (hêbig). A son aise. [v. Dingen]. Commode.

Behäbigkeit f. Aisance, confort, m.

behaftet [mit] a. Atteint, e [de].

be‖hagen* (hâg-). Plaire*. ‖n. spl. Agrément, m, bien-être, m. ‖**-haglich** a. (lich). Agréable, confortable; [bequem] commode; [v. Personen] à son aise; *Behaglichkeit*, f., aise, commodité, confort, m.

behalten* (halt-). Garder, retenir*.

Behälter m. ④ (hêlter). **-hältnis,** n. (iss). Réservoir, récipient, m.

behandeln (handeln). Traiter : *Behandlung*, f., traitement, m.

behändigen (hèndigen). Remettre : *Behändigung*, f., remise.

Behang m. (hànk). Tenture, f.

behängen (hèng-). Tendre, tapisser. ‖[mit Bildern usw.] Couvrir*, orner.

be‖harren (har-) [bei, auf]. Persévérer, persister [dans]. ‖**-harrlich**

a. Persévérant, e, constant, e : *Beharrlichkeit,* f., persévérance, constance.
behauen* (**h***a*o-). Tailler.
behaupten (**h***a*opten). Affirmer, assurer, soutenir*. ‖[vorgeben] Prétendre. ‖[Recht] Maintenir*. ‖[Rang.] Tenir*.
Behauptung f. Affirmation, assertion, maintien, m.
beheben*. [Akten] Lever. ‖[Geld] Toucher.
Behelf m. (**h***è*lf). Ressource, f., expédient.
behelfen* [**sich**] (**h***è*lf-). Se tirer d'affaire.
behelligen (**h***è*lig-). Tracasser : *Behelligung,* f., tracasserie.
behend[**e**] a. (**h***è*nde). Leste, prompt, e : *Behendigkeit,* f., prestesse, promptitude.
beherbergen (**h***è*rbèrg-). Héberger, loger : *Beherbergung,* f., hébergement, m.
beherrschen (**h***è*r-). Dominer. ‖[Gefühl] Maîtriser. ‖[Sprache] Posséder : *Beherrscher,* m. ④, dominateur, souverain; *Beherrschung,* f., domination.
be‖herzigen (**h***è*rtsig-). Prendre* à cœur. ‖*Fig.* Prendre* en considération. ‖**-herzt** a. (**h***è*rtst). Courageux, euse, hardi, e.
behexen (**h***è*ksen). Ensorceler : *Behexung,* f., ensorcellement, m.
behilflich a. (**h***i*lflich). Secourable.
behindern (**h***i*nd-). Empêcher.
beholfen pp. de *behelfen**.
beholzen (**h**olts). [Re]boiser : *Beholzung,* f., [re]boisement, m.
behorchen (**h**orch-). Écouter, épier. ‖*Méd.* Ausculter.
Behörde f. (**h**eûrde). Autorité; *öffentliche* —, ministère public, m.
Behuf m. (**h**oûf) : *zu diesem Behuf,* dans ce dessein; *behufs,* en vue de.
behülflich. V. *behilflich.*
be‖hüten (**h***û*ten). Garder, protéger : *behüte Gott!* à Dieu ne plaise! ‖**-hutsam** a. Circonspect, e; *Behutsamkeit,* f., circonspection; *Behütung,* f., protection.
bei prép. avec le *datif.* Exprime : 1° Dans l'*espace :* la *proximité,* la *présence* [auprès de, près de, chez, avec, à, de, par, en, sur, etc.]. Exemples : *bei der Türe,* près de la porte; *bei Berlin,* près de Berlin; *die Schlacht bei Lützen,* la bataille de Lützen; *bei meinen Eltern,* chez mes parents; *bei einem Lehrer lernen,* apprendre* avec un professeur; *bei sich,* sur soi; *bei Tisch,* à table; *bei Gott!,* par Dieu!
2° Dans le *temps;* la *simultanéité,* la *coïncidence* [en, de par, à, dans, avec, malgré]. Exemples : *beim Essen,* en mangeant; *bei Tag,* de jour; *bei Gesundheit,* en [bonne] santé; *beim Anblick,* à l'aspect; *bei dem besten Willen,* avec la meilleure volonté.
bei‖ ... Préfixe *séparable accentué,* même sens que la préposition, combiné avec celui du verbe simple.
beibehalten* (**h***a*l-). Garder, conserver.
Beiblatt n. ②. Supplément, m. [d'un journal].
beibringen* (**br***i*ng-). Apporter. ‖[Beweis] Fournir, produire. ‖[Heilmittel] Donner, administrer. ‖[Verlust] Infliger. ‖[lehren] Enseigner. ‖*Beibringung,* f., production, administration, enseignement, m.
Beicht‖e f. (b*a*è**ch**te). Confession. ‖**-en.** [Se] confesser. ‖**-geheimnis** n. Secret [m.] de la confession. ‖**-stuhl** m. (schto*û*l). Confessionnal, aux. ‖**-vater** m. ③ (f*â*ter). Confesseur.
beide (b*a*ède). a. pl. Tous [toutes] [les] deux. ‖*beiderlei,* des deux sortes; *beiderseitig,* des deux côtés, réciproque; *beiderseits,* des deux côtés, de part et d'autre. ‖n. *Beides,* l'un et l'autre.
beieinander. L'un[e] près de [avec] l'autre, les un[e]s près des [avec les] autres, ensemble.
Beifall m. spl. Approbation, f. : *Beifall finden**, avoir* du succès; *Beifall zollen,* applaudir [à]; *lauter* [*stürmischer*] *Beifall, Beifall klatschen,* n. spl. [salve, f., d'] applaudissements, pl.; *Beifallsruf,* m. ①, bravo.
beifällig a. (f*è*lig). Approbateur, trice.
beifolgen (folgen). Être joint [à] : *beifolgend,* ci-joint.
beifügen (f*û*g-). Ajouter : *Beifügung* f., addition.

Beigabe f. (gâbᵉ) ; *als Beigabe,* par-dessus le marché.
beigeben* (*gée*-). Adjoindre*. [Karten] Fournir.
Beigeordnet[e]r a. p. s. Adjoint, e.
Beigericht n. (gér*i*cht). Hors-d'œuvre, m.
beigeschlossen a. Ci-inclus, e.
Beigeschmack m. Arrière-goût.
beigesellen. Donner pour compagnon, adjoindre*.
Beihilfe* f. (h*i*lfᵉ). Aide.
beikommen*. Approcher [de], atteindre*.
Beil n. ① (baᵉl). Hache, f.
Beilage f. (lâgᵉ). Pièce ajoutée. ‖[Zeitung] Supplément, m. ‖*Gericht mit Beilage,* plat garni.
beiläufig a. (lœüfig). Incident, e. ‖adv. Incidemment.
beilegen (léeg-). Ajouter, joindre* [à]. ‖[Titel] Donner, conférer. ‖[zuschreiben] Attribuer, imputer. ‖[Streit] Terminer.
Beilegung f. Addition. ‖Attribution. Accommodement, m.
beileibe (laᵉbᵉ) : *beileibe nicht!* à Dieu ne plaise! Dieu m'en garde!
Beileid n. spl. (laᵉt, -d-). Condoléances[s], f. [pl.].
beiliegen*. Être joint [à] : *beiliegend,* a., ci-joint, e, ci-contre.
beim = *bei dem.* V. *bei.*
beimengen (mèngᵉn). Mélanger [à].
beimessen*. Attribuer [à].
beimischen. Mélanger [à] : *Beimischung,* f., mélange, m.
Bein‖ n. ① (baᵉn). 1. [Knochen] Os, m. ‖2. [Körperteil] Jambe, f. ‖[e. Stuhles usw.] Pied, m. ‖LOC. *auf den Beinen stehen, auf die Beine bringen*,* être*, mettre* sur pied. ‖*beinig* a. : *dreibeinig,* à trois pieds; *langbeinig,* à longues jambes; ‖**-kleid** n. ② Pantalon, m.; culotte, f.
beinah[e] adv. (nâᵉ). Presque. ‖[ungefähr] A peu près, environ. ‖[vor Zahlen] Près de.
Beiname m. Surnom.
beiordnen. Adjoindre*.
beipflichten (*i*chtᵉn). Consentir* [à]. ‖[billigen] Approuver, tr.
Beirat m. (râte). Conseil. ‖[Ratgeber] Conseiller.
beirren. (bé*i*rᵉn) Dérouter.
beisammen adv. (baᵉzam-). Ensemble : *dicht beisammen,* serré.
Beisatz m. Supplément. ‖*Gramm.* Apposition, f.
Bei‖**schlaf** m. Acte sexuel. ‖**-schläfer, in,** m. f. Concubin, e.
beischließen* (schlîssᵉn). Ajouter, joindre*.
Beisein n. (zaᵉn). Présence, f.
beiseite (baᵉzaᵉtᵉ). De côté, à part.
beisetzen. Mettre* auprès. ‖[begraben] Inhumer. ‖[Segel] Déployer.
Beisetzung f. Inhumation.
beisitzen*. Assister. ‖*Beisitzer,* m. ④, assesseur.
Beispiel n. ① (schpîl). Exemple, m.: *zum Beispiel* [abr. z. B.], *beispielsweise,* par exemple; *beispiellos,* a., sans exemple, inouï, e.
beispringen* (schpringᵉn). Accourir*.
beiß‖**en*** (baᵉ-). Mordre. ‖**-end** p. a. (sᵉnt, -d-). Mordant, e. ‖[Schmerz] Cuisant, e.
Beißzahn m. [Dent] incisive, f.
Beistand m. 1. spl. (schtant, -d-). Assistance, f., secours. ‖2. Défenseur, avocat. ‖[beim Duell]. Témoin.
beistecken (schtèkᵉn). Mettre* en poche.
beistehen* (schtéeᵉn). Assister, secourir.
Beisteuer f. (schtœüᵉr). Subside, m., contribution. ‖[amtliche] Subvention.
beisteuern. Contribuer.
beistimmen (schtimᵉn). Donner son assentiment : *Beistimmung,* f., assentiment, m.
Beitrag m. (trâg). Contribution, f. ‖[v. Mitgliedern] Cotisation f.
beitragen* (âgᵉn) [zu]. Contribuer [à].
beitreiben* (traᵉbᵉn). Faire* rentrer.
Beitreibung f. Recouvrement, m.
beitreten* (trée-) [*sein*]. Accéder. [e. Meinung] Adhérer, se ranger à. ‖[einer Gesellschaft] Entrer dans.
Beitritt m. Accession, f. ‖Adhésion, f. Entrée, f.
Beiwagen m. Side-car.
beiwohnen (vô-). Assister [à].
Beiwort n. ②. Épithète, f. ‖*Gramm.* Adjectif.

Beize f. (baètse). Mordant, m., caustique, m.
beiz||**en** (baètsen). Corroder. || [Fleisch usw.] Faire* macérer. || [Wunde] Cautériser. ||n. Macération, f. ||**-end** a. Corrosif, ive, caustique.
Beizmittel n. = *Beize.*
beizeiten adv. (baètsaèten). De bonne heure. || [rechtzeitig] A temps.
bejahen (yâen). Répondre affirmativement [à] : *bejahend,* a., affirmatif, ive; *Bejahung,* f., affirmation.
be||**jahrt** a. (yârt). Âgé, e. ||**-jammern** (yammern). Se lamenter sur, déplorer; *bejammernswert, -würdig,* a., lamentable, déplorable.
bekämpfen (kèm-). Combattre : *Bekämpfung,* f., lutte.
bekannt a. Connu, e; [Person, Gesicht] de connaissance; *er ist mir bekannt,* je le connais; *mit etwas bekannt sein*,* être au courant de [familiarisé avec] qc.; *mit einem bekannt werden** [v. Personen], se faire* connaître [de]; [v. Dingen] devenir* notoire; *bekannt machen,* faire* connaître*; ||*Bekannte*[*r*], p. a. s. [personne de] connaissance, f.; *bekanntlich,* adv., comme on le sait; *Bekanntmachung,* f., publication, avis, m.; *Bekanntschaft,* f., connaissance.
bekehren (kéeren). Convertir : *Bekehrung,* f. Conversion.
bekennen*. Reconnaître*, avouer. || [**sich**] [zu einer Religion usw.]. Faire* profession de, confesser. ||*Bekenntnis,* n., aveu, m. ||Confession, f. ||*Bekenntnisschule,* f., école confessionnelle.
beklagen (klâgen). Plaindre*. || [Sache] Déplorer : *sich bei einem über* [acc.] *beklagen,* se plaindre* de ... à qn; *beklagenswert, -würdig,* a., [v. Personen] à plaindre; [v. Sachen] déplorable.
Beklagte[**r**]. p. a. s. Défendeur. Prévenu.
beklatschen. Applaudir. ||*Fam.* Cancaner.
bekleiden. [Re]vêtir* [de], habiller. || [ausstatten] Couvrir*, garnir. || [mit Tapeten] Tapisser. ||*Fig.* [mit. e. Amt] Revêtir*, investir [de]. || [Amt]. Occuper, exercer.
Bekleidung f. Habillement, m., revêtement, m. ||Tenture.
be||**klemmen.** [Herz] Serrer. || [Brust] Oppresser. || [ersticken] Suffoquer. ||*Beklemmung,* f., Serrement, m. [de cœur]; oppression, suffocation. ||**-klommen** a. serré, e, oppressé, e : *Beklommenheit,* f. = *Beklemmung.*
beklopfen. Percuter. ||n. Percussion, f.
be||**kommen*** tr. Recevoir. || [erlangen] Obtenir*. || [Krankheit] Attraper. || [Fieber] Être pris de. ||Loc. *Hunger, Durst* usw. *bekommen,* commencer à avoir* faim, soif, etc.; *ein Kind bekommen,* avoir un enfant. ||intr. Faire* [du bien *ou* du mal]. ||Loc. *wohl bekomm's* [*euch*]! grand bien vous fasse! ||**-kömmlich** a. Salutaire.
beköstigen (kœstig-). Nourrir : *Beköstigung,* f., nourriture.
bekräftigen (krèftig-). Confirmer : *Bekräftigung,* f., Confirmation.
bekränzen (krèntz-). Couronner.
bekreuzen (krœützen). Marquer d'une croix. || [**sich**]. Se signer, faire* le signe de la croix.
bekriegen (krîg-). Faire* la guerre à.
bekritteln. Critiquer.
bekritzeln. Couvrir* de griffonnages.
bekümmern (kumern). Chagriner. || [betrüben] Affliger. || [Sorge machen] Donner du souci [à], préoccuper : *sich bekümmern um,* se soucier, s'inquiéter [de].
Bekümmernis f. ①. Chagrin, m., souci, m., préoccupation.
bekunden (koun-). Déclarer.
be||**lächeln** (lècheln). Sourire* de. ||**-lachen** (lachen). Rire* de.
beladen* [mit]. (lâden). Charger [de] : *Beladung,* f., chargement, m.
belagern (lâgern). Assiéger : *Belagerer,* m. ④, assiégeant; *Belagerung,* f., siège, m.
Belang m. (làng); *von Belang,* d'importance. ||*belanglos* a., sans importance.
belangen (làngen). Concerner.
be||**lasten** [mit]. Charger [de]. ||**-lästigen** (lèstigen). Incommoder, importuner : *Belästigung,* f., importunité.
Belastung f. Charge; *Belastungszeuge,* m., témoin à charge.
belauben (laoben). Couvrir* de feuillage; *belaubt,* a., feuillu, e.
belauern (laoern). Épier, guetter.

Belauf m. (*la*ᵒf). Montant : *bis zum Belauf von,* jusqu'à concurrence de.
belaufen* [**sich**] [auf, *acc.*]. Se monter, s'élever [à].
belauschen (*la*ᵒsch-). Épier.
beleben (*lée*bᵉn). Animer, vivifier. ‖*belebt,* p. a., animé, e, vivant, e; *Belebtheit,* f., animation; *Belebung,* f. vivification.
Beleg m. Pièce [f.] justificative, document. ‖[Beweis] Preuve, f.
be‖legen [mit] (*lée*gᵉn). Couvrir*; garnir [de] : *belegtes Brötchen,* n., sandwich, m. ‖[Platz] Retenir. ‖[Spiegelglas] Étamer. ‖[mit Abgaben] Frapper. ‖[mit Holzplatten] Plaquer : *Belegeholz,* n., bois [m.] de placage. ‖[Behauptung] Appuyer. ‖**-legt** p. a. (*lée*gt). ‖Zunge] Chargé, e. ‖[Stimme] Couvert, e, voilé, e.
Belegung f. Étamage, m.
belehren. Instruire* : *belehrend,* p. a., instructif, ive; *Belehrung,* f., instruction.
beleibt a. (*la*ᵉpt). Corpulent, e, replet, ète. *Beleibtheit,* f., corpulence, embonpoint, m.
beleidigen (*la*ᵉdigᵉn). Offenser, injurier; *beleidigend,* p. a., offensant, e, injurieux, euse; *Beleidiger* m. ④, offenseur; *Beleidigung,* f., offense, injure.
belesen sein*. Avoir* de la lecture : *Belesenheit,* f., lecture, érudition.
beleuchten (*lœüch*tᵉn). Éclairer, illuminer; *Beleuchtung,* f., éclairage, m., illumination.
belfern. Japper. ‖*Fig.* Clabauder. ‖n. spl. Jappement, m. ‖Clabaudage, m.
Belg‖ien n. (*bèl*giᵉn). [La] Belgique, f. ‖**-ier, -in** m. ④, f. Belge, m. et f. ‖*belgisch,* a., belge.
belichten (*lich*tᵉn). *Phot.* Exposer [à la lumière]; *Belichtung,* f., exposition.
be‖lieben (*lî*bᵉn). 1. Plaire, convenir* : *wie es Ihnen beliebt,* comme il vous plaira; *wie beliebt?* plaît-il? ‖2. Aimer, désirer, vouloir bien : *belieben Sie einzutreten,* veuillez entrer. ‖n. spl. Plaisir, m., gré, m. : *nach Belieben,* à volonté, à discrétion; *nach Ihrem Belieben,* à votre gré. ‖**-liebig** a. (big). A volonté, quelconque : *jeder beliebige,* qui que ce soit, le premier venu. ‖**-liebt** a. Aimé, e, bien vu, e. ‖[v. Sachen] Recherché, e : *Beliebtheit,* f., popularité, vogue.
bellen (*bè*lᵉn). Aboyer. ‖n. spl. Aboiement[s], m. [pl.].
Belletrist‖, -en, -en m. (étr*i*st). Homme de lettres, lettré, ‖**-ik** f. Belles-lettres, pl.
beloben (*lô*bᵉn). Louer, vanter.
belohnen (*lô*nᵉn). Récompenser : *Belohnung,* f., récompense.
belügen* (*lû*gᵉn). Mentir* à, tromper.
belustigen (*lou*stigᵉn). Amuser, divertir : *belustigend,* p. a., divertissant, e, amusant, e : *Belustigung,* f., amusement, m.
bemächtigen [**sich**] (*mêch*tigᵉn). [*gén.*] S'emparer [de].
bemalen (*mâ*-). Orner de peintures.
bemängeln (*mèng*ᵉln). Critiquer.
bemannen. Armer, équiper.
bemänteln (*mèn*tᵉln). Voiler, déguiser, dissimuler.
bemeistern [**sich**] (*ma*ᵉstᵉrn). Se rendre maître. s'emparer [de].
bemerken. Remarquer, apercevoir. ‖[sagen] Faire* remarquer : *bemerkenswert,* a., remarquable; *bemerkbar,* a., perceptible, sensible; *sich bemerkbar machen,* se faire* remarquer; *Bemerkung,* f., remarque, observation.
bemitleiden tr. (*la*ᵉdᵉn). Avoir* pitié ou compassion [de].
bemittelt a. Aisé, e, riche.
Bemme f. (*bè*mᵉ). Tartine.
bemoost a. Moussu, e, antique, chenu, e.
bemühen (*mû*ᵉn). Donner de la peine à, déranger : *bemüht sein*,* s'efforcer [de] ; *Bemühung,* f., peine, effort, m.
benachbart a. (*nach*bârte). Voisin, e [de].
benachrichtigen (*nachricht*igᵉn) [von]. Informer, aviser [de] : *Benachrichtigung,* f., information, avis, m.; renseignements, m. pl.
benachteiligen (*nachta*ᵉligᵉn). Faire* tort à, handicaper.
benagen (*nâ*gᵉn). Ronger.
benannt p. a. Nommé, e.
benarbt p. a. Balafré.
benebeln (*né*bᵉln). Couvrir de brouillard.

benedeien (bénéd*a*èn). Bénir.
Benefiz n. (itss). Bénéfice, m.
benehmen* (n*ée*men). Ôter, enlever. ‖[**sich**] Se comporter, se conduire*. ‖n. Conduite, f., attitude, f.
beneiden (n*a*èden). [einen um etwas] Envier [qc. à qn] : *beneidenswert*, a., digne d'envie, enviable.
benennen*. [Dé]nommer, appeler : *Benennung*, f., dénomination, appellation.
benetzen. Mouiller, humecter.
bengalisch a. (bèng*â*-) : *bengalisches Feuer*, feu de Bengale.
Bengel m. ④ (b*è***ng**el). Gourdin. ‖[d. Glocke] Battant. ‖*Fig.* [Schlingel] Rustre. ‖[Junge] Gamin.
benommen pp. de *benehmen**.
benötigen (n*eû*tig-). Avoir* besoin de.
benutzen, -nützen (n*ou*ts-, n*u*ts-). Utiliser : *Benutzung*, f., utilisation, usage, m.
Benzin n. ④ (bèntsîne). Benzine, f. ‖[für Motoren] Essence, f. ‖*Benzin‖standmesser*, n., *-tank*, m., *-zapfstelle*, f., jauge [f.] réservoir [m.], poste [m.] distributeur d'essence.
Benzoe n. (b*è*ntsoé). Benjoin, m.
beobachten (*ô*b'**acht**-). Observer : *Beobachter*, m. ④, observateur; *Beobachtung*, f., observation.
beordern (ordern). Commander : *beordert sein**, *werden**, avoir*, recevoir l'ordre; *Beorderung*, f., ordre, m.
bepacken. Charger.
bepanzern (p*à*nts-). Cuirasser.
bepflanzen [mit]. Planter [de].
be‖quem a. (kv*ée*m). Commode : *sich's bequem machen*, se mettre à l'aise. ‖**-quemen** [**sich**] [zu]. S'accommoder [de] : *Bequemlichkeit*, f., commodité.
be‖raten* tr. (r*â*ten). [einen]. Conseiller [qn.]. ‖[etwas] Discuter, délibérer [sur]. ‖intr. et [**sich**], réfl. [über, *acc.*] Délibérer [sur]. ‖*beratend*, a., consultatif, ive. ‖**-ratschlagen** (*â*g-) [über, *acc.*] Délibérer [sur] : *Beratschlagung*, f., *Beratung*, f., délibération.
berauben (r*a*o-). Dépouiller, priver [de] : *Beraubung*, f., dépouillement, m., spoliation.
beräuchern (r**œü**chern). *Fig.* Encenser.
berauschen (r*a*oschen). [mit] Enivrer, griser [de] : *berauschend*, p. a., enivrant, e; [Wein] capiteux, euse.
berechnen (r*è***ch**nen). Calculer, supputer : *Berechnung*, f., compte, m., calcul, m.
berechtigen (r*è***ch**tigen) [zu]. Autoriser [à].
Berechtigung f. Autorisation, droit, m. ‖[v. Prüfungen] Sanction.
be‖reden (r*ée*den). Parler de. ‖[einen] Persuader. ‖[**sich**]. Se consulter, conférer. ‖**-redsam** (z*â*m), **-redt** a. Éloquent, e; adv. éloquemment; *Beredsamkeit*, f., éloquence.
Beredung f. Persuasion.
Bereich m. ou n. ① (r*a*è**ch**). Domaine. ‖*Fig.* Sphère, f. ‖[Fach] Ressort. ‖*im Bereich*, à la portée.
bereichern (r*a*è**ch**ern). Enrichir; *Bereicherung*, f., enrichissement, m.
bereifen (r*a*èfen). Couvrir* de givre.
bereisen (r*a*è**z**en). Parcourir*.
be‖reit a. (r*a*èt) [zu]. Prêt, ête [à] : *sich bereit machen*, se préparer; *bereits*, adv., déjà. ‖**-reiten.** 1. (r*a*è-). Préparer, apprêter. ‖[Freude, usw.] Causer, faire*. ‖2*. Parcourir* [à cheval]. ‖[Pferd] Monter.
Bereiter m. Piqueur, écuyer.
bereits. Déjà.
Bereitschaft f. : *in* —, prêt.
Bereitung f. Préparation.
bereitwillig a. (lig). Disposé, e [à], empressé, e : adv. volontiers; *Bereitwilligkeit*, f., empressement, m., obligeance.
berennen*. Cerner, investir. ‖[angreifen] Attaquer. ‖*Berennung*, f., investissement, m. ‖[Angriff] Attaque.
bereuen tr. (r**œü**en). Se repentir de: *Bereuung*, f., repentir, m.
Berg m. (b*è*rk). Montagne, f., mont : *über Berg und Tal*, par monts et par vaux; *er ist über alle Berge*, il a pris la clef des champs; *zu Berge fahren**, aller* en montant [en amont] : *bergab*, *-unter*, adv., en descendant, en aval; *-an*, *-auf*, adv., en montant, en amont; *es geht mit ihm bergab*, ses affaires vont mal; [gesundheitlich] il décline, il baisse.

Berg... 1. ...de [la] montagne. Ex. : *Bergbewohner,* m. ④, montagnard; *-geist,* m., gnôme; *-kristall,* n., cristal [m.] de roche; *-steiger,* m. ④ (schtaèger), ascensionniste; *strom,* m. (schtrôm), torrent, *-sturz,* m. (schtourtz), éboulement. ‖2. ... de[s] mine[s] : *Bergakademie,* f. *-schule,* f., école des mines; *-bau,* m., exploitation minière, f.; *-arbeiter,* m. ④, *-mann,* m. [pl. *-leute*], mineur; *-sport,* m., alpinisme; *-steiger,* alpiniste; *-werk,* n., mine, f.; *-wesen,* n., les mines, f. pl.

bergen* (gen). Mettre* en sûreté, protéger, sauver.

bergig a. (ig). Montagneux, euse.

Bergung f. Sauvetage, m.

Bericht m. (richt). Rapport, compte rendu. ‖ [amtlich] Communiqué, bulletin.

berichten. Relater, rapporter. ‖Nachricht] Mander.

Be‖richterstatter m. Rapporteur; [e. Zeitung] reporter; ‖**-richterstattung** f. Compte rendu, m. rapport, m.

berichtigen (richtigen). Rectifier, corriger. ‖ [Streitigkeit] Arranger : *Berichtigung,* f., rectification, correction.

berieseln. Irriguer.

Beritt m. Peloton.

beritten a. A cheval, monté.

Berlin‖ n. (îne). Berlin, m. ‖**-er, -in** m. ④, f. De Berlin, berlinois, e : *Berlinerblau,* n., bleu [m.] de Prusse.

berlinisch a. Berlinois, e.

Berlocke f. (loke). Breloque.

Bernstein m. (bèrnschtaèn). Ambre jaune.

bersten* (ten). Crever. ‖ [platzen] Éclater. ‖ [Haut] Se gercer.

berüchtigt a. (ruchtigt). Mal famé, e, fameux, euse.

berücken. Attraper. ‖ [täuschen] Tromper. ‖*Fig.* Enjôler. ‖*Berückung,* f., enjôlement, m., duperie.

berücksichtigen (zichtigen). Prendre* en considération, tenir compte de.

Berücksichtigung f. Considération : *unter Berücksichtigung,* en considération [de], eu égard [à].

Beruf m. ① (roûf). Vocation, f. ‖ [Stand] Profession, f.

be‖rufen* (roûfen). Appeler : *berufen sein** [*zu*], avoir* la vocation [de]. ‖ [Versammlung] Convoquer. ‖ [ernennen] Nommer [à] : *sich berufen* [auf, *acc.*], se référer [à], s'autoriser, se réclamer [de]. ‖ [appellieren] En appeler [à]. ‖**-rufs...,** professionnel, elle : *Berufsart,* f., profession; *-beratung,* f., orientation professionnelle; *-genosse,* m., collègue; *-mäßig,* a., professionnel, elle.

Berufung f. Appel, m., convocation. ‖ [Appellation] Appel, m., pourvoi, m.

beruhen (roûen). [v. Sachen] Reposer; être* fondé [sur]. ‖LOC. *es dabei beruhen lassen**, en rester là; *etwas auf sich beruhen lassen**, abandonner, laisser tomber.

beruhigen (roûigen). Calmer, tranquilliser, rassurer. ‖ [stillen‖ Apaiser : *Beruhigung,* f., apaisement, m.

berühmt a. Célèbre, renommé, e, illustre : *berühmte Person,* célébrité : *Berühmtheit,* f., célébrité, renommée.

berühren (rû-). Toucher : *angenehm berühren,* [Sinne] flatter; [Person] toucher.

Berührung f. Contact, m.

besäen (zê). Semer, ensemencer. ‖*Fig.* Parsemer. ‖n. spl. Ensemencement, m.

besagen (zâg-). Dire*. ‖*besagt,* a., susdit, e.

besaiten (zaèten). Garnir de cordes. ‖ [Geige] Monter.

Besan m. ① (zâne). Artimon.

besänftigen (zènftig-). Adoucir, calmer : *Besänftigung,* f., adoucissement, m.

Be‖satz m. Garniture, f. ‖ [am Kleid] Volant. ‖**-satzung** f. Garnison. ‖ [e. Schiffes] Équipage, m.

besaufen* [**sich**] (zao-). S'enivrer.

beschädigen (schêdigen). Endommager, abîmer : *Beschädigung,* f., dommage, m., dégât, m.

beschaffen. Procurer. ‖a. Constitué. e : *Beschaffenheit,* f., constitution; [Eigenschaft] qualité.

beschäftigen (schèftig-) [mit]. Occuper [de] : *Beschäftigung,* f., occupation.

beschämen (sch*ê*m-). Couvrir* de honte : *beschämt,* a., honteux, euse, confus, e; *Beschämung,* f., honte, confusion.
beschatten. Ombrager.
Beschau f. (sch*a*o). Inspection, visa, m.
be‖schauen. Regarder, contempler, inspecter : *Beschauung,* f., contemplation, examen, m. ‖**-schaulich** a. (li**ch**). Contemplatif, ive.
Bescheid m. ① (sch*a*èt, -d-). Décision, f. ‖[Auskunft] Renseignement : *Bescheid wissen** [um etwas], être* au courant [de qc.]. ‖[Antwort] Réponse, f.
bescheiden* (*a*è-). Assigner [à]. ‖[antworten] Répondre. ‖a. Modeste, discret, ète : *Bescheidenheit,* f., modestie, discrétion.
be‖scheinen* (sch*a*è-). Éclairer. ‖**-scheinigen** (sch*a*ènig-). Certifier, attester : *den Empfang bescheinigen,* accuser réception; *Bescheinigung,* f., attestation, certificat, m.
beschenken (*è*nk-) [einen mit]. Faire* présent [de qc. à qn] : *Beschenkung,* f., don, m.
bescheren (*ée*rᵉn). Donner [en présent] : *Bescherung,* f., distribution de présents, étrennes [de Noël].
beschicken [den Reichstag usw.]. Envoyer [des députés à la Diète, etc.]. ‖[ordnen] Régler, mettre* en ordre. ‖[vorbereiten] Préparer. ‖[Hochofen] Charger.
Beschickung f. Députation. ‖Arrangement, m. ‖Préparation. ‖Chargement, m.
beschienen, 1. pp. de *bescheinen**. ‖2. Poser des rails.
beschießen* (sch*î*-). Bombarder : *Beschießung,* f., bombardement, m.
beschimpfen (*ì*m-). Insulter, injurier, outrager : *Beschimpfung,* f., insulte, outrage, m.
beschirmen. Abriter. ‖[schützen] Protéger : *Beschirmung,* f. Protection.
Beschlag m. (*â*g). Garniture, f. ‖[Eisen] Ferrure, f. ‖[e. Maschine] Armature, f. ‖*Fig.* Confiscation, f., saisie, f. : *in Beschlag nehmen**, confisquer, saisir; *Beschlagnahme,* f., confiscation, saisie.
beschlagen*. Garnir. ‖[mit Eisen] Ferrer : *scharf* —, ferrer à glace.
beschleichen* (schl*a*è**ch**ᵉn). Surprendre*.
beschleunigen (schl*œ*ünig-). Presser, hâter. ‖[Arbeit] Activer : *Beschleunigung,* f., accélération.
beschließen* (*î*ssᵉn). Conclure, finir. ‖ [entscheiden] Décider, arrêter, résoudre*.
Beschluß m. (schl*o*uss). Fin, f., clôture, f. ‖[amtlich] Décision, f., arrêt.
beschmieren (schm*î*-). Enduire*. ‖[beschmutzen] Salir, souiller.
beschmutzen (m*o*utsᵉn). Salir, souiller.
beschneiden* (*a*è-). Couper, rogner. ‖[Bäume] Tailler, ébrancher. ‖[Haar] Rafraîchir. ‖*Beschneidung,* f., taille.
be‖schnüffeln, -schnuppern, *fam.* Flairer.
beschönigen (*eû*nigᵉn). Pallier, excuser.
beschränken (schr*è*nkᵉn). Borner, restreindre* : *beschränkt,* étroit, e, borné, e; *Beschränktheit,* f., étroitesse [d'esprit]; [v. Mitteln] insuffisance; *Beschränkung,* f., limitation, restriction.
beschreiben* (*a*èbᵉn). Écrire* sur. ‖[Linie] Tracer. ‖[schildern] Décrire*. ‖[malen] Dépeindre* : *beschreibend,* a., descriptif, ive; *Beschreibung,* f., description.
beschreien*. Décrier.
beschreiten* tr. (*a*ètᵉn). Marcher sur. ‖[Weg] S'engager dans.
beschuhen (sch*oû*ᵉn). Chausser.
beschuldigen (sch*o*uldig-). Accuser [qn de qc.]. ‖*Jur.* Inculper : *Beschuldigung,* f., accusation.
beschützen. Protéger : *Beschützer,* m. ④, protecteur; *Beschützung,* f., protection.
beschwänzt a. (*è*ntst). A queue.
beschwatzen (v*a*tsᵉn). Enjôler : *Beschwatzer,* m. ④ enjôleur; *Beschwatzung,* f., enjôlement, m.
Beschwerde f. Gêne. ‖[Leiden] Mal, m. ‖[Klage] Plainte : *Beschwerde führen,* porter plainte, réclamer; *Beschwerdeführer,* m. ④, réclamant.
be‖schweren [mit] (*ée*r-). Charger [de]. ‖[belästigen] Incommoder; *sich beschweren* [über, *acc.*], se plaindre* [de]. ‖**-schwerlich** a. Pénible. ‖[lästig] Importun, e.

Italique : accentuation. **Gras :** pron. spéciale. *Verbe fort. V. GRAMMAIRE.

Beschwerlichkeit, f., gêne, importunité.
beschwichtigen (vichtig-). Apaiser : *Beschwichtigung,* f., apaisement, m.
beschwören* (veûr-). Affirmer par serment. ||[dringend bitten] Conjurer. ||[Geister] Évoquer. ||*Beschwörung,* f., serment, m., conjuration; évocation.
beseelen (zéel-). Animer, vivifier.
besehen* (zée-). Regarder. ||[prüfen] Examiner.
beseitigen (zaètig-). Écarter, éloigner. ||*Fig.* Supprimer. ||[Schwierigkeit] Aplanir. ||*Beseitigung,* f., suppression.
Besen m. (béz) ④. Balai : *Besenstiel,* m., manche à balai.
besessen pp. de *besitzen**.
besetzen [mit]. Garnir [de]. ||[Gebiet usw.] Occuper. ||[Rollen] Distribuer. ||*Besetzung,* f., occupation; distribution.
besichtigen (zichtigen). Regarder. ||[prüfen] Examiner. ||[genau durchsehen] Visiter. ||[amtlich] Inspecter. ||*Besichtigung,* f., examen, m.; visite; inspection.
besiegeln (zîg). Sceller.
besiegen (zîgen). Vaincre* : *Besiegte[r],* p. a. s., vaincu, e; *Besiegung,* f., victoire [sur].
besingen* (zingen). Chanter.
besinnen* [**sich**] réfl. Réfléchir. ||[sich erinnern] Se rappeler (qc.), se souvenir* [de].
Besinnung f. Connaissance.
Besitz m. Possession, f. : *besitzanzeigend,* a., possessif, ive; *Besitzfall,* m., cas possessif, génitif; *Besitznahme,* f., prise de possession.
besitzen*. Posséder; pp. *besessen,* a. s., possédé [du démon]; *Besitzer,* m. ④, possesseur, propriétaire; *Besitztum,* n. ②, *Besitzung,* f., possession, f., propriété, f.
besoffen pp. de *besaufen**, a., *fam.* Ivre. ||Soûl, e, *pop. Besoffenheit,* f., ivresse.
besohlen. Mettre* des semelles à : *neu besohlen.* ressemeler.
besolden. Salarier. ||[Angestellte] Appointer. ||*Besoldung,* f., salaire, m.; *Mil.* solde; [Beamte] traitement, m.; [Angestellte] appointements, m. pl.
be||sonder a. (zonder). Particulier, ère. ||[einzeln] Spécial, e : *im besonder[e]n,* en particulier; *Besonderheit,* f., particularité. ||**-sonders** adv. Particulièrement, spécialement; [hauptsächlich] surtout.
besonnen pp. de *besinnen**. ||a. Réfléchi, e. ||[vorsichtig] Prudent, e. ||adv. Prudemment.
Besonnenheit f. Réflexion. ||[Vorsichtigkeit] Prudence. ||[Kaltblütigkeit] Sang-froid, m.
besorgen (zorgen). Avoir* [prendre*] soin de. ||[Nötiges] Pourvoir* à. ||[beschaffen] Procurer, s'occuper de. ||[Auftrag] S'acquitter de. ||[fürchten] Craindre*.
Besorgnis f. Inquiétude. ||[Furcht] Crainte, préoccupation.
besorgt a. Soucieux, euse, inquiet, ète : *um ... besorgt sein**, craindre* pour.
Besorgung f. Exécution [d'une commission, etc.]. ||[Furcht] Crainte.
be||spötteln, -spotten (schpœteln, schpoten). Se moquer de, railler.
besprechen (schprèchen). Parler de, traiter. ||[erörtern] Discuter : *sich besprechen,* réfl., s'entretenir* [avec qn]. ||*Besprechung,* f., discussion, entretien, m.
besprengen (schprèngen). Arroser. ||[mit Weihwasser] Asperger.
bespringen* (schpringen). [v. Tieren] Couvrir*.
bespritzen (schpritzen). Arroser. ||[mit Kot] Éclabousser.
bess||er a. [compar. de *gut*] (besser). Meilleur. ||adv. Mieux; *besser sein**, valoir* mieux; *besser machen,* améliorer; *besser werden**, s'améliorer. ||LOC. *es besser haben**, être* plus à son aise; *immer besser,* de mieux en mieux; *desto besser,* tant mieux; *je eher, je [desto] besser,* le plus tôt sera le mieux. ||**-ern.** Améliorer; *sich bessern,* réfl., devenir* meilleur; [sittlich], se corriger, s'amender; [körperlich], aller* mieux, se rétablir; [Wetter] se remettre* au beau; [Wein] se bonifier.
Besserung f. Amélioration. ||[gesundheitlich] Rétablissement, m. : *merkliche Besserung,* amélioration [*ou* mieux, m.] sensible; *Besserungsanstalt,* f., maison de correction.
best a. (bèst), superl. de *gut* : *der, die, das beste,* le [la] meilleur, e.

||*das Beste,* le meilleur, le mieux; *sein Bestes tun**, faire* de son mieux; *zum Besten der Armen,* au profit des pauvres; *der erste beste,* le premier venu; *einen zum Besten haben**, se moquer de qn; *einem etwas zum besten geben**, régaler qn de qc.; *aufs beste,* pour le mieux] *am besten,* le mieux [de tous]; *bestens,* adv., au mieux, le mieux; *bestmöglich,* a. et adv., le [la] meilleur, e [le mieux] possible.

Bestand m. (schtànt, -d-). Durée, f., stabilité, f. ||[Vorhandenes] État. ||[v. Menschen] Effectif. ||[Vermögen] Inventaire : *Bestandteil,* m., élément [constitutif].

beständig a. (tèndig). Stable, constant, e, continuel, elle. ||[Barometer] Beau fixe. ||adv. Constamment, continuellement : *Beständigkeit,* f., continuité, stabilité.

bestärken (schtèrk^e^n). Fortifier, affermir, consolider. ||[bestätigen] Confirmer : *Bestärkung,* f., affermissement, m., confirmation.

bestätigen (schtêtig^e^n). Confirmer. ||[Vertrag] Ratifier. ||[gerichtlich] Homologuer. ||*Bestätigung,* f., confirmation; ratification, homologation.

bestatten (schtàt^e^n). Enterrer : *Bestattung.*, f., enterrement, m.

bestechen* (schtèch-). [Leder] Piquer. ||*Fig.* Corrompre. ||[Zeugen] Suborner. ||Graisser la patte à qn, *fam.* ||*bestechbar, -stechlich,* a., corruptible; [käuflich] vénal, e; *Bestechlichkeit,* f., vénalité; *Bestechung,* f., corruption.

Besteck n. ① (schtèk). Étui, m. ||[e. Arztes] Trousse, f. ||[bei Tische] Couvert, m.

be||stehen* intr. (schtée-). Exister, subsister. ||[auf, *dat.*] Insister [sur]. ||[aus *ou* in, *dat.*] Consister [en *ou* dans], se composer [de]. ||tr. [Probe, Kampf] Soutenir*. ||[Prüfung] Subir, passer. ||n. Existence, f. ||[Dauer] Durée, f. ||[auf etwas] Persistance, f. ||**-stehend** a. Existant, e : *das Bestehende,* ce qui existe.

bestehlen* (schtéel^e^n). Voler [qn].

Bestehung f. Fait de subir, m.

besteigen* (schtà^e^g-). Gravir. ||[Wagen] monter dans; *ein Pferd besteigen,* monter à cheval; *Besteigung,* f., ascension.

bestellen (schtè-). [einrichten] Mettre* en ordre, ordonner. ||[Acker] Cultiver, labourer. ||[Auftrag] S'acquitter de. ||[Brief] Remettre*. ||[Gruße] Transmettre, faire*. ||[auftragen] Commander. ||[Platz, Droschke] Retenir*. ||*einen bestellen,* mander, donner rendez-vous à qn.

Be||steller m. ④. Commettant. ||[e. Zeitung] Abonné. ||**-stellung** f. Mise en ordre. ||[e. Ackers] Labourage, m. ||[v. Briefen] Remise. ||[Auftrag] Ordre m., commande. ||[e. Zeitung] Abonnement, m. ||[Ernennung] Nomination.

bestens. V. *best.*

besternt a. (schtèrnt). Étoilé, e. ||[mit Orden] Couvert, e de décorations.

besteuern tr. (schtœü^e^rn). Imposer [taxes].

bestialisch a. (tiâlisch). Bestial, e, brutal, e.

Best||ialität f. (tête). Bestialité, brutalité. ||**-ie** f. (bèsti^e^). Bête, brute.

bestiefeln (schtîf^e^ln). Botter.

bestiegen pp. de *besteigen**.

bestielen (schtîl^e^n). Emmancher.

be||stimmen (schtim-). Déterminer, fixer. ||*für ... bestimmen,* destiner [à]. ||[Nachfolger] Désigner. ||[veranlassen] Déterminer, décider [à]. ||[vorschreiben] Prescrire*, ordonner. ||[beschließen] Arrêter, statuer. ||**-stimmend** p. a. Déterminant, e. ||*Gramm. : näher bestimmend,* déterminatif, ive. ||**-stimmt** p. a. Déterminé, e, fixé, e. ||[Ort, Zeit usw.] Précis, e. ||[entschieden] Décidé, e. ||[sicher] Certain, e, sûr, e. ||[Antwort] Positif, ive : *bestimmter Artikel,* article défini; *Bestimmtheit,* f., précision.

Bestimmung f. Détermination, fixation; *Bestimmungswort,* n., déterminatif, m. ||Destination : *Bestimmungsort,* m., destination, f. [lieu]. || [Bezeichnung] désignation, f. ||[Vorschrift] disposition, f., règlement, m.

bestirnt a. (schtirnt). Étoilé, e.

bestochen, bestohlen pp. de *bestechen*, bestehlen**.

bestrafen (schtrâ-). Punir, châtier [de] : *Bestrafung*, f., punition, châtiment, m.
Bestrahlung f. (schtrâ). Insolation, héliothérapie.
bestreben [sich] (schtrée-). S'efforcer [de], s'appliquer [à]. ||n. spl. et *Bestrebung*, f., effort, m.
bestreichen* (schtraèchen). Frotter, enduire* [de]. ||[mit Geschützfeuer] Balayer.
bestreiten* (schtraèten). Contester, discuter. ||LOC. *die Kosten bestreiten*, couvrir* les frais; *bestreitbar*, a., contestable, discutable.
bestreuen (schtrœuen). Parsemer. ||[mit Blumen usw.] Joncher. ||[mit Pulver] Saupoudrer.
bestricken (schtriken). Enlacer. ||*Fig.* Fasciner, enjôler.
bestücken (schtuken). Armer [de canons], équiper.
bestürmen (schturmen). Donner l'assaut à. ||*Fig.* [mit Bitten] Assaillir, assiéger, obséder : *Bestürmer*, m. ④, assaillant; *Bestürmung*, f., assaut, m.; *Fig.* obsession.
bestürzen (schturtsen). Jeter sur. ||*Fig.* Bouleverser : *Bestürzung*, f., consternation.
Besuch m. ① (**zoûch**). Visite, f. : *einem einen Besuch machen* [*abstatten*], rendre [faire* une] visite à qn; *jemands Besuch erwidern*, rendre à qn sa visite; *auf Besuch*, en visite. ||*Besuchskarte*, f., carte [de visite]. ||[e. Schule usw.] Fréquentation, f.
besuchen. Rendre visite à, aller* [venir] voir [qn]. ||[Schule usw.] Fréquenter.
Besucher m. ④, **-in** f. (**cher**, **in**). Visiteur, euse.
besudeln (zoûdeln). Souiller, barbouiller.
Bet... V. *beten*.
betagt a. (tâkt). Âgé, e.
betakeln (tâkeln). Gréer.
betasten. Tâter, palper : *Betastung*, f., attouchement, m.
betätigen (têtigen). Prouver [par des faits] : *Betätigung*, f., preuve, manifestation.
betäuben (tœübeN). Assourdir, étourdir, abasourdir. ||[Sinne] Engourdir : *betäubendes Mittel*, n., narcotique, m., stupéfiant, m.; *Betäubung*, f., assourdissement, m.; étourdissement, m., engourdissement, m.; *Betäubungsmittel*, stupéfiant, m.
Betbruder m. (béetbroû). Faux dévot. ||[Frömmler] Bigot, cagot.
beteiligen (taèligen) [an. *dat.*]. Faire* participer [à], intéresser [à]; *sich beteiligen, beteiligt sein** [an, *dat.*], prendre* part à, participer à.
Beteiligung f. Participation [à].
beten (béeten). Prier [Dieu], faire* sa prière : *zu Gott beten*, prier Dieu. ||n. Prière, f.
beteuern (tœüern). Protester [de], affirmer : *Beteuerung*, f., protestation, affirmation.
betiteln (titeln). Intituler. ||[Personen] Conférer, [donner] un titre à : *Betitelung*, f., [Titel] titre, m. qualification.
Beton|| m. ① (pron. fr.). Béton. ||**-eisen** n. (aèzen). Béton [m.] armé.
betonen (tônen). Accentuer. ||*Fig.* Appuyer sur, faire* ressortir*.
Betonung f. Accentuation, accent tonique, m.
betören (teûren). Tromper, duper. ||[verblenden] Éblouir. ||[verführen] Séduire*.
Betracht m. (**acht**). LOC. *in Betracht ziehen**, prendre* en considération.
be||trachten. Regarder, considérer. ||[beschauen] Contempler. ||[überlegen] Méditer. ||**-trächtlich** a. (**êchtlich**). Considérable. ||[wichtig] Important, e.
Betrachtung f. Considération, contemplation, méditation.
betraf imp. de *betreffen**.
Betrag m. (âg). Montant. ||*Betrag erhalten*, pour acquit.
betragen* tr. [Se] monter à, s'élever à. ||[sich] Se conduire*, se comporter. ||n. Conduite, f.
betrat imp. de *betreten**.
betrauen (traoen). [einen mit] Charger [qn de], confier [à qn].
betrauern (traoern). Porter le deuil de.
Betreff m. (trèf). LOC. *in diesem Betreff*, sous ce rapport, à cet égard; *in Betreff..., betreffs...*, sous le rapport de, à l'égard de, quant à.

betreffen*. Atteindre*. ‖[heftig bewegen] Frapper. ‖*Fig.* Concerner, regarder : *was* [acc.] *betrifft*, en ce qui concerne..., quant à...

betreiben* (traèben). Pousser. ‖[verfolgen] Poursuivre*. ‖[ausüben] Exercer. ‖[Wissenschaft] Cultiver. ‖n. et **Betreibung** f. Poursuite, f., exercice, m.

betreten* (tréeten). Mettre* le pied sur. ‖[Raum] Entrer dans. ‖[Schwelle] Franchir. ‖p. a. [Weg] Battu, e, frayé, e. ‖*Fig.* Embarrassé, e, confus, e. ‖[bestürzt] Interdit, e.

betreuen (*œü*) tr. S'occuper de, veiller à.

betrieb imp. de *betreiben**. ‖m. ①. Poursuite, f. ‖[Ausübung] Exercice. ‖[Ausbeutung] Exploitation, f. ‖*Betriebskapital*, n., fonds [m.] de roulement. ‖*Betriebsstoff*, m. Carburant.

be‖trieben pp. de *betreiben**. ‖**-triebsam** a. (*zâm*). Actif, ive.

betrinken* [**sich**]. S'enivrer.

betroffen pp. de *betreffen**. Frappé, e. ‖a. [bestürzt] Saisi, e, interdit, e: *Betroffenheit*, f., saisissement, m.

betrog, -trogen. V. *betrügen**.

betrüben (trûben). Attrister, affliger.

Betrübnis f. Tristesse, affliction.

Betrug m. (troûg). Tromperie, f. duperie, f. ‖[im Spiele] Tricherie, f. ‖[Handel u. Steuern] Fraude, f.

betrügen* (trûgen). Tromper, duper : *einen um etwas betrügen*, frustrer qn de qc., escroquer qc. à qn. ‖Tricher. ‖Frauder.

Betrüger m. ④. Trompeur. ‖Tricheur. ‖Fraudeur. ‖**-trügerei** f. = *Betrug*.

betrügerisch a. Trompeur, euse; frauduleux, euse. ‖adv. Trompeusement, frauduleusement.

betrunken pp. de *betrinken**. ‖a. Ivre : *Betrunkenheit*, f, ivresse.

Bet‖saal m. (béetzâl). Oratoire. ‖**-schwester** f. Dévote; [Frömmlerin] bigote. ‖**-stuhl** m. Prie-Dieu.

Bett‖, -en n. (bètt). Lit, m. : *zusammenklappbares Bett*, lit-cage, m. ‖LOC. *zu Bette gehen**, *sich zu Bette legen*, aller* se coucher; *zu Bette bringen**, mettre* au lit, coucher. ‖**-chen** n. ④. Couchette, f.

Bettel m. (bèttel). Mendicité, f. ‖[Kleinigkeit] Bagatelle, f., vétille, f. ‖[Lumperei] Guenille, f. *Bettelei*, f. (*a*è). Mendicité. ‖*Fig.* Sollicitation importune. ‖*Bettel‖mönch*, m. (mœnch), moine mendiant, frère quêteur; *-sack*, m. Besace, f.; *-stab*, m., bâton de mendiant. ‖*Fig. an den Bettelstab kommen**, être* réduit à la mendicité; *Bettel‖volk*, n. spl. (folk), gueux, pl.; *-wesen*, n., mendicité.

betteln intr. Mendier.

betten. Faire le lit de.

Bett‖gestell n., ‖**-lade** f. Lit, m. [sans literie]. ‖Bois de lit, châlit.

bettlägerig a. Alité, e.

Bettlaken n. ④. Drap [m.] de lit.

Bettler, in m. ④, f. Mendiant, e.

Bett‖stelle f. Lit, m. [sans literie]. ‖**-tuch** n. ②. Drap [m.] de lit, ‖**-wärmer** m. ④. Bassinoire, f. ‖**-zeug** n. Literie, f.

beug‖en (bœügen). Courber. ‖[leicht] Ployer. ‖[stark] Plier. ‖[allmählich] Fléchir. ‖*Fig. : sich vor einem beugen*, s'humilier. ‖**-sam** a. (**zâm**). Flexible.

Beugung f. Flexion, fléchissement, m.

Beule, -n f. (bœüle). Bosse.

beulig a. (ig). Bosselé, e.

beunruhigen (*ou*nroûîgen). Inquiéter. ‖[stark] Alarmer : *beunruhigend*, p. a., inquiétant, e; alarmant, e; *Beunruhigung*, f., inquiétude, alarme.

beurlauben (*ou*rlaoben). Accorder une permission [un congé] à.

beurteilen (*ou*rtaèlen). Juger. ‖*Beurteilung*, f., jugement, m., critique.

Beute f. (bœüte). 1. Butin, m. ‖*Mil.* Maraude. ‖[Raub] Proie. ‖[Fang] Prise, capture. ‖2. [Backtrog] Pétrin, m.

Beutel m. ④ (bœütel). Bourse, f. ‖[Tabak-] Blague, f. ‖[Mehl-] Blutoir. ‖*Beutel‖schneider*, m. ④ (schnaèder), filou; *-tier*, n., sarigue, f.

bevölkern (fœlkern). Peupler.

Bevölkerung f. Population.

bevollmächtigen (folmè**ch**tigen). Donner pleins pouvoirs à : *Bevollmächtigte*[*r*], p. a. s., plénipotentiaire.

bevor conj. (fôr). Avant que : *bevor er ausgeht* [*ich ausgehe*], *will ich*

*ihn sprechen**, avant qu'il sorte [avant de sortir], je veux lui parler. ||préf. sép. : *bevorstehen**, être* imminent, e; *bevorstehend*, p. a., imminent, e.
bevormunden (fôrmound^e^n). Donner un tuteur à. ||*Fig.* Tenir* en tutelle.
bevorrechten (rèchten). Privilégier.
bevorstehen*. V. *bevor*.
bevorteilen (taèlen). Léser : *Bevorteilung*, f., tort, m., préjudice, m.
bevorzugen (tsoûgen). Préférer. ||[begünstigen] Avantager.
bewachen (vachen). Garder, surveiller : *Bewachung*, f., garde, surveillance.
bewachsen* (vaksen). [mit Pflanzen] Couvrir* de.
bewaffnen. Armer : *mit bewaffneter Hand*, à main armée; *Bewaffnung*, f., armement, m.
bewahren. Garder, conserver : *Bewahranstalt*, f., garderie; [für Kinder] asile, m. ||[behüten] [vor, *dat.*] Préserver [de], garantir [contre] : *Gott bewahre!* à Dieu ne plaise! ||*Bewahrung*, f., garde, conservation; [vor] Préservation.
bewähren (vêren). Vérifier. ||[bestätigen] Confirmer. ||[erproben] Éprouver : *sich bewähren*, s'avérer, faire* ses preuves.
bewalden. Boiser.
bewältigen (vèltigen). Dominer.
be||wandern (vàndern). Parcourir*; pp. *bewandert* [in, *dat.*], versé [dans], fort [en]. ||**-wandt** a. (vànt). LOC. *so ist es damit bewandt*, il en est ainsi.
bewässern (vêss-). Arroser. ||[Feld] Irriguer. ||*Bewässerung*, f., arrosage, m.
bewegen (véegen). 1. Mouvoir*, remuer : *bewegende Kraft*, force motrice. ||[lebhaft] Agiter. ||*Fig.* [Gemüt] Émouvoir*. || [rühren] Toucher. ||2. [zu] Déterminer [à] ||[veranlassen] Engager, pousser [à]. ||*Beweggrund*, m. (grount, -d-). motif, mobile; *beweglich*, a., mobile; *bewegliche Güter*, biens meubles. *Beweglichkeit*, f., mobilité; *Bewegung*, f., mouvement, m.
bewehren. Armer.
beweinen (vaènen). Pleurer. ||[Dinge] Déplorer : *beweinenswert*, a., déplorable.
Beweis m. (vaès). Preuve, f.
beweisen* (vaèzen). Prouver, démontrer : *Beweisführung*, f., démonstration, argumentation; *Beweisgrund*, m., argument.
bewenden* (vènden). LOC. *es bewenden lassen**, en rester là; *dabei hat es sein Bewenden*, il faut s'en tenir [en rester] là.
bewerben* [**sich**] [um]. Rechercher, solliciter. ||[um einen Preis usw.] Concourir*.
Be||werber, -in m. ④, f. Prétendant, e. ||[um ein Amt] Aspirant, e. ||[Bittsteller] Solliciteur, euse. ||**-werbung** f. Recherche, sollicitation. ||[um Heirat] Demande [en mariage].
bewerfen*. Crépir.
bewerkstelligen (vèrkschtèligen). Effectuer. ||[ausführen] Exécuter.
bewies imp. de *beweisen**.
bewilligen (villigen). Accorder, concéder. ||[Gesetz] Voter.
Bewilligung f. Concession, vote, m.
bewillkomm[n]en (vilkommen). Souhaiter la bienvenue à.
Bewillkomm[n]ung f. Accueil [m.] courtois, cordial.
bewirken. Produire*, causer.
bewirten. Traiter, recevoir.
bewirtschaften. Réglementer, contingenter.
be||wog, -wogen. V. *bewegen*.
bewohnen. Habiter : *nicht zu bewohnen*, inhabitable; *bewohnbar*, a., habitable.
Bewohner, -in m. ④, f. (ner, ìn). Habitant, e.
bewölken. Couvrir* [de nuages] : *bewölkt*, a., nuageux, euse.
be||worben, -worfen, pp. de *bewerben**, *bewerfen**.
bewundern (voundern). Admirer; *bewunderns... : bewundernswert*, *bewundernswürdig*, a., admirable; *Bewunderer*, m. ④, *in* f., admirateur, trice; *Bewunderung*, f., admiration.
Bewurf, -s m. (vourf). Crépi, crépissage.
be||wußt a. (vousst). Conscient, e : *sich* [gén.] *bewußt sein**, avoir* conscience de. ||[bekannt] Connu, e,

en question. ‖ [**-wußtlos** a. Inconscient, e. ‖ [ohnmächtig] Sans connaissance; adv. inconsciemment : *Bewußtlosigkeit,* f., inconscience.
Bewußtsein. n. Connaissance, f., conscience, f.
bezahlen (tsâlᵉn). Payer : *Bezahler,* m. ④, payeur; *Bezahlung,* f., paiement, m.
bezähmen (tséemᵉn). Dompter. ‖ [gelehrig machen] Apprivoiser.
bezaubern (tsaᵒbᵉrn). Ensorceler. ‖ [entzücken] Enchanter : *bezaubernd* a., enchanteur, eresse; *Bezauberung* f., enchantement, m.
be‖zeichnen (tsaᵉchnᵉn). Marquer [d'un signe]. ‖ [kenntlich machen] Désigner. ‖ [andeuten] Indiquer. ‖**-zeichnend** a. Caractéristique. ‖ [bedeutsam] Significatif, ive.
Bezeichnung f. Désignation, indication.
bezeigen (tsaᵉgᵉn). Montrer. ‖ [kundtun] Manifester. ‖*Bezeigung,* f., marque, manifestation.
bezeugen (tsœügᵉn). Témoigner. ‖ [bestätigen] Attester : *Bezeugung,* f., témoignage, m.
bezicht[ig]en (tsichtigᵉn). [*gén.*] Accuser [de].
beziehen* (tsî-) [mit]. 1. Couvrir*, garnir [de]. ‖ [Bett] Mettre* les draps à. ‖ [Wohnung] Aller* occuper. ‖ [Ware] Tirer, faire* venir* [de]. ‖2. [**sich**] [auf, *acc.*]. Se rapporter [à] : *beziehentlich,* adv. Relativement [à].
Beziehung f. 1. [örtlich] Occupation. ‖2. Rapport, m., relation : *in dieser Beziehung,* sous ce rapport; *in Beziehung auf* [acc.], par rapport [relativement] à; *beziehungsweise,* adv., respectivement.
beziffern (tsifᵉrn). Chiffrer. ‖ [Seiten] Numéroter. ‖ [Buch] Folioter. ‖*Bezifferung,* f., numérotage, m., foliotage, m.
Bezirk m. (tsirk). Cercle. ‖ [Landstrich] District, arrondissement, canton. ‖ [Wahl-] Circonscription, f. ‖ [Stadt-] Quartier, arrondissement.
bezog, bezogen. V. *beziehen.**
Bezug m. (tsoûg). [v. Betten] Garniture, f. ‖ [Beziehung] Rapport, relation, f. : *Bezug haben** [*auf,* acc.], avoir* rapport [trait] à; *Bezug nehmen** [*auf,* acc.], se référer [à]; *in Bezug auf,* par rapport à, quant à, à l'égard de, en ce qui concerne; *bezüglich,* a., relatif, ive. ‖ adv. et prép. [*gén.*] Concernant, touchant, quant à; *mit Bezugnahme auf,* me [se, nous, etc.] référant à; *Bezugspreis,* m., prix d'achat, d'abonnement; *Bezugsquelle,* f., source.
bezw. = *beziehungsweise.*
bezwecken (tsvèkᵉn). Avoir* pour but.
bezweifeln (tsvaᵉfᵉln). Mettre* en doute, douter de.
bezwingen* (tsvingᵉn). Dompter. ‖ [Feind] Vaincre*, réduire*.
Bibel f. (bîbᵉl). Bible.
Biber m. ④ (bîbᵉr). Castor.
Bibl‖iograph, -en, -en m. (âf). Bibliographe : *Bibliographie,* f., bibliographie. ‖**-iothek** f. (téek). Bibliothèque. ‖**-iothekar** m. ① (âr). Bibliothécaire.
biblisch a. (bî). Biblique : *biblische Geschichte,* f., histoire sainte.
bieder a. (bîdᵉr). Honnête, loyal, e. ‖ [brav] Brave.
Biederkeit f. Honnêteté, loyauté.
bieg‖en* (bîgᵉn). tr. Plier. ‖ [Zweig usw.] Courber, ployer. ‖*Gramm.* Décliner. ‖intr. Plier. ‖ [abweichen] Tourner, dévier. ‖**-sam** a. (zâm). Flexible. ‖ [Charakter] Souple : *Biegsamkeit,* f., flexibilité, sou-souplesse.
Biegung f. Courbure. ‖ [Bewegung] Flexion. ‖ [v. Wegen usw.] Sinuosité, coude, m.
Bien‖e f. (bînᵉ). Abeille. Dim. *Bienchen,* n. ④. ‖**-en...,** ... d'a--beille[s] : *Bienenhaus,* n. ②, rucher. m.; *-korb,* m., *-stock,* m., ruche, f.; *-zucht,* f., apiculture.
Bier‖ n. (bîr...). Bière, f.; *dunkles Bier,* bière brune; *helles Bier,* bière blonde; *dünnes Bier,* petite bière. ‖**-brauer** m. ④ (aoᵉr). Brasseur. ‖**-brauerei** f. (raᵉ). Brasserie. ‖**-halle** f., **-haus,** n. Brasserie, f. [café]. ‖**-schenke** f., **-wirtschaft** f. Brasserie [cabaret].
bieten* tr. (bîtᵉn). Offrir.
Bilanz f. (àntz). *Bilan,* m. ‖ [Schlußrechnung] Balance.
Bild n. ② (bilt, -d-). Image, f. ‖ [Bildnis] Portrait, m. ‖ [Gemälde]

Tableau, x, m. ‖*Fig.* [Metapher] image. f.
bild‖en. Former. ‖ [ausmachen] Constituer. ‖ [ausbilden] Cultiver : *gebildet,* p. a., cultivé, e, civilisé, e. ‖**-end** p. a. Qui forme, éducatif, ive. ‖ [Kunst] Plastique.
Bild‖er..., ... d'images : *Bilderrätsel,* n. ④ rébus, m. ‖**-fläche** f. Écran, m. ‖**-funk** m. Télévision, f. ‖**-hauer** m. ④ (*hao*^{e}r). **-ner** m. ④. Sculpteur : *Bildhauerei, -hauerkunst,* f., sculpture. ‖**-lich** a. (i**ch**). Figuré, e. ‖**-nis** n. (niss). Portrait, m. ‖ [auf Münzen] Effigie, f. ‖**-reich** a. (ra^{e}**ch**). Imagé, e.
bildsam a. (zâm). Plastique. ‖ [biegsam] Souple, flexible. ‖*Fig.* Docile. ‖*Bildsamkeit,* f., plasticité, souplesse, flexibilité; *fig.* docilité.
Bildsäule f. (**zœü**l^{e}). Statue.
bildschön a. Très beau.
Bild‖seite a. (*za*^{e}t^{e}). Face. effigie. ‖**-ung** f. Formation. ‖ [Herstellung] Création, constitution. ‖ [Ausbildung] Culture, éducation. ‖ [allgemein] Civilisation. ‖**-werfer** m. Lanterne à projections, f.
Billard n. ① ou **-s** (l*i*art). Billard, m. : *Billardkugel,* f., bille, f., *-stock,* m., queue, f. [de billard].
billig‖ a. (b*i*lig). Juste, équitable. ‖ [wohlfeil] Bon marché : *billiger,* meilleur marché. ‖**-en** tr. Approuver.
Billig‖keit f. (*ka*^{e}t). Justice, équité. ‖Bon marché, m. ‖**-ung** f. Approbation.
Billion f. (*iône*). Billion, m.
Bilse f. (b*i*ls^{e}). Jusquiame.
Bimmel f. Clochette.
bimmeln. Tinter.
Bimsstein m. Pierre ponce, f.
bimsen tr. Poncer.
bin. V. *sein**.
Bind‖e f. (b*i*nd^{e}). Bande [d'étoffe]. ‖ [Stirn- usw.] Bandeau, x, m. ‖ [Arm-] Brassard, m. ‖ [für Kranke] Écharpe. ‖ [Leib-] Ceinture. ‖ [Hals-] Cravate. ‖**-e...,** qui sert à lier : *Bindeglied,* n., lien, m. [entre]; *Bindehaut,* f., conjonctive; *Bindemittel,* n. ④, ciment, m.; *Bindestrich,* m., trait d'union; *Bindewort,* n. conjonction, f.
binden*. Lier, attacher. ‖ [mit Bindfaden] Ficeler. ‖ [Bücher] Relier. ‖*bindend,* p. a., obligatoire; *gebunden,* p. a., lié, e, astreint, e, [à]; *gebundene Rede,* f., poésie.
Bind‖faden m. (*fâd*^{e}n). Ficelle, f. ‖**-ung** f. Fixation, liaison.
binnen prép. *gén.* et *dat.* (b*i*-). Dans [l'espace de], d'ici. ‖*Binnen...,* intérieur, e : *Binnenhafen,* m., port intérieur.
Binse f. (b*î*nz^{e}). Jonc, m. ‖*Binsenblume,* f., jonquille; *fig. Binsenwahrheit,* f., vérité banale.
birg, birgst. V. *bergen**.
Birk‖e, -n f. Bouleau, x, m. ‖**-hahn** m. Coq de bruyère.
Birn‖e f. (b*i*rn^{e}). Poire. ‖ [Glas-] Ampoule. ‖**-baum** m. Poirier.
Birsch. V. *Pirsch.*
bis prép. (b*i*ss). Jusque, jusqu'à : *bis zu,* jusqu'à; *bis nach* [ou *bis*] *Berlin,* jusqu'à Berlin; *bis morgen,* jusqu'à demain, à demain; *bis auf,* sauf; *bis auf einen Franken,* à un franc près; *acht bis zehn Tage,* huit à [ou] dix jours; *bis dahin,* jusque-là, jusqu'alors; *bis wann?,* jusqu'à quand?; *bis wohin?,* jusqu'où?. ‖conj. Jusqu'à ce que; *so lange bis,* aussi longtemps que.
Bisam m. (biz*âm*). Musc. ‖*Bisam...,* musqué, e.
Bischof m. (b*i*schof). Évêque. ‖*Bischofs...* Épiscopal, e : *Bischofsamt,* n., épiscopat, m.; *-mütze,* f., mitre; *-stab,* m. crosse, f.
bischöflich a. Épiscopal, e.
bisher‖ adv. (**h**è**r**). Jusqu'ici, jusqu'à présent. ‖**-ig** a. Antérieur, e, précédent, e.
biß imparf. de *beißen**. ‖m. Morsure, f. ‖ [v. Schlangen auch] : Piqûre, f.
Bißchen n. dim. de *Bissen.* Petit morceau, m. : *ein bißchen,* un peu [de].
Bissen m. ④ (s^{e}n). Morceau, x. ‖ [Mundvoll] Bouchée, f.
bissig a. Mordant. ‖ [mürrisch] Hargneux, se.
bist. V. *sein**.
Bister m. (b*i*s-). Bistre.
Bistum n. ②. Évêché, m.
bisweilen adv. (*va*^{e}l^{e}n). Quelquefois, parfois.
Bitte f. (b*i*t^{e}). Prière, demande.
bitten*. Prier, solliciter : *einen um etwas* —, demander qc. à qn; *ich bitte Sie darum,* je vous en prie;

bitte sagen Sie mir... je vous en prie [s'il vous plaît], dites-moi...; *wenn ich bitten darf,* s'il vous plaît; *bitte sehr!* [*bitte schön!*], je vous en prie; [auf einen Dank] il n'y a pas de quoi; [zum Essen, zu Tische, zu Gast], inviter [à dîner]. ||*Bitt...,* ... de prière.
bitter a. (*bit*ᵉr). Amer, ère. ||[Kälte] Piquant, e. ||[Worte] Aigre. ||m. Amer.
Bitter||erde f. Magnésie. ||**-keit** f. (*ka*ᵉt). Amertume. ||[der Worte] Aigreur.
bitterlich a. (**ich**). Un peu amer; adv., amèrement.
Bitter||salz n. ① (**za**lts). Sel [m.] de Sedlitz. ||**-süß** (**zû**s). Douce-amère, f. ||**-wasser** n. (*vas*ᵉr). Eau purgative, f. ||**-wurz** f. (vourtz). Gentiane.
Bitt||gang m. Procession, f. ||**-schrift** f. Pétition. ||**-steller, in** m. ④, f. Solliciteur, teuse.
bittweise adv. Sous forme de prière.
Biwak n. ① (*vak*). Bivouac, m.
biwakieren (*î*rᵉn). Bivouaquer.
blach (*ach*) a. Plat, e.
Blach||feld n. Rase campagne, f. ||**-frost** m. Gelée blanche, f.
blähen (*ê*eᵉn). Enfler, gonfler.
blaken intr. (*â*kᵉn). Fumer. ||[Lampe] Filer, charbonner.
Blamage f. (*â*jᵉ). Discrédit, m.
blamieren [sich]. Se discréditer.
blank a. (bl*a*nk...). Brillant, e, luisant, e : *blanke Waffe,* f., arme blanche; *blanker Degen,* m., épée nue, f.
Blankett n. ①. Blanc-seing, m.
Blankscheit n. Busc, m.
Bläschen. V. *Blase.*
Blas||e f. (bl*â*zᵉ). Bulle. ||[auf der Haut] Ampoule. ||[Harn-] Vessie. ||[Retorte] Alambic, m. || dim. *Bläschen,* n. ④ (bl*ê*s'**ch**ᵉn), vésicule, f. ||**-ebalg** m. Soufflet. ||**-eloch** n. ②. Embouchure, f. ||**-emaschine** f. (*in*ᵉ). Soufflerie.
blasen*. Souffler : *die Flöte* usw. *blasen,* jouer de la flûte, etc.; *zum Angriff blasen,* sonner l'attaque.
Bläser m. ④ (*ê*zᵉr). Souffleur.
Blas||eröhrchen n. ④. Chalumeau, x, m. ||**-ewerk** n. Soufflerie, f.
blasiert a. (*î*rt). Blasé, e.
Blasiertheit f. (**h***a*ᵉt). Satiété.
Blasinstrument n. Instrument à vent, m.
blaß a. (bl*a*ss...). Pâle. ||— *werden*,* pâlir.
Blaßheit f., **Blässe,** f. Pâleur.
Blatt|| n. ② (bl*a*tt). Feuille, f. || [Zeitung] Journal, m. ||dim. *Blättchen,* n. ④ [v. Papier], feuillet, m. ||**-gold** n. Or [m.] en feuilles. ||**-laus** f. (*la*ᵒs). Puceron, m.
Bla||tter f. (bl*a*tᵉr). Bouton, m. ||[Eiter-] Pustule. ||**-ttern** f. pl. Petite vérole [sing.], variole [sing.].
blätterig a. (*è*tᵉrig). Feuillu, e. ||[v. Kuchen] Feuilleté, e. ||*dreiblätterig* usw., à trois [etc.] feuilles
Blättermagen m. (*mâ*gᵉn). Feuillet [des ruminants].
blättern. Feuilleter. ||V. *Blatt.*
blau|| a. (bl*a*ᵒ...). Bleu, e : *blau machen,* bleuir ||n. *Berlinerblau,* bleu [m.] de Prusse. ||**-[e]s** n.
Bläue f. (bl*œü*ᵉ). Bleu, m.
Bläuel m. (bl*œü*ᵉl). Bleu [d'empois].
blau||en. Bleuir, devenir* bleu. || **¨en.** Bleuir, mettre au bleu. || **¨lich** a. (**lich**). Bleuâtre.
Blech n. (ble**ch**...). [Eisen] Tôle f. ||[Weiß-] Fer-blanc, m. ||[Kupfer- usw.] Feuille, f. [de cuivre, etc.].
blechern a. (ᵉrn). De tôle, de fer-blanc.
Blech||instrument n. (instroum*è*nt). *Mus.* Instrument de cuivre, m. ||**-schere** f. (*è*rᵉ). Cisailles, pl. ||**-schmied** m. (*î*te, -d-). Ferblantier. ||**-ware** f. (*vâ*rᵉ). Ferblanterie.
Blei|| n. (bl*a*ᵉ...). Plomb, m. ||**-arbeit** f. Plomberie. ||**-arbeiter** m. ④. Plombier.
bleib||en* intr. (bl*a*ᵉbᵉn). Rester, demeurer : *bei etwas bleiben,* persister dans [s'en tenir* à] qc.; *bei der Sache bleiben,* ne pas s'écarter de la question; *dabei bleiben,* en rester là; *etwas bleiben lassen*,* s'abstenir* de faire qc. ||**-end** p. a. Durable.
bleich a. (bl*a*ᵉ**ch**...). Pâle. ||[Gesicht] Blême. ||*bleich werden*,* pâlir.

Italique : accentuation. **Gras :** pron. spéciale. *Verbe fort. V. GRAMMAIRE.

Bleich||**e** f. Pâleur. ||[Bleichen] Blanchiment, m. ||[Anstalt] Blanchisserie. ||**-art** m. Vin clairet.

bleichen 1. tr. Blanchir : *Bleichanstalt*, f., blanchisserie. ||n. Blanchiment, m. ||2. intr.* Pâlir.

Bleichsucht f. (zoucht). Chlorose.

bleiern a. De plomb.

Blei||**feder** f. (*fée*der). Crayon, m. ||**-glanz** m. Galène, f. ||**-glätte** f. (ète). Litharge. ||**-sicherung** f. Coupe-circuit, m. ||**-stift** m. (scht-). Crayon; *Bleistiftspitzer*, m. Taille-crayon. ||**-weiß** n. Céruse, f.

Blende f. (ènde). Œillère, fausse porte, fenêtre. ||*Phot.* Diaphragme, m. ||[Panzerung] Blindage, m.

blenden. Aveugler. ||[durch Glanz] Éblouir : *blendend*, p. a., éblouissant, e. ||[panzern] Blinder. ||[Auto] *blendungsfrei*, a., antiéblouissant, e.

Blend||**laterne** f. (tèrne). Lanterne sourde. ||**-leder** n. ④ (*lée*der). Œillère, f. ||**-ling** m. (ling). Bâtard, métis. ||**-ung** f. Aveuglement, m. ||[durch Glanz] Éblouissement, m. ||[Panzerung] Blindage, m. ||**-werk** n. Illusion, f. || [Vorspielung] Trompe-l'œil, m.

Bleuel m. ④ (œüel). Battoir.

blich imp. de *bleichen**.

Blick m. Regard : *flüchtiger Blick*, coup d'œil; *verstohlener Blick*, œillade, f. ||[Aufleuchten] Lueur [f.] rapide.

blicken. Jeter un regard. ||[Sonne] Percer, briller, luire.

blieb, blies. V. *bleiben**, *blasen**.

blind a. (bl*i*nt, -d-). Aveugle : *blindgeboren*, aveugle né; *blindes Fenster*, fausse fenêtre; *blinder Kauf*, achat simulé.

Blind||**darm** m. Cæcum : *Blinddarmentzündung*, f., appendicite. ||**-ekuh** f. Colin-maillard, m. ||**-gänger** m. Obus non éclaté. ||**-heit** f. (haèt). Cécité.

blindlings adv. Aveuglément, à l'aveuglette.

Blind||**schrift** f. Caractères [m. pl.] Braille. ||**-schuß** m. (ouss). Coup tiré en l'air [à blanc].

blinken (*i*nken). Reluire*. ||[glänzen] Briller. ||[funkeln] Étinceler. ||[blinzeln] Cligner.

blinzeln, -zen (*i*ntseln, -en). Cligner, clignoter. ||n. spl. Clignement[s], m., clignotement[s], m.

Blitz m. (bl*i*tz...). Éclair. ||[einschlagender] Foudre, f. : *Blitzableiter*, m., paratonnerre.

blitzen impers. Faire* des éclairs.

Blitz||**licht** n. Lumière [f.] au magnésium. ||**-schlag** m. (âg). Coup de foudre.

blitzschnell a. Rapide comme l'éclair.

Blitzstrahl m. (schtrâl). Foudre, f.

Block|| m. (bl*o*k). Bloc. ||[Holz] Billot. ||[Baum] Bille, f. ||[v. Seife] Pain. ||*Fig.* [Häuser-] îlot [*fam.* pâté] de maisons. ||**-ade** f. (*â*de). Blocus, m. ||**-haus** n. (haos). Blockhaus, m.

blockieren tr. (*î*ren). Bloquer.

Block||**rolle** f. Poulie. ||**-schrift** f. Gros caractères, m. pl. ||**-wagen** m. Fardier.

blöd||**e** a. (*eû*de). Faible [de vue, d'esprit]. ||[schüchtern] Timide. ||*Blödigkeit*, f., faiblesse; timidité. ||**-sichtig** a. (z*i*chtig). Qui a la vue faible : *Blödsichtigkeit*, f., faiblesse de vue, myopie.

Blödsinn m. Imbécillité, f. ||[Dummheit] Bêtise, f.

blödsinnig a. Imbécile. ||*Fam.* Idiot, e.

blöken intr. (*eû*ken). Beugler, mugir. ||[v. Schafen] Bêler. ||n. spl. Beuglement[s], m., mugissement [s], m., bêlement[s], m.

blond|| a. (bl*o*nt, -d-). Blond, e : *blond werden**, blondir. ||**-e** f. [Person, Seidenspitze] Blonde. ||**-haarig** a. (ig). Aux cheveux blonds.

Blondine f. (*î*ne). Blonde.

bloß a. (bl*ô*ss...). 1. Nu, e. ||[unbedeckt] Découvert, e. LOC. *mit bloßem Kopfe*, nu-tête, tête nue; *mit bloßen Augen*, à l'œil nu; *im bloßen Hemde*, en chemise; *mit bloßem Halse*, décolleté; ||2. Simple. ||[allein] Seul, e. ||*Fig.* Pur, e : *bloßer Neid*, pure envie. ||adv. 1. A nu, à découvert. ||2. Simplement. ||Seulement [ne... que]. préf. sép. *bloßlegen, -stellen* (schtèlen), mettre* à nu, dénuder. ||*Fig.* Exposer. ||*Bloßlegung, -stellung*, f., exposition.

Blöße, -n f. (*eû*sse). Nudité. ||[Stelle] Place nue, point faible, m.; *sich eine — geben*, prêter le flanc.

‖ [beim Fechten] et *fig.* Défaut de la cuirasse, m.
blüh‖en intr. (blû^e^n). Être* en fleur, fleurir. ‖*Fig.* Être* florissant, e, prospérer. ‖n. spl. Floraison, f., prospérité, f. ‖**-end** p. a. En fleur. ‖*Fig.* Florissant, e, prospère : *im blühenden Alter,* à la fleur de l'âge.
Blume f. (bloûm^e^). Fleur. ‖dim. *Blüm‖chen, -lein,* n. ④, fleurette, f.
Blumen‖au f. (bloû-). Pré fleuri, m. ‖ **-beet** n. Parterre, m. [de fleurs], plate-bande, f. ‖**-blatt** n. Pétale, m. ‖**-gärtner** m. (gèrtn^e^r). Jardinier, fleuriste. ‖**-griffel** m. Pistil. ‖ **-kohl** m. Chou-fleur. ‖**-kranz** m. (àntz). Guirlande, f. [de fleurs]. ‖**-krone** f. (ôn^e^). Corolle. ‖**-lese** f. (léez^e^). Cueillette [de fleurs]. ‖ *Fig.* Anthologie. ‖**-mädchen** n. ④ (mêtch^e^n). Bouquetière, f. ‖**-ständer** m. ④ (schtènd^e^r). Jardinière, f. ‖**-staub** m. Pollen. ‖**-stock** m. (schtok). Pied [de fleur]. ‖**-topfkrause** f. (kra^o^se), **-übertopf** m. (ûb^e^r-). Cache-pot, m. ‖**-zucht** f. (tsoucht). Horticulture.
blumig a. Couvert, e de fleurs.
Bluse f. (blouz^e^). Blouse.
Blut‖ n. (bloût). Sang, m. : *das Blut stillen,* étancher le sang; *das Blut stieg ihm ins Gesicht,* le sang [le rouge] lui monta au visage; *mit kaltem Blute,* de sang-froid; *junges Blut,* jeune personne. ‖PROV. *das Blut verleugnet sich nicht,* bon sang ne peut mentir*. ‖**-ader** f. (âd^e^r). Veine. ‖**-andrang** m. (andrang). Congestion, f.
blutarm a. (oûtarm). Anémié, e. ‖*Fig.* Pauvre comme Job.
Blut‖armut f. (armoûte). Anémie. ‖**-bad** n. (bâte, -d-). Carnage, m. massacre, m. ‖**-bank** f. Banque du sang. ‖**-durst** m. (dourst). Soif de sang, f. : *blutdurstig,* a., altéré, e de sang.
Blüte f. (ût^e^). Fleur. ‖[Blühen] Floraison. ‖*Fig.* Prospérité.
Blutegel m. ④ (éeg^e^l). Sangsue, f.
blut‖en (^e^n). Saigner : *aus der Nase bluten,* saigner du nez; *sich zu Tode bluten,* perdre tout son sang. ‖**-end** p. a. Saignant, e, sanglant, e.
Blütenstand m. (t^e^nschtànt, -ad-). Inflorescence, f.
Blut‖entziehung f. (èntsîoung). Saignée. ‖**-fink** m. (fìnk). Bouvreuil.
blutfleckig a. (kig). Taché, e de sang.
Blut‖fluß m. (ouss). Hémorragie, f. ‖**-gerüst** n. (gérust). Échafaud, m. ‖**-geschwür** n. (gé-ur). Clou, s, m., furoncle, m. ‖**-gier** f. (gîr), = *Blutdurst.* ‖**-hund** m. Braque.
blut‖ig a. (ig). Sanglant, e. ‖[Fleisch] Saignant, e. ‖**-jung** a. (young). Tout jeune.
Blut‖klumpen m. (kloump^e^n). Caillot. ‖**-lassen** n. Saignée, f. ‖**-lauf** m. (la^o^f). Circulation [du sang], f.
blutleer a. Exsangue.
Blut‖mangel m. (màng^e^l). Anémie, f. ‖**-probe** f. Prise de sang. ‖**-rache** f. (ch^e^). Vengeance sanglante.
blut‖reich a. (ra^è^ch). Sanguin, e. ‖**-reinigend** a. (ra^è^nig^e^nt). Dépuratif, ive. ‖ **-rünstig** a. (ig). Sanglant, e.
Blut‖sauger m. (za^o^g^e^r). Vampire. ‖**-schande** f. (ànd^e^). Inceste, m. ‖**-schuld** f. (oult). Crime capital, m. ‖**-spender** m. Donneur de sang.
Blutstein m. (schta^è^n). Sanguine, f., hématite, f.
blutstillend p. a. (schtil^e^nt, -d-). Hémostatique.
Blutsturz m. (schtourtz). Coup de sang, apoplexie, f.
Blutsverwandt[e]r p. a. s. (f^e^rvànt). Proche parent.
Blut‖tat f. Crime [m.] sanglant. ‖**-umlauf** m. = *Blutlauf.* ‖**-unterlaufung** f. Ecchymose. ‖**-vergießen** n. spl. (f^e^rgîss^e^n). Effusion de sang, f. ‖**-vergiftung** f. Septicémie. ‖**-wallungen** f. pl. Chaleurs, vapeurs. ‖**-wasser** n. Sérum, m., lymphe, f. : *Blutwässerigkeit,* f., sérosité.
blutwenig adv. (véenig). Très peu.
Blut‖wurst f. (vou-). Boudin, m. ‖**-zeuge, -n, -n** n. Martyr.
Bö f. (beû). *Mar.* Grain, m.
Boa, -s f. (boa). Boa, m.
Bobsport m. Bobsleigh.
Bock‖ m. [Tier] Mâle. ‖ Bouc. ‖*Gymn.* Cheval de bois. ‖ [Kutschersitz] Siège. ‖*Fig.* Bévue, f., *fam.* gaffe, f. ‖LOC. *einen Bock schießen,* faire* une culbute. ‖**-bier** n. (bîr). Bière [f.] de Munich. ‖**-shorn**

n. : *ins* — *jagen,* effrayer, intimider. ‖**-springen** n. (schprìngen). Saute-mouton, m.
Boden‖ m. ③ et ④ (bôden). Fond. ‖[Grundlage] Fondement, base, f. ‖[Erd-] Sol. ‖*Boden fassen,* prendre pied; *zu Boden werfen*,* jeter à terre, renverser. ‖[Grund-] Terrain. ‖[Söller] Grenier. ‖[Fuß-] Plancher. ‖**-kammer** f. Mansarde. ‖**-kredit** m. (dît). Crédit foncier. ‖**-reform** f. Réforme agraire. ‖**-satz** m. Dépôt. ‖*Chem.* Résidu. ‖*Geol.* Sédiment. ‖**-see** m. (zée). Lac de Constance.
bog imparf. de *biegen**.
Bogen‖ m. ④ (bôgen). Arc. ‖[Linie] Courbe, f. ‖[Krümmung] Courbure, f. ‖[Wölbung] Cintre. ‖[Geigen-] Archet. ‖[Papier-] Feuille, f. ‖**-fläche** f. (èche). Convexité. ‖**-form** f. Format in-folio, m.
bogenförmig a. (fœrmig). Cintré, e.
Bogen‖**gang** m. Arcade, f. ‖**-größe** f. (eûsse), = *Bogenform.* ‖**-linie** f. (linie). Ligne courbe. ‖**-pfeiler** m. ④ (aèler). Arc-boutant.
bogenrund a. Arqué, e. ‖*Arch.* Cintré, e.
Bogen‖**rundung** f. (roundoung). Cintre, m. ‖[Wölbung] Voussure. ‖**-schießen** n. (îssen). Tir [m.] à l'arc. ‖**-schütz[e], -en, -en** m. (tse). Archer. ‖**-strich** m. (schtrich). Coup d'archet.
Bohle f. Planche [épaisse]. ‖[starke] Madrier, m.
bohlen. Planchéier.
Böhm‖**e, -n, -n, in** m., f. (beûme, in). Bohémien, ne. ‖**-en** n. Bohême, f. ‖*böhmisch,* a., bohémien, ne.
Bohne f. (bône). Haricot, m. ‖[Sau-] Fève: *Bohnen*‖*fest,* n., jour [m.] des Rois; *-kuchen,* m., gâteau des Rois.
bohnen tr. Frotter [à la cire], cirer. ‖n. Frottage, m. ‖*Bohnbürste,* f., brosse à frotter.
Bohner m. ④. Frotteur.
Bohreisen n. ④. Mèche, f.
bohren. Percer. ‖[Boden] Forer.
Bohr‖**er** m. ④. 1. Foreur [perceur]. ‖2. [Werkzeug] Perçoir, foret. ‖[Drill] Vrille, f. ‖**-ung** f. Forage, m. ‖**-wurm** m. (vou-). Taret.
Bojar, en, -en m. (yâr). Boyard.
Boje f. (bôye). Bouée. ‖[z. Warnung] Balise.
Bolle f. (bole). Bulbe, m. ‖[Zwiebel] Oignon, m. ‖*Bollen...* (en), ... bulbeux, euse, a.
Böller m. ④ (bœler). Petit mortier.
Bollwerk n. ①. (bol-). Bastion, m. ‖[Wall] Boulevard, m.
Bolzen m. ④ (boltsen). Flèche, f., trait. ‖[Eisenpflock] Boulon.
Bombarde f. (bòmbarde). Bombarde : *Bombardement, -s,* n. (pron. fr.), bombardement, m.; *Bombardier,* m. ①, bombardier; [Gefreiter] brigadier d'artillerie; *bombardieren,* bombarder; *Bombardierung,* f., bombardement, m.
Bombast m. (bast). Boursouflage. ‖[d. Stiles] Enflure, f. ‖*bombastisch,* a., boursouflé, e.
Bom‖**be** f. (bòmbe). Bombe. ‖**-ber** m. Bombardier.
Bonbon‖**, -s** m. (pron. fr.). Bonbon. ‖**-dose** f. (dôze). Bonbonnière.
Bonze, -n, -n m. (tse). Bonze.
Boot n. ① (bôte...). Bateau, x, m. ‖[Barke] Barque, f. ‖[Kahn] Canot, m. ‖[z. Schiffsdienst] Chaloupe, f. ‖*Boots*‖*haken,* m. ④ (hâken), gaffe, f.; *-leute,* pl. (lœüte), équipage, m.; *-mann,* m., contremaître.
Bor‖ n. Bore, m. ‖**-ax** m. Borax. ‖**-säure** f. Acide [m.] borique.
Bord‖ m. ① (bort, -d-). Bord; *an Bord,* à bord; *über Bord,* par-dessus bord. ‖**-funker** m. Radio [télégraphiste] de bord.
Borg m. spl. (bork). = *Borgen,* n. : *auf Borg,* à crédit.
borgen. [entleihen] Emprunter. ‖[verleihen] Prêter. ‖n. Emprunt, m. ‖Prêt, m.
Borger m. ④. Emprunteur; prêteur.
borgweise adv. (vaèze). A crédit.
Borke f. Écorce.
Born m. ①. Puits. ‖*Poét.* Source, f., fontaine, f.
borniert a. (îrt). Borné, e : *Borniertheit,* f., étroitesse [d'esprit].
Borretsch m. (è-). Bourrache, f.
Börse f. (bœrze). Bourse : *Börsenbericht,* m., cote, f.; *-makler,* m. ④, agent de change.
Borst m. ① Crevasse, f.
Borste f. Soie [de porc]. ‖*Bot.* Poil, m.
borstig a. (ig). Hérissé, e.

Bor‖**t** n. ①. Planche, f. ‖**-te** f. (e). Bord, m., bordure. ‖[Tresse] Galon, m.; *Bortenwirkerei,* f., passementerie.

bos‖ (bôs). V. *bös[e].* ‖**-haft** a. (**h**aft). Méchant, e, malicieux, euse, malin, igne.

Boshaftigkeit, -heit f. Méchanceté, malignité.

bös, bös‖**e** a. (be**û**z**e**). Mauvais, e. ‖[Mensch] Méchant, e : *der böse Geist,* l'esprit malin, le démon. ‖[Zeiten, Erfahrung] Dur, e. ‖[Finger usw.] Malade. ‖[erzürnt] Fâché, e [*einem* od. *auf einen,* contre qn]. ‖**-artig** a. (*a*rtig). Mauvais, e. [Fieber] Pernicieux, euse. ‖[Mensch] Méchant, e, malfaisant, e.

Bös‖**artigkeit** f. Mauvaise nature, malignité. ‖Méchanceté. ‖**-ewicht** m. ① et ② (vi**ch**t). Scélérat.

böschen (bœsch**e**n). Taluter.

Böschung f. Pente. ‖[an e. Graben] Talus, m. ‖[Damm] Berge.

Bosn‖**ien** n. b*o*s). Bosnie, f. ‖*-ier* m. ④, **-isch** a. Bosniaque.

Bosporus m. (b*o*sporouss). Bosphore.

böswillig a. (ilig). Malveillant, e.

Böswilligkeit f. Malveillance.

bot, böte. V. *bieten**.

Botanik f., **bontanisch** a. (t*â*-). Botanique.

Botaniker m. ④. Botaniste.

botanisieren. Herboriser.

Bot‖**e, -n, -n** m., **-in** f. (bôt**e**, in). Messager, ère : *eigener Bote,* exprès.

botmäßig a. (m*ê*ssig). Sujet, te; tributaire.

Bot‖**schaft** f. Message, m. ‖[Nachricht] Nouvelle. ‖[Gesandtschaft] Ambassade. ‖**-schafter** m. ④. Ambassadeur.

Böttcher‖ m. ④ (bœt**ch**e**r**). Tonnelier. ‖**-ei** f. (*a*è). Tonnellerie.

Botten n. Botnie, f. : *bottnisch,* a., botnien, ne.

Bottich m. ① (boti**ch**). Cuve, f.

Bowle f. (b*ô*l**e**). Bol, m.

boxen intr. Boxer. ‖n. Boxe, f.

Boxer m. ④. Boxeur.

Boykott m. ① (b*ô*è-). Boycottage.

boykottieren. Boycotter.

brach (**ach**) imp. de *brechen**. ‖a. : *brach liegen**, être* en friche; *Brachacker,* m., *-land,* n., *Brache,* f., champ [m.], terre [f.] en friche, jachère.

Brach‖**monat** m. (m*ô*nate). Mois de juin. ‖**-vogel** m. ③ (f*ô*g**e**l). Courlis.

Brachs m. V. *Brasse.*

brachte, brächte. V. *bringen**.

Brack n. ①. 1. Rebut, m. ‖2. m. V. *Bracke.*

Bracke, -n, -n m. et f. Braque, m.

brackig a. (kig). Saumâtre.

Brahmane, -n, -n m. (*â*n). Brahmane.

Bram... (br*â*m) : *Brammast,* m. ou *-stenge,* f., *Bramsegel,* n., mât, m., voile [f.] de perroquet.

Bramarbas m. (*a*rbass). Fanfaron, matamore.

Brand‖ m. (br*à*nt, -d-). 1. Embrasement. ‖[Feuer] Feu : *in Brand stehen**, *stecken,* être*, mettre en feu; *in Brand geraten**, s'embraser. ‖[Feuersbrunst] Incendie. ‖[brennendes Scheit] Brandon. ‖2. *Med.* Gangrène, f. ‖[v. Getreide] Nielle, f. ‖**-blase** f. (*â*z**e**). Brûlure [ampoule].

branden. [Wellen] Se briser.

Brandenburg n. (*à*nd**e**nbourg). Brandebourg, m.

Brand‖**er** m. ④. Brûlot. ‖**-fackel** f. Torche incendiaire. ‖**-fleck** m. Brûlure, f. ‖**-granate** f. (*â*t**e**). Obus incendiaire, m.

brandig a. (ig). Qui sent le brûlé.

Brand‖**legung** f. = *Brandstiftung.* ‖**-mal** n. ①. 1. Brûlure, f. ‖2. [Schandfleck] Flétrissure, f., stigmate, m. ‖**-malerei** f. Pyrogravure.

brandmarken. Marquer au fer rouge, stigmatiser.

Brandmarkung f. = *Brandmal* 2.

Brand‖**mauer** f. (m*a*o**e**r). Mur [m.] de refend. ‖**-meister** m. ④ (m*a*èster). Chef des pompiers. ‖**-opfer** n. ④. Holocauste, m. ‖**-rakete** f. (k*é*et**e**). Fusée incendiaire.

brandschatzen. Rançonner.

Brand‖**schatzung** f. Rançonnement, m. ‖**-schiff** n. Brûlot, m. ‖**-stätte** f. (schtèt**e**). Lieu [théâtre] [m.] de l'incendie. ‖**-stifter** m. ④ (scht-**e**r). Incendiaire. ‖**-stiftung** f. Crime d'incendie, m. ‖**-ung** f. Ressac, m. ‖[Felsen] Brisant, m. ‖**-wunde** f. Brûlure.

brannte imp. de *brennen**.

Branntwein m. (v*a*èn). Eau-de-vie, f. : *Branntweinbrenner,* m. ④,

bouilleur de cru, distillateur; *Branntweinbrennerei*, f., distillerie.
Brasil‖ien n. (îlien). Brésil, m. ‖**-ier, in** ou **-ianer, in** m. ④, f. (iâner, ìn). Brésilien, ne; *brasil[ian]isch*, a., brésilien, ne.
Brass‖e f. 1. Bras, m. [de vergue]. ‖2. et **-en** m. ④. Brême, f.
brät (*ête*). V. *braten**.
braten* (brâten). intr. Rôtir : *braun braten*, rissoler. ‖[in der Pfanne] Frire*. ‖tr. Rôtir, faire* rôtir, faire* frire*. ‖n. Rôtissage, m. ‖m. ④. Rôti : *fetter Braten, fig.*, bonne aubaine, f.; [*Fig.*] *den Braten riechen**, éventer la mèche, *fam.*; *Bratenwender*, m. ④, tournebroche.
Bratkartoffel f. Pomme de terre frite.
Brätling, -[e]s, -e m. (ìng). Agaric fourchu. ‖[Fisch] Sorte de sardine.
Brat‖maschine f. (îne). Rôtissoire. ‖**-ofen** m. ③ (*ôf*en). Four à rôtir. ‖**-pfanne** f. Poêle à frire*. ‖**-spieß** m. (schpîss). Broche, f. ‖**-wurst, ¨e** f. (vou). Saucisse.
Bratsche f. Alto, m.
Bräu m. et n. (brœü). Bière, f.
Brauch m. (*a*o**ch**). Usage.
brauch‖bar a. Utilisable. ‖[nützlich] Utile. ‖*Brauchbarkeit*, f.. Utilité [pratique] ‖**-en.** 1. [vieilli] V. *gebrauchen*. ‖2. [nötig haben*] Avoir* besoin de : *es braucht lange Zeit*, il faut longtemps.
Braue f. Sourcil, m.
brauen (*aô*en). Brasser. ‖n. Brassage, m.
Brau‖er m. ④. Brasseur. ‖**-erei** f. (*a*è), **-haus** n. ② (**h***a*os). Brasserie, f.
braun, a. (*a*on). Brun, e; *braun machen*, — *werden**, brunir; *braun braten** [*backen**], rissoler; *mit brauner Butter*, au beurre noir. ‖LOC. *braun und blau schlagen**, rouer de coups. ‖n. Brun, m. *Braunkohle*, f., lignite, m.; *Braunstein*, m., manganèse.
Bräune f. (œüne). Couleur brune. ‖[Krankheit] Angine; *häutige* —, croup, m.
bräunlich a. (**ich**). Brunâtre.
Braunschweig n. (br*a*oṇ-*a*è**g**). Brunswick, m. : *braunschweigisch*, a., brunswickois, e.
Braus m. (*a*os) : *in Saus und Braus leben*, mener une vie de plaisirs.
Brause f. Bouillonnement, m. ‖[Gährung] Effervescence. ‖[an der Gießkanne] Pomme d'arrosoir. ‖[Brausebad] Douche [en pluie]. ‖*Brausekopf*, m., tête chaude, f.; *-köpfig*, a., bouillant, e.
braus‖en. Bouillonner. ‖[Meer] Mugir, gronder. ‖[in den Ohren] Bourdonner. ‖n. Bouillonnement, m., mugissement, m., grondement, m. ‖[Gären] Effervescence, f. ‖**-end** p. a. Bouillonnant, e, mugissant, e.
Braut‖, ¨e f. (*a*ot). Fiancée : future. ‖[am Tage der Trauung] Mariée. ‖**-bett** n. Lit [m.] nuptial. ‖**-führer, in** m., f. Garçon d'honneur, demoiselle d'honneur. ‖**-gabe** f. (*gâ*be), **-geschenk** n. (gé-ènk). Cadeau, x [m.] de noces.
Bräutigam m. ① (brœü-àm). Fiancé, futur. ‖[am Tage d. Trauung] Marié.
Brautjungfer f., = *Brautführerin*.
bräutlich a. (**ich**). Nuptial, e.
Braut‖paar n. ①. Fiancés, pl. ‖[am Hochzeitstag] Mariés, pl. ‖**-werbung** f. Demande en mariage.
brav a. (br*â*f). Brave. ‖[bieder] Honnête, brave. ‖[artig] Sage, gentil, le.
Bravheit f. (**h***a*èt). Bravoure. ‖Honnêteté.
Brech... (brè**ch**...). V. *brechen**.
Brecharznei f. (tsn*a*è). Vomitif, m.
brechbar a. Cassant, e.
Brech‖bohne f. (*bô*ne). Haricot [m.] mange-tout. ‖**-durchfall** m. (dour**ch**-). Cholérine, f. ‖**-eisen** n. ④ (*a*è**z**en). Pince-monseigneur, f.
brechen* tr. (brè**ch**en). Rompre, casser, briser : *den Arm* usw. *brechen*, se casser le bras, etc.; *einem den Hals brechen* [auch *fig.*] : casser les reins à qn. ‖[Blume, Frucht] Cueillir*. ‖[Steine] Extraire*. ‖[Hanf] Broyer. ‖[erbrechen] Vomir. ‖*Phys.* Réfracter. ‖*Fig.* [Widerstand, Herz] Briser. ‖Gelübde, Schweigen, Fasten] Rompre. ‖[Wort, Versprechen] Manquer à. ‖[Eid, Ehe, Treue] Violer. ‖intr. Se rompre, se casser, se briser. ‖*Fig.* [mit einem] Rompre. ‖[Licht, Zahn] Percer [à travers]. ‖[Auge] S'éteindre. ‖n. Acte de rompre, etc. [voir ci-dessus], rupture, f.

Brech||mittel n. ④. Vomitif, m. ||**-nuß** f. (nouss). Noix vomique. ||**-pulver** n. (poulfer). Poudre émétique, f. ||**-reiz** m. Nausée, f. ||**-ruhr** f. Cholérine. ||**-ung** f. Réfraction.

Brei m. ① (brae). Bouillie, f. ||[v. Gemüse] Purée, f. ||[v. Obst] Marmelade, f.

breiartig a. En bouillie.

Breisgau m. (aès-). Brisgau.

breit a. (braèt). Large : *sich breit machen*, se mettre* à l'aise; *breiter machen*, élargir; *ins Breite gehen**, s'étendre. ||[Nase, Fuß] Plat, e, aplati, e. ||[Kleid usw., auch *fig.*] Ample. ||[Stil] Diffus, e, prolixe : *breit schlagen**, délayer. ||...*breit*, large de [comme]... ||adv. *weit und breit*, au loin, à la ronde.

Breite f. Largeur. ||[d. Schultern] Carrure. ||[Kleid usw., auch *fig.*] Ampleur. ||[d. Flügels, Segels, auch *fig.*] Envergure. ||[Rede] Prolixité. ||*Geogr.* Latitude.

breit||en V. *ausbreiten*. ||**-spurig** a. A large voie.

Breiumschlag m. Cataplasme.

Bremen npr. n. (brée-). Brême, f.

Bremse f. (èmze). Taon, m. ||[Klemme] Morailles, pl. ||[am Rad] Frein, m. : *Bremspedal*, n., pédale [f.] de frein.

bremsen. [Wagen] Freiner : *Bremsen*, n., freinage, m.

Bremser m. (èm) ④. Serre-frein. ||[Bremsenwärter] Garde-frein.

brenn||en* intr. Brûler : *fig. vor Begierde brennen*, brûler d'envie. ||[Augen, Wunde] Cuire*, piquer. ||tr. Brûler. ||[verzehren] Consumer. ||[Kaffee] Griller. ||[Wein usw.] Distiller. ||[Ziegel] Cuire*. ||*Med.* Cautériser. ||n. Combustion, f. ||Torréfaction, f. ||Distillation, f. ||Cuisson, f. ||Cautérisation, f. ||**-end** p. a. (ent, -d-). V. *brennen**. ||[Feuer, Licht] Allumé, e. ||[Haus] En flammes. ||*Brenn...*, qui brûle, combustible : *Brennapparat*, m., réchaud; *brennbar*, a., combustible, inflammable : *Brenneisen*, n., fer [m.] à friser; *Brennnessel*, f., ortie; *Brennglas*, n., lentille, f.; *Brennholz*, n., bois [m.] à brûler; *Brennmittel*, n., caustique, m.; *Brennöl*, n., huile à brûler, f.; *Brennpunkt*, m. *Phys.*, foyer; *Brennstoff*, m., matière [f.] inflammable ou combustible, ||[Auto] carburant.

Brenner m. (èn) ④. Brûleur. ||[an Lampen] Bec.

brenz||eln. Sentir le brûlé. ||**-lig** a. (lig). Qui sent le brûlé.

Bresche f. Brèche : *Bresche schießen**, battre en brèche.

Bretagn||e npr. f. Bretagne. ||**-er, in** m. ④, f. Breton, ne.

bretagnisch a. Breton, ne.

Brett|| n. ②. Planche, f. : *Fig. die Bretter besteigen**, monter sur les planches; *hoch am Brette sein**, être* en faveur; *auf dem schwarzen Brette stehen**, avoir* des dettes. ||dim. *Brettchen*, n. ④, planchette, f. ||**-säge** f. (zêge). Scie à refendre. ||**-säger** m. Scieur de long. ||**-spiel** n. Trictrac, m.

Brev||e f. (éeve). Bref, m. ||**-ier** n. (vîr). Bréviaire, m.

Brezel f. (éetsel). Craquelin, m.

Bridge n. (idj). Bridge, m.

Brief|| m. (brîf). Lettre, f. ||dim. *Briefchen*, n. (**ch**en). Billet, m., petit mot, m. ||*Brief...*, -lettre, ... à lettres ... de lettre[s], etc. Ex. : *Briefgeld*, *-porto*, n., port [m.] de lettre; *Briefkarte*, f., carte-lettre; *Briefkasten*, m., *-post*, f., boîte, f., poste aux lettres, f.; *Briefpapier*, n., papier à lettres, m.; *Briefwaage*, f., pèse-lettres, m. ||**-bote, -n, -n** m. (bôte). Facteur.

brieflich a. et adv. Par correspondance.

Brief||marke f. Timbre-poste, m. ||**-ordner** m. ④. Classeur. ||**-schaften** f. pl. Correspondance, f. ||**-stil** m. Style épistolaire. ||**-tasche** f. Portefeuille, m. ||**-taube** f. (taobe). Pigeon voyageur, m. ||**-umschlag** m. (oum). Enveloppe, f. ||**-verkehr** m., **-wechsel** m. Correspondance, f.

briet imp. de *braten**.

Bri||gade f. (âde). Brigade. ||**-gadier** m. 1. [General], **-s**; 2. [österr. Obergendarm] (dîr). ①. Brigadier.

Brigantine f. (îne). Brigantin, m.

Brigg, -s f. Brick, m.

Brikett n. Briquette, f.

brillant a. (liànt). Brillant, e. Splendide. ||m., **-en, -en**. Brillant [diamant].

Brille f. (*il*e). Lunettes, pl. : *Brillenmacher,* m. ④, lunetier; *Brillenfutteral,* n., étui [m.] à lunettes.

bringen* (ing*e*n). Porter. [näher] Apporter. ‖[einen] Mener. ‖[näher] Amener. ‖[erzeugen] Produire*, [Auto] garer. ‖Loc. *es weit bringen,* aller loin; *es dahin bringen, daß...,* en venir* là [à ce que...]; *es einem bringen,* porter la santé de qn; [einen] *zum Lachen, zum Weichen* usw. *bringen,* faire* rire, reculer, etc. [qn]; *zum Stehen bringen,* arrêter; *etwas aus einem bringen,* tirer qc. de qn; *einen aus dem Irrtum bringen,* tirer qn de l'erreur; *einen um etwas bringen,* faire* perdre qc. à qn; *sich ums Leben bringen,* se donner la mort; *einen aus Rand und Band bringen,* mettre qn hors de soi.

Bringer, in m. ④, f. Porteur, porteuse.

Brise f. (*îze*). Brise.

Brite, -n, -n, in m., f. (*brît*e, *in*). Britannique; *britisch,* a., britannique.

Bröck‖chen n. (*brœkchen*). V. *Brocken.* ‖**-[e]lig** ([e]lig). Friable. ‖**-eln** tr. Émietter.

Brocken m. ④ (*ok*e*n*). Morceau, x. ‖[qui tombe] Miette, f. *Fig.* Bribe, f. ‖dim. *Bröckchen,* n. ④. ‖tr. Émietter.

brodeln (*brôd*e*ln*). Bouillonner.

Brodem m. (*brôd*e*m*) Vapeur chaude, f.

Brokat m. ① (*ât*). Brocart.

Brom‖ n. (*brôm*). Brome, m. ‖**-kali** n. Bromure de potassium, m.

Brombeer‖e f. (*brômbéer*e). Mûre [sauvage]. ‖**-strauch** m. (*schtra*o*ch*). Ronce, f.

Bronch‖ien pl. (*brònchi*e*n*). Bronches. ‖**-itis** f. (*îtiss*). Bronchite.

Bronnen. *Poét.* V. *Brunnen.*

Bronze f. (pron. fr.). Bronze, m. : *bronzefarbig,* a., bronzé, e.

bronzen a. de bronze.

bronzieren (*bro*n*zîr*e*n*). Bronzer.

Brosam m. ①, **-e** f. (*ôzâm*e). Miette, f.

Brosche f. (*osch*e). Broche.

Bröschen m. ④ (*eûsch*e*n*). Ris de veau, m.

broschieren (*îr*e*n*). Brocher.

Broschüre f. (*ûr*e). Brochure.

Brot‖ n. ① (*brôt*). Pain, m. *sein gutes Brot haben*,* avoir de quoi vivre; *bei Brot und Wasser sitzen,* être au pain et à l'eau. ‖**-beutel** m. ④ (*bœüt*e*l*). Musette, f. ‖**-brei** m. (*a*è). Panade, f. ‖**-dieb** m. (*dîp, -d-*). Bousilleur. ‖**-erwerb** m. (*vèrb*). Gagne-pain. ‖**-herr, -n, -en** m. (*hèr*). Maître, patron. ‖**-korb** m. Corbeille à pain, f. ‖**-schnitte** f. Tranche de pain : *geröstete Brotschnitte,* biscotte, rôtie. ‖**-wurzel** f. Manioc, m.

Bruch‖ m. (*brouch*). Rupture, f., cassure, f. : *Bruchrisiko,* n., risque [m.] de casse. ‖[v. Knochen] Fracture, f. ‖[Darm-] Hernie, f. ‖*Arithm.* Fraction, f. ‖*Fig.* Rupture, f., violation, f. ‖**-band** n. ② (*bànt*). Bandage, m. : *Bruchbandmacher,* m., bandagiste.

brüchig a. (*ig*). Qui a des cassures. ‖[bröckelig] Friable.

Bruch‖schiene f. (*în*e). Éclisse, attelle. ‖**-stück** n. (*scht-*), **-teil** m. Fraction, f.

Brücke f. (*uk*e). Pont, m. ‖dim. *Brückchen,* n. ④, ponceau, m.

Brücken‖..., ...de pont, des ponts : ‖**-amt** n. (*àmt*). Service [m.] des ponts et chaussées. ‖**-bogen** m. ④ (*bôg*e*n*). Arche, f. ‖**-geländer** n. ④ (*gélènd*e*r*). Parapet, m. ‖**-geld** n. (*gèlt*). Péage, m. ‖**-pfeiler** m. ④ (*a*è*l*e*r*). Pile, f. ‖**-schiff** n. Ponton, m. ‖**-waage** f. Bascule [balance]. ‖**-zoll** m., = *Brückengeld.*

Bruder m. ③ (*broûd*e*r*). Frère.

brüderlich a. Fraternel, le. ‖adv. Fraternellement.

Brüderlichkeit f. Fraternité.

Bruder‖mord m. ①, **-mörder** m. ④ (*mœrd*e*r*). Fratricide.

brüdermörderisch a. Fratricide.

Brüderschaft f. Fraternité : *Brüderschaft schließen*, machen,* fraterniser. ‖[Genossenschaft] Confrérie.

Brügge npr. n. Bruges, f.

Brühe f. (*û*e). Bouillon, m. ‖[Beiguß] Sauce.

brühen. Échauder.

Brüh‖faß n. ②, **-kessel** m. ④. Échaudoir. ‖**-näpfchen** n. ④. Saucière, f.

brüllen. [v. Löwen] Rugir. ‖[v. Rindern] Mugir, beugler. ‖*Fig.* [v. Menschen] Hurler, vociférer. ‖n.

Rugissement[s], m. || Mugissement[s], m. [pl.]. ||Beuglement, m. ||*Fig.* Hurlement[s], m. [pl.], vocifération[s], f. [pl.].

Brumm||bär, -en, -en m. (br*ou*mbêr). *Fig.* Ours. || [mürrisch] Grondeur, grognon. ||**-baß** m. (bass). Bourdon. || [Baßgeige] Contrebasse, f. ||**-eisen** n. ④ (*a*è**z**en). Guimbarde, f.

brummen. Gronder. ||*Fig.* Bougonner. || [murren] Murmurer ||n. spl. Grondement, m. ||Bourdonnement, m. Grognement, m.

Brumm||er m. ④. [Baß] Bourdon. || [Bär] Ours. || [Mensch] Grognon, grognard. ||Bougonneur. ||**-fliege** f. (îge). Bourdon, m.

brummig a. Grognon.

Brummkreisel m. ④. Toupie d'Allemagne, f.

Brünett f. Brunette.

Brunft f. (brou-). Rut, m.

brunft||en. Être* en rut. ||**-ig** a. En rut.

Brünhilde npr. f. (h*i*l-). Brunehaut.

brünieren. Brunir. ||n. Brunissage, m.

Bruniereisen n. ④. Brunissoir, m.

Brunnen|| m. ④ (*ou*nen). Source [vive], f., fontaine, f. || [Zieh-] Puits. ||Loc. *in den Brunnen fallen**, aller à vau-l'eau. || [Heil-] Source minérale, f. : *Brunnen trinken**, prendre* les eaux. ||**-kresse** f. Cresson de fontaine, m. ||**-kur** f. (koûr). Cure, saison d'eaux. ||**-macher, -meister** m. ④ (**ch**er, m*a*èster). Puisatier, fontainier. ||**-rand** m. ②. Margelle, f.

Brunst, e f. (br*ou*-). Ardeur, rut. || [v. Tieren] Chaleur.

brünstig a. (i**ch**). Ardent, e. || [v. Tieren] En chaleur.

Brüssel|| npr. n. (br*u*ssel). Bruxelles, f. ||**-er** m. ④ et adj. inv., et **-erin** f. Bruxellois, e.

Brust|| ¨e f. (br*ou*st). Poitrine. || [v. Pferd] Poitrail, m. || [Busen] Sein, m. || [zum Säugen] Sein, m., mamelle. ||**-beere** f. (b*é*ere). Jujube, m. ||**-bein** n. (baèn). Sternum, m. ||**-bild** n. Buste, m. ||**-bohrer** m. Vilebrequin. || **¨chen** n. (*u*st**ch**en). dim. de *Brust.* || [Kleid] Brassière, f.

brüsten [sich] (en). Se rengorger, se pavaner.

Brust||fell n. Plèvre, f. *Brustfellentzündung,* f., pleurésie. ||**-kasten** m. ④. **-korb** m. Thorax.

brustkrank a. (ànk). Poitrinaire.

Brust||leder n. (l*é*eder). Plastron, m. ||**-lehne** f. (l*é*ene). Barre d'appui. || [an e. Brücke usw.] Parapet, m. ||**-mittel** n. ④ (tel). Remède pectoral, m. ||**-nadel** f. (n*â*del). Broche.

brustreinigend a. (r*a*ènigent, -d-). Expectorant, e.

Brust||tasche f. (sche). Poche de côté. ||**-tee** m., **-trank** m. (trànk). Tisane, f. || **¨ung** f. Barre d'appui. ||**-warze** f. (tse). Mamelon, m. ||**-wehr** f. Parapet, m.

Brut f. (br*oû*t). Incubation. || [die Jungen] Couvée. || [Fisch-] Frai, m. || [Gezücht] Engeance.

Brütanstalt f. (br*û*t'anscht-). Couveuse.

brüten (en). Couver. *Fig.* : *über* [acc.] *brüten,* couver, méditer. ||n. Incubation, f.

Brut||henne f. (**h**ène). [Poule] Couveuse. ||**-käfig** m. Nichoir. ||**-maschine** f., **-ofen** m. ③. Couveuse, f.

brutto adv. (br*ou*to). Brut.

Bube, -n, -n m. (b*oû*be). dim. *Bübchen* et *Büblein,* n. ④. Garçon. || [Schurke] Coquin, m., fripon, m. : *Bubenstreich,* m., *-stück,* polissonnerie, f. || [Karten] Valet, m.

Büberei f. (b*û*ber*a*è). Coquinerie, polissonnerie.

Bub||i, -s m. *pop.* (b*oû*) Garçon : *Bubifrisur,* f., coiffure à la garçonne || **¨in** f. (b*û*bin). Coquine, friponne.

bübisch a. (b*û*bisch). Polisson, ne.

Buch|| n. ② (b*oû***ch**). [dim. *Büchelchen* et *Büchlein,* n. ④, livret. Livre, m. : *altes Buch,* bouquin, m. || [zum Einschreiben] Registre, m. : *Bücher führen* [*halten**], tenir* les livres. || [v. Papier] Main, f. ||**-binder** m. ④ (b*i*nder). Relieur : *Buchbinderei,* f., reliure. ||**-drucker** m. (dr*ou*ker). Imprimeur : *Buchdruckerei,* f., imprimerie.

Buch||e f. (b*oû***ch**e). Hêtre, m. : *buchen* a. De hêtre. ||**-ecker** f. (èker), **-eichel** f. (*a*è**ch**el). Faine.

Büchelchen. V. *Buch.*

buchen (b*oû***ch**en). Inscrire : *Buchung,* f., Inscription; *Com.* Écriture.

Bücher‖**brett** n. (bûcher). Rayon, m. [de bibliothèque]. ‖**-ei** f. (raè). Bibliothèque. ‖**-freund** m. Bibliophile. ‖**-hefter** m. (**hèft**er). Brocheur. ‖**-sammlung** f. (zamloung). Bibliothèque. ‖**-schrank** m. (ànk). Bibliothèque, f. [meuble]. ‖**-trödel** m. (treûdel). Bouquinerie, f. : *Büchertrödler,* m. ④, *fam.* bouquiniste.

Buch‖**führer** m. (er). Teneur de livres, comptable : *Buchführung,* f., *-haltung,* f., tenue des livres, comptabilité. ‖**-handel** m. (**hà**ndel). Librairie, f. ‖**-händler** m. (*h*èndler). Libraire. ‖**-handlung** f. (**hà**ndloung). Librairie.

Buchs‖ m. (bouks), **-baum** m., **-baumholz** n. Buis, m.

Büchse f. (bukse). 1. Boîte : *Büchsen*‖*fleisch,* n., *-gemüse,* n., conserves [de viande, de légumes], f. pl. ‖2. Carabine : *Büchsen*‖*macher, -schmied,* m., armurier; *Büchsenschießen,* n., tir à la carabine, m.

Buchstabe, -ens, -en m. (schtâbe). Lettre, f. ‖*Typ.* Caractère. ‖*großer* —, majuscule, f., capitale, f.; *kleiner* —, minuscule, f.

buch‖**stabieren** (îren). Épeler. ‖**-stäblich** a. Littéral, e.

Bucht f. (bou**ch**t). Baie.

Buchung. V. *buchen.*

Buchweizen m. Sarrasin.

Buckel m. ④ (boukel). Bosse, f.

buckelig a. Bossu, e.

bücken [sich] (buken). Se baisser. ‖[s. verneigen] S'incliner.

Buckling m. (bukling). Courbette, f. ‖[oder *Bücking*] Hareng saur.

Buddh‖**a** m. (bou). Bouddha. ‖**-ist, -en, -en** m. Bouddhiste.

Bude f. (boûde). Baraque. ‖[v. Schuster usw.] Échoppe.

Büffel m. ④ (bufel). Buffle.

büffeln (èln). *Fam.* Piocher. ‖[bei Schülern] Potasser.

Bug m. (boûg). Courbure, f. ‖[d. Pferdes] Garrot. ‖[d. Schiffes] Proue, f.

Bügel‖ m. ④ (bûgel). Étrier. ‖[am Korbe] Anse, f. ‖**-eisen** n. ④. Fer à repasser, m. ‖**-falte** f. [Hose] Pli, m. ‖*bügeln,* repasser; *Bügler, in,* m. ④, f., Repasseur, euse.

bugsieren (bougzîren). Remorquer.

Bugspriet n. ①. Beaupré, m.

Buhle, -n, -n m. et f. (boûle). Amant, e.

buhlen intr. [mit] Courtiser. ‖tr. Faire* la cour.

Buhl‖**er, in** m. ④, f. (er, ìn). Amant, e. ‖f. Courtisane. ‖**-erei** f. (aè). Commerce amoureux, m.

buhlerisch a. Galant, e, lascif, ive.

Bühne f. (bûne). Scène. ‖[Gerüst] Estrade, tribune.

buk imp. de *backen**.

Bulgar‖**, -ne, -en, in** m., f. (boulgâr, ìn). Bulgare. ‖**-ien** npr. n. (rien). Bulgarie, f. : *bulgarisch,* a., bulgare.

Bull‖**dogg** m. ① et **-en, -dogge** f. (boul-). Bouledogue, m. ‖**-e, -n, -n** m. Taureau, x : *Bullenbeißer,* m. ④, bouledogue. ‖f. Bulle.

Bummel m. (boumel). *Fam.* Balade, f.

bummeln. Flâner. ‖n. et *Bummelei,* f. (laè), flânerie, f.

Bumm‖**elzug** m. (tsoûg). *Fam.* Train omnibus. ‖[volkst.] Tortillard. ‖**-ler, in** m. ④, f. (er, in). Flâneur, euse.

Bund n. ①. [v. Stroh usw.] Botte, f. ‖[v. Holz] Fagot, m. ‖[v. Pfeilen] Faisceau, x, m. ‖Schlüssel-] Trousseau, x, m. ‖[v. Garn] Écheveau, m.

Bund m. ① (bount, -d-). Lien. ‖[Bündnis] Alliance, f. ‖[Vereinigung] Union, f. ‖[Verein] Ligue, f. ‖*Polit.* Confédération, f. ‖*Relig. der alte, neue Bund,* l'Ancien, le Nouveau Testament.

Bündel‖ n. ④ (bùndel). Paquet, m. ‖[v. Stroh usw.] Botte, f. ‖[v. Holz] Fagot, m. ‖[v. Schriften] Liasse, f. ‖**-chen** n. ④ (**ch**en), dim. de *Bündel.* Baluchon, m., *fam.*

Bundes... *Bundes*‖*genoß, ...ossen,* m. (desgénoss). Confédéré : *-genossenschaft,* f., confédération; *bundesgenössisch,* a., fédéral, e; *Bundes*‖*-rat,* m., conseil fédéral; *-staat, en,* m. État fédératif, confédération, f.

bündig a. Serré, e; concis, e.

Bünd‖**igkeit** f. Concision. ‖**-ner** m. ④. Confédéré. ‖**-nis** n. Alliance, f.

Bunker f. Casemate, f., abri.

bunt‖ a. (bount...). Bariolé, e, bigarré, e. ‖[vielfarbig] Multicolore. ‖[gemischt] Mélangé, e. ‖*das wird zu bunt,* ça dépasse les bornes.

Buntdruck m. (drouk). Chromolithographie, f.
buntfarbig a. (*f*arbig). Multicolore.
Buntheit f. (**h***a*ᵉt). Bigarrure.
buntscheckig a. (èkig). Bariolé, e, bigarré, e.
Bürde f. (*b*urdᵉ). Charge, fardeau, x, m.
Burg f (bourg). Château fort, m.
Bürg‖**e, -n, -n, in** m., f. (burgᵉ, ìn). Caution, f. : *Bürge sein**, se porter garant, e.
bürgen [für]. Être* caution [de], répondre [de], garantir.
Bürger‖**, in** m. ④, f. (*b*urgᵉr, ìn). Bourgeois, e. ‖[Staats-] Citoyen, ne. ‖**-krieg** m. (krîg). Guerre civile, f.
bürgerlich a. (li**ch**). Civil, e. ‖[nicht adelig] Bourgeois, e; [ehem.] roturier, ère. ‖adv. Bourgeoisement. ‖[Kleidung] En civil, en bourgeois.
Bürger‖**meister** m. ④ (m*a*ᵉstᵉr). Bourgmestre. ‖[in Frankreich] Maire. ‖**-schaft** f. Bourgeoisie. ‖**-sinn** m. Civisme. ‖**-stand** m. Bourgeoisie, f. [état]. ‖[ehemals] Roture, f. ‖**-steig** m. (scht*a*ᵉg). Trottoir.
Burg‖**frau** f. (fr*a*ᵒ). Châtelaine. ‖**-friede** m. (îdᵉ). Trêve de Dieu, f. ‖[jetzt auch] Union sacrée, f. ‖**-graf, -en, -en** m. Burgrave.
Bürgschaft f. Caution : *Bürgschaft leisten*, fournir caution, répondre [pour].
Burgund‖ n. (*b*ourgount, -d-). [La] Bourgogne, f. ‖**-er** m. ④, **-erin** f. (ᵉr, ìn). Bourguignon, ne. ‖[Wein] Bourgogne, m.
burgundisch a. Bourguignon, ne.
Burgvogt m. Châtelain.
Burgverließ n. Oubliettes, f. pl.
Burnus m. ① et ④ (*b*ournouss). Burnous.
Bursch, Bursche -en, -en m. (*b*oursch). Garçon. ‖[Gesell] Compagnon. ‖[Lehrling] Apprenti. ‖[Student] Étudiant. ‖[Offiziers-] Ordonnance, f., brosseur.
burschikos a. Sans façons, trivial.
Bürste f. (*b*urstᵉ). Brosse : ...*bürste*, brosse à...
bürsten. Brosser.
Bürzel m. ④ (*b*urtsᵉl). Croupion.
Burzelbaum m. V. *Purzelbaum*.
Büsch‖ m. (*b*ousch). Buisson. ‖ **¨el** m. ④ (*b*uschᵉl). Touffe, f.
buschig a. (ig). Touffu, e.
Buschwerk n. (vèrk). Buissons, m. pl.
Busen‖ m. ④ (*b*oûzᵉn). Sein. ‖*Im tiefsten Busen*, au fond du cœur. ‖**-freund, in** m., f. (frœünt, -d-, in). Ami, e intime. ‖**-tuch** n. ② (toû**ch**). Fichu, m.
Buße f. (*b*oûssᵉ). Pénitence.
büßen tr. (*b*ûssᵉn). Expier. ‖intr. [für] Faire* pénitence.
Büßer m. ④, **in** f. (ᵉr, în). Pénitent, e.
bußfertig a. (fèrtig). Pénitent, e, repentant, e.
Buß‖**geld** n. (gèlt, -d-). Amende, f. ‖ **¨ung** f. (oung). Expiation.
Büste f. (*b*ustᵉ). Buste, m.
Butte, Bütte f. (*b*outᵉ, *b*utᵉ). Cuve.
Büttel m. Huissier, sbire.
Butter‖ f. (*b*outᵉr). Beurre, m. : *mit Butter bestreichen**, beurrer. ‖**-blume** f. Bouton d'or, m. ‖**-brot** n. ①, dim. **-brötchen** n. ④ (breûtchᵉn). Tartine, f. [de beurre] : *Butterbrot papier*, n., papier [m.] sulfurisé, papier [m.] parchemin. ‖**-büchse** f. (*b*uksᵉ), **-dose** f. (dôzᵉ). Beurrier, m. ‖**-faß** n. ② (fass). Baratte, f.
buttern intr. Tourner en beurre. ‖tr. Battre le beurre.
Büttner m. ④ (*b*utnᵉr). Tonnelier.

C

Voir à la lettre **K** *pour les mots commençant par* **Ca..., Co..., Cu...,** *et à la lettre* **Z** *pour ceux commençant par* **Ce..., Cl..., Cy...,** *qui ne se trouvent pas à la lettre* **C.**
C, c n. (tsé). C, c, m. ‖*Mus.* Do.
ca (abr. de *circa*), adv. Environ.
Cäsar, en m. (ts*é*ezar). César.
cäsarisch a. (ârisch). Césarien, enne.
ce... V. *Ze...*
Cell‖**ist, -en, -en** m. (tchèl*i*st). Violoncelliste. ‖**-o, -s** n. (tch*è*lo). Violoncelle, m.
Ces n. (tsêss). Do [ut] bémol, m.
Chamäleon, -s n. (kam*é*léône). Caméléon, m.
Champagnerwein m. (chàmp*â*gnᵉr-v*a*ᵉn). [Vin de] Champagne.

Chaos n. (kaôss). Chaos, m.
chaotisch a. (ô). Chaotique.
Char... V. *Kar...*
Charakter|| m. ① (karaktᵉr, -téerᵉ). Caractère : *charakterlos,* a., sans caractère; *-losigkeit,* f., manque [m.], faiblesse de caractère; *-schwach,* a., faible de caractère. ||**-bild** n. (bilt, -d-). *Litt.* Portrait, m.
charakter||fest a. Ferme de caractère. ||**-isieren** (îrᵉn). Caractériser. ||**-istik** f., **-istisch** a. (istisch). Caractéristique.
Chaussee f. (pron. fr.). Grande route.
Chauvin||ismus m. (cho-ismouss). Chauvinisme. ||**-ist, -en, -en** m. (ist). Chauvin, e.
Chef, -s, -s m. (pron. fr.). Chef.
Chem||ie f. (chémî). Chimie. ||**-ikalien** pl. (âliᵉn). Produits chimiques. ||**-iker** m. ④ (chée-kᵉr). Chimiste.
chemisch a. (chée-). Chimique.
Cherub, -s et **-bim,** m. (chéroub, -ime). Chérubin.
Chil||e n. (tschîlᵉ). [Le] Chili. ||**-ene, -n, -n** m. (éenᵉ). Chilien : *chilenisch,* a., chilien, ne.
Chimäre. V. *Schimäre.*
Chin||a n. (chîna). [La] Chine, f. ||**-ese, -n, -n** m., **-esin** f. (chinéezᵉ, in). Chinois, e : *chinesisch,* a., chinois, e. ||**-in** n. (chinîne). Quinine, f.
Chir||omant, -en, -en m., **in** f. (chiromant, in). Chiromancien, enne. || **-omantie** f. (ti). Chiromancie. ||**-urg, -en, -en** m. (ourg). Chirurgien. ||**-urgie** f. (gî). Chirurgie.
chirurgisch a. Chirurgical, e.
Chlodwig m. (klôdvig). Clovis.
Chlor n. (klôr). Chlore, m. ||*Chlor...,* chlorure de ..., m. : *Chlorblei,* n., chlorure de plomb, m.
chlorig a. (ich). Chloreux.
Cholera f. (kôléra). Choléra, m. : *cholerakrank,* a., cholérique.
Choleriker m. ④ (éerikᵉr). Homme colérique, irascible.
cholerisch a. Irascible.
Chor|| m. (kôr). Chœur. : *im Chor,* en chœur. ||n. ① [beim Altar] Chœur. ||**-al** m. (râl). Choral. ||**-gesang** m. (gézang). Chœur. ||**-hemd** n. (hèmt, -d-). Surplis, m. ||**-ist, -en, -en** m. (ist). Choriste. ||**-knabe** m. (knâbᵉ). Enfant de chœur. ||**-rock** m. Chape, f. ||**-sänger** m. ④ (zèngᵉr). Choriste.
chorweise adv. (vaèzᵉ). En chœur.
Christ||, **-en, -en** m. (krist...). Chrétien, enne. ||*Christ...,* du Christ, de Noël : *-abend,* m., *-baum,* m., *-messe,* f., *-nacht,* f., *-tag,* m., veille, arbre, messe, nuit, jour de Noël. ||**-en...** (ᵉn) : ...de [du, des] chrétien[s] : *Christenheit* (haèt), f., chrétienté; *Christenliebe,* f., charité chrétienne; *Christentum,* n., christianisme, m. ||**-kind** n. (ìnt, -d-). Enfant Jésus, m. petit Noël, m.
christlich a. (ich). Chrétien, ne.
Christ||monat m. (ônate). Décembre. ||**-us** m. (ouss). Jésus-Christ, le Christ : *vor* [*nach*] *Christi Geburt, vor* [*nach*] *Christo* [Abr. : *v. Chr., n. Chr.*], avant [après] Jésus-Christ [Abkürz. : *J. C.*].
Chrom|| n. (krôm). Chrome, m. ||**-stahl** m. Acier chromé.
chromatisch a. (â-). Chromatique.
Chronik f. (ônik). Chronique.
chronisch a. (ô). Chronique.
Chronist, -en, -en m. (ist). Chroniqueur.
Chrysanthem[um], ...men n. (téem). Chrysanthème, m.
Chur... V. **Kur...**
Cicero n. pr. m. (tsitséro). Cicéron.
Cis n. inv. (tsîss). Ut [*ou* do] dièse, m.

D

D, d n. D, d, m. ||*Mus.* Ré, m.
da adv. *et* conj. I. adv. 1. [de lieu]. Là : *dieser Mann da,* cet homme-là; *von da,* de là; *wer da?,* qui va là?; *da ist..., da sind...,* voilà...; *da ist er,* le voilà; *da hast du dein Geld,* tiens, voilà ton argent; *da haben wir's!* nous y voilà!; *sieh da!,* tiens!, tenez! ||Y : *da bin ich,* j'y suis; *er wird da sein,* il y sera. ||2.

[de temps]. Alors, à ce moment : *von da an,* à partir de ce moment [de là]. ‖II. Conj. 1. [als] Lorsque, quand. ‖2. Puisque, attendu que, comme : *da du krank bist,* puisque tu es malade.

dabei adv. (dab*a*^{è}, dab*a*^{è}). V. GRAMM. Près de là : *ganz nahe dabei,* tout près, y; *ich bin auch dabei,* j'en suis; *ich bin gerade dabei,* je m'en occupe justement. ‖En cela, y : *dabei ist nichts zu gewinnen,* il n'y a rien à gagner à cela [à y gagner]; *was ist denn dabei?,* quel mal y a-t-il? ‖ Avec cela, en plus, en outre : *er ist reich und dabei freigebig,* il est riche et avec cela généreux.

dabeibleiben* intr. sép. (bl*a*^{è}b^{e}n). Rester auprès. ‖*Fig.* S'en tenir là : *es bleibt dabei,* c'est entendu. ‖[harren] Y persister.

Dach‖ n. ② (d*a***ch**...). Toit, m. : *unter Dach bringen**, mettre* à l'abri. ‖**-antenne** f. [Funk] Antenne extérieure. ‖**-decker** m. (dèk^{e}r). Couvreur. ‖**-fenster** n. (fènst^{e}r). Mansarde, f. ‖**-rinne** f. Gouttière.

Dachs‖ m. ① (daks). Blaireau, x. ‖ **¨el** ④ (dèks^{e}l), **-hund** m. (**h**ount, -d-). Basset.

Dach‖**spitze** f. (schpits^{e}). Faîte, m. ‖**-stroh** n. (schtrô). Chaume, m. ‖**-stübchen** n. dim. et **-stube** f. (schto*û*b^{e}). Mansarde, f. ‖**-stuhl** m. (schtoûl). Comble, faîtage.

dachte, dächte. V. *denken**.

Dachtel f. (d*a***ch**t^{e}l). [volkst.] Soufflet, m., gifle.

Dach‖**traufe** f. (tr*a*^{o}f^{e}). Gouttière. ‖**-werk** n. Toiture, f.

dadurch adv. (dadour**ch**). [= *durch das*]. Par là, par ce moyen, de cette manière : *er hofft dadurch...,* il espère par là...; *dadurch, daß er es leugnete,* en niant cela.

dafür‖ adv. [= *für das*]. Pour cela. ‖[statt dessen] A la place, en revanche. ‖Pron. adv. dém. [complément des verbes qui se construisent avec *für*]. En, y : *ich danke Ihnen dafür,* je vous en remercie; *ich bin dafür,* j'en suis partisan; *ich kann nichts dafür,* je n'y peux rien. [V. ces verbes.] ‖**-halten*** intr. sép. (**h**alt^{e}n). Être d'avis, estimer. ‖n. spl. Avis, m. : *nach meinem Dafürhalten,* à mon avis.

dagegen adv. (dag*é*eg^{e}n) [= *gegen das*]. Contre cela : *ich bin dagegen,* je suis opposé à cela, j'y suis opposé. ‖[zum Ersatz] Par contre, en revanche. ‖[im Vergleich damit] En comparaison, à côté [de].

daheim adv. (**h***a*^{è}m). A la maison, chez soi [chez moi, chez toi, etc.]. ‖n. spl. : *das Daheim,* l'intérieur, m., le foyer, m.

daher adv. (**h**èr). De là, de ce côté : *bis daher,* jusqu'ici; *er kam daher,* il vint par là. ‖[aus einem Grunde] C'est pourquoi, par conséquent, donc; *es kommt daher, daß,* cela vient de ce que... ‖préf. sép. Ex. : *daherbrausen* usw. [*sein*], approcher en mugissant, etc.; *daherschleichen** [*sein*], s'avancer à pas de loup ; *daherziehen** [*sein*], approcher.

dahier adv. (**h**îr). Ici, en ce lieu.

da‖**hin** adv. (**h**ìn). Là, y [avec direction] : *ich gehe dahin,* j'y vais; *bis dahin,* jusque-là; *mein Wunsch geht dahin, daß...,* mon désir tend à ce [est] que...; *einen dahin bringen**, amener qn à...; *es dahin bringen**, *daß...,* faire* en sorte que...; *dahin einig werden**, *daß,* convenir que...; *alles ist dahin,* tout est perdu; *es steht noch dahin, ob...,* il reste à savoir si... ‖préf. sép. Ex. : *dahineilen* [*sein*], y courir*; [Zeit] passer rapidement, s'envoler, fuir*; *dahingeben**, abandonner; [opfern] sacrifier ; *dahingehen**, intr. y aller*; [fortgehen] s'en aller*; *dahinstellen, dahingestellt sein lassen**, laisser indécis. ‖**-hinab** (*a*p), **-hinauf** (*a*^{o}f), **-hinaus** (*a*^{o}s), **-hinein** (*a*^{è}n), adv. En descendant, en montant, en sortant, en entrant par là. ‖**-hingegen** adv. (**h**ìng*é*eg^{e}n). Par contre. ‖**-hinten, -hinter** adv. Là derrière. ‖LOC. *es steckt etwas dahinter,* il y a qc. là-dessous; *dahinter kommen**, découvrir* le mystère [*fam.* le pot aux roses]. ‖**-hinüber** adv. (**h**in*ü*b^{e}r). Par là [de l'autre côté]. ‖**-hinunter** adv. (**h**inount^{e}r). Par là [en descendant].

Dahlie f. (d*â*li^{e}). Dahlia, m.

dakapo adv. (dak*â*po). Bis.

Dakapozeichen n. ④ (tsaèchen). *Mus.* Signe [m.] de répétition.
da‖malig a. (da-lig). D'alors. ‖**-mals** adv. Alors, en ce temps-là.
Dam‖askus npr. n. (damaskouss). Damas, m. ‖**-ast** m. ① (ast). Damas [étoffe] : *Damast...*, damassé.
damasten a. De Damas.
Damaszener m. ④ (tséener). Habitant de Damas. ‖*Damaszener‖säbel*, m., *-klinge*, f., sabre, m., lame [f.] de Damas [damasquiné, e].
damaszieren (tsîren). Damasquiner.
Dambrett n. V. *Dame*.
Dämchen n. (dêm). dim. de *Dame*.
Dam‖e f. (dâme). Dame. ‖[Spiel] *Damen spielen*, jouer aux dames. ‖*Damen‖binde*, f., serviette hygiénique; *-brett*, n., damier, m.; *-schneider*, m., tailleur pour dames, couturier; *-stein*, m., pion. ‖**-enspiel** n. Jeu [m.] de dames.
Damhirsch m. (dâmh-). Daim.
damit adv. [= *mit dem*]. Avec cela, par là, en : *es ist nichts damit*, il n'y a rien là-dedans, il n'en est rien; *damit ist es aus*, c'est une affaire finie; *heraus damit!* donnez vite!, dites vite! ‖pron. adv. dém. [complément des adjectifs ou verbes qui se construisent avec *mit*]. Ex. : *ich bin damit zufrieden*, j'en suis content; *der Tisch war damit bedeckt*, la table en était couverte; *was will er damit sagen?*, qu'entend-il par là? [V. ces verbes]. ‖conj. Afin que, pour que.
dämlich a. Stupide.
Damm m. Digue, f. ‖[Hafen-] Jetée, f. ‖[Straßen-] Chaussée, f.
dämmen (dèmen). Endiguer. ‖*Fig.* Arrêter, refréner.
dämmern (dèmern). Éclairer faiblement. ‖[Tag, Nacht] Commencer à poindre : *es dämmert*, il commence à faire* jour, [abends] à faire* nuit. ‖*dämmerhaft[ig]*, a., crépusculaire; *Dämmerlicht*, n., *Dämmerschein*, m., lumière, f., lueur crépusculaire, f.
Dämmerung f. Faible lueur. ‖[Morgen-] Aube. ‖[Abend-] Crépuscule, m. : *Dämmerungs...*, crépusculaire.
Däm‖on, -s, -onen m. (dêmôn, ônen). Démon.
dämonisch a. (mônisch). Démoniaque.
Dampf m. (dàmpf). Vapeur, f. : *mit vollem Dampf*, à toute vapeur. ‖[v. Speisen, usw]. Fumée, f. ‖[d. Pferde] Asthme. ‖*Dampf...*, à vapeur, de vapeur; *Dampfbad*, n., bain [m.] de vapeur, *Fabrik mit Dampfbetrieb*, usine à vapeur ; *Dampfentweichung*, f., échappement, m. [de vapeur] ; *Dampfhammer*, m., marteau-pilon ; *Dampfheizung*, f. Chauffage [m.] central; *Dampfschiff*, n., navire [m.] à vapeur.
dampf‖en. Fumer. ‖ **¨en** (dèmpfen). Étuver. ‖[Brand] Étouffer. ‖*Fig.* [Aufstand] Étouffer. ‖[Licht] Atténuer. ‖[Ton, Stimme] Assourdir.
Dampf‖er m. ④. [Bateau à] vapeur. ‖ **¨er** m. ④. [Kohlen] Étouffoir. ‖[Licht] Éteignoir. ‖[Ton-] Sourdine, f.
dampf‖ig a. (ig). Vaporeux, euse. ‖ **¨ig** (dèmpfig). Asthmatique, poussif, ive.
Dämpfung f. (dèmpfoung). Affaiblissement, m., atténuation.
Dam‖spiel, n. **-stein.** s. V. *Damenspiel, -stein*.
Damwild n. Gros gibier, m.
danach, darnach, pron. adv. [= *nach dem*]. Après cela, d'après cela; *danach aussehen**, en avoir* l'air; *er ist nicht der Mann danach*, il n'est pas homme à cela; *er fragt nichts danach*, il ne s'en soucie pas; *danach streben*, aspirer à cela, y aspirer.
Dän‖e, -n, -n m., **-in** f. (dène, în). Danois, e : *dänisch*, a., danois, e.
daneben adv. (néeben) [= *neben dem*]. A côté [de cela], tout près. ‖*Fig.* [außerdem] En outre, outre cela.
Dänemark n. (dê). Danemark, m.
danieder, darnieder adv. (nîder). En bas : *danieder beugen*, courber; *fig.* accabler. ‖préf. sép. *daniederliegen**, être* alité; *fig.* languir.
Dän‖in, -isch. V. *Däne*.
Dank m. spl. (dànk). Remerciement : *Dank abstatten* [für etwas], exprimer ses remerciements de qc.; *haben Sie Dank!* merci!; *schönen* [*besten*] *Dank!* grand merci; *tausend Dank!* mille remerciements! ‖LOC. *für etwas* [*schlechten*] *Dank wissen*, savoir* [mauvais] gré de qc.; *Gott sei Dank!* Dieu merci!, grâce à Dieu! ‖[Dankbarkeit]

Reconnaissance, f. : *zum Danke ...für,* en reconnaissance de... ‖LOC. *schlechten Dank verdienen* [für...], être* mal payé [récompensé] de... ‖*dankerfüllt,* a., plein, e [pénétré, e] de reconnaissance. ‖prép. Grâce à : *dank Ihrer Güte,* grâce à votre bonté.

dank‖bar a. (bâr) [einem für etwas]. Reconnaissant, e [à qn de qc.]. ‖adv. Avec reconnaissance [gratitude]. ‖**-en** intr. (einem für etwas]. Remercier [qn de qc.] : [*ich*] *danke sehr* [*schön, bestens*], merci [je vous remercie] bien [beaucoup, infiniment]. ‖LOC. *Gott sei's gedankt!,* Dieu merci! ; *danke dir's Gott!,* que Dieu te le rende! ‖[kaufm.) *dankend erhalten,* pour acquit. ‖**-enswert** a. Digne de reconnaissance.

Dank‖gebet n. (gébéet). [Prière d'] action [f.] de grâces. ‖**-sagung** f. Action de grâces.

dankvergessen a. Ingrat, e.

dann‖ adv. Alors, puis, ensuite : *dann und wann,* de temps en temps, de temps à autre. ‖**-en** adv. [= da] : *von dannen gehen**, s'en aller*.

dar... [= *da*] (dâr...). Préfixe *séparable,* toujours *accentué,* exprime l'idée de *présentation.* Ex. : *dar‖-bieten**, *-bringen**, offrir*, présenter; *Dar‖bringung,* f., offre, offrande; *-lehen,* n., emprunt, m.; *darlegen,* exposer; *Darlegung,* f., exposition, exposé, m.; *darleihen**, prêter; *Darlehen,* n. ④, prêt, m.; *darreichen,* tendre, présenter; *Darreichung,* f., présentation; *darstellen,* présenter; [Gedanken, usw.] exposer; [schildern] représenter; [Rollen] interpréter; [chemisch] préparer; *Dar‖steller,* m. ④ [e. Rolle], interprète; *-stellung,* f., présentation, représentation, exposition; [chemisch] préparation; *-stellungsart,* f., *-weise,* f., manière de présenter, etc.; *dartun**, prouver.

daran [abr. **dran**] adv. [= *an das, an dem*]. A cela, en, y : *nahe daran,* tout près; *er ist daran...,* il est sur le point de... ‖LOC. *er ist schlimm daran,* il est mal en point; *ich bin daran,* c'est mon tour; *ich weiß nicht, wie ich daran bin,* je ne sais où j'en suis; *was liegt daran?* qu'importe? ‖pron. adv. dém. [complément des verbes qui se construisent avec *an*]. Ex. : *ich denke daran, ich glaube daran* usw., j'y pense, j'y crois, etc.

darauf [abr. **drauf**] adv. [= *auf das, auf dem*]. Sur cela, là-dessus, en, y. ‖[Zeit] Ensuite, puis, après. ‖LOC. *darauf hin,* sur cela, sur ce, là-dessus; *den Tag darauf, tags darauf,* le lendemain; *ich gebe nicht viel darauf,* je n'y attache pas d'importance. ‖pron. adv. dém. [complément des verbes qui se construisent avec *auf*]. Ex. : *ich rechne darauf,* je compte là-dessus; *er hält viel darauf,* il y tient beaucoup; *es kommt viel darauf an,* cela importe beaucoup.

daraus [abr. **draus**] adv. [= *aus dem*]. De là, de cela. ‖LOC. *ich mache mir nichts daraus,* je ne m'en soucie pas, je m'en moque. ‖pron. adv. dém. [complément des verbes qui se construisent avec *aus*]. Ex. : *man sieht daraus,* on voit par là; *daraus folgt,* de là suit.

darben intr. (darb^e^n). Manquer du nécessaire. *Fig.* Mourir* de faim.

dar‖bieten*, -bringen*, -bringung. V. *dar.*

darein [abr. **drein**] adv. [= *in das*]. Là-dedans, dedans, y : *dareingeben**, donner par-dessus le marché; *dareinschlagen**, frapper dans le tas. ‖pron. adv. dém. [complément des verbes qui se construisent avec *in* et l'accusatif]. Ex. : *sich darein mischen,* s'en mêler; *darein willigen,* y consentir.

darf ind. pr. de *dürfen**.

darin, darinnen [abr. **drin**] adv. [= *in dem*]. En cela, là-dedans, dedans. ‖pron. adv. dém. [complément des verbes qui se construisent avec *in* et le datif]. Ex. : *darin bestehen.*

dar‖legen, -leihen*. V. *dar.*

Darm m. Boyau, x. *Anat.* Intestin : *Darmentzündung,* f., entérite.

dar‖nach, -nieder ,-ob. V. *danach, danieber, darüber.*

Darre f. (darr^e^). Four [m.] à sécher. ‖[v. Malz usw.] Torréfaction. ‖[Ofen] Étuve.

darren. Dessécher, torréfier.

darstellen. V. *dar.*

darüber [abr. **drüber**] adv. [= *über das, über dem*]. Là-dessus, au-dessus, en, y : *es geht nichts darüber,* il n'y a rien au-dessus; *darüber hat er seine Arbeit vergessen,* il en a oublié son travail; *darüber hinweg,* au-dessus [de cela], au-delà; *darüber hinaus,* au-delà, plus loin. ‖pron. adv. dém. [complément des verbes qui se construisent avec *über*]. Ex. : *er wird darüber nachdenken*,* il y réfléchira; *ich habe mich darüber erfreut,* je m'en suis réjoui.

darum [abr. **drum**] adv. [= *um das*]. Autour de cela, pour cela : *ich gäbe viel darum,* je donnerais beaucoup pour cela; *alles was drum und dran hängt,* tout ce qui s'y rapporte. ‖pron. adv. dém. [complément des verbes qui se construisent avec *um*]. Ex. : *ich bitte Sie darum,* je vous en prie; *es handelt sich darum,* il s'agit de cela; *wie steht's darum?* où en est-ce? ‖adv. (*da-*) [= *deshalb*]. C'est pourquoi : *darum, weil...,* parce que.

darunter [abr. **drunter**] adv. [= *unter das, dem*]. Là-dessous, dessous, parmi cela : *seinen Namen darunter setzen,* mettre son nom au-dessous [y apposer sa signature]; *drei Mark und darunter,* trois marks et au-dessous. ‖pron. adv. dém. [complément des verbes qui se construisent avec *unter*]. Ex. : *wir hatten viel darunter zu leiden,* nous eûmes beaucoup à en souffrir.

darzu. V. *dazu.*

das. V. *der.*

dasein* (dâzaèn), sép. Exister : *es ist noch nicht dagewesen,* cela ne s'est jamais vu. ‖[anwesend sein] Être présent : *er war gleich wieder da,* il fut tout de suite de retour. ‖n. spl. Existence, f. : *Kampf ums Dasein,* lutte pour l'existence.

daselbst adv. Là-même, là, y.

dasjenige. V. *derjenige.*

daß conj. (dass). Que. ‖[damit] Afin que.

dasselbe. V. *derselbe.*

dastehen* intr. sép. (schtéeen). Être* debout, être* là.

Data pl. (dâta). 1. [Angaben] Données, f. pl. ‖2. V. *Datum.*

datieren (tîren). Dater : *später datieren,* postdater.

Datierung f. Datation.

Dativ m. ① (tîf). Datif.

dato : *bis dato,* jusqu'à ce jour; *zehn Tage nach dato,* à dix jours de date.

Dattel f. Datte : *Dattel‖baum,* m.; *-palme,* f., dattier, m.

Datum, -ten et **-ta** n. (dâtoum). Date, f. : *vom heutigen Datum,* daté, e de ce jour, de ce jour; [des Monates] Quantième : *welches Datum?* quel quantième?

Daube f. (daobe). Douve.

däucht (dœücht) : *es däucht,* il semble. Imp. ind. : *es däuchte.*

Dauer f. (daôer). Durée : *von Dauer sein*,* être* durable; *auf die Dauer,* à la longue. ‖*Dauer...,* ...fixe, continu, e; [*-obst,* usw.], ...de conserve; [*-ondulation, -wellen*], ...indéfrisable, permanente; [*-ofen*], ...à feu continu.

dauerhaft a. (haft). Durable. ‖[beständig] Stable : *Dauerhaftigkeit,* f., durée, stabilité.

dauern intr. (daoern). Durer : *es dauerte lange, bis...,* il fallut longtemps pour que...; *es dauerte nicht lange, so kam er,* il ne tarda pas à venir. ‖tr. Faire* pitié à : *wie dauerst du mich!* comme je te plains!; *dauernd,* p. a., durable.

Daumen‖ m. ④ (daomen), dim. *Däumchen,* n. ④ (dœümchen). Pouce. ‖**-klapper** f. Castagnette. ‖**-schrauben** pl. Poucettes, pl. ‖ **¨ling** m. (dœümling). Poucier. ‖npr. [im Märchen] Petit Poucet.

Daune[n] f. [pl.] Duvet, m.

davon adv. [= *von da, von dem*]. De là, de cela : *weit davon,* loin de là; *weit davon entfernt, zu...,* loin de [inf.]. ‖pron. adv. dém. [complément des verbes qui se construisent avec *von*]. Ex. : *man spricht davon,* on en parle; *was habe ich davon?,* à quoi cela m'avance-t-il? ‖préf. séparable, correspond souvent au préfixe pronominal français *s'en...* Ex. : *davon‖eilen,* partir à la hâte; *-fliegen*,* s'envoler; *fliehen*,* se sauver; *-gehen*,* s'en aller; *-kommen** [*mit*], s'en tirer [avec], en être quitte pour : *mit einem blauen Auge davonkommen*,* l'échapper belle; *-laufen*,* intr., s'enfuir*; *-machen* [*sich*], s'enfuir, se sauver; *-tragen**, [Sieg] remporter, gagner; [Krankheit] attraper.

davor adv. [= *vor dem*]. Devant [cela]. ‖pron. adv. dém. [complément des verbes qui se construisent avec *vor*]. Ex. : *Gott behüte uns davor!*, Dieu nous en préserve!

dawider adv. [= *wider das*]. Contre cela : *ich habe nichts dawider*, je n'ai rien à objecter.

dazu adv. [= *zu dem*]. A cela, pour cela, en, y : *ich kann nichts dazu*, je n'y puis rien; [Zweck] *dazu bin ich da*, je suis là pour cela; [außerdem] *dazu kommt noch...*, à cela s'ajoute...; ‖pron. adv. dém. [complément des noms, adjectifs ou verbes qui se construisent avec *zu*]. Ex. : *er hat kein Recht dazu*, il n'y a aucun droit; *er ist dazu fähig*, il y est apte; *was sagen Sie dazu?*, qu'en dites-vous?; *ich kann nicht dazu gelangen*, je ne puis y parvenir.

dazwischen adv. (tsv*i*sch^e^n). Entre les deux, au milieu. ‖préf. sép. *dazwischen*‖*kommen**, intervenir*; *-reden*, se mêler à la conversation; *-treten** [*sein*], s'interposer; [eingreifen] intervenir*.

Debatte f. (déb*a*t^e^). Débat, m.

debattieren (t*î*r^e^n). Débattre, discuter.

Debet, -s et **Debita,** n. (déb^e^t). Doit, m. spl., débit, m.

Deca..., Dece..., Deci... V. *Deka, Deze..., Dezi...*

Dechant. V. *Dekan.*

Deck‖ n. ① (dèk). Pont, m. ‖**-bett** n. Édredon, m. ‖**-e** f. Couverture. ‖[Zimmer-] Plafond, m. : *Deckenbeleuchtungsapparat*, m., plafonnier. ‖[Tisch-] Tapis, m. [de table] ‖**-el** m. ④. Couvercle. ‖[an Büchern] Couverture, f. ‖[an Uhren] Cuvette, f.

decken. Couvrir* : *den Tisch decken*, mettre le couvert. ‖[beschützen] Couvrir, protéger : *sich decken*, se mettre* à couvert. ‖[Kosten] Couvrir*. ‖[Defizit] Combler.

Deck‖**er** m. ④. Couvreur. ‖**-flügel** m. ④ (*û*g^e^l). Elytre. ‖**-licht** n. Plafonnier, m. ‖**-mantel** m. ③ (m*à*nt^e^l). Manteau. ‖*Fig.* [Vorwand] Prétexte. ‖**-name** m. (n*â*m^e^). Pseudonyme. ‖**-sitz** m. Impériale, f. ‖**-ung** f. *Mil.* Couverture. ‖[Graben] Abri, m. ‖[Bezahlung] Couverture : *ohne Deckung*, à découvert.

Decl..., Deco..., Decre..., Decu... V. *Dekl..., Deko..., Dekre..., Deku...*

Dedikation f. (tsi*ô*ne). Dédicace.

dedizieren (ts*î*). Dédier.

defensiv a. (déf*è*ns*î*f, -v-). Défensif, ive.

Defensive f. Défensive.

definieren (*î*r^e^n). Définir.

Definition f. (tsi*ô*ne). Définition.

definitiv a. (t*î*f- -v-). Définitif, ive. ‖adv. Définitivement.

De‖**fraudant, -en, -en** m. (fra^o^d*à*nt). Fraudeur. ‖**-fraudation** f. (tsi*ô*ne). Fraude.

defraudieren. Frauder.

Degen‖ m. ④ (d*é*eg^e^n). Épée, f. : *zum Degen greifen**, porter la main à l'épée. ‖*Fig.* [Held] Preux, guerrier. ‖**-fisch** m. Espadon. ‖**-knopf** m. Pommeau, x.

dehnbar a. (d*é*enbâr). Extensible ‖[Metall] Malléable, ductile.

Dehnbarkeit f. (k*a*^è^t). Extensibilité, ductilité.

dehnen. Étendre. ‖[Metall] Étirer, dilater. ‖[Stimme] Traîner.

Dehnung f. Extension : *Dehnungszeichen*, n. [Rechtschreibung], accent [m.] circonflexe. ‖[v. Metall usw.] Dilatation.

Deich‖ m. ① (d*a*^è^**ch**). Digue, f. ‖[am Hafen] Jetée, f. ‖**-sel, -n** f. (d*a*^è^ks^e^l). Timon, m. : *Deichselpferd*, n., timonier, m.

dein‖ a. et pron. poss. (d*a*^è^n). 1. pron. = *deiner*. V. GRAMM. ‖2. a. *dein*, m. et n., *deine*, f. et pl. (V. GRAMM.). Ton, ta, tes. ‖Tien[s], tienne[s] : *der, die, das, deine*, le tien, m., la tienne, f.; *die deinen*, pl., les tiens, m., les tiennes, f. ‖inv. : *dieses Buch ist dein*, ce livre est à toi. ‖*deinerseits, deinesgleichen, deinethalben, deinetwegen, deinetwillen*. V. *...seits, ...gleichen, ...halben, ...wegen, ...willen*. ‖**-er** gén. de *du*. V. GRAMM. ‖**-ige [der, die, das]** pron. poss. (ig^e^). Le tien, m., la tienne, f.

Dekan m. ① (dék*â*ne). Doyen.

Deklamation f. (tsi*ô*ne). Déclamation.

de||klamatorisch a. (*tô*-). Déclamatoire. || ||**-klamieren** (*î*r^e^n). Déclamer.
Deklination f. (ts*iô*ne). Déclinaison.
de||klinierbar a. Déclinable. ||**-klinieren.** Décliner.
Dekoration f. (ts*iô*ne). Décoration. ||[Theater] Décor, m.
dekorieren. Décorer.
dekretieren. Décréter.
Delegation f. (ts*iô*ne). Délégation.
delegieren (g*î*r^e^n). Déléguer.
delikat a. (*â*te). Délicat, e.
Delikatesse, -n f. (*è*ss^e^). Friandise. || pl. [feine Speise] Comestibles fins, m. pl.
Del||ikt n. Délit, m. ||**-inquent** m. Délinquant.
Delphin m. (*î*ne). [Fisch] Dauphin.
dem|| (art. : dèm; pron. : d*ê*me), datif de *der*. 1. art. déf. Au [= à le]. ||2. adj. et pron. dém. = *diesem* : *dem ist so,* il en est ainsi; *wie dem auch sei,* quoi qu'il en soit. ||3. pron. rel. A qui, auquel. ||**-entsprechend** adv. Conformément à cela. ||**-gemäß** adv. (gem*ê*ss). Conformément à cela, par conséquent. ||**-nach** adv. (na**ch**). Donc, par conséquent. || **-nächst** adv. (n*ê*kst). Prochainement, sous peu. ||**-zufolge** adv. En conséquence, par suite.
Dem||agog, -en, en m. (*ô*g). Démagogue. ||**-agogie** f. (g*î*). Démagogie.
demagogisch a. (g*ô*g-). Démagogique.
dementsprechend. V. *dem.*
demobilisieren (z*î*r^e^n). Démobiliser.
Demobilisierung f. Démobilisation.
Dem||okrat, -en, -en m. (*â*te). Démocrate. ||**-okratie** f. (t*î*). Démocratie.
demokratisch a. (kr*â*-). Démocratique.
demungeachtet, = *dessenungeachtet.*
Demut f. (d*é*emoûte). Humilité.
dem||ütig a. (*u*tig). Humble. ||**-ütigen** (g^e^n). Humilier.
demzufolge. V. *dem.*
den acc. sing. et dat. pl. de **der** (art. : dèn; pron. : d*ê*ne). 1. art. déf. Le. V. GRAMM. ||2. adj. et pron. dém. = *diesen.* ||3. pron. rel. = *welchen.* ||**-en** pron. (d*é*en^e^n). dat. de **der.** A ceux, à qui. (V. GRAMM.).
dengeln (dèng^e^ln). Marteler.
Denkart f. (dènk'arte). Manière de penser.
denk||bar a. Imaginable, concevable. ||[möglich] Possible. ||**-en*** (dènk^e^n). Penser [an, *acc.*, à] : *auf Mittel denken,* songer aux moyens. ||n. Pensée, f. : *durch vieles Denken,* à force de penser. ||[**sich**] (zi**ch**). S'imaginer. ||LOC. *das habe ich mir gedacht,* je m'y attendais; *denke dir,* imagine toi.
Denk||er m. ④ (^e^r). Penseur. ||**-freiheit** f. (fr*a*^è^h*a*^è^t). Liberté de pensée. ||**-lehre** f. Logique. ||**-mal** n. ① et ② (*â*l). Monument, m. ||**-münze** f. (m*u*nts^e^). Médaille. ||**-schrift** f. Mémoire, m. ||**-spruch** m. (schpr*ou*ch). Sentence, f. ||**-ungsart** f. Façon de penser. ||**-vermögen** n. Faculté de penser, f. ||**-weise** f. Manière de voir.
denkwürdig a. (dig). Mémorable : *Denkwürdigkeit,* f., fait mémorable, m.
Denkzettel m. (tsèt^e^l). Mémento, mémorandum : *Fig. einem einen Denkzettel geben,* donner une raclée à qn.
denn|| conj. 1. Car. ||2. = *als* [après un comparatif] : *mehr als Künstler denn als Denker,* plus comme artiste que comme penseur. ||adv. [interrogatif] Donc : *hast du denn nicht gehört?,* n'as-tu donc pas entendu? ||LOC. *es sei denn, daß...* à moins que... ||**-och** adv. (o**ch**). Pourtant, toutefois.
Depesche f. (*è*sch^e^). Dépêche.
depeschieren (*î*r^e^n). Envoyer une dépêche, télégraphier.
Deponent, -en, -en m. (nènt). Déposant.
deponieren (*î*r^e^n). Déposer.
Deportation f. (ts*iô*ne). Déportation.
deportieren. Déporter.
Depositum, ...ten n. (îtoum). Dépôt, m. *Depositenbank,* f., banque de dépôts.
Deputation f. (pou-ts*iô*ne). Députation.
Deputierte[r] a. s. m. (*î*rt^e^r). Député.
der m., **die** f. (d*î*), **das** n. (dass), **die,** pl. 1. art. déf. [non accentué]. Le, m., la, f., les, pl. ||2. adj. et pron. dém. [accentué], = *dieser,*

e, -es. V. GRAMM. ‖3. pron. rel. [accentué] = *welcher, -e, -es.* V. GRAMM.).

der‖art adv. (dèrarte). De telle sorte. ‖**-artig** a. (artig). Tel, elle, pareil, eille.

derb a. (dèrp, -b-). Ferme. ‖[fest] Solide. ‖[hart] Dur, e : *derbe Antwort,* verte réponse. ‖[grob] Grossier, ère,

Derbheit f. (**h***a*ᵉt). Fermeté. ‖Dureté.

dereinst adv. (*a*ᵉnst), = *einst.*

der‖en pron. rel., gén. fém. et pl. de *der* (dêrᵉn). Dont. ‖pron. dém. De ceux-ci, de celles-ci, en : *ich habe deren viel,* j'en ai beaucoup. ‖pron. poss. [= *ihr*] Son, sa, ses. (V. GRAMM.). ‖*derenthalben, -wegen, willen.* V. ...*halben,* ...*wegen,* ...*willen.* ‖**-er** pron. dém. gén. pl. de *der.* De ceux, de celles [qui]. (V. GRAMM.). ‖**-gestalt** adv. (geschtalt). De telle manière [sorte], à tel point [*daß...,* que...].

der‖gl., abrév. de **dergleichen** pron. inv. (*a*ᵉ**ch**ᵉn). De tels, de pareils, de même sorte. ‖**-jenige** m., **diejenige** f., **dasjenige** n., **diejenigen** pl., pron. dém. (yéenigᵉ, gᵉn). Celui, m., celle, f., ceux, m. pl., celles, f. pl. [qui...]. ‖**-malig** a. (mâlig). Présent, e, actuel, elle. ‖**-maßen** = *dergestalt.* ‖**-selbe** m., **dieselbe** f., **dasselbe** n., **dieselben** pl. 1. pron. dém. Le même, m., la même, f., les mêmes, pl. (V. GRAMM.). 2. = *er, sie, es.* Il, elle, ils. (V. GRAMM.). ‖**-selbige.** V. *derselbe.* ‖**-weil** adv. En attendant.

Derwisch m. (dèr). Derviche.

der‖zeit adv. (dèrts*a*ᵉte). A présent. ‖**-zeitig** a. (ig). Actuel, elle, présent, e.

des‖ (dèss) gén. de *der* et de *das* (V. GRAMM.). ‖n. inv. (dêss). Ré bémol, m. ‖**-falls** adv. (dèss). En ce cas. ‖**-gleichen** adv. (*a*ᵉ**ch**ᵉn). Pareillement, de même. ‖**-halb** adv. (**h**alp, -b-). A cause de cela, pour cette raison, c'est pourquoi.

Desinfektion f. (ìn-ts*i*ône). Désinfection : *Desinfektionsmittel,* n., désinfectant, m.

desinfizieren (tsîrᵉn). Désinfecter.

Despot, -en, -en m. (ôte). Despote

despotisch a. Despotique.

Despotismus m. Despotisme.

desselben. gén. de *derselbe.*

dessen‖ gén. sing. de **der,** pron. (V. GRAMM.). ‖*dessenthalben, -wegen, -willen.* V. ...*halben,* ...*wegen,* ...*willen.* ‖**-ungeachtet** adv. pron. (oungé*a***cht**ᵉt). Malgré cela.

Destillation f. (ts*i*ône). Distillation.

destillieren. Distiller.

des‖to adv. (dèsto) [toujours suivi d'un comparatif]. D'autant : *desto stärker, als...,* d'autant plus fort que...; *desto besser, schlimmer,* tant mieux, tant pis. V. *je.* ‖**-wegen,** = *deshalb.*

Detail, -s n. (pron. f.). Détail, m. : *Detail‖geschäft,* n., *-handel,* m., magasin, commerce de détail; *-händler,* m. ④, *in,* f., détaillant, e.

detaillieren (lyîrᵉn). Vendre au détail, détailler.

Detaillist, -en, -en m. (lyîst). Détaillant.

deucht. V. *däucht.*

Deutelei f. (d**œü**tᵉl*a*ᵉ). Interprétation subtile.

deut‖eln. Interpréter subtilement. ‖**-en** (ᵉn) tr. Interpréter. ‖intr. [auf, *acc.*] Montrer [du doigt], indiquer. ‖[Wetter usw.] Annoncer.

Deut‖er m. ④. Interprète. ‖**-ler** m. ④. Raisonneur.

deutlich a. (li**ch**). Distinct, e. ‖[klar] Clair, e; net. ‖[Schrift] Lisible. ‖adv. Distinctement. ‖Clairement, nettement.

Deutlichkeit f. (*a*ᵉt). Clarté, netteté.

deutsch a. (d**œü**tsch). Allemand, e : *das Deutsch*[*e*], l'allemand. ‖*Deutsch‖enfeind* ou *-hasser,* m., *deutschfeindlich,* a., germanophobe; ‖*Deutschfreund,* m., *deutschfreundlich,* a., germanophile.

Deutsch‖heit f. (**h***a*ᵉt). Caractère allemand, m. ‖**-land, -s** n. (-lannt, -d-). [L'] Allemagne, f. ‖**-tum, -s** n. Nationalité allemande, f., caractère [esprit] allemand, m.

Deutung f. (d**œü**-). Interprétation.

Devalvation f. (tsi*ô*n). Dévaluation.

Devisen‖handel m. Trafic des devises. ‖**-knappheit** f. Pénurie de devises. ‖**-kurs** m. Cours du change.

Dezember m. (détsèmbᵉr). Décembre.

Dezennium, ...nien n. (tsènioum). Décade, f.

Dezi‖gramm n. (détsigràm). Décigramme, m. ‖**-liter** n. (lîteʳ). Décilitre, m.
dezimal a. (mâl). Décimal.
Dezimeter n. (méeteʳr). Décimètre, m.
dezimieren (îreⁿn). Décimer.
d. h., d. i. = *das heißt, das ist,* c'est-à-dire.
Diagnose f. (g'nôzᵉ). Diagnostic, m.
diagonal a. Diagonal, e.
Diagonale f. (âlᵉ). Diagonale.
Dia‖kon, -en, -en m. (kôn). Diacre. ‖**-konisse, -konissin** f. (issᵉ, issìn). Diaconesse.
Dialekt m. ① Dialecte (lèkt), patois.
Dialektik f. Dialectique.
dialektisch a. Dialectique.
Dialog m. ① (lôg). Dialogue.
dialogisch a. (isch). Dialogué, e.
Diamant, -es et **-en, -en** m. (ànt). Diamant.
diamanten a. De diamant.
Diameter m. (méeteʳr). Diamètre.
diametral a. (âl). Diamétral, e.
Diarrhöe f. (reûᵉ). Diarrhée.
Diät‖ f. (diête). Régime [alimentaire], m. : *Diät halten*,* être au [suivre* un] régime; *Diät leben,* être* au régime, à la diète. ‖**-en** f. pl. Indemnité [f.] parlementaire. ‖**-fehler** m. ④ (féeleʳr). Écart de régime.
dich acc. de *du.* (V. Gramm.).
dicht a. (dicht...). Compact, e. ‖[Wald] Épais, se. ‖[Reihen] Serré, e. ‖[Laub] Touffu, e. ‖[Körper, Bevölkerung] Dense. ‖[Regen] Dru, e. ‖[Faß] Étanche. ‖adv. : *dicht am Rande,* tout au bord; *dicht an der Wand,* tout contre le mur; *dicht bei...,* tout près de...; *dicht anliegen,* coller; *dicht belaubt,* touffu, e.
Dicht‖e f., **-heit** f., **-igkeit** f. Épaisseur, densité.
dichten. Rendre compact. ‖[mit Werg] Calfater. ‖[Türe, Fenster] Garnir de bourrelets.
dichten [Verse] Faire* des vers. ‖n. spl. Poésie, f., composition poétique, f.
Dichter m. ④, **in** f. Poète, poétesse.
dichterisch a. Poétique.
Dichterling m. (ìng). Mauvais poète, rimailleur.
Dicht‖heit, -igkeit. V. *Dichte.*
Dicht‖kunst f. (kounst). Poésie, art [m.] poétique. ‖Lettres, littérature. ‖**-ung** f. Poésie, œuvre poétique.
dick‖ a. (dik...). Gros, se, épais, se : *dick werden*,* grossir, épaissir. ‖[Werk] Volumineux, euse, loc. *durch dick und dünn,* à travers tous les obstacles. ‖*...dick,* épais [gros] de [comme] : *faustdick,* gros comme le poing. ‖**-bäckig** a. (bêkig). Joufflu, e. ‖**-bäuchig** a. (bœüchig). Ventru, e, pansu, e.
Dick‖darm m. Gros intestin. ‖**-e** f. Grosseur, épaisseur. ‖[e. Flüssigkeit] Consistance.
dickflüssig a. (sich). Épais, se, consistant, e.
Dick‖häuter m. ④, **-häutig** a. (hœüteʳr, -tig). Pachyderme. ‖**-icht** n. (icht). Taillis, m., fourré, m. ‖**-kopf** m. *Fig.* Homme borné, têtu : *dickköpfig,* a., entêté.
dickleibig a. ((laèbig). Corpulent, e : *Dickleibigkeit,* f., corpulence, embonpoint, m.
Dick‖tuer m. ④ (toûeʳr). Fanfaron. ‖**-tuerei** f. Fanfaronnade.
dickwanstig a. (vànstig). Ventru, e.
Didakt‖ik f. (da-), **-isch** a. Didactique.
die, f. de *der.* (V. Gramm.).
Dieb‖ m., **-in** f. (dîp, -b-, ìn). Voleur, euse. ‖prov. *Gelegenheit macht Diebe,* l'occasion fait le larron. ‖**-erei** f. (eraè). Vol, m. ‖[unbedeutend] Larcin, m. ‖**-e[s]...** ...de voleur[s] : *Dieb[e]shöhle,* f., repaire [m.] de voleurs; *Dieb[e]sschlüssel,* m. ④, fausse clef, f.; rossignol. ‖**-in** f. V. *Dieb.*
diebisch a. Enclin, e au vol. ‖adv. En voleur.
Diebstahl m. (schtâle). Vol. ‖[literarischer] Plagiat.
diejenige. V. *derjenige.*
Diele f. (dîlᵉ). Planche. ‖[Fußboden] Plancher, m. ‖[Hausflur] Vestibule, m. ‖[Tenne] Aire.
dielen (dîleⁿn). Planchéier, parqueter.
dienen intr. (dîneⁿn). Servir. [*einem,* à qn, *zu etwas,* à qc.] : *bei einem dienen,* être* au service de qn; *beim Heere dienen,* servir dans l'armée. ‖loc. *womit kann ich Ihnen dienen?* qu'y a-t-il pour votre service? [en quoi puis-je vous être

utile?]; *mit Worten ist mir gar nicht gedient,* je ne me paie pas de mots.
Diener m. ④, **in** f. (în^e^r, in). Serviteur, servante : *Dienerschaft,* f., Domesticité; *Dienertracht,* f., Livrée.
dienlich a. (**ich**). Utile.
Dienst‖ m. (dînst). Service : *einen Dienst tun** [*versehen*, verrichten*], faire* un service, remplir un office [un emploi, une fonction]; *Dienst haben**, être* de service; *außer Dienst sein**, être* à la retraite; *den Dienst aufsagen* [*aufkündigen*], donner congé; *aus dem Dienste entlassen**, congédier. ‖*Fig. : Dienste nehmen**, prendre* du service, s'engager; *in seine Dienste nehmen**, prendre à son service; *was steht Ihnen zu Diensten?,* qu'y a-t-il pour votre service? ‖**-abzeichen** n. ④. *Mil.* Chevron, m.
Dienstag m. (dînstâg). Mardi.
Dienstalter n. (*alt*^e^r). Ancienneté, f. [de services].
dienstbar a. Assujetti, e.
Dienst‖**barkeit** f. (ka^è^te). Servitude, dépendance. ‖**-bote, -n, -n** m. (bôt^e^). Domestique.
dienst‖**fähig** a. (*fée*ig). Apte au service. ‖**-fertig** a. (fèrtig). Serviable, officieux, euse.
Dienstfertigkeit f. (ka^è^t). Serviabilité.
dienst‖**frei** a. (a^è^). Exempt, e de service. ‖**-habend** a. (**hâ**b^e^nt, -d-). De service.
Denst‖**leistung** f. (la^è^stoung). Service rendu, m. ‖**-leute** pl. (lœüt^e^). Domestiques, pl.
dienstlich a. (li**ch**). De service.
Dienst‖**mädchen** n. ④, **-magd, ¨e** f. (mêt**ch**^e^n, mâgt, -d-). Servante, f., bonne, f. ‖**-mann** m. ②. Commissionnaire.
dienstmäßig a. (mêssig). Réglementaire.
Dienst‖**mütze** f. (muts^e^). *Mil.* Bonnet de police, m. ‖**-ordnung** f. (ordnoung). Règlement, m. ‖**-pflicht** f. Devoir professionnel, m. ‖*Mil.* Service [m.] obligatoire. ‖**-reise** f. (ra^è^**z**^e^). Tournée. ‖**-rock** m. Uniforme. ‖**-stelle** f. (chtèl^e^). Service, m. ‖**-strafgewalt** f. (schtrâfgevalt). Pouvoir disciplinaire, m.
dienst‖**tauglich** (ta^o^gli**ch**). Bon pour le service. ‖**-unfähig** a. (ounf*ée*'ig), **-untauglich** a. Impropre au service.
Dienst‖**unfähigkeit** f., **-untauglichkeit** f. Inaptitude au service. ‖**-weg** m. (v*ée*g). Voie hiérarchique, f.
dienstwillig a. Serviable.
dies‖, **-e.** V. *dieser.* ‖**-elbe.** V. *derselbe.* ‖**-em, -en.** V. *dieser.* ‖**-er** m., **-e** f., **es** [**dies**] n., **-e** pl. adj. et pron. dém. (dî**z**^e^r, -e, -^e^s). Ce [...-ci], cet [...-ci] [vor einem Vokal od. stummen **h**], cette [...-ci], ces [...-ci] : *dieses Haus,* cette maison [-ci]. (V. Gramm.). ‖**-falls** adv. Dans ce cas. ‖**-jährig** a. (yêrig). De cette année. ‖**-mal** adv. (mâl). Cette fois [-ci]. ‖**-malig** a. (lig). De cette fois-ci. ‖**-seitig** a. (**z**a^è^tig). De ce côté-ci. ‖**-seits** prép. (**z**a^è^tss). En deçà [de...].
Dietrich m. (dîtri**ch**). Crochet. ‖[Diebsschlüssel] Fausse clef, f.
Differenz‖ f. (*è*ntss). Différence. ‖[Zwist] Différend, m. ‖**-geschäft** n. (géschêft). Opération à terme, f.
differenzieren (îr^e^n). Différencier.
Dikt‖**at** n. ① (tâte). Dictée, f. : *nach dem Diktat,* sous la dictée. ‖Traité [imposé]. ‖**-ator, -en** m. (tâtor, -tôren). Dictacteur.
dickt‖**atorisch** a. (tô-). Dictatorial, e. ‖**-ieren.** Dicter.
Dilemma n. Dilemme, m.
Dilettant‖, **-en, -en, in** m., f. (*à*nt, în). Dilettante. ‖**-ismus** m. (*is*mouss). Dilettantisme.
diluvianisch a. (ouvi*â*). Diluvien, ne.
diminutiv a. (outîf, -v-). Diminutif, ive. ‖n. ①. Diminutif, m.
Ding‖ n. (dìng...). 1. [pl. **-e**] Chose, f. ‖[Gegenstand] Objet, m. : *vor allen Dingen,* par-dessus tout. ‖Loc. *guter Dinge sein**, être de bonne humeur. ‖2. [pl. **-er**] [Person] Être, m., créature, f. ‖**-elchen** n., **-erchen** n. dim. de *Ding* 1 et 2. *Fig.* Bagatelle, f.
ding‖**en*** (dìng^e^n). Engager. ‖[Arbeiter] Embaucher. ‖**-fest** a. : *dingfest machen,* arrêter [qn], appréhender; [Sachen] saisir. ‖**-lich** a. (li**ch**). *Jur.* Réel, elle.
Ding‖**sda** m. *Fam. Herr Dingsda,* Monsieur Chose [Machin]. ‖**-wort** n. (vorte). Substantif, m.
dinieren intr. (îr^e^n). Dîner.

Dinkel m. (dìn). Épeautre.
Dionys[ius] npr. m. (nîziouss). Denis.
Diözese f. (éeze). Diocèse, m.
Diphteritis f. (rî). Diphtérie.
diphteritisch a. (rî). Diphtérique.
Diphtong m. ① (ông). Diphtongue, f.
Diplom|| n. ① (plôm). Diplôme, m., brevet, m. **||-at, -en, -en** m. (mâte). Diplomate. **||-atik** f. (âtik). Diplomatie.
diplomatisch a. (mâ-). Diplomatique.
dir dat. de *du.* (V. GRAMM.)
direkt a. (rèkt). Direct, e. ||adv. Directement.
Dir||ektion f. (tsiône). Direction. **||-ektor, -en, in** m., f. (rèktor, ôren, ìn). Directeur, trice. ||m. [an franz. staatl. Gymnasien] Proviseur [an städt.] principal : *Direktoramt,* n., directorat, m., direction, f., provisorat, m. **||-ektorium** n. (ôrioum). Directoire, m. **||-igent, -en, -en** m. (gènt). Directeur, chef.
dirigieren (gîren). Diriger.
Dirne f. Fille : *feile Dirne,* prostituée. || [verachtend] Drôlesse.
Dis n. inv. ④ (dîss). Ré dièse, m.
Diskant m. ① (kànt). Soprano.
Diskonto, -s m. (kònto). Escompte.
diskret a. (éete). Discret, ète.
Diskretion f. (tsiône). Discrétion.
Dis||pens m. (pèns), **-pensation, -en** f. (tsiône). Dispense, f.
dispensieren (îren). Dispenser.
disponieren tr. et intr. (îren). Disposer.
Disposition, en f. (tsiône). Disposition : *zur Disposition,* en disponibilité.
Disputation f. (pou-tsiône). Discussion.
disputieren (tîren). Discuter, disputer.
disqualifizieren (tsîren). Disqualifier.
Dissertation, -en f. Dissertation.
dissertieren. Disserter.
Distel f. (distel). Chardon, m. *Distelfink,* m., chardonneret.
Disziplin f. (distsiplîne). Discipline.
dis||ziplinar[isch] (âr). Disciplinaire. **||-ziplinieren** (îren). Discipliner.
Dithyrambe f. (àm). Dithyrambe, m.
dithyrambisch a. Dithyrambique.
Divi||dend, -en, -en m. (dènd), **-dende** f. Dividende, m.
dividieren (îren). Diviser.
Divi||sion f. (iône). Division. **||-sor, -en** m. Diviseur.
Diwan m. ① (âne). Divan.
Döbel m. Goujon, cheville, f.
doch adv. (doch). Pourtant, cependant. ||[gleichwohl] Toutefois : *ich möchte doch wissen,* je voudrais bien savoir*; *du weißt doch, daß...,* tu sais bien que...; *sprich doch,* parle donc; *Hast du nicht gehört? — Doch!,* N'as-tu pas entendu? — Si! [Si fait!]; *nicht doch!* mais non! [non pas!] : *hat er doch...!* n'a-t-il pas? ||conj. [aber] Mais.
Docht m. ① (ch). Mèche, f.
Dock n. ①. Dock, m. : *Dockarbeiter,* m., docker.
Docke f. Poupée. || [Gewickeltes] Rouleau, m. || [Garn usw.] Peloton, m. || [am Geländer]. Balustre, m. : *Dockengeländer,* n., balustrade, f.
Doge, -n, -n m. (dôje). Doge.
Dogge f. (doge). Dogue, m.
Dogma||, ...men n. (dogma). Dogme, m.
dogmatisch a. (âtisch). Dogmatique.
doktern intr. (doktern). Faire* le médecin. || [Arznei brauchen] Se droguer. ||tr. Droguer.
Doktor, -en, in m., f. (doktor, -ôren, ìn). Docteur, doctoresse. || [Arzt] Médecin, m. || *Doktor der Medizin, juris [der Rechte], der Philosophie* [abr. *Dr. med., Dr. jur., Dr. phil.*], docteur en médecine, en droit, en philosophie; *Doktorgrad,* m., *Doktorwürde,* f., *Doktorat,* n., doctorat, m.; *doktormäßig,* doctoral, e.
doktorieren. Passer son doctorat.
Doktrin f. (îne). Doctrine.
Dokument n. ① (oumènt). Document, m.
dokumentieren. Documenter.
Dolch m. ① (dolch). Poignard. || [kleiner] Stylet : *Dolchstich, -stoß,* coup de poignard.
Dolde f. Ombelle : *Doldenpflanze,* ombellifère.
Dolman, -e et **-s** m. (dolmàn). Dolman.
Dolmen, -s m. (dol). Dolmen.
Dolmetscher m. ④ (dol-er). Interprète.
Dom m. ① (dôm...). Cathédrale, f.

Domäne f. (domèn^e^). Domaine, m.
Domherr, n, -en m. (hèr). Chanoine.
Dominikaner, in m. ④, f. (an^e^r, in). Dominicain, e.
Dominion n. (mîniòn). Dominion, m.
Domino, -s n. (dô-). Domino, m.
Dom||kirche f. (*kirch*^e^). Cathédrale. ||**-pfaff[e], -en, -en** m. Bouvreuil. ||**-stift** n. Chapitre, m.
Donau npr. f. (dôna^o^). Danube, m.
Donner m. ④ (don^e^r). Tonnerre : *vom Donner gerührt,* foudroyé. ||[v. Kanonen] Grondement.
donnern, intr. (^e^rn). Tonner.
Donner||stag m. (n^e^rs'tâg). Jeudi. ||**-strahl** m. (schtrâl). Foudre, f. ||**-wetter** n. (vèt^e^r). Orage, m. ||*Fam. Donnerwetter!* int. Tonnerre!
Doppel||... (dop^e^l...) [= *doppelt*]. Double... ||**-decker** m. (dèk^e^r). Biplan. ||**-ehe** f. (*é*e^e^). Bigamie. ||**-fall** m. Alternative, f. ||**-flinte** f. (fl*i*nt^e^). Fusil à deux coups, m. ||**-gänger** m. (gèng^e^r). Sosie. ||**-laut** m. (la^o^te). Diphtongue, f. ||**-punkt** m. (pounkt). Deux points [:]. ||**-schritt** m. Pas redoublé. ||**-sinn** m. Double sens.
doppelsinnig a. (z*i*nig). Équivoque, ambigu, uë.
doppelt (dop^e^lt). Double : *doppelt soviel,* deux fois autant [plus]. ||PROV. *doppelt reißt nicht,* abondance de biens ne nuit pas.
Doppel||ung f. Doublement, m. ||**-waise** f. (va^è^z^e^). Orphelin de père et de mère, m.
doppelzüngig a. (ts*u*ngig). Bilingue. ||[falsch] A double face, hypocrite.
Doppelzüngigkeit f. (a^è^t). Duplicité.
Dorf|| n. ② (dorf...). Village, m. Dim. *Dörfchen,* n. ④ (dœrfch^e^n). ||*Dorf...,* de village, villageois, e, rustique. ||**-bewohner** ④, **in** m., f. (vôn^e^r, in). Villageois, e. ||**-kneipe** f. (a^è^p^e^), **-krug** m., **-schenke** f. Guinguette, f.
dorfmäßig a. (mêssig). Rustique.
Dorfschaft f. Village, m.
Dorn, -en m. Épine, f. ||[an Schnallen] Ardillon.
dornig a. (dornig). Épineux, euse.
dorr||en. [Se] sécher. || **¨en.** Sécher [au four]. ||[rösten] Torréfier.
Dörr||fleisch n. Viande [f.] séchée. ||**-gemüse** n. Légumes [m. pl.] secs.
Dorsch m. ①. Merluche, f.
dort|| adv. (dorte). Là, là-bas, y. ||**-her** adv. (hèr). De là-bas. ||**-hin** adv. (hìn). Là-bas, y [avec direction]. ||**-hinaus** adv. (a^o^s). Par-là [en sortant]. ||**-ig** a. (ig). De là-bas.
Dos||e f. (dôs^e^). Boîte. ||[Tabaks-] Tabatière. ||**-enöffner** m. Ouvre-boîte.
Dosis, ...sen f. (iss). Dose.
dotieren (îr^e^n). Doter.
Dotter m. ④ (dot^e^r). Jaune d'œuf.
Dozent, -en, -en m. (tsènt). Professeur.
dozieren (tsîr^e^n). Enseigner.
Drache, -n, -n m. (dra*ch*^e^). Dragon. ||*Fig.* [böses Weib] Mégère, f. ||[Spielzeug] Cerf-volant.
Dra||chme f. (dra*ch*m^e^). Drachme. ||**-goman** m. ① (dra-màn). Drogman. ||**-goner** m. ④ (gôn^e^r). Dragon.
Draht|| m. (drâte). Fil métallique. ||[Eisen-] Fil de fer. ||**-antwort** f. (àntvorte). Réponse télégraphique. ||**-arbeit** f. Filigrane, m. ||**-bank** f. (ànk). Filière. ||**-bericht** m. (beri*ch*t). Télégramme.
draht||en Télégraphier. ||**-förmig** a. (fœrmig). Filiforme.
Draht||geflecht n. (géflè*ch*t), **-gitter** n. (git^e^r). Treillis [treillage] [m.] métallique.
drahtlos a. (lôss, -s-). Sans fil : *drahtloser Fernsprecher,* radio, f.; *drahtlose Telegraphie,* f., télégraphie sans fil.
Draht||puppe f. (poup^e^). Marionnette. ||**-schere** f. (*é*er^e^). Cisailles, pl. ||**-seil** n. (sa^è^le). Câble, m. [électrique] : *Drahtseilbahn,* f. [chemin de fer] funiculaire, m. ||**-werk** n., **-zieherei** f. Tréfilerie, f.
drakonisch a. (ô-). Draconien, enne.
drall a. Bien tordu, e. ||[fest] Ferme. ||*Fig.* [kräftig] Vigoureux, euse. ||m. ①. Torsion, f. ||[Billard] Effet.
Drama||, ...men n. (drâma). Drame, m. ||**-tiker** m. ④ (âtik^e^r). Auteur dramatique.
drama||tisch a. (mâ). Dramatique. ||**-tisieren.** Dramatiser.

Dramaturg, -en, -en m. (*ourg*). Dramaturge.
dran. V. *daran.*
drang‖ (àng). Imp. ind. de *dringen**. ‖m. spl. Presse, f. ‖[Druck] Pression, f. ‖[starkes Treiben] Poussée, f. ‖[Trieb nach...] Désir [impétueux] [de...]. ‖ **¨en** (drèngen). Pousser. *Fig. es drängt mich, zu...,* j'éprouve le besoin de... ‖[drücken] Presser. ‖ [bestürmen] Obséder. ‖ *Fig.* [quälen] Harceler. ‖ n. V. *Drang.*
Dränger m. ④ (drèngeʳ). Celui qui presse, pousse, etc. V. *drängen.*
Drangsal, -e f. (àngzâl). Tourment, m. ‖[d. Krieges usw.] Misère. V. *dringen**.
drapieren. (*î*). Draper.
drastisch a. Drastique. ‖*Fig.* Énergique.
drauf (drᵃᵒf). V. *darauf.*
Drauf‖**gänger** m. (gèngeʳ). Homme entreprenant. ‖**-geld** n. Arrhes, f. pl.
draußen adv. (drᵃᵒssen), = *da außen.* Dehors. ‖[dort, in der Ferne] Là-bas.
Drechselbank f. (drèkselbànk). Tour, m.
drechseln. Tourner.
Drechsler m. ④. Tourneur : *Holzdrechsler,* tourneur sur bois.
Dreck m. Boue, f. ‖[Kot] Crotte, f.
dreckig a. Boueux, euse. ‖[schmutzig] Sale.
dreh... (d*rée*) ... tournant, e, a. [V. **drehen**]*: Drehbrücke,* f., pont tournant, m.
Dreh‖**bahn** f. Corderie. ‖**-bank** f. (*ànk*). Tour, m.
drehbar a. Tournant, e.
Dreh‖**bohrer** m. ④ (*ô*reʳ). Vilebrequin. ‖**-buch** n. Scénario.
drehen. Tourner. ‖[Faden usw.] Tordre. ‖[**sich**] [Se] tourner.
Dreh‖**kreuz** n. (kr*œü*ts). Tourniquet, m. ‖**-ling** m. (ling). Manivelle, f. ‖[Pilz] Girolle, f. ‖**-orgel** f. (orgel). Orgue de Barbarie, m. ‖**-pistole** f. (*ô*le). Revolver, m. ‖**-punkt** m. (pounkt). Pivot. ‖**-riegel** m. (r*î*gel). Espagnolette, f. ‖**-sprung** m. (schproung). Pirouette, f. ‖**-würfel** m. (v*û*rfel). Toton.
drei a. num. (drᵃᵉ...). Trois : *je drei und drei,* trois à trois; *zu dreien,* à trois; *halb drei,* deux heures et demie. ‖f. [Le chiffre] trois.
Drei‖**blatt** n. Trèfle, m. *dreiblätterig,* a., trifolié, e. ‖**-bund** m. (bount, -d-). Triple alliance, f., triplice, f. ‖**-decker** m. (dèkeʳ). Vaisseau à trois ponts. ‖**-eck** n. triangle, m.
dreieckig a. (èkig). Triangulaire.
Drei‖**einigkeit** f. (ᵃᵉt). Trinité. ‖**-er** m. ④ (drᵃyeʳ). Pièce de trois pfennigs, f. ‖[Karten, Würfel] Trois.
drei‖**fach** a. (ach), **-fältig** a. (*ê*ltig). Triple.
Dreifaltigkeit f. (faltigkᵃᵉt). Trinité.
dreifarbig a. (farbig). Tricolore.
Dreifuß m. (f*oû*ss). Trépied.
drei‖**jährig** a. (y*ê*rig). Qui dure trois ans. ‖[Kind usw.] Âgé, e de trois ans. ‖**-jährlich** a. (y*ê*rlich). Triennal, e.
Drei‖**königsfest**[**-tag**] n. [m.] (k*eû*nigs-). Fête, f. [jour, m.] des Rois, Épiphanie, f. ‖**-machtverband** m. Triple-Entente, f. ‖**-master** m. ④. Trois-mâts. ‖[Hut] Tricorne.
drei‖**monatlich** a. (m*ô*natlich). Trimestriel. ‖**-phasen..., phasig** a. Triphasé, e.
Drei‖**ruderer** m. ④ (r*oû*dereʳ). Trirème, f. ‖**-schlag** m. Mesure à trois temps, f. ‖**-spitz** m. Tricorne.
drei‖**ßig** a. Trente : *in den Dreißige*[*r*]*n sein**, avoir* passé la trentaine. ‖**-ßigste** [*der* usw.], **-ßigstel.** V. GRAMM.
dreizehn num. (ts*ée*ne). Treize; *der, die, das dreizehnte,* le treizième.
Dreizehntel n. ④ Treizième, m.
dreist a. (drᵃᵉst...). Hardi, e. ‖[frech] Effronté, e.
Dreistigkeit f. (drᵃᵉstigkᵃᵉt). Hardiesse, effronterie.
Dreizack m. ① (tsak). Trident.
dreschen* (drèschen). Battre [le blé]. ‖n. Battage, m.
Dresch‖**er** m. ④, **in** f. Batteur, euse. ‖**-maschine** f. (*î*ne). Batteuse.
Dresden‖ npr. n. (dr*ê*sden). Dresde, f. ‖**-er** m. ④, **-in** f. Dresdois, e, de Dresde.
dressieren (*î*ren). Dresser.
Dressur f. (*oû*r). Dressage, m.
Drilch m. (**ch**). Treillis.

Drill‖ m. (dr*i*l). = *Drillen,* n. ‖**-bogen** m. (b*ô*g^e^n). Archet [à forer]. ‖**-bohrer** m. ④ (*ô*r^e^r). Drille, f., trépan.
drillen. Faire* tourner [rapidement]. ‖*Mil.* [Rekruten] Instruire*, dresser. ‖n. Instruction, f. ‖*Fig.* Dressage, m.
Drillich. V. *Drilch.*
drin. V. *darin.*
dring‖**en***, intr. [*sein*] (dr*i*ng^e^n). 1. Pénétrer. ‖[nach außen] Percer; [springend] jaillir. ‖2. [*haben*] Presser : *in einen dringen,* presser [insister auprès de] qn.; *auf,* acc., insister sur...; *die Zeit dringt,* le temps presse. ‖**-end** p. a. Pressant, e, urgent, e : *dringende Bitte,* prière instante, instance. [Gefahr] Pressant, imminent. ‖adv. : [bitten] Instamment. ‖**-lich** a. (i**ch**), = *dringend.*
Dringlichkeit f. Urgence.
drinnen. V. *darinnen.*
dritt‖ (dr*i*tt...). V. *dritte.* ‖Loc. *zu dritt,* à trois. ‖**-e** [*der, die, das*] a. num. ord. Troisième : *ein Drittel,* un tiers. ‖**-[e]halb** num. inv. (**h**alp). Deux et demi, e.
Dritteil, -el n. ④ (*a*^è^l, ^e^l). Tiers, m.
dritt‖**ens** adv. num. (^e^ns). Troisièmement. ‖**-letzt** a. Antépénultième.
drob‖, = *darob, darüber.* ‖**-en** adv. [= *da oben*] (dr*ô*b^e^n). Là-haut.
Drog‖**e** f. (dr*ô*g^e^). Drogue. *Drogengeschäft,* n. (g^e^ngesch*è*ft), *-handel,* m. spl. (h*à*nd^e^l), *-handlung,* f., droguerie, f. ‖**-ist, -en, -en** m Droguiste.
droh‖**en** intr. (dr*ô*^e^n). [einem mit...] Menacer, tr. [qn. de...]. ‖**-end** p. a. Menaçant, e. ‖[Gefahr] Imminent, e.
Drohung f. Menace.
Drohne f. (dr*ô*n^e^). Faux bourdon, m.
dröhnen (dr*eû*n^e^n). Gronder [sourdement]. ‖[erzittern] Trembler.
drollig a. (dr*o*lig). Drôle. ‖adv. Drôlement.
Drolligkeit f. (*a*^è^te). Drôlerie.
Dromedar n. ① (d*â*r). Dromadaire, m.
Drommete f. (*é*et^e^). V. *Trompete.*
drosch, drösche. V. *dreschen*.*
Droschke f. (*o*schk^e^). Fiacre, m.
Drossel f. (dr*o*ss^e^l). Grive.
drüben adv. (dr*u*b^e^n). Au-delà, là-bas.
drüber. V. *darüber.*
Druck‖ m. ① (dr*ou*k). 1. Pression. ‖[Bedrückung] Oppression, f. ‖2. [Drucken] Impression, f. ‖ **¨eberger** m. ④ (dr*u*k^e^-g^e^r). *Fam.* Carotteur, carottier. ‖[in Kriegszeit] Embusqué.
druck‖**en.** Imprimer : *Gedrucktes,* imprimé. ‖n. Impression, f. ‖ **¨en** tr. (dr*u*k^e^n). Presser : *einem die Hand drücken,* serrer la main [donner une poignée de main] à qn. ‖pp. a. *gedrückt* : *gedrückte Lage* [*Verhältnisse*], situation gênée [difficile]. ‖**[sich]** Se presser, se serrer. ‖*Fam.* S'esquiver. ‖intr. [auf einen Knopf usw.] Appuyer [sur]. ‖n. Pression, f., serrement, m. ‖ **¨end** p. a. (^e^nt, -d). Pesant, e, lourd, de.
Druck‖**er** m. ④. Imprimeur. ‖ **¨er** m. ④. [am Schloß] Loquet. ‖[am Gewehr] Détente, f. ‖**-erei** f. (k^e^-r*a*^è^). Imprimerie. ‖**-freiheit** f. Liberté de la presse. ‖**-knopf** m. Bouton à pression. ‖[elektr.] Bouton électrique. ‖**-luft** f. (*ou*ft). Air comprimé, m. ‖**-messer** m. ④. Manomètre. ‖**-probe** f. Épreuve. ‖**-sache** f., **-schrift** f. Imprimé, m. ‖**-ung** f. Surbaissement, m. ‖**-welle** f. [carène] Soufflage, m.
Dru‖**de** f. (*oû*d^e^). Sorcière. ‖**-ide, -n, -n, in** m., f. Druide, esse.
drum. V. *darum.*
drunt‖**en,** = *da unten.* ‖**-er.** V. *darunter.*
Drüse f. (*û*z^e^). Glande.
Dsch‖**onke** f. (*o*nk^e^). Jonque. ‖**-ungel** f. Jungle.
du pr. pers. (d*oû*). Tu, toi. (V. Gramm.)
ducken (d*ou*k^e^n). Baisser, incliner. ‖**[sich].** Se baisser, se tapir.
Duck‖**mäuser** m. ④, **in** f. (m*œü*z^e^r, in). Sournois, e. ‖**-mäuserei** f. (r*a*^è^). Sournoiserie. ‖**-mäusig** a. (sig). Sournois, e.
Dudelsack m. Cornemuse, f.
Dudeler, Dudler, m. ④. Joueur de cornemuse. *Fam.* Mauvais musicien.
Duell‖ n. ① (d*ouè*l). Duel, m. ‖...*duell,* duel à [au]... ‖**-ant, -en, -en** m. (*à*nt). Duelliste.
duellieren (l*î*). Se battre en duel.
Duett n. ① (d*ouè*t). Duo, m.

Italique : accentuation. **Gras :** pron. spéciale. *Verbe fort. V. Grammaire.

Duft m. (douft). Vapeur, f. [légère]. [Wohlgeruch] Parfum.
duft‖en intr. Exhaler un parfum. [nach] Sentir*. ‖**-end** p. a. Odoriférant, e, parfumé, e.
Dukaten m. ④ (doukâten). Ducat.
dulden (d*ou*lden). Tolérer. ‖[ertragen] Souffrir*, supporter. ‖[aushalten] Endurer.
Dulder m. ④ (d*oû*lder). Homme résigné. ‖*Fig.* Martyr.
duldsam a. (zâme). Tolérant, e.
Duld‖samkeit f., **-ung** f. Tolérance.
dumm a. (d*ou*m...). Sot, te. [unverständig] Bête. ‖[einfältig] Imbécile. ‖[albern] Niais, e. ‖adv. Sottement, bêtement.
Dumm‖erjan m. (y*â*n) ①. Sot, nigaud. ‖**-heit** f. (h*a*èt). Bêtise, sottise. ‖**-kopf** m. Sot, etc.
dumpf a. (d*ou*mpf). [Ton] Sourd, e, mat, e. ‖[Luft] Lourd, e, étouffant, e : *dumpfer Geruch*, odeur de renfermé. ‖[unheimlich] Morne. ‖[unbestimmt] Vague, confus, e.
Dumpfheit f. (h*a*èt) [d. Schalls] Matité. ‖[d. Luft] Lourdeur.
dumpfig a. Renfermé, moisi.
Düne f. (dûne). Dune.
Dung m. V. *Dünger*.
düngen (du*ng*en). Fumer.
Düng‖er m. ④ (du*ng*er). Engrais. ‖[Mist-] Fumier : *Düngererde*, f., terreau, m. ‖**-emittel** n. ④ (mitel). Engrais, m. ‖**-ung** f. Fumure.
dunkel a. (d*ou*nkel). Obscur, e. ‖[finster] Sombre : *es ist dunkel*, il fait* sombre; *dunkel werden**, s'obscurcir; *es wird* dunkel*, le jour baisse, la nuit vient. ‖[v. Farben] Foncé, e, sombre : *dunkelblau*, bleu foncé. ‖n. s. pl. Obscurité, f.
Dünkel m. (dunkel). Présomption, f., suffisance, f.
dünkelhaft a. (haft). Présomptueux, euse.
Dunkel‖heit f. (h*a*èt). Obscurité. ‖**-kammer** f. Chambre noire.
dunkeln intr. [*haben*]. S'obscurcir : *es dunkelt*, la nuit tombe. ‖tr. Obscurcir.
Dunkelstoff m. Pigment.
dünken impers. Sembler, paraître : *mich dünkt*, il me semble; *wenn es Ihnen gut dünkt*, si bon vous semble. ‖[**sich**]. Se croire*.
Dünkirchen npr. n. Dunkerque, f.
dünn a. (dünn). Mince, ténu, e. ‖[klein] Menu, e. ‖[schlank] Grêle. ‖[Schrift] Maigre. ‖[nicht dicht] Peu serré, e, clairsemé, e. ‖[flüssig] Fluide, léger, ère.
Dünn‖e f., **-heit** f. Minceur, ténuité. ‖Gracilité. ‖Maigreur.
Dunst m. (d*ou*nst). Exhalaison, f. ‖[Dampf] Vapeur, f.
dunst‖artig a. (artig). Vaporeux, euse. ‖**-en** intr. [*sein*]. S'évaporer. ‖ **¨en** (d*u*nsten). Faire* évaporer. ‖[Kockunst] Étuver, braiser.
Dünung f. Houle.
Duplik‖at n. ① (âte). Duplicata, m. ‖**-ator** (*â*), **-oren** (*ô*), m. Duplicateur.
Dur n. ①, **-ton** m. (d*oû*rtône). Ton majeur : *A-Dur*, la majeur.
durch (dour**ch**). 1. prép. A travers, par : *durch den Garten*, à travers [par] le jardin. ‖[Mittel] Par : *durch ein Mittel*, par un moyen; *durch vieles...*, à force de... [inf.] ‖2. adv. [avec un verbe sous-entendu] = passer : *er ist durch*, il a passé, il a réussi; *ich will durch*, je veux passer. ‖LOC. *meine Schuhe sind durch*, mes souliers sont troués. ‖[= hindurch] : *die ganze Nacht durch*, toute la nuit; *durch und durch*, d'un bout à l'autre, tout à fait.
durch... Préfixe : *a*) dans les substantifs, toujours *accentué; b*) dans les verbes, tantôt *séparable* et *accentué*, tantôt *inséparable* et *non accentué*.

A. *Verbes séparables* (dour**ch**...) :

I. INTRANSITIFS (avec l'auxiliaire *sein*, pour les verbes exprimant un changement de *lieu* ou d'*état*), dans lesquels *durch* ajoute l'idée de *passer à travers, d'aller jusqu'au bout.* Ex. : *durch‖blicken*, regarder à travers; *-fahren**, passer en voiture, bateau, etc.

II. TRANSITIFS, dans lesquels il ajoute l'idée de :

a) Faire passer à travers ou jusqu'au bout. Ex. : *durch‖bringen**, transporter.

b) Faire jusqu'au bout [à fond, complètement, tout à fait], achever l'action exprimée par le verbe simple. Ex. : *durch‖arbeiten*, travailler à fond.

c) Traverser, percer, couper, etc., de la manière indiquée par le verbe simple. Ex. : *durch||hauen**, fendre, trancher.
d) Trouer, user en faisant l'action exprimée par le verbe simple. Ex. : *durch||laufen**, user à force de courir*.
III. RÉFLÉCHIS, dans lesquels *durch* ajoute l'idée de se frayer un chemin, se faire jour. [*fig.*, se tirer d'affaire] en faisant l'action exprimée par le verbe simple. Ex. : *sich durch||arbeiten,* se tirer d'affaire par le travail.
B. *Inséparables* et *transitifs.* Dans ces verbes, *durch* ajoute l'idée de :
a) Traverser, parcourir, passer [le temps] en faisant l'action exprimée par le verbe simple. Ex. : *durch||fahren**, traverser, parcourir* en voiture, en bateau, etc.
b) Pénétrer, remplir [de] en faisant l'action exprimée par le verbe simple. Ex. : *durch||nässen,* imprégner d'humidité, tremper.

durcharbeiten. Travailler à fond. [**sich**] Se tirer d'affaire en travaillant.

durchaus adv. (dour**ch**a°s). Tout à fait : *durchaus nicht,* pas du tout, nullement.

durchbeben *ins.* (béeb^en). Faire* trembler.

durchblättern *ins.* (blè-). Feuilleter.

durchbläuen, -bleuen *sép.* (blœü-). *Fam.* Rosser.

Durchblick m. Échappée, f.

durchblicken intr. *sép.* Regarder à travers. ||[Sonne usw.] Percer : *durchblicken lassen**, laisser entrevoir*. tr. Pénétrer [du regard].

durchbohren *sép.* Percer [de part en part]. ||*ins.* Transpercer. ||[mit Kugeln] Cribler. ||[Metall usw.] Perforer. ||n. et **Durchbohrung** f. Perforation, f.

durchbrechen* tr. *sép.* (brè**ch**^en). Rompre. ||[Loch, Mauer, Straße] Percer. ||[Stoff] Ajourer. ||tr. *ins.* (brè**ch**-). Rompre, percer. ||[Feind] Enfoncer. ||intr. *sép.* [*sein*] [Sonne, Zähne, usw.] Percer. ||[Blätter usw.] Sortir*. ||*Mil.* Faire* une trouée. ||*Fig.* Se manifester. ||[Wahrheit] Éclater.

durchbrennen tr. *sép.* Brûler complètement. ||intr. *sép.* [*sein*]. *Fam.* [fliehen] Prendre* la clef des champs.

durchbringen* *sép.* (bring^en). Faire* passer. ||[Kranken usw.] Tirer d'affaire. ||[Geld] Gaspiller; dissiper. ||[**sich**] Se tirer d'affaire.

Durchbruch m. (ou**ch**). Percée, f. ||*Mil.* Trouée, f.

durchdenken* *ins.* (dènk^en). Méditer.

durchdrängen [**sich**] *sép.* (**zich** -drèng-). Se frayer un passage.

durch||dringen* (drìng). intr. *sép.* [*sein*]. Passer au travers. ||*Fig.* Réussir. ||tr. *ins.* (ìng). Pénétrer : *durchdringen,* p. a., pénétrant, e. ||**-dringlich** a. (li**ch**). Perméable. *Durchdringlichkeit,* f., perméabilité.

durchduften *ins.* (douft^en). Parfumer. embaumer.

durcheilen (*a*él^en). intr. *sép.* [*sein*] Passer rapidement. ||tr. *ins.* Parcourir* [à la hâte].

durcheinander adv. pron. (a^ènànd^er). A tort et à travers : *bunt durcheinander,* pêle-mêle. ||n. inv. Fouillis, m. ||*Fig.* Chaos, m.

durchfahren* (fâr^en). intr. *sép.* [*sein*] Passer [en voiture, en bateau, etc.]. ||tr. *ins.* Traverser, parcourir* [en voiture, en bateau, etc.]. ||n. et **Durchfahrt** f. Passage, m. ||*Mar.* Traversée, f.

Durchfall m. Chute, f. ||[Mißlingen] Echec.

durchfallen* intr. *sép.* [*sein*] Tomber à travers. ||[scheitern] Échouer [*avoir*]. ||[Stück] Tomber.

durch||finden* [**sich**] *sép.* (fìnd^en). Trouver son chemin, s'orienter. ||**-flechten*** *ins.* (flè**ch**t^en). [mit]. Entrelacer [de]. ||*Fig.* Entremêler.

durchfliegen (flîg^en). intr. *sép.* Passer [en volant]. ||tr. *ins.* (flîg^en). Traverser, parcour* [en volant].

durchfließen* (flîss^en). intr. *sép.* [*sein*]. Couler à travers. ||tr. *ins.* (flî) Traverser [en coulant]. ||[Land, Wiese] Arroser.

Durchflug m. Passage [d'oiseaux, etc.].

durchforschen *ins.* Approfondir. ||[Land] Explorer.

Durchforschung f. Recherche approfondie, exploration.

durchfressen* *sép.* (frèss^en. Percer [en rongeant], corroder.

durchfrieren* (frîr-). intr. *sép.* [*sein*]. Geler entièrement. ‖tr. *ins.* (frî). Pénétrer [transir] de froid, glacer.

Durchfuhr f. (foûr). Passage, m. ‖[Waren durch e. Land] Transit, m.

durch‖führbar a. (fûrbar). Exécutable. ‖**-führen** *sép.* Conduire* à travers. ‖*Fig.* Exécuter, mener à bonne fin.

Durchführung f. Exécution.

durchfurchen tr. *ins.* (fourch^en). Sillonner.

Durchgang m. (gàng). Passage : *kein Durchgang!*, passage interdit; *Durchgangwagen*, m. ④, wagon à couloir.

durchgängig a. (gèngig). Général, e. ‖adv. Généralement.

durch‖gehen (gée-). intr. *sép.* [*sein*] Passer à travers. ‖*Fig.* S'enfuir*. ‖[Pferd] S'emporter; *fam.* S'emballer. ‖tr. *ins.* Parcourir*. ‖[prüfend] Examiner. ‖**-gehend** p. a. (gée^ent, -d-) : *durchgehender Zug*, train direct. ‖**-gehends** adv. (*gée*^ends). Généralement.

durchglühen tr. *ins.* (glû^en). Embraser.

durchgreifen* intr. *sép.* (gra^èf^en). Porter la main à travers. ‖*Fig.* Agir avec énergie : *durchgreifend*, p. a., énergique.

durchhauen* (ha^o-). *sép.* Pourfendre. ‖[Knoten] Trancher. ‖*Fig.* [prügeln] Rosser. ‖[**sich**] réfl. *sép.* (si**ch**). Se frayer un chemin [à coups de hache, d'épée, etc.].

durchhecheln (**hèch**^eln). *Fig.* Censurer, critiquer.

durchhelfen* intr. *sép.* (**hèl**-). Aider [qn] à passer, tr. ‖*Fig.* Tirer d'affaire.

durchkämpfen [**sich**] *sép.* = *sich durchfechten**. V. *durch*, III.

durchkommen* intr. *sép.* [*sein*] Passer à travers. ‖*Fig.* Se tirer d'affaire. ‖[bei e. Prüfung] Passer, réussir, être reçu.

durchkreuzen *ins.* (kr**œü**tz^en). Croiser. ‖[Luft usw.] Sillonner. ‖[Plan] Contrarier. ‖[**sich**] réfl. Se croiser, s'entrecroiser. ‖[Interessen] Se heurter. ‖n. et **Durchkreuzung** f. Croisement, m. ‖[v. Interessen] Choc, m.

Durchlaß m. Passage étroit.

durchlassen. Laisser passer.

Durchlaßschein. Laissez-passer.

Durchlaucht f. Altesse. ‖[als Anrede] Monseigneur, m. : *durchlauchtig[st]*, a. [très] gracieux, euse, sérénissime.

Durchlauf m. (la^of). Passage. ‖[Durchfall] Diarrhée, f.

durchlaufen* intr. *sép.* [*sein*]. Traverser [en courant]. ‖tr. *sép.* User [en courant]. ‖tr. *ins.* (*la*^o). Parcourir*.

durchleben (lée). *sép.* Vivre* [une période]. ‖*ins.* Traverser [épreuve, etc.].

durchlesen *sép.* (lée). Lire* [d'un bout à l'autre]. ‖*ins.* (*lée***z**-). Parcourir [en lisant].

durchleuchten (l**œüch**t^en). *sép.* Luire* [au travers]. ‖tr. *ins.* Pénétrer [de lumière]. ‖[mit X-Strahlen] Radiographier : *Durchleuchtung*, f., radioscopie.

durch‖lochen *ins.* (lo**ch**^en). Perforer, poinçonner. ‖[Fahrkarten] Pointer. ‖**-löchern**, *ins.* (l**œch**^ern). Trouer.

durchmachen *sép.* (ma**ch**). Passer par, traverser [épreuves]. ‖[Studien] Faire*, achever. ‖[Lehrgang] Suivre*.

Durchmarsch m. Passage [de troupes].

durchmarschieren intr. *sép.* [*sein*] [Truppen] Passer.

durchmessen* *sép.* (mèss^en). Mesurer [complètement]. ‖*ins.* (mès). Parcourir*, arpenter.

Durchmesser m. ④. Diamètre.

durchmustern *sép.* (moust-). Passer en revue.

durchnässen *ins.* (nês). Tremper, traverser : *durchnäßt*, trempé, e jusqu'aux os.

durchnehmen* *sép.* [Werk] Expliquer en entier : *noch einmal durchnehmen*, repasser.

durchpeitschen *sép.* (pa^ètsch^en). Fouetter jusqu'au sang.

durchprobieren *sép.* **-prüfen** *sép.* Essayer, examiner l'un après l'autre.

durchprügeln *sép.* (prûg-). Rosser.

durchqueren *ins.* (kvéeren). Traverser en diagonale.

durchrechnen *sép.* (rèchnen). Calculer [jusqu'au bout] : *noch einmal durchrechnen,* repasser [un compte].

durchregnen (réegnen). intr. *sép.* Pleuvoir* à travers. ‖ tr. *ins.* (rèe-). Traverser, tremper.

Durchreise f. (raèze). Passage, m.

durchreisen (raèzen). intr. *sép.* [*sein*]. Passer [en voyage]. ‖ tr. *ins.* (raè-). Traverser [en voyageant].

durchreißen* intr. *sép.* [*sein*] (raèssen). Se rompre. ‖ tr. *sép.* Déchirer. ‖ [Damm] Emporter.

durchreiten tr. *ins.* Traverser à cheval.

durchrennen* intr. *sép.* [*sein*] Courir à travers. ‖ tr. *ins.* (rè). Traverser [en courant].

Durchriß m. Déchirure, f., brèche, f.

durch‖säen tr. *ins.* (zéen). Parsemer. *Fig.* [mit Blumen] Émailler. ‖ **-schalten.** Brancher sur.

durchschauen intr. *sép.* (schao-). Regarder à travers. ‖ tr. *ins.* Pénétrer du regard. ‖ *Fig.* Percer, démêler.

durchscheinen* intr. *sép.* (schaèn-). Paraître* à travers : *durchscheinend,* p. a., diaphane.

durchschießen* intr. *sép.* (schîs). Tirer à travers. ‖ tr. *ins.* Traverser d'un trait.

durchschiffen intr. *sép.* [*sein*]. Passer [en bateau]. ‖ tr. *ins.* Traverser [en bateau].

durschschlafen* tr. *sép.* (âf). Passer à dormir*.

Durchschlag m. (âg). Ouverture, f., brèche, f. ‖ [Sieb] Passoire, f. ‖ [Büro] Copie.

durch‖schlagen* intr. *sép.* (âg). Passer à travers, percer : *das Papier schlägt durch,* le papier boit. ‖ *Fig.* [Mittel] Être efficace. ‖ [v. Gründen] Être convaincant. ‖ tr. *sép.* Trouer, percer de part en part. ‖ [sieben] Passer. ‖ [**sich**] Se frayer un chemin. ‖ **-schlagend** p. a., **-schlägig** a. (êgig). Efficace. ‖ [Beweis] Convaincant, e.

durchschlingen* *sép.* (ìng-). [Faden] Faire* passer au travers. ‖ *ins.* Entrelacer.

durchschlüpfen intr. *sép.* [*sein*] Se glisser à travers. ‖ *Fig.* S'échapper [furtivement].

durchschneiden* *sép.* Couper en deux, trancher. ‖ *ins. Fig.* (aèd-). [Wellen, Luft] Fendre, sillonner. ‖ [Linie] Couper.

Durchschnitt m. *Geom.* Intersection, f. ‖ [Mittel] Moyenne, f. : *im —,* en moyenne; *durchschnitts...,* moyen, ne. ‖ [Bauk.] Profil, coupe.

durchschnittlich a. (lich). Moyen, ne. ‖ adv. En moyenne.

durchschossen pp. de *durchschießen**.

durchschreiten* *sép.* (aèt-). Passer à travers. ‖ *ins.* Traverser.

Durchschuß m. (ouss). [beim Weben] Trame, f. ‖ [beim Drucken] Interligne, f.

durch‖schwimmen tr. *ins.* Traverser à la nage. ‖ **-schwitzen** *sép.* Transsuder. ‖ [zickernd] Suinter. ‖ tr. *sép.* et *ins.* (itz-). Tremper de sueur.

durchsegeln intr. *sép.* (zéegeln). Passer [en naviguant]. ‖ tr. *ins.* Parcourir* [en naviguant].

durchsehen* tr. et intr. *sép.* (zee-). Voir* [regarder] à travers, d'un bout à l'autre. ‖ tr. *ins.* Parcourir* [du regard] : *nochmals durchsehen,* réviser.

durchsetzen *sép.* (Gesetz, usw.) Faire* passer. ‖ *Fig.* Venir* à bout de : *seinen Willen durchsetzen,* accomplir [exécuter] sa volonté. ‖ n. et **Durchsetzung** f. Exécution, f., accomplissement, m., réussite, f.

Durchsicht f. (zicht). V. *durchsehen**. Échappée. ‖ [im Walde] Percée. ‖ [Besichtigung] Inspection. ‖ [Prüfung] Examen, m. ‖ [v. Druckbogen] Correction.

durchsichtig a. (zichtig). Transparent, e.

Durchsichtigkeit f. (kaèt). Transparence.

durchspicken *ins.* (schpik). Entrelarder. *Fig.* Hérisser [de]. ‖ [Schrift] Farcir [de citations, etc.].

durchsprechen* *sép.* (schprèch-). Discuter [à fond]. ‖ [Teleph.] Communiquer.

durchstechen* *sép.* (schtech-). Piquer à travers. ‖*ins.* (schtèch-). Transpercer, perforer.
Durchstich m. (schtich). Percement.
durchstrahlen *sép.* (schtrâl-). Rayonner à travers. ‖tr. *ins.* (âl-). Pénétrer de ses rayons.
durchstreichen* (schtraèch-), **-streifen** (aèf-), *ins.* Parcourir* [en errant]. ‖[Land] Battre [le pays].
durchströmen *sép.* [*sein*] (schtreûm-). Couler [à travers]. ‖tr. *ins.* Traverser rapidement. ‖*Fig.* Pénétrer.
durchsuchen *ins.* (zoûch). Fouiller. ‖[Haus] Visiter, faire* une perquisition dans.
durchtönen *sép.* (teûn-). Résonner à travers. ‖tr. *ins.* Traverser en retentissant.
durchtreten tr. *sép.* User en marchant.
durchtrichtern *sép.* (tricht-). Faire* passer par un entonnoir.
durchtrieben a. (trîb-). [listig] Rusé, e. ‖[verschmitzt] Roué, e, madré, e.
Durchtriebenheit f. Ruse, rouerie.
durchwachen tr. *ins.* (vach-). Passer à veiller.
durchwachsen* *sép.* Croître* à travers. ‖p. a. [mit Blumen] Entrelacé, e.
durchwandeln, -wandern (vànd-). *ins.* Traverser, parcourir* [en se promenant, en voyageant].
durch‖waten intr. *sép.* [*sein*] (vâ-). Passer à gué. ‖tr. *ins.* (vâ-). Traverser à gué. ‖**-weben*** *sép.* (véeb-). Tisser dans. ‖*ins.* (vée-). Entremêler. ‖**-webt** a. Tissu, e.
Durchweg m. (véeg). Passage. ‖adv. Toujours et partout.
durchwehen intr. *sép.* Souffler à travers. ‖tr. *ins.* Pénétrer de son souffle.
durchwinden* *ins.* (vìnd-). Entrelacer. ‖[**sich**] réfl. *sép.* (vìnd-). Se frayer un chemin [avec peine].
durchwirken *ins.* (virk-). Entrelacer [en brodant], brocher.
durchwühlen *ins.* (vûl-). Retourner en fouillant.
durchzählen *sép.* (tsêl-). Compter un à un.
durchzeichnen *sép.* (tsaèchn-). Calquer.
Durchzeichnung f. Calque, m.
durchziehen* intr. *sép.* [*sein*] (tsî-). Passer à travers. ‖tr. *sép.* Faire* passer par. ‖[Linie] Tracer. ‖tr. *ins* (tsî-). Traverser, parcourir*. ‖[mit Furchen] Sillonner.
durchzucken *ins.* (tsouk-). Traverser comme un éclair. ‖*Fig.* [Blitz] Sillonner.
Durchzug m. (tsoûg). Passage.
durchzwängen (tsvèng-). **-zwingen*** *sép.* Faire* passer de force.
dürf‖en* (durfen). Avoir* le droit *ou* la permission : *darf ich ausgehen?* puis-je sortir?; *darüber darf man sich nicht wundern,* on ne peut s'étonner de cela; *wenn ich bitten darf,* s'il vous plaît; *dürfte ich Sie bitten?* oserais-je vous demander? ‖**-tig** a. (ig). Indigent, e, nécessiteux, euse. ‖[v. Dingen] Insuffisant, e, maigre.
Dürftigkeit f. (kaèt). Pauvreté, indigence, insuffisance.
dürr a. Sec, èche. ‖[Land] Aride. ‖[Holz] Mort, e. ‖[ausgetrocknet] Desséché, e. ‖*Fig.* [mager] Maigre, décharné, e.
Dürre f. (dure). Sécheresse.
Durst m. (dourst). Soif, f. [*nach...*, de...]; *seinen Durst stillen,* se désaltérer.
durst‖en (*dou*), **¨en** impers. (dursten). Avoir* soif : *es durstet mich* ou *mich dürstet,* j'ai soif. ‖**-ig** a. (ig). Altéré, e. ‖**-löschend** a., **-stillend** a. Désaltérant, e.
Dusche f. (dousche). Douche.
Düse f. Gicleur, m.
Dusel m. (doûzel). [Schwindel] Vertige. ‖[Betäubung] Assoupissement. ‖Chance. ‖[Träumerei] Rêverie, f.
dusel‖ig a. (ig). Pris, e, de vertige, assoupi, e, rêveur, euse. ‖**-n** Avoir* le vertige, sommeiller.
Düsenflugzeug n. Avion [m.] à réaction.
düster a. (dustér). Sombre. ‖*Fig.* Morne. ‖[betrübt] Triste.
Düsterheit f. (haèt), **-keit** f. (kaèt). Obscurité. ‖*Fig.* Air sombre, m.
düstern impers. S'obscurcir : *es düstert,* la nuit vient.
Düte. V. Tüte.
Dutzend n. ① (doutsent, -d-). Douzaine, f.

duzen (tsᵉn). *Tutoyer.* ‖n. tutoiement, m. ‖*Duzbruder,* m., *-schwester,* f., ami, e qu'on tutoie.
Dyna‖mik f. (nâ-), **-misch** a. Dynamique. ‖**mit** n. (mît). Dynamite. f. ‖**-momaschine** f. (îneᵉ). Dynamo. ‖**-momesser** m. ④. Dynamomètre (ètr).
Dynastie f. (stî). Dynastie.
dynastisch a. (nâ-). Dynastique.
D-Zug m. Train à couloir. ‖Express.

E

E, e n. (ée). E, e m. ‖*Mus.* Mi.
Ebbe f. (bᵉ). Marée basse : *Ebbe und Flut,* flux et reflux.
ebben : *es ebbt,* la marée descend.
eben 1. (*éeb*ᵉn), a. Uni, e. ‖[flach] Plat, e. ‖[Fläche] Plan, e : *zu ebener Erde,* au rez-de-chaussée. 2. adv. [= *soeben*]. Justement, précisément : *er ist eben abgereist,* il vient de partir*.
Ebenbild n. (bilt, -d-). Image, f.
eben‖bürtig a. (b*u*rtig). Égal, e [par la naissance]. ‖**-da** (abr. *ebend.*). Ibidem. ‖**-daselbst** adv. Là même.
Ebene f. Plaine : *schiefe Ebene,* plan incliné, m.
eben‖en, ebnen. Aplanir. ‖[Boden] Niveler, égaliser. ‖**-falls** adv. Également, de même.
Eben‖heit f. (**h***a*ᵉt). Égalité. ‖**-maß** n. (*â*ss). Proportion, f., symétrie, f.
eben‖mäßig a. (m*ê*ssig). Bien proportionné, e, symétrique. ‖**-so** adv. Aussi, de même : *ebenso wie,* de même que. ‖**-sosehr** adv., **-soviel** a. et adv. (fîl). Autant. ‖**-sowenig** adv. (v*é*enig). Aussi peu. ‖**-sowohl** adv. (ôl). Aussi bien.
Eben‖baum m. Ébénier. ‖**-holz** n. (**h**oltss). Ébène, f.
Ebenung f. Aplanissement, m., nivellement, m.
Eber m. ④ (*é*bᵉr). Verrat : *wilder Eber,* sanglier mâle.
Eberesche f. Sorbier, m.
ebnen. V. *ebenen.*
Ebonit n. (*î*t). Ébonite, f.
Echo, -s n. (*é*e**ch**o). Écho, m.
echt a. (è**ch**t). Vrai, e, véritable. ‖[verbürgt] Authentique. ‖[rein] Pur, e. ‖[unverfälscht]. Naturel, le.
Echtheit f. (**h***a*ᵉt). Authenticité, pureté.
Eck‖ n. (*è*k). V. *Ecke.* ‖*Eck...* ...de [du] coin. Ex. : *Eckplatz,* m., place de coin, f.; *Eckzahn,* m., dent canine, f. ‖**-e** f. Coin, m. ‖[Winkel] Angle, m. : *an allen Ecken und Enden,* dans tous les coins et recoins. ‖**-er** f. Gland, m. ‖[d. Buche] Faîne. ‖[auf Karten] Trèfle, m.
eckig a. (ig). Anguleux, se.
edel a. (*é*edᵉl). Noble. ‖[devant un e] **edl...** : *ein edler Mensch,* un homme noble. ‖[Tier] De race. ‖[Metall, Stein] Précieux, euse.
Edelbürger m. ④ (gᵉr). Patricien.
edelbürtig a. (tig). Noble de naissance [de haute lignée].
Edel‖dame f. (d*â*meᵉ), **-frau** f. (fr*a*ᵒ). Dame noble. ‖**-fräulein** n. (**frœü**-l*a*ᵉn). Demoiselle noble, f.
edelgeboren a. (géb*ô*rᵉn). Noble [de naissance], illustre.
Edel‖knabe m. (kn*â*bᵉ). Page. ‖**-mann** m., pl. **-leute** (l**œü**tᵉ). Gentilhomme; pl. : gentilshommes. ‖**-mut** m. (m*oû*te). Générosité, f.
edelmütig a. (m*û*tig). Généreux, euse.
Edel‖stein m. Pierre précieuse. ‖**-weiß** n. Édelweiss, m.
Edikt n. Édit, m., ordonnance, f.
Effektenmakler m. Agent de change.
Efeu m. (*é*e-). Lierre.
Egel m. Sangsue, f.
Egge f. *Agr.* et *Mil.* Herse.
eggen tr. Herser.
ehe, eh, conj. (*é*eᵉ). Avant que. ‖[vor einem Infinitiv] avant de : *ehe ich komme, schreibe ich,* avant de venir*, j'écrirai.
Ehe f. (*é*eᵉ). Mariage, m. : *zur zweiten Ehe schreiten*,* convoler en secondes noces; *wilde Ehe,* concubinage, m.

Ehe... (*ée*e). ...nuptial, e, conjugal, e. Ex. : *Eheband,* n., *-glück,* n., lien, m. [bonheur] conjugal; *Ehebett,* n., lit [m.] nuptial.
ehebrechen* (èchen). [inf. et part. prés. seuls usités]. Commettre* un adultère : *Ehebrecher, in* m. ④, f., *-brecherisch,* a., *-bruch,* m., adultère.
ehedem adv. Autrefois, jadis.
Ehe‖frau, -gattin f. Epouse. ‖**-gatte** m. Epoux, mari. ‖**-gott** m. Hymen. ‖**-leute** pl. Epoux, m. pl.
ehelich a. Du mariage, conjugal, e, matrimonial, e : *eheliches Kind,* enfant légitime.
ehelos a (lôss, -z-). Célibataire : *Ehelosigkeit,* f., célibat, m.
ehemals adv. Autrefois, anciennement : *ehemalig,* a., d'autrefois, ancien, ne; *der ehemalige Kaiser,* l'ex-empereur.
Ehe‖mann m. Mari, époux. ‖**-paar** n. Couple, m. [d'époux].
eher adv. (*ée*er). Plus tôt : *je eher, desto besser* [*lieber*], le plus tôt sera le mieux. ‖[lieber] Plutôt : *eher möchte ich,* j'aimerais mieux.
ehern a. (*ée-*). D'airain, de bronze.
Ehescheidung f. (*a*èdoung). Divorce, m.
ehest a. Tout[e] premier, ère : *am ehesten,* le plus tôt, en premier lieu.
Ehestand m. (schtant, -d-). Mariage [état].
ehestens adv. Au plus tôt, prochainement.
Ehe‖stifter m., **-in** f. Auteur de mariages. ‖**-vertrag** m. Contrat de mariage.
ehrbar a. Honorable : *Ehrbarkeit,* f., honorabilité.
Ehre f. (*ée*re). Honneur, m. ‖LOC. : *auf Ehre!* sur l'honneur! *auf seine Ehre halten*,* être jaloux de son honneur; *Ehren erweisen*,* rendre les honneurs; *einem zu Ehren,* en l'honneur de qn; *in allen* [*aller*] *Ehren,* en tout bien tout honneur; *sich etwas zu Ehre anrechnen,* se faire* un point d'honneur de; *zu Ehren bringen*,* mettre* en honneur. ‖PROV. *Ehre dem Ehre gebührt,* à tout seigneur, tout honneur; *Ehre geht vor Gut,* bonne renommée vaut mieux que ceinture dorée.
ehr‖en. Honorer. ‖**-en...** 1. d'honneur. Ex. : *Ehren‖legion,* f., *-wache,* f., *-wein,* m., *-wort* n., légion, garde, vin, parole [f.] d'honneur. ‖2. Qui honore, honorable, honorifique. Ex. : *ehrenhaft,* a., honorable; *Ehrenhaftigkeit,* f., honorabilité; *Ehrenpforte,* f., arc de triomphe, m.; *Ehrenamt,* n., *-stelle,* f., *-titel,* m., fonction, f., emploi, m., titre[m.] honorifique. ‖3. Honoraire, a. Ex. : *Ehrenmitglied,* n., membre [m.] honoraire. ‖4. Touchant l'honneur : *Ehrenräuber,* m., = *Ehrenschänder; ehrenrührig,* a., diffamatoire; *Ehrenschänder,* m., diffamateur; *ehrenschänderisch,* a., diffamatoire; *Ehrenschändung,* f., diffamation; *Ehrenstrafe,* f., peine infamante.
ehrerbietig a. (*ée*rerbîtig). Respectueux, euse.
Ehr‖erbietung f., **-furcht** f. (fourcht). Respect, m. : *ehrfurchtsvoll,* a., respectueux, euse. ‖**-gefühl** n. (géfûl). Point d'honneur, m., amour-propre, m. ‖**-geiz** m. (*ga*ètss). Ambition, f. : *ehrgeizig,* a., ambitieux, euse.
ehr‖lich a. (lich). Honnête, loyal, e : *Ehrlichkeit,* f., honnêteté. ‖**-los** a. (lôss, -z-). Sans honneur : *Ehrlosigkeit,* f., déshonneur, m. ‖**-sam** a. (zâm). Honnête : *Ehrsamkeit,* f., honnêteté.
Ehrsucht f. (zoucht). Ambition : *ehrsüchtig,* a., ambitieux, euse.
ehr‖vergessen a. (fergèssen) = *ehrlos.* ‖**-verletzend** a. (fer-ent, ...d). Outrageant, e.
Ehrwürden f. : *Eure Ehrwürden,* Votre Révérence.
ehrwürdig a. Vénérable.
ei! interj. (*a*e). Eh! Tiens! *ei was!* allons donc!
Ei‖ n. ② (*a*è...), dim. *Eichen,* n. ④. Œuf, m. : *weich* [*hart*] *gesottenes* [*gekochtes*] *Ei,* œuf à la coque [œuf dur]; *Eier legen,* pondre. ‖**-ei...,** d'œuf.
Eib‖e f. (*a*èbe). If, m. ‖**-isch** m. Guimauve, f.
Eichamt n. (*a*èchâmt). Bureau [m.] des poids et mesures. V. *eichen* tr.
Eich‖baum, ¨e m. (baom, œüme). Chêne. ‖**-el** f. Gland, m. ‖[Karten] Trèfle, m. ‖**-en** V. *Ei.* ‖a. De chêne. V. *Eiche.* ‖tr. Jauger.

||**-horn** n. ②, **-hörnchen*** n. ④ (horn, **hœrnch**ᵉn). Écureuil, m.
Eichmaß n. (mâss). Étalon, m. [de mesure]. || [für Fässer] Jauge, f. V. *eichen* tr.
Eid m. (*a*ᵉt, -d-). Serment : *einen Eid ablegen* [*leisten*], prêter serment.
Eidam m. ① (*a*m). Gendre.
Eid||brecher m. ④ (è**ch**ᵉr) [personne]. ||**-bruch** m. (ou**ch**) [acte].
eidbrüchig a. (*ü***ch**ig). Parjure : *eidbruchig werden**, se parjurer.
Eidechse f. (èksᵉ). Lézard, m.
Eider f., = *Eidergans*. ||*Eiderdaunen, -dunen*, f. pl., édredon, m. [duvet] ; *-ente*, f., *-gans*, f., eider, m.
Eid||genosse m. (génossᵉ). Confédéré. ||**-genossenschaft** f. Confédération.
eid||genössisch a. Fédéral, e. ||**-lich** a. (li**ch**). Affirmé, e par serment.
Eidschwur m. Serment.
Eier pl. de *Ei* : *Eier||apfel*, m. ③ (*a*èᵉr'-*a*pfᵉl), aubergine, f.; *-becher*, m. ④ (**ch**ᵉr), coquetier; *-kuchen*, m. ④ (koû**ch**ᵉn), omelette, f.; *-legen* n. (*lée*gᵉn), ponte, f.; *-prüfer*, m., mire-œuf; *-schale* f. (*â*lᵉ). coquille d'œuf.
Eifer m. (*a*ᵉfᵉr). Zèle, empressement. || [heftiges Bemühen] Ardeur, f.
eifer||n. Montrer du zèle. ||**-sucht** a. (**z**ou**ch**t). Jalousie. ||**-süchtig** a. (**z**ü**ch**tig) [auf, *acc.*] Jaloux, ouse [de]. ||adv. Jalousement.
Eiform f. Forme ovale. *Eiförmig*, ovale.
eifrig a. (*a*ᵉfrig). Zélé, e, empressé, e. ||Ardent, e. ||adv. Avec zèle; ardemment.
eigen|| a. (*a*ᵉgᵉn). Propre. || [eigentümlich] Particulier, ère : *sich etwas zu eigen machen*, s'approprier qc. ; *aus eigener Macht*, de sa propre autorité; *auf eigene Hand* [*Faust*], de son chef. || [sonderbar] Singulier, ère : *eigener Mensch*, original. ||**-artig** a. (*a*rtig). Particulier, ère, caractéristique.
Eigendünkel m. (d*u*nkᵉl). Présomption, f.
eigenhändig a. (**h**èndig). De ma [ta, sa, etc.] propre main : *eigenhändig übergeben**, remettre* en mains propres.
Eigen||heit f. (**h***a*ᵉt). Particularité. ||**-hilfe** f. (**h***i*lfᵉ). Légitime défense. ||**-liebe** f. (lîbᵉ). Amour de soi.
eigenmächtig a. (mê**ch**tig). Arbitraire. ||adv. Arbitrairement.
Eigen||name m. (*n*âmᵉ). Nom propre. ||**-nutz** m. spl. (noutss). Intérêt personnel, égoïsme.
Eigen||nützig a. (n*u*tsig). Intéressé, e, égoïste. ||adv. Par intérêt, par égoïsme. ||**-s** adv. (*a*ᵉgᵉns). [tout] exprès.
Eigen||schaft f. Qualité. ||**-schaftswort** n ②. Adjectif, m. ||**-sinn** m. Caprice. || [Hartnäckigkeit] Entêtement.
eigen||sinnig a. (**z**inig). Capricieux, euse. Entêté, e, volontaire. ||**-tlich** a. (*a*ᵉgᵉntli**ch**). Propre : *im eigentlichen Sinne*, au sens propre. ||adv. Proprement.
Eigen||tum n. ② (toûme). Propriété, f. ||**-tümer, in** m. ④, f. (tûmᵉr, ìn). Propriétaire, m. et f.
eigentümlich a. (i**ch**). Particulier, ère, original, e. || [sonderbar] Singulier, ère.
Eigen||tümlichkeit f. Particularité, originalité, singularité. ||**-wille** m. spl. Entêtement.
eigenwillig a. (vil'ig). Entêté, e.
eignen [**sich**] (*a*ᵉgnᵉn) [zu]. Être* propre, convenir. ||*geeignet*, p. a., propre [à].
Eignungsprüfung f. Examen [m.] d'aptitude.
Eiland||, -es, -e n. (*a*ᵉlannt, -d-). Île, f. || **¨er** m. ④ (*a*ᵉlèndᵉr). Insulaire.
Eilbote m. (*a*ᵉlbôtᵉ). Courrier, courrier exprès.
Eile f. (*a*ᵉlᵉ). Hâte; *in Eile*, à la hâte; *in aller Eile*, en toute hâte [diligence] : *Eile haben**, être* pressé, e; *es hat* [*keine*] *Eile*, cela [ne] presse [pas].
eil||en intr. Se hâter, se dépêcher : *es eilt*, cela presse. ||PROV. *eile mit Weile*, hâte-toi lentement. || [aux. *sein*] Courir* ||**-end** p. a. (*a*ᵉlᵉnt, -d-). Pressé, e : *eilends*, adv., à la hâte. ||**-fertig** a. (fertig). Pressé, e. ||adv. A la hâte.
Eil||fertigkeit f. (ka*è*t). Hâte. ||**-fracht** f. (*a***ch**t) : *durch Eilfracht*, par [en] grande vitesse. ||**-gut** n.

(goût). [marchandise expédiée en] grande vitesse.

eil‖ig a. (ig). Pressé, e. ‖[v. Sachen] Pressant, e, urgent, e. ‖[rasch] Rapide. ‖adv. En hâte. ‖**-igst** adv. En grande hâte.

Eil‖marsch m. Marche forcée, f. ‖**-post** f. Malle-poste. ‖**-zug** m. Train rapide, express.

Eimer m. ④ ($a^{è}m^{e}$r). Seau, x. ‖[Maß] Muid.

eimerweise adv. ($va^{è}z^{e}$). A [pleins] seaux.

ein[1] ($a^{è}$n). 1. a. num. [*accentué*] : **einer** m., **-e** f., **-[e]s** n. Un, m., une, f. (V. GRAMM.) : *es ist ein Uhr* [ou *eins*], il est une heure; *ein für allemal,* une fois pour toutes; *beide sind ein Herz,* les deux ne font qu'un; *eines Alters, einer Meinung,* du même âge, du même avis. ‖n. : *es ist eins,* il est une heure; *es ist mir eins,* cela m'est égal. ‖f. [Ziffer] Un, m. ‖[Spiel] As, m. ‖adv. D'accord : *wir sind eins,* nous sommes d'accord. ‖2. art. ind. **ein** m. et n., **-e** f., un, une. ‖3. pron. ind. **einer** m., **-e** f., **-[e]s** n. : *einer von uns,* un d'entre [l'un de] nous; *es tut einem leid,* cela [vous] fait de la peine; *eins ins andere gerechnet,* l'un dans l'autre; *noch eins!* encore un coup!

ein[1]**...** A un[e], d'un[e] ..., mono..., uni..., forme avec certains noms et adjectifs des mots composés, dans lesquels il ajoute l'idée numérique d'*unité*. Ex. : *Ein‖akter,* m. ④, pièce [f.] en un acte; *-bahnstraße,* f., sens unique, m.; *-farbig,* a., monochrome; uni, e [d'une couleur].

ein[2] adv. et préfixe *séparable accentué.* Dedans, en dedans, à l'intérieur [avec direction, en réponse à la question *wohin?*] : *ein und aus,* en entrant et en sortant; *fig. weder ein noch aus wissen*,* ne savoir que faire* [sur quel pied danser]. A pour équivalents en français les préfixes *em..., en..., im..., in...* Ex. : *ein‖fädeln,* enfiler; *-führen,* importer.

einander pron. inv. ($a^{è}nànd^{e}$r). L'un l'autre, m., l'une l'autre, f., les uns les autres, m. pl., les unes les autres, f. pl. : *sie schätzen [sich]—,* ils s'estiment mutuellement; — *beistehen*,* s'entraider. ‖N. B. Le pronom *einander* se combine avec les différentes prépositions pour former des adverbes pronominaux sur le modèle de : *aufeinander,* l'un[e] sur l'autre, les un[e]s sur les autres. Ex. : *aneinander, aufeinander,* etc.

ein‖arbeiten [sich] (**zich**) ($arba^{è}t^{e}$n). Se familiariser [in, *acc.*] avec qc. ‖**-armig** a. (armig). Manchot.

einäschern (êsch-). Réduire* en cendres. ‖[Körper] Incinérer : *Einäscherung,* f., incinération.

einatmen ($âtm^{e}$n). Aspirer : *Einatmung,* f., aspiration. ‖*Med.* Inhalation.

einäugig a. (œügig). Borgne.

Einbahnstraße f. Rue à sens unique.

einbalsamieren (îr-). Embaumer, n. et **Einbalsamierung** f. Embaumement, m.

Einband m. (bânt, -d-). Reliure, f.

einbedingen* (dìng-). Comprendre* dans un marché.

einbegreifen* ($gra^{è}$-). Comprendre* dans : *einbegriffen,* y compris, inclus, e.

einbeißen* (ba^{e}-). Mordre dans.

einberufen* (roûf-). Convoquer. ‖*Mil.* Appeler. ‖n. et **Einberufung** f. Convocation, f., appel, m.

einbiegen* tr. (bîg). Courber, plier [en dedans]. ‖intr. [*sein*]. S'engager [dans un chemin].

einbilden [sich]. S'imaginer, se figurer : p. a. *eingebildet,* imaginaire; [dünkelhaft] présompteux, euse.

Einbildung f. Imagination. ‖[falsche] Illusion. ‖*Einbildungskraft,* f., imagination [faculté].

einbinden* (bìn-). Relier.

einblasen* (bla-). Insuffler. ‖[flüstern] Souffler. ‖*Fig.* Insinuer.

einblätterig a. ($èt^{e}$rig). Monopétale.

einbläuen, -bleuen (blœü-). Inculquer [à force de coups].

Einblick m. Coup d'œil [dans].

einbohren (bôr-). Introduire* [en perçant].

einbrechen* tr. (brèch-). Enfoncer [en brisant]. ‖intr. [*sein*]. S'enfoncer, s'écrouler. ‖[eindringend] Faire* irruption. ‖[Nacht] Tomber. ‖[als Dieb]. (in, *acc.*) Cambrioler, tr. ‖n., = *Einbruch.*

Einbrecher m. ④. Cambrioleur.

einbrennen*. Marquer [d'un fer rouge]. ‖ [Med.] Cautériser.

einbringen* (bring-). Introduire*. ‖ [Gefangene] Amener. ‖ [Ernte] Rentrer. ‖ [Geld usw.] Rapporter : *viel einbringend*, lucratif, ive. ‖ n. et **Einbringung** f. Introduction, f. ‖ Rentrée, f. ‖ Rapport, m.

Einbruch m. (oûch). Irruption, f. ‖ [in ein Land] Invasion, f. ‖ [in ein Haus] Effraction, f. : *Einbruchsdiebstahl*, m., cambriolage.

einbürgern (burg-). Naturaliser : *Einbürgerung*, f., naturalisation.

Einbuße f. (boûsse). Perte.

einbüßen (bûss-). Perdre.

ein‖dämmen (dèm-). Endiguer. ‖ **-decken** [sich]. S'approvisionner.

ein‖drängen (drèngen). Introduire* de force. ‖ [sich] réfl. S'immiscer. ‖ **-dringen*** [*sein*] (dring-). Pénétrer. ‖ n. Pénétration, f. : *eindringlich*, a., pénétrant, e; *Eindringling*, m., intrus, e.

Eindruck m. (ouk). Impression, f.

ein‖drücken. Faire* entrer [en pressant]. ‖ [Sporen] Enfoncer. ‖ **-drucksvoll** a. Impressionnant.

ein‖e. V. *ein*[1]. ‖ **-en** tr. V. *einigen*.

einengen (èng-). Rétrécir. ‖ [Fluß usw.] Resserrer : *Einengung*, f., rétrécissement, m., resserrement, m.

einer, es. V. *ein*[1].

Einer m. ④. [Zahl] Unité, f. ‖ [Karten] As.

einer‖lei adv. (laè). D'une seule espèce. ‖ LOC. *es ist mir einerlei*, cela m'est égal. ‖ n. inv. Uniformité, f. : *immer das ewige Einerlei!* toujours le même refrain! ‖ **-seits** adv. (zaèts). D'un côté, d'une part.

einfach a. (fach). Simple. ‖ adv. Simplement.

Einfachheit f. (haèt). Simplicité.

einfädeln (fêdeln). Enfiler.

einfahren* intr. (fâr-). [Wagen, usw.] Entrer. ‖ tr. Faire entrer, charrier [dans]. ‖ [Ernte] Rentrer, engranger. ‖ [Weg] Défoncer. ‖ n. Entrée, f. ‖ [e. Ladung] Charriage, m. ‖ [d. Ernte] Engrangement, m. ‖ [Wagen usw]. Roder.

Einfahrt f. 1. = *Einfahren*. ‖ 2. Entrée. ‖ [Torweg] Porte cochère.

Einfall m. Irruption, f. ‖ [d. Feindes] Invasion, f. ‖ [e. Hauses] Écroulement. ‖ *fig.* Idée [subite], f. : *auf den Einfall kommen**, avoir* l'idée; *witziger Einfall*, saillie, f.; *närrischer Einfall*, lubie, f.

einfallen* intr. [*sein*]. Tomber dans. ‖ S'enfoncer. ‖ [Haus] S'écrouler. ‖ *Fig.* [Backen] Maigrir : *eingefallen*, p. a., [Augen] enfoncé, e; [Backen] Creux, euse. ‖ *Fig.* Venir* à l'esprit.

Einfalt f. (aen). Simplicité, naïveté.

einfältig a. (fèltich). Simple, naïf, ïve. ‖ [dumm] Niais, e, sot, otte.

Einfältigkeit f. (kaèt). Bêtise, niaiserie.

einfalzen (falts-). Encastrer. ‖ [Buchbinderei] Encarter.

einfangen* (fàng-). Saisir et enfermer. ‖ [Dieb usw.] Arrêter.

einfassen. Entourer [en fermant]. ‖ [Bild] Encadrer. ‖ [Kleid] Border. ‖ [Edelstein usw.] Sertir, monter. ‖ n. et **Einfassung** f. Encadrement, m., sertissage, m., monture, f. ‖ [e. Fensters] Châssis, m. ‖ [e. Türe] Chambranle, m.

einfetten. Graisser.

einfinden* [sich] (find-). Se trouver [en un lieu déterminé]. ‖ [s. melden] Se présenter. ‖ [vor Gericht] Comparaître*.

einflechten* (ècht-). Tresser dans ‖ *Fig.* Entremêler.

einflicken. [Lappen] Introduire* [une pièce]. ‖ *Fig.* Intercaler.

einfließen* [*sein*]. Couler dans. ‖ *Fig.* *Worte einfließen lassen**, glisser des paroles. ‖ [münden] Se jeter.

einflößen (eûs). Instiller. ‖ *Fig.* [Gefühl] Inspirer. ‖ n. et **Einflößung** f. Instillation, f.

Einfluß m. (ous). Embouchure, f. ‖ *Fig.* [Wirkung] Influence, f. : *einflußreich*, a., influent, e.

einflüstern. Souffler à. ‖ [Gedanken] Insinuer, suggérer : *Einflüsterung*, f., insinuation, suggestion.

einfordern. Réclamer, exiger [un paiement].

Einforderung f. [d. Steuern] Sommation.

einförmig a. Uniforme. *Einförmigkeit*, f., uniformité.

einfried[ig]en (îd[ig]^{e}n). Enclore*. ‖[mit e. Zaun] Clôturer : *Einfriedigung*, f., clôture.
einfrieren* intr. [*sein*] (frî-). Geler.
einfügen (fûg). 1. Emboîter. ‖[Stein usw.] Encadrer. ‖2. *Fig.* Insérer.
Einfügung f. Emboîtement, m., encastrement, m. ‖Insertion.
Einfuhr f. (foûr). Importation : *Einfuhrerlaubnis*, f., licence d'importation.
einführen. Introduire*. ‖[in ein Amt] Installer. ‖[Waren] Importer. ‖[Gebrauch] Établir.
Ein‖führer m. ④ (fûr^{e}r). Introducteur, importateur. ‖**-führung** f. Introduction, installation, importation : *Einfuhrzoll*, m., droit d'entrée.
einfüllen. Verser dans. ‖[in Flaschen] Mettre en bouteilles. ‖n. et **Einfüllung** f. Mise [f.] en bouteilles.
Eingabe f. (gâb^{e}). Pétition. ‖[Gesuch] Requête.
Eingang m. Entrée, f. ‖[Anfang] Commencement. ‖[Einleitung] Introduction, f.
eingeben* (géeb^{e}n). Donner à prendre. ‖[Arznei] Administrer. ‖[einreichen] Présenter. ‖*Fig.* [Gedanken] Inspirer.
eingebildet. V. *einbilden*.
eingeboren a. (gébôr^{e}n). Indigène.
Eingebung f. (gée-). Inspiration.
eingedenk a. (gédènk). Qui se souvient de : *eingedenk sein*, se souvenir* de; *eingedenk bleiben**, ne pas oublier.
eingefleischt a. Incarné, e.
ein‖gehen* intr. (gée-). Entrer. [Briefe usw.] Arriver ‖[Gelder] Rentrer. ‖[Stoff] Rentrer, se rétrécir. ‖[Geschäft usw.] Tomber, disparaître. ‖[Pflanze] Dépérir. ‖[auf, *acc.*] Consentir* à, accepter, tr. ‖n. Entrée, f. ‖Arrivée, f. ‖Rétrécissement, m. ‖Disparition, f. ‖Dépérissement, m. ‖**-gehend** p. a. (gée^{e}nt, -d-). [gründlich] Approfondi, e. ‖adv. à fond : *eingehend prüfen*, examiner à fond.
ein‖gemacht, -genommen, -gesandt. V. *einmachen, -nehmen*, -senden**.
Ein‖geständnis, -gestehen. V. *Geständnis, gestehen*.
Eingeweide n. ④ (géva^{è}d^{e}). Entrailles, f. pl. ‖[v. Tieren] Tripes, f. pl.
eingewöhnen (gévеûn^{e}n). Habituer. [à un lieu, etc.], acclimater.
Eingewöhnung f. Acclimatement, m.
eingezogen. V. *einziehen**.
eingießen* (gîs^{e}n). Verser dans. [Blut usw.] Infuser. ‖n. et **Eingießung** f. [v. Blut] Transfusion, f.
eingipsen (gip-). Sceller [mettre] dans le plâtre.
Einglas n. ② (âs). Monocle, m.
eingliedern (glî). Incorporer, annexer.
eingraben*. Enterrer. ‖[einscharren] Enfouir. ‖[einstechen] Graver. [**sich**]. [v. Tieren] Se terrer. ‖[v. Truppen] Se retrancher. ‖n. et **Eingrabung** f. Enfouissement, m.
eingreifen* intr. (gra^{è}). Porter la main dans. ‖[v. Zahnrädern] S'engrener. ‖*Fig.* Intervenir*. ‖[i. Rechte] Empiéter sur.
Eingriff m. ① [d. Räder] Engrenage. ‖*Fig.* Intervention, f., empiétement.
Einguß m. (gous). Infusion, f.
einhaken (hâk-). Agrafer.
Einhalt m. (halt). Arrêt : *Einhalt tun**, arrêter [les progrès de], mettre un frein à. ‖[Übel] Enrayer.
einhalten* tr. Arrêter. ‖[Verpflichtung] Remplir, tenir*. ‖intr. [*sein*]. S'arrêter.
einhandeln (hànd-). Acheter.
ein‖händig a. (hèndig). Manchot, e. ‖**-händigen** (hèndig-). Remettre* [en mains propres] : *Einhändigung*, f., remise.
einhauchen (ha^{o}ch-). Aspirer. ‖[einflößen] Inspirer.
einhauen* tr. (ha^{o}-). Entailler. ‖[in Stein] Graver. ‖[Türe usw.] Enfoncer [à coups de hache]. ‖*Fig.* [Feind] Enfoncer. ‖intr. [auf den Feind] Fondre [sur].
einheften (hèft-). [Futter] Faufiler.
einhegen (héeg-). Enclore*.
einheimisch a. (ha^{è}-). Indigène.
einheiraten [sich] (ha^{è}râ-). Entrer dans une famille [par le mariage].
Einheit f. (ha^{è}t). Unité.
einheitlich a. (ich). Ayant de l'unité. ‖[Werk] Unitaire.
einheizen tr. (ha^{è}ts-). Chauffer.
einhelfen* intr. (hèlf-). Aider à entrer. ‖[Schauspieler] Souffler.
Einhelfer m. ④. Souffleur.

einhellig a. (**hèlig**). Unanime : *Einhelligkeit,* f., unanimité.
einher (aᵉn**hèr**). Préf. sép., exprime l'idée de *s'avancer.* Ex. : *einher‖fahren**, *-gehen**, s'avancer en voiture, à pied.
einholen (**hôl**-). Aller* chercher. ‖[Nachrichten] Aller* prendre*. ‖[Person] Rejoindre*. ‖[Zeit] Rattraper.
Einhorn n. ② (**horn**). Licorne, f.
Ein‖hufer m. ④, **-hufig** a. (**hoûf**ᵉr, -ig). Solipède.
einhüllen (**h**ul-). Envelopper.
einig a. (*a*ᵉnig). D'accord : ‖a. et pron. ind. Quelque : *einige meiner Freunde,* quelques-uns de mes amis; *einiges,* quelque chose; *einige zwanzig Jahre,* quelque [adv.] vingt ans. ‖*einigermaßen,* adv., en quelque sorte; *Einigkeit,* f., union, accord, m.
einigen tr. Unir, mettre* d'accord. ‖[Sachen] Unifier. ‖*Einigung,* f., union, entente; [v. Sachen] Unification.
einimpfen (*i*mpf-). Inoculer : *Einimpfung,* f., inoculation.
einjagen (y*â*g-). *Fig. : Furcht einjagen,* faire* peur.
einjährig a. D'un an.
einjochen (yo**ch**-). Mettre* au joug.
einkalken. Chauler.
einkassieren (s*î*r-). Encaisser : *Einkassierung,* f., encaissement, m.
Einkauf m. (kaᵒf). Achat : *Einkaufspreis,* m., prix d'achat [coûtant]. ‖[Gekauftes]. Emplette, f.
einkaufen tr. Acheter, faire* emplette de.
Einkehr f. Descente [dans un hôtel]. ‖[Herberge] Auberge.
einkehren. Descendre [dans un hôtel].
einkeilen (k*a*ᵉlᵉn). Enclaver, caler.
einkellern. Encaver.
einkerben. Encocher, entailler.
einkerkern. Incarcérer : *Einkerkerung,* f., incarcération.
einklammern. Serrer [par des crampons]. ‖[Wörter] Mettre* entre parenthèses.
Einklang m. (àng). Unisson, accord. ‖*Fig.* Harmonie, f. : *in Einklang bringen**, mettre* d'accord.
ein‖kleiden (*a*ᵉd-). Revêtir : *Einkleidung,* f. [v. Nonnen], prise de voile ‖**-klemmen.** Serrer [dans un étau].
einklopfen. Enfoncer [en frappant].
einknicken. Briser. ‖[biegen] Plier.
einkochen tr. (ko**ch**-). Réduire* [par la cuisson]. ‖intr. [*sein*] Se réduire*.
einkommen* intr. [v. Geldern] Rentrer. ‖venir à l'esprit. ‖[bei e. Behörde] : *um eine Stelle einkommen,* faire* une demande d'emploi. ‖n. spl. Rentrée, f. ‖[jährliches] Revenu[s], m. [pl.] : *Einkommensteuer,* f., impôt sur le revenu, m.
Einkreisung f. Encerclement, m.
Einkünfte pl. Revenus, pl.
einladen* (l*â*dᵉn). Charger dans. ‖[zum Essen usw.] Inviter. ‖*einladend,* p. a. (ᵉnt, -d-), engageant, e; *Einladung,* f., invitation.
Einlage f. (l*â*gᵉ). Pièce incluse ou insérée. ‖[Geld] Mise de fonds. ‖[Spiel] Enjeu, x, m. ‖[Zwischenspiel] Intermède, m. ‖[im Ausziehtisch] Rallonge.
Einlaß m. Accès ‖[Eingang] Entrée, f.
einlassen* Laisser entrer. ‖[zulassen] Admettre*. ‖[**sich**] (in, *acc.*) S'engager [dans].
Einlassung f. Admission.
einlaufen* (l*a*ᵒf). [Schiff] Entrer. ‖[Nachricht] Arriver. ‖[Stoff] Se rétrécir.
einleben [**sich**] (l*é*eb-). S'habituer à. ‖[in e. Ort] S'acclimater.
einlegen (l*é*eg-). Mettre* dans. ‖[Brief] Joindre*. ‖[Geld] Verser. ‖[Fleisch usw.] Saler, mariner. ‖[mit buntem Holze] Marqueter : *eingelegte Arbeit,* marqueterie, f.
einleiten tr. (l*a*ᵉtᵉn). Introduire*. ‖[Sache] Engager.
Einleitung f. Introduction ‖[Vorspiel] Prélude, m.
einlenken (lènkᵉn). Tourner en dedans. ‖*Fig.* Rentrer dans la bonne voie; *wieder einlenken, fig.,* se raviser.
einlernen. Apprendre* par cœur.
einleuchten (l**œüch**tᵉn). Être* clair [évident].
einliefern (l*î*f-). Livrer, remettre : *Einlieferung,* f., livraison, remise.
einliegen* (l*î*gᵉn). Être* inclus, e : *einliegend,* p. a., [ci-]inclus, e.
einlösen (le*û***z**-). ‖[Pfand] Dégager. ‖[Wechsel usw.] Payer : *Einlösung,* f., dégagement, m., paiement, m.

einmachen (ma**ch**-). Confire*. ‖p. a. *eingemacht*, confit, e; *Eingemachtes*, a. s. n., conserves, f. pl.; [v. Obst] confitures, f. pl.
einmal adv. Une fois : *auf einmal*, tout d'un coup; *alle auf einmal*, tous à la fois.
Einmaleins n. ④. Table [f.] de multiplication.
einmalig a. (ig). Qui n'a lieu qu'une fois.
Einmarsch m. Entrée, f. [de troupes].
einmarschieren [*sein*] (îr^e^n). Entrer, faire* son entrée.
einmauern (*ma*o). Murer, emmurer.
ein‖mengen (mèng^e^n), **-mischen**. Mêler dans, mélanger. ‖[**sich**] Se mêler, s'immiscer.
einmummen (moum-). Affubler.
einmütig a. (mûtig). Unanime. ‖adv. Unanimement : *Einmütigkeit*, f., unanimité.
Einnahme f. (nâm^e^). [e. Stadt, usw.] Prise. ‖[Ertrag] Recette.
ein‖nehmen*. [Stadt, Mahlzeit usw.] Prendre*. ‖[Raum] Occuper. ‖[Geld] Toucher. ‖[einen für...] Prévenir* [qn. en faveur de...] : *eingenommen*, prévenu, e : [*von sich*], infatué, e; *Eingenommenheit*, f., prévention. ‖**-nehmend** p. a. Prévenant, e. ‖[anziehend] Engageant, e.
Einnehmer, in m. ④, f. (*né*em^er^, ìn). Receveur, euse. ‖[v. Steuern] Percepteur, m.
einnisten [**sich**]. Se nicher.
Einöde f. (*eû*d^e^). Solitude. ‖[Wüste] Désert, m.
einpacken tr. Empaqueter. ‖[Waren] Emballer. ‖[in Papier] Envelopper. ‖intr. Faire* ses paquets; *fam.*, plier bagage. ‖n. et **Einpakkung** f. Empaquetage, m., emballage, m.
einpauken (*pa*ok-). Inculquer de force. ‖*Fam.* Seriner.
einpflanzen tr. (*à*nts-). Planter dans. ‖*Fig.* implanter.
einprägen (prêg^e^n). Empreindre*. ‖*Fig.* [in den Geist] Graver.
einquartieren (kvartîr-). Loger, cantonner.
Einquartierung f. Logement, m., cantonnement, m.
einrahmen (râm-). Encadrer. ‖n. et **Einrahmung** f. Encadrement, m.
einräumen tr. (rœüm-). Mettre* en place, ranger. ‖[abtreten] Céder [la place]. ‖*Fig.* [zugeben] Concéder.
Einräumung f. Rangement, m. ‖Concession.
einrechnen (rè**ch**n-). Comprendre* [dans un compte]; *mit eingerechnet*, y compris; *nicht mit eingerechnet*, non compris.
Einrede f. (réed^e^). Objection.
einreden (réed-). [einem etwas]. Persuader [qn de qc.].
einregnen impers. (réegn-). Pleuvoir* [dans].
einreiben* (*ra*èb^e^n). Frictionner avec. ‖[Brot] Râper dans. ‖n. et **Einreibung** f. Friction.
einreichen tr. (*ra*è**ch**^e^n). Présenter. ‖[Bittschrift usw.] Remettre* ‖[Klage] Déposer. ‖n. et **Einreichung** f. Présentation, f., remise, f.
ein‖reihen tr. (*ra*è-). Mettre* en rangs. ‖[Weberei] Enfiler. ‖**-reihig** a. A un seul rang : *einreihige Weste*, gilet droit, m.
Einreise‖ f. Entrée. ‖**-visum** n. Visa [m.] d'entrée.
einreißen* (*ra*èss^e^n). Tracer [en creux]. ‖[Stoff] Déchirer. ‖[Haus] Démolir. ‖n. Déchirure, f., démolition, f.
einrenken (rènk-). [Knochen] Remboîter. ‖[Bruch] Réduire*. ‖n. et **Einrenkung** f. Réduction, f.
einrennen*. Enfoncer.
einrichten (ri**ch**t-). [anordnen] Arranger, disposer. ‖[Haus usw.] Aménager, installer. ‖[Verwaltung] Organiser.
Einrichtung f. Arrangement, m., disposition. ‖Aménagement, m. installation. ‖Organisation. ‖[Hausrat] Ameublement, m.
einriegeln (rîg-). Enfermer [au verrou].
Einriß m. Déchirure, f. ‖[Spalte] Fente, f., crevasse, f.
einritzen. Inciser légèrement. ‖[Züge] Graver.
einrollen. Enrouler.
einrosten intr. [*sein*]. Se rouiller. ‖*Fam.* S'encroûter.
einrücken tr. [Anzeige] Insérer. ‖[Zeile] Rentrer. ‖[Motor] Embrayer. ‖intr. [Truppen] Entrer. ‖n. et **Einrückung** f. Insertion, f. Embrayage, m.

einrühren tr. Délayer.
eins num. et pron. ind. V. *ein*[1].
ein‖**säen** tr. (zêe-). Ensemencer. ‖**-saitig** a. (*za*ètig). V. *ein*[1]... ‖**-salzen** tr. (zalts-). Saler.
einsam a. (*za*m). Solitaire, retiré, e : *Einsamkeit,* f., solitude.
einsammeln. Ramasser. ‖[Beiträge, Stimmen] Recueillir. ‖[Almosen] Quêter.
Ein‖**sammler, in** m. ④, f. (ler, ìn). Quêteur, euse. ‖**-sammlung** f. Collecte, quête.
einsargen (zarg-). Mettre* en bière.
Einsatz m. [am Spiel] Mise, f., enjeu. ‖[an Hemden] Jabot. ‖[an Kleidern‖ Entre-deux. ‖[an Tischen] Rallonge, f. ‖[Mil.] Emploi, engagement.
einsaugen (zaog). Sucer. ‖[einschlürfen] Humer.
einschachteln (**ach**teln). Mettre* en boîte [s]. ‖*Fig.* Embrouiller.
einschalig a. (*â*lig). V. *ein*[1]...
einschalten tr. Intercaler. ‖[in e, Zeitung] Insérer. ‖[Kraftwagen] Embrayer. ‖[*sich*] Intervenir. ‖[Elektr.] Allumer. ‖n. et **Einschaltung** f. Intercalation, f.; insertion, f.; embrayage, m.
einschärfen (*ê*rfen). Recommander vivement. ‖[Lehre] Inculquer.
einscharren tr. Enfouir. ‖n. Enfouissement, m.
einschätzen (*ê*ts-). Estimer, évaluer. ‖[b. Steueramt] Taxer.
Einschätzung f. Estimation, évaluation. ‖Taxation.
einschenken. Verser [dans].
einschieben* (*î*ben). Glisser [*fam.* fourrer] [dans, y]. ‖[Satz] Intercaler. ‖[Brot] Enfourner. ‖in e. Amt] Placer par faveur. ‖n. et *Einschiebung,* f., intercalation; enfournement, m.
einschießen*. [Gewehr] Essayer. ‖[Soldaten] Exercer au tir ‖[Brot] Enfourner. ‖[Geld] Verser. ‖[beim Weben] Tramer.
einschiffen. Embarquer. ‖n. et **Einschiffung** f. Embarquement, m.
ein‖**schlafen*** intr. [*sein*]. S'endormir. ‖[Glied] S'engourdir. ‖**-schläfern** (*ê*fern). Endormir. ‖[leise] Assoupir. ‖[Glied] Engourdir. ‖p. a. *einschläfernd,* endormant, e; [Mittel] narcotique.
Einschlag m. (*â*g). Trame, f.
ein‖**schlagen*** (*â*g-). Faire* entrer [en frappant]. ‖[Nagel, Tür usw.] Enfoncer. ‖[Faß] Défoncer. ‖[Fensterscheiben] Briser. ‖[Löcher] Faire*. ‖[Eier] Délayer. ‖[einwickeln] Envelopper. ‖[beim Weben] Tramer. ‖[Stoff] Plisser, rentrer. ‖*Fig.* [Weg] Prendre*. ‖intr. Frapper dans la main : *schlag'ein!* tope là! ‖[Blitz, Geschoß] Tomber [dans]. ‖[geraten] Réussir. ‖**-schlägig** a. (*ê*gig). Compétent, e, relatif, ive [à].
einschleichen* [sich] (*a*è**ch**-). Se glisser dans. ‖*Fam.* Se faufiler [dans]. ‖*Fig.* S'insinuer.
einschleppen. Traîner dans. ‖[Seuche] Introduire*.
ein‖**schließen*** (*î*ssen). Enfermer. ‖[Raum] Enclore*, entourer. ‖[Geld] Serrer. ‖*Mil.* Investir, bloquer. ‖[Heer] Envelopper. ‖[enthalten] Contenir*, renfermer. ‖[umfassen] Comprendre*. ‖**-schließlich** a. (li**ch**). Inclus, e. ‖adv. Inclusivement, y compris.
Einschließung f. Action d'enfermer. ‖*Mil.* Investissement, m., blocus, m.
einschlucken (*ou*k). Avaler.
einschlummern intr. [*sein*] (*ou*m-). S'assoupir.
Einschluß m. (ouss). Pièce [f.] incluse : *mit Einschluß von,* y compris.
ein‖**schmeicheln** [sich] (*a*è**ch**eln). [bei einem] S'insinuer. ‖**-schmeichelnd** p. a. Insinuant, e.
einschmieren (*î*r-). Enduire*.
einschmuggeln (*ou*g-). Introduire* en contrebande.
einschnappen. Aspirer [de l'air], se fermer à ressort. ‖*Eingeschnappt sein,* être vexé.
ein‖**schneiden*** (*a*èd-]. Inciser. ‖[Züge] Graver, tailler. ‖**-schneidend** p. a. Incisif, ive.
Einschnitt m. Incision, f., entaille,f. ‖[im Verse] Césure, f.
einschnüren tr. Lacer.
ein‖**schränken** (*è*nken). Restreindre*. ‖**-schränkend** p. a. Restrictif, ive.
Einschränkung f. Restriction.
einschrauben (*a*ob-). Visser. ‖[Schraube] Serrer.
einschreiben* (*a*èben). Inscrire*. ‖[in die Register] Enregistrer. ‖[in

die Matrikel] Immatriculer. ‖[Postsache] Recommander. ‖n. et **Einschreibung** f. Inscription, f. ‖Enregistrement, m. ‖Immatriculation, f.

einschreiten* intr. Entrer. ‖*Fig.* Intervenir. ‖n. spl. Intervention, f.

einschrumpfen intr. [*sein*]. Se ratatiner.

Einschub m. (schoûp, -b-). Intercalation, f. ‖[in ein Amt) Passe-droit.

einschüchtern (*u***ch**tᵉrn). Intimider : *Einschüchterung,* f., intimidation.

einschulen (*oû*l-). [Truppen] Exercer. ‖[Pferd] Dresser : *Einschulung,* f., instruction [des troupes]; dressage, m.

Einschuß m. Trame, f.

einschwärzen tr. (*ê*rts-). Noircir. ‖*Fig.,* = *einschmuggeln.*

einsegnen (zègnᵉn). Bénir : *Einsegnung,* f., bénédiction.

einsehen* (zée-). Jeter les yeux dans. ‖[prüfen] Examiner. ‖*Fig.* Comprendre*. ‖[erkennen] Reconnaître.

einseifen (z*a*ᵉf). Savonner. ‖n. et **Einseifung** f. Savonnage, m.

einseitig a. (z*a*ᵉtig). A un côté. ‖[Vertrag] Unilatéral, e. ‖*Fig.* [beschränkt] Borné, e, étroit, e. ‖[ausschließlich] Exclusif, ive. ‖[parteilich] Partial, e. ‖*Einseitigkeit,* f. (k*a*ᵉt). caractère [m.] unilatéral, exclusif; étroitesse d'esprit; partialité.

einsenden* (zendᵉn). Envoyer, expédier. ‖p. a. *eingesandt,* communiqué. ‖*Einsendung,* f., envoi, m., expédition.

einsetzen (zèts-). Mettre*, placer. poser dans. ‖[Edelsteine] Enchâsser. ‖[beim Spiel] Mettre* [au jeu]. ‖*Fig.* [Leben usw.], mettre* en jeu, risquer. ‖[in ein Amt] Installer. ‖[zum Erben] Instituer.

Einsetzung f. Pose. ‖Installation.

Einsicht f. (zi**ch**t). Examen, m. ‖[Erkenntnis] Pénétration. ‖[Verstand] Intelligence, compréhension.

ein‖sichtig a., **-sichtsvoll** a. Intelligent, e, éclairé, e.

einsickern intr. S'infiltrer. ‖n. Infiltration, f.

Ein‖siedelei f. (zîdᵉl*a*ᵉ). Ermitage, m. ‖**-siedler** m. ④. Ermite.

einsilbig a. (ig). Monosyllabique, laconique.

einsingen* (zìng-). Endormir* en chantant. ‖[**sich**] S'exercer au chant.

einsinken* intr. [*sein*] (zìnk-). S'enfoncer. ‖[v. Boden] S'affaisser. ‖n. Affaissement, m.

Einsitzer m. Monoplace.

einsitzig a. A une place.

Einspänner (chpènᵉr) m. ④. Voiture [f.] à un cheval.

einsperren (schpèrᵉn). Enfermer. ‖[ins Gefängnis] Emprisonner : *Einsperrung,* f., emprisonnement, m.

Einsprache f. (schprâ**ch**ᵉ). Objection. ‖[Verwahrung] Protestation.

einsprengen (schprè**ng**-). Faire* sauter. ‖[Türe] Enfoncer.

einspritzen (schprits-). Injecter : *Einspritzung,* f., injection.

Einspruch m. (schpr*ou***ch**). Protestation, f. : *Einspruch erheben*,* protester. ‖*Polit.* Veto, m.

einst adv. (*a*ᵉnst). Autrefois, jadis. ‖[künftig] Un jour. ‖*einstweilen,* adv. En attendant : *einstweilig,* a., provisoire.

einstampfen (schtàmpf-). Enfoncer. ‖Bücher] Mettre* au pilon.

einstechen* (schtè**ch**-). Piquer, percer. ‖intr. *Mar.* Cingler.

einstecken (schtèk-). Fourrer [ficher] dans. ‖[Degen] Rengainer. [in d. Tasche] Empocher. ‖[Dieb] Mettre* en prison. ‖*Fam.* Coffrer.

einstehen* intr. (scht*ée*-). [für einen]. Répondre pour. ‖[vertreten] Remplacer.

einsteigen* intr. Monter dans : *einsteigen!,* en voiture!

einstellen (schtèl-). Mettre* [placer] dans. ‖[Rekruten] Incorporer. ‖[Phot.] Mettre* au point. ‖[Zahlungen, Arbeit] Suspendre*. ‖[**sich**] Se trouver [à tel endroit]. ‖[vor Gericht] Comparaître. ‖n. et **Einstellung** f. Incorporation, f. ‖Mise au point, f. ‖Suspension, f. ‖Opinion, f., point [m.] de vue.

einstemmen. Appuyer contre.

einstig a. (*a*ᵉnstig). D'autrefois. Futur.

ein‖stimmen intr. (scht*i*m-). Mêler sa voix [à d'autres] : *mit einstimmen,* faire* chorus. ‖*Fig.* [einwilligen] Consentir*. ‖**-stimmig** a.

(mig). A une seule voix. ||*Fig.* Unanime. ||adv. A l'unanimité.
Einstimmigkeit f. (k*a*ᵉt). Unanimité.
einstöckig a. A un étage.
einstoßen* (scht*ô*ss-). Enfoncer. ||[Fensterscheiben] Briser.
einstreichen* (schtr*a*ᵉ**ch**-). Faire* entrer [en frottant]. ||*Fam.* [Geld] Empocher.
einstudieren (schtoud*î*r-). Etudier. ||[Stück] Mettre* à l'étude.
einstündig a. D'une heure.
Einsturz (scht*ou*rtss). Écroulement. ||[v. Erde] Éboulement.
einstürzen intr. [*sein*] (schturts-). S'écrouler, s'ébouler. ||[auf, *acc.*] Se précipiter [sur].
einst||weilen, -weilig. V. *einst.*
eintägig a. (t*ê*gig). D'un jour.
Eintänzer m. Danseur mondain.
ein||tauchen (taᵒ**ch**-). Tremper, immerger. ||n. et **-tauchung** f. Immersion, f.
Eintausch m. (t*a*ᵒsch). Échange, troc.
eintauschen. Échanger.
einteilen. Diviser en : *Einteilung,* f., division.
eintönig a. Monotone.
Eintracht f. (a**ch**t). Union, concorde : *Einträchtig,* a., uni, e.
Eintrag m. (tr*â*g) Inscription. ||*Eintrag tun**, porter préjudice.
ein||tragen*. Inscrire dans. ||[Gewinn] Produire*, rapporter. ||**-träglich** a. (*ê*gli**ch**). Productif, ive. ||[Arbeit] Lucratif, ive.
Eintragung f. Inscription.
eintreffen*. Arriver.
ein||treiben* (tr*a*ᵉb-). [Nagel] Enfoncer. ||[Vieh] Faire* rentrer, ramener. ||[Schulden] Faire* rentrer, recouvrer. ||[Steuern] Percevoir*. ||n. et **-treibung** f. Recouvrement, m., perception, f.
eintreten* intr. (tr*é*e-). Entrer : *für einen eintreten,* se mettre* à la place de [prendre* fait et cause pour] qn. ||[geschehen] Se produire*. ||[plötzlich] Survenir*.
eintrichtern (tri**ch**t-). Verser [avec un entonnoir]. ||*Fam.* Seriner.
Eintritt m. Entrée, f. : *Eintrittsgeld,* n., prix [m.] d'entrée, entrée, f. ||[e. Zeit] Début.
eintrocknen intr. [*sein*] Se dessécher.
eintröpfeln (trœpf-). Instiller.
einüben (*û*b-). Exercer.
Einübung f. Exercice, m.
einund... = *ein und...*
einverleiben (fᵉrl*a*ᵉb-). Incorporer : *Einverleibung,* f., incorporation.
Einvernehmen n. (fᵉrn*é*em-). Accord, m.
einverstanden a. (fᵉrcht*à*nd-). D'accord.
Einverständnis n. Accord, m.
einwachsen* intr. Croître* [pousser] dans.
Einwand m. (v*à*nt, -d-). Objection, f. : *einwandfrei,* a., irrécusable, irréprochable.
Einwand[e]rer m. ④ (v*à*nd[ᵉ]rᵉr). Immigrant.
einwandern intr. [*sein*] (v*à*ndᵉrn). Immigrer : *Einwanderung,* f., immigration.
einwärts adv. (v*è*rtss). En dedans.
einweben* (v*é*eb). Tisser dans.
einweichen (v*a*ᵉ**ch**-). Macérer : *Einweichung,* f., macération.
einweihen (v*a*ᵉ-). Consacrer. ||[Gebäude] Inaugurer. ||[Kleid] Étrenner (*fam.*). ||[einführen] Initier.
Einweihung f. Consécration. ||Inauguration. ||Initiation.
einwenden* (v*è*nd-). [gegen] Objecter [à] : *Einwendung,* f., objection.
einwerfen*. Jeter dans. ||[Fensterscheiben] Briser. ||*Fig.* = *einwenden**.
einwickeln. Envelopper. ||[Kind] Emmailloter. ||n. et *Einwickelung.,* f., enveloppement, m., emmaillotement, m.
einwiegen (v*î*g-). Endormir* [en berçant].
einwilligen intr. (v*i*llig-). [in, *acc.*]. Consentir [à] : *Einwilligung,* f., consentement, m.
einwirken. Tisser dans. ||intr. [auf, *acc.*] Agir, influer [sur] : *Einwirkung,* f., influence.
Einwohner m. ④ (v*ô*nᵉr). Habitant.
Einwurf m. (vourf). [Einwand] Objection, f. ||Fente, f. [pour jeter une lettre, etc.]
einwurzeln [**sich**] (v*ou*rts-). *Fig.* S'enraciner : *eingewurzelt,* enraciné, e. ||[Gewohnheit] Invétéré, e.
Einzahl f. (ts*â*l). Singulier, m.

einzahlen. Verser : *Einzahlung*, f., versement, m.

einzäunen (tsœün-). Enclore* [d'une haie].

Einzelding n. (aèntseldìng). Chose, [f.] isolée.

Einzelfall m. Cas isolé.

Einzelgabe f. (gâbe). Dose.

Einzelgesang m. (gézang). Solo.

Einzelhandel m. Commerce de détail.

Einzelheit f. (haèt). Détail, m.

Einzelleben n. (léeb-). Vie solitaire, f.

einzeln a. (aèntseln). Seul, isolé, e. ‖[getrennt] Séparé, e : *der Einzelne*, l'individu; *im Einzelnen*, en détail.

Einzelsänger m. (zènger). Soliste.

Einzelschrift f. Monographie.

Einzelverkauf m. (ferkaof). Vente [f.] au détail.

Einzelwesen n. (véez-). Individu, m.

einziehen* tr. (tsî). Faire* entrer. ‖[Soldaten] Appeler. ‖[Segel] Amener. ‖[Luft] Aspirer. ‖[Flüssigkeit] Absorber. ‖[Gelder] Encaisser. ‖[Schuld] Recouvrer. ‖[Vermögen] Confisquer. ‖[Stoff] Rétrécir. ‖intr. Entrer dans. ‖[in e. Wohnung] Emménager. ‖p. a. *eingezogen* (gétzôgen), retiré, e, isolé, e. : *Eingezogenheit*, f., retraite, isolement, m. ‖n. et **Einziehung** f. Entrée, f. ‖Encaissement, m. ‖Confiscation, f. Recouvrement, m. ‖Emménagement, m.

ein‖zig a. (aentsîg). Seul, e, unique. ‖adv. Uniquement. ‖**-artig** a. Unique [en son genre].

Einzug m. (tsoûg). Entrée, f. [en cortège]. ‖Emménagement.

einzwängen tr. (tsvèng-). Faire* entrer de force.

eirund a. et n. (aèround). Ovale.

Eis‖ n. (aès). Glace, f. ‖*...eis*, glace à [au]... ‖**-bahn** f. (bâne). Glissoire. ‖**-bank** f. (bànk). Banquise. ‖**-bär** m. (bêr). Ours blanc. ‖**-berg** m. (bèrg). Glacier, iceberg. ‖**-brecher** m. Brise-glace. ‖**-bruch** m. (brouch). Débâcle, f.

eisen impers. Geler à glace.

Eisen‖ n. ④. (aèzen). Fer, m. : *altes Eisen*, ferraille, f.; *mit Eisen beschlagen**, ferrer. ‖PROV. *Not bricht Eisen*, nécessité n'a pas de loi. ‖v. impers. V. *Eis*. ‖**-bahn** f. (bân). Chemin de fer, m. ‖**-bahner** m. Cheminot. ‖**-beschlag** m. Ferrure, f. ‖**-beton** m. ① (bétône). Béton armé. ‖**-blech** n. Tôle, f. ‖**-erz** n. Minerai [m.] de fer. ‖**-fresser** m. ④. Fanfaron.

eisengrau a. (grao). Gris fer.

Eisenguß m. (ouss). Fonte, f.

eisenhaltig a. (haltig). Ferrugineux, euse.

Eisen‖hammer m. ④ (hamer). Forge, f. ‖**-hut** m. (hoût). Heaume. ‖*Bot.* Aconit. ‖**-hütte** f. (hute). Forge. ‖**-kraut** n. (kraot). Verveine, f. ‖**-mittel** n. Remède [m.] ferrugineux. ‖**-quelle** f. (kvèle). Source ferrugineuse. ‖**-schmied** m. (schmît, -d-). Forgeron. ‖**-schmiede** f. Forge. ‖**-späne** m. pl. (schpène). Limaille de fer, f. ‖**-ware** f. (vâre). Quincaillerie. ‖**-warenhändler** m. ④ (hèndler). Quincaillier. ‖**-wasser** n. ④. Eau ferrugineuse, f. ‖**-werk** n. Ouvrage [m.] en fer. ‖[Eisenhütte] Forge, f. ‖**-zement** m. (tsémènt). Ciment armé.

eisern a. (aèzern). De fer.

Eis‖gang m. (gàng). Débâcle, f. ‖**-grube** f. (oûbe). Glacière.

eis‖ig a. **-kalt** a. Glacé, e, glacial, e.

Eis‖keller m. Glacière, f. ‖**-lauf** m. (laof). Patinage. ‖**-läufer** m. ④ (lœüfer). Patineur. ‖**-maschine** f. (îne). Glacière. ‖**-meer** n. Mer de glace, f. ‖[beim Pol] Océan Glacial, m. ‖**-scholle** f. (le). Glaçon, m. ‖**-schrank** m. Glacière, f. ‖**-zeit** f. Période glaciaire.

eitel a. (aètel). Vain, e. ‖[selbstgefällig] Vaniteux, euse. ‖[wertlos] Frivole. ‖adv. ne... que.

Eitelkeit f. Frivolité, vanité.

Eiter m. (aèter). Pus.

eiterartig a. (artig). Purulent, e.

Eiterbeule f. (bœüle). Abcès, m.

Eiter‖blatter f. Pustule. ‖**-fluß** m. (ouss). Suppuration, f.

eiter‖ig a. Purulent, e. ‖**-n** Suppurer.

Eiterung f. Suppuration.

Ei‖weiß n. (aèvaès). Blanc [m.] d'œuf. ‖**-weißstoff** m. Albumine, f.

Ekel m. (*ée*ck^e^l). Dégoût. ||*Med.* Nausée. ||a. Dégoûtant, e. ||[Ekel empfindend] Dégoûté, e.
ekel||haft a. Dégoûtant, e. ||**-n** impers. Dégoûter; *mir ekelt vor ihm,* il me dégoûte.
Ekstase f. Extase.
eklektisch a. (èkt-). Éclectique.
Ekzem n. (ts*é*em). Eczéma, m.
elastisch a. (él*a*-). Élastique.
Elastizität f. (tsitêt). Élasticité.
Elch m. (èl**ch**) [Tier]. Élan.
Elefant, -en, -en m. (ànt). Éléphant : *Elefantenführer,* m., cornac.
elégant a. (ànt). Élégant, e.
Eleganz f. (àntss). Élégance.
Ele||gie f. (gî). Élégie. ||**-giker** m. ④ (l*é*e-). Élégiaque.
elektrifizieren (tsîr^e^n). Électrifier.
Elektriker m. ④ (èk-k^e^r). Électricien.
elektrisch a. (èk-). Électrique.
Elektrizität f. (tête). Électricité : *Elektrizitätssammler,* m., accumulateur.
elektrisieren (îr^e^n). Électriser.
Electrode f. (ôd^e^). Électrode.
electro... (èk). Électro-, électrique. Ex. : *Elektroingenieur,* m., ingénieur électricien; *Elektromagnet,* m., électro-aimant; *Elektrotechniker,* m., électricien.
Element n. (ènt). Élément, m.
elementar a. (âr). Élémentaire : *Elementarlehrer, in,* m., f., instituteur, trice; *-schule,* f., école primaire.
Elen m. et n. ④ [Tier] Élan, m.
Elend n. Misère, f. ||[höchste Not] Détresse, f. ||a. Misérable. ||*Elendsquartier,* n., taudis, m.
elf a. num. (èlf). Onze. ||f. Onze, m. : *der, die, das elfte,* le, la onzième.
Elf m., **-en, -en** et **e** f. Elfe, m. et f.
Elfenbein n. (^e^nb*a*^è^n). Ivoire, m.
Ell[en]bogen m. (èl[^e^n]bôg^e^n). Coude : *den Ellbogen stemmen,* s'accouder.
Elle f. Aune.
Ellipse f. (ìps^e^). Ellipse.
elliptisch a. (*i*p-). Elliptique.
Els||aß m. et n. (èlzass). Alsace, f. ||**-ässer, in** m., f. (èss^e^r, -ìn), ||**-äs-sisch** a. Alsacien, ienne.
Elsbeerbaum m. (ba^o^m). Alisier.
Elster f. Pie.
Eltern n. pl. (èlt^e^rn). Parents : *elterlich,* a., des parents.
elysäisch a. (z*é*e-). Élyséen, enne : *die Elysäischen Gefilde* [*Felder*], les Champs-Élysées.
Elysium n. (lî-). Élysée, m.
emp||fahl, -fand (èmpfànt, -d-). V. *empfehlen*, -finden**.
Empfang|| m. (fàng). Réception, f.; *beim Empfang,* à la réception [de]; *den Empfang bescheinigen* [*bestätigen*], *sich zum Empfang bekennen*,* accuser réception; *Empfangsbestätigung,* f., accusé de réception, m.; *in Empfang nehmen*,* recevoir*. ||[Aufnahme] Accueil. ||**-sapparat** m. (*â*te). Récepteur.
empfangen* (fàng^e^n). Recevoir. ||[aufnehmen] Accueillir*. ||intr. Concevoir.
Empfänger m. ④ (fêng^e^r). Celui qui reçoit. ||[Amt, Würde] Récipiendaire. ||[e. Briefes usw.] Destinataire. ||[Funkapparat] Récepteur.
empfänglich a. (fèngli**ch**). Qui peut recevoir. ||[für...] Accessible [à], ouvert, e [à] ||[fähig] Susceptible [de].
Empfang||nahme f. (m^e^). Réception. || **¨nis** f. [Kind]. Conception. ||**-sschein** m. (sch*a*^è^n). Quittance, f. ||**-sstelle** f. (schtèl^e^). Bureau récepteur, m. ||**-szimmer** n. (ts*i*m^e^r). Salon, m. [de réception].
empfehlen* (èmpf*é*el^e^n). Recommander : *empfehlen Sie mich Ihren Eltern,* rappelez-moi au bon souvenir de vos parents; [beim Abschied] *ich empfehle mich Ihnen,* j'ai l'honneur de vous saluer. ||n. et **-Empfehlung** f. (oung). Recommandation, f. : *Empfehlungsschreiben,* n., lettre de recommandation, f.; *empfehlens-* [*empfehlungs-*]*wert, -würdig,* a., recommandable.
empfiehl, -st, -t. V. *empfehlen**.
empfind||en* (èmpfìnd^e^n). Éprouver, sentir*. ||[lebhaft] R e s s e n t i r*. ||*empfindbar,* a., sensible [choses]; *Empfindelei,* f., sensiblerie. ||**-lich** a. (i**ch**). Sensible [personnes]. ||[leicht verletzt] Susceptible : *Empfindlichkeit,* f. (a^è^t), sensibilité, susceptibilité. ||**-sam** a. (zâm). Sentimental, e : *Empfindsamkeit,* f. (*a*^è^t), sentimentalité.

Empfindung f. (oung). Sensation. ‖[Gefühl] Sentiment, m.

emp‖fing, -fohlen. V. *empfangen**, *empfehlen**.

emphatisch a. (fâ). Emphatique.

Empir‖ie (èmpirîe), **-ik** f. (îrik). Empirisme, m. ‖**-iker** m. ④ (pî), **-isch** a. (pî-). Empirique.

empor adv. (èmpôr). En haut. ‖préf. séparable, ajoute au verbe l'idée d'*élever*, de *s'élever*. Ex. : *empor‖arbeiten* [*sich*], s'élever par le travail; *-bringen**, élever; *fig.* faire* prospérer; *-fahren**, se lever brusquement; *-fliegen**, prendre* son vol, son essor; *helfen**, intr., aider à s'élever.

Empore f. (ô). Galerie élevée, tribune.

empör‖en (peûren). Soulever. ‖[gegen] Révolter. ‖[entrüsten]. Indigner. ‖**-end** a. Révoltant, e. ‖**-erisch** a. Rebelle, révolté, e.

Empor‖kirche f. (kirche). Jubé, m., tribune. ‖**-kömmling** m. (kœmlìng). Parvenu.

emporragen intr. [*sein*] (râgen). S'élever [au-dessus].

Empörung, -en f. (peûroung). Révolte, rébellion. ‖Meuterei] Émeute. ‖[Entrüstung] Indignation.

emsig a. (èmzig). Laborieux, euse. ‖[fleißig] Assidu, e. ‖[tätig] Actif, ive. ‖[eifrig] Diligent, e.

Emsigkeit f. (aèt). Assiduité, activité.

End‖e, -n n. (ènde). Bout, m., extrémité, f. ‖[Schluß] Fin, f., terme, m. : *am Ende*, à la fin; [schließlich] après tout; *Ende dieses Monats*, à la fin de ce mois, fin courant; *zu Ende sein**, avoir* fini; *mit etwas zu Ende kommen**, en finir avec qc. ‖PROV. *Ende gut, alles gut*, tout est bien qui finit bien. ‖*End...* (ènt), final, e, a. Ex. : *End‖silbe*, f., *-zweck*, m. usw., syllabe finale, f., but final, m. etc. ‖Définitif, ive. Ex. : *End‖beschluß*, m., décision définitive, f.

endemisch a. (dée). Endémique.

end‖en intr. Finir : *auf* **e** *enden*, finir en **e**. ‖[aufhören] Se terminer, prendre* fin. ‖**-gültig** a. (tig). Définitif, ive. ‖**-igen** (igen). Finir, terminer.

Endivie f. (èndîvie). Endive.

end‖lich a. (ich). [begrenzt] Fini, e. ‖[d. Ende bildend] Final, e. ‖ adv. Enfin. ‖[schließlich] Finalement. ‖**-los** a. (lôss, -z-). Infini, e. ‖[langdauernd] Interminable: *Endlosigkeit*, f. (zigkaèt), durée infinie.

End‖punkt m. ① (pounkt). Bout, extrémité, f. ‖**-station** f. (schtatsiône). Station terminus, terminus, m. ‖**-ung** f. Terminaison, désinence.

Energie f. (gi). Énergie.

energisch a. (énèr-). Énergique.

eng‖ a. (èng). Étroit, e. ‖[u. lang] Resserré. ‖**-brüstig** a. (brustig). Asthmatique.

enge (ènge). 1. a., = *eng*. ‖2. f. Étroitesse : *in die Enge treiben**, *fig.* acculer, mettre* au pied du mur.

Engel m. ④ (èngel). Ange.

engelhaft a. Angélique.

Engelwurz[**el**] f. (vourts). Angélique.

Engerling m. (èng). Ver blanc.

eng‖halsig a. (halzig). A col étroit. ‖**-herzig** a. (hèrtsig). Au cœur étroit. ‖[kleinlich] Mesquin, e : *Engherzigkeit*, f. (kaèt), étroitesse de cœur, mesquinerie.

Engl‖and n. (ènglànt). [L'] Angleterre, f. ‖**-änder, in** m. ④, f. (ènder, ìn). Anglais, e.

englisch a. 1. Anglais, e; [Kirche] anglican, e. ‖2. [v. Engel] angélique : *englischer Gruß*, salutation angélique.

Engpaß m. Défilé, m.

Enkel, in m. ④, f. (ènkel, ìn). Petit-fils, petite-fille.

ent... (ènt). Préfixe inséparable *non accentué*, exprime : 1° l'éloignement, la séparation. [Équivalents français : dé..., é...]. Ex. : *ent‖binden*, délier; 2° le commencement de l'action ou de l'état exprimé par le verbe simple. Ex. : *ent‖brennen**, s'enflammer.

entarten [*sein*] (arten). Dégénérer : *Entartung*, f., dégénérescence.

entäußern [sich] (œüssern). Se défaire* [de], aliéner.

ent‖behren tr. Être* privé, e de, se passer de. ‖**-behrlich** a. (ich). Superflu, e.

Entbehrung f. Privation.

entbieten* (bît-). Notifier. ‖[Gruße] Transmettre*.
entbinden* tr. (bìnd-). Délier de. ‖[befreien] Dispenser de. ‖[e. Frau] Accoucher.
Entbindung f. Dispense. ‖Accouchement, m.
entblättern tr. (blèttᵉrn). Effeuiller.
entblößen tr. (bleûss-). Découvrir*. ‖*Fig.* [berauben] Dépouiller, priver [de].
entbrennen* intr. [*sein*]. S'enflammer.
entdecken tr. (dèkᵉn). Découvrir*. ‖[mitteilen] Dévoiler.
Ent‖decker m. ④ (dèkᵉr). Découvreur. ‖[Erfinder] Inventeur. ‖**-dekkung** f. (-koung). Découverte.
Ente f. (èntᵉ). Canard, m. : *weibliche Ente,* cane.
entehren tr. Déshonorer. ‖[verleumden] Diffamer.
Entehrung f. Déshonneur, m. [acte]. ‖Diffamation.
ent‖eignen (*a*ègnᵉn). Exproprier : *Enteignung,* f., expropriation. ‖**-erben.** Déshériter.
Enterich, -[e]s, -e m. (ènntᵉ**rich**). Canard [mâle].
entern. Aborder. ‖n. Abordage, m.
entfallen* intr. [*sein*] (*f*allᵉn). Échapper. ‖[als Anteil] Échoir* à, revenir* [à].
entfalten. [Stoff] Déplier. ‖[Fahne, Segel] Déployer. ‖[entwickeln] Développer. ‖*Entfaltung,* f., déploiement, m., développement, m.
entfärben (fèrbᵉn). Décolorer : *Entfärbung,* f., décoloration.
entfernen. Éloigner. ‖[Fleck] Enlever. ‖*entfernt,* p. a., éloigné, e : *nicht im entferntesten,* pas le moins du monde.
Entfernung f. Éloignement, m. ‖[Strecke] Distance.
entfesseln. Déchaîner : *Entfesselung,* f., déchaînement, m.
entfestigen (fèstigᵉn). Démanteler.
entfetten. Dégraisser.
entfiedern (fîd-). Déplumer.
entflammen. Enflammer.
entfliegen* intr. [*sein*] (flîgᵉn). S'envoler. ‖**-fliehen*** intr. [*sein*] (flî-). S'enfuir.
entfließen* intr. [*sein*] (flîss-). S'écouler [de].
entfremden* (frèmd-). [Liebe] Aliéner. ‖Détourner. ‖Surprendre.
entführen. Enlever, ravir : *Entführer,* m, ④, ravisseur; *Entführung,* f., enlèvement, m. ; [e. Kindes] rapt, m.
entgegen prép. [*dat.*] et préf. sép. (èntg*é*egᵉn). 1. Contre, à l'encontre de. Ex. : *entgegen‖arbeiten,* travailler contre, combattre ; [e. Plan] contrarier, contrecarrer ; *-gesetzt,* opposé ; *-halten**, opposer, comparer ; *fig.* objecter ; *-handeln,* agir contre, enfreindre* ; *-setzen,* opposer ; *-stehen**, être opposé [à] ; *-stellen,* opposer ; *-treten**, s'opposer ; *-wirken,* agir contre, etc. ‖2. au-devant, à la rencontre de. Ex. : *entgegen‖eilen,* aller au-devant ; *-führen**, conduire au-devant ; *-gehen**, aller à la rencontre de.
entgegen‖kommen*. Venir* à la rencontre de. ‖*Fig.* Être* prévenant envers. ‖n. Prévenance, f. ‖**-kommend** p. a. Prévenant, e, accueillant, e.
entgegennehmen*. Recevoir.
entgegensehen* intr. (**z**é**e**ᵉn). Attendre.
entgegentreten* intr. [*sein*] (tr*é*etᵉn). S'opposer. ‖[e. Gefahr] Affronter.
entgegnen (g*é*egnᵉn). Répliquer ‖[schnell und treffend] Repartir*.
Entgegnung f. Réplique; repartie, riposte.
entgehen* intr. [*sein*] (g*é*e-). Échapper [à].
Entgelt m. et n. spl. (gèlt). Dédommagement, m.
entgelten* tr. Payer pour, dédommager : *Entgeltung,* f. dédommagement, m.
entgleisen intr. [*sein*] (glaè**z**-). Dérailler : *Entgleisung,* f., déraillement, m. ; *fig.* gaffe.
entgleiten* [*sein*]. Glisser.
enthaaren (**h**âr-). Épiler, dépiler : *Enthaarung,* f., dépilation, épilation.
enthalten* (**h**altᵉn). Contenir*. ‖[umfassen] Comprendre*. ‖[einschließen] Renfermer. ‖[**sich**] S'abstenir*.
enthaltsam a. (zâm). Abstinent, e. ‖[mäßig] Sobre. ‖[keusch] Continent, e. *Enthaltsamkeit,* f.,

abstinence; sobriété, tempérance; continence; *Enthaltung*, f., abstinence; continence.
enthaupten (haopt-). Décapiter : *Enthauptung*, f., décapitation.
entheben* (héeb-). Décharger. ||*Fig.* [e. Pflicht] Dispenser, exempter [de]. ||[e. Amtes] Relever [de ses fonctions], destituer. ||*Enthebung*, f., dispense, exemption.
entheiligen (haèligen). Profaner : *Entheiliger*, m. ④, profanateur; *Entheiligung*, f., profanation.
entholzen (holts-). Déboiser.
enthüllen (hul-). Dévoiler. ||[offenbaren] Révéler. ||[e. Denkmal] Inaugurer.
Enthüllung f. Révélation. ||Inauguration.
Enthusi||asmus m. spl. (èntousiasmouss). Enthousiasme. ||**-ast, -en, en** m., **-astich** a. Enthousiaste.
entkleiden (klaèden). Déshabiller. ||[berauben] Dépouiller.
entkommen* intr. [*sein*] S'échapper [de]. ||[entfliehen] Se sauver. ||[e. Gefahr] Echapper [à].
entkorken. Déboucher.
entkräften (krèft-). Affaiblir. ||[völlig]. Épuiser. ||[ungültig machen] Infirmer. ||*Entkräftung*, f., affaiblissement, m.; épuisement, m.
entladen (èntlâden). Décharger : *Entladung*, f., déchargement, m.
entlang adv. prép. [*acc.*] (lang). Le long de : *entlang gehen**, longer.
entlarven (larfen). Démasquer.
entlassen*. Congédier, renvoyer. ||[Soldaten, Gefangene] Libérer. ||[Truppen] Licencier.
Entlassung f. Congé, m. [donné à], renvoi, m. ||Licenciement, m.
entlasten. Décharger. ||[erleichtern] Alléger. ||[Steuern] Dégrever.
Entlastung f. Décharge : *Entlastungszeuge*, m., témoin à décharge. ||Allègement, m. ||[Handel] Quitus, m.
entlauben (laoben). Effeuiller.
entlaufen* intr. [*sein*] (laofen). S'échapper [de]. ||[entfliehen] S'enfuir*. ||[Gefangene] S'évader. ||n. Évasion, f.
entlausen. Épouiller.
entledigen (léedigen). Décharger.
entleeren. Vider. ||[räumen] Évacuer. ||*Entleerung*, f., évacuation.
entlegen a. (léeg-). Éloigné, e. ||[Ortschaft] Perdu, e. ||*Entlegenheit*, f. (haèt), éloignement, m.
entlehnen. Emprunter [à]. *Entlehnung*, f., emprunt, m.
entleiben (laèb-) : *sich entleiben*, se suicider.
entleihen* (laè-). Emprunter [à].
entlocken. [Tränen usw.] Arracher.
entlohnen (lôn-). Rémunérer : *Entlohnung*, f., rémunération. ||[e. Arztes usw.] Honoraires, m. pl.
entlüften. Ventiler.
entmannen. Châtrer.
entmutigen (moûtig-). Décourager : *Entmutigung*, f., découragement, m.
entnehmen* (néem-). Prendre* dans. ||[entlehnen] Emprunter à. ||[ziehen] Tirer de.
entquellen* (kvè-). [*sein*]. Jaillir [de].
enträtseln (rêts-). Déchiffrer.
entreißen* (raèss-). Arracher à.
entrichten (richt-). Payer. ||[Schuld] Acquitter. ||*Entrichtung*, f., paiement, m., règlement, m.
entringen* (ring-). Arracher [en luttant].
entrinnen* intr. [*sein*] (rinn-). S'écouler [de]. ||[entgehen] Échapper [à].
entrollen. Dérouler.
entrücken. Éloigner. ||Enlever.
entrüsten. Indigner : *Entrüstung*, f., indignation.
entsagen (zâg-). Renoncer [à].
Entsagung f. Renonciation. ||*Relig.* Renoncement, m.
entsalzen. Dessaler.
entschädigen (schêdig-). Dédommager. ||[Geld] Indemniser.
Entschädigung f. Dédommagement. m., indemnité.
ent||scheiden* tr. (schaèd-). Décider. ||[Frage] Trancher. ||intr. Décider [de]. ||[**sich**] Se décider [à]. ||**-scheidend** p. a. Décisif, ive.
Entscheidung|| f. Décision. ||**-sspiel** n. Match [m.] décisif, la « belle ».
entschieden p. a. (îden). Décidé, e., résolu, e. ||[Antwort] Catégorique, péremptoire. ||adv. Décidément. ||Nettement, catégoriquement.
Entschiedenheit f. (haèt). Décision, résolution. ||[Festigkeit] Fermeté.

entschlafen* intr. [*sein*] (*â*f^e^n). S'endormir*. ||*Fig.* Mourir* [doucement], s'éteindre*.
entschlagen* [**sich**] (*â*g-). Se défaire, se débarrasser [de].
entschleiern. Dévoiler.
ent||schließen* [**sich**] (*î*ss-). Se résoudre*, se déterminer [à] : *Entschließung*, f., résolution, détermination. ||**-schlossen** p. a. Résolu, e. ||adv. Résolument. *Entschlossenheit*, f., résolution.
entschlummern intr. [*sein*] (*ou*m-). S'assoupir. ||*Fig.*, = *entschlafen**.
entschlupfen intr. [*sein*]. S'échapper.
Entschluß m. (*ou*ss). Résolution, f.
entschuldigen tr. (*ou*ldig^e^n). Excuser [de] : *Entschuldigung*, f., excuse : *ich bitte Sie um Entschuldigung*, je vous demande pardon.
entschwinden* intr. [*sein*] Disparaître*.
entseelt a. Inanimé, e.
entsenden* (z*è*nd-). Expédier, envoyer.
ent||setzen. [König usw.] Déposer. ||[Beamten] Destituer. ||[Festung] Débloquer. ||*Fig. sich entsetzen*, s'épouvanter. ||n. Épouvante, f. ||**-setzlich** a. (**ich**). Épouvantable, atroce. *Entsetzlichkeit*, f., horreur, atrocité.
Entsetzung f. Destitution.
entsinnen* [**sich**]. Se souvenir* [de].
entsittlichen (zittli**ch**-). Dépraver : *Entsittlichung*, f., dépravation.
entspinnen* [**sich**] (schp*i*nn-). Se tramer. ||[Streit] S'engager, naître.
entsprechen* (schpr*è***ch**^e^n). Correspondre, être* conforme [à] : *entsprechend*, p. a., correspondant, e, conforme [à].
entsprießen* (schpr*î*ss-). Sortir, naître [de].
entspringen* intr. [*sein*] (schpr*i***ng**-). S'échapper, sortir [de]. ||[Fluß] Prendre* sa source [dans], jaillir [de]. ||*Fig.* Naître*.
entsprossen pp. de *entsprießen**.
entstammen intr. (scht*à*m-). Naître* [de].
entstehen* intr. [*sein*] (scht*ée*-). Naître* [de], prendre* naissance [dans]. ||[hervorgehen] Résulter [de]. ||Arriver, se produire.
Entstehung f. Naissance, origine : *Entstehungsgeschichte*, f., genèse.
entstellen (scht*è*l-). Défigurer. ||*Fig.* [fälschen] Dénaturer. ||*Entstellung*, f., déformation.
entsturzen intr. [*sein*] (scht*u*rts-). S'élancer.
enttäuschen (t*œü*sch-). Désillusionner. ||[Hoffnungen vereiteln] Désappointer. ||*Enttäuschung*, f., désappointement, m.
entthronen (tr*ô*n-). Détrôner.
entvölkern (f*œ*lk-). Dépeupler : *Entvölkerung*, f., dépeuplement, m.
entwachsen* intr. (v*a*ks-), Sortir* [en croissant] : *einem Kleide* usw. *entwachsen*, devenir* trop grand [pour un habit, etc.].
entwaffnen tr. Désarmer : *Entwaffnung*, f., désarmement, m.
entweder conj. (v*ée*-) : *entweder... oder...*, ou [bien]..., ou... ||LOC. *entweder, oder!*, c'est l'un ou l'autre!
entweichen* intr. [*sein*] (v*a*^è^**ch**^e^n). S'échapper, s'enfuir. ||[Gas] Fuir*.
Entweichung f. Évasion, fuite.
entweihen (v*a*^è^-). Profaner : *Entweiher*, m. ④, profanateur; *Entweihung*, f. profanation.
entwenden* (v*è*nd-). Détourner, dérober : *Entwendung*, f., détournement, m.
entwerfen*. Esquisser. ||[Plan] Concevoir*, projeter.
entwerten (v*è*rt-). Déprécier, dévaloriser. ||[Münze] Démonétiser, dévaloriser.
Entwertung f. Dépréciation. ||Démonétisation, dévalorisation.
entwickeln. Développer. ||[entfalten] Déployer. ||[Dämpfe] Dégager.
Ent||wick[e]lung f. Développement, m. ||Déploiement, m. ||**-wickler** m. ④. *Phot.* Révélateur. ||[am Kraftwagen] Générateur.
entwinden* (v*ì*nd-). Arracher.
entwirren*. Débrouiller, démêler : *Entwirrung*, f., débrouillement, m., démêlement, m.
entwischen intr. [*sein*]. S'échapper. ||[entfliehen] S'enfuir*. ||[Gefangener] S'évader. ||n. Évasion, f. Fuite, f.
entwöhnen (ve*û*n-). Déshabituer. ||[Kind] Sevrer : *Entwöhnung*, f., désaccoutumance; sevrage, m.

entwürdigen (vurdig-). Avilir, dégrader : *Entwürdigung*, f., avilissement, m., dégradation.
Entwurf m. (vourf). Dessein. ||Esquisse, f. ||[Plan] Projet. ||[e. Schrift] Brouillon.
entwurzeln tr. (vourts). Déraciner.
entzaubern (tsaobern). Désenchanter : *Entzauberung*, f., désenchantement, m.
entziehen* (tsî-). Enlever, soustraire* : *sich entziehen*, se dérober; *sich etwas entziehen*, se priver de.
entziffern (tsif). Déchiffrer : *Entzifferung*, f., déchiffrement, m.
ent||zücken (tsuk-). enchanter, ravir. ||n. Enchantement, m.; ravissement, m. : *zum Entzücken*, à ravir. ||**-zückend** p. a. Ravissant, e.
Entzuckung f., = *Entzücken*.
ent||zündbar a. (tsundbar). Inflammable : *Entzündbarkeit*, f., inflammabilité. ||**-zünden** (tsunden). Enflammer : *Entzündung*, f., inflammation.
entzwei|| adv. et préf. sép. (èntsvaè). En deux. Ex. : *entzweibersten**, *-brechen**, se fendre, [se] briser en deux. ||**-en.** Diviser. ||[veruneinigen] Désunir, brouiller.
Entzweiung f. Désunion, scission.
Enzian m. ① (èntsiâne). Gentiane, f.
Enzyklopädie f. (entsi-pêdî). Encyclopédie.
enzyklopädisch a. (pê-). Encyclopédique.
Enzyklopädist, -en, en m. Encyclopédiste.
Epidemie f. (mî). Épidémie.
epidemisch a. (dée-). Épidémique.
Epigramm m. (àm) ①. Épigramme.
Ep||ik f. (éepik). Poésie épique. ||**-iker** m. ④. Poète épique.
Epilog m. (lôg) ①. Épilogue.
episch a. Épique.
Episode f. (ôde). Épisode, m.
Epistel f. (épi). Épître.
Epoche f. (oche). Époque.
Epopöe f. (peûe), **Epos, ...pen** m. (éeposs). Épopée, f.
er[1]. pr. pers. Il, lui, V. GRAMM.
er[2]**||...** Préfixe *inséparable non accentué*, qui ajoute à l'idée exprimée par le verbe simple :
1° L'idée de *rechercher, requérir, obtenir, acquérir, atteindre, choisir* [verbes transitifs]. Ex. : *er||beten*, obtenir* par des prières; *-handeln*, *-kaufen*, acheter; *-listen*, *-schwindeln*, escroquer.
2° L'idée d'*acquérir par les sens* ou *par la pensée, découvrir, inventer*. Ex. : *er||blicken*, apercevoir; *-denken**, imaginer.
3° L'idée d'*acquérir* [verbes intransitifs ou réfléchis] ou de *faire acquérir, donner* [verbes transitifs] la qualité exprimée par l'adjectif ou le substantif radical; équivaut donc à *devenir* pour les verbes intransitifs ou *réfléchis*, et à *faire devenir, rendre*, pour les verbes transitifs. Ex. : [Verbes intransitifs [aux. *sein*] ou réfléchis] : *er||blassen, -bleichen**, pâlir; *-blinden*, devenir aveugle. [Verbes transitifs] : *er||frischen*, rafraîchir; *-hellen*, éclairer; *-matten, -müden*, fatiguer.
4° L'idée de *commencer*, de *durer* [verbes intransitifs, aux, *sein*], appliquée à l'action exprimée par le verbe simple. ||Équivalent français : *commencer à, se mettre à*]. Ex. : *er||beben*, se mettre* à trembler, frémir; *-blühen*, fleurir, s'épanouir.
5° L'idée de *périr* [verbes intransitifs, aux. *sein*], ou de *faire périr* [v. transitifs], en faisant l'acte, ou en utilisant l'instrument exprimé par le verbe simple. Ex. : *er||dolchen*, poignarder; *-drücken*, étouffer, écraser.
erachten (achten). Estimer. ||n. Avis, m., opinion, f. : *meines Erachtens*, à mon avis.
Erb||... (èrp), héréditaire : *Erbfehler*, m., *-feind*, m., vice, ennemi héréditaire.
er||barmen [sich]. Avoir* pitié de. ||n. Miséricorde, f. [Mitleid] Pitié, f., compassion, f. ||**-bärmlich** a. (bêrmlich). Pitoyable.
Erbarmung f., = *Erbarmen* : *erbarmungslos*, a., sans pitié; *erbarmungsvoll*, a., compatissant, e.
er||bauen (bao-). Bâtir, construire*, édifier. ||**-baulich** a. (ich). Édifiant, e.
Erbauung f. Construction. ||*Fig.* Édification.
Erb||e, -n, -n m., **-in** f. (èrbe, ìn). Héritier, ière : *erblos*, a., sans héritier. ||n. Héritage, m. : *Erblasser*,.

m. ④, testateur; *Erbonkel,* m. ④, oncle à héritage; *Erbsache,* f., *-stück,* n., héritage, m.; *Erbfolge,* f., succession.

erbeben intr. Se mettre* à trembler, frémir.

erben tr. Hériter [etwas]. [einen] Hériter de.

erbeten tr. Obtenir* en priant.

er‖betteln tr. Obtenir* en mendiant. ‖**-beuten** tr. Obtenir* comme butin, capturer.

Erbfolge f. V. *Erbe.*

erbieten* [**sich**] (b*î*t). S'offrir à.

erbitten*. Obtenir* [par des prières]: *sich etwas erbitten,* demander qc.

erbittern. Aigrir, irriter : *erbitterter Kampf,* combat acharné. ‖*Erbitterung,* f., irritation.

erblassen. Pâlir. ‖*Fig.* Mourir*.

er‖bleichen* intr. (bl*a*^e^**ch**^e^n). Pâlir. ‖*Fig.* Mourir*. ‖**-blich** (i**ch**), **-blichen,** imp. et pp. de *erbleichen**.

erblich a. Héréditaire.

erblicken. Apercevoir.

erblinden intr. [*sein*] (bl*i*nd-). Devenir* aveugle.

erblühen intr. Fleurir, s'épanouir.

erbosen intr. Se fâcher.

erbötig a. (b*eû*tig). Prêt, e, disposé, e [à].

erbrechen* (br*è***ch**-). Briser, rompre* ‖[Tür] Enfoncer. ‖[Brief] Décacheter. ‖[**sich**] Vomir. ‖n. Rupture, f. ‖Vomissement, m.

Erb‖recht n. Droit [m.] de succession. ‖**-schaft** f. Héritage, m.

Erbse f. (*è*rbs^e^). Pois, m.

Erbsünde f. Péché originel, m.

Erd‖... (*è*rt), ...de la terre, terrestre : *Erd‖arbeit,* f., terrassement, m.; *-arbeiter,* m. ④, terrassier; *-ball,* m., *-kugel,* f., globe terrestre, m.; *-beben* n. ④, tremblement de terre, m., *-beschreibung,* f., *-kunde,* f., géographie; *-boden,* m., sol terrestre. ‖**-anschluß** m. Prise [f.] de terre.

Erdbeere f. Fraise : *Erdbeerstaude,* fraisier, m.

Erde f. (*è*rd^e^). Terre : *auf der bloßen Erde schlafen**, coucher sur la dure; *zur ebenen Erde,* au rez-de-chaussée; *zur Erde fallen**, tomber à terre. ‖Loc. *auf Erden,* sur terre, ici-bas.

Erdeichel f. Arachide.

er‖denken* (d*è*nk^e^n). Imaginer. ‖**-denklich** a. (i**ch**). Imaginable.

Erdgeschoß n. (g*è*sch*o*s). Rez-de-chaussée, m.

erdicht a. (*è*rdi**ch**t). Terreux, euse.

erdichten (d*i***ch**t^e^n). Imaginer, inventer.

Erdichtung f. Invention, fiction.

Erdöl n. (*eû*l). Pétrole, m.

erdolchen tr. Poignarder.

Erd‖pech n. (*è***ch**). Bitume, m. ‖**-rauch** m. (r*a*^o^**ch**). Fumeterre. ‖**-reich** n. (r*a*^è^**ch**). Terrain, m., sol, m.

erdreisten [**sich**]. Avoir* l'effronterie.

erdröhnen intr. Se mettre* à gronder.

erdrosseln. Étrangler.

erdrücken. Étouffer. ‖*Fig.* Écraser : *Erdrückung,* f., étouffement, m.; écrasement, m.

Erd‖rutsch m. ① (r*ou*). Éboulement. ‖**-strich** m. Zone, f.

erdulden (d*ou*ld^e^n). Souffrir*. ‖[hinnehmen] Endurer.

ereifern [**sich**] (*a*^è^f^e^rn). S'emporter.

er‖eignen [**sich**] (*a*^è^gn). Arriver, avoir* lieu : *Ereignis,* n., événement, m. ‖**-eilen.** Gagner de vitesse. ‖[einholen] Rejoindre*, rattraper.

Eremit, -en, -en m. (*î*te). Ermite.

ererben tr. Obtenir* par héritage.

erfahren* (f*â*r). Apprendre* [par expérience]. ‖[erleben] Éprouver. ‖[Nachricht] Apprendre*. ‖a. Expérimenté, e. ‖[bewandert] Expert, e, versé, e dans.

Er‖fahrenheit f. (h*a*^è^t). Expérience. ‖**-fahrung** f. Expérience, pratique : *aus Erfahrung,* par expérience; *erfahrungsmäßig,* expérimental, e.

erfassen. Saisir. ‖[begreifen] Concevoir*.

erfechten* (f*è***ch**t-). Gagner [en combattant]. ‖[Sieg] Remporter.

erfinden* (f*i*nd-). Inventer.

Er‖finder m. ④ (^e^r). Inventeur : *erfinderisch,* a., inventif, ive. ‖**-findung** f. Invention.

Erfolg m. (folg). Résultat. ‖[glücklicher] Succès : *erfolglos,* a., sans résultat; [fruchtlos] infructueux, euse; *erfolgreich,* a., couronné de succès; adv., avec succès.

erfolgen intr. [*sein*] (folg-) [aus]. Résulter [de]. ‖[folgen] S'ensuivre* : *aus etwas erfolgen,* advenir* de.
erfordern. Exiger. ‖[erheischen] Requérir*; *erforderlich,* a., exigible, exigé, e; [Bedingung] requis, e.
Erfordernis n. (ᵉrniss). Exigence, f. ‖[Bedürfnis] Besoin, m. ‖[Notwendiges] Nécessité, f.
erforschen. Explorer. ‖[Wissenschaft] Approfondir. ‖[Herz] Scruter.
Erforschung f. Recherche [approfondie], exploration. ‖[Prüfung] Examen, m.
erfrechen [**sich**] intr. Avoir* l'effronterie de.
erfreuen (frœü-). Réjouir : *sich an* [dat.] *erfreuen,* trouver plaisir à; *sich einer Sache erfreuen,* jouir de qc.; *erfreulich,* a., réjouissant, e.
erfrischen. Rafraîchir.
Erfrischung f. Rafraîchissement, m.
erfüllen. Remplir. ‖[Pflicht] Remplir, accomplir. ‖[Hoffnung] Réaliser. ‖[Bitte] Exaucer. ‖[Zweck] Atteindre*.
Erfüllung. Accomplissement, m., réalisation.
er‖gänzen (gènts-). Compléter. ‖[Bildsäule] Restaurer. ‖[Wortlaut] Restituer. ‖[Truppen] Recruter. ‖**-gänzend** p. a., (ᵉnt, -d-). Complémentaire. ‖[als Ersatz] Supplémentaire.
Ergänzung f. Complément, m. ‖[Ersatz] Supplément, m., restauration, restitution. ‖*Ergänzungs...,* complémentaire.
ergeben* (géeb-). Donner. ‖[hervorbringen] Produire*. ‖[**sich**] Se rendre. ‖[in, *acc.*] Se résigner [à]. ‖[sich widmen] Se consacrer, se dévouer. ‖[aus] Résulter [de]. ‖a. [gefaßt] Résigné, e, dévoué, e.
Er‖gebenheit f. (haᵉt). Dévouement, m. ‖**-gebnis** n. (iss). Résultat, m. : *ergebnislos,* a., vain. ‖*Arithm.* Produit, m. ‖**-gebung** f. Résignation. ‖[in, *acc.*] Soumission [à].
ergehen* intr. (gée-). Etre* publié : *ergehen lassen*,* publier. ‖[Befehl usw.] Lancer; *über sich ergehen lassen*,* souffrir*, supporter avec résignation. ‖impers. Advenir* : *es wird ihm übel ergehen,* il lui en cuira. ‖[**sich**] Se promener.
ergiebig a. (gîbig). Productif, ive. ‖[fruchtbar] Fécond, e, fertile, e. ‖[Ernte] Abondant, e. ‖[Geschäft] Lucratif, ive. ‖ *Ergiebigkeit,* f. (kaᵉt). Fécondité, fertilité, abondance.
ergießen* (gîss). Répandre. ‖[Fluß] Verser. ‖*Fig.* [Herz] Epancher. ‖[**sich**] [Fluß] Se jeter. ‖*Fig.* S'épancher : *Ergießung,* f., épanchement, m.; [d. Herzens] Effusion.
erglänzen intr. Briller.
erglühen intr. S'enflammer.
ergötzen (gœts-). Divertir, amuser : *ergötzlich,* a., divertissant, e, amusant, e.
ergrauen intr. (graᵒ-). [*sein*]. Grisonner, blanchir.
er‖greifen* (graᵉf-). Saisir. ‖*Fig.* [rühren] Toucher vivement. ‖**-griffen** pp. de *ergreifen*; Ergriffenheit,* f., saisissement, m.
ergrimmen intr. [*sein*]. Se courroucer.
ergründen. Approfondir.
erhaben a. (habᵉn). Élevé, e : *rund erhaben,* convexe; *erhabene Arbeit,* ouvrage en relief. ‖*Fig.* Élevé, e, noble, sublime. *Erhabenheit,* f., élévation, noblesse.
er‖halten* (halt-). Conserver ‖[unterhalten] Entretenir*. [bekommen] Recevoir : *dankend erhalten,* pp., pour acquit. ‖[erlangen] Obtenir*. ‖[Preis] Remporter. ‖**-hältlich** a. Qui se trouve [en vente].
Erhaltung f. Conservation, entretien, m.
erhandeln tr. Acheter.
erhängen tr. Prendre.
er‖heben* (héeb-). Élever. ‖[Hand, Augen, usw.] Lever. ‖[Klage] Formuler, élever. ‖[Frage] Soulever. ‖[Geld] Toucher. ‖[Steuern] Lever. ‖[**sich**] Se lever. ‖**-hebend** a. (ᵉnt, -d-). Qui élève l'âme. ‖**-heblich** a. (lich). Considérable, important, e : *Erheblichkeit,* f., importance.
Erhebung f. Élévation. ‖[Steuern] Levée, perception. ‖Enquête.
erheischen, = *erfordern.*
erheitern (haᵉ). Égayer. ‖[Seele] Rasséréner.

erhellen tr. (**h**èl-). Éclairer. ||intr. [aus] Résulter, ressortir* [de].
erhitzen (**h**îts-). Échauffer. ||*Fig.* Irriter.
Erhitzung f. Échauffement, m.
erhoben pp. de *erheben**.
erhöhen (**h**eû-). Hausser. || [Mauer] Exhausser. || [Preis] Augmenter. || [Farbe, Talent] Rehausser.
Erhöhung f. Exhaussement, m., augmentation : *Erhöhungszeichen,* n., dièse, m.
erholen [sich] (**h**ôl-). Se remettre*. || [v. Kranken] Se rétablir. || [Ruhe nehmen] Se reposer, se délasser.
Erholung f. Rétablissement, m. : *Erholungspause,* récréation; *-reise,* voyage d'agrément, m.
erhören (**h**eûr-). Exaucer : *Erhörung,* f., exaucement, m.
erinnern [einen an eine Sache]. Rappeler [qc. à qn.] || **[sich]** [einer Sache, an eine Sache]. Se souvenir* [de qc.] Se rappeler [qc.] : *wenn ich mich recht erinnere,* si j'ai bonne mémoire; *erinnerlich,* a., présent, e, à la mémoire.
Erinnerung f. [an, *acc.*]. Souvenir, m. [de] : *Erinnerungs...,* commémoratif, ive.
erjagen (yâg^e^n). Prendre* en chassant. ||*Fig.* Atteindre*, acquérir*.
er||kalten intr. [*sein*]. [Se] refroidir : *Erkaltung,* f., refroidissement, m. ||**-kälten** tr. (kèlt-). Refroidir : *sich erkälten,* s'enrhumer; *Erkältung,* f., refroidissement, m., rhume, m.
erkämpfen tr. Acquérir* par les armes.
er||kannt, -kannte, pp. et imp. de *erkennen**.
erkaufen tr. Acheter.
er||kennen*. Reconnaître : *zu erkennen geben**, manifester; *sich zu erkennen geben**, se faire* connaître. || [auf, *acc.*] Condamner [à]. ||**-kennbar** a. Reconnaissable [à]. ||**-kenntlich** a. (i**ch**). [an, *dat.*] Reconnaissable [à]. || [dankbar] Reconnaissant, e : *Erkenntlichkeit,* f., reconnaissance.
Er||kenntnis f. (iss). Connaissance. ||n. Sentence, f. ||**-kennung** f. Reconnaissance [acte].
Erker m. ④. Encorbellement.

er||klären (klêr-). Expliquer. || [Wörter usw.] Définir. || [ankündigen] Déclarer : *für einen Betrüger erklären,* qualifier d'imposteur. ||**-klärbar, -klärlig** (i**ch**). Explicable.
Erklärung f. Explication, définition. déclaration.
erklecklich a. (li**ch**). Considérable.
erklettern. Gravir. || [Baum] Grimper sur. || [Mauer] Escalader.
erklimmen*. Gravir.
erklingen* (*i*ng-). Retentir. || [ertönen] Résonner.
erkranken (*à*nk-). Tomber malade : *Erkrankung,* f., apparition d'une maladie.
erkühnen [sich] (k*û*n-). Avoir* la hardiesse de.
erkundigen [sich] (k*ou*ndig-). [nach]. S'informer [de]. || [über, *acc.*]. Se renseigner [sur] : *Erkundigung,* f., information.
erkünsteln (k*u*nst-). Feindre*, affecter.
erlahmen intr. [*sein*] (l*â*m-). Se paralyser. *Fig.* S'affaiblir. || [Geschäft] Se ralentir.
erlangen (l*à*ng-). Atteindre*. || [erhalten] Obtenir*.
Erlangung f. Acquisition, obtention.
Erlaß m. Décret. [d. Sünden] Remise, f., absolution.
er||lassen*. Publier [Verordnung] Édicter. || [Schuld, einem] Remettre*, faire* grâce de. || [Pflicht] Dispenser, exempter [de]. || [Sünden] Absoudre*. ||**-läßlich** a. (lêssli**ch**). Rémissible. || [Sünde] Véniel, elle.
Erlassung f. Exemption, dispense.
erlauben (la^o^b^e^n). Permettre*.
Erlaubnis, isse f. (iss). Permission : *Erlaubnisschein,* m., permis.
erlaucht a. (la^o^**ch**t). Sérénissime. Seigneurie, f., Altesse, f.
erlauschen tr. Saisir en écoutant.
erläutern. Expliquer. || [Text] Commenter : *Erläuterer,* m. ④, commentateur; *Erläuterung,* f., commentaire, m.
Erle f. (èrl^e^). Au[l]ne, m.
erleben tr. (l*é*eb^e^n). Voir* [en sa vie]. || [Ereignis] Assister à, être* témoin de, vivre*. || [Mißliches] Éprouver. || [Alter] Atteindre*.
Erlebnis n. Fait vécu, m. || Erfahrung] Expérience personnelle, f.

erledigen (léedigen). Achever. ‖ [Geschäft] Expédier. ‖ [Auftrag] S'acquitter de. ‖ [Frage] Vider, régler.
Erledigung f. Achèvement, m. Expédition.
erlegen (léegen). 1. Abattre. ‖ [Geld] Verser. 2. pp. de *erliegen**.
erleichtern (laecht-). Alléger. ‖ [lindern] Soulager. ‖ [Arbeit] Faciliter.
Erleichterung f. Allègement, m. ‖ Soulagement, m.
erleiden* (laeden). Souffrir*. ‖ [Ärgerliches] Subir. ‖ [Schmerz] Éprouver. ‖ [Unglück] Essuyer.
erlernen. Apprendre* : *Erlernung*, f., étude.
erlesen (léez-). Choisir. ‖ pp. Choisi, e, d'élite.
erleuchten (lœücht-). Éclairer. ‖ [festlich] Illuminer. ‖ *Erleuchtung*, f., éclairage, m., illumination.
erliegen* intr. [*sein*]. Succomber [à].
erlisten tr. Obtenir* par ruse.
erlogen, pp. de *erlügen**.
er‖loschen, pp. de *erlöschen**. ‖**-löschen*** intr. [*sein*] (lœsch-). S'éteindre*. ‖ [Schrift] S'effacer : *Erlöschung*, f., extinction.
erlösen (leûzen). Délivrer. ‖ [loskaufen] Racheter. ‖ [selig machen] Sauver.
Er‖löser m. ④ (leûzer). Libérateur. ‖ [Christus] Sauveur, Rédempteur. ‖**-lösung** f. Délivrance. ‖ [Seligmachung] Rédemption.
erlügen (lûg-). Inventer [mensonge].
ermächtigen (mêchtig-). Autoriser [à] : *Ermächtigung*, f., autorisation, pleins pouvoirs, m. pl.
ermahnen (mân-). Exhorter [à] : *Ermahnung*, f., exhortation.
ermangeln (mang-). Manquer [de].
Ermangelung f. Manque, m. : *in Ermangelung, gén.*, à défaut de, faute de.
ermannen [**sich**]. Prendre* courage.
ermäßigen (mêssig-). Modérer. ‖ [Preis] Réduire*.
Ermäßigung f. Modération, réduction.
ermatten. Fatiguer. ‖ [entkräften] Exténuer : *Ermattung*, f., fatigue, lassitude.
er‖messen*. Mesurer. ‖ *Fig.* Estimer, juger. ‖ n. spl. Avis, m. ‖**-meßlich** a. (lch). Mesurable.
ermitteln. Découvrir*, trouver : *Ermittelung*, f., découverte.
ermöglichen (meûglich-). Rendre* possible.
ermorden. Assassiner : *Ermordung*, f., assassinat, m.
ermüden (mûd-). Fatiguer, lasser : *Ermüdung*, f., fatigue, lassitude.
ermuntern (mount-). Éveiller. ‖ [erheitern] Égayer. ‖ [ermutigen] Encourager : *Ermunterung*, f., encouragement, m.
ermutigen (moûtig-). Encourager : *Ermutigung*, f., encouragement, m.
ernähren (nêr-). Nourrir, alimenter.
Ernährung f. Nourriture, nutrition, alimentation.
ernennen* Nommer [à un emploi] : *Ernennung*, f., nomination.
erneuern (nœüern). Renouveler : *Erneuerung*, f., renouvellement, m.
erniedrigen (nîdrig-). Abaisser. ‖ [Preis] Diminuer. ‖ [demütigen] Humilier.
Erniedrigung f. Abaissement, m. ‖ Diminution, humiliation.
Ernst m. (èrnst...). Sérieux, gravité, f. : *im Ernst*, sérieusement; *ist das Ihr Ernst?* [*sprechen Sie im Ernst?*], parlez-vous sérieusement? ‖ a. Sérieux, euse, *ernst nehmen**, prendre* au sérieux. ‖ [würdevoll] Grave. ‖ [streng] Sévère.
ernsthaft a. (haft). Sérieux, euse.
Ernsthaftigkeit f. (igkaet). Sérieux, m., gravité.
ernstlich a. Sérieux, euse.
Ernte f. (èrnte). Récolte. ‖ [v. Getreide] Moisson. ‖ *Erntemonat*, m., août.
ernten. Récolter, moissonner.
ernüchtern (nuchtern). Dégriser. ‖ *Fig.* Désenchanter.
erobern (ôb-). Conquérir*. ‖ [Festung] Prendre*, enlever. ‖ *Eroberer*, m. ④, conquérant; *Eroberung*, f., conquête, prise.
eröffnen (œfn-). Ouvrir*. ‖ [Dienst, Anstalt] Inaugurer. ‖ [Gefecht] Engager. ‖ *Fig.* [mitteilen] Faire* savoir.
Eröffnung f. (noung). Ouverture, inauguration, communication.
erörtern (œrt-). Discuter : *Erörterung*, f., discussion.
erotisch a. (érô). Érotique.

erpicht a. (p*i*cht). [auf, *acc.*] Passionné, e. [pour] ‖ [gierig] Avide [de].

erpressen. Extorquer : *Erpressung*, m., extorsion, exaction; *Erpressungsversuch*, m., chantage.

erproben (prôb^en). Éprouver.

er‖quicken (kv*i*k-). Réconforter. ‖ [erfrischen] Rafraîchir. ‖**-quicklich** a. (**ich**). Réconfortant, e.

Erquickung f. Réconfort, m., rafraîchissement, m.

erraten* (*râ*t^en). Deviner.

er‖rechnen. Calculer. ‖**-regen** (r*ée*g-). Exciter. ‖ [hervorrufen] Provoquer : *erregbar*, a., irritable : *Erregbarkeit*, f., irritabilité.

Er‖reger m. ④. Excitateur. ‖**-regung** f. Excitation, émotion.

erreichen (r*a*^è**ch**-). Atteindre*. ‖ [erlangen] Obtenir* : *erreichbar*, a., accessible.

Erreichung f. Fait [m.] d'atteindre*.

erretten. Sauver.

Er‖retter m. ④. Sauveur. ‖**-rettung** f. Sauvetage, m., salut, m.

errichten (r*i*cht-). Élever. ‖ [erbauen] Édifier. ‖ [Bildsäule] Ériger. ‖ [gründen] Fonder.

Errichtung f. Érection, fondation.

erringen (r*i*ng^en). Obtenir* en luttant. ‖ [Sieg] Remporter.

erröten [*sein*] (re*û*t-). [vor]. Rougir [de].

errungen pp. de *erringen**.

Ersatz m. Remplacement. ‖ [Entschädigung] Compensation, f. ‖ [Gegenwert] Équivalent. ‖ [Stoff, Erzeugnis] Succédané. ‖ [d. Pferde] Remonte, f. ‖ *Ersatzmann*, m., remplaçant; *Ersatzstück*, n., pièce de rechange, f. ‖ V. *ersetzen*.

er‖saufen* intr. [*sein*] (z*a*^of^en). Se noyer. ‖**-säufen.** Noyer.

erschaffen*. Créer : *Erschaffung*, f., création.

erschallen [*sein*] Retentir.

erscheinen [*sein*] (sch*a*^èn-), Apparaître*. ‖ [vor Gericht] Comparaître. ‖ n. spl. Apparition, f. ‖ Comparution, f.

Erscheinung f. 1. = *Erscheinen*, n. ‖ 2. [physische usw.] Phénomène, m.

erschießen* (*î*ss-). Tuer d'un coup de feu. ‖ [mit e. Gewehr] Fusiller.

Erschießung f. Exécution militaire.

erschlaffen tr. Relâcher. ‖ *Fig.* Amollir. ‖ intr. [*sein*] Se relâcher, s'amollir.

Erschlaffung f. Relâchement, m. ‖ Amollissement, m.

erschlagen* (schl*â*g^en). Assommer, tuer.

erschleichen* (*a*^è**ch**^en). Obtenir* par la ruse. ‖ [Vertrauen] Capter : *Erschleichung*, f., captation.

erschließen* (*î*ss^en). Ouvrir* : *Erschließung*, f., ouverture.

er‖schöpfen (sch*œ*pf). Épuiser. ‖**-schöpfend** p. a. Épuisant, e. ‖ adv. A fond.

Erschöpfung f. Épuisement, m.

er‖schrak imp. de *erschrecken**. ‖**-schrecken.** 1. tr. Effrayer. ‖ 2*. intr. [*sein*]. [vor. *dat.*] S'effrayer [de]. ‖**-schrecklich** a. = *schrecklich*. ‖**-schrocken,** pp., de *erschrecken**.

erschüttern. Ébranler : *Erschütterung*, f., ébranlement, m., secousse.

erschweren. Rendre [plus] difficile. ‖ [Schuld, Last] Aggraver : *Erschwerung*, f., aggravation.

erschwindeln tr. Escroquer.

erschwingen* tr. Gagner avec peine.

ersehen* (z*ée*-). Voir*. ‖ [erkennen] Reconnaître*.

ersehnen. Désirer ardemment.

ersetzen. Remplacer. ‖ [Schaden] Réparer. ‖ [Verlust] Compenser. ‖ [entschädigen] Dédommager. ‖ *ersetzbar*, a., remplaçable; réparable.

Ersetzung f. Remplacement, m. ‖ Réparation. ‖ Compensation.

ersichtlich a. (**z***i***chtlich**). Visible, clair, e. ‖ [offenbar] Évident.

ersinnen*. Imaginer. ‖ pp. *ersonnen*.

ersparen (schp*â*r-). Épargner, économiser.

Ersparnis n. Épargne, f. économie, f.

er‖sprießen* [*sein*] (schpr*î*ss-). Germer. ‖ *Fig.* [aus] Naître [de] ‖ [hervorgehen] Sortir* de. ‖**-sprießlich** a. (**ich**). Avantageux, euse.

erst a. num. (*ê*rst). Premier, ière : *der* [*die, das*] *erste*, le premier, la première; *Franz der Erste*, François Ier; *der erste beste*, le premier venu; *zum ersten, fürs erste*, en premier lieu; *als erster ankommen**, arriver le premier. ‖ compar. *der*

[*die, das*] *erstere,* le premier, la première [de deux] : *erstgeboren,* premier-né, ‖adv. D'abord. ‖[nicht eher als] Seulement, ne... que... : *erst morgen,* demain seulement; *erst recht,* raison de plus.
erstarken intr. Se fortifier.
erstarren intr. [*sein*]. Se raidir. ‖[Glieder] S'engourdir. ‖[gerinnen] Se figer. n. et **Erstarrung** f. Engourdissement, m.
erstatten (schtatt-). Rendre, restituer.
Erstattung f. Restitution.
erstaunen intr. [*sein*] (schtaᵒnᵉn) [über, *acc.*]. S'étonner, être étonné [de]. ‖n. Étonnement, m. : *in Erstaunen setzen,* étonner; *in Erstaunen geraten*,* s'étonner; *erstaunend,* p. a., *erstaunenswert,* a. *erstaunlich,* a., étonnant, e.
erstechen* (schtèch-). Tuer [avec une arme pointue]. ‖[mit dem Dolche] Poignarder.
erstehen* intr. (schtée-). Ressusciter. ‖tr. Acheter à l'encan [à l'enchère].
ersteigen* (schtaᵉg-). Gravir. ‖[Mauer] Escalader. ‖n. et **Ersteigung** f. Ascension, f., escalade, f.
erst‖ens, -lich adv. (ich). Premièrement, en premier lieu.
ersticken tr. Étouffer, asphyxier.
Erstling m. (ling). Premier fruit. ‖pl. Primeurs, f. pl.
erstochen pp. de *erstechen*.*
erstreben (schtréeb). Rechercher [par des efforts]. ‖[erlangen] Obtenir* [par des efforts].
erstrecken [sich] (schtrèk-). S'étendre.
erstreiten* tr. Obtenir* en luttant.
erstürmen (schturm-). Prendre* d'assaut.
Erstürmung f. Prise d'assaut.
ersuchen (zoûch-). Prier : *einen um etwas ersuchen,* demander qc. à qn. ‖n. Prière, f., demande, f.
ertappen. Attraper. ‖[überraschen] Surprendre*
erteilen (taᵉlᵉn). Donner. ‖[Würde usw.] Conférer.
Erteilung f. Fait [m.] de donner, etc. ‖Collation.
ertönen (teûnᵉn). Résonner, retentir.
ertöten (teût-). Tuer. ‖[Triebe] Détruire*. ‖[Fleisch] Mortifier.
Ertrag m. (âg). Produit. ‖[v. Geld] Rapport. ‖[v. Arbeit] Rendement.
er‖tragen* (trâg-). Supporter : *nicht zu ertragen,* insupportable. ‖[dulden] Endurer. ‖**-träglich** a. (trêglich). Supportable. ‖[ziemlich gut] Passable.
ertränken tr. (trènk-). Noyer : *Ertränkung,* f., noyade.
erträumen tr. Rêver.
ertrinken* intr. [*sein*] Se noyer.
erübrigen tr. Avoir* de reste. ‖[sparen] *Épargner.* ‖intr. Rester.
erwachen tr. Réveiller.
erwachsen* intr. [*sein*]. Grandir. ‖a. et a. s. m.: *Erwachsener,* Adulte.
erwägen* (vêg-). Peser. ‖[prüfend betrachten] Considérer, examiner : *Erwägung,* f., considération, examen, m.
erwählen (vêl-). Choisir. ‖[durch Abstimmung] Élire*. ‖*Erwählung,* f., choix, m.; élection.
erwähnen (vên-). Mentionner.
Erwähnung f. Mention.
erwarb imp. de *erwerben*.*
erwärmen (vèrm-). Échauffer. ‖[Speisen] Faire* chauffer : *Erwärmung,* f., réchauffement, m.
erwarten (vart-). Attendre. ‖[Ereignis] S'attendre à. ‖n. et **Erwartung** f. Attente, f. ‖[Hoffnung] Espérance, f.
erwecken. Éveiller. ‖[hervorrufen] Exciter. ‖*Erweckung,* f., réveil, m.
erwehren [sich], *gén.* Se défendre [de]. ‖[d. Lachens] S'empêcher [de]. ‖[d. Tränen] Retenir*, tr.
erweichen (vaᵉch-). Amollir. ‖[durch e. Flüssigkeit] Détremper. ‖*Erweichung,* f., amollissement, m.
Erweis m. Preuve, f.
erweisen* (vaᵉzᵉn). Prouver. ‖[erzeigen] Témoigner : *sich erweisen,* se montrer; *Erweisung,* f., démonstration, preuve, témoignage, m.
erweitern (vaᵉt-). Élargir. ‖[ausdehnen] Étendre. ‖*Erweiterung,* f., élargissement, m.; extension.
Erwerb m. Gain.
erwerben* Acquérir. ‖[gewinnen] Gagner : *Erwerbung,* f., acquisition.
erwidern. Répondre à. ‖[versetzen] Répliquer. ‖[Gruß] Rendre. ‖*Erwiderung,* f., réponse; réplique.
er‖wies, -wiesen (vîz), imp. et pp. de *erweisen*.*

erwirken. Obtenir*.
erwischen. Attraper. ‖[ergreifen] Saisir.
er‖wog, -wogen (vôg). imp. et pp. de *erwägen**.
erworben pp. de *erwerben**.
erwünscht a. Souhaité, e. ‖adv. A souhait.
erwürgen (*vu*rg). Étrangler, égorger.
Erz (*è*rtss). n. Minerai, m. ‖[Metall] Airain, m., bronze, m.
erzählen (tsêl-). Conter, raconter, narrer.
Er‖zähler m. ④. Conteur, narrateur. ‖**-zählung** f. Narration. ‖[Geschichte] Récit, m. ‖[Märchen] Conte, m.
Erz‖bischof m. Archevêque. ‖**-bistum** n. Archevêché, m. ‖**-engel** m. Archange. ‖**-herzog** m. Archiduc.
erzeigen (tsaᵉgᵉn). Témoigner. ‖[**sich**] Se montrer.
Erzeigung f. Témoignage, m.
erzeugen (tsœüg-). Engendrer. ‖[Kinder]* Procréer. ‖[hervorbringen] Produire*.
Er‖zeuger m. ④ Générateur, producteur. ‖**-zeugnis** n. Produit, m. ‖[geistiges] Production, f. ‖**-zeugung** f. Production.
erziehen* (tsî-). Élever.
Er‖zieher m. ④, **in** f. (ᵉr, ìn). Éducateur, trice. ‖[Hauslehrer] Précepteur, m., gouvernante, f. ‖**-ziehung** f. Éducation.
erzielen (tsîlᵉn). [erreichen] Atteindre*. ‖[erlangen] Obtenir*.
erzittern intr. Se mettre* à trembler.
erzürnen intr. Se mettre* en colère.
Erzvater m. ③. Patriarche.
erzväterlich a. (fêtᵉr**lich**). Patriarcal, e.
er‖zwingen* (tsv**ìng**). Obtenir* [par la force]. ‖[Zutritt] Forcer. ‖**-zwungen** p. a. Forcé, e.
es pron. pers. n. (èss). Il. ‖[dieses] Ce. ‖[**Objekt**] Le. ‖LOC. *es ruft,* on appelle; *ich bin es,* c'est moi; *sind Sie es?,* est-ce vous? V. GRAMM.
Es n. inv. (êss). Mi bémol, m.
Esche f. (èschᵉ). Frêne, m.
Esel‖ m. ④ (*ée*zᵉl). Âne : *Eselsohr,* n., oreille d'âne, f.; *fig.* [im Buche] Corne, f. ‖**-chen** dim. n. ④ (**ch**ᵉn). Ânon, m. ‖**-ei** f. (*a*ᵉ). Ânerie. ‖**-in** f. (ìn). Ânesse. ‖*Fam.* Bourrique. ‖**-treiber** m. Ânier.
Espe f. Tremble, m.
eß‖... V. *essen**.
Esse f. (èssᵉ). Cheminée. ‖[Schmiede] Forge.
essen* (èssᵉn). Manger : *zu Mittag essen,* dîner [impr. déjeuner]; *auswärts essen,* dîner en ville; *sich satt essen,* se rassasier; *sich voll essen,* fam., goinfrer. ‖n. Manger, m. ‖[Speise] Nourriture, f. ‖[Mahlzeit] Repas, m. ‖[*Eß...* (ès), ... à manger, concernant la nourriture; *eßbar,* a., comestible; mangeable, *fam.*; *Eßlöffel,* m., cuiller à soupe, f.; *Eßlust,* f., appétit, m.; *Eßwaren,* f. pl., comestibles, m. pl.; *Eßzimmer,* n., salle à manger, f.
Essenz f. (èntss). Essence.
Esser, in m. ④, f. Mangeur, euse.
Essig m. (èssig). Vinaigre.
essigsauer a. (*za*oᵉr). Acétique : *essigsaueres Blei,* acétate de plomb.
Essigsäure f. (*œü*). Acide acétique, m.
Estrich m. (*è*). Parquet dallé.
Etage f. (t*â*jᵉ). Étage, m.
Etappe f. (ét*a*pᵉ). Étape.
Etat‖, -s m. (et*a*, *-a*ss). Budget : *etat[s]mäßig,* a., budgétaire.
Ethik f., **-isch** a. (*ée*). Éthique.
etliche (ètli**ch**ᵉ), = *einige.*
etwa‖ adv. (ètva). Peut-être. ‖[zufällig] Par hasard. ‖[ungefähr] Environ : *etwa zehn* [*zwanzig* usw.], une dizaine de [vingtaine, etc.]. ‖**-ig** a. (ig). Eventuel, le.
etwas pron. ind. n. inv. (ètvass). Quelque chose : *etwas anderes,* qc. d'autre, autre chose; *so etwas,* pareille [une telle] chose, qc. de semblable; *ohne etwas zu sagen,* sans rien dire*. ‖LOC. *das wäre etwas für mich,* cela ferait bien mon affaire. ‖subst. *ein gewisses Etwas,* un je ne sais quoi. ‖adv. Un peu : *etwas Geld,* un peu d'argent; *etwas größer,* un peu plus grand.
Etymologie f. (gî). Étymologie.
euch (**œüch**), pron. pers. pl., dat. et acc. de **ihr**.. Vous, à vous.
euer (*œü*ᵉr). Pron. pers. pl. gén. de **ihr.** De vous. ‖a. poss. (f. et pl. **eure**). Votre : *eurerseits, euresgleichen, eurethalben* ou *-wegen, um euretwillen.* V. *...seits, ...gleichen,*

...halben, ...wegen, ...willen. ||*eurige* [*der, die, das*] pron. poss. Le [la] vôtre. V. GRAMM.
Eule f. (œülᵉ). Hibou, x, m. ||[Sumpf-] Chouette. ||Chat-huant.
Eulenspiegel|| m. (schpîgᵉl). Espiègle. ||**-ei** f. (aè). Espièglerie.
Eunuch, -en, -en m. Eunuque.
eur... V. *euer.*
Europ||**a** npr. n. (œürôpa). [L']Europe, f. ||**-äer** m. ④ (ôpéᵉr). Européen : *europäisch,* a., européen, ne.
Euter n. ④ (œütᵉr). Pis, m.
Eva f. (éeva). Eve.
evangelisch a. (àngée-). Évangélique.
Evangel||**ist, -en, -en** m. (ist). Évangéliste. ||**-ium, ien** n. (géelioum). Évangile, m.
eventuell a. (éntouèl). Éventuel, le. ||adv. Éventuellement.
Ew. Abr. de *Euer, Eure.*
ewig a. (éevig). Éternel, elle : *der ewige Jude,* le Juif errant. ||adv. Éternellement : *auf ewig,* à jamais; *dein auf ewig,* à toi pour la vie.
Ewigkeit f. Éternité.
Exam||**en, ...mina** n. (ekzâmẹn). Examen, m. ||**-inand, -en, -en** m. (àndᵉ) Candidat. ||**-inator, ...oren** m. (âtor, ôrᵉn). Examinateur.
examinieren. Examiner.
Exemplar|| n. ① (èmplâr) et **-isch** a. Exemplaire, m.
Exequien pl. (ekséekouiᵉn). Obsèques, f. pl.
exerzieren tr. (éksèrtsîrᵉn). Exercer. ||intr. *Mil.* Faire* l'exercice.
Exerz||**itium, ...tien** n. (tsitsioum). Exercice, m.
Existenz f. (eksistèntss). Existence : —*minimum,* n., Minimum [m.] vital. ||[Wesen] Être, m.
existieren intr. (îrᵉn) Exister.
Exkurs m. ① (kourss). Digression, f.
Experiment n. (mènt). Expérience, f
experimentieren tr. (îrᵉn). Expérimenter. ||intr. Faire* des expériences.
explodieren (îrᵉn). Éclater, faire* explosion.
Explosion f. (iône). Explosion.
Exponent, -en, en m. (ènt). Exposant.
Export m. ① (orte). Exportation, f.
exportieren (îrᵉn). Exporter.
Expressionismus n. Expressionnisme, m.
extensiv a. (sif). Extensif, ive.
extra adv. Exprès, en plus : *Extrazug,* m., train supplémentaire.
Extrakt m. ①. Extrait.
extrem a. Extrémiste. *Extrem* n. Extrême, m.
Exzellenz f. (tsèlèntss). Excellence.
exzentrisch a. (tsèn-). Excentrique : *Exzentrizität,* f., excentricité.

F

F, f n. F, f, m. ||*Mus.* Fa.
Fabel|| f. (fâbᵉl). Fable. ||**-buch** n. (boûch). Fablier, m. ||**-dichter** m. ④ (dichtᵉr). Fabuliste.
fabel||**haft** a. (haft). Fabuleux, euse, ||**-n** (ᵉln). Inventer. ||[faseln] Radoter.
Fabrik|| f. (ik). Fabrique, usine. ||**-ant, -en, en** m. (ànt). Fabricant. ||**-at** n. ① (âte). Produit manufacturé, m. ||**-ation** f. (tsiône). Fabrication. ||**-besitzer** m. ④ **-herr, n, -en** m. Fabricant. ||*fabrizieren.* Fabriquer.
Fach n. ② (fach). Case, f. ||[Abteil] Compartiment, m. [im Schrank] Rayon, m. ||*Fig.* Branche, f. : *besonderes Fach,* spécialité, f. ||[Handwerk] Partie, f. : *von Fach,* de profession.
Fach..., spécial, e, professionnel, le. Ex. : *Fachlehrer,* m., *Facharzt,* m., professeur, médecin spécialiste; *Fachmann,* m., spécialiste, expert. ||*...fach.* V. GRAMM. Adj. multiplicat.
fächeln (fèchᵉln). Éventer.
Fächer m. ④. Éventail.
Fackel|| f. (fakᵉl). Flambeau, x, m. ||[Pech-] Torche. ||**-zug** m. Retraite [f.] aux flambeaux.
Fädchen n. (fêtchᵉn). V. *Faden.*
fade a. (fâdᵉ). Fade, insipide : *fades Zeug,* fadaises, f. pl.
Faden|| m. ③ (fâdᵉn), dim. *Fädchen,* n. ④, fil, m. ||[v. Pflanzen, der Glühlampe] Filament. ||[Maß]

④. Corde, f. ‖**-nudeln** f. pl. (n*oû*-d^e^ln). Vermicelle, m.
fadenscheinig a. Râpé, e, élimé, e.
Fadheit f. Fadeur.
Fagott n. ① (fag*o*tt). Basson, m.
fähig a. (f*ê*'ig). Capable [de], apte [à].
Fähigkeit f. (k*a*^è^t). Capacité, aptitude.
fahl a. (f*â*l). Pâle, blême. ‖[aschfarbig] Blafard, e.
Fahne f. (f*â*n^e^). Drapeau, x, m. ‖[bei d. Reiterei] Étendard, m. ‖[Feldzeichen] Guidon, m. ‖[auf Schiffen] Pavillon, m. : *zu den Fahnen berufen**, appeler sous les drapeaux. ‖Dim. *Fähnchen,* n. ④, et *Fähnlein,* n. ④ [an der Lanze], fanion, m.; *Fähn[d]rich,* m., enseigne, aspirant. ‖*Fahnen‖flucht,* désertion; *-flüchtig,* a., déserteur; *-flüchtig werden**, déserter; *-träger,* m. ④, porte-drapeau.
Fahrbahn f. (f*â*rbâne). Voie [de chemin de fer].
fahrbar a. Praticable; [v. Straßen] Carrossable; [v. Gewässern] navigable; [Maschine] portatif, ive, mobile.
Fahr‖barkeit f. Viabilité; navigabilité. ‖**-betrieb** m. Traction, f. ‖**-damm** m. Chaussée, f.
Fähre f. (f*ê*r^e^). Bac, m.
fahren* (f*â*r^e^n) intr. [*sein*]. Se déplacer rapidement : *aus dem Bette fahren,* s'élancer de son lit. ‖[Blitz usw. durch die Luft] Traverser; *fig.,* fendre. ‖[v. Fahrzeugen] Aller*, marcher. ‖[v. Personen] Aller [en voiture, en bateau, etc.]; *mit dem Zug fahren,* prendre* le train. ‖tr. Conduire*, transporter [en voiture, etc.] ‖[Steine usw.] Charrier ‖n. Transport, m., charriage, m. ‖p. a. *fahrend,* ambulant, e : *fahrender Ritter,* chevalier errant; *fahrendes Volk,* saltimbanques, m. pl. ‖[beweglich] Mobile : *fahrende Habe,* biens meubles.
Fahr‖gast m. (gast). Voyageur, passager. ‖**-geld** n. (gèlt, -d-). Prix [m.] de transport *ou* de voyage. ‖**-karte** f. Billet, m.
fahrlässig a. (lèssig). Négligent, e.
Farhlässigkeit f. (k*a*^è^t). Négligence.
Fährmann m. Passeur.
Fahr‖plan m. (âne). Horaire, indicateur. ‖**-preis** m. (a^è^s). Prix du voyage. ‖**-preisanzeiger** m. [Taxi] Compteur. ‖**-rad** n. ② (rât, -d-). Vélocipède; [Zweirad] Bicyclette, f. ‖**-schein** m. (scha^è^n). Billet. ‖**-straße** f. (schtr*â*ss^e^). Grande route. ‖**-stuhl** m. (schtoûl). Ascenseur.
Fahrt f. (f*â*rt). [Strecke] Parcours, m., trajet, m.
Fahrtaxe f. Tarif, m.
Fährte. Trace, f. [v. Tieren] Piste.
Fahr‖wasser n. ④. Eau navigable, f. ‖[enge Durchfahrt] Passe, f. ‖[im Meer] Chenal, m. ‖**-zeug** n. (tsœüg). Véhicule, m. ‖[zu Wasser] Embarcation, f.
faktisch a. (f*a*kt-). Réel, le. ‖adv. Réellement.
Fakt‖or, ...oren m. (*ô*r, *ô*r^e^n). Gérant. ‖**-orei** f. (r*a*^è^). Comptoir, m.
Faktum, ...ta n. (*ou*m). Fait, m.
Faktura, ...ren f. (*oû*ra). Facture.
Fakultät f. (koultête). Faculté.
falb a. (falp, -b-). Fauve.
Falbel f. Falbala, m., volant, m.
Falk‖[e], -n, -n m. (f*a*lk^e^). Faucon. ‖**-enier** m. ①, **[e]ner** m. ④ (^e^n*î*r, ^e^r). Fauconnier.
Fall‖ m. Chute, f. ‖[Untergang] Ruine, f. ‖[Zusammenbruch] Faillite, f. ‖[Ereignis] Cas : *auf alle Fälle,* en tous cas; *im Falle, daß* [*wo*]..., au cas où... ‖[Kasus] Cas. ‖**-brett** n. ②. Bascule, f. ‖**-brücke** f. Pont-levis, m.
Falle‖ f. Piège, m.; *in die Falle gehen**, tomber dans le piège. ‖**-grube** f. (gr*oû*b^e^). Trappe.
fallen*. Tomber. ‖[auf d. Schlachtfeld] Périr. ‖n. Chute, f. : *beim Fallen,* en tombant.
fällen (fèl^e^n). Abattre. ‖[das Bajonett] Croiser. ‖[e. Urteil] Porter.
Fall‖fenster n. (fènst^e^r). Fenêtre à guillotine, f. ‖**-gatter** n. Herse, f. ‖**-grube** f. (oûb^e^). Trappe.
fallieren intr. (*î*r^e^n). Faire* faillite.
fällig a. (ig). Payable : *fällig sein**, être* échu, e; *fällig werden**, échoir*.
Falliment n. ① (ènt). Faillite, f.
fallit a. (*î*te). Failli. ‖m., **-en, -en** m. Failli.
falls conj. Au cas où.
Fallschirm m. Parachute. *Fallschirmjäger,* parachutiste.

Italique : accentuation. **Gras :** pron. spéciale. *Verbe fort. V. GRAMMAIRE.

Fallstrick m. (schtrik). Embûche, f.
Fallssucht f. (zoucht). Épilepsie; *fallsüchtig*, a., épileptique.
Falltür f. Trappe.
falsch a. Faux, ausse. ‖[Sprache] Incorrect, e. ‖adv. Faussement, incorrectement : *falsch schreiben**, écrire* mal.
fälschen (fèlschen). Falsifier. ‖[Wein] Frelater.
Fälscher m. ④ (er). Falsificateur. ‖[v. Münzen] Faussaire.
Falschheit f. (haèt). Fausseté.
fälschlich adv. (ich). Faussement.
Falsch‖münzer m. ④ (muntser). Faux-monnayeur. ‖**-spieler** m. ④ (schpîler). Tricheur. ‖**-stück** n. (schtuk). Faux, m.
Fälschung f. Falsification.
Falsett n. ① (ètt). Fausset, m.
Falsum, ...sa n. (alzoum). Faux, m.
Falte f. (falte). Pli, m. : *Falten werfen**, faire* des plis; *Faltenwurf*, m., draperie, f. : *in Falten legen*, plier, plisser. ‖Ride, f.
fälteln (fèlteln). Plisser.
falt‖en. Plier : *die Hände falten*, joindre* les mains. ‖Rider. ‖**-ig** a. (ig). Plissé, e.
Falz‖ m. ① (falts). Rainure, f. ‖[am Einband] Onglet. ‖**-bein** n. Plioir. m.
falzen (alts). Plier.
familiär a. (ière). Familier, ère.
Famil‖iarität f. (tête). Familiarité. ‖**-ie** f. (mîlie). Famille : *im Familienkreis*, au sein de la famille, ‖*Familienunterstüzung*, f., allocation familiale.
famos a. *Fam.* (môss). Fameux, euse. ‖Épatant, e, *fam.*
Fanat‖iker m. (âtiker), **-isch** a. Fanatique.
fanatisieren (zîren). Fanatiser.
Fanatismus m. (ìs-). Fanatisme.
fand (fànt, -d-). imp. de *finden**.
Fang‖ m. (fàng). Prise, f., capture, f. ‖[v. Fischen] Pêche, f. ‖[Falle] Piège. ‖[Hauer] Défense, f. ‖[Kralle] Griffe, f., serre, f. ‖**-arm** m. ①, tentacule. ‖**-becher** m. ④ (béecher). Bilboquet. ‖**-eisen** n. Piège, m.
fangen* (fangen). Saisir, attraper. ‖[mit d. Falle] Prendre*.
Fang‖messer n. ④. Couteau [m.] de chasse. ‖**-netz** n. Filet. m. ‖**-zahn** m. Défense, f.

Farbe f. (farbe). Couleur : *Farbe halten**, être* de bon teint. ‖*Farben...*, de[s], [en] couleur[s] : *Farbenbild*, n., image coloriée, f.; *farbenblind*, a., daltonien, enne; *Farbenblindheit*, f., daltonisme, m.; *Farbenbrett*, n. ②, palette, f.; *Farbendruck*, m., chromolithographie, f.; *Farbenfilm*, n., film en couleurs; *farbenfrei*, a., achromatique; *Farbenlehre*, f., théorie des couleurs; *Farbenstift*, m., pastel; *Farbenton*, m., teinte, f.
farb‖ig a. (ig). De couleur : *Farbiger*, [un] homme de couleur. ‖**-los** a. (lôss). Incolore.
Farb‖stift m. Pastel. ‖**-stoff....** m. (schtof). Matière colorante, f.
färben (fêrben). Colorer. ‖[Stoff usw.] Teindre* : *rot* usw *färben*, teindre* en rouge, etc. ‖*Fig.* Farder.
Färb‖er m. ④. Teinturier. ‖**-erei** f. Teinturerie. ‖**-ung** f. Coloration. ‖[Farbe] Teinte. ‖[Färben] Teinture.
Farn m. ①, **-kraut** n. ②. Fougère, f.
Färse f. (fêrze). Génisse.
Fasan‖ m. ① (zân). Faisan. ‖**-erie** f. Faisanderie.
Faschine f, (îne). Fascine.
Fasching m. (faschìng). Carnaval.
Fasch‖ismus m. (ismouss). Fascisme. ‖**-ist, -en, -en** m. Fasciste.
faschistisch a. Fasciste.
faseln (fâzeln). Radoter : *Faselei*, f., radotage, m.; *Fas[e]ler, in*, m. ④, f., *Faselhans*, m., *-lise*, f., radoteur, euse.
Faser f. (fâzer). Fibre.
faserig a. (ig). Fibreux, euse.
fasern [sich]. S'effiler.
Faß‖ n. ③ (fâs). Tonneau, m. Dim. *Fäßchen*, n. ④ (fês'chen), barillet, m., tonnelet, m. ‖**-band** n. ②. Cercle, m.
faßbar a. Qui peut être saisi. ‖[begreiflich] Compréhensible.
Faßbinder m. ④ (binder). Tonnelier.
fass‖en (fassen). Saisir. ‖[mit d. Faust] Empoigner. ‖[Edelstein, Juwelen] Sertir, monter. ‖*Fig.* [enthalten] Contenir*, comprendre*. ‖[begreifen] Concevoir. ‖[sich] Se contenir*. ‖[sich beruhigen] Se ressaisir. ‖**-lich.** a. (ich). Compréhensible, concevable.

Fassung f. [v. Juwelen] Monture. ‖*Fig.* Contenance, calme, m. : *aus der Fassung kommen**, perdre contenance.
fast adv. Presque.
fasten (*fas*t^e^n). Jeûner. ‖[kein Fleisch essen] Faire* maigre. ‖n. Jeûne, m. : *die Fasten*, pl., *die Fastenzeit*, f., le carême, m.; *Fastenspeise*, f., plat maigre, m.
Fast‖nacht f. (na**ch**t). Mardi gras, m. : *Fastnachtzeit*, f., carnaval, m. ‖**-tag** m. (tâg). Jour maigre.
fatal a. (*tâl*). Fatal, e. ‖[traurig] Fâcheux, euse.
Fat‖alismus m. (*is*mouss). Fatalisme. ‖**-alist, -en, -en** m.
fatalistich a. Fataliste.
Fatum, ...ta n. (*fâ*toum). Destin, m.
fauchen (*fa*^o^**ch**^e^n). Félir.
faul a. (*fa*^o^l). Pourri, e. ‖[Speisen] Gâté, e. ‖[Wasser] Corrompu, e. ‖[Zahn] Carié, e. ‖[träge] Paresseux, euse, fainéant, e.
Faul‖baum m. (*ba*^o^m). Bourdaine, f. ‖ **¨e** f. (**fœü**l^e^). Pourriture.
faul‖en intr. (*fa*^o^l^e^n). Pourrir, se gâter. ‖[v. Zähnen] Se carier. ‖**-enzen** intr. (*è*nts^e^n). Faire* le paresseux. ‖*Fam.* Fainéanter.
Faul‖enzer, in m. ④, f. (^e^r, ìn). Paresseux, euse, fainéant, e. ‖**-heit** f. (**h**a^è^t). Paresse, fainéantise.
faulicht, -ig a. Putride.
Fäulnis f. (**fœü**lniss). Pourriture, putréfaction. ‖[d. Knochen] Carie.
Faulpelz m. (pèltss), *fam.* Paresseux, fainéant.
Faun m. ① (*fa*^o^n). Faune.
Fau‖na, ...nen f. Faune.
Faust‖, ¨e f. (*fa*^o^st). Poing, m.; *Fig. auf eigene Faust*, de son propre chef, à son corps défendant. ‖ **¨chen** n. ④ (**fœü**st**ch**^e^n). Dim. de *Faust* : *ins Fäustchen lachen*, rire* sous cape. ‖**-handschuh** m. (*h*àntschoû). Mitaine, f. ‖**-kampf** m. (kampf). Pugilat. ‖ **¨ling** m. (**fœü**stling). Mitaine, f., moufle, f. ‖**-pfand** n. nantissement. ‖**-recht** n. Droit [m.] du plus fort. ‖**schlag** m. (*â*g). Coup de poing.
Faxe f. Farce : *Faxenmacher*, m., farceur.
Fazette f. (tsèt^e^). Facette. ‖[im Spiegel] Biseau, m. : *Fazettenspiegel*, m., glace biseautée, f.
fazettiert a. (*î*rt). A facettes.
Fazit n. ① (tsîte). Résultat, m. ‖[e. Addition] Total, m.
Februar m. (*fée*brouar). Février.
fechten* (*fè***ch**t^e^n). Combattre [avec l'épée]. ‖[in der Fechtschule] Faire* des armes *ou* de l'escrime. ‖n. Escrime, f. : *Fechtboden*, m. ④ (*bô*d^e^n), salle d'armes *ou* d'escrime, f.; *Fechtdegen*, m. ④, fleuret; *Fechtkunst*, f., escrime; *Fechtmeister*, m. ④, maître d'armes *ou* d'escrime; *Fecht‖platz*, m., *-schule*, f., salle d'armes, f.
Fechter m. ④. Escrimeur. ‖[römischer] Gladiateur.
Feder‖ f. (*fée*d^e^r). Plume. ‖[Schwung-] Ressort, m. ‖*Feder...*, ...-plume[s], ...de plume[s] : *Federspitze*, f., bec de plume, m.; *Federbett*, n., lit de plumes, m.; *Federhalter*, m., porte-plume. ‖**-ball** m. Volant. ‖**-besen** m. ④ (*béez*^e^n). Plumeau, x. ‖**-büchse** f. (*buks*^e^). Plumier, m. ‖**-busch** m. (bousch). Panache, plumet. ‖**-deckbett, -en** n. (dek-). Édredon, m. ‖**-kasten** m. ④. Plumier. ‖**-kraft** f. Élasticité. ‖**-krieg** m. (krîg). Polémique, f. ‖**-matratze** f. (*a*ts^e^). Sommier élastique, m. ‖**-messer** n. ④ (^e^r). Canif, m. ‖**-streit** m. (schtra^è^t). Polémique, f. ‖**-vieh** n. (fî). Volaille, f.
Fee f. (*fée*). Fée : *feenhaft*, a., (*fé*^è^n) féerique; *Feenstück*, n., féerie, f.
fegen (*fée*g^e^n). Balayer. ‖[Schornsteine] Ramoner. ‖[Schwert] Fourbir. ‖*Fegefeuer*, n. (^e^**fœü**^e^r), purgatoire, m.
Feger m. (*fé*). Balayeur.
Fehde‖ f. (*fée*d^e^). Guerre. ‖**-brief** m. (*î*f). Défi.
Fehl m. (*fée*l). Défaut. ‖[*Fehl...*, faux, fausse, manqué, e, manquant, e, défectueux, euse, et préf. sép. Ex. : *fehl‖gehen**, intr., se tromper de chemin, faire* fausse route; *-greifen**, se méprendre, faire* une bévue [*fam.* une gaffe]; *-schießen**, *-schlagen**, *-stoßen**, manquer son coup; *-treten**, intr. [*sein*], faire* un faux pas; *-betrag*, m., déficit; *-entzündung*, f., raté, m.; *-gang*, m., course manquée [inutile], f.; *-geburt*, f., fausse couche, avortement, m; *-griff*, m., méprise, f.,

bévue, f.; *-hieb*, m., *-schlag*, m., *-schuß*, m., *-stoß*, m., coup manqué; *-schluß*, m., conclusion fausse, f.; *-tritt*, m., faux pas.

fehl‖**bar** a. Faillible. *Fehlbarkeit*, f. (kaète), faillibilité. ‖**-en** intr. (féelen). Manquer; *es fehlen zehn Mark*, il manque dix marks; *es an nichts fehlen lassen**, ne rien laisser manquer; *was fehlt Ihnen?*, qu'avez-vous? ‖[e. Fehler begehen] Faillir*. ‖[sich irren] Se tromper.

Fehler m. ④. Défaut. ‖[Verstoß] Faute, f. : *grober Fehler*, grosse faute, f., bévue, f.; *fehlerfrei*, *-los*, a., sans défauts, correct, e; *fehlerhaft*, a., défectueux, euse; *Fehlerhaftigkeit*, f., défectuosité.

Feier‖ f. (faèer). Repos, m. ‖[Fest] Fête. ‖**-abend** m. (âbent, -d-). Veille de fête, f. ‖[Arbeitsunterbrechung] Repos. ‖[am Samstag] Semaine anglaise, f.

feierlich a. (lich). Solennel, le.

Feierlichkeit f. (kaèt). Solennité.

feiern intr. [nicht arbeiten] Chômer. ‖tr. Célébrer, fêter. ‖n. Chômage, m. ‖Célébration, f.

Feier‖**stunde** f. (schtounde). Heure de repos. ‖**-tag** m. (tâg). Jour de repos. ‖[Festtag] Jour férié : *hoher* —, grande fête, f.

Feige f. (faège). Figue. *Feigenbaum*, m., figuier.

feig‖**e** a., **-ling** m. (faège, lìng). Lâche, poltron, ne.

Feigheit f. Lâcheté, poltronnerie.

feil‖ a (faèl). A vendre. ‖[Amt, Person] Vénal, e : *feile Dirne*, prostituée, f. ‖**-bieten***, sép. (bîten). Offrir* [mettre*] en vente.

Feile f. Lime.

feilen. Limer.

Feilheit f. (haèt). Vénalité.

Feil‖**icht** n., **-späne** pl., **-staub** m. Limaille, f.

feilschen. Marchander.

fein a. (faèn). Fin, e : *feiner Ton*, bon ton; *feine Welt*, beau monde; *feines Wesen*, manières distinguées. ‖adv. Finement.

Feinbäcker m. (bêker). Pâtissier.

feind a. attr. (faènt, -d-). Ennemi, e, hostile. ‖m., **Feindin** f. (ìn). [m.] ennemi, e. *Feindesland*, n., pays [m.] ennemi.

feindlich a. (ich). Ennemi, e : *feindlich gesinnt*, hostile.

Feindschaft f. Inimitié, hostilité.

feind‖**schaftlich** a. (ich), **-selig** a. (zéelig). Hostile.

Feindseligkeit f. Hostilité.

feinfühlig a. (lig). Délicat, e.

Fein‖**gebäck** n. (gébèk). Pâtisserie, f. ‖**-gefühl** n. (gé-). Délicatesse, f. ‖[Takt] Tact, m. ‖**-gehalt** m. (gehalt). [Gold] Titre. ‖**-heit** f. (haèt). Finesse.

feinschmeckend a. (kent, d-). Friand, e.

Fein‖**schmecker** m. ④. Gourmet. ‖**-zucker** m. (tsouker). Sucre raffiné.

feist a. (faèst). Gras, se.

Feist‖**e** f., **-heit** f., **-igkeit** f. Obésité.

Feld‖ n. ② (fèlt..., -d-). Champ, m. ‖[Gefilde] Campagne, f. ‖*Mil.* Champ [m.] de bataille, campagne, f., camp, m. ‖[am Schachbrett] Case, f. ‖[Füllung] Panneau, x, m., ‖*auf freiem Felde*, en plein champ, en pleine campagne; *das Feld räumen*, abandonner le terrain, céder la place; *aus dem Felde schlagen**, mettre* en fuite. ‖*Feld...* 1. ... des champs, champêtre, rural, e. Ex. : *Feldarbeit*, f., *-bau*, m., travail des champs, agriculture, f.; *-ein*, adv., à travers champs; *-schütz*, m., garde champêtre; *-weg*, m., chemin rural [vicinal]. ‖2. *Mil.* ...de campagne. Ex. : *Feldartillerie*, f., *-dienst*, m., artillerie, service de campagne. *Feldzug*, m., expédition militaire, f. ‖**-flasche** f. Bidon, m. ‖**-herr, -n, -en** m. (hèr). Général. ‖**-huhn** n. ② (hoûne). Perdrix, f. ‖**-lazarett** n. Ambulance, f. ‖**-marschall** m. Feld-maréchal. ‖ ‖**-messer** m. ④ (mèsser). Arpenteur. ‖**-mütze** f. Bonnet de police, m. ‖**-prediger** m. (préediger). Aumônier [militaire]. ‖**-scherer** m. ④ (schéerer). Chirurgien [militaire]. ‖**-schlacht** f. (acht). Bataille rangée. ‖**-spat** m. (schpât). Feldspath. ‖**-stecher** m. ④ (schtècher). Jumelle, f. [de campagne]. ‖**-stuhl** m. (schtoûl). Pliant. ‖**-webel** m. (véebel). Adjudant.

Felge f. (fèlge). Jante.

Fell|| n. (fèl). [v. Tieren] Peau, x, f. ||*Fam. einem das Fell gerben,* rosser qn. d'importance. ||**-bereiter** m. (*a*ètᵉr). Peaussier. ||**-eisen** n. ④ (*a*èzᵉn). Valise, f.

Fels, -ens, -en m., **Felsen** m. ④. (fèlsᵉn). [Masse] Roc, roche, f. ||[steiler] Rocher.

felsicht, -ig a. (**icht**, -**ich**). Rocheux, euse.

Felskristall m. Cristal de roche.

Feme f. (*fée*meᵉ). [sainte] Vehme. ||**Femininum, na** n. (nînoum). Féminin, m.

Fenchel m. (fèn**ch**). Fenouil.

Fenster|| n. ④ (fènstᵉr). Fenêtre, f. ||**-glas** n. (*â*s). Verre [m.] à vitres. ||**-heber** m. [Auto] Lève-glace. ||**-kreuz** n. (krœüt**ss**). Croisée, f. ||**-nische** f. Embrasure. ||**-pfeiler** m. ④. Trumeau, x.

Ferien pl. (*fée*-). Vacances, f. pl.

Ferkel n. ④ (fèrkᵉl), **-chen** n. ④ (**ch**ᵉn). Cochon [m.] de lait.

fern a. Éloigné, e, lointain, e. ||[zeitlich] Reculé, e.

Fernbildübertragung f. Télévision.

fernbleiben* sép. (bl*a*èbᵉn). [einem, einer Sache] Rester étranger [à qn., à qc.].

Fern||**dienst** m. (dînst). Service [téléphonique] interurbain. ||**-e** f. Lointain, m., distance : *in der Ferne,* au loin; *aus der Ferne,* de loin, à distance.

ferner a. compar. Plus éloigné, e. ||[zeitlich] Ultérieur, e. ||adv. De plus, en outre. ||*fernerhin,* adv. (**h**ìn). A l'avenir.

Fern||**gespräch** n. (géschprê**ch**). Conversation [communication] téléphonique, f. ||**-glas** n. ② (âs). Longue-vue, f. ||**-hörer** m. ④ (**h**eû-rᵉr). Récepteur. ||**-rohr** n. ① (rôr). Longue-vue, f. ||[der Astronomen] Télescope, m. ||**-schreiber** m. ④ (*a*èbᵉr). Télégraphe.

Fernseh||**apparat** n. (r*â*t). Téléviseur, m. ||**-en** n. Télévision, f.

fernsicht f. (**z**i**ch**t). Perspective.

fernsichtig a. (**z***i***ch**tig). Presbyte.

Fernsichtigkeit f. (k*a*ète). Presbytie.

fernsprechen* (schprè**ch**ᵉn). Téléphoner.

Fernsprecher m. ④ (schprè**ch**ᵉr). Téléphone. ||*Fernsprech...,* de [du, des] téléphone[s], téléphonique. Ex. : *Fernsprechamt,* n., *-leitung,* f., *-nachricht,* f., *-zelle,* f., bureau, m., circuit, m., message, m., cabine [f.] téléphonique; *-automat,* m., téléphone automatique; *-beamter,* m., téléphoniste; *-fräulein,* n., *-gehilfin,* f., demoiselle [f.] du téléphone; *-teilnehmer,* m., abonné au téléphone; *-wesen,* n. spl., téléphones, pl.

Fernsteuerung f. Télécommande.

Ferse f. (fèrzᵉ). Talon, m.

fertig|| *a.* (fèrti**g**). Prêt, ête : *fix und fertig,* tout prêt; *ich bin fertig,* j'ai fini; *mit etwas fertig sein*,* avoir* fini qc. ||adv. : *fertig sprechen*,* parler couramment. ||**-en.** Achever.

Fertig||**fabrikat** n. Produit [m.] fini [manufacturé]. ||**-keit** f. (k*a*èt). Adresse, habileté.

fertig||**machen** (m*a***ch**ᵉn), **-stellen,** *sép.* (schtèlᵉn). Achever, finir.

Fertigstellung f. Achèvement, m.

Fes n. inv. Fa bémol, m. ||m. Fez.

fesch a. *pop.* Chic, *pop.,* inv. ||[resolut] Crâne, *fam.*

Fessel f. (fèssᵉl). Chaîne : *in Fesseln schlagen*,* mettre* aux fers; *Fesselballon,* m., ballon captif.

fess||**eln** (ᵉln). Enchaîner. ||[Pferde] Entraver. ||*Fig.* Captiver. ||**-elnd** p. a. Captivant, e.

Fest[1] n. (fèst). Fête, f.

fest[2]|| a. (fèst). Fixe [Körper] Solide. ||*Fig.* Ferme : *Festland,* n. ②, terre ferme, f., continent, m. ||[befestigt] : *fester Platz,* m., place forte, f. ||[v. Schlaf] Profond, e. ||[Preis] Fixe. ||*...fest,* à l'épreuve de ... ||adv. et préf. séparable. Ferme, fermement. ||**-binden*** (b*i*ndᵉn). Attacher.

Feste f., = *Festung.*

Fest||**essen** n. ④. Festin, m., banquet, m. ||**-gebräuche** pl. (gebrœü**ch**ᵉ). Cérémonial, m.

festhalten* tr. (**h***a*ltᵉn). Tenir* ferme. ||[festnehmen] Arrêter. ||intr. Tenir* ferme. ||[dauerhaft sein] Être* solide. ||*Fig.* [an, *dat.*] Tenir* [à], persévérer [dans].

festigen (igᵉn). Fixer, attacher.

Festig||**ung** f. Fixation. ||**-keit** f. Fermeté, solidité.

Festkleid n. (kla^e^t, -d-). Habit [m.] de fête.
festlich a. (**ich**). Solennel, le.
fest||liegen* (lîg^e^n). Être* solidement fixé. ||[v. Kranken] Être cloué sur son lit. ||**-machen** (ma**ch**^e^n). Fixer.
Festmahl n. ① (mâl). Banquet, m.
festnageln (nâg^e^ln). Clouer.
Festnahme f. Arrestation.
festnehmen*. Arrêter.
Fest||ordner m. ④. Commissaire [d'une fête]. ||**-ordnung** f. Programme, m. [d'une fête]. ||**-punkt** f. Point [m.] de repère. ||**-rede** f. (r*éé*d^e^). Discours officiel, m.
festsetzen. Fixer, établir. ||[Bedingung] Stipuler. ||[verordnen] Arrêter.
Festsetzung f. Fixation, stipulation.
festsitzen*. Être* solidement fixé. ||[Kraftwagen usw.] Rester en panne.
Festspiel n. (schpîl). Représentation de gala, f.
fest||stehen* intr. (scht*éé*^e^n). Tenir* ferme, tr., être* solide. ||**-stellen** (schtèl-). Fixer, établir. ||[Tatsache] Constater.
Feststellung f. Fixation, constatation.
Festtag m. ①. Jour de fête.
Festung f. Forteresse : *Festungswerk,* n., ouvrage fortifié, m.
Fest||vorstellung f. (fôrschtèloung). = *Festspiel.* ||**-zug** m. (tsoûg). Cortège. ||[zu Pferde] Cavalcade, f.
Fetisch m. (*fée*-). Fétiche.
fett|| a. (fètt). Gras, se : *fett werden*,* engraisser. ||n. ①. Graisse, f. ||**-en.** Graisser, lubrifier. ||**-ig** a. Graisseux, euse.
Fett||stoff m. Matière grasse. ||**-sucht** f. Obésité.
Fetzen m. ④. Lambeau, x.
feucht a. (fœü**ch**t). Humide.
Feuchtigkeit f. Humidité.
feudal a. (fœüdâl). Féodal, e.
Feudalwesen n. (v*éé*z^e^n). Féodalité, f.
Feuer|| n. ④ (fœü^e^r...). Feu, x, m. ||[Brand] Incendie, m. : *Feuersbrunst,* ¨e, f., incendie, m. ||[Schießen] Feu, m., tir, m. ||[Glut] Feu, m., ardeur, f. : *Feuer anlegen, anstecken,* mettre le feu; *Feuer* [*un*]*machen,* faire* du feu; *Feuer fangen*,* prendre* feu; ||*Feuer...,* ... [à, du] feu. Ex. : ||*Feuerschirm,* m., garde-feu; *-taufe,* f., baptême [m.] du feu; *-waffe,* f., arme à feu; ... à [de, contre] l'incendie. Ex. : *Feuermelder,* m. ④, *-meldestelle,* f., avertisseur, m., poste avertisseur [m.] d'incendie; *Feuerspritze,* f., pompe à incendie; *Feuerversicherung,* f., assurance contre l'incendie; ||*feurig,* a., ardent, e, enflammé, e. ||**-berg** m. (bèrg). Volcan. ||**-bestattung** f. (schtatoung). Incinération, crémation. ||**-bock** m. Chenet. ||**-brand** m. (ànt). Brandon.
feuer||fangend a. (fàng^e^nt). Inflammable. ||**-fest** a. Incombustible.
Feuer||glocke f. Tocsin, m. ||**-glut** f. (oûte). Brasier, m. ||**-löschapparat** m. ① (leûsch-râte), **-löscher** m. ④. Appareil d'extinction. ||**-mal** n. ①. Brûlure, f.
feuern (fœü^e^rn). Faire* du feu. ||[schießen] Faire* feu.
Feuerschwamm m. Amadou.
feuersicher a. (**zich**^e^r). Incombustible.
Feuer||stahl m. (schtâl). Briquet. ||**-stätte** f. (schtèt^e^), **-stelle** f. Foyer, m. ||**-ung** f. (oung). Chauffage, m. ||[Brennstoff] Combustible, m. ||**-wache** f. (va**ch**^e^). Poste de pompiers, m. ||**-wehr** f. Corps des sapeurs-pompiers, m. ||**-wehrmann** m., pl. **-wehrleute** (lœüt^e^). Pompier. ||**-werk** n. Feu [m.] d'artifice. ||**-zange** f. Pincettes, pl. ||**-zeug** n. (tsœüg). Briquet, m.
feurig a. (fœürig). V. *Feuer.*
Fiaker m. ④ (fi*a*). Fiacre.
Fibel f. (fîb^e^l). Abécédaire, m.
Fi||ber f. Fibre. ||**-brin** n. (îne). Fibrine, f.
ficht... (**ch**t). V. *fechten**.
Fichte f. Pin, m. : *Fichtenapfel,* m. ③, *-zapfen,* m. ④, pomme de pin, f.
fidel a. (d*ée*l). Gai, e, jovial, e.
Fieber|| n. ④ (fîb^e^r). Fièvre, f. ||**-messer** m. ④. Thermomètre médical. ||**-mittel** n. ④. Fébrifuge, m.
Fied||el f. (fîd^e^l). Mauvais violon, m. ||Crincrin, m. *fam.* ||**-eln** n. Racler du violon. ||**-ler** m. ④. Racleur de violon.
fiel (fîl), imp. de *fallen**.

Figur f. (*goûr*). Figure ‖ [Körper] Silhouette. ‖ [Körperwuchs] Taille. ‖ [im Schachspiel] Pièce.
figürlich a. Figuré, e.
Fiktion f. (ts*iône*). Fiction.
Filiale f. (*iâle*). Succursale.
Filigran n. (*âne*). Filigrane, f.
Film m. Film. ‖*Filmregisseur*, m., metteur en scène. ‖*Filmrolle* [f.], rouleau de pellicules, ‖ film.
Filter m. et n. ④. Filtre, m.
filtern. Filtrer.
Filterung f. Filtrage, m.
fil‖trier... ...à filtrer. ‖**-trieren.** Filtrer.
Filz m. (*f*iltss). Feutre. *Fig. fam.* Ladre.
filzen. Feutrer. ‖n. Feutrage, m.
Filzhut m. (**h***oûte*). [Chapeau de] feutre.
filzig a. (ig). *Fig. fam.* Ladre.
Filzigkeit f. Ladrerie.
Finale, -s n. (*âle*). Finale, f.
Finanz f. (*à*ntss). Finance. ‖*Finanz...*, ...[des] finances, financier.
finanz‖iell a. (*iè*l). Financier, ère. ‖**-ieren** (*î*ren). Financer.
Finanz‖ierung f. (oung). Mise de fonds. ‖**-mann** m. Financier. ‖**-welt** f. Finance. ‖**-wesen** n. (*vée*zen). Finances, f. pl.
find‖bar, -el... V. *finden**.
finden* (*f*inden). Trouver. ‖**[sich]** Se trouver : *das wird sich finden*, cela s'arrangera. ‖[in, *acc.*] S'accommoder [de]. ‖*findbar*, a., trouvable. ‖*Findelhaus*, n. ②, hospice [m.] des enfants trouvés; *Findelkind*, n. ②, enfant trouvé, m.
Finder, in m., f. (der, ìn). Trouveur, euse [*rare*]. ‖Inventeur.
findig a. (ig). Habile à trouver, ingénieux, euse.
Find‖igkeit f. (*ka*ète). Habileté, ingéniosité. ‖**-ling** m. (ìng). Enfant trouvé.
fing imp. de **fangen***.
Finger‖ m. ④ (fìnger). Doigt. *an den Fingern hersagen können**, savoir* sur le bout du doigt; *einem auf die Finger sehen**, avoir* l'œil sur qn.; *einem durch die Finger sehen** être* indulgent pour qn; *keinen Finger rühren*, se tourner les pouces. ‖**-abdruck** m. Empreinte [f.] digitale. ‖**-hut** m. (**h**oût). Dé [à coudre]. ‖ [Pflanze] Digitale, f.
...fingerig a. (ig). Aux doigts... : *langfingerig*, aux doigts longs. ‖*Fig.* Voleur, euse, *fam.*
Finger‖ling m. (ling). Doigtier. ‖**-ring** m. Bague, f. ‖**-satz** m. Doigté. ‖**-spitzvoll** f. inv. (schpitsfol). Pincée. ‖**-zeig** m. (ts*a*èg). Indication, f.
fingieren (fingîren). Imaginer.
Fink[e], m., **-en, -en** m. Pinson.
Finne[1] f. (*f*ine). Bouton, m. [au visage]. ‖ [Flosse] Nageoire.
Finn‖e[2] m. (*f*ine). = *Finnländer*. ‖**-land** n. (lànt). Finlande, f. ‖**-länder** m. ④, **in** f. (lènder, ìn). Finlandais, e. ‖*finnländisch*, a., finlandais, e.
finster a. (fìnster). Sombre ‖ [dunkel] Obscur, e : *im Finstern*, dans l'obscurité. ‖*Fig.* [traurig] Sombre, triste.
Finsternis f. (iss). Obscurité, ténèbres, f. pl. ‖ [v. Gestirnen] Éclipse.
Finte f. (ìnte). Feinte.
Firlefanz‖ m. ① (*f*irle-), **-erei** f. (fàntsera*è*). Baliverne, f.
Firma, ...men f. (*f*irma). Raison sociale. ‖ [Geschäft] Maison [de commerce], firme.
Firn m., **-e** f. (*f*irne). Glacier, m.
Firnis m. (iss). Vernis : *Firnistag*, m., [jour du] vernissage.
firnissen. Vernir.
First m. Sommet, cime, f. ‖ [Giebel] Faîte, comble.
Fis n. inv. Fa dièse, m.
Fisch‖ m. (*f*isch...). Poisson. ‖*Fisch...*, ...de poisson, de pêche. ‖**-behälter** m. ④ (**h**èlter). Vivier. ‖**-bein** n. (b*a*èn) Baleine, f. [de corset]. ‖**-brut** f. (broûte). Frai, m.
fischen. Pêcher. ‖n. Pêche, f.
Fisch‖er m. ④, **in** f. Pêcheur, euse : *Fischerboot*, n., bateau [m.] de pêche. ‖**-erei** f. (er*a*è). Pêche. ‖ [Ort] Pêcherie. ‖**-esser** m. ④. Ichtyophage. ‖**-fang** m. (fàng). Pêche, f. ‖**-kessel** m. Poissonnière, f. ‖**-kunde** f. (k*o*unde). Ichtyologie. ‖**-markt** m. Marché au poisson, poissonnerie, f. ‖**-otter** f. Loutre. ‖**-pfanne** f. Poissonnière.
fischreich a. (r*a*è**ch**). Poissonneux, euse.
Fisch‖reuse f. Nasse. ‖**-tag** m. ① (tâg). [bei Katholiken] Jour maigre. ‖**-weib** n. Poissarde, f. ‖**-zeug** n.

(tsœüg). Engin[s] [m.] de pêche. ||-**zucht** f. (tsoucht). Pisciculture. ||-**zug** m. (tsoûg). Coup de filet.
fis||kal... (âl) : ...fiscal, e. ||-**kalisch** a. Fiscal, e.
Fiskus m. (fiskouss). Fisc.
Fisole f. (ôle). Haricot, m.
Fistel f. (fîstel). Fistule. ||[Stimme] Fausset, m.
Fittich m. (fittich). Aile, f.
fix|| a. Fixe. ||[flink] Prompt, e : *fix und fertig,* tout prêt. ||-**ieren** (îren). Fixer.
Fix||um, ...xa n. (fixoum). Somme fixe, f. ||*Fam.* Fixe, m.
Fjord m. ① (fiòrt, -d-). Fiord.
flach a. (flach...). Plat, e; *die flache Hand,* le plat de la main. ||*Flach||feld,* n. ②, plaine, f.; ||-*füßig,* a., qui a le pied plat; -*heit,* f., forme plate.
Fläche f. (flèche). Face. ||[Außenseite] Surface. ||[Oberfläche] Superficie. ||[Ebene] Plaine. ||[v. Flugmaschinen] Surface portante. ||*Flächen...,* ... de surface : Ex. : *Flächeninhalt, -raum,* m., superficie, f.
Flachs|| m. (flaks...). Lin. ||-**haar** n. (hâr), -**kopf** m. Chevelure [tête] blonde, f.
flackern intr. (ern). [v. Lichte] Vaciller. ||n. Vacillement, m.
Fladen m. ④ (flâden). Flan. ||[Kuhmist] Bouse, f.
Flagge f. (flage). Pavillon, m.
flaggen tr. Pavoiser. ||intr. Saluer [avec le pavillon].
Flakartillerie f. Artillerie antiaérienne, D. C. A.
Flame, ¨e -n, -n m. (flême), **Flam[l]länder** m. ④, **in** f. (flàm-, în). Flamand, e. || *flämisch, flam[l]ändisch,* a., flamand, e.
Flamme f. (flame). Flamme. ||Dim. *Flämmchen,* n. ④, flammèche, f.
flammen intr. Flamber. ||[blitzen] Flamboyer.
Flammenwerfer m. ④ Lance-flammes.
Flammeri, -s m. Pudding froid.
flammig a. (ig). En flammes.
Flandern n. (flàndern). La [les] Flandre[s], f. [pl.] : *flandrisch,* a., des Flandres.
Flanell m. (nèl). Flanelle, f.
flanellen a. De flanelle.
Flanke f. (flànke). Flanc, m. : *in die Flanke fallen*,* prendre* de flanc.
flankieren (îren). [mit] Flanquer [de].
Flasche f. (flache). Bouteille : *e Kinde die Flasche geben*,* nourrir un enfant au biberon. ||[Wasser] Carafe. ||Dim. *Fläschchen,* n. ④, flacon, m. ||[bei Tisch] Carafon, m. ||[für Säuglinge] Biberon, m. *Flaschen||bier,* n., bière [f.] en bouteilles; -*hals,* m., goulot; -*kürbis,* m.; calebasse, f.; -*zug,* m., moufle, f.; [mit Ketten] palan.
flattern (flattern). Voleter, voltiger. ||*Fig.* [flatterhaft sein] Être* volage; *fam.* papillonner. ||*Flatter||geist,* m., esprit volage; -*haft,* a., volage; [unbeständig] inconstant, e, léger, ère; -*haftigkeit,* f., inconstance, légèreté; -*sinn,* m., esprit volage, légèreté, f.
flau a. (flao). Faible, languissant, e. ||[Geschäft] Calme. ||[Gemälde] Flou, e. ||[Börse] Lourd.
Flauheit f. (haète). Faiblesse; langueur.
Flaum m. (flaom). Duvet : *Flaumbart,* f., barbe naissante.
Flause Baliverne ||*Fam.* Blague : *Flausenmacher,* m., blagueur.
Flechse f. (flèkse). Tendon, m.
Flechte f. (flèchte). Tresse ||[v. Haar] Natte. ||[Krankheit] Dartre. ||[Pflanze] Lichen, m.
flechten*. Tresser. ||[Blumen usw.] Entrelacer. ||*Flechtwerk,* n., treillis, m.
Fleck|| m. (flèk). [Stelle] Lieu, endroit : *nicht vom Flecke kommen*,* ne pas avancer. ||[Farb-, Schmutz-] Tache, f. ||[in Diamanten] Paille, f. ||[v. Stoff] Pièce, f. ||-**en** m. ④ 1. V. *Fleck.* ||2. Bourg : *kleiner Flecken,* bourgade, f.
fleckig a. 1. Taché, e : *fleckig werden*,* se tacher; [v. Obst] se meurtrir. ||2. Tacheté, e.
Flecktyphus m. Fièvre [f]. pourpre.
Fledermaus, ¨-e f. (fléedermaos). Chauve-souris.
Flegel|| m. ④ (fléegel). Fléau, x. ||*Fig.* et **-haft** a. (haft). Lourdaud, rustre. ||-**Jahr** pl. (yâre). Âge ingrat, m.

fleh||**en** (flé*e*en). Supplier, implorer. || n. spl. Supplication, f. ||**-entlich** a. (entli**ch**). Suppliant, e. ||adv. D'un ton suppliant.

Fleisch|| n. spl. (flà*è*sch). Chair, f. ||[zum Essen] Viande, f. ||[v. Früchten] Chair, f., pulpe, f. ||**-bank** f. (b*a*nk). Étal, aux, m. [des bouchers]. ||**-beschau** f. Inspection sanitaire [de la viande]. ||**-brühe** f. (br*û*'e). Bouillon, m. ||**-er, in** m. ④, f. (er, ìn). Boucher, ère. ||**-farbe** f. Carnation.

fleischfarben a. Couleur de chair.

fleischfressend a. Carnivore.

Fleisch||**fresser** m. ④. Carnivore. ||**-gegner** m. (gé*e*gner). Végétarien.

fleisch||**ig** a. (ig). Charnu, e. ||**-lich** a. (i**ch**). Charnel, elle. ||**-los** a. (lôss, -z-). Décharné, e.

Fleisch||**made** f. (m*â*de). Asticot, m. ||**-speise** f. (schp*a*èze). Plat de viande, m. ||**-suppe** f. (z*ou*pe). Soupe grasse. ||**-tag** m. (t*â*g). Jour gras. ||**-teile** pl. (t*a*èle). Parties charnues. ||**-topf** m. Pot-au-feu. ||**-werdung** f. (oung). Incarnation.

Fleiß m. (fl*a*èss). Application, f., travail, assiduité, f. : *mit Fleiß*, à dessein, exprès.

fleißig a. (ig). Appliqué, e, assidu, e. ||[arbeitsam] Laborieux, euse. ||[tätig] Diligent, e.

flektieren. Décliner. ||Conjuguer.

flennen (flènen). Pleurnicher.

Flenn||**er** m. ④. Pleurnicheur. ||**-erei** f. (*a*è). Pleurnicherie.

fletschen. Grincer des dents.

Flexion f. Déclinaison. ||Conjugaison.

flicht. V. *flechten**.

Flickarbeit f. (fl*i*k*a*rbaèt). Rapiéçage, m., ravaudage, m. ||[Ausbessern] Raccommodage, m.

flicken. Rapiécer, ravauder, raccommoder. ||n., = *Flickarbeit.*

Flick||**er, in** m. ④, f. (er, ìn). Rapiéceur, euse, ravaudeur, euse. ||**-werk** n. = *Flickarbeit.*

Flieder|| m. ④, **-strauch** m. (fl*î*derschtr*a*o**ch**). Lilas.

Fliege f. (flîge). Mouche.

flieg||**en*** [*sein*]. Voler. ||n. Vol, m. : *im Fliegen*, au vol. ||**-end** p. a. (ent, -d-). [Blatt, Brücke] Volant, e. ||[Haare]. Épars, flottants.

Flieger, in m. ④, f. Aviateur, trice.

flieh||**en*** intr. [*sein*] et tr. (fl*î*en). Fuir*. ||**-end** p. a. (ent, -d-). En fuite.

Fliese f. (flîze). Carreau, x, m., dalle.

Fließarbeit f. Production en série.

fließ||**en*** intr. [*sein*] (flîssen). Couler. ||[ins Meer] Se jeter. ||**-end** p. a. (ent, -d-). Coulant, e. ||[Wasser] Courant, e. ||adv. [reden] Couramment.

Flimmer m. ④ (fl*i*mer). Lueur, f.

flimmern intr. Scintiller. ||n. Scintillement, m.

flink a. (flìnk). Leste, agile. ||[schnell] Prompt, e.

Flinkheit f. (h**a**èt). Agilité.

Flinte f. (flìnte). Fusil, m. : *Flintenschuß*, m., coup de fusil; *bis auf Flintenweite*, à portée de fusil.

Flirt, -s m. Flirt.

flirten intr. Flirter. ||n. Flirtage, m.

Flitter|| m. ④ (fl*i*tter). Paillette, f. [Flittergold] Oripeau, x, m. ||**-glanz** m. (glànts). Faux éclat, clinquant. ||**-gold** n. (golt, -d-) Clinquant, m. ||**-kram** m. (kràm), **-staat** m. (scht*â*t), **-werk** n. Clinquant, m., colifichets, m. pl. ||**-woche** f. (v*o*-**ch**e). Lune de miel.

flittern (ern). Papilloter.

flitzen. Filer [très vite].

flocht. imp. de *flechten**.

Flock||**e** f. (floke). Flocon, m. : *flockenartig*, a., floconneux, euse. ||**-seide** f. (z*a*ède), **-wolle** f. Bourre de soie, de laine.

flog, floh. imp. de *fliegen**, *fliehen**.

Floh m. Puce, f.

flöhen (fle*û*'en). Épucer.

Flor|| m. spl. (flôr). 1. Floraison, f. ||*Fig.* Prospérité, f. ||2. m. ① [Stoff] Crêpe, gaze, f. ||[Schleier] Voile. ||**-a, ...ren** f. Flore.

Flor||**entiner, in** m., f. (èntîner, ìn) : *florentinisch*, a., florentin, e. ||**-enz** n. (èntss). Florence, f. ||**-ett** n. ① (ètt). Fleuret, m.

Floskel f. (floskel). Fleur de rhétorique.

floß, imp. de *fließen**. ||n. [m.] ① (ôss). Radeau, x, m., train [m.] de bois. ||*Floßholz*, n., bois flotté, m.

Flo||**sse** f. Nageoire. || **¨ße** f. (fle*û*se). Radeau, x, m.

flößen. Faire* flotter. ||n. Flottage, m.

Flöt||**e** f. (fleûte). Flûte : *die Flöte blasen** [*spielen*], jouer de la flûte. ||Dim. *Flötchen*, n. ④. *Flöten*||*bläser* ④, *-spieler* ④, *Flötist, -en, -en*, m., flûtiste; *-stück*, n., morceau, x [m.] pour la flûte. ||**-en** intr. Jouer de la flûte. ||tr. Jouer sur la flûte.

flott|| a. A flot : *wieder flott machen*, remettre* à flot, renflouer. ||*Fig.* Libre, relâché, e : *flottes Leben führen*, mener grand train. ||**-e** f. (flote). Flotte.

Flottille f. (ile). Flottille.

Flöz n. ① (flœtss). Couche, f. [de minerai].

Fluch m. (floûch). Juron. ||[Verwünschung] Malédiction, f.

fluchen intr. Jurer, maudire.

Flucht f. (floucht). Fuite : *auf der Flucht*, pendant la fuite; *auf der Flucht sein**, être* en fuite; *in die Flucht treiben**, mettre* en fuite; *Fluchtversuch*, m., tentative [f.] d'évasion. ||[Spielraum] Jeu, m. ||[Reihe] Alignement, m. : *in einer Flucht*, sur une rangée [ligne].

flücht||**en** tr. (ûchten). Se sauver. ||[sich] Se réfugier. ||[entfliehen] S'enfuir*, se sauver. || **¨ig** a. (ig). Fugitif, ive. ||[schnell] Rapide. ||[Körper] Volatil, e.

Flücht||**igkeit** f. Rapidité. ||Volatilité. || **¨ling** m. Fugitif, fuyard. ||V. *fliehen**.

Flug m. (floûg...). Vol : *im Fluge*, au vol; *gerader Flug*, vol plané. ||*Flug...*, ...d'aviation, aéro... Ex. : *Flug*||*apparat, m.* [*-maschine*, f., *-schiff*, n., *-zeug*, n.], aéroplane, m., avion, m. : *Flugzeugträger*, m., porte-avions; *-bahn*, f., aérodrome, m.; *-gast*, m., passager; *-hafen*, m. ③, aéroport; *-feld*, n. ②, *-platz*, m., aérodrome, m., camp d'aviation, m.; *-wesen*, n. aviation, f. ||*flugs*, adv., au vol, rapidement.

Flugblatt n. ②. Pamphlet, m., tract, m.

Flügel|| m. (flûgel). Aile, f. ||[Tür-Fenster-] Battant : *-türe*, f., porte à deux battants. ||[Klavier] Piano à queue. ||**-ig** a. (ig) : *zwei-, drei-* usw., à deux [à trois, etc.] ailes. ||**-haube** f. (haobe). Cornette. ||**-weite** f. (vaète). Envergure.

flügge a. (flugge). Dru, e : *flügge werden**, prendre* son vol.

Flug||**sand** m. spl. (zant, -d-). Sable mouvant. ||**-schrift** f., = *Flugblatt*.

Flunkerei f. (flounkeraè). Fanfaronnade. ||*Fam.* Blague.

Flur|| f. (floûr). Campagne. ||pl. Champs, m. pl. ||[Hausflur, auch m. ω] Vestibule, m. ||**-buch** n. (boûch). Cadastre, m. ||**-gang** m. (gàng). Corridor.

Fluß||, **...usses, ...üsse** m. (flous). Rivière, f. ||[großer] Fleuve. ||*Fig.* *Fluß der Rede*, flux de paroles; *in Fluß bringen**, mettre* en train. ||**-anwohner** m. ④ (ànvôner). Riverain. ||**-becken** n., **-gebiet** n. (gébîte). Bassin, m.

flüssig a. (flussig). Fluide, liquide : *flüssig machen*, liquéfier; *flüssige Gelder*, argent liquide [disponible].

Flüssigkeit f. (kaèt). Liquide, m.

Fluß||**pferd** n. Hippopotame, m. ||**-schiffahrt** f. (fârte). Navigation fluviale. ||V. *fließen**.

flüstern (flust-). Chuchoter. ||n. spl. Chuchotement, m.

Flut f. (floûte...). Flot, m. ||*Mar.* Flux, m., marée haute : *Ebbe und Flut*, flux et reflux.

fluten (floûten). [Meer] Monter : *es flutet*, la marée monte. ||*Fig.* Affluer.

focht, imp. de *fechten**.

Fock[**e**] m. ①. Misaine, f. ||Foc.

Föder||**alist, -en, -en** m. (feûderalist), **-alistisch** a. Fédéraliste. ||**-ation, -en** f. (tsiône). Fédération.

föder||**ativ** a. Fédératif, ive. ||**-ieren** [**sich**]. Se [con]fédérer.

Fohlen n. ④. Poulain, m.

Föhn m. (feûn). Vent du sud.

Föhre f. (feûre). Pin, m.

Fokus m. ④ (fô). *Phys.* Foyer.

Folge f. (folge). Suite. ||[aufeinander] Succession. ||[Reihe] Série. [v. Karten] Séquence. ||[Folgerung] Suite, conséquence. ||*folge... : folgerecht, -richtig*, a., logique, adv., logiquement; *-richtigkeit*, f., logique; *-widrig*, a., inconséquent, e; *-widrigkeit*, f., inconséquence; *-zeit*, f., suite, avenir, m. ||*folgen... : folgenreich*, a., *-schwer*, a., riche en conséquences; *-reihe*, f., suite, série.

folg||**en** intr. Suivre* intr. : *einem auf dem Fuß folgen*, suivre qn de près; *auf einen folgen,* succéder à qn. ‖[aus...] Résulter [de] : *es folgt daraus...,* il suit de là..., il s'ensuit... ‖[gehorchen] Obéir. ‖**-end** p. a. Suivant, e : *folgendes,* ce qui suit; *der folgende Tag,* le lendemain; *am folgenden Morgen,* le lendemain matin; *aufeinander folgend,* consécutif, ive, successif, ive : *folgendermaßen, folgenderweise,* de la manière suivante. ‖**-ern** (folgᵉrn). Déduire de. ‖[schließen] Conclure*.

Folgerung f. (folgᵉroung). Déduction, conclusion.

folg‖lich adv. (i**ch**). Par conséquent, en conséquence. ‖**-sam** a. (zâm). Docile, obéissant, e.

Folgsamkeit f. Docilité, obéissance.

Foliant, -en, -en m. In-folio.

Folie f. (foliᵉ). Tain, m., [toile de] fond.

foliieren (îrᵉn). Folioter.

Folio, ...lien n. (fo-). Folio, m., page, f. ‖[Band] In-folio, m.

Folter‖ f. (foltᵉr). Torture. ‖**-bank** f. (bànk). Chevalet, m. ‖**-er** m. ④. Bourreau, x.

foltern. Torturer.

foppen (fopᵉn). Berner, mystifier.

Fopp‖er m. ④. Mystificateur. ‖**-erei** f. Mystification.

fordern (fordᵉrn). Demander, exiger. ‖[zurückfordern] Réclamer : *vor Gericht fordern,* appeler en justice, provoquer.

fördern (feurdᵉrn). Hâter. ‖[begünstigen] Encourager, favoriser. ‖[vorwärts bringen] Faire* avancer. ‖[Erze] Exploiter : *zutage fördern,* mettre* à jour. ‖*Förderer,* m. ④, protecteur; *förderlich,* a. (i**ch**), utile, profitable.

Forderung f. Demande, exigence, réclamation. ‖[e. Schuld] Créance. ‖[Vorladung] Citation, assignation.

Förderung f. Encouragement, m., protection. ‖[aus Gruben] Exploitation.

Forelle f. (èlᵉ). Truite.

Form f. (form). Forme : *aus der Form kommen*,* se déformer : *aus der Form bringen*,* déformer; *der Form wegen,* pour la forme. ‖[zum Gießen] Moule, m.

formal a. (*â*l). Formel, le.

Form‖alismus m. (*i*smous). Formalisme. ‖**-alist, -en, -en** m. (*i*st). Formaliste. ‖**-alität** f. (tête). Formalité. ‖**-at** n. ① (*â*te). Format, m. ‖**-el** f. Formule : *Formelbuch,* n., formulaire, m.

form‖ell a. (*è*l). Formel, le. ‖**-en.** Former, façonner. ‖[gießen] Mouler. ‖[modellieren] Modeler.

Form‖er m. ④. Mouleur, modeleur. ‖**-fehler** m. ④ (féelᵉr). Vice de forme. ‖**-gießer** m. (gîssᵉr). Mouleur.

form‖ieren (îrᵉn). Former. ‖**...¨ig** a. (feurmig). En forme de... ‖ **¨lich** a. (feurmli**ch**). Formel, le. ‖adv. Formellement. ‖[steif] Cérémonieux, euse.

Förmlichkeit f. (kaᵉte). Formalité, cérémonie.

formlos a. (lôss). Sans forme, informe.

Formular n. ① (oul*â*r). Formulaire, m.

forsch a. déluré, e, plein, e, de vie.

forschen (forschᵉn). Faire* des recherches, rechercher. ‖n. Recherche, f.

Forsch‖er m. ④. Chercheur. ‖[Reisender] Explorateur : *Forscherblick,* regard scrutateur. ‖**-ung** f. Recherche.

Forst‖, -en m. (forst). Forêt, f. ‖*Forst...,* ... de forêt, forestier, ère. Ex. : *Forst‖aufseher,* m., garde forestier; *-haus,* n., maison forestière, f.; *-amt,* n., administration des eaux et forêts, f.; *-wesen,* n., [les] eaux et forêts, f. pl. ‖ **¨er** m. ④ (feurstᵉr). Garde forestier : *Försterei,* f., *Försterhaus,* n., maison forestière, f.

fort (forte...). 1. Adverbe. Au loin : *fort sein*,* être* parti, être* absent; [v. Sachen] être* perdu, e; *fort können*,* pouvoir* partir *ou* aller plus loin : *ich kann nicht mehr fort,* je n'en peux plus; *fort müssen*,* être* obligé de partir*; *fort wollen*,* vouloir partir*; *fort von hier!,* sortez d'ici! ‖Plus loin : *ich kann nicht mehr fort,* je n'en peux plus; *und so fort* (u. s. f.), et ainsi de suite.

2. Préfixe *séparable accentué,* ajoute au verbe simple :

a) L'idée d'*éloignement.* Ex. : *fort‖bringen*,* ôter, éloigner, emporter; *-fliegen** [*sein*], s'envoler;

*-laufen**, se sauver, *schleppen*, entraîner; [*sich*] se traîner; *-springen** [*sein*], s'en aller en sautant, en courant.
b) L'idée de *continuation*. Ex. : *fort‖arbeiten, -bestehen**, continuer à travailler, à exister.

fortbewegen (fortbevéegen). Mouvoir*, déplacer : *sich fortbewegen*, avancer.

Fortbewegung f. (oung). Déplacement, m.

fortbilden (en). Continuer d'instruire*, perfectionner.

Fortbildung f. Instruction complémentaire : *Fortbildungsschule*, f., école de perfectionnement, cours [m.] d'adultes.

Fortbleiben n. (blaèben). Absence, f.

fortbringen* tr. Ôter, éloigner, emporter.

Fortdauer f. (daoer). Continuité, durée.

fort‖dauern intr. Continuer, durer. ‖**-dauernd** p. a. Continuel, le.

forteilen [*sein*] intr. Se hâter de partir.

fortfahren* intr. (fâren). 1. Partir* [en voiture, etc.]. ‖2. Continuer [à, de].

fortfliegen* [*sein*] intr. S'envoler.

fortfließen* [*sein*] intr. S'écouler.

fortführen tr. Éloigner, emmener.

Fortgang m. (gàng). 1. Départ. ‖2. Progression, f.

fortgehen* intr. (gée-). 1. S'en aller, partir* : *beim Fortgehen*, au moment du départ. ‖2. Continuer à marcher, avancer.

fortglimmen* intr. Couver [sous la cendre].

forthelfen* intr. Aider à fuir *ou* à continuer son chemin.

fortjagen tr. Chasser, mettre à la porte.

fortkommen* intr. S'en aller : *mache, daß du fortkommst!*, va-t'en! ‖[vorwärts kommen] Faire* des progrès. ‖n. Départ, m., avancement, m., progrès, m.

fortlassen*. Laisser partir.

fort‖laufen* intr. Se sauver. ‖**-laufend** p. a. (laofent, -d-). Continu, e. ‖[periodisch] Périodique.

fortmachen [sich] réfl. S'enfuir*.

fortnehmen* tr. Enlever, emporter.

fortpflanzen (àntsen). Propager. ‖[erzeugen] Reproduire*.

Fortpflanzung f. Propagation, reproduction.

fortreißen* tr. Entraîner.

fortschaffen tr. Enlever. ‖[fördern] Transporter.

fortschicken tr. Renvoyer.

fortschleichen* [sich] réfl. S'esquiver.

fortschleppen tr. Entraîner.

fortschreiten* intr. [*sein*] (aèten). Avancer, faire* des progrès.

Fortschritt m. Progrès.

fortschwimmen* intr. S'éloigner en nageant.

fortsetzen (en). Continuer, poursuivre*.

Fortsetzung f. Continuation, suite.

forttreiben* intr. Chasser.

fortziehen intr. [*sein*]. S'en aller*, s'éloigner.

fossil a. (îl) et n. **...lien.** Fossile, m.

Fracht‖ f. (fracht). Charge. ‖[auf Schiffen] Cargaison. ‖[Frachtgeld] Port, m. ‖**-brief** m. (brîf). Lettre de voiture, f. ‖[für Schiffe] Connaissement, m.

frachten. Voiturer. ‖[auf Schiffen] Fréter, affréter.

Fracht‖geld n. (gèlt, -d-). Frais de transport, pl. ‖**-gut** n. (goût). [Marchandise expédiée en] petite vitesse, f. ‖**-stück** n. (schtuk). Colis, m. ‖**-wagen** m. Voiture de roulage, f.

Frack m. Frac, habit.

Frage f. (frâge). Question, demande. ‖[beim Unterricht] Interrogation : *Frage der Zeit*, question de temps. ‖*Fragebogen*, m., questionnaire; *-zeichen*, n., point [m.] d'interrogation. ‖*...frage*, question de...

frag‖en. Interroger, questionner : *einen um etwas fragen*, demander qc. à qn; *nach einem, nach etwas fragen*, demander [après] qn, demander qc.; *was frage ich nach...?*, que m'importe...?; *sich fragen*, se demander. ‖n. : *durch Fragen*, en demandant. ‖**-end** p. a. (ent, -d-). Interrogatif, ive : *fragend ansehen**, interroger du regard. ‖[Blick] Interrogateur.

Frager m. Questionneur, interrogateur.

frag||**lich** a. (**ich**). [betreffend] En question, douteux. ||[streitig] Contestable. ||**-los** a. Incontestable.

Fraktur[**schrift**] f. (*toûr*-). *Typ.* Gothique allemande.

frank|| a. (*frank*...). Franc, anche : *frank und frei,* ouvertement, librement. ||m., **-en, -en.** Franc [monnaie].

Frankatur f. (*tour*). Affranchissement, m. [postal].

Frank||**e, -n, -n** m. [Hist.] Franc. ||[Bewohner Frankens] Franconien. ||[dichterisch] Français. ||**-en** n. [La] Franconie, f.

Frank||**furt** n. (*fourte*). Francfort, m. ||**-furter, in** m. ④, f. Francfortois, e.

frank||**ieren** (*îr*ᵉn). Affranchir. ||n. et **Frankierung** f. Affranchissement, m. || **¨isch** a. (*frèn*-). Franc, anque. ||[zu Franken gehörig] Franconien, enne.

franko adv. Franco.

Frankreich npr. n. (*ra*ᵉ**ch**). [La] France, f.

Franse f. (*ànz*ᵉ). Frange.

Franz||**,-ens** m. (*fràntss*). François.

Franzband m. (*bant*, -d-). Reliure en veau, f.

Franz||**iska** f. (*iska*). Françoise. ||**-iskaner, in** m., f. (*kân*ᵉr, *ìn*). Franciscain, e.

Franzmann m. ②, *fam.*, **-ose, -n, -ösin** m., f. (*ôze, -eûzìn*). Français, e : *Franzosen...,* gallo..., franco... : Ex. : *Franzosen*||*feind,* m., gallophobe; *-feindschaft,* f., gallophobie; *-freund,* m., francophile; *-freundschaft,* f., francophilie.

franz||**ösieren** (*euzîr*ᵉn). Franciser. ||**-ösisch** a. (*eû*-). Français, e : *auf französisch,* en français; *französisch sprechen**, parler français; *das Französisch*[*e*], le français. ||[Kirche] Gallican, e.

Fräse f. (*frêz*ᵉ). Fraise [outil].

fräsen. Fraiser.

fraß (*âss*), imp. de *fressen**. ||m. ①. [Futter] Pâture, f. ||[d. Knochen] Carie, f.

Fratz||, **-en, -en** m. Caricature, f. ||[Geck] Fat. ||**-e** f. Grimace : *Fratzen schneiden**, faire* des grimaces. ||*Fratzen*||*bild,* n. ②, caricature, f.; *-haft,* a., grotesque; *-macher,* m. ④, grimacier.

Frau|| f. (*frao*...). Femme. *Frau B.,* madame B. [abgekürzt : Mme B.]; *Ihre Frau Mutter,* madame votre mère; *die Frau Gräfin,* madame la comtesse; [in der Anrede] *gnädige Frau,* madame; *die gnädige Frau,* Madame; *Unsere Liebe Frau,* Notre-Dame. ||*Frauen...,* 1. ... de femme, ... féminin, ine. Ex. : *Frauen*||*anzug,* m., *-kleid,* n., costume, m. [robe, f.] de femme; 2. ... pour femmes, pour dames. Ex. : *Frauenarzt,* m., gynécologue. || **¨lein** n. ④ (*frœüla*ᵉn) Demoiselle, f. ||[in der Anrede] Mademoiselle, f. [abgekürzt : Mlle] : *Ihre Fräulein Tochter,* mademoiselle votre fille.

frech a. (*frè***ch**). Hardi, e. ||[unverschämt] Effronté, e. ||[respektlos] Insolent, e, impertinent, e.

Frechheit f. (**h***a*ᵉt). Hardiesse. ||Effronterie. ||Insolence, impertinence.

Fregatte f. (*gat*ᵉ). Frégate.

frei a. et préf. sép. (*fra*ᵉ...), Libre. ||[offenherzig] Franc, anche. ||[unentgeltlich] Gratuit, e : *freier Eintritt,* m., entrée libre, f.; *freie Wohnung, Kost und Wäsche haben**, être* logé, nourri et blanchi; *freie Wohnung und Kost haben**, avoir* le toit et le couvert. ||adv. Librement, franchement. ||LOC. *aus freiem Antriebe, aus freien Stücken,* spontanément, de son [mon, ton] propre chef; *auf freiem Felde,* en pleine campagne; *auf freien Fuß setzen**, mettre* en liberté; *ins Freie gehen**, aller* au grand air, prendre* l'air; *wir haben frei,* nous avons congé; *die freien Künste,* les arts libéraux; *ich werde so frei sein**..., je prendrai la liberté...; *frei von,* exempt [libéré] de.

Frei||**...** 1° ...libre. Ex. : *Frei*||*bürger,* m., citoyen libre; *-denker,* m., libre penseur. 2° franc, anche. Ex. : *Frei*||*hafen,* m., port franc; *-schütz,* m., franc-tireur; 3° ... gratuit, e. Ex. : *Frei*||*exemplar,* n., *-karte,* f., exemplaire [m.], billet [m.] gratuit. ||**-beuter** m. (*bœüt*ᵉr). Flibustier. ||**-beuterei** f. (*a*ᵉ). Piraterie.

Freiburg n. (*bourg*). Fribourg, m.

Freibürger m. Citoyen libre.

Frei||**denker** m. Libre penseur. ||**-denkerei** f. Libre pensée.

freien intr. [um...] Rechercher en mariage.
Freier m. ④ Prétendant.
Freifrau f. (frao). Baronne.
frei||geben* *sép.* (géeben). Affranchir. ||[Soldaten]. Libérer. ||**-gebig** a. (géebig). Libéral, e, généreux, euse.
Frei||gebigkeit f. (kaèt). Générosité, libéralité. ||**-gebung** f. (oung). Affranchissement, m., libération.
Frei||geist m. Libre penseur. ||**-geisterei** f. Libre pensée.
freigelassen a. (ge-sen). Affranchi, e.
Freigepäck n. Bagages gratuits, m. pl.
Freigrafschaft f. Franche-Comté.
Freihafen m. Port franc.
freihalten* sép. (halten). Défrayer.
Frei||handel m. Libre-échange. ||**-händler** m. Libre-échangiste.
freihändig a. (hèndig). A l'amiable.
Freiheit f. (haèt). Liberté. ||*Freiheits||kampf*, m., lutte pour la liberté, f.; *-krieg*, m., guerre de l'indépendance, f.
Freiherr, -n, -en m. (hèr). Baron.
Freikorps n. Corps-franc, m.
freilassen* *sép.* Mettre* en liberté, élargir. ||[Sklaven] Affranchir.
Freilassung f. Mise en liberté, élargissement, m. ||Affranchissement, m.
freilegen *sép.* (léegen). Déblayer.
Freilegung f. (oung). Déblaiement, m.
freilich adv. (lich). Sans doute, assurément.
Freilicht n. (licht). Plein air, m. [peinture].
freimachen *sép.* (machen). Dégager. ||[v. Schnee usw.] Déblayer. ||[Briefe] Affranchir.
Freimachung f. Affranchissement, m.
Freimarke f. (marke). Timbre-poste, m.
Frei||maurer m. Franc-maçon ||**-maurerei** f. Franc-maçonnerie.
Freimut m. (moûte). Franchise, f.
Freimütig a. (ûtig). Franc, anche.
Freipaß m. Laissez-passer.
Frei||schärler, -schütz[e] m. Franc-tireur.
Frei||schule f. École gratuite. ||**-schüler** m. Boursier.
Freisinn m. Libéralisme.
freisinnig a. (ig). Libéral, e.
Freisinnigkeit f. (kaèt). Libéralisme, m.
freisprechen* *sép.* (schprèchen). Acquitter.
Freisprechung f. Acquittement, m.
Freistaat m. (schtâte). République, f.
freistaatlich a. (lich). Républicain, e.
Frei||stadt f. Ville libre. ||**-statt, -stätte** f. (schtatt, -tète). [Lieu d'] asile, m.
freistehen* *sép.* (schtéeen). Être* permis : *es steht Ihnen frei, zu...*, libre à vous de...
Freistelle f. (schtèle). Bourse.
freistellen *sép.* Laisser [à qn.] le choix de.
Freistunde f. (schtounde). [Heure de] récréation.
Freitag m. (tâg). Vendredi.
Freitreppe f. Perron, m.
freiwillig a. (ig). Volontaire, spontané, e : *einjähriger Freiwilliger*, volontaire d'un an : *Freiwilligendienst*, m., volontariat.
Freiwilligkeit f. (kaèt). Spontanéité.
Freizeit f. Loisirs, m. pl. : *Freizeitgestaltung*, f., organisation des loisirs.
freizügig a. (tsûgig). Libre de circuler.
Freizügigkeit f. Liberté de circulation.
fremd|| a. (frèmt..., -d). Étranger, ère. ||[v. Pflanzen] Exotique. ||LOC. *das ist mir fremd*, je ne m'y connais pas; *das kommt mir fremd vor*, cela me paraît étrange; *unter fremdem Namen*, sous un nom d'emprunt [emprunté]. ||**-artig** a. (ig). Étrange, bizarre : *Fremdartigkeit*, f., étrangeté, bizarrerie.
Fremd||e f. Pays étranger, m. : *in der Fremde*, à l'étranger. ||**-e[r]** a. s. m., f. Étranger, ère : *Fremdenzimmer*, n., chambre d'amis, f. ||**-herrschaft** f. Domination étrangère.
fremdländisch a. (lèndisch). Étranger, ère.
Fremdling m. (ìng). Étranger.
fremdsprachlich a. (schprâchlich) : *fremdsprachlicher Unterricht*, enseignement des langues étrangères.
Frequenz f. (kvèntss). Nombre, m. [d'élèves *ou* d'auditeurs].
Fres||ke f., **-ko** n., **...ken** (frès). Fresque, f.

fressen* (frèss^e^n). [v. Tieren] Manger, dévorer. ||[v. Menschen] Manger gloutonnement. ||[zerstören] Ronger.
Fress||er m. Glouton. ||**-erei** f. Gloutonnerie.
Freßgier f. (frèsgîr). Gloutonnerie.
freßgierig a. Glouton, ne.
Frettchen n. ④. Furet, m.
Freude f. (frœüd^e^). Joie. ||[Vergnügen] Plaisir, m. : *Freude an etwas haben,* prendre plaisir à qqch. ||*Freuden...,* ...de [en] joie, joyeux, euse. Ex. : *Freuden||bezeigung,* f., *-lied,* n., démonstration, f., chant [m.] de joie [joyeux, euse].
freu||dig a. (ig). Joyeux, euse. ||**-en.** Réjouir : *es freut mich sehr, zu...,* je me réjouis beaucoup de... ||**[sich]** [über *acc.*] Se réjouir [de]. ||[auf. *acc.*] Se réjouir [d'une chose future].
Freund, in m., f. (frœünt, -d-, dìn). Ami, e : *ein Freund von mir,* un de mes amis; *gegen Freund und Feind,* envers et contre tous.
freundlich a. (ich). Aimable. ||[wohlwollend] Bienveillant, e. ||[leutselig] Affable. ||[Gegend] Riant, e. ||[Wetter] Serein, e. ||adv. Aimablement.
Freundlichkeit f. (a^è^t). Amabilité. ||Bienveillance. ||Affabilité.
Freund||schaft f. Amitié. ||**-schaftlich** a. (ich). Amical, e.
Freundschaftlichkeit f. (*a*^è^t). Sentiments d'amitié, m. pl.
Frevel m. ④ (fr*ée*f^e^l). Délit. ||*Fig.* Forfait, crime.
frev||elhaft a. Délictueux, euse. ||Criminel, le. ||**-eln** intr. Commettre* un délit, un crime. ||**-entlich** a., = *frevelhaft.*
Frevler m. ④ Criminel. ||[Missetäter] Malfaiteur.
Fried||e[n], -ens m. (frîd^e^n). Paix, f. : *Frieden schließen*,* conclure* [faire]* la paix. ||**-ens...,** ... de paix, de [pour] la paix, pacifique, pacifiste. Ex. : *Friedens||bedingung,* f., *-richter,* m.., *-vertrag,* m., condition, juge, traité de paix : *-kongreß,* m., conférence de la paix, f.; *-bewegung,* f., mouvement pacifiste, m.; *-freund,* m., pacifiste; *-gedanken,* pl., sentiments pacifiques; *-präsenzstärke,* f., effectif en temps de paix, m.; *-stifter,* m., pacificateur; *-stiftung,* f., pacification.
friedfertig a., = *friedlich.*
Friedhof m. (**hôf**). Cimetière.
friedlich a. (**ich**). Pacifique. ||[ruhig] Paisible.
Friedlichkeit f. (k*a*^è^t). 1. Humeur pacifique. ||2. [Ruhe] État paisible, m., tranquillité.
friedliebend a. Pacifique.
Friedrich m. (**ich**). Frédéric.
friedsam a. (zâm). Pacifique.
frieren* (frîr^e^n). Geler : *es friert,* il gèle; *es friert mich, mich friert,* j'ai froid [je gèle]. ||n. Congélation, f.
Fries||e, -n, -n, -länder m. ④ (frîz^e^, -lènd^e^r). Frison : *friesisch,* a., frison, ne. ||**-land** npr. n. [La] Frise.
frisch a. Frais, aîche : *frische Luft schöpfen,* prendre* le frais; [Wetter] *frisch werden*,* se rafraîchir; *frisches Aussehen,* n., fraîcheur, f. ||[jüngst] Récent, e, nouveau, velle : *frischen Datums,* de fraîche date; *auf frischer Tat,* en flagrant délit. ||[neu, reinlich] : *frische Wäsche,* f., linge blanchi, m. [propre]. *Fig. frischen Mut fassen,* reprendre* courage. ||adv. Fraîchement : *frisch rasiert,* rasé de frais. ||[mutig] Avec courage : *frisch auf!,* allons! courage!
Frische f. Fraîcheur. ||[Rüstigkeit] Verdeur, vigueur.
frischen. Rafraîchir. ||[Eisen] Affiner.
Frischling m. ① (ìng). Marcassin.
frischweg adv. (v*ée*g). Sans hésiter.
Friseur, in m., f. (**zeûr**, ìn). Coiffeur, euse.
frisieren (**zî**r^e^n). Coiffer. ||n. Coup [m.] [de] peigne. ||*Frisier||kamm,* m., démêloir : *-mantel,* m. ③ (mànt^e^l), peignoir.
Frisur f. (**zoûr**-). Coiffure.
friß impér. de *fressen**.
Frist|| f. (frist...). Délai, m. : *in kürzester Frist,* dans le plus bref délai. ||[Aufschub] Sursis, m. ||**-bewilligung** f. (igoung). Moratoire, m.
fristen : *das Leben fristen,* conserver [prolonger] la vie.
Fristgesuch n. (g*é*z**ouch**). Demande de sursis, f.
fristlos a. Sans délai.

Fristtage pl. (tâge). Jours de grâce.
Fristung f. Conservation, prolongation [de la vie].
Fritz, -ens m. Fritz, Frédéric.
frivol a. (vôl). Frivole.
Frivolität f. (tête). Frivolité.
froh|| a. (frô). Content, e, bien aise : *frohen Mutes,* de bonne humeur ; *Frohsinn,* m., gaieté de cœur, f. || **¨lich** a. (freûlich). Joyeux, euse, gai, e.
Fröhlichkeit f. (kaèt). Joie, gaieté.
frohlocken. Se réjouir.
Frohne, fröhnen. V. *Frone, frönen.*
fromm|| a., **¨-er, ¨st[e]** (fròm...). Pieux, euse, dévot, e. ||[v. Tieren] Doux, ouce.
Frömmelei f. (frœmelaè). Bigoterie, cagoterie.
frömmeln intr. Faire* le bigot, le cagot.
frommen. Être utile, profiter [à]. ||n. spl. Avantage, m., profit, m.
Frömm||**igkeit** f. (kaèt). Piété, dévotion. ||**-ier, in** m. ④, f. Bigot, e.
Fron||**...** (frône) : ... du seigneur. ||**-arbeit** f., **-dienst** m., **e** f. (arbaèt, dînst). Corvée, f.
fronbar, -pflichtig a. Corvéable.
frönen intr. Être* l'esclave de.
Fron||**herr** m. (hèr). Seigneur féodal. ||**-leichnam** m. (laechnâme). Corps de Notre-Seigneur : *Fronleichnamsfest,* n., Fête-Dieu, f.
Front|| f. (frònt) [v. Truppen] Front, m. : *gegen etwas Front machen,* faire* face à qc. ; *Front!* face! ||**-antrieb** m. Traction avant. ||**-,** et **-e** f. [v. Häusern] Façade, f.
fror (ôr). imp. de *frieren**.
Frosch m. Grenouille, f.
Frost|| m. (frost...). Gelée, f. [Gefühl] Froid. ||**-beule** f. (bœüle). Engelure.
frösteln intr. (frœsteln). Avoir* froid, frissonner. ||impers. : *mich fröstelt,* j'ai le frisson. ||n. Frisson, m.
frostig a. (ig). Froid, e, glacial, e. ||[empfindlich] Frileux, euse.
Fröstling m. (lìng). Homme frileux.
Frostschutzmittel n. Antigel, m.
Frucht||, **¨e** f. (froucht). Fruit, m.
fruchtbar a. Fécond, e, fertile.
Fruchtbarkeit f. (kaèt). Fécondité, fertilité.
frucht||**bringend** a. (brìngent, -d-). Fructueux, euse. ||**-en.** Profiter [à].
Fruchtfolge f. (ge). Assolement, m.
fruchtlos a. (lôss, -z-). Infructueux, euse. ||[nutzlos] Inutile. ||adv. En vain.
frugal a. (frougâl). Frugal, e.
Frugalität f. (tête). Frugalité.
früh|| a. (frû...). Qui a lieu de bonne heure : *frühe Stunde,* heure matinale; *am frühen Morgen,* de grand matin; *frühe Jugend,* première jeunesse; *frühes Gemüse,* primeur, f. ||adv. De bonne heure, tôt : *sehr früh,* de très bonne heure; *meine Uhr geht zu früh,* ma montre avance; *ziemlich früh,* d'assez bonne heure; *möglichst früh,* le plus tôt possible; *heute, morgen, gestern früh,* ce matin, demain matin, hier matin. ||**-er** a. compar. (frûer). Antérieur, e; précédent, e : *in früheren Zeiten,* autrefois. ||adv. Plus tôt, de meilleure heure. ||[Vorher] Antérieurement, précédemment : *je früher, desto besser,* le plus tôt sera le mieux; *früher oder später,* tôt ou tard. ||**-est** a. superl. : tout[e] premier[ère]. ||[Früchte] Précoce.
Früh||**apfel** m. ③. Pomme hâtive, f. ||**-e** f. (frûe). Matin, m. : *in aller Frühe,* de grand matin.
frühestens adv. (estens). Au plus tôt.
Früh||**jahr** n. (yâr), **-ling** m. (ling). Printemps, m. : *Frühlings...,* ...printanier, ère. ||**-mette** f. Matines, pl. ||**-obst** n. spl. Primeurs, f. pl.
frühreif a. (raèf). Précoce, prématuré, e.
Früh||**reife** f. (raèfe). Précocité. ||**-stück** n. (schtuk). Petit déjeuner, m.
frühzeitig a. (tsaètig), **-zeitigkeit** f. (kaèt) = *frühreif, -reife.*
Fuchs|| m. (fouks), **¨in** f. (ìn). Renard, e. ||[Mensch] Roux, m. ||[Pferd] Alezan, m. ||[Student] *fam.* Étudiant [m.] du premier semestre. ||**-eisen** n. ④ (aèzen), **-falle** f. Piège, m., traquenard, m.
Fuchsia, ...sien f. (ien). Fuchsia, m.
Füchsin n. (îne). Fuschsine, f.
fuchsschwänze[l]n intr. (èntse[l]n). *fam.* Flagorner.
Fuchs||**schwänzer** m. ④. Flagorneur. ||**-schwänzerei** f. (aè). Flagornerie.

Fuchtel f. (*fou*cht^e^l). Flamberge, rapière.

fuchteln (^e^ln). Frapper du plat de l'épée. ||Fustiger.

Fuder n. ④ (*foû*d^e^r). Charretée, f. [de bois]. || [Faß] Foudre, m.

Fug|| m. (*foû*g). LOC. *mit Fug und Recht*, à bon droit. ||**-e** f. Joint, m. ||[e. Brettes] Rainure : *aus den Fugen bringen**, déboîter; *aus den Fugen gehen**, se déboîter. ||*Mus.* Fugue.

füg||**en** (*fû*g^e^n). Joindre*, emboîter. ||*Fig.* [ordnen] Disposer. || [**sich**] S'emboîter. ||*Fig.* : *sich in sein Schicksal, in Gottes Willen fügen**, se résigner à son sort, se soumettre* à la volonté de Dieu. ||**-lich** adv. (**ich**). Convenablement, avec raison. ||**-sam** a. (**z**âm). Accommodant, e, docile.

Fügung f. (oung). Emboîtement, m., joint, m., montage, m. ||*Fig.* Arrangement, m., disposition. || [Gottes usw.] Décret, m.

fühl||**en** (*fû*l^e^n). Tâter, toucher. ||[empfinden] Sentir*. ||n. Toucher, m. ||**-bar** a. Palpable. || [empfindlich] Sensible.

Fühl||**er** m. ④. Antenne, f. ||**-faden** m. ③ (*fâ*d^e^n). Tentacule, m. || ||**-horn** n. ② (**h**orn), Antenne, f. ||**-ung** f. Contact, m.; *-nahme*, f., prise de contact.

fuhr (*foûr*), imp. de *fahren**.

Fuhre f. Roulage, m. || [Wagen] Voiture. || [Ladung] Charge, charretée.

führen (*fû*r^e^n). Conduire*, mener. || [lenken] Guider. || [leiten] Diriger. || [Waren] Tenir*. ||*eine Dame führen*, donner le bras à une dame; *die Feder* usw. *führen*, manier la plume, etc.; *einen Fremden führen*, guider un étranger; *zum Munde führen*, porter à la bouche.

Führer, in m. ④, f. Conducteur, trice, guide m., chef, m. || [e. Partei] Chef, m., leader m. || [e. Luftschiffes] Pilote, m.

Fuhr|| **knecht** m. (knè**ch**t). Charretier. ||**-lohn** m. (lône). Roulage. ||**-mann** m., pl., **-leute** (lœüt^e^). Voiturier, charretier.

Führung f. Conduite. || [Oberbefehl] Commandement, m. || [Leitung] Direction.

Fuhr||**wagen** m. ④ (*vâ*g^e^n). Chariot. ||**-werk** n. Véhicule, m., voiture, f. ||**-wesen** n. spl. (*vée*z^e^n). Transports, pl.

Füllbleistift m. Porte-mine.

Fülle f. (*fu*l^e^). Plénitude. || [Überfluß] Abondance.

füllen. Remplir : *in Flaschen füllen*, mettre* en bouteilles. || [Zähne] Plomber. || [Geflügel] Farcir. ||n., = *Füllung*. || [v. Zähnen] Plombage, m.

Füllen n. ④ (*fu*l^e^n). Poulain, m. ||*Füllenstute*, f., jument poulinière.

Füller m. (*fu*l^e^r). Stylo.

Füll||**feder** f. (*fée*d^e^r). Plume à réservoir, stylographe, m., stylo, m. ||**-horn** n. (**h**orn). Corne d'abondance, f. ||**-sel** n. ④. Farce, f. ||**-ung** f. Remplissage, m. || [an Türen] Panneau, x, m. ||**-wort** n. Mot explétif, m. ||*Fig.* Cheville, f.

Fund|| m. ① (fount, -d-). Trouvaille, f. ||**-abgabestelle** f. Bureau des objets trouvés, m. ||**-sache** f. Trouvaille.

Fundament n. ① (foundamènt). Fondement, m.

fundamental a. (*â*l). Fondamental, e.

fundieren (found*î*r^e^n). Fonder, établir : *fundierte Schuld*, dette consolidée.

Fundierung f. (*î*roung). Fondation.

fünf num. (*fu*nf). Cinq.

Fünf||**e** f. Cinq, m. [le chiffre] : *die Fünfe gerade sein* lassen**, ne pas y regarder de si près. ||**-eck** n. ①. Pentagone, m. : *fünfeckig*, a., pentagonal, e.

fünf||**fach** (fa**ch**), **-fältig** a. (f*è*ltig). Quintuple.

Fünfflach n. ① (a**ch**). Pentaèdre, m.

fünfte [*der, die, das*], a. ord. [Le, la] cinquième : *der fünfte Juli*, le cinq juillet; *Heinrich der Fünfte*, Henri V [cinq]; *Karl der Fünfte* [v. Deutschland], Charles Quint.

Fünftel n. ④. Cinquième, m.

fünf||**tens** adv. Cinquièmement. ||*fünftehalb*, inv. (**h**alp, -b-), Quatre et demi. ||**-zehn** (ts*ée*ne). Quinze : *etwa fünfzehn*, une quinzaine de. ||**-zehnte** [*der, die das*] a. ord., **-zehntel** n., **zehntens** adv. V. GRAMM. ||**-zig** num. (tsig). Cinquante; *Fünfzigjahrfeier*, f., cinquantenaire, m.

Fünfziger m. ④ (tsig^e^r). Quinquagénaire, m. et f. : *in den Fünfzigern sein**, avoir passé la cinquantaine.
fünf‖zigste [*der, die, das*] a. ord., **-zigstel** n. V. GRAMM.
fungieren (foungîr^e^n). Être* en fonctions. ‖ [v. Dingen] Fonctionner.
funkeln (foukeln). Étinceler.
Funk‖e[n], **-ens**, **en** m., dim. *Fünkchen*, n. ④. Étincelle, f. ‖*Funken...*, ... radiotélégraphique : *Funkentelegraphie*, f., radiotélégraphie. ‖**-er** m. ④. Radiotélégraphiste. ‖**-spruch** m. Radiotélégramme. ‖**-station** Poste [m.] émetteur [de radio].
Funktion f. (founktsiône). Fonction.
Funktionär (nér) m. Fonctionnaire.
funktionieren (îr^e^n). Fonctionner.
für prép., *acc.* (für...). Pour : *das ist eine Sache für sich*, c'est une chose à part; *das Für und Wider*, le pour et le contre.
Furage f. (fourâje). Fourrage, m.
furagieren. (îr^e^n). Aller au fourrage.
Für‖bitte f. Intercession : *Fürbitte einlegen*, intercéder. ‖**-bitter** m. ④. Intercesseur.
Furche f. (fourch^e^). Sillon, m. ‖ [Runzel] Ride.
furchen. Sillonner, rider.
Furcht f. spl. (fourcht). Crainte. ‖ [Angst] Peur : *Furcht einjagen*, faire* peur [à].
furchtbar a. Redoutable, terrible. ‖ [gewaltig] Formidable.
Furchtbarkeit f. (ka^è^t). Caractère redoutable, m.
fürcht‖en (furcht^e^n). Craindre*, redouter. ‖ [**sich**] [vor, *dat.*] Avoir* peur [de] ‖ **-erlich** a. = *furchtbar*.
furchtlos a., (lôss, -z-). Sans peur, intrépide.
Furchtlosigkeit f. (zichka^è^t). Intrépidité.
furchtsam a. (zâm). Craintif, ive, timide.
Furchtsamkeit f. Timidité.
füreinander. V. *einander*.
Furie f. (foûri^e^). Furie.
Furier m. ① (fourîr). Fourrier.
fürlieb (lîp) : *mit etwas fürlieb nehmen**, se contenter de.
Furnier n. (fournîr). Feuille de placage, f.
furnieren. (nîr^e^n). Plaquer.
Für‖sorge f. zorg^e^). Sollicitude : *soziale* —, assistance sociale. ‖**-sprache** f. (schprâch^e^). Intercession : *Fürsprache einlegen**, intercéder [en faveur de]. ‖**-sprecher** m. ④ (schprèch^e^r). Intercesseur.
Fürst‖, **-en**, **-en** m., **in** f. (furst, ìn). Prince, esse. ‖**-en...** (furst^e^n), ...de prince, princier, ère. Ex. : *Fürsten‖-haus*, n., maison princière, f., dynastie, f. ; *-tum*, n. ② (toûme), principauté, f. ‖**-lich** a. (ich). Princier, ère, ‖adv. Princièrement.
Furt f. (fourte). Gué, m., passage, m.
Furunkel m. ④ (fourounk^e^l). Furoncle.
fürwahr (vâr). En vérité, vraiment.
Fürwort n. ②. Pronom, m.
fürwörtlich a. Pronominal, e.
Furz m. (fourtss). Pet.
furzen intr. (^e^n). Péter.
Fusel m. Gnole, f., tord-boyaux, m.
fuseln v. (*Pop.*) Pinter.
Füsilier m. ① (îr). Fusilier.
fusionieren. (zionîr^e^n) Fusionner.
Fuß‖ m. (foûss), dim. *Füßchen*, n. ④. Pied, m. ‖ [Gestell] Pied, support. ‖ [e. Statue] Piédestal. ‖ [Maß] inv. Pied : *zehn Fuß hoch*, dix pieds de haut [haut de dix pieds]. ‖LOC. *auf freien Fuß setzen*, mettre* en liberté; *die Füße in die Hände nehmen**, prendre* ses jambes à son cou; *festen Fuß fassen*, prendre* pied; *festen Fußes*, de pied ferme; *mit jemandem auf gutem Fuße stehen**, être* bien avec qn.; *stehenden Fußes*, au pied levé, de ce pas; *unter die Füße* [*mit Füßen*] *treten**, fouler aux pieds; *zu Fuße*, à pied; *gut zu Fuße sein**, être* bon marcheur. ‖**-angel** f. (àng^e^l). Chausse-trape. ‖**-arzt** m. (artst). Pédicure. ‖**-bad** n. ② (bâte, -d-). Bain de pieds, m. ‖**-ball** m. Football. ‖**-bank** f. (bank). Tabouret [m.] de pied, petit banc. ‖**-becken** n. Bain de pieds, m. [ustensile]. ‖**-bekleidung** f. (a^è^doung). Chaussure. ‖**-boden** m. ③ (bôd^e^n). Plancher; parquet. ‖**-bremse** f. Frein [m.] à pédale. ‖**-decke** f. (dèk^e^). [im Bett] Couvre-pieds, m.
fußen intr. Se fonder, reposer [sur].

Fuß||fall m. Prosternation, f. : *einen Fußfall tun**, se prosterner. ||**-gänger, in** m. ④, f. (gènger, ìn). Marcheur, euse, piéton, m. ||**-gestell** n. (geschtèl). Piédestal, m. ||[an Geräten] Support, m. ||**-gicht** f. (gicht). Podagre : *Fußgichtkranke[r]*, a. s., podagre. ||**-hebel** m. (héebel). Pédale, f.
füßig a. (fûssig). : *zwei-, vierfüssig* usw., à deux, à quatre pieds, etc.
Fuß||kissen n. ④. Coussin, m. [pour les pieds]. ||**-matte** f. Paillasson, m. ||**-note** f. (nôte). Note [au bas d'une page]. ||**-pfleger, in** m. ④, f. (pfléeger, ìn). Pédicure, m. et f. ||**-reiniger** m. ④ (raèniger). Décrottoir. ||**-reise** f. (raèze). Voyage à pied, m. ||**-sohle** f. (le). Plante du pied. ||**-soldat** m. (dâte). Fantassin. ||**-stapfe** f. (schtapfe). Trace, vestige, m. ||**-steig** m. (schtaèg). Sentier. ||**-taste** f. Pédale. ||**-teppich** m. (ich). Tapis [de pied]. ||[vor dem Bett] Descente de lit, f. ||**-tritt** m. Coup de pied. ||**-volk** n. (folk). Infanterie, f. ||**-wärmer** m. ④ (vèrmer). Chaufferette, f. ||**-weg** m. (véeg). Sentier. ||[in Städten] Trottoir.
Futter|| n. (fouter). 1. s. pl. Fourrage, m. ||[allgemein] Pâture, f., nourriture, f. [des animaux]. ||2. pl. ④ [v. Stoff] Doublure, f. ||**-al** n. ① (âl). Étui, m. ||[für Waffen] Gaine, f., fourreau, m.
füttern (futern). 1. Donner à manger, nourrir. ||2. Doubler : *mit Watte füttern,* ouater; *mit Pelz füttern,* fourrer. ||n. **Fütterung** f. (oung). 1. Nourriture, f. ||2. Doublure, f., garniture, f.
Futurum, ra n. foutoûroum). Futur, f.

G

G, g n. (gé). G. g, m. ||*Mus.* Sol, m.
gab (gâp, -b-). imp. de *geben**.
Gabe f. Don, m. : *milde Gabe,* don charitable, m., aumône, f. ||[Geschenk] Présent, m. : *Gabentanz,* m., cotillon. ||[Anlage] Don, m., talent, m. ||[v. Arzneien] Dose.
gäbe (gêbe). 1. V. *geben**. ||2. LOC. *gang und gäbe,* courant, banal.
Gabel|| f. (gâbel). Fourchette. ||[für Heu] Fourche. ||[am Wagen] Limon, m. ||**-deichsel** f. Brancards, m. pl.
gabel||förmig a. (fœrmig). Fourchu, e. ||**-n [sich].** Bifurquer.
gackern intr. (gakern). Caqueter. ||n. spl. Caquetage, m.
Gaffel f. (gafel). Fourche.
gaffen intr. Bayer aux corneilles, badauder.
Gaff||er m. ④. Badaud. ||**-erei** f. Badauderie.
Gagat m. ① (gâte). Jais.
gähnen intr. (gênen). Bâiller. ||n. Bâillement, m.
Gähnlaut m. (laote). Hiatus.
Gala f. (gala). Gala, m. || ..., de gala : *Galauniform,* f., grande tenue.
Gal||an m. ① (âne). Galant, amoureux. ||**-ander** m. ④ (ànder). Charançon, alouette huppée, f.
galant a. (ànt). Galant, e.
Galanterie f. (erî). Galanterie : *Galanteriewaren,* pl., articles de fantaisie, de mode.
Galeer||e f. (éere). Galère. ||**-en...,** de galère[s]. Ex. : *Galeeren||arbeiten,* pl., travaux forcés, m. pl.; *-sklave,* m., galérien, forçat; *-strafe,* f., galères, pl.
Galgen|| m. ④ (galgen). Potence, f., gibet. ||**-frist** f. Quart [m.] d'heure de grâce. ||**-gesicht** n. (gézicht). Visage patibulaire, m.
galgenmäßig a. (mêssig). Patibulaire.
Galgen||strick m. (schtrik), **-vogel** m. (fôgel). Gibier de potence.
Galione, -n f. (iône). Galion, m.
Gallapfel m. ③ (galapfel). Noix de galle, f.
gallartig a. Gélatineux, euse.
Gall||e f. Bile. ||*Fig.* [v. Tieren usw.] Fiel, m. ||[v. Fischen] Amer, m. ||**-en...,** ...biliaire, bilieux, euse. Ex. : *Gallen||blase,* f., vésicule biliaire; *-stein,* m., calcul biliaire;

-süchtig, a., bilieux, euse, fielleux, euse.
Gallert n. ①, **-e** f. (ert^e^). Gélatine, f. ‖[Sülze] Gelée, f.
gall‖icht, -ig a. (icht, ig). Bilieux, euse.
Gall‖ien npr. n. gali^e^n). [La] Gaule, f. ‖**-ier** m. ④, **in** f. (i^e^r). Gaulois, e. ‖**-isch,** a. Gaulois.
gallikanisch a. (kâ). Gallican, e.
Gallizismus, ...men m. (tsismouss). Gallicisme.
Galone f. (ône). Galon, m. tresse.
Galopp m. (op). Galop; *Galopp reiten*,* galoper.
galoppieren intr. (îr^e^n). Galoper. ‖n. Galopade, f.
Galosche f. (och^e^). Galoche. ‖[aus Gummi] Caoutchouc, m.
galt imp. de *gelten*.*
galva‖nisch a. (vâ). Galvanique. ‖**-nisieren** (zîr^e^n). Galvaniser.
Galva‖nometer n. ④ (éet^e^r). Galvanomètre, m. ‖**-no, -s** n. (âno). Cliché galvanique, m., galvano, m. ‖**-no...,** Galvano... Ex. : *Galvanoplastie,* f., galvanoplastie; *galvanoplastisch,* a., galvanoplastique.
Gamasche f. (ma-). Guêtre.
Gang‖ m. (gàng). V. *gehen*.* ‖Marche, f. ‖[Gangart] Démarche, f. [auch v. Tieren], allure, f. ‖[Lauf] Cours. ‖[Bewegung] Mouvement, train. ‖ [Geschäfts-] Course, f. ‖[Auftrag] Commission, f. ‖[Flur] Corridor, couloir. ‖[Durchgang] Passage, allée, f. ‖[Metallader] Filon. ‖[beim Fechten] Passe, f., assaut. ‖[bei Tisch] Service : *erster Gang,* entrée, f. ‖[Auto] Vitesse, f. : *erster Gang,* m., première vitesse, f. ‖**-art** f. [v. Personen] Démarche [auch v. Tieren] allure.
gangbar a. Praticable. ‖[viel benützt] Fréquenté, e. ‖[Münze] Ayant cours. ‖[Wort, Redensart] Courant, e. ‖[v. Waren] De vente courante.
Gängelband n. (gèng^e^lbant, -d-). Lisière, f.
Gang‖stein m. (schta^è^n). Gangue, f. ‖**- und gäbe.** V. *gäbe.*
Gans, ¨e f. (gàns). Oie.
Gänse‖... (gèns^e^) ... d'oie, de l'oie. Ex. : *Gänse‖braten,* m., *-fuß,* m., *-kiel,* m., rôti, patte, f., plume [f.] d'oie; *-marsch,* m., pas de l'oie : *im Gänsemarsch,* à la file indienne, à la queue leu leu; *-spiel,* n., jeu [m.] de l'oie. ‖**-blümchen** n. (blûmch^e^n). Pâquerette, f. ‖**-fußchen** n. (fûss'ch^e^n). Guillemet, m. ‖**-haut** f. (ha^o^t). *Fig.* Chair de poule. ‖**-leberpastete** f. (léeb^e^r-éet^e^). Pâté de foie gras, m. ‖**-rich** m. (rich). Jars.
Gant‖ f. (gànt). Encan, m., enchère. ‖**-haus** n. (ha^o^ss). Salle des ventes, f.
ganz a. (gàntss). Entier, ère, tout, e : *das ganze Haus,* toute la maison; *ein ganzer Mensch,* un homme accompli. ‖a. subst. *das Ganze,* le tout, la totalité; *ein Ganzes,* un tout; *im ganzen,* en tout; *im ganzen genommen,* en somme, somme toute, après tout. ‖adv. Tout à fait, entièrement; *ganz allein,* tout seul, toute seule; *sie war ganz glücklich,* elle était tout heureuse; *ganz und gar,* absolument; *ganz und gar nicht,* pas du tout; absolument pas.
Ganzheit f. (ha^è^t). Totalité.
gänzlich a. (gèntslich). Entier, ère, total, e. ‖[vollständig] Complet, ète. ‖adv. Tout à fait, entièrement.
gar a. (gar). Cuit, e [à point]. ‖[Leder] *gar machen,* tanner. ‖adv. Très, fort : *gar selten,* très rarement; *gar wenig,* très peu; *gar nicht,* pas du tout; *gar nichts,* rien du tout. ‖[sogar] Même : *oder gar,* ou même; *warum nicht gar!,* allons donc!, par exemple!
Garbe f. (garb^e^). Gerbe.
Garde‖ f. (gard^e^). Garde. ‖**-korps** n. Corps [m.] de la garde.
Garde‖robe f. (rôb^e^). Garde-robe. ‖[im Theater usw.] Vestiaire, m. ‖**-robier, -s** m., (yé), **-iere** f. (yèr). Préposé, e, au vestiaire.
Gard‖ine f. (dîn^e^). Rideau, x, m. : *Gardinen‖halter,* m., embrasse, f.; *-stange,* f., tringle. ‖**-inenpredigt** f. Semonce [de la femme au mari].
Gardist, -en, -en m. Soldat de la garde, garde.
gären* [*sein*] (gêr^e^n). Fermenter.
Gärung f. (oung). Fermentation : *Gärungsmittel,* n., *-stoff,* m., ferment, m.
Gar‖koch m., **-köchin** f. (koch, kœchìn). Gargotier, ère. ‖**-küche** f. Gargote.
Garn n. ①. Fil, m. ‖[Netz] Filet, m.

Garnele f. Crevette.
garnieren (*ir*en). Garnir.
Garn||**ierung** f., **-itur** f. (*oûr*). Garniture. ||**-ison** f. (*zôn*). Garnison.
garstig a. (*ga*rstig). Repoussant, e. ||[häßlich] Laid, e. ||[abscheulich] Vilain, e.
Garstigkeit f. (ka*è*te). Laideur. ||Vilenie.
Garten|| m. ③ (*ga*rt*e*n). Jardin. ||Dim. *Gärtchen,* n. ④, jardinet, m. ||**-anlage** f. (*à*nlâg*e*). Jardin, m., promenade. ||**-arbeit** f. (*a*rba*è*t). Jardinage, m. ||**-bau** m. (ba*o*). Horticulture, f. ||**-haus** n. ② (**ha**os). Pavillon, m. ||**-häuschen** n. ④ (**hœüs'ch**en). Kiosque, m. ||**-laube** f. (*la*ob*e*). Tonnelle. ||**-messer** n. ④. Serpette. f. ||**-schere** f. (sché*e*r*e*). Sécateur, m. ||**-wirtschaft** f. (*v*irt-). ||[in Deutschland] Jardin-brasserie, m. ||[sonst] Guingette.
Gärtner||, **in** m. ④, f. (gèrtn*e*r, in). Jardinier, ère. ||**-ei** f. Jardinage, m.
Gärung. V. *gären.*
Gas|| n. ① (gâss). Gaz, m. ||[Auto] *Gas wegnehmen,* couper les gaz. ||*Gas...,* ...à gaz, au gaz, de gaz. Ex. : *Gas*||*anstalt,* f., *-kocher,* m. ④, usine, fourneau à gaz; *-beleuchtung,* f. *-heizung,* f., éclairage, m., chauffage [m.] au gaz; *-brenner,* m. ④, *-entweichung,* f., *-leitung,* f., bec, fuite. conduite de gaz. ||**-anzünder** m. ④ (àntsund*e*r). Allumeur de réverbères. ||[Apparat] Allumeur. ||**-arbeiter** m. ④ (*a*rba*è*t*e*r). Gazier. ||**-artig** a. (ig). Gazeux, euse. ||**-behälter** m. ④ (**h**èlt*e*r). Gazomètre.
gashaltig a. (**h***a*ltig). Gazeux, euse.
Gaslaterne f. Réverbère, m.
Gaskogn||**e** npr. f. (konj*e*). Gascogne. ||**-er, in** m. ④, f. Gascon, ne; *gaskognisch,* a., gascon, ne.
Gasse f. Rue [petite] : *Gassenbube,* m., gamin. ||Dim. *Gäßchen,* n. ④ (gèss**ch**en). Ruelle, f.
Gast m. (g*a*st). Hôte [reçu] invité, e. ||[bei Tisch] Convive : *zu Gaste bitten**, inviter.
gastfrei a. (fr*a*è). Hospitalier, ère : *Gastfreiheit,* f., hospitalité.
Gast||**freund** m. (frœünt, -d-). Hôte : *gastfreundlich,* a., hospitalier, ère : *Gastfreundlichkeit,* f., hospitalité. ||**-geber, in** m., f. (gée-ber, ìn). Hôte, m., amphitryon, m., hôtesse, f. ||**-haus** n. ② (**ha**os), **-hof** m. Auberge, f., hôtel, m.
gastlich (i**ch**). Hospitalier, ère.
Gast||**lichkeit** f. (k*a*èt). Hospitalité. ||**-mahl** n. ①. Festin, m., banquet, m. ||**-reise** f. (r*a*è**z**e). Tournée [d'artistes]. ||**-spiel** n. (schpîl). Représentation [f.], en tournée.
gastrisch a. (*ga*-). Gastrique.
Gast||**stätte** f. Restaurant. ||**-stube** f. Salle d'hôtel.
Gast||**wirt, in** m., f. (ìn). Aubergiste, m. et f., hôtelier, ère, hôte, sse. ||**-wirtschaft** f. (*v*irt-). Auberge. ||**-zimmer** n. ④ = *Gaststube.*
Gasuhr f. Compteur [m.] à gaz.
Gatte, -n, -n m., **in** f. (*ga*t*e*, ìn). Époux [mari], épouse; pl. [les] époux [mari et femme]; *Gattenliebe,* f., amour conjugal, m.
Gatter n. ④. Grille, f., grillage, m. *Gatterwerk,* n., grillage, m., treillage, m.
Gattung f. Genre, m., espèce.
Gau m. ① (*ga*o). District.
Gauchheil n. (*ga*o**ch'**). Mouron, m.
Gaukel||**bild** n. ②. Fantasmagorie, f. ||**-ei** f. (*a*è). Jonglerie.
gaukelhaft a. Trompeur, se.
Gaukelkunst f., **-spiel** n. Jonglerie, f.
gaukeln (*ga*ok*e*ln). Jongler : *Gaukler,* m. ④, jongleur.
Gaul m. (*ga*ol). Cheval.
Gaumen|| m. ④. Palais [dans la bouche]. ||**-segel** n. Voile [m.] du palais.
Gauner|| m. ④ (*ga*on*e*r). Filou, escroc. ||**-ei** f. (*a*è). Filouterie, escroquerie.
gaunern intr. Filouter, escroquer.
Gaunersprache f. (schpr*â***ch**e). Argot [des voleurs], m.
Gaze f. (pron. fr.). Gaze.
Gazelle f. (tsèl*e*). Gazelle.
ge||**...** (gé). Préfixe inséparable *non accentué,* forme, conjointement avec une modification presque constante de la voyelle radicale du mot simple [**a, e, o, u,** en **ä, i** ou **ie, ö, ü**], des noms dérivés du *genre neutre* et *sans pluriel* [sauf indication contraire], et exprimant :
1° Une *idée collective.* Ex. : *Ge*||*äder,* n., veines, f. pl., marbrure, f.; *-bilde,* n., formation, f., produit, m.;

-binde, n., faisceau, m., écheveau, m.
2° Une *répétition* ou *continuité* de l'action, du mouvement, du son, exprimé par le mot simple. Ex. : *Ge‖belfer*, n., aboiement[s], m. [pl.] ; *-flüster*, n., chuchotement[s], m. [pl.], murmure, m. ; *-funkel*, n., scintillement, m.

Geächze n. Gémissement[s], m. [pl.].
Geäder n. (*ê*d^e^r). Veines, f. pl. ; ‖[Stein] Marbrures, f. pl.
geädert pp. (*ê*d^e^rt). Veiné, e. ‖[Stein] Marbré, e.
geartet a. (*a*rt^e^t). De nature : *gut geartet*, d'un bon naturel. ‖[erzogen] : *gut geartet*, bien élevé.
Geäst[e] n. Branchage, m.
geb. [abrév.], = *geboren*.
Gebäck n. (*bê*k). Boulangerie, f. ‖[feines] Pâtisserie, f.
Gebalge n. Rixe, f.
Gebälk n. (*bê*lk). Charpente, f.
Gebärde f. (*bê*rd^e^). Geste, m. ; *Gebärden‖kunst*, m., mimique; *-spiel*, n., gesticulation, f.
gebärden [**sich**]. Gesticuler. ‖*Fig.* [sich betragen] Se conduire*.
gebaren [**sich**] (*bâ*r^e^n). Se conduire*. ‖n. Conduite, f.
gebären (*bê*r^e^n). Enfanter. ‖[e. Kind] Accoucher de : *geboren werden**, naître* ; *geborene*[*r*]..., ...de naissance. ‖n. Enfantement, m.
Gebäude n. ④ (b*œü*d^e^). Bâtiment, m. [V. *bauen*.] : *Gebäudeblock*, m., pâté de maisons.
Gebein n. (b*a*^è^n). Ossements, pl. ‖pl. Dépouille, f. [mortelle].
Ge‖belfer n., **-bell** n. Aboiements, m. pl.
geben* (g*ée*b^e^n). Donner. ‖[Früchte] Produire*. ‖[auf deutsch usw.] Rendre. ‖LOC. *Gott gebe es!*, plût à Dieu ! ; *viel auf* [acc.] *geben*, faire grand cas de. ‖impers. *es gibt* [acc.], il y a; *was gibt's?*, qu'y a-t-il? ‖n. Action de donner : [beim Kartenspiel] *am Geben sein**, avoir* la donne.
Geber, in m. ④, f. (g*ée*b^e^r, ìn). Donateur, trice.
Geberde. V. *Gebärde*.
gebeten pp. de *bitten**.
Gebet n. (b*ée*t). Prière, f.
ge‖bierst, -biert. V. *gebären**.

Gebiet n. (b*î*te). Territoire, m. ‖[e. Wissenschaft usw.] Domaine, m. ‖[e. Verwaltung] Ressort, m.
gebieten* intr. Commander : *Gebieter, in*, m. ④, f., maître, sse; [Herrscher] souverain, e; *gebieterisch*, a., impérieux, euse.
Gebilde n. Formation,; f. produit, m.
Gebimmel n. Tintement, m.
Gebinde n. Faisceau, m. ; écheveau, m. [v. Garn].
Gebirg[**e**] n. (b*i*rg^e^). Chaîne de montagnes.
gebirgig a. (ig). Montagneux, euse.
Gebiß n. Denture, f. ‖[künstliches] Râtelier, m. ‖[v. Pferden] Mors, m.
gebissen pp. de *beißen**.
Ge‖blase n. Sonnerie, f. [de cor]. ‖**-bläse** n. Soufflerie, f.
geblichen, -blieben pp. de *bleichen**, *bleiben**.
geblümt a. Parsemé de fleurs. ‖[Stoff] A fleurs, à ramages.
Geblüt n. (bl*u*te) : *Prinz von Geblüt*, prince du sang.
ge‖bogen, -boren, -borgen, -borsten. pp. de *biegen**, *gebären**, *bergen**, *bersten**.
Gebot n. ① (b*ô*t). Ordre, m., commandement, m. ; *einem zu Gebote stehen**, être* aux ordres de qn. ‖[Angebot] Offre, f.
geboten pp. de [*ge*]*bieten**.
ge‖bracht, -brannt pp. de *bringen**, *brennen**.
Gebrauch m. (br*a*^o^**ch**). Usage, emploi : *Gebrauch machen* [*von*], faire* usage [de]; *Gebrauchsanweisung*, f., mode d'emploi, m.
ge‖brauchen. Employer : *gebrauchte Bücher* usw., livres, etc. usagés. ‖**-bräuchlich** a. (*œü*chlich). Usuel. ‖[Wort] Usité, e.
Gebraus[**e**] n. Bruissement, m. ; [im Ohr] Bourdonnement, m.
ge‖brechen* impers. (br*è***ch**^e^n). [an, *dat.*] Manquer [de]. ‖n. ④. Défaut, m. Imperfection, f. ‖[d. Körpers] Infirmité, f. ‖**-brechlich** a. (*è***ch**-**lich**). Infirme. ‖[schwach] Faible. ‖[hinfällig] Caduc, uque.
Gebrechlichkeit f. (k*a*^è^t). Infirmité, faiblesse, caducité.
gebrochen pp. de *brechen**.
Gebröckel n. Fragments, m. pl.
Gebrodel n. Bouillonnement, m.
Gebrüder pl. (br*û*d^e^r). Frères.

Gebrüll n. Mugissement[s], m. [pl.]; [v. wilden Tieren] Rugissement[s], m. [pl.].
Gebrumm[e] n. Bourdonnement, m.
Gebühr f. Obligation. ||[Schicklichkeit] Convenance : *nach Gebühr,* comme il convient. ||[Kosten] Frais, m. pl. ||[Abgaben] Droits, m. pl. ||[Besoldung] Honoraires, m. pl.
ge||bühren intr. (bûren). Être* dû : *sich gebühren,* convenir*. ||**-bührend** p. a. Dû, ue. ||[verdient] Mérité, e. ||[angemessen] Convenable.
gebunden pp. de *binden**. Lié, e : *Gebundenheit,* f., obligation.
Ge||burt f. (bourt) [Gebären] Enfantement, m. ||[Geborenwerden] Naissance. ||*Geburts||anzeige,* f., *-schein,* m., faire-part, m., extrait [acte] de naissance, m.; *-haus,* n., *-stadt,* f., maison, f., ville natale, f.; *-helfer, in,* m., f., accoucheur, euse [sage-femme]; *-wehen,* f. pl., douleurs de l'enfantement. ||*gebürtig* a. (ig) [aus] natif, ive, originaire [de]. ||**-büsch** n. Buisson. ||[Wäldchen] Bosquet, m.
Geck, -en, -en m. (gèk). Fat. ||Sot.
gedacht pp. de *denken** et *gedenken**.
Ge||dächtnis n. (dêchtniss). Mémoire, f. : *Gedächtnisfeier,* f., *-fest* n., fête commémorative, f. ||**-danke, -ns, -n** m. (dànke) Pensée, f., idée, f.; *Gedankenverbindung,* f., association d'idées.
Gedärm[e] n. Intestins, m. pl.
Gedeck n. Couvert, m.
ge||deihen* intr. [*sein*] (daè-). Prospérer. ||[v. Menschen und Tieren] Grandir, croître*. ||[v. Pflanzen] Bien venir*, réussir. ||n. Prospérité, f., réussite, f. ||**-deihlich** a. (**ich**). Profitable, salutaire.
ge||denk... (dènk). Commémoratif, ive. ||**-denken*** intr. Se souvenir* [de], se rappeler. ||[erwähnen] Faire* mention de. ||[vorhaben] Songer à, compter [faire qc.].
Gedicht n. ① (dicht). Poésie, f.
ge||diegen a. (dîgen). Pur, e. ||[v. Metallen] Natif, ive. ||*Fig.* [Eigenschaften] Solide. ||*Gediegenheit,* f., pureté, solidité. ||**-dieh, -diehen** imp. et pp. de *gedeihen**.
Gedränge n. (ènge). Presse, f. ||[Gewühl] Bousculade, f.
gedrängt p. a. Serré, e, pressé, e. ||[Stil] Concis, e.
Gedrängtheit f. Entassement, m. ||*Fig.* Concision.
ge||droschen pp. de *dreschen**. ||**-drungen** pp. de *dringen**. [Körper] Ramassé, e, trapu, e. ||[Stil] Concis, e. ||[veranlaßt] Pressé, [de].
Geduld f. (doult, -d-). Patience.
ge||dulden [sich]. Prendre patience. ||**-duldig** a. (ig). Patient, e.
gedungen pp. de *dingen**.
gedurft pp. de *dürfen**.
geeignet p. a. V. *eignen.*
Gefahr f. (fâr). Danger, m., péril, m. ||*gefahrlos,* a., sans danger.
ge||fährden (fèrd-). Mettre* en danger. ||**-fährlich** a. (fèrlich). Dangereux, euse. ||[nur v. Sachen] Périlleux, euse; *Gefährlichkeit,* f., gravité.
Ge||fährt n. Véhicule, m.; voiture, f. ||**-fährte, -n, -n** m., **tin** f. (fêrte). Compagnon, compagne.
Gefäll[e] n. ④. Pente, f. ||pl. Revenus.
gefallen*. Plaire* : *es gefällt mir hier,* je me plais ici; *wie gefällt Ihnen...?,* comment trouvez-vous?... ||m. spl. Plaisir : *tun** *Sie mir den Gefallen zu...,* faites-moi le plaisir de... ||*Gefall||sucht,* f. (**zoucht**), coquetterie; *-süchtig* a. (**ig**). coquet, te.
gefällig a. (fèlig). Complaisant, e, obligeant, e. ||[angenehm] Agréable : *Bier gefällig?* voulez-vous de la bière? ||adv. Complaisamment, obligeamment. ||*Gefälligkeit,* f., complaisance, obligeance. ||*gefälligst,* adv., s'il vous plaît.
gefangen pp. de *fangen** (**fàng**). ||a. Prisonnier, ère, captif, ive : *Gefangennahme, -nehmung,* f., capture; *Gefangenschaft,* f., captivité; *Gefangenenwärter,* m. ④, geôlier.
Gefängnis n. (fèngniss). Prison, f.
Gefäß n. (fêss). Vase, m. ||[im Körper] Vaisseau, x, m.
gefaßt p. a. Calme. ||[auf *acc.*] Prêt, e [à] : *sich gefaßt machen** [auf, *acc*]., s'attendre [à].
Gefecht n. (fècht). Combat, m. ||[Treffen] Engagement, m.
Gefieder n. (fîder). Plumage, m.
gefiedert a. Emplumé, e.
Gefilde n. Plaine, f., campagne, f.

Geflatter n. Battement [m.] d'ailes.
Geflecht n. Entrelacement, m.
gefleckt p. a. Tacheté, e. ‖[gesprenkelt] Moucheté, e.
Geflimmer n. Scintillement, m.
ge‖flissen. Soigneux, euse. ‖[fleißig] Assidu, e. ‖*Geflissenheit*, f., (**h***a*^e^t). Soin, m., assiduité, f. ‖**-flissentlich** a. (^e^ntli**ch**). Prémédité, e. ‖adv. Avec intention, exprès.
ge‖flochten, -flogen, -flohen, -flossen pp. de *flechten**, *fliegen**, *fliehen**, *fließen**.
Geflügel n. (*û*g^e^l). Volaille, f.
geflügelt a. (fl*û*g^e^lt). Ailé, e.
Geflüster n. Chuchotement[s], m. [pl.]; murmure, m.
gefochten pp. de *fechten**.
Gefolge n. ④ (folg^e^). Suite, f. ‖[Geleit] Cortège, m.
gefräßig a. (fr*ê*ssig). Glouton, ne, vorace : *Gefräßigkeit*, f. (k*a*^e^te), gloutonnerie, voracité.
Gefreite[r] p. a. m. (fr*a*^e^t^e^r). Soldat de première classe, caporal.
ge‖frieren* intr. (fr*î*r^e^n). Geler, se congeler. ‖n. Congélation, f. : *Gefrierapparat*, m., armoire [f.] frigorifique. ‖**-froren** pp. de *frieren** et de *gefrieren**. Gelé, e : *Gefrorenes*, n., glace, f., glaces, pl.
Gefüge n. ④ (f*û*g^e^). Assemblage, m. ‖[Bau] Structure, f.
gefügig a. (f*û*gig). Flexible, souple. ‖*Fig.* Docile. ‖*Gefügigkeit*, f., docilité, souplesse.
Gefühl n. ① (f*û*l). Toucher, m. ‖[Empfindung] Sentiment, m. ‖*gefühllos*, a., Insensible; *fig.* [hart] dur, e; [grausam] Cruel, le; *Gefühllosigkeit*, f., insensibilité, dureté. ‖*Gefühlsinn*, m., toucher. ‖*gefühlvoll*, a., plein, e de sentiment; [empfindsam] Sentimental, e; adv. Avec sentiment.
gefunden pp. de *finden**.
Gefunkel n. Scintillement, m.
ge‖gangen (g*à*ng-), **-geben** (g*é*eb-), pp. de *gehen**, *geben**.
gegen (g*é*eg^e^n), prép. [*acc.*] Contre. ‖[Richtung od. Zeit] Vers : *gegen Abend*, vers le soir. ‖[in Bezug auf] Envers : *mild gegen...*, bon envers... ‖[ungefähr] A peu près : *gegen hundert*, près de cent. ‖préf. inséparable. 1. Contre- ..., ... contraire. Ex. : *Gegen‖angriff*, m., contre-attaque, f.; *-licht*, n., contre-jour, m.; *-marsch*, m., contre-marche, f.; *-probe*, f., contre-épreuve. ‖2. Réciproque. Ex. : *Gegen‖bedingung*, f., condition réciproque; *-dienst*, m., service réciproque.
Gegend f. (g*é*eg^e^nt, -d-). Contrée, région.
gegeneinander (a^è^n*a*nd^e^r). L'un[e] contre [envers] l'autre, les un[e]s contre [envers] les autres, réciproquement : *Gegeneinanderhaltung*, f., *-stellung*, f., comparaison.
Gegenfußler m. ④. Antipode.
Gegenmaßregel f. (m*â*ssr*é*g^e^l). Représaille.
Gegenpartei f. (t*a*^è^). [Parti de l'] opposition.
Gegensatz m. Opposition, f. ‖[Gegenteil] Contraire. ‖[schroffer] Contraste : *gegensätzlich*, a., opposé, e. ‖adv. En contraste [avec], par opposition [à].
Gegenseite f. (z*a*^è^te). Côté opposé, m.
gegenseitig a. (tig). Opposé, e. ‖[wechselseitig] Mutuel, elle, réciproque : *Gegenseitigkeit*, f., réciprocité.
Gegen‖stand m. (schtànt, -d-). Objet ‖[Stoff] Sujet : *gegenständlich*, a., objectif, ive. ‖**-stoß**, m., retour offensif.
Gegenstück n. (scht*u*k). Pendant, m. ‖[Gegensatz] Contraste, m.
Gegenteil n. (t*a*^è^l). Contraire, m. : *im* —, au contraire.
gegenteilig a. (t*a*^è^lig). Contraire.
gegenüber (*û*b^e^r). 1. prép. [*dat.*] En face, vis-à-vis [de]. ‖n. Vis-à-vis, m. ‖2. Préfixe séparable, même sens : *gegenüber‖stehen**, intr., s'opposer à; *-stellen*, tr. opposer à; [Zeugen] Confronter; [vergleichen] Comparer [à]; *-stellung*, f., opposition, confrontation; comparaison; *-treten**, intr. [*sein*], s'opposer à.
Gegenvormund m. Subrogé tuteur.
Gegenwart f. (vart). Présence ‖[Jetztzeit] Présent, m. : *gegenwärtig*, a., présent, e, actuel, le. ‖adv. Actuellement.
Gegenwehr f. Résistance.
ge‖gessen, -glichen, -glitten, -glommen pp. de *essen**, *gleichen**, *gleiten**, *glimmen**.
Gegirre n. Roucoulement, m.

Gegner m. (*gég'nèr*). Adversaire.
ge‖golten, -goren, -gossen, -griffen pp. de *gelten**, *gären**, *gießen**, *greifen**.
Gegrunze n. Grognement[s], m. [pl.].
geh. abr. de *geheftet.*
Geh... V. *gehen**.
Gehacktes n. Viande [f.] hachée.
Gehalt (**h**alt). 1. m. ① [Raum] Capacité, f., contenance, f. ‖[Inhalt] Contenu. ‖[chemischer] Teneur, f. ‖[Münze usw.] Titre. ‖*Fig.* [Wert] Valeur, f. ‖2. n. ① ou ② [Lohn] Salaire, m. ‖*Mil.* Solde, f. ‖[e. Angestellten] Appointements, m. pl. ‖[e. Beamten] Traitement, m. ‖*gehaltlos* (lôss, -z-), a., sans valeur : *Gehaltlosigkeit*, f., vide, m., nullité.
Gehämmer n. Martèlement, m.
Gehänge n. ④ (**hènge**). Pendant, m. [d'oreilles]. ‖[an Uhren] Breloque, f.
gehangen pp. de *hangen**.
geharnischt p. a. (**harnischt**). Cuirassé, e. ‖*Fig.* Énergique.
gehässig a. (**hêsig**). Haineux, euse. ‖[hassenswert] Haïssable. ‖*Gehässigkeit*, f., haine; caractère odieux, m.
Gehau n. Taillis, m.
Gehäuse n. ④ (**hœüze**). Capsule, f. ‖[v. Schnecken] Coquille, f. [d'escargot]. ‖[Schachtel] Étui, m. ‖[v. Uhren] Boîtier, m. ‖[an Maschinen] Cage, f. ‖[am Fahrrad] Carter, m. ‖[d. Obstes] Trognon, m.
Gehecke n. Couvée, f.
geheftet p. a. (**hèftet**). Broché, e.
Gehege n. ④ (**héege**). Enclos, m. [Wild] Garenne, f.
ge‖heim a. (**haèm**). Secret, ète. ‖[verborgen] Caché, e. ‖[Türe] Dérobé, e. ‖**-heim...** : *Geheim‖mittel*, n., remède [m.] secret; *-nis*, n., secret, m.; [tiefes] mystère, m.; *geheim‖nisvoll*, a., mystérieux, euse; *-polizist*, m., agent de police secrète, détective; *-rat*, m., conseiller privé; *schloß*, n., serrure à secret, f.; *-tinte*, f., encre sympathique; *-tuerei*, f., cachotterie.
Geheiß n. Ordre, m.
gehen* intr. [*sein*] (*géeen*). Aller*, marcher : [*aus* ...], sortir* [de]; [*durch*...], traverser; [über, *acc.*], franchir, *fig.* dépasser; *wie geht's Ihnen?* comment allez-vous? *es geht mir gut,* je vais bien; *die Sache ging vor sich,* la chose eut lieu. ‖n. Marche, f. : *im Gehen,* en marchant.
Gehenk n. ① (**hènk**). Ceinturon, m.
gehenkt = *gehängt.* V. *hängen.*
Gehenlassen n. Laisser-aller, m.
Gehetze n. Tracasserie, f.
geheuer a. (**hœüer**). Sûr, e.
Ge‖hilfe, -n, -n m., **...fin** f. (**hilfe**, ìn). Aide, m. et f. ‖[v. Beamten] Adjoint, e.
Ge‖hirn n. ① (**hirn**). Cervelle, f. ‖[Denkvermögen] Cerveau, x, m. ‖**-hirn...** Du cerveau, cérébral. Ex.: *Gehirn‖substanz*, f., substance cérébrale; *-haut*, f. méninge; *-hautentzündung*, f., méningite; *-schale*, f., crâne, m.
gehirnlos a. (lôss, -z-). Écervelé, e.
gehoben pp. de *heben**.
Gehöft n. (**heûft**). Métairie, f.
geholfen pp. de *helfen**.
Gehölz n. ① (**heultss**). Bois, m.
Gehör n. (**heûr**). Ouïe, f. ‖*Fig.* *Gehör finden**, être* écouté; *jemandem Gehör schenken,* prêter l'oreille à qn.
gehorchen intr. (**horchen**). Obéir : *nicht gehorchen,* désobéir.
ge‖hören intr. (**heûren**). Appartenir* à. ‖[als Teil] [zu...] Faire* partie [de]. ‖[seinen richtigen Platz haben] Être* à sa place. ‖[zu etwas passen] Convenir* [à]. ‖[erforderlich sein] Être* nécessaire, falloir*: *zum Gelingen gehört...,* pour réussir, il faut... ‖[**sich**] Convenir*. ‖**-hörig** a. (**heûrig**). Appartenant à. ‖[als Teil] Faisant partie de. ‖[passend] Convenable. ‖[erforderlich] Nécessaire. ‖adv. [gebührend] Dûment. ‖[passend] Convenablement ‖[tüchtig] Comme il faut, de la bonne façon.
Gehörigkeit f. (*aet*). Convenance.
Gehörn n. Cornes, f. pl.
gehörnt a. (**hœrnt**). Cornu, e.
Gehorsam m. Obéissance, f. ‖a. Obéissant, e.
Gehrock m. Redingote, f.
Gehuste n. Toux continuelle, f.
Gehwerk n. Mouvement, m.
geien (*gaèen*). Carguer.
Geier m. ④. Vautour.

Geifer m. (f^er). Bave, f. : *geifern,* baver; *Geifertuch,* n., bavette, f.
Geig‖e f. (ga^è g^e). Violon, m. ‖**-en...**: ... de violon. Ex. : *Geigenbogen,* m., archet; *-harz,* n., colophane, f.; *-kasten,* m., étui à violon. ‖intr. Jouer du violon. ‖tr. Jouer sur le violon. ‖**-er** m. ④. Violoniste.
geil‖ (ga^è l). [v. Boden] Trop gras. ‖[v. Pflanzenwuchs] Exubérant, e. ‖[wollüstig] Lascif, ive, lubrique. ‖**-en.** Être* lascif. ‖[v. Tieren] Être en chaleur.
Geilheit f. (ha^è t). Exubérance. ‖Lasciveté. ‖Chaleur [des animaux].
Geisel f. (ga^è z^e l). Otage, m.
Geiser m. (ga^e z^e r). ④. Geyser.
Geiß‖ f. (ga^è s). Chèvre : *Geißlein,* n. ④, chevreau, x, m. ‖**-baum** m. Érable blanc. ‖**-blatt** n. Chèvrefeuille, m.
Geißel f. (ga^è ss^e l). Fouet, m. ‖[Plage] Fléau, x, m.
geißeln (ga^è ss^e ln). Fouetter. ‖*Fig.* Châtier, fustiger.
Geißelung f. Flagellation.
Geist‖ m. ② (ga^è st). Esprit. ‖[Seele] Âme, f., esprit. ‖[e. Volkes, e. Sprache] Génie. ‖[Gespenst] Esprit, fantôme, revenant. ‖**-er...**: Des esprits, relatif aux esprits : *geister‖gläubig* a., spirite; *-seher,* m., visionnaire. ‖**-es...** D'esprit, de l'esprit, intellectuel, le : *Geistes‖anstrengung,* f., contention d'esprit; *-arbeit,* f., travail de tête, m.; *-gestört,* a., déséquilibré, e; *-größe,* f., élévation d'esprit; *-krank,* a., aliéné, e; *-krankheit,* f., aliénation mentale.
geistig a. (ig). Spirituel, le. ‖[d. Verstand betreffend] Intellectuel, le, mental, e. ‖[Getränk] Spiritueux, euse.
Geistigkeit f. (ka^è t). Spiritualité.
geistlich a. (lich). [kirchlich] Spirituel, le. ‖[den Priesterstand betreffend] Ecclésiastique.
Geistlichkeit f. (ka^e t). Clergé.
geist‖los a. (lôss, -z-). Sans esprit. ‖**-reich** a. (ra^è ch), **-voll** a. (fol). Plein, e d'esprit.
Geiz m. (ga^è tss). Avarice, f.
geizen intr. [mit]. Être* avare [de]. ‖[nach] Être* avide [de].
Geizhals m. Avare.
geizig a. Avare.

Gejammer n. (yam^e r). Lamentations continuelles, f. pl.
gekannt pp. de *kennen**.
Ge‖kläff n. (klèf). Jappement, m. ‖**-klapper** n. Claquement, m.; *fig.* [Lärm] Vacarme, m.
Geklatsche n. Claquement, m. *Fam* Commérage, m.
Geklingel n. Sonnerie [f.] continuelle.
Geklirr n. Cliquetis, m.
geklommen pp. de *klimmen**.
Geklüft n. Gorges, f. pl., gouffres, m. pl.
geklungen pp. de *klingen**.
Geknatter n. Craquement, m.; crépitement, m.
gekniffen pp. de *kneifen**.
Geknirsche n. Grincement[s], m. [pl.], craquement[s], m. [pl.].
Geknister n. Crépitement[s]. m. [pl.]; [v. Kleider] frôlement, m., frou-frou, m.
gekonnt pp. de *können**.
Gekose n. Caresse[s], f. [pl.].
Ge‖krach n. (ach). Craquement[s], m. [pl.] fracas, m. ‖**-krächze** n. (krêchts^e). Croassement[s], m. [pl.].
Gekrätz[e] n. (krêts). Scories, f. pl.
Gekräuse[l] n. Frisure, f.
Gekreisch n. Criailleries, f. pl.
Gekritzel n. spl. (krits^e l). Griffonnage, m.
gekrochen pp. de *kriechen**.
Gekröse n. (eûz^e). Fraise, f. [de veau, etc.].
gekünstelt. Recherché, e, affecté, e.
Ge‖lache n. Rire [m.] continuel. ‖**-lächter** n. spl. (lêcht^e r). Éclats de rire, pl., rires, pl. : *zum Gelächter werden,* être* la risée.
Gelag[e] n. ① (lâg^e). Orgie, f.
gelähmt p. a. (lêmt). Perclus, e. paralysé, e.
gelahrt a. (veraltet). V. *gelehrt.*
Gelalle n. Bégaiement, m.
Gelände n. ④ (lènd^e). Terrain, m.
Geländer n. ④. Balustrade, f. ‖[Treppe] Rampe, f. [auf Brücken] Parapet, m., garde-fou, m. ‖[für Pflanzen] Espalier, m. ‖[für Wein] Treille, f.
gelang imp. de *gelingen**.
gelangen (lâng-) [zu]. Parvenir* [à].
Gelaß n. Pièce, f. [de logement].

gelassen pp. de *lassen**. ||a. Calme. ||adv. Avec calme. ||*Gelassenheit,* f. (**ha**è**t**), calme, m.
Gelaufe n. Courses continuelles, f. pl.; va-et-vient, m.
geläufig a. (l*œü*fig). Exercé, e. ||[gelenkig] Agile. ||[gebräuchlich] Courant, e. ||adv. Couramment : *Geläufigkeit,* f., facilité [de langage].
gelaunt a. (l*a*ont). Disposé, e.
Geläute n. (l*œü*te). Sonnerie, f. [de cloches].
gelb|| a. (gèlp, -b-). Jaune : *gelb machen, werden**, jaunir. ||**-en** intr. Jaunir. ||**-grau** a. Bistre. ||**-lich** a. (**ich**). Jaunâtre.
Gelb||**schnabel** m. ③ (*â*bel). Blancbec. ||**-sucht** f. Jaunisse.
Geld|| n. (gèlt..., -d-). 1. spl. Argent, m. [monnayé] : *kleines Geld,* n., petite monnaie, f. ||pl. **-er** Fonds. ||**-brief** m. Lettre chargée, f. ||**-einlage** f. Placement, m. ||**-kasten** m. ④, **-schrank** m. (en, -*à*nk). Coffre-fort. ||**-sorte** f. Devise. ||**-strafe** f. Amende. ||**-tasche** f. (sche). Sacoche.
gelegen pp. de *liegen** (l*é*eg-). ||a. Situé, e : *nach dem Garten gelegen,* donnant sur le jardin. ||*Fig.* [passend] : *zu gelegener Zeit,* à propos. ||[wichtig] : *was ist daran gelegen?* qu'importe? ||adv. à propos.
Gelegenheit f. (**ha**è**t**). Occasion : *Gelegenheitskauf,* m., achat d'occasion.
gelegentlich a. Occasionnel, le. ||adv. A l'occasion.
gelehrig a. (l*é*erig). Docile [aux leçons].
Gelehrsamkeit f. (l*é*erzâmk*a*èt). Érudition.
gelehrt|| a. (l*é*ert). Savant, e., érudit, e. ||**-heit** f. Érudition.
Geleise. V. *Gleis.*
Geleit n. (l*a*èt). Accompagnement, m., conduite, f. : *einem das Geleit geben**, accompagner qn. : *Geleitsbrief,* m., sauf-conduit. ||[Bedekkung] Escorte, f.
geleiten. Accompagner, conduire*, escorter. ||[v. Schiffen] Convoyer.
Gelenk n. (l*è*nk). Articulation, f., jointure, f. ||*Gelenk...*, ... articulaire. ||*gelenkig* a. (kig). articulé, e; [biegsam] Souple, flexible; *Gelenkigkeit,* f., souplesse.
Geliebte[r] p. a. s. (l*î*pter). Bien-aimé, e, amant, e.
geliehen, pp. de *leihen.*
gelinde a. (l*i*nde). Doux, ouce.
gelingen* impers. [*sein*] (l*ì*ng-). Réussir. ||n. Réussite, f., succès, m.
Gelispel. n. Zézaiement, m.
gelitten pp. de *leiden**.
gell||**en** intr. Donner un son aigu. ||**-end** a. (g*è*-). Aigu, ë.
geloben (l*ô*ben). Promettre*. ||*Relig.* Faire* vœu [de].
Gelöbnis n. (l*eû*pniss). Vœu, x, m.
Gelocke n. Cheveux frisés, m. pl.
gelogen (l*ô*g-). pp. de *lügen**.
Gelöte n. Soudure, f.
gelt? (g*è*lt). N'est-ce pas?
gelt||**en*** (gèlten). Valoir* : *gelten lassen**, admettre; *das lasse ich gelten,* à la bonne heure. ||impers. *es gilt die Wette,* je parie que, je gage; *es gilt das Leben,* il y va de la vie. ||[wichtig sein] Importer. ||**-end** p. a. (ent, -d-). Qui a de la valeur : *geltend machen,* faire* valoir*.
Geltung f. (oung). Valeur. ||[v. Münzen] Cours, m.
Gelübde n. ④ (l*u*pde). Vœu, x, m. V. *geloben.*
gelungen (*ou*ngen) pp. de *gelingen**.
Gelüst n. Désir [m.] ardent : *gelüsten,* impers. : *es gelüstet mich darnach,* j'en ai grande envie.
Gemach n. ② (**ach**). Chambre, f., appartement, m. || adv. Tout doucement.
gemächlich a. (m*ê***chlich**). Commode, aisé, e.
Ge||**mahl** m. ① (m*â*l). Époux, mari. ||**-mahlin** f. (m*â*lìn). Épouse.
Gemälde n. ④ (m*ê*lde). Tableau, x, m.
Gemarkung f. Borne, limite.
gemäß prép. (m*ê*ss) [*dat.*] Conformément à, selon, suivant : *Gemäßheit,* f., conformité.
Gemäuer n. Murailles, f. pl.
gemein a. (m*a*èn). Commun, e. ||[gewöhnlich] Ordinaire. ||[Mensch, Ausdruck] Vulgaire, trivial, e.
Ge||**mein...**: *Gemein*||*gut,* n., domaine public, m.; *-heit,* f., vulgarité; *-iglich,* adv., communément; *-platz,* m., lieu commun; *-sam,* commun, e; adv. en commun; *-schaft,* f., communauté, collectivité; *-schaftlich,*

a., commun, e, collectif, ive; adv. en commun; concurremment; *-sinn*, m., esprit public; [in Körperschaften] esprit de corps; *-verständlich*, a., à la portée de tous; *-wesen*, n., chose publique, f.; *-wohl*, n., bien public, m. ||**-meinde** f. (*mä*^{e}nd^{e}). Commune. ||[städtisch] Municipalité ||[klösterlich] Communauté. ||[kirchlich] Paroisse, fidèles, m. pl. ||*Gemeinde...* : ...communal, e, municipal, e. Ex. : *Gemeinderat*, m., conseil, conseiller municipal; *-haus*, n., maison commune, f., mairie, f. ||**-meine** f. Commune.

Gemenge n. (mè**ng**^{e}). Mélange, m. ||[Getümmel] Mêlée, f.

gemessen pp. de *messen**. ||a. Mesuré, e. ||[feierlich] Grave. ||*Gemessenheit*, f. (**h**a^{e}t), mesure. ||[Gemäßheit] Convenance, f. gravité, f.

Gemetzel n. (mèts^{e}l). Massacre, m. ||[Blutbad] Carnage, m.

gemieden (*mî-*). pp. de *meiden**.

Gemisch n. Mélange, m.

gemischt p. a. Mélangé, e. ||[Ehe usw]. Mixte.

Gemme f. (gèm^{e}). Gemme.

ge||mocht, -molken, pp. de *mögen**, *melken**.

Gemorde n. Massacre, m.; tuerie, f.

Gemse f. (gèmz^{e}). Chamois, m.

Gemüll n. Immondices, f. pl.; ordures, f. pl.

Gemunkel n. Bruit [m.] sourd.

Ge||murmel, -murre n. Murmure, m.

Gemüse n. ④ (mûz^{e}). Légume[s], m. [pl.] : *erstes Gemüse*, primeurs, f. pl. ||*Gemüse||bau*, m., culture maraîchère, f.; *-garten*, m. [jardin] potager; *-gärtner*, m., maraîcher.

gemußt (*oust*). pp. de *müssen**.

Gemüt n. ② (mûte). Âme, f., cœur, m. ||*Gemüts... : Gemütsart*, f., caractère, m.; *-bewegung*, f., émotion.

gemütlich a. Doux, ouce, affable. ||[v. Dingen] Agréable. ||[behaglich] Confortable. ||adv. Avec bonhomie.

Gemütlichkeit f. Bonhomie. ||[v. Dingen] Agrément, m., confortable, m.

gen (gèn) [veraltet] = *gegen*.

ge||nannt, -nas. V. *nennen**, *genesen**.

genau a. et adv. (*na*^{o}). Exact, e [ment]. ||[ängstlich] Minutieux, euse[ment], scrupuleux, euse[ment]. ||[bestimmt] Précis, e. : — *bestimmen*, préciser; — *wissen**, savoir* au juste; *es genau nehmen* [*mit*], prendre* au pied de la lettre; *es damit genau nehmen**, y regarder de près. ||[knauserig] Parcimonieux, euse.

Genauigkeit f. Exactitude. ||Minutie. ||Précision. ||Parcimonie.

Gendarm, -en, -en m. (pron. fr.). Gendarme.

Genealogie f. (*gî*). Généalogie.

genehm|| a. (*néem*). Agréable. ||**-igen** (ig^{e}n). Agréer, consentir* à. ||[Pläne] Approuver. ||[Vertrag] Ratifier.

Genehmigung f. Approbation.

geneigt p. a. (*na*^{e}gt). Penché, e, incliné, e. ||*Fig.* [zu etwas] Disposé, e [à], enclin, e [à]. ||[wohlwollend] : *geneigtes Gehör*, attention bienveillante, f.

Geneigtheit f. (**h**a^{e}te). Inclinaison, pente. ||*Fig.* Inclination, bienveillance.

General|| m. ① et ② (*âl*). Général, aux. ||**-in** f. (ìn). Générale. ||**-issimus, -mi** m. (*issimoùs*). Généralissime. ||**-marsch** m. Générale, f.

Generation f. (tsi*ône*). Génération, f.

generisch a. (*née*risch). Générique.

genesen* intr. [*sein*] (**néez**-). Guérir : *der, die Genesende*, le [la] convalescent, e.

Genesis f. (*née*ziss). Genèse.

Genesung f. Guérison. ||[vor deren Vollendung] Convalescence.

Genf|| npr. n. (gènf). Genève, f. ||**-er, in** m. ④, f. (f^{e}r, ìn). Genevois, e.

genferisch a. Genevois, e.

genial a. (géni*âl*). De génie, génial, e.

Genick n. (*ik*). Nuque, f.

Genie, -s n. (pron. fr.). Génie, m.

genieren (jénî*r*^{e}n). Gêner.

ge||nießbar a. (*nîs*-). Dont on peut jouir. ||[v. Speisen, Gemüsen] Mangeable, comestible. ||[v. Getränken] Potable. ||[v. Menschen] Supportable. ||**-nießen*** tr. (*nîss*-). Jouir de. ||[Speisen] Prendre*.

Geniste n. ④ (nist^{e}). Nid, m. V. *Nest*.

Genitalien pl. (*tâl*ien). Parties génitales.
Genitiv (*gé*enitîf et génit*î*f) m. Génitif.
Genius, -ien m. (*gé*enious). Génie.
genommen pp. de *nehmen**.
genoß imp. de *genießen**.
Genoß [-sse], **-n, -n,** m., **-ssin** f. (noss[e], in). Compagnon, compagne. *Genossenschaft,* f., association coopérative.
Gent npr. n. (gènt). Gand, m.
Gen‖ua npr. n. (*gé*enoua). Gênes, f. ‖**-uese, -n, -n** m. (*é*ese). Génois. ‖*genuesisch,* a., génois, e.
genug adv. (génoug). Assez : suffisamment : *genug sein,* suffire*.
Genüge f. (n*û*ge) : *zur Genüge,* suffisamment; *Genüge leisten,* satisfaire [à].
ge‖nügen (n*û*g-). Suffire* : *genügend,* p. a., suffisant, e. ‖[Zensur] Satisfaisant, e, assez bien. ‖**-nugsam** a. (n*o*ugzâm). Suffisant, e. ‖adv. Assez, suffisamment. ‖**-nügsam** a. (nügzâm). Peu difficile. [bescheiden] Modeste. ‖[in d. Nahrung] Sobre, tempérant, e. ‖*Genügsamkeit,* f., modestie. ‖Sobriété, tempérance. ‖**-nugtuend** a. Satisfaisant, e.
Genugtuung f. Satisfaction.
Genuß m. (gen*o*uss). Jouissance, f., plaisir. ‖[v. Speisen] Usage.
genußreich a. Délicieux, euse.
Geo‖graph, -en, -en m. (gé-*â*f). Géographe. ‖**-graphie** f. (f*î*). Géographie.
geographisch a. (*â*fisch). Géographique.
Geo‖log, -en, -en m. (l*ô*g). Géologue. ‖**-logie** f. (g*î*). Géologie. ‖**-meter** m. ④ (m*é*eter). Géomètre. ‖**-metrie** f. Géométrie.
geometrisch a. Géométrique.
Georg m. (géorg). Georges.
Gepäck n. spl. (pèk). Bagage[s], m. [pl.] : *Gepäck‖aufbewahrungsstelle,* f., *-aufgabe,* f., *-ausgabe,* f., *-raum,* m., consigne, f., enregistrement, m., délivrance, f., dépôt [m.] des bagages; *-schein,* m., bulletin de bagages; *-träger,* m. ④, facteur, porteur.
Gepfeife n. Sifflement [m.] continuel.
gepfiffen, -pflogen pp. de *pfeifen**, *pflegen**.
Geplacke n. Tribulations, f. pl.
Ge‖plapper n. Jaserie, f. ‖**-plärr** n. Criaillerie, f.
Geplätscher n. Clapotement, m.
Geplauder n. (*a*oder). Babil, m., causerie, f.
Gepolter n. Vacarme [m.] continuel.
Gepräge n. ④ (pr*ê*ge). Empreinte.
Gepränge n. (*è*nge). Pompe, f.
Geprassel n. Pétillement, m.
Geprickel n. Picotement, m.; chatouillement, m.
gepriesen pp. de *preisen**.
Gequake n. (kv*â*ke). Coassement, m.
gequollen pp. de *quellen**.
gerad[**e**] a. (r*â*de). Droit, e; direct, e. ‖*Fig.* [aufrichtig]. Droit, e, sincère. ‖[freimütig] Franc, anche. ‖[Zahl] Pair, e. ‖adv. [Tout] droit. ‖[genau] Précisément : *gerade um acht Uhr,* à huit heures précises. ‖[soeben] A l'instant : *da fällt mir gerade ein!,* à propos! ; *gerade als wenn...,* tout comme si...; *geradeaus* [*-heraus, -hin, -weg, -zu*], tout droit, franchement, sans détour. ‖*Geradehalter,* m. ④, corset orthopédique.
Geradheit f. Rectitude. ‖[Aufrichtigkeit] Sincérité, franchise.
geradlinig a. Rectiligne.
Geranium, ...ien n. (gér*â*nioum). Géranium, m.
gerannt pp. de *rennen**.
Gerät n. (r*ê*te). Ustensile, m. ‖[Werkzeug] Outil, m. ‖[Ausrüstung] Matériel, m. ‖[Funk] Appareil, m., poste, m.
geraten* (r*â*ten). Venir*. ‖[unwillkürlich] Tomber. ‖Entrer [dans un état] : *in Streit geraten,* entrer en lutte; *in Zorn geraten,* se mettre en colère; *in Vergessenheit geraten,* tomber dans l'oubli. ‖[v. Dingen] *in Brand geraten,* prendre* feu; *ins Stocken geraten,* s'arrêter net. ‖[gedeihen] Réussir.
Ge‖ratewohl n. (r*â*te) : *aufs Geratewohl,* au hasard, à l'aventure. ‖**-rätschaft** f. (r*ê*t-). Outillage, m., attirail, m.
ge‖raum a. (r*a*om) : *geraume Zeit,* un certain temps. ‖**-räumig** a. (rœü-mig). Spacieux, euse; vaste; *Geräumigkeit,* f., vaste étendue.
Geräusch n. (œüsch). Bruit, m.

gerben (gèrb^e^n). Corroyer. ‖[rot] Tanner. ‖[weiß] Mégisser.
Gerb‖er m. ④. Corroyeur, tanneur. ‖Mégissier. ‖*Gerberlohe*, f., tan, m. ‖**-erei** f. Tannerie. ‖**-stoff** m. (schtof). Tannin.
gerecht a. (rècht). Juste. ‖[billig] Équitable. ‖[Forderung] Légitime : *einem gerecht werden**, rendre justice à qn.; *einer Forderung gerecht werden**, faire* droit à une requête.
Ge‖rechtigkeit f. Justice. ‖**-rechtsame** f. Privilège, m.
Gerede n. (réed^e^). Discours, pl. propos, pl. ‖[Geschwätz] Bavardage, m. ‖[Gerücht] Bruit, m. [qui court] : *es geht das Gerede*, le bruit court.
gereichen (ra^è^ch^è^n). Tourner à : *zur Ehre* —, tourner à l'honneur de qn.
Gereime n. Vers [m.] de mirliton.
Gereiße n. Tiraillement, m.
gereizt p. a. (ra^è^tst). Irrité, e : *Gereiztheit*, f., irritation.
gereuen impers. (rœü^e^n). Causer du repentir à : *es gereut mich*, je m'en repens.
Ge‖richt n. (richt). 1. Tribunal, m. : *vor Gericht fordern*, citer en justice; *beim Gericht verklagen*, poursuivre* en justice. ‖Jugement. ‖**gerichtlich**, a., judiciaire; *gerichtliche Medizin*, f., médecine légale. ‖2. [Speise] Plat, m., mets, m. ‖**-richts...** : ...de justice, de tribunal, judiciaire : *Gerichts‖akten*, pl., pièces, f. pl., dossier, m.; *-arzt*, m., médecin légiste; *-barkeit*, f., juridiction; *-bezirk*, m., ressort, juridiction, f.; *-bote* ou *-diener*, m., huissier; *-gebäude*, n., palais [m.] de justice; *-kanzlei*, f., greffe, m.; *-saal*, m., salle d'audience, f.; *-schreiber*, m., greffier; *-sitzung*, f., audience; *stätte*, f., siège du tribunal, m.; *-tag*, m., jour d'audience; *-verfahren*, n., procédure, f.; *verhandlung*, f., débats judiciaires, m. pl.; *-vollzieher*, m., huissier; *-wesen*, n., administration de la justice, f., affaires judicaires, f. pl.
gerieben pp. de *reiben**. ‖a. Malin, igne, rusé, e : *Geriebenheit*, f. (ha^è^t), malice, ruse.
Geriesel n. Doux murmure, m.

gering a. (rìng). Peu considérable, peu important, e; *in geringer Entfernung*, à peu de distance; *um einen geringen Preis*, à bas prix; *geringere Sorte*, qualité inférieure; *beim geringsten Lärm*, au moindre bruit; *es war kein Geringerer, als...*, ce ne fut pas moins que... ‖adv. Peu : *nicht im geringsten*, pas le moins du monde. ‖*gering...*, préf. sép. : *gering‖achten*, faire peu de cas de : *-achtung*, f., dédain, m.; *-fügig*, a., insignifiant, futile; *-fügigkeit*, f., insignifiance, futilité; *-schätzen*, dédaigner; *-schätzig*, a., dédaigneux, euse; adv. dédaigneusement; *-schätzung*, f., dédain, m.
Gerinne n. spl. (rin^e^). Écoulement, m. ‖[Röhre] Conduit, m. ‖[Rinne] Gouttière, f.
gerinnen* intr. [*sein*]. Se coaguler. ‖[Milch] Se cailler. ‖*Fam.* Tourner. ‖n. Coagulation, f.
Gerippe n. ④. Squelette, m. ‖*Fam.* Carcasse, f. ‖[v. Schiffen] Carcasse, f.
gerippt a. Nervé, e. ‖[v. Saülen]. Cannelé, e. ‖[v. Stoff] Côtelé, e.
gerissen, ritten pp. de *reißen**, *reiten**.
German‖e, -n, -n npr. m. (germâne). Germain. ‖**-ia** f. [poét.], **-ien** n. (nia, i^e^n). [La] Germanie. ‖**-isch** a. Germanique.
germanisieren (zîr^e^n). Germaniser.
German‖ismus, ...men m. Germanisme. ‖**-ist, -en, -en** m. Germaniste.
gern[e] adv. (gèrn^e^). [compar. *lieber*, superl. *am liebsten*]. Volontiers : *herzlich gern*, de tout cœur; *gern haben** [— *essen**, — *trinken**], aimer...; *gern lesen**; — *tanzen* usw., aimer à lire*, à danser, etc.; *ich möchte* — *wissen**, je voudrais bien savoir*; *das glaube ich* —, je le crois* bien; — *oder ungern*, bon gré mal gré. ‖*Gern[e]groß*, m. ①, vantard.
gerochen pp. de *riechen**.
Ge‖röll[e] n. Éboulis, m. ‖**-rölle** n. Roulement [m.] continuel.
geronnen pp. de *rinnen** et de *gerinnen**.
Gerste f. (gèrst^e^). Orge; *Gerstenkorn*, n., grain [m.] d'orge; *fig.* [am Auge] Orgelet, m.; [*pop.*

compère loriot]; *Gerstenzucker*, m., sucre d'orge.

Gerte f. (gèrte). Verge. ‖[Reit-] Badine.

Geruch m. (rouch). [Sinn] Odorat. ‖[Duft] Odeur, f. ‖*geruch*‖*los*, a., inodore; *-sinn*, m., odorat.

Gerücht n. (rucht). Bruit, m. [qui court]. ‖[allgemeines] Rumeur publique, f.

Gerufe n. Cris [appels] continuels, m. pl.

geruhen intr. (roû-). Daigner.

Gerumpel n. (roumpel). Vacarme, m., fracas, m. ‖[e. Wagens] Roulement, m.

Gerümpel n. spl. (rùmpel). Vieux meubles, m. pl.

gerungen pp. de *ringen**.

Gerüst n. (rust). Échafaud, m. ‖[Bau-] Échafaudage, m. ‖[Gestell] Tréteau, x, m. ‖[für Vortragende] Tribune, f.

Gerüttel n. Ébranlement [m.] continuel; [e. Wagen] Cahots, m. pl.

Ges n. ④ (gêss). Sol bémol, m.

gesamt a. (zàmt). Total, e : *das Gesamte*, la totalité. ‖*Gesamt...*, ...total, e, d'ensemble. Ex. : *Gesamt*‖*betrag*, m., somme totale, f.; *-eindruck*, m., impression [f.] d'ensemble; *-erbe*, m., légataire universel; *-heit*, f., totalité.

gesandt (ànt) pp. de *senden** : *Gesandte[r]*, a. s. m., f., envoyé, e; [Diplom] Ministre. ‖[päpstlicher] Nonce, m.

Gesandtschaft f. Ambassade, légation; nonciature.

Gesang m. (zàng). Chant. ‖[kirchlich] Cantique : *Gesang*‖*buch*, n., livre [m.] de cantiques, *-verein*, m., société chorale, f.

Gesäß n. (zês). Siège, m. ‖*Fam.* Derrière, m.

Gesaufe n. spl. (zaofe). Orgie, f.

Ge‖**sause** n. spl. (zaoze). Bourdonnement[s], m. [pl.]. ‖[v. Winde] Sifflement[s], m. [pl.] ‖[v. Wellen] Bruissement, m. ‖**-säusel** n. (zœüzel). Doux murmure, m.

Geschäft n. (schèft). [Beschäftigung] Occupation, f. ‖[Handels-] Affaire[s], f. [pl.] ‖[Kaufmanns-] Maison, f. [de commerce]. ‖[einschließlich d. Kundschaft] Fonds, m. [de commerce]. ‖[Laden] Magasin, m. ‖*Geschäfts...*, ...d'affaires, commercial. Ex. : *Geschäfts* ‖*aussichten*, f. pl., conjoncture, f.; *-führer*, m., gérant; *-leute*, pl., gens d'affaires; *-lokal*, n. ①, magasin, m.; *-mann*, m., commerçant; *-reisender*, a. s. m., voyageur de commerce, commis-voyageur; *-träger*, m., chargé d'affaires.

ge‖**schäftig** a. (èftig). Actif, ive. ‖[eifrig] Empressé, e. ‖*Geschäftigkeit*, f., activité, empressement, m. ‖**-schäftlich** a. (ich). D'affaires, commercial, e.

geschah imp. de *geschehen**.

geschehen* impers. [*sein*] (schéeen). Arriver, avoir* lieu : *es ist ihm recht geschehen*, il a eu ce qu'il méritait; *es geschieht dir recht*, c'est bien fait; *es soll dir nichts geschehen*, tu n'as rien à craindre*; *es ist um ihn geschehen*, c'en est fait de lui; *geschehen ist geschehen*, ce qui est fait est fait; *geschehen lassen**, laisser faire*, permettre*.

gescheit a. (aèt). Intelligent, e : *gescheiter Kopf*, esprit judicieux; *Gescheitheit*, f., intelligence.

Geschenk n. (ènk). Présent, m.

Geschichte f. (schichte). Histoire. ‖[Sache] Histoire, affaire. Dim. *Geschichtchen*, n. ④, historiette, f., anecdote, f.; *geschichtlich*, a., historique; *Geschichtschreiber*, m. ④, historien.

Geschick n. Habileté, f. ‖[richtige Form] Bonne façon, f. : *Geschick haben**, avoir* du chic, *fam.* ‖[Schicksal] Destinée, f.

geschickt a. Habile : *Geschicklichkeit*, f., habileté, adresse.

Geschiebe n. ④ (schîbe). Galet, m.

geschieden (îden), pp. de *scheiden**.

geschienen (înen), pp. de *scheinen**.

Geschirr n. Ustensile, m. ‖[Pferde-] Harnachement, m. ‖[Tisch-] Vaisselle, f. ‖[Küchen-] Batterie de cuisine, f.; *-wäscher*, m., plongeur, m. ‖[Kaffee-, Tee-] Service, m.

Geschlecht n. ② (schlècht). Sexe, m. : *Geschlechts*‖*reife*, f., puberté; *-teile*, pl., parties génitales. ‖*Gramm.* Genre, m. : *Geschlechtswort*, n. ②, article, m. ‖[Stamm] Race, f. : *das menschliche Geschlecht*, le genre

humain. ‖ [Menschenalter] Génération, f. : *geschlechtlich*, a., sexuel, le.
Geschleppe n. Traînerie f.
geschlichen, geschliffen, pp. de *schleichen*, schleifen**.
Geschlinge n. (ìnge). Entrelacement, m. ‖ [Eingeweide] Fressure, f.
geschlissen pp. de *schleißen*.
geschlossen, pp. de *schließen*.
Geschluchze n. Sanglots, m. pl.
Geschmack m. (schmak). Goût : *an* [dat.] *Geschmack finden**, [*einer Sache*] *Geschmack abgewinnen**, prendre* goût à [qc.] ‖ *Geschmack... : geschmacklos*, a. [v. Personen] Sans goût. ‖ [v. Dingen] Fade, insipide. ‖ *Geschmacklosigkeit*, f. [v. Personen] Manque de goût, m., mauvais goût, m. ‖ [v. Dingen] Fadeur, insipidité ; *-sinn*, m., goût.
Ge‖schmeide n. spl. (aède). Joyaux, m. pl., bijoux, m. pl. ‖ [Schmuck] Parure, f. : *geschmeidig*, a, souple ; [hämmerbar] malléable; *fig.* souple, docile ; *Geschmeidigkeit*, f., souplesse. ‖ **-schmiede** n. Martelage, m.
Geschmiere n. (îre). Graissage, m. ‖ *Fig.* [Sudelei] Barbouillage, m. ‖ [Gekritzel] Griffonnage, m.
geschmissen, pp. de *schmeißen**.
geschmolzen, pp. de *schmelzen**.
Geschnatter n. Caquetage, m.
geschniegelt a. Attifé : *geschniegelt und gebügelt*, tiré à quatre épingles.
geschnitten pp. de *schneiden**.
geschoben, pp. de *schieben**.
gescholten, pp. de *schelten**.
Geschöpf n. (schœpf). Créature, f.
geschoren pp. de *scheren**.
Geschoß n. ①. Projectile, m. ‖ [Pfeil] Trait, m. ‖ [Stockwerk] Étage, m.
geschossen pp. de *schießen**.
geschraubt p. a. (aopt). *Fig.* [geziert] Guindé, e, affecté, e.
Geschrei n. Cris, pl. ①.
Geschreibe n. Griffonnage, m.
ge‖schrieben, -schrieen, -schritten, -schunden pp. de *schreiben*, schreien*, schreiten*, schinden**.
geschuppt a. Garni, e d'écailles.
Geschütz n. ① (schutz). Canon, m. pièce [f.] (d'artillerie). ‖ [sämtlich] Artillerie, f.
Geschwader n. ④ (vâder). Escadre, f.
Geschwätz n. (vètss). Bavardage, m. ‖ [leichtes] Babil, m. ‖ [Wortschwall] Verbiage, m. *Fam.* Caquet, m. ‖ [Klatsch] Commérage, m. ‖ *geschwätzig*, a., bavard, e, loquace, babillard, e : *Geschwätzigkeit*, f., bavarderie, loquacité.
ge‖schweige (aège) : *geschweige denn*, à plus forte raison. ‖ **-schweigen*** (aègen) : *...zu geschweigen*, sans parler de... ‖ **-schwiegen** pp. de *schweigen**.
geschwind a. (schvìnt, d-). Prompt, e. ‖ adv. Vite : *Geschwindigkeit*, f., vitesse, promptitude.
Geschwirr n. Grésillement, m. ‖ [v. Kerbtieren] Bourdonnement, m.
Geschwister n. pl. (ister). Frère[s] et sœur[s] ; *Geschwister‖kind*, n., cousin, e germain, e, m., f. ; *-liebe*, f. amour [m.] fraternel; *Geschwisterpaar*, n., frère et sœur.
ge‖schwollen, -schwommen, -schworen pp. de *schwellen*, schwimmen, schwören**.
Geschwulst, ¨e f. (schvoulst). Enflure, gonflement, m. ‖ *Path.* Tumeur.
ge‖schwunden, -schwungen pp. de *schwinden*, schwingen**.
Geschwür n. ① (ûr). Ulcère, m. ‖ [Abszeß] Abcès, m.
Ges-Dur n. Sol bémol majeur.
Gesell[e], -[e]n, -[e]n m. (zèle). Compagnon.
ge‖sellen. Associer. ‖ **-sellig** a. (lig). Sociable : *geselliges Leben*, société, f. ; *Geselligkeit*, f., sociabilité, f.
Gesellschaft f. (zèl-). Société, compagnie ; *jemandem Gesellschaft leisten*, tenir* compagnie à qn. ; *Gesellschaft geben**, donner des soirées ; *Gesellschaften besuchen*, fréquenter le monde. ‖ *Gesellschafts...*, ...de société, de compagnie. Ex. : *Gesellschaftsspiel*, n., jeu de société, m. ; *Gesellschaftsanzug*, m., habit de cérémonie; *Gesellschaftslehre*, f., sociologie. ‖ *Gesellschafter, in* m. ④, f., compagnon, compagne, f., dame ou demoiselle de compagnie, f. ‖ [Teilhaber, in] Associé, e. ‖ *gesellschaftlich*, a. (ich), de société, social, social, e ; *Gesellschaftlichkeit*, f., sociabilité.
gesessen pp. de *sitzen**.

Gesetz n. (**z**ètss). Loi, f. : *Gesetzbuch*, n. ②, code, m.; *gesetzgebend*, a., législatif, ive; *Gesetz*‖*geber*, m. ④, législateur; *-gebung*, f., législation; *gesetzlich*, a., légal, e; [rechtmäßig] légitime; *Gesetzlichkeit*, f., légalité, légitimité; *gesetzlos*, a., anarchique; *Gesetzlosigkeit*, f., anarchie; *gesetz*‖*mäßig*, a. = *gesetzlich*; *-widrig*, a., illégal, e; *Gesetzwidrigkeit*, f., illégalité.

Geseufze n. Gémissement[s], m. [pl.].

Ge‖**sicht** n. ② (**z**i**ch**t). [Sehen] Vue f. ‖[Antlitz] Visage, m., face. ‖*Fam.* Figure, f.; *Gesichter schneiden**, faire* des grimaces : *Gesichterschneider*, m. ④, grimacier. ‖dim. *Gesichtchen*, n. ‖**-sichts...** *Gesichts*‖*ausdruck*, m. physionomie, f.; *-farbe*, f., teint, m.; *-kenner*, m. (ᵉr), physionomiste; *-kreis*, m. horizon; *-täuschung*, f., illusion d'optique; *-zug*, m., trait [du visage].

Gesims n. ① (**z**ìms). Corniche, f. ‖[an Türen usw.] Chambranle, m.

Ge‖**sinde** n. (pl. rare) (**z**ìndᵉ). Domestiques, pl. ‖**-sindel** n. (**z**ìndᵉl). Canaille, f.

gesinnt a. (**z**ìnt). Qui a des sentiments... : *feindlich gesinnt sein**, avoir* des sentiments hostiles.

Gesinnung f. Sentiment, m. ‖[Meinung] Opinion : *Gesinnungsgenosse*, m., *fig.* coreligionnaire.

Gesippe n. Parenté, f.

gesittet a. De bonnes mœurs. ‖[Volk] Civilisé, e.

Gesittung f. Bonnes mœurs, pl., civilisation.

ge‖**soffen, -sogen** (**z**ôg-), pp. de *saufen**, *saugen**.

gesonnen pp. de *sinnen**. ‖a. Intentionné, e, disposé, e.

gesotten pp. de *sieden**.

Gespann n. ① (schpàn). Attelage, m.

gespannt. V. *spannen.*

Gespaße n. Plaisanteries continuelles, f. pl.

Gespenst n. ② (schpènst). Fantôme, m., revenant, m.

Gesperr n. Fermeture, f.

gespieen pp. de *speien**.

Gespiele, -n, -n m., **...lin** f. (schpîl, ìn). Compagnon, m., compagne, f., camarade, m. et f.

gesponnen pp. de *spinnen**.

Gespött n. (schp**œ**tt). Moquerie, f., raillerie, f. : *zum Gespött dienen*, être* la risée [de].

Gespräch n. (schprê**ch**). Conversation, f., entretien, m. : *gesprächig*, a., causeur, euse; [geschwätzig] loquace; *Gesprächigkeit*, f., loquacité.

gesprenkelt a. (schprènkᵉlt). Moucheté, e.

ge‖**sprochen** (schpro**ch**-), **-sprossen, -sprungen** (**oung**-), pp. de *sprechen**, *sprießen*, *springen**.

Gestade n. ④ (schtâdᵉ). Rivage, m.

Gestalt f. (schtalt). Forme ‖[Körper] Silhouette. ‖[Wuchs] Taille : *gestalten*, former; *Gestaltung*, f., formation. ‖[Aussehen] Conformation, configuration.

Gestampfe n. (schtàm) Piétinement, m.; trépignement, m.

ge‖**stand** imp. de *gestehen**. ‖**-standen** pp. de *stehen** et de *gestehen**.

Geständnis n. Aveu, x, m.

Gestank m. (schtànk) Puanteur, f.

Gestapo (Geheime Staatspolizei). Police secrète d'État.

gestatten. Permettre*.

Gestattung f. Permission.

gestehen*. Avouer.

Gestein n. (géschtaᵉn). Roche, f. minéral, m.

Gestell n. (schtèl). Support, m. ‖[zu Brettern] Tréteau, x, m. ‖[zu Möbeln] Pied. m. ‖[zu Bildsäulen] Piédestal, aux, m. ‖[an Wagen] Train, m.

gestern adv. (gèstᵉrn). Hier : *gestrig*, a., d'hier; *mein Gestriges*, ma lettre d'hier.

gestiegen pp. de *steigen**.

Gestirn n. (schtirn) Astre, m. ‖[Stern] Étoile, f. : *gestirnt*, a., étoilé, e.

gestoben pp. de *stieben**.

Gestöber n. ④ (schteûbᵉr). Tourbillon, m. [de neige].

ge‖**stochen, -stohlen,** pp. de *stechen**, *stehlen**.

Gestöhne n. Gémissement[s], m.

gestorben pp. de *sterben**.

Gestrampel n. Trépignement, m.

Gesträuch n. (schtr**œü**ch). Buisson, m.

gestrenge a. [als Titel] : *gestrenger Herr*, seigneur.

gestrichen pp. de *streichen**.

gestrig a. V. *gestern.*
gestritten (schtr*i*tt) pp. de *streiten**.
Gestrüpp n. (schtr*u*p). Broussailles, f. pl.
gestunken pp. de *stinken**.
Gestüt n. ① (schtû*te*). Haras, m.
Gesuch n. (zo*û*ch). Demande, f. ‖ [Bittschrift] Pétition, f. ‖ [vor Gericht] Requête, f.
gesucht pp. de *suchen**. ‖a. *Fig.* [begehrt] Recherché, e, demandé, e. ‖ [geziert] Affecté, e, maniéré, e : *Gesuchtheit,* f., recherche, affectation.
Gesudel n. (z*oû*) Barbouillage, m.
Gesumme n. spl. (z*ou*m*e*). Bourdonnement, m.
ge‖sund a. (zount, -d-). Sain, e. ‖ [wohl] Bien portant, e : *Gesundmachung,* f., assainissement, m. ‖ [Luft, Ort, usw.] Sain, e, salubre. ‖**-sunden** intr. Guérir, recouvrer la santé. ‖*Gesundheit,* f., santé : *bei guter Gesundheit,* en bonne santé; *gesundheitshalber,* adv., pour raison[s] de santé; *gesundheitlich,* a., hygiénique, sanitaire. ‖*Gesundung,* f., assainissement, m., redressement, m.
ge‖sungen (z*ou*ng),**-sunken** (z*ou*nk-), pp. de *singen**, *sinken**.
Getäfel n. ④ (têf*e*l). Boiserie, f. ‖ [an Wänden] Lambris, m.
getan (tâne) pp. de *tun**.
Getier n. Animaux, m. pl.
getigert a. (tîg). Tigré, e.
Getön n. Retentissement, m.
Getöse n. (t*eu*z*e*). Vacarme, m. ‖ [v. Meer] Mugissement, m.
Getrabe n. Trot, m.
Getrampel n. Trépignement[s], m.
Getränk n. ① (ènk). Boisson, f.
getrauen [**sich**] (tr*a*o-). Oser.
Getreibe n. Agitation, f.; mouvement, m.
Getreide n. (*a*è*d*e). Blé, m. ‖ [Körnerfrüchte] Céréales, f. pl.
getreu a. (tr*œ*ü). Fidèle, loyal, e.
Getriebe n. (îb*e*). Mouvement, m. ‖ [Unruhe] Agitation, f. ‖ [Räderwerk] Rouages, pl., engrenage, m., boîte [f.] de vitesses.
ge‖trieben, -troffen, pp. de *treiben**, *treffen**.
getrost a. (trôst). Rassuré, e. ‖ [ruhig] Tranquille.
getrunken (*ou*nk-) pp. de *trinken**.
Getrümmer n. ④ (*u*m*e*r). Débris, m.
Getümmel n. spl. Tumulte, m. ‖ [Gedränge] Presse, f.
geübt p. a. (*û*pt). Exercé, e. ‖ [erfahren] Expert, e. ‖ [bewandert] Versé, e [dans] : *Geübtheit,* f., expérience, pratique.
Gevatter, in m. ④, f. (f*a*t*e*r, ìn). Compère, commère.
geviert a. (fîrt). Divisé, e en quatre : *Geviertmeter,* mètre carré.
Gewächs n. (vêks). Plante, f., végétal, m.
gewahr (vâr) : *gewahr werden**, s'apercevoir de, remarquer.
Gewähr f. (vé*e*r). Garantie : *Gewährsmann,* m. ②, garant; *gewährleisten,* sép. [für], garantir, tr.; *Gewährleistung,* f., garantie.
gewahren, = *gewahr werden**.
gewähren (vê*e*r*e*n). Accorder. ‖ [darbieten] Offrir* : *einen gewähren lassen**, laisser faire* qn. ‖*Gewährung,* f., concession.
Gewahrsam m. (vârzâm) ; *in Gewahrsam bringen**, mettre en lieu de sûreté.
Gewalt f. (valt). Force. ‖ [Macht] Puissance. ‖ [Zwang] Violence. ‖*Gewalt...* : *Gewalt‖herrschaft,* f., tyrannie, despotisme, m.; *-herrscher,* m. ④, tyran, despote; *-streich,* m. (schtr*a*è**ch**), coup de force; *-tat,* f. (tâte), acte de violence, m., violence; *gewalttätig,* a., violent, e; [roh] brutal, e; *Gewalttätigkeit,* f., violence, brutalité.
ge‖waltig a. (tig). Fort, e, puissant, e. ‖ [überaus stark] Violent, e. ‖*Fig.* Énorme. ‖adv. Fortement. ‖**-waltsam** a. (zâm). Violent, e; adv. Violemment, de vive force; *Gewaltsamkeit,* f., violence.
Gewand n. ② (vànt, -d-). [dichterisch] Vêtement, m.
gewandt pp. de *wenden**. ‖a. Agile. ‖ [geschickt] Adroit, e.
Gewandtheit f. (h*a*è*t*). Agilité, adresse.
Gewandung f. (vàndoung). Draperie.
gewann imp. de *gewinnen**.
gewärtig a. (vêrtig) : *einer Sache gewärtig sein**, s'attendre à une chose : *gewärtigen* tr. et *sich...*, = *gewärtig sein**.

Ge‖**wäsch** n. spl. (vêsch). Bavardage, m. ‖**-wässer** n. Eaux, f. pl.
Gewebe n. ④ (véebe). Tissu, m.
geweckt p. a. Éveillé, e.
Gewehr n. (véer). Arme, f. ‖[Flinte] Fusil, m. : *Gewehr ab!*, reposez arme! ; *Gewehr an!*, *Gewehr auf!*, portez arme! ; *das Gewehr über!*, l'arme sur l'épaule! ; *Gewehrfeuer*, n. ④, fusillade, f.
Geweih n. (vaè). Bois, m. pl. [de cerf].
Ge‖**werbe** n. ④ (vèrbe). Métier, m. ‖Industrie, f. : *Gewerbe*‖*ausstellung*, f., exposition industrielle; *-schule*, f., école professionnelle; *-steuer*, f., patente. ‖**-werb...**, V. *Gewerbe...* : *Gewerbfleiß*, m., industrie, f.; *gewerb*‖*fleißig*, *-tätig*, a., industrieux, euse; *-blich*, a., *-mäßig*, a., professionnel, le.
Gewerk n. 1. Rouage, m. ‖2. et *Gewerkschaft*, f. Corps de métier, m. ‖*Gewerkschaftler*, m., syndicaliste.
gewesen (**véez**) pp. de *sein**.
gewichen (**vich**) pp. de *weichen*.
Gewicht n. ① (**vicht**). Poids, m. ‖[bei Zuglampen] Contrepoids, m. ‖*Fig.* [Wichtigkeit] Importance, f.
gewichtig a. (ig). De poids, important, e, grave. ‖[v. Menschen] Influent, e : *Gewichtigkeit*, f., importance.
gewiesen (**vîz**) pp. de *weisen**.
gewillt a. : *gewillt sein**, avoir* l'intention [de].
Gewimmel n. spl. (vimel). Fourmillement, m. ‖[Menge] Foule, f.
Gewinde n. ④ (vìnde). Guirlande, f. ‖[an Schrauben] Pas [m.] de vis. ‖[Scharnier] Charnière, f.
Gewinn m. ①. Gain : *gewinnbringend*, a., lucratif, ive; *reiner Gewinn*, bénéfice net; *Gewinn*‖*anteil*, m., dividende; *-spanne*, f., marge bénéficiaire; *-sucht*, f., amour du gain [du lucre], m., cupidité; *gewinnsüchtig*, a., âpre au gain, cupide.
gewinnen* (vinnen). Gagner. ‖[Erze usw.] Extraire*. ‖[erlangen] Obtenir*.
Gewinner m. ④. Gagnant. ‖[Sieger] Vainqueur. ‖[Los] Numéro gagnant. ‖*Gewinnung*, f., extraction [de minerai, etc.]; obtention. ‖*Gewinnsucht*, f., âpreté au gain.
Gewinst = *Gewinn*.
Gewirbel n. Roulement, m. [de tambour].
Gewirk n. Tissu, m.; tissage, m.
Gewirre n. (vire). Confusion, f.
gewiß a. Certain, e : *sein Gewisses haben**, avoir* un [traitement] fixe. ‖adv. Certainement, certes. ‖*gewissermaßen*, adv., en quelque sorte; *Gewißheit*, f., certitude; *gewißlich*, adv., = *gewiß*.
Gewissen n. Conscience, f. : *Gewissens*‖*biß*, m., remords; *-zweifel*, m., scrupule.
gewissenhaft a. (**haft**). Consciencieux, euse. ‖[ängstlich] Scrupuleux, euse : *Gewissenhaftigkeit*, f., conscience.
Gewitter n. (viter) ④. Orage, m.; *gewitterhaft*, a., orageux.
gewoben (vôb-) pp. de *weben**.
Gewoge n. (vôge). Agitation, f. [des flots; aussi *fig.*].
gewogen pp. de *wiegen** (vôg-). ‖a. Bien disposé, e [pour]. ‖[zugetan] Affectionné, e. ‖[günstig] Favorable : *Gewogenheit*, f., bienveillance.
gewöhnen (veûn-) [an, *acc.*]. Habituer [à]. ‖[**sich**]. S'habituer.
Gewohnheit f. (vôn**h**aète). Habitude, coutume : *gewohnheitsmäßig*, a., habituel, le.
ge‖**wöhnlich** a. (veûn**lich**). Habituel, le, ordinaire. ‖[alltäglich] Vulgaire. ‖adv. D'habitude, ordinairement. ‖**-wohnt** a. (vônt) [*gén.* et *acc.*, an, *acc.*]. Habitué, e [à]. ‖[v. Dingen] Habituel, le.
Gewöhnung f. (veûnoung). Accoutumance.
Gewölbe n. (veulbe). Voûte, f. ‖[Laden] Boutique, f.
Gewölk n. (vœlk) Nuages, m. pl.
ge‖**wonnen, -worben, -worden, -worfen,** pp. de *gewinnen**, *werben**, *werden**, *werfen**.
Gewühl n. (ûl). Foule remuante, f., cohue, f.
gewunden (vound-) pp. de *winden**. ‖a. Tortueux, euse, en spirale.
Gewürge n. (vurge). Massacre, m. ‖*Fig.* Boucherie, f.
Gewürz n. (vurtss). Condiment, m., épices, f. pl. ‖*Gewürz*‖*krämer*, m. ④, épicier; *-nelke*, f., clou de girofle, m.; *-waren*, pl., épicerie, f.; *gewürz*‖*haft*, *ig*, a., aromatique.

gewußt (oust) pp. de *wissen**.
ge‖zackt a. (tsakt), **-zahnt** a. (tsânt). Denté, e, dentelé, e.
Gezänk n. Querelles continuelles, f. pl.
Gezerre n. Tiraillements, m. pl.
geziehen (tsî-) pp. de *zeihen**.
geziemen intr. (tsîm-), et *sich geziemen*, convenir*; *geziemend*, p. a., convenable.
geziert p. a. Affecté, e, maniéré, e; *Geziertheit*, f., affectation.
Gezimmer n. Charpente, f.
Ge‖zische n. Sifflement[s], m. [pl.]. ‖**-zischel** n. Chuchotement[s], m. [pl.].
gezogen (tsôg-) pp. de *ziehen**. ‖a. [v. Geschützen] Rayé, e.
Gezücht n. (tsucht). Engeance, f.
Gezweige n. (tsvaège). Branchages, m. pl.
Gezwitscher n. Gazouillement, m.
gezwungen pp. de *zwingen**. ‖a. Forcé, e, contraint, e. ‖[nicht natürlich] Affecté, e. ‖[v. der Haltung] Compassé, e : *Gezwungenheit*, f., contrainte.
gib... V. *geben**.
Gicht f. (gicht). Goutte. ‖[Metall.] Gueulard.
gichtisch a. Goutteux, euse.
Giebel m. ④ (gîbel). Faîte. ‖[spitzig] Pignon. ‖[Verzierung] Fronton. ‖*Giebel‖seite*, f., frontispice, m.; *-zimmer*, n., mansarde, f.
Gier f. (gîr). Avidité.
gierig a. Avide. ‖adv. Avidement. ‖*Gierigkeit*, f., avidité.
Gieß‖bach m. (gîssbach). Torrent. ‖**-bad** n. ② (bât, -d-). Douche en jet, f.
gießen* (gîss-). Verser. ‖[Metall] Fondre : *gegossene Arbeit*, ouvrage en fonte. ‖[Bildwerk] Mouler. ‖[Spiegel] Couler. ‖impers. : *es gießt*, il pleut à verse. ‖n. spl. Fonte, f., coulage, m.
Gießer m. ④. Fondeur : *Gießerei*, f., fonderie. ‖**-kanne** f. Arrosoir, m.
Gift n. (gift). Poison, m. ‖*Med.* Toxique, m. ‖*Path.* Virus, m. ‖[v. Tieren] Venin, m.
gift‖fest a. Immunisé, e : *giftfest machen*, immuniser. ‖**-ig** a. Empoisonné, e. ‖Toxique. ‖Virulent, e. ‖Venimeux, euse. ‖[v. Pflanzen] Vénéneux, euse. ‖[v. Wunden et *fig.*] Envenimé, e.
Gift‖igkeit f. Toxicité. ‖*Fig.* Venin, m. ‖**-kunde** f. Toxicologie. ‖**-mischer, in** m. ④, f. Empoisonneur, euse.
gigantisch a. (gigàn-). Gigantesque.
Gigerl m., *pop.* Gommeux [vieilli]. ‖Dandy.
Gilde f. (gìlde). Corporation.
gilt‖ V. *gelten**. ‖**-ig.** V. *gültig.*
Gimpel m. ④ (gìmpel). Bouvreuil. ‖*Fig.* Imbécile.
ging, ginge. V. *gehen**.
Ginster m. ④ (gìns-). Genêt.
Gipfel m. ④ (gìpfel). Sommet. ‖[v. Bäumen] Cime, f. ‖[v. Gebäuden] auch *fig.* : Faîte. ‖*Fig.* [d. Ruhmes usw.] Apogée : *Gipfelpunkt*, m. ①, point culminant.
gipfeln intr. Atteindre* son point culminant.
Gips‖ m. (gips). Plâtre. ‖*Geol.* Gypse. ‖**-abguß** m. Moulage, plâtre. ‖**-arbeiter** m. (arbaèter). Plâtrier. ‖**-brenner** m. ④. Plâtrier. ‖**-mörtel** m. Stuc.
gipsen. Plâtrer.
Gipser m. ④. Plâtrier.
Giraffe f. (girafe). Girafe.
Girant, -en, -en m. (jirànt). Endosseur.
Girat m. Endossé.
girieren (îren). Endosser. Opérer un virement.
Giro, -s n. (jiro). Endossement, m. ‖[Rechnung] Virement, m. : *Girobank*, f., banque de virements.
Giroüberweisung f. Virement, m.
girren (giren). Roucouler. ‖n. spl. Roucoulement, m.
Gis n. inv. (gîss). Sol dièse, m.
gischen intr. (gischen). Écumer, bouillonner. ‖*Gischt*, m., écume, f.
Gitarre f. (gi-). Guitare.
Gitter n. ④ (giter). Treillis, m., grille, f.
gitterartig a. (ig). Treillissé, e, grillagé, e.
Gitterwerk n. Grillage, m., treillage, m.
Gladiator, ...oren m. (diâ-, ôren). Gladiateur.
Glanz m. spl. (glàntss...). Éclat, lustre. ‖[Pracht] Splendeur, f.

glänzen (glèntsen). Briller. ‖ [leuchten] Reluire* : *glänzend,* p. a., brillant.

Glanz‖farbe f. Couleur brillante. ‖**-kohle** f. (kôle). Anthracite, m. ‖**-leinwand** f. (laènvànt). Toile gommée.

glanzlos a. (lôs, -z-). Sans éclat. ‖ [matt] Mat, e, terne. ‖*Fig.* Obscur, e.

Glanz‖losigkeit f. (lôsigkaète). Manque d'éclat, m., obscurité. ‖**-punkt** m. (pounkt). Point brillant. ‖*Fig.* [Höhepunkt] Faîte, apogée. ‖**-taffet** m. Taffetas gommé.

glanzvoll a. (fol). Brillant, e.

Glas n. ② (glâss). Verre, m.; dim. *Gläschen,* n. ④ (êsschen).

Glas‖... : ...de verre, ...vitreux, euse, ...vitré, e, usw. : *glas‖-ähnlich, -artig,* a., vitreux, euse; *Glasarbeiter,* m., verrier. ‖**-er** m. ④. Vitrier.

gläsern a. (glêzern). De verre, vitreux, euse.

Glas‖fabrik f. Verrerie. ‖**-glocke** f. [auf Lampen] Globe, m. ‖ [über Pflanzen] Cloche. ‖**-hütte** f. Verrerie.

glas‖icht, -ig a. Vitreux, euse. ‖**-ieren** (îren). Vernir, vernisser. ‖n. Vernissage, m.

Glas‖kasten m. ④. Vitrine, f. ‖**-macher** m. Verrier. ‖**-maler** m. ④ (mâler). Peintre sur verre. ‖**-scheibe** f. (aèbe). Vitre, carreau, x, m. ‖**-schrank** m. Vitrine, f. ‖**-tür[e]** f. (tûre). Porte vitrée. ‖**-ur** f. (zûr). Vernis, m. ‖ [des Porzellans] Email, m. ‖**-wand,** ¨e f. (vànt, -d-). Cloison vitrée, vitrage, m. ‖**-waren** pl. (vâren). Verrerie[s], f. [pl.].

glatt a. Lisse. ‖ [eben] Uni, e. ‖ [geglättet] Poli, e. ‖ [schlüpfrig] Glissant, e. ‖ [kahl] Ras, e. ‖*Fig.* [ohne Hindernisse] Simple, facile. ‖adv. LOC. [Kleid] *glatt anliegen*,* être* bien ajusté, collant; *glatt abgehen*,* aller* tout seul; *glatt abschlagen*,* refuser net.

Glätt‖bein n., **-eisen** n., **-holz** n. Polissoir, m.

Glätte f. (glète). Lissé, m., poli, m.

Glatteis n. (aès). Verglas, m. : *es glatteist,* il fait du verglas.

glätten. Polir. ‖ [Haare, Stoff] Lisser. ‖ [Papier] Satiner. ‖n. et *Glättung,* f., polissage, m., lissage, m.

glattweg adv. (vég). Sans façon, tout net.

Glatze f. (glatse). Partie chauve. ‖ [Kopf] Tête chauve. ‖ [bei Priestern] Tonsure.

glatzig a. Chauve.

Glaub‖e[n], -ens, -en m. spl. [an, *acc.*] (glaoben). Foi, f., croyance, f. [à qc., en qn]. ‖LOC. *in gutem Glauben,* de bonne foi; *ohne Treu und Glauben,* sans foi ni loi.

glaub‖en tr. Croire* : *das will ich glauben,* je [le] crois bien. ‖intr. [an, *acc.*]. Croire* [à, en] : *an Gott glauben,* croire* en Dieu. ‖*Glaubens...* : ...de [la] foi. Ex. : *Glaubensartikel,* m., article de foi; *Glaubensbekenntnis,* n., profession de foi, f.; [das apostolische] Symbole des apôtres, m., Credo, m. ‖...religieux, euse. Ex. : *Glaubens‖bruder, genosse,* m., coreligionnaire; *-eifer,* m., zèle religieux; *-satz,* m., dogme; *-schwärmer,* m., fanatique. ‖**-haft** a. (**h**aft). Croyable. ‖ [verbürgt] Authentique. *Glaubhaftigkeit,* f., authenticité.

gläubig a. (glœübig). Croyant, e, fidèle, orthodoxe.

Gläubiger m. ④ (er). Créancier.

glaub‖lich, -würdig a. Croyable.

gleich a. (glaè**ch**...) [an, *dat.*]. Égal, e [en] : *von gleichem Alter,* de même âge; *einem gleichkommen*,* égaler qn. ‖ [ähnlich] Semblable, pareil, le; *einem gleichsehen*,* ressembler à qn. ‖a. subst. : *das Gleiche* [*ein Gleiches*] *tun*,* faire* la même chose [en faire* autant]. ‖...*gleichen,* pron. inv. : *meines-, deinesgleichen* usw., mes [tes, etc.] semblables. ‖ adv. 1. Également : *gleich breit* [*hoch* usw.], de même largeur [hauteur, etc.]. ‖Pareillement : *gleich einem Künstler,* comme un artiste. ‖2. [sogleich] Tout de suite, immédiatement. ‖ [auf der Stelle] Sur-le-champ : *gleich heute,* dès aujourd'hui; *gleich anfangs,* dès le début; *das dachte* ich mir gleich,* je m'en doutais bien! ‖a. *gleich...,* de même... Ex. : *gleich‖alterig,* de [du] même âge; *-artig,* de même nature, homogène;

-bedeutend, de même signification; [Wort], synonyme; *-farbig,* de même couleur; *-förmig,* de même forme, conforme, uniforme; *-förmigkeit,* f., conformité, uniformité; *-gesinnt,* de même opinion; *-namig,* de même nom; *-wert,* m., équivalent; *-wertig,* de même valeur, équivalent, e; — *wertigkeit,* f., équivalence. ‖*gleicher*‖*gestalt, -maßen, -weise,* adv., de la même manière, également.

Gleiche f. Égalité.

gleich‖en intr. Égaler, tr. ‖[ähnlich sein] Ressembler à. ‖**...en** pron. [*meines-, deinesgleichen* usw.]. V. *gleich.*

Gleicher m. ④. Équateur.

gleich‖falls adv. Pareillement, de même, également. ‖**-gestimmt** a. (géschtimt). D'accord. ‖*Mus.* A l'unisson.

Gleichgewicht n. (gevicht). Équilibre, m.

gleichgültig a. (ig). Indifférent, e : *Gleichgültigkeit,* f. (kaᵉt). Indifférence.

Gleich‖heit f. (haᵉt). Égalité. ‖**-klang** m. (àng). Consonance, f. ‖*Mus.* Unisson.

gleich‖kommen* [an, *dat.*] intr. sép. Égaler [en]. ‖**-laufend** a. (laᵒfᵉnt, -d-). Parallèle.

Gleichlaut m. ① (laᵒt.) Consonance, f. ‖[v. Wörtern] Homonymie, f.

gleich‖lauten intr. sép. Avoir* le même son. ‖**-machen** sép. (chᵉn). Égaliser. ‖[Erde] Niveler.

Gleichmaß n. Symétrie, f.

gleichmäßig a. (mêssig). Égal, e. symétrique.

Gleich‖mäßigkeit f. (kaᵉte). Égalité, symétrie. ‖**-messer** m. ④ (mèssᵉr). Équateur. ‖**-mut** m. (moûte). Égalité [f.] d'humeur.

gleichmütig a. (mûtig). D'humeur égale.

Gleichnis n. (nis). Allégorie, f. ‖[bildlich] Image, f., métaphore, f. : *Gleichnisrede,* f., parabole.

gleich‖sam adv. (zâm) Pour ainsi dire*. ‖**-schenk[e]lig** a. (ènkᵉlig). Isocèle. ‖**-seitig** a. (zaᵉtig). Équilatéral. ‖**-stellen** sép. (schtèlᵉn). Assimiler. ‖[vergleichen] Comparer.

Gleichstellung f. (oung). Assimilation, comparaison.

gleichstimmig a. (schtimig). D'accord. ‖*Mus.* A l'unisson.

Gleich‖stimmigkeit f. (kaᵉt). Accord, m., unisson, m. ‖**-stimmung** f. (oung). Unisson, m. ‖**-strom** m. Courant continu.

gleichtun* sép. (toûn) : *es einem gleichtun,* imiter qn en qc.

Gleichung f. (ounk). Équation.

gleichviel adv. (fîl). Peu importe.

gleich‖wie conj. (vî). Tout comme, de même que. ‖**-winkelig** a. (vìnkelig). Équiangle. ‖**-wohl** adv. (vôl). Toutefois, néanmoins. ‖**-zeitig** a. (tsaᵉtig). Simultané, e. ‖adv. [mit] Simultanément [avec], en même temps [que].

Gleichzeitigkeit f. Simultanéité.

Gleis n. (glaᵉs). Ornière, f. ‖[Eisenbahn] Voie, f.

Gleisner‖ m. ④ (glaᵉsnᵉr), **gleisnerisch** a., **gleißend** a. (ᵉnt, -d-). Trompeur, euse, hypocrite. ‖**-ei** f. (aᵉ). Hypocrisie.

gleiten intr. [*sein*] (glaᵉtᵉn). Glisser. ‖n. Glissade, f. ‖*Gleitflug,* m., vol plané. ‖[Fuhrwerke] Dérapage, m.

Gleit‖holz n. (holts). Main courante, f. ‖**-schiene** f., **-stange** f. Glissière. ‖**-schutzreifen** m. Pneu antidérapant.

Gletscher m. ④. Glacier.

glich imp. de *gleichen**.

Glied n. ② (glîte, -d-). Membre, m. : *kein Glied rühren können**, être* perclus de douleurs. ‖[Ketten-] Chaînon, m. anneau, x, m. ‖[Reihe] Rang, m. : *in Reih und Glied,* en rangs. ‖[Verwandtschaft] : *im dritten Glied,* au troisième degré.

glieder‖ig a. (glî-). Articulé, e; à ...rangs : *vierg1iederig,* à quatre rangs. ‖**-lahm** a. (lâm). Perclus, e.

Glieder‖mann m. ②. Mannequin. ‖**-puppe** f. (poupᵉ). Marionnette.

glieder‖weise adv. (vaᵉzᵉ). Par rangs *ou* par files. ‖**-n** (ᵉrn). Diviser par membres, *ou* en rangs, articuler : *Gliederung,* f., division; *fig.* enchaînement, m.

Gliedmaßen pl. Membres, m. pl.

glimmen* intr. (glimᵉn). Brûler sans flamme, couver sous la cendre.

Glimmer m. ④. Mica.

Glimpf m. Douceur, f.

glimpflich a. Doux, douce.

Glitsche f. (gl*i*tsch^e). Glissoire.
glitsch||**en** intr. Glisser. ||**-erig** a., **-ig** a. Glissant, e.
glitt imp. de *gleiten**.
glitzern (gl*i*ts^ern). Étinceler, scintiller.
Globus, ...ben m. (*ô*bouss). Globe.
Glocke f. (glo*k*^e). Cloche : *an die grosse — hängen*, crier sur les toits. ||dim. *Glöckchen*, n. ④, *Glöcklein*, n. ④. Clochette, f., sonnette, f.
Glocken||**blume** f. (^enblo*û*m^e). Campanule. ||**-geläute** n. spl. (gél*œü*t^e). Sonnerie [f.] de cloches. ||**-spiel** n. (schpîl). Carillon, m. ||**-turm** m. Clocher.
Glöckner m. ④. Sonneur.
glomm imp. de *glimmen**.
Glorie f. (gl*ô*ri^e). Gloire. ||[Heiligenschein] Auréole : *Glorienschein*, m., nimbe.
glorreich a. Glorieux, euse.
Gloss||**ar** n. ① (s*âr*). Glossaire, m. ||**-e** f. (glo*ss*^e). Glose : *Glossen machen*, gloser [sur...].
glotzen intr. (glots^en). Ouvrir* de grands yeux, écarquiller les yeux.
Glück n. spl. (glu*k*). Bonheur, m. : *Glück auf!*, bon courage! ||[Erfolg] Prospérité, f., [bonne] fortune, f.; *sein Glück machen*, faire* fortune, faire* son chemin. ||[Schicksal] Fortune, f. : — *haben**, avoir* de la chance [*fam.* veine]. ||[zufälliges] Chance, f.; *auf gut Glück*, à tout hasard; *zum Glück*, par bonheur. ||LOC. *einem zu etwas Glück wünschen*, féliciter qn de qc.
Glück... *Glückab!* Bon voyage!; *glückselig*, a., bienheureux, euse; *Glück*||*seligkeit*, f., félicité; [im Jenseits] béatitude; *-spiel*, n., jeu de hasard, m.; *-stern*, m., heureuse étoile, f.; *-wunsch*, m., félicitation, f.; *-swurf*, m., coup heureux.
Glucke f. (glou*k*^e). Poule qui glousse. ||[Bruthenne] Couveuse. ||*Gluckhenne*, f., = *Glucke*.
glücken impers. [*sein*]. Réussir [à qc.]
gluck||**en, -sen** (^en). Glousser. ||n. Gloussement[s], m. ||[d. Flasche] Glouglou, m.
glücklich a. (**ich**). Heureux, euse; adv. et *glücklicherweise*, heureusement.
Glücks...: *Glücks*||*fall*, m., bonne fortune, f.; *-kind*, n., favori [m.] de la fortune, heureux mortel, m.; *-ritter*, m. ④, chevalier d'industrie.
glühen intr. (gl*û*^en). Être* incandescent, rouge. ||*Fig.* Brûler, être* enflammé, e. ||n. Incandescence, f. ||p. a. *glühend*, incandescent, e. ||[Feuer] Rouge, ardent, e. ||[Feuerstätte, Himmel] Embrasé, e. *fig.* [Liebe, usw.] Ardent, e, brûlant, e. ||*Glüh... = glühend; Glüh*||*birne*, f., ampoule [électrique]; *-lampe*, f., lampe à incandescence; *-licht*, n., lumière incandescente, f.; *-ofen*, m. ③, fournaise, f.; *-strumpf*, m. manchon; *-wein* m., vin chaud; *-würmchen*, n., ver luisant, m.
Glut f. (glo*û*te). Incandescence. ||*Fig.* Chaleur ardente. ||[e. Gefühles] Ardeur.
Glyzerin n. (tsérîne). Glycérine, f.
G. m. b. H., *Gesellschaft mit beschränkter Haftung*, société à responsabilité limitée [anonyme].
Gnade f. (g'n*â*d^e). Grâce : *um Gnade bitten*, demander* grâce; *bei einem in Gnaden stehen**, être* dans les bonnes grâces de qn. ||*Eure Gnaden*, Votre Grâce. ||*Gnaden*||*gehalt*, n., pension, f.; *-geschenk* n., gratification, f.; *-gesuch*, n. pourvoi [m.] en grâce; *-sold*, m., pension, f.; *-stoß*, m., coup de grâce.
gnädig a. (g'n*è*edig) Gracieux, euse. ||[Gott] Propice. ||[in Anreden] : *gnädiger Herr!* Monseigneur; *gnädige Frau!* Madame. ||adv. Gracieusement.
Gnome, -n, -n m. (g'n*ô*m^e). Gnome.
Gold|| n. (golt, -d-). Or, m. ||*Gold...:* ...d'or, doré, e, de l'or. Ex. : *Gold*||*grube*, f., mine d'or; *-stück*, n. pièce [f.] d'or; *-währung*, f., étalon-or, m.; *gold*||*gelb* a., jaune d'or; *-haarig*, a., aux cheveux d'or; *Gold*||*plätter*, m., batteur d'or; *-kupfer*, n., cuivre doré, m.; *-papier*, n., papier doré, m.; *-schnitt*, m., tranche dorée, f. ||**-ammer** f. Bruant, m. ||**-amsel** f. (*à*mz^el). Loriot, m. ||**-arbeit** f. (*a*rba^èt). Orfèvrerie. ||**-arbeiter** m. ④ (ba^èt^er). Orfèvre.
golden a. (^en). D'or.
Gold||**fisch** m. [kleiner] Poisson rouge. ||[großer] Dorade, f. ||**-gehalt** m. Titre [de l'or].

gold||haltig a. Aurifère. ||**-ig** a. (ig). D'or. ||**-käferfarbig** a. (ig). Mordoré, e.

Gold||macher m. Alchimiste; *Goldmacherkunst,* f., alchimie. ||**-regen** m. (réeg^e^n). Pluie d'or, f. ||[Pflanze] Cytise. ||**-sand** m. (zànt, -d-). Sable aurifère. ||**-scheidewasser** n. Eau régale, f. ||**-schlägerhaut** f. (êg^e^rha^o^t). Baudruche. ||**-schmied** m. (îte, -d-). Orfèvre. ||**-waage** f. Trébuchet, m. ||**-waren** pl. (vâr^e^n). Orfèvrerie, f. ||**-wert** m. Valeur-or, f.

Golf|| m. ①. Golfe (golf). ||**-spiel** n. (schpîl). Golf, m.

Gondel|| f. (gònd^e^l). Gondole. ||[Luftschiff] Nacelle. ||**-ler** m. ① (îr). Gondolier. ||**-lied** n. (lîte, -d-). Barcarolle, f.

gönnen (gœn^e^n). Ne pas envier : *ich gönne es ihm,* j'en suis charmé pour lui; *er gönnt niemandem etwas,* il est envieux de tout le monde. ||[gewähren] Accorder.

Gönner, -in m. ④, f. (^e^r, ìn). Protecteur, trice, patron, m. : *Gönner||-schaft,* f., protection, patronage, m.; *-tum,* n., *-wirtschaft,* f., favoritisme, m.

Gorilla, -s m. (ila). Gorille.

goß imp. de *gießen**.

Gosse f. (goss^e^). Égout, m. ||[Rinnstein] Ruisseau, x, m., rigole, caniveau, x, m.

Got||e, -n, -n m. (gôt^e^). Goth. ||**-ik** f. [Style] gothique, m.

gotisch a. Gothique.

Gott m. ②. Dieu : *der liebe Gott,* le bon Dieu; *du lieber Gott!* mon Dieu! *Gott bewahre!* à Dieu ne plaise! ; *Gott sei dank!* Dieu merci! ; *wollte Gott, daß...!* plût à Dieu que...! ||*...gott, ...göttin,* dieu, déesse de [du]...

Götter||dämmerung f. (gœt^e^rdèm^e^roung). Crépuscule [m.] des Dieux. ||**-speise** f. Ambroisie. ||**-spruch** m. (schprouch). Oracle. ||**-trank** m. (ànk). Nectar.

Gottes||..., ...de Dieu, divin, e; ||**-acker** m. ③. Cimetière. ||**-dienst** m. Service divin. ||**-furcht** f. Crainte de Dieu, piété.

gottes||fürchtig a. Qui craint Dieu; pieux, euse. ||**-gelehrte[r]** a. s. m. Théologien.

Gottes||gelehrtheit f. Théologie. ||**-lästerer** m. ④. Blasphémateur.

gotteslästerlich a. Blasphématoire, sacrilège.

Gottes||lästerung f. Blasphème, m. sacrilège, m. ||**-leugner** m. ④, **gottesleugnerisch** a. Athée, m. ||**-leugnung** f. Athéisme, m.

Gottfried npr. m. (gotfrîd). Geoffroi.

Gottheit f. Divinité.

Göttin f. (gœtìn). Déesse.

göttlich a. Divin, e.

Göttlichkeit f. Divinité.

gott||lob! grâce à Dieu!, Dieu soit loué! ||**-los** a. Impie; adv. D'une manière impie.

Gott||losigkeit f. Impiété. ||**-seibeiuns** m. [Le] diable.

gottselig a. Pieux, euse.

Gottseligkeit f. Piété.

gottvergessen a. Impie.

Gottvergessenheit f. Impiété.

gottverlassen a. Abandonné, e de Dieu, maudit, e.

Götze m. (gœts^e^). Idole, f. : *Götzendiener,* m. ④, idolâtre; *Götzendienst,* m., idolâtrie, f.

Grab n. ② (grâp..., -d-). Tombe, f. ||[Grabmal] Tombeau, x. ||[Grabstätte] Sépulcre, m. ||*Grab...,* funèbre, funéraire.

graben* tr. (^e^n). Creuser. ||[eingraben] Graver. ||[mit d. Spaten] Bêcher. ||intr. Faire* des fouilles. ||n. Action [f.] de creuser, etc., fouille, f. ||m. ③. Fossé. ||*Gräber,* m. ④ (grêb^e^r), fossoyeur.

Grab||gewölbe n. (géveulb^e^). Caveau, x, m. [funéraire]. ||**-hügel** m. ④ (hug^e^l). Tumulus. ||**-legung** f. (léegoung). Inhumation. ||[Christi] Mise au tombeau. ||**-mal** n. ②. Tombeau, x, m. ||**-scheit** n. (a^è^t). Bêche, f. ||**-schrift** f. Épitaphe. ||**-stätte** f. (schtèt^e^). Sépulture. ||**-stein** m. (schta^è^n). Pierre tombale, f. ||**-tuch** n. ②. Drap mortuaire, m. ||**-ung** f. Fouille.

Grad|| m. ① (grât, -d-). Degré. ||[Rang] Grade. ||**-abteilung** f., **-einteilung** f. (a^è^nta^è^loung). Graduation.

gradieren (dî). Graduer.

Grad||ierung f. Graduation. ||**-leiter** f., **-messer** m. Échelle graduée, f.

gradweise adv. (va^è^ze). Par degrés.

grade. V. *gerade.*

Graf, -en, -en m., **¨in** f. (grâf, grêfîn). Comte, sse.
gräflich a. Comtal, e.
Grafschaft f. Comté, m.
Gram m. (grâm). Chagrin. ‖a. : *einem gram sein**, en vouloir* à qn.
gräm‖en [sich] (êmen). Se chagriner. ‖**-lich** a. Chagrin, e.
Gramm n. Gramme, m. : *zwei Gramm.*
Grammatik f. (ma-). Grammaire.
grammatikalisch a. (kâ-). Grammatical, e.
Grammatiker m. ④. Grammairien.
grammatisch a. Grammatical, e.
Gran n. (ân). Grain, m.
Granat‖ m. ① (nâte). Grenat. ‖**-apfel** m. ③ (apfel). Grenade, f. ‖**-baum** m. (baom). Grenadier.
Granate f. (âte). Grenade, obus, m. : *Granaten‖werfer,* m. ④, lance-grenades; *-splitter,* m. ④, éclat d'obus.
Grande, -n, -n m. (grànde). Grand [d'Espagne].
Granit m. ① (nîte). Granit.
granit‖artig a. (ig). Granitique. ‖**-en** a. De granit.
Granne f. Barbe [d'épi].
graphisch a. (grâ-). Graphique.
Graphit m. ① (îte). Graphite, plombagine, f.
Graph‖ologe, -n, -n m. (lôge). Graphologue. ‖**-ologie** f. (gî). Graphologie.
Gras‖ n. ② (grâs). Herbe, f. ‖**-art** f. Graminée.
grasartig a. (tig) Herbacé, e.
Grasebene f. (éebene). Savane.
gras‖en. Brouter, paître*. ‖**-fressend** a., **Grasfresser** m. ④. Herbivore.
Gras‖mücke f. Fauvette. ‖**-platz** m. Pelouse, f.
grasreich a. (raèch). Herbeux, euse.
grassieren (sîren). Sévir. ‖[Krankheit] Régner.
gräßlich a. (grêsslich). Horrible, atroce.
Gräßlichkeit f. Horreur, atrocité.
Grasweide f. Pâturage, m.
Grat‖ m. ① (grât). Crête, f., arête, f. ‖[Schärfe] Morfil. ‖ **¨e** f. (grête). Arête.
grätig a. Muni, e d'arêtes.
Gratul‖ant, -en, -en m. (toulànt). Celui qui félicite. ‖**-ation** f. (tsiône). Félicitation.
gratulieren intr. (îren). [zu...] Féliciter, tr. [de].
grau a. (grao). Gris, e : *grau werden*, graue Haare bekommen**, grisonner. ‖[sehr alt] : *die graue Vorzeit,* la haute antiquité; *fig.* la nuit des temps. ‖n. Gris, m.
Graubart m. (barte). Barbon.
grauen. Grisonner. ‖[dämmern] Commencer à poindre*. ‖impers. *es graut mir [mir graut] vor* [dat.], j'ai horreur de..., je frémis devant... ‖n. [des Tages] Aube, f. ‖[Entsetzen] Horreur, f. : *grauenhaft, -voll,* a., horrible, atroce.
Graukopf m. Tête grise, f., grison.
grau‖lich a. (ich), **¨lich** a. (grœülich). Grisâtre.
Graupe f. (graope). Orge mondé [*ou* perlé], m. ‖[Hagelkorn] Grésil m.
graupeln. Grésiller. ‖n. Grésillement, m.
Graus m. (graos). Effroi, horreur, f. ‖a. Effroyable, horrible.
grausam a. (zâm). Cruel, le.
Grausamkeit f. (kaète). Cruauté.
graus‖en impers. : *es graust mir* ou *mir graust,* je frémis d'horreur. ‖n. spl. Frémissement [m.] d'horreur. ‖**-sig** a. Horrible.
gravieren (îren). Graver. ‖*Jur.* Aggraver : *gravierende Umständen,* circonstances aggravantes. ‖n. Gravure, f.
Grav‖is m. inv. (grâviss). Accent grave. ‖**-ität** f. (tête). Gravité. ‖**-itation** f. (tsiône). Gravitation.
gravitieren. Graviter.
Grazie f. (grâtsie). Grâce.
graziös a. (ieûss). Gracieux, euse.
Greif m. [et **-en, -en**] (graèf). Griffon. ‖[-geier] Condor.
greif‖en* intr. (graèfen). Porter la main [pour saisir]. ‖*Fig. zu einem Mittel greifen,* recourir* à un moyen; *um sich greifen,* gagner du terrain. ‖tr. Saisir, prendre*. ‖**-bar, -lich** a. (ich). Saisissable.
greinen. Pleurnicher.
Greis, in m., f. (graès, ìn). Vieillard, vieille femme. *Greisenalter,* n., vieillesse, f.; *greisenhaft,* a., sénile. ‖a. Âgé, e : *greises Alter,* âge avancé.
greisen intr. Grisonner.

grell|| a. [v. Tönen] Aigu, ë, perçant, e. ||[Stimme] Criard, e. ||[v. Farben] [Couleur] vive, voyante. ||[v. Licht] [Lumière] crue.
Grellheit f. (haète). [v. Tönen] Acuité. ||[v. Farben, Licht] Crudité.
Grenadier m. ① (dîr). Grenadier.
Grenze f. (grèntse). Limite. ||[e. Landes] Frontière, confins, m. pl., bornes, f. pl.; *ohne Grenzen, grenzenlos,* sans bornes, illimité, e.
grenzen intr. [an, *acc.*] Confiner [à]. ||*Fig.* Approcher [de].
Grenz||**fall** m. Cas limite. ||**-pfahl** m. Poteau-frontière. ||**-schutz** m. Garde-frontière. ||**-stein** m. (schtaèn). Borne, f.
Gret||**chen** n., **-e** f. (gréetchen, -e). Marguerite, f., Margot, f.
Greuel m. ④ (grœüel). Horreur, f. : *Greueltat,* f., atrocité.
greulich a. (lich). Horrible.
Griech||**e, -n, -n** m., **-in** f. (grîche, ìn). Grec, que : *Griechenland,* npr. n., [La] Grèce, f.; *Griechentum,* n., hellénisme, m.
griechisch a. Grec, que : *griechisches Feuer,* feu grégeois.
Griesgram m. ① (grîssgrâm). Mauvaise humeur. ||Grognard, grognon.
gries||**grämig** a. (mig), **-grämisch, -grämlich** a. (grêmlich). Grognon, onne.
Grieß m. (grîs). Gravier. ||[in d. Blase] Gravelle, f. ||[Speise] Semoule, f., gruau, m.
grießkrank a. (ànk). Graveleux, euse.
griff imp. de *greifen**. ||m. ①. Action de saisir, f. : *glücklicher Griff,* heureux coup. ||[Stiel] Manche ||[am Degen usw.] Poignée, f.
Griffel m. ④. Crayon [d'ardoise]. ||[v. Blüten] Style.
Grille f. (grile). Grillon, m. ||*Fig.* Caprice, m., lubie. ||[Hirngespinst] Chimère : *grillenhaft,* a., capricieux, euse, chimérique; *Grillenfänger,* m., songe-creux.
Grimasse f. Grimace : *Grimassenschneider,* m., grimacier.
Grimm|| m. Courroux. ||[Wut] Fureur, f. ||**-darm** m. Côlon. ||**-en** n. spl. Tranchées, f. pl., coliques, f. pl.
grimmig a. (ig). Courroucé, e, furieux, euse. ||adv. Furieusement.
Grimmigkeit f. (kaèt). Fureur.
Grind m. ① (grìnt, -d-). Croûte, f. [peau]. ||[Brandflecken] Escarre, f. ||[Krankheit] Teigne, f.
grindig a. (ig), **Grindkopf** m. Teigneux, euse, m., f.
Grindkraut n. (kraot). Scabieuse, f.
grinsen (grìnzen). Ricaner. ||n. Ricanement, m.
Grippe f. (gripe). Grippe.
grob, ¨er, ¨st a. (grop, -œb-). Grossier, ère. ||[v. Dingen auch] Gros, osse : *aus dem Groben arbeiten,* dégrossir. ||adv. Grossièrement.
Grob||**heit** f. (haèt). Grossièreté. ||**-ian** m. ① (grôbiâne). Grossier personnage, rustre.
grob||**körnig** a. (keurnig). A gros grains. || **¨lich** a. (greûplich). Un peu grossier. ||adv. Grossièrement.
Grobschmied m. (schmîte). Forgeron, maréchal-ferrant.
Grog, -s m. (ò). Grog.
grölen intr. (greûlen). Brailler. ||n. spl. Braillement[s], m.
Gröler m. ④. Braillard.
Groll m. spl. Rancune, f.
grollen. Garder rancune [à]. ||[v. Donner] Gronder. ||n. Rancune, f. ||Grondement, m.
Gros n. inv. (grôs). 1. [12 Dutzend] Grosse, f. ||2. (grô). [Hauptmasse] Gros, m. [armée].
Groschen m. ④. Gros, monnaie allemande [10 pfennigs]. *Fig.* Argent.
groß||, **¨er, ¨t** a. (grôss...). Grand, e : *im großen verkaufen,* vendre en gros; *größer werden**, grandir. ||...*groß,* grand comme [de]... || adv. : *groß denken**, penser noblement; [v. jemandem] avoir* une haute opinion [de qn]; *einen groß ansehen**, regarder qn avec de grands yeux. ||**-artig** a. (tig). Grandiose. ||*Fam.* Épatant, e. ||adv. D'une manière grandiose.
Großartigkeit f. (kaèt). Grandeur.
Großbritannien npr. n. (tanyen). [La] Grande-Bretagne, f.
großbritannisch a. Britannique.
Größe f. (greûsse). Grandeur. ||[Höhe] Taille : *nach der Größe,* par rang de taille. ||[nach allen Seiten] Dimension. ||[e. dicken Körpers] Grosseur ||[v. Papier, Büchern]

Format, m. ||*Math.* Grandeur, quantité.
Groß||eltern pl. Grands-parents. ||**-enkel, in** m. ④, f. (ènkel, ìn). Arrière-petit-fils, -petite-fille.
großenteils adv. (entaèls). En grande partie.
Groß||fürst, -en, en m., **in** f. (furst, ìn). Grand-duc, grande-duchesse. ||**-handel** m. (hàndel). Commerce de gros. ||**-händler** m. ④ (**h**èntler). Négociant en gros, grossiste.
großherzig a. (**h**èrtsig). Magnanime.
Groß||herzigkeit f. (kaèt). Magnanimité. ||**-herzog, in** m., f. (**h**èrtsôg, ìn). Grand-duc, grande-duchesse : *großherzoglich,* a., grand-ducal, e; *Großherzogtum,* n., grand-duché, m.
Grossist, -en, -en m. Grossiste.
großjährig a. (yêrig). Majeur, e.
Groß||jährigkeit f. (kaète). Majorité. ||**-kreuz** n. (krœütz). Grand-croix, f. ||**-mama** f. Grand-maman. ||**-maul** n. usw. = *Großsprecher* usw. ||**-mut** f. (moût). Magnanimité, générosité.
großmütig a. (mûtig). Magnanime, généreux, euse.
Groß||mutter f. ③. Grand-mère, aïeule. ||**-neffe, -n, -n** m. Petit-neveu. ||**-nichte** f. (ni**ch**te). Petite-nièce. ||**-onkel** m. ④ (onkel). Grand-oncle. ||**-papa** m. Grand-papa. ||**-sprecher** m. ④ (schprê**ch**er), **großsprecherisch** a. Hâbleur. ||[-tuer] Fanfaron. ||**-sprecherei** f. (raè). Hâblerie, fanfaronnade.
großspurig a. (schpoûrig), *fam.* Fanfaron.
Groß||staat m. (schtât). Grande puissance, f. ||**-stadt** f. (schtat). Grande ville. ||**-tante** f. (tànte). Grand-tante. ||**-tat** f. (tâte). Haut fait, m., exploit, m.
größtenteils adv. Pour la plus grande partie, pour la plupart.
Groß||tuer m. ④ (toûer). Fanfaron. ||**-tuerei** f. (raè). Fanfaronnade.
großtun* intr. sép. (toûn). Faire* le fanfaron. ||Se vanter [de].
Großvater m. ③ (fâter). Grand-père, aïeul.
großziehen* sép. (tsîen). Élever. ||**-zügig** a., d'esprit élevé, généreux.
grotesk a. (èsk). Grotesque.
Grotte f. (grote). Grotte : *Grottenwerk,* n., rocaille, f.

grub, ¨e. V. *graben**.
Grübchen n. ④ (grûp**ch**en). Fossette, f.
Grube f. (groûbe). Fosse. ||[Mine] Mine, puits, m. ||dim. *Grübchen,* n. ④, fossette, f. ||*Gruben...,* ...de mine, de mineur. Ex. : *Gruben||arbeiter,* m. ④, mineur; *-gas,* n., grisou, m.; *-licht,* n., lampe de mineur, f.
grübeln intr. (grûbeln). Se creuser la tête. ||*Fig.* [über, *acc.*] Ruminer, tr.
Grüb||elei f. (laè). Méditation profonde, subtilité. ||**-ler** m. ④. Chercheur, esprit subtil.
Gruft, ¨e f. (grouft). Fosse, f. ||[in Kirchen] Crypte.
Grummet, Grumt n. spl. (groumet) Regain, m.
Grün a. (grûn). Vert, e : *grün werden**, verdir; *grüner Junge,* m., blanc-bec. ||n. spl. [Farbe] Vert, m. ||[Gras, Bäume] Verdure, f.
Grund|| m. (grount..., -d-). Fond. ||[Erdboden] Sol. ||[Grundstück] Terrain. *Grund und Boden,* terres, f. pl. ||[Grundlage] Fondement, base, f. ||[Vertiefung] Bas-fond. ||[Tal] Vallon. ||*Fig.* [Ursache] Cause, f., raison, f. ||[Beweggrund] Motif. ||LOC. *auf Grund des Gesetzes,* en vertu de la loi; *aus dem Grunde lernen,* apprendre à fond; *im Grunde genommen,* au fond; *von Grund aus,* de fond en comble; *von Grund aus heilen,* guérir radicalement; *zu Grunde gehen**, V. *zugrunde.* ||*Grund...* : ... fondamental, e [aux, ales]. Ex. : *Grundgedanke,* idée fondamentale, f.; *Grundlohn,* m., salaire de base; *Grundzug,* m. trait fondamental. ||**-bau** m. (bao). Fondement. ||**-bedeutung** f. (bedœütoung). Sens primitif, m. ||**-besitz** m. (zitss). Propriété foncière, f. ||**-besitzer** m. ④. Propriétaire foncier. ||**-buch** n. ② (boû**ch**). Cadastre, m. ||**-eigentum** n. (aègentoûme), **-eigentümer** m. (tûmer), = *Grundbesitz, -besitzer.*
Grund||el, ¨el f. ④. Loche, f.
gründen (grùnden). Fonder, créer. ||[Anstalt] Établir. ||*Fig.* [Meinung, Hoffnung auf, *acc.*]. Fonder, appuyer [sur] : *sich gründen [auf]* se fonder, s'appuyer [sur].

Gründer m. ④, **in** f. Fondateur, trice.

grundfalsch a. Absolument faux, fausse.

Grund||**feste** f. Fondement, m., base. ||**-fläche** f. (flèche). Base. ||**-form** f. Forme primitive. ||**-lage** f. (lâge). Fondement, m., base. ||[e. Gebäudes] Fondations, pl. ||**-legung** f. (léegoung). Fondation.

gründlich a. (ich). Profond, e. ||[Kenntnis, Studium usw.] Approfondi, e. ||adv. A fond. ||*Gründlichkeit*, f., profondeur.

Gründling m. (ling). Goujon.

Grundlinie f. (lînie). Base. ||pl. *fig.* Grandes lignes.

grundlos a. (lôss, -z-). Sans fond. ||[v. Wegen] Défoncé, e. ||*Fig.* Sans fondement.

Grund||**losigkeit** f. (zigkaèt). Profondeur insondable. ||*Fig.* [e. Meinung usw.] Inanité. ||**-mauer** f. Soubassement, m.

Gründonnerstag m. Jeudi saint.

Grund||**pfand** n. ② (ànt, -d-). Hypothèque, f. ||**-pfeiler** m. ④ (aèler). Pilier [de soutien]. ||**-riß** m. Tracé. ||[Arch.] Plan. ||[Auszug] Abrégé. ||[Abriß] Précis. ||**-satz** m. Principe.

grund||**sätzlich** a. De principe. ||adv. Par principe.

Grund||**steuer** f. (schtœüer). Impôt foncier, m. ||**-stoff** m. (schtoff). Elément [constitutif]. ||**-strich** m. (schtrich). Trait fondamental. ||[beim Schreiben] Jambage. ||**-stück** n. (schtuk). Bien-fonds, m., pièce de terre, f. || **¨ung** f. Fondation. ||**-zahl** f. (tsâl). Nombre cardinal, m.

grün||**en** intr. Verdir. ||[im Anfang] Verdoyer. ||**-lich** a. (lich). Verdâtre.

Grün||**schnabel** m. (âbel). Blanc-bec. ||**-span** m. (schpâne). Vert-de-gris. ||**-specht** m. Pivert.

grunzen (grountsen). Grogner. ||n. spl. Grognement[s], m.

Gruppe f. (groupe). Groupe, m. : *gruppenweise*, adv., par groupes.

gruppieren (îren). Grouper.

Gruppierung f. (îroung). Groupement, m.

gruseln impers. (groûzeln) : *es gruselt mir*, j'ai peur; *gruselig*, a., qui fait peur.

Gruß m. (groûss...). Salut. ||[feierlich] Salutation, f. : *englischer Gruß*, salutation angélique. ||[Höflichkeits-] Compliment.

grüßen (ûssen). Saluer : *grüßen Sie ihn von mir!* saluez-le de ma part; *grüß Gott!*, bonjour!, bonsoir!

Grußformel f. Formule de salutation.

Grütze f. (grutse). Gruau, m. ||[Speise] Bouillie de gruau.

Guano, -s m. (gouâno). Guano.

gucken intr. (gouken). Regarder. ||*Fam.* Guigner.

Guck||**er, in** m. ④, f. (er, ìn). Curieux, euse. ||[Augenglas] Lorgnette. f. ||**-fenster** n. Vasistas, m. ||**-loch** n. Judas, m.

Guillotine f. (pron. fr.). Guillotine.

guillotinieren. Guillotiner.

Gulden m. ④ (goul). Florin.

gültig a. (gultig). Valable : *gültig für ...*, bon pour...

Gültig||**keit** f. (kaète). Validité. ||[e. Münze] Cours, m. ||**-machung** f. Validation. V. *gelten**.

Gummi|| n. (goumi). Gomme, f. ||[Kautschuk] Caoutchouc, m. ||**-arabikum** n. (ra-). Gomme arabique, f. ||**-band** n. ② (bànt). Cordon [m.] élastique. ||**-baum** m. (baom). Gommier. ||**-elastikum** n. (las). Gomme élastique, f. ||**-fuß** m. Tapis de caoutchouc. ||**-gutt** n. (goutt). Gomme-gutte, f. ||**-knüppel** m. Matraque, f. ||**-lack** m. Gomme laque, f. ||**-rad** n. ② (râte, -d-). Roue caoutchoutée, f. ||**-reifen** m. ④ (raèfen). [am Rad] Pneumatique [*fam.* pneu]. ||**-schuh** m. ① (schoû). Caoutchouc. ||**-strumpf** m. (schtroumpf). Bas élastique. ||*gummieren*, gommer; n., gommage, m.

Gunst|| f. spl. (gounst). Faveur. ||**-wirtschaft** f. Favoritisme, m.

günstig a. (gunstig). Favorable, propice. ||adv. Favorablement.

Günstling m. Favori.

Gurgel f. (gourgel). Gorge. ||[innerer Teil] Gosier, m.

gurgeln intr. Gargouiller. ||réfl. [sich]. Se gargariser. ||n. Gargouillement, m., gargarisation, f.

Gurgel||**ton** m. (tôn). Son guttural. ||**-wasser** n. ④ Gargarisme, m.
Gurke f. (gourk^e). Concombre. ||[Essig-] Cornichon, m.
Gurt|| m. ① (gourte). Sangle, f. ||[Gürtel] Ceinture, f. ||**-bett** n. Lit de sangle, m.
Gürtel m. ④. Ceinture, f. ||[d. Erde] Zone, f. ||*Gürtelrose*, f., zona, m. ||*Gürtelweite*, f., tour de taille, m.
gürten. Ceindre*. ||[Pferde] Sangler.
Guß|| m. (gous). [Gießen] Fonte, f. ||*Fig.* Jet : *aus einem Gusse*, d'un seul jet. ||[Regen-] Averse, f. ||**-abdruck** m. (ouk). Cliché. ||**-eisen** n. (a^èz^en). Fonte, f. [de fer].
gußeisern a. De fonte.
Guß||**regen** m. (réeg^en). Averse, f., ondée, f. ||**-stahl** m. (schtâl). Acier fondu. ||**-stein** m. Évier.
gußweise adv. A verse.
gut a. (goût). Bon, onne : *guter Mensch*, homme de bien. ||LOC. *lassen Sie das gut sein**, n'en parlons plus; *seien Sie so gut, mir zu sagen...*, soyez assez bon pour me dire*; *wieder gut werden**, aller* mieux. ||adv. Bien : *schon gut!*, c'est bien!; *gut aussehen**, avoir* bonne mine, bon aspect. ||a. subst. *das Gute*, le bien; *Gutes tun**, faire* du bien; *sein Gutes haben**, avoir* son bon côté. ||n. ②. Bien, m.; *zu Gute...* V. *zugute*. ||[Land] Bien, m., propriété, f. ||dim. *Gütchen*, n. ④ (gûtch^en), petit bien, m.; *fam.* lopin de terre, m. ||pl. *Güter* (gût^er). 1. Biens : *Gütergemeinschaft*, f., communauté de biens. 2. Marchandises : *Güter*||*abfertigung*, f., expédition des marchandises; *-bahnhof*, m., gare des marchandises, f.; *-wagen*, m. ④, wagon [fourgon] à marchandises; [Geschäftswagen] camion; *-zug*, m., train de marchandises.
Gutachten n. ④ (acht^en). Avis, m.
gutartig a. (ig). De bonne nature. ||*Med.* Bénin, igne : *Gutartigkeit*, f., bon naturel, m.; bénignité.
Gütchen. V. *Gut*.
Gutdünken n. Bon plaisir, m.
Güte f. (gût^e). Bonté, bienveillance : *in Güte*, à l'amiable; *in aller Güte*, avec douceur.
gut||**geartet** a. (géart^et). D'un bon naturel. ||**-gelaunt** a. (géla^ont). De bonne humeur. ||**-gesinnt** a. (gésint). Bien intentionné, e. ||**-gläubig** a. De bonne foi.
Gut||**haben** n. (hâb^en). Avoir, m., actif, m., crédit, m. ||**-heißen** (ha^èss^en), Approuver. ||n. et **-heißung** f. (oung). Approbation, f.
gutherzig a. (hèrtsig). Qui a bon cœur, débonnaire : *Gutherzigkeit*, f., bonhomie.
güt||**ig** a. (ig). Bon, onne. ||[freundlich] Aimable. ||*Gütigkeit*, f., = *Güte*. ||**-lich** a. (ich). Amiable : *sich gütlich tun*, se régaler, s'en donner à cœur joie.
gut||**machen** *sép.* (mach^en) : *wieder gutmachen*, réparer. ||**-mütig** a. (mûtig). Débonnaire : *Gutmütigkeit*, f., bonhomie. ||**-sagen.** Se porter garant.
Gutschein m. (scha^èn). Bon [à payer].
gut||**schreiben*** *sép.* (a^èb^en) [einem etwas]. Créditer [qn de qc.]. ||n., **Gutschrift** f. Crédit, m. ||Créance.
Guttapercha f. (goutapèrka). Guttapercha.
gut||**tun** intr. *sép.* (toûne). Faire* du bien. ||**-willig** a. (ig). De bonne volonté. ||adv. De bon gré. *Gutwilligkeit*, f., bonne volonté.
Gymnasial... (gu-ziâl). ... de lycée, de collège : *Gymnasial*||*direktor* : [in Deutschland] directeur [d'un gymnase]; [in Frankreich] principal [d'un collège], proviseur [d'un lycée]; *-lehrer*, m. ④ (léer^er), professeur [de collège ou de lycée]; *-unterricht*, m. (ount^erricht), enseignement secondaire.
Gymnas||**iast**, **-en**, **-en** m. (ziast). Elève d'un gymnase. ||[in Frankreich] Collégien, lycéen. ||**-ium**, **...ien** n. (nâzioum). [in Deutschland] Gymnase, m. ||[in Frankreich : [städtisches] Collège, m.; [staatliches] Lycée, m.

H

H, h n. (**hâ**). H, h, m. ||*Mus.* Si, m.
ha! int. (**ha**). Ah! Ah!
Haag [der]. npr. m. La Haye, f.
Haar|| n. ① (**hâr**), dim. *Härchen*, n. ④ (**hêrch**e**n**). Poil, m. ||[am Kopfe d. Menschen] Cheveu, x, m. : *sich das Haar machen*, se coiffer. ||*An den Haaren herbeigezogen*, tiré par les cheveux. ||*Haare auf den Zähnen haben*, avoir bec et ongles. ||[d. Pferdes] Crin, m. ||**-besen** m. ④ (béez**e**n). Balai de crin. ||**-bürste** f. Brosse à cheveux [à tête]. ||**-busch** m. (bousch). Panache [de crins]. ||**-büschel** m. Touffe de cheveux, f. ||**-eisen** n. (*a*èz**e**n). Fer à friser, m.
haaren [sich]. Perdre son poil, muer.
Haar||farbe f. (*f*arb**e**). Couleur des cheveux. [bei Tieren] Pelage, m. ||**-färbemittel** n. Teinture [f.] pour les cheveux.
haar||fein a. Fin comme un cheveu. ||**-förmig** a. (f*eu*rmig). Capillaire. ||**-ig** a. (ig). Chevelu, e. ||[v. d. Haut] Velu, e, poilu, e. ||...*haarig* a. (ig), à [aux] cheveux ..., à poil[s] ...: *rothaarig*, aux cheveux roux; *kurzhaarig* [v. Tieren] à poil ras. ||**-klein** a. Délié, e, mince comme un cheveu; *fig.* subtil.
Haar||künstler m. ④. Artiste capillaire. ||**-nadel** f. Épingle à cheveux. ||**-putz** m. (poutss). Coiffure, f. ||**-salbe** f. Pommade.
haarscharf a. Bien affilé, e. ||*Fig.* Très subtil, e. ||adv. D'une manière rigoureuse.
Haar||schmuck m. (schm*ou*k). Coiffure f. ||**-schneidemaschine** f. Tondeuse. ||**-schneider** m. Coiffeur. ||**-strich** m. (schtr**ich**). Délié. ||**-trockner** m. Séchoir électrique. ||**-wasser** n. Lotion, f. ||**-wickel** m. Papillote, f. ||**-wulst** m. (voulst). Chignon.
Habe f. (**hâb**e). Avoir, m. : *bewegliche* [*fahrende*] *Habe*, biens meubles, m. pl., mobilier, m.
haben. Avoir* : *etwas haben wollen**, vouloir* [exiger] qc.; *gern haben*, aimer; *lieber haben*, préférer. ||LOC. *da haben wir's!*, nous voilà bien!; *jetzt habe ich's!*, j'y suis! ||*Habenichts*, m., pauvre diable; *Haberecht*, m., ergoteur. ||n. spl. Avoir, m.; *Soll und Haben*, doit et avoir.
Habgier f. (gîr). Cupidité; *habgierig*, a. (ig), cupide.
habhaft a. (haft) : *habhaft werden**, gén., s'emparer de, saisir, tr.
Habicht m. Vautour.
Habilitation f. (**ha**-ts*iô*ne). Examen de professorat, m.
Hab||seligkeit f. Avoir, m. ||pl. Hardes. ||**-sucht** f. (zou**ch**t). Cupidité : *habsüchtig*, a., cupide.
Hachse f. Jarret, m. [des animaux].
Hacke f. (**h**a**k**e). Houe, pioche. ||[Ferse] Talon, m.
hacken. Hacher. ||[Holz] Fendre : *gehacktes Fleisch*, n., hachis, m. ||[die Erde] Piocher. ||[mit d. Schnabel] Becqueter. ||m. ④. Talon.
Hack||bank f. (bànk), **-block** m. Hachoir, m. ||**-beil** n. (baèl). Hachette, f. ||**-brett** n. Hachoir, m. ||[Zimbel] Cymbale, f.; *fig.* [*fam.*] mauvais piano, m. || **¨erling** m. (**h**è**k**e**r**lìng). Paille hachée, f. ||**-fleisch** n. (flaèsch). Viande hachée, f., hachis, m. ||**-messer** n. ④. Hachoir, m. || **¨sel** n., = *Hackfleisch*.
Hader|| m. spl. (**hâd**e**r**). Querelle, f. ||**-er** m. ④. Querelleur. ||*Fam.* Mauvais coucheur.
hadern intr. Se quereller.
Hafen|| m. ③ (**hâf**e**n**). Port. ||[für Luftschiffe] Hangar. ||[Topf] Pot, vase [de terre]. ||**-damm** m. Jetée, f., môle. ||**-platz** m., **-stadt** f. (schtatt). Port, m.
Hafer m. spl. Avoine, f.
Hafner m. ④. Potier.
Haft m. ① (**h**aft). Crochet, agrafe, f. ||f. Détention, emprisonnement, m.
haftbar a. Responsable : *Haftbarkeit*, f., responsabilité.
Haft||befehl m. (f*ée*l). Mandat d'arrêt. ||**-brief** m. (îf). Lettre de cachet, f.

haften intr. [an, *dat.*] Être* fixé, attaché [à]. ||*Fig.* [für...] Répondre [de].

Haft||geld n. (gèlt, -d-). Arrhes, f. pl. || **¨ling** m. (hèftlìng). Détenu. ||**-pflicht** f. (i**ch**t). Responsabilité. ||**-summe** f. (*soum*e). Garantie, caution. ||**-ung** f., = *Haftpflicht. Gesellschaft mit beschränkter Haftung* [*G. m. b. H.*], Société à responsabilité limitée.

Hag m. ① (**hâg**). Haie, f. : *Hage|| buche,* f., charme, m.; *-butte,* f., fruit de l'églantier, m.; *-dorn,* m., aubépine, f.

Hagel m. (**hâg**el). Grêle, f. : *Blitz und Hagel!* Mille tonnerres!

hageldicht a. (di**ch**t). Dru comme grêle.

Hagelkorn n. ②. Grêlon, m.

hageln impers. Grêler.

hager a. (**hâg**er). Maigre.

Hagerkeit f. (kaèt). Maigreur.

Hagestolz, -en, -en m. (**hâg**e-schtolz). Vieux garcon.

Haha! interj. (**hâ**-). Ah! ah!

Häher m. ④ (**hê**er). Geai.

Hahn m. (**hâne**), dim. *Hähnchen,* n. ④ (**hênch**en). Coq. ||[am Faß] Robinet : *hölzerner Hahn,* cannelle, f. ||[an Lampen] Clef, f.

Hahnen||fuß m. (**hâ**nenf*oû*ss). Renoncule, f. ||**-kamm** m. Crête de coq, f. ||**-ruf** m. (roûf), **-schrei** m. Chant du coq. ||**-sporn** m. (schporn). Ergot.

Hahnrei m. ① h**â**nr*a*è). Cocu.

Hai|| m. (**ha**è), **-fisch** m. Requin.

Hain m. ① (**ha**èn). Bosquet.

Häk||chen n. (**hêkch**en). dim. de *Haken.* ||**-el** m. ④. Crochet : *Häkelarbeit,* f., ouvrage au crochet, m.

häk||elig, -lig a., Pourvu, e de crochets. ||*Fig.* Épineux, euse, scabreux, euse. ||**-eln** tr. Agrafer. ||[mit d. Häkelnadel] Broder au crochet. ||intr. Faire* du crochet. ||n. Travail [m.] au crochet : *Häkelnadel,* f., aiguille à crochet, crochet, m.

Hak||en m. ④ (**hâk**en). Croc. ||[kleiner] Crochet. ||[Kleider-] Patère, f. ||dim. *Häkchen,* n. ④ (**hêkch**en), agrafe, f. ||tr. Saisir avec un croc. ||[Wagen] Accrocher. ||intr. Rester accroché. ||*Fig.* : *da hakt es,* là gît la difficulté. ||**-enbüchse** f. Arquebuse.

hakenförmig a. Crochu, e.

Hak||enkreuz n. Croix gammée, f. ||**-ennagel** m. ③. Clou à crochet. ||**-enspieß** m. Harpon.

hak||ig a. (ig). Crochu, e. || **¨lig.** V. *häkelig.*

halb a. (**h**alp..., -b-). Demi : *ein halbes Jahr,* six mois; *ein und ein halber* [*ein einhalber*] *Monat,* un mois et demi; *um halbeins, -zwei* usw., à midi [une heure, etc.] et demie; *auf halbem Wege,* à mi-chemin. ||adv. A moitié, à demi : *halb voll,* à moitié plein, e; *halb offen,* entrouvert, e; *halb und halb,* à peu près, moitié moitié. ||[vor einigen Wörten] Semi- : *halbamtlich,* a., semi-officiel.

Halbdunkel n. (d*ou*nkel). Demi-obscurité, f., pénombre, f.

...halben (**h**alben). A cause de... Adv. pron. : *meinet||halben, deinet-, seinet-* [*dessent-*], *unsert-, euret-* [*Ihret-*], *ihret-,* [*derent-*] *halben,* à cause de moi, de toi, de lui [duquel], de nous, de vous, d'elle [de laquelle], d'eux [desquels], d'elles [desquelles].

halber prép., *gén.* A cause de : *der Kälte* —, à cause du froid.

Halb||franzband m. (fràntzbànt, -d-). Demi-reliure, f. ||**-gesang** m. (gézang). Récitatif. ||**-gott** m. Demi-dieu. ||**-heit** f. (**ha**èt). Caractère incomplet, m. ||[Mittelmäßigkeit] Médiocrité. ||Palliatif, m.

halbieren (îren). Partager en deux : *Halbierung,* f., partage par moitiés, m.

Halb||insel f. (ìnzel). Presqu'île. ||[große] Péninsule. ||**-jahr** n. (yâr). Semestre, m. : *halbjährig,* a., de six mois; *halbjährlich,* a., semestriel, le; adv., tous les six mois ||**-kost** f. Demi-pension. ||**-kreis** m. (kraès). Demi-cercle. ||[Raum] Hémicycle. ||**-kugel** f. (k*oû*gel). Hémisphère, m. ||**-kutsche** f. (k*ou*tsche). Coupé, m.

halblaut a. (laot). A mi-voix.

Halb||licht n. (li**ch**t). Demi-jour, m. ||**-messer** m. ④. Rayon. ||**-mond** m. ① (mònt, -d-). Demi-lune, f., croissant.

halbrechts adv. (rè**ch**ts). Demi-tour à droite.

Halb||schatten m. (sch*a*ten). Pénombre, f. ||**-schuh** m. (sch*oû*).

Soulier bas. ||**-stiefel** m. ④ (schtîf^e^l). Demi-botte, f. ||[Schnür-] Bottine, f. ||**-strumpf** m. (schtroumpf). Chaussette, f.

halbstündig a. (schtùndig). D'une demi-heure.

Halbtrauer f. (tra^oe^r). Demi-deuil, m.

halb||voll a. (fol). A moitié plein, e. ||**-wegs** adv. (végs). A moitié chemin, à mi-chemin.

Halb||welt f. Demi-monde, m. ||**-zug** m. (tsoûg). *Mil.* Section, f.

Halde, -n f. (hald^e^). Coteau, x, m. ||[Abhang] Pente.

half imp. de *helfen**.

Hälfte f. (hèlft^e^). Moitié : *zur Hälfte,* à moitié; *um die Hälfte teurer,* plus cher de moitié; *fam. Ihre bessere Hälfte,* votre chère moitié.

Halfter, -n f. Licou, m.

Hall m. ① (hal). Son. ||[starker] Retentissement.

Halle f. (hal^e^). Espace couvert, m. ||[Säuleneingang] Portique, m. ||[e. Kirche] Porche, m. ||[Markt-] Halle. ||[Fest-, Turn-] Salle de... ||[Bahnhofs- usw. und in großen Warenhäusern] Hall, m. ||[für Kraftwagen] Garage, m.

Halleluja, -s n. (haléloûya). Alléluia, m.

hallen intr. (hal^e^n). Résonner, retentir.

hallo! interj. (halo). Allons! ||[Jägerruf] Taïaut! ||[beim Telephon] Allô!

Halm m. ① (halm). Brin [d'herbe]. ||dim. *Hälmchen,* n. ④ (hèlmch^e^n) : *Hälmchen ziehen*,* tirer à la courte paille.

Hals|| m. (hals). 1. Cou : *steifer Hals,* torticolis; *einem um den Hals fallen*,* sauter au cou de qn. ||[Gurgel] Gorge, f. ||[v. Flaschen] Col, goulot. ||**-band** n. ② (bànt, -d-). Collier, m. ||**-binde** f. (bìnde). Cravate. ||**-bräune** f. (brœün^e^). Angine, diphtérie.

halsbrecherisch a. (brèch^e^r-). Casse-cou. ||[Sachen] Périlleux, euse.

Halseisen n. ④ (a^è^z^e^n). Carcan, m.

...halsig a. Au cou [col] ... : *langhalsig,* à [au] long col [cou].

Hals||kragen m. ③ (krâg^e^n). Faux col. ||**-krause** f. (kra^o^z^e^). Collerette.

||**-mandel** f. (mànd^e^l). Amygdale. ||**-schnur** f. (oûr). Collier, m.

halsstarrig a. (schtarig). Entêté, e. ||[hartnäckig] Obstiné, e : *Halsstarrigkeit,* f., entêtement, m., obstination.

Hals||tuch n. ② (toûch). Cravate, f. ||[für Frauen] Fichu, m. ||**-weh** n. spl. (vée). Mal de gorge, m. ||**-weite** f. (va^è^t^e^). Tour de cou, m.

hält, hältst. V. *halten**.

Halt m. ① (halt). Arrêt. ||*Mil.* Halte, f. ||[Stütze] Appui, soutien. ||[Festigkeit] Solidité, f., consistance, f. ||interj. Halte!, halte-là!, arrête[z]! ||adv. Probablement.

haltbar a. (bâr). Tenable. ||[dauerhaft] Durable, solide : *Haltbarkeit,* f., solidité.

Halte... : ...d'arrêt : *Halte||stelle,* f., arrêt, m., station; *-signal,* n. ①, signal d'arrêt, m.

halten* tr. (halt^e^n). Tenir* : *sich für gelehrt —,* se croire* savant; *für wen halten Sie mich?* pour qui me prenez-vous? *was halten Sie davon?* qu'en pensez-vous? *ich halte nicht viel von ihm,* je ne l'estime guère. ||[sich] Se tenir*. ||Se conserver. ||intr. [sich erhalten] Tenir*, être* solide. ||[haltmachen] S'arrêter. ||[v. Wagen] Stationner. ||[widerstehen] Tenir* [bon], résister. ||n. [Action de] tenir*, f. ||[Anhalten] Arrêt, m. : *zum Halten bringen*,* arrêter. ||[v. Wagen], Stationnement, m.

Halter m. ④. Celui qui tient. ||[Gerät] Ce qui sert à porter : ... *halter,* porte-...

haltlos a. (lôs, -z-). Sans consistance : *Haltlosigkeit,* f., manque de consistance, m.

Haltung f. Tenue. ||[Körper-] Maintien, m., port, m.

Halunke, -n, -n m. (halounk^e^). Coquin, gredin.

hämisch a. (hê-). Malin, igne, malicieux, euse.

Hammel|| m. ③ (ham^e^l). Mouton. ||**-bug** m. (boûg). Épaule de mouton, f. ||**-fleisch** m. (fla^è^sch). Mouton [viande]. ||**-keule** f. (kœül^e^). Gigot de mouton, m.

Hammer m. ③ (ham^e^r). Marteau, x. ||*Unter den — kommen,* être vendu

à l'encan. ‖[d. Glocke] Battant. ‖*Hammerwerk*, n., forge, f.
hämmerbar a. Malléable.
Hämmer‖barkeit f. (ka**è**t). Malléabilité. ‖**-ling** m. (ìng). Lutin.
hämmern (h**è**m**e**rn). Marteler. ‖n. Martelage, m.
Hämorrhoiden pl. (hê-î**d**en). Hémorroïdes, f. pl.
Hampelmann m. ② (hàmp**e**l). Pantin.
Hamster m. ④ (hàms-). Hamster.
Hamsterer m. Accapareur [de denrées], stockeur.
hamstern. Accaparer.
Hand‖, ¨e f. (hànt..., hènd**e**). Main: *flache* —, *hohle* —, *verkehrte* —, la paume, le creux, le revers de la main; *bei der Hand sein*, être sous la main. ‖LOC. *aus der Hand in den Mund leben*, vivre* au jour le jour; *das hat weder Hand noch Fuß*, cela n'a ni queue ni tête; *hilfreiche Hand leisten* prêter main-forte à qn; *in die Hände klatschen*, battre* des mains; *vorderhand*, en attendant. ‖**-arbeit** f. (*a*rba**è**t). Travail manuel, m. ‖[im einzelnen] Ouvrage fait à la main, m. ‖**-buch** n. ② (boûch). Manuel, m. ‖ **¨chen** n. ④. Petite main, f., menotte, f.
Hände‖druck m. Poignée de main, f. ‖**-klatschen** n. spl. Applaudissements, m. pl.
Handel m. ③ (hànd**e**l). 1. spl. [allgemein] Affaire, f. ‖[Ein- und Verkauf] Commerce, trafic. ‖[im großen Maßstab] Négoce. ‖2. pl. ③. Querelle, f. ‖[Streit] Dispute, f. : *händelsüchtig*, a., querelleur, euse.
handeln [mit]. Faire* le commerce [de]. ‖[feilschen] Marchander. ‖[tun*, verfahren*] Agir. ‖[von etwas] Traiter [de]. ‖[**sich**]. impers. [um...] S'agir [de] : *es handelt sich um...*, il s'agit [il est question] de...
Handels‖... : ...du [de] commerce, commercial, e, marchand, e. Ex. : *Handels‖börse*, f., *-ministerium*, n., bourse, f., ministère du commerce, m.; *-gericht*, n., tribunal de commerce, m.; *-geschäft*, n., société commerciale, f.; *-gesetzbuch*, n., code de commerce, m.; *-recht*, n. droit commercial, m.; *-schiff*, n., navire marchand, m. ‖**-diener** m. ④ (dî-n**e**r). Commis. ‖**-geist** m. (ga**è**st). Espirt mercantile. ‖**-mann** m., pl. **-leute** (lœüt**e**). Commerçant, négociant. ‖**-stand** m. (schtànt, -d-). Commerce [comme profession].
Handfesseln pl. (fèss**e**ln). Menottes, f. pl.
handfest a. Robuste, solide.
Hand‖fläche f. (flè**ch**e). Paume. ‖**-geld** n. (gèlt, -d-). ‖Anzahlung] Arrhes, f. pl. ‖[bei d. Miete] Denier à Dieu, m. ‖**-gelenk** n. (gélènk). Poignet, m.
handgemein (géma**è**n) : *handgemein werden**, en venir aux mains; — *sein**, être* aux prises.
Hand‖gemenge n. (gémèng**e**). Mêlée, f. ‖**-gepäck** n. (gépèk). Bagages à la main, pl.
handgreiflich a. (gra**è**fli**ch**). Palpable. ‖[offenbar] Manifeste, évident, e.
Hand‖griff m. Manipulation, f. ‖[Kunstgriff] Tour de main. ‖[am Degen] Poignée, f. ‖[an Geräten] Manche. ‖**-habe** f. (hâb**e**). Poignée. ‖[Stiel] Manche, m.
handhaben (hâb**e**n). Manier, appliquer. ‖[Rechtspflege] Administrer.
Hand‖habung f. (oung). Maniement, m. ‖**-klapper** f. (klàp**e**r). Castagnette. ‖**-koffer** m. Valise, f. ‖**-korb** m. Panier à anse. ‖**-krause** f. (kr*a*o**z**e). Manchette. ‖ **-kuß** m. (kouss). Baise-main. ‖**-langer** m. ④ (làng**e**r). Manœuvre.
Händler, in m. ④, f. (hèntl**e**r, ìn). Marchand, e.
Handleuchter m. ④ (lœü**ch**t**e**r). Bougeoir.
handlich a. (li**ch**). Maniable.
Handlung f. (hàntloung). Action. ‖[einzelne] Acte, m. ‖[Geschäft] Commerce, m. ‖[Laden] Magasin, m. : *Handlungs‖art*, f., *-weise*, f., manière d'agir; [Verfahren] procédé, m.; *-diener*, m. ④, commis.
Hand‖pfleger, in m. ④, f. (*é*eg**e**r, ìn). Manucure. ‖**-schlag** m. (âg). Coup porté avec la main. ‖**-schrift** f. Écriture. ‖[Ungedrucktes] Manuscrit, m. ‖[eigene] Autographe, m. ‖*handschriftlich*, a., manuscrit, e. ‖adv. Par écrit. ‖**-schuh** m. (schoû). Gant : *Handschuh‖knöpfer*, m., tire-bouton; *-laden*, m., ganterie, f.; *-macher*, m., gantier.

||**-spiegel** m. (schpîg^el). Miroir à main. ||**-streich** m. (schtra^è**ch**). Coup de main. ||**-täschchen** n. ④ (têsch'**ch**^en). Sac [m.] à main. ||**-trommel** f. (m^el). Tambourin, m. ||**-tuch** n. (toû**ch**). Serviette [f.] de toilette, essuie-mains, m. ||**-umdrehen** n. (*ou*mdréé^en) : *im Handumdrehen*, en un tour de main. ||**-voll** f. inv. (fol). Poignée. ||**-wagen** m. ④ (vâg^en). Voiture à bras, f. ||[zum Treiben] Voiturette, f. ||**-wahrsager, in** m. ④, f. (vârzâg^er, ìn). Chiromancien, ne. ||**-werk** n. Métier, m. : *handwerklich*, a., artisanal; *handwerksmäßig*, a., technique; *fig.* mécanique; adv. machinalement. ||**-werker** m. ④. Artisan, ouvrier.
handwerklich, a. artisanal.
Hand||werkerstand m. Artisanat. ||**-wörterbuch** n. (veurt^erbo**ûch**). Dictionnaire [m.] de poche. ||**-wurzel** f. (vourts^el). [Anatomie] Carpe, m., poignet, m.
Hanf|| m. (hànf). Chanvre. ||**-acker** m. ③, **-feld** n. Chenevière, f.
hanf||en, ¨en a. (^en, **h**ènf^en). De chanvre.
Hanfkorn n. Chènevis, m.
Hänfling m. (hènflìng). Linot, m., linotte, f.
Hang m. (hàng). Pente, f. ||*Fig.* [Neigung zu...] Penchant, inclination, f.
Hänge... (**h**èng^e) : ...suspendu, e : *Hänge||balken*, m. ④, *-boden*, m. ④, soupente, f.; *-brücke*, f., pont suspendu, m.; *-lampe*, f. (làmp^e), suspension; *-lippe*, f., babine; *-matte*, f., hamac, m.; *-schloß*, n. ②, cadenas, m.
hangen* intr. (hang^en). [an, *dat.*]. Pendre [à]. ||n. Suspension, f.
hängen tr. (**h**èng^en) [an, *acc.*]. Pendre, suspendre [à]. ||intr., = *hangen**.
Hannov||er npr. n. (hanov^er). Hanovre, m. ||[Land] [Le] Hanovre. ||**-erer, -eraner, in** m. ④, f. Hanovrien, ne; *hannöverisch*, a., hanovrien, ne.
Hans, -ens m. (hàns). Jean.
Hans||a -e f. (hànza). Hanse : *Hansestadt*, f., ville hanséatique.
hanseatisch a. Hanséatique.
Hänschen n. (hèns'**ch**^en). Jeannot, m.
hänseln. Taquiner. ||[foppen] Berner.
Hans||wurst m. ① (vourst). Paillasse, arlequin. ||**-wurstiade** f. Farce bouffonne.
Hantel f. Haltère.
hantieren (hàntîr^en), tr. Manier, manipuler. ||intr. Travailler des mains. ||*Fig.* S'occuper. ||[lärmen] Faire* du tapage.
Hantierung f. (oung). Travail, m. ||[Gewerbe] Profession.
hap||erig a. (**h**âp^erig). Raboteux, euse. ||**-ern.** Être* raboteux; *fig.* aller de travers : *es hapert*, il y a une anicroche.
har! interj. (**h**âr). [zu den Pferden] Dia! [à gauche!].
Härchen n. dim. de *Haar*.
hären a. (**h**êr^en). De poil[s], de crin[s], de cheveux.
Häre||sie f. (hêrezî). Hérésie. ||**-tiker** m. ④ (èetik^er), **häretisch** a. Hérétique.
Harf||e f. (**h**arf^e). Harpe : [*die*] *Harfe spielen*, jouer de la harpe. ||**-enist, -en, -en** m., **-enspieler** m. Harpiste.
Häring. V. *Hering.*
Harke f. (**h**ark^e). Râteau, x, m.
harken. Râteler, râtisser.
Harlekin m. ① (**h**arl^ekîne). Arlequin.
Harm m. spl. (harm). Chagrin, affliction, f. ||[Beleidigung] Offense, f., tort, m.
härmen [**sich**] (herm^en). Se chagriner.
harmlos a. (lôs, -z-. Innocent, e. ||[nicht beleidigend] Inoffensif, ive. ||adv. Innocemment.
Harmlosigkeit f. Innocence.
Harmonie f. (**h**ar-nî). Harmonie.
harmonieren intr. (îr^en). S'harmoniser. ||[v. Personen] Être* d'accord.
Harmon||ik f. (mô-). [Science de l'] harmonie. ||**-ika, -iken** f. (mô-). Harmonica, m. ||[Zieh-] Accordéon, m.
harmonisch a. (mô-). Harmonieux, euse.
Harmonium, -ien n. Harmonium, m.
Harn|| m. spl. (harn). Urine, f. ||*Pop.* Pisse, f. ||**-blase** f. (âz^e). Vessie. ||**-blasentzündung** f. Cystite.
harnen intr. Uriner.
Harngrieß m. (îs). Gravelle, f.
Harnisch m. ① (**h**ar-). Cuirasse, f. ||[ehem.] Harnois.

Harn||**lassen** n. Émission d'urine, f. ||**-röhre** f. (reûre). Urètre, m. ||**-ruhr** f. (roûr). Diabète, m. ||**-stoff** m. Urée, f.
harntreibend a. Diurétique.
Harnverstopfung f. Rétention d'urine.
Harpune f. (harpoûne). Harpon, m.
harpunieren. Harponner.
Harpyie f. (harpûie). Harpie.
harren intr. (haren) [auf, *acc.*]. Attendre. ||[hoffen] Espérer. ||n. Attente, f.
harsch a. (**h**arsch). Dur, e. ||[rauh] Rude.
hart||, **¨er, ¨est** a. (**h**art). Dur, e. ||[rauh] Rude. ||[streng] Rigoureux, euse : *hart machen, — werden**, durcir. ||...*hart*, a., dur comme... : *eisenhart**, dur comme le [du] fer. ||adv. Tout près.
Härte f. (hêrte). Dureté. ||Rudesse. Rigueur. ||[v. Stahl] Trempe.
härten (hêrten). Durcir. ||[Stahl] Tremper. ||n. Trempe, f.
Hartflügler m. ④ (flûgler). Coléoptère.
hartgesotten a. (gézoten). Cuit dur : *hartgesottenes Ei,* œuf dur.
Hartgummi n. (*gou*). Caoutchouc durci, m.
hartherzig a. (**h**èrtsig). Dur, e, impitoyable.
Hart||**herzigkeit** f. Dureté de cœur. ||**-hörigkeit** f. Dureté d'oreille.
hart||**köpfig** a. (*keu*pfig). Têtu, e. ||**-leibig** a. (laèbig). Constipé, e. ||**-näckig** a. (nèkig). Opiniâtre, obstiné, e. ||adv. Obstinément.
Hart||**näckigkeit** f. Opiniâtreté, obstination. || **¨ung** f. Trempe [de l'acier].
Harz n. ① (**h**arts). Résine, f.
harz||**artig** a. (tig). Résineux, euse. ||**-en.** Enduire* de résine. ||**-ig** a. Résineux, euse.
Hasardspiel n. (**h**azartschpîl). Jeu de hasard, m.
Häschen, -lein n. ④ (**h**ês'chen, -laèn). Levraut, m.
haschen (*h*aschen). tr. Happer, saisir. ||intr. [nach] Chercher à saisir.
Häscher m. ④ (**h**êscher). Sbire.
Hase, -n, -n (**h**âze). Lièvre.
Hasel|| f. (**h**âzel). Coudrier, m., noisetier, m. ||**-gebüsch** n. (gé-). Coudraie, f. ||**-huhn** n. (**h**oûne). Gelinotte, f. ||**-nuß** f. (nouss). Noisette. ||**-nußstrauch** m. Noisetier.
Has||**enfuß** m. (**h**âsenfoûss). Patte de lièvre, f.; *fig.* [Feigling] et *hasenfüßig,* a. (fûssig) [feig]. Poltron, ne. ||**-enklein** n. ④ (klaène). Civet de lièvre, m. || **¨in** f. (**h**èzin). Hase.
Hasp||**e** f. (*h*aspe). Gond, m. ||**-el** m. ④. Dévidoir. ||[Schiffswinde] Treuil.
haspeln. Dévider.
Haß m. spl. (**h**âss). Haine, f.
häßlich a. (**h**êsslich). Laid, e. ||[v. Taten] Vilain, e : *Häßlichkeit,* f., laideur.
hassen (sen). Haïr : *hassenswert,* a., haïssable, odieux, euse.
hast. V. *haben**.
Hast f. (*h*ast...) Hâte.
hast||**en** intr. Se hâter. ||**-ig** a. (ig). Hâtif, ive. ||[übereilt] Précipité, e.
Hastigkeit f. Grande hâte.
hat. V. *haben**.
hätscheln (**h**êtscheln). Caresser. ||[verwöhnen] Gâter, choyer.
Hatschier m. ① (**h**atschîr). Archer.
hatte, hätte. V. *haben**.
Hau m. ① (**h**ao). *Fam.* [Hieb] Coup. ||[Holzschlag] Coupe, f. V. *hauen**.
Haube f. (**h**aobe). dim. *Häubchen,* n. ④ (**h**œüpchen). Bonnet, m. *Fam. unter die Haube kommen**, se marier. ||[allgemein] Coiffe. ||[v. Vögeln] Huppe. ||[Auto] Capot, m.
Haubitze f. (**h**aobitse). Obusier, m. : *Haubitzenkugel,* f., obus, m.
Hauch m. ① (**h**aoch). Souffle. ||[Atem] Haleine, f. ||*Gramm.* Aspiration, f.
hauchen tr. et intr. Souffler. ||*Gramm.* Aspirer.
Hauchlaut m. (laote). Son aspiré, aspirée, f.
Haudegen m. ④ (déegen). Rapière, f. ||*Fig.* Sabreur, spadassin.
Haue f. (**h**aoe). Houe. ||[Hacke] Pioche.
hauen* tr. [spalten] Fendre. ||[Steine usw.] Tailler. ||[Hiebe erteilen] Frapper violemment. ||intr. Donner des coups [de sabre, etc.].
Hauer m. ④. 1. Celui qui taille. ||2. = *Hauzahn.*
Häuf||**chen, -lein** n. ④ (**h**œüfchen, laèn), *fig.* poignée, f.

Haufe, -ns, -n, -en m. ④ (haofe, -en). Tas, monceau, x. ‖[Menge] Foule, f. : *der große Haufen,* le vulgaire.

häuf‖en (hœüfen). Entasser, amonceler. ‖*Fig.* Accumuler. ‖[das Maß] Combler. ‖**-ig** a. (ig). Fréquent, e. ‖adv. Fréquemment.

Häuf‖igkeit f. Fréquence. ‖**-ung** f. Entassement, m.

Haupt‖ n. ② (haopt). Tête, f. : *zu Häupten,* au chevet. ‖*Fig.* Chef, m. ‖*Haupt...* : ...principal, e, pl. aux, ales. Ex. : *Hauptgebäude,* n., bâtiment principal, m.; *Hauptteil,* m., élément principal. ‖Capital, e, pl., aux, ales. Ex. : *Hauptsünde,* f., péché capital, m. ‖**-altar** m. Maître-autel. ‖**-betrag** m. (âg). [Montant] total. ‖**-buch** n. (boûch). Grand livre, m. ‖**-gegend** f. (géegent, -d-). Point cardinal, m. ‖**-gewinn** m. (gévìn). Gros lot. ‖**-heer** n. (héer). Gros [m.] de l'armée. ‖**-kirche** f. (che). Cathédrale. ‖**-leute.** V. *-mann.* ‖ **¨ling** m. Chef. ‖**-mann** m., pl. **-leute** (lœüte). Capitaine. ‖**-masse** f. Gros, m. ‖**-mast** m. Grand mât. ‖**-messe** f. Grand-messe. ‖**-ort** m. Chef-lieu. ‖**-post** f., **-postamt** n. (àmt). Hôtel des postes, m. ‖*Pop.* Grande poste, f. ‖**-probe** f. (prôbe). Répétition générale. ‖**-punkt** m. (pounkt). Point essentiel. ‖**-quartier** n. Quartier général, m. ‖**-redakteur** m. Rédacteur en chef. ‖**-regel** f. (réegel). Règle générale. ‖**-sache** f. (zâche). Principal, m., essentiel, m.

hauptsächlich a. (zêchlich). Principal, e, essentiel, elle. ‖adv. Principalement.

Haupt‖sänger, in m. ④, f. (zènger, ìn). Premier [ère] chanteur [euse]. ‖**-schlüssel** m. Passe-partout. ‖**-stadt** f. (schtat). Capitale : *Hauptstädter,* m., habitant de la capitale; *hauptstädtisch,* a., de la capitale. ‖**-straße** f. (schtrâsse). Grand-route. ‖[in Städten] Grand-rue. ‖**-summe** f. (soume). Somme totale. ‖**-tugend** f. (toûgent, -d-). Vertu cardinale. ‖**-versammlung** f. Assemblée générale. ‖**-weg** m. (véeg). Grand chemin. ‖**-wind** m. (vìnt, -d-). Vent dominant. ‖**-wort** n. ② (vort). Substantif, m. ‖**-zeit** f. (tsaèt). Saison.

Haus‖ n. ② (haos). 1. Maison, f. ‖2. [Wohnort] Maison, f., domicile, m. : *zu Hause sein*,* être à la maison [chez soi]; *fig. wo sind Sie zu Hause?* de quel pays êtes-vous? ‖*nach Hause zurückkehren,* rentrer chez soi, retourner dans son pays; *ins Haus liefern,* livrer à domicile. ‖*Fig. von Hause aus,* de naissance; *außer dem Hause,* en ville. ‖3. [Hauswesen] Maison, f., ménage, m. : *ein großes Haus machen,* mener grand train. ‖4. [Schauspielhaus] Salle, f. *volles Haus machen,* faire salle comble. ‖5. [parlam.] Chambre, f. ‖**-arbeit** f. (arbaèt). Travail domestique, m. ‖[in d. Schule] Devoir, m. ‖**-arzt** m. (artst). Médecin de la famille.

hausbacken a. Cuit, e, à la maison.

Häuschen n. Maisonnette, f.

hausen intr. (zen). Habiter. ‖*Fig.* Faire* des ravages.

Haus‖flur m. et f. (oûr). Vestibule, m. ‖**-frau** f. (frao). Maîtresse de maison. ‖[Wirtschafterin] Ménagère. ‖**-friedensbruch** m. Violation [f.] de domicile. ‖**-halt** m. (halt). Ménage.

haushalten* intr. sép. (halten). Tenir* ménage. ‖[sparsam sein] : *mit etwas haushalten,* être* ménager de qc.

Haus‖halter m. ④ (halter). Économe. ‖**-hälterin** f. (hêlterìn). Ménagère. ‖[besoldet] Gouvernante.

haushälterisch a. Ménager, ère.

Haus‖haltung f. (haltoung) = *Haushalt.* ‖**-herr, -n, -en** m. (hèr). Maître de [la] maison, chef de famille. ‖**-hofmeister** m. ④ (hôfmaèster). Intendant, maître d'hôtel. ‖**-hund** m. ① (hoùnt, -d-). Chien domestique.

hausieren intr. (haozîren). [mit...]. Colporter, tr. ‖n. Colportage, m.

Haus‖ierer m. ④. Colporteur, marchand ambulant. ‖**-katze** f. (katse). Chat domestique, m. ‖**-kleid** n. ② (klaèt, -d-), **-kleidung** f. Habit, m. [robe, f.] d'intérieur, négligé, m. ‖**-knecht** m. (knècht). Homme de peine. ‖**-kreuz** n. (krœütz). Chagrins domestiques, pl. ‖**-lehrer, in** m. ④, f. (léerer, ìn). Précepteur, institutrice. ‖ **¨lein** n. Maisonnette,

f. ‖**-leute** pl. (lœüte). Locataires, voisins.
häuslich a. (**hœüslich**). Domestique : *häusliches Leben,* n., vie de famille, f. [d'intérieur].
Häuslichkeit f. [Hausstand] Ménage, m., intérieur, m. : *meine Häuslichkeit,* mon chez moi.
Haus‖**mannskost** f. Ordinaire, m., cuisine bourgeoise. ‖**-marder** m. Fouine, f. ‖**-meister** m. ④ (maèster). Concierge. ‖**-mittel** n. ④. Remède [m.] de bonne femme. ‖**-mutter,** ¨, f. (mouter). Mère de famille. ‖**-ordnung** f. Règlement intérieur, m. ‖**-rat** m. spl. (râte). Mobilier. ‖**-rock** m. Veston d'intérieur. ‖**-segen** m. (**zéegen**). Prospérité domestique, f. ‖**-staat** m. (schtât). Maison, f. [d'un souverain, etc.]. ‖**-stand** m. (schtànt, -d-). Train de maison. ‖**-suchung** f. (**zoû-choung**). Visite domiciliaire, perquisition. ‖**-tier** n. (tîr). Animal domestique, m. ‖**-vater** m. ③ (fâter). Père de famille. ‖**-verwalter** m. ④ (fervalter). Intendant. ‖**-wesen** n. (véezen). Ménage, m., train de maison, m. ‖**-wirt, in** m., f. (virt). Propriétaire, m. et f. ‖ [Hausherr, -frau] Maître, esse de maison, hôte, esse. ‖**-zins** m. (tsìns). Loyer.
Haut‖, ¨**e** f. (**ha**ot). Peau, x. ‖ [v. Früchten] Pelure. ‖dim. *Häutchen,* n. ④ (**hœütch**en). Pellicule, f. ‖ [im inneren Körper] Membrane, f.
häuten (**hœüt**en). Dépouiller, écorcher ‖ [**sich**]. Changer de peau, muer.
Haut‖**farbe** f. Teint, m. ‖**-lehre** f. Dermatologie. ‖**-seife** f. (zaèfe). Savon de toilette, m. ‖ ¨**ung** f., **-wechsel** m. Mue, f.
Hauzahn m. [Elefant, Wildschwein] Défense, f.
Havarie f. (**hava-rî**). Avarie.
he! Interj. (**hê**). Eh! Hé! Holà! ‖ [als Frage] Hein?
Hebamme f. (ame). Sage-femme.
Hebel m. ④. Levier.
Hebe‖**arm** m. Bras de levier. ‖**-kran** m. Grue, f.
heben* (**héeb**en). Lever. ‖Enlever. ‖*Math.* [einen Bruch] Réduire*. ‖*gehoben,* pp., élevé, e : *mit gehobenem Haupte,* la tête haute.
Heb‖**er** m. ④. Appareil élévateur. ‖**-evorrichtung** f. Appareil de levage, m. ‖**-ewinde** f. Cric, m.
Hebräer m. ④ (**hébrêer**). Hébreu, x.
hebräisch a. Hébraïque.
Hebung f. Levage, m. ‖ [Erhöhung] Élévation.
Hechel f. (**hèch**el). Séran, m.
Hecht m. (**hècht**). Brochet.
Heck n. (**hèk**). Palissade, f. ‖ [Gittertür] Porte treillissée, f. ‖ [im Schiff] Poupe, f., arrière, m.
Hecke f. (**hèk**e). Haie. ‖ [Zeit des Ausheckens] Ponte. ‖ [Ort zum Hecken] Nichoir, m. ‖ [ausgeheckte Vögel] Nichée.
hecken. Pondre. ‖ [aushecken] Couver. ‖*Hecken... : Hecken*‖*rose,* f., églantine; *-zaun,* m., haie vive, f.
Heckfeuer n. (**fœüer**). Feu de tirailleurs, m. ‖**-zeit** f. (tsaèt). Temps de la ponte, m.
heda! interj. (**hê**-). Holà!
Hede f., (héede). Étoupe.
Hederich m. Lierre terrestre.
Heer‖ n. ① (héer). Armée, f. ‖**-bann** m. Ban. ‖**-führer** m. ④. Chef d'armée, général. ‖**-schau** f. (âo). Revue. ‖**-straße** f. (schtrâsse). Route militaire *ou* stratégique, grand-route. ‖**-wesen** n. (véezen). Affaires militaires, f. pl., armée, f.
Hefe f. (**héef**e). Levain, m. ‖ [v. Bier] Levure. ‖*Fig.* [des Volkes] Lie.
Heft‖ n. ① (**hèft**). Agrafe, f. ‖ [geheftetes Papier] Cahier, m. ‖ [einer Schrift] Livraison, f., fascicule, m. ‖ [Griff] Manche, m. ‖**-el** m., n. et f. ④. Agrafe, f.
heft‖**eln.** Agrafer. ‖**-en.** Attacher. ‖ [mit Hefteln] Agrafer. ‖ [lose nähen] Bâtir, faufiler. ‖ [Bücher] Brocher. ‖n. Fixation, f., brochage, m.
Heft‖**faden** m. ③ (fâden). Bâti, faufil. ‖**-haken** ③ m. (**hâk**en). Agrafe, f.
heftig a. (ig). Violent, e. ‖ [v. Reden] Véhément, e. ‖adv. Violemment. ‖*Heftigkeit,* f., violence, véhémence.
heftlos a. (lôss, -z-). Démanché, e.
Heft‖**klammer** f. (ammer). Attache. ‖**-nadel** f. (nâdel). Aiguille à faufiler. ‖**-pflaster** n. (pflaster). Sparadrap, m. : *englisches Heftpflaster,* n., taffetas d'Angleterre, m.

hegen (**h**é*e*g^e^n). Entourer d'une haie. ‖*Fig. : hegen und pflegen,* entourer de soins. ‖[Hoffnung, Zweifel usw.] Nourrir.

Hehl n. et m. (**h**é*e*l). Dissimulation, f.

hehlen. Cacher, receler.

Hehl‖er, in m. ④, f. (^e^r, ìn). Receleur, euse. ‖**-erei** f. (*a*^è^). Recel, m.

hehr a. (**h**é*e*r). Auguste. ‖[erhaben] Sublime. ‖[majestätisch] Majestueux, euse.

hei! heida! interj. (**h***a*^è^dâ). Allons!, courage!

Heide, -n. -n m., **in** f. (**h***a*^è^de, ìn). Païen, ne : *Heidentum,* n., paganisme, m.; *heidnisch,* a., païen, ne. ‖f. 1. Lande. ‖2. et *Heidekraut,* n., bruyère, f.

Heidelbeere f. (**h***a*^è^d^e^lbé*e*r^e^). Airelle, myrtille.

heidnisch, heikelig. V. *Heide, häkelig.*

Heil‖ n. (**h***a*^è^l). Salut, m. : *Heil dir!* que Dieu te protège! : *im Jahre des Heils,* en l'an de grâce; *Heilsarmee,* f., armée du salut. ‖a. Sain, e et sauf, auve : *heil werden*,* [se] guérir. ‖**-and** m. (**h***a*^è^lànt, -d-). Sauveur. [Jésus-Christ]. ‖**-anstalt** f. (ànschtalt). Maison de santé.

heilbar a. Guérissable, curable.

Heilbarkeit f. (k*a*^è^t). Curabilité.

heilbringend a. (bring^e^nt, -d-). Salutaire.

Heilbrunnen m. ④ (*ou*n^e^n). Source minérale, f.

heilen tr. Guérir. ‖intr. [se] guérir. ‖[v. Wunden] Se cicatriser.

Heil‖er m. ④. Guérisseur. ‖**-gymnastik** f. (g*u*-t*i*k). Gymnastique médicale.

heilig‖ a. (**h***a*^è^lig). Saint, e; *heilig‖halten*,* sép., sanctifier; *-sprechen*,* sép., canoniser. ‖[geheiligt] Sacré, e. ‖adv. : *heilig versprechen*,* promettre* solennellement. ‖a. subst : *der, die, das Heilige,* le saint, la sainte, la chose sacrée; *Heiligen‖dienst,* m., culte des saints; *-schein,* m., auréole, f. ‖**-en.** Sanctifier.

Heilig‖haltung f. (**h***a*ltoung). Sanctification. ‖**-keit** f. (k*a*^è^te). Sainteté. ‖**-sprechung** f. (oung). Canonisation. ‖**-tum** n. (to*û*m). Sanctuaire, m. ‖[Heiliges] Chose sainte, f., objet sacré, m. ‖*Heiligtum‖schänder,* m., *-schändung,* f., sacrilège, m. ‖**-ung** f. (oung). Sanctification.

Heilkraft f. Vertu [propriété] curative.

heilkräftig a. (krêftig). Curatif, ive.

Heil‖kunde f. (kound^e^). Médecine. ‖**-kunst** f. (kounst). Art médical, m. ‖**-künstler** m. ④. Praticien.

heillos a. (lôss, -z-). Perdu, e, sans retour : *Heillosigkeit,* f. (**ich**k*a*^è^t), état désespéré, m.

Heil‖mittel n. ④. Remède, m. ‖[Arznei] Médicament, m. ‖*Heilmittellehre,* f., thérapeutique. ‖**-quelle** f. (kvèl^e^). Source minérale.

heilsam a. (z*â*m). Salutaire : *Heilsamkeit,* f., caractère [m.] salutaire, bienfaisant.

Heilsarmee, f. Armée du salut.

Heil‖trank m. (ànk). ① Potion, f. ‖**-ung** f. (oung). Guérison. ‖[v. Wunden] Cicatrisation. ‖**-verfahren** n. (f^e^rf*â*r^e^n). Traitement, m. ‖**-wissenschaft** f. Science médicale.

Heim n. (**h***a*^è^m). Domicile, m. ‖*Fig.* Foyer, m. ‖adv. et préf. *séparable :* chez soi, à la maison.

Heimat f. (*â*te). Pays natal, m., patrie; *heimat‖lich,* a., du pays natal; *-los,* a., sans patrie.

heimbringen* tr. Rapporter. [Person] Ramener.

Heimchen n. ④ (**ch**^e^n). Grillon [m.] domestique.

heimfahren* intr. Rentrer [en voiture, etc.].

Heim‖fahrt f. Retour, m., rentrée. ‖**-fall** m. Dévolution, f.

heim‖finden* [sich] (fìnd^e^n). Retrouver son chemin. ‖**-führen.** Reconduire*. ‖*Fig.* [Mädchen] Épouser.

Heimgang m. *Fig.* Trépas.

heim‖gehen* intr. Rentrer [*fig.* mourir]. ‖**-isch** a. Du pays, de chez soi : *sich heimisch fühlen,* se sentir* chez soi; *heimisch machen,* acclimater.

Heim‖kehr f. **-reise** f. Retour, m.

heim‖kommen intr. Revenir chez soi. ‖**-leuchten** tr. Eclairer jusque chez soi. *Fig.* Envoyer promener.

||**-lich** a. (**ich**). Secret, ète. ||[versteckt] Caché, e. ||[unerlaubt] Clandestin, e. ||[still] Tranquille, paisible. ||adv. En secret, secrètement : *sich heimlich entfernen,* se retirer [filer] à l'anglaise, *fam.*
Heim||lichkeit f. (*ka*è*t*). Secret, m. ||[Stille] Tranquillité. ||**-reise** f. Retour, m.
heim||sehnen [sich]. Aspirer au retour. ||**-suchen** (*zouch*en). Visiter, fréquenter. ||[v. Feinden, Raübern usw.] Infester. ||[v. Leiden] Éprouver, affliger.
Heimsuchung f. (oung). Visite, épreuve.
Heimtücke f. Perfidie.
heimtückisch a. Perfide.
heimwärts adv. (vêrtss). Vers la maison, vers la patrie.
Heim||weg m. Chemin du retour. ||**-weh** n. (vée). Mal du pays, m., nostalgie, f.
heimzahlen. Rendre la pareille.
Heinrich, -s m. (**ha**è**nrich**). Henri.
Heinzelmännchen n. ④. Lutin, m.
Heirat f. (**ha**è**râte**). Mariage, m.
heiraten tr. (en). Épouser. ||intr. Se marier. ||*Heirats*||... : ...de mariage Ex. : *Heirats||anzeige,* f., annonce [faire-part, m.]; *-urkunde,* f., acte, m.; *-vertrag,* m., contrat de mariage. ||...concernant le mariage. Ex. : *heiratsfähig,* a., nubile; *Heirats||gesuch,* n., demande en mariage, f.; *-kandidat,* m., prétendant.
heisa! interj. (**ha**è**zâ**). Çà! Courage!
heischen (**ha**è**sch**en). Exiger.
heiser a. (**ha**è**z**e**r**). Enroué, e. ||[nur v. der Stimme] Rauque : *sich heiser machen,* s'enrouer; *sich heiser schreien*,* s'égosiller.
Heiserkeit f. Enrouement, m.
heiß|| a. (**ha**è**s**). Très chaud, e, brûlant, e : *heiße Zone,* f., zone torride. ||*Fig.* [Liebe usw.] Ardent, e. [Tränen] Brûlant, e. ||adv. Ardemment. ||**-blütig** a. (blûtig). Ardent, e. ||*Fig.* [jähzornig] Bouillant, e, emporté, e.
Heiß||blütigkeit f. Tempérament ardent, emporté, m. ||**-dampf** m. (dàmpf). Vapeur surchauffée, f.
heißen* tr. (**ha**è**ss**en). [nennen] Appeler, nommer. ||[befehlen] Ordonner. ||intr. S'appeler, se nommer. ||[bedeuten] : *das heißt,* c'est-à-dire; *das heißt arbeiten,* voilà [ce] qui s'appelle travailler; *hier heißt es aufpassen,* c'est ici qu'il s'agit de faire* attention.
Heißhunger m. Faim dévorante, f., fringale, f.
heißhungrig a. (ig). Affamé, e.
Heißsporn m. Tête [f.] chaude.
heiter a. (**hâ**è**t**e**r**). Serein, e : [Wetter] *heiter werden*,* s'éclaircir; [v. der Stirn] se rasséréner, se dérider. ||*Fig.* [fröhlich] Gai, e. ||[lustig] Enjoué, e.
Heiterkeit f. Sérénité. ||*Fig.* Gaieté, enjouement, m. ||[Gelächter] Hilarité.
Heizapparat m. (**ha**è**ts-aparât**). Appareil de chauffage.
heiz||bar a. Qui peut* être* chauffé, e. ||**-en.** Chauffer.
Heiz||er m. ④. Chauffeur. ||**-körper** m. Radiateur. ||**-material** n. (*iàl*). Combustible, m. ||**-raum** m. (raome). Foyer. ||**-ung** f. Chauffage, m.
Hekt||ar n. ① (*tar*). Hectare, m. : *3 Hektar.* ||**-o...** : *Hekto||gramm,* n., *-liter,* n., *-meter,* n., *-watt,* n. (vat), hectogramme, m., -litre, m., -mètre, m., -watt, m.
Held, -en, -en m., **in** f. (**hèld, ìn**). Héros, roïne. ||*Helden...* (**hèld**e**n**)... de héros, héroïque. Héros, roïne. ||*Helden||gestalt,* f., figure héroïque; *-tat,* f., action héroïque [exploit, m.]; *-dichter,* m., poète épique; *helden||haft, -mäßig, -mütig,* a., héroïque; *Helden||mut,* m., *-tum,* n., héroïsme, m.
helfen* intr. (**hèlf**e**n**). Aider. ||Servir : *es hilft nichts,* cela ne sert à rien. ||[in der Not] Secourir*. ||[unterstützen] Assister : *Gott helf!* Dieu vous assiste! ||**[sich].** S'aider, se tirer d'affaire. PROV. *hilf dir selbst, so wird dir Gott helfen,* aide-toi, le Ciel t'aidera.
Helfer, in m. ④, f. (er, ìn). Aide, m. et f. : *Helfershelfer,* m. ④, complice.
Heliotrop n. ① (*ôp*). Héliotrope, m.
hell|| a. (**hèl.**). [Farbe, Licht] Clair, e; *es wird hell,* il commence à faire* jour; *heller Tag,* grand jour; *am hellen Tag,* en plein jour; *hellblau, -rot* usw., a., bleu, rouge, etc., clair (unveränd.). ||*Fig.* [Geist, Augenblicke] Lucide. ||[Schall,

Stimme] Clair, e, sonore. ‖adv. Clair : *hell sehen**, voir* clair. ‖Clairement : *hell brennen**, brûler d'une flamme vive; *hell glänzen*, briller d'un vif éclat; *hell tönen*, retentir. ‖**-dunkel** a. (doùnkel). Clair-obscur, e. ‖n. Clair-obscur, m., pénombre, f.

Helle f. Clarté.

Hellebard‖e f. (*arde*). Hallebarde. ‖**-ier** m. ① (*îr*). Hallebardier.

Hellene, -n, -n m. (**hèléene**). Hellène.

hellenisch a. Hellénique.

Heller m. ④ (**hèler**). Denier, liard.

hellsehend a. (**zéé'ent**, -d-). Clairvoyant, e.

Hellseher, in m. ④, f. Voyant, e.

Helm‖ m. ① (**hèlm**). Casque. ‖**-busch** m. Panache. ‖**-feder** f. Plumet, m. ‖ **-gitter** n. (**gitter**). Visière, f. ‖**-schmuck** m. Cimier.

Helote, -n, -n m. (*ôte*). Ilote.

Helvet‖ien n. (**hèlvètsien**). [L']Helvétie, f. ‖**-ier** m. ④ (**tsier**). Helvétien.

helvetisch a. Helvétique.

Hemd‖, -en n. (**hèmt**, -d-). Chemise, f. : *Hemdenfabrikant*, m., chemisier. ‖dim. *Hemdchen*, n. ④ (**chen**). Chemisette, f. ‖**-ärmel** m. (*êrmel*). Manche de chemise, f.

Hemisphäre f. (**hé-fêre**). Hémisphère, m.

Hemme f. (**hème**). Frein, m.

hemm‖en. Arrêter. ‖[zurückhalten] Retenir*. ‖[Rad] Enrayer. ‖[hindern] Empêcher. ‖[Bewegung] Contenir*, réprimer. ‖[Psych.] Inhiber. ‖**-end** p. a. Répressif, ive.

Hemm‖nis n. Empêchement, m., obstacle, m. ‖*Fig.* Entrave, f. ‖**-schuh** m. (schoû). Sabot [de roue]. ‖*Fig.* [Hindernis] Obstacle, m. ‖**-ung** f. Arrêt, m. ‖[Hindernis] Obstacle, m. ‖[in der Uhr] Échappement, m.

hemmungslos a. Effréné, e.

Hengst m. (**hèngst**). Cheval entier, étalon.

Henkel m. ④ (**hènkel**). Anse, f. : *Henkelkorb*, m., panier à anse.

Henker m. Bourreau, x. ‖*Fig.* Diable : *geh' zum Henker!*, va-t'en au diable! LOC. *ich frage den Henker danach*, je m'en moque.

Henne f. (**hène**). Poule : *junge Henne*, poulette.

Hennegau m. (gao). Hainaut.

her (**hèr**). Adverbe et préfixe *séparable*, exprime le *rapprochement* vers la personne qui parle.

I. adv. [örtlich]. Ici, de ce côté [-ci] : *kommen Sie her!*, venez ici! ; *die Hand her!*, donnez la main! ; *von da her*, de là, par là; *von außen her*, du dehors; *von hinten her*, par derrière; *von oben her*, d'en haut; *hin und her*, çà et là. ‖[zeitlich] *es ist schon lange her*, il y a déjà longtemps.

II. préfixe *séparable accentué* [même sens que l'adverbe], forme des verbes et des noms dans lesquels ce sens se combine avec celui du verbe simple. Ex. : 1° Idée de *rapprochement : herbringen**, apporter, amener. ‖2° Idée de *provenance, d'origine*. Ex. : *herkommen**, provenir*. ‖3° Idée d'*énumérer*, de *débiter*. Ex. : *hernennen**, énumérer.

herab (**hèrap**). Adverbe et préfixe *séparable*.

I. adv. En bas, vers le bas : *von oben herab*, d'en haut, de haut en bas; *den Fluß herab*, en aval.

II. préfixe *séparable accentué*, forme des verbes :

1° INTRANSITIFS, ayant le sens de *venir d'en haut, aller en bas, descendre*, combiné avec celui du verbe simple. Ex. : *herab‖fahren**, descendre [en voiture, etc.]; *-fallen**, tomber d'en haut; *-fließen**, couler vers le bas.

2° TRANSITIFS, ayant le sens de *faire descendre, abaisser*, combiné avec celui du verbe simple. Ex. : *herab‖-bringen**, descendre; *-führen*, mener en bas.

herab‖blicken [auf, *acc.*]. Abaisser ses regards [sur]. ‖**-bringen*** (*ingen*). Descendre. ‖**-eilen.** Se hâter de descendre. ‖**-fahren*.** Descendre [en voiture, etc.]. ‖**-fallen*.** Tomber d'en haut. ‖**-fließen*.** Couler vers le bas. ‖**-führen.** Mener en bas. ‖**-gehen*.** Descendre. ‖**-gießen*.** Verser [du haut de]. ‖**-gleiten*.** Glisser en bas. ‖**-hangen*.** Pendre [du haut de]. ‖**-helfen*.** Aider à descendre. ‖**-holen.** Faire* descendre. ‖**-kommen*.** Descendre.

‖**-kriechen.** Descendre en rampant. ‖**-lassen*** (lass^e^n). Laisser *ou* faire* descendre. ‖[Vorhang, Preise] Baisser. ‖[**sich**] [zu einem]. Se mettre* à la portée [de qn]. ‖*fig.* Condescendre. ‖**-lassend** (s^e^nt, -d-). Condescendant, e.

Herablassung f. Condescendance.

herab‖laufen*. Descendre en courant. ‖**-locken.** Attirer en bas. ‖**-nehmen*.** Descendre, enlever. ‖**-reißen*.** Arracher [du haut de]. ‖**-rollen.** Rouler du haut en bas. ‖**-rufen*.** Crier du haut de. ‖**-schaffen.** Transporter en bas. ‖**-schicken.** Envoyer en bas. ‖**-schrauben.** Baisser [ses prétentions]. ‖**-schwimmen*.** Descendre à la nage. ‖**-sehen*.** Regarder d'en haut [du haut de]. *Fig.* Regarder avec dédain. ‖**-senden*.** Envoyer en bas. ‖**-setzen.** Abaisser. *Fig.* Rabaisser, déprécier. ‖**-setzend** p. a. Dédaigneux, euse.

Herabsetzung f. (oung). Abaissement, m. ‖[v. Preisen] Diminution, rabais, m. ‖*Fig.* Dépréciation.

herab‖springen* (*ing*^e^n). Sauter en bas. ‖**-steigen*.** Descendre. ‖**-stimmen.** Abaisser le ton [d'un instrument]. ‖**-stürzen, tragen*, -werfen*.** Précipiter, porter, jeter en bas. ‖**-würdigen** (ig^e^n). Déprécier.

Herabwürdigung f. Dépréciation.

herabziehen* int. Descendre. ‖tr. Abaisser.

heran (**hèrâne**). Adverbe et préfixe *séparable,* exprime l'idée d'*approcher,* de *s'approcher.*

I. adv. : *nur heran!,* approchez toujours! ‖II. préf. *séparable accentué* [mêmes sens que l'adverbe].

heran‖bilden. Former, élever. ‖**-bringen*.** Apporter. ‖**-dringen*.** Approcher. ‖**-eilen.** Accourir*. ‖**-gehen*, kommen*, -nahen, -rücken.** [S']approcher. Approcher. ‖**-schleichen*.** [S']approcher tout doucement. ‖**-schreiten*.** [S']approcher à pas comptés. ‖**-treten*.** [S']approcher. ‖**-wachsen*.** Grandir, croître*. ‖**-ziehen*,** tr. Attirer. *Fig.* élever. ‖intr. [S']approcher. ‖Enrôler.

herauf (**hèra**^o^f). Adverbe et préfixe *séparable,* exprime l'idée de *monter* ou de *faire monter.*

I. adv. En haut, vers le haut : *nur herauf!* montez toujours! ; *hier herauf!, da herauf!,* montez par ici [par là]; *von unten herauf,* de bas en haut. ‖II. préf. *séparable accentué* [mêmes sens que l'adverbe], forme des verbes dans lesquels ce sens se combine avec celui du verbe simple. Ex. : *herauf‖arbeiten* [*sich*], s'élever par ses propres efforts; *-bringen*,* monter [qc.], amener [qn] ; *-eilen,* monter à la hâte : *-gehen*,* monter; *-helfen*,* aider à monter; *-können*,* pouvoir* monter; *-laufen*,* monter en courant; *-sehen*,* regarder en haut; *-steigen*,* monter; *-tragen*,* monter, apporter; *-ziehen*,* tr., tirer en haut; intr., monter.

heraus (**hèra**^o^s). Adverbe et préfixe *séparable.*

I. adv. Dehors, en dehors [en se rapprochant] : *heraus!,* sortez! ; *hier, da heraus,* par ici, par là [pour sortir] ; *von innen heraus,* de dedans; *heraus damit!,* expliquez-vous!

II. préf. *séparable,* forme des verbes ayant le sens de *sortir, faire sortir en se rapprochant,* combiné avec celui du verbe simple : *heraus‖arbeiten* [*sich*]. Se tirer d'embarras; *-bekommen*,* Obtenir*. ‖[Geheimnis] Découvrir*. ‖[Rätsel usw.] Deviner, résoudre; *-brechen*,* sortir* brusquement; ‖*-bringen** (**ìng**^e^n). Faire* sortir*. ‖[Rätsel] Deviner. ‖[Geheimnis] Découvrir*. ‖[Wortsinn] Arriver à comprendre. ‖*-dringen*,* sortir* impétueusement; *-durfen*,* avoir* la permission de sortir*; *-eilen,* sortir* à la hâte; *-finden* [*sich*], trouver la sortie, se reconnaître* ; *-fordern,* provoquer.

Heraus‖forderung f. Provocation. ‖**-gabe** f. (gâb^e^). Restitution. ‖[Schrift] Publication.

herausgeben* (*gée*b^e^n). Publier. ‖[Geld] Rendre [monnaie].

Herausgeber m. ④. Éditeur. ‖[v. Zeitungen] Gérant.

heraus‖gehen*. Sortir*. ‖**-graben*.** Déterrer. ‖**-haben*.** Avoir fait sortir. ‖*Fig.* Avoir trouvé : *ich hab's heraus,* j'y suis. ‖**-helfen*,** Aider à sortir, tirer d'embarras. ‖**-kommen*.** Sortir* [de]. ‖[v. Büchern] Paraître. ‖**-können*.** Pouvoir* sortir. ‖**-lassen*.** Laisser sortir. ‖**-lesen*.** Trier.

||*Fig.* Deviner en lisant. ||**-nehmen***. Retirer, enlever. *Fig. sich die Freiheit herausnehmen.* Prendre la liberté, se permettre*. ||**-pressen.** Exprimer. [Geld] Extorquer. ||**-reden.** Exprimer ||**-reißen.** Arracher, extirper. ||**-rücken** intr. [*sein*] Sortir* [du rang], avancer. ||*Fig.* [mit etwas] Montrer : *mit der Sprache herausrücken,* s'expliquer. ||**-rufen***. Appeler dehors. [Schauspieler] Rappeler. ||**-sagen.** Avouer. ||**-schaffen.** Transporter au dehors, enlever. ||**-schlagen*** (*âg*ᵉn). tr. Faire* sortir [en frappant]. ||[Zähne] Casser. ||*Fig.* [Gewinn] Retirer. ||intr. [Flammen] Jaillir. ||**-schmeißen,** *fam.* Jeter à la porte. ||**-schneiden***. Enlever en coupant, retrancher.

heraus||springen*. S'élancer dehors, jaillir. ||**-stecken.** Arborer. ||**-stehlen***. Enlever furtivement. ||*Fam.* Escamoter : *sich* —, *fig.* s'esquiver, s'éclipser. ||**-steigen***. Descendre, sortir*. ||**-stellen.** Mettre* dehors, en évidence. ||[*sich*] Se montrer, apparaître, se trouver être. ||**-strecken.** Allonger. [Zunge] Tirer. ||**-streichen*** Vanter, mettre en relief. ||**-strömen.** S'écouler à flots. ||**-suchen.** Choisir. ||**-treiben***. Chasser, expulser. ||**-treten***. Sortir*. ||**-werfen***. Jeter dehors. ||**-wickeln.** Développer. ||[**sich**] Se tirer d'embarras. ||**-wollen***. Vouloir* sortir*. ||**-zahlen.** Payer en retour, rendre. ||**-ziehen*** (tsîᵉn). tr. Tirer dehors. ||*Fig.* Tirer d'embarras. ||[Zähne] Arracher. ||[Saft] Extraire*. ||intr. [*sein*] Sortir* [en troupe]. ||[aus e. Wohnung] Déménager.

herb a. (**h**èrp., -b-) : [v. Wein] Âpre. ||*Fig.* Amer, ère. ||[Worte] Dur, e.

Herbe f. (**h**erbᵉ). Âcreté.

herbei (**h**èrb*a*è). Adverbe et préfixe *séparable,* exprime l'idée d'*approcher,* de *se rapprocher.*

I. adv. Ici, de ce côté-ci : *herbei!* venez ici! approchez! ||II. préf. *séparable accentué* [même sens que l'adverbe].

herbei||bringen*. Apporter [qc.], amener [qn]. ||**-eilen.** Accourir*. ||**-fliegen***. Arriver en volant. ||*Fig.* Accourir*. ||**-führen.** Amener. ||*Fig.* Provoquer*. ||**-holen.** Amener. ||**-laufen***. Accourir*. ||**-locken.** Attirer. ||**-mühen** tr. Faire* venir, déranger. ||**-schaffen.** Faire* venir, procurer. ||**-winken.** Faire* signe de venir*. ||**-ziehen***. Attirer; [s']approcher.

Herberge f. (**h**èrbèrgᵉ). Asile, m. ||[Nachtlager] Gîte, m. ||[Gasthaus] Auberge.

herbergen tr. Loger.

her||bestellen tr. Donner rendez-vous à. ||**-beten** tr. Réciter machinalement.

Herbheit f. (**h***a*èt). Âpreté, dureté.

her||bitten tr. Prier de venir. ||**-bringen*** tr. Apporter, amener.

Herbst m. (**h**èrpst). Automne.

herbstlich a. D'automne.

Herbst||ling m. (lìng). Fruit d'automne. ||**-monat** m. Septembre.

Herd m. (**h**èrt, -d-). Foyer.

Herde f. Troupeau, x, m.

herdurch adv. Par ici.

herein (**h**ér*a*èn). Adverbe et préfixe *séparable,* exprime l'idée d'*entrer* ou de *faire entrer* en se rapprochant de celui qui parle.

I. adv. En dedans : *herein!* entrez! ; *nur herein!* entrez donc! ; *zum Fenster herein,* par la fenêtre.

II. préf. *séparable* [même sens que l'adverbe], forme des verbes dans lesquels ce sens est combiné avec celui du verbe simple. [V. les composés de *ein*²].

herein||bemühen [sich]. Se donner la peine d'entrer. ||**-bitten***. Prier d'entrer. ||**-brechen***. Faire* irruption. ||[von der Nacht] Tomber. ||**-bringen***. Amener. ||**-dürfen***. Avoir* la permission d'entrer. ||**-fallen***. Tomber dans. ||**-führen.** Amener, introduire*. ||**-gehen***. Entrer. ||**-holen.** Faire* entrer. ||**-kommen***. Entrer. ||**-legen.** Mettre dans, mettre qn dedans; *fam.* rouler. ||**-locken.** Engager à entrer. || **-nehmen***. Faire* entrer. ||**-rücken.** Pousser à l'intérieur. ||**-schaffen.** Faire* entrer dans. ||**-schleichen***. Se glisser. ||**-springen***. Entrer en sautant. ||**-stellen.** Mettre* dedans. ||**-tragen***. Porter dedans. ||**-treten***. Entrer. ||**-werfen***. Jeter dedans. ||**-wollen***. Vouloir* entrer. ||**-ziehen***. Entraîner dans.

herfallen* [über, *acc.*]. Tomber [fondre] sur; *fig.* accabler de reproches, etc.
Hergang m. Approche, f., venue, f.; marche, f. [d'une affaire, etc.].
hergeben* tr. Donner, fournir, livrer. ||*Fig. sich* — [*zu*], se prêter à.
her||gebracht pp. de *herbringen**. ||p. a. Traditionnel, le, coutumier, ière. ||**-gehen*** intr. (gé^e^n). Marcher [près de]. ||[v. Dingen] : *langsam hergehen,* traîner. ||**-halten*** tr. (**h**alt^e^n), Tendre, présenter. ||intr. Tendre la joue. ||*Fig.* Tout endurer. ||[Beutel] Y aller de sa bourse.
Hering m. (**h***é*erìng). Hareng : *geräucherter Hering,* hareng saur. ||*Herings||tonne,* f., caque; *-weib,* n., harengère, f.
her||kommen* intr. (komm^e^n). Venir* ici, approcher : *wo kommt er her?* d'où vient-il? ||[herrühren] Provenir*. ||[zeitlich] Remonter à. ||n. Venue, f. ||[Gebrauch] Usage, m. ||[Sitte] Coutume, f. ||[Überlieferung] Tradition, f. ||**-kömmlich** a. (kœmli**ch**). Coutumier, ère, traditionnel, le.
Herkules, m. (**h**èr). Hercule.
herkulisch a. (koû-). Herculéen, ne.
Herkunft f. (kounft). Arrivée. ||[Abstammung] Origine. ||[Familie] Extraction, naissance.
her||laufen intr. Accourir*. ||**-leiern** tr. Psalmodier. ||**-leiten** tr. [folgern] Déduire*.
Hermelin m. et n. (lîne). Hermine, f.
hermetisch a. (mée-). Hermétique.
hernach adv. (**h**èrna**ch**). Après cela, ensuite.
her||nehmen* tr. Tirer de. ||**-nennen** tr. Énumérer.
Herold m. ① (**h**é-). Héraut.
Her||os, -oen m. (**h***é*eros, ô^e^n). Héros.
heroisch a. (rô-). Héroïque.
Heroismus m. (*i*s-). Héroïsme.
herplappern tr. Réciter machinalement.
Herr|| -n, -en m. (**h**èr). Seigneur : *gnädigster Herr,* Sire! ; *gestrenger Herr!,* monseigneur! ||[Gebieter, in] Maître, esse. *Fig. Herr werden** [über, *acc.*], devenir maître [de], maîtriser. ||*herrenlos,* a., sans maître. ||[Hund] Abandonné, e. ||[als Titel] Monsieur : *der Herr Baron,* monsieur le baron; *Herr X,* monsieur X: *Ihr Herr Vater,* monsieur votre père. ||[in d. Anrede] *Herr Baron!,* monsieur le baron; *mein Herr,* monsieur; *meine Herren,* messieurs. ||*Mil. Herr Oberst!* mon colonel. ||[höflich für *Mann*] Monsieur. ||**-chen** n. ④. Petit-maître, m.
Herreise f. Voyage [m.] de retour; *auf meiner Herreise,* en revenant [ici].
Herren... : 1. ... d'homme, pour hommes. Ex. : *Herren||bad,* n., bain [m.] pour hommes. ||*-kleid,* n., vêtement [m.] d'homme; ||2. De[s] seigneurs[s], seigneurial, e. Ex. : *Herren||gunst,* f., faveur des grands; *-haus, n.,* maison seigneuriale, f.; Chambre haute, f. [des Lords]; *-hof,* m., *-sitz,* m., propriété [f.], résidence [f.] seigneuriale.
Herrgott m. Dieu.
herrichten (ri**ch**t^e^n). Apprêter, préparer.
Herrin f. Maîtresse.
herr||isch a. Impérieux, se, hautain, e. ||adv. En maître, impérieusement ||**-lich** a. (li**ch**). Magnifique, splendide. ||[köstlich] Délicieux, euse, exquis, e.
Herr||lichkeit f. Magnificence, splendeur. ||**-schaft** f. Domination. ||[Macht] Pouvoir, m. : *die Herrschaft führen* [über, *acc.*], exercer le pouvoir [sur]. ||[im Hause] Maître ou maîtresse [de la maison]. ||[Gesellschaft] : *meine Herrschaften!,* mesdames et messieurs; *die hohen Herrschaften!,* ces messieurs et ces dames.
herrschaftlich a. Seigneurial, e. || ||[Wagen] de maître.
herrsch||en intr. (**h**èrsch^e^n). [über, *acc.*] Régner [sur]. ||**-end** p. a. Régnant, e, dominant, e.
Herrsch||er, in m. ④, f. Souverain, e : *Herrscher||haus,* n., dynastie, f.; *-stab,* m., sceptre. ||**-sucht** f. (zou**ch**t). Esprit de domination, m.
herrschsüchtig a. (**zuch**tig). Dominateur, trice. ||[gebieterisch] Impérieux, euse.
her||rücken. Approcher. ||**-rufen** Appeler.

her‖rühren intr. Provenir*. ‖**-sagen** tr. Réciter. ‖**-schreiben*** [**sich**] [von]. Dater, intr. [de]. ‖**-stammeln** tr. Réciter en balbutiant. ‖**-stammen** [von...]. Descendre [de]. ‖[herkommen] Provenir* [de] : *Herstammung,* f., origine. ‖**-stellen.** Établir, fabriquer. ‖[Weg] Pratiquer.

Her‖steller m. Producteur. ‖**-stellung** f. Production, fabrication : *Herstellungs‖kosten,* pl., frais d'établissement ou de fabrication; *-preis,* m., prix de revient.

her‖stottern intr. Bredouiller. ‖**-strömen** int. Affluer. ‖**-treiben*** tr. Pousser devant soi. ‖**-treten*** [*sein*] intr. S'approcher, avancer.

herüber (hèrub^e^r). Adv. et préf. *sép.* Par ici. Ex. : *herüberbringen*,* apporter par ici; *-kommen*,* venir par ici.

herum (hèroum). Adverbe et préfixe *séparable.*

I. adv. Tout autour : *um die Stadt herum,* tout autour de la ville; *rings herum,* tout à l'entour; *in der Gegend herum,* aux alentours. ‖Çà et là : *hier und dort herum,* ça et là, de côté et d'autre. ‖II. préf. *séparable,* forme des verbes ayant le sens de : *être* ou *mettre autour, tourner, faire tourner, aller çà et là* ou *de côté et d'autre, faire le tour* [*de*], combiné avec le sens du verbe simple.

herum‖balgen [**sich**]. Se colleter. ‖**-drehen.** Tourner [robinet, etc.]. ‖[**sich**]. Se tourner, tournoyer, pivoter. [im Kreise] Pirouetter. ‖**-fahren*.** Faire* le tour [en voiture, etc.]. ‖**-geben*.** Distribuer. ‖**-gehen*.** Se promener, faire* un tour, circuler. ‖**-liegend.** Environnant, e. ‖**-reichen.** Faire* circuler. ‖**-reisen** [um die Erde]. Faire* le tour [du monde]. ‖**-schweifen.** Rôder. ‖**-stöbern.** Fureter. ‖**-streichen*, streifen.** Rôder, vagabonder.

Herumstreicher m. ④. Vagabond.

herum‖tappen, -tasten. Tâtonner. ‖n. spl. Tâtonnement, m. ‖**-tragen*.** Colporter. *Fig.* [Gedanken usw.] Rouler dans sa tête. ‖**-trödeln.** Lambiner. *Fam.* Lanterner. ‖**-tummeln.** Faire* tourner en tous sens. ‖[Pferd] Faire* caracoler. ‖**-ziehen*** intr. [*sein*]. Errer, vagabonder.

herunter (hérount^e^r). Adverbe et préfixe *séparable.* V. *herab.*

I. adv. *da, hier herunter!,* par là! par ici! [pour descendre] : *herunter mit dem Schwätzer!,* à bas le parleur! ; *den Hut herunter!,* chapeau bas! II. préf. *séparable* [même sens].

herunter‖bringen*. *Fig.* [zugrunde richten] Ruiner. [schwächen] Affaiblir, abattre. ‖**-gekommen** p. p. Ruiné, e, déchu, e. ‖**-klappen.** Rabattre. ‖**-machen.** Enlever. [Kragen] Rabattre. ‖*Fig.* Gronder, chapitrer [Herabsetzen] Rabaisser, dénigrer. ‖**-reißen*.** Arracher. ‖*Fig.* Déchirer à belles dents. ‖**-schlagen*.** Rabattre.

hervor (herfôr). Préf. *séparable.* En avant, en saillie. ‖[heraus] En dehors. ‖Forme des verbes séparables ayant le sens de : *être** ou *mettre* en avant, en saillie, en dehors, émerger, jaillir,* combiné avec le sens du verbe simple.

hervor‖blicken. Se faire* jour, apparaître*. ‖**-brechen*.** Sortir* tout à coup; [aus e. Orte] déboucher; [Wasser] jaillir. ‖**-bringen*.** (brìng^e^n). Produire*.

Hervorbringung f. (oung). Production.

hervor‖drängen. Pousser en avant. ‖**-dringen*.** Sortir* avec effort, percer. ‖**-gehen*.** Sortir*. *Fig.* [aus...] Ressortir, résulter [de]. ‖**-heben*.** Faire* ressortir*. ‖**-kommen*.** Sortir*, naître*. ‖**-locken.** Attirer. ‖**-ragen.** Faire* saillie, émerger. ‖[über, *acc.*] Dépasser. ‖**-ragend.** Saillant, e. *Fig.* Supérieur, e, éminent, e. ‖**-rufen*** (roûf^e^n). Faire* sortir*, faire* naître*. ‖*Fig.* Provoquer. ‖[verursachen] Causer. ‖[erregen] Susciter. ‖[Theater] Rappeler. ‖**-springen*.** Faire* saillie, émerger. ‖**-stechen*.** Faire* saillie en pointe. *Fig.* Ressortir*, se distinguer. ‖**-stürzen.** Sortir* brusquement. ‖**-treten*** (tréet^e^n). Sortir* des rangs, s'avancer. ‖*Fig.* Se détacher, ressortir*. ‖**-tun*** [**sich**] (toûn). Se mettre* en avant. ‖*Fig.* Se distinguer. ‖**-wagen [sich].** Oser sortir.

herwärts adv. (**h**èrv*ê*rts). Par ici, de ce côté-ci.

Herweg m. (v*é*eg). Chemin pour venir*. ||[Rückweg] Retour : *auf dem Herwege,* en venant ici.

Herz, -en, -en n. (**h**èrts). Cœur, m. ||LOC. *sein Herz ausschütten,* décharger son cœur; [*einem...*], s'ouvrir* [à qn.]; *ans Herz legen,* recommander chaudement; *das Herz ist mir schwer,* j'ai le cœur gros; *es nicht übers Herz bringen* können,* ne pouvoir se résoudre à...; *ich will es vom Herzen haben*,* je veux en avoir le cœur net; *sich ein Herz fassen,* prendre* courage; *von Herzen gern,* de bon cœur.

herzählen tr. Énumérer. ||Raconter en détail.

Herz||beklemmung f. (èmoung). Serrement de cœur, m. ||**-beutel** m. Péricarde.

herzbrechend a. (è**ch**ᵉnt, -d-). Navrant, e.

Herz||drücken n. spl. (kᵉn). Serrement [m.] de cœur. ||**-eleid** n. spl. Crève-cœur, m., affliction, f.

herzen. Caresser tendrement, chérir.

Herzensfreund m. Ami intime.

herzensgut a. (go*û*t). Foncièrement bon, ne.

Herzens||güte f. (g*û*tᵉ). Bonté de cœur. ||**-junge** m. (youngᵉ), **-kind** n. Enfant chéri, e, m., f. ||**-kummer** m. (k*ou*mᵉr). Peine de cœur, f. ||**-lust** f. (loust). Joie profonde : *nach Herzenslust,* à cœur joie.

herzergreifend a. (ergr*a*ᵉfᵉnt, -d-). Impressionnant, e, poignant, e. ||[v. Traurigem] Navrant, e.

Herz||fell n. Péricarde, m. ||**-grube** f. (gro*û*bᵉ). Creux de l'estomac, m.

herz||haft a. (**h**aft). Courageux, euse, hardi, e. ||adv. Courageusement, hardiment : *Herzhaftigkeit,* f., courage, m., hardiesse. ||**-ig** a. (**h**èrt-sig), *fam.* Chéri, e.

Herz||kirsche f. Bigarreau, x, m. ||**-klopfen** n. Battement[s], m. [de cœur], palpitations, f. pl.

herz||lich. Cordial, e. ||[aufrichtig] Sincère. ||adv. Cordialement, sincèrement : *das tut mir herzlich leid,* j'en suis désolé; *Herzlichkeit,* f., cordialité. ||**-lieb** a. (l*î*p, -b-). Bien-aimé, e. ||*Fam.* Mignon, onne. ||**-los** a. (lôss). Sans cœur : *Herzlosigkeit,* f., insensibilité.

Herzog, ¨**e** et **-e** m. (**h**èrts*ô*g). Duc.

herzoglich a. Ducal, e.

Herzogtum n. ② (to*û*m). Duché, m.

Herzschlag m. (schl*â*g). Battement de cœur.

herzstärkend a. (scht*ê*rkᵉnt, -d-). *Fig.* Réconfortant, e : *herzstärkendes Mittel,* n., cordial, m.

herzu adv. (**h**èrts*oû*). Par ici, de ce côté. ||préf. sép. = *herbei.*

Herzweh n. (v*é*e). Douleur au cœur, f. ||*Fig.* Peine de cœur, f.

herzzerreißend a. (tserr*a*ᵉsᵉnt, -d-). Navrant, e.

Hess||e, -n, in m., f. Hessois, e. ||**-en** n. [La] Hesse, f.

hessisch a. Hessois, e.

Hetäre f. (èrᵉ). Hétaïre.

Hetze f. (**h**ètsᵉ). Chasse à courre. ||*Fig.* [Verfolgung] Persécution.

hetzen. Chasser : *zu Tode hetzen,* mettre* aux abois. ||[verfolgen] Persécuter.

Hetzer m. ④. Piqueur.

hetzerisch a. Provocateur, trice, provocant, e.

Hetz||hund m. (**h**ount, -d-). Chien courant. ||**-jagd,** = *Hetze.*

Heu n. spl. (**h**œü). Foin[s], m. : *Heu machen,* faire* les foins. ||LOC. *Geld wie Heu haben*,* avoir* du foin dans ses bottes.

Heuchelei f. (**h**œü**ch**ᵉl*a*ᵉ). Hypocrisie.

heucheln intr. Faire* l'hypocrite. ||tr. Feindre*.

Heuchler, in m. ④, f. Hypocrite.

heuchlerisch a. Hypocrite.

heuen intr. Faner. ||n. et **Heu||ernte** f., **-machen** n. Fenaison, f.

heuer adv. (**h**œüᵉr). Cette année : *heurig,* a., de cette année.

heulen intr. (**h**œülᵉn). Hurler. ||n. spl. Hurlement[s], m.

Heu||macher, in m. ④, f. (**ch**ᵉr, ìn). Faneur, euse. ||**-monat** m. (m*ô*nate). Juillet. ||**-schrecke** f. Sauterelle. ||**-wendemaschine** f. Faneuse. ||**-zeit** f. (tsaète). Fenaison.

heurig a. De cette année.

heut||e adv. (**h**œütᵉ). Aujourd'hui : *heute noch,* aujourd'hui même; *gleich heute,* dès aujourd'hui; *heute früh, heute morgen,* ce matin; *heute abend,* ce soir; *heute über acht*

Tage, dans huit jours. ||**-ig** a. (ig). D'aujourd'hui, de ce jour : *der heutige Tag,* ce jour. ||[jetzt] Actuel, elle, moderne. ||**-zutage** adv. (tsoutâge). Aujourd'hui.

Hex||e f. (hèkse). Sorcière. ||*Hexen...* : ...de sorcier, ière, magique. Ex. : *Hexen||kunst,* f., sorcellerie; *-meister,* m., sorcier, magicien; *-schuß,* m., lumbago. ||**-erei** f. Sorcellerie, magie.

Hiatus m. (hiâtous). Hiatus.

hie|| (hî), **-bei,** etc., = *hier, -bei.*

hieb (hîp, -b-) imp. de *hauen**. ||m. Coup; *auf einen Hieb,* d'un coup. ||[mit e. Axt] Entaille, f. ||[Säbel-] Coup de sabre. ||[als Narbe] Balafre, f.

Hiebwunde f. (voûnde). Coup de sabre, m., balafre.

hielt, hielte. V. *halten**.

hienieden adv. (îden). Ici-bas.

hier|| adv. (hîr...). Ici. ||[beim Aufruf d. Namen] Présent! ||[auf Briefen] En ville. || LOC. *hier ist, hier sind,* voici ; *hier bin ich,* me voici; *dieser Mann hier,* l'homme que voici, cet homme-ci; *hier kommt er,* le voici qui vient; *hie[r] und da,* çà et là. ||**-an** adv., = *daran.* A ceci, à cela, y, en : *hieran schließt sich...,* à ceci se rattache... ||**-auf** adv. (aof). [örtlich] Sur cela, là-dessus. ||[zeitlich] Là-dessus, après cela. ||V. *darauf.* ||**-aus** adv. (aos). D'ici, de là. ||V. *daraus.* ||**-bei** adv. (baè). Ici près. ||[dabei] A ce sujet, à ce propos. ||[beigefügt] Ci-joint, ci-contre. ||**-durch** adv. (dourch). Par ici. ||[dadurch] Par là. ||**-für** adv. (fur). Pour ceci. ||[dafür] Pour cela. ||**-gegen,** = *dagegen.* ||**-her** adv. (hèr). Ici, de ce côté : [zeitlich] *bis hierher,* jusqu'ici. ||**-in,** = *darin.* ||**-mit** adv. (mitt). Avec ceci, par ceci. ||[in Briefen] Par la présente. ||**-nach** adv. (nach). Après cela, d'après cela. ||**-nächst, -neben** (nêchst, néeben), adv. Tout près d'ici.

Hieronymus npr. m. Jérôme.

hierorts adv.. Ici, céans. ||[auf Briefen] En ville.

Hiersein n. (zaèn). Présence, f. [en ce lieu] : *während meines Hierseins,* pendant mon séjour ici.

hier||selbst adv. Ici, en ville. ||**-über** adv. (über). Là-dessus, à ce sujet. ||**-unten, -unter** adv. Ci-dessous. ||**-von** adv. (fône). De ceci, de cela, en. ||**-zu** adv. (tsoû). A ceci, à cela, y. ||**-zulande** adv. Dans ce pays, ici.

hiesig a. (hîzig). D'ici, de ce lieu.

hieß, hieße. V. *heißen**.

Hifthorn n. ②. Cor de chasse, m.

hilf, hilfst, hilft. V. *helfen**.

Hilfe f. (hilfe). Aide, secours, m. ||[Beistand] Assistance : *um Hilfe rufen**, appeler au secours. ||*Hilfeleistung,* f., secours, m., assistance.

hilf||los a. (lôss, -z-). Privé, e de secours. ||[verlassen] Abandonné, e : *Hilflosigkeit,* f. (igkaèt), abandon, m., détresse. ||**-reich** a. (raèch). Secourable.

Hilfs..., auxiliaire, assistant, e, aide, accessoire. Ex. : *Hilfs||arbeiter,* m., aide; *-beamte[r],* m. s., adjoint, e; *hilfsbedürftig,* a., nécessiteux, euse; *Hilfs||geld,* n., secours, m.; *-zeitwort,* n., verbe auxiliaire, m.

Himbeere f. (himbéere). Framboise.

Himmel|| m. ④ (himel). Ciel, pl. cieux : *dem Himmel sei Dank!,* grâce au ciel!; *in den Himmel erheben**, élever jusqu'aux nues. ||*Fig. unter freiem Himmel,* en plein air; *fam.* à la belle étoile. ||**-an, -auf** (aof). Vers le ciel. ||**-bett** n. Lit [m.] à baldaquin.

himmelblau a. (blao). Bleu ciel [unveränd.].

Himmel||decke f. Dais, m. ||**-fahrt** f. (fârt). [Christi] Ascension. ||[Mariä] Assomption.

himmelhoch a. (hôch). Élevé, e jusqu'au ciel. ||adv. *fig.* : — *erheben**, élever jusqu'aux nues.

Himmelreich n. (raèch) Royaume [m.] des cieux.

Himmels ...du ciel, céleste. Ex. : *Himmels||gegend,* f., *-strich,* m. région du ciel, f., climat, m. : *die vier Himmelsgegenden,* les quatre points cardinaux; *-gewölbe [-zelt],* n., voûte, *-körper,* m., *-kunde,* f., astronomie, *-raum,* m., f., corps, m. espace céleste, m.

himmel||schreiend a. (schraèent, -d-). Qui crie vengeance au ciel. ||[Unrecht] Criant, e. ||[empörend] Révoltant, e. ||**-wärts** adv. (vêrtss).

Vers le ciel. ||**-weit** a. et adv. (va*e*te). Immensément éloigné, e [adv. loin].

himmlisch a. Céleste : *das Himmlische,* les choses célestes, f. pl.

hin (**h***i*n...) Adverbe et préfixe *séparable,* exprime l'*éloignement* par rapport au sujet du verbe.

I. adv. Là-bas, de ce côté-là, y : *wo ist er hin?,* où est-il allé ? ; *wo wollen Sie hin?,* où voulez-vous aller ? ; *ich muß hin,* il faut que j'y aille ; *an dem Flusse hin,* le long du fleuve ; *hin und her,* çà et là, de côté et d'autre ; *Fahrkarte für hin und zurück,* billet d'aller et retour ; *hin und wieder,* par-ci, par-là, de temps à autre ; *es ist noch lange* [*weit*] *hin,* il y a encore longtemps [c'est encore loin] d'ici là. ||*Fig. meine Ruhe ist hin,* c'en est fait de mon repos ; *hin ist hin,* ce qui est fait [passé] est fait [passé].

II. préf. *séparable* et *accentué* [même sens que l'adverbe], forme des verbes et des noms dans lesquels ce sens se combine avec celui du verbe simple. Ex. : *hin||bringen**,* porter vers ; *-deuten,* intr., indiquer [du doigt], désigner ; *-fahren**,* intr., aller *ou* se rendre [en voiture, etc.] vers ; *-gehen**,* aller vers.

hinab|| (**h**inap...). Adverbe et préfixe *séparable,* exprime l'idée de *descendre* ou de *faire descendre en s'éloignant.* I. adv. En bas, vers le bas : *den Strom, den Berg hinab,* en descendant le courant [en aval], la montagne. ||II. préf. *séparable, accentué.* V. *herab.* ||**-wärts** adv. (vèrts). Vers le bas.

hinaltern intr. Vieillir. *Fig..* Décliner, dépérir.

hinan (**h**in*à*n). Adverbe et préfixe *séparable,* exprime l'idée de *monter en s'éloignant.* En haut, vers le haut. Ex. : *hinansteigen**,* intr. [*sein*], gravir, tr.

hinauf (**h**in*a*of). Adverbe et préfixe *séparable,* exprime l'idée de *monter* ou de *faire monter en s'éloignant.* ||I. adv. En haut, vers le haut. ||II. préf. *séparable accentué.* V. *herauf.*

hinaus|| (**h**in*a*oss). Adverbe et préfixe *séparable.* I. adv. Dehors, en dehors [en s'éloignant] : *hier, da, dort hinaus,* par ici, par là, par là-bas [pour sortir] ; *nach vorn, nach hinten hinaus,* sur le devant [sur la rue], sur le derrière [sur la cour] ; *wo will das hinaus?,* à quoi cela aboutira-t-il ? ; *wo soll das hinaus?* où veulent-ils [où voulez-vous] en venir* ? ||II. préf. *séparable accentué* [même sens que l'adverbe]. V. *heraus* et les verbes ci-après. ||**-ragen** intr. (râg*e*n). Dépasser. ||**-schieben*** (*î*b*e*n). Pousser dehors. ||*Fig.* [verschieben] Ajourner. ||**-schießen*** intr. : *über das Ziel hinausschießen,* dépasser le but. ||**-schmeißen,** *fam.* Mettre* à la porte. ||**-weisen***. Mettre* à la porte. ||**-ziehen.** Traîner en longueur.

Hinblick m. Regard vers, considération, f.

hinbringen* tr. Porter vers. ||*Fig.* [die Zeit] Passer [le temps].

hindern (**h***i*nd*e*rn). Empêcher, gêner. ||[versperren] Embarrasser : *hinderlich,* a., gênant, e ; embarrassant, e.

Hinder||nis n. Empêchement, m., obstacle, m. ||Embarras, m. ||**-nislauf** m. Course [f.] d'obstacles. ||**-nisrennen** n. Steeple-chase, m.

hindeuten intr. [auf, *acc.*] Indiquer [du doigt], désigner. ||*Fig.* Dénoter.

Hindin f. (**h***i*nd*i*n). Biche.

Hind||ostan n. (**h***i*ndostàn). [L'] Hindoustan, m. ||**-u, s** m. (dou). Hindou.

hindurch adv. (**h***i*nd*ou*r**ch**). A travers. ||[zeitlich] Durant : *den ganzen Tag hindurch,* durant tout le jour.

hinein (**h**in*a*e n). Adverbe et préfixe *séparable,* exprime l'idée d'*entrer* ou de *faire entrer en s'éloignant.*

I. adv. En dedans : *nur hinein!,* entrez donc ! ; *hinein oder hinaus?,* faut-il entrer ou sortir* ?

II. préf. *séparable accentué* [même sens que l'adverbe], forme des verbes exprimant ce sens, combiné avec celui du verbe simple. Ex. : *hinein||arbeiten* [*sich*] [in, *acc.*], pénétrer avec effort ; *fig.* se mettre* au courant de ; *-leben* [*sich*] réfl. [mit] se familiariser [avec] ; intr. *fig.* : *in den Tag* — vivre* au jour le jour ; *-stecken, fam.* fourrer dedans ; *-zwängen,* faire* entrer de force.

||Voir en outre les composés de *ein*[2] et de *herein.*

hinfahren* intr. Aller* *ou* se rendre [en voiture, etc] vers; [über, *acc.*]. Passer [par-dessus].

Hin||fahrt f. Aller, m. [en voiture, etc.] : *auf der Hinfahrt,* à l'aller; *Hin- und Rückfahrt,* f., aller et retour, m. ||**-fall** m. Chute, f. ||[Einsturz] Écroulement.

hin||fallen*. Tomber [tout de son long]. ||**-fällig** a. (fèlig). Qui menace ruine. ||[v. Gesetzen] Caduc, uque. ||[schwächlich] Décrépit, e. ||*Fig.* Fragile; illusoire, vain, e. ||[vergänglich] Éphémère. ||*Hinfälligkeit,* f. Caducité, décrépitude, fragilité.

hinfort adv. (forte). Désormais, dorénavant.

hing, hinge. V. *hangen**.

Hingabe f. (gâb^e). Abandon, m.

hingeben* (géeb^en). Donner, abandonner. ||[opfern] Sacrifier. ||[**sich**]. Se donner, s'adonner, se livrer [à].

Hingebung f. Abandon, m. ||[Ergebenheit] Dévouement, m., abnégation.

hingegen adv. (hìngéeg^en). Au contraire, par contre. ||[als Ersatz] En revanche.

hingehen* intr. Aller* vers, y aller*. ||*Fig.* Passer.

hinhalten* tr. Tendre, présenter.

hink||en (hìnk^en). Boiter. ||*Fig.* Clocher. ||n. Claudication, f. ||[v. Tieren] Boiterie, f. ||**-end** p. a. Boiteux, euse.

hin||langen tr. (lang^en). Tendre. ||intr. [ausreichen] Suffire*. ||**-länglich** a. (lènglich). Suffisant, e. ||adv. Suffisamment.

hinnehmen*. Accepter, prendre* [les choses]. ||[ertragen] Supporter.

hinnen adv. (hin^en) : *von hinnen,* d'ici; *fig. von hinnen gehen**, mourir*, trépasser.

hin||reichen tr. (ra^ech^en). Tendre, présenter. ||intr. Suffire*. ||**-reichend** p. a. Suffisant, e.

Hinreise f. Voyage [m.] à l'aller.

hin||reißen* tr. Entraîner. ||**-richten** (richt^en), *fig.* Exécuter [à mort] : *elektrisch —,* électrocuter.

Hinrichtung f. Exécution : *elektrische —,* électrocution.

hin||scheiden* intr. [*sein*]. *Fig.* Trépasser : *hingeschieden,* p. a., défunt, e. ||**-setzen** tr. Placer, asseoir*.

Hinsicht f. (zicht). Considération. ||[Beziehung] Rapport, m. : *in dieser Hinsicht,* à cet égard, sous ce rapport.

hin||sinken* intr. [*sein*] S'affaisser. ||**-stellen** tr. Mettre* ou placer là, y mettre*.

hintan|| [= *hintenan*]. Préf. *séparable accentué.* Derrière, en arrière. ||**-setzen.** Mettre au second plan.

Hintansetzung f. (oung) : *mit Hintansetzung* [*gén.*], au mépris de.

hinten adv. (hint^en). Derrière.

hinter prép. et préf. *inséparable* (hint^er). Derrière. ||LOC. *hinter etwas kommen**, découvrir* qc. ||a. De derrière, postérieur, e : *der Hintere,* le derrière; *der hinterste,* le dernier.

hinter||... : ...de derrière. Ex : arrière..., ...d'arrière. ||**-backe** f. Fesse. ||**-bein** n. Patte [f.] de derrière.

Hinter||bliebene[r] p. a. subst. (îb^en^e[r]). Survivant, e. ||**-bringen*** (ìng^en). [heimlich melden] Rapporter. ||[angeben]. Dénoncer. ||n. Dénonciation, f.

Hinterbringer m. ④. Dénonciateur, délateur.

hinter||drein adv. (dra^en). Ensuite ||**-e.** V. *hinter,* a. ||**-einander** adv. pron. (a^enànd^er). L'un[e], [les uns, les unes] derrière l'autre [les autres] : *drei Jahre hintereinander,* trois années de suite.

Hintergedanke m. Arrière-pensée, f

hintergehen* (géeen). Tromper, duper.

Hinter||gestell n. Arrière-train, m [de voiture]. ||**-grund** m. Arrière plan, fond. ||**-halt** m. ① (halt). Embuscade, f., embûche, f. ||[Fallstrick] Guet-apens ||*Fig.* [geheime Stütze] Forces de réserve, pl. ||**-hand** f. Partie postérieure de la main. ||**-haus** n. Maison [f.] sur la cour.

hinterher adv. Après, derrière. ||[im Zuge] A la suite, à la queue. ||[zeitlich] Après coup.

Hinter||indien n. (ìndi^en). Indochine, f. ||**-kopf** m. Occiput. ||**-land** n. Arrière-pays, m.

hinterlassen* (lass^e^n). Laisser [en partant ou en mourant]. ‖[letztwillig] Léguer. ‖a. [Werk] Posthume : *die Hinterlassenen,* les survivants.
Hinterlassenschaft f. Succession, héritage, m.
hinterlegen (l*ée*g^e^n). Déposer, laisser en dépôt. ‖[gerichtlich] Consigner : *Hinterlegeschein,* m., bulletin de consigne.
Hinter‖leger m. ④. Dépositaire. ‖**-legung** f. Dépôt, m., consignation. ‖**-list** f. Astuce. ‖[Heimtücke] Perfidie.
hinterlistig a. (ig). Astucieux, euse, perfide.
Hinter‖pferd n. Timonier. ‖**-reihe** f. (*raè*^è^). Dernière file.
hinterrücks adv. Par derrière.
Hinter‖sitz m. Siège de derrière [du fond]. ‖**-treffen** n. Arrière-garde, f.
hintertreiben* (*a*^è^b^e^n). Empêcher. ‖[Plan] Faire* échouer.
Hinter‖treppe f. Escalier [m.] de derrière [de service]. ‖**-viertel** n. Quartier, m. [train, m.] de derrière.
hinüber (**h**in*û*b^e^r). Adv. et préf. *séparable.* I. adv. De l'autre côté, au-delà [en s'éloignant] : ***hier, da hinüber,*** par ici, par là [pour passer de l'autre côté]. II. préf. *séparable accentué.* Même sens. Ex. : ***hinüber‖blicken,*** regarder de l'autre côté; *-fahren**, transporter [intr. passer, traverser] en voiture, etc.; *-gehen**, aller ou passer de l'autre côté.
hinunter (**h**in*ou*nt^e^r). Adv. et préf. *séparable,* = ***hinab.*** En bas, vers le bas [en s'éloignant] : ***hier, da hinunter,*** par ici, par là [pour descendre]. V. ***hinab.***
Hinweg m. (**h**invéek). Chemin pour aller : *auf dem Hinwege,* en [y] allant, à l'aller. ‖adv. et préf. *sép.* (**h**ìnvèk). I. adv. Au loin : ***hinweg!,*** va-t'en, allez-vous- en! ‖II. préf. *séparable accentué.* Ex. : ***hinweg‖eilen,*** s'éloigner à la hâte; *-gehen**, s'en aller*; *-nehmen**, enlever; *-raffen,* enlever vivement, emporter; *-sehen** [über, *acc.*], regarder par-dessus; *fig.* fermer les yeux [sur]; *-setzen,* mettre* de côté; ***sich über... hinwegsetzen,*** se mettre* au-dessus de...
Hinweis m. (*va*^è^ss). Indication, f. ‖[Verweis] Renvoi.
hin‖weisen* (**z**^e^n). tr. Montrer le chemin [à qn]. ‖intr. [auf, *acc.*]. Indiquer. ‖[verweisen] Renvoyer [à]. ‖**-weisend** p. a. (**z**^e^n, -d-). Démonstratif, ive. ‖**-werfen*** tr. Jeter vers. ‖*Fig.* [Notiz, Bild] Noter, esquisser. ‖[Wort] Jeter [dire] en passant. [*sich*] Se jeter par terre, se prosterner.
Hinz m. (**h**ìnts), *fam.* Henri : *Hinz und Kunz,* Pierre et Paul.
hinzeigen tr. Montrer, indiquer.
hinziehen* tr. [At]tirer vers. ‖[*sich*] S'étendre. ‖intr. Aller* vers [en un lieu].
hinzu adv. (**h**ìnts*oû*). Vers cet endroit. ‖De plus, en outre. ‖Préf. *séparable accentué,* exprime l'idée d'*ajouter.*
hinzu‖denken* tr. Ajouter par la pensée, sous-entendre. ‖**-fügen, -legen** tr. Ajouter. ‖**-kommen*** intr. Survenir*, s'ajouter à. ‖**-setzen** tr. Ajouter.
Hinzusetzung f. Addition.
hinzutreten* (tr*ée*t^e^n). Approcher de. ‖[sich anschließen] Se joindre* à.
Hinzutritt m. Approche, f. ‖[Zugang] Accession, f.
hinzu‖tun* tr. Ajouter. ‖**-wählen.** Élire par cooptation. ‖**-ziehen*** (ts*î*^e^n). Faire* participer à. ‖[e. zweiten Arzt] Consulter.
Hiob m. (**h**îôp). Job : *Hiobspost,* f., fâcheuse nouvelle.
Hippe f. (**h**ip^e^). Serpe.
Hirn‖ n. Cerveau, x, m., cervelle, f. ‖**-gespinst** n. (géschpìnst). Chimère, f. ‖**-haut** f. (**h**a^o^t). Méninge : *Hirnhautentzündung,* f., méningite.
hirnlos a. Sans cervelle. ‖*Fig.* [unbesonnen] Étourdi, e.
Hirnschale f. (schâl^e^). Crâne, m.
Hirsch‖ m. Cerf. ‖**-bock** m. Cerf mâle. ‖**-fänger** m. (fèng^e^r). Couteau de chasse. ‖**-garten** m. Parc aux cerfs. ‖**-geweih** n. Ramure [f.] de cerf. ‖**-käfer** m. ④. Cerf-volant [insecte]. ‖**-kalb** n. (kalp, -b-). Faon, m. ‖**-kuh, ¨e** f. Biche.
Hirse f. et m. Millet, m.
Hirt[e], **-en, -en** m., **in** f. (**h**irt[^e^], ìn). Pâtre, m., berger, ère. ‖*Fig.* [Seelsorger] Pasteur, m. ‖*Hirten...,*

Italique : accentuation. **Gras :** pron. spéciale. *Verbe fort. V. GRAMMAIRE.

...pastoral, e. Ex. : *Hirtenbrief*, m., lettre [f.] pastorale.
Hirten‖**flöte** f. (fleûte). Chalumeau, x, m. ‖**-gedicht** n. (gédicht). Bucolique, f., églogue, f. ‖**-knabe** m. (knâbe). Jeune pâtre. ‖**-mädchen** n. (mètchen). Jeune bergère, f. ‖**-pfeife** f. (aèfe). Pipeau, x, m. ‖**-stab** m. (schtâp, -b-). Houlette, f. ‖[v. Bischöfen] Crosse, f.
hissen (hissen). Hisser.
Histor‖**ie** f. (histôrie). Histoire. ‖**-iker** m. ④. Historien.
historisch a. Historique.
Hitze f. (hitse). Chaleur. ‖*Fig.* Ardeur. ‖*Fig.* [Jähzorn] Emportement, m. : *in Hitze geraten*, s'emporter.
hitzig a. (ig). Chaud, e. ‖*Fig.* Ardent, e. ‖[jähzornig] Emporté, e : — *werden**, s'échauffer.
Hitzschlag m. (âg). Insolation, f.
hob (hôp, -b-), imp. de *heben**.
Hobel‖ m. ④ (hôbel). Rabot. ‖**-bank** f. Établi, m. [de menuisier].
hobeln tr. Raboter. ‖n. Rabotage, m.
Hobelspan m. (schpân). Copeau, x.
Hoboe f. (hobôè). Hautbois, m.
hoch[1] [devant un **e** : **hoh...**] a. (hôch..., hô,...), compar. *höher*, superl. *der* [*die*, *das*] *höchste*. Haut, e. ‖*Fig.* Élevé, e; *ein hohes Alter*, un grand âge; *hoch und niedrig*, grands et petits. ‖...*hoch*, haut, e comme ... de... Ex. : *meterhoch*, haut, e, d'un mètre. ‖n. [pl. *Hochrufe*]. Vivat, m. : *ein Hoch ausbringen** [auf, *acc.*], porter la santé [de]. ‖adv. Haut, hautement : *hoch zu stehen* kommen**, revenir cher; *der König lebe hoch!*, vive le roi! ; *einen hoch leben lassen**, porter la santé de qn; *das ist mir zu hoch*, cela me surpasse. ‖compar. *höher*, a. et adv. (heûer). Plus haut, e, supérieur, e : *höheren Orts*, en haut lieu. ‖superl. *höchst*, a. (heûkst). Le plus haut, la plus haute : *das höchste Gut*, le bien suprême; *an höchster Stelle*, en haut lieu. ‖adv. Très, extrêmement, au plus haut degré. ‖*höchstens*, adv., [tout] au plus.
hoch‖**...**[2] (hoch...). 1. haut, e, a.; hautement adv. ‖**-achten**, *sép.*, estimer hautement.
Hochachtung f. Haute estime [considération].
hochachtungsvoll a. et adv. Avec une [ma] haute considération.
Hoch‖**altar** m. Maitre-autel. ‖**-amt** n. (àmt). Grand-messe, f. ‖**-bau** m. ① (bào). Superstructure, f.
hoch‖**begabt** a. Très doué, e. ‖**-beglückt** a. Très heureux, se. ‖**-berühmt** a. Très célèbre [illustre]. **betagt** a. Très âgé. ‖**-deutsch.** Haut allemand.
Hochebene f. (éebene). Plateau, x, m.
hoch‖**erhaben** a. (hâben). Élevé, e : *hocherhabene Arbeit*, f., haut-relief, m. ‖**-fahrend** a. Hautain, e, altier, ière. ‖**-fliegend** a. (îgent, -d-). *Fig.* Élevé, e. ‖[ehrgeizig] Ambitieux, euse.
Hoch‖**flut** f. Haute marée. ‖**-gericht** n. (géricht). Justice criminelle, f. ‖*Fig.* Échafaud, m ‖[Galgen] Potence, f.
hochgeschlossen a. (gé-sen). [Kleid] Montant, e. ‖**-geschossen** a. (gesen). Élancé, e, de taille élevée. ‖**-gesinnt** a. (gezinnt). Aux sentiments élevés.
hochherzig a. (hèrtsig). Noble, généreux, euse.
Hoch‖**herzigkeit** f. (kaète). Noblesse, générosité. ‖**-länder** m. Montagnard. ‖**-mut** m. (moût). Orgueil. ‖[Anmaßung] Arrogance, f.
hoch‖**mütig** a. (mûtig). Hautain, e. ‖[stolz] Orgueilleux, euse, arrogant, e. ‖**-näsig** a. (nézig), *fam.* Arrogant, e.
Hoch‖**ofen** m. Haut fourneau. ‖**-rufe** m. (roûfe). Vivat.
hochschätzen *sép.* Estimer hautement, faire grand cas de.
Hoch‖**schule** f. (oûle). Université. ‖**-schüler** m. ④ (ûler). Étudiant. ‖**-sommer** m. Cœur de l'été.
höchst. V. *hoch*, 1.
Höchst‖**geschwindigkeit** f. Limite de vitesse. ‖**-leistung** f. [Sport] Record, m.
höchststämmig a. (schtèmig). A haut tronc, de haute futaie. ‖*Fig.* Élancé, ée.
Höchst‖**stand** m. Niveau maximum. ‖**-stapler** m. ④ (schtâpler). Chevalier d'industrie.
höchst‖**strebend** a. (schtréebent, -d-). Ambitieux, euse. ‖**-trabend a.** *Fig.*

Fastueux, euse, prétentieux, euse. ||[hochmütig] Hautain, e.
Hoch||verrat m. Haute trahison, f. ||**-wald** m. ②. Haute futaie, f. ||**-wild** n. (vilt, -d-). Gros gibier m.
Hochwürden : *Ew.* [*Eure*] *Hochwürden,* Votre Révérence; [an e. Bischof] Votre Grandeur, monseigneur.
hochwürdig a. Révérendissime.
Hochzeit f. (tsa^e^t). Noce[s], [pl.].
hochzeitlich a. (**ich**). Nuptial, e.
Hochzeits...: ...de noce[s]. Ex. : *Hochzeits||feier,* f., *-fest,* n., noce[s], f. [pl.]; *-geschenk,* n., cadeau [m.] de noces; *-gesellschaft,* f., *-leute,* pl., noce, f., gens de la noce, pl.; *-reise,* f., *-schmaus,* m., voyage, m., repas de noces, m.
hocken intr. (**h**ok^e^n). Être* accroupi, e, blotti, e : *immer zu Hause hocken,* être* casanier.
Höcker m. ④ (**h**œk^e^r). Bosse, f.
höckerig a. (ig). Bossu, e. ||[uneben] Raboteux, euse.
Hode f. (**h**ôd^e^). Testicule, m.
Hof m. (**h**ôf). Cour, f. : *auf dem Hofe,* dans la cour. ||[Meierei] Ferme, f. ||[Fürsten-] Cour, f. [princière] : *bei Hofe,* à la cour. ||[Aufwartung] : [*jemandem*] *den Hof machen,* faire* la cour à, courtiser. ||[v. Gestirnen] Halo. ||*Hof...* : ... de la cour.
Hof||dame f. Dame d'honneur. ||**-fart** f. (fârt). Orgueil, m. || [in Pracht] Faste, m.
hoffärtig a. (fêrtig). Orgueilleux, euse, fastueux, euse.
hoff||en tr. (**h**of^e^n). Espérer. ||intr. [auf, *acc.*] Espérer, tr. : *auf Gott* —, espérer en Dieu. ||**-entlich** adv. (^e^ntli**ch**) : *hoffentlich wird er genesen**, il faut espérer qu'il guérira.
Hoffnung f. Espérance. || [auf etwas bestimmtes] Espoir, m. ||LOC. *guter Hoffnung sein**, être* enceinte. ||*hoffnungs||los,* a., sans espoir, désespéré, e; *-losigkeit,* f., désespoir, m.; *-voll,* a., plein, e, d'espoir.
Hof||fräulein n. Demoiselle [f.] d'honneur. ||**-hund** m. ① (**h**ount, -d-). Mâtin.
hof||ieren intr. (îr^e^n). Faire* la cour à, courtiser. || **¨isch** a. (**h**eû-fi**sch**). De cour.
Hoflager n. Résidence [f.] de la cour.
höflich a. (**h**eûfli**ch**). Poli, e, courtois, e.
Höf||lichkeit f. (ka^e^te). Politesse, courtoisie. ||[gesellschaftliche] Civilité.
Höf||ling m., **-mann** m. [pl. **-leute**]. Courtisan : *hofmännisch,* a., de courtisan. ||**-meister, in** m. ④, f. (ma^e^st^e^r, in). Intendant [m.] de la cour. ||[Aufseher] Majordome. [Erzieher] Gouverneur, gouvernante. ||[Lehrer] Précepteur, m.
hof||meisterisch a. *Fig.* Pédant, e. ||**-meistern** tr. Morigéner, régenter.
Hof||narr m. Fou du roi. ||**-rat** m. Conseiller aulique. ||**-sitte** f. Étiquette de la cour. ||**-staat** m. (schtât). Cour, f., suite, f. ||**-tor** n. ① (tôr). Porte cochère, f.
Hohe... V. *hoch* : *das Hohelied,* le Cantique des cantiques, m. : *der Hohepriester,* le grand prêtre.
Höhe f. (**h**eû^e^). Hauteur. ||[v. Tönen] Acuité. ||[Anhöhe] Hauteur, colline. ||*Fig.* [Gipfel] Sommet, m. : *in* [*auf*] *gleicher Höhe mit...,* au niveau de...; *in die Höhe gehen**, monter [en l'air], s'élever; *in die Höhe kommen**, s'élever; *fig.* parvenir*; *in die Höhe schießen**, *wachsen**, croître rapidement; *bis zur Höhe von,* jusqu'à concurrence de.
Hoheit f. (**h**o**h**a^e^t). Élévation. || [Erhabenheit] Grandeur. || [Titel] Altesse : *Hoheitsrecht,* n., souveraineté, f.; *Hoheitsgewässer,* n. pl., eaux territoriales, f. pl.
Höhen... (**h**eû^e^n) : ...de hauteur[s]. Ex. : *Höhenzug,* m., chaîne [f.] de hauteurs.
Höhepunkt m. Point culminant, apogée. ||[Himmel] Zénith.
höher compar. de *hoch.*
hohl a. (**h**ôl...). Creux, euse, *die hohle Hand,* le creux de la main. ||[Augen] Cave. ||[Glas] Concave. ||[See] Houleux, euse : *hohle See,* f., houle.
Höhle f. (**h**eûl^e^. Creux, m. || [Raum] Cavité. ||[im Felsen] Grotte, caverne. ||[v. Tieren] Antre, m., tanière.
höhlen tr. (**h**eûl^e^n). Creuser.
Hohl||heit f. (**h**a^e^t). Cavité. ||[v. Gläsern] Concavité. ||*Fig.* Vide, m., insignifiance. ||**-maß** n. (mâs). Mesure de capacité, f.

hohlrund a. Concave.
Hohl||**spiegel** m. Miroir concave. ||**-stunde** f. Heure creuse. || **¨ung** f. (heûloung). Cavité. ||**-weg** m. Chemin creux.
Hohn m. spl. (hône). Dédain. ||[Verachtung] Mépris. ||[Spott] Raillerie, f.
höhnen tr. (heûnen). Se moquer de, railler.
Hohngelächter n. spl. (gelêchter). Rire moqueur, m. : *zum Hohngelächter werden**, devenir* la risée [de].
höhnisch a. (heûnisch). Dédaigneux, euse. || [spöttisch] Moqueur, euse.
hohnsprechen* intr. *sép.* (schprèchen). Narguer, tr., railler.
Höker|| m. ④, **in, -frau** f. (heûker, ìn, frao). Revendeur, euse.
Hokuspokus m. inv. (hôkouspo-). Tour de passe-passe.
hold a. (hòlt, -d-). Favorable, propice. || [lieblich] et *-selig*, a. Gracieux, euse. || [freundlich] Doux, ouce.
holen (hôlen). Aller* *ou* venir* chercher [prendre*].
Holl||**and** npr. n. (holànt, -d-). [La] Hollande, f. ||**-änder, in** m. ④, f. (ènder, ìn). Hollandais, e : *der fliegende Holländer*, le Vaisseau fantôme; *Holländerkäse*, m., fromage de Hollande. ||*holländisch*, a., hollandais, e.
Hölle f. (heule). Enfer, m. ||*Höllen*||*angst*, f., transes mortelles, pl.; *-fahrt*, f., descente aux enfers; *-lärm*, m., bruit infernal; *-stein*, m., pierre infernale, f.
höllisch a. Infernal, e.
Holm m. ① (holm). || [Insel] Petite île, f. || [Werft] Chantier. || [Querholz] Traverse, f.
holper||**icht, -ig** a. (holpe). Raboteux, euse. ||**-n** intr. Broncher, cahoter. ||*Fig. : es holpert*, cela va mal.
Holunder|| m. ④, **-strauch** m. (holounder). Sureau, n.
Holz n. ② (holtz). Bois, m.
holzartig a. (ig). Ligneux, euse.
Holz||**bekleidung** f. (aèdoung). Boiserie. ||**-blatt** n. ②. Feuille de placage, f. ||**-bündel** n. ④ (bùndel). Fagot, m. || **¨chen** n. (heultschen). Petit bout [m.] de bois.
holz||**en** intr. Couper du bois. || [Holz holen] Aller* au bois. || **¨ern** a. (heultsern). De bois.
Holzhauer m. ④ (haôer). Bûcheron.
holzig a. Ligneux, euse.
Holz||**kohle** f. (kôle). Charbon de bois, m. ||**-pflaster** n. Pavage [m.] en bois. ||**-schnitt** m. Gravure sur bois, f. ||**-schnitzer** m. Sculpteur sur bois. ||**-schuh** m. (schoû). Sabot. ||**span** m. (schpân). Copeau, x. ||**-stoß** m. Pile [f.] de bois. ||**-täfelung** f. Boiserie. ||**-ung** f. (oung). Coupe [abattage, m.] du bois. ||**-weg** m. Chemin forestier : *auf dem — sein*, être dans l'erreur. ||**-wolle** f. (vole). Fibre de bois. ||**-wurm** m. Termite.
Homer m. (homéer). Homère.
homerisch a. Homérique.
Homilie f. (homîlî). Homélie.
Homöopath||, **-en, -en** m. (homeûopâte), Homéopathe. ||**-ie** f. (î). Homeopathie.
homöopathisch a. (pâ). Homéopathique.
Honig|| m. (hônig). Miel : *honigsüß*, a., doux, ouce comme le miel; *fig.* mielleux, euse. ||**-monat** m. (mônate). Lune de miel, f. ||**-trank** m. (ànk), **-wasser** n. Hydromel, m. ||**-wabe** f. Rayon [m.] de miel.
Honor||**ar** n. ① (honorâr). Honoraires, pl. ||**-atioren** m. pl. (tsiôren). Notables.
honorieren. Honorer. || [entlohnen] Rémunérer. || [Wechsel] Payer.
Hopfen m. spl. Houblon.
hops! interj. (hops). Allons! houpp!
hopsen intr. Sautiller, gambader.
hör... V. *hören*.
Hörapparat m. ①. Récepteur.
Horaz, -ens m. (âtz). Horace.
hörbar a. Perceptible [à l'oreille].
horchen intr. (horchen). Écouter. ||aufmerksam] Prêter l'oreille, être* aux écoutes : *horch!*, écoute[z].
Horch||**er** m. ④ (horcher). Écouteur. ||**-platz** m., **-posten** m. Poste d'écoute.
Horde f. (horde). Horde.
hören tr. intr. (heûren). Entendre. ||[zuhören] Écouter : *hört!* écoutez! *hören Sie einmal!* écoutez donc! || [erfahren] Apprendre*. || [von...] Entendre parler [de]. || LOC. *auf etwas hören*, faire* attention à qc.;

auf einen hören, écouter qn; *auf den Namen... hören,* répondre au nom de...; *ein Kolleg hören,* suivre* un cours; *lassen Sie hören!,* dites voir!, voyons!; *das läßt sich hören!* à la bonne heure!; *er hört sich gern reden,* il s'écoute [parler]; *ich habe [sagen] gehört,* j'ai entendu dire...: *von sich hören lassen*,* donner de ses nouvelles.

Hören n. Ouïe, f. ‖*vom Hörensagen,* par ouï-dire.

Hörer m. ④ (**he***û*r^e^r). Auditeur. ‖Fernspr.] Récepteur.

Horizont m. ① (**h***o*-tsònt). Horizon.

horizontal a. (*âl*). Horizontal, e.

Horizontale f. (*âl*^e^). Horizontale.

Hörmuschel f. (m*ou*sch^e^l). Récepteur, m.

Horn n. ② (**h***o*rn). Corne, m. : *Hornvieh,* n., bétail [m.], bêtes [f. pl.] à cornes. ‖LOC. *die Hörner ablaufen*,* jeter sa gourme. ‖[zum Blasen] Cor, m. : *Hörner‖klang,* m., *-schall,* m., son du cor. ‖*Mil.* Clairon, m. ‖[Bergspitze] Pic, m.

hornartig a. Corné, e.

Horn‖bläser m. (*ê*z^e^r). Sonneur de cor. ‖ **¨chen** n. ④ (**he***û*rnch^e^n). Dim. de *Horn.* ‖[Gebäck] Croissant, m. ‖**-haut, ¨e** f. (**ha**^o^t). [an Händen] Callosité. ‖[am Auge] Cornée.

horn‖häutig a. (**hœ***ü*tig). Calleux, euse. ‖**... ¨ig** a. (**he***û*rnig) : *zweihörnig,* à deux cornes.

Horn‖is f. ① (iss). Frelon, m. ‖**-ung** m. Février.

Horoskop n. ① (**h**oroskôp). Horoscope.

Hör‖rohr n. (*rô*r). Cornet acoustique, m. ‖**-saal** m. (*zâl*). Auditoire, salle de cours, f., amphithéâtre, m.

Horst m. ① (**h***o*rst). [Gehölz] Bosquet. ‖[Nest] Nid. ‖[d. Adlers] Aire, f.

horsten intr. Faire* son nid.

Hort m. ① (**h***o*rt). Trésor.

Hortensie f. (*è*nzi^e^). Hortensia, m.

Hortnerin f. (rin). Gardienne d'enfants.

Hörweite f. (**he***û*rva^è^t^e^). Portée de la voix.

Hose f. (**h***ô*z^e^), dim. *Höschen,* n. ④ (**he***û*s'**ch**^e^n). Pantalon, m. : *ein Paar Hosen,* un pantalon, m. ‖[Knie-] Culotte, f. ‖*Hosen‖band,* n. ②, jarretière, f.; *-gurt,* m., ceinture [f.] de pantalon; *-leibchen,* n., maillot, m.; *-lose[r],* a. s., sans-culotte; *-schlitz,* m., braguette, f.; *-träger,* m., bretelle, f.

Hosp‖ital n. ① et ② (**h**os-t*â*l). Hôpital, m. ‖**-itant, -en, -en** m. (*à*nt). Auditeur libre. ‖**-iz, -es, -e** n. (*i*ts). Hospice, m.

Hostie f. (**h***o*sti^e^). Hostie. ‖*Hostien‖gefäß,* n., ciboire, m.; *-häuschen,* n. ④, tabernacle, m.; *-teller,* m. ④, patène, f.

Hotel, -s n. (**h**ot*e*l). Hôtel, m.

hott! interj. (**h***o*tt). Hue!, huhau!

Hub‖ m. (**h***o*û*p*, -b-). Action d'élever, f. ‖[in Maschinen] Coup de piston, course [f.] du piston : *Hubraum,* m., cylindrée, f. ‖**-schrauber** m. (*a*^o^b^e^r). Hélicoptère, f.

hüben adv. De ce côté-ci.

hübsch a. (**h**upsch). Joli, e. ‖*Fig.* Gentil, ille, aimable : *das ist hübsch von Ihnen,* c'est aimable à vous; *sei hübsch artig,* sois bien sage.

Hudelei f. (**h***o*û*d*^e^l*a*^è^). Bousillage, m. ‖[Schererei] Tracasserie.

hudeln tr. Bousiller. ‖[Arbeit] Bâcler. ‖[quälen] Tracasser.

Hudler m. ④. Bousilleur.

Huf m. ① (**h***oû*f). Sabot [de cheval].

Hufe f. (**h***oû*f^e^). Arpent, m.

Huf‖eisen n. ④ (*a*^è^z^e^n). Fer à cheval, m. : *hufeisenförmig,* a., en fer à cheval. ‖**-schlag** m. (âg). Ruade, f. ‖**-schmied** m. (schmîte, -d-). Maréchal-ferrant. ‖**-schmiede** f. (schmîd^e^). Maréchalerie.

Hüft‖e f. (**h**uft^e^). Hanche. ‖**-halter** m. Gaine, f. ‖**-weh** n. Sciatique, f.

Hügel m. ④ (**h***û*g^e^l). Colline, f. ‖[Erdhaufen] Monticule, tertre.

hügelig a. (ig). Accidenté, e.

Hugen‖otte, n-, -n m., **-ottin** f. (hougenot^e^. ìn). Huguenot, otte.

Huhn‖ n. ② (**h***oû*n). Poule, f. ‖ **¨chen** n. ④ (**h***û*nch^e^n). Poulet, te, m., f. Poussin.

Hühner... (**h***û*n^e^r). De poule.

hühnerartig a. Gallinacé.

Hühner‖auge, -n f. (*a*^o^g^e^). Cor, m. [au pied] : *Hühneraugen‖messer,* n. ④, coupe-cors, m.; *-schneider,* m. ④, pédicure. ‖**-haus** n. (**ha**^o^s). Poulailler, m. ‖**-hof** m. (**h***ô*f). Basse-cour, f. ‖**-hund** m. ① (**h***oû*nt, -d-). Chien d'arrêt. ‖**-stall** m. (schtàl)

Poulailler. ||**-stange** f., **-steige** f. Juchoir, m., perchoir, m.
Huld|| f. (*ho*ult, -d-). Bienveillance. ||[Anmut] Grâce. ||**-göttin** f. (gœtìn). Grâce.
huldigen intr. (*ig*en). Rendre hommage; [einer Ansicht] professer.
Huldigung f. Hommage, m. : *Huldigungseid*, m., Serment de fidélité.
huld||**reich** a., **-voll** a. Gracieux, euse.
hülfe. V. *helfen**. ||f. V. *Hilfe.*
Hülle f. (hule). Enveloppe : *irdische* [*sterbliche*] *Hülle,* dépouille mortelle. ||[Kleidung] Vêtement, m. ||[Schleier] Voile, m.
hüllen tr. Envelopper, voiler. ||[bedecken] Couvrir*.
Hüls||**e** f. (hulze). Cosse. ||**-enfrucht,** ¨**e** f. Légumineuse; m. pl. légumes secs. ||[v. Knoblauch usw.] Gousse. ||[am Gewehr] Douille.
hüls||**en** tr. Écosser. ||**-ig** a. (ig). Légumineux, euse.
human a. (houmâne). Humain, e.
Humaniora pl. (*iô*-). Humanités.
humanisieren tr. (*î*ren). Humaniser.
Humanist, -en, -en m., **-istisch** a. (*i*st-). Humaniste.
humanitär a. (têr). Humanitaire.
Humanität f. (tête). Humanité.
Hummel f. (*hou*mel). Bourdon, m.
Hummer m. ④. Homard.
Humor|| m. (houmôr). Humeur, f. ||[lustiger] Humour. ||**-eske** f. Conte humoristique, m. ||**-ist, -en, -en** m. Humoriste.
humoristich a. (ist-). Humoristique.
humpeln intr. (houmpeln). Aller* clopin-clopant.
Humpen m. ④ (houmpen). Hanap.
Humus m. ④ (houmouss). Humus.
Hund, ¨**in** m. ①, f. (hount, -d-, hundìn). dim. *Hündchen,* n. ④. Chien, chienne. ||[in d. Kinderspr.] Toutou, m. : *bekannt wie der bunte Hund,* connu comme le loup blanc. ||*Hunde...* (hounde), *Hunds...*, ...de chien : *hunde*||*artig,* a., canin, e; *-brot,* n., pain [m.] pour chiens; *-hütte,* f., niche; *-kälte,* f., *fam.* froid de chien *ou* de loup, m.; *-stall,* m., chenil; *-wetter,* n., *fam.* temps de chien, m.
hundert num. (hounndert). Cent : *etwa hundert, an die hundert,* une centaine; *zwei-, dreihundert,* deux cents, trois cents; *dreihundertzehn,* trois cent dix. ||n. ①. Cent, m., centaine, f. : *zu Hunderten,* par centaines; *fünf vom Hundert,* cinq pour cent.
Hunderter m. ④. Chiffre cent.
hundert||**erlei** adv. Cent sortes de, de cent sortes. ||**-fach** a. (fach), **-fältig** a. (fêltig). Centuple. ||**-gradig** a. (*â*dig). Centigrade. ||**-jährig** a. (ièrig). Centenaire : *hundertjährige*[*r*] *Greis, in,* centenaire, m. et f. ||[Baum usw.] Séculaire.
Hundert||**ste** [*der, die, das*] (houndertste). Le [la] centième. ||**-stel** n. ④. Centième, m.
hundert||**stens** adv. (stens). Centièmement. ||**-tägig** a. (têgig). De cent jours. ||**-tausend** (taosent, -d-). Cent mille. ||**-teilig** a. (taèlig). Centésimal, e. ||**-weise** adv. Par centaines.
hündisch a. De chien. ||[schamlos] Cynique. ||[kriechend] Rampant.
Hunds||**fott** m. ②. *Fam.* Coquin, canaille, f. ||**-stern** m. Sirius. ||**-tage** m. pl. Canicule, f. ||**-wut** f. Rage.
Hüne -n, -n m. (hûne). Géant.
Hun||**ger** m. (hounger). Faim, f. ||**-gerleider** m. ④. Meurt-de-faim, unv. ||**-gerlohn** m. Salaire de famine. ||**-gersnot** f. Famine.
hun||**gern** intr. Avoir* faim. ||impers. : *es hungert mich,* j'ai faim; *sich zu Tode hungern lassen**, se laisser mourir de faim. ||**-grig** a. Affamé, e.
Hunne, -n, -n m. (houne). Hun.
Hupe f. (hoûpe). Trompe, corne. ||[auf Schiffen] Sirène.
hupen. Corner.
hüpfen intr. (hup). Sautiller.
Hüpfen n. Sautillement, m.
Hürde f. (hurde). Claie. ||[für Schafe] Parc, m. : *Hürdenrennen,* n. ④, course d'obstacles, f.
Hure f. (hoûre). Prostituée.
hurra! interj. (houra). Hourra!
hurtig a. (hour). Prompt, e.
Husar, -en, -en m. (houzâr). Hussard.
husch||! interj. (housch). Vite!, *fam.* crac! ||**-en** tr. *Fam.* Chiper. ||intr. [*sein*]. Se glisser rapidement.
hüsteln intr. (husteln). Toussoter.
Hüsteln n. spl. Petite toux, f.

husten intr. Tousser.
Husten m. spl. Toux, f. : *den Husten haben**, être* enrhumé.
Hut[1] m. (**h**oût). Chapeau, x : *steifer Hut*, chapeau melon; *weicher Hut*, chapeau souple; *Hut ab!*, chapeau bas! ; *unter einen — bringen*, mettre d'accord. ‖Dim. *Hütchen*, n. ④; [für Flaschen usw.] Capsule, f.
Hut[2] f. spl. (**h**oût). Garde : *auf seiner Hut sein**, être* sur ses gardes.
hüten tr. (**h**ûtᵉn). [vor, *dat.*] Garder [de]. ‖[schützen] Préserver [de]. ‖[**sich**]. Se garder [de].
Hüter, in m. ④, f. (**h**ûter, ìn). Garde, m. et f., gardien, ne.
Hut‖feder f. (*fée*dᵉr). Plumet, m. ‖**-futter** n. ④ (*fou*tᵉr). Coiffe, f. ‖**-geschäft** n. (-schêft), **-macherei** f. (**ch**ᵉr*a*è). Chapellerie, f. ‖**-krempe** f. Rebord [m.] d'un chapeau. ‖**-macher** m. ④ (**ch**ᵉr). Chapelier. ‖**-schleife** f. (*a*èfᵉ). Cocarde. ‖**-stander** m. ④ (schtèndᵉr). Porte-chapeaux. ‖**-zucker** m. Sucre en pains.
Hütte f. (**h**u*t*ᵉ). Cabane. ‖[d. Bauern] Chaumière. ‖[d. Wilden] Hutte. ‖[Eisenwerk] Forge : *Hütten‖kunde*, f.; *-werk*, n., forge, f., fonderie, f.; *-wesen*, n., métallurgie, f.
Hutzel f. Pomme tapée, ratatinée; petite vieille.
Hyäne f. (**h**uênᵉ). Hyène.
Hyazinthe f. (**h**uatsìntᵉ). Jacinthe.
Hydra, ...dren f. (**h***û*-). Hydre.
Hydr‖ant m. ⑤. Prise d'eau, f. ‖**-at** n. ①. Hydrate, m.
Hydraulik f. (dr*a*ᵒ-), **hydraulisch** a. Hydraulique.
Hydro‖graphie f. (**h**i-). Hydrographie. ‖**-statik** f. (st*a*-) Hydrostatique.
hydrostatisch a. Hydrostatique.
Hydrotherapie f. Hydrothérapie.
Hygiene f. (hugi*ê*nᵉ). Hygiène.
hygienisch a. Hygiénique.
Hygrometer n. ④ (m*ée*tᵉr). Hygromètre, m.
Hymne f. (**h**umnᵉ). Hymne, m.
Hyperbel f. (**h**upèrbᵉl). Hyperbole.
hyperbolisch a. (b*ô*-). Hyperbolique.
Hypnose f. (**h**upn*ô***z**ᵉ). Hypnose.
hypno‖tisch a. Hypnotique. ‖**-tisieren** tr. Hypnotiser.
Hypnotismus m. Hypnotisme.
Hypo‖chonder m. ④ (**h**upoch*ò*ndᵉr). Hypocondre. ‖**-chondrie** f. Hypocondrie.
hypochondrisch a., **Hypochondrist, -en, -en** m. Hypocondriaque.
Hypotenuse f. (no*û***z**ᵉ). Hypoténuse.
Hypothek f. (t*ée*k). Hypothèque.
Hypothekar... (k*â*r), **-thekarisch** a., **-theken...** Hypothécaire.
Hypothese f. (t*ée***z**ᵉ). Hypothèse.
hypothetisch a. (t*ée*-). Hypothétique.
Hysterie f. (**h**u-r*î*). Hystérie.
hysterisch a. (t*ée*-). Hystérique.

I

I, i n. I, i, m.
Ibis m. (*î*bis). Ibis.
ich pron. pers. (i**ch**). V. GRAMM. Je. ‖[ohne Verb] Moi. ‖LOC. : *ich armer Mensch!*, malheureux que je suis! ; *ich bin's*, c'est moi; *hier bin ich*, me voici; *ich, der ich... bin*, ou *der...ist*, moi qui suis... ‖n. : *das Ich*, le moi.
Ichsucht f. (**z**oucht). Égoïsme, m.
ideal a. (é*â*l). Idéal, e. ‖n. ①. Idéal, m.
idealisieren (z*î*). Idéaliser.
Ideal‖isierung f. Idéalisation. ‖**-ismus** m. (*is*). Idéalisme. ‖**-ist, -en, -en** m. (*ist*). Idéaliste.
idealistisch a. Idéaliste.
Idée f. (id*ée*). Idée.
ideell a. (*è*l). Idéal, ale.
Iden f. pl. Ides.
identifizieren tr. (ts*î*rᵉn). Identifier.
Identifizierung f. Identification.
identisch a. (d*è*n-). Identique. ‖adv. Identiquement.
Identität f. (t*ê*te). Identité.
Ideolog‖ -en, -en m. (l*ô*k[ge]). Idéologue. ‖**-ie** f. (g*î*), Idéologie.
ideologisch a. (l*ô*-). Idéologique.
Idiom n. ① (i*ô*m). Idiome, m.
idiomatisch a. (m*â*-). Idiomatique.
Idiot, -en, -en m. (i*ô*te). Idiot.
idiotisch a. Idiot, e.

Idiotismus, ...men m. (*ismous*). Idiotisme.
Idyll n. ① (*dul*). Idylle, f.
idyllisch a. Idyllique.
Igel m. ④ (*îgel*). Hérisson.
ignorieren tr. (ig'norîren). Ignorer.
ihm, ihn, dat. et acc. de *er*.
ihnen dat. pl. de *sie*. Leur. ||*Ihnen*, à vous. ||V. GRAMM.
ihr pron. pers. : 1. Vous. ||2. dat. de *sie*. Lui [à elle]. ||V. GRAMM. ||a. poss. Son, sa, leur. ||**ihr, e.** Votre, vos. || pron. poss. *der, die, das ihre, ihrige, Ihrige,* le sien, la sienne [à elle], le leur, le [la] vôtre : *ganz der Ihrige* [*Ihre*], tout à vous; *tun Sie das Ihrige,* faites ce que vous pourrez. ||*ihrerseits, ihresgleichen, ihrethalben, -wegen, -willen* [*Ihrerseits* usw.]. V. *...seits, ...gleich, ...halben, ...wegen, ...willen.*
I. J. abr. de *im Jahre*. En [l'année]. ||**I. I. M. M.** abr. de *Ihre Majestäten*, LL. MM. (Leurs Majestés).
Iliade (*âde*). **Ilias** (*îlias*), f. Iliade.
Illuminat, -en, -en m. (ou-*nâte*). Illuminé.
illuminieren (*îren*). Illuminer. ||[Gemälde] Enluminer.
Illuminierung f. Illumination, enluminure.
Illusion f. (ou*ziône*). Illusion.
illusorisch a. (*ôrisch*). Illusoire.
Illustration f. (tsi*ône*). Illustration
illustrieren (*îren*). Illustrer.
Ilse f. (ilze). Alose. ||npr. Élise.
Iltis m. (*iltis*). Putois.
im abr. de *in dem*. V. *in*.
I. M. = *Ihre* [*ro*] *Majestät*, S. M. (Sa [Votre] Majesté).
Imbiß m. (*ìm-*). Morceau, x [à manger], collation, f. : *e. kleinen Imbiß nehmen**, faire* une légère collation; *fam.* casser la croûte.
Imker m. Apiculteur.
immatrikulieren (koulîren). Immatriculer.
Imme f. (*ime*). Abeille.
immer|| adv. (imer). Toujours : *auf immer*, pour toujours; *immer besser*, de mieux en mieux; *immer größer*, de plus en plus grand. ||**-dar, -fort** adv. Toujours, continuellement.
Immergrün n. (*ûne*). Pervenche, f.
immerhin adv. (**hìn**). Toujours, toutefois.
immer||während a. (*vêrent*, -d-). Continuel, le, perpétuel, le. ||**-zu** adv. (tsoû). Toujours, toujours plus : *immerzu!*, avance[z] toujours!
Immobiliar... (*iâr*) : ... immobilier, ère.
Immobilien pl. (*bîlien*). Immeubles, m. pl.
immunisieren (mou-*zîren*). Immuniser.
Immunität f. (*têt*). Immunité.
Imperativ m. ① (ìmpéra*tîf*). Impératif.
Imperfekt[um], ...te, *ou* **...ta** n. (*èktoum*). Imparfait, m.
Imper||ialismus m. Impérialisme. ||**-ialist, -en, -en** m., **imperialistisch** a. Impérialiste.
impfen (*impfen*). [v. Pflanzen] Greffer. ||[Pocken usw.] Vacciner.
Impf||stoff m. Vaccin. ||**-ung** f. Vaccination.
Imponderabilien pl. (im-*bîlien*). Impondérables.
im||ponieren (*îren*). En imposer [à]. ||**-ponierend** (*ent*, -d-). Imposant, e.
Import m. (*porte*). Importation, f. : *Importhändler*, m. ④, importateur.
importieren (*îren*). Importer.
impotent a. (*tènt*). Impotent, e, impuissant, e.
Impotenz f. (*ènts*). Impotence. ||[geschlecht]. Impuissance.
Imprimatur, -s n. (*âtour*). Bon à tirer, m. ||Imprimatur, m.
Improvisation f. (tsi*ône*). Improvisation.
improvisieren (*zîren*). Improviser.
Impuls m. ① (*poulse*). Impulsion, f.
impulsiv a. (*zîf*). Impulsif, ive.
imstande = *im Stande*, en état.
in prép. (ìn) [régit le *datif* en réponse à la question *wo?* et l'*accusatif* en réponse à la question *wohin?*]. Dans, en : *in dem...*, ou *im...*, dans le..., en..., au... : *im Garten sein**, être* dans le [au] jardin; *in den Garten gehen**, aller dans le [au] jardin; *in Deutschland*, en Allemagne; *in Paris*, à Paris; *im Januar usw.*, en janvier, etc. ||*im* [vor einem Infinitiv], en : *im Schreiben*, en écrivant.
Inangriffnahme f. (*àn-nâme*). Mise en œuvre.
Inanspruchnahme f. (*ânschprouch-nâme*). Réclamation, réquisition.

Inbegriff m. (ìn-if). Somme, f. ‖ [Gesamtheit] Ensemble : *kurzer Inbegriff*, abrégé, résumé.
inbegriffen adv. Inclus[ivement].
Inbetrachtnahme f. (*a*chtnâm^e^). Prise en considération.
Inbetriebsetzung f. (trîp-oung). Mise en exploitation. ‖ [v. Kraftwagen] Mise en marche.
Inbrunst f. (ìnbrounst). Ardeur, ferveur.
inbrünstig a. (ig). Ardent, e, fervent, e.
in‖dem conj. (dême). Pendant que : *indem er so sprach*, en parlant ainsi. ‖ [dadurch, daß] Par le fait que. ‖**-des, -dessen** adv. (dèss, -^e^n). Pendant ce temps. ‖ [dennoch] Cependant, néanmoins. ‖conj., = *indem*.
Ind‖ex, -e et **...dizes** m. (ìn-). Index, table, f. ‖ [wirtschaftlich] Indice.
Indian‖er, in m. ④, f. (di*â*n^e^r, ìn). ‖**-isch** a. Indien, enne.
Ind‖ien n. (*i*ndi^e^n). [L']Inde, f., les Indes, pl. ‖**-ier, in** m. ④, f. (i^e^r, ìn). Hindou, e.
indisch a. des Indes, Indien, enne.
Indigo, -s m. (ìn-). Indigo.
Indikativ m. ① (îf). Indicatif, m.
Individualität f. (doualit*ê*te). Individualité.
individuell a (douèl). Individuel, elle.
Individuum, ...uen n. (v*î*douoùme). Individu, m.
Ind‖ossament n. ① (mènt). Endossement, m. ‖**-ossant** ou **-ent, en, -en** m. (ànt, ènt). Endosseur. ‖**-ossat, -en** m. (âte). Endossé.
indossieren. Endosser.
Indossierung f. Endossement, m.
Induktion f. (douktsiône). Induction.
induktiv a. (tîf, -v-). Inductif, ive.
Industrie f. (doustrî). Industrie : *Industrie...*, industriel, le.
industriell a. s. (ièl). Industriel, elle.
Ineinander adv. pron. V. *einander*. L'un, e dans l'autre : *ineinandergreifen*, sép., s'enchaîner.
Infant, en, -en m., **in** f. (ànte, ìn). Infant, e.
Inf‖anterie f. Infanterie. ‖**-anterist, -en, -en** m. (^e^rist). Fantassin.
Infektion f. (ts*i*ône). Infection. ‖*Infektions...* : ...infectieux, euse.
Infel, Inful f. (ìnf^e^l). Mitre.
Infinitiv m. (*î*f). Infinitif.
infizieren. Infecter.
Inflation f. (tsiône). Inflation.
Influenza f. (ouèntsa). Influenza, grippe.
infolge prép. (f*o*lg^e^), *gén.* Par suite [de], en conséquence : *infolgedessen*, adv., en conséquence.
Infusion f. (fouziône). Infusion.
Ingenieur‖ m. (ìnjén*ieû*r). Ingénieur. ‖**-korps** n. (kor). Corps [m.] du génie.
Ingredienz f. (iènts). Ingrédient, m.
Ingrimm m. (ìn-). Colère concentrée, f.
Ingwer m. (ìngv^e^r). Gingembre.
Inhaber m. ④ (ìnhâb^e^r). Possesseur, propriétaire. ‖ [e. Geschäftes usw.] Chef. ‖ [v. Wechseln usw.] Porteur.
Inhaftnahme f. Arrestation.
Inhalt m. (ìnhalt). Contenu : *Inhalts‖angabe* f., sommaire, m.; *-verzeichnis*, n., table des matières, f.; *inhalt‖leer, -los*, a., vide, sans valeur. ‖ [e. Raumes] Contenance, f., capacité, f. ‖ [e. Fläche] Superficie, f., aire.
inklusive adv. (ouzîv^e^). Inclusivement.
inkognito adv. (ìnk*ô*g'nito). Incognito.
In‖kraftsetzung f. (kr*a*ftzètsoung). Mise en vigueur. ‖**-krafttreten** n. (tr*é*et^e^n). Entrée en vigueur, f.
Inkunabel f. Incunable, m.
Inlage, = *Einlage*.
In‖land n. (ìnlànt, -d-). Intérieur, m. [d'un pays]. ‖**-länder, in** m. ④, f. (ìnlènd^e^r, ìn), **inländisch** a. Indigène.
In‖laut m. (ìnla^o^t). Son médial. ‖**-let[t]** n. Taie [d'oreiller] f.
inliegend a. (ìnlîg^e^nt, -d-). Ci-inclus, e.
inmitten prép. (m*i*). Au milieu [de].
in‖ne adv. (in^e^). Dedans : *mitten inne*, en plein milieu. ‖préf. *séparable accentué* [même sens] : *inne‖-haben*, occuper; [besitzen] posséder; *-halten**, tr., observer; intr., s'arrêter, faire* une pause; *-haltung*, f., observation; *-werden**, intr., s'apercevoir* de, reconnaître*. ‖**-nen** adv. Dedans, à l'intérieur. ‖*Innen...*, ... intérieur, e : *Innensteuer..*, ... à

conduite intérieure. ||**-ner** a. Intérieur, e : *Innerafrika*, n., [l']Afrique centrale, f. ||[v. Krankheiten] Interne. ||[Gedanke, Gefühl] Intime : *im innersten Herzen*, au fond du cœur. ||*das Innere*, l'intérieur, m. : *im Innern*, à l'intérieur, ||*innerhalb*, prép. [*gén.*] à l'intérieur [de] : *innerhalb dreier Tage*, dans [les] trois jours. ||*innerlich*, a., intérieur, e. ||[Krankheit] Interne. ||adv. Intérieurement, en soi-même. ||**-nig** a. Intime. ||[aus d. Herzen] Profond, e; *sich — freuen*, se réjouir du fond du cœur. ||*Innigkeit*, f., sentiment [m.] profond, intime.

Innung f. (oung). Corporation.

inokulieren. Inoculer.

Inquisit||ion f. (kvi-tsiône). Inquisition. ||**-or, ...oren** m. (îtor, ...tôr^e^n). Inquisiteur.

inquisitorisch a. (tô-). Inquisitorial, e.

ins, = *in das.* ||*insbesondere*, adv.; en particulier, particulièrement; *insgeheim*, adv., en secret, secrètement; *-gemein*, adv., communément, généralement; *-gesamt*, adv., tous ensemble, en tout.

Insasse, -n, -n m. (ìn-). Habitant. ||[e. Wagens] Voyageur.

Inschrift f. (ìn). Inscription.

Insekt, -en n. (sèkt). Insecte, m. : *Insekten||fresser*, m. ④, insectivore; *-kunde*, f., *-lehre*, f., entomologie; *-pulver*, n. ④ (poulf^e^r), poudre [f.] insecticide; *-töter*, m. ④ (teût^e^r), insecticide.

Insel|| f. (înz^e^l). Ile. ||**-bewohner** m. (ôn^e^r). Insulaire. ||**-chen** n. ④ (ch^e^n). Ilot, m. ||**-meer** n. Archipel, m. ||**-perron** m., **-steig** m. Refuge.

Inserat n. ① (ìnzerâte). Insertion, f., annonce, f.

inserieren (îr^e^n). Insérer.

insofern conj. En tant que.

insolvent a. (ènt), Insolvable.

Insolvenz f. Insolvabilité.

insonderheit = *insbesondere*. V. *in*.

Ins||pektion f. (tsiône). Inspection : *Inspektionsreise*, f., tournée d'inspection. ||**-pektor, -oren** m., **in** f. (pèktor, ôr^e^n, ìn). Inspecteur, trice.

inspizieren (tsîr^e^n). Inspecter.

instand préf. sép. (schtànt). En état : *Instand||haltung*, f., *-setzen*, n., *-setzung*, f., mise en [bon] état, f., maintien en bon état, m.

inständig a. (ìnschtêndig). Instant, e, pressant, e : *inständige Bitte*, f., instance. ||adv. Instamment.

Ins||tändigkeit f. (ka^è^te). Vive[s] instance[s], [pl.]. ||**-tanz** f. (tànts). Instance.

Ins||titut n. ① (toûte). Institut, m. ||[Erziehungsanstalt] Pensionnat, m. ||**-titution** f. (tsiône). Institution.

Instrument n. ① (oumènt). Instrument, m.

instrumental a. (âl). Instrumental, e.

Insurgent, -en, -en m. (ourgènt). Insurgé.

inszenieren (ìnstsenîr^e^n). Mettre* en scène.

Inszenierung f. Mise en scène.

integr||al a. ① (âl). Intégral, e. ||**-ieren** (îr^e^n). Intégrer. ||n. Intégration, f.

Integrität f. (tête), Intégrité.

Intend||ant, -en, -en m., **in** f. (èndant, ìn). Intendant, e. ||**-antur** f., **-anz** f. (oûr, ànts). Intendance.

interessant a. (ànt). Intéressant, e.

Interess||e, -n n. (èss^e^). Intérêt, m. : *Interesse haben** [an, *dat.*], avoir* intérêt [à]; *es liegt in Ihrem Interesse*, il est de votre intérêt. ||**-ent, -en, -en** m., **in** f. (ènt, ìn). Intéressé, e.

interessieren (îr^e^n) [für]. Intéresser [à].

Interim, -s n. (ìm). Intérim, m.

interimistisch a. (mis-). Intérimaire. || adv. Par intérim.

Internat n. ① (âte). Internat, m.

international a. (tsionâl). International, e.

internieren (nîr^e^n). Interner.

Internierung f. Internement, m.

Inter||pellant, -en, -en m. (lànt). Interpellateur. ||**-pellation** f. (tsiône). Interpellation.

interpellieren (îren). Interpeller.

interpretieren (tîr^e^n). Interpréter.

interpunktieren. Ponctuer.

Interpunktion f. (tsiône). Ponctuation.

intim a. (îm). Intime.

Intimität f. (tête). Intimité.

intolerant a. (ànt). Intolérant, e.

Intoleranz f. (ànts). Intolérance.

intransitiv a. (îf, -v-). Intransitif, ive.

Intransitivum, -ve ou **-va** n. (voum) Verbe [m.] intransitif.
Inumlaufsetzen n. (in*oum*la°fzètz°n). Mise [f.] en circulation.
Invent‖**ar** n. ① **-ur** f. (èntâr, -toûr). Inventaire, m.
inventarisieren. Inventorier.
Inventurausverkauf m. Vente [f.] de soldes.
Inversion f. (iône). Inversion.
inwendig a. (ìnvèndig). Intérieur, e.
in‖**wiefern** adv. (vîfèrn), **-wieweit** adv. (va°te). Dans quelle mesure, jusqu'à quel point.
Inwohner m., = *Einwohner*.
inzwischen adv. (tsvisch°n). Entre temps, en attendant. ‖[bis dahin] Jusque-là.
ird‖**en** a. (ird°n). De terre. ‖**-isch** a. Terrestre.
irgend‖ adv. (irg°nt). Quelconque : *irgend ein* ..., *-welche[r]*, un[e] ... quelconque, n'importe quel[le]...; *irgend jemand* [*irgend etwas*], n'importe qui [quoi], une personne [chose] quelconque. ‖**-wie** adv. (vî). D'une manière quelconque. ‖**-wo** adv. (vô). Quelque part, n'importe où ‖**-woher** adv. (hèr). D'un lieu quelconque. ‖**-wohin** adv. (hìn). Vers un lieu quelconque.
Iridium, -s n. (rîdioum). Iridium, m.
Iris f. (îris). Iris, m.
irisch a. (îr-). Irlandais, e.
Ir‖**land** npr. n. (lànt, -d-). [L']Irlande, f. ‖**-länder, in** m. ④, f. (lènd°r, ìn). Irlandais, e.
irländisch a., = *irisch*.
Ironie f. (nî). Ironie.
iron‖**isch** a. (rô-). Ironique. ‖adv. Ironiquement. ‖**-isieren** (zîr°n). Ironiser.
irrational a. (nâl). Irrationnel, le.
irr‖**e** a. (ir°). Égaré, e. ‖[geistig gestört] et a. s. Fou, olle, aliéné, e : *Irren*‖*anstalt*, f., *-haus*, n. ②, établissement, m., maison de fous [d'aliénés], f.; *Irrenarzt*, m., médecin aliéniste. ‖f. Fausse route. ‖*Fig.* Égarement, m. ‖Préfixe *séparable* : *irre*‖*fahren**, s'égarer; *-führen*, égarer; *fig.* induire* en erreur; *-gehen**, s'égarer; *-machen*, dérouter, déconcerter; *-reden*, radoter; im [Fieber] divaguer, être* en délire; *das Irrereden*, le délire; *-werden**, perdre contenance, se troubler; [an, *dat.*] être déconcerté [par]. ‖**-en** intr. Errer. ‖[sich verirren] S'égarer. ‖*Fig.* Être* dans l'erreur, se tromper. ‖tr. Troubler, déconcerter : *laß dich's nicht irren*, que cela ne te trouble pas. ‖réfl. : *sich irren* [*in, dat*], se tromper [de]. ‖n. Erreur, f.
Irr‖**fahrt** f. (fârt). Course vagabonde. ‖**-gang** m. (gàng). Faux chemin, labyrinthe. ‖**-garten** m. Labyrinthe. ‖**-glaube** m. spl. (a°b°). Hérésie, f.
irr‖**gläubig** a. (œübig). Hérétique. ‖**-ig** a. (ich). Erroné, e, faux, ausse : *irrigerweise*, adv., par erreur.
Irr‖**lehre** f. Hétérodoxie. ‖**-licht** n. (licht). Feu follet, m. ‖**-sal** n. ① (zâl). Erreur, f., égarement, m. ‖**-stern** m. (schtèrn). Comète, f. ‖**-tum** m. ② (toûm). Erreur, f. *Irrtum vorbehalten*, sauf erreur.
irrtümlich a. (lich). Erroné, e. faux, ausse. ‖adv. et *irrtümlicherweise*, par erreur.
Irr‖**ung** f. (oung). Erreur. ‖**-wahn** m. (vân). Erreur d'opinion, f. ‖[Vorurteil] Préjugé. ‖[Wahnsinn] Démence, f. ‖**-weg** m. (véeg). Faux chemin. ‖**-wisch** m. V. *Irrlicht*.
Ischias f. (isch). Sciatique.
Isegrim m. (is°grìm). Isengrin [loup]. ‖*Fig.* Grognon.
Islam m. (àm). Islam.
Is‖**land** npr. n. (islànt). [L']Islande, f. ‖**-länder, in** m. ④, f. Islandais, e; *isländisch*, a., islandais, e.
Isolator m. Isolateur.
isolieren (îr°n). Isoler : *isoliert*, p. a., isolé, e; *Isoliertheit*, f., *Isolierung*, f., isolement, m.
Isolierglocke f. Isolateur, m.
Israel‖ n. (îs-). Israël, m. ‖**-it, -en, -en** m., **in** f. (ît, ìn). Israélite, m. et f. : *israelitisch*, a., israélite.
iß, issest, ißt. V. *essen**.
ist. V. *sein**.
Ist‖**Bestand** m. (schtànt, -d-). Inventaire. ‖**-einnahme** f. (a°n-m°). Recette effective.
Isth‖**mus, ...men** m. (istmous). Isthme.
Ital‖**ien** n. (itâli°n). [L']Italie, f. ‖**-iener, in** m. ④, f. (iéen°r, ìn). Italien, ne. ‖*italienisch*, a., italien, ne; *italisch*, a. (tâ-) italique.

J

J, j n. (iòt). J. j. m.

ja adv. (ya). Oui : *ja doch,* mais oui; *ja freilich,* oui sans doute; *jawohl,* oui certainement; *ich sage* [*ich glaube*] *ja,* je dis [je crois] que oui; *etwas mit ja beantworten,* répondre affirmativement; *ich sagte es ja,* je le disais bien; *da bist du ja!,* tiens, te voilà! *das ist ja schrecklich!,* mais c'est affreux!; *kommen* Sie ja wieder,* ne manquez pas de revenir*; *mache dich fertig, ja?* apprête-toi, n'est-ce pas?; *denken Sie ja nicht, daß...,* n'allez pas croire* que...; *vergiß es ja nicht,* surtout ne l'oublie pas; *Sie wissen ja, daß...,* vous savez bien que... ‖[sogar] Même, et même : *ich war froh, ja entzückt,* j'étais content, et même ravi. ‖n. Oui, m., consentement, m.

Jabruder m. ③ (broûder). Homme faible [qui consent à tout].

Jacht f. (yacht). Yacht, m.

Jack‖e f. (yake). Veste. ‖[für Frauen] Camisole. *Jackenkleid,* n., tailleur, m. ‖dim. *Jäckchen,* n. ④, veston, m.; [für Frauen] camisole, f. ‖**-ett** n. ①. Jaquette, f.

Jagd‖ f. (yâkt, -d-). Chasse. ‖*Jagd... :* ...de chasse; *Jagdanzug,* m., costume de chasse; *Jagdschein,* m., permis de chasse. ‖**-bezirk** m. (tsirk), **-gehege** n. (géhéege). Chasse, f. [réservée]. ‖**-hüter** m. ④ (hûter). Garde-chasse. ‖**-reiter** m. ④ (raèter). Piqueur. ‖**-revier** n. (réfîr). Chasse, f. [réservée]. ‖**-stück** n. (schtuk). Chasse, f. [tableau]. ‖**-tasche** f. Gibecière. ‖**-wesen** n. (véezen). Vénerie, f. ‖**-zug** m. Chasse, f.

jagen tr. (yâgen). Chasser. ‖*Fig. : einem den Degen durch den Leib jagen,* passer l'épée au travers du corps à qn; *einem eine Kugel durch den Kopf jagen,* brûler la cervelle à qn ‖intr. Chasser. ‖*Fig.* [sehr eilen] Courir*, galoper. ‖n. Chasse, f.

Jäger m. ④ (yêger). Chasseur.

Jaguar m. ① (yâ). Jaguar.

jäh a. (yê). Escarpé, e, abrupt, e. ‖*Fig.* [plötzlich] Rapide, soudain, e.

Jähe f. Forte déclivité. ‖*Fig.* Rapidité, soudaineté.

jählings adv. (lìngs). Brusquement, soudainement.

Jahr n. ① (yâr). An, m., année, f. : *bei Jahren sein*,* être* avancé en âge; *ein Jahr ums andere,* tous les deux ans; *heute übers Jahr,* dans un an d'ici; *im Jahre 1700,* en [l'an] 1700; *in den besten Jahren,* à la fleur de l'âge; *in die Jahre kommen*,* avancer en âge; *mit den Jahren,* avec l'âge; *seit Jahr und Tag,* depuis bien longtemps; *vor Jahren,* il y a des années.

jahraus adv. (aoss) : *jahraus, jahrein,* bon an mal an.

Jahrbuch n. ② (boûch). Annuaire, m. ‖pl. Annales, f. pl.

jahrelang a. (relàng). Qui dure des années. ‖adv. Pendant des années.

Jahres‖... : ...de l'année : *Jahresabschluß,* m., fin [f.] de l'année. ‖Annuel, elle : *Jahresbericht,* m., rapport annuel. ‖**-fest** n. Fête anniversaire, f. ‖**-frist** f. Espace [m.] d'un an : *nach Jahresfrist,* au bout d'un an. ‖**-tag** m. (tâg). Anniversaire. ‖**-zahl** f. (tsâl). Millésime, m. ‖**-zeit** f. (tsaète). Saison.

Jahr‖gang m. (gàng). [v. Zeitschriften] Année, f. ‖[v. Rekruten] Classe, f. ‖[v. Weinen] Récolte, f. ‖**-hundert** n. ① (houndert). Siècle, m. : *jahrhundertlang,* a., qui dure des siècles; adv. pendant des siècles.

jähr‖ig a. (yêrig). D'un an : *...jährig : ein-, zweijährig, langjährig* usw., d'un an, de deux ans, de longues années, etc. ‖**-lich** a. (yêrlich). Annuel, elle : *dreimal* —, trois fois par an.

Jährling m. (lìng). Animal domestique d'un an.

Jahr‖markt m. Foire, f. ‖**-zeh[e]nt** n. ① (tséent). Période [f.] de dix ans.

Jähzorn m. (tsorn). Colère subite, f., emportement.

jähzornig a. (nig). Emporté, e, irascible.

Jakob|| m. (yâkôp). Jacques. ||[bibl.] Jacob : *der Jakobstag* ou *Jakobitag,* la Saint-Jacques. ||**-iner** m. ④ (bîner), **jakobinish** a. Jacobin.

Jamaika n. (yamaïka). Jamaïque, f.

Jammer m. (yamer). Grande misère, f. ||[Not] Détresse, f. ||[Klage darüber] Lamentations, f. pl.

jämmerlich a. (yèmerlich). Lamentable, pitoyable.

jammern intr. Se lamenter, gémir. ||tr. Faire* pitié à. ||n. Lamentations, f. pl.

Jammer||**schade** f. (schâde). Grand dommage, m. ||**-tal** n. (tâl). *Fig.* Vallée de larmes, f.

jammervoll a. (fòl) = *jämmerlich.*

Janitschar, -en, -en m. (ya-tschâr). Janissaire.

Jänner [rare] m. (yèner), **Januar** m. (yanouâr). Janvier.

Japan|| npr. n. (yâpàn). [Le] Japon. ||**-er, in** m. ④, f. (pâner, ìn). Japonais, e. ||*japanisch,* a., japonais, e.

Jasmin m. (yasmîne). Jasmin.

Jaspis m. (yaspiss). Jaspe.

jaspisfärbig a. (big). Jaspé, e. .

jäten (yêten). Sarcler.

Jäthacke f. (hake). Sarcloir, m.

Jauche f. (yaoche). Purin, m.

jauchzen (tsen). Pousser des cris de joie. ||n. spl. Cris de joie, m. pl.

Java|| npr. n. (yâva). Java, f. ||**-ner, in** m., f. (vâner, ìn). Javanais, e.

jawohl adv. (vôl). Oui [certainement].

Jawort n. ② (yâvort). Consentement, m.

je, jemals adv. (yée-). 1. Jamais [sans négation] : *von jeher,* de tout temps. ||2. De [à, pour] chaque [chacun] : *je zwei Stück,* deux pièces de chaque; *je zwei und zwei,* deux à deux. ||*je nach den Umständen,* selon les circonstances; *je nachdem,* selon, selon que. ||[vor einem Komparativ] D'autant, plus..., plus... : *je mehr,* d'autant plus; *je eher, je [desto] lieber,* le plus tôt sera le mieux. ||PROV. *je lieber das Kind, je schärfer die Rute,* qui aime bien châtie bien.

jed||**enfalls** adv. (yéedenfals). En tout cas. ||**-er, -e, -es** a. ind. Chaque : *ohne jeden Zweifel,* sans aucun doute. ||pron. Chacun, e : *jeder, der...,* quiconque; *jedem das Seine,* à chacun le sien; *alle und jede,* tous sans exception. ||*jedermann,* pron. ind., tout le monde; *jederzeit,* adv., en tout temps, toujours; *jedesmal,* adv., chaque fois; *jedesmalig,* a., de chaque fois, du moment.

jedoch adv. (yédoch). Cependant, toutefois.

jedweder, jeglicher = *jeder.*

jeher : *von jeher.* V. *je.*

Jelängerjelieber n. (lèngeryélîber). Chèvrefeuille, m.

jemals (yéemâls). V. *je.*

jemand pron. ind. (yéemànt, -d-). Quelqu'un; *sonst jemand,* quelque autre [personne]; *ein gewisser Jemand,* une certaine personne. V. GRAMM.

jemine! (yéeminé). O mon Dieu!

jen||**er, -e, -es** a. dém. (yéener). [V. GRAMM.] Ce [cet, cette, ces] ...-là : *an jenem Tage,* ce jour-là; *in jener Welt,* dans l'autre monde. ||pron. dém. Celui-là, celle-, ceux-, celles-là : *wie jener sagt,* comme dit l'autre; *dieser und jener,* tel et tel. ||**-es** n. Cela : *bald dieses, bald jenes,* tantôt ceci, tantôt cela. ||**-seit**[**s**] adv. et prép. (zaèts). De l'autre côté, au-delà. ||subst. n. : *das Jenseits,* l'au-delà, l'autre monde; *jenseitig,* a., qui est de l'autre côté.

Jerusalem npr. n. (yéroûzalèm). Jérusalem, m.

Jesaias m. (yésaiass). Isaïe .

Jesuit, -en, -en m. (yézouite). Jésuite.

jesuitisch a. Jésuitique. ||adv. Jésuitiquement.

Jes||**uitismus** m. (ìs). Jésuitisme. ||**-us** m. (yéezouss). Jésus : *Jesus Christus,* Jésus-Christ.

Jett n. (djètt). Jais, m.

jetz||**t** adv. (yètste). A présent, maintenant. ||[in d. Vergangenheit] Alors. ||LOC. *jetzt eben,* à l'instant même, juste en ce moment; *bis jetzt,* jusqu'ici; *von jetzt an,* désormais; *jetzt..., jetzt...,* tantôt..., tantôt. ||*Jetztzeit,* f. (tsaèt), temps présent, m., présent, m. ||**-ig** a. (ig). Actuel, le.

jeweilig a. (vaèlig). De chaque fois, du moment.

Jobb‖**er** m. ④ (yob^er). Agioteur, tripoteur. ‖**-erei** f. (a^è). Agiotage, m., tripotage, m.

jobbern intr. Agioter.

Joch n. ① (yoch). Joug, m. ‖[Ackermaß] Arpent, m. ‖[e. Berges] Col, m.

Jod n. (yôte, -d-). Iode, m. ‖*Jod...* Iodure de... : *Jodverbindung*, f., iodure, m.; *Jodkalium*, n., iodure de potassium, m.; *Jodtinktur*, f., teinture d'iode.

jodeln intr. (yôd^eln). Chanter à la tyrolienne, iouler.

Joghurt n. (iôgourt). Yaourt, m.

Johann‖, **a** m., f. (yohàn, a). Jean, anne. ‖**-es** m. (^es). Jean : *Johannes der Täufer*, saint Jean-Baptiste. ‖**-i** dat. : *zu Johanni*, à la Saint-Jean. ‖**-is** gén. : *Johannis*‖*beere*, f., groseille; *-beerstrauch*, m., groseillier; *-berger*, m., vin de Johannisberg; *-brot*, n., caroube, f.; *-feuer*, n., feu [m.] de la Saint-Jean; *-tag*, m., [la] Saint-Jean.

johlen. Crier [joyeusement].

Jolle f. (yòl^e). Yole, nacelle.

Joppe f. (yop^e). [ehemals] Casaquin, m. ‖[jetzt] Veston, m.

Josef m. (yôzef). Joseph.

Jot n. (yott). [Lettre] j, m.

Journal‖ n. ① (journâl). Journal, m. ‖**-ist, -en, -en** m. Journaliste. ‖**-istik** f. (is-). Journalisme, m.

jr. Abr. de *junior*.

Jubel m. spl. (yoûb^el). Allégresse, f., joie bruyante, f. ‖[Frohlocken] *Fam.* Jubilation, f. ‖*Jubelfeier*, f., *-fest*, n. Jubilé, m.

jubeln (yoû). Pousser des cris d'allégresse. ‖*Fam.* Jubiler.

Jubiläum, ...äen n. Jubilé, m.

jubilieren. V. *jubeln*.

juch! juchhe! interj. (youchhée). Hourra!

Juchten m. Cuir de Russie. ‖a. En cuir de Russie.

jucken (youk^en). Démanger. **[sich]** Se gratter. ‖n. spl. Démangeaison, f. ‖*Med.* Prurit.

Jud‖**äa** npr. n. (youdéa). [La] Judée, f. ‖**-aismus** m. (aïsmouss). Judaïsme. ‖**-e, -n, -n** m., **¨in** f. (yoûd^e, ìn). [als Volksname] Juif, ive : *der ewige Jude*, le Juif errant. ‖[sonst] Juif, ive : *Judenfeind*, m., antisémite; *Judenschaft*, f., juiverie, les Juifs; *Judentum*, n., judaïsme, m.; *Judenviertel*, n. ④, quartier [m.] juif; ghetto, m. ‖ **¨elei** f. (yûd^ela^è). Juiverie.

jüd‖**eln** (yûd^eln). Faire* le juif. ‖[in d. Sprache] Parler le jargon juif. ‖**-isch** a. (yûdisch). Juif, ive. ‖[v. Einrichtungen] Judaïque. ‖adv. En juif.

Jugend‖ f. (yoûg^ent). Jeunesse. ‖PROV. *Jugend muß austoben*, il faut que jeunesse se passe. ‖**-alter** n. (alt^er). Jeune âge. ‖**-blüte** f. Éclat (m.), fleur de l'âge (f.). ‖**-freund** m. (frœünt, -d-). Ami d'enfance. ‖[d. Jugend] Ami de la jeunesse. ‖**-frische** f. Verdeur. ‖**-herberge** f. Auberge de la jeunesse.

jugendlich a. (lich). Juvénile : *die Jugendlichen*, les jeunes, les jeunes gens.

Jugend‖**lichkeit** f. Juvénilité. ‖**-schrift** f. Livre pour la jeunesse, m. ‖**-streich** m. (schtra^èch). Fredaine, f.

Julchen n. (yoûlch^en). Juliette, f.

Juli m. Juillet.

Jul‖**ia, -ie** f. Julie. ‖**-ian** m. (iân^e). Julien. ‖**-ius** m. (ious). Jules.

jun. Abr. de *junior*.

jung‖, **¨er, ¨est** a. (young, -ng-). Jeune. ‖[Bier, Gemüse] Nouveau, x. elle : *junges Blut*, jeunesse; *Jung und Alt*, jeune et vieux; *wieder jung machen, werden**, rajeunir, tr. et intr. ‖a. s. : *das Junge*, le petit [d'un animal]; *Junge werfen*, bekommen**, faire* des petits, mettre* bas. ‖compar. *jünger* (yung^er). Plus jeune : *mein jüngerer Bruder*, mon frère cadet. ‖superl. [der, die, das] *jüngste*, le [la] plus jeune. ‖[v. Dingen] Récent, e, dernier, ère : *der jüngste Tag, das jüngste Gericht*, le jugement dernier. ‖*jüngst*, adv., dernièrement, récemment.

Jung‖**brunnen** m. (oun^en). Fontaine de Jouvence, f. ‖**-e, -n, -n** m. Garçon ‖*Fam.* Gamin. ‖[Jüngling] Jeune homme. ‖ **¨er** m. ④ (yung^er). Disciple.

Jungfer f. (f^er). Fille ‖[Fräulein] Demoiselle. ‖Vierge ‖ *Jungfernöl*, n., huile vierge, f.

jüngferlich a. (yung-lich). Prude : *Jüngferlichkeit*, f., pruderie.

Jungfrau f. (fra°). Vierge : *die heilige Jungfrau,* la sainte Vierge.
jungfräulich a. (frœülich). Virginal, e. ‖*Fig.* [keusch] Chaste.
Jung‖fräulichkeit f., **-frauschaft** f. Virginité, chasteté. ‖**-geselle, -n, -n** m. (gézèl°). Garçon, célibataire : *Junggesellenwohnung,* f., garçonnière. ‖ **"ling** m. (yungling). Jeune homme, adolescent : *Jünglingsalter,* n., adolescence, f.
Juni m. (yoûni). Juin.
junior a. inv. Jeune, cadet : *Becker junior,* Becker fils.
Junker m. ④ (younk°r). Jeune gentilhomme, hobereau, x.
junkerhaft a. (haft). De hobereau. ‖[Aussehen] Cavalier. ‖adv. Cavalièrement.
Junkertum n. Gentilhommerie, f.
Juno f. (yoûno). Junon.
Jupiter m. (yoû). Jupiter.
Jura pl. (yoûra). Droit, m.
juridisch a. (-î-). Juridique.
Jur‖isdiktion f. (tsiône). Juridiction. ‖**-isprudenz** f. (oudènts). Jurisprudence. ‖**-ist, -en, -en** m. (ist). Juriste. ‖[Student] Étudiant en droit. ‖**-isterei** f. Jurisprudence.
juristisch a. (ist-). Juridique : *juristische Fakultät,* f., faculté de droit; *juristische Person,* f., personne civile.
Jury, -s f. (yoû) Jury, m.
just‖ adv. (youst). Justement. ‖**-ieren** (îr°n). Ajuster.
Just‖ierer m. ④. Ajusteur. ‖**-ierung** f. Ajustage, m.
Justiz f. (its). Justice : *Justizwesen,* n., justice, f.
Jute f. (yoût°). Jute m,.
Juwel‖. -s, -en m. (youvéel). Joyau, x, bijou, x : *Juwelenhandel,* m., joaillerie, f., bijouterie, f. *Juwelenhändler,* m. ④, *Juwelier* ④, joaillier.
Jux m. ① Farce, f.

K

K, k n. K, k, m.
Kabale f. (âl°). Cabale, intrigue : *Kabalenmacher,* m., intrigant.
kabbalistisch a. Cabalistique.
Kabballa f. Cabale.
Kabel n. ④ (kâb°l). Câble, m. *Kabeldepesche,* f. câblogramme, m.
Kabeljau m. ① (ia°). Cabillaud.
Kabelnachricht f. Câblogramme, m.
Kabin‖e f. (în°). Cabine. ‖**-ett** n. ① (ètt). Cabinet, m.
Kachel‖ f. (kach°l). Carreau, x de faïence, m. ‖**-ofen** m. ③ (ôf°n). Poêle de faïence.
Kadaver m. ④ (âv°r). Cadavre : *Kadaver...* : cadavérique.
Kadett‖, -en, -en m. (dètt). Cadet, élève-officier.
Käfer m. ④ (kêf°r). Scarabée, coléoptère.
Kaffee‖, -s [pl. rare; mieux :*Kaffeesorten*], m. (kafée). Café : *Kaffee mit Milch,* café au lait. ‖**-baum** m. (ba°m). Caféier. ‖**-bohne** f. (bôn°). Grain de café, m. ‖**-geschirr** n. (géschîr). Service [m.] à café. ‖**-haus** n. (ha°s). Café, m. ‖**-kanne** f. Cafetière. ‖**-klatsch** m. Commérage ‖**-maschine** f. (schîn°). Cafetière à filtre. ‖**-mühle** f. Moulin à café, m. ‖**-satz** m. Marc de café. ‖**-tasse** f. Tasse à café. ‖**-trommel** f. Brûloir à café, m. ‖**-wirt** m. Cafetier.
Kaffer, -s et **-n, -n** m. (kaf°r). Cafre. ‖*Fam.* Rustre. ‖*Kaffernland,* n., [la] Cafrerie; *kafferisch,* a., cafre.
Käfig m. (kê). Cage, f.
kahl a. Chauve.
Kahl‖heit f. (ha°t). Calvitie. ‖**-kopf** m. Tête chauve, f.
Kahm m. spl. Moisissure, f, fleurs [fpl.] de vin, de bière.
Kahn‖ m. Canot, barque, f. ‖**-fahrer** m. ④. Canotier.
Kai, -s m. (ka°). Quai.
Kaiman m. ① (ka°mâne). Caïman.
Kairo npr. n. (ka°ro). Le Caire.
Kaiser, in m. ④, f. (ka°z°r, in). Empereur, impératrice. ‖*Kaiser...* : ... impérial, e ; *Kaiseradler,* m., aigle impérial; ... des empereurs : *Kaiserschlacht,* f., bataille des empereurs.

kaiserlich a. (ich). Impérial, e : *kaiserlich gesinnt*, impérialiste; *die Kaiserlichen*, les Impériaux; *kaiserlichköniglich* (abr. **k. k.**), impérial et royal.
Kaiser‖reich n. (ra^{e}ch). Empire, m. [Etat]. ‖**-tum** n. ②. Empire, m. [régime].
Kajüte f. (yût^{e}). Cabine.
Kakadu m. ① (ka-dou). Cacatoès.
Kakao‖, -s m. (ao). Cacao. ‖**-baum** m. (ba^{o}m). Cacaotier.
Kaktus, ...teen m. (kaktouss). Cactus.
Kalauer m. ④ (kalao^{e}r). Calembour.
Kalb n. ② (kalp, -b-). Veau, x, m.
kalben. Vêler.
Kalb‖fleisch n. (a^{è}sch). Veau, m. [viande]. ‖**-leder** n. Veau, m. ‖*Kalbs...* : ...de veau : *Kalbsbraten*, m. rôti de veau.
Kaldaunen f. pl. Boyaux, m. pl. ‖[Speise] Tripes, f. pl.
Kaleidoskop n. ①. Kaléidoscope, m.
Kalender m. ④ (lènd^{e}r). Calendrier, almanach.
Kalesche f. (èsch^{e}). Calèche.
Kalfaterer m. ④ (âter^{e}r). Calfat.
kalfatern (fât^{e}rn). Calfater. ‖n. Calfatage, m.
Kali n. (kâli). Potasse, f.
Kaliber n. ④ (îb^{e}r). Calibre, m.
kalibermäßig a. De calibre.
Kalif, -en, -en m. Calife.
Kaliforn‖ien npr. n. (forni^{e}n). [La] Californie, f. ‖**-ier, in** m. ④, f. Californien, ne.
Kalium n. (kâ-). Potassium, m.
Kalk m. ①. Chaux, f. ‖*Kalk...*, ...de chaux, ...à chaux, calcaire : *Kalk‖-milch*, f., ou *-tünche*, f., *-wasser*, n., lait [m.], eau [f.] de chaux; *Kalkofen*, m., four à chaux; *Kalkstein*, m., pierre [f.] calcaire.
kalkartig a. (tig). Calcaire.
Kalkbrenner m. ④. Chaufournier.
kalkhaltig a. Calcaire.
Kalkant, -en, -en m. Souffleur [d'orgues].
Kalorie f. (rî). Calorie.
kalorisch a. (ôrisch). Calorique.
kalt, ¨er, ¨est a. (kalt, kêlt^{e}r, -t^{e}st). Froid, e : *es ist kalt*, il fait froid; *mir ist kalt*, j'ai froid; *kalt machen*, refroidir; *kalt werden**, se refroidir. ‖adv. Froidement.
kaltblütig a. (ûtig). A sang froid. ‖*Fig.* Froid, e, flegmatique. ‖adv. Avec sang-froid. ‖*Fig.* Froidement : *Kaltblütigkeit*, f., sang-froid, m., flegme, m.
Kälte f. (kêlt^{e}). Froid, m. : *zehn Grad Kälte*, dix degrés de froid. ‖*Fig.* Froideur. ‖*Kältegrad*, m., degré de froid; *Kältemaschine*, f., machine frigorifique.
Kaltsinn m. Froideur, f.
kalt‖sinnig a. Froid, e. ‖adv. Froidement. ‖**-stellen.** Limoger.
Kalvarienberg m. (vâ). Calvaire.
Kalvin‖ npr. m. (vîn). Calvin. ‖**-ismus, -,** m. Calvinisme. ‖**-ist, -en, -en** m.
kalvinistich a. Calviniste.
kam. Imp. de *kommen**.
Kamee f. (mée). Camée, m.
Kamel‖ n. ① (éel). Chameau, x, m. ‖**-führer** m. ④, **-treiber** m. ④. Chamelier. ‖**-stute** f. Chamelle.
Kamelie f. (méeli^{e}). Camélia, m.
Kamera, -s f. (ka-). [Photographie]. Appareil de prise de vues, caméra, f.
Kamerad, -en, -en m. (érâte, -d-). Camarade : *Kameradschaft*, f., camaraderie; [Kameraden] les camarades; *kameradschaftlich*, a., de bon camarade; adv. en bon camarade.
Kamilla npr. f. (mila). Camille.
Kamille f. (mil^{e}). Camomille.
Kamillus npr. m. (mîloùss). Camille.
Kamin‖ m. ① (mîne). Cheminée, f. ‖**-feger** m. ④ (féeg^{e}r). Ramoneur. ‖**-gesims** n. (gézîms). Manteau [m.] de cheminée. ‖**-gitter** n. (gitt^{e}r). Garde-feu, m.
Kamisol n. ① (zôl). Camisole, f.
Kamm m. (kàm). Peigne : *grober Kamm*, démêloir. ‖[v. Hahn, v. Bergen] Crête, f. ‖[am Helme] Cimier. ‖[am Schlüssel] Panneton.
Kämmantel m. Peignoir.
kämmen (kèm^{e}n). Peigner.
Kammer‖ f. (kam^{e}r). Chambre. ‖Dim. *Kämmerchen*, n. ④, *-lein*, n. ④, chambrette, f. ‖ **¨er** m. ④ (kèm^{e}r^{e}r). Camérier. ‖**-frau** f. (fra^{o}). Camériste. ‖**-fräulein** n. (frœüla^{è}n). Demoiselle d'honneur, f. ‖**-gericht** n. (gêricht). Cour d'appel, f. ‖**-herr, -n, -en** m. (hèr). Chambellan. ‖**-jungfer** f. (young-f^{e}r). Femme de chambre. ‖[Theater] Soubrette. ‖ **¨ling** m. (lìng) =

Kammerherr. ‖[päpstlicher] Camérier. ‖**-mädchen** n. ④ (mêtch^e^n). Femme de chambre, f.
Kammrad n. ② (râte, -d-). Roue dentée, f.
Kammwolle f. (vol^e^). Laine cardée.
Kämpe, -n, -n m. (kèmp^e^). Champion.
Kampescheholz n. (pèsch^e^holts). Bois de campêche, m.
Kampf m. (kàmpf). Combat. ‖[Ringen] Lutte, f.
kampfbereit, -fertig a. (raèt, -ig). Prêt à combattre.
kämpfen intr. (kèmp-). Combattre, lutter.
Kämpfer m. ④ (kèmp-). Combattant.
Kampfer‖ m. (kàmpf^e^r). Camphre. ‖**-baum** m. Camphrier. ‖**-öl** n. (eûl). Huile camphrée, f. ‖**-spiritus** m. Alcool camphré.
kämpferisch a. Combatif, ive, agressif, ive.
Kampflust f. (loust). Ardeur belliqueuse.
kampflustig a. (ig). Combatif, ive.
Kampfplatz m. [Schlachtfeld] Champ de bataille.
kampfunfähig a. (*ê*ig). Incapable de combattre.
kampieren (kàmpî). Camper.
Kanad‖**a** npr. n. (k*a*). [Le] Canada. ‖**-ier, -in** m. ④, f. (*â*di^e^r, ìn). Canadien, ienne. ‖*kanadisch,* canadien, ne.
Kanal‖ **-äle** m. Canal : *der Kanal,* la Manche; *Kanalschiff* n., péniche, f. ‖**-isation** f. Canalisation, tout à l'égout.
kanalisieren (zîr^e^n). Canaliser.
Kanarienvogel m. ② (*â*ri^e^nfôg^e^l). Canari, serin.
Kandare f. (*â*r^e^). Mors, m.
Kandelzucker. V. *Kandiszucker.*
Kandid‖**at, -en, -en** m. **in** f. (d*â*te, ìn). Candidat, e. ‖**-atur** f. (*oû*r). Candidature.
kandidieren intr. Se porter candidat.
kandieren (kàndî). intr. Candir. ‖tr. Faire* candir.
Kandiszucker m. Sucre candi.
Känguruh n. ① et **-s** (kèngouroû). Kangourou, m.
Kaninchen‖ n. ④ (*i*nch^e^n). Lapin, m. : *junges Kaninchen,* lapereau, x, m. : *weibliches Kaninchen,* lapine, f. ‖**-gehege** n. Garenne, f.

Kanister m. ④ [Auto]. Bidon, m.
Kanker m. ④ (kànk^e^r). Chancre.
kann ind. prés. de *können**.
Kanne f. (kann^e^). Pot, m., broc, m. ‖[für Steinöl] Bidon, m. ‖Dim. *Kännchen,* n. ④ (kènch^e^n), canette, f. [Messe] Burette.
Kannengießer m. ④ (g*î*). Potier d'étain. ‖Politicien d'estaminet.
Kannibale, -n, -n m. (b*â*l^e^). Cannibale.
kannibalisch a. De cannibale.
kannst, kannte. V. *können**, *kennen**.
Kanon m. ① (k*a*nône). Canon [règle].
Kanon‖**ade** f. (*â*d^e^). Canonnade. ‖**-e** f. (*ô*n^e^). Canon, m. ‖*Kanonen...,* ...à canon, ...de canon. Ex. : *Kanonen*‖*futter,* n., chair à canon, f.; *-kugel,* f, boulet de canon, m.; *-schuß,* m., coup de canon; *-schußweite,* f., portée de canon. ‖**-ier** m. ① (*î*r). Canonnier, artilleur.
kanonieren (*î*r^e^n). Canonner.
Kanon‖**ikat** n. ① (*â*te). Canonicat, m. ‖**-ikus,** plur. **...ker** m. (*ô*nikouss, -^e^r). Chanoine.
kanon‖**isch** a. (*ô*nisch). Canonique. ‖**-isieren** (*î*r^e^n). Canoniser.
Kanon‖**isierung** f. (oung). Canonisation. ‖**-issin** f. Chanoinesse.
Kant‖**e** f. (kànt^e^). 1. Arête : *Kantsäule,* f., prisme, m. ‖2. Dentelle. ‖**-el** n. ④. Règle carrée, f.
kanten. Tailler [à angles], équarrir.
Kanthaken m. ④ (h*â*k^e^n). Grappin.
Kanton m. ① (kant*ô*ne). Canton.
kantonieren. Cantonner.
Kantonierung f. Cantonnement, m.
Kanu, -s n. (no*û*). Canoë, m.
Kanz‖**el** f. (kànts^e^l). Chaire : *auf der Kanzel,* en chaire. ‖**-elredner** m. ④ (réedn^e^r). Orateur sacré. ‖**-lei** f. (laè). Chancellerie, greffe, m. ‖**-ler** m. ④. Chancelier. ‖**-list, -en, en** m. (list). Greffier.
Kaolin n. (*î*ne). Kaolin, m.
Kap‖ n. ①. Cap, m. ‖**-land** npr. n. (lànt, -d-). Colonie du Cap, f. ‖**-stadt** f. (schtatt). Le Cap, m.
Kapaun m. ① (*a*^o^ne). Chapon.
kapaunen. Chaponner.
Kapell‖**e** f. (pèl^e^). Chapelle. ‖[Musikbande] Orchestre, m. ④. ‖**-meister** m. ④ (maèst^e^r). [kirchlich] Maître de chapelle. ‖[sonst] Chef d'orchestre.

Kaper[1]|| m. ④ (kâper). Corsaire. ||**-ei** f. (aè). Course [de corsaire].
Kaper[2] f. (kâper). Câpre.
kapern intr. Faire* le corsaire. ||tr. Capturer [en corsaire].
Kaperschiff n. Corsaire, m.
kapieren (îren), *fam.* Comprendre*, saisir. ||[volkst.] Piger.
kapillar... (âr) : ... capillaire.
Kapillarität f. Capillarité.
Kapital pl. **-e** ou **-ien** n. (tâl). Capital, m.; *-geber*, m., bailleur de fonds.
Kapitäl n. ① (têl). V. *Kapitell.*
kapitalisieren (zîren). Capitaliser.
Kapi||talisierung f. Capitalisation. ||**-talist, -en, -en** m. (ist). Capitaliste.
Kapitän m. ① (ên). Capitaine.
Kapitel n. ④ (pitel). Chapitre, m.
Kapi||tell n. ① (tèl). Chapiteau, x, m. ||**-tol** n. (tôl). Capitole, m.
Kapi||tulant, -en, -en m. Celui qui capitule. ||Soldat rengagé. ||**-tularien** f. pl. (ârien). Capitulaires. ||**-tulation** f. (tsiône). Capitulation. ||[v. Soldaten] Rengagement, m.
kapitulieren. Capituler. ||Se rengager.
Kaplan m. (âne). Chapelain.
Kappe f. (kappe), dim. *Käppchen,* n. ④ (kêpchen). Bonnet, m. ||[v. Männern] Casquette. ||[v. Priestern] Calotte. ||[am Mantel] Capuchon, m.
kappen. [Baume] Étêter. ||[Hähne] Chaponner.
Kapphahn m. (hâne). Chapon.
Kapriole f. (ôle). Cabriole.
Kapsel f. (kapsel). Capsule. ||[Schachtel] Boîte.
kaputt a. attr. (out), *fam.* Abîmé, e, ruiné, e, démoli, e : *kaputt machen,* abîmer, ruiner; *kaputt gehen**, s'abîmer. [Tier] Crever.
Kapuz||e f. (outse). Capuchon, m. ||**-iner, in** m. ④, f. (îner, ìn). Capucin, e.
Kar||abiner m. ④ (îner). Carabine, f. ||**-abinier** m. ④ (pron. fr.). Carabinier.
karambolieren (àm-îren). Caramboler.
Karat n. ① (âte). Carat, m.
Kar||awane f. (âne). Caravane. ||**-awanserei** f. (ànzeraè). Caravansérail, m.
Karbatsche f. (atsche). Cravache.
karbatschen. Cravacher.
Karb||id n. ① (ît, -d-). Carbure, m.; *-lampe,* f., lampe à acétylène. ||**-ol** n. (ôl). Phénol : *Karbol||säure,* f., acide phénique, m.; *-wasser,* n. (er), eau phéniquée, f.
Karbonade f. (âde). Côtelette.
Karbunkel. V. *Karfunkel.*
Kardangelenk n. (lènk). Joint [m.] de cardan.
Kardätsche f. (êtsche). Carde. ||[für Pferde] Brosse, étrille.
kardätschen. Carder, brosser.
Kardätscher m. ④. Cardeur.
Kardinal|| m. (âl). Cardinal. ||**-punkt** m. (poùnkt), **-zahl** f. Point [m.], nombre [m.] cardinal.
Karfreitag m. (kârfraètâg). Vendredi saint.
Karfunkel m. ④ (ounkel). Escarboucle, f. ||[Geschwür] Anthrax.
karg||, ¨er et **-er, ¨st** et **-st,** a. (karg) [mit]. Avare, chiche [de]. ||**-en** [mit]. Être* avare *ou* chiche [de], lésiner.
Kargheit f. (haèt). Lésinerie.
kärglich a. (kêrglich). Maigre. ||[knauserig] Mesquin, e, chiche. ||adv. Mesquinement, chichement.
Kargo, -s m. (kar). Cargaison, f.
kariert a. (îrt). A carreaux, quadrillé, e.
Karikatur f. (toûr). Caricature : *Karikaturzeichner,* m. ④. Caricaturiste.
karikieren (îren). Caricaturer.
Karl|| m. Charles : *Karl der Große,* Charlemagne; *Karl V* [der Fünfte], Charles Quint. ||**-chen** n. (chen). Charlot, m.
Karmeliter, in m. ④, f. (élîter, ìn). Carmélite, m. et f.
Karme||sin n. (zîn), **-sinrot** n. et a. (rôte). Cramoisi, e [a], carmin [m. u. a. unv.]
Karneval m. ① (nevâl). Carnaval.
Karnickel n. ④ (nìkel), *fam.* Lapin.
Karnies n. ① (nîss). Corniche, f.
Karo||, s n. (karo). Carreau, x, m. [cartes] ||**-as** n. (ass). As de carreau, m.
Karo||lina f. (lîna). Caroline. ||**-linger** m. ④ (lìnger). Carolingien.
karolingisch a. Carolingien.
Karotte f. (rote). Carotte.
Karpfen m. ④. Carpe, f.

Karre f., **-en** m. ④. Charrette, f. ‖[Schub-] Brouette, f. ‖tr. Charrier, brouetter. ‖*Karrenstrafe,* f., peine des travaux forcés; *Karrenvoll,* m. inv., charretée, f., brouettée, f.
Karriere f. (*iè*r^e^). Carrière : *Karriere reiten*,* aller* à fond de train.
Kärrner m. ④ (kêrn^e^r). Charretier.
Karst m. ①. Pioche, f. houe, f.
karsten. Piocher.
Kartätsche f. (*tê*tsch^e^). Gargousse : *mit Kartätschen schießen*,* tirer à mitraille; *Kartätschenladung,* f., mitraille.
Kart‖ause f. (*a*^o^z^e^). Chartreuse. ‖**-äuser, in** m. ④, f. (*œü*z^e^r, ìn). Chartreux, euse.
Karte f. (*kar*t^e^). Carte. ‖[Besuchs-] Carte [de visite]. ‖[Speise-] : *nach der Karte essen*,* dîner à la carte. ‖*Karten‖bild,* n., figure, f.; *-blatt,* n. ②, carte, f.; *-haus,* n., château [m.] de cartes; *-kunststück,* n., tour [m.] de cartes; *stamm,* m., talon; *-pappe,* f., carte; *-leger, in, -schläger, in,* m. ④, f., tireur, euse de cartes.
Karteikasten m. Fichier.
Kartell n. ①. Cartel, m.
Karthager m. ④ (*â*g^e^r). Carthaginois, e.
karthagisch a. Carthaginois, e.
Karthago n. Carthage, f.
Kartoffel‖ f. (*to*f^e^l). Pomme de terre : *Kartoffel in der Schale,* pomme de terre en robe de chambre. ‖**-klößchen** n. ④ (kl*eû*ss'**ch**^e^n). Croquette [f.] de pommes de terre. ‖**-quetsche** f. (kvètsch^e^). Presse-purée, m.
Karton m. ① (*tô*ne). Carton.
kartonieren (ton*î*r^e^n). Cartonner.
Kartusche f. (*ou*sch^e^). Gargousse. ‖[Einfassung] Cartouche, m.
Karussell m. ① (oussèl). Carrousel. ‖[auf Jahrmärkten] Chevaux de bois, pl.
Karwoche f. (k*â*rvo**ch**e). Semaine sainte.
Karyatide f. (*tî*d^e^). Cariatide.
Karzer m. ④ (ts^e^r). Cachot.
Käse m. ④ (k*ê***z**^e^), dim. *Käschen,* n. ④ (**ch**^e^n). Fromage, m. : *holländischer Käse,* fromage de Hollande; *Käsefabrik,* f., fromagerie; *Käsefrau,* f., marchande de fromages.
Kasematte f. (**z**^e^*ma*te). Casemate.
käsen. Se cailler.
Käserei f. (^e^r*a*^è^). Fromagerie.
Kaserne f. (*zè*rn^e^). Caserne.
kasernieren. Caserner.
Kasernierung f. Casernement, m.
käsicht (i**ch**t, **-ig** a. ig). Caséeux, euse.
Kasino n. (*zî*no). Cercle, m.
Kaskade f. (*â*d^e^). Cascade.
Kasperle, -s m. (*kas*p^e^rl^e^). Guignol.
Kaspisches Meer n. Mer Caspienne, f.
Kass‖a, ...sen f. (*ka*-). Caisse : *per Kassa,* comptant. ‖V. *Kasse.* ‖**-ation** f. (tsi*ô*ne). Cassation : *Kassationsgericht,* n., cour de cassation, f.
Kass‖e f. (*ka*ss^e^). Caisse : *Kasse machen,* faire* sa caisse. ‖*Fig. bei Kasse sein*,* être* en fonds. ‖[beim Theater] Bureau, m. ‖[bei d. Eisenbahn] Guichet, m.. ‖*Kassenbestand,* m., encaisse, f.; *Kassenbote,* m., garçon de recette; *Kassenführer,* = *Kassierer; Kassenschein,* m., bon de caisse; *Kassensturz,* m., vérification de la caisse, f.; *Kassenwart,* m., caissier. ‖**-ette** f. (*è*t^e^). Cassette. ‖[Phot.] Châssis, m.
Kassia f. Casse.
kassieren (*î*r^e^n). Casser. ‖[absetzen] Destituer.
Kassierer, in m. ④, f. (*î*r^e^r, ìn). Caissier, ère.
Kassierung f. Cassation. ‖Destitution.
Kastanie f. (*tâ*ni^e^). Châtaigne. ‖[große] Marron, m. : *Kastanien‖baum,* m., châtaignier, marronnier; *-braun,* a., châtain, unv.; *-wald,* m., châtaigneraie, f.
Kästchen. V. *Kasten.*
Kaste f. (*ka*st^e^). Caste.
kasteien (*a*è^e^n). Macérer, mortifier [le corps].
Kasteiung f. Macération, mortification.
Kast‖ell n. ① (*è*l). Château fort. ‖**-ellan** m. ① (*â*ne). Gardien.
Kasten m. ④. Caisse, f., coffre. ‖dim. *Kästchen,* n. ④ (k*è*st**ch**^e^n), cassette, f., boîte, f.

Kastil||**ianer, in** m. ④, f. (*iâ-*, *ìn*). Castillan, e. ||**-ien** npr. n. (*îlien*). Castille, f.
Kastr||**at, -en, -en** m. (*âte*). Castrat. ||**-ation** (ats*iône*), **-ierung** f. Castration.
kastrieren. Châtrer.
Kasuar m. ① (kazou*âr*). Casoar.
Kasuist||, **-en -en,** m. Casuiste. ||-ik f. Casuistique.
kasuistisch a. Casuistique.
Kasus m. ④ (*kâzous*). Cas.
Katakombe f. (*òmbe*). Catacombe.
Katalepsie f. Catalepsie.
kataleptisch a. Cataleptique.
Katalog m. ① (*ôk*). Catalogue.
katalogisieren. Cataloguer.
Katapulte f. (*poulte*). Catapulte.
Katarrh m. ① Catarrhe.
Kataster m. ④ (*aster*). Cadastre.
katastrophal a. (*fâl*). Catastrophique.
Katastrophe f. (*ôfe*). Catastrophe.
Kate||**chese** f. (*échee͡ze*). Catéchisation. ||**-chet, -en, -en** m. (*éete*). Catéchiste.
katechisieren (**chizîren**). Catéchiser.
Katechismus, ...men m. (*ismous*). Catéchisme.
Katechu n. (**chou**). Cachou, m.
Katechumen, -en, -en m. (**chou**-*méene*). Catéchumène.
Kategorie f. Catégorie.
kategorisch a. (*gô-*). Catégorique.
Kater m. ④ (*kâter*). Matou : *der gestiefelte Kater,* le Chat botté. ||*Fam.* Mal aux cheveux.
Katharina f. (*rîna*), dim. *Käthe,* f., *Käthchen,* n. (*kêt-*, -**chen**). Catherine.
Kathe||**der** m. ④ (*téeder*). Chaire, f. ||**-drale** f. (*âle*). Cathédrale.
Kathode f. (*ôde*). Cathode.
Katholik, -en, -en m., **in** f. (*ik*, *ìn*).
katholisch a. Catholique, m. et f.
Katholizismus m. (ts*i*smouss). Catholicisme.
Kattun m. ① (*toûn*). Toile de coton, f.
kattunen a. De coton.
Katze f. (*katse*). Chat, m. : *weibliche Katze,* chatte. ||dim. *Kätzchen, Kätzlein,* n. ④ (*kêtschen*, -*laèn*). Chaton, m. [auch an Sträuchern]. ||*Katzen...* (*tsen*). De chat, félin, e: *Katzenjammer,* m., *fam.,* mal aux cheveux. || LOC. *einen Katzenbuckel machen,* faire* le gros dos.
Kauderwelsch n. (*kao-*). Baragouin, m., jargon, m. ||a. : *kauderwelsches Zeug,* baragouin, m.
kauderwelschen. Baragouiner, jargonner.
kauen (*kaôen*). Mâcher : *Tabak kauen,* chiquer. ||n. Mastication, f.
kauern intr. Être* accroupi. ||[**sich**] S'accroupir.
Kauf|| m. (*kof.*). Achat : *mit in den Kauf geben**, donner par-dessus le marché. ||**-brief** m. (*îf*). Contrat de vente.
kaufen. Acheter. ||[beim Spielen] Prendre* des cartes, *fam.* piocher.
Käufer, in m. ④ f. (*kœüfer*, *ìn*). Acheteur, euse. ||[v. Gütern] Acquéreur.
Kauf||**fahrer** m. ④ (*fârer*). Patron d'un navire marchand. ||[Schiff] Navire marchand. ||**-fahrtei** f. (*fârtaè*). Marine marchande. ||**-geld** n. (*gèlt*, -*d*-). Prix [m.] d'achat. ||**-halle** f. (**hale**). Bazar, m. ||**-haus** n. ② (**haos**). Maison de commerce, f. ||**-herr, -n, -en** m. (**hèr**). Négociant. ||**-kraft** f. Pouvoir d'achat, m. ||**-laden** m. ③ (*lâden*). Magasin. ||[kleiner] Boutique, f. ||**-leute** pl. de *Kaufmann.*
käuflich a. (*kœüflich*). A vendre. ||adv. Par voie d'achat.
Kauf||**lust** f. (*loust*). Désir d'acheter, m. : *kauflustig,* a., désireux d'acheter, amateur. ||**-mann** m. pl., **-leute** (*lœüte*). Marchand, commerçant.
kaufmännisch a. (*mè-*). De commerce, commercial, e. ||[Geist] Mercantile. ||adv. En marchand.
Kauf||**preis** m. (*aès*). Prix d'achat. ||**-vertrag** m. (*fertrâg*). Contrat d'achat *ou* de vente. ||**-wert** m. Valeur marchande, f.
kaum adv. (*kaom*). A peine. ||[schwerlich] Ne...guère.
kausal a. (*kaozâl*). Causal, e.
Kausalität f. Causalité.
Kautabak m. Tabac à chiquer.
Kautel f. (*kaotel*). Précaution.
Kautschuk m. et n. ① (*ouk*). Caoutchouc, m.
Kauz m. (*kaots*). Chouette, f. ||*Fig.* [Sonderling] Original.

Kava||lier m. ① (lîr). Gentilhomme. ||[Tänzer] Cavalier. ||**-llerie** f. (l^e^rî). Cavalerie. ||**-llerist, -en, -en** (*i*st). Cavalier.

Kavatine f. (*î*n^e^). Cavatine.

Kaviar m. ① (*i*ar). Caviar.

Kebs||ehe f. (kepsée^e^). Concubinage, m. ||**-weib** n. ② (vaᵉp, -b-). Concubine, f.

keck a. Hardi, e. ||[verwegen] Audacieux, euse.

Keckheit f. (haᵉt). Hardiesse, audace.

kecklich adv. Hardiment.

Kegel|| m. ④ (k*ée*g^e^l). 1. Cône. ||[Spiel] Quille, f. ||[Druckerei] Corps [d'une lettre]. ||2. [Kind] Bâtard : *mit Kind und Kegel,* avec toute sa smala. ||**-bahn** f. (ân). Jeu de quilles, m.

kegel||förmig a. Conique. ||**-n.** Jouer aux quilles.

Kegel||schieber m., **-spieler** m., **Kegler** m. ④. Joueur de quilles.

Kehl||e f. (kél^e^). Gorge. ||[innere] Gosier, m. : *in die unrechte Kehle bekommen*,* avaler de travers. ||[an Säulen usw.] Cannelure. ||**-kopf** m. Larynx : *Kehlkopfentzündung,* f., laryngite. ||**-laut** m. (la^o^t). Son guttural.

Kehr||aus m. inv. (*a*^o^s). Dernier tour de danse. ||**-e** f. [Auto] Virage, m.

kehren (k*ée*r^e^n). 1. tr. Tourner : *einem den Rücken kehren,* tourner le dos à qn; *fig. : in sich gekehrt,* renfermé en soi-même. ||[**sich**] Se tourner. ||*Fig.* [an. *acc.*] Faire* attention à, s'occuper de. ||intr. [*sein*] Se tourner, faire* demi-tour : *rechtsum kehrt!,* demi-tour à droite!; *kehrt machen,* faire* demi-tour [volte-face]. ||2. tr. Balayer. ||[reinigen] Nettoyer.

Kehr||er, in m. ④, f. (^e^r, ìn). Balayeur, euse. ||**-icht** m. spl. (i**ch**t). Balayures, f. pl.; ordures, f. pl. : *Kehrichtkasten,* m., boîte à ordures, f.; *Kehrmaschine,* balayeuse. ||**-reim** m. (raᵉm). Refrain. ||**-seite** f. Revers, m. [opposé à avers].

keifen (k*a*ᵉf^e^n). Criailler, gronder. ||n. Criaillerie, f., gronderie, f.

Keil m. (k*a*ᵉl). Coin.

keilen. Cogner, enfoncer. ||*Fam.* Rosser.

Keilkissen n. ④. Traversin, m. [en forme de triangle].

Keim m. (kaᵉm). Germe : *Keime treiben*,* germer.

keim||en. Germer. ||n. Germination, f. ||**-frei** a. (fraᵉ). Aseptique, stérilisé.

Keimtilger m. ④ (g^e^r), **keimtötend** a. (te*û*t^e^nt, -d-), **Keimtöter** m. ④. Stérilisateur, trice.

keimwidrig a. (vîdrig). Antiseptique.

kein||, e a. ind. (kaᵉn). Aucun, e, pas de : *kein Mensch,* personne; *kein Geld,* pas d'argent; *er hat keinen Hunger,* il n'a pas faim. ||**-er, -e, -es** pron. ind. Aucun, e, pas un, e : *keiner wollte bezahlen,* personne ne voulut payer. ||*keinerlei,* d'aucune sorte; *auf keine Weise,* en aucune manière; *keinerseits,* adv. D'aucun côté, d'aucune part : *keines||falls, -wegs,* adv., en aucun cas, aucunement, pas du tout. ||**-mal** adv. (mâl). Pas une fois.

Kelch|| m. (kèl**ch**). Calice. ||**-blatt** n. Sépale, m.

Kelle f. Truelle. ||[Löffel] Grande cuiller.

Kell||er m. ④ (kèl^e^r). Cave, f. ||[kleiner] Caveau, x. ||*Keller||loch,* n. ②, soupirail, m.; *-meister,* m. ④, sommelier; *-wechsel,* m. ④, billet de complaisance. ||**-ner, in** m. ④, f. Sommelier, m., garçon, m. [de café, etc.], servante, f., fille [f.] d'auberge, de brasserie, etc.

Kelte, -n, -n m. (kèlt^e^). Celte : *keltisch,* a., celtique.

Kelter f. Pressoir, m.

keltern. Pressurer*.

kennen* (kènn^e^n). Connaître* : *kennenlernen,* sép., faire* la connaissance de. ||LOC. *sich nicht mehr vor Freude kennen*,* ne plus se sentir de joie. ||*kennbar,* a., connaissable; *kennenswert,* a., digne d'être* connu.

Kenner, in m. ④, f. Connaisseur, euse : *Weinkenner* usw., connaisseur en vins, etc.; *mit Kennermiene,* d'un air entendu. ||**-karte** f. Carte d'identité. ||**-zeichen** n. Numéro [m.] d'immatriculation.

kenntlich a. (li**ch**). Reconnaissable.

Kenntnis, -se f. (nis). Connaissance, notion : *Kenntnis erhalten** [von], avoir connaissance [de] ; *zur Kenntnisnahme,* pour [en] prendre* connaissance; *kenntnisreich,* a., très instruit, e.
Kennzeichen n. ④ (tsa^è**ch**^en). Signe [m.] distinctif, caractéristique, f.
kennzeichnen tr. Caractériser.
kentern tr. (èn). Renverser. ‖intr. [*sein*] Chavirer.
Kerami‖k f. (râ-), **-isch** a. Céramique.
Kerbe f. (kèrbe). Entaille.
Kerbel m. Cerfeuil.
kerben. Entailler.
Kerb‖tier n. (tîr). Insecte, m. ‖**-tierkunde** f. Entomologie.
Kerker‖ m. ④ (kèrk^er). Cachot, geôle, f. ‖**-meister** m. ④ (ma^èst^er). Geôlier.
Kerl m. Gaillard : *braver Kerl,* brave garçon; *armer Kerl,* pauvre diable.
Kern‖ m. Pépin. ‖[v. Steinobst] Noyau, x. ‖[v. Nüssen] Amande, f. ‖[v. Kürbissen] Graine, f. ‖*Fig.* [e. Kometen] Noyau. ‖[Bestes] Fleur, f., élite, f. ‖[e. Sache] Cœur, quintessence, f.
kernen (kèrn^en). Égrener.
Kern‖frucht f. (froucht). Fruit à pépins, m. ‖**-gehäuse** n. (geh**œüz**^e). Cœur, m. [d'un fruit]. ‖[e. Apfels] Trognon, m.
kernig a. (ig). Plein, e, de pépins. ‖*Fig.* Vigoureux, euse, énergique.
Kern‖obst = *Kernfrucht.* ‖**-punkt** m. Point essentiel. ‖**-spaltung** f. Fission nucléaire. ‖**-truppen** pl. (*ou*p^en). Troupes d'élite.
Kerze f. (kèrts^e). Bougie. ‖[Kirche] Cierge, m.; *kerzengerade,* a., droit comme un i; *zehnkerzige Lampe,* lampe de dix bougies.
Kescher ④ m. Épuisette, f., filet [m.] à papillons.
Kessel‖ m. ④ (kèss^el). Chaudron. ‖[kleiner] Marmite, f. ‖[in Maschine] Chaudière, f. ‖*Fig.* [kesselförmiges Tal] Vallée encaissée, f. ‖**-flicker** m. ④. Chaudronnier rétameur. ‖**-haken** m. (hak^en). Crémaillère, f. ‖**-macher** m. ④ (ma**ch**^er), **-schmied** m. (îte, -d-). Chaudronnier. ‖**-schmiede** f. (îd^e). Chaudronnerie. ‖**-stein** m. Tartre.
Keßler‖ m. ④ (kèssl^er). Chaudronnier. ‖**-arbeit** f. (arba^èt). Chaudronnerie.
Kett‖e f. (kètt^e). Chaîne. ‖*Kettchen,* n. ④, *Kettel,* m. ④ (**ch**^en, -^el). Chaînette, f.
kett‖eln. Attacher avec une chaîne. ‖**-en.** Enchaîner. ‖*Ketten‖brücke,* f., pont suspendu, m. ; *-glied,* n. ②, chaînon, m. ; *-naht,* f., *-stich,* m., point de chaînette, m.
Ketzer‖ m. ④ (kèts^er). Hérétique. ‖**-ei** f. Hérésie.
ketzerisch a. Hérétique.
keuchen intr. (k**œüch**^en). Haleter.
Keuchhusten m. (h*ou*st^en). Coqueluche, f.
Keule f. (kœül^e). Massue. [d. Turner] Mil, m. ‖[Stößel] Pilon, m. ‖[v. Tieren] Cuissot, m. ‖[v. Hammel] Gigot, m.
keusch a. (kœüsch). Chaste, pudique.
Keuschheit f. (ha^èt). Chasteté, pudicité.
Kichererbse f. (ki**ch**-). Pois chiche, m.
kichern. Rire sous cape.
Kiebitz m. (kîbits). Vanneau, x.
Kiefer m. ④ (f^er). Mâchoire, f. ‖f. Pin, m.
Kieke f. Chaufferette.
Kiel m. (kîl). Tuyau de plume. ‖[Schiffs-] Quille, f., carène, f.
kielen. Empenner. ‖[Schiffe] Caréner.
Kiel‖raum m. (ra^om). Fond de cale. ‖**-wasser** n. ④. Sillage, m.
Kieme f. (kîm^e). Branchie, ouïe.
Kien‖ m. (kîne). Bois résineux. ‖**-apfel** m. ③. Pomme [f.] de pin. ‖**-holz** n. Bois [m.] de pin *ou* de sapin. ‖**-ruß** m. (roûss). Noir de fumée.
Kiepe f. (kîp^e). Hotte.
Kies, -sand m. (Kîs-, zant -d-). Gravier. ‖[volkst.] Galette (argent).
kiesartig a. (ig). Graveleux, euse.
Kiesel‖ m. ④. ‖**-stein** m. Cailloux, x, silex. ‖*kiesel‖artig,* a., siliceux, euse; *-erde,* f., silice, m.
kiesig a. (ig). Graveleux, euse.
Kikeriki n. Coquerico, m.
Kilo‖ n. inv. (kîlo). Kilo, m. ‖**-gramm, -liter, meter, -watt** n. [inv. après un nombre] (lit^er,

*méet*ᵉr, *va*t). Kilogramme, m., kilolitre, m., kilomètre, m., kilowatt, m.

Kimm‖ m. [bei Schiffern] Horizon. ‖**-e** f. Bord mince, m. ‖[am Faß] Jable, m. ‖[am Helme] Entaille.

Kind‖ n. ② (k*ì*nt, -d-), dim. *Kindchen, -lein,* n. ④. Enfant, m. : *von Kind auf,* dès l'enfance; *an Kindes statt annehmen*,* adopter. ‖**-bett** n. Couches, f. pl. : *im Kindbette liegen*,* être* en couches; *Kindbettfieber,* n., fièvre puerpérale, f.; *Kindbetterin,* f., = *Wöchnerin.*

Kinder‖... (k*ì*ndᵉr). ...d'enfant, des enfants, pour enfants, enfantin : *Kinder*‖*garten,* m., jardin d'enfants; *-gärtnerin,* f., institutrice d'un jardin d'enfants; *-kleidchen,* n., vêtements d'enfant, m. pl.; *-lied,* n., chanson [f.] enfantine; *-schule,* f., école pour enfants; *-sprache,* f., langage [m.] des enfants; *-wagen,* m., voiture [f.] d'enfant. ‖**-bewahranstalt** f. (v*âr*-ànschtalt). Crèche, salle d'asile. ‖**-ei** f. (*a*ᵉ). Enfantillage, m., puérilité. ‖**-fresser** m. ④. Ogre, croquemitaine. ‖**-jahre** n. pl. (y*â*rᵉ). Années d'enfance, f. pl.

kinderleicht a. Très facile.

Kinder‖**mehl** n. (m*ée*l). Farine lactée, f. ‖**-mord** m. ①, **-mörder, in** m. ④, f. (m*œ*rdᵉr, ìn). Infanticide, m. ‖**-streich** m. (schtra*è***ch**). Enfantillage. ‖**-waage** f. (v*â*gᵉ). Pèse-bébés, m. ‖**-wäsche** f., **-zeug** n. (ts*œ*üg). Layette, f.

Kindes‖... (k*i*ndᵉs) : ...d'enfant. ‖**-alter** n. Enfance, f., bas âge, m. ‖**-annahme** f. (n*â*mᵉ). Adoption. ‖**-beine** pl., *fig.* : *von Kindesbeinen auf,* dès la plus tendre enfance. ‖**-kinder** pl. Petits-enfants. ‖**-liebe** f. (l*î*bᵉ). Amour filial, m. ‖**-mord** m., **-mörder** m., **in** f. V. *Kindermord, -mörder, in.* ‖**-nöte** f. pl. ne*û*tᵉ). Douleurs de l'enfantement.

Kindheit f. (k*i*ntha*è*t). Enfance.

kind‖**isch** a. Enfantin, e, puéril, e : *kindisch werden*,* tomber en enfance. ‖adv. et *kindischerweise.* Comme un enfant, puérilement. ‖**-lich** a. (li**ch**). D'enfant. ‖[Liebe] Filial, e. ‖[unbefangen] Naïf, ïve.

Kindschaft f. Filiation.

Kine[ma]tograph, -en, -en m. Cinématographe, cinéma.

kinematographisch a. Cinématographique.

Kinn‖ n. (k*i*nn). Menton, m. ‖**-backe[n]** f. [m. ④]. Mâchoire, f. ‖**-band** n. (b*à*nt, -d-). Mentonnière, f. ‖**-bart** m. Barbiche, f. ‖**-lade** f. Mâchoire.

Kino, -s n. **Kinotheater** n. ④. Cinéma [salle].

Kintopp m., *fam.* Ciné[ma].

Kiosk m. ①. Kiosque.

Kipf m., **Kipfel** n. ④ (k*i*pfᵉl). [Bäckerei]. Croissant, m.

Kippe f. (k*i*pᵉ) : *auf der Kippe stehen*,* être* sur le point de tomber.

kippen intr. Basculer. ‖tr. Faire* basculer, renverser.

Kippkarren m. Tombereau, x.

Kirche f. (k*i*r**ch**ᵉ), dim. *Kirchlein,* n. ④. Église, f.

Kirchen‖... (k*i*r**ch**ᵉn); ...d'église, de l'église, ecclésiastique : *Kirchen*‖*behörde,* f., autorité ecclésiastique; ‖*-gesang,* m., chant d'église, [einstimmiger] plain-chant; ‖*-wesen,* n., affaires ecclésiastiques, pl. ‖**-ältester** a. s. m. (*ê*ltᵉstᵉr). Doyen, marguillier. ‖**-bann** m. Excommunication, f. ‖[gegen Priester und Länder] Interdit. ‖**-diener** m. ④ (d*î*nᵉr). Sacristain, bedeau, x. ‖**-fahne** f. (f*â*nᵉ). Gonfalon, m., bannière. ‖**-fenster** n. ④ (f*è*nstᵉr). Vitrail, aux, m. ‖**-gebrauch** m. (gébr*a*ᵒ**ch**). Rite. ‖**-gelder** n. pl. (g*è*ldᵉr). Fabrique, f. ‖**-gemeinde** f. (gém*a*ènde). Communauté, paroissiens, pl. ‖**-gerät** n. Vase sacré, m. ‖**-heilige[r]** a. s. m., f. (**h***a*èli-gᵉr). Patron, ne [d'une église]. ‖**-konzert** n. (kontsèrte). Concert [m.] spirituel. ‖**-lehre** f. Dogme, m. ‖**-lied** n. (l*î*te, -d-). Cantique, m. ‖**-musik** f. (mouz*i*k). Musique sacrée. ‖**-ordnung** f. Liturgie. ‖**-rat** m. (r*â*te). Conseil de fabrique. ‖[bei Protestanten] Consistoire. ‖[Mitglied] Marguillier, membre du consistoire. ‖**-raub** m. (r*a*ᵒp, -b-). Vol sacrilège. ‖**-recht** n. (r*è***ch**t). Droit [m.] canon : *kirchenrechtlich,* a., canonique. ‖**-satzung** f. Canon, m. ‖**-spaltung** (schp*a*ltoung). Schisme, m. ‖**-vater** m. ③ (f*â*tᵉr). Père de

l'Église. ||**-verbesserung** f. (f^e^roung). Réforme. ||**-vermögen** n. (f^e^rmeûg^e^n). Fabrique, f. ||**-versammlung** f. (fèrzàmloung). Concile, m. ||**-vorstand** m. (fôrschtànt, -d-). Conseil de fabrique. ||**-vorsteher** m. (fôrschtè^e^r). Président du conseil de fabrique.
Kirch||gang m. Action [f.] d'aller* à l'église : *auf dem Kirchgang*, en allant à l'église. ||**-gänger** m. ④ (gèng^e^r). Personne [f.] qui va à l'église. ||**-hof** m. (hôf). Cimetière.
kirchlich a. (lich). Ecclésiastique. || [Unterricht usw.] Religieux, euse.
Kirch||ner m. ④. Sacristain. ||**-spiel** n. (schpîl). Paroisse, f. ||**-sprengel** m. (schprèng^e^l). Diocèse. ||**-turm** m. (tourm). Clocher. ||**-weihe** f. (vaè^e^). Consécration d'une église. || [Fest] Fête patronale, kermesse.
Kirmes, sen (kirm^e^s), **-esse** f. (èss^e^). Kermesse.
kirr||e a. (kir^e^). Apprivoisé, e. ||*Fig.* Docile : *kirre machen*, apprivoiser; *fig.* mettre* au pas; *kirre werden**, s'apprivoiser; *fig.* filer doux. ||**-en.** Apprivoiser. || [ködern] Appâter.
Kirsch||e f. (kirsch^e^). Cerise. ||**-baum** m. (ba^o^m). Cerisier. ||**-branntwein** m., **-wasser** n., **Kirsch** m. Kirsch, m.
Kissen|| n. ④ (kiss^e^n). Coussin, m. ||dim. *Kißchen*, n. ④, coussinet, m. ||**-bezug** m., **-überzug** m. (betsoûg, ûb^e^r-). Taie, f. [d'oreiller].
Kiste f. (kist^e^). Caisse : *Kistenmacher*, m., emballeur. ||dim. *Kistchen*, n. ④, caissette, f.
Kitsch|| m. Camelote, f. || [Malerei] Croûte, f. || [Film] Navet.
kitschlig a. De mauvais goût.
Kitt m. Ciment. || [für Glaser] Mastic.
kitten. Cimenter, mastiquer.
Kittel m. ④. Blouse, f.
Kitze f. (kitse). Chevreau, x, m.
Kitzel m. spl. Chatouillement. || [Jucken] Démangeaison, f.
kitz||elig a. (ig). Chatouilleux, euse. ||**-eln.** Chatouiller. ||n. Chatouillement, m.
Kladde f. Brouillon, m.
kladderadatsch! interj. Patatras!
klaff||en (klaf^e^n). *Être* béant, e. bâiller. ||**-end** a. (^e^nt, -d-). Béant, e.
kläffen (klèf^e^n). Japper. || [v. Fuchs] Glapir. ||n. spl. Jappement[s], m., glapissement[s], m.
Klafter f. (klaft^e^r). Toise. ||*Mar.* Brasse. || [Geviertmaß] Corde.
klaftern. Toiser.
Klage f. (klâg^e^). Plainte. *Jur.* : ...*klage*, instance en : *Klage führen* [über, *acc.*], se plaindre* [de]; *eine Klage anhängig machen*, intenter un procès; *eine Klage* [auf Ehescheidung usw.] *einreichen*, introduire* une plainte [en divorce, etc.]. ||*Klage...*, ...plaintif, ive : *Klage||geschrei*, n. cri [m.] plaintif; *-gedicht*, n., *-gesang*, m., élégie, f.; *-lied*, n. ②, complainte, f.; *-punkt*, m., chef d'accusation, charge, f.; *-schrift*, f., plainte [écrite]; *-weib*, n. ②, pleureuse, f.
klagen intr. Se plaindre* : *bei jemandem über* [acc.] *klagen*, se plaindre* à qn. de...; *um jemanden klagen*, déplorer la perte de qn.; *auf Scheidung klagen*, plaider en séparation. ||*klagbar*, a., [Sache] qui donne lieu à plainte; [Person] qui porte plainte; *klagbar machen*, saisir la justice de...; *klagbar werden**, porter plainte. ||*klagend*, a., plaintif, ive. || [vor Gericht] : *klagender Teil*, m., partie plaignante, f.
Kläger, in m. ④, f. (klêg^e^r, ìn). Plaignant, e, demandeur, deresse.
kläglich a. (klêglich). Plaintif, ive. || [beklagenswert] Déplorable. || [erbärmlich] Pitoyable, lamentable.
klamm a. (klàm). Étroit, e. ||*Fig.* Serré, e. || [steif] Raide. ||f. Gorge, vallée resserrée.
Klammer f. Crampon, m. || [für Wäsche] Pince. ||*Fig.* : *runde, eckige Klammern*, pl., parenthèses, crochets.
klammern. Fixer avec des crampons : *sich klammern*, se cramponner.
kläng, klänge. V. *klingen**.
Klang m. (klàng, -ng-). Son. || [v. Stimme usw.] Timbre. || [v. Glokken] Tintement. ||pl. [poetisch]. Accents.
klangreich a., **-voll** a. Sonore.
Klappe f. (klap^e^). Clapet, m. || [an Maschinen] Soupape. || [an öfen, Flöten usw.] Clef. || [an Tischen] Abattant, m. || [an Kleidern] Revers, m. ||*Botan.* et *Anat.* Valve, valvule

[dim.]. ‖[Fliegen-] Tue-mouches, m. ‖*Fam.* [Bett] Lit, m. ‖*Fam.* [Brieftasche] Portefeuille, m. [dim.] *Kläppchen,* n. ④ (èpch^en), valve, f., valvule, f.
klappen intr. [Peitsche, Türen usw. beim Wind] Claquer. ‖*Fam. : das klappt,* cela marche bien. ‖tr. Faire* claquer. ‖*Klapp...,* ... qui ferme en claquant : *Klapp‖bettstelle,* f., lit de sangle, m.; *-deckel,* m. ④, couvercle à charnière; *-fenster,* n. ④, vasistas, m.; *-horn,* n., cornet [m.] à pistons; *-hut,* m., chapeau claque; *-knopf,* m., bouton à bascule; *-sitz,* m., strapontin; *-stuhl,* m., *-tisch,* m., chaise [table, f.] pliante, f.; *-tür,* f., trappe.
Klapper f. Crécelle. ‖[Tanz-] Castagnette. ‖[v. Schlangen] Sonnette. *Klapperschlange,* f., serpent à sonnettes, m.
klapperig a. Branlant, e, fragile.
klapp‖ern intr. Claquer. ‖[wiederholt] Claqueter, cliqueter : *mit den Zähnen klappern,* claquer des dents. ‖[v. Storch] Craqueter. ‖n. Claquement, m., cliquetis, m., craquètement, m. ‖**-ig** a. A valve[s] : *zweiklappig,* bivalve.
Klappkasten m. (*kast*^en). Méchant piano : *fam.* casserole.
Klaps m. ①. Tape, f., claque, f.
klar, -er, -est (*klâr*). Clair, e. ‖[durchsichtig] Limpide. ‖[v. Geist] Lucide : *klarmachen,* sép., clarifier; ‖[Schiff] Appareiller; ‖*sich etwas klar machen,* s'expliquer qc.; *klar werden*,* sép. se clarifier; ‖[v. Wetter] S'éclaircir; [über, *acc.*] *klarwerden*, ins klare kommen*,* commencer à voir clair [dans qc.] : *im klaren sein*,* [y] voir* clair.
klären (*ê*r^en). Clarifier. *Fig.* Éclaircir.
Klarheit f. (**h***a*^èt). Clarté, limpidité. ‖[v. Worten] Netteté, lucidité.
klarieren tr. [e. Schiff] Acquitter les droits de douane [d'un navire].
Klarinett‖e f. (èt^e). Clarinette. ‖**-ist, -en, -en** m. (*i*st). Clarinettiste.
klarlegen sép. (l*éeg*^en). Éclaircir.
Klarlegung f. Éclaircissement, m.
Klärung f. Clarification. Eclaircissement, m.
Klass‖e f. (kl*ass*^e). Classe. ‖**-en... :** ...de classe : *Klassen‖zimmer,* n., salle [f.] de classe; *-lehrer,* m., professeur principal.
klassifizieren (tsîr^en). Classifier, classer.
Klassifizierung f. Classification.
... klassig a. (ig) : *sechsklassig* [Schule], à six classes; *erstklassig,* de première classe.
Klass‖iker m. ④. Classique. ‖**-izismus** m. (ts*i*smouss). Classicisme. ‖**-izität** f. (tsit*ê*te). Caractère classique, m.
klatsch‖! interj. (klatsch). Clac! ‖m. ①. Claque, f., tape, f. ‖*Fig.* Caquet, commérage. ‖*Fam.* Potin.
Klatsch‖base f. (b*â*z^e). Bavarde, commmère. ‖**-e** f. Tue-mouches, m. ‖*Fam.* Commère.
klatschen. Claquer : *in die Hände klatschen,* claquer [battre] des mains, applaudir; *Beifall klatschen,* applaudir [à]. ‖*Fig.* Bavarder, faire* des commérages, des cancans, potiner. ‖n. spl. Claquement, m., applaudissement, m. ‖*Fig.* Bavardage, m., commérage, m.
Klatsch‖er, in m. ④, f. (^er, ìn). Claqueur, euse. *Fig.* Bavard, e, cancanier, nière. ‖**-erei** f. (^er*a*^è). Bavardage, m. [commérage] continuel. ‖**-geschichte** f. (gesch*i***cht**^e). Cancan, m. ‖*Fam.* Potin, m. ‖**-maul** n. ②, **-schwester** f. (m*a*^ol, -t^er). *Fam.* Bavard, e, m., f. ‖**-rose** f. (r*ô***z**^e). Coquelicot, m.
klauben (kl*a*^ob^en). Éplucher.
Klauberei f. Épluchage, m. ‖*Fig.* Minutie.
Klaue f. (kl*a*^oe). Griffe. ‖[v. Raubvögeln] Serre : *Klauenhieb,* m., coup de griffe.
Klaus‖e f. (kl*a*^o**z**^e). Cellule. ‖[Einsiedelei] Ermitage, m. ‖**-ner** m. ④. Reclus. ‖[Einsiedler] Ermite. ‖**-ur** f. Huis clos, m. : *unter Klausur,* à huis clos.
Klausel f. Clause.
Klav‖iatur f. (viat*oû*r). Clavier, m. ‖**-ier** n. (v*î*r). Piano, m. : *Klavier‖auszug,* m., arrangement pour piano; *-schlüssel,* m., clef d'ut, f.; *-spieler, in,* m. ④, f., pianiste, m. et f.
kleben tr. (kl*ée*b^en) [an, *acc.*]. Coller [à]. ‖intr. [an, *dat.*] Être collé, coller [à]. ‖[Pech usw.]

Adhérer [à]. ‖n. Collage, m., adhérence, f.
Kleber m. ④. Colleur. ‖[Klebestoff] Gluten.
kleb[e]rig a. (ig). Gluant, e, visqueux, euse : *Kleb[e]rigkeit*, f., viscosité.
Klecks m. Tache, f. ‖[Tinten-] Pâté.
klecksen intr. Faire* des taches, des pâtés.
Klee‖ m. (klée). Trèfle. ‖**-blatt** n. ②. Feuille de trèfle, f. ‖*Fig.* Trio, m. [d'amis].
kleeförmig a. (fœrmig). Trifolié, e.
Klei m. (klaè). Argile, f.
Kleid n. ② (klaèt, -d-). Habit, m. ‖[v. Frauen] Robe, f.
kleiden tr. (klaèden) Habiller, vêtir. ‖[gut stehen] Aller*, intr. [à]. ‖V. Hüten] Coiffer.
Kleider‖**ablage** f. (klaèderaplâge). Vestiaire, m. ‖**-bügel** m. ④ (bûgel). Portemanteau. ‖**-geschäft** n. (géschèft). Magasin [m.] de confections. ‖**-haken** m. ④ (hâken). Patère, f. ‖**-halter** m. ④. Relève-jupe. ‖**-kammer** f. Garde-robe, vestiaire, m. ‖**-macher, in** m. ④, f. (cher, ìn). Confectionneur, euse. ‖**-raum** m. (raom). Vestiaire. ‖**-rechen** m. ④ (rèchen). Portemanteau, x. ‖**-schrank** m. (ànk), **-spind** n. (schpìnt, -d-). Garde-robe, f. ‖**-ständer** m. ④ (schtènder). Portemanteau, x. ‖**-vorrat** m. (fôrrâte). Garde-robe, f.
kleidsam a. (zâm). Qui va bien.
Kleidung f. (oung). Habillement, m., vêtement, m. : *Kleidungsstück*, n., pièce d'habillement, f.
Kleie f. (klaèe). Son, m.
klein a. (klaèn). Petit, e : *im kleinen*, en petit; *kleiner machen*, rapetisser; *kleiner werden**, se rapetisser; *bis ins kleinste*, jusque dans les moindres détails. ‖...*klein*, petit, mince comme... : *haarklein*, mince comme un cheveu. ‖a. s. : *ein Kleines*, une petite chose, une petite affaire. ‖adv. Petitement : *klein anfangen**, partir de bas; *klein schneiden**, *hacken* usw., couper, hacher menu.
Kleinasien n. pr. n. (âzien). Asie Mineure, f.
Klein‖**bahn** f. (bâne). Chemin de fer à voie étroite, m. ‖**-geld** n. (gèlt, -d-). Petite monnaie, f. ‖**-handel** m. (handel). Commerce de détail : *Kleinhandelspreis*, m., prix de détail. ‖**-händler** m. (hèntler). Détaillant. ‖**-heit** f. (haèt). Petitesse. ‖**-igkeit** f. (igkaèt). Vétille. ‖**-klagesachen** f. pl. Affaires de simple police.
kleinlaut a. (laot). Qui baisse le ton : *kleinlaut werden**, filer doux. ‖**-lich** a. (lich). Minutieux, euse. ‖[beschränkt] Étroit, e, mesquin, e. ‖[ärmlich]. Misérable.
Klein‖**lichkeit** f. (kaèt). Minutie, petitesse, mesquinerie. ‖**-maler** m. ④ (mâler). Peintre en miniature. ‖**-malerei** f. (raè). miniature. ‖**-mut** f. (moûte). Pusillanimité.
kleinmütig a. (mûtig). Pusillanime.
Klein‖**od, e** ou **ien** n. (ôte, -d-). Bijou, x, m., joyau, x, m. ‖**-schmied** m. (schmîte, -d-). Taillandier, ‖**-städter, in** m. ④, f. (schtèter, ìn). Habitant, e d'une petite ville.
kleinstädtisch a. De petite ville, provincial, e.
Kleister m. (klaèster). Colle [f.] de pâte.
kleist‖**erig** a. (ig). Gluant, e. ‖**-ern.** Coller.
Klemme f. (klème). Étau, x, m. ‖[für Pferde] Morailles, f. pl. ‖[Elektr.] Borne. ‖*Fig.* Embarras, m., gêne. ‖*Fam.* Chiper.
klemmen. Serrer, presser. ‖*Fam.* Chiper.
Klemmer m. ④. Pince-nez, lorgnon.
Klempner‖ m. ④ (klèmpner). Ferblantier. ‖**-arbeit** f., **-ei** f. (aè), **-ware** f. Ferblanterie.
Klepper m. ④. Bidet, rosse, f.
klerikal a. (kâl). Clérical, e.
Kler‖**iker** m. ④ (érikér). Ecclésiastique. ‖**-isei** f. Prêtraille. ‖**-us** m. (klérous). Clergé.
Klette f. (klète). Bardane, glouteron, m. ‖Crampon, m.
Kletter‖**eisen** n. ④ (eraèzen). Grappin, m. ‖**-er** m. ④. Grimpeur. ‖**-gerüst** n. (gérust). Portique, m. [de gymnase]. ‖**-mast** m. Mât de cocagne. ‖**-stange** f. (schtànge). Perche [de gymnase]. ‖**-vogel** m. ③ (fôgel). Oiseau grimpeur.
klettern [*sein*]. Grimper.
Klicker m. ④. Bille, f.

Klima||, **-ta, -te** n. (klî-). Climat, m.
klimatisch a. (mâ). Climatique.
Klimbim m. (ìmbìm). Tintamarre.
klim||**men*** [*sein*] (klimen). Grimper.
klimpern. Tinter. ||*Fam.* [am Klavier] Tapoter, pianoter.
kling! interj. (klìng). Drelin!
Kling||**e** f. (inge). Lame. ||LOC. *über die Klinge springen* lassen**, passer au fil de l'épée. ||**-el** f. Sonnette. ||[elektr.] Sonnerie.
kling||**eln** intr. Sonner [*einem*, qn] : *es klingelt,* on sonne. ||**-en*** intr. Sonner, résonner. ||[hell] Retentir. ||[Glocke] Tinter. ||LOC. *die Ohren klingen mir,* les oreilles me tintent; *mit klingendem Spiele,* tambour battant. ||*Fig. sonderbar klingen*,* paraître* étrange. ||n. Résonance, f., tintement, m.
Klingklang m. (àng). Tintement, cliquetis. ||*Fig.* Verbiage.
Klin||**ik** f., **-isch** a. (klî-). Clinique. ||**-iker** m. ④. Clinicien.
Klink||**e** f. (klìnke). Loquet, m. ||**-er** m. ④. Tuile vernie, f.
Klippe f. (klipe). Écueil, m. *blinde Klippe,* brisant, m.
klippig a. (ig). Semé, e d'écueils.
klirren (iren). Cliqueter. ||n. Cliquetis, m.
Klischee, -s n. (*ée*). Cliché, m.
klischieren tr. (îren). Clicher.
Klistier n. (tîr). Lavement, m.
klistieren tr. Administrer un lavement.
Klistiermaschine f. Irrigateur, m.
klitschig a. Pâteux, euse.
Kloake f. (âke). Cloaque, m. ||[Abzugskanal] Égout, m. : *Kloakenfeger,* m., égoutier.
Kloben m. ④ (klôben). Bûche, f. ||[Blockrolle] Poulie, f., pivot.
klomm imp. de *klimmen**.
klopfen tr. (klopfen). Frapper. ||[Kleider usw.] Battre*. ||intr. [an die Türe] Frapper : *es klopft,* on frappe. ||[Herz] Battre*. ||n. spl. Battement, m.
Klopfer m. ④. Batteur. ||[an d. Türe] Marteau, x.
Klöppel m. ④ (klœpel). Battoir, maillet. [d. Glocke] Battant. ||[für Spitzen] Fuseau, x.
klöppeln intr. Travailler au fuseau. ||tr. *Spitzen klöppeln,* faire* de la dentelle au fuseau.
Klöppler, in m. ④, f. Dentellier, ère.
Klosett n. ① (zèt). Cabinets, m. pl., water-closet, m.
Kloß|| m. (klôss). Masse en boule, f., motte, f. ||[Speise] et **¨chen** n. ④ (kleûsschen). Boulette, f.
Kloster|| n. ③ (klôster). Cloître, m., couvent, m., monastère, m. ||**-bruder** m. ③ (oûder), **-frau** f. (frao), **-schwester** f. Religieux, euse [cloîtré, e].
klösterlich a. (klœsterlich). Claustral, e.
Klotz m. Billot, bloc.
klotzig (otzig). Massif, ive; [plump, grob] Lourd, e.
Klub, -s m. (kloûp). Club, cercle.
Kluft, ¨e f. (klouft). [Spalte] Fente, crevasse. ||[Abgrund] Gouffre, m.
klüftig a. Fendu, e, crevassé, e.
klug||, **¨er, ¨est** a. (kloûg). Prudent, e, avisé, e. ||[verständig] Sensé, e : *den Klugen spielen,* faire* le malin; *ich kann daraus nicht klug werden*,* je n'y comprends rien. ||adv. Prudemment, sensément : *klug reden,* parler d'or.
Klügelei f. (klûgelaè). Subtilité. ||*Fam.* Finasserie.
klügeln. Raisonner subtilement. ||*Fam.* Finasser.
Klügler m. ④ (klûgler). Raisonneur subtil.
Klump||**en** m. ④ (kloumpen). Masse compacte, f. ||[v. Butter usw.] Motte, f. ||[v. Metall] Lingot. ||[v. Blut] Caillot. ||dim. *Klümpchen,* n. ④, grumeau, x, m. ||**-fuß** m. (foûs). Pied bot.
klumpig a. (ig). En motte, etc., grumeleux, euse.
Klüngel m. Coterie, f.
knabbern intr. [an, *dat.*]. Ronger, tr.
Knabe, -n, -n m. (knâbe). Garçon, enfant; *knabenhaft,* a., en [comme un] petit garçon. ||dim. *Knäblein,* n. ④, garçonnet, m.
knack||[**s**]! Crac! ||**-en** (knaken), intr. Craquer. ||tr. Casser. ||n. spl. Craquement, m.
Knackwurst f. Saucisse fumée.

Knall|| m. (knal). Éclat. || [v. Schuß] Détonation, f. || [d. Peitsche] Claquement. ||**-effekt** m. (èkt). Coup de théâtre.
knallen. Éclater. ||Détoner. ||Claquer. ||n., = *Knall.*
Knallgas n. Gaz détonant.
knallsauer a. *knallsau[e]res Salz,* n., fulminate, m.
knapp a. (knap). Juste, étroit, e, serré, e. ||*Fig.* [spärlich] Trop juste, insuffisant, e. || [dürftig] Maigre, mesquin, e : *knappes Auskommen,* strict nécessaire. ||adv. A l'étroit. ||*Fig.* A peine || [dürftig] Chichement.
Knappe, -n, -n m. (knape). Écuyer.
Knapp||**heit** f. (haèt). Étroitesse. || [Dürftigkeit] Pénurie. ||**-sack** m. Havresac.
Knarre f. (knare). Crécelle.
knarren. Craquer. || [v. Türen] Grincer. ||n. spl. Craquement, m., grincement, m.
Knaster m. ④. Grognon. || [stud.] Vieux bouquin. ||Tabac à fumer.
knastern. Craquer. || [brummen] Grogner.
knattern (knatern). Pétiller. ||n. spl. Pétillement, m. || [im Mikrophon] Friture, f.
Knäuel n. ④ (knœüel). Pelote, f., peloton, m. ||*Fig.* Agglomération, f., noyau, x, m. || [v. Menschen] Groupe, m.
knäueln. Mettre* en pelote.
Knauf m. (knaof). Chapiteau, x. || [am Degen] Pommeau, x.
Knaus||**er** m. (knaozer). Avare, ladre. ||*Fam.* Grigou. ||**-erei** f. Avarice sordide, ladrerie.
knaus||**erig** a. (ig). Ladre. ||**-ern** [mit]. Lésiner [sur].
Knebel|| m. (knéebel). Garrot. || [Mund-] Bâillon. ||**-bart** m. Moustache, f. ||**-holz** n. (holts). Garrot, m.
knebeln. Garrotter, bâillonner.
Knecht m. (knècht). Valet.
knecht||**en.** Asservir. ||**-isch** a. Servile.
Knechtschaft f. Servitude.
Knechtung f. Asservissement, m.
Kneif m. (knaèf). [d. Schusters] Tranchet. || [d. Gärtners] Serpette, f.
kneifen*. Pincer. ||n. spl. Pincement, m.
Kneif||**er** m. ④. Celui qui pince. || [Nasen-] Pince-nez, lorgnon. ||**-zange** f. (tsànge). Tenaille[s], [pl.].
Kneipe f. (knaèpe). Cabaret, m.
kneipen* tr. = *kneifen**. ||intr. Boire* au cabaret.
Kneipen n. spl. 1. Pincement, m. || [im Leibe] Tranchées, f. pl. ||2. et **Kneiperei** f. Libations, f. pl. ||*Fam.* B[e]uverie, f.
kneten (knéeten). Pétrir. || [weichend] Malaxer. || [den Körper] Masser.
Kneten n. Pétrissage, m. ||Massage, m.
Knet||**er** m. ④. Pétrisseur, masseur. ||**-maschine** f. (ine). Pétrin mécanique, m.
Knick m. (knik). [Sprung] Fêlure, f. || [am Papier] Pli. || [am Stoff] Froissure, f.
knicken intr. Se fêler. || [Knien] Fléchir [les genoux]. ||tr. Fêler. || [Floh] Tuer, écraser. || [Hasen] Rompre le cou.
Knick||**er** m. ④. Ladre. ||*Fam.* Pingre. || [Kügelchen] Bille, f. ||**-erei** f. (aè). Ladrerie, lésinerie.
knick||**erig** a. Ladre. ||**-ern.** Lésiner.
Knicks m. Révérence, f.
knicksen. Faire* une révérence.
Knie|| n. (knî). Genou, x, m. : *auf den Knien fallen**, être* à genoux; *auf die Knie fallen**, tomber à genoux. || [Biegung] Coude, m. ||**-band** n. ② (bànt, -d-). Jarretière, f. ||**-beugung** f. (bœü-). Génuflexion. ||**-bug** m. (boûg) = *Kniekehle.*
knie||**[e]n.** Être* à genoux. || [auf die Knie fallen] S'agenouiller. ||p. a. *kniend,* à genoux. ||**-förmig** a. (fœurmig). Coudé, e.
Knie||**geige** f. (gaège). Violoncelle, m. ||**-hosen** pl. (hôzen). Culotte[s], f. [pl.]. || **-kehle** f. (kéele). Jarret, m. ||**-leder** n. ④ (léeder). Genouillère, f. [en cuir]. ||**-polster** n. ④. Agenouilloir, m. ||**-riemen** m. ④ (rîmen). Tire-pied. ||**-scheibe** f. (aèbe). Rotule. || [v. Röhren] Coude, m. ||**-wärmer** m. ④. Genouillère, f.
kniff|| imp. de *kneifen**. ||m. Pincement. || [Fleck] Pinçon. || [im Stoff] Pli. || [an e. Karte] Corne, f. || [Kunstgriff] Artifice, ruse, f. ||**-ig** a. Rusé, e.
Knipp. = 1. *Kniff;* 2. *Knips.*

Knips|| m. Claquement [avec les doigts]. || [Schlag] Chiquenaude, f. ||**-aufnahme** f. (aofnâme), **-bild** n. (bilt, -d-). *Phot.* Instantané, m.
knipsen intr. Faire* claquer les doigts. || [schlagend] Donner des chiquenaudes. ||*Phot.* Faire* un instantané.
Knirps m. *Fam.* Bout d'homme. || [Kind] Mioche, *fam.*
knirschen. Craquer : *mit den Zähnen knirschen,* grincer des dents. ||n. Craquement, m., grincement, m.
Knistergold n. Clinquant, m.
knistern. Craqueter. || [v. Feuer] Pétiller, crépiter. || [v. Schnee] Craquer. ||n. spl. Craquement, m., pétillement, m., crépitement, m.
Knittel. V. *Knüttel.*
knittern intr. (kniteern). Craquer. ||tr. Froisser. ||n. Craquement, m. || [e. Kleides] Frou-frou, m.
Knoblauch m. (laoch). Ail.
Knöchel|| m. ③ (knœchel). [am Fuße] Cheville, f. || [am Finger] Jointure, f. ||**-chen** n. ④, Osselet, m.
Knochen m. ④ (knochen). Os.
knochenartig a. (ig). Osseux, euse.
Knochen||**bau** m. Ossature, f. ||**-bildung** f. Ossification. ||**-brand** m. (ànt, -d-). Nécrose, f. ||**-bruch** m. Fracture, f. ||**-fäule** f. (œüle), **-fraß** m. Carie, f. [des os]. ||**-gerüst** n. (gérust). Ossature, f. ||**-kohle** f. (kôle). Noir animal, m. ||**-mann** m. Squelette. ||**-splitter** m. (schpliter). Esquille, f. ||*knöchern,* a., d'os, osseux, euse; *knochig,* a., osseux, euse.
Knödel m. ④ (eûdel). Boulette, f.
Knollen m. ④, **-e** f. (olen). Bulbe, m. || [an Pflanzen] Tubercule, m.
knollenförmig, -ig a. Bulbeux, euse.
Knopf m., dim. *Knöpfchen,* n. ④. Bouton, m. || [am Stock] Pomme, f. || [am Degen] Pommeau, x, m. || [an Stecknadeln usw.] Tête, f.
knöpfen tr. Boutonner.
Knöpfer m. Tire-boutons.
Knopfloch n. (loch). Boutonnière, f.
Knorpel m. Cartilage.
knorpelig a. Cartilagineux, euse.
Knorren m. ④ (oren). Nœud.
knorrig a. (ig). Noueux, euse.
Knospe f. (ospe). Bourgeon, m. || [an Blüten] Bouton, m.
knospen. Bourgeonner.
Knoten m. ④ (ôten), dim. *Knötchen,* n. ④. Nœud : *Knoten*||*punkt,* m., point de jonction; *-stock,* m., bâton noueux. ||tr. Nouer.
knotig a. (ig). Noueux, euse.
Knuff m. Coup de poing.
knüpfen (upfen). Nouer, lier. || [**sich**] [an, *acc.*]. Se rattacher [à].
Knuppel m. = *Knüttel.*
knurr||**en** (ouren). Grogner. ||n. spl. Grognement, m. ||**-ig** a. Grognon.
knusp||**erig** a. (ousperig). Croquant, e. ||**-ern.** Croquer.
Knüttel m. ④ (utel). Rondin, gourdin.
Koben m. ④. Toit à porcs.
Kobold m. ① (kô-). Gnome.
Koch|| m. (koch), **¨in** f. (kœchinn). Cuisinier, ère. ||**-apfel** m. ③ (apfel). Pomme à cuire*, f. ||**-buch** n. (boûch). Livre [m.] de cuisine.
kochen intr. (kochen). Cuire*. || [sieden] Bouillir*. || [Speisen bereiten] Faire* la cuisine. ||tr. Faire* cuire*, faire* bouillir* : *Kaffee kochen,* faire* du café. ||n. Cuisson, f., cuisine, f.
Köcher m. ④ (kœcher). Carquois.
Koch||**geschirr** n. (geschir). Batterie de cuisine, f. ||**-junge, -n, -n** m. (yoùnge). Marmiton. ||**-kessel** m. ④. Marmite, f. ||**-kunst** f. (koùnst). Art culinaire, m. ||**-löffel** m. ④ (lœfel). Cuiller à pot, f. ||**-ofen** m. ③ (ôfen). Fourneau, x [de cuisine]. ||**-pfanne** f. Casserole. ||**-salz** n. (salz). Sel [m.] de cuisine.
Köder m. ④ (keûder) Appât. || [für Fisch] Amorce, f.
ködern. Appâter, amorcer.
koffeinfrei a. (féìn). Décaféiné, e.
Koffer m. ④ Coffre. || [Reise-] Malle, f. : *seinen Koffer packen,* faire* sa malle.
Kohä||**renz** f. (hérènts). Cohérence. ||**-rer** m. ④. Cohéreur.
Kohl m. spl. (kôl). Chou, x; *fam.,* radotage.
Kohle|| f. (kôle). Charbon, m. : *glühende Kohlen,* pl., braise, f. ||**-papier** n. Papier [m.] carbone.
Kohlen||**arbeiter** m. ④ (kôlenarbaèter). Mineur. ||**-becken** n. ④. Brasero, m., réchaud, m. ||**-brenner**

m. ④. Charbonnier. ‖**-grube** f. (*oûb*e). Mine de houille.
kohlenhaltig a. (h*a*ltig). Carbonifère.
Kohlen‖händler in m., f. (h*è*ntler, *ì*n). Charbonnier, ère. ‖**-kasten** m. ④. Caisse [f.] à charbon. ‖**-keller** m. ④. Cave [f.] à charbon. ‖**-oxyd** m. Oxyde de carbone. ‖**-pfanne** f. Réchaud, m. ‖**-sauer** a. (*zao*er) : *kohlensau[e]res Salz*, carbonate; *kohlensau[e]res Natron* usw., carbonate de soude, etc. ‖**-säure** f. (*zœüre*). Acide carbonique, m. ‖**-schiff** n. Charbonnier, m. ‖**-staub** m. (schtâop, -b-). Poussier. ‖**-stoff** m. (schtof). Carbone. ‖**-stoffverbindung** f. Carbure, m. ‖**-teer** m. Goudron de houille, coaltar. ‖**-zeche** f. (ts*è*che). Houillère. ‖ **¨er** m. ④. Charbonnier.
Kohl‖kopf m. Chou. ‖**-rabi** m. Chou-rave.
Kohorte f. (h*o*rte). Cohorte.
Koje f. (k*ô*ye). Cabine.
Kok‖a f. (k*ô*ka). Coca, f. ‖**-ain** n. (*î*ne). Cocaïne, f.
Kokarde f. (*a*rde). Cocarde.
kokett a. (*è*t). Coquet, ette.
Koketterie f. Coquetterie.
kokettieren (*î*ren). Coqueter, flirter.
Kokos‖baum m., cocotier; **-nuß**, f., noix de coco.
Koks m. ① (kôks). Coke.
Kolben m. ④ (k*o*lben). Tête de massue, f. ‖[am Gewehr] Crosse, f. ‖[an Maschinen] Piston. ‖[zu Versuchen] Cornue, f.
Kolik f. (l*i*k). Colique.
Kolleg‖, ien n. (l*ée*g). Cours, m. : *ein Kolleg lesen**, faire* un cours; *Kollegiengelder*, pl., droits d'inscription, pl. ‖**-e, -n, -n** m. (l*ée*ge). Collègue.
kollegialisch (i*â*lisch). Confraternel, elle.
Kolleg‖ialität f. (t*ê*te). Confraternité. ‖**-ium, ien** n. (ioum, ien). Conseil, m., assemblée, f.
Kollekt‖ant, -en, -en, -in m., f. (*à*nt, *ì*n). Quêteur, euse. ‖**-e** f. Collecte, quête.
kollektieren (*î*ren). Quêter.
Koller n. ④ (ler). 1. Collet, m. [de buffle]. ‖[Wams] Pourpoint, m. ‖2. m. [d. Pferde] Vertigo.

Kolli, -s n. Colis, m.
kollidieren. Entrer en collision.
Kollodium n. (*ô*dioum). Collodion, m.
Köln‖ n. (keuln). Cologne, f. ‖**-er** m. ④, **in** f. (keulner, in). Habitant, e de Cologne. ‖inv. et **kölnisch** a. De Cologne.
Kolon, -s n. (k*ô*l*ò*n). Deux points.
Kolonie f. Colonie. ‖*Kolonial...*, (i*â*l), ... colonial : *Kolonialwaren*, pl., denrées coloniales.
kolonisieren (z*î*ren). Coloniser.
Kolonist, -en, -en m. Colon. ‖[Schüler] Coloniste.
Kolor‖atur f. (t*oû*r). Coloration. ‖*Mus.* Roulade, f. ‖**-it** n. (*î*te). Coloris, m.
Koloß m. ①. Colosse.
kolossal a. (s*â*l). Colossal.
Kolosseum n. (*ée*o*ù*m). Colisée, m.
Kolumbus m. (*où*m-). Christophe Colomb.
Kombination f. (k*ò*m-tsi*ô*ne). Combinaison.
Komet, -en, -en m. (*ée*t). Comète, f.
Komik f., **-iker** m. ④ (k*ô*, -ker). Comique, m.
Kom‖itee, -s n. Comité, m. ‖**-itien** (*î*tsien). Comices.
Komma, -s n. (k*o*). Virgule, f.
Kommand‖ant, -en, -en m. (*à*nd*à*nt). Commandant. ‖**-antur** f. (t*oû*r). Bureau du commandant, m. ‖**-eur** m. ①. *Mil.* Commandant [d'un corps de troupes]. ‖[e. Ordens] Commandeur.
kommandieren tr. Commander.
Kommand‖itär m. ① (t*ê*r). Commanditaire. ‖**-ite** f. (*î*te). Commandite : *Kommanditgesellschaft*, société en commandite.
Kommando, -s n. (*a*ndo). [Befehl, Oberbefehl] Commandement, m. ‖*Mil.* Détachement, m.
kommen* intr. (k*o*men). Venir* : *aus [einem Orte] kommen*, sortir* [d'un lieu] ; *gefahren kommen*, venir* en voiture; *zu jemandem kommen*, venir voir* qn. ‖Loc. *dahin kommen*, en venir* là; *daran kommen*, avoir* son tour; *daraus kann nichts kommen*, cela ne peut mener à rien; *hinter* [acc.] *kommen*, découvrir*; *um etwas kommen*, perdre qc.; *ums Leben kommen*, périr;

was soll daraus kommen? qu'en résultera-t-il?; *wieder zu sich kommen,* revenir* à soi; *zu etwas kommen,* parvenir à [obtenir] qc. ‖*kommend,* p. a., qui vient, à venir*. ‖n. : *das Kommen und Gehen,* le va-et-vient, les allées et venues.

Kommentar m. (èntâr). Commentaire.

kommentieren tr. Commenter.

Kommers m. ① (mèrs). Banquet [d'étudiants].

Kommerzienrat m. (èrtsi^e^nrâte). Conseiller de commerce.

Kommilitone, -n, -n m. (tôn^e^). Camarade.

Komm‖issar m. ① (sâr). Commissaire. ‖**-issariat** n. ① (riâte). Commissariat, m.

Kommißbrot n. (mìs). Pain de munition, m.

Komm‖ission f. (siône). Commission : *Kommissions‖gebühr,* f., commission; *-geschäft,* n., maison de commission, f. ‖**-issionär** m. (nêr). Commissionnaire.

Kommune f. (oûn^e^). Commune.

Kommunikant, -en, -en m., **in** f. (kànt, ìn). Communiant, e.

Kommunismus m. (ismouss). Communisme.

Kommunist, -en, -en m., **kommunistisch** a. (ist). Communiste.

kommunizieren intr. Communier.

Komöd‖iant, -en, -en m., **in** f. (eûdiànt, ìn). Comédien, enne. ‖**-ie** f. (di^e^). Comédie.

Kompa[g]nie f. (kòm-nî). Compagnie.

Komp‖aration f. (tsiône). *Gram.* Comparaison. ‖**-arativ** m. ① (tîf). Comparatif.

Kompaß m. ① (kom-). Boussole, f.

kompendiös a. Abrégé, e, succinct, e.

Kompendium, ...ien n. Abrégé, m.

Kompilation f. (kom-tsiône). Compilation.

Komplett n. (plèt). Ensemble, m., complet, m.

Komplex m. ①. Ensemble, complexe [psychol.]. ‖[v. Häusern] Pâté.

Kompliment n. ① (mènt). Compliment : *Komplimentenmacher,* m., complimenteur.

komplizieren tr. (tsîr^e^n). Compliquer.

komponieren tr. (kom-nîr^e^n). Composer.

Komponist, -en, -en m. (ist). Compositeur.

Kompott n. ①. Compote, f. : *Kompott‖schale,* f., *-schüssel,* f., compotier, m.

Kompromiß m. (kòm-). Compromis.

kompromittieren tr. (îr^e^n). Compromettre*.

Komtur m. ① (kòmtoûr). Commandeur [ordre].

Kondensator, -en m. (zâtor, ôr^e^n). Condensateur.

Konditionalis m. (kòn-tsionâliss). Conditionnel.

Kondi‖tor, oren m. (ditor, ôr^e^n). Confiseur. ‖[Kuchenbäcker] Pâtissier. ‖**-torei** f. (ra^è^). Confiserie, pâtisserie.

Kondor m. ① (òn-). Condor.

Konfekt n. ① (kònfèkt). Confitures, f. pl. ‖[Zuckergebäck] Confiserie, f.

Konfirmation f. (tsiône). Confirmation. ‖[protest.] Première communion.

konfiszieren. Confisquer.

Konflikt m. ①. Conflit.

Konföderation f. (feu-tsiône). Confédération.

konföderiert a. (îrt). Confédéré, e.

konfus a. (foûs). Confus, e.

Konfusion f. (iône). Confusion.

Kongreß m. (kòngrèss). Congrès : *Kongreßteilnehmer,* m. ④, congressiste.

kongruent a. (ouènt). Coïncident, e, concordant, e.

Kongruenz f. (ènts). Coïncidence, concordance.

Konifere f. (fêr^e^). Conifère, m.

König‖ m. (keûnig). Roi : *die heiligen drei Könige,* les rois mages. ‖**-in** f. (gìn). Reine : *Königinmutter,* f., reine mère. ‖[im Spiel] Dame.

königlich a. (lich). Royal, e. ‖[Partei] Royaliste.

König‖reich n. (ra^e^ch). Royaume, m. ‖**-tum** n. ② (oûm). Royauté, f.

konisch a. (kô-). Conique.

Konjugation f. (konyou-tsiône). Conjugaison.

konjugieren tr. (gîr^e^n). Conjuguer.

Kon‖junktion f. (yoûnktsiône). Conjonction. ‖**-junktiv** m. ① (îf).

Subjonctif. ||**-junktur** f. (oûr). Conjoncture. ||*Com.* Situation.
konkav a. (kònkâf, -v-). Concave.
Konklave, -n n. (klâve). Conclave, m.
Konkordat n. ① (dâte). Concordat, m.
konkret a. (éete). Concret, ète.
Konkretum, -ta n. (éetoûm). Mot [m.] concret.
Konkurrenz f. (kourènts). Concurrence.
konkurrieren. Concourir*, être* en concurrence.
Konkurs m. ① (kours). Faillite, f. : *in Konkurs geraten**, se mettre* en faillite; *Konkursverwalter,* m., syndic de faillite.
können* (kœnen). Pouvoir*. ||LOC. *ich kann nicht mehr,* je n'en puis plus; *ich kann nichts dafür,* je n'y puis rien; [*laufen** usw.] *was man kann,* [courir*, etc.] de toutes ses forces. ||[e. Sprache, tanzen usw.] Savoir*. ||n. spl. Pouvoir, m.
Konn||ex m. ① (nèx), **-exion** f. (iône). Connexion : *Konnexionen,* f. pl., relations.
Konnossement n. ①. Connaissement.
Konsens m. ① (kònsèns). Consentement.
konsequent a. (ekvènt). Conséquent, e.
Konsequenz f. (ènts). Logique.
konservativ a. Conservateur, trice.
Konservatorium, -ien n. (tô-). Conservatoire, m.
Konserve f. (èrve). Conserve.
Konsi||gnant, -en, -en m. (kònsig'nànt). Consignateur. ||**-gnatar** m. ① (atâr). Consignataire. ||**-gnation** f. (tsiône). Consignation.
konsignieren (îren). Consigner.
Konsistorium, -orien n. (tô-). Consistoire, m.
Konsole f. (kònsôle). Console.
Konsols pl. [Börse] Consolidés.
Kons||onant, -en, -en m. (kòn-ànt). Consonne, f. ||**-onanz** f. (ànts). Consonance.
Konsortium, -ien n. (ortsioùm). Consortium, m.
Konstante f. (konstànte). Constante.
Konstantinopel n. (nôpel). Constantinople, f.
konstatieren (tîren). Constater.
konstituieren (touîren). Constituer.
Konstitution f. (outsiône). Constitution.
konstitutionell a. Constitutionnel, elle.
Konsul||, -s, -n m. (kònsoûl). Consul.
konsul||ar..., -arisch a. (âr). Consulaire.
Konsul||at n. ① (âte). Consulat, m. ||**-ent -en, -en** m. (ènt). Avocat consultant.
Kons||um m. spl. (oûm). Consommation, f. ||**-ument, -en -en** m. (ènt). Consommateur.
Kontakt m. ① (kòntakt). Contact. ||[Steck-] Prise [f.] de courant.
Kontertanz m. (kòntertànts). Contredanse, f.
Konto, -s et **-ten** n. (kòn-). Compte, m. : *Kontokorrent,* n. ①, compte-courant, m.
Kont||or n. ① (ôr). Comptoir, m., bureau, m. ||**-orist -en, -en** m., **in** f. (ist). Employé, e de bureau.
Kontrabaß m. (kòn-). Contrebasse, f.
Kontrahent, -en, -en m. (hènt). Contractant.
kontrahieren tr. Contracter.
Kontrapunkt m. (poùnkt). Contrepoint.
Kontrast m. ① (ast). Contraste.
kontrastieren. Contraster.
Kontrolle f. (kòntrole). Contrôle, m.
kontrollieren. Contrôler.
Kontumaz f. (kòntoumatz). Contumace.
kontumazieren. Condamner par contumace.
Konv||ent m. ① (kònvènt). Assemblée, f. ||[1792-95] Convention, f. ||**-ention** f. (tsiône). Convention.
konventionell (nèl). Conventionnel, elle.
konvex a. Convexe.
Konvexität f. (tête). Convexité.
Konvikt n. ①. Pension gratuite, f.
Konvolut n. ① (oûte). Liasse, f., dossier, m.
Konvulsion f. (oulziône). Convulsion.
konvulsivisch a. (zî-). Convulsif, ive.
Konzentration f. (kòntsèn-tsiône). Concentration.
konz||entrieren (îren). Concentrer. ||**-entrisch** a. Concentrique.
Konzept n. ① (èpt). Brouillon, n. ||*Jur.* Minute, f.

Konzern m. Groupement d'entreprises.
Konzert n. ① (*èrt*). Concert, m. : *Konzertstück*, n., concerto, m.
Konzession f. (*iône*). Concession : *Konzessionsbedingungen*, f. pl., cahier des charges, m.
konzessieren tr. (*îrᵉn*). Donner une concession [à].
Konzil n. ① (*îl*). Concile, m.
Konzipient, -en, -en m. (*ient*). Rédacteur.
konzipieren (*îrᵉn*). [entwerfen] Concevoir*. ‖[verfassen] Rédiger.
Koordin‖ate f. (ko'-*âtᵉ*). Coordonnée. ‖**-ation** f. (ts*iône*). Coordination.
koordinieren. Coordonner.
Kopf‖ m. (kopf). Tête, f. ‖[d. Wildschweins] Hure, f. ‖[auf Münzen] Face, f. ‖LOC. 1. [Sens propre] : *den Kopf hängen lassen**, baisser la tête; *mit bloßem Kopfe*, tête nue, nu-tête; *mit dem Kopfe voran* [*zuerst*] *stürzen*, se précipiter la tête la première; *von Kopf zu Fuß*, de la tête aux pieds. ‖2. [Sens figurés] : *der Kopf brummt mir*, j'ai la tête cassée; *der Wein steigt ihm zu Kopfe*, le vin lui porte à la tête; *einem den Kopf heiß machen*, échauffer les oreilles à qn; *nicht auf den Kopf gefallen sein**, ne pas être* tombé sur la tête. ‖[Person] : *es kommt soviel auf den Kopf*, cela revient à tant par tête. ‖[Leben] : *auf jemands Kopf einen Preis setzen*, mettre* la tête de qn à prix; *es gilt den Kopf*, il y va de la tête. ‖[Spiel] : *Kopf oder Schrift spielen*, jouer à pile ou face. ‖3. [geistig] : *aus dem Kopf hersagen, -spielen*, réciter, jouer par cœur; *das will mir nicht in den Kopf*, c'est ce que je ne peux comprendre; *den Kopf oben behalten**, conserver toute sa tête; *im Kopfe behalten**, retenir* [dans la mémoire]; *die besten Köpfe*, les meilleurs esprits; *es ist ihm nicht richtig im Kopfe*, il a l'esprit dérangé; *fam.* il est timbré; *ich weiß nicht, wo mir der Kopf steht*, je ne sais où donner de la tête; *im Kopfe rechnen*, calculer de tête [mentalement]; *mit dem Kopf arbeiten*, travailler de tête; *sich den Kopf zerbrechen**, se casser [se creuser] la tête; *viel Köpfe, viel Sinne*, autant de têtes, autant d'avis. ‖[Wollen] : *auf seinem Kopfe bestehen**, s'entêter, s'obstiner; *seinem eigenen Kopfe folgen*, n'en faire* qu'à sa tête. ‖**-arbeiter** m. Travailleur intellectuel. ‖**-bedeckung** f. (dèkoung). Coiffure.
köpfen (k**œ**pfᵉn). Décapiter. ‖[Baum] Étêter.
Kopf‖ende n. (*èndᵉ*). Chevet, m. ‖**-geld** n. (gèlt, -d-) = *Kopfsteuer*. ‖**-hänger** m. (**h**è**ng**ᵉr). Hypocrite.
...köpfig a. (k**œ**pfig) : *zwei-, dreiköpfig* usw., à deux, à trois têtes, etc.
Kopf‖kissen n. ④ (ᵉn). Oreiller, m. ‖**-kohl** m. spl. Chou pommé.
kopflos a. Sans tête. ‖[unbesonnen] Étourdi, e.
Kopf‖losigkeit f. Étourderie. ‖**-putz** m.(poutz). Coiffure, f. ‖**-rechnen** n. spl. (rè**ch**nᵉn). Calcul [m.] mental *ou* de tête. ‖**-salat** m. ① (*lâte*). Laitue pommée, f. ‖**-schmerz, -ens, -en** m. (èrts), = *Kopfweh*. ‖**-sprung** m. (schproung). Plongeon. ‖**-station** f. (schtats*iône*). Tête de ligne. ‖**-steuer** f. (schtœüᵉr). Capitation. ‖**-stoß** m. (schtôss). [beim Billard] Massé.
kopf‖über adv. (*û*bᵉr). La tête la première. ‖**-unter** adv. (*oun*tᵉr). Tête baissée.
Kopf‖wäsche f. (vèschᵉ). Shampooing, m. ‖**-weh** n. spl. Mal [m.] de tête, migraine, f. ‖**-zerbrechen** n. (tserbrè**ch**ᵉn). Cassement [m.] de tête.
Kopier‖buch n. (pîrboû**ch**). Livre [m.] de copies. ‖[kaufm.] Copie [m.] de lettres. ‖**-presse** f., **-tinte** f. Presse, encre à copier.
Koppel f. 1. Lien, m. ‖[Jagd] Laisse, couple [de chiens]. ‖2. [Einfriedigung] Enclos, m. ‖3. Ceinturon, m.
koppeln. Coupler.
Koralle f. (*al*ᵉ). Corail, m.
Koran m. (*âne*). Coran.
Korb‖ m. (korp, -b-). 1. Panier.. ‖[Papier-, Brot- usw.] Corbeille, f. ‖[für Austern] Bourriche, f. ‖[für Wäsche usw.] Manne, f. ‖[am Leiterwagen] Banne, f. ‖2. [am Degen] Coquille, f. : *einem einen*

Italique : accentuation. **Gras** : pron. spéciale. *Verbe fort. V. GRAMMAIRE.

*Korb geben**, éconduire [*fam.* envoyer promener] qn. ‖ **¨chen** n. (keurpchen), dim. Corbeille, f. ‖ **¨elgeld** n. *Fam. Körbelgeld machen,* faire* danser l'anse du panier. ‖**-flasche** f. (sche). Bouteille clissée. ‖[große] Tourie. ‖**-flechter** m. ④ (èchter), **-macher** m. ④. Vannier. ‖**-wagen** m. (vâgen). Chariot à banne. ‖**-ware** f. (vâre). Vannerie.

Kordel f. (del). Ficelle.

Korinth‖ n. (rìnt). Corinthe, f. ‖**-e** f. (te). Raisin de Corinthe, m.

Kork‖ m. ①. Liège. ‖[Pfropfen] Bouchon. ‖**-eiche** f. Chêne-liège, m.

korken. Boucher.

Korkzieher m. ④ (tsîer). Tire-bouchon.

Korn‖ n. ②. Grain, m. ‖[Samen-] Graine, f. ‖spl. [Getreide] Blé[s], m. [pl.], céréales, f. pl. : *türkisches Korn,* maïs, m. ‖[Feingehalt] Aloi, m., titre, m. ‖[beim Schießen] Mire, f., guidon, m. : *aufs Korn nehmen**, viser. ‖**-blume** f. Bluet, m.

Kornel‖**kirsche** f. (kòr), **-le** f. Cornouille. ‖**-kirschenbaum** m. Cornouiller.

körnen (kœrnen). Granuler. ‖[Leder] Grainer, chagriner.

kornicht a., **ig** a. Granuleux, euse. ‖[in Körnern] Granulé, e.

Kornett m. ①. Cornette.

Korn‖**markt** m. Marché aux grains. ‖**-speicher** m. Silo. ‖**-wurm** m. ②. Charançon.

Körper‖ m. ④ (kœrper). Corps. ‖**-bau** m., **-beschaffenheit** f. (fenhaèt). Constitution, f. ‖**-bildung** f. (oung). Conformation [physique]. ‖**-chen** n. ④ (chen), dim. Corpuscule, m. ‖**-fülle** f. Corpulence. ‖**-kraft** f. Force physique.

körperlich a. Corporel, elle.

Körper‖**messung** f. Stéréométrie. ‖[bei Verbrechern] Anthropométrie. ‖**-saft** m. Sérosité, f. ‖**-schaft** f. Corporation.

körperschaftlich a. Corporatif, ive.

Körper‖**strafe** f. Peine corporelle. ‖**-übung** f. Exercice [m.] physique.

Korporal‖ m. ① (râl). Caporal. ‖**-schaft** f. Escouade.

Korps n. inv. (kor; *gén.* et *pl.* kors). ‖*Mil.* Corps, m. ‖[stud.] Corporation, f.

korrekt a. (èkt). Correct, e.

Korrekt‖**heit** f. (haèt). Correction. ‖**-ur** f. (oûr). Correction.

Korrespond‖**ent, -en, -en** m., **-in** f. (pondènt, ìn). Correspondant, e. ‖**-enz** f. (ènts). Correspondance.

korrespondieren (îren). Correspondre.

korrigieren (gîren). Corriger.

Korsar, -en, -en m. (zâr). Corsaire.

Korse, -en, -en m. Corse.

Korsett n. (zèt) ①. Corset, m.

Korsika npr. n. Corse, f.

korsisch a. Corse.

Korvette f. (ète). Corvette.

Koryphäe, -n, -n m. Coryphée.

Kosak, -en, en m. (àk). Cosaque.

Koschenille f. (enîlie). Cochenille.

kosen tr. (kôzen). Caresser, cajoler : *Kosename,* m., nom intime.

Kosmographie f. (fî). Cosmographie.

kosmographisch a. (â-). Cosmographique.

Kosmopolit -en, -en m. (île), **kosmopolitisch** a. Cosmopolite.

Kost f. (kost). Nourriture : *freie Kost haben**, être* nourri [gratuitement]; *in die Kost geben**, mettre* en pension; *Kost halten**, donner la table [à qn].

kostbar a. Coûteux, euse. ‖[wertvoll] Précieux, euse.

Kostbarkeit f. Grande valeur. ‖[Ding] Objet précieux, m.

kosten[1]. Goûter. ‖[Wein] Déguster. ‖n. Dégustation, f.

kosten[2] intr. (kosten). Coûter : *was kostet...?,* combien coûte...? ; *es koste, was es wolle,* coûte que coûte. ‖m. pl. Frais : *die Kosten tragen**, supporter les frais; *auf meine Kosten,* à mes frais; [zu meinem Schaden], à mes dépens. ‖*Kosten*‖*anschlag* m., devis, évaluation [f.] des frais; *-aufwand,* m., montant des dépenses; *-frei,* a., sans frais; *-halten**, défrayer; *-preis,* m., prix coûtant.

kostfrei a. (fraè). Nourri, ie [gratuitement].

Kost‖**gänger, in** m. ④, f. (gènger, ìn). Pensionnaire. ‖**-geld** n. (gèlt, -d-). Prix [m.] de pension, pension, f.

köstlich a. (kœstlich). Délicieux, euse, exquis, e. ‖[reizend] Charmant, e.

Köstlichkeit f. (ka^e^t). Qualité exquise.
Kostschüler, in m. ④, f. pensionnaire.
kotspielig a. (sehpîlig) Coûteux, se.
Kot m. spl. (kôte). Boue, f., fange, f. ‖ [an Kleidern] Crotte, f. : *im Kote stecken bleiben**, s'embourber; *mit Kot bespritzen,* crotter; *vom Kot reinigen,* décrotter. ‖ [v. Menschen] Excréments, pl. ‖ [v. Tieren] Crotte, f. ‖ [v. Vögeln] Fiente, f.
Kotflügel, -schützer m. ④, garde-boue.
Köter m. ④ (keû). Mâtin.
kotig a. Boueux, euse, fangeux, euse.
Krabbe f. (abe). 1. Crabe, m. ‖ 2. Crevette. ‖ *Fam.* Marmot, m.
krabb‖elig a. Grouillant, e. ‖ **-eln** intr. Grouiller. ‖ tr. Démanger.
krach‖! interj. (krach). Crac. ‖ m. spl. ①. Craquement. ‖ *Fig.* Débâcle, f. [financière], krach. ‖ **-en.** Craquer, éclater. ‖ n. spl. Craquement, m.
krächzen. Croasser. ‖ n. spl. Croassement, m.
Krad n. Motocyclette, f.
Kraft‖, e f. (kraft). Force, vigueur, énergie : *aus allen Kräften,* de toutes ses [mes, tes, leurs] forces; *in Kraft treten**, entrer en vigueur; *wieder zu Kräften kommen,* reprendre* ses forces. ‖ prép. [*gén.*] En vertu de. ‖ **-aufwand** m. Déploiement de force[s]. ‖ **-ausdruck** m. Expression énergique, f. ‖ **-auszug** m. (tsoûg). Quintessence, f. ‖ **-boot** n. Canot automobile, m. ‖ **-brühe** f. (brûe). Consommé, m. ‖ **-erzeugungsmaschine** f. Dynamo. ‖ **-fahrer** m. ④ (fârer). Automobiliste. ‖ **-fahrzeug** n. (fârtsœüg). Véhicule [m.] automobile.
kräft‖ig a. (krèftig). Robuste, vigoureux, euse. ‖ [Nahrung] Substantiel, le. ‖ **-igen** (igen). Fortifier : *wieder kräftigen,* raffermir. ‖ *Med.* Tonifier.
Kraft‖lehre f. (léere). Dynamique. ‖ **-leistung** f. Tour de force, m.
kraftlos a. (lôss, -z-). Sans force, débile. ‖ [erschöpft] Épuisé. ‖ *Jur.* Sans valeur, inopérant, e.
Kraftlosigkeit f. Manque de force, m. débilité. ‖ *Jur.* Nullité.
Kraft‖maschine f. (îne). Moteur, m. ‖ **-mehl** n. Amidon, m. ‖ **-probe** f. Épreuve de force. ‖ **-rad** n. ② (râte, -d-). Motocyclette, f. ‖ **-sammler** m. ④. Accumulateur.
kraftvoll a. (fol). Plein, e, de force, vigoureux, euse, énergique.
Kraft‖wagen m. ④ (vâgen). Automobile, f. : *Kraftwagen‖fahrbahn,* f., autodrome, m.; *-führer, -lenker,* m. ④, chauffeur; *-sport,* m., automobilisme. ‖ **-wort** n. ①. Parole énergique, f.
Krag‖en m. ④ (âgen). Collet. ‖ [am Hemd] Col. ‖ [zum Anknöpfen] Faux col. ‖ *Kragenschoner* m. ④. Cache-col. ‖ **-stein** m. Console, f.
Krähe f. (krêe). Corneille.
krähen. Chanter [coq]. ‖ n. Chant, m. [du coq].
Krakau npr. n. (krakao). Cracovie, f.
Krake f. (âke). Pieuvre.
Krakeel m. ① (éel). Querelle, f.
krakeelen. Se chamailler.
Kralle f. (krale). Griffe. ‖ [v. Raubvögeln] Serre. ‖ *Krallenhieb,* m., coup de griffe.
Kram m. (krâm). Petit commerce. ‖ [Waren] Marchandises de toutes sortes, f. pl. ‖ *Fig.* [allerlei] Fatras.
kramen. Fouiller, fureter.
Kräm‖er, in m. ④, f. (krêmer, ìn). Détaillant, e. ‖ [v. Schnittwaren] Mercier, ère. ‖ **-erei** f. (mera^è^). Mercerie. ‖ **-erseele** f. Âme mercenaire.
Krampe f. (àmpe). Crampon, m. ‖ [an einem Buche] Fermoir, m.
Krampf m. (kràmpf). Crampe, f. ‖ [Zuckung] Spasme, convulsion, f.
krampf‖artig a. (ig), **-haft** a. (haft). Spasmodique, convulsif, ive.
Kramtsvogel m. ② (kràmts). Grive, f.
Kran‖ m. ① (âne). Grue, f. [Machine]. ‖ **-ich** m. (ich). Grue, f. [oiseau].
krank‖ a. (krànk). **¨er, ¨est.** Malade : *krank werden**, tomber malade; *krank liegen**, être* alité, e.
kränk‖eln (ènkeln). Etre* maladif, ive. ‖ **-en.** Chagriner. ‖ [verletzen] Blesser, froisser. ‖ [beleidigen] Offenser.
Kranken... De [pour] malade[s] : *Kranken‖bett, en,* n., lit [m.] de malade; *-haus,* n., hôpital, m.;

-kasse, f., caisse d'assurance contre la maladie; *-kost*, f., régime [de malade], m.; *-pflege*, f., soins donnés aux malades, m. pl.; *-pfleger, in*, m. ④, f., infirmier, ère; *-trage*, f., brancard, m.; *-träger*, m., brancardier; *-wagen*, m. ④, voiture d'ambulance, f.; *-wärter, in*, m. ④, f., garde-malade, m. u. f.; *-zimmer*, n. ④, infirmerie, f.

krankhaft a. (haft). Maladif, ive.

Krankheit f. (haèt). Maladie : *eine Krankheit durchmachen*, faire* une maladie. ‖*Krankheits*‖*feststellung*, f., diagnostic, m.; *-heuchler* m., simulateur; *-lehre*, f., pathologie; *-zeichen*, n. ④ symptôme, m.

kränklich a. (lich). Maladif, ive, souffreteux, euse.

Kränkung f. (oung). Froissement, m. ‖Offense.

Kranz‖ m. (krànts). Couronne, f. [de fleurs, etc.]. ‖[Gesims] Corniche, f. ‖ **¨chen** n. ④ (ènts'chᵉn), dim. *Fig.* [Gesellschaft] Petite réunion, f., cercle, m. [intime].

kränzen tr. (krèntsᵉn). Couronner.

Krapfen m. ④. Beignet.

Krapp m. Garance, f.

krapprot a. (rôte). Garance, unv.

Krater m. ④ (âtᵉr). Cratère.

Kratz‖**bürste** f. Gratte-boësse. ‖*Fig.* Caractère revêche, m. ‖**-e** f. 1. Carde. ‖2. = *Kratzeisen*.

Krätze f. (ètsᵉ). Gale. ‖[Abfall] Déchets, m. pl.

Kratzeisen n. ④ (aèzᵉn). Racloir, m. ‖[vor d. Tür] Décrottoir, m.

kratzen. Gratter. ‖[Wolle] Carder.

Krätzer m. ④. Piquette, f.

Kratzfuß m. (foûs). *Fam.* Révérence, f.

krätzig a. (ig). Galeux, euse.

kraus a. (kraᵒs). Crépu, e, frisé, e. ‖[Stirn] Ridé, e. ‖*Fig.* [Gesicht] Renfrogné, e.

Krause f. Crêpure, frisure. ‖[Hals-] Fraise. ‖[Hemd-] Jabot, m.

kräuseln (krœüzᵉln). Crêper, friser. ‖[Wäsche] Plisser, froncer. ‖*Kräuseleisen*, n. ④, fer [m.] à friser, à plisser, etc.

Kraus‖**kopf** m. Tête [f.] crépue, frisée. ‖ **¨ler** m. ④ (lᵉr). Friseur.

Kraut‖ n. ② (kraᵒt). Plante herbacée, f. ‖spl. [Kohl] Chou, x, m. ‖pl. (krœütᵉr). Herbes, f. pl. : *Kräuterhändler*, m., herboriste; *Kräuterhandlung*, f., herboristerie. ‖**-junker** m. *Péjor.* Hobereau.

Krawall m. ① (val). Tumulte. ‖[auf d. Straßen] Échauffourée, f., émeute, f. ‖[volkst.] Raffut.

Krawatte f. (vatᵉ). Cravate.

Krebs m. Écrevisse, f. ‖[Krankheit] Cancer, chancre.

krebsartig a. (ig). Cancéreux, euse.

Krebs‖**schaden** m. Affection cancéreuse, f. ‖**-suppe** f. (soupᵉ). Bisque.

kredenzen tr. (dèntsᵉn). 1. Goûter [le vin]. ‖2. [einschenken] Servir [à boire].

Kredenztisch m. Buffet.

Kredit (dite). 1. m. spl. Crédit : *auf Kredit*, à crédit. ‖2. **-s**, n. (krée-) [kaufm.] Crédit, m., avoir, m.

kreditieren (îrᵉn). Créditer.

Kredit‖**iv** n. (îf). Lettres de créance, f. pl. ‖**-or**, **-en** (krée-, ôrᵉn). Créditeur, créancier.

Kreide f. (kraᵉde). Craie; *spanische Kreide*, blanc d'Espagne, m.; *kreidig*, a., crayeux.

kreieren tr. (îrᵉn). Créer.

Kreis‖ m. (kraᵉs). Cercle : *im Kreise*, en cercle. ‖[Gebiet] District, canton. ‖[Sagen-] Cycle. ‖**-bahn** f. (bâne). Orbite. ‖**-bewegung** f. Mouvement circulaire, m. ‖**-bogen** m. ④ (bôgᵉn). Arc de cercle.

krei‖**schen** intr. (aèschᵉn). Jeter* des cris aigus. ‖**-schend** p. a. [Stimme] Strident, e.

Kreisel m. ④. Toupie, f. ‖[zum Peitschen] Sabot.

kreis‖**eln**. Tournoyer. ‖[Spiel] Jouer à la toupie. ‖**-en**. Tourner en cercle. ‖n. Rotation, f. ‖**-förmig** a. (feurmig). Circulaire.

Kreis‖**gericht** n. (gericht). Tribunal [m.] de première instance. ‖**-lauf** m. (laᵒf). Révolution, f. ‖**-linie** f. (lîniᵉ). Circonférence.

kreisrund a. (roùnt, -d-). Circulaire.

Kreisverkehr m. Sens giratoire.

kreißen. Être* en mal d'enfant.

Krempe f. (krèmpᵉ). Rebord, m. [d'un chapeau].

Krempel. 1. m. ④. Fatras. ‖[Trödel] Friperie, f. ‖2. f. Carde.

kremp‖**eln**. Carder. ‖**-en**. Retrousser [le bord].

Kremser m. ④ (èmzer). Char à bancs, tapissière, f.
Krengel m. ④. Craquelin.
Kreol‖**e**, **-n**, **-n** m., **in** f. (*éôl*e, ìn), **kreolisch** a. Créole.
Kreosot n. (*ôte*). Créosote, f.
krepieren (pîren). Éclater, crever. ‖*Fam.* Crever.
Krepp, **-s** m. Crêpe.
Kresse f. Cresson, m.
Kreta n. Crète, f.
Kreuz‖ n. ① (krœüts). Croix, f. : *schräges Kreuz,* croix de Saint-André; *kreuz und quer,* adv., en tous sens, à tort et à travers; *ein Kreuz schlagen*,* faire* un signe de croix, se signer. ‖[auf Spielkarten] Trèfle, m. ‖*Mus.* Dièse, m. ‖[Rückgrat] Reins, m. pl. : *das Kreuz tut mir weh,* j'ai mal aux reins. ‖[v. Pferden] Croupe, f. ‖*Fig.* [Qual] Supplice, m., tribulation[s], f. [pl.]. ‖**-abnahme** f. (apnâme). Descente de Croix. ‖**-arm** m. Croisillon. ‖**-band** n. (bànt, -d-). Bande, f. [en travers]. ‖**-berg** m. Calvaire.
kreuzen tr. Croiser. ‖intr. [auf dem Meer] Croiser. ‖n. spl. Croisière, f.
Kreuz‖**er** m. ④. Croiseur. ‖[Münze] Kreutzer. ‖**-erhöhung** f. (erheûoung). Exaltation de la Croix. ‖**-fahrer** m. ④. Croisé. ‖**-fahrt** f. (fârt). Croisade. ‖[auf d. Meere] Croisière. ‖**-feuer** n. ④ (fœüer). Feu croisé, m. ‖**-gang** m. (gàng). Cloître. ‖Procession, f.
kreuzigen tr. (igen). Crucifier.
Kreuz‖**igung** f. Crucifiement, m. ‖**-knoten** m. Double nœud.
kreuzlahm a. Éreinté, e : *kreuzlahm machen,* éreinter.
Kreuz‖**otter** f. Vipère. ‖**-ritter** m. Croisé [chevalier]. ‖**-schmerz** m. (èrtz). Mal de reins. ‖**-sprung** m. (schproung). Entrechat. ‖**-verhör** n. Interrogatoire [m.] contradictoire. ‖**-ung** f. Croisement, m. ‖**-weg** m. (véeg). Carrefour.
kreuzweise adv. (vaèze). En croix. ‖[am Halse] En sautoir.
Kreuz‖**woche** f. (voche). Semaine des Rogations. ‖**-worträtsel** n. ④. Mots croisés, m. pl. ‖**-zeichen** n. ④. (tsaèchen). Signe [m.] de la croix. ‖**-zug** m. Croisade, f.
kribbel‖**n** (*ib*). Fourmiller. ‖[kitzeln] Chatouiller. ‖**-ig** a. Chatouilleux, euse; *fig.* irritable. ‖[stechen] Picoter. ‖n. spl. Fourmillement, m., picotement, m.
kriech‖**en*** (krîchen) [*sein*]. Ramper. ‖*Fig.* Se traîner : *auf allen vieren kriechen,* se traîner à quatre pattes; *aus dem Ei kriechen,* éclore. ‖**-end** p. a. *Fig.* Servile, plat, e.
Kriech‖**er** m. ④, *fig.* Flagorneur. ‖**-erei** f. (*raè*). Flagornerie. ‖**-tier** n. Reptile, m.
Krieg m. ④ (krîg). Guerre, f. : *Krieg führen* [*mit*], faire* la guerre [à]; *in den Krieg ziehen*,* partir en guerre; *an den Krieg gewöhnen,* aguerrir.
kriegen intr. Faire* la guerre. ‖tr. *fam.* [fassen] Saisir, attraper. ‖[bekommen] Recevoir, obtenir*.
Krieger m. ④. Guerrier, combattant.
krieg‖**erisch** a. Guerrier, ière, martial, e. ‖[kriegslustig] Belliqueux, euse. ‖**-führend** a. (ent, -d-). Belligérant, e.
Kriegs‖**...** : ... de guerre : *Kriegs*‖*akademie,* f, École supérieure de guerre; *-gefangener,* a. s. m., prisonnier de guerre; *-gericht,* n., conseil [m.] de guerre; *-gewinner,* m., profiteur de guerre; *-schiff,* n., vaisseau [m.] de guerre; *-zustand,* m., état de guerre. ‖... de la guerre : *Kriegs*‖*minister,* m., ministre de la guerre; *-schauplatz,* m., théâtre de la guerre. ‖... militaire : *Kriegs*‖*denkmünze,* f., *-hafen,* m., médaille, port militaire.
kriegs‖**bereit** a. Prêt à entrer en campagne. ‖**-erfahren** a. (fâren). Versé dans l'art de la guerre. ‖**-geübt** a. (géûbt). Aguerri, e.
Kriegs‖**hetzer** m. Fauteur de guerre, belliciste. ‖**-knecht** m. (knècht). Soudard.
Kriegslust f. Ardeur belliqueuse.
kriegslustig a. Belliqueux, euse.
Kriegs‖**rüstung** f. Armement, m. ‖**-stärke** f. (schtèrke). Effectif [m.] du pied de guerre.
kriegstüchtig a. (tûchtig). Aguerri, e.
Kriekente f. (îkènte). Sarcelle.
Krim n. Crimée, f.
Kriminalroman m. (nâlrômàn). Roman policier.
krimpen. Se rétrécir, décatir.

Kringel m. ④ (ìngᵉl). Craquelin.
Krippe f. Mangeoire. ‖[Weihnachts-] Crèche.
Krise, Krisis, ...sen f. (*îz*ᵉ, *-is*). Crise.
kriseln. Clocher, aller mal : *es kriselt,* il y a quelque chose dans l'air.
Kristall‖ m. ① (*tal*). Cristal. ‖[Funk] Galène, f. ‖**-bildung** f. Cristallisation.
kristallen a. De cristal. ‖[klar] Cristallin, e.
Kristallfabrik f. Cristallerie.
kristall‖**hell** (**h**èl). Cristallin, e. ‖**-isieren** (**z**îrᵉn). Cristalliser.
Kristall‖**isierung** f. Cristallisation. ‖**-waren** f. pl. Cristaux, m. pl.
Krit‖**erium, ...ien** n. (*té*rioum). Critérium, m. ‖**-ik** f., **-iker** m. ④ (îtikᵉr). Critique.
krit‖**iklos** a. Qui manque de sens critique. ‖**-isch** a. (krî-). Critique. ‖**-isieren.** Critiquer. ‖**-teln.** Critiquer [mesquinement, en ergotant] : *Krittelei,* f., critique mesquine; *Krittler,* m. ④, critique mesquin, ergoteur.
kritzeln. Griffonner : *Kritzelei,* f., griffonnage, m.; *Kritzler,* m. ④, griffonneur.
Kroat‖**e, -n, -n** m. (*â*tᵉ). Croate. ‖**-ien** n. (*â*tsiᵉn). Croatie, f.
kroatisch a. Croate.
kroch imp. de *kriechen**.
Krocketspiel n. (*o*kᵉtschpîl). [Jeu de] croquet, m.
Krokodil n. ① (*î*l). Crocodile, m.
Kron... : ...de la couronne : *Kron*‖*beamter,* m., officier de la couronne; *-erbe,* m., héritier [présomptif] de la couronne.
Krone f. (krônᵉ). Couronne : *Kronenträger,* m. ④, tête couronnée, f. ‖LOC. *einer Sache die Krone aufsetzen,* couronner [qc.]. ‖[v. Bäumen] Cime.
krönen (*eû*nᵉn). Couronner.
Kron‖**feldherr, -n, -en** m. (**h**èr). Connétable. ‖**-leuchter** m. ④ (lœüchtᵉr). Lustre. ‖**-prinz** m., **essin** f. (ìnts, èssin). Prince, esse, royal, e, impérial, e. ‖ **¨ung** f. Couronnement, m.
Kropf m. Goitre. ‖[v. Vögeln] Jabot. ‖[v. Pferden] Gourme, f.
kröpfen (œpfᵉn). Gaver.
Kröpfung f. Gavage, m.
Kropfgans f. Pélican, m.
kropfig a. Goitreux, euse.
Krösus m. (*eû*zouss). Crésus.
Kröte f. (kr*eû*tᵉ). Crapaud, m.
Krücke f. (kr*u*kᵉ). Béquille : *an Krücken gehen**, marcher avec des béquilles. ‖[an Geigen] Cheville.
Krug‖ m. (kr*oû*g). Cruche, f. ‖[Topf] Pot. ‖[Schenke] Cabaret. ‖ **¨elchen** n. ④ (*û*gᵉl**ch**ᵉn), dim. Cruchon, m. ‖ **¨er** m. ④ (*û*gᵉr). Cabaretier.
Krum‖**e** f. (kr*oû*mᵉ). Mie. ‖ **¨chen** n. ④, *Krümel* [*chen*] n. ④, dim. Miette, f. : *Krümelschippe,* f., ramasse-miettes, m.
krüm‖**elig** a. (ig). Qui s'émiette, friable. ‖**-eln** (kr*û*-), tr. Émietter. ‖intr. S'émietter.
krumm‖, **¨er, ¨est** a. (kr*ou*m). Courbe, courbé, e. ‖[Rücken] Rond, voûté. ‖[hakenförmig] Crochu, e. ‖[gewunden] Tortueux, euse : *krumme Beine,* jambes tortues, torses; *krumm wachsen**, se déjeter. ‖**-beinig** a. (baᵉnig). Cagneux, euse.
krümmen (*u*m-). Courber, recourber.
Krummstab m. (schtâpe, -b-). Crosse, f. [épiscopale].
Krümmung f. Courbure. ‖[Windung] Sinuosité. ‖[Holz] Gauchissement.
Krupp m. (kroup). Croup [maladie].
Kruppe f. (oupᵉ). Croupe.
Krüppel m. (kr*u*pᵉl). Infirme, m. et f., estropié, e : *Krüppel ohne Beine,* cul-de-jatte; *zum Krüppel machen,* estropier.
krüppelhaft (**h**aft), **-ig.** Infirme, estropié, e. ‖[v. Pflanzen] Rabougri, e.
Kruste f. (*ou*stᵉ). Croûte. ‖dim. *Krüstchen,* n. ④, croûton, m.
krustig a. (ig). Couvert, e, d'une croûte. ‖[Brot] Croûteux.
Kruzifix n. ① (kroutsif*i*ks). Crucifix, m.
Kryptogame f. (g*â*mᵉ). Cryptogame.
Küb‖**el** m. ④ (k*û*bᵉl). Baquet. ‖**-ler** m. ④. Tonnelier.
kubieren (koub*î*rᵉn). Cuber [un nombre].
Kub‖**ik...** (*i*k). ...cubique : *Kubik*‖*inhalt,* m., volume; *-meter,* n., mètre cube, m.; *-wurzel,* f., racine cubique; *-zahl,* f., cube, m. [nombre]. ‖**-us, ...ben** m. (k*oû*bouss). Cube.

Küche f. (kû**ch**e). Cuisine : *die Küche besorgen, verstehen**, faire*, savoir* faire* la cuisine. ||*Küchen...*, ... de cuisine : *Küchengeschirr*, n., batterie [f.] de cuisine. ||*Küchen*||*bett, -en*, n., lit-cage, m.; *-garten*, m., potager; *-junge*, m., marmiton.

Küchelchen dim. de *Kuchen*.

Kuchen|| m. ④ (koû**ch**en), dim. *Küchelchen*, n. ④ (**ch**el**ch**en). Gâteau, x, m. : *Kuchen backen**, faire* des gâteaux. ||**-bäcker, in** m. ④, f. (bê). Pâtissier, ère. ||**-bäckerei** f. Pâtisserie.

Küchlein, Kücken n. ④ (kû**ch**laèn, -ken). Poussin, m.

Kuckuck m. ① (k*ou*kouk). Coucou. ||*Fig. der Kuckuck hole dich!*, que le diable t'emporte! ||*Kuckucksuhr*, f., coucou, m.

Kuf||**e** f. (k*oû*fe). Cuve. || **¨er** m. ④ (kû). Tonnelier.

Kugel|| f. (k*oû*gel). Boule. ||[Globus] Globe, m. ||*Geom.* Sphère. ||[Gewehr-] Balle. ||[Kanonen-] Boulet, m. ||[Billard] Bille. ||dim. *Kügelchen*, n. ④ (k*û*gel**ch**en), boulette, f. ||[flüssiges] Globule. ||**-dicke** f. calibre, m. ||**-form** f. Forme sphérique.

kugel||**förmig** (f*eû*rmig), **-ig** a. Sphérique.

Kugellager n. Roulement [m.] à billes.

kugel||**n** intr. (k*oû*). Jouer aux billes. ||[abstimmen über, *acc.*] Ballotter. tr. Mettre en boule, arrondir. ||**-rund** (rounte, -d-). Sphérique.

Kugel||**schreiber** m. Stylo à bille. ||**-spiel** n. (schpîl). Jeu [m.] de boules. ||**-stoßen** n. Lancement [m.] du poids.

Kuh||, **¨e** f. (k*oû*). Vache. ||**-blatter** f. Vaccine. ||**-fladen** m. Bouse, f. ||**-glocke** f. Sonnaille. ||**-hirt, -en, -en** m., **in** f. (h*i*rt, ìn). Vacher, ère.

kühl a. (k*û*l). Frais, aîche. ||*Fig.* Froid, e. ||adv. Fraîchement. ||*Fig.* Froidement.

Kühl||**apparat** m. ① (âte). Appareil réfrigérant. ||**-e** f. (kûle). Fraîcheur : *in der Kühle*, au frais. ||*Fig.* Froideur. ||**-eimer** m. ④ Seau, x à rafraîchir.

kühlen. Rafraîchir.

Kühl||**er** m. ④. Réfrigérateur. ||**-mittel** n. ④. Réfrigérant, m. ||**-raum** m. Chambre frigorifique. ||**-schlange** f. Serpentin, m. ||**-ung** f. Rafraîchissement, m. ||**-wasser** n. Eau [f.] du radiateur [auto].

Kuhmagd, **¨e** f. Vachère.

kühn a. (k*û*n). Hardi, e, audacieux, euse.

Kühnheit f. Hardiesse, audace.

Kuh||**pocke** f. Bouton de vaccin, m. ||**-pockenstoff** m. Vaccin. ||**-reigen** m. Ranz des vaches. ||**-stall** m. Vacherie, f., étable, f.

kulant a. (koul*à*nte). Coulant, e [en affaires].

Kulanz f. (*à*nts). Facilité.

Kuli, -s m. (koul*i*). Coolie.

Kulisse f. (l*i*sse). Coulisse.

Kulm m. ① (koulm). Cime, f., sommet.

Kultur|| f. (koult*oû*r). Culture. ||*Fig.* Civilisation. ||**-aufgabe** f. (aofg*â*be). Mission civilisatrice. ||**-film** m. Film documentaire. ||**-kampf** m. Lutte [f.] contre l'Église catholique ||**-volk** n. (folk). Peuple [m.] civilisé.

Kultus||, **...te** m. (k*ou*ltouss). Culte. ||**-minister** m. ④. Ministre des cultes.

Kümmel m. (kumel). Cumin. ||[Likör]. Kummel.

Kummer m. spl. (k*ou*mer). Chagrin, affliction, f. ||[Sorge] Souci.

kümmerlich a. (k*u*merli**ch**). Misérable. ||adv. Misérablement.

kümmern tr. (kumern). Chagriner, affliger. ||[angehen] Intéresser. ||[betreffen] Concerner. ||[**sich**]. Se soucier [*um*, de].

Kümmernis f. (niss). Chagrin, m.

kummervoll a. Plein de soucis.

Kum[me]t n. ①. Collier, m. [cheval].

Kumulation f. (koumou-ts*iô*ne). Cumul, m.

kumulieren. Cumuler.

kund|| a. (k*ou*nte, -d-). Connu, e, notoire. ||**-bar** a. Notoire.

kündbar a. (k*ù*nt-). Résiliable.

Kund||**barkeit** f. Notoriété. ||**-e, -n, -n** m., **in** f. (kounde, ìn). Client, e. ||Pratique, f., *fam.* ||f. Connaissance. ||[Wissenschaft] Science. ||[Nachricht] Nouvelle.

kundgeben*, sép. (*gée*b^e^n). Manifester.

Kundgebung f. Manifestation.

kundig a. (ig). *gén.* Au courant [de], informé, e, instruit, e [de].

kündigen (ig^e^n). Annoncer. ‖[Vertrag] Résilier, dénoncer. ‖[Miete] Donner congé [de].

Kündigung f. Annonce, avis, m. ‖Résiliation, dénonciation, congé, m.

Kundin. V. *Kunde,* m.

kundmachen sép. (ch^e^n). Publier.

Kund‖machen n. et **‖-machung** f. (oung). Publication.

Kund‖schaft f. [Erkundigung] Renseignement, m. ‖[Erkundigung] : *auf Kundschaft ausgehen**, aller* en reconnaissance. ‖[die Kunden] Clientèle. ‖**-schafter** m. ④. Éclaireur. ‖[Spion] Espion.

kundtun* sép. Faire* savoir.

künftig‖ a. (k*ü*nftig). Futur, e. ‖adv. et **-hin** adv. (hìn). A l'avenir.

Kunst‖, ¨e f. (k*ou*nst). Art, m. : *die schönen Künste,* les beaux-arts. ‖pl. Artifices, m. pl., tours [d'adresse, etc.] m. pl. ‖**-akademie** f. (mî). École des beaux-arts. ‖**-ausdruck** m. (*ao*sdrouk). Terme techhnique. ‖ **¨elei** f. Affectation, recherche.

künsteln intr. (k*ü*nst^e^ln). [an, *dat.*] Raffiner [sur], affecter.

kunstfertig a. (ig). Habile.

Kunst‖fertigkeit f. (ka^è^t). Habileté. ‖**-gärtner** m. ④ (g*ê*rtn^e^r). Horticulteur. ‖**-gärtnerei** f. (r*a*^è^). Horticulture. ‖**-gewerbe** n. (gévèrb^e^). Art industriel, m. ‖**-gewerbeschule** f. École des arts et métiers. ‖**-griff** m. Artifice. ‖**-händler** m. ④ (hèntl^e^r), **-handlung** f. (hàntloung). Marchand, m., magasin [m.] d'objets d'art. ‖ **¨ler, in** m. ④, f. Artiste.

künst‖lerisch a. Artistique. ‖adv. Artistement. ‖ **¨lich** a. (ich). Artificiel, ielle, imité, e, faux, ausse. ‖[Haare] Postiche.

kunstmäßig a. (m*ê*ssig). Conforme à l'art.

Kunst‖reiter, in m. ④ f. Écuyer, ère [de cirque]. ‖**-richter** m. ④ (r*i*cht^e^r). Critique [d'art]. ‖**-sache** f. (z*a*ch^e^). Objet d'art, m. : *in Kunstsachen,* en matière d'art. ‖**-schreiner** m. ④ (*a*^è^n^e^r). Ébéniste. ‖**-seide** f. Soie artificielle. ‖**-sinn** m. Sens artistique. ‖**-stück** n. (schtuk). Tour [m.] [d'adresse, de force, etc.]. ‖**-tischler** m. ④. Ébéniste.

kunst‖verständige[e]r a. et s. (f^e^r-schtèndig). Expert en art. ‖**-voll** a. (fol). Artistique. ‖adv. Artistement.

Kunstwerk n. Œuvre d'art, f.

kunterbunt a. (k*ou*nt^e^rbount), *fam.* Pêle-mêle.

Kunz m. (kounts). Conrad.

Küp‖e f. (k*û*p^e^). Cuve. ‖**-er** m. ④. Tonnelier

Kupfer n. spl. (k*ou*pf^e^r). Cuivre, m. ‖avec pl. ④, = *Kupferstich.*

kupferartig a. (ig). Cuivreux, euse.

Kupfer‖ausschlag m. (*a*^o^s-âg). Couperose, f. ‖**-blech** n. (blèch). Cuivre [m.] battu.

kupfer‖farben a., **-farbig** a. (ig). Cuivré, e.

Kupfer‖geld n. (gèlte, -d-). Monnaie de billon, f. ‖**-gerät** n. (gèrête), **-geschirr** n. (gesch*i*r). Vaisselle de cuivre, f. ‖**-gesicht** n. (gézicht). Visage [m.] couperosé. ‖**-gold** n. (golte, -d-). Or [m.] doublé.

kupfer‖haltig a. (h*a*ltig). Cuprifère. ‖**-icht** a. (icht), **-ig** a. (ig). Cuivreux, euse.

Kupfermünze f. (m*ü*nts^e^). Monnaie de billon.

kupfern a. De cuivre.

Kupfernase f. (n*â*s^e^). Nez [m.] couperosé.

kupferrot a. (rôte). Cuivré, e.

Kupfer‖schmied m. (îte, -d-). Chaudronnier. ‖**-stecher** m. ④ (schtèch^e^r). Graveur sur cuivre, m. ‖**-stich** m. (schtich). Gravure [f.] sur cuivre. ‖**-ware** f. Chaudronnerie.

kupieren tr. (koupîr^e^n). Couper. ‖[Fahrkarten] Pointer.

Kupon, -s m. Coupon.

Kupp‖e f. (k*ou*p^e^). Sommet, m., cime. ‖**-el** f. Coupole. ‖[äußere] Dôme, m.

Kuppelei f. (^e^l*a*^è^). Proxénétisme, m.

kuppeln. Coupler, accoupler. ‖[vermittelnd] Servir* d'entremetteur, euse.

Kuppler, in m. ④, f. Entremetteur, euse.
Kur[1] f. (k*oû*r). Cure, traitement, m.
Kur[2] f. (k*oû*r). [Wahl] Élection. ||*Kur...*, ...électoral, e : *Kur||hessen*, n., *-mark*, f., *-sachsen*, n., Hesse, f., Marche, Saxe [f.] électorale.
Kürassier m. ① (s*î*r). Cuirassier.
Kurat||el f. (kourat*è*l). Curatelle. ||**-or, -s, -oren** m. (r*â*-, *-ô*r^e^n). Curateur.
Kurbel f. (k*our*b^e^l). Manivelle.
kurbeln. Tourner un film.
Kurbelstange f. (scht*à*ng^e^). Bielle.
Kürbis||, -isses, -isse m. (k*ur*). Citrouille, f., courge, f. ||[Riesen-] Potiron. ||**-flasche** f. Gourde.
Kur||fürst, -en, -en m. Prince électeur. ||**-fürstentum** n. ②. Électorat, m.
Kur||gast m. Baigneur [d'une ville d'eaux]. ||**-haus** n. (**ha**^o^s). Casino, m.
Kurie f. (k*oû*ri^e^). Curie.
Kurier m. ① (*î*r). Courrier : *Kurierzug*, m., train express.
kurieren tr. Guérir.
kurios a. (*iô*ss). Curieux, euse, singulier, ère.
kurisch a. (k*oû*). De Courlande.
Kurland n. Courlande, f.
Kurort m. Station de cure, f.
Kurpfalz f. (alts). Palatinat, m.
Kurpfuscher m. ④. Charlatan.
kurrent a. (kour*è*nte). Courant, e.
Kurs m. ① (k*ou*rs). 1. Cours. ||2. [Fahrt] Course, f., route, f.
Kursaal m. Casino.
Kurs||bericht m. (ri**ch**t). Bulletin financier. ||**-blatt** n. ②. Cote de la Bourse, f. ||**-buch** n. ② (b*oû***ch**). Indicateur, m. [chemins de fer].
Kürschner m. ④. Pelletier, fourreur.
kurs||ieren intr. (kourz*î*r^e^n). Circuler, avoir cours. ||**-iv** a. (*î*f, -v-). Italique. ||**-orisch** a. (*ô*-). [Lesen] Rapide.
Kurstreiber m. ④. Haussier.
Kursus, se m. (ouss). Cours.
Kurszettel m. ④ (ts*è*t^e^l). = *Kursblatt*.
Kurtaxe f. Taxe de séjour.
Kurve f. (k*our*v^e^). Courbe. ||Virage.

kurz||, ¨er, ¨est a. (k*ou*rts). Court, e. ||[Frist, Wort, Silbe usw.] Bref, ève. ||*kurz und bündig*, concis ; *sich kurz fassen*, être* bref. ||LOC. *kurz halten**, serrer la bride ; *kurz und klein schlagen**, mettre* en pièces ; *in kurzen Worten*, en peu de mots ; *in kurzer Zeit, in kurzem*, en peu de temps, sous peu ; *seit kurzem*, depuis peu ; *vor kurzer Zeit, vor kurzem*, il y a peu de temps. ||compar. : *kürzer machen*, raccourcir ; *fig. den kürzeren ziehen** avoir* le dessous. ||adv. Brièvement. ||[bündig] Succinctement. ||LOC. *kurz und gut*, bref, en un mot ; *zu kurz kommen**, ne pas trouver son compte. ||**-atmig** a. (*â*tmig). Asthmatique.
Kurzatmigkeit f. Asthme, m.
Kürze f. (k*ur*ts^e^). Peu de longueur, m. ||[zeitlich] Brièveté. ||[v. Stil] Brièveté, concision : *in aller Kürze*, en peu de mots : *der Kürze halber*, pour abréger. ||[Silbe] Brève.
kürzen (k*ur*ts^e^n). Raccourcir, abréger. ||[Lohn] Rogner.
kurzerhand adv. (^e^rh*à*nte). Sans hésiter.
kurz||gefaßt a. (g*é*-). Bref, ève. ||[bündig] Concis, e, succinct, e. ||**-geschoren** a. (g*é*sch*ô*r^e^n). Tondu, e de près, ras, e. ||[v. Tieren] A poil ras. || **¨lich** adv. (k*ur*tsli**ch**). Dernièrement, récemment.
Kurz||schluß m. Court-circuit. ||**-schreiber** m. (*a*^è^b^e^r). Sténographe. ||**-schrift** f. Sténographie.
kurzsichtig a. (**zich**tig). Myope : *kurzsichtig sein**, avoir* la vue basse ; ||*fig.* avoir* l'esprit borné.
Kurzsichtigkeit f. (ka^è^te). Myopie, vue basse. ||*Fig.* Esprit borné, m.
kurzum adv. (oum). Bref, en un mot.
Kürzung f. (k*ur*tsoung). Raccourcissement, m. ||*Fig.* Réduction.
Kurz||waren f. pl. (v*â*r^e^n). Mercerie, f. ||**-warenhändler** m. ④. Mercier.
kurzweg adv. (v*é*eg). Tout court.
Kurzweil[e] f. (v*a*^è^l[^e^]). Passe-temps, m., amusement, m.
kurzweilig a. Amusant, e.
Kuß m. (k*ou*ss). Baiser : *Kußhand, ¨e*, f., baisemain.
küssen. Embrasser.
Küste f. (k*u*st^e^). Côte, rivage, m. ||*Küsten...* : ... de côte[s], côtier.

Küsten||fahrer m. (kustenfârer) ④. Caboteur. ||**-fahrt** f. (fârt). Cabotage, m. ||**-land** n. (lànt, -d-), **-strich** m. (schtrich). Littoral, m. ||**-wächter** m. ④ (vèchter). Garde-côte.
Küster m. ④. Sacristain.
Kustos, -oden m. (koustôs, ôden). Gardien. || [e. Museums] Conservateur.
Kutsch||e f. (koutsche). Coche, m., carrosse, m. ||**-er** m. ④. Cocher.
kutschieren. Aller* en carrosse. || [als Kutscher] Conduire*.
Kutte f. (koute). Froc, m.
Kutter m. ④ (kou). Cotre.
Kuvert n. ① (kouvèrt). Enveloppe, f. || [für Akten] Chemise. || [Besteck] Couvert.

L

L, l n. L, l, m.
Lab n. spl. Présure, f.
Labe f. (lâbe). [dichterisch] Rafraîchissement, m. ||*Fig.* Réconfort, m. *Labetrank,* m., breuvage rafraîchissant.
laben. Rafraîchir. ||*Fig.* Réconforter.
Laberdan m. (dân) ①. Morue salée, f.
labial a. (biâl). Labial, e.
Labmagen m. (âgen). Caillette, f.
Laboratorium, ...ien n. (tôrioum). Laboratoire, m.
laborieren intr. (îren). Faire* des expériences [de laboratoire]. ||*Fig.* Souffrir.
Lab||sal n. ①, **-ung** f. (zâl-, oung), = *Labe.*
Labyrinth n. (laburìnt). Labyrinthe, m.
Lache[1] f. (lache). 1. Mare || [kleine] Flaque.
Lache[2] f. Rire, m.
lächeln intr. (lècheln). [über, *acc.*]. Sourire* [de qc.]. ||n. spl. Sourire, m.
lach||en intr. (über, acc.] Rire* de : *gezwungen lachen,* rire* du bout des lèvres; *laut lachen,* rire* aux éclats; *sich krank lachen,* se pâmer de rire. ||n. spl. Rire, m. : *höhnisches Lachen,* ricanement, m. ||**-end** p. a. (ent, -d-). Riant, e.
Lacher m. ④, **in** f. (er, ìn). Rieur, euse.
lächerlich a. (lècherlich). Risible. ||*Fig.* Ridicule. ||a. s. : *ins Lächerliche ziehen**, tourner en ridicule.
Lach||gas n. (gâss). Gaz [m.] hilarant. ||**-krampf** m. (kràmpf). Rire convulsif. ||**-lust** f. (louste). Envie de rire*.
lachlustig a. (ig). Rieur, euse.
Lachs|| m. (laks) ①. Saumon. ||**-forelle** f. Truite saumonée.
Lack|| m. ①, **-farbe** f., **-firnis** m. (lak..., -e, iss). Laque, f., vernis, m.
lackieren tr. (îren). Laquer, vernir. ||n. Vernissage, m.
Lack||ierer m. ④ Vernisseur. ||**-leder** n. (léeder). Cuir [m.] verni.
Lackmus n. Tournesol, m.
Lackstiefel m. ④. Botte [f.] vernie.
Lade f. (lâde). Caisse, coffre, m. || [Brief-] Boîte.
laden* tr. Charger. || [auf das Schiff] Embarquer : *Ladeschein,* m., connaissement. || [zum Schießen] *scharf laden,* charger à balle; *blind laden,* charger à blanc. || [vor Gericht] Citer [en justice].
Laden m. ③. [am Fenster] Volet. [außerhalb] Contrevent. || [Kauf-] Boutique, f., magasin : *Laden||-diener,* m. ④, garçon de magasin; *-hüter,* m. ④, *fam.,* fond de magasin; rossignol, *fam.*; *-jungfer,* f., *-mädchen,* n. ④, demoiselle de magasin, f.; *-preis,* m., prix de vente; [v. Büchern] prix fort, m.; *-tisch,* m., comptoir.
Lader m. ④. Chargeur.
lädieren (lêdîren). Léser.
Ladung f. Chargement, m. : *Ladungsplatz,* m., embarcadère. || [e. Schiffes] Cargaison. || [vor Gericht] Citation.
Lafette f. (fète). Affût, m.
Laffe, -n, -n m. Fat, sot.
lag (lâg). Imp. de *liegen**.

Lage f. (*lâge*). Situation. ||[Fechterstellung] Garde. ||[Boden] Couche. ||[v. Papier] Cahier, m. ||*Artill.* Bordée.
Lägel n. ④. Petit baril, m.
Lager|| n. ④ (*lâger*). Couche, f. ||[Bett] Lit, m. ||[v. Hasen] Gîte, m. ||[v. wilden Tieren] Tanière, f. ||[Feld-] Camp, m. ||[für Fässer] Chantier, m. ||[für Waren] Dépôt, m., magasin, m. : *auf Lager,* en magasin, en dépôt. ||[v. Erz usw.] Gisement, m. ||**-bestand** m. (schtànt, -d-). Inventaire, existant, stock. ||**-bier** n. (bîr). Bière de garde, f. ||**-geld** n. (gèlt, -d-). Frais de magasinage, pl.
lagern intr. Être* couché ou étendu, reposer. ||[v. Truppen] Camper. ||[v. Waren] Être* en magasin. ||[v. Wein] Être* sur chantier. ||[v. Poststücken] Être* en souffrance, en instance. ||tr. Coucher, étendre [par terre].
Lager||**platz** m. Campement. ||**-schein** m. (aèn). Bulletin de dépôt. ||**-stätte** f. (schtète). Gîte, m. ||[für Soldaten] Camp, m. || ||**-ung** f. Campement, m. ||**-wart** m. (varte). Magasinier. ||**-zeit** f. (tsaèt). Magasinage, m.
Lagune f. (*goune*). Lagune.
lahm|| a. (*lâm*). Paralysé, e, perclus, e : *lahm gehen**, boiter; *lahm schlagen**, rouer de coups. ||a. s. : *der, die Lahme,* le, la paralytique. ||**-en.** Être* paralysé, e, perclus, e. || **¨en** (*lêmen*). Paralyser.
Lahmheit f. (**ha**èt). Impotence.
lahmlegen (*léegen*), sép. Paralyser.
Lähmung f. (*lêmoung*). Paralysie.
Laib m. ① (*laèp*). Miche, f.
Laich m. (*laè***ch**). Frai [de poisson].
laichen. Frayer.
Laie, -n, -n m. (*laèe*). Laïque. ||[Uneingeweihter] Profane. ||*Laien...*, ... laïque; *-bruder,* m. ③, frère lai *ou* convers; *-haft,* a., profane; *-schwester,* f., sœur converse.
Laizismus n. Laïcisme, m.
Lakai, -en et **-s, -en** m. (*kaè*). Laquais.
Lake f. (*lâke*). Saumure.
Laken. n. ④. Drap [m.] de lit.
lakonisch a. (*kô-*). Laconique.
Lakonismus m. (*ismous*). Laconisme.

Lakritze f. (*itse*). Réglisse.
lallen tr. (lalen). Balbutier. ||n. Balbutiement, m.
Lama, -s m. et n. (*lâ-*). Lama, m.
Lambertsnuß f. Aveline.
Lamm|| n. ②. Agneau, x, m. || **¨chen** n. ④ (*lèm***ch**en). Agnelet, m. ||**-¨erwolke** f. Cirrus, m. [nuage].
Lampe f. (*làmpe*). Lampe. ||...*lampe,* lampe à... ||*Lampen*||*glocke,* f., globe, m.; *-händler,* m., *-macher,* m., lampiste; *-schirm,* m., abat-jour; *-stock,* m., *-träger,* m., lampadaire.
Lamprete f. (*éete*). Lamproie.
Land|| n. ② (*lànt*, -d-). 1. Terre, f. : *das feste Land,* la terre ferme; *zu Land reisen,* voyager par terre; *ans Land setzen,* mettre* à terre, débarquer; *ans Land steigen**, débarquer; *vom Lande stoßen**, démarrer; *tief im Lande,* à l'intérieur des terres. ||*Land...*, ...de, par terre, continental, e. ||2. Campagne, f. : *auf dem Lande, aufs Land,* à la campagne. ||*Land...* : de campagne, rural, champêtre. ||[Reich] Pays, m. ||**-arbeit** f. Travail [m.] des champs. ||**-armee** f. Armée de terre.
Landauer m. ④ (*làndaoèr*). Landau.
Land||**bewohner** m. ④. Campagnard. ||**-briefträger** m. Facteur rural.
landen intr. (*lànden*). Atterrir, aborder. ||tr. Mettre* à terre, débarquer. ||n. Atterrissage, m.
Landenge f. (*ènge*). Isthme, m.
Länd||**erei** f. (*lênderaè*). Terre, propriété foncière. ||**-es...** : ...du pays : *Landes*||*herr,* m., souverain; *-hoheit,* f., souveraineté; *-tracht,* f., costume national, m.; *-üblich,* a., usité, e dans le pays; *-vater,* m., souverain; *-verrat,* m., haute trahison, f.; *-verräter,* m., *-verräterisch,* a., traître à la patrie.
Land||**frau** f. Campagnarde. ||**-gemeinde** f. Commune rurale. ||**-graf, -en, -en** m., **-gräfin** f. (*grâf, grêfìn*). Landgrave. ||**-grafschaft** f. Landgraviat, m. ||**-haus** n. Maison [f.] de campagne. ||**-heer** n. Armée [f.] de terre. || **¨jager** m. ④ (*yêger*). Gendarme à pied. ||*fam.* Sorte de saucisson. ||**-karte** f. Carte géographique.

landläufig a. (lœüfig). Généralement admis, e. ‖[Redensart] Consacré, e.
Land‖leben n. Vie [f.] champêtre. ‖ **¨ler** m. ④ (lèntlᵉr). Valse lente, f. ‖**-leute** pl. Campagnards.
ländlich a. (lèntli**ch**). Champêtre, rustique.
Land‖macht f. Puissance continentale. ‖**-mann** m. Campagnard. ‖**-pfarrer** m. Curé [pasteur] de campagne. ‖**-plage** f. (âgᵉ). Fléau [m.] public. ‖**-rat** m. (râte). Conseil [Mitglied : conseiller] provincial. ‖**-reise** f. Voyage [m.] par terre. ‖**-reiter** m. ④. Gendarme à cheval. ‖**-reiterei** f. (raè). Gendarmerie départementale, maréchaussée. ‖**-s...**, V. *Landes...* ‖**-schaft** f. Paysage, m. *Landschaftsmaler*, m. ④, Paysagiste. ‖[Bezirk] District, m. ‖**-stände** m. pl. (schtèndᵉ). États provinciaux. ‖**-straße** f. (schtrâsᵉ). Grand-route. ‖**-streicher** m. ④ (schtraè**ch**ᵉr). Vagabond, chemineau, x. ‖**-streicherei** f. (raè). Vagabondage, m. ‖**-sturm** m. (schtourm). Armée [f.] territoriale. ‖**-tag** m. (tâg). Diète, f. ‖**-ung** f. Atterrissage, m., débarquement, m. : *Landungs‖brücke*, f., *-platz*, m., débarcadère, m. ‖**-vogt** m. (fogt). Bailli : *Landvogtei*, f., bailliage, m. ‖**-volk** n. spl. Gens de la campagne [m. pl.]
Lands‖knecht m. Lansquenet. ‖**-mann** m., **männin** f. Compatriote.
landwärts adv. Vers la terre.
Land‖weg m. (véeg). Chemin vicinal. ‖**-wehr** f. (véer). Réserve [de l'armée active]. ‖**-wirt** m. Agriculteur. ‖**-wirtschaft** f. Agriculture : *landwirtschaftlich*, a., agricole.
lang‖, **¨er**, **¨st** a. (làng). Long, longue. ‖*...lang*, long comme... ‖*länger machen*, allonger. ‖adv. *einen Monat lang*, pendant un mois. ‖*...lang* : pendant, durant ... : *jahrelang*, durant des années. ‖**-atmig** a. (âtmig). De longue haleine. ‖**-e**, **¨er**, **¨st** [am längsten] adv. (làngᵉ). Longtemps : *es ist schon lange her*, il y a déjà longtemps de cela; *so lange bis...*, jusqu'à ce que; *noch lange nicht*, pas de sitôt; *wie lange* [?], combien de temps [?]; *je länger, je* [ou *desto*] *lieber*, le plus longtemps sera le mieux. ‖superl. *längst* (lèngst). Très [le plus] longtemps, il y a longtemps; *längstlebend*, a., survivant, e; *längstens*, au plus [longtemps] : — *drei Jahre*, trois ans au plus.
Länge f. (lèngᵉ). Longueur. ‖*Geogr.* Longitude. ‖*Gram.* [Voyelle *ou* syllabe] longue. ‖*Längemaß*, n., mesure de longueur, f.
langen (làngᵉn). [bis...] Aller* [jusqu'à], *fig.* suffire. ‖[nach...] Porter la main [vers].
läng‖er, -st, -stens. V. *lange.* ‖**-lich** a. (ich). Oblong, ue : *länglichrund*, ovale. ‖**-s** prép., *dat.* Le long de.
Langeweile. V. *Langweile.*
langlebig a. (léebig). Qui vit longtemps : *Langlebigkeit*, f., longévité.
Lang‖mut f. (moûte), **-mütigkeit** f. (mûtigkaète). Longanimité : *langmütig*, a., longanime.
Langohr m. [in der Fabel] : *Meister Langohr*, maître Aliboron.
langsam a. (zâm). Lent, e : *Langsamkeit*, f., lenteur.
Langschläfer, in m. ④, f. (schlêfᵉr, ìn). Dormeur, euse.
langsichtig a. (**z**i**ch**tig). [Wechsel] A longue échéance.
Langweile f. (vaèlᵉ). Ennui, m.
lang‖weilig a. Ennuyeux, euse, fastidieux, euse; *sehr* —, assommant, e, *fam.* ‖**-wierig** a. (vîrig). De longue durée.
Langwierigkeit f. Longue durée.
Lanz‖e f. (làntsᵉ). Lance : *Lanzen‖brechen*, n. ④, joute, f.; *-brecher*, m. ④, jouteur; *-reiter*, m., lancier. ‖**-ette** f. (ètᵉ). Lancette.
Lapidar... (âr). ...lapidaire.
Lappalie f. (pâliᵉ). Bagatelle.
Lappe, -n, -n m. (lapᵉ). Lapon.
Lappen m. ④. Bout d'étoffe. ‖[Lumpen] Lambeau, x, haillon, chiffon. ‖dim. *Läppchen*, n. ④ (lèp**ch**ᵉn). ‖*Bot.* et *Anat.* Lobe.
lapp‖ig a. (ig). Déchiré, e, en lambeaux. ‖*Bot.* Lobé, e. ‖ **¨isch** a. (lèp-). Niais, e, fade : *läppisches Zeug*, niaiseries, f. pl., fadaises, f. pl.
Lapp‖land npr. n. (lànt, -d-). Laponie, f. ‖**-länder, in** m. ④, f. Lapon, ne. ‖*lappländisch*, a., lapon, ne.
Lärche f. (lêr**ch**ᵉ). Mélèze, m.

Laren pl. (*la*r^e^n). Dieux lares, m. pl.
Lärm m. spl. (lèrm). Bruit, tapage : *Lärm blasen**, *schlagen**, donner, sonner l'alarme.
lärm||**en** (lèrm^e^n). Faire* du bruit, du tapage. ||n. = *Lärm*. ||**-end** p. a. (^e^nt, -d). Bruyant, e.
Lärmglocke f. Tocsin, m.
Larve f. (larf^e^). Larve. ||[Maske] Masque, m.
las imp. de *lesen**.
Lasche f. [an Kleidern] Patte. ||[an Stiefeln] Tirant, m. ||[an Schienen] Éclisse.
laß 1. a. Las, se (la, s). ||[träge] Indolent, e. ||2. impér. de *lassen**.
lassen* tr. Laisser : *alles stehen* und liegen* lassen*, tout planter là, *fam.*; *aus den Händen lassen*, laisser échapper; *das läßt sich hören!*, à la bonne heure! ; *es dabei lassen*, s'en tenir là; *gut sein** [*geschehen**] *lassen*, permettre*, approuver; *lassen wir das* [*gut sein**]*!*, laissons cela! ; *ich kann nicht von ihm lassen*, je ne peux le quitter; *von etwas* [*Meinung*, etc.] nicht lassen, persister dans qc.; *sich etwas gesagt sein* lassen*, se le tenir pour dit. ||[machen, veranlassen] Faire*; *sehen lassen*, faire voir, montrer. ||n. : *das Tun und Lassen*, les faits et gestes.
lässig a. (lêssig). [träge] Indolent, e, nonchalant, e, paresseux, euse. ||[nachlässig] Négligent, e.
Lässigkeit f. Lassitude, indolence, négligence, paresse.
läßlich a. (lêss**lich**). Véniel, le.
Lasso, -s m. (*la*so). Lasso.
läßt. V. *lassen**.
Last f. (*la*st). Charge, fardeau, x, m., poids, m. : *einem zur Last sein**, être* à la charge de qn.; *zur Last legen*, imputer; *soziale Lasten*, charges sociales.
Last... : ...de charge, de somme : *Last*||*pferd*, n., cheval [m.] de somme; *-tier*, n., bête de somme, f.; *-träger*, m., portefaix; *-wagen*, m., camion. ||*-kraftwagen*, m., camion automobile.
lasten intr. Peser.
Laster n. ④ (*la*st^e^r). Vice, m.
lasterhaft a. (**h**aft). Vicieux, euse, pervers, e, dépravé, e.
Lasterhaftigkeit f. Perversité.
lästern (lêstern). Calomnier, diffamer : *Gott lästern*, blasphémer. ||*Lästerchronik*, f., chronique scandaleuse.
Lästerer m. ④. Médisant, calomniateur, diffamateur.
lästerlich a. (**lich**). Calomnieux, euse, diffamatoire.
Läster||**schrift** f. Libelle, m., pamphlet, m. ||**-ung** f. Calomnie, diffamation.
lästig a. (lêstig), à charge, importun, e, ennuyeux, euse : *Lästigkeit*, f., importunité.
Lasur m. (**zoûr**). 1. Azur. ||2. f. [Farbe] Glacis, m.
lasurblau a. (bla^o^).
Lazurfarbe f. Bleu d'azur, a. unv. u. s. m.
lazurfarbig a. (ig). Azuré, e.
Lasurstein m. (schta^è^n). Lapislazuli.
Latein n. (*ta*^è^ne). Latin, m. [langue] : *Lateiner*, m. ④, latin [peuple]; [Latinist] latiniste; *lateinisch*, a., latin, e; *lateinische Schrift*, caractères romains.
Laterne f. (tèrn^e^). Lanterne.
latinisieren (**zî**r^e^n). Latiniser.
Latinismus, men m. (*i*smous). Latinisme.
Latrine f. (în^e^). Latrines, f. pl.
Latsche f. (*la*tsch^e^). Savate.
latschen intr. Traîner la savate.
Latte f. (*la*t). Latte : *Lattenwerk*, n., lattis, m.
Lattich m. ① (**ich**). Laitue, f.
Latwerge f. (vêrg^e^). Électuaire, m.
Latz m. Corsage. ||[für Kindern] bavoir. ||[Beinkleid] pont.
lau, -warm a. (*la*^o^). Tiède : *lauwerden**, s'attiédir.
Laub|| n. ① (*la*^o^p, -b-). Feuillage, m. ||**-e** f. (*la*^o^b^e^). Berceau, x, m. [de verdure], tonnelle : *Laubenkolonie*, f., cité-jardins; *Laubengang*, m. allée de verdure, f. ||**-frosch** m. Grenouille verte, f.
laubig a. (ig). Feuillu, e, couvert, e de feuillage.
Laub||**säge** f. (**zê**g^e^). Scie à chantourner. ||**-werk** n. Feuillage, m.
Lauch m. ① (*la*^o^**ch**). Poireau, x.
Lauer f. (*la*^o^er) : *auf der Lauer stehen**, faire* le guet, être* aux aguets.
lauern (*la*^o^ern) : Être* aux aguets : [auf, *acc.*] guetter, tr.

Lauf‖ m. (laof). Course, f. ‖[v. Flüssen] Cours. ‖[v. Zeit, Dingen] Cours, marche, f. : *im Laufe*, au cours [de]; *freien Lauf lassen**, laisser libre cours [à]. ‖[v. Schußwaffen] Canon. ‖*Mus.* Roulade, f. ‖[v. Hasen] Jambe, f., patte, f. ‖**-bahn** f. Carrière. ‖**-brücke** f. Passerelle. ‖**-bursche, -n, -n** m. (boursche). Garçon de courses, *fam.* saute-ruisseau, grouillot. ‖[in Hotels] Chasseur.

lauf‖**en*** intr. [*sein*] (laofen). Courir*. ‖v. Fässern] Fuir. ‖[v. Kerzen] Couler. ‖[v. Motoren] Marcher. ‖LOC. *laufen lassen**, laisser échapper; *einen laufen lassen**, *fam.*, envoyer promener qn; *sich müde laufen*, se fatiguer à force de courir*. ‖[v. Schiffen] : *in den Hafen laufen*, entrer dans le port; *auf den Grund laufen*, s'échouer. ‖n. Course, f. ‖**-end** p. a. (ent, -d-) Courant, e : *auf dem Laufenden sein**, *erhalten**, être*, tenir* au courant; [in Rechnungen usw.] à jour.

Lauf‖ **¨er, In** m. ④, f. (lœüfer, in). Coureur, euse. ‖m. [Schach] Fou. ‖*Mus.* Roulade, f. ‖[Teppich] Tapis d'escalier. ‖[auf Tischen] Chemin de table. ‖**-feuer** n. (fœüer). Traînée de poudre, f. ‖[v. Gewehren] Feu [m.] roulant. ‖**-graben** m. ③ (âben). Tranchée, f. boyau, x.

läuf‖**ig** (lœüfig), **¨isch** a. [v. Tieren] En chaleur, en rut.

Lauf‖**paß** m. Passeport, congé. ‖**-schritt** m. Pas de course, pas gymnastique.

läufst, läuft (lœüfst). V. *laufen*.

Lauf‖**teppich** m. Tapis d'escalier. ‖**-zettel** m. Circulaire, f.

Lauge, -n f. (laoge). Lessive.

laugen. Lessiver. ‖n. Lessivage, m.

Lau‖**heit,** ‖**-igkeit.** f. Tiédeur.

laulich a. Un peu tiède.

Laune f. (laone). Humeur : *bei guter, schlechter Laune*, être* de bonne, de mauvaise humeur. ‖[Grille] Caprice, m. : *launenhaft, launisch*, a., capricieux, euse. adv. Capricieusement.

launig a. (ig). Enjoué, e : *Launigkeit*, f., enjouement, m.

Laus, ¨e f. (laoss...). Pou, x, m. : *Lause*‖*junge, -kerl*, m., pouilleux; *fam.* polisson.

lausch‖**en** intr. (laoschen). Écouter, tr. [attentivement]. ‖[auf, *acc.*] Épier. ‖**-ig** a. (ig). Paisible, intime.

Lauschplatz m. Cachette, f. [pour épier]. ‖Poste d'écoute.

Lausei n. ② (laozaè). Lente, f.

lausen. Epouiller.

Laus‖**er** m. ④, *fig.* Ladre. ‖**-erei** f. Ladrerie.

lausig a. Pouilleux, euse.

Lausitz f. (lao-). Lusace.

Laut m. ① (laot). Son ‖*Laut...*, phonétique. Ex. : *Laut*‖*schrift*, f., écriture phonétique; *-kunde, -lehre*, f., phonétique; *-gemäß, -gerecht*, a., *-schriftlich*, a., phonétique.

laut[1], **-er, -est** a. Haut, e : *mit lauter Stimme*, à haute voix, *laut werden**, s'ébruiter; se répandre. ‖[geräuschvoll] Bruyant, e. ‖adv. [Tout] haut, à haute voix : *laut sprechen**, parler haut.

laut[2] prép. *gén.* Suivant, selon, conformément à, en vertu de.

lautbar a. Notoire : *lautbar werden**, s'ébruiter.

Laute f. Luth, m. : *Lautenist, -en, -en*, m., joueur de luth; *Lautenmacher*, m. ④, luthier.

laut‖**en** intr. Sonner. ‖[heißen] Avoir* telle teneur : *also lauten*, être* conçu en ces termes. ‖ **¨en** intr. (lœüten). Sonner, tinter. ‖tr. : *die Glocken läuten*, sonner les cloches. ‖n. spl. Sonnerie, f.

lauter a. Pur, e. ‖adv. Purement, uniquement : *es sind lauter Lügen*, ce ne sont que mensonges. ‖*Lauterkeit*, f., pureté.

Läuter m. ④. Sonneur.

läutern tr. Purifier, épurer. ‖[Flüssigkeit] Clarifier. ‖*Fig.* [Sprache] Épurer. ‖[Metalle] Affiner : *Läuterer*, m., affineur.

Läuterung f. Purification, épuration. ‖[v. Metallen] Affinage, m.

Läutewerk n. Sonnerie, f.

lautieren (îren). Épeler phonétiquement.

Lautkluft f. (ouft). Hiatus, m.

laut||los a. (lôs, -z-). Sliencieux, euse. ||**-malend** a. (lent, -d-). Imitatif, ive [du son] ; *lautmalendes Wort*, onomatopée, f.
Laut||sprecher m. ④. Haut-parleur. ||**-wort** n. ②. Onomatopée, f.
lauwarm. V. *lau.*
Lava, ...ven f. (lâva). Lave.
Lavendel m. (vèndel). Lavande, f.
lavieren (vîren). Louvoyer.
Lawine f. (vîne). Avalanche.
lax a. Lâche, relâché, e.
Laxheit f. Relâchement, m.
laxieren tr. Purger. ||intr. Se purger : *Laxiermittel*, n. ④, purgatif, m.
Lazarett n. ① (tsarètt). Hôpital, m. [militaire] : *fliegendes Lazarett*, ambulance, f.
leb..., lebe... V. *leben.*
Lebebildzeiger m. Cinéma[tographe].
Lebe||hoch, -s. n. Vivat, m. ||**-lang.** inv. : *mein Lebelang*, ma vie durant. ||**-mann** m. Viveur.
leben (léeben). Vivre* : *flott leben*, mener grand train; *kümmerlich leben*, vivoter, végéter; *zu leben haben**, avoir* de quoi vivre*. ||LOC. *es lebe der König!*, *der König lebe hoch!* vive le roi! ; *einen hoch leben lassen**, porter un toast à qn.; *lebe wohl!*, *leben Sie wohl!*, adieu! ||n. spl. Vie, f. : *am Leben sein**, être* en vie; *am Leben strafen*, punir de mort; *bei seinem Leben*, de son vivant; [*wieder*] *ins Leben rufen**, faire* [re]naître*. ||*Fig. auf Leben und Tod*, à la vie et à la mort.
leb||end p. a. (ent, -d-). Vivant, e. ||**-endig** a. (èndig). Vivant, e : *wieder lebendig werden**, revivre*, se ranimer.
Lebendigkeit f. (kaète). Vivacité.
Lebens||alter n. Âge, m. ||**-art** f. Manière de vivre, genre de vie, m. : — *haben**, avoir* du savoir-vivre. ||**-baum** m. Thuya. ||**-beruf** m. Vocation, f. ||**-beschreibung** f. Biographie. ||**-bild** n. Portrait, m. [biographique].
lebensfähig a. Viable.
Lebens||fähigkeit f. Vitalité. ||**-frage** f. Question vitale.
lebensfroh a. Heureux, euse de vivre*.
Lebensgefahr f. Danger de mort, m.
lebensgefährlich a. Dangereux, euse [pour la vie] ; [Krankheit] mortel, le.
Lebensgeschichte f. Biographie.
lebensgroß a. De grandeur naturelle.
Lebens||größe f. Grandeur naturelle. ||**-knoten** m. Nœud vital. ||**-kraft** f. Force vitale.
lebenslänglich a. Viager, ère, à vie; [Gefangenschaft] perpétuel, elle, à perpétuité.
Lebenslust f. Joie de vivre*.
lebenslustig a. Heureux, euse de vivre*.
Lebens||mittel n. pl. Vivres, m. pl. : *mit Lebensmitteln versorgen*, approvisionner, ravitailler. ||**-unterhalt** m. spl. Subsistance, f., entretien. ||**-versicherung** f. Assurance sur la vie. ||**-wandel** m. Vie, f., conduite, f. ||**-wärme** f. Chaleur vitale. ||**-weise** f. Manière de vivre*; [Diät] régime, m. ||**-zeichen** n. Signe [m.] de vie. ||**-zweck** m. But de la vie.
Leber|| f. (léeber). Foie, m. ||*Fig. : frei von der Leber weg*, à cœur ouvert. ||**-entzündung** f. Hépatite. ||**-fleck** m. Nævus, tache [f.] de rousseur. ||**-stein** m. (schtaèn). Calcul biliaire. ||*Miner.* Hépatite, f. ||**-tran** m. ① (âne). Huile de foie de morue, f. ||**-wurst** f. Saucisson [m.] de foie.
Lebe||wesen n. Être [m.] vivant. ||**-wohl** n. spl. Adieu, m.
leb||haft a. (**h**aft). Vif, ive. ||[belebt] Animé, e. ||adv. Vivement : *Lebhaftigkeit*, f., vivacité. ||**...-ig** a. (ig). Qui a une vie ...; *kurzlebig*, a., dont la vie est brève.
Lebkuchen m. ④ (koû**ch**en). Pain d'épice.
leblos a. (lôss). Sans vie, inanimé, e.
Leb||tag m. (tâg) : *mein* [inv.] *Lebtag nicht*, jamais de ma vie. ||**-zeiten** pl. (tsaèten) : *bei Lebzeiten*, du vivant [de...].
lechzen (lè**ch**tsen). Mourir* de soif. ||*Fig. nach Blut lechzen*, être* altéré de sang. ||[v. Planzen] Languir.
leck a. (lèk). Qui a une fuite : *leck sein** : [v. Fässern] couler; [v. Schiffen] faire* eau. ||m. et **n.** Fente, f., fuite, f. ||[v. Schiffen]

Voie d'eau, f. : *ein[en] Leck bekommen**, faire* eau.
lecken. 1. tr. Lécher.
lecken. 2. intr. [v. Fässern] Fuir*. || [v. Schiffen] Faire* eau.
Lecker m. ④. Gourmet. || a. Gourmand, e, friand, e. || [v. Speisen] Fin, e, délicat, e, exquis, e : *Lecker||bissen,* m. ④, bon morceau, friandise, f.; *-maul,* n. ②, *fam.*, gourmand, e, m., f., gourmet, m. || **-erei** f. (eraè). Friandise.
Leckung f. (oung). Coulage, m.
Leder|| n. ④ (léeder). Cuir, m., peau, x, f. || *Leder...*, ... de [en] cuir, ... de [en] peau : *Leder||gürtel,* m., ceinture [f.] de cuir; *-handel,* m., commerce de cuirs; *-einband,* m., reliure [f.] en cuir; *-handschuh,* m., gant de peau. || **-bereiter** m. (aèter). Corroyeur, peaussier.
ledern a. De cuir, de peau.
Lederwaren pl. Maroquinerie, f.
ledig|| a. (léedig). Libre. || [befreit] Dégagé, e, exempt, e [de]. || [unverheiratet] Célibataire : *lediger Zustand,* célibat, m. || **-lich** adv. (ich). Uniquement.
Lee f. Côté [m.] sous le vent.
leer a. (léer). Vide || [unbesetzt] Vacant, e. || [unbeschrieben] Blanc, anche. || LOC. *leer abziehen*, ausgehen**, s'en aller* les mains vides, ne rien obtenir*. || *Fig.* Insignifiant, e. *leeres Geschwätz,* verbiage, m.
Leere f. (léere). Vide, m. || Calibre, m. || *Fig.* [Nichtigkeit] Inanité.
leeren. Vider. || [räumen] Évacuer. || [Briefkasten] Faire* la levée de. || n. et **Leerung** f. Vidage, m. || [v. Gruben] Vidange, f. || Évacuation, f. || Levée, f.
Leer||gewicht n. (gévicht). Tare, f. || **-heit** f. (haèt). Vide, m. || **-lauf** m. Marche [f.] à vide. || **-ung** f., = *Leeren,* n.
Lefze f. (lèftse). Grosse lèvre, babine.
Legat||[1], **-en, -en.** Légat. || **-ion** (tsiôn). Légation.
Legat[2]. n. ① Legs, m.
legen (léegen). Coucher, poser, placer, mettre*. || [auf die Erde] Déposer. || [Eier] Pondre : *Legezeit,* f., saison de la ponte. || [an, *acc.*] Appliquer. || [**sich**] Se coucher : *sich zu Bette legen,* se mettre* au lit. || [Wind] S'apaiser, tomber. || [auf, *acc.*] S'appliquer [à]. || n. Pose, application, f.
Legende f. (gènde). Légende.
Leger m. ④. Poseur [de...]. || [für Boden] Parqueteur.
legieren tr. (gîren). Allier.
Legierung f. Alliage, m.
Leg||ion f. (giône). Légion. || **-ionär.** m. ① (ère). Légionnaire.
Legislat||ive f. (gis-tîve). Pouvoir législatif, m. || **-ur** f. Législature.
legitim a. (gitîm). Légitime.
Legitimation f. (tsiône). Légalisation : *Legitimationspapier,* n., papier, m. [pièce, f.] d'identité.
legitimieren (îren). Légitimer. || [Papiere] Légaliser. || [**sich**] Justifier de son identité.
Legitimist, -en, -en m. (ist). **legitimistisch** a. Légitimiste.
Legitimität f. Légitimité.
Legung f., = *Legen.*
Leh[e]n|| n. ④ (léeen). Fief, m. || **-barkeit** f. (kaèt). Vasselage, m. || **-brief** m. (îf). Lettre d'investiture, f. || **-gut** n. ② (goûte). Fief, m. || **-wort** n. ② Mot [m.] emprunté.
leh[e]ns... : ...féodal, e : *Leh[e]ns||herr, -n, -en,* m., suzerain; *-herrlichkeit,* f., suzeraineté; *-mann,* m. ② et... *-leute,* pl. vassal, aux; *-wesen,* n., féodalité, f.
Lehm m. (léem). Terre glaise, f., argile, f. || *Lehm..., -artig,* a. (ig), argileux, euse, glaiseux, euse.
Lehn||... (léene...). 1. V. *Leh[e]n...* || 2. [V. *Lehne*]. || **-bank** f. (bànk). Banc à dossier, m.
Lehne f. (léene). Dossier, m. || [am Fenster] Appui, m. || [Abhang] Pente, versant, m.
lehnen [an ..., auf ..., *acc.*] Appuyer [contre, sur], adosser [à].
Lehn||sessel m. ④, **-stuhl** m. Fauteuil.
Lehr||amt n. Professorat, m. || **-anstalt** f. Etablissement d'instruction, m. || **-begriff** m. (if). Système. || **-buch** n. ② (boûch). Traité, m., manuel, m. || **bursche** m. (boûrche). Apprenti.
Lehre f. (léere). Leçon, instruction. || [Vorschrift] Précepte, m. || [-gebäude] Doctrine, système, m.

‖ [Wissenschaft] Science, discipline. ‖ [Lehrzeit] Apprentissage, m.

lehren. Enseigner, instruire*. ‖n. Enseignement, m. ‖*Lehr...*, ...d'enseignement ou d'instruction, enseignant, e, etc.

Lehrer‖ m. ④, **in** f. (*lée*r^e^r, in). Maître, sse [d'école], professeur, m. ‖ [Volks-] Instituteur, trice. ‖ [milit.] Instructeur, m. ‖**-bildungsanstalt** f. École normale. ‖**-schaft** f. Corps enseignant, m. ‖**-stand** m. Professorat.

Lehr‖**fach** n. Enseignement, m. ‖**-freiheit** f. Liberté d'enseignement. ‖**-gang** m. Cours. ‖**-gebäude** n. (géb**œüd**^e^). Système, m. ‖**-gedicht** n. (gédi**cht**). Poème [m.] didactique. ‖**-geld** n. Frais [m. pl.] d'apprentissage. ‖**-junge** m. (*you*nge) = *Lehrling.* ‖**-körper** m. Corps enseignant. ‖**-kraft** f. Professeur, m. ‖**-kräfte** f. pl. Personnel enseignant, m. ‖**-ling** m. (*l*ìng), **-mädchen** n. ④. (*mê*t**ch**^e^n). Apprenti, m., tie, f. ‖**-punkt** m. (pounkt). Point de doctrine.

lehrreich a. (raè**ch**). Instructif, ive.

Lehr‖**saal** m. (**z**âl). Salle de cours, f. ‖**-satz** m. Thèse, f. ‖*Geom.* Théorème. ‖**-spruch** m. (schpr*ou***ch**). Sentence, f., maxime, f. ‖**-tätigkeit** f. Enseignement, m., professorat, m. ‖**-vertrag** m. Contrat d'apprentissage. ‖**-zeugnis** n. Certificat [m.] d'aptitude. ‖**-zimmer** n. Classe, f.

...lei inv. (*la*^è^) : *einer-, aller-, keinerlei,* d'une, de toute, d'aucune sorte; *zweier-, dreier-, mancher-, tausenderlei,* de deux, de trois, de maintes, de mille sortes.

Leib‖ m. ② (*la*^è^p, -b-). Corps : *bleib mir vom Leibe!,* arrière! ne me touchez pas!; *einem zu Leibe gehen**, fondre* sur qn.; *einem auf den Leib rücken,* serrer qn. de près; *mit Leib und Seele,* corps et âme. ‖ [Bauch] Ventre : *wohl bei Leibe sein**, avoir* de l'embonpoint; *offenen Leib haben**, avoir* le ventre libre. ‖dim. *Leibchen,* n. ④, corsage, m.; [Schnürbrust] corset, m. ‖**-arzt** m. (artst). Médecin ordinaire. ‖**-binde** f. (b*ì*nd^e^). Ceinture, bandage, m. ‖**-bürge** m. (g^e^). Otage.

leibeigen a. (*a*^è^g^e^n). Serf.

Leibeigenschaft f. Servage, m.

leiben : *da[s] ist er, wie er leibt und lebt,* c'est lui trait pour trait [*pop.* tout craché].

Leibes... : ...du corps, corporel, le, a., physique, a. : *Leibes*‖*beschaffenheit,* f., complexion, constitution; *-dicke,* f., corpulence; *-frucht,* f., fœtus, m.

Leib‖**garde** f., **-gardist, -en -en** m. Garde du corps. ‖**-gedinge** n. (géd*i*ng^e^). [v. Prinzen] Apanage m. ‖[v. Witwen] Douaire, m. ‖**-gericht** n. (gér*i***cht**). Plat [m.] favori; **-übung,** f., exercice physique, m.

leib‖**haft [ig]** a. (**h***a*ftig). En personne, en chair et en os. ‖**-lich** a. (li**ch**). Véritable.

Leib‖**rente** f. (r*é*nt^e^). Rente viagère. ‖**-rock** m. Justaucorps. ‖[d. Soldaten] Tunique, f. ‖**-schmerzen** pl. (èrts^e^n). Coliques, f. pl. ‖**-schneiden** n. spl. (*a*^è^d^e^n). Tranchées, f. pl. ‖**-schüssel** f. Bassin, m. [pour malades]. ‖**-speise** f. (schp*a*^è^**z**^e^). Mets favori, m. ‖**-stuhl** m. (schtoûl). Chaise percée, f. ‖**-wache** f. (*va*-**ch**^e^). Garde du corps. ‖**-wäsche** f. (vêsch^e^). Linge de corps, m.

Leichdorn m. ① et ② (*la*^è^**ch**-). Cor [au pied].

Leiche f. Cadavre, m. ‖*Fig.* [Beerdigung] Enterrement, m.

Leichen‖**...** (*la*^è^**ch**^e^n), ... funèbre. Ex. : *Leichen*‖*feier,* f., cérémonie funèbre; *-gefolge,* n., cortège [m.] funèbre; *-gepränge,* n., pompe [f.] funèbre; *-zug,* m., convoi funèbre. ‖**-begängnis** n. (gèngniss). Funérailles, f. pl. obsèques, f. pl. ‖**-besteller** m. ④ (schtèl^e^r). Ordonnateur [d'un convoi].

leichenblaß a. Pâle comme un mort, livide.

Leichen‖**blässe** f. (èss^e^). Pâleur mortelle. ‖**-geruch** m. (gér*ou***ch**). Odeur cadavéreuse, f.

leichenhaft a. (**h**aft). Cadavéreux, euse, cadavérique.

Leichen‖**halle** f. (**h***a*l^e^), **-haus** n. ② (**h**a^o^s). Dépôt mortuaire, m., morgue, f. ‖**-hemd, -en** n. (**h**èmt, -d-). Suaire, m. ‖**-kapelle** f. (pèl^e^). Chapelle mortuaire. ‖**-öffnung** f. (*œ*fnoung), **-schau** f. (a^o^). Autopsie. ‖**-stein** m. (scht*a*^è^n). Pierre tumulaire, f. ‖**-träger** m. ④ (*ê*g^e^r).

Porteur; [in Städten] Croque-mort, *fam.* ‖**-tuch** n. ② (toûch). Linceul, m. ‖**-verbrennung** f. (ferbrènoung). Crémation. ‖**-verbrennungsofen** m. ③. Four crématoire.

Leichnam m. ① (laèch). Cadavre.

leicht‖ a. (laècht...). Léger, ère : ...*leicht,* léger comme un, e ... ‖[zu tun] Facile, aisé, e : *das ist ein Leichtes,* c'est chose facile. ‖adv. Légèrement, facilement, aisément. ‖**-fertig** a., = *leichtsinnig.*

Leicht‖**fertigkeit** f. (kaet), = *Leichtsinn.* ‖**-fuß** m. (foûss), *fam.* Étourdi, e, m., f.

leicht‖**füßig** a. (fûssig). Au pied léger, agile. ‖adv. D'un pied léger. ‖**-gläubig** a. (glœübig). Crédule.

Leicht‖**heit** f. (haète), **-igkeit** f. (igkaète). Légèreté, facilité.

leichtlich adv. (lich). Facilement.

Leichtsinn m. Légèreté, f.; [de caractère] frivolité, f.

leichtsinnig a. (ig). Léger, ère, frivole. ‖adv. Légèrement.

Leid, -en n. (laèt, -d-). Peine, f. : *Freud und Leid,* [les] joies et [les] peines. ‖[Schmerz] Douleur, f., souffrance, f. ‖[Kummer] Chagrin, m. ‖[Übel] Mal, m. ‖[Trauer] : *Leid tragen*,* porter le deuil. ‖a. inv. : *das tut mir leid,* j'en suis fâché, je le regrette; *es tut mir leid um ihn,* il me fait pitié. ‖a. s. : *sich ein Leides antun*,* attenter à ses jours.

leid‖**en*** tr. (den). Souffrir*, supporter : *ich kann ihn nicht leiden,* je ne peux le souffrir. ‖[Schmerzen] Endurer. ‖[Schaden] Éprouver, subir. ‖intr. [an einem Übel, unter, *dat.*] Souffrir* [de] : *woran leiden Sie?,* de quoi souffrez-vous? ‖Impers. : *es leidet mich nicht in der Stube,* il m'est impossible de rester à la chambre. ‖n. Souffrance, f., peine, f. : *das Leiden Christi,* la Passion, f. [de Jésus-Christ]. ‖**-end** a. (ent, -d-). Souffrant, e. ‖*Gramm.* : *leidende Form,* forme passive, passif, m.

Leid‖**enschaft** f. Passion : *in Leidenschaft geraten*,* se passionner; *leidenschaftlich,* a., passionné, e; adv. passionnément; *Leidenschaftlichkeit,* f., caractère passionné, m.; [Eifer] fougue; [Zorn] emportement, m. ‖**-ensgefährte** m. Compagnon d'infortune.

leid‖**er** adv. Malheureusement : *leider!* hélas! ‖**-ig** a. (ig). Fâcheux, euse, funeste. ‖**-lich** a. (lich). Passable, supportable. ‖adv. Passablement, pas trop mal. ‖**-tragend** a. (trâgent, -d-). En deuil.

Leidwesen n. spl. (véezen). Chagrin, m. ‖Ennui, m., regret, m.

Leier‖ f. (laèer). Lyre. ‖[kleine Drehorgel] Vielle. ‖*Fig.* : *immer die alte Leier,* toujours la même chanson. ‖**-kasten** m. Orgue de Barbarie. ‖**-mann** m. ②, **-mädchen** n. (mêtchen). Vielleur, euse, m., f.

leihen* (laèen). [einem] Prêter. ‖[v. einem] Emprunter. ‖n. Prêt, m. ‖Emprunt, m. ‖*Leihbibliothek,* f., cabinet de lecture, m.

Lei‖**her** m. ④. Prêteur. ‖Emprunteur. ‖**-haus** n. (haoss). Mont-de-piété, m.

leihweise adv. A titre de prêt.

Leim m. (laèm). Colle, f. [forte]. ‖[Vogel-] Glu, f. ‖*Fig. auf den Leim gehen*,* donner dans le panneau.

leimen. Coller. ‖[Vogel] Engluer. ‖n. Collage, m.

Leim‖**er** m. ④. Colleur. ‖**-rute** f. (roûte). Gluau, x, m.

Lein‖ m. (laèn). Lin. *Leinweber,* m., tisserand.

Leine f. Corde : *an der Leine,* en laisse.

Lein‖**en** n. Toile, f. ‖[Wäsche] Linge, m. ‖a. De lin. ‖[v. Strümpfen] De fil. ‖v. Hemden usw.] De toile. ‖*Leinen*‖*band,* m., reliure [f.] en toile; *-zeug,* n., linge, m., lingerie, f. ‖**-tuch** n. (toûch), **-wand** f. (vànt, -d). Toile, f.

leis[e] a. (laèze). [Stimme] Bas, asse. ‖[Geräusch] Doux, ouce. ‖[leicht] Léger, ère. ‖adv. Bas, à voix basse. ‖Doucement. ‖Légèrement : *nicht im leisesten,* pas le moins du monde.

Leiste f. (laèste). Liteau, x, m. ‖[Tischlerei] Baguette, moulure. ‖[am Getäfel] Plinthe. ‖[Saum] Lisière. ‖*Anat.* Aine.

Leisten m. ④. Forme, f. [de cordonnier] : *über den Leisten schlagen*,* mettre* sur la forme.

leisten tr. Faire*. || [ausführen] Exécuter. || [erfüllen] Accomplir. || [hervorbringen] Produire*.
Leistung f. (oung). Travail fourni, m. || Exécution. Accomplissement, m. || Production. || [sportlich] Performance. || [e. Eides] Prestation.
leiten (laèten). Diriger, conduire : *Leitartikel*, m., article de tête [de fond], éditorial. || [Staat] Gouverner, administrer.
leitend p. a. (ent, -d-). Directeur, trice. || [Kreise] Dirigeant, e.
Leiter, in m. ④, f. (er, ìn). Conducteur, trice.
Leiter f. Échelle.
Leit||faden m. ③ (fâden). Fil conducteur. || [Buch] Guide, manuel. ||**-gedanke, -ns, -n** m. (gédànke). Idée directrice, f. ||**-hammel** m. (**h**amel), *fig.* Chef de groupe. || [verächtl.] Meneur. ||**-hund** m. (**h**ount, -d-). Limier. ||**-motiv** n. (tîf). *Mus.* Motif [m.] principal. ||**-stern** m. (scht-). Etoile polaire, f. ||*Fig.* Guide, phare. ||**-ung** f. (oung). Conduite [au sens de guider], direction. || [Gas-, Wasser-, Kraft-] Conduite, canalisation. || [elektrische] Ligne : *Leitungs||draht*, m., fil conducteur; *-fähigkeit*, f., conductibilité.
Lek||tion f. (tsiône). Leçon. ||**-tor, ...oren** m. (lèk-, *-ô*ren). Lecteur. ||**-türe** f. (tûre). Lecture.
Lende f. (lènde). Lombes, m. pl. [région des reins]. ||pl. Reins, m. pl. ||*Lenden||braten*, m. ④, filet, aloyau; *-stück*, n., longe, f. [de veau]; *-weh*, n., lumbago, m.
Lenkballon m. (lènk-). [Ballon] dirigeable.
lenkbar a. Dirigeable. || [v. Menschen] Docile.
Lenkbarkeit f. Dirigeabilité.
lenken (lènken). Diriger, conduire*. ||PROV. *der Mensch denkt, Gott lenkt*, l'homme propose et Dieu dispose. || [Schiff, Staat] Gouverner. || [Aufmerksamkeit] Appeler, attirer.
Lenker m. ④. Conducteur.
lenksam a. (zâme). Facile à conduire. || [folgsam] Docile. || [geschmeidig] Souple.
Lenk||samkeit f. Docilité. || Souplesse. ||**-stange** f. (schtànge). Guidon m., ||**-ung** f. Direction, conduite.
Lenz m. ① (lèntz), *dichter.* Printemps.
Leo m. (léeo). Léon.
Leopard, -en, -en m. (ard). Léopard.
Lerche f. (**ch**e). Alouette.
lern||en. Apprendre* : *lesen lernen*, apprendre* à lire*. ||**-begierig** a. (gîrig). Désireux, euse d'apprendre.
Lesart f. (ârte). Variante.
lesbar a. Lisible.
Lese..., ... de lecture : *Lese||buch*, n., livre [m.] de lecture; *-zimmer*, n., salle [f.] de lecture.
Lese f. Cueillette.
lesen* (léezen). Lire*. || [ernten] Récolter, cueillir*. || [Wein] Vendanger. || [Salat] Éplucher. ||n. spl. Lecture, f. ||Récolte, f., cueillette, f. ||Vendange, f. ||*Épluchage, m.
Leser, in m. ④, f. (er, ìn). Lecteur, trice.
leserlich a. (i**ch**). Lisible.
Lesung f. (zoung). Lecture.
Lette m. Letton.
lettisch a. Letton, onne.
Lettland n. Lettonie, f.
letzen tr. (lètsen). Réjouir, délecter. || [erquicken] Réconforter.
letzt|| a. Dernier, ère : *zum letzten Male*, pour la dernière fois. ||compar. : *der, die, das letztere*, ce [cette] dernier [ière], cette dernière chose. ||f. *zu guter Letzt*, à la fin, en fin de compte. ||*der Letztbietende*, a. s. m., le plus offrant et dernier enchérisseur. ||**-ens** adv. (ens), **-hin** adv. (**h**ìn). Dernièrement. ||**-jährig** a. (yêrig). De l'année dernière. ||**-willig** a. (vilig). Testamentaire.
Leu, -en, -en m. (lœü-). Lion.
Leuchte f. (lœu**ch**te). Lumière. || [dichter.] Flambeau, x, m.
leuchten intr. Luire* : *einem leuchten*, éclairer qn ||*Leucht||bild*, n., image transparente, f.; *-bombe*, f., bombe éclairante.
Leucht||er m. ④. Chandelier : *Leuchter||einsatz* m., *-teller*, m., bobèche, f.; *-tisch*, m., guéridon. ||**-feuer** n. ④ (fœuer). Fanal, m. ||**-gas** m. Gaz d'éclairage. ||**-käfer** m. ④ (kêfer). Ver luisant. ||**-rakete** f. Fusée éclairante. ||**-turm** m. (tourm). Phare.

leugnen tr. (lœügn^e^n). Nier. ||n. Négation, f.
Leugn||er m. ④. Négateur. ||**-ung** f. Négation, dénégation.
Leumund|| m. spl. (lœümount, -d-). Réputation, f., renom. ||**-szeugnis** n. Certificat [m.] de bonne vie et mœurs.
Leute pl. (lœüte). Gens, m. et f. pl. ||*Mil.* Hommes, m. pl. ||dim. *Leutchen,* pl. *fam.* Bonnes gens.
Leutnant, -s ou **-e** m. (lœütnànt). Lieutenant.
leutselig a. (zéelig). Affable.
Leutseligkeit f. Affabilité.
Levant||e f. (lévànte). Levant, m. ||**-iner, in** m. ④, f. (îner), **levantinisch** a. Levantin, e.
Levit, -en, -en m. (lévîte). Lévite.
Levkoje f. (oye). Giroflée.
lexikalisch a. (kâ-). Lexicographique.
Lexik||ographie f. (fî). Lexicographie. ||**-on, -ka** n. (lè-). Lexique, m.
Liane, -n f. (liâne). Liane.
Libanon m. (lî-nône). Liban.
Libell n. ① (bèl). Libelle, m.
Libelle f. (bèle). Libellule. ||[Wasserwaage] Niveau d'eau, m.
liberal a. (âl). Libéral, e.
Liberalismus m. Libéralisme.
Licht|| (licht). 1. n. ② Lumière, f. : *bei Lichte arbeiten,* travailler à la lumière. ||*Fig. ans Licht kommen*,* être* découvert; *ins rechte Licht stellen,* présenter sous son vrai jour; *das Licht der Welt erblicken,* voir* le jour, naître*. ||2. n. ① [Talg-] Chandelle, f. ||[Wachs-] Bougie, f. ||a. Clair. ||[Stelle] Éclairé, e. ||**-bild** n. (bilt, -d-). Photographie, f. ||**-druck** m. (ouk). Phototypie, f.
licht||en. Éclaircir. ||[Baüme] Élaguer. ||[Anker] Lever. ||[Schiff] Alléger. ||**-erloh** a. (erlô). Tout en flammes.
Licht||heilkunde f. Héliothérapie. ||**-meß** f., **messe** f. Chandeleur. ||**-messer** m. ④. Photomètre. ||**-putze** f. (poutse), **-schere** f. (éere). Mouchettes, f. pl. ||**-schirm** m. Écran, abat-jour. ||**-seite** f. Côté du jour, m. ||*Fig.* Côté favorable, m. ||**-ung** f. Clairière.
lichtvoll a. Lumineux, euse.
Lid n. ② Paupière.
lieb a. (lîp, -b-). Cher, ère, chéri, e : *liebhaben**, sép., aimer; *liebgewinnen**, sép., prendre* en affection; *es wäre mir lieb, ...,* j'aimerais bien ...; *meine Lieben,* mes bien-aimés. ||compar. *lieber* (ber), adv. : *lieber haben*, essen*, trinken** usw., aimer mieux. ||superl. : *mein Liebstes,* ce que j'ai de plus cher.
Liebäugelei f. (œügelaè). Œillade.
liebäugeln intr. [mit einem]. Lancer des œillades [á qn], lorgner, tr.
Liebchen n. ④ (chen). Bien-aimée, f.
Liebe f. (lîbe). Amour, m., affection : *christliche Liebe,* charité chrétienne.
lieben. Aimer, chérir : *liebenswürdig.* ||a., aimable; *Liebenswurdigkeit,* f., amabilité.
Liebes... : ...d'amour, amoureux, euse: *Liebes||brief,* m., billet doux; *-paar,* n. ①, couple [m.] amoureux; *-verhältnis,* n., liaison, f. [amoureuse].
liebevoll a. Affectueux, euse.
Lieb||frauenkirche f. Église Notre-Dame. ||**-haber, in** m. ④, f. (ha-). Amoureux, euse, amant, e. ||[am Theater] : *erster Liebhaber,* m., jeune premier. ||[v. etwas] Amateur, m. [de], dilettante, m. ||**-haberei** f. (aè). Fantaisie, dilettantisme, m.
liebkosen (kôzen). Caresser.
Liebkosung f. Caresse.
lieblich a. (lich). Agréable. ||[reizend] Charmant, e. ||[anmutig] Gracieux, euse. ||[Landschaft] Riant, e.
Lieb||lichkeit f. (aèt). Agrément, m., charme, m., grâce. ||**-ling** m. (lìng). Favori, ite : *Lieblings...,* ... favori, ite, ... préféré, e.
lieblos a. (lôss, -z-). Froid, e, insensible.
Lieblosigkeit f. Froideur, insensibilité.
liebreich a. (raèch). Affectueux, euse.
Liebschaft f. Amourette, liaison. ||pl. Amours.
Lied n. ② (lîte, -d-). Chant, m., chanson, f. ||dim. *Liedchen,* n. ④,

chansonnette, f. *Liederdichter,* m., chansonnier.
liederlich a. (lîd^erlich). Désordonné, e. || [ausschweifend] Libertin, e, débauché, e. || [Leben] Déréglé, e.
Liederlichkeit f. Libertinage, m., débauche.
lief imp. de *laufen**.
Lieferant, -en, -en m. (lîf^erànt). Fournisseur.
liefern. Livrer, fournir : *Lieferzeit,* f., délai de livraison, m.
Lieferung f. Fourniture, livraison. || [Heft] Livraison.
lieg||en* (lîg^en). Être* couché, e, *ou* étendu, e. || [Ort] Être* situé, e. || [Truppen] Tenir* garnison : *liegen bleiben**, rester couché; *liegen lassen**, laisser de côté, abandonner; *hier liegt...,* ci-gît...; *es liegt an,* dat..., cela dépend de...; *woran liegt es?,* à quoi cela tient-il?; *es liegt mir daran, daß...,* je tiens à ce que...; *es liegt mir viel daran,* cela m'importe beaucoup; *was liegt daran?,* qu'importe?; *daran soll es nicht liegen*!,* qu'à cela ne tienne! || n. Position [f.] horizontale. ||**-end** p. a. (^ent, -d-). Couché, e, étendu, e, situé, e : *liegende Güter,* pl., *Liegenschaft,* f., immeubles, m. pl. ||*Liege||sessel,* m. ④, chaise longue, f.; *-zeit,* f., quarantaine.
lieh, lies. V. *leihen**, *lesen**.
Liese f. (lîz^e). Lise, Élise.
ließ. V. *lassen**.
Lift m. Ascenseur.
Lig||a, ...gen f. (lî-). Ligue. ||**-ist, -en, -en** m. Ligueur.
Likör m. (*eûr*). Liqueur, f.
Liktor, -en m. (li, *ôr*^en). Licteur.
Lila, -s m. (lî-) et a. inv.
lilablau a. (bla^o), **lilafarbig** a. Lilas [unv.].
Lilie f. (lîli^e). Lis, m. : *Lilienwappen,* n., fleurs de lis, f. pl.
Limonade f. (*âd*^e). Limonade.
lind a. Doux, ouce.
Linde f., *Lindenbaum,* Tilleul, m. ||*Lindenblütentee,* m. [Infusion de] tilleul.
lindern. Adoucir. || [Schmerz] Soulager, calmer : *linderndes Mittel,* n., calmant, m.
Linderung f. Adoucissement, m.
Lindwurm m. Dragon.
Lineal n. (*éâl*). Règle, f.
linear a. (*éâr*). Linéaire.
Linie f. (lîni^e). Ligne : *Linienblatt,* n. ②, transparent, m.; *-förmig,* a., linéaire; *-papier,* n. papier réglé, m. || [Mode] *die schlanke Linie,* la ligne.
lin[i]ieren tr. Régler.
link a. (lìnk). Gauche : *linker Hand, zur linken Hand,* à main gauche, à gauche; *linke Seite,* envers, m.
Linke a. s. f. Gauche.
link||isch a. Gauche. || [ungeschickt] Maladroit, e. ||**-s** adv. A gauche : *links sein**, être* gaucher, ère, a. || [Stoff, Kleid] A l'envers : *linksum!* adv. Demi-tour à gauche!
Linnen n. ④ (*lin*^en). Toile, f. ||a. De toile.
Linoleum m. (*nôléoum*). Linoléum.
Linotype f. Linotype.
Linse f. (z^e). Lentille.
Lippe f. (lip^e). Lèvre : *die Lippen hängen lassen**, faire* la moue. || [v. Tieren] Babine.
lispeln (*lis*-). Murmurer, zézayer. ||n. Murmure, m., zézaiement, m.
Lissabon n. (*ône*). Lisbonne, f.
List f. Ruse. || [Schlauheit] Astuce. || [Kunstgriff] Artifice, m.
Liste f. Liste.
listig a. (ig). Rusé, e.
Litanei f. (na^è). Litanie.
Lit||auen n. Lituanie, f. ||**-auer** m. ④. Lituanien.
Liter n. ④ (*lit*^er). Litre, m.
liter||ar... (*térâr*), **-arisch** a. Littéraire.
Liter||at, en-, -en m. (*âte*). Littérateur, homme de lettres. ||**-atur** f. (*toûr*). Littérature. || [Ausweis] Bibliographie.
Lithograph||, -en, -en m. (*âf*). Lithographe. ||**-ie** f. Lithographie.
lithographisch a. (*â*). Lithographique.
litt imp. de *leiden**.
Liturgie f. (ourgî). Liturgie.
liturgisch a. (-*tour*-). Liturgique.
Litze f. (*lits*^e). Galon, m. || [Schnur] Cordon, m.
Livius m. (lîviouss). Tite-Live.
Liv||land n. (*lîflànt*, -d-). Livonie, f. ||**-länder, in** m. ④, f. Livonien, ne.
Liz||entiat -en, -en m. (tsèntsi*âte*). Licencié. ||**-enz** f. Licence.

Lob n. spl. (lôp, -b-). Éloge, m., louanges, f. [pl.].
loben. Louer : *lobenswert, -würdig,* a., louable.
Lob||eserhebung f. Louange; [feierliche] panégyrique, m. ||**-gedicht** n. (gédicht). Dithyrambe, m. ||**-gesang** m. (gézàng). Hymne.
Lobhudelei f. (houdelaè). Adulation.
lobhudeln (hoûdeln). Aduler.
Lobhudler m. ④. Adulateur.
löblich a. (leûplich). Louable. ||[Titel] Honorable.
lobpreisen* tr. (aèzen), sép. seulement à l'inf. et au pp. Vanter.
Lob||preisung f. Louange. ||**-rede** f. (réede). Éloge, m.; [discours] panégyrique, m. ||**-redner** m. ④. Panégyrique. ||**-spruch** m. Éloge.
Loch|| n. ② (loch). Trou, m. ||*Fam.* [Gefängnis] Violon, m., *fam.* ||**-eisen** n. Emporte-pièce, m.
lochen. Trouer, percer. ||[Fahrkarte] Poinçonner.
löcherig a. Plein, e de trous.
Locke f. (loke). Boucle.
locken. 1. Boucler. ||2. Attirer, allécher. ||[Vögel] Appâter.
locker a. Lâche, peu tendu, e. ||[Boden] Meuble [terre]. ||*Fig.* [liederlich] Dissolu, e.
Lockerheit f. (haèt). Porosité, f. ||Laxité. ||*Fig.* Libertinage, m.
lockern. Relâcher, distendre.
Lockerung f. Relâchement, m.
lockig a. (ig). Bouclé, e.
Lock||mittel n. Appât, m. amorce, f. ||**-ung** f. (oung). Attrait, m., appât, m. ||*Fig.* Séduction.
Loden m. ④ (lôden). Drap brut.
lodern intr. Flamber.
Löffel|| m. ④ (lœ). Cuiller, f. ||**-voll** m. inv. Cuillerée, f.
log imp. de *lügen**.
Loge f. (lôje). Loge.
logieren (îren). Loger.
Logik f. (lôgik), **logisch** a. Logique.
Lohe[1] f. (lô'e). Flamme.
Loh||e[2] f. [Gerber-] Tan, m. **-eiche** f. (aèche). Chêne rouvre, m.
lohen intr. 1. Flamber. ||2. Tanner.
Lohn|| m. (lône). Salaire. ||[e. Bedienten] Gages, pl. ||*Fig.* Récompense, f. ||**-arbeit** f. (arbaèt). Travail salarié, m. ||**-empfänger** m. Salarié.
lohn||en. Rémunérer, récompenser. ||**-end** p. a. Rémunérateur, trice.
löhnen (leû-). Payer les gages.
Lohnkutsche f. Voiture de louage.
Löhnung f. Paiement des gages, m.
lokal a. Local, e, aux. ||n. Local, m.
Lokalität f. (-tête). Localité.
Lokomo||bile f. (bîle). Locomobile. ||**-tive** f. (tîve). Locomotive. ||**-tivführer** m. ④. Mécanicien.
Lombard|| m. et n. ① (barte, -d-). Mont-de-piété. ||**-e, -n, -n** m. (barde). Lombard, e : Lombard, e : *lombardisch,* a., lombard, e. ||**-ei** f. (aè). Lombardie.
London|| n. (lòndon). Londres. ||**-er, in** m. ④, f. Londonien, ne.
Lorbeer||, -en m. (lorbéer). Laurier.
Los n. ① (lôss). Sort, m. : *das Los ziehen**, tirer au sort. ||[Lotterie-] Billet [m.] de loterie. ||[Anteil] Lot, m.
los (lôss..., -z-). 1. a. Détaché, e. ||[befreit] Libre : *etwas, einen los sein**, être* débarrassé de qc., de qn. ||...*los,* a., privatif : sans ... : *geldlos,* sans argent; *kraftlos,* sans force. ||2. adv. : *was ist da los?* qu'y a-t-il?; *frisch darauf los!* allez-y! ||3. préf. *sép. accentué,* sert à former des verbes : a) *transitifs,* exprimant l'idée de *détacher, séparer, faire partir,* combinée avec l'idée du verbe simple. Ex. : *los||binden,* délier; *-brechen,* détacher. b) *réfléchis* ou *intransitifs,* exprimant l'idée de *se détacher, se séparer, partir,* combinée avec l'idée du verbe simple. Ex. : *los||brechen,* se détacher; *-kommen,* se dégager.
losarbeiten [*sich*]. Se dégager laborieusement : *drauf losarbeiten,* travailler d'arrache-pied.
lösbar a. Soluble.
los||binden*. Délier, détacher. ||**-brechen*.** Détacher, faire* sauter. ||int. Se détacher, se rompre. ||*Fig.* Éclater. ||**-brennen*.** Faire* partir [une arme à feu].
löschen (leuschen). 1. Éteindre*. ||[Durst] Étancher. ||2. [Schiff] Décharger. ||[Waren] Débarquer.
Lösch||er m. ④. Extincteur. ||**-hütchen** n. ④ (hût'chen). Éteignoir. ||**-kohle** f. (kôle). Braise. ||**-mann-**

schaft f. Pompiers, m. pl. ‖**-papier** n. (pîr). Papier [m.] buvard. ‖**-ung** f. Extinction.
losdrücken. Lâcher [la détente], tirer, décocher [trait], faire* feu.
lose a. (lôze). Détaché, e : *loses Blatt,* feuille volante. ‖[Haare] Dénoué, e, flottant, e. ‖V. *los.*
Lösegeld n. Rançon, f.
losen intr. Tirer au sort. V. *los.*
lösen tr. (leûzen). Délier, ‖[Knoten] Dénouer. ‖[trennen] Détacher. ‖*Fig.* [Rätsel] Résoudre : *lösbar,* a., soluble. ‖[Geld] Toucher. ‖[Fahrkarte] Prendre*.
los‖fahren*. Partir* [en voiture, etc.]. ‖**-gehen*.** Partir, se détacher, se défaire*. ‖**-hauen*.** Détacher [à coups de hache].
...losigkeit f. Absence [manque, m.] de...
los‖kaufen. Racheter. ‖**-kommen*.** Se dégager, se délivrer. ‖**-lassen*.** Lâcher, relâcher.
löslich a. (lich). Soluble.
los‖machen. Détacher. ‖**-reißen.** Arracher. ‖**-schließen.** Décharger. ‖**-schlagen*.** Détacher [en frappant]. ‖**-schrauben.** Dévisser. ‖**-sprechen*.** Affranchir. ‖**-trennen.** Découdre*.
Losung f. (oung). Tirage au sort, m. ‖[Feldgeschrei] Mot de ralliement, m., mot d'ordre, m.
Lösung f. Acte [m.] de délier, de détacher, dégagement, m., séparation. ‖[v. Aufgaben, Aufgelöstes] Solution.
loswerden*. Se débarrasser de [qn. *ou* qc.], etc.
Lot n. ① (lôt). 1. Demi-once, f. ‖2. [Blei-] Fil à plomb, m. ‖[Senkblei] Sonde, f. ‖[Linie] Perpendiculaire, f.
Löte f. (leûte). Soudure.
löten. Souder. ‖n. et **Lötung** f. Soudure, f.
Lothring‖en, -s n. (lôtringen). Lorraine, f. ‖**-er, in** m. ④, f. (er, ìn). Lorrain, e. ‖*lothringisch,* a., lorrain, e.
lotrecht a. A plomb.
Lotse m. (lôtze). Pilote.
lotsen. Piloter. ‖n. Pilotage, m.
Lotterbube m. (loterboûbe). Vaurien.
Lott‖erie f. Loterie. ‖**-o, -s** n. (loto). Loto, m.
Lotwaage f. (vâge). Niveau, m. [de maçon].
Löw‖e, in m., f. (leûve, vìn). Lion, ne.
Löwen npr. n. Louvain.
Luchs m. ① (louks). Lynx.
Lücke f. (luke). Vide, m., lacune. ‖*Lücken reißen*,* faire* des vides. [in Mauern usw.] Brèche. ‖*Lückenbüßer,* m. ④, bouche-trou; [in Versen] cheville, f.
lud (loût, -d-). imp. de *laden*.*
Luder‖ n. ④ (loûder). Charogne, f. ‖**-leben** n. (léeben). Vie crapuleuse, f.
Ludwig m. (loudvig). Louis.
Luft‖, ¨e f. (louft). Air, m. : *Luft schöpfen,* prendre* l'air. ‖*Fig. aus der Luft gegriffen,* inventé, imaginaire; *sich Luft machen,* se faire* jour; *seinem Herzen Luft machen,* décharger son cœur. ‖**-ballon, -s** m. (lon). Ballon, aérostat. ‖**-brücke** f. Pont [m.] aérien. ‖ **¨chen** n. ④. Brise, f., zéphyr, m.
luftdicht a. (dicht). Hermétique.
Luftdruck m. (ouk). Pression atmosphérique, f. : *Luftdruck...,* ...à air comprimé.
lüften (luften). Aérer. ‖[Schleier] Soulever. ‖n. Aération, f., ventilation, f.
Luft‖erneuerer m. (nœüerer). Ventilateur. ‖**-erneuerung** f. Ventilation. ‖**-fahrt** f. Voyage aérien, m. ‖**-heizung** f. (haètsoung). Chauffage [m.] à air chaud. ‖**-kampf** m. Combat aérien. ‖**-kissen** n. Coussin [m.] pneumatique. ‖**-klappe** f. Soupape. ‖**-kreis** m. (kraès). Atmosphère, f. ‖**-kur** f. (koûr). Cure d'air. ‖**-kurort** m. (koûr) Station climatique, f. ‖**-loch** n. ②. Soupirail, aux, m. ‖**-messer** m. ④ (mèser). Aéromètre. ‖**-post** f. Poste aérienne, « par avion ». ‖**-pumpe** f. (poumpe). Machine pneumatique. ‖**-reifen** m. ④ (raèfen). Pneu[matique] [bicyclette, etc.] ‖**-reise** f. (raèze), = *Luftfahrt.* ‖**-röhre** f. (reûre). Trachée-artère. ‖**-schiff** n. Aérostat, m. ‖**-schiffahrt** f. Aérostation, aéronautique. ‖**-schiffer** m. ④. Aéronaute. ‖**-schlange** f. Serpentin, m. ‖**-schlauch** m. Chambre à air, f.

‖**-schloß** n. ② Château, x [m.] en Espagne. ‖**-schutz** m. Protection [f.] antiaérienne, défense [f.] passive : *Luftschutzraum*, m., abri contre avions. ‖**-spieg[e]lung** f. (schpîge-loung). Mirage, m. ‖**-sprung** m. (schproung). Cabriole, f. ‖**-stützpunkt** f. Base aérienne. ‖ **¨ung** f. Aération, ventilation. ‖**-waage** f. (vâge). Aéromètre, m. ‖**-waffe** f. Armée de l'air. ‖**-zug** m. Courant d'air.
Lug m. (loûg.), = *Lüge*.
Lüge f. (lûge). Mensonge, m. : *Lügen strafen*, démentir*.
lugen intr. Regarder.
lüg‖en* intr. Mentir*. ‖n. spl. Mensonge, m. ‖**-enhaft** a. Menteur, euse. ‖[v. Sachen] Mensonger, ère.
Lügner, in m. ④, f. (ner, ìn). Menteur, euse.
lügnerisch a., = *lügenhaft*.
Luis‖e, -ens f. (louîze). Louise. ‖dim. *Luischen*, n. (chen). Louison, f.
Luke f. (loûke). Lucarne. ‖[am Schiffe] Écoutille.
Lümmel m. ④. Rustre.
Lump‖, -es *ou* **-en, -en** m. (loump.). Gueux, misérable. ‖**-en** m. ④. Chiffon, haillon. ‖[Kleid] Guenille, f. ‖*Lumpen‖gesindel*, n., *-pack*, m. et n., *-volk*, n. spl., canaille, f., racaille, f.; *-sammler, in*, m. ④, f., chiffonnier, ière. ‖**-erei** f. (eraè). Gueuserie.
lumpig a. (ig). En lambeaux, déguenillé, e. ‖*Fig.* Misérable, sordide.
Lun‖ge f. (lounge). Poumon, m. ‖**-gen...** : ...pulmonaire : *Lungenentzündung*, f., pneumonie.
Lunte f. (lounte). Mèche [d'un canon].
Lupe f. (loûpe). Loupe.
Lupine f. (îne). Lupin, m.

Lust[1] f. spl. (loust). Joie, plaisir, m. : *Lust haben** [an, *dat.*]. avoir* du plaisir [à]. ‖[Wunsch] Envie : *Lust haben* zu...*, avoir envie de...; *ich bekomme Lust, zu...*, il me prend l'envie de...
Lust[2], **¨e** f. Désir [m.] charnel.
Lust‖barkeit f. (kaèt). Plaisir, m. réjouissance. ‖**-dirne** f. Fille de joie.
Lüster m. ④. Lustre.
lüstern a. (lustern). [nach...] Avide [de]. ‖[geil] Lascif, ive, lubrique.
Lüsternheit f. (haèt). Convoitise, lubricité.
Lust‖garten m. ③. Jardin d'agrément. ‖**-haus** n. ② (haoss). Maison de plaisance, f.
lustig a. (ig). Joyeux, euse, gai, e, jovial, e.
Lust‖igkeit f. (kaèt). Humeur joyeuse, gaieté, jovialité. ‖ **¨ling** m. (lustlìng). Homme de plaisir, viveur, *fam.*, fêtard. ‖**-schloß** n. ②. Château [m.] de plaisance. ‖**-spiel** n. (schpîl). Comédie, f. ‖**-spieldichter** m. ④. Poète comique.
lustwandeln intr. (vàndeln). Se promener.
Lutheraner, in m. ④, f. (loutérâner).
lutheranisch a. Luthéranisme, m.
lutherisch, a. (tée-). De Luther.
Luthertum n. (loû-toûm). Luthéranisme, m.
Lutschbeutel m. ④. Sucette, f.
lutschen (loutschen). Suçoter.
Lüttich‖ n. (lutich). Liège. ‖**-er** m. ④ et a. inv. Liégeois, e.
Luxus m. (louxouss). Luxe.
Lyr‖a ,...ren f. (lû). Lyre. ‖**-ik** f. Poésie lyrique. ‖**-iker** m. ④. Poète lyrique.
lyrisch a. Lyrique.
Lyzeum, -en n. (tséeoum). Lycée, m.

M

M, m n. M, m. ‖Abr. : 100 M, 100 mark[s]; 100 m. 100 mètres.
Maas f. (mâss). Meuse.
Mache f. (mache). Travail, m., façon : *in der Mache sein**, être* en mains.

machen‖ tr. Faire*. ‖[mit einem Adj.] Rendre : *einen glücklich machen*, rendre qn heureux. ‖LOC. *mache, daß du fortkommst*, dépêche-toi de partir*; *was machen Sie?*, comment allez-vous? ‖[**sich**].

[an, *acc.*] Se mettre* [à]; *ich mache mir nichts daraus,* cela ne me fait rien.
Mach||**enschaft** f. Machination. ||**-er, in** m. ④, f. (er, ìn). Faiseur, euse : *...macher,* fabricant de... *Macherlohn,* m., façon, f. [prix].
Macherei f. Mauvais travail, m.
Macht||**, ¨e** f. (ma**ch**t). Puissance, pouvoir, m. : *mit aller Macht,* de toutes ses [mes, tes, etc.] forces. ||**-haber** m. ④. Détenteur du pouvoir.
mächtig a. (mè**ch**tig). Puissant, e. ||*Fig.* [bedeutend] Considérable. ||[Gebäude usw.] Vaste, énorme. ||*einer Sprache mächtig sein*,* posséder une langue. ||adv. Puissamment.
machtlos a. (lôss, -z-). Impuissant, e.
Macht||**losigkeit** f. Impuissance. ||*-politik* f. (tik). Politique de force. ||**-spruch** m., **-wort** n. Décision souveraine, f.
Machwerk n. Mauvais travail, m.
Mädchen n. ④ (mêt**ch**en). Fille, f. ||[Dienst-] Bonne, f. : *Mädchen für alles,* bonne à tout faire*.
mädchenhaft a. De jeune fille.
Made f. (mâde). Ver. ||Larve, m.
Mädel n. ④ (mêdel), = *Mädchen.*
madig a. (i**ch**). Véreux, euse.
madjarisch a. Magyar, re.
Madonna, onnen f. (do-). Madone.
mag ind. pr. de *mögen.*
Magd||**, ¨e** f. (magt, -d-). Servante.
Magdalena[lene] f. (léene). Madeleine.
Mägdlein n. ④ = *Mädchen.*
Magen m. ④ (mâgen). Estomac : *im Magen liegen*,* peser sur l'estomac; *sich den Magen verderben*,* se donner une indigestion. ||*Magen*|| *bitter,* m. ④, apéritif; *-brennen,* n. spl., aigreurs, f. pl.; *-saft,* m., suc gastrique; *-stärkend,* a., stomachique.
mager a. (mâger). Maigre : *mager werden*,* maigrir; *Magerkeit,* f., maigreur.
Mag||**ie** f. (magî). Magie. ||**-ier** m. ④ (mâgier). Mage. ||**-iker** m. ④ (mâgiker). Magicien.
magisch a. (mâ-). Magique.
Magistrat m. ① (âte). Conseil municipal.
Magnet m. ① (g'néete). Aimant. ||[Auto] Magneto, f.
magnet||**isch** a. Magnétique, aimanté, e : *magnetisch machen,* aimanter. ||**-isieren,** Magnétiser. ||[Eisen] Aimanter.
Magnet||**isierung** f. Aimantation. ||**-ismus** m. Magnétisme. ||**-nadel** f. Aiguille aimantée.
Mahagoni|| n. (**h**agô-), **-holz** n. (**h**olts). Acajou, m.
Mahd f. (mâte). Fauchage, m.
mähen (mêen). Faucher.
Mäh||**er, in** m. ④, f. (er, ìn). Faucheur, euse. ||**-maschine** f. (îne). Faucheuse. ||[für Getreide] Moissonneuse. ||[für Rasen] Tondeuse.
Mahl|| n. ① (mâl), **-zeit** f. (tsaèt). Repas, m. : *Mahlzeit!* Bon appétit!
mahlen*. Moudre*. ||n. spl. Mouture, f.
Mähne f. (mêne). Crinière.
mahnen (mânen). Avertir. ||[an, *acc.*] Exhorter [à]. ||[auffordern] Sommer. ||[Summe] Réclamer.
Mahnung f. Avertissement, m., exhortation, sommation.
Mähre, -n, -n m. (mère). Morave.
Mähre f. Haridelle, rosse.
Mähren n. Moravie, f.; *mährisch,* a., morave.
Mai|| m. ① (maè). Mai. ||*Fig.* Printemps. ||**-e** f. Branche verte. ||**-glöckchen** n. ④ (œk**ch**en). Muguet, m. ||**-käfer** m. ④ (kêfer). Hanneton.
Mailand n. (maèlànt). Milan, m.
Main m. (maène). Mein.
Mainz n. (maèntz). Mayence, f.
Majestät f. (yestête). Majesté. ||[als Anrede] Sire, m. ||*Majestätsbeleidigung,* f., crime de lèse-majesté, m.
majestätisch a. Majestueux, euse.
Majolika, -ken f. (yô-). Majolique.
Major m. ① (yôr). Commandant.
Majoran m. (âne). Marjolaine, f.
Major||**at** n. ① (âte). Majorat, m. ||**-domus** m. ④ (dômouss). Maire du palais, majordome.
majorenn a. Majeur, e.
Majorennität f. Majorité.
Makel m. ④ (mâkel). Souillure, f., tache, f.
makellos a. Sans tache, immaculé, e.
mäkeln (mêkeln). 1. Faire* le courtier. ||2. [an, *dat.*]. Trouver à

redire* *ou* à critiquer. ||n. Critique mesquine, f.
Makkaroni pl. (rô-). Macaroni, m.
Mäk||ler ou **Makler** m. ④. Courtier. ||**-lergebühr** f. Courtage, m.
Makrele f. (réele). Maquereau, x, m.
Makrone f. Macaron, m.
Mal n. ① (mâl). 1. Marque, f. ||[Zeichen] Signe, m. ||2. [zeitlich] Fois, f. : *zum ersten Male,* pour la première fois; *zu verschiedenen Malen,* à plusieurs reprises; *mit einem Male,* tout d'un coup. ||adv., = *einmal : sagen Sie mal,* dites un peu. ||*...mal,* adv. : *ein-, zweimal* usw., une fois, deux fois, etc.; *...malig,* a. : *dreimalig,* trois fois répété, e.
Malachit m. ① (kît). Malachite, f.
Malaie, -n, -n m. (laèe). Malais.
malaiisch a. Malais, e.
Malaria f. Paludisme, m.
malen (mâlen). Peindre*. ||*blau* usw. *malen,* peindre* en bleu, etc.
Mal||er, in m. ④, f. (er, in). Peintre, femme peintre. ||**-erei** f. (raè). Peinture.
malerisch a. Pittoresque.
Malt||a npr. n. (mal-). Malte, f. ||**-eser** m. ④ (éezer). Maltais, chevalier de Malte.
Malve f. (malve), **malvenfarbig** a. (ig). Mauve.
Malz n. ①(malts). Malt, m.
malzen. Malter. ||n. Maltage, m.
Mama f. (mamâ). Maman.
Mammut m. ① (mamoûte). Mammouth.
Mamsell f. (zèl). Demoiselle. ||*Com.* Demoiselle de magasin.
man pr. ind. (màn). On, l'on.
manch||er -e, -es a. et pr. ind. (màncher). Maint, e, plus d'un, e : *so manches Beispiel,* tant d'exemples. ||**-erlei** (laè). Mainte[s] sorte[s] de : *auf mancherlei Weise,* de mainte[s] manière[s]. ||**-mal** adv. Quelquefois.
Mandarin, -s et **-en, -en** m. (rîne). Mandarin.
Mandarine f. (îne). Mandarine.
Mandel[1] f. (màndel). Amande: *Mandelbaum,* m., amandier. ||[Halsdrüse] Amygdale.
Mandel[2] f. Quinzaine [de].
Mandoline f. (îne). Mandoline.
Mandschurei f. Mandchourie.
mandschurisch a. Mandchou, e.
Manen pl. (mânen). Mânes, m. pl.
Mangan n. (màngân). Manganèse, m.
Mange[l] f. (màngel). Calandre.
Mangel (màngel). 1. m. ③ [an, *dat.*] Manque, absence, f., défaut [de]; [an Lebensmitteln] disette, f. : *aus Mangel an...,* faute de, à défaut de; *Mangel leiden*,* souffrir du manque [de]; *daran ist kein Mangel,* ce n'est pas cela qui manque. ||[Unvollkommenheit] Imperfection, f., défaut. ||2. V. *Mange [l].*
mangelhaft a. (**h**aft). Défectueux, euse, imparfait, e.
Mangelhaftigkeit f. (kaèt). Défectuosité.
man||geln 1. intr. impers. Manquer [de] : *es mangelt mir an Geld,* je manque d'argent. ||2. tr. Calandrer. ||**-gels** adv. prép. A défaut de.
Mangold n. (màn). Bette, f.
Manie f. (nî). Manie.
Manier f. (îr). Manière. ||[Lebensart] : *Manieren,* pl., Manières, savoir-vivre, m.
man||ieriert a. (îrt). Maniéré, e, affecté, e. ||**-ierlich** a. (**ich**). Qui a de bonnes manières.
Manifest n. Manifeste, m.
Maniküre f. (küre). Manucure.
Mann m. ② (màn). Homme. ||[Gatte] Mari, époux. ||LOC. *an den Mann bringen** [seine Tochter], marier [sa fille]; *der dritte Mann,* un homme sur trois; *Mann gegen Mann,* corps à corps; *soviel auf den Mann,* tant par tête.
Manna f. (ma-). Manne.
mannbar a. Nubile : *Mannbarkeit,* f., nubilité.
Männchen n. ④ (mènchen). *Dim.* de *Mann.* ||*fam.* Bout d'homme, m. ||[v. Tieren] Mâle, m.
Mannesalter n. Âge [m.] viril.
mannhaft a. (**h**aft). Viril, e. ||*Fig.* Mâle, énergique.
Mann||haftigkeit f. Virilité. ||**-heit** f. (**h**aèt). Masculinité.
mannig||fach a. (manigfa**ch**), **-faltig** a. (ig). Varié, e.
Mannigfaltigkeit f. Variété.
Männlein = *Männchen.*
männlich a. (**lich**). D'homme. ||[Geschlecht] Mâle. *Gramm.* Masculin, e.

DÉCLINAISONS SPÉCIALES : ① **-e**, ② **¨er**, ③ **¨**, ④ **—**. V. pages vertes.

Manns... : ... d'homme. Ex. : *manns*‖*hoch*, de [à] hauteur d'homme; *-zucht*, f., discipline.
Mannschaft f. Hommes, m. pl., troupe[s], f. [pl.]. ‖[e. Schiffes] Équipage, m. ‖[Sport] Équipe.
Manometer n. ④ (*mé*). Manomètre, m.
Manöver n. ④. Manœuvre, f.
manövrieren intr. (*îr*ᵉn). Manœuvrer.
Manschette f. (mànschèt[e]). Manchette.
Mantel m. ③ (*mànt*ᵉl). Manteau, x. ‖[v. Soldaten] Capote, f.
Manuskript n. ① (ouskr*i*pt). Manuscrit, m.
Mappe f. (map[e]). [v. Pappe] Carton, m. ‖[für Papiere] Serviette, portefeuille, m.
Märchen n. ④ (*mê*rch[e]n). Conte, m.
märchenhaft a. (**h**aft). Fabuleux, euse, féerique.
Marder m. ④. Martre, f.
Margarete f. (r*ée*t[e]). Marguerite.
Margarin n. ① (r*î*ne). Margarine, f.
Maria, Marie, ...iens f. (*î*a, *î*, *î*[e]ns). Marie : *Marien*‖*bad*, n. (bâte, -d-), bain-marie, m.; *-bild*, n. ②, image [f.] de la [sainte] Vierge; *-kirche*, f., église Sainte-Marie.
Marine f. (r*î*n[e]). Marine.
Mark[1] f. Borne, frontière : *die Mark Brandenburg*, la Marche de Brandebourg.
Mark[2] f. inv., Mark : *hundert Mark*, cent marks.
Mark[3] n. spl. Moelle, f. : *durch Mark und Bein*, jusqu'à la moelle des os; *markig*, a., plein, e, de moelle; [kräftig] vigoureux, énergique.
Marke f. Marque. ‖[Spiel-] Fiche, jeton, m. ‖[Brief-] Timbre-poste, m. ‖[polizeilich] Plaque. ‖[abtrennbar] Ticket, m.
Marketender, in m. ④, f. (*tènd*[e]r, ìn). Cantinier, ière, vivandier, ière.
Mark‖**graf, -en -en** m., **gräfin** f. (*â*f, *ê*fin). Margrave, m. et f. ‖**-grafschaft** f. Margraviat, m.
markieren (*î*r[e]n). Marquer.
märkisch a. De la Marche.
Markt‖ m. Marché : *zu Markte gehen**, faire* son marché. ‖**-bude** f. (b*oû*d[e]). Baraque [de foire].
markten intr. [um] Marchander, tr.
Markt‖**flecken** m. ④. Bourg. ‖**-halle** f. (**h**al[e]). Halle. ‖**-schreier** m. ④ (schra*è*[e]r). Charlatan. ‖**-schreierei** f. Charlatanisme, m.
marktschreierisch a. Charlatanesque.
Markung f. Limite. ‖District.
Markus m. (ouss). [Saint] Marc.
Marmor‖ m. ① (*mar*-). Marbre. ‖**-arbeiter** m. ④ (*ar*ba[è]t[e]r), **-händler** m. ④ (**h**èndl[e]r). Marbrier.
marmorieren. Marbrer.
Marmorierung f. Marbrure.
marmorn a. De marbre.
Marmorware f. Marbrerie.
marode a. (*ô*d[e]). Épuisé, e. ‖m. [Soldat] Traînard.
Marodeur m. ① (*eur*). Maraudeur.
marodieren (*î*r[e]n). Marauder. ‖n. Maraude, f.
Marokkaner, in m. ④, f. (*â*n[e]r, ìn), **marrokkanisch** a. Marocain, e.
Marokko n. (*o*ko). Maroc, m.
Marone f. (*ô*n[e]). Marron, m.
Mars[1] m. Mars.
Mars[2] m. ①. Hune, f.
Marsch m. Marche, f. : *auf dem Marsche*, en marche; *marsch!* en avant! marche! allons! : *marsch*‖*bereit, -fertig*, a., prêt à marcher [à partir]; *-lied*, n. ②, marche, f.
Marsch f. Marais, m., marécage, m.
Marschall m. (*mar*). Maréchal.
Marschfieber n. Fièvre paludéenne, f.
marschieren. Marcher.
Marschland n. ②. Pays [m.] marécageux.
Marstall m. Écurie, f.
Marter f. (*mart*[e]r). Martyre, m., tourment, m. ‖[Folter] Torture.
martern. Martyriser, tourmenter.
Mar‖**tinsfest** n., **-tini** n. [La] Saint-Martin, f.
Märtyrer‖, **in** m. ④, f. (mêrt*î*r[e]r, ìn). Martyr, e. ‖**-tod** m., **-tum** n. ②, **Martyrium, -ien**, n. Martyre, m. ‖**-verzeichnis** n. Martyrologe, m.
marxistisch a. Marxiste.
März m. (mèrtz). Mars.
Marzipan m. ① (tsip*â*ne). Massepain.
Masche f. Maille.
maschenfest a. Indémaillable.
Maschine f. (*î*n[e]). Machine : *Maschinen*‖*arbeit*, f. ([e]narba[è]t), travail à la machine, m.; *-arbeiter*, m.

④, *-bauer*, m. ④, mécanicien; *-führer*, m. ④, machiniste; *-gewehr*, n., mitrailleuse, f. [schweres], fusil [m.] mitrailleur [leichtes]; *-mäßig*, a., machinal, e; *-näherin*, f., mécanicienne; *-schrift*, f., dactylographie; *-wesen*, n., machinisme, m.

Maschinist, -en, -en m. (îst). Machiniste, mécanicien.

Mas‖er f. (mâzer). Tache, marque. ‖**-ern** f. pl. Rougeole, f.

maserig a. (ig). Moucheté, e, veiné, e.

Maske f. (maske). Masque, m. : *Masken‖ball*, m., bal masqué; *-zug*, m., mascarade, f.

maskieren (îren). Masquer.

Maskulinum, -na n. (koulînoum). Nom [genre], m., masculin.

maß (mâs). imp. de **messen***. ‖f. V. **Maße.** ‖n. ①. Mesure, f. : *in hohem Maße*, à un haut degré; *in vollem Maße*, pleinement; *in dem Maße, wo...*, à mesure que...; *nach Maß*, sur mesure; *das Maß nehmen** [*zu*], prendre* mesure [de].

Maße f. (mâsse). Mesure : *über die Maßen*, outre mesure.

Masse f. (masse). Masse.

Massenaufgebot n. Levée [f.] en masse.

massen‖haft a., **-weise** adv. En masse.

Masseur m., **-euse** f. V. *Massierer.*

Maßgabe f. (gâbe). Mesure déterminée. ‖Proportion.

maßgebend a. (géebent, -d-). Déterminant, e. ‖[Kreis usw.] Compétent, e.

massieren tr. (îren). Masser. ‖n. spl. Massage, m.

Massierer, in m. ④, f. (îrer, în). Masseur, euse.

massig a. (ig). En masse.

mäß‖ig a. (mêssig). Modéré, e. ‖[Wärme] et *fig.* Tempéré, e. ‖[im Essen u. Trinken] Sobre, tempérant, e. ‖[unbedeutend] Médiocre, modique. ‖**-igen** (igen). Modérer, tempérer : *gemäßigte Zone*, zone tempérée.

Mäß‖igkeit f. (kaète). Tempérance, sobriété. ‖Modicité. ‖**-igung** f. Modération, mesure.

massiv a. Massif, ive.

Maßlieb[chen] n. ④ (lîpchen). Pâquerette, f.

maßlos a. (lôss, -z-). Démesuré, e, immense. ‖adv. Démesurément, immensément.

Maß‖nahme f. (nâme), **-regel** f. (réegel). Mesure : *Maßregeln treffen**, *ergreifen**, prendre* des mesures.

maßregeln tr. (réegeln). Frapper [d'une mesure disciplinaire].

Maßregelung f. Mesure disciplinaire, sanction.

Maßstab m. (schtâp, -b-). Mesure, f. ‖[beim Zeichnen] Échelle, f.

Maßvoll a. (fol). Mesuré, e.

Mast[1], **-en** m. (mast). Mât.

Mast[2] f. (mast). Engraissement, m. : *in die Mast tun**, mettre* à l'engrais. ‖*Mast...*, ...gras, se, engraissé, e : *Mast‖gans*, f. oie grasse; *-vieh*, n., bétail [m.] gras.

Mastdarm m. Rectum.

mästen (mêsten). Engraisser.

... master m. ④ : *Ein-, Zwei-, Dreimaster*, navire à un, deux, trois mâts. ‖*Fig. Dreimaster*, tricorne.

Mastkorb m. (korp, -b-). Hune, f.

mastlos a. Démâté, e.

Mästung f. Engraissement, m.

Mast‖wächter m. ④ (vêchter). Gabier. ‖**-werk** n. Mâture, f.

Mater‖ial, -ien n. (iâl). Matériel, m. ‖pl. Matériaux. ‖**-ialismus** m. (ismouss). Matérialisme. ‖**-ialist, en, -en** m., **materialistich** a. Matérialiste.

Materie, -n f. (téerie). Matière. ‖[Stoff] Sujet, m. ‖[Eiter] Pus, m.

materiell a. Matériel, le.

Mathema‖tik f. (mâ-). Mathématiques, f. pl. ‖**-tiker** m. ④. Mathématicien.

mathematisch a. Mathématique.

Matratze f. (atse). Matelas, m. : *Matratzenmacher, in*, m. ④, f., matelassier, ière.

Mätresse f. (mêtrèsse). Maîtresse.

Matriarchat n. (kât). Matriarcat, m.

Matrikel f. (îkel). Matricule.

Matrize f. (itse). Matrice.

Matrone f. (ône). Matrone.

Matrose, -n, -n m. (ôze). Matelot.

Matsch m. ①. 1. Boue, f. ‖[Brei] Bouillie, f. ‖2. [beim Kartenspiel] Capot, f. ‖a. 1. Bourbeux, euse. ‖2. [Kartenspiel] Capot.

matt a. 1. Mat, e, terne : *matt werden**, se ternir. ‖[Glas] Dépoli,

e. ‖2. [erschöpft] Fatigué, e, épuisé, e : *matte Kugel,* balle morte. ‖[Schach] Mat.

Matte f. Natte, paillasson, m.

Matthä‖us m. (*tê*ouss). [Saint] Matthieu. ‖**-i** n. (*tê'*i). [La] Saint-Matthieu.

Mattheit f. (**h**a^è^t). Ternissure. ‖*Med.* Matité.

Mattigkeit f. Lassitude, épuisement, m.

Maturitätsprüfung f. Examen de maturité, m. [baccalauréat].

Matze f. Pain azyme, m.

Mauer‖ f. (*ma*o^e^r). Mur, m. ‖**-dach** n. ② (da**ch**). Chaperon, m. ‖**-ei** f. V. *Maurerei.*

mauern. Maçonner.

Mauerwerk n. Maçonnerie, f. [ouvrage].

Maul‖ n. ② (*ma*o^l^). Gueule, f. ‖*Fam.* [v. Menschen] Bouche, f. : *das Maul halten**, se taire*; *ein schiefes Maul tun**, faire* la grimace. ‖**-affe** m. Badaud.

Maul‖beere f. (*bée*r^e^). Mûre. ‖**-beerbaum** m. Mûrier.

Mäulchen n. ④, *fig.* [Kuß] Baiser, m. ‖[schiefes] Moue, f.

Maul‖esel, in m. ④, f. (*éez*^e^l, ìn). Mulet, mule. ‖**-eseltreiber** m. ④. Muletier. ‖**-hänger, in** m. ④, f. (**hè**ng^e^r, ìn). Boudeur, euse. ‖**-held, -en, -en** m. (**h**èlte, -d-), *fam.* Fanfaron. ‖**-korb** m. (korp, -b-). Muselière, f. ‖**-schelle** f. (*è*le). Soufflet, m., gifle. ‖**-tier** n. (t*î*r). Mulet, m. ‖[weibliches] Mule, f. ‖**-voll** n. inv. (fol). Bouchée, f. ‖**-wurf** m. Taupe, f. ‖**-wurfshügel** m. ④. Taupinière, f.

Maur‖e, -n, -n m., **-in** f. (*ma*o^r^e, ìn). Maure, Mauresque : *maurisch,* a., mauresque.

Maurer‖ m. ④ (*ma*o^r^e^r^). Maçon. ‖**-ei** f. (*a*^è^). Maçonnerie [métier]. ‖**-kelle** f. Truelle.

Maus, ¨**e** f. (*ma*o^s^, m**œü**ze). Souris. ‖dim. Mäuschen, n. ④ (m*œü*s'**ch**^e^n), souriceau, x, m. : *Mäusefalle,* f. (z^e^falle^e^). souricière.

mausen intr. Prendre* des souris.

mausern intr. et [**sich**]. Muer. ‖n. et *Mauserzeit,* f., mue.

mausig a. (**z**ig). *fig.* : *sich mausig machen,* faire* l'important.

Maut‖ f. (*ma*o^te^). Douane. ‖**-ner** m. ④. Douanier.

Maximal... (*mâ*l) : ... maximum, f. et pl. maxima : *Maximalthermometer,* n., thermomètre [m.] à maxima.

Maxime f. (*î*m^e^). Maxime.

Maximum, -ma n. (*ma*-oum). Maximum, ma, m.

Mechan‖ik f. (**ch***â*-). Mécanique. ‖**-iker** m. ④. Mécanicien.

mechanisch a. Mécanique. ‖[Handlung] Machinal, e.

Mechanismus, -men m. (*i*smous). Mécanisme.

meckern. Bêler. ‖n. spl. Bêlement, m.

Med‖aille f. (*â*li^e^). Médaille. ‖**-aillon, -s** n. (*liò*n). Médaillon, m.

Media, -iä f. (*mée*-) [Lettre] médiale.

Medizin f. (ts*î*ne). Médecine.

medizinal... (*â*l) : ... médical, e.

Mediziner m. ④ (*î*n^e^r). [Arzt] Médecin. ‖[Student] Étudiant en médecine.

med‖izinieren intr., *fam.* Se droguer. ‖**-izinisch** a. (ts*î*). Médical, e.

Med‖usa npr. f., **-use** f. (*oû*-). Méduse.

Meer‖ n. (*mée*r). Mer, f. ‖**-busen** m. ④ (b*oûz*^e^n). Golfe. ‖**-enge** f. (*è*ng^e^). Détroit, m. ‖**-esspiegel** m. Niveau de la mer. ‖**-igel** m. ④ (*î*g^e^l). Oursin. ‖**-katze** f. Macaque, m. ‖**-rettich** m. (i**ch**). Raifort. ‖**-salz** n. (sa̍lts). Sel [m.] marin. ‖**-schaum** m. (scha^o^m). Écume [f.] de mer. ‖**-schwein** n. (va^è^n). Marsouin, m. ‖**-schweinchen** n. ④ (**ch**^e^n). Cochon d'Inde, m., cobaye, m. ‖**-weib** n. ② (va^è^p, -b-). Sirène, f. ‖**-wolf** m. Loup marin.

Megäre f. (g*ê*r^e^). Mégère.

Mehl‖ n. spl. (*mée*l). Farine, f. ‖**-beutel** m. (b**œüt**^e^l). Blutoir.

mehlhaltig, -ig a. (**h**altig). Farineux, euse.

Mehl‖speise f. (schp*a*^e^ze). Entremets sucré, m. ‖**-zucker** m. ④. Cassonade, f.

mehr adv. (*mée*r). Plus : *zwei Stunden mehr,* deux heures de plus; *was wollen Sie mehr?,* que voulez-vous de plus?; *mehr oder weniger,* plus ou moins; [vor Zahlen] : *mehr als hundert,* plus de cent. ‖[ohne darauffolgendes *als*] Davantage. ‖LOC. *immer mehr und mehr,* de plus en plus; *nicht mehr,* ne... plus; *nichts mehr,* [ne]... plus rien, rien de plus; *nichts mehr und nichts weniger,* ni plus ni moins. ‖n. inv. Plus, m. [Überschuß] Excédent, m. : *Mehr‖ausgabe,* f., excédent [m.] de dépense; *-betrag,* m., excédent.

Mehrbieter m. ④ (bîter). Enchérisseur.

mehr‖en. Augmenter. ‖**-ere** a. et pron. ind. (méerere). Plusieurs. ‖**-fach** a. (fach). Multiple, répété, e. ‖adv. A différentes reprises.

Mehr‖gebot n. ① (gébôte). Enchère, f. ‖**-heit** f. (haèt). Pluralité, majorité. ‖**-lader** m. ④ (lâder). Arme à répétition, f.

mehr‖malig a. Répété, e. ‖**-mals** adv. Plusieurs fois.

Mehr‖ung f. Augmentation. ‖**-wert** m. Plus-value, f. ‖**-zahl** f. (tsâl). Majorité. ‖*Gramm.* Pluriel, m.

meiden* (maèden). Éviter, éluder.

Meier‖ m. ④ (maèer). Métayer. ‖**-ei** f. (aè), **-hof** m. (hôf). Métairie, f.

Meile f. (maèle). Mille, m. : *meilenweit,* a., distant, e de plusieurs milles [*ou* lieues]; adv. à plusieurs milles.

mein‖ (maèn). 1. = *meiner,* 1. : *gedenke mein,* pense à moi. ‖2. m. et n., **-e** f., a. et pron. poss. Mon, ma, mes : *der, die, das meine* ou *meinige, die meinen* ou *meinigen,* le mien, la mienne, les miens, les miennes. ‖attr. inv. : *dieses Buch ist mein,* ce livre est à moi; *die Meinigen,* les miens. ‖*meiner* : 1. pron. pers., gén. de *ich.* De moi. ‖2. adj. poss., gén. f. ou pl. de *mein.* ‖*meinerseits, meinesgleichen, meinet‖halben, -wegen, -willen.* V. *...seits, ...gleich, ...halben, ...wegen, ...willen.*

Meineid m. (maènaèt, -d-), **meineidig** a. (ig). Parjure.

meinen. Être* d'avis, croire* : *er meint, er sei geschickt,* il se croit habile; *man sollte meinen, daß...,* on croirait que... ‖Exprimer une opinion : *er meinte, wir sollten abreisen,* il dit que nous devrions partir*. ‖[sagen wollen*] : *was meinen Sie damit?,* que voulez-vous dire [par-là]?; *wen meinen Sie?,* qui voulez-vous dire?; *wie meinen Sie?,* que dites-vous? ‖[Absicht haben] : *es gut meinen,* avoir* une bonne intention; *es ehrlich meinen,* agir de bonne foi.

meiner, -es..., -et... V. *mein.*

Meinung f. Sens, m. ‖Opinion, avis, m. : *der Meinung sein*,* être* d'avis.

Meiran m. = *Majoran.*

Meise f. (maèze). Mésange.

Meißel m. ④ (maèssel). Ciseau, x.

meißeln. Ciseler.

meist‖ a. (maèst). Plupart [de] : *die meiste Zeit,* la plupart du temps; *die meisten Menschen,* la plupart des hommes; *die meisten,* la plupart. ‖adv. et **-ens, -enteils** adv. (ens, entaèls). Le plus souvent; *am meisten,* le plus. ‖**-bietend** a. : *der Meistbietende,* le plus offrant.

Meister m. ④ (maèster). Maître.

meister‖haft a. (haft). De maître, magistral, e. ‖**-n.** Maîtriser.

Meister‖sänger m. ④ (zènger) et **-singer** m. Maître chanteur, trouvère. ‖**-schaft** f. Maîtrise. ‖[im Sport] Championnat, m. ‖**-stück** n. (schtuk), **-werk** n. Chef-d'œuvre, m.

Melasse f. (asse). Mélasse.

melden. Annoncer, mander : *man meldet aus...,* on écrit de... ‖[berichten] Rapporter. ‖[**sich**] S'annoncer. ‖[zu einer Prüfung] Se présenter.

Meldereiter m. Estafette, f.

Meldeschluß m. Clôture [f.] des inscriptions.

Meldung f. Annonce, avis, m. ‖*Mil.* Rapport, m. information.

melken* (ken). Traire*.

Melodie f. (dî). Mélodie, air, m.

melodisch a. (lô). Mélodique, mélodieux, euse.

Melodrama, -men n. (drâ). Mélodrame, m.

Melone f. (ône). Melon, m.

Memme f. (ème). Poltron, m.

Menage‖ f. (pron. fr.). *Mil.* Ordinaire, m. ‖[Ölständer] Huilier, m. ‖**-rie** f. (rî). Ménagerie.

Menge f. (mènge). Quantité. ‖[v. Menschen] Foule.

mengen. Mêler, mélanger. ‖n. Mélange, m.
Mennig m. Minium.
Mensch‖, **-en**, **-en** m. (mènsch). Homme : *kein Mensch*, personne, ‖n. ②. Femme de mauvaise vie, f.
Menschen‖**...** : ... d'homme[s], ... de l'homme, ... des hommes : *seit Menschengedenken*, de mémoire d'homme; *von Menschenhand*, de main d'homme. ‖...humain, e. Ex. : *Menschengeschlecht*, n., genre [m.] humain, espèce [f.] humaine; *der gemeine, der gesunde Menschenverstand*, le sens commun, le bon sens; *Menschen‖fleisch*, n., chair, f., *-gestalt*, f., forme, *-leben*, n., vie, f., *Menschenmaterial*, n., matériel [m.] humain; *-seele*, f., âme [f.] humaine. ‖**-alter** n. ④. Génération, f. ‖**-feind** m. (f*a*ènt, -d-). **menschenfeindlich** a. (li**ch**). Misanthrope. ‖**-feindschaft** f. Misanthropie. ‖**-fresser** m. ④. Anthropophage, ogre. ‖**-freund** m. (fr*œü*nt, -d-). Philanthrope.
menschenfreundlich a. (li**ch**). Philanthropique.
Menschen‖**haß** m. (**h**ass). Misanthropie, f. ‖**-hasser** m. ④. Misanthrope. ‖**-kenner** m. ④. Psychologue. ‖**-kind** n. (kìnt, -d-). Humain, m. ‖**-liebe** f. (lîbe). Philanthropie. ‖**-messung** f. Anthropométrie. ‖**-mord** m. ①, **-mörder, in** m. ④, f., **-mörderisch** a. Homicide, m. et f.
Menschheit f. (**h**aèt). Humanité.
menschlich a. (i**ch**). Humain, e.
Mensch‖**lichkeit** f. Humanité [sentiment]. ‖**-werdung** f. Incarnation.
Mensur f. (mènz*oû*r). Duel, m. [d'étudiants].
Menuett n. ①. Menuet, m.
Mergel m. ④ (mèrgel). Marne, f.
Meringel f. ④ (mér*i***ng**el). Meringue.
Merino, -s m. (rîno). Mérinos.
merkbar a. Perceptible, visible.
Merkblatt n. Fiche [f.] signalétique.
merk‖**en.** Marquer, noter. ‖[wahrnehmen] S'apercevoir de*, remarquer : *merken lassen**, laisser paraître*. ‖[auf, *acc.*] Faire* attention à... : *merke dir das*, note bien cela; *wohl gemerkt*, bien entendu. ‖**-lich** a. (li**ch**). Perceptible, visible, sensible. ‖adv. Sensiblement.
Merkmal n. ① (mâl). Signe, m., indice, m. ‖[Kennzeichen] Caractère, m.
merkwürdig a. (v*u*rdig). Remarquable.
Merk‖**würdigkeit** f. Curiosité. ‖**-zeichen** n. ④ (ts*a*è**ch**en). Marque, f., indice, m.
Merowinger m. ④ (m*éé*-vì**ng**er), **merowingisch** a. Mérovingien, ienne.
Meß. 1. f. Mess, m. [des officiers]. ‖*Meß*... 2. ... de [la] messe. V. *Messe*, 1. ‖3. ... de foire. V. *Messe*, 2. ‖4. ... à mesurer. V. *messen**.
Meßamt n. Messe, f.
Meßband n. Mètre [m.] à ruban.
meßbar a. Mesurable.
Meßbude f. (b*oû*de). Baraque de foire.
Meßdiener m. Servant.
Messe f. (mèsse). 1. Messe : *die Messe lesen**, dire* la messe; *stille Messe*, messe basse. ‖2. [Jahrmarkt] Foire.
messen. Mesurer. ‖n. Mesurage, m.
Messer‖ n. ④ (mèsser). Couteau, x, m. ‖**-bänkchen** n. ④ (bènk**ch**en). Porte-couteau, m. ‖**-händler** m. ④ (hèntler), **-schmied** m. (mîte, -d-). Coutelier. ‖**-schmiede** f. Coutellerie.
Meß‖**gewand** n. ②. Chasuble, f. ‖**-hemd, -en** n. Aube, f.
Messias m. (*î*às). Messie.
Messing m. (ì**ng**). Cuivre jaune, laiton.
messingen a. De laiton.
Meßkette f. Chaîne d'arpenteur.
Meßkrämer m. ④. Marchand forain.
Meßopfer n. Sacrifice [m.] de la messe.
Meß‖**rute** f. Perche d'arpenteur. ‖ **-schnur** f. Corde d'arpenteur. ‖**-stock** m. Jauge, f.
Mestiz‖**e** m., **-zin** f. (*i*tse, ìn). Métis, se.
Met m. (m*é*et). Hydromel.
Metall n. ① (t*a*l). Métal, m.
metall‖**en** a. De métal. ‖**-isch** a. Métallique.
Metallurgie f. (ourg*î*), Métallurgie.
metallurgisch a. (*ou*r-). Métallurgique.
Metapher f. (t*â*fer). Métaphore.
metaphorisch a. (f*ô*-). Métaphorique.

Meta‖physik f. (îk), **metaphysisch** a. (fî-). Métaphysique. ‖**-physiker** m. ④ (fîzik^e^r). Métaphysicien.

Meteor‖ n. ① (ôr). Météore, m. ‖**-olog, -en, -en** m. (ôg). Météorologiste. ‖**-ologie** f. (gi). Météorologie.

Meter‖ n. ④ (méét^e^r). Mètre, m. ‖**-system** n. Système [m.] métrique.

Method‖e f. (tôd^e^). Méthode. ‖**-ik** f. Méthodologie.

methodisch a. Méthodique.

Metrik f., **metrisch** a. (mée). Métrique.

Metropole, -n f. (pôl^e^). Métropole.

metropolitan... (âne). Métropolitain, e.

Metrum, -tren n. (méétroum), Mètre, m.

Mette f. (mèt^e^). Matines, f. pl.

Metzelei f. (^e^laè). Massacre, m., carnage, m., tuerie, boucherie.

metzeln. Massacrer.

Metzger m. ④ (g^e^r). Boucher. ‖*Fig. Metzgergang,* m., course [f.] inutile.

meucheln (mœüch^e^ln). Assassiner : *Meuchel‖mord,* m. ①, assassinat; *-mörder, Meuchler,* m. ④, assassin.

Meut‖e f. (mœüt^e^). Meute. ‖**-erei** f. (^e^raè). Mutinerie, émeute. ‖**-erer** m. ④. Émeutier, factieux.

Mexik‖o n. (mè-). Mexico, m. ‖[Land] Mexique, m. ‖**-aner, in** m. ④, f. Mexicain, e.

miauen intr. (miâo^e^n). Miauler. ‖n. spl. Miaulement, m.

Mich‖ael m. (michaël). Michel. ‖**-aeli[s]** n. (aè). La Saint-Michel, f. ‖**-el, -s** m. (mich^e^l). [Jacques] Bonhomme. ‖ *Michel-Angelo,* m. (kèl antjelo). Michel-Ange.

mied, (mît, -d) imp. de *meiden**.

Mieder‖ n. ④ (mî). Corsage, m. ‖[Korsett] Corset, m. ‖**-schützer** m. ④. Cache-corset.

Miene f. (mîn^e^). Mine, air, m. : *gute Miene zum bösen Spiel machen,* faire* contre fortune bon cœur.

Miesmuschel f. (mîssmouch^e^l). Moule.

Miet‖auto n. Voiture [f.] de louage. ‖**-e** f. (mît). Loyer, m.

mieten. Louer [prendre* en location]. ‖[Dienstboten] Engager.

Miet‖er m. ④. Locataire. ‖**-groschen** m. ④. Denier à Dieu. ‖**-haus** n. (hao^s^). Maison de rapport, f. ‖**-kontrakt** m. (kòn). Contrat de louage. ‖**-kutsche** f. (koutsch^e^). Voiture de louage. ‖**-ling** m. (lìng). Mercenaire. ‖**-preis** m. (aès). Loyer. ‖**-vertrag** m. (f^e^rtrâg). Bail.

mietweise adv. A bail.

Mietzins m. (tsìns). Loyer.

Miez‖chen n. (mîts'ch^e^n), **-e** f., *fam.* Marie, f., Mimi, f., *fam.* ‖[für Katzen] Minette, f.

Migräne f. (ên^e^). Migraine.

Mikrobe f. (ôbe). Microbe, m.

Mikro‖phon n. ① (ône). Microphone, m. ‖**-skop** n. ① (ôp). Microscope, m.

mikroskopisch a. (kô-). Microscopique.

Milbe f. (milb^e^). Ver, m., mite

Milch f. (milch). Lait, m. : *dicke* [*saure*] *Milch,* lait [m.] caillé. ‖[v. Fischen] Laite, laitance.

milchartig a. (ig). Laiteux, euse.

Milch‖bruder m. ③ (broûd^e^r). Frère de lait. ‖**-frau** f. (fra^o^). Laitière. ‖**-gas** n. (âs). Verre [m.] opale. ‖**-händler** m. ④ (hèntl^e^r). Laitier.

milchicht a. (icht), **-ig** a. (ig). Laiteux, euse, lacté, e.

Milch‖kanne f. Pot à lait, m. ‖**-kuh** f. Vache laitière. ‖**-mann** m. ②. Laitier. ‖**-ner** m. ④. Poisson laité. ‖**-säure** f. (zœür^e^). Acide [m.] lactique. ‖**-schwester** f. Sœur de lait. ‖**-speise** f. (schpaèz^e^). Laitage, m. ‖**-topf** m. Pot à [boîte à] lait. ‖**-wirtschaft** f. Laiterie.

mild a. (milte, -d-). Doux, ouce. ‖[nicht streng] Clément, e. ‖[nachsichtig] Indulgent, e. ‖[v. Strafen] Léger, ère. ‖[v. Gaben] Charitable.

Milde f. Douceur. ‖Clémence. ‖Indulgence.

mildern. Adoucir, atténuer : *mildernde Umstände,* circonstances atténuantes. ‖[erleichtern] Soulager.

Milderung f. Adoucissement, m., atténuation. ‖Soulagement, m. : *Milderungsmittel,* n., calmant, m.

mildherzig a. (hèrtsig). Charitable.

Mildherzigkeit f. Charité.

mildtätig a. (têtig). Charitable, bienfaisant, e.

Mildtätigkeit f. Charité.

Militär, -s m. (*tê*r). Militaire. ‖n. [Les] militaires, pl. : *beim Militär*, sous les drapeaux. ‖*Militär*‖-*feind*, m., ‖-*feindlich*, a., antimilitariste; ‖-*frei*, a., exempt du service militaire; -*wesen*, n. spl., choses militaires, f. pl.
militärisch a. (*tê*-). Militaire.
Miliz f. (*i*tz). Milice.
Mill‖iardär m. ① (*dê*r). Milliardaire. ‖**-iarde** f. (*ar*d^e^). Milliard, m. ‖**-ion** f. (*iô*ne). Million, m. ‖**-ionär** m. ① (*ê*r). Millionnaire.
Milz‖ f. (miltz). Rate. ‖**-sucht** f. Hypocondrie.
milzsüchtig a. Hypocondriaque.
Mim‖e, -n, -n m., **-iker** m. ④ (*mî*m^e^, -ik^e^r). Mime.
mimen. Mimer.
Mim‖ik f., **mimisch** a. Mimique. ‖**-ikry** f. Mimétisme, m.
Minchen n. ④ (*mî*nch^e^n). Mimi, f., Minette, f.
minder a. (*mì*nd^e^r). Moindre.
Minderheit f. (ha^è^te). Minorité.
minderjährig a. (*yè*rig). Mineur, e.
Minderjährigkeit f. Minorité [âge].
mindern. Amoindrir, diminuer.
Minder‖ung f. Amoindrissement, m., diminution. ‖ **-wert** m. Moins-value, f.
minderwertig a. (ig). De moindre valeur.
Minderzahl f. Minorité.
mindest superl. de **minder.** ‖a. [der, die, das] *mindeste*, le [la] moindre. ‖adv. Le moins. ‖*Mindenstens*, au moins, pour le moins.
Mindestbetrag m. (*â*g). Minimum.
Mine f. (*mî*n^e^). Mine : *Minen*‖*leger*, m. ④, mouilleur de mines; -*sucher*, m. ④, dragueur de mines; -*werfer*, m. ④, lance-mines.
Min‖eral, -e et **ien** n. (*râ*l). Minéral, e, aux : *Mineral*‖*reich*, n., règne [m.] minéral; -*quelle*, f., -*wasser*, n., source, f., eau [f.] minérale. ‖**-eralog, -en, -en** m. Minéralogiste. ‖**-eralogie** f. (*gî*). Minéralogie.
mineralogisch a. (*ô*gisch). Minéralogique.
Miniatur f. (*toû*r). Miniature.
minieren. Miner.
minimal... a. (*â*l) : ... minimum, ...ma.
Minimum, -ma n. (*mî*-oum). Minimum, ma, m.
Minister m. ④ (*ni*st^e^r). Ministre. ‖*Minister...*, ... de[s] ministre[s], ... ministériel, le. Ex. : *Minister*‖-*präsident*, m., président du conseil; -*rat*, m., conseil des ministres; -*krisis*, f., crise ministérielle.
ministerial... (*iâ*l) : ... ministériel, le.
Ministerium, -rien n. (*tée*). Ministère, m.
Minne‖ f. (*mi*n^e^). *Arch.* Amour, m. ‖**-lied** n. (lîte, -d-). Chanson d'amour, f. ‖**-sänger** m. (*zè*ng^e^r). Troubadour.
minorenn a. (*è*n). Mineur, e.
Minorennität f. (*tê*te). Minorité.
minus adv. (*mî*nouss). Moins. ‖n. Déficit, m. ‖[Elektr.] Négatif. : *Minusklemme*, f., borne négative. ‖*Minuszeichen*, n., signe moins.
Minute f. (*oû*t^e^). Minute.
Minze, Münze f. (*mì*nts^e^). Menthe.
mir pron. pers., dat. de *ich*.
Mischehe f. Mariage mixte, m.
mischen. Mêler, mélanger. ‖[Wein] Couper. ‖[Metall] Allier. ‖[Karten] Battre, mêler. ‖[Gift] Préparer : *sich in...* [acc.] *mischen*, se mêler de...
Misch‖ling m. (*lì*ng). Métis ‖**-masch** m. ①, *fam.* Méli-mélo, *fam.* ‖[Unordnung] Gâchis. ‖*Fam.* Micmac. ‖**-ung** f. Mélange, m. ‖[v. Tränken] Mixture. ‖[v. Metallen] Alliage, m.
Mispel‖ f. Nèfle. ‖**-baum** m. Néflier.
miß impér. de *messen**.
miß... préfixe *accentué* et, sauf de rares exceptions [et seulement à l'infinitif et au participe passé], *inséparable*, ajoute au mot l'idée de : *mal, mauvais, erroné, faux, manqué*. [Préfixes français correspondants : dé[s]..., mé[s]...]. N.-B. Dans un petit nombre de verbes, *miß* est facultativement *séparable* et *accentué* ou non. Ex. : *miß*‖*achten*, -*deuten*, -*handeln*, -*lingen**.
mißachten (*ach*t^e^n). Mésestimer, dédaigner.
Mißachtung f. Mésestime, dédain, m.
mißbehagen (*mì*s-). Déplaire*. ‖n. Malaise, m., déplaisir, m.

Italique : accentuation. **Gras** : pron. spéciale. *Verbe fort. V. GRAMMAIRE.

Mißbildung f. Malformation.
mißbilligen (ig^e^n). Désapprouver. ‖**-billigend** p. a. Désapprobateur, trice.
Mißbilligung f. Désapprobation.
Mißbrauch m. (mìs-). Abus.
miß‖brauchen tr. Abuser de. ‖**-bräuchlich** a. (**œüchlich**). Abusif, ive.
mißdeuten tr., pp. *mißgedeutet, gemißdeutet* et *mißdeutet.* Mal interpréter.
Mißdeutung f. Interprétation fausse.
misse... (m*i*s^e^). V. *miß...*
missen tr. Être* privé [constater l'absence] de, se passer de.
Mißerfolg m. (m*i*s). Insuccès.
Mißernte f. (èrnt^e^). Mauvaise récolte.
Misse‖tat f. (tâte). Méfait, m., crime, m. ‖**-täter** m. ④. Malfaiteur.
miß‖fallen*. Déplaire*. ‖n. Déplaisir, m. ‖**-fällig** a. (fèlig). Déplaisant, e. ‖**-geartet** a. (géârt^e^t). Dégénéré, e.
Mißgeburt f. (gébourt). Fausse couche, avortement, m. ‖[Kind] Avorton, m.
Mißgeschick n. (gé-). Mauvaise fortune, f., adversité, f.
Mißgestalt f. (géschtalt). Difformité.
mißgestalt[et] a. Difforme.
mißgestimmt a. (géschtimt). De mauvaise humeur.
mißglücken [*sein*] Échouer. ‖n. spl. Insuccès, m.
mißgönnen (gœn^e^n). Envier [qc. à qn.].
Mißgriff m. Coup manqué, erreur, f.
Mißgunst f. Envie, jalousie.
mißgünstig a. (ig). Envieux, euse, jaloux, ouse.
mißhandeln (hànd^e^ln). Maltraiter.
Mißhandlung f. Mauvais traitement, m.
Mißheirat f. (ha^è^râte). Mésalliance.
mißhellig a. (hèlig). Discordant, e. ‖*Fig.* En désaccord.
Mißhelligkeit f. Discordance. ‖*Fig.* Désaccord, m.
Mission‖ f. (iône). Mission. ‖ **¨ar** m. Missionnaire.
Mißjahr n. (m*i*syâr). Mauvaise année, f.
Mißklang m. (àng). Dissonance, f.
Mißkredit m. (dîte). Discrédit : *in Mißkredit bringen**, discréditer.
mißlich a. (lich). [zweifelhaft], Douteux, euse, risquée, e. ‖[bedenklich] Grave.
mißlingen* intr. [*sein*]. Ne pas réussir, échouer. ‖n. Insuccès, m.
Mißmut m. Mauvaise humeur, f. ‖[Entmutigung] Découragement.
mißmutig, -mütig a. De mauvaise humeur. ‖Découragé, e.
mißraten* intr. [*sein*] (râ-). Ne pas réussir, mal tourner. ‖n. spl. Insuccès, m.
Mißstand m. (schtànt, -d-). Inconvénient, abus.
mißstimmen (scht*i*m^e^n). Indisposer.
Mißstimmung f. Mauvaise humeur.
mißt, 2e p. ind. pr. de *messen**.
Mißton m. (m*i*stône). Dissonance, f.
miß‖trauen intr. (aô^e^n). [einem] Se méfier, se défier [de]. ‖n. spl. Méfiance, f. ‖**-trauisch** a. Méfiant, e.
Mißvergnügen n. spl. (f^e^rg'nûg^e^n). Déplaisir, m., mécontentement, m.
mißvergnügt a. (g'nûgt). Mécontent, e : *mißvergnügt machen,* mécontenter.
Mißverhältnis n. (f^e^rhèltniss). Disproportion, f.
Mißverständnis n. (f^e^rschtèntniss). Malentendu, m.
mißverstehen* tr. Se méprendre* sur.
Mißwirtschaft f. Mauvaise gestion.
Mist m. Fumier.
Mistel f. Gui, m.
misten. Fumer [terre].
mit (mite). 1. prép. [avec le datif]. Avec. ‖[Mittel angebend] de : *mit ... bedecken,* couvrir de; *mit ... begießen**, arroser de. ‖*mit der Feder zeichnen,* dessiner à la plume. ‖[Mischung] *Kaffee mit Milch,* café au lait. ‖[Besitz, Attribut] *der Mann mit dem grauen Hut, l'*homme au chapeau gris. ‖2. adv. [Beisein] : *mit dabei sein**, en être*, y assister; *mit im Rate sitzen**, être* du conseil; *du sollst auch mit,* il faut que tu en sois. ‖3. préfixe *séparable, accentué,* ajoute au mot simple l'idée d'*être* ou d'*agir ensemble, en commun, d'accompagner, de participer.* Ex. : *mit-reisen,* voyager ensemble; *-gefangene[r]*, a. s. m., compagnon de captivité.

Mitangeklagte[r] a. s. m. Coaccusé.
Mitarbeit f. Coopération.
mitarbeiten (*a*rbaᵉtᵉn). Collaborer.
Mitarbeiter m. ④. Collaborateur.
mitbegreifen* (*a*ᵉfᵉn). Comprendre* [dans] : *mitbegriffen*, y compris.
mitbesitzen*. Posséder ensemble.
Mitbesitzer m. Copropriétaire.
mitbewerben* [**sich**] (vèrbᵉn). [um...] Concourir* [pour].
Mit‖bewerber, in m. ④, f. (vèrbᵉr, ìn). Concurrent, e. ‖**-bewerbung** f. Concurrence.
Mitbewohner m. Cohabitant.
mitbringen* (brìngᵉn). Apporter. ‖[Personen] Amener.
Mitbruder m. Confrère.
Mitbürger, in m., f. Concitoyen, enne.
miteinander adv. pron. Ensemble. V. *einander*.
mitessen*. Manger ensemble.
mitfahren. Accompagner en voiture.
mitführen (f*û*rᵉn). [von e. Orte] Emmener. ‖[an e. Ort] Amener.
Mitgabe f. (g*â*bᵉ). Dot.
mitgeben* (g*é*ebᵉn). Donner [à emporter, pour emmener].
Mitgefangene[r] a. s. m. Compagnon de captivité.
Mitgefühl n. (géf*û*l). Sympathie, f.
mitgehen*. Accompagner à pied.
Mitgift f. (gift). Dot.
Mitglied n. ② (glîte, -d-). Membre, m.
mithelfen* (**h**èlfᵉn). Aider, concourir*.
Mithilfe f. (**h**ilfᵉ). Concours, m., coopération.
mithin adv. (**h**ìn). Par conséquent.
mithören. Surprendre une conversation.
Mitlaut m. ①, **-lauter** m. ④ (l*a*ᵒtᵉr). Consonne, f.
Mitleid n. (laᵉt, -d-). Pitié, f. : *mit einem Mitleid haben**, avoir* pitié de qn.
mit‖leiden*. Souffrir* avec qn., compatir à sa souffrance. ‖**-leidig** a. (l*a*ᵉdig), **-leidvoll** a. (fol). Compatissant, e.
mitmachen. Faire* ensemble, prendre* part, participer à.
Mitmensch m. (mènsch). Semblable.
mitnehmen*. Emporter. ‖[Personen] Emmener. ‖*Fig.* : *einen arg* [*hart*] *mitnehmen**, malmener qn.
mitnichten adv. (ni**ch**tᵉn). Nullement.
mitrechnen. Comprendre* dans le compte.
mitreden intr. (r*é*edᵉn). Prendre part à la conversation.
mitreisen. Voyager ensemble.
Mitreisender. m. Compagnon de voyage.
Mitschuld f. (schoult, -d-). Complicité.
mitschuldig a. (ig). Complice.
Mitschüler m. Condisciple.
mitspielen. Jouer ensemble, être de la partie.
Mitspieler m. ④. Partenaire.
Mittag m. ① (m*i*t*â*g). Midi. ‖[Süd] Sud, midi.
Mittagessen n. ④. Dîner, m. ‖[in Frankreich] Déjeuner, m.
mittäg‖ig a. (têgig), **-lich** a. (li**ch**). De midi, méridional, e.
mittags adv. A midi : *Mittags‖kreis*, m., méridien; *-linie*, f., méridienne; *-tisch*, m., dîner, déjeuner.
Mittagsruhe f. (ro*û*ᵉ), **-schläfchen** n. (schlêf**ch**ᵉn). Sieste, f.
Mitte f. (mitᵉ). Milieu, m. : *in der Mitte*, au milieu; *Mitte Juni* usw., à la mi-juin, etc. ‖[Mittelpunkt] Centre, m.
mit‖teilen (t*a*ᵉlᵉn). Faire* part de, communiquer. ‖**-teilsam** a. (zâme). Communicatif, ive, expansif, ive.
Mitteilung f. Communication : *vertrauliche Mitteilung*, confidence.
Mittel n. ④ (m*i*tᵉl). Moyen, m. ‖[Geld] *Mittel haben**, avoir* les moyens. ‖[Heil-] Remède, m.
Mittelalter n. Moyen Age, m.
mittelalterlich a. Moyenâgeux, euse.
Mittelamerika n. Amérique [f.] centrale.
mittelbar a. Indirect, e.
Mittelding n. (dìng). Chose [f.] intermédiaire *ou* hybride.
Mitteleuropa n. Europe [f.] centrale.
mitteleuropäisch a. D'Europe centrale : *Mitteleuropäische Zeit*, heure d'Europe centrale.
Mittel‖finger m. Doigt du milieu. ‖**-glied** n. Moyen terme, m.
mittel‖groß a. Moyen, enne. ‖**-ländisch** a. (lèn-). Méditerranéen, ne. ‖[Meer] [mer] Méditerranée.
Mittel‖linie f. (lîniᵉ). Médiane. ‖**-losigkeit** f. (zigkaᵉt). Dénûment,

m. ‖**-mächte** f. pl. Puissances centrales.
mittelmäßig a. (*mê*sig). Médiocre.
Mittel‖mäßigkeit f. (ka*e*te). Médiocrité. ‖**-mauer** f. (*maô*er). Mur mitoyen, m. ‖**-meer** n. Méditerranée, f. ‖**-punkt** m. (pounkt). Centre.
mittels prép. V. *mittelst*. ‖*Mittels*‖*mann*, m., *-person*, f., intermédiaire, m.
Mittel‖satz m. Moyen terme. ‖**-schule** f. (scho*û*le). École primaire supérieure.
mittels[t] prép. (elst), *gén*. Au moyen de, moyennant.
Mittel‖stand m. Classe [f.] moyenne. ‖**-straße** f. *Fig.* Juste milieu, m. ‖**-ton** m. Son *ou* ton moyen, demi-teinte, f. ‖**-wort** n. ②. Participe, m.
mitten adv. (m*i*ten) : *mitten in, auf, unter* usw., au milieu de; *mitten durch*, en plein travers de.
Mitt‖er... : mi... : *Mitter*‖*nacht*, f., minuit, m.; [Norden] Nord, m.; *-nächtlich*, a., de minuit, septentrional, e, boréal, e. ‖**-fasten** pl. Mi-carême, f.
mittler a. Du milieu. ‖[Mittel...] Moyen, enne.
Mittwoch m. ① (vo**ch**). Mercredi.
mitunter adv. (*oû*nter). De temps en temps.
Mitwelt f. Monde contemporain, m., les contemporains, m. pl.
mitwirken (ken). Collaborer, coopérer. ‖[mithelfen] Concourir* [à].
Mitwirkung f. Collaboration, coopération, concours, m.
mitwissen* intr. [um...] Être* dans la confidence *ou* dans le secret [de...]. ‖n. : *ohne mein Mitwissen*, à mon insu.
mitzählen. tr. Comprendre* dans le compte. ‖intr. Être* compris.
Mixtur f. (*oû*r). Mixture.
mnemonisch a. (*mô*-). Mnémonique.
Möbel‖ n. ④ (me*û*bel). Meuble, m. ‖**-wagen** m. ④ (v*â*gen). Voiture de déménagement, f.
mobil a. (b*î*l). Mobile.
Mobil‖iar, -ien n. (li*â*r, *î*lien). Mobilier, m. ‖pl. Biens meubles : *Mobilienkammer*, f., garde-meuble, m. ‖**-machung** f. Mobilisation.
möbl‖ieren (meubl*î*ren). Meubler. ‖**-iert** p. a. Meublé, e.
Möblierung f. Ameublement, m.
mochte, möchte. V. *mögen**.
Modalität f. (*tê*te). Modalité.
Mode f. (*mô*de). Mode : *Mode sein*, werden**, être*, devenir* à la mode; *es ist Mode, zu...*, il est de mode de...; *wieder Mode werden**, revenir* à la mode; *aus der Mode kommen**, passer de mode; *die Mode mitmachen*, suivre* la mode. ‖*Mode...* : 1. ... à la mode; *Modefarbe*, f., couleur à la mode. ‖2. ... de modes, de nouveautés : *Mode*‖*geschäft*, n., *-handlung*, f., magasin [m.], commerce [m.] de modes, de nouveautés; *-waren*, f. pl., modes, nouveautés.
Mod‖el m. ④ (*mô*del). Forme, f., modèle, moule. ‖**-ell** n. ① (*dè*l). [für Künstler] Modèle, m. *Modell stehen**, poser comme modèle. ‖[Schablone] Patron, m. ‖[Bildh.] Maquette, f.
modellieren (*î*ren). Modeler. ‖n. Modelage, m.
Mod‖ellierer m. ④. Modeleur. ‖**-ellierung** f. Modelage, m.
modeln. Modeler.
Moder m. (*mô*der). Pourriture, f. ‖[Schlamm] Bourbe, f. vase, f.
moder‖ig a. (ig). Pourri, e. ‖Vaseux, euse. ‖**-n** intr. Pourrir.
modern‖ a. (*è*rn). Moderne. ‖[nach der Mode] A la mode. ‖**-isieren.** Moderniser.
Modewaren f. pl. V. *Mode.*
modisch a. (*mô*-). A la mode.
Modistin, innen f. (ist*i*n). Modiste.
modulieren. Moduler.
Modus, ...di m. (*mô*dous). Mode [grammatical].
mög‖en* tr. (me*û*gen). 1. Pouvoir* [idée de *faculté, possibilité, éventualité, hypothèse, estimation approximative*] : *das mag er tun**, il peut le faire*; *es mag sein**, c'est possible; *es mag geschehen**, cela peut arriver; *er mag tun* was er will*, il a beau faire*; *mag er wollen oder nicht*, qu'il le veuille ou non; *wer [was] es auch sein* mag*, qui [quoi] que ce soit. ‖2. Pouvoir* [sens *optatif*, au subjonctif] : *möge es dir gelingen!*, puisses-tu

réussir! ‖ 3. [équivalent de l'imparfait du subjonctif, après un verbe exprimant le *désir*, la *crainte*] : *ich wünschte, daß er kommen* möchte,* je souhaiterais qu'il vînt; *er bat, man möchte ihm helfen*,* il demanda qu'on voulût bien l'aider; *er fürchtete, man möchte ihn strafen,* il craignait qu'on ne le punît. ‖ 4. Aimer, désirer : *ich möchte gern...,* je voudrais bien..., *ich möchte lieber...,* j'aimerais mieux... ‖**-lich** a. (**lich**). Possible : *sobald als —,* le plus tôt possible; *möglicherweise,* adv., éventuellement. ‖ superl. *möglichst,* a. et adv. le plus possible : *sein Möglichstes tun*,* faire* tout son possible; *möglichst bald, — schnell* usw., le plus tôt, le plus vite possible, etc.

Möglichkeit f. Possibilité, éventualité : *nach Möglichkeit,* autant que possible.

Moham[m]ed‖ m. (mo**ha**-). Mahomet. ‖**-aner, in** m. ④, f. (*dâ*n^e^r).

mohammedanisch a. Mahométan, e.

Mohn m. ① (*môn*). Pavot.

Mohr[1] m. ①. Moire, f.

Mohr[2], **-en, -en.** Maure. ‖ Noir.

Möhre f. (*meûr*^e^). Carotte.

Mokka m. (*mo*-). Moka.

Molch m. ① (**ch**). Salamandre, f.

Moldau‖ f. (*molda*^o^). Moldavie. ‖ [Fluß] Moldau. ‖**-er, in** m. ④, f.

moldauisch a. (^e^r, *în*). Moldave, m. et f.

Mole f. (*môl*^e^). Môle, m.

molk imp. de *melken**.

Molk‖**e** f. et **-en** pl. Petit-lait, m. ‖**-erei** f. (^e^*ra*^è^). Laiterie.

Moll n. Ton mineur, m.

Molluske f. (*ousk*^e^). Mollusque, m.

Moment m. ① (*ômènt*). Moment. ‖ n. Circonstance essentielle, f., raison décisive, f.

momentan a. (*âne*). Momentané, e.

Moment‖**aufnahme** f. (a^o^*fnâm*^e^), **-bild** n. (*bilt*, -d-). Instantané, m.

Monarch‖, **-en, -en** m. (*na***rch**). Monarque. ‖**-ie** f. (**chî**). Monarchie.

monarchisch a. Monarchique.

Monarchist, -en, -en m. (*ist*). Monarchiste.

Monat m. ① (*mô*nate). Mois : *im Monate...,* au mois de...; *Monatsbinde,* f., serviette périodique; *Monatsrate,* f., mensualité.

monat‖**ig** a. (**ig**) : *zwei-, dreimonatig* usw., de [qui dure] deux, trois mois, etc. ‖**-lich** a. (**lich**). Mensuel, le : *zwei-, dreimonatlich* usw., bimensuel, trimestriel, etc. ‖ adv. Mensuellement, par mois. ‖**-s...** : mensuel, le.

Monatstag m. Quantième.

Mönch m. (**œnch**). Moine.

Mond‖ m. ① (*mônt*, -d-). Lune, f. : *es ist mondhell,* il fait clair de lune. ‖**-finsternis** f. Éclipse de lune. ‖**-schein** m. Clair de lune. ‖**-sichel** f. (**zich**^e^l). Croissant, m.

mondsüchtig a. (**zuch**tig). Lunatique, somnambule.

Mond‖**viertel** n. Quartier, m. ‖**-wechsel** m. Phase [f.] de la lune.

Mono..., Mono... : Ex. : *Monographie,* f., monographie; *Monogramm,* n., monogramme, m.; *Monolog,* m., monologue, m.; *Monokel,* n., monocle, m.; *Monopol,* n., monopole, m.

Monstranz f. (*mônstrànts*). Ostensoir, m.

monströs a. (*eûss*). Monstrueux, euse.

Monstr‖**ösität** f. (*tête*). Monstruosité. ‖**-um, tren** n. (*oum*, -tr^e^n). Monstre, m.

Monsun m. ① (**z***oûn*). Mousson, f.

Montag m. ① (*môntâg*). Lundi : *blauen Montag machen*,* faire* le lundi.

montan (*tâne*). Minier, ère.

montieren (*tîr*^e^n). Monter. ‖ [Soldaten] Équiper.

Mon‖**tierung** f. (*îroung*). Montage, m. ‖ [Kleidung] Équipement, m. ‖**-tur.** f. Équipement, m.

Monument n. ① (*oumènt*). Monument, m.

Moor‖ n. ① (*môr*). Marais, m. ‖**-bad** n. ②. Bain de boue, m.

Moos n. ① (*môss*...). Mousse, f.

moos‖**artig** a. Mousseux, euse. ‖**-ig** a. Moussu, e.

Mops m. Carlin.

Moral f. (*râl*). Morale.

moralisch a. Moral, e.

Moralität f. (*tête*). Moralité.

Moräne f. (*rên*^e^). Moraine.

Morast m. (*rast*). Marais, marécage. ‖ [Kot] Bourbier : *morastig,* a., marécageux, euse.

Moratorium, -ien n. (tô). Moratorium, m., moratoire, n.
Morchel f. (morchel). Morille.
Mord|| m. ① (morte, -d-). Meurtre, assassinat : *Mord!* au meurtre! ||**-anfall -anschlag,** m. (àn, -âg). Attentat. ||**-brenner** m. ④. Incendiaire.
morden. Assassiner.
Mörder, in m. ④, f. (meurder, ìn). Meurtrier, ière; assassin, m. ||*Mörderhöhle,* f., coupe-gorge, m.; *mörderisch,* a., meurtrier, ière.
mordio! interj. A l'assassin!
Mord||**skerl** m., *fam.* Fameux gaillard. ||**-tat** f. (tâte), = *Mord.*
Morgen m. ④ (morgen). Matin [Vormittag] Matinée, f. : *heute* ou *diesen Morgen,* ce matin; *den anderen* ou *nächsten Morgen,* le lendemain matin; *am frühen Morgen,* de grand matin; *des morgens,* le matin; *guten Morgen!,* bonjour. ||[Osten] Orient, Levant. ||[Bodenmaß] Arpent. ||adv. Demain : *morgen früh,* demain matin. ||*Morgen...,* ... du matin, ... matinal, e, ... de l'Orient : *Morgen*||*kleid,* n., négligé, m.; *-land,* n., Orient, m., Levant, m.; *-länder, in,* m. ④, f., *morgenländisch,* a., oriental, e; *-rock,* m., peignoir; *-rot,* n., *-röte,* f., aurore, f.; *-ständchen,* n. ④, aubade, f.
morg||**end** a. (ent, -d-). De demain. ||**-ens** adv. Le matin : *früh morgens,* de grand matin. ||**-ig** a. (ig). De demain.
Mormone, -n, -n m. (ône). Mormon.
Morpheus m. (morfœüs). Morphée.
Morphium n. Morphine, f. : *morphiumsüchtig,* a., morphinomane.
morsch a. Friable. ||[Holz] Pourri, e. ||[Bau] Délabré, e. ||[Zahn] Carié, e.
Mörser m. ④ (meurzer). Mortier [d'artillerie].
Mörtel m. Mortier [maçonnerie].
Mosaik, -en f. (îk). Mosaïque.
mosaisch a. (zâ-). Mosaïque.
Moschee f. (schée). Mosquée.
Moschus m. (moschouss). Musc.
Mosel f. (môzel). Moselle.
Moses et **-is** m. (es). Moïse.
Moskau npr. n. (moskao). Moscou, m.
Moskito, -s m. (kî-). Moustique : *Moskitonetz,* n., moustiquaire, f.
Moskowiter, -en, -en m. (îter). Moscovite.
Moslem, -s, -in (môs, -în), = *Muselman.*
Most m. ① (most). Moût, vin doux. ||[v. Obst] Cidre.
Mostrich m. ① (ich). Moutarde, f.
Motette f. (tète). Motet, m.
Motiv|| n. ① (tîf, -v-). Motif, m. ||**-ierung** f. Exposé des motifs, m.
Motor||, **oren** m. (mô-, ôren). Moteur. ||*Motor...,* ...automobile. Ex. : *Motor*||*boot,* n., *-droschke,* f., *-wagen,* m., canot, m., fiacre [*fam.* taxi], m., voiture, f. *ou* camion [m.] automobile. ||*Motorgehaüse,* n., carter, m. ||**-führer** m. ④ (fûrer). Chauffeur [d'automobile]. ||**-rad** n. ② (râte, -d-). Motocycle, m. ||**-radfahrer** m. ④. Motocycliste. ||**-zweirad** n. ② (tsvaèrâte, -d-). Motocyclette, f.
Motte f. (mote). Mite, teigne.
Motto, -s n. Devise, f.
Mücke f. (muke). Cousin, m., moucheron, m.
muck||**en, -sen** intr. (mouk[s]en). Murmurer. ||*nicht mucken,* ne pas souffler mot, ne pas bouger.
Mucker m. ④, **muckerisch** a. Hypocrite, sournois, e; boudeur, euse.
Muckerei f. (aè). Hypocrisie.
müde a. (mûde). Fatigué, e, las, lasse : *müde machen,* fatiguer, lasser; *müde werden*,* se fatiguer, se lasser; *ich bin es müde,* j'en ai assez; *sich müde arbeiten,* se fatiguer à travailler.
Müdigkeit f. Fatigue, lassitude.
Muff m. ① (mouf) et **-e** f. Manchon, m.
Muffe f. Manchon, m. [d'accouplement].
Muffel m. ④ [Schnauze] Mufle.
muffig a. (ig). Moisi, e.
Mühe f. (mûe). Peine : *sich Mühe geben*, nehmen*,* se donner de la peine [du mal]; *mit großer Mühe,* à grand-peine; *das ist der Mühe wert,* cela en vaut la peine.
mühe||**los** a. (lôs, -z-). Facile. ||adv. Sans peine, aisément. ||**-n [sich].** Se donner de la peine. ||**-voll** a. (fol). Pénible, laborieux, euse.
Mühewaltung f. Peine.

Mühl||**e** f. (*mü*le). Moulin, m. ||**-rad** n. (râte, -d-). Roue de moulin, f. ||**-stein** m. (schtaèn). Meule, f.
Muhme f. (moûme). Tante. ||Cousine.
Mühsal n. ① (*mü*zâl). Peine, f.
mühsam a., **-selig** a. (*zé*elig). Pénible.
Mühseligkeit f. Peine, fatigue.
Mulatte, -n, -n m., **in** f. (moul*a*te, ìn). Mulâtre, esse.
Mulde f. (moulde). Auge. *Fig.* [Tälchen] Vallon, m.
Mull[1] m. et n. (m*o*ul). Mousseline, f.
Müll[2] m. et n. spl. (m*u*l). Ordures, f. pl.
Müller, in m. ④, f. Meunier, ère.
Müllkasten m. ④. Boîte à ordures, f., poubelle, f.
Multipli||**kand, -en, -en** m. (moul-kànt, -d-). Multiplicande. ||**-kation** f. (ts*i*ône). Multiplication. ||**-kator, en** m. (*â*tòr, *ô*ren). Multiplicateur.
multiplizieren tr. (tsîren). Multiplier.
Mumie f. (m*o*umie). Momie.
Mumm||**enschanz** m. (m*o*ume-ànts), **-erei** f. (er*a*è). Mascarade, f.
München|| n. (mùnchen). Munich, m. ||**-er, in** m., f. et a. inv. Munichois, e : — *Bier,* bière de Munich.
Mund|| m. ① (m*o*unt, -d-). Bouche, f. : *den Mund halten*,* se taire*; *den Mund spitzen,* faire* la petite bouche; *den Mund verziehen*,* faire* la grimace. ||**-art** f. Dialecte, m.
Mundlich a. (lich). Dialectal, e.
Mundbedarf m. = *Mundvorrat.*
Mündel n. ④ et f. (mùndel). Pupille, m. et f.
munden. Plaire* [au goût].
münden (mùnden). Avoir* son embouchure, se jeter [dans]. ||[Straße] Déboucher.
Mundfäule f. (fœüle). Aphtes, m. pl.
mündig a. (mùndig). Majeur, e : — *sprechen*,* émanciper.
Mündigkeit f. (aète). Majorité.
Mundlack m. Pain à cacheter.
mündlich a. (mùntlich). Verbal, e, oral, e. ||adv. Verbalement, oralement.
Mund||**schenk, -en, -en** m. Échanson. ||**-stück** n. (schtuk). Embouchure, f.
mundtot a. (tôte). Interdit, e, réduit, e, au silence.
Mund||**tuch** n. (toûch). Serviette, f. || **¨ung** f. (mùndoung). Embouchure. ||[v. Geschützen] Bouche. ||[e. Höhlung] Orifice, m. ||**-voll** m. inv. (fol). Bouchée, f. ||**-vorrat** m. (f*ô*rrâte). Provisions de bouche, f. pl. ||**-wasser** n. Eau dentifrice, f.
Munition|| f. (mounits*i*ône). Munitions, f. pl. ||**-slieferant** m. Munitionnaire.
Münster n. ④ (mùnster). Cathédrale, f.
munter a. (m*o*unter). [wach] Éveillé, e. || [lebhaft] Vif, ive. ||[froh] Gai, e.
Munterkeit f. Vivacité. ||Gaieté.
Münze f. (mùntse). Monnaie : *Münz...* : ... monétaire.
münzen. Monnayer.
Münzkunde f. Numismatique.
mürbe a. (m*u*rbe) Tendre. ||[Fleisch] Bien cuit. ||*Fig.* : *mürbe machen,* mater.
Murmel m. ④ (mourmel). Bille, f.
murmeln. Murmurer. ||n. Murmure, m.
Murmeltier n. (m*o*ur). Marmotte, f.
murr||**en** (m*o*uren). Grogner. ||n. spl. Grognement[s], m. [pl.]. || **¨isch** a. (m*u*r-). Grognon, ne.
Mus n. ①. (moûss). Marmelade, f.
Muschel f. (m*o*uschel). Coquillage, m. ||[eßbare] Moule. ||[am Fernsprecher] Récepteur, m.
Muse f. (moûze). Muse.
Muselman[n] m. ② (m*o*ûzel-). Musulman.
muselmännisch a. Musulman, e.
Museum, een n. (*zé*eoum). Musée, m.
Mus||**ik** f. (*î*k). Musique. ||**-ikalien** pl. (*â*lien). Morceaux de musique, pl.
musikalisch a. (*â*lisch). Musical, e. ||[v. Personen] Musicien, ienne.
Mus||**ikant -en, -en** m. (kànt). Musicien [ambulant]. ||**-iker** m. ④ (m*o*û). Musicien. ||**-ikus** m. *fam.* (*o*uss). Musicien.
Musivarbeit f. (mouz*î*f-baèt). Mosaïque.
musizieren (mouzitsîren). Faire* de la musique.

Muskat|| m. ① (mousk*â*te). Muscat. ||**-e** f. (k*â*te). Muscade. ||**-eller** m. (*è*ler). Raisin muscat. ||[Wein] Vin muscat.
Muskel||, **-n** m. (m*ou*skel). Muscle. ||*Muskel...*, musculaire. ||**-kater** m. Courbature, f.
muskelig a. (ig). Musculeux, euse, musclé, e.
Musket||**e** f. (mousk*ée*te). Mousquet, m. ||**-ier** m. ① (ket*î*r). Mousquetaire.
muß (mouss), ind. pr. de *müssen**. ||n. inv. Nécessité [f.] absolue.
Muße f. spl. (mo*û*sse). Loisir, m. : *mit Muße*, à loisir.
Musselin m. ① (mousse*lî*ne). Mousseline, f.
müssen* (mussen). aux. de mode. Être obligé de : *ich muß...*, il faut que je...; *man muß es gestehen**, il faut l'avouer; *ich muß Geld haben**, il me faut de l'argent.
müßig a. (m*û*ssig). Oisif, ive. ||[v. Dingen] Oiseux, euse.
Müßiggang m. (gàng). Oisiveté, f.
mußt, mußte, müßte. V. *müssen**.
Muster n. ④ (m*ou*ster). Modèle, m. ||[Schablone] Patron, m. ||[v. Waren] Échantillon, m.
muster||**gültig** a. (g*u*ltig), **-haft** a. (haft). Exemplaire.
Musterkarte f. (karte). Carte d'échantillons.
mustern. Inspecter. ||[Truppen] Passer en revue.
Musterung f. Inspection.
Mut m. (mo*û*t). [Seelenstimmung] Humeur, f. : *guten Mutes sein**, être* de bonne humeur. ||[beherzte Stimmung] Courage : *Mut fassen, wieder fassen.* prendre*, reprendre* courage.
mut||**ig** a. (ig). Courageux, euse. ||**-los** a. (lôs, -z-). Découragé, e.
Mutlosigkeit f. Découragement, m.
mut||**maßen** (m*â*ssen). Présumer. ||**-maßlich** a. (m*â*sslich). Présomptif, ive. ||[wahrscheinlich] Probable.
Mutmaßung f. Conjecture.
Mutter||, ¨, f. (m*ou*ter). Mère. ||**-...** : ...maternel, elle. ||¨**chen** n. ④ (m*u*terchen). dim. de *Mutter*. ||*Fig.* Bonne vieille, f. ||**-gottesbild** n. (gotesbilt, -d-). Madone, f. ||**-haus** n. Maison [f.] mère. ||**-land** n. (lànt, -d-). Mère patrie, f., métropole, f. ||¨**lein** n. ④ (m*u*terla*è*n), = *Mütterchen.*
mütterlich a. (m*u*terlich). Maternel, elle.
Mutter||**mal** n. ① (mâl). Signe [m.] de naissance. ||**-schaft** f. Maternité. ||**-schwester** f. Tante. ||**-söhnchen** n. (z*eû*nchen). Enfant. [m.] gâté. ||*Fam.* Chouchou, m. ||**-witz** m. Esprit naturel.
Mutwille m. (mo*û*tvile). Pétulance, f.
mutwillig a. Pétulant, e.
Mütze f. (m*u*tse). Bonnet, m. ||[Matrosen-] Béret, m. ||[Soldaten-] Bonnet de police, m. ||[Pelz-] Toque. ||[Schirm-] Casquette.
Myrrhe f. (m*i*re). Myrrhe.
Myrte f. (m*i*rte). Myrte, m.
Mysterium n. Mystère, m.
mystifizieren. Mystifier.
Myst||**ik** f. (m*i*s-). Mystique. ||**-iker** m. ④, **mystisch** a. Mystique. ||**-izismus** m. (*i*s-). Mysticisme.
Myth||**e** f. (m*û*te). Mythe, m. ||**-ologie** f. (g*î*). Mythologie.
mythologisch a. (*ô*gisch). Mythologique.
Mythus, -then m. Mythe.

N

N, n n. (ènn). N, n, m.
na! interj. Eh bien!
Nabe f. Moyeu, x, m.
Nabel|| m. ③ (n*â*bel). Nombril. ||**-schnur** f. Cordon [m.] ombilical.
Nabob, -s m. (n*â*-). Nabab.
nach (nach). I. prép. [avec le *datif*]. Après, vers, à, etc. [Voir les exemples]. Exprime : 1° la *succession* dans le temps ou dans l'espace : *nach Ostern*, après Pâques; *nach einer Stunde*, au bout d'une heure; *nach mir* usw., après moi, etc.; 2° la *direction* vers un lieu, la *tendance*, l'*aspiration : nach der Schweiz, nach Berlin, nach Norden*

*gehen** [*reisen*], aller* en Suisse, à Berlin, vers le nord; *nach Süden* usw. *liegen**, être* exposé au midi, etc.; *nach einem Ziele streben*, aspirer à [tendre vers] un but; 3° la *conformité* [= *gemäß*] : *nach Ihrer Angabe*, selon votre indication; *nach Kräften*, de toutes ses forces; *nach dem Gewichte* usw. *verkaufen*, vendre au poids, etc.

II. adv. Après : *mir nach!*, qu'on me suive!; *nach wie vor*, après comme avant; *nach und nach*, peu à peu.

III. Préfixe *séparable* toujours *accentué*, qui ajoute aux verbes ou substantifs l'idée de :

1° *Être**, *venir** ou *agir après*, *à la suite* [*suivre*], *en supplément* ou *en complément* [préfixes correspondants en français : *après*, *arrière-*, *épi...*, *post-*, *sur...*]. Ex. : VERBES : *nach*‖-*arbeiten*, *-bessern*, remanier, retoucher.

2° *Suivre*, *poursuivre*, *rechercher*. Ex. : *nach*‖*blicken*, suivre du regard;

3° *Faire d'après*, *imiter*, *copier* [verbes à la fois tr. et intr.]. Ex. : *nach*‖*äffen*, singer, contrefaire*.

4° *Répéter*. Ex. : *nach*‖*beten*, répéter une prière.

nachäffen tr. Singer, contrefaire*.

nachahmen tr. Imiter.

Nach‖**ahmer, in** m., f. Imitateur, trice. ‖**-ahmung** f. Imitation.

nacharbeiten. Remanier.

Nachbar, -n m., **in** f. (n*a*ch-, ìn). Voisin, e.

nach‖**bar, -barlich** a. (li**ch**). Voisin, e. ‖[Beziehung usw.] De voisinage.

Nachbarschaft f. Voisinage, m.

nachbessern tr. Remanier, retoucher.

Nachbesserung f. Retouche.

nachbestellen intr. Commander en plus.

nachbeten tr. Répéter une prière, répéter machinalement.

nachbezahlen tr. Payer après, en plus.

nachbilden tr. Copier, imiter.

Nachbildung f. Copie, imitation.

nachbleiben* intr. Rester en arrière. ‖[Schüler] Rester en retenue.

nachblicken tr. Suivre du regard.

Nachblüte, f. Seconde floraison.

nachbringen* tr. Apporter plus tard.

nachdatieren tr. Postdater.

nachdem conj. (dèm). Après que : *nachdem ich* [*er* usw.] *das getan hatte*, ..., après avoir* fait cela...; *je nachdem*, selon que, c'est selon.

nach‖**denken*** (dènk^{e}n). [über, *acc.*] Réfléchir [à]. ‖n. spl. Réflexion, f. ‖**-denkend** a. (k^{e}nt, -d-). **-denklich** a. (i**ch**). Pensif, ive.

nachdichten. Imiter [une poésie].

Nachdruck m. (drouk). 1. Énergie, f. ‖[beim Reden] Emphase, f. ‖2. Reproduction, f.

nach‖**drucken** tr. Reproduire* par l'impression. ‖**-drücklich** a. (li**ch**). Énergique. ‖adv. Instamment.

nacheifern* tr. Chercher à égaler.

Nacheiferung f. Émulation.

nacheilen intr. Courir* après.

nacheinander. V. *einander*.

nachempfinden*. Ressentir* après qn [partager ses sentiments].

Nachen m. ④ (n*a*ch^{e}n). Barque, f. ‖*Poét.* Esquif.

nacherzählen tr. Répéter un récit.

Nachfolge f. Succession.

nachfolgen tr. Succéder.

Nachfolger m. Successeur.

nachfordern tr. Réclamer en sus.

nachforschen tr. Rechercher.

Nachforschung f. Recherche.

Nachfrage f. Demande, recherche : *Nachfrage halten*, s'informer [de].

nachfragen tr. Demander après, s'enquérir* de.

Nachfrost m. Gelée [f.] tardive.

nachfühlen intr. Éprouver après qn. [partager ses sentiments].

nachgeben* intr. (g*é*eb^{e}n) Céder. ‖[zurückstehen] : *einem an* [dat.] *nachgeben*, le céder à qn. en...

nachgeboren a. Posthume. ‖Cadet.

nachgehen intr. (g*é*e'^{e}n). Suivre* tr. ‖[Beruf, Vergnügen] S'adonner à. ‖[Geschäften] Vaquer à. ‖[Uhr] Retarder.

nachgeordnet a. Subordonné, e.

Nachgeschmack m. Arrière-goût.

nachgiebig a. (gîbig). Qui cède. ‖[biegsam] Souple. ‖*Fig.* Condescendant, e.

Nachgiebigkeit f. Souplesse. ‖Condescendance.

nachgrübeln intr. Se creuser la tête à chercher, ruminer.

nachhallen intr. Résonner [écho].

nachhalten* tr. Tenir* [plus tard]. ‖ [v. Dingen] Durer.
nachhangen* intr. (hàng^{e}n) : *seinen Gedanken nachhangen,* se livrer à ses pensées.
nachhelfen* intr. (hèlf^{e}n). Aider à avancer.
nach‖her adv. (hèr). Après. ‖ [darauf]] Ensuite : *bis nachher!,* à tantôt. ‖**-herig** a. (ig). Postérieur, e.
Nachhilfe f. (hilf^{e}). Aide [pour avancer] : *Nachhilfestunde,* f., répétition.
nachholen (hôl^{e}n). Rattraper. ‖ [Zeit] Réparer.
Nachhut f. Arrière-garde.
nachjagen tr. Pourchasser.
Nachklang m. (klàng). Écho. ‖ [Erinnerung] Souvenir.
nachklingen*. Retenir encore, résonner.
Nachkomme, -n, -n m. (komm^{e}). Descendant.
nachkommen* intr. [*sein*]. Suivre* tr. ‖*Fig.* [Wunsch usw]. Se conformer à.
Nach‖kommenschaft f. Descendance, postérité. ‖**-kömmling** m. (keumlìng) = *Nachkomme.*
Nachlaß m. Succession, f. ‖ [Werke] Œuvres posthumes, f. pl.
nach‖lassen* tr. (lass^{e}n). Laisser [après soi]. ‖*Fig.* [v. Preis] Rabattre. ‖intr. Diminuer. ‖ [Wind, Fieber] Se calmer. ‖**-lässig** a. (lèssig). Négligent, e.
Nachlässigkeit f. Négligence.
nachlaufen* intr. Courir après.
Nachlese f. (léez^{e}). Glanage, m.
nachlesen* (léez^{e}n). 1. Glaner. ‖2. Relire* après.
Nachleser m. ④, **in** f. (léez^{e}r, ìn). Glaneur, euse.
nachliefern tr. Fournir *ou* livrer plus tard.
nachmachen tr. Imiter.
nachmalen tr. Copier une peinture.
nachmessen* tr. Remesurer.
Nachmittag m. (mitâg). Après-midi, m. : *des Nachmittags, nachmittags,* l'après-midi.
Nachnahme f. (nâm^{e}). Remboursement, m.
Nachporto n. Surtaxe, f.
nachprüfen tr. Examiner de nouveau.
Nachprüfung f. Vérification.
nachrechnen tr. Vérifier, réviser.
Nachrechnung f. Révision.
Nachrede f. (réed^{e}). Épilogue, m. ‖ [über einen] Médisance : *in üble Nachrede bringen*,* dire* du mal *ou* médire* de.
nachreden tr. (réed^{e}n). Répéter : *einem Übles nachreden,* dire* du mal *ou* médire* de qn.
Nachricht f. (richt). Nouvelle : *zur Nachricht!* avis!
nachrücken intr. Avancer à la suite.
Nachruf m. (roûf). Derniers adieux, pl. ‖ [geschriebener] Article nécrologique.
nachrufen intr. Crier après.
Nachruhm m. Renom, renommée, f.
nachrühmen (rûm^{e}n) : *einem nachrühmen,* dire* à la gloire de qn.
nachsagen tr. Répéter des paroles.
nachschauen tr. Vérifier.
nachschicken tr. Envoyer à la suite. [Briefe] Faire* suivre.
nachschlagen* tr. (schlâg^{e}n). Chercher [dans un livre] : *Nachschlagewerk,* n., ouvrage [m.] de référence. ‖ [Wörterbuch] Consulter.
nachschleppen tr. Traîner après soi.
Nachschlüssel m. Fausse clef, f.
nachschmecken intr. Laisser un arrière-goût.
nachschreiben* tr. Écrire* après, écrire* sous la dictée. Copier [en écrivant], transcrire*.
nachschreien* intr. Crier après.
Nachschrift f. Post-scriptum, m.
Nachschub m. (schoûp, -b-). Seconde fournée, f. ‖ [Truppen] Renfort.
nachschulig a. Postscolaire.
nachsehen* intr. (zée^{e}n). Suivre* des yeux. ‖*Fig.* Voir* si... ‖ [prüfen]. Vérifier. ‖ [vergeben] Pardonner [einem etwas].
nachsenden*. V. *nachschicken.*
Nachsicht f. (zicht). Indulgence.
nachsichtig a. (ig). Indulgent, e.
Nachsilbe f. Suffixe, m.
nachsingen* tr. Répéter un chant.
nachsinnen*. Réfléchir [à], méditer [sur]. ‖n. Réflexion, f., méditation, f.
nachsitzen* intr. Rester après. [Schüler] En retenue : — *lassen**, mettre* en retenue.
Nachsommer m. Été de la Saint-Martin.

Nachspiel n. Épilogue, m.
nachspielen tr. Imiter [jeu].
nachsprechen* tr. et intr. Répéter des paroles.
nachspüren tr. Suivre* à la trace, à la piste.
nächst a. (nêkst), superl de *nah.* Tout proche, le plus proche, prochain, e; *am nächsten Tage,* le lendemain; *nächster Tage,* prochainement; *der nächste Weg,* le plus court chemin; ‖a. s. m. *der Nächste,* le prochain : *Nächstenliebe,* f., amour du prochain, m., altruisme, m. ‖prép. [dat.] Près de. ‖[nach] Après. ‖adv. *am nächsten,* le plus près.
nach‖stehen* intr. Être* placé après, *Fig.* Être inférieur à. ‖**-stehend** a. Suivant, e; ci-après.
nachstellen tr. (schtèlen). Placer après. ‖[Uhr] Retarder. ‖intr. [einem] Tendre* des pièges à.
nächst‖ens adv. (nêkstens). Prochainement. ‖**-folgend** a. (folgent, -d-). Suivant, e.
Nachstoß m. Second coup, riposte, f.
nachstoßen* tr. Pousser après. [Billard] Queuter.
nachstreben intr. Tendre vers. *Fig.* S'efforcer d'atteindre.
nachströmen tr. Suivre* en foule.
nachstürzen intr. Se précipiter à la suite de.
Nachsuche f. Recherche, perquisition.
nachsuchen tr. Rechercher.
Nachsuchung f. Recherche, perquition.
Nacht,‖ ¨e f. (nacht.). Nuit : *es ist Nacht,* il fait nuit; *bei Nacht,* de nuit; *bei finsterer Nacht,* à la nuit close; *bei sinkender [einbrechender] Nacht,* à la nuit tombante, à la tombée de la nuit; *in der Nacht, des Nachts,* la nuit; *tief in die Nacht,* jusqu'à une heure avancée de la nuit; *über Nacht,* du jour au lendemain; *die Nacht über bleiben*,* passer la nuit. ‖*Nacht...* : 1. ...de nuit. Ex. : *Nachtarbeit,* f., travail [m.] de nuit. *Nachtbleibe,* f., coucher, m. ‖2. ...de la nuit. Ex. : *Nachtfrische,* f., fraîcheur de la nuit. ‖3. [nächtlich] ...nocturne.
Nachteil m. (taèl). Désavantage. ‖[Schade] Préjudice.
nachteilig a. (lig). Désavantageux, euse. ‖Préjudiciable.
Nachtessen n. ④. (nacht). Souper, m.
Nachteule f. (œüle). Chat-huant, m.
Nachtgeschirr n. Vase [m.] de nuit.
Nachtgleiche f. Équinoxe, m.
Nachthemd n. Chemise de nuit, f.
Nachtigall f. Rossignol, m.
Nachtisch m. Dessert.
Nacht‖kleid n. ② (nachtklaète, -d-). Déshabillé, m. ‖**-lager** n. ④ (lâger). Gîte, m. [de nuit]. ‖**-lampe** f. (lèmpe). Veilleuse.
nächtlich a. (nèchtlich). Nocturne. ‖adv. De nuit, nuitamment.
nachtönen int. Résonner [écho].
Nachtquartier n. (kvartîr). Gîte, m., coucher, m.
Nachtrab m. Arrière-garde, f.
Nachtrag m. Supplément.
nach‖tragen* int. Porter à la suite, ajouter. ‖**-träglich** a. Supplémentaire. ‖Tardif, ultérieur.
Nachtrock m. Robe de chambre, f.
nachts (nachts). De nuit, nuitamment.
Nacht‖schatten m. 1. V. *Nacht...,* 2. ‖2. Belladone, f. ‖**-stuhl** m. (schtoul). Chaise percée, f. ‖**-tisch** m. Table [f.] de nuit.
nachtun* tr. Imiter, contrefaire*.
Nacht‖vogel m. Oiseau de nuit. ‖**-wächter** m. Veilleur de nuit.
nachtwandeln. Être* somnambule.
Nachtwandler, in m. ④, f. Somnambule, m. et f.
Nachweis m. ① (vaèss). Démonstration, f. ‖[Angabe] Indication, f.
nachweisen* tr. (vaèzen). Démontrer. ‖[zeigen] Montrer. ‖[angeben] Indiquer.
Nachweisung f. Démonstration.
Nachwelt f. (vèlt). Postérité.
nachwirken int. Avoir* un effet ultérieur.
Nachwirkung f. Suite.
Nachwort n. Épilogue, m.
Nachwuchs m. Nouvelle pousse, f.; jeunes générations, f. pl.
nachzahlen tr. Payer après, en plus.
nachzählen tr. Compter une seconde fois, vérifier.
nachzeichnen tr. Copier un dessin.
Nachzeichnung f. Copie.
nachziehen* tr. Tirer après soi, entraîner.

Nachzügler m. ④ (tsûgl^e^r). Traînard, retardataire.
Nacken m. ④ (nak^e^n). Nuque, f.
nack‖end a., **nackt** a. Nu, e : *Nacktheit*, f., nudité; *Nacktkultur*, f., naturisme, m., nudisme, m.
Nadel‖ f. (nâd^e^l). Aiguille : *Nadel‖arbeit*, f., travail à l'aiguille, m.; *-büchse* f., étui à aiguilles, m. ‖**-kissen** n. ④. Pelote, f.
Nagel m. ③ (nâg^e^l). Ongle. ‖[v. Eisen] Clou : *den Nagel auf den Kopf treffen**, toucher juste, mettre* le doigt dessus.
nagelfest a. Cloué, e [solidement].
Nagelgeschwür n. (geschvûr). Panaris, m.
nageln. Clouer.
nagelneu a. (nœü). Tout neuf.
nagen (nâg^e^n). Ronger : *Nagetier*, n., rongeur, m.
nah‖[e], ¨er nächst. [V. *näher, nächst*] a. (nâ^e^). Proche. ‖[Gefahr] Imminent, e. ‖adv. Près de : *dem Winter nah*, près de l'hiver; *nahe bei*, près de; *nahe daran sein**, être* sur le point [de]; *das geht mir nahe*, cela me touche de près; *einem nahestehen**, sép., être* intime, avec qn; *einem zu nahe treten**, porter atteinte à l'honneur *ou* aux droits de qn.
Nähe f. (nê'^e^). Proximité, voisinage, m. : *in der Nähe*, à proximité; *aus nächster Nähe*, à bout portant.
nahe‖bei adv. (nâ^e^ba^è^). Tout près. ‖**-kommen*** intr. *sép.* [*sein*]. Approcher de. ‖**-legen** *sép.* (léeg^e^n). Recommander. ‖**-liegen*** *sép.* (lîg^e^n). Être* proche. ‖*Fig.* Être* facile à saisir. ‖**-n** [*dat.*]. Approcher [de].
nähen (nê^e^n). Coudre*. ‖*Näh‖garn*, n., *-maschine*, f., *-nadel*, f., fil, m., machine, aiguille à coudre; *-korb*, m., *-körbchen*, n., corbeille à ouvrage, f.; *-tisch*, m., table à ouvrage, f.; *-zeug*, n., nécessaire [m.] de couture.
näher a. (nê^e^r). [compar. *de nah*]. Plus proche : *nähere Bekanntschaft*, plus ample connaissance; *nähere Auskunft, Näheres*, a. s., plus amples renseignements, pl.; *bei näherer Prüfung*, en examinant de plus près. ‖adv. [*dat.*] Plus près, de plus près : *näher bekannt werden**, faire* plus ample connaissance, se familiariser [avec]; — *bringen**, rapprocher; — *kommen**, — *treten**, approcher, s'approcher [de]; [einer Frage] aborder.
Näh‖erei f. (a^è^). Couture. ‖**-erin** f. Couturière.
nähern tr. Approcher. ‖[**sich**] *dat.* S'approcher [de].
nahe‖stehend a. V. *nahe.* ‖**-zu** adv. (tsou). A peu près.
Nahkampf m. Corps à corps.
nahm imp. de *nehmen**.
nähr‖en (nêr^e^n). Nourrir. ‖[beköstigen] Alimenter. ‖*Fig.* Entretenir*. ‖**-end** a. (^e^nt, -d-). Nutritif, ive.
nahrhaft a. (nâr-). Nourrissant, e, nutritif, ive.
Nahrung f. Nourriture. ‖*Nahrungs‖-mangel*, m., disette, f.; *-mittel*, n., aliment, m.; pl. vivres *-saft*, m., suc nourricier; *-stoff*, m., substance nutritive, f.
Naht‖, ¨e f. Couture. ‖*Chir.* Suture. ‖ **¨erei** f., **¨erin** f. V. *Näherei, -in.*
naiv a. (îf). Naïf, ive.
Naivität f. (vitêt). Naïveté.
Najade f. (yâd^e^). Naïade.
Name, -ns, -n m. (nâm^e^). Nom : *einen Namen führen*, porter un nom; *mit Namen M.*, du nom de M.; *beim rechten Namen nennen**, appeler par son nom; *dem Namen nach*, de nom; *unter fremdem Namen*, incognito; *im Namen...*, au nom [de]; *in Gottes Namen!* au nom du ciel!; *in meinem Namen*, en mon nom, de ma part.
nam‖enlos a. (lôss, -z-). Anonyme. ‖**-ens** adv. (m^e^ns). Du nom de, nommé, e.
Namens‖fest n., **-tag** m. Fête [patronymique], f. ‖**-vetter, -n** m. (f^è^tt^e^r). Homonyme. ‖**-zug** m. (tsoûg). Parafe. ‖[Anfangsbuchstaben] Chiffre, monogramme.
nam‖entlich a. (^e^ntlich). Nominal, e. ‖adv. Surtout. ‖**-haft** a. (haft). Dénommé, e. ‖[berühmt] Célèbre. ‖[bedeutend] Notable.
nämlich a. (nêmlich). Même : *das nämliche*, la même chose. ‖adv. [das heißt] A savoir*. ‖[an zweiter Stelle des Satzes] En effet.

nannte imp. de *nennen**.
Napf|| m. Écuelle, f. ||[Küchen-] Terrine, f. ||[Mulde] Jatte, f. ||[Tasse ohne Henkel] Bol. || **¨chen** n. ④. Godet, m.
Naphtha|| m. (*na*-). Naphte. ||**-lin** n. (*lîne*). Naphtaline, f.
napoleonisch a. (*éônisch*). Napoléonien, ne.
Narbe f. (*narb*ᵉ). Cicatrice.
narbig a. (big). Cicatrisé, e.
narkotisch a. (*kô*). Narcotique.
Narr||, **-en**, **-en** m. Fou : *zum Narren haben**, se moquer de. ||[Hof-] Bouffon : *Narrenstreich*, m., bouffonnerie, f. ||**-etei** f. (ᵉta*è*), **-heit** f. (**ha**èt). Folie. || **¨in** f. (*nèr*ln). Folle.
närrisch a. (*nè*-). Fou, olle, insensé, e. ||[drollig] Drôle.
Narzisse f. (ts*iss*ᵉ). Narcisse.
naschen (*nasch*ᵉn). Manger *ou* goûter par gourmandise.
Näschen. Dim. de *Nase*.
Näscher, **in** m. ④, f. (*nêsch*ᵉr, ìn). Gourmand, e. || [Leckermaul] Friand, e.
naschhaft a. Gourmand, e, friand, e. V. *Näscher*.
Nasch||**haftigkeit** f. Gourmandise, friandise. ||**-werk** n. spl. Friandise, f. pl.
Nase f. (*naz*ᵉ), dim. *Näschen*, n. ④ (*nêss'ch*ᵉn). Nez, m. : *durch die Nase sprechen**, parler du nez; *eine Nase drehen*, faire un pied de nez; *eine Nase bekommen**, *fam.*, recevoir un savon, *fam.*
näs||**eln** (*nêz*ᵉln). Nasiller. ||**-elnd** p. a. Nasillard, e.
Nasen||**bluten** n. spl. (*nâz*ᵉnbl*oû*tᵉn). Saignement [m.] de nez. ||**-laut** m. (*la*ᵒt). Son nasal. ||[Vokal] Nasale, f. ||**-loch** n. (lo**ch**). Narine, f. ||[v. Tieren] Naseau, x, m. ||**-stüber** m. ④. (scht*û*bᵉr). Chiquenaude, f., nasarde, f. ||**-tropfen** m. Roupie, f. ||**-wärmer** m. ④ (*vèrm*ᵉr). Cache-nez. ||*Fam.* [Pfeife] Brûle-gueule.
naseweis a. (vaès). Impertinent, e.
Naseweisheit f. (**ha**èt). Impertinence.
Nashorn n. ② (**horn**). Rhinocéros, m.
nasig a. : *kurz-*, *langnasig*, à nez court, à long nez.
naß a. Mouillé, e; *durch und durch naß*, mouillé jusqu'aux os.
Nassauer m. Resquilleur.
nassauern intr. Resquiller.
Näße f. (*ness*ᵉ). Humidité.
nässen. Mouiller.
Nation f. (ts*iône*). Nation.
national a. (*âl*). National, e.
Nationalität f. (*tête*). Nationalité.
Natr||**ium** n. (*nâ*trioum). Sodium, m. ||**-on** n. Soude, f.
Natter f. (*nat*ᵉr). Couleuvre. ||*Fig.* Vipère, serpent [sens pr. et fig.].
Natur|| f. (*toûr*). Nature : *nach der Natur zeichnen*, dessiner d'après nature. ||**-albezüge** m. pl. Rémunérations [f. pl.] en nature. ||**-anlage** f. Disposition naturelle. ||**-erscheinung** f. Phénomène [m.] naturel. ||**-forscher** m. ④. Naturaliste. ||**-forschung** f. Étude de la nature. ||**-gabe** f. Don [m.] naturel. ||**-geschichte** f. Histoire naturelle. ||**-gesetz** n. Loi [f.] de la nature.
naturgetreu a. (gétr**œü**). D'après nature.
Natur||**kunde** f. (*kound*ᵉ), **-lehre** f. (*léer*ᵉ). Physique.
natürlich a. (*tûrli***ch**). Naturel, elle : *natürliche Person*, f., personne physique. ||adv. Naturellement.
Naturtrieb m. Instinct naturel.
naturwüchsig a. (zig). Primesautier, ère.
Nautik f. (*na*ᵒtik). Art [m.] nautique.
nautisch a. Nautique.
n. Chr. = *nach Christo* ou *Christus*.
Neap||**el** n. (*néâ*pᵉl). Naples, f. ||**-olitaner**, **in** m. ④, f. (*tân*ᵉr, ìn), **-ler**, **in** m. ④, f. Napolitain, e. ||*neapolitanisch*, a., napolitain, e.
Nebel m. ④ (*née*bᵉl). Brouillard. ||[dicker] Brume, f.
nebel||**haft** a. (**hà**ft), **-ig** a. Nébuleux, euse.
Nebel||**horn** n. (**horn**). Sirène, f. [employée par temps de brouillard]. ||**-stern** m. (schtèrn). Nébuleuse, f.
nebeln impers. Faire* du brouillard.
neben prép. [*dat.* ou *acc.*] (*née*bᵉn). A côté de, près de. ||[außer] Outre. ||*Neben...* 1. Contigu, ë; [Nachbar-] voisin, e : *Nebenzimmer*, n., chambre voisine, f. ||2. Secondaire : *Neben*||*bahn*, f., *-person*, f., *-ursache*, f., ligne, personnage [m.],

cause secondaire. ‖3. Accessoire : *Neben‖amt*, n., *-arbeit*, f., *-frage*, f., emploi, m., travail, m., question [f.] accessoire.

Nebenabsicht f. (*apzicht*). Arrière-pensée.

neben‖an adv. (àn). A côté. ‖**-bei** adv. (baè). A côté. ‖*Fig.* [gelegentlich] Incidemment : — *gesagt*, soit dit en passant.

Neben‖buhler, in m. ④, f. (boûler, ìn). Rival, e. ‖**-buhlerschaft** f. Rivalité.

nebeneinander. V. *einander*. ‖*nebeneinanderstellen*, sép., *fig.* rapprocher, comparer.

Neben‖erzeugnis n. Sous-produit, m. ‖**-fluß** m. (flous). Affluent. ‖**-gebäude** n. Bâtiment [m.] voisin, dépendance, f. ‖**-geräusch** n. (géræüsch). [beim Telephon] Friture, f. ‖[Funk] Parasite, m. ‖**-gericht** m. (géricht). Hors-d'œuvre. ‖**-geschmack** m. (gé-). Arrière-goût.

neben‖her adv. (hèr). A côté. ‖[zeitlich] En même temps. ‖**-hin** adv. (hìn). A côté.

Neben‖kosten pl. Faux frais. ‖**-raum** m. (raom). Dépendance, f. ‖**-sache** f. (zache). Accessoire, m.

nebensächlich a. (zèchlich). Accessoire, secondaire.

Nebensatz m. Proposition subordonnée, f.

nebenstehend a. (schtéeent, -d-). A côté, ci-contre.

Nebenzweig m. (tsvaèg). Branche [f.] latérale [collatérale].

nebst prép. [*dat.*] Avec.

necken tr. (nèken). Taquiner.

Necker, in m. ④, f. (er, ìn),**nekkisch** a. Taquin, e.

Neckerei f. (*a*è). Taquinerie.

Neffe, -n, -n m. (nèfe). Neveu, x.

Neger‖, in m. ④, f. (néeger, ìn). Nègre, égresse. ‖**-handel** m. (hàndel). Traite des nègres, f. ‖**-kind** n. Négrillon, m.

nehmen* (néemen). Prendre*; [Essen] *zu sich nehmen**, prendre*; [Kind] recueillir*; *leicht nehmen*, prendre* à la légère.

Nehmer m. ④. Preneur.

Neid‖ m. (naèt, -d-). Envie, f. : *Neid erregen*, faire* envie. [Eifersucht] Jalousie, f. ‖**-er** m. ④, **in** f. (der, ìn), **neidisch** a. Envieux, euse, jaloux, ouse.

Neidnagel m. (nâgel). Envie, f. [au doigt].

Neige f. (naège). Déclin, m. : *zur Neige gehen**, être* sur son déclin, décliner.

neigen tr. et intr. Pencher, incliner : *sich zum Ende neigen*, tirer à sa fin; *der Tag neigt sich*, le jour baisse. ‖*Fig.* [zu...] Avoir* un penchant [pour].

Neigung f. Pente, inclinaison. ‖*Fig.* Penchant, m., inclination [pour].

nein adv. (naèn). Non : *mit nein beantworten*, répondre négativement à.

Nelke f. (nèlke). Œillet, m. ‖[Gewürz] Clou de girofle, m.

nenn‖en tr. (nènnen). Nommer, appeler. ‖**-enswert** a. Notable, digne d'être retenu.

Nenn‖er m. ④. Dénominateur. ‖**-fall** m. Nominatif. ‖**-wert** m. Valeur [f.] nominale. ‖**-wort** n. ②. Substantif [nom], m.

Nerv, -s et **-en, -en** m. (nèrf). Nerf : *die Nerven angreifen**, donner sur les nerfs.

Nerven‖... (fen) : ...des nerfs; ...nerveux, euse. Ex. : *Nerven‖arzt*, m., neurologue, *-knoten*, ganglion, *-system*, n., système [m.] nerveux; *-krankheit*, f., *-leiden*, n., maladie nerveuse, f.; *-krank*, a., *-leidend*, a., malade des nerfs [névropathe]. ‖**-kunde** f., **-lehre** f. Neurologie. ‖**-schmerz, -ens, -en** m. (èrts). Névralgie, f.

nervenschwach a. (ach). Nerveux, euse.

Nerven‖schwäche f. Nervosité. ‖**-überreizung** f. Neurasthénie.

nervig a. Énergique. ‖[kräftig] Vigoureux, euse. ‖**-ös** a. (*eû*s). Nerveux, euse.

Nessel‖ f. (nèssel). Ortie. ‖**-fieber** n. Fièvre urticaire, f. ‖**-tuch** n. (toûch). Mousseline, f.

Nest n. ② (nèst). Nid, m. ‖*Fig.* [kleiner Ort] Trou, m.

Nest‖el f. Aiguillette. ‖**-häkchen** ④ (hèkchen), **-küchlein** n. ④ (kuchlaèn). Dernier [m.] d'une couvée. ‖Culot, m. *fam.* ‖*Fig.* Benjamin, m. ‖**-voll** n. inv. Nichée, f.

nett a. (nètt). Joli, e. ‖[niedlich] Gentil, ille ‖[sauber] Net, ette. ‖*Fam.* Propret, ette.

Nettigkeit f. (igkaᵉt). Gentillesse. Netteté. ‖Propreté.

netto adv. (nèto). Net.

Netz n. (nèts). Filet, m. ‖[Falle] Piège, m. ‖[Eisenbahn-] Réseau, x, m. [Anat.] Épiploon.

netzen tr. Mouiller, humecter. ‖[mit Tränen] Baigner.

Netzhaut f. (**ha**ᵒt). Rétine.

neu a. (**nœü**). Nouveau [vor einem Vokal : nouvel, velle]. ‖[noch ungebraucht] Neuf, euve. ‖compar. *neuer* (ᵉr) : [Zeit, Sprache] moderne. ‖superl. *neuest* [Nachricht] dernier, ère. ‖adv. Nouvellement : *neu bearbeiten,* remanier. ‖A neuf : *ganz neu kleiden,* habiller tout de neuf; *neu umarbeiten,* remettre* à neuf. ‖*Neu...* : Nouveau..., nouvelle... Ex. : *Neubau,* m., nouvelle construction, f. ‖*Hist.* Néo... : *neulateinisch,* a., néo-latin. ‖[Sprachen, Zeit] ...moderne. Ex. : *neu‖-griechisch, -hochdeutsch,* grec, haut-allemand moderne.

neuartig a. (tig). Moderne.

Neuauflage f. Nouvelle édition.

Neu‖bildung f. Nouvelle formation. ‖**-druck** m. ① (drouk). Réimpression, f. ‖**-einstufung** f. Reclassement, m. [de fonctionnaires].

neuerdings adv. (ᵉrdings). De nouveau. ‖[jüngst] Récemment.

Neuerer m. ④. Novateur.

neuerlich adv. (ᵉr**lich**). Nouvellement.

Neu‖erung f. Innovation, réforme. ‖[Neuigkeit] Nouveauté. ‖**-fundland** n. (fountlànt). Terre-Neuve, f. : *Neufundländer,* m. ④, chien de Terre-Neuve.

neu‖gebacken a. (gébakᵉn). [Brot] Frais, aîche. ‖**-geboren** a. (gébôrᵉn). Nouveau-né, e.

Neu‖gestaltung f. (geschtaltoung). Réorganisation. ‖**-gier** f., **-gierde** f. (gir. gîrdᵉ). Curiosité.

neugierig a. (gîrig). Curieux, euse : *neugierig machen,* intriguer.

Neu‖heit f. (**ha**ᵉt). Nouveauté. ‖**-igkeit** f. (igkaᵉt). Nouvelle. ‖**-jahr** n. (yâr). Nouvel an, m. : *Neujahrs‖geschenk,* n., étrennes, f. pl.; *-wunsch,* m., souhait *ou* vœu de bonne année; *-tag,* m., jour de l'an.

neulich a. (**lich**). Récent, e. ‖adv. Récemment.

Neuling m. (lìng). Novice.

neumodisch a. (mô-). A la mode.

Neumond m. (mônt, -d-). Nouvelle lune, f.

neun‖ num. (**nœün**). Neuf. ‖f. Neuf, m. ‖**-te** [*der die, das*] (**nœün**tᵉ). [Le, la] neuvième : *der neunte Mai,* le neuf mai.

Neuntel n. ④. Neuvième, m.

neun‖tens adv. Neuvièmement. ‖**-zehn** num. (tséene). Dix-neuf. ‖**-zehnt[e]**, **-zehntel**, **-zehntens**. V. Gramm. ‖**-zig** num. (tsig). Quatre-vingt-dix.

Neun‖ziger m. ④ (tsigᵉr), **neunzigjährig** a. (tsigjèrig). Nonagénaire : *in den Neunzigern,* entre 1890 et 1899.

Neuphilologe m. Professeur de langues modernes.

Neuralgie, -en f. (**nœû**ralgî). Névralgie.

Neu-Seeland n. Nouvelle-Zélande, f.

Neusilber n. (**nœü**zilbèr). Ruolz, m.

neutral a. (**nœü**trâl). Neutre.

Neutr‖alität f. (tête). Neutralité. ‖**-um** n. (oum) [pl. **tra**]. Genre [m.] neutre, nom [m.] neutre.

Neuvermähl‖ter m. et **-te** f. Nouveau marié, nouvelle mariée.

Neuzeit f. Temps [m.] moderne[s].

nicht adv. (ni**ch**t). Ne ... pas, ne... point, ne : *nicht mehr,* ne... plus; *nicht sehr, nicht viel,* ne... guère; *auch nicht,* non plus; *ich weiß nicht,* je ne sais pas, je ne sais; *ich wage nicht...,* je n'ose [pas]... ‖[vor e. Satzglied] Non, non pas : *nicht daß...,* non pas que; *nicht etwa...,* non peut-être...; *nicht ohne ...,* non sans...; *nich nur..., sondern auch...,* non seulement..., mais encore [aussi]... ‖*Nicht...* : Non-... Ex. : *Nicht‖ausführung,* f., *-kämpfer,* m., *-raucher,* m., non-exécution, non-combattant, non-fumeur.

Nichtachtung f. (a**ch**t-). Dédain, m.

Nichte f. (ni**ch**tᵉ). Nièce.

nichtig a. (ni**ch**tig). Nul, le : *für nichtig erklären,* annuler.

Nicht‖igkeit f. (kaèt). Nullité. ‖[d. Dinge] Néant, m. ‖**-leiter** m. ④. [Elektrizität] Non-conducteur.

nichts‖ pron. ind. (nichts). Rien. ‖[als Subjekt] Rien ne... ‖[als Objekt] Ne...rien : *nichts gutes*, rien de bon; *gar nichts*, rien du tout; *so gut wie gar nichts*, si peu que rien; *es ist nichts an der Sache, es ist nichts daran*, il n'en est rien, cela ne vaut rien; *nichts mehr*, ne...plus rien; *mir nichts, dir nichts*, sans façon, sans se gêner; *weiter nichts*, rien de plus; *sonst nichts*, rien d'autre; *um nichts und wieder nichts*, pour des riens. ‖n. Néant, m. ‖**-destoweniger** adv. (venigᵉr). Néanmoins. ‖**-nutzig** a. (noutsig). Bon, bonne à rien. ‖**-sagend** a. (zagᵉnt, -d-). Insignifiant, e.

Nichts‖tuer m. ④ (toûᵉr). Fainéant. ‖**-tuerei** f., **-tun** n. (toûn). Fainéantise, f.

nichtswürdig a. Indigne.

Nichtswürdigkeit f. Indignité.

Nichtwissen n. (sᵉn). Ignorance, f.

Nickel m. et n. (nikᵉl). Nickel, m.

nicken. Faire* un signe de tête.

nie‖, -mals adv. (nî-). Ne... jamais. ‖[am Anfang des Satzes] Jamais... ne ‖[ohne Zeitwort] Jamais.

nieder (nîdᵉr). 1. a. Bas, asse, inférieur, e. ‖2. adv. En bas, en descendant : *auf und nieder gehen**, monter et descendre; *nieder mit dem Tyrann!*, à bas le tyran! ‖3. préfixe *séparable* et *accentué*, même sens que l'adverbe, ajoute au verbe l'idée de :

1° *Mettre* bas, à bas ou par terre, abaisser, abattre, descendre, déposer.* Ex. : *niederdrücken*, abattre.

2° S'abaisser, descendre [verbes intransitifs]. Ex. : *niederfallen**, tomber à terre.

3° *Jeter à bas, abattre, renverser en détruisant.* Ex. : *niederbrechen**, abattre, démolir.

nieder‖beugen tr. Baisser, abaisser. ‖**-brechen*** tr. Abattre, démolir. ‖**-brennen*** tr. Réduire* en cendres. ‖**-deutsch** a. Bas-allemand. ‖**-druck...** a. (drouk) ...à basse pression. ‖**-drücken** tr. Abattre. *Fig.* Accabler, déprimer. ‖**-fallen*** int. Tomber à terre, se prosterner. ‖**-gehen*** intr. Descendre. ‖**-hauen*** tr. Tailler en pièces. ‖**-klappen** tr. Abattre [couvercle]. ‖**-knie[e]n** int. S'agenouiller. ‖**-kommen***. Descendre. ‖[mit e. Kinde] Accoucher [de].

Nieder‖kunft f. (kounft). Accouchement, m. ‖**-lage** f. (lâgᵉ). Dépôt, m., entrepôt, m. ‖[Besiegung] Défaite. ‖**-lande [die]** pl. Les Pays-Bas. ‖**-länder** m. ④ [a. **niederländisch**]. Néerlandais, Hollandais.

niederlassen* tr. Abaisser, descendre. ‖Amener [voile]. ‖réfl. : *sich niederlassen*, s'asseoir*, s'installer; *fig.* s'établir.

Niederlassung f. Établissement, m. ‖[Ansiedlung] Colonie.

niederlegen *sép.* (léegᵉn). Déposer. ‖[Amt] Résigner. ‖[Krone] Abdiquer.

Niederlegung f. Démission. ‖Abdication.

niederreißen* tr. Renverser, démolir.

Niederrhein m. Bas-Rhin.

niederschießen* tr. Abattre d'un coup de feu.

Niederschlag m. (schlâg). Précipité. ‖*Miner.* Sédiment. ‖*Meteor.* Condensation, f. [pluie, etc.].

nieder‖schlagen* *sép.* (âgᵉn). Abattre. ‖[Augen] Baisser. ‖[aus Flüssigkeiten] Précipiter. ‖*Fig.* Abattre, décourager. ‖**-schmettern** tr. Terrasser, écraser. *Fig.* Foudroyer. ‖**-schreiben*** tr. Coucher par écrit. ‖**-setzen** tr. Déposer à terre. ‖**[sich]** pr. S'asseoir*. ‖**-steigen*** int. Descendre. ‖**-stoßen*** tr. Renverser, terrasser. ‖**-strecken** tr. Étendre par terre, tuer. ‖**-stürzen** tr. Précipiter à terre, renverser. ‖**[sich]** pr. Se prosterner. ‖**-trächtig** a. (trêchtig). Bas, se, vil, e.

Niederträchtigkeit f. Bassesse, vilenie.

nieder‖treten* tr. Fouler, écraser. ‖**-wärts** adv. Vers le bas. ‖**-werfen*** tr. Jeter à bas, renverser.

niedlich a. (nîtlich). Gentil, le.

Niedlichkeit f. (kaèt). Gentillesse.

niedrig a. (nîdrig). Bas, se. ‖[Preis] Modique. ‖[gemein] Vulgaire, trivial, e.

Niedrigkeit f. (kaèt). Bassesse. ‖Modicité. ‖Vulgarité, trivialité.

nie‖mals V. *nie.* ‖**-mand** pron. ind. (n*î*mant, -d-). [als Subjekt od. ohne Zeitwort] Personne ne... ‖[als Objekt] Ne ... personne. ‖*niemand anderes als,* personne [d'] autre [que]. ‖V. GRAMM. ‖*Niemandsland,* n., zone [f.] neutre.

Nier‖e f. (n*î*r^e^). Rein, m. ‖[als Speise] Rognon, m. ‖**-en...** ... des reins, ... rénal, e. ‖*Nierenentzündung,* f., néphrite.

niesen (n*î*z^e^n). Éternuer. ‖n. spl. Éternuement, m.

Nieß‖brauch m. (n*î*sbra^o^**ch**). Usufruit. ‖**-braucher** m. ④ (**ch**^e^r). Usufruitier.

Nieswurz f. Ellébore, m.

Niete f., **-n.** Rivet, m.

Niete f. Billet sans lot, m.

nieten tr. River.

Nikotin n. (t*î*ne). Nicotine, f.

Nilpferd n. (n*î*l-). Hippopotame, m.

nimm... V. *nehmen**.

nimmer‖ (^e^r), **-mehr,** adv. = *nie.*

nippen (n*i*pp^e^n). Boire* à petits coups.

Nippsachen pl. (**z**â**ch**^e^n). Colifichets, m. pl. Bibelots, m. pl.

nirgend[s], -wo adv. (n*i*rg^e^nts). Nulle part.

Nische f. (n*i*sch^e^). Niche.

nisten. Nicher.

Nitrat n. (nitr*â*t). Nitrate, m.

nivellieren. Niveler.

Nixe f. Ondine.

Nizza n. (n*i*tsa). Nice, m.

Noah m. (n*ô*a). Noé.

noch‖ adv. (n*o***ch**). Encore : *noch nicht,* pas encore; *noch heute, heute noch,* aujourd'hui même; *man sei noch so gescheit,* si malin qu'on soit; *jeder noch so kleine Fehler,* la moindre petite faute. ‖**-malig** a. (m*â*lig). Répété, e. ‖**-mals** adv. Encore une fois.

Nocken‖ m. [Mechanik] Came, f. ‖**-welle** f. Arbre [m.] à cames.

Nominativ m. (*if*). Nominatif.

nominell a. (n*è*l). Nominal, e.

Nonne f. (n*o*nn^e^). Religieuse, nonne.

Nord‖, -en m. (n*o*rt, d^e^n). Nord : *im Norden,* au nord; *der Wind kommt von Norden,* le vent est au nord. ‖*Nord... :* ... du nord [v. Ländern auch] ...septentrional, e. Ex. : *Nord‖amerikaner,* m., *-bahnhof,* m., *-see,* f., Américain, gare [f.], mer du Nord; *-ost[en],* m., *-westen,* m., nord-est, nord-ouest; *-östlich, -westlich,* a., du nord-est, du nord-ouest; adv., au nord-est, au nord-ouest; *-pol,* m., pôle nord.

nord‖isch a. Du nord. ‖ **¨lich** a. (n*eu*rtli**ch**). Du nord, septentrional, e. ‖adv. : *nördlich von,* au nord de

Nordlicht n. (li**ch**t). Aurore boréale, f.

Nörgelei f. (n*eu*rg^e^l*a*^è^). Critique mesquine.

nörgeln. Trouver à redire.

Nörgler m. ④. Dénigreur.

Norm f. Norme, règle.

normal a. (*â*l). Normal.

Normanne, -n, -n m. (m*a*nn^e^). Normand.

normannisch a. Normand, e.

normen. Normaliser.

Norweg‖en n. (v*é*eg^e^n). Norvège, f. ‖**-er, in** m. ④, f. Norvégien, ienne. ‖*norwegisch,* a., norvégien, ienne.

Not f. (n*ô*te). Nécessité, besoin, m. : *dringende Not,* urgence. ‖*prov. Not kennt kein Gebot, Not bricht Eisen,* nécessité n'a pas de loi. ‖[Armut] Pauvreté. ‖[Dürftigkeit] Indigence. ‖[Mangel] Disette. ‖[Elend] Misère. ‖[Hilflosigkeit] Détresse. ‖[Gefahr] Danger, m.

Notar m. ① (*â*r). Notaire.

Not‖ausgang m. Porte [f.], sortie [f.] de secours. ‖**-behelf** m. (n*ô*tbeh*è*lf). Pis-aller, expédient. ‖**-beleuchtung** f. Éclairage [m.] de secours. ‖**-bremse** f. Frein [m.] de secours. ‖**-durft** f. (d*ou*rft). Nécessité, besoins, m. pl.

notdürftig a. (tig). Insuffisant, e. ‖[Personen], = *notleidend.* ‖adv. Tant bien que mal.

Not‖e f. (n*ô*t^e^). Note. ‖*Mus. : ganze Note,* ronde; *halbe Note,* blanche; *schwarze Note,* noire; *geschwänzte Note,* croche. ‖ pl. *Noten,* musique : *Fig. nach Noten,* comme il faut. ‖**-en...** (n*ô*t^e^n) : ...de [à] musique : *Notenheft,* n, cahier [m.) de musique; *Notenlinie,* f., ligne de portée; *Notenmappe,* f.,

-tasche, f., porte-musique, m. ‖*Notenpapier,* n., papier [m.] à musique; *Notenständer,* m., casier à musique; *Notensystem,* n., portée, f.; *Notentasche,* f., porte-musique, m.

Notfall m. [im]. En cas de nécessité, de besoin.

notgedrungen. Contraint, e, par la nécessité.

Nothilfe f. spl. (**nôthilf**^{e}). Premiers secours, m. pl.

notieren tr. (tîr^{e}n). Noter.

nöt‖ig a (neûtig). Nécessaire : *nötig haben*,* avoir besoin de; *nötigenfalls,* adv., au besoin. ‖**-igen** (g^{e}n). Obliger [forcer à] : *sich nötigen lassen*,* se faire* prier.

Nötigung f. Contrainte.

Notiz‖ f. (tits). Note : *Notiz nehmen*,* prendre* note [de] : *sich Notizen machen,* prendre* des notes. ‖**-block** m. Bloc-notes. ‖**-buch** n. ② (boû**ch**). Carnet, m.

Not‖lage f. Situation critique. ‖**-landung** f. Atterrissage [m.] forcé.

notleidend a. (nôtla^{è}d^{e}nt, -d-). Nécessiteux, euse.

Not‖lüge f. Pieux mensonge, m. ‖**-pfennig** m. (ig). Argent de réserve. ‖*Fam.* Poire pour la soif, f. ‖**-taufe.** f. (ta^{o}f^{e}). Ondoiement. m. : *die Nottaufe geben*,* ondoyer. tr. ‖**-verband** m. Pansement provisoire. ‖**-wehr** f. Défense légitime.

notwendig a. (vèndig). Nécessaire.

Not‖zeichen n. Signal [m.] d'alarme. ‖**-zucht** f. (tsou**cht**). Viol, m.

notzüchtigen (tsu**ch**tig^{e}n). Violer.

Novelle f. (vèll^{e}). Nouvelle, roman, m. : *Novellenschreiber,* m., nouvelliste.

November m. (vèmb^{e}r). Novembre.

Novität f. (tête). Nouveauté.

NS. = *Nachschrift.* P. S.

Nu, = *nun : im Nu,* en un clin d'œil.

nüchtern a. (nu**ch**t^{e}rn). A jeun : *nüchtern machen,* dégriser. ‖[mäßig] Sobre. ‖*Fig.* [Leben] Prosaïque, terre-à-terre. ‖[Stil] Fade, plat, e.

Nüchternheit f. (**ha**^{è}t). État de celui qui est à jeun, m. ‖[Mäßigkeit] Sobriété, tempérance. ‖*Fig.* Prosaïsme, m., terre-à-terre, m. ‖Fadeur.

Nudel f. (n*ou*d^{e}l). Nouilles, pl.

null a. (noul) : *null und nichtig,* nul[le] et non avenu[e]. ‖f. Zéro. m. ‖*Fig.* Nullité.

Nullpunkt m. *Phys.* Zéro.

Numerale, -lien n. (noumer*â*l^{e}). Nom [m.] de nombre.

num‖erieren tr. (îr^{e}n). Numéroter. ‖**-erisch** a. (*mée*-). Numérique.

Nummer f. Numéro, m. : [Auto] *Nummerschild,* n. plaque [f.] de police.

nun‖ adv. (noùn). A présent, maintenant. ‖[in der Vergangenheit] Alors : *von nun an,* dès à présent, désormais, dès lors; *nun aber,* or. ‖[als Frage] Eh bien?, hein? ‖conj. Maintenant que, puisque. ‖**-mehr** adv., = *nun.*

Nunzius, -ien m. (noùntsious). Nonce.

nur adv. (noûr). Seulement. ‖[mit dem Zeitwort verbunden auch] Ne ... que : *er hat nur Freunde,* il n'a que des amis; *er spielt nur,* il ne fait que jouer; *nur noch* ... ne ... plus que...; *nur etwa* ..., ne ... guère que...; *nicht nur..., sondern auch...,* non seulement..., mais encore...; *nur Geduld!,* patience!; *nur nicht lügen!* surtout ne mentez pas!; *nur weiter!* continuez donc!; *nur zu!* allez-y!; *wenn er nur käme!* pourvu qu'il vienne!; *wer nur,* quiconque; *was nur,* tout ce qui *ou* que; *soviel ich nur kann,* tant que je peux; *alle, nur du nicht,* tous, excepté toi.

Nuß‖, ...üsse f. (nouss...). Noix. ‖[Hasel-] Noisette. *Fig.* : *harte Nuß,* chose difficile. ‖**-baum** m. (baom). Noyer : *nußbaumen,* a., de noyer. ‖**-beize** f. (ba^{è}ts^{e}). Brou de noix, m. ‖**-knacker** m. ④. Casse-noix.

Nüster f. (nust^{e}r). Narine. ‖[v. Pferd] Naseau, x, m.

Nutz‖ m. spl. (nouts). Utilité, f. ‖[Gewinn] Profit. ‖**-anwendung** f. (ànvèndoung). Application.

nutzbar a. Utilisable.

Nutzbarkeit f. (ka^{è}t). Utilité.

nutzbringend a. (ìng^{e}nt, -d-). Profitable.

Nutzen m. spl. (nouts^{e}n). Utilité, f. ‖[Gewinn] Profit : *Nutzen bringen*,* profiter [à].

nutzen, **"en** (nutsᵉn) [zu...]. Profiter [à], servir* [à].
Nutzgarten m. ③. Jardin de rapport.
nützlich a. (lich). Utile.
Nützlichkeit f. (kaᵉt). Utilité.
nutzlos a. (lôss, -z-). Inutile.
Nutz‖losigkeit f. Inutilité. ‖**-nießer** m. ④ **Nutznießung** f. = *Nieß-braucher, -brauch.*

O

ob conj. (op). Si. : *ob... auch, ob... gleich, ob... wohl.* V. *obgleich.* ‖prép. [über] Au-dessus de. ‖[wegen] A cause de.
ob... adv. (ôp), = *ober.* Sus... : *obbesagt,* susdit, e, susnommé, ci-dessus.
Ob‖acht f. (ôpacht). Soin, m. : *in Obacht nehmen*,* prendre* soin de. ‖**-dach** n. ② (dach). Abri, m., asile, m. : *unter Obdach bringen*,* mettre* à l'abri, abriter. ‖*Obdachloser,* m., sans-abri.
Obelisk, -en, -en m. Obélisque.
oben adv. (ôbᵉn). En haut : *nach oben,* vers le haut; *von oben herab,* d'en haut, de haut en bas. ‖*oben‖-an,* adv., tout en haut, en tête; *-auf,* adv., dessus, à la surface; *-drein,* adv., en sus, par-dessus le marché; *-erwähnt,* a., susmentionné, e; *-hin,* adv., superficiellement.
ober a. (ôbᵉr). Supérieur, e : *die oberen Klassen,* les hautes classes. ‖m. ④, = *Oberkellner.* ‖*Ober... Geogr.* haut-..., e...; [Stelle, Rang] ...supérieur, e, premier, ère... chef...,...en chef, ...général, grand..., ... suprême. Ex. : *Ober‖deutschland,* n., *-rhein,* m., Haute-Allemagne, f., Haut-Rhin; *-lippe,* f., lèvre supérieure; *-leib,* m., partie supérieure [haut] du corps; *-kellner,* m., premier garçon, m.
Ober‖arm m. Humérus. ‖**-arzt** m. Médecin en chef. ‖**-aufseher** m. Surintendant. ‖**-befehlshaber** m. Commandant en chef. ‖**-deutschland** n. Haute-Allemagne, f. ‖**-feldherr** m. Général en chef. ‖**-fläche** f. (èchᵉ). Surface. ‖[Maß] Superficie.
oberflächlich a. (ich). Superficiel, le.
Ober‖gericht n. Tribunal [m.] suprême. ‖**-gewalt** f. Pouvoir [m.] suprême.
oberhalb prép. (halp). Au-dessus de. ‖[v. Flüssen] En amont.
Ober‖hand f. (hànt, -d-). Dessus de la main, m. ‖*Fig.* Supériorité : *die Oberhand gewinnen*,* avoir* le dessus, l'emporter. ‖**-haupt** n. ② Chef, m. ‖**-haus** n. Partie supérieure d'une maison. ‖*Parlam.* Chambre Haute, f. ‖**-hemd, -en** n. (hèmt, -d-). Chemise de jour, f. ‖**-herrschaft** f. (hèrr-). Hégémonie. ‖**-in** f. (inn). Supérieure. ‖**-inspektor** m. Inspecteur général. ‖**-kellner** m. Premier garçon. ‖**-koch** m. Chef cuisinier. ‖**-leder** n. ④ (léedᵉr). Empeigne, f. ‖**-lehrer** m. ④ (léerᵉr). Professeur [des classes supérieures]. ‖**-leib** m. Haut du corps. ‖**-leitung** f. Direction générale. ‖**-leutnant** m. Lieutenant. ‖**-lippe** f. Lèvre supérieure. ‖**-priester** m. Grand prêtre, pontife. ‖**-rabbiner** m. Grand rabbin. ‖**-rhein** m. Haut-Rhin.
oberst a. (ôbᵉrst), superl. de *ober.* ‖m. **Oberst, -en, -en.** Colonel : *Oberstleutnant,* lieutenant-colonel.
Oberstaatsanwalt m. Procureur général.
obgleich conj. (glaᵉch). Quoique, bien que [mit Konj.].
Obhut f. (ôphoûte). Garde.
obig a. (ôbig). Ci-dessus, adv.
Objekt n. ① (yèkt). Objet, m. *Gramm.* Régime, m.
objektiv a. (îf). Objectif, ive. ‖n. ①. Objectif, m.
Objektivität f. Objectivité.
Oblate f. (lâtᵉ). Hostie. ‖[Kuchen] Oublie. ‖[zum Kleben] Pain à cacheter, m.

obliegen* **intr.** (sép. (op'lîgᵉn). [Pflicht] S'imposer [à], incomber [à]. ‖[v. Personen] Se livrer à : *seinen Geschäften obliegen,* vaquer à ses affaires.
Obliegenheit f. (haᵉt). Obligation.
Obmann m. ②. Chef, président.
Oboe. V. *Hoboe.*
Obrigkeit f. (igkaᵉt). Autorité supérieure.
obschon conj., = *obgleich.*
obsiegen intr. sép., = *siegen.*
Obst‖ n. spl. (ôpst). Fruit[s], m. [pl.]. ‖**-baum** m. (baᵒme). Arbre fruitier. ‖**-frau** f. (fraᵒ). Fruitière. ‖**-garten** m. ③. Verger. ‖**-händler, .in** ④, f. (hèntlᵉr, ìn). Fruitier, ière. ‖**-handlung** f. Fruiterie.
obwalten intr., sép. Dominer.
obwohl conj. = *obgleich.*
Ochs, -en, -en m. (oks). Bœuf : *Ochsen‖hirt, -en, -en* m., *-treiber,* m. ④, bouvier.
ochsen intr. (oksᵉn). *Fam.* Piocher, travailler comme un bœuf.
Ocker m. (okᵉr). Ocre, f.
Ode f. (ôde). Ode.
öde a. (eûdᵉ). Désert, e. ‖f. Désert, m., solitude.
oder conj. (ôdᵉr). Ou, ou bien.
Ofen m. ③ (ôfᵉn), dim. *Öfchen,* n. ④, poêle, m. : *Ofensetzer,* m., poêlier, fumiste.
offen‖ a. (ofᵉn). Ouvert, e : *offener Wagen,* voiture découverte; *offene See* pleine mer; *halb offen,* entrouvert, e. ‖[aufrichtig] Sincère, franc, anche [Stelle] Vacant, e. ‖adv. Ouvertement : *offen gesagt,* à vrai dire*; *offen gestanden,* à parler franc; *offen heraus,* sans détour. ‖**-bar** a. Évident, e. ‖**-baren.** Manifester, réveler.
Offenbarung f. Révélation.
offenhalten. Réserver.
Offenheit f. (haᵉt). Franchise.
offenherzig a. (hèrtsig). Franc, anche. ‖adv. Franchement.
Offenherzigkeit f., = *Offenheit.*
offenkundig a. Notoire.
öffentlich a. (œfᵉntlich). Public, ique.
Öffentlichkeit f. (kaᵉt). Publicité.
Offerte f. (fèrtᵉ). Offre.
offiziell a. (tsièl). Officiel, le.
Offizier m. ① (tsîr). Officier.
offiziös a. (tsieûs). Officieux, euse.
öffnen (œfnᵉn). Ouvrir* : *halb öffnen,* entrouvrir*. ‖[Brief] Décacheter. ‖[Flasche] Déboucher.
Öffnung f. Ouverture.
Oflag n. ①. Camp d'officiers prisonniers.
oft‖, **¨er** adv. (oft). Souvent : *wie oft* [?], combien de fois [?], à quels intervalles [?]; *so oft,* toutes les fois [chaque fois] que; *am öftesten,* le plus souvent. ‖ **¨ers** adv. (tᵉrs). Assez souvent. ‖**-malig** a. (mâlig). Fréquent, a. ‖**-mals** adv., = *oft.*
Oheim m. ① (ohaᵉm). Oncle.
ohne prép. (ônᵉ). Sans : *ohne‖dies, -hin,* adv., sans cela.
Ohnmacht f. (macht). Impuissance. ‖[Bewußtlosigkeit] Évanouissement, m. : *in Ohnmacht fallen*,* s'évanouir.
ohnmächtig a. (mêchtig). Impuissant, e. ‖Évanoui, e : *ohnmächtig werden*,* s'évanouir.
Ohr, -en n. (ôr). Oreille, f. : *ein scharfes Ohr haben*,* avoir l'oreille fine; *ins Ohr flüstern,* chuchoter à l'oreille. Prov. *wer Ohren hat, der höre!* à bon entendeur salut! ‖[in Büchern] Corne, f.
Öhr n. (eûr). [Henkel] Anse, f. ‖[Nadel-] Chas, m., trou, m.
Ohren‖**arzt** m. (ôrᵉnartst). Auriste. ‖**-beichte** f. (baᵉchtᵉ). Confession auriculaire. ‖**-entzündung** f. (èntsûndoung). Otite. ‖**-schmalz** n. (alts). Cérumen, m. ‖**-zeuge** m. (tsœügᵉ). Témoin auriculaire.
Ohrfeige f. (ôrfaᵉgᵉ). Soufflet, m.
ohrfeigen (ᵉn). Souffleter.
Ohrgehänge n. Pendant d'oreille, m.
ohrig a .: *...ohrig,* ...à oreilles.
Ohr‖**läppchen** n. Bout [m.] de l'oreille. ‖**-ring** m. Boucle [f.] d'oreille. ‖**-zipfel** m. Bout de l'oreille.
Ökonom‖, **en,- en** m. (eukonôme). Économe. ‖**-ie** f. Économie.
Oktav‖ m. ① (tâf), **-band** m. (bànt, -d-). In-octavo. ‖**-e** f. Octave.
Oktober m. (ôbᵉr). Octobre.
okulieren (okoulîrᵉn). Greffer.
Öl‖ n. (eûl). Huile, f. : *in Öl malen,* peindre* à l'huile. ‖**-baum** m. (baᵒm). Olivier : *Ölberg,* m., *Relig.* Mont *ou* Jardin des Oliviers.

ölen (l^e^n). Huiler, lubrifier.

Öl‖**er** m. ④. [an Maschinen] Graisseur. ‖[für Fahrräder] Burette, f. ‖**-farbe** f. Couleur à l'huile. ‖**-flasche** f. **-fläschchen** n. ④ (e, flèsch'-**ch**en). Huilier, m. ‖**-gemälde** n. Peinture [f.] à l'huile.

ölhaltig (**h**altig), **-ig** a. (*eû*lig). Huileux, euse. ‖[Samen] Oléagineux, euse.

Olive f. (ol*î*ve). Olive : *olivenfarbig,* a., olivâtre.

Öl‖**kanne** f. Burette [bidon, m.]. à huile. ‖**-kuchen** m. (k*oû***ch**en). Tourteau, x. ‖**-lampe** f. Lampe à huile. ‖**-ung** f. Huilage, m. : *letzte* —, extrême-onction, f.

Olymp m. (*u*mp). Olympe. ‖*Fam.* [im Theater] Paradis, poulailler.

olympisch a. Olympique.

Ölzweig m. (tsva^è^g). Branche [f.] *ou* rameau d'olivier.

ominös a. De mauvais augure.

Omnibus m. ① (*ò*m). Omnibus.

Ondulation f. (òndou-tsi*ô*ne). Ondulation.

ondulieren. Onduler.

Onkel m. ④ (*ò*n). Oncle.

Opal m. ① (*â*l). Opale, f.

Oper f. (*ô*per). Opéra, m.

Operation, -en f. (tsi*ô*ne). Opération.

Operette f. (*è*te). Opérette.

operieren (*î*ren). Opérer.

Opern‖**...** (*ô*p) ...de l'Opéra. Ex. : *Opernball,* m., bal de l'Opéra. ‖...d'opéra. Ex. : *Opernsänger, in,* m., f., chanteur, cantatrice d'opéra. ‖**-glas** n. ② (glâss), **-gucker** m. ④ (g*ou*ker). Lorgnette, f., jumelle, f. [de théâtre]. ‖**-haus** n. Opéra, m. [salle].

Opfer‖ n. ④ (opfer). 1. Sacrifice, m. : *ein Opfer bringen**, faire* *ou* offrir* un sacrifice. ‖2. [Person, Tier] Victime, f., martyr, m. ‖**-geld** n. (gèlt, -d-). Offrande, f.

opfern. Sacrifier. ‖[Tier] Immoler.

Opfer‖**priester** m. ④ (prîster). Sacrificateur. ‖**-stock** m. Tronc des pauvres. ‖**-tier** n. (tîr). Victime, f. ‖**-ung** f. Sacrifice, m., immolation. ‖**-willigkeit** f. Esprit [m.] de sacrifice.

Opium n. (*ô*pioum). Opium, m.

opiumhaltig a. Opiacé, e.

Opponent, -en, -en m. (n*è*nt). Opposant.

opponieren. S'opposer.

Optik f. (*o*p-), **optikisch** a. Optique.

Orakel‖ n. ④, **-spruch** m. (or*â*kel, schprou**ch**). Oracle, m.

Orange‖ f. (*à*nje). Orange.

orange‖**farben** a., **-farbig** a. Orange, inv. ‖**-gelb** a. Orangé, inv.

Orangen‖**baum** m. (jenbaom). Oranger. ‖**-blüte** f. (bl*û*te). Fleur d'oranger.

Orang-Utan m. ① et-s (*ô*ràngo*û*tàn). Orang-outan.

Oranien n. (r*â*nien). Principauté d'Orange, f.

Orchester n. ④ (k*è*ster). Orchestre, m.

Orchidee f. (d*é*e). Orchidée.

Orden m. ④ (*o*rden). Ordre. ‖[Auszeichnung] Décoration, f.

Ordens‖**band** n. ② (bànt, -d-). Cordon, m. ‖**-bändchen** n. ④ (bènt-**ch**en). Ruban, m. ‖**-bruder** m. ③ (br*oû*-), **-geistliche[r]** a. s. (g*a*^è^st-li**ch**er). Religieux. ‖**-geistlichkeit** f. Clergé [m.] régulier.

ordentlich a. (*o*rdentli**ch**). En ordre. ‖[Mensch] D'ordre, rangé, e. ‖[anständig] Comme il faut. ‖[Lehrer usw.] Titulaire.

Ord‖**er** f. (*o*rder). Ordre, m. ‖**-ination** f. (tsi*ô*ne). Ordination.

ord‖**inieren** tr. (*î*ren). Ordonner. ‖**-nen** tr. Mettre* en ordre, ranger.

Ord‖**nung** f. (oung). Ordre m. ‖[Vorschrift] Ordonnance. ‖[Statut] Règlement, m. ‖**-nungszahl** f. (tsâl). Nombre ordinal, m. ‖**-onnanz** f. (nàntz). *Mil.* Ordonnance. ‖[Soldat] Planton, m.

Organ n. ① (g*â*ne). Organe, m.

organ‖**isch** a. Organique. ‖**-isieren.** Organiser.

Orgel‖ f. (*o*rgel). Orgue, m., pl. f. : *Orgel*‖*bauer,* m., facteur d'orgues; *-pfeife,* f., *-zug,* m., tuyau, m., registre d'orgue. ‖**-spieler** m. ④ (schpîler). Organiste. ‖**-werk** n. Orgues, f. pl.

Orient‖ m. (ori*è*nt). Orient : *im Orient,* en Orient. ‖**-ale, -n, -n** m., **...lin** f. (t*â*le, ìn). Oriental, e.

orient‖**alisch** a. Oriental, e. ‖**-ieren** tr. Orienter.

Orientierung f. Orientation.

Original n. ① (ginâl). Original, aux, m.
originell a. Original, e.
Orkan m. ① (orkâne). Ouragan.
Ornament n. Ornement, m.
Ornat m. ① (ât). Costume officiel.
Ort m. ①. Lieu, x, endroit : *an allen Orten,* en tous lieux; *an Ort und Stelle,* à destination. ‖*Fig.* : *am rechten Orte,* à propos; *am unrechten Orte,* mal à propos; *höheren Ortes,* en haut lieu. ‖pl. **¨er** (œrtᵉr). [Ortschaft] Localité, f.
orthodox a. (ox). Orthodoxe.
Orthographie f. (fi). Orthographe.
orthographisch a. (grâ-). Orthographique.
örtlich a. (œrtlich). Local, e.
Örtlichkeit f. Localité.
orts... (orts) : ...de lieu : *Orts‖-adverb,* n., *-veränderung,* f., adverbe, m., changement [m.] de lieu. ‖...local, e : *Orts‖behörde,* f., autorité locale; *-verkehr,* m., trafic *ou* service local; *-zeit,* f., heure locale.
Orts‖befund m. État des lieux. ‖**-kunde** f. Topographie.
Ortschaft f. (ort-). Localité.
Ortung f. Localisation.
Öse f. (eûzᵉ). ‖[e. Nadel] Chas, m. ‖[e. Hakens] Porte.
Ost, -en m. (ostᵉn) Est : *im Osten,* à l'est. ‖*Ost...,* ... oriental, e, a. : *Ostafrika,* n., [l']Afrique [f.] orientale.
ostentativ a. Ostensible.
Oster‖... (ôstᵉr) : ... de Pâques : *Oster‖ei,* n., œuf [m.] de Pâques; *-ferien,* pl., vacances [f. pl.] de Pâques. ‖...pascal, e. : *Oster‖kerze,* f., *-lamm,* n., *-zeit,* f., cierge [m.], agneau [m.], temps [m.] pascal. ‖**-n** pl. Pâques, f. pl. ‖[Tag] Pâques, m. : *nächste Ostern,* à Pâques prochain; *zu* —, à Pâques. ‖[jüdische] Pâque, f.
Öst[er]‖reich n. (eustᵉrraᵉch). Autriche, f. ‖**-reicher, in** m. ④, f. ‖(chᵉr, ìn). Autrichien, ne. ‖*österreichisch,* a., autrichien, ne. ‖**-reichisch-deutsch** usw., (dœütsch). Austro-allemand, e, etc.
Ostindien n. (ostindiᵉn). [Les] Indes orientales, f. pl.
östlich a. (œstlich). De l'est, oriental, e. ‖adv. : *östlich von...,* à l'est de.
Ostsee f. Mer Baltique.
ostwärts adv. (vèrts). Vers l'est.
Ostwind m. (vìnt, -d-). Vent d'est.
Otter f. (ottᵉr). 1. [Schlange]. Vipère. ‖2. Loutre.
oval a. (vâl). Ovale.
Oxyd n. ① (xît, -d-). Oxyde, m.
oxydieren. Oxyder.
Oxygen n. (géene). Oxygène, m.
Ozean m. ① (otséâne). Océan.
Ozon n. (otsône). Ozone, m.

P

P, p n. P, p, m.
Paar n. ① (pâr), dim *Pärchen,* n. ④ (pêrchᵉn). Paire, f. : *zwei Paar Schuhe,* deux paires de souliers. ‖[v. Personen] Couple, m. ‖[v. Tieren] Couple, f. ‖LOC. *ein paar,* inv., quelques : *mit ein paar Worten,* en quelques mots. ‖adv. Pair.
paar‖en. Accoupler. ‖p. a. *gepaart,* accouplé, e. ‖**-mal** adv. : *ein paarmal,* quelquefois.
Paarung f. Accouplement, m.
paarweise adv. Par paires, deux par deux.
Pacht‖ f. (pacht). Bail, m. [à ferme *ou* à loyer] : *in Pacht geben** = *verpachten; in Pacht nehmen** = *pachten. Pacht- und Leihgesetz,* n., loi [f.] prêt-bail. ‖**-brief** m. (brîf). Bail [acte].
pachten (pachtᵉn). Prendre* à ferme *ou* à bail.
Pächter, in m. ④, f. (pèchtᵉr, ìn). Fermier, ière.
Pacht‖geld n. (gèlt, -d-). Fermage, m. ‖**-gut** n. (goûte), **-hof** m. (**hôf**). Ferme, f., métairie, f. ‖**-ung** f. Affermage, m. ‖**-vertrag** m. (fertrâg). = *Pachtbrief.*
pachtweise adv. (vaᵉzᵉ). A ferme, à bail.
Pachtzins m. (tsinns). Fermage.

Pack m. et n. ① (*pak*). Paquet, m. ‖ [v. Papieren] Liasse, f. ‖ n. Canaille, f.
Packan, -s m. (*ànne*). Mâtin, argousin.
Päckchen n. ④ (pèk**ch**ᵉn). Petit paquet, m. ‖ [v. Papier] Cahier, m.
packen. Empaqueter. ‖ [Waren] Emballer : *voll packen,* bourrer [de] ; *fam. sich packen,* plier bagage, décamper. ‖ *Fig.* [greifen] Empoigner. ‖ *Pack... :* ...d'emballage : *Pack*‖-*kosten,* pl., *-papier,* n., frais, [m. pl.] papier [m.] d'emballage. ‖ [Tier] ...de bât.
Packsattel m. Bât.
Pädagog‖, **-en, -en** m. (pè-*gôg*). Pédagogue. ‖**-ik** f. Pédagogie.
pädagogisch a. (*gô-*). Pédagogique.
Paddel f. Pagaie.
Paket‖ n. ① (*kéete*). Paquet, m. ‖**-boot** n. (bôte). Paquebot, m. ‖**-post** f. Messagerie postale [colis postaux].
Palast m. (*last*). Palais.
Palm‖**...** (*palm*) : ... de palmier. ‖**-baum** m., **¨-e** (baom, œümᵉ). Palmier. ‖**-e** f. [Zweig] Palme. ‖**-öl** n. (eûl). Huile de palme, f. ‖**-sonntag** m. Dimanche des Rameaux.
Paneel n. ① (*éel*). Panneau, x, m.
Panier n. ① (*nîr*). Bannière, f.
Panik f., **panisch** a. (*pâ-*). Panique.
Panne f. (*pan*ᵉ). Panne : — *haben,* être en panne; *Pannenreparatur* f., dépannage, m.
Panther m. ④ (*pànt*ᵉr). Panthère, f.
Pantoffel m. ④ (pànt*o*fᵉl). Pantoufle, f.
Panzer‖ m. ④ (*pànts*ᵉr). Cuirasse, f. ‖*Panzer... :* ... cuirassé, e : *Panzerschiff,* n., navire [m.] cuirassé. ‖...blindé, e : *Panzerwagen,* m., char blindé [tank]. ‖**-hemd, -en** n. Cotte de mailles, f. ‖**-reiter** m. ④ (*raèt*ᵉr). Cuirassier. ‖**-ung** f. Blindage, m.
Päonie f. (pè*ô*nie). Pivoine.
Papagei, -en et **-es, -en** m. (*gaè*). Perroquet.
Papier‖ n. ① (*pîr*). Papier, m. ‖**fabrik** f. (*ìk*). Papeterie. ‖**-geld** n. (gèlt, -d-). Papier-monnaie, m. ‖**-händler** m. (**h**èntlᵉr). Papetier. ‖**-handlung** f. Papeterie. ‖**-korb** m. (korp, -b-). Corbeille à papier, f. ‖**-laterne** f. (*tèrn*ᵉ). Lanterne vénitienne, lampion, m. ‖**-masse** f. Papier mâché, m. ‖**-messer** n. ④. (*mèss*ᵉr). Coupe-papier, m. ‖**-wickel** m. Papillote, f.
Papp‖**e** f. (*papp*ᵉ). Bouillie. ‖ [Kleister] Colle [de farine]. ‖ [dickes Papier] Carton, m. ‖**-arbeit** f. (baèt). Cartonnage, m. ‖**-arbeiter** m. Cartonnier.
Pappel f. (pᵉl). Peuplier, m.
pappen a. De carton.
Pappschachtel f. Boîte en carton, carton, m.
Papst m. (*pâpst*). Pape.
päpstlich a. (*pêpstlich*). Papal, e. ‖ [Nunzius] Apostolique.
Papst‖**tum** n. (toûm). Papauté, f. ‖**-würde** f. Pontificat, m.
Parabel f. (*râb*ᵉl). Parabole.
parabolisch a. (*bô-*). Parabolique.
Parade‖ f. (*râd*ᵉ). Parade, revue. ‖**-anzug** m. (*àntsoûg*). Grande tenue, f. ‖**-marsch** m. Défilé. ‖**-platz** m. Place d'armes, f.
paradieren. Parader.
Paradies‖ n. ① (*dîss*). Paradis, m. ‖**-apfel** m. ③. Tomate, f. ‖**-feige** f. (*faèg*ᵉ). Banane. ‖**-vogel** m. ③ (*fôg*ᵉl). Oiseau, x de paradis.
paradiesisch a. (*dîzisch*). Paradisiaque.
paradox a. (*dox*). Paradoxal, e.
Paradoxon, ...xa n. (*adoxòn*). Paradoxe, m.
parallel a. (*léel*). Parallèle [à].
Parallele f. [Linie] Parallèle. ‖ [Vergleich] Parallèle, m.
Pärchen n. ④. V. *Paar.*
pardauz! interj. (*daᵒtz*). Patatras!
Parforcejagd f. (*yâgt, -d-*). Chasse à courre.
pari (*pari*) : *al pari,* au pair.
Paria, -s m. (*pa-*). Paria.
parieren tr. Parer. ‖ [Pferd] Arrêter court. ‖ intr. Obéir.
Paris‖ n. (*rîss*). Paris, m. ‖**-er, in** m. ④, f. (**z**ᵉr, ìn). Parisien, ne. ‖ a. inv. *Pariser Waren,* articles de Paris.
paritätisch a. Paritaire.
Park m. ① (*park*), **-anlage** f. (*ànlâg*ᵉ). Parc, m.
parken. Stationner.
Parkett n. ① (*kètt*). Parquet, m. ‖ [im Theater] Orchestre, m.

Parlament|| n. ① (mènt). Parlement, m. ||**-är** m. ① (têre). Parlementaire. ||**-arier** m. ④ (ârier). Parlementaire.

parlament||arisch a. (tâ-). Parlementaire. ||**ieren** (îren). Parlementer.

parlieren (lîren). *Fam.* Parloter, jacasser. ||n. Parlote, f.

parochial... (chiâl) : ... paroissial, e.

Parochie f. (chi). Paroisse.

Parole f. (ôle). Mot d'ordre, m.

Partei|| f. (taè). Parti, m. : *Partei ergreifen**, prendre* parti [pour]. ||[vor Gericht] Partie. ||[Wohn-] Ménage, m. ||**-gänger** m. ④ (-gènger), **-genosse, -n, -n** m. (génosse). Partisan. ||**-geist** m. Esprit de parti.

parteiisch a. (taè'isch), **-lich** a. (lich). Partial, e.

Parteilichkeit f. Partialité.

parteilos a. Neutre.

Partei||losigkeit f. Neutralité. ||**-sucht** f. Esprit de parti, m.

Parterre, -s n. (pron. fr.). Rez-de-chaussée, m. ||[im Theater] Parterre, m.

Parti||e f. (tî). Partie. ||[Heirat] Parti, m. ||**-kel** f. (ikel). Particule. ||**-sane** f. (zâne). Pertuisane. ||**-tur** f. (toûr). Partition. ||**-zip, -e, -ien** n. (tsîp). Participe, m.

Partner m. ④. Partenaire.

Parze f. (partse). Parque.

Pascha, -s m. (pa-). Pacha.

Paspel m. ④. Passepoil.

Paß m. (pass). Défilé. ||[Reise-] Passeport.

Pass||agier m. ① (jîr). Voyageur. ||[am Schiff] Passager : *Passagierflugzeug*, n., aérobus, m. ||**-atwind** m. (ât-). Vent alizé.

pass||en intr. (passen). 1. Convenir* [à]. ||[v. Kleidern] Aller* bien. ||2. [auf, *acc.*] Guetter. ||3. [beim Spiel] Passer. ||**-end** p. a. (ent, -d-). Convenable. ||[Kleid] Seyant, e.

Paßgang m. (pass-). Amble.

passieren tr. (sîren). [e. Ort] Passer par. ||intr. [*sein*] Se passer, avoir lieu.

Passion f. (siône). Passion.

passiv a. (îf). Passif, ive.

Paßkarte f. (pass). Carte d'identité. ||[beim Spielen] Mauvaise carte.

Pastell n. ④ (tèl). Pastel, m. : *Pastellmaler*, m. ④, pastelliste.

Pastete f. (téete). Pâté, m.

Pastinake f. (nâke). Panais, m.

Pas||tor, -oren m. (pâstor, ôren). Pasteur. ||**-torin** f. (tôrìn). Femme du pasteur.

Pate, -n, -n m. (pâte). 1. Parrain. ||2. et *Patenkind*, n. ②, filleul, e, m., f.

Patene f. (tène). Patène.

Patent n. ① (tènt). Patente, f. ||[für Erfindungen] Brevet, m. ||*Patent...* : ...breveté, e.

patentieren (îren). Breveter.

Patentschutz m. Protection [f.] des inventions.

pathetisch a. (tée-). Pathétique.

Path||ologie f. (gi). Pathologie. ||**-os** n. (pâtôs). Pathos, m.

Patient, -en, -en m., **in** f. (tsiènt, ìn). Patient, e.

Patin f. (pâtìn). Marraine.

Patriot, -en, -en m., **in** f. (iôte). Patriote, m. et f.

patriotisch a. Patriotique.

Patriotismus m. (ismouss). Patriotisme.

Patrizier, in m. ④, f. (îtsier, ìn). Patricien, ne.

Patr||on, in m. ①, f. (ône, ìn). Patron, onne. ||[Gönner] Protecteur, trice. ||**-onat** n. ① (nâte). Patronage, m.

Patrone f. (ne). Cartouche : *Patronentasche*, f., cartouchière. ||[für Kanonen] Gargousse.

Patrouille f. (oûlie). Patrouille.

patrouillieren tr. (îren). Aller* en patrouille.

patsch||! interj. Crac! ||m. ①. Tape, f.

Patsche f. V. *Patsch.* ||*Fam.* Menotte. ||[Schmutz] Bourbe.

patsch||en intr. Patauger. ||**-naß** a. trempé, e [jusqu'aux os]

Pauke f. (paoke). Timbale. ||[Trommel] Grosse caisse.

pauken intr. Battre des timbales, battre la grosse caisse. ||*Fig.* [fechten] Faire* des armes.

Paukerei f. (aè). Duel, m.

Pauschal||preis m. Prix forfaitaire. ||**-reise** f. Voyage [m.] à forfait.

Pause f. (paoze). Pause. ‖ [Schule] Récréation. ‖ [Durchzeichnung] Calque, m.
paus‖**en** tr. Calquer. ‖**-ieren** intr. Faire* une pause.
Pauspapier n. (îr). Papier [m.] à calquer.
Pavian m. ① (pâviàn). Babouin.
Pech‖ n. (pèch). Poix, f. ‖*Fam.* Déveine, f., guigne, f. ‖**-vogel** m. (fôgel). Malchanceux.
Pedal n. ① (âl). Pédale, f.
Pedant‖, **-en**, **-en** m. (dànt). Pédant. ‖**-erie** f. (terî). Pédanterie.
pedantisch a. Pédant, e. ‖ [v. Sachen] Pédantesque.
Pedell m. (èl). Bedeau, x.
Pegel‖**höhe** f. (péegelheûe), **-stand** m. (schtànt, -d-). Étiage, m.
Pein f. (paèn). Peine. ‖ [Qual] Tourment, m.
pein‖**igen** tr. (igen). Tourmenter. ‖**-igend** a., **-lich** a. Pénible.
Peitsche f. (paètsche). Fouet, m.
peitschen. Fouetter.
Pell‖**e** f. (pèlle). Pelure. ‖**-kartoffel** f. (tofel). Pomme de terre en robe de chambre.
Pelz‖ m. (pèlts). Peau, f. ‖ [d'animal] Pelage. ‖ [Pelzwerk] Fourrure, f. ‖ [*Pelz... : ...* fourré, e : *Pelzmütze,* f., bonnet fourré, m. ‖**-handel** m. (hàndel). Pelleterie, f. ‖**-händler** m. (hèntler). Pelletier, fourreur. ‖**-mantel** m. (màntel), ‖**-rock** m. Pelisse, f. ‖**-ware** f. (vâre), **-werk** n. (vèrk). Pelleterie, f., fourrure, f.
Pendel m. et n. ④ (pèndel). Pendule, m. ‖ [e. Uhr] Balancier, m. ‖*Pendelzug,* m., navette, f.
pendeln. Osciller.
Pendeluhr f. (oûr). Pendule.
Pennal‖ n. ① (nâl). Plumier, m. ‖**-ismus** m. (*is*-). Brimade, f. ‖ **¨er** m. Lycéen, potache.
Pension‖ f. (pènsiône). Pension. ‖**-är, in** m., f. (nêr, ìn). Pensionnaire, m. et f. ‖**-at** n. ① (nâte). Pensionnat, m.
pension‖**ieren** tr. (îren). Pensionner. ‖**-iert** a. (îrt). En retraite.
Pensionierung f. Mise à la retraite.
per prép. Par.
Perfekt n. (fèkt). Parfait, m.
Pergament n. ① (mènt). Parchemin, m.
pergamentartig a. (ig). Parcheminé, e.
Periode f. (*iô*de). Période.
periodisch a. Périodique.
Perle f. (pèrle). Perle : *Perlenschnur,* f., collier de perles, m.
perlen. Perler. ‖ [v. Getränken] Pétiller.
Perl‖**farbe** f., **perlfarben** a., **-farbig** a., **-grau** a. Gris perle, m. et a. inv. ‖**-huhn** n. (**h**oûne). Pintade, f. ‖**-mutter** f. (mouter). Nacre : *perlmuttern,* a., de nacre.
Perron, -s m. (pron. fr.). Quai [de chemin de fer].
Pers‖**er** m. ④ (pèrser). Perse. ‖ [Neuperser] Persan. ‖**-ien** n. (pèrsien). Perse, f. ‖*persisch,* a., perse, persan, e.
Person‖ f. (sône). Personne : ***ich für meine Person,*** quant à moi; ***von Person,*** de sa personne. ‖ [im Theater] Personnage, m. ‖**-al** n. (âl). Personnel, m. : *Personalkarte,* f., carte d'identité. ‖**-alien** pl. (âlien). Choses personnelles. ‖**-en...** (sônen) : ...de[s] voyageurs : *Personenzug,* m. train omnibus.
person‖**ifizieren** tr. (tsîren). Personnifier. ‖ **¨lich** a. (zeûnli**ch**). Personnel, le.
Persönlichkeit f. (kaèt). Personnalité. ‖ [Person] Personnage, m.
Peru‖ n. (péerou). Pérou, m. ‖**-aner** m. ④ (âner). Péruvien. ‖*peruanisch,* a., péruvien.
Perücke f. (*u*ke). Perruque.
Pest f. Peste.
pestartig a. (ig). Pestilentiel, le.
Pestbeule f. Bubon [m.] de la peste.
pestkrank a. (krànk). Pestiféré, e.
Petarde f. (*ar*de). Pétard, m.
Peter m. (péeter). Pierre. ‖*Relig. : Peters*‖*kirche,* f., église Saint-Pierre; *-pfennig,* m., denier de Saint-Pierre.
Petersilie f. (*zî*lie). Persil, m.
Petroleum n. (ôléoùm). Pétrole, m.
Petrus m. (péetrouss). Saint-Pierre.
Petschaft n. ① (*ée*t-). Cachet, m.
Petunie f. Pétunia, m.
Pfad‖ m. ① (pfât, -d-). Sentier. ‖**-finder** m. ④ (fìnder). Éclaireur, [boy-] scout.
Pfaff‖**e, -n, -n** m. [mv. part]. Prêtre. ‖*Pop.* Calotin. ‖**-entum** n.

Italique : accentuation. **Gras** : pron. spéciale. *Verbe fort. V. GRAMMAIRE.

[mv. part]. Cléricalisme, m. ‖*pop.* Prêtraille, f.
pfäffisch a. (pfè). Clérical, e.
Pfahl‖ m. (pfâl). Pieu, x. ‖[Stock-] Piquet. ‖**-bau** m. (baº). Pilotis. ‖**-baute** f. (baºtᵉ). Cité lacustre. ‖**-brücke** f. Pont [m.] sur pilotis.
pfählen tr. (pfêlᵉn). Palissader. ‖[spießen] Empaler.
Pfahl‖**hecke** f. Palissade. ‖**-werk** n. Pilotis, m.
Pfalz‖ f. (pfalts). Palatinat, m. ‖*Pfalz...*, ... palatin, e, a. ‖ **¨er** m. ④ (pfèltsᵉr). Habitant du Palatinat. ‖**-graf** m. Comte palatin.
pfälzisch a. Du Palatinat, palatin, e.
Pfand‖ n. ② (pfànt, -d-). Gage, m. ‖*Pfand...* : ...hypothécaire : *Pfandschuld,* f., dette hypothécaire. ‖**-brief** m. (brîf). Hypothèque, f.
pfänden. Saisir.
Pfand‖**gut** n. (goûte). Bien [m.] hypothéqué. ‖**-haus** n. ② (haºs). Mont-de-piété, m. ‖**-schein** m. (schaᵉn). Reconnaissance, f. [du Mont-de-Piété]. ‖ **¨ung** f. Saisie.
Pfann‖**e** f. (pfanᵉ). Poêle. ‖*Fig. : in die Pfanne hauen**, tailler en pièces. ‖**-kuchen** m. ④ (koûchᵉn). Crêpe, f.
pfarr... (pfar...) : paroissial, e.
Pfarr‖**amt** n. [kathol.] Cure, f. ‖[protest.] Pastorat, m. ‖**-e** f. (pfarᵉ), **-ei** f. (aᵉ). 1. = *Pfarramt.* ‖2. = *Pfarrhaus.* ‖**-er** m. ④ (pfarᵉr). Curé. ‖[protest.] Pasteur. ‖**-gemeinde** f. (gémaᵉndᵉ). Paroisse. ‖**-haus** n. (haºs). Presbytère, m. ‖[nur kathol]. Cure, f. ‖**-kind** n. (kìnt, -d-). Paroissien, ienne, m., f. ‖**-verweser** m. ④ (fᵉrvéezᵉr). Vicaire, desservant.
Pfau, -en m. (pfaº). Paon.
Pfeffer‖ m. (pfèffᵉr). Poivre. ‖**-büchse** f. (buksᵉ), **-fäßchen** n. ④ (fèss'chᵉn). Poivrière, f. ‖**-kuchen** m. (koûchᵉn). Pain d'épice. ‖**-minze** f. (mìntsᵉ). Menthe poivrée.
pfeffern. Poivrer.
Pfefferstrauch m. (schtraºch). Poivrier.
Pfeife f. (pfaᵉfᵉ), dim. *Pfeifchen,* n. ④, sifflet, m. ‖[Quer-] Fifre, m. ‖[an d. Orgel] Tuyau, x, m. ‖[zum Rauchen] Pipe, f. : *Pfeifenstummel,* m., brûle-gueule, *pop.*
pfeifen*. Siffler. ‖n. spl. Sifflement, m.
Pfeifer m. ④. Siffleur. ‖[Quer-] Fifre.
Pfeil m. (pfaᵉl). Flèche, f.
Pfeiler m. ④ (pfaᵉlᵉr). Pilier. ‖[grosser] Pilastre. ‖[zwischen Fenstern] Trumeau, x.
Pfennig m. (ènig). Pfennig, denier.
Pferch m. (pfèrch). Parc, enclos.
pferchen. Parquer.
Pferd n. (pfèrt, -d-). Cheval, aux, m. : *zu Pferde,* à cheval. ‖*Pferde*‖*aushebung,* f., remonte; *-bahn,* f., tramway à chevaux, m.; *-decke,* f., caparaçon, m.; *-haar,* n., crin, m.; *-knecht,* m., palefrenier; *-kraft,* f., cheval, m. [force] : *60-Pferdekräfte,* 60 chevaux; *-makler,* m. ④, maquignon; *-rennbahn,* f., hippodrome, m.; *-rennen,* n. ④, course de chevaux, f.; *-stall,* m., écurie, f.; *-stärke,* f. = *Pferdekraft; -wechsel,* m., relais. ‖*...pferdig,* a. : *60-pferdiger Kraftwagen,* voiture de 60 chevaux.
pfiff imp. de *pfeifen**.
Pfiff m. Coup de sifflet. ‖ Ruse, astuce. ‖ *das ist kein — wert,* cela ne vaut pas tripette.
Pfifferling m. Champignon.
pfiffig a. Rusé, e.
Pfingst‖**...** (pfìngst) : ...de la Pentecôte. ‖**-en** n. Pentecôte, f. ‖**-rose** f. (rôzᵉ). Pivoine.
Pfirsich‖ m. (pfirzich). Pêche, f. ‖**-baum** m. Pêcher.
Pflanze f. (pflàntsᵉ). Plante.
pflanzen. Planter.
Pflanzen... : ...végétal, e : *Pflanzen*‖*erde,* f., terre végétale; *-reich,* n., *-welt,* f., règne [m.] végétal. ‖**-kenner** m. ④. Botaniste. ‖**-kunde** f. Botanique. ‖**-sammler** m. ④. Herborisateur. ‖**-sammlung** f. (loung). Herbier, m.
Pflanz‖**er** m. ④ (pflàntsᵉr). Planteur. ‖**-schule** f. (oûlᵉ). Pépinière. ‖**-ung** f. Plantation.
Pflaster‖ n. ④. Pavé, m. ‖*Med.* Emplâtre, m. : *englisches Pflaster,* taffetas d'Angleterre. ‖ **¨chen** n. ④ (èstᵉrchᵉn), dim. de *Pflaster.* ‖**-er** m. Paveur.
pflastern. Paver. ‖n. spl. et **Pflasterung** f. Pavage, m.

Pflaume|| f. (*a*ome). Prune : *gedörrte Pflaume,* pruneau, x, m. ||**-nbaum** m. Prunier. ||**-nmus** n. Marmelade [f.] de prunes.

Pflege f. spl. (pflé*e*ge). Soin[s], m. [pl.] : *gute Pflege haben**, être* bien soigné; *in Pflege nehmen**, prendre* en nourrice *ou* en pension; *Pflege*||*kind,* n. nourrisson, m.; *-vater,* m., père nourricier; *-mutter,* f., mère nourricière.

pflegen tr. Soigner. ||[Wissenschaft] Cultiver. ||[Umgang] Entretenir*. ||[Gewohnheit haben] [zu...] Avoir coutume [de]. **pflegen*** intr. : *der Ruhe pflegen,* se livrer au repos; *eines Amtes pflegen,* exercer un emploi.

Pfleg||**ling** m. (lìng). Nourrisson. ||**-schaft** f. Curatelle.

Pflicht f. (pfl*i*cht). Devoir, m. : *ich mache es mir zur Pflicht, zu...;* je me fais un devoir de ... ||*Pflicht...* : ... du devoir : *Pflichtgefühl,* n., sentiment [m.] du devoir. ||...au devoir. *Pflichttreue* f., fidélité au devoir.

pflicht||**gemäß** a. Conforme au devoir. ||**-vergessen** a. Qui oublie son devoir.

Pflock m. Cheville, f. ||[für Zelte] Piquet.

pflog imp. de *pflegen**, intr.

pflücken (pfl*u*ken). Cueillir*. ||[rupfen] Plumer.

Pflug|| m. (pflo*û*g). Charrue, f. ||**-baum** m. (baome). Flèche, f. ||**-eisen** n. ④ (aèzen). Coutre, m.

pflügen (pflûgen). Labourer. ||n. Labourage, m.

Pflüger m. ④. Laboureur.

Pflugschar f. Soc, m.

Pfort||**e, -n** f. (pforte). Porte : *die Hohe Pforte,* la Sublime Porte. ||Dim. *Pförtchen,* n. ④, guichet, m. || **¨ner** m. ④ (pfœrtner). Portier.

Pfosten m. ④. Poteau, x.

Pfote f. (pfôte). Patte.

Pfriem m., **-e** f. Alène, f.

Pfropf m. ①, **-en** m. ④. Bouchon. ||[Artill.] Bourre, f.

pfropfen. Boucher : *voll pfropfen,* bourrer. ||[v. Pflanzen] Greffer. ||n. Greffe, f.

Pfropfenzieher m. (tsîer). Tire-bouchon.

Pfröpfling m. (*œ*pflìng). Arbre greffé.

Pfropf||**messer** n. ④. Greffoir, m. ||**-reis** n. (raès). Greffe, f.

Pfründe f. (pfr*ù*nde). Prébende.

Pfuhl m. ① (pfoûl). Mare, f., bourbier.

Pfühl m. et n. (pfûl). Coussin, m.

pfui! interj. (pf*oui*). Fi!

Pfund, -es, -e n. (pfoùnt, -d-). Livre, f.

...pfündig (*u*ndig) : *vierpfündig,* de quatre livres.

pfuschen intr. (pf*ou*schen). Bousiller.

Pfusch||**er** m. ④. Bousilleur. ||**-arbeit** f. (*a*rbaèt), **-erei** f. Bousillage, m.

Pfütze f. (pf*u*tse). Mare, flaque d'eau.

Phantasie f. (fàntaz*î*). Imagination. ||[Hirngespinst] Hallucination.

phantasieren (z*î*ren). Rêver. ||[irrereden] Délirer. ||[Musik] Improviser. ||n. Délire, m.

Phantast, -en, -en m. (*a*st). Homme fantasque.

phantastisch a. Fantastique. ||[launisch] Fantasque.

Phantom n. ① (tôm). Fantôme, m.

Philister m. ④ (l*i*ster). Philistin. ||*Fig.* Bourgeois [borné]. ||[bei Soldaten] Pékin, *fam.* ||[bei Studenten] Béotien.

philisterhaft a. (terhaft), **-trös** a. (tr*eu*z). Étroit, e, borné, e.

Philo||**log, -en, -en** m. (l*ô*g). Philologue. ||**-logie** f. (g*î*). Philologie.

philologisch a. (l*ô*-). Philologique.

Philo||**soph, -en, -en** m. (*ô*f). Philosophe. ||**-sophie** f. Philosophie.

philo||**sophieren** (îren). Philosopher. ||**-sophisch** a. (z*ô*). Philosophique.

Phiole f. (fi*ô*le). Fiole.

Phlegma n. (flè-). Flegme, m.

phlegmatisch a. (m*â*-). Flegmatique.

Phonetik f. (n*é*etik), **phonetisch** a. Phonétique.

Phönix m. (fe*û*-). Phénix.

Phono||**gramm** n. ①. Message téléphoné, m. ||**-graph, -en, -en** m. (*â*f). Phonographe.

Phosphor|| m. (fosfôr). Phosphore. ||**-eszenz** f. (èstsèns). Phosphorescence.

phosphor||**eszierend** p. a. (tsîrent, -d-). Phosphorescent, e. ||**-haltig** a.

(*ha*ltig). Phosphoré, e. ‖**-ig** a. (ig). Phosphoreux, euse.
Phosphorsäure f. Acide [m.] phosphorique.
Photo‖graph, -en, -en m. (*â*f). Photographe. ‖**-graphie** f. Photographie.
photo‖graphieren (îr^e^n). Photographier. ‖**-graphisch** a. (*â*-). Photographique.
Photozelle f. Cellule photo-électrique.
Phrase f. (frâz^e^). Phrase [ampoulée] : *phrasenhaft*, a., ampoulé, e; *Phrasen‖held, -macher*, m., phraseur.
Phrenologie f. (g*î*). Phrénologie.
phrygisch a. (frî-). Phrygien, ne.
Phys‖ik f. (fûz*î*k). Physique. ‖**-iker** m. ④ (fûz*i*k^e^r). Physicien. ‖**-kus** m. ① (f*û*zikous). Médecin. ‖**-iognomie** f. (og'nom*î*). Physionomie. ‖**-iolog** m. (*ô*g). Physiologiste. ‖**-iologie** f. (g*î*). Physiologie.
physisch a. (f*î*-). Physique.
Pianino, -s n. (n*î*-). Piano [m.] droit.
Piaster m. ④ (p*ia*st^e^r). Piastre, f.
pichen. Poisser.
Picke f. (p*i*k^e^). Pique.
Pickel‖flöte f. (p*i*k^e^lfleût^e^). Petite flûte. ‖**-haube** f. (**ha**^o^b^e^). Casque à pointe, m.
Pickelhering m. (**h***ée*ring). Hareng salé.
picken. Piquer.
Picknick n. Pique-nique, m.
piepen, -sen (p*î*p^e^n, p*î*ps^e^n). Piauler.
Pik‖ m. [Berg] Pic. ‖pl. **-s** [Karten] Pique, m.
pikant a. (k*à*nt). Piquant, e.
Pik‖e f. (pik^e^). Pique. ‖**-ett** n. Piquet, m.
Pilger m. ④ (p*i*lg^e^r), **-rim** m. (ìm). Pèlerin. ‖*Pilgerfahrt*, f., pèlerinage, m.
pilgern. Aller* en pèlerinage.
Pille f. (pil^e^). Pilule.
Pilz m. (pilts). Champignon.
pilzartig a. (ig). Fongueux, euse.
Pimpernell m. (pìm-nèl). Pimprenelle, f.
Pinie f. (pîni^e^). Pin, m.
Pinne f. (pin^e^). Penne. ‖[Stift] Pointe.
Pinscher m. ④ (pìn-). Griffon.
Pinsel m. ④ (p*i*nz^e^l). Pinceau, x. ‖*Fam.* Serin [sot].
Pinte f. (pìnt^e^). Pinte.
Pionier m. ① (n*î*r). Pionnier. ‖*Mil.* Soldat du génie.
Pips m. Pépie, f.
Pirsch f. Chasse.
Pistazie f. (t*â*tsi^e^). Pistache.
Pis‖tol n. ① (t*ô*l), **-tole** f. (t*ô*l^e^). Pistolet, m. ‖**-tole** f. [Münze] Pistole.
placken. Tracasser.
Plackerei f. (ak^e^r*a*^è^). Tracasserie.
plädieren (plêdîr^e^n). Plaider.
Plage f. (plâg^e^). Tourment, m. ‖[Land-] Fléau, x, m.
plagen. Tourmenter. ‖[belästigen] Importuner.
Plakat n. ① (k*â*te). Placard, m., affiche, f.
Plan m. (pl*â*ne). Plan : *plangemäß, -mäßig*, a., conforme [adv. conformément] à un plan. ‖[Entwurf] Projet.
Plane f. (plân^e^). Bâche.
planen tr. Projeter.
Planet, -en, -en m. Planète, f. : *Planeten...* : ... planétaire.
Planke f. (*à*nk^e^). Planche.
Plänkelei f. (plênk^e^la^è^). Escarmouche.
plänkeln. Tirailler.
Plänkler m. ④. Tirailleur.
Plapperei f. (plap^e^r*a*^è^). Babillage, m.
plapperhaft a. Babillard, e.
Plappermaul n. (ma^o^l), **-tasche** f., *fam.* Bavard, e, m., f.
plappern. Babiller.
plärren (pl*è*). Piailler.
Platane f. (*â*n^e^). Platane, m.
Platin n. (t*î*ne). Platine, m.
Plato npr. m. (pl*â*-). Platon.
Platoniker m. ④ (t*ô*nik^e^r). Platonicien.
platonisch a. (t*ô*-). [Lehre usw.] Platonicien, ne. ‖[Liebe usw.] Platonique.
platsch‖! interj. Flac!, paf! ‖**-en** intr. Tomber à plat [dans l'eau] ‖ **¨ern** intr. (*è*tsch^e^rn). Clapoter, barboter. ‖n. Clapotement, m.
platt a. (pl*a*tt). Plat, aplati, e : *Plattform*, f., plate-forme. ‖[Nase] Écrasé, e, épaté, e. ‖adv. : *platt auf dem Bauch*, à plat ventre. ‖n.

Patois, m. : *plattdeutsch*, a., bas-allemand.
Platte f. (plat^e). Partie plate. Plateau, x, m. || [Metall-, Glas-] Plaque. || [Druck] Cliché, m. || [e. Sprechmaschine] Disque, m. : *Plattenspieler*, m., tourne-disques. || [Auftragbrett] Plateau, x, m. || [Schüssel] Plat, m.
Plätteisen n. ④ (plèta**è**z**e**n). Fer [m.] à repasser.
plätten (plèt^en). Aplatir. || [Boden] Aplanir. || [Metall] Laminer. || [Gold] Battre. || [Wäsche] Repasser. || n. Aplatissement, m., aplanissement, m. || Laminage, m. || Battage, m. || Repassage, m.
Plätter, in m. ④, f. (^er, ìn). Repasseur, euse.
Platt||**fisch** m. Plie, f. ||**-heit** f. (**h**a^ète). Aplatissement, m. || *Fig.* Platitude.
Platz|| m. (plàts). Place, f. : *Platz nehmen**, prendre* place, s'asseoir*; *am Platze sein**, être à sa place [opportun]. || dim. *Plätzchen*, n. ④; [Zucker-] Pastille, f. ||**-anweiserin** [Theater] f., Ouvreuse.
platzen. Craquer. || [Regen] Tomber à verse. || [bersten] Crever, éclater.
Platz||**halter** m. (**h**alt^er). Garde-place. ||**-karte,** f. Ticket [m.] garde-place.
Platzregen m. Averse, f.
Plauder||**ei** f. (pla^od^era^è). Causerie. || [Geschwätz] Bavardage, m. ||**-er** m. ④. Causeur.
plauder|| **haft** a. (**h**aft). Bavard, e. ||**-n.** Causer. || [schwatzen] Bavarder.
Plaudertasche f. (tasch^e), *fam.* Bavard, e.
Pleb||**ejer** m. ④ (béey^er), **plebejisch** a. Plébéien, ienne, m., f. ||**-s** f. Plèbe.
Pleite f. Faillite, banqueroute : *pleite sein, fam.*, n'avoir pas le sou.
plenar (plénar) : *Plenar*||*sitzung*, f., *-versammlung*, f. ou *Plenum*, n., séance, assemblée plénière.
Pleonasmus, ...men m. (nasmous). Pléonasme.
Plinthe f. (ìnt^e). Plinthe.
Plombe f. (plòmb^e). Plomb, m.
plombieren tr. (îr^en). Plomber. || n. spl. Plombage, m.
plötzlich a. (plœtsli**ch**). Soudain, e.
Plötzlichkeit f. (ka^èt). Soudaineté.
Pluderhose f. (plou̇d^er**h**ôz^e). Pantalon bouffant, m.
Plumeau n. Édredon, m.
plump a. (ploump). Lourd, e. || [grob] grossier, ière.
Plumpheit f. Lourdeur. || Grossièreté.
plumps|| ! interj. Patatras ! ||**-en.** Tomber lourdement.
Plund||**er** m. spl. (ploùnd^er). Objets hors d'usage, pl. || [Kram] Fatras. || **¨erer** m. ④ (plùnd^er^er). Pillard.
plündern (ùnd^ern). [Ort] Piller. || [Personen] Dévaliser, détrousser.
Plünderung f. Pillage, m. Détroussement, m.
Plural m. ① (ourâl). Pluriel.
Plus|| n. inv. (plouss). *Arithm.* Plus, m. || [Überschuß] Excédent, m. ||**-quamperfekt** n. (kvam-fèkt). Plusque-parfait, m.
Pneumatik, -s m. (mâ-), [Luftreifen], **pneumatisch** a. Pneumatique.
Pöbel m. (peûb^el). Populace, f.
pöbelhaft (**h**aft). Populacier, ière.
pochen intr. (po**ch**^en). Frapper. || *Fig.* [auf, *acc.*] Se vanter [de]. || [Herz] Battre. || tr. Broyer. || [Erz] Bocarder.
Pocher m. ④. Fanfaron.
Pocke f. (pok^e). Bouton, m. || pl. Petite vérole, f., variole, f. || *pockenartig* a., variolique; *Pockenimpfung*, f. (ìmpfoung), vaccination; *pocken*-||*krank*, a., varioleux, euse; *-narbig*, a., grêlé, e.
Podex m. ① (pô-). Derrière.
Podium, -ien n. (ioùm). Estrade, f.
Po||**esie** f. (zî). Poésie. ||**-et, -en, en** m. (*ée*te). Poète. ||**-etik** f. (*ée*tik). Art poétique, m.
poetisch a. Poétique.
Pokal m. ① (âl). Coupe, f.
Pökel m. (peuk^el). Saumure, f.
pökeln. Saler.
Pökelfleisch n. Viande salée, f.
Pol|| m. ① (pôl). Pôle. ||**-ar...** (âr) : ... polaire.
Pole, -n, -n m., **in** f. (pôl^e, ìn). Polonais, e.
Polem||**ik, -en** f. (*lée*-). Polémique. ||**-iker** m. ④. Polémiste.
polemisch a. Polémique.
polieren (îr^en). Polir. || [Waffen] Fourbir. || n. Polissage, m. || Fourbissage, m.

Polin. V. *Pole.*
Poliklinik f. Dispensaire, m.
Politik f. (tîk). Politique. ||**-itiker** m. ④ (tîk^e^r). Politique. ||*Parlam.* Politicien.
pol||itisch a. (lî-). Politique. ||**-itisieren** (zîr^e^n). Faire* de la politique.
Politur f. Poli, m.
Polizei f. (tsaè). Police. ||*Polizei...* : ... de police : *Polizeiamt,* n., bureau [m.] de police, commissariat, m.; *-diener,* m., Polizist, *-en -en,* m., agent de police; *-wache,* f., poste [m.] de police.
polizeilich a. (lich). De police.
Polizei||spion m. ① (schpiône). Mouchard, *fam.* ||**-wesen** n. Police, f.
polnisch a. (pôl-). Polonais, e.
Polster|| n. (polst^e^r). Coussin, m. ||**-bank** f. (bànk). Banquette.
polstern. Rembourrer.
Polsterstuhl m. (schtoûl). Chaise rembourrée, f.
Polter||abend m. (polt^e^rab^e^nt, -d-). Veille de noces, f. ||**-er** m. ④. Tapageur. ||**-geist** m. (gaèst). Lutin.
Poly||techniker m. ④ (tèchnik^e^r). Polytechnicien. ||**-technikum, ...ken** n. (koùm). Institut polytechnique, m.
Pomeranze f. (méràntse). Orange : *Pomeranzen||baum,* m., oranger; ||*-blüte,* f., fleur d'oranger; ||*-farbig,* a., *-gelb,* a., orange; *-wasser,* n., orangeade, f.
Pommer, -n, -n m. (pom^e^r). Poméranien : *pommerisch,* a., poméranien, ne. ||**-n** n. [La] Poméranie, f.
Pomp m. spl. (pòmp). Pompe, f., apparat.
pomp||haft a. (haft), **-ös** a. (-eûss). Pompeux, euse.
Pontifex m. ① (pòn-). Pontife.
Ponton||, -s m. (pron. fr.). Ponton. ||**-brücke** f. Pont [m.] de bateaux.
Pore f. (pôre). Pore, m.
porös a. Poreux, euse.
Porphyr m. ① (îr). Porphyre.
Portal n. ① (tâl). Portail, m.
Portepee, -s n. (épée). Dragonne, f.
Portier, -s m. (pron. fr.). Portier.
Portion f. (tsiône). Portion. ||*Milit.* Ration.
Porto, -s n. (por-). Port, m. ||*portofrei,* a., franc de port, unv., franco, unv.; *Portofreiheit,* f., franchise.
Portu||gal n. (tougâl). [Le] Portugal. ||**-giese, -n, -n** m., **sin** f. (gîze, ìn). Portugais, e. ||*portugiesisch,* a., portugais, e.
Portwein m. (portvaèn). [Vin de] Porto.
Porzellan n. ① (tsèlâne). Porcelaine, f.
porzellanen a. De porcelaine.
Porzellan||erde f. (èrde). Kaolin, m. ||**-ware** f. (vâre). Porcelaine[s].
Posamentier|| m. ① (mèntîr). Passementier. ||**-arbeit** f. (arbaèt), **-waren** pl. (vâr^e^n). Passementerie, f. sing.
Posaune f. (zaone). Trompette. ||[meist] Trombone, m.
positiv a. (îf). Positif, ive. ||m. *Gramm.* Positif. ||n. Épreuve positive, f., positif, m.
Positur f. (oûr). Posture : *sich in Positur setzen,* se mettre* en garde.
Poss||e f. (posse). Farce : *Possen reißen*,* faire* des farces. ||**-en** m. ④. Tour; niche, f. : *possenhaft,* a., bouffon, ne; *Possen||oper,* f., opéra-bouffe, m.; *-reißer,* m., farceur; *-spiel,* n., farce, f.
possierlich a. (sîrlich). Drôle, bouffon, ne.
Post f. Poste.
postalisch a. (tâ-). Postal, e.
Postament, n. ① (mènt). Piédestal, m.
Post||amt n. Bureau [m.] de poste. ||**-anweisung** f. Mandat-poste, m. ||**-beamter** m. Employé des postes. ||**-bote, -n, -n** m. (bôte). Facteur. ||**-dampfer** m. ④. Paquebot. ||**-dienst** m. Service des postes.
Posten|| m. ④ (post^e^n). Poste : *auf Posten stehen*,* être* de garde. || [Schildwache] Sentinelle, f. ||[Rechnung] Article [de compte]. ||[Summe] Somme, f. ||**-kette** f., **-linie** f. Cordon, m. [de sentinelles].
postfrei a. (post-). Franc de port. ||[frankiert] Affranchi, e.
Post||freiheit f. (haèt). Franchise [postale]. ||**-halterei** f. Poste [aux chevaux].
postieren (ir^e^n). Poster.

Post||illon m. ① (iliône). Postillon. ||**-karte** f. Carte postale. ||**-kutsche** f. Voiture de poste.
postlagernd a. (lâgernt, -d-). Poste restante, unv.
Post||paket n. (kéete). Colis postal, m. ||**-sparkasse** f. Caisse d'épargne postale. ||**-stempel** m. Cachet postal. ||**-verkehr** m. Trafic postal. ||**-wagen** m. (vâgen). Diligence, f. ||[Eisenbahn] Wagon-poste. ||**-wesen** n. (vée). Postes, f. pl. ||**-zug** m. Train-poste.
Potenz f. (tènts). *Math.* Puissance.
Pottasche f. (potasche). Potasse.
potztausend! interj. (potztao-). Peste!, sapristi!
Pracht|| f. (pracht). Magnificence, splendeur. ||**-ausgabe** f. (aosgâbe). Édition de luxe.
prächtig (prêchtig), **prachtvoll** a. Magnifique, splendide.
Prädikat n. ① (prê-kâte). Titre, m. ||*Gramm.* Attribut, m.
Prä||fekt, -en, -en m. (fèkt). Préfet. ||**-fektur** f. (toûr). Préfecture.
Präfix n. Préfixe, m.
prägen (prêgen). Empreindre*. ||[Münze] Frapper.
Prägung f. (oung). Frappe.
prahlen intr. (prâlen). [mit...] Se vanter [de].
Prahl||er m. ④. Vantard, fanfaron. ||*Fam.* Blagueur. ||**-erei** f. (aè). Vantardise, fanfaronnade.
prahlerisch a. Vantard, e.
Prahlhans m. = *Prahler.*
Prahm m. Prame, f., bac.
Prakt||ik f. (pra-). Pratique. ||**-iker** m. ④, **-ikus** m. (praktiker, -kouss). Praticien.
prakt||isch a. Pratique : *praktischer Arzt,* praticien, m. ||**-izieren** (tsîren). Pratiquer. ||[Medizin] Exercer.
Prälat, -en, -en m. (prêlâte). Prélat.
prall|| a. Fortement tendu, e. ||[dick und rund] Rebondi, e. ||m. ①. Choc. ||[Sprung] Bond. ||[v. Kugeln] Ricochet. ||**-en.** Rebondir. ||[v. Kugeln] Ricocher.
Prämie f. (prêmie). Prime.
prangen (àngen). Briller.
Pranger m. ④. Pilori.
Pranke f. (ànke). Patte.
Präposition f. (prêpozitsiône). Préposition.
Präs||ens, -entia n. (prêzèns). Présent, m. ||**-enz** f. (ènts). Présence. ||*Präsenzstärke,* f., *-ziffer,* f., effectif[s], m. [pl.].
Präsid||ent, -en, -en m., **-in** f. (dènt, ìn). Président, e. ||**-entschaft** f., **-ium** n. (îdioum). Présidence, f.
präsidieren (îren). Présider.
prasseln (prasseln). Crépiter. ||n. spl. Crépitement, m.
prassen. Vivre* dans la débauche. ||n. Débauche, f.
Prasser m. ④. Débauché. ||**-erei** f. Débauche.
Präteritum, ...ta n. (prêtéeritoûm). Prétérit, m.
Prätor, -en m. (prêtor, ôren). Prêteur.
Praxis f. (pra-). Pratique. ||[Kundschaft] Clientèle.
Präzedenzfall m. (prêtsedènts-). Précédent.
predigen (préedigen). Prêcher. ||n. Prédication, f.
Prediger m. ④. Prédicateur.
Predigt f. (igt). Prêche, m., sermon, m.
Preis m. (praès). Prix : *hoch im Preise,* d'un prix élevé; *um jeden Preis,* à tout prix. ||[Belohnung] Prix. ||**-aufgabe** f. (aofgâbe). Sujet mis au concours, m. ||**-aufschlag** m. (aofschlâg). Majoration, f. ||**-ausschreibung** f. (aoschraèboung). Mise au concours.
Preiselbeere f. Airelle, myrtille.
preisen* (praèzen). Louer, vanter : *glücklich preisen,* estimer heureux.
Preis||erhöhung f. (heûoung). Augmentation. ||**-ermäßigung** f. (mêssigoung). Réduction. ||**-frage** f. (frâge). Sujet mis au concours, m.
preis||geben* *sép.* (géeben). Livrer, abandonner [à]. ||**-gekrönt** a. (gékreûnt). Couronné, e.
Preis||index m. Indice des prix. ||**-kurant** m. (kourànt), **-liste** f. Prix courant, m., tarif, m. ||**-verzeichnis** n. (fertzaèchniss) = *Preisliste.*
preiswürdig a. (vûrdig). Louable.
Preiszettel m. (tsètel). Étiquette, f.
Prellbock m. (prèl-). Heurtoir.

prellen. Faire* bondir. ‖*Fig* [betrügen] Tromper. ‖[um Geld] Escroquer. ‖[e. Käufer] Voler, *fam.* écorcher.
Prell‖er m. ④. Escroc, voleur. ‖**-erei** f. (*e*raè). Escroquerie. ‖**-kraft** f. Élasticité. ‖**-stein** m. (schtaèn). Borne, f. ‖**-schuß** m. (schous). Ricochet. ‖**-ung** f. Contusion.
Presse f. (prèss*e*). Presse : unter *der Presse,* sous presse; *Presseausweis,* m., coupe-file; *Pressenotiz,* f., entrefilet, m.
press‖en. Presser. ‖ [zusammen-] Comprimer : *Preßkohle,* f., comprimé, m., briquette. ‖n. Pression, f., compression, f. ‖**-ieren** tr. (îr*e*n). Presser. ‖intr. et *pressiert sein**, presser, intr., être* pressé.
Preuß‖e, -n, -n m., **in** f. (prœüs*e*, ìn). Prussien, ienne. ‖*preußisch,* a., prussien, ne.
prickeln (prik*e*ln). Picoter. ‖n. spl. Picotement, m.
Prieme f. (prîm*e*). Chique.
priemen. Chiquer.
pries imp. de *preisen**.
Priester‖, in m. ④, f. (prîst*e*r, ìn). Prêtre, sse. ‖**-amt** n. Sacerdoce, m.
priesterlich a. (lich). Sacerdotal, e, pl. m. aux.
Priester‖rock m. Soutane, f. ‖**-schaft** f. Prêtrise. ‖[Geistlichkeit] Clergé, m. ‖**-stand** m. (schtànt, -d-). Prêtrise, f. ‖**-weihe** f. (vaèe). Consécration.
Prim‖a, ...men f. (prî-). Classe de première. ‖*Com.,* = *Primawechsel.* ‖*Prima...,* premier, ière... Ex. : *Prima‖qualität,* f., première qualité; *-wechsel,* m., première [f.] de change. ‖**-aner** m. ④ (primâ-n*e*r). Élève de première.
primär a. (ére). Primaire.
Prim‖as, -maten m. (prî-, ât*e*n). Primat. ‖**-zahl** f. (tsâl). Nombre premier, m.
Prinz‖, -en, -en m., **-essin** f. (prints, èssin). Prince, esse. ‖**-gemahl** m. (gémâl). Prince consort.
Prinzip‖, -ien n. (printsîp). Principe, m. : *prinzipienfest,* a., ferme [*fam.* à cheval] sur les principes. ‖**-al, in** m. ①, f. (pâl, ìn). Patron, onne.
prinzipiell a. (ièl). De principe. ‖adv. En principe.
prinzlich a. Princier, ère.
Prior‖, -en m., **in** f. (prior, ôr*e*n, ìn). Prieur, e. ‖**-ität** f. (tête). Priorité.
Prise f. (prîz*e*). Prise.
Prisma, -men n. (prî-). Prisme, m.
prismatisch a. (mâ-). Prismatique.
Pritsche f. (pritsch*e*). Batte. ‖[Lager] Lit de camp, m.
privat... a. (vâte). Privé, e, particulier, ière : *Privat‖leben,* n., *-sache,* f., vie, f., affaire privée; *-lehrer,* m., professeur particulier; *-stunde,* f., leçon particulière.
Privatdozent m. (tsènt). Maître de conférences.
privatim adv. A titre privé.
privatisieren intr. (zîr*e*n). Vivre* de ses rentes.
Privat‖issimum, ma n. (issimoum). Cours privé, m. ‖**-mann** m., pl. **-leute** (lœüt*e*). Particulier.
pro prép. Pour. ‖[per] : *pro Stück,* par pièce.
Probe f. (prôb*e*). Épreuve. ‖[Versuch] Essai, m. : *auf die Probe stellen,* mettre* à l'épreuve, à l'essai. ‖[Beweis] Preuve. ‖[Theater-] Répétition : *Probe halten**, répéter, faire* une répétition. ‖[Waren-]. Spécimen, m. ‖[Muster] Échantillon, m.
Probe‖bild n. [Photo] Épreuve, f. ‖**-bogen** m. (bôg*e*n), **-druck** m. (drouk). Épreuve, f., spécimen. ‖**-gefäß** n. (géfês). Éprouvette, f.
probehaltig a. (haltig). A l'épreuve. ‖[Metall] De bon aloi.
Probe‖jahr n. (yâr). Année [f.] de stage. ‖**-kandidat** m. (kàndidâte). Stagiaire. ‖**-nummer** f. (noum*e*r). Numéro spécimen, m. ‖[Theater] **-spiel** n. (schpîl). Début, m.
probeweise adv. (vaèz*e*). A titre d'essai.
Probezeit f. (tsaèt). Période d'essai. ‖[bei Beamten] Stage, m. ‖[in Klöstern] Noviciat, m.
probieren tr. (îr*e*n). Éprouver. ‖[versuchen] Essayer. ‖[Speisen] Goûter. ‖[Getränke] Déguster.
Probieren n. Épreuve, f. ‖Essai, m. ‖Dégustation, f.
Probier‖gewicht n. (gèvicht). Étalon, m. ‖**-mamsell** f. (màmzèl). Essayeuse, mannequin, m. ‖**-stein** m. Pierre de touche, f.

Produ||**kt** n. ① (d*ou*kt). Produit, m. ||*Com.* Denrée naturelle, f. ||**-zent, -en, -en** m. (tsènt). Producteur.
profan|| a. Profane. ||**-ieren.** Profaner.
Profess||**or, -en** m. (fèss*o*r, -*ô*r^e^n). Professeur. ||**-ur** f. (*oû*r). Professorat, m. ||[Lehrstuhl] Chaire.
profitieren (*î*r^e^n). Profiter.
Profos m. ① (f*ô*ss). Prévôt. ||[Kerker-] Geôlier.
Prognose f. (g'n*ô*z^e^). Pronostic, m. ||[Arzt] Diagnostic.
Projekt n. ① (yèkt). Projet, m.
projizieren (ts*î*). Projeter.
Prokur||**a, -s** f. (k*oû*-). Procuration. ||**-ist, -en, -en.** m. Fondé de pouvoir.
Prol||**etariat** n. (*iâ*te). Prolétariat, m. ||**-etarier** m. ④ (t*â*ri^e^r). Prolétaire.
Prolog m. ① (*ô*g). Prologue.
Promotion f. (tsi*ô*ne). Promotion.
promovieren tr. (*i*r^e^n). Recevoir docteur. ||intr. Être* reçu docteur.
Pronom||**en, -ina** n. (n*ô*m^e^n). Pronom. m.
Propaganda f. Réclame, publicité, propagande.
Propeller m. ④ (pèl^e^r). Propulseur, hélice, f.
Prophet, -en, -en m. (f*é*ete). Prophète.
prophezeien tr. (ts*a*è^e^n). Prophétiser.
Prophezeiung f. Prophétie.
Propst m. Prévôt. ||[protest.] Premier pasteur.
Pro||**sa** f. (pr*ô*-). Prose. ||**-saiker** m. (*a*ïk^e^r). Prosateur.
prosaisch a. (*â*isch). Prosaïque.
prosit! interj. (pr*ô*zit). A votre santé. ||[beim Niesen] Dieu vous bénisse!
Prosodie f. (d*î*). Prosodie.
prosodisch a. (z*ô*-). Prosodique.
Prospekt m. ① (èkt). Perspective, f. ||[Anzeige] Prospectus.
prostituieren tr. (tou*î*r^e^n). Prostituer.
Prostitution f. (tsi*ô*ne). Prostitution.
Proszenium, ...ien n. (tsénioùm). Proscenium, m. ||Avant-scène.
Protest m. ① (tèst). Protestation, f. : *Protest erheben**, protester. ||[bei Wechseln] Protêt.
Protest||**ant, -en, -en** m., **in** f. (*à*nt, *ì*n). Protestant, e.
protestantisch a. (*à*n-). Protestant, e.
Protestantismus m. (*is*-). Protestantisme.
protestieren intr. [Wechsel] tr. Protester.
Prothese f. Prothèse.
Protokoll n. ① (kol). Procès-verbal, aux, m. : *das Protokoll führen*, rédiger le procès-verbal. ||[diplomatisches] Protocole, m. : *protokollieren*, tr., dresser [un] procès-verbal [de].
Protz m. Vantard.
protzen. Se vanter.
Protz||**e** f. (pr*o*ts^e^), **-wagen** m. (v*â*g^e^n). Avant-train m.
protzenhaft, -ig a. Arrogant, e.
Proviant m. spl. (vi*à*nt). Vivres, m. pl.
proviantieren (*î*r^e^n) = *verproviantieren.*
Provinz|| f. (v*ì*ntz). Province : *in der Provinz leben*, vivre* en province. ||**-bewohner, in** m., f. (v*ô*n^e^r, *ì*n), **provinziale[r]** a. s. (tsi*â*l^e^r). Provincial, e.
Provis||**ion** f. (zi*ô*ne). Provision. ||**-or, -oren** m. (*î*zor, -*ô*r^e^n). Gérant d'une pharmacie.
provisorisch a. (z*ô*-). Provisoire.
provozieren (ts*î*r^e^n). Provoquer.
Prozedur f. (tséd*oû*r). Procédure.
Prozent n. ① (tsènt). Pour cent, m., pourcentage, m. : *Prozentsatz*, m., taux.
prozentig a. : *dreiprozentige* [3 % *ige*] *Rente*, rente 3 %.
Pro||**zeß** m. ① (tsèss). Procès, m. : *einen Prozeß führen*, avoir* un procès, plaider; *Prozeßführer*, m., plaideur; *kurzen Prozeß machen*, y aller* carrément. ||[Verfahren] Procédé. ||[Gang] Marche, f. ||**-zession** f. (si*ô*ne). Procession.
Prozeß||**kosten** pl. (kost^e^n). Dépens. ||**-ordnung** f. Procédure. ||**-sucht** f. (zou**ch**t). Esprit de chicane, m.
prozeßsüchtig a. (*zu***ch**tig). Chicanier, ière, procédurier, ière.
Prozeßverfahren n. (f^e^rf*â*r^e^n). Procédure, f.
prüf||**en** (pr*û*f^e^n). Examiner. ||[erproben, heimsuchen] Éprouver. ||[kosten] Goûter. ||[Rechnung] Vérifier. ||*Fig.* [Herz] Sonder. ||**-end** p. a. [Blick] Scrutateur. ||**-er** m. ④ (pr*û*f^e^r). Examinateur.

Italique : accentuation. **Gras** : pron. spéciale. *Verbe fort. V. GRAMMAIRE.

Prüf‖ling m. (lìng). Candidat. ‖**-stand** m. Banc d'essai. ‖**-stein** m. Pierre de touche, f. ‖**-ung** f. Examen, m. : *eine Prüfung abhalten**, faire* [passer] un examen; *eine Prüfung bestehen**, passer un examen. ‖[e. Rechnung] Vérification. ‖ [Heimsuchung] Épreuve. ‖*Prüfungs‖arbeit*, f., *-aufgabe*, f., épreuve [sujet, m.], composition d'examen; *-kommission*, f., jury [m.] d'examen.

Prügel m. ④ (prûgel). Bâton. ‖pl. [Schläge] Coups de bâton. ‖**-ei** f. (aè). Rixe.

prügeln. Rosser.

Prügelstrafe f. Bastonnade.

Prunk m. spl. (prounk). Pompe, f., faste.

prunkhaft a. (haft). Pompeux, euse, fastueux, euse.

P.S. = *Postskriptum*, P. S. ‖**PS**, = *Pferdestärke*, H. P.

Psal‖m, -en m. (psalm). Psaume. ‖**-mbuch** n. (boûch). Psautier, m. ‖**-mengesang** m. (engézàng). Psalmodie, f. ‖**-ter** m. ④. Psautier.

pst! interj. Chut!

Psychiater m. Psychiatre.

psychisch a. (psûch). Psychique.

Psycho‖analyse. f. Psychanalyse. ‖**-log, -en, -en** m. (lôg). Psychologue. ‖**-logie** f. (lôgie). Psychologie.

Publi‖kum n. (poûblikoum). Public, m. ‖**-zist, -en, -en** m. (tsist). Publiciste, journaliste.

Pudel m. ④ (poûdel). Caniche, barbet.

Puder m. ④. Poudre, f. [de riz] : *Pudermantel*, m. ③, peignoir.

pud‖erig a. Poudreux, euse. ‖**-ern.** Poudrer.

puff! interj. (pouf) Pouf! ‖m. Détonation, f. ‖[Wulst] Bouffant. ‖[Stoß] Choc, bourrade, f.

Puffärmel m. (èrmel). Manche bouffante, f.

puffen intr. (poufen). Détoner. ‖tr. Battre*.

Puffer m. ④. Pistolet de poche. ‖[am Wagen] Tampon : *Pufferstaat*, m., État tampon.

puffig a. (ig). Bouffant, e.

Puls‖ m. ① (pouls). Pouls. ‖**-ader** f. (âder). Artère.

pulsieren (îren). Battre.

Puls‖schlag m. (âg). Pulsation, f. ‖**-wärmer** m. ④ (vèrmer). Manchette, f.

Pult n. ① (poult). Pupitre, m. ‖[in d. Kirche] Lutrin, m.

Pulver‖ n. ④ (poulfer). Poudre, f. [à canon] : *Pulverhorn*, n., poire [f.] à poudre. ‖**-fabrik** f. (ìk). Poudrerie.

pulverig a. (ig). Pulvérulent, e.

Pulvermagazin n. (tsîne), **-niederlage** f. (nîderlâge). Poudrière, f.

pulvern (poulfern). Pulvériser.

Pump‖ m. ① (poump), *fam.* Emprunt : *auf Pump, fam.*, à crédit. ‖**-e** f. (poumpe). Pompe.

pumpen. Pomper. ‖*Fam.* Emprunter.

Pumpernickel m. ④. Pain noir.

Pumphose f. (hôze). Pantalon [m.] bouffant.

Punkt m. ① (pounkt). Point : *Punkt zwölf*, à midi précis.

punkt‖ieren tr. (îren). Pointiller. ‖*Gramm.* Ponctuer. ‖[Note] Pointer. ‖ **¨lich** a. (pùnktlich). Ponctuel, elle.

Pünktlichkeit f. Ponctualité.

Punktsieg m. [Boxsport] Victoire [f.] aux points.

Punktum, n. *Gramm.* point m. ‖*damit Punktum!*, en voilà assez!

Punktur f. (oûr). Ponction.

Punsch m. ① (poùnsch). Punch.

Puppe f. (poupe). Poupée. ‖[Draht-] Marionnette. ‖ [v. Kerbtieren] Chrysalide. ‖dim. *Püppchen*, n. ④ (pupchen). ‖[Kind] Poupon, m., bébé, m.

pur a. (poûr). Pur, e.

Purg‖anz f. (pourgàntz), **-ativ** n. ① (îf, -v-). Purgation, f. ‖[Arznei] Purgatif, m. ‖**-ier...** (gîr) : ... purgatif, ive : *Purgiermittel*, n., purgatif, m.

purgieren (îren). Purger.

Pur‖ismus m. (pourismouss). Purisme. ‖**-ist, -en, -en** m. Puriste.

Puritaner m. ④ (âner), **puritanisch** a. Puritain, e.

Purpur m. (pour-). Pourpre, f.

purpur‖farben a., **-farbig** a., **-rot** a. (en, -ig, rôte). Pourpre.

Purzel... V. *Burzel...*

Pustel f. (pous). Pustule.

pusten (pousten), *fam.* Souffler, haleter.

Pustrohr n. Sarbacane, f.

Put||**e** f. (poûte). Dinde. ||**-er** m. ④, *Puterhahn*, m., dindon; *puterrot*, a., cramoisi.
Putsch m. ① (poutsch). Coup de main.
Putz m. spl. (pouts). Toilette, f. || [Schmuck] Parure, f. ||Bewurf] Crépi.
putzen. [schmücken] Parer. || [reinigen] Nettoyer. || [Schuhe] Décrotter, cirer. || [blank machen] Astiquer. || [Waffen] Fourbir. || [Pferde] Panser. || [Licht, Nase] Moucher. || [Bäume] Élaguer.
Putzen n. spl. Nettoyage, m. || Décrottage, m. || Astiquage, m. ||Fourbissage, m. ||Élagage, m.
Putz||**er** m. ④. Nettoyeur, etc. V. *putzen.* ||**-frau** f. Femme de ménage. ||**-geschäft** n. (géschèft), **-handel** m. Commerce [m.] de modes. ||**-macherin** f. Modiste. ||**-tisch** m. Toilette, f. ||**-waren** pl. Articles de mode.
Pyramide f. (îde). Pyramide. ||[v. Gewehren] Faisceau, x, m.
Pyrenäen pl. (nêen). Pyrénées, f. pl.
pyrenäisch a. (nê'isch). Pyrénéen, enne.

Q

quabbelig a. Flasque.
Quacksalb||**er** m. ④ (kvakzalber). Charlatan, guérisseur, rebouteux. ||**-erei** f. (eraè). Charlatanerie.
Qua||**der** m. ④ (kvâder), *Quaderstein*, m. (schtaèn). Pierre de taille, f. ||**-drant** m. Quart de cercle, cadran. ||**-drat** n. ① (drâte). Carré, m. || [Musik] Bécarre, m. ||*Quadrat*||*meter*, n., mètre carré, m.; *-wurzel*, f. racine carrée; *-zahl*, f., carré m.
Quadrille f. (ile). Quadrille, m.
quaken intr. (kvâken). Coasser. ||n. spl. Coassement, m.
Qual f. (kvâl). Tourment, m. : *qualvoll*, a., douloureux, euse.
quäl||**en** tr. Tourmenter. ||*Fig.* Importuner. ||**-end** p. a. Tourmentant, e. || [Schmerz] Cruel, le.
Quäl||**er** m. ④. Bourreau, x. ||**-erei** f. (kvêleraè). Torture. ||*Fig.* Importunité.
Qualität f. (kva-tête). Qualité.
qualitativ a. et adv. (tîf). Relatif, ve[ment] à la qualité.
Qualle f. (kvale). Méduse.
Qualm m. ① (kvalm). Fumée, f. [épaisse].
qualm||**en** intr. Fumer. ||**-ig** a. (ig). Fumeux, euse.
Quantität f. (kvàntitête). Quantité.
quantitativ a. et adv. (îf). Relatif, ve[ment] à la quantité.
Quantum, ...en n. (toum). Quantité, f., quote-part, f.
Quappe f. (kvape). Têtard, m.
Quarantäne f. (kvarànténe). Quarantaine.
Quark m. ① (kvark). Fromage blanc.
Quar||**t** n. ① (kvarte), **t-band** m. (bànt, -d-). [Volume] In-quarto, m. ||**-ta, -ten** f. [Classe de] quatrième. ||**-tal** n. ① (âl). Trimestre, m. ||**-taner** m. ④ (âner). Élève de quatrième. ||**-te** f. (kvarte). Quarte. || [Piket] Quatrième. ||**-tett** n. (tètt). Quatuor, m. ||**-tier** n. ① (îr). Quartier, m. || [Wohnung] Logement, m. : *Quartier nehmen**, se loger; *Quartiergeber*, m., logeur; *Quartiermeister*, m. *Mar.* quartier-maître; *Mil.* maréchal des logis.
Quarz m. ① (kvarts). Quartz.
Quast m. ①, **-e** f. (kvast). Houppe, f. || [am Degen usw.] Gland, m.
Quäst||**or, -oren** m. (kvèstor, -ôren). Questeur. ||**-ur** f. (oûr). Questure.
Quatember m. (kvatèmber). Quatre-Temps, pl.
Queck||**e** f. (kvèke). Chiendent, m. ||**-silber** n. (zilber). Mercure, m. ||*Quecksilber, quecksilberhaltig*, a. Mercuriel, elle.
Quell|| m. (kvèl), **-e** f. (kvèle). Source, f. || [Brunnen] Fontaine, f.
quellen* [*sein*]. Sourdre*, jaillir*. || *Fig.* [entstehen] Naître*. || [schwellen] Gonfler.
Quendel m. (kvèn-). Serpolet.
quer a. (kvéer). Transversal, e. ||adv. En travers : *quer übers Feld*, à travers champs.

Querbalken m. Traverse, f.
Quere f. (kvéere). Biais, m. : *einem in die Quere kommen**, contrarier les projets de qn.
Quereisen n. ④ (aèzen). Traverse [f.] de fer.
que‖ren. Traverser. ‖**-feldein** adv. (aèn). A travers champs.
Quer‖frage f. (frâge). Interruption. ‖**-holz** n. (holts). Traverse, f. ‖**-kissen** n. ④ (kissen). Traversin, m. ‖ **-kopf** m. Esprit bizarre, mal équilibré. ‖**-linie** f. Ligne transversale. ‖**-pfeife** f. (pfaèfe), **-pfeifer** m. ④. Fifre, m. ‖**-rinne** f. [Verkehrszeichen] Cassis, m. ‖**-sack** m. Bissac. ‖**-schiff** n. Transept, m. ‖**-straße** f. Rue transversale. ‖**-strich** m. (schtrich), *fig.* Contrariété, f., contretemps.
querüber adv. En travers.
Querweg m. Chemin de traverse.
Quetsche f. (kvètsche). 1. Presse : *in der Quetsche*, serré comme des harengs; *fig.* dans l'embarras. ‖2. = *Zwetschke.*
quetschen. Écraser. ‖[am Körper] Meurtrir.
Quetschung f. Meurtrissure, contusion.
quieken intr. (kvîken). Pousser des cris aigus.
quill, quillt. V. *quellen**.
Quint‖a, -ten f. (kvìnta). [de] cinquième. ‖**-e** f. (kvìnte). Quinte. ‖[an d. Geige] Chanterelle. ‖**-essenz** f. (sènts). Quintessence. ‖**-ett** n. ①. Quintette, m.
Quirl m. ① (kvirl). Moulinet.
quirlen. Battre avec un moulinet.
quitt a. inv. (kvìt). Quitte.
Quitte f. Coing, m. : *Quittenbaum,* m., cognassier.
quittieren (îren). Acquitter.
Quittung f. Quittance, reçu, m.
quoll imp. de *quellen**.
Quot‖e f. (kvôte). Quote-part. ‖**-ient, -en, -en** m. (tsiènt). Quotient.

R

Raa f. (râ). Vergue.
Rabatt m. ①. Rabais.
Rabbi‖, -s m. (ra-), **-ner** m. ④ (îner). Rabbin.
Rabe, -n, -n m. (râbe). Corbeau, x. ‖*Raben‖vater,* m., *-mutter,* f., père, mère dénaturé, e.
rabiat a. (âte). En rage, furieux, euse.
Rabulist, -en, -en m. (boulist). Chicaneur.
Rache f. (rache). Vengeance : [an einem, für etw.] *Rache nehmen**, se venger [de, sur], tirer vengeance [de]; *aus Rache,* par [esprit de] vengeance; *nach Rache schreien**, crier vengeance. ‖*Rach‖begierde,* f., *-sucht,* f., soif de vengeance.
Rachen m. ④. Gueule, f. ‖[d. Menschen] Pharynx.
rächen [sich] (rêchen). [an. *dat.*] [Se] venger [de].
Rächer m. ④. **in** f. (er, ìn), **rächend** p. a. Vengeur, geresse.
Rad n. ② (râte, -d-). Roue, f. : [*ein*] *Rad schlagen**, faire* la roue *ou* le moulinet. ‖[Fahr-] Bicyclette, f. : *Rad fahren**, cf. *radfahren.*
Radar m. Radar.
Radau m. (ao), *fam.* Tapage.
Rade f. (râde). Nielle.
radebrechen [Sprache] ‖Écorcher. ‖[Namen] Estropier.
radeln (râdeln), *fam.* Pédaler.
räd‖erig a. (rèderig) : *dreiräderig,* à trois roues. ‖**-ern.** Munir de roues. ‖[Verbrecher] Rouer; *fig. wie gerädert sein**, être* moulu. ‖n. Supplice [m.] de la roue. ‖*Räderwerk,* n. (ré-), rouage[s], m. [pl.].
Radfahrbahn f. Vélodrome, m.
radfahren sép. [*sein*] (fâren). Aller* à bicyclette. ‖n. spl. Course à bicyclette, f. ‖[allgemein] Cyclisme, m.
Rad‖fahrer m. ④. Cycliste. ‖**-fahrt** f. = *Radfahren.*

radieren (îrᵉn). Gratter, effacer : *Radier*‖*gummi*, n., gomme à effacer, f.; *-messer*, n., grattoir, m.
Radierung f. Eau-forte.
Radieschen n. ④. Radis, m.
radikal a. (*âl*). Radical, e.
Rad‖**iogramm** n. ① (*àm*). Radiogramme, m. ‖**-iologe** m. Radiologue. ‖**-ium** n. (ioum). Radium, m.
Radius, ien m. (ious). Rayon.
Radler m. ④ (râdlᵉr) = *Radfahrer*.
radschlagen. V. *Rad*.
Rad‖**spur** f. (schpôur). Ornière. ‖**-weg** m. Piste cyclable.
raffen. Enlever vivement. ‖*Fam.* rafler : *dahinraffen*, emporter.
Raffinade f. (*nâd*ᵉ). Sucre raffiné, m.
raff‖**inieren** (îrᵉn). Raffiner. ‖n. Raffinage, m. ‖**-iniert** a. (îrt). Raffiné, e.
Raffiniertheit f. (îrthaᵉt). Raffinement, m.
Raffke m. Nouveau riche.
ragen intr. (râgᵉn). S'élever.
Rahe f. (râᵉ). V. *Raa*.
Rahm m. (râm). Crème, f.
Rahmen m. ④ Cadre : *Rahmengesetz*, n., loi-cadre, f. ‖[Fenster usw.] Châssis.
Rahm‖**käse** m. Fromage à la crème. ‖**-schnee** m. Crème [f.] fouettée.
Rain m. ① (raᵉne). Lisière, f.
Rakete f. (*kéet*ᵉ). Fusée.
Rakett m. ①. Raquette, f.
Ramm‖**bock** m. Bélier. ‖[Maschine] = *Ramme*. ‖**-e** f. Demoiselle, mouton, m. [pour enfoncer].
Rampe f. (ràmpᵉ). Rampe.
ramponieren (îrᵉn). Abîmer.
Ramsch m. (ràmsch). 1. Stock : *im Ramsche*, en bloc. ‖2. [Spiel, auch *Rams*] Rams.
Rand‖ m. ② (rànt, -d-). Bord. ‖[gestülpt] Rebord. ‖[e. Seite] Marge, f. ‖**-al** m. ① (dâl). Tapage; boucan, *fam.*
rändern tr. (rèndᵉrn). Border.
Rand‖**leiste** f. (laᵉstᵉ). Rebord, m. ‖**-note** f. (nôtᵉ). Note marginale. ‖**-stein** m. (schtaᵉn). [am Brunnen] Margelle, f. ‖[am Trottoir] Bordure, f.
Ranft‖ m. (rànft). Croûte, f. ‖ **¨chen** n. ④ (rènft'chᵉn), dim. Croûton, m.
rang imp. de *ringen**.
Rang‖ m. (ràng). Rang : *einem den Rang ablaufen**, l'emporter sur qn. ‖**-klasse** f. Rang, m. ‖**-streit** m. Dispute de préséance, f. ‖**-e, -n, -n** m. (ràngᵉ), *fam.* Polisson.
rangieren (jîrᵉn). Ranger. ‖[Eisenbahn] Garer.
Rang‖**ordnung** f. (oung). Hiérarchie. ‖**-stufe** f. (schtoûfᵉ). Grade, m.
Rank‖**e** f. (rànkᵉ). Tige grimpante : *Rankengewächs*, n., plante grimpante, f. ‖[d. Rebe] Sarment, m. ‖ **¨e** pl. (rènkᵉ). Intrigues, f. pl. : *Ränke*‖*schmied*, m., *-süchtig*, *-voll*, a., intrigant, e.
ranken intr. Grimper.
rann, rannte imp. de *rinnen**, *rennen**.
Ranunkel f. (noùnkᵉl). Renoncule.
Ranzen m. ④ (ràntsᵉn). Sac [au dos].
ranzig a. (ig). Rance : — *werden**, rancir; — *riechen**, *schmecken*, sentir* le rance.
Rapier n. ① (îr). Rapière, f.
Rappe, -n, -n m. (rapᵉ). Cheval noir : *auf Schusters Rappen reiten**, *fam.*, aller* à pied.
Rap‖**s** m. Colza. ‖**-unzel** m. ④ (poùntsel). Raiponce, mâche, f.
rar a. Rare.
Rarität f. (*tête*). Rareté.
rasch a. Rapide.
Raschheit f. Rapidité.
rascheln. Frôler.
Rascheln n. spl. Frôlement, m.
Rasen m. (*râz*ᵉn). Gazon. ‖*Rasen*‖*-mäher*, m. (mêᵉr). Tondeuse, f.; *-platz*, m. Pelouse, f.
ras‖**en** intr. Être* en fureur. ‖[v. Dingen] Faire* rage. ‖**-end** a. (ᵉnt, -d-). Furieux, euse.
Raserei f. (*râz*ᵉ*ra*ᵉ). Fureur, rage.
rasieren (îrᵉn). Raser : *Rasier*‖*bekken*, n. ④, plat [m.] à barbe; *-messer*, n. ④, rasoir, m.; *-pinsel*, m., blaireau; *-seife*, f., savon à barbe, m.
rasig a. (ig). Couvert, e de gazon.
räsonnieren intr. (rêzonîrᵉn). Raisonner, ergoter.
Raspel f. (*rasp*ᵉl). Râpe.
raspeln (ᵉln). Râper.
Rasse f. (rassᵉ). Race.
Rassel f. (rassᵉl). Crécelle.
rasseln. Grincer. ‖n. spl. Grincement, m.

rassig a. De race.
Rassist, -en, -en m. (ist). Raciste.
Rast f. (rast). Repos, m. ‖ [Halt] Arrêt, m. : *Rast machen,* se reposer, s'arrêter; *ohne Rast und Ruhe,* sans trêve ni repos.
rast‖en intr. Se reposer. ‖**-los** a. Sans repos.
Rasur f. (zoûr). Grattage, m.
Rat‖, pl. -schläge m. (râs, -schlêge). Conseil. ‖ [Wink] Avis : *einen um Rat fragen, zu Rate ziehen*,* demander conseil à [consulter] qn; *sich bei jm. Rats erholen,* prendre* conseil de qn; *sich keinen Rat mehr wissen*,* ne plus savoir* que faire* [à quel saint se vouer]. ‖ [Beratung]; *Rat halten*, zu Rate gehen*,* délibérer. ‖pl. **¨e** (rète). 1. [Versammlung] Conseil m. ‖2. et *Ratsherr, -n, -en,* m., conseiller.
rät. 3e p. ind. pr. de *raten**.
Rate f. (râte). Quote-part : *in Rate [ratenweise] zahlen,* payer par termes, à tempérament.
raten* tr. Conseiller; *es für geraten halten*,* juger à propos. ‖ [erraten] Deviner.
ratenweise adv. [Kauf] à tempérament.
Ratenzahlung f. Paiement [m.] par acomptes, par termes.
Rat‖erteilung f. (taèloung). Consultation. ‖**-geber** m. (géeber). Conseiller. ‖**-haus** n. (haos). Hôtel-de-ville, m. ‖ **¨in** f. (rêtìn). Conseillère.
Ration f. (ratsiône). Ration.
rational a. (âl). Rationnel, elle.
Ration‖alismus m. Rationalisme. ‖**-alist, -en, -en** m. Rationaliste.
rationell a. Rationnel, elle.
ratlos a. (râtlôss, -z-). Perplexe.
Ratlosigkeit f. Perplexité.
ratsam a. Opportun, e.
Rat‖samkeit f. Opportunité. ‖**-schlag** m. V. *Rat.* ‖**-schluß** m. Arrêt.
Rätsel n. (rêtzel). Énigme, f. ‖ [kleines] Devinette, f.
rätselhaft a. Énigmatique.
Ratte f. (rate). Rat. m. ‖*Ratten‖-falle,* f., ratière; *-fänger,* m. ④, ratier; *-gift,* n., mort-aux-rats, f.
Raub‖ m. spl. (raop, -b-). Vol [à main armée], rapine, f. ‖ [Straßen-] Brigandage. ‖ [Entführung] Enlèvement, rapt. ‖ [Geraubtes] Proie, f. ‖*Milit.* Butin. ‖**-anfall** m. Attaque à main armée, f.
rauben. Voler [à main armée]. ‖ [Personen] Enlever, ravir.
Räub‖er m. ④ (rœüber). Brigand. ‖ [Straßen-] Bandit. *Räuber*]*höhle,* f., *-nest,* n., coupe-gorge, m., repaire, m. [de brigands]. ‖**-erei** f. (eraè). Rapine, brigandage, m.
räuberisch a. De brigand. ‖ [raubgierig] Rapace.
Raubgier f. (gîr). Rapacité.
raubgierig a. Rapace.
Raub‖mord m. (morte, -d-). Vol avec assassinat. ‖**-schiff** n. Corsaire, m. ‖**-tier** n. (tîr). Animal [m.] féroce *ou* de proie. ‖**-vogel** m. (fôgel). Oiseau, x, de proie.
Rauch m. spl. (raoch). Fumée, f. ‖*Rauch‖abteil,* m. et n., compartiment [m.] de fumeurs; *-fang,* m., fumivore; [am Kamin] hotte, f.; *-tabak,* m., tabac à fumer; *-zimmer,* n., fumoir, m.
rauch a. = *rauh.*
rauchen (raochen). Fumer. ‖n. : *Rauchen verboten!,* défense de fumer.
Raucher m. ④. Fumeur.
räuchern tr. (rœüchern). [Fleisch usw.] Fumer. ‖ [Räume] Fumiger : *Räucher‖kerzchen,* n., pastille du sérail, f.; *-pfanne,* f., cassolette. ‖intr. Faire* des fumigations. ‖n. et **Räucherung** f. Fumigation, f.
Rauch‖waren pl. (vâren), **-werk** n. Pelleterie, f., fourrures, f. pl.
Räude f. (rœüde). Gale [des chiens].
räudig a. (ig). Galeux, euse.
Rauf‖bold m. ① (raofbolt, -d-). Bretteur. ‖**-degen** m. (déegen). Rapière, f.
Raufe f. (raofe). Râtelier, m.
raufen. Arracher : *sich raufen,* se battre.
Rauf‖er m. ④ = *Raufbold.* ‖**-erei** f. (raè). Rixe. ‖**-sucht** f. (zoucht). Humeur batailleuse.
raufsüchtig a. (zuch). Batailleur, euse.
rauh [ou **rauch**] a. (raoch). Rude, âpre. ‖ [Zeug] Brut, e. ‖ [behaart] Velu, e. ‖ [Stimme] Rauque. ‖ [grob] Grossier, ière. ‖ [barsch] Bourru, e. ‖*Fig.* [Klima] Rude, rigoureux,

euse. ‖adv. Rudement, âprement : *rauh behandeln,* rudoyer.
Rauh‖[h]**eit** f. (**ha**ᵉt). Rudesse, âpreté. ‖**-reif** m. Givre.
Raum‖ m. (raᵒm). Espace : *freien Raum geben*,* donner libre accès [*fig.* libre jeu]. ‖[Zimmer] Pièce, f. ‖ **¨-boot** n. Dragueur [m.] de mines.
räumen (rœümᵉn). [wegschaffen] Enlever. ‖[aus dem Wege] Écarter. ‖[Hindernis] Aplanir. ‖[leeren] Vider. ‖[Festung] Évacuer : *das Feld räumen,* battre en retraite.
Raumlehre f. (léereᵉ). Géométrie.
räumlich a. (rœümlich). De [dans] l'espace, spatial. ‖adv. Sous le rapport de l'espace. ‖*Räumlichkeit,* f., espace, m. [déterminé]. ‖[Lokal] Local, m.
Räumung f. (rœümoung). Enlèvement, m., évacuation. ‖V. *räumen.*
raunen (raᵒnᵉn). Chuchoter.
Raupe f. (raᵒpᵉ). Chenille : *Raupen*‖*schnur,* f., chenille [passem.]. ‖*-kette,* f., chenille [auto].
raupen. Écheniller.
raus! interj. (raᵒs), V. *heraus!* ‖[v. der Wache] Aux armes!
Rausch m. (raᵒsch), dim. *Räuschchen,* n. ④. Légère ivresse, f. : *einen Rausch haben*,* être* gris; *seinen Rausch ausschlafen*,* cuver son vin. ‖*Fig.* Ivresse, f., enivrement.
rausch‖**en.** Bruire*. ‖[Wasser, Wind] Murmurer. ‖[Seide] Crier. ‖[Kleid] Faire* froufrou. ‖n. spl. Bruissement, m. ‖Murmure, m. ‖Froufrou, m., frôlement, m. ‖**-end** p. a. (ᵉnt, -d-). Bruyant, e : *rauschender Beifall,* salve d'applaudissements, f. ‖**-gift** n. Stupéfiant.
Rausch‖**gold** n. (golt, -d-), **-silber** n. (zilbᵉr). Clinquant, m. [jaune, blanc].
räuspern [**sich**] (rœüspᵉrn). Toussoter [pour expectorer].
Raute f. (raᵒtᵉ). Losange, m. ‖*Bot.* Rue.
Reagens, -enzien n. (gènts, -tsien). Réactif, m.
reagieren (gîrᵉn). Réagir.
Reaktion f. (tsiône). Réaction.
reaktionär a. **Reaktionär** m. ①. Réactionnaire.
real a. (réâl). Réel, elle. ‖*Real...* : ...[d'enseignement] moderne, Ex. : *Real-gymnasium,* n., *-kenntnisse,* pl., *-schule,* f., lycée, m., école [f.] d'enseignement moderne; *-unterricht,* m., enseignement moderne; *Realien,* pl., réalités; matières d'enseignement moderne.
Real‖**ismus** m. (*i*smouss). Réalisme. ‖**-ist, -en, -en** m., **realistisch** a. (*i*st). Réaliste.
Rebe f. (réebᵉ). Vigne : *Rebenholz,* n., sarment, m.
Rebell‖**, -en, -en** m. (rébèl), **rebellisch** a. Rebelle.
rebellieren (îrᵉn). Se révolter.
Reb‖**huhn** n. (réep'hoûne). Perdrix, f. : *junges Rebhuhn,* perdreau, x, m. ‖**-laus** f. (laᵒs). Phylloxera, m. ‖**-stock** m. Cep.
Rechen m. ④ (rèchᵉn). Râteau, x. ‖tr. Rateler.
rechen... (rèchᵉn). [v. *rechnen*] : ...de calcul, d'arithmétique : *Rechenaufgabe,* f., devoir [m.] de calcul.
Rechen‖**knecht** m. (ècht). Barème. ‖**-kunst** f. (koùnst). Arithmétique. ‖**-maschine** f. (schîneᵉ). Machine à calculer. ‖**-schaft** f. : *Rechenschaft ablegen,* rendre compte [de].
rechnen (rèchnᵉn). Compter : *auf* [*acc.*] —, compter sur; *eins ins andere gerechnet,* l'un dans l'autre. ‖n. spl. Calcul, m.
Rechn‖**er** m. ④. Calculateur. ‖**-ung** f. Calcul, m., compte, m. ‖[Waren-] Facture. ‖[im Gasthaus] Note, addition : *auf Rechnung,* gén., au compte de; *die Rechnungen führen,* tenir* les comptes; *in Rechnung kommen*,* entrer en ligne de compte; *Strich durch die Rechnung,* contre-temps. ‖**-ungs...** : ... de[s] compte[s], relatif aux comptes. Ex. : *Rechnungs*‖*auszug,* m., relevé de compte; *-beamte*[*r*], a. s., agent comptable; *-jahr,* n., exercice, m.; *-kammer,* f., chambre des comptes.
Recht n. (rècht). Droit, m. : *Recht auf* [*an,* acc.], droit sur, [zu], à; *mit gutem* [*vollem*] *Recht,* à bon droit; *von Rechts wegen,* de droit. ‖PROV. : *Recht geht vor Gewalt,* le droit prime la force. ‖[Gerechtigkeit] Justice, f. : *Recht sprechen*,* rendre la justice. ‖[Rechtswissenschaft] Droit, m.

‖[richtige Meinung] Raison, f. : *mit um so mehr [größerem] Recht,* à plus forte raison; *mit Recht oder Unrecht,* à tort ou à raison. ‖[in adverbialem Gebrauche] : *recht haben**, avoir* raison; *recht behalten**, *recht bekommen**, avoir* gain de cause. ‖a. [örtlich] Droit, e : *die rechte Hand,* la main droite. ‖[richtig] Juste : *das rechte Wort,* le mot juste; *ein rechter Affe,* un vrai singe. ‖[geeignet] *der rechte Mann,* l'homme qu'il faut; *im rechten Augenblick,* au bon moment; *zu rechter Zeit* en temps voulu, à temps. ‖[passend] Convenable, bien : *recht so!,* parfait! ‖[genehm] Agréable : *ist das Ihnen recht?* cela vous va-t-il? ‖a. s. : *die Rechte,* la main droite, le côté droit; [auch parlam.] la droite; *zur Rechten,* à droite. ‖adv. Bien : *er hat recht daran getan,* il a bien fait; *es ist mir nicht ganz recht,* je me sens mal à mon aise; *das geschieht ihm ganz recht,* c'est bien fait pour lui; *gerade recht kommen**, venir* à propos; *nun erst recht,* maintenant plus que jamais. ‖PROV. *tue recht und scheue niemand!* fais ce que dois, advienne que pourra! ‖[sehr] Bien, très : *recht gern,* très volontiers.

Rechteck n. Rectangle, m.

recht‖eckig a. (ig). Rectangulaire. ‖**-fertigen.** Justifier. ‖**-fertigend** a. Justificatif, ive.

Rechtfertigung f. Justification.

rechtgläubig a. (glœübig). Orthodoxe.

Recht‖gläubigkeit f. Orthodoxie. ‖**-haber** m. ④ (**hab**er), **rechthaberisch** a. Raisonneur euse, ergoteur, euse.

recht‖lich a. (li**ch**). 1. Juridique. ‖2. = *rechtmäßig.* ‖**-linig** a. Rectiligne. ‖**-mäßig** a. (mêssig). Légitime. ‖[gesetzlich] Légal, e.

Rechtmäßigkeit f. Légitimité, légalité.

rechts adv. A droite : *rechts sein**, être* droitier; *sich rechts halten**, tenir sa droite; *sich rechts wenden**, prendre* sa droite.

Rechts‖anwalt m. (ànvalt). Avocat. ‖[Vertreter] Avoué. ‖**-beistand** m. (baeschtànt, -d-). Conseil judiciaire.

rechtschaffen a. (rè**ch**tschafen). Honnête, probe.

Recht‖schaffenheit f. Honnêteté, probité. ‖**-schreibung** f. Orthographe.

Rechtsfall m. Cas litigieux.

Rechtsgelehrte[r] a. s. (géléerter). Jurisconsulte.

Rechts‖handel m. (**h**àndel). Procès. ‖**-kunde** f. (koùnde). Jurisprudence. ‖**-sache** f. (zâ**ch**e). Affaire judiciaire [cause]. ‖**-spruch** m. (schprou**ch**). Sentence, f. ‖**-verdreher** m. (ferdréeer). Chicaneur. ‖**-verdrehung** f. (oung). Chicane. ‖**-verfahren** n. (ferfâren). procédure, f.

rechtswidrig a. (vîdrig). Illégal, e.

Rechtswissenschaft f. Jurisprudence.

recht‖winkelig a. (vìnkelig). Rectangulaire. ‖**-zeitig** a. (tsaètig). Opportun, e. ‖adv. A temps.

Rechtzeitigkeit f. Opportunité.

Reck n. Barre fixe, f.

recken (rèken). Étirer.

Redak‖teur, -s m. (teur). Rédacteur. ‖**-tion** f. (tsiône). Rédaction.

Rede f. (réede). [Sprache] Parole. ‖[Vortrag] Discours, m. : *eine Rede halten**, faire un discours; *einem in die Rede fallen**, interrompre qn; *es ist von... die Rede,* il est question de...; *einem Rede stehen**, rendre raison à qn. ‖*Rede‖gabe,* f., don de la parole, m.; *-kunst,* f. (kounst), rhétorique; *-künstler,* m. ④, rhéteur.

reden intr. Parler, discourir* : *Sie haben gut reden,* vous en parlez à votre aise, vous avez beau dire.

Redens... : *Redensart,* f. Façon de parler; [Ausdruck] Locution.

Rede‖teil m. (taèl). Partie du discours, f. ‖**-übung** f. (ûboung). Exercice oratoire, m.

redlich a. (réetli**ch**). Honnête, probe. ‖*Redlichkeit,* f., honnêteté, probité.

Redner m. ④. Orateur.

red‖nerisch a. (erisch). Oratoire. ‖**-selig** a. (zéelig). Causeur. ‖[schwatzhaft] Bavard, e. ‖*Redseligkeit,* f., loquacité.

Reed‖e f. (réede). Rade. ‖**-er** m. ④. Armateur.

Refer||**at** n. ① (âte). Rapport, m. ||**-ent, -en, -en** m. (rènt). Rapporteur. ||**-enz** f. (rènts). Référence.
referieren. Rapporter.
Reff n. Crochet, m. ||*Mar.* Ris, m.
Reflex m. (réflèx). Reflet. ||*Physiol.* Action réflexe, f., réflexe.
reflexiv a. (îf, -v-). Réfléchi.
Reform|| f. (orm). Réforme. ||**-ation** f. (tsiône). Réforme [religieuse]. ||**-ator, -oren** m. (âtor, -ôr^e^n). Réformateur. ||*reformatorisch,* a., réformateur, trice.
reformieren (îr^e^n). Réformer.
Regal n. ① (gâl). Rayon, m.
Regalien (i^e^n). pl. Droit régalien, m.
Regatta, -ten f. (ga-). Régate.
rege a. (réeg). Animé, e, actif, ive : *rege machen,* mettre* en mouvement; [erregen] exciter; *rege werden**, s'animer.
Regel|| f. (réeg^e^l). Règle : *als Regel gelten**, faire* loi; *in der Regel,* généralement, ordinairement. ||**-detri** f. Règle de trois.
regellos a. (lôss, -z-). Irrégulier, ière. ||[unordentlich] Déréglé, e.
Regellosigkeit f. (lôzigkaèt). Irrégularité.
regelmäßig a. (mêssig). Régulier, ière.
Regelmäßigkeit f. Régularité.
regel||**n** tr. (réeg^e^ln). Régler. ||**-recht** a. (rècht). En règle, régulier, ière.
Regelung f. Règlement, m.
regelwidrig a. (ig). Irrégulier, ière.
regen tr. (réeg^e^n). Remuer. ||[lebhaft] Agiter.
Regen|| m. ④ (réeg^e^n). Pluie, f. : *Regenzeit,* f., saison des pluies. ||**-bogen** m. (bôg^e^n). Arc-en-ciel. ||**-guß** m. (gouss). Ondée, f. ||[Platzregen] Averse, f. ||**-kappe** f. (kap^e^). Capuchon, m. ||**-mantel** m. (mant^e^l). Manteau imperméable. ||[v. Matrosen] Caban. ||**-messer** m. ④ (mèss^e^r). Pluviomètre. ||**-monat** m. Pluviôse. ||**-schauer** m. = *Regenguß.* ||**-schirm** m. Parapluie.
Regent||**, -en, -en** m., **in** f. (gènt, ìn). Souverain, e. ||[stellvertretend] Régent, e. ||**-schaft** f. Régence.
Regenwurm m. ② (réeg-). Ver de terre.
Regie f. (jî). Mise en scène.
regieren tr. (régîr^e^n). Gouverner. ||[Dinge, Kasus] Régir.
Regierung f. Gouvernement, m. ||[Zeit] Règne, m. ||*Regierungsantritt,* m. Avènement.
Regiment n. ② (mènt). Régiment, m. ||① [Regierung] Régime, m.
Regisseur m. (pron. fr.). Metteur en scène.
Register n. ④ (régist^e^r). Registre, m. ||[Verzeichnis] Liste, f. ||[Inhalt] Table des matières, f.
registrieren tr. (îr^e^n). Enregistrer.
reg||**nen** (réeg'n^e^n). Pleuvoir*. ||**-nerisch** a. Pluvieux, euse.
Regreß|| m. Recours. ||**-pflicht** f. Responsabilité.
regsam a. (réegzàme). Actif, ive.
Regsamkeit f. Activité.
Regulativ n. ① (goulatîf). Règlement, m.
regulieren (îr^e^n). Régulariser. ||[Fluß] Canaliser.
Regulierung f. Régularisation. ||Canalisation.
Regung f. (réegoung). Mouvement, m. ||[lebhafte] Agitation. ||[Gemüts-] Émotion.
Reh|| n., **-bock** m. (rée-). Chevreuil, m.
Reib||**e** f. (raèb^e^). **-eisen** n. (aèz^e^n). Râpe, f.
reiben*. Frotter. ||[Körper] Frictionner. ||[Farben] Broyer. ||[Kartoffeln usw.] Râper. ||*Fig. gerieben,* p. a., rusé, e.
Reib||**erei** f. (raèb^e^raè). Frottement, m. ||[lebhafte] Friction. ||**-kissen** n. (kìss^e^n). Frottoir, m. ||**-ung** f. Frottement, m. ||[am Körper] Friction. ||[Streit] Conflit, m. ||*reibungslos,* sans accrocs.
Reich n. (raèch). Empire, m. ||[König-] Royaume, m. ||*Fig.* [d. Natur] Règne, m.
reich a. (raèch) [an *dat*] Riche [en] *reich machen,* enrichir; *reich werden**, s'enrichir. ||[Ernte] Abondant, e. ||*...reich,* riche en ...
reichen tr. (raèch^e^n). Tendre : *die Hand reichen,* tendre la main. ||[einem etwas] Passer. ||intr. [langen] Chercher à atteindre* : *bis an die Kniee reichen,* monter [descendre] jusqu'aux genoux; *weit reichen* porter loin; *soweit das Auge reicht,* aussi loin qu'on peut voir*. ||[hinreichen] Suffire*.

reich||**haltig** a. (raèchhaltig). Riche. ||[im Überfluß] Abondant, e : *Reichhaltigkeit*, f., richesse, abondance. ||**-lich** a. (lich). Copieux, euse : *mehr als reichlich*, surabondant, e. ||adv. Abondamment. ||*Fig.* Amplement.

Reichs||**...** : ...de l'Empire, ...d'Empire ... impérial, e. ||*Reichs*||*bank*, f., banque de l'Empire; *-land*, n., État [m.] d'Empire; *-stadt*, f., ville impériale. ||**-kanzler** m. Chancelier. ||**-tag** m. Parlement. ||**-verweser** m. Vicaire de l'Empire. ||**-wehr** f. Armée de défense de l'empire.

Reichtum m. ② (raèch-). Richesse, f.

reif a. (raèf). Mûr, e.

Reif m. spl. Gelée blanche, f. ||[Nebel] Frimas : *Reifmonat*, m., frimaire.

Reif m. pl. **-e** Cercle, m. cerceau, x, m., pneu, m. : *Reifrock*, m., crinoline, f. ||[kleiner] Anneau, x, m.

Reife f. (raèfe). Maturité : *zur Reife bringen**, faire* mûrir; *Reife*||*prüfung*, f., *-zeugnis*, n., examen, m., certificat [m.] de maturité.

reifen intr. et tr. (raèfen). Mûrir. ||n. Maturation, f.

reiflich a. et adv. (lich). *Fig.* [Überlegung] Mûr, e[ment].

Reigen m. ④ (raègen). Danse, f. ||[Runde] Ronde, f.

Reihe f. (raèe). Rang, m. : *in eine Reihe stellen*, mettre* en rang; *in Reihe und Glied*, en rangs. ||[Folge] Rangée. ||[Linie] File. ||[v. Zimmern] Enfilade. ||[Ordnung] Tour, m. : *der Reihe nach*, chacun son tour, à tour de rôle; *ich bin an der Reihe*, c'est mon tour. ||*Reihen*||*fertigung*, f., fabrication en série; *-folge*, f., succession, suite, série; *-weise*, adv., en rangs, par séries.

reihen (raèen). Mettre* en rangs. ||[Perlen] Enfiler.

Reiher m. ④ (er). Héron.

...reihig a. (ig). A ... rangs. Ex. : *dreireihig*, à trois rangs.

Reim m. (raèm). Rime, f.

reim||**en** intr. et [sich] réfl. Rimer, s'accorder. ||tr. Faire* rimer. ||**-er** m. ④. Rimeur. ||[verächtl.] Rimailleur.

Reim||**erei** f. (raèmeraè). Rimaille. ||**-fall** m. Cadence, f. ||**-schmied** m. (schmît, -d-). Rimailleur. ||**-silbe** f. (zilbe). Rime. ||[aufgegebene] Bout-rimé, m.

rein a. (raèn). Pur, e : *rein waschen**, purifier; *fig. sich rein waschen**, se disculper; *reiner Verlust*, perte sèche. ||[klar] Clair, e, net, te : *ins reine bringen**, tirer au clair; *ins reine schreiben**, mettre* au net; *mit einem ins reine kommen**, s'arranger avec qn.; *darüber ins reine kommen**, en avoir le cœur net. ||adv. Purement : *rein unmöglich*, absolument impossible.

Rein||**ertrag** m. (âk), **-gewinn** m. (gévìn). Produit, bénéfice net. ||**-heit** f. (haèt). Pureté.

reinigen tr. (raènigen). Nettoyer. ||[v. Beimischungen] Purifier. ||[Flüsse] Curer. ||[Sprache] Épurer.

Reinigung f. Nettoyage, m. ||Purification. ||Curage, m. ||Épuration.

reinlich a. (lich). Propre, net, nette.

Rein||**lichkeit** f. (kaèt). Propreté. ||**-mache** f. Nettoyage, m. ||**-schrift** f. Copie au net.

Reis[1] (raès). m. Riz : *Reis*||*acker*, m. ③, *-feld*, n. ②, rizière, f.

Reis[2] n. ②. Petite branche, f. : *Reisholz*, n., petit bois, m., ramilles, f. pl. ||[Schößling] Pousse, f.

Reise f. (raèze). Voyage, m. : *auf der Reise*, en voyage; *sich auf die Reise machen*, se mettre* en route; *glückliche Reise!*, bon voyage! ; *wo geht die Reise?*, où allez-vous?

Reisebuch n. Guide.

reis||**en** [*sein*] (raèzen). Voyager : *nach... reisen*, aller à. ||n. spl. Les voyages, pl.; *auf Reisen*, en voyage. ||**-ende[r]** a. s. (ender). Voyageur, euse.

Reise||**paß** m. Passeport. ||**-scheck** m. Chèque de voyage. ||**-tasche** f. Valise. ||**-vermerk** m. Visa.

Reißaus m. (raèssaoss). V. *ausreißen*; *Reißaus nehmen**, décamper.

reiß||**en*** tr. (raèssen). Arracher : *an sich reißen*, tirer à soi; *fig.* s'emparer de, accaparer; *zu Boden reißen*, jeter à terre, renverser; *ein Loch in* [acc.] *reißen*, faire* un trou dans. ||[in Kupfer usw.] Graver, tracer. ||*Reiß...*, ... à tracer, à dessiner : *Reiß*||*blei*, n., crayon, m.; *-brett*, n., planche [f.] à dessin; *-stift*, m., crayon à dessin; *-feder*, f., tire-lignes, m.; *-kohle*, f., fusain, m., *-nagel*, m., punaise, f.; *-verschluß* m. Fermeture-éclair, f.; *-zeug*, n., boîte de compas, f. ||intr. Se rompre, sauter. ||[Geduld] Échapper. ||n. spl. Déchirement, m. ||[Schmerz] Élancement, m. ||[im Leibe] Tranchées, f. pl. ||**-end** p. a. (ent, -d-). [Schmerz] Déchirant, e. ||*Fig.* [Strom] Rapide.

Reitbahn f. (raètbâne). Manège, m.

reit||en* intr. [*sein*] (raèten). Aller* à cheval. ||[im Feld] Chevaucher. ||[in d. Reitschule] [*haben*] Faire* de l'équitation. ||tr. Monter : *müde, tot reiten*, éreinter, crever [un cheval]; *sich müde reiten*, s'éreinter à cheval. ||n. Équitation, f. ||**-end** p. a. (ent, -d-). À cheval. ||*Mil.* Monté, e.

Reit||er, in m. ④, f. (er, ìn). Cavalier, amazone : *Reiter||aufzug*, m., cavalcade, f.; *-standbild*, n., statue équestre, f. ||**-erei** f. (raè). Cavalerie. ||**-gerte** f. (gèrte). Badine. ||**-knecht** m. (knècht). Piqueur. ||**-kunst** f. (kounst). Équitation. ||**-peitsche** f. (paètsche). Cravache. ||**-pferd** n. (pfèrt, -d-). Cheval [m.] de selle. ||**-rock** m. [für Damen] Costume d'amazone. ||**-schule** f. (schoûle). Manège, m. ||**-stiefel** m. (schtîfel). Botte à l'écuyère, f. ||**-stunde** f. Leçon d'équitation.

Reiz m. (raèts). [Anregung] Excitation, f. ||[Erbitterung] Irritation, f. ||[v. Nerven] Agacement. ||[Zauber] Charme.

reizbar a. Excitable. ||Irritable.

Reizbarkeit f. Excitabilité. ||Irritabilité.

reiz||en. Exciter. ||Irriter. ||Agacer. ||[anziehen] Charmer. ||V. *Reiz*. ||**-end** p. a. (ent, -d-). Excitant, e, etc. ||V. *reizen*.

Reiz||gas n. Gaz [m.] lacrymogène. ||**-mittel** n. (mitel). Excitant, m. ||**-ung** f. Excitation. ||Irritation.

rekeln [sich], *fam.* S'étirer.

rekognoszieren (g'nostsîren). *Mil.* Reconnaître*.

Rekognoszierung f. Reconnaissance.

Rekonvales||zent m., **in** f. (rékòn-estsènt, ìn). Convalescent, e. ||**-zenz** f. (tsèntz). Convalescence.

Rekrut||, -en, -en m. (oûte). Recrue, f.

rekrutieren (îren). Recruter.

Rekrutierung f. Recrutement, m.

Rek||tion f. (tsiône). *Gramm.* Régime, m. ||**-tor, ...en** m. (rèk-, ...ôren). Directeur [d'école]. ||[in Frankreich] Proviseur [de lycée], principal [de collège].

Relig||ion f. (ré-giône). Religion. ||**-ions...** : ... de religion : *Religionskrieg*, m., guerre [f.] de religion. ||Religieux, euse; *Religions||-geschichte*, f., *-lehre*, f., *-unterricht*, m., histoire, doctrine, instruction [f.] religieuse. ||Relatif à la religion : *Religions||genosse*, m., coreligionnaire; *-schwärmer*, m. ④, fanatique; *-schwärmerei*, f., fanatisme, m.

religiös a. (ré-gieûss). Religieux, euse.

Reliquien pl. (rélîkvien). Reliques, f. pl.

Rendant||, -en, -en m. (rèndànt). Trésorier. ||**-ur** f. (oùr). Caisse.

Renegat, -en, -en m., **in** f. (rénégâte). Renégat, e.

Rennbahn f. (rènbâne). Champ de courses, m. ||[für Pferde] Hippodrome, m. ||[für Fahrräder] Vélodrome, m. ||[für Kraftwagen] Autodrome, m. ||[für Flugmaschinen] Aérodrome, m.

rennen* intr. [*sein*] (rènen). Courir*. ||tr. *zu Boden rennen*, passer sur le corps. ||n. ④. Course, f.

Renn||er m. ④ (rèner). Coureur. ||[Pferd], et ||**-pferd** n. Cheval [m.] de course. ||**-platz.** = *Rennbahn*.

Renntier n. (tîr). Renne, m.

Renommist, -en, -en m. (*ist*). Fanfaron, vantard.

renovieren tr. (ré-vîren). Renouveler. ||[Bau] Restaurer.

rentabel a. (rèntabel). De bon rapport.

Rent||abilität f. (têt). Bon rapport, m. ||[-amt n. Recette [f.] des finances.

Rent||e f. (rènte). Rente : *kündbare, unkündbare Rente*, rente amortissable, perpétuelle. ||**-enmark** f. (ten-). Mark-rente, m. ||**-ier, -s** m. (pron. fr.). Rentier.

rentieren [sich] (îren). Rapporter, être lucratif.

Rent‖meister m. (maèster). Receveur des finances. ‖**-ner, in** m. ④, f. Rentier, ière.
Reparatur f. (ré-toûr). Réparation.
reparieren. Réparer.
Repertorium, -ien n. (tôrioum). Répertoire, m.
Repetent, -en, -en m. (ènt). Répétiteur.
repetieren (îren). Répéter. ‖[Klasse] : Redoubler. ‖*Repetier‖gewehr*, n., *-uhr*, f., fusil, m., montre à répétition.
Repetitorium, -ien n. (tôrioum). Répétition, f.
Repor‖tage f. Reportage, m. ‖**-ter** m. ④ (réportèr). Reporter.
Repressalie f. (ré-saliᵉ). Représaille.
Reps m. Colza.
Rep‖til n. ①, pl. **ien** (tîl, -ien). Reptile, m.
Republik‖ f. (poublìk). République. ‖**-aner** m. ④, **in** f. (âner, ìn), **republikanisch** a. Républicain, e.
requirieren tr. (rékvirîren). Requérir. ‖*Milit.* Réquisitionner.
Requisit, -en n. (zîte). Chose requise, f. ‖*Com.* Article, m.
Reseda, -s f. (zé-). Réséda, m.
Res‖ervat n. ① (vâte). Réserve, f. : *Reservatrecht*, n., droit [m.] réservé. ‖**-erve** f. Réserve.
Residenz f. (dènts). Résidence.
Resignation f. (g'natsiône). Résignation.
resigniert a. (îrt). Résigné, e.
Reskript n. (ipt). Rescrit, m.
resp., abr. de *respektive*.
Respekt m. spl. (pèkt). Respect.
respekt‖ierlich a. (îrlich). Respectable. ‖**-iv** a. (îf). Respectif, ive. ‖**-ive** adv. (îvᵉ). Respectivement. ‖[oder] Ou. ‖**-los** a. (lôss, -z-). Irrévérencieux, euse. ‖**-voll** a. (fol). Respectueux, euse.
Rest m. Reste. ‖[pl. ②] [v. Stoffen] Coupon, solde.
Restauration f. (toratsiône). Restauration. ‖[Gasthaus] Restaurant, m. ‖[an Bahnhöfen] Buffet m.
restaurieren (îren). Restaurer.
restlos a. et adv. Entier, ère, entièrement.
Resultat n. ① (âte). Résultat, m.
Retirade f. (ré-âdᵉ). Retraite. ‖[Abtritt] Cabinets, m. pl.
Retorte f. [rétorteᵉ). Cornue.
retten (rèten). Sauver. ‖[befreien] Délivrer. ‖[Ehre] Réhabiliter.
Retter, in m. ④, f. (er, ìn). Sauveur, m., libérateur, trice.
Rettich m. (ich). Raifort, radis.
rettlos a. Sans espoir [de salut].
Rettlosigkeit f. État désespéré, m.
Rett‖ung f. Sauvetage, m. ‖[Befreiung] Délivrance. ‖[Heil] Salut, m. ‖**-ungs...** : ... de sauvetage: *Rettungs‖apparat*, m., appareil, *-boot*, n., canot, m., *-ring*, m., bouée [f.] de sauvetage; ... de salut : *Rettungs‖anker*, m., *fig.*, *-brücke*, f., ancre, [f.], planche de salut.
Reue f. (rœüᵉ). Repentir, m. : *reuevoll, reuig*, a., repentant, e.
reuen impers. : *es reut mich* ou *mich reut, daß ich...*, je me repens [d'avoir*...].
Reuse f. (rœuzᵉ). Nasse.
Reuße, -n, -n m. Russe : *Kaiser aller Reußen*, empereur de toutes les Russies.
reuten. Déraciner. ‖[Gras] Sarcler.
Revanche f. (pron. fr.). Revanche.
revanchieren [sich] (îren). Prendre* sa revanche.
Reveille f. (révèliᵉ). Réveil, m.
Revers m. (vèrse). Contrelettre, f.
revidieren. Reviser.
Revier n. (réfîr). District, m., section. ‖[Stadt-]. Quartier, m.
Revirement n. Mouvement [m.] diplomatique.
Revolution f. (loutsiône). Révolution.
revolutionär a. Révolutionnaire.
Revolver m. ④ (vol). Revolver : *Revolverkanone*, f., canon-revolver, m.
Revue f. (pron. fr.). Revue.
Rezensent, -en, -en m. (rétsènzènt). Critique [littéraire].
rezensieren. Faire* l'examen critique de.
Rezension f. (iône). Critique.
Rezept n. (tsèpt). Ordonnance, f. ‖[Küchen-] Recette, f.
Rhabarber m. (barber). Rhubarbe, f.
Rhein‖ m. (raèn). Rhin. ‖*Rhein...*: ... rhénan, e, a. : *Rhein‖land*, n., *-preußen*, n., *-provinz*, f., province *ou* Prusse rhénane, f., Rhénanie, f.; *-länder*, m. ④, Rhénan; *-isch*, *-ländisch*, a., rhénan, e. ‖**-pfalz** f. Palatinat, m.

Rhetor‖, **...oren** m. (*rée-*, *ôr*ᵉn). Rhéteur. ‖**-ik** f. (*tô-*), **rhetorisch** a. Rhétorique.
rheumatisch a. (rœüm*â*-). Rhumatismal, e.
Rheumatismus, -men m. (*ismous*). Rhumatisme.
Rhone f. (*rôn*ᵉ). Rhône, m.
Rhythm‖**ik** f. (*ru*), **rhythmisch** a. Rythmique. ‖**-us, -men** m. (ous). Rythme.
Richt‖**beil** n. (ri**ch**tbaᵉl). Hache, f. [de bourreau]. ‖**-blei** n. (blaᵉ). Fil [m.] à plomb.
richten. 1. Dresser. ‖[lenken] Diriger. ‖[Aufmerksamkeit] Fixer. ‖[Blicke] Tourner. ‖[Fernglas] Braquer. ‖[Geschütz] Pointer. ‖[Frage, Brief an, *acc.*] Adresser [à]. ‖[**sich**]. [nach...] Se régler [sur], se conformer [à]. ‖*Gramm.* S'accorder [avec]. ‖*Milit.* : *rechts richt' euch!*, à droite alignement! ‖2. [zu Gericht sitzen] Juger.
Richter m. ④. Juge : *Richter*‖*stand*, m., magistrature, f. [assise]; *-stuhl*, m., tribunal; *richterlich*, a., judiciaire. ‖[Geschütz-] Pointeur.
richtig a. (ig). Juste : *der richtige Weg*, le bon chemin; *so ist's richtig*, c'est bien cela; *richtig machen*, arranger; *richtig stellen*, régler; *fam. es ist ihm nicht richtig*, il n'est pas dans son assiette. ‖[fehlerfrei] Correct, e. ‖adv. Juste, bien. ‖Correctement. ‖*richtig hören*, avoir* l'oreille juste; *meine Uhr geht richtig*, ma montre va bien.
Richt‖**igkeit** f. Justesse. ‖Correction. ‖**-korn** n. ②. Mire, f. ‖**-maß** n. Étalon, m. ‖**-platz** m. Lieu d'exécution, du supplice. ‖**-schnur** f. (oûr). Cordeau, x, m. ‖*Fig.* Ligne [règle] de conduite : *zu Ihrer Richtschnur*, pour votre gouverne. ‖**-stätte** f., = *Richtplatz*. ‖**-ung** f. Action de dresser. ‖[beim Aufstellen] Alignement, m. ‖Direction : *nach allen Richtungen*, en tous sens; *verbotene Richtung*, sens interdit, m. ‖*Artill.* Pointage, m.
Ricke f. Chevrette.
rieb, imp. de *reiben**.
riechen* tr. (rî**ch**ᵉn). Sentir*. ‖[wittern] Flairer. *Fam.* Deviner. ‖intr. [gut, übel] Sentir* [bon, mauvais]; *nach Tabak riechen*, sentir* le tabac.
Riech‖**essig** m. (ig). Vinaigre parfumé. ‖**-fläschchen** n. ④ (flèsch'**ch**ᵉn). Flacon [m.] d'odeur. ‖**-kissen** n. ④ Sachet [m.] parfumé. ‖**-mittel** n. ④. Parfum, m. ‖**-salz** n. Sels, pl. ‖**-stoff** m. (schtof), **-ware** f. Parfum, m. ‖*Riechwarenfabrik*, f. Parfumerie. ‖**-wasser** n. ④. Eau de senteur, f.
rief imp. de *rufen**.
Riefe f. (*rîf*ᵉ). Rainure. ‖[an Säulen] Cannelure.
riefeln, -en. Canneler.
Riege f. (*rîg*ᵉ). [Turnerei] Section.
Riegel m. ④. Verrou, x. ‖[am Schlosse] Pène.
riegeln. Verrouiller.
Riemen m. ④ (*rîm*ᵉn). Courroie, f.
Ries n. (*rîss*). Rame, f. [de papier].
Riese, -n, -n m., **in** f. (*rîz*ᵉ, *ìn*). Géant, e.
rieseln. Ruisseler. ‖[Bach] Murmurer. ‖n. Murmure, m.
Riesen... : ...de géant[s], gigantesque, a. : *Riesen*‖*arbeit*, f., *-gestalt*, f., travail, m., taille gigantesque; *-groß*, a., gigantesque; *-kampf*, m., combat de géants; *-kraft*, f., *-stärke*, f., force herculéenne; *-schlange*, f. (*àng*ᵉ), boa, m.; *-schritt*, m. pas de géant.
riesig a. (ig). Gigantesque, colossal, e. ‖adv. Énormément.
Riesin f. V. *Riese*.
riet, imp. de *raten**.
Riff n. Récif, m.
Rimesse f. (*èss*ᵉ). Remise [en espèces].
Rind n. ② (*rìnt*, -d-). Bœuf, s., m. : *Rind*‖*suppe*, f., pot-au-feu, m.; *-vieh*, n., gros bétail, m., bêtes à cornes, f. pl.
Rinde f. (*rìnd*ᵉ). Écorce. ‖[am Brot] Croûte.
Rind‖**erbraten** m. Rôti de bœuf. ‖**-erpest** f. Peste bovine.
rindig a. Couvert, e, d'une écorce *ou* d'une croûte.
Ring m. (*rìng*). Cercle. ‖*Fam.* Rond. ‖[in Ketten usw.] Anneau, x. ‖[am Finger] Bague, f. ‖*Astron.* Halo. ‖[v. Menschen] Groupe. ‖[im Gewerb] Syndicat.
ringartig a. (ig). Annulaire.

Ring||bahn f. (bâne). Chemin de fer de ceinture, m. ||**-el** m. ④ (rìng^e^l), **-elchen** n. ④. Dim. de *Ring*. ||*Ringel||rennen*, n., *-spiel*, n., carrousel, m.; [auf Jahrmärkten] manège [m.] tournant; *-tanz*, m., ronde f.

ringen* tr. (rìng^e^n). Tordre : *die Hände ringen*, se tordre les mains. ||intr. [mit...] Lutter [contre...]. ||n. spl. Lutte, f.

Ring||er m. ④. Lutteur. ||**-finger** m. (fìng^e^r). Annulaire.

ringförmig a., = *ringartig*.

Ring||kampf m. (kàmpf). Lutte athlétique, f. ||**-kämpfer** ④ m. (kèmpfer). Athlète. ||**-mauer** f. (maôer). Mur d'enceinte, m. ||**-platz** m. Arène, f.

rings adv. : *rings umher*, tout autour de; *ringsum*, tout autour.

Rinne f. (rìne). Rigole. ||[an Straßen] = *Rinnstein*. ||[an Dächern] Gouttière. ||[an Säulen] Cannelure.

rinnen* intr. Couler. ||[leck sein] Fuir*. ||n. spl. Écoulement, m.

Rinn||sal n. ① (zâl). Petit cours d'eau [m.]. ||**-stein** m. (schta^è^ne). Caniveau, x. ||[in Städten] Ruisseau, x. ||[in Küchen] Évier.

Rippe f. (ripe). Côte. ||*Botan.* Nervure. ||dim. *Rippchen*, n. ④ (chen). Côtelette, f. ||*Rippen||stoß*, m., bourrade, f.; *-stück*, n. (schtuk), entrecôte, f.

rippen. Canneler.

Rips m. Reps.

Risiko, -s n. (rî-). Risque, m., aléa, m. : *auf Risiko*, à ses risques et périls.

ris||kant a. (kànt). Risqué, e. ||**-kieren** (îren). Risquer.

Riß imp. de *reißen**. ||m. [Reißen] Déchirement. ||[Gerissenes] Déchirure, f. ||[im Kleid] Accroc : *einen Riß bekommen**, se déchirer. ||[Spalte] Fente, f. ||[tiefe] Crevasse, f. ||[in der Haut] Gerçure, f. ||[Sprung] Fêlure, f. ||[Bruch] Rupture, f. ||[Zeichnung] Tracé.

rissig a. (ig). Fêlé, e. || Fendillé, e. ||Crevassé, e. ||[Haut] Gercé, e : *rissig werden** se fendiller, etc.

Rist m. Garrot [du cheval].

ritt imp. de *reiten**. ||m. (rìtt). Course [f.] ou promenade [f.] à cheval. ||[im Feld] Chevauchée, f.

Ritter m. ④. Chevalier.

Ritter||... (rit^e^r) : ... de chevalier : *Ritter||kreuz*, n., croix [f.] de chevalier. ||... chevaleresque : *Rittersinn*, m., esprit chevaleresque. ||... de chevalerie : *Ritter||orden*, m., *-roman*, m., ordre, roman de chevalerie. ||**-burg** f. (bourg). Manoir, m. ||**-gut** n. (goûte). Terre seigneuriale, f.

ritterlich a. (lich). Chevaleresque.

Ritter||sitz m. = *Rittergut*. ||**-spiel** n. (schpîl). Tournoi, m. ||**-stand** m., **-tum** n., **-wesen** n. (-schtànt, -d-, toûm, véez^e^n). Chevalerie, f.

rittlings adv. (lìngs). A califourchon.

Rittmeister m. ④. Capitaine de cavalerie.

Rit||ual n. ① (touâl). Rituel, m. ||**-us, en** m. Rite.

Ritz|| m., **-e** f. (ritze). Rayure, f. ||[Spalte] Fente, f. ||[kleine] Fissure, f. ||[in d. Haut] Gerçure, f. ||[Verletzung] Égratignure, f. ||**-el** n. Pignon [m.] d'attaque.

ritzen. Rayer. ||Fendiller. ||[Haut] Égratigner.

Rival||[e], -en m., **in** f. (vâl, ìn). Rival, e. ||**-ität** f. Rivalité.

Rizinusöl n. (rîtsinousseûl). Huile de ricin, f.

Roastbeef, -s n. (rôstbîf). Rosbif, m.

Robbe f. (robe). Phoque, m.

Roboter m. Robot.

roch imp. de *riechen**.

Roche, -n, -n m. (roche). 1. Raie, f. [poisson]. ||2. [Schachspiel] Tour, f. ||**-en** m. ④ = *Roche*, 1.

Rock|| m. (rok). Habit. ||[Schößel-] Jaquette, f. ||[für Damen] Jupe, f. ||**-en** m. ④. Quenouille, f.

Rodel m. ④ et f. (rôd^e^l). Luge, f. ||[Bergschlitten] Toboggan, m.

rodeln. Faire* de la luge.

roden (rôd^e^n). Défricher.

Rogen m. spl. (rôg^e^n). Frai.

Roggen m. ④ (rog-). Seigle.

roh a. (rô). Cru, e. ||[Metall, Produkt] Brut, e : *Roh||eisen*, n., fer [m.] brut; *-film*, m., pellicule [f.] vierge; *-stoff*, m., matière [f.] brute ou première; *-zucker*, m., sucre brut. ||*Fig.* [ungebildet] Inculte. ||[Volk] Barbare. ||[grob] Grossier, ière.

Roh[h]eit f. (**ha**^{è}t). Crudité. État brut, m. || Grossièreté.

Rohr|| n. ① (**rôr**). Roseau, x, m. || [Binse] Jonc, m. || [spanisches] Rotin, m. || [Röhre] Tuyau, x, m., tube, m. || [e. Gewehrs] Canon, m. || ¨**e** f. (reûr^{e}). Tuyau, x, m., tube, m. ||**-flöte** f. (fleût^{e}), **-pfeife** f. (pf*a*^{è}f^{e}). Chalumeau, x, m. ||**-post** f., **-postkarte** f. (*k*art^{e}). Poste, carte pneumatique. ||**-stuhl** m. (schtoûl). Chaise cannée, f. ||**-zucker** m. (ts*ou*k^{e}r). Sucre de canne.

Roll-|| *Rolladen*, V. *Roll[l]aden*. ||**-brücke** f. (r*o*lbruk^{e}). Pont roulant, m. || ¨**chen** n. ④ (r*eu*l**ch**^{e}n), dim. de *Rolle*. Roulette, f. ||**-e** f. (rol^{e}). Rouleau, x, m. || [an Möbeln. usw.] Roulette. || [bei Maschinen] Poulie. || [v. Garn usw.] Bobine. || [auf dem Theater usw.] Rôle, m. : *eine Rolle zuerst spielen*, créer un rôle. ||*Fig.* : *aus der Rolle fallen**, sortir* de son rôle. || [Liste] Rôle, m.

rollen tr. (r*ò*l^{e}n). Rouler. || [Wäsche] Calandrer. ||intr. [*haben* et *sein*] Rouler. || [v. Meere] Être* houleux, euse. || [v. Donner] Gronder. ||n. Roulement, m. ||Grondement, m. ||Calandrage, m.

Roll||**[l]aden** [orth. *Rolladen*], m. (lâd^{e}n). Volet *ou* store mécanique. || [v. Brettern] Jalousie, f. ||**-er** m. ④. Trottinette, f. ||**-schuh** m. Patin à roulettes. ||**-stuhl** m. Fauteuil à roulettes. ||**-treppe** f. Escalier [m.] roulant. ||**-wagen** m. (vâg^{e}n). Camion.

Rom npr. n. (*ô*). Rome, f.

Roman m. ① (mâne). Roman : *Roman*||*dichter*, *-schreiber*, *-schriftsteller*, m., romancier.

roman||**haft** a. (**h**aft). Romanesque. ||**-isch** a. Roman, e.

Roman||**tik** f. (*à*n). Genre romantique, m., romantique, m. ||**-tiker** m. ④. Romantique.

roman||**tisch** a. Romantique. || [malerisch] Pittoresque. || **-ze** f. (m*à*nts^{e}). Romance.

Römer, in m. ④, f. (re*û*m^{e}r, *ì*n). Romain, e.

römisch a. Romain, e.

Rond||**e** f. (r*ò*nd^{e}). Ronde. ||**-ell** n. n. (*è*l) Rond-point, m.

röntgen|| tr. Radiographier. ||**-strahlen** m. pl. Rayons X.

Ros||**a** n. inv. (r*ô*za). *Rosafarbe*, f. Rose, m., couleur, rose, f.; *rosa*, a. inv. et *rosafarbig*, a., rose. ||**-e** f. (rôs^{e}). Rose. || [Verzierung] Rosace. || [Krankheit] Érysipèle, m. ||**-en...** (rôs^{e}n) : ... rose, ... de rose[s], etc. Ex. : *rosen*||*artig*, a., rosacé, e; *-farben*, *-farbig*, a., couleur de rose, rose, rosé, e; *-hain*, m., roseraie, f.; *-honig*, m., miel rosat; *-kranz*, m., couronne [f.] de roses; [zum Beten] rosaire, chapelet; *-lorbeer*, m., laurier-rose; *-mädchen*, n., rosière, f.; *-rot*, a., rose, vermeil, eille; *-stock*, *-strauch*, m., rosier, [wilder] églantier; *-wasser*, n., eau de rose, f. ||**-ette** f. (**z***è*t^{e}). Rosette. ||*Archit.* Rosace.

rosig a. (r*ô***zich**). Rose, rosé, e.

Rosine f. (*î*n^{e}). Raisin sec, m. || [kleine] Raisin de Corinthe, m.

Rosmarin m. ① (r*î*ne). Romarin.

Roß|| n. ① (ros). Cheval, m. || [Renner] Coursier, m. ||**-apfel** m. Crottin [de cheval]. ||**-haar** n. (**h**âr). Crin, n. ||**-handel** m. (**h***à*nd^{e}l). Maquignonnage. ||**-händler** m. (**h***è*ntl^{e}r). Maquignon. ||**-kamm** m. Étrille, f. ||**-kastanie** f. Marron d'Inde, m.

Rost m. ① (rost). [zum Braten] Gril. || [im Feuerherd] Grille, f.

Rost m. [auf Eisen] Rouille, f. : *vom Roste reinigen*, dérouiller.

Rostbraten m. (br*â*t^{e}n). Grillade, f.

Röste f. (reust^{e}). Rouissage, m.

rosten intr. Se rouiller. ||n. Rouillure, f.

rösten (r*eu*st^{e}n). Griller. || [Braten] Rôtir. || [Hanf] Rouir. ||n. Rôtissage, m. ||Rouissage, m.

rostfrei a. Inoxydable.

rostig a. (ig). Rouillé, e : *rostig werden**, se rouiller; *rostig machen*, rouiller.

Röstung f. (r*eu*stoung) = *Rösten*.

rot a. (r*ô*te...). Rouge. || [v. Haaren] Roux, ousse. || [hochrot] Vermeil, eille. ||n. spl. Rouge, m.

Rot||**bart** m. (bârte). Barberousse. || ¨**e** f. (reût^{e}). Rougeur. || [v. Haaren] Rousseur. ||**-eiche** f. (*a*^{è}**ch**^{e}). Rouvre, m. || ¨**el** m. ④ (reûtel). Crayon rouge. || ¨**eln** pl. (reût^{e}ln). Rougeole, f.

röten (reût^{e}n). Rougir.

rotgelb a., **-haarig** a. (gèlp, -b-, hârig). Roux, ousse.
Rot‖**haut** f. (haote). Peau-Rouge, m. ‖**-käppchen** n. (kèpchen). Petit Chaperon Rouge, m. ‖**-kehlchen** n. ④ (chen). Rouge-gorge, m. ‖**-lauf** m. (laof). Érysipèle.
rötlich a. (reûtlich). Rougeâtre.
Rotte f. (rote). Troupe. ‖[Partei] Coterie. ‖*Mil.* Peloton, m.
rotten [**sich**]. S'attrouper.
Rotunde f. (toùnde). Rotonde.
Rotwelsch n. (rôt-). Argot, m.
Rotwild n. (vilte, -d-). Bêtes fauves, f. pl. ‖[Jagd] Gros gibier, m.
Rotz m. Morve, f.
rotzig a. Morveux, euse.
Rotz‖**junge** m. (younge). Morveux. ‖**-krankheit** f. Morve.
Roul‖**eau, -s** n. (pron. fr.). Store, m. ‖**-ett** n. Roulette, f.
Routine f. (routîne). Routine.
routiniert a. Exercé, e.
Rübe f. (rûbe). Rave. ‖[weiße] Navet, m. ‖[gelbe] Carotte. ‖[rote] Betterave.
Rubel m. ④ (*rou*). Rouble.
Rubin m. ① (roubîn). Rubis.
Rüböl n. (*rû*). Huile de navette, f.
Rubrik f. (roubr*i*k). Rubrique.
Rüb‖**samen** m. ④ (rûpzâmen), **-sen** m. ④ (-zen). Navette, f.
ruchbar a. (roûch-). Public, ique. ‖[bekannt] Notoire.
Ruchbarkeit f. (kaèt). Notoriété publique.
ruchlos a. (lôss, -z-). Pervers, e, scélérat, e.
Ruchlosigkeit f. (zigkaète). Perversité, scélératesse.
Ruck m. ① (*rou*k-). Légère secousse, f. ‖[plötzlicher] Saccade, f.
Rück[1]... (ruk) : [= *zurück*] ... en arrière, en retour *ou* de retour, rétrograde, re... Ex. : *Rück*‖*antwort,* f., réplique; *-fahrt,* f., retour, m.; *-gang,* m., recul.
Rück[2]... : ... de dos : *Rück*‖*lehne,* f., dossier, m., *-seite,* f., dos, m.
Rück‖**antwort** f. Réplique. ‖**-artung** f. Atavisme, m. ‖**-blick** m. Coup d'œil rétrospectif.
Rücken m. ④ (ruken). Dos. ‖[d. Hasen usw.] Râble. ‖[Berg-] Croupe, f. ‖Loc. : *sich mit dem Rücken anlehnen,* s'adosser; *mit dem Rücken gegeneinander,* dos à dos.
rücken intr. (ruken). [V. *Ruck*]. Se déplacer; *vorwärts rücken,* [s']avancer; *näher rücken,* [s']approcher; *in...* [acc.] *rücken,* entrer dans... ‖tr. Déplacer. ‖[schieben] Pousser. ‖n. Déplacement, m.
Rück‖**erinnerung** f. Réminiscence. ‖**-fahrkarte** f. Billet d'aller et retour, m. ‖**-fahrt** f. Retour, m. [en voiture, etc.]. ‖**-fall** m. [Krankheit] Rechute, f. ‖[Fehler] Récidive, f.
rückfällig a. Récidiviste.
Rück‖**fluß** m. Reflux. ‖**-gabe** f. Restitution. ‖**-gang** m. Retour, recul. ‖[Sinken] Baisse, f., décadence, f.
rückgängig a. Rétrograde.
Rück‖**gliederung** f. Réintégration. ‖**-grat** m. Vertèbre [f.] dorsale. ‖**-griff** m. (i. Handel) Recours. ‖**-halt** m. Appui, soutien. ‖[Zurückhaltung] Réserve, f. ‖**-kauf** m. Rachat. ‖**-kehr** f. Retour, m. ‖**-lauf** m. Retour, recul. ‖**-lehne** f. Dossier, m.
rücklings adv. En arrière.
Rück‖**marsch** m. Retraite, f. ‖**-reise** f. [Voyage, m., de] Retour, m. ‖**-ruf** m. Rappel. ‖**-schein** m. Reflet. ‖**-schlag** m. Contrecoup. ‖*Fig.* Revirement. ‖**-schritt** m. Recul. ‖**-seite** f. Dos, m. ‖[e. Blattes] Verso, m. ‖[e. Münze] Revers, m. ‖**-sendung** f. Retour, m. Renvoi, m.
Rücksicht f. (ruk-). Égard, m. : *auf...* [acc.] *Rücksicht nehmen**, avoir* égard à..., tenir* compte de...; *mit Rücksicht auf...*, par égard pour.
rück‖**sichtlich** adv. prép. *gén.* (lich). A l'égard de. ‖[bezüglich] Relativement à ‖**-sichtslos** a. (lôss). Sans égard. ‖*Fig.* Indiscret, ète. ‖[roh] Brutal, e : *Rücksichtslosigkeit,* f., manque d'égards, m.; indiscrétion, brutalité. ‖*rücksichtsvoll,* a., plein, e d'égards; adv. avec de grands égards.
Rück‖**sprache** f. (schprâche). Pourparlers, m. pl. : [mit] *Rücksprache nehmen**, conférer [avec]. ‖**-sprung** m. Saut en arrière. ‖**-stand** m. Reste, arriéré.
rückständig a. Arriéré, e, retardataire.
Rücktritt m. Retraite, f. [Regierung] Démission, f.

rückwärts adv. En arrière. A reculons.
Rück||**weg** m. Retour. ||**-wind** m. Vent arrière.
rückwirkend a. Rétroactif.
Rück||**wirkung** f. Réaction, contrecoup, m. ||**-zahlung** f. Remboursement, m. ||**-zoll** m. Drawback. ||**-zug** m. Retraite, f. ; *den Rückzug antreten**, battre en retraite.
Rüde, -n, -n m. (rûd^e^). Mâtin.
Rudel n. ④ (roûd^e^l). Bande, f. ||[v. Hirschen] Harde, f.
Ruder|| n. ④ (roûd^e^r). Rame, f., aviron, m. ||[Steuer] Gouvernail, m. ||**-er** m. ④. Rameur.
...ruderig a. (ig) : *dreiruderig*, à trois rangs de rameurs.
rudern. Ramer.
Ruder||**schiff** n. Galère, f. ||**-sport** m. (schport). Canotage. ||**-stock** m. (schtok). Timon.
Ruf m. ① (roûf). Cri. ||[Zuruf] Appel. ||*Fig.* [Nachrede] Réputation, f. : *in gutem, üblem Rufe stehen**, avoir* une bonne, une mauvaise réputation.
rufen*. intr. (schreien] Crier : *um Hilfe rufen,* crier *ou* appeler au secours. ||tr. Appeler : *wie gerufen kommen**, arriver fort à propos.
Ruf||**er** m. ④. Crieur. ||**-name** m. Prénom.
Rüge f. (rûg^e^). Blâme, m. ||[Verweis] Réprimande.
rügen. Blâmer. ||Réprimander. ||Fehler] Relever.
Ruhe f. (roû^e^). Repos, m., tranquillité. ||[sorgenfreie] Quiétude. ||[Stille] Calme, m. : *Ruhe!*, silence!, paix!
Ruhe||**...** : ... de repos : *Ruhe||bett,* n., *-tag,* m., *-zeit,* f., lit, m., jour, temps, m. [période] de repos. ||**-gehalt** n. (géhalte). Pension, f. [de retraite]. ||**-kissen** n. ④ (kiss^e^n). Oreiller, m.
ruhelos a. (lôss, -z-). Inquiet, iète. ||[augferegt] Agité, e.
Ruhelosigkeit f. (zigka^è^t). Inquiétude. ||Agitation [continuelle].
ruhen intr. [se] reposer : *nicht eher ruhen, als bis...*, n'avoir* ni trêve ni repos que...; *hier ruht [in Gott]...*, ci-gît...
Ruhe||**posten** m. (post^e^n). Sinécure, f. ||**-stand** m. (schtànte, -d-). Retraite, f. ||**-stätte** f. (schtèt^e^). Lieu de repos, m. ||[Grab] Tombe.
Ruhestörend a. Perturbateur, trice.
Ruhe||**störung** f. Perturbation. ||**-zeichen** n. (tsa^è^ch^e^n). ||*Mus.* Silence, m.
ruhig a. (ig). Tranquille : *ruhig!*, silence! ||[friedlich] Paisible. ||[still] Calme. ||adv. Tranquillement. ||Paisiblement. ||Avec calme.
Ruhm m. spl. (roûm). Gloire, f. : *Ruhmeshalle,* f., panthéon, m. ||[Ruf] Réputation, f.
rühm||**en** (rûm^e^n). Vanter. ||n. : [mit] *viel Rühmens machen,* faire* grand bruit [de]. || **''lich** a. (lich). Glorieux, euse. ||**-redig** a. (réedig). Vantard, e.
Ruhm||**redigkeit** f. (ka^è^te). Vantardise. ||**-sucht** f. Ambition.
ruhmvoll a. Glorieux, euse. ||adv. Glorieusement.
Ruhr f. (oûr). Dysenterie.
Rührei n. ② (rûr'a^è^). Œuf [m.] brouillé.
rühr||**en** tr. (rûr^e^n). Remuer. ||[Eier] Brouiller. ||[Gips] Gâcher. ||[treffen] Frapper. ||*Fig.* [Gemüt] Toucher, émouvoir*. ||[**sich**] Se mouvoir, bouger : *rühre dich!*, remue-toi! *Mil. rührt euch!*, repos! ||intr. [an, *dat.*] Toucher [à]. ||**-ig** a. (ig). Remuant, e. ||[regsam] Actif, ive.
Rührung f. (oung). Émotion.
Ruin|| m. spl. (rouîne). Ruine, f. [Untergang] Perte, f. ||**-e** f. (rouîn^e^). Ruine, débris, m.
ruinieren. Ruiner.
Rülps m. Rot, renvoi.
rülpsen. Roter.
Rum m. spl. (oûm). Rhum.
Rumän||**e, -n, -n** m., **in** f. (roumên^e^, ênìn). Roumain, e. ||**-ien** n. (î^e^n). Roumanie, f. ||*rumänisch,* a., roumain, e.
Rummel m. spl. (roum^e^l). [Lärm] Bruit. ||[stärker] Tapage. ||[Plunder] Bric-à-brac.
rummeln. Faire* du bruit.
Rumor m. spl. (roumôr). Bruit.
rumoren. Faire* du bruit.
Rumpel||**kammer** f. (roump^e^lkam^e^r). Chambre de débarras. ||**-kasten** m. ④. Coffre aux vieilleries. ||*Fam.* Vieille carriole, f., *fam.* guimbarde, f. ||[Klavier] Chaudron, *fam.*

rumpeln intr. Faire* du bruit. ‖tr. [Wagen] Cahoter.

Rumpf m. (*roumpf*). Tronc. ‖[v. Standbild] Torse. ‖[v. Schiffen] Coque, f., carcasse, f. [v. Flugzeugen] Fuselage, m., carlingue, f.

rümpfen. Froncer : *die Nase rümpfen,* faire* la moue.

rund a. (*rount,* -d-). Rond, e. ‖adv. : *rund herum,* tout autour; *rund heraus sagen,* dire* franchement. ‖n. ①. Rond, m. ‖[Kreis] Cercle, m.

Rund‖blick m. Panorama. ‖**-e** f. Ronde : *in der Runde,* à la ronde. ‖*Mil.* Ronde, patrouille.

runden. Arrondir.

Rund‖erlaß m. Circulaire, f. ‖**-funk** m. ①. Radio, f. ‖**-gang** m. (gàng). Ronde, f.

rundlich a. (lich). Arrondi, e. ‖[v. Körper] Rondelet, ette, potelé, e.

Rund‖platz m. Rond-point. ‖**-reise** f., **-reisekarte** f. (*raèzekarte*). Voyage [m.], billet [m.] circulaire, f. ‖**-schau** f. (*schao*). Panorama, m. ‖[in Zeitungen] Revue. ‖**-schreiben** n. ④ (*aèben*). Circulaire, f. ‖**-schrift** f. Ronde [Écriture]. ‖**-tanz** m. (tànts). Ronde, f.

rundum adv. (oùm). Tout autour.

Rund‖-ung, -en f. (oung). Rondeur. ‖**-wache** f. (*vache*). Ronde.

Runkelrübe f. (*rounkelrûbe*). Betterave.

Runzel f. (*rountsel*). Ride.

runzel‖ig a. (ig). Ridé, e. ‖**-n.** Rider. ‖[Stoff] Froncer : *die Stirn runzeln,* froncer le sourcil. ‖n. Froncement, m.

rupfen (*roupfen*). Arracher. ‖[Vögel] Plumer.

Rupie f. (*roûpie*). Roupie.

ruppig a. (*roupig*). Déguenillé, e. ‖[filzig] Ladre.

Ruprecht m. (*rouprècht*). Robert : *Knecht* —, croquemitaine.

Rüsche f. (*rusche*). Ruche.

Ruß‖ m. Suie, f. ‖**-braun** n. Bistre.

Russe, -n, -n m., **in** f. (*rousse, roussìn*). Russe, m. et f. ‖***russisch,*** a., russe.

Rüssel m. ④ (*russel*). [v. Schwein] Groin. ‖[v. Elefanten] Trompe, f.

rußig a. (*roûssig*). Noir de suie.

Rußland n. (*rouss-*). Russie, f.

rüsten (*rusten*). Préparer. ‖[Schiff, Heer] Équiper, armer.

Rüster f. (er). Orme, m.

rüstig a. (ig). Robuste.

Rüst‖igkeit f. (kaèt). Vigueur. ‖**-kammer** f. Magasin d'armes, m. ‖**-ung** f. (oung). Préparation, préparatifs, m. pl. ‖[v. Schiffen] Équipement, m. ‖[zum Kriege] Armement, m. ‖***Rüstungswettlauf,*** m., Course [f.] aux armements. ‖[e. Ritters] Armure. ‖**-zeug** n. Matériel * [m.] d'équipement, d'armement.

Rute f. (*roûte*). Verge. ‖[in d. Schule] Férule.

Rutsch‖ m. ① (*routsch*). Glissement. ‖[Erd-] Éboulement. ‖**-bahn** f. Glissoire, Toboggan, m.

rutschen. Glisser, déraper.

rütteln (*ruteln*). Secouer. ‖[v. Wagen] Cahoter.

S

S, s n. S, s, m. ‖**S.** = *Süden.*

Saal pl. *Säle,* m. (*zâl, zêle*). Salle, f.

Saar‖ f. (*zâr*). Sarre. ‖**-brücken** n. Sarrebruck, m. ‖**-gemünd** n. Sarreguemines, m.

Saat f. Semailles, f. pl. ‖[Getreide] Blés, m. pl. ‖*Fig.* Récolte.

Sabbat m. ① (*zabat*). Sabbat.

Säbel m. ④ (*zêbel*). Sabre.

säbeln (*zèbeln*). Sabrer.

Säbeltasche f. (*tasche*). Sabretache.

Sachbeweis m. (*zachbevaès*). Preuve [f.] matérielle.

Sache, -n f. (*zâche*). Chose. ‖[Tat-] Fait, m. ‖[Angelegenheit] Affaire. ‖[Streit-] Cause. ‖LOC : *so ist die Sache,* voilà ce qu'il en est; *zur Sache!,* au fait!; *das ist meine Sache,* c'est mon affaire, cela me regarde; *meine Sachen,* mes affaires, mes effets.

sachgemäß a. (zâch-). Objectif, ive, approprié.
Sach||kenner m. ④ (kèner). Connaisseur. ||**-kenntnis** f. (niss). Compétence.
sachkundig a. (koundig). Compétent, e, expert, e.
Sachlage f. (lâge). Situation.
sach||lich a. (lich). Objectif, ive. || **¨lich** a. Neutre.
Sach||lichkeit f. (kaète). Objectivité. ||**-register** n. ④ (régister). Table méthodique, f.
Sachs||e, -n, -n m. (zakse), **¨in** f. (zèksinn). Saxon, onne. ||**-en.** n. (en). Saxe, f. ||*sächsisch,* a., saxon, onne.
sacht[e], a. (zacht[e]). Doux, ouce. adv. Doucement : *sacht!,* tout doux!
Sachverhalt m. (ferhalt). État de l'affaire.
sachverständig a. (ferschtèndig) = *sachkundig.*
Sachwalter m. (valter). Homme d'affaires.
Sack|| m. Sac : *mit Sack und Pack,* avec armes et bagages. ||dim. *Säckchen,* n. ④, sachet, m. || **¨el** m. ④ (zèkel). Petit sac. ||[Beutel] Bourse, f.
sacker||lot !, -ment ! (sakerlott, -mènt). Sacrebleu!, sapristi!
Sack||gasse f. (zàkgasse). Impasse. ||**-hüpfen** n. Course [f.] en sac. ||**-pfeife** f. (pfaèfe). Cornemuse.
sadistisch a. Sadique.
Sä||emann m. ② (zéee-). Semeur. ||**-emaschine** f. (îne). Semeuse.
säen (zéeen). Semer.
Säer m. ④. Semeur.
Saffian m. (za). Maroquin.
Safran m. (za-âne). Safran.
Saft m. [d. Pflanzen] Sève, f. suc. ||[v. Früchten u. Fleisch] Suc, jus. ||[gezuckert] Sirop. ||[v. menschl. Körper] Humeur, f.
saftig a. (ig). Plein, e, de sève. ||[Frucht, Fleisch] Succulent, e.
Sage f. (zâge). [Gerücht] Bruit, m. ||[Legende] Légende.
Säge|| f. (zêge). Scie. ||**-bock** m. Chevalet [de scieur]. ||**-mehl** n. Sciure, f. ||**-mühle** f. Scierie.
sagen (zâgen). Dire* : *was sagen Sie dazu?,* qu'en dites-vous?; *das will viel sagen,* c'est beaucoup dire*; *das will schon etwas sagen,* c'est déjà quelque chose. ||pp. *gesagt : besser gesagt,* pour mieux dire*; *gesagt, getan,* sitôt dit, sitôt fait; *lassen Sie sich das gesagt sein*,* tenez-vous-le pour dit.
sägen (zêgen). Scier. ||n. Sciage, m.
sagenhaft a. (zâgenhaft). Légendaire.
Säge||r m. ④ (zèeger). Scieur. ||**-späne** pl. (schpêne). Sciure, f. ||**-werk** n. Scierie, f.
Sago m. (zâ-). Sagou. ||[weißer] Tapioca.
sah imp. de *sehen*.*
Sahne f. (zâne). Crème.
sahnig a. Crémeux, euse.
Saite f. (zaète). Corde [d'instrument] : *Saiteninstrument,* n., instrument [m.] à cordes. ||*Fig. : die Saiten hoch spannen,* le prendre* de haut; *gelindere Saiten aufziehen*,* baisser le ton.
Sakko, -s m. (zako). Veston.
Sakr||ament, -e n. ① (mènt). Sacrement, m. ||**-istei** f. (taè). Sacristie.
Säkularfeier f. (ar). Centenaire, m.
Salamander m. ④ (mànder). Salamandre, f. ||*Fig.* [Student] Toast [d'étudiants].
Salat|| m. ① (lâte). Salade, f. ||**-schüssel** f. Saladier, m.
Salbader m. ④ (bâder). Bavard, rabâcheur.
Salband n. ② (zâl). Lisière, f.
Salbe f. (zalbe). Onguent, m., pommade.
Salbei f. (baè). Sauge.
salb||en (en). Oindre* : *der Gesalbte des Herrn,* l'oint du Seigneur. ||**-icht** a. (icht). Onctueux, euse.
Salb||öl n. (eûl). Saintes huiles, f. pl. ||**-ung** f. Onction. ||[e. Königs] Sacre, m.
saldieren. Solder, balancer.
Saldo, -s m. (zaldo). Solde.
Salizylat n. ① (tsulâte). Salicylate, m.
Salm m. ①. Saumon.
Salmiak|| m. (zal-). Sel ammoniac. ||**-geist** m. Ammoniaque, f.
Salpeter m. ④ (péeter). Salpêtre.
salpetersauer a. (zaôer) : *salpetersaures Salz,* nitrate, m.
Salpetersäure f. (zœüre). Acide nitrique, m.

Salve f. (zalve). Salve. [Mar.] Bordée.
Salz|| n. ① (zaltz). Sel, m. ||*Salz...*, ... salé, e. ||**-abgabe** f. (gâbe). Gabelle. ||**-bergwerk** n. Saline, f. ||**-büchse** f. (bukse). Salière.
salzen tr. Saler.
Salz||**faß** n., **-fäßchen** n. (fèss'chen). Salière, f. ||**-fleisch** n. Viande [f.] salée. ||**-grube** f. (groûbe). Saline.
salz||**haltig** a. (haltig). Salin, e. ||**-ig** a. (ig). Salé, e.
Salz||**lache** f. (lache). Marais salant, m. ||**-lake** f. (lake). Saumure. ||**-quelle** f. Source salée. ||**-säure** f. (zœüre). Acide chlorhydrique, m. ||**-sieder** m. (zîder). Saunier. ||**-steuer** f., = *Salzabgabe.* ||**-wasser** n. Eau [f.] salée. ||**-werk** n. Saline, f.
Sämann. V. *Säemann.*
Same[n]||, **...ens, ...en** m. (za). Semence, f. ||[v. Menschen u. Tieren] Sperme. ||**-handel** m. (hàndel). Graineterie, f. ||**-händler** m. (hèntler). Grainetier. ||**-korn** n. Graine, f. ||**-staub** m. (schtaop, -b-). Pollen.
Sammelbecken n. Réservoir, m.
sammeln (zameln). Rassembler. || [Pflanzen usw.] Collectionner. ||[Gaben] Recueillir. ||[Geld] Quêter. ||[aus Werken] Compiler. ||*Fig. : sich sammeln,* se recueillir*. ||n. spl. Compilation, f.
Sammel||**platz** m., **-punkt** m. (pounkt). Lieu *ou* point de ralliement, rendez-vous. ||**-werk** n. Compilation, f.
Sammet. V. *Samt.*
Samml||**er** m. ④ (zamler). Collecteur. || [v. Gaben] Quêteur. || [aus Schriften] Compilateur. ||[elektrischer] Accumulateur. ||**-ung** f. Rassemblement, m. ||[v. Gaben] Quête. ||[v. Pflanzen usw.] Collection. ||[Auswahl] Recueil, m.
sammt. V. *samt.*
Samstag m. (zàmstâg). Samedi.
Samt m. ① (zàmt). Velours.
samt prép. Avec : *samt und sonders,* tout [tous] ensemble. || **¨lich** a. (zèmtlich). Total, e : *sämtliche Werke,* œuvres complètes. ||adv. Totalement.
samt||**artig** a. (ig). Velouté, e. ||**-en** a. De velours.
Sand|| m. spl. (zànt, -d-). Sable. ||**-boden** m. (bôden). Terrain sablonneux. ||**-grube** f. (groûbe). Sablière.
sandig a. (ig). Sableux, euse, sablonneux, euse.
Sand||**kuchen** m. (koûchen). Gâteau de Savoie. ||**-stein** m. (schtaèn). Grès. ||**-uhr** f. (oûr). Sablier, m. ||**-wüste** f. Désert [m.] de sable.
sandte imp. de *senden**.
sanft a. (zànft). Doux, douce.
Sänft||**e** f. (zèntfe). Chaise à porteurs, litière. ||[für Kranke] Brancard, m. ||**-heit** f. (haète), **-mut** f. (moûte). Douceur.
sanftmütig a. = *sanft.*
sang, sänge. V. *singen**.
Sang|| m. (zàng). Chant : *mit Sang und Klang,* musique en tête; *ohne Sang und Klang,* sans tambour ni trompette. || **¨er, in** m. ④, f. (zènger, ìn). Chanteur, euse. ||[in Kirchen u. Dichtung] Chantre, m.
Sanitäts... (têts) : ... de santé, sanitaire : *Sanitätsanstalt,* f., maison de santé.
sank imp. de *sinken**.
Sankt, abrév. **St,** a. inv. (zànkt). Saint, e : *Sankt Peter,* saint Pierre.
Sanktion f. (zànktsiône). Sanction.
sanktionieren. Sanctionner.
sann imp de *sinnen**.
Sanskrit n. (îte). Sanscrit, m.
Saphir m. ① (fîr). Saphir.
Sappe f. (zape). Sape.
sapper||**lot!, -ment!** V. *sackerlot!,* etc.
Sard||**elle, -ine** f. (èle, îne). Sardine.
Sardinien, -s n. (dînien). Sardaigne, f.
sardinisch a. Sarde.
Sarg|| m. (zarg). Cercueil. ||**-tuch** n. ②. (toûch). Drap [m.] mortuaire.
Sarkasmus m. Sarcasme.
sarkastisch a. Sarcastique.
Sarraß m. ① (ass). Cimeterre.
saß imp. de *sitzen**.
Satan m. (zâtâne). Satan.
Satire f. (tîre). Satire.
satirisch a. Satirique.
satt a. (zatt). Rassasié, e : *satt machen,* rassasier. ||*Fig.* [müde] Las, lasse : *ich habe es satt,* j'en suis las; *sich nicht satt [sehen,* etc.] *können,* ne pouvoir* se lasser de

[voir, etc.]. ‖ [Farbe] Soutenu, e. ‖ [dunkel] Foncé, e.
Sattel‖ m. ③ (**zat**ᵉl). Selle, f. ‖ [v. Bergen] Croupe, f. ‖**-baum** m. (baᵒm). Arçon.
sattelfest a. Bien en selle.
Sattelknopf m. Pommeau, x.
satteln. Seller.
Sattelzeug n. (tsœük). Sellerie, f.
Sattheit f. (**ha**ᵉt). Satiété.
sättigen (zètigᵉn). Rassasier. ‖ *Chem.* Saturer.
Sättigung f. (zètigoung). Rassasiement, m. ‖ Saturation.
Sattler‖ m. ④. Sellier. ‖**-ei** f. (*a*ᵉ). Sellerie.
sattsam a. (**z**atzâm). Suffisant, e.
Satyr, -n, -n m. (*za*tur). Satyre.
Satz‖ m. [Boden-] Dépôt, résidu. ‖ *Chem.* Sédiment. ‖ [v. Kaffee] Marc. ‖ [Sprung] Bond. ‖ [Druckerei] Composition, f. ‖ [zusammengehörige Stücke] Jeu, garniture, f. ‖ *Math.* [Lehr-] Théorème. ‖ Phrase, f. ‖ *Gramm.* Proposition, f. ‖**-bau** m. (baᵒ). Construction, f. ‖**-glied** n. Membre [m.] de phrase. ‖**-lehre** f. (le*ér*ᵉ). Syntaxe. ‖**-ung** f. (oung). Statut, m. ‖ [d. Kirche] Dogme, m.
Sau, ¨e (zaᵒ, œüᵉ). Truie. ‖ *Fam.* Cochon, m.
sauber a. (*za*ᵒbᵉr). Propre, net, nette. ‖ *Fam.* [ironisch] Joli, e.
Sauberkeit f. (kaᵉt). Propreté, netteté.
säuber‖**lich** adv. Proprement. ‖**-n** (**zœü**bᵉrn). Nettoyer.
Säuberung f. Nettoyage, m., épuration.
sauer a. (*za*ᵒᵉr). Aigre, acide. ‖ [Speise] Sur, e. ‖ [Milch] Tourné : *sauer werden**, tourner. ‖ *Fig.* [Gesicht] Renfrogné, e. ‖ [mühsam] Pénible, dur, e.
Sauer‖**ampfer** m. (àmpfᵉr). Oseille, f. ‖**-ei** f. (*a*ᵉ). Cochonnerie. ‖**-kraut** n. (kraᵒt). Choucroute, f.
säuer‖**lich** a. (**zœü**ᵉrlich). Aigrelet, ette. ‖**-n** (**zœü**ᵉrn). Aciduler.
Sauer‖**stoff** m. (schtof). Oxygène. ‖**-stoffverbindung** f. (bìn-). Oxyde, m. ‖**-teig** m. (taᵉg). Levain. ‖**-topf** m. **sauertöpfisch** a. (t*eu*p-). Grognon, maussade.
Sauf‖**bold** m. ① (*za*ᵒfbolt, -d-). ‖**-bruder** m. V. *Säufer.*
saufen* (zaᵒfᵉn). Boire* [animaux].
Säufer, in m. ④, f. (**zœü**fᵉr, ìn). Buveur, euse. ‖ [Trunkenbold] Ivrogne, esse. *Säuferwahnsinn,* m., delirium tremens.
Sauferei f. (zaᵒfᵉr*a*ᵉ). Ivrognerie.
Saugbeutel m. (*za*ᵒgb**œü**tᵉl). Sucette, f.
saugen* (*za*ᵒgᵉn). Sucer, aspirer : *in sich saugen,* absorber. ‖ [v. Kindern] Téter.
Saugen n. Succion, f.
säugen (**zœü**gᵉn). Allaiter. ‖ n. Allaitement, m.
Saug‖**er** m. ④ (*za*ᵒgᵉr). Suceur. ‖ [Gerät] Aspirateur. ‖ [für Kinder] Tétine, f. ‖ **¨etier** n. Mammifère, m. ‖ **¨ling** m. Nourrisson à la mamelle : *Säuglingssterblichkeit,* f., mortalité infantile.
Saug‖**flasche** f., **-fläschchen** n. Biberon, m. ‖**-maschine** f. Aspirateur, m. ‖**-napf** m. Ventouse, f. ‖**-pumpe** f., **-werk** n. Pompe aspirante, f. ‖**-rohr** n. Tuyau [m.] d'aspiration. ‖**-rüssel** m. Suçoir.
Säul‖**e** f. (**zœü**lᵉ). Colonne. ‖ [Physik] Pile. ‖ dim. *Säulchen,* n. ④, colonnette, f. ‖**-en...** : ... de colonne[s] : *Säulen*‖*fuß,* m., socle; *-gang,* m., colonnade, f.; *-halle,* f., portique, m.; *-knauf,* m., chapiteau; *-reihe,* f., péristyle, m.
Saum m. (zaᵒm). 1. Bord. ‖ [Naht] Ourlet. ‖ [am Walde] Lisière, f. ‖ 2. ... de trait *ou* de bât.
säumen tr. Border. ‖ [nähend] Ourler. ‖ intr. Tarder. ‖ [zögern] Hésiter. ‖ n. Retard, m., hésitation, f.
Säumer m. ④. Retardataire.
Saumesel m. Âne de bât.
säumig a. (ig). Retardataire.
Säumnis f. et n. (niss). Négligence, f.
Saum‖**pferd** n. Cheval de bât, m. ‖**sattel** m. Bât.
saumselig a. (zéelig). Lent, e. ‖ [nachlässig] Négligent, e.
Saum‖**seligkeit** f., = *Säumnis.* ‖**-tier** n. Bête de somme, f.
Säure f. (**zœü**rᵉ). Aigreur. ‖ [v. Essig usw.] Acidité. ‖ *Chem.* Acide, m.
Sauregurkenzeit f. (zaᵒrᵉg*ou*r-). Morte-saison.
Saus m. (zaᵒss). Bruissement : *Saus und Braus,* vie tumultueuse.
säuseln (**zœü**sᵉln). Murmurer. ‖ n. Murmure, m.

sausen. Bruire*. ‖[in d. Ohren] Bourdonner. ‖n. Bruissement, m. ‖Bourdonnement, m.
Schab‖e f., **-eisen** n. (schâbeaèzen). Racloir, m.
schaben tr. Racler. ‖n. Raclage, m.
Schabernack m. ① (schaber-). Mauvais tour.
schäbig a. (schêbig). Tout usé, e. ‖[Kleid] Râpé, e.
Schablone f. (ône). Patron, m. [modèle] : *schablonenhaft*, a., routinier, ière.
Schabracke f. Caparaçon, m.
Schabsel n. ④. Raclures, f. pl.
Schach‖ n., **-spiel** n. (schach-schpîl). Jeu [m.] d'échecs, échecs, pl. : *im Schache stehen*, halten**, être, tenir* en échec. ‖**-brett** n. Échiquier, m.
Schach‖er m. ④, **-erei** f. Brocantage, m.
Schächer m. ④. Larron.
Schach‖feld n., **-figur** f. Case [f.], pièce [f.] d'échiquier.
schachmatt a. Échec et mat.
Schacht m. (schacht). Puits [de mine].
Schachtel f. Boîte.
Schachzug m. Coup d'échecs.
Schade m. (schâde). V. *Schaden*. ‖adv. *es ist schade, daß...*, c'est dommage que...; *wie schade!* quel dommage!
Schädel m. ④ (schê). Crâne.
Schade[n] m. ③ (schaden). Dommage. ‖[Verwüstung] Dégât. ‖[Verletzung] Lésion, f. ‖[Übel] Mal : *Schaden nehmen**, se faire* du mal. ‖[Nachteil] Préjudice : *Schaden bringen*, nuire*; *zu meinem Schaden*, à mon détriment. ‖[Unrecht] Tort. ‖[Verlust] Perte, f. : *zu Schaden kommen**, subir des pertes. ‖*Schadenersatz*, m., indemnité, f. : *Schadenersatz mit Zinsen*, dommages-intérêts, pl.; *Schaden‖-freude*, f., joie maligne; *-froh*, a., qui a une joie maligne. ‖intr. Nuire*. ‖[Nachteil bringen] Porter préjudice. ‖LOC. : *es schadet nichts*, il n'y a pas de mal; *was schadet es?*, quel mal y a-t-il?
schad‖haft a. (haft). Endommagé, e. ‖[mangelhaft] Défectueux, euse. ‖[Zahn] Gâté, e, carié, e. ‖[Bauten] Détérioré, e, dégradé, e. ‖**¨igen** tr. (schèdigen). Faire* tort à, léser.
Schädigung f. Tort, m. préjudice, m.
schädlich a. (lich). Nuisible. ‖[nachteilig] Préjudiciable.
Schädlichkeit f. (kaète). Nocivité.
schadlos a. (lôss). Indemne : *schadlos halten**, dédommager, indemniser.
Schaf‖ n. ① (schâf). Mouton, m., brebis, f. ‖**-bock** m. Bélier. ‖**¨chen** n. ④ (schêfchen). Dim. de *Schaf*.
Schäfer‖, in m. ④, f. (schêfer, in). Berger, ère. ‖**-ei** f. (aè). Bergerie. ‖**-gedicht** n. (gédicht). Pastorale, f. ‖**-leben** n. (leében). Vie [f.] pastorale. ‖**-lied** n. ②. Pastorale, f.
schaff‖en* (en). 1. Créer. ‖n. Création, f. ‖2. [verbe faible] Faire* : *viel zu schaffen machen*, donner de la besogne. ‖[herbei-] Procurer. ‖[bringen] Apporter. ‖**-end** a. (ent, -d-). Créateur, trice.
Schaff‖ner m. ④. Administrateur. ‖[auf Eisenbahnen] Conducteur. ‖[auf Straßenbahnen] Receveur. ‖**-nerin** f. Femme de charge.
Schafleder n. ④. Basane, f.
Schäflein n., = *Schäfchen*.
Schafott n. ① Échafaud, m.
Schafskopf m. *Fig. fam.* Imbécile.
schafsmäßig a. (mêssig). Moutonnier, ière.
Schafstall m. (schtal). Bergerie, f., bercail.
Schaft m. Bois [de lance]. ‖[d. Fahne] Hampe, f. ‖[v. Säulen] Fût. ‖[v. Stiefeln] Tige, f.
Schakal m. ① (scha). Chacal.
Schäk‖er m. ④ (schêker). Farceur. ‖**-erei** f. Badinage, m. ‖[mit Mädchen] Flirtage, m.
schäkern. Badiner. folâtrer. ‖Flirter.
schal‖ a. (schâl). Fade. ‖[geschmacklos] Insipide. ‖[geruchlos] Éventé, e. ‖m. ① **Châle.**
Schale f. (schâle). Coquille. ‖[v. Eiern] Coque. ‖[v. Austern] Écaille. ‖[v. Schildkröten] Carapace. ‖[v. Früchten] Peau, x, pelure. ‖*Fig.* [Glas-] Coupe. ‖[Napf] Écuelle. ‖[Waag-] Plateau, x, m.
schälen (schêlen). Peler. ‖[Nuß] Écaler. ‖[Gerste] Monder. ‖[Samen] Décortiquer.

Schalheit f. (haèt). Fadeur. ||Insipidité.
Schalk|| m. ①, **-haft** a. (haft). Fripon, onne, m., f. || [schelmisch] Espiègle.
Schall|| m. ① (schal). Son. ||**-bekken** n. (bèkᵉn). Cymbale, f.
schallen* (schalᵉn). Sonner, retentir.
Schall||**geschwindigkeit** f. Vitesse du son. ||**-horn** n. (horn). Pavillon, m. ||**-lehre** f. (léerᵉ). Acoustique. ||**-platte** f. Disque, m. ||**-rohr** n. porte-voix, m. ||**-welle** f. Onde sonore.
Schalmei f. (maè). Chalumeau, x, m.
Schalotte f. (otᵉ). Échalote.
schalt|| imp. de *schalten**. ||**-en** intr. LOC. : ***schalten** und walten*, agir à sa guise. || [Auto] Changer de vitesse.
Schalter m. ④. Guichet. ||*Elektr.* Interrupteur, commutateur.
Schaltier n. (schâltîr). Crustacé, m.
Schalt||**jahr** n. Année bissextile, f. ||**-tafel** f. [Auto] Tableau [m.] de bord. ||**-tag** m. Jour intercalaire.
Scham|| f. (schâm). Honte. || [haftigkeit] Pudeur. ||**-bein** n. (baène). Pubis, m.
schämen [sich] (schèmᵉn). Avoir* honte [de] .||**-haft** a. (haft). Pudique. || [übertrieben] Pudibond, e.
Scham||**haftigkeit** f. Pudeur. ||**-leiste** f. Aine.
schamlos a. (lôss). Sans pudeur. || [unzüchtig] Impudique. ||*Fig.* Éhonté, e, cynique. || [frech] Impudent, e.
Schamritze f. (ritsᵉ). Vulve.
schamrot a. (rôte). Rouge de honte.
Schamteile pl. Parties sexuelles.
Schande f. (schàndᵉ). Honte. || [Niederträchtigkeit] Infamie.
schänden tr. (schèndᵉn). [entehren] Déshonorer. || [beschimpfen] Outrager. || [Heiliges] Profaner.
Schänder m. ④ (schèndᵉr). Celui qui déshonore, etc., profanateur.
schändlich a. (schènt-lich). Honteux, euse. || [ehrlos] Infâme.
Schändlichkeit f. (kaète). Infamie.
Schand||**tat** f. (tâte). Infamie. || ¨**ung** f. Outrage, m.
Schank|| m. Débit de boissons. ||**-stube** f. Cabaret, m.
Schanz||**arbeit** f. (schàntsarbaèt). Terrassement, m. ||**-arbeiter** m. Terrassier. ||**-e** f. (schàntse). Retranchement, m. || [geschlossene] Redoute.
schanzen. Faire* des terrassements.
Schanz||**gräber** m. (grêbᵉr). Pionnier. ||**-korb** m. Gabion. ||**-werk** n. (vèrk). Retranchement, m.
Schar f. (schâr). Troupe, bande. ||*Poet.* Légion.
Scharbock m. Scorbut.
scharen. Réunir [en troupes].
scharf a. (scharf), [Messer usw.] Tranchant, e. ||*Fig. : scharfe Kante*, arête vive; *scharfer Wind*, vent coupant. || [spitzig, *fig.* Akzent, Ton] Aigu, ë. || [Geschmack] Piquant, e. || [Essig] Fort, e. || [Saft] Âcre. || [Blick, Gesicht] Perçant, e, pénétrant, e. || [Gehör] Fin, e. || [Linie] Net, te. || [streng] Rigoureux, euse. || adv. [arbeiten] D'arrache-pied. || [reiten*] Au galop. || [schießen*] À balles.
Scharfblick m. Pénétration, f., perspicacité, f.
scharfblickend a. (kᵉnt, -d-). Pénétrant, e, perspicace.
Schärfe f. (schêrfᵉ). Tranchant, m. || [e. Messers usw.] Fil, m. || [v. Umrissen] Netteté. || [Säure] Aigreur, âcreté. ||*Fig.* [des Tons] Acuité. || [Strenge] Sévérité, rigueur. || [d. Verstandes] = *Scharfblick.*
schärfen tr. (schèrfᵉn). Aiguiser. || [Speise] Relever. ||*Fig.* [Gesicht usw.] Fortifier. || [Strafe] Aggraver. || [Pferd] Ferrer à glace.
Scharf||**richter** m. ④. Bourreau, x. ||**-schütze** m. (schutsᵉ). Bon tireur.
scharfsichtig a. (zichtig). Clairvoyant, e. ||*Fig.* Perspicace.
Scharf||**sichtigkeit** f. (kaète). Vue perçante. ||Perspicacité. ||**-sinn** m. Sagacité, f., perspicacité, f.
scharfsinnig a. (ig). Sagace, perspicace.
Schärfung f. (schèrfoung). Affûtage, m. ||*Fig.* Aggravation. V. *schärfen.*
Scharlach|| m. (scharlach). Écarlate, f. || [Krankheit] et **-fieber** n. Scarlatine, f.
scharlachrot a. Écarlate.
Scharmützel n. (schârmutsᵉl). Escarmouche, f.
Scharnier n. ① (nîr). Charnière, f.

Schärpe f. (schèrp^e). Écharpe.
Scharpie f. (pi). Charpie.
Scharre f. (ar^e). Racloir, m.
scharren. Gratter. ‖ [mit den Füßen]. Trépigner. ‖ [Loch] Creuser. ‖ n. Grattage, m. ‖ Trépignement, m.
Scharte f. (art^e). Dent [brèche] : *Scharten bekommen**, s'ébrécher; *eine Scharte auswetzen*, réparer un dommage.
schartig a. (ig). Ébréché, e : *schartig machen*, ébrécher.
Scharwache f. (schâr-). Patrouille. ‖ [ehemals] Guet, m.
Scharwenzel m. (vènts^el). Valet [aux cartes].
Schatten ‖ m. ④ (schat^en). Ombre, f. ‖ [Laub] Ombrage. ‖ **-bild** n., **-riß** m. (bilt, -d-). Silhouette, f. ‖ **-seite** f. Côté de l'ombre, m. ‖ *Fig.* Mauvais côté, m. ‖ **-spiel** n. (schpîl). Ombres chinoises, f. pl.
schattieren (îr^en). Ombrer. ‖ [stufenweise] Nuancer.
Schattierung f. Nuance.
schattig a. Ombreux, euse : *schattiges Laub*, ombrage, m.
Schatulle f. (toul^e). Cassette.
Schatz ‖ m. (schatz). Trésor. ‖ *Fig. fam.* [Geliebter, te] Bien-aimé, e, m., f., bonne amie, f. ‖ **-amt** n. (àmt). Trésor [public], m., trésorerie, f.
schätz ‖ **bar** a. (schètsbar). Estimable. ‖ [berechenbar] Appréciable. ‖ **-en** (schèts^en). Estimer : *schätzenswert*, a., estimable. ‖ [ab-] Apprécier, imposer, taxer.
Schätzer m. ④ (schèts^er). Expert.
Schatz ‖ **kammer** f. Trésorerie. ‖ **-meister** m. (ma^èst^er). Trésorier.
Schatz ‖ **ung** f. Imposition. ‖ **¨ung** f. (schèts). Évaluation.
Schau f. (scha^o). Vue. ‖ [Ausstellung] Exposition. ‖ [Heer-] Revue : *zur Schau stellen*, exposer.
Schauder m. ④ (scha^od^er). Frisson. ‖ [leichter] Frémissement. ‖ [Entsetzen] Horreur, f.
schauder ‖ **haft** a. (**haft**). Horrible. ‖ **-n.** Frissonner.
schauen tr. (scha^ô^en). Regarder. ‖ [betrachten] Contempler.
Schauer[1] m. ④ = *Schauder.*
Schauer[2] m. [Regen-] Ondée, f. ‖ [April-] Giboulée, f.
schau ‖ **erig** a. (ig). Effrayant, e, horrible. ‖ **-ern.** Frissonner.
Schaufel ‖ f. (scha^of^el). Pelle. ‖ [am Wasserrade] Palette, aube. ‖ **-voll** f. inv. Pelletée.
Schaufenster n. ④ (scha^ofènst^er). Vitrine, f. ‖ [e. Ladens] Montre, f. *Schaufensterdekorateur*, m., étalagiste.
Schaukel f. (scha^ok^el). Balançoire. ‖ [Wippe] Bascule : *Schaukel* ‖ *-pferd*, n., *-stuhl*, m., cheval, m., chaise, f., *ou* fauteuil à bascule.
schaukeln tr. Balancer. ‖ intr. et [**sich**]. Se balancer. ‖ **n.** Balancement, m.
Schaum m. (scha^om). Écume, f. ‖ [v. Wein u. Seife] Mousse, f. : *zu Schaum schlagen**, fouetter, battre* en neige. ‖ *Fig. : zu Schaum werden**, s'en aller* en fumée. ‖ *Schaum...* [-wein, -bier]... [vin, bière, f.] mousseux, euse.
schäum ‖ **en** intr. (schœüm^en). Mousser. ‖ tr. Écumer. ‖ **-end** p. a. (^ent, -t-). Écumant, e. ‖ Mousseux, euse.
Schaum ‖ **gold** n. Clinquant, m. ‖ [an Kleidern] Oripeau, x, m. ‖ **-kelle** f., **-löffel** m. (leuf^el). Écumoire, f.
Schau ‖ **münze** f. (scha^omùntse). Médaille. ‖ **-platz** m. Scène, f., théâtre.
schaurig a. V. *schauerig.*
Schau ‖ **spiel** n. ① (scha^o). Spectacle, m. ‖ [Stück] Pièce, f. [de théâtre]. ‖ **-spieler, in** m. ④, f. (schpîl^er, ìn). Comédien, ienne, acteur, trice. ‖ **-spielhaus** n. Théâtre, m. ‖ **-stellung** f. (schtèloung). Exposition. ‖ *Com.* Étalage, m. ‖ **-tanz** m. Ballet.
Scheck ‖ m. Chèque. ‖ **-heft** n. Chéquier, m.
Scheck, -en, -en m. et **-e** f. Animal tacheté, m.
scheckig a. (ig). Tacheté, e. ‖ [Pferd] Pie.
scheel* a. (schéel). Louche : *scheel ansehen**, *regarder de travers.* ‖ *Fig.* Envieux, euse.
Scheelsucht f. (**zoucht**). Envie.
scheelsüchtig a. (**zuchtig**), = *scheel, fig.*
Scheffel m. ④. Boisseau, x.
Scheibe f. (scha^èb^e). Disque, m. ‖ [runde] Rondelle. ‖ [Glas-] Vitre. ‖ [Honig-] Rayon, m. ‖ [Schnitte] Tranche. ‖ [Ziel-] Cible.

Scheide f. (scha*è*d^e). Point, m. *ou* ligne de séparation : *Scheide*‖*linie,* f., ligne de démarcation; *-mauer,* f., *-punkt,* m., mur, m., point [m.] de séparation. ‖[Futteral] Gaine. ‖[v. Degen] Fourreau, x, m. ‖[Körperteil] Vagin, m.

Scheidemünze f. (scha*è*d^e). Petite monnaie.

scheiden* tr. (scha*è*d^en). Séparer : *wir sind geschiedene Leute,* tout est rompu entre nous; *sich* [*von*] *scheiden lassen**, divorcer [d'avec]; analyser, discerner. ‖intr. [*sein*] Partir*.

Scheide‖**wand**, ¨e f. (scha*è*d^e). Cloison. ‖**-wasser** n. (*vass*^er). Eau-forte, f. ‖**-weg** m. (v*é*eg). Carrefour.

Scheidung f. (*a*è). Séparation.

Scheik, -s m. (a*è*k). Cheik.

Schein m. (scha*è*n). Lueur, f. ‖[Licht] Lumière, f., clarté, f. ‖*Fig.* [Aussehen] Apparence, f. ‖[falscher] Semblant : *dem Scheine nach,* en apparence. ‖[Bescheinigung] Certificat.

Schein‖**...** (scha*è*n). ... apparent, e, faux, fausse. ‖**-angriff** m. Attaque [f.] simulée.

scheinbar a. Apparent, e.

Scheinbild n. Image [f.] trompeuse.

scheinen*. Luire. ‖[erscheinen] Paraître*. ‖[aussehen] Sembler, avoir* l'air. ‖n. Lueur, f. ‖[Anschein] Apparence, f.

Schein‖**freude** f. Joie [f.] apparente. ‖**-freundschaft** f. Fausse amitié.

scheinfromm a. Cagot, e.

Scheinfrömmigkeit f. (frœmigka*è*t). Cagoterie.

Scheingelehrter a. s. Faux savant.

Schein‖**gold** n. (golt, -d-). Or [m.] faux. ‖**-grund** m. Raison [f.] spécieuse.

scheinheilig a. (**h***a*èlig). Tartufe.

Scheinheiligkeit f. (ka*è*t). Tartuferie.

Scheinkranker a. s. Simulateur.

Schein‖**tod** m. Mort [f.] apparente, catalepsie, f. ‖**-wechsel** m. (v*è*ks^el). Billet de complaisance. ‖**-werfer** m. Projecteur.

Scheit n. ② (scha*è*t). Bûche, f.

Scheitel‖ m. ④ (scha*è*t^el). Sommet [de la tête]. ‖[Haar-] Raie, f. ‖**-käppchen** n. (kèp**ch**^en). Calotte, f.

scheiteln. Partager [par une raie].

Scheitelpunkt m. (pounkt). Sommet. ‖[am Himmel] Zénith.

scheitelrecht a. (rè**ch**t). Vertical, e.

Scheiterhaufen m. (scha*è*ter**h**a^of^en). Bûcher.

scheitern intr. [*sein*]. Échouer. ‖n. spl. Naufrage, m. ‖[Mißlingen] Échec, m.

Schelde f. Escaut, m.

Schelle f. (schèl^e). Grelot, m. ‖[Klingel] Sonnette. ‖[Glöckchen] Clochette. ‖*Fig.* [Ohrfeige] Soufflet, m. ‖*Fam.* Taloche. ‖[auf Karten] Carreau, x, m.

schellen. Sonner. ‖*Schellentrommel,* f., tambour de basque, m.

Schelm‖, **in** m., f. (schèlm, ìn) [auch *fig. fam.*] Fripon, onne. ‖**-erei** f. Friponnerie.

schelmisch a. Fripon, onne.

Schelte f. (schèlt^e). Réprimande.

schelten* tr. Gronder ‖[tadeln] Réprimander. ‖[nennen] : *jm. einen Dieb schelten,* traiter qn. de voleur.

Scheltwort n. Injure, f.

Schemel m. ④ (sch*é*em^el). Tabouret. ‖[Fuß-] Escabeau, x.

Schenk‖, **-en, -en** m. (sch*è*nk). Échanson. ‖**-e** f. (ènk^e). Cabaret, m.

Schenkel m. ④. Cuisse, f. ‖[e. Winkels] Côté. ‖[e. Zirkels] Branche, f.

schenken [eingießen] Verser ‖[v. Wirt] Débiter. ‖[geben] Faire* présent de. ‖[Strafe] Remettre*.

Schenk‖**er, in** m. ④, f. (^er, ìn). Donateur, trice ‖**-tisch** m. Comptoir. ‖**-ung** f. Donation. ‖**-wirt** m. (virt). Cabaretier.

Scherbe f. (schèrb^e). Tesson, m.

Scher‖**becken** n. (sch*é*erbèk^en). Plat [m.] à barbe. ‖**-e** f. (sch*é*er^e). Ciseaux, m. pl.; paire de ciseaux. ‖[v. Krebs] Pince.

scheren*. Tondre: *den Bart scheren,* faire* la barbe, se raser. ‖*Fig. fam.* Tracasser : *was schert euch das?,* qu'est-ce que cela vous fait? ‖[**sich**] [um] Se soucier. [de]. ‖*Fam.* Décamper. ‖n. Tonte, f.

Scher‖**er** m. ④. Tondeur. ‖**-erei f.** (er*a*è). Tracasserie.

Scherflein n. ④. Obole, f.

Scherge, -n, -n m. (èrg^e). Archer, sergent, sbire.

Scher‖maschine f. (scheer-) Tondeuse. ‖**-messer** n. ④ (mèsserr). Rasoir, m.
Scherz m. (schèrts). Plaisanterie, f. : *im Scherze,* par plaisanterie; *mit etwas Scherz treiben*,* se faire un jeu de qc.
scherz‖en. [über., *acc.*] Plaisanter [de]. ‖**-haft** a. (haft). Plaisant, e.
Scherzhaftigkeit f. (igkaèt). Humeur plaisante.
scheu a. (schœü). Timide. ‖[v. Pferden] Ombrageux, euse : *scheu machen,* effaroucher; *— werden*,* s'effaroucher. ‖ f. Timidité. ‖[Furcht] Crainte.
Scheuche f. (schœüche). Épouvantail, m.
scheu‖chen (chen). Chasser. ‖**-en** tr. (schœüen). Craindre*. ‖intr. S'effaroucher [vor, de].
Scheuer f. Grange.
scheuern. Récurer. ‖[Fußboden] Frotter. ‖n. spl. Récurage, m. ‖*Scheuer‖bürste,* f., brosse à récurer; *-frau,* f., *-magd,* f., récureuse.
Scheuk‖lappe f., **-leder** n. Œillère, f.
Scheune f. (schœüne). Grange.
Scheusal n. ① (zâl). Monstre, m.
scheußlich a. (schœüslich). Affreux, euse, abominable.
Scheußlichkeit f. Abomination.
Schi m. Ski : *Schi laufen,* faire du ski.
Schicht f. Couche. ‖Équipe [d'ouvriers].
schichten. Ranger par couches. ‖[Holz] Empiler.
schick a. (schik). Chic, *fam.* ‖m. Bonne façon, f.
schick‖en. Envoyer : *nach einem schicken,* envoyer chercher qn. ‖[**sich**] [in, *acc.*] S'accommoder [de], se résigner [à]. ‖[passen] Convenir* [à] ‖**-lich** a. (lich). Convenable, décent, e.
Schick‖lichkeit f. (kaète). Convenance, décence. ‖**-sal** n. ① (zâl). Sort, m., destin, m., destinée, f. ‖**-ung** f. [Schicksal] Destinée. ‖[Gottes] Décret, m.
Schieb... (schîp, -b-) : ... à coulisse : *Schiebetür,* f., porte à coulisse.
schieben* (schîben). Pousser.
Schieb‖er m. ④. Coulisse, f. ‖Curseur. ‖Soupape. ‖*Fig.* [unredlicher Händler] Profiteur. ‖**-ering** m. Coulant. ‖**-ewand** f. Coulisse. ‖**-fenster** n. Fenêtre [f.] à coulisse *ou* à guillotine. ‖**-karren** m. ④. Brouette, f. ‖**-etür** f. Porte à coulisse.
schied imp. de *scheiden*.*
Schieds‖gericht n. (schîts). Tribunal [m.] arbitral. ‖**-richter** m. ④ (richter). Arbitre.
schiedsrichterlich a. Arbitral, e.
Schiedsspruch m. Arbitrage.
schief a. (schîf). Oblique, incliné, e. ‖[Winke] Aigu. ‖[falsch] Faux, fausse. ‖adv. Obliquement, de travers. ‖*Fig. die Sache geht schief,* l'affaire tourne mal.
Schiefe f. (schîfe). V. *Schiefheit.*
Schiefer m. ④ (schîfer). Ardoise, f. ‖*Geolog.* Schiste.
schieferartig a. Schisteux, euse.
Schiefer‖bruch m. Ardoisière, f. ‖**-decker** m. ④. Couvreur.
schieferig a. Schisteux, euse.
Schiefheit f. (haète). Obliquité. ‖[Abhang] Pente.
schiel‖en (schîlen). Loucher. ‖[nach] Lorgner, tr. ‖n. Strabisme, m. ‖**-end** a. **Schieler** m. ④. Louche.
schien imp. de *scheinen*.*
Schien‖bein n. (schînbaène). Tibia, m. ‖**-e** f. (schîne). Éclisse. ‖[für Räder] Bande. ‖[Eisenbahn-] Rail, m.
schienen. Garnir de bandes.
schier a. (schîr). 1. Pur, e. ‖adv. Purement. ‖2. [fast] Presque.
Schierling m. Ciguë, f.
schießbar a. (schîssbar). A portée de tir.
Schießbaumwolle f. (baomvole). Coton fulminant, m.
schießen* (schîsen), intr. [*sein*]. 1. Fondre [sur]. ‖[Stern] Filer. ‖[steigen] Monter : *in die Höhe schießen,* croître* rapidement; *ins Gesicht schießen,* monter au visage. ‖2. [auf, *acc.*] Tirer [avec une arme], faire* feu [sur]; *einem vor den Kopf schießen,* brûler la cervelle à qn. ‖tr. [tot schießen] Tuer, abattre. ‖n. spl. Tir, m. : ...*schießen,* tir au[x]..., à la ... ‖[mit Gewehren] Fusillade, f.
Schieß‖loch n. (loch). Meurtrière, f. ‖**-platz** m. Champ de tir. ‖**-pulver** n. Poudre à canon, f.

‖**-scharte** f., = *Schießloch*. ‖**-stand** m. (schtànt, -d-). Stand.

Schiff‖ n. ① (sch*i*f). Bateau, x, m. : *zu Schiffe*, par bateau. ‖ [See-] Vaisseau, x, m., navire, m., bâtiment, m. ‖ [Kirchen-] Nef, f. ‖**-fahrt** f. [orth. *Schiffahrt*] (fârt). Navigation.

schiffbar a. Navigable.

Schiff‖**barkeit** f. Navigabilité. ‖**-bruch** m. (brou**ch**). Naufrage.

schiffbrüchig a. (br*u*chig). Naufragé, e.

Schiff‖**brücke** f. (br*u*ke). Pont de bateaux, m. ‖**-chen** n. ④ (**ch**en). Dim. de *Schiff*. ‖ [Weberei] Navette, f.

schiffen. Naviguer. ‖*Fam.* Uriner, pisser, *fam.*

Schiffer m. ④. Marinier. ‖ [Kahnfahrer] Batelier.

Schiffs‖**beute** f. (sch*i*fs). Prise. ‖**-junge, -n, -n** m. (yoùnge). Mousse. ‖**-koch** m. (ko**ch**). Cuisinier du bord. ‖**-korb** m. (korp, -b-). Hune, f. ‖**-ladung** f. Cargaison. ‖**-laterne** f. (tèrne). Fanal, aux, m. ‖**-leute** pl. (lœüte). Marins; bateliers. ‖**-raum** m. (raom). Cale, f. ‖**-rumpf** m. (roùmpf). Coque, f. ‖**-schraube** f. Hélice. ‖**-wache** f. (va**ch**e). Vigie. ‖**-werft** f. Chantier [m.] maritime. ‖**-zwieback** m. Biscuit de mer.

Schild‖ (sch*i*lt..., -d-). 1. m. Bouclier. ‖ [in Wappen] Écusson. ‖*Fig.: im Schilde führen*, méditer, tramer. ‖2. n. ②. Enseigne, f. ‖**-chen** n. ④ (**ch**en). Dim. de *Schild* [an Türen usw.] Plaque, f. ‖**-erer** m. ④. Peintre. ‖**-erhaus** n. (haoss). Guérite, f.

schildern. Dépeindre*, décrire*.

Schild‖**erung** f. Peinture, description. ‖**-kröte** f. (kreûte). Tortue. ‖**-laus** (laoss). Cochenille. ‖**patt** n. Écaille, f. [de tortue]. ‖**-träger** m. (trèeger). Écuyer. ‖**-wache** f. (va**ch**e). Sentinelle : *Schildwache stehen**, monter la garde.

Schilf‖ n. (sch*i*lf). Roseau, x, m. ‖**-matte** f. Natte de jonc. ‖**-rohr** n. Roseau [de marais], m.

Schiller m. (sch*i*ler). Éclat chatoyant.

schillern. Chatoyer.

Schillern n. Chatoiement, m.

schilt. V. *schelten**.

Schimäre f. (schimêre). Chimère.

schimärisch a. Chimérique.

Schimmel m. ④ (sch*i*mel). Cheval blanc. ‖ [Pilzart] Moisi, moisissure, f.

schimm‖**elicht** a., **-ig** a. (i**ch**t, ig). Moisi, e. ‖**-eln** intr. Moisir, se moisir.

Schimmer m. ④. Lueur, f.

schimmern intr. Jeter une faible lueur.

Schimpf m. (schìmpf). Affront. ‖ [Beleidigung] Outrage, injure, f.

schimpfen tr. Injurier. ‖intr. Pester. ‖*Schimpf*... : ... injurieux, euse : *Schimpfwort*, n., parole injurieuse, f.

Schimpfer m. ④. Insulteur.

schimpflich a. (li**ch**). Injurieux, euse, outrageant, e. ‖ [schändlich] Honteux, euse.

Schimpf‖**name** m. Nom injurieux. ‖**-wort** n. Injure, f.

Schindel f. (schìndel). Bardeau, x, m.

schinden*. Écorcher. ‖*Fam.* [quälen] Tracasser. ‖ [Pferd] Harasser.

Schind‖**er** m. ④. Équarrisseur. ‖**-erei** f. (*a*è). Voirie. ‖*Fam.* Tracasserie. ‖**-mähre** f. (mèere). Rosse, haridelle.

Schinken m. ④ (schìnken). Jambon.

Schippe f. (sch*i*pe). Pelle.

Schirm‖ m. (sch*i*rm). Abri. ‖ [Schutz] Protection, f. ‖**-dach** n. ② (da**ch**). Auvent, m. ‖ [vor e. Tore] Marquise, f.

schirmen. Abriter, protéger [contre].

Schirm‖**er** m. ④. Protecteur. ‖**-ständer** m. (schtènder). Porte-parapluies. ‖**-wand** f. Paravent, m.

schirren (sch*i*ren). Atteler.

Schirrmeister m. (*m*aèster). Maître des équipages. ‖ [bei der Bahn] Chef d'équipe.

Schisma‖, **-men** n. (sch*i*s). Schisme, m. ‖**-tiker** m. ④ (*â*tiker), **-tisch** a. Schismatique.

Schlacht‖ f. (schl*a*cht). Bataille. ‖**-bank** f. (bànk). Étal, aux, m.

schlachten. Tuer [boucherie], abattre. ‖ [Schwein] Saigner. ‖ [Opfer] Immoler. ‖n. Abatage, m.

Schlächter m. (schlè**ch**ter). Boucher.

Schlacht‖**feld** n. Champ de bataille, m. ‖**-fleisch** n. (flaèsch). Viande de boucherie, f. ‖**-haus** n. **-hof** m. Abattoir, m. ‖**-ruf** m. Cri de guerre. ‖**-schiff** n. Cuirassé, m. ‖**-vieh** n. (fî). Bêtes de boucherie, f. pl.

Schlack‖**e** f. (*ak*e). Scorie. ‖**-wurst** f. (vourst). Cervelas, m. ‖[v. Kaldaunen] Andouille.

Schlaf‖ m. (schlâf). Sommeil. ‖**-anzug** m. Pyjama.

schlafbringend a. Narcotique.

Schläfchen n. Petit somme, m.

Schläfe f. (schlêfe). Tempe.

schlafen*. Dormir*. ‖liegen] Coucher.

Schläfer, in m. ④, f. (êfer, ìn). Dormeur, euse.

schläfern impers. : *es schläfert mich,* j'ai sommeil.

schlaff a. Détendu, e : *schlaff machen,* détendre, relâcher; *schlaff werden**, se détendre, se relâcher. ‖*Fig.* [kraftlos] Mou, molle.

Schlaffheit f. (haèt). Relâchement, m. ‖Mollesse.

schlaflos a. (lôss, -z-). Privé, e de sommeil.

Schlaf‖**losigkeit** f. (zigkaèt). Insomnie. ‖**-mittel** n. (mitel). Soporifique, m. ‖**-mütze** f. (mutse). Bonnet de nuit, m.

schläfrig a. Qui a sommeil; *ich bin schläfrig,* j'ai sommeil; *schläfrig werden**, être* pris de sommeil; *schläfrig machen,* endormir.

Schlaf‖**rock** m. Robe de chambre, f. ‖**-saal** m. Dortoir. ‖**-stätte** f. (schtète), **-stelle** f. (schtèle). Couche. ‖**-sucht** f. (zoucht). Somnolence.

schlafsüchtig a. (zuchtig). Somnolent, e.

Schlaf‖**trank** m. (trànk). Soporifique, narcotique. ‖**-wagen** (vâgen). Wagon-lit. ‖**-wandler** m. Somnambule. ‖**-zimmer** n. ④ (tsimer). Chambre à coucher, f.

Schlag‖ m. (schlâg). Coup : *auf den ersten Schlag,* du premier coup; *mit dem Schlag drei* [*Schlag drei Uhr*], au coup de trois heures; ...*schlag,* coup de... ‖[elektr.] Commotion, f. ‖[d. Herzens, d. Uhr] Battement. ‖*Fig.* [-fluß] Apoplexie, f. ‖[Wagen-] Portière, f. ‖[Art] Espèce, f. ‖**-ader** f. Artère : *Schlagaderverhärtung,* f., artériosclérose. ‖**-baum** m. (baom). Barrière, f. ‖ **¨el.** V. *Schlegel.*

schlag‖**en*** (schlâgen). tr. Battre, frapper. ‖[Holz] Abattre. ‖[Arme übereinander] Croiser. ‖intr. Battre. ‖[Uhr] Sonner : *wieviel* [*was*] *hat es geschlagen?,* quelle heure a-t-il sonné? ‖[v. Vögeln] Chanter. ‖réfl. : *sich auf Degen schlagen,* se battre à l'épée. ‖n. spl. Battement, m. ‖[v. Herzen] Palpitation, f. ‖[v. d. Uhr] Sonnerie, f. ‖**-end** p. a. (ent, -d-). Battant, e. ‖[Beweis] Concluant, e.

Schlag‖**er** *Fam.* Air à la mode : *Schlagersänger,* m., chanteur de charme. ‖ **¨er** m. ④ Frappeur. ‖*Fig. guter Schläger,* fine lame, f. ‖[Degen], Rapière, f. ‖[Ballnetz] = *Schlagnetz.* ‖ **¨erei** f. (êgeraè). Rixe.

schlagfertig a. (ig). Prêt, e, à se battre. ‖*Fig.* Prompt, e à la riposte.

Schlag‖**fluß** m. (flouss). Apoplexie, f. ‖**-gold** n. (golt, -d-). Or [m] battu. ‖**-netz** n. Raquette, f. ‖**-ring** m. (ring). Coup de poing américain. ‖**-sahne** f. (zâne). Crème fouettée. ‖**-seite** f. [Schiff] Bande. ‖**-uhr** f. (oûr). Pendule à sonnerie. ‖**-werk** n. (vèrk). Sonnerie, f. ‖**-wetter** n. Grisou, m. ‖**-wort** n. Mot [m.] à effet, slogan, m.

Schlamm m. Limon, vase, f.

schlammig a. Vaseux, euse.

Schlampe f. (àmpe). Souillon, m. ‖*Pop.* Salope.

schlampig a. (ig). Malpropre.

schlang imp. de *schlingen**.

Schlange f. Serpent, m. *Schlange stehen,* faire la queue, *fam.*

schlängeln [sich] (schlèngeln). Serpenter.

Schlangen... : ... de serpent, ... serpentin : *Schlangen*‖*linie,* f., ligne serpentine; *-röhre,* f., serpentin, m.

schlank a. (ànk). Élancé, e, svelte.

Schlankheit f. (haète). Sveltesse.

schlapp a. (ap) = *schlaff.*

Schlapp‖**e** f. Défaite. ‖**-hut** m. Chapeau mou. ‖**-schuh** m. ① Babouche, f.

Schlaraffenland n. (afenlànt, -d-). Pays [m.] de Cocagne.

schlau a. (schlao). Rusé, e. ||*Schlauheit,* f., ruse.
Schlauch m. (schlaoch). Outre, f. ||[Röhre] Tuyau, x. ||[Luft-] Chambre à air, f.
schlecht a. (schlècht). Mauvais, e. ||[v. Menschen] Méchant, e. ||[unsittlich] Dépravé, e. ||adv. Mal. ||[= *schlicht*] : *schlecht und recht,* tout simplement, loyalement; *schlechterdings,* adv., absolument, tout simplement; *schlechthin, schlechtweg,* adv., sans façons.
Schlechtigkeit f. (igkaète). Méchanceté. ||Dépravation.
Schlegel m. ④ (schléegel). Maillet. ||[für d. Wäsche] Battoir. ||[Trommel] Baguette, f. ||[Keule] Gigot.
Schlehe f. (*ée*e). Prunelle : *Schlehedorn,* m., prunellier.
Schleiche f. (schlaèche). Orvet, m.
schleich||en* intr. et [**sich**]. Se glisser. ||[kriechen] Ramper. ||**-end** p. a. Rampant, e. ||[verstohlen] Furtif, ive. ||[Krankheit] Lent, e. ||**-er** a. Sournois, se.
Schleich||fieber n. (fîber). Fièvre lente, f. ||**-handel** m. (hàndel). Commerce interlope. ||[Schmuggeln] Contrebande, f. ||**-händler** m. (hèntler). Contrebandier. ||**-weg** m. (véeg). Chemin détourné.
Schleie f. (*a*èe). Tanche.
Schleier m. ④. Voile.
Schleife f. (schl*a*èfe). ||[Schlittenbahn] Glissoire. ||[Band-] Nœud, m. ||[Knoten] Nœud coulant, m.
schleifen[1]* tr. Aiguiser, affiler, repasser. ||[Steine, Glas] Tailler, polir. ||n. Repassage, m. ||Taille, f., polissage, m.
schleifen[2] tr. Traîner. ||[Noten] Couler. ||[Buchstaben] Mouiller. ||[niederreißen] Démolir. ||[Festung] Raser, démanteler. ||intr. Traîner. ||auf d. Schlittenbahn] Glisser. ||Démolition, f. ||Démantèlement, m.
Schleif||er m. Repasseur, rémouleur. ||**-kante** f. (kànte). Biseau, x, m. ||**-stein** m. Pierre à aiguiser, f. ||[drehbar] Meule, f.
Schleihe f., V. *Schleie.*
Schleim m. spl. (schlaèm). Mucosité, f. ||[Brei] Crème, f.
schleimen. [Fisch] Dégorger. ||[Zucker] Écumer.
Schleim||fieber n. (fîber). Fièvre muqueuse, f. ||**-haut** f. (haot). Muqueuse.
schleimig a. Muqueux, euse.
schleißen* tr. (schl*a*èssen). Fendre. ||[Federn] Ébarber. ||intr. Se fendre.
schlemmen (schlèmen). Vivre* dans la débauche.
Schlemm||er, in m. ④, f. Débauché, e. ||**-erei** f. (er*a*è). Débauche.
schlendern (schlèndern). Marcher à pas lents. ||[bummeln] Flâner.
Schlendrian m. spl. (driâne). Routine, f.
schlenkern intr. (schlènkern). Pendiller. ||tr. Brandiller, secouer, lancer.
Schlepp||dampfer m. ④ (schlèpdàmpfer). Remorqueur. ||**-e** f. Queue [de robe], traîne.
schlepp||en. Traîner. ||[Schiff] Remorquer. ||**-end** p. a. (ent, -d-). Traînant, e.
Schlepp||er m. ④. Remorqueur. ||**-kleid** n. (klaèt, -d-). Robe à queue, f. ||**-netz** n. Chalut, m. ||**-tau** n. ① (tao). Corde à remorquer, f. : *ins Schlepptau nehmen,* remorquer. ||[Luftsch.] Guiderope, m.
Schles||ien npr. n. (schl*ée*zien). Silésie, f. ||**-ier, in** m. ④, f. Silésien, enne. ||*schlesisch,* a., silésien, ienne.
Schleuder|| f. (schlœüder). Fronde. ||**-er** m. ④ (erer). Frondeur. ||*Fig.* [Preisverderber] Gâte-métier. ||**-kreisel** m. ④ (kraèzel). Diabolo.
schleudern tr. Lancer. ||intr. *Fig.* Gâter les prix. ||[Kraftwagen] Déraper.
Schleuderpreis m. (praès). Vil prix.
schleunig|| a. (schlœünig). Prompt, e, rapide. ||**-st** adv. Au plus vite.
Schleunigkeit f. Promptitude.
Schleuse f. (schlœüze). Écluse : *Schleusenmeister,* m., éclusier.
schlich (ich), imp. de *schleichen**. ||m. Détour. ||[Kniff] Artifice. ||[Intrige] Intrigue, f.
schlicht|| a. (schl*i*cht). Uni, e. ||[glatt] Lisse. ||*Fig.* Simple. ||[rechtschaffen] Droit, e. ||**-en.** Aplanir. ||[glätten] Lisser. ||[Streitigkeit] Arranger.
Schlicht||er m. ④ Conciliateur. ||**-heit** f. (haèt). Simplicité. Droiture. ||**-hobel** m. Varlope, f. ||**-ung** f.

Arrangement, m. [d'une affaire]. ‖-ungsausschuß m. Commission [f.] d'arbitrage.

schlief (*îf*) imp. de *schlafen**.

schließen* (schlîssen), tr. Fermer, clore* : *in sich schließen,* renfermer, comprendre*; *geschlossene Gesellschaft,* société privée; *geschlossenes Ganze,* ensemble. ‖ [Glieder] Serrer. ‖ [Bündnis, Frieden, auch = *folgern*] Conclure* [de]. [‖intr. Fermer, joindre*. ‖*Mil.* : *rechts, links schließen*,* serrer sur la droite [gauche]. ‖ [aufhören] Cesser. ‖ [zu Ende gehen] Finir.

Schließer m. ④, **in** f. (er, ìn). Portier, ière.

schließlich a. (lich). Final, e. ‖adv. Finalement.

Schließung f. (oung). Fermeture. ‖ [e. Stizung] Clôture.

schliff imp. de *schleifen**.

Schliff m. [Schärfe] Tranchant, fil. ‖ [Glätte] Poli. ‖*Fig.* [Lebensart] Savoir-vivre.

schlimm‖ a. Mauvais, e. ‖ [Fall] Grave. ‖ [böse] Méchant, e. ‖ [krank] Malade : *mir wird schlimm,* je me sens mal; *e. schlimmen Fuß haben*,* avoir* mal au pied. ‖adv. Mal : *es steht schlimm mit ihm,* ses affaires vont mal, il est bien bas. ‖**-er** a. Pire : *schlimmer machen,* aggraver; *schlimmer werden*,* empirer; *desto schlimmer,* tant pis. ‖**-st...,** superl. : *der, die, das schlimmste.* Le pis, le [la] pire : *im schlimmsten Fall,* au pis aller.

Schling‖**e** f. (schlìnge). [Knoten] Nœud coulant, m. ‖ [zum Fangen] Lacet, m., collet, m. : *in die Schlinge geraten*,* donner dans le piège. ‖**-el** m. ④ (el). Garnement.

schlingen*. 1. [flechten] Enlacer : *sich um etwas schlingen,* s'entortiller autour de. ‖2. [schlucken] Avaler.

Schling‖**gewächs** n., **-pflanze** f. Plante grimpante, f.

Schlips m. Col-cravate.

Schlitten m. ④. (schliten). Traîneau, x.

schlittern. Glisser.

Schlittschuh m. (schoû). Patin : *Schlittschuh laufen*,* patiner; *Schlittschuhlaufen,* n., patinage, m.; *Schlittschuhläufer,* m., patineur.

Schlitz‖ m. Taillade, f. ‖ [Spalte] Fente, f. ‖**-augen** npl. Yeux [mpl.] en amande.

schlitzen. Taillader.

Schlitzmesser n. (mèsser). Lancette, f., bistouri, m.

schloß imp. de *schließen.*

Schloß n. ②, dim. *Schlößchen,* n. ④ (œss'chen). Serrure, f. ‖ [Gebäude] Château, x, m.

Schloße f. (ôsse). Grêlon, m.

schloßen (en). Grêler.

Schloss‖**er** m. ④ (osser). Serrurier. ‖**-erei** f. Serrurerie.

Schlot m. ① (schlôte). Cheminée, f.

schlott‖**erig** (schloterig). Branlant, e. ‖*Fig.* [nachlässig] Négligent, e. ‖**-ern** (ern). Vaciller.

Schlucht f. (oucht). Gorge. ‖ [Hohlweg] Ravin, m.

schluchzen (*ouch*tsen). Sangloter. ‖ [d. Schlucken haben] Avoir* le hoquet. ‖n. spl. et **Schluchzer** m. ④. Sanglot, m.

Schluck m. ① (schlouk). Gorgée, f. : *in einem Schluck trinken*,* boire* d'un coup.

schlucken. Avaler. ‖n. spl. Hoquet, m.

schlug (oûg), imp. de *schlagen**.

Schlummer‖ m. (schloumer). Assoupissement. ‖*Fam.* Somme. ‖**-gott** m. Morphée.

schlummern. Sommeiller.

Schlund m. (schloùnt, -d-). Gorge, f., gosier. ‖*Anat.* Pharynx. ‖*Fig.* [Abgrund] Gouffre. ‖ [Kanone] Bouche, f.

Schlupf m. (schloupf). Passage étroit.

schlüpfen intr. Se glisser.

Schlupfloch n. (loch). Cachette, f. ‖ [v. Tieren] Repaire, m.

schlüpfrig a. (ig). Glissant, e. ‖ [unzüchtig] Lascif, ive, obscène : *Schlüpfrigkeit,* f., état glissant, m.; *fig.* obscénité.

Schlupfwinkel m. = *Schlupfloch.*

schlürfen (urfen). Humer. ‖ [trinkend] Siroter.

Schluß m. (schlous). Fermeture, f. ‖ [Ende] Fin, f., clôture, f. : *zum Schluß,* pour finir; [am Fernspr.] *Schluß!* terminé! ‖ [Abschluß] Conclusion, f. ‖ [e. Rede] Péroraison, f. ‖*Schluß...,* final, e, définitif,

ive : *Schlußergebnis*, n., résultat [m.] final.
Schlüssel‖ m. ④ (schlussel). Clef, f., clé, f. ‖**-bart** m. (barte). Panneton. ‖**-bein** n. (baèn). Clavicule, f. ‖**-blume** f. (bloûme). Primevère. ‖**-industrie** f. Industrie-clef. ‖**-loch** n. (**ch**). Trou [m.] de serrure.
Schlußfolgerung f. (schousfolgeroung). Conséquence, argumentation.
schlüssig a. Résolu, e.
Schluß‖**probe** f. (schloussprôbe). Répétition générale. ‖**-reim** m. Refrain. ‖**-schein** n. (schaèn). Bordereau, x. ‖**-stein** m. (schtaèn). Clef de voûte, f. ‖**-vers** m. Refrain.
Schmach f. (*a***ch**). Outrage, m., affront, m. ‖[Schande] Honte, ignominie.
schmacht‖**en** (*a***ch**ten). Languir. ‖**-end** p. a. (ent, -d-). Languissant, e. ‖ ¨‖**ig** a. (è**ch**tig). Fluet, ette.
schmachvoll a. Honteux euse, ignominieux, euse.
schmackhaft a. (*a*khaft). Savoureux, euse.
Schmackhaftigkeit f. Saveur.
schmäh‖**...** (schmè*e*) : ... injurieux, euse, diffamatoire : *Schmäh*‖*wort*, n., parole injurieuse, f., invective, f. ; ‖*-schrift*, f., écrit diffamatoire, m., libelle, m., pamphlet, m. ‖**-en**. Injurier, n. spl. Injures, f. pl. ‖**-lich** a. (li**ch**). Injurieux, euse, diffamatoire. ‖ = *schmachvoll*.
Schmäh‖**schriftler, -schriftsteller** m. (schtèler). Pamphlétaire. ‖**-sucht** f. (zou**ch**t). Médisance.
schmähsüchtig a. (*zu***ch**tig). Médisant, e.
Schmähung f. Injure, invective.
schmal‖ a. (schmâl). Étroit, e. ‖[dünn] Mince. ‖[Finger] Effilé, e. ‖[knapp] Maigre. ‖ ¨**ern** (*ê*lern). Rétrécir. ‖*Fig.* Diminuer, rabaisser.
Schmälerung f. (*ê*leroung). Rétrécissement, m. ‖Diminution.
Schmal‖**hans** m. (**h**àns). Qui fait maigre chère. ‖**-heit** f. (haèt). Étroitesse. ‖[Knappheit] Maigreur.
schmalspurig a. A voie étroite.
Schmalz‖ n. spl. (*a*lts). Graisse fondue, f. ‖[Schweine-] Saindoux, m. ‖**-birne** f. (b*i*rne). Poire fondante. ‖**-butter** f. (b*ou*ter). Beurre fondu, m.
schmalzen. Graisser.
schmarotzen (*o*tsen). Vivre* en parasite.
Schmarotzer m. ④. Parasite. ‖*Fam.* Pique-assiette.
Schmarre f. (*a*re). Balafre.
schmarrig a. (ig). Balafré, e.
Schmatz m. *Fam.* Gros baiser.
Schmaus m. (*a*os). Festin.
schmausen. Faire* bonne chère, banqueter.
Schmauserei f. (er*a*è). Ripaille.
schmecken (èken). intr. [v. Dingen] Avoir* du goût : *gut, schön schmekken*, avoir* bon goût; *bitter schmekken*, avoir* un goût amer; *nach schmecken*, avoir* goût de ...; *wie schmeckt Ihnen...?*, comment trouvez-vous? ; *schmeckt Ihnen das?*, trouvez-vous cela bon? ; ... *sich schmecken lassen**, se régaler de... ‖tr. [kosten] Goûter. ‖[Wein] Déguster.
Schmeichelei f. (aè**ch**el*a*è). Flatterie. ‖[Liebkosung] Cajolerie. ‖[kriechende] Adulation.
schmeichel‖**haft** a. (**h**aft). Flatteur, euse. ‖**-n** intr. Flatter, tr. aduler. ‖[**sich**] Se flatter; [mit...] se bercer de...
Schmeichel‖**rede** f. (réede). Discours flatteur, m. ‖**-wort** n. ① (vort). Parole flatteuse, f.
Schmeichl‖**er, in** m. ④, f. (schm*a*è**ch**ler, ìn). Flatteur, euse, adulateur, trice.
schmeichlerisch a. Flatteur, euse, etc. V. *Schmeichelei*.
schmeißen* (schm*a*èssen). Jeter, lancer. ‖*Fam.* Flanquer.
Schmelz m. (èlts). Émail.
schmelzbar a. Fusible.
Schmelz‖**barkeit** f. (kaète). Fusibilité. ‖**-butter** f. (b*ou*ter). Beurre fondu, m.
schmelz‖**en*** intr. Fondre. ‖tr. [verbe faible] Faire* fondre. ‖[auflösen] Dissoudre*. ‖n. Fusion, f. liquéfaction, f. ‖[v. Schnee] Fonte, f. ‖**-end** p. a. (ent, -d-). Fondant, e. ‖[Ton] Mélodieux, euse.
Schmelz‖**farbe** f. (f*a*rbe). Couleur d'émail. ‖[Glanz] Ripolin, m.

‖**-grad** m., **-hitze** f. Point de fusion, m. ‖**-hütte** f. (hute). Fonderie. ‖**-röhrchen** n. (reurchen). Chalumeau, x, m. ‖**-tiegel** m. Creuset.
Schmer‖ m. et n. spl. (êr). Graisse, f. ‖[v. Schweine] Panne, f. ‖**-bauch** m. Gros ventre.
Schmerl m. Émerillon [oiseau].
Schmerle f. Loche.
Schmerz, -en m. (èrts). Douleur, f.
schmerz‖**en** intr. Faire* mal. ‖tr. Faire* souffrir. ‖*fig.* Faire* de la peine à. ‖**-haft** a. (haft), **-lich** a. (lich). Douloureux, euse. ‖*Fig.* Affligeant, e. ‖**-lindernd** a. (lìndernt, -d-), **-stillend** a. (schtìlent, -d-). Calmant, e. ‖**-voll** a. (fol). Douloureux, euse. ‖*Fig.* Pénible.
Schmetterling m. (schmètterlìng). Papillon.
schmett‖**ern.** [Trompete] Sonner. ‖[v. Lerchen usw.] Faire* des roulades. ‖n. Son [m.] éclatant. ‖**-ernd** p. a. (ernt, -d-). Éclatant, e.
Schmied m. (schmît, -d-). Forgeron.
schmiedbar a. Malléable.
Schmied‖**barkeit** f. (kaèt). Malléabilité. ‖**-e** f. (schmîde). Forge : *Schmiede*‖*eisen,* n., fer [m.] forgé; *-ware,* f., taillanderie.
schmieden. Forger.
Schmiege f. (schmîge). Courbure. ‖[Schräge] Biais, m., Mètre pliant.
schmieg‖**en.** Plier. ‖[**sich**] (zich). [an, *acc.*] Se serrer [contre] : *sich schmiegen und biegen*,* se plier à tout. ‖**-sam** a. (zâm). Flexible. ‖*Fig.* Souple.
Schmiegsamkeit f. (kaèt). Flexibilité. ‖*Fig.* Souplesse.
Schmiere f. (schmîre). Graisse.
schmieren tr. Enduire*. ‖[mit Fett] Graisser : *Schmierbüchse,* f., boîte à graisse. ‖[mit Öl] Huiler. ‖*Fam.* [sudeln] Barbouiller : *Schmierbuch,* n., brouillon, m. ‖*Schmiergeld,* n., pot-de-vin, m. ‖[bestechen] Graisser la patte à. ‖n. Graissage, m. ‖*Fam.* Barbouillage, m.
Schmier‖**er** m. ④. Graisseur. ‖*Fig.* Barbouilleur. ‖**-erei** f. (eraè). Graissage, m. ‖*Fam.* Barbouillage, m.
schmierig a. (ig). Gras, asse, graisseux, euse. ‖[schmutzig] Crasseux, euse.
schmilz, schmilzt. V. *schmelzen*.*
Schminke f. (ìnke). Fard, m.
schminken tr. Farder : *sich rot* usw. *schminken,* se mettre* du rouge, etc.
Schmirgel m. spl. (irgel). Émeri.
schmirgeln. Frotter à l'émeri.
schmiß imp. de *schmeißen*.* ‖m. Coup. ‖[Schmarre] Balafre, f.
Schmöker m. Bouquin.
schmollen intr. [mit jm.] Bouder, tr. ‖n. spl. Bouderie, f.
schmollieren. Fraterniser.
Schmollis n. ④ (oliss). Toast, m. [d'étudiants] : *Schmollis trinken*,* fraterniser en buvant.
Schmorbraten m. (schmôrbrâten). Daube, f.
schmoren intr. Mijoter.
Schmorpfanne f. Casserole.
Schmu, -s m. (schmoû), *fam.* Petit profit. ‖[heimlich] Gratte, f. *fam.* : *Schmu machen*,* faire* danser l'anse du panier.
schmuck a. (ouk). Joli, e, coquet, ette.
Schmuck m. ①. Parure, f. ‖[Zierde] Ornement.
schmücken (uken). Parer, orner.
Schmucksachen pl. (zachen). Bijouterie, f., ornements, m. pl.
Schmugg‖**el** m., **-elei** f. (ougelaè). Contrebande, f.
schmuggeln intr. Faire* la contrebande. ‖tr. Introduire* en contrebande.
Schmuggler m. ④. Contrebandier.
Schmutz m. spl. (out). Saleté, f. ‖[Straßen-] Boue, f. : *vom Schmutze reinigen,* décrotter. ‖[Kot] Ordure, f.
schmutzig a. (ig). Sale : *schmutzig machen,* salir; *schmutzig werden*,* se salir. ‖*Fig.* Ordurier. ‖[filzig] Sordide.
Schnabel m. ③ (âbel). Bec : *Schnabelvoll,* m. inv., becquée, f. ‖[v. Schiffen] Éperon.
schnäbeln [**sich**]. Se becqueter.
Schnake f. (âke). Moustique, m. ‖[Spaß] Farce.
Schnalle f. (ale). Boucle.
schnallen. Boucler.
schnalzen (altsen). [mit der Zunge] Faire* claquer [sa langue].
schnappen. Claquer. ‖[nach...] Happer : *nach Luft schnappen,* respirer difficilement.
Schnapp‖**hahn** m., *fam.* Chenapan. ‖**-sack** m. Havresac. ‖**-schloß** n.

Loqueteau, x, m. ||**-schuß** ① m. [Photo] Instantané.
Schnaps m., *fam.* Eau-de-vie, f. || [Gläschen] Goutte, f., *fam.*
schnapsen. Boire* la goutte.
schnarchen (*ar***ch**ᵉn). Ronfler. ||n. spl. Ronflement, m.
Schnarre f. (arᵉ). Crécelle.
schnarren. [Maschine] Ronfler. || [summen] Bourdonner. || [beim Sprechen] Grasseyer. ||n. Ronflement, m. ||Bourdonnement, m.; grasseyement, m.
schnattern. [Ente] Caqueter. ||n. Caquetage, m.
schnauben*, **schnaufen.** Souffler. || [Pferd] S'ébrouer.
Schnauz||e f. (*a*ᵒtsᵉ). Museau, x, m. || [v. Schweine] Groin, m. ||*Fig.* [an Dachrinnen] Gargouille. ||**-bart** m. (barte). Moustache, f.
schnäuzen tr. (schn*œü*tsᵉn). Moucher.
Schnecke f. (èkᵉ). Limaçon, m., colimaçon, m. || [nackte] Limace. ||*Schnecken||gang,* m., *fig.* Pas de tortue; *-linie,* f. (lîniᵉ), spirale; *fig. : mit der Schneckenpost,* à pas de tortue.
Schnee|| m. spl. (schn*é*ᵉ). Neige, f. ||**-ball** m. Boule de neige, f. ||**-gestöber** n. Tempête [f.] de neige. ||**-glöckchen** n. (glœk**ch**ᵉn). Perce-neige, m.
schneeicht a. (i**ch**t). **-ig** a. (ig). Neigeux, euse.
Schnee||kette f. Chaîne antidérapante. ||**-mann** m. ②. Bonhomme de neige. ||**-pflug** m. Chasse-neige. ||**-schuh** m. ① (schoû). Snow-boot. ||**-wittchen** n. Blanche-Neige, f.
Schneid|| m. (schn*a*ᵉt, -d-). Énergie, f., *fam.* cran. ||**-e** f. (ᵉ). Tranchant, m. : *Schneidezahn,* m., [dent] incisive, f.
schneid||en*. Couper, trancher, tailler. || [in Holz, in Stahl] Graver sur bois, sur acier. ||n. Coupe, f. ||Taille, f. || [im Leibe] Tranchées, f. pl. ||**-end** p. a. (ᵉnt, -d-). Tranchant, e. || [Schmerz] Aigu, ë. || [Kälte] Piquant.
Schneid||er m. ④. Tailleur. ||**-erei** f. (r*a*ᵉ). Métier de tailleur, m. ||**-erin** f. (ᵉrìn). Couturière.
schneid||ern. Faire* le métier de tailleur *ou* de couturière. ||**-ig** a. (ig). Tranchant, e. ||*Fig.* Énergique.
Schneidigkeit f. Énergie.
schneien (*a*èᵉn). Neiger.
schnell|| a. (schnèl). Prompt, e, rapide. ||adv. Vite. ||Promptement : *schnell!,* allons! ||...*schnell,* a., rapide comme le [la]... ||**-en** intr. [Feder] Se détendre. || [losgehen] Partir*. ||tr. Lancer. || [Pfeil] Décocher.
Schnell||igkeit f. (igka̍ᵉt). Vitesse. ||Promptitude, rapidité. ||**-kraft** f. Élasticité. ||**-post** f. Malle-poste. ||**-schreibekunst** f. (schr*a*ᵉbᵉkounst). Sténographie. ||**-schritt** m. Pas accéléré. ||**-triebwagen** m. Autorail. ||**-waage** f. Balance romaine. ||**-zug** m. Train express.
Schnepfe f. (èpfᵉ). Bécasse.
schneuzen V. *schnäuzen.*
Schnickschnak m. Galimatias.
schniegeln (îgᵉln). Attifer.
schnippen [mit d. Fingern]. Claquer [des doigts].
schnitt imp. de *schneiden**.
Schnitt|| m. (schn*i*tt). Coupe, f., taille, f. || [Einschnitt] Coupure, f. || [Stückchen] Tranche, f. || [an Büchern] Tranche, f. || [v. Kleidern] Façon, f. ||**-bohne** f. (bôneᵉ). Haricot vert, m. ||**-e** f. (*i*tᵉ). Tranche. ||**-er, in** m. f. Moissonneur, euse. ||**-lauch** m. (laᵒ**ch**). Civette, f. ||**-waren** pl. (vârᵉn). Mercerie, f. : *Schnittwaren||händler,* m., mercier; *-handlung,* f., mercerie.
schnittweise adv. En tranches.
Schnitz|| m. (schn*i*tz). Tranche mince, f. ||**-el** n. ④. Petite tranche, f. || [v. Fleisch] Escalope, f. || [Stückchen] Rognure, f. : *Schnitzeljagd,* f., rallye-paper, m. ||**-elei** f. (ᵉl*a*ᵉ). Découpure.
schnitz||eln. Découper [menu]. ||**-en.** Sculpter.
Schnitz||er m. ④. Sculpteur [sur bois]. ||*Fig. fam.* Bévue, f. ||**-erei** f. (ᵉr*a*ᵉ), **-werk** n. Sculpture, f. [sur bois].
schnob imp. de *schnauben**.
schnöde a. (*eû*dᵉ). Vil, e. || [niedrig] Bas, se. || [beleidigend] Injurieux, euse.
Schnödigkeit f. (igkaᵉte). Bassesse. ||Mépris, m.

Schnörkel m. ④ (*eur*-). Fioriture, f. ‖[Baukunst] Volute, f. ‖[am Namenszug] Parafe.
schnüffeln (*ufeln*). Renifler. ‖[riechen] Flairer. ‖*Fig.* Fureter. ‖[spionieren] Espionner. ‖n. spl. Reniflement, m.
Schnüffler m. ④. *Fig.* Espion. ‖*Fam.* Mouchard.
Schnuller m. Sucette, f.
schnupfen (*oupfen*). Priser. ‖m. ④. Rhume [de cerveau] : *den Schnupfen haben**, être* enrhumé.
Schnupf‖er m. ④. Priseur. ‖**-tabak** m. (*ta*-). Tabac à priser. ‖**-tuch** n. ② (toû**ch**). Mouchoir, m.
schnuppern = *schnüffeln*.
Schnur‖, **¨e** et **-en** f. (schn*oûr*). Cordon, m. ‖[Bindfaden] Ficelle. ‖[zum Messen] Cordeau, x, m. ‖[Schwiegertochter] Bru. ‖ **¨band** n. (*û*rbànte, -d-). Aiguillette, f. ‖ **¨brust** f. (broust). Corset, m. ‖ **¨chen** n. ④ (*û*rch**en**). Cordonnet, m.
schnüren (*ûren*). Lier. ‖[mit e. Bindfaden] Ficeler. ‖[Korsett usw.] Lacer : *Schnür‖schuh*, m., *-stiefel*, m., soulier, bottine [f.] à lacet.
schnurgerade a. (gér*â*de). Tiré au cordeau.
Schnür‖loch n. ② (*û*rloch). Œillet, m. ‖**-nadel** f. (*û*rnâdel). Passe-lacet, m.
Schnurrbart m. (schn*our*barte). Moustache, f.
schnurrbärtig a. Moustachu, e.
Schnurre f. (oure). Crécelle. ‖[Posse] Farce.
schnurren. Bourdonner. ‖[Katze] Ronronner. ‖n. spl. Bourdonnement, m.
Schnürsenkel ④. Lacet [souliers].
schnurstracks adv. Tout droit.
schob imp. de *schieben**.
Schober m. ④. Meule, f.
Schock n. ① [inv. après un nombre]. Soixantaine, f.
Schöffe, -n, -n m. (eufe). Échevin.
Schokolade f. (*â*de). Chocolat, m. : *Schokoladenhändler*, m., chocolatier.
Scholastik f., **scholastisch** a. (scho*las*-). Scolastique.
Scholle f. (*ol*e). Glèbe. ‖[Erd-] Motte.
Scholle f. [Fisch] Sole.
schon adv. (schône). Déjà : *schon heute*, dès aujourd'hui. ‖Bien : *es wird schon gehen**, cela ira ; *es ist schon gut*, c'est bon ; *schon recht!*, très bien!
schön a. (scheûne). Beau, x, belle : *schön machen, schöner werden**, embellir. ‖*Fig.* : *das wäre noch schöner!*, ce serait trop fort!, ah! par exemple! ‖[ironisch] : *etwas schönes anrichten*, faire* du joli. ‖adv. Bien.
schonen (*ô*nen). Ménager.
Schoner m. Protège ... [-coussin, etc.].
Schoner m. Goélette.
Schön‖geist m. (sch*eû*n). Bel esprit. ‖**-heit** f. (h*a*èt). Beauté : *Schönheitsmittel*, n., cosmétique, m. ‖**-redner** m. (r*ée*dner). Beau parleur. ‖**-schreibekunst** f. Calligraphie. ‖**-schreiber** m. ④ (schr*a*èber). Calligraphe.
schöntun* sép. (toûn). [mit. jm.] Faire* l'aimable [auprès de qn].
Schon‖ung f. (sch*ô*noung). Ménagement, m. ‖**-zeit** f. (ts*a*èt). Temps [m.] prohibé [chasse].
Schopf m. Touffe, f. [de cheveux]. ‖[von] Toupet : *beim Schopfe fassen*, saisir par les cheveux. ‖[v. Vögeln] Huppe, f.
schöpfen (sche*u*pfen). Puiser.
Schöpfer, in m. ④, f. (er, ìn),
schöpferisch a. Créateur, trice.
Schöpfgeschirr n. (gésch*i*r), **-löffel** m. ④ (leufel). usw. Vase [m.], cuiller [f.], etc., à puiser.
Schöpfung f. Création.
Schoppen m. ④. Chope, f. ‖[v. Wein] Chopine f.
Schöps m. (eups). Mouton : *Schöpsenfleisch*, n., mouton, m.
Schorf m. ① Eschare, f.
Schorn‖stein m. (schta*è*ne). Cheminée, f. ‖**-steinfeger** m. ④ (f*ée*ger). Ramoneur.
schoß (òs), imp. de *schießen**.
Schoß m. (schôss). Giron. ‖*Fig.* Sein : *auf den Schoß nehmen**, prendre* sur ses genoux ; *im Schoße...*, au sein [de...]. ‖[Rock-] Pan. ‖**-hund** m. (hount, -d-). Chien de manchon. ‖**-kind** n. (kìnt, -d-). Favori, m. ‖*Fam.* Benjamin, m. ‖ **¨ling** m. (sche*û*sslìng). Rejeton. ‖[junger] Pousse, f.

Schot‖**e** f. (schôte). Cosse. ‖pl. Pois verts, m. pl.
Schott‖**e, -n, -n** m., **in** f., **schottisch** a. Écossais, e. ‖**-land** n. [L']Écosse, f.
schraffieren (*î*ren). Hachurer.
Schraffierung f. Hachure.
schräg a. (schrêg). Oblique : *schräg schneiden**, couper en biais.
Schräg‖**e** f. Diagonale, biais, m. ‖**-heit** f. Inclinaison. ‖**-schrift** f. Écriture penchée. ‖[im Druck] Italique.
Schramme f. (*a*me). Éraflure, égratignure. ‖[im Glase] Raie.
schrammen. Érafler, égratigner.
Schrank‖ m. (ànk). Armoire, f. ‖[für Tischgeschirr] Buffet. ‖**-e** f. Barrière : *in die Schranken treten**, entrer en lice. ‖[vor Gericht] Barre. ‖[Grenze] Borne.
Schranze, -n, -n m. (àntse). Vil courtisan.
Schraube f. (schr*a*obe). Vis. ‖[an Schiffen] Hélice.
schrauben*. Visser.
Schrauben‖**gewinde** n. ④. Pas de vis, m. ‖**-linie** f. Hélice. ‖**-mutter**, ¨, f. Écrou, m. ‖**-schlüssel** m. Clef anglaise. ‖**-welle** f. Arbre [m.] d'hélice. ‖**-zieher** m. ④. Tournevis.
Schrebergarten m. Jardin ouvrier.
Schreck‖ m. (schrèk), = *Schrecken*. ‖**-bild** n. (bîlt, -d-). Épouvantail, m., fantôme, m. ‖**-en** m. ④. Effroi. ‖[Angst] Frayeur, f. terreur, f. ‖pl. Horreurs f. pl. ‖*Polit.* Terreur, f. : *Schreckens*‖*herrschaft*, f., [règne [m.] de la] terreur, terrorisme, m.; *-mann*, m., terroriste; *-zeit*, f., terreur [période].
schreck‖**haft** a. (**h**aft). Peureux, euse. ‖**-lich** a. (li**ch**). Terrible, horrible.
Schreck‖**lichkeit** f. (kaèt). Horreur. ‖**-nis** n. (niss). Effroi, m., terreur, f.
Schrei m. (schr*a*è). Cri.
Schreib‖... (schr*a*èp, -b-) : ... d'écriture : *Schreib*‖*heft*, n., cahier [m.] d'écriture; *-stunde*, f., leçon d'écriture. ‖... à écrire : *Schreib*‖*feder*, f., plume à écrire; *-maschine*, f., machine à écrire; *-papier*, n., papier [m.] à écrire. ‖**-art** f. (àrt). Style, m.
schreiben* [an, *acc.*]. Écrire* [à]. ‖n. Écriture, f. ‖[Brief] Lettre, f.
Schreib‖**er** m. ④. Écrivain [public]. ‖[e. Briefes, f. *Schreiberin*] Auteur. ‖[im Geschäft] Commis aux écritures. ‖[in d. Verwaltung] Expéditionnaire. ‖[berufsmäßiger] Secrétaire. ‖[beim Notar] Clerc. ‖[beim Gericht] Greffier. ‖**-erei** f. (er*a*è). Écritures, pl. ‖**-mappe** f. (mape). Sous-main, m. ‖**-tisch** m. Bureau, x. ‖**-ung** f. Écriture, graphie. ‖**-weise** f. (vaèze). Orthographe. graphie. ‖**-zeug** n. (tsœük). Écritoire, f.
schrei‖**en*** (schr*a*èn). Crier. ‖**-end** p. a. Criant, e. ‖[Stimme] Criard, e.
Schreierei f. (er*a*è). Criaillerie.
Schreihals m. (**h**als). Criard.
Schrein m. (schraèn). Armoire, f. ‖[Kasten] Coffre. ‖**-er** m. ④. Menuisier : *Schrein*‖*erarbeit*, f., *-erei*, f., menuiserie.
schreiten* [*sein*] (schr*a*èten). Marcher : *zu ... schreiten**, procéder à. ‖[über, *acc.*] Franchir, tr.
schrie, schrieb imp. de *schreien**, *schreiben**.
Schrift‖ f. (schr*i*ft). Écriture. ‖[Druck] Caractère, m. ‖[-stück] Écrit. m. : *die Heilige Schrift*, l'Ecriture [sainte]. ‖[auf Münzen] Côté [m.] pile. ‖**-führer** m. ④ (fûrer). Secrétaire.
schriftlich a. (li**ch**). Écrit, e. ‖adv. Par écrit.
Schrift‖**sprache** f. (schpr*â***ch**e). Langue écrite. ‖**-steller, in** m. ④, f. schtèler, ìn). Écrivain, m., auteur, m.; f. femme de lettres. ‖**-stück n.** (schtuk). Pièce, f. [écrite]. ‖[Urkunde] Document, m. ‖**-zeichen** n. ④ (ts*a*è**ch**en). Caractère, m. [d'écriture]. ‖**-zug** m. (tsoûk). Trait. ‖[Unterschrift] Parafe.
schrill a. Aigu, ë, strident, e.
schritt‖ (schr*i*tt). imp. de *schreiten**. ‖m. Pas : *im Schritt*, au pas; *Schritt für Schritt*, pas à pas; *auf Schritt und Tritt*, à chaque pas. ‖**-lings, -weise** adv. Au pas.
schrob imp. de *schrauben**.
schroff a. Abrupt, e, escarpé, e. ‖*Fig.* Raide, cassant, e. ‖adv. Avec raideur.
Schroffheit f. (haète). Escarpement, m. ‖*Fig.* Raideur.

schröpfen (*eu*pf^e^n). Appliquer des ventouses à.
Schröpf‖er m. ④ (^e^r). Ventouseur. ‖**-glas** n. (glâss), **-kopf** m. Ventouse, f.
Schrot n. ① (schrôte). Grain, m. ‖[kleines] Granule, m. ‖[z. Schießen] Plomb [m.] de chasse. ‖[Feingehalt] Titre, m.
schroten. Égruger. ‖[in den Keller] Encaver.
Schröter m. ④ (schr*eû*t^e^r). Broyeur.
Schrulle f. (oul^e^). Caprice, m. ‖*Fam.* Lubie.
Schub‖ m. (sch*oû*p, -b-). Poussée, f. ‖[Kegel-] Coup. ‖[Ofenvoll] Fournée, f. ‖**-fenster** n. ④. V. *Schiebfenster.* ‖**-karren** m. ④ (kar^e^n). Brouette, f. ‖**-lade** f. Tiroir, m.
schüchtern a. (u**ch**t^e^rn). Timide.
Schüchternheit f. Timidité.
schuf (schoûf), imp. de *schaffen**.
Schuft m. ①. Coquin.
Schuh‖ ① (sch*oû*). Soulier. ‖[für Schienen] Patin. ‖[Maß] Pied. ‖**-anzieher** m. ④ (*à*ntsî^e^r). Chaussepied. ‖**-flicker** m. ④ (ik^e^r). Savetier. ‖**-macher** m. ④. Cordonnier. ‖**-wichse** f. Cirage, m.
Schul‖... (sch*oû*l). [V. *Schule*] : ...d'école : *Schulmeister,* m., maître d'école. ‖...scolaire : *Schuljahr,* n., année [f.] scolaire. ‖**-arbeit** f. (*a*rba^è^t). Devoir, m. ‖**-bruder** m. (br*oû*d^e^r). Frère [des écoles chrétiennes]. ‖**-buch** n. Livre [m.] scolaire.
Schuld f. (schoult, -d-). 1. Dette : *in Schulden stecken,* être* endetté; *in Schulden geraten** s'endetter. ‖2. Faute. ‖[Verschuldung] Culpabilité. ‖LOC. : *ohne meine Schuld,* sans qu'il y ait de ma faute; *jm. Schuld geben*,* imputer la faute à qn; *wessen Schuld ist es? wen trifft die Schuld?,* à qui la faute?
schuldig a. (ig). 1. Redevable [de] : *was bin ich schuldig?* qu'est-ce que je dois? ‖2. Coupable [de].
Schuld‖iger m. ④ (ig^e^r). 1. = *Schuldner.* ‖2. [im Gebet] Offenseur. ‖**-igkeit** f. (ka^è^t). Obligation. ‖[Pflicht] Devoir, m.
schuldlos a. (lôss, -z-). Innocent, e.
Schuld‖losigkeit f. Innocence. ‖**-ner, in** m. ④ f. Débiteur, trice.
‖**-schein** m. (scha^è^n). Reconnaissance, f. [dette].
Schule f. (sch*oû*l^e^). École : *gelehrte, lateinische, höhere Schule,* lycée, m. collège, m.; *hohe Schule,* université, académie; [im Reiten] Haute école. ‖LOC. *hinter die Schule gehen*,* faire* l'école buissonnière. ‖*...schule,* école de... Ex. : *Knaben-, Turnschule usw.,* école de garçons, de gymnastique, etc.
schulen (^e^n). Former, dresser.
Schüler, in m. ④, f. Écolier, ière. élève, m. et f. ‖[Jünger] Disciple, m.
Schul‖fuchs m. (fouks). Pédant, cuistre. ‖**-jahr** n. Année [f.] scolaire. ‖**-junge** m. (*young*^e^). Écolier. ‖**-kamerad** m. Camarade d'école. ‖**-knabe** m. (kn*â*b^e^), **-mädchen** n. (mèt**ch**^e^n), = *Schüler, in.* ‖**-mann** m. ②. Pédagogue. ‖**-meister** m. ④ (m*a*^è^st^e^r). Maître d'école.
schul‖meisterlich a. Pédant, e. ‖**-meistern.** Morigéner.
Schul‖rat m. Inspecteur des écoles. ‖**-tafel** f. Tableau noir, m.
Schulter‖ f. (sch*ou*lt^e^r). Épaule : *Schulter an Schulter,* côte à côte. ‖**-blatt** n. ②. Omoplate, f. ‖**-breite** f. (br*a*^è^t^e^). Carrure. ‖**-gehenk** n. (gé**h**ènk). Baudrier, m.
schultern. Porter [les armes]. ‖n. Port d'armes, m.
Schultheiß, -en, -en m. (sch*ou*lt-). Maire [de village].
Schul‖ung f. (sch*oû*l-). Dressage, m. ‖**-wesen** n. (v*ée*z^e^n). Instruction publique, f.
Schulze, -n, -n m., = *Schultheiß.*
Schulzwang m. Instruction obligatoire, f.
schund (schounte, -d-), imp. de *schinden**. ‖m. Rebut, camelote.
Schupo (sch*oû*po). m., **-s,** f. = *Schutzpolizist.* ‖f. = *Schutzpolizei.*
Schuppe f. (sch*ou*p^e^). Écaille.
Schuppen m. ④. Hangar. ‖[Wagen-] Remise, f.
schupp‖en [sich]. S'écailler. ‖**-icht** a., **-ig** a. A écailles. ‖[Haut] Squameux, euse.
Schur f. (schoûr). Tonte.
Schüreisen n. (sch*û*ra^è^**z**^e^n). Tisonnier, m.
schüren. Attiser.
schürfen. Ratisser.

Schurke, -n, -n m. Coquin.
Schurz m. ①, e f. (sch*ou*rts..., sch*u*rts^e). Tablier, m.
schürzen. Retrousser. ‖ [Knoten] Nouer.
Schurzfell n. Tablier [m.] de cuir.
Schuß m. (sch*ou*ss...). Coup [d'arme à feu] : *einen Schuß tun**, tirer un coup de feu; *es fiel ein Schuß*, un coup partit.
Schüssel f. (sch*u*ss^el). Plat, m. : *tiefe Schüssel*, terrine.
Schußfest a. (sch*ou*s). A l'épreuve des balles.
Schuß‖linie f. Ligne de tir. ‖**-weite** f. (v*a*^è^t^e). Portée [du tir]. ‖**-wunde** f. (v*ou*nd^e). Plaie d'arme à feu.
Schuster m. ④ (sch*ou*st^er). Cordonnier.
Schutt m. spl. Décombres, m. pl. ‖ [v. Bau] Gravois, pl.
schütt‖eln (sch*u*t^eln). Secouer. ‖**-en.** Verser.
Schüttung f. Remblai, m.
Schutz m. spl. (*ou*t). Protection, f. : *in Schutz nehmen**, prendre* sous sa protection.
schutzbefohlen a. (f*ô*l^en). Protégé, e.
Schutz‖blättern pl. Vaccine, f. ‖**-brief** m. (brîf). Sauf-conduit. ‖**-brille** f. (br*i*l^e). Conserves, pl. ‖**-bündnis** n. (b*ù*ntniss). Alliance défensive, f. ‖**-dach** n. (da**ch**). Auvent, m. ‖ [vor e. Tore] Marquise, f.
Schütz‖e, -n, -n m. (sch*u*ts^e). Tireur. ‖ [Jäger] Chasseur. ‖ [Sternbild] Sagittaire. ‖**-en...** (*û*ts^en) : ... de tir, de *ou* pour tireurs : *Schützen‖fest*, n., *-verein*, m., fête, f. [concours, m.], société [f.] de tir; *-graben*, m., tranchée, f. [de tir].
schützen [vor, *dat.*, gegen] Protéger. [contre]. ‖ [bewahren] Garantir [de, contre].
Schutz‖engel m. (èn**g**^el). Ange gardien. ‖ **¨er, in** m. ④, f., = *Beschützer*. ‖**-gebiet** n. (gébîte). Protectorat, m. ‖**-gitter** n. (g*i*t^er). Cage, f. ‖ [für Speisen] Couvre-plat, m. ‖**-gott** m. ②. Dieu tutélaire. ‖**-heilige[r]** a. s. m., f. (**h***a*^è^lig^er). Patron, onne. ‖**-herrschaft** f. Protectorat, m. ‖**-hutte** f., (**h**ut^e). Refuge, m. ‖**-impfung** f. Immunisation. ‖**-krieg** m. (krîg). Guerre défensive, f. ‖**-leder** n. (l*ée*d^er). Garde-boue, m. ‖ **¨ling** m. (lìng). Protégé. ‖**-mann** pl., **-leute** m. Agent de police. ‖**-marke** f. (mark^e). Marque de fabrique. ‖**-mittel** n. ④. Préservatif, m. ‖**-polizei** f. (ts*a*^è^), *fam. Schupo.* Police de défense. ‖**-polizist** m. (ts*i*st), *fam. Schupo, -s.* Agent de la police de défense. ‖**-rede** f. (r*ée*d^e). Plaidoyer, m. ‖**-wehr** f. (v*é*er). Rempart, m. ‖**-zeit** f. (tsa^è^t). Quarantaine. ‖**-zelt** n. (tsèlt). [für Luftschiffe] Hangar, m., abri, m. ‖**-zoll** m. (tsol). Droit protecteur. ‖**-zöllner** m. ④ (tsœln^er). Protectionniste. ‖**-zollsystem** n. Protectionnisme, m.
Schwab‖e, -n, -n m., **¨in** f., **schwäbisch** a. (schv*â*b^e, schv*ê*bìn). Souabe, m. et f. ‖f. Cafard, m. ‖**-en** n. (^en). Souabe, f.
schwach a. (schv*a*ch). Faible : *schwach werden**, faiblir, s'affaiblir. ‖ [körperlich] Débile. ‖ [Brust] Délicat, e. ‖adv. Faiblement.
Schwäche f. (schv*è*ch^e). Faiblesse. ‖ [Ohnmacht] Défaillance. ‖*Fig.* Faible, m.
schwächen (schv*è*ch^en). Affaiblir. ‖ [Körper] Débiliter.
Schwachheit f. Faiblesse.
schwach‖herzig a. (**h***è*rtsig). Faible de caractère. ‖ **¨lich** a. (schv*è*chlich). Chétif, ive. ‖Délicat, e. Frêle.
Schwäch‖lichkeit f. (ka^è^t). Fragilité. ‖**-ling** m. (lìng). Être faible.
Schwachsinn m. Faiblesse d'esprit, f.
schwachsinnig a. Faible d'esprit.
Schwachstrom m. Courant à basse tension.
Schwächung f. (schvèchoung). Affaiblissement, m.
Schwaden m. ④. 1. Mofette, f. ‖2. [beim Mähen] Javelle, f.
Schwadron‖ f. (schvadr*ô*ne). Escadron, m. ‖**-eur** m. ① (nœr), *fam.* Hâbleur, *fam.* blagueur.
schwadronieren. Hâbler. ‖*Fam.* Blaguer.
Schwager‖ m. ③ (schv*â*g^er). Beau-frère. ‖*Fam.* Postillon. ‖ **¨in** f. Belle-sœur.
Schwalbe f. Hirondelle.
Schwall m. spl. Flot débordant. ‖*Fig.* [v. Worten] Torrent.

schwamm‖ imp. de *schwimmen**. ‖m. 1. Éponge, f. ‖2. [Pilz] Champignon. ‖[Feuer-] Amadou. ‖**-ig** a. 1. Spongieux, euse. ‖2. Fongueux, euse.

Schwan m. (vâne). Cygne. ‖*Schwanen...*, ... de cygne.

schwand imp. de *schwinden**.

schwang (vàng). imp. de *schwingen**. ‖m. : *im Schwange sein**, être en vogue.

schwanger‖ a. (schvàngᵉr). Enceinte : *hoch schwanger*, près de son terme. ‖ **¨n** (vèngᵉrn). Rendre enceinte.

Schwanger‖**schaft** f. Grossesse. ‖ **¨ung** f. (vèngᵉroung). Fécondation.

schwank‖ a. (schvànk). Flexible. ‖*Fig.* Chancelant, e. ‖m. Farce, f. ‖**-en.** Chanceler, vaciller. ‖[Schiff] Rouler. ‖*Fig.* Balancer. ‖[zögern] Hésiter. ‖[Preis] Varier. ‖n. Vacillement, m. ‖*Mar.* Roulis, m. ‖*Fig.* Hésitation, f. ‖[Änderung] Fluctuation, f. ‖**-end** p. a. Chancelant, e. ‖*Fig.* Hésitant, e, indécis, e. ‖Variable.

Schwankung f. = *Schwanken.*

Schwanz m. (àntz). Queue, f. ‖[Musik] Croche, f. : *Schwänzelpfennig*, m. *fam.*, petit profit illicite; *Schwänzelpfennige machen*, faire* danser l'anse du panier.

schwänz‖**en** tr. (èntsᵉn). Munir d'une queue. ‖*Fam. : die Schule schwänzen*, faire* l'école buissonnière. ‖**-ig** a. A queue.

Schwanzriemen m. Croupière, f.

Schwär m., **-e** f. (schvéerᵉ). Ulcère, m.

schwären*. S'ulcérer. ‖n. Ulcération, f.

Schwarm m. (schvarm). Essaim. ‖[v. Vögeln] Volée, f. ‖*Fig.* Nuée, f. ‖[v. Wilden] Horde, f.

schwärmen (èrmᵉn). Essaimer. ‖[Vögel] Voler çà et là. ‖[Soldaten] Se disperser. ‖*Fig. fam.* Courir* le guilledou. ‖[sich begeistern] [für...] S'enthousiasmer [pour]. ‖*Fam.* Raffoler [de].

Schwärm‖**er** m. ④ (èrmᵉr). Coureur. ‖Enthousiaste, exalté. ‖[für Ideen] Idéologue. ‖**-erei** f. Amour [m.] des aventures, fredaine. ‖Enthousiasme, m. exaltation.

schwärmerisch a. Enthousiaste, exalté, e.

Schwarte f. (schvàrtᵉ). Couenne. ‖*Fam.* [Buch] Vieux bouquin, m.

schwartig a. (ig). Couenneux, euse.

schwarz a. (àrts, -z). Noir, e : *schwarz machen, werden**, noircir. ‖...*schwarz* noir, e, comme ... ‖a. s. : [*der, die*] *Schwarze*, nègre, négresse; *ins Schwarze treffen*, tirer dans le noir, faire* mouche.

Schwärze f. (èrtsᵉ). Noirceur. ‖[Drucker-] Encre [d'imprimerie].

schwärzen. Noircir.

Schwarzhandel. Marché noir.

schwarzlich a. Noirâtre.

Schwarz‖**seher** m. ④ (zéeᵉr). Pessimiste. ‖**-seherei** f. Pessimisme, m. ‖**-wald** m. (valte, -d-). Forêt-Noire, f. ‖**-wurzel** f. (ts). Salsifis.

schwatz‖**en,** **¨en** (schvatsᵉn, -vètsᵉn). Bavarder, babiller. ‖n. Bavardage, m., babil, m.

Schwätz‖**er, in** m. ④, f. (vètsᵉr, ìn). Bavard, e. ‖**-erei** f. (raè). Bavardage, m.

schwatzhaft a. Bavard, e.

Schwebe f. (véebᵉ) : *in der Schwebe sein**, être* en suspens; *Schwebebahn*, f., chemin de fer aérien, m.; *Schwebe*‖*künstler*, m., équilibriste; *-reck*, n., trapèze, m.

schweb‖**en.** Être* suspendu [en l'air]. ‖[Vogel] Planer. ‖*Fig.* Être* en suspens. ‖**-end** p. a. (véebᵉnt, -d-). Suspendu, e. ‖*Fig.* Flottant, e. ‖[unentschieden] En suspens, indécis, e. ‖[Frage] Pendant, e.

Schwed‖**e, -n, -n** npr. m., **-in** f. (véedᵉ, ìn). Suédois, e. ‖**-en** npr. n. Suède, f. ‖*schwedisch*, a., suédois, e.

Schwefel‖ m. (schvéefᵉl). Soufre. ‖*Schwefel...*, ... sulfureux, euse, sulfure de ... : *Schwefelbad*, n., bain [m.] sulfureux; *Schwefeleisen*, n. usw., sulfure [m.] de fer, etc. ‖**-grube** f. (groûbᵉ). Soufrière.

schwefelhaltig a. (haltig). Sulfureux, euse.

Schwefelhölzchen n. ④ (hœlts'-chᵉn). Allumette, f.

schwefelig a. (ig), = *schwefelhaltig.*

Schwefelkies m. (kîss). Pyrite, f.

schwefel‖**n.** Soufrer. ‖n. Soufrage, m. ‖[im Weinbau] Sulfatage, m.

||**-sauer** a. Sulfaté, e : *schwefelsaures Salz,* sulfate, m.
Schwefel||säure f. (zœüre). Acide sulfurique, m. ||**-ung** f., = *Schwefeln.* ||**-verbindung** f. Sulfure, m.
Schweif m. (schva^e^f). Queue, f.
schweifen intr. Errer : *in die Ferne schweifen,* courir* le monde. ||tr. Munir d'une queue. ||[ausschneiden] Échancrer. ||[wölben] Bomber.
Schweif||ung f. Échancrure. ||**-wedler** m. Flagorneur.
schweig||en* (schva^e^gen). Se taire*. ||n. Silence, m. : *zum Schweigen bringen** faire* taire. ||**-end** p. a. Silencieux, euse.
Schweiger m. ④. Homme taciturne.
schweigsam a. (zâme). Silencieux, euse. ||[aus Gewohnheit] Taciturne. ||[verschwiegen] Discret, ète.
Schweigsamkeit f. Taciturnité. ||Discrétion.
Schwein n. (schva^e^n). Cochon, m., porc, m. ||[junges] Pourceau, x, m. ||*Fig.* [schmutziger Mensch] Cochon, m. ||*Fam.* [Glück] Chance, f. ||*Fam.* Veine, f. ||*Schweine||fett,* n., saindoux, m.; *-fleisch,* n., porc, m.; *-hirte,* m., porcher; *-rei,* f., cochonnerie.
schweinisch a. Sale. ||*Fig.* Obscène.
Schwein||metzger m. ④. Charcutier. ||**-metzgerei** f. (gera^e^). Charcuterie.
Schweiß|| m. spl. (a^e^ss). Sueur, f., transpiration, f. ||**-bad** n. ② (bâte, -d-). Étuve, f. ||**-blatt** n., = *Schweißleder.*
schweißen. Souder. ||n. spl. Soudure, f.
Schweiß||leder n. ③ (léeder). Dessous [m.] de bras. ||**-loch** n. ② (loch). Pore, m. ||**-mittel** n. ④, **schweißtreibend** a. Sudorifique, m. ||**-tuch** n. ②. Suaire, m.
Schweiz|| npr. f. (schva^e^tz). Suisse. ||**-er, in** m. ④, f. (er, ìn). Suisse, esse : *Schweizerbund,* m., Confédération helvétique, f.; *Schweizerkäse,* m., fromage de Gruyère, gruyère. ||*schweizerisch,* a., suisse.
schwelen intr. (schvéelen). Brûler lentement.
schwelgen intr. (èlgen). Vivre* dans la débauche. ||*Fig. in ... schwelgen,* s'enivrer de...
Schwelgerei f. Débauche.
Schwelle f. (schvèle). Seuil, m. ||[Eisenbahn-] Traverse.
schwellen* intr. [*sein*]. Enfler, s'enfler, se gonfler. ||tr. [faible] Enfler, gonfler.
Schwellung f. Enflure.
Schwemme f. Abreuvoir, m.
schwemmen. [Fluß] Charrier. ||[Holz] Flotter. ||[Pferde] Mener à l'abreuvoir.
Schwengel m. ④ (èngel). [v. Glocken] Battant. ||[Pumpen-] Bras.
schwenken tr. (schvènken). Agiter. ||[Gläser] Rincer. ||[Küche] Faire* sauter : pp. *geschwenkt,* sauté, e. ||intr. Se tourner. ||*Mil. links schwenkt!,* par file à gauche!
Schwenkung f. Conversion.
schwer a. (schvéer). Lourd, e, pesant, e : *ein Pfund schwer sein**, peser une livre; *schweres Gepäck,* gros bagage; *...schwer,* lourd comme [du, etc. ...]. ||[schwierig] Difficile. ||[mühsam] Pénible. ||[Krankheit, Strafe, Not] Grave. ||*Fig.* [Seufzer] Profond. ||LOC. *schweres Geld kosten,* coûter un prix fou. ||adv. Lourdement. ||Difficilement : *es hält schwer,* c'est difficile; *es fällt mir schwer zu...,* j'ai de la peine à...; *schwer hören,* avoir* l'oreille dure; *schwer krank,* dangereusement malade.
Schwere f. Pesanteur.
schwerfällig a. (fèlig). Lourd, e.
Schwerfälligkeit f. Lourdeur.
schwerhörig a. Qui a l'oreille dure.
Schwerkraft f. Gravitation.
schwerlich adv. (lich). Difficilement. ||[kaum] A peine.
Schwermut f. (moûte). Mélancolie.
schwermütig a. Mélancolique.
Schwerpunkt m. Centre de gravité.
Schwert|| n. ② (véerte). Épée, f. ||*Poét.* Glaive, m. ||**-el** m. ④. Glaïeul. ||**-fisch** m. Espadon. ||**-lilie** f. (lîlie). Iris, m. ||**-streich** m. (schtra^e^ch). Coup d'épée : *ohne Schwertstreich,* sans coup férir.
Schwester|| f. (schvèster). Sœur. ||**-kind** n. (kìnt, -d-). Neveu, x, m., nièce, f.
schwesterlich a. (lich). De sœur. ||adv. En sœur.
Schwibbogen m. ④. Arc-boutant.
schwieg (îg). imp. de *schweigen**.

Schwieger... Beau-, x-; ..., belle-... : *Schwieger*‖*mutter*, f., belle-mère; *-sohn*, m., beau-fils, gendre; *-tochter*, f., belle-fille, bru; *-vater*, m., beau-père.
Schwiele f. (île). Callosité, durillon,
schwielig a. (ig). Calleux, euse.
schwierig a. Difficile.
Schwierigkeit f. Difficulté.
schwill, -st, -t. V. *schwellen**.
Schwimm‖**anstalt** f. Piscine. ‖**-dock** n. Dock flottant.
schwimmen* (schvimen). Nager : *auf dem Rücken schwimmen**, faire* la planche; *über* [acc.] *schwimmen** [*sein*], traverser à la nage; *obenan schwimmen**, surnager. ‖[v. Dingen] Flotter. ‖n. Natation, f. : *durch Schwimmen*, à la nage. ‖*Schwimm...*, ... de natation : *Schwimm*‖*bad*, n., bain [m.] en pleine eau; *-becken*, n., piscine, f.; *-gürtel*, m., ceinture de natation, f.; *-hose*, f., caleçon de bain, m.; *-kunst*, f., natation.
Schwimm‖**er, in** m. ④, f. (er, ìn). Nageur, euse. ‖[an Maschinen] Flotteur, m. ‖**-fuß** m. (foûss). Pied palmé. ‖**-tank** m. Char amphibie. ‖**-vogel** m. ③. Oiseau nageur.
Schwind‖**el** m. spl. (ìndel). Vertige : *den Schwindel bekommen**, être pris de vertige. ‖*Fig.* [Betrügerei] Tromperie, f. ‖[um Geld] Escroquerie, f. ‖[Marktschreierei] Charlatanisme. ‖**-elei** f. (aè) = *Schwindel, fig.*
schwind‖**elhaft** a. Vertigineux, euse. ‖*Fig.* Trompeur, euse. ‖**-elig** a. (ig). Pris, e de vertige. ‖[v. Dingen] Vertigineux, euse. ‖**-eln** impers. Avoir* le vertige. ‖intr. *Fig.* Faire* le charlatan. ‖[betrügen] Tromper. ‖[um Geld] Escroquer. ‖**-en*** intr. [*sein*]. Diminuer. ‖[schwächer werden] Dépérir. ‖[verschwinden] Disparaître*. ‖n. Diminution, f., dépérissement, m. ‖Disparition, f.
Schwindler m. ④. Charlatan. ‖Escroc.
schwindlig a. V. *schwindelig*.
Schwindsucht f. (zoucht). Phtisie.
schwindsüchtig a. Phtisique.
Schwinge f. (ìnge). Van, m. ‖[Flügel] Aile.
schwingen* intr. (en). Osciller. ‖[v. Tönen] Vibrer. ‖[Korn] Vanner. ‖[Degen] Brandir. ‖[Fahne] Agiter. ‖[**sich**]. S'élancer.
Schwing‖**hebel** m. ④. Balancier. ‖**-ung** f. Oscillation. ‖Vibration.
schwirren intr. (iren). [Pfeil] Siffler. ‖[Insekt] Bourdonner. ‖[Lerche] Grisoller. ‖[Heimchen] Grésillonner. ‖n. spl. Sifflement, m. ‖Bourdonnement, m. ‖Grisollement, m. ‖Grésillonnement, m.
Schwitzbad n. (itsbâte, -d-). Bain [m.] de vapeur.
schwitzen intr. Suer, transpirer : *am ganzen Leibe schwitzen*, être* tout en nage. ‖tr. : *große Tropfen schwitzen*, suer à grosses gouttes; *Blut schwitzen*, suer sang et eau. ‖n. Transpiration, f.
Schwitz‖**er** m. ④. Chandail. ‖**-kasten** m., **-stube** f. Étuve, f.
schwoll imp. de *schwellen**.
schwor‖ (ôr) imp. de *schwären** et de *schwören**. ‖ **¨en*** intr. (eûren.) Jurer : *hoch und teuer schwören**, jurer ses grands dieux; *zu ... schwören**, jurer fidélité à ; *falsch schwören**, faire* un faux serment. ‖pp. *geschworen*. ‖a. s. m. *Geschworene*[*r*], juré.
schwül a. (ûl). Lourd, e. étouffant, e.
Schwüle f. Chaleur étouffante.
Schwulst‖, **¨e** m. (oulst). Enflure. ‖*Fig.* [d. Stils] Enflure, pathos, m.
schwülstig a. Boursouflé, e.
Schwund m. [Radio] Fading.
Schwung‖ m. (oung). Branle. ‖*Fig.* [Begeisterung] Élan. [d. Rede] Verve, f. ‖**-brett** n. ②. Tremplin, m.
schwunghaft a. Plein, e, d'élan.
Schwung‖**kraft** f., = *Schnellkraft*. ‖**-rad** n. (râte, -d-). Volant, m.
schwungvoll a. = *schwunghaft*.
schwur (oûr), imp. de *schwören*. ‖m. Serment.
Schwurgericht n. Cour d'assises, f., jury, m.
sechs num. (zèks). Six.
Sechs‖**eck** n. Hexagone, m. : *sechseckig*, a., hexagonal, e. ‖**-e** f., **-er** m. ④. Six [chiffre].
sechs‖**fach** a. (fach). Sextuple. ‖**-t[e]** [*der, die, das*], a. ord., **-tel, -tens** adv. V. GRAMM.

sech||zehn num. (tséene). Seize. ||**-zehnte** [*der, die, das*], **-zehntel, -zehntens.** V. GRAMM. ||**-zig** num. (tsig). Soixante : *etwa sechzig,* une soixantaine.

Sech||ziger m. ④ (ig^er). Sexagénaire : *in den Sechzigern sein*,* avoir passé la soixantaine. ||**-zigst[e], -zigstel, -zigstens.** V. GRAMM.

Sedez|| n. **-band** m. (zédetz, -bànt, -d-). [Volume] in-seize [in-16°].

See||, -n m. (zée). Lac. ||f. Mer : *auf offener, hoher See,* en pleine mer; *in die See gehen*, stechen*,* prendre* la mer; *Offizier zur See,* officier de marine. ||*See...,* ...de mer : *Seebad,* n., bain [m.] de mer. ||... marin, e : *Seekalb,* n., veau marin, m. ||... maritime : *Seehandel,* m., commerce maritime. ||... de marine : *Seeoffizier* m., officier de marine. ||... naval, e : *Seegefecht,* n., combat [m.] naval. ||**-ausdruck** m. Terme de marine. ||**-bad** n. Bain [m.] de mer. ||**-fahrer** m. ④ (fâr^er). Navigateur. ||**-fahrt** f. Navigation. ||**-fisch** m. Poisson de mer. ||**-gang** m. Mer [f.] houleuse. ||**-gefecht** n. Combat [m.] naval. ||**-gemälde** n. (gemêld^e). Marine, f. ||**-gras** n. Varech, m. ||**-hafen** m. Port de mer. ||**-handel** m. Commerce maritime. ||**-heer** n. Armée [f.] navale. ||**-hund** m. Phoque. ||**-igel** m. (îg^el). Oursin.

seeisch a. Marin, e, de marine.

See||kalb n. Veau [m.] marin. ||**-karte** f. Carte marine.

seekrank a. (krànk). Qui a le mal de mer.

See||krankheit f. Mal de mer, m. ||**-krieg** m. Guerre navale f.

Seele f. (**zéel**^e). Âme : *es ist keine* [*lebende*] *Seele hier,* il n'y a âme qui vive [*fam.* pas un chat] ; *fam.* : *meiner Seele!,* ma foi! ||*Seelen...,* ... de l'âme : *Seelenleben,* n., vie [f.] de l'âme. ||... d'âme : *Seelengröße,* f., grandeur d'âme.

Seelen||heilkunde f. Psychiatrie. ||**-lehre** f. (léer^e). Psychologie. ||**-messe** f. (mèss^e). Messe des morts. ||**-tag** m. (tâg). Fête des morts, f. ||**-wanderung** f. (vànd^eroung). Métempsycose. ||**-wärmer** m. (vèrm^er). Fichu.

Seel||sorge f. Direction spirituelle. ||**-sorger** m. Directeur spirituel.

seelisch a. Spirituel, le.

See||mann m. (*zée*), pl., **-leute.** Marin.

seemännisch a. (mè-). De marin, de marine.

See||meile f. Lieue marine. ||**-offizier** m. Officier de marine ||**-pflanze** f. Plante marine. ||**-ratte** f. (rat^e). *Fig.* Loup [m.] de mer, vieux marin, m. ||**-räuber** m. (rœüb^er). Pirate. ||**-räuberei** f. Piraterie. ||**-recht** n. Droit [m.] maritime. ||**-reise** f. (ra^èze). Voyage sur mer, m., traversée. ||**-salz** n. Sel [m.] marin. ||**-schaden** m. (âd^en). Avarie, f. ||**-schiff** n. Navire, m. ||**-schiffahrt** f. Navigation maritime. ||**-schlange** f. (àng^e). Serpent de mer, m. ||**-schule** f. École navale. ||**-stadt** f. Ville maritime. ||**-strich** m. (schtri**ch**). Parage. ||**-tang** m. (tàng). Varech. ||**-tonne** f. (ton^e). Balise. ||**-truppen** f. pl. Troupes de marine.

seetüchtig a. (tu**ch**tig). Qui a le pied marin. ||[v. Schiffen] Qui peut tenir* la mer.

See||ungeheuer n. Monstre [m.] marin. ||**-verbindung** f. Communication maritime. ||**-verkehr** m. Trafic maritime. ||**-wasser** n. Eau [f.] de mer. ||**-wesen** n. Marine, f. ||**-zunge** f. Sole.

Segel n. ④ (**zéeg**^el). Voile, f. : *unter Segel gehen*,* mettre à la voile.

segel||fertig a. (ig), **-klar** a. En partance. ||**-n.** Faire voile [pour]. ||*Fig.* Naviguer.

Segel||schiff n. Bâtiment [m.] à voiles, voilier, m. ||**-stange** f. (schtang^e). Vergue. ||**-tuch** n. ② (toû**ch**). Toile à voiles, f. ||**-werk** n. Voilure, f.

Segen m. (**zéeg**^en). Bénédiction, f. ||[Glück] Bonheur. ||[Gedeihen] Prospérité, f. : *segensreich,* a., béni, e; *fig.* prospère.

Segler m. ④. Voilier.

segnen (**zéeg**'n^en). Bénir. ||[beglücken] Combler [de faveurs] : *in gesegneten Umständen,* enceinte. ||[**sich**]. Faire* le signe de la croix.

Segnung f. Bénédiction.

sehen* (zée^e^n). Voir* : *nach... sehen**, veiller à, surveiller; *gern sehen**, voir* d'un bon œil; *sieh[e] da!*, tiens! [in Büchern] *sieh[e] ...*, voyez ..., voir... ‖ [blicken, auf, *acc.*] Regarder.

Sehen n. Vue, f. : *sehens‖wert, würdig*, a., curieux, euse; *Sehenswürdigkeit*, f., curiosité.

sehend p. a. (^e^nt, -d-). Voyant, e : *sehend machen*, rendre la vue à.

Seh‖er, in m. ④ f., (zée^e^r, ìn). Voyant, e, visionnaire, m. et f. : *Sehergabe*, f., don [m.] de double vue. ‖ [Weissager] Prophète, étesse. ‖**-feld** n. Champ [m.] visuel. ‖**-kraft** f. Vue.

Sehne f. (zéen^e^). [im Fleisch] Tendon, m. ‖ [d. Bogens] Corde.

sehnen [sich] [nach...] Désirer ardemment. ‖n. = *Sehnsucht*.

Sehnerv m. Nerf optique.

sehn‖ich a. (zéen-). Filandreux, euse. ‖**-ig** a. (ig). Tendineux, euse. ‖ [kräftig] Nerveux, euse.

sehnlich a. (lich). Ardent, e. ‖ [ungeduldig] Impatient, e.

Sehnsucht f. (zoucht). Désir [m.] ardent. ‖ [nach Vergangenem] Regrets ardents m. pl. ‖ [nach der Heimat] Nostalgie [de].

sehn‖süchtig, -suchtsvoll a. Ardent. e. ‖Impatient, e.

sehr adv. Très, fort, bien. ‖ [bei Zeitw.] Beaucoup : *sehr viel*, énormément; *so sehr*, tant, tellement; *so sehr als*, autant que; *so sehr..., so sehr...*, autant..., autant...; *wie sehr*, combien, à quel point; *wie sehr ... auch*, quel que ... que; *zu sehr*, trop.

Seh‖scheibe f. Périscope, m. ‖**-täuschung** f. Illusion d'optique. ‖**-vermögen** n. (f^e^rmeûg^e^n). Vue, f. ‖**-weite** f. (va^è^t^e^). Portée de vue.

sei impér. et subj. de *sein**.

seicht a. (za^è^cht). Peu profond, e. ‖ [Wasser] Bas, se. ‖*Fig.* [Mensch] Superficiel, le. ‖ [Stil] Plat, e.

seid. V. *sein**.

Seide f. (za^è^d^e^). Soie.

Seidel n. Chope, f.

seiden a. De soie. ‖*Seiden...*, ... de soie : *Seiden‖stoff*, m., *-papier*, n., étoffe [f.], papier [m.] de soie. ‖... de soieries : *Seiden‖handel*, m., commerce de soieries. ‖*seiden‖-artig*, a., soyeux, euse; *-bau*, m., sériciculture, f.; *-puppe*, f., cocon, m.; *-raupe*, f., ver à soie, m.; *-ware*, f., soierie; *-zucht*, f. = *Seidenbau*.

Seife f. (za^è^f^e^). Savon, m.

seifen. Savonner. ‖n. Savonnage, m. ‖*seifen‖artig*, a., savonneux, euse; *-fabrik*, f., savonnerie; *-kugel*, f., savonnette.

seigen. V. *seihen*.

Seihe f. (za^è^e^). Passoire. ‖ [zum Filtrieren] Filtre, m.

seihen. Passer, filtrer.

Seih‖er m. ④, = *Seihe*. ‖**-tuch** n. (toûch). Étamine, f.

Seil‖ n. (za^è^l). Corde, f. ‖**-er** m. ④. Cordier : *Seiler‖bahn*, f., *-ei*, f., *-ware*, f., corderie. ‖**-schwebebahn** f. Téléphérique, m. ‖**-tänzer, in** m. ④, f. (tènts^e^r, ìn). Danseur, euse de corde. ‖**-werk** n. Cordages, m. pl.

Seim m. (za^è^m). Mucilage. ‖ [Honig] Miel épuré.

seimig a. Mucilagineux, euse.

sein* (za^è^n). Être*, exister : *es sind Leute, die...* il y a des gens qui...; *es ist ein Jahr her*, il y a un an; *ich bin es, der ...*, c'est moi qui ...; *es ist mir* [ou *mir ist*] *kalt, wohl, besser* usw., j'ai froid, je me sens bien, je vais mieux, etc.; *mir ist, als ob ...*, il me semble que ...; *es ist schön* [*kalt, hell*, usw.], il fait beau [froid, clair, etc.]; *was ist's?*, qu'y a-t-il? *was ist dir?*, qu'as-tu? *wie ist dir?*, comment te trouves-tu? *was ist mit ihm?* que lui est-il arrivé?, *es ist mit...*, il en est [il en va] de ...; *es ist nicht viel an ihm*, il ne vaut pas grand-chose; *was soll das sein?*, qu'est-ce que cela signifie?; *dem ist so*, il en est ainsi; *so sei es!*, soit!, ainsi soit-il!; *sei es ..., sei es ...*, soit ..., soit ...; *es sei denn, daß...*, à moins que... ‖n. spl. Être, m., existence, f.

sein‖ (za^è^n). 1. pron., = *seiner*. ‖2. a. et pron. poss. (V. Gramm.) Son, sa ses : *der, die, das seine*, le sien, la sienne; *die seinen*, les siens; *jedem das Seine*, chacun le sien. ‖inv. : *dieses Buch ist sein*, ce livre est à lui. ‖**-er** gén. de *er*. V. Gramm. ‖**-erseits, -esgleichen, -ethalben, -etwegen, -etwillen.** V.

...seits, ...gleichen, ...halben, ...wegen, ...willen. ||**-ige** [*der, die, das*] (ig^e^). Le sien, la sienne : *die Seinigen,* les siens.

seit prép. avec le *datif* (za^è^t). Depuis. ||conj. = *seitdem.*

seitab adv. (ap). Latéralement.

seitdem conj. Depuis que.

Seite f. (za^è^t^e^). Côté, m. : *auf, von, nach dieser Seite,* de ce côté; *auf der einen, der anderen Seite,* d'un côté, de l'autre côté; *nach allen Seiten,* en tous sens; *bei Seite,* v. *beiseite; vordere, hintere Seite* [e. Gebäudes], façade, derrière, m.; *rechte, linke Seite;* [e. Stoffes] Endroit, m., envers, m.; *von Seiten,* de la part de. ||[Blatt-] Page : *vordere Seite,* recto, m.; *rückwärtige Seite,* verso, m. ||[am Körper] Flanc, m.

Seiten||...: ... de côté: *Seiten||blick,* m., *-stich,* m., *-tasche,* f., regard, point, poche de côté. ||... latéral, e. Ex. : *Seiten||bewegung,* f., *-weg,* m., mouvement, m., chemin latéral; *-fläche,* f., *-straße,* f., *-tür* f., *-wand,* f., face, rue, porte, paroi latérale. ||... de flanc, dans le flanc : *Seiten||angriff,* m., attaque [f.] de flanc; *-hieb,* m., *-stoß,* m.. coup dans le flanc [bourrade, f.]. ||...collatéral, e : *Seitenlinie* f., ligne collatérale. ||**-abriß** m. (ap'riss). Profil. ||**-allee** f. Contre-allée. ||**-angriff** m. Attaque [f.] de flanc. ||**-ansicht** f. (ànzi**ch**t). Vue de profil. ||**-bewegung** f. Mouvement [m.] latéral. ||**-bild** n. (bilt, -d-). Portrait [m.] de profil. ||**-blick** m. Regard de côté. ||**-fläche** f. Face latérale. ||**-gebäude** n. (gébœüd^e^). Aile, f. ||**-gespräch** n. (géschprè**ch**). Aparté, m. ||**-gewehr** n. (gévéer). Sabre-baïonnette, m. ||**-hieb** m. Coup dans le flanc. ||**-linie** f. Ligne collatérale.

seitens prép. adv. (^e^ns). Du côté de. ||[im Auftrage] De la part de.

Seiten||sprung m. (schproung). Écart. ||**-stich** m. Point de côté. ||**-stoß** m. Bourrade, f. ||**-straße** f. Rue latérale. ||**-tasche** f. Poche de côté. ||**-tür** f. Porte latérale. ||**-wand** f. Paroi latérale. ||**-weg** m. Chemin latéral.

seit||her adv. Depuis ce temps-là. ||**-lich** a. Latéral, e. ||**-wärts** adv. (vèrts). De côté.

...seits adv. : *meiner-, deiner-, seiner-*[*ihrer-*], *uns*[*er*]*er-, eurer-* [*Ihrer-*], de mon, de ton, de son, de notre, de votre, de leur côté; de ma part, de ta part, etc.

Sekante f. Sécante.

Sekretär m. (zékrétêr). Secrétaire.

Sekt m. (zèkt). Vin sec. ||[Champagner] Champagne.

Sekt||e f. (zèkt^e^). Secte. ||**-ierer** m. ④ (îr^e^r). Sectaire.

sektiererisch a. Sectaire.

Sekt||ion f. (ts*iô*n). Dissection. ||[Abteilung] Section. ||**-or, -en** m. (*ô*r^e^n). Secteur.

Sekund||a, -den f. (koùnda). [Classe de] seconde. ||**-ant, -en, -en** m. (d*à*nt). Second, témoin. ||**-e** f. (koùnd^e^). Seconde.

selb|| a. (zèlb). Même. V. *der-, die-, dasselbe.* ||**-ander** adv. (ànd^e^r). A deux. ||**-er** pron. = *selbst.* ||**-ig** = *selb.*

selbst|| pron. pers. inv. (zèlbst). Même : *ich, wir* usw., *selbst,* moi-même, nous-mêmes. etc.; *er kam selbst,* il vint lui-même : *von —,* de soi- [lui-] même; *das geht von selbst,* cela va tout seul; *das versteht sich von selbst,* cela va sans dire*, cela va de soi. ||adv. Même. ||*Selbst...* : 1. ... de [en] soi-même : *Selbst||befruchtung,* f., parthénogenèse; *-beherrschung,* f., maîtrise de soi-même. ||2. ... de [par] soi-même, spontané, e : *Selbst||-bekenntnis,* n., aveu [m.] spontané. ||3. auto... : *Selbst||beeinflussung,* f., autosuggestion. ||**-ändig** a. [pour *ständig*] (schtèndig). Indépendant, e. ||adv. Par soi-même.

Selbst||ändigkeit f. (ka^è^t). Indépendance. ||**-aufopferung** f. Sacrifice [m.] de soi-même. ||**-beeinflussung** f. Autosuggestion. ||**-beherrschung** f. Maîtrise de soi. ||**-bekenntnis** n. Aveu [m.] spontané. ||**-erhaltung** f. Conservation de soi-même. ||**-erhaltungstrieb** m. Instinct de conservation. ||**-fahrer** m. Automobiliste.

selbstgefällig a. Satisfait de soi-même.

Selbstgefälligkeit f. Suffisance. ||**-gefühl** n. (géf*û*l). Sentiment [m.]

de sa valeur. ‖**-gespräch** n. (gésch-prêch). Monologue, m. ‖**-heit** f. (haète). Individualité. ‖**-herrschaft** f. Autocratie.
selbstisch a. Égoïste.
Selbst‖laut[er] m. Voyelle, f. ‖**-liebe** f. (lîbe). Égoïsme, m.
selbstlos a. (lôss, -z-). Désintéressé, e.
Selbst‖losigkeit f. Abnégation. ‖**-mord** m. (mort, -d-). Suicide. ‖**-mörder, in** m. ④, f. (mœrder, ìn). Suicidé, e.
selbst‖redend a. (réedent, -d-). Évident, e. ‖adv. Évidemment. ‖**-schreibend** a. (aèbent, -d-). Enregistreur, euse.
Selbstsucht f. (zoucht). Égoïsme, m.
selbst‖süchtig a. (zûchtig). Égoïste. ‖**-tätig** a. Agissant par soi-même, automatique.
Selbstüberhebung f. Présomption.
selbstvergessen a. Oublieux de soi-même.
Selbst‖vergessenheit f. Oubli [m.] de soi-même. ‖**-verleugnung** f. Abnégation.
selbstverständlich a. Qui va de soi. ‖adv. Bien entendu.
Selbstvertrauen n. Confiance [f.] en soi-même.
selchen (zèlchen). Fumer [viande].
Selch‖er m. ④. Charcutier. ‖**-fleisch** n. (aèsch). Viande fumée, f. ‖**-ware** f. Charcuterie.
Selektivität f. [Funk] Sélectivité.
selig a. (zéelig). Bienheureux, euse. ‖[verstorben] Feu, e, défunt, e.
Selig‖keit f. (kaèt). Béatitude. ‖**-sprechung** f. (schprèchoung). Béatification.
Sellerie m. [-s] et f. (zè). Céleri, m.
selten a. (zèlten). Rare. ‖adv. Rarement : *nicht selten*, assez souvent.
Seltenheit f. Rareté.
Selterwasser n. (zèltervasser). Eau de Seltz, f.
seltsam a. (zèlt). Étrange. ‖[wunderlich] Bizarre.
Seltsamkeit f. (kaèt). Étrangeté.
Semikolon, -s n. (kolône). Point [m.] et virgule.
Seminar‖ n. ① (nâr). [für Priester] Séminaire, m. ‖[Lehrer-] École normale, f. ‖**-ist, -en, -en** m. (ist). Séminariste. ‖Normalien.
Semit, -en, -en m. (îte). Sémite.
semitisch a. Sémitique.
Semmel f. Petit pain blanc, m.
Senat‖ m. ① (nâte). Sénat. ‖**-or, -en** m. (or, ôren). Sénateur.
Send‖... (zènt, -d-). ‖**-bote, -n, -n** m. (bôte). Messager. ‖[Apostel] Apôtre. ‖**-brief** m. (brîf). Missive, f., épître, f.
senden*. Envoyer. ‖[Sachen] Expédier.
Send‖schreiben n. ④ (aèben). = *Sendbrief*. ‖**-ung** f. Envoi, m. ‖[Auftrag] Mission.
Senf‖ m. (zènf). Moutarde, f. ‖**-büchse** f. (buxe), **-näpfchen** n. (nèpfchen). Moutardier, m. ‖**-pflaster** n. Sinapisme, m.
seng‖en (zèngen). Brûler légèrement, roussir. ‖**-erig** a. : *sengerig riechen**, sentir* le brûlé.
Senior, -en m. (sé-, -ôren). Aîné. ‖[e. Körperschaft] Ancien, doyen.
Senk‖blei n. (zènkblaè). Sonde, f. ‖**-el** m. ④. Lacet : *Senkelnadel*, f., aiguillette.
senken. Abaisser. ‖[Augen usw.] Baisser.
Senkgrube f. (groûbe). Puisard, m.
senkrecht a. (rècht). Vertical, e. ‖[auf Flächen, Linien] Perpendiculaire.
Senk‖reis n. (raès). Marcotte, f. ‖**-ung** f. Abaissement, m. ‖*Metr.* Syllabe non accentuée. ‖**-waage** f. (vâge). Aéromètre, m.
Senn‖e, -n, -n m., **-erin** f. (zène, -rìn). Vacher, ère. ‖**-hütte** f. Chalet, m.
Sense f. (zènze). Faux.
Sepia, ...ien f. (zé). [Fisch] Seiche. ‖[Farbstoff] Sépia.
Sept‖ember m. (èmber). Septembre. ‖**-ett** n. (ètt). Septuor, m. ‖**-ima, -men** f. (sèpt-). [Classe de] septième.
septisch a. (zèp-). Sceptique.
Seraph m. ① (zée). Séraphin.
Serb‖e, -n, -n npr. m., **in** f. (zèrbe, ìn). Serbe, m. et f. ‖**-ien** npr. n. Serbie, f. ‖*serbisch*, a., serbe.
Sergeant, -en, -en (jànt). Sergent.
Serienarbeit f. Travail [m.] à la chaîne.
Serum‖ -ren n. (zéeroum). Sérum, m. ‖**-heilkunde** f. (haèlkoùnde). Sérothérapie.
Sessel m. ④. Fauteuil, siège.

seßhaft a. (zèshaft). Domicilié, e.
setzen tr. (zètsen). Asseoir*. ‖[allgemein] Mettre*, poser. ‖[an einen bestimmten Platz] Placer. ‖[über, *acc.*] Faire* passer. ‖[in die Lotterie] Mettre*. ‖[Druck] Composer. ‖[**sich**] réfl. S'asseoir*. ‖[v. Vögeln] Se percher. ‖intr. [über, *acc.*] Franchir. ‖[über e. Fluß] Traverser. ‖n. Action [f.] d'asseoir*, de mettre*, de poser, de placer, etc. ‖[Druck] Composition, f. ‖*gesetzt*, p. a. (*gé*-), posé, e, grave; [Alter] raisonnable, rassis, e; [vorausgesetzt] : *gesetzt, daß*, supposé que...
Setz‖er m. ④. Poseur. ‖Compositeur, typographe. ‖**-ling** m. Plant. ‖[Fisch] Alevin.
Seuche f. (**zœüch**e). Épidémie.
seufzen (**zœü**ftsen). Soupirer. ‖[über, *acc.*] Gémir [de].
Seufzer m. ④ (er). Soupir. ‖Gémissement.
Sex‖ta, -ten f. (**zèx**-). [Classe de] sixième.
sezieren (zetzîren). Disséquer. ‖n. Dissection, f.
Seziermesser n. ④. Scalpel, m.
Siamese, -n, -n m., **in** f. (mèeze, ìn). Siamois, e.
siamesisch a. Siamois, e.
Sibir‖ien npr. n. (bîrien). Sibérie, f. ‖**-ier, in** m. ④, f. Sibérien, ienne. ‖*sibirisch*, a., sibérien, ne.
sich pron. réfl. (**zich**). Se, soi, à soi : *an sich, an und für sich*, en soi; *für sich*, à part. ‖[sonst nach e. Präposition u. mit bestimmtem Subjekt in der 3. Person] Lui, m., elle[s], f. [pl.], eux, m. pl. : *an sich*, à lui [elle].
Sichel f. (**zich**el). Faucille. ‖[d. Mondes] Croissant, m.
sicher a. (**zich**er), *gén.* Sûr, e [de]. ‖[gewiß] Certain, e : *soviel ist sicher, daß ...*, toujours est-il que ... ‖[in Sicherheit] En sécurité. ‖[vor, *dat.*]. A l'abri [de]. *...sicher*, à l'abri de [du, de la, des] ... ‖adv. Sûrement. ‖Certainement : *sicher wissen**, être* sûr de.
Sicherheit f. (**ha**èt). Sûreté. ‖[vor Gefahr] Sécurité. ‖[Zuversicht] Assurance. ‖[Gewißheit] Certitude. ‖*Sicherheits...*, ... de sûreté : *Sicherheits‖klappe*, f., *-lampe*, f., *-polizei*, f., *-schloß*, n., soupape, lampe, police, serrure [f.] de sûreté.
sicher‖lich adv. Sûrement. ‖**-n.** Assurer. ‖[vor, *dat.*] Garantir [contre, de]. ‖[bewahren] Préserver [de].
Sicher‖stellung f. (schtèloung). Garantie. ‖**-ung** f. Protection. ‖[technisch] Appareil de sûreté, m. ‖[Blei-] Coupe-circuit, m., fusible, m.
Sicht f. (**zich**t). Vue. ‖[v. Wechseln] : *nach Sicht*, à vue; *drei Tage nach Sicht*, à trois jours de vue; *auf kurze Sicht*, à courte échéance.
sichtbar a. Visible. ‖[offenbar] Évident, e. ‖adv. Visiblement.
Sichtbarkeit f. (kaèt). Visibilité.
sichten. Tamiser. ‖[Steine] Cribler. ‖[Getreide] Vanner. ‖[Mehl] Bluter. ‖*Fig.* Trier. ‖n. Tamisage, m. ‖Criblage, m. ‖Blutage, m. ‖*Fig.* Triage, m.
sichtlich a. Visible.
sickern. Suinter. ‖n. Suintement, m.
sie pron. pers. (**zî**). 1. f. elle, elles, la. ‖2. pl. Ils, elles, eux, les. ‖3. *Sie*, vous. V. GRAMM.
Sieb n. Tamis, m. ‖[großes] Crible, m.
sieben1 = *sichten*.
sieben2 num. (zîben). Sept.
Sieben‖bürgen npr. n. (bûrgen). Transylvanie, f. ‖**-eck** n. Heptagone, m.
sieben‖fach a. (fa**ch**), **-fältig** a. (fèltig). Septuple.
Siebensachen pl. : *seine — packen*, faire* ses paquets.
Siebenschläfer m. (schlêfer). ‖*Fig.* Dormeur. ‖[Tier] Loir.
siebente [*der, die, das*] a. Septième.
Siebentel n. ④. Septième, m.
sieb[en]tens. adv. Septièmement.
sieb‖zehn num. (zîptséene). Dix-sept. ‖**-zehnte** [*der, die, das*], a. ord., **-zehntel** n. ④, **-zehntens.** V. GRAMM. ‖**-zig** num. (tsig). Soixante-dix : *Siebziger*, m. : 1. septuagénaire; 2. [Jahr] année entre 70 et 79; *siebzigjährig*, a., septuagénaire. ‖**-zigste** [*der, die, das*], a. V. GRAMM.
siech‖ a. (**zîch**). Maladif, ive. ‖**-en.** Être* maladif : *dahin siechen*, dépérir.

Siech‖[**en**]**haus** n. Hospice [m.] d'incurables. ‖**-tum** n. État [m.] de langueur.
siedeln (zîdeln). S'établir.
Siedelung f. Lotissement, m.
sieden* intr. (zîden). Bouillir*. ‖tr. Faire* bouillir. ‖[Zucker] Raffiner. ‖n. Ébullition, f. ‖[Wallen] Bouillonnement.
siedend p. a. Bouillant, e.
Siedepunkt m. Point d'ébullition.
Sieg m. (zîg). Victoire, f. ‖[Triumph] Triomphe.
Siegel n. ①. Cachet, m. ‖[amtliches] Sceau, x, m. ‖[gerichtl.] Scellé, m. ‖*Siegellack*, m., Cire à cacheter, f.
siegeln. Cacheter. ‖[amtlich] Sceller.
sieg‖**en** intr. Vaincre*. ‖[über, *acc.*] Triompher [de], vaincre*, tr. ‖**-end** p. a. (ent, -d-). Victorieux, euse. Triomphant, e.
Sieg‖**er, in** m. ④, f. (er, ìn). Vainqueur, m. ‖Triomphateur, trice. ‖**-es...** : ... de victoire, de triomphe, triomphal, e : *Sieges*‖*lied*, n., chant [m.] de victoire, de triomphe; *-bogen*, m., arc de triomphe; *-marsch*, m., marche triomphale, f.; *-wagen*, m., *-zug*, m., char, cortège triomphal.
sieghaft a., **-reich** a. Victorieux, euse.
sieh[**e**], **siehst, sieht.** V. *sehen**.
siezen* (zîtsen). Dire* « vous » à, vouvoyer, voussoyer.
Signal n. ① (zig'nâl). Signal, aux, m.
signalisieren (zîren). Signaler.
Signalstange f. Sémaphore, m.
Signatur f. (zig'natoûr). Marqué. ‖[Aufschrift] Étiquette.
Sigrist, -en, -en m. (ist). Sacristain.
Silbe f. Syllabe.
Silben‖**maß** n. (zil-). Quantité, f. ‖**-messung** f. Prosodie. ‖**-rätsel** n. (rêtsel). Charade, f.
Silber‖ n. (zilber). Argent, m. ‖[-geschirr] Argenterie, f. ‖*Silber...*, ... d'argent. ‖**-arbeit** f. (arbaèt). Orfèvrerie [d'argent].
silberfarben, -farbig a. Argenté, e, argentin, e.
Silber‖**fuchs** m. Renard argenté. ‖**-geschirr** n. Vaisselle [f.] d'argent. ‖**-ling** m. (lìng). Pièce d'argent, f. ‖**-münze** f. Monnaie d'argent.
silbern a. D'argent.
Silber‖**pappel** f. Peuplier blanc, m. ‖**-sachen** f. pl. Argenterie, f. ‖**-schmied** m. (schmît). Orfèvre. ‖**-stimme** f. (schtime). Voix argentine. ‖**-ware** f., **-zeug** n. Argenterie, f.
Silentium! (lèntsioum). Silence!
Silikone f. Silicone.
simpel a. (zìm-). Simple. ‖[einfältig] Niais, e.
Sims m. (ìms). Rebord. ‖[am Getäfel] Moulure, f.
Simul‖**ant, -en, -en** m., **in** f. (moulànt, ìn). Simulateur, trice.
simulieren (îren). Simuler.
simultan a. (moultâne). Simultané, e. ‖[Schule] Mixte.
Sinfonie f. (zìn). Symphonie.
sing‖**...** (zing) : ... de chant : *Sing*‖*-schule*, f., *-stück*, n., *-stunde*, f., école, morceau, m., leçon de chant. ‖**-bar** a. Chantable. ‖**-en*** (zingen). Chanter.
Sing‖**pult** n. Lutrin, m. ‖**-sang** m. (zàng). Chant monotone. ‖**-spiel** n. (schpîl). Opéra, m. ‖**-vogel** m. ③ (fôgel). Oiseau[x] chanteur.
Singular m. ① (zìngoulâr). Singulier.
sinken* (zìnken). S'enfoncer. ‖[zu Boden] Descendre*. ‖[Schiff] Couler. ‖[Nacht usw.] Tomber. ‖[Preis] Baisser. ‖n. spl. Descente, f. ‖[Fallen] Chute, f. ‖[v. Preisen] Baisse, f.
Sinn‖ m. (zìn). 1. Sens. ‖[Gemüt] Humeur, f. ‖[Gedanken, Verstand] Esprit : *im Sinne behalten**, retenir*; *im Sinn haben**, méditer; *in den Sinn kommen**, venir* à l'esprit. ‖[Meinung, Ansicht] : *andern Sinnes werden**, changer d'avis, se raviser; *in jemands Sinne*, dans le sens de qn. ‖[Bedeutung] Sens. ‖2. [körperlich] Sens. ‖*Fig.* [Bewußtsein] : *von Sinnen, nicht bei Sinnen sein**, avoir* perdu la tête. ‖**-bild** n. (bilt, -d-). Emblème, m. ‖[Symbol] Symbole, m.
sinn‖**bildlich** a. Emblématique. ‖Symbolique. ‖**-en*** intr. [auf. *acc.*] Songer à, méditer. ‖tr. *Poet.* Méditer. ‖n. Méditation, f. ‖**-fällig** a.

Évident, e; *Sinnfalligkeit,* f., évidence.
sinnen... 1. ... des sens, sensuel, elle : *Sinnen*‖*genuß,* m., plaisir sensuel; *-lust,* f., volupté; *-reiz,* m., sensualité, f.; *-werkzeug,* n., organe [m.] des sens. ‖2. = *sinnlich.*
Sinn‖**enwelt** f. Monde [m.] sensible. ‖**-gedicht** n. (*z*inngéd*i*cht). Épigramme, f. ‖**-enwerkzeug** n. Organe (m.) des sens.
Sinnes‖**änderung** f. Changement d'avis, m. ‖**-art** f. (arte). Opinion. ‖[Gesinnung] Sentiment, m.
sinn‖**ig** a. (ig). Sensé, e. ‖**-lich** a. (li**ch**). Sensible, physique. ‖[Genuß] Sensuel, elle.
Sinnlichkeit f. (ka^èt). Caractère physique, m. ‖Sensualité.
sinnlos a. (lôss, -z-). [unvernünftig] Insensé, e. ‖[v. Dingen] Absurde.
Sinn‖**losigkeit** f. Folie. ‖Absurdité. ‖**-pflanze** f. (ànts^e). Sensitive.
sinnreich a. (ra^è**ch**). Ingénieux, euse. ‖[geistreich] Spirituel, le. ‖[verständig] Judicieux, euse.
Sinnspruch m. (schprou**ch**). Sentence, f.
sinnverwandt a. (f^ervànt). Synonyme.
Sinnverwandtschaft f. Synonymie.
sinn‖**voll** a. (fol). Profond, e. ‖**-widrig** a. (v*i*drig). A contre-sens.
sintemal‖, **-en** *loc. conj.* Parce que, puisque.
Sinter m. ④ (z*i*nt-). Stalactite, f.
sintern. Suinter, filtrer. ‖n. Suintement, m.
Sintflut f. (floûte). Déluge, m.
Sipp‖**e** f. (*z*ip^e). **-schaft** f. Famille. ‖[Verwandtschaft] Parenté.
Sirup m. ① (*z*iroup). Sirop.
Sitt‖**e** f. (*z*it^e). Coutume. ‖pl. Mœurs : *Sitten und Gebräuche,* us et coutumes. ‖[Anstand] Bonnes mœurs : *feine Sitten,* bonnes manières. ‖**-en...** : ... de[s] mœurs : *Sittenpolizei,* f., police des mœurs.
Sitten‖**lehre** f. (*z*it^en). Morale. ‖**-lehrer** m. Moraliste.
sittenlos a. (lôss, -z-). Dissolu, e, dépravé, e.
Sitten‖**losigkeit** f. Dépravation. ‖**-richter** m. (r*i*cht^er). Censeur. ‖**-spruch** m. (schprou**ch**). Maxime de morale, f. ‖**-strenge** f. (schtrèng^e). Austérité. ‖**-zeugnis** n. Certificat [m.] de moralité. ‖**-zwang** m. (tsvàng). Étiquette, f.
Sittich m. (*z*it-). Perruche, f.
sitt‖**ig** a. De bonnes mœurs. ‖[anständig] Décent, e. ‖**-lich** a. (li**ch**). Moral, e. ‖adv. Moralement.
Sittlichkeit f. Moralité.
sittsam a. (zâm). Modeste. ‖[anständig] Décent, e.
Sittsamkeit f. Modestie. ‖Décence.
situiert a. : *gut situiert,* dans une bonne situation [à son aise].
Sitz‖ m. (*z*itz). Siège. ‖[im Theater] Place, f. ‖[Wohn-] Résidence, f. ‖**-arbeit** f. (*a*rba^èt). Travail sédentaire, m. ‖**-bad** n. ② (bâte, -d-). Bain [m.] de siège.
sitz‖**en*** [*haben*]. Être* assis, e : *zuviel sitzen,* être trop sédentaire; *immer zu Hause sitzen*,* mener une vie casanière; *in Sexta* usw. *sitzen*,* être* en sixième, etc.; *sitzen bleiben*,* rester assis, e; [in d. Schule] redoubler [une classe]; [Mädchen] rester fille; [auf d. Ball] faire* tapisserie; *sitzen* lassen*,* laisser en plan, abandonner. ‖[einem Maler] Poser. ‖[Vogel] Être* perché, e. ‖[Kleider] : *dieser Hut sitzt Ihnen gut,* ce chapeau vous va bien ‖[Hieb, Schuß] Porter [atteindre]. ‖n. Station assise, f. : *das viele Sitzen,* la vie sédentaire. ‖**-end** p. a. (^ent, -d-). Assis, e. ‖[auf. d. Pferd] Monté, e. ‖[Lebensart] Sédentaire. ‖[Vogel] Perché, e.
...sitzer m. ④ : *Viersitzer,* m., véhicule [voiture, etc.] à quatre places.
...sitzig a. : *viersitzig,* a., [véhicule] à quatre places.
Sitz‖**kasten** m. Carrosserie, f. ‖**-platz** m. Place assise, f. ‖**-streik** m. Grève [f.] sur le tas. ‖**-ung** f. Séance : *Sitzung halten*,* siéger; *Sitzungsperiode,* f., session.
Sizil‖**ianer, in** m. ④, f. (tsili*â*n^er, ìn). Sicilien, ienne. ‖**-ien** n. (*î*li^en). Sicile, f. ‖*sizilianisch, -isch,* a., sicilien, ienne.
Ska‖**la, -len** f. (sk*â*). Échelle. ‖[Tonleiter] Gamme.
Skandal m. ① (skànd*â*l). Scandale. ‖[ärgerlicher Auftritt] Esclandre. ‖*Fam.* (Lärm] Tapage.
skandalös a. Scandaleux, euse.
Skandinav‖**ien** n. (skàn-n*â*vi^en). Scandinavie, f. ‖**-ier, in** m. ④, f.

(i^e^r, ìn). Scandinave, m. et f. ‖*skandinavisch*, a., scandinave.
Skat m. (skâte). Écarté, skat.
Skep‖tiker m. ④ (èp-k^e^r), **skeptisch** a. Sceptique. ‖**-tizismus** m. (tsismouss). Scepticisme.
Ski‖, -s m. (schî). Ski. ‖**-läufer** m. ④ (lœüf^e^r). Skieur.
Skizze f. (its^e^). Esquisse, croquis, m.
skizzieren (îr^e^n). Esquisser.
Sklave, -n, -n m., **-vin** f. (âv^e^, vìn). Esclave, m. et f. : *Sklaven‖handel*, m., traite des nègres, f.; *-schiff*, n., négrier, m.; *-tum*, n., *Sklaverei*, f., esclavage, m.
sklavisch a. (âvisch). Esclave. ‖*Fig.* Servile.
Skonto, -s m. et n. (skòn-). Escompte, m.
Skorpion m. ① (piône). Scorpion.
Skrofeln pl. (ôf^e^ln). Scrofule, f.
skrofulös a. (ouleûs). Scrofuleux, euse.
Skrupel m. ④ (oûp^e^l). Scrupule.
skrupulös a. (ouleûss). Scrupuleux, euse.
Slawe, -n, -n m., **in** f. (slâv^e^, vìn). Slave, m. et f.
slawisch a. Slave.
S. M. = *Seine Majestät.*
Smaragd m. ① (agt, -d-). Émeraude, f.
s. o. = *siehe oben*, voir ci-dessus.
so‖ adv. Ainsi : *so ist es!*, c'est cela, c'est comme cela; *so ist's recht*, c'est bien cela; *so oder so*, d'une manière ou de l'autre. ‖Tel, elle, de telle manière; *so ..., daß*, de telle manière que, de sorte que; *so etwas*, une telle chose; *so ein Mann*, un tel homme; *so und so breit*, de telle et telle largeur; *Herr so und so*, monsieur un tel. ‖[ebenso] Aussi : *so ... wie*, aussi, autant ... que. ‖[Frage] *so?*, ah!, vraiment? ‖[Ausruf] : *so!*, bon!, bien!; *ach so!* ah! oui. ‖loc. conj. *so ... auch*. Si ... que : *so reich er auch ist[sei]*, si riche qu'il soit. ‖**-bald** adv. (balt). Aussitôt. ‖conj. Aussitôt que.
Socke f. (zok^e^). Chaussette. [Pantoffel] Chausson, m.
Sockel m. ④. Socle.
Soda‖ f. (zôda). Soude. ‖**-wasser** n. Eau de Seltz, f.
so‖dann adv. (dàn). Alors. ‖[nachher] Ensuite. ‖**-eben** adv. (éeb^e^n). A l'instant.
Sofa, -s n. (zô-). Sofa, m.
sofern conj. (fèrn). En tant que.
soff imp. de *saufen**.
sofort adv. (forte). Immédiatement.
Soforthilfe f. Secours [m.] d'urgence.
sofortig a. (ig). Immédiat, e.
sog imp. de *saugen**.
so‖gar adv. (gar). Même. ‖**-genannt** a. (génànt). [Ce] qu'on appelle. ‖[angeblich] Soi-disant, adv. ‖**-gleich** adv. Tout de suite.
Sohle f. (zôl^e^). Plante du pied. ‖[v. Schuh] Semelle.
Sohn m. (zôn). Fils.
solange adv. Tant que.
Solbad n. ② (zôl-). Bain [m.] salin.
solch a. et pron. ind. (**zolch**). Tel, le : *ich habe solche*, j'en ai; inv., *solch ein...*, un tel ...
Sol‖d m. ①. Solde, f. : *in jemands Sold*, à la solde de qn. ‖**-dat, -en, -en** m. (dâte). Soldat. ‖**-daten... :** de soldat, ... militaire : *Soldaten‖mantel*, m. ③, capote, f.; *-schenke*, f., cantine.
soldatisch a. De soldat.
Söld‖ling m. (zœltlìng), **-ner** m. ④ (n^e^r). Mercenaire.
Sole f. (zôl^e^). Eau saline.
solid‖ a. (lîte, -d-). Solide. ‖[Mensch] Rangé, e. ‖[Preis] Modéré, e. ‖**-arisch** a. (dâ-). Solidaire. ‖**-arität** f. (tête). Solidarité.
soll ind. pr. de *sollen* (zol). ‖n. Doit, m.
Solleinnahme f. (a^è^n'nâme). Recette prévue.
sollen*. Devoir* : *Sie hätten sehen sollen**, il fallait voir; *sollte es möglich sein?*, serait-il possible?; *ich sollte das tun?*, moi, faire* cela?; *was soll das?*, à quoi cela sert-il?, qu'est-ce que cela veut dire?; *sollten Sie ihn sehen, so...*, si par hasard vous le voyez...; *sollte ich sterben!*, dussé-je mourir! ‖[vermutend] *er soll krank sein*, on dit qu'il est malade.
Söller m. ④ (zœl^e^r). Grenier. ‖[Altan] Balcon.
solo‖ adv. (zo-). Seul. ‖n., pl. **-s**. Solo, m.
solvent a. (vènt). Solvable.

Solvenz f. (ènts). Solvabilité.
somit adv. (mìt). Par conséquent. ‖[also] Ainsi.
Sommer‖ m. ④ (zom^er). Été. ‖*Sommer*‖*aufenthalt*, m., *-tag*, m., *-zeit*, f., résidence [f.,] jour, saison d'été. ‖**-faden** m. (fâd^en). Fil de la Vierge. ‖**-flecken** m. ④. Tache de rousseur, f. ‖**-frische** f. (isch^e). ‖*Fig.* Villégiature [d'été]. ‖**-frischler** m. ④, **-gast** m. Villégiateur, *fam.* ‖**-haus** n. ② (ha^os). Maison de campagne, f. ‖**-laden** m. (lâd^en). Persienne, f. ‖**-sprossen** pl., = *Sommerflecken*.
sonach (**nach**) = *somit*.
Sonate f. (nât^e). Sonate.
Sonde f. (zònd^e). Sonde.
sonder prép. (zònd^er). Sans. ‖*Sonder...*, ... séparé, e : *Sonder*‖*-bund*, m., alliance [f.] séparée; ... à part; *-zimmer*, n., chambre [f.] à part; ... particulier, ère : *-interesse*, n., intérêt [m.] particulier; ... spécial, e : *-zug*, m., train spécial.
Sonderabdruck m. Tirage à part.
sonderbar a. Étrange. ‖[seltsam] Singulier, ière.
Sonder‖**barkeit** f. Étrangeté. ‖Singularité. ‖**-beilage** f. (ba^èlage). Supplément, m. ‖**-berichterstatter** m. Envoyé spécial. ‖**-blatt** n. Supplément, m. ‖**-bund** m. Alliance [f.] séparée. ‖**-fach** n. ② (fach). Spécialité, f. ‖**-gericht** n. Tribunal [m.] spécial.
sondergleichen adv. (gla^èch^en). Sans égal, e.
Sonder‖**heit** f. (ha^èt). Particularité. ‖**-interesse** n. Intérêt [m.] particulier.
sonderlich a. (lich) = *sonderbar*. ‖[besonder] Particulier, ière. ‖adv. Particulièrement : *nicht* —, médiocrement.
Sonderling m. ①. Original.
sondern. Séparer. ‖conj. Mais.
Sonderrecht n. Privilège, m.
sonders adv. : *samt und sonders*, tous sans exception.
Sonder‖**schrift** f. Monographie. ‖**-ung** f. Séparation. ‖**-zimmer** n. Chambre [f.] à part. ‖**-zug** m. Train spécial [de plaisir]. ‖**-zweck** m. But spécial.
sondieren. Sonder.
Sondierung f. Sondage, m.
Sonett n. ① (nèt). Sonnet, m.
Sonn‖**abend** m. (zonâb^ent, -d-). Samedi. ‖**-e** f. (zon^e). Soleil, m.
sonnen. Exposer au soleil.
Sonnen‖**aufgang** m. Lever du soleil. ‖**-bahn** f. (bâne). Écliptique. ‖**-blume** f. (bloûm^e). Soleil, m. ‖*Botan.* Tournesol, m. ‖**-brand** m. (brànt, -d-). Hâle. ‖**-dach** n. ② (dach). Marquise, f. ‖**-finsternis** f. Eclipse de soleil. ‖**-jahr** n. Année [f.] solaire.
sonnenklar a. Clair, e comme le jour.
Sonnen‖**schein** m. Clarté [f.] du soleil. ‖*es ist Sonnenschein*, il fait du soleil. ‖**-schirm** m. Ombrelle, f. ‖[großer] Parasol. ‖**-stich** m. (schtich). Coup de soleil, insolation, f. ‖**-strahl** m. Rayon de soleil. ‖**-uhr** f. Cadran [m.] solaire. ‖**-untergang** m. Coucher du soleil.
sonnenverbrannt a. Hâlé, e, basané, e.
Sonnen‖**wärme** f. Chaleur solaire. ‖**-wende** f. Solstice, m.
sonnig a. (zonich). Ensoleillé, e.
Sonntag m. (tâg). Dimanche : [*des*] *Sonntags*, le dimanche.
sonn‖**tägig**, **-täglich** a. (têgig, -lich). Du dimanche, dominical, e : *sich sonntäglich anziehen**, s'endimancher. ‖**-tags...** : ... du dimanche, dominical, e : *Sonntags*‖*-kleid*, n. : *im* —, endimanché, e, a.; *fig. -kind*, n., homme [m.] né coiffé; *fam.* veinard, m.; *-ruhe*, f., repos dominical, m. ‖adv. le dimanche.
Sonn- und Feiertage, [les] dimanches et fêtes.
sonst‖ adv. (zonst). 1. [andernfalls] Autrement. ‖[übrigens] D'ailleurs. ‖[wo nicht] Sinon. ‖[außerdem] En outre. ‖LOC. *sonst nichts*, rien d'autre; — *jemand*, — *niemand*, quelqu'un, personne d'autre; — *nirgends*, nulle part ailleurs; — *überall*, partout ailleurs; *wer sonst?*, qui donc autre [que, etc.]? ‖2. [ehemals] Autrefois, jadis. ‖**-ig** a. (ig). 1. Autre. ‖2. D'autrefois. ‖**-wie** adv. Autrement. ‖**-wo**, **-wohin**, adv. Autre part *ou* ailleurs.
Soph‖**ismus**, **-men** m. (*i*smous). Sophisme. ‖**-ist**, **-en**, **-en** m. (*i*st). Sophiste.

Sopran m. ① (prâne). Soprano.
Sorge f. (zorge). Souci, m. : *Sorgen machen,* donner du souci [à] ; *Hans ohne Sorge,* sans-souci. ‖ [Sorgfalt] Soin, m. : *Sorge tragen** [für], prendre* [avoir*] soin [de].
sorg‖en intr. Avoir* du souci, des inquiétudes. ‖ [für] Prendre* soin [de] : *dafür sorgen, daß...* faire* en sorte que, veiller à ce que ... ‖**-en...** : *sorgen‖frei, -los,* a., exempt, e, de soucis ; *-voll,* a., soucieux, euse.
Sorgfalt f. Soin, m.
sorgfältig a. (fêltig). Soigneux, euse.
Sorgfältigkeit f. Soin, m.
sorglos a. (lôss, -z-). Insouciant, e.
Sorglosigkeit f. (igkaète). Insouciance.
sorgsam a., = *sorgfältig.*
Sorte f. (zorte). Sorte.
sortieren (îren). Assortir. ‖ [auslesen] Trier. ‖n. et **Sortierung** f. (îroung). Assortiment, m. ‖ Triage, m.
Sortiment n. ① (mènt). Assortiment, m. : *Sortimentsbuchhändler,* m., libraire-commissionnaire.
soso adv. (zozo). Tant bien que mal. ‖ *Fam.* Comme ci, comme ça.
sott imp. de *sieden**.
so‖undso, V. *so und so.* ‖**-viel** a. et adv. (fîl). Tant, autant [de] : *soviel ... als,* autant ... que. ‖ conj. Autant que. ‖**-weit** adv. et conj. (vaèt). Aussi loin [que], en tant que. ‖**-wie** conj. (vî). De même que, ainsi que. ‖ [sobald] Dès que. ‖**-wieso** adv. (vîso). D'une manière comme de l'autre. ‖**-wohl** adv. (vôl). Aussi bien : *sowohl ...als...,* tant ... que.
Sowjet, -s m. (sôvièt). Soviet.
sozial a. (tsiâl). Social, e : *soziale Abgaben,* f. pl., charges sociales ; *soziale Fürsorgerin,* f., assistante sociale.
Sozial‖ismus m. Socialisme. ‖**-ist, -en, -en** m. ; **sozialistich** a. Socialiste.
Soziussitz m. [Moto]. Siège arrière.
sozusagen (zâgen). Pour ainsi dire.
spähen (schpêen). Épier
Späher m. ④ (er). Espion, guetteur.
Spalier n. ① (schpalîr). Espalier, m. ‖ *Mil. Spalier bilden,* faire* la haie.
Spalt ‖ m. ①, **-e** f. (schpalte). Fente, f. ‖ [kleine] Fissure, f. ‖ [v. Bersten] Crevasse, f. ‖**-e** f. [e. Zeitung] Colonne.
spalt‖en*. Fendre : *sich spalten*, fig.,* se diviser ; *gespalten,* p. a., fendu, e ; [Fuß] Fourchu, e. ‖**-ig** a. (ig). Fendu, e.
Spaltung f. Action de fendre. ‖ *Fig.* Scission. ‖ [v. Wegen] Bifurcation.
Span m. (schpân). Copeau, x.
Spanferkel n. ④ (el). Cochon [m.] de lait.
Spange f. (schpànge). Agrafe. ‖ [an Büchern] Fermoir, m.
Spangrün n. (schpângrûne). Vert-de-gris, inv.
Span‖ien npr. n. (schpânien). Espagne, f. ‖**-ier, in** m. ④, f. (ier, ìn). Espagnol, e.
spanisch a. Espagnol, e : *spanische Fliege,* f., cantharide ; *spanische Kreide,* f., blanc d'Espagne, m. ; *spanisches Rohr,* n., rotin, m. ; *spanische Stiefel,* pl., brodequins ; *spanische Wand,* f., paravent, m.
spann (schpàn), imp. de *spinnen**. ‖m. ① [Rist] Cou-de-pied.
Spanne f. Empan, m. ‖ *Fig.* Court espace [de temps, etc.], m.
spannen. Tendre. ‖ *Fig.* [Aufmerksamkeit] Exciter : *spannend,* p. a., passionnant, e ; *gespannt,* p. a., tendu, e ; [erwartend] qui attend impatiemment : *Gespanntheit,* f., état de tension, m. ‖ [Pferd] Atteler.
... spänner m. ④ (schpèner) : *Zweispänner,* m., voiture à deux chevaux, f. **... spännig** a. : *sechsspännig,* à six chevaux.
Spann‖feder f. (féeder). Ressort, m. ‖**-kraft** f. Élasticité. ‖**-ung** f. Tension. ‖ *Fig.* Attente.
Spar‖büchse f. Tirelire. ‖**-kasse** f. (schpârkasse). Caisse d'épargne : *Sparkassenbuch,* n., livret [m.] de caisse d'épargne.
sparen tr. Épargner. ‖n. Épargne, f.
Spargel ‖ m. ④ (schpargel). Asperge, f. ‖**-kopf** m. Pointe d'asperge.
spärlich a. (schpêrlich). Peu abondant, e. ‖ adv. Parcimonieusement.
Spärlichkeit f. (kaèt). Rareté.
Sparpfennig m. (ig). Pécule.
Sparren m. ④ (schparen). Chevron.
sparsam a. (schpâr-). Économe.
Sparsamkeit f. Économie.

Sparta|| n. (schp*a*r). Sparte, f. ||**-ner, in** m. ④, f. (t*â*n^e^r, ìn). Spartiate, m. et f.

Spaß m. (schp*â*s). Plaisanterie, f. : *Spaß beiseite!*, plaisanterie à part, trêve de plaisanterie! *zum Spaß*, pour rire. ||[heiterer] Badinage. ||[Vergnügen] : *das macht mir Spaß*, cela m'amuse.

spaß||en. Plaisanter. ||[heiter] Badiner. ||**-haft** a. (**h**aft). Plaisant, e. ||Badin, e.

Spaß||macher m. (ma**ch**^e^r), **-vogel** m. (fôg^e^l). Plaisant, farceur.

spaßweise adv. (va^è^z^e^). Pour rire*.

spät|| a. (schp*ê*t). Tardif, ive : *in später Nacht*, à une heure avancée de la nuit; *die spätesten Zeiten*, les temps les plus reculés. ||adv. Tard : *es wird spät*, il se fait tard; *Wie spät ist es?*, quelle heure est-il?; *die Uhr geht spät*, la pendule retarde. ||*um ... zu spät kommen**, être* en retard de ...; *besser spät als nie*, mieux vaut tard que jamais.

Spat||el m. ④ (schp*â*t^e^l). Spatule, f. ||**-en** m. ④ (^e^n). Bêche, f.

später (schp*è*) compar. Postérieur, e, ultérieur, e. ||adv. et *späterhin*, plus tard.

spätestens adv. Au plus tard.

Spät||frost m. Gelée [f.] tardive. ||**-herbst** m. (**h**èrbst), **-jahr** n. (yâr). Arrière-saison, f. ||**-ling** m. (lìng). Fruit *ou* animal tardif.

spätreif a. (r*a*^è^f). Tardif, ive.

Spät||sommer m. (z*o*mer). Fin [f.] de l'été. ||*Fig.* Été de la Saint-Martin. ||**-zündung** f. Retard [m.] à l'allumage.

Spatz, -en, -en m. (schpatz). Moineau, x.

spazieren intr. (schpatsîr^e^n). Se promener : *spazieren gehen**, — *reiten**, — *fahren**, se promener [faire* une promenade] à pied, à cheval, en voiture, etc.; *spazieren führen**, tr. emmener promener [qn.].

Spazier||fahrt f., **-gang** m. Promenade [f.] en voiture, etc., à pied. ||**-gänger** m. (gè**ng**^e^r). Promeneur. ||**-platz** m. Promenoir. ||**-ritt** m. Promenade [f.] à cheval. ||**-stock** m. Canne, f.

Specht m. (schpè**ch**t). Pivert.

Speck m. (schp*è*k). Lard.

speck||fett, -ig a. (ig). Gras, se à lard.

Speck||schnitte f. Lardon, m. ||**-schwarte** f. Couenne. ||**-seite** f. Flèche de lard.

spedieren (schpédîr^e^n). Expédier.

Sped||iteur m. ①. Expéditeur. ||**-ition** f. (ts*iô*ne). Expédition : *Speditionsgeschäft*, n. messageries f. pl. ,

Speer|| m. (schp*ée*r). Lance, f. ||**-werfen** n. Lancement [m.] du javelot.

Speich||e f. (schp*a*^è^**ch**^e^). Rais, m. rayon, m.

Speichel m. ④. Salive, f. ||[Auswurf] Crachat. ||*Speichel*||*lecker*, m., *fam.*, flagorneur; *-leckerei*, f., flagornerie.

Speicher m. ④. Grenier. ||[Lager] Magasin.

speichern. Emmagasiner, entasser.

speien* (schp*a*^è^^e^n). Cracher. ||n. spl. Crachement, m.

Speis||e f. (schp*a*^è^z^e^). Aliment, m. : *Speise und Trank*, le boire et le manger. ||[Gericht] Mets, m. ||[v. Metall] Alliage, m. ||**-ekammer** f. Garde-manger, m. ||**-ekarte** f. Menu, m., carte.

speisen intr. Manger : *zu Mittag speisen*, dîner; *zu Abend* —, souper. ||tr. Donner à manger. ||[ernähren] Nourrir. [auch Maschinen] Alimenter.

Speis||enaufzug m. Monte-plats. ||**-enfolge** f. Menu, m.

Speise||röhre f. (schp*a*^è^). Œsophage, m. ||**-saal** m., **-zimmer** n. ④ (tsim^e^r). Salle à manger, f. ||[in Anstalten] Réfectoire, m. ||**-schrank** m. (ànk). Garde-manger [buffet]. ||**-wagen** Voiture-restaurant. ||**-wirt** m. Restaurateur. ||**-wirtschaft** f. Restaurant, m. ||**-zettel** m. Menu, carte, f.

Speisung f. (schp*a*^è^zoung). Alimentation.

Spektakel m. et n. ④ (schpèkt*â*k^e^l). Bruit, m. ||[starker] Tapage, m.

Spektr||analyse f. Analyse spectrale. ||**-um** n. Spectre, m. [physique].

Spekul||ant, -en, -en m. (schpékoul*à*nte). Spéculateur. ||**-ation** f. (ts*iô*ne). Spéculation.

spekulieren (îr^e^n). 1. [nachdenken] Réfléchir. ||2. Spéculer.

Spelunke f. (*ou*nk^e^). Caverne.

Spelz‖ m. Épeautre. ‖**-e** f. Balle [d'avoine].
Spende f. (schpènde). Don, m. ‖[Austeilung] Distribution. ‖[öffentliche] Souscription.
spenden. Donner. ‖[verteilen] Distribuer. ‖[Sakramente] Administrer.
Spend‖**er** m. ④. Donateur. ‖**-ung** f. Don, m. Distribution.
Sper‖**ber** m. ④ (schpèr-). Épervier. ‖**-ling** m. Moineau, x.
Sperr‖**baum** m. (schpèrbaom). Barrière, f. ‖**-druck** m. (drouk). Caractères espacés, m. pl. ‖**-e** f. Fermeture. ‖[Sperrbaum] Barrière. ‖[Blockade] Blocus, m. ‖[Verbot] Interdiction. ‖[für Schiffe] Quarantaine.
sperren. 1. Fermer. ‖[Straße] Barrer. ‖2. [auseinander] Tenir* écarté, e, ouvert, e.
Sperr‖**feuer** n. Tir de barrage, m. ‖**-holz** n. Contreplaqué, m.
sperrig a. (ig). Encombrant, e.
Sperr‖**sitz** m. Fauteuil d'orchestre. ‖**-ung** f. = *Sperre.* ‖Barrage, m.
sperrweit adv. (vaèt) : *sperrweit auf,* — *offen,* tout grand ouvert.
Sperrzoll m. (tsol). Droit prohibitif.
Spesen pl. (schpée). Frais.
Spezerei‖ f. (schpéetserаè). Épice. ‖**-handel** m. (hàndel). Épicerie, f. ‖**-händler** m. (hèntler). Épicier.
Spezial... (schpétsiâl) : ... spécial, e : *Spezialarzt,* m., spécialiste.
speziell a. (ièl). Spécial, e. ‖adv. Spécialement.
Spezies f. inv. (éetsiès). Espèce. ‖[Arithm.] : *die vier Spezies,* les quatre règles.
Sphäre f. (êre). Sphère.
sphärisch a. Sphérique.
Sphinx, -e f. (ìnx). Sphinx, m.
spicken (schpiken). Larder [de]. ‖*Fig.* [Grenze usw.] Hérisser.
Spicknadel f. Lardoire.
spie imp. de *speien**.
Spiegel‖ m. ④ (schpîgel). Miroir. ‖[großer] Glace, f. ‖**-ei** n. ② (aè). Œuf [m.] sur le plat. ‖**-fabrik** f. (ìk). Miroiterie. ‖**-fabrikant** m. (kànte). Miroitier. ‖**-fechten** n. spl. (fèchten). Combat [m.] simulé. ‖[beim Fechten] Feinte, f. ‖**-glas** n. (glâss). Glace, f.
spiegeln. Refléter.
Spiegel‖**schrank** m. (schrànk). Armoire [f.] à glace. ‖**-schrift** f. Écriture renversée. ‖**-ung** f. (oung). Miroitement, m. ‖*Phys.* Réflexion.
Spiel n. (schpîl). Jeu, x, m. : ...*spiel,* n., jeu de... ‖LOC. : *auf dem Spiel stehen**, être* en jeu; *sein Spiel treiben** [mit], se jouer [de] ; *mit im Spiel sein**, être* de la partie; *ein Spiel* [gén.] *sein**, être* le jouet [de].
spielen tr. Jouer : *Karten, Billard* usw. *spielen,* jouer aux cartes, au billard, etc. ; *ein Instrument* [*Klavier* usw.] *spielen,* jouer d'un instrument [du piano, etc.] ; *um Geld spielen,* jouer de l'argent; *falsch spielen,* tricher; *den Schlauen spielen,* faire* le malin. ‖[v. Farben] *ins Graue* usw. *spielen,* tirer sur le gris, etc.
Spielen n. Jeu, m.
spielend p. a. et adv. (ent, -d-). En jouant, en se jouant.
Spiel‖**er, in** m. ④, f. (er, ìn). Joueur, euse : *falscher*—, tricheur, m. ‖*Mus.* Exécutant, e, artiste, m. et f. ‖**-erei** f. (eraè). Jeu enfantin, m. ‖**-hölle** f. (heule). Tripot, m. ‖**-karte** f. (karte). Carte à jouer. ‖**-leiter** m. ④ (laèter). Régisseur, metteur en scène. ‖**-mann** m. pl., **-leute.** Musicien [tambour, clairon, etc.]. ‖**-marke** f. (marke). Fiche, jeton, m. ‖**-plan** m. (plâne). Répertoire. ‖**-platz** m. Place de jeux, f. ‖[in Schulen] Préau, x. ‖**-raum** m. (raom), = *Spielplatz.* ‖Jeu. ‖*Fig.* Latitude, f., marge, f. : *freien Spielraum haben**, avoir* le champ libre. ‖**-sache** f. (zache). Jouet, m. ‖[in Kindersprache] Joujou, x, m. ‖**-tisch** m. Table à jeu, f. [im Spielhaus : de jeu]. ‖**-uhr** f. (oûr). Horloge, pendule à carillon. ‖**-vertrag** m. (fertrâg). Engagement. ‖**-waren** pl. (vâren). Jouets, m. pl. ‖**-werk** n. [an Uhren] Carillon, m. ‖**-zeug** n. spl. Jouet[s], m.
Spieß m. (schpîs). Pique, f. ‖[Wurf-] Javelot. ‖[für d. Eberjagd] Épieu, x. ‖[Brat-] Broche, f. ‖**-bürger** m. (burger). Petit bourgeois. ‖[bei Studenten] Philistin.
spießen tr. Transpercer. ‖[an d. Bratspieß] Embrocher. ‖[auf e.

Pfahl] Empaler. ‖[Schmetterlinge] Piquer.
Spießgeselle m. Acolyte.
Spill n. Cabestan, m.
Spinat m. spl. (schpin*â*te). Épinards, m. pl.
Spind‖ m. et n. (schpìnt, -d-), **-e** f. (ìnde). Armoire, f.
Spindel f. Fuseau, x, m. ‖Axe, pivot, arbre. ‖*Spindelbaum,* m., fusain.
Spinne f. (schp*i*ne). Araignée.
spinnen*. Filer. ‖[v. Katzen] Ronronner.
Spinn‖gewebe n. (gév*é*ebe). Toile d'araignée, f. ‖**-er, in** m. ④, f. (er, ìn). Fileur, euse. ‖**-erei** f. (er*a*è). Filature. ‖**-meister** m. ④ (m*a*èster). Filateur. ‖**-rad** n. ②. Rouet, m. ‖**-stube** f. (scht*oû*be). Fig. Veillée.
Spion‖, in m. ①, f. (schpi*ô*ne, ìn). Espion, ne. ‖**-age** f. (*â*je). Espionnage, m.
spionieren (*î*ren). Espionner. ‖n. Espionnage, m.
Spirale f. (*â*le). Spirale.
Spirit‖ismus m. (schpi-t*i*smouss). Spiritisme. ‖**-ist, -en, -en** m., **-istich** a. (*i*st). Spirite.
Spirit‖uosen pl. (ou*o*zen). Spiritueux. ‖**-us** m. ① (*i*ritouss). Alcool.
Spital n. ② (schpit*â*l). Hôpital, aux, m.
spitz a. (schp*i*tz). Pointu, e. ‖[Winkel] Aigu, ë. ‖*Fig.* [Ton] Piqué, e, aigre. ‖m. Roquet. ‖*Fam.* [Rausch] Pointe de vin, f. ‖*Spitz...*, ...pointu, e, en pointe; *Spitz‖bart,* m., barbe en pointe, f.; *-maul,* n., *-nase,* f., museau, m., nez pointu, m.
Spitz‖bogen m. (b*ô*gen). Ogive, f. ‖**-bube** m. (boûbe). Filou. ‖[Schurke] Coquin. ‖**-büberei** f. (bûber*a*è). Filouterie. ‖Coquinerie. ‖**-bübin** f. (b*û*bìn). Coquine.
spitzbübisch a. (b*û*-). De filou. ‖De coquin.
Spitz‖e f. Pointe. ‖[v. d. Nase usw.] Bout, m. ‖[v. Türmen] Flèche. ‖[e. Feder] Bec, m. ‖*Fig.* Extrémité : *auf die Spitze treiben**, pousser à l'extrême. ‖[v. Truppen, Geschäften usw.] Tête : *einem die Spitze bieten**, tenir* tête à qn. ‖pl. [Gewebe] Dentelle. ‖*Spitzen...*, ... de dentelle[s] : *Spitzen‖besatz,* m., *-fabrik,* f., *tuch,* n., garniture, f., fabrique, mouchoir [m.] de dentelle; *-klöpplerin,* f., dentellière; ‖... garni, e, de dentelles : *Spitzen‖kleid,* n., robe [f.] garnie de dentelles. ‖**-el** m. Mouchard.
spitzen. Tailler [en pointe].
Spitzenleistung f. Record, m.
spitzfindig a. (f*i*ndig). Subtil, e.
Spitzfindigkeit f. Subtilité.
spitzig a. (ig). Pointu, e, aigu, ë; *dreispitzig* : à trois pointes. ‖*Fig.* [beißen] Mordant, e. ‖adv. En pointe. ‖*Fig.* D'un ton mordant.
Spitz‖maus f. Musaraigne. ‖**-name** m. (n*â*me). Sobriquet.
Spleiße f. (schpl*a*èsse). Éclat, m.
spleißen*. Fendre.
Splint m. Aubier, goupille, f.
Splitter m. (schpl*i*ter). Éclat. ‖[Holz] Écharde, f.
splitter‖ig a. (ig). [voll] Splitter] Plein, e, d'éclats. ‖**-n** intr. Voler *ou* [tr.] faire voler en éclats. ‖**-nackt** a. Nu, e, comme un ver.
Spore f. (schp*ô*re). Spore.
Sporn m. (schporn), pl. *Sporen* (*ô*-). Éperon. ‖*Fig.* [Antrieb] Aiguillon. ‖[v. Hahn] Ergot.
spornen. Éperonner.
Spornrädchen n. ④ (**rêt'chen**). Molette, f.
spornstreichs adv. (schtra**è**chs). A bride abattue.
Sport m. ① (schporte). Sport.
Sporteln pl. Émoluments. ‖*Jur.* Frais de justice.
Spott‖ m. spl. (schpot). Moquerie, f., raillerie, f. ‖[beißender] Sarcasme. ‖[Gegenstand] Risée, f. ‖**-bild** n. ② (bilt, -d-). Caricature, f.
spottbillig a. (b*i*lig). A vil prix.
Spöttelei f. Persiflage, m.
spötteln intr. [über, *acc.*] Se moquer [de], railler.
Spött‖er, in m. ④, f. (schpœter, ìn). Moqueur, euse, railleur, euse. ‖**-erei** f. (schpœter*a*è), = *Spott.*
Spottgedicht n. (géd**icht**). Satire, f.
spöttisch a. (schp*œ*-). Moqueur, euse, railleur, euse. ‖adv. D'un ton moqueur.
Spott‖name, -ens, -en m. (n*â*me). Sobriquet. ‖**-preis** m. (pra**è**s). Vil prix.
sprach (schpr**âch**), imp. de *sprechen**.

Sprache f. (âch^{e}). [Fähigkeit] Parole. ‖ [Ausdrucksweise] Langage, m. ‖ [e. Volkes] Langue. ‖ [Gauner-, Soldaten- usw.] Argot, m. ‖ LOC. : *zur Sprache kommen**, venir* en discussion; *zur Sprache bringen**, mettre* sur le tapis. ‖ *Sprach...*, ... de la langue : *Sprach‖gebrauch*, m., *-gefühl*, n., usage, sentiment [m.] de la langue; ‖... des langues : *Sprach‖studium*, n., *-unterricht*, m., étude, f., enseignement des langues.
spracheigen a. (*a*^{è}g^{e}n). Idiomatique.
Sprach‖eigenheit f. (**ha**^{è}t). Idiotisme, m. : *deutsche, englische, französische, griechische, lateinische Spracheigenheit*, germanisme, anglicisme, gallicisme, hellénisme, latinisme, m. ‖**-fehler** m. ④ (*fée-*). Solécisme. ‖**-forscher** m. ④ (forsch^{e}r). Linguiste, philologue. ‖**-forschung** f. Linguistique, philologie.
sprachig a. (ig) : *zwei-, dreisprachig* usw., bilingue, trilingue, etc.
Sprachkunde f. (k*ou*nd^{e}), = *Sprachforschung*.
Sprachkundige[r] a. s. (k*ou*ndig) = *Sprachforscher*.
Sprach‖lehre f. (l^{è}er^{e}). Grammaire. ‖**-lehrer** m. Professeur de langues. ‖**-neuerung** f. (nœü^{e}roung). Néologisme, m. ‖**-reiniger** m. (r*a*^{è}nig^{e}r). Puriste. ‖**-rohr** n. ① (rôr). Porte-voix, m. ‖**-schatz** m. Vocabulaire. ‖**-schnitzer** m. ④. Solécisme, barbarisme.
sprachwidrig a. (vîdrig). Incorrect, e.
Sprach‖widrigkeit f. Incorrection. ‖**wissenschaft** f. Philologie.
sprang imp. de *springen**.
sprech‖en* tr. (schprèch^{e}n). [mit, zu] Parler [à] : *er läßt mit sich sprechen*, on peut lui faire* entendre raison; *mit zu sprechen haben**, avoir* voix au chapitre; *groß sprechen**, se vanter; *wann ist der Doktor zu sprechen?* quand peut-on voir* le docteur? ‖Dire* : *die Wahrheit sprechen**, dire* la vérité. ‖n. Parler, m. : *zum Sprechen ähnlich*, d'une ressemblance frappante. ‖**-end** a. (^{e}nt, -d-). Parlant, e : *sprechend ähnliches Bild*, portrait frappant.
Sprech‖leitung f. Ligne téléphonique. ‖**-maschine** f. (în^{e}). Phonographe, m. ‖**-saal** m. Parloir. ‖**-stelle** f. Poste [m.] téléphonique. ‖**-stunde** f. (scht*ou*nd^{e}). Heure d'audience *ou* [bei Ärzten] de consultation. ‖**-übung** f. Exercice de conversation, m. ‖**-weise** f. Manière de parler. ‖**-zelle** f. Cabine téléphonique. ‖**-zimmer** n. ④. Parloir, m.
spreizen (schpr*a*^{è}ts^{e}n). Écarter. ‖ [sich] S'étaler; *fig.* se pavaner.
spreng... (schprèng) : ... explosif, ive.
Spreng‖büchse f. (b*u*ks^{e}). Pétard, m. ‖**-el** m. ④. [Kirchspiel] Paroisse, f. ‖ [Bischofs-] Diocèse.
sprengen tr. 1. Faire* sauter. ‖2. [ausgießen] Répandre. ‖ [begießen] Arroser. ‖intr. [*sein*] S'élancer [à cheval] ; *gesprengt kommen**, arriver* au grand galop.
Spreng‖kugel f. (k*oû*g^{e}l). Bombe. ‖**-mittel** n. ④. Explosif, m. ‖**-stoff** m. (schtof). Explosif. ‖**-wagen** m. Voiture d'arrosage, f. ‖**-wedel** m. Goupillon.
Sprenkel m. ④ (schprènk^{e}l). [Schlinge] Lacet. ‖ [Fleck] Moucheture, f.
sprenk‖[e]lig a. (^{e}lig). Moucheté, e, tacheté, e. ‖**-eln**. Moucheter, tacheter.
Spreu f. (schprœü). Menue paille. ‖ [v. Hülsen] Balle.
sprich... (schpr*i*ch), **-st, -t.** V. *sprechen**.
Sprichwort n. ② (vorte). Proverbe, m.
sprichwörtlich a. (ve*û*rtlich). Proverbial, e.
sprießen* (schprî-). Croître*. ‖ [wachsen] Pousser.
Spring‖ball m. (schpr*i*ng). Balle élastique f. ‖**-brunnen** m. ④ (broun^{e}n). Jet d'eau.
springen* [*sein*] Sauter. ‖ [über, *acc.*]. Sauter, franchir, tr. ‖ [laufen] Courir*. ‖ [Flüssigkeit] Jaillir.
Spring‖er m. ④ Sauteur. ‖ [Schach] Cavalier. ‖**-flut** f. (floûte). Barre. marée d'équinoxe. ‖**-insfeld** m. Étourdi, e. ‖**-kraft** f. Force élastique. ‖**-stunde** f. Heure creuse.
Sprit m. (schprite). Alcool.
Spritz‖bad n. ② (schpr*i*tsbâte, -d-). Douche, f. ‖**-brett** n. ②. Garde-crotte, m. ‖ **-düse** f. Gicleur, m. [Auto]. ‖**-e** f. Seringue. ‖ [Feuer-] Pompe.

spritzen intr. Jaillir. ‖ [Feder] Cracher. ‖ tr. Faire* jaillir. ‖ [in, *acc.*] Injecter [dans].
Spritz‖kanne f. (k*a*ne). Arrosoir, m. ‖**-leder** n. ④ (l*ée*der). Garde-crotte, m. ‖**-regen** m. (r*ée*gen). Bruine, f. ‖**-rohr** n. ① Canule, f.
spröde a. (schpre*û*de). Cassant, e. ‖ [v. Personen] Revêche. ‖ [Mädchen] Prude.
Sprödigkeit f. Dureté cassante, fragilité. ‖ *Fig.* Pruderie.
sproß... (schpr*o*s), imp. de *sprießen**. ‖ m. ①. Bourgeon, pousse, f.
Sprosse f. Échelon, m.
sprossen (en). Bourgeonner. ‖ n. Bourgeonnement, m. ‖ *Sprößling*, m., rejeton.
Spruch m. (schpr*ou***ch**). Sentence, f. ‖ [Lehr-] Maxime, f. ‖ [Bibel-] Passage.
Sprudel m. ④ (schpro*û*del). Bouillonnement. ‖ [Quelle] Source vive, f.
sprudeln. Bouillonner.
sprühen intr. (schpr*û*en). Jaillir. ‖ tr. Faire* jaillir. ‖ [Funken] Projeter. ‖ *Fig.* [Witz] Étinceler.
Sprühregen m. (r*ée*gen). Bruine, f.
Sprung‖ m. (schpr*ou*ng). Saut ‖ [plötzlicher] Bond. ‖ [v. Kindern] Gambade, f. ‖ [Riß] Fente, f. ‖ [im Glas usw.] Fêlure, f. ‖**-feder** f. Ressort, m.
sprung‖haft a. Changeant, e, primesautier, ière. ‖**-weise** adv. Par bonds.
Spucke f. (schp*ou*ke). Salive. ‖ [Auswurf] Crachat, m.
spucken. Cracher.
Spucknapf m. Crachoir.
Spuk m. ① (schpo*û*k). Spectre, revenant.
spuken : *es spukt*, il y a des revenants.
Spule f. (schpo*û*le). Bobine. ‖ [v. Federn] Tuyau, x, m.
spülen (schp*û*len). Rincer. ‖ [Tischgeschirr] Laver.
Spül‖frau f. Laveuse de vaisselle. ‖**-icht** n. spl. (**ich**). Rinçures, f. pl. ‖ [Küche] Eaux grasses, f. pl. ‖**-napf** m. Bassine à vaisselle, f. ‖ [bei Tisch] Rince-bouche. ‖**-ung** f. Rinçage, m. ‖**-wasser** n. Eau de vaisselle, f.
Spund m. Bonde, f.
Spur f. (schpo*û*r). Trace. ‖ [Abdruck] Vestige, m. ‖ [Geleise] Ornière. ‖ [Schiff-] Sillage, m.
spüren tr. Flairer. ‖ *Fig.* [fühlen] Sentir*, éprouver.
Spürhund m. Limier.
spurig a. A voie [large, etc.].
Spürsinn m. (schp*û*r-). Flair.
Spurweite f. (v*a*ète). Largeur de voie.
sputen [sich] [schpoû-]. Se hâter.
st! int. Chut!
Staat, -en m. (schtâte). 1. État : *staatenlos* a., apatride. ‖ 2. s. pl. [Aufwand] Train [de maison]. ‖ [Kleidung] Grande toilette, f.
staatlich a. (**lich**), = *Staats...*
Staats... : ... de l'État : *Staats‖bahn*, f., *-oberhaupt*, n., chemin de fer, m., chef de l'État, m. ‖ ... d'État : *Staats‖anleihe*, f., *-bank*, f., *-mann*, m., *-rat*, m., *-streich*, m., emprunt, m., banque, homme, conseil [*et* conseiller], coup d'Etat. ‖ ... public, ique : *Staats‖beamter-*[*diener*], m., *-dienst*, m., *-recht*, n., *-schatz*, m., fonctionnaire, service, droit, m., Trésor public; *-amt*, n., *-ausgabe*, f., *-gewalt*, f., *-kasse*, f., *-schuld*, f., fonction f., dépense, autorité, caisse, dette publique; *-gelder*, pl., *-papiere*, pl., fonds, effets publics. ‖ ... politique : *Staats‖-wirtschaft*, f., *-wissenschaft*, f., *-wirt*, m., économie, science politique,, économiste. ‖ 2. ... de gala, de parade : *Staats‖kleid*, n., *-kutsche*, f., habit, voiture de gala. ‖**-angehörige[r]**. Ressortissant. ‖**-angehörigkeit** f. Nationalité. ‖**-anwalt** m. Procureur. ‖**-anwaltschaft** f. Ministère public, m. ‖ [Lokal] Parquet, m. ‖**-anwaltsgehilfe** m. Substitut. ‖**-anzeiger** m. Moniteur officiel. ‖**-bürger** m. ④ (b*û*rger). Citoyen.
staatsbürgerlich a. (b*û*rger**lich**). Civique.
Staatsschuldschein m. (ch*ou*ldchaen). Bon du Trésor.
Stab m. (schtâp, -b-). Bâton. ‖ [Metall] Barre, f. ‖ *Mil.* État-major. ‖ dim. *Stäbchen*, n. ④ (schtè**pch**en). Bâtonnet, m. ‖ [Gerte] Baguette, f.
stabil‖ a. (schtabîl). Stable. ‖**-isieren**. Stabiliser.
Stabil‖isierung f. Stabilisation. ‖**-ität** f. (tête). Stabilité.
stach imp. de *stechen**.

Stachel||, **-n** m. (schta**ch**ᵉl). Piquant. || [v. Bienen usw.] Dard, aiguillon. || [an Schnallen] Ardillon. || **-beere** f. (béerᵉ). Groseille à maquereau. ||**-draht** m. Fil de fer barbelé.
stachel||**ig** a. (ig). Hérissé de piquants. ||Piquant, e. ||**-n.** Piquer.
Stachelschwein n. Porc-épic, m.
Stadium, -ien n. (schtâdiouṁ). Stade, m. || [Periode] Période, f.
Stadt||, **¨e** f. (schtàt). Ville : *in der —, in die —* [Gegensatz zu Haus u. Land], en ville. || [im Altertum] Cité. ||*Stadt*||... : ... de la ville, communal, e, municipal, e : *-kasse* f., *-polizei*, f., *-schule*, f., caisse, police, école communale *ou* municipale. ||**-bahn** f. [Chemin de fer] métropolitain, m. || **-bewohner** m. ④, **- ¨er** m. ④ (êtᵉr). Citadin. ||**-gemeinde** f. (gémaᵉndᵉ). Municipalité. ||**-haus** n. (**ha**ᵒss). Hôtel de ville, m., mairie, f.
städtisch a. (êtisch). Communal, e, municipal, e.
Stadt||**leute** pl. (lœütᵉ). Citadins, pl. ||**-mauer** f. (maôᵉr). Mur d'enceinte, m. ||**-rat** m. Conseil [conseiller] municipal. ||**-reisende[r]** a. s. m. Placier. ||**-schüler** m. ④. Élève externe. ||**-teil** m., **-viertel** n. Quartier, m. ||**-zoll** m. Octroi.
Stafette f. (schtafètᵉ). Estafette. || [Sport] Relais, m.
Staffage f. (schtafâjᵉ). *Peint.* Figures de remplissage, pl.
Staff||**el** f. (schtafᵉl). Degré, m., gradin, m. : [Sport], *Staffellauf*, m., course [f.] de relais. ||*Fig.* Échelon, m. ||**-elei** f. (aᵉ). Chevalet, m.
staffieren (îrᵉn). Garnir. || [mit Stoff] Étoffer. || [mit Figuren] Remplir.
stahl imp. de *stehlen**.
Stahl m. ① (schtâl). Acier. ||*Stahl*..., ... d'acier : *stahl*||*blau*, a., bleu d'acier; *Stahl*||*fabrik*, f., *-hütte*, f., *-werk*, n., aciérie, f.; *-feder*, f., plume d'acier; ... sur acier : *Stahlstecher*, m., graveur sur acier.
stak imp. de *stecken**.
Stak||**en** m. ④ (schtâkᵉn). Perche, f. || [mit Haken] Gaffe, f. ||**-et** n. ① (éet). Estacade, f.
Stalag n. ① [Stammlager] Camp de prisonniers.
Stall|| m. Étable, f. || [Pferde-] Écurie, f. ||**-junge** m. Garçon d'écurie. ||**-knecht** m. Palefrenier, valet d'écurie. ||**-meister** m. ④. Écuyer. ||**-ung** f. Écurie.
Stamm|| m. (schtàm). Tronc. || [Volks-] Tribu, f. || [Menschenschlag] Race, f. || [Linie] Ligne, f. || [Wort-] Racine, f., radical ||**-baum** m. (baᵒm). **Arbre généalogique.** ||**-buch** n. ② **(boûch). Album, m. [de famille].**
stammeln. Bégayer. ||**n. Bégaiement,** m.
stammen. Descendre [de]. || [aus...]. Être* originaire [de]. ||Wort] Dériver [de].
Stamm||**essen** n. ④. **Menu, m. [prix fixe].** ||**-folge** f. **Généalogie.** ||**-gast** m. Habitué. ||**-haus** n. **Maison [f.]** mère.
stammig a. *Fig.* **Bien charpenté, e.** || [kräftig] Vigoureux, euse.
Stammler m. ④. Bègue.
Stamm||**silbe** f. **Syllabe radicale.** ||**-wort** n. Racine, f.
Stampfe f. (schtàmpfᵉ). **Pilon, m.** || [Ramme] **Demoiselle.**
stampfen tr. Piler. || **[zerstoßen]** Écraser, broyer. ||intr. **[mit d. Fuß]** Piétiner. || [zornig] **Trépigner.** || [Pferd] Piaffer. ||**n. Broyage, m.** ||Piétinement, m. ||**Trépignement,** m. ||Piaffement, m.
Stampf||**er** m. ④. **Broyeur.** || **[Gerät]** Pilon. || [Ramme] **Demoiselle, f.** ||**-erde** f. Pisé, m.
stand imp. de *stehen**.
Stand m. (schànt, -d-). **État.** || [sozialer] Condition f. || [Klasse] Classe, f. || [Stellung, **Beruf]** Position, f., état. ||*Polit. : die Stände*, les états; *der dritte Stand*, le tiers état. || [v. Wasser] **Hauteur, f.,** niveau. || [barometrisch] **Hauteur, f.** || [Schieß-] Stand. || **[Verkaufs-]** Étal, aux. || [Automobil-] **Garage.**
Standarte f. (artᵉ). **Étendard, m.**
Standbild n. ② (bilt, -d-). **Statue, f.**
Ständ||**chen** n. (schtèntchen). **Sérénade, f.** ||**-er** m. ④ **(schtèndᵉr).** Support, porte-... : ***Hut-, Regenschirmständer***, **porte-chapeaux,** porte-parapluies.
Standes... : *Standes*||*amt*, **n,. état** civil, m.; *-beamte* **[r], a. s. m.,** officier de l'état **civil;** *-person*, **f.,** personne de **qualité.**

standhaft a. (**h**aft). Constant, e. ‖ [beharrlich] Persévérant, e. ‖ [fest] Ferme. ‖ adv. Avec constance, persévérance. ‖ Fermement.
Standhaftigkeit f. Constance. ‖ Persévérance. ‖ Fermeté.
stand‖halten* intr. sép. (**h**alt^e^n). Tenir* tête [à]. ‖ **¨ig** a. (schtèndig). Permanent, e. ‖ [Lohn, Einkommen] Fixe.
Stand‖licht n. Feux [mpl.] de position. ‖ **-ort** m. Station, f., lieu de garnison. ‖ **-punkt** m. (poùnkt). point [m.] de vue. ‖ **-recht** n. Loi martiale, f. ‖ **-rede** f. Harangue. ‖ **-uhr** f. Pendule.
Stange f. (scht*à***ng**^e^). Perche. ‖ [zum Pflücken] Gaule. ‖ [für Erbsen] Rame. ‖ [Fahnen-] Hampe. ‖ [v. Metall] Barre. ‖ [Gardinen-] Tringle. ‖ [v. Siegellack usw.] Bâton, m.
stank (schtànk) imp. de *stinken**. ‖ m. Puanteur, f.
Stanniol n. ① (schtan*iôl*). Étain [m.] en feuilles.
Stanze f. (schtànts^e^). Stance.
Stanze f. [Prägestempel] Estampe.
stanzen. Estamper, poinçonner.
Stapel‖ m. ④ (scht*â*p^e^l). Chantier [de navire] : *vom Stapel laufen* lassen**, lancer [un navire]. ‖ *Fig.* [Haufe] Tas. ‖ **-lauf** m. (la^o^f). Lancement. ‖ **-ort** m. (ort), **-platz** m. Lieu d'entrepôt. ‖ pl. [in der Levante] Échelles [du Levant].
Stapf‖e f., **-en** m. ④ (scht*a*pf^e^n). Empreinte, f. [pieds].
Star m. ① (schtâr). Étourneau, x, sansonnet.
Star m. ‖ [Krankheit] Cataracte, f. [des yeux].
starb imp. de *sterben**.
stark a. (scht*a*rk). Fort, e. ‖ [dick] Gros, osse. ‖ adv. Fort, fortement.
Stärke f. (èrk^e^). Force. ‖ [Physik] Intensité. ‖ [Dicke] Corpulence, embonpoint, m. ‖ [v. Brettern usw.] Épaisseur. ‖ [für Wäsche] Amidon, m., empois, m.
stärk‖en (êrk^e^n). Fortifier. ‖ [Wäsche] Empeser. ‖ n. Empesage, m. ‖ **-end** p. a. (^e^nt, -d-). Fortifiant, e.
Stärkung f. Affermissement, m. ‖ [Befestigung] Consolidation, f. ‖ [d. Gemütes] Réconfort, m.
starr a. (scht*a*r). Raide : *starr vor Kälte*, transi, e de froid, engourdi, e. ‖ [Stab] Rigide. ‖ [Blick] Fixe. ‖ *Fig.* Inflexible. ‖ [hartnäckig] Opiniâtre. ‖ adv. Fixement.
Starre f., = *Starrheit.*
starren. Se raidir. ‖ [Blick] Être* fixe. ‖ [auf, *acc.*] Regarder fixement. ‖ [Blut] Se glacer. ‖ *Fig.* : *von Gold starren*, être* chamarré d'or.
Starr‖heit f. (**h**a^è^te). Raideur. ‖ Engourdissement, m. ‖ Fixité. ‖ *Fig.* Inflexibilité. ‖ Opiniâtreté. ‖ **-kopf** m. *Fig.* Tête dure, f., homme têtu.
starrköpfig a. (k*eu*pfig). Têtu, e.
Starr‖krampf m. Tétanos. ‖ **-sinn** m. Opiniâtreté, f.
starrsinnig a. Opiniâtre.
Starrsucht f. Catalepsie.
Start‖ m. ① et **-s** (schtàrt). Départ [avion, courses, etc.]. ‖ **-bahn** f. Piste d'envol.
starten. Partir.
stät, -ig, V. *stet, -ig.*
Sta‖tik f. (scht*â*), Statique. ‖ **-tion** f. (ts*iône*). Station. ‖ [Bahnhof] Gare : *an, auf der Station*, à la gare; *Stations‖vorsteher*, m., chef de gare.
sta‖tisch a. Statique. ‖ **¨tisch** a. (schtê-). Rétif, ive.
Sta‖tist, -en, -en m., **in** f. (*i*st, ìn). Figurant, e. ‖ *Fig.* Comparse m. et f. ‖ **-tistik** f., **statistisch** a. (*i*s). Statistique. ‖ **-tistiker** m. ④. Statisticien. ‖ **-tiv** m. ① (*î*f). Support.
Statt‖ f. (scht*a*tt). Lieu, x, m., place : *an meiner Statt*, à ma place; *an Kindes Statt annehmen**, adopter. ‖ prép., *gén.* A la place de, au lieu de; *statt jeder Antwort*, pour toute réponse. ‖ conj. [et — *daß*]. Au lieu que. ‖ **¨e** f. (èt^e^). Lieu, x, m., place.
statt‖en. V. *von-, zustatten.* ‖ **-finden*** (find^e^n), **-haben*** (**h**âb^e^n), sép. Avoir* lieu. ‖ **-haft** a. (**h**aft). Permis, e. ‖ [gültig] Valable.
Statt‖haftigkeit f. (igka^è^te). Légitimité. ‖ Validité. ‖ **-halter** m. ④ Gouverneur.
stattlich a. (li**ch**). Magnifique. ‖ [Person] De belle prestance.
statuieren tr. (schtatouîr^e^n). Statuer, intr. [sur]. ‖ [feststellen] Établir : *ein Exempel statuieren*, faire* un exemple.

Stat||**ur** f. (toûr). Stature. ||**-ut, -en** n. (toûte). Statut, m.
statutarisch a. (tâ). Statutaire.
Staub m. ① (schtaop, -b-). Poussière, f. : *zu Staub werden**, tomber en poussière. ||*Fig. fam. : sich aus dem Staube machen,* prendre* la poudre d'escampette, déguerpir. ||dim. *Stäubchen,* n. ④ Grain [m.] de poussière.
stäuben tr. (œüben). Épousseter.
Staubfaden n. ③ (fâden). Étamine,
staubig a. (ig). Poussiéreux, euse : *es ist sehr staubig,* il fait beaucoup de poussière.
Staub||**kamm** m. Peigne fin. ||**-mantel** m. (màntel). Cache-poussière. ||**-sauger** m. Aspirateur.
stauchen (aochen). Fouler.
Staude f. (aode). Arbuste, m.
stauen (schtaoen). [Wasser] Retenir*. ||[in Schiffen] Arrimer.
staunen. S'étonner. ||n. Étonnement, m. : *staunenswert,* a., étonnant, e.
Staupe f. (aope). Verge.
stäupen (œüpen). Fouetter.
Stau||**ung** f., **-wehr** f. Barrage, m.
Stearin n. (rîne). Stéarine, f.
Stech||**apfel** m. (schtèch-el). Datura. ||**-becken** n. Bassin, m. [pour malades]. ||**-eisen** n. ④ (aèzen). Poinçon, m.
stechen* tr. Piquer. ||[gravieren] Graver. ||*Fig.* [Schmerz] Élancer : *stechender Schmerz,* m., élancement. ||[Karte] Couper. ||intr. *in See stechen,* prendre* le large. ||n. spl. Piqûre, f. ||[Schmerz] Élancement, m. ||[Schiffer-] Joute, f. [sur l'eau].
Stech||**er** m. ④. [am Gewehr] Déclic. ||[am Steckkontakt] Fiche, f. ||**-mücke** f. Moustique, m. ||**-palme** f. Houx, m.
Steck||**brief** m. (schtèkbrîf). Mandat d'arrêt. ||**-en.** m. ④. Bâton: *Steckenpferd,* n., dada, m., marotte, f.
stecken tr. Enfoncer. ||[Pfahl] Ficher. ||[in die Tasche] Mettre*. ||*Fam.* Fourrer. ||[Bohnen] Planter. ||intr. Être* enfoncé, fiché, fixé.
Steck||**er** m. ④ [elektrischer] Fiche, f. ||**-kontakt** m. (kòntakt). Prise de courant, f. ||**-ling** m. = *Steckreis.* ||**-nadel** f. (nâdel). Épingle. ||**-reis** n. ② (raès). Bouture, f.
Steg|| m. (schtéeg). Sentier. ||[Brücke] Passerelle, f. ||**-reif** m. (raèf). Étrier. ||*Fig. : aus dem Stegreif sprechen**, improviser; *Stegreif*||*-dichter, -redner,* m., improvisateur; *-gedicht,* n., impromptu, m.
Stehbierhalle f. (schtéebîrhale). Bar, m.
steh||**en*** [*haben*]. Être* [se tenir*] debout : *am Fenster* usw. *stehen**, être* [se tenir*] à la fenêtre, etc. [*sein*] Être*. ||LOC. : *es steht geschrieben,* il est écrit; *stehenbleiben**, rester [debout], s'arrêter : *wo sind wir stehengeblieben?* où en sommes-nous restés?; *stehen lassen**, laisser, planter là; *wie steht's?,* comment cela va-t-il?; *wie steht's mit* [*um*] *...?* comment va [vont] ...? où en est [sont] ...?; *gut, schlecht stehen**, être* en bon, en mauvais état; [Kleider] *einem gut, schlecht stehen**, aller* bien, mal à qn.; [Kurse] *hoch, niedrig stehen**, être* élevé [cher], bas; *teuer zu stehen* kommen**, revenir* cher; *es steht bei Ihnen,* cela [il] dépend de vous; *es steht zu erwarten, zu hoffen, zu wünschen**, [*daß...*], on peut [il faut] s'attendre [à ce que...], espérer, souhaiter [que...]. ||[bürgen] [für]. Répondre [de]. ||n. Station debout, f. : *zum Stehen bringen**, arrêter. ||**-end** p. a. (ent, -d-). Debout, sur pied. ||[ständig] Fixe, stationnaire. ||[Wasser] Stagnant, e. ||[Heer] Permanent, e.
Steh||**kragen** m. (krâgen). Col droit. ||**-leiter** f. Échelle double.
stehlen* (schtéelen). Voler, dérober. ||[**sich**] (**zich**). Se glisser [furtivement]. ||[aus...] S'esquiver [de]. ||n. spl. Vol, m.
Stehl||**er** m. ④. Voleur. ||**-sucht** f. (**zoucht**). Cleptomanie.
stehlsüchtige[r] a. s. Cleptomane.
Steh||**platz** m. (schtée). Place debout, f. ||**-pult** n. (poulte). Pupitre, m.
steierisch a. (schtaèr-). Styrien, ienne.
Steier||**mark** f. Styrie. ||**-märker** m. ④. Styrien.
steif a. (schtaèf). Raide : *steif werden**, se raidir; *steifer Hals,* torticolis, m. ||*Fig. :* [Stil] Empesé, e, guindé, e.

Steife f., = *Steifheit.*
steifen. Raidir. ‖ [Wäsche] Empeser. ‖ [Hüte] Apprêter.
Steif‖heit f. (**ha**èt). Raideur. ‖ [d. Glieder] Courbature. ‖ [d. Wäsche] Empois, m. ‖ [v. Geweben] Apprêt, m. ‖**-ung** f. Empesage, m.
Steig‖ m. (schtaèg). V. *Steg.* ‖**-bügel** m. (bûgel). Étrier.
Steig‖bügelriemen m. Étrivière, f. ‖**-e** f. (schtaège). Montée. ‖ [Treppe] Escalier, m. ‖**-eisen** n. ④(aèzen). Grappin, m. Crampon, m.
stei‖gen* [*sein*] [in d. Höhe] Monter : [gewöhnlich mit *être**]. ‖ [aus..., von...] Descendre [de]. ‖n. Montée, f. : *beim Steigen,* en montant. ‖ [d. Wassers] Crue, f. ‖ [d. Kurse] Hausse, f. : *im Steigen,* en hausse. ‖**-end** p. a. (ent, -d-). Montant, e. ‖ [zunehmend] Croissant, e.
Steiger m. ④. Maître mineur.
steigern. Faire* monter. ‖ [Preis] Augmenter, hausser. ‖ [Ton, Ansprüche] Élever.
Steigerung f. Augmentation. ‖ *Gramm.* Comparaison.
steil a. (schtaèl). Escarpé, e. ‖ [Abhang] Raide.
Steil‖e f., **-heit** f. Escarpement, m. ‖**-feuer** n. Tir [m.] plongeant. ‖**-küste** f. Falaise.
Stein‖ m. (schtaèn). Pierre, f. ‖ [Obst] Noyau, x. ‖ [Blasen- usw.] Calcul. ‖ [im Spiel] Pion, domino. ‖**-bock** m. Capricorne. ‖**-bruch** m. (brou**ch**). Carrière, f. ‖**-butte** f. (boute). Turbot, m. ‖**-chen** n. ④ (**ch**en). dim. de *Stein.* Caillou, x, m. ‖**-druck** m. (drouk). Lithographie, f. ‖**-drucker** m. ④. Lithographe. ‖**-druckerei** f. Lithographie. ‖**-eiche** f. (aè**ch**e). Rouvre, m.
steinern a. (ern). De pierre.
Stein‖frucht f. (frou**ch**t). Fruit à noyau, m. ‖**-grube** f. (groube). Carrière. ‖**-gut** n. (goûte). Faïence, f. ‖**-gutware** f. Faïencerie.
stein‖ig a. (ig). Pierreux, euse. ‖**-igen** (igen). Lapider.
Stein‖kohle f. (kôle). Charbon de terre, m. houille. ‖**-marder** f. Fouine. ‖**-metz, -en, -en** m. Tailleur de pierres. ‖**-mörtel** m. (meurtel). Béton. ‖**-obst** n. spl., = *Steinfrucht.* ‖**-öl** n. (eûl). Pétrole, m. ‖**-pappe** f. (pape). Carton-pierre, m. ‖**-pech** n. (pè**ch**). Bitume, m. ‖**-pflaster** n. ④. Pavé, m. ‖**-platte** f. (plat). Dalle, carreau, x, m. ‖**-salz** m. (**z**altz). Sel gemme, m. ‖**-sarg** m. (zarg). Sarcophage. ‖**-setzer** m. ④ (er). Paveur. ‖**-schneider** m. (schnaèder). Lapidaire.
Steiß m. (schtaès). Croupion.
Stelldichein n. ④ (schtèldi**ch**aèn). Rendez-vous, m.
Stelle f. (schtèle). Place. ‖ [Ort] Lieu, x, m., endroit, m. ‖ [Amt] Place, emploi, m. ‖ [in Büchern] Passage, m. : *auf der Stelle,* en lieu et place, sur les lieux ; *an jmds. Stelle setzen*, treten*,* mettre*, se mettre* à la place de qn. ; *jmds. Stelle vertreten*,* remplacer qn.
stellen. Mettre* [debout]. ‖ [an e. Stelle] Placer, poser. ‖ [gerade] Dresser. ‖ [Geschütz] Pointer. ‖ [Uhr] Régler : *richtig stellen,* mettre à l'heure ; *sich stellen,* se présenter. ‖n. Mise en place, f. pose, f. ‖ [v. Geschützen] Pointage, m. ‖ [v. Uhren] Réglage, m. ‖*Stellen‖angebot* n. Offre [f.] d'emploi ; *-gesuch,* n., demande d'emploi, f. ; *-vermittlungsanstalt,* f., bureau de placement, m. ; *stellenweise,* a., par places, par endroits.
Stell‖macher m. ④ (ma**ch**er). Charron. ‖**-rad** n. ② (râte, -d-). Remontoir, m. : *Stellraduhr,* f., montre à remontoir. ‖**-ung** f., = *Stellen.* ‖Position. ‖ [Lage, Amt] Situation.
stellvertretend a., **Stellvertreter, in** m. ④, f. Remplaçant, e. ‖ [im Amt] Suppléant, e.
Stell‖vertretung f. Remplacement, m. ‖Suppléance. ‖**-wagen** m. ④ (vâgen). Omnibus.
Stelz‖bein n. (schtèltsbaèn), **-fuß** m. (fouss). Jambe de bois, f. ‖**-e** f. Échasse.
stemmen (schtè-). Appuyer. ‖ [fest-] Arc-bouter.
Stempel m. ④ (schtèmpel). Pilon. ‖ [Münz-] Poinçon. ‖ [auf Papier] Timbre, cachet. ‖ [auf Urkunden] Estampille, f.
stempeln. Timbrer. ‖n. Timbrage, m.
Stempelpapier n. (pîr). Papier timbré, m.

Stengel m. (schtèng^e^l). Tige, f.
Stenograph‖, **-en**, **-en** m. (âf). Sténographe. ‖**-ie** f. (î). Sténographie.
stenograph‖**ieren** (ìr^e^n). Sténographier. ‖**-isch** a. (â-). Sténographique.
Steppdecke f. (schtèpdèke). Courtepointe.
Steppe f. (schtèp^e^). Steppe.
steppen tr. (schtèp^e^n). Piquer.
Ster m. (schtér). Stère.
Sterbe... (schtèrb^e^). ... de mort, mortuaire : *Sterbe*‖*bett*, n., lit [m.] de mort; *-fall*, m., cas de mort, décès; *-haus*, n., maison mortuaire, f.; *-sakramente*, pl., derniers sacrements; *-stunde* f., *tag*, m., heure, jour de la mort; *-zimmer*, n., chambre mortuaire, f.
sterb‖**en*** (^e^n). Mourir* [*être*]. ‖*Fig.* Expirer [*avoir*]. ‖[amtlich] Décéder [*être*]. ‖n. Mort, f. ‖Décès, m. ‖*beim Sterben*, en mourant; *am Sterben liegen**, être* à l'article de la mort; *sterbenskrank*, a., moribond, e. ‖**-end** p. a. Mourant, e. ‖**-lich** a. Mortel, le.
Sterblichkeit f. Mortalité.
Stereoskop n. ① (ôp). Stéréoscope, m.
stereoskopisch a. Stéréoscopique.
Sterling m. (schtèrlìng). Livre sterling, f.
Stern‖ m. (schtèrn). Étoile, f. ‖**-bild** n. (bilt, -d-). Constellation, f. ‖**-blume** f. (blo͞um^e^). Aster, m. ‖**-chen** n. ④ (ch^e^n). Petite étoile, f. ‖[im Druck] Astérisque, m. ‖**-deuter** m. (dœüt^e^r). Astrologue.
sternen... : ... étoilé, e : *Sternen*‖*-decke*, f., *-himmel*, m. plafond, m., ciel étoilé; *-zelt*, n., voûte étoilée, f., firmament, m.; *sternen*‖*hell*, a., *-klar*, a., étoilé, e.
Stern‖**fahrt** f. Rallye. ‖**-kunde** f. (kound^e^). Astronomie. ‖**-schnuppe** f. (schnoup^e^). Étoile filante. ‖**-warte** f. (vart^e^). Observatoire, m.
Sterz m. (schtèrts). [Pflug-] Manche [de charrue].
stet‖ a. (schtéete). [fest] Fixe. ‖[beständig] Constant, e. ‖**-ig** a. (ig). Constant, e. ‖[beständig] Continu, e.
Stetigkeit f. (ka^è^te). Constance. ‖Continuité.

stets adv. Toujours. Constamment.
Steuer‖ (schtœü^e^r). 1. n. Gouvernail, m. ‖2. f. Impôt, m., contribution, taxe. ‖**-amt** n. Bureau [m.] des contributions. ‖**-anlage** f. Assiette de l'impôt. ‖**-aufseher** m. Contrôleur des contributions.
steuerbar a. Imposable.
Steuer‖**einnahme** f. Perception des contributions. ‖**-einnehmer** m. Percepteur.
Steuermann m. Pilote.
steuern (schtœü^e^rn). 1. tr. Gouverner. ‖*Fig.* [führen] Conduire*. ‖[lenken] Diriger. ‖[Luftsch.] Piloter. ‖intr. Tenir* le gouvernail. ‖[nach...] Se diriger, mettre* le cap [sur]. ‖*Fig.* [einer Gefahr usw.] Conjurer. ‖2. tr. Payer [l'impôt]. ‖*Fig.* [Geld] Contribuer.
Steuernachlaß m. (nachlass). Dégrèvement [d'impôts].
steuerpflichtig a. (ichtig). Contribuable.
Steuer‖**rad** n. Volant. ‖**-ruder** n. Gouvernail, m. ‖**-ung** f. Pilotage, m. ‖[an Kraftwagen] Direction. ‖**-zahler** m. (tsâl^e^r). Contribuable. ‖**-zuschlag** m. Centime additionnel.
stibitzen *Fam.* (schtibi-). Filouter.
stich, -st, -t. V. *stechen**.
Stich m. (schtich). Piqûre, f. ‖[Degen usw.] Coup [d'épée, etc.]. ‖[Näh-] Point. ‖*Fig.* [Schmerz] Point [douloureux]. ‖[Karten] Levée, f. ‖*Stich halten**, être solide; *im Stiche bleiben**, *lassen**, rester, laisser en plan.
Stich‖**blatt** n. Garde, f. [d'épée]. ‖**-el** m. ④. Poinçon. ‖[Grab-] Burin. ‖**-elei** f. (^e^la^è^). Coup [m.] de patte *ou* d'épingle.
stichhaltig a. (haltig). A l'épreuve, solide.
Stich‖**probe** f. Sondage, m. ‖**-wahl** f. (vâl). Ballottage, m. ‖**-wort** n. Rubrique, f. ‖[Nachschlagebuch] Mot-souche, m.
Stickarbeit f. (schtikarba^è^te). Broderie.
sticken. Broder.
Stick‖**er, in** m. ④, f. Brodeur, euse. ‖**-erei** f. (^e^ra^è^). Broderie. ‖*Stick...* : 1. ... à broder : *Stick*‖*maschine*, f., *-nadel*, f., *-rahmen*, m., *-seide*, f., machine, aiguille, métier, soie à

broder. ‖2. ... étouffant, e, suffocant, e. *Stick‖husten,* m., toux suffocante, f.; *-stoff,* m., azote.

stieben. Voler en poussière.

Stief... (schtîf) [exprime la parenté d'un autre lit]. Beau-, belle-. *Stief‖eltern,* pl., beaux-parents, m. pl.; *-mutter,* f., belle-mère, marâtre; *-sohn,* m., beau-fils, etc.

Stiefel‖ m. ④ (schtîf^el). Botte, f. ‖**-chen** n. ④ (**ch**^en), **-ette** f. (ète). Bottine, f. ‖**-knecht** m. (knè**ch**t). Tire-botte. ‖**-knöpfer** m. ④ (knœpf^er). Crochet à bottines. ‖**-macher** m. (ma**ch**^er). Bottier.

stiefeln. Botter.

Stiefel‖putzer m. (*pouts*^er). Décrotteur. ‖**-wichse** f. Cirage, m.

stieg (schtîg), imp. de *steigen**.

Stiege f. Escalier, m.

Stieglitz m. Chardonneret.

stiehl‖, -st, -t. V. *stehlen**.

Stiel‖ m. (schtîl). Manche. ‖[d. Pfanne, an Früchten] Queue, f. ‖[an Pflanzeh] Tige, f. ‖**-brille** f. (br*i*l^e). Face-à-main, m.

stielen. Emmancher.

stier a. (schtîr). Fixe. ‖[verstört] Hagard, e.

Stier m. Taureau, x : *Stier‖kämpfer,* m. toréro.

stieren. Regarder d'un œil fixe *ou* hagard.

stieß imp. de *stoßen**.

Stift (scht*i*ft). 1. m. Pointe, f. ‖[Pflock] Goupille, f. ‖[Blei-] Crayon. ‖2. n. Fondation, f. ‖[Kloster-] Couvent, m.

stiften (^en). Fonder. ‖*Fig.* Faire* naître*. ‖[Gutes, Unheil] Faire*. ‖[Frieden] Mettre*, rétablir.

Stift‖er, in m. ④, f. (^er, ìn). Fondateur, trice. ‖*Fig.* Auteur, m. ‖[v. Bösen] Fauteur, m. ‖**-ung** f. Fondation.

Stil m. (schtîl). Style.

Stilett n. (lètt). Stylet, m.

stilisieren (îr^en). Bien rédiger. ‖[Blumen] Styliser.

Stilist, -en, -en m. (*i*ste). Styliste.

still a. (scht*i*l). Calme. ‖[unbeweglich] Tranquille : *stillbleiben**, sép., *stillsitzen** sép., se tenir* tranquille; rester coi; *stilles Wasser,* eau dormante. ‖[schweigend] Silencieux, euse : *still!,* silence! ; *stille Messe,* messe basse; *stiller Teilhaber,* commanditaire. ‖adv. Avec calme. ‖Tranquillement. ‖Silencieusement.

Stille f. (schtil^e). Calme, m. : *tote Stille,* calme plat. ‖Tranquillité. ‖Silence, m. : *in der Stille,* en silence, en secret.

still‖en (^en). Calmer. ‖[Schmerz] Apaiser. ‖[Neugierde] Satisfaire*. ‖[Hunger] Assouvir. ‖[Durst] Étancher. ‖[Kind] Allaiter. ‖n. Apaisement, m. ‖Assouvissement, m. ‖Allaitement m. ‖**-end** p. a. (^ent, -d-). Calmant, e. ‖*Med.* Sédatif, ive. ‖**-gestanden!** pp. Garde à vous!

Still‖leben n. ④ (*léeb*^en). [orth. *Stilleben*]. Vie calme, f. ‖[Malerei] Nature morte, f.

still‖schweigen* intr. sép. [*haben*]. Se taire*. ‖n. Silence, m. ‖**-schweigend** p. a. (^ent, -d-). Silencieux, euse. ‖*Fig.* [Bewilligung] Tacite. ‖[mit darunter verstanden] Implicite. ‖adv. Silencieusement. ‖Tacitement. ‖Implicitement.

Stillstand m. (schtànt, -d-). Arrêt. ‖[Einstellung] Suspension, f. ‖[v. Geschäften] Stagnation, intr. sép., f.

stillstehen* intr. sép. (scht*ée*^en). S'arrêter. ‖n., = *Stillstand.*

Stillung f., = *Stillen.*

Stimm‖band n. ② (scht*i*mbànte, -d-). Corde vocale, f. ‖**-e** f. (scht*i*m^e). Voix : *mit lauter, leiser Stimme,* à voix haute, à voix basse; *einzelne Stimme,* solo, m. ‖pl. *Stimmen... : mit Stimmen‖einheit, -mehrheit,* à l'unanimité, à la majorité des voix; *-zählung* f., dépouillement du scrutin, m.

stimmen (^en). intr. [Ton, Tongerät] Être* d'accord. ‖[Rechnung] Être* juste. ‖[abstimmen] Voter. ‖tr. *Mus.* Accorder. ‖[Personen für] Disposer [en faveur de] ; *gestimmt,* a., disposé, e : *übel gestimmt,* mal disposé, de mauvaise humeur.

Stimm‖enthaltung f. Abstention [de voter].

Stimmer m. ④. Accordeur.

stimmfähig a. (f*èe*'ig). Apte à voter.

Stimmgabel f. Diapason, m.

stimmig a. : *drei-, mehrstimmig,* à trois à plusieurs voix. ‖[bei Abstimmungen] Voix, f., suffrage, m.

stimmlos a. Aphone.

Stimm‖recht n. (rècht). Droit [m.] de vote : *allgemeines Stimmrecht*, suffrage universel. ‖**-rechtlerin** f. Suffragette. ‖**-ung** f. *Mus.* Accord, m. ‖[Gemüts-] Disposition, humeur. ‖[bei Kranken usw.] Moral, m.

stimmungsvoll a. Évocateur, trice, poétique.

Stimmwechsel m. Mue, f.

Stimmzettel m. Bulletin de vote.

stinken* (schtìnk^{e}n). Sentir* mauvais, puer.

stinkend p. a. (^{e}nt -d-), **-ig** a. (ig). Puant, e.

Stint m. (schtìnt). Éperlan.

Stipend‖iat, -en, -en m. (schtipèn-(d*iât*). Boursier. ‖**-ium, -ien** n. (pèndioum). Bourse, f.

stirb, -st, -t. V. *sterben**.

Stirn‖[e] f. (scht*i*rn[^{e}]). Front, m. ‖*Fig.* : *die Stirn[e] bieten**, tenir* tête [à]. ‖[Frechheit] Effronterie. ‖*Fam.* Toupet, m. ‖**-band** n., **-binde** f. (bànt, -d-, b*i*nd^e). Bandeau, x, m. ‖[v. Gold usw.] Diadème, m. ‖**-locke** f. Toupet, m. ‖**-höhle** f. Sinus, m.

stob imp. de *stieben**.

stöbern (schteûb^{e}rn). Fureter.

Stocher m. ④ (scht*o*ch^{e}r). Curedents.

stochern : *sich die Zähne stochern*, se curer les dents.

Stock‖ m. (scht*o*k). Bâton. ‖[Spazier-] Canne f. ‖[Blumen-] Pied. ‖[Billard-] Queue, f. ‖spl. = *Stockwerk* : *im ersten Stock*, au premier étage. ‖*stock...*, tout-à-fait... : *stock‖blind, -dumm, -finster, -taub* usw., tout à fait aveugle, bête, sombre, sourd, etc. ‖**-degen** m. (d*ée*g^{e}n). Canne à épée, f.

stocken (^{e}n). S'arrêter. ‖[Milch] Se coaguler. ‖[in Reden] Rester court. ‖[schimmelig werden] Moisir. ‖n. spl. Arrêt, m. ‖[v. Geschäften] Stagnation, f. : *in Stocken geraten**, s'arrêter; [Geschäft] Languir; [Rede] Rester court.

Stock‖fisch m. Morue sèche, f. ‖**-fleck** m. Tache [f.] d'humidité.

...stöck‖ig a. (scht*œ*kig). A ... étages. ‖**-isch** a. (scht*œ*kisch). Entêté, e.

Stock‖laterne f. (tèrn^e). Falot, m. ‖**-ung** f. (oung) = *Stocken*. ‖**-werk** n. (vèrk). Étage, m.

Stoff m. ① (schtof). Matière, f., substance, f. : *einfacher Stoff*, corps simple. ‖*Fig.* Matière, f., sujet. ‖[Zeug] Étoffe, f.

stöhnen (scht*eû*n^{e}n). Gémir. ‖n. spl. Gémissement, m.

Stoiker m. ④ (scht*o*ïk^{e}r). Stoïcien.

stoisch a. Stoïque.

Stoizismus m. (ts*i*s). Stoïcisme.

Stollen m. ④ (scht*o*l^{e}n). Pied. ‖[im Bergwerk] Galerie, f. ‖[Kuchen] Brioche, f.

stolp‖erig a. Raboteux, euse. ‖**-ern.** Trébucher.

stolz‖ a. (scht*o*lts). [auf, *acc.*] Fier, e [de]. ‖[hochmütig] Orgueilleux, euse. ‖m. Fierté, f. ‖Orgueil. ‖**-ieren** (îr^{e}n). Se pavaner.

stopfen (scht*o*pfen). Boucher. ‖[Pfeife usw.] Bourrer. ‖[Strümpfe usw.] Repriser, ravauder. ‖[Geflügel] Gaver. ‖n. Bourrage m. ‖Reprisage, m., ravaudage, m.

Stopf‖haar n. (hâr). Bourre, f. ‖**-nadel** f. (n*â*d^{e}l). Aiguille à repriser. ‖**-naht** f. Reprise.

Stopplicht n. [Auto] Feu [m.] arrière.

Stoppel f. Chaume, m.

Stöpsel m. ④ (*œ*pz^{e}l). Bouchon.

Stör m. Esturgeon.

Storch‖ m. (scht*o*rch). Cigogne, f. ‖**-schnabel** m. (schn*â*b^{e}l). Géranium.

stör‖en (scht*eû*r^{e}n). Troubler. ‖[hindern] Gêner. ‖[belästigen] Déranger. ‖**-end** p. a. Gênant, e.

Stör‖enfried m. Trouble-fête. ‖**-er** m. ④ Perturbateur.

störr‖ig a. (scht*œ*rig), **-isch** a. Têtu, e. ‖[Pferd] Rétif, ive.

Störung f. Trouble, m. ‖Gêne. ‖Dérangement, m ‖V. *stören*.

Stoß‖ m. (scht*ô*ss). Coup, choc : ...*stoß*, coup de ... ‖[im Wagen] Cahot, secousse, f. ‖[Haufe] Pile, f. ‖[v. Papieren] Liasse, f. ‖**-dämpfer** m. Amortisseur. ‖**-degen** m. ④ (d*ée*g^{e}n). Rapière, f. ‖**¨el** m. ④ (scht*œ*ss^{e}l). Pilon.

stoßen* tr. Pousser [violemment], choquer. ‖[hart] Heurter. ‖[in, *acc.*] Enfoncer. ‖[aus ...] Chasser [de]. ‖[von sich] Repousser. ‖intr. Porter un coup. ‖[an, *acc.*, gegen,

acc.] Heurter [contre]. ‖ [Wagen] Cahoter. ‖ [auf, *acc.*] Rencontrer, tr., toucher, tr. ‖ LOC. *ans Land stoßen*, toucher terre, atterrir; *vom Ufer stoßen*, démarrer; *ins Horn* usw. *stoßen*, sonner du cor, etc. ‖ *Fig. zum Heere stoßen*, rejoindre l'armée.
Stoß‖kraft f. Force de propulsion. ‖ **-stange** f. Pare-choc, m. ‖ **-trupp** m. Troupe [f.] d'assaut.
stoßweise adv. Par secousses.
Stoß‖wind m. Rafale, f. ‖ **-zahn** m. Défense, f.
Stotterer m. ④ (schtot*e*r*e*r). Bègue.
stottern (*e*rn). Bégayer. ‖ n. Bégaiement, m.
stracks adv. (sch). Tout droit. ‖ [sofort] Immédiatement.
Straf‖anstalt f. (schtr*â*f*à*nschtalt). Pénitencier, m. ‖ **-antrag** m. (*à*ntrâg). Réquisitoire. ‖ **-arbeit** f. (*a*rba*è*t). Pensum, m. ‖ **-aufschub** m. Sursis.
strafbar a. Punissable. ‖ [schuldig] Coupable.
Strafe f. Punition. ‖ [gerichtl.] Peine. ‖ [Züchtigung] Châtiment, m. : *bei Strafe...*, sous peine [de] ...
straf‖en (*e*n). [mit] Punir [de]. ‖ [züchtigen] Châtier. ‖ **-end** p. a. (*e*nt, -d-). Pénal, e.
Straferlaß m. (l*a*ss). Remise de peine, f.
straffällig a. Passible d'une peine.
straff‖, -er, -st a. (schtr*a*f). Raide. ‖ [gespannt] Tendu, e. ‖ *Fig.* Rigide. ‖ **-en.** Raidir. ‖ Tendre fortement.
Straffheit f. (**h**a*è*t). Raideur. ‖ *Fig.* Sévérité. ‖ Rigidité.
Straf‖geld n. (schtr*â*f-). Amende, f. ‖ **-gericht** n. (gé*r*i**ch**t). Justice criminelle, f. ‖ **-gesetz** n. (gézèts). Loi pénale, f. ‖ **-gesetzbuch** n. Code [m.] pénal. ‖ **-kammer** f. Chambre correctionnelle. ‖ **-kolonie** f. Colonie pénitentiaire.
sträflich a. (schtr*ê*fli**ch**). Punissable.
Sträfling m. (schtr*è*flìng). Détenu, e, m., f.
straflos a. (lôss, -z-). Impuni, e. ‖ adv. Impunément.
Straf‖losigkeit f. Impunité. ‖ **-porto** n. Surtaxe, f. [postale]. ‖ **-predigt** f. (pr*é*edigt). Semonce. ‖ **-recht** n. (rè**ch**t). Droit [m.] criminel. ‖ **-rede** f. Semonce. ‖ **-register** n. Casier [m.] judiciaire. ‖ **-verfahren** n. Procédure criminelle, f.
strafwürdig a. Punissable.
Strahl, -en m. (schtr*â*l). Rayon.
strahl‖en. Rayonner. ‖ n. Rayonnement, m. ‖ **-end** p. a. Rayonnant, e [de]. ‖ **-ig** a. A rayons, radié, e.
Strähne f. (schtr*è*en*e*). [v. Haaren usw.] Mèche. ‖ [v. Garn] Écheveau, x, m.
Stramin m. ① (schtramîne). Canevas [à broder].
stramm, -er a. (schtr*a*m). Raide. ‖ [gespannt] Tendu, e. ‖ adv. Avec raideur.
Strammheit f. Raideur.
Strand m. (schtr*à*nt, -d-). Plage, f. : *am Strande*, sur la plage; *auf den Strand laufen**, s'échouer.
stranden [*sein*]. Échouer. ‖ n. Échouement, m.
Strand‖gut n. (goût). Épave, f. ‖ **-ung** f. Échouement, m.
Strang m. (schtràng). Corde, f. ‖ [für Zugtiere] Trait. ‖ [v. Garn] Écheveau, x.
strangulieren. Étrangler.
Strapaze, -n f. (*a*ts*e*). Fatigue.
Straße f. (schtr*â*ss*e*). Route. ‖ [in der Stadt] Rue : *auf der Straße*, dans la rue; *auf offener Straße*, en pleine rue.
Straßen‖... (schtr*â*ss*e*n) : ... des routes, ... des rues : *Straßenreinigung*, f., nettoyage [m.] des rues. ‖ ... sur la rue : *Straßen‖seite*, f., *-tür*, f., façade, porte sur la rue. ‖ **-arbeiter** m. (*a*rba*è*t*e*r). Cantonnier. ‖ **-aufseher** m. (*a*ofzé*e*e*r). Agent voyer. ‖ **-bube** m. (boûb*e*). Gamin. ‖ **-damm** m. Chaussée, f. ‖ **-junge** m. (young*e*). Gamin [des rues] ‖ **-kehrer** m. Balayeur [des rues]. ‖ **-lage** f. [Auto] Tenue de route. ‖ **-laterne** f. (tèrn*e*). Réverbère, m. ‖ **-mädchen** n. Fille [f.] publique. ‖ **-ordnung** f. Code [m.] de la route. ‖ **-räuber** m. ④ (rœüb*e*r). Voleur de grand chemin. ‖ [in Städten] Apache. ‖ **-verkehr** m. Circulation, f. ‖ **-walze** f. (v*a*lts*e*). Rouleau compresseur, m. ‖ **-waschmaschine** f. (va-în*e*). Arroseuse. ‖ **-wesen** n. (v*é*ez*e*n). Voirie, f.
Strategie f. (schtra-gî). Stratégie.
strategisch a. (*t*ée-). Stratégique.

sträuben (schtrœübᵉn). Hérisser. ‖[Haare] Faire* dresser. ‖**[sich]**. Se hérisser. ‖Se dresser : *die Feder sträubt sich, zu ...,* la plume se refuse à ...
Strauch m. ② (schtraᵒ**ch**). Arbrisseau, x, arbuste. ‖[Busch] Buisson.
straucheln. Broncher.
Strauchwerk n. Buisson, m.
Strauß m. (schtraᵒss). 1. Bouquet. ‖2. [Kampf] Combat. ‖3. Autruche, f. : *Straußen...,* d'autruche.
Straußbinderin f. (bìndᵉrìn). Bouquetière.
Strebe f. (schtréebᵉ). Étrésillon, m. ‖*Strebe...,* ... de soutien : *Strebe‖-bogen,* m. ④, arc-boutant; *-mauer,* f., *-pfeiler,* m. ④, contrefort m.
streben. S'efforcer [de]. ‖[nach] Aspirer [à]. ‖n. spl. Effort[s], m. [pl.]. ‖Aspiration, f. ‖**-sam** a. (zâm). Ambitieux, euse.
Strebsamkeit f. Désir d'arriver m. ‖[Ehrgeiz] Ambition.
streckbar a. (schtrèk). Extensible.
Strecke f. (èkᵉ). Etendue. ‖[Abstand] Distance. ‖ [Eisenbahn-] Parcours, m., trajet, m. ‖[Linie] Ligne. ‖*streckenweise,* adv., de distance en distance.
strecken. Étendre. ‖[Zunge] Tirer. ‖[Metall] Étirer.
Strecker m. ④, **-muskel** m. ④. Extenseur.
Streich m. (schtraè**ch**). Coup. ‖[tückischer] Tour : *dummer Streich,* bêtise, f., sottise, f.; *lustiger Streich,* farce, f.
streich‖eln. Caresser. ‖n. spl. Caresses, f. pl. ‖**-en***. tr. Frotter : [mit d. Hand über, *acc.*] Passer [la main sur]. ‖[Butter auf, *acc.*] Étendre [sur]. ‖[an-] Peindre*, enduire*. ‖[Flagge] Baisser [pavillon]. ‖intr. Passer légèrement. ‖[an, *dat.*] Frôler, tr. ‖[Vögel] Voler. ‖n. Frottement, m.
Streich‖feuer n. (fœüᵉr). Feu rasant, m. ‖**-holz** n. (**h**olts),**-hölzchen** n. (**h**eults'**ch**ᵉn). Allumette, f. ‖**-instrument** n. ① (ìnstroumènt). Instrument [m.] à cordes. ‖**-leder** n. ④. Cuir [m.] à rasoir.
Streif m., **-en** m. ④ (schtraèf, -ᵉn). Bande, f. ‖[auf Stoffen] Raie, f. ‖[an Mineralien] Strie, f. ‖[an Säulen] Cannelure, f.
streifen tr. Rayer. ‖Canneler. ‖[berühren] Frôler, effleurer. ‖[Aal, Hasen] Dépouiller. ‖intr. [an, *dat.*] Effleurer. ‖[umher-] Rôder, errer.
Streif‖er m. ④. Rôdeur. ‖*Mil.* Partisan. ‖**-erei** f. (ᵉraè). Incursion.
streifig a. (ig). Rayé, e. ‖Strié, e.
Streif‖jagd f. (yâgt, -d-). Battue. ‖**-licht** n. ② (li**ch**t). Échappée de lumière, f. ‖**-wache** f. (va**ch**ᵉ). Patrouille. ‖**-wunde** f. (voundᵉ). Éraflure. ‖**-zug** m. (tsoûg). Course, f. ‖[feindlicher] Incursion, f.
Streik‖ m. (schtraèk). Grève, f. ‖**-brecher** m. (brè**ch**ᵉr). Briseur de grèves, jaune.
streiken intr. Faire* [se mettre* en] grève.
Streiker‖ m. ④, Gréviste. ‖**-posten** m. Piquet de grève.
Streit m. (schtraèt). [Wort-] Dispute, f., controverse, f. [über, *acc.*] au sujet de ... ‖[Zank] Querelle, f. ‖[um nichts] Chicane, f. ‖[Uneinigkeit] Différend. ‖[vor Gericht] Litige : *Streit‖frage,* f., *-sache,* f., question, affaire litigieuse, procès, m. ‖Kampf] Combat, lutte, f.
streit‖en* intr. Disputer. ‖[über, *acc.*] Débattre, discuter. ‖[vor Gericht] Plaider. ‖[kämpfen] Combattre, lutter. ‖[mit jm. um...] Disputer, tr. [à qn.]. ‖**[sich]** Se disputer, se quereller. ‖[um etwas] Se disputer [qc.]. ‖**-end** p. a. (ᵉnt, -d-). [Macht] Belligérant, e.
Streit‖er m. ④. [mit Worten] Disputeur. ‖ [Zänker] Querelleur. ‖[Kämpfer] Combattant. ‖**-frage** f. Question litigieuse.
streitig a. (ig). Discutable : *streitig machen,* contester.
Streitigkeit f. (kaèt). Dispute, contestation.
streitlustig a. (loustig). Querelleur.
Streit‖schrift f. Écrit polémique, m. ‖**-sucht** f. (zou**ch**t). Humeur querelleuse.
streitsüchtig a. Querelleur, euse.
streng a. (schtrèng). Sévère. ‖[hart, scharf] Rigoureux, euse : *im strengsten Winter,* au plus fort de l'hiver. ‖[v. Sitten] Austère. ‖*Fig.* [genau] : *im strengsten Sinne,* au sens rigoureux. ‖adv. : *streng genommen,* à la rigueur.

Strenge f. (*è*ng^e). Sévérité. ||Rigueur. ||Austérité.
strenggläubig a. (glœ*ü*big). Orthodoxe.
Strenggläubigkeit f. Orthodoxie.
Streu|| f. (schtr*œü*). Litière. ||**-büchse** f. (b*u*ks^e). Sablier, m. [de bureau]. ||[für Pfeffer, Zucker] Poivrière, sucrier, m. [à saupoudrer].
streuen. Répandre. ||[Zucker usw.] Saupoudrer de.
Streu||gold n. (golt, -d-). Poudre d'or, f. ||**-sand** m. (z*à*nt, -d-). Sable [à saupoudrer]. ||**-zucker** m. (tso*ù*k^er). Sucre en poudre.
strich (schtri**ch**), imp. de *streichen**. ||m., dim. *Strichelchen,* n. ④. Trait, m. ||[im Druck] Tiret, m. ||[zum Trennen, Ausstreichen] Raie, f.; *gegen den Strich,* à rebrousse-poil.
Strick|| m. (schtr*i*k). Corde, f. ||[an Vorhängen, usw.] Cordon. ||*Strick...,* ... à tricoter : *Strick||garn,* n., *-nadel,* f. usw., fil [m.], aiguille [f.] à tricoter. ||**-arbeit** f. (*a*rba^èt). Tricot, m. ||**-beutel** m. (b*œü*t^el). Sac à ouvrage. ||**-chen** n. ④ (**ch**^en), dim. de *Strick.* Cordelette, f.
stricken. Tricoter. ||n. Tricotage, m.
Strick||er, in m. ④, f. (^er, ìn). Tricoteur, euse. ||**-erei** f. (^er*a*^è). Tricotage, m. ||**-leiter.** f. (la^èt^er). Echelle de corde.
Striegel m. ④ (schtr*î*g^el). Étrille, f.
striegeln. Étriller.
Strieme f. (schtr*î*m^e). Strie. ||[v. e. Peitsche] Meurtrissure.
striemig a. Meurtri, e.
Strippe f. Tirant, m. [de soulier].
stritt|| (schtritt), imp. de *streiten**. ||**-ig** a., = *streitig.*
Stroh|| n. ① (schtr*ô*). Paille, f. ||**-blume** f. (blo*û*m^e). Immortelle. ||**-dach** n. ② (da**ch**). Toit [m.] de chaume. ||**-decke** f. (d*è*k^e). Paillasson, m.
stroh||ern. De paille. ||**-farben, -farbig, -gelb** a. Jaune paille, inv., paille, inv.
Stroh||hütte f. (**h***u*t^e). Chaumière, ||**-pantoffel** m. (pàntof^el). Espadrille, f. ||**-pappe** f. (p*a*p^e). Carton-paille, m. ||**-pfeife** f. (pf*a*^èf^e). Chalumeau, x, m. ||**-sack** m. Paillasse, f.
Strolch m. ① (schtr*o*l**ch**). Vagabond, rôdeur.
strolchen (^en). Vagabonder, rôder.
Strom m. (schtr*ô*m). Courant. ||[Fluß] Fleuve [rapide]. ||[reißender] Torrent. ||*Fig. : es regnet in Strömen,* à verse. ||[v. Worten] Flux. ||[v. Menschen] Foule, f.
strom||ab, -abwärts adv. (*a*pvèrts). En aval. ||**-auf, -aufwärts** adv. (*a*^of-vèrts). En amont. ||**¨en** (*eû*m^en). Couler rapidement [à flots]. ||[Regen] Tomber à verse. ||[Menge] Affluer.
Strom||gebiet n. (gébîte). *Geogr.* Bassin, m. ||**-linienform** f. Forme aérodynamique : *stromlinienförmig,* a., profilé, e. ||**-messer** m. ④, = *Stromzähler.* ||**-netz** n. Réseau électrique, m. ||**-schnelle** f. (*è*l^e). Rapide, m. ||**-speicher** m. ④ (schp*a*^è**ch**^er). Accumulateur. ||**-sperre.** Coupure de courant. ||**¨ung** f. (*eû*moung). Courant, m. ||**-waage** f. (v*â*g^e). Électrodynamomètre, m.
stromweise adv. (v*a*^è**z**^e). Par torrents, à flots.
Strom||wender m. ④ (v*è*nd^er). Commutateur. ||**-zähler** m. ④. Compteur électrique. Ampèremètre, galvanomètre. ||**-zuführer** m. (tso*û*-). Trolley.
Strophe f. (schtr*ô*f^e). Strophe. ||[e. Liedes] Couplet, m.
strotzen (schtr*o*ts^en). Regorger [de].
Strudel m. ④ (schtro*û*d^el). Tourbillon. ||[Wirbel] Remous.
strudeln. Tourbillonner. ||n. spl. Tourbillonnement, m.
Strumpf|| m. (schtr*o*umpf). Bas. ||**-waren** pl. Bonneterie, f.
Strunk m. (schtrounk). Trognon. ||*Botan.* Pédicule.
struppig a. (schtr*o*upig). Hérissé, e. ||[v. Haaren] Ébouriffé, e.
Strychnin n. (schtri**ch**nîne). Strychnine, f.
Stube f. (schto*û*b^e). Chambre. ||dim. *Stübchen,* n. ④ (scht*û*p**ch**^en). Chambrette, f.
Stuben||arrest m. (scht*o*û-). Arrêts [simples], m. pl. ||**-hocker** m. ④ (h*o*k^er). Homme casanier. ||**-mädchen** n. ④ (m*è*tch^en). Femme de chambre, f. ||**-maler** m. Peintre décorateur. ||**-sitzer** m. Homme casanier.

Italique : accentuation. **Gras :** pron. spéciale. *Verbe fort. V. GRAMMAIRE.

Stuck m. (schtouk). Stuc.

Stück‖ n. (schtuk), dim. *Stückchen,* n. ④. Morceau, x, m., pièce, f. : *ein Stück...,* un morceau de ...; *aus einem Stück,* tout d'une pièce; *in Stücke fliegen*, gehen*,* voler, en éclats; *in Stücke schlagen*,* mettre* en pièces. ‖[Einheit] Pièce, f. : *Stück für Stück,* pièce par pièce; *ein Stück Tuch,* une pièce de drap. ‖[Theater-, Münz-, Geschütz-] Pièce, f. : *ein Zweimarkstück,* une pièce de deux marks. ‖LOC. : *in diesem Stücke,* sur ce point, en cela; *in allen Stücken,* de tous points; *in vielen Stücken,* sous beaucoup de rapports; *große Stücke auf einen halten*,* faire* grand cas de qn. ‖**-arbeit** f. (arbaète). Travail aux pièces, m. ‖**-arbeiter** m. ④. Ouvrier aux pièces, tâcheron.

stückeln. Morceler.

Stückfaß n. Pièce, f., barrique, f.

stückweise adv. Pièce par pièce.

Student, -en, -en m., **in** f. (schtoudènt, ìn). Étudiant, e.

studentisch a. (dènt). D'étudiant. ‖adv. A la manière des étudiants.

Studie f. (schtoûdie). Étude.

studieren tr. (îren). Étudier. ‖intr. Faire* ses études. ‖n. Étude, f. ‖*Studierende[r],* a. s. m. Étudiant. ‖p. a. m. Lettré. ‖*Studierzimmer,* n. ④. Salle d'études, f.

Stud‖io, -s (schtoû-), m. *fam.* = *Studiosus.* ‖n. Atelier, m., studio, m. ‖**-iosus, -sen** m. (diôzouss). Étudiant. ‖**-ium, -ien,** n. (stoû). Étude, f.

Stufe f. (schtoûfe). Degré, m. : *die höchste Stufe,* le comble. ‖[Treppe] Marche.

Stufen‖bahn f. (schtoû-). Trottoir roulant, m. ‖**-bank** f. Gradin, m. ‖**-folge** f. (folge), **-gang** m. Gradation, f. ‖**-leiter** f. (laèter). Marchepied, m.

stufenmäßig a. (mêssig). Graduel, elle. ‖adv. [et **-weise**]. Graduellement.

Stuhl‖ m. (schtoûl). Chaise, f. : *heiliger, päpstlicher* —, Saint-Siège. ‖*Fig. : zu Stuhle gehen*,* aller* à la selle. ‖**-drang** m. Besoin d'aller* à la selle. ‖**-flechter** m. Rempailleur. ‖**-gang** m. Selle, f. ‖**-trägheit** f. Constipation.

Stuka m. [Sturzkampfflugzeug]. Bombardier en piqué.

Stulle f. (schtoule). Tartine.

Stulpe f. (schtoulpe). Revers, m. ‖[Hand-] Manchette.

stülpen (schtulpen). Retrousser. ‖[Hut] Relever.

stumm a. (schtoum). Muet, ette.

Stummel m. ④. Tronçon. ‖[v. Zigarren] Bout, mégot. ‖[v. Gliedern] Moignon. ‖[v. Zähnen] Chicot.

stümmeln (umeln). Tronquer.

Stummheit f. Mutisme, m.

Stümper m. (schtùmper). Gâcheur. ‖[Pfuscher] Bousilleur.

stümperhaft a. Gâché.

Stümperei f. (aè). Bousillage, m.

Stumpf m. (schtoumpf), = *Stummel.*

stumpf a. Émoussé, e ; — *werden*,* s'émousser. ‖[Nase] Camus, e, épaté, e. ‖[Zahn] Usé, e. ‖[Winkel] Obtus, e.

stumpfen, = *abstumpfen.*

Stumpf‖fuß m. (foûss). Pied bot. ‖**-sinn** m., **-sinnigkeit** f. (zinigkaèt). Hébètement, m., stupidité, f.

stumpfsinnig a. (ig). Hébété, e, stupide.

stünde imp. subj. de *stehen**.

Stunde f. (schtounde). Heure : *zur Stunde,* à l'heure. ‖[Weg-] Lieue. ‖[Unterrichts-] Leçon. ‖[in d. Schule] Classe.

stund‖en. Donner un délai pour. ‖*stunden‖lang,* a., qui dure des heures; *Stundenplan,* m., emploi du temps; *stundenweise,* par heure[s] ; [bei Fahrten] à l'heure. ‖ **¨ig** a. (ùndig) : *dreistündig,* de trois heures. ‖ **¨lich** a. (lich). Qui a lieu toutes les heures. ‖adv. Toutes les heures, d'heure en heure. ‖Par heure.

Stundung f. Délai, m. [de paiement], moratoire, m.

Sturm m. (schtourm). Tempête, f. ‖[heftiger] Tourmente, f. ‖*Fig.* Orage. ‖[in Versammlungen] Tumulte. ‖LOC. : *Sturm blasen*,* sonner l'alarme; *Sturm läuten,* sonner le tocsin. ‖*Milit.* Assaut : *im Sturme,* d'assaut.

stürm‖en intr. (urmen). Souffler [en tempête] : *es stürmt,* il fait une tempête. ‖[sich stürzen] Se précipiter [sur]. ‖*Mil.* Aller à l'assaut.

‖tr. Assaillir. ‖**-end** a. (ᵉnt, -d-) = *stürmisch*.

Stürmer m. ④. Assaillant. ‖[Fußball] Avant.

Sturmglocke f. (glokᵉ). Tocsin, m.

stürmisch a. (*u*rmisch). Tempétueux, euse. ‖[Wetter] Gros. ‖[Meer] Houleux, euse. ‖*Fig.* [ungestüm] Impétueux, euse; emporté, furieux. ‖[lärmend] Orageux, euse, tumultueux, euse.

Sturmlauf m. (laᵒf). Assaut. ‖**-läuten** n. (lœütᵉn). Tocsin, m. ‖**-schritt** m. Pas de charge. ‖**-wetter** n. (vètᵉr). Gros temps, m. ‖**-wind** m. (vìnt, -d-). Vent de tempête. ‖[plötzlicher] Bourrasque, f.

Sturz‖ m. (scht*ou*rtz). Chute, f. ‖[Umwerfen] Renversement. ‖**-bach** m. (ba**ch**). Torrent. ‖**-bad** n. (bâte, -d-). Douche, f. ‖ **¨e** f. (urtsᵉ). Couvercle, m.

stürzen (urtsᵉn). intr. Tomber brusquement. ‖*Fig.* [in, auf, *acc.*] Se précipiter, s'élancer. ‖tr. Précipiter. ‖[zu Boden] Renverser. ‖*Fig.* : *die Kasse stürzen,* faire* la caisse. ‖[**sich**] Se précipiter, se jeter*. ‖[auf, *acc.*] Fondre [sur].

Sturzflug m. Vol en piqué.

Stut‖**e** f. (scht*oû*tᵉ). Jument : *Stutenfüllen,* n. ④, pouliche, f. ‖**-erei** f. Haras, m.

Stutz‖ m. ① (scht*ou*tz). Coup rapide. ‖**-ärmel** m. Manche courte, f. ‖**-büchse** f. Carabine, escopette. ‖**-degen** m. Épée courte, f.

Stütze f. (schtutsᵉ). Soutien, m. ‖[im Bau] Étai, m. ‖[für Pflanzen] Tuteur, m. ‖[Hilfe] Appui, m.

stutzen intr. (scht*ou*tsᵉn). Tressauter. ‖tr. Raccourcir, écourter. ‖[Bäume] Étêter, tailler. ‖Tondre [haies]. ‖[Haare, Bart] Rafraîchir. ‖[Ohren usw.] Couper ‖[Flügel] Rogner. ‖n. Mouvement [m.] de surprise. ‖Raccourcissement, m. ‖Taille, f.

stützen (scht*u*tsᵉn). Soutenir*, étayer. ‖*Fig.* Appuyer.

Stutzer m. (sch*ou*tsᵉr). Petit-maître. ‖*Fam.* Gommeux.

Stutz‖**flügel** m. Piano demi-queue. ‖**-handschuh** m. Mitaine, f.

stutzig a. (ig). Surpris, e. ‖[stark] Interdit, e : *stutzig machen,* surprendre* ; *stutzig werden**, être surpris, e.

Stutznase f. Nez camus, m.

Stützpunkt m. Point d'appui.

Stutzschere f. (scht*ou*-). Sécateur, m.

Subjekt n. (soup'y*è*kt). Sujet, m.

subjektiv a. (*î*f, -v-). Subjectif, ive.

Sublimat n. (sou-m*â*te). Sublimé, m.

Sub‖**mission** f. (soub-s*iô*ne). Soumission [à une adjudication] : *Submissionsbedingungen,* pl., cahier des charges, m. ‖**-mittent, -en, -en** m. (t*è*nte). Soumissionnaire.

submittieren. Soumissionner.

Subskribent, -en, -en m. (b*è*nte). Souscripteur.

subskribieren (*î*rᵉn). Souscrire* [à, pour].

Sub‖**skription** f. (ts*iô*ne). Souscription. ‖**-stantiv** n. ① (t*à*nt*î*f). Substantif, m.

subtrahieren (*î*rᵉn). Soustraire*.

Subtraktion f. (ts*iô*ne). Soustraction.

Suche f. (z*oû*chᵉ). Recherche : *auf der Suche nach...,* à la recherche [en quête] de.

suchen. Chercher. ‖n. Recherche, f.

Sucher m. ④. Chercheur.

Sucht f. (zoucht). Maladie. ‖*Fig.* : *...sucht,* passion, manie, envie de... ‖*...süchtig,* a., qui a la passion, la manie de..., avide de...

Süd[**en**] m. (s*û*t, dᵉn). Sud. ‖[Mittag] Midi. ‖*Süd...* : ... du Sud, méridional, e : *Süd*‖*afrika,* usw., Afrique, etc. du Sud *ou* méridionale; *-afrikanisch,* a., sud-africain, e; *-deutsch,* a., de l'Allemagne du Sud; *-deutsche*[*r*] a. s., Allemand du Sud.

Sudan‖ m. (zoud*â*ne). Soudan. ‖**-er** m. ④. Soudanais.

Sudel‖ m. (z*oû*dᵉl). Saleté, f. ‖**-arbeit** f., **-ei** f. Barbouillage, m. ‖[Pfuscherei] Bousillage, m.

sudeln. Barbouiller. ‖[pfuschen] Bousiller.

Süd‖**en** m. V. *Süd.* ‖**-länder** m. ④ (l*è*ndᵉr). Méridional.

Sudler m. ④ (z*oû*dlᵉr). Barbouilleur. ‖[Pfuscher] Bousilleur.

südlich a. (z*û*tli**ch**). Du Sud, méridional, e. ‖adv. Au sud [de].

Südosten m. (*ô*stᵉn). Sud-est.

südöstlich a. (**œ**stli**ch**). Du sud-est. ‖adv. Au sud-est [de].
Südpol m. (pôl). Pôle sud.
Suff m. Ivrognerie, f.
sühnbar a. (**z**ûne-). Expiable.
Sühnbock m. Bouc émissaire.
sühnen. Expier.
Sühn‖opfer n. ④. Sacrifice [m.] expiatoire. ‖[Geopfertes] Victime expiatoire, f. ‖**-ung** f. Expiation.
Sultan, in m. ①, f. (**z**oult*ân*, *ìn*). Sultan, e.
Sulze, Sülze f. (**z**oults^{e}, **z**ul-). Gelée.
Summa (**z**ou-). V. *Summe.*
summarisch a. (*â*-). Sommaire.
Summe f. (**z**oum^{e}). Somme. ‖[ganze] Total, m.
summ‖en. Bourdonner. ‖[Weise] Fredonner. ‖n. spl. Bourdonnement, m. ‖**-en.** [**sich**] (**zich** **z**oum^{e}n). S'accumuler. ‖[Zinsen] Se capitaliser. ‖**-ieren.** Additionner. ‖Totaliser.
Sumpf‖ m. (**z**oumpf). Marais. ‖[großer] Marécage : *Sumpf‖boden,* m., *-land,* n., terrain, pays [m.] marécageux; *-gegend,* f., contrée marécageuse. ‖**-fieber** n. (fîb^{e}r). Fièvre des marais *ou* paludéenne, f. ‖**-schnepfe** f. Bécassine.
Sund m. Détroit.
Sünd‖e f. (**z**und^{e}). Péché, m. : *Sündenbock,* m., bouc émissaire. ‖**-er, in** m. ④, f. (^{e}r, ìn). Pécheur, cheresse : *armer Sünder,* pauvre diable. ‖**-flut** f. V. *Sintflut.*
sünd‖haft, -ig a. Coupable de péché. ‖**-igen.** Pécher.
Superlativ m. (îf, -v-). Superlatif.
Suppe f. (**z**oup^{e}). Soupe. ‖[meist ohne Brot] Potage, m. ‖...*suppe,* soupe à ... : *Kohlsuppe,* soupe aux choux. ‖*Suppen‖löffel,* m. ④, cuiller à soupe, f.; *-schüssel,* f., soupière; *-teller,* m. ④, assiette à soupe, f.
Suppl‖ent, -en, -en m., **in** f. (souplènt, ìn). [ì. österreich] Maître suppléant, e. ‖**-entur** f. (*oûr*). Suppléance.
supplieren tr. Suppléer.
surren (**z**our^{e}n). Bourdonner. ‖[Grille] Susurrer.
Surrogat n. ① (gâte). Succédané, m.
süß a. (**z**ûss). Doux, ouce : ...*süß,* doux comme. ‖[gezuckert] Sucré, e : *süß machen,* sucrer. ‖adv. Avec douceur.
Süß‖holz n. (**h**olts). Réglisse, f. ‖**-igkeit** f. (ig-ka^{è}t). Douceur, friandise. ‖**-kirsche** f. Guigne.
süßlich a. (i**ch**). Douceâtre, doucereux, euse.
Sybarit, -en, -en m. (îte). Sybarite.
Symbol n. ① (**z**umbôl). Symbole, m.
symbolisch a. Symbolique.
Symmetrie f. (trî). Symétrie.
symmetrisch a. (*mé*). Symétrique.
sympathetisch a. (*té*etisch). Sympathique.
Sympathie f. (tî). Sympathie.
sympath‖isch a. (p*â*-). Sympathique. ‖adv. Avec sympathie. ‖**-isieren.** Sympathiser.
Symptom n. ① (**z**umptôm). Symptôme, m.
Synagoge f. (gôg^{e}). Synagogue.
synchronisieren. Synchroniser.
Syndi‖kat n. ① (ât^{e}). Syndicat, m. ‖**-kus** m. (**z**ìn). Syndic.
Synkope f. (**z**unkop^{e}). Syncope.
Synode f. (ôd^{e}). Synode, m.
synonym a., **Synonym** n. (îm). Synonyme, a. et m.
Syn‖tax f. (zuntax). Syntaxe. ‖**-these** f. (*té*es^{e}). Synthèse.
Syphilis f. (**z**û). Syphilis.
syphilistisch a. (li-). Syphilitique.
System n. (*té*em). Système, m.
systematisch a. (*â*-). Systématique.
Szene f. (sts*é*en^{e}). Scène.

T

T, t, n. T, t, m.
Tabak‖ m. ① (t*a*-). Tabac. ‖**-laden** m. (l*â*d^{e}n), **-verschleiß** m. (f^{e}rschl*a*^{è}ss). Débit *ou* [in Frankreich] bureau de tabac.
Tabelle f. (bèl^{e}). Tableau, x, m.
Tadel‖ m. spl. (t*â*d^{e}l). Blâme. ‖[in d. Schule] Mauvaise note, f. ‖[Vorwurf] Reproche. ‖[Verweis] Réprimande, f.

tadel‖haft a. (**h**aft). Blâmable. ‖**-los** a. (lôss). Irréprochable. ‖**-n.** Blâmer. ‖Réprimander.

Tadelsantrag m. Motion [f.] de censure.

Tadler m. ④ (*t*â-). Censeur.

Tafel f. (*t*âf^e^l). Table. ‖[Wand-] Tableau, x, m. [noir]. ‖[für Anzeigen] Écriteau, x, m. ‖dim. *Täfelchen*, n. ④. Tablette, f.

täfeln (*t*êf^e^ln). Boiser. ‖[Wände] Lambrisser. ‖[Fußboden] Parqueter : *Täfelwerk*, n. spl., boiserie[s], f. [pl.]; parquetage, m.

Taffet m. ① (*t*af^e^t). **Taft** m. ①. Taffetas.

Tag m. (*t*âg). ① Jour. ‖[Tageszeit] Journée, f. ‖LOC. : *es ist Tag*, il fait jour; *es wird Tag*, le jour se lève; *am hellen Tage*, en plein jour; *am Tage*, le jour, au jour; *am Tage vor...*, la veille de ...; *am Tage nach ...*, le lendemain de ...; *bei Tage*, de jour; *den Tag darauf*, *den [am] nächsten, folgenden Tag*, le lendemain; *eines Tages*, un jour; *dieser Tage*, l'un de ces jours; *von Tag zu Tage*, de jour en jour; *guten Tag!*, bonjour!; *guten Tag wünschen*, souhaiter le bonjour; *der jüngste Tag*, le jour du jugement dernier. ‖V. *tags*.

Tage‖blatt n. (*t*âg^e^). Journal [m.] quotidien. ‖**-buch** n. (boû**ch**). Journal, m. Agenda, m. ‖**-dieb** m. (dîp, -b-). Fainéant. ‖**-gelder** pl. = *Tagelohn*.

tagelang a. Qui dure des jours entiers. ‖adv. Des jours entiers.

Tage‖lohn m. (lône). Salaire journalier. ‖**-löhner, in** m. ④, f. Journalier, ière.

tagen (*t*âg^e^n). 1. impers. : *es tagt*, il commence à faire jour. ‖2. [Versammlung] Siéger.

Tagereise f. (*t*â-). Journée de voyage.

Tages‖anbruch m. (*t*âg^e^sànbrou**ch**). Point du jour. ‖**-befehl** m. (f*é*el). Ordre du jour. ‖**-kasse** f. (*k*ass^e^). Bureau, x de location, m. ‖**-licht** n. (li**ch**t). Lumière du jour, f. ‖**-ordnung** f. Ordre du jour, m. ‖**-zeitung** f. Journal quotidien, m.

tage‖weise adv. (*t*âg^e^-). A la journée.

Tagewerk n. Tâche quotidienne, f.

...täg‖ig a. (*t*êgig) : *dreitägig*, de trois jours. ‖**-lich** a. (li**ch**). Quotidien, ienne. ‖[all-] Journalier, ière. ‖adv. Quotidiennement : *zweimal täglich*, deux fois par jour.

tags (*t*âgs) : *tags darauf*, le lendemain; *tags zuvor*, la veille.

Taifun m. ① (*t*a^è^foùn). Typhon.

Taille f. (*t*ali^e^). Taille. ‖[Kleid] Corsage, m.

Takel‖ n. ④ (*t*âk^e^l). Cordage, m., treuil m. ‖**-age** f. (*â*j^e^), **-werk** n. Gréement, m.

takeln. Gréer.

Takt m. ① (*t*akt). Mesure, f. ‖[Tempo] Cadence, f. ‖[Gefühl] Tact : *taktlos*, a., sans tact; *Taktlosigkeit*, f., manque de tact, m.; *taktvoll*, a., plein, e de tact; adv. avec beaucoup de tact.

taktieren. Battre* la mesure.

Taktiker m. ④ (*t*ak-). Tacticien.

takt‖isch a. Tactique. ‖**-mäßig** a. (*m*èssig). En mesure, en cadence.

Taktmesser m. ④. Métronome.

Tal n. ② (*t*âl). Vallée, f. : *talabwärts*, adv., en aval; *talaufwärts*, adv., en amont. ‖dim. *Tälchen*, n. ④, vallon, m.

Talar m. ① (l*â*r). Robe, f.

Talbrücke f. (*t*âl-). Viaduc, m.

Talent n. ① (*è*nt). Talent, m.

Taler m. ④ (*t*â). Thaler.

Talg‖ m. (*t*alg). Suif. ‖**-licht** n. Chandelle, f.

Talk m. Talc.

Talsperre f. Barrage, m.

Tand‖ m. spl. (*t*ànt, -d-). Bagatelle, f., futilité, f. ‖ **¨elei** f. (*t*ènd^e^la^è^). Badinage, m. ‖ **¨elhaft** f. (*t*ènd^e^l**h**aft). Badin, e, folâtre.

tändeln (*t*ènd^e^ln). Badiner, folâtrer : *Tändelwerk*, n., bagatelles, f. pl.

Tandem n. Tandem, m.

Tang m. ① (*t*ànk). Varech.

Tank m. Réservoir. ‖Char d'assaut.

tanken. [Auto] Faire le plein.

Tank‖schiff n. Bateau-citerne, m., pétrolier, m. ‖**-stelle** f. Poste [m.] d'essence.

Tann‖e f., **-enbaum** m. (*à*n^e^nba^o^m). Sapin, m. ‖**-en...** : de sapin. ‖**-icht** n. (i**ch**t). Sapinière, f.

Tannin n. (*ì*n). Tanin, m.

Tante f. (*t*ànt^e^). Tante.

Tanz m. (*t*ànts). Danse, f. ‖*Tanz...*, ... de la danse : *Tanzkunst*, f., art [m.] de la danse; ... de danse :

Tanz‖*meister,* m., *-musik,* f., *-schritt,* m., *-stunde,* f., maître, musique, pas, leçon de danse; ... de bal : *Tanz*‖*karte,* f., *-lokal,* n., *schuh,* m., carnet, m., salle, f., soulier de bal; *-fest,* n., bal, m.; ... dansant, e : *Tanz*‖*abend,* m., *-gesellschaft,* f. [*-kränzchen,* n.], soirée, f., réunion dansante, f. ‖dim. *Tänzchen,* n. ④ (tènts'chᵉn). Sauterie, f.

tanzen. Danser. ‖n. spl. Danse, f.

tänzeln. Sautiller.

Tap‖**et** n. ① (tapéete). Tapis, m. ‖*fig.* : *aufs Tapet bringen**, mettre* sur le tapis. ‖**-ete** f. (péeteᵉ). Tenture. ‖[Papier] Papier peint, m.

tapezieren (tsîrᵉn). Tapisser.

Tap‖**ezierer** m. ④ (ᵉr). Tapissier. ‖**-ezierung** f. (oung). Tapisserie.

tapfer a. (tap). Brave, vaillant, e. ‖[mutig] Courageux, euse. ‖adv. Bravement, vaillamment. ‖Courageusement.

Tapferkeit f. Bravoure.

tapp‖**en.** Tâtonner, ‖n. spl. Tâtonnement, m. ‖ **¨isch** a. (tè-). Lourd, e. ‖[linkisch] Gauche.

Tara, -s f. (târa). Tare.

Tarant‖**el** f. (àntᵉl). Tarentule. ‖**-ella, -s** et **-ellen** f. Tarentelle.

tarnen vt. Camoufler.

Tarock n. (rok). Tarot, m.

Tasche f. (tascheᵉ). Poche. ‖[Umhänge-] Sacoche. ‖*Täschelchen,* n. ④, pochette, f.

taschen... (taschᵉn) : ... de poche : *Taschen*‖*geld,* n., *-messer,* n., *-wörterbuch,* n., argent [m.], couteau, x [m.], dictionnaire [m.] de poche.

Taschen‖**buch** n. (boûch). Carnet, m. ‖**-dieb** m. (dîp, -b-). Voleur à la tire, pickpocket. ‖**-spiel** n. (schpîl). Escamotage, m. ‖**-spieler** m. Escamoteur, prestidigitateur. ‖**-spielerei** f. (*a*è). Prestidigitation. ‖**-tuch** n. ② (toûch). Mouchoir, m. ‖**-uhr** f. (oûr). Montre.

Tasse f. (tasseᵉ) ④. Tasse. ‖dim. *Täßchen,* n.

tastbar a. (tast). Palpable.

Taste f. (tasteᵉ). Touche : *Tastenbrett,* n., *-werk,* n., clavier, m.

tasten (ᵉn). Tâter.

Taster m. ④. Manipulateur.

Tat f. (tâte). Action : *große Tat,* haut fait, m. [exploit, m.]. ‖Loc. *auf frischer Tat ertappen,* prendre* sur le fait, en flagrant délit; *in der Tat,* en effet. ‖V. *tun**.

Tatar‖**, -en, -en** m. (âr). Tartare. ‖**-ei** f. (*a*è). Tartarie.

Tat‖**bestand** m. (tâtbechstànt). État des faits : *den Tatbestand aufnehmen**, dresser procès-verbal. ‖ **¨er** m. ④ (têtᵉr). Auteur [d'un méfait].

tät‖**ig** a. (têtig). Actif, ive. ‖**-igen.** Effectuer, conclure.

tätigkeit f. Activité.

Tatkraft f. Énergie.

tat‖**kräftig** a. (èftig). Énergique. ‖adv. Énergiquement. ‖ **¨lich** a. (têtlich). De fait.

Tätlichkeit f. Voie de fait.

tätowieren (vîrᵉn). Tatouer.

Tätowierung f. Tatouage, m.

Tatsache f. (tât'zâcheᵉ). Fait, m.

tatsächlich a. (zéchlich). Effectif, ive. ‖[wirklich] Réel, elle. ‖adv. Effectivement, réellement.

Tau (taᵒ). m. spl. Rosée, f.

Tau n. ①. Grosse corde, f., câble. ‖[Schiffs-] Amarre, f.

taub a. (taᵒp, -b-). Sourd, e.

Taub‖**e** f. (taᵒbeᵉ). Pigeon, m. ‖[dichterisch] Colombe : *Taubenschlag,* m., colombier. ‖**-er** m. ④, **¨erich** m. (tœübeᵉ-). Pigeon mâle.

Taubheit f. (haèt). Surdité.

Täubin f. (tœübìn). Pigeon femelle, m.

taubstumm a. (schtoum). Sourd-muet, sourde-muette.

tauchen intr et tr. (taᵒchᵉn). Plonger. ‖[Brot usw.] Tremper. ‖n. spl., Plongeon, m. : *Tauch*‖*apparat,* m. ①, *-glocke,* f., scaphandre, m.

Taucher m. ④. Plongeur.

tauen (taôᵉn). intr. : *es taut,* il tombe de la rosée; [beim Frost] il dégèle. ‖n. Chute de rosée, f. ‖n. Dégel, m.

tauen tr. Touer. ‖n. Touage, m.

Taufe f. (taᵒfeᵉ). Baptême, m. : *aus der Taufe heben**, tenir* sur les fonts du baptême.

taufen. Baptiser.

Täuf‖**er** m. ④ (tœüfᵉr). Celui qui baptise : *Johannes der Täufer,* saint Jean-Baptiste. ‖ **¨ling** m. (tœüflìng). Enfant qu'on baptise. ‖**-name** m. (nâmeᵉ). Nom de baptême.

‖**-schein** m. (scha^e^n). Acte *ou* extrait de baptême. ‖**-stein** m. Baptistère, fonts baptismaux, m. pl.

taug‖en (t*a*°g^e^n). Valoir* : *zu ... taugen,* être* bon à ...; *nichts taugen,* n'être* bon à rien : *Taugenichts,* m. ①, vaurien. ‖**-lich** a. [zu...] Bon, onne [à]. ‖[geeignet] Propre, apte [à].

Tauglichkeit f. Aptitude.

Taumel m. spl. (t*a*°m^e^l). Chancellement. ‖[Schwindel] Vertige. ‖*Fig.* [Rausch] Ivresse f.

tau‖meln. Chanceler. ‖**-melnd** p. a. Chancelant, e.

Tausch m. ① (t*a*°sch). Échange. troc.

tauschen (^e^n). Échanger. ‖[Ware] Troquer.

täusch‖en (t*œ*üsch^e^n). Tromper. ‖[Erwartung] Décevoir*. ‖[irreführen] Faire* illusion à. ‖**-end** p. a. (^e^nt, -d-). Trompeur, euse.

Täuschung f. Déception. ‖[Irrtum] Illusion, tromperie.

tausend‖ num. (t*a*°z^e^nt, -d-). 1. Mille : *tausend und abertausend,* mille et mille. ‖[in Jahreszahlen] Mil. [Ausnahme : *das J. 1000,* l'an mille]. ‖*Fig. :* [*ei*] *der Tausend!,* peste!, diable! ‖n. ①. Millier, m. [de]. ‖**-erlei** adv. Mille sortes de. ‖**-fach** a. (fa**ch**). ‖adv. Mille fois plus.

Tausend‖fuß m. (foûss). Millepattes, scolopendre. ‖**-füßler** m. ④. Myriapode. ‖**-güldenkraut** n. Centaurée, f. ‖**-künstler** m. ④ (kùnstl^e^r). Sorcier.

tausendmal adv. (mâl). Mille fois.

Tausend‖schön n. ① (scheûne). Amarante, f. ‖**-st[e], -stel** n. V. GRAMM.

Tau‖werk n. (t*a*°). Cordages, pl. ‖[e. Schiffes] Gréement, m. ‖**-wetter** n. Dégel, m.

Tax‖ameter m. ④ (m*ée*t^e^r). Taximètre, compteur. Taxi : *Taxauto,* n., autotaxi, m. ‖**-ator, ...en** m. (x*â*-). Taxateur. ‖[gerichtl.] Expert, commissaire-priseur. ‖**-e** f. (tax^e^). Taxe. ‖[Abgabe] Impôt m. ‖**-i** m. et f., inv. Taxi, m.

taxieren. Taxer : *taxierbar,* adv., appréciable.

Taxierung f. Taxation.

Techn‖ik f. (tè**ch**-), **technisch** a. Technique. ‖**-iker** m. ④. Technicien.

Teckel m. ④ (^e^l). Basset.

Tee‖ m. spl. (t*ée*). Thé : *Tee trinken*,* prendre* du thé. ‖**...tee,** infusion de ... : *Lindentee,* infusion [f.] de tilleul. ‖*Tee...,* ... à thé : *Teebrett,* n., *-büchse,* f., *-tasse,* f., *-tisch,* m., plateau, m., boîte, f., tasse, f., table, f., à thé. ‖**-gesellschaft** f. (gés*è*l-). Thé, m. : *Teegesellschaft mit Tanz,* thé [m.] dansant. ‖**-kanne** f. (k*a*n^e^). Théière. ‖**-kessel** m. (kès^e^l). Samovar, bouilloire, f. ‖**-löffel** m. ④ (lœf^e^l). Petite cuiller, f.

Teer m. (t*ée*r). Goudron.

teeren. Goudronner. ‖n. Goudronnage, m.

Teer‖pappe f. (pap^e^) Carton. bitumé, m. ‖**-ung** f. Goudronnage, m.

Tee‖sieb[chen] n. (**zîpch**^e^n). Passethé, m. ‖**-topf** m. Théière, f.

Teich m. (ta^è^**ch**). Étang.

Teig m. (t*a*^è^k, **-g-**). Pâte, f.

teigig a. (t*a*^è^**gich**). Pâteux, euse.

Teil m. (t*a*^è^l). Partie, f. : *zum Teil,* en partie. ‖[Anteil] Part, f. ‖[gerichtl.] Partie, f.

teilbar a. Divisible.

Teil‖barkeit f. Divisibilité. ‖**-chen** n. ④ (**ch**^e^n). Parcelle, f., particule : *Teilchenbeschleuniger,* m., accélérateur de particules. ‖[e. Körpers] Molécule, f.

teilen. Partager, diviser.

Teiler m. ④. Diviseur.

teilhaben*, sép. (**hâb**^e^n). [an, *dat.*] Participer [à].

Teilhaber, in m. ④, f. (**h*â*b**^e^**r, ìn**). Associé, e, actionnaire.

teilhaftig a. (**h*a*ftig**). Participant, e: *teilhaftig machen,* faire* participer [à] ; *teilhaftig werden*,* participer [à].

...teilig a. Divisé, e, en : *vierteilig,* divisé, e en quatre.

Teilnahme f. (n*â*m^e^). [an, *dat.*] Participation [à] ‖[an Verbrechen] Complicité. ‖[Mitgefühl] Sympathie [pour]. ‖[Interesse] Intérêt, m. [pour].

teil‖nehmen* (n*ée*m^e^n), sép. [an *dat.*]. Prendre* part [à], participer [à]. ‖**-nehmend** p. a. Qui prend part [à] ‖[mitfühlend] Sympathique.

Teilnehmer, in m. ④, f. (*néem*ᵉr, ìn). Participant, e. ‖ [in Geschäften] Associé, e. ‖ [an e. Feste] Assistant, e.
teils adv. (*ta*ᵉls). En partie : *teils..., teils...*, soit..., soit...
Teilung f. Division. ‖ [Verteilung] Partage, m.
teilweise adv. (vaᵉzᵉ). En partie.
Teilzahlung f. Acompte, m.
Tele‖funke[n] m. (*foùn*kᵉn). T.S.F. f. ‖ Radio, f. ‖**-gramm** n. ①. Télégramme, m. ‖**-graph, -en, -en** m. (*âf*). Télégraphe.
Telegraphen‖... (*âf*ᵉn), ... de télégraphe, télégraphique : *Telegraphen‖amt*, n., *-draht*, m., *-stange*, f., *-station*, f., bureau, m., fil, poteau, m., station télégraphique. ‖**-bote, -n, -n** m. (*bô*tᵉ). télégraphiste. ‖**-wesen** n. [les] Télégraphes, pl.
Telegraphie f. (*fî*). Télégraphie.
telegraph‖ieren. Télégraphier. ‖**-isch** a. (*âf*isch). Télégraphique.
Telephon n. ① (*fône*). Téléphone, m. ‖ *Telephon...*, ...téléphonique.
telephon‖ieren (*î*rᵉn). Téléphoner. ‖**-isch** a. (*ô*-) Téléphonique.
Telephonist, -en, -en m., **in** f. (*ist*). Téléphoniste, m. et f.
Teleskop n. ① (*kôp*). Télescope, m.
Teller‖ m. ④ (*tè*lᵉr). Assiette, f. : *tiefer Teller*, assiette creuse. ‖**-lekker** m. ④. Pique-assiette. ‖**-voll** m. inv. (fol). Assiettée, f.
Tempel‖ m. ④ (*tè*mpᵉl). Temple. ‖**-herr, -n, -en** (*hèr*), **-ritter** m. (*rit*ᵉr). Templier.
Temperatur f. (tèmpé-*toûr*). Température.
Temp‖o, -s et **...pi** n. (*tè*mpo). *Mus.* Temps, m., mesure, f., allure, f. ‖**-us, -pora** n. (pous). *Gramm.* Temps, m.
Tendenz f. (tèn*dè*nts). Tendance.
tendenziös a. (tsi*eû*ss). Tendancieux, euse.
Tenne f. (*tè*nᵉ). Aire.
Tennis m. (*tè*-). Tennis.
Tenor‖, -e et **¨e** m., **-ist, -en, -en** m. (*ôr*, *ist*). Ténor.
Teppich m. (*tè*pi**ch**). Tapis.
Termin m. (*mîne*). Terme. ‖ [Frist] Délai.
Termite f. (*î*tᵉ). Termite, m.
Terpentin‖ m. (pèn*tîne*). Térébenthine, f. ‖**-öl** n. Essence de térébenthine, f.
Terrakotta, -s f. (*ko*). Terre cuite.
Tertia‖ -tien f. (*tè*rtsia). [Classe de] troisième. ‖**-ner** m. ④. (*â*nᵉr). Élève de troisième.
Terz‖ f. (*tè*rts). Tierce. ‖**-ett** n. ①. (*ètt*). Trio, m. ‖**-ine** f. (*î*nᵉ). Tercet, m.
Testament n. ① (*ènt*). Testament, m.
testieren (*tî*rᵉn). Tester.
Testierer, in m. ④, f. (*î*rᵉr, ìn). Testateur, trice.
teuer a. (*tœü*er). Cher, ère : *teurer Freund*, cher ami.
Teu‖[e]rung f. Cherté [générale]. ‖ [teure Zeit] Disette, vie chère.
Teuf‖el m. ④ (*tœü*fᵉl). Diable, démon. *Fam. hol' ihn der Teufel!* que le diable l'emporte! *zum Teufel!* Diable! ‖**-elchen** n. ④ (**ch**ᵉn), dim. Diablotin, m. ‖**-elei** f. (*a*ᵉ). Diablerie.
teuf‖elisch a., **-els...** Diabolique : *fig.* : *Teufelsjunge*, m., *-kind*, n., diable d'enfant, m.
teure[r], Teurung. V. *teuer.*
Teutone, -n, -n m. (*tœü*tônᵉ). Teuton.
teutonisch a. Teutonique.
Text m. (*tè*xt). Texte. ‖ [Opern-] Livret. ‖ *Fig.* : *einem den Text lesen**, chapitrer qn.
textil... (*til*) : ... textile.
Theater n. ④ (*â*tᵉr). Théâtre, m.
theatralisch a. (*âl*). Théâtral.
Thema, -men n. (*tée*). Thème, m.
Themse f. (*tè*mzᵉ). Tamise.
Theolog‖e, -n, -n m. (*lô*gᵉ). Théologien. ‖**-ie** f. Théologie.
Theoretiker m. ④ (*rée*-). Théoricien.
theoretisch a. (*rée*-). Théorique.
Theorie f. Théorie.
Therm‖e f. (*tè*rmᵉ). Therme, m. ‖**-al...** (*âl*) : ... thermal, e. ‖**-ometer** m. et n. ④. Thermomètre, m.
These f. (*tée*sᵉ). Thèse.
Thron‖ m. ① (*trône*). Trône. ‖ *Tron...*, ... du trône. *Thronrede*, f., *-saal*, m., discours [m.]. salle [f.] du trône. ‖... au trône : *Thron‖folge*, f., *-folger*, m., succession, successeur au trône, ‖**-besteigung** f. (scht*a*ᵉgoung). Avènement, m. ‖**-bewerber** m. (bᵉ*vè*rbᵉr). Prétendant.

thronen. Trôner.
Thron||**entsagung** f. Abdication. ||**-erbe** m. Héritier du trône.
Thunfisch m. (*tou*n-). Thon.
Thürin||**gen** n. (*tû*ring^e^n). Thuringe f. ||**-ger** m., **thüringisch** a. Thuringien, enne.
Thymian m. (*tû*mi*â*n). Thym.
Thyrsus m. (*tu*r). Thyrse.
Tiara, -ren f. (ti*â*ra). Tiare.
Tiber f. (*tî*b^e^r). Tibre, m.
Tick|| m. Coup léger. ||[v. Pferden] Tic. ||*Fig.* Tic. ||**-tack** n. Tic-tac, m.
tief a. Profond. ||[v. Tönen] Bas. ||[v. Farben] Foncé, e.
Tiefe f. Profondeur. ||[v. Schnee] Épaisseur. ||*Fig.* Gravité. ||[Abgrund] Abîme, m.
tiefen. Approfondir.
Tief||**flug** m. Rase-mottes. ||**-gang** m. Tirant d'eau. ||**-sinn** m. Esprit profond, méditatif. ||*tiefsinnig*, a., profond, e.
Tiegel m. ④ (*tî*). Creuset.
Tier|| n. (*tî*r). Animal, aux, m., bête, f. ||**-arzneikunde** f. Art vétérinaire, m. ||**-arzt** m. (artst). **tierärztlich** a. (èrtstli**ch**). Vétérinaire. ||**-bude** f. (b*ou*d^e^). Ménagerie. ||**-chen** n. ④ (**ch**^e^n), dim. de *Tier*. Bestiole, f. ||**-garten** m. ③. Jardin zoologique.
tierisch a. Animal, e. ||[roh] Bestial, e.
Tier||**kenner** m. ④. Zoologiste. ||**-kreis** m. (kra^è^s). Zodiaque. ||**-kunde** f. Zoologie. ||**-maler** m. Animalier. ||**-reich** n. Règne animal, m.
Tiger, in m. ④, f. (*tî*g^e^r, ìn). Tigre, esse.
tigern tr. Tigrer : *getiegert*, a., tigré, e.
tilg||**bar** a. Amortissable. ||**-en.** Faire* disparaître*. ||[Schuld] Amortir.
Tilgung f. Amortissement, m.
Tingeltangel m. ④ (*tì***ng**^e^ltà**ng**^e^l). Café-concert.
Tinktur f. (tìnkt*ou*r). Teinture.
Tinte f. (*tì*nt^e^). Encre, m. *Tinten*||*faß*, n. ②, encrier, m.; *-fisch*, m., seiche, f.
tippen (^e^n). Toucher légèrement. ||[Rennbahn] tuyauter.
Tipp||**fehler** m. Faute [f.] de frappe. ||**-fraülein** n. ④. Dactylo, f.
Tisch|| m. (*ti*sch). Table, f. ||[d. Arbeiter] Établi. ||Loc : *bei Tische sitzen**, être* à table; *zu Tische gehen**, aller* à table; *zu Tische bitten**, inviter à dîner; *nach Tische*, après dîner. ||*Fig.* : *e. guten Tisch führen*, faire* bonne chère; *von Tisch u. Bett geschieden*, séparé de corps et de biens. ||*Tisch...*, ... de table : *Tischdecke*, f., *-läufer*, m., *-zeug*, n., tapis, m., chemin, linge [m.] de table. ||**-gänger** m. pensionnaire; **-genosse**, m. compagnon de table, commensal. ||**-gebet** n. ||gébéete). Bénédicité, m. ||**-gespräch** n. Propos [mpl.] de table. ||**-kehrschaufel** f. Ramasse-miettes, m. ||**-ler** m. ④. Menuisier : *Tischler*||*arbeit*, f., *-ei*, f., menuiserie.
tischlern (l^e^rn). Menuisier.
Tisch||**tuch** n. (t*oû***ch**). Nappe, f. ||**-wein** m. (va^è^n). Vin ordinaire.
Titan||, **-en, -en** m. (t*â*ne). Titan.
titanisch a. Titanesque.
Titel|| m. ④ (*tî*t^e^l). Titre. ||**-blatt** n. Frontispice, m.
Titular... (toul*â*r) : ... titulaire.
Titulatur f. (t*oû*r). Titre, m.
titulieren. Donner un titre à.
Toast m. ① (*tô*st). Toast.
toasten intr. Porter un toast.
toben (*tô*b^e^n). Faire* du fracas. ||[Wind] Faire* rage. ||[wüten] Être* furieux, euse.
Tobsucht f. Délire furieux, m.
tobsüchtig a. Fou, olle, furieux, euse.
Tochter||, **¨**, f. (to**ch**t^e^r). Fille. ||dim. *Töchterchen*, n. ④ (tœ**ch**t^e^r**ch**^e^n), fillette, f. ||**-anstalt** f. (ànsch). Succursale.
Tod|| m. spl. (*tô*te, -d-). Mort, f., décès. ||*Poét.* Trépas : *dem Tode nahe*, près de mourir*. ||*Fig.* : *sich zu Tode arbeiten*, se tuer à force de travail; *sich zu Tode lachen*, mourir* de rire*; *ein Mann* [*ein Kind*] *des Todes sein**, être* un homme mort, être* perdu. ||*Tod...*, ... Mortel, le.
todähnlich a. (ènli**ch**). Léthargique : *todähnlicher Schlaf*, léthargie, f. ||**-bringend** a. Mortel, elle. ||[Gas] Délétère.
Todes||**...** (*tô*d^e^s) : ... de la mort. ||**-angst** f. Angoisse mortelle. ||**-anzeige** f. (àntsa^è^g^e^). Avis [m.], faire-part [m.] de décès. ||**-fall** m.

Décès : *im Todesfall,* en cas de décès. ‖**-furcht** f. Crainte de la mort. ‖**-gefahr** f. Danger [m.] de mort. ‖**-kampf** m. Agonie, f. ‖**-sprung** m. (schprounk). Saut périlleux. ‖**-strafe** f. Peine de mort. ‖**-streich** m. Coup mortel. ‖**-stunde** f. Heure de la mort. ‖**-verbrechen** n. Crime [m.] capital. ‖**-wunde** f. Blessure mortelle.
Todfeind m. Ennemi mortel.
tod‖krank a. (krànk). Malade à la mort. ‖ **¨lich** a. (teûtlich). Mortel, le. ‖[mörderisch] Meurtrier, ière. ‖adv. Mortellement. ‖**-müde** a. (mûde). Exténué, e.
Todsünde f. Péché [m.] mortel.
Toga, -gen f. (tô). Toge.
Toilette f. (ète). Toilette. ‖[Abort] Cabinets, m. pl.
tolerant a. (ànt). Tolérant, e.
Toleranz f. (ànts). Tolérance.
toll a. Fou, olle, aliéné, e. ‖[Hund usw.] Enragé, e. ‖*Fig.* Insensé, e.
Toll‖haus n. (haos). Maison de fous, f. ‖**-heit** f. (haèt). Folie. ‖**-kirsche** f. (kirsche). Belladone.
tollkühn a. (kûn). Téméraire.
Toll‖kühnheit f. Témérité. ‖**-wut** f. Folie furieuse. ‖[v. Hunden] Rage.
Tolp‖atsch m. ① (tol-). Lourdaud. ‖ **¨el** m. (tœlpel). Rustre, lourdaud : *tölpelhaft,* a., lourdaud, e, balourd, e. ‖ **¨elei** f. Balourdise.
Tomate f. (mâte). Tomate.
Ton[1] m. spl. (tône). Argile, f., terre glaise, f. ‖*Ton...,* ... d'argile, argileux, euse.
Ton[2]‖ m. (tône). Ton : *in einem Tone,* d'un ton; *einen Ton anschlagen*,* prendre* un ton. ‖*Fig. : den Ton angeben*,* donner le ton. ‖[Schall] Son. ‖[Betonung] Accent [tonique]. ‖[Farbe] Ton. ‖**-art** f. (arte). *Mus.* Mode, m., ton, m. ‖**-dichter** m. Compositeur. ‖**-dichtung** f. Composition.
tonen. [Photogr.] Virer. ‖n. Virage, m.
tönern a. D'argile.
Ton‖fall m. Cadence, f. ‖**-gerät** n. (gérête). Instrument [m.] de musique. ‖**-halle** f. (hale). Salle de concert.
tonicht a., **ig** a. Argileux, euse.
Tonika, -ken f. (tô), **tonisch** a. Tonique.
Ton‖kunst f. (kounst). Musique. ‖**-künstler, in** m. ④, f. (kunstler, ìn). Musicien, ienne. ‖**-leiter** f. Gamme.
tonlos a. (lôss). Aphone. ‖[Silbe] Non accentué, e.
Ton‖setzer, = *Tondichter.* ‖**-verstärker** m. Ampli[ficateur]. ‖**-zeichen** n. ④. Note, f.
Tonne f. (tone). Tonne : *Tonnengehalt,* m., tonnage.
Tonsur f. (tònzoûr). Tonsure.
Tonung f. (tônoung). Virage, m.
Tonware f. Poterie.
Topas m. ① (âss). Topaze, f.
Topf‖ m. (topf). Pot. ‖*...topf,* pot à ... ‖ **¨er** m. ④ (tœpfer.). Potier : *Töpfer‖erde,* f., terre à poterie; *-scheibe,* f., tour de potier, m. ‖ **¨erei** f. (tœpferaè). Poterie. ‖**-mantel** m. ③ (màntel). Cache-pot. ‖**-voll** m. inv. (fol). Potée, f. ‖**-ware** f. Poterie.
Topographie f. Topographie.
Tor[1]‖, **-en, -en** m. (tôr). Fou.
Tor[2] n. ①. Porte, f. [d'entrée]. ‖[großes] Portail, m.
Torf‖ m. ① (torf). Tourbe, f. ‖**-grube** f. Tourbière.
Torheit f. (tôrhaèt). Folie.
töricht a. (teûricht). Fou, olle; insensé, e : *törichterweise,* adv. follement.
Törin f. (teûrìn). Folle.
Tornister m. ④ (ister). Sac.
Torpeder m. ① (péeder). Torpilleur.
torpedieren. Torpiller.
Torpedo, -s m. (ée-). Torpille, f. : *Torpedo‖boot,* n., torpilleur, m.; *-bootzerstörer,* m., contre-torpilleur.
Torschreiber m. ④ (tôr-). Commis d'octroi.
Torso, -s m. (tor-). Torse.
Torte f. (torte). Tarte : *...torte,* tarte au[x]..., à la ... ‖[runde] Tourte.
Tor‖wärter m. (tôrvèrter). Portier, concierge. ‖**-wärterhäuschen** n. ④. Conciergerie, f. ‖**-weg** m. Porte cochère, f.
tosen (tôzen). Gronder. ‖[Meer] Mugir. ‖n., = *Getöse.*
tot a. (tôte). Mort, e : *sich tot lachen,* mourir* de rire; *sich tot stellen,* faire* le mort. ‖*Fig.* :

totes Wasser, n., eau dormante, f.; *tote Hand,* mainmorte; *tote Zeit,* f., morte-saison. ‖*das ist zum Totlachen,* c'est à mourir de rire. ‖*tot...* [composés renfermant l'idée de *mort,* de *tuer*].

total a. (tâl). Total, e.

Total‖isator m. Pari mutuel. ‖**-ität** f. (tête). Totalité.

Toten... (tôten) ... de mort : *Toten‖bett,* n., *-kopf,* m., *-stille,* f., lit [m.], tête [f.], silence [m.] de mort. ‖... des morts : *Totenmesse,* f., messe des morts. ‖... funèbre : *Totenfeier,* f., cérémonie funèbre.

totenblaß a. Pâle comme un mort.

Toten‖blässe f. Pâleur mortelle. ‖**-feier** f. Cérémonie funèbre. ‖**-gebet** n. Prière [f.] des morts. ‖**-geläute** n. Glas, m. ‖**-geleit** n. Convoi [m.] funèbre. ‖**-gerüst** n. (gérüst). Catafalque, m. ‖**-gräber** m. Fossoyeur. ‖**-hemd, -en** n. (hèmte, -d-). Linceul, m. ‖**-schein** m. (schaène). Acte de décès. ‖**-stadt** f. Nécropole. ‖**-tanz** m. Danse macabre, f.

töten (teûten). Tuer.

Töter m. ④. Meurtrier.

tot‖geboren a. Mort-né, e. ‖**-lachen** V. *tot.* ‖**-schießen*** sép. Tuer d'un coup de feu. ‖**-schlagen*** sép. Assommer.

Tour‖ f. (toûr). Tour, m. ‖[Ausflug] Excursion. ‖**-ist, -en, -en** m. (ist). Touriste.

Trab‖ m. (trâp, -b-). Trot : *im vollen Trabe,* au grand trot; *Trab reiten*,* aller* au trot. ‖**-ant, -en, -en** m. (ànt). Satellite.

traben. Aller* au trot.

Tracht f. (tracht). [Holz usw.] Charge. ‖[Wasser] Voie. ‖[Junge] Portée. ‖*Fig.* [Prügel] Volée. ‖[Kleidung] Costume, m.

tracht‖en [nach...]. Aspirer [à]. ‖n. spl. Aspiration, f. ‖ **"ig** a. (trêchtig). Pleine, a. f. [jument, etc.].

traf (âf), imp. de *treffen**.

Tragband n. ② (trâgbânt). Bretelle, f.

tragbar a. Portatif, ive. ‖[Kleid] Portable, mettable.

Tragbeutel m. ④ (bœüitel). Suspensoir.

trag‖en* tr. (trâgen). Porter. ‖[ertragen] Supporter. ‖[sich] [Kleid] Se porter.

tragfähig a. (fée'ig). Capable de porter.

Trag‖fähigkeit f., **-kraft** f. [e. Brücke] Résistance. ‖[v. Wagen] Tonnage maximum, m. ‖**-riemen** m. ④ (rîmen), = *Tragband.* ‖**-sattel** m. Bât. ‖**-weite** f. Portée.

Trage f. (trâge). Civière, brancard, m.

träge a. (trêge). Paresseux, euse. ‖[lässig] Indolent, e, nonchalant, e.

Trag[e]‖balken m. Sommier [de charpente]. ‖**-korb** m. Hotte, f.

Träger, in m. ④, f. (trèger, ìn). Porteur, euse. ‖[Stütze] Support, m., soutien.

Trägheit‖ f. Paresse. ‖Indolence, nonchalance. ‖**-sgesetz** n. Loi [f.] d'inertie.

Tragiker m. ④ (trâgiker). Poète tragique.

tragisch a. (trâgisch). Tragique.

Tragödie f. (geûdie). Tragédie : *Tragödienspieler, in,* m. ④, f., tragédien, ienne.

Train‖ m. (pr. fr.). *Milit.* Train : *Trainsoldat,* m., soldat du train, *fam.* tringlot.

trainieren (trènîren). Entraîner. ‖n. Entraînement, m.

Traktat m. ① (tâte). Traité.

traktieren. Traiter.

trällern (trèlern). Fredonner.

Tram‖, -s f., *fam.,* **-bahn** f. (tràm). Tram[way], m.

trampeln (tràm-). Trépigner.

Trampeltier n. Dromadaire, m.

Tran m. ①. Huile de poisson, f.

Trän‖e f. (trêne). Larme : *in Tränen schwimmen*,* fondre en larmes. ‖*Tränen...,* ...de [pour les] larmes.

tränen intr. Pleurer : *mit tränenden Augen,* les larmes aux yeux.

trank (trànk), imp. de *trinken**. ‖m. Boisson, f. ‖[Arznei] Potion, f.

Tränke f. Abreuvoir, m.

tränken (ènken). Donner à boire à. ‖[Tiere] Abreuver. ‖[Boden usw.] [mit...] Imbiber, imprégner [de].

Trankopfer n. ④. Libation, f.

trans‖alpinisch a. (trànsalpî-). Transalpin, e. ‖**-atlantisch** a. (àn). Transatlantique.

Transit m. ① (îte). Transit.

transitiv a. (tîf). Transitif, ive. ‖n. ①. Verbe [m.] transitif.
Transmissionswelle f. Arbre [m.] de transmission.
transponieren. Transposer.
Transport m. ① (porte). Transport : *Transport‖dreirad,* n., triporteur, m.; *-fähig,* a., transportable.
Trapez n. ① (èts). Trapèze, m.
Trappe f. (trapᵉ). Outarde.
Trass‖ant, en m. [Tratte] Tireur. ‖**-at,** en. Tiré.
trassieren. Tirer une traite.
trat imp. de *treten**.
Tratte f. (atᵉ). Traite.
Traube f. (traᵒbᵉ). Grappe. ‖pl. Raisin, raisins. ‖*Trauben‖beere,* f., grain de raisin m.; *-geländer,* n., treille, f.
trauen (traôᵉn). 1. intr. Se fier [à], avoir* confiance [en, dans]; *sich trauen,* oser. ‖2. tr. Marier.
Trau‖er f. (traôᵉr). Tristesse [d'un deuil]. ‖[äußere Zeichen derselben] Deuil, m. : *Trauer haben**, être* en deuil; *tiefe Trauer,* grand deuil; *Trauer anlegen, ablegen,* prendre*, quitter le deuil. ‖*Trauer...,* ... de deuil : *Trauer‖anzeige,* f. *-behang,* m., *-kleid,* n., *-papier,* n., faire-part, m., tenture, f., habit, m., papier [m.] de deuil : ... funèbre : *Trauer‖gesang,* m., *-gottesdienst,* m., *-marsch,* m., *-wagen,* m., *-zug,* m., *gefolge,* n., chant, service, marche, f., char, cortège, m., convoi [m.] funèbre. ‖**-haus** n. Maison [f.] mortuaire. ‖**-kapelle** f. Chapelle ardente.
trauern. Être* triste, affligé. ‖[um...] Être en deuil [de]. ‖n. Tristesse, f., deuil, m.
Trauer‖spiel n. Tragédie, f. ‖**-weide** f. Saule pleureur, m.
Traufe f. (traᵒfᵉ). Gouttière. ‖LOC. *aus dem Regen in die Traufe fallen**, tomber de Charybde en Scylla.
träufeln. Dégoutter.
Traufröhre f. Gargouille.
traulich a. (traᵒlich). Intime.
Traulichkeit f. Intimité.
Traum‖ m. (traᵒm). Rêve, songe : *einen Traum haben,* faire* un rêve; *im Traume,* en rêve, en songe. ‖**-bild** n. ② (bilt, -d-). Vision, f. ‖*Fig.* Chimère, f.
träumen (trœümᵉn). Rêver.
Träum‖er m. ④. Rêveur. ‖**-erei** f. Rêverie.
träumerisch a. Rêveur.
traun! interj. (traᵒn). Ma foi!
traurig a. (traᵒrig). Triste.
Trau‖rigkeit f. Tristesse. ‖**-ring** m. (rìng). Anneau[x] de mariage, alliance, f. ‖**-schein** m. (schaèn). Acte *ou* extrait de mariage. ‖**-ung** f. (oung). Cérémonie; [kirchl.] bénédiction nuptiale.
Treber pl. (tréebᵉr). Marc, m.
Trecker m. Tracteur.
Treff, -s n. Trèfle, m. [cartes].
treff‖en*. Atteindre. ‖[berühren] Toucher. ‖[vorfinden] Trouver; rencontrer. ‖[Ähnlichkeit] Attraper. ‖[Vergleich] Conclure*. ‖intr. [Schlag, Schuß] Porter. ‖[**sich**]. Se trouver, impers. [que...]. ‖n. ④. *Mil.* Rencontre, f. [combat]. ‖[Schlachtlinie] Ligne de bataille, f. ‖**-end** a. (ᵉnt, -d-). Juste. ‖[Bild] Frappant, e.
Treffer m. ④. Billet *ou* numéro gagnant. ‖[beim Schießen] Coup portant.
trefflich a. (lich). Excellent, e. ‖adv. Très bien.
Treibeis n. (aèp, -b-). Glace flottante, f.
treiben* tr. Pousser. ‖[Vieh] Mener [paître]. ‖[Wild] Traquer, rabattre. ‖[bewegen] Faire* marcher. ‖[einschlagen] Enfoncer. ‖[Knospen] Pousser, porter. ‖[Pflanzen] Faire* pousser. ‖[Harn, Schweiß] Provoquer. ‖*Fig.* [einen zu...]. Pousser [à] ‖[etwas zu weit] Pousser, aller [trop loin]. ‖[Handwerk] Exercer. ‖*Fig. Musik. Politik* usw. *treiben,* faire* de la musique, de la politique, etc. ‖intr. [Schiff] Être* poussé, jeté. ‖LOC. *Eis treibt auf dem Flusse,* la rivière charrie. ‖*getrieben,* p. a. : *getriebene Arbeit,* travail en bosse. ‖n. Action de pousser, etc., f. ‖[Tun, Handeln] Menées, f. pl.
Treib‖er m. ④. Celui qui pousse, etc. ‖[Vieh] Conducteur. ‖[Jäger] Rabatteur. ‖**-haus** n. ② (haᵒs). Serre chaude, f. ‖**-holz** n. bois [m.] flottant. ‖**-jagd** f. battue. ‖**-mine** f. mine flottante. ‖**-stoff** m. Carburant.

trenn‖bar a. (trèn-). Séparable. ‖**-en.** Séparer. ‖[Naht] Défaire*. ‖[Genähtes] Découdre*.
Trennung f. Séparation.
Trense f. (trèns[e]). Bridon, m.
Trepan m. ① (pâne). Trépan.
trepanieren (îr[e]n). Trépaner. ‖n. Trépanation, f.
Treppe f. (trèp[e]). Escalier, m. : *zwei Treppen hoch,* au second [étage]. ‖*Treppen‖haus,* n., cage d'escalier, f.; *-leiter,* f., échelle double.
Tresse f. (trèss[e]). Tresse.
Trester m. marc [de raisins].
treten* intr. [*sein*] (tréet[e]n). Marcher. ‖[in, *acc.*] Entrer [dans]. ‖[aus...] Sortir* [de]. ‖[an. *acc.*] S'approcher [de]. ‖[vor, *acc.*] Se présenter. ‖tr. [Trauben usw.] Fouler : *mit Füßen treten,* fouler aux pieds; *in Stücke treten,* écraser. ‖[Schuhe] : *schief treten,* éculer.
Treten‖kurbel f. Pédale. ‖**-kurbellager** n. pédalier, m.
treu a. (trœü). Fidèle, loyal, e [m. pl. : aux]. ‖adv. Fidèlement, loyalement.
Treubruch m. (brou**ch**). Félonie, f. ‖[Verrat] Trahison, f.
treubrüchig a. Traître, sse.
Treu‖e f. (trœü[e]). Fidélité : [*bei*] *meiner Treue!* [par] ma foi! ‖**-händer** m., mandataire.
treu‖herzig a. (**h**èrtsig). Sincère : *Treuherzigkeit,* f., sincérité. ‖**-lich** adv. (li**ch**) = *treu.* ‖**-los** a. (lôss, -z-). Déloyal, e. ‖[falsch] Perfide. ‖[verräterisch] Traître : *Treulosigkeit,* f., déloyauté; trahison.
Tribun, -en, -en m. (boûne). Tribun.
Tribut m. ①. Tribut : *tributpflichtig,* a., tributaire.
Trickbild n. ②. Dessin animé, m.
Trichter m. ④ (i**ch**). Entonnoir.
Tricktrack n. (trik-). Trictrac, m.
trieb (trîp, -b-), imp. de *treiben**. ‖m. Impulsion, f. ‖[Hang] Penchant. ‖[Instinkt] Instinct.
Trieb‖feder f. (féed[e]r). Ressort, m. ‖*Fig.* Mobile, m. ‖**-kraft** f., **-rad** n. ② (rât, -d-). Force, f., roue motrice, f. ‖**-sand** m. (zànt, -d-). Sable mouvant. ‖**-werk** n. Machine, f. ‖[Räderwerk] Rouage, m.
Triefauge n. œil [m.] chassieux.
triefen* (trîf[e]n). Goutter, dégoutter. ‖[von] Ruisseler [de].
Trier n. (trîr). Trèves, m.
triff, -st, -t. V. *treffen**.
Trift f. Pâturage, m.
triftig a. 1. Qui va à la dérive. ‖2. [begründet] Plausible.
Trikolore f. (lôr[e]). Drapeau[x] tricolore, m.
Tri‖kot, -s m. (k*o*). Tricot. ‖**-kotage** f. Bonneterie.
Triller m. ④ (*i*l[e]r). Trille. ‖[Lauf] Roulade, f.
trillern. Faire* des trilles, des roulades.
trimmen. Arrimer.
trinkbar a. (trìnk-). Potable. ‖*Fam.* Buvable.
Trinkbruder m. ③ (br*oû*d[e]r). Buveur.
trinken* tr. Boire*. ‖[Kaffee usw.] Prendre*. ‖LOC. *leer trinken,* vider; *sich voll trinken,* s'enivrer. ‖n. Action de boire*, f., boisson, f.
Trink‖er, in m. ④, f. ([e]r, ìn). Buveur, euse. ‖**-gefäß** n. vase [m.] à boire. ‖**-geld** n. ② (gèlt, -d-). Pourboire, m. ‖**-glas** n. (glâss). Verre [m.] à boire*. ‖**-halle** f. (**h**al[e]). Buvette. ‖**-lied** n. ② (lîte, -d-). Chanson à boire*, f. ‖**-spruch** m. (schprou**ch**). Toast. ‖**-stube** f. (scht*oû*b[e]). Buvette. ‖**-wasser** n. Eau potable, f.
Triole f. (i*ô*l[e]). Triolet, m.
trippeln ([e]ln). Trottiner.
tritt... V. *treten**. ‖m. Pas : *im Tritt,* au pas; *Tritt gefaßt!,* au pas! ‖[Fuß-] Coup de pied. ‖[Stufe] Marche f. ‖[am Fahrrad usw.] Pédale, f.
Tritt‖brett n. Marchepied, m. ‖**-wechsel** m. Changement de pas.
Triumph‖ m. ① (*ou*mf). Triomphe : *im Triumph,* en triomphe, triomphalement. ‖**-bogen** m. Arc de triomphe. ‖**-zug** m. Marche triomphale, f.
trock‖en a. Sec, èche : *trocken halten**, tenir* au sec, — *werden**, sécher; *-legen,* sép. mettre* à sec; *trockenen Fußes,* à pied sec. ‖a. s. : *im Trockenen sein**, *ins Trockene bringen**, être*, mettre* au sec, à l'abri. ‖*Trocken‖raum,* m., *-ständer,* m., *-stube,* f. usw., séchoir, m. ‖*Trocken‖dock,* n., bassin [m.] de

radoub; *-heit,* f. sécheresse; *-mittel,* n. ④, siccatif, m. ||**-nen** intr. Sécher. ||tr. Sécher, faire* sécher. ||[abwischen] Essuyer. ||n. Séchage, m.

Troddel f. Gland, m. ||[v. Degen] Dragonne.

Trödel m. spl. (treûdel). *Trödelei,* f., *Trödelkram,* m. usw. Friperie, f. ||[v. allerlei Sachen] Bric-à-brac.

trödeln. 1. Brocanter. ||2. [lange machen] Lambiner.

Trödler, in m. ④, f. (ler, ìn). 1. Fripier, ière, brocanteur, euse. ||2. Lambin, ine.

troff, trog. V. *triefen*, trügen**.

Trog m. (trôg). Auge, f.

Troja n. Troie, f.

Tromm||el f. (omel). Tambour, m. : *die Trommel rühren, wirbeln,* battre le tambour. ||*Trommel||fell,* n., peau de tambour, f.; [im Ohr] tympan, m.; *-schlag,* m., son du tambour; *unter Trommel,* tambour battant; *-schläger,* m. ④ = *Trommler.* ||**-elei** f., = *Trommeln,* n.

trommeln intr. Battre du tambour. ||[mit d. Fingern] Tambouriner. ||tr. Battre. ||n. Jeu [m.] de [bruit [m.] du] tambour. ||*Fam.* Tambourinage, m.

Trommler m. ④. Tambour.

Trompete f. (tròmpèete). Trompette : *Trompeten||bläser,* m., *-signal,* n., *-stoß,* m., joueur, sonnerie, f., coup de trompette.

trompeten. Sonner de la trompette.

Trompet||er m. ④. Trompette. ||[bei d. Infanterie] Clairon. ||**-tusch** m. Fanfare, f.

Tropen pl. (trôpen). Tropiques, m. pl. : *Tropen..., tropisch,* a., tropical, e [m. pl. aux].

Tropf m. (tropf). Niais, benêt : *armer Tropf,* pauvre diable.

Tropfbrett n. Égouttoir, m.

tröpfeln intr. Dégoutter [lentement]. ||tr. Verser goutte à goutte.

Tropf||en m. ④. Goutte, f. ||intr. Dégoutter. ||tr. Faire* dégoutter. ||*tropfen||weise,* adv., goutte à goutte; *-zähler,* m. ④, compte-gouttes. ||**-steinkegel** m. ④. Stalactite, f. ||**-steinzapfen** m. ④. Stalagmite, f.

Trophäe f. (fêe). Trophée, m.

tropisch a. (trô-). Tropical, e.

Troß|| m. ① (trôss). Train. ||**-bube, -n, -n, -knecht** m. (boûbe, knècht). Soldat du train, *fam.* tringlot. ||[ehemals] Goujat. ||**-wagen** m. (vâgen). Fourgon [de bagages].

Trost m. (trôst). Consolation, f.

tröst||bar a. (treûst-). Consolable. ||**-en** (treûsten). Consoler [de].

Tröster, in m. ④, f. (eûster, ìn). Consolateur, trice.

tröstlich a. (eûstlich). Consolant, e.

trostlos a. (lôss, -z-). Inconsolable, désolé, e. ||[v. Sachen] Désespéré, e, désespérant, e.

Trost||losigkeit f. Désolation. ||[v. Sachen] État désespéré, m. ||**-preis** m. Prix de consolation. || **¨ung** f. (eûstoung). Consolation.

trostvoll a. (fol). Consolant, e.

Trotz m. spl. (trots). Défi, bravade, f., obstination, f. *Trotz bieten*,* braver; [dat.] *zum Trotz,* en dépit [de]. ||prép., *dat.* En dépit de, malgré.

trotz||dem adv. Malgré cela, quand même. ||conj. Quoique. ||**-en** intr. Braver, défier.

Trotzen n. spl. Bravade[s], f. [pl.].

Trotzer m. ④ (er). Homme arrogant, hautain.

trotzig a. (ig). Mutin, e. ||[hochmütig] Arrogant, e, hautain, e.

Trotzkopf m. Caractère mutin.

trüb||e a. (trûbe). Trouble. ||[glanzlos] Terne. ||[finster] Sombre. ||[Wetter] Couvert, e. ||[traurig] Triste. ||**-en.** [Wasser] Troubler. ||[Farbe, Glanz] Ternir. ||[Himmel] Obscurcir. ||[**sich**] [v. Wetter] Se couvrir.

Trübsal f. ① (zâl). Affliction. ||[Qual] Tribulation.

trübselig a. (zéelig). Triste. ||*Trübseligkeit,* f., tristesse, affliction.

Trübsinn m. Tristesse, f. ||[Wehmut] Mélancolie, f.

trübsinnig a. (ig). Mélancolique.

Trüffel f. (ufel). Truffe.

trug (troûk), imp. de *tragen**. ||m. spl. Tromperie, f.

Trugbild n. ② (bilt, -d-). Image trompeuse, f. ||[Illusion] Illusion, f.

trüg||en* (ûgen). Tromper. ||**-erisch** a. (ûgerisch). **-lich** a. Trompeur, euse.

Trug‖schluß m. Faux argument. ‖**-werk** n. Tromperie, f.
Truhe f. (troûe). Bahut, m.
Trümmer pl. (umer). Débris, m. pl. ‖[v. Gebäuden] Ruines, f. pl.
Trumpf m. (troumpf). Atout : *Trumpfkönig*, roi d'atout.
trumpfen. Couper : *höher trumpfen*, surcouper.
Trunk m. (trounk). Coup [à boire] : *einen Trunk tun**, boire* un coup; *auf einen Trunk*, d'un trait.
trunken a. Ivre. ‖*Fig. vor Freude* usw. —, ivre de joie, etc. ‖*Trunken‖bold*, m. ①, ivrogne; *-heit*, f., ivresse.
Trunksucht f. (**zoucht**). Ivrognerie.
Trupp‖, -s m. (troup). Groupe. ‖[v. Menschen] Poignée, f. ‖[v. Vögeln] Compagnie, f. ‖**-e** f. (troupe). *Milit.* Troupe. ‖**-schau** f. Revue.
Trut‖hahn m. (troût'**hâne**). Dindon. ‖**-henne** f. (**hène**). Dinde.
Trutz m. : *Schutz- und Trutz...* ...offensif, ive et défensif, ive.
Tschako, -s m. (*a*-) Schako.
Tschech‖e, -n, -n m., **in** f. (**èche**, ìn). Tchèque, m. u. f. ‖*tschechisch*, a., tchèque. ‖*Tschecho‖slowak*, m., *-slowakei*, f. Tchécoslovaque, -slovaquie.
Tuberkel f. (toubèrkel). Tubercule, m.
tuberkulös a. (kouleûss). Tuberculeux, euse.
Tuberkulose f. (**lôze**). Tuberculose.
Tuberose f. (**rôze**). Tubéreuse.
Tuch‖ n. ② (toû**ch**). Drap, m. ‖[Billard] Tapis, m. ‖[Wisch-] Torchon, m. ‖**-geschäft** n. (géschêft), **-handel** m. Draperie, f. ‖**-händler** m. (**hèntler**), **-macher** m. Drapier. ‖**-weber** m. Drapier.
tüchtig a. (tû**ch**tig). Capable. ‖[geschickt] Habile. ‖[vortrefflich] Excellent, e. ‖adv. Bien : *tüchtig essen**, *trinken**, manger, boire* copieusement.
Tüchtigkeit f. Capacité. ‖Habileté. ‖Excellence.
Tücke f. (tuke). Malice.
tückisch a. Malicieux, se.
Tuff m. ① (touf). Tuf.
Tugend f. (toûgent, -d-). Vertu.
tugendhaft a. Vertueux, euse.
Tüll m. Tulle.
Tülle f. (tule). Douille.
Tulpe f. (toulpe). Tulipe.
tummeln tr. (toumeln). [Pferd] Faire* caracoler. ‖[**sich**] S'ébattre. ‖[sich eilen] Se hâter. ‖*Tummelplatz*, m., manège; [für Kinder] place de jeux, f.
Tumult m. ① (oult). Tumulte.
tumultuarisch a. (ouâ-). Tumultueux.
tun* tr. (toûne). Faire* : *was ist zu tun*?*, que faire*?; *das läßt sich tun**, cela peut se faire; *es mit einem zu tun haben**, avoir* affaire à qn.; *er tut nichts als klagen*, il ne fait que se plaindre*. ‖[bringen] Mettre* : *in die Schule tun**, mettre* à l'école; *Salz* usw. *tun** [in, *acc.*], mettre* du sel, etc. [dans]. ‖intr. Agir : *Sie tun gut daran, zu...*, vous faites bien de ...; *Sie täten besser, wenn Sie...*, vous feriez mieux de...; *er tut, als ob er...*, il fait semblant de...; *es ist ihm um Geld zu tun**, c'est l'argent qui lui importe. ‖n. spl. Façon d'agir, f.
Tünche f. (tùn**ch**e). Lait de chaux m., badigeon, m.
tünchen. Badigeonner.
Tüncher m. ④. Badigeonneur.
Tunes‖er, in m. ④, f. (tounéezer, ìn). Tunisien, ienne. ‖**-ien** n. Tunisie.
Tungste[i]n m. Tungstène.
Tunke f. (tounke). Sauce.
tunken. Tremper.
Tunknäpfchen n. Saucière, f.
tunlich a. (toûne-). Faisable. ‖[möglich] Possible.
Tunlichkeit f. Possibilité.
Tunnel (*tou*). m. Tunnel.
Tüpfel m., **-chen** n. ④ (**chen**). Moucheture, f. ‖[Punkt] Point, m.
tüpf‖elig a. Moucheté, e. ‖Pointillé. e. ‖**-eln.** Moucheter. ‖Pointiller.
tupfen. Toucher légèrement.
Tür, Türe f. (tûr). Porte. ‖[Wagen-] Portière. *Fig. : vor der Tür sein**, être* proche. ‖*Türchen*, n., portillon, m.
Turban m. ① (tourbâne). Turban.
Tür‖drücker m. ④ (tûr). Bec-de-cane. ‖**-flügel** m. battant de porte. ‖**-griff** m. Bouton de porte. ‖**-hüter** m. (**hûter**). Portier, concierge.
Türk‖e, -n, -n m., **in** f. (turke, ìn). Turc, urque. ‖**-ei** f. (kaè). Turquie.

‖**-is** m. (*î*s). Turquoise, f. ‖*türkisch*, a., turc, urque.
Turm‖ m. (*tou*rm). Tour, f. ‖[Kirch-] Clocher. ‖ **¨chen** n. ④ (*tu*rmch^e^n). dim. Tourelle, f.
türmen (*tu*rm^e^n). Élever. ‖*Fig.* [anhäufen] Entasser.
Türmer m. ④. Gardien [d'une tour].
Turm‖**spitze** f. (schp*i*ts^e^). Flèche. ‖**-uhr** f. (oûr). Horloge. ‖**-verlies** n. cachot, m. ‖**-zinne** f. créneau, m.
Turn... (*tou*rn...) : ... de gymnastique : *Turn*‖*gerät*, n., *-lehrer*, m., *-saal*, m. appareil, m., professeur, salle [f.] de gymnastique.
turnen. Faire* de la gymnastique. ‖n. Gymnastique, f.
Turn‖**er** m. ④. Gymnaste. ‖*turnerisch*, a., gymnastique. ‖**-halle** f. (hal^e^). Gymnase, m.
Turnier‖ n. ① (tourn*î*r). Tournoi, m. ‖**-bahn** f. (bâne). Lice. ‖**-lanze** f. Lance à jouter. ‖**-platz** m. = *-bahn*. ‖**-spiel** n. (schp*î*l). Carrousel, m.
Tür‖**steher** m. (t*û*rschté*é*^e^r) = *Türhüter*. ‖**-vorhang** m. (fôrh*à*ng). Portière, f.
Turteltaube f. (t*ou*rt^e^lta^o^b^e^). Tourterelle.
Tusch m. ① (t*ou*sch). Fanfare, f.
Tusche f. Encre de Chine.
tuschen. Peindre* au lavis. ‖n. Lavis, m.
Tusch‖**napf** m. Godet. ‖**-zeichnung** f. (ts*a*^è^chnoung). Lavis, m.
tu‖**t, -st**. V. *tun**.
Tüte f. (t*û*te). Cornet, m.
Tute f. to*û*t^e^). Corne, trompe.
tuten. Corner.
Type f. (t*î*p^e^). Caractère, m.
typhös a. (*eû*ss). Typhoïde.
Typhus m. (t*û*fouss). Typhus : *typhusartig*, a., typhoïde.
typisch a. (t*û*p-). Typique.
Typ‖**ograph, -en, -en** m. (*â*f). Typographe. ‖**-ographie** f. Typographie.
typographisch a. (â-). Typographique.
Typus, -pen m. (t*û*pous). Type.
Tyrann‖, **-en, -en** m. (*à*n). Tyran. ‖**-ei** f. (*a*^è^). Tyrannie. ‖**-enmord** m. tyrannicide.
tyrann‖**isch** a. tyrannique. ‖**-isieren** tr. Tyranniser.

U

U, u n. (ou). U, u, m. ‖Abr. : *u.* = *und; u. a.* = *unter anderm* [*andern*], entre autres; *u. a. m.* = *und andere*[*s*] *mehr*, et cætera, etc.; *U. A. w. g.* = *um Antwort wird gebeten*, réponse, s'il vous plaît [Abk. R. S. V. P.] ‖.*U-Bahn* f., métro, m.
übel a. (*û*b^e^l). Mauvais, e : *mir ist* [*wird*] *übel*, je me sens mal au cœur. ‖a. s. n. Mal, m. : *Übles reden*, dire du mal, médire*. ‖adv. Mal : *sich übel befinden**, se porter mal; *übel schmecken*, avoir* mauvais goût; *es ist ihm übel bekommen*, mal lui en a pris; *wohl oder übel*, bon gré mal gré.
Übel n. Mal, aux, m.
Übelbefinden n. spl. Indisposition, f.
übelgelaunt a. (géla^o^nt). De mauvaise humeur.
übelkeit f. Mal au cœur, m. nausée : *Übelkeit erregend*, a., nauséabond, e.
übelnehmen* sép. Prendre* mal.
Übel‖**stand** m. (scht*à*nt, -d-). Inconvénient. ‖**-tat** f. (t*â*t). Mauvaise action. ‖**-täter** m. (t*ê*t^e^r). Malfaiteur.
übeltätig a. (t*ê*tig). Malfaisant, e.
Übelwollen n. Malveillance, f.
üben tr. (*û*b^e^n). Exercer. ‖[Musikstück] Étudier, travailler. intr. S'exercer, étudier.
über (*û*b^e^r). 1. prép. [avec le *datif* en réponse à la question *wo?*, et l'*accusatif* en réponse à la question *wohin?*]. Sur : *über dem Rock einen Pelz tragen**, porter une fourrure sur l'habit; *über einen herfallen**, fondre sur qn; *über sich nehmen**, prendre* sur soi. ‖Au-dessus de : *er steht über mir*, il est au-dessus de moi; *über eine Meile*, plus d'une lieue; *über alles*, par-dessus tout. ‖Au-delà de : *über die Straße* usw. *gehen**, traverser la

rue, etc.; *über die Grenze hinaus,* au-delà de la frontière; *Reise über See,* voyage d'outre-mer; *über Calais,* via [par] Calais; *fig.* : *das geht* über alle Maßen,* cela dépasse toute mesure; [zeitlich] : *er blieb über Nacht,* il resta toute la nuit; *guter Rat kommt* über Nacht,* la nuit porte conseil; *übers Jahr,* dans un an; *heute über acht Tage,* d'aujourd'hui en huit. ||*Fig.* [avec l'*accusatif*]. Au sujet de, sur, de : *über einen* od. *etwas sprechen*, lachen, klagen, sich freuen* usw., parler, rire*, se plaindre, se réjouir, etc., de...; *Freude, Schmerz* usw. *über...,* joie, douleur, etc., de... ||Ausruf] : *über den Dummkopf!,* l'imbécile! ||adv. : *den Tag über,* tout le jour; *über und über,* tout à fait.

II. Préfixe tantôt *séparable* et *accentué,* tantôt *inséparable* et *non accentué,* ajoute aux verbes ou aux substantifs le sens de :

1° *Être, mettre, passer sur, dessus, au-dessus de, couvrir.* Ex. : *Über||bau,* surélévation, f.; *-decken,* recouvrir* [de]; *-kleiden,* revêtir.

2° *Excès, excédent.* Ex. : *über||arbeiten* [sich], se surmener; *-fülle,* surabondance, f.; *-groß,* trop grand.

3° *Dépassement, supériorité supplément.* Ex. : *über||dauern,* survivre* à; *-mensch,* surhomme, m.; *-rheinisch,* transrhénan, e.

4° *Changement de lieu ou de temps, transmission.* Ex. : *über||kippen,* basculer; *-leiten,* faire* passer de l'autre côté.

überall adv. (ûb^e^r*al*). Partout.

Überangebot n. Surproduction, f.

überarbeiten [sich], réfl. ins. Se surmener [de travail].

Überärmel m. Fausse manche, f.

Überbau m. Surélévation, f.

überbauen tr. sép. Bâtir au-dessus, ins. Couvrir de constructions.

überbieten* tr., ins. (ûb^e^rbît^e^n). Renchérir sur.

Überbietung f. Surenchère.

überbleiben* intr. sép. (bla^è^b^e^n). Rester [en plus].

Überbleibsel n. ④ (bla^è^ps^e^l). Reste, m.

Überblick m. (*û*b^e^r). Coup d'œil d'ensemble.

überblicken tr. ins (bl*i*k^e^n). Embrasser d'un coup d'œil.

überbliebene[r] a. s. (blîb^e^n^e^). Survivant, e.

überbringen* tr. ins. (brîng^e^n). Porter, remettre* [à].

Überbringer m. ④ (brìng^e^r). Porteur.

überburden tr. ins. (b*u*rd^e^n). Surcharger. ||[geistig] Surmener.

Überbürdung f. Surcharge. ||Surmenage, m.

überdauern tr. ins. Survivre* à.

überdecken tr. ins. Recouvrir* [de].

überdem, -dies adv. (*û*b^e^rdèm, dîss). En outre, de plus.

überdenken* tr. ins. Méditer [sur].

Überdruß m. (*û*-ouss). Satiété, f., dégoût.

übereifrig a. Trop zélé, e.

über||eilen tr. ins. (ûb^e^*a*^è^l^e^n). Précipiter. ||**-eilt** p. a. (a^è^lt). Précipité, e. ||adv. Avec précipitation.

Übereilung f. (oung). Précipitation.

überein... (*a*^è^n). Préf. *séparable,* exprime l'idée d'*accord,* de *concordance.* Ex. : *überein||kommen*,* intr., tomber d'accord [sur], convenir* [de]; n. et *-kunft,* ¨e, f., accord, m., convention, f.; *-stimmen,* intr. être* d'accord, s'accorder: *alle stimmen darin überein, daß...,* tous s'accordent à reconnaître* que...; [v. Dingen] concorder; *-stimmend,* p. a., d'accord, concordant, e; *-stimmung,* f., accord, m., concordance; *-treffen*,* s'accorder, concorder.

übereinander adv. pron. (ûb^e^ra^è^nând^e^r). V. *einander.* ||*übereinander||legen, -setzen, -stellen,* superposer; *-schlagen*,* croiser [les jambes].

Übererzeugung f. Surproduction.

überfahren* intr. sép. [*sein*] (*û*b^e^rfâr^e^n). Passer de l'autre côté, traverser. ||tr. sép. Faire* passer de l'autre côté, passer. ||tr. ins. Écraser.

Überfahrt f. (*û*b^e^r-). Passage, m. ||[im Schiff] Traversée.

Überfall m. (*û*-). Attaque soudaine, f.

überfallen* tr. ins. (f*a*l^e^n). Surprendre*, assaillir. ||[Land] Envahir. ||*Fig.* Accabler.

überfliegen* tr. ins. (flîg^e^n). Survoler. ||*Fig.* Couvrir* rapidement.

überfließen* intr. sép. [*sein*] (îs^e^n). Déborder.

Überfließen n. Débordement, m.

überflügeln tr. sép. (flûgeln). Déborder [une ligne]. ||*Fig.* Surpasser.
Überfluß m. (û-flouss). Abondance, f. : *großer Überfluß*, surabondance, f.; *Überfluß haben** [an, *dat.*], abonder en.
überflussig a. (ig). Surabondant, e. ||[unnötig] Superflu, e.
überfluten tr. ins (floûten). Inonder.
Überfracht f. Excédent [m.] de poids.
überführen tr. sép. (fûren). Conduire* [de l'autre côté]. ||[übertragen] Transporter. ||tr. ins. [gén.] *Fig.* Convaincre* [d'un crime, etc.] [de].
Überführung f. Transport, m. ||Passage, m. ||[Eisenbahn] Viaduc, m., ||fait de convaincre.
Überfülle f. Surabondance.
überfüllen tr. ins. (fulen). Trop remplir. ||[Wagen usw.] Surcharger. ||[Raum] Encombrer.
Überfüllung f. Surcharge. ||Encombrement, m.
überfuttern tr. ins. Gorger de nourriture.
Übergabe f. (ûbergâbe). Remise. ||[Lieferung] Délivrance. ||*Mil.* Capitulation, reddition.
Übergang m. (ûber-). Passage, transition, f.
übergeben* tr. ins. (géeben). Remettre*. ||[liefern] Livrer. ||[Festung] Rendre.
Übergebot n. ① (gébôte). Surenchère, f.
übergehen* intr. sép. (géeen). Passer [de l'autre côté]. ||[in, *acc.*). Se transformer [en]. ||[zu] Passer [à]. ||tr. ins. Passer sur. ||[Raum] Parcourir*. ||*Fig.* Omettre*, passer.
Übergehung f. (*gée'*-). Omission.
Übergewicht n. Excédent [m.] de poids. *Fig.* Prépondérance, f.
übergießen* tr. sép. Verser [sur], ins. Arroser.
überglücklich a. Au comble du bonheur.
übergreifen* intr. sép. Empiéter.
Übergriff m. Empiètement.
übergroß a. Trop grand, e.
überhand (ûberhànt) adv. et préf. sép. : *überhand||nehmen**, intr., prendre* le dessus; [Boden gewinnen] Gagner du terrain; [um sich greifen] Se propager.
überhangen* int. sép. Surplomber.
überhaüfen tr. ins. (**hœüfen**). Combler [de]. ||[mit Geschäften] Surcharger de, accabler [de].
überhaupt adv. (haopt). En général. ||[im ganzen] En somme, surtout.
überheben* (héeben). Dispenser [de], exempter [de]. ||[**sich**] réfl. [*gén.*] S'enorgueillir [de]; *überheblich*, présomptueux, prétentieux.
überheizen tr. ins. Surchauffer.
überholen tr. ins. Dépasser. ||[an Höhe] Surpasser.
überhören (heûren). 1. Ne pas entendre. ||2. [im Unterricht] Faire* réciter.
überkippen intr. sép. Basculer.
Überkleid n. Vêtement de dessus, m.
überkleiden tr. ins. Revêtir.
überklettern tr. ins. Franchir en grimpant.
überklug a. Trop habile; présomptueux, euse.
überkommen* ins. (komen). 1. [erlangen] Recevoir. ||2. [befallen] Saisir.
überladen* sép. (ûber). Transborder. ||ins. Surcharger.
Überladung f. Transbordement, m. ||Surcharge.
überlassen* ins. (lassen). Laisser [à] : *das überlasse ich Ihnen*, je m'en rapporte à vous. ||p. a. : *sich selbst überlassen*, livré à soi [lui]-même.
Überlast f. Surcharge.
über||lasten tr. ins. Surcharger. ||**-lästig** a. Accablant, e; importun, e.
überlaufen* intr. sép. (laofen). [Flüssigkeit] Déborder. ||*Fig.* : *zum Feinde überlaufen*, passer à l'ennemi, déserter. ||tr. *ins.* Parcourir*. ||[Schauer] Saisir.
Überlaüfer ④. Déserteur.
überlaut a. Trop bruyant, e; adv. Trop haut.
überleben tr. *ins.* Survivre* à.
überlegen tr. *ins.* (léegen). Recouvrir*. ||*Fig.* Réfléchir à, méditer. ||a. Supérieur, e.
Überlegenheit f. (haèt). Supériorité.
überleiten tr. *sép.* Faire* passer de l'autre côté.

überliefern tr. ins. (lî*f*^e^rn). Livrer à, remettre* à. ‖ [d. Nachwelt] Transmettre*.
Überlieferung f. Remise. ‖ Tradition.
überlisten tr. ins. Surpasser en ruse; jouer.
Übermacht f. (*û*b^e^rma**ch**t). Supériorité [des forces] : *der Über-macht weichen**, céder au nombre.
übermächtig a. (mê**ch**tig). Trop puissant, e. ‖ *Milit.* Supérieur, e [en force].
Übermaß n. Excès, m.
übermäßig a. (mêssig). Excessif, ive.
Übermensch m. Surhomme.
übermorgen adv. (morg^e^n). Après-demain.
übermüden tr. ins. Exténuer.
Übermüdung f. Excès [m.] de fatigue.
Übermut m. (moûte). Orgueil, arrogance, f.
übermütig a. (m*û*tig). Orgueilleux, euse, arrogant, e.
übernachten intr. *ins.* (na**ch**t^e^n). Passer la nuit.
Übernahme f. (*û*b^e^rn*a*m^e^). Acceptation. ‖ [e. Arbeit] Entreprise.
Übernaht f. Surjet, m.
übernatürlich a. Surnaturel, elle.
übernehmen* tr. *ins.* (n*ée*m^e^n). Se charger de. ‖ [Pflicht] Assumer. ‖ [Geschäft] Entreprendre*.
überragen tr. *ins.* (r*â*g^e^n). Dépasser, dominer. ‖ [an Wert] Surpasser.
überraschen ins. (*r*asch^e^n). Surprendre*.
Überraschung f. Surprise.
überreden *ins.* (r*ée*d^e^n). Persuader [de].
Überredung f. Persuasion.
überreich a. Excessivement riche.
überreichen *ins.* (r*a*^è^**ch**^e^n). Présenter, remettre*.
Überreichung f. Présentation, remise.
überreif a. Trop mûr.
überreizen *ins.* (ra^è^ts^e^n). Surexciter.
Überreizung f. Surexcitation.
überrennen* tr. *ins.* Passer dessus [renverser] en courant.
Überrest m. Reste.
überrheinisch a. Transrhénan, e.
Überrock m. (*û*b^e^r). Pardessus. ‖ *Mil.* Capote, f.
überrumpeln *ins.* Surprendre*.
übers, über's, = *über das.*
übersäen ins. (ûb^e^r**z***è*^e^n). Parsemer de.
über‖satt a. Plus que rassasié, e; repu, e. *Fig.* Saturé, e. ‖ **-sättigen** tr. *ins.* Rassasier à l'excès. *Fig.* Sursaturer.
Übersättigung f. Sursaturation. *Fig.* Dégoût, m.
überschatten *ins.* Ombrager.
überschätzen tr. *ins.* (sch*è*ts^e^n). Surestimer.
überschauen (sch*ao*^e^n), = *überse-hen**.
überschäumen intr. *sép.* Déborder en écumant.
überschicken tr. *ins.* V. *übersenden.*
überschiffen intr. *sép.* Passer [sur l'autre rive]. tr. *ins.* Faire* passer. [Wasser] Traverser.
Überschlag m. (*û*b^e^rschlag). [Schätzung] Évaluation, f. ‖ [Kosten-] Devis.
überschlagen* intr. *sép.* [*sein*]. Faire* la culbute. ‖ [Schiff] Chavirer. ‖ tr. *sép.* Retrousser. ‖ *Med.* Poser, appliquer. ‖ tr. *ins.* Recouvrir [de]. ‖ [schätzen] Évaluer approximativement. ‖ [Beine] Croiser.
überschmelzen* tr. *ins.* Emailler.
überschmieren* tr. *ins.* Enduire*.
überschreiben* *sép.* (a^è^b^e^n). Écrire* au-dessus. ‖ [e. Wort] Surcharger. ‖ ins. Écrire dessus [adresse].
überschreiben* tr. *ins.* Crier plus fort que.
überschreiten* *ins.* Franchir. ‖ [Maß] Dépasser. ‖ [Recht] Outrepasser. ‖ Gesetz] Enfreindre*, violer.
Über‖schreitung f. Passage, m. ‖ *Fig.* Dépassement, m. ‖ Infraction [à]. ‖ **-schrift** f. (*û*b^e^r-). Suscription. ‖ [e. Buches] Titre, m. ‖ [an Gebäuden] Inscription.
überschwenglich a. Surabondant, e. ‖ *Fig.* [übertrieben] Exalté, e.
Überschwenglichkeit f. Surabondance. ‖ Exaltation.
überseeisch a. (*û*b^e^r). D'outre mer, colonial, e.
übersegeln tr. *ins.* Dépasser [navire]. intr. *sép.* Faire une traversée.
über‖sehbar a. Qu'on peut embrasser du regard. ‖ **-sehen*** tr. *ins.*

(*zée'*^e^n). 1. Embrasser d'un coup d'œil. ‖2. Ne pas voir*. ‖[nicht bemerken] Laisser échapper.
übersenden* *ins.* Envoyer, expédier.
Übersendung f. Envoi, m., expédition.
übersetzen intr. *sép.* (zèts^e^n). Passer, traverser* [rivière]. ‖tr. *sép.* Faire* passer [rivière], passer [qn]. ‖tr. *ins.* [ins Deutsche usw.] Traduire* [en allemand, etc.].
Über‖setzer m. ④ (zèts^e^r). Traducteur. ‖**-setzung** f. Traduction.
Übersicht f. (*û*b^e^r**zicht**). Coup d'œil, m. [d'ensemble]. ‖[Abriß] Abrégé, m. ‖[Inhalts-] Sommaire, m.
übersichtlich a. (**lich**). Clair, e, net, nette.
Übersichtlichkeit f. (ka^è^t). Clarté, netteté.
übersiedeln intr. *sép.* et *ins.* [*sein*]. [nach] Aller* s'établir [à] ‖[auswandern]. Émigrer.
übersinnlich a. (*û*b^e^rzìn**lich**). Métaphysique.
überspannen tr. *ins.* Tendre trop. ‖*Fig.* Surexciter, exalter.
Überspannung f. Surexcitation, exaltation.
überspringen* *ins.* (schprìng^e^n). Franchir [en sautant], sauter. ‖*Fig.* Omettre*.
überstechen* tr. Surcouper.
überstehen. Endurer, supporter : *glücklich überstehen,* réchapper de.
übersteigen* intr. *sép.* [*sein*] (*û*b^e^rschta^è^g^e^n). Déborder. ‖tr. *ins.* Gravir. ‖[mit Anstrengung] Escalader. ‖[Berg] Franchir. ‖*Fig.* [Kraft] Dépasser, surpasser; [Hindernis] Surmonter.
Übersteigung f. Escalade. ‖[e. Berges] Passage, m.
überstempeln tr. *ins.* Oblitérer.
überstrahlen tr. *ins.* Répandre ses rayons sur. ‖*Fig.* Éclipser.
über‖streichen* tr. ins. Enduire* [de]. ‖**-streuen** tr. *ins.* Parsemer de. ‖**-strömen** intr. *sép.* [*sein*] (schtre*û*m^e^n). Déborder. ‖tr. *ins.* Inonder, submerger.
Überstunde f. Heure supplémentaire.
überstürzen tr. *sép.* Jeter par dessus, *ins.* Précipiter. ‖[Kraftwagen] *sich* —, capoter.
übersüß a. Trop doux, douce.
übertäuben tr. *ins.* Assourdir.
über‖teuer a. Trop cher, ère. ‖**-teuern** ins. (ûb^e^rt**œü**^e^rn). Surfaire*.
übertönen tr. *ins.* Couvrir* [le son, la voix].
übertragen* tr. *sép.* (*û*b^e^rtr*a*g^e^n). Transporter. ‖[Rechnung] Reporter. ‖ins. Transmettre*. ‖[Recht] Transférer. ‖[anvertrauen] Confier. ‖[Rechnung] Reporter. ‖[Wechsel] Endosser. ‖[Summe] Virer. ‖[übersetzen] Traduire* [en].
Übertragung f. Transmission. ‖[Funk] Retransmission. ‖Transfert, m. ‖Report, m. ‖Endossement, m. ‖Virement, m. ‖Traduction, f.
übertreffen* *ins.* (trèf^e^n). Surpasser.
übertreiben* *ins.* Exagérer.
Übertreibung f. Exagération.
übertreten* intr. *sép.* [*sein*] (*û*b^e^rtr*ée*t^e^n). Passer [de l'autre côté]. ‖[zu...] Passer [à]. ‖tr. *ins.* Franchir. ‖*Fig.* [Gesetz] Transgresser, enfreindre*.
Übertretung f. Transgression [de], infraction [à].
übertrieben pp. de *übertreiben.*
Übertritt m. (*û*b^e^r). Passage. ‖Changement [de parti, etc.]. V. *übertreten.*
übertrumpfen tr. *ins.* Surcouper.
übertünchen tr. *ins.* Badigeonner.
übervölkern tr. *ins.* (ûb^e^rf**œ**l). Surpeupler.
übervoll a. Trop plein, eine.
übervorteilen tr. *ins.* (fôrta^è^l^e^n). [einen] Exploiter. ‖[im Preise] Surfaire*.
überwachen tr. *ins.* (v*a***ch**^e^n). Surveiller.
überwachsen* tr. *ins.* Couvrir* de végétation.
Überwachung f. Surveillance.
überwältigen *ins.* (vèltig^e^n). Vaincre*.
überwerfen* sép. (vèrf^e^n). Jeter sur [soi]. ‖*ins.* Crépir. ‖[**sich**] *Fig.* Se brouiller.
Überwert m. Plus-value., f.
über‖wiegen* ins. (vîg^e^n). *Fig.* L'emporter sur. ‖**-wiegend** p. a. Prépondérant, e.
überwinden* ins. (vìnd^e^n). Surmonter, vaincre*.
überwintern intr. *ins.* Passer l'hiver, hiverner.

überwölken tr. *ins.* Couvrir* de nuages.
überwuchern tr. *ins.* Envahir, étouffer. ‖ intr. Pulluler.
Überwurf m. (*û*b^e^rvourf). Crépi. ‖ [Mantel] Manteau, x.
Überzahl f. (*û*b^e^rtsâl). Supériorité [de nombre].
über‖zeugen ins. (ts*œ*ug^e^n). Convaincre* de. ‖**-zeugend** p. a. Convaincant, e.
Überzeugung f. [eigene] Conviction. ‖ [e. andern] Persuasion.
überziehen* intr. *sép.* [*sein*] (tsî^e^n). Déménager. ‖ tr. *ins.* [Bett usw.] Recouvrir*. ‖ [Möbel] Tapisser.
Überzieher m. ④ (*û*b^e^rtsî^e^r). Pardessus.
überzuckern tr. Saupoudrer de sucre.
Überzug m. (*û*b^e^rtsoûk). Déménagement. ‖ [Kissen-] Taie d'oreiller, f. ‖ [Möbel] Housse, f.
üblich a. (*û*plich). Usuel, elle, usité, e.
U-Boot n. Sous-marin, m.
übrig a. (*û*brig). Restant, e, de reste : *übrig haben**, avoir* de reste; *übrigbleiben**, *sép.*, rester; *das übrige*, le reste; *die übrigen*, les autres; *im übrigen, übrigens*, au reste.
Übung (f. (*û*bounk). Exercice, m. ‖ [Praxis] Pratique. ‖ [Musik] Étude : *Übungsstück*, n., exercice, m., étude, f. ‖ V. *üben.*
u. dgl. m. = *und dergleichen mehr:* etc. [et cætera].
Ufer n. ④ (*oû*f^e^r). [v. Flüssen] Bord, m., rive, f. ‖ [am Meer] Rivage, m., côte, f. ‖ *Uferbewohner*, m., riverain.
Uhr‖ f. (*oû*r). [Turm-, Stadt-] Horloge. ‖ [Stand-, Wand-] Pendule. ‖ [Taschen-] Montre. ‖ LOC. *was ist die Uhr* ou *wieviel Uhr ist es?*, quelle heure est-il? ; *um sechs Uhr*, à six heures; *halb zwei [Uhr]*, une heure et demie; *nach der Uhr sehen*, regarder l'heure. ‖ *Uhr...*, ... d'horloge, de pendule, de montre; *-werk*, n., mouvement, m. ‖**-zeiger** m. Aiguille [f.] d'une montre.
Uhu, -e *ou* **-s** m. (*oû*hou). Grand duc.
Ukas m. ① (*oû*kas). Ukase.
Ulan, -en, -en m. (oulâne). Uhlan.
Ulk m. ① (*ou*lk). Plaisanterie, f.
ulken. Plaisanter.
Ulme f. (*ou*lm^e^). Orme, m.
ultra‖... (*ou*ltra). Ultra. ‖**-marin, -s** n. (rîne). Bleu [m.] d'outremer.
um (oum). I. Prép. [régit l'*accusatif*] Autour de : *um die Erde segeln*, faire* le tour du monde; *um die Stadt herum*, tout autour de la ville. ‖ LOC. *eins um das andere*, l'un après l'autre, tour à tour; *einen Tag um den andern*, tous les deux jours; *um so [viel]...*, d'autant; *um so besser*, tant mieux; *um so schlimmer*, tant pis; *um ... größer, zu lang*, usw., plus grand, trop long de ..., etc. ‖ Pour : *um Lohn, um nichts arbeiten*, travailler pour un salaire, pour rien. ‖ *um ... zu* [infinitif] pour...
II. Préfixe : *a*) dans les substantifs non verbaux ou dérivés d'un verbe séparable [sauf indication contraire], *accentué; b*) dans les verbes, tantôt *séparable* et *accentué*, tantôt *inséparable* et *non accentué;* forme des verbes :
A. *Séparables*, dans lesquels il ajoute l'idée de :
1° changer d'état, de forme ou de lieu : *transitifs*: = tourner, retourner, transformer, remanier, changer de place, renverser; *intransitifs* [avec *sein*], = se renverser, tourner). Exemples : *um‖ändern*, transformer; *-fahren*, faire un détour; *-gießen*, transvaser; *-laden*, transborder.
2° Être *ou* mettre autour. Ex. : *um‖binden*, lier autour; *-gürten*, ceindre.
B. *Inséparables* et *transitifs*, auxquels il ajoute l'idée de :
1° Autour de [entourer en ...]. Ex. : *um‖fahren*, faire le tour de; *-reisen*, voyager autour de [faire le tour de].
2° Entourer environner. Exemples : *um‖geben**, *-stehen**, *-stellen*, *-ziehen**, entourer, environner; *-fluten*, entourer de flots.
umackern *sép.* Retourner [en labourant].
umändern tr. Transformer.
umarbeiten *sép.* [Erde] Remuer; [Werk] Remanier.
umarmen *ins.* (*a*rm^e^n). Embrasser.

 um..., préf. sép. (*ou*m-), insép. (oum-).

Umarmung f. (oung). Embrassement, m., accolade.
Umbau m. Reconstruction f., réfection, f.
umbauen *sép.* Transformer, reconstruire*.
umbetten *sép.* Changer de lit.
umbiegen* *sép.* Recourber.
umbilden *sép.* Transformer.
Umbildung f. Transformation.
umblättern *sép.* Feuilleter.
umbrechen* *sép.* (brèch^{e}n). Retourner. ‖ [Druck] Mettre* en pages.
umbringen* *sép.* (ìng^{e}n). Faire* périr.
umdeuten *sép.* Interpréter autrement.
umdrehen *sép.* et *sich.* — Tourner : *einem den Hals umdrehen,* tordre le cou à qn.
Um‖drehung f. Rotation. ‖**-erziehung** f. Rééducation.
umfahren* *sép.* Faire* un détour.
Umfahrt f. Tour, m., détour, m.
umfallen* *sép.* Tomber à la renverse.
Umfang m. (fàng). Étendue, f. ‖ *Geom.* Périmètre : *umfangreich,* a., étendu, e; [Werk] volumineux, euse.
umfangen* *ins.* (fàng^{e}n). Embrasser.
umfärben tr. *sép.* Reteindre.
umfassen ins. (*fass*^{e}n). Embrasser. ‖ [enthalten] Comprendre* : *umfassend,* a., étendu, e; *Umfassung,* f., bordure.
umflattern, -fliegen* *intr.* Voltiger autour de.
umfluten tr. Entourer de flots.
umformen tr. *sép.* Transformer.
Umformung f. Transformation.
Umfrage f. (frâg^{e}). Enquête.
umfüllen tr. *sép.* Transvaser.
Umgang m. (gàng). Tour. ‖ [Verkehr] Commerce, relations, f. pl. : *Umgangsprache,* f., langage usuel, m.
umgeben* *ins.* (*gée*b^{e}n). Entourer, environner.
Umgebung f. [v. Personen] Entourage, m. ‖ [örtlich] Environs, m. pl. ‖**-gegend** f. (*gée*g^{e}nt). Environs, m. pl., alentours, m. pl.
umgehen* intr. *sép.* (*gée*^{e}n). Faire* le tour : *umgehend, mit umgehender Post,* par retour du courrier. ‖ *Fig.* [mit jm.] Fréquenter. ‖ [mit Sachen] S'occuper de. ‖ [mit e. Gerät, Pferd usw.] Manier. ‖ [mit e. Plan] Méditer. ‖ tr. *ins.* Faire* le tour de. ‖ [Feind. Schwierigkeit] Tourner. ‖ [Gesetz] Éluder.
umgekehrt. V. *umkehren.*
umgestalten *sép.* Transformer, réorganiser, reformer.
umgießen* *sép.* Transvaser; [schmelzen] refondre.
umgraben* *sép.* Retourner.
umgrenzen (ènts^{e}n). *ins.* Limiter, circonscrire*.
umgürten tr. *ins.* Ceindre*.
Umguß m. (gous). Refonte, f.
umhaben* tr. *sép.* Être vêtu de.
umhängen tr. *sép.* Prendre autour.
umhauen* tr. *sép.* Abattre.
umher adv. et préf. *sép.* (oum**hère**). Tout autour, à l'entour, de tous côtés, çà et là. ‖ V. *herum : umher‖flattern, -gehen*,* etc., voltiger, aller* çà et là; *-ziehen*,* errer, courir* le pays.
umhin adv. : *nicht umhin können*,* ne pouvoir* s'empêcher [de].
umhüllen tr. *ins.* Envelopper, voiler.
Umkehr f. (*ou*mkéer). Retour, m.
umkehren intr. *sép.* [*sein*]. Retourner [sur ses pas], faire* demi-tour : *kehrt um!,* demi-tour! ; *umgekehrt,* p. a. retourné, e, renversé, e; [entgegengesetzt] inverse; tr. *sép.* [Ordnung] Renverser; adv. inversement, vice versa.
umkippen intr. *sép.* Basculer, tr. Faire* basculer.
umklammern tr. *ins.* Serrer, étreindre.
umkleiden tr. *sép.* et *sich* —. Changer d'habits. ‖ tr. *ins.* Revêtir.
umkommen* *sép.* [*sein*]. Périr.
Umkreis m. (kra^{è}s). Tour, circuit. ‖ *Géom.* Périmètre.
umkreisen tr. *ins.* Encercler.
umkrempe[l]n *sép.* Retrousser.
umladen* *sép.* Transborder.
Umladung f. Transbordement, m.
umlagern tr. *ins.* Assiéger.
Umlauf m. (la^{o}f). Circulation, f. ‖ [d. Planeten] Révolution, f.
umlaufen* *sép.* Circuler.
Umlaut m. Inflexion, f.
umlauten *sép.* Prendre* l'inflexion. ‖ tr. Infléchir.
Umlegekragen m. (léeg^{e}-g^{e}n). Col rabattu.

umlegen *sép.* Placer autrement *ou* ailleurs.
umlenken *sép.* Faire* retourner. ‖intr. Retourner.
umliegend a. (lĭgent, -d-). Environnant, e.
umpflanzen tr. *sép.* Transplanter.
umpflastern tr. *sép.* Repaver.
umranken tr. *ins.* Enlacer [de branches].
umreisen tr. *ins.* Voyager auteur de; faire le tour de.
umreißen* tr. *sép.* Renverser en courant.
umringen *ins.* (rìngen). Encercler. ‖*Mil.* Bloquer.
Umriß m. Contour.
Umritt m. Tournée [f.] à cheval.
ums = *um's, um das.*
Umsatz m. (*oum*). Échange, transaction, f. Chiffre (m.) d'affaires.
umschalten *sép.* [elektr. Strom] Inverser.
Umschalter m. Inverseur.
umschatten *ins.* (en). Ombrager.
umschauhalten*, **-schauen** [**sich**] = *sich umsehen**.
umschiffen tr. *ins.* Naviguer autour de. ‖[Vorgebirge] Doubler.
Umschlag m. (schlâg). Changement subit. ‖[am Kleid] Repli, parement. ‖[Kuvert] Enveloppe, f. ‖[v. Büchern] Couverture, f. ‖[für Kranke] Cataplasme.
umschlagen* (schlâgen) tr. *sép.* Renverser. ‖[Ärmel] Retrousser. ‖[Blatt] Tourner. ‖[Karte] Retourner. ‖[Spitze] Rabattre. ‖intr. *sép.* [*sein*]. [Wagen] Verser. ‖[Wetter] Changer. ‖[Wind] Tourner. ‖tr. *ins.* Mettre* autour de, appliquer sur : *Umschlagetuch*, n., châle, m.
umschließen* *ins.* (*iss*en). Enfermer. ‖*Mil.* Cerner, investir.
Umschließung f. (oung). *Mil.* Investissement, m.
umschlingen* *ins.* (ìngen). Enlacer.
umschmelzen *sép.* Refondre.
umschreiben* *sép.* Récrire* autrement. ‖[Stil] Périphraser. ‖*ins.* Écrire autour de [*Géom.*]. Circonscrire*.
Um‖schreibung f. Périphrase. ‖**-schrift** f. [v. Münzen] Exergue, m.
umschütten tr. *sép.* Renverser.
Um‖schweif m. Détour. ‖[Abschweifung] Digression, f. ‖**-schwung** m. Changement brusque. ‖*Fig.* Revirement.
umsegeln tr. *ins.* = *umschiffen.*
Umsegelung f. (**zée**geloung). Circumnavigation.
umsehen* [**sich**] réfl. *sép.* (**zée**'en). Regarder autour de soi. ‖[nach...] Chercher [des yeux].
um‖setzbar a. Convertible. ‖**-setzen** *sép.* (zètsen). Transposer. ‖[Druck] Recomposer. ‖*Com.* Échanger.
Umsichgreifen n. (*oum*-). Propagation, f.
Umsicht f. (**zicht**). Panorama, m. ‖*Fig.* Circonspection.
umsichtig a. (**ig**). Circonspect, e.
umsinken* intr. *sép.* S'affaisser.
umsonst adv. (oumz*ò*nst). Pour rien. ‖[vergebens] En vain. *Fig.* Gratuitement, gratis.
umspringen intr. *sép.* [Wetter] Changer subitement.
umspülen *ins.* Baigner.
Umstand m. (*oum*schtànt, -d-). Circonstance, f. : *unter solchen Umständen,* dans ces circonstances; *unter allen Umständen,* en tout cas; *unter keinen Umständen,* sous aucun prétexte, à aucun prix. ‖pl. Cérémonies, façons : *ohne alle Umstände,* sans aucune cérémonie, sans façons. ‖*Umstandswort,* n., adverbe, m.; *umständlich,* a., circonstancié, e, détaillé, e; adv. en détail.
um‖stehen* tr. *ins.* Entourer, environner. ‖**-stehend** p. a. (*oum*schtéeen, -d-). Présent, e : *die Umstehenden,* les assistants; *umstehende Seite,* verso; adv. au dos, au verso, ci-contre.
umsteigen* *sép.* Changer de voiture.
Umsteigekarte f. Billet [m.] de correspondance.
umstellen *sép.* Placer autrement. ‖[Wörter] Transposer.
Umstellung f. Déplacement, m., transposition.
umstimmen *sép.* Changer de ton.
umstoßen* *sép.* Renverser. ‖[Gesetz] Abroger. ‖[Testament] Invalider.
umstricken *ins.* (schtr*i*ken). Entourer de tricot. ‖*Fig.* Entortiller.
umstülpen *sép.* Retrousser.

Umsturz m. Renversement, écroulement.
umstürzen *sép.* Renverser. ‖*Fig.* Bouleverser.
Umtausch m. Échange, troc.
umtauschen *sép.* Échanger, troquer.
Umtriebe pl. (trîb). Menées, f. pl., intrigues, f. pl.
umwälzen *sép.* Bouleverser.
Umwälzung f. Bouleversement, m., révolution.
umwandeln *sép.* (vànd^eln). Métamorphoser : *Umwandlung,* f., métamorphose.
Umweg m. (véeg). Détour.
umwenden* *sép.* Tourner : *wenden Sie gefälligst um!* [abr. : *W. S. g. u.*], tournez, s'il vous plaît [*T. S. V. P.*] ; *sich umwenden**, se retourner.
umwerfen* *sép.* Renverser. ‖[Kegel] Abattre. ‖[Kleid] Jeter sur ses épaules.
umwickeln *ins.* Enrouler, envelopper.
umwölken tr. *ins.* Couvrir de nuages.
umzäunen *ins.* Enclore*.
umziehen* tr. *sép.* Changer [d'habits]. *intr.* Déménager. ‖tr. *ins.* Couvrir [en s'étendant].
umzingeln *ins.* Cerner.
Umzug m. Déménagement.
un... (*oun*...). Particule négative, *acentuée* [sauf indication contraire], exprime le contraire du mot simple. In... (avant *l, m, p, r :* il..., im...; avant *m* : im; ailleurs : ir..; dé... [avant une voyelle : dés...], dis...; mal..., mé... [avant une voyelle : més...]. ‖[à défaut de mots équivalents] non, pas, sans, peu, guère. Exemples [mots n'ayant pas d'équivalent spécial en français] : *un‖absichtlich,* non prémédité, e; *-ansehnlich,* sans apparence; *-betont,* non accentué, e; etc.
unabänderlich a. (*ou*nap'ènd^erli**ch**). Immuable.
unabhängig a. (**h**èngig). Indépendant, e : *Unabhängigkeit,* f., indépendance.
unablässig a. (aplêssig). Incessant, e. ‖adv. Sans cesse.
unabsehbar a. (apz*ée*bar). A perte de vue.
unabsetzbar a. (ap'zèts). Inamovible : *Unabsetzbarkeit,* f., inamovibilité.
unabsichtlich a. Non prémédité, fortuit.
un‖abweisbar a. (*va*^ès), **-abweislich** a. Inéluctable.
unabwendbar a. Inévitable.
unachtsam a. (*ou*na**ch**tzâm). Inattentif, ive. ‖[nachlässig] Négligent, e : *Unachtsamkeit,* f., négligence.
unähnlich a. (*ou*nènli**ch**). Dissemblable : *Unähnlichkeit,* f., dissemblance.
unangenehm a. (*ou*nàngénéem). Désagréable.
unannehmbar a. (àn-). Inacceptable.
Unannehmlichkeit f. Désagrément, m.
unnansehnlich a. Sans apparence. ‖*Fig.* Peu considérable.
unanständig a. (schtèndig). Inconvenant, e, indécent, e : *Unanständigkeit,* f., inconvenance, indécence.
unanwendbar a. (ànvèntbar). Inapplicable.
unappetitlich a. Peu appétissant.
Unart f. Vilaine habitude. ‖[Haltung] Mauvaises manières, pl.
unartig a. Mal élevé, e. ‖[Kind] Vilain, e, méchant, e.
unauffindbar a. (*ou*na^of'). Introuvable.
un‖aufhaltbar a. **-aufhaltsam** a (ouna^o**fh**alt, -**z**âm). Irrésistible.
unaufhörlich a. (oun-**h**eûrli**ch**). Incessant, e. ‖adv. Sans cesse.
un‖auflösbar, -auflöslich a. (a^of-leûs-). Indissoluble.
unaufmerksam a. (*ou*na^of-). Inattentif, ive : *Unaufmerksamkeit,* f., inattention.
unausführbar a. (ouna^osf*û*rbar). Inexécutable, impraticable.
unausgesetzt a. (*ou*na^os-). Ininterrompu, e. ‖adv. Sans relâche.
un‖auslöschbar, -auslöschlich a. (a^osl*eu*sch-). Ineffaçable. ‖[Durst] Inextinguible.
un‖aussprechbar a. Imprononçable. ‖**-aussprechlich** a. (a^os'schprè**ch**li**ch**). Inexprimable.
unausstehlich a. (a^os'scht*ée*li**ch**). Insupportable.
unbändig a. (bèndig). Indomptable.
unbarmherzig a. (**h**ertsi**ch**). Impitoyable.

unbärtig a. (bèr-). Imberbe.
unbeachtet a. (*ou*n-a**ch**t^e t). Inaperçu, e.
unbeantwortet a. Sans réponse.
unbearbeitet a. (*a*rba^è t^e t). [roh] Brut, e.
unbebaut a. (b*a*^o t). Inculte. ‖[Grundstück] Non bâti.
un‖bedacht, -bedachtsam a. (*ou*n-bed*a***ch**t). Irréfléchi, e. ‖[leichtsinnig] Étourdi, e : *Unbedachtsamkeit*, f., irréflexion, étourderie.
unbedeckt a. Découvert, e, nu, e.
unbedeutend a. (d*œ*üt^e nt, -d-). Insignifiant, e,
unbedingt a. (dìngt). Absolu, e. ‖adv. Absolument.
unbefangen a. (*ou*n). Non prévenu, e. ‖[unparteiisch] Impartial, e. ‖[naiv] naïf, ive. ‖*Unbefangenheit*, f., impartialité, naïveté.
unbefleckt a. Immaculé, e.
unbegabt a. Mal doué, e; sans talent.
unbeglichen a. Impayé.
unbegreiflich a. (*ou*nbegr*a*^è fli**ch**). Inconcevable.
unbegrentz a. (grèntst). Illimité, e, sans bornes.
unbegründet a. (begr*ü*nd^e t). Sans fondement.
Unbehagen n. spl. (*ou*nbe**h***â*g^e n). Malaise, m.; *unbehaglich*, a., incommode.
unbehelligt a. (**h**èlikt), sans être inquiété, e.
unbehindert a. Sans obstacle.
unbeholfen a. (**h**olf^e n). Maladroit, e, gauche : *Unbeholfenheit*, f., maladresse.
unbekannt a. (*ou*n-). Inconnu, e : *unbekannterweise*, sans être* connu, incognito.
unbekleidet a. (kl*a*^è d^e t). Nu, e.
unbekümmert a. Sans souci.
unbelebt a. (*ou*n-l*é*ept). Inanimé, e. ‖[Ort] Sans vie.
unbeliebt a. (lîpt). Peu aimé, e. ‖[beim Volke] Impopulaire : *Unbeliebtheit*, f., impopularité.
un‖bemerkbar a. (*ou*n-mèrk). Imperceptible. ‖**-bemerkt** a. Inaperçu, e.
unbemittelt a. Sans ressources.
un‖benommen a. (nomm^e n). Permis, e. ‖**-bequem** a. (kv*é*em). Incommode : *Unbequemlichkeit*, f., incommodité.
unberechenbar a. (rè**ch**^e n-). Incalculable.
unberechtigt a. (rè**ch**tikt). Illégitime. Non autorisé, e; mal fondé, e.
unberücksichtigt a. (r*u*ksi**ch**tikt). Négligé, e : *unberücksichtigt lassen**, ne pas tenir* compte de.
unberufen a. Sans mandat. Interj. touchons du bois!
unberührt a. (rûrt). Intact, e : *unberührt lassen**, ne pas toucher à; *fig.*, passer sous silence.
unbeschädigt a. (*ou*n-schêdikt). Intact, e.
unbeschäftigt a. (êftikt). Inoccupé. e, oisif, ive.
unbescheiden a. (*a*^è d^e n). Immodeste. ‖[frech] Indiscret, ète : *Unbescheidenheit*, f., immodestie; indiscrétion.
unbescholten a. Intègre : *Unbescholtenheit*, f., intégrité.
unbeschränkt a. (ènkt). Illimité, e.
unbeschreiblich a. (*a*^è bli**ch**). Indescriptible.
unbeschrieben a. Sans écriture, blanc, anche.
unbeschuht a. Déchaussé, e.
unbeseelt a. (**z**éelt). Inanimé, e.
unbesetzt a. (zètst). Inoccupé, e. ‖[leer] Vide. ‖[Stelle] Vacant, e.
unbesiegbar a. (**z**îgbar). Invincible
unbesoldet a. Sans gages, sans traitement.
unbesonnen a. (zon^e n). Étourdi, e : *Unbesonnenheit*, f., étourderie.
unbesorgt a. (**z**orgt). Sans souci.
unbeständig a. (-schtèndig). Inconstant, e. ‖[Dinge] Instable : *Unbeständigkeit*, f., inconstance, instabilité.
unbestechlich a. (schtè**ch**li**ch**). Incorruptible.
unbesteigbar a. (scht*a*^è gbar). Inaccessible.
un‖bestellbar a. (schtèl-). ‖[v. Sendungen] Resté, e en souffrance. ‖**-bestellt** a. (schtèlt). Non labouré, e. ‖[v. Sendungen] Non délivré, e.
unbestimmt a. (schtìmt). Indéterminé, e. ‖*Gramm.* Indéfini, e. ‖[undeutlich] Vague, confus, e : *Unbestimmtheit*, f., vague, m.; indécision.

unbestreitbar a. (schtr*a*^e^tbar). Incontestable.
unbestritten (schtr*i*te^n^). Incontesté, e.
unbetont a. Non accentué, e.
unbeträchtlich a. Peu considérable.
unbeugsam a. (*oun*b**œü**gzâm). Inflexible : *Unbeugsamkeit*, f., inflexibilité.
unbewaffnet a. (*v*afn^e^t). Sans armes : *mit unbewaffnetem Auge*, à l'œil nu.
un‖beweglich a. (v*é*eglich). Immobile : *unbewegliches Gut*, immeuble, m. ‖ [Stern] Fixe : *Unbeweglichkeit*, f., immobilité, fixité. ‖**-bewegt** a. (véekt). Immobile. ‖ [*gefühllos*] Impassible.
un‖bewohnbar a. (vônbar). Inhabitable. ‖**-bewohnt** a. (vônt). Inhabité, e.
unbewölkt a. (v*eu*lkt). Sans nuages.
unbewußt a. (v*ou*st). Inconscient, e. ‖adv. Inconsciemment.
un‖bezähmbar a. (*oun*-tsèmbar). Indomptable. ‖**-bezähmt** a. (tsèmt). Indompté, e.
unbiegsam a. (*oun*bîgzâm). Inflexible. ‖ [steif] Raide.
Unbill f. ; pl. **-bilden**. Injustice. ‖pl. [sans sing.] Intempéries.
unbillig a. (billig). Inique, injuste : *Unbilligkeit*, f., iniquité, injustice.
unbotmäßig a. (bôtmêssig). Insubordonné, e : *Unbotmäßigkeit*, f., insubordination.
unbrauchbar a. Inutilisable.
unbußfertig a. Impénitent, e.
unchristlich a. Peu chrétien.
und conj. (ount). Et : *zwei und zwei*, deux à deux ; *geh und sage ihm*, va lui dire*.
Undank m. (*ou*ndànk). Ingratitude, f. : *undankbar*, a., ingrat, e; *Undankbarkeit*, f. = *Undank*.
undeklinierbar a. Indéclinable.
un‖denkbar a. (dènkbar). Inimaginable. ‖**-denklich** a. (dènklich). Immémorial, e; *seit undenklicher Zeit*, de mémoire d'homme.
undeutlich a. (d**œü**tlich). Indistinct, e. ‖ [Stil] Obscur, e. ‖ [verwirrt] Confus, e. ‖ *Undeutlichkeit*, f., obscurité ; confusion.
Undine f. (oundîn^e^). Ondine.
Unding n. (*ou*nding). Chose qui n'existe pas, f. ‖ [geistig] Absurdité, f.
undisziplinïert a. (tsiplinîrt). Indiscipliné, e.
unduldsam a. (d*ou*ldzâm). Intolérant, e : *Unduldsamkeit*, f., intolérance.
undurchdringlich a. (dourchdrìnglich). Impénétrable.
undurchführbar a. (dourchfûr). Inexécutable.
undurchsichtig a. Opaque : *Undurchsichtigkeit*, f., opacité.
uneben a. (*ou*néeb^e^n). Inégal, e. ‖ [Boden] Raboteux, euse, accidenté, e : *Unebenheit*, f., inégalité, aspérité.
unecht a. (ècht). Faux, ausse. ‖ [Haar] Postiche. ‖ [Text] Apocryphe. ‖ *Unechtheit*, f. fausseté.
unedel a. (*é*ed^e^l). [Stand] Roturier, ère. ‖ [niederträchtig] Ignoble. ‖ [Rede] Vulgaire. ‖ [Metall] Commun, e.
unehelich a. (*é*e^e^lich). Illégitime. ‖ [Kind] Bâtard, e.
Unehre f. (*é*er^e^). Déshonneur, m.
un‖ehrerbietig a. (bîtig). Irrespectueux, euse. ‖**-ehrlich** a. (*é*erlich). Malhonnête : *Unehrlichkeit*, f., malhonnêteté.
uneingedenk a. (*ou*n*a*^è^ngé-). Oublieux, euse.
un‖eigennützig a. (*a*^è^g^e^n'nutsig). Désintéressé, e : *Uneigennützigkeit*, f., désintéressement, m. ‖**-eigentlich** a. (*a*^è^g^e^ntlich). Impropre. ‖ [Ausdruck] Figuré, e.
uneingeschränkt a. (*a*^è^ngéschrènkt). Illimité, e, absolu, e.
uneingestanden a. inavoué.
uneinig a. (*a*^è^nig). En désaccord, désuni, e : *uneinig werden**, se brouiller ; *Uneinigkeit*, f., désunion.
uneinnehmbar a. (*a*^è^n-). Imprenable.
unempfänglich a. (*ou*nèmpfènglich). Inaccessible [à].
unempfindlich a. (èmpfìntlich). Insensible à : *Unempfindlichkeit*, f., insensibilité.
unendlich a. (ounèntlich). Infini, e. ‖adv. Infiniment.
unentbehrlich a. (ounèntb*é*erlich). Indispensable.
unentgeltlich a. (gèltlich). Gratuit, e. ‖adv. Gratuitement, gratis : *Unentgeltlichkeit*, f., gratuité.
unentschieden a. (schîd^e^n). Indécis, e. ‖ [Sache] En suspens.

unentschlossen a. (oss^e^n). Irrésolu, e : *Unentschlossenheit,* f., irrésolution.
unentwirrbar a. (*vir*-). Inextricable.
unentzündbar a. (ts*ü*nt-). Ininflammable.
unerbittlich a. (ounerb*i*tlich). Inexorable.
unerfahren a. (*fa*r^e^n). Inexpérimenté, e : *Unerfahrenheit,* f., inexpérience.
unerfreulich a. (frœülich). Fâcheux, euse.
unerfüllbar a. (*fu*l-). Irréalisable.
unergiebig a. (gîbig). Improductif, ive.
unergründlich a. (gr*ü*ntlich). Insondable.
unerheblich a. (h*ée*plich). Insignifiant, e.
unerhört a. (h*eû*rt). Inouï, e.
unerkennbar a. (kènbar). Méconnaissable.
unerklärbar, -erklärlich a. (klèrlich). Inexplicable.
unerläßlich a. (lèslich). Indispensable.
unerlaubt a. (la^o^pt). Défendu, e.
unermeßlich a. (mèsslich). Immense : *Unermeßlichkeit,* f., immensité.
unermüdlich a. (m*û*tlich). Infatigable.
unerquicklich a. (kv*i*klich). Peu réjouissant, e.
unerreichbar a. (*ra*^è^ch-). Inaccessible.
unersättlich a. (z*è*tlich). Insatiable : *Unersättlichkeit,* f., insatiabilité.
unerschöpflich a. (sch*œ*pflich). Inépuisable.
unerschrocken a. (*o*k^e^n). Intrépide : *Unerschrockenheit,* f., intrépidité.
unerschütterlich a. (sch*u*t^e^rlich). Inébranlable.
unersetzbar a. Non remplaçable. ‖[Verlust] Irréparable.
unerträglich a. (trèglich). Insupportable, intolérable.
unerwartet a. Inattendu, e. ‖adv. A l'improviste.
un‖erwidert a. Sans réponse. ‖**-erwünscht** a. (*v*unscht). Fâcheux, euse. ‖adv. Mal à propos. ‖**-erzogen** a. En bas âge.
unfähig a. (*ounfê'*ig). Incapable : *Unfähigkeit,* f., incapacité.
unfahrbar a. (*fâr*-). Impraticable.
Unfall m. Accident : *Unfallversicherung,* f., assurance contre les accidents.
unfaßbar, -faßlich a. (*fa*sslich). insaisissable.
unfehlbar a. (*fée*l-). Infaillible : *Unfehlbarkeit,* f., infaillibilité.
unfern adv. Non loin de.
unfertig a. (fèrtich). Inachevé, e.
Un‖flat m., **-fläterei** f. (flât, flèt^e^-*ra*^è^). Ordure, f. ‖*Fig.* Obscénité, f. : *unflätig,* a., sale; [zotig] obscène.
Unfleiß m. (*fla*^è^s). Paresse, f. : *unfleißig,* a., paresseux, euse.
unfolgsam a. (folgzâm). Indocile. : *Unfolgsamkeit,* f., indocilité.
unförmlich a. (fœrmlich). Informe, difforme.
unfreiwillig a. (fra^è^-lig). Involontaire. ‖adv. Involontairement.
unfreundlich a. (frœüntlich). Peu aimable. ‖[barsch] Bourru, e : *Unfreundlichkeit,* f., mauvaise grâce.
Unfriede[n] m. (fr*i*d^e^[n]). Discorde, f.
unfruchtbar a. (fr*ou*cht-). Stérile. ‖[fruchtlos] Infructueux, euse : *Unfruchtbarkeit,* f., stérilité.
Unfug m. s. pl. Désordre.
unfundiert a. [Bank] Non consolidé.
ungangbar a. (*ou*ngang-). Impraticable. ‖[Münze] Qui n'a point cours.
Ungar‖, **-n, -n** m., **in** f. (*oun*-, in). Hongrois, e ; *ungarisch,* hongrois, e. ‖**-n** n. [La] Hongrie, f.
ungastlich a. (*ou*ngastlich). Inhospitalier, ère.
ungeachtet prép. [*gén.*] (*ou*ngé*a*cht^e^t). Malgré, en dépit de. ‖conj. Quoique, bien que.
ungeahnt a. (*â*nt). Insoupçonné, e.
ungebeten a. (*ou*ngébé*e*t^e^n). Intrus, e.
ungebildet a. (b*i*ld^e^t). Sans culture. ‖[roh] Grossier, ère.
ungebleicht a. (*bla*^è^cht). Écru, e.
ungebräuchlich a. (brœüchlich). Inusité, e.
ungebraucht a. (*bra*^o^cht). Tout neuf, toute neuve.
Ungebühr f. (b*û*r), Inconvenance. ‖[Ungerechtigkeit] Injustice. ‖*ungebührlich,* a., inconvenant, e; injuste.
ungebunden a. (b*ou*nd^e^n). Non lié, e. ‖[Buch] Broché, e. ‖*Fig.* Libre : *ungebundene Rede,* prose, f.

Ungeduld f. (*ou*ngé). Impatience; *ungeduldig*, a., impatient, e; — *machen*, impatienter; — *werden**, s'impatienter.
ungeeignet a. (*ou*ngéa^è^gn^e^t). Impropre.
ungefähr a. (fèr). Fortuit, e. ‖[annähernd] Approximatif, ive. ‖adv. Approximativement. ‖[beinahe] A peu près. ‖[vor e. Zahl] Environ.
ungeheuer a. (*ou*ngéh**œü**^e^r). Énorme. ‖n. ④. Monstre, m.
ungehörig a. (**h**eûrig). Impropre. ‖[Stunde] Indû, due. ‖*Ungehörigkeit*, f. inconvenance.
ungehorsam a. (**h**orzâm). Désobéissant, e : *ungehorsam sein**, désobéir. ‖*Mil.* Insoumis, e. ‖m. Désobéissance, f. ‖*Milit.* Insubordination, f.
ungekocht a. (*ou*ngék*o***ch**t). Cru, e.
ungekünstelt a. (*ou*ngék*u*nst^e^lt). Naturel, elle.
ungeladen a. (*ou*ngélâd^e^n) = *ungebeten.*
un‖gelegen a. (l*é*eg^e^n). Inopportun, e : *zu ungelegener Stunde*, à une heure indue. ‖adv. Mal à propos. ‖**-gelehrig** a. (l*é*erig). Indocile.
Ungemach n. ① (*ou*ngéma**ch**). Incommodité, f.
ungemein a. (ma^è^n). Extraordinaire. ‖*Fig.* Prodigieux, euse. ‖adv. Extrêmement.
ungenannt a. (*ou*ngén*a*nnt). Anonyme.
ungenau a. (na^o^). Inexact, e, imprécis, e : *Ungenauigkeit*, f., inexactitude, imprécision.
ungeniert a. (jènîrt). Sans gêne : *Ungeniertheit*, f., sans-gêne, m.
ungenießbar a. (nîssbar). Non mangeable. ‖[Getränk] Imbuvable. ‖*Fig.* Insipide. ‖[v. Personen] Insupportable. ‖*Fam.* Assommant, e.
ungenügend a. (nûg^e^nt, -d-). Insuffisant, e. ‖**-genügsam** a. Insatiable.
ungerade a. (*ou*ngérâd^e^). Impair, e.
ungerecht a. (rè**ch**t). Injuste : *Ungerechtigkeit*, f., injustice.
ungereimt a. (ra^è^mt). Non rimé, e. ‖*Fig.* Absurde : *Ungereimtheit*, f., absurdité.
ungern adv. (gèrn). A regret, malgré soi [moi, toi, etc.]. ‖*ungern* ... [avec un infinitif], ne pas aimer à...
ungesäuert a. (*ou*ngé**zœü**^e^rt). Sans levain. ‖[Brot] Azyme.
ungesäumt adv. (**zœ**ümt). Sans tarder.
Ungeschicklichkeit f. (schikli**ch**ka^è^t). Maladresse.
ungeschickt a. (schikt). Maladroit, e.
ungeschlacht a. (*a***ch**t). Grossier, ère.
ungeschliffen a. (schl*i*f^e^n). *Fig.* Grossier, ère : *Ungeschliffenheit*, f., grossièreté.
ungeschminkt a. (schmìnkt). Sans fard.
ungesellig a. (zèlig). Insociable.
ungesetzlich a. (zètsli**ch**). Illégal, e : *Ungesetzlichkeit*, f., illégalité.
ungestalt a. (scht*a*lt). Difforme, informe.
ungestraft a. (schtrâft). Impuni, e : *Ungestraftheit*, f., impunité.
ungestüm a. (schtûme). Impétueux, euse. ‖n. et m. Impétuosité, f.
ungesund a. (zount, -d-). [Person] Mal portant, e. ‖[Ding] Malsain, e. ‖[Wohnung] Insalubre : *Ungesundheit*, f., mauvaise santé, insalubrité.
ungetreu a. (*ou*ngétr**œü**). Infidèle.
Ungetüm n. (tûm). Monstre, m.
ungewandt a. (*ou*n-vànt). Maladroit, e.
ungewiß a. (v*i*ss). Incertain, e. ‖[zweifelhaft] Douteux, euse : *Ungewißheit*, f., incertitude.
Ungewitter n. Orage, m.
ungewöhnlich a. Inusité, e. ‖[ungemein] Extraordinaire. ‖**-gewohnt** a. Inaccoutumé, e.
ungezähmt a. (*ou*ngétsèmt). Indompté, e.
Ungeziefer n. (tsîf^e^r). Vermine, f.
ungezogen a. (tsôg^e^n). Mal élevé, e : *Ungezogenheit*, f., grossièreté.
ungezwungen a. (tsv*ou*ng^e^n). Sans contrainte, libre. ‖[Rede, Stil] Naturel, elle : *Ungezwungenheit*, f., liberté; naturel, m.
Unglaube m. (*ou*ngla^o^be). Incrédulité, f.
un‖gläubig a. (gl**œü**big). Incrédule. ‖a. s. Infidèle. ‖**-glaublich** a. (gla^o^pli**ch**). Incroyable. ‖**-glaubwürdig** a. Peu digne de foi.
ungleich a. (gla^è^**ch**). Inégal, e. ‖adv. Inégalement. ‖*Ungleichheit*, f., inégalité; *ungleichmäßig*, a. = *ungleich.*

Unglimpf m. (glìmpf). Rudesse, f. ‖ [Schimpf] Injure, f.
Unglück n., pl. **-glücksfälle** (fèle). Malheur, m. : *zum Unglück*, par malheur. ‖ *Fam.* [beim Spiel] Guignon, m., guigne, f. ‖ *unglückbringend*, a., funeste. ‖ *unglücklich*, a., malheureux, euse : *unglücklicherweise*, adv., malheureusement.
unglückselig a. Infortuné, e.
Unglücksfall m. Malheur. ‖ [Unfall] Accident.
Ungnade f. (g'nâde). Disgrâce.
ungnädig a. Peu bienveillant, e.
ungültig a. (*oun*gultig). Non valable; *Ungültigkeit*, f., nullité, invalidité.
Ungunst f. (*gou*nst). Défaveur : *zu jemands* [*meinen, deinen* usw.] *Ungunsten*, au détriment de qn., à mon [ton, etc.] détriment.
ungünstig a. (gùnstig). Défavorable. ‖ [Wind] Contraire.
ungut a. (goûte) : *nichts für ungut!*, sans vous offenser!
unhaltbar a. (*oun***h**alt-). Peu solide. ‖ [Festung] Intenable. ‖ [Grund] Insoutenable : *Unhaltbarkeit*, f., faiblesse; [v. Gründen] inanité.
Unheil n. spl. (**ha**èl). Malheur, m. : *unheilbar*, a., incurable; *fig.* irréparable; *unheilbringend*, a., funeste, fatal, e.
unheimlich a. (**h***a*èmli**ch**). Inquiétent, e : *mir wird unheimlich zumute*, je me sens mal à l'aise.
unhöflich a. (h*eû*fli**ch**). Impoli, e : *Unhöflichkeit*, f., impolitesse.
unhold a. Malveillant, e. ‖ [feindlich] Hostile.
Uniform f. (ouniform). Uniforme, m. : *in kleiner Uniform*, en petite tenue.
uniformieren (îren). Uniformiser.
Universität f. (tête). Université. ‖ *Universitäts...*, ... universitaire.
Unke f. (ounke). Crapaud, m.
un‖kennbar a., **-kenntlich** a. Méconnaissable.
Unkenntnis f. Ignorance.
unkeusch a. (œü). Impudique : *Unkeuschheit*, f., impudicité.
unkirchlich a. (ki**r**chli**ch**). Non religieux, euse. ‖ [Schule] Neutre, laïque.
unklar a. Obscur, e. ‖ [Flüssigkeit] Trouble : *Unklarheit*, f., obscurité.
Unkosten pl. Frais, pl.
Unkraut n. spl. Mauvaise herbe, f.
unkündbar a. [rente] Perpétuel, le.
unlängst adv. (*oun*lèngst). Récemment.
unleidlich a. (*la*ètli**ch**). Insupportable.
unleserlich a. (*léez*erli**ch**). Illisible.
unleugbar a. (lœüg). Indéniable.
unlieb a. Désagréable.
unlogisch a. (lôgisch). Illogique.
unlösbar a. (leûss-). Indissoluble. ‖ [Frage] Insoluble.
Unlust f. Déplaisir, m. ‖ [Widerwille] Répugnance. ‖ *unlustig*, a., de mauvaise humeur; adv. à contrecœur.
unmanierlich a. (*oun*-nîrli**ch**). Rustre. ‖ [linkisch] Gauche.
Unmasse f. Quantité énorme.
unmäßig a. (mêssig). Immodéré, e. ‖ [im Genusse] Intempérant, e : *Unmäßigkeit*, f., intempérance.
Unmenge f. (mènge) = *Unmasse*.
Unmensch, -en, -en m. Monstre : *unmenschlich*, a., inhumain, e, barbare; *Unmenschlichkeit*, f., inhumanité.
unmerkbar a., **-merklich** a. Imperceptible, insensible. ‖ adv. Insensiblement.
unmißverständlich a. catégorique, évident.
unmittelbar a. Immédiat, e, direct, e.
unmodern a., **-modisch** a. (dèrn, môdisch). Passé, e de mode, démodé, e.
unmöglich a. (m*eû*gli**ch**). Impossible : *Unmögliches leisten*, faire* l'impossible. ‖ adv. : *ich kann unmöglich* ..., il m'est impossible de ...; *Unmöglichkeit*, f., impossibilité.
unmoralisch a. (âlisch). Immoral, e.
unmündig a. (mùndig). Mineur, e : *Unmündigkeit*, f., minorité.
Unmut m. Mauvaise humeur, f.
unnachahmlich a. (*oun*'na**ch**âmli**ch**). Inimitable.
unnahbar a. (nâbar). Inabordable.
unnatürlich a. (tûrli**ch**). Contraire à la nature. ‖ [gezwungen] Affecté, e.
unnötig a. (n*eû*tig). Inutile. ‖ *unnötigerweise*, adv., sans nécessité.
unnütz a. Inutile.
unordentlich a. (*oun*ordentli**ch**). Sans ordre. ‖ adv. En désordre.
Unordnung f. Désordre, m.

unpaar a. (*ou*npâr). Impair, e.
un||parteiisch, -parteilich a. (part*a*è-lich). Impartial, e : *Unparteilichkeit,* f., impartialité.
un||passend a. (pass^ent, -d-). Impropre. ||[Wort] Déplacé, e. ||adv. Mal à propos. ||**-päßlich** a. (pêsslich). Indisposé, e. : *Unpäßlichkeit,* f., indisposition.
unpatriotisch a. Antipatriotique.
unpersönlich a. (zeûn). Impersonnel, elle.
unpolitisch a. (lîtisch). Impolitique.
unpopulär a. (poulèr). Impopulaire.
unpraktisch a. (prak-). Peu pratique.
unpünktlich a. Inexact, e : *Unpünktlichkeit,* f., inexactitude.
Unrat m. spl. (*ou*nrâte). Ordures, f. pl., immondices, f. pl.
unratsam a. (râtzâm). Inopportun, e.
unrecht a. (rêcht). Faux, fausse. ||[ungerecht] Injuste, mal : *unrecht haben*,* avoir tort. ||[ungelegen] Inopportun, e. ||a. s. : *an den Unrechten kommen*,* se tromper de personne. ||adv. Mal, à tort. ||Injustement.
Unrecht n. (rècht). Tort, m. : *Unrecht leiden*,* subir une injustice; *unrechtmäßig,* a., illégitime.
unredlich a. (ré*e*tlich). Malhonnête, déloyal, e : *Unredlichkeit,* f., improbité, déloyauté.
unregelmäßig a. (réeg^elmêssig). Irrégulier, ère : *Unregelmäßigkeit,* f., irrégularité.
unreif a. (r*a*èf). Non mûr, e, ||[Frucht] Vert, e.
un||rein a. (r*a*èn). 1. Impur, e. ||2. = *unreinlich.* ||*Unreinheit,* f., impureté. ||**-reinlich** a. (r*a*ènlich). Malpropre : *Unreinlichkeit,* f., malpropreté
unrettbar a. (rètt-) : *unrettbar verloren,* perdu, e sans ressource.
unrichtig a. (richtig). Faux, ausse, inexact, e. ||[in Sprache] Incorrect, e. ||adv. Inexactement : *unrichtig singen*,* chanter faux; *Unrichtigkeit,* f., fausseté; inexactitude; incorrection.
Unruhe f. (rou^e). Trouble, m. ||[öffentliche] Désordre, m. ||[Besorgnis] Inquiétude. ||[in Taschenuhren] Balancier, m.
unruhig a. (roûig). Troublé, e. ||[bewegt] Agité, e. ||[Meer] Houleux, euse. ||[besorgt] Inquiet, ète.
Unruh[e]stifter m. ④. Agitateur.
uns pr. pers. A nous, nous.
un||sagbar a. (*ou*nzâg-), **-säglich** a. (ounzèglich). Indicible.
unsanft a. Rude. ||[hart] Dur, e. ||adv. Rudement. ||Durement.
unsauber a. (z*a*^ob^er). Malpropre, sale : *Unsauberkeit,* f., malpropreté, saleté.
unschädlich a. (schêtlich). Inoffensif, ive : *Unschädlichkeit,* f., innocuité.
unschätzbar a. (schèts-). Inestimable.
unscheinbar a. Peu apparent, e.
unschicklich a. (sch*i*klich). Inconvenant, e. ||[unanständig] Indécent, e : *Unschicklichkeit,* f., inconvenance; indécence.
unschlüssig a. (*u*ssig). Irrésolu, e : *Unschlüssigkeit,* f., irrésolution.
unschmackhaft a. (*a*khaft). Insipide, fade : *Unschmackhaftigkeit,* f., insipidité, fadeur.
unschön a. (scheûne). Laid, e, vilain, e.
Unschuld f. (schoult, -d-). Innocence : *unschuldig,* a., innocent, e.
unselig a. Funeste.
unser (*ou*nz^er) pr. pers., gén. de *wir.* De nous [V. GRAMM.] : *es waren unser fünf,* nous étions cinq; *unser einer* [*eins*], nous autres. ||a. et pr. poss. Notre [V. GRAMM.] : *dies Haus ist unser,* cette maison est à nous; *der, die, das unsere* [*unserige*], le, la nôtre. ||*unsersgleichen, unsert...* V. *...gleichen, ...halben, ...wegen.*
unsicher a. (*ou*nzich^er). Peu sûr, e. || [Wetter usw.] Incertain, e. ||[Hand] Mal assuré, e. ||[Lage] Précaire : *Unsicherheit,* f., insécurité; incertitude.
unsichtbar a. (zicht-). Invisible.
Unsinn m. Non-sens. ||[Ungereimtheit] Absurdité, f. : *unsinnig,* a., insensé, e.
Unsitte f. (zit^e). Mauvaise habitude.
unsittlich a. Immoral, e : *Unsittlichkeit,* f., immoralité.
unsrer = *unserer, unserig.* **unsrig** = *unserig.* V. *unser.*
unstatthaft a. (*ou*nschtatthaft). Défendu, e.

unsterblich a. (schtèrpli**ch**). Immortel, le : *Unsterblichkeit,* f., immortalité.
Unstern m. Mauvaise étoile, f.
unstet a. Instable : *Unstetigkeit,* f., inconstance.
unstreitig a. Incontestable. ‖adv. Sans contredit.
Unsumme f. Somme énorme.
untadelhaft a. (*ountâ*-). Irréprochable.
Untat f. (tâte). Forfait, m.
untätig a. (têtig). Inactif, ive : *Untätigkeit,* f., inaction; [andauernd] inactivité.
untauglich a. (t*a*^o^gli**ch**). Bon, ne à rien. ‖[zu...] Impropre [à...]. ‖*Mil.* Impropre au service. ‖[unfähig] Inapte à ‖*Untauglichkeit,* f., inaptitude, incapacité; [zum Dienst] Invalidité.
unteilbar a. (ta^è^l-). Indivisible.
unten‖ adv. (*ount*^e^n). En bas, en dessous, au-dessous : *nach unten,* en bas, vers le bas; *von unten auf,* de bas en haut; *von oben bis unten,* du haut en bas; *da unten,* là-bas; *hier unten,* ci-dessous; *weiter unten,* plus bas. ‖*Fig. unten liegen*,* avoir* le dessous. ‖**-stehend** a. (schté*e*^e^nt -d-). Ci-dessous.
unter (*ount*^e^r). I. Prép. [régit le *datif,* en réponse à la question *wo?,* et *l'accusatif,* en réponse à la question *wohin?*]. Sous : *unter dem Dache,* sous les combles. ‖*Fig. : unter dem Befehl, der Regierung...,* sous les ordres, le règne de...; *unter sich haben*,* avoir* sous ses ordres. ‖Au-dessous de : *unter jm. wohnen,* loger au-dessous de qn; *nicht unter zehn Franken,* pas à moins de dix francs. ‖[zeitlich und modal] : *unter dem Essen,* pendant le dîner; *unter dem heutigen Datum,* à la date d'aujourd'hui; *unterm 15.,* à la date du 15. ‖Parmi, entre : *unter den Menschen,* parmi les hommes; *mitten unter,* parmi; *unter Freunden,* entre amis.
II. a. Bas, se, **inférieur**, e. ‖Superl. *unterst,* tout en bas, dernier, ère. ‖adv. *das oberste zu unterst,* sens dessus dessous.
III. Préfixe, tantôt *séparable* et *accentué,* tantôt *inséparable* et *non accentué.*
Séparable et *accentué,* il ajoute au mot primitif le sens de : *être, aller* ou *mettre sous, dessous, en dessous, en bas, parmi, être inférieur, subordonné.*
Unterabteilung f. (*oun*) Subdivision.
Unterarm m. (*oun*). Avant-bras.
Unteraufseher m. (*oun*). Sous-inspecteur.
Unterbau m. (*oun*). Substruction, f. ‖[an Kraftwagen] Châssis.
unterbauen *sép.* Construire* en dessous.
unterbelichten f. Sous-exposer.
Unterbewußtsein n. Subconscient.
unterbinden* *sép.* Lier au-dessous de ‖ins. (*bin*). Ligaturer.
Unterbindung f. Ligature.
unterbleiben* intr. [*sein*] (bl*a*^è^b^e^n). *ins.* Ne pas avoir* lieu.
unterbrechen* (brè**ch**^e^n). *ins.* Interrompre. ‖*Fig.* Suspendre : *Unterbrecher,* m., interrupteur; *Unterbrechung,* f., interruption, suspension.
unterbreiten (br*a*^è^t^e^n). *ins.* Soumettre*.
unterbringen* *sép.* (*oun*). Mettre* à couvert, placer. ‖[Wagen] Remiser.
Unterbringung f. Logement, m., placement, m.
unterdes, -dessen adv. (dès). Pendant ce temps, en attendant.
unterdrücken (dr*u*k^e^n). *ins.* [Volk] Opprimer. ‖[Schrift] Supprimer. ‖[Aufstand, Gefühl] Réprimer. ‖[Tränen] Retenir*. ‖*sép.* (*oun*). Pousser dessous.
Unter‖drücker m. Oppresseur. ‖**-drückung** f. Oppression; suppression; répression.
untereinander adv. pron. (*nand*^e^r). V. *einander.*
unterernährt a. Sous-alimenté.
unterfangen* [**sich**] (fàng^e^n). *ins*- Se permettre*. ‖[wagen] Oser.
unterfassen *sép.* Prendre* sous les bras.
Untergang m. (*ount*^e^rgàng). Déclin. ‖[d. Sonne] Coucher. ‖[v. Schiffen] Perte, f., naufrage. ‖*Fig.* Ruine, f.
untergeben a. (g*é*eb^e^n). *ins.* Subordonné, e. ‖[Beamter] Inférieur, e, subalterne.
untergehen* *sép.* (*oun*) [*sein*] [Sonne usw.] Se coucher. ‖[Schiff] Couler. ‖*Fig.* Périr, se ruiner.

untergeordnet p. a. (*oun*). Subordonné, e, secondaire. ‖ [Beamter] Subalterne.
untergraben *ins.* Saper. ‖ *Fig.* Miner.
Untergrundbahn f. (*oun*). Métropolitain.
unterhakt. Bras dessus bras dessous.
unterhalb (*ount*^{e}r). prép. [gén.] et adv. Au-dessous de, en aval.
Unterhalt m. (*ount*^{e}**r**halt). Entretien. ‖ [Lebens-] Subsistance, f.
unterhalten* (**h***al*), *ins.* [auch im Gespräch] Entretenir* : *sich* [über, *acc.*] —, s'entretenir* [de]. ‖ [belustigen] Amuser, divertir. ‖ *sép.* Tenir* dessous.
Unterhaltung f. Entretien, m.; amusement, m.
unterhandeln (**h***àn*-). *ins.* Négocier. ‖ [mit d. Feinde] Parlementer.
Unter‖händler m. ④ (h*è*ntl^{e}r). Négociateur. ‖ [im Kriege] Parlementaire. ‖**-handlung** f. (**h**àntloung). Négociation.
Unterholz n. (*ount*^{e}r**h**olts). Taillis, m.
Unterhosen pl. (*ount*^{e}r**h**ôz^{e}n). Caleçon, m.
unterirdisch a. (*oun*). Souterrain.
Unterjacke f. (*ounteryak*^{e}). Camisole. [d. Männer] Gilet, m. [de flanelle, etc.].
unterjochen (y*o***ch**^{e}n). *ins.* Asservir : *Unterjochung*, f., asservissement, m.
Unterkiefer m. (*oun*). Mâchoire inférieure, **f.**
Unterkinn n. (*oun*). Double menton, m.
Unterkleid n. (*oun*). Sous-vêtement, m.
unterkommen* (*oun*). sép. [*sein*]. Trouver un abri, un logement, etc.
Unterkommen n. spl. Abri, m., asile, m. ‖ [Wohnung] Logement, m., gîte, m.
Unterkörper m. (*oun*). Partie inférieure du corps, f.
Unterkunft f. (*oun*) = *Unterkommen*.
Unterlage f. (*ount*^{e}rl*â*g^{e}). Couche. ‖ [Grundlage] Base, fondement, m. ‖ [zum Schreiben] Sous-main, m., pl. Documentation, f.
unterlassen* *ins.* Omettre*.
Unterlassung f. Omission.
Unterlauf m. (*oun*). Cours inférieur.
unterlaufen* intr. *sép.* [*sein*] : *mit unterlaufen*, se glisser parmi. ‖ *ins.* S'extravaser. ‖ [Irrtum] Échapper.
unterlegen (leg^{e}n) pp. de *unterliegen**. ‖ tr. *sép.* (*oun*). Mettre dessous. ‖ [Sinn] Attribuer.
Unterlehrer, in s. m. et f. (*oun*). Sous-maître, esse.
Unterleib m. (*oun*). Bas-ventre, abdomen.
unterliegen* (*oun*) *sép.* Être placé, e *ou* couché, e, dessous. ‖ *ins.* (l*î*g^{e}n). Succomber.
Unterlippe f. (*oun*). Lèvre inférieure.
unterm (*oun*), abr. de *unter dem.*
Unter‖miete f. (*oun*). Sous-location. ‖**-mieter** m. Sous-locataire.
untermischen (ount^{e}rm*i*sch^{e}n) *ins.* Entremêler.
unternehmen* *ins.* Entreprendre*.
Unter‖nehmen n. ④, **-nehmung** f. Entreprise, f. : *unternehmungslustig*, entreprenant, e.
Unteroffizier m. (*oun*). Sous-officier.
unterordnen (*oun*) *sép.* Subordonner.
Unterordnung f. Subordination.
Unterpräfekt m. (*oun*). Sous-préfet.
unterreden [**sich**] (ount^{e}rr*éed*^{e}n). *ins.* S'entretenir*.
Unterredung f. Entretien, m., interview.
Unterrhein npr. m. (*oun*). Bas-Rhin.
Unterricht m. (*ount*^{e}rr*i***ch**t). Enseignement. ‖ [Belehrung] Instruction, f. ‖ ...*unterricht*, enseignement du..., de la ..., leçons de..., f. pl.
unterrichten (r*i***ch**t^{e}n). *ins.* [einen] Enseigner [à qn] : *im Singen* usw. —, donner des leçons de [enseigner le] chant, etc. à. ‖ [von... belehren] Instruire* [de].
Unterrichts‖anstalt f. (*ount*^{e}rrichts'*à*nschtalt). Établissement d'instruction, m. ‖**-minister** m. (n*i*st^{e}r). Ministre de l'instruction publique. ‖**-stunde** f. (scht*ou*nd^{e}). Leçon. ‖ [Schul-] Classe. ‖**-wesen** n. (v*é*e-z^{e}n). Enseignement public, m.
Unterrock m. (*ount*^{e}rrok). Jupon.
unters (*oun*). abr. de *unter das.*
untersagen (ount^{e}rz*â*g^{e}n). *ins.* Interdire* : *Untersagung*, f., interdiction.
Untersatz m. (*oun*). Base, f. ‖ [Platte] Plateau.
unterschätzen (sch*è*ts^{e}n). *ins.* Sous-estimer.

unter‖scheiden* (sch*a*^è^d^e^n). *ins.* Distinguer. ‖[abstrakt] Discerner. ‖**-scheidend** p. a. Distinctif, ive.
Unterscheidung f. Distinction. ‖Discrimination : *Unterscheidungskraft,* f., *-vermögen,* n., discernement, m.
unterschieben* (*oun*) *sép.* Glisser dessous. ‖*Fig.* Substituer. ‖[zuschreiben] Attribuer.
Unterschiebung f. Substitution.
Unterschied m. (*oun*-schîte, -d-). Différence, f. ‖[-scheidung] Distinction, f. : *unterschiedlich,* a., différent, e.
unterschlagen* (schlâg^e^n). *ins.* Soustraire*. ‖[entwenden] Détourner. ‖[Brief] Intercepter.
Unterschlagung f. Détournement, m. ‖Interception.
Unterschleif m. (*oun*-schla^è^f) Fraude. f. ‖[Unterschlagung] Malversation, f.
unterschreiben* (*a*^è^b) *ins.* Signer. ‖[Wechsel] Souscrire*. ‖[Beitrag] Souscrire* à.
Unter‖schreiber m. Signataire. ‖Souscripteur. ‖**-schreibung** f. Souscription. ‖**-schrift** f. (*oun*). Signature.
untersee... (*oun*). Sous-marin, e, a.
Unterseeboot n. (*oun*). Sous-marin, m.
unter‖setzen (*oun*) *sép.* Mettre* dessous. ‖**-setzt** a. (zètst). Trapu, e.
untersinken* intr. *sép.* [*sein*]. Couler à fond.
unterstehen* intr. (*ée*^e^n). *ins.* Être subordonné à. ‖[**sich**] Se permettre* de, oser.
unterstellen sép. (*oun*). Mettre* à l'abri. ‖*ins.* Subordonner. ‖[zuschreiben] Imputer.
Unterstellung f. Imputation.
unterstreichen* (*a*^è^**ch**^e^n). *ins.* Souligner.
Unterstreichung f. Soulignage, m.
unterstützen (schtuts^e^n). *ins.* Soutenir*. ‖[Gebäude] Étayer. ‖*Fig.* [helfen] Secourir*. ‖[empfehlen] Appuyer.
Unter‖stützer m. Soutien; protecteur, appui. ‖**-stützung** f. Soutien, m.; secours, m.; allocation, f. *Unterstützungsempfänger,* allocataire.
untersuchen (zoû**ch**^e^n) *ins.* Rechercher. ‖[prüfen] Examiner. ‖[durchsuchen] Visiter. ‖[gerichtlich] Faire* une enquête sur.
Untersuchung f. Recherche; examen, m.; visite; enquête, instruction.
unter‖tan a. (*oun*t^e^rtâne). Soumis, e [à]... ‖m. pl. **-en.** Sujet, te m., f. [d'un prince]. ‖**-tänig** a. (tènig). 1. = *untertan.* ‖2. [demütig] Humble. ‖[gehorsam] Obéissant e.
Untertänigkeit f. Soumission, obéissance.
Untertasse f. Soucoupe.
Unterwald m. (*oun*t^e^rvalt, -d-). Sous-bois. ‖[Gebüsch] Taillis.
unterwärts adv. (*oun*). Vers le bas, en bas.
Unterwäsche f. sous-vêtements m. pl.; linge (m.) de corps.
unterwegs adv. (**vé**e**gs**). En chemin, en route.
unterweisen* (v*a*^è^**z**^e^n). *ins.* Instruire*. ‖[einen **in,** *dat.*] Enseigner [à qn.].
Unterweisung f. Instruction, enseignement, m.
Unterwelt f. (*oun*). **Enfers,** m. pl.
unterwerfen* (vèrf^e^n), *ins.* Soumettre*. ‖[unterjochen] **Subjuguer.**
Unterwerfung f. **Soumission.**
unterwertig a. (*oun*) **De valeur** inférieure.
unterwühlen (vû). *ins.* Creuser. ‖[Erde] Affouiller.
Unterwürfig a. (vurfig). Soumis, e.
Unterwürfigkeit f. Soumission.
unterzeichnen (ount^e^rtsa^è^**ch**n^e^n). Signer : *ich Unterzeichneter,* je soussigné.
Unter‖zeichner m. Signataire. ‖**-zeichnung** f. Signature.
unterziehen* (tsî^e^n). *ins.* Soumettre* [à]. ‖[**sich**] [einer Operation] Subir. ‖[e. Aufgabe] Se charger de.
Untiefe f. (*oun*tîf^e^). Abîme, m.
Untier n. (tîr). Monstre, m.
untrennbar a. (trèn). Inséparable.
untreu a. (trœü), Infidèle. ‖[treulos] Déloyal, e.
untröstbar, tröstlich a. (tre*û*st). Inconsolable.
untrüglich a. (trûgli**ch**). Infaillible : *Untrüglichkeit,* f. infaillibilité.
untüchtig a. (tû**ch**). Incapable : *Untüchtigkeit,* f., incapacité.
untunlich a. Impossible.

Italique : accentuation. **Gras** : pron. spéciale. *Verbe fort. V. GRAMMAIRE.

unüberlegt a. (*ounûb*ᵉ*rlégt*). Irréfléchi, e.
unüberschreitbar a. (schr*a*ᵉt-). Infranchissable.
unübersehbar a. (ubᵉrz*ée*-). A perte de vue.
unübersetzbar a. (z*è*tz-). Intraduisible.
unübersteigbar, -übersteiglich a. Insurmontable.
unübertrefflich a. (trèf**lich**). Qu'on ne peut surpasser.
unüberwindlich a. Invincible.
unumgänglich a. (*ou*noumgèng**lich**). Inévitable.
unumschränkt a. (oumschrènkt). Illimité, e. ‖ [Macht] Absolu, e.
unumstößlich a. (oumschte*û*ss**lich**). Irrévocable.
unumstritten a. Incontesté.
unumwunden a. (oumv*ou*nden). Franc, anche, catégorique. ‖ adv. Sans détour.
ununterbrochen a. (*ou*nounterbro**ch**ᵉn). Ininterrompu, e. ‖ adv. Sans interruption.
un‖veränderlich a. (*ou*nfᵉrèndᵉr**lich**). Invariable. ‖**-verändert** a. Inchangé, e.
unverantwortlich a. (*a*nt-**lich**). Irresponsable. ‖ [Handlung] Inexcusable : *Unverantwortlichkeit*, f., irresponsabilité.
unveräußerlich a. (**œüs**ᵉ**rlich**). Inaliénable.
unverbesserlich a. (bèss-). Incorrigible.
unverblümt a. (bl*u*mt). Sans fard, *fig.* ‖ adv. Crûment, carrément.
unverbrennbar a. (brèn-). Incombustible.
unverbrüchlich a. (**bruchlich**). Inviolable.
unverdaulich a. (d*a*ᵒ-). Indigeste.
unverdient a. Immérité, e.
unverdrossen a. (*ou*n-). Inlassable. ‖ adv. Inlassablement.
unvereinbar a. (*a*ᵉn-). Inconciliable, incompatible : *Unvereinbarkeit*, f., incompatibilité.
unvergänglich a. (**gènglich**). Impérissable.
unvergeßlich a. (**gèsslich**). Inoubliable.
unvergleichbar a. (gl*a*ᵉ**ch**-), **unvergleichlich.** Incomparable.
unverhältnismäßig a. (oun-**hèlt**-mès-sig). Disproportionné, e.
unverheiratet a. (**h***a*ᵉrâtᵉt). Célibataire.
unverhofft a. (**h**oft). Inespéré, e.
unverhohlen a. (**h**ôlᵉn). Franc, anche. ‖ adv. Franchement, sans détour.
unverjährbar a. (yê-). Imprescriptible.
unverkäuflich a. (k**œüflich**). Invendable.
un‖verkennbar a. (kèn-). Indéniable. ‖**-verkürzt** a. (k*u*rtst). Tout entier, ère.
un‖verletzbar, -verletzlich a. (lèts**lich**). Invulnérable. ‖ [unantastbar] Inviolable : *Unverletzlichkeit*, f., inviolabilité. ‖**-verletzt** a. Intact, e. ‖ [körperlich] Sain[e] et sauf [auve].
unvermeidlich a. (*a*ᵉt-). Inévitable.
unvermerkt a. Inaperçu, e. ‖ [unmerklich] Insensible.
unvermischt a. Pur, e, sans mélange.
Unvermögen n. (me*û*gᵉn). Impuissance, f. ‖ [Unfähigkeit] Incapacité, f. : *unvermögend*, a., impuissant, e; incapable; [unbemittelt] sans fortune.
unvermutet a. (mo*û*tᵉt). Inopiné, e, inattendu, e. ‖ adv. Inopinément.
Unvernunft f. Déraison. *unvernünftig*, a., déraisonnable.
unverrichtet a. Inexécuté, e : *unverrichteter Dinge*, sans résultat; *fam.*, bredouille.
unverschämt a. (schèmt). Impudent. ‖ adv. Impudemment : *Unverschämtheit*, f., impudence.
unversehens adv. (z*ée*ᵉns). Par mégarde. ‖ [unvermutet] Inopinément.
unversehrt a. (z*ée*rt). Intact, e, sain[e] et sauf[auve].
unversiegbar a. (z*î*g). Intarissable.
unversöhnlich a. (ze*û*n**lich**). Irréconciliable.
Unverstand m. (schtànt, -d-). Manque d'intelligence. ‖ [Dummheit] Sottise, f. ‖ *unverstanden*, a., incompris, e; *unverständig*, a., inintelligent, e; [dumm] sot, te; *unverständlich*, a., inintelligible; incompréhensible.
unvertilgbar a. Ineffaçable.

unverträglich a. (tr*è*gli**ch**). Insociable : *Unverträglichkeit*, f., insociabilité.
unverwandt a. Fixe. ‖ adv. Fixement.
unverweslich a. Imputrescible.
unverwundbar a. (v*ou*nt-). Invulnérable.
unverwüstlich a. (v*û*stli**ch**). Indestructible.
unverzagt a. (ts*â*kt). Intrépide : *Unverzagtheit*, f., intrépidité.
unverzeihlich a. (ts*aè*li**ch**). Impardonnable.
unverzüglich a. (ts*û*kli**ch**). Immédiat, e.
unvollendet a. (*ou*nfol*è*nd*e*t). Inachevé, e.
unvollkommen a. (k*o*m*e*n). Imparfait, e : *Unvollkommenheit*, f., imperfection.
unvollständig a. (scht*è*ndig). Incomplet, ète.
unvorbereitet a. (fôr-r*aè*t*e*t). Non préparé, e. ‖ [Handlung] Improvisé, e. ‖ adv. Au dépourvu.
unvorhergesehen a. (fôrh**è**rgez*ée**e*n). Imprévu, e.
unvorsätzlich a. (z**è**tzli**ch**). Non prémédité, e. ‖ adv. Sans préméditation.
unvorsichtig a. (zi**ch**tig). Imprévoyant, e, imprudent, e; *Unvorsichtigkeit*, f., imprévoyance, imprudence : *aus Unvorsichtigkeit*, par mégarde.
unvorteilhaft a. (t*aè***lh**aft). Désavantageux, euse.
unwägbar a. (*ou*nv*è*g-). Impondérable.
unwählbar a. (v*è*l). Inéligible.
unwahr a. Faux, ausse. ‖ [ungenau] Inexact, e. ‖ [lügenhaft] Mensonger, ère : *Unwahrheit*, fausseté, inexactitude; *unwahrnehmbar* a., imperceptible; *unwahrscheinlich*, a., invraisemblable, improbable; *Unwahrscheinlichkeit*, f., invraisemblance, improbabilité.
unwandelbar a. (v*à*nd*e*l-). Immuable.
unwegsam a. (*ou*nv*è*egz*â*m). Impraticable.
unweit adv. (v*aè*t). Non loin de.
Unwert m. Non-valeur, f.
Unwesen n. (v*ée*z*e*n). Monstre, m. ‖ [Unfug] Excès, m., abus, m.
unwesentlich a. (v*ée*z*e*ntli**ch**). Accessoire.
Unwetter n. spl. Gros temps, m. ‖ [Gewitter] Orage, m.
unwichtig a. (*ou*nvi**ch**tig). Peu important, e.
unwiderlegbar a. (*ou*nvid*e*rl*ée*g-). Irréfutable.
unwiderruflich a. (r*oû*fli**ch**). Irrévocable. ‖ adv. Irrévocablement.
unwidersprechlich a. (schpr*è***ch**li**ch**). Incontestable. ‖ adv. Sans contredit.
unwiderstehlich a. (scht*ée*li**ch**). Irrésistible.
unwiederbringlich a. (br*ì*ngli**ch**). Irréparable. ‖ adv. Sans retour.
Unwille, -ns m. (*ou*nvil*e*). ‖ [Ärger] Dépit. ‖ [Zorn] Indignation, f.
unwillig a. (ig). Peu disposé, e. ‖ [geärgert] Dépité, e. ‖ [zornig] Indigné, e : *unwillig machen*, indigner; *unwillig werden**, s'indigner.
unwillkommen a. Inopportun, e. ‖ [ungelegen] Fâcheux, euse. ‖ adv. Mal à propos.
unwillkürlich a. (kurli**ch**). Involontaire.
unwirksam a. Inefficace : *Unwirksamkeit*, f., inefficacité.
unwirsch a. Brusque, bourru, e.
Unwissen n. Ignorance, f. : *unwissend*, a., ignorant, e; *Unwissenheit*, f., ignorance.
unwissentlich a. Involontaire. ‖ adv. Par ignorance.
unwohl adv. (*ou*nvôl). Indisposé, e : *Unwohlsein*, n. spl., indisposition, f.
unwürdig a. (vurdig). Indigne : *Unwürdigkeit*, f., indignité.
Unzahl f. (*ou*nts*â*l). Nombre infini, m.
unzählbar a. (ts*ê*l-). Innombrable.
unzähmbar a. (ts*è*m-). Indomptable.
Unze f. (*ou*nts*e*). Once.
Unzeit f. (*ou*nts*aè*t) : *zur Unzeit*, en temps inopportun : *unzeitgemäß*, a., inopportun, e; adv. mal à propos.
unzerbrechlich a. (tserbr*è***ch**li**ch**). Incassable.
unzerstörbar a. (schte*û*r-). Indestructible.
unzerteilbar a. (t*aè*lbar). Indivisible.
Unzucht f. (*ou*ntsou**ch**t). Impudicité. ‖ [berufsmäßige] Prostitution : *unzüchtig*, a., impudique; [Leben] Dissolu, e.

unzufrieden a. (*oun*tsoufrîd^en). Mécontent, e : *Unzufriedenheit,* f., mécontentement, m.
unzugänglich a. (gèngli**ch**). Inaccessible, inabordable.
unzulänglich a. (lèngli**ch**). Insuffisant, e : *Unzulänglichkeit,* f. insuffisance.
unzulässig a. (lèsi**ch**). Inadmissible.
unzurechnungsfähig a. (*oun*-rè**ch**noungsfê'ig). Irresponsable.
unzureichend a. (ra^è**ch**^{e}nt, -d-). Insuffisant, e.
unzusammenhängend a. (zamm^{e}n**hèng**^{e}nt, -d-). Incohérent, e. ‖ [Rede] Décousu, e.
unzuträglich a. (tsoûtrèg-). Désavantageux, euse. ‖ [schädlich] Nuisible. ‖ *Unzuträglichkeit,* f., inconvénient, m.
unzuverlässig a. (*oun*tsoufèrl*ê*ssig). Peu sûr, e. Sujet, ette à caution.
unzweifelhaft a. (*oun*tsv*a*^{è}f^{e}l**h**aft). Indubitable. ‖ adv. Indubitablement.
üppig a. Exubérant, e. ‖ [Pflanzenwuchs] Luxuriant, e. ‖ [wollüstig] Voluptueux, euse. ‖ *Üppigkeit,* f., exubérance; volupté.
ur... (*oû*r...). Préfixe *inséparable, accentué,* exprime l'idée d'*origine* ou d'*antiquité,* excepté dans *Urfehde, Urlaub, Urteil.* Ex. : *Ur‖bedeutung,* f., sens [m.] primitif.
Ur‖ahn, -en, -en m., **-e** f. (*oû*râne, âne). Bisaïeul, e. ‖ pl. Aïeux.
uralt a. Extrêmement vieux, eille : *aus uralten Zeiten,* de temps immémorial.
Ur‖anfang m. (*à*nfàng). Origine, f. ‖**-bevölkerung** f. Population (f.) autochtone. ‖**-bild** n. (bilt, -d-). Original, m. ‖ [e. Gattung] Prototype, m.
urdeutsch a. (dœü-). Foncièrement allemand, e.
Ur‖eltern pl. Premiers parents. ‖**-enkel, in** m. ④, f. Arrière-petit-fils, -petite-fille.
Urfehde f. (féed^e). Trêve.
Ur‖großvater m. (gr*ô*ssfât^{e}r), **-großmutter** f. (mout^{e}r). Bisaïeul, e. ‖**-grund** m. Raison [f.] *ou* cause première. f. ‖**-heber** m. ④. Auteur.
Urin m. (our*î*ne). Urine, f.
Urkunde f. (*oû*rk*ou*nd^e). Document, m.
urkundlich a. (k*ou*ntli**ch**). Documentaire.
Urlaub m. ① (la^{o}p, -b-). Permission, f. ‖ [amtlich] Congé. ‖ *Urlauber,* m. ④, permissionnaire.
Urmensch m. Premier homme.
Urne f. (ourn^e). Urne.
Ur‖sache f. (*oû*rzâ**ch**^{e}). Cause. ‖ [Beweggrund] Motif, m., raison : [beim Danken] *keine Ursache!,* il n'y a pas de quoi; [bei e. Entschuldigung] il n'y a pas de mal. ‖**-schrift** f. Original, m. ‖**-sprung** m. (schproung). Origine, f. : *ursprünglich,* a., primitif, ive, original, e. ‖**-stoff** m. ① (schtof). Corps simple. ‖**-teil** n. (ta^{è}l). Jugement, m. : *urteilen,* juger [de]; *Urteilskraft,* f., jugement, m.; *Urteilsspruch,* m., jugement, arrêt. ‖**-text** m. [Texte] Original. ‖**-wald** m. Forêt vierge, f.
urwüchsig a. (v*û*ksig). Original, e.
Usurp‖ation f. (ouzour-tsi*ô*ne). Usurpation. ‖**-ator, -en** m. (*â*tor, *ô*r^{e}n). Usurpateur.
usurpieren (*î*r^{e}n). Usurper.
Utensilien pl. (out^{e}nz*i*li^{e}n). Ustensiles, m. pl.
Utopie f. (outop*î*). Utopie.
utopisch a. (t*ô*-). Utopique.
Utopist, -en, -en m. (*i*st). Utopiste.
uzen (*ou*ts^{e}n). Se moquer de.

V

V, v n. (fa^o). V, v, m. ‖**v.** abr. de *von.*
vag a. (vâg). Vague.
Vagabund, -en, -en m. (b*ou*nt, -d-). Vagabond.
vakant a. (*à*nt). Vacant, e.
Vakanz f. (*à*nts). Vacance.
Vakuumröhre f., tube à vide.
Valuta, -ten f. (lo*û*). *Com.* Valeur.
Vampir m. ①. Vampire.
Vandale, -n, -n m. (vànd*â*l^e). Vandale.

vandalisch a. De vandale. ‖adv. En vandale.
Vandalismus m. (*is*-). Vandalisme.
Vanille f. (*ili*e). Vanille.
Varietétheater n. Music-hall, m.
Vasall, -en, -en m. (vaz*a*l). Vassal, aux.
Vater‖ m. ③ (f*â*ter). Père. ‖*Vater...*, ... paternel : *Vater*‖*haus*, n., maison paternelle, f.; *-liebe*, f., *-teil*, m., amour, m., patrimoine paternel. ‖**-land** n. (lànte, -d-). Patrie, f. : *Vaterlands*‖*flüchtige[r]*, a. s., émigré, m.; *-liebe*, f., patriotisme, m.
vater‖**ländisch** a. (lènd). National, e. ‖ **''lich** a. (fèterlich). Paternel, le. ‖adv. Paternellement. ‖**-los** a. (lôss, -z-). Orphelin, e [de père].
Vatermord m. ① (morte, -d-), **-mörder** m. ④ (m*eu*rder), **vatermörderisch** a. Parricide.
Vater‖**schaft** f. Paternité. ‖**-stadt** f. Ville natale. ‖**-unser** n. ④ (ounzer). Pater [noster]. m.
Vatikan‖ m. Vatican. ‖**-stadt** f. Cité du Vatican.
Vegetabilien pl. (végé-*î*lien). Végétaux, m. pl.
vegetabilisch a. (b*i*-). Végétal, e.
Vegetarianer, in m. ④, f., **vegetarianisch** (i*â*-). Végétarien, ienne.
Veilchen n. ④ (f*a*èlchen). Violette, f.
veilchenblau a. Violet, ette.
Veitstanz m. Danse de Saint-Guy, f.
Velin, -s n. (vél*î*ne). Vélin, m.
Velo‖**drom** m. ① (*ô*me). Vélodrome. ‖**-ziped** n. ① (tsip*é*et, -d-). Vélocipède, m.
Vene f. (v*ée*ne). Veine.
Vene‖**dig** n. (vén*ée*dig). Venise, f. ‖**-zianer, in** m. ④, f. (ts*iâ*ner, in). Vénitien, ne.
venezianisch a. Vénitien, ne.
venös a. (*eû*s). Veineux, euse.
Ventil‖ n. (vènt*î*l). Soupape, f. ‖[am Fahrrad] Valve, f. ‖**-ation** f. (ts*iô*ne). Ventilation, aération. ‖**-ator, -en** m. (*â*tor, *ô*ren). Ventilateur.
ventilieren. Ventiler, aérer.
Venus f. (v*ée*nouss). Vénus.
veraasen. *Pop.* Brader.
verabfolgen (*a*pfolgen). Remettre*, délivrer : *Verabfolgung*, f., remise, délivrance.
verabreden. Convenir [de].
verabreichen (raèchen). Fournir.
verabscheuen (sch*œü*). Détester, abhorrer.
verabschieden (sch*î*-). Congédier. ‖[Truppen] Licencier.
ver‖**achten** (*a*chten). Mépriser. ‖[Ehren usw.] Dédaigner. ‖[Tod] Braver. ‖**-ächtlich** a. (èchtlich). Méprisable. ‖[Wort, Miene] Méprisant, e, dédaigneux, euse. ‖adv. Avec mépris *ou* dédain.
Verachtung f. (*a*cht-). Mépris, m., dédain, m. : *verachtungswürdig*, a., méprisable.
verähnlichen (ènlich-). Assimiler. *Verähnlichung*, f., assimilation.
verallgemeinern (géma*è*n-). Généraliser : *Verallgemeinerung*, f., généralisation.
veralten intr. [*sein*]. Vieillir.
ver‖**änderlich** a. (ènderlich). Variable. ‖**-ändern** a. (ènd-) : Changer, modifier : *Veränderung*, f., changement, m.
verankern. Ancrer.
veranlagen (ànlâg-). Évaluer : *veranlagt*, p. a., bien doué, e.
veranlassen* (*à*n). [Anlaß geben] Occasionner. ‖[verursachen] Causer. ‖[bewegen] Déterminer [à] : *Veranlassung*, f., cause déterminante; [Beweggrund] Motif, m.; [Gelegenheit] Occasion.
veranschaulichen. Rendre sensible.
veranschlagen (*â*g-). Estimer, évaluer : *Veranschlagung*, f., estimation, évaluation.
veranstalten (schtalt-). Organiser. *Veranstaltung*, f., organisation.
verantworten (àntvort-). Répondre [de]. ‖**[sich]** Se disculper. ‖*verantwortlich*, a., responsable; *Verantwortlichkeit*, f. *Verantwortung*, f., responsabilité.
verarbeiten (*a*rbaèt-). Mettre* en œuvre. ‖[Rohstoff, Stoff usw.] Travailler, façonner. ‖[behandeln] Traiter : *Verarbeitung*, f., mise en œuvre, façon.
verargen (*a*rg-) [es einem]. En vouloir [à qn.].
verarmen intr. [*sein*]. S'appauvrir : *Verarmung*, f., appauvrissement, m.
ver‖**äußerlich** a. (*œü*serlich). Aliénable. ‖**-äußern.** Aliéner : *Veräußerung*, f., aliénation.
Verb, -en n. (vèrp, -b-). Verbe, m.

verbal a. (*âl*). Verbal, e.
Verband m. (*bànt*, -d-). Pansement. ‖[Verein] Association, f.
ver‖bannen. Bannir, exiler : *Verbannung*, f., bannissement, m., exil, m. ‖**-bauen.** Mal bâtir. ‖[Aussicht] Masquer.
verbeißen* (*baèss-*). [Lachen usw.] Réprimer, étouffer.
Verbene f. (*éen^e^*). Verveine.
verbergen* (*bèrg-*). Cacher.
verbessern (*bèss-*). Améliorer. ‖[Schrift usw.] Corriger : *Verbesserer*, m., correcteur; *Verbesserung*, f., amélioration, correction.
verbeugen [sich]. S'incliner : *Verbeugung*, f., révérence.
verbiegen* (*bîg-*). Déformer. ‖*Mech.* Fausser. ‖*Verbiegung*, f., déformation.
verbieten* (*bît-*). Défendre, interdire* : *das Rauchen ist verboten*, défense [il est défendu] de fumer.
verbilden. Déformer. ‖[Geist] Fausser.
Verbildung f. Déformation.
ver‖binden* (*bìnd-*). [mit] Unir, relier [à]. ‖[zusammen-] Réunir. ‖[Augen] Bander. ‖[Wunde] Panser. ‖*Fig.* [zu..., durch e. Dienst] Obliger [à]. ‖**-bindlich** a. (*bìntlich*). [Sache] Obligatoire. ‖[Person] Obligé, e : *sich verbindlich machen* [zu], s'engager [à]; *verbindlichsten Dank!*, mille remerciements! ‖adv. *verbindlichts*, très obligeamment.
Ver‖bindlichkeit f. Obligation. ‖[Dienstfertigkeit] Obligeance. ‖**-bindung** f. (*bìnd-*). Union, réunion. ‖[Beziehung] Relation, rapport, m. ‖[Liebschaft] Liaison. ‖[v. Studenten] Corporation. ‖[zwischen Menschen] Lien, m. ‖[zwischen Orten] Communication. ‖[v. Eisenbahnen] Jonction, raccordement, m. ‖*Mil.* Liaison. ‖[chemische] Combinaison. ‖[Körper] Composé, m. ‖*Verbindungs‖...*, ... de jonction, de raccordement, de liaison, de communication, etc. Ex. : *Verbindungs‖bahn*, f., ligne de raccordement; *-gang*, m., couloir; *-mittel*, n., moyen [m.] de communication; *-offizier*, m., officier de liaison: *-stück*, n., raccord, m.
verbitten* ◂ *sich etwas von jmdm verbitten**, prier qn de ne pas faire qc.
verbittern. Rendre amer. ‖*Fig.* Aigrir.
verblassen [*sein*]. Pâlir.
verbleiben*. Rester.
verbleichen* [*sein*] (*blaèch^e^n*). Pâlir. ‖*Fig.* [sterben] Mourir*.
verbleien (*blaèen*). Plomber.
verblenden (*blènd-*). Éblouir. ‖*Fig.* Aveugler. ‖[im Bau] Boucher, masquer. ‖[Wand] Revêtir. ‖*Verblendung*, f., éblouissement, m.; aveuglement, m.; revêtement, m.
ver‖blüffen. Déconcerter. ‖[plötzlich] Interloquer, ahurir. ‖**-blüfft** p. a. Interdit, e : *Verblüfftheit*, f., ahurissement, m.
verblühen intr. [*sein*] Se faner, passer.
verblümen. Couvrir* de fleurs. ‖*Fig.*: *verblümt sagen*, dire* à mots couverts, gazer.
verbluten intr. [*sein*] (*bloût-*). Perdre tout son sang : *Verblutung*, f., hémorragie.
verborgen (*borg-*), pp. de *verbergen**. Caché, e. ‖[geheim] Secret, ète.
Verbot n. ① (*bôte*). Défense, f., interdiction, f.
verboten pp. de *verbieten : Rauchen verboten*, défense de fumer.
verbrämen (*brèm-*). Galonner.
verbrannt pp. de *verbrennen**.
Verbrauch m. (*bra^o^ch*). Consommation, f. : *verbrauchen*, consommer.
Ver‖brechen n. ④ (*brèch-*). Crime, m. ‖**-brecher, in** m. ④, f. (^e^r, ìn), **-brecherisch** a. Criminel, le.
ver‖breiten. Répandre. ‖[Nachricht] Divulguer. ‖[Lehren] Propager. ‖**[sich]** *Fig.* [über, *acc.*] S'étendre [sur]. ‖*Verbreitung*, f., divulgation; propagation. ‖**-breitern.** Élargir : *Verbreiterung*, f., élargissement, m.
ver‖brennbar a. Combustible. ‖**-brennen*.** Brûler : *Verbrennung*, f., combustion; [v. Toten] incinération.
verbringen* (*brìng-*). Passer [temps].
verbrüdern [sich]. Fraterniser.
verbrühen. Échauder.
Verbum, -ben n. (*vèrb-*). Verbe, m.

verbummeln (b*ou*m-). Perdre [en flânant].
ver||bunden pp. de *verbinden**. ||**-bünden** (b*ù*nd-). Allier : *verbündet*, p. a. et s., allié.
verbürgen (b*u*rg-). Répondre de : donner aval.
verbüßen (b*û*ss-). Expier. ||[Strafe] Subir [peine].
Verdacht m. spl. (d*a***ch**t). Soupçon : *im Verdacht haben**, *stehen**, soupçonner, être soupçonné, e. ||*verdächtig*, a., suspect, e; *verdächtigen*, soupçonner; *Verdächtigung*, f., soupçon, m.
verdammen. Condamner : *verdammens||wert*, a., condamnable.
Verdammnis f. Damnation.
verdammt a. Damné, e. ||[verwünscht] Maudit, e.
Verdammung f. Damnation. ;
verdampfen intr. [*sein*] (d*à*m-). S'évaporer. ||tr. Faire* évaporer : *Verdampfung*, f., évaporation.
verdanken (d*à*nk-) : *zu verdanken haben**, devoir* [des remerciements pour].
verdarb imp. de *verderben**.
ver||dauen (d*ao*^e n). Digérer. ||**-daulich** a. Digestible : *leicht verdaulich*, facile à digérer; *schwer* —, indigeste; *Verdauung*, f., digestion; *schlechte* —, indigestion, f.; *Verdauungsmittel*, n., digestif, m.
Verdeck n. [Schiffs-] Pont, m. ||[Wagen-] Capote, f. ||[auf e. Stellwagen] Impériale, f.
verdecken. Couvrir*. ||[verbergen] Cacher. ||[Geschütze] Masquer.
verdenken* (d*è*nk-) : *einem etwas verdenken**, en vouloir à qn de qc.
Verderb m. spl. Perte, f., ruine, f.
ver||derben* intr. Se gâter, se corrompre. ||tr. Gâter, corrompre. ||[Gesundheit] Abîmer. ||*fig.* : *es mit jm. verderben**, se brouiller avec qn. ||**-derblich** a. Corruptible. ||[schädlich] Pernicieux, euse.
Verderbnis f. Corruption.
verderbt a. Corrompu, e. ||*Fig.* Pervers, e, dépravé, e : *Verderbtheit*, f., corruption; perversité.
verdeutlichen. Élucider.
verdeutschen [Wörter] Rendre en allemand. ||[deutsch machen] Germaniser : *Verdeutschung*, f., traduction en allemand; germanisation.

verdichten (di**ch**t-). Condenser : *Verdichtung*, f., condensation.
verdicken. Épaissir. ||[Brühe] Lier.
verdienen (d*î*n^e n). [Brot, Geld] Gagner. ||[wert sein] Mériter.
Verdienst m. (d*î*nst). Gain. ||n. Mérite, m. : *nach Verdienst*, selon son [mon, ton, etc.] mérite; *verdienstvoll*, a., méritant, e; [v. Sachen] méritoire; *Verdienstspanne*, f. marge bénéficiaire.
verdient a. (d*î*nt). *Sich um...verdient machen*, bien mériter de.
Verding m. (d*ì*ng). Contrat, m. : *verdingen**, donner *ou* prendre* par contrat; *sich verdingen**, s'engager; *Verdingung*, f., engagement, m.
verdoppeln. Doubler. *Fig.* [Eifer usw.] Redoubler de.
verdorben pp. de *verderben**.
Verdorbenheit f. = *Verderbtheit*.
verdorren. Sécher, se dessécher : *Verdorrung*, f., dessèchement, m.
verdrängen (dr*è***ng**-). Déplacer [en poussant]. ||[aus e. Orte] Déloger. ||*Fig.* [aus e. Amte] Supplanter, évincer : *Verdrängung*, f., déplacement, m., éviction. [Psych.] Refoulement, m.
verdrehen (dr*ée*^e n) Tourner, contourner. ||[Schlüssel] Fausser. ||*Fig.* [Sinn, Worte] Dénaturer. ||*Verdrehung*, f., contorsion; altération; *Med.* entorse.
verdreifachen (dr*a*^è fa**ch**-). Tripler : *sich* —, tripler, intr.
ver||drießen* (dr*î*ss-). Contrarier. ||[ärgern] Fâcher : *verdrießlich*, a., contrariant, e, fâcheux, euse; [v. Personen] Contrarié, e, fâché, e; [übel gelaunt] De mauvaise humeur; [Gesicht] Renfrogné, e; *Verdrießlichkeit*, f., contrariété, mauvaise humeur. ||**-droß, -drossen** imp. et pp. de *verdrießen**.
Verdruß m. spl. (drouss). Contrariété, f.
verduften intr. (d*ou*ft-). S'évaporer, *fam.* filer, s'en aller.
verdummen (d*ou*m^e n). Abrutir : *Verdummung*, f., abrutissement, m.
verdunkeln (d*ou*n). Obscurcir : *Verdunkelung*, f., obscurcissement, m.
verdünnen. Amincir. ||[Luft] Raréfier. ||[Flüssigkeit] Diluer. ||[Wein] Couper, étendre [d'eau]. ||[Brühe]

Allonger. ‖[Farben] Délayer. ‖*Verdünnung,* f., amincissement, m.; raréfaction; dilution; délayage, m.; [v. Weinen] coupage, m.
ver‖dunsten intr. S'évaporer : *Verdunstung,* f., évaporation. ‖**-dünsten** (dunsten). Faire* évaporer.
verdursten. Mourir* de soif.
verdüstern (du-). Assombrir : *Verdüsterung,* f., assombrissement, m.
verdutzt a. Interloqué, e.
Verdutzung f. Ahurissement, m.
veredeln (fèréedeln). Ennoblir. ‖[Gattung] Améliorer. ‖ [Pflanzen] Greffer. ‖*Vered[e]lung,* f., ennoblissement, m. ; amélioration ; greffe.
verehelichen (éeelich-). Marier : *Verehelichung,* f., mariage, m.
verehren (éer-). Vénérer, révérer. ‖[anbeten] Adorer. ‖[e. mit etw.] Faire* cadeau *ou* présent [de qc. à qn.]. ‖*Verehrer,* m., celui qui vénère, adorateur; *Verehrung,* f., vénération; adoration; cadeau, x, m.; *verehrungswürdig,* a., vénérable.
ver‖eiden, -eidigen (aèdig-). Assermenter.
Verein m. (aèn). Réunion, f. : *im Verein mit,* conjointement avec. ‖[Gesellschaft] Société, f. ‖[Genossenschaft] Association, f.
ver‖einbar a. (aèn-). Compatible : *vereinbaren,* tr., tomber d'accord sur, convenir* de; *Vereinbarung,* f., accord, m., convention. ‖**-einen** (aèn-). Unir, réunir.
vereinfachen (aènfach). Simplifier; *Vereinfachung,* f., simplification.
vereinigen (aènig-). Unir, réunir : *die Vereinigten Staaten,* les États-Unis. ‖[verbinden] Joindre*. ‖[aussöhnen] : *wieder* —, rapprocher. ‖*Vereinigung,* f., réunion.
ver‖einsamen, -einzeln. Isoler.
vereisen intr. [*sein*] (aèzen). Se transformer en glace.
Vereisung f. Givrage, m.
vereiteln (aèt-). Déjouer.
vereitern (aèt-). Suppurer : *Vereiterung,* f., suppuration.
verenden (ènd-). Périr.
verenge[r]n (èng-). Rétrécir. ‖[einschränken] Resserrer. ‖*Vereng[er]ung,* f., rétrécissement, m.; resserrement, m.
vererben. Léguer.
verewigen (éevig-). Éterniser. ‖[Unsterblich machen] Immortaliser.
verfahren* intr. Procéder. ‖[Weg] Défoncer. ‖[**sich**] Faire* fausse route. ‖*Fig.* Se fourvoyer. ‖n. ④. Procédé, m. ‖*Jur.* Procédure, f.
Verfall m. Décadence, f. ‖[v. Gebäuden] Délabrement : *in Verfall geraten*,* tomber en ruine [*fig.* en décadence]. ‖[v. Wechsel].
verfallen*. Tomber en décadence, en ruine. ‖*Fig.* Déchoir*. ‖[Wechsel, Gut] Échoir*. ‖[geraten] : *in eine Strafe verfallen*,* encourir* une peine; *auf etwas verfallen,* s'aviser d'une chose.
verfälschen (fèl-). Falsifier. ‖[Wein usw.] Frelater. *Verfälscher,* m. ④, falsificateur; [v. Münzen u. Papieren] faussaire; *Verfälschung,* f., falsification.
ver‖fangen* intr. (fàng-). [Mittel] Faire* effet, opérer. ‖[**sich**] S'entortiller. ‖*Fig.* S'empêtrer. ‖[im Reden] S'embrouiller. ‖ [Wind] S'engouffrer. ‖a. [Pferd] Fourbu, e. ‖**-fänglich** a. (fènglich). Captieux, euse, embarrassant.
verfärben intr. et **sich** —, réfl. (fèrb-). Se décolorer.
verfassen. Composer. ‖[Aufsatz] Rédiger. ‖[Buch] Écrire*.
Ver‖fasser, in m. ④, f. (er, ìn). Auteur, femme auteur. ‖**-fassung** f. Composition. ‖Rédaction. ‖[Landes-] Constitution.
verfaulen intr. [*sein*] (faol-). Pourrir, se pourrir.
verfechten* (fècht-). Défendre : *Verfechter,* m., défenseur; *Verfechtung,* f., défense.
verfehlen tr. Manquer : *den Weg verfehlen,* se tromper de chemin. ‖intr. [zu...] Manquer [de faire].
verfeinden [**sich**] (faènd-). Se brouiller.
verfeinern. Raffiner, affiner. ‖[Sitten] Épurer. ‖*Verfeinerung,* f., raffinement, m., affinement, m.; épuration.
verfertigen (fèrtig-). Confectionner, fabriquer : *Verfertiger,* m. ④, fabricant; *Verfertigung,* f., confection, fabrication.
verfilmen, filmer, porter à l'écran.
verfinstern (fín). Obscurcir : *Verfinsterung,* f., obscurcissement, m.

verflachen (fl*a*ch-). Aplatir : *Verflachung*, f., aplatissement, m.
verflechten* (flècht-). Entrelacer, enchevêtrer. ‖*Fig.* [in, *acc.*] Impliquer [dans] : *Verflechtung*, f., entrelacement, m., enchevêtrement, m.
verfliegen* intr. [*sein*] (flîg-). S'envoler. ‖[Nebel usw.] Se dissiper.
verfließen* intr. [*sein*] (flî-). S'écouler.
verflochten pp. de *verflechten**.
verflossen pp. de *verfließen**. *Fig.* Écoulé, e, passé, e.
verfluchen* (floûch-). Maudire* : *verflucht*, p. a., maudit, e; *Verfluchung*, f., malédiction.
verfolgen [einen Zweck usw.]. Poursuivre*. ‖[bedrängen] Persécuter. ‖*Verfolger*, m. ④, persécuteur; *Verfolgung*, f., poursuite; persécution.
verfrachten (fr*a*cht-). Fréter, expédier : *Verfrachter*, m. ④, fréteur, expéditeur; *Verfrachtung*, f., frètement, m., expédition.
verfroren a. (frôr-). Frileux, euse.
verfrüht a. Prématuré, e. ‖[Nachricht] Anticipé, e.
ver‖fügbar a. (fûg-). Disponible. ‖**-fügen** intr. (fûg-). Ordonner. ‖[über, *acc.*] Disposer [de]. ‖réfl. : *sich nach... verfügen*, se rendre à...
Verfügung f. Disposition. ‖[Gottes-] Décret, m.
verführen (fûr-). Séduire* : *Verführer, in*, m., f., séducteur, trice; *verführerisch*, a., séduisant, e; *Verführung*, f., séduction.
verfünffachen. Quintupler.
vergaffen [sich]. [in, *acc.*] S'amouracher [de].
vergällen (gèl). Rendre amer, ère. ‖*Fig.* [Leben] Empoisonner.
ver‖gangen pp. de *vergehen** (gàng^e^n). ‖p. a. Passé, e : *Vergangenheit*, f., passé, m. ‖**-gänglich** a. (gènglich). Passager, ère. ‖*Fig.* Périssable. ‖*Vergänglichkeit*, f., caractère [m.] passager, éphémère, périssable; *fig.* fragilité.
verganten (gànt-). Vendre à l'encan, aux enchères.
vergasen. Gazéifier. ‖[Kraftw.] Carburer : *Vergaser*, m., carburateur; *Vergasung*, f., carburation.
vergaß imp. de *vergessen**.
vergattern. 1. Grillager. ‖2. [Soldaten] Rassembler.

ver‖geben* (*géeb*-). Donner. ‖[erteilen] Conférer. ‖[abtreten] Céder : *seiner Ehre, sich etwas vergeben**, manquer à l'honneur, déroger. ‖[verzeihen] Pardonner. ‖[Karten] Mal donner. ‖**-gebens** adv. (*géeb*^e^ns). En vain, vainement. ‖**-geblich** a. (*gée*plich). Vain, e, inutile. ‖adv., = *vergebens*.
Vergebung f. [e. Rechtes] Cession. ‖[Verzeihung] Pardon, m.
ver‖gegenwärtigen (*gée*g^e^nvèrtig^e^n). Représenter : *Vergegenwärtigung*, f., représentation. ‖**-gehen*** intr. (*gée*^e^n). [Zeit] Passer, se passer, s'écouler. ‖[Wesen] Disparaître. ‖*Fig.* : *vor Gram*. usw. *vergehen**, se consumer de chagrin, etc. ‖[**sich**] Commettre* une faute [envers]. ‖n. Délit, m.
Vergehung f. Faute, délit, m.
vergelten*. Récompenser. ‖[Gutes, Böses] Rendre : *Gleiches mit Gleichem vergelten**, rendre la pareille. ‖*Vergeltung*, f., récompense, revanche; *Vergeltung üben*, prendre sa revanche; *Vergeltungs‖maßregeln*, f. pl., représailles; *-recht*, n., loi du talion, f.; *-waffe*, f. [V1, etc.]. Arme de représailles.
vergessen* (fergèss^e^n) Oublier : *ja, daß ich nicht vergesse!*, à propos! ‖n. et **Vergessenheit** f. (**ha**^è^t). Oubli, m.
vergeßlich a. (gèslich). Oublieux, euse : *Vergeßlichkeit*, f., manque de mémoire, m. : *aus Vergeßlichkeit*, par oubli.
vergeuden (gœü-). Gaspiller, dissiper : *Vergeuder*, m. ④, dissipateur, prodigue; *Vergeudung*, f., gaspillage, m., dissipation.
vergewaltigen. Violenter.
vergewissern [sich] (gêviss-). S'assurer [de].
vergießen* (gîss-). Verser, répandre.
vergiften (gift-). Empoisonner. ‖*Med.* Intoxiquer. ‖*Vergifter, in*, m. ④, f., empoisonneur, euse; *Vergiftung*, f., empoisonnement, m., intoxication.
vergilben intr. [*sein*] (gilb-). Jaunir.
vergiß, gißt. V. *vergessen**. ‖*Vergißmeinnicht*, n., myosotis, m.

vergittern (*gi*-). Griller. ‖ [mit Draht] Treillager. ‖ *Vergitterung*, f., grillage, m.; treillage, m.
verglasen intr. [*sein*] (glâz^{e}n). Se vitrifier. ‖ tr. Vitrifier.
Vergleich m. Comparaison, f. ‖ [Verständigung] Accord, arrangement.
ver‖gleichbar a. Comparable. ‖ **-gleichen*** (gla^{è}**ch**-). Comparer : *sich vergleichen* lassen**, se comparer; [beim Hinweisen] *vergleiche* [abr. : *vgl.*], voyez [abr. : V.]. ‖ [versöhnen] Concilier. ‖ [ausgleichen] Arranger. ‖ **-gleichend** p. a. Comparatif, ive. ‖ [Grammatik, usw.] Comparé, e. ‖ **-gleichsweise** adv. Comparativement.
Vergleichung f. Comparaison.
verglich imp. de *vergleichen**.
ver‖gnügen (g'nûg-). Amuser. ‖ n. spl. Plaisir, m. ‖ **-gnügt** a. (g'nûgt). Joyeux, euse, content, e.
Vergnügung f. Plaisir, m. : *Vergnügungs‖reise*, f., voyage d'agrément, m.; *-reisende*[*r*], a. s., touriste; ‖ *-sucht* f. goût [m.] des plaisirs. *-zug*, m. train de plaisir.
vergolden. Dorer : *Vergolder*, m. ④, doreur; *Vergoldung*, f. dorure.
vergönnen. Accorder.
vergoß, gossen, imp. et p. p. de *vergießen**.
vergöttern (gœt-). Diviniser : *Vergötterung*, f., apothéose.
vergraben* (grâb-). Enfouir. ‖ [v. Tieren] : *sich* —*, se terrer. ‖ *Vergrabung*, f., enfouissement, m.
ver‖greifen* [**sich**]. Toucher à faux. ‖ *Fig.* Se tromper. ‖ Porter la main sur. ‖ **-griffen** p. a. [Buch] Épuisé, e.
vergrößern (greûs). Agrandir. ‖ [vermehren] Augmenter. ‖ *Vergrößerung*, f., agrandissement, m.; augmentation; *Vergrößerungsglas*, n., loupe, f.
vergünstigen (gûnstig-). Accorder : *Vergünstigung*, f., concession; [im Preise] réduction.
ver‖güten, -gütigen (gûtig-). *Com.* Bonifier. ‖ [entschädigen] Dédommager, indemniser [de]. ‖ *Vergütung, -gütigung*, f., dédommagement, m., indemnité.
verhaften (**h**aft-). Arrêter : *Verhafts‖befehl*, m., mandat d'amener.
Verhaftung f. Arrestation.
verhallen intr. S'éteindre*.
verhalten*. [Lachen usw.] Retenir*. ‖ [**sich**] [v. Dingen] Être* de telle ou telle manière : *es* [*die Sache*] *verhält sich so*, voici ce qu'il en est. ‖ [sich benehmen] Se comporter : *sich ruhig verhalten**, se tenir* tranquille. ‖ n. Conduite, f.
Verhältnis n. (**h**èlt). [zu]. Rapport, m. [avec], proportion, f. ‖ [Beziehung] Relation, f., rapport, m. ‖ pl. [Lage] Situation, f. [‖ Umstand] Circonstance, f. ‖ *verhältnismäßig*, a., proportionnel, le, relatif, ive; adv., proportionnellement, relativement; *Verhältniswort*, n., préposition, f.
verhandeln tr. (**h**ànd-). Négocier. ‖ [erörtern] Discuter, débattre. ‖ intr. [über, *acc.*] Discuter [de], délibérer [sur]. ‖ *Verhandlung*, f., négociation; discussion; délibération; *Jur.* débats, m. pl.
verhängen (**h**èng-). Couvrir* [d'une tenture, etc.]. ‖ [Zügel] Laisser pendre : *mit verhängtem Zügel*, à bride abattue. ‖ *Fig.* [Strafe über, *acc.*] Infliger [à].
Verhängnis n. (**h**èngnis). Sort, m., fatalité, f. : *verhängnisvoll*, a., fatal, e.
verharren. Persister. ‖ n. Persistance, f.
verhärten (**h** èrt-). Endurcir : *Verhärtung*, f., endurcissement, m.; *Med.* induration; [Schwiele] Callosité.
verhaßt a. Odieux, euse.
verhätscheln (**h**è-). Gâter, dorloter.
Verhau m., réseau de fils barbelés.
verheeren (**h**ée-). Ravager, dévaster : *verheerend*, p. a., dévastateur, trice; *Verheerung*, f., ravage, m., dévastation.
verhehlen. Dissimuler; *Verhehlung*, f., dissimulation.
ver‖heimlichen. Tenir* secret, ète, dissimuler : *Verheimlichung*, f., dissimulation. ‖ **-heiraten** (ha^{è}râ-). Marier : *Verheiratung*, f., mariage, m. ‖ **-heißen*** (**h**a^{e}ss-). Promettre* : *Verheißung*, f., promesse.
verhelfen* intr. [zu]. Aider à obtenir*.
verherrlichen. Glorifier : *Verherrlichung*, f., glorification.
verhexen. Ensorceler.

verhindern (**h**ìnd). Empêcher.
Verhinderung f. Empêchement, m.
verhöhnen (**h**eûn-). Persifler, bafouer : *Verhöhnung*, f., persiflage, m.
Verhör n. (**h**eûr). Interrogatoire, m. ‖ [v. Zeugen] Audition, f.
verhören tr. (**h**eûr-). Faire* subir un interrogatoire à. ‖ [**sich**] Mal entendre.
ver‖hudeln (**h**oûd-). Gâcher. ‖*Fig.* Massacrer. ‖**-hüllen** (**h**ul-). Envelopper, voiler.
verhundertfachen (**h**oùndertfa**ch**-). Centupler.
verhungern [*sein*] (**h**o**u**ng-). Mourir* de faim.
verhunzeln (**h**oùnts). = *verhudeln*.
verhüten (**h**ût-). Empêcher, prévenir*.
Verhütung f. Empêchement, m.
verirren [**sich**]. S'égarer : *Verirrung*, f., égarement, m.
verjagen (yâg-). Chasser.
verjährbar a. (yèr). Prescriptible : *verjähren* [*sich*], se prescrire; *Verjährung*, f., prescription. ‖**-jüngen** (yùng-). Rajeunir. ‖ [verkleinern] Réduire*.
ver‖kalken. tr. Calciner. ‖intr. [*sein*] Se calciner. ‖**-kalkt** p. p. sclérosé.
verkannt pp. de *verkennen**.
verkappen. [vermummen] Déguiser : *Verkappung*, f., déguisement, m.
Verkauf m. Vente, f., débit.
verkaufen. Vendre.
Verkäufer, in m. ④, f. (kœüfer, ìn). Vendeur, euse.
verkäuflich a. (kœüf). A vendre.
Verkehr m. spl. [Umgang] Commerce. ‖ [Handels-, Eisenbahn-] Trafic. ‖ [von e. Orte zum andern] Circulation, f. ‖ [Beziehung] Relation[s], f. [pl.], rapport[s], [pl.].
ver‖kehren intr. Circuler. ‖ [mit...] Avoir* commerce [avec]; [regelmäßig, in einem Hause usw.] fréquenter, tr. ‖tr. Retourner. ‖*Verkehrsmittel*, n., moyen [m.] de communication. ‖**-kehrt** p. a. Retourné, e, sens dessus dessous, inexact, absurde : *verkehrte Seite*, envers, m. ‖adv. A l'envers, à rebours. ‖*Verkehrtheit*, f., absurdité; [geistige] travers, m.
verkeilen. Caler.
ver‖kennbar a. Méconnaissable. ‖**-kennen***. Méconnaître : *Verkennung*, f., méconnaissance.
verketten. Enchaîner : *Verkettung*, f., enchaînement, m.
verklagen tr. (klàg-). Porter plainte contre.
Ver‖kläger m. ④ (klêger). Demandeur. ‖**-klagte[r]** a. s. m. (klagter). Défendeur.
verklären (klêr-). Transfigurer : *Verklärung*, f., transfiguration.
verkleben (kléeb-). Fermer [en collant].
verkleiden [als...]. Déguiser, travestir [en...]. ‖ [Wand] Revêtir* [de]. ‖*Verkleidung*, f., déguisement, m., travestissement, m.; revêtement, m.
verkleinern. Rapetisser, diminuer. ‖ [Plan usw.] Réduire*. ‖ [herabsetzen] Déprécier. ‖*Verkleinerung*, f., diminution; réduction; dépréciation; *Verkleinerungswort*, n., diminutif, m.
verkleistern = *verkleben*.
verklingen* [*sein*]. S'éteindre* [son].
verknöchern (kneu**ch**-). Ossifier : *verknöchert*, n. a., *fig.*, encroûté, e.
verknüpfen (knu-). Nouer. ‖ [mit] Lier [à] : *Verknüpfung*, f., lien, m.
verkohlen tr. (kôl-). Carboniser. ‖intr. [*sein*] Se carboniser. ‖ [Docht] Charbonner. ‖*Verkohlung*, f., carbonisation.
verkommen* [*sein*]. Dépérir. ‖*Fig.* Déchoir*. ‖p. a. Déchu, e. ‖ [sittlich] Dépravé, e, perdu, e. ‖*Verkommenheit*, f., dépravation.
verkorken. Boucher.
verkörpern (keur). Donner un corps à. ‖*Fig.* Incarner, personnifier : *Verkörperung*, f., incarnation, personnification.
verkriechen* [**sich**] (krî**ch**-). Se cacher, se blottir.
verkrüppelt a. Estropié, e. ‖ [v. Pflanzen] Rabougri, e.
ver‖kümmern (kumern). tr. Gâter. ‖ [stören] Troubler. ‖intr. [*sein*] S'étioler, dépérir. ‖**-kümmert** p. a. Étiolé, e, chétif, ive.
verkünd[ig]en (kùndig-). Annoncer.
verkuppeln (koup-). Accoupler : *Verkuppelung*, f., accouplement, m.
verkürzen (kurts-). Raccourcir. ‖ [Zeit usw.] Abréger. ‖*Fig.* [verkleinern] Amoindrir. ‖ [schmälern]

Rogner. ‖ [bei einer Teilung] Frustrer. ‖ *Verkürzung*, f., raccourcissement, m.; *fig.* amoindrissement, m.

verladen* (lâd-). Charger [pour expédier]. ‖ [auf e. Schiff] Embarquer. ‖ *Verlader*, m. ④, expéditeur; *Verladung*, f., chargement, m.; *Verladungsschein*, m., connaissement.

Verlag m. spl. (lâg). Édition, f. : *Verlags‖buchhandlung*, f., librairie d'édition; *-buchhändler*, m. ④, éditeur.

verlangen (làng-). [von] Demander [à]. ‖ [fordern] Exiger [de qn]. ‖ impers. : *mich verlangt...*, il me tarde de ... ‖ n. spl. Désir [m.] ardent.

verlängern tr. (lèng-). Allonger. ‖ [auch zeitlich] Prolonger : *Verlängerung*, f., allongement, m.; prolongation; *Verlängerungsstück*, n., rallonge, f.

verlangsamen (làngzâm-). Ralentir : *Verlangsamung*, f., ralentissement, m.

verlassen*. Quitter. ‖ [im Stiche lassen] Abandonner, délaisser : *sich auf* [acc.] *verlassen**, se fier à, compter sur; *Verlassenheit*, f., abandon, m., délaissement, m.

verlästern (lêst-). Calomnier, diffamer; [entehrend] : *Verlästerung*, f., calomnie, diffamation.

Verlaub m. (la^o^p, -b-) : *mit Verlaub*, avec votre permission.

Verlauf m. Cours; *nach Verlauf von* ..., au bout de ...

verlaufen* intr. [*sein*]. [Zeit] et *sich* — [Wasser, Menge]. S'écouler.

ver‖lautbaren. Divulguer : *Verlautbarung*, f., divulgation. **‖-lauten** intr. S'ébruiter : *es verlautet*, on dit.

verleben (léeb-). [Zeit] Passer : *verlebt*, p. a., usé, e, décrépit, e.

verlegen (léeg-). Déplacer. [an, e. falschen Ort] Égarer. ‖ [aufschieben] Ajourner. ‖ [sperren] Barrer. ‖ [Buch] Éditer. ‖ a. Embarrassé, e : *Verlegenheit*, f., embarras, m.

Ver‖leger m. ④ (léeg^e^r). Éditeur. **‖-legung** f. (léeg-). Déplacement, m.

verleiden : *einem etwas verleiden*, dégoûter qn de qc. ‖ [Freude] Troubler.

verleihen* (la^è^). Prêter. ‖ *Fig.* [Titel usw.] Conférer : *Verleiher, in*, m. ④, f., prêteur, euse; *Verleihung*, f., prêt, m.; octroi, m.

verleiten. Égarer. ‖ [zu...] Entraîner, pousser [à].

verlernen. Désapprendre*, oublier.

verlesen* (léez-). Lire* [à haute voix] : *die Namen verlesen*, faire* l'appel. ‖ [**sich**] Se tromper en lisant. ‖ *Verlesung*, f., appel nominal, m.

ver‖letzbar a. (lèts-). Vulnérable. **‖-letzen.** Blesser. ‖ *Fig.* [beleidigen] Offenser, blesser. ‖ [Gefühle] Froisser. ‖ [Gesetz] Violer. ‖ *Verletzung*, f., blessure; [organische] lésion; *fig.* offense; froissement, m.; violation.

verleugnen (lœüg'n^e^n). [Glauben] Renier. ‖ [Behauptetes] Démentir*. ‖ [Unterschrift, Vertreter] Renier, désavouer. ‖ *Verleugnung*, f., reniement, m.; démenti, m.; désaveu, x, m.

verleumden. Calomnier. ‖ [entehrend] Diffamer : *Verleumder, in*, m. ④, f., calomniateur, diffamateur, trice; *Verleumdung*, f., calomnie; diffamation.

verlieben [**sich**] (lîb-). [in, *acc.*] Tomber amoureux, euse [de]. ‖ *Fig.* S'éprendre* [de]. ‖ [verächtl.] S'amouracher [de]. ‖ *verliebt*, a., amoureux, euse [de], épris, e [de].

verlieren*. Perdre.

Verlies n. (lîss). Cachot, m.

verloben (lôb-). [mit] Fiancer [à]. *Verlobte[r]*, a. s., fiancé, e, futur, e.

Ver‖löbnis n. (leûpniss). **‖-lobung** f. (ôb-). Fiançailles, f. pl.

verlocken. Attirer [dans], entraîner [dans, à] : *Verlockung*, f., séduction, entraînement, m.

verlogen a. (lôg-). Menteur. ‖ [Worte] Mensonger, ère. ‖ *Verlogenheit*, f., habitude du mensonge.

verlohnen [**sich**] (lôn-). Valoir* la peine.

verloren pp. de *verlieren**. Perdu, e : *verloren gehen**, se perdre; [verzweifeln] désespérer [de].

verlöschen* intr. (leusch-). S'éteindre*.

verlosen (lôz^e^n). Tirer au sort : *Verlosung*, f., tirage au sort, m.

verlöten (*leût*-). Souder.
Verlust m. ① (*loust*). Perte, f.; *verlustig,* a., privé, e [de]; [d. Thrones] déchu, e.
vermachen (*mach*-). Léguer.
Vermächtnis n. (*mèchtniss*). Testament, m.
vermählen (*mêl*-). Marier.
vermaledeien. Maudire*.
vermannigfachen. Diversifier.
vermännlichen. Viriliser.
vermauern. Murer.
vermehren (*méer*-). Augmenter, accroître. ‖ [an Zahl] Multiplier. ‖*Vermehrung,* f., augmentation, accroissement, m.; multiplication.
vermeiden*. Éviter.
vermeintlich a. (f^e^rm*a*^è^ntli**ch**). Présumé, e, prétendu, e.
vermengen (*mèng*-) = *vermischen.*
Vermerk m. Remarque, f. ‖ [Notiz] Note, f. : *vermerken,* remarquer; noter.
vermessen*. Mesurer. ‖ [Acker] Arpenter. ‖ [**sich**] Se tromper [en mesurant]. ‖*Fig.* Avoir* l'audace de. ‖p. a. Audacieux, euse. ‖ [dünkelhaft] Présomptueux, euse. ‖*Vermessenheit,* f., présomption.
Vermessung f. Arpentage, m.
vermieten (*mît*-). Louer [donner en location] : *Vermieter, in,* m. ④, f., loueur, euse, bailleur, euse; *Vermietung,* f., location.
vermindern (*mìnd*-). Diminuer, amoindrir. ‖ [an Zahl od. Größe] Réduire*. ‖ [**sich**] Diminuer, intr. : *Verminderung,* f., diminution; amoindrissement, m.; réduction.
vermischen. Mélanger : *Vermischtes,* [in Zeitungen] mélanges, m. pl., faits divers, m. pl. ‖ [Metalle] Allier. ‖ [Wein] Couper. ‖ [Rassen] Croiser.
Vermischung f. Mélange, m.; alliage, m.; coupage, m.; croisement, m.
vermissen. Constater l'absence de. ‖p. a. *Mil., vermißt,* disparu.
vermitteln. Négocier. ‖ [Zusammenkunft] Ménager. ‖**-mittels, ...elst,** prép. = *mittelst.*
Ver‖mittelung f. Entremise. ‖ [Fürsprache] Médiation. ‖ [Unterhandlung] Négociation. ‖**-mittler, in** m. ④, f. Médiateur, trice.
ver‖mocht, -mochte, pp. et imp. de *vermögen*.*
vermodern intr. [*sein*] (*môd*-). Se putréfier : *Vermoderung,* f., putréfaction.
ver‖möge prép. [*gén.*]. En vertu de. ‖**-mögen*** (*meûg*-). Pouvoir*. ‖ [einen zu etwas] Déterminer [décider] qn à [faire*] qc. ‖n. spl. Pouvoir, m. : *nach Vermögen.* autant que possible. ‖ [Hab und Gut] Fortune, f. ‖ [pl. ④] [Seelen-] Faculté, f. ‖**-mögend** a. (*meûg*^e^nt, -d-). Qui peut : *viel vermögend,* puissant, e. ‖ [reich] Riche.
vermummen (*mou*-). Masquer, déguiser; *Mil.* Camoufler : *Vermummung,* f., déguisement, m.; camouflage, m.
vermuten (*moû*-). Présumer, conjecturer. ‖ [ahnen] Se douter de. ‖*vermutlich,* a., présumable; [Erbe] présomptif, ive; adv. vraisemblablement; *Vermutung,* f. présomption.
vernachlässigen (*nachlêssig*-). Négliger : *Vernachlässigung,* f., négligence.
vernageln. [Türe] Condamner. ‖*vernagelt,* p. a., aussi *fig. fam.* [beschränkt] bouché, e, *fam.*
vernarben intr. [*sein*] et [**sich**]. Se cicatriser : *Vernarbung,* f., cicatrisation.
vernarren [**sich**]. [in, *acc.*] S'engouer [de], s'enticher [de]. ‖ [s. verlieben] S'amouracher [de]. ‖*Vernarrtheit,* f., engouement, m. [pour].
ver‖nehmbar a. (*néem*-). Perceptible. ‖**-nehmen*.** Percevoir*. ‖ [hören] Entendre. ‖ [verhören] Interroger. ‖ [erfahren] Apprendre*. ‖n. Perception, f.
Vernehmung f. Interrogatoire, m. ‖ [v. Zeugen] Audition.
verneigen [**sich**] (*n*a^è^*g*-). S'incliner : *Verneigung,* f., révérence.
verneinen (*n*a^è^*n*-). Nier. ‖ [Frage] Répondre négativement à. ‖*verneinend,* p. a., négatif, ive; *Verneinung,* f.; *Verneinungswort,* n., négation, f.
vernichten (*nicht*-). Anéantir. ‖ [zerstören] Détruire*. ‖ [Heer usw.] Exterminer. ‖*Vernichtung,* f., anéantissement, m.; destruction; extermination.
vernickeln. Nickeler : *Vernickelung,* f., nickelage, m.

vernieten. River : *Vernietung*, f., rivure.

Vernunft f. (noùn-). Raison : *bei Vernunft sein**, avoir* sa raison; *vernunftwidrig*, a., déraisonnable; *Vernünftelei*, f., subtilité; *vernünftig*, a., raisonnable; *Vernünftler*, m. ④, raisonneur.

veröden (eûd-). Désoler, dévaster. ‖[entvölkern] Dépeupler : *Verödung*, f., désolation, dévastation; dépeuplement, m.

veröffentlichen (eufentlich-). Publier : *Veröffentlichung*, f., publication.

verordnen. Ordonner. ‖[vorschreiben] Prescrire*. ‖*Verordnung*, f., ordonnance; prescription.

verpachten (pacht-). Affermer : *Verpachter*, m. ④, bailleur; *Verpachtung*, f., affermage, m.

verpacken. Empaqueter. ‖[in Ballen od. Kisten] Emballer : *Verpacker*, m. ④, emballeur; *Verpackung*, f., empaquetage, m.; emballage, m.

verpassen. Manquer.

verpesten. Empester. ‖[infizieren] Infecter : *Verpestung*, f., infection.

verpfählen (pfêl-). Palissader.

verpfänden (pfènd-). Mettre* en gage. ‖[Haus] Hypothéquer. ‖*Verpfändung*, f., engagement, m.

verpflanzen (ànts-). Transplanter.

verpflegen (pfléeg-). Prendre* soin de. ‖[Truppen] Faire* subsister. ‖*Verpflegung*, f., soins, m. pl.; subsistances, pl.; *Verpflegungs‖amt*, n. *Mil.* intendance, f.; *-geld*, n. ②, allocation, f.

verpflichten (icht-) [zu]. Engager [à]. ‖ [Verbinden] Obliger [à] : *Verpflichtung.*, f., engagement, m.; obligation.

verpfuschen (pfou-). Gâcher.

verpichen (pich-). Poisser.

verplaudern (plaod-). Passer [le temps] à causer.

verplempern, *fam.* Gaspiller.

verpönen (peûn-). Défendre sévèrement.

verprassen. Dissiper en débauches : *Verprasser*, m. ④, dissipateur; *Verprassung*, f., dissipation.

verproviantieren. Approvisionner. ‖*Mil.* Ravitailler : *Verproviantierung*, f., approvisionnement, m., ravitaillement, m.

verpuffen [*sein*] (pouf-). Détoner.

verquicken (kvik-). Amalgamer : *Verquickung*, f., amalgame, m.

verrammeln. Barricader.

Verrat m. spl. (râte). Trahison, f.

verraten* (rât-). Trahir. ‖*Fig.* Révéler. ‖*Verräter, in*, m. ④, f., traître, esse; *Verräterei*, f., trahison; *verräterisch* a., traître, esse; adv. en traître, traîtreusement.

verrauchen intr. [*sein*] S'en aller* en fumée.

verrauschen intr. [*sein*] (rao-). S'éloigner en bruissant. ‖*Fig.* [Freude usw.] Passer rapidement.

verrechnen (rèchn-). Mettre* en compte. ‖[**sich**] Se tromper [dans son compte]. *Verrechnungsscheck*, m. Chèque (m.) barré.

verregnen (réeg'n-). Abîmer par la pluie. ‖[Weg] Détremper.

verreisen intr. [*sein*] (raè-). Partir* en voyage. ‖tr. [Zeit] Passer. ‖[Geld] Dépenser [en voyage].

verrenken (rènk-). Démettre*. ‖[Gelenk] Luxer, fouler; *Verrenkung*, f., luxation; foulure; [d. Fußes] entorse.

verrennen*. [Weg] Barrer, couper. ‖[**sich**] S'égarer. ‖*Fig.* Se fourvoyer.

verrichten (richt-). [Auftrag] Exécuter, faire*. ‖[Aufgabe] S'acquitter de. ‖[Amt] Exercer : *Verrichtung*, f., exécution, accomplissement, m.; exercice, m.

verriegeln (rîg-). Verrouiller.

verringern (rìng-). Diminuer, réduire* : *Verringerung*, f., diminution, réduction.

verrinnen* [*sein*]. S'écouler. ‖*Fig.* [Zeit] S'enfuir*.

verrosten intr. [*sein*]. Se rouiller.

verrotten intr. [*sein*]. Pourrir.

verrucht a. (roûcht). Infâme : *Verruchtheit*, f., infamie, scélératesse.

ver‖rücken (ruk-). Déplacer. ‖*Fig.* [Kopf] Déranger. ‖**-rückt** p. a. *Fig.* [Verstand] Détraqué, e. ‖[unsinnig] Fou, folle. ‖*Fam.* Toqué, e. ‖*Verrücktheit*, f., folie, démence.

Ver‖rückung f. (ruk-) Déplacement, m. ‖**-ruf** m. (roûf). Mauvaise réputation, f. : *im Verrufe stehen**, être* mal famé; *in Verruf bringen**, discréditer.

Vers|| m. (fèrss). Vers. || [Strophe] Strophe, f. || [e. Liedes] Couplet. || [d. Bibel] Verset. ||**-lehre** f. Métrique.
versagen tr. (*zâg*-). [Hand] Promettre* : *sich* — [für e. Tanz usw.], s'engager. || [verweigern] Refuser. || intr. [Hand, Bein usw.] Refuser le service : *Versagung*, f., refus, m. || [Gewehr] Rater.
versalzen (*zalts*-). Trop saler. || p. a. Trop salé, e.
versammeln. Assembler, rassembler. || [berufen] Convoquer. || *Versammlung*, f., rassemblement, m., réunion; [v. Abgeordneten usw.] assemblée.
Versand m. spl. (*zànt* -d-). Envoi.
versanden (*zànd*-). Ensabler.
Versart f. (*fèrs*-). Mètre, m.
Versatz m. [Versetzen] Engagement. || [Pfand] Gage.
versäuern (*zœü*-). Aigrir. || *Fig.* [Freude] Gâter.
versaufen* tr. (*za^of*). *Pop.* Dépenser à boire*. || intr. [*sein*]. [v. Tieren] Se noyer.
versäumen (*zœüm*-). Négliger. || [Zug, Gelegenheit usw.] Manquer. || [Zeit] Perdre.
Versäumnis, -isse f., **-säumung** f. (*zœü*-). Négligence.
Versbau m. (*fèrs*-). Versification, f.
verschaffen. Procurer : *Verschaffung*, f., action de procurer; [Lieferung] fourniture.
ver||**schallen*** intr. [*sein*] S'éteindre* [d'un son]. ||**-schämt** a. (*schèmt*). Honteux, euse : *Verschämtheit*, f., honte.
verschärfen (*schèrf*-). Aggraver : *Verschärfung*, f., aggravation.
verscharren. Enfouir.
verscheiden* [*sein*] (*scha^èd*-). Expirer, trépasser. || n. Trépas, m.
verschenken (*ènk*-). Donner [en présent]. || [Getränke] Débiter : *Verschenkung*, f., débit, m.
verscherzen (*èrts*-). Perdre [par sa faute].
verscheuchen (*œüch*-). Effaroucher.
verschicken. Envoyer, expédier : *Verschickung*, f., envoi, m., expédition.
verschieben*. Déplacer. || [zeitlich] Différer, ajourner : *Verschiebung*, f., déplacement, m.; ajournement, m.
verschieden (*îd^en*). 1. pp. de *verscheiden**. || 2. a. Différent, e, divers, e. || adv. Différemment, diversement. || *verschiedenartig*, a., de différente nature, hétérogène, disparate.
Verschiedenheit f. Différence, diversité. || [Mannigfaltigkeit] Variété.
verschiedentlich adv. (*îd^entlich*). Différemment, diversement. || [zu versch. Malen] A plusieurs reprises.
verschießen* tr. (*îss*-). Consommer [en tirant]. || *Fig.* Épuiser [munitions, etc.] || intr. [*sein*] [Farbe] Passer.
verschiffen. Transporter [par eau] : *Verschiffung*, f., transport par eau, m.
verschimmeln [*sein*]. Moisir.
verschlafen* tr. (*âf*-). Passer *ou* faire passer [en dormant]. || [**sich**] Dormir* trop longtemps. || p. a. Somnolent, e : *Verschlafenheit*, f., somnolence.
Verschlag m. (*âk*). Cloison. f. || [Schlafstätte] Alcôve, f.
verschlagen tr. (*âg*-). 1. [mit] Revêtir* [de]. || [Zimmer] Cloisonner. || 2. [aus der Richtung treiben] Ecarter [de sa route]. || intr. [Mittel] Agir. || p. a. Rusé, e. || [arglistig] Astucieux, euse. || *Verschlagenheit*, f., ruse; astuce.
verschlechtern (*ècht*-) tr. (beschädigen]. Détériorer. || [Lage usw.] Aggraver. || [Übel] Empirer. || [**sich**] Empirer : *Verschlechterung*, f., détérioration, aggravation.
verschleiern (*a^è*-). Voiler. || [Fehler] Pallier.
verschleimen (*a^èm^en*). Empâter. || [Gefäße] Engorger. || [Zunge] Charger. || *Verschleimung*, f., empâtement, m.; engorgement, m.
Verschleiß m. (*schla^ès*). Vente, f., débit : *verschleißen**, vendre, débiter.
verschleppen. Traîner au loin. || [Krankheit] Propager. || [in die Länge] Faire* traîner [en longueur] || *Verschleppung*, f., propagation.
verschleudern (*œüd^ern*). Gaspiller. || [Waren] Vendre à vil prix.

verschließen* (*î*s^{e}n). Fermer à clef. ‖ [Geld usw.] Mettre* sous clef, enfermer.
verschlimmern. tr. Empirer. ‖ [erschweren] Aggraver. ‖ [**sich**] Empirer, intr. s'aggraver. ‖ *Verschlimmerung,* f., aggravation.
verschlingen* (*i*ng-). 1. Entrelacer. ‖ 2. [verschlucken] Engloutir. ‖ *Verschlingung,* f., entrelacement, m.; engloutissement, m.
verschlossen pp. de *verschließen** : *bei verschlossenen Türen,* à huis clos. ‖ *Fig.* [schweigsam] Renfermé, e, taciturne.
verschlucken (ouk-). Avaler. ‖ [**sich**] Avaler de travers.
Verschluß m. (*ou*ss). Fermeture, f. : *unter Verschluß,* sous clef. ‖ [an Büchern] Fermoir. ‖ [an Maschinen] Obturateur.
verschmachten [*sein*] (a**ch**t-). Languir, dépérir.
verschmähen (m*èe*^{e}n). Dédaigner. ‖ [verachten] Mépriser. ‖ *Verschmähung,* f., mépris, m.
verschmelzen* intr. [*sein*] (*è*ltz-). Fondre. ‖ tr. Faire* fondre ensemble. ‖ [Münzen] Refondre. ‖ Fig. [Parteien] Fusionner. ‖ *Verschmelzung,* f., fonte; fusion.
verchmerzen (*è*rts^{e}n). Faire* son deuil de.
verschmieren (*î*r^{e}n). Barbouiller.
verschmitzt a. Rusé, e.
verschnaufen* intr. et **sich** — (schn*a*^{o}f-). Reprendre* haleine.
verschneiden* (*a*^{è}d-). [Flügel usw.] Couper, tailler. ‖ [Tiere] Châtrer. ‖ [formend] Tailler, façonner. ‖ [falsch schneiden] Gâter en coupant. ‖ [Wein] Couper. ‖ *Verschneidung,* f., coupe, taille; castration, coupage, m.
verschnitten pp. de *verschneiden.* ‖ p. a. s. : *Verschnittene*[*r*], m., castrat, eunuque.
verschnupfen (*ou*pf-). Enrhumer. ‖ *Fig. fam.* [ärgern] Contrarier.
verschoben pp. de *verschieben**.
ver‖schollen pp. de *verschallen**. ‖ p. a. Disparu, e. ‖ **-schonen** (*ô*-). Épargner, ménager : *Verschonung,* f., ménagement, m.
verschossen pp. de *verschießen**.
verschränken (*è*nk-). Croiser : *mit verschränkten Armen,* les bras croisés.
verschrauben* (*a*^{o}b-). Fermer à vis. ‖ [verdrehen] Fausser.
verschreiben* (*a*^{è}b-). Prescrire. ‖ [**sich**] S'engager par écrit. ‖ [beim Schreiben] Se tromper en écrivant. ‖ *Verschreibung,* f., prescription; faute [d'écriture]; engagement, m.
verschreien*. Décrier, diffamer.
verschroben pp. de *verschrauben**. ‖ p. a. Contourné, e. ‖ [Stil] Entortillé, e.
verschulden (*ou*ld-). 1. Endetter : *tief verschuldet,* criblé de dettes. ‖ 2. [schuldig werden] et **sich** —, se rendre coupable *ou* responsable de. ‖ n. Faute, f.
verschütten (*u*t-). Répandre. ‖ [schüttend bedecken] Enfouir. ‖ *Fig.* Ensevelir.
verschwägern (v*ê*g^{e}rn). Apparenter.
verschweigen* (v*a*^{è}g-). Taire*, passer sous silence.
verschwenden (v*è*nd-). Prodiguer. ‖ [vergeuden] Dissiper, gaspiller. ‖ *Verschwender,* m. ④, *verschwenderisch,* a., prodigue, dissipateur, trice; *Verschwendung,* f., prodigalité, dissipation, gaspillage, m.
verschwiegen a. (v*î*g^{e}n). Discret, ète : *Verschwiegenheit,* f., discrétion.
verschwimmen* [*sein*] (v*i*m-). Devenir* confus, e.
ver‖schwinden* [*sein*] (v*ì*nd-). Disparaître : *verschwindend klein,* microscopique. ‖ n. Disparition, f. ‖ **-schwommen** pp. de *verschwimmen**. ‖ p. a. Confus, e, vague : *Verschwommenheit,* f., confusion, vague, m. ‖ **-schwören*** [**sich**] (v*eû*r-). Se conjurer, conspirer : *verschworen,* pp., *Verschworene*[*r*], a. s. m., conjuré, conspirateur; *Verschwörung,* f., conjuration, conspiration.
verschwunden pp. de *verschwinden**.
versehen* (s*ée*^{e}n). [mit...] Pourvoir*, munir [de]. ‖ [verwalten] Avoir* la charge de. ‖ [Amt] Remplir. ‖ [**sich**]. 1. *Fig.* : *sich etwas versehen**, s'attendre à qc. : *ehe man sich's versieht,* en un clin d'œil. ‖ 2. [sich irren] Se tromper. ‖ n. ④. Erreur, f., méprise, f.
Versemacher m. ④. Versificateur.

versenden* (zènd-). Envoyer, expédier : *Versender*, m. ④, expéditeur; *Versendung*, f., envoi, m., expédition.

ver||sengen (zèng-). Brûler, roussir. ||**-senken** (zènk-). Enfoncer. ||*Fig.* Plonger. ||[Schiff] Couler : *Versenkung*, f., coulage, m. ||**-senkbar.** Escamotable.

ver||setzbar a. (zètz-). Amovible. ||**-setzen** (ètsen). Déplacer. ||*Fig.* [in einen Zustand] Mettre*, plonger [dans]. ||[Schlag, Stoß] Porter, assener. ||[verpfänden] Engager. ||[erwidern] Répliquer, repartir*. ||*Versetzung*, f., déplacement, m.; [e. Schülers] passage, m., engagement, m.

Versicherer m. ④ (zich^er^er). Assureur.

versichern (zich^ern). Assurer. ||*Versicherung*, f., assurance : *Versicherungs||gebühr*, f., *-schein*, m., prime, police [f.] d'assurance.

versiegeln (zîg^eln). Cacheter. ||[gerichtlich] Sceller, mettre* sous scellés. ||*Versiegelung*, f., apposition d'un cachet, d'un sceau, de scellés.

versiegen intr. [*sein*] (zîg-). Tarir. ||n. Tarissement, m.

Versilberer m. ④. Argenteur : *versilbern*, argenter; *Versilberung*, f., argenture.

versinken* intr. [*sein*] (zìnk-). S'enfoncer, être submergé. ||[Schiff] Couler [à fond]. ||*Fig.* Se plonger. ||n. Engloutissement, m., submersion, f.

versinnbildlichen (zìn-ch^en). Symboliser.

versinnlichen. Rendre sensible.

Vers||kunst f. (fèrs-). Versification. ||**-maß** n. ①. Mètre, m.

versoffen pp. de *versaufen**. ||p. a. *Pop.* Ivre.

versohlen (zôl-). Ressemeler : *Versohlung*, f., ressemelage, m.

versöhnen (zeûn-). Réconcilier : *versöhnlich*, a., conciliant, e; *Versöhnung*, f., réconciliation.

versorgen (zorg). [mit] Pourvoir* [de]. ||[sicherstellen] Établir, caser.

Versorgung f. Fourniture. ||[mit Lebensmitteln] Approvisionnement, m., ravitaillement, m. ||[Unterhalt] Entretien, m. ||Établissement, m.

verspäten (schpêt-). Retarder : *sich verspäten*, s'attarder; *Verspätung*, f., retard, m.

versperren (schpèr). Barrer, barricader. ||[hindernd besetzen] Encombrer : *Versperrung*, f., barrage, m. ||Encombrement, m.

verspielen (schpîl-). Perdre au jeu.

verspotten (schpòt-). Se moquer de, railler : *Verspottung*, f., moquerie, raillerie.

versprechen* (schprèch-). Promettre*. ||[**sich**] Se tromper en parlant. ||n. spl. et *Versprechung*, f., promesse.

versprengen. Disperser.

verspüren. Sentir*, s'apercevoir de.

verstaatlichen (schtâtlich-). Nationaliser, étatiser. ||[Schulen] Laïciser. ||*Verstaatlichung*, f., nationalisation; laïcisation.

Verstädterung f. Urbanisation.

Verstand m. (schtànt, -d-). Intelligence, f. ||[Fassungskraft] Entendement. ||[Vernunft] Raison, f. : *gesunder Verstand*, bon sens; *bei Verstande sein**, être* dans son bon sens.

ver||ständig a. (schtèndig). Intelligent, e, sensé, e. ||Raisonnable. ||**-ständigen** (schtèndig). Informer [de] : *sich verständigen*, s'entendre [avec qn]; *Verständigung*, f., entente, accord, m. ||**-ständlich** a. (schtèntlich). Intelligible. ||[begreiflich] Compréhensible.

Verständnis n. (schtèntniss). Intelligence, f. [de].

verstärken (schtèrk-). Renforcer. ||[befestigen] Fortifier : *Verstärkung*, f., renforcement, m. *Milit.* Renfort, m.

verstatten (schtàt-). Permettre.

verstauchen. Démettre*, luxer : *Verstauchung*, f., luxation.

Versteck n. (schtèk). Cachette, f. : *Versteck spielen*, jouer à cache-cache. ||[Hinterhalt] Embuscade, f. ||*verstecken*, cacher; *versteckt*, p. a. *Fig.* dissimulé; [tückisch] sournois, e; *Versteckheit*, f., dissimulation; sournoiserie.

verstehen* (schtée^en). Comprendre* : *was verstehen Sie unter...?* qu'entendez-vous par ... ?; *mit darunter*

*verstehen**, y comprendre*, sous-entendre. ‖ [**sich**]. [sich einigen] S'entendre*; [zu] consentir* [à]; *das versteht sich von selbst*, cela va sans dire, cela va de soi; *versteht sich!*, bien entendu!, naturellement!; *sich verstehen* [auf, *acc.*] s'entendre* à, connaître*.
versteigen [**sich**] (schtaèg-). S'égarer en montant. ‖*Fig.* [zu...] Aller* jusqu'à..., oser.
Versteigerer m. (schtaègerer). Commissaire-priseur.
versteigern (schtaègern). Vendre aux enchères : *Versteigerung*, f., vente aux enchères.
versteinern (schtaènern). Pétrifier : *Versteinerung*, f., pétrification.
verstellbar a. (stèl-). Mobile, ajustable.
verstellen (schtèl-). Déplacer. ‖ [Weg] Barrer. ‖ [Stimme usw.] Déguiser, dissimuler : *Verstellung*, f., déplacement, m.; déguisement, m., dissimulation.
versteuern. Payer l'impôt [de qc.].
verstimmen (schtim-). Désaccorder. ‖*Fig.* Contrarier. ‖*verstimmt*, p. a. *Mus.* faux, ausse, discordant, e; *fig.* De mauvaise humeur; *Verstimmung*, f., désaccord, m., mauvaise humeur.
verstockt a. (schtokt). Endurci, e; *fig.* incorrigible.
verstohlen a. (schtôl-). Furtif, ive. ‖adv. Furtivement, à la dérobée.
verstopfen (schtopf-). Boucher. ‖ [dichten] Calfeutrer. ‖ [Röhre] Engorger. ‖ [hartleibig machen] Constiper. ‖*Verstopfung*, f., action de boucher, etc.; engorgement, m.; constipation.
verstorben a. (schtorb-). Mort, e, défunt, e.
verstören (schteûr). Troubler. ‖ [erschrecken] Effarer : *verstört*, p. a., effaré, e, hagard, e; *Verstörtheit*, f., effarement, m.
Verstoß m. (schtôss-). Faute, f.
verstoßen* tr. (schtôss-). Repousser. ‖ [ausweisen] Expulser. ‖ [s. Frau] Répudier : *Verstoßung*, répudiation. ‖intr. Pécher [contre].
verstreichen* intr. [*sein*] (schtraèch-). S'écouler, se passer.
verstreuen (schtrœüen). Éparpiller, disperser : *Verstreuung*, f., éparpillement, m.
verstricken (schtrik-). Entortiller, envelopper, enlacer.
verstümmeln (schtumeln). Mutiler, estropier : *Verstümmelung*, f., mutilation.
verstummen [*sein*] (schtoum-). Devenir* muet, te. ‖*Fig.* Se taire*.
verstutzen, écourter.
Versuch m. ① (zoûch). Essai. ‖ [gewagter, Mord- usw.] Tentative, f. [de]. ‖ [Experiment] Expérience, f. : *versuchsweise*, adv., à titre d'essai.
versuchen. Essayer [de faire], faire* l'essai de. ‖ [wagen] Tenter. ‖ [Speisen] Goûter. ‖*Fig.* [in Versuchung führen] Tenter. [**sich**] [in *dat.*] S'essayer [à].
Ver‖sucher, in m. ④, f. (zoûcher, in). Tentateur, trice. ‖**-suchung** f. Tentation.
versumpfen, se convertir en marais, se corrompre.
versündigen [**sich**] (zundig-). [an, *dat.*] Pécher [contre].
versunken pp. de *versinken** (zounken). ‖*Fig.* Plongé, e [dans]. ‖verdorben] Dégradé, e : *Versunkenheit*, f., dégradation.
versüßen (zûss-). Adoucir. ‖ [Speise] Sucrer. ‖ [Getränk] Édulcorer. ‖*Fig.* [Leben] Embellir.
vertagen (tâg-). Ajourner. ‖ [Kammern] Proroger : *Vertagung*, f., ajournement, m., prorogation.
vertauschen. Échanger. ‖ [Ämter] Permuter. ‖*Vertauschung*, f., échange, m.; permutation.
verte! intr. (vèrté). Tournez!
verteidigen (taèdig). Défendre. ‖ [e. Sache] Plaider. ‖*Verteidiger*, m. ④, défenseur, avocat; [Sport] arrière; *Verteidigung*, f., défense; *Verteidigungs...*, de défense, ... défensif, ive; *-rede*, f., plaidoyer, m.
verteilen (taèl-). Distribuer. ‖ [gleichmäßig] Répartir : *Verteilung*, f., distribution, répartition.
verteuern (tœüern). Renchérir : *Verteu[e]rung*, f., renchérissement, m.
verteufelt a. (tœü-). Endiablé, e. ‖adv. Diablement.
vertiefen (tîf-). Approfondir : *sich vertiefen*, s'enfoncer; [in Gedanken] s'absorber. ‖*Vertiefung*, f., approfondissement, m.; [Höhle] Excavation, cavité.

vertieren (*tîr*-). Abrutir.
vertilgen (*tilg*-). Détruire*. ‖ [vernichten] Anéantir, exterminer. ‖ *Vertilgung*, f., destruction; anéantissement, m.
Vertrag m. (*trâk*). Contrat : *vertragschließend*, a., contractant, e. ‖ [zwischen Staaten] Traité. ‖ [Bündnis] Pacte.
ver‖tragen* (*trâg*-). Supporter. ‖ [**sich**] Se supporter [mutuellement], s'accorder [avec]. ‖ [passen] Être* compatible [avec]. ‖**-träglich** a. (*trèglich*). Sociable. ‖ [willfährig] Accommodant, e. ‖ [vereinbar] Compatible. ‖ *Verträglichkeit*, f., humeur accommodante; compatibilité.
ver‖trauen intr. (*trao^e^n*). Se fier [à]. ‖ tr. Confier [à]. ‖ n. Confiance, f. ‖ LOC. *im Vertrauen*, en toute confidence. ‖**-trauens... :** ... de confiance : *Vertrauens‖amt*, n., *-bruch*, m., *-person*, f., poste, m., abus, personne de confiance; *vertrauensvoll*, a., plein, e de confiance, confiant, e.
vertrauern. Passer dans le deuil.
vertraulich a. (*tra^o^lich*). Confidentiel, le. ‖ [eng verbunden] Familier, ière. ‖ [intim] intime. ‖ [auf Briefen] Personnel, le : *Vertraulichkeit*, f., familiarité; intimité.
ver‖träumen. Passer à rêver. ‖**-traut** a. (*tra^o^t*). Familier, ère. ‖ [mit] Familiarisé, e [avec] : *vertraut machen*, familiariser; *Vertrautheit*, f., familiarité; intimité; [mit] etwas] connaissance approfondie [de].
vertreiben* (*tra^è^b*-). Chasser, expulser. *Fig. : die Zeit vertreiben**, passer le temps, s'amuser. ‖ [Feind] Déloger. ‖ *Vertreibung*, f., expulsion.
vertreten* (*tréet*-). [Weg] Barrer. ‖ [beschädigen] : *sich den Fuß vertreten**, se fouler le pied. ‖ [jemand] Remplacer. ‖ [im Geschäft usw.] Représenter. ‖ [Meinung] Défendre, soutenir*. ‖ [vor Gericht] Plaider. ‖ *Vertreter, in*, m. ④, f., remplaçant, e; représentant, e; *Vertretung*, f., foulure; remplacement, m.
Vertrieb m. (*trîp*, -b-). Débit, écoulement.

vertrieben pp. de *vertreiben**.
vertrinken* (*trìnk*-). Passer [Geld : dépenser] à boire*. ‖ [Kummer] Noyer.
vertrocknen tr. Dessécher. ‖ intr. [*sein*]. Se dessécher.
vertrösten. Faire* prendre* patience à.
vertrusten. Truster.
vertun* (*toune*). Dissiper, gaspiller.
verübeln (*ûb^e^ln*). Prendre* en mauvaise part : *einem ... verübeln*, en vouloir à qn [de].
verüben (*ûb*-). Exercer. ‖ [Verbrechen] Commettre*.
verunehren (*ounéer^e^n*). Déshonorer.
veruneinigen (*ouna^è^nig*). Désunir, brouiller : *Veruneinigung*, f., désunion, brouille.
verunglimpfen (*ounglìmpf*-). Calomnier, diffamer.
verunglücken [*sein*] (*oun*-). Périr [par accident]. ‖ [Schiff] Faire* naufrage. ‖ *Fig.* Échouer : *Verunglückte[r]*, a. s., victime, f., sinistré, m.
verunreinigen (*ounra^è^nig*-). Salir, souiller. ‖ [Luft] Vicier. ‖ *Verunreinigung*, f., action de salir, etc.
verunstalten (*ounscht*-). Déformer : *Verunstaltung*, f., déformation.
veruntreuen (*ountrœü^e^n*). Soustraire*, détourner : *Veruntreuung*, f., détournement, m.
verunzieren (*ountsîr*-). Déparer.
verursachen (*oûrzâch*-). Causer, occasionner.
verurteilen (*oûrta^è^l*-). Condamner : *Verurteilung*, f., condamnation.
vervielfältigen (*fîlfêltig*-). Multiplier; polycopier : *Vervielfältigung*, f., multiplication.
vervierfachen (*fîrfach*-). Quadrupler.
vervollkommnen (*folkomn*-). Perfectionner : *Vervollkommnung*, f., perfectionnement, m.
vervollständigen (*folschtèndig*-). Compléter.
verwachsen* intr. [*sein*] (*vaks^e^n*). [Pflanzen] S'entrelacer. ‖ [fehlerhaft wachsen] Croître* de travers. ‖ p. a. Contrefait, e. ‖ n., **Verwachsung** f. (*oung*). Entrelacement, m. Déformation, f.
verwahren (*vâr^e^n*). Garder. ‖ [schützen] Garantir; *sich verwahren*, protester.

verwahrlosen (vârlôz^e^n). Abandonner : *Verwahrlosung*, f., abandon, m.

Verwahrung f. (oung). Garde. ‖ [Einspruch] Protestation : *Verwahrung einlegen*, protester.

verwaisen [*sein*] (va^è^z^e^n). Devenir* orphelin.

verwalten. Administrer. ‖ [Geschäfte] Gérer. ‖ [Amt] Exercer. ‖ *Verwalter*, m., administrateur; gérant; [e. Landgutes] intendant; *Verwaltung*, f., administration; gestion.

verwandeln (vànd^e^ln). Changer [en], métamorphoser. ‖ *Verwandlung*, f., transformation, métamorphose; [im Theater] Changement de décors, m., tableau, x, m.

verwandt p. a. (vànt). [mit] Parent, e [de]. ‖ [durch Heirat] Allié, e. ‖ *Verwandtschaft*, f., parenté; *fig.* affinité.

verwaschen* (vasch^e^n). Effacer. ‖ p. a. Vague.

verwässern (vêss^e^rn). Délayer.

verweben* (véeb^e^n). Employer à tisser. ‖ [verflechten] Mêler [dans la trame]. ‖ *Fig.* Entrelacer : *Verwebung*, f., entrelacement, m., enchaînement, m.

verwechseln (vèks^e^ln). Confondre : *zum Verwechseln*, à s'y méprendre : *Verwechselung*, f., confusion.

verwegen a. (véeg^e^n). [kühn] Audacieux, euse; téméraire : *Verwegenheit*, f., audace, témérité.

verwehen (véeh^e^n). Emporter [vent]. ‖ *Fig.* Effacer.

verwehren (véer^e^n). Empêcher. ‖ [verbieten] Défendre. ‖ *Verwehrung*, f., empêchement, m.; défense.

verweichlichen (va^è^chlich^e^n). Amollir. ‖ *Fig.* Efféminer.

verweigern (va^è^g^e^rn). Refuser: *Verweigerung*, f., refus, m.

verweilen intr. (va^è^l^e^n). S'arrêter ‖ [bleiben] Rester. ‖ [sich aufhalten] Séjourner. ‖ n. Séjour, m.

verweinen (va^è^n^e^n). Passer à pleurer. ‖ [Augen] Abîmer en pleurant.

Verweis m. (va^è^s). Réprimande, f.

verweisen* (va^è^z^e^n). [auf. *acc.*] Renvoyer [à]. ‖ [aus. d. Lande] Exiler : *Verweisung*, f., renvoi, m.; exil, m.

verwelken intr. [*sein*] (vèlk-). Se flétrir, se faner.

verweltlichen (vèltlich). Séculariser. ‖ [Schulen] Laïciser : *Verweltlichung*, f., sécularisation; laïcisation.

verwendbar a. (vènt-). Applicable, utilisable.

verwenden* (vènd^e^n). [Augen] Détourner. ‖ [auf, *acc.*] Employer, appliquer [à] : *Verwendung*, f., emploi, m., application.

verwerfen*. Rejeter. ‖ [Lehre] Réprouver. ‖ [Richter] Récuser : *verwerflich*, a., condamnable, réprouvable; récusable; *Verwerfung*, f., rejet, m.; récusation.

verwerten [Material]. Récupérer.

verwesen tr. (véez-). Administrer. ‖ intr. [*sein*] Se putréfier. ‖ *Verweser*, m. ④, administrateur; [kirchl.] vicaire; *verweslich*, a., putrescible; *Verwesung*, f., putréfaction.

verwickeln (vik-). Entortiller. ‖ *Fig.* Empêtrer. [verwirren] Embrouiller, compliquer.

Verwickelung f. (vik^e^loung). Complication.

verwiesen, pp. de *verweisen**.

verwildern [*sein*] (vild). Devenir* sauvage.

verwirken (virk^e^n). Perdre. ‖ [Strafe] Encourir*.

verwirklichen (virklich^e^n). Réaliser : *Verwirklichung*, f., réalisation.

verwirren*. Brouiller, embrouiller : *verwirrt machen*, embarrasser, déconcerter; *Verwirrung*, f., embrouillement, m., confusion.

verwischen (visch). Effacer.

verwittern intr. (vitt). Se détériorer.

verwitwet a. Veuf, euve.

verwöhnen (veûn-). Gâter : *Verwöhnung*, f., gâterie.

verworfen, pp. de *verwerfen**. ‖ p. a. Dépravé, e : *Verworfenheit*, f., dépravation.

verworren, pp. de *verwirren**; *Verworrenheit*, f. = *Verwirrung*.

ver‖wundbar a. (vount-). Vulnérable : *Verwundbarkeit*, f., vulnérabilité. ‖**-wunden.** Blesser.

verwundern [sich] (vound-). S'étonner : *Verwunderung*, f., étonnement, m.

ver||wunschen a. (*vou*nsch-). Enchanté, e. ||**-wünschen** (*vù*nsch). Maudire* : *Verwünschung*, f., malédiction.
verwüsten (*vû*st-). Dévaster : *Verwüstung*, f., dévastation.
verzagen intr. [*haben*] (ts**âg**-). Se décourager : *verzagt*, p. a., découragé, e, timide; *Verzagtheit*, f., découragement, m., timidité.
verzärteln (ts*êr*t^e^ln). Amollir, efféminer. || [Kinder] Gâter.
verzaubern (ts*a*^o^b-). Enchanter.
verzehnfachen (ts*é*enfa**ch**-). Décupler.
verzehren (ts*ée*r-). Consommer, ||*Fig*. Dévorer. || [Feuer usw.] Consumer.
verzeichnen (ts*a*^è^**ch**n-). Noter.
Verzeichnis n. (ts*a*^è^**ch**niss). Liste, f.
verzeihen* (ts*a*^è^-). Pardonner : *verzeihen Sie!*, pardon! ||*verzeihlich*, a., pardonnable; *Verzeihung*, f., pardon, m. : *um Verzeihung bitten**, demander pardon à.
verzerren (ts*è*r-). Contorsionner : *Verzerrung*, f., contorsion, grimace.
verzetteln (ts*è*t-). Éparpiller. ||*Fig*. Gaspiller.
Verzicht m. (ts*i***ch**t). Renonciation, f. : *Verzicht leisten* [auf, *acc.*], renoncer à; *Verzichtleistung*, f., renonciation [à]. ||*verzichten* [auf, *acc.*], renoncer à.
verziehen* tr. (-ts*î*-). Tordre. ||Mal élever, gâter. ||intr. [*sein*] Déménager. ||pp. de *verzeihen**.
verzieren (ts*î*r-). Orner, décorer : *Verzierung*, f., ornement, m., décoration.
verzinnen (ts*ì*n). Étamer : *Verzinnung*, f., étamage, m.
verzinsen (ts*ì*ns-). Payer les intérêts de : *sich* —, rapporter [des intérêts].
verzogen pp. de *verziehen**.
verzögern (tse*û*g-). Retarder : *Verzögerung*, f., retard, m.
verzollen (tsol). Payer la douane pour : *verzollbar*, a., soumis aux droits d'entrée.
Verzug m. (tso*û*k). Retard.
verzweifeln (tsv*a*^è^f). Désespérer.
verzweigen [sich] (tsv*a*^è^g-). Se ramifier.
Vesper|| f. (f*è*sp^e^r). Vêpres, pl. ||**-brot** n. (br*ô*te). Goûter, m.
Vestalin f. (*â*l*ì*n). Vestale.
Vesuv m. (**z**o*û*f). Vésuve.
Veteran, -en, -en m. (*â*ne). Vétéran.
Vetter, -n m. (f*è*). Cousin.
Vexierbild n. ②. Attrape, f.
vexieren (ks*î*r^e^n). Taquiner, attraper.
Vezier. V. **Wesir.**
vgl. = *vergleiche*. Voyez [Abk. V.].
v. H *vom Hundert*, pour cent.
Viadukt m. ① (*ou*kt). Viaduc.
Vieh|| n. spl. (f*î*). Bête, f. [gesamtes] Bétail, m., bestiaux, pl. ||**-bestand** m. (schtànt, -d-). Cheptel.
viehisch a. (f*î*'isch). Bestial, e.
viel a. et adv. (f*î*l). Beaucoup [de] : *sehr viel*, énormément [de]; *ziemlich viel*, assez [de]; *seine vielen Beziehungen*, ses nombreuses relations; *durch vieles* [*Trinken* usw.], à force de [boire, etc.]; *vielgeliebt*, a., bien-aimé, e. ||*viel*... exprime l'idée de *multiplicité* : *viel||fach*, *-fältig.*, a., multiple; *-farbig*, a., multicolore; *-heit*, f., multiplicité; *-mal[s]*, adv., bien des fois; *-malig*, a., fréquent, e; *-seitig*, a., à plusieurs faces, *fig*. étendu, e, vaste; *Viel||eck*, n., polygone, m.; *-eckig*, a., polygonal, e; *-flach*, n. ①, polyèdre, m.; *-götterei*, f., polythéisme, m.; *-weiberei*, f., polygamie.
Vielfraß m. ①. Glouton.
vielleicht adv. (f*î*l*a*^è^**ch**t). Peut-être.
Vielliebchen n. (l*î*p**ch**^e^n). Philippine, f.
vielmehr adv. (f*î*lm*é*r). Plutôt.
vier num. (f*î*r). Quatre : *auf allen vieren*, à quatre pattes.
Viereck n. Quadrilatère, m., carré, m.
vier||eckig a. (ig). Carré, e. ||**-fach** a. (fa**ch**). Quadruple. ||**-füßig** a. (f*û*ssig), **Vierfüßler** m. ④ (f*û*sl^e^r). Quadrupède.
vier||händig a. (h*è*ndig). Quadrumane. ||*Mus*. A quatre mains. ||**-schrötig** a. (*eû*tig). Grossièrement carré, e. ||*Fig*. Carré, e [des épaules], trapu, e. ||**-te** [*der, die, das*] (f*î*rt^e^). Quatrième. ||**-teilen.** Diviser en quatre. || [Strafe] Écarteler.
Viertel n. ④ (f*î*rt^e^l). Quart, m.: *ein Viertel auf zwei*, une heure un quart; *drei Viertel auf eins*, une heure moins un quart. ||*Viertel||jahr*, n., trimestre, m.; *-jährig*, a., d'un trimestre; *-jährlich*, a., trimestriel; *-note*, f., noire; *-pause*, f., soupir,

m.; *-pfund*, n., quarteron, m.; *-stunde*, f., quart [m.] d'heure.
vier‖tens adv. Quatrièmement. ‖**-zehn** (tséen). Quatorze : *vierzehn Tage*, quinze jours. ‖**-zig** (tsig). Quarante : *etwa vierzig*, une quarantaine; *Vierziger*, m., *vierzigjährig*, a., quadragénaire; *in den Vierzigern*, entre la quarantième et la cinquantième année. ‖**-zigste[r]**, **-zigstel** usw. V. GRAMM.
Vikar m. ① (kar). Vicaire.
Viktualien pl. (toualien). Victuailles, pl., comestibles, pl.
Villa, ...llen f. (vila). Villa.
Violin‖e f. (îne). Violon, m. ‖**-ist, -en, -en** m. (ist). Violoniste.
Visier n. ① (zîr). Visière, f. ‖[an Schußwaffen] Hausse, f., mire, f.
vize... (vitse). Vice-... Ex. : *Vize-Admiral*, m., vice-amiral.
v. J. = *vorigen Jahres*, de l'an dernier.
Vlies n. ① (flîss). Toison, f.
v. M. = *vorigen Monates*, du mois dernier.
Vogel‖ m. ③ (fôgel), dim. *Vögelchen, Vögelein*, n. ④. Oiseau, x. ‖**-beerbaum** m. Sorbier. ‖**-fänger** m.④ (fènger). Oiseleur.
vogelfrei a. (fraè). Hors la loi.
Vogel‖haus n. (haos). Volière, f. ‖**-kirsche** f. (kirsche). Merise. ‖**-kunde** f. (kounde). Ornithologie. ‖**-leim** m. (laèm). Glu, f. ‖**-perspektive** f. (îfe) : *aus der Vogelperspektive*, à vol d'oiseau. ‖**-pfeife** f. (pfaèfe). Appeau, x, m. ‖**-schauer** m. ④. Augure. ‖**-scheuche** f. Épouvantail, m.
Vogesen pl. (gé). Vosges, pl.
Vogler m. ④ (fôgler). Oiseleur.
Vogt m. (fôkt). Prévôt. ‖[Amtmann] Bailli.
Vok‖abel f. (âbel). Vocable, m. ‖**-al** m. ① (âl). Voyelle, f.
Volk‖ n. ② (folk). Peuple, m. : *das gemeine Volk*, le vulgaire; *volkarm*, a., peu peuplé, e; *volkreich*, a., peuplé, e, populeux,, euse. ‖ **¨er...** (fœlker...) : ...des peuples, des nations. *Völker‖kunde*, f., ethnologie; *-recht*, n., droit [m.] des gens. ‖*Volks...*, ...du peuple, populaire; *Volks‖fest*, n., *-lied*, n. fête [f.], chant [m.] populaire.
volksmäßig, a., **volkstümlich**, a., populaire; ...primaire : *Volks‖-schule*, f., — *schullehrer*, m., — *unterricht*, m., école, instituteur, enseignement primaire. ‖du peuple, ... démocratique : *Volks‖partei*, f., parti démocratique, m.; *-abstimmung*, f., plébiscite, m.; *-wirtschaft*, f., économie politique; *-zählung*, f., recensement, m.
voll‖ a. (fol). Plein, e : *voller Freuden*, plein de joie; *...voll*, plein, e de... ‖[vollständig] Complet, ète. ‖[vollzählig] Comble. ‖*voll...* [non accentué], forme des verbes *inséparables* exprimant l'idée d'*accomplir*, d'*exécuter*. Ex. : *vollbringen**, *-führen*, *-strecken*, *-ziehen**, accomplir, exécuter; *Voll-bringung*, f., *-führung*, f., *-streckung*, f., *-ziehung*, f., accomplissement, m., exécution, f.; *Voll‖strecker*, m. ④, *-zieher*, m. ④, exécuteur; *vollstreckbar*, a., exécutoire. ‖**-auf** adv. (aof). Abondamment.
Vollblut n. ① (bloûte). Pur-sang, m.
voll‖blütig a. (blûtig). Pléthorique : *Vollblütigkeit*, f., pléthore. ‖**-enden** (ènden). Achever : *Vollendung*, f., achèvement, m. ‖**-ends** adv. Entièrement.
Vollgas n. *mit Vollgas fahren*, rouler à pleins gaz.
voll‖gepfropft a. (gé-). Bourré, e, bondé, e. ‖ **¨ig** a. (feulig). Complet, ète. ‖adv. Pleinement, complètement. ‖**-jährig** a. (yêrig). Majeur, e : *Volljährigkeit*, f., majorité. ‖**-kommen** a. (ko-). Parfait, e. ‖*Vollkommenheit*, f., perfection.
Voll‖macht f. (macht). Plein[s] pouvoir[s], m. [pl.]. ‖*Jur.* Procuration. ‖**-mond** m. (mònt, -d-). Pleine lune, f.
voll‖pfropfen *sép.* Bourrer. ‖**-ständig** a. (schtèndig). Complet, ète. ‖**-tönend** a. Sonore. ‖[Reim] Riche.
Volltreffer m. Coup au but.
vom abr. de *von dem*.
von prép. [*dat.*] (fône). De : *von Paris bis...*, de Paris à...; *vom Morgen bis zum Abend*, du matin au soir; *von Zeit zu Zeit*, de temps en temps, de temps à autre; *von ... an*, à partir de ..., dès ...; *von da an*, dès lors; *von Jugend auf*, dès

la jeunesse; *vom Hause, vom...* [*kommen*], de chez soi, de chez le...; *ein Freund von mir,* un de mes amis; par : *puni par moi,* von mir gestraft.
voneinander. V. *einander.*
vonnöten adv. Nécessaire.
vonstatten, *sép.* : — *gehen*,* avancer.
vor (fôr). 1. prép. [avec le *datif* en réponse à la question *wo ?* et l'*accusatif* en réponse à la question *wohin ?*]. ‖[örtlich] Devant : *vor einem hergehen*,* précéder qn.; *vor sich hin,* à part soi; *vor sich gehen*,* avoir* lieu, se passer. ‖[zeitlich] Avant : *vor acht Tagen,* il y a huit jours. ‖2. Préfixe *séparable* accentué, même sens. V. les verbes ci-après.
Vorabend m. (fôrâbent, -d-). Veille, f.
Vorahnung f. (ânoung). Pressentiment, m.
voran adv. et préf. *sép.* (àn). En avant, en tête : *vorangehen*,* intr. [*sein*], [einem] précéder [qn.].
Vorarbeit f. (arbaèt). Travail préparatoire, m.
voraus adv. (fôraos). [örtlich] En avant [de]. ‖[zeitlich] En avance [sur] : *im voraus,* d'avance. ‖Préf. *sép.* mêmes sens. Ex. : *voraus‖bezahlen,* payer d'avance; *-bezahlung,* f., paiement anticipé, m.; *-gehen*,* intr., prendre* les devants, précéder; *-laufen*,* courir* en avant.
voraussagen (zâgen). Prédire* : *Voraussagung,* f., prédiction.
vorausschicken. Envoyer en avant.
voraussehen* (zéeen). Prévoir*.
voraussetzen (zètzen). Supposer : *Voraussetzung,* f., supposition, hypothèse. ‖*vorausgesetz daß* ... pourvu que.
voraussichtlich a. (zichtlich). A prévoir, probable. ‖adv. En prévision.
Vorbau m. ① (bao). Avant-corps.
vorbauen tr. (bao-). Bâtir devant, en saillie. ‖intr. *fig.* Prévenir*, tr.
Vorbedacht m. (dacht). Préméditation, f.; *mit gutem Vorbedacht,* à bon escient.
vorbedenken*. Préméditer.
Vorbedeutung f. (dœütoung). Présage, m.
vorbedingen* (dìng-). Stipuler d'avance.
Vorbehalt m. ①. Réserve, f.
vorbehalten*. Réserver.
vorbei adv. (fôrbaè). Passé. ‖*Fig.* : *es ist mit ihm* —, c'en est fait de lui. ‖Préfixe *séparable,* ajoute au verbe simple l'idée de *passer* [dans le temps], *passer à côté* [dans l'espace]. Ex. : [an einem Orte] *vorbei‖eilen, -fahren*, -gehen*, -marschieren* [tous verbes avec *sein*], passer en hâte, en voiture [en bateau, etc.], en marchant, [*Mil.* défiler]; *-müssen,* être* obligé de passer. ‖LOC. *im Vorbeigehen* usw., en passant, etc.
Vorbemerkung f. Avant-propos, m.
vorbenannt a. Précité, e.
vorbereiten (raèt-). Préparer : *Vorbereitung,* préparation; pl. [Anstalten] préparatifs m,. pl.
Vorbericht m. (icht). Avant-propos.
vorbeugen intr. (bœüg-). Prévenir [obvier à] : *vorbeugend,* a., préventif, ive.
Vorbild n. ② (bilt, -d-). Modèle, m. prototype.
vorbilden. Préparer.
Vorbildung f. Instruction préparatoire.
Vorbote, -n, -n m. (bôte). Avant-coureur. ‖*Fig.* Présage.
vorbringen* (bring-). Avancer. ‖*Fig.* Alléguer.
Vorbühne f. (bûne). Avant-scène.
vordatieren. Antidater.
vordem adv. Autrefois.
vorder a. (fôrder). De devant, antérieur, e : *die vordere Seite,* le devant, la façade. ‖*Vorder‖arm,* m., avant-bras.
Vorderasien n. Proche-Orient, m. ‖*Vorderbein,* n., *-fuß,* m., jambe, f., pied [m.], patte [f.] de devant; *-gestell,* n., avant-train, m.; *-grund,* m., premier plan; *-haus,* n., avant-corps, m., devant, m.; *-seite,* f., devant, m., façade; *-teil,* m., partie antérieure, f.
Vordermann m. Chef de file.
Vorderwagen m. Avant-train.
vordrängen (drèng-). Pousser en avant.
vordringen* intr. (ìng-) [*sein*]. S'avancer. ‖[in, *acc.*] Pénétrer.
Vordruck m. (drouk). Formulaire.

vor‖eilen. Gagner les devants. ‖**-eilig** a. (ig). Précipité, e.
voreingenommen a. (aègénomen). Prévenu, e : *Voreingenommenheit,* f., prévention.
Voreltern pl. Ancêtres, pl.
vorempfinden* (èmpfind-). Pressentir*.
vorenthalten* (ènthalt-). Retenir* : *Vorenthaltung,* f., retenue.
vorerst adv. Auparavant.
Vorfahr, -en, -en m. Ancêtre.
Vorfall m. Événement, incident.
vorfallen*. Arriver, se passer.
vorfinden* (fìnd-). Trouver [en arrivant].
Vorflut f. Début de la marée.
vorführen. Amener.
Vor‖gang m. (gàng). Événement, incident. ‖**-gänger** m. ④ (gèng-). Prédécesseur, devancier.
vorgeben* (géeb). [behaupten] Prétendre. ‖[vorschützen] Prétexter. ‖[beim Spielen] Rendre des points.
Vorgebirge n. (gébirge). Cap., m., promontoire, m.
vorgefaßt a. (gé-). Préconçu, e.
Vorgefühl n. (gé-). Pressentiment, m.
vorgehen* [*sein*] (gée-). [Uhr usw.] Avancer. ‖[geschehen] Se passer.
Vorgeschichte f. (géschichte). Préhistoire : *vorgeschichtlich,* a., préhistorique.
Vorgeschmack m. (gé-). Avant-goût.
Vorgesetzte[r] p. a. s. (gé-). Supérieur, m., chef, m.
vorgestern adv. (géstern). Avant-hier : *der vorgestrige Tag,* l'avant-veille, f.
vorgreifen* intr. Anticiper [sur]. ‖[e. Ereignis] Prévenir*, tr.
vorhaben* (hâb-). Avoir* devant soi. ‖[beabsichtigen] Projeter. ‖n. ④. Projet, m.
Vorhafen m. ③ (hâfen). Avant-port.
Vorhalle f. (hale). Porche, m. ‖[e. Hauses] Vestibule, m.
vorhalten* (halt-). Tenir* devant soi. ‖[einem] Présenter. ‖[vorwerfen] Reprocher.
Vorhand f. (hànt). [beim Spielen] *die Vorhand haben*,* avoir* la main.
vorhanden a. (hànd-). Présent, e : *vorhanden sein*,* exister; *Vorhandensein,* n., existence, f.
Vorhang m. (hàng). Rideau, x.
vorhangen* (hàng-). Pendre devant. ‖[vorragen] Avancer [en saillie].
Vorhängeschloß n. ②. Cadenas, m.
Vorhemd n. Devant [m.] de chemise.
vorher adv. (hèr-). Auparavant : *am Tage vorher,* la veille; *vorherig,* a., précédent, e, antérieur, e. ‖Préf. *sép. accentué.* D'avance, pré... Ex. : *vorher‖gehen*,* intr., précéder, tr.; *-gehend,* p. a., précédent, e; *-sagen,* prédire, pronostiquer; *-sagung,* f., prédiction, pronostic, m.; *-sehen*,* prévoir*; *-sehung,* f., prévision.
vorhin adv. (hìn). Précédemment; *kurz vorhin,* tout à l'heure.
Vorhut f. Avant-garde.
vorig a. (ig.) Précédent, e, passé, e : *vorigen Montag,* lundi dernier.
Vorjahr n. (yâr). Année précédente.
Vorkämpfer m. ④ (kèmpfer). Protagoniste, champion.
vorkehren. Tourner en avant.
Vorkehrung f. Disposition.
vorkommen* [*sein*]. Apparaître*. ‖[geschehen] Avoir* lieu : *vorkommendenfalls,* le cas échéant; *Vorkommnis,* n., événement, m. ‖[scheinen] Paraître*.
vorladen* (lâd-). Assigner, citer; *Vorladung,* f., assignation, citation.
Vorlage f. (lâge). Modèle m., ‖[Gesetzentwurf] Projet de loi, m.
vorlassen*. Laisser *ou* faire* avancer.
vorlaufen* [*sein*] (laof-). Courir* en avant. ‖[einem] Devancer, tr.
Vorläufer m. ④ (lœüfer). Avant-coureur. ‖[e Krankheit] Prodrome.
vorläufig (lœüfig). Provisoire.
Vorleben n. (léeb-). Vie antérieure, f., antécédents, pl.
vorlegen (léeg-). Mettre* devant : *Vorlegeschloß,* n. ②, cadenas, m. ‖[bei Tische] Servir* : *Vorlegelöffel,* m., ④, cuiller à pot, f., louche, f.; *Vorlegemesser,* n. ④, couteau [m.] à découper. ‖*Fig.* [Frage] Exposer. ‖[Gesetz] Proposer.
Vor‖leger m. ④ (léeg-). [vor Betten] Descente de lit, f. ‖**-legung** f. Présentation.
vorlesen* (léezen). Lire* [à qn] : *Vorleser, in,* m. ④, f., lecteur, trice.
Vorlesung f. Lecture [à haute voix]. ‖[auf Hochschulen] Cours m,.

vorletzt a. Avant-dernier, ère.
vorlieb adv. (fôrlîp) : *mit ... vorlieb nehmen**, se contenter de.
Vorliebe f. (lîb^e^). Prédilection.
vorliegen* [*haben*] (lîg^e^n). Être* couché *ou* situé devant. ‖ [vorhanden sein] Être* présent.
vormachen (mach^e^n). *Fig.* : *einem etwas vormachen,* en conter à qn.
vormals adv. Autrefois : *vormalig,* a., ancien, ienne.
vormerken. Prendre note [de].
Vormittag m. (fôrmi-). Matinée, f. : *vormittags* adv., le [du] matin.
Vor‖mund m. ① et ②, **-münderin** f. Tuteur, tutrice. ‖**-mundschaft** f. Tutelle.
Vorname, -ns, -n m. (nâm^e^). Prénom.
vorn[e] adv. (forn^e^). Devant. ‖ [an d. Spitze] En tête : *nach vorn heraus,* sur le devant; *von vorn,* de face; *von vorn herein,* adv., tout d'abord, dès le début.
vor‖nehm a. De rang élevé, notable, distingué, e : *die vornehme Welt,* le grand monde; *Vornehmheit,* f., distinction; *vornehmlich,* a., principal, e; adv. principalement. ‖**-nehmen***. Prendre* [devant soi]. ‖*Fig.* Entreprendre*.
Vorort m. ①. Localité suburbaine, f., faubourg, m.
Vorplatz m. Place, f. [devant un édifice]. ‖ [vor e. Kirche] Parvis.
Vorposten m. ④. Avant-poste.
Vorradantrieb m. Traction avant, f.
Vorrang m. (ràng). Permier rang. ‖ [vor...] Préséance, f., prééminence, f. [sur] : *den Vorrang lassen**, céder le pas.
Vorrat m. (râte). Provision[s], f. [pl.] : *Vorrats‖kammer,* f., magasin, m.; *-schrank,* m., garde-manger.
Vorrecht n. (rècht). Privilège, m.
Vorrede f. (réed^e^). Préface.
vorreiten* intr. [*sein*]. Précéder, tr. [à cheval]; *Vorreiter,* m. ④, piqueur.
vorrichten (richt^e^n). Préparer, apprêter : *Vorrichtung,* f., préparatif, m.; [Maschine] dispositif, m., appareil, m.
vorrücken tr. (ruk-). Avancer. ‖intr. [*sein*] [S']avancer. ‖*Fig.* Avancer, faire* des progrès. ‖n. Avancement, m.
vors, abr. de *vor das.*
Vorsaal m. ① (zâal). Vestibule, antichambre, f.
vorsagen (zâg-). Dire* [pour faire répéter]. [im Theater] Souffler : *Vorsager,* m. ④, souffleur.
Vorsatz m. Dessein : *vorsätzlich,* a., prémédité, e; exprès.
Vorschein m. (scha^è^n) : *zum Vorschein kommen**, apparaître*; *zum Vorschein bringen**, faire* apparaître.
vorschieben*. Pousser [en avant].
vorschießen* intr. [*sein*]. Être* en saillie, avancer. ‖tr. [Geld] Avancer, prêter.
Vorschlag m. Premier coup. ‖*Fig.* Proposition, f.
vorschlagen*. Proposer.
vorschneiden* (a^è^d). Découper [à table].
vorschnell a. Précipité, e.
vorschreiben*. Écrire* en tête. ‖*Fig.* Prescrire.
vorschreiten* [*sein*] (a^è^t-). Avancer.
Vorschrift f. Modèle, m. [d'écriture]. ‖*Fig.* Prescription : *vorschriftsmäßig,* a., réglementaire.
Vorschub m. (oûp, -b-). Premier coup. ‖*Fig. Vorschub leisten, dat.,* aider [qn.], favoriser [qc.].
Vorschuh m. (oû). Empeigne, f.
Vorschule f. (*oû*l^e^). École préparatoire.
Vorschuß m. (ouss). Avance, f.
vorschützen. Prétexter.
vorschweben (*é*eb-). Flotter [devant les yeux].
vorsehen* (sée-). Prévoir*. ‖*sich vorsehen,* prendre* garde.
Vorsehung f. Providence.
vorsetzen. Mettre* devant : *sich* —, se proposer [qc.].
Vorsicht f. (zicht). Précaution, prudence : *Vorsicht!,* attention! gare! garde à vous!; *vorsichtshalber,* par prudence.
vorsichtig a. (ig). Prudent, e. ‖adv. Avec précaution, prudemment.
Vorsilbe f. Préfixe, m.
vorsingen* (zìng). Chanter [à qn].
vorsintflutlich a. Antédiluvien, ienne.
Vorsitz m. Présidence, f.
vorsitzen* intr. Présider, tr. : *der Vorsitzende,* le président.

Vorsorge f. Prévoyance.
vorsorglich a. Prévoyant, e.
Vorspann m. ① (schpàn). Renfort [de chevaux].
vorspannen (schpan-). Atteler.
vorspiegeln (schpîg-). *Fig.* Faire* miroiter.
Vorspiel n. (schpîl). Prélude, m. ‖ [im Theater] Lever de rideau, m.
vorspielen (schpîl-). Jouer [devant qn.].
vorsprechen* tr. (schprèch^{e}n). Dire*, prononcer [devant qn.]. ‖intr. *bei jm. vorsprechen,* passer chez qn.
vorspringen* [*sein*] (schpring-). Sauter en avant. ‖ [einem] Précéder, tr. [en sautant]. ‖ [v. Dingen] Faire* saillie.
Vorsprung m. (schproung). Saillie, f. ‖*Fig.* Avance, f.
Vor‖**stadt** f. (schtàt). Faubourg, m. ‖**-städter** m. (schtèt^{e}r). Faubourien.
vorstädtisch a. Faubourien, enne, banlieusard.
Vorstand m. (schtant, -d-). Comité de direction. ‖ [Vorsteher] Directeur, chef.
Vorsteckärmel m. ④ (schtèkèrm^{e}l). Manchette, f.
vorstecken. Ficher *ou* mettre devant : *Vorstecknadel,* f., broche; [für Herren] épingle. ‖*Fig. sich ein Ziel vorstecken,* se proposer un but.
vorstehen* intr. (schtée-). Faire* saillie. ‖*Fig.* Présider, tr., diriger, tr.
Vorsteher, in m. ④, f. (^{e}r, ìn). Directeur, trice.
Vorstehhund m. (hount, -d-). Chien d'arrêt.
vorstellen (schtèl^{e}n). Présenter. ‖ [Stück] Représenter. ‖ [Uhr] Avancer. ‖*Fig.* [vorhalten] Représenter.
Vorstellung f. (oung). Présentation. ‖Représentation. ‖ [Begriff] Idée. ‖ [Bild] Image. ‖ [Vorhaltung] Remontrance.
Vorstoß m. (schtôss). Attaque, f., poussée, f. ‖ [beim Fechten] Pointe, f.
vorstoßen* tr. (schtôs-). Pousser en avant. ‖intr. [S']avancer [avec impétuosité].
vorstrecken (schtrèk-). Avancer. ‖ [Zunge] Tirer. ‖ [Geld] Avancer.
Vorteil m. (ta^{è}l) Avantage, profit : *vorteilhaft,* a., avantageux, euse, profitable; adv. avantageusement.
Vortrab m. (trâp, -b-). Avant-garde, f.
Vortrag m. (trâg). Débit. ‖ [Rede] Conférence, f. ‖*Mus.* Exécution, f. ‖ [bei Rechnungen] Report.
vortragen* (trâg-). Porter devant. ‖*Fig.* [darstellen] Exposer. ‖ [hersagen] Débiter, réciter. ‖ [Gesang] Chanter. ‖ [Musikstück] Exécuter. ‖ [bei Rechnungen] Reporter.
Vortragende[r] Conférencier.
vortrefflich a. (trèflich). Excellent, e. ‖adv. A la perfection : *Vortrefflichkeit,* f., excellence.
Vortreppe f. Perron, m.
vortreten* [*sein*] (tréet-). Avancer.
Vortritt m. : *den Vortritt haben** [vor], avoir* le pas [sur].
vorüber ... (fôrûb^{e}r). Adv. et préf. *sép. accentué,* ajoute au verbe simple l'idée de *passer* [dans le temps], *passer devant* [dans l'espace]. Ex. : *vorübergehen** [an, *dat.*], passer [devant] ; *Vorübergehende[r],* p. a. s., passant, e. V. *vorbei.*
Vorübung f. Exercice préparatoire, m.
Vorurteil n. Préjugé, m.
vorwalten. Prévaloir, prédominer.
Vorwand m. (vànt, -d-). Prétexte.
vorwärts adv. (vèrts). En avant : *vorwärts gehen**, avancer; *vorwärts kommen**, faire* son chemin.
vorweg adv. (véeg). Par avance : *vorweg nehmen**, anticiper.
vorwenden* (vènd-). Prétexter.
vorwerfen*. Jeter devant. ‖*Fig.* Reprocher.
Vorwerk n. Ouvrage [m.] avancé.
vorwiegen* (vîg-). Prévaloir*, prédominer.
Vorwissen n. Connaissance préalable, f. : *ohne mein Vorwissen,* à mon insu.
Vorwitz m. (vitz). Curiosité indiscrète, f. : *vorwitzig,* a., indiscret, ète.
Vorwort n. ① (vort). Avant-propos, m.
Vorwurf m. Reproche.
Vorzeichen n. ④ (tsa^{è}ch-). *Math.* Signe, m. ‖ [Anzeichen] Signe [m.] précurseur. ‖*Fig.* Présage, m.
vorzeichnen (tsa^{è}chn-). Tracer [à qn].
Vorzeichnung f. Modèle, m. [de dessin].

vorzeigen (tsaèg-). Exhiber. ‖[Fahrkarte] Présenter. ‖[Urkunde] Produire*.

Vorzeit f. (tsaèt). Passé, m. ‖[Altertum] Antiquité.

vor‖zeiten adv. (tsaèt-). Jadis. ‖**-zeitig** a. (tsaètig). Prématuré, e. ‖adv. Prématurément.

vorziehen* (tsî-). Préférer : *vorzuziehen**, préférable [à...].

Vorzimmer n. ④ (tsimer). Antichambre, f. : *im Vorzimmer warten*, faire* antichambre.

Vorzug m. (tsoûk). Préférence, f. : *vorzugsweise*, adv., de préférence. ‖[Vorteil] Avantage.

vorzüglich a. (tsûglich). Excellent, e. ‖adv. Excellemment. ‖[besonders] Principalement.

Vorzündung f. Avance à l'allumage.

votieren (tîren). Voter.

Votiv... (îf) : *Votiv‖bild*, n., *-tafel*, f., ex-voto, m.; *-kirche*, f., église votive.

Votum, -s, ...ten n. (vôtoum). Vote, m.

v. T. = *von Tausend*, pour mille.

Vulkan m. ① (voulkâne). Volcan.

vulkanisch a. Volcanique.

W

W, w n. (vé). W, w, m. ‖**W,** abr. de *Westen*.

Waage‖ f. (vâge). Balance : *Waagschale*, f., plateau, x, m. ‖**-balken** m. ④ (ken). Fléau, x.

waagerecht a. (rècht). Horizontal, e.

Wabe f. Rayon, m. [miel].

wach a. (vach). Éveillé, e : *wach werden**, s'éveiller.

Wache f. (vache). Veille : *Wache halten**, veiller. ‖*Milit.* Garde. ‖*Mar.* Quart, m. : *Wache haben**, être* de garde [de quart]; *wachehabend*, a., de garde. ‖*Wachdienst*, m., *-zeit*, f., garde, f., quart, m. ‖[Wachstube] Corps de garde, m.

wach‖en (vachen). [über, *acc.*] Veiller [sur]. ‖**-frei** a., exempt de garde.

Wacholder m. (vacholder). Genièvre. ‖*-baum*, m., *-strauch*, m., genévrier; ‖*-branntwein*, m., *-geist*, m., eau-de-vie [f.] de genièvre.

Wachs n. ① (vaks). Cire, f. ‖*Wachs...*, ... de cire, ciré, e : *Wachs‖kerze*, f., *-licht*, n., bougie, f.; [in Kirchen] cierge, m.; *-stock*, m., rat de cave; *-streich[zünd]hölzchen*, n., allumette-bougie, f.; *-tuch*, n., toile cirée, f.

wachsam a. (vachzâme). Vigilant, e. ‖adv. Avec vigilance.

Wachsamkeit f. (kaèt). Vigilance.

wachsen* [*sein*] (vaksen). Croître*, grandir. ‖[Pflanze] Pousser. ‖ *Fig.* : *einer Sache gewachsen sein**, être* à la hauteur de qc. ‖n. spl. Croissance, f. ‖[d. Wassers] Crue, f. ‖*Fig.* Accroissement, m.

wächsern a. (vêksern). De cire.

Wachstum n. (vakstoûme). Croissance, f. ‖[Entwicklung] Développement, m. ‖[d. Pflanzen] Végétation, f.

Wacht f. (vacht). Garde.

Wachtel f. (vachtel). Caille.

Wächter, in m. ④, f. (vèch-, ìnn). Garde, gardien, ne.

Wacht‖feuer n. Feu [m.] de bivouac. ‖**-haus** n., **-stube** f. Corps de garde, m.

wackel‖ig a. Vacillant, e, branlant, e. ‖**-n** (vakeln). Vaciller, branler.

wacker a. (vaker). Brave, honnête. ‖adv. Bravement.

Wade f. (vâde). Mollet, m.

Waff‖e f. (vafe). Arme. ‖**-en...** (vafen...) .... des armes, ... d'armes, etc. : *Waffen‖bruder*, m., frère d'armes; *-stillstand*, m., suspension d'armes, f., armistice; *-tragen*, n., port [m.] d'armes. ‖*Waffen‖gattung*, f., arme; *-fähig*, a., en état de porter les armes; *-rock*, m., tunique, f.; *-schmied*, m., armurier; *-übung*, f., exercice militaire. m.

Waffel f. Gaufre.

Wage[1], = *Waage*. ‖**Wage**[2]**‖...** (vâge). V. *wagen*. ‖**-hals** m. Casse-cou.

wagehalsig a. Téméraire.

Wägelchen n. ④ (vègelchen). Dim. de *Wagen*. Voiturette, f.

Wagemut m. Courage audacieux.
wagen (vâg^{e}n). Oser, risquer : *gewagt,* p. a., risqué, e, hasardé, e; [Unternehmen] hasardeux, euse; *sich wagen,* se risquer.
Wagen‖ m. ④ (vâg^{e}n). Voiture, f. ‖[Last-] Chariot. ‖[Eisenbahn-] Wagon. ‖**-bauer** m. ④ (bao'^{e}r). Carrossier. ‖**-decke** f. (dèk^{e}). Bâche. ‖**-führer** m. ④ (fûr^{e}r). [d. Straßenbahn] Machiniste, wattman. ‖[d. Kraftwagen] Chauffeur. ‖**-halle** f. (hal^{e}). Garage, m. ‖**-kasten** m. Carrosserie, f. ‖**-leiter** f. (la^{è}t^{e}r). Ridelle. ‖**-meister** m. ④. [ehem.] Vaguemestre. ‖[Eisenb.] Chef d'équipe. ‖**-schuppen** m. (schou-p^{e}n). Remise, f., garage. ‖**-spur** f. Ornière. ‖**-unterbau** m. (*ount*^{e}r-*bao*). Châssis. ‖**-verdeck** n. Impériale, f.
wägen* (vèg^{e}n). Peser.
wagerecht. V. *waagerecht.*
Wagestück n. Entreprise hasardeuse, f.
Wagner m. ④ (vâg'n^{e}r). Charron.
Wagnis n. Risque, m. ‖[Wagestück] Coup [m.] audacieux.
Wagschale. V. *Waage.*
Wahl f. (vâl). Choix, m. ‖[zwischen Möglichkeiten] Alternative. ‖*Polit.* Élection : *engere Wahl,* ballottage, m. ‖*Wahl...* (vâl) ... électoral, e.
wählbar a. (vèl-). Éligible.
Wählbarkeit f. Éligibilité.
Wahlbezirk m. Circonscription [f.] électorale.
wählen (vêl^{e}n). Choisir. ‖*Polit.* Élire.
Wähler, in m. ④, f. (vêl^{e}r, ìn). Celui, celle qui choisit. ‖*Polit.* Électeur, trice : *Wähler‖liste,* f., liste électorale; *-schaft,* f., collège électoral, m.
wählerisch a. (vèl^{e}risch). Difficile.
wahl‖fähig a. (fèich). Éligible. ‖**-frei** a. (fra^{è}). Facultatif, ive : *Wahlfreiheit,* f., droit d'option, m.
Wahl‖körperschaft f. Corps [m.] électoral. ‖**-prüfer** m. Scrutateur. ‖**-recht** n. (rècht). Droit [m.] de vote : *allgemeines Wahlrecht,* suffrage [m.] universel. ‖**-spruch** m. (schprouch). Devise, f. ‖**-statt** f., **-stätte** f. V. *Walstatt.* ‖**-stimme** f. (scht*im*^{e}). Voix, suffrage, m. ‖**-umtriebe** pl. Manœuvres électorales. ‖**-versammlung** f., Réunion électorale. ‖**-zimmer** n. ④ (ts*im*^{e}r). Salle de vote, f.
Wahn m. spl. (vâne). Illusion, f. ‖[Größen- usw.] Manie, f.
wähnen (vèn^{e}n). S'imaginer.
Wahnsinn m. Démence, f., folie, f.
wahnsinnig a. Fou, folle, aliéné, e.
Wahnwitz m. Égarement d'esprit, absurdité, f.
wahnwitzig a. Absurde.
wahr a. (vâr). Vrai, e: *nicht wahr?,* n'est-ce pas ?
wahren (vâr^{e}n). Garder.
währ‖en (vêr^{e}n). Durer. ‖**-end** prép., *gén.* (vêr^{e}nt, -d-). Pendant, durant. ‖conj. Pendant *ou* tandis que.
wahrhaft[ig] a. (vârhaftig). Véritable, véridique. ‖adv. Vraiment, véritablement.
Wahr‖haftigkeit f. Véracité. ‖**-heit** f. (ha^{è}t). Vérité.
wahrlich adv. (lich). Vraiment, en vérité.
wahr‖nehmbar a. Perceptible. ‖**-nehmen*** *sép.* (n*ée*m^{e}n). Percevoir. ‖[bemerken] Apercevoir, constater.
Wahrnehmung f. Perception. ‖Constatation.
wahrsagen (zâg^{e}n). Dire* la bonne aventure.
Wahr‖sager, in m. ④, f. (zâg^{e}r, ìn). Devin, ineresse, diseuse de bonne aventure, f. ‖**-sagung** f. Divination.
wahrscheinlich a. (a^{è}nlich). Vraisemblable, probable : *Wahrscheinlichkeit,* f., vraisemblance, probabilité.
Wahrspruch m. Verdict.
Währung f. Valeur monétaire. ‖*Fin.* Étalon, m.
Wahrzeichen n. ④. Signe [m.] distinctif.
Waise f. (va^{è}z^{e}). Orphelin, e, m., f. ‖*Waisen‖haus,* n., orphelinat, m.; *-kind,* n., *-knabe,* m., *mädchen,* n., orphelin, è, m., f.
Wald m. ② (valt..., -d-). Forêt, f., bois. ‖*Wald...,* ...des bois, ...de forêt, ... boisé, e, ...forestier, ère : *Wald‖weg,* m., chemin de forêt; *-gebirg,* n., montagne boisée, f.; *-frevel,* m., délit forestier.
waldig a. (ig). Boisé, e.
Waldung f. Forêt.

Wales n. (uèls). Pays [m.] de Galles.
Walfisch m. Baleine, f.
Walke f. (valke). Foulage, m.
walken. Fouler [le drap].
Walker m. ④. Foulon.
Walküre f. (kûre). Walkyrie.
Wall m. (vàl). Rempart.
wall||en [*sein*] (vàlen). Marcher, cheminer. || [haben] Ondoyer. || [sieden] Bouillonner. ||**-fahren** (fâren). Aller* en pèlerinage.
Wall||fahrer m. ④ (fârer). Pèlerin. ||**-fahrt** f. Pèlerinage, m.
Wallung f. (valloung). Bouillonnement, m. ||*Fig.* Agitation.
Walnuß f. (vâlnouss). Noix.
Wal||rat m. (valrâte). Blanc de baleine. ||**-roß** n. Morse, m.
Walstatt m., **-stätte** f. Champ de bataille, m.
walten (valten). Régner.
Walze f. (valtse). Cylindre, m. : *walzenförmig,* a., cylindrique. || [Rolle] Rouleau, x, m.
walz||en tr. Aplanir [au rouleau]. || [Eisen] Laminer : *Walzwerk,* n., laminoir, m. ||intr. Valser. ||n. Cylindrage, m. ||Laminage, m. ||Valse, f. || **¨en.** Rouler : *auf einen wälzen,* rejeter sur qn.
Walzer m. ④ (valtser). Valse, f. : *Walzertänzer, in,* m., f., valseur, euse.
Wamme f. Fanon, m.
Wams n. ②. Pourpoint, m.
wand imp. de *winden**.
Wand||, ¨e f. (vànt, -d-). Mur, m. || [innere] Cloison : *spanische Wand,* paravent, m. || [Gefäß-] Paroi. ||*Wand...,* ... mural, e. ||**-arm** m. Applique, f. ||**-bildlaterne** f. Lanterne à projections.
Wandel m. spl. (vàndel). Changement. || [Lebens-] Conduite, f.
wandelbar a. Changeant, e, variable. || [unbeständig] Inconstant, e. ||*Wandelbarkeit,* f. Inconstance.
Wandel||gang m., **-halle** f. Promenoir, m.
wandeln intr. [*sein*]. Marcher. ||*Fig.* Se conduire*, vivre*.
Wandelstern m. (schtèrn). Planète, f.
Wander||er m. ④ (vànderer). Voyageur [à pied]. ||**-bücherei** f. Bibliothèque circulante. ||**-handel** m. Colportage.
wandern [*sein*]. Marcher, voyager.
Wanderung f. Voyage, m.
Wandleuchter m. (vantlœüchter). Applique, f.
Wandlung f. (loung). Changement, m.
Wand||schrank m. Placard. ||**-spiegel** m. ④ (schpîgel). Trumeau, x. ||**-tafel** f. (tâfel). Tableau, x, m. [noir].
wandte imp. de *wenden**.
Wange f. (vange). Joue.
wangig a. (ig) : aux joues ...
Wankelmut m. (vànkelmoûte). Versatilité, f. : *wankelmütig,* a., versatile.
wanken. Chanceler, vaciller.
wann conj. et adv. Quand.
Wanne f. (vane) Cuve. || [für Getreide] Van, m. ||Baignoire f.
wannen (en). Vanner.
Wanst m. (vànst). Panse, f.
Wanze f. (vàntse). Punaise.
Wappen|| n. ④ (vàpen). Armoiries, f. pl. ||**-schild** m. Blason.
war, warb, ward, imp. de *sein*, werben*, werden**.
Ware f. (vâre). Marchandise : *Waren||bestand,* m., *-vorrat,* m., fonds, stock [de marchandises] ; *-lager,* n. ④, magasin, m.
Warenstempel m. Marque **[f.]** de fabrique.
warf imp. de *werfen**.
warm a. (varm). Chaud, e : *es ist warm,* il fait chaud; *mir ist warm,* j'ai chaud; *warm machen,* chauffer; *warm werden**, s'échauffer. || [Quelle] Thermal, e. ||adv. Chaudement.
Wärme f. (vêrme). Chaleur : *Wärme||einheit,* f., calorie; *-messer,* m., thermomètre.
wärmen (vêrmen). Chauffer. || [e. Bett] Bassiner.
Warm||flasche f. Bouillotte. ||**-pfanne** f. Bassinoire.
warnen (varnen). Avertir, prévenir*. || [vor, *dat.*] Mettre* en garde [contre].
Warnung f. Avertissement, m. || [Bekanntmachung] Avis, m.
Warnungsschuß m. Coup de semonce.
Warnzeichen n. Avertisseur, m.
Warschau n. (varschao). Varsovie, f.

Wart‖**e** (*var*te). Tour [d'observation]. ‖[an Burgen] Donjon, m. ‖**-e...** : ... de garde, ... d'attente : *Warte*‖*frau*, f., gardienne, garde-malade; *-geld*, n. salaire [m.] d'attente [demi-solde, f.]; *-saal*, m., salle d'attente, f.

warten tr. Soigner, panser. ‖intr. [auf. *acc.*]. Attendre, tr.

Warten n. Attente, f.

Wärter, in m. ④, f. (vêrter, ìn). Gardien, ne, garde, m. et f.

Wartung f. Soins, m. pl.

warum conj. et adv. (*oum*). Pourquoi[?].

Warze f. (*var*tse). Verrue.

was pron. rel. (vass). Ce qui, ce que : *...was er kann,* ... tant qu'il peut; *was Sie sagen!,* allons donc!, par exemple! ‖pron. interr. Quoi? que?, qu'est-ce qui? qu'est-ce que?; *was denn?,* quoi donc? *was für...,* rel. et interr., quelle sorte de ..., quel, le. ‖pron. ind. [= *etwas*] *: das ist was anderes,* c'est autre chose.

wasch... 1. ... qui sert à laver, au blanchissage, à la lessive : *Wasch*‖*anstalt,* f., blanchisserie; *-becken,* n. ④, cuvette, f. [de toilette]; *-frau,* f., blanchisseuse; *-küche,* f., buanderie; *-maschine,* f., lessiveuse; *-ständer,* m., lavabo; *-stuhl,* m., bidet; *-tisch.* m., table de toilette, f.; *-weib,* n., lavandière, f.; *fam.* commère, f.; *-zettel,* m., note de blanchissage, f. ‖2. ... qu'on peut laver : *wasch*‖*echt,* a., bon teint; *-kleid,* n., *-seide,* f., robe, f., soie lavable.

Wäsche f. (vêsche). Lavage m,., blanchissage, m., lessive : *in der Wäsche,* au blanchissage. ‖[Leib-, Haus-] Linge, m. : *Wäsche*‖*geschäft,* n., lingerie, f. [commerce], *-händlerin,* f., lingère; *-kammer,* f., lingerie; *-klammer* f. Pince à linge.

waschen*. Laver, blanchir : *sich waschen,* se laver; [d. Gesicht] se débarbouiller. ‖n. Lavage, m., blanchissage, m.

Wäsch‖**er, in** m. ④, f. (vèscher, ìn). Blanchisseur, euse. ‖**-erei** f. Blanchisserie.

Wasgau m. (*vas*gao). [Les] Vosges, f. pl.

Wasser n. ④ (*vass*er). Eau, x, f. ‖*Fig. zu Wasser werden**, s'en aller* en fumée. ‖[Diamant] : *vom reinsten Wasser,* de la plus belle eau. ‖[Gewässer] Cours d'eau, m.

Wasser‖**...** de l'eau : *Wasserdruck,* pression de l'eau; d'eau : *Wasserdampf,* vapeur d'eau; à eau : *Wassertopf,* pot à eau; à l'eau : *Wasserfarbe,* couleur à l'eau; détrempe. *Wasservogel,* oiseau aquatique; [hydraulique] : *Wasserkraft,* force hydraulique. ‖**-dampf** m. Vapeur [f.] d'eau.

wasserdicht a. (di**ch**t). Imperméable.

Wasser‖**druck** m. Pression [f.] d'eau. ‖**-fahrt** f. (fârt). Promenade sur l'eau. ‖**-fall** m. Chute [f.] d'eau, cataracte, f. ‖**-farbe** f. Couleur à l'eau. ‖**-fläche** f. Nappe d'eau. ‖**-flasche** f. (flasche). Carafe. ‖**-fleck** m. Tache [f.] d'humidité.

wasserfleckig a. Piqué, e [d'humidité].

Wasser‖**flugschiff, -flugzeug** n. Hydravion, m. ‖**-flut** f. (floûte). Inondation.

wasserfrei a. (fraè). Anhydre.

Wasser‖**gewächs** n. Plante [f.] d'eau. ‖**-glas** n. Verre [m.] à eau. ‖**-grube** f. (groûbe). Citerne. ‖**-guß** m. (gouss). Ondée, f. ‖[Bad] Douche en jet, f.

wasserhaltig a. (**h**altig). Aqueux, euse.

Wasserheilkunde f. (**h**aèlkoùnde). Hydrothérapie.

Wasser‖**hose** f. (**h**oze). Trombe. ‖**-huhn** n. Poule [f.] d'eau. ‖**-jungfer** f. (*young*fer). Libellule. ‖**-kalk** m. Chaux [f.] hydraulique. ‖**-kanne** f. (*kan*e). Broc, m. ‖**-kasten** m. ④. Réservoir. ‖**-kraft** f. Force hydraulique. ‖**-kresse** f. (krèse). Cresson de fontaine, m. ‖**-kunst** f. (koùnst). Jet d'eau, m. ‖pl. grandes eaux, pl. ‖**-kur** f. (koûr). Traitement hydrothérapique, m.

Wasser‖**lauf** m. Cours d'eau. ‖**-leitung** f. Conduite d'eau. ‖[im Hochbau] Aqueduc, m. ‖**-malerei** f. Peinture à l'eau, aquarelle. ‖**-mann** m. Porteur d'eau. ‖[Sternbild] Verseau. ‖**-maschine** f. Machine hydraulique.

wassern intr. Amerrir.

Wasser‖**not** f. (nôte). Manque d'eau, m. ‖**-perle** f. Fausse perle. ‖**-pfahl** m. Pilotis. ‖**-pflanze** f. Plante aquatique. ‖**-röhre** f. Conduite d'eau.

wasserscheu a. (schœü). Hydrophobe. ‖f. Hydrophobie.

Wasserschnepfe f. (schnèpf^e^). Bécassine.

Wasser‖**spiegel** m. Nappe [f.] d'eau. ‖**-spülung** f. Chasse d'eau.

Wasser‖**stoff** m. (schtof). Hydrogène. ‖**-strahl** m. Jet d'eau. ‖**-straße** f. (schtrâs^e^). Voie navigable. ‖**-sucht** f. (zoucht). Hydropisie.

wassersüchtig a. Hydropique.

Wasser‖**topf** m. Pot à eau. ‖**-ung** f. Amerrissage, m. ‖ **¨ung** f. (vêss^e^roung). Arrosement, m. ‖[v. Platten] Lavage, m. ‖**-vogel** m. Oiseau aquatique. ‖**-waage** f. (vâg^e^). Niveau d'eau, m. ‖**-wellen** pl. Mise en plis, f.

waten intr. [*sein*]. Passer à gué.

Watte f. (vatt^e^). Ouate.

wattieren (vattîr^e^n). Ouater.

weben* (véeb^e^n). Tisser.

Web‖**er** m. ④. Tisserand. ‖**-erei** f. Tissage, m. ‖**-[er]stuhl** m. Métier.

Wechsel‖ m. ④ (vèkz^e^l). Changement. ‖[d. Mondes] Phase, f. ‖[Tausch] Échange. ‖[-brief] Lettre de change, f., traite, f. ‖**-geld** n. (gèlt, -d-). Change, m. ‖**-getriebe** n. Boîte [m.] de vitesses. ‖**-kurs** m. Cours de change.

wechseln tr. Changer. ‖[Briefe] Échanger. ‖intr. [Mond usw.] Changer. ‖[Stimme] Muer. ‖n. Changement, m. ‖[v. d. Stimme] Mue, f.

Wechselprotest m. Protêt.

wechselseitig a. (za^è^tig). Réciproque; mutuel, elle.

Wechsel‖**seitigkeit** f. Réciprocité, mutualité. ‖**-strom** m. (schtrôme). Courant alternatif. ‖**-stube** f. (schtoûb^e^). Bureau de change, m. ‖**-verhältnis** n. (f^e^rhèltniss). Corrélation, f.

wechselweise adv. (va^è^z^e^). Alternativement.

Wechselwirkung f. Action réciproque.

Wechsler m. ④. Changeur.

Wecke f., **-en** m. ④. Petit pain de gruau, m.

wecken. Éveiller.

Wecker m. ④, **-uhr** f. Réveille-matin, m., réveil, m.

Wedel m. ④ (véed^e^l). Queue, f. ‖[Fliegen] Émouchoir. ‖[Spreng-] Goupillon.

wedeln intr. : *mit dem Schwanze* —, remuer la queue.

weder... noch (vée-och). Ni..., ni.

Weg m. (véek). Chemin : *am Wege,* au bord du chemin; *auf dem Wege nach...,* sur le chemin de, en route pour; *auf halbem Wege,* à mi-chemin; *einen Weg gehen**, suivre* un chemin; *sich auf den Weg machen,* se mettre* en route; *woher des Weges?* d'où venez-vous? ‖*Fig. : einem im Wege stehen**, gêner qn.; *einem in den Weg treten**, barrer la route à qn.; *einem aus dem Wege gehen**, faire* place à [éviter] qn. ‖*Fig.* Voie, f., moyen : *auf diesem Wege,* de cette manière.

weg adv. (vèk). Au loin. ‖[abwesend] Parti, e : *weg mit der Hand!,* ôtez la main!; *vom Blatt weg,* à livre ouvert. ‖préf. sép. *accentué,* ajoute aux verbes avec lesquels il se combine l'idée de : 1° *éloigner, ôter, enlever, écarter* [verbes transitifs]; 2° *être** *éloigné, s'éloigner, s'en aller**, *partir* [verbes intransitifs]. Ex. : 1° VERBES TRANSITIFS : *weg*‖*führen,* emmener. ‖2° VERBES INTRANSITIFS [auxiliaire *sein*] : *weg*‖*bleiben**, rester absent. ‖3° VERBES RÉFLÉCHIS : *sich weg*‖*machen,* s'éclipser.

weg‖**blasen*** tr. Enlever en soufflant. ‖**-bleiben*** intr. Rester absent. ‖**-bringen*** tr. Enlever, emporter. ‖[Personen] Emmener.

Wege... (véeg^e^) : ... des chemins, ...relatif aux chemins. Ex. : *Wege*‖*-amt,* n., voirie, f.; *-aufseher,* m., *-baumeister,* m., inspecteur, ingénieur des ponts et chaussées; *-stein,* m., borne, f., itinéraire; *-weiser,* m., poteau indicateur; *-zoll,* m., péage.

wegeilen intr. Se hâter de partir.

wegen prép. [*gén.*] (véeg^e^n). A cause de, en raison de. Se combine avec les pronoms personnels pour former les composés suivants : *meinet-, deinet-, seinet-, ihret-, unsert-, euret-*[*Ihret-*], *ihretwegen,* à cause de moi, de toi, de lui, d'elle, de nous, etc.

Wegerich m. (vée). Plantain.

weg‖fahren* int. Partir* [en voiture, etc.]. ‖**-fallen*** int. Tomber. ‖*Fig.* Disparaître*. ‖**-fangen*** tr. Enlever, prendre. ‖**-fliegen*** intr. S'envoler. ‖**-führen** tr. Emmener.

Weggang m. (vèkgàng). Départ : *beim Weggang,* en partant.

weg‖gehen* intr. S'en aller*, partir*. ‖**-helfen*** tr. Aider à partir. ‖**-kommen*** int. S'en aller*, partir*. ‖**-lassen*** tr. Laisser partir. ‖**-laufen*** int. S'enfuir*. ‖**-machen** tr. Enlever, ôter. ‖[**sich**] réf. S'éclipser. ‖**-müssen*** int. Être obligé de partir. ‖**-nehmen*** tr. et **-räumen** tr. Enlever, ôter. ‖**-reisen** int. Partir* en voyage. ‖**-reißen*** tr. Arracher. ‖**-reiten*** int. Partir* à cheval. ‖**-rücken** tr. Déplacer. ‖**-sam** a. (véeg-). Praticable. ‖**-schaffen** tr. Enlever. ‖**-schicken** tr. Renvoyer. ‖**-schießen*** tr. Abattre d'un coup de feu. ‖**-schleppen** tr. Entraîner. ‖**-schmeißen*** tr. Rejeter. ‖**-schneiden*** tr. Retrancher. ‖**-stoßen*** tr. Repousser. ‖**-tragen*** tr. Emporter. ‖**-treiben*** tr. Chasser. ‖**-tun*** tr. Enlever. ‖**-werfen*** tr. Rejeter. ‖[Karten] Écarter. ‖**-ziehen*** int. S'éloigner. ‖[aus der Wohnung] Déménager.

Wegzug m. (vèk-). Départ, déménagement.

weh a. (vée). Douloureux, euse. adv. : *weh tun*,* faire* mal. ‖interj. *o weh!,* ô malheur! *weh[e] dir!* malheur à toi! ‖n. spl. Mal, m., douleur, f.

Wehen f. pl. Douleurs de l'enfantement.

weh‖en tr. Souffler. ‖**-klage** f. Lamentation.

weh‖klagen intr. Se lamenter. ‖**-leidig** a. Dolent, geignard.

Wehmut f. (moût). Mélancolie.

wehmütig a. Mélancolique.

Wehr f. (véer). Défense. ‖n. Barrage, m.

wehren (véer^e^n) : *einem etwas wehren* empêcher qn, défendre à qn [de faire qc.] ; *sich* —, se défendre.

Wehrgehänge n. (géhèng^e^). Baudrier, m.

wehr‖haft a. En état de se défendre. ‖**-los** a. Sans armes, sans défense.

Wehr‖macht f. Les forces militaires. ‖**-paß** m. Livret militaire.

Wehrpflicht f. (icht) : *allgemeine Wehrpflicht,* service [militaire] obligatoire, m.

Weib‖ n. ② (va^è^p, -b-). Femme, f. ‖**-chen** n. ④. Dim. de *Weib.* ‖[v. Tieren] Femelle, f.

weib‖isch a. Efféminé, e. ‖**-lich** a. (lich). Féminin, e.

Weib‖lichkeit f. (ka^è^t). Féminité. ‖**-ling** m. (lìng). Homme efféminé.

weich a. (va^è^ch). Mou, olle. ‖[Fleisch, Holz] Tendre. ‖[Stoff] Souple. ‖[Ei] Mollet [peu cuit]. ‖[Ton] Doux, ouce. ‖[Tonart] Mineur, e.

Weichbild n. (bilt, -d-). Banlieue, f.

Weiche f. Flanc, m. ‖[auf d. Eisenbahn] Aiguille : *Weichensteller,* m. ④, aiguilleur.

weichen tr. Amollir. ‖[durch Flüssigkeit] Faire* tremper. ‖intr*. [*sein*]. Fléchir, céder : *von der Stelle weichen*,* quitter la place. ‖[zurück-] Reculer.

Weichheit f. Mollesse. ‖[d. Fleisches] Tendreté. ‖Souplesse, douceur.

weichlich a. (lich). Mou, molle. ‖[schwächlich] Délicat, e. ‖[weibisch] Efféminé, e.

Weichling m. Homme efféminé.

Weichsel f. (va^è^ks^e^l). [auch *Weichselkirsche,* f.] Griotte.

Weichsel npr. f. Vistule.

Weichtier n. (va^è^chtîr). Mollusque, m.

Weide f. (va^è^d^e^). Saule, m. ‖[zum Flechten] Osier, m. ‖[Vieh-] Pâturage, m., pacage, m. ‖[Nahrung] Pâture.

weiden intr. (va^è^d^e^n). Paître*. ‖[Gras] Brouter : *sich* [an, *dat.*] *weiden,* se repaître* [de]. ‖tr. Faire* *ou* mener paître*.

Weidicht n. (icht). Oseraie, f.

weigern (va^è^g^e^rn). Refuser : *sich weigern,* se refuser [à].

Weigerung f. Refus, m.

Weihe f. (va^è^e). Milan, m.

Weihe f. Consécration. [e. Priesters] Ordination. ‖[e. Bischofs] Sacre, m. ‖[Nonnen-] Prise de voile.

weihen. Vouer, consacrer. ‖[kirchlich] Bénir, sacrer : *geweihtes Brot,* pain bénit.

Weiher m. ④. Vivier.

Weih‖kessel m. ④ (kèss^e^l). Bénitier. ‖**-nachten** pl. (nacht^e^n). Noël, m. : *Weihnachts‖abend,* m., *-baum,* m., *-fest*, n., veille [f.], arbre, fête [f.] de Noël; *-lied*, n., noël, m.; *-mann*, m., [bonhomme] Noël. ‖**-rauch** m. (ra°**ch**). Encens : *einem Weihrauch streuen*, encenser qn; *Weihrauchfaß*, n., encensoir, m. ‖**-wasser** n. Eau bénite.

weil conj. (va^è^l). Parce que. ‖[da] Puisque, comme.

weiland adv. Ci-devant, défunt.

Weile f. (va^è^l^e^), dim. *Weilchen*, n. ④. Moment, m.

weilen. Demeurer. ‖[an, e. Ort] Séjourner.

Weiler m. ④. Hameau, x.

Wein‖ m. (va^è^n). Vin. ‖[Pflanze] Vigne, f. : *wilder Wein*, vigne vierge, f.; *Wein lesen**, vendanger. ‖*Wein...*, ...de vin[s] : *Wein*‖*-geschäft*, n. [*-handlung*, f.], *-händler*, m., *-schank*, m., commerce, m., marchand, débit de vin[s]. ‖...à vin : *Wein*‖*flasche*, f., *-glas*, n., *-keller*, m., bouteille, verre [m.], cave [f.] à vin. ‖**-bau** m. (ba°). Viticulture, f. ‖**-bauer** m. ④ (ba°^e^r). Vigneron, viticulteur. ‖**-berg** m. (bèrg). Vignoble, vigne, f.

wein‖**en** (^è^n). Pleurer. ‖**-erlich** a. (^e^rli**ch**). Larmoyant, e.

Wein‖**ernte** f. (èrnt^e^). Vendange. ‖**-faß** n. Tonneau [m.] à vin. ‖*Fam.* ‖[Weintrinker] Sac à vin, m. ‖**-garten** m. ③ = *Weinberg*. ‖**-gegend** f. Pays [m.] vignoble. ‖**-geist** m. (ga^è^st). Esprit-de-vin. ‖**-geländer** n. (gélènd^e^r). Treille, f. ‖**-karte** f. (kart^e^). Carte des vins. ‖**-laub** n. (la°p, -b-). Pampre, m. ‖**-laube** f. Treille. ‖**-lese** f. (lééz^e^). Vendange. ‖**-most** m. moût. ‖**-pfahl** m. Échalas.

weinrot a. (rôte). Vineux, euse.

Wein‖**schenke** f. (schènk^e^). Cabaret, m. ‖**-stein** m. Tartre : *Weinsteinsäure*, f., acide [m.] tartrique. ‖**-stock** m. Cep de vigne. ‖**-stube** f. (schtoûb^e^). Cabaret, m. ‖**-traube** f. Raisin, m.

Weise f. (va^è^ze). Manière, façon. ‖*...weise*, adv., d'une manière ... : *glücklicherweise*, heureusement. ‖par..., en..., au..., à la... : *dutzendweise, massenweise, stückweise*, par douzaine[s], en masse, à la pièce. ‖[Melodie] Air, m.

weise a. (va^è^z^e^). Sage : *die drei Weisen*, les Rois mages.

weisen* (va^è^z^e^n). Montrer. ‖*aus* [e. Orte] *weisen*, chasser de, expulser; *von sich weisen*, refuser, repousser.

Weis‖**er** m. ④. Guide. ‖[Tafel] Indicateur. ‖**-heit** f. (**h**a^è^t). Sagesse.

weis‖**lich** adv. Sagement. ‖**-machen** *sép.* : *einem etwas weismachen*, en faire* accroire* à qn.

weiß (va^è^s). ind. pr. de *wissen**.

weiß a. Blanc, anche : *weiß werden**, blanchir; *weiß lassen**, laisser en blanc; *der, die Weiße*, le Blanc [homme], la Blanche; *...weiß*, blanc comme...

weissagen (va^è^szâg^e^n). Prédire*.

Weis‖**sager, in** m. ④, f. (zâg^e^r, ìn). Prophète, étesse. ‖**-sagung** f. Prophétie.

Weiß‖**brot** n. (va^è^sbrôte). Pain [m.] blanc. ‖**-dorn** m. Aubépine, f. ‖**-e** f. Blancheur. ‖[Bier], pl. **-n.** Verre de bière blanche, m.

weißen. Blanchir. ‖n. Blanchiment, m.

Weiß‖**gerber** m. ④ (gèrb^e^r). Mégissier. ‖**-gerberei** f. Mégisserie.

weißglühend a. (glü^e^nt, -d-). Chauffé, e à blanc.

Weiß‖**glut** f. Incandescence. ‖**-kirsche** f. (sch^e^). Bigarreau, x, m.

weißlich a. (li**ch**). Blanchâtre.

Weiß‖**ling** m. (lìng). Ablette, f. ‖**-t.** V. : *wissen**. ‖**-ware** f. (vâr^e^), **-zeug** n. spl. (tsœüg). Lingerie, f. ‖**-wein** m. Vin blanc.

Weisung f. (va^è^zou**ng**). Prescription. ‖[Lehre] Précepte, m.

weit‖ a. (va^è^t). Éloigné, e : *in weiter Ferne*, bien loin. ‖[Weg] Long, ongue. ‖[geräumig] Vaste, étendu, e. ‖[Kleid] Large, ample. ‖adv. Loin : *drei Stunden weit von...*, à trois lieues de...; *wie weit*, à quelle distance; *fig.* à quel point; *wie weit haben wir noch?* y a-t-il encore loin?; *bis wie weit?*, jusqu'où?; *weit offen*, tout[e] grand[e] ouvert[e]; *von weitem*, de loin. ‖*Fig.* : *er kann es noch weit bringen**, il peut aller* loin; *es ist so weit*, les choses en sont à ce point; *wie weit sind Sie mit...?* où en êtes-vous de...? ‖[viel] Beaucoup, bien : *weit größer*, beaucoup [bien] plus grand; *bei weitem*, de beaucoup, à beaucoup près. ‖**-ab** adv. (àp). Loin d'ici [de là]. ‖**-aus** adv. De beaucoup.

Weite f. Lointain, m. ‖[Raum] Étendue, ampleur. ‖[Durchmesser] Diamètre, m. ‖[v. Geschützen] Calibre, m. ‖a. s. n. : *das Weite suchen,* gagner le large; *fam.* décamper.

weit‖er, compar. de *weit.* ‖a. Plus éloigné, e. ‖[zeitlich] Ultérieur, e. ‖a. s. : *das Weitere siehe...,* pour plus de détails, voir ...; *ohne Weiteres,* sans autre forme de procès. ‖adv. Plus loin : *weiter bringen*,* faire* avancer; *ich kann nicht weiter,* je n'en puis plus; *weiter oben, unten,* plus haut, plus bas; *weiter nichts,* rien de plus, rien d'autre. ‖[vor einem Verb], *séparable.* Continuer de ... : *weiter‖gehen*,* continuer son chemin; *-lesen*, -schreiben** usw., continuer de lire*, d'écrire*, etc.; *weiter!,* continuez! ‖**-erhin** adv. (hìn). A l'avenir. ‖**-ern.** Élargir. ‖**-gehend** a. (gée^e^nt, -d-). Vaste. ‖**-her** adv. (hèr). De loin. ‖**-herzig** a. Généreux. ‖**-läufig** a. (lœüfig). Étendu, e. ‖*Fig.* Détaillé, e. ‖[Rede] Prolixe. ‖[v. Verwandten] Éloigné, e. ‖adv. En détail.

Weitläufigkeit f. (ka^è^t). Étendue. ‖[v. Stil] Prolixité.

weitschweifig a. (a^è^fig). Prolixe.

Weitschweifigkeit f. (ka^è^t). Longueur, prolixité.

weitsichtig a. (zichtig). Presbyte. ‖*Fig.* Perspicace.

Weitsichtigkeit f. Presbytie. ‖Perspicacité.

weitverbreitet p. p. Très répandu.

Weizen m. (va^è^ts^e^n). Froment.

welch‖ pron. excl. (vèlch). [inv. devant *ein*] : *welch eine Kraft!,* quelle force! ‖**-er, -e, es,** pron. rel., interr. et excl. (vèlch^e^r). Qui, que, lequel, laquelle, lesquels, lesquelles. V. Gramm. ‖*welche es auch sein* mögen,* quels [quelles] qu'ils [qu'elles] soient; *was für welche?,* lesquels? ‖[= dessen, deren, einige] Ex. : *wollen Sie welche?,* en voulez-vous? ; *hier sind welche,* en voici.

welk‖ a. (vèlk). Flétri, e, fané, e. ‖**-en** intr. Se flétrir, se faner.

Well‖... (vèl...). [V. *Welle*]... ondulé, e : *Well-blech,* n., tôle ondulée, f.; *-frisur,* f., ondulation. ‖**-baum** m. (ba^o^m). Arbre de couche. ‖**-e** f. (vèll^e^). Onde, vague. ‖[Walze] Cylindre, m.

Wellenbewegung f. (vèll^e^n). Ondulation, mouvement [m.] ondulatoire.

wellenförmig a. (fœrmig). Ondoyant, e. ‖[Bewegung] Ondulatoire.

Wellen‖länge f. Longueur d'ondes. ‖**-schlag** m. Ressac.

welsch a. Étranger de race latine. [notamment] : français *ou* italien.

Welt‖ f. (vèlt). Monde, m. : *alle Welt,* tout le monde; *in die weite Welt gehen*,* courir* le monde; *auf die Welt kommen*,* venir au monde; *zur Welt bringen,* mettre* au monde. ‖*Welt...,* ... du monde, mondial, e; international, e; ... séculier, ère. ‖**-all** n. Univers, m. ‖**-anschauung** f. Manière d'envisager le monde. ‖Intuition. ‖Contemplation. ‖**-ausstellung** f. Exposition universelle.

weltbekannt a. Universellement connu, e; international, e; mondial, e.

Welt‖bürger m. ④, **weltbürgerlich** a. Cosmopolite. ‖**-dame** f. Dame du monde. ‖**-geschichte** f. Histoire universelle. ‖**-handel** m. Commerce international. ‖**-karte** f. (kart^e^). Mappemonde. ‖**-krieg** m. Guerre [f.] mondiale. ‖**-leute** pl. Gens [m. pl.] du monde.

weltlich a. (lich). Mondain, e. ‖[nichtgeistlich] Temporel, elle, séculier, ère : *weltlich machen,* séculariser, laïciser : *Weltlichmachung,* f., sécularisation, laïcisation.

Welt‖lichkeit f. Laïcité. ‖**-mann** m. Homme du monde. ‖**-meer** n. Océan, m. ‖**-schmerz** m. Pessimisme. ‖**-teil** m. Partie [f.] du monde. ‖**-umsegelung** f. Tour [m.] du monde. ‖**-untergang** m. Fin [f.] du monde. ‖**-verkehr** m. Commerce [trafic] mondial. ‖**-weise[r]** a. s. Philosophe, m. ‖**-weisheit** f. Philosophie.

Wemfall m. (véem). Datif.

Wend‖e f. (vênd^e^). Tour, m., tournant, m. : *Wendekreis,* m., tropique; *Wendepunkt,* m., tournant. ‖**-el...** (^e^l) : *Wendeltreppe,* f., escalier tournant, m.

wend‖**en*** tr. *et* intr. Tourner. ‖[Schiff] Virer de bord. ‖*Fig.* : *sich von jm. wenden,* se détourner de qn; *sich an einen wenden,* s'adresser à qn. ‖**-ig** a. Maniable, souple.

Wendung f. Tour, m. ‖[v. Schiffen usw.] Virage, m. ‖[Biegung] Tournant, m. ‖[Verlauf] Tournure. ‖[Ausdruck] Tour, m.

Wenfall m. (*vé*en). Accusatif.

wenig‖ a. (*vé*enig). Peu de. ‖adv. Peu [de]. ‖**-er** compar. Moins.

Wenigkeit f. Petit nombre, m. ‖*Fam.* : *meine Wenigkeit,* mon humble personne.

wenig‖**st** superl. : *das Wenigste,* le moins; *die wenigsten Menschen,* la minorité des gens; *am wenigsten,* le moins; *zum wenigsten,* pour le moins, tout au moins. ‖**-stens** adv. Au moins.

wenn conj. (vèn). [bedingend] Si : *wenn anders,* si toutefois; *wenn er auch ... ist,* bien qu'il soit ...; *wenn du auch ... wärest,* quand même tu serais ...; *wenn auch noch so wenig,* tant soit peu, pour peu que [*subj.*]; *wenn er doch käme!* je voudrais qu'il vînt !; *wenn Sie doch ... wären!,* que n'êtes-vous ...; *wenn wir erst ...,* une fois que ...; *wenn er nur nicht ...!,* pourvu qu'il ne ... [*subj.*] !; *wie wenn,* comme si. ‖[zeitlich] Quand [toutes les fois que]. ‖*wenngleich, wenn ... gleich,* conj., quoique, bien que.

wer pron. rel. (vèr). [V. GRAMM.]. Qui, celui qui, quiconque : *wer es auch sei* [*sein mag*], qui que ce soit, quel qu'il soit. ‖interr. Qui?, qui est-ce qui? : *wer da?,* qui vive?

werben* tr. (vèrb^e^n). Enrôler. ‖intr. : *um* [*ein Mädchen*] —, rechercher [demander] la main de ...; *um jmds Gunst* —, rechercher les bonnes grâces de qn.

Werb‖**er** m. ④. Enrôleur, recruteur. ‖**-ung** f. Enrôlement, m.; Publicité. ‖Demande en mariage.

werden* (vèrd^e^n). Devenir*. *Soldat* usw. —, se faire* soldat, etc. : *was ist aus ihm geworden?,* qu'est-il devenu?; *daraus wird nichts,* il n'en sera rien; *es wird Nacht* [*dunkel*], *kalt, warm,* il commence à faire* nuit [la nuit tombe], froid, chaud; *es wird Zeit,* il est temps; *es wird bald Sommer,* l'été va venir*. ‖[in der passiven Form] Être* : *geliebt werden,* être aimé.

Werden n. Devenir*, m., naissance, f.

Werder m. ④ (vèrd^e^r). Ilot.

werfen*. Jeter*. ‖*Fig.* [Junge] Faire* [des petits], mettre* bas. ‖[schleudern] Lancer. ‖[beim Kegeln] Abattre. ‖[Schatten] Projeter.

Werft[**e**] f. Chantier, m.

Werg n. (vèrg). Étoupe, f.

Werk‖ n. (vèrk). Œuvre, m. et f. ‖[Buch usw.] Ouvrage, m. ‖[Hütten-] Usine, f. ‖[in Maschinen] Mécanisme, m. ‖[in Uhren] Mouvement, m. ‖LOC. *zu Werke gehen*,* procéder; *im Werke sein*,* être* en train; *ins Werk setzen,* mettre* en œuvre. ‖**-führer, -meister** m. ④ (fûr^e^r, ma^è^st^e^r). Contremaître. ‖**-statt, -stätte** f. (schtàt, -ètt^e^). Atelier, m. ‖**-stuhl** m. (schtoûl). Métier. ‖**-tag** m. (tâg). Jour ouvrable : *Werktags...,* ... de semaine.

werktätig a. (têtig). Actif, ive.

Werk‖**tisch** m. Établi. ‖**-zeug** n. Outil, m. ‖[Gerät] Instrument, m. ‖[im Körper] Organe, m. ‖**-zeugmaschine** f. Machine-outil.

Wermut m. (vèrmoûte). Absinthe, f. ‖*Fig.* Amertume.

wert‖ a. (vèrt). 1. Cher, ère, valant : *wert sein*,* valoir*; *viel, einen Taler* usw. *wert sein*,* valoir* beaucoup, un thaler, etc. ‖[Höflichkeitsformel] : *Ihre werte Frau Gemahlin,* Madame votre épouse. ‖2. Digne [de]. Ex. : *achtungswert,* digne d'estime [estimable]; *bemerkenswert,* digne de remarque [remarquable], etc. ‖[nach einem Verb] : digne d'être ... : *lesenswert* usw., digne d'être lu, etc. ‖m. Valeur, f., prix : *Wert legen* [auf, *acc.*], attacher de la valeur, du prix [à], faire* cas [de]. ‖*Wert...,* ... de valeur : *Wert*‖*angabe,* f., déclaration de la valeur; *-beständig,* a., stabilisé; *-bestimmung,* f., taxation; *-brief,* m., lettre chargée, f.; *-papier,* n., valeur, f.; *-sache,* f., objet de valeur, m.; *-voll,* a., plein, e, de valeur, précieux, euse; *-los,* a., dénué, e de [sans] valeur;

-losigkeit, f., absence de valeur. ||**-en**, estimer, évaluer. ||**-schaffend** a. Productif. ||**-schätzen** *sép.* (èt-z^e^n). Estimer.

Wertschätzung f. Estime.

Werwolf m. Loup-garou.

wes pron. rel. (vèss), = *wessen.*

Wesen n. ④ (véez^e^n). [Dasein] Être, m., existence, f. || [Geschöpf] Être, m. || [Natur] Nature, f. || [Charakter] Caractère, m. : *fröhliches Wesen*, caractère gai. || LOC. *sein Wesen treiben**, faire* des siennes. || ...*wesen*, n., tout ce qui concerne ... : *Post-, Eisenbahn-, Unterrichtswesen*, usw., [les] postes, [les] chemins de fer, [l'] instruction publique, etc.

wesenhaft a. Réel, substantiel.

Wesenheit f. Essence, entité.

wesen||los a. Irréel. ||**-tlich** a. (lich). Essentiel, le.

weshalb adv. conj. C'est pourquoi. || interr. Pourquoi ?

Wesir m. (vézîr). Vizir.

Wespe f. (vèsp^e^). Guêpe : *Wespennest*, n. guêpier, m.

wessen pr. rel. et interr. (vèss^e^n). V. GRAMM. De qui [?], de quoi [?] : *wessen Hut ist das?*, à qui est ce chapeau ?

West m. (vèst). Ouest, occident, couchant. || [-wind] Vent d'ouest. || *West...*, ... de l'ouest, ... d'ouest, ... occidental, e. Ex. : *West||europa*, n., l'Europe occidentale, f. ; *-wind*, m., vent d'ouest.

Weste f. (vèst^e^). Gilet, m. : *Westentasche*, f., gousset, m.

West||fale, -n, -n m. (fâl^e^). Westphalien. ||**-falen** n. (fâl^e^n). Westphalie, f.

westfälisch a. (fè-). Westphalien, ienne.

Westgote, -n, -n m. (gôt^e^). Wisigoth.

weswegen, = *weshalb.*

Wett... (vèt...). Concours de... : *Wett||bewerb*, m., concurrence, f. ; *-fliegen*, n., *-kampf*, m., *-lauf*, m. [*-rennen*, n.], *-rudern*, n., *-schwimmen*, n., *-spiel* n., *-streit*, m., concours [m.] d'aviation, de lutte, de course [courses, f. pl.], d'aviron [régate, f.], de natation, de jeu [match], de lutte [lutte, rivalité] ; concurrent, e. Ex. : *Wett||bewerber, -flieger, -kämpfer, -läufer* usw., m., concurrent aviateur, lutteur, coureur, etc.

Wett||e f. (vèt^e^). Pari, m., gageure : *was gilt die Wette?*, que pariez-vous ? ; *um die Wette*, à l'envi. ||**-eifer** m. (a^è^f^e^r). Émulation, f., rivalité, f. ||**-eiferer** m. ④. Émule, rival, aux.

wett||eifern. Rivaliser [de]. ||**-en.** Parier : *Wettende[r]*, a. s. m., parieur.

Wetter|| n. spl. (vèt^e^r). Temps, m. : *es ist schönes Wetter*, il fait beau temps ; *fam. alle Wetter!*, mille tonnerres ! ||**-fahne** f. (fân^e^). Girouette. ||**-glas** n. ② (glâss). Baromètre, m. ||**-kunde** f. (kound^e^). Météorologie. ||**-wart** m. Météorologue.

wetzen (vèts^e^n). Aiguiser.

Wetzstein m. Pierre à aiguiser, f.

wich, imp. de *weichen**.

Wichs|| m. (viks) [student.] : *in vollem Wichs*, en grande toilette. ||**-bürste** f. Brosse à cirer. ||**-e** f. (viks^e^). Cirage, m.

wichsen (^e^n). Cirer. *Fam.* Rosser.

Wichser m. ④. Cireur.

Wicht m. (vicht). Individu : *armer Wicht*, pauvre diable.

wichtig a. (vich). Important, e.

Wichtigkeit f. Importance.

Wickel m. (vik^e^l). Rouleau, x. || [Knäuel] Peloton. || [Haar-] Papillote, f. || [Windel] Maillot.

wickeln. Rouler, enrouler. || [in, *acc.*]. Envelopper. || [Kind] Emmailloter. || [Zwirn usw.] Pelotonner.

Wickelzeug n. Layette, f.

Widder m. ④ (vid^e^r). Bélier.

wider|| prép. [*acc.*] et préf. *insép.* (vid^e^r). Contre. ||**-fahren***. Arriver : *Gerechtigkeit widerfahren lassen**, rendre justice [à].

Wider||haken m. Crochet. ||**-hall** m. (hàl). Écho.

wider||hallen. Faire écho. ||**-legen** (léeg^e^n). Réfuter.

Widerlegung f. Réfutation.

wider||lich a. (lich). Répugnant, e. ||**-natürlich** a. Contre nature.

Widerpart m. ①. Partie adverse, f.

Wider||prall m. Contrecoup, rebondissement. ||**-prallen** Rebondir.

wider‖raten* (*rât*ᵉn). Dissuader [qn de qc.]. ‖**-rechtlich** a. (rè**ch**tli**ch**). Illégal, e. ‖[ungerecht] Injuste.

Wider‖rede f. (*réed*ᵉ). Contradiction. ‖**-ruf** m. (roûf). Rétractation, f.

wider‖rufen*. Rétracter. ‖**-ruflich** a. (li**ch**). Révocable.

Widersacher m. ④ (zâ**ch**ᵉr). Adversaire.

wider‖setzen [sich] (zètzᵉn). S'opposer. ‖**-setzlich** a., = *widerspenstig.*

Wider‖setzung f. Opposition, résistance. ‖**-sinn** m. Contresens.

wider‖sinnig a. (ig). Absurde. ‖**-spenstig** a. (schpènstig). Récalcitrant, e, réfractaire. ‖**-sprechen*** intr. (schprè**ch**ᵉn). Contredire*, tr. ‖**-sprechend** p. a. (**ch**ᵉnt, -d-). Contradictoire.

Wider‖sprecher m. ④. Contradicteur. ‖**-spruch** m. (schprou**ch**). Contradiction, f. ‖**-stand** m. (schtànt, -d-). Résistance, f.

wider‖stehen* (schtée'ᵉn). Résister [à]. ‖**-streben** (schtrééᵉbᵉn). S'opposer [à].

Widerstreit m. Contradiction, f., conflit, m.

widerwärtig a. (vèrtig). Fâcheux, euse, contrariant, e. ‖[abstoßend] Rebutant e.

Wider‖wärtigkeit f. Contrariété. ‖**-wille** m. (vilᵉ). Répugnance, f. ‖[Ekel] Dégoût.

widerwillig a. A contre-cœur.

widmen (vidmᵉn). Vouer, consacrer. ‖[Buch] Dédier.

Widmung f. Dédicace.

widrig a. (vidrig). Contraire : *widrigenfalls,* dans le cas contraire, sinon. ‖[widerlich] Rebutant, e.

Widrigkeit f. Contrariété.

wie (vî). Conj. Comme : *wie gesagt,* comme je l'ai dit; *wie auch,* de même que; *wie ... so ...,* de même que ..., de même ...; *wie wenn,* comme si ‖[nach einem Komparativ] Que : *so groß wie du,* aussi grand que toi. ‖Conj. adv. Comment : *ich weiß wie ...,* je sais comment ...; ‖*wie ... auch,* si [quelque] ... que; *wie reich er auch ist* [*sein mag*], si [quelque] riche qu'il soit [tout riche qu'il est]; *wie dem auch sei,* quoi qu'il en soit. ‖[vor e. Adj. od. Adv., auch fragend] Comment[?], combien[?] : *wie hoch, wie lang, wie alt ... ist* [*ist ...?*], quelle hauteur, quelle longueur, quel âge **a** ...?; *wie lange*[?], combien de temps[?].; *wie oft*[?], combien de fois[?]. ‖[ausrufend] : *wie froh war ich!,* quelle fut ma joie!

Wiedehopf m. Huppe, f. [oiseau].

wieder adv. (vîdᵉr). De nouveau, encore : *da bin ich wieder!,* me voici de retour!; *schon wieder!,* encore! ‖préf. *séparable accentué,* même sens, correspond au préfixe français *re* [devant une consonne], *ré ..., r ...* [devant une voyelle].

Wiederabdruck m. Réimpression, f.

wiederabdrucken. Réimprimer.

wieder‖anfangen*. Recommencer. ‖**-anziehen***. Rhabiller. ‖**-anzünden.** Rallumer. ‖**-aufbauen.** Reconstruire*, réédifier. ‖**-aufblühen.** Refleurir, renaître*. ‖n. Renaissance, f. ‖**-aufführen.** Reprendre* [une représentation].

Wiederaufführung f. Reprise.

wiederaufleben. Revivre, renaître*. ‖n. Renaissance, f.

Wiederaufnahme f. Reprise.

wieder‖aufnehmen*. Reprendre*. ‖**-aufrichten.** Relever, redresser.

Wieder‖aufrichtung f. Relèvement, m., redressement, m. ‖**-beginn** m. (g). Recommencement : *Wiederbeginn des Unterrichts,* rentrée des classes, f.

wieder‖bekommen* (komᵉn). Recouvrer. ‖*fam.* Rattraper. ‖**-beleben.** Revivifier, ranimer. ‖**-besetzen.** Réoccuper.

Wiederbesetzung f. Réoccupation.

wieder‖einbringen* (*a*ᵉnbrì**ng**ᵉn). Réparer. ‖[Zeit] Rattraper. ‖**-einführen.** Réintroduire*, rétablir.

Wiedereinführung f. Réintroduction, rétablissement, m.

wiedereinnehmen*. Reprendre* [une ville].

Wiedereinnahme f. Reprise.

wiedereinrichten. Réorganiser, réinstaller.

Wiedereinrichtung f. Réorganisation, réinstallation.

wieder‖einschlafen*. Se rendormir*. ‖**-einsetzen**, rétablir, réintégrer. ‖**-eintreten***. Rentrer. ‖*fig.* Réapparaître, se renouveler.
Wiedereintritt m. Rentrée, f. ‖*fig.* Réapparition, f., renouvellement.
wieder‖erhalten* (halten). Recouvrer. ‖**-erinnern [sich]**. Se ressouvenir*, se remémorer.
Wiedererinnerung f. Réminiscence.
wieder‖erkennen*. Reconnaître*. ‖**-erlangen** (làngen). Recouvrer. ‖**-erobern**. Reconquérir*, reprendre*. ‖**-eröffnen**. Rouvrir.
Wiedereröffnung f. Réouverture.
wiedererscheinen*. Réapparaître*.
Wiedererscheinung f. Réapparition.
wieder‖erstatten (schtaten). Restituer. ‖[Geld] Rembourser. *Wiedererstattung*, f., restitution, remboursement, m. ‖**-erwählen**. Réélire. ‖**-erwecken**. Réveiller. ‖*fig.* Ressusciter. ‖**-finden***. Retrouver. ‖**-geben*** (géeben). Rendre, restituer. ‖[Text, Sinn] Reproduire*, rendre : *Wiedergabe*, f., restitution.
Wiedergeburt f. Régénération.
wieder‖gewinnen*. Regagner. ‖**-herabsteigen***. Redescendre. ‖**-heraufsteigen***. Remonter. ‖**-herstellen**. Rétablir, reconstituer.
Wiederherstellung f. Rétablissement, m., reconstitution.
wieder‖heruntersteigen*. Redescendre. ‖**-holen** (hôlen). Aller* chercher de nouveau. ‖*insép.* Répéter : *kurz wiederholen*, résumer; *wiederholt, zu wiederholten Malen*, à plusieurs reprises. ‖[e. Klasse] Redoubler.
Wiederholung f. Répétition; [gerichtlich] récidive.
wieder‖instandsetzen (inschtànt-en). Remettre* en état. ‖**-käuen** (kœü'en). Ruminer. *Fig.* Rabâcher.
Widerkäuer m. ④. Ruminant. ‖*Fig.* Rabâcheur.
Wiederkehr f. Retour, m.
wiederkehren. Revenir*.
wieder‖sehen*. Revoir*. ‖n. : *auf Wiedersehen!*, au revoir! ‖**-spiegeln** (schpîgeln), **-strahlen** (schtrâlen). Refléter, réfléchir. ‖**-taufen**. Rebaptiser.
Wiedertäufer m. Anabaptiste.
wieder‖um adv. (oum). De nouveau. [andererseits] En revanche. ‖**-verheiraten [sich]**. [se] Remarier.
Wiederverheiratung f. Second mariage, m.
Wieder‖verkauf m. Revente, f. ‖**-verkaufen**. Revendre. ‖**-verkäufer, in** m., f. Revendeur, euse. ‖**-verwendung** f. Réemploi, remploi, m.
wiederwachsen*. Repousser.
Wiege f. (vîge). Berceau, x, m.
wiegen* 1. tr. et intr. Peser. ‖n. Pesage, m. ‖2. [v. faible] tr. [in der Wiege] Bercer : *Wiegenlied*, n. ②, berceuse, f.
wiehern (vîern). Hennir. ‖n. spl. Hennissement[s], m. [pl.].
Wien‖ n. (vîne). Vienne, f. ‖**-er, in** m., f. (vî). Viennois, e. ‖*wienerisch*, a., viennois, e.
wies imp. de *weisen**.
Wiese f. (vîze). Pré, m., prairie.
Wiesel n. (vîzel). Belette, f.
wie‖so? (vî-). Comment donc? ‖**-viel** (fîl). Combien : [ausrufend] : *wieviel...!* que de...! der [die, das] *wievielste, wievielte?* de quel rang? *den wievielsten haben wir?* le combien sommes-nous? ‖**-wohl** conj. Quoique, bien que.
wild a. (vilt, -d-). Sauvage. ‖[unbändig] Farouche. ‖[unruhig] Turbulent, e. ‖[Leben] Déréglé, e. ‖[zornig] Furieux, euse. ‖[Gegend] Inculte. ‖n. spl. et **Wildbret** n. (brètt). Gibier, m.
Wilddieb m. (dîp, -b-). Braconnier.
wilddieben. Braconner.
Wild‖dieberei f. Braconnage, m. ‖**-ente** f. Canard [m.] sauvage. ‖**-fang** m. Piégeage, m. ‖Jeune étourdi. ‖**-heit** f. (haèt). État sauvage, m. ‖[Grausamkeit] Sauvagerie. ‖**-ling** m. (lìng). Animal sauvage. ‖[Obstbaum] Sauvageon. ‖**-nis, ...nisse** f. Contrée sauvage. ‖**-park** m. Garenne, f.
wildreich a. (raèch). Giboyeux, euse.
Wildschwein n. Sanglier, m.
Wilhelm m. (vilhèlm). Guillaume.
will (vil) ind. pr. de *wollen**.
Wille[n], -ens m. spl. Volonté, f. : *beim besten Willen*, avec la meilleure volonté; *böser Wille*, mauvaise volonté; *freier Wille*, libre arbitre; *der letzte Wille*, les dernières volontés; *Willens sein**, vouloir*. ‖*um* [gén.] *willen*, pour l'amour de... :

um Gottes willen, um meinet-, deinet-, seinet-, [ihret-], unsert-, euret- [Ihret-], ihretwillen, pour l'amour de Dieu, de moi, de toi, de lui [d'elle], de nous, de vous, d'eux [d'elles].

Willensfreiheit f. Libre arbitre, m.

will‖fahren [v. faible] (fâr^e^n). Accéder *ou* acquiescer [à]. ‖**-fahrig** a. Condescendant, e. ‖[gefällig] Complaisant, e.

Willfährigkeit f. Condescendance. Complaisance.

willig a. (ig). Docile. ‖[geneigt] Disposé, e. ‖[bereit] Prêt, e [à]. ‖adv. Volontiers.

Willkomm m. et n. Bienvenue, f.

willkommen a. Bienvenu, e : *willkommen heißen**, souhaiter la bienvenue [à]. ‖n. Bienvenue, f.

Willkür f. Libre arbitre m. ‖[Eigenmächtigkeit] Arbitraire, m.

willkürlich a. Arbitraire. ‖adv. Arbitrairement.

wimmeln (*vim*^e^ln). Fourmiller. ‖n. spl. Fourmillement, m.

wimmern. Gémir. ‖n. spl. Gémissement, m.

Wimpel m. ④ (vìmp^e^l). Banderole, f.

Wimper f. Cil, m.

Wind‖ m. (vìnt..., -d-). Vent. ‖**-ball** m. Ballon. ‖**-beutel** m. ④ (bœü-t^e^l). Échaudé [cuisine]. ‖*Fig.* [Prahlhans] Hâbleur. ‖*Fam.* Blagueur. ‖**-beutelei** f. (-*aè*). Hâblerie. Blague. ‖**-blume** f. (bloûm^e^). Anémone. ‖**-e** f. (vìnd^e^). [Schiffs-] Cabestan, m. ‖[Wagen-] Cric, m. ‖[Garn] Dévidoir, m. ‖[Pflanze] Liseron, m. ‖**-el** f. Lange, m. maillot, m.

wind‖eln. Emmailloter. ‖**-en*.** Tordre, tortiller : *sich* —, s'entortiller; *fig.* serpenter. ‖[Kranz] Tresser. ‖[Garn] Dévider.

Wind‖fahne f. (fân^e^). Girouette. ‖**-fang** m. (fàng). Ventilateur. ‖**-harfe** f. Harpe éolienne. ‖**-hose** f. (hôz^e^). Trombe. ‖**-hund** m. (hoûnt, -d-). Lévrier. ‖**-hündin** f. (hǜndìn). Levrette.

windig a. (ig). Venteux, euse : *es ist windig,* il fait du vent.

Wind‖laden m. ③ (lâd^e^n). Contrevent. ‖**-mühle** f. (mûl^e^). Moulin à vent, m. ‖**-rose** f. Rose des vents. ‖**-schirm** m. Paravent. ‖**-schützer** m. ④ (schüts^e^r). Pare-brise.

Windspiel n. (schpîl). Lévrier, m.

Windstoß m. (schtôss). Rafale, f.

Wind‖ung f. Torsion. ‖[Krümmung] Sinuosité. ‖**-weiserballon** m. Ballon pilote. ‖**-zug** m. Courant d'air.

Wink m. (vìnk). Signe. ‖*Fig.* [Warnung] Avis.

Winkel‖ m. ④ (vìnk^e^l). Angle. ‖[Ecke] Coin. ‖*Winkel...,* ...non autorisé, e, clandestin : *Winkel‖-börse,* f., coulisse; *-ehe,* f., *-heirat,* f., mariage clandestin, m.; *-makler,* m., courtier marron; *-schenke,* f., ‖ cabaret borgne, m. ‖**-eisen** n. ④ (*aè*z^e^n). Équerre, f. [en fer].

winkelig a. (ig). Anguleux, euse. ‖*Geom.* angulaire : *vierwinkelig,* quadrangulaire.

Winkel‖maß n. ①. Équerre, f. ‖**-messer** m. ④ (mèss^e^r). Rapporteur, goniomètre.

winkelrecht a. A angle droit.

winken. Faire* signe.

winseln (vìns^e^ln). Gémir. ‖[v. Kindern] Vagir. ‖n. spl. Gémissement, m. ‖Piaulement, m.

Winter‖ m. ④ (vìnt^e^r). Hiver. ‖*Winter...,* ...d'hiver, ...hivernal, e. Ex. : *Winter‖anzug* m., *-fahrplan,* m., *-sport,* m., vêtement, service, sport d'hiver. ‖**-ung** f. Hivernage, m.

Winzer, in m. ④, f. (vìntz^e^r, ìn). Vigneron, m. ‖[Weinleser] Vendangeur, euse.

winzig a. (ig). Très petit, e, exigu, ë.

Winzigkeit f. Exiguïté.

Wipfel m. ④. Cime, f.

Wipp‖e f. (vipe). Bascule. ‖[Schaukel] Balançoire. ‖**-galgen** m. (g^e^n). Estrapade, f.

wir pron. pers. Nous.

wirb impér. de *werben**.

Wirbel‖ m. ④ (*vir*b^e^l). Tournoiement. ‖[Strudel] Tourbillon. ‖[Trommel-] Roulement. ‖[am Rückgrat] Vertèbre, f. ‖[am Kopfe] Sommet [de la tête]. ‖[an d. Geige] Cheville, f. ‖**-bein** n., **-knochen** m. Vertèbre, f.

wirbel‖los a. (lôss). Invertébré, e. ‖**-n.** Tournoyer. ‖Tourbillonner. ‖[auf. d. Trommel] Battre [tambour].

Wirbel||**saüle** f. (zœülᵉ). Colonne vertébrale. ||**-sturm** m. Cyclone. ||**-tier** n. (tîr). Vertébré, m. ||**-wind** m. Tourbillon, rafale, f.

wirb[s], wird, wirf, wirf[s]t. V. *werben*, werden*, werfen**.

wirken (virkᵉn). [auf, *acc.*] Agir [sur]. ||[v. Dingen] Être* efficace. ||[weben] Tisser.

Wirker m. ④. Tisserand.

wirklich a. (**lich**). Réel, elle, véritable. ||[Beamter] Titulaire.

Wirk||**lichkeit** f. Réalité. ||**-lichkeitssinn** m. Sens des réalités, réalisme.

wirksam a. (zâm). Efficace.

Wirk||**samkeit** f. Efficacité. ||**-ung** f. Action. ||[Ergebnis] Effet, m. ||[Eindruck] Impression. ||*Wirkungskreis,* m., rayon (m.) d'action. ||*wirkungslos,* a., inefficace; *Wirkungslosigkeit,* f., inefficacité.

wirr a. (vir). Confus, e.

Wirr||**e** f. (virrᵉ). Confusion. ||pl. Troubles m. pl. ||**-kopf** m. Esprit confus, brouillon. ||**-sal** n. ①, **-ung** f., **-warr** m. spl. Confusion, f.

Wirsing m. (virzìng). Chou frisé.

wirst. V. *werden**.

Wirt|| m., **in** f. (virt, ìn). Hôte, sse. ||[Gast-] Hôtelier, ère, aubergiste, m. et f. ||[Land-] Propriétaire [m.] rural. ||**-schaft** f. Économie. ||*Wirtschaftslenkung,* f., dirigisme m. ||[Verwaltung] Administration. ||[Hauswesen] Ménage, m. ||[Gast-] Hôtellerie, auberge, cabaret; Vacarme, m., remue-ménage, m.

wirtschaften intr. [mit...] Administrer, tr.

Wirtschafter, in m. ④, f. Ménager, ère, économe, m.

wirt||**schaftlich** a. (**lich**). Ménager, ère, économique. ||**-s...** : d'hôte, ...d'hôtelier, ...d'aubergiste. Ex. : *Wirts*||*frau,* f., hôtesse, aubergiste, cabaretière; *-haus,* n., auberge, f.; *-tafel,* f., table d'hôte.

Wisch m. (visch). Torchon. ||[Stroh-] Bouchon.

wischen (vischᵉn). Essuyer. [Flüssigkeit, Schweiß] Éponger. ||[beim Zeichnen] Estomper. ||*Fig.* intr. [*sein*] Se glisser rapidement.

Wisch||**er** m. ④. Torchon. ||[Kanonen] Écouvillon. ||[Zeichen-] Estompe f. ||*fam.,* Réprimande, f. ||**-lappen** m., **-tuch** n. Torchon, m. ||**-papier** n. (îr). Chiffon [m.] de papier. ||**-wasch** m. *Fam.* Verbiage, galimatias.

Wisent m. (vîzᵉnt). Bison.

Wismut n. (vismoûte). Bismuth, m.

wisp||**eln, -ern** (vis). Chuchoter. ||n. spl. Chuchotement, m.

Wißbegier[de] f. (vissbegîrdᵉ). Désir de savoir, m., curiosité : *wißbegierig,* a., avide de s'instruire, curieux, euse.

wissen* (vissᵉn). Savoir* : *er weiß zu befehlen,* il sait commander; *soviel ich weiß,* à ce que je sais, autant que je sache; *einem* od. *einen wissen lassen*, einem zu wissen tun*,* faire* savoir* à qn. ||*Fig.* : *davon will er nichts wissen,* il ne veut pas en entendre parler. ||n. Savoir, m. : *mit meinem Wissen,* à ma connaissance; *ohne mein Wissen,* à mon insu; *mit Wissen und Willen,* de propos délibéré.

Wissen||**sdrang** m. Désir de s'instruire. ||**-sdurst** m. Soif [f.] de science. ||**-schaft** f. Science : *schöne Wissenschaften,* f. pl., belles-lettres.

wissen||**schaftlich** a. (**lich**). Scientifique. ||**-tlich** a. (tli**ch**). Voulu, e. ||adv. Sciemment.

Witfrau f. Veuve.

wittern (vitᵉrn). Flairer. ||entdekkend] Éventer.

Witterung f. Température. ||[wittern] : *Witterung bekommen*,* avoir* vent [de].

Witwer, -e m. ④, f. (vit-). Veuf, euve : *Witwen-, Witwerstand,* m., veuvage.

Witz|| m. (vitz). Esprit. ||[witziger Einfall] Bon mot : *fauler Witz,* mauvais calembour. ||**-blatt** n. ②. Journal [m.] amusant. ||**-bold** m. ①. Mauvais plaisant, farceur. ||**-elei** f. (ᵉlaè). Affectation de bel esprit.

witz||**eln.** Faire* le bel esprit. ||**-ig** a. (ig). Spirituel, elle : *witziger Einfall,* m., pointe, f., saillie, f.

wo adv. et conj. (vo). Où. ||[fragend] Où? ||*woher[?],* d'où[?]; *wohin[?],* où [?] [avec direction]; *wohingegen,* tandis que, alors que. ||[= wenn] : *wonicht,* sinon; *womöglich,* si possible.

wo... [*wor...* devant une voyelle], mis pour *was,* se combine avec les prépositions et le préfixe *ein,* pour former les adverbes pronominaux suivants, *tous accentués sur le second mot* : 1° *Relatifs* : *wo‖bei*, en quoi; *-durch*, par quoi [lequel], par où; *-für*, pour quoi; *-gegen*, contre quoi; *-mit*, avec quoi [lequel]; *-nach*, après quoi [d'après quoi] [lequel]; *-ran*, à quoi, où; *-rauf*, sur quoi [lequel], après quoi; *-raus*, de quoi, d'où; *-rein*, dans quoi, où; *-rin*, en quoi, où; *-rüber*, sur [de] quoi, dont; *-rum*, pour quoi, de quoi; *-runter*, sous quoi, sous [parmi] lesquels; *-von*, de quoi, dont; *-vor*, devant quoi [le quel]; *-zu*, à quoi, pour quoi. ‖2° *Interrogatifs* [les mêmes que ci-dessus] : *wo‖bei?*, *-durch?*, *-für?*, en quoi?, par quoi?, pourquoi?

wob imp. de *weben**.

Woche f. (vochᵉ). Semaine. ‖*Fig.* : *in den Wochen* od. *im Wochenbett liegen**, être* en couches; *in die Wochen kommen**, accoucher; *aus den Wochen kommen**, relever de couches.

Wochen... ...hebdomadaire, ...des semaines : *Wochen‖blatt*, n.; *-schau* f. [Kino] Actualités; *-kind* n. ②. Nouveau-né, m.; *-schrift*, f., journal, m. [feuille, revue, f.] hebdomadaire; *-end*, n., *-s*, *-s*, fin de semaine, f., semaine anglaise, f.; *-tag*, m., jour de [la] semaine; *-lang*, a. et adv., qui dure des semaines.

wöch‖entlich a. (veuchᵉntlich). Hebdomadaire. ‖adv. Toutes les semaines : *dreiwöchentlich*, [qui a lieu] toutes les trois semaines. ‖**-ig** a. : *dreiwöchig*, de [qui dure] trois semaines.

Wöchnerin f. Accouchée, femme en couches.

Wodan m. (vôdàn). Odin.

wo‖durch. V. *wo*. ‖**-fern** conj. En tant que, pourvu que : *wofern ... nicht*, à moins que... ‖**-für.** V. *wo...*

wog imp. de *wägen*, *wiegen**.

Woge f. (vogᵉ). Vague.

wogegen. V. *wo...*

wog‖en (vôgᵉn). Rouler des vagues. ‖*Fig.* Être* agité. ‖[Schiff] Voguer. ‖[Busen] Palpiter. ‖n. Agitation, f. ‖**-ig** a. Ondoyant, agité.

woher, -hin, -hingegen. V. *wo...*

wohl‖ adv. (vôl). Bien : *mir ist nicht wohl*, je ne me sens pas bien; *wohl dem, der...*, heureux celui qui...; *wohl dir, daß...*, je te félicite de...; *wohl oder übel*, bon gré mal gré. ‖Sans doute : *er wird wohl noch kommen**, il va sans doute venir*.

Wohl n. Bien, m. : *allgemeines Wohl*, bien [salut] public; *auf Ihr Wohl!*, à votre santé! ‖*Wohl...* bien ... : *Wohl‖befinden*, n., bien-être, santé, f.; *-erhalten*, a., bien conservé, e. ‖**-an.** interj. (an). Eh bien! allons! ‖**-bedacht** a., **bedächtig** a. Réfléchi, e. ‖adv. De propos délibéré.

Wohl‖befinden n. Bien-être, m.; santé, f. ‖**-ergehen** n. Prospérité, f.

wohl‖erhalten a. Bien conservé. ‖**-erzogen** a. Bien élevé.

Wohl‖fahrt f. Prospérité, salut, m. ‖**-fahrtsamt** n. Assistance publique.

wohlfeil a. (faᵉl). Bon marché, inv. ‖compar. Meilleur marché, inv.

Wohlfeilheit f. Bon marché, m.

wohl‖geartet a. Bien élevé, e. ‖**-geboren** a. [formule épistolaire] : *wohlgeborener Herr!* Monsieur.

Wohlgefallen n. (géfallᵉn). Plaisir, m.

wohl‖gemeint a. Bien intentionné, e. ‖**-gemut** a. attr. (gémoûte). Joyeux, euse. ‖**-geraten** a. Qui a bien réussi.

Wohl‖geruch m. (géroûch). Bonne odeur, f., parfum. ‖**-geschmack** m. (gé-). Goût agréable.

wohlhabend a. (hâbᵉnt, -d-). Aisé, e, à l'aise.

Wohl‖habenheit f. Aisance. ‖**-klang** m., **-laut** m. Son harmonieux, harmonie, f.

wohl‖klingend a., **-lautend** a. Harmonieux, euse. ‖**-riechend** a. (rîchᵉnt, -d-). parfumé, e. ‖**-schmeckend** a. De goût agréable.

Wohl‖sein n. Bonne santé, f. ‖**-stand** m. Bien-être, aisance f., prospérité, f. ‖**-tat** f. Bienfait, m. ‖**-täter, in** m., f. Bienfaiteur, trice.

wohltätig a. Bienfaisant, e, charitable.

Wohltätigkeit f. Bienfaisance.

wohl‖tun* *sép.* Faire* du bien. ‖**-verstanden** adv. Bien entendu.

Wohlwollen n. Bienveillance, f.

wohlwollend a. Bienveillant, e.

wohn||**en** (vônen). Demeurer, habiter, loger. ||[beständig] Résider. ||**-haft** a. (haft). Demeurant, domicilié, e [à].

Wohnhaus n. (haos). Maison d'habitation, f.

wohnlich a. (lich). Confortable.

Wohn||**ort** m., **-stätte** f. (schtète), **-sitz** m. Résidence, f., domicile, m. ||**-stube** f. Salle de séjour. ||**-ung** f. Habitation, logement, m. ||[geräumig] Appartement, m. ||**-zimmer** n. (tsimer), = *Wohnstube*. ||**-wagen** m. Roulotte, f.

wölben (veulben). Voûter, cintrer.

Wölbung f. Voûte. ||[Bogen] Cintre, m.

Wolf, **¨in** m., f. Loup, louve. dim. *Wölfchen,* n. ④, louveteau, x, m. ||*Wolfs*||*eisen,* n., *-falle,* f., piège à loup, m.

Wolke f. (volke), dim. *Wölkchen,* n. ④. Nuage, m. ||[Gewölk] Nue. ||[dichte] Nuée. ||*Wolkenkratzer,* m. ④, gratte-ciel. ||*Wolkenbruch,* m., pluie diluvienne, f.

wölken [sich] (veulken). Se couvrir* de nuages.

wolkicht a., **-ig** a. Nuageux, euse.

woll||**...** (vol) : ...de laine : *Wollgarn,* n., fil de laine, m. ||**-artig** a. Laineux, euse.

Wolle f. spl. (volle). Laine : *Wollenware,* f., lainage, m. : *in der Wolle sitzen,* être à son aise.

wollen a. De laine.

wollen* (volen). Vouloir* : *man mag wollen oder nicht,* qu'on le veuille ou non, bon gré mal gré; *wollte Gott!,* plût à Dieu! ; *was wollen Sie von mir?,* que me voulez-vous? ||*es sei, wer* [*was*] *er* [*es*] *wolle,* qui [quoi] que ce soit; *dem sei, wie ihm wolle,* quoi qu'il en soit. ||[im Begriffe sein] Aller* [être* sur le point de] : *ich wollte gerade abreisen,* j'allais partir*.

Wollust, **¨-e** f. (voloust). Volupté. ||[Unzucht] Lasciveté.

wollüstig a. (ig). Voluptueux, euse, lascif, ive.

Wollüstling m. Libertin.

womit, -möglich, -nach. V. *wo...*

Wonne f. (vone). Délices, f. pl.

wonnig a. (ig). Délicieux, euse.

woran, -rauf, -raus. V. *wo...*

worden pp. de *werden** [aux. passif].

worein, -rin. V. *wo...*

Wort n. ② (vort). dim. *Wörtchen,* n. ④. Mot, m. ||n. ①. Parole, f. : *Wort für Wort,* mot à mot; *einem ins Wort fallen*,* couper la parole à qn; *zu Worte kommen* lassen*,* laisser parler; *viel Worte machen,* faire* des phrases; *einem das Wort reden,* parler en faveur de qn; *einen beim Worte nehmen*,* prendre* au mot; *einem aufs Wort glauben,* croire* qn sur parole; *sein Wort brechen*,* manquer à sa parole.

wortbrüchig a. (brüchig). Qui manque à sa parole.

Wörterbuch n. ② (veurterboûch). Dictionnaire, m. ||[Verzeichnis] Vocabulaire, m.

Wort||**folge** f. (folge). Construction. ||**-führer** m. ④ (fûrer). Porte-parole.

wort||**getreu** a. (gétrœü). Littéral, e. ||**-karg** a. (karg). Laconique.

Wort||**kargheit** f. Laconisme, m. ||**-kram** m. (krâme). Verbiage. ||**-laut** m. Texte littéral, teneur, f.

wörtlich a. (veurtlich). Littéral, e, textuel.

Wort||**schatz** m. Vocabulaire. ||**-schwall** m. Verbosité, f. ||**-spiel** n. (schpîl). Jeu de mots, m., calembour, m. ||**-verwechslung** f. (fervèksloung). Quiproquo, m. ||**-wechsel** m. (vèksel). Dispute, f.

worüber, -runter, -selbst, -von, -vor, -zu. V. *wo...*

Wrack n. ①. Épave, f.

wringen* (vringen). Tordre [linge].

Wringmaschine f. Essoreuse. ||V. *ringen**.

Wucher|| m., **-ei** f. (voucher, aè). Usure, f. ||**-er** m. ④, **in** f. Usurier. ||**-haft** a. Usuraire.

wuchern [Kapital] Fructifier. ||[v. Pflanzen] Pulluler, foisonner. ||*Com.* Pratiquer l'usure.

Wucherzins, -en m. Intérêt usuraire.

wuchs (vouks), imp. de *wachsen**. ||m. Croissance, f. ||[Körper-] Taille, f.

Wucht|| f. (voucht). Poids, m. ||**-kolben** m. (ben). Haltère.

wuchtig a. Lourd, e.

wühlen (v*û*l^e^n). Fouiller. ‖*Fig.* Agiter.
Wühler m. ④ (vûl^e^r). Agitateur.
Wulst m. (v*ou*lst). Bourrelet. ‖[Kissen] Coussinet.
wund a. (vount, -d-). Blessé, e : *wunde Stelle,* plaie; *wund drücken,* blesser [en pressant].
Wund‖arzt m. (artst). Chirurgien. ‖**-e** f. Blessure, plaie.
Wunder n. ④ (v*ou*nd^e^r). Miracle, m. ‖[Wunderbares] Merveille, f. ‖[Leistung] Prodige, m. : *sein blaues Wunder sehen*,* être* stupéfait [*fam.* renversé]; *das nimmt mich wunder,* cela m'étonne.
wunderbar a. Miraculeux, euse, merveilleux, euse.
Wunder‖kind n. (kint -d-). Enfant prodige, m. ‖**-kur** f. (koûr). Cure miraculeuse.
wunder‖lich a. (li**ch**). Étrange. singulier, ère, bizarre. ‖**-n** [sujet de chose]. [**sich**] S'étonner.
Wunderquelle f. (kvèl^e^). Source miraculeuse.
wunderschön a. (scheûne). Merveilleusement beau [belle, f.]
Wunder‖tat f. (tâte). Miracle, m. ‖**-täter** m. ④ (t*ê*t^e^r). Thaumaturge.
wunder‖tätig a. (t*ê*tig). Miraculeux, euse. ‖**-voll** a. (fol). Merveilleux, euse.
Wunder‖welt f. Monde [m.] enchanté. ‖**-werk** n. Merveille, f.
Wund‖kraut n. ②, **-mittel** n. ④. Vulnéraire, m.
Wunsch m. (v*ou*nsch). Souhait, désir : *nach Wunsch,* à souhait.
wünsch‖el... (v*ù*nsch^e^l...), ... magique : *Wünschelrute,* f., baguette magique; *Wünschelrutengänger,* m., sourcier. ‖**-en** (v*ù*nsch^e^n). Souhaiter, désirer : *wünschenswert* a., désirable.
wurde, würde. V. *werden*.*
Würde f. (v*u*rd^e^). Dignité. ‖[Ernst] Gravité. ‖[Rang] Rang, m. ‖[akademische] Grade, m. ‖*Würdenträger,* m. ④, dignitaire; *würdevoll* a., plein, e. de dignité; adv. avec dignité.
würd‖ig a. (ig). Digne : *...würdig,* = *...wert.* ‖**-igen.** Estimer digne. ‖[*gén.*] Honorer [de]. ‖[schätzen] Apprécier.
Würdigung f. Appréciation.
Wurf m. (v*ou*rf). Jet. ‖[beim Würfeln, Kegeln] Coup.
Würfel‖ m. ④ (v*u*rf^e^l). Dé. ‖*Geom.* Cube. ‖**-becher** m. ④ (bè**ch**^e^r) Cornet.
würfelförmig a. Cubique.
würfeln. Jouer aux dés. ‖ *gewürfelt,* à carreaux.
Wurf‖spieß m. Javelot. ‖**-stein** m. Palet.
würgen (v*u*rg^e^n). Étrangler, égorger. ‖n. Égorgement, m.
Würger m. ④ Étrangleur.
Wurm m. ② (v*ou*rm). Ver : *wurmähnlich, -förmig,* a., vermiculaire. ‖*Wurm...,* ... vermifuge : *Wurm‖mittel,* n., *-pulver,* m., remède, m., poudre, f., vermifuge, m. ‖dim. *Würmchen,* n. ④. Vermisseau, x, m. ‖*Fig.* Petit bébé, m.
wurmen (v*ou*rm^e^n). Ronger [le cœur]. ‖*Fig.* Tourmenter.
Wurm‖fraß m. ①. Vermoulure. ‖**-stich** m. (schti**ch**). Piqûre de vers, f.
wurm‖stichig a. Véreux, euse. ‖[Holz] Vermoulu, e. ‖**-treibend** a. Vermifuge.
Wurst, ¨e f. (v*ou*rst). Saucisson, m. ‖[Brat-] Saucisse. ‖*Pop. : das ist mir Wurst,* cela m'est égal, je m'en moque.
Würze f. (v*u*rts^e^). Aromate, m. ‖[v. Speisen] Assaisonnement, m.
Wurzel‖ f. (v*ou*rts^e^l). Racine. ‖**-faser** f. (fâz^e^r). Radicule.
wurzeln. Prendre* racine. ‖*Fig.* Avoir* sa racine [son origine] [dans].
Wurzel‖wort n. (vorte). Racine, f. ‖**-zahl** f. (tsâl). *Math.* Racine.
würz‖en (v*u*rts^e^n). Aromatiser. ‖[Speisen] Assaisonner. ‖**-haft** a., **-ig** a. Aromatique.
Würz‖ung f. Assaisonnement, m. ‖**-wein** m. Vin aromatique.
wusch, wußte, imp. de *waschen*, wissen*.*
Wust m. ① (voust). Amas confus.
wüst a. (v*u*st). Désert, e, inculte. ‖[liederlich] Dissolu, e, débauché, e.
Wüst‖e f., **-enei** f. (vust^e^n*a*^è^). Désert, m. ‖**-ling** m. (lìng). Débauché, libertin.

Wut‖ f. (voûte). Fureur, furie. ‖[Toll-] Rage. ‖**-anfall** m. Accès de fureur.
wüt‖**en** (vûtᵉn). Être* furieux, euse, être* en fureur, rager. ‖[v. Krieg usw.] Sévir. ‖**-end** a. Furieux, euse, furibond, e.
Wüterich m. Homme furieux, enragé.
wutschnaubend p. pr. Écumant de rage.

X Y Z

X, x n. X, x, m.
X-strahlen m. pl. Rayons X.
Y, y n. (*ü*psilòn). Y, y, m.
Ypern n. Ypres, m.
Z, z n. (tsèt). Z, z, m.
Zacke f., **-en** m. ④ (tsakᵉ, ᵉn). Pointe, f. ‖[an Sägen, Rechen usw.] Dent, f. ‖[an Gabeln] Fourchon, m. ‖[am Kleide] Dentelure, f.
zack‖**en.** Denteler : *zacken...*, ... en zigzag. ‖**-ig** a. Dentelé, e.
zag‖**en** a. (tsâgᵉn). Avoir* peur. ‖[zaudern] Hésiter. ‖n. Crainte, f. ‖Hésitation, f. ‖**-haft** a. Timide.
zäh‖**e** a. (tsêᵉ). Coriace. ‖*Fig.* Tenace. ‖**-flüssig** a. Visqueux. *Zähflüssigkeit,* viscosité.
Zähigkeit f. Nature coriace. ‖Viscosité. ‖*Fig.* Ténacité.
Zahl‖ f. (tsâl). Nombre, m. : *zehn an der Zahl,* au nombre de dix. ‖**-amt** n. Trésorerie, f., caisse, f. [publique].
zahl‖**bar** a. Payable. ‖[Wechsel] Échu, e. ‖**-en.** Payer : *Kellner, zahlen!,* garçon, l'addition! ‖ **¨en** (tsêlᵉn). Compter.
Zahl‖**er, in** m. ④, f. Payeur, euse. ‖ **¨er** m. ④ (tsêlᵉr). Compteur. ‖*Arithm.* Numérateur. ‖**-kellner** m. ④.Garçon à qui l'on paye.
zahllos a. (lôss, -z-). Innombrable.
Zahlmeister m. ④ (maᵉstᵉr). Trésorier [payeur].
zahlreich a. (raᵉ**ch**). Nombreux, euse.
Zahl‖**ung** f. Paiement, m. : *Zahlungs*‖*anweisung,* f., ordonnancement, m.; *-fähig,* a., solvable; *-fähigkeit,* f., solvabilité; *-unfähig,* a., insolvable; *-unfähigkeit,* f., insolvabilité. ‖ **¨ung** f. (tsêloung). Compte, m., numération. ‖**-wort** n. ②. Nom [m.] de nombre, adjectif [m.] numéral.
zahm a. (tsâm). Apprivoisé, e. ‖*Fig.* Docile.
zähm‖**bar** a. (tsêm-). Domptable. ‖**-en** (tsèmᵉn). Apprivoiser. ‖[Wild] Dompter.
Zähmung f. Apprivoisement, m.
Zahn‖ m. (tsâne). Dent, f. : *Zähne bekommen*,* faire* ses dents. ‖**-arzt** m. (artst). Dentiste. ‖**-bürste** f. (b*u*rstᵉ). Brosse à dents.
zahnen (tsânᵉn). Faire* ses dents. ‖n. Dentition, f.
Zahn‖**fäule** f. (fœülᵉ). Carie dentaire. ‖**-fleisch** n. Gencive[s], f. [pl.]. ‖**-geschwür** n. Abcès [m.].
zahnlos a. (lôs, -z-). Édenté, e.
Zahn‖**nerv** m. (nèrf). Nerf dentaire. ‖**-paste** f. **-pulver** n. Pâte, poudre dentifrice. ‖**-rad** n. ② (rât, -d-). Roue dentée, f. : *Zahnradbahn,* f., chemin de fer à crémaillère, m. ‖**-schmerz, -en** m. (èrts). ‖**-stocher** m. ④ (schtoc**h**ᵉr). Cure-dents. ‖**-stumpf** m. Chicot. ‖**-wasser** n. Eau dentifrice, f. ‖**-wechsel** m. Seconde dentition, f. ‖**-weh** n. Mal aux [de] dents, m. ‖**-wuchs** m. Dentition, f.
Zähre f. (tsêrᵉ). Larme.
Zange f. (tsangᵉ). Tenailles, pl. ‖[Feuer-] Pincettes, pl.
Zank m. (tsànk). Querelle, f. : *Zank suchen* [mit], chercher querelle [à].
zanken intr. et [**sich**] réfl. Se quereller.
Zänker m. ④ (tsènkᵉr), **zänkisch** a. Querelleur, euse.
Zapf‖**en** m. ④ (tsapfᵉn), dim. *Zäpfchen,* n. ④. Cheville, f., tenon. ‖[am Fasse] Bonde, f. ‖[Tannen-] Pomme de pin, f. ‖[im Halse, auch *Zäpfchen*] Luette, f. ‖*Zapfen*‖*loch,* n., trou [m.] de bonde; mortaise, f.; *-streich,* m., retraite aux flambeaux. ‖**-stelle** f. Poste [m.] d'essence.

zappeln (tsapeln). Frétiller : *Zappel‖mann, -philipp,* pantin, m.
Zar, -en m., **in** f. (tsâr, ìn). Tsar, tsarine.
zart a. (tsart). Tendre. ‖*Fig.* Délicat, e.
Zart‖gefühl n. (géfûl). Délicatesse, f. ‖**-heit** f. Tendresse. ‖Délicatesse.
zärtlich a. (tsêrtli**ch**). Tendre. ‖adv. Tendrement.
Zärt‖lichkeit f. Tendresse. ‖**-ling** m. Homme douillet.
Zaser. V. *Faser.*
Zäsur f. (tsèzour). Césure.
Zauber‖ m. spl. (tsaober). Charme, enchantement. ‖*Zauber...,* ... magique, ... enchanté, e : *Zauber‖-laterne,* f., *-rute,* f., *-spruch,* m., *-trank,* m., *-wort,* n., lanterne, baguette, formule, f., breuvage [philtre], parole [f.] magique; *-flöte,* f., flûte enchantée; *-reich,* n., *-schloß,* n., royaume, m., château [palais] enchanté, m. ‖**-ei** f. (aè). Magie, sorcellerie. ‖**-er** m. ④, **-in** f. (er, ìn). Magicien, ienne, sorcier, ière.
zauberhaft a. (**h**aft). Magique, enchanteur, eresse.
Zauberin f. V. *Zauberer.*
zauber‖isch a., = *zauberhaft.* ‖**-n.** Exercer la magie.
Zauber‖kunst f. (kounst). Magie. ‖**-märchen** n. ④ (mèr**ch**en). Conte de fées, m. ‖**-stück** n. Tour de magie, m. ‖**-tinte** f. (tinte). Encre sympathique. ‖**-werk** n. Charme, m. ‖**-wesen** n. (véezen). Magie, f.
Zauderer m. ④ (tsaoderer). Temporisateur.
zauder‖haft a. (**h**aft). Hésitant, e, irrésolu, e. ‖**-n** (tsaodern). Hésiter, tarder. ‖n. spl. Hésitation, f., irrésolution, f.
Zaum m. (tsaom). Bride, f.
zaümen. Brider. ‖*Fig.* Refréner.
Zaun‖ m. (tsaon). Clôture, f. ‖[Hecke] Haie, f. ‖**-könig** m. Roitelet.
zausen (tsaozen). Tirailler.
z. D. = *zur Disposition.*
z. B. = *zum Beispiel.* Ex. (exemple).
Zebra, -s n. (tsée). Zèbre, m.
Zech‖bruder m. ③ (tsè**ch**broûder). Buveur. ‖**-e** f. (tsè**ch**e). Consommation. ‖[Einzel-] Écot m.a ‖[Bergwerk] Mine.
zechen intr. Boire* copieusement.
Zech‖er m. ④. Buveur. ‖**-erei** f. Orgie.
Zecke f. (tsèke). Tique.
Zeder f. (tsée). Cèdre, m.
Zehe f. (tséee). Orteil, m. : *auf den Zehen gehen**, marcher sur la pointe des pieds.
zehn‖ num. (tséene). Dix : *etwa* —, une dizaine.
Zehn‖eck n. Décagone, m. ‖**-ender** m. ④. Cerf dix cors. ‖**-er** m. ④. Dizaine, f. [chiffre]. ‖*Zehner...,* ... décimal, e.
zehn‖fach, -fältig a. (fèltig). Décuple. ‖**-jährig** a. (yèrig). Décennal, e. ‖**-te** [*der, die, das*], num. ord. V. GRAMM. ‖m. Dîme, f. ‖**-tel, -tens.** V. GRAMM.
zehren (tséeren) [an. *dat.*]. Se nourrir [de].
Zehr‖geld n. (gèlt, -d-), **-pfennig** m. (pfènnig). Viatique, m. ‖**-ung** f. Consommation : *die letzte Zehrung,* le saint viatique.
Zeichen n. ④ (tsaè**ch**en). Signe, m. ‖[vereinbartes] Signal, m. : *ein Zeichen geben**, faire* signe [à]; *als Zeichen...,* en signe [de]; *Zeichensetzung,* f., ponctuation.
zeich‖en... [pour *zeichnen...*] (tsaè**ch**en) : ... à dessiner, ... à [de, du] dessin : *Zeichen‖brett,* n., *-feder,* f., *-papier,* n., *-stift,* m., planche, f., plume, f., papier, m., crayon [m.] à dessiner *ou* à dessin; *-mappe,* f., carton [m.] à dessin; *-lehrer,* m., *-schule,* f., *-vorlage,* f., professeur, école, modèle [m.] de dessin. ‖**-nen.** Marquer. ‖[Zeichnung] Dessiner.
Zeich‖ner, in m. ④, f. Dessinateur, trice. ‖**-nung** f. Dessin, m.
zeigen tr. (tsaègen). Montrer. ‖intr. : *mit dem Finger zeigen* [auf. *acc.*], montrer du doigt.
Zeiger m. ④ [an d. Uhr usw.] Aiguille, f.
zeihen* [*gén.*]. Accuser [de].
Zeile f. (tsaèle). Ligne. ‖[v. Dingen] Rangée. ‖[Vers] Vers, m.
zeilig a. : *zwei-, vierzeilig,* de deux, quatre lignes *ou* vers.
Zeisig m. (tsaè**zich**). Serin.
Zeit f. (tsaèt). Temps, m. LOC. *Zeit haben,* avoir le temps; *das hat noch Zeit,* cela ne presse pas; *außer*

der Zeit, à une heure indue; *seiner Zeit* [abr. *s. Z.*], en son temps; *morgen um diese Zeit,* demain à la même heure; *zu der Zeit, als* [*wo*] ..., au temps [à l'époque] où ...; *zu gleicher Zeit,* en même temps; *zur rechten Zeit,* en temps voulu. ||**-abschnitt** m. Période, f. ||**-alter** n. (*al*t^e^r). Âge, m., siècle, m. ||**-angabe** f. (*à*ngâb^e^). Date. ||**-folge** f. (*fo*lg^e^). Ordre chronologique, m. ||**-form** f. Temps, m. [de verbe]. ||**-geist** m. Esprit du siècle.

zeitgemäß a. (gém*ê*ss). De circonstance, opportun, e.

Zeitgenoß m., ssin f. (gen*o*ss, ìn). Contemporain, e.

zeit||genössisch a. (n*œ*-). Contemporain, e. ||**-ig** a. (ig). Du temps actuel. || [rechtzeitig] Opportun, e. || [reif] Mûr, e. ||adv. Tôt, de bonne heure. ||**-igen** (ig^e^n). Mûrir, faire mûrir.

Zeit||irrtum m. (toum). Anachronisme. ||**-kauf** m. (ka^o^f). Marché à terme. ||**-lang** f. inv. (l*à*ng) : *eine Zeitlang,* un certain temps.

zeit||lebens adv. (l*ée*b^e^ns). Toute la [ma, ta, etc.] vie. ||**-lich** a. (li**ch**). Temporel, elle.

Zeit||lose f. (l*ô*z^e^). Colchique. ||**-lupe** f. Ralentisseur, m. : *mit der Zeitlupe aufgenommen,* pris au ralenti. ||**-messer** m. ④ (m*è*ss^e^r). Chronomètre. ||**-punkt** m. (po*ù*nkt). Moment, époque, f. ||**-raum** m. (ra^o^me) Période, f. ||**-rechnung** f. (rè**ch**noùng). Chronologie. ||*Relig.* Ere. ||**-ung** f. Journal, m., gazette : *Zeitungswesen,* n., journalisme, m. ||**-vergleichungstafel** f. Tableau [m.] synchronique. ||**-vertreib** m. (f^e^rtra^è^p, -b-). Passe-temps [amusement].

zeitweise adv. (va^è^z^e^). Par moments.

Zeitwort n. ② (v*ô*rt). Verbe, m.

Zelle f. (tsèl^e^). Cellule. || [Bienen-] Alvéole, m. || [Telephon-, Bade-] Cabine. ||*Zellen..., zellenförmig,* a., cellulaire.

Zelt|| n. Tente, f. ||**-bahn** f. Toile de tente.

Zelt||chen n. ④ pastille, f. ||**-e** f. Galette.

zelten vi. Faire du camping, camper. ||n. Camping, m.

Zement m. (tsém*è*nt). Ciment.

zementieren. Cimenter. || [Eisen] Cémenter. ||n. Cémentation, f.

Zens||or, -en m. (tsénz*o*r, ...*ô*r^e^n). Censeur. ||**-ur** f. (*oû*r). Censure. || [Schul-] Note. ||**-us** m. inv. Cens.

Zentner m. ④ (tsèntn^e^r). Quintal, aux.

zentnerschwer a. Extrêmement pesant.

Zentr||al... (tsèntr*â*l) : ...central, e. ||**-ale** f. [Usine] centrale.

zentr||alisieren (iz*î*r^e^n). Centraliser. ||**-ifugal** a. (foug*â*l). Centrifuge. ||**-ipetal** a. Centripète.

Zentrum, ...tren n. Centre, m.

Zenturie f. (tsènt*oû*ri^e^). Centurie.

Zephir m. (ts*ée*-). Zéphyr.

Zepter n. ④ (ts*è*p). Sceptre, m.

zer... (ts^è^r). Préfixe *inséparable, non accentué,* ajoute à l'idée exprimée par le radical verbal :

1° L'idée de *dissociation.* Ex. : *zerbröckeln,* émietter; *-fließen*,* [se] fondre.

2° L'idée de: *rompre, briser, broyer, écraser, fendre, déchirer* [verbes *transitifs*], *se rompre, se briser,* etc. [verbes *intransitifs,* avec *sein*]. Ex. : *zer||beißen*,* briser avec les dents; *-drücken,* écraser; *-reißen*,* déchirer; intr. se déchirer.

3° L'idée de *destruction.* Ex. : *zer||-fressen*, -nagen,* détruire* en rongeant [corroder].

zerbeißen* tr. Briser avec les dents.

zer||brechen* tr. (brè**ch**^e^n). Casser, briser. ||intr. [*sein*] Se casser, se briser. ||**-brechlich** a. (brè**ch**lich). Cassant, e, fragile.

zerbröckeln tr. Émietter.

zerdrücken tr. Écraser.

zerfahren* tr. Écraser [avec une voiture].

zerfallen* (fall^e^n). Tomber en morceaux, en ruine. || [in Teile] Se diviser. ||*Fig.* [mit einem] Se brouiller.

zerfetzen tr. Mettre* en lambeaux.

zerfleischen tr. Déchiqueter.

zerfließen* intr. Se fondre, se dissoudre*.

zerfressen* tr. Ronger*, corroder.

zergehen* intr. Se fondre, se dissoudre*.

zergliedern. Démembrer. ||*Fig.* Analyser : *Zergliederung,* f., démembrement, m.; analyse.

zerhacken. Hacher.

zerhauen*. Tailler en pièces, hacher, dépecer.
zerkauen. Broyer en mâchant.
zerkleinern. Réduire* en petits morceaux.
zerklopfen. Casser en frappant, broyer.
zerknacken. Casser avec les dents.
zer‖knirschen. Broyer, écraser. ‖**-knirscht** a. Contrit, e; *Zerknirschung*, f., contrition.
zerknittern tr. Froisser, chiffonner.
zerlassen*. Faire* fondre.
zerlegen (lé*e*g^e^n). Décomposer. ‖[Maschine] Démonter. ‖*Fig.* Analyser. ‖*zerlegbar*, a., décomposable; démontable; *Zerlegung*, f., décomposition; démontage, m.; analyse.
zerlumpt a. Déguenillé, e.
zer‖malmen. Broyer, écraser. ‖**-mürben**. Désagréger.
zerplatzen. Éclater, voler en éclats.
zerpulvern. Pulvériser.
zerquetschen. Écraser.
zerraufen. Déchirer en tiraillant, arracher.
Zerrbild n. (tsèrbilt, -d-). Caricature f., charge f.
zerreiben* tr. Broyer, triturer.
zerren. Tirailler.
zerreißen* tr. Déchirer. ‖intr. Se Déchirer.
zerrinnen* intr. [se] Fondre, se liquéfier.
zerrissen, pp. de *zerreißen; Zerrissenheit*, f., déchirement, m.; *fig.* désunion, division.
Zerrung f. Contorsion.
zerrupfen tr. Arracher, effeuiller.
zerrütten (r*u*t^e^n). Ébranler. ‖[Gesundheit] Altérer, ruiner.
zerschellen. Briser. ‖intr. se briser.
zerschießen*. Détruire à coups de canon [de fusil].
zerschlagen*. Rompre, casser, briser.
zerschmelzen*. Se fondre.
zerschmettern. Écraser, fracasser.
zerschneiden*. Tailler, dépecer. ‖n. Découpage, m.
zersetzen (zèts^e^n). Décomposer.
zerspalten*. Fendre. ‖intr. Se fendre.
zersplittern. Faire* voler en éclats. ‖*fig.* Disperser, éparpiller, morceler. ‖intr. Voler en éclats.
Zersplitterung f. Dispersion, éparpillement, m., morcellement, m.
zer‖sprengen. Faire sauter, faire éclater. ‖**-springen***. Sauter, se fêler, éclater, faire* explosion.
zerstampfen. Écraser, égruger, piler.
zerstäuben. Réduire* en poussière. ‖n. Pulvérisation, f.
Zerstäuber m. Pulvérisateur.
zerstieben*. Voler en poussière.
zerstören (schte*û*r^e^n). Détruire* : *zer‖störend*, a., destructeur, trice; *-störer*, m., destructeur; *-störung*, f., destruction.
zerstoßen* tr. Concasser, broyer, piler.
zerstreuen (schtr*œü*^e^n). Disperser, disséminer. ‖[verzetteln] Éparpiller. ‖*Fig.* Distraire*. ‖*zerstreut*, p. a. *Fig.* [unaufmerksam] distrait, e; *Zerstreutheit*, f., distraction; *Zerstreuung*, f., dispersion, éparpillement, m.; *fig.* distraction.
zerstückeln tr. Morceler.
zerteilen tr. Diviser.
zertreten* tr. Écraser du pied, fouler aux pieds.
Zerwürfnis n. (v*u*rfniss). Brouille, f.
Zeter n. ④ (tsé*e*t^e^r) : *Zeter über einen schreien**, crier haro sur qn; *Zetermordio schreien**, crier au meurtre.
zetern. Pousser les hauts cris.
Zettel m. ④ (tsèt^e^l). Fiche, f. [écrite *ou* pour écrire]. ‖[Theater-] Affiche, f. ‖[Miet-] Écriteau, x. ‖[Wahl-] bulletin. ‖*Com.* Étiquette, f. ‖[im Gewebe] Chaîne, f.
Zeug n. (ts*œü*g). Attirail, m., matériel, m. ‖[Stoff] Étoffe, f., matière, f. ‖*Fig.* Chose, f.
Zeuge, -n, -n, m., **in** f. (ts*œü*g^e^, gìn). Témoin, m. : [*zum*] *Zeugen anrufen*, prendre* à témoin.
zeugen 1. intr. Témoigner [de]. ‖2. Engendrer, procréer.
Zeug‖er m. ④. Générateur. ‖**-haus** n. (**ha**^o^s). Arsenal, m. ‖**-nis** n. Témoignage, m. ‖[Bescheinigung] Certificat, m., attestation, f. ‖[Schul-] Bulletin, m. ‖[Zensur] Note, f.
Zeugung f. Génération, procréation : *zeugungsfähig*, a., prolifique.
Zibet m. (tsîbèt). Civette, f.
Ziborium, ...rien n. (b*ô*rioum). Ciboire, m.
Zichorie f. (tsi**ch***ô*ri^e^). Chicorée.
Zick‖e f. (ts*i*k^e^). Chèvre. ‖**-lein** n. (a^e^n). Chevreau, x, m.
Zickzack m. ① (tsîktsak). Zigzag.

Zider m. ④ (tsî-). Cidre.
Ziege f. (tsîge). Chèvre.
Ziegel m. ④ (tsîgel). Brique, f. ‖[Dach-] Tuile, f. ‖*Ziegel*‖*brenner*, m., briquetier, tuilier; *-brennerei*, f., briqueterie, tuilerie.
ziegen... : ... de chèvre : *Ziegen*‖*-bock*, m., bouc; *-hirt*, m., chevrier; *-leder*, n., chevreau, m.
Ziegler, = *Ziegelbrenner*.
zieh‖**bar** a. (tsî-). Ductile. ‖**-barkeit** f. Ductilité.
Ziehbrunnen m. (brounen). Puits [à poulie].
ziehen* tr. (tsîen). Tirer : *am Arme, am Rocke ziehen*, tirer par le bras, par l'habit; *an der Schnur ziehen*, tirer le cordon; *in die Höhe ziehen*, faire* monter; *nach sich ziehen*, tirer après soi, entraîner. ‖[schleppen] Traîner. ‖[beschreiben] Tracer. ‖[erziehen] : *groß ziehen*, élever. ‖[Pflanzen] Cultiver. ‖intr. [*sein*]. Aller* [vers] : *in die Stadt ziehen*, aller* demeurer à la ville; *ins Feld ziehen*, partir en campagne. ‖impers. : *es zieht*, il y a un courant d'air. ‖[Bank] *auf jemanden ziehen*, tirer sur quelqu'un.
Zieh‖**harmonika** f. (harmô-). Accordéon, m. ‖**-ung** f. Tirage, m.
Ziel n. (tsîl). Terme, m. ‖[Zweck] But, m., fin, f. ‖[kaufm.]. Échéance, f.
ziel‖**bewußt** a. (voust). Conscient, e du but à atteindre. ‖**-en** intr. Viser [à].
Ziel‖**punkt** m. (poùnkt). Point de mire. ‖**-scheibe** f. (schaèbe). Cible.
ziem‖**en** [**sich**] (tsîmen). Convenir* intr. ‖**-lich** a. Passable. ‖adv. Passablement, assez.
Zier‖ f. (tsîr). Ornement, m. ‖**-affe** m. (afe), *fam.* Petit-maître. ‖**-at** m. ①, **-de** f. Ornement, m.
zieren (tsîren). Orner. ‖*Fig.* : *sich zieren*, minauder; *geziert*, a., affecté, e, recherché, e, maniéré, e.
Ziererei f. (tsireraè). Affectation, préciosité.
zierlich a. (lich). Coquet, ette.
Zier‖**pflanze** (antze). Plante d'agrément. ‖**-puppe** f. (poupe). Précieuse. ‖**-topf** m. Cache-pot.
Ziffer‖ f. (tsifer). Chiffre, m. ‖**-blatt** n. ②. Cadran, m.
Zigar‖**ette** f. (tsi-rète). Cigarette : *Zigaretten*‖*spitze*, f., fume-cigarette, m.; *-tasche*, f., porte-cigarettes, m. ‖**-re** f. (gare). Cigare, m. : *Zigarren*‖*spitze*, f., fume-cigare, m.; *-tasche*, f., porte-cigares, m.
Zigeuner m. ④, **in** f. (tsigœüner, ìn). Bohémien, ìenne.
Zikade f. (tsikâde). Cigale.
Zimbel f. (tsimbel). Cymbale.
Zimmer‖ n. ④ (tsimer). Chambre, f. ‖[Teil d. Wohnung] Pièce, f. ‖dim. *Zimmerchen*, n. ④, chambrette, f. ‖**-ei** f. Charpenterie. ‖**-holz** n. (holts). Bois [m.] de charpente. ‖**-mann** m., pl. **-leute**. Charpentier.
zimmern. Charpenter.
Zimmerwerk n. Charpente, f.
Zimmet m. (tsî-). Cannelle, f.
zimperlich a. (tsîmperlich). Affecté, e, minaudier, ière.
Zimperlichkeit f. Minauderie.
Zimt. V. *Zimmet.*
Zink‖ m. et n. (tsìnk). Zinc, m. ‖**-arbeiter** m. (arbaèter). Zingueur.
Zinke f. (tsinke). 1. Branche. ‖[Zacken] Dent. ‖2. *Mus.* Clairon, m.
zinken. a. De zinc.
Zinken. m. V. *Zinke.*
Zinn n. (tsìn). Étain, m.
Zinne f. (tsine). Créneau, x, m. : *mit Zinnen versehen*, crénelé.
zinnern a. D'étain.
Zinnober m. (ôber). Cinabre, vermillon.
Zins‖, **-en** m. (tsìns). [Abgabe] Impôt, tribut. ‖Intérêt : *auf Zinsen*, à intérêt[s]; *Zinseszins*, m., intérêt composé. ‖[Miet-] pl. **-e.** Loyer.
zinsbar a. Portant intérêt.
Zins‖**fuß** m. (foûss). Taux [d'intérêt]. ‖**-leiste** f. (laèste). Talon, m. [de titre]. ‖**-schein** m. (schaèn). Coupon. ‖**-stock** m. (schtòk). Talon.
Zionist m. **zionistich** a. Sioniste.
Zipfel m. ④ (tsipfel). Pointe, f., bout.
Zipperlein n. *Path.* Goutte, f.
zirka adv. (tsirka). Environ.
Zirk‖**el** m. ④. Cercle. ‖*Fig.* Société, f., cercle. ‖[Gerät] Compas. ‖**-ular** n. ④ (koulâr) : *Zirkularschreiben*, n., circulaire, f. ‖**-us** m. ① (kouss). Cirque.
Zirpe f. (tsirpe). Cigale, grillon, m.
zirpen. Pépier. ‖[v. Grillen] Chanter.

zisch||**eln** (ts*i*sch^e^ln). Chuchoter. ||n. Chuchotement, m. ||**-en** (^e^n). Siffler. ||[v. Wasser] Bouillonner, chanter. ||n. Sifflement, m., bouillonnement, m.
ziselieren (tsiz^e^l*î*r^e^n). Ciseler.
Ziselierer m. ④. Ciseleur.
Zisterne f. (tsist*è*rne). Citerne.
Zitadelle f. (tsi-d*è*l^e^). Citadelle.
Zitat n. ① (t*â*te). Citation, f.
Zither f. (ts*i*-). Cithare.
zitieren (t*î*r^e^n). Citer.
Zitrone f. (tr*ô*n^e^). Citron, m. : *Zitronenbaum,* m., citronnier.
Zitter||**fisch** m. (ts*i*t^e^r). Torpille, f. ||**-gold** n. (golt, -d-). Oripeau, x, m.
zittern. Trembler, tressaillir*. ||n. Tremblement, m., tressaillement, m.
Zitterpappel f. Tremble, m.
zivil a. (tsiv*î*l). Civil, e. ||[Preis] Modéré, e. ||n. spl. Civil, m. ||[Anzug] Tenue [f.] civile. *Zivil...,* ... civil, e : *Zivil*||*ehe,* f., *-stand,* m., mariage, m., état [m.] civil; *-ist* ⑤ Civil.
Zobel m. ④ (tsôb^e^l). Zibeline, f.
Zober m. ④. Cuve, f.
Zofe f. (ts*ô*f^e^). Soubrette.
zog (tsôg), imp. de *ziehen**.
zögern (tse*û*g^e^rn). Tarder, hésiter [à]. ||n. et **Zögerung** f. Retard, m., hésitation, f.
Zögling m. Élève, m. et f.
Zölibat m. et n. (tseûlib*â*te). Célibat, m.
Zoll|| m. spl. (tsol). Pouce. [mesure]. ||pl. **¨e.** [Steuer] Droit. ||[Waren] Douane, f. ||[städtischer] Octroi. ||[Straßen-] Péage. ||*Zoll...,* ...de [la] douane, ...relatif, ive à la douane, ... douanier, ière : *Zoll*||*amt,* n., bureau [m.] des douanes, douane, f.; *-beamte[r],* m., douanier; *-erklärung,* f., déclaration en douane; *-frei,* a., exempt, e de douane [de droits]; *-pflichtig,* a., soumis, e aux droits [de douane]; *-verein,* m., union douanière, f.; *-wesen,* n. douane[s], f. ||*...zoll* : droit d'entrée sur ...
Zöllner m. ④. Douanier.
Zone f. (tsôn^e^). Zone.
Zönobit, -en, -en m. Cénobite.
Zoologe, -n, -n m. (tso'ol*ô*g^e^). Zoologiste : *Zoologie,* f., zoologie; *zoologisch,* zoologique.
Zopf m. (tsopf). Tresse, f. [de cheveux], queue, f. ||*Fig.* : *alter Zopf,* vieille perruque, vieille routine.
Zorn m. spl. (tsorn). Colère, f. : *in Zorn gehen**, se mettre* en colère.
zornig a. (ig). En colère, courroucé, e.
Zote f. (tsôt^e^). Obscénité : *zotenhaft,* a., *zotig,* obscène.
Zotte, -el f. (tsott^e^, ^e^l). Touffe de poils.
zottig a. Velu, e.
zu prép. (tsou) [*dat.*]; adv. et préfixe *séparable* (tso*û*).
I. prép. Exprime : 1° La direction vers, l'approche. Ex. : *der Weg zur Kirche, zur Schule,* le chemin de l'église, de l'école; *zu einem, zu Bette gehen**, aller chez qn, au lit; *zu einem sprechen**, parler à qn. ||2° Le but, la destination, le résultat, l'effet. Ex. : *zu etwas bereit, sich zu etwas bereiten,* être* prêt, se préparer à qc.; *zum Dichter geboren sein**, être* né poète; *Papier zum Schreiben,* papier pour écrire*; *zum Glück,* par bonheur. ||3° Le lieu sans direction. Ex. : *zu Hause sein**, être* à la maison; *zu Bette liegen**, être* au lit [couché]; *zu Wasser, zur See, zu Lande,* par eau, par mer [en mer], par terre; *zu Pferd,* à cheval. ||4° Le temps. Ex. : *zu Mittag,* à midi; *zu Ostern,* à Pâques; *zur Zeit, wo ...,* au temps [à l'époque] où ... ||5° L'état, la situation : *einen zum Freund wählen,* choisir quelqu'un pour ami. ||6° Le passage d'un état à un autre. Ex. : *das Wasser wird zu Eis,* l'eau se transforme en glace; *zum Soldaten werden**, se faire* soldat. ||7° La quantité, le nombre, le degré, la distance. Ex. : *bis zur Hälfte,* jusqu'à la moitié; *bis zu Ende,* jusqu'au bout; *zum Teil,* en partie; *zu zweien, zu dreien, zu Paaren, zu Hunderten,* par deux, par trois, par paires [couples], par centaines.
II. adv. Exprime : 1° La direction vers. Ex. : *nach der Straße zu,* vers la rue. ||2° Le lieu, le temps, la continuation. Ex. : *ab und zu,* de ci de là; *nur [immer] zu!* allez toujours!; *Glück zu!,* grand bien vous fasse! ||3° L'idée de fermer ou d'être fermé. Ex. : *die Tür ist zu,* la porte est fermée;

Tür zu!, fermez la porte! ||4° L'idée d'excès, rendue par *trop*. Ex. : *zu hoch*, trop haut, e; *zu viel[e]*, trop [de]; *zu wenig[e]*, trop peu [de]; [devant un v.] *zu sehr*, trop.
III. Préfixe *séparable, accentué*, forme des verbes et substantifs où il ajoute l'idée de :
1° *Direction, but, tendance* [se rend par **vers**, mis après le verbe]. Ex. : *zu||fahren**, *-fliegen**, *-fließen*, *-gehen**, *-laufen**, *-reiten**, *-rollen*, *-springen**, *-steuern*, *-strömen*, *-wandern*, se diriger vers [de la façon indiquée par le verbe : *en voiture, en volant, en coulant*, etc.].
2° *Adresse* [se rend souvent par **à**, mis après le verbe]. Ex. : *zu||flüstern*, chuchoter à; *-winken*, faire* signe [à].
3° *Attribution* [se rend par **à**, mis après le verbe]. Ex. : *zu||eignen*, dédier; *-erkennen**, adjuger.
4° *Destination*. Exemples : VERBES : *zu||bereiten*, *-richten*, *-rüsten*, préparer, apprêter; SUBSTANTIFS : *Zu||bereitung*, f., *-richtung*, f., *-rüstung* f., préparation, apprêt, m.
5° *Fermeture* [se rend dans ce cas généralement par **fermer** suivi du participe présent du verbe]. Ex. : *zu||binden**, **fermer** en liant; *-decken*, — en couvrant; *-knöpfen*, — en boutonnant.
6° *Addition, adjonction, accroissement*. Ex. : VERBES : *zu||fügen*, *-legen*, *-setzen*, *-tun**, ajouter; *-geben*, donner en plus [ajouter. ||SUBSTANTIFS : *Zu||drang*, m., affluence, f.; *-fluß*, m., afflux, affluent.
zuallererst adv. Tout d'abord.
Zuave, -n, -n m. (tsouâve). Zouave.
Zubehör n. spl. (tsoûbeheûr). Accessoire[s], m. [pl.].
Zuber m. ④ (tsoûber). Cuve, f.
zubereiten tr. Préparer, apprêter.
Zubereitung f. Préparation.
zubinden* tr. Fermer [en liant], lier. ||[Augen] Bander [les yeux].
zubringen* (tsoûbringen). Apporter. ||*Zubringerdienst*, m., [Verkehr] service de raccordement. ||[Zeit] Passer.
Zucht f. (tsoucht). [v. Tieren] Élevage, m. ||[v. Pflanzen] Culture. ||[Ordnung] Discipline.
züchten (tsuchten). Élever. ||Cultiver.
Zuchthaus n. (haos). Maison [f.] de correction, de détention.
züchtig a. (tsuchtig). Chaste, pudique.
züchtigen (tsuchtigen). Châtier.
Züchtigung f. Châtiment, m. **-ling** m. (lìng). Détenu.
zuchtlos a. Indiscipliné, e.
Zucht||losigkeit f. Indiscipline. ||**-polizei** f. (tsaè). Police correctionnelle. ||**-tier** n. (tîr). Reproducteur, m.
zucken intr. (tsouken). Tressauter. ||*Fig.* [krampfhaft] Palpiter. ||tr. : *die Achseln zucken*, hausser les épaules.
Zucker|| m. spl. (tsouker). Sucre : *gebrannter Zucker*, caramel. ||**-bäkker** m. (bèker). Confiseur. ||**-bäckerei** f. Confiserie. ||**-chen** n. ④ (chen). Bonbon, m. ||**-dose** f. (dôze). Sucrier, m. ||**-fabrik** f. Raffinerie [de sucre]. ||**-hut** m. (hoûte). Pain de sucre. ||**-krankheit** f. (krànkhaète). Diabète, m. ||**-mehl** n. Sucre [m.] en poudre.
zuckern. Sucrer.
Zucker||rohr n. Canne à sucre, f. ||**-rübe** f. (rûbe). Betterave. ||**-sieder** m. Raffineur. ||**-siederei** f. Raffinerie.
zuckersüß a. Sucré, e. ||*Fig.* Mielleux, euse.
Zucker||waren f. pl. Sucreries pl., confiserie, f. ||**-wasser** n. Eau sucrée, f. ||**-werk** n. Sucreries, f. pl.
Zuckung f. (tsou-) Mouvement [m.] brusque, convulsion, palpitation.
zudecken tr. Couvrir.
zudem adv. (tsoudéem). En outre.
Zudrang m. Affluence, f.
zudrehen tr. Fermer [en tournant]. Serrer [Schrauben].
zudringlich a. (tsoûdrìnglich). Importun, e : *Zudringlichkeit*, f., importunité.
zudrücken tr. Fermer [en pressant].
zueignen tr. Dédier.
Zueignung f. Dédicace.
zuerkennen* tr. Adjuger. décerner.
Zuerkennung f. Adjudication.
zuerst adv. (èrst). D'abord. ||[erstens] Premièrement : *er sprach zuerst*, il parla le premier.

zufahren* (ts*oû*fâr^e^n) : *gut zufahren,* aller* bon train; *fahr' zu, Kutscher!,* fouette, cocher!
Zufall m. Hasard : *widriger Zufall,* contretemps.
zu‖fallen* int. Échoir*. ‖**-fällig** a. Fortuit, e; accidentel, elle.
zuflicken tr. Raccommoder.
zufliegen* int. Voler vers.
zufließen* int. Couler vers.
Zuflucht f. (flou**ch**t). Refuge, m. ‖[zur Hilfe] Recours, m.: *Zuflucht nehmen* [bei], se réfugier [auprès de]; *Zufluchtsort,* m., refuge, asile.
Zufluß m. Afflux. ‖[Nebenfluß] Affluent.
zuflüstern int. Chuchoter à.
zufolge prép. (tsouf*o*lg^e^). D'après, selon.
zufrieden a. (frî^d^e^n). Content e, satisfait, e [de] : *ich bin es zufrieden,* je le veux bien; *zufriedenstellen, sép.,* contenter; *Zufriedenheit,* f., satisfaction.
zufrieren* intr. Se geler complètement, se prendre.
zufügen (ts*ou*fûg^e^n). Ajouter : *Schaden zufügen,* causer [faire*] des dégâts.
Zuführungsdraht, m. Fil d'amenée.
Zufuhr f. (foûr). Arrivage, m. ‖*Mil.* Convoi, m. [de vivres, etc.].
zuführen tr. Conduire vers.
zufüllen tr. Remplir, combler.
Zug m. (ts*oû*g). Marche f. [en file]. ‖[v. Vögeln] Passage. ‖[v. Leuten] Cortège. ‖[v. Truppen] Défilé, colonne, f. ‖[Gespann] Attelage. ‖[v. Wagen, Eisenbahn] Train. ‖[des Atems] Trait : *in vollen Zügen,* à pleins poumons; *in den letzten Zügen liegen*,* être* à l'article de la mort. ‖[beim Trinken] *in einem Zuge, in vollen Zügen trinken*,* boire* d'un trait, à longs traits. ‖[d. Gesichtes u. beim Zeichnen] Trait. *Fig. : Charakterzug,* trait de caractère. ‖[Luft-] Tirage. ‖[Zugluft] Courant d'air. ‖[beim Schachspiel] Coup.
Zugabe f. Supplément, m. ‖[*zum Fleisch*] Réjouissance.
Zugang m. (ts*oû*gàng). Accès. ‖[zu e. Festung] Abords, m. pl., approches, f. pl.
zugänglich a. Accessible.
Zugbrücke f. (*oû*g). Pont-levis, m.
zugeben* (ts*oû*geeb^e^n). Donner en plus. ‖[zugestehen] Concéder, convenir* [de] : *ich gebe es zu,* j'en conviens.
zugegen adv. (g*ée*g^e^n) : *zugegen sein*,* être* présent, e [à].
zugehen* (ts*oû*géée^e^n). Marcher, s'avancer [vers, sur], parvenir*. ‖[geschehen] Se passer.
zugehören. Appartenir* à : *zugehörig,* a., appartenant à.
Zügel m. ④ (ts*û*g^e^l). Bride, f., rêne, f. ‖[Lenkseil] Guide, f. : *die Zügel schießen* lassen*,* lâcher la bride [à].
zügellos a. (lôss, -z-). Sans bride. ‖*Fig.* Effréné, e.
Zügellosigkeit f. Licence effrénée.
zügeln (ts*û*g^e^ln). Brider. ‖*Fig.* Dompter.
zugenannt a. (ts*oû*gé-). Surnommé, e.
zugesellen tr. Associer à.
Zugeständnis n. Concession, f.
zugestehen*. Avouer. ‖[zugeben] Convenir* de. ‖[bewilligen] Concéder, accorder.
zugetan a. (gét*â*ne). Attaché, e [à].
Zugführer m. ④ (ts*oû*g-). [Eisenbahn] Chef de train.
zugießen* tr. Ajouter [en versant].
zugleich adv. En même temps.
Zug‖leine f. (ts*oû*gla^è^n^e^). Corde de halage. ‖**-luft** f. Courant d'air, m. ‖**-pferd** n. Cheval [m.] de trait. ‖**-pflaster** n. Vésicatoire, m.
zugreifen*. Mettre* la main dessus : *greifen Sie zu!,* servez-vous!
Zug‖rolle f. (*oû*g). Poulie. ‖**-stiefel** m. ④. Bottine à élastique, f. ‖**-tier** n. Bête de trait, f.
zugrunde loc. adv. (gro*ù*nd^e^) : *zugrunde gehen*,* périr; *zugrunde richten,* ruiner.
zugute loc. adv. (g*oû*t^e^) : *zugute halten*,* tenir compte [à qn de]; *zugute kommen*,* profiter [à]; *einem, sich etwas zugute tun*,* régaler qn, se régaler [de qc.].
Zug‖vogel m. ③. Oiseau, x, de passage. ‖**-wind** m. Vent coulis.
zuhäkeln tr. Agrafer.
zuhalten*. Tenir* fermé. ‖[Ohren] Boucher.
Zuhälter m. ④. Souteneur.
zuhauf loc. adv. (**h**a^o^f). En foule.

Zuhause n. Chez-soi.
zuheilen int. Se cicatriser.
zuhinterst adv. Tout à la fin.
zuhören intr. (ts*oûheû*r^en). Écouter, tr.
Zuhörer, in m. ④, f. (**heû**r^er, ìn). Auditeur, trice.
zujauchzen tr. Acclamer [adresser ses acclamations].
zukleben, -kleistern tr. Fermer en collant.
zuknöpfen tr. Boutonner.
zukommen* (kom^en). S'avancer [vers] : *zukommen lassen**, faire* parvenir*. ‖*Fig.* Être* dû [f. due], revenir* [à].
Zukunft f. (kounft). Avenir, m. ‖*Gramm.* Futur, m.
zukünftig a. (kunftig). Futur, e.
zulächeln int. Sourire.
Zulage f. Supplément, m.; allocation, f.
zulande adv. (l*à*nd^e) ; *hier zulande,* chez nous.
zu‖langen. Étendre la main. ‖[bei Tische] Se servir*. ‖[hinreichen] Suffire*. ‖**-länglich** a. (lènglich). Suffisant, e.
zu‖lassen*. Laisser fermé, e. ‖[aufnehmen] Admettre*. ‖[erlauben] Permettre*. ‖**-lässig** a. Admissible, permis, e.
Zulassung f. Admission, permission. ‖[Autom.] *Zulassungsschild,* n., plaque (f.) de police.
Zulauf m. Affluence, f. *Fig.* Vogue, f.
zulaufen* int. Courir vers, accourir.
zulegen tr. Fermer en couvrant, couvrir. ‖[hinzufügen] Ajouter.
zuleide adv. (l*a*^è) : *etwas — tun*,* faire* du mal.
zuleiten tr. Diriger vers.
zuletzt adv. Enfin. ‖Le dernier, en dernier.
zuliebe loc. adv. *einem zuliebe,* pour l'amour de qn.
zulöten tr. Fermer en soudant.
zum abrév. de *zu dem.*
zumachen. Fermer.
zumal adv. Surtout.
zumauern tr. Fermer par un mur, murer.
zumeist adv. Pour la plupart, le plus souvent.
zumessen* tr. Attribuer.
zumute loc. adv. (m*oû*t^e) = *zu Mute.*
zumuten (ts*oû*moût^en). [einem] Exiger [de qn].
zunächst adv. (n*è*kst). Tout près [de]. ‖[zuerst] D'abord.
zunageln tr. Clouer, fermer en clouant.
zunähen tr. Coudre, fermer en cousant.
Zunahme f. Augmentation.
Zuname m. Surnom, pseudonyme.
zünd‖bar a. (ts*u*nt-). Inflammable. ‖**-en** tr. (ts*u*nd^en). Allumer. ‖intr. Prendre* feu.
Zünder m. ④. Fusée, f. ‖[am Motor] Allumeur.
Zunder m. (ts*où*nd^er). Mèche, f. ‖[Schwamm] Amadou.
Zünd‖hölzchen n. ④ (ts*u*nt**heu**ltsch^en). Allumette, f. ‖**-stoff** m. ① (schtof). Matière[s] inflammable[s], f. [pl.]. ‖**-ung** f. Allumage, m.
zunehmen* intr. (ts*oû*néem^en), [an, *dat.*]. Croître, s'accroître*, augmenter [en].
zuneigen (na^èg^en). Incliner [vers].
Zuneigung f. Inclination. ‖[Hang] Penchant, m.
Zunft‖, ¨e f. Corporation. ‖**-geist** m. Esprit de corps.
Zunge f. (ts*ou*ng^e). Langue. ‖dim. *Züngelchen,* n. ④, languette, f. ‖[an d. Waage] Flèche, f.
züngeln intr. (ts*u*ng^eln). [v. Flammen] tr. Lécher.
zungen... : ...de la langue, lingual, e. ‖*zungen‖fertig,* a. (ig), disert, e; *-fertigkeit,* f., volubilité, faconde.
zunichte loc. adv. (n*i*-) : *zunichte machen,* anéantir.
zunicken int. Faire* un signe de tête approbateur.
zunutze loc. adv. : *zunutze machen,* profiter de.
zuoberst adv. (*ô*-). Tout en haut.
zupfen (ts*ou*pf^en). Tirailler. ‖[Stoff] Effiler.
zur (tsour), abr. de *zu der.*
zuraunen tr. Murmurer, dire à l'oreille.
zurechnen (ts*oû*r*è*chn^en). Ajouter. ‖[einem] Attribuer, imputer.
Zurechnung f. Attribution, imputation : *zurechnungsfähig,* a., responsable.

zurecht loc. adv. et préf. sép. (tsou-rècht). En ordre, à sa place : *zurecht‖finden** [*sich*], trouver son chemin, s'orienter; *-machen*, apprêter; [Salat] faire*; *sich* —, s'apprêter; *-legen*, *-setzen*, *-stellen*, mettre* en ordre; *-weisen**, montrer le chemin à; *fig.*, réprimander; *fam.*, remettre* à sa place; *-weisung*, f., réprimande.
zureden. Chercher à persuader.
zureiten*. Aller* à cheval vers.
zurichten. Préparer, apprêter.
Zurichtung f. Préparation, apprêt, m.
zuriegeln. Fermer au verrou.
zürnen (ts*u*rn^{e}n). [einem]. Être* irrité, en colère [contre qn].
zurollen. Rouler vers.
zurück (tsour*u*k). I. adv. En arrière. ‖[Schüler] En retard. ‖[zurückgekehrt] De retour. ‖II. Préfixe *séparable, accentué*, même sens que l'adverbe; sert à former :
1° Des verbes auxquels il ajoute le sens de *en arrière*. Ex. : *zurück‖setzen*, mettre, *-springen* sauter, *-stehen*, se tenir* [en arrière].
2° Des verbes ayant un équivalent français avec le préfixe *re...*, *ré...*, *r...* Ex. : *zurück‖haben**, ravoir*; *-halten**, retenir*; *-holen*, ramener; *-kaufen*, racheter.
3° Des verbes ayant le sens de *revenir* en arrière*, *retourner*, *rentrer*, *reculer*, combiné avec le sens du verbe simple. Ex. : *zurück-begeben** [*sich*], s'en retourner; *-gehen**, *-kehren*, retourner.
zurückbeben. Reculer en tremblant.
zurückbegeben* **[sich].** S'en retourner.
zurückbegleiten tr. Raccompagner.
zurückbehalten* tr. Retenir*.
zurückbekommen* tr. Recouvrer.
zurückberufen* tr. Rappeler, révoquer.
Zurückberufung. f. Rappel, m., révocation.
zurück‖beugen. Ployer en arrière. **-biegen*** tr. Plier en arrière.
zurückbleiben* int. Rester en arrière.
zurückblicken int. Jeter un regard en arrière.
zurückbringen* tr. Rapporter, ramener.
zurückdrängen tr. Repousser, réprimer.
zurückdrehen. Tourner en arrière.
zurückdürfen. Pouvoir* retourner ou rentrer.
zurückeilen. Se hâter de retourner.
zurückerbitten [sich]. Redemander.
zurückerhalten* tr. Recouvrer.
zurückerobern tr. Reconquérir*.
zurückerstatten tr. Restituer, rembourser.
zurückfahren*. Retourner en voiture.
zurückfallen*. Retomber.
zurückfinden* **[sich].** Retrouver son chemin.
zurückfließen*. Refluer.
zurückfordern. Redemander, réclamer, revendiquer.
zurückführen. Ramener. [Ursprung] faire* remonter.
zurückgeben*. Rendre, restituer.
Zurückgabe f. Restitution.
zurückgehen. Retourner.
zurückgezogen p. a. Retiré, e.
Zurückgezogenheit f. Retraite.
zurückhaben*. Ravoir*.
zurück‖halten*. Retenir*. ‖[Gefühl] Réprimer. ‖**-haltend** p. a. (**halt**^{e}**nt**, -d-). Réservé, e.
Züruckhaltung. f. Réserve.
zurückholen. Aller* reprendre, ramener.
zurückkaufen. Racheter.
zurückkehren. Retourner.
zurückkommen*. Revenir*.
zurücklassen*. Laisser en arrière. ‖[im Stiche lassen] Abandonner.
Zurücklassung f. Abandon, m.
zurücklaufen*. Courir* en arrière.
zurücklegen (l*é*eg^{e}n). Mettre* de côté. ‖[Geld] Économiser. ‖[Alter] Passer. ‖[Strecke] Faire*.
zurückmüssen*. Être obligé de retourner [de rentrer].
zurücknehmen*. Reprendre*.
zurückprallen [*sein*]. Rebondir.
zurückreisen. Retourner. ‖n. Retour, m.
zurückreiten*. Rentrer à cheval.
zurückrufen*. Rappeler.
zurück‖schauen. Regarder en arrière. ‖**-schicken.** Renvoyer.
zurückschieben*. Repousser [en glissant].
zurückschlagen*. Repousser [en frappant]. Contrebattre.

zurückschrecken. Faire* reculer d'effroi.
zurücksehen*. Regarder en arrière.
zurücksehnen [sich]. Aspirer au retour.
zurücksenden*. Renvoyer, réexpédier.
zurücksetzen (-zèts^e^n). Mettre* en arrière, reléguer. ‖[Schüler] Faire* redescendre.
zurückspringen* (chpr*i*ng^e^n). Sauter en arrière.
zurückstehen*. Se tenir* en arrière.
zurückstellen (schtèl^e^n). Placer en arrière. ‖[Uhr] Retarder. ‖[Rekruten] Ajourner.
zurückstrahlen (schtr*â*l^e^n). Refléter, réfléchir.
zurückströmen [*sein*]. Refluer.
zurückstürzen. Tomber en arrière.
zurücktragen*. Reporter, rapporter.
zurücktreten* [*sein*]. Se retirer. ‖*Fig.* S'effacer.
zurückverlangen. Redemander.
zurückweichen*. Reculer.
zurückweisen*. Repousser, rejeter, refuser.
zurückwerfen*. Rejeter, repousser. ‖[Strahlen] Réfléchir.
zurückwirken. Réagir.
zurückwünschen (v*u*nsch^e^n). Désirer le retour de.
zurückzahlen. Rembourser.
Zurückzahlung f. Remboursement, m.
zurückziehen*. Retirer; intr. se retirer. ‖[Schultern] Effacer. ‖intr. [*sein*] Remménager.
Zurückziehung f. Retrait, m.
Zuruf m. (tsoûroûf). Appel : *durch Zuruf wählen,* élire* par acclamation.
zurufen*. Crier.
zurüsten. Préparer, apprêter.
Zurüstung f. Préparation.
Zusage f. (zâg^e^). Assentiment, m. ‖[Versprechen] Promesse.
zusagen tr. (zâg^e^n). Promettre*. ‖intr. Promettre* de venir. ‖*Fig.* [gefallen] Plaire*.
zusammen (tsouz*a*m^e^n). I. adv. Ensemble, conjointement. ‖[im ganzen] En tout. ‖II. Préfixe *séparable, accentué;* sert à former des verbes exprimant :
1° L'idée d'*ensemble*, d'*assemblage*, de *réunion : a*) Verbes n'ayant pas d'équivalent français en un seul mot et se traduisant par le verbe simple suivi de **ensemble.** Ex. : *zusammen‖binden**, lier ensemble. *b*) Verbes ayant un équivalent français avec le préfixe *con...* ou *com...* Ex. : *zusammen‖berufen**, convoquer; *-fallen**, coïncider.
2° L'idée de *réduction,* d'*affaissement.* Ex. : *zusammenbrechen**, s'écrouler.
zusammenballen tr. Pelotonner.
zusammenberufen* tr. Convoquer.
zusammenbinden tr. Lier ensemble.
zusammenbrechen* int. S'écrouler.
zusammenbringen*. Réunir. ‖[Dinge] Amasser.
Zusammenbruch m. Écroulement.
zusammendrängen (drèng^e^n). Presser, [res]serrer. ‖*Fig.* Condenser.
zusammendrücken. Comprimer.
zusammenfahren* (f*â*r^e^n). Aller* ensemble en voiture. ‖*Fig.* Tressaillir*.
zusammenfallen*. Tomber en ruine. ‖*Fig.* Maigrir. ‖[v. Ereignissen] Coïncider.
zusammenfassen. Prendre* et serrer. ‖*Fig.* Condenser, résumer.
zusammenfinden* [sich] Se trouver ensemble.
zusammenflicken. Rapiécer. ‖*Fig.* Compiler.
zusammenfliegen* [*sein*] int. Voler ensemble.
zusammenfließen* [*sein*] int. Confluer.
zusammenfügen int. Joindre* ensemble.
zusammengehören. Être* assorti, e.
zusammenhalten* tr. Tenir* ensemble. ‖*Fig.* [vergleichen]. Rapprocher, comparer. ‖intr. Faire* cause commune.
Zusammenhang m. (hàng). Cohésion, f., cohérence, f. ‖[Beziehung] Rapport, lien : *zusammenhang‖los,* a., incohérent, e, sans suite; *-losigkeit,* f., incohérence.
zusammen‖hangen*. Avoir* du rapport [avec]. ‖**-hängend** a. Cohérent, e. ‖[Rede] Suivi, e.
zusammenketten tr. Enchaîner ensemble.
zusammenkleben ou **-kleistern** tr. Coller ensemble.
zusammenknüpfen tr. Nouer ensemble.

zusammenkommen*. Se réunir. ‖[mit einem] Avoir* une entrevue [avec], rencontrer, tr.
Zusammenkunft f. Réunion, entrevue.
Zuzammenlauf m. Attroupement.
zusammenlaufen*. S'attrouper. ‖[in e. Punkt] Converger.
zusammenleben. Vivre* ensemble. ‖n. Vie commune, f.
zusammenlegen. Assembler. ‖[falten] Plier. ‖n. Assemblage, m. ‖Pliage, m.
zusammenleimen tr. Coller ensemble.
zusammenlöten tr. Souder ensemble.
zusammennageln tr. Clouer ensemble.
zusammennähen tr. Coudre* ensemble.
zusammennehmen*. Réunir, assembler.
zusammenpassen. S'accorder ensemble.
zusammenraffen. Ramasser [en toute hâte].
zusammenrechnen (rèchnᵉn). Additionner.
zusammenreisen. Voyager ensemble.
zusammenrotten. Attrouper, ameuter.
zusammenschlagen* (*â*gᵉn). Battre l'un contre l'autre.
zusammenschließen. Se joindre* ensemble.
zusammenschmelzen*. Se fondre.
zusammensetzen. Réunir. ‖Composer. ‖[Maschine] Monter.
Zusammensetzung f. Assemblage, m. ‖Montage, m. ‖Composition.
zusammensinken*. S'affaisser.
zusammenstellen (schtèlᵉn). Réunir. assembler. ‖[Farben] Assortir.
Zusammenstellung f. Assemblage, m.
Zusammenstoß m. (schtôss). Collision, f. ‖[v. Zügen] Tamponnement. ‖[v. Schiffen] Abordage.
zusammenstoßen* intr. [*sein*] (scht*ô*ssᵉn). Se heurter, s'entrechoquer. ‖ [Züge] Se rencontrer. ‖[Schiffe] S'aborder. ‖*Fig.* Entrer en conflit. ‖tr. Choquer [l'un contre l'autre]. ‖ [Röhren] Aboucher. ‖[zerkleinern] Concasser, piler.
Zusammensturz m. Écroulement. ‖*Fig.* Débâcle, f.
zusammenstürzen. S'effondrer, s'écrouler. ‖[Pferd] S'abattre.
zusammentreffen* [*sein*] Se rencontrer. ‖[zusammenfallen] Coïncider. ‖n. Rencontre f. ‖Coïncidence, f.
zusammentreten* [*sein*]. Se réunir.
Zusammentritt m. Réunion, f.
zusammen‖zählen. Additionner. ‖**-ziehen*** (tsîᵉn). Rassembler. ‖[Truppen] Concentrer. ‖[verengen] Resserrer. ‖[Silben] Contracter. ‖**-ziehend** p. a. Astringent, e.
Zusammenziehung f. Resserrement, m. ‖Contraction.
Zusatz m. (tso*û*zats). Addition, f. ‖[Nachtrag] Supplément. [Testament] Codicille.
zusätzlich a. Additionnel.
zuschanden loc. adv. (sch*à*ndᵉn) : *zuschanden kommen**, — *werden**, s'abîmer ; — *machen*, abîmer.
zuschauen intr. (tso*û*ch*ao*ᵉn). Regarder, tr.
Zuschauer, in m. ④, f. Spectateur, trice : *Zuschauerraum*, m., salle, f. [de spectacle].
zuschicken tr. Envoyer vers.
zuschieben* tr. Pousser vers.
Zuschlag m. (schl*â*g). Addition, f., supplément. ‖[Taxe, Fahrkarte] Taxe, f., billet supplémentaire. ‖[bei Auktionen] Adjudication, f.
zuschlagen* (*â*gᵉn). Adjuger.
zuschließen* tr. Fermer à clef.
zuschmeißen* tr. Fermer avec violence.
zuschnallen tr. Boucler.
zuschnappen tr. Fermer par un ressort.
zuschneiden*. Découper.
Zu‖schneider m. ④. Coupeur. ‖**-schnitt** m. Taille, f., coupe, f. ‖[Anstrich] Façon, f., tournure, f.
zuschnüren tr. Lacer, ficeler.
zuschrauben tr. Visser, fermer à vis.
zuschreiben*. Ajouter. ‖*Fig.* Attribuer. ‖[zu Last legen] Imputer.
Zuschrift f. Missive. ‖[Brief] Lettre. ‖[Widmung] Dédicace.
zuschulden loc. adv. (tsousch*ou*ldᵉn) : *sich zuschulden kommen* lassen**, se rendre coupable de.
Zuschuß m. Supplément [d'argent]. Subside.
zuschütten tr. Combler.
zu‖sehen* intr. Regarder, tr. ‖*Fig.* Faire* attention [à], veiller. ‖**-sehends** adv. A vue d'œil.
zusenden*. Envoyer [à] : *Zusendung*, f., envoi, m.
zusetzen tr. Ajouter. ‖intr. : *einem zusetzen*, presser vivement qn.

zusichern tr. Assurer, garantir.
Zusicherung f. Assurance, garantie.
zusiegeln tr. Cacheter.
zusperren tr. Barrer.
zuspitzen. *Fig.* Aiguiser. ||*sich zuspitzen,* se terminer en pointe.
zusprechen* intr. Parler [à]. ||tr. [Mut, Trost] Inspirer. ||[bei Auktionen] Adjuger.
Zusprechung f. Adjudication.
zuspringen* int. Sauter vers. Accourir en sautant.
Zuspruch m. Encouragement. ||[Zulauf] Affluence, f., vogue, f.
Zustand m. État, condition, f. ||pl. Situation, f.
zustande loc. adv. (tsouschtànd^e) : — *kommen**, se réaliser, réussir; — *bringen**, réaliser.
zuständig a. Compétent, e.
zustatten adv. A propos.
zustecken tr. Fermer avec une épingle.
zustehen* intr. (tsoûschtée^en). Appartenir*. ||*Fig.* Incomber [à].
zustellen* (schtèl^en). Fermer, obstruer. ||[Türen] Condamner. ||Remettre [à]. ||*Zustellungsgebühr,* f. Frais (pl.) de transport.
zusteuern intr. Faire* voile vers.
zustimmen (schtim^en), intr. Consentir* [à]. ||[e. Meinung] Approuver, tr.
Zustimmung f. Consentement, m.
zustopfen tr. Boucher, ravauder.
zustöpseln tr. Boucher [avec un bouchon].
zu||stoßen* tr. Fermer en poussant. ||**-strom** m. Afflux, m., affluence, f.
zuströmen int. Affluer.
zustutzen tr. Façonner.
zutage loc. adv. (tsoutâg^e) : *zutage fördern,* extraire* [minerai, etc.].
Zutat f. (tsoutâte). [zu Speisen] Ingrédient, m. ||[zu Kleidern] Fourniture.
zu||teil loc. (ta^èl) : *zuteil werden**, échoir* en partage. ||**-teilen** (tsoûta^èl^en). Répartir*, assigner. ||*Jur.* Adjuger.
Zuteilung f. Répartition.
zutragen* (trâg^en). Apporter [à]. ||*Fig.* [angeben] Rapporter, dénoncer. ||*sich zutragen,* arriver.
Zu||träger, in m., f. Délateur, trice. ||**-trägerei** f. Dénonciation.
zuträglich a. Convenable. ||[heilsam] Salutaire. ||[vorteilhaft] Avantageux, euse.
zu||trauen (trao^en) : *einem etwas zutrauen.* Croire* qn capable [de qc.]. ||n. Confiance, f. ||**-traulich** a. Confiant, e. ||[vertraut] Intime, familier, ère.
Zutraulichkeit f. Confiance, intimité, familiarité.
zutreffen* intr. [*haben*]. Se trouver juste : *zutreffend,* p. a., juste.
zutrinken*. Boire* à [invite]. ||[wieder-] Continuer à boire*.
Zutritt m. Accès.
zutun*. Fermer. ||[hinzu-] Ajouter. ||n. Coopération, f.
zuverlässig a. (f^erlèssig). Sûr, e.
Zuverlässigkeit f. Sûreté.
Zuversicht f. Assurance, confiance : *zuversichtlich,* a., confiant, e; adv. avec confiance.
zuviel adv. (tsoufîl). Trop.
zuvor adv. (fôr). Auparavant. ||[früher] Autrefois. ||préf. *sép. : zuvor||-kommen**, intr. [*sein*], prévenir*, tr., devancer, tr.; *-kommend,* p. a., prévenant, e; *-kommenheit,* f., prévenance; *-tun**, intr., surpasser, tr.
zuvörderst adv. Tout d'abord.
Zuwachs m. spl. (tsoûvaks). Accroissement.
zuwachsen*. Se fermer en croissant.
zuwandern. S'acheminer vers.
zuwege adv. (tsouvéeg^e) : *zuwege bringen**, venir* à bout de.
zuweilen adv. (va^èl^en). Parfois.
zuweisen*. Assigner à.
zuwenden*. Tourner vers.
zuwerfen*. Jeter vers. Fermer en poussant.
zuwider prép. adv. [*dat.*] (vîd^er). A l'encontre de, contrairement à : *zuwider sein**, répugner [à]. ||préf. *sép. : zuwider||handeln,* intr., contrevenir* [à]; *-handelnder,* m., contrevenant; *-handlung,* f., contravention; *-laufen** [*sein**], être* contraire à.
zuwinken. Faire* signe à.
zu||zahlen. Payer en plus. ||**-zählen.** Compter en plus, ajouter.
zuzeiten adv. (tsa^èt^en). Parfois.
zuziehen* tr. (tsoûtsî^en). Attirer : *sich* — [etwas], s'attirer [qc.]; [Krankheit] contracter; [Schnupfen] attraper; [Strafe] encourir*. ||[Vorhänge] Fermer en tirant.

‖[einladen] Inviter [à]. ‖[Arzt] Appeler [en consultation]. ‖intr. [*sein**]. Venir* s'établir. ‖[Dienstboten] Entrer [en service].

Zuzug m. (tsoûg). Arrivée, f. ‖*Mil.* Renfort.

zwang‖ (tsvàng), imp. de *zwingen**. ‖m. Contrainte, f. ‖*Zwangs*‖*anleihe,* f., emprunt forcé, m.; *-arbeit,* f., travaux forcés, m. pl.; *-weise,* adv., de force. ‖ **¨en** (tsvè**ng**ᵉn). Presser *ou* serrer [avec violence]. ‖[in, *acc.* od. durch etwas] Faire* passer de force. ‖**-los** a. Sans contrainte. ‖[frei] Libre.

Zwang‖**losigkeit** f. Liberté. ‖**-räumung** f. Expulsion.

zwanzig num. (tsvàntsig). Vingt : *etwa zwanzig,* une vingtaine.

Zwanziger m. ④ (igᵉr). Jeune homme de vingt ans. ‖[Zahl] Vingtaine, f. : *in den Zwanzigern,* entre la 20ᵉ et la 30ᵉ année.

zwanzigste [*der* usw.].

Zwanzigstel n. V. GRAMM.

zwar adv. (tsvâr). A la vérité; *und zwar,* et cela, et même; [bei Aufzählungen] [à] savoir*; *und zwar so,* et voici comment.

Zweck‖ m. (tsvèk). But, fin, f. ‖[Absicht] Dessein. ‖LOC. : *das hat keinen Zweck,* cela ne sert à rien, c'est inutile. ‖*zweck*‖*dienlich,* a., *-entsprechend,* a., *mäßig,* a., conforme au but, opportun, e; *-mäßigkeit,* f., utilité, opportunité; *-meldung,* f., nouvelle (f.) tendancieuse; *widrig,* a., contraire au but, inopportun, e. ‖**-e** Pointe. ‖**-los** a. Inutile. ‖Adv. En pure perte.

Zwecklosigkeit f. Inutilité.

zwei num. (tsvaᵉ). Deux. ‖f. [chiffre] Deux, m.

Zweidecker m. ④. Biplan.

zwei‖**deutig** a. (**dœü**tig). Ambigu, ë, équivoque : *Zweideutigkeit,* f., ambiguïté. ‖**-erlei** adv. Deux sortes de. ‖**-fach** a. Double.

Zweifel m. ④ (tsvaᵉfᵉl). Doute : *ohne allen Zweifel,* sans aucun doute; *in Zweifel ziehen**, mettre* [révoquer] en doute.

zweifel‖**haft** a. Douteux, euse. ‖[unschlüssig] Irrésolu, e, indécis, e. ‖**-los** a. (lôss, -z-). Indubitable. ‖adv. Sans aucun doute. ‖**-n** [an, *dat.*] Douter [de].

Zweifelsucht f. (zou**ch**t). Scepticisme, m. : *zweifelsüchtig,* a., *Zweifler,* m. ④, sceptique.

zweiflügelig a. (gᵉlig). Diptère. ‖[Türe] A deux battants.

Zweiflügler m. ④. Diptère.

zweifüßig a. (ig), **Zweifüßler** m. ④. Bipède.

Zweig‖ m. (tsvaᵉg). Branche, f. ‖[kleiner] Rameau, x. ‖**-bahn** f. Embranchement, m. ‖**-geschäft** n. Succursale, f.

Zwei‖**gesang** m. (tsvaᵉgézàng). Duo. ‖**-gespräch** n. (è**ch**). Dialogue, m.

zwei‖**händig** a. (hèndig). A deux mains. ‖*Zool.* Bimane. ‖**-hörnig** a. (**hœr**-). Bicorne.

Zweikampf m. Duel : *Zweikämpfer,* m. duelliste.

zwei‖**köpfig** a. Bicéphale. ‖**-mal** adv. Deux fois.

Zweirad n. ② (râte, -d-). Bicycle, m. ‖[kleines] Bicyclette, f. : *Zweiradfahrer,* m. ④, bicycliste.

zwei‖**schalig** a. Bivalve. ‖**-seitig** a. Bilatéral, e. ‖**-silbig** a. Dissyllabique.

Zweisitzer m. ④. Véhicule à deux places. ‖[Fahrrad] Tandem.

zwei‖**sitzig** a. (ig). A deux places. ‖**-sprachig** a. Bilingue. ‖*Zweisprachigkeit,* f., bilinguisme, m. ‖**-te** (*der* usw.) ord. Deuxième, second[e] : *Franz der Zweite,* François II [deux]; *der zweite Mai,* le deux mai. ‖**-tens** adv. Deuxièmement, secondement. ‖*zweitgeboren,* a., cadet, te.

Zweiviertelnote f. Blanche. ‖**-vierteltakt** m. Mesure à deux temps, f.

Zwerchfell n. Diaphragme, m.

Zwerg, in m., f. (tsvèrg, ìn). Nain, e.

Zwetsch‖**[g]e, [k]e** f. Quetsche.

zwicken (tsvìkᵉn). Pincer.

Zwicker m. ④. Pince-nez.

zwie..., (tsvì), = *zwei...*

Zwieback m. ①. Biscuit.

Zwiebel f. (tsvîbᵉl). Oignon, m. ‖[Knolle] Bulbe, m.

zwiebelartig a. Bulbeux, euse.

Zwiefel f. Bifurcation.

Zwielicht n. (tsvîli**ch**t). Demi-jour, m.

Zwiespalt m., **-tracht** f. Conflit, m. Discorde, f. : *zwie*‖*spältig, -trächtig,* a., brouillé, e.

Zwiegespräch n. Dialogue, m.

Zwilch m. (tsvil**ch**). Coutil.
Zwilling m. (tsv*i*lìng). Jumeau, x, jumelle, f.
Zwing||**burg** f. (tsvìngbourg). Bastille. ||**-e** f. (tsvi**ng**ᵉ). Étau, x, m. ||[am Stock] Virole.
zwingen*. Forcer, contraindre*.
Zwing||**er** m. ④. Enceinte, f. ||[Turm] Donjon ||[Gefängnis] Geôle, f. ||**-herr, -n, -en** m. Tyran : *Zwingherrschaft* f., tyrannie.
Zwirn|| m. (tsv*i*rn). Fil. ||**-faden** m ③. Aiguillée de fil, f.
zwischen|| prép., *dat.* et *acc.* (tsv*i*schᵉn). Entre. V. GRAMM. ||*Zwischen...*, entre ... inter ... Ex. : *Zwischen*||*akt*, m., entracte; *-artikel*, m., entrefilet; *-deck*, n., entrepont, m.; *-gericht*, n., entremets, m.; *-regierung*, f., interrègne, m.; *-zeile*, f., interligne, m. et *f.* ||... intermédiaire : *Zwischen*||*stufe*, f., degré intermédiaire, m. ||**-durch** adv. (dour**ch**). Au travers. ||[zuweilen] Entre temps.
Zwischen||**fall** m. Incident. ||**-mahlzeit** f. Collation. ||**-mauer** f. Mur mitoyen, m. ||**-pause** f. (paᵒzᵉ). Intervalle, m. ||[in Schulen] Récréation. ||**-person** f. Intermédiaire, m. et f. ||**-raum** m. (raᵒm). Intervalle. ||**-reich** n. (raᵉ**ch**). Interrègne, m. ||**-ruf** m. (roûf). Interruption, f. ||**-runde** f. Demi-finale. ||**-spiel** n., **-stück** n. Intermède, m. ||**-stockwerk** n. Entresol, m. ||**-stunde** f. Heure creuse. ||**-zeit** f. Intervalle, m.
Zwist m. Discorde, f., conflit.
zwistig a. En conflit.
zwitschern (tsv*i*tschᵉrn). Gazouiller. ||n. Gazouillement, m.
Zwitter m. ④ (tsv*i*tᵉr). Être hybride. ||[v. Tieren] Métis.
zwitterartig a., **-haft** a. Hybride.
zwölf num. (tsvœlf). Douze : *um zwölf* [*Uhr*], à midi, [nachts] à minuit. ||f. Douze, m.
Zwölfte, -tel, n., **zwölftens** adv. V. GRAMM.
Zyan||**e** f. (tsu*â*ne). Bluet, m. ||**-eisen** n. Cyanure [m.] de fer.
Zykladen f. pl. Cyclades [îles].
Zyklamen n. ④ (tsikl*â*mèn). Cyclamen, m.
Zyklon m. ① (klône). Cyclone.
Zyklop, -en, -en m. (klôp). Cyclope.
Zyklus, ... klen m. (ts*i*kloùs). Cycle.
Zylinder m. ④ (tsil*ì*ndᵉr). Cylindre; [Autom.] *Zylinderblock*, m., monobloc. ||[Lampen-] Verre de lampe. ||[Hut]. Chapeau haute forme. ||*zylindrisch*, a., cylindrique.
Zyn||**iker** m. ④ (tsînikᵉr). ||**-isch** a. Cynique. ||**-ismus** m. Cynisme
Zypresse f. (tsuprèsᵉ). Cyprès, m.

L'ESSENTIEL DE LA GRAMMAIRE ALLEMANDE

CONSTRUCTION DE LA PHRASE

I. **Proposition principale.** 1° CONSTRUCTION DIRECTE (Sujet, Verbe, Attribut) : *Ich sehe ihn. Ich gehe auf den Markt. Wer geht auf den Markt?* — 2° INVERSION (Verbe, Sujet, Attribut) : — *a*) Phrases commençant par un adverbe, un complément ou une proposition subordonnée : *Heute gehe ich auf den Markt. Auf dem Markte sah ich Ihren Bruder. Wenn er kommt, so bin ich froh;* — *b*) Phrases interrogatives (dont le sujet n'est pas lui-même un mot interrogatif) ou exclamatives : *Bist du zufrieden? Ist Ihr Vater zufrieden? Wie schön ist diese Gegend!*

II. **Proposition subordonnée.** REJET DU VERBE (Sujet, Attribut, Verbe) : *Ich weiß, daß er dein Freund ist. Der Brief, den ich diesen Morgen erhalten habe.*

III. **Termes secondaires de la proposition.** — 1° ADJECTIF, INFINITIF ET PARTICIPE. — Se placent après leurs compléments : *Der Gelehrte ist seinem Vaterlande nützlich. Der Gelehrte ist ein seinem Vaterlande nützlicher Mensch. Ich will ein Haus kaufen. Ich habe ein Haus gekauft. Der Saal ist mit Blumen geschmückt. Ein mit Blumen geschmückter Saal.* — 2° INFINITIF ET PARTICIPE RÉUNIS, INFINITIF DÉPENDANT D'UN AUTRE INFINITIF. — Ordre inverse du français : *Du mußt meinen Brief erhalten haben. Ich will Brot kaufen lassen. Ich werde dieses Haus nicht kaufen können.* — 3° INFINITIF PRÉCÉDÉ D'UNE LOCUTION PRÉPOSITIVE (*anstatt ... zu ohne ... zu, um ... zu*). — Le complément de l'infinitif se place entre les deux parties de la locution : *Ich arbeite, um mein Brot zu verdienen.* — 4° PRONOMS COMPLÉMENTS. — Précèdent le nom complément : *Er gab mir einen Rat.* De deux pronoms, le plus court se place ordinairement le premier : *Ich sage es Ihnen. Er sagte mir dieses.*

IV. **Place du mot déterminant** (adjectif ou adverbe) : toujours devant le mot déterminé. Ex. : *ein schwarzer Hut; ein gut geschriebenes Buch.* Seul *genug* fait exception : *er hat Geld genug.*

DEVANT UN VERBE (adverbe ou préfixe séparable). L'adverbe ou le préfixe séparable qui détermine le verbe précède immédiatement celui-ci quand il est à l'infinitif ou au participe, et garde cette place aux autres temps. Ex. : *Er will seine Lektion gut lernen. Er lernt seine Lektion gut.* Le préfixe séparable est donc toujours le dernier des compléments. Ex. : *Ich gehe mit meinem Vater aus. Ich will mit meinem Vater ausgehen. Ich bin mit meinem Vater ausgegangen. Ich bin froh, weil ich mit meinem Vater ausgehe. Ich hoffe, daß ich mit meinem Vater ausgehen werde.*

GENRES, NOMBRES ET CAS

Il y a en allemand trois genres : **masculin** (*der Mann*), **féminin** (*die Frau*) et **neutre** (*das Kind*) ; deux nombres : **singulier** (*der Mann*) et **pluriel** pour tous les genres : *die Männer, die Frauen, die Kinder;* et quatre cas : 1° **nominatif** (sujet : *das Kind ist groß*) ; 2° **génitif** (complément indiquant la possession. Ex. : *das Buch des Lehrers*) ; 3° **datif** (complément indiquant l'attribution, la direction, la tendance. Ex. : *der Lehrer gibt dem Schüler ein Bild*) ; 4° **accusatif** (complément direct. Ex. : *ich sehe den Garten*).

L'énumération des quatre cas s'appelle **déclinaison.**

L'ARTICLE

Article défini. — SINGULIER. Masc. : Nom. *der*, Gén. *des*, Dat. *dem*, Acc. *den*. Fém. : *die, der, der, die*. Neutre : *das, des, dem, das*. PLURIEL (3 genres) : *die, der, den, die*.

Se déclinent sur ce modèle les adjectifs et pronoms démonstratifs : *dieser* (*diese, dieses*) et *jener* (*jene, jenes*) ; indéfinis : *jeder, solcher, mancher, aller, einiger* et le pluriel *mehrere*; les possessifs : *meiner, deiner*, etc. ; le pronom relatif et interrogatif *welcher*.

FORMES CONTRACTÉES. — L'article défini forme avec les prépositions *an, auf, bei, durch, für, in, unter, von, vor, zu* les contractions suivantes : 1° avec le datif masc. et neutre : *am, beim, im, unterm, vom, zum*, fém. : *zur;* 2° avec l'accusatif neutre : *ans, aufs, durchs, fürs, ins, übers, unters, vors*.

Article indéfini. — SING. Masc. : Nom. *ein*, Gén. *eines*, Dat. *einem*, Acc. *einen*. Fém. : *eine, einer, einer, eine*. Neutre : *ein, eines, einem, ein*. PAS DE PLURIEL. Se déclinent sur ce modèle l'adjectif indéfini *kein* (pl. *keine, keiner, keinen, keine*) et les adjectifs possessifs *mein, dein*, etc.

LE SUBSTANTIF

Voir pour la déclinaison des substantifs la page verte.

N. B. — Tous les féminins sont invariables au singulier.

Le datif pluriel est toujours terminé par **n**.

Tous les infinitifs peuvent s'employer substantivement et sont du genre neutre, et, sauf indication contraire, ne s'emploient pas au pluriel. Ex. : *das Brüllen*, le mugissement *ou* les mugissements.

L'ADJECTIF

Adjectif attribut. — Toujours invariable. Ex.: *Diese Häuser sind schön. Arbeit macht das Leben süß.*

Adjectif épithète. — Se décline comme suit : 1° Non précédé d'un déterminatif. Mêmes désinences que l'art. déf. *der* ou que *dieser*, sauf aux gén. masc. et neutre, qui prennent **-en.** 2° Précédé de l'art, déf. *der, die, das* ou d'un déterminatif se déclinant sur *der, die, das*. Désinence **-e** aux trois nom. sing. et aux acc. fém. et neutre, et partout ailleurs **-en.** 3° Précédé de l'art. ind. *ein* ou d'un déterminatif se déclinant sur *ein*. Désinences de l'art. déf. *der* ou de *dieser* aux trois nom. et acc. sing., et partout ailleurs **-en.** Voir le tableau page verte.

Comparatif et superlatif. — Positif : *stark;* comparatif (**¨er**) : *stärker*. Superlatif relatif (**¨est**) : *der* [*die, das*] *stärkste*. Superlatif absolu : *sehr stark*.

EXCEPTIONS. — Ne prennent pas l'inflexion au compar. et au superl. : 1° les adjectifs dérivés. Ex. : *artig, artiger, der artigste;* 2° certains radicaux. Ex. : *klar, klarer*, etc. V. le *Dictionnaire*.

Adjectifs démonstratifs. — *Dieser, diese, dieses*, ce, cet, cette (celui-ci, etc.) ; *jener, e, es*, ce, cet, cette (celui-là, etc.). Se déclinent comme l'art. déf. *der, die, das*.

Adjectifs possessifs. — *Mein, dein, sein* (possesseur féminin : *ihr*), *unser, euer, ihr*. Se déclinent sur *ein* et au pluriel sur *kein*.

Adjectifs relatifs, interrogatifs et exclamatifs, et Adjectifs indéfinis. — Voir *Pronoms relatifs*, etc., et *Pronoms indéfinis*.

Adjectifs numéraux. — 1° CARDINAUX. V. la liste p. 797. 2° ORDINAUX. Se forment, excepté pour les nombres *eins* (1), *drei* (3), *acht* (8), en ajoutant aux nombres cardinaux la terminaison **-t**[e] jusqu'à *neunzehn* (19) inclus, et **-st**[e] à partir de *zwanzig* (20) inclus : *der erste, der zweite, der dritte, der vierte, der achte, der neunte*, etc. ; *der zwanzigste, der einundzwanzigste*, etc. ; *der dreißigste, der vierzigste*, etc. ; *der hun-*

dertste, der hunderterste, etc.; *der tausendste,* etc.; *der millionste,* etc.
Pour les dates et le numéro d'ordre des princes, on emploie les nombres ordinaux. Ex. : *der zweite Juli* (sujet d'un verbe, sinon à l'accusatif : *den zweiten Juli*), *Karl der Zehnte.*

Adjectifs multiplicatifs. — Se forment en ajoutant la syllabe **-fach** aux nombres cardinaux : *zweifach* [ou *zwiefach*], *dreifach, zehnfach,* etc., double, triple, décuple, etc.

Noms de nombres fractionnaires. — Se forment à partir de 1/3 (*ein Drittel*) en ajoutant **-el** au radical des nombres ordinaux : *das Drittel, das Viertel,* etc.; *das Zwanzigstel,* etc.

LE PRONOM

Pronoms personnels. — SING. 1re pers. : Nom. *ich,* Gén. *mein*[*er*], Dat. *mir,* Acc. *mich;* 2e pers. : *du, deiner, dir, dich;* 3e pers. : Masc. : *er, seiner, ihm, ihn;* Fém. : *sie, ihrer, ihr, sie;* Neutre : *es, seiner, ihm, es.* PLUR. 1re pers.: *wir, unser, uns, uns;* 2e pers.: *ihr, euer, euch, euch* (forme de politesse : *Sie, Ihrer, Ihnen, Sie*) ; 3e pers. : *sie, ihrer, ihnen, sie.*

Pronom réfléchi. — 3e pers. sing. et pl.: *sich* (invariable).

Pronoms démonstratifs. — 1o *der, die, das,* celui-ci (celui-là), etc. Se décline comme l'article *der, die, das,* excepté au génitif (masc. et neutre: *dessen,* fém. : *derer,* pl. *derer*) et au datif pl. (*denen*). 2o *dieser, diese, dieses,* celui-ci, etc.; *jener, jene, jenes,* celui-là, etc. V. *Adjectifs démonstratifs.* 3o *derjenige, diejenige, dasjenige,* celui, celle, antécédent du pronom relatif *welcher, e, es* ou *der, die, das; derselbe, dieselbe, dasselbe,* le même, la même. Se déclinent comme un adjectif précédé de l'article défini : *derjenige, desjenigen,* etc., *derselbe, desselben,* etc.

Pronoms possessifs. — 1o *meiner, deiner,* etc., le mien, le tien, etc. Se déclinent comme l'adjectif dém. *dieser.* 2o *der meine* ou *der meinige,* etc., le mien, etc. Se déclinent comme un adjectif précédé de l'art. défini : *der meinige, des meinigen,* etc.

Pronoms relatifs, interrogatifs et exclamatifs. — 1o *der, die, das* (= *welcher, e, es*), qui, que. Se décline comme le pronom démonstratif *der, die, das,* excepté au gén. fém. : *deren,* et au gén. pl. : *deren.* 2o *welcher, e, es,* qui, que, lequel, quel, etc. (pron. et adj. gén. duquel, desquels, dat. auquel, auxquels, etc.). Se décline comme l'adj. dém. *dieser, e, es.* 3o *welch ein, welch eine, welch ein,* etc., quel, quelle, etc. (*ein* seul se décline, V. *Art. ind.*). 4o *was für ein, was für eine, was für ein,* etc., quelle espèce de (*ein* seul se décline). 5o Nom. *wer* (m. et f.), Gén. *wessen,* Dat. *wem,* Acc. *wen,* qui, celui qui, quiconque; Nom. *was,* n., Gén. *wessen,* Dat. (manque), Acc. *was,* quoi, que, ce qui, ce que.

Pronoms indéfinis. — 1o *jeder, e, es,* chacun, chaque, etc.; *keiner, e, es,* aucun, aucune; *einer, e, es,* un[e], l'un[e], etc.; *alles,* n., tout, *alle,* pl. tous; *einige,* pl., quelques-uns, etc.; *mehrere,* pl., plusieurs. Se déclinent comme le pron. dém. *dieser.* 2o *der, die, das eine,* etc., l'un, l'une, etc., *der, die, das andere,* etc., l'autre, etc. Se déclinent comme un adjectif précédé de l'art. déf. 3o Nom. *jemand,* quelqu'un, Gén. *jemand*[*e*]*s,* Dat. *jemand*[*em, en*], Acc. *jemand*[*en*]; *niemand,* personne (même déclinaison) ; *jedermann* (Nom., Dat., Acc.), tout le monde, Gén. *jedermann; man* (invariable), on. 4o Pronoms invariables : *etwas,* n., quelque chose; *nichts,* n., rien. Ex. : *etwas gutes, nichts böses; einander,* l'un[e] l'autre, les un[e]s les autres. Ex. : *aufeinander,* l'un [les uns, les unes] sur l'autre [les autres], *miteinander,* etc. V. *Dictionnaire.*

Les **adjectifs indéfinis** *all*[*er*], *einig*[*er*], *jeder, kein, mehrere,* se déclinent comme les pronoms correspondants.

Pronoms adverbiaux (ou **adverbes pronominaux**) : *daran, darauf, daraus, dabei, dafür, darin, damit, darüber, davon, dazu,* etc. Ces pronoms, formés à l'aide du pron. dém. *das* (*da-* devant une consonne, *dar-* devant une voyelle) et de la préposition régie par le verbe allemand, sont invariables et correspondent aux pronoms français *en* et *y*. Ex. : *man spricht davon*, on en parle; *ich freue mich darüber*, je m'en réjouis; *ich denke daran*, j'y pense. Dans ces pronoms à deux racines, l'accent tonique varie suivant l'idée principale exprimée. Ex. : 1° *ich war dabei*, j'y étais (idée principale : lieu, exprimée par *bei*) ; 2° *er ist fleißig, und dabei sparsam*, il est laborieux, et avec cela économe (idée principale : la *chose* dont il est question, exprimée par *da*, mis pour *das*). De même : 1° *das Bild hängt daran*, le tableau y est suspendu (*lieu*) ; 2° *ich denke daran*, j'y pense (*chose*, etc.).

A ces pronoms correspondent les pronoms adverbiaux relatifs et interrogatifs : *woran, worauf, wovon*, etc., à quoi, sur quoi, de quoi, etc., formés à l'aide du pron. *was* (*wo-, wor-*) et de la préposition régie par le verbe. Ex. : *woran denkst du?* à quoi penses-tu? *wovon redet man?* de quoi parle-t-on?

Pronoms *en, y*. — Se traduisent soit par un des pronoms adverbiaux ci-dessus (*daran*, etc.) si le mot allemand veut une préposition (voir les exemples), soit par les génitifs pronominaux *dessen, deren, ihrer, derer* si le mot allemand veut le génitif. Ex. : j'en suis content, *ich bin dessen froh;* j'en connais le nombre, *ich kenne deren Zahl;* j'en ai trois, *ich habe ihrer drei*.

LE VERBE

Les verbes se divisent, comme en français, en verbes *transitifs, intransitifs* et *réfléchis* (*pronominaux*) ou *réciproques*.

Verbes auxiliaires. — Il y a en allemand trois verbes auxiliaires : 1° *haben*, qui sert à conjuguer les temps composés passés des verbes transitifs, des verbes intransitifs n'exprimant pas une direction ou un changement de lieu ou d'état (Exceptions : *sein* et *bleiben*, qui se conjuguent avec *sein*), et des verbes réfléchis (Ex. : *ich habe mich gefreut*, je me suis réjoui) ; 2° *sein*, qui sert à conjuguer les temps composés passés des verbes intransitifs exprimant un changement de lieu ou d'état (Ex. : *ich bin gelaufen*, j'ai couru, *er ist gewachsen*, il a grandi) ; 3° *werden*, qui sert à former le futur et le conditionnel de tous les verbes (Ex. : *ich werde loben, ich würde loben*), et à conjuguer les verbes passifs : *der Verbrecher wird gestraft*, le criminel est puni. (Voir le tableau des *Verbes irréguliers*, p. 780.)

Auxiliaires de mode : *dürfen*, pouvoir (idée de permission), *können*, pouvoir (avoir le pouvoir), *mögen*, pouvoir (idée de possibilité), *müssen*, falloir, être obligé, *sollen*, devoir, *wollen*, vouloir. Ces verbes se construisent directement, c'est-à-dire sans l'aide de la préposition *zu* (v. p. 794), avec l'infinitif d'un verbe quelconque pour en modifier le sens à la façon d'un mode. Ex. : *ich fürchte, daß er fallen möchte*, je crains qu'il ne tombe.

Employés avec un infinitif, leur participe passé prend la forme de l'infinitif : *er hat nicht kommen wollen*.

Verbes passifs. — Se conjuguent à l'aide de l'auxiliaire *werden* (v. ci-dessus) et du participe passé du verbe que l'on conjugue. Ex. : *ich werde gelobt, du wirst gelobt*, etc., je suis loué, etc.

Verbes réfléchis et pronominaux. — Se conjuguent à l'aide de l'auxiliaire *haben* et du pronom réfléchi. Ex. : *ich freue mich, du freuest dich, er freut sich*, etc., je me réjouis, etc.; *ich habe mich gefreut*, etc., je me suis réjoui, etc.

Verbes réciproques. — Se conjuguent comme les verbes réfléchis, mais *sich* peut être remplacé par *einander*. Ex. : *sie lieben einander* ou bien *sie lieben sich*, ils s'aiment.

Conjugaisons. — Il y a en allemand trois conjugaisons : 1° la conjugaison *faible*, sans modification de la voyelle radicale; 2° la conjugaison *forte*, caractérisée par différentes modifications de la voyelle radicale aux temps principaux; 3° la conjugaison *mixte*, qui participe des deux précédentes (modification de la voyelle radicale, terminaisons **te** à l'imparfait et **t** au part. passé).

Conjugaison d'un verbe faible: *loben*, louer.

TEMPS SIMPLES. — *Indicatif.* Présent : ***ich lobe, du lobst, er lobt, wir loben, ihr lobt, sie loben.*** Imparfait ou prétérit : ***ich lobte, du lobtest, er lobte, wir lobten, ihr lobtet, sie lobten. Impératif : lobe! lobe er! loben wir*** ou ***laßt uns loben! lob[e]t***, ou ***loben Sie! sie loben! Subjonctif.*** Présent : ***ich lobe, du lobest, er lobet, wir loben, ihr lobet, sie loben.*** Imparfait ou prétérit. Semblable à l'imp. ou prét. de l'indicatif. ***Participe.*** Présent : *lobend.* Passé : ***gelobt.***

TEMPS COMPOSÉS. — *Indicatif.* Parfait : ***ich habe gelobt,*** etc. Plus-que-parfait : ***ich hatte gelobt,*** etc. Futur : ***ich werde loben,*** etc. Futur antérieur : ***ich werde gelobt haben,*** etc. ***Conditionnel.*** Présent : ***ich würde loben,*** etc. Antérieur : ***ich würde gelobt haben. Subjonctif.*** Parfait : ***ich habe, du habest, er habe,*** etc., ***gelobt.*** Plus-que-parfait : ***ich hätte gelobt,*** etc.

Conjugaison d'un verbe fort: *brechen*, rompre.

N. B. — Sont seules données ici les formes qui s'écartent de la conjugaison faible.

TEMPS SIMPLES. (V. le tableau des verbes forts, p. 793.)

Indicatif. Présent : ***ich breche, du brichst, er bricht.*** Imparf. ou Prét. : ***ich brach, du brachst, er brach,*** etc. ***Impératif : brich. Part.*** passé : *gebrochen.*

Conjugaison d'un verbe séparable: ***austeilen,*** distribuer. (Voir pour la construction du préfixe p. 787, IV et la liste des préfixes séparables et inséparables p. VII, *Accent tonique.*)

TEMPS SIMPLES : ***ich teile ... aus,*** etc.; ***ich teilte ... aus,*** etc.; ***teile ... aus,*** etc.; ***austeilend; ausgeteilt.***

TEMPS COMPOSÉS : ***ich habe ausgeteilt,*** etc.; ***ich werde austeilen,*** etc.

Conjugaison d'un verbe inséparable. — La même que pour les verbes ordinaires, sauf le **ge** du participe. **Ex.** : ***beleben, belebt.***

CONJUGAISON FORTE

Caractères généraux. — 1° Modification de la voyelle radicale à ***l'imparfait*** et au ***part. passé,*** et quelquefois aussi à ***l'indicatif prés.*** et à ***l'impératif.*** 2° Pas de terminaison de temps à l'imparfait. Formation de l'imp. du subjonctif par l'addition de l'inflexion et de la terminaison **e** à l'imp. de l'indicatif. Ex. : ***brechen,*** rompre; ***brach, bräche; gebrochen; du brichst, er bricht; brich.***

Classement. — Les verbes forts se classent d'après la voyelle radicale de leur infinitif, indiquée dans les dix premiers paragraphes ci-dessous devant chaque modèle et suivie entre parenthèses des voyelles des autres temps principaux (***imparf. de l'ind.*** et du ***subj.*** et ***part. passé*** pour tous les verbes, et en outre, pour certaines catégories, ***ind. pr.*** 2e et 3e pers. sing. et ***impér.*** 2e pers. sing.). Le paragraphe 11 renferme les verbes irréguliers proprement dits, qui ne rentrent dans aucune de ces catégories, et le paragraphe 12 les verbes de la conjugaison mixte.

MODÈLES. — Chacun des modèles ci-dessous est précédé d'un numéro d'ordre auquel renvoient les chiffres du tableau p. 780.

1. — **a** (*ie* ou *i, a, ä*) : **halten,** ***hielt, hielte, gehalten, du hältst, er hält***) ; (**fangen** et **hangen,** imp. : *fing, hing*) ; **laufen :** *lief,* etc. REM. **mahlen, salzen** et **spalten** sont faibles à l'imp. **raten,** ind. prés. *er rät;* **laden :** ind. pr. *ladest* et ***lädst, ladet*** et ***lädt.***

2. — **a** (*u, ü, a, ä*) : **fahren,** ***fuhr, gefahren; du fährst, er fährt.*** REM. **backen** fait à l'imp. *buk* et *backte;* **schaffen,** faire, est faible.

3. — **e** (*a, ä, e i*) : **geben,** ***gab, gäbe, gegeben, du gibst, er gibt; gib!*** REM. **essen,** ind. pr., ***du issest*** et ***ißt, er ißt,*** impér. ***iß!*** part. *gegessen;* **fressen** et **messen,** ind. pr. et impér., v. **essen; genesen,** ind. pr. faible; **geschehen,** ind. pr. ***geschieht;*** **lesen,** ind. pr. ***lies[es]t, liest,*** impér. ***lies;*** **sehen,** ind. pr. ***siehst, sieht;*** impér. ***sieh!*** **treten,** ind. pr. ***trittst, tritt;*** impér. ***tritt!***

4. — **e** (*a, ä, o, i*) : **brechen,** *brach, bräche, gebrochen; du brichst, er bricht; brich!* REM. **i** devient **ie** devant un **h** : **stehlen,** *du stiehlst, er stiehlt; stiehl!;* **erschrecken,** imp. *erschrak;* **nehmen,** part. : *genommen,* ind. pr. *du nimmst, er nimmt;* impér. *nimm!;* **treffen,** imp. *traf;* **verderben,** transitif, suit aussi la conjugaison faible; **werden** a aussi à l'imparfait de l'ind. la forme *wurde,* pour toutes les personnes (*ward* n'existant qu'au sing.), et qui sert seule à former l'imp. du subj. : *würde.* Ind. prés. : *du wirst, er wird.*

5. — **e** (*o, ö, o, i*) : **fechten,** *focht, föchte, gefochten; du fichtst, er ficht;* impér. *ficht!* REM. **bewegen, heben, pflegen** et **weben** gardent la voyelle radicale **e** à l'ind. prés. et à l'impératif; **melken** est également faible; **schmelzen,** tr., est faible.

6. — **i** (*a, ä, u*) : **binden,** *band, bände, gebunden.* REM. **dingen** a aussi l'imparf. *dingte;* **schinden** : imp. *schand.*

7. — **i** (*a, ä* et *ö, o*) : **spinnen,** *spann, spänne* ou *spönne, gesponnen.* REM. **glimmen** et **klimmen** font à l'imp. *glomm, klomm;* **glimmen** suit aussi la conjugaison faible, ainsi que **verwirren** transitif.

8. — **ei** (*i i, i*) : **beißen,** *biß, bisse, gebissen.* REM. Les consonnes **t, f** du radical se redoublent à l'imparf. et au part. passé et le **d** se change en **tt.** Ex. : **gleiten,** *glitt, geglitten;* **pfeifen,** *pfiff, gepfiffen;* **leiden,** *litt, gelitten;* **schneiden,** *schnitt geschnitten.*

9. — **ei** (*ie, ie, ie*) ; **bleiben,** *blieb, bliebe, geblieben.*

10. — **ie** (*o, ö, o*) : **bieten,** *bot, böte, geboten.* REM. : **sieden** fait *sott, gesotten;* **triefen,** *troff, getroffen;* **ziehen** change le **h** en **g** : *zog, zöge, gezogen.* Les verbes **lügen** et **trügen** suivent ce modèle.

11. — VERBES IRRÉGULIERS PROPREMENT DITS :

bitten, *bat, bäte, gebeten.*
erlöschen, *erlosch, erlösche, erloschen; erlischt, erlischt, erlisch.*
gebären, *gebar, gebäre, geboren; gebierst, gebiert; gebier!*
gehen, *ging, ginge, gegangen.*
hauen, *hieb, hiebe, gehauen.*
heißen, *hieß, geheißen.*
kommen, *kam, käme, gekommen.*
liegen, *lag, läge, gelegen.*
rufen, *rief, riefe, gerufen.*
saufen, *soff, söffe, gesoffen; du saufst, er sauft.*
saugen, *sog, söge, gesogen; du saugst, er saugt.*
schallen, *scholl* et *schallte, schölle, geschollen.*
schnauben, *schnob* et *schnaubte, geschnoben* et *geschnaubt.*
schrauben, *schrob, geschroben.* Plus souvent faible.
schroten, part. *geschroten.*
schwären, schwören, *schwor, schwöre, geschworen.*
sein. Ind. prés. : *ich bin, du bist, er ist, wir sind, ihr seid, sie sind.* Imp. Ind. : *ich war.* Imp. Subj. : *ich wäre.* Part. p. : *gewesen.* Impér. : *sei, seid.* Subj. pr. : *sei, seiest, sei, seien, seid, seien.*
sitzen, *saß, säße, gesessen.*
stehen, *stand, stände* ou *stünde, gestanden.*
stoßen, *stieß, stieße, gestoßen; du stößt, er stößt.*
tun, *tat, täte, getan; du tust, er tut, tu[e]!*
wägen, *wog, wöge, gewogen.*

12. — CONJUGAISON MIXTE (Verbes forts ayant les terminaisons **te** à l'imparfait et **t** au part. passé.) Cette conjugaison comprend:

1° Les verbes **brennen, kennen, nennen, rennen,** Modèle : **brennen,** *brannte, brenn[e]te, gebrannt.*

2° Les verbes **senden** et **wenden.** Modèle : **senden,** *sandte* ou *sendete, gesandt* ou *gesendet.*

3° Les verbes irréguliers suivants: **bringen,** *brachte, brächte, gebracht.* **denken,** *dachte, dächte, gedacht.* **haben,** *hatte, hätte, gehabt; ich habe, du hast, er hat.* **dürfen,** *darf, darfst, darf, durfte, dürfte, gedurft.* **können,** *konnte, könnte, gekonnt; kann, kannst, kann.* **mögen,** *mochte, möchte, gemocht; mag, magst, mag.* **müssen,** *mußte, müßte, gemußt; muß, mußt, muß.* **sollen,** *sollte, sollte, gesollt; soll, sollst, soll.* **wissen,** *wußte, wüßte, gewußt; weiß, weißt, weiß.* **wollen,** *wollte, wollte, gewollt; will, willst, will.*

CONVERSATION — UNTERHALTUNG

Phrases usuelles.	**Zur Anknüpfung des Gesprächs.**
Oui (*ui*). Si (nach e. Verneinung).	Ja (ya). Doch (**doch**).
Pardon (d*o*^{n}). Veuillez m'excuser (wœj*é* mèksküz*é*).	Verzeihen Sie (f^{e}rts*a*è^{e}n **zî**)! Entschuldigen Sie! (èntsch*ou*ldig^{e}n).
Veuillez me dire (mœ dir).	Bitte, sagen Sie mir (b*it*^{e} *zâ*g^{e}n).
S'il vous plaît (silwuplè).	Bitte [*ou* gefälligst] (b*it*^{e}, géfèligst).
Monsieur (mœssi*ö*). Monsieur le (lœ) ... Monsieur X. Un monsieur.	Meine Herren! (**hè**r^{e}n). Herren. Herr ... Herr X. Ein Herr (a^{è}n).
Messieurs (mässi*ö*). Des messieurs.	Meine Herren! (**h**^{è}r^{e}n). Herren.
Madame (d*à*m). Madame X.	Gnädige Frau! (g'nèdig^{e} fra^{o}). Frau X.
Mesdames (mädàm).	M*ei*ne D*a*men! (m^{e}n).
Mademoiselle (madm^{o}a**z**èl). Mademoiselle X.	[Gnädiges] Fräulein! (**frœüla**^{è}**n**). Fr*äu*lein X.
Bonjour (bo^{n}*jur*). Bonsoir (bo^{n}s^{o}*ar*). Bonne nuit (bòn *nüi*).	Guten Tag! (tâk). [matin] Guten Morgen! (go*û*t^{e}n **morg**^{e}**n**). G*u*ten Abend! (*â*b^{e}nt). Gute Nacht! (go*û*t^{e} na**cht**).
Merci. Merci bien (*si*, bi*i*^{n}).	Danke (schön]! (dànk^{e} scheûne). Besten Dank! (bèst^{e}n dànk).
Il n'y a pas de quoi (padk^{o}*a*).	Keine Ursache! (ka^{è}n^{e} *oû*rzâ**che**).
Pourquoi (purk^{o}*a*)? Parce que (p*a*rskœ).	Warum? (r*ou*m). Weil (v*a*^{è}l).
Comment. Comment cela? (kom*a*^{n}sl*a*).	Wie (vî) Wies*o*?
Ayez la bonté de (äj*é* la bo^{n}*té* dœ).	Seien Sie so gut und... [impératif] (z*a*^{è}n **zî** **z**o go*û*te ount).
Parlez lentement, je vous prie (parl*é* la^{n}tm*a*^{n}, jœwu prî).	Bitte, sprechen Sie langsam! (b*it*^{e}, schprè**ch**^{e}n **zî** l*a*ngzâm).
Répétez, s'il vous plaît (répét*é*, silwuplè).	Bitte wiederholen! (b*it*^{e} vîd^{e}r**hô**l^{e}n).
Voulez-vous l'écrire? (wùléw*u* lékr*i*r).	Wollen Sie es schreiben? (vol^{e}n **zî** ès schr*a*^{è}b^{e}n).

Le lieu (lœ li*ö*).	**Der Ort.**
Où est...? (u *è*).	Wo ist [liegt]...? (lîgt).
Où va...? (uw*à*).	Wohin geht...? (vô**hin** g*é*et').
D'où vient ...? (duwi*i*^{n}).	Woher kommt...? (vô**hè**r).
Ici. Venez ici (wœn*é*[**z**]iss*i*).	Hier. Kommen Sie hierher! (kòm^{e}n zî **hîrhè**r).
Là. Là-bas. Allez là-bas (al*é* lab*a*).	Da. Dort. Gehen Sie dorthin (g*é*e^{e}n zî dort**hì**n).
A quelle distance est-ce? (akèl dist*a*^{n}s äs).	Wie weit ist es? (**vîv***a*^{è}**t**).
C'est près, assez près, tout près, à côté, loin, trop loin (sèpr*è*, assépr**è**, tuprè, trô lo*i*^{n}).	Es ist [liegt] nahe, ziemlich nahe, ganz nahe, nahebei, weit, zu weit (ès lîgt tsîmli**ch**, gànts n*â*^{e}, nâ^{e}b*a*^{è}, tsou v*a*^{è}t).
Vers (wär).	gegen (g*é*eg^{e}n).
Devant (dœw*a*^{n}); derrière (dèr*i*ä*r*).	vorn (forn); hinten (**hì**nt^{e}n).

En avant (a^{n}nawa^{n}) ; en arrière (a^{n}nariär).	vorwärts (forvèrts) ; rückwärts.
Dedans (dœda^{n}) ; dehors (dœor).	drinnen; draußen (drao$^{}$ss^{e}n).
Au-dessus (ôdsü) ; au-dessous (ôdsu).	oben (ôb^{e}n) ; droben, oberhalb ; unten (ount^{e}n), unterhalb.
Le temps (lœ ta^{n}).	**Die Zeit** (dî tsa^{è}t).
Quand? (ka^{n}).	wann?
Aujourd'hui (ôjurdüi).	heute (**hœüt**^{e}).
Hier (iär).	gestern (géest^{e}rn).
Avant-hier (awa^{n}tiär).	vorgestern (fôrgéest^{e}rn).
Demain (dœmi^{n}).	morgen (morg^{e}n).
Après-demain (aprädemi^{n}).	übermorgen (ûb^{e}rmorg^{e}n).
Dans la matinée (da^{n} là matinée).	vormittags (fôrmitâgs).
Dans l'après-midi (da^{n} làprèmidi).	nachmittags (na**ch**mitâgs).
Le matin (lœmàti^{n}).	morgens (morg^{e}ns).
Le soir (lœ s^{o}ar) ; la nuit (lanüi).	abends (âb^{e}nts) ; nachts.
L'heure (lœr) ; la minute (nütt) ; la seconde (sgo^{n}d) ; le quart d'heure (lœ kàrdœr).	die Stunde (dî schtound^{e}) ; die Minute (noût^{e}) ; die Sekunde (sékound^{e}) ; die Viertelstunde.
A quelle heure? (akèlœr). A trois heures.	Um wieviel Uhr? (oum vîfîloûr). Um drei Uhr (oum dra^{è}).
Quelle heure est-il? (kèlœr ètil).	Wieviel Uhr ist es? (vîfîl oûr).
Il est une heure (ilè[t]ünœr) ; dix heures (dizœr) ; dix heures cinq (si^{n}k) ; dix heures un quart (kàr) ; dix heures et demie (édmî) [10 h. 1/2] ; dix heures moins un quart (moi^{n}zu^{n}kàr) *ou* neuf heures trois quarts (nœvœrtr^{o}akàr) ; dix heures moins cinq (si^{n}k).	Es ist ein Uhr (a^{è}noûr) *ou* eins (a^{è}ns) ; zehn Uhr (tséen) *ou* zehn ; fünf Minuten nach zehn (minoût^{e}n na**ch**) ; ein Viertel nach zehn (a^{è}n fîrt^{e}l na**ch**) ; halb zehn [Uhr] (**halp**) [1/2 10] ; ein Viertel vor zehn (a^{è}n fîrt^{e}l fôr) *ou* drei Viertel auf zehn [3/4 10], fünf Minuten vor zehn.
Midi. Minuit (nüi).	Mittag (mitak) ; zwölf Uhr [mittags]. Mitternacht (mit^{e}rna**ch**t) ; zwölf Uhr [nachts].
Maintenant (mi^{n}tna^{n}).	jetzt (yètst).
Tôt (tô), de bonne heure (dœbònœr).	früh.
Tard (tàr).	spät (schpèt).
Bientôt (bii^{n}tô). Prochainement (proschänma^{n}).	bald (balt) ; nächstens (nêkst^{e}ns).
Tout à l'heure (tùtalœr).	gleich (gla^{è}**ch**) [futur] ; vorhin (fôr**h**ìn) [passé].
Dernièrement.	neulich (nœüli**ch**) ; jüngst (yungst).
Après (aprè).	nachher (na**ch**hèr).
Déjà (dejà).	schon (schône), bereits (bera^{è}ts).
Combien de temps? (ko^{n}bi^{n}d'ta^{n}).	wie lange? (vîla**ng**^{e}).
Longtemps (lo^{n}ta^{n}).	lange (la**ng**^{e}).
Pendant, pendant que (pa^{n}da^{n}).	während (vèhr^{e}nt).
Encore (a^{n}kòr).	noch (no**ch**).
Toujours (tujur).	immer, noch immer (**noch** im^{e}r).
Jamais (jamè), ne...jamais.	nie (nî), niemals.
La semaine (lasmèn) : lundi (lu^{n}di), mardi, mercredi (merkr^{e}di), jeudi (jödi), vendredi (wa^{n}dr^{e}di), samedi (sàmdi), dimanche (dima^{n}sch).	die Woche (dî vo**ch**^{e}) : Montag (môntâk), Dienstag (dînstâk), Mittwoch (vo**ch**), Donnerstag, Freitag (fra^{è}tak), Samstag *ou* Sonnabend (âb^{e}nt), Sonntag.
La semaine anglaise (a^{n}glèz).	das Wochenend (**ch**^{e}nènt).

L'*année*. Les mois (*lämo*^{o}*a*) : janvier (ja^{n}*vié*), février (féw*rié*), mars, avril, mai (mè), juin (jü*i*^{n}), juillet (jüi*yè*), août (ù), septembre (*ta*^{n}br), octobre (tòbr), novembre (w*a*^{n}br), décembre (s*a*^{n}br).

Les saisons (lä säzo^{n}) : le printemps (lœ pri^{n}*ta*^{n}), l'*été*, l'automne (lôt*o*n), l'hiver (liwèr).

Nombres (no^{n}br), **quantité.**

Un (ú^{n}) ; deux (dö) ; trois (tr^{o}*a*) ; quatre (kàtr) ; cinq (si^{n}k) ; six (sis) ; sept (sèt) ; huit (ü*i*t) ; neuf (nœf) ; dix (dis) ;

onze (o^{n}z) ; douze (duz) ; treize (träz) ; quatorze (kat*o*rz) ; quinze (ki^{n}z) ; seize (säz) ; dix-sept (dis'-sèt) ; dix-huit (dizü*i*t) ; dix-neuf (dizn*œ*f) ; vingt (wi^{n}) ;

vingt et un (vi^{n}téü^{n}) ; vingt-deux (wi^{n}td*œ*), etc.

trente (tra^{n}t) ; quarante (kar*a*^{n}t) ; cinquante (si^{n}k*a*^{n}t) ; soixante (s^{o}a-*sa*^{n}t) ; soixante-dix (d*is*) ; quatre-vingts (katrewi^{n}) ; quatre-vingt-d*i*x ; cent (sa^{n}) ; cent un (sa^{n}u^{n}), etc.

deux cents (dös*a*^{n}), etc. ; mille (mil) ; deux mille (dö), etc. Un million (u^{n} mil*io*^{n}) ; un milliard (u^{n} mili*à*r).

Le premier [1er] (lœ prœm*ié*) ; le deuxième *ou* second [2me, 2e] (dö-z*ièm*, sœg*o*^{n}) ; le troisième [3me, 3e] (tr^{o}az*ièm*) ; le quatr*ième* (ka-) ; le cinqu*ième* (si^{n}k-) ; le six*ième* (siz-) ; le sept*ième* (sèt-) ; le huit*ième* (üit-) ; le neuv*ième* (nœw-) ; le dixième (z*ièm*) ; le onz*ième* (o^{n}z-) ; le douz*ième* (dùz-) ; le treiz*ième* (träz-), etc. ; le vingtième (wi^{n}t*ièm*) ; le vingt et unième (wi^{n}téün*ièm*) ; le trentième (tra^{n}t*ièm*) ; etc.

le centième (sa^{n}t*ièm*).

le millième (mil*ièm*).

Combien ? (ko^{n}bi*i*^{n}). Beaucoup (bok*ù*). Peu (pö) ; un peu de.

Assez (ass*é*). Trop (tro).

Tout (tù). Rien (ri*i*^{n}).

En chemin de fer (schmi^{n}dfèr).

Paris, seconde, aller simple. (Par*i*, sœg*o*^{n}d, alé si^{n}pl).

Paris [aller et] retour (ert*ù*r).

Das Jahr. Die Monate (dî *mônâ*-t^{e}) : Januar (*ya*nouar), Februar (f*é*brouar), März (mèrts), Apr*i*l, Mai (ma^{e}), Juni (*yoû*ni), Jul*i* (*yoû*li), August (a^{o}*gou*st), September (tèmb^{e}r), Oktober (*tô*b^{e}r), November, Dezember (tsèmb^{e}r).

Die Jahreszeiten (dî *yâ*r^{e}sts*a*^{è}t^{e}n) : der Fr*ü*hling (d^{e}r -ling), der Sommer (*zo*m^{e}r), der Herbst (hèrpst), der Winter (v*ì*nt^{e}r).

Zahlwörter, Quantität.

eins (*a*^{è}ns) ; zwei (tsv*a*^{è}) ; drei (dr*a*^{è}) ; vier (fîr) ; fünf ; sechs (zeks) ; sieben (zîb^{e}n) ; acht (acht) ; neun (nœün) ; zehn (tséen) ;

elf ; zwölf (tsvœlf) ; dreizehn (dr*a*^{è}-tséen) ; vierzehn (fîr-) ; f*ü*nfzehn ; sechzehn (zèch-) ; siebzehn (zîp-) ; achtzehn (ach-) ; neunzehn (nœün-) ; zwanzig (tsv*à*ntsig) ;

ein und zwanzig (*a*^{è}n ount) usw.

dreißig (dr*a*^{è}ssig) ; vierzig (fîrt-sig) ; fünfzig (tsig) ; sechzig (zech-) ; siebzig (zîp-) ; achtzig (*a*cht-) ; neunzig (nœün-) ; [ein] hundert (*a*^{è}n h*ou*nd^{e}rt) ; hundert-eins (*a*^{è}ns) usw.

zweihundert usw. (tsv*a*^{è}) ; ein tausend (*a*^{è}n t*a*^{o}z^{e}nt) ; zweitausend usw. Eine Million (*a*^{è}ne mili*ô*ne) ; eine Mill*i*arde.

Der erste [1ste, 1.] (*è*rst^{e}) ; der zweite [2te. 2.] (tsv*a*^{è}te) ; der dritte [3te, 3.] (dr*i*t^{e}) ; der vierte [4te, 4.] (fîrt^{e}) ; der f*ü*nfte ; der sechste (zèkst^{e}) ; der siebente (zî-b^{e}nt^{e}) *et* der siebte ; der *a*chte ; der neunte (nœünt^{e}) ; der zehnte (tséent^{e}) ; der *e*lfte ; der zwölfte (tsvœlft^{e}) ; der dreizehnte (dr*a*^{è}t-séent^{e}) usw.

der zwanzigste [20ste] (tsv*à*nt-sigst^{e}) ; der einundzwanzigste (*a*^{è}n ount-) ; der dreißigste usw.

der hundertste (h*ou*nd^{e}rtst^{e}).

der tausendste (t*a*^{o}z^{e}ntst^{e}).

wieviel ? (vîfîl). viel, vieles (fîl^{e}s). wenig (véenig) ; ein wenig (*a*^{è}n).

genug (gén*ou*k). zuviel (tsoufîl).

alles (*a*l^{e}s). nichts (nichts).

Auf der Eisenbahn (*a*^{è}z^{e}n-).

Berlin zweiter, einfach (berlîne tsv*a*^{è}t^{e}, *a*^{è}nfach) !

Rückfahrkarte Berlin! Berlin und zur*ü*ck! (ount tsou-).

Jusqu'à quand mon billet est-il valable? (jüskaka^{n} mo^{n} bijè ètilwalàbl).	Wie lange ist meine Fahrkarte gültig? (vîlàng^{e} -gultig).
Combien cela coûte-t-il pour...? (ko^{n}bii^{n} sœla kout-til pur).	Wieviel [was] kostet es nach...? (vîfîl, vas kost^{e}t ès nach).
A quelle heure est le train pour...? (akèlœr èltri^{n} pur).	Um wieviel Uhr fährt der Zug nach...ab? (oum vîfîloûr fèrt d^{e}r tsoûk nach... ap).
Sur quelle voie? (sürkèlv^{o}a).	Auf welchem Gleise (a^{o}f vèlch^{e}m gla^{è}z^{e}).
Où dois-je changer? (ud^{o}aj scha^{n}jé).	Wo muß ich umsteigen? (mouss ich oumschta^{è}g^{e}n).
Arrêt, m. (arè).	Aufenthalt (halt).
Arrivée, f. (wée).	Ankunft (ankounft).
Bagage[s], m. pl. (àj).	Gepäck, n. spl. (gépèk).
Billet, m. pour ... (bijè pur), de première, seconde classe (prœmiär, sœgo^{n}d klas).	Fahrkarte, f. nach... (kart^{e} nach), erster, zweiter Klasse (^{e}r tswa^{è}t^{e}r klas^{e}).
Buffet, m. (büfè).	Restauration, f. (tsiône).
Bulletin de bagages, m. (bülti^{n}).	Gepäckschein, m. (scha^{è}n).
Bulletin de consigne, m. (ko^{n}sinj).	Hinterlegeschein, m. (hint^{e}rléeg^{e}-).
Chef de gare, m. (gar).	Bahnhofsvorsteher (hôfsfôrsch-).
Chef de train, m. (tri^{n}).	Zugführer (tsoûkfûr^{e}r).
Coin, m. (koi^{n}).	Ecksitz.
Colis, m. (li).	Gepäck, n., Frachtstück, n.
Compartiment, m. (ko^{n}-ma^{n}).	Abteil, n. [m.] (apta^{è}l).
Consigne, f. (ko^{n}sinj).	Aufbewahrungsstelle (schtèl^{e}).
Couchette, f. (kùschèt).	Bettplatz, m.
Couloir, m. (kùl^{o}ar).	Durchgang (dourchgàng).
Couverture, f. (kùwertür).	[Reise-] Decke (raèz^{e}dèk^{e}).
Départ, m. (pàr).	Abfahrt, f.
Direct.	direkt.
Embranchement, m. (a^{n}bra^{n}schma^{n}).	Zweigbahn, f. (tsva^{è}k-).
Enregistrer (a^{n}r^{e}jistré).	einschreiben* (a^{è}n'schra^{è}b^{e}n).
Employé, m. (a^{n}pl^{o}ajé).	Bahnbeamte[r] (béàmt^{e}r); [du train] Schaffner.
Entrée, f. (a^{n}trée).	Eingang, m. (gàng).
Gare, f. (gar).	Bahnhof, m. (hôf).
Guichet, m. (gischè).	Schalter (t^{e}r).
Horaire, m. (orär).	Fahrplan (plâne).
Indicateur, m. (i^{n}dikatœr).	Reiseführer (ra^{è}z^{e}-^{e}r).
Libre (libr).	frei (fra^{è}).
Louer (lué).	bestellen.
Malle, f. (màl).	Koffer, m. (kof^{e}r).
Non-fumeurs (no^{n}fümœr).	Nichtraucher (nichtra^{o}ch^{e}r).
Occupé (oküpé).	besetzt.
Oreiller, m. (oräjé).	Kopfkissen, n. (kiss^{e}n).
Partir*.	abfahren* (ap'fâr^{e}n).
Passage, m. (saj).	Durchgang (dourchgàng).
Place, f. (plass).	[Sitz-] Platz, m.
Quai, m. (kè).	Bahnsteig (schta^{è}k).
Salle d'attente, f. (sàldata^{n}t).	Wartesaal, m. (vart^{e}zâl).
Sortie, f. (ti).	Ausgang, m. (a^{o}sgàng).
Valise, f. (waliz).	Reisetasche (ra^{è}zetasch^{e}).
Voie, f. (w^{o}a).	Gleis, n. (aès).
Voiture, f., voiture-lit, voiture-restaurant (tür, -li, -toran).	Wagen, Schlafwagen, Speisewagen (vâg^{e}n, schlâf-, schpa^{è}z^{e}).
Voyageur, m. (w^{o}ajajœr).	Fahrgast.

A la douane (duàn).

Douanier, m. (duan*ié*).
Avez-vous quelque chose à déclarer? (awéw*u* kelkeschô*z* adéklaré).
Introduire* en contrebande (introdüir an kontreband).
Ouvrir une malle (ouvr*i*r ün màl).
Payer les droits (päj*é* lè droa).

Voici mes clefs (woass*i* mä klé).

En voiture (an woat*ü*r).

Conduisez-moi à ... (kondüiz*é* mo*a*).
Combien prenez-vous pour ...? (konb*ii*n prœnéw*ü* pur).

C'est trop (sè trô).
Combien vous dois-je? (konb*ii*n wudo*a*j).
Avez-vous la monnaie de ...? (awéw*ü* la monè dœ).
Gardez la monnaie comme pourboire. [C'est bon]. (d*é* ... kòm pùrbo*a*r).
Rendez-moi ... (randémoa).
Chauffeur, m. (schôf*œ*r).
Pourboire, m. (pùrbo*a*r).
Course, f. (kùrs).
Tar*i*f, m.

A l'hôtel (alotèl).

Pouvez-vous me recommander un hôtel? (pùwéw*ù* mœ rœkoma*n*d*é* unnotèl).
Je désire une chambre [à un lit, à deux lits, avec salle de bain, donnant sur la rue, sur le jardin] (jœ déz*i*r ün schanbr a un, dö li, awèk saldœbin, donansür lar*ü*, lœ jard*i*n).

Combien coûte la chambre seule? (conb*ii*n kùt lasch*a*nbr sœl).
Tout compris (tùkonpr*i*).
A quel étage? (akèl ét*à*j). Au premier, deuxième, troisième (ô prœm*ié*, dözièm, troazièm).
Y a-t-il un ascenseur? (unnàs'sansœr).
Une chambre moins chère (ün schanbr moin schär).
Faites monter mes bagages (fèt mont*é* mè baga*j*).

A quelle heure est le petit déjeuner? le déjeuner? le dîner? (akèl*œ*r è lœ pœti déjœn*é*? lœ din*é*?).

Auf dem Zollamt (ts*o*làmt).

Zollbeamte[r], a. s. (b*é*amter).
Haben Sie etwas zu verzollen? (hâben zî etvass tzou fertsolen).
einschmuggeln (*a*èn'schmougeln).

Einen Koffer öffnen (*œ*fnen).
Die Zollsteuer bezahlen (dî tsolschtœüer bets*â*len).
Hier sind meine Schlüssel (hîr zìnt m*a*ène schl*ü*ssel).

Im Wagen (im v*â*gen).

Fahren [bringen] Sie mich nach... (fâren [brìngen] zî mich nach).
Was verlangen Sie, was ist der Fahrpreis nach...? (vass ferlàngen zî, der -pr*a*ès).
Das ist zu teuer (tsou tœüer).
Was bin ich schuldig? (vas b*i*nich sch*o*uldig).
Können Sie mir ... wechseln? (kœnen zî mîr vèkseln).
Lassen Sie (l*a*ssen zî). Schon gut! (schôn goûte). Ich bekomme ... zurück.
Fahrer (f*â*rer).
Trinkgeld, n. (tr*i*nkgèlt).
Fahrt.
Fahrpreis[liste], f. (pr*a*èsl*i*ste).

Im Hotel [Gasthofe] (g*a*sthôfe).

Können Sie mir ein Hotel empfehlen? (kœnen zî ... èmpf*é*elen).

Ich wünsche ein Zimmer [mit einem Bette, mit zwei Betten, mit Badezimmer, nach der Straße, nach dem Garten gelegen] (ich vunsche *a*èn tsîmer mit *a*ènem bète, tsv*a*è bèten, b*â*de-, nach der schtr*â*sse, dèm g*a*rten gél*ée*gen).
Was kostet das Zimmer allein? (vass kostet dass ts*i*mer al*a*èn).
Alles inbegriffen (*a*les *i*nbegr*i*fen).
In welchem Stock? (in vèlchem schtok). Im ersten, zweiten, dritten Stock (im *e*rsten, tsv*a*èten).
Gibt es *e*inen Fahrstuhl? (f*â*rschtoûl).
Ein billigeres Zimmer (*a*èn b*i*ligeres ts*i*mer).
Lassen Sie mein Gepäck herauf [hinauf-]bringen! (l*a*ssen zî m*a*èn gépèk hèr*a*of, [hin*a*of-]brìngen).
Um wieviel Uhr ist das Frühstück? das Mittagessen? das Abendessen? (oum vifîloûr ist dass fr*û*schtuck, m*i*tagèssen, *â*bentèssen).

Pour mon petit déjeuner, je désire du café au lait (... **jœ** de*zir* dü kafé ôlè), du thé (düté), du chocolat (dü schokolâ), un petit pain et du beurre (**u**^{n}ptipi^{n} édub**œ**r), des œufs au lard (dézö ôlàr), de la compote (ko^{n}pot).	Zum Frühstück möchte ich (tsoum... meûcht^{e} **ich**) Kaffee mit Milch (mitt mil**ch**), Tee, Schokolade (lâd^{e}), ein Brötchen mit Butter (brœtch^{e}n mitt bout^{e}r), Eier mit Speck (a^{è}er mitt schpèk), Kompott (kòm-).
Veuillez me réveiller à huit heures (wœjé mœ réwäjé à üit**œ**r).	Bitte mich um acht Uhr zu wecken (bit^{e} mi**ch** oum a**ch**toûr tsou vèken).
Je désire régler ma note (**jœ** dézir réglé manot).	Ich möchte bezahlen. [Herr Ober, bitte, zahlen!] (**ich** meû**ch**t^{e} betsâl^{e}n).
Veuillez faire porter mes bagages à la gare [au train] (wœjé fär porté mè bagaj alagàr, ôtri^{n}).	Bitte mein Gepäck auf den Bahnhof [an den Zug] bringen zu lassen (brìng^{e}n tsou lass^{e}n).
Au restaurant (ôrestora^{n}).	**In der Gastwirtschaft** (Gast...).
Je désire déjeuner [dîner] (**jœ** dézir déjœné, diné).	Ich möchte zu Mittag (zu Abend) essen (**ich** mœ**ch**té tsou).
Mettez le couvert pour deux (mètélkuwer pùrdö).	Bitte zwei Gedecke aufzulegen! (bit^{e} tsva^{è} gédèk^{e} a^{o}ftsouléeg^{e}n).
A la carte (alakart).	Nach der Karte (na**ch** d^{e}r kart^{e}).
A prixe fixe : ... francs le repas (aprifix, ... fra^{n}lœrpa).	Das Menü [das Gedeck] zu ... Mark (gédèk tsou ...).
Je suis pressé (**jœ** süi).	Ich habe Eile (**ich hâ**b^{e} a^{è}l^{e}).
Garçon, l'addition! (gars**o**^{n} lad'disio^{n}).	Kellner [Ober], zahlen! [bitte die Rechnung!].
Assiette, f. (assièt).	Teller, m. (tèl^{e}r).
Beurre, m. (bœr).	Butter, f. (bùt^{e}r).
Bière, f. (biär).	Bier, n. (bîr).
Bifteck, m.	Beefsteak, n.
Bœuf, m. (bœf).	Rindfleisch, n.
Bouteille, f. (butäj).	Flasche (flasch^{e}).
Café, m.	Kaffee.
Carafe, f. (ràf).	Wasserflasche.
Carotte, f. (rot).	Karotte (rot^{e}).
Chou[x], m. [pl.] (schù).	Kohl, m. spl.
Cidre, m.	Apfelwein (va^{è}n).
Cornichon, m. (scho^{n}).	Essiggurke, f. (èsi**chg**ourk^{e}).
Côte de veau, f. (kôtdœwô).	Kalbsrippenstück, n. (schtuk).
Côtelette de mouton, f. (kòtlèt).	Hammelskotelett, n. (**ham**^{e}ls-).
Couteau, m. (kùtô).	Messer, n. (mèss^{e}r).
Crème, f. (kräm).	Sahne (zân^{e}).
Cuiller, f. (küijär).	Löffel, m. (lœf^{e}l).
Dessert, m. (sär).	Nachtisch.
Dinde, f. (di^{n}d).	Truthenne (**hè**n^{e}).
Entremets, m. (a^{n}tr^{e}mè).	Zwischengericht, n. (tsvisch^{e}ngéricht).
Filet, m. (lè).	Lendenbraten (lènd^{e}nbrât^{e}n).
Fourchette, f. (furschèt).	Gabel (gâb^{e}l).
Fromage, m. (màj).	Käse (kèz^{e}).
Fruits, m. pl. (üi).	Obst, n. spl.
Gâteau, m. (gâtô).	Kuchen (koû**ch**^{e}n).
Glace, f. (glàs).	Eis, n. (a^{è}s).
Haricots blancs, verts, m.	weiße, grüne Bohne, f.
Hors-d'œuvre, m. (hordœwr).	Beigericht, n. (ba^{è}géri**ch**t).
Huile, f. (üil).	Öl, n (eûl).
Huître, f. (üitr).	Auster (a^{o}st^{e}r).

Jambon, m. (ja^{n}bo^{n}).	Schinken (ìnk^{e}n).
Jus, m. (jü).	Saft.
Lard, m. (làr).	Speck (schpèk).
Légume, m. (güm).	Gemüse, n. (gémûz^{e}).
Liqueur, f. (kœr).	Likör, n. (kœr).
Macaroni, m. sing.	Makkaroni, pl. (ôni).
Melon, m. (mœlo^{n}).	Melone, f. (mélôn^{e}).
Menu, m. (mœnü).	Speisekarte, f. (schp-).
Moutarde, f. (mùtard).	Senf, m. (zènf).
Mouton, m. (mùto^{n}).	Hammel (ham^{e}l).
Navet, m. (wè).	weiße Rübe, f. (rûb^{e}).
Œuf, m. (œf).	Ei, n. (a^{è}).
Oie, f. (oa).	Gans (gàns).
Olive, f.	Olive (olîv^{e}).
Omelette, f.	Omelett, n.
Pain, petit pain, m. (pœti pi^{n}).	Brot, n., Brötchen, n. (brôte, brœtch^{e}n).
Pêche, f. (päsch).	Pfirsich, m. (ich).
Perdreau, m. (drô).	Rebhühnchen, n. (réephûnch^{e}n).
Plat, m. (plà).	Schüssel, f. (s^{e}l).
Poire, f. (p^{o}ar).	Birne (birn^{e}).
Pois, m. (p^{o}a).	Erbse, f. (èrps^{e}).
Poisson, m. (p^{o}asso^{n}).	Fisch.
Poivre, m. (p^{o}awr).	Pfeffer (f^{e}r).
Pomme, f. (pòm).	Apfel, m. (apf^{e}l).
Pomme de terre, f. (pòmdœtär).	Kartoffel (tof^{e}l).
Porc, m. (pòr).	Schweinefleisch, n. (schwa^{è}n-).
Potage, m. (tàj).	Potage, f. (-tâj^{e}).
Poulet, m. (pùlè).	Hühnchen, n. (hûnch^{e}n).
Raisin, m. (räzi^{n}).	[Wein-] Trauben, pl. (va^{è}ntra^{o}-).
Riz, m. (ri).	Reis (ra^{è}s).
Rôti, m. (ti).	Braten, m. (ât^{e}n).
Salade, f. (làd).	Salat, m. (lâte).
Sauce, f. (sôß).	Tunke (tounk^{e}).
Sel, m. (sèl).	Salz, n. (salts).
Serviette, f. (wièt).	Mundtuch, n. (mount'toûch).
Soupe, f. (sùp).	Suppe (zoup^{e}).
Sucre, m. (sükr).	Zucker (tsouk^{e}r).
Tasse, f. (tâß).	Tasse (tass^{e}).
Thé, m.	Tee.
Tilleul, m. (tijœl).	Lindenblütentee (lìnd^{e}n-).
Verre, m. (wär).	Glas, n. (glâss).
Viande, f. (wia^{n}d) [cuite à point, trop cuite, saignante] (küitapoi^{n}, trô küit, sänja^{n}t).	Fleisch, n. (fla^{è}sch) [gar, durchgebraten, englisch gebraten] (gâr, dourch-, ènglisch gébrât^{e}n).
Vin, m. (wi^{n}) [blanc, rouge, mousseux] (bla^{n}, rùj, mussö).	Wein (wa^{è}n) [Weiß-, Rot-, Schaumwein] (va^{è}s-, rôte-, scha^{o}m-).
Vinaigre, m. (winègr).	Essig (ig).

Dans la rue (da^{n} larü).	**Auf der Straße** (schtrâsse).
Où y a-t-il une station de taxis? (u iàtil ün stasio^{n} dœ taxi).	Wo halten [wo parken] die Autos, die Taxis? (dî a^{o}tôss, dî taxiss).
Par où va-t-on à ...? (paru wàto^{n}).	**Welcher Weg führt [auf welchem Weg geht man] nach ...?** (vèlch^{e}r véek, a^{o}f ... géet màn nach).
Pardon, Monsieur, est-ce le chemin de ...? (pàrdo^{n}, mœssiö, äß lœ schœmi^{n} dœ).	Bitte, mein Herr, ist das der Weg nach ...? (bit^{e} ma^{è}n hèr, ist dass d^{e}r véek nach).

Suivez tout droit (süiwétùdr°a).	Gehen Sie geradeaus! (géeᵉn zî gérâdᵉaᵒs).
A main droite [gauche] (aminⁿ dr°àt, gôsch) [à droite, à gauche].	Zur rechten [linken] Hand (tsoûr rèchtᵉn, lìnkᵉn hànt) [rechts, links].
Tenez votre droite (tœné wotr dr°at).	Rechts gehen [fahren]!
La troisième rue à droite.	Die dritte Straße rechts!
Quel tramway [autobus] faut-il prendre pour aller à ...? (kèl tramuè fôtil praⁿdr pur allé a).	Welche Trambahn [welchen Autobus] muß ich nehmen nach ...? (vèlchᵉn aᵒtobuss mouss ich néemᵉn nach).
Où dois-je descendre? (ud°aj dessaⁿdr).	Wo muß ich aussteigen? (vo mouss ich aᵒsschtaègᵉn).
Le métrô [métropolitain] (tiⁿ).	Die Untergrundbahn (ountᵉrgrount-).
Défense de stationner.	Parken verboten! (fᵉrbôtᵉn).
Sens unique, m.	Einbahnstraße, f.
Sens interdit, m.	Verbotene Richtung, f.
Agent de police [sergent de ville].	Schutzmann (schouts-).
A la poste (post).	**Auf der Post** (aᵒf).
Je désire un timbre de vingt francs (jœ dézir uⁿ tiⁿbr dœ viⁿ fraⁿ).	Bitte eine Zehnpfennigmarke! (bitᵉ aène tséenpfènigmarkᵉ).
Le courrier est arrivé (lœkùrié).	Die Post ist da.
Quand est le départ du courrier? (kaⁿ èldépàr dükùrié).	Wann geht die Post [ab]?
A quelle heure est la prochaine levée? (proschèn lœwée).	Wann ist die nächste Abholung? (dî nèkstᵉ aphôloung).
Avez-vous des pièces [une carte] d'identité?	Haben Sie einen Ausweis?
Carte-lettre, f. (kartᵉlètr).	Briefkarte (brîf-).
Carte postale, f. (tàl).	Postkarte (tᵉ).
Carte postale illustrée, f. (il'lüstrée).	Ansichtspostkarte (ànzichts-).
Dépêche (päsch).	Depesche (schᵉ).
Envoyer* (aⁿw°ajé).	senden* (zèndᵉn).
Faire* suivre (färsüiwr).	nachsenden* (nach-).
Imprimé, m. (iⁿ-).	Drucksache, f. (chᵉ).
Lettre chargée, f.	Geldbrief, m.
Lettre recommandée, f.	Einschreibbrief, m.
Poste restante (taⁿt).	postlagernd.
Recommander (rœkomaⁿdé).	einschreiben*.
Télégramme, m.	Telegramm, n.
Télégraphier (fié).	telegraphieren.
Timbre-poste, m. (tiⁿbr).	Briefmarke, f.
Téléphoner (né).	telephonieren.
Appeler au téléphone.	Mit dem Fernsprecher anrufen*.
Cabine téléphonique, f.	Fernsprechstelle (schtèlᵉ).
C'est Monsieur N. qui vous parle (sè mœssiö N. kiwùparl).	Hier Herr N.!
Qui est à l'appareil? (ki étalaparäj).	Wer dort?
Donnez-moi le numéro... (doném°a lœ nü-).	Bitte Nummer...! (bitᵉ noumᵉr).
A la banque (baⁿk).	**Auf der Bank** (bànk).
Je désire toucher un chèque (jœ dézir tusché uⁿ schèk), changer dix mille francs (schaⁿjé), déposer cent mille francs (dépozé).	Ich möchte einen Scheck einkassieren (ich meûchtᵉ ... aènkassîrᵉn), zehn tausend Franken wechseln (vèksᵉln), ... Franken einzahlen.
J'ai un compte à la banque.	Ich habe ein Konto bei der Bank.
Billet de banque, m. (bijèdbaⁿk).	Banknote, f. (nôtᵉ).

Chèque barré, m.
Commission (sio^{n}), f.
Petite monnaie, f (pœtit monè).

Dans un magasin (magazi^{n}).

Je désire (jœ dézir).
Combien coûte ceci? (ko^{n}bii^{n} kut).
C'est trop cher (sètroschèr).
Bon marché; meilleur marché (bo^{n}, mäjœr marsché).
De bonne qualité (dœbòn kalité).
De quelle couleur? (dœkèlkulœr).
Blanc, anche (bla^{n}, sch), bleu (blö), jaune (jôn), noir (n^{o}ar), rose (rôz), rouge (ruj), violet, te (wiolè, t).
De quelle taille [grandeur]? (dœkèl taj, gra^{n}dœr).

Au bureau de tabac (bürodtaba).

Je désire un cigare (jœ dézir u^{n} sigàr), du tabac (dü), des cigarettes (dä sigarèt), une boîte d'allumettes (ün b^{o}at dalümèt), une pipe (pip), un briquet (u^{n} brikè).

Allumer (ümé).

Chez le coiffeur (k^{o}afœr).

Je désire me faire couper [onduler] les cheveux (jœ dézir mœ färkùpé [o^{n}dülé] läschwö), me faire raser (razé), une ondulation indéfrisable (üno^{n}dülasio^{n} i^{n}-zàbl), un schampooing (u^{n} scha^{n}puing).
Barbe, f. (barb).
Coiffer (k^{o}afé).
Coiffure, f. (üre).
Friser (zé).
Moustache, f. (mustasch).

Chez le médecin (médsi^{n}).

Qu'avez-vous? (kawéwù).
Où souffrez-vous?
J'ai mal à la tête, aux dents, etc. (jémàl ...tät, ôda^{n}).
J'ai pris froid (jéprifr^{o}a), je me suis enrhumé (a^{n}rümé).
Abcès, m. (sè).
Arracher (sché).
Blesser (sé).
Blessure, f. (sür).
Bouton, m. (bùto^{n}).
Pilule, f. (ül).
Cor, m. (kòr).
Coton, m. (koto^{n}).
Dent, f. (da^{n}).
Dentiste, m. (ist).
Douleur, f. (dùlœr).
Évanouissement, m. (éwanuisma^{n}).
Fièvre, f. (fiäwr).

Gesperrter Scheck (géschpèrt^{e}r).
Kommission (siône), Vergütung.
Kleingeld, n., Scheidemünze.

Im Kaufladen (ka^{o}flâd^{e}n).

Ich möchte (ich meûcht^{e}).
Was kostet das? (vass kost^{e}t dass).
Es ist zu teuer (tsou tœü^{e}r).
Billig (ig); billiger (ig^{e}r).

Guter Qualität (goût^{e}r kvalitéte).
Von welcher Farbe? (fòn vèlch^{e}r).
Weiß (vaèss), blau (bla^{o}), gelb (gèlp), schwarz (artz), rosa (rô-), rot (rôte), violett.
Von welcher Größe? (fòn vèlch^{e}r greûss^{e}).

Im Tabakladen (tabaklâd^{e}n).

Ich möchte eine Zigarre (ich meûchte a^{è}n^{e} tsigar^{e}). Tabak, Zigaretten (tsigarèt^{e}n), eine Schachtel Zündhölzchen (schacht^{e}l tsunthœltsch^{e}n), eine Pfeife (pfa^{è}f^{e}), ein Feuerzeug (fœü^{e}r).
anzünden (an'tsùnd^{e}n).

Beim Haarschneider od. **Friseur**

Ich möchte mir die Haare schneiden [wellen] lassen (ich meûcht^{e} mir dî hâr^{e} schna^{è}den [vèl^{e}n] lass^{e}n), mich rasieren lassen (mich), eine Dauerwelle (dao^{e}rvèl^{e}), eine Kopfwäsche (vèsch^{e}) haben.
Bart, m.
frisieren (îr^{e}n).
Haarputz, m.
kräuseln (krœüz^{e}ln).
Schnurrbart, m.

Beim Arzte (artst^{e}).

Was fehlt Ihnen? (vas féelt în^{e}n).
Wo fehlt's Ihnen? (în^{e}n).
Ich habe Kopfweh, Zahnweh usw. (ich hâb^{e} tsânvée).
Ich habe mich erkältet (ich hâb^{e} mich erkèlt^{e}t).
Abszeß (apstsèss).
ausreißen*.
verwunden.
Wunde (vound^{e}).
Blatter, f. (t^{e}r), [visage] Finne, f.
Pille, f.
Hühnerauge, n. (hûn^{e}ra^{o}g^{e}).
Baumwolle, f.
Zahn, m. (tsâne).
Zahnarzt, m.
Schmerz, m. (èrts).
Ohnmacht, f. (macht).
Fieber, n. (fîb^{e}r).

Furoncle, m. (füronkl).	Furunkel (fourounkel).
Indigestion, f. (indijestion).	Verdauungsstörung.
Lourdeur d'estomac, f. (lurdœr -ma).	Magenschwere (mâgenschvéere).
Migraine, f. (grän).	Migräne (êne).
Molaire, f. (lär).	Backenzahn, m.
Névralgie, f. (ji).	Neuralgie (nœüralgî).
Ouate [hydrophile], f. (uàt).	Hydrophilwatte.
Pansement, m. (pansman).	Verband (fèrbànt).
Pastille, f. (tij).	Pastille (tîle).
Pilule, f. (lül).	Pille.
Plaie, f. (plä).	Wunde (vounde).
Plomber (plonbé).	plombieren, füllen.
Potion, f. (sion).	Arzneitrank, m.
Poudre, f. (pùdr).	Pulver, n. (poulfer).
Purge, f. (pürj).	Purganz (pourgants), Abführmittel, n.
Rhumatisme, m.	Rheumatismus (rœü-).
Rhume, m. (rüm), rhume de cerveau.	Erkältung, f. (kèltoung), Schnupfen.
Souffrir [de] (sùf-).	leiden* [an] (laèden).
Teinture d'iode, f. (tintür diòd).	Iodtinktur (yôttìnktour).
Tousser (tussé).	husten (housten).
Toux, f. (tù).	Husten, m.

Sur la route (rùt). / **Auf der Landstraße** (lànt-).

Par où va-t-on à ...? (parù waton).	Wie kommt [gelangt, geht, fährt] man nach... ? (vî gélangt, géet, fèrt màn nach).
Est-ce le chemin de ...? (schmin).	Ist dies der Weg nach...?
Où mène ce chemin ? (umèn sœ schmin).	Wohin führt dieser Weg ? (dîzer véek).
A quelle distance suis-je de ...? (akèl distans süij dœ).	Wieweit habe ich noch bis...? (vivaèt hâbe ich noch biss).
Défendu sous peine d'amende.	Bei Geldstrafe verboten.
Dresser procès-verbal (sé prossè-).	protokollieren (îren).
Avez-vous des papiers?	Haben Sie Ausweispapiere?
Direction, f. (sion).	Richtung (richtounk).
Fossé, m.	Graben (grâben).
Gendarme (jandarm).	Gendarm (jan-).

Bicyclette, auto (siklèt, oto). / **Fahrrad, Auto [Kraftwagen].**

Accélérateur, m. (akséléràtœr).	Akzelerator (tséléràtor).
Accumulateur, m. (ümülatœr).	Akkumulator (koumoulâtor).
Alésage, m. (zàj).	Bohrung, f. (oung).
Allumage, m. (lümaj).	Zündung, f. (tsundoung).
Automobiliste, m. et f. (òto-list).	Automobilist (ao-), Autler (aotler).
Bougie, f. (buji).	Zündkerze (tsuntkèrtse).
Caler (lé).	stocken (scht-).
Capot, m. (pô).	Motorhülle, f.
Capoter (té).	überstürzen (ûber'schturtsen).
Carburateur, m. (büratœr).	Vergaser (fergâzer).
Carrosserie, f. (sri).	Sitzkasten, m.
Carter, m. (tèr).	Gehäuse, n. (géhœüze).
Chambre à air, f. (schanbraär).	Luftschlauch, m. (louftschlaoch).
Changement de vitesse, m.	Gangwechsel (gangvèksel).
Charger (scharjé).	laden*, füllen.
Clef anglaise, f. (clé angläz).	Schraubenschlüssel, m.
Corner (né).	hupen (hoûpen).
Court-circuit (kùrsirküi).	Kurzschluß (kourtsschlouss).
Crever (krœwé).	platzen.

Cycliste, m. et f. (siklist).	Radfahrer, in, *fam.* Radler, in.
Débrayer (bräjé).	auskuppeln (a^{o}skou-).
Décoller (lé), démarrer (ré).	andrehen (àn'dréé^{e}n), ankurbeln.
Déraper (pé).	ausgleiten*.
Déréglé.	Nicht in Ordnung.
Direction, f. (sio^{n}).	Lenkung (lènkoung).
Échappement, m. (schapma^{n}).	Auspuff (a^{o}spouf).
Embrayer (a^{n}bräjé).	einkuppeln (koup^{e}ln).
Essence, f. (a^{n}s).	Benzin, n. (bèntsîne).
Excès de vitesse, m. (eksèdwitès).	Geschwindigkeitsüberschreitung.
Frein, m. (fri^{n}).	Bremse, f. (brèmz^{e}).
Freiner (frèné).	bremsen.
Garage, m. (ràj).	Garage, f. (râj^{e}).
Gripper (pé).	fressen* (s^{e}n).
Magnéto, f. (njé).	magnetelektrische Maschine.
Panne (pàn).	Panne (pan^{e}).
Permis de conduire (-midko^{n}düir).	Führerschein.
Passage à niveau, m. (sàj aniwô).	Bahnübergang (ûb^{e}rgàng).
Pédaler (lé).	radeln (râd^{e}ln).
Phare, m. (fàr).	Scheinwerfer.
Pneu, m. (pnö).	Luftreifen.
Pièce de rechange, f. (rscha^{n}j).	Ersatzstück, n., -teil (schtuk).
Roulement à billes, m.	Kugellager, n.
Valve, f. (wàlw).	Ventil, n. (vèntîl).
Virage, m. (wiràj).	Wendung, f., Kurve, f.
Vitesse, f. (witès).	Geschwindigkeit.
Volant, m. (wola^{n}).	Lenkrad, n.

Pour écrire une lettre.	**Briefschreiben.**
Date: Paris, le 4 Mai 1930.	*Datum:* Berlin, den 4ten Mai 1930.
Adresse: Monsieur Charles N...	*Aufschrift:* Herrn Karl N...
Messieurs Müller et Cie.	Herren Müller u. Ko.
Madame N...	Frau N...
Mademoiselle Louise N...	Fräulein Luise N...
En-tête: Monsieur, Madame, Mademoiselle, Cher Monsieur, etc.	*Überschrift:* Geehrter Herr! Gnädige Frau! Gnädiges Fräulein! [Mein] lieber Herr! usw.
J'ai l'honneur [le plaisir] de vous informer...	Ich beehre mich [es freut mich]... Ihnen mitzuteilen [bekannt zu machen]...
J'ai le regret de vous informer...	Ich muß Ihnen zu meinem Bedauern mitteilen, daß...
Je me permets de vous rappeler que...	Ich erlaube mir, Sie daran zu erinnern, daß...
Permettez-moi de vous demander...	Darf ich Sie bitten [ersuchen]...?
Veuillez [ayez la bonté de] nous faire connaitre...	Belieben Sie, uns [gütigst] bekannt zu machen.
Veuillez agréer l'assurance de ma haute considération.	Ich verbleibe hochachtungsvoll.
Je vous prie d'agréer l'expression de mes sentiments respectueux [reconnaissants, les plus distingués] et [tout] dévoués.	Ich verbleibe in aller Ehrfurcht [in dankbarer, vorzüglicher Hochachtung] Ihr ergebener [ergebenster].
Recevez mes meilleures salutations [mes meilleurs compliments].	Empfangen Sie meine besten [herzlichsten] Empfehlungen [Grüße].

— édition 1974 —

Imprimerie Herissey, 27-Evreux

Dépôt légal 1958-2e. - N° 14.832 - N° de série Editeur 6.746

IMPRIMÉ EN FRANCE *(Printed in France).* - 20 910 C. 74.

pour l'étude des langues étrangères

---

dans la même collection que le présent volume :

DICTIONNAIRES BILINGUES

Français-Anglais, Anglais-Français,
par J. MERGAULT, professeur à la Sorbonne.

Français-Espagnol, Espagnol-Français,
par R. GARCÍA-PELAYO Y GROSS, licencié de l'université de Madrid.

Français-Italien, Italien-Français,
par G. PADOVANI, docteur ès lettres de l'université de Bologne.

Français-Portugais, Portugais-Français
par F. V. PEIXOTO DA FONSECA, professeur agrégé au Lycée militaire de Lisbonne.

PETITS DICTIONNAIRES BILINGUES

(8 x 11 cm), reliure plastique, dans les langues allemande, anglaise, espagnole et italienne .

L'INTERPRÈTE LAROUSSE, mêmes langues.

en espagnol :

PEQUEÑO LAROUSSE ILUSTRADO

(14,5 x 21 cm).

PEQUEÑO LAROUSSE EN COLOR

illustré en couleurs à chaque page (18,5 x 23,5 cm). Nouveauté.

LAROUSSE UNIVERSAL ILUSTRADO

en 3 volumes (21 x 30 cm).

ENCICLOPEDIA METÓDICA LAROUSSE

en 3 volumes (21 x 30 cm).